Ann
PATENTRECHT

Patentrecht

Lehrbuch zum
deutschen und europäischen Patentrecht
und Gebrauchsmusterrecht

Von

Dr. jur. Christoph Ann LL. M. (Duke Univ.)
o. Professor an der TUM School of Management
Munich Intellectual Property Law Center (MIPLC)
Distinguished Guest Professor (Global), Keio University, Graduate School of Law, Tokio
Adjunct Professor, George Washington University Law School, Washington D. C.
vormals Richter am Landgericht Mannheim (Patentstreitkammer)

unter Mitarbeit von

Dr. jur. Lena Maute

Juniorprofessorin an der Universität Augsburg

8., neu bearbeitete Auflage
2022

C.H.BECK

www.beck.de

ISBN Print 978 3 406 74325 2
ISBN E-Book 978 3 406 74663 5

© 2022 Verlag C. H. Beck oHG
Wilhelmstraße 9, 80801 München
Druck und Bindung: Westermann Druck Zwickau GmbH
Crimmitschauer Straße 43, 08058 Zwickau
Satz und Umschlaggestaltung:
Druckerei C. H. Beck Nördlingen

chbeck.de/nachhaltig

Gedruckt auf säurefreiem, alterungsbeständigem Papier
(hergestellt aus chlorfrei gebleichtem Zellstoff)

Vorwort zur 8. Auflage

Fünf Jahre nach Erscheinen der 7. Auflage erscheint mit dieser Neuauflage „der Kraßer" erstmals als „Ann". Gerade deshalb muss auch am Beginn dieses Vorworts Dank für die tiefe Prägung stehen, die dieses Werk durch *Rudolf Kraßer* erfahren hat. Seine Bedeutung für die deutsche Patentrechtsdogmatik, eine der führenden weltweit, kann nicht überschätzt werden!

Bearbeitungsstand dieser 8. Auflage ist der 31.10.2020 sowie für §§ 30a und 35 der 31.8.2021. Dort berücksichtigt sind auch die BVerfG-Erbscheidung „EPGÜ-ZustG II" sowie das 2. PatRModG. Bis dahin sind alle signifikanten und verfügbaren Entscheidungen verarbeitet worden, ebenso das verfügbare Schrifttum, das wiederum um ältere Beiträge entlastet und in Literaturverzeichnisse vor den Paragraphen gezogen wurde. Die Inhaltsübersicht am Beginn des Werks hat sich bewährt und wurde beibehalten, ebenso die Randnummern.

Inhaltlich präsentiert das Buch das deutsche und das europäische Patentrecht, so wie zum Stichtag in Kraft.

Während der gesamten Arbeit an dieser Neuauflage war unklar gewesen, wann das Europäische Patent mit einheitlicher Wirkung (EPeW) und die Einheitliche Patentgerichtsarbeit kommen würden. Die umfassende Darstellung, die 2016 noch für die 8. Auflage angekündigt wurde, wird nun erst in der 9. Auflage kommen. Autoren, dazu gleich, und Verlag planen diese weitere Neuauflage für das Jahr 2025.

Eine große Freude ist mir die Gewinnung meiner Schülerin und nun hoch geschätzten Kollegin Prof. Dr. Lena Maute als Autorin. Sie steuert zu dieser Auflage § 30a zu EPeW und Einheitlicher Patentgerichtsbarkeit sowie § 35 zu den Ansprüchen den wegen Patent- oder Gebrauchsmusterverletzung bei. Später soll sie Koautorin werden und das Werk eines Tages übernehmen. Beides freut mich sehr!

Hervorragend unterstützt haben Frau Kollegin Maute und mich bei der Arbeit an dieser Neuauflage wieder alle Mitarbeiterinnen und Mitarbeiter meines Lehrstuhls an der TUM School of Management.

Nicht fehlen darf in dieser Danksagung auch das Stellenbosch Institute for Advanced Study (STIAS), das mir auf den letzten Metern zum Ziel durch die Gewährung eines Research Fellowship geholfen hat, dieses Buch fertig zu stellen. STIAS ist ein wunderbarer Ort, der eine nahezu unwirkliche Konzentration auf das ermöglicht, was meinen Beruf ausmacht: nachzudenken! Hilfreich waren dabei auch alle Anregungen durch meinen guten Freund Prof. Jerey Koch von der Adam-Mickiewicz-Universität Poznań.

Sehr zu danken habe ich zu guter Letzt auch wieder meiner Familie. Wenngleich der Vater diesmal „am Ann" saß, nicht mehr „am Kraßer", hat er wieder häufig gefehlt. Bei einem Werk dieser Dimension geht das nicht anders!

Stellenbosch, November 2021

Christoph Ann

Zur dankbaren Erinnerung an meinem lieben Vater,
von dem ich so viel gelernt habe.

Prof. Dr.-Ing. Dr. h. c. Holger Ann
1930–2020

Inhaltsübersicht

Inhaltsverzeichnis XX
Abkürzungsverzeichnis XXV
Allgemeine Literaturangaben XXXI

Erster Abschnitt. Grundlagen

1. Kapitel. Patente und Patentsystems in der Rechts- und Wirtschaftsordnung 1

§ 1. Hauptelemente des Patentsystems in der Bundesrepublik Deutschland 1
§ 2. Verhältnis des Patent- und Gebrauchsmusterrechts zu anderen Rechtsmaterien 14
§ 3. Rechts- und wirtschaftspolitische Bewertung des Patentschutzes 38

2. Kapitel. Geschichtliche Entwicklung 58

§ 4. Vom Privilegienwesen zur Patentgesetzgebung 61
§ 5. Vorgeschichte des deutschen Patentgesetzes von 1877 68
§ 6. Die deutsche Gesetzgebung nach 1877 72
§ 7. Die internationale Rechtsentwicklung 84

3. Kapitel. Rechtsquellen. Organisation 109

§ 8. Quellen des Patent- und Gebrauchsmusterrechts 109
§ 9. Patentbehörden. Rechtspflege 115

Zweiter Abschnitt. Die sachlichen Voraussetzungen des Patent- und Gebrauchsmusterschutzes

1. Kapitel. Allgemeines. Die technische Erfindung 123

§ 10. Funktion und gesetzliche Regelung der materiellen Schutzvoraussetzungen 123
§ 11. Die Erfindung 128
§ 12. Technischer Charakter der Erfindung 147

2. Kapitel. Schranken der Schutzfähigkeit technischer Erfindungen 197

Vorbemerkung 197
§ 13. Gewerbliche Anwendbarkeit. Ausführbarkeit 198
§ 14. Grenzen der Schutzfähigkeit biotechnologischer Erfindungen 208
§ 15. Öffentliche Ordnung und gute Sitten als Schutzhindernisse 265

3. Kapitel. Neuheit und erfinderische Leistung 280

§ 16. Der Stand der Technik 282
§ 17. Neuheit 301
§ 18. Erfinderische Leistung 320

Dritter Abschnitt. Das Recht an der Erfindung

§ 19. Erfinderprinzip und Erfinderrecht 360
§ 20. Der Schutz des Erfinderrechts 386
§ 21. Arbeitnehmererfindungen 416

Vierter Abschnitt. Entstehung und Wegfall von Patenten und Gebrauchsmustern

§ 22. Einführung. Überblick 453

Inhaltsübersicht

1. Kapitel. Patente und Gebrauchsmuster des Deutschen Patent- und Markenamts 466

- § 23. Allgemeine Regelungen für das patentamtliche und gerichtliche Verfahren 466
- § 24. Die Anmeldung beim Deutschen Patent- und Markenamt 510
- § 25. Patenterteilung und Gebrauchsmustereintragung durch das Deutsche Patent- und Markenamt 558
- § 26. Wegfall vom Deutschen Patent- und Markenamt erteilter Patente und eingetragener Gebrauchsmuster 610

2. Kapitel. Europäische Patente 672

- § 27. Allgemeine Regelungen für das Verfahren des Europäischen Patentamts 672
- § 28. Die europäische Patentanmeldung 685
- § 29. Das Erteilungsverfahren vor dem Europäischen Patentamt 703
- § 30. Wegfall europäischer Patente 729
- § 30a. Europäisches Patent mit einheitlicher Wirkung und Einheitliches Patentgericht 749

Fünfter Abschnitt. Wirkung und Durchsetzung von Patenten und Gebrauchsmustern

- § 31. Schutzrechtsverletzung – Kriterien und Sanktionen 767
- § 32. Der Schutzbereich des Patents und des Gebrauchsmusters 771
- § 33. Die schutzrechtsverletzenden Handlungen 809
- § 34. Benutzungsbefugnisse Dritter 890
- § 35. Ansprüche wegen Patent- oder Gebrauchsmusterverletzung 916
- § 36. Die Klage wegen Patent- oder Gebrauchsmusterverletzung 958
- § 37. Entschädigungsanspruch wegen Benutzung des Gegenstands einer offengelegten Patentanmeldung 986
- § 38. Strafbarkeit vorsätzlicher Schutzrechtsverletzung 995
- § 39. Werbung mit Schutzrechten und unberechtigte Verwarnung 997

Sechster Abschnitt. Rechte an Erfindungen im Rechtsverkehr

- Einführung 1015
- § 40. Übertragung, Belastung, Lizenz 1016
- § 41. Verpflichtungen aus Übertragungs- und Lizenzverträgen 1026
- § 42. Wettbewerbsbeschränkungen bei der Verwertung von Rechten an Erfindungen 1039
- § 43. Standardessentielle Patente (SEP) und ihre FRAND-Lizenzierung 1051

Sachverzeichnis 1073

Inhaltsverzeichnis

Abkürzungsverzeichnis XXV
Allgemeine Literaturangaben XXXI

Erster Abschnitt. Grundlagen

1. Kapitel. Patente und Gebrauchsmuster in der Rechts- und Wirtschaftsordnung 1

§ 1.   Hauptelemente des Patentsystems und der Bundesrepublik Deutschland 1
      A. Patente 1
          I. Das Patent als staatlich gewährtes Ausschließungsrecht 1
          II. Die Erfindung als Gegenstand des Patents 3
          III. Erfinderprinzip und Erfinderrecht 5
          IV. Parallelerfindungen, Sperrwirkung 6
          V. Die Schutzvoraussetzungen und ihre Prüfung 7
      B. Gebrauchsmuster 9
          I. Das Gebrauchsmuster als Teil des Patentsystems 9
          II. Erfinderprinzip und Erfinderrecht 10
          III. Vorrang des Erstanmelders, Sperrwirkung 11
          IV. Schranken der amtlichen Vorprüfung; nachträgliche Gültigkeitsprüfung ... 11
          V. Gebrauchsmuster und Patent für dieselbe Erfindung 13

§ 2.   Verhältnis des Patent- und Gebrauchsmusterrechts zu anderen Rechtsmaterien 14
          I. Immaterialgüterrecht. Geistiges Eigentum 14
          II. Patentschutz und sonstiger gewerblicher Rechtsschutz 17
              a) Halbleiterschutz 17
              b) Sortenschutz 18
              c) Geschmacksmuster- und Designschutz 18
              d) Kennzeichenschutz 21
              e) Bekämpfung unlauteren Wettbewerbs 24
                  aa) Allgemeines 24
                  bb) Der „ergänzende wettbewerbsrechtliche Leistungsschutz" 26
          III. Patentschutz und urheberrechtlicher Schutz 28
              a) Gegenstände und Anwendungsbereich des urheberrechtlichen Schutzes ... 29
              b) Unterschiede zwischen Patentschutz und urheberrechtlichem Schutz 30
                  aa) Grundsätze 30
                  bb) Besonderheiten bei Computerprogrammen 32
              c) Zusammentreffen von Patentschutz und urheberrechtlichem Schutz 34
          IV. Patentschutz und bürgerliches Recht 34
              a) Allgemeines. Privat- und öffentlich-rechtliche Regelungen im Patent- und Gebrauchsmusterrecht 34
              b) Ergänzende Anwendung des bürgerlichen Rechts 36

§ 3.   Rechts- und wirtschaftspolitische Bewertung des Patentschutzes 38
          I. Interessenlage 39
          II. Die Patentrechtstheorien 40
          III. Der Anspruch des Erfinders auf den wirtschaftlichen Wert seiner Leistung ... 41
          IV. Patentschutz und technischer Fortschritt 46
          V. Patentschutz und Wettbewerb 50
          VI. Ergebnis 55

2. Kapitel. Geschichtliche Entwicklung 58

§ 4.   Vom Privilegienwesen zur Patentgesetzgebung 61
§ 5.   Vorgeschichte des deutschen Patentgesetzes von 1877 68

XI

Inhaltsverzeichnis

§ 6. Die deutsche Gesetzgebung nach 1877	72
I. Reformen von 1891 und 1936	72
II. Patentwesen nach 1945. Neuerungen bis 1968	75
III. Einflüsse des europäischen und internationalen Rechts und weitere Änderungen ab 1976	77
§ 7. Die internationale Rechtsentwicklung	84
I. Weltweite Konventionen und Harmonisierungsbestrebungen	84
a) Notwendigkeit internationaler Verständigung	84
b) Die Pariser Verbandsübereinkunft	85
c) Der Patentzusammenarbeitsvertrag (Patent Cooperation Treaty – PCT)	86
d) Die Internationale Patentklassifikation	87
e) Der Draft Patent Law Treaty von 1991 (PLT-Entwurf 1991) und weitere Bemühungen um Harmonisierung (auch) des materiellen Patentrechts	88
f) Der Vertrag über die Harmonisierung von Formalitäten und Verfahrensregeln (PLT 2000)	89
g) Das Übereinkommen über handelsbezogene Aspekte der Rechte des geistigen Eigentums (TRIPS-Übereinkommen)	90
II. Europäische Regelungen	94
a) Konventionen im Rahmen des Europarats	94
b) Das Europäische Patentübereinkommen (EPÜ)	94
c) Das Gemeinschaftspatentübereinkommen (GPÜ)	101
d) Rechtsetzung der Europäischen Gemeinschaft und Europäischen Union	103
aa) Bereits geltende Regelungen	103
bb) Vorschläge	105
3. Kapitel. Rechtsquellen. Organisation	**109**
§ 8. Quellen des Patent- und Gebrauchsmusterrechts	109
A. Nationales Recht der Bundesrepublik Deutschland	109
I. Patentrecht	109
a) Patentgesetz	109
b) Erstreckungsgesetz. Patentgesetze der DDR	109
c) Ausführungsvorschriften	110
d) Kostenregelungen	110
e) Arbeitnehmererfindungen	110
II. Gebrauchsmusterrecht	111
a) Gebrauchsmustergesetz	111
b) Ausführungsvorschriften	111
c) Sonstiges	111
B. Internationales Recht	111
C. Das Europäische Patenterteilungssystem	113
D. Europäisches Recht	114
§ 9. Patentbehörden. Rechtspflege	115
I. Die Patentämter	116
a) Deutsches Patent- und Markenamt	116
b) Europäisches Patentamt	118
II. Die Gerichte	120
a) Bundespatentgericht (BPatG)	120
b) Ordentliche Gerichtsbarkeit in Zivilsachen	120
c) Funktionen des Bundesgerichtshofs	121
III. Die Patentanwaltschaft	121

Zweiter Abschnitt. Die sachlichen Voraussetzungen des Patent- und Gebrauchsmusterschutzes

1. Kapitel. Allgemeines. Die technische Erfindung	**123**
§ 10. Funktion und gesetzliche Regelung der materiellen Schutzvoraussetzungen	123
I. Interessenlage. Grenzen der Schutzfähigkeit	123

Inhaltsverzeichnis

	II. Gesetzliche Regelung	124
	a) Patente	124
	b) Gebrauchsmuster	126
	III. Bedeutung von Fortschritt, sozialer Nützlichkeit, Offenbarung	126
§ 11.	Die Erfindung	128
	I. Begriff und Wesen	128
	II. Erfindung und Entdeckung	131
	III. Chemische Stoffe als Gegenstand von Erfindungen	135
	a) Einführung. Grundsätze der Praxis	135
	b) Schutz chemischer Stoffe als Verfahrenserzeugnisse	136
	c) Schutz chemischer Stoffe als solcher	139
	aa) Anerkennung des absoluten Stoffschutzes durch den BGH	139
	bb) Allgemeine Reichweite des Schutzes von Erzeugniserfindungen	140
	cc) Gegenstand der Erfindung bei Analogieverfahren	142
	d) Wertung	144
§ 12.	Technischer Charakter der Erfindung	147
	I. Grundsatz	148
	a) Herkunft und gesetzliche Verankerung des Technizitätserfordernisses	148
	b) Rechtsprechung des Bundesgerichtshofs	149
	c) Rechtsprechung der Beschwerdekammern des Europäischen Patentamts	150
	II. Geistige Leistungen außerhalb der Technik	151
	a) Entdeckungen, wissenschaftliche Theorien, mathematische Methoden	151
	b) Ästhetische Formschöpfungen	152
	c) Nichttechnische Handlungsanweisungen, Informationsvermittlung	152
	III. Computerprogramme	157
	a) Entstehung der Ausschlussbestimmungen	158
	b) Praxis des Europäischen Patentamts	160
	aa) Prüfungsrichtlinien	160
	bb) Rechtsprechung der Beschwerdekammern	160
	c) Rechtsprechung des Bundesgerichtshofs und des Bundespatentgerichts	166
	aa) Enge Begrenzung der Patentierungsmöglichkeit, insbesondere durch die „Kerntheorie"	167
	bb) Ansätze zur Auflockerung bei Patentamt und Patentgericht: Gesamtbetrachtung des Anmeldungsgegenstands	168
	cc) Anwendung der Gesamtbetrachtung durch den BGH	169
	dd) Erweiterungen des Erfindungsbegriffs: Notwendigkeit „technischer Überlegungen" genügt	170
	ee) Technischer Charakter des programmierten Computers als Vorrichtung	173
	ff) Wegen der Ausschlussbestimmung ist eine über den Computereinsatz hinausgehende Eigenheit erforderlich	173
	gg) Beurteilung der erfinderischen Tätigkeit	175
	hh) Ergänzende Fallbeispiele aus neueren Entscheidungen des Bundespatentgerichts	176
	ii) Ergebnis	179
	d) Schrifttum	179
	e) Der Richtlinienvorschlag der Europäischen Kommission	182
	IV. Wertung	182
	a) Allgemeines	182
	b) Konkrete nichttechnische Handlungsanweisungen	183
	c) Computerprogramme	185
	aa) Technischer Charakter	185
	bb) Gründe der Ausschlussbestimmungen	186
	cc) Patentierbarkeit verallgemeinerter Problemlösungen	188
	dd) Ausführbarkeit. Offenbarung	191
	ee) Neuheit und erfinderische Tätigkeit	192
	ff) Mögliche Anspruchsfassungen	193
	gg) Zusammenfassung	194

Inhaltsverzeichnis

2. Kapitel. Schranken der Schutzfähigkeit technischer Erfindungen 197

Vorbemerkung 197
§ 13. Gewerbliche Anwendbarkeit. Ausführbarkeit 198

§ 14. Grenzen der Schutzfähigkeit biotechnologischer Erfindungen 208
    I. Überblick 209
        a) Arten biologischer Erfindungen 209
        b) Gesetzliche Regelung 210
            aa) „EU-Biopatentrichtlinie" und ihre Umsetzung 210
            bb) Grundbegriffe 211
            cc) Ausnahmen von der Patentierbarkeit 211
            dd) Besondere Erfordernisse bei Anmeldung und Patentierung 213
            ee) Reichweite und Grenzen der Patentwirkungen 214
    II. Nicht patent- oder gebrauchsmusterfähige biotechnologische Erfindungen 215
        a) Pflanzensorten 215
        b) Tierrassen 218
        c) Biologische Züchtungsverfahren 218
        d) Medizinische Verfahren 218
            aa) Bedeutung und Einordnung der Ausschlussbestimmungen 219
            bb) Sachlicher Geltungsbereich des Patentierungsverbots 220
            cc) Gründe des Patentierungsverbots. Rechtspolitische Beurteilung 227
    III. Patentierbare biotechnologische Erfindungen 229
        a) Veränderung von Pflanzen 229
            aa) Erzeugniserfindungen 229
            bb) Verfahrenserfindungen 231
            cc) Verfahrenserzeugnisse 233
        b) Veränderung von Tieren 235
            aa) Erzeugniserfindungen 235
            bb) Verfahrenserfindungen 236
            cc) Verfahrenserzeugnisse 236
        c) Gewinnung und Nutzung von Bestandteilen des menschlichen Körpers 237
        d) Gene und Gen-Teilsequenzen 239
            aa) Naturwissenschaftliche Grundbegriffe 240
            bb) Patentrechtliche Behandlung 242
            cc) Erfinderischer Gehalt und Reichweite des Schutzes 245
        e) Mikrobiologische Verfahren und ihre Erzeugnisse 252
            aa) Gesetzliche Vorschriften. Begriffsbestimmungen 252
            bb) Sicherstellung der Wiederholbarkeit durch Hinterlegung und Freigabe 254
        f) Verwendung zum Stand der Technik gehöriger Stoffe oder Stoffgemische zu medizinischen Zwecken 259
            aa) Das Problem und seine heutige Lösung in EPÜ und PatG 259
            bb) Die Lösung des Bundesgerichtshofs nach dem PatG 1978/1981 261
            cc) Die Lösung des Europäischen Patentamts nach dem EPÜ 1973 262
            dd) Wertung 264

§ 15. Öffentliche Ordnung und gute Sitten als Schutzhindernisse 265
    I. Gesetzliche Regelung 266
    II. Gründe des Ausschlusses vom Schutz 267
    III. Reichweite der Schutzhindernisse 268
        a) Öffentliche Ordnung 268
            aa) Allgemeines 268
            bb) Berücksichtigung im Verfahren vor dem EPA 269
        b) Gute Sitten 271
            aa) Allgemeines 271
            bb) Berücksichtigung im Verfahren vor dem EPA 273
        c) Fehlen zulässiger Verwertungsmöglichkeit 273
    IV. Sonderbestimmungen im Bereich der Biotechnologie 275

Inhaltsverzeichnis

3. Kapitel. Neuheit und erfinderische Leistung 280

§ 16. Der Stand der Technik 282
    A. Patentrecht 282
        I. Grundbegriffe 282
        II. Umfang des Standes der Technik nach geltendem und früherem Recht 283
        III. Maßgebender Zeitpunkt 284
        IV. Der für die Öffentlichkeit zugängliche Stand der Technik 284
        V. Ältere Patentanmeldungen als neuheitsschädlicher Stand der Technik 292
        VI. Unschädliche Offenbarungen 294
    B. Gebrauchsmusterrecht 298

§ 17. Neuheit 301
    I. Der gesetzliche Neuheitsbegriff 301
        a) Patentrecht 301
        b) Gebrauchsmusterrecht 302
    II. Zwecke des Neuheitsbegriffs 303
    III. Prüfung der Neuheit 305
    IV. Abgrenzung des Neuheitsgehalts der Erfindung 313
        a) Allgemeines 313
        b) Neuheit durch Auswahl aus vorbekannten Bereichen? 315
            aa) Deutsche Rechtsprechung 315
            bb) Rechtsprechung des EPA 317
            cc) Wertung 319

§ 18. Erfinderische Leistung 320
    I. Bedeutung und Zweck des Erfordernisses 320
        a) Patentrecht: Beruhen auf erfinderischer Tätigkeit 320
        b) Gebrauchsmusterrecht: Beruhen auf einem erfinderischen Schritt 324
    II. Allgemeine Beurteilungskriterien 328
    III. Einzelfragen 345
    IV. Begründung des Werturteils über die erfinderische Leistung. Hilfskriterien 350

Dritter Abschnitt. Das Recht an der Erfindung

§ 19. Erfinderprinzip und Erfinderrecht 360
    I. Allgemeines. Gesetzliche Grundlagen 360
    II. Entstehung des Erfinderrechts. Rechtsnachfolge 361
    III. Bestimmung des Erfinders. Miterfinderschaft 364
    IV. Erfinderrecht und Anmeldung. Parallelerfindungen 369
    V. Gemeinschaftliche Rechte an Erfindungen 372
        a) Allgemeines 372
        b) Rechtsverhältnisse bei der Bruchteilsgemeinschaft 374
        c) Rechtsverhältnisse bei Bestehen einer Gesellschaft 385

§ 20. Der Schutz des Erfinderrechts 386
    I. Der Übertragungsanspruch nach § 8 PatG 386
        a) Voraussetzungen 386
        b) Inhalt des Anspruchs 389
        c) Rechtsnatur des Anspruchs. Ergänzende Ansprüche 391
        d) Entstehung und Erlöschen des Anspruchs 394
        e) Wirkungen der Übertragung 397
    II. Widerruf, Nichtigerklärung und Löschung wegen widerrechtlicher Entnahme .. 398
        a) Widerruf und Nichtigerklärung des Patents 398
        b) Löschung des Gebrauchsmusters 402
        c) Wertung 403
    III. Durchsetzung des Rechts auf das europäische Patent 403
        a) Intervention des Berechtigten im Erteilungsverfahren. Grundlagen 403
        b) Anerkennung nationaler Entscheidungen über den Erteilungsanspruch 405

Inhaltsverzeichnis

   c) Sicherung und Ausübung des Interventionsrechts 407
   d) Durchsetzung des Rechts nach Patenterteilung 409
  IV. Schutz des Erfinderpersönlichkeitsrechts 411
   a) Nennung als Erfinder im Patenterteilungsverfahren nach deutschem Recht ... 411
   b) Die Erfindernennung im Verfahren vor dem Europäischen Patentamt 413
   c) allgemeine Rechtsfolgen bei Verletzung des Erfinderpersönlichkeitsrechts 414
  V. Grenzen des Schutzes 415

§ 21. Arbeitnehmererfindungen 416
  I. Allgemeines 418
   a) Wirtschaftliche Bedeutung, Interessenlage, Rechtsentwicklung 418
   b) Grundgedanken und Grundbegriffe 422
   c) Bestimmung der maßgeblichen Rechtsordnung 423
  II. Anwendungsbereich des Gesetzes über Arbeitnehmererfindungen 425
   a) Persönlicher Anwendungsbereich 425
   b) Sachlicher Anwendungsbereich 426
    aa) Erfindungen und technische Verbesserungsvorschläge 426
    bb) Diensterfindungen und freie Erfindungen 427
  III. Meldung und Inanspruchnahme von Diensterfindungen 430
   a) Unterrichtung des Arbeitgebers 430
   b) Inanspruchnahme von Diensterfindungen 432
  IV. Die Schutzrechtsanmeldung 434
   a) Inlandsanmeldungen 434
   b) Anmeldung im Ausland 437
  V. Der Vergütungsanspruch des Arbeitnehmers 437
  VI. Freie Erfindungen 441
  VII. Besonderheiten im öffentlichen Dienst 442
   a) Öffentlicher Dienst außerhalb von Hochschulen 442
   b) Erfindungen an einer Hochschule Beschäftigter 443
  VIII. Verfahrensregelungen 450
  IX. Reformbestrebungen 450

Vierter Abschnitt. Entstehung und Wegfall von Patenten und Gebrauchsmustern

§ 22. Einführung. Überblick 453
  I. Die formalen Voraussetzungen des Patent- und Gebrauchsmusterschutzes 453
  II. Wege zum Patent- und Gebrauchsmusterschutz 457
   a) Nationale Anmeldung 458
   b) Europäische Patentanmeldung 458
   c) Internationale Anmeldung 458
   d) Prioritäten und Abzweigung 461
  III. Wegfall des Patents 463
   a) Beendigung ohne Rückwirkung 463
   b) Rückwirkende Beseitigung 463
  IV. Wegfall des Gebrauchsmusters 465
   a) Beendigung ohne Rückwirkung 465
   b) Löschung 465

1. Kapitel. Patente und Gebrauchsmuster des Deutschen Patent- und Markenamts 466

§ 23. Allgemeine Regelungen für das patentamtliche und gerichtliche Verfahren 466
  I. Verfahren vor dem Deutschen Patent- und Markenamt 467
   a) Rechtsstellung des Amts und seiner Mitglieder 467
   b) Verfahrensgrundsätze 472
  II. Verfahren vor dem Bundespatentgericht 473
   a) Beschwerdeverfahren 473
   b) Nichtigkeits- und Zwangslizenzverfahren 477
   c) Einspruchsverfahren 480

Inhaltsverzeichnis

d) Gemeinsame Vorschriften für die patentgerichtlichen Verfahren	481
III. Verfahren vor dem Bundesgerichtshof	483
a) Rechtsbeschwerdeverfahren	483
b) Nichtigkeitsberufungsverfahren	489
c) Beschwerdeverfahren	492
IV. Gemeinsame Verfahrensregeln	492
a) Vertretung	492
b) Amts- und Gerichtssprache	493
c) Wahrung der Schriftform durch Aufzeichnung als elektronisches Dokument	494
d) Wahrheitspflicht	494
e) Wiedereinsetzung nach Fristversäumnis	495
f) Weiterbehandlung der Anmeldung	496
g) Kostenentscheidungen	497
h) Verfahrenskostenhilfe (VKH)	497
V. Eintragungen und Veröffentlichungen des Patentamts. Akteneinsicht	500
a) Eintragungen im Patentregister	500
b) Eintragungen im Gebrauchsmusterregister	505
c) Veröffentlichungen	506
d) Akteneinsicht beim DPMA	507
e) Akteneinsicht bei den Gerichten	509
§ 24. Die Anmeldung beim Deutschen Patent- und Markenamt	510
A. Die Patentanmeldung	510
I. Einreichung	511
II. Erteilungsantrag A II	513
III. Patentansprüche	514
IV. Beschreibung und Zeichnungen	523
V. Offenbarung der Erfindung	524
a) Bedeutung des Erfordernisses	524
b) Allgemeiner Beurteilungsmaßstab	525
c) Einzelfragen	529
VI. Einheitlichkeit des Anmeldungsgegenstands	534
VII. Zusammenfassung des Anmeldungsinhalts	536
VIII. Erfinderbenennung	537
IX. Inanspruchnahme von Prioritäten	538
a) Unionspriorität	538
aa) Allgemeine Voraussetzungen und Wirkungen	538
bb) Mehrfache Priorität und Teilpriorität	541
b) Innere Priorität	546
X. Zusatzanmeldung	549
B. Die Gebrauchsmusteranmeldung	552
I. Überblick	552
II. Einheitlichkeit	553
III. Offenbarung	553
IV. Schutzansprüche	554
V. Inanspruchnahme des Anmeldetags einer früheren Patentanmeldung (Abzweigung)	555
§ 25. Patenterteilung und Gebrauchsmustereintragung durch das Deutsche Patent- und Markenamt	558
A. Das Erteilungsverfahren nach dem Patentgesetz	558
I. Rechtsfolgen des Eingangs der Anmeldung	558
II. Vorläufige Prüfung auf offensichtliche Mängel	560
III. Offenlegung der Anmeldung	562
IV. Amtliche Ermittlung des Stands der Technik (Recherche)	563
V. Vollständige Prüfung. Entscheidung über das Patentgesuch	564
a) Prüfungsantrag und -gebühr	564
b) Durchführung der Prüfung	565
c) Zurückweisung der Anmeldung (§ 48 PatG)	566

Inhaltsverzeichnis

d) Erteilung des Patents	568
VI. Besonderheiten bei Anmeldungen, die Staatsgeheimnisse betreffen	572
VII. Zurücknahme und Verfall der Anmeldung	574
VIII. Änderung der Anmeldung	579
a) Grundsätze	579
b) Einzelfragen	584
c) Rechtsfolgen unzulässiger Erweiterung	587
d) Wirkung einschränkender Änderungen	589
IX. Teilung der Anmeldung	594
a) Gesetzliche Regelung	594
b) Teilung nur des Verfahrens oder auch des Anmeldungsgegenstands?	595
c) Verfahren	598
d) Teilung zwecks Herstellung der Einheitlichkeit („Ausscheidung")	603
X. Patent Prosecution Highway (PPH)	605
B. Das Eintragungsverfahren nach dem Gebrauchsmustergesetz	606
I. Rechtsfolgen des Eingangs der Anmeldung	606
II. Prüfung und Eintragung	607
III. Recherche	608
IV. Zurücknahme, Verfall, Änderung und Teilung der Anmeldung	609
§ 26. Wegfall vom Deutschen Patent- und Markenamt erteilter Patente und eingetragener Gebrauchsmuster	**610**
A. Nicht rückwirkende Beendigung	610
I. Erlöschen durch Verzicht	611
a) Verzicht des Patentinhabers	611
b) Verzicht des Gebrauchsmusterinhabers	613
II. Ende der Laufzeit und Nichtzahlung von Jahresgebühren	614
a) Ende der Patentlaufzeit	614
b) Verlängerung der Schutzdauer durch ergänzende Schutzzertifikate	619
c) Nichtzahlung einer Jahresgebühr	629
d) Laufzeitende und Nichtzahlung einer Verlängerungsgebühr beim Gebrauchsmuster	634
III. Nicht rückwirkender Wegfall von Patentwirkungen durch Erteilung eines E.P-Patents	635
B. Rückwirkender Wegfall	635
I. Überblick	636
II. Widerruf des Patents infolge Einspruchs B II	638
III. Nichtigerklärung des Patents	654
IV. Widerruf und Beschränkung des Patents auf Antrag des Inhabers	666
V. Löschung des Gebrauchsmusters	667
2. Kapitel. Europäische Patente	**672**
§ 27. Allgemeine Regelungen für das Verfahren des Europäischen Patentamts	**672**
I. Organe und Rechtsstellung des EPA	672
II. Allgemeine Verfahrensvorschriften	674
a) Sprachen	674
b) Verfahrensgrundsätze	675
c) Fristen	677
d) Vertretung	679
III. Eintragungen. Veröffentlichungen. Akteneinsicht	680
IV. Verfahren vor den Beschwerdekammern und der Großen Beschwerdekammer	681
§ 28. Die europäische Patentanmeldung	**685**
I. Einreichung	686
II. Erteilungsantrag	687
III. Beschreibung, Ansprüche, Zeichnungen, Zusammenfassung	688
a) Offenbarung der Erfindung	688
b) Patentansprüche	690

Inhaltsverzeichnis

c) Zeichnungen	694
d) Zusammenfassung	694
IV. Gebühren für die Anmeldung	694
V. Erfindernennung	696
VI. Prioritätserklärung und -belege	696
VII. Einheitlichkeit des Anmeldungsgegenstands	699
VIII. Teilanmeldung. Neue Anmeldung nach Art. 61	700
§ 29. Das Erteilungsverfahren vor dem Europäischen Patentamt	703
I. Eingangs- und Formalprüfung	704
a) Zuerkennung eines Anmeldetags. Wirkungen der Anmeldung	704
b) Ordnungsmäßigkeit und Vollständigkeit der Anmeldung	705
II. Recherche	706
III. Veröffentlichung der Anmeldung und des Recherchenberichts	708
a) Zeitpunkt und Durchführung	708
b) Materiellrechtliche Wirkungen, insbesondere einstweiliger Schutz	709
IV. Vollständige Prüfung. Entscheidung über das Patentgesuch	711
a) Prüfungsantrag und -gebühr	711
b) Verfahren vor der Prüfungsabteilung	712
c) Zurückweisung der Anmeldung	713
d) Erteilung des Patents	714
V. Zurücknahme und Verfall der Anmeldung	718
VI. Änderung der Anmeldung	719
VII. Berichtigung von Unterlagen	727
§ 30. Wegfall europäischer Patente	729
I. Erlöschen und sonstige nicht rückwirkende Beendigung	729
II. Widerruf durch das Europäische Patentamt im Einspruchsverfahren	731
a) Zweck und allgemeine Voraussetzungen des Einspruchs	731
b) Befugnis zum Einspruch. Verfahrensbeteiligte. Kosten	732
c) Zuständigkeit. Erfordernisse bei Einreichung	734
d) Prüfung der Zulässigkeit. Beendigung des Verfahrens ohne Sachentscheidung	735
e) Sachprüfung und -entscheidung	737
aa) Allgemeines	737
bb) Umfang der Prüfung	737
cc) Widerruf des Patents. Zurückweisung des Einspruchs	739
dd) Beschränkte Aufrechterhaltung des Patents	740
ee) Voraussetzungen und Grenzen für Änderungen des Patents	742
III. Nichtigkeit (Geltendmachung in nationalen Verfahren)	746
IV. Widerruf oder Beschränkung auf Antrag des Patentinhabers	749
§ 30a. Europäisches Patent mit einheitlicher Wirkung und Einheitliches Patentgericht	749
A. Überblick	751
I. Rechtsquellen	751
II. Hintergrund und Inkrafttreten des Einheitspatentsystems	751
B. Das Europäische Patent mit einheitlicher Wirkung (EPeW)	755
I. Entstehung des EPeW	755
II. Wirkung	755
C. Das Einheitliche Patentgericht (EPatG)	757
I. Aufbau	757
II. Zuständigkeit und Verfahrensgrundsätze	757
III. Verhältnis zum EuGH	758
IV. Nichtigkeitsklage	759
V. Verletzungsklage	760
VI. Einstweiliger Rechtsschutz	762
D. Auswirkungen auf Europäische Patente (ohne einheitliche Wirkung)	762
I. Verhältnis von EP und EPeW	762
II. Zuständigkeit des EPatG für EP	762
III. Auf EP anwendbare Vorschriften	763

Inhaltsverzeichnis

Fünfter Abschnitt. Wirkung und Durchsetzung von Patenten und Gebrauchsmustern

§ 31. Schutzrechtsverletzung – Kriterien und Sanktionen 767

§ 32. Der Schutzbereich des Patents und des Gebrauchsmusters 771
    I. Die geltenden Vorschriften 774
    II. Historischer Abriss zur Bestimmung des Schutzumfangs von Patenten und Gebrauchsmustern 776
        a) Die „Dreiteilungslehre" 776
        b) Kritik 778
    III. Die Bestimmung des Schutzbereich von Patenten und Gebrauchsmustern nach geltendem Recht 780
        a) Grundfragen 780
        b) Grundlagen der Auslegung 782
        c) Inhalt der Patentansprüche und Schutzbereich 789
        d) Berücksichtigung der Austauschbarkeit funktionsgleicher Arbeitsmittel (Äquivalenz) 791
            aa) Grundsätze 791
            bb) Voraussetzungen der Maßgeblichkeit von Funktion und Wirkung der ausgetauschten Mittel 795
            cc) Äquivalenz und Abhängigkeit 796
            dd) Verzichte und Beschränkungen 799
            ee) Einzelfragen 799
        e) Absehen von entbehrlichen Merkmalen (Teilschutz)? 801
            aa) Grundsätzliche Überlegungen 801
            bb) Rechtsprechung 803
        f) Bindung der Gerichte an das Patent 804
            aa) Grundsätzliche Überlegungen 804
            bb) Rechtsprechung: Der „‚Formstein'-Einwand" 806

§ 33. Die schutzrechtsverletzenden Handlungen 809
    I. Allgemeines 811
        a) Gesetzliche Regelung 811
        b) Verhältnis der Verletzungstatbestände zueinander 815
        c) Verbietungsrecht und Benutzungsrecht 815
        d) Räumlicher Geltungsbereich des Patents oder Gebrauchsmusters 819
    II. Benutzungshandlungen in Bezug auf Erzeugnisse 820
        a) Tragweite des Schutzes durch Sachpatente und Gebrauchsmuster 821
        b) Herstellen 824
            aa) Allgemeine Kennzeichnung. Zurechnung des Herstellungsvorgangs. Teilherstellung 824
            bb) Wiederherstellende Ausbesserung 828
        c) Inverkehrbringen 834
        d) Anbieten 836
        e) Gebrauchen 840
        f) Einfuhr, Besitz 840
    III. Benutzungshandlungen in Bezug auf Verfahren oder deren Erzeugnisse ... 841
        a) Anwenden eines Verfahrens 841
        b) Anbieten eines Verfahrens 842
        c) Handlungen in Bezug auf unmittelbare Verfahrenserzeugnisse 845
            aa) Allgemeines 845
            bb) Herstellung durch das patentierte Verfahren 847
            cc) Unmittelbarkeit 849
            dd) Beweiserleichterung bei neuen Erzeugnissen (§ 139 Abs. 3 PatG) 852
        d) Besonderheiten bei Patenten, die sich auf die Verwendung von Erzeugnissen beziehen 854
    IV. Von der Wirkung des Patents und des Gebrauchsmusters ausgenommene Benutzungshandlungen 860

Inhaltsverzeichnis

a) Handlungen im privaten Bereich zu nichtgewerblichen Zwecken	860
b) Handlungen zu Versuchszwecken	861
c) Individuelle Zubereitung von Arzneimitteln	865
d) Einrichtungen an ausländischen Fahrzeugen	865
e) Schranken der Patentwirkungen bei Vermehrung biologischen Materials	866
V. Verbrauch (Erschöpfung) von Befugnissen aus dem Schutzrecht	867
a) Inhalt, Rechtfertigung und Wesen des Erschöpfungsgrundsatzes	867
b) Inverkehrbringen kraft entsprechender Berechtigung	869
c) Erschöpfung durch Inverkehrbringen im Ausland?	871
d) Einfluss des unionsrechtlichen Grundsatzes des freien Warenverkehrs	873
e) Inverkehrbringen von Vorrichtungen zur Ausführung patentierter Verfahren	876
VI. Anbieten und Liefern von Mitteln zur Erfindungsbenutzung (mittelbare Verletzung)	878
a) Die mittelbare Patentverletzung nach früherem Recht	880
b) Beurteilung nach geltendem Recht	882
VII. Teilnahme	889
§ 34. Benutzungsbefugnisse Dritter	890
I. Benutzungsrecht kraft Lizenzbereitschaftserklärung des Patentinhabers	890
II. Das Weiterbenutzungsrecht des Vorbenutzers (Vorbenutzungsrecht)	894
a) Begriff und Wesen. Gesetzliche Regelung	894
b) Voraussetzungen	895
c) Inhalt und Umfang	899
d) Bindung an den Betrieb. Erlöschen	901
III. Weiterbenutzungsrecht nach vorübergehendem Wegfall des Schutzrechts oder der Anmeldung	902
a) Patente	902
b) Gebrauchsmuster	903
IV. Zwangslizenz	904
a) Gesetzliche Regelung und Grundvoraussetzungen	904
b) Zweck und Rechtfertigung	908
c) Lizenzbemühen	909
d) Bedeutung des öffentlichen Interesses	910
e) Erteilung	912
f) Wirkung	913
V. Staatliche Benutzungsanordnung	915
§ 35. Ansprüche wegen Patent- oder Gebrauchsmusterverletzung	916
I. Unterlassung und Beseitigung	919
a) Unterlassungsanspruch	919
b) Beseitigungsansprüche	924
II. Schadenersatz	926
a) Haftungsvoraussetzungen	926
b) Drei Methoden der Schadenersatzberechnung	930
c) Konkreter Schaden des Verletzten	934
d) Lizenzanalogie	935
e) Herausgabe des Verletzergewinns	939
III. Bereicherungsausgleich	942
V. Restschadenersatzanspruch	946
VI. Auskunft und Rechnungslegung	947
a) Ansprüche auf Auskunft	947
b) Rechnungslegung	949
VII. Gläubiger und Schuldner	952
a) Anspruchsberechtigte	952
b) Verpflichtete	953
VIII. Einreden und Einwendungen	955
§ 36. Die Klage wegen Patent- oder Gebrauchsmusterverletzung	958
I. Zuständigkeit	961
a) Regelung im PatG und GebrMG	961

XXI

Inhaltsverzeichnis

b) Internationale Zuständigkeit	962
II. Parteien. Vertretung	967
III. Prozessvorbereitung: Beweisbeschaffung, Verwarnung	969
a) Grundlagen des Besichtigungsanspruchs	969
b) Rechtsprechung zum Besichtigungsanspruch	969
c) Regelung gemäß dem Durchsetzungsgesetz vom 7.7.2008	970
aa) Besichtigungsanspruch, § 140c PatG, § 24c GebrMG	971
bb) Anspruch auf Vorlage von Urkunden und Unterlagen, § 140c PatG, § 24c GebrMG	971
cc) Anspruch auf Vorlage von oder Zugang zu Unterlagen zur Anspruchssicherung, § 140d PatG, § 24d GebrMG	972
d) Anspruchsdurchsetzung	972
e) Verwarnung	973
IV. Klageantrag	973
V. Streitwertbegünstigung	974
VI. Schranken gesonderter Geltendmachung mehrerer Patente	975
VII. Aussetzung wegen Einspruchs-, Nichtigkeits- oder Löschungsverfahrens	977
VIII. Urteil und Rechtskraftwirkung	979
IX. Einstweilige Verfügung (eV)	982
X. Beschlagnahme durch die Zollbehörde	986
§ 37. Entschädigungsanspruch wegen Benutzung des Gegenstands einer offengelegten Patentanmeldung	986
§ 38. Strafbarkeit vorsätzlicher Schutzrechtsverletzung	995
I. Patente und ergänzende Schutzzertifikate	995
II. Gebrauchsmuster	997
§ 39. Werbung mit Schutzrechten und unberechtigte Verwarnung	997
I. Der Auskunftsanspruch wegen Patent- oder Gebrauchsmusterberühmung	998
II. Irreführende Angaben über Patent- oder Gebrauchsmusterschutz	1000
III. Unbegründete Verwarnung oder Klage wegen Patent- oder Gebrauchsmusterverletzung	1004

Sechster Abschnitt. Rechte an Erfindungen im Rechtsverkehr

Einführung	1015
§ 40. Übertragung, Belastung, Lizenz	1016
I. Übertragbare Rechte	1016
II. Form der Übertragung	1016
III. Zivilrechtliche Bedeutung der Übertragbarkeit	1017
IV. Lizenzen	1018
a) Zulässigkeit. Verhältnis zur beschränkten Übertragung	1018
b) Erteilung	1019
V. Rechtsgehalt der Lizenz	1020
a) Einfache Lizenz	1020
b) Ausschließliche Lizenz	1021
c) Wirkungen gegenüber Dritten	1021
aa) Ausschließliche Lizenz	1021
bb) Einfache Lizenz	1022
d) Übertragbarkeit. Unterlizenzen	1023
VI. Beschränkungen der Lizenz	1024
§ 41. Verpflichtungen aus Übertragungs- und Lizenzverträgen	1026
I. Allgemeines	1026
II. Pflichten des Verkäufers und des Lizenzgebers	1028
III. Pflichten des Käufers oder Lizenznehmers	1030
IV. Haftung des Verkäufers oder Lizenzgebers für Tauglichkeitsmängel der Erfindung	1032

Inhaltsverzeichnis

	V. Haftung des Verkäufers oder Lizenzgebers für Rechtsmängel	1035
	a) Kauf	1035
	b) Lizenz	1038
§ 42.	Wettbewerbsbeschränkungen bei der Verwertung von Rechten an Erfindungen	1039
	A. Anwendung von Art. 101 und 102 AEUV	1040
	I. Inhalt der Regelung	1040
	a) Verbot von Beschränkungen. Nichtigkeit von Vereinbarungen und Beschlüssen	1040
	b) Freistellung	1040
	c) Verbot des Missbrauchs einer marktbeherrschenden Stellung	1040
	II. Verfahrensvorschriften	1041
	III. Anwendung des Art. 101 AEUV auf Verträge über technische Schutzrechte: Rechtsentwicklung	1041
	IV. Die Gruppenfreistellungsverordnung Technologietransfer (GVO TT)	1044
	a) Regelungssystem der VO Nr. 316/2014	1044
	b) Freistellungshindernde Kernbeschränkungen	1046
	aa) Grundsätze	1046
	bb) Unschädliche Exklusivitätsbestimmungen	1047
	c) Nicht freigestellte Beschränkungen: Rücklizenz- und Nichtangriffsklauseln	1047
	V. Anwendung von Art. 102 AEUV auf Immaterialgüterrechte	1047
	B. Anwendung des Gesetzes gegen Wettbewerbsbeschränkungen	1048
§ 43.	Standardessentielle Patente (SEP) und ihre FRAND-Lizenzierung	1051
	I. Grundlagen	1052
	a) Verhältnis Patentrecht – Wettbewerbsrecht	1052
	b) Bedeutung und Bewertung von Standards und Standardisierung	1052
	c) Standardsetzung und Standardessentialität	1053
	II. Wettbewerbsrechtliche Vorgaben für die Lizenzierung standardessentieller Patente (SEPs)	1054
	III. FRAND-konformes Parteiverhalten (sog. FRAND-Roadmap)	1057
	IV. FRAND-konforme Lizenzbedingungen	1060
	a) FRAND-Konformität als Voraussetzung der SEP-Durchsetzung	1060
	b) Offene Fragen	1061
	c) Bestimmung FRAND-konformer SEP-Lizenzentgelte	1062
	d) Diskriminierungsfreiheit der SEP-Lizenzierung	1066
	e) Einzelfragen	1069
Sachverzeichnis		1073

Abkürzungsverzeichnis

ABl.	Amtsblatt
ABl. EPA	Amtsblatt des Europäischen Patentamts
Abs.	Absatz
AcP	Archiv für die civilistische Praxis
aE	am Ende
AEUV	Vertrag über die Arbeitsweise der Europäischen Union
aF	alte(r) Fassung
AG	Amtsgericht, Arbeitgeber
AIPPI	Association Internationale pour la Protection de la Propriété Industrielle
ALR	Allgemeines Landrecht für die Preußischen Staaten
aM	anderer Meinung
AN	Arbeitnehmer
Anm.	Anmerkung
AnsprÜbersVO	Verordnung über die Übersetzungen der Ansprüche europäischer Patentanmeldungen
AO	Ausführungsordnung
ArbEG	Gesetz über Arbeitnehmererfindungen
Art.	Artikel
Ast.	Antragsteller
Aufl.	Auflage
AusfO	Ausführungsordnung
AWD	Außenwirtschaftsdienst des Betriebsberaters
BAG	Bundesarbeitsgericht
BB	Betriebs-Berater
Bd.	Band
BeckRS	Beck'sche Rechtsprechungssammlung (Online-Datenbank)
Bekl.	Beklagte(r)
Bf.	Beschwerdeführer
BGB	Bürgerliches Gesetzbuch
BGBl.	Bundesgesetzblatt
BGH	Bundesgerichtshof
BGHZ	Entscheidungen des Bundesgerichtshofs in Zivilsachen
BioMatHintV	Verordnung über die Hinterlegung von biologischem Material in Patent- und Gebrauchsmusterverfahren (Biomaterial-Hinterlegungsverordnung)
BioPat-RL	Richtlinie über den rechtlichen Schutz biotechnologischer Erfindungen
BIRPI	Bureaux Internationaux Réunis pour la Protection de la Propriété Intellectuelle
BK	Beschwerdekammer
BKartA	Bundeskartellamt
BlPMZ	Blatt für Patent-, Muster- und Zeichenwesen
BMJV	Bundesministerium der Justiz und für Verbraucherschutz
BPatG	Bundespatentgericht
BPatGE	Entscheidungen des Bundespatentgerichts
BS	Beschwerdesenat
Buchst.	Buchstabe
BVerfG	Bundesverfassungsgericht
BVerwG	Bundesverwaltungsgericht
bzw.	beziehungsweise
CP	Computerprogramm
CPI	Code de la Propriété Intellectuelle

Abkürzungen

CuR	Computer und Recht
DB	Der Betrieb
DDR	Deutsche Demokratische Republik
ders.	derselbe
dh	das heißt
Diss.	Dissertation
DPA	Deutsches Patentamt (vor 1998)
DPMA	Deutsches Patent- und Markenamt (seit 1998)
DPMAV	Verordnung über das Deutsche Patent- und Markenamt
DurchsRL	Richtlinie 2004/48/EG zur Durchsetzung der Rechte des geistigen Eigentums
DVA	Datenverarbeitungsanlage
DVGR	Deutsche Vereinigung für gewerblichen Rechtsschutz und Urheberrecht (auch „GRUR")
E	(Sammlung der) Entscheidungen (des jeweils zitierten Gerichts)
EDV	Elektronische Datenverarbeitung
EG	Europäische Gemeinschaft(en)
EGBGB	Einführungsgesetz zum BGB
EGV	Vertrag zur Gründung der Europäischen Gemeinschaft
Entsch.	Entscheidung
EPeW	europäisches Patent mit einheitlicher Wirkung
EPA	Europäisches Patentamt
EPO	Europäische Patentorganisation
EPÜ	Europäisches Patentübereinkommen
EPÜ-GK	Münchener Gemeinschaftskommentar zum Europäischen Patentübereinkommen
ErfBenVO	Erfinderbenennungsverordnung
Erg.	Ergebnis
ErstrG	Erstreckungsgesetz
ERvGewRV	Verordnung über den elektronischen Rechtsverkehr im gewerblichen Rechtsschutz
EST	Expressed Sequence Tag(s)
EU	Europäische Union
EuGH	Gerichtshof der Europäischen Gemeinschaften
EuGVÜ	Übereinkommen der Europäischen Gemeinschaft über die gerichtliche Zuständigkeit und die Vollstreckung gerichtlicher Entscheidungen in Zivil- und Handelssachen
EuGVVO	Verordnung über die gerichtliche Zuständigkeit und die Anerkennung und Vollstreckung gerichtlicher Entscheidungen in Zivil- und Handelssachen
eV	einstweilige Verfügung
EWG	Europäische Wirtschaftsgemeinschaft
f., ff.	und folgende
Fn.	Fußnote
FS	Festschrift
FS BPatG	25 Jahre Bundespatentgericht, 1986
FS 50 J. BPatG	50 Jahre Bundespatentgericht, 2011
FS 80 J. PatG Ddf	80 Jahre Patentgerichtsbarkeit Düsseldorf, 2016
GATT	General Agreement on Tariffs and Trade
GBK	Große Beschwerdekammer
Gbm	Gebrauchsmuster
GebO	Gebührenordnung
GebrMG	Gebrauchsmustergesetz
GebrMV	Verordnung zur Ausführung des Gebrauchsmustergesetzes (Gebrauchsmusterverordnung)
GEI	Gericht erster Instanz der Europäischen Gemeinschaften
gem.	gemäß
GeschmMG	Geschmacksmustergesetz

Abkürzungen

GG	Grundgesetz für die Bundesrepublik Deutschland
GPatG	Gemeinschaftspatentgesetz
GPÜ	Gemeinschaftspatentübereinkommen (die Art. sind nach der Fassung von 1975 numeriert; die Nummern der Fassung von 1989 sind in Klammern beigefügt)
GRUR	Gewerblicher Rechtsschutz und Urheberrecht
GRUR-FS	Gewerblicher Rechtsschutz und Urheberrecht in Deutschland, 1991
GRUR-Int	Gewerblicher Rechtsschutz und Urheberrecht – Internationaler Teil
GRUR-RR	Gewerblicher Rechtsschutz und Urheberrecht – Rechtsprechungs-Report
GVG	Gerichtsverfassungsgesetz
GWB	Gesetz gegen Wettbewerbsbeschränkungen
HABM	Harmonisierungsamt für den Binnenmarkt – Marken, Muster und Modelle
Hs.	Halbsatz
HGB	Handelsgesetzbuch
hL	herrschende Lehre
hM	herrschende Meinung
Hrsg.	Herausgeber
Hs.	Halbsatz
idF	in der Fassung
IIC	International Review of Intellectual Property and Competition Law (bis 2003: ... and Copyright Law)
Ind. Prop.	Industrial Property
insbes.	insbesondere
IntPatÜG	Gesetz über internationale Patentübereinkommen
IPR	Internationales Privatrecht
iSd	im Sinne des (der)
iSv	im Sinne von
iVm	in Verbindung mit
Jh.	Jahrhundert
JW	Juristische Wochenschrift
JZ	Juristenzeitung
KG	Kammergericht, Kommanditgesellschaft
Kl.	Kläger(in)
krit.	kritisch
l.	linke Spalte
Lfg.	Lieferung
LG	Landgericht, Lizenzgeber
LN	Lizenznehmer
Ls.	Leitsatz
lt.	laut
m.	mit
MarkenG	Markengesetz
maW	mit anderen Worten
Mitt.	Mitteilungen der deutschen Patentanwälte
MO	Mikroorganismus (-organismen)
MuW	Markenschutz und Wettbewerb
mwN	mit weiteren Nachweisen
Nachw.	Nachweise(n)
nF	neue(r) Fassung
NJOZ	Neue Juristische Online-Zeitschrift
NJW	Neue Juristische Wochenschrift
NJW-RR	NJW-Rechtsprechungs-Report Zivilrecht
Nr.	Nummer
OHG	Offene Handelsgesellschaft

Abkürzungen

OLG	Oberlandesgericht
OMPI	Organisation Mondiale de la Propriété Intellectuelle
PA	Patentamt
PatG	Patentgesetz
PatGÄndG	Gesetz zur Änderung des Patentgesetzes
PatV	Patentverordnung
PCT	Patent Cooperation Treaty (Patentzusammenarbeitsvertrag)
PIZ	Patentinformationszentrum
PLT	Patent Law Treaty
Prop. Ind.	La Propriété Industrielle
PS	Patentschrift
PVÜ	Pariser Verbandsübereinkunft zum Schutz des gewerblichen Eigentums
R	Regel der Ausführungsordnung (zum jeweils zitierten Übereinkommen)
r.	rechte Spalte
Rn.	Randnummer
rev.	revidiert
RG	Reichsgericht
RGSt	Entscheidungen des Reichsgerichts in Strafsachen
RGZ	Entscheidungen des Reichsgerichts in Zivilsachen
RIW	Recht der Internationalen Wirtschaft
ROHGE	Entscheidungen des Reichsoberhandelsgerichts
Rspr.	Rechtsprechung
S.	Seite
s.	siehe
SdT	Stand der Technik
sog.	sogenannt(e, -er, -es)
SortenschG	Sortenschutzgesetz
SortenschVO	Sortenschutzverordnung
StGB	Strafgesetzbuch
StPO	Strafprozessordnung
StrÜ	Straßburger Übereinkommen zur Vereinheitlichung gewisser Begriffe des materiellen Rechts der Erfindungspatente
TRIPS	Trade-Related Aspects of Intellectual Property Rights
TRIPS-Ü	Übereinkommen über handelsbezogene Aspekte der Rechte des geistigen Eigentums
TT-GVO	Verordnung (EU) Nr. 316/2014 über die Anwendung von Art. 101 Abs. 3 AEUV auf Gruppen von Technologietransfer-Vereinbarungen
u.	und
ua	und andere, unter anderem (anderen)
uä	und ähnliche(s)
u. dgl.	und dergleichen
ÜG	Überleitungsgesetz
UKlaG	Unterlassungsklagengesetz
UPOV	Union pour la protection des obtentions végétales
UPOV-Ü	UPOV-Übereinkommen
UrhG	Gesetz über Urheberrecht und verwandte Schutzrechte
USPTO	United States Patent and Trademark Office
uU	unter Umständen
UWG	Gesetz gegen den unlauteren Wettbewerb
v.	von, vom
VBR	Vorbenutzungsrecht
vgl.	vergleiche
VKH	Verfahrenskostenhilfe
VO	Verordnung
VwGO	Verwaltungsgerichtsordnung

Abkürzungen

VwVfG	Verwaltungsverfahrensgesetz
WahrnV	Verordnung über die Wahrnehmung einzelner den Prüfungsstellen, der Gebrauchsmusterstelle, den Markenstellen und den Abteilungen des Patentamts obliegender Geschäfte (Wahrnehmungsverordnung)
WIPO	World Intellectual Property Organization
WTO	World Trade Organization
WuW	Wirtschaft und Wettbewerb
zB	zum Beispiel
ZHR	Zeitschrift für das gesamte Handelsrecht und Wirtschaftsrecht
zit.	zitiert
ZL	Zwangslizenz
ZPO	Zivilprozessordnung

Allgemeine Literaturangaben

Hinweise zur Zitierweise:
1. Die nachstehend aufgeführten Werke werden, soweit nichts anderes angegeben ist, nur mit den Namen der Verfasser (Begründer, Herausgeber) zitiert.
2. Weitere Literaturhinweise finden sich in Fußnoten sowie am Anfang einzelner Teile der Darstellung. Die dort angegebenen Veröffentlichungen werden innerhalb des Teils, dem sie vorangestellt sind, abgekürzt zitiert.
3. Textausgaben sind in → § 8 Rn. 2 genannt.

Ann C./Loschelder M./Grosch M., Praxishandbuch Know-how-Schutz, 2010 (zit.: Ann/Loschelder/Grosch/Bearbeiter)
Ann C./Hauck R./Maute L., Auskunftsanspruch und Geheimnisschutz im Verletzungsprozess, 2010
Ahrens, Gewerblicher Rechtsschutz, 2008
Baumbach/Lauterbach/Albers/Hartmann, ZPO, 78. Aufl. 2020
Beier, F./Haertel, K./Schricker, G./Straus, J. (Hrsg.), Europäisches Patentübereinkommen – Münchener Gemeinschaftskommentar, 2003 (30. Lieferung) (zit.: EPÜ-GK)
Benkard, G., Patentgesetz – Gebrauchsmustergesetz, 11. Aufl. von *C. D. Asendorf, K. Bacher, H. Deichfuß, F.-W. Engel, S. Fricke, F. P. Goebel, K. Grabinski, R. Hall, H. Kober-Dehm K.-J. Melullis, J. Nobbe, R. Rogge, A. Schäfers, U. Scharen, Ch. Schmidt, W. Schramm, H.-D. Schwarz, P. Tochtermann, E. Ullmann und C. Zülch*, 2015 (zit.: Benkard/Bearbeiter)
Benkard G./Ehlers J./Kinkeldey. U, Europäisches Patentübereinkommen, 3. Aufl. 2019 (zit.: Bearbeiter, Benkard, EPÜ)
Bernhardt, W./Kraßer, R., Lehrbuch des deutschen Patentrechts, 3. Aufl. 1973
Bodenhausen, G. H. C., Pariser Verbandsübereinkunft zum Schutz des gewerblichen Eigentums, 1971
Brinkmann, S./Tilmann, M. W., EPÜ-Handbuch. Texte – Zusammenhänge – Erläuterungen, 2. Aufl. 2008
Bühring, M., Gebrauchsmustergesetz, 9. Aufl. 2021
Braitmayer, S-E./van Hees, A., Verfahrensrecht in Patentsachen, 5. Aufl. 2019
Brückner, C./v. Czettritz, P./Lelkes, R./Kuzuwa, K., ESZ/SPC mit pediatrischer Laufzeitverlängerung, 3. Aufl. 2020 (zit.: Brückner/Bearbeiter)
Busse, R., Patentgesetz und Gebrauchsmustergesetz, 4. Aufl. 1972
Busse, R., Patentgesetz, 9. Aufl. von *A. Keukenschrijver und T. Baumgärtner*, 2020 (zit.: Busse/Bearbeiter)
Bussmann, K./Pietzcker, R./Kleine, H., Gewerblicher Rechtsschutz und Urheberrecht, 3. Aufl. 1962
Fitzner U./Lutz R./Bodewig T., Patentrechtskommentar, 4. Aufl. 2012
Gaul, D./Bartenbach, K., Handbuch des gewerblichen Rechtsschutzes, Loseblattausgabe
Götting, H.-P., Gewerblicher Rechtsschutz, 11. Aufl. 2020
Gruber, S./Adam, Th./Haberl, A., Europäisches und internationales Patentrecht, 7. Aufl. 2012
Haedicke M./Timmann H., Handbuch des Patentrechts, 2. Aufl. 2020
Hubmann, H./Götting, H.-P. Gewerblicher Rechtsschutz, 6. Aufl. 1998
Jestaedt, B., Patentrecht: Ein fallbezogenes Lehrbuch, 2. Aufl. 2008
Fitzner, U./Lutz, R./Bodewig, T., Patentrechtskommentar, 4. Aufl. 1912
Kohler, J., Handbuch des Deutschen Patentrechts, Band 1, 1900, Band 2, 1904
ders., Lehrbuch des Patentrechts, 1908
Köhler, H./Bornkamm, J./Feddersen, J., Gesetz gegen den unlauteren Wettbewerb, 39. Aufl. 2021
Kühnen, T., Handbuch der Patentverletzung, 13. Aufl. 2020
Larenz, Lehrbuch des Schuldrechts, Band I Allgemeiner Teil, 14. Aufl. 1987
Lindenmaier, F., Das Patentgesetz, 6. Aufl. 1973
Loth, H. F., Gebrauchsmustergesetz, 2. Aufl. 2017
Medicus, Allgemeiner Teil des BGB, 11. Aufl. 2016
Mes, P., Patentgesetz – Gebrauchsmustergesetz, 5. Aufl. 2020
Münchener Kommentar zum Bürgerlichen Gesetzbuch, 8. Aufl. 2018–2020
Neuner, J., Allgemeiner Teil des Bürgerlichen Rechts, 12. Aufl. 2020

Literatur

Nieder, M., Die Patentverletzung. Materielles Recht und Verfahren, 2004
Nirk, R., Gewerblicher Rechtsschutz, 1981
Nirk, R./Ullmann, E., Gewerblicher Rechtsschutz und Urheberrecht, 2. Aufl. 1999
Nirk, R./Ullmann, E., Patent-, Gebrauchsmuster- und Sortenschutzrecht, 4. Aufl. 2018
Osterrieth, C., Patentrecht, 6. Aufl. 2021
Palandt, Bürgerliches Gesetzbuch, 80. Aufl. 2021
Pedrazzini, M. M., Patent- und Lizenzvertragsrecht, 2. Aufl. 1987
Pietzcker, E., Patentgesetz und Gebrauchsmusterschutzgesetz, 1929
Pitz, J., Patentverletzungsverfahren, 2. Aufl. 2010
Reimer, E., Patentgesetz und Gebrauchsmustergesetz, 3. Aufl. 1968
Reichle, M., Patenterteilungsakten als Auslegungshilfsmittel für den Schutzbereich eines Patents, 2003
Rippe, K.-D., Europäische und internationale Patentanmeldungen, 4. Aufl. 2006
Rosenberg/Schwab/Gottwald, Zivilprozessrecht, 18. Aufl. 2018
Ruhl, O., Die Unionspriorität, 2000
Schiuma, D., Formulierung und Auslegung von Patentansprüchen nach europäischem, deutschem und italienischem Recht, 2001
Schricker, G./Loewenheim, U., Urheberrecht, 6. Aufl. 2020
Schulte, R., Patentgesetz mit EPÜ, 10. Aufl. 2017
Singer, R., Das neue europäische Patentsystem, 1979
Singer, M./Stauder, D./Luginbühl, S. (Hrsg.), Europäisches Patentübereinkommen, 8. Aufl. 2019 (zit.: Singer/Stauder/*Verfasser*)
Tetzner, H., Das materielle Patentrecht der Bundesrepublik Deutschland, 1972
Tetzner, V., Leitfaden des Patent-, Gebrauchsmuster- und Arbeitnehmererfindungsrechts der Bundesrepublik Deutschland, 3. Aufl. 1983
Troller, A., Immaterialgüterrecht, 3. Aufl., Band I 1983, Band II 1985
Ulmer, E., Urheber- und Verlagsrecht, 3. Aufl. 1981
van Venrooy, G. J., Patentrecht einschließlich Arbeitnehmererfinder- und Vertragsrecht, 1996
Weiss, G./Ungler, W., Die europäische Patentanmeldung und der PCT in Frage und Antwort, 8. Aufl. 2011
Witte, J./Vollrath, U., Praxis der Patent- und Gebrauchsmusteranmeldung, 6. Aufl. 2008
Zöller, Zivilprozessordnung, 33. Aufl. 2020

Erster Abschnitt. Grundlagen

1. Kapitel. Patente und Gebrauchsmuster in der Rechts- und Wirtschaftsordnung

§ 1. Hauptelemente des Patentsystems in der Bundesrepublik Deutschland

Literatur: *Ann, C.*, Produktpiraterie – Bloße Verletzung individueller Rechte oder Bedrohung des Systems gewerblicher Schutzrechte insgesamt?, FS Schilling, 2007, 1–12; *ders.*, Die Position der Patentstreitgerichte in den Patentsystemen der Welt – zentral und doch häufig unterschätzt, FS Melullis, GRUR 2009, 205–209; *ders.*, Patentwert und Patentnichtigkeit – Wieviel Rechtssicherheit dürfen Patentinhaber beanspruchen?, Mitt 2016, 245–252; *ders.*, Patentqualität – Was ist das, und warum ist Patentqualität auch für Anmelder wichtig?, GRUR-Int 2018 (FS Straus), 1114–1118; *Baumgartner, C./Mieth, D.*, Patente am Leben? Ethische, rechtliche und politische Aspekte der Biopatentierung, 2003; *Fikentscher, W./Theiss, J.*, Josef Kohler und das Monopol: Ein Schlüssel zu TRIPS vs. WIPO?, in: Adrian/Nordemann/Wandtke (Hrsg.), Josef Kohler und der Schutz des geistigen Eigentums in Europa, 1996, 55–72; *Godenhielm, B.*, Ist die Erfindung etwas Immaterielles?, GRUR-Int 1996, 327–330; *Harabi, N.*, Kreativität – Wirtschaft – Recht, 1996; *Henkel, J./Zischka, H.*, Why most patents are invalid – Extent, reasons, and potential remedies of patent invalidity, http://www.tim.wi.tum.de/fileadmin/w00bcy/www/Research/Publications/Henkel/Henkel_Zischka_2015-12_Patent_Validity.pdf, aktuelle Fassung 16.12.2015 (zuletzt aufgerufen am 24.2.2019) Hess, *P./Müller-Stoy, T./Wintermeier, M.*, Sind Patente nur „Papiertiger"?, Mitt 2014, 439–452; *Hüttermann, A.*, Patente – Papiertiger oder wirkliche Tiger?, Mitt 2016, 101–104; *Jänich, V.*, Geistiges Eigentum – Eine Komplementärerscheinung zum Sacheigentum?, 2002; *Kraßer, R.*, Der Schutz vertraglicher Rechte gegen Eingriffe Dritter, 1971; *ders.*, Gebrauchsmuster unter internationalem und europäischem Aspekt, in: Adrian/Nordemann/Wandtke (Hrsg.), Josef Kohler und der Schutz des geistigen Eigentums in Europa, 1996, 73–86; *Larenz, K.*, Methodenlehre der Rechtswissenschaft, 6. Auflage, 1991; *Seuß, T. D.*, Über die Notwendigkeit einer Neubewertung des Schutzes chemischer Herstellungsverfahren, Mitt. 2006, 398–401; *Straus, J./Bonk, B.*, Das Binnenmarktrecht des gewerblichen Rechtsschutzes, in: Müller-Graff (Hrsg.), Europäisches Wirtschaftsordnungsrecht (Enzyklopädie Europarecht, Bd. 4), 2015; *Wöhlermann, K.*, Das Biopatentrecht der EU Am Beispiel von Patenten auf Leben, 2005; *Wolters, A. C.*, Die Patentierung des Menschen – Zur Patentierbarkeit humanbiologischer Erfindungen aus dem Bereich der modernen Biotechnologie, 2006.

A. Patente

I. Das Patent als staatlich gewährtes Ausschließungsrecht

1. Patente werden nach § 1 Abs. 1 Patentgesetz (PatG) für **Erfindungen** auf allen Gebieten der **Technik** erteilt, sofern sie **neu** sind, auf **erfinderischer Tätigkeit** beruhen und **gewerblich anwendbar** sind. Die Erteilung erfolgt auf Antrag (Anmeldung) durch das **Deutsche Patent- und Markenamt** (DPMA). Anmelderin sein kann jede natürliche oder juristische Person ohne Rücksicht auf Staatsangehörigkeit, Wohnsitz oder Sitz.[1]

Für Personen, die einem Vertragsstaat des Patentzusammenarbeitsvertrags (PCT) angehören oder in einem solchen Staat ihren Wohnsitz oder Sitz haben, kann die Patenterteilung durch das DPMA auch mittels einer internationalen Anmeldung gemäß PCT beantragt werden.

---

[1] Überblick bei *Straus* in Müller-Graff § 18 Rn. 1–129.

3 2. Nach § 9 PatG hat das Patent die **Wirkung,** dass niemand befugt ist, die patentierte Erfindung ohne die Zustimmung des Patentinhabers zu benutzen. Das Patent ist also ein **Ausschließungsrecht.** Die Entscheidung, ob, von wem und wie die geschützte Erfindung benutzt werden soll, ist dem Patentinhaber vorbehalten. Freilich gilt sein Recht nicht schrankenlos (Näheres unten → §§ 33, 34), sondern kann anderen die Benutzung auch gegen seinen Willen gestattet werden: im Wege der patentrechtlichen **Zwangslizenz** nach § 24 PatG oder der kartellrechtlichen Zwangslizenz nach §§ 19 Abs. 4 Nr. 2 und 3, 20 GWB oder Art. 102 AEUV; namentlich an standardessentiellen Patenten, sog. SEPs.

4 Dass sich die Erfindungsbenutzung im Rahmen des geltenden Rechts halten muss, versteht sich von selbst und hat schon immer gegolten, ist seit 2005 in § 9 Abs. 1 S. 1 PatG aber auch ausdrücklich gesagt. Das PatG stellt damit klar, dass der § 903 BGB von jeher zugrunde liegende Rechtsdanke auch für das Patentrecht gilt: die aus ihm fließenden Befugnisse werden durch Verweisung auf das Gesetz und die Rechte Dritter begrenzt.

5 3. Da die Bundesrepublik Deutschland Vertragsstaat des Europäischen Patentübereinkommens (EPÜ) ist, können Patente für Deutschland auch durch das aufgrund des EPÜ errichtete **Europäische Patentamt** (EPA) erteilt werden. Es bedarf dazu einer europäischen Anmeldung, in der Deutschland benannt ist; allein oder – wie meist – neben anderen Vertragsstaaten.

6 Auch hier ist das Recht zur Anmeldung nicht durch Staatsangehörigkeit, Wohnsitz oder Sitz beschränkt (Art. 58 EPÜ) und kann die Wirkung einer europäischen Anmeldung unter den zu 1 genannten Voraussetzungen auch durch eine Anmeldung nach dem Vertrag über die internationale Zusammenarbeit auf dem Gebiet des Patentwesens (PCT-Anmeldung) herbeigeführt werden.

7 Die wesentlichen sachlichen Voraussetzungen der Erteilung europäischer Patente sind gemäß Art. 52 Abs. 1 EPÜ die gleichen wie nach § 1 Abs. 1 PatG. Gemäß Art. 64 Abs. 1 EPÜ wirkt ein europäisches Patent in jedem Vertragsstaat, für den es erteilt ist, wie ein Patent des betreffenden Staates. Ist es für Deutschland erteilt, bestimmen sich diese Wirkungen nach § 9 PatG; Recht zur Benutzung der Erfindung unter Ausschluss anderer – unter den im PatG vorgesehenen Einschränkungen.

8 Um zu erreichen, dass für das Gesamtgebiet aller EU-Mitgliedstaaten **Europäische Patente mit einheitlicher Wirkung** (EPeW) erteilt werden können, die, anders als die bislang bekannten Europäischen EP-Patente einheitliche Wirkungen entfalten und einheitlich durchgesetzt werden können, hat die Europäische Union ein EU-Patentpaket vorgelegt, das aus besagtem EPeW, faktisch einem Unionspatent, und dem Einheitlichen Patentgericht (EPG) besteht, faktisch einer EU-Patentgerichtsbarkeit. Ob und vor allem wann das EPeW/EPG tatsächlich kommen wird, ist immer noch nicht sicher. Hauptrisiken sind neben der beim BVerfG anhängigen Verfassungsbeschwerde eines Düsseldorfer Rechtsanwalts, die die deutsche Ratifikation gefährdet, vor allem der EU-Austritt des Vereinigten Königreichs (UK). Gesagt werden kann, dass die Wirkungen des neuen EPeW im Wesentlichen mit denen nach § 9 PatG übereinstimmen (vgl. → § 7 Rn. 116 ff.).

9 4. Die Wirkung des Patents ist nach deutschem wie europäischem Recht **zeitlich begrenzt.** Sie beginnt mit der Veröffentlichung der Erteilung und endet spätestens 20 Jahre nach Einreichung der prioritätsbegründenden Anmeldung. Damit das Patent in Kraft bleibt, sind fristgerecht Jahresgebühren zu entrichten, deren Höhe jährlich ansteigt, sog. Annuitäten.

10 Bei Patenten für Arzneimittel oder Pflanzenschutzmittel kann die Laufzeit auf der Grundlage von EG-Verordnungen durch sog. **ergänzende Schutzzertifikate** um höchstens fünf Jahre verlängert werden, bei Kinderarzneimitteln um fünfeinhalb Jahre.

11 **Räumlich** erstreckt sich die Wirkung des deutschen Patents auf das Staatsgebiet der Bundesrepublik Deutschland; Gleiches gilt für das europäische EP-Patent, soweit für Deutschland erteilt. Das EPeW soll für die Staatsgebiete aller teilnehmenden EU-Mitgliedstaaten gelten, also auch für das deutsche.

12 5. Nach den für die Bundesrepublik Deutschland maßgebenden Vorschriften über die Erteilung und Wirkung von Patenten lässt sich das Patent zusammenfassend kennzeichnen als: ein durch den Staat oder eine kraft Staatsvertrags ermächtigte zwischenstaatliche Einrichtung verliehenes, territorial und zeitlich begrenztes ausschließliches subjektives Recht, andere von der Benutzung der jeweils patentierten Erfindung auszuschließen. Wenn im Gesetz von Recht zur Benutzung die Rede ist, meint das *ausschließliche* Benutzung. **Kern des Patentrechts ist die Befugnis, andere von der Benutzung der geschützten Erfindung auszuschließen.**

Einer Unterscheidung zwischen dem Patent und dem „Recht aus dem Patent", wie sie § 15 Abs. 1 PatG nahezulegen scheint, bedarf es im geltenden System nicht. Der Ausdruck „Patent" bezeichnet heute nicht mehr, wie es seiner geschichtlichen Herkunft entspräche (vgl. → § 4 Rn. 13 ff.), eine Urkunde, also die Verbriefung des Rechts, sondern das *Recht* selbst, das nach § 58 Abs. 1 PatG und Art. 97 Abs. 1 und 3 EPÜ durch die Erteilung des Patents begründet wird und mit der Veröffentlichung Erteilung Wirkung erlangt. Auskunft über den Patentgegenstand gibt die Patent*schrift*. Mit Bezug auf sie stellen DPMA (§ 25 Abs. 1 DPMAV) und EPA (R 74 EPÜ) eine Patent*urkunde* aus, die freilich weder für die Entstehung des Rechts von Bedeutung, noch für seine Ausübung erforderlich ist.

6. **Patente sind in fast allen Staaten erhältlich,** häufig auch in guter Qualität. Grund dafür ist die hohe Profitabilität von Patentämtern. Mindestens ebenso wichtig wie eine hochwertige Patenterteilung, die sich notfalls auch durch ein Outsourcing der Patentprüfung an andere Ämter erzielen lässt, die Prüfung als Dienstleistung anbieten, ist jedoch die **Patentdurchsetzung.** Sie lässt sich schwer outsourcen, und entsprechend liegt für die meisten Staaten das Haupthindernis für ein funktionstüchtiges Patentsystem im Aufbau einer Patentgerichtsbarkeit, die fachlich leistungsfähig (und korruptionsfrei!) ist, die Verfahren in vernünftiger Zeit abschließen kann und deren Kosten im Rahmen bleiben.[2] Weltweit können nur wenige Staaten Patentstreitgerichte auf hohem Niveau anbieten. Deutschland ist einer dieser Staaten, und auch deshalb gehören seine Patentstreitgerichte zu den europaweit führenden.

II. Die Erfindung als Gegenstand des Patents

1. Im Anschluss an eine Grundsatzentscheidung des Bundesgerichtshofs verstehen seit mehr als dreißig Jahren Rechtsprechung, Amtspraxis und großenteils auch das Schrifttum unter einer Erfindung im Sinne des deutschen Patentrechts eine „Lehre (Anweisung, Regel) zum planmäßigen Handeln unter Einsatz beherrschbarer Naturkräfte zur unmittelbaren Herbeiführung eines kausal übersehbaren Erfolgs" und kennzeichnen sie hierdurch als **Lehre zum** – im weiten Sinne – **technischen Handeln** (Näheres → § 11 Rn. 1 ff.). In einer neueren Entscheidung zeigt sich jedoch der BGH wenigstens für den Bereich der mit Computerprogrammen arbeitenden Problemlösungen bereit, eine Lehre auch dann als technisch anzusehen, wenn sie nicht unmittelbar den Einsatz von Naturkräften zum Inhalt hat (→ § 12 Rn. 77 ff.). Erfindungen zu Industrie 4.0, dem sog. Internet of Things (IoT), und zu künstlicher Intelligenz (KI) werden auch für das Patentrecht neue und grundlegende Fragen aufwerfen, etwa die Frage, wer Erfinder ist, wenn die Entwicklung eines KI-Systems Erfindungshöhe erlangt.

Auch das Europäische Patentamt sieht technischen Charakter als notwendiges Merkmal des patentrechtlichen Erfindungsbegriffs, kennt dafür aber keine vom Technikbegriff unabhängige Definition (→ § 12 Rn. 7).

2. Wirtschaftlich gesehen ist die Erfindung **unkörperlicher Teil des Vermögens,**[3] und als **Immaterialgut**[4] zu trennen sowohl von körperlichen Mitteilungsträgern auf denen ihre Beschreibung gespeichert ist, als auch von Sachen, in denen sie verwirklicht ist oder die mittels eines erfinderischen Verfahrens hergestellt worden sind. Da solche Sachen der

---

[2] *Ann* FS Melullis, GRUR 2009, 205 ff.
[3] Mit *Troller* Bd. I 49 ff. kann gesagt werden, dass die Erfindung ein „Lebensgut" darstellt, auch wenn sie nicht durch Patentierung zum „Rechtsobjekt" geworden ist.
[4] S. *Godenhielm* GRUR-Int 1996, 327 ff.

Erfindung wertrelevante Eigenschaften verdanken und daher auch der Handel mit ihnen und ihr Gebrauch in aller Regel eine Erfindungsverwertung darstellen wird, erstreckt sich das Verbietungsrecht des Patentinhabers auch auf Verfügungen über derartige Sachen. Freilich bedeutet dies nicht, dass die Sachen selbst Schutzgegenstand wären. Auch ist zu beachten, dass Vertrieb und Gebrauch einer erfindungsgemäß hergestellten Sache vom Patentinhaber nicht mehr verboten werden können, sobald diese mit seiner Zustimmung in den Verkehr gelangt ist. Dann hat sich sein Verbietungsrecht erschöpft.

18   Wenn gleichwohl weithin von patentierten Erzeugnissen gesprochen wird, ist das ungenau; selbst wenn sogar das PatG selbst diesen ungenauen Sprachgebrauch nahelegt, indem es in § 9 S. 2 Nr. 1 Bezug nimmt auf „ein Erzeugnis, das Gegenstand des Patents ist". Das ist sinnentstellend verkürzt und soll nur sagen, dass das ausschließliche Recht an einer Erfindung auch (bestimmte) Befugnisse in Bezug auf die Sachen umfasst, in denen die Erfindung als technische Lehre verwirklicht ist. Ähnlich verkürzend werden Patente an Erfindungen, die veränderndes Einwirken auf Lebewesen lehren, von manchen – kampagnenhaft – als Patente „auf Lebewesen" oder gar „auf Leben" bezeichnet.[5] Ungeachtet aller politischen Bewertung, die hier dahinstehen mag, ist das nicht korrekt, denn es verdunkelt Gegenstand und Wirkungsweise des Patentschutzes (näher dazu → § 15 Rn. 21).

19   3. Als unkörperliches Gut kann eine Erfindung gleichzeitig von beliebig vielen Interessenten genutzt werden, ohne Substanz oder Wert zu verlieren. Jeder, der die erfinderische Lehre kennt, kann sie anwenden oder nach ihr handeln, auch wenn zahlreiche andere bereits das Gleiche tun. Für den Erfinder birgt das die Gefahr, dass seine Neuerung trotz ihrer wirtschaftlichen Vorteile auf dem Markt in dem Maß an Tauschwert verliert, in dem sich die Kenntnis von ihr und die Fähigkeit sie anzuwenden ausbreiten. Erlangt der Erfinder ein Patent, kann er die von ihm erarbeiteten Vorteile dennoch voll für sich nutzen; zB indem er die Erfindung selbst anwendet und sich ihren Wert über den Preis der Erzeugnisse oder Leistungen vergüten lässt, die patentgemäß nur er herstellen oder erbringen kann, indem er Kapital einwirbt, dessen Geber seine starke (Technologie-)Marktstellung schätzen oder indem die Benutzung seiner Erfindung Dritten gegen Entgelt gestattet, die Erfindungsbenutzung also auslizenziert.

20   4. Patentiert werden kann eine Erfindung nur, wenn sie der Erteilungsbehörde in einer Anmeldung **offenbart worden** ist. Gewiss kommt es vor, dass eine fertige Erfindung zunächst nur im Kopf des Erfinders existiert, ohne in irgendeiner Äußerung, Anwendung usw hervorgetreten zu sein. Ein Patent kann sich jedoch stets nur auf eine Erfindung beziehen, die vom Erfinder bereits abgelöst ist und unabhängig von ihm **als außerpersönlicher Gegenstand** fortbestehen kann.

21   Die Ablösung der Erfindung vom Erfinder geschieht freilich nicht nur und meist nicht einmal erstmals durch Patentanmeldung, sondern auch im Zuge der Erfindungsbenutzung, nicht selten bereits im Prozess ihrer Entstehung. Dabei kann die Erfindung anderen zugänglich und von ihnen benutzt werden. Ob dies durch **Geheimhaltung** verhindert werden kann, hängt von zahlreichen Faktoren ab: Technologie, Betriebsgröße, Marktverhältnissen uvm.[6] Wird die Neuerung von anderen übernommen, ist die Chance auf Patentierung fast immer dahin.

22   5. Eine Patenterteilung ist nur für Erfindungen zulässig, die zur Zeit ihrer Anmeldung neu, dh noch **nicht allgemein zugänglich** waren. Andererseits bringt es das Erteilungs-

---

[5] So schon im Titel *Baumgartner/Mieth* (Hrsg.) Patente am Leben?, 2003; *Wöhlermann* (Hrsg.) Das Biopatentrecht der EU am Beispiel von Patenten auf Leben, 2004; *Wolters* Die Patentierung von Menschen. Zur Patentierung humanbiologischer Erfindungen aus dem Bereich moderner Biotechnologie, 2006.

[6] *Harabi* in Harabi (Hrsg.) 95 ff.; nach *Seuß* Mitt. 2006, 398 (400) gefährden Produktionsauslagerungen, Zusammenschlüsse und Übernahmen sowie die Fluktuation von Mitarbeitern in zunehmendem Maß die Möglichkeit der Geheimhaltung insbes. chemischer Herstellungsverfahren, so dass es sich empfehle, hierfür mehr als bisher vom Patentschutz Gebrauch zu machen.

verfahren – falls nicht ausnahmsweise die Erfindung im Interesse der Staatssicherheit geheim gehalten werden muss – zwangsläufig mit sich, dass die Erfindung **veröffentlicht** und hierdurch allgemein zugänglich wird. Das Patent ist nur zu erlangen um den Preis des Verzichts auf alle faktischen Möglichkeiten, den Zugang zur Erfindung zu beschränken. An die Stelle der nie ganz risikolosen Aussicht auf dauerhafte Geheimhaltung und damit zeitlich unbegrenzte Kontrolle (etwa der Coca-Cola-Formel) setzt die Patenterteilung ein Verbietungsrecht. Faktische Monopolisierung wird durch rechtliche ersetzt.[7]

6. Das Patent ist auf die Erfindung als Immaterialgut bezogen; es gehört zu den **Immaterialgüterrechten**.[8] Im Verbietungsrecht, das es gewährt, kommt zum Ausdruck, dass die Erfindung dem Patentinhaber als außerhalb seiner Person existierender Gegenstand in einer Weise **zugeordnet** ist, die andere ausschließt. Dem Verbietungsrecht als äußerer, „negativer" Seite des Patents entspricht als innere, „positive" Seite eine rechtliche Beziehung seines Inhabers zur Erfindung.[9] Beides zusammen macht das Patent zum *Ausschließungsrecht an der Erfindung,* strukturell vergleichbar dem Eigentum als Ausschlussrecht an einer (körperlichen) Sache.[10]

Patente schützen Erfindungen und deren Erfinder. Indem sie den Marktwert einer Erfindung unempfindlich gegen deren Bekanntwerden machen, schützen Patente das Interesse des Erfinders an der ungeschmälerten Auswertung der wirtschaftlichen Vorteile ihrer Erfindung. Sie schützen aber auch das Interesse seiner Rechtsnachfolger, was praktisch wichtig ist, weil erst deren Schutz die Erfindung veräußerlich macht.

III. Erfinderprinzip und Erfinderrecht

1. Sind die gesetzlichen Voraussetzungen erfüllt, wird das Patent dem **Anmelder** (Patentsucher) erteilt. Das **Recht auf das Patent** steht nach PatG (§ 6) und EPÜ (Art. 60 Abs. 1) gleichwohl originär dem **Erfinder** zu, gegebenenfalls mehreren Miterfindern gemeinschaftlich. Erfinder können nur natürliche Personen sein, was für Erfindungen durch künstliche Intelligenz (KI) erhebliche Fragen aufwirft. Durch Übertragung oder Erbfolge kann das Recht auf das Patent auf natürliche oder juristische Personen als Rechtsnachfolger übergehen. Diensterfindungen stehen dem Arbeitgeber oder Dienstherrn des Erfinders zu, es sei denn, er gibt diese rechtzeitig frei. Versäumt er dies, ist er zur Patentanmeldung mit allen Kosten und zur Zahlung einer angemessenen Arbeitnehmererfindervergütung verpflichtet.

2. Ob der Anmelder das Recht auf das Patent hat, wird weder im deutschen noch im europäischen Patenterteilungsverfahren geprüft. Die Patentämter behandeln ihn schlicht als Berechtigten (§ 7 Abs. 1 PatG, Art. 60 Abs. 3 EPÜ). Steht das Recht auf das Patent nicht

---

[7] Vorausgesetzt ist dabei, dass dieses Recht mit ausreichender Zuverlässigkeit auch tatsächlich *durchsetzbar* ist. Weil es hieran in manchen Staaten fehlt, empfiehlt *Ann* FS Schilling, 2007, 1 (8 ff.), zu erwägen, ob es nicht zur Verhinderung von „Produktpiraterie" im Einzelfall besser ist, eine Erfindung geheim zu halten, als sie durch Anmeldung zum Patent der Öffentlichkeit und damit auch „Piraten" zugänglich zu machen. Doch wirkt dieses Mittel, wie *Ann* klarstellt, nur dann, wenn auf die Anmeldung auch für Staaten verzichtet wird, in denen ein Patent zuverlässig durchsetzbar wäre, und vermindert nicht das Risiko, dass die Geheimhaltung früher oder später scheitert oder unabhängige Parallelerfindungen gemacht werden und Patentschutz erlangen, der der Benutzung der ursprünglichen Erfindung entgegensteht, soweit ihr nicht Vorbenutzungsrechte zugutekommen.

[8] Zu diesem ursprünglich von *Josef Kohler* geprägten Begriff eingehend *Schönherr* FS Troller, 1976, 57 (59 ff.); *Jänich* 90–102; jeweils mit zahlreichen Nachw.; zu seiner Entstehung auch *Fikentscher/Theiss* in Adrian/Nordemann/Wandtke (Hrsg.) 55 ff.

[9] Vgl. *Schönherr* FS Troller, 1976, 57 (68 ff.); dazu auch *Larenz* 254; *Kraßer* 99 ff., 102, 172 ff. – Dagegen verneint *Walz* insbes. 221 f., dass dem Patentinhaber ein Gegenstand in der Weise zugeordnet sei wie die Sache dem Eigentümer; gleichwohl sieht er das Patent als subjektives Recht an (228 ff.). – Kein subjektives Recht ist das Patentrecht nach Ansicht von *Balz* 378.

[10] Umfassender Vergleich der Rechte des geistigen Eigentums einschließlich des Patents mit dem Sacheigentum in dem Werk von *Jänich*.

dem Anmelder zu, ist es Sache des wahren Berechtigten, sein Recht geltend zu machen. Er kann nicht nur ein dem Nichtberechtigten erteiltes Patent beseitigen lassen, sondern auch erreichen, dass dessen Anmeldung oder Patent auf ihn überführt werden oder eine von ihm selbst eingereichte Anmeldung die Priorität der unrechtmäßigen Anmeldung erhält (Näheres unten → § 20). Letztlich kann der Berechtigte so ein eigenes Patent erlangen.

27   Die Patentrechtsordnung sorgt also trotz der Vorschriften, die die amtliche Prüfung durch (vorläufiges) Ausklammern der Frage nach dem Recht auf das Patent vereinfachen sollen, im Ergebnis dafür, dass (unter dem Vorbehalt der Beweislast) derjenige, der eine Erfindung gemacht hat, oder sein Rechtsnachfolger das Patent auf die Erfindung erhalten. Dieses „Erfinderprinzip" nimmt das Band zwischen Erfinder und Erfindung nicht nur als Tatsache zur Kenntnis, sondern *anerkennt es als Rechtssatz*. Schon mit Fertigstellung einer Erfindung erlangt deren Urheber ohne weiteren Formalakt ein Recht an ihr. Dieses Recht wird gewöhnlich als (allgemeines) Erfinderrecht bezeichnet und umfasst neben dem Recht auf das Patent auch persönlichkeitsrechtliche Befugnisse, die dem Erfinder auch im Falle einer Rechtsübertragung verbleiben und die seinem Interesse dienen, als Erfinder anerkannt zu werden.

28   Die **Wirkung** des Erfinderrechts besteht in dem erwähnten Schutz gegen unrechtmäßige Anmeldung und in Pflichten bezüglich der Nennung des Erfinders, die dem Anmelder und dem Patentamt, gegebenenfalls auch zu Unrecht genannten Dritten auferlegt sind. Einen Schutz gegen die Erfindungsbenutzung durch andere, verbindet die Patentrechtsordnung mit dem Erfinderrecht als solchem noch nicht. Diesen Schutz gewährt erst die Patentierung, die das durch den Erfindungsakt begründete Recht bestätigt und verstärkt.[11]

IV. Parallelerfindungen, Sperrwirkung

29   1. Machen mehrere Personen *unabhängig voneinander* die gleiche Erfindung, sind sie nicht Miterfinder, sondern **Parallelerfinder.** Sie erlangen dann je ein selbständiges Erfinderrecht (während Miterfinder *ein* gemeinschaftliches haben). Das Recht auf das Patent steht in solchen Fällen freilich allein demjenigen Erfinder (oder Rechtsnachfolger) zu, der die Erfindung zuerst beim Patentamt angemeldet hat (§ 6 S. 3 PatG, Art. 60 Abs. 2 EPÜ). Auf die zeitliche Abfolge der Erfindungsakte kommt es nicht an; niemand kann nach deutschem oder europäischem Recht eine Patentanmeldung oder ein Patent mit dem Vorbringen bekämpfen, er selbst (oder sein Rechtsvorgänger) habe die angemeldete Erfindung früher gemacht als der Anmelder (oder dessen Rechtsvorgänger). Diese Bevorzugung des Erstanmelders (gegenüber dem Ersterfinder) soll bewirken, dass neue Erfindungen möglichst bald angemeldet und entsprechend frühzeitig allgemein zugänglich werden. Sie ist auch pragmatisch, weil sie die Patentämter von der Prüfung zeitlicher Abfolgen entlastet, die sie nicht leisten können.

30   2. Ist eine Erfindung zum Patent angemeldet und der Inhalt der Anmeldung durch das Patentamt allgemein zugänglich gemacht worden, können Anmeldungen der gleichen Erfindung, denen ein späterer Zeitrang zukommt als jener Anmeldung, nicht mehr zu einer (gültigen) Patenterteilung führen; auch dann nicht, wenn sie auf einer selbständigen Parallelerfindung beruhen und deshalb dem Anmelder ein eigenes Erfinderrecht zusteht (§ 3 Abs. 2 PatG, Art. 54 Abs. 3 EPÜ). Solche Fälle sind nicht selten, weil Entwickler häufig an identischen Problemen arbeiten, etwa an immer leistungsfähigeren Akkus für Elektrofahrzeuge, an Wasserstofftanks für den Betrieb von Brennstoffzellen oder an kompostierbaren und dabei komfortablen Babywindeln.

31   3. Erlangt der Erstanmelder Patentschutz, kann er die Benutzung der Erfindung auch denjenigen untersagen, die sie unabhängig von ihm gemacht oder von einem selbständigen Parallelerfinder erworben haben. Das Patent wirkt also nicht nur gegen solche Benutzer, die

---

[11] Vgl. *Troller* Bd. I 453 ff. Zum wettbewerbs- und deliktsrechtlichen Schutz des Erfinderrechts → § 2 Rn. 56 ff. und → Rn. 100 ff.

ihre Kenntnis der Erfindung unmittelbar oder auf irgendeine Weise mittelbar vom Erfinder oder Patentinhaber ableiten. Seine weitreichende Wirkung, die sich auch gegen Inhaber eigener Erfinderrechte richtet, wird als **Sperrwirkung** bezeichnet. Eine Schranke findet sie nur im „Vorbenutzungsrecht" derjenigen, die auf der Grundlage redlich erlangter Kenntnis der Erfindung – wie sie insbesondere ein selbständiger Parallelerfinder und dessen Rechtsnachfolger haben – schon vor der Patentanmeldung die Benutzung begonnen oder hinreichend vorbereitet hatten: sie dürfen auch im Fall der Patenterteilung weiterbenutzen (§ 12 PatG).

V. Die Schutzvoraussetzungen und ihre Prüfung

Literatur: *Ann, C.,* „Studium an einer wissenschaftlichen Hochschule" als Zugangsvoraussetzung für den Beruf des Patentanwalts, Mitt 2015, 197–206; *ders.,* Patentwert und Patentnichtigkeit – Wieviel Rechtssicherheit dürfen Patentinhaber beanspruchen?, Mitt 2016, 245–252; *ders.,* Patentqualität – Was ist das, und warum ist Patentqualität auch für Anmelder wichtig?, GRUR-Int 2018 (FS Straus), 1114–1118; *Bardehle, H.,* Ist unser die Prüfung eingereichter Patentanmeldungen vorschreibendes Patentsystem noch zu retten?, Mitt. 2009, 97–99; *Henkel, J./Zischka, H.,* Why most patents are invalid – Extent, reasons, and potential remedies of patent invalidity, http://www.tim.wi.tum.de/fileadmin/w00bcy/www/Research/Publications/Henkel/Henkel_Zischka_2015-12_Patent_Validity.pdf, aktuelle Fassung 16.12.2015 (zuletzt aufgerufen am 24.2.2019); *Hess, P./Müller-Stoy, T./Wintermeier, M.,* Sind Patente nur „Papiertiger"?, Mitt 2014, 439–452; *Hüttermann, A.;* Patente – Papiertiger oder wirkliche Tiger?, Mitt 2016, 101–104; *Pagenberg, J.,* Trivialpatente – eine Gefahr für das Patentsystem?, FS Kolle/Stauder, 2005, 251–261.

1. Vor der Erteilung eines Patents prüfen DPMA und EPA nicht nur, ob eine formell ordnungsgemäße Anmeldung vorliegt, sondern vor allem, ob deren Gegenstand die materiellen Schutzvoraussetzungen nach PatG bzw. EPÜ erfüllt. Vor dem DPMA erfolgt diese vollständige und abschließende Prüfung freilich nur auf gebührenpflichtigen Antrag. Wird er nicht fristgerecht gestellt, gilt die Anmeldung als zurückgenommen. Eine Patenterteilung kann dann nicht mehr erfolgen. Unabhängig davon, ob ein Prüfungsantrag gestellt wird, machen beide Ämter den Inhalt der Anmeldung spätestens 18 Monate nach Einreichung der Öffentlichkeit zugänglich. Dies kann der Anmelder nur verhindern, indem er seine Anmeldung vorher zurücknimmt. Gegen Dritte, die die Erfindung nach Veröffentlichung der Anmeldung benutzen, hat er Anspruch auf angemessene Entschädigung. Ein Verbietungsrecht erlangt er erst, wenn ihm ein Patent erteilt und die Erteilung veröffentlicht worden ist, § 58 Abs. 1 S. 2 PatG. Das kann nicht anders sein, denn ein Patent beachten kann nur, wer dessen Existenz und Inhalt kennen kann.

2. Die Sachprüfung gilt den Voraussetzungen des § 1 Abs. 1 PatG, also der Frage, ob Anmeldungsgegenstand Erfindung ist, die neu ist, auf erfinderischer Tätigkeit beruht und gewerblich anwendbar ist und die nicht aus besonderen Gründen von der Patentierung ausgeschlossen ist. Vor allem soll die Prüfung das ausschließliche Recht des Patentinhabers auf das begrenzen, was die Leistung des Erfinders ausmacht; im Verhältnis sowohl zu dem technischen Wissen, das schon verfügbar ist, als auch zu dem, das künftig erst noch entsteht. Praktisch besonders wichtig sind daher die Erfordernisse der Neuheit und des Beruhens auf erfinderischer Tätigkeit. Nicht patentierbar ist eine Erfindung, die dem schon vor ihrer Anmeldung hinreichend offenbarten **Stand der Technik** angehörte und die deshalb nicht mehr neu ist oder die zwar neu ist, für einen über den Stand der Technik orientierten Fachmann aber **nahelag** und deshalb keine erfinderische Tätigkeit erforderte. Hinreichend zuverlässig lassen sich diese Fragen nur mit umfassender Kenntnis des einschlägigen technischen Wissens beurteilen. ebenso wie Patentanwälte[12] können **Patentprüfer** darum stets nur Techniker oder Naturwissenschaftler mit universitärer Vorbildung und (gewisser) Praxiserfahrung sein.

---

[12] *Ann* Mitt. 2015, 197.

34 Die Prüfung durch eine in diesem Sinn fachkundig besetzte und mit der erforderlichen Dokumentation ausgestattete Behörde *vor* Patenterteilung, ist ein wesentlicher Vorteil nicht nur für Anmelder und Patentinhaber, sondern für alle, die an der Verwertung angemeldeter oder patentierter Erfindungen interessiert sind. Die sehr vereinzelt noch bestehenden „Registriersysteme", in denen Patente ohne amtliche Vorprüfung der materiellen Patenterteilungsvoraussetzungen erteilt werden, nötigen dazu, diese Prüfung später nachzuholen, wenn, namentlich aus Anlass von Verletzungsklagen, Streit über die Wirksamkeit der Patente entsteht. Da die Erteilungsbehörde in Registriersystemen darauf nicht eingerichtet sind, müssen Gerichte die eigentliche Patentprüfung leisten. Mangels technischer Sachkunde sie dabei vielfach auf fallweise herangezogene technische Sachverständige angewiesen. Gerade in Zeiten kaum abzubauender *Backlogs*,[13] mit denen alle großen Patentämter kämpfen, mag das einerseits effizient sein, weil nur diejenigen Patente geprüft werden, die am Ende forensisch werden. Andererseits bieten Registrierpatente den Beteiligten erheblich weniger Rechtssicherheit als Patente, die umfassend amtlich geprüft worden sind. Materiell nicht geprüfte Registrierpatente können beispielsweise nur wenig bei der Unternehmensfinanzierung helfen, weil ihnen die Sicherheit fehlt, die Investoren aus der amtlichen Vorprüfung schöpfen. Auch Staaten wie Südafrika, die lange am Registriersystem festgehalten haben, wenden sich davon darum nun ab und stellen auf das international herrschende Prüfungssystem um. Unterstützt wird diese Entwicklung zum einen von der Verbreitung sog. *Patent Prosecution Highways (PPH)*, die ineffiziente Doppelprüfungen verhindern sollen, zum anderen durch die Möglichkeit, die amtliche Vorprüfung der materiellen Patenterteilungsvoraussetzungen outzusourcen, also gegen Entgelt von anderen Patentämtern vornehmen zu lassen, oder im Wege des „passive worksharing" vorzugehen, also Recherche- und Prüfungsergebnisse anderer (anerkannter) Ämter anzuerkennen.[14] Weil Patentämter grundsätzlich profitabel sind, ist das finanziell ohne weiteres möglich, vgl. beispielsweise das IPOS des Stadtstaats Singapur mit, das in dieser Weise mit zahlreichen Patentämtern kooperiert.[15] Und Patentämter wie etwa das österreichische ÖPA, das dänische DKPTO oder das australische IP Australia bieten Patentprüfung kommerziell als Dienstleistung an.

35 3. In einem System mit amtlicher Vorprüfung wäre ein Höchstmaß an Rechtssicherheit dadurch erreichbar, dass Patente der Bestandkraft fähig und Überprüfungen nach der Patenterteilung ausgeschlossen würden. So weit gehen freilich weder das PatG, noch das EPÜ – sehr zurecht![16] Stattdessen eröffnen beide Systeme jedermann zwei Wege zum Vorgehen gegen ein Patent:

36 Möglich ist zum einen, während einer überschaubaren Frist nach Patenterteilung im Wege des **Einspruchs vor dem erteilenden Amt** geltend zu machen, dass ein Patent nicht hätte erteilt werden dürfen, weil sein Gegenstand die materiellen Patenterteilungsvoraussetzungen nicht erfüllt. Stellt das Amt dies auf den Einspruch hin fest, etwa weil neuheitsschädlicher Stand der Technik aufgefunden wurde, widerruft es das Patent mit Wirkung *ex tunc*. Vergleichsweise Einigungen zulasten der Allgemeinheit, etwa der Einspruchsrücknahme gegen eine günstige Lizenz, sind kaum möglich. Nimmt der Einsprechende seinen Einspruch zurück, beendet dies nicht das Einspruchsverfahren, sondern nur die Verfahrensbeteiligung des Einsprechenden, § 61 Abs. 1 S. 2 PatG – auch → § 26 Rn. 172.

37 Auch nach Ablauf der Einspruchsfrist und Erledigung etwa erhobener Einsprüche kann im Wege der **Nichtigkeitsklage zum Bundespatentgericht (BPatG)** jedermann geltend machen, dass ein Patentgegenstand nicht den materiellen Erteilungsvoraussetzungen genügt habe und das Patent darum nicht hätte erteilt werden dürfen. Nichtigkeitsklage zum

---

[13] Vgl. *Bardehle* Mitt. 2009, 97 ff.
[14] WIPO, Challenges and Options in Substantive Patent Examination, Yaounde 2013: https://www.wipo.int/.../ompi_pi_yao_13_www_228403.pdf. (zuletzt aufgerufen am 24.2.2019).
[15] Singapore Experience, 2010, auf WIPO-Website: https://www.wipo.int/.../wipo_ip_aut_ge_10_www_141707.ppt (zuletzt aufgerufen am 24.2.2019).
[16] *Ann* Mitt. 2016, 245–251.

BPatG kann sowohl gegen DE- als auch gegen EP-Patente mit Wirkung für Deutschland erhoben werden. Passiv legitimiert im folgenden Patentnichtigkeitsprozess ist nicht die Bundesrepublik Deutschland, sondern ist der Patentinhaber. Ihm obliegt die Verteidigung seines Rechts. Stellt das BPatG fest, dass die materiellen Patentierungsvoraussetzungen nach PatG bzw. EPÜ nicht erfüllt waren, erklärt es das Patent mit Wirkung *ex tunc* für nichtig, im Fall eines EP-Patents naturgemäß nur für Deutschland, denn nur soweit reicht seine Zuständigkeit.

Im Grundsatz ausgeschlossen ist es dagegen, im Verletzungsprozess vor einem ordentlichen Gericht geltend zu machen, das Klagepatent sei zu Unrecht erteilt worden. Ordentliche Gerichte haben ein Patent solange als gültig zu behandeln, wie es in Kraft steht, wie es also nicht vom Amt widerrufen oder vom Patentgericht für nichtig worden erklärt ist. Insoweit genießt das Patent eine gewisse, wenn auch nur relative Bestandsgarantie. 38

Insgesamt muss das Interesse daran, sachlich zu Unrecht erteilte Patente auch nach langer Zeit noch beseitigen zu können, Vorrang besitzen gegenüber dem Bedürfnis der Rechteinhaber nach Rechtssicherheit. Ungeachtet relativ hoher Vernichtungsquoten vor dem BPatG, ist die absolute Zahl vernichteter deutscher und europäischer Patente mit Geltung für Deutschland extrem gering und lässt sich weiterhin sagen, dass der Standard der amtlichen Vorprüfung vor dem DPMA und alles in allem auch vor dem EPA eine hohe Wahrscheinlichkeit dafür bieten, dass Patente nur bei Vorliegen aller materiellen Erteilungsvoraussetzungen erteilt werden. Insofern bietet die Qualität der patentamtlichen Prüfung ein hohes Maß an Gewähr für die Rechtsbeständigkeit erteilter Patente.[17] Die ungeachtet sehr kleiner Absolutzahlen auf die relativ hohen Erfolgsquoten vom Patentnichtigkeitsklagen zum BPatG gegründete Grundsatzkritik an der Qualität von DE- und EP-Patenten setzt teils fehlerhaft an,[18] teils geht sie zu weit.[19] 39

Gleichwohl: **Patentqualität** ist Basis und Rechtfertigung jedes Patentsystems. Entsprechend bedürfen Sorgfalt und Zuverlässigkeit der Prüfung ständiger Pflege und ist die Erteilung sachlich ungerechtfertigter „Trivialpatente" nicht nur im Einzelfall inakzeptabel, sondern systemisch gefährlich. Angemessene Anforderungen müssen namentlich an die erfinderische Leistung gestellt werden. An ihr hängt die Patentwürdigkeit jeder Erfindung. Zur Bedeutung richtig gesetzter Anreize, und der Toxizität fiskalischer Ämterinteressen vgl. → § 26 Rn. 113.[20] 40

B. Gebrauchsmuster

I. Das Gebrauchsmuster als Teil des Patentsystems

1. Als Gebrauchsmuster werden Erfindungen geschützt, die neu sind, auf einem erfinderischen Schritt beruhen und gewerblich anwendbar sind (§ 1 Abs. 1 GebrMG). Der Schutz wird dadurch begründet, dass das DPMA die bei ihm als Gebrauchsmuster angemeldete Erfindung in das Register für Gebrauchsmuster einträgt. Faktisch wird Gebrauchsmusterschutz in einem Umfang taktisch erworben, der als manche als „Waffe" bezeichnen lässt.[21] 41

---

[17] *Ann* Mitt. 2016, 245 ff.
[18] Etwa wenn *Henkel/Zischka* voll- und teilvernichtete Patente pauschal als nichtig behandeln und diesen auch noch alle durch Vergleich beendeten Verfahren zuschlagen, vgl. dort 8, 24; aA BPatG Jahresbericht 2014, 62; *Ann* Mitt. 2016, 245 (251), f.; *Hüttermann* Mitt. 2016, 101.
[19] Etwa wenn aus relativ hohen Vernichtungsquoten der Schluss gezogen wird, das BPatG decke Schwächen der patentamtlichen Prüfung auf, *Henkel/Zischka* 25; anders *Hess/Müller-Stoy/Wintermeier* Mitt. 2014, 439 (450).
[20] Zur Problematik eingehend *Pagenberg* FS Kolle/Stauder, 2005, 251 ff.
[21] *Wuttke* Mitt. 2015, 110.

42 Die Eintragung von Gebrauchsmustern durch das DPMA kann auch im Wege der internationalen Anmeldung gemäß dem PCT (→ Rn. 2) herbeigeführt werden. Ein der Erteilung europäischer Patente entsprechendes supranationales Verfahren, mittels dessen Gebrauchsmusterschutz mit Wirkung für mehrere Staaten begründet werden kann, gibt es nicht.

43 Die Eintragung eines Gebrauchsmusters hat die Wirkung, dass im Gebiet der Bundesrepublik Deutschland allein der Inhaber befugt ist, den Gegenstand des Gebrauchsmusters zu benutzen (§ 11 Abs. 1 S. 1 GebrMG).

44 In dieser Formulierung erscheint der Begriff „Gebrauchsmuster" als Bezeichnung des durch die Eintragung begründeten Rechts. Als Gegenstand dieses Rechts müsste folgerichtig die geschützte Erfindung angesehen werden. Dagegen werden nach § 1 Abs. 1 GebrMG Erfindungen *als* Gebrauchsmuster geschützt, so dass dieser Ausdruck den Schutz*gegenstand* zu bezeichnen scheint. Die unstimmige Terminologie hat sich bei neueren Gesetzesänderungen ergeben (→ § 6 Rn. 26 ff.). Sie zeigt sich beispielsweise auch im Verhältnis von § 11 und §§ 24 ff. GebrMG.

45 Folgerichtig müsste es – solange sich für das Schutzrecht kein besserer als der Ausdruck „Gebrauchsmuster" findet – in § 1 Abs. 1 GebrMG heißen, dass Erfindungen *durch* Gebrauchsmuster geschützt werden. Den Ausdruck für die schutzfähige und gegebenenfalls geschützte *Erfindung* zu verwenden, ist – wie die entsprechende Übung beim Patent – eine umgangssprachliche Ungenauigkeit, die im juristischen Sprachgebrauch vermieden werden muss. In der vorliegenden Darstellung wird deshalb als Gebrauchsmuster das Schutzrecht, sein Gegenstand als Erfindung bezeichnet.

46 2. Die Wirkung des Gebrauchsmusters beginnt mit der Eintragung und endet spätestens 10 Jahre nach der Anmeldung. Zu ihrer Aufrechterhaltung sind nach 3, 6 und 8 Jahren (wachsende) Verlängerungsgebühren zu entrichten.

47 3. Das Gebrauchsmuster ist somit wie das Patent ein territorial und zeitlich begrenztes **ausschließliches Recht,** eine Erfindung zu benutzen (vgl. → § 12 Rn. 5 f.). Allerdings steht es nicht für alle ihrer Art nach patentierbaren Erfindungen zur Verfügung: *Verfahren* werden nicht „als" (richtig: durch, → Rn. 41 ff.) Gebrauchsmuster geschützt (§ 2 Nr. 3 GebrMG); biotechnologische Erfindungen werden nach § 1 Abs. 2 Nr. 5 GebrMG „nicht als Gegenstand eines Gebrauchsmusters im Sinne des Absatzes 1 angesehen", sollen also (vgl. → Rn. 41 ff.) anscheinend nicht als Erfindungen gelten, obwohl sie in der Ausnahmebestimmung selbst als solche bezeichnet sind. Abgesehen hiervon ist aber der patentrechtliche Erfindungsbegriff (→ Rn. 15) auch für das Gebrauchsmusterrecht maßgebend. Die durch Gebrauchsmuster geschützte ist in gleicher Weise wie eine patentierte Erfindung Gegenstand des Schutzrechts (→ Rn. 15 ff.). Patent und Gebrauchsmuster sind wesensgleiche Schutzrechte. Beide gemeinsam bilden das System des Patentschutzes, verstanden als Schutz technischer Erfindungen.

48 4. Dem Gebrauchsmuster vergleichbare Schutzrechte für technische Neuerungen gibt es neben dem Patent nur in verhältnismäßig wenigen Ländern.[22] Ihre Ausgestaltung zeigt in Bezeichnung, Anwendungsbereich, Schutzvoraussetzungen und Verfahren eine große Variationsbreite. Die Europäische Kommission hat – bisher erfolglos – versucht, auf Rechtsangleichung innerhalb der EU hinzuwirken (→ § 7 Rn. 111 ff.).

II. Erfinderprinzip und Erfinderrecht

49 1. Das Erfinderprinzip und die Regel, dass das Patentamt den Anmelder als den Berechtigten behandelt, gelten auch im Gebrauchsmusterrecht (§ 13 Abs. 3 GebrMG mit §§ 6, 7 Abs. 1 PatG). Beim Vorgehen gegen Anmeldungen durch und Eintragungen für Nichtberechtigte ergeben sich Abweichungen vom Patentrecht daraus, dass bei Gebrauchsmustern die Geltendmachung von Mängeln des Schutzrechts verfahrensrechtlich anders geregelt ist als dort (§ 13 Abs. 2, 3, § 15 Abs. 2 GebrMG, vgl. → Rn. 55 f.).

50 2. Die Benennung des Erfinders wird vom Gebrauchsmusteranmelder nicht verlangt. Deshalb fehlen Vorschriften über die Erfindernennung. Doch ist auch bei Erfindungen, für

---

[22] Angaben bei *Kraßer* in Adrian/Nordemann/Wandtke (Hrsg.) 73, 79 ff.

§ 1. Patentsystem in der Bundesrepublik Deutschland

die nur Gebrauchsmusterschutz möglich, beantragt oder erteilt ist, das Erfinderrecht nicht ohne persönlichkeitsrechtliche Komponente (Näheres → § 20 Rn. 136 ff.).

III. Vorrang des Erstanmelders, Sperrwirkung

1. Auch im Gebrauchsmusterrecht erhält unter Parallelerfindern grundsätzlich nur derjenige rechtsbeständigen Schutz, der die Erfindung als erster anmeldet (vgl. → Rn. 29 ff.). Ein Gebrauchsmuster ist unwirksam und auf Antrag zu löschen, wenn sein Gegenstand bereits auf Grund einer früheren Patent- oder Gebrauchsmusteranmeldung geschützt worden ist (§ 13 Abs. 1, § 15 Abs. 1 Nr. 2 GebrMG). Schutzhindernd wirkt also eine nicht vorveröffentlichte ältere Anmeldung – anders als im Patentrecht – nicht schon in Verbindung mit ihrer nachträglichen Veröffentlichung, sondern erst dann, wenn sie zur (rechtsbeständigen) Patenterteilung oder Gebrauchsmustereintragung geführt hat. 51

2. Das Gebrauchsmuster wirkt ebenso wie das Patent auch gegen selbständige Parallelerfinder und deren Rechtsnachfolger („Sperrwirkung", → Rn. 31). Wie dort kann diese Wirkung durch Vorbenutzungsrechte eingeschränkt sein. 52

3. Gegenüber einer jüngeren gegenstandsgleichen Patentanmeldung wirken eine ältere Gebrauchsmusteranmeldung und die daraufhin erfolgte Eintragung erst von dem Zeitpunkt an *rechtshindernd,* in dem ihr Gegenstand der Öffentlichkeit zugänglich gemacht wird, was durch das Patentamt erst bei Eintragung in das Gebrauchsmusterregister geschieht. Liegt der Zeitrang der jüngeren Patentanmeldung zwar nach demjenigen der Gebrauchsmusteranmeldung, aber nicht nach deren Zugänglichwerden für die Öffentlichkeit, wirkt die daraufhin erfolgte Eintragung gegenüber dem jüngeren Patent lediglich *rechtshemmend.* Das Patent kann nicht widerrufen oder für nichtig erklärt werden; seine Ausübung bedarf aber der Erlaubnis des Inhabers des Gebrauchsmusters, solange dieses besteht (§ 14 GebrMG). Das Gesetz berücksichtigt damit insbesondere, dass Patente eine längere Höchstlaufzeit haben als Gebrauchsmuster. Bedeutungslos ist die rechtshemmende Wirkung des älteren Gebrauchsmusters, wenn es demselben Inhaber zusteht wie das jüngere Patent. 53

IV. Schranken der amtlichen Vorprüfung; nachträgliche Gültigkeitsprüfung

1. Vor der Eintragung eines Gebrauchsmusters prüft das Patentamt die formale Ordnungsmäßigkeit der Anmeldung (§§ 4, 4a, 8 Abs. 1 S. 1 GebrMG), nicht aber, ob die angemeldete Erfindung neu ist, auf einem erfinderischen Schritt beruht und gewerblich anwendbar ist (§ 8 Abs. 1 S. 2 GebrMG). Die amtliche Vorprüfung umfasst also vor allem nicht diejenigen materiellen Erteilungsvoraussetzungen, die eine Ermittlung des Standes der Technik (SdT) und einen Vergleich des Anmeldungsgegenstands mit diesem erfordern. Dagegen ist dem Patentamt nicht die Prüfung der Frage verwehrt, ob der Gegenstand der Anmeldung eine Erfindung im Sinne des GebrMG und nicht durch besondere Bestimmung (zB weil es sich um ein Verfahren handelt) vom Gebrauchsmusterschutz ausgeschlossen ist. Da hierüber regelmäßig ohne weitere Nachforschungen befunden werden kann, wird meist schon wenige Monate nach der Anmeldung entschieden, ob das beantragte Gebrauchsmuster einzutragen ist. 54

2. Nach der Eintragung kann jedermann durch Löschungsantrag geltend machen, dass der Gegenstand der Eintragung die materiellen Erteilungsvoraussetzungen nicht vollständig erfülle oder bereits auf Grund einer früheren Anmeldung geschützt sei (§§ 15, 16 GebrMG). Über den Löschungsantrag entscheidet in erster Instanz die Gebrauchsmusterabteilung des Patentamts (§ 10 Abs. 3 GebrMG); erst wenn gegen ihre Entscheidung Beschwerde eingelegt wird, gelangt das Verfahren zum BPatG. Es entspricht insoweit dem patentrechtlichen Einspruchsverfahren; doch ist der Löschungsantrag an keine Frist gebunden und ersetzt deshalb auch die im Gebrauchsmusterrecht nicht vorgesehene Nichtigkeitsklage. 55

56 3. Anders als beim Patent kann sich, wenn eine sachliche Schutzvoraussetzung fehlt oder ein älteres Recht entgegensteht, jedermann – zB als Beklagter im Verletzungsprozess – darauf berufen, dass die Eintragung kein Schutzrecht begründet hat (§ 13 Abs. 1 GebrMG). Wenn daraufhin das Gericht das Gebrauchsmuster als unwirksam ansieht, wirkt dies allerdings nur zwischen den Prozessparteien, während die Löschung (→ Rn. 55) allseitige Wirkung hat. Deshalb ist in einem Rechtsstreit, in dem es auf die Wirksamkeit eines Gebrauchsmusters ankommt, auf ein hiergegen eingeleitetes Löschungsverfahren Rücksicht zu nehmen (§ 19 GebrMG).

57 4. Da die Eintragung eines Gebrauchsmusters ohne amtliche Vorprüfung der praktisch wichtigsten Schutzvoraussetzungen erfolgt, bietet sie erheblich weniger *Rechtssicherheit* als eine Patenterteilung. Es besteht daher für Inhaber und Dritte ein hohes *Risiko*, dass sich das Gebrauchsmuster als unwirksam erweist. Sie können dieses Risiko insbesondere dadurch vermindern, dass sie mit Hilfe des Patentamts (vgl. § 7 GebrMG) oder auf andere Weise den maßgebenden SdT ermitteln. Dass dies vollständig gelingt, ist aber auch bei größter Sorgfalt nicht gewährleistet. Hinzu kommt die Schwierigkeit, zu beurteilen, ob der Schutzgegenstand auf einem erfinderischen Schritt beruht. Doch werden Risiken dieser Art auch durch die der Patenterteilung vorausgehende Prüfung nur vermindert, aber nicht beseitigt. Selbst wenn ein Patent außerdem einen oder mehrere Einsprüche oder sogar Nichtigkeitsklagen überstanden hat, ist nicht ausgeschlossen, dass es noch einer (weiteren) Nichtigkeitsklage zum Opfer fällt. Gewiss vermindert sich das Risiko mit jeder dem Patentinhaber günstigen Entscheidung. Es lässt sich aber nicht endgültig ausschalten.

58 Die Schranken, denen die amtliche Vorprüfung bei Gebrauchsmustern unterliegt, bedeuten deshalb nur, dass die Last der Beurteilung der Schutzwürdigkeit (zunächst) auf den Rechtsinhaber und Dritte abgewälzt ist. Dem steht der Vorteil gegenüber, dass der schutzbegründende Formalakt rasch erfolgen kann. Der Rechtsinhaber, der gegen Erfindungsbenutzer vorgehen will, ist freilich gehalten, sich vorher ein möglichst genaues Bild von der Schutzwürdigkeit seiner Erfindung zu verschaffen, wenn er sich nicht für den Fall, dass diese in einem Löschungs- oder Verletzungsverfahren verneint wird, empfindlichen Schadensersatzansprüchen aussetzen will. Deshalb ist – wie die Erfahrung zeigt – die Gefahr gering, dass eingetragene, aber wegen Fehlens von Schutzvoraussetzungen unwirksame Gebrauchsmuster missbräuchlich geltend gemacht werden.

59 Entsprechend haben beim Abschluss von Lizenzverträgen und bei Investitionen die Beteiligten Anlass, die Wirksamkeit des Gebrauchsmusters sorgfältig zu prüfen, bevor sie auf dessen Rechtsbeständigkeit gegründete Dispositionen treffen.

60 Die Gewährung der Möglichkeit, durch Gebrauchsmustereintragung ein formal fertiges Schutzrecht ohne vollständige amtliche Vorprüfung zu erlangen, ist also eine durchaus vertretbare Entscheidung des Gesetzgebers. Sie kommt dem Interesse von Unternehmen bescheideneren Zuschnitts und Einzelerfindern entgegen, den Aufwand für den Rechtsschutz ihrer Erfindungen in Grenzen zu halten, wozu auch beiträgt, dass eine Prüfung der Schutzwürdigkeit erst erforderlich wird, wenn sich die Erfindung wegen Auftretens von Nachahmern, Vertragsverhandlungen oder anstehender Investitionsentscheidungen als wirtschaftlich interessant erweist.

61 Unberechtigt ist die Kritik am Verzicht auf vollständige Vorprüfung, soweit sie von der Vorstellung getragen ist, dass erst die amtliche Entscheidung einen des Schutzes würdigen Gegenstand schaffe. Vielmehr verdient der Anmelder den Schutz bereits dadurch, dass er eine Erfindung, die alle Schutzvoraussetzungen erfüllt, formal ordnungsgemäß anmeldet und dabei in einer für den Fachmann nacharbeitbaren Weise offenbart. Zu welchem Zeitpunkt und in welchem Verfahren anschließend die einzelnen Voraussetzungen für die Schutzfähigkeit der angemeldeten Erfindung geprüft werden, kann sich an rein pragmatischen Gesichtspunkten orientieren, insbesondere an der Frage, wer dafür sorgen soll, das Risiko, dass sich die Erfindung nachträglich als schutzunfähig erweist, möglichst zu vermindern.

V. Gebrauchsmuster und Patent für dieselbe Erfindung

1. Nach Gegenstand und Wirkung sind Patent und Gebrauchsmuster wesensgleich (→ Rn. 41 ff.); doch hat letzteres insofern den kleineren Anwendungsbereich, als es für Verfahren und biotechnologische Erfindungen nicht in Frage kommt und die Neuheit weiter fasst. Keine Unterschiede zwischen beiden Schutzrechten bestehen mehr für die Beurteilung der Erfindungshöhe:

Zum Stand der Technik (SdT) gehört – anders als im Patentrecht – nicht alles, was irgendwie irgendwo, sondern nur, was durch schriftliche Beschreibung oder inländische Benutzung der Öffentlichkeit zugänglich gemacht worden ist. Mit seinem engeren SdT folgt das Gebrauchsmuster einem weiteren Neuheitsbegriff als das Patent.

Auch der Kreis der Fälle, in denen vom Anmelder oder seinem Rechtsvorgänger stammende Informationen nicht zum SdT gerechnet werden, ist nach GebrMG größer als nach PatG.

Anders als eine patentfähige muss eine gebrauchsmusterfähige Erfindung nach § 1 GebrMG nicht auf erfinderischer Tätigkeit beruhen, sondern auf einem erfinderischen Schritt. Ob das bedeutet, dass auch nur eine geringere erfinderische Leistung gefordert werden kann als für ein Patent ist bis heute strittig. Einerseits wird auf die nur 10-, statt 20-jährige Schutzdauer des Gebrauchsmusters verwiesen und argumentiert, dieses Zurückbleiben des Schutzes erfordere geringere Anforderungen an die erfinderische Leistung als beim Patent. Andererseits wurde die Einführung des „Nichtnaheliegens für den Durchschnittsfachmann" schon in der BGH-Entscheidung *Demonstrationsschrank*[23] als Kriterium für die Beurteilung des „Beruhens auf erfinderischer Tätigkeit" im Jahr 1976 bereits eine Absenkung der Anforderungen an die Erfindungshöhe gesehen und der Begriff des Naheliegens für bivalent erklärt.[24] – Zwingend ist das alles nicht. Vielmehr spricht gerade mit Blick auf die sehr unterschiedlichen Laufzeiten beider Rechte vieles dafür, das schwächere Gebrauchsmuster auch schon für Erfindungen zu erteilen, die näher liegen als für patentfähige zu fordern (Einzelheiten unter → § 18 Rn. 31 ff.).

2. Wegen der Unterschiede in den auf den SdT bezogenen Schutzvoraussetzungen ist, soweit es sich nicht um Verfahren oder Biotechnologie handelt, mit Erfindungen zu rechnen, die (rechtsbeständigen) Schutz nicht durch Patentierung, wohl aber durch Gebrauchsmustereintragung erlangen können. Solchen technischen Neuerungen von geringerer Bedeutung eine Schutzmöglichkeit zu eröffnen und so das Patentrecht nach unten zu ergänzen, war ein Hauptgrund für die Einführung des GebrMG gewesen (→ § 6 Rn. 3).

3. Ein Patentanmelder kann daran interessiert sein, sich für den Fall, dass die angemeldete Erfindung im Erteilungs- oder Einspruchsverfahren als nicht patentwürdig befunden wird, den Weg zum Gebrauchsmusterschutz offenzuhalten. Auch kann ihm daran gelegen sein, durch Eintragung eines Gebrauchsmusters für die angemeldete Erfindung vollwertigen Schutz schon vor der Erteilung des beantragten Patents zu erlangen. Er kann diese Ziele erreichen, indem er für dieselbe Erfindung zeitgleich außer der Patent- auch eine Gebrauchsmusteranmeldung einreicht. Darüber hinaus ermöglicht ihm das Gesetz, für eine Gebrauchsmusteranmeldung den Anmeldetag einer früheren Patentanmeldung in Anspruch zu nehmen, wenn dies während des durch diese Anmeldung eingeleiteten Verfahrens oder kurz nach dessen Beendigung geschieht und beide Anmeldungen gegenstandsgleich sind („Abzweigung", § 5 GebrMG). Der Gebrauchsmusterschutz endet dann spätestens 10 Jahre nach dem Tag der Patentanmeldung. Da hier immer beide Anmeldungen denselben Zeitrang haben, können sie und können die auf sie erteilten Schutzrechte im Verhältnis zueinander nicht schutzhindernd wirken.

---

[23] BGH 20.6.2006, GRUR 2006, 842 Rn. 17–20 – Demonstrationsschrank.
[24] Vgl. nur *Busse/Keukenschrijver* GebrMG § 1 Rn. 17 ff.

§ 2. Verhältnis des Patent- und Gebrauchsmusterrechts zu anderen Rechtsmaterien

I. Immaterialgüterrecht. Geistiges Eigentum

Literatur: *Ahrens, H.-J.,* Brauchen wir einen Allgemeinen Teil der Rechte des Geistigen Eigentums?, GRUR 2006, 617–624; *Ann, C.,* Die idealistische Wurzel des Schutzes geistiger Leistungen, GRUR-Int 2004, 597–603; *ders.,* Privatrecht und Patentrecht? – Gedanken zur rechtssystematischen Einordnung eines Fachs, GRUR-Int 2004 (FS Kraßer), 696–699; *Fezer, K.-H.,* Theorie der Funktionalität des Immaterialgüterrechts als geistiges Eigentum – zugleich eine rechtstheoretische Grundlegung zum Vorabentscheidungsverfahren „Ford/Wheeltrims", GRUR 2016, 30–38; *Götting, H.-P.,* Der Begriff des Geistigen Eigentums, GRUR 2006, 353–358; *Heilein, E.-P.,* Die Bedeutung des Rechtsschutzes für integrierte Halbleiterschaltkreise in der Praxis, 2003; *Hilty, R. M.,* Leistungsschutz made in Switzerland? – Klärung eines Missverständnisses und Fragen zum allgemeinen Schutz von Investitionen, FS Ullmann, 2006, 643–668; *Jänich, V.,* Geistiges Eigentum – eine Komplementärerscheinung zum Sacheigentum?, 2002; *Krieger, A./Dreier, T.,* Die Washingtoner Diplomatische Konferenz zum Abschluss eines Vertrages über den Schutz des geistigen Eigentums im Hinblick auf integrierte Schaltkreise – Bericht der deutschen Delegation, GRUR-Int 1989, 729–734; *Ohly, A.,* Geistiges Eigentum?, JZ 2003, 545–554; *ders.,* Gibt es einen Numerus clausus der Immaterialgüterrechte?, FS Schricker, 2005, 105–121; *ders.,* Klemmbausteine im Wandel der Zeit – ein Plädoyer für eine strikte Subsidiarität des UWG-Nachahmungsschutzes, FS Ullmann, 2006, 795–812; *Seifert, F.,* Geistiges Eigentum – ein unverzichtbarer Begriff, FS Piper, 1996, 769–786.

1 1. Patent- und Gebrauchsmusterschutz wirken durch Gewährung (subjektiver) Immaterialgüterrechte, die unkörperliche Gegenstände bestimmten Rechtssubjekten ausschließlich zuordnen (→ § 1 Rn. 23 f.). Gleiches gilt für die übrigen Teilgebiete des **gewerblichen Rechtsschutzes** (→ Rn. 10 ff.). Mit ihm fügt sich das **Urheberrecht** (→ Rn. 63 ff.), das mittels ausschließlicher Rechte an Werken der Literatur, Wissenschaft und Kunst, an Computerprogrammen und an bestimmten Leistungen die auf diese unkörperlichen Gegenstände bezogenen Interessen der Urheber und Leistungserbringer schützt, zum Gesamtgebiet des **Immaterialgüterrechts** (im objektiven Sinne) zusammen.

2 Die Immaterialgüterrechte werden oft als Rechte des geistigen Eigentums oder einfach als **geistiges Eigentum** bezeichnet,[1] das sie erfassende Rechtsgebiet als Recht des geistigen Eigentums. Seit der Jahrtausendwende werden diese Begriffe in Deutschland, wo sie früher oft aus rechtsdogmatischen Gründen abgelehnt worden waren[2], zunehmend auch in amtlichen Texten verwendet.[3] International sind sie so schon wesentlich länger gebräuchlich, namentlich in der Bezeichnung der Weltorganisation für geistiges Eigentum (World Intellectual Property Organisation (WIPO) oder Organisation Mondiale de la Propriété Intellectuelle (OMPI)) und des TRIPS-Übereinkommens (Agreement on Trade-Related Aspects of Intellectual Property Rights). Und als Teilbereiche werden das gewerbliche Eigentum (Industrial Property, Propriété industrielle) und das literarische und künstlerische Eigentum (Propriété littéraire et artistique)[4] unterschieden.

---

[1] Umfassend zur Entstehungsgeschichte dieses Begriffs *Jänich* 69 ff.

[2] S. *Jänich* insbes. 82–107; *Ohly* JZ 2003, 546 f.; *Götting* GRUR 2006, 354 (355 f.).

[3] ZB in der Bezeichnung des Gesetzes zur Stärkung des geistigen Eigentums und zur Bekämpfung der Produktpiraterie von 1990 und des Gesetzes zur Bereinigung von Kostenregelungen auf dem Gebiet des geistigen Eigentums von 2001.

[4] Im Englischen hat der Begriff keine gebräuchliche Entsprechung; das Rechtsgebiet wird durch den Begriff Copyright gekennzeichnet. In der unterschiedlichen Terminologie deutet sich an, dass den Interessen der Urheber im Verhältnis zu denjenigen der Werkverwerter in den kontinentaleuropäischen Rechtsordnungen größeres Gewicht beigemessen wird als in denjenigen des Vereinigten Königreichs und der USA.

§ 2. Verhältnis des Patent- und Gebrauchsmusterrechts zu anderen Rechtsmaterien   I § 2

2. Sofern der Begriff „geistiges Eigentum" lediglich auf die unkörperliche Natur seines 3
Gegenstands hinweisen soll, deckt er sich mit demjenigen des Immaterialgüterrechts. Ist
dagegen gemeint, dass die Rechtsgegenstände vom menschlichen Geist hervorgebracht
seien, trifft er nur auf einige Immaterialgüterrechte zu. So werden Rechte an Marken und
Unternehmenskennzeichen und ein Teil der im Urheberrecht geregelten „verwandten
Schutzrechte" nicht deshalb gewährt, weil ihr Gegenstand durch menschliche Geistestätigkeit neu geschaffen worden wäre, sondern weil sich in ihm besondere unternehmerische
Leistungen niederschlagen.

3. Neben seinem deskriptiven Gebrauch wird der Begriff „geistiges Eigentum" – vor 4
allem in der geschichtlichen Entwicklung, aber auch heute noch – auch zur Begründung rechtspolitischer Forderungen verwendet. Dass ein Gegenstand in irgendeinem Sinne
der Geistestätigkeit einer Person zugeschrieben werden kann, ist freilich noch kein hinreichender Grund, ihn gesetzlich dieser Person ausschließlich zuzuordnen. Dass dies wegen
des Vorliegens von geistigem Eigentum geschehen müsse oder gar schon unabhängig von
gesetztem Recht gelte, wäre ein Zirkelschluss. Geistiges Eigentum besteht vielmehr nur auf
gesetzlicher Grundlage.[5]

Rechtspolitisch mag gefordert werden, dass der Gesetzgeber ein Recht des geistigen Eigentums 5
an einem bisher nicht in dieser Weise erfassten unkörperlichen Gegenstand zugunsten der Person
einführe, die – insbesondere weil ihr die Entstehung jenes Gegenstands zu danken sei – ein ausschließliches Recht hieran verdiene. Über die Erfüllbarkeit solcher Forderungen kann freilich stets
nur mit Blick auf den Grundsatz der Wettbewerbsfreiheit entschieden werden.

4. Gelegentlich wird die Frage gestellt, ob für die Rechte des geistigen Eigentums (oder 6
die Immaterialgüterrechte) ein *numerus clausus* gelte.[6] Gemeint ist, ob es solche Rechte
außerhalb der gesetzlichen Sonderregelungen gibt, die sie ausdrücklich anerkennen. Dies
wird unter Hinweis auf Vorzugspositionen behauptet, die einem bestimmten Rechtssubjekt
hinsichtlich eines definierbaren unkörperlichen Gegenstands daraus erwachsen, dass anderen bestimmte Handlungen, die von diesem Gegenstand Gebrauch machen oder ihn
beeinträchtigen, als unerlaubte Handlung oder unlauterer Wettbewerb verboten sind. Beispiele bilden etwa der Geheimnisschutz (→ Rn. 52 ff.) und der ergänzende wettbewerbsrechtliche Leistungsschutz (→ Rn. 56 ff.).[7] Der geschützte Gegenstand und seine Zuordnung ergeben sich dabei indirekt aus Verhaltensnormen, die ihrem konkreten Inhalt nach
von der Rechtsprechung auch aus allgemeineren Ge- oder Verbotsvorschriften abgeleitet
werden können. Dabei kann sich das Netz der Verhaltensnormen so verdichten, dass es
naheliegt, sie als Schutz eines Rechts an dem Gegenstand zu verstehen, auf den sie sich
beziehen, und manche Regeln, die für Immaterialgüterrechte gelten, entsprechend anzuwenden.[8] Doch überschritte es den Rahmen legitimer Rechtsfortbildung, wenn die bloße
Möglichkeit, Verhaltensnormen zusammenfassend als Schutz eines Rechts zu verstehen,
als Argument für zusätzliche, aus den geltenden Vorschriften nicht mehr begründbare Verhaltensnormen benutzt würde. Neue Ausschlussrechte als *Quelle von Verhaltensnormen* zu
schaffen, steht nur dem Gesetzgeber zu, wobei er auch Ergebnisse auf vorbestehende Verhal-

---

[5] Zur Rechtsnatur der subjektiven Privatrechte an Erfindungen, Werken und Kennzeichen instruktiv *Fezer* GRUR 2016, 30.

[6] Der Ausdruck lässt an den *numerus clausus* der beschränkten dinglichen Rechte an Sachen denken und verknüpft deshalb Fragen, die nichts miteinander zu tun haben (unklar insoweit *Jänich* 234 ff.). Während es im Sachenrecht um eine Beschränkung der *rechtsgeschäftlichen* Gestaltung *abgeleiteter* Rechte an Sachen („Typenzwang") geht, wird für den Bereich des geistigen Eigentums diskutiert, ob *originäre* Rechte an unkörperlichen Gegenständen anders als durch ausdrücklichen Rechtssatz entstehen können; vgl. *Ohly* FS Schricker, 2005, 106 f. (116 f.), der freilich die beiden Fragen unter dem Gesichtspunkt der Rechtssicherheit miteinander in Verbindung bringen will.

[7] Vgl. *Ohly* FS Schricker, 2005, 110 f. (114) mit weiteren Beispielen.

[8] S. *Ohly* FS Schricker, 2005, 111.

tensnormen gestützter Rechtsprechung übernehmen und ausbauen kann.[9] Dessen ungeachtet ist nicht zu bestreiten, dass Geheimhaltung die zweite wichtige Säule des Technologieschutzes bildet und dass der rechtliche Schutz von Unternehmensgeheimnissen – in Deutschland vielfach als „Know-how" geläufig, was mehr verdunkelt als erhellt – in vielen Staaten dem Recht des geistigen Eigentums zugeordnet wird; so etwa in den USA durch die Uniform Trade Secret Acts, die inzwischen fast alle Bundesstaaten in Kraft gesetzt haben. Wenngleich gesetzlicher Geheimnisschutz nicht mehr gewährt als bloßen Zugangsschutz, spricht für diese Sicht Art. 39 TRIPS, der alle WTO-Signatarstaaten zum Schutz von „undisclosed information" verpflichtet.[10]

7 5. Geistiges Eigentum ist dem Eigentum an Sachen insofern vergleichbar, als es einen außerpersönlichen Gegenstand ausschließlich einem Rechtssubjekt zuordnet. In dieser Grundstruktur, der unmittelbaren – nicht erst durch ein anderes Rechtssubjekt (wie einen Schuldner) vermittelten – Beziehung einer Person zu einem Gegenstand besteht Übereinstimmung, auch wenn der Gegenstand dort körperlich, hier unkörperlich ist. Daher kann übergreifend von **gegenständlichen Rechten** gesprochen werden. Weniger empfiehlt sich als Sammelbegriff der des dinglichen Rechts; er sollte dem Eigentum und den daraus abgeleiteten Rechten an Sachen vorbehalten bleiben.

8 Zur Grundstruktur des gegenständlichen Rechts gehört, dass der Rechtsgegenstand unabhängig von einer bestimmten Person bestehen kann und deshalb *zuordnungsbedürftig* ist. Daran fehlt es bei subjektiven *Rechten,* da diese notwendig einer bestimmten Person zustehen und deshalb keiner Zuordnung bedürfen.[11] Rechte an Rechten sind nur dann gegenständlich, wenn das Recht, an dem sie bestehen, seinerseits gegenständlich ist. Sie sind dann ebenfalls – beschränkte – Rechte am Gegenstand des betroffenen (Voll-)Rechts.[12] Rechte kommen deshalb nicht als Gegenstände von Immaterialgüterrechten (Rechten geistigen Eigentums) in Betracht.

9 6. Entsprechend seiner römisch-rechtlichen Prägung kennt das BGB Eigentum nur an Sachen, § 903 BGB. Sachen sind körperliche Gegenstände sowie Tiere, die ungeachtet des jedem ohne weiteres einleuchtenden Tierschutzes seit einiger Zeit gesondert rubrizieren, §§ 90, 91a BGB. Geistiges Eigentum ist dem BGB zumindest begrifflich ebenso fremd wie Eigentum an Rechten, zum Beispiel an Forderungen. Diese Verengung des zivilrechtlichen Eigentumsbegriffs ist freilich nicht überkommen, sondern vergleichsweise neu. Ähnlich wie andere ältere Kodifikationen, etwa der *Code civil,* war auch das gut 100 Jahre vor dem BGB in Kraft getretene PrALR noch einem umfassenderen Eigentumsbegriff gefolgt und hatte in PrALR I 8 § 2 bestimmt: *Alles, was einen ausschließenden Nutzen gewähren kann, ist ein Gegenstand des Eigenthums.* Dieser im Vergleich zum BGB deutlich weitere Eigentumsbegriff hatte nicht nur Forderungen ohne weiteres eingeschlossen, sondern auch Patente – wären diese dem lediglich drei Jahre nach Schaffung des ersten französischen Patentgesetzes (1791) in Kraft gesetzten PrALR bereits geläufig gewesen.[13] Nach dem Verständnis des BGB ist Geistiges Eigentum jedoch kein Eigentum. Ist mangels sondergesetzlicher Regelung im Rechtsverkehr auf das BGB zurückzugreifen (→ Rn. 95 f.), gelten darum dessen Vorschriften über Rechte, nicht aber diejenigen über das (Sach-)Eigentum und über beschränkt dingliche Rechte an Sachen.

---

[9] Vgl. *Ohly* FS Schricker, 2005, 114 und FS Ullmann, 2006, 810.
[10] S. auch *Ann* in Ann/Loschelder/Grosch Know-how-Schutz-HdB Kap. 1 Rn. 1 ff.
[11] Das „Herrschaftsrecht" an einem Recht, von dem manchmal gesprochen wird (vgl. *Jänich* 200), ist in Wahrheit das Recht selbst.
[12] Dagegen ist das Pfandrecht an einer Forderung so wenig gegenständlich, dinglich oder gar absolut wie die Forderung selbst; es verschafft dem Pfandgläubiger (unter entsprechender Beschränkung der Befugnisse des Gläubigers) lediglich Rechte gegenüber dem Schuldner. Dass seine Bestellung auch Dritten gegenüber wirkt, folgt daraus, dass sie *Verfügungswirkung* hat, dh die Verfügungsmacht über die Forderung teilweise verbraucht und so der Wirksamkeit späterer mit dem Pfandrecht kollidierender Verfügungen des Gläubigers entgegensteht.
[13] *Ann* GRUR-Int 2004 (FS Kraßer), 696 (697).

II. Patentschutz[14] und sonstiger gewerblicher Rechtsschutz

Patent- und Gebrauchsmusterrecht gehören zum Bereich des gewerblichen Rechtsschutzes, und zwar zum Teilgebiet der **technischen Schutzrechte,** dem außerdem das Halbleiter- und das Sortenschutzrecht zugerechnet werden können. Daneben umfasst der gewerbliche Rechtsschutz das Designrecht (früher Geschmacksmusterrecht), das Kennzeichenrecht und die Vorschriften, die sich gegen unlauteren Wettbewerb richten.

a) Halbleiterschutz

1. 1984 führten die USA einen Sonderschutz für Halbleitererzeugnisse ein,[15] dessen Inanspruchnahme Ausländern nur unter der Voraussetzung gestattet wurde, dass ihr Heimatstaat US-Bürgern gleichwertigen Schutz gewährte. Um dies in den Mitgliedstaaten der EWG sicherzustellen, wurde 1986 eine entsprechende Richtlinie erlassen,[16] die in der Bundesrepublik Deutschland durch das Halbleiterschutzgesetz von 1987[17] umgesetzt wurde. 1989 wurde auf einer Konferenz in Washington ein internationaler Vertrag über geistiges Eigentum hinsichtlich integrierter Schaltkreise ausgearbeitet.[18]

2. Nach dem Halbleiterschutzgesetz (§ 1 Abs. 1 S. 1) werden dreidimensionale Strukturen **(Topografien)** von mikroelektronischen Halbleitererzeugnissen (sogenannten Mikro-Chips) geschützt, wenn und soweit sie Eigenart aufweisen. Entsprechendes gilt für selbständig verwertbare Teile von Topografien sowie Darstellungen, insbesondere „Masken", die ihrer Herstellung dienen (§ 1 Abs. 1 S. 2). Ein besonderes Schutzrecht hierfür wurde als erforderlich angesehen, weil der Entwurf von Chips und Chips-Systemen einerseits hohen Zeit- und Kostenaufwand erfordere, andererseits aber in der Regel keine für ein Patent oder Gebrauchsmuster ausreichende erfinderische Leistung darstelle.[19] Halbleiterschutz ergänzt Patentschutz also in Bezug auf Gegenstände, die letzterem zwar ihrer Art nach zugänglich, die *in casu* aber meist nicht schutzwürdig wären. Dem sind Schutzvoraussetzungen und -reichweite angepasst. Im Übrigen ist die Gestaltung des Topografieschutzes weitgehend ans Gebrauchsmustergesetz angelehnt.

Die praktische Bedeutung des Halbleiterschutzes hat bei weitem nicht das erwartete Ausmaß erreicht. Während bei seiner Einführung mit jährlich 500 Anmeldungen gerechnet wurde,[20] verzeichnete das DPMA in den ersten 19 Jahren nur 1259 Anmeldungen. Inzwischen sind die Anmeldezahlen nicht mehr signifikant und gilt der Topografieschutz als obsolet.[21]

3. Eine Topografie weist **Eigenart** auf, wenn sie als Ergebnis geistiger Arbeit nicht nur durch bloße Nachbildung einer anderen Topografie hergestellt und nicht alltäglich ist (§ 1 Abs. 2). Besteht sie aus einer Anordnung alltäglicher Teile, wird die Anordnung geschützt, soweit sie Eigenart aufweist (§ 1 Abs. 3). Damit ist die Schwelle der Schutzwürdigkeit deutlich tiefer gelegt als für den patent- oder gebrauchsmusterrechtlichen Schutz.

---

[14] Der Begriff schließt den Gebrauchsmusterschutz ein; vgl. → § 1 Rn. 47.
[15] Semiconductor Chip Protection Act vom 8.11.1984, deutsch in BlPMZ 1985, 131.
[16] Richtlinie des Rates der Europäischen Gemeinschaften vom 16.12.1986 über den Schutz der Topographien von Halbleitererzeugnissen (87/54/EWG) BlPMZ 1987, 127.
[17] Gesetz über den Schutz der Topographien von mikroelektronischen Halbleitererzeugnissen (Halbleiterschutzgesetz) vom 22.10.1987, BGBl. I 2294 = BlPMZ 1987, 366, zuletzt geändert durch Gesetz vom 7.7.2008, BGBl. I 1191. – Die §§ des Halbleiterschutzgesetzes werden im vorliegenden Unterabschnitt ohne Zusatz zitiert.
[18] Treaty on Intellectual Property in Respect of Integrated Circuits of May 26, 1989, GRUR-Int 1989, 772; *Busse/Keukenschrijver* Einl. HlSchG Rn. 7. Das TRIPS-Ü verweist in Art. 35 auf den Vertrag und enthält in Art. 36–38 zusätzliche Bestimmungen.
[19] So die amtliche Begründung, BlPMZ 1987, 374 (375).
[20] Amtliche Begründung, BlPMZ 1987, 374.
[21] 1995: 106; 1996: 79; 1997: 99; 1998: 54; 1999: 64; 2000: 62; 2001: 59; 2002: 41; 2003: 12; 2004: 4; 2005: 6; 2006: 2; 2007: 2; 2008: 1; 2009: 4; 2010: 0; 2011: 2; 2012: 9; 2013: 3; 2014: 1; Eintragungsbestand Ende 2014: 23; dazu *Heilein.*

15 4. Der Schutz einer Topografie wird durch **Anmeldung** beim DPMA[22] begründet, wenn zuvor keine oder nur eine vertrauliche geschäftliche Verwertung erfolgt ist (§ 5 Abs. 1 Nr. 2). Andernfalls wird der Schutz durch die **erste** nicht nur vertrauliche **geschäftliche Verwertung,** also zunächst ohne Förmlichkeit begründet; sein Fortbestand hängt aber davon ab, dass innerhalb von zwei Jahren nach jener Verwertung die Anmeldung beim Amt erfolgt (§ 5 Abs. 1 Nr. 1). Unabhängig hiervon ist die Anmeldung erforderlich, wenn das formlos entstandene Schutzrecht geltend gemacht werden soll (§ 5 Abs. 3).

16 Angemeldete Topografien werden vom Amt nach Formalprüfung eingetragen (§ 4). Die **Eintragung** wirkt aber – anders als beim Gebrauchsmuster – nur deklaratorisch, da das Schutzrecht in jedem Fall schon vorher entstanden ist.

17 Der Schutz endet **10 Jahre** nach dem Ende des Kalenderjahrs, in dem er begonnen hat (§ 5 Abs. 2). Ausgeschlossen ist er, wenn er nicht vor Ablauf von 15 Jahren nach erstmaliger Aufzeichnung der Topografie – durch Anmeldung oder Erstverwertung – begründet wird (§§ 5 Abs. 4, 8 Abs. 1 Nr. 3).

18 5. Gegenstand des Schutzes ist nur die Topografie als solche, nicht die ihr zugrundeliegenden Entwürfe, Verfahren, Systeme, Techniken oder die in einem Mikrochip gespeicherten Informationen (§ 1 Abs. 4).

19 Die **Wirkung** des Schutzes besteht in einem ausschließlichen Recht zur **Verwertung** der Topografie. Dritte dürfen ohne Zustimmung des Rechtsinhabers nicht die Topografie nachbilden, sie oder das Halbleitererzeugnis, in dem sie enthalten ist, anbieten, in Verkehr bringen oder verbreiten oder zum Zweck des Inverkehrbringens oder Verbreitens einführen (§ 6 Abs. 1). Da dem Verbietungsrecht nur das Nachbilden, nicht aber das Herstellen unterliegt, hat der Halbleiterschutz **keine Sperrwirkung.** Wer selbständig eine Topografie schafft, die mit einer den Gegenstand eines fremden Halbleiterschutzrechts bildenden Topografie übereinstimmt, kann sie verwerten, ohne der Zustimmung des Rechtsinhabers zu bedürfen.

20 Auch in anderen Beziehungen reicht der Halbleiterschutz weniger weit als der Patentschutz: Er ist nicht allgemein auf die Benutzung, sondern nur auf die Verwertung bezogen und macht insbesondere das Gebrauchen nicht von der Zustimmung des Rechtsinhabers abhängig.[23] Die gesetzlich vorgesehenen Ausnahmen umfassen außer Handlungen im privaten Bereich zu nichtgeschäftlichen Zwecken auch die Nachbildung zum Zweck der Analyse, Bewertung oder Ausbildung und die geschäftliche Verwertung einer Topografie, die das Ergebnis einer solchen Analyse oder Bewertung (maW: durch „reverse engineering" geschaffen) ist und Eigenart aufweist (§ 6 Abs. 2). Keinem Verbietungsrecht ist auch ausgesetzt, wer ein Halbleitererzeugnis erwirbt, ohne zu wissen oder wissen zu müssen, dass es eine geschützte Topografie enthält. Sobald er von dem Schutz weiß oder wissen muss, ist er allerdings dem Rechtsinhaber für die weitere Verwertung zu einer den Umständen nach angemessenen Entschädigung verpflichtet (§ 6 Abs. 3).

b) Sortenschutz

21 Für Pflanzensorten wird unter bestimmten Voraussetzungen (nationaler) Sortenschutz gemäß dem Sortenschutzgesetz oder gemeinschaftlicher Sortenschutz gemäß einer Verordnung der EG erteilt. Näheres hierzu ist im Zusammenhang mit der patentrechtlichen Behandlung von Pflanzenzüchtungen auszuführen (→ § 14 Rn. 27 ff.).

c) Geschmacksmuster- und Designschutz

Literatur zum GeschmMG 2004 und zum Designgesetz 2014: *Bulling, A./Langöhrig, A./Hellwig, T.,* Geschmacksmuster. Designschutz in Deutschland und Europa mit USA, Japan, China und Korea,

---

[22] Zu den Erfordernissen der Anmeldung § 3 iVm der Verordnung zur Ausführung des Halbleiterschutzgesetzes (Halbleiterschutzverordnung – HalblSchV) vom 11.5.2004, BGBl. I 894 = BlPMZ 2004, 318, geändert durch VO vom 12.12.2018, BGBl. I 2446 = BlPMZ 2019, 41.

[23] Vgl. die amtliche Begründung, BlPMZ 1987, 381.

§ 2. Verhältnis des Patent- und Gebrauchsmusterrechts zu anderen Rechtsmaterien   II § 2

3. Aufl. 2011; *Eichmann, H.*, Technizität von Erfindungen – Technische Bedingtheit von Marken und Mustern, GRUR 2000, 751–760; *ders./v. Falckenstein, R.*, Geschmacksmustergesetz, 4. Aufl. 2010; *Fezer, K.-H.*, Theorie der Funktionalität des Immaterialgüterrechts als geistiges Eigentum – zugleich eine rechtstheoretische Grundlegung zum Vorabentscheidungsverfahren „Ford/Wheeltrims", GRUR 2016, 30–38; *Rehmann, T.*, Designrecht, 2. Aufl. 2014.

1. Nach dem Gesetz über den rechtlichen Schutz von Design vom 24.2.2014 (**Design-** 22 **gesetz** – DesignG)[24] werden Designs geschützt, die neu sind und Eigenart haben (§ 2 Abs. 1).

Designschutz ist für Deutschland auch erreichbar nach der Verordnung (EG) Nr. 6/2002 23 des Rates über das **Gemeinschaftsgeschmacksmuster** vom 12.12.2001 (GGVO)[25], die die Begründung für das Gesamtgebiet der EU einheitlicher Rechte an Geschmacksmustern ermöglicht.

Voraussetzungen und Ausgestaltung des unionsrechtlichen Schutzes entsprechen der 24 **Richtlinie** 98/71/EG des Europäischen Parlaments und des Rates über den rechtlichen Schutz von Mustern und Modellen vom 13.10.1998[26], die auf Angleichung der nationalen Rechtsvorschriften in den Mitgliedstaaten abzielt und für Deutschland durch das GeschmMG 2004 umgesetzt wurde.

2. Design im Sinne des DesignG ist die zwei- oder dreidimensionale Erscheinungsform 25 eines Erzeugnisses oder eines Teils davon, die sich insbesondere aus den Merkmalen der Linien, Konturen, Farben, der Gestalt, Oberflächenstruktur oder der Werkstoffe des Erzeugnisses selbst oder seiner Verzierung ergibt (§ 1 Nr. 1). Die Erfordernisse der Neuheit und der Eigenart sind in § 2 Abs. 2 und 3 definiert; was als neuheitsunschädliche Offenbarung gilt, ergibt sich aus §§ 5 und 6.

3. Der Schutz nach dem DesignG entsteht mit der **Eintragung** in das vom DPMA ge- 26 führte Designregister (§ 27 Abs. 1).[27] Die Anmeldung zur Eintragung ist beim DPMA oder, soweit laut Bekanntmachung des BMJV zulässig, bei einem Patentinformationszentrum einzureichen (§ 11 Abs. 1). Sie muss grundsätzlich (vgl. → Rn. 31 f.) eine zur Bekanntmachung geeignete Wiedergabe des Designs enthalten (§ 11 Abs. 2 Nr. 3); diese ist maßgebend für die den Gegenstand des Schutzes bestimmenden Merkmale des eingetragenen Designs (§ 37 Abs. 1).

Die **Dauer** des Schutzes beträgt **25 Jahre** ab Anmeldetag (§ 27 Abs. 2), sofern er für die 27 den ersten fünf Jahren folgenden Fünfjahresperioden durch Zahlung der vorgeschriebenen Gebühren aufrechterhalten wird; geschieht dies nicht, endet die Schutzdauer (§ 28 Abs. 1 und 3).

4. Schutz **ohne Eintragung** erlangt nach der GGVO ein Design, das die sachlichen Schutzvoraus- 28 setzungen erfüllt und innerhalb der Union der Öffentlichkeit zugänglich gemacht, dh in solcher Weise verwendet oder auf sonstige Weise offenbart wurde, dass dies den in der Gemeinschaft tätigen Fachkreisen des betreffenden Wirtschaftszweigs im normalen Geschäftsverlauf bekannt sein konnte. Nicht als der Öffentlichkeit zugänglich gemacht gilt ein Design, wenn es lediglich unter der ausdrücklichen oder stillschweigenden Bedingung der Vertraulichkeit offenbart wurde. Der Schutz beginnt mit dem Tag, an dem das Design der Öffentlichkeit innerhalb der Gemeinschaft erstmals zugänglich gemacht wurde, und endet **3 Jahre** danach. Der ohne Eintragung entstandene gemeinschaftsrechtliche Schutz

---

[24] BGBl. I 122. Vorschriften des DesignG werden in diesem Unterabschnitt ohne Zusatz zitiert. Vorgänger war das GeschmacksmusterG vom 12.3.2004, das das wiederholt geänderte, 1986 in erheblichem Umfang reformierte Gesetz betreffend das Urheberrecht an Mustern und Modellen vom 11.1.1876 abgelöst hatte.
[25] GRUR-Int 2002, 221 = BlPMZ 2002, 152.
[26] GRUR-Int 1998, 959 = BlPMZ 2004, 260.
[27] Nähere Bestimmungen über die Anmeldung und das Eintragungsverfahren enthält die gem. § 26 DesignG erlassene Verordnung zur Ausführung des Designgesetzes (Designverordnung – DesignV) vom 2.1.2014, BGBl. I 18 = BlPMZ 2014, 34, geändert durch VO vom 12.12.2018, BGBl. I 2446 = BlPMZ 2019, 42.

umfasst das Gesamtgebiet der Gemeinschaft, auch wenn das Design nur in einem Mitgliedstaat der Öffentlichkeit zugänglich gemacht worden ist (Art. 11 Abs. 2 S. 2 der VO).[28]

29 5. Der Designschutz gewährt dem Rechtsinhaber das ausschließliche Recht, das eingetragene Design zu benutzen und Dritten zu verbieten, es ohne seine Zustimmung zu benutzen (§ 38 Abs. 1 S. 1). Der Begriff der Benutzung umfasst insbesondere Herstellung, Anbieten, Inverkehrbringen, Einfuhr, Ausfuhr und Gebrauch eines Erzeugnisses, in das das eingetragene Design aufgenommen oder bei dem es verwendet wird, und den Besitz eines solchen Erzeugnisses zu den genannten Zwecken (§ 38 Abs. 1 S. 2). Der Schutz erstreckt sich auf jedes Design, das beim informierten Benutzer keinen anderen Gesamteindruck erweckt als das eingetragene, wobei der Grad der Gestaltungsfreiheit des Entwerfers des als rechtsverletzend angegriffenen Designs berücksichtigt wird (§ 38 Abs. 2).

30 Aus dieser Regelung ergibt sich, dass der Designschutz **Sperrwirkung** hat, also nicht nur in (sei es auch unbewusster) Kenntnis des eingetragenen Designs hergestellte Nachbildungen, sondern auch unabhängig hiervon geschaffene in den Schutzbereich des durch die Eintragung begründeten Rechts fallende Designs erfasst.

31 6. Allerdings kann bei Anmeldung beantragt werden, dass die Bekanntmachung der Eintragung, die normalerweise unter Wiedergabe des eingetragenen Designs erfolgt (§ 20), für die Wiedergabe um 30 Monate ab Anmeldung aufgeschoben wird (§ 21 Abs. 1) Die Eintragung begründet in diesem Fall zunächst nur einen Schutz gegen *Nachahmung* (§ 38 Abs. 3), also ohne Sperrwirkung. Er entfällt (§ 21 Abs. 4), wenn er nicht vor Ablauf der Aufschiebungsfrist gem. § 21 Abs. 2 und 3 auf die gesetzliche Schutzdauer erstreckt wird. Hierzu ist erforderlich, dass eine Gebühr bezahlt und die Anmeldung mit der (soweit noch nicht geschehen jetzt einzureichenden) Wiedergabe des Designs bekanntgemacht wird. Geschieht dies, erlangt der Schutz Sperrwirkung. Entsprechendes ist in der GGVO (Art. 50, 19 Abs. 3) bestimmt.

32 Ebenso genießt das nicht eingetragene Gemeinschaftsgeschmacksmuster (→ Rn. 28) Schutz nur gegen eine Benutzung, die das Ergebnis einer Nachahmung ist (Art. 19 Abs. 2 S. 1 der VO). Nicht als Nachahmung gilt dabei das Ergebnis eines selbständigen Entwurfs, von dessen Entwerfer berechtigterweise angenommen werden kann, dass er das vom Rechtsinhaber offenbarte Design nicht kannte (Art. 19 Abs. 2 S. 2).

33 7. Vom Designschutz ausgeschlossen sind nach § 3 Abs. 1 Nr. 1 Erscheinungsmerkmale von Erzeugnissen, die ausschließlich durch deren **technische Funktion** bedingt sind. Entsprechendes gilt für Gemeinschaftsgeschmacksmuster (Art. 8 Abs. 1 GGVO).[29] Bereits nach dem früheren deutschen Recht hatte die Rechtsprechung Formgestaltungen, die ausschließlich technisch bedingt waren, den Geschmacksmusterschutz versagt.[30] Ausschließlich technisch bedingt ist jedoch die Erscheinungsform eines Erzeugnisses nur dann, wenn die darin verwirklichte technische Problemlösung *notwendigerweise* gerade zu dieser Erscheinungsform führt. In diesem – seltenen – Fall kommt, auch wenn die Erscheinungsform neu ist und Eigenart aufweist, nur Erfindungsschutz in Betracht. Meist wird jedoch die Verwirklichung eines Erfindungsgedankens in mehreren unterschiedlichen Erscheinungsformen eines Erzeugnisses möglich sein. Dem Designschutz steht dann auch der Umstand nicht entgegen, dass „die Gestaltung eines Erzeugnisses in dem maßgeblichen Merkmal zugleich oder sogar in erster Linie dessen Gebrauchszweck dient und ihn fördert", also „der ästhetische Gehalt in die ihrem Zweck gemäß gestaltete Gebrauchsform eingegangen ist".[31] Demgemäß kann ein einheitliches Erzeugnis durch Patent oder Gebrauchsmuster geschützte technische Merkmale und designrechtlich geschützte Merkmale seiner Erscheinungsform aufweisen. Beide Schutzrechte sind dann je für sich zu beurteilen und auszuüben; sie können verschiedenen Inhabern zustehen. Fällt eines davon weg, darf das Erzeugnis, solange das andere besteht, nur ohne die noch geschützten technischen Merkmale bzw. nur in anderer als der geschützten Erscheinungsform frei benutzt werden.

---

[28] *Eichmann/v. Falckenstein* Allg. Rn. 7.
[29] Vgl. *Eichmann* GRUR 2000, 751 (757 ff.).
[30] BGH 1.10.1980, GRUR 1981, 269 (271) – Haushaltsschneidemaschine.
[31] So BGH 1.10.1980, GRUR 1981, 269 (271) – Haushaltsschneidemaschine.

§ 2. Verhältnis des Patent- und Gebrauchsmusterrechts zu anderen Rechtsmaterien

d) Kennzeichenschutz

Literatur: *Berlit, W.,* Markenrecht, 9. Aufl. 2012; *Deutsch, E.,* Arzneimittel im gewerblichen Rechtsschutz, GRUR-Int 1983, 489–493; *Eichmann, K.,* Technizität von Erfindungen – Technische Bedingtheit von Marken und Muster, GRUR 2000, 751–760; *Fezer, K.-H.,* Entwicklungslinien und Prinzipien des Markenrechts in Europa – Auf dem Weg zur Marke als einem immaterialgüterrechtlichen Kommunikationszeichen, GRUR 2003, 457–469; *ders.,* Markenrecht, 4. Aufl. 2009; *Ingerl, R./Rohnke, C.,* Markengesetz, 3. Aufl. 2010; *Körner, E./Gründig-Schnelle, K.,* Markenrecht und Produktschutz durch die dreidimensionale Marke, GRUR 1999, 535–541; *Kur, A.,* Alles oder nichts im Formmarkenschutz?, GRUR-Int 2004, 755–761; *Lange, P.,* Marken- und Kennzeichenrecht, 2. Aufl. 2012; *Loschelder, M.,* Der Schutz technischer Entwicklungen und praktischer Gestaltungen durch das Marken- und Lauterkeitsrecht – Versuch einer Bewertung der Rechtsprechung der letzten zwei Jahre, GRUR-Int 2004, 767–771; *Marten, G.,* Die Reform der Unionsmarken 2016, GRUR-Int 2016, 114–122; *Ströbele, P./Hacker, F.,* Markengesetz, 11. Aufl. 2015.

1. Der heute im Markengesetz von 1994 (MarkenG) sowie der Unionsmarkenverordnung (UnionsmarkenVO) geregelte Schutz der **Marken**[32] und **Unternehmenskennzeichen**[33] gilt Zeichen, in denen sich eine unternehmerische Leistung ausdrückt. Er richtet sich dagegen, dass andere durch Benutzung des gleichen oder eines verwechselbaren Zeichens Vorteil aus der Leistung ziehen, die das Vertrauen des Verkehrs in das geschützte Symbol begründet hat, und dabei gleichzeitig dieses Vertrauen gefährden.

Die genannten gewerblichen Kennzeichen sind daher Gegenstand ausschließlicher Benutzungsrechte nur in ihrer Relation zu Erzeugnissen, Dienstleistungen oder Unternehmen.[34] Der Schutz hängt nicht davon ab, dass das Kennzeichen als Wort oder figürliche Darstellung eine Neuschöpfung ist. Entscheidend sind, selbst wenn letzteres im Einzelfall zutrifft, die Unterscheidungskraft und die Priorität des Rechtserwerbs hinsichtlich der Waren- oder Dienstleistungsart oder des Geschäftszweigs, wofür der Schutz beansprucht wird. Auch bedingen Funktion und Eigenart des Rechtsgegenstandes, dass es weder notwendig ist noch sinnvoll erscheint, eine Höchstdauer des Schutzes festzulegen.

Der durch *Eintragung* (→ Rn. 39) begründete Markenschutz hängt allerdings nicht davon ab, dass eine unternehmerische Leistung bereits erbracht oder ein an das als Marke eingetragene Zeichen anknüpfendes Vertrauen des Verkehrs bereits feststellbar ist. Vielmehr bezweckt er auch, dass sich ungestört von einem Gebrauch mit dem eingetragenen übereinstimmender oder verwechselbarer Zeichen eine Verkehrsanschauung entwickeln kann, nach welcher die Marke auf eine vertrauenswürdige unternehmerische Leistung hinweist.

Über diese von *Eugen Ulmer* als „Entwicklungsbegünstigung" bezeichnete Funktion der Eintragung hinaus hat das geltende im Vergleich zum früheren deutschen Markenrecht die Verknüpfung der Marke mit einer unternehmerischen Leistung dadurch gelockert, dass die Eintragung keine Beziehung zu einem „Geschäftsbetrieb" voraussetzt und das durch sie begründete Recht ohne solchen übertragbar ist. Hierdurch wird die Marke zu einem eigenständigen Wirtschaftsgut, dessen Wert sich nicht nur aus unternehmerischer Leistung, sondern auch aus besonders gelungener Gestaltung des Zeichens selbst, etwa einer Art und Eigenschaften einer Ware oder Dienstleistung in einprägsamer und schlagkräftiger Weise charakterisierenden und dennoch nicht wegen rein beschreibenden Gehalts schutzunfähigen Wortschöpfung ergeben kann. Von den hierdurch eröffneten Möglichkeiten können – solange es nicht zum Verfall wegen Nichtbenutzung (§ 49 Abs. 1 MarkenG) kommt – auch Anmelder Gebrauch machen, die die Marke nicht selbst benutzen, sondern „verkaufen" wollen.

---

[32] Definition in § 3 Abs. 1 MarkenG. – Markenschutz ist für Deutschland auch nach der **Unionsmarkenverordnung** erreichbar, nach welcher durch Eintragung beim EUIPO für das Gesamtgebiet der EU einheitliche Markenrechte begründet werden können. Die Voraussetzungen und – abgesehen von der räumlichen Reichweite – auch die Wirkungen des Schutzes nach diesem System entsprechen denen des MarkenG, in dem die Richtlinie 89/104/EG zur Angleichung der Rechtsvorschriften der Mitgliedstaaten über Marken vom 21.12.1988, GRUR-Int 1989, 294, umgesetzt ist.

[33] Definition in § 5 Abs. 2 MarkenG.

[34] *Ann* GRUR-Int 2004, 597 (598); *Hilty* FS Ullmann, 2006, 643 (663).

38 2. **Unterscheidungskraft** kann einem Zeichen für den Gegenstand, auf den es sich bezieht (Ware, Dienstleistung, Unternehmen), von Anfang an wegen seiner Eigenart oder Auswahl zukommen oder dadurch zuwachsen, dass es Verkehrsgeltung erlangt (§ 8 Abs. 3 MarkenG), dh von einem genügend großen Teil der in Betracht kommenden Nachfrager als Hinweis darauf, dass alle mit ihm gekennzeichneten Waren oder Dienstleistungen vom selben Unternehmen stammen, bzw. auf die Identität und nicht nur die Art des mit ihm gekennzeichneten Unternehmens verstanden wird.

39 3. Der **Rechtserwerb** erfolgt nur in einem Teil der Fälle durch Formalakt. Der Markenschutz entsteht durch Eintragung eines Zeichens als Marke in das vom DPMA geführte Register (§§ 4 Nr. 1, 32 ff. MarkenG); er dauert bis zum Ablauf von 10 Jahren ab Anmeldung, kann aber beliebig oft um jeweils 10 Jahre verlängert werden (§ 47 MarkenG). Ohne Förmlichkeit entsteht er durch Benutzung eines Zeichens im geschäftlichen Verkehr, soweit das Zeichen innerhalb beteiligter Verkehrskreise als Marke Verkehrsgeltung erworben hat (§ 4 Nr. 2 MarkenG), oder durch Erlangung notorischer Bekanntheit iSd Art. 6bis PVÜ (§ 4 Nr. 3 MarkenG). Das Recht an einem Unternehmenskennzeichen entsteht, wenn es sich um einen Namen, eine Firma oder die besondere Bezeichnung eines Geschäftsbetriebs oder Unternehmens („Geschäftsbezeichnung") handelt (und nicht zur Erlangung von Unterscheidungskraft Verkehrsgeltung erforderlich ist) dadurch, dass das Zeichen in einer der genannten Funktionen öffentlich in Gebrauch genommen wird (§ 5 Abs. 2 S. 1 MarkenG). Als Akt der Ingebrauchnahme genügt auch die Eintragung in das Handelsregister, die allerdings Firmen vorbehalten ist. Geschäftsabzeichen und sonstige zur Unterscheidung eines Geschäftsbetriebs von anderen Geschäftsbetrieben bestimmte Zeichen[35] sind nur dann geschützt, wenn sie innerhalb beteiligter Verkehrskreise als Kennzeichen des Geschäftsbetriebs gelten (§ 5 Abs. 2 S. 2 MarkenG).

40 4. Das **ausschließliche Recht an einer Marke** (§ 14 Abs. 1 MarkenG) hat in erster Linie die Wirkung, dass es Dritten untersagt ist, ein mit der Marke identisches Zeichen für Waren oder Dienstleistungen zu benutzen, die mit denjenigen identisch sind, für welche sie Schutz genießt (§ 14 Abs. 2 Nr. 1 MarkenG). Darüber hinaus ist es Dritten untersagt, ein Zeichen zu benutzen, wenn wegen der Identität oder Ähnlichkeit des Zeichens mit der geschützten Marke und der durch die Marke und das Zeichen erfassten Waren oder Dienstleistungen für das Publikum die Gefahr von Verwechslungen besteht (§ 14 Abs. 2 Nr. 2 MarkenG).

41 Das **ausschließliche Recht an einem Unternehmenskennzeichen** hat die Wirkung, dass es Dritten untersagt ist, das Kennzeichen oder ein ähnliches Zeichen im geschäftlichen Verkehr unbefugt in einer Weise zu benutzen, die geeignet ist, Verwechslungen mit dem geschützten Kennzeichen hervorzurufen (§ 15 Abs. 2 MarkenG).

42 Bei *bekannten Marken und Unternehmenskennzeichen* kann die Wirkung des Schutzes über den Bereich der vom Entstehungstatbestand erfassten und ihnen ähnlichen Waren, Dienstleistungen oder Geschäftszweige hinausgehen: Ist eine Marke im Inland bekannt, dürfen Dritte ein identisches oder ähnliches Zeichen auch nicht für Waren oder Dienstleistungen, die denjenigen, für die sie Schutz genießt, nicht ähnlich sind, benutzen, wenn hierdurch ihre Unterscheidungskraft oder Wertschätzung ohne rechtfertigenden Grund in unlauterer Weise ausgenutzt oder beeinträchtigt wird (§ 14 Abs. 2 Nr. 3 MarkenG). Unter den gleichen Voraussetzungen genießt ein im Inland bekanntes Unternehmenskennzeichen Schutz gegen Benutzung eines identischen oder ähnlichen Zeichens auch dann, wenn keine Verwechslungsgefahr besteht (§ 15 Abs. 3 MarkenG).

43 5. Erzeugnisse, die nach einer geschützten Erfindung hergestellt sind, oder Dienstleistungen, die mittels eines patentierten Verfahrens erbracht werden, können unter einer geschützten Marke angeboten werden. Besonderheiten ergeben sich aus einem solchen Zusammentreffen nicht. Im Fall eines konkurrierenden Angebots ist getrennt für das technische Schutzrecht und für das Markenrecht zu prüfen, ob eines der beiden, keines davon oder gar beide verletzt sind. Das Ergebnis der einen Prüfung hat auf die andere keinen Einfluss, da die Rechtsgegenstände verschieden sind.

---

[35] Beispiele bei *Götting* 61 Rn. 7.

§ 2. Verhältnis des Patent- und Gebrauchsmusterrechts zu anderen Rechtsmaterien II § 2

Als Marke kann auch die **Form einer Ware** geschützt werden (§ 3 Abs. 1 MarkenG). **44**
Nicht markenfähig sind jedoch Zeichen, die ausschließlich aus einer Form bestehen, die durch die Art der Ware selbst bedingt ist (§ 3 Abs. 2 Nr. 1 MarkenG), zur Erreichung einer **technischen Wirkung** erforderlich ist (§ 3 Abs. 2 Nr. 2 MarkenG)[36] oder der Ware ihren wesentlichen Wert verleiht (§ 3 Abs. 2 Nr. 3 MarkenG). Diese Schutzhindernisse können auch dadurch nicht überwunden werden, dass sich die in Frage stehende Form als Hinweis auf die Herkunft aus einem bestimmten Unternehmen im Verkehr durchsetzt.[37]

Nach der Rechtsprechung des EuGH[38], die auch für die Auslegung der die Marken- **45** rechtsrichtlinie[39] umsetzenden Bestimmungen des MarkenG maßgebend ist, verfolgt Art. 3 Abs. 1 Buchst. e zweiter Gedankenstrich der Richtlinie (umgesetzt in § 3 Abs. 2 Nr. 2 MarkenG) „das im Allgemeininteresse liegende Ziel, dass eine Form, deren wesentliche Merkmale einer technischen Funktion entsprechen und gewählt werden, um diese zu erfüllen, von allen frei verwendet werden kann …",[40] also „es dem Einzelnen nicht zu erlauben, die Eintragung einer Marke zu benutzen, um ausschließliche Rechte an technischen Lösungen zu erlangen oder fortbestehen zu lassen".[41] Dabei lasse nichts im Wortlaut der erwähnten Vorschrift die Schlussfolgerung zu, dass das dort vorgesehene Schutzhindernis durch den Nachweis ausgeräumt werden kann, dass es andere Formen gibt, die die gleiche technische Wirkung ermöglichen.[42] Wenn nachgewiesen wird, dass die wesentlichen funktionellen Merkmale der Form einer Ware nur der technischen Wirkung zuzuschreiben sind[43], schließe die Vorschrift ein aus dieser Form bestehendes Zeichen von der Eintragung aus, selbst wenn die fragliche technische Wirkung durch andere Formen erzielt werden kann.[44]

Somit kann die Form eines Erzeugnisses keinen Markenschutz erlangen, soweit sie allein **46** durch eine in dem Erzeugnis verwirklichte technische Problemlösung bedingt ist.[45]

---

[36] Zu § 3 Abs. 2 Nr. 2 MarkenG BGH 14.12.2000, GRUR 2001, 413 – SWATCH; *Ströbele/Hacker* § 3 Rn. 93–99; *Fezer* § 3 Rn. 665 ff.; *Loschelder* GRUR-Int 2004, 767 ff.; *Körner/Gründig-Schnelle* GRUR 1999, 535 (537); *Eichmann* GRUR 2000, 751 (756 ff.) – Im wesentlichen Gleiches galt nach der Rechtsprechung vor Einführung des MarkenG; vgl. BGH 17.11.2005, BlPMZ 2007, 76 – Scherkopf mit zahlreichen Nachw.; *Fezer* § 4 Rn. 47 ff. und GRUR 2003, 457 (467 f.).

[37] BGH 17.11.2005, BlPMZ 2007, 78 (79) – Rasierer mit drei Scherköpfen; Große Beschwerdekammer des HABM 10.7.2006, GRUR-Int 2007, 58 Rn. 32, die nach Art. 7 Abs. 1 Buchst. e der GemeinschaftsmarkenVO (seit 1.10.2017: UnionsmarkenVO) (dem § 3 Abs. 2 MarkenG entspricht) der Form des „Lego"-Spielzeugbausteins wegen ausschließlich technischer Bedingtheit den (Gemeinschafts-)Markenschutz versagt; für Berücksichtigung der Verkehrsdurchsetzung im Fall des § 3 Abs. 2 Nr. 3 jedoch *Kur* GRUR-Int 2004, 755–761.

[38] S. vor allem 18.6.2002, GRUR-Int 2002, 842 Rn. 80–84, in dem der Firma Philips Markenschutz versagt wird für die Form und Beschaffenheit der oberen Fläche eines elektrischen Rasierapparats mit drei in einem gleichseitigen Dreiecks angeordneten Scherköpfen mit rotierenden Messern. – Mit Urteil vom 25.1.2007, GRUR-Int 2007, 324 wird die Zurückweisung einer Markenanmeldung bestätigt, die sich auf alle denkbaren Formen eines durchsichtigen Behältnisses oder Auffangbehälters als Teil der äußeren Oberfläche eines Staubsaugers bezog: der Gegenstand der Anmeldung sei kein „Zeichen" im Sinne der Markenrechts-Richtlinie und könne deshalb auch keine Marke im Sinne dieser Richtlinie sein.

[39] Nun Richtlinie EU 2015/2436 zur Angleichung der Rechtsvorschriften der Mitgliedstaaten über Marken vom 16.12.2015, vgl. dazu *Marten* GRUR-Int 2016, 114.

[40] EuGH 18.6.2002, GRUR-Int 2002, 842 Rn. 80.

[41] Vgl. auch HABM GRUR-Int 2007, 58 Rn. 35.

[42] EuGH 18.6.2002, GRUR-Int 2002, 842 Rn. 81.

[43] Zu dieser Voraussetzung und der Bedeutung von (abgelaufenen) Patenten in diesem Zusammenhang HABM GRUR-Int 2007, 58 Rn. 37–54.

[44] EuGH 18.6.2002, GRUR-Int 2002, 842 Rn. 83, 84; dazu auch HABM GRUR-Int 2007, 58 Rn. 56–63 mit ausführlicher Erörterung für den „Lego"-Stein.

[45] Im Schrifttum gehen die Meinungen über die Tragweite des in § 3 Abs. 2 Nr. 2 MarkenG vorgesehenen Schutzausschlusses auseinander. So treten *Ströbele/Hacker* § 3 Rn. 95 f. und *Körner/Gründig-Schnelle* GRUR 1999, 535 (537), für ein eher extensives, *Fezer* § 3 Rn. 668, für ein eher restriktives Verständnis ein.

47 6. Werden erfindungsgemäße Leistungen längere Zeit, vielleicht bis zum Ablauf der maximalen Patentdauer, ausschließlich unter einer bestimmten Marke angeboten, kann es nach Wegfall des Erfindungsschutzes für denjenigen, dem diese nicht zur Verfügung steht, schwierig sein, mit solchen Leistungen auf dem Markt Fuß zu fassen, da die Nachfrager gewohnt sind, die Vorteile der Erfindung nur unter der ihnen bekannten Marke anzutreffen. Daher mag die Frage gestellt werden, ob nicht der fortbestehende Markenschutz in ungerechtfertigter Weise den Erfindungsschutz perpetuiert.[46] Der Markenschutz geht jedoch in solchen Fällen nur dann verloren, wenn die Marke infolge des Verhaltens oder der Untätigkeit ihres Inhabers im geschäftlichen Verkehr zur gebräuchlichen Bezeichnung der in der Eintragung genannten Waren oder Dienstleistungen geworden ist (§ 49 Abs. 2 Nr. 1 MarkenG). Durch den Umstand, dass während der Dauer des Erfindungsschutzes nur *ein* Anbieter auf dem Markt ist, wird eine solche Entwicklung zum freien Warennamen oder zur Gattungsbezeichnung nicht gefördert, sondern eher gehemmt. Von der Rechtsprechung ist sie ganz allgemein nur selten und unter strengen Voraussetzungen anerkannt worden.[47] Die Grenzen des Erfindungsschutzes bewirken somit keine Einschränkung des Zeichenschutzes.

e) Bekämpfung unlauteren Wettbewerbs

Literatur: *Ann, C.*, Know-how – Stiefkind des Geistigen Eigentums?, GRUR 2007, 39–43; *ders./ Kalbfus, B.*, Geheimnisse sind schützenswert, Frankfurter Allgemeine Zeitung, 15.06.2009, 12; *Baumbach, A./Hefermehl, W.*, Wettbewerbsrecht, 22. Aufl. 2001; *Berlit, W.*, Wettbewerbsrecht, 9. Aufl. 2014; *Emmerich, V.*, Unlauterer Wettbewerb, 9. Aufl. 2012; *Fezer, K.-H.* (Hrsg.), Lauterkeitsrecht. Kommentar zum Gesetz gegen den unlauteren Wettbewerb (UWG), 2. Aufl. 2010; *Gloy, W./Loschelder, M.* (Hrsg.), Handbuch des Wettbewerbsrechts, 4. Aufl. 2010; *Götting, H.-P.*, Wettbewerbsrecht, 2005; *Harte-Bavendamm, H./Henning-Bodewig, F.* (Hrsg.), Gesetz gegen den unlauteren Wettbewerb, 3. Aufl. 2013; *Heermann, P. W./Hirsch, G.* (Hrsg.), Münchener Kommentar zum Lauterkeitsrecht, 2. Aufl. 2014; *Jacobs, R.*, Von Pumpen, Noppenbahnen und Laubheftern – Zum wettbewerblichen Leistungsschutz bei technischen Erzeugnissen, FS Helm, 2002, 71–86; *Jordan, G./Dieti, S.*, Schutz technischer Entwicklungen durch das Lauterkeitsrecht, FS Meibom, 2010, 173–189; *Köhler, H./Bornkamm, J.*, Wettbewerbsrecht, 37. Aufl. 2019; *Kraßer, R.*, Der Schutz des Know-how nach deutschem Recht, GRUR 1970, 587–597; *ders.*, Grundlagen des zivilrechtlichen Schutzes von Geschäfts- und Betriebsgeheimnissen sowie von Know-how, GRUR 1977, 177–196; *McGuire, M.-R.*, Der Schutz von Know-how im System des Immaterialgüterrechts, GRUR 2016, 1000–1008; *Nirk, R.*, Gewerblicher Rechtsschutz, 1981; *Ohly, A./ Sosnitza, O.*, Gesetz gegen den unlauteren Wettbewerb, 6. Aufl. 2014.

aa) Allgemeines

48 1. Zum gewerblichen Rechtsschutz und damit indirekt zum Immaterialgüterrecht wird auch die Bekämpfung unlauteren Wettbewerbs gerechnet[48], obwohl sie ohne Gewährung subjektiver Ausschlussrechte erfolgt und deshalb zwar möglicherweise Schutz von Immaterialgütern[49] und insofern Immaterialgüterrecht im objektiven Sinn vorliegt, aber von (subjektiven) Immaterialgüterrechten genau besehen nicht gesprochen werden kann.[50]

49 2. Das Gesetz gegen den unlauteren Wettbewerb (UWG) vom 3.3.2010[51] dient nach seinem § 1 dem Schutz der Mitbewerber (Definition in § 2 Nr. 3), Verbraucher und sonstigen Marktteilnehmer (Definition in § 2 Nr. 2) vor unlauterem Wettbewerb und schützt zugleich das Interesse der Allgemeinheit an einem unverfälschten Wettbewerb. Es ist – wie sein Vorgänger, das im Lauf der Zeit vielfach geänderte UWG von 1909 – Grundlage der Bekämpfung missbräuchlichen Verhaltens bei der Ausübung der Wettbewerbsfreiheit.

---

[46] Vgl. *Götting* GewRS § 5 Rn. 46; RG 18.6.1920, RGZ 100, 3 (9).
[47] *Ströbele/Hacker* § 49 Rn. 30; *Fezer* § 8 Rn. 518 ff.
[48] Vgl. insbesondere Art. 1 Abs. 2 PVÜ, Art. 2 viii WIPO-Übereinkommen.
[49] Zu dieser Frage *Götting* GewRS § 6 Rn. 21.
[50] S. *Jänich* 191 f., 239. Für eine Verankerung des Geheimnisschutzes im Recht des Geistigen Eigentums hingegen *McGuire* GRUR 2016, 1000.
[51] BGBl. I 245, geändert durch Gesetz vom 17.2.2016, BGBl. I 233.

§ 2. Verhältnis des Patent- und Gebrauchsmusterrechts zu anderen Rechtsmaterien   II   § 2

Dieses trotz mancher Einschränkung grundlegende Prinzip der in Deutschland bestehenden Rechts- und Wirtschaftsordnung fordert – vereinfachend gesagt – den Wirtschaftssubjekten, die nach Geschäftsabschlüssen mit anderen streben, ein stetiges Bemühen um die Verbesserung der eigenen Leistung ab, indem es für die Möglichkeit sorgt, dass der andere den Geschäftsabschluss mit einem Dritten tätigt, der ihn ebenfalls anstrebt. Hierdurch wird bezweckt, dass sich die Versorgung des Marktes mit Gütern in ständig verbesserter Weise den Bedürfnissen anpasst. Gefährdet wird dieses Ziel jedoch, wenn Teilnehmer am Wettbewerb Mittel anwenden, die geeignet sind, ihrer Leistung den Vorzug zu verschaffen, obwohl sie in Wirklichkeit nicht die bessere ist.

Das UWG verbietet deshalb Verhaltensweisen, die geeignet sind, das im Interesse der in § 1 genannten Marktteilnehmer und der Allgemeinheit wünschenswerte Ergebnis des Wettbewerbs zu verfälschen. Es gewährt bei bestimmten Verstößen den Mitbewerbern (§ 8 Abs. 3 Nr. 1), Verbänden von Gewerbetreibenden (§ 8 Abs. 3 Nr. 2), den Industrie- und Handels- und den Handwerkskammern (§ 8 Abs. 3 Nr. 4) sowie als „qualifizierte Einrichtungen" eingetragenen Verbraucherverbänden (§ 8 Abs. 3 Nr. 3, dazu § 4 UKlaG), bei anderen nur bestimmten Verletzten Unterlassungsansprüche; konkret Geschädigte können Schadensersatz verlangen; manche Verstöße sind mit Strafe bedroht. 50

3. Allgemein verbietet § 3 UWG unlautere Wettbewerbshandlungen, die geeignet sind, den Wettbewerb zum Nachteil der Mitbewerber, der Verbraucher oder der sonstigen Marktteilnehmer nicht nur unerheblich zu beeinträchtigen. Was eine Wettbewerbshandlung ist, definiert § 2 Nr. 1; unter welchen Voraussetzungen sie als unlauter angesehen werden kann, ist im geltenden Gesetz nicht mehr durch einen allgemeinen Maßstab wie die guten Sitten (so § 1 UWG 1909) bestimmt. Doch ist in §§ 4–7 eine Reihe von Fällen aufgeführt, in denen unlauteres Handeln iSd § 3 vorliegt. Unlauter handelt nach § 5 Abs. 1, wer irreführend wirbt, und nach § 7 Abs. 1, wer einen Marktteilnehmer in unzumutbarer Weise belästigt. Näheres bestimmen § 5 Abs. 2–5 bzw. § 7 Abs. 2, 3. Aus § 6 ergibt sich, in welchen Fällen vergleichende Werbung unlauter ist. Soweit die genannten größeren Tatbestandsgruppen nicht passen, ist zunächst zu prüfen, ob einer der in § 4 genannten Beispielsfälle unlauteren Verhaltens vorliegt. Auch wenn dies nicht zutrifft, ist es nach dem Wortlaut des Gesetzes nicht ausgeschlossen, dass ein Verhalten iSd § 3 unlauter und deshalb unzulässig ist. Geregelt waren in §§ 17, 18 UWG früher auch wesentliche Teile des **Schutzes von Betriebs- und Geschäftsgeheimnissen**. Das war insofern nachvollziehbar, als unlautere Eingriffe in fremde Unternehmensgeheimnisse (auch) unlauteren Wettbewerb darstellen und schon aus Effizienzgründen[52] auch staatlicherseits missbilligt und mit Rechtsfolgen versehen werden sollten: weil zur Kenntnislosigkeit kein Weg zurück führt, sind nahe liegende Rechtsfolgen Unterlassungs- und Schadensersatzansprüche. Fast alle Staaten sehen das so – zurecht! 51

4. Ausschließliche Rechte an außerpersönlichen Gegenständen gewährt das GeschGehG nicht und hatte auch schon das UWG nicht gewährt. Der Schutz von **Geschäfts- und Betriebsgeheimnissen** durch das GeschGehG[53] gilt im Wesentlichen der tatsächlichen Vorzugsposition, die sich daraus ergibt, dass eine wirtschaftlich relevante Information nicht offenkundig, also nicht allgemein bekannt oder einfach zugänglich ist. Diese tatsächliche Vorzugsposition entfällt, wenn die Information offenkundig wird, egal wie. Trotzdem sind auf Unternehmensgeheimnisse – insbesondere bezüglich des Rechtsverkehrs – manche Regeln über Vermögensrechte entsprechend anwendbar.[54] 52

---

[52] *Ann/Kalbfus* FAZ 2009, 12.
[53] Auch wenn dies missverständlich ist, soll die Rede von Geschäftsgeheimnissen Betriebsgeheimnisse nicht etwa schutzlos stellen. Stattdessen will sich der Gesetzgeber ans englische *Trade Secret* anlehnen und Gehorsam ggü. der EU-Kommission zeigen, die entgegen der auf die Anpassung an nationale Besonderheiten gerichteten Anlage des Richtlinienverfahrens angeblich empfindlich reagiert, wenn Richtlinien nicht so wörtlich wie möglich umgesetzt werden.
[54] *Ann* GRUR 2007, 39 (42 f.).

53 Geheimnisschutz nach dem GeschGehG kommt auch technischen Erfindungen zugute, soweit und solange diese geheim gehalten werden. Er hängt nicht von den sachlichen Voraussetzungen des Patent- oder Gebrauchsmusterschutzes ab; selbst der Mangel der Neuheit im Sinne des PatG oder GebrMG schließt ihn nicht notwendigerweise aus, da Neuheit und Offenkundigkeit nicht dasselbe sind. Entfallen muss der Geheimnisschutz aber, sobald der Inhalt einer Schutzrechtsanmeldung offengelegt wird, bei der Patentanmeldung spätestens achtzehn Monate nach Einreichung, beim Gebrauchsmuster im Zeitpunkt der Eintragung.

54 Patent- oder Gebrauchsmusterschutz und Geheimnisschutz können wegen derselben Erfindung daher nur zusammentreffen, wenn eine Geheimhaltungsanordnung gem. § 50 PatG, § 9 GebrMG ergangen ist. Das ist sehr selten!

55 Geheimnisschutz ist keineswegs auf technisches Know-how beschränkt, sondern umfasst auch kaufmännische Geheimnisse, sog. „managerial secrets" (vgl. → § 12 Rn. 128 ff.). Das ist einer seiner Hauptvorteile.

bb) Der „ergänzende wettbewerbsrechtliche Leistungsschutz"

Literatur: *Bopp, T.,* Sklavischer Nachbau technischer Erzeugnisse – Anmerkungen zu BGH – Vakuumpumpen, GRUR 1997, 34–40; *Fischer, R.,* Wie frei ist der freie Stand der Technik – wettbewerbsrechtlicher Nachahmungsschutz bei technischen Erzeugnissen, GRUR 2015, 1160–1170; *Götting, H.-P.,* Ergänzender wettbewerblicher Leistungsschutz – Ein Überblick, Mitt. 2005, 15–20; *Hilty, R. M.,* „Leistungsschutz" – made in Switzerland? – Klärung eines Missverständnisses und Fragen zum allgemeinen Schutz von Investitionen, FS Ullmann, 2006, 643–667; *Hubmann, R.,* Gewerblicher Rechtsschutz, 5. Aufl. 1988; *Jacobs, R.,* Von Pumpen, Noppenbahnen und Laubheftern – Zum wettbewerbsrechtlichen Leistungsschutz bei technischen Erzeugnissen, FS Helm, 2002, 71–86; *Körner, E.,* Das allgemeine Wettbewerbsrecht des UWG als Auffangtatbestand für fehlgeschlagenen oder abgelaufenen Sonderschutz, FS Ullmann, 2006, 701–715; *Kur, A.,* Nachahmungsfreiheit und Freiheit des Warenverkehrs – der wettbewerbsrechtliche Leistungsschutz aus der Perspektive des Gemeinschaftsrechts, FS Ullmann, 2006, 717–735; *Loschelder, M.,* Der Schutz technischer Entwicklungen und praktischer Gestaltungen durch das Marken- und Lauterkeitsrecht, GRUR-Int 2004, 767–771; *Lubberger, A.,* Grundsatz der Nachahmungsfreiheit?, FS Ullmann, 2006, 737–754; *Müller-Laube, H.-M.,* Wettbewerbsrechtlicher Schutz gegen Nachahmung und Nachbildung gewerblicher Erzeugnisse, ZHR 156 (1992), 480–511; *Ohly, A.,* Gibt es einen Numerus clausus der Immaterialgüterrechte, FS Schricker, 2005, 105–122; *ders.,* Klemmbausteine im Wandel der Zeit – ein Plädoyer für strikte Subsidiarität des UWG-Nachahmungsschutzes, FS Ullmann, 2006, 795–812; *Reimer, D.,* in: Ulmer (Hrsg.), Das Recht des unlauteren Wettbewerbs in den Mitgliedstaaten der EWG, Bd. III: Deutschland, 1968; *Schulte-Beckhausen, T.,* Das Verhältnis des § 1 UWG zu gewerblichen Schutzrechten und zum Urheberrecht, 1994; *Wiebe, A.,* Unmittelbare Leistungsübernahme im neuen Wettbewerbsrecht, FS Schricker, 2005, 773–783.

56 1. Unter dem früheren UWG hat die Rechtsprechung in Anwendung des allgemeinen Verbots gegen die guten Sitten verstoßenden Verhaltens im Wettbewerb (§ 1 UWG 1909) auch einen gewissen Schutz gegen die **Nachahmung nicht** sondergesetzlich **geschützter Erzeugnisse** gewährt. Im geltenden UWG bestimmt § 4 Nr. 9:

57 „Unlauter im Sinne von § 3 handelt insbesondere, wer
...
9. Waren oder Dienstleistungen anbietet, die eine Nachahmung der Waren oder Dienstleistungen eines Mitbewerbers sind, wenn er
a) eine vermeidbare Täuschung der Abnehmer über die betriebliche Herkunft herbeiführt,
b) die Wertschätzung der nachgeahmten Ware oder Dienstleistung unangemessen ausnutzt oder beeinträchtigt oder
c) die für die Nachahmung erforderlichen Kenntnisse unredlich erlangt hat;
...".

58 2. Auszugehen ist nach wie vor vom **Grundsatz der Nachahmungsfreiheit**[55]: Mit Rücksicht auf die Freiheit des Wettbewerbs kann die Nachahmung von Erzeugnissen oder

---

[55] Hierzu *Wiebe* FS Schricker, 2005, 776 ff.; kritisch zum Grundsatz der Nachahmungsfreiheit *Müller-Laube* ZHR 156 (1992) 480 ff., der gleichwohl (ZHR 156 (1992), 496 ff. (510)) für technisch bedingte Gestaltungen einen wettbewerbsrechtlichen Schutz gegen Nachahmung ablehnt; ohne solche Einschränkung *Lubberger* FS Ullmann, 2006, 737 ff.

§ 2. Verhältnis des Patent- und Gebrauchsmusterrechts zu anderen Rechtsmaterien

Dienstleistungen eines Mitbewerbers nicht verboten werden, solange nicht **besondere Umstände** es rechtfertigen, sie als unlauter zu werten.[56] Wichtige Fälle dieser Art sind nunmehr in § 4 Nr. 9 UWG 2004 erfasst, der insoweit die Rechtsprechung zum früheren Recht bestätigt. Da sich § 4 UWG insgesamt nicht als abschließende Aufzählung darstellt, erscheint es nach dem Wortlaut des Gesetzes nicht als ausgeschlossen, eine Nachahmung wegen besonderer Umstände, die in § 4 Nr. 9 UWG nicht erwähnt sind, als unlauter iSd § 3 UWG zu verbieten.[57]

3. Die Übernahme einer **technischen Problemlösung** ist für sich genommen nicht unlauter, mag sie auch maßstabsgetreu oder „sklavisch" dem Vorbild folgen und dieses von einem Mitbewerber erstmals mit viel Mühe und Kosten geschaffen worden sein.[58] Umstände dieser Art sind keine „besonderen"; sie sind vielmehr für Nachahmungsfälle typisch.

Von den im Gesetz genannten Unlauterkeitsgründen ist derjenige des unredlichen Erlangens für die Nachahmung erforderlicher Kenntnisse oder Unterlagen (§ 4 Nr. 9 Buchst. c UWG) auch bei Nachahmung technisch bedingter Merkmale unproblematisch; oft wird in solchen Fällen auch ein Verstoß gegen die Vorschriften über den Geheimnisschutz (§§ 17 ff. UWG) vorliegen. Eine vermeidbare Herkunftstäuschung (§ 4 Nr. 9 Buchst. a UWG) oder unangemessene Rufausnutzung oder -beeinträchtigung setzen dagegen – wie sich der Rechtsprechung zum früheren Recht entnehmen lässt – voraus, dass sich die Nachahmung auf Merkmale bezieht, mit denen der Verkehr „Herkunfts- und Gütevorstellungen" verbindet, also Merkmale, die der fremden Ware oder Dienstleistung eine gewisse „wettbewerbliche Eigenart" verleihen. Diese Funktionen zu erfüllen sind Merkmale, die sich notwendigerweise aus einer bestimmten technischen Problemlösung ergeben, oft wenig geeignet.[59] Auch in Fällen, in denen ihnen eine solche Funktion zukommt, muss darauf geachtet werden, dass der wettbewerbsrechtliche Schutz gegen Nachahmung nicht einer technischen Problemlösung als solcher gelten, also den einschlägigen, insbesondere patent- oder gebrauchsmusterrechtlichen Sonderschutz weder ersetzen noch erweitern kann.[60] Hierfür sorgt zunächst, dass die Unlauterkeit einer vermeidbaren Herkunftstäuschung oder unangemessenen Rufausbeutung oder -beeinträchtigung allgemein davon abhängt, dass dem Nachahmenden ein anderes Verhalten *zumutbar* ist.[61] Bei technisch bedingten Merkmalen kann dies nur angenommen werden, wenn ohne Einbuße an technischer Brauchbarkeit eine andere Gestaltung hätte gewählt werden können.[62] Darüber hinaus hat die Rechtsprechung die Übernahme dem freizuhaltenden Stand der Technik angehörender technischer Merkmale grundsätzlich auch dann nicht als unlauter angesehen,

---

[56] Vgl. zum früheren Recht BGH 22.2.1990, GRUR 1990, 528 – Rollen-Clips; 26.9.1996, GRUR 1997, 116 (118) – Prospekthalter; 12.7.2001, GRUR 2002, 86 (89) – Laubhefter; OLG Düsseldorf 31.3.1998, GRUR 1999, 72 – Fahrradkoffer; *Benkard* PatG vor §§ 9–14 Rn. 4–12; *Baumbach/Hefermehl* UWG § 1 Rn. 439 ff.; *Reimer* in Ulmer (Hrsg.) Nr. 266 ff.; *Nirk* 370 ff.; *Bopp* GRUR 1997, 34 ff.

[57] Zur Möglichkeit des Zurückgreifens auf § 3 UWG und ihren Grenzen *Ohly* FS Schricker, 2005, 119 und FS Ullmann, 2006, 810 f. mN; grundsätzlich ablehnend *Wiebe* FS Schricker, 2005, 778 (781).

[58] *Wiebe* FS Schricker, 2005, 780.

[59] *Jacobs* FS Helm, 2002, 74.

[60] *Kur* und *Ohly* FS Ullmann, 2006, 726 f. (809) weisen zutreffend darauf hin, dass bei Fehlen einer Schutzrechtsverletzung wettbewerbsrechtlicher Schutz gegen Nachahmung nicht gewährt werden kann, wenn die in Frage kommenden Unlauterkeitsgründe bereits in der einschlägigen sondergesetzlichen Regelung berücksichtigt sind.

[61] *Reimer* in Ulmer (Hrsg.) Nr. 290; *Köhler* in Köhler/Borkamm UWG § 4 Rn. 3.45-3.50; *Benkard* PatG vor §§ 9–14 Rn. 8.

[62] *Köhler* in Köhler/Borkamm UWG § 4 Rn. 3.49; BGH 14.12.1995, GRUR 1996, 210 – Vakuumpumpen; 8.11.2001, Mitt. 2002, 248 (250) – Noppenbahnen; 7.2.2002, GRUR 2002, 820 (821 f.) – Bremszangen mN; OLG Karlsruhe 22.2.1995, GRUR 1995, 495 – Lüftungsgitter.

wenn sie technisch nicht unbedingt notwendig war.[63] Es genügt, dass es ihrer für eine angemessene technische Problemlösung bedurfte.[64] Auch kann die Unlauterkeit einer Nachahmung nicht mit vermeidbarer Herkunftstäuschung oder unangemessener Rufausnutzung oder -beeinträchtigung begründet werden, soweit diese allein durch die Übernahme freizuhaltender technischer Merkmale verursacht sind.[65] Allerdings bleibt der Nachahmende im Rahmen des Zumutbaren verpflichtet, der Gefahr solcher Folgen durch geeignete Maßnahmen entgegenzuwirken.[66]

61 Nach diesen Maßstäben ist ein wettbewerbsrechtlicher Schutz gegen die Übernahme technischer Problemlösungen zwar grundsätzlich ausgeschlossen, doch keineswegs immer. Zurecht bestätigte der I. BGH-Zivilsenat Ende 2016 ausdrücklich eine Entscheidung von Anfang 2015, nach der einem technischen Erzeugnis auch nach Auslaufen seines Patentschutzes wettbewerbliche Eigenart nicht allein deshalb versagt werden kann, weil es sonst *per definitionem* schlechter gestellt wäre als ein Erzeugnis, für das Patentschutz nie bestanden hatte. Die Vermeidung einer solchen Schlechterstellung ist aus zwei Gründen richtig: erstens ist Patentschutz befristet und zweitens erfordert seine Erlangung Offenlegung und damit mehr als ergänzender wettbewerbsrechtlicher Leistungsschutz.[67]

62 Grundsätzlich zu erwägen sein könnte zudem die Begrenzung ergänzenden wettbewerbsrechtlichen Leistungsschutzes auf eine Höchstdauer unterhalb der Schutzdauer des Gebrauchsmusterschutzes. Etwas Ähnliches schlug 1988 *Hubmann*[68] in der letzten von ihm verantworten Ausgabe seines Kurzlehrbuchs vor: Erzeugnisse, die in technischer Hinsicht eine auf individueller Leistung beruhende Eigenart aufweisen, sollten nach § 1 UWG (1909) für einen die Dauer des Gebrauchsmusterschutzes nicht erreichenden Zeitraum und ohne Sperrwirkung *grundsätzlich* gegen Nachahmung geschützt werden. Gegen *Hubmanns* Lösung eines allgemeinen wettbewerbsrechtlichen Leistungsschutzes spricht freilich, dass ein unabhängig von patent- oder gebrauchsmusterrechtlichen Voraussetzungen formlos und – unabhängig vom Verhalten des Nachnutzenden – gewährter wettbewerbsrechtlicher Leistungsschutz für alle technischen Innovationen die Freiheit des Wettbewerbs empfindlich einschränken würde. Dies ginge zu weit![69]

III. Patentschutz und urheberrechtlicher Schutz

Literatur: *Ann, C.*, Privatrecht und Patentrecht? – Gedanken zur rechtssystematischen Einordnung eines Fachs, GRUR-Int 2004, 696–699; *Dogan, F.*, Patentrechtlicher Schutz von Computerprogrammen, 2005; *Dreier, T./Schulze, G.*, Urheberrechtsgesetz, 2. Aufl. 2006; *de la Durantaye, K.*, Neues Urheberrecht für Bildung und Wissenschaft – eine kritische Würdigung des Gesetzentwurfs, GRUR 2017, 558–567; *Schricker/Loewenheim* (Hrsg.), Handbuch des Urheberrechts, 2010; *Engel, F.-W.*, Persönlichkeitsrechtlicher Schutz für wissenschaftliche Arbeiten und Forschungsergebnisse, GRUR 1982, 705–714; *Fitzner, U./Waldhoff, C.*, Das patentrechtliche Einspruchs- und Einspruchsbeschwerdeverfah-

---

[63] BGH 3.5.1968, BGHZ 50, 125 – Pulverbehälter; 14.1.1999, GRUR 1999, 751 (752ff.) – Güllepumpen; 8.12.1999, GRUR 2000, 521 (523, 525f.) – Modulgerüst; 8.11.2001, Mitt. 2002, 248 – Noppenbahnen; 7.2.2002, GRUR 2002, 820 – Bremszangen; *Köhler* in Köhler/Borkamm UWG § 4 Rn. 3.49 mwN; *Körner* FS Ullmann, 2006, 706.

[64] BGH 12.7.2001, GRUR 2002, 86 (90) – Laubhefter; 7.2.2002, GRUR 2002, 820 (822) – Bremszangen; 24.3.2005, GRUR 2005, 600 (603) – Handtuchklemmen; vgl. auch *Götting* Mitt. 2005, 15; *Jacobs* FS Helm, 2002, 75f.

[65] BGH 8.12.1999, GRUR 2000, 521 – Modulgerüst; 8.11.2001, Mitt. 2002, 248 – Noppenbahnen.

[66] BGH 17.6.1999, GRUR 1999, 1106 (1108ff.) – Rollstuhlnachbau; 8.12.1999, GRUR 2000, 521 – Modulgerüst; 8.11.2001, Mitt. 2002, 248 – Noppenbahnen; 12.7.2001, GRUR 2002, 86 (90) – Laubhefter; *Köhler* in Köhler/Borkamm UWG § 4 Rn. 3.49, 3.54; *Loschelder* GRUR-Int 2004, 770.

[67] BGH 15.12.2016, GRUR 2017, 734 – Bodendübel; 22.1.2015, GRUR 2015, 909 – Exzenterzähne; differenzierend *Fischer* GRUR 2015, 1160.

[68] *Hubmann* 279ff.; in ähnlichem Sinn *Schulte-Beckhausen* insbes. 232ff.

[69] *Hubmanns* Argument, dass ohne den von ihm befürworteten wettbewerbsrechtlichen Schutz niemand den Aufwand einer besonderen Leistung auf sich nehmen könnte, könnte den Schutz allenfalls dann rechtfertigen, wenn es keinen Sonderschutz gäbe, wie etwa vorrübergehend nach dem Zweiten Weltkrieg wegen Ausfalls des Patentamts.

§ 2. Verhältnis des Patent- und Gebrauchsmusterrechts zu anderen Rechtsmaterien   **III § 2**

ren – Eine Analyse aus öffentlich-rechtlicher Sicht, Mitt. 2000, 446–454; *Hofmann, F.,* Immaterialgüterrechtliche Anwartschaftsrechte, 2009; *Kraßer, R.,* Der Schutz des Know-how nach deutschem Recht, GRUR 1970, 587–597; *ders.,* Grundlagen des zivilrechtlichen Schutzes von Geschäfts- und Betriebsgeheimnissen sowie von Know-how, GRUR 1977, 177–196; *Leenen, A.-K.,* Urheberrecht und Geschäftsmethoden, 2005; *Lehmann, M.* (Hrsg.), Rechtsschutz und Verwertung von Computerprogrammen, 2. Aufl. 1993; *McGuire, M.,* Kumulation und Doppelschutz – Ursachen und Folgen des Schutzes einer Leistung durch mehrere Schutzrechte, GRUR 2011, 767–774; *Rehbinder, M.,* Urheberrecht, 15. Aufl. 2008; *Reimer, D.,* Zum Urheberrechtsschutz von Darstellungen wissenschaftlicher oder technischer Art, GRUR 1980, 572–582; *Sack, P.,* Der Begriff des Werkes – ein Kennzeichnungsträger ohne Kontur? – Zugleich eine Stellungnahme zur Werkeigenschaft von Software, GRUR 2001, 1095–1101; *Schack, H.,* Urheber- und Urhebervertragsrecht, 3. Aufl. 2005; *Schricker, G.,* Urheberrecht, 1. Aufl. 1987; *ders.,* Urheberrecht, 2. Aufl. 1999; *Schloetter, A.-L.,* Das neue Urhebervertragsrecht, GRUR 2017, 235–241; *Ulmer, E.,* Der Urheberschutz wissenschaftlicher Werke unter besonderer Berücksichtigung der Programme elektronischer Rechenanlagen, 1967; *Walz, R.,* Der Schutzinhalt des Patentrechts im Recht der Wettbewerbsbeschränkungen, 1973; *Wandtke, A.-A./Bullinger, W.* (Hrsg.), Praxiskommentar zum Urheberrecht, 3. Aufl. 2008.

a) Gegenstände und Anwendungsbereich des urheberrechtlichen Schutzes

1. Das Gesetz über Urheberrecht und verwandte Schutzrechte (UrhG)[70] gewährt den **63** Urhebern von **Werken der Literatur, Wissenschaft und Kunst** Schutz für ihre Werke (§ 1 UrhG). Dabei versteht es unter Werken nur persönliche geistige Schöpfungen (§ 2 Abs. 2 UrhG; einen nicht abschließenden Katalog von Werkarten enthält § 2 Abs. 1 UrhG). Sie sind als unkörperliche Gegenstände von den sie verkörpernden Werkstücken zu unterscheiden.

Grundlage des Schutzes ist die ausschließliche Zuordnung des Werks an den Urheber. Er **64** erlangt mit der Schöpfung ohne jede Förmlichkeit das (subjektive) Urheberrecht, das ihn in seinen geistigen und persönlichen Beziehungen zum Werk und in dessen Nutzung schützt und zugleich der Sicherung einer angemessenen Vergütung für die Nutzung des Werks dient (§ 11 UrhG). Demgemäß umfasst das Urheberrecht das **Urheberpersönlichkeitsrecht** (§§ 12–14 UrhG: Veröffentlichungsrecht; Recht auf Anerkennung der Urheberschaft; Recht, eine Entstellung des Werks zu verbieten) und **Verwertungsrechte,** nämlich das ausschließliche Recht, das Werk in körperlicher Form, vor allem durch Vervielfältigung oder Verbreitung, zu verwerten (§ 15 Abs. 1 mit §§ 16–18 UrhG), und das ausschließliche Recht, es in unkörperlicher Form öffentlich wiederzugeben, zB vorzutragen, aufzuführen oder durch Rundfunk zu senden (§ 15 Abs. 2 mit §§ 19–22 UrhG). Die Ausschließungsbefugnisse des Urhebers unterliegen manchen Schranken (§§ 44a ff. UrhG); doch kann dieser für eine Nutzung seines Werks, die er infolgedessen dulden muss, meist eine angemessene Vergütung verlangen.

Das Urheberrecht erlischt im Regelfall 70 Jahre nach dem Tode des Urhebers (§§ 64 **65** Abs. 1, 69 UrhG). Eine Sperrwirkung kommt ihm nicht zu. Wer selbständig ein Werk schafft, erlangt daran ein eigenes Urheberrecht und dafür den gesetzlichen Schutz auch dann, wenn sich ergibt, dass es in wesentlichen Zügen mit einem früher geschaffenen oder veröffentlichten fremden Werk übereinstimmt. Das Urheberrecht an diesem gibt nicht die Befugnis, die Benutzung des jüngeren Werks zu verbieten. Freilich ist die Wahrscheinlichkeit zufälliger Übereinstimmung unabhängig voneinander entstandener Werke im Ganzen sehr gering.[71]

2. Neben dem Urheberrecht an Werken gewährt das UrhG „verwandte Schutzrechte" (§§ 70 ff., 94 **66** UrhG). Sie beziehen sich auf Leistungen im Bereich von Literatur, Wissenschaft und Kunst, die keine

---

[70] Vom 9.9.1965 BGBl. I 1273, zuletzt geändert durch Gesetz vom 1.9.2017 (BGBl. I 3346), das am 1.3.2018 in Kraft getreten ist, vgl. *Schloetter* Das neue Urhebervertragsrecht, GRUR 2017, 235; *de la Durantaye* Neues Urheberrecht für Bildung und Wissenschaft – eine kritische Würdigung des Gesetzentwurfs, GRUR 2017, 558.

[71] Vgl. *Ulmer* 15; *Loewenheim* in Schricker/Loewenheim UrhG § 23 Rn. 32.

Werke sind. Überwiegend sind es Leistungen, die bei der – körperlichen oder unkörperlichen – Wiedergabe meist fremder, urheberrechtlich geschützter oder lediglich wegen ihres Alters nicht oder nicht mehr geschützter (gemeinfreier) Werke durch Herausgeber, ausübende Künstler, Hersteller von Tonträgern, Sendeunternehmen und Filmhersteller erbracht werden.

67 Nicht typischerweise der Wiedergabe von Werken gewidmet sind die Leistungen, die den Schutz der *Lichtbilder* nach § 72 UrhG begründen. Sie bestehen in dem vom jeweiligen Lichtbildner auf fotografische oder ähnliche Weise bewirkten Erzeugen des Abbilds eines beliebigen Gegenstands, der freilich im Einzelfall auch ein Werk sein kann.

68 Der 1997 eingeführte Schutz des *Datenbankherstellers* (§§ 87a ff. UrhG) gilt ebenfalls einer Leistung, bei der die Wiedergabe von Werken nur gelegentliche Begleiterscheinung ist. Seine Grundlage ist nicht eine individuelle Tätigkeit, sondern die für Beschaffung, Überprüfung oder Darstellung des Inhalts der Datenbank vom Hersteller gemachte *Investition*. Fremd war dieser Gesichtspunkt dem urheberrechtlichen Leistungsschutz schon vorher nicht; er macht sich beim Schutz der Tonträger- und Filmhersteller, Sendeunternehmen und Veranstalter von Darbietungen ausübender Künstler geltend, auch wenn er dort nicht ausdrücklich im Gesetz erwähnt ist.

69 Die Wirkung der verwandten Schutzrechte ist weniger umfassend und in mancher Hinsicht schwächer als diejenige des Urheberrechts.

70 3. Patentschutz und urheberrechtlicher Schutz wirken mittels ausschließlicher Zuordnung unkörperlicher Gegenstände an bestimmte Personen. Sie erfolgt bei Erfindungen und Werken, weil diese Gegenstände durch die geistige Leistung von Menschen hervorgebracht sind, und zugunsten der Personen, die diese Leistung erbracht haben. Die dem Urheberrecht verwandten Schutzrechte lassen sich dagegen nur teilweise mit dieser Erwägung begründen. Sie beziehen sich nicht nur auf persönliche geistige, sondern auch auf unternehmerisch-organisatorische Leistungen einschließlich der hierfür gemachten Investitionen und werden insoweit auch von dem Gedanken getragen, dass die Ausnutzung fremder Leistungen dieser Art unter bestimmten Voraussetzungen unlauter und deshalb unrechtmäßig ist.

b) Unterschiede zwischen Patentschutz und urheberrechtlichem Schutz

71 Solange die Einbeziehung der *Computerprogramme* in den urheberrechtlichen Schutz nicht gesetzlich anerkannt und besonders geregelt war, konnten die Unterschiede zwischen Patentschutz und urheberrechtlichem Schutz uneingeschränkt in der nachstehend unter → Rn. 72 ff. dargestellten Weise charakterisiert werden. Bei den Computerprogrammen stellt sich jedoch die Frage, ob nicht der urheberrechtliche Schutz nach Gegenstand und Wirkung auf den herkömmlich dem Patentschutz vorbehaltenen Bereich übergreift (→ Rn. 77 ff.).

aa) Grundsätze

72 1. Die Gegenstände des urheberrechtlichen Schutzes unterscheiden sich in Charakter und Funktion wesentlich von denjenigen des Patentschutzes. Entsprechend unterschiedlich ist die Ausgestaltung der Schutzsysteme.

73 Neue Regeln zur Erzielung eines bestimmten Erfolgs durch Einsatz beherrschbarer Naturkräfte können nur im Rahmen der Prinzipien entwickelt werden, nach welchen die benutzten Naturkräfte wirken. Das bedeutet nicht, dass alle mit diesen Prinzipien vereinbaren Problemlösungen in der Natur fertig vorgegeben wären, mithin nicht geschaffen, sondern nur gefunden zu werden bräuchten. Vielmehr ist auch die Tätigkeit des Erfinders schöpferisch und seine Erfindung geistige Schöpfung (dazu näher → § 11 Rn. 4 ff.). Dennoch ist der Gestaltungsspielraum des Erfinders durch den Sachzwang der Naturgesetze erheblich geringer als der des Schriftstellers, Komponisten, bildenden Künstlers usw. Erfindungen sind einer individuellen Prägung durch ihren Schöpfer – und bis heute meint das den Menschen, der sie schafft – weit weniger zugänglich als Werke im Sinn des Urheberrechts.[72] Der Schutz des Urhebers in seinen geistigen und persönlichen Beziehungen zum

---

[72] *Tetzner* § 1 Anm. 1, 7; *Bernhardt* 8 f.

Werk hat darum weit größere Bedeutung und Reichweite als der Schutz vergleichbarer Interessen des Erfinders.

2. Für die Benutzung von **Erfindungen** ist kennzeichnend, dass durch Handeln nach der zunächst verstandesmäßig zu erfassenden Anweisung, die sie geben, **andere Güter** hervorgebracht werden: Die Erfindung ist nicht Selbstzweck, sondern Mittel.[73] Dagegen werden Werke der Literatur, Wissenschaft und Kunst und urheberrechtlich geschützte Leistungen durch unmittelbare Aufnahme von ihrer Wiedergabe ausgehender sinnlich wahrnehmbarer Signale benutzt, die beim aufnehmenden Menschen entsprechende Eindrücke hervorrufen und ihm vielfach auch gedankliche Inhalte vermitteln.[74] Die Handlungen, die den Rechtsinhabern vorbehalten sind, um ihnen den wirtschaftlichen Wert der geschützten Werke oder Leistungen zu sichern, bestehen grundsätzlich in der körperlichen und der öffentlichen unkörperlichen **Wiedergabe** des Schutzgegenstands (§§ 15, 77–79, 85, 87, 87b, 94 UrhG). Sie umfassen jedoch nicht die Handlungen, die durch seine Wahrnehmung gegebenenfalls ausgelöst werden. Der urheberrechtliche Schutz bleibt auf Handlungen beschränkt, durch die sein Gegenstand **zugänglich gemacht** wird; auf Handlungen, durch welche dieser **angewandt** wird, erstreckt er sich nicht.[75] Soweit durch Wahrnehmung geschützter Werke oder Leistungen Informationen erlangt werden, berührt deren Verwertung – beispielsweise das Nacharbeiten einer in einem Werk mitgeteilten Handlungsanweisung – den urheberrechtlichen Schutz nicht, solange sie ohne Wiedergabe (der schutzbegründenden Merkmale) des Werks erfolgt.

Insbesondere können Urheber wissenschaftlicher Sprachwerke oder von Darstellungen wissenschaftlicher oder technischer Art (vgl. § 2 Abs. 1 Nr. 1, 7 UrhG) anderen nicht kraft ihres Urheberrechts verbieten, wissenschaftliche Erkenntnisse oder technische Problemlösungen, die das Werk enthält, **ohne Wiedergabe des Werks** als solchen wirtschaftlich zu verwerten. Dies gilt selbst dann, wenn sie die Erkenntnisse oder Lösungen neu erarbeitet (und auf der Grundlage des allgemeinen oder des Erfinderpersönlichkeitsrechts Anspruch auf Anerkennung dieser Tatsache) haben. Umgekehrt kommt es dem Patent- und Gebrauchsmusterrecht auf die **Anwendung** des Schutzgegenstands, das Handeln nach der erfinderischen Lehre, an; die Wiedergabe der wörtlichen oder zeichnerischen Darstellung einer patentierten Erfindung verletzt das Patent nicht.[76]

3. Mit den Unterschieden zwischen Erfindungen und Werken hinsichtlich des Einflusses der Individualität des Erfinders oder Urhebers, der Funktion dieser Immaterialgüter und der aus ihr resultierenden Schutzbedürfnisse sowie der hierauf abgestimmten Wirkungen der Patente, Gebrauchsmuster und Urheberrechte hängt zusammen, dass es im Urheberrecht der für den Erfindungsschutz wesentlichen Sperrwirkung nicht bedarf und das ausschließliche Recht unabhängig von Prioritätserwägungen, ohne Formalitäten[77] und für eine wesentlich längere Dauer als bei Erfindungen gewährt werden kann: Die stärkere individuelle Prägung der Werke und die Begrenzung des Schutzes auf diejenigen Züge eines Werks, die solcher Prägung zugänglich sind, gewährleisten, dass Kollisionen zwischen Rechten an selbständig geschaffenen Werken praktisch kaum in Betracht kommen und bestehende Urheberrechte dem literarisch-künstlerischen Wirken hinreichende,[78] der Entwicklung von Wissenschaft und Technik völlige Freiheit lassen.

---

[73] *Troller* Bd. I 66 f.

[74] *Troller* Bd. I 60, 66, wo Werke der Literatur und Kunst als „Gegenstand des ideellen Genusses" bezeichnet sind.

[75] Auch die Aufführung dramatischer, choreographischer und musikalischer Werke ist nicht Anwendung von Handlungsanweisungen, sondern Wiedergabe des Werks und Vermittlung seines Genusses.

[76] Wenn die Darstellung in einer veröffentlichten Patentschrift enthalten ist, liegt auch keine Urheberrechtsverletzung vor, weil es sich um ein amtliches Werk iSd § 5 Abs. 2 UrhG handelt; s. *Katzenberger/Metzger* in Schricker/Loewenheim UrhG § 5 Rn. 46.

[77] Vgl. *Ulmer* 14.

[78] Gewisse Behinderungen können sich für das Schaffen von Bearbeitern und ausübenden Künstlern ergeben.

bb) Besonderheiten bei Computerprogrammen

77 Der 1993 in Umsetzung einer EG-Richtlinie eingeführte urheberrechtliche Schutz von Computerprogrammen nach §§ 69a–69g UrhG[79] entzieht sich der vorstehend (zu aa) gegebenen allgemeinen Charakterisierung. Nicht entscheidend ist dabei freilich, dass er keine persönliche geistige Schöpfung voraussetzt, sondern allen Computerprogrammen zukommt, die individuelle Werke in dem Sinn darstellen, dass sie das Ergebnis der eigenen geistigen Schöpfung ihres Urhebers sind. Die hiermit beabsichtigte Absenkung der Schwelle der Schutzwürdigkeit legt zwar die Frage nahe, ob es sich nicht der Sache nach um Leistungsschutz handelt. Sie bedeutet aber – auch angesichts des großzügig gewährten Schutzes von „kleiner Münze"[80] – kein Verlassen des urheberrechtlichen Systems. Bedeutsamer ist, dass Computerprogramme zwar Darstellungsformen annehmen können, die ihre unmittelbare Wahrnehmung durch Menschen erlaubt, aber im Regelfall nicht durch solche Wahrnehmung benutzt werden. Vielmehr pflegt dies dadurch zu geschehen, dass ein Programm von einer Datenverarbeitungsanlage in einer für sie „lesbaren" Darstellungsform „wahrgenommen" wird und in ihr Schaltvorgänge auslöst, die die Benutzung der Datenverarbeitungsanlage zu einem definierten Zweck ermöglichen.[81] Für den Menschen, der es nicht analysieren oder verstehen, sondern lediglich bestimmungsgemäß gebrauchen will, ist das Programm nicht Gegenstand der Wahrnehmung oder gar eines „Werkgenusses", sondern eher ein Werkzeug, das den Computer für eine bestimmte Verwendung tauglich macht.[82] Wegen dieser im Vordergrund des Interesses stehenden Benutzungsweise tendiert der urheberrechtliche Schutz bei Computerprogrammen zum Überschreiten hergebrachter Grenzen seiner Wirkung. Innerhalb dieser Grenzen liegt zwar noch das Recht, die Herstellung von Vervielfältigungsstücken eines Programms zu verbieten, selbst wenn diese eine der unmittelbaren Wahrnehmung durch Menschen nicht zugängliche „maschinenlesbare" Darstellungsform verkörpern. Dagegen kann nach allgemeinen urheberrechtlichen Grundsätzen der Besitzer von Vervielfältigungsstücken, wenn er sie nicht selbst unrechtmäßig hergestellt hat und deshalb den Sanktionen des § 98 UrhG ausgesetzt ist, an ihrer Benutzung nicht gehindert werden, wenn diese ohne Weiterverbreitung, weitere Vervielfältigung und öffentliche Wiedergabe erfolgt.[83] So kann der Berechtigte das Lesen oder Hören von Büchern oder Tonträgern nicht verbieten. Der Besitzer bedarf für diese Art der Benutzung keiner Lizenz. Das gilt nicht nur, wenn die Bücher oder Tonträger mit Zustimmung des Berechtigten hergestellt und in Verkehr gebracht worden sind, sondern auch wenn es sich um „Raubkopien" handelt, es sei denn, dass der Benutzer selbst für deren unrechtmäßige Herstellung verantwortlich ist. Dieser allgemeinen Regel würde es entsprechen, auch bei Computerprogrammen die bestimmungsgemäße Benutzung von Vervielfältigungsstücken von urheberrechtlichen Verbotsbefugnissen freizuhalten. Der Besitzer eines Vervielfältigungsstücks wäre dann so zu stellen, wie er stünde, wenn er eine in einem Buch beschriebene Handlungsanweisung lediglich ausführte, ohne das Buch zu verbreiten und ohne dessen schutzbegründende individuelle Züge in körperlicher oder öffentlich in unkörperlicher Form wiederzugeben. Herkömmliche Urheberrechtsprinzipien würden deshalb dafür sprechen, Vorgänge, die sich begrifflich als Vervielfältigung qualifizieren ließen, insoweit nicht als

---

[79] Unter welchen Voraussetzungen und mit welcher Wirkung ein solcher Schutz schon vorher bestand, braucht hier nicht erörtert zu werden.
[80] Dazu *Loewenheim* in Schricker/Loewenheim UrhG § 2 Rn. 61 ff.
[81] So bereits *Ulmer* Der Urheberschutz wissenschaftlicher Werke, 12.
[82] *Sack* GRUR 2001, 1095 (1100 f.) – Das Problem, ob angesichts dieser Besonderheit der urheberrechtliche Schutz für Computerprogramme passt, lässt sich nicht mit dem – gewiss zutreffenden – Hinweis von *Ulmer* Der Urheberschutz wissenschaftlicher Werke, 13 erledigen, dass dieser Schutz nicht auf Gestaltungen beschränkt bleibt, die den Schönheitssinn ansprechen.
[83] BGH 20.1.1994, GRUR 1994, 363 (364 f.) – Holzhandelsprogramm, geht davon aus, „dass die reine Benutzung – anders als bei den technischen Schutzrechten – urheberrechtlich nicht erfasst wird; d. h. die Benutzung als solche ist kein urheberrechtlich relevanter Vorgang".

§ *2. Verhältnis des Patent- und Gebrauchsmusterrechts zu anderen Rechtsmaterien*   **III**   **§ 2**

urheberrechtlich relevante Vervielfältigung zu werten,[84] als dies das Verbieten der normalen, bestimmungsgemäßen Nutzung ermöglichen würde.

Nach § 69c Nr. 1 UrhG umfasst jedoch das ausschließliche Recht an einem Computerprogramm jede dauerhafte oder vorübergehende, vollständige oder teilweise Vervielfältigung. Eine solche Vervielfältigung wird im Schrifttum überwiegend zwar nicht im bloßen „Laufenlassen" eines Programms auf einem Computer,[85] wohl aber in dessen bei der Benutzung im Regelfall unumgänglichem Eingeben in den Arbeitsspeicher eines Computers gesehen.[86]   **78**

Versuche, die normale Nutzung vom ausschließlichen Vervielfältigungsrecht auszunehmen, sind vereinzelt geblieben und durch die Einführung der den Schutz der Computerprogramme betreffenden Vorschriften überholt.   **79**

Nach heute kaum noch bestrittener Ansicht ist somit die bestimmungsgemäße Nutzung eines Computerprogramms wenigstens im Regelfall nur mit Erlaubnis des Rechtsinhabers zulässig. Von dieser Schutzwirkung werden im Ergebnis auch die in dem Programm enthaltenen, für sich genommen nicht geschützten Informationen und – gegebenenfalls – Handlungsanweisungen umfasst. Sie könnten in einer die schutzbegründenden individuellen Züge des Programms nicht berührenden Weise nur dann benutzt werden, wenn sie, ohne dass es einer dem Rechtsinhaber vorbehaltenen Vervielfältigung bedürfte, einer Wiedergabe des Programms entnommen werden könnten. Das ist aber jedenfalls mit unverhältnismäßigem Aufwand und möglicherweise auch mit Eingriffen in Rechte am Programm verbunden und kommt deshalb für den normalen Benutzer nicht in Betracht.   **80**

Allerdings darf, wenn ihm dies nicht vertraglich untersagt ist, jeder zur Verwendung eines Vervielfältigungsstücks Berechtigte das Programm vervielfältigen, soweit dies zu dessen bestimmungsgemäßer Benutzung notwendig ist (§ 69d Abs. 1 UrhG). Wer rechtmäßig ein Vervielfältigungsstück erwirbt, ist aber nicht ohne weiteres auch zur Verwendung berechtigt. Vielmehr kommt es darauf an, was der Rechtsinhaber dem Erwerber vertraglich gestattet hat. Wer ohne Vertragsbeziehung mit diesem ein Vervielfältigungsstück besitzt, ist deshalb an dessen bestimmungsgemäßer Verwendung rechtlich gehindert.   **81**

Somit erstreckt sich die Wirkung des urheberrechtlichen Schutzes von Computerprogrammen auf Gegenstände, die nach allgemeinen urheberrechtlichen Grundsätzen frei benutzbar sein sollten, soweit sie nicht anderen Ausschlussrechten unterliegen. Insbesondere führt sie zu einem Schutz technischer Handlungsanweisungen, die den Einsatz von Computerprogrammen erfordern, und darüber hinaus zu einem Schutz auch solcher Informationen und Handlungsanweisungen, die dem patentrechtlichen Erfindungsbegriff nicht genügen. Diese Konsequenzen sind nicht lediglich ausnahmsweise auftretende Randerscheinungen,[87] die im Interesse eines effektiven Programmschutzes hingenommen werden müssten, sondern bedeuten, dass in weiten Bereichen der urheberrechtliche Schutz Funktionen des Patentschutzes übernimmt, ohne an dessen Voraussetzungen und Grenzen gebunden zu sein.[88] Ob als Rechtfertigung hierfür genügt, daß er keine Sperrwirkung und – gegebenenfalls (→ § 12 Rn. 140 f.) – sachlich eine geringere Reichweite hat, ist zweifelhaft.   **82**

---

[84] BGH 4.10.1990, GRUR 1991, 449 (453) – Betriebssystem deutet an, „dass bei der Benutzung von Computerprogrammen rein technisch verschiedene tatsächliche Vervielfältigungsvorgänge anfallen können, die nicht uneingeschränkt vom Vervielfältigungsrecht nach § 16 UrhG erfasst werden".

[85] *Haberstumpf* in Lehmann 69, 136 f. Rn. 122 ff. mN; aM *Dogan* 57. Für die Annahme, dass der bloße Programmlauf noch nicht in das Urheberrecht eingreift, spricht auch der 2003 eingefügte § 44a UrhG; vgl. *Loewenheim/Spindler* in Schricker/Schulze § 69c Rn. 8; *Dreier* in Dreier/Schulze UrhG § 69c Rn. 8 f.

[86] *Haberstumpf* in Lehmann 133 ff. Rn. 117 ff.; *Loewenheim/Spindler* in Schricker/Loewenheim § 69c Rn. 7; *Dogan* 56 f.; jeweils mit zahlreichen Nachw.

[87] So aber *Haberstumpf* in Lehmann 137 f. Rn. 125.

[88] S. *Wiebe* GRUR 1994, 233 (244): der Urheberrechtsschutz führt bei Software zu einem indirekten Schutz auch des Inhalts und der Funktionalität.

c) Zusammentreffen von Patentschutz und urheberrechtlichem Schutz

83 Ist in einem Erzeugnis, das eine technische Erfindung verwirklicht, auch ein urheberrechtlich geschütztes Werk verkörpert, ist der Schutz in jeder dieser Richtungen gesondert zu beurteilen.

84 Einen Ersatz für fehlenden oder nicht erreichbaren Patent- oder Gebrauchsmusterschutz kann das Urheberrecht wegen der erwähnten Grenzen seiner Wirkung (→ Rn. 72 ff.) grundsätzlich nicht bieten. Das zeigt sich vor allem bei den geistigen Leistungen, die mangels technischen Charakters nicht als Erfindungen im Sinne des Patent- und Gebrauchsmusterrechts angesehen werden, zB Entdeckungen, wissenschaftlichen Theorien, mathematischen Methoden, Plänen, Regeln und Verfahren für gedankliche oder geschäftliche Tätigkeiten (vgl. § 1 Abs. 3 PatG, § 1 Abs. 2 GebrMG, Art. 52 Abs. 2 EPÜ). Immerhin kann hier das Urheberrecht insoweit zu einem indirekten Schutz führen, als eine Leistung unter Wiedergabe einer urheberrechtlich geschützten Darstellung genutzt wird, in der sie zum Ausdruck kommt (Näheres → § 12 Rn. 128 ff.).

85 Soweit – technische oder nichttechnische – Handlungsanweisungen in Computerprogrammen dargestellt sind, sorgt der urheberrechtliche Schutz der Programme dafür, dass ihre Ausführung im Regelfall der Zustimmung des Inhabers der urheberrechtlichen Verwertungsrechte am Programm bedarf, und entfaltet dadurch Wirkungen, die sonst dem Patentschutz vorbehalten sind (→ Rn. 77 ff.).

86 Nach neuerer deutscher und europäischer Patentamtspraxis und Rechtsprechung sind *technische* Problemlösungen, die von Computerprogrammen Gebrauch machen, dem Patentschutz zugängliche Erfindungen (→ § 12 Rn. 25 ff., 57 ff.). Wenn solche Erfindungen einschließlich der dazu gehörenden Programme von abhängig Beschäftigten in Erfüllung von Pflichten aus dem Arbeits- oder Dienstverhältnis geschaffen werden, können sich Schwierigkeiten daraus ergeben, dass die aus dem urheberrechtlichen Schutz fließenden vermögensrechtlichen Befugnisse ohne weiteres und vergütungsfrei auf den Arbeitgeber oder Dienstherrn übergehen (§ 69b UrhG), während Rechte an Diensterfindungen vom Arbeitgeber nur durch förmliche Inanspruchnahme erworben werden, die eine Vergütungspflicht nach sich zieht (s. u. → § 21).

IV. Patentschutz und bürgerliches Recht

a) Allgemeines. Privat- und öffentlich-rechtliche Regelungen im Patent- und Gebrauchsmusterrecht

87 1. Das Patent- und Gebrauchsmusterrecht gehört, obwohl der Großteil seiner Normen verwaltungs- und verfahrensrechtlichen Inhalt hat,[89] in seinem Kernbereich dem **Privatrecht** an.[90] Die ausschließliche Zuordnung der Erfindung zum Patent- oder Gebrauchsmusterinhaber verknüpft wie diejenige der Sache zum Eigentümer einen Gegenstand mit einer Person und gebietet den übrigen Rechtsgenossen, sich wenn nicht jeder Einwirkung, so doch bestimmter allgemein umschriebener Arten der Einwirkung auf ihn zu enthalten, es sei denn, dass der Berechtigte oder das Gesetz sie gestatten.[91] Die unrechtmäßige Einwirkung kann mit Hilfe von Unterlassungsansprüchen abgewehrt werden und Schadensersatzansprüche auslösen (§ 139 PatG, § 24 GebrMG). Patente und Gebrauchsmuster zeigen damit das typische Bild privater Ausschlussrechte.[92]

---

[89] Bei der Darstellung dieser Normen (insbes. in § 23) wird auch auf deren Verhältnis zu allgemeineren verwaltungs- und verfahrensrechtlichen Regelungen einzugehen sein und damit eine – von *Fitzner/Waldhoff* Mitt. 2000, 446 (447) Fn. 8 an vorliegender Stelle vermisste – nähere Betrachtung des Verhältnisses von Patentrecht und öffentlichem Recht erfolgen.

[90] Eingehende Begründung dazu bei *Ann* GRUR-Int 2004, 696 ff.

[91] Vgl. → § 1 Rn. 23 f. Einwirkung auf einen Gegenstand ist dabei auch der Gebrauch, gleichgültig, ob er den Berechtigten im eigenen Gebrauch stört oder nicht.

[92] Zur wesentlich von *Josef Kohler* entwickelten privatrechtlichen Konzeption und älteren, öffentlich-rechtlichen Deutungen des Patents ausführlich *Walz* 138 ff., 120 ff.

§ 2. Verhältnis des Patent- und Gebrauchsmusterrechts zu anderen Rechtsmaterien   **IV § 2**

Dass ihre vorsätzliche Verletzung auch mit Strafe bedroht ist (§ 142 PatG, § 25 GebrMG), ändert **88** hieran ebenso wenig wie beim Eigentum.

2. Die umfangreichen Regelungen über die Organisation der Patentbehörden und das **89** Verfahren der Erteilung, des Widerrufs und der Nichtigerklärung von Patenten sowie der Eintragung und Löschung von Gebrauchsmustern sind erforderlich, weil die privatrechtliche Schutzwirkung von einem **öffentlich-rechtlichen Akt** der Erteilung oder Eintragung abhängig gemacht ist. Sie sichern dem Staat die für nötig erachtete Kontrolle über Entstehung und Bestand privater Ausschlussrechte an Erfindungen, sollen diese Rechte für alle Interessierten erkennbar machen und sorgen für eine breite Information über neue Erfindungen.

3. Die Vorschriften über die sachlichen Patentierungsvoraussetzungen geben an, wann auf **90** eine formal ordnungsmäßige Anmeldung ein **Patent** erteilt werden *darf,* aber auch *muss:* der Anmelder einer patentierbaren Erfindung hat einen **öffentlich-rechtlichen Anspruch auf Erteilung.** Neben ihrer primär öffentlich-rechtlichen Funktion als Kriterien dieses Anspruchs und der Rechtsbeständigkeit des Erteilungsakts haben jedoch die materiellen Schutzvoraussetzungen auch eine privatrechtliche Bedeutung. Sie entscheiden darüber, ob durch das Erarbeiten einer Regel zum technischen Handeln ein Erfinderrecht entstanden ist, welches ein „Recht auf das Patent" gibt (vgl. → § 1 Rn. 25 ff.). Auch die Anmeldung hat im Hinblick auf dieses Recht neben der Begründung des Erteilungsanspruchs privatrechtliche Wirkung. Sie verfestigt es im Verhältnis zu Erfinderrechten, für deren Inhaber noch keine Anmeldung erfolgt ist (§ 6 S. 3 PatG, vgl. → § 1 Rn. 29 ff.).[93] Weitere privatrechtliche Wirkungen der Anmeldung ergeben sich im Falle ihrer Veröffentlichung aus dem vorläufigen Schutz, kraft dessen von Benutzern der angemeldeten Erfindung eine Entschädigung verlangt werden kann (§ 33 PatG; Art. 67 EPÜ mit Art. II § 1 IntPatÜG).

4. Bei **Gebrauchsmustern** wird vor der Eintragung nur ein Teil der sachlichen Schutz- **91** voraussetzungen geprüft (§ 8 Abs. 1 S. 2 GebrMG). Ein **öffentlich-rechtlicher Anspruch auf Eintragung,** der im Beschwerdeverfahren durchgesetzt werden kann, entsteht deshalb unabhängig davon, ob auch die nicht vorzuprüfenden Voraussetzungen der Neuheit, des Beruhens auf einem erfinderischen Schritt und der gewerblichen Anwendbarkeit erfüllt sind.[94] Für die Entstehung eines Erfinderrechts einschließlich des Rechts auf den Gebrauchsmusterschutz (§ 13 Abs. 3 GebrMG, § 6 PatG) ist jedoch eine Erfindung erforderlich, die allen Schutzvoraussetzungen genügt. Die Anmeldung verfestigt dieses Recht im Verhältnis zu gegenstandsgleichen Erfinderrechten, für deren Inhaber noch keine Anmeldung erfolgt ist. Einstweiligen Schutz begründet die Gebrauchsmusteranmeldung nicht, da eine Veröffentlichung ihres Inhalts erst bei Eintragung erfolgt.

5. Nach § 15 PatG sind das Recht auf das Patent, der Erteilungsanspruch und das Patent **92 vererblich und übertragbar;** auch können sie zum Gegenstand von **Lizenzen** gemacht werden. Entsprechendes gilt im europäischen Patentrecht (vgl. Art. 60 Abs. 1 S. 1, 71 ff., 2 Abs. 2, 64 Abs. 1 EPÜ) und im Gebrauchsmusterrecht (§ 22 GebrMG). Mit Ausnahme der durch die Anmeldung begründeten verfahrensrechtlichen Stellung einschließlich des öffentlich-rechtlichen Anspruchs auf Erteilung oder Eintragung handelt es sich bei den nach diesen Regeln verkehrsfähigen Rechten um solche des Privatrechts.

In den Fällen des Erteilungs- oder Eintragungsanspruchs und der europäischen Patentanmeldung **93** geht es privatrechtlich gesehen um das durch die Anmeldung verfestigte, gegebenenfalls infolge Veröf-

---

[93] Insofern kann gesagt werden, dass sie eine *Anwartschaft* begründet, vgl. *Götting* GewRS § 5 Rn. 17; ohne Anmeldung kann (so jetzt auch *Götting* GewRS § 18 Rn. 10) das Recht auf das Patent nicht als Anwartschaft angesehen werden, ebenso *Hofmann* 249 ff.; vgl. BGH 25.11.1965, BGHZ 44, 346 (356) – Batterie; kritisch hierzu *Bernhardt* 76 f.

[94] Eine *Anwartschaft* begründet die Anmeldung nur, wenn *alle* Schutzvoraussetzungen erfüllt sind, da andernfalls die Gebrauchsmustereintragung wirkungslos ist (§ 13 Abs. 1 iVm § 15 Abs. 1 Nr. 1 GebrMG).

fentlichung mit vorläufigem Schutz ausgestattete Recht auf das Patent oder den Gebrauchsmusterschutz. Übertragung und Erbfolge – nicht dagegen die Lizenz – erfassen jedoch auch die öffentlich-rechtliche Seite. Im Fall der „Vindikation" einer unrechtmäßigen Anmeldung (§ 8 PatG, Art. II § 5 IntPatÜG, § 13 Abs. 3 GebrMG) richtet sich freilich der Anspruch auf die Übertragung einer rein öffentlich-rechtlichen Position, wenn nicht durch Veröffentlichung vorläufiger Schutz entstanden ist.

b) Ergänzende Anwendung des bürgerlichen Rechts

94   Der privatrechtliche Gehalt des Patent- und Gebrauchsmusterrechts bildet im Verhältnis zum allgemeinen bürgerlichen Recht eine Sonderregelung und geht diesem vor. Soweit diese keine Bestimmung trifft und ihrem Sinn und Zweck nach die Anwendung der allgemeinen Vorschriften nicht ausschließt, können jedoch diese ergänzend herangezogen werden.

95   1. Einer Ergänzung durch das bürgerliche Recht bedarf das Patent- und Gebrauchsmusterrecht vor allem im Bereich des **Rechtsverkehrs.** PatG, EPÜ und GebrMG begnügen sich hier im Wesentlichen[95] mit Vorschriften, wonach bestimmte Rechte vererblich, unbeschränkt oder beschränkt übertragbar und in ausschließlicher oder nicht ausschließlicher Weise lizenzierbar sind (vgl. → Rn. 92 f.). In welcher Weise sie vererbt, übertragen oder lizenziert werden, richtet sich nach bürgerlichem Recht. Dabei sind nicht die Vorschriften über das Eigentum und andere Rechte an (körperlichen) Sachen, sondern die allgemein für Rechte geltenden Vorschriften (insbesondere § 413 BGB) anzuwenden. Nach ihnen ergibt sich aus der Übertragbarkeit der Rechte an Erfindungen auch die Möglichkeit, sie mit beschränkten Rechten zu belasten.

96   Für die **schuldrechtlichen** Beziehungen zwischen den an einer Übertragung, Lizenzierung oder Belastung Beteiligten ist ebenfalls das bürgerliche Recht maßgebend. Das BGB lässt dabei weitgehend dem Parteiwillen den Vortritt. Soweit es an Vereinbarungen fehlt, kommt je nach Sachverhalt die (erforderlichenfalls analoge) Anwendung von Vorschriften über besondere Schuldverhältnisse wie Kauf oder Pacht in Frage; im Übrigen ist auf die allgemeinen Regeln über Schuldverhältnisse zurückzugreifen.

97   2. Nach § 139 PatG, § 24 GebrMG kann der Patent- oder Gebrauchsmusterinhaber Eingriffe in sein Recht durch den **Unterlassungsanspruch** abwehren und vom Verletzer **Schadensersatz** verlangen. Inhalt und Umfang der Ersatzpflicht sind jedoch nach §§ 249 ff. BGB zu bestimmen. Da dies Schwierigkeiten machen kann, wird von der Rechtsprechung bei der Verletzung von Patenten und Gebrauchsmustern (wie auch anderen Immaterialgüterrechten) seit langem eine Schadensberechnung auf der Grundlage angemessener Lizenzgebühren oder des Verletzergewinns zugelassen. Sie ist nunmehr auch gesetzlich anerkannt (§ 139 Abs. 2 PatG, § 24 Abs. 2 GebrMG). Einordnung in das bürgerlichrechtliche System ist nicht unproblematisch (Näheres → § 35 Rn. 69 ff., 77 ff.).

98   Der **Beseitigung** eines durch Rechtsverletzung verursachten Zustands oder der Gefahr, dass diese wiederholt wird, dienen die in § 140a PatG, § 24a GebrMG vorgesehenen Ansprüche auf Vernichtung rechtsverletzender Erzeugnisse und ihrer Herstellung dienender Vorrichtungen sowie auf Rückruf solcher Erzeugnisse. Die Sondervorschriften schließen aber nicht aus, dass Beseitigungsansprüche anderen Inhalts in Analogie zum Schutz des Eigentums und anderer absoluter Rechte gewährt werden. Freilich wird hierfür nur ausnahmsweise ein Bedürfnis auftreten.

99   **Bereicherungsansprüche** sind im PatG und im GebrMG nicht vorgesehen. Es ist jedoch anerkannt, dass die bereicherungsrechtlichen Vorschriften des BGB auch bei Verletzung technischer Schutzrechte anzuwenden sind.

100 3. Patent und Gebrauchsmuster sind **sonstige Rechte** iSd § 823 Abs. 1 BGB. Die Vorschrift ist jedoch auf ihre Verletzung nicht anwendbar, da PatG und GebrMG abschließend regeln, unter welchen Voraussetzungen diese zum Schadensersatz verpflichtet.

---

[95] Eine Ausnahme ist Art. 72 EPÜ, der für die Übertragung der europäischen Anmeldung Schriftform verlangt.

§ 2. Verhältnis des Patent- und Gebrauchsmusterrechts zu anderen Rechtsmaterien   IV § 2

Auf das **Erfinderrecht** ist § 823 Abs. 1 BGB grundsätzlich anwendbar. Doch müssen 101
die Grenzen seines patent- und gebrauchsmusterrechtlich anerkannten Schutzes beachtet
werden. Nach ihnen richtet sich, wann eine Rechtsverletzung vorliegt.

Das Erfinderrecht wird vor allem durch **unrechtmäßige Anmeldung** und im patent- 102
rechtlichen Bereich durch Verstoß gegen die Vorschriften über die **Erfindernennung**
verletzt. Die Rechtsfolgen der Verletzung sind sondergesetzlich nicht abschließend geregelt.
Daher besteht kein Hindernis, in den genannten Fällen dem Inhaber des Erfinderrechts
Schadensersatz- und Unterlassungsansprüche auf bürgerlich-rechtlicher Grundlage zuzuerkennen.

Abschließend legen jedoch die Sondergesetze über den Erfindungsschutz die Voraus- 103
setzungen des Rechts fest, unabhängig von Vertragsbeziehungen und vom Vorliegen einer
Geheimnisverletzung anderen die **Benutzung** einer Erfindung zu verbieten oder von deren Benutzer eine Entschädigung zu fordern. Wo diese Voraussetzungen nicht erfüllt sind,
kann die vom Inhaber des Erfinderrechts nicht gebilligte Benutzung, sofern kein Geheimnis verletzt ist, auch nach bürgerlichem Recht weder als Rechtsverletzung angesehen
werden noch Ansprüche auf Schadensersatz, Unterlassung, Beseitigung oder Bereicherungsausgleich begründen, gleichgültig ob dem Benutzer ein eigenes Erfinderrecht zusteht oder
nicht.[96]

Als vertretbar erscheint die Annahme einer Rechtsverletzung, soweit sich ein Benutzungsverbot un- 104
ter dem Gesichtspunkt des **Geheimnisschutzes** begründen lässt. Dieser besteht bei Geschäfts- und
Betriebsgeheimnissen im Rahmen der §§ 17ff. UWG. Die Rechtsprechung hat ihn auf der Grundlage
des früheren § 1 UWG zivilrechtlich in gewissem Umfang ergänzt. Nach § 4 Nr. 9 Buchst. c des geltenden UWG handelt unlauter, wer Waren oder Dienstleistungen anbietet, die eine Nachahmung von
Waren oder Dienstleistungen eines Mitbewerbers sind, wenn er die für die Nachahmung erforderlichen Kenntnisse oder Unterlagen unredlich erlangt hat. Ob und inwieweit darüber hinaus die Anwendung des § 3 UWG zum Zweck ergänzenden Geheimnisschutzes erforderlich und zulässig ist,
kann hier unerörtert werden. Nach dem Wortlaut des § 4 UWG ist sie nicht ausgeschlossen.

Ob sich Geheimnisschutz auch auf ein *subjektives* Recht stützen lässt, das bei patent- oder ge- 105
brauchsmusterrechtlich schutzfähigen Erfindungen das Erfinderrecht und im Übrigen ein besonderes
„Recht am Geheimnis" oder allgemein das Recht am Unternehmen (Recht am eingerichteten und
ausgeübten Gewerbebetrieb) sein könnte, ist im Wesentlichen eine dogmatische Frage. Ihre Beantwortung darf Voraussetzungen und Umfang des Schutzes nicht beeinflussen, da die in den Grenzen des
Geheimnisschutzes zum Ausdruck kommenden Wertungen auch bei der Bestimmung des Inhalts eines
subjektiven Rechts Berücksichtigung verlangen.[97] Insbesondere kann nicht auf der Grundlage des
Rechts am Unternehmen gegen eine Erfindungsbenutzung vorgegangen werden, die weder gegen ein
technisches Schutzrecht noch gegen die Regeln über den Geheimnisschutz verstößt.

Auch für die *Rechtsfolgen* der Geheimnisverletzung ist die Frage, ob diese als Eingriff in ein subjekti- 106
ves Recht aufgefasst werden kann, nicht wesentlich. Sowohl die Anwendung der bei Verletzung von
Immaterialgüterrechten anerkannten besonderen Methoden der Schadensberechnung (vgl. → § 3
Rn. 97ff.) als auch Bereicherungsansprüche lassen sich schon im Hinblick auf die rechtlich anerkannte
und geschützte *tatsächliche* Ausschließlichkeit der Position des Geheimnisinhabers rechtfertigen (vgl.
→ Rn. 52ff.).

4. Soweit ohne Anspruch auf ein Verbot der Benutzung (oder auf eine Vergütung für 107
sie) **ideelle Interessen** in Bezug auf Erfindungen verfolgt werden, besteht nicht die Gefahr
einer Beeinträchtigung der Nachnutzungsfreiheit, die das Patent- und Gebrauchsmusterrecht gewährleistet, wenn nach seinen Vorschriften kein Schutz besteht. In entsprechendem
Maße entfällt der Grund, jenen Vorschriften abschließenden Charakter zuzuschreiben. Daher können auch solche Beeinträchtigungen ideeller Art, die das Patent- und Gebrauchsmusterrecht nicht berücksichtigt, als Verletzung des Erfinderrechts angesehen werden
und auf bürgerlich-rechtlicher Grundlage zu Abwehr- und Ersatzansprüchen führen, so
zB Bestreiten, Anmaßung und Unterdrückung der Urheberschaft außerhalb patentamtli-

---

[96] Vgl. *Götting* GewRS § 18 Rn. 9; abweichend *Bernhardt* 77f.
[97] Vgl. *Kraßer* GRUR 1970, 594ff. und 1977, 188f. (192, 194f.).

cher Verfahren,[98] vielleicht auch falsche Darstellungen der Leistung des Erfinders, wenn dabei infolge Bezugnahme auf seine Person sein Ansehen erheblich beeinträchtigt wird.

108 In entsprechender Weise kann bei geistigen Leistungen, denen der Erfindungsschutz nicht zugänglich ist, insbesondere *wissenschaftlichen Forschungsergebnissen,* ein Schutz *ideeller* Interessen erreicht werden. Ob man als Grundlage hierfür eine Analogie zum Erfinder- und Urheberpersönlichkeitsrecht oder das allgemeine Persönlichkeitsrecht ansieht, ist von untergeordneter Bedeutung.

§ 3. Rechts- und wirtschaftspolitische Bewertung des Patentschutzes

Literatur: *Adrian, J.,* Patentrecht im Spannungsfeld zwischen Innovationsschutz und Allgemeininteresse, 1996; *Ann, C.,* Die idealistische Wurzel des Schutzes geistiger Leistungen, GRUR-Int 2004, 597–603; *ders.,* Produktpiraterie – Bloße Verletzung individueller Rechte oder Bedrohung des Systems gewerblicher Schutzrechte insgesamt?, FS Schilling, 2007, 1–11; *ders.,* Patent Trolls – Menace or Myth?, in: Patents and Technological Progress in a Globalized World (FS Joseph Straus), 2009, 355–364; *ders.* Klägerfreundlichkeit im US-Zivilprozess – Gebotene Hilfe für den „kleinen Mann" oder ungebremster Individualismus zu Lasten anderer?, in: Politikwissenschaft und Politische Bildung – Nationale und internationale Perspektiven, 2010, 157–166; *ders.,* Produktpiraterie – ‚Anständige Verletzer' einerseits, ‚Piraten' andererseits – doch wer ist was, und warum ist das wichtig?, FS Bornkamm, 2014, 1–13; *v. Bassewitz, K./Kramer, B./Prinz zu Waldeck und Pyrmont, W.,* Zusammenfassung des Vortrags „Innovationsschutz und Investitionsschutz für immaterielle Güter" von Prof. Dr. Reto M. Hilty, GRUR-Int 2004, 607–609; *dies.,* Innovationsschutz und Investitionsschutz für immaterielle Güter, GRUR-Int 2004, 609–611; *Beattie, P.,* The (Intellecutal Property Law) Economics of Innocent Fraud – The IP & Development Debate, 38 IIC 6–19 (2007); *Brandt, K.,* Die Schutzfrist des Patents, 1996, 49–71, 151–171; *Busche, J.,* Marktmissbrauch durch Ausübung von Immaterialgüterrechten?, FS Tilmann, 2003, 645–656; *Dam, K. W.,* Die ökonomischen Grundlagen des Patentrechts, in: Ott/Schäfer (Hrsg.), Ökonomische Analyse der rechtlichen Organisation von Innovationen, 1994, 283–318; *darts-ip,* NPE litigation in the European Union, Brüssel/Sandy 2018; *Dietz, A.,* Die Patentgesetzgebung der osteuropäischen Länder, GRUR-Int 1976, 139–146 u. 265–275; *Dölemeyer, B./Klippel, D.,* Der Beitrag der deutschen Rechtswissenschaft zur Theorie des gewerblichen Rechtsschutzes und Urheberrechts, GRUR-FS, 1991, 185–237; *Fechner, F.,* Geistiges Eigentum und Verfassung, 1999; *Fikentscher, W./Theiss, J.,* Josef Kohler und das Monopol: Ein Schlüssel zu TRIPS vs. WIPO? in: Adrian/Nordemann/Wandtke (Hrsg.), Josef Kohler und der Schutz des geistigen Eigentums in Europa, 1996, 55–72; *Frauenknecht, A. D.,* Zauberlehrlinge des Patentschutzes. Läßt die Ausdehnung das System zusammenbrechen?, Neue Zürcher Zeitung v. 25.9.2001, 12; *Gaster, J.,* Kartellrecht und geistiges Eigentum: Unüberbrückbare Gegensätze im EG-Recht?, CR 2005, 247–253; *Geiger, C.,* „Constitutionalising" intellectual property law? The influence of fundamental rights on intellectual property in the European Union, 37 IIC 371–379 (2006); *Ghidini, G.,* „Protektionistische" Tendenzen im gewerblichen Rechtsschutz, GRUR-Int 1997, 773–781; *Godt, C.,* Eigentum an Information. Patentschutz und allgemeine Eigentumstheorie am Beispiel genetischer Information, 2006; *Götting, H.-P.,* Der Begriff des geistigen Eigentums, GRUR 2006, 353–358; *Greif, S./Potkowik, G.,* Patente und Wirtschaftszweige: Zusammenführung der internationalen Patentklassifikation und der Systematik der Wirtschaftszweige, 1990; *Harabi, N.,* Determinanten des technischen Fortschritts: eine industrieökonomische Analyse, in: Harabi (Hrsg.), Kreativität – Wirtschaft – Recht, 1996, 61–120; *Heinemann, A.,* Das Kartellrecht des geistigen Eigentums im TRIPS-Übereinkommen der Welthandelsorganisation, GRUR-Int 1995, 535–539; *ders.,* Immaterialgüterschutz in der Wettbewerbsordnung, 2002, 1–31; *ders.,* Gefährdung von Rechten des geistigen Eigentums durch Kartellrecht? – Der Fall „Microsoft" und die Rechtsprechung des EuGH, GRUR 2006, 705–713; *Hilty, R. M.,* Leistungsschutz made in Switzerland? – Klärung eines Missverständnisses und Fragen zum allgemeinen Schutz von Investitionen, FS Ullmann, 2006, 643–668; *Hüttermann, A.,* Zwei Thesen über Patente – Was sind Patente?, Mitt. 2013, 181–187; *Imam, A. M.,* How Does Patent Protection Help Developing Countries?, 37 IIC 245–259 (2006); *Janson, B.,* Patentstrategien und wettbewerbskonforme Reform des europäischen Patentsystems, 2002; *Johnson, A.,* The beginning of the end for the UK Patent Box?, GRUR-Int 2015, 201–202; *Kessler, T./*

---

[98] Vgl. *Götting* GewRS § 18 Rn. 6; Näheres → § 20 Rn. 136 ff.

§ 3. Rechts- und wirtschaftspolitische Bewertung **§ 3**

Niethammer, R./Seelig, P., Motive und Beweggründe von Patentverletzungsklägern, Mitt. 2018, 16–20; *King, C. C/Zhu, S. S.,* Patentboxen im europäischen Vergleich und steuerliche Forschungsförderung in Deutschland, VPP-Rundbrief 2019, 148–151; *Kirchner, C.,* Patentrecht und Wettbewerbsbeschränkungen, in: Ott/Schäfer (s. bei Dam), 157–184; *ders.,* Innovationsschutz und Investitionsschutz für immaterielle Güter, GRUR-Int 2004, 603–607; *Klunker, N.-S.,* Der Einfluss des WTO TRIPS-Übereinkommens auf die wirtschaftliche Entwicklung asiatischer Länder – das fünfte IP Forum in Shanghai, 26. bis 27. Oktober 2007, GRUR-Int 2008, 209–217; *Kurz, P.,* Weltgeschichte des Erfindungsschutzes, 2000, 575–586; *Lafontaine, C.,* Die rechtliche Stellung des selbständigen Individualerfinders im europäischen Patentrecht, 2002, 24–100; *Lippot, J.,* Die Strukturreform der Rechte an technischen Erfindungen beim Übergang zur Marktwirtschaft, 1998; *Lorenz, M.,* Die Beurteilung von Patentlizenzvereinbarungen anhand der Innovationstheorie, WRP 2006, 1008–1020; *Machlup, F.,* Die wirtschaftlichen Grundlagen des Patentrechts, 1962 (= GRUR-Int 1961, 373–390, 473–482, 524–537); *Ohly, A.,* „Patenttrolle" oder: Der patentrechtliche Unterlassungsanspruch unter Verhältnismäßigkeitsvorbehalt? – Aktuelle Entwicklungen im US-Patentrecht und ihre Bedeutung für das deutsche und europäische Patentsystem, GRUR-Int 2008, 787–798; *Pregartbauer, M.,* „Open Patent" – Tautologie oder neuer Weg zur Innovationsförderung?, Mitt. 2016, 486–493; *Osterrieth, C.,* Patent-Trolls in Europa – braucht das Patentrecht neue Grenzen?, GRUR 2009, 540–545; *Pacón, A. M.,* Patentrecht und Entwicklungsländer, FS Kolle/Stauder, 2005, 77–94; *Pahlow, L.,* Monopole oder freier Wettbewerb? Die Bedeutung des „Lizenzzwangs" für die Reichspatentgesetzgebung 1876/1877, in Pahlow, L. (Hrsg.), Die zeitliche Dimension des Rechts, 2005, 243–271; *Perlzweig, D.,* Die Patentwürdigkeit von Datenverarbeitungsprogrammen, 2003; *Prahl, K.,* Patentschutz und Wettbewerb, 1997; *Pretnar, B.,* Die ökonomische Auswirkung von Patenten in der wissensbasierten Marktwirtschaft, GRUR-Int 2004, 776–786; *Riziotis, D.,* Patent Misuse als Schnittstelle zwischen Patentrecht und Kartellrecht – Eine rechtsvergleichende Darstellung, GRUR-Int 2004, 367–378; *Rott, P.,* Patentrecht und Sozialpolitik unter dem TRIPS-Übereinkommen, 2002; *Säger, M.,* Ethische Aspekte des Patentwesens, GRUR 1991, 267–273; *Sergheraert, E./Marques, D.,* The rise of NPE litigation outside of the U. S. and Germany as its hotspot, Mitt. 2019, 9–14; *Söllner, A.,* Zum verfassungsrechtlichen Schutz des geistigen Eigentums, FS Traub, 1994, 367–374; *Schmoch, U.,* Messen der technologischen Leistungsfähigkeit mit Patentindikatoren, GRUR-Int 2018, 742–748; *Tönnies, J.,* Erfindungen – Ein Kollektivgut oder die Gedanken sind frei, GRUR 2013, 796–798; *Ullrich, H.,* Wissenschaftlich-technische Kreativität zwischen privatem Eigentum, freiem Wettbewerb und staatlicher Steuerung, in: Harabi (Hrsg.), Kreativität – Wirtschaft – Recht, 1996, 203–273; *Weidlich, H. A./Spengler, A.,* Patentschutz in der Wettbewerbswirtschaft, 1967; *Welte, S.,* Der Schutz von Pioniererfindungen, 1991; *Wiebe, A.,* Information als Schutzgegenstand im System des geistigen Eigentums, in: Fiedler/Ullrich (Hrsg.), Information als Wirtschaftsgut, 1997, 93, 99–110; *Wurzer, A.,* Aktuelles aus der IP-Ökonomie, Mitt. 2010, 520–524; *Zitscher, B.,* Zur Erweiterung der Informationsfunktion des Patentsystems, GRUR 1997, 261–269.

I. Interessenlage

1. Die Gewährung ausschließlicher Rechte an Erfindungen – nachfolgend kurz: Patent- **1** schutz – dient unmittelbar dem Interesse Einzelner, die mit einer technischen Neuerung verbundenen wirtschaftlichen Vorteile bevorzugt auswerten zu können. Zum einen geht es also um den Erfinder, zum zweiten um den berechtigten Anwender. Beide sind heute meist nicht mehr identisch, weil die meisten Erfinder abhängig beschäftigt ihre Erfindungen damit Arbeitnehmererfindungen sind, die sie nicht selbst verwerten (können).

Der **Anwender** kann auf dem Markt durch die Alleinstellung, die ihm das Patent oder **2** Gebrauchsmuster hinsichtlich der erfindungsgemäß ausgeführten Erzeugnisse oder Leistungen verleiht, bei entsprechender Nachfrage einen höheren Preis erzielen, als wenn auch Konkurrenten diese Erzeugnisse oder Leistungen in gleicher Ausführung anbieten könnten. Dies soll ihm helfen, profitabel zu arbeiten, was insbesondere die Deckung seiner F&E-Aufwendungen voraussetzt.

Der **Erfinder,** der nicht selbst anwendet, kann durch den Patentschutz einen Gegen- **3** wert für seine Leistung auch dadurch erlangen, dass er anderen entgeltlich das Recht auf den Schutz oder das Schutzrecht überträgt oder dass er ihnen gestattet, seine Erfindung zu benutzen. Bei Diensterfindungen erhält er eine Gegenleistung dafür, dass sein Arbeitgeber oder Dienstherr das Recht auf den Schutz oder eine Benutzungsbefugnis beansprucht und dann wahrnimmt.

4   2. Die **Wettbewerber** des Anwenders einer Erfindung sind daran interessiert, diese möglichst bald (und unentgeltlich) ebenfalls nutzen zu können. Wie groß dieses Interesse ist, hängt von der wirtschaftlichen Tragweite der Neuerung ab, insbesondere davon, wie sehr sie die Nachfrage nach Erzeugnissen der Wettbewerber negativ beeinflusst. Freilich verändert sich dieses gegen den Patentschutz gerichtete Interesse rasch, wenn besagte Wettbewerber selbst mit Neuerungen auf den Markt kommen. Dann wollen auch sie die Vorteile des Patentschutzes genießen.

5   3. Das Interesse der **Allgemeinheit** richtet sich vor allem auf eine fortschreitende Verbesserung seiner Bedürfnisbefriedigung und seiner Kosten. Aus dieser Sicht erscheint die sofortige unbeschränkte Anwendbarkeit technischer Neuerungen gewöhnlich vorteilhafter als die Gewährung privater Rechte, über Art und Umfang der Anwendung zu bestimmen. Auch entspricht es in einem Wirtschaftssystem mit grundsätzlicher **Wettbewerbsfreiheit** dem Allgemeininteresse auf den ersten Blick eher, die Anwendung völlig freizugeben, als sie Beschränkungen nach dem Willen Einzelner zu unterwerfen. Andererseits ist vom Standpunkt der Allgemeinheit zu fragen, ob die zur verbesserten Bedürfnisbefriedigung wünschenswerten Neuerungen laufend in ausreichendem Umfang geschaffen und allgemein zugänglich gemacht werden, wenn jedermann ihre Übernahme sogleich und kostenlos freisteht. Auch ist nicht ausgemacht, dass der freie Wettbewerb die von ihm erwarteten Wirkungen in optimaler Weise hervorbringt, wenn er sich in schranken- und kostenloser Ausbeutung fremder Leistungen äußert.

6   4. Die Interessen der Mitbewerber und besonders diejenigen der Allgemeinheit sprechen damit keinesfalls so eindeutig *gegen* den Patentschutz wie die Interessen des Erfinders und des von ihm ermächtigten Anwenders *dafür* sprechen. Unabhängig von der Frage, welche Interessen als vorrangig zu werten sind, deutet sich hier schon die Möglichkeit an, dass – jedenfalls aus Sicht des Allgemeininteresses – die Vorteile des Patentschutzes dessen Nachteile doch wenigstens aufwiegen – ungeachtet seiner aus internationalen Verpflichtungen folgenden Alternativlosigkeit.

II. Die Patentrechtstheorien

7   Zugunsten des Patentschutzes wird seit langem eine Reihe immer wiederkehrender Argumente angeführt, die im Anschluss an *Fritz Machlup*,[1] der sie – zur kritischen Überprüfung des Patentsystems – wohl als erster so einprägsam formuliert hatte, meist in vier sog. „Patentrechtstheorien" zusammengefasst werden.[2]

8   1. Die als **Eigentumstheorie** oder Naturrechtstheorie bezeichnete Auffassung nimmt an, jede geistige Schöpfung sei von Natur aus Eigentum des Menschen, der sie hervorgebracht hat. Auch jede technische Erfindung gehöre deshalb kraft natürlichen Menschenrechts ihrem Erfinder. Die Erfindung ohne seine Erlaubnis zu verwenden, sei „geistiger Diebstahl". Dem geistigen Eigentum des Erfinders gebühre grundsätzlich in gleicher Weise Anerkennung und Schutz wie dem Sacheigentum. Das Patent als Ausschlussrecht sei hierfür der Natur der Sache nach die angemessene Form.

9   2. Nach der **Belohnungstheorie** ist es aus Gerechtigkeitsgründen geboten, jeden der Allgemeinheit geleisteten Dienst nach seiner Nützlichkeit zu belohnen: Dem Erfinder, der als „Lehrer der Nation"[3] durch seine geistige Leistung und deren Offenbarung das allgemein zugängliche technische Wissen vermehre, gebühre hierfür ein angemessener Anteil am Sozialprodukt. Er sei am besten dadurch sicherzustellen, dass das Recht, die Erfindung wirtschaftlich zu verwerten, für eine bestimmte Zeit ausschließlich dem Erfinder vorbehalten wird.

---

[1] An Economic Review of the Patent System (1958) = *Machlup* 19 ff.
[2] Eine andere Einteilung verwendet zB *Hubmann* 50 f.; ebenso *Götting* GewRS § 5 Rn. 20.
[3] Vgl. *Weidlich/Spengler* 27; *Beier* GRUR-Int 1970, 2.

3. Die **Anspornungstheorie** beruft sich vornehmlich auf das allgemeine Interesse an ständig verbesserter Bedürfnisbefriedigung durch technische Neuerungen, kurz: am **technischen Fortschritt**. Sie geht davon aus, dass Erfindungen nur bei Aussicht auf einen entsprechenden Ertrag im wünschenswerten Umfang zustande kämen und genutzt würden. Die Ertragsaussicht sei aber vielfach allzu unsicher, wenn die Neuerung alsbald von Konkurrenten übernommen werden könne. Indem der Patentschutz dies eine Zeitlang verhindere und somit die Ertragserwartungen stabilisiere, steigere er wesentlich die Bereitschaft, für neue technische Problemlösungen und ihre Anwendung Mühe und Kapital einzusetzen. Der dem Einzelnen gewährte Patentschutz sei daher ein besonders einfaches, billiges und wirksames Mittel, den Fortschritt im allgemeinen Interesse zu fördern. 10

4. Die **Offenbarungstheorie** hebt hervor, dass der Patentschutz nur gewährt wird, wenn der Erfinder sein neues technisches Wissen der Allgemeinheit zugänglich macht. Auf diese Weise werde bewirkt, dass solches Wissen, auch wenn es meist nicht auf die Dauer geheim gehalten werden könne, in vielen Fällen erheblich früher zur allgemeinen Kenntnis gelange, als man das sonst hätte erwarten dürfen. Entsprechend früher könnten die Erkenntnisse des Erfinders die weitere technische Entwicklung befruchten, auch wenn erst bei Ablauf des Patents ihre Verwertung frei wird. Das Ausschlussrecht an der Erfindung erscheint aus der Sicht dieser Auffassung als eine Art **Gegenleistung** der Allgemeinheit für den Verzicht des Erfinders auf Geheimhaltung. Man bezeichnet sie daher häufig auch als **Vertragstheorie**. 11

5. Die verschiedenen Patentrechtstheorien schließen sich nicht aus, sondern stehen miteinander im Zusammenhang und ergänzen einander. Zielen die beiden ersten darauf ab, den Patentschutz als Gebot der Gerechtigkeit und die Individualinteressen des Erfinders als schutzwürdig hinzustellen, gehen die beiden anderen darauf aus, seine Nützlichkeit für die Allgemeinheit darzutun. Ob sie letztlich zu überzeugen vermögen, ist erst im Licht der Einwände zu entscheiden, denen sich der Patentschutz ausgesetzt sieht. 12

III. Der Anspruch des Erfinders auf den wirtschaftlichen Wert seiner Leistung

1. Gegen die Lehre vom geistigen Eigentum wird häufig eingewandt, dass an unkörperlichen Gegenständen nicht in gleicher Weise Eigentum bestehen könne wie an Sachen.[4] Das trifft jedoch nicht den Kern. Gewiss müssen sich ausschließliche Rechte an unkörperlichen Gegenständen in manchem vom Sacheigentum unterscheiden; in ihrer Ausschlusswirkung sind beide jedoch vergleichbar;[5] ihre zeitliche Begrenzung erklärt sich hinreichend aus der Natur ihres Gegenstands. Wesentlich für die Eigentumstheorie ist dagegen die Frage, ob durch den Erfindungsakt eine eigentumsähnliche Zuordnung der Erfindung an ihren Urheber entsteht. Aus einer positiven Rechtsordnung lässt sich dies nicht begründen; sonst wäre die Eigentumstheorie, die gerade der Rechtfertigung solcher Zuordnungsregelungen dient, petitio principii. Einer Ableitung aus der Annahme einer vor- oder überpositiven Norm stehen nicht behebbare Zweifel an deren Erkennbarkeit und Verbindlichkeit entgegen.[6] Angesichts der ganz überwiegend akzeptierten Ausgestaltung des Patentschutzes im geltenden Recht, das ihn von einem öffentlich-rechtlichen Akt abhängig macht und durch die hiermit verbundene Sperrwirkung Parallelerfindern ihr „Eigentum" entzieht, kann auch nicht von einer allgemeinen Rechtsüberzeugung in dem Sinne gesprochen werden, 13

---

[4] *Fechner* 106 ff.; *Götting* GRUR 2006, 353 ff.; Nachweise zum Schrifttum des 19. Jahrhunderts bei *Dölemeyer/Klipppel* GRUR-FS 1991, 185 Rn. 65.

[5] So schon *Josef Kohler* an den von *Adrian* Mitt. 1995, 329 (330 f.) wiedergegebenen Stellen; s. auch *Fechner* 113 f.; *Heinemann* 2 ff.; → § 2 Rn. 1 ff.

[6] Diese Bedenken bestehen auch gegen die Annahme eines vorpositiven umfassenden Rechts des Urhebers an seinem Werk, von der BGH 18.5.1955, BGHZ 17, 266 (278) ausgeht. Ausführlich zum Problem *Fechner* 121 ff.; s. auch *Geiger* 37 IIC 371, 379 (2006).

dass dem Erfinder schon kraft des Erfindungsakts die Befugnis zukomme, andere von der Benutzung der Erfindung auszuschließen.[7]

14 Insgesamt liegt die Bedeutung der Eigentumstheorie vorwiegend in der werbenden Kraft, mit der sie von der französischen Revolution an[8] zur Durchsetzung eines modernen Erfinder- und Urheberschutzes beigetragen hat[9] (vgl. → § 4 Rn. 21 ff.). Ihrem rechtlichen Gehalt kann nur darin gefolgt werden, dass der Erfinder als solcher anzuerkennen ist[10] und ein Ausschlussrecht, *falls* es gewährt wird, originär *ihm* gebührt, nicht aber darin, dass eine solche Gewährung geboten sei.

15 2. Dass es **gerecht** ist, individuelle Erfinderleistungen, die zur verbesserten Befriedigung von Bedürfnissen beitragen, besonders zu **belohnen,** kann heute als grundsätzlich unstreitig gelten. Bezweifelt wird freilich, dass Erfindungen, wie dabei vorausgesetzt ist, stets bestimmten **Einzelpersonen zugerechnet** werden können:[11] jedenfalls unter den heutigen Verhältnissen seien sie meist das Ergebnis einer von selbst voranschreitenden Entwicklung oder des Zusammenwirkens einer nicht abgrenzbaren Vielzahl von Menschen in einem organisierten Tätigkeitsbereich. Das geltende Patentrecht begegnet jedoch dieser Schwierigkeit einerseits durch die Erfordernisse der Neuheit und der erfinderischen Tätigkeit, die nicht nur den gesamten Stand der Technik bis zum Anmeldetag, sondern auch dessen naheliegende, routinemäßige Verbesserungen vom Schutz ausschließen, andererseits dadurch, dass es als (Mit-)Erfinder nur den anerkennt, der zu einer vom durchschnittlichen Fachmann nicht zu erwartenden Neuerung einen eigenen gedanklichen Beitrag geleistet hat;[12] in entsprechender Weise wirken im Gebrauchsmusterrecht neben dem Erfinderprinzip die Erfordernisse der Neuheit und des Beruhens auf einem erfinderischen Schritt. Die Praxis hat es bisher verstanden, die bei der Handhabung dieser Regeln unvermeidlichen Abgrenzungsprobleme zu bewältigen (Näheres → §§ 18, 19 Rn. 17 ff.).

16 Dass eine Belohnung des Erfinders angebracht ist, bedeutet noch nicht, dass es zu ihrer Sicherstellung des Patentschutzes bedarf. Sofern sich andere Wege zu einer angemessenen Belohnung anbieten, ist die Entscheidung für oder gegen Patentschutz eine Frage der Zweckmäßigkeit. So schlossen die Sowjetunion, die DDR und andere **sozialistische Staaten** die Erteilung von Ausschlusspatenten, die ihnen als Fremdkörper im sozialistischen Wirtschaftssystem erscheinen mochten, an inländische Erfinder weitgehend aus und erteilten ihnen nur Urheber- oder **Erfinderscheine** (in der DDR „Wirtschaftspatente"), mit denen neben der **Anerkennung** als Erfinder ein **Vergütungsanspruch** verbunden war. Aber auch in denjenigen sozialistischen Staaten, die Inländern das Ausschlusspatent in weiterem Umfang zugänglich machten, war der Erfinder letztlich meist als Arbeitnehmer auf einen Vergütungsanspruch verwiesen. Selbst das geltende deutsche Recht führt weitgehend zu einem ähnlichen Ergebnis, wenn es sich um eine **Diensterfindung** handelt und der Arbeitgeber oder Dienstherr sie unbeschränkt in Anspruch nimmt. Daher ist an-

---

[7] AM scheinbar *Lafontaine* 40 Fn. 80, der jedoch die obenstehende Textstelle dahin versteht, dass sie sich gegen die Zuordnung der Erfindung an den Erfinder ausspreche. Das trifft nicht zu, wie auch der folgende Abs. (aE) zeigt.

[8] Ansätze zur Unterscheidung zwischen dem Sacheigentum an Büchern und dem geistigen Eigentum an den darin verkörperten Werken finden sich auch im deutschen Schrifttum des ausgehenden 18. Jahrhunderts.

[9] Nachweise bei *Dölemeyer/Klippel* GRUR-FS 1991, 185 Rn. 35 ff.; *Ann* GRUR-Int 2004, 597–603; *Pahlow* in Pahlow 243, 246, 251.

[10] *Ann* stellt in GRUR-Int 2004, 597 ff. kritisch fest, dass in der heutigen Ausgestaltung des Erfindungsschutzes dessen „idealistische Wurzeln" weitgehend ökonomisch überlagert seien.

[11] Vgl. *Bernhardt* Patentschutz 9 f.

[12] Gegenstand der Zuordnung ist jeweils nur die als neu und nicht naheliegend patentierte Erfindung; dem Belohnungsgedanken kann deshalb nicht, wie es *Perlzweig* 142, versucht, entgegengehalten werden, dass die Person(en), die diese Erfindung gemacht hat (haben), auf dem nicht von ihr (ihnen) geschaffenen Stand der Technik aufbauen.

§ 3. Rechts- und wirtschaftspolitische Bewertung

gesichts des sehr hohen Anteils der Diensterfindungen am Gesamtaufkommen auch hier relativ selten der Erfinder Inhaber des Ausschlussrechts.

Bei der Entscheidung für oder gegen den Patentschutz ist auch die Frage in Betracht zu ziehen, wie die **angemessene Höhe** der Erfinderbelohnung bestimmt werden soll. Wird sie vom Staat festgesetzt und zugeteilt, wird sich dieser an dem nach seinen politischen Zielsetzungen bewerteten gesellschaftlichen Nutzen orientieren; auf Patentschutz kommt es dabei nicht an. Überall dort, wo eine solche autoritative Bemessung nicht stattfinden kann oder soll, erscheint es jedoch angemessen, die Höhe der Belohnung an dem **Nutzen** auszurichten, den die Erfindung dem einzelnen **Anwender** bringt. Tritt dieser als selbständig wirtschaftender Marktteilnehmer auf, ist sein Nutzen letztlich marktabhängig und wird durch die Wettbewerbsverhältnisse beeinflusst; der Patentschutz ist geeignet, ihn zu erhöhen, und zwar entsprechend dem Wert, den die Nachfrager der Neuerung beimessen. Diese **Bewertung durch den Markt** wirkt auf die Höhe der Belohnung des Erfinders zurück, mag er sie als Gewinn aus eigener Anwendertätigkeit oder als Vergütung von anderen Nutzern erzielen. Ohne Patentschutz besteht dagegen die Gefahr, dass ein den Erfindungswert ausdrückender besonderer Marktertrag überhaupt nicht zustande kommt, die Vorteile der Neuerung den Endverbrauchern kostenlos zufallen und der Erfinder leer ausgeht. Zwar kann dies vermieden werden, wenn man den Nutzern Vergütungspflichten auferlegt, die sie als Kostenbestandteile an die Verbraucher weitergeben mögen; doch fehlt ein brauchbarer Maßstab für deren Höhe, wenn Vergütungen mangels Patentschutzes nirgends marktmäßig ausgehandelt werden.[13]

Insgesamt ist somit der Patentschutz zwar nicht der einzig denkbare Weg zur gerechten Erfinderbelohnung. Er erreicht aber in einer **marktwirtschaftlichen Ordnung** dieses Ziel auf die einfachste und gleichzeitig effektivste Weise, indem er für eine Belohnung sorgt, in deren Höhe sich der Marktwert der Erfindung ausdrückt.[14] Freilich mag dieser gelegentlich in einem gewissen Missverhältnis zu ihrem – nach mehr oder weniger anerkannten Wertvorstellungen beurteilten – „sozialen Nutzen" stehen. Doch wäre dies der Nachfragesituation, nicht dem Patentschutz anzulasten. Jedenfalls rechtfertigt sich der Anspruch des Erfinders auf Belohnung nicht erst dann, wenn durchweg deren Äquivalenz mit dem sozialen Nutzen gewährleistet ist,[15] sondern schon daraus, dass es ungerecht wäre, dem Erfinder die Teilhabe an Erträgen zu versagen, die mittels seiner geistigen Leistung erzielt werden.

3. Häufig wird kritisiert, dass der Patentschutz vielen geistigen Leistungen nicht zugänglich ist, die mindestens ebenso belohnungswürdig seien wie technische Erfindungen.[16] Hervorgehoben werden dabei die Ergebnisse der **Grundlagenforschung**; daneben geht es auch um manche nützlichen Regeln für zweckgerichtetes Handeln zB kommerzieller Art, die mangels Einsatzes beherrschbarer Naturkräfte keinen technischen Charakter haben (vgl. → § 12 Rn. 13 ff.).

Die Nichtberücksichtigung dieser Bereiche erklärt sich hauptsächlich aus dem Bestreben, die Tragweite des mit dem Patent verliehenen Verbietungsrechts in überschaubaren Grenzen zu halten, ist also durch dessen Ausschlusswirkung bedingt. Dennoch ist zweifelhaft, ob ein Belohnungssystem ohne Ausschlussrechte gleichmäßig allen Leistungen zugutekommen

---

[13] Dagegen kann sich im geltenden System die Vergütung für Diensterfindungen und in den Fällen der §§ 23, 24, 33 PatG an Lizenzverträgen orientieren, die auf der Grundlage von Ausschlussrechten geschlossen werden.

[14] Dieser Gedanke findet sich schon bei führenden englischen Wirtschaftstheoretikern des 18. und 19. Jahrhunderts, worauf *Brandt* 57 ff., hinweist; vgl. auch *Kurz* 318 f.; vgl. ferner *Wurzer* Mitt. 2010, 523 f.

[15] Anders offenbar *Perlzweig* 143 f., der die „Belohnungstheorie" angreift, indem er ihr die Aussage zurechnet, dass „die Belohnung, die ein Erfinder durch den Gewinn aus dem ausschließlichen Gebrauch der patentierten Erfindung erhält, in einem angemessenen Verhältnis zu der gesellschaftlichen Nützlichkeit steht".

[16] Dazu aus verfassungsrechtlicher Sicht eingehend *Fechner* 373 ff.

könnte, die das direkt oder indirekt in menschliches Handeln umsetzbare Wissen bereichern. Wiederum stellt sich nämlich die Frage, von wem die Vergütung zu bezahlen und wie sie zu bemessen ist. Soll sie nicht autoritativ festgesetzt und zugeteilt werden, wie seinerzeit in den Staaten des Ostblocks, bleibt nur die Anknüpfung an die einzelnen Nutzungsvorgänge. Diese erscheint jedoch außer bei unmittelbar anwendungsbezogenem nur bei wenigstens „anwendungsnahem" Wissen als praktikabel, das im naturwissenschaftlichen Bereich oft auch Patentschutz erlangen kann. Bei Grundlagenwissen wäre dagegen der Kreis derer, die auf mehr oder weniger indirektem Wege daraus wirtschaftlichen Nutzen ziehen, in keiner sinnvollen Weise abgrenzbar. Daher könnte für die Forschungsergebnisse ein konkret nutzungsbezogener Vergütungsanspruch kaum weiter tragen, als ihnen der Patentschutz zugänglich ist. Im Übrigen muss der Beitrag, den die Grundlagenforschung zum technischen und wirtschaftlichen Fortschritt leistet, durch eine von den Erträgen ihrer Ergebnisse unabhängige Forschungsförderung honoriert werden. Diese obliegt nicht allein der öffentlichen Hand. Auch die Wirtschaft, der die Grundlagenforschung in vielfältiger Weise nützt, sollte sich verstärkt zu der Verpflichtung bekennen, sie ergebnisunabhängig, also nicht nur durch Forschungsaufträge zu unterstützen, durch die sie anwendungsreife Ergebnisse billiger als durch Eigenentwicklung zu erlangen hofft.

21 Die Frage nach einem nutzungsbezogenen Vergütungssystem ohne Ausschlussrecht hat somit im Wesentlichen nur wegen der **nichttechnischen Handlungsanweisungen** Bedeutung. Sie hängt zunächst davon ab, ob in dieser Richtung eine Ausdehnung des *Patentschutzes* möglich ist, die den berechtigten Belohnungsinteressen genügt (dazu → § 12 Rn. 126 f.). Auch wenn man dies verneint, empfiehlt sich wohl nicht eine Ersetzung des Patentschutzes durch ein technische Erfindungen und nichttechnische Handlungsanweisungen einschließendes, sondern allenfalls seine Ergänzung durch ein auf letztere beschränktes Vergütungssystem, dessen Praktikabilität und Rentabilität aber zweifelhaft ist.

22 4. Der Gerechtigkeitsgehalt des Patentschutzes legt die Frage nahe, ob dieser auch **verfassungsrechtlich** gewährleistet ist.[17] Als Grundlage kommt die Eigentumsgarantie des Art. 14 GG in Betracht. Sie gilt sowohl dem Eigentum als Institution als auch bestehenden vermögenswerten Rechten.

23 Aus der Individualrechtsgarantie wird man ableiten können, dass die vermögenswerte Position, die dem Erfinder aus der Erfindung erwächst, ihm nicht gegen seinen Willen entschädigungslos entzogen werden kann. Eine vermögenswerte Sonderstellung hat aber der Erfinder ohne Patentschutz nur, soweit und solange er die Erfindung wirtschaftlich nutzen kann, ohne sie faktisch dem allgemeinen Zugriff preiszugeben. Verfassungsrechtlich unzulässig wäre es daher wohl, ihn zur unentgeltlichen Überlassung der Erfindung an andere zu zwingen, denen sie andernfalls nicht zugänglich wäre. Auch wird ihm Schutz dagegen zu gewähren sein, dass andere die von ihm abgeleitete Kenntnis der nicht allgemein zugänglichen Erfindung verwerten oder verbreiten. Diesen Anliegen genügt jedoch bereits der Geheimnisschutz; des Patentschutzes bedarf es dafür nicht. Vielmehr kann dieser als verfassungsrechtlich geboten nur angesehen werden, wenn kraft der Institutsgarantie des Eigentums dem Erfinder die wirtschaftlichen Früchte seiner Leistung über den Zeitpunkt hinaus gebühren, in dem diese allgemein zugänglich wird.

24 Für das **Urheberrecht** hat das BVerfG in mehreren Entscheidungen[18] zwar anerkannt, dass dem Gesetzgeber ein weiter Spielraum für die Ausgestaltung der vermögensrechtlichen Befugnisse zusteht, gleichzeitig aber betont, dass diese nicht beliebig ist: zur Wahrung des grundlegenden Gehalts der Eigentumsgarantie fordert es, dass die vermögenswerten Ergebnisse der schöpferischen Leistung grundsätzlich dem Urheber zugeordnet werden und dieser darüber in eigener Verantwortung frei entscheiden kann.[19] Dabei verlangt es nicht, dass alle Formen der Werknutzung einem Verbietungsrecht des Urhebers unterliegen; mindestens in Randbereichen lässt es zu, dass er auf einen Vergütungsanspruch beschränkt bleibt.

---

[17] Dazu die Arbeiten von *P. Kirchhof, Söllner* und *Fechner.*
[18] 7. und 8.7.1971, BVerfGE 31, 229 ff.; ferner 25.10.1978, BVerfGE 49, 382.
[19] BVerfG 7.7.1971, BVerfGE 31, 229 (241).

§ 3. Rechts- und wirtschaftspolitische Bewertung

Soll auch dieser ausgeschlossen werden, muss dies durch schwerwiegende Gründe des Gemeinwohls gerechtfertigt sein.[20]

Im Bereich des **Erfinderschutzes** hatte sich das BVerfG[21] zunächst nur mit der Regelung zu befassen, wonach jede Patentanmeldung nach 18 Monaten – und nicht erst nach amtlicher Feststellung der Patentierbarkeit – veröffentlicht wird. Es bejahte die Frage, ob es verfassungsgemäß war, dieser Vorschrift Anmeldungen zu unterwerfen, die vor ihrem Inkrafttreten eingereicht waren. Für die Begründung war wesentlich, dass den Anmeldern Gelegenheit gegeben war, durch Rücknahme die Veröffentlichung zu vermeiden, vor allem aber, dass das PatG einen Entschädigungsanspruch des Anmelders vorsieht, wenn nach Offenlegung der Anmeldung die Erfindung von anderen benutzt wird.[22] Allgemein führte dabei das BVerfG aus, dass das „technische Urheberrecht" des Erfinders (schon vor der Patentierung) als **Eigentum** iSd Art. 14 GG anzusehen sei.[23] Eine neuere Entscheidung hat diesen Standpunkt bestätigt.[24]

Als verfassungsrechtlich geboten wird man es hiernach ansehen müssen, dass dem Erfinder grundsätzlich ein Anspruch auf eine **gerechte Vergütung** zusteht, wenn seine Leistung durch Dritte verwertet wird.[25] Ob ihm auch ein Ausschlussrecht an der Erfindung gebührt, ist nicht so eindeutig zu beantworten. Da der verfassungsrechtliche Eigentumsbegriff weiter ist als der zivilrechtliche, erfordert die Eigentumsgarantie nicht notwendigerweise auch Verbietungsbefugnisse. Für das Urheberrecht deutet die Rechtsprechung des BVerfG freilich darauf hin, dass es nach dem GG im Kern als Ausschlussrecht ausgestaltet sein muss. Für das Recht des Erfinders gilt nicht ohne weiteres das gleiche. Während das Urheberrecht als solches der Übertragung entzogen ist (§ 29 UrhG) und sogar dann beim Urheber bleibt, wenn er anderen Nutzungsrechte einräumt, ist bei Diensterfindungen der Arbeitgeber in der Lage, sich – abgesehen vom Recht auf Anerkennung der Erfinderschaft – auch gegen den Willen des Erfinders an dessen Stelle zu setzen und ihn auf einen Vergütungsanspruch zu beschränken. Verfassungsrechtlich lässt sich dies aus den schon behandelten Unterschieden zwischen Werken und Erfindungen (→ § 2 Rn. 72 ff.) rechtfertigen. Sie bedingen, dass zur Wahrung der berechtigten Interessen des Erfinders keine so starke Bindung zwischen ihm und seiner geistigen Leistung erforderlich ist wie zwischen Urheber und Werk. Die erfinderrechtliche Bindung kann gegenüber den berechtigten wirtschaftlichen Interessen des Arbeitgebers zurücktreten, wenn hinreichende Gründe der Zweckmäßigkeit es verlangen und der Erfinder entschädigt wird. Das BVerfG hat anerkannt, dass die verfassungsrechtlich gebotene Zuordnung des wirtschaftlichen Werts der Erfindung an den Erfinder durch dessen Vergütungsanspruch gegen den Arbeitgeber gewährleistet ist.[26]

Dass der Patentschutz verfassungsrechtlich geboten sei, ist deshalb nur zu begründen, wenn das *Ausschlussrecht erforderlich* ist, um eine *angemessene Belohnung* des Erfinders zu sichern. Die Argumente, die diese Annahme in einer marktwirtschaftlichen Ordnung nahelegen (→ Rn. 15 ff.), können auch zugunsten der Auffassung angeführt werden, dass der Patentschutz im Grundsatz durch Art. 14 GG gewährleistet sei.

Wenn der Gesetzgeber – verfassungsrechtlich verpflichtet oder nicht – Patentschutz gewährt, muss er bei dessen *Ausgestaltung* die **Eigentumsgarantie** beachten: Zu den konstitutiven Merkmalen des Patentrechts als Eigentum iSd Verfassungsrechts gehören, wie das BVerfG ausgesprochen hat,[27] die grundsätzliche Zuordnung des vermögenswerten Ergebnisses der schöpferischen Leistung an den Patentinhaber im Wege privatrechtlicher Nor-

---

[20] BVerfG 25.10.1978, BVerfGE 49, 382 (400, 403).
[21] 15.1.1974, BVerfGE 36, 281.
[22] BVerfG 15.1.1974, BVerfGE 36, 281 (295).
[23] BVerfG 15.1.1974, BVerfGE 36, 281 (290 f.).
[24] BVerfG 24.4.1998, Mitt. 1999, 61; das Recht ist hier (Mitt. 1999, 62) bezeichnet als „das allgemeine Erfinderrecht an der fertigen und verlautbarten Erfindung".
[25] BVerfG 15.1.1974, BVerfGE 36, 281 (290).
[26] BVerfG 24.4.1998, Mitt. 1999, 61 (63).
[27] 10.5.2000, GRUR 2001, 43 (44) – Klinische Versuche.

mierung und dessen Freiheit, **eigenverantwortlich darüber verfügen** zu können. Das ist der grundgesetzlich geschützte Kern des Patentrechts. Bleibt dieser gewahrt, hat der Gesetzgeber Gestaltungsspielraum. Nach der erwähnten BVerfG-Entscheidung stehen die Bestimmung, wonach der Patentinhaber Handlungen zu Versuchszwecken, die sich auf den Erfindungsgegenstand beziehen, nicht verbieten kann (§ 11 Nr. 2 PatG), und ihre Auslegung durch den BGH im Einklang mit Art. 14 GG. Verfassungsgemäß ist auch, dass durch die zugunsten des Erstanmelders vorgesehene *Sperrwirkung* sowie die *zeitliche Schutzbegrenzung* durch die Patentlaufzeit **Gemeinwohlinteressen** zur Geltung gebracht werden.

IV. Patentschutz und technischer Fortschritt

29 1. Obwohl es immer wieder Stimmen gibt, die bezweifeln wollen, dass technischer Fortschritt überhaupt wünschenswert sei, ist die weitaus überwiegende Mehrheit nach wie vor davon überzeugt, dass technischer Fortschritt besonders für ein dichtbevölkertes, mit natürlichen Ressourcen unzureichend ausgestattetes Land unentbehrlich ist, wenn die von fast allen – einschließlich der meisten Fortschritts- und Technikkritiker – als selbstverständlich angesehenen Lebensbedingungen erhalten und im Sinne sich wandelnder Wertvorstellungen verbessert werden sollen.[28] Auch die berechtigte Forderung, von manchen gebräuchlichen technischen Anlagen und Abläufen ausgehende Gefahren zu beseitigen, ist ohne Beeinträchtigung der Güterversorgung weithin nur durch neue Technologien erfüllbar. Technischer Fortschritt ist daher im Interesse der Allgemeinheit notwendig. Der Patentschutz dient diesem Interesse, wenn er den technischen Fortschritt fördert. Dass er diese Wirkung hat, wird in neueren theoretischen und empirischen Untersuchungen aus wirtschaftswissenschaftlicher Sicht ganz überwiegend grundsätzlich bejaht, mag auch im Einzelnen manches noch weiterer Klärung bedürfen.

30 2. Ökonomisch gesehen umfasst der technische Fortschritt als Prozess des Übergangs zu neuen oder neuartigen Produktionsverfahren oder zur Schaffung neuer Produkte oder neuer Qualitäten von Produkten[29] die drei Hauptphasen der Entstehung oder **Invention,** der Entwicklung oder **Innovation** und der Verbreitung oder **Diffusion.** Der oft gebrauchte Begriff „Forschung und Entwicklung" (FuE) umfasst im Wesentlichen die beiden ersten Phasen. Für die Frage, wie sich der Patentschutz in jeder der drei Phasen auswirkt und dadurch insgesamt den technischen Fortschritt beeinflusst, ist er sowohl in seinem Informations- als auch in seinem Schutzeffekt zu betrachten.

31 3. Dass das Patentwesen einen nennenswerten Beitrag zur **technischen Information** leiste, wird immer wieder bezweifelt.[30] Man weist darauf hin, dass die meisten Erfindungen ohnehin nicht längere Zeit geheim zu halten seien, die übrigen aber nicht angemeldet würden. Gerügt wird ferner, dass die Angaben der Anmeldungen und Patentschriften oft nicht zur erfolgreichen Ausführung der Erfindung genügten. Auch seien sie zu stark auf die Zwecke des Patentschutzes zugeschnitten und für den durchschnittlichen Fachmann schwer verständlich.

32 Richtig daran ist, dass ein großer Teil der technischen Neuerungen gewiss auch ohne Patentwesen früher oder später allgemein zugänglich und nutzbar würde. Dennoch darf angenommen werden, dass es die technische Information im Ganzen erheblich erweitert und beschleunigt. Aus dem Neuheitserfordernis und der Bevorzugung des Erstanmelders ergeben sich starke Motive zu **frühzeitiger Anmeldung,** so dass wahrscheinlich in vielen Fällen Erfindungen früher veröffentlicht werden, als sie andernfalls offenkundig geworden wären, und vielfach auch solche, die lange Zeit hätten geheim gehalten werden können, relativ bald zur allgemeinen Kenntnis gelangen. Zusätzlich wirkt die bei **Diensterfindun-**

---

[28] Vgl. die Beiträge von *Zypries, v. Pierer* und *Schröder* in BlPMZ 2004, 417–422.
[29] Näheres bei *Harabi* 66 ff.
[30] Ausführlich dazu *Janson* 193 ff.

§ 3. Rechts- und wirtschaftspolitische Bewertung

gen mit der unbeschränkten Inanspruchnahme regelmäßig verbundene **Anmeldepflicht** Geheimhaltungstendenzen entgegen. Ausgedehnte Erhebungen des Ifo-Instituts für Wirtschaftsforschung bei Unternehmen bestätigen die Vermutung, dass ohne Patentschutz ein wesentlich größerer Teil der Erfindungen geheim gehalten würde.[31]

Soweit Erfindungen in den Anmeldungen unzureichend offenbart werden, liegt ein Verstoß gegen klare Gebote des PatG, des GebrMG oder des EPÜ vor, der den Widerruf oder die Nichtigerklärung des Patents oder die Löschung des Gebrauchsmusters rechtfertigt. Es ist Sache der Patentbehörden, diese Gebote streng durchzusetzen. Freilich dürfen die Anforderungen an Inhalt und Umfang der Beschreibung nicht überspannt werden. Eine detaillierte Anleitung zur Einrichtung einer Produktion ist nicht ihre Aufgabe. Wesentlich ist, dass sie die neue erfinderische Erkenntnis klar und vollständig mitteilt (Näheres → § 24 Rn. 69 ff.). **33**

Das Patentwesen erschließt somit eine wichtige Quelle technischer Information, und zwar nicht nur über einzelne Problemlösungen, sondern auch über Entwicklungstendenzen.[32] Allerdings lässt nach den bisherigen Erfahrungen ihre praktische Nutzung zu wünschen übrig. In neuerer Zeit bemühen sich das DPMA und die interessierten Kreise verstärkt darum, die Möglichkeiten der Patentinformation bekannt zu machen und zu verbessern (vgl. → § 9 Rn. 6 ff.). **34**

Für den technischen Fortschritt kommt die Informationswirkung des Patentwesens vor allem in der Inventionsphase zum Tragen. Die Kenntnis fremder Erfindungen kann das Bemühen um und den Mitteleinsatz für Weiterentwicklungen oder andersartige Lösungen anregen und nutzlosen Aufwand für bereits anderweitig gelöste Aufgaben ersparen. In der Diffusionsphase kommt nach Wegfall des Patentschutzes der Informationseffekt der freien Nachnutzung zugute. **35**

4. Die **Schutzwirkung** des Patentsystems kann in Verbindung mit seinem Informationseffekt die Inventionsphase des technischen Fortschritts dadurch beeinflussen, dass fremde Anmeldungen oder Schutzrechte zu dem Versuch herausfordern, eigene Neuerungen zustande zu bringen, die ohne Eingriff in das (beantragte) Schutzrecht benutzt werden können. Es kann aber auch lohnend erscheinen, hiervon abhängige Verbesserungen zu erarbeiten, die sich als Basis für Lizenzbeziehungen zum Inhaber jenes Rechts eignen. Die gelegentlich erwähnte Gefahr, dass durch das Bemühen, um eine geschützte Neuerung „herumzuerfinden", Mittel für nicht optimale Lösungen verschwendet werden, dürfte angesichts des Gesamtumfangs letztlich nicht erfolgreicher Forschungsaufwendungen kaum ins Gewicht fallen. **36**

5. Besonders wichtig für die Einschätzung des Patentwesens ist die Frage, inwieweit sein Schutzeffekt in der Inventions- und Innovationsphase **erfinderische Bemühungen und Investitionen hervorruft,** die ohne ihn unterbleiben würden. Dass Patentschutz den Effekt hat, Einzelne zur Suche nach technischen Neuerungen anzuspornen, zeigt das Interesse von Start-ups, die sich meist frühzeitig nach der Erreichbarkeit und den Einsatzmöglichkeiten von Patentschutz erkundigen. Seine Bedeutung tritt freilich zurück, wo Erfinder entweder durch eigenen Forscherdrang hinreichend motiviert oder – wie heute meist – im Rahmen organisierter Forschung tätig sind. Fälle, in denen *allein* die durch Patentschutz zu erzielende Belohnung den entscheidenden Anstoß zu erfinderischen Anstrengungen gibt, werden daher branchenabhängig sein. Auch sind inzwischen über 90% aller Erfindungen Diensterfindungen,[33] bei denen der Erfinder nur mit einem Vergütungsanspruch rechnen kann. Dann motiviert die Erreichbarkeit von Patentschutz nicht den Erfinder, sondern die F&E-Budgetverantwortlichen. **37**

---

[31] Nämlich im Durchschnitt 26%, bei Produkterfindungen 15–19%, bei Verfahrenserfindungen 40–55%; vgl. Ifo-Institut 34; positive Bewertung des Informationseffekts auch bei *Pretnar* GRUR-Int 2004, 778 (781).

[32] Dazu *Greif/Potkowik*.

[33] Vgl. Ifo-Institut 51 sowie → § 21 Rn. 1.

38 Wichtiger ist die Bedeutung des Schutzeffekts für die **investierenden Unternehmen**. Die Inventions- und noch mehr die Innovationsphase verlangen beträchtliche, nicht selten außerordentlich hohe Aufwendungen.[34] Der Patentschutz verbessert die Amortisations- und Gewinnaussichten und scheint daher geeignet, die Bereitschaft zu solchen Investitionen zu steigern. Es wird jedoch behauptet, dass Unternehmen schon um ihrer Konkurrenzfähigkeit willen gezwungen seien, laufend für technische Neuerungen zu investieren. Auch habe das innovierende Unternehmen – namentlich wegen seiner besonderen, den Mitbewerbern nicht zugänglichen Erfahrung (seines Know-how) – einen „natürlichen" Zeitvorsprung auf dem Markt. Bis die Nachahmer ihre Produktion auf die Neuerung umstellten, habe es oft einen ausreichenden Ertrag erwirtschaftet. Dabei dürfe der Kostenvorsprung der Imitatoren nicht überschätzt werden; er beschränke sich meist auf den Inventionsaufwand.

39 Die Annahme, dass Investitionen für technische Neuerungen regelmäßig unterblieben, wenn nicht der Patentschutz die zeitweilige Alleinauswertung ihres Ergebnisses sicherte, ginge gewiss zu weit. Ebenso wenig kann aber allgemein behauptet werden, dass der Patentschutz als Anreiz zu solchen Investitionen überhaupt keine nennenswerte Rolle spiele. Vielmehr hängt es jeweils von der Art der Neuerung und den Marktverhältnissen ab, welches Gewicht er als Investitionsmotiv hat.[35] Dabei kommt es auf die Vorstellungen des Investors an, nicht auf die nachträgliche Beurteilung durch den Ökonomen. Auch wenn dieser glaubt, feststellen zu können, dass sich die Investition ohne Patentschutz ebenfalls gelohnt hätte, schließt das nicht aus, dass dieser motivierend wirkte, indem er die Unsicherheit der Ertragserwartungen verringerte.[36] Und schließlich braucht auch derjenige, den schon die Notwendigkeit, im Wettbewerb mitzuhalten, hinreichend motiviert, in (schutzwürdige) Neuerungen zu investieren, nicht hinzunehmen, dass Konkurrenten diese Investition durch Nachahmen der Neuerung ausnutzen.[37]

40 Im wirtschaftswissenschaftlichen Schrifttum wird es heute zumindest als wahrscheinlich angesehen, dass bei vielen Erfindungen die **„reaktionsfreie Zeit"**, die von der Markteinführung bis zum Einsetzen der Imitation vergeht, ohne Patentschutz nicht zur Abdeckung des Aufwands ausreicht.[38] Die Erhebungen des Ifo-Instituts bestätigen, dass der Patentschutz von den Unternehmen vor allem als Mittel zur Abwehr der Nachahmung für wichtig gehalten wird,[39] und weisen einen hohen, mit der Unternehmensgröße steigenden Anteil von Erfindungen aus, die ohne Patentschutz nicht entstanden wären.[40]

41 Als Nachteil der vom Patentschutz ausgehenden Anreize wird aus wirtschaftswissenschaftlicher Sicht die Gefahr genannt, dass eine Mehrzahl von Marktteilnehmern Investitionen für die gleiche Neuerung mache und dadurch, wenn einer der Konkurrenten Patentschutz erlangt, bei denjenigen, die infolgedessen die Neuerung nicht verwerten dürfen, eine Verschwendung von Ressourcen eintrete.[41] Zutreffend wird jedoch darauf hingewiesen, dass solche „Verschwendung" beim Wettbewerb in Forschung und Entwicklung unvermeidlich ist.[42] Auch wird sie im deutschen und europäischen

---

[34] Angaben dazu bei *Weidlich/Spengler* 13 ff. – Nach *Kaufer* 114, erfordert die Umwandlung einer Invention in eine Innovation typischerweise 10- bis 20mal höhere Aufwendungen als die Gewinnung der Invention.

[35] S. *Harabi* 86–95; *Hilken* 114, 117 f.; zur Sicht der Großindustrie *v. Pierer* GRUR 1999, 818 f., und Mitt. 1999, 422 ff. – *Huch* GRUR-Int 1991, 345 (346) misst dem Patentschutz wegen der Unsicherheiten seiner Erlangung und Rechtsbeständigkeit nur geringe Bedeutung für unternehmerische Investitionsentscheidungen zu.

[36] *Kirchner* in Ott/Schäfer 167, 171 f.

[37] Vgl. *Pretnar* GRUR-Int 2004, 780 (784).

[38] *Kirchner* GRUR-Int 2004, 604; vgl. auch *Bernhardt* Patentschutz 12 f., 19 f.

[39] *Greipl/Täger* 53 ff.; ebenso für die mittelständische Industrie.

[40] Als Durchschnitt ergaben sich 21%, vgl. Ifo-Institut 113; weitere Nachweise bei *Brandt* 151 ff.; vgl. auch *Kirchner* in Ott/Schäfer 171 ff., 176 f.

[41] Vgl. *Janson* 34 ff.; *Dam* 304 ff.

[42] *Dam* 308.

§ 3. Rechts- und wirtschaftspolitische Bewertung IV § 3

Patentsystem durch das Erstanmelderprinzip[43], die frühzeitige Veröffentlichung der Anmeldungen und das dem Vorbenutzer zustehende Weiterbenutzungsrecht (§ 12 PatG) in Grenzen gehalten.

Die Ausgestaltung des Patentschutzes kann schon aus praktischen Gründen nicht in der Weise erfolgen, dass er in jedem Fall genau die nötige „reaktionsfreie Zeit" sichert.[44] In dieser Hinsicht muss und darf ein großzügiger Maßstab angelegt werden, der insbesondere auch kostspieligen, spezialisierten und daher risikoreichen Neuerungen eine Gewinnchance eröffnet. Dass er infolgedessen teilweise länger dauert als nötig oder sogar gewährt wird, wo sein Ansporn entbehrlich wäre, kann in Kauf genommen werden. 42

Durch ein Vergütungssystem **ohne Ausschlussrecht** wäre der erforderliche **Investitionsanreiz** meist **nicht erreichbar**. Der Investor könnte davon nur einen Kostenbeitrag erwarten, dessen Höhe nicht durch ihn zu bestimmen wäre und deshalb wahrscheinlich in vielen Fällen bei weitem nicht ausreichen würde. Daher würden es die Unternehmen oft vorziehen, auf Neuerungen anderer zu warten, um diejenigen, die sich als erfolgreich und lohnend erweisen, gegen Vergütung zu übernehmen. 43

6. Der **Verbreitung** neuen technischen Wissens scheint der Schutzeffekt des Patentsystems auf den ersten Blick eher hinderlich zu sein. Meist ist jedoch der Schutzrechtsinhaber selbst an einer den Bedarf möglichst ausschöpfenden Anwendung der Erfindung interessiert. Dabei erleichtert der Schutz die Anknüpfung von Lizenzbeziehungen, weil er die Geheimhaltung entbehrlich macht. Erst der Patentschutz macht die Erfindung im vollen Sinne zum verkehrsfähigen Gut. Er bildet daher eine wichtige Grundlage für den **Technologietransfer**. Besondere Bedeutung erlangt er in dieser Funktion für die internationalen Wirtschaftsbeziehungen. 44

Sie zeigt sich darin, dass selbst diejenigen **sozialistischen Staaten** *ausländischen* Anmeldern Ausschlusspatente erteilten, die *intern* prinzipiell nur Vergütungsansprüche gewährten.[45] Auch die **Entwicklungsländer** halten großenteils am Patentschutz fest, obwohl die Erfindungen, denen er zugutekommt, meist aus Industrieländern stammen. Freilich erstrebten sie im Interesse ihrer nationalen Wirtschaft erweiterte Zugriffsmöglichkeiten, insbesondere durch Zwangslizenzen; die Verhandlungen, die hierüber auf einer 1970 begonnenen Konferenz zur Revision der PVÜ geführt wurden, blieben jedoch ergebnislos.[46] Dagegen kam im Rahmen der Fortentwicklung des Allgemeinen Zoll- und Handelsabkommens (GATT) das Übereinkommen über handelsbezogene Aspekte der Rechte des geistigen Eigentums von 1994 (TRIPS-Übereinkommen, Näheres → § 7 Rn. 33 ff.) zustande, das – mit Übergangsfristen für Entwicklungsländer – die Mitgliedstaaten der Welthandelsorganisation (WTO) zur Erfüllung bestimmter Mindestanforderungen ua hinsichtlich Anwendungsbereich und Wirkungen des Schutzes technischer Erfindungen verpflichtet und dabei die Erteilung von Zwangslizenzen einschränkenden Voraussetzungen unterwirft.[47] 45

7. Neben dem Patentsystem als *indirekter* staatlicher Förderung von Forschung und Entwicklung steht heute eine zunehmende *direkte* Förderung, etwa durch sog. **Patentboxen** im Steuerrecht.[48] Sie mindert die Bedeutung des Patentschutzes, jedoch nur unwesentlich. Soweit sie der Grundlagenforschung gilt, bildet sie, wie erwähnt, eine notwendige Ergänzung (vgl. → Rn. 19 ff.). Führt sie zu neuem Anwendungswissen, kann dessen Schutz die Bereitschaft von Unternehmen fördern, es in marktfähigen Produkten breit nutzbar zu machen, während vielleicht niemand die dafür erforderlichen weiteren Aufwendungen 46

---

[43] S. *Dam* 309.
[44] *Hilken* 120 ff.; *Pretnar* GRUR-Int 2004, 782; *Janson* 40 ff.; kritisch zu Vorschlägen, die in diese Richtung gehen, *Brandt* 66 ff.
[45] S. *Lippott* 1998, 56 ff.
[46] S. die 4. Aufl., 34 mN.
[47] Zur Bedeutung der patentrechtlichen Bestimmungen des TRIPS-Ü für die und ihrer Bewertung aus der Sicht der Entwicklungsländer *Pacón* FS Kolle/Stauder, 2005, 77–94; *Imam* 37 IIC 245–259 (2006); *Klunker* GRUR-Int 2008, 209–217; vgl. auch *Beattie* 38 IIC 6 ff. (2007).
[48] *King/Zhu* VPP-Rundbrief 2019, 148–151; VPP-Rundbrief 2019, 144 ff.; *Johnson* The beginning of the end for the UK Patent Box?, GRUR-Int 2015, 201 f.

tätigen würde, wäre das Wissen allgemein verfügbar und verwertbar. Auch hier ergänzt Patentschutz daher die direkte staatliche Förderung.

46a 8. Die **ökonometrische Aussagekraft** von Patenten ist umstritten. Unsinnig ist zunächst jeder Schluss von der Zahl der Patente eines Unternehmens auf dessen Profitabilität. Patente haben kaum etwas mit Profitabilität zu tun, weil selbst gute Erfindungen nicht automatisch marktgängig sein müssen, sondern sogar deutlich zu früh kommen können; wenn der Markt sie noch gar nicht aufnehmen kann. Überdies sind wirtschaftlichen Gesichtspunkte auch nicht Teil der patentamtlichen Prüfung; diese könnten Patentämter auch gar nicht durchführen. Zu simpel ist aber auch der Schluss von der Zahl der Patente und Patentanmeldungen eines Unternehmens auf dessen Innovationskraft und technologische Leistungsfähigkeit. Erstens sagt die patentamtliche Prüfung nur etwas über die Erfüllung von Minimalstandard. Zweitens lassen Anmeldungen sich teilen, und drittens wirkt hier maßgeblich die Geschicklichkeit des Patentanwalts bei der Ausarbeitung der Anmeldung und sein Vorgehen im Prüfungs- und einem späteren Einspruchsverfahren.[49]

V. Patentschutz und Wettbewerb

47 1. Weil das Patent seinem Inhaber das Recht gibt, auf dem Markt andere am Angebot erfindungsgemäß ausgeführter Erzeugnisse[50] zu hindern, wird es vielfach als **Monopol** bezeichnet.[51] In Wahrheit ist es aber nicht schon deshalb, weil es wie jedes andere absolute Recht eine **rechtlich** gesicherte Alleinstellung verleiht, auch als Monopol im **wirtschaftswissenschaftlichen** Sinne anzusehen. Ob ein solches vorliegt, hängt von den Marktverhältnissen ab. In der Regel beschränkt sich der **relevante Markt** nicht auf die erfindungsgemäßen Erzeugnisse, so dass diese einem **Substitutionswettbewerb** ausgesetzt sind: Meist stehen andere Ausführungen gleichartiger Erzeugnisse mit ihnen im Wettbewerb, und selbst wenn ein Schutzrecht ein ganz neuartiges Erzeugnis betrifft, muss sich dieses meist auf dem Markt gegen andere behaupten, die dem gleichen Bedürfnis dienen. Ein Monopol erlangt deshalb der Rechtsinhaber am ehesten dann, wenn das geschützte Erzeugnis ein – bestehendes oder neu gewecktes – Bedürfnis erstmals befriedigt oder die von einem Bedürfnis ausgehende Nachfrage nahezu vollständig auf sich zieht. Voraussetzung ist aber, dass es anderen nicht gelingt, außerhalb des Schutzbereichs liegende eigene Neuerungen zu entwickeln und anzubieten. Daher kommt eine Monopolwirkung für ein einzelnes Schutzrecht praktisch nur in Betracht, wenn es eine grundlegende technische Neuerung, ein völlig neues Lösungsprinzip betrifft („Pionierpatent").[52] In solchen Fällen wird aber oft entweder versäumt, das neue Lösungsprinzip, solange es noch nicht allgemein zugänglich ist, zum Schutz anzumelden, oder für seine Umsetzung in marktfähige Produkte so viel Zeit benötigt, dass der Schutz schon vor oder bald nach der Markteinführung abläuft.

48 Die zuletzt vor allem von der neoliberalen Schule der Wirtschaftswissenschaft verfochtene Ansicht, Patente seien als Monopole nicht mit dem Grundsatz der Wettbewerbsfreiheit vereinbar,[53] beruht daher auf einer Vermengung rechtlicher und wirtschaftlicher Kategorien. Im neueren wirtschaftswissenschaftlichen Schrifttum wird anerkannt, dass das Patent als solches kein Monopol ist.[54] Monopolistischen Auswirkungen, die sich in Sonderfällen

---

[49] *Schmoch* GRUR-Int 2018, 742; dort auch Praxisbeispiele.
[50] Entsprechendes gilt für Leistungen, die in Anwendung von Verfahrenserfindungen ohne Herstellung von Erzeugnissen erbracht werden. Im Folgenden ist dieser Fall nicht mehr besonders erwähnt.
[51] Vgl. *Fikentscher/Theiss* in Adrian/Nordemann/Wandtke (Hrsg.) 66 ff.; zum Streit um den Monopolcharakter des Patents im 19. Jh. *Pahlow* in Pahlow 245 ff.
[52] Vgl. *Bernhardt* Patentschutz 27; dazu *Dahmann* 99 ff., der dabei zwischen „Ur"- und „Basiserfindungen" unterscheidet, denen er weitere Abstufungen anreiht. – S. auch *Welte*.
[53] Nachweise bei *Bernhardt* Patentschutz 1 f.
[54] *Pretnar* GRUR-Int 2004, 776 ff.; *Riziotis* GRUR-Int 2004, 367 (369, 370 f.); s. auch *Heinemann* GRUR 2006, 705 (707); *Busche* FS Tilmann, 2003, 645 (649) mwN; *Lorenz* WRP 2006, 1008 (1016).

§ 3. Rechts- und wirtschaftspolitische Bewertung

ergeben mögen, kann mit patent- und gebrauchsmuster- sowie kartellrechtlichen Mitteln begegnet werden (vgl. → Rn. 53 ff.).

2. Der Patentschutz richtet sich gegen die konkurrierende Benutzung einer Erfindung und engt dadurch den wettbewerblichen Handlungsspielraum ein. Das hat ihm aus wettbewerbspolitischer Sicht heftige Kritik eingetragen. Neuere wirtschaftswissenschaftliche Untersuchungen rücken jedoch von dem statischen Wettbewerbsmodell ab, auf dem diese Kritik vornehmlich beruht, und setzen ihm ein dynamisches Modell des **funktionsfähigen Wettbewerbs** entgegen, das nicht den Wettbewerb als Selbstzweck, sondern vor allem Erfüllung der von ihm erwarteten Funktionen fordert.[55] In diesem Modell lässt sich eine wettbewerbsfördernde Wirkung des Patentschutzes zeigen: zwar schränkt er auf der **Anwendungsebene** den Wettbewerb ein; er erreicht aber damit – in der bereits dargestellten Weise (vgl. → Rn. 37 ff.) – eine Belebung des Wettbewerbs auf der **Ebene von Forschung und Entwicklung**. So wirkt er auf eine bessere Erfüllung der Wettbewerbsfunktionen hin, als sie sich bei unbeschränkter Imitationsfreiheit ergäbe. Der Patentschutz ist daher nicht nur mit dem Grundsatz der Wettbewerbsfreiheit vereinbar, sondern für deren Ziele sogar erwünscht: „Wo es unmöglich ist, den Genuss gewisser Leistungen von der Zahlung eines Preises abhängig zu machen, wird der Wettbewerb diese Leistungen nicht hervorbringen".[56] 49

3. Auch bei positiver Bewertung des Patentschutzes aus der Sicht des Wettbewerbsprinzips wird im wirtschaftswissenschaftlichen und kartellrechtlichen Schrifttum vielfach auf **Gefahren** hingewiesen, die von seiner Handhabung für die Wettbewerbsfreiheit ausgehen: Unternehmen könnten sich Patente erteilen lassen, die nicht zum Schutz eigener, sondern nur zur Unterbindung fremder Anwendungstätigkeit bestimmt sind **(Sperrpatente)**. Einzelne, insbesondere große Unternehmen könnten durch Erlangung einer Vielzahl von Patenten **(Patenthäufung)** versuchen, einen größeren Sektor der Technik ganz zu beherrschen, so dass es für andere von vornherein aussichtslos werde, darin mit Neuerungen Fuß zu fassen; durch Anmeldung schutzunfähiger Neuerungen könnten formale Rechtspositionen erlangt werden, die sich zur Einschüchterung von Konkurrenten missbrauchen ließen. Weitere Gefahren entstünden, wenn Unternehmen in Bezug auf technische Schutzrechte Vertragsbeziehungen anknüpfen: in **Lizenzverträgen** könnten sich Beteiligte Beschränkungen unterwerfen, die ihnen im Ergebnis weniger Handlungsspielraum ließen, als sie ohne Lizenz hätten;[57] gegenseitige Lizenzbeziehungen zwischen Unternehmen und erst recht **Patentgemeinschaften** (patent pools) vermöchten kartellähnliche Auswirkungen hervorzurufen oder zu Kartellvereinbarungen Anlass zu geben. Schließlich begünstige das Patentsystem aus verschiedenen Gründen die **Großunternehmen** und damit eine gesamtwirtschaftlich unerwünschte **Konzentration** und trage zur Entstehung und Verstärkung von Marktmacht bei. 50

Wie weit diese Befürchtungen zutreffen, ist empirisch wenig erforscht. Der Anteil der Sperrpatente hat sich in der Erhebung des Ifo-Instituts mit knapp 4% als relativ gering erwiesen,[58] was nicht ausschließt, dass davon manche Erfindungen betroffen sind, deren tatsächliche Nutzung im Allgemeininteresse wichtig wäre. Für den Umfang des Patentbesitzes wird ein Ansteigen mit der Unternehmensgröße festgestellt. Es wird daraus erklärt, dass große Unternehmen mehr Mittel für Forschung und Entwicklung aufwenden und mittels eigener Patentabteilungen den Patentschutz intensiver und wirkungsvoller nutzen können als kleine und mittlere. Trotzdem machen auch diese in erheblichem Maß vom 51

---

[55] *Godt* 525 ff.; *Kirchner* GRUR-Int 2004, 605; *Heinemann* 14 ff. mwN.
[56] *Hayek* zitiert bei *Bußmann* GRUR 7, 129; vgl. auch *Lehmann* GRUR-Int 1983, 356 (360 ff.): im Sinne der Lehre von den *Property Rights* ist Patentschutz „Wettbewerbsbeschränkung zur Förderung des Wettbewerbs".
[57] Vgl. insbesondere *Buxbaum* WuW 1966, 193 ff.; *Kaufer* 166.
[58] Vgl. Ifo-Institut 78.

Patentschutz Gebrauch,[59] was konzentrationshemmend wirkt.[60] Inwieweit Unternehmen mit großem Patentbesitz auf möglichst lückenlose Abdeckung ganzer Technologien ausgehen, ist nicht bekannt; allerdings werden der Anmeldepraxis japanischer Unternehmen solche Absichten nachgesagt. Die Bereitschaft, Lizenzen zu erteilen, ist, wie das Ifo-Institut ermittelt hat, im ganzen recht hoch; dass man dabei Lizenzen nicht wahllos erteilt, sondern eine gewisse technische Leistungsfähigkeit des Nehmers voraussetzt, ist dem technischen Fortschritt eher günstig. Denkbar bleibt immerhin, dass Lizenzverweigerungen besonders bei wichtigen Patenten erfolgen.

52 Über das Ausmaß konzentrationsfördernder Wirkungen des Patentschutzes finden sich sehr unterschiedliche Meinungen. Überwiegend wird aber angenommen, dass er im Verhältnis zu anderen Ursachen der Konzentration, insbesondere dem hohen Kapitalbedarf für Forschung und Entwicklung nur eine untergeordnete Rolle spielt.

53 4. Zur Abwehr der erwähnten Gefahren steht eine Reihe von **Gegenmitteln** bereit. Der Freihaltung des Wettbewerbs von zu weit reichenden oder ungerechtfertigten Beschränkungen dienen zunächst die **sachlichen Voraussetzungen des Patentschutzes**. Entdeckungen, wissenschaftliche Theorien und mathematische Methoden können nicht Gegenstand von Patenten oder Gebrauchsmustern sein, damit nicht Ausschlussrechte von allzu großer Reichweite entstehen.[61] Die Vorschriften, die von der Patentierung ausschließen, was zum Stand der Technik gehört oder sich für den Fachmann in naheliegender Weise hieraus ergibt, und auch für den Gebrauchsmusterschutz außer Neuheit wenigstens einen „erfinderischen Schritt" verlangen, sorgen dafür, dass der Wettbewerb durch technische Schutzrechte nur insoweit eingeschränkt wird, als eine erfinderische Leistung erbracht ist, die über die von routinemäßiger Fortentwicklung des Standes der Technik zu erwartenden Ergebnisse hinausgeht.[62] Deshalb ist es auch um der Wettbewerbfreiheit willen geboten, Gegenstand und Umfang des jeweils gewährten Schutzes nach Maßgabe des erfinderischen Verdienstes zu begrenzen (vgl. dazu auch → § 11 Rn. 62 ff. und → § 14 Rn. 158 ff.).[63]

54 Dem Missbrauch formaler Rechtsstellungen für schutzunfähige Neuerungen ist in erster Linie durch konsequente Beachtung der materiellen Schutzvoraussetzungen in allen Verfahren, in denen diese zu prüfen sind,[64] aber auch durch die abschreckende Wirkung der Schadensersatzpflicht zu begegnen, die bei Geltendmachung solcher Scheinrechte droht. Hinzu kommen prozessrechtliche Regelungen zum Schutz der wirtschaftlich schwächeren Partei, insbesondere die Streitwertbegünstigung nach § 144 PatG, § 26 GebrMG.

55 Behinderungen durch Sperrpatente oder -gebrauchsmuster, durch Rechte mit besonders weitem Schutzumfang oder durch Schutzrechtshäufung können mittels **Zwangslizenzen** abgebaut werden.

56 Außerdem sind Interessen der Allgemeinheit insbesondere in folgenden den Schutz ausschließenden oder seine Wirkungen beschränkenden Regelungen berücksichtigt:
Im Interesse der Gesundheitsfürsorge sind medizinische Verfahren vom Schutz ausgeschlossen und gemäß ärztlicher Verordnung individuell zubereitete Arzneimittel von den Schutzwirkungen ausgenommen; gleiches gilt im Interesse der wissenschaftlichen Forschung für bestimmte Handlungen zu Versuchszwecken. Auch zugunsten der Landwirtschaft gelten gewisse Einschränkungen der Schutzwirkung.
Soweit sich der Schutz auf Erzeugnisse bezieht, ist deren Vertrieb im Interesse eines ungehinderten Warenverkehrs der Kontrolle des Rechtsinhabers hinsichtlich solcher Erzeugnisse entzogen, die von

---

[59] Vgl. *Greipl/Täger* 46 ff.
[60] Vgl. *Prahl* 99 f.
[61] Vgl. *Pretnar* GRUR-Int 2004, 779 (781).
[62] Vgl. *Dam* 311 ff.
[63] Dagegen scheint *Janson* 45 ff., 279 den Umfang des zu gewährenden Schutzes allein nach ökonomischen Kriterien bemessen zu wollen.
[64] Auch bei Gebrauchsmustern kann erreicht werden, dass ohne materielle Prüfung kein Verletzungsurteil ergeht.

§ 3. Rechts- und wirtschaftspolitische Bewertung

ihm oder mit seiner Zustimmung innerhalb des Europäischen Wirtschaftsraums in Verkehr gebracht worden sind.

Wenn es im Interesse der öffentlichen Wohlfahrt oder der Sicherheit der Bundesrepublik Deutschland erforderlich ist, kann durch staatliche Benutzungsanordnung die Schutzwirkung durchbrochen werden.

Wettbewerbsbeschränkende Vereinbarungen in Verträgen über Patente oder Gebrauchsmuster können nach **kartellrechtlichen Vorschriften** (§§ 1–3 GWB, Art. 101 AEUV) unwirksam sein oder behördlich untersagt werden. Dies gilt insbesondere für Beschränkungen, die Lizenznehmern auferlegt werden, Patentgemeinschaften und gegenseitige Lizenzen. Falls Unternehmen wegen der Anzahl ihrer Schutzrechte, des großen Schutzbereichs einzelner Patente oder der Unentbehrlichkeit einer geschützten Erfindung eine marktbeherrschende Stellung haben, kann die Kartellbehörde gegen deren missbräuchliche Ausnutzung vorgehen (§ 19 GWB; Art. 102 AEUV). Konzentrationsvorgänge größeren Ausmaßes unterliegen behördlicher Aufsicht, die das Entstehen und die Verstärkung marktbeherrschender Stellungen möglichst verhindern soll (§§ 35 ff. GWB; EG-FusionskontrollVO); das gilt auch, wenn Schutzrechte als „Kristallisationskern"[65] im Spiel sind. 57

Das vorstehend angedeutete Instrumentarium, auf das im jeweiligen Sachzusammenhang zurückzukommen sein wird, dient iSd Art. 14 Abs. 1 S. 2 GG der Bestimmung von Inhalt und Schranken der Eigentumsrechte an Erfindungen und berücksichtigt auch deren Sozialbindung iSd Art. 14 Abs. 2 GG. Es mag in Einzelheiten verbesserungsbedürftig sein, bildet aber im Ganzen eine hinreichende Gewähr, dass der Patentschutz in seiner tatsächlichen Handhabung auf die ihm im Allgemeininteresse gesetzten Ziele ausgerichtet bleibt und unerwünschte Nebenwirkungen im Verhältnis zu seinen positiven Effekten kein zu großes Gewicht erlangen.[66] Andererseits ist bei Anwendung jenes Instrumentariums darauf zu achten, dass diese positiven Effekte nicht beeinträchtigt werden. 58

Ein *Vergütungssystem ohne Ausschlussrechte* hätte wettbewerbspolitisch keine wesentlichen Vorteile; insbesondere würde es den Vorsprung der Großunternehmen bei der Entwicklung und Nutzung technischer Neuerungen im Wesentlichen unberührt lassen und die Konzentrationstendenzen insgesamt jedenfalls nicht vermindern. 59

5. In den 90er Jahren des 20. Jahrhunderts abgenommen haben weltweit die wettbewerbspolitischen Besorgnisse gegenüber dem Patentschutz, wie früher besonders aus der angelsächsischen Welt geläufig. Tendenzen zu einer Verstärkung und Ausdehnung des Patentschutzes waren die logische Folge.[67] Das zeigte sich zB im TRIPS-Übereinkommen. Mit Übergangsfristen für Entwicklungsländer verpflichtet es sämtliche WTO-Mitglied- 60

---

[65] Vgl. *Bernhardt* Patentschutz 32.
[66] Freilich meint *Godt* (524 f.) „der derzeitige Theoriestand" verschließe sich der public-policy-Diskussion und damit der verfassungsrechtlich gebotenen Inhaltsbestimmung und verhindere „eine institutionelle Abwägung zwischen konfligierenden Zielen, zu der der Gesetzgeber verpflichtet wäre und die in der Auslegung des einfachen Gesetzesrechts durch die rechtsauslegenden Organe zum Tragen kommen müssten". Es fehlten „Konzepte, in denen sich Begrenzungen verankern lassen" (538). Während sich die allgemeine Privatrechtstheorie dem modernen Denken in Spannungsverhältnissen und Wertentscheidungen geöffnet habe, das widerstreitenden Interessen einen institutionellen Rahmen gebe, habe sich die Patentrechtstheorie dieser theoretischen Neuorientierung verschlossen (551, 557).
Gewiss bilden die die hergebrachten „Patentrechtstheorien" (→ Rn. 7 ff.), die mit dem „derzeitigen Theoriestand" vermutlich gemeint sind, kein geschlossenes, umfassendes Konzept. Sie beanspruchen das aber auch nicht, sondern nennen lediglich Argumente für die Existenz von Patentschutz, wobei sie die Gegenargumente, denen sie letztlich ihre Entstehung verdanken, als bekannt voraussetzen. Es mag sein, dass sie gelegentlich von interessierter Seite angeführt werden, um Forderungen nach möglichst weitreichendem Schutz zu stützen. Das Gesamtbild der heutigen Regelung und ihre praktische Handhabung zeigen aber, dass dies die gemeinverträgliche Ausgestaltung und Begrenzung des Systems nicht verhindert hat.
[67] Dazu *Ghidini* GRUR-Int 1997, 773–781; s. auch *Frauenknecht* NZZ 25.9.2001, 12.

staaten, Anwendungsbereich und Wirkungen des Patentschutzes weit zu fassen (Art. 27–30, 32–34). Die Zulassung von Zwangslizenzen verlangt es nicht, sondern gestattet sie lediglich – unter strengen Voraussetzungen (Art. 31). Maßnahmen gegen den Missbrauch von Rechten des geistigen Eigentums, gegen Praktiken, die den Handel oder den internationalen Technologietransfer beschränken, sowie gegen missbräuchliche Wettbewerbsbeschränkungen bei der Lizenzvergabe sind den Mitgliedstaaten ebenfalls zwar erlaubt, aber nicht aufgegeben (Art. 8 Abs. 2, 40).[68] Schutzinteressen in den Bereichen der Bio- und Informationstechnologie drängen auf eine extensive Auslegung der den Anwendungsbereich des Patentschutzes betreffenden Bestimmungen des Übereinkommens, was im Ergebnis den traditionellen Ausschluss von Grundlagenerkenntnissen und nichttechnischer Handlungsanweisungen in Frage stellen könnte (Näheres → § 12 Rn. 22 ff., → § 14 Rn. 92 ff.).

61 6. Ein weiterer Treiber für Bestrebungen, nicht nur die Ausdehnung des Patentschutzes, sondern auch seine Schlagkraft zu steigern, war die Bekämpfung der sog. Produkt- und Markenpiraterie. Was genau diese Begriffe jenseits aller Evidenzfälle meinen, ist bis heute nicht abschließend klar, denn eine Legaldefinition gibt es nicht. Ähnlich wie die Begriffe „Plagiat" oder „Patent Troll" ist „Piraterie" so inzwischen weitgehend zu einem Kampagnenbegriff degeneriert, der in „Patent Wars" eingesetzt wird. Dass ist misslich, weil unklare Begriffe keine Leitmotive für Gesetzgebung sein sollten – so wie für „Pirateriebekämpfung" wohl in allen Industriestaaten der Fall.[69]

62 7. Ähnlich verhält es sich mit dem Begriff „Patent Troll".[70] Er ist ein Kampagnenbegriff, der nach dem bekannten Wort *Peter Detkins* wenig mehr bezeichnet als „a plaintiff I don't like". Das macht diesen Begriff jenseits eines allgemeinen Unwerturteils zu unscharf für eine konkrete Verwendung in der Rechtspraxis. Ähnlich wie beim Pirateriebegriff existiert auch für den Begriff „Patent Troll" jenseits der Evidenzgrenze keine Definition. Sicher ist immerhin, dass das Fehlen einer eigenen Produktion, wie vom verbreiteten Begriff „nonproducing entity" (NPE)[71] insinuiert, einen Patentinhaber noch keineswegs zum „Patent Troll" macht – und dessen Schutzrechtsdurchsetzung auch nicht *per se* missbräuchlich – verglichen mit den Motivlagen üblicher Verletzungskläger.[72] Eine Studie der US-Beratungsfirma *darts-IP* von Anfang 2018 behauptet, die europäische Dimension des Problems habe sich geändert und zwinge zum Handeln. Ob das so zutrifft, ist freilich unklar. Dagegen spricht neben der arg reißerischen Aufmachung der Studie der Umstand, dass selbst dort von einem Problem vor allem der IT-Industrie die Rede ist. Gleichwohl könnte sich tatsächlich etwas geändert haben, denn die Aktivitäten sog. „Patent Assertion Entities" (PAEs), wie es statt „Patent Troll" oder „NPE" heute zunehmend heißt und wohl auch besser heißen sollte, steigen in Deutschland wohl tatsächlich an.[73] In den USA war dies schon immer ein Problem; freilich aus Gründen vor allem des U.S.-Zivilprozess- und Anwaltsgebührenrechts, die mit dem Patentrecht nichts zu tun haben. Nur mit größter Zurückhaltung erwogen werden sollten darum die kürzlich vom Verband der Automobilindustrie (VDA) vorgetragenen Forderungen nach Einschränkung des unbedingten Unterlassungsanspruchs aus § 139 PatG. Eine solche Einschränkung, namentlich die Einführung eines richterlichen Ermessens oder die Knüpfung des Unterlassungsanspruchs an die wirtschaftliche Bedeutung des Verletzers oder an die von ihm gesicherte Beschäftigung ist zurückhaltend zu beurteilen. Beeinträchtigt würden vorwiegend KMUs oder Individualerfinder.

---

[68] Dazu *Heinemann* GRUR-Int 1995, 535–539.
[69] *Ann* FS Bornkamm, 2014, 1 ff.; deutlich weniger kritisch noch in FS Schilling, 2007, 1 ff.
[70] *Ann* in Patents and Technological Progress in a Globalized World 355 ff.; *Ohly* GRUR-Int 2008, 787 ff.; *Osterrieth* GRUR 2009, 540 ff.
[71] Beispielhaft *Sergheraert/Marques* Mitt. 2019, 9 ff., die von einem Phänomen und von NPE-litigation sprechen – freilich auf Englisch und ausgehend von den USA.
[72] *Kessler/Niethammer/Seelig* Mitt. 2018, 16 ff.
[73] darts-ip, 11 ff.

§ 3. Rechts- und wirtschaftspolitische Bewertung VI § 3

Zwingende Voraussetzung eines unbedingten Unterlassungsanspruchs ist freilich, dass das **62a** Patentsystem **kompromisslos Patentqualität gewährleistet,** und zwar nicht, indem es sich durch Bürokratismen und eine formale Aufsicht freizeichnet, sondern indem es Anreize richtig setzt. Eine strenge Patentprüfung darf für Prüfer kein Luxus sein. Fiskalische Interessen der Ämter oder ihrer Träger dürfen im System keine Rolle spielen. Auch muss das Patentsystem für alle Nutzer offenbleiben. Das muss auch wirtschaftlich motivierte Nutzer einschließen, die Rechte erwerben, um sie anschließend durchzusetzen; auch aggressiv. Bis zur Grenze des Missbrauchs ist dies zu tolerieren, weil alles andere nur zu Lasten gerade der kleinen Erfinder ginge, die doch gefördert werden sollen (dazu s. o.). Allein mit *open patents*[74], die im übrigen keineswegs gleichbedeutend mit *open source* sind und übrigens auch keineswegs zwingend unentgeltlich, wird es nicht gehen.

VI. Ergebnis

1. Der Patentschutz ist der einer Marktwirtschaft konformste Weg zu der auch verfas- **63** sungsrechtlich gebotenen gerechten Belohnung des Erfinders bei gleichzeitiger Förderung des technischen Fortschritts. Mit dem Wettbewerbsprinzip steht er hinsichtlich der weiteren Ziele im Einklang, denen es dient. Wettbewerbspolitisch unerwünschte Nebenwirkungen sind durch patent-, gebrauchsmuster- und kartellrechtliche Regelungen eingedämmt und würden durch ein Vergütungssystem ohne Ausschlussrecht nur teilweise verhindert; dagegen brächte ein solches System wesentliche Nachteile bei der Bemessung der Vergütung und könnte meist keinen ausreichenden Investitionsanreiz bieten. Ob es dem Verfassungsgebot gerechter Erfinderbelohnung genügen würde, ist fraglich.

2. Der Patentschutz sichert Erfindungen ohne Geheimhaltung einen Tauschwert und **64** macht sie so erst voll zu verkehrsfähigen Gütern; dies fördert in Verbindung mit der Veröffentlichung, die er voraussetzt, die Verbreitung neuen technischen Wissens.[75] Bei einem Vergütungssystem ohne Ausschlussrecht wäre zu erwarten, dass Alleinstellungen nach Möglichkeit durch Geheimhaltung angestrebt werden.

3. Zur *Förderung bestimmter Technologien,* die aus dem einen oder anderen Grund – etwa für Umwelt- **65** schutz, Energiegewinnung oder -einsparung – als erwünscht gelten, kann der Patentschutz freilich nur beitragen, wenn auf dem Markt eine hinreichenden Ertrag versprechende *Nachfrage* besteht. Diese kann durch staatliche Auflagen, steuerliche Ent- oder Belastungen oder direkte Förderung erzeugt oder verstärkt werden. Dagegen wären durch Vorzugsbehandlung „erwünschter" Erfindungen beim Patentschutz die nötigen Investitionsentscheidungen kaum zu beeinflussen.[76]

4. Der Anspruch des Erfinders auf den wirtschaftlichen Wert seiner Leistung rechtfer- **66** tigt den Patentschutz auch in solchen Fällen, in denen er unter dem Gesichtspunkt des technischen Fortschritts vielleicht als entbehrlich erscheint. Dagegen vermag das Ziel, Innovationen zu fördern und hierfür gemachte Investitionen zu sichern, für sich allein

---

[74] *Pregartbauer* Mitt. 2016, 486 ff.
[75] *Godt* 565 f., sieht in der „Übertragbarkeit, die durch das Ausschlussrecht vermittelt wird", die „entscheidende Rechtsfolge"; die (durch Verkehrsfähigkeit bewirkte) „Kommodifizierung" sei „nicht mehr allein Ausfluss des Ausschließungsrechts", sondern habe „eine eigenständige Funktion" (570). Diese Betrachtungsweise soll es ermöglichen, „Ausschluss und Austausch als gegenläufige Ziele des Patentschutzes zu begreifen", und eine „Neukonzeption" im Sinne von „Kommodifizierung statt Ausschluß" tragen (554 f.). Sie ist gekünstelt. In Wahrheit erfolgt „Kommodifizierung" *durch* Ausschluss (vgl. auch → Rn. 71 f.). Dass das Ausschlussrecht auch um der Verkehrsfähigkeit willen gewährt wird, ist, zumal es vielfältigst in diesem Sinne genutzt wird, keine neue Erkenntnis. Der Rechtsinhaber kann jedoch grundsätzlich frei entscheiden, ob und wie er über sein Recht verfügt und ob er insbesondere anderen die Benutzung des Rechtsgegenstands erlaubt. Vorrang hätte der auf Austausch gerichtete Zweck des Patentschutzes erst bei einem allgemeinen Lizenzierungszwang, den auch *Godt* nicht befürwortet und der dem Patent im Ergebnis seinen Charakter als Ausschlussrecht nehmen würde.
[76] *Busse/Keukenschrijver* Einl. Rn. 76.

die Gewährung ausschließlicher Rechte zur Benutzung von Neuerungen nicht zu rechtfertigen.

67 Allerdings ist in den 1970er Jahren ein „Innovationsschutz" für die „aus dem anwendungsreifen Innovationsobjekt und dem ersten Kommerzialisierungsakt bestehende innovatorische Leistung" vorgeschlagen worden, der bereits bei „inländischer Nutzungsneuheit" (dh Fehlen offenkundiger Vorbenutzung im Inland) − für einen von Fall zu Fall festzusetzenden Zeitraum − gewährt werden soll.[77] In einem solchen System entschiede über die Frage, ob und wem ein Ausschlussrecht zugeteilt wird, allein die wirtschaftspolitische Zweckmäßigkeit; dem Ausschlussrecht würde die für das Patentsystem charakteristische Verankerung in der Erarbeitung und Offenbarung eines vorher nicht verfügbar gewesenen Gedankens genommen. Andererseits würden die Möglichkeiten staatlicher Wirtschaftslenkung beträchtlich erweitert. Im Ganzen ergäbe sich eine Rückentwicklung zu einer Art merkantilistischer Privilegienpraxis (vgl. → § 4 Rn. 17 ff.); in einer marktwirtschaftlichen Ordnung wäre ein so verstandener Innovationsschutz ein Fremdkörper.

68 5. **Investitionsschutz** gewährt der Patentschutz nur, soweit es um Investitionen für die Gewinnung und Anwendung den Stand der Technik bereichernder nicht naheliegender technischer Problemlösungen geht. Dabei erfordert es die Zuordnung des wirtschaftlichen Werts der Erfindung an den Erfinder und dessen Rechtsnachfolger, dass die Schutzwirkung die Vermarktung von Erzeugnissen und Leistungen umfasst, in denen die neue technische Problemlösung verwirklicht ist; denn auch hierdurch wird der wirtschaftliche Wert der Erfindung genutzt (vgl. → § 1 Rn. 17 f.). Nicht zu rechtfertigen wäre dagegen ein eigentumsrechtlicher Schutz von Investitionen als solchen.[78]

69 6. Ausgehend von seiner Einteilung des Fortschrittsprozesses[79] nimmt *Hilty* an, dass es in dessen dritter Phase, nämlich der „Produktion" als der „Vermarktung des Neuen" nur Investitionsschutz durch Sonderschutzrechte geben könne. Dagegen ist zunächst einzuwenden, dass ein Schutz durch Immaterialgüterrechte unvollständig wäre, wenn er nicht auch Handlungen, die der Vermarktung des Schutzgegenstands dienen, dem Rechtsinhaber vorbehielte. Weiter fragt sich, ob zur Ergänzung des durch Immaterialgüterrechte gewährleisteten Schutzes ein allgemeiner Investitionsschutz zu befürworten ist. *Hilty* ist zuzugeben, dass bei manchen Sonderschutzrechten − namentlich im Bereich des urheberrechtlichen Leistungsschutzes − der Investitionsschutz im Vordergrund steht, der übrigens auch zu den Zwecken der Gewährung von Immaterialgüterrechten, namentlich des Patentschutzes (→ § 3 Rn. 37 ff.) gehört. Eine andere Frage ist es jedoch, ob „Sonderschutzrechte" überall da zu gewähren sind, wo sich ein Bedürfnis nach Investitionsschutz geltend macht. *Hilty*[80] scheint Investitionsschutz für erforderlich zu halten, wenn die ungehinderte Übernahme des aus einer Investition hervorgegangenen Ergebnisses dazu führen könnte, dass der Investierende der Möglichkeit der erforderlichen Amortisation seiner Investitionen beraubt würde. Bedeutung misst er allerdings auch der Frage zu, ob der Übernehmende eigene Investitionen durch Ausnutzung von Fremdinvestitionen einspart und damit eine unerwünschte Wettbewerbsverfälschung bewirkt.[81] Freilich dürfe der wettbewerbsrechtlich motivierte Leistungsschutz „weder eine Garantie für die ausreichende Amortisation" vermitteln noch „Schutz vor Konkurrenz" gewähren.[82] Weiter heißt es aber, um „tatsächlich einen Investitionsschutz zu etablieren" müsse „stets ein Marktversagen drohen"; mithin müssten „Investitionen mit einiger Wahrscheinlichkeit deswegen unterbleiben, weil die Aussichten auf angemessene Amortisations- und Gewinnmöglichkeiten ohne Schutz fehlen oder als zu gering erscheinen".

70 Dass solche Erwägungen ausreichen, um Investitionsschutz zu rechtfertigen, ist zu bezweifeln. Vorzugswürdig ist es, von der Frage auszugehen, ob derjenige, der fremde Investitionen ausnutzt oder auch nur deren Ertrag durch konkurrierende Tätigkeit schmälert, unter den jeweils gegebenen Umständen unlauter handelt, was nicht so sehr vom Umfang der fremden Investition als vielmehr davon

---

[77] Krit. *Adrian* Mitt. 1995, 329 (338); *Brandt* 67 ff.
[78] *Kirchner* GRUR-Int 2004, 604 (606 f.).
[79] *Hilty* Innovationsschutz und Investitionsschutz für immaterielle Güter (den Vortrag von Hilty fassen zusammen *v. Bassewitz/Kramer/Prinz zu Waldeck und Pyrmont* GRUR-Int 2004, 607–609).
[80] *Hilty* FS Ullmann, 2006, 643 (659).
[81] *Hilty* FS Ullmann, 2006, 661.
[82] *Hilty* FS Ullmann, 2006, 665.

§ 3. Rechts- und wirtschaftspolitische Bewertung VI § 3

abhängt, welche Leistung der Investierende für andere Marktteilnehmer erbracht hat. Es sollte also bei den Grundsätzen bleiben, die den „ergänzenden wettbewerbsrechtlichen Leistungsschutz" tragen und begrenzen (vgl. → § 2 Rn. 56 ff.). Soweit sich bei ihrer Anwendung ergibt, dass bestimmte Leistungen unter bestimmten Umständen regelmäßig Schutz verdienen, mag der Gesetzgeber durch Einführung eines entsprechenden Rechts den erforderlichen Verhaltensnormen einen definierten Bezugsgegenstand und eine verallgemeinerte Grundlage verschaffen.

7. *Godt* (S. 563 ff.) sieht *Investitionsschutz* und *Technologietransfer* als gleichrangige Ziele des Patent- **71** schutzes an, während sie dem Erfindungsbegriff nur untergeordnete Bedeutung zubilligt, weil er die Tendenz habe, Individualinteresse und gesellschaftliches Fortschrittsinteresse zu vermengen (566). Das Investitionsschutzinteresse schäle dagegen das Individualinteresse am Patentschutz heraus und benenne klarer, wer von der Rechtsposition profitiert. Hierzu will *Godt* ein Gegengewicht schaffen, indem sie „den Transfer zu einer Hauptfunktion des Patentschutzes aufwertet" (568, 571) und hierauf Abgrenzungen und Restriktionen sowie Pflichten von Patentanmeldern und -inhabern stützt, die sie teils durch Auslegung bestehender Vorschriften, teils durch rechtspolitische Vorschläge zu begründen versucht. Allerdings bleibe „auch das moderne Patentrecht" noch an den Erfindungsbegriff „als Tatbestand der Bewertung der Patentfähigkeit und Patentwürdigkeit von neuen Ideen" gebunden (571). Doch werde das Ziel der Förderung unternehmerischer Risikobereitschaft erstmals explizit sichtbar gemacht. Das Konzept binde „den Ausschließungsanspruch dreifach zurück, an das Ziel des Technologietransfers, die politische Abwägungsentscheidung und, last but not least, an den persönlichen Leistungsschutz" (572, 557).

Dass Patentschutz neben einem Schutz (erfindungsbezogener) Investitionen auch dem Technologie- **72** transfer dient, versteht sich von selbst. Die Betonung dieser beiden Aspekte in *Godts* Konzept vernachlässigt zu sehr die in der Erfindung liegende individuelle geistige Leistung. Zwar mag der Patentschutz als *Anreiz* zu solcher Leistung nur eine geringe Rolle spielen (→ Rn. 37 ff.). Doch ist dies kein Grund, die *Belohnung* des Erfinders als Zweck des Patentschutzes außer Betracht zu lassen. Vielmehr liegt gerade hierin die primäre Rechtfertigung für eine ausschließliche Zuordnung der Erfindung, die grundsätzlich dem gebührt, der die Leistung erbracht hat.[83] Die Förderung von Investitionen und Technologietransfer, der übrigens auch dadurch begünstigt wird, dass der Transfer-Empfänger seinerseits mit Investitionsschutz rechnen kann, ist nur eine sekundäre Auswirkung des auf jenem Gerechtigkeitsgedanken ruhenden Systems, die ihrerseits die Aussicht verbessert, auf dem Markt Gegenleistungen zu erzielen, aus denen der Erfinder belohnt werden kann.

---

[83] Wenn eine Erfindung von mehreren gemacht wird oder von anderen schon gewonnene Erkenntnisse verwertet, kann die Zuordnung Schwierigkeiten machen, worauf *Godt* 518 ff., hinweist. Die dabei auftretenden Probleme sind jedoch lösbar. Wenn Forschungsergebnisse, die als solche nicht schutzfähig wären, in einer Erfindung verwertet sind, kommt es zunächst darauf an, ob sie im Zeitpunkt der Patentanmeldung zum SdT gehörten. Wenn ja, hat der Forscher keinen Anteil am Recht auf das Patent; wenn nicht, kann er Miterfinder und Mitinhaber dieses Rechts sein. Dafür ist der mögliche Schutzgegenstand im ersten Fall enger begrenzt als im zweiten. Dass bei Diensterfindungen der Arbeitgeber das Recht auf das Patent an sich ziehen kann, spricht nicht gegen den Belohnungsgedanken; vielmehr macht sich dieser im Vergütungsanspruch des Erfinders geltend.

2. Kapitel. Geschichtliche Entwicklung

Literatur: *Addor, F./Luginbühl, S.*, Die ersten Schritte zu einem fakultativen Protokoll über die Streitregelung in Zusammenhang mit europäischen Patenten (EPLP) im Rahmen des EPÜ Strukturpapier der Arbeitsgruppe „Streitregelung", die von der Regierungskonferenz der Mitgliedstaaten der Europäischen Patentorganisation mit der Modernisierung des Patentsystems in Europa beauftragt wurde, GRUR-Int 2000, 733–744; *Ann, C.*, Die idealistische Wurzel des Schutzes geistiger Leistungen, GRUR-Int 2004, 597–603; *ders.*, Produktpiraterie – „Anständige Verletzer" einerseits, „Piraten" andererseits – doch wer ist was und warum ist das wichtig?, FS Bornkamm, 2014, 3–13; *ders.*, „Studium an einer wissenschaftlichen Hochschule" als Zugangsvoraussetzung für den Beruf des Patentanwalts, Mitt 2015, 197–206; *Artelsmair, G.*, A Comprehensive Patent System Needed For Europe, FS Kolle/Stauder, 2005, 5–30; *Bardehle, H.*, Die Ergebnisse der Diplomatischen Konferenz zur Revision des Europäischen Patentübereinkommens, Mitt. 2001, 145–148; *ders.*, Zur Situation des Patentinhabers vor einer zukünftigen europäischen Gerichtsbarkeit, Mitt. 2011, 452–454; *Barton, T.*, Der „Ordre public" als Grenze der Biopatentierung, 2004; *Beck v. Mannagetta, P.*, Das österreichische Patentrecht, 1893; *Beier, F. K.*, Gewerbefreiheit und Patentschutz. Zur Entwicklung des Patentrechts in Deutschland im 19. Jahrhundert, in: Coing, H./Wilhelm W. (Hrsg.), Wissenschaft und Kodifikation des Privatrechts im 19. Jahrhundert, Bd. IV, 1979, 183–205; *ders.*, Wettbewerbsfreiheit und Patentschutz. Zur geschichtlichen Entwicklung des deutschen Patentrechts, GRUR 1978, 123–132; *ders.*, Die Pariser Verbandsübereinkunft in Vergangenheit, Gegenwart und Zukunft, GRUR-Int 1983, 339–347; *ders./Moufang R.*, Vom deutschen zum europäischen Patentrecht – 100 Jahre Patentrechtsentwicklung im Spiegel der Grünen Zeitschrift, GRUR-FS, 1991, 241–321; *Berkenfeld, E.*, Das älteste Patentgesetz der Welt, GRUR 1949, 139–142; *Bodenburg, S.*, Softwarepatente in Deutschland und in der EU, 2006; *Bossung, O.*, Unionspatent statt Gemeinschaftspatent Entwicklung des europäischen Patents zu einem Patent der Europäischen Union, GRUR-Int 2002, 463–475; *Brinkhof, J.J.*, Die Schlichtung von Patentstreitigkeiten in Europa – Über Traum, Wirklichkeit und Vision, GRUR 2001, 600–604; *ders.*, On Enforcement of European Patents and the „Desire for Harmonisation" – Factor, FS Reimann, 2009, 25–35; *Damme, F./Lutter R.*, Das Deutsche Patentrecht, 3. Aufl. 1925, 1–55; *Dölemeyer, B.*, Einführungsprivilegien und Einführungspatente als historische Mittel des Technologietransfers, GRUR-Int 1985, 735–746; *Dogan, F.*, Patentrechtlicher Schutz vom Computerprogrammen, 2005; *Dreiss, U./Keussen, C.*, Zur Streitregelung beim Gemeinschaftspatent, GRUR 2001, 891–897; *Dreiss, U.*, Streitregelungsprotokoll EPLA – Vision oder Utopie?, GRUR-Int 2004, 712–716; *Eck, M.*, Europäisches Einheitspatent und Einheitspatentgericht – Grund zum Feiern?, GRUR-Int 2014, 114–119; *Ermer, T.*, Die Weiterentwicklung des Patentschutzsystems in Europa, Mitt. 2006, 145–148; *Feldges, J.*, Die Durchsetzung von Patenten in europäischen Streitigkeiten, FS Schilling, 2007, 111–124; *Gassner, U. M.*, Unterlagenschutz im europäischen Arzneimittelrecht, GRUR-Int 2004, 983–994; *Gehm, M.*, Das württembergische Patentrecht im 19. Jahrhundert, 2001; *ders.*, Das sächsische Patentwesen im 19. Jahrhundert, Mitt. 2003, 450–465; *ders.*, Die patentrechtlichen Bestimmungen der hannoverschen Gewerbeordnung von 1847, Mitt. 2004, 157–171; *ders.*, Das bayerische Patentrecht von 1825 – ein Überblick, Mitt. 2006, 385–393; *ders.*, Das Patentwesen im Kurfürstentum Hessen – Ein verfassungsrechtlich verankertes Patentrecht?, Mitt. 2012, 326–344; *Goebel, F. P.*, Schutzwürdigkeit kleiner Erfindungen in Europa – die materiellen Schutzvoraussetzungen für Gebrauchsmuster in den nationalen Gesetzen und dem EU-Richtlinienvorschlag, GRUR 2001, 916–922; *Götting, § 2, 3; Gómez Segade, J. A.*, Utility Models – Lost in Translation, 39 IIC 135–139 (2008); *Haedicke, M.*, Justizielle Grundrechte im Einheitlichen Patentsystem, GRUR 2014, 119–122; *Haertel, K.*, Die Harmonisierungswirkung des Europäischen Patentrechts, GRUR-Int 1981, 479–490; *ders.*, Die geschichtliche Entwicklung des europäischen Patentrechts, EPÜ-GK, 1. Lfg., 1984; *Häußer, E./Goebel, P.*, 20 Jahre Offenlegung von Patentanmeldungen aus der Sicht des Deutschen Patentamts, GRUR-Int 1990, 723–727; *Hallmann, U. C./Ströbele P.*, Das Patentamt von 1877 bis 1977, in: Hundert Jahre Patentamt, 1977, 403–441; *Heggen, A.*, Die Anfänge des Erfindungsschutzes in Preußen 1793 bis 1815, GRUR 1974, 75–77; *ders.*, Zur Vorgeschichte des Reichspatentgesetzes von 1877, GRUR 1977, 322–327; *Hilty, R./Kur, A./Peukert, A.*, Stellungnahme des Max-Planck-Instituts für Geistiges Eigentum, Wettbewerbs- und Steuerrecht zum Vorschlag für eine Richtlinie des Europäischen Parlaments und des Rates über strafrechtliche Maßnahmen zur Durchsetzung der Rechte des geistigen Eigentums, KOM (2006) 168 endgültig, GRUR 2006, 722–

§ 4. Vom Privilegienwesen zur Patentgesetzgebung § 4

725; *Hüttermann, A.*, Sind einige Patentinhaber gleicher als andere (?) – Ältere Rechte im kommenden Einheitspatentsystem, Mitt. 2014, 72–73; *Joos, U.*, Revisionen des Europäischen Patentübereinkommens, FS Kolle/Stauder, 2005, 429–440; *Klicznik, A.*, Bericht über die fünfte Sitzung des ständigen Ausschusses für Patentrecht bei der WIPO in Genf vom 14.–18. Mai 2001, GRUR-Int 2001, 854–860; *Klopschinski, S.*, Die Implementierung von Gemeinschaftsrecht und internationalen Verträgen in das Europäische Patentübereinkommen nach der Revisionskonferenz im Jahr 2000, GRUR-Int 2007, 555–562; *Klostermann, R.*, Die Patentgesetzgebung aller Länder, 2. Aufl. 1876, 232–328; *Klunker, N. S.*, Informal Session des Standing Committee on the Law of Patents der WIPO in Genf vom 10. bis 12. April 2006, GRUR-Int 2006, 497–499; *dies./Prinz zu Waldeck und Pyrmont, W.*, Diskussionsforum über den Entwurf des Abkommens zur Harmonisierung materieller Fragen zum Patentrecht (Substantive Patent Law Treaty – SPLT) vom 1.–3. März 2006 in Genf, GRUR-Int 2006, 577–585; *Kober, I.*, Die Rolle des Europäischen Patentamts im Spannungsfeld globaler Wirtschaftsentwicklungen Bestandsaufnahme, Herausforderung und Ausblick, GRUR-Int 2001, 493–497; *ders.*, Wohin steuert die Europäische Patentorganisation?, VPP-Rundbrief 2003, 73–75; *Köllner, M.*, Wieder national anmelden? Eine Handreichung für Skeptiker des Einheitspatents, Mitt. 2013, 253–255; *Kohler, J.*, Handbuch des Deutschen Patentrechts, 1900, 16–31; *ders.*, Lehrbuch des Patentrechts, 1908, 1–12; *Kolle, G./Waage, E.*, Ein Patentgericht für Europa – das Übereinkommen über die Schaffung eines Streitregelungssystems für europäische Patente (EPLA), ABl. EPA Sonderausgabe 2005, 44–51; *Kolle, G.*, Braucht Europa ein Gemeinschaftspatent, FS Pagenberg, 2006, 45–56; *Kraßer, R.*, Die Harmonisierung der nationalen Patentgesetze, EPÜ-GK, 22. Lfg., 1998; *Kulhavy, S.*, Ein europäisches „kleines Patent"?, Mitt. 1980, 206–213; *Kunz-Hallstein, H. P.*, Zur Besetzung der Richterbank nach dem Übereinkommen über ein Einheitliches Patentgericht, FS Meibom, 2010, 691–698; *ders.*, Grundlagen und Grenzen verfassungsgerichtlicher Kontrolle von Entscheidungen der Beschwerdekammern des Europäischen Patentamts, GRUR 2011, 1072–1078; *Kur, A.*, Wer ist Pirat? Probleme des Immaterialgüterrechts, APuZ 2012, 21–28; *Kurz, P.*, Weltgeschichte des Erfindungsschutzes, 2000; *Landfermann, H.-G.*, Streitregelung für europäische Patente – Rückblick und Perspektiven, ABl. EPA Sonderausgabe 2/2003, 226–247; *ders.*, Die Entwicklung der europäischen Gerichtsbarkeit in Patentsachen, Mitt. 2003, 341–348; *ders.*, Die befristete Zuständigkeit des Bundespatentgerichts für Einsprüche und Durchgriffsbeschwerden, FS VPP, 2005, 160–173; *Laubinger, T.*, Die internationale Zuständigkeit der Gerichte für Patentstreitsachen in Europa, 2005; *Leardini, P.*, Das Grünbuch der Europäischen Kommission über das Gemeinschaftspatent und das Patentschutzsystem in Europa, Mitt. 1997, 324–328; *Liedl, K. R.*, Vorschläge zum Gemeinschaftspatent und zur Streitregelung europäischer Patente, 2007; *Love, B. J./Helmers, C./Eberhardt, M.*, Patent Litigation in China – Protecting Rights for the Local Economy?, Mitt. 2017, 163–169; *Luginbühl, S.*, Streitregelungsübereinkommen vs. Gemeinschaftspatent, GRUR-Int 2004, 357–366; *ders.*, Das europäische Patent mit einheitlicher Wirkung (Einheitspatent), GRUR-Int 2014, 305–310; *Machlup, F.*, Die wirtschaftlichen Grundlagen des Patentrechts, 1962, 9–16; *ders.*, Patentwesen, (I) Geschichtlicher Überblick, in: Handwörterbuch der Sozialwissenschaften, Bd. 8 (1964), 231–240; *McCreevy, C.*, IP Policy in Europe: What Next?, GRUR-Int 2006, 361–363; *Meier-Beck, P.*, Quo vadis, iudicium unitarium?, GRUR 2014, 144–147; *Messerli, P.*, Die organisatorische Verselbständigung der Beschwerdekammern des Europäischen Patentamts, FS Kolle/Stauder, 2005, 441–454; *Metz, K. H.*, Ursprünge der Zukunft. Die Geschichte der Technik in der westlichen Zivilisation, 2006; *Metzger, A.*, Softwarepatente im künftigen europäischen Patentrecht, CR 2003, 313–317; *Moritz, H.-W./Brachmann, R.*, Neue Runde: Patentierung von Software, CR 2004, 956–958; *Müller, H.*, Patentschutz im deutschen Mittelalter, GRUR 1939, 936–953; *Müller, N./Gerlach, C.*, Softwarepatente und KMU, CR 2004, 389–395; *Münzenmayer, H. P.*, Das Patentwesen im Königreich Württemberg 1818–1877, Mitt. 1990, 137–143; *Nack, R./Phélip, B.*, Bericht über die diplomatische Konferenz zur Revision des Europäischen Patentübereinkommens München 20.–29. November 2000, GRUR-Int 2001, 322–326; *Nägele, T./Jacobs, S.*, Patentrechtlicher Schutz indigenen Wissens, Mitt. 2014, 353–363; *Naumann, K.*, EPÜ 2000: Einführung-Übersicht, Mitt. 2007, 529–535; *Neumeyer, F.*, Die historischen Grundlagen der ersten modernen Patentgesetze in den USA und in Frankreich, GRUR-Int 1956, 241–252; *Nieder, M.*, Materielles Verletzungsrecht für europäische Bündelpatente in nationalen Verfahren nach Art. 83 EPGÜ, GRUR 2014, 627–633; *ders.*, Ergänzender Hinweis zu Nieder, Materielles Verletzungsrecht für europäische Bündelpatente in nationalen Verfahren nach Art. 83 EPGÜ, GRUR 2014, 955–957; *Niemeier, W.*, Aktuelle Entwicklungen im gewerblichen Rechtsschutz in Deutschland und der EU, VPP-Rundbrief 2005, 52–59; *Nirk, R.*, Gewerblicher Rechtsschutz, 1981, 199–207; *ders.*, Hundert Jahre Patentschutz in Deutschland, in: Hundert Jahre Patentamt, 1977, 345–402; *Noteboom, E.*, Die Arbeiten zur Schaffung einer Gemeinschaftspatentgerichtsbarkeit, FS Tilmann, 2003, 567–586; *Oser, A.*, European Patent Litigation Agreement – Zulässigkeit und Zukunft einer Streitregelung für Europa, GRUR-

Int 2006, 539–552; *Osterrieth, A.*, Lehrbuch des gewerblichen Rechtsschutzes, 1908, 26–48; *Ostenwalder, R.*, Kosten des Patentschutzes in Europa, GRUR-Int 1995, 579–587; *Pagenberg, J.*, Probleme der Patentharmonisierung im Rahmen der WIPO, FS Nirk, 1992, 809–828; *ders.*, WIPO-Konferenz vom 6.–10. Mai 2002 zum Substantive Patent Law Treaty, GRUR 2002, 736–737; *ders.*, Streitprotokoll für Patentverletzungen und Gemeinschaftspatent Tagung der Untergruppe der Working Party on Litigation in München 19. und 20.5.2003, GRUR-Int 2003, 718–720; *ders.*, Europäische Patentrichter fordern dezentrale europäische Patentverletzungsgerichte für eine harmonisierte Rechtsprechung, GRUR-Int 2006, 35–37; *ders.*, Das zukünftige europäische Patentgerichtssystem Status Quo nach den Anträgen der Generalanwälte, GRUR 2011, 32–35; *ders.*, Die EU-Patentrechtsreform – zurück auf Los?, GRUR 2012, 582–589; *Pahlow, L.*, Monopole oder freier Wettbewerb? Die Bedeutung des „Licenzzwangs" für die Reichspatentgesetzgebung 1876/77; in: Pahlow (Hrsg.), Die zeitliche Dimension des Rechts. Historische Rechtsforschung und geschichtliche Rechtswissenschaft, 2005, 245–271; *Pakuscher, E. K.*, 40 Jahre Bundespatentgericht – Rückblick und Ausblick, FS Lorenz, 2001, 16–34; *Pfaffenzeller, O.*, Die Entwicklung von chinesischen Spezialgerichten für gewerblichen Rechtsschutz und der ICC-Bericht zu „Specialized IP Jurisdictions" als Beitrag zur Harmonisierung der IP-Gerichtsbarkeit, GRUR 2017, 127–130; *Pohlmann, H.*, Neue Materialien zur Frühentwicklung des deutschen Erfinderschutzes im 16. Jahrhundert, GRUR 1960, 272–283; *Prinz zu Waldeck und Pyrmont, W.*, Neunte Sitzung des Standing Committee on the Law of Patents der WIPO in Genf vom 11.–16. Mai 2003, GRUR-Int 2003, 824–826; *ders.*, Zehnte Sitzung des Standing Committee on the Law of Patents der WIPO in Genf vom 10.–14. Mai 2004, GRUR-Int 2004, 840–843; *ders.*, Elfte Sitzung des Standing Committee on the Law of Patents der WIPO in Genf am 1. und 2. Juni 2005, GRUR-Int 2005, 815–816; *Qin, K./Shi, L.*, Chinesische Patente: Der Teufel steckt im Detail, GRUR-Int 2015, 30–31; *v. Samson-Himmelstjerna, F. R./Lippich, W.*, Von der Raumform zum Software-Gebrauchsmuster?, FS Meibom, 2010, 509–515; *Schade, J.*, Das Streitregelungssystem zum Gemeinschaftspatent nach dem Verordnungs-Vorschlag der Kommission, GRUR 2000, 827–839; *Schäfers, A.*, Harmonisierung des Patentrechts: Perspektiven, Chancen und Hindernisse, FS Nirk, 1992, 949–970; *Schippel, H.*, Die Anfänge des Erfinderschutzes in Venedig, in: Lindgren (Hrsg.), Europäische Technik im Mittelalter, 4. Aufl. 2001, 539–550; *Schmidt, A. K.*, Vor 75 Jahren: das Patentgesetz vom 5. Mai 1936, Mitt. 2011, 220–226; *Schneider, M.*, Achte Sitzung des WIPO Standing Comittee on the Law of Patents in Genf vom 25.–29.11.2002, GRUR-Int 2003, 350–353; *ders.*, Die Patentgerichtsbarkeit für Europa – Status quo und Reform, 2005; *Schönherr, F.*, Zur Geschichte des österreichischen Patentrechts, in: AIPPI (Hrsg.), La legge veneziana sulle invenzioni, Scritti di diritto industriale per il suo 500° anniversario, Mailand 1974, 223–236; *Sedemund-Treiber, A.*, Braucht ein europäisches Patentgericht den technischen Richter?, GRUR 2001, 1004–1011; *Silberstein, M.*, Erfindungsschutz und merkantilistische Gewerbeprivilegien, Zürich 1961; *Singer, R.*, Das Neue Europäische Patentsystem, 1979, 13ff.; *Stauder, D.*, Fachausschuss für Patent- und Gebrauchsmusterrecht Protokoll der Sitzung vom 30.9.2002, GRUR 2003, 500–503; *ders.*, Rechtszug und Rechtsmittel im Erteilungs-, Verletzungs- und Nichtigkeitsverfahren, GRUR-FS, 1991, 503–543; *ders.*, Prioritätsansprüche zwischen Geschmacksmusteranmeldung und Gebrauchsmuster- sowie Patentanmeldung, FS Reimann, 2009, 449–455; *Stjerna, I. B.*, Die Beratungen zum „Einheitspatent" und der zugehörigen Gerichtsbarkeit – Auf dem Weg ins Desaster, Mitt. 2012, 54–59; *ders.*, Das Gutachten 1/09 des EuGH – Geplantes EU-Patentgerichtssystem ist mit den EU-Verträgen unvereinbar, Mitt. 2011, 213–217; *Straus, J./Klunker, N.-S.*, Harmonisierung des internationalen Patentrechts, GRUR-Int 2007, 91–104; *Suchy, H.*, Ergebnisse einer Umfrage zum Umfang künftiger Übersetzungen europäischer Patente, Mitt. 1997, 377–390; *Sydow, G.*, Die Ausdifferenzierung des Gerichtssystems der EU Zur Struktur der künftigen europäischen Patentgerichtsbarkeit, GRUR 2001, 689–696; *Telg gen. Kortmann, K.*, Die Neuordnung der europäischen Patentgerichtsbarkeit, 2004; *Teschemacher, R.*, Das Einheitspatent – zu Risiken und Nebenwirkungen fragen Sie Ihren Anwalt, Mitt. 2013, 153–161; *Tilmann, W.*, Gemeinschaftspatent mit einem zentralen Gericht, GRUR-Int 2003, 381–389; *ders.*, Community Patent and European Patent Litigation Agreement, Mitt. 2004, 388–391; *ders.*, Gemeinschaftszivilrecht durch Gemeinschaftspatentrecht?, GRUR-Int 2004, 803–805; *ders.*, Neue Überlegungen im Patentrecht, GRUR 2006, 824–831; *ders.*, The European Union Patent Court as a Functional Community Court, FS Reimann, 2009, 493–499; *ders.*, „All's Well That Ends Well." The history leading to Art. 5 EUPatReg, FS Meibom, 2010, 727–733; *ders.*, Ein Modellgesetz für Geistiges Eigentum – Ergebnis eines GRUR-Forschungsprojekts, GRUR 2012, 961–967; *ders.*, The Transitional Period of the UPCA, Mitt. 2014, 58–65; *Treue, W.*, Die Entwicklung des Patentwesens im 19. Jahrhundert in Preußen und im Deutschen Reich, in: Coing, H./Wilhelm,W. (Hrsg.), Wissenschaft und Kodifikation des Privatrechts im 19. Jahrhundert, Bd. IV, 1979, 163–182; *Troller, A.*, Immaterialgüterrecht, Bd. I, 3. Aufl. 1983, 15–39; *Ulrich, H.*, Patent Protection in Europe:

Integrating Europe into the Community or the Community into Europe?, European Law Journal 2002, 433–491; *Vieregge, H.,* Aktuelle Berichte – Mai 2005, GRUR 2005, 399–400; *Wadle, E.,* Der Einfluss Frankreichs auf die Entwicklung gewerblicher Schutzrechte in Deutschland, in: Rechtsvergleichung, Europarecht und Staatenintegration. Gedächtnisschrift für L.-J. Constantinesco, 1983, 871–898; *ders.,* Der Weg zum gesetzlichen Schutz des geistigen und gewerblichen Schaffens, GRUR-FS, 1991, 93–183; *Weiden, H.,* Aktuelle Berichte – September 2005, GRUR 2005, 741–743; *dies.,* Aktuelle Berichte – Mai 2014, GRUR 2014, 451–452; *dies.,* Aktuelle Berichte – September 2014, GRUR 2014, 847–848; *Willems, J.,* Wege und Hindernisse: das Protokoll über die Regelung von Streitigkeiten in Zusammenhang mit europäischen Patenten und Gemeinschaftspatent, ABl. EPA Sonderausgabe 2/2003, 190–201; *ders.,* The EPLA – Trojan Horse or Gift oft he Gods?, FS Kolle/Stauder, 2005, 325–340; *Zimmermann, P.A.,* Frühe Beispiele aus der Welt der gewerblichen Eigentumsrechte, GRUR 1967, 173–180; *Zirn, F.,* Softwareschutz zwischen Urheberrecht und Patentrecht, 2004.

§ 4. Vom Privilegienwesen zur Patentgesetzgebung

1. Ein Interesse von Erfindern und Gewerbetreibenden an besonderer Belohnung und einem Schutz gegen beliebige Nachahmung ihrer Leistungen kann sich erst herausbilden und rechtliche Anerkennung erringen, wenn nicht nur die Technik, sondern auch die sozialen und wirtschaftlichen Strukturen und das allgemeine Rechtsbewusstsein eine gewisse Reife ihres Entwicklungsstandes erreicht haben: Da ein und dieselbe technische Neuerung – im Gegensatz zu einer körperlichen Sache – ohne die Gefahr handgreiflicher Konflikte von vielen gleichzeitig genutzt werden kann, tritt die Frage, wer ihre Früchte ernten soll, erst auf, wenn die Anwendung solcher Neuerungen wesentliche wirtschaftliche Vorteile verspricht; der Gedanke, dass diese nicht einfach der Allgemeinheit, sondern vorrangig bestimmten Einzelnen gebühren, kann sich erst Bahn brechen, wenn sich diese aus der Einbindung in festgefügte soziale Gruppen gelöst haben. Aus solchen Gründen lässt sich verstehen, dass Ansätze zu einem Schutz von Erfindungen erst an der Schwelle der Neuzeit hervortreten.[1]

Im Altertum[2] wurde wegen des Systems der Sklavenhaltung, das menschliche Arbeitskraft in ausreichendem Maße billig verfügbar machte, kaum ein Bedürfnis spürbar, diese in ihrer Produktivität zu steigern oder mit Hilfe von Naturkräften zu ersetzen. Auch stand bei den gesellschaftlich führenden Schichten die Beschäftigung mit gewerblicher Produktion in geringem Ansehen, so dass es auf diesem Gebiet an Impulsen zu selbständigen Unternehmungen größeren Stils fehlte, die zu einem Kräftemessen auf dem Markt und zum Wunsch nach einem Schutz gegen Imitation hätten führen können. Zwar sind uns aus jener Zeit bemerkenswerte technische Leistungen bekannt. Doch entwickelten sie sich meist allmählich, ohne bestimmten Urhebern zugeschrieben werden zu können, und wurden unter Verhältnissen verwertet, die ein Interesse Privater an besonderer Vergütung im Nachahmungsfall oder gar an ausschließlichen Nutzungsbefugnissen kaum wecken konnten.

Im Mittelalter ließ die Autorität des kirchlichen Lehramts im Verein mit religiös motivierten Hemmungen, die eigene Person oder Leistung herauszustellen, ein selbständiges Suchen nach neuen Erkenntnissen, Aufgaben und Lösungen lange nicht aufkommen. Vor allem aber fehlte den Gewerbetreibenden wegen der **Zunftordnungen,** denen sie in der Regel unterlagen, der Anreiz, durch Neuerungen nach einem Vorsprung vor anderen zu streben. Machten sie eine Erfindung, wurde diese grundsätzlich als Gemeingut der Zunft behandelt, gelegentlich auch unterdrückt;[3] Außenstehende durften sie schon wegen der Zunftschranken nicht benutzen.

---

[1] Vgl. *Tetzner* § 1 Anm. 21 ff. – Der schon wegen seines frühen Datums (500 v. Chr.) eher sagenhafte einjährige Schutz neuer Kochrezepte in Sybaris (vgl. zB *Zimmermann* GRUR 1967, 173 f.; *Kurz* 12 f.) hat nur als Kuriosität Bedeutung.

[2] Zur Bedeutung der Technik in der Antike s. *Metz* 27–39.

[3] *Nirk* Gewerblicher Rechtsschutz 200; *Beier* in Coing/Wilhelm 187 Fn. 15; *Kurz* 26.

§ 4 1. Abschnitt. Grundlagen

4   2. Die Einrichtung der Zünfte und ihre Macht wirkten noch weit in die Neuzeit hinein. Dennoch schuf der allgemeine geistige Aufbruch, der im ausgehenden Mittelalter den Einzelnen ermutigte, in seinem Denken, Forschen und Handeln die Schranken hergebrachter Bindungen und Dogmen zu überwinden, auch dem Streben nach Neuerungen auf gewerblichem Gebiet Raum und Anerkennung. Landesherren und Stadtregierungen nutzten es im Rahmen einer nun dynamischeren Wirtschaftspolitik. Ein bevorzugtes Mittel dazu bestand in der Erteilung von **Privilegien** an Erfinder und Unternehmer, die Neuerungen einführten.

5   Es ging dabei sowohl um Fälle, in denen der Privilegierte selbst die Neuerung entwickelt, „erfunden", hatte, als auch um solche, in denen er lediglich seine anderwärts – rechtmäßig oder unrechtmäßig – erworbene Kenntnis einer im Geltungsgebiet des Privilegs noch nicht in Gebrauch stehenden Produktionsweise oder Vorrichtung einbrachte. Man pflegt demgemäß **Erfindungsprivilegien** und **Einführungsprivilegien** zu unterscheiden.

6   Da Neuheit – im Sinne des Fehlens einer Vorbenutzung – auch beim Erfindungsprivileg nur bezüglich des Schutzterritoriums gefordert wurde, ist im Einzelfall die Zuordnung oft zweifelhaft. Immerhin können diejenigen eindeutig als Einführungsprivilegien angesehen werden, bei denen es um anderwärts notorisch schon gebräuchliche Erzeugnisse und Fertigkeiten ging. Auch scheint es, dass Einführungsprivilegien eher auf einen ganzen Gewerbezweig, wenigstens die Herstellung eines Produkts, Erfindungsprivilegien eher auf definierte Ausgestaltungen von Produktions*hilfsmitteln* bezogen waren.

7   Wertungsmäßig bestand zwischen Erfindungs- und Einführungsprivilegien kein wesentlicher Unterschied: neben dem originären Erarbeiten stellte sich unter den damaligen Verhältnissen oft auch die Transferierung von Problemlösungen und Fertigkeiten in ein anderes Territorium als persönliche Leistung dar, die Anerkennung verdiente; andererseits spielte bei der Verleihung von Erfindungsprivilegien stets auch die Förderung der einheimischen Wirtschaft mit. Die Gewichtsverteilung zwischen jenem Gerechtigkeitsgedanken und diesem wirtschaftspolitischen Ziel mochte von Fall zu Fall schwanken. Wesentlich war die regelmäßige und enge Verknüpfung zwischen beiden. Als sie später wegen einseitiger Betonung der wirtschaftlichen Zweckmäßigkeit verlorenging, stellten sich Fehlentwicklungen ein (vgl. → Rn. 18 f.). Sie wurden durch Beschränkung des Schutzes auf echte Neuerungsleistungen korrigiert. Dabei blieb die Gleichwertung von eigener Erfindung und eingeführter Erfindung noch lange bestehen; erst im 19. Jahrhundert setzte sich angesichts der erleichterten Kommunikation durch technische Literatur und moderne Verkehrsmittel allgemein die Auffassung durch, dass die bloße Transferierung von Erfindungen keine schutzwürdige Leistung (mehr) war. Die Einführungsprivilegien und -patente wurden abgeschafft oder dem ausländischen Ersterfinder vorbehalten.

8   3. Erfindungs- wie Einführungsprivilegien kamen vereinzelt schon im 14. Jahrhundert vor.[4] So erhielten Weber aus Flandern und Tuchwirker aus Delft Einführungsprivilegien in England;[5] etwa gleichzeitig begegnet man in Sachsen und Böhmen Erfindungsprivilegien für Vorrichtungen zur Hebung des Wassers aus Bergwerken.[6] Im 15. Jahrhundert finden wir Privilegien zB für die Einführung der Seidenherstellung (aus Florenz) in Mailand, der Goldfolienfabrikation (aus Venedig) und der Seidenbrokatherstellung (aus Genua) in Ferrara, des Buchdrucks (aus Deutschland) in Venedig, im 16. Jahrhundert für diejenige der Kristallfabrikation nach venezianischer Art in Frankreich und der Fabrikation einer besonderen Art von Gläsern in England.[7]

9   Erfindungsprivilegien wurden im 15. und 16. Jahrhundert beispielsweise erteilt in Venedig für neue Mühlenkonstruktionen, Pumpen, Bagger, Werkzeuge,[8] in England für eine

---

[4] *Kurz* 28 f., nennt sogar eines aus dem Jahr 1234.
[5] *A. Osterrieth* 27.
[6] *Machlup* Patentwesen 233; *Silberstein* 43 ff.; *Kurz* 30 ff., 49 ff., 74 f.
[7] *Silberstein* 145 ff., 152 f., 173 f., 183, 186; *Kurz* 148 f.
[8] *Silberstein* 27; *Kurz* 44 ff.; über ein Privileg, das 1594 Galilei für ein Wasserpumpwerk erhielt, ausführlich *Theobald* GRUR 1928, 726 ff., und *Kurz* 63 ff.

§ 4. Vom Privilegienwesen zur Patentgesetzgebung   § 4

Baggermaschine,[9] in Sachsen für „Wasserkünste" (zur Entfernung des Wassers aus Bergwerken), Mühlen, Salzsiedeverfahren, Mittel zur Brennholzeinsparung (insbesondere bei der Erzverhüttung, Salzsiederei, Bierbrauerei, Ziegel- und Kalkbrennerei), Geräte zum Pflügen und Säen.[10] Bei den kaiserlichen Privilegien, die es etwa ab 1530 gab, standen ebenfalls Erfindungen aus dem Umkreis des Bergbauwesens im Vordergrund; daneben finden sich zB Uhrwerke, Schusswaffen, Musikinstrumente, insbesondere Orgelkonstruktionen.[11] Wesentlich auf den Schutz von Erfindungen ausgerichtet war das Privilegienwesen in den 1579 von Spanien getrennten Vereinigten Provinzen der Niederlande. In den ersten 50 Jahren der Unabhängigkeit wurden dort fast 450 Privilegien für meist mechanisch-hydraulische, aber auch optische Erfindungen erteilt,[12] während Einführungsprivilegien – anders als in der vorausgehenden Zeit[13] – keine Rolle mehr spielten.

4. In der Frühzeit ihrer Entwicklung bedeuteten die Privilegien nicht ohne weiteres ein **10** Ausschlussrecht, das einem Patent im modernen Sinne vergleichbar wäre. In manchen Fällen genügte dem Neuerer schon die *vertragliche* Zusage bestimmter Vergünstigungen; zuweilen erhielt er zusätzlich ein Privileg; er benötigte es, wenn es ihm auf Vergütungsansprüche gegen nachnutzende Dritte ankam. Die Verlagerung des Gewichts auf diese Drittwirkung führte zu Privilegienerteilungen unabhängig von Verträgen. War die Höhe der Vergütung im Privileg festgesetzt, konnte denjenigen, die sie zahlten, die Benutzung nicht verboten werden.

Vorherrschend wurde mit der Zeit die Bestimmung, dass niemand *ohne Erlaubnis* des Pri- **11** vilegierten die Neuerung benutzen durfte. Nur selten wurde ausdrücklich ein Recht zur *alleinigen Benutzung* verliehen. Ob schon der Erlaubnisvorbehalt ein Verbotsrecht bedeutete, ist nicht vollständig geklärt. Nach den Feststellungen von *Silberstein*[14] gab er in den venezianischen, deutschen und niederländischen Erfindungsprivilegien des 15. und 16. Jahrhunderts normalerweise[15] nicht das Recht, die Nutzungserlaubnis zu verweigern, wenn angemessenes Entgelt geboten wurde.[16] Später scheint er jedoch allenthalben im vollen Sinne eines Ausschlussrechts verstanden worden zu sein.[17]

5. Neben den Beschränkungen, die sie für konkurrierende Tätigkeiten Dritter vorsahen, **12** bewirkten die Privilegien auch die **Ermächtigung** die Erfindung zu benutzen, das neu einzuführende Erzeugnis oder Gewerbe herzustellen bzw. zu betreiben.[18] Darin lag auch

---

[9] *Silberstein* 197.
[10] *Müller* GRUR 1939, 936 ff.; *Silberstein* 83; *Kurz* 82 ff.
[11] *Pohlmann* GRUR 1960, 277 280 f., 282 f.; *Kurz* 97 ff.
[12] *Silberstein* 73 ff.; *Kurz* 122, 125 ff., 134.
[13] *Kurz* 116 ff.
[14] Insbes. 21 f., 75 ff., 84 ff.
[15] Als echtes Verbotsrecht will *Silberstein* den Erlaubnisvorbehalt („Lizenzklausel") auslegen, wenn der Erfinder als Produzent an einem Alleinherstellungsrecht interessiert und zur Versorgung des Marktes in der Lage war (80 f., 90). Nur in solchen Fällen findet er auch die ausdrückliche Verleihung eines Rechts zu alleiniger Betätigung („Spezielle Monopolklausel") (87). Mit dem Vordringen der nicht auf mechanische Konstruktionen, sondern auf Gewerbe*produkte* bezogenen Privilegien seien diese Fälle zahlreicher geworden; im Zusammenhang damit hätten der Erlaubnisvorbehalt allgemein die Bedeutung eines Alleinbenutzungsrechts und damit die Privilegien – auch ohne ausdrückliche Hervorhebung – Monopolcharakter angenommen (89 f.).
[16] Was geschehen sollte, wenn keine Einigung über das Entgelt zustande kam, blieb offen, soweit nicht, wie in manchen niederländischen Privilegien, eine behördliche Kontrolle vorgesehen war, vgl. *Silberstein* 84.
[17] Ob das Recht Sperrwirkung haben oder nur gegen Nachahmer wirken sollte, ist kaum zu klären. Die Formulierungen deuten bald eher in die eine, bald eher in die andere Richtung, vgl. *Kurz* 75, 94 f. Es ist zweifelhaft, ob hinter ihnen überhaupt ein entsprechendes Problembewusstsein steht, s. *Kurz* 131 f.
[18] Die Privilegien bedeuteten insoweit einen punktuellen Abbau von Beschränkungen der Gewerbefreiheit, vgl. *Beier* in Coing/Wilhelm 187; sie wurden deshalb auch als Freiheiten bezeichnet, vgl. *Müller* GRUR 1939, 938 f.

§ 4 1. Abschnitt. Grundlagen

die **Befreiung** von den Schranken etwa einschlägiger Zunftordnungen; in manchen Fällen hatte sie das entscheidende Gewicht, während der Schutz vor Wettbewerb zurücktrat oder fehlte. Allerdings war weder eine solche Befreiung stets notwendig, noch wurden Privilegien ohne Rücksicht auf das Zunftsystem erteilt. Vielmehr finden sich besonders viele Privilegien in Bereichen, die in dieses nicht einbezogen waren, weil sie – wie der Bergbau in den deutschen Territorien – Vorbehaltsrechten der Landesherren oder – wie die Einrichtungen zum Schutz der Lagune, zur Erhaltung der Kanäle und zur Getreideversorgung in Venedig – besonderer staatlicher Aufsicht unterlagen.[19] Im Übrigen diente zur Abgrenzung von zunftmäßig geordneten Gewerbezweigen das Neuheitserfordernis, das freilich Interessenkonflikte nicht völlig ausschließen konnte.[20]

13   6. Festgelegte Regeln über die Privilegienerteilung fehlten weitgehend; sie galt als **Gnade** des Souveräns, was jedoch nicht hieß, dass sie nach bloßer Willkür erfolgte. Die Praxis des 15. und 16. Jahrhunderts lässt bestimmte Voraussetzungen erkennen, ohne die normalerweise keine Privilegienerteilung in Betracht kam:[21] Priorität des Antragstellers[22] und Neuheit des Schutzgegenstands – jeweils für das Schutzterritorium;[23] Ausführbarkeit, die meist durch eine „Probe" nachzuweisen war;[24] Nützlichkeit. Allerdings begründete die Erfüllung dieser Erfordernisse keinen **Anspruch** auf Erteilung; wachsende Zahl der Gesuche und Delegation von Vorprüfungsaufgaben wirkten jedoch auf eine gleichmäßige Handhabung hin, bei der vom Vorschlag der Prüfer selten abgewichen wurde.[25] In den Vereinigten Niederlanden kam die Praxis bereits der gewohnheitsrechtlichen Anerkennung eines Rechts des Erfinders auf Schutz nahe.[26]

14   Die **Geltungsdauer** des Privilegs war begrenzt, meist auf Fristen von 5 bis zu 20 Jahren, vereinzelt auf die Lebenszeit des Berechtigten.[27] Als **Sanktionen** einer von diesem nicht gestatteten Benutzung waren – zwischen der Staatskasse und dem Berechtigten aufzuteilende – Geldbußen, daneben auch Einziehung und Vernichtung unerlaubt hergestellter Erzeugnisse angedroht.

15   Zur Form der Erteilung gehörte die Ausstellung einer öffentlichen Urkunde, in deren Bezeichnung als **„litterae patentes"** (offener Brief) der heutige Ausdruck „Patent" seinen Ursprung hat. Sie enthielt eine allgemeine Bezeichnung, aber keine genauere Beschreibung der Neuerung. Als Motive für Antrag und Erteilung wurden mit wechselnder Akzentuierung die Leistung des Neuerers, seine Mühe und Kosten, aber auch der für das Gemeinwesen erwartete Nutzen und die anspornende Wirkung auf die Erfindungstätigkeit genannt.[28]

16   7. Eine Sonderstellung nimmt angesichts des sonstigen Fehlens geschriebener Regelungen in jener frühen Zeit das **venezianische Gesetz von 1474** ein.[29] Es gab die Möglichkeit, durch Anmeldung bei einer Behörde (den Provveditori di Commun) für eine – gebrauchsfertige – neue und erfinderische Vorrichtung (nuovo et ingegnoso artificio)

---

[19] *Silberstein* 14f., 30ff.
[20] *Silberstein* 28, 85, 94, 101, 124, 172, 181.
[21] Vgl. im einzelnen *Silberstein* 91ff.; *Pohlmann* GRUR 1960, 275ff. und 1962, 23; *Müller* GRUR 1939, 941ff.; *Kurz* 98ff.
[22] Der Vorrang des „ersten Erfinders" entsprach demjenigen des „ersten Finders" im Bergrecht, vgl. *Silberstein* 48f.
[23] *Silberstein* 100.
[24] Dazu *Kurz* 92f.
[25] *Pohlmann* GRUR 1960, 274 und 1962, 23; *Silberstein* 68f., 72.
[26] *Silberstein* 74f., 297.
[27] *Müller* GRUR 1939, 948.
[28] Vgl. *A. Osterrieth* 28; *Silberstein* 48, 50, 52, 66, 95; *Müller* GRUR 1939, 941; *Zimmermann* GRUR 1967, 179f.; dazu den von *Theobald* GRUR 1928, 726ff. wiedergegebenen Privilegienantrag von Galilei.
[29] „Parte" vom 19.3.1474; Übersetzung ua bei *Troller* 25; *Berkenfeld* GRUR 1949, 140f.; *Kurz* 54.

§ 4. Vom Privilegienwesen zur Patentgesetzgebung   § 4

einen zehn Jahre dauernden, durch Androhung einer Geldbuße und der Vernichtung unerlaubt hergestellter Gegenstände gesicherten Schutz gegen jede vom Urheber nicht gestattete Nachahmung zu erlangen. Dabei kam die Erwartung zum Ausdruck, dass Vorkehrungen gegen Nachahmung und Eingriff in die Urheberehre begabte Menschen zu Erfindungen anspornen würden, die dem Staat Nutzen brächten. Es fällt auf, dass der Schutz anscheinend nicht von einem staatlichen Erteilungs-, sondern allein von einem privaten Reservierungsakt abhängen sollte. Darüber, dass Erfinder von diesem Vorteil Gebrauch gemacht hätten, ist jedoch nichts berichtet. Praktisch blieb auch in Venedig die Privilegienerteilung der alleinige Weg zum Schutz. Die Gepflogenheiten hierbei dürften aber den in dem Gesetz genannten Voraussetzungen und Zwecken entsprochen haben.[30]

8. Die Grundsätze der Privilegienerteilung, die sich in einigen Territorien bis zur Mitte des 16. Jahrhunderts herausgebildet hatten, sind für das moderne Patentrecht nicht unmittelbar bestimmend geworden. Seine Entwicklung beginnt erst in der Auseinandersetzung mit Entartungserscheinungen des Privilegienwesens, die **absolutistisches Herrschaftssystem** und **merkantilistische Wirtschaftspolitik** vor allem in England und Frankreich hervorbrachten. Die Privilegien dienten dabei sowohl – durch die Gebühren, die dafür zu entrichten waren – der Erschließung von Geldquellen für die königlichen Kassen als auch – durch Förderung inländischer Produktionsbetriebe – der Eindämmung des Geldabflusses für Importe. Entsprechend änderten sich die Erteilungskriterien: Neuheit und Priorität verloren an Bedeutung; entscheidend wurde die Nützlichkeit, deren Maßstab jetzt die konkrete wirtschaftspolitische Opportunität bildete.[31] Die Grenze zwischen Erfindungs- und Einführungsprivileg verwischte sich dabei vollends; Privilegien für die Erschließung überseeischer Gebiete kamen hinzu, schließlich gar solche für Erzeugnisse und Gewerbe, die im Inland längst heimisch waren, aber nun im Fiskalinteresse monopolisiert wurden. Nicht selten erfolgte die Verleihung ganz willkürlich an Günstlinge des Hofes. Die großzügige Gewährung von Verlängerungen vermehrte die Lästigkeit der Privilegien. Der Widerstand gegen solche Missbräuche führte – in England recht bald, in Frankreich erst während der großen Revolution – zur Abschaffung aller Monopole und Privilegien. Hand in Hand mit ihr ging jedoch in beiden Ländern die Anerkennung eines zeitweiligen Schutzes neuer Erfindungen. **17**

9. In **England** wurden etwa ab 1560 Monopole ua gewährt für Salz, Essig, getrocknete Heringe, das Pökeln von Fischen, die Lederproduktion, für Seife, Bürsten, Flaschen, Eisen, Salpeter, Stärke, Segeltuch.[32] Den Widerstand der hierdurch behinderten Gewerbetreibenden und die Beschwerden der Verbraucher unterstützten Juristen, die die Monopole als Verstoß gegen das hergebrachte common law angriffen und in einzelnen Fällen ihre gerichtliche Nichtigerklärung erreichten.[33] Das Parlament, das die Missbräuche schon wiederholt kritisiert hatte, setzte schließlich unter Jakob I. das **Statute of Monopolies**[34] durch, das 1624 erlassen wurde.[35] **18**

Sein Zweck war es, die Befugnisse der Krone bei der Monopolverleihung auf die herkömmlichen, gemeinrechtlichen Grenzen zurückzuführen. Demgemäß erklärte es alle Monopole und alle gegenwärtigen und künftigen Verleihungen eines ausschließlichen Rechts zum Kaufen, Verkaufen, Gebrauchen und Verfertigen von Gegenständen für un- **19**

---

[30] Näheres bei *Kurz* 59 ff.; s. auch *Schippel* in Lindgren (Hrsg.), Europäische Technik im Mittelalter, 539, 545 ff.

[31] Vgl. *Silberstein* 194 f., 215, 238.

[32] Nach *A. Osterrieth* 29, *Silberstein* 194, 199.

[33] Vgl. *Klostermann* 270; besonderen Einfluss erlangte die Entscheidung im sog. Monopolies Case (Darcy v. Allen 1602), die ein Import- und Verkaufsmonopol für Spielkarten für nichtig erklärte; Näheres bei *Kurz* 162 ff.

[34] Ausführlich dazu *Kurz* 168 ff. (mit Textauszug).

[35] Zur Datierung *Damme/Lutter* 3 Anm. 4; *A. Osterrieth* 32 Anm. 3.

gültig. Ausdrücklich ausgenommen wurden jedoch Patente und Privilegien, die für die ausschließliche Benutzung oder Herstellung neuer Gewerbeverfahren oder -erzeugnisse aller Art (any manner of new manufactures) im Königreich dem (den) **ersten und wahren Erfinder(n)** (true and first inventor and inventors) erteilt wurden. Ihre Dauer war auf 14 Jahre[36] begrenzt. Was von anderen bereits – im Inland – vorbenutzt war, konnte keinen Schutz erlangen. Ausgeschlossen war er auch bei Gesetzwidrigkeit, Schädlichkeit für den Staat durch Verteuerung der Lebenshaltung oder Beeinträchtigung des Handels oder allgemeiner Unzuträglichkeit. Ein positives Nützlichkeitserfordernis enthielt der Text jedoch nicht.

20   Auf der Grundlage dieser Regelung, die freilich erst am Ende der langen politischen Wirren des 17. Jahrhunderts von der Krone voll respektiert wurde,[37] entwickelten sich Verfahrensgrundsätze, in denen bereits manche Züge moderner Patentgesetze vorgebildet wurden, zB bezüglich der Erfindungsbeschreibung.[38] England kam mit diesem großenteils ungeschriebenen Recht bis weit ins 19. Jahrhundert hinein aus. Dass ein gesetzlicher Anspruch auf Patentierung nicht vorgesehen war, wurde kaum empfunden, da mit ihr auch ohne solchen gerechnet werden konnte, wenn die nach Statut und Gewohnheit erforderlichen Voraussetzungen erfüllt waren.[39] Eine umfassende Regelung erfolgte – nach einzelnen Verbesserungen ab 1835 – erst durch ein Gesetz von 1852.[40]

21   10. In **Frankreich** spielten zur Zeit des Absolutismus Privilegien eine besondere Rolle bei der Förderung von Großformen gewerblicher Produktion. Sie verhalfen neugegründeten königlichen Manufakturen zur Durchsetzung gegen die etablierten, meist kleinen Gewerbetreibenden, ja sogar gegen Inhaber älterer Privilegien, und gegen das völlig verkrustete Zunftwesen.[41] Der wirtschaftspolitischen Zielsetzung entsprach eine strenge, durch Verlust des Vorrechts sanktionierte Ausführungspflicht. Relativ selten waren Erfinderprivilegien, wie sie zB Pascal für seine Rechenmaschine (1649) und Huygens für Uhrwerke (1657 und 1675) erhielten.[42] Die seit 1699 vorgesehene Prüfung von Privilegiengesuchen für Maschinen durch die Königliche Akademie[43] erlangte nur geringe praktische Bedeutung.

22   Ein Ansatz zu rechtlicher Ordnung kam erst zustande, als unter dem Einfluss liberaler Gedanken das Privilegiensystem als wirtschaftspolitisches Instrument schon beinahe ausgedient hatte: Ein Erlass von 1762 beschränkte Dauer und Vererblichkeit von Erfindungsprivilegien, worin freilich auch die grundsätzliche Anerkennung ihrer Berechtigung lag.[44]

23   So blieb Frankreichs Beitrag zur modernen Entwicklung des Patentwesens der **Revolutionsgesetzgebung** vorbehalten. 1789 wurde das gesamte Privilegiensystem einschließlich der Erfindungsprivilegien abgeschafft. Der Blick auf England, wo sich unter dem Schutz von Patenten eine lebhafte technische Entwicklung vollzog, ließ jedoch vielen einen Erfindungsschutz als notwendig erscheinen. Da Monopole aller Art als Instrumente der absolutistischen Wirtschaftspolitik verhasst waren, bedurfte der Schutz einer neuen Rechtfertigung. Seine Befürworter gewannen sie aus dem Gedanken, dass der Erfinder ein **natürliches Eigentumsrecht** an seiner Erfindung habe, welches ebenso gut als Aus-

---

[36] Das war das Doppelte der üblichen Lehrzeit. Bei Erteilung vor Erlass des Statuts waren 21 Jahre zulässig; im Übrigen bedurfte die Verlängerung einer Parlamentsakte, vgl. *Klostermann* 273 f., 276.
[37] *Silberstein* 206; *Kurz* 175 ff.
[38] *Silberstein* 207 f.; *Klostermann* 274 ff.; *Kurz* 198 f.
[39] *Silberstein* 206 f.; *A. Osterrieth* 34.
[40] *Klostermann* 278 ff., 282 f.; *Kurz* 312 ff.
[41] *Silberstein* 215, 221, 234 f.; *Klostermann* 319 ff., 380 ff.
[42] *Neumeyer* GRUR-Int 1956, 247; *Öhlschlegel* Mitt. 1980, 163 ff.; zu Pascal: *Kurz* 212 ff.
[43] *A. Osterrieth* 35; *Neumeyer* GRUR-Int 1956, 247; *Kurz* 218 ff.
[44] *Klostermann* 321 f.; *Damme/Lutter* 18; *Silberstein* 247 ff.; *Kurz* 230 ff.

§ 4. Vom Privilegienwesen zur Patentgesetzgebung § 4

fluss der Menschenrechte[45] gelten konnte wie die von der Revolution errungene Gewerbefreiheit. Einfluss hatte auch die Vorstellung, der Schutz gebühre dem Erfinder als eine Art vertragsgemäße Gegenleistung dafür, dass er sein Wissen der Allgemeinheit zugänglich mache. Vorbereitet durch einen berühmt gewordenen Bericht von de Boufflers[46] wurde schon am 7.1.**1791** ein **Patentgesetz**[47] beschlossen. Es erklärte jede „Endeckung oder neue Erfindung" in allen Gewerbezweigen[48] zum Eigentum ihres Urhebers und garantierte ihm deren vollständigen Genuss (Art. 1). Seine Präambel stellte freilich neben das eigentumsrechtliche Argument den Zweck, die Erfindertätigkeit im Lande zu ermutigen. Indem es auch Einführungspatente zuließ (Art. 3), sündigte es gegen seinen naturrechtlichen Anspruch. Der Schutz setzte eine Anmeldung voraus, für die ein Gesetz vom 25.5.1791 Ausführungsvorschriften brachte, und konnte gegen entsprechend gestaffelte Gebühr für 5, 10 oder 15 Jahre beansprucht werden. Vom englischen Recht, an das sie sich in manchem anlehnte, unterschied sich die französische Regelung grundlegend durch das Fehlen einer amtlichen Vorprüfung auf Neuheit oder gar Nützlichkeit. Eine solche Prüfung hätte zu stark an die eben überwundene Bevormundung der Gewerbetreibenden durch Zünfte und Behörden erinnert;[49] auch mochte man sie deshalb für entbehrlich halten, weil der Patenterteilung, wenn man davon ausging, dass dem Erfinder ohne jede Förmlichkeit ein eigentumsähnliches Recht an der Erfindung zustehe, sobald sie entstanden ist, nur noch eine die Inanspruchnahme dieses Rechts feststellende Wirkung verblieb.[50] Ob der Patentinhaber die Erfindung mit Recht für sich reklamierte, mochten später im Streitfall die Gerichte entscheiden.

11. Im Schnittpunkt englischer und französischer Einflüsse steht das Patentgesetz, das sich bald nach ihrer Gründung die **Vereinigten Staaten** von Amerika gaben. Die Verfassung von 1787 (Art. I § 8) hatte den Kongress ermächtigt, „to promote the progress of science and useful arts by securing, for limited times, to authors and inventors the exclusive right to their respective writings and discoveries". Auf dieser Grundlage wurde alsbald nach ihrem Inkrafttreten das Patentgesetz vom 10.4.1790 erlassen.[51]

Dass die USA so rasch die Möglichkeit eines Erfindungsschutzes durch zeitlich begrenzte Ausschlussrechte wiederherstellten,[52] erklärt sich in erster Linie aus der in der Verfassung selbst ausgesprochenen Ansicht, dass darin ein wirksamer Antrieb für den Fortschritt liege. Dennoch hat wohl auch die Idee vom geistigen Eigentum Einfluss gehabt; ihm kann zugeschrieben werden, dass das amerikanische Patentgesetz dem Erfinder einen Anspruch auf Schutz zubilligt. Als unmittelbare Auswirkung des französischen Gesetzes von 1791 erscheint es, dass in den USA 1793 ein ausschließliches Eigentum des Erfinders anerkannt und die behördliche Vorprüfung abgeschafft wurde,[53] die man jedoch 1836 wieder einführte.

---

[45] Die Präambel des Patentgesetzes von 1791 sagt: „Es hieße die Menschenrechte in ihrem Wesen angreifen, wollte man nicht eine gewerbliche Entdeckung als Eigentum ihres Urhebers ansehen".
[46] Vgl. *Neumeyer* GRUR-Int 1956, 249 ff.; *Kurz* 238 ff.
[47] Text bei *Kurz* 242 ff.
[48] Finanzpläne u. dgl. wurden durch Gesetz vom 20.9.1792 (Text bei *Kurz* 250) ausdrücklich ausgeschlossen.
[49] *Damme/Lutter* 23 f.; *Klostermann* 329 f.
[50] Sie wurde ab 1800 durch die Vorschrift unterstrichen, jedes Patent als „ohne Gewähr der Regierung" erteilt zu bezeichnen, vgl. *Klostermann* 327.
[51] Zur Vorgeschichte *Neumeyer* GRUR-Int 1956, 241 ff.; *Kurz* 272 ff. (Text des Gesetzes 276 ff.).
[52] Zur Kolonialzeit war er nach englischem Recht oder nach Gesetzen einzelner Kolonien erreichbar; vgl. *Kurz* 252 ff.
[53] *Damme/Lutter* 33 f.; *Kurz* 288 f.

§ 5. Vorgeschichte des deutschen Patentgesetzes von 1877

1   1. In Deutschland brachte der Dreißigjährige Krieg das Wirtschaftsleben weitgehend zum Erliegen. Danach erholte es sich nur langsam; der Zeitgeist war unternehmerischem Wagnis und erfinderischem Neuerungsstreben nicht förderlich, das Zunftwesen in kleinlichem Konservatismus erstarrt. Die Zahl der Erfindungsprivilegien ging daher stark zurück – auch in Gebieten, die, wie die Niederlande, weniger unter dem Krieg gelitten hatten.[1] Ihre Erteilung erfolgte weiterhin gemäß den alten Grundsätzen.

2   Beispielsweise erhielt in Sachsen 1723 der Orgel- und Klavierbauer Silbermann für sein „Cimbal d'amour" ein Privileg, in dem es hieß, er habe „durch unermüdeten Fleiß und Nachsinnen ... ein ganz neues sonst niemanden bekannt gewesenes Musicalisches Instrument erfunden".[2]

3   2. Zum Mittel merkantilistischer Wirtschaftspolitik wurden die Privilegien in **Österreich**. Sie kamen hier vor allem in der ersten Hälfte des 18. Jahrhunderts sowohl der Gründung neuer als auch – durch oft erhebliche Verlängerung ihrer Geltungsdauer – der Erhaltung bestehender Manufakturen zugute. Wachsende Kritik hieran führte später zu restriktiver Erteilungs- und Verlängerungspraxis.[3] Der Erfindungsschutz wurde durch diese Zurückhaltung mitbetroffen. Das Interesse an ihm belebte sich gegen Ende des Jahrhunderts infolge der Berührung mit technischen Neuerungen aus England. 1794 wurden Grundsätze über Erfindungs- und Einführungsprivilegien aufgestellt, die das Erfordernis der (inländischen) Neuheit betonten[4] und zur Ausübung im Inland grundsätzlich binnen Jahresfrist verpflichteten;[5] in der Folge mehrten sich die Privilegiengesuche für Maschinen, insbesondere im Textilbereich. Ein Dekret von 1810 bekräftigte, dass das Privileg Gnadenakt war, und verpflichtete zur vollständigen Veröffentlichung der Neuerung nach Schutzablauf.[6] Infolge des Erwerbs der Lombardei und Venetiens wurde 1820 ein neues Gesetz erlassen; es zeigte Einflüsse des französischen Rechts, das in jenen Gebieten gegolten hatte, insbesondere schloss es eine amtliche Prüfung der Schutzwürdigkeit aus.[7] Es waren mit der – höchstens 15jährigen – Geltungsdauer steigende Gebühren zu entrichten. Einjährige Nichtausübung führte zum Erlöschen des Privilegs. Auf seine Erteilung bestand kein Anspruch; doch konnte bei Erfüllung der gesetzlichen Anforderungen regelmäßig mit ihr gerechnet werden.[8] Die Regelung von 1820 blieb, durch Gesetze von 1832 und 1852 leicht modifiziert,[9] im Wesentlichen bis zum Ende des Jahrhunderts in Geltung. Erst 1897 erging ein völlig neues Patentgesetz.

4   3. In **Preußen** wurden ab Ende des 17. Jahrhunderts aus fiskalischen Gründen und nach wirtschaftspolitischer Opportunität Gewerbemonopole verliehen, die teilweise auf heftige Kritik stießen. Für Erfindungen scheint es keine Privilegien, sondern Geldprämien gegeben zu haben.[10] Ansätze zu einem Erfindungsschutz zeigten sich erst gegen Ende des 18. Jahrhunderts. Dabei wurde gemäß dem Allgemeinen Landrecht die Privilegienerteilung als eine der Gnade des Königs vorbehaltene Ausnahme von den allgemeinen Gesetzen verstanden. Die Zahl der Gesuche und Erteilungen war gering; überwiegend bezogen sie sich

---

[1] Vgl. *Silberstein* 297.
[2] *Silberstein* 254.
[3] *Schönherr* 224 f.
[4] *Schönherr* 225 f.; *Beck v. Mannagetta* 95 ff.
[5] *Beck v. Mannagetta* 97.
[6] *Schönherr* 227; *Beck v. Mannagetta* 101.
[7] *Schönherr* 229; *Beck v. Mannagetta* 106 f.
[8] *Schönherr* 231 f.
[9] *Beck v. Mannagetta* 116 ff.
[10] *Silberstein* 266, 300.

§ 5. Vorgeschichte des deutschen Patentgesetzes von 1877 § 5

auf die Baumwoll- und Seidenherstellung.[11] Die 1806 einsetzenden Reformen führten unter dem Einfluss liberaler Wirtschaftsauffassungen zur Abkehr von Merkantilismus und Monopolwesen, aber auch zu Skepsis gegenüber dem Schutz von Erfindungen. Die für ihn maßgebenden Grundsätze wurden in einem „Publicandum über die Erteilung der Patente" von 1815[12] zusammengefasst und blieben in dieser Fassung bis 1877 maßgebend. Sie sahen – ohne Anspruch des Erfinders – die Erteilung von Patenten durch das Handelsministerium vor.[13] Die Dauer des Schutzes konnte 6 Monate bis 15 Jahre betragen; meist wurde sie auf 3 Jahre festgesetzt. Die „Technische Gewerbs- und Handelsdeputation" prüfte Neuheit und Eigentümlichkeit. Dabei genügte die erstmalige Einführung einer im Ausland schon vorbenutzten Erfindung; die Vor*veröffentlichung* wurde jedoch anscheinend als neuheitsschädlich gewertet, auch wenn sie im Ausland erfolgt war.[14] Praktisch erlangte der Erfindungsschutz keine große Wirkung. Bis 1845 wurden wohl drei Viertel, danach ein noch größerer Teil der Gesuche abgelehnt. Das lag an der strengen Haltung der Technischen Deputation, deren Vorsitzender Beuth überzeugt war, der „Gewerbefleiß" werde am besten durch einen kräftigen, aber auf wenige Fälle beschränkten Patentschutz gefördert.[15]

4. Patentfreundlicher als Preußen waren Bayern und Württemberg. **Bayern** hatte beim 5 Erwerb der Pfalz das dort geltende französische Gesetz von 1791 bestehen lassen; für die rechtsrheinischen Gebiete konnten nach dem Gesetz über das Gewerbewesen von 1825 „Gewerbsprivilegien" bis zur Dauer von 15 Jahren erteilt werden. Eine Vorprüfung war nicht vorgeschrieben. Ob der Schutzgegenstand, wie das Gesetz es verlangte, neu, eigentümlich und gemeinnützig war, hatten im Streitfall die Zivilgerichte zu entscheiden. Die Aufrechterhaltung des Privilegs hing von der Ausführung der Neuerung und Zahlung steigender Gebühren ab. In späteren Änderungs- und Ergänzungsvorschriften wurden der Anspruch des Erfinders auf den Schutz anerkannt, die Bezeichnung „Patent" eingeführt und die Einführungspatente eingeschränkt.[16]

In **Württemberg** unterschied die Verfassung von 1819 ausdrücklich zwischen Ge- 6 werbeprivilegien, die nur durch Gesetz, und Erfindungsprivilegien, die bis zur Dauer von 10 Jahren von der Regierung erteilt werden konnten. Nähere Bestimmungen hierzu brachten die Gewerbeordnungen von 1828 und 1836.[17] Sie verlangten keine Vorprüfung und ließen auch Einführungsprivilegien zu.

Von den übrigen deutschen Staaten erhielten bis 1877 nur noch Sachsen (1853), das wie Bayern 7 und Württemberg dem Registrierungssystem folgte, sowie Hannover (1847) und das Großherzogtum Hessen (zuletzt 1858), die sich an das preußische Vorprüfungssystem anlehnten, Sonderregelungen über den Erfindungsschutz. Die anderen beließen es dabei, dass von Fall zu Fall auf Grund allgemeiner Bestimmungen oder ohne geschriebene Rechtsgrundlage Privilegien erteilt werden konnten; die an der Freiheit des Handels besonders interessierten Hansestädte Bremen, Hamburg und Lübeck sowie das rein agrarische Mecklenburg gewährten überhaupt keinen Erfindungsschutz.[18]

5. Die Vielzahl der Staatsgrenzen, die das Gebiet des Deutschen Bundes zerschnitten, be- 8 hinderte die wirtschaftliche Entwicklung. Für den Erfindungsschutz bedeutete sie, dass er für jeden Staat, auf den er sich erstrecken sollte, nach recht unterschiedlichen Regelungen gesondert zu erwerben war. Dieser Nachteil wurde umso fühlbarer, je mehr sich die Erleichterung und Belebung des zwischenstaatlichen Handels verwirklichte, die sich der 1833 gegründete **Zollverein** zum Ziel gesetzt hatte. Andererseits konnten die von den einzelnen

---

[11] Vgl. die Aufzählung bei *Heggen* GRUR 1974, 76 f.
[12] Text bei *Kurz* 332 f.
[13] Dies stand eigentlich im Widerspruch zum ALR, bis das Publicandum durch die Gewerbeordnung von 1845 Gesetzeskraft erlangte, vgl. *Kohler* Handbuch 23; *Klostermann* 234.
[14] Vgl. *Damme/Lutter* 41.
[15] Vgl. *Treue* 165 f.; *Heggen* GRUR 1977, 323 f.; *Wadle* GRUR-FS 1991, Rn. 66.
[16] Vgl. *Damme/Lutter* 41 f.; *A. Osterrieth* 41 f.; *Kurz* 336 f.
[17] Ausführlich dazu *Kurz* 338 ff. (mit Auszug aus der Gewerbeordnung von 1828).
[18] Vgl. *A. Osterrieth* 40; *Damme/Lutter* 43.

Mitgliedstaaten erteilten Schutzrechte zum Hindernis für den zwischenstaatlichen Handel werden, wenn sie die Befugnis gaben, die Einfuhr erfindungsgemäßer Erzeugnisse aus anderen Mitgliedstaaten abzuwehren. Aus diesen Gründen – die sich 120 Jahre später im räumlich größeren Maßstab der Europäischen Wirtschaftsgemeinschaft wieder in ähnlicher Weise geltend machten – beschäftigten sich die Zollvereinskonferenzen wiederholt mit dem Patentwesen. Eine durchgreifende Vereinheitlichung gelang aber nicht, weil sich die dem Patentschutz ungünstige wirtschaftspolitische Grundhaltung Preußens mit der positiveren Einstellung anderer, insbesondere süddeutscher Mitgliedstaaten nicht in Einklang bringen ließ. So wurden 1842 in der Patentübereinkunft der Zollvereinsstaaten nur einige Grundsätze festgelegt, die die Nachteile der territorialen und rechtlichen Zersplitterung mildern sollten: Patente durften nur für neue und eigentümliche Gegenstände erteilt werden, wobei auch Vorgänge in anderen Mitgliedstaaten als neuheitsschädlich gelten sollten;[19] jeder Mitgliedstaat hatte den Angehörigen anderer Mitgliedstaaten unter denselben Voraussetzungen Patentschutz zu gewähren wie den eigenen Staatsangehörigen („Inländerbehandlung"). Einführungspatente für Erfindungen, die bereits in einem Mitgliedstaat Gegenstand eines Patents waren, durften andere Mitgliedstaaten nur dem Inhaber jenes ersten Patents erteilen; bei Erfindungen aus Drittländern konnte dagegen weiterhin auch die eigenmächtige Einführung mit Patentschutz belohnt werden. Die Patentwirkungen wurden im Interesse des zwischenstaatlichen Handels beschnitten: die Erteilung von Patenten durfte nicht mehr das Recht begründen, die Einfuhr oder den Vertrieb patentgemäßer Gegenstände zu beschränken. Das gleiche galt für den Gebrauch solcher Gegenstände mit Ausnahme von „Maschinen und Werkzeugen für die Fabrikation und den Gewerbebetrieb", nicht aber von „allgemeinen zum Ge- und Verbrauche des größeren Publicums bestimmten Handelsartikeln".[20] Danach konnte der Patentinhaber die Benutzung der Erfindung im Wesentlichen nur insoweit unterbinden, als sie sich in einer inländischen *Produktions*tätigkeit äußerte. Mit dieser radikalen Lösung hatte sich die liberalistische Haltung Preußens durchgesetzt.[21]

9 Eine „gesamtdeutsche" Regelung des Erfindungsschutzes kam dann bis 1877 nicht mehr zustande. Während im Rahmen des Deutschen Bundes für das Wechsel- und Handelsrecht eine Rechtsvereinheitlichung gelang (Wechselordnung 1848, Allgemeines Deutsches Handelsgesetzbuch 1862), scheiterten entsprechende Bemühungen im Bereich des Patentrechts.[22] Ihnen standen vor allem die reservierte Haltung Preußens, aber auch die spezifische Schwierigkeit entgegen, dass die territorialen Schranken des Schutzes nicht schon durch übereinstimmende Vorschriften in den Einzelstaaten, sondern erst durch zentrale Erteilung eines für das gesamte Wirtschaftsgebiet einheitlichen Rechts zu überwinden gewesen wären. Hinzu kam, dass sich der Patentschutz zunehmenden Angriffen ausgesetzt sah, die seine Berechtigung grundsätzlich in Frage stellten und vielfach seine völlige Abschaffung forderten.

10 6. Die **Antipatentbewegung,** die sich um 1850 – nicht nur in Deutschland[23] – formierte, ging von Nationalökonomen aus, die unter Berufung vor allem auf die – von ihnen teilweise missverstandenen oder vergröberten[24] – Lehren Adam Smiths für ein liberales Wirtschaftssystem und freien Handel eintraten. So erklärte John Prince-Smith 1863 auf dem Kongress Deutscher Volkswirte, die Erteilung eines Patents sei die Errichtung eines Monopols durch Gesetzeszwang und hemme die Gewerbetätigkeit.[25] Auf seinen Antrag stellte der Kongress fest, dass Erfindungspatente dem Gemeinwohl schädlich seien, und

---

[19] *Damme/Lutter* 44.
[20] Wortlaut bei *Klostermann* 184 f.
[21] Vgl. *Nirk* in Hundert Jahre Patentamt 354.
[22] Vgl. *Heggen* GRUR 1977, 324; *Treue* 170 f.; *Wadle* GRUR-FS 1991, Rn. 70.
[23] *Machlup* Patentwesen 236 f.; *Silberstein* 278 f.
[24] Vgl. *Silberstein* 277, 299; *Beier* in Coing/Wilhelm 197; *Machlup* Grundlagen 17.
[25] Auszug aus seiner Rede bei *Kurz* 355 ff.

§ 5. Vorgeschichte des deutschen Patentgesetzes von 1877 § 5

empfahl ihre vollständige Abschaffung.²⁶ Dass dem Erfinder ein Recht an seiner Leistung zustehe, wurde dabei entschieden verneint: Erfindungen seien als Ausfluss des jeweiligen Standes der Zivilisation Gemeingut.²⁷

Die Ideen des Wirtschaftsliberalismus und der Freihandelslehre hatten starken Einfluss auf die preußische Verwaltung. Er äußerte sich in einem weiteren Rückgang der Erteilungsquote: in den 50er und 60er Jahren wurden annähernd 90 % aller Patentgesuche abgelehnt.²⁸ Daneben zeigten sich Bestrebungen, den Patentschutz ganz abzuschaffen. **11**

Sie fanden freilich im Ergebnis einer Enquête, die 1853 bei Handelskammern und Bezirksregierungen durchgeführt wurde, nur wenig Unterstützung. Zehn Jahre später stimmten dann ²/₃ der – suggestiv befragten – Kammern für Aufhebung des Patentschutzes.²⁹ **12**

Bismarck stellte 1868 als Kanzler des Norddeutschen Bundes den Antrag zu prüfen, ob überhaupt für die Zukunft innerhalb des Bundesgebiets noch ein Patentschutz gewährt werden solle.³⁰ 1869 schafften ihn die Niederlande ab.³¹ Im gleichen Jahr schrieb Viktor Böhmert über „Die Erfindungspatente nach volkswirtschaftlichen Grundlagen und industriellen Erfahrungen": „Die Patente sind reif zum Fallen und werden mehr und mehr als eine faule Frucht am Baume der menschlichen Kultur erkannt."³² **13**

7. Der ablehnenden Haltung der Freihandelsschule setzten Techniker, Ingenieure und Unternehmer verstärkte Bemühungen um einen verbesserten Erfindungsschutz entgegen. Getragen wurden sie zunächst hauptsächlich vom 1856 gegründeten Verein Deutscher Ingenieure,³³ dann auch von der Deutschen Chemischen Gesellschaft. Eine herausragende Rolle spielte Werner von Siemens, der 1863 ein Gutachten zugunsten des Patentschutzes abgab.³⁴ Aus juristischer Sicht lieferte Rudolf Klostermanns Werk „Die Patentgesetzgebung aller Länder" (1869), die erste ausführliche Darstellung dieses Rechtsgebiets in deutscher Sprache, Argumente für den Patentschutz und Anschauungsmaterial für Möglichkeiten seiner Ausgestaltung. **14**

Die **Befürworter** hoben hervor, der Schutz rege die Erfindungstätigkeit an und nütze dadurch der Industrie, fördere die Investitionstätigkeit der Unternehmer für Innovationen und wirke der schädlichen Geheimhaltung neuer Erfindungen entgegen; das Fehlen eines ausreichenden Patentschutzes sei schuld an der Rückständigkeit und mangelnden Exportfähigkeit der deutschen Industrieerzeugnisse – die sich namentlich auf den großen Weltausstellungen, zuletzt 1876 in Philadelphia, zeigte – und am Abwandern vieler Erfinder ins Ausland.³⁵ Neben diesen pragmatischen, wirtschaftspolitischen Argumenten, mit denen man den Nationalökonomen in deren eigenen Kategorien zu antworten suchte, spielte der Gedanke, dass dem Erfinder ein Recht an seiner Leistung zustehe, nur eine untergeordnete Rolle. **15**

8. Letztlich wurde die große Patentdebatte nicht allein durch das Gewicht der Argumente entschieden. Änderungen der politischen und wirtschaftlichen Verhältnisse trugen wesentlich dazu bei, dass das erste einheitliche deutsche Patentgesetz zustande kam: Die allgemeine Einführung der Gewerbefreiheit durch die Gewerbeordnung von 1869 erforderte eine ebenso allgemeine Lösung der Patentfrage.³⁶ Die Verfassung des 1871 gegründeten Reiches sprach diesem die Gesetzgebungskompetenz für Erfindungspatente zu; damit wurde es möglich, das ganze Wirtschaftsgebiet mit einem einzigen Schutzrecht abzudecken; **16**

---

²⁶ *Kurz* 354.
²⁷ Vgl. *Silberstein* 277.
²⁸ Vgl. *Treue* 168 f.
²⁹ *Treue* 168 f., 173; *Kurz* 358.
³⁰ *Treue* 174 f.; *Silberstein* 276; *A. Osterrieth* 45; *Kurz* 360 f.; *Wadle* GRUR-FS 1991, Rn. 150.
³¹ *Kurz* 388 ff.
³² *Heggen* GRUR 1977, 324; *Silberstein* 276; *Kurz* 361.
³³ *Bluhm* GRUR 1952, 341 (343 ff.).
³⁴ *Kurz* 358 f.
³⁵ *Heggen* GRUR 1977, 324 f.; *Treue* 173 ff.; *Kohler* Handbuch 28.
³⁶ *Beier* in Coing/Wilhelm 202.

§ 6 I

das Ärgernis der internen Schutzrechtsgrenzen entfiel.[37] Infolge der 1873 einsetzenden Wirtschaftskrise[38] verlor die Freihandelsideologie an Einfluss. Manche früheren Kritiker des Patentschutzes akzeptierten ihn jetzt als Mittel zur Förderung der nationalen Wirtschaft; selbst in Preußen gewann die Überzeugung von seiner Nützlichkeit die Oberhand. Einen wichtigen Anstoß gab auch der internationale Patentkongress, der 1873 in Wien anlässlich der Weltausstellung stattfand.[39] Er beschloss: „Der Schutz der Erfindungen ist in den Gesetzgebungen aller zivilisierten Nationen zu gewährleisten, weil das Rechtsbewusstsein den gesetzlichen Schutz der geistigen Arbeit verlangt." Unter Siemens' Vorsitz wurde daraufhin der Deutsche Patentschutzverein gegründet. Aus ihm ging ein Gesetzentwurf hervor, der Bismarck 1876 zusammen mit einer Denkschrift von Siemens zugeleitet wurde. Entsprechend einer Empfehlung des Wiener Patentkongresses war darin – zur Vermeidung des Monopoleinwandes – vorgesehen, dass der Patentinhaber gegen angemessenes Entgelt jedermann die Nachnutzung gestatten musste (allgemeiner Lizenzzwang).[40] In dem wenig später vom Reichskanzler erstellten Entwurf war dieser Grundsatz nur noch in abgeschwächter Form enthalten.

17 Die Beratungen der gesetzgebenden Körperschaften verliefen zügig; schon am **25.5. 1877** konnte das **Patentgesetz** verkündet werden; am 1.7. trat es in Kraft; bald darauf wurde in Berlin das **Kaiserliche Patentamt** eröffnet. Das Gesetz ging von einem Anspruch auf den Schutz aus, gab diesen jedoch dem ersten Anmelder ohne Rücksicht darauf, ob er auch der Erfinder war (Anmelderprinzip). Im Fall widerrechtlicher Entnahme konnte der Erfinder die Patenterteilung verhindern oder das Patent für nichtig erklären lassen; einen Anspruch auf Übertragung der rechtswidrigen Anmeldung oder des hierauf erteilten Patents hatte er nicht. Die Anmeldungen unterlagen amtlicher Vorprüfung; neuheitsschädlich wirkten neben inländischer offenkundiger Vorbenutzung alle – auch ausländischen – druckschriftlichen Vorveröffentlichungen. Ausgeschlossen von der Patentierung waren Nahrungs-, Genuss- und Arzneimittel sowie auf chemischem Weg herzustellende Stoffe; insoweit konnten nur neue Herstellungs*verfahren* Schutz erlangen. Der Schutz dauerte höchstens 15 Jahre; seine Aufrechterhaltung erforderte die Zahlung hoher progressiv steigender Gebühren. Brachte der Patentinhaber nicht innerhalb von 3 Jahren die Erfindung in angemessenem Umfang im Inland zur Ausführung, konnte das Patent zurückgenommen werden. Das gleiche galt, wenn er sich weigerte, eine Benutzungserlaubnis gegen angemessene Vergütung zu erteilen, obwohl die Erlaubnis im öffentlichen Interesse erforderlich erschien.

§ 6. Die deutsche Gesetzgebung nach 1877[1]

I. Reformen von 1891 und 1936

1 1. Die Erfahrungen mit dem ersten Reichspatentgesetz gaben schon recht bald Anlass zu einer Teilreform, die hauptsächlich Organisation und Verfahren des Patentamts betraf, aber

---

[37] *Beier* in Coing/Wilhelm 203.
[38] Vgl. *Treue* 173.
[39] Ausführlich dazu *Kurz* 363 ff.
[40] Vgl. *Heggen* GRUR 1977, 326; *Machlup* Patentwesen 238; *Kurz* 374 ff. ausführlich *Pahlow* 245–271; nach ihm sollte der Lizenzzwang nicht nur dem „Monopol"-Vorwurf entgegenwirken, sondern auch die Stellung der Unternehmer, insbes. der Großindustrie, gegenüber den Erfindern stärken (264 ff.).
[1] Die nachfolgende Darstellung behandelt nur die wichtigsten Neuerungen. Vollständige Angaben finden sich zB bei *Rogge* in Benkard Einleitung PatG Rn. 16–61 und *Goebel* in Benkard GebrMG vor § 1 Rn. 1–2f (bis 2005), *Busse/Keukenschrijver* vor Einl. PatG (1 f.) und EinlPatG Rn. 13–47 sowie vor EinlGebrMG (bis 2003). Sie verweisen auf die Fundstellen der Änderungsgesetze. Soweit die Änderungen nach der letzten Neubekanntmachung liegen, sind sie (mit amtlichen Fundstellen) zB in der Textausgabe Gewerblicher Rechtsschutz – Wettbewerbsrecht – Urheberrecht genannt.

§ 6. Die deutsche Gesetzgebung nach 1877　　　　　　　　　　　　　　　　I § 6

auch bedeutsame materiell-rechtliche Änderungen einschloss. So verbesserte das **Patentgesetz vom 7.4.1891** die Stellung des durch widerrechtliche Entnahme verletzten Erfindungsbesitzers, indem es ihm bei erfolgreichem Einspruch als Altersrang einer eigenen Anmeldung der Erfindung den Tag vor der Bekanntmachung der widerrechtlichen Anmeldung zubilligte. Den Verfahrenspatenten sicherte das neue Gesetz durch die – schon vorher in der Rechtsprechung[2] angenommene – Erstreckung ihrer Wirkung auf die unmittelbaren Erzeugnisse den notwendigen Schutz gegen Einführen aus dem patentfreien Ausland;[3] um ihn praktisch durchsetzbar zu machen, stellte es für Verfahren zur Herstellung neuer Stoffe die Vermutung auf, dass jeder Stoff von gleicher Beschaffenheit nach dem geschützten Verfahren hergestellt sei. Diese Grundsätze über den Verfahrensschutz sind bis heute gültig geblieben.

Ferner wurde die Neuheitsschädlichkeit öffentlicher Druckschriften auf solche aus den letzten hundert Jahren vor der Anmeldung begrenzt (der Neuheitsbegriff erhielt damit seine bis 1977 maßgebende Fassung), die patenthindernde Wirkung auf ältere Anmeldungen erteilter Patente festgelegt und der vorher primär strafrechtliche Schutz gegen wissentliche Verletzung durch einen schon bei grober Fahrlässigkeit eingreifenden zivilrechtlichen Anspruch ergänzt.　　2

2. Bei technischen Neuerungen bescheideneren Zuschnitts hatten sich die amtliche Vorprüfung der Schutzfähigkeit und die hohen Patentgebühren als unwirtschaftlicher Aufwand erwiesen. Der Versuch, ihnen über das Gesetz betreffend das Urheberrecht an Mustern und Modellen von 1876 auf einfache und billige Weise Schutz zu verschaffen, war daran gescheitert, dass dieses Gesetz, wie die Rechtsprechung[4] schon 1878 klarstellte, nur auf Gestaltungen mit ästhetischer Zwecksetzung, nicht aber auf solche Anwendung fand, die durch einen Gebrauchszweck bedingt waren. Die Lücke schloss das **Gebrauchsmustergesetz vom 1.6.1891**. Es eröffnete gegen geringe Gebühr „Modelle(n) von Arbeitsgerätschaften oder Gebrauchsgegenständen oder von Teilen derselben, insoweit sie dem Arbeits- oder Gebrauchszweck durch eine neue Gestaltung, Anordnung oder Vorrichtung dienen sollen", einen bis zu sechs Jahren dauernden Schutz durch Eintragung als Gebrauchsmuster, die ohne Vorprüfung der Schutzfähigkeit und deshalb rasch zu erlangen war.　　3

3. Erneute Reformüberlegungen, die nach der Jahrhundertwende einsetzten, führten 1913 zur Veröffentlichung eines Patentgesetzentwurfs.[5] Seine Verwirklichung gelang wegen des Krieges nicht mehr. Auch die Wiederaufnahme der Reformbestrebungen in den zwanziger Jahren hatte keinen unmittelbaren Erfolg. Erst 1936 kam eine durchgreifende Erneuerung zustande, die allerdings weitgehend auf den genannten Vorarbeiten beruht (vgl. → Rn. 6ff.). Das Gebrauchsmustergesetz war von Anfang an Gegenstand einer lebhaften Reformdiskussion,[6] erfuhr aber bis 1936 keine nennenswerte Änderung.　　4

In der Zeit zwischen 1891 und 1936 sind nur punktuelle Änderungen und Ergänzungen zu verzeichnen. Durch ein besonderes Gesetz von 1904 wurden Erfindungen, die auf bestimmten amtlich bezeichneten Ausstellungen gezeigt wurden, durch Gewährung eines Prioritätsrechts für den Fall einer innerhalb von sechs Monaten nachfolgenden Anmeldung davor bewahrt, als nicht mehr neu zu gelten. Ein Gesetz von 1911 ersetzte den durch die Androhung der Zurücknahme des Patents sanktionierten Lizenzzwang durch einen Anspruch auf Erteilung einer Zwangslizenz bei öffentlichem Interesse und milderte gleichzeitig den Ausführungszwang. 1923 wurde die Patentdauer auf 18 Jahre verlängert. Im gleichen Jahr erfolgten zur Beseitigung der durch zahlreiche meist kriegsbedingte Einzelmaßnahmen entstandenen Unübersichtlichkeit Neubekanntmachungen des Patentgesetzes und des Gebrauchsmustergesetzes.　　5

---

[2] RG 14.3.1888, RGZ 22, 8 (17f.) – Methylenblau.
[3] Es ging vor allem um den Import chemischer Erzeugnisse, die in der Schweiz gemäß in Deutschland patentierten Verfahren hergestellt wurden; vgl. *Kurz* 393f.
[4] Urteil des Reichsoberhandelsgerichts v. 3.9.1878, ROHGE Bd. 24, 109.
[5] *Beier/Moufang* GRUR-FS 1991, 254 Rn. 18.
[6] S. *Kraßer* GRUR-FS 1991, 617 Rn. 30ff.

§ 6 I

6   4. Die **Reform vom 5.5.1936**[7] war, obwohl sich ihre Begründung[8] nationalsozialistischer Phrasen bedient, kein Werk des „Dritten Reichs";[9] ihre Wurzeln reichen, wie erwähnt, viel weiter zurück; ihre Ergebnisse sind großenteils noch heute gültig. Dies gilt vor allem für ihr wichtigstes Element, die Ablösung des Anmeldergrundsatzes durch das **Erfinderprinzip,** also die Anerkennung des Rechts des wahren Erfinders, die schon im Entwurf von 1913 vorgezeichnet war. Auch die persönlichkeitsrechtliche Seite des Erfinderrechts wurde gesetzlich verankert: Der Erfinder erhielt das unverzichtbare Recht, als solcher bei Patentanmeldung und -erteilung genannt zu werden. Zum Schutz der Erfinderrechte gewährte das **Patentgesetz** neben dem Einspruch wegen widerrechtlicher Entnahme, bei dessen Erfolg dem verletzten Erfindungsbesitzer nunmehr die Priorität der widerrechtlichen Anmeldung zugestanden wurde, einen verschuldensunabhängigen Anspruch auf Übertragung[10] der widerrechtlichen Anmeldung oder des hierauf erteilten Patents sowie den Anspruch auf Vornahme bzw. Berichtigung der Erfindernennung.

7   Nicht gelöst wurde das Problem der Diensterfindungen; ihre Regelung sollte ursprünglich einem Arbeitsvertragsgesetz vorbehalten bleiben, kam dann jedoch in Form einer Verordnung von 1942 über die Behandlung von Erfindungen von Gefolgschaftsmitgliedern mit Durchführungsverordnung von 1943 zustande.[11]

8   Eine Reihe neuer Vorschriften sollte wirtschaftlich schwachen und geschäftlich unerfahrenen Erfindern die Erlangung und Durchsetzung von Patenten erleichtern. Hierher gehörte die Bestimmung, wonach Vorverlautbarungen, die auf der Erfindung beruhten, innerhalb einer sechsmonatigen „Neuheitsschonfrist" unschädlich waren, auch wenn sie der Erfinder selbst bewirkt hatte; entsprechend erhielt er bei Mitteilungen, die er anderen vor Patentanmeldung machte, die Möglichkeit, durch einen Vorbehalt die Entstehung eines Vorbenutzungsrechts zu verhindern. Die Einrichtung der „Lizenzbereitschaft" erlaubte es dem Patentinhaber, durch Abschwächung seines Verbotsrechts zu einem Vergütungsanspruch die Hälfte der Jahresgebühren einzusparen.

9   Zur Verbesserung des Rechtsschutzes wurden die zivilrechtlichen Sanktionen der Patentverletzung durch Anerkennung eines verschuldensunabhängigen Unterlassungsanspruchs und eines Schadensersatzanspruchs schon bei leichter Fahrlässigkeit (mit Milderungsmöglichkeit in diesem Fall) verstärkt. Patentstreitsachen wurden im Interesse besonderer Sachkunde der damit befassten Richter in erster Instanz wenigen durch Verordnung zu bestimmenden Landgerichten ausschließlich zugewiesen.[12] Zwecks Verhinderung des Missbrauchs wirtschaftlicher Übermacht wurde es grundsätzlich ausgeschlossen, im Wesentlichen gleichartige Handlungen mit mehreren auf verschiedene Patente gestützten Klagen zu verfolgen. Auch wurde gestattet, die von einer wirtschaftlich schwachen Partei aufzubringenden Kosten auf der Grundlage eines ermäßigten Streitwerts festzusetzen (Streitwertbegünstigung).

10   5. Das **Gebrauchsmustergesetz** von 1936 verzichtet bei der Kennzeichnung des Schutzgegenstands auf den Begriff „Modell", weil auch ohne ihn der Gedanke, dass nur die neue körperliche Formgestaltung Schutz genieße, deutlich zum Ausdruck komme: der gesetzliche Schutz komme nicht den Modellen, sondern dem in den Arbeitsgerätschaften und Gebrauchsgegenständen verkörperten Raumgedanken zu.[13]

---

[7] Ausführlich hierzu *Schmidt* Mitt. 2011, 220 ff.
[8] BlPMZ 1936, 103.
[9] *Beier/Moufang* GRUR-FS 1991, 279 f. Rn. 51.
[10] Die Rechtsprechung hatte ihn bereits seit 1892 (RGZ 29, 49) auf deliktsrechtlicher Grundlage anerkannt.
[11] Ausführlich dazu *Schippel* GRUR-FS 1991, 585 Rn. 31 ff.; s. auch *Kurz* GRUR 1991, 422 (423 f.).
[12] Nach der VO vom 10.9.1936, BlPMZ 1936, 174 waren dies die Landgerichte Berlin, Düsseldorf, Frankfurt a. M., Hamburg, Leipzig und Nürnberg-Fürth.
[13] Amtliche Begründung, BlPMZ 1936, 116.

§ 6. Die deutsche Gesetzgebung nach 1877

Die Anmeldungen mussten zwecks besserer Klarstellung des Schutzgegenstands fortan Schutzansprüche enthalten. An die Stelle der bisher obligatorischen „Nach- oder Abbildung des Modells" traten Zeichnungen; doch blieb die Einreichung von Modellen zulässig. 11

Zur Beseitigung ungültiger Gebrauchsmuster wurde ein patentamtliches Löschungsverfahren eingeführt; auch ohne Löschung konnte jedoch weiterhin vor Gericht die Ungültigkeit eingewandt werden. Sie konnte sich nunmehr auch aus einem gegenstandsgleichen älteren Gebrauchsmuster oder Patent ergeben. 12

In zahlreichen Vorschriften wurden patentrechtliche Regelungen – zB über die Neuheitsschonfrist und die Rechtsfolgen von Verletzungen – übernommen oder – wie die Bestimmungen, in denen das Erfinderprinzip zum Ausdruck kommt, mit Ausnahme derjenigen über die Erfindernennung – für entsprechend anwendbar erklärt. 13

Nicht übernommen wurden die Obliegenheit, bei der Verfolgung gleichartiger Handlungen alle einschlägigen Schutzrechte tunlichst in einer einzigen Klage geltend zu machen, die Möglichkeit der Streitwertbegünstigung wirtschaftlich schwacher Parteien sowie die ausschließliche erstinstanzliche Zuständigkeit der Landgerichte und die Möglichkeit ihrer Konzentration auf bestimmte Gerichte für Patentstreitsachen; es wurde aber gestattet, letztere anzurufen, soweit nach allgemeinen Regeln eine landgerichtliche Zuständigkeit gegeben war. 14

II. Patentwesen nach 1945. Neuerungen bis 1968[14]

1. Der **Zweite Weltkrieg** erzwang erhebliche Einschränkungen der patentamtlichen Tätigkeit.[15] Im April 1945 kam sie gänzlich zum Erliegen. Erst ab 1948 wurde das deutsche Patentwesen schrittweise wiederbelebt, zunächst durch Maßnahmen der Verwaltung des aus der britischen und der amerikanischen Besatzungszone gebildeten „Vereinigten Wirtschaftsgebiets", dann durch die Gesetzgebung der Bundesrepublik Deutschland: Fünf **Überleitungsgesetze** und weitere Vorschriften aus den Jahren 1949 bis 1953 dienten der Bereinigung durch Kriegs- und Nachkriegsereignisse bedingter Probleme.[16] Am 1.10.1948 wurden in Darmstadt und Berlin Annahmestellen eröffnet. Hier konnten mit prioritätswahrender Wirkung Anmeldungen hinterlegt werden; ein Schutz wurde dadurch noch nicht begründet. Am 1.10.1949 wurde dann in München als Nachfolger des Berliner Reichspatentamts das **Deutsche Patentamt** eröffnet, dem später eine „Dienststelle Berlin" angegliedert wurde; es erteilte Patente zunächst ohne vollständige Vorprüfung. Erst für die ab 1.1.1952 eingereichten Anmeldungen wurde diese wieder eingeführt. 15

Mit dem 5. Überleitungsgesetz von 1953 und der gleichzeitigen Neubekanntmachung des Patentgesetzes und des Gebrauchsmustergesetzes war die Wiederherstellung des Patentwesens für das Gebiet der Bundesrepublik Deutschland und Westberlins abgeschlossen.[17] Sie restaurierte – trotz einer Reihe von Änderungen im Einzelnen – inhaltlich und organisatorisch im Wesentlichen den Vorkriegszustand. Die weitere Entwicklung führte jedoch in mehreren Schritten zu einer tiefgreifenden Umgestaltung des deutschen Patentrechts, die insgesamt als **große Reform** angesprochen werden kann, auch wenn die Fassung von 1936 als Grundgerüst erkennbar bleibt und in vielen Einzelbestimmungen fortlebt. 16

2. Da die 1942/43 erlassenen Vorschriften über Diensterfindungen unzureichend und inzwischen wenigstens ihrer Form nach überholt waren,[18] erfolgte eine umfassende Neu- 17

---

[14] Zum Recht der DDR und der deutschen Einigung s. angesichts des nun über 25-jährigen Zurückliegens der Wiedervereinigung Vorauflage § 6 IV.
[15] Vgl. *Nirk* in Hundert Jahre Patentamt 380 f.; *Beier/Moufang* GRUR-FS 1991, 288 f. Rn. 63, 65.
[16] Näheres bei *Nirk* in Hundert Jahre Patentamt 382 f.; *Rogge* in Benkard Einl. PatG Rn. 29 ff.; *Beier/Moufang* GRUR-FS 1991, 290 ff. Rn. 68, 71 ff.
[17] Im Zusammenhang mit der Wiedereingliederung des Saarlandes wurden 1959 PatG und GebrMG auf dieses Gebiet erstreckt; vgl. *Beier/Moufang* GRUR-FS 1991, 296 f. Rn. 76 mN.
[18] Zur Frage ihrer weiteren Anwendbarkeit *Schippel* GRUR-FS 1991, 585 Rn. 38 mN.

§ 6 II   1. Abschnitt. Grundlagen

ordnung durch das **Gesetz über Arbeitnehmererfindungen** vom 25.7.1957.[19] Es knüpft an das patentrechtliche Erfinderprinzip an, indem es das originäre Recht an der Diensterfindung dem Arbeitnehmer als ihrem Urheber zuerkennt. Doch wandelt es diesen Grundsatz ab durch ein einseitiges Zugriffsrecht des Arbeitgebers, mit dessen Hilfe er seinen arbeitsrechtlichen Anspruch auf das Arbeitsergebnis zur Geltung bringen kann. Macht er hiervon Gebrauch, ist er dem Arbeitnehmer zu angemessener Vergütung verpflichtet.

18   3. Durch das Verfassungsgebot, gegen jede Rechtsverletzung seitens der öffentlichen Gewalt gerichtlichen Schutz zu gewähren (Art. 19 Abs. 4 GG), wurden 1961 eine grundlegende Umgestaltung der patentbehördlichen Organisation und erhebliche Änderungen der Verfahrensvorschriften im Patentgesetz ausgelöst.[20] Über Beschwerden gegen Entscheidungen des Patentamts hatten nach der damaligen Regelung dessen Beschwerdesenate zu entscheiden. Die Beschwerdeentscheidung war keiner weiteren Nachprüfung unterworfen. Dem verfassungsrechtlichen Gebot war daher nur genügt, wenn die Beschwerdesenate als Gericht angesehen werden konnten. In einem Grundsatzurteil aus dem Jahr 1959 wurde dies vom Bundesverwaltungsgericht[21] verneint – insbesondere mangels organisatorischer Unabhängigkeit vom Amt, das seinerseits als Verwaltungsbehörde qualifiziert wurde. Infolgedessen unterlagen Entscheidungen der Beschwerdesenate des DPA der Anfechtungsklage nach den allgemeinen Vorschriften über das verwaltungsgerichtliche Verfahren, das bis zu drei Instanzen durchlaufen konnte. Die Verzögerungen, die hierdurch drohten, erschienen ebenso wenig tragbar wie die Belastung der Verwaltungsgerichte mit einer großen Zahl zusätzlicher Prozesse, auf deren spezifische Sachproblematik sie in keiner Weise eingerichtet waren. Daher wurde für die Anfechtung der patentamtlichen Entscheidungen die Beschwerdemöglichkeit innerhalb des Amts abgeschafft, eine eigene gerichtliche Instanz geschaffen und der normale Verwaltungsrechtsweg ausgeschlossen. Eine Ergänzung des Grundgesetzes (heute Art. 96 Abs. 1) erlaubte es dem Bund, für Angelegenheiten des gewerblichen Rechtsschutzes ein Bundesgericht zu errichten. Anschließend wurden durch das 6. Überleitungsgesetz vom 23.3.1961 die Beschwerdesenate und die Nichtigkeitssenate des Patentamts aus diesem herausgelöst und zum **Bundespatentgericht** verselbständigt. Gegen seine Beschwerdeentscheidungen wurde im Interesse einer einheitlichen Rechtsprechung in allen patent- und gebrauchsmusterrechtlichen Fragen[22] die – regelmäßig zulassungsabhängige – Rechtsbeschwerde an den Bundesgerichtshof eröffnet, der im Nichtigkeitsverfahren und in zivilgerichtlichen Patentstreitsachen schon bisher als oberste Rechtsmittelinstanz zuständig gewesen war. Hinsichtlich der Besetzung des Bundespatentgerichts wurde die in den Senaten des Patentamts bewährte Mitwirkung von naturwissenschaftlich-technisch vorgebildeten Mitgliedern bestätigt und die Beteiligung mindestens eines rechtskundigen Mitglieds sichergestellt.

19   4. Um das Patentamt zu entlasten, reformierte das Gesetz zur Änderung des Patentgesetzes, des Warenzeichengesetzes und weiterer Gesetze vom 4.9.1967, das als teilweise Vorwegnahme umfassenderer Erneuerungspläne verstanden und deshalb „**Vorabgesetz**" genannt wurde, insbesondere den Verfahrensablauf von der Einreichung der Patentanmeldungen bis zu ihrer Bekanntmachung.[23] Es hatte sich herausgestellt, dass es dem Amt nicht mehr gelang, alle Patentanmeldungen in absehbarer Zeit vollständig auf Schutzfähigkeit zu prüfen. Das lag an einer Zunahme der Anmeldezahlen, vor allem aber daran, dass die Prüfung der einzelnen Anmeldungen wegen der zunehmenden technischen Schwierigkeit

---

[19] Zur Vorgeschichte *Beier/Moufang* Rn. 86; *Schippel* GRUR-FS 1991, 585 Rn. 40 ff.; *Kurz* GRUR 1991, 422 (424 ff.).
[20] Dazu ausführlich *Krieger* FS 25 J. BPatG, 1986, 31–46; *Pakuscher* FS Lorenz, 2001, 19 ff.; vgl. auch *Beier/Moufang* GRUR-FS 1991, 307 f. Rn. 89 mwN.
[21] BVerwGE 8, 350 = GRUR 1959, 435; aufschlussreich dazu *Grabrucker/Böhmer* FS VPP, 2005, 551–568.
[22] Von den anderen zur Zuständigkeit des BPatG gehörigen Rechtsgebieten ist hier abgesehen.
[23] Dazu *Beier/Moufang* GRUR-FS 1991, 308 ff. Rn. 90 mN.

§ 6. Die deutsche Gesetzgebung nach 1877   III § 6

der angemeldeten Erfindungen und des wachsenden Umfangs des Prüfungsstoffes immer mehr Zeit in Anspruch nahm. 1967 hatten sich 275 000 unerledigte Patentanmeldungen angesammelt; da in den vorausgegangenen Jahren jeweils 15–18 000 Anmeldungen mehr eingereicht als erledigt worden waren, musste ein stetiges Weiterwachsen dieses Rückstaus befürchtet werden. Daher wurde mit Wirkung vom 1.10.1968 nach niederländischem Vorbild das heute noch maßgebende System der **„aufgeschobenen Prüfung"** eingeführt. Eine vollständige technische Prüfung erfolgt hiernach nur auf besonderen gebührenpflichtigen Antrag, der bis zum Ablauf von sieben Jahren seit der Anmeldung gestellt werden kann; bleibt er länger aus, verfällt die Anmeldung. Da sich erfahrungsgemäß ein nicht geringer Teil der angemeldeten Erfindungen schon nach wenigen Jahren als wirtschaftlich uninteressant oder technisch überholt erweist, kann damit gerechnet werden, dass der Aufschub die Prüfung oft ganz entbehrlich macht. Damit er nicht auch die nach früherem Recht erst nach (dem Anmelder günstigem) Abschluss der Prüfung vorgesehene Veröffentlichung der Anmeldung verzögert, sieht die neue Regelung vor, dass alle Anmeldungen, gleichgültig ob ihre Prüfung beantragt ist oder nicht, nach spätestens 18 Monaten der Öffentlichkeit zugänglich gemacht werden („Offenlegung"), die dadurch im allgemeinen wesentlich rascher informiert wird, als dies nach dem alten System möglich war. Zum Ausgleich des Verlusts seines Geheimnisses erhält der Anmelder gegen Benutzer der Erfindung einen Entschädigungsanspruch; ein Verbotsrecht erlangt er ohne vollständige Prüfung der Schutzfähigkeit nicht; er muss aber unabhängig hiervon ab dem dritten Jahr seit der Anmeldung Jahresgebühren zahlen. Das Verfahren der aufgeschobenen Prüfung hat das Amt spürbar entlastet. Von den Anmeldungen, für die die siebenjährige Frist bereits abgelaufen ist, brauchten rund ein Drittel nicht geprüft zu werden. Andererseits erwuchsen dem Patentamt durch die Ausgabe von Offenlegungsschriften und deren Einbeziehung in den Prüfstoff neue Belastungen.[24]

Ebenfalls unter dem Gesichtspunkt der Entlastung des Amts, aber ohne messbare Auswirkung in dieser Hinsicht führte das „Vorabgesetz" den von den beteiligten Kreisen schon seit langem geforderten **Stoffschutz** ein, indem es das Patentierungsverbot für Nahrungs-, Genuss- und Arzneimittel und für Stoffe, die auf chemischem Weg hergestellt werden, aufhob.[25]   20

Erfahrungen in Ländern, die ein solches Verbot nicht kennen, hatten gezeigt, dass die Gefahren, mit denen es begründet wurde, nicht bestanden oder anders abgewehrt werden konnten. Auch war die deutsche Praxis beim Verfahrensschutz einem Stoffschutz schon recht nahe gekommen, indem sie sogenannte Analogieverfahren, denen als solchen die Schutzfähigkeit gefehlt hätte, mit Rücksicht auf die Eigenschaften des neuen Stoffes patentierte, zu dem sie führten.   21

5. Im Gebrauchsmustergesetz wurden durch das 6. Überleitungsgesetz (→ Rn. 18) die Bestimmungen über die Beschwerde den neuen Zuständigkeitsregeln angepasst. Gleichzeitig wurde durch Verweisung auf das PatG die Erteilung von Zwangslizenzen ermöglicht. 1965 wurde auch die Streitwertbegünstigung (→ Rn. 4 ff.) zugelassen.   22

6. Nach Einführung der Änderungen von 1961 und 1967 erfolgten jeweils Neubekanntmachungen des PatG und des GebrMG.   23

III. Einflüsse des europäischen und internationalen Rechts und weitere Änderungen ab 1976

1. Im Zusammenhang mit der Ratifizierung des Straßburger Übereinkommens, des Patentzusammenarbeitsvertrags und des Europäischen Patentübereinkommens (vgl. → § 7 Rn. 13 ff., 57, 58 ff.) brachte das **Gesetz über Internationale Patentübereinkommen**   24

---

[24] *Häußer/Goebel* GRUR-Int 1990, 723–727.
[25] Dazu *Beier/Moufang* GRUR-FS 1991, 299 f. Rn. 80 mN – Über die Diskussion um den Stoffschutz berichtet *Bruchhausen* GRUR-FS 1991, 323 Rn. 6–20, der zu ablehnenden Stimmen kritisch Stellung nimmt.

vom 21.6.1976 eine vollständige Neufassung der Vorschriften über die sachlichen Patentierungsvoraussetzungen, Nichtigkeits- und Einspruchsgründe; außerdem wurde die Laufzeit der – ab 1.1.1978 angemeldeten – Patente auf 20 Jahre verlängert und die Bestimmung des Schutzumfangs ausdrücklich geregelt. Die neuen Vorschriften über die Patentfähigkeit deckten sich fast vollständig mit den entsprechenden Regelungen des EPÜ 1973 und passten gleichzeitig das PatG dem Straßburger Übereinkommen an. Wesentliche Abweichungen vom früheren deutschen Recht ergaben sich dabei vor allem aus dem sogenannten absoluten Neuheitsbegriff, nach welchem es ohne Unterschied nach Zeitpunkt, Ort oder Form einer Vorverlautbarung oder -benutzung allein darauf ankommt, ob die Erfindung vor dem Prioritätsstichtag der Öffentlichkeit zugänglich war; ferner aus der das bloße Verbot der Doppelpatentierung ablösenden Einbeziehung vor diesem Tag eingereichter, aber erst später veröffentlichter inlandsbezogener Anmeldungen in den Stand der Technik und aus einer rigorosen Einschränkung der durch Neuheitsschonfrist und Ausstellungsschutz gewährten Ausnahmen von der Neuheitsschädlichkeit der Veröffentlichung oder öffentlichen Benutzung einer noch nicht angemeldeten Erfindung.

25   2. Um das deutsche Recht an die Regelung des künftigen Europäischen Patents für den Gemeinsamen Markt (vgl. → § 7 Rn. 90 ff.) anzupassen, führte das **Gemeinschaftspatentgesetz** vom 26.7.1979 eine Reihe weiterer Neuerungen ein, die, obwohl die Verwirklichung des Gemeinschaftspatents noch ausstand, am 1.1.1981 in Kraft getreten sind. Vor allem wurden die Wirkungen des Patents ausführlicher geregelt als im bisherigen Gesetz. Die sachlichen Abweichungen von diesem beschränken sich jedoch auf Einzelheiten. Das gleiche gilt für die neue Vorschrift über die Lizenzen. Neben diesen aus dem GPÜ stammenden Änderungen stehen einige, die das Verfahren betreffen. Insbesondere findet der Einspruch nunmehr – wie beim EPA – erst *nach* der Patenterteilung statt. Weiter wurde ua die Inanspruchnahme der Priorität auch inländischer Voranmeldungen gestattet („innere Priorität") und die Möglichkeit geschaffen, den Präsidenten des Patentamts im Beschwerde- und Rechtsbeschwerdeverfahren zu beteiligen. Zur besseren Übersichtlichkeit wurde der vollständige, alle Änderungen einschließende Wortlaut des PatG unter dem 16.12.1980 im Bundesgesetzblatt vom 3.1.1981 mit neuer Durchnummerierung der Paragraphen bekanntgemacht.

26   3. Auf das **Gebrauchsmustergesetz** hatte sich die Europäisierung des Patentrechts nicht ausgewirkt. Nach Inkrafttreten der Änderungen des PatG war jedoch zu überlegen, ob und mit welchem Inhalt fortan die patentrechtlichen Vorschriften und Grundsätze angewandt werden sollten, auf die man kraft gesetzlicher Verweisung oder Analogieschlusses zurückzugreifen gewohnt war.[26] Das Gesetz zur Änderung des Gebrauchsmustergesetzes vom 15.8.**1986**[27] klärte die Frage und brachte außerdem wichtige Neuerungen. Die auf ihm beruhende Fassung des GebrMG wurde am 28.8.1986 mit neuer Durchnummerierung der Paragraphen bekanntgemacht und trat am 1.1.1987 in Kraft.

27   Die Definition des Schutzgegenstands lautete nunmehr: „Als Gebrauchsmuster werden Arbeitsgerätschaften, Gebrauchsgegenstände oder Teile davon geschützt, die eine neue Gestaltung, Anordnung, Vorrichtung oder Schaltung aufweisen, auf einem erfinderischen Schritt beruhen und gewerblich anwendbar sind. Der Gegenstand des Gebrauchsmusters kann auch aus mehreren zusammengehörigen Bestandteilen bestehen."

28   Die Formulierung war sprachlich ungenau: Sie forderte das Beruhen auf einem erfinderischen Schritt und die gewerbliche Anwendbarkeit für die Arbeitsgerätschaften usw, die Neuheit dagegen für die Anordnung, Vorrichtung oder Schaltung, so dass unklar blieb, was eigentlich Gegenstand des Schutzes sein sollte. Außerdem verwendete sie im ersten Satz das Wort „Gebrauchsmuster" im Sinne des Schutz*gegenstands,* im zweiten im Sinne des Schutz*rechts.* Diese Inkonsequenz des Sprachgebrauchs

---

[26] Zur Diskussion hierüber *Kraßer* GRUR-FS 1991, 617 Rn. 109 ff. mN.
[27] BGBl. I 1446 = BlPMZ 1986, 310; Begründung BlPMZ 1986, 320 ff.; zu den Vorarbeiten *Kraßer* GRUR-FS 1991, 617 Rn. 114 ff.

§ 6. Die deutsche Gesetzgebung nach 1877   III § 6

findet sich auch in weiteren Bestimmungen des Änderungsgesetzes und ist bis heute nicht vollständig beseitigt (vgl. → § 1 Rn. 41 ff.).

Sachlich war die Neufassung von geringer Tragweite. Sie bedeutete lediglich eine vorsichtige Auflockerung der Schutzvoraussetzungen für Gegenstände, die Schaltungen aufweisen oder aus mehreren Teilen bestehen. Dagegen hielt sie daran fest, dass die Neuerung in einem Gegenstand mit „Raumform" verkörpert sein muss, und schloss dadurch weiterhin nicht wenige ihrer Art nach patentierbare Gegenstände vom Gebrauchsmusterschutz aus. Andererseits bestätigte sie, indem sie statt „erfinderischer Tätigkeit" einen „erfinderischen Schritt" genügen ließ, die schon vorher in der Rechtsprechung und überwiegend auch im Schrifttum anerkannte Regel, wonach der Schutz zwar ein gewisses, im Vergleich zu den patentrechtlichen Anforderungen aber geringeres Maß an erfinderischer Leistung voraussetzt. 29

Den Änderungen, die das Neuheitserfordernis im Patentrecht erfahren hatte (→ Rn. 24), folgte das Gebrauchsmusterrecht nicht: Der relevante Stand der Technik blieb auf schriftliche Beschreibungen und inländische Benutzungen beschränkt. Die Neuheitsschonfrist behielt ihren weiten Anwendungsbereich und war von nun an nicht mehr vom Tag der Anmeldung, sondern von dem – oft früheren – für deren Zeitrang maßgebenden Tag aus zurückzurechnen. Nicht vorveröffentlichte Anmeldungen wurden nicht mit ihrem gesamten Inhalt in den Stand der Technik einbezogen, sondern standen der Gültigkeit eines auf späterer Anmeldung beruhenden Gebrauchsmusters nach wie vor nur insoweit entgegen, als sie für dessen Gegenstand zur Patenterteilung oder Gebrauchsmustereintragung führten. 30

Andere die Schutzfähigkeit betreffende Bestimmungen wurden aus dem PatG übernommen: Die gewerbliche Anwendbarkeit ist ebenso definiert wie dort. Die beispielhafte Aufzählung nicht als Erfindungen anzusehender und deshalb als solche dem Schutz nicht zugänglicher Gegenstände und Tätigkeiten kehrt wieder mit der einleitenden Formel „Als Gegenstand eines Gebrauchsmusters ... werden insbesondere nicht angesehen". Die Gründe, aus denen Erfindungen von der Patentierung ausgeschlossen sind, wurden auch im GebrMG genannt, soweit sie in dessen Anwendungsbereich Bedeutung erlangen können. 31

Im Wesentlichen bedeuteten die letztgenannten Regelungen nur eine ausdrückliche Bestätigung schon vorher anerkannter Grundsätze. Ebenso verhält es sich mit den entsprechend dem PatG formulierten und deshalb jetzt expliziteren Vorschriften über die Schutz*wirkungen* und der dem PatG nachgebildeten Ergänzung der die Rechtsnachfolge betreffenden Vorschrift durch einen Absatz über Lizenzen. Dagegen war weder im PatG noch im GebrMG bestimmt gewesen, dass Rechtsübergänge und Lizenzen vorher an Dritte erteilte Lizenzen nicht berühren, letztere also „Sukzessionsschutz" genießen. Die Änderung des GebrMG bot Gelegenheit, dies in beiden Gesetzen festzuschreiben, nachdem es infolge einer höchstrichterlichen Entscheidung fraglich geworden war.[28] 32

Für die Anmeldung wurde wie im PatG die Inanspruchnahme der „inneren Priorität" für die Bundesrepublik Deutschland wirkender Voranmeldungen gestattet; dabei wurde klargestellt, dass die Voranmeldung nur dann als zurückgenommen gilt, wenn sie ebenfalls auf ein Gebrauchsmuster gerichtet war. Im PatG wurde Entsprechendes erst 1991 ausdrücklich bestimmt. 33

Als grundlegende Neuerung wurde an Stelle der – erst nach Erledigung einer gegenstandsgleichen Patentanmeldung zu behandelnden – Gebrauchsmusterhilfsanmeldung die „Abzweigung" eingeführt: Für eine Gebrauchsmusteranmeldung kann innerhalb eines großzügig bemessenen Zeitraums der Anmeldetag einer für dieselbe Erfindung früher eingereichten Patentanmeldung in Anspruch genommen werden. 34

Für die Laufzeit wurde eine – gebührenpflichtige – Verlängerung um weitere zwei Jahre zugelassen, die Höchstdauer also auf acht Jahre ausgedehnt. 35

Die Änderung der Anmeldung wurde in Anlehnung an das PatG ausdrücklich geregelt, der Verstoß gegen das dabei geltende Erweiterungsverbot zum Löschungsgrund erhoben. 36

---

[28] BGH 23.3.1982, BGHZ 83, 251 = GRUR 1982, 411 – Verankerungsteil; dazu die 4. Aufl., 693 f.

Um die durch das Fehlen einer vollständigen Vorprüfung bedingte Unsicherheit zu verringern, wurde die Möglichkeit geschaffen, durch das Patentamt gegen Gebühr die für die Beurteilung der Schutzfähigkeit des Gegenstands einer Gebrauchsmusteranmeldung oder eines Gebrauchsmusters in Betracht zu ziehenden öffentlichen Druckschriften ermitteln zu lassen (fakultative Recherche).

Für zivilrechtliche Streitigkeiten in Gebrauchsmustersachen wurde – verbunden mit einer Ermächtigung der Länder zur Konzentration – die ausschließliche erstinstanzliche Zuständigkeit der Landgerichte eingeführt.

Durch weitere neugefasste Vorschriften im verfahrensrechtlichen Bereich wurden Regeln, die – meist in Analogie zu patentrechtlichen Lösungen – weitgehend schon vorher als geltendes Recht praktiziert worden waren, unter Angleichung an die entsprechenden Formulierungen des PatG 1981 bestätigt oder klargestellt.

37   4. Das **Produktpirateriegesetz** vom 7.3.**1990**[29] brachte einen Ausbau der Sanktionen auch von Patent- und Gebrauchsmusterverletzungen durch Ansprüche auf Vernichtung rechtsverletzender Erzeugnisse und ausschließlich oder nahezu ausschließlich ihrer Herstellung dienender Vorrichtungen und auf Auskunft über den Vertriebsweg solcher Erzeugnisse sowie durch Verschärfung der Strafdrohungen und Einschränkung des Strafantragserfordernisses. Außerdem ermöglichte es eine vorläufige zollbehördliche Beschlagnahme offensichtlich rechtsverletzender Erzeugnisse bei der Ein- oder Ausfuhr. So nachvollziehbar dieses robuste rechtliche Einschreiten gegen Geschäftsmodelle, deren Kern die vorsätzliche und gewerbsmäßige Verletzung fremder Schutzrechte bildet, einerseits gewesen sein mag, so problematisch erscheint bis heute, dass auf tatbestandlicher Ebene nicht definiert wurde, was als Piraterie gelten muss, wogegen sich der Gesetzgeber also wenden wollte. Diese Definition steht bis heute aus, und es scheint so, als sei das, was einmal als Rechtsbegriff angesehen werden konnte, heute zu einem Kampagnenbegriff degeneriert – ähnlich wie der Begriff „Patent Troll", dessen Entwicklung hin zum Kampagnenbegriff ähnlich verlaufen ist.[30] Um nicht missverstanden zu werden: Natürlich gibt es auch in Deutschland sowohl Patent Trolls als auch Produktpiraten. Entscheidend für den Umgang mit beiden dürfen aber nicht wohlfeile Etiketten, sondern muss stets sein, welche Verletzungstatbestände diese *in casu* verwirklichen. Abzuraten ist von der emotionalen Aufladung solcher Begriffe, weil diese Sachverhalte eher verdunkelt, als erhellend zu wirken.

38   Im **Gebrauchsmuster**gesetz wurde mit diesen Änderungen eine **Neubestimmung des Schutzgegenstands** verbunden:[31] Durch Abschaffung des Erfordernisses, dass dieser eine „Raumform" aufweist, wurde es möglich, den Schutz allen ihrer Art nach der Patentierung zugänglichen Erfindungen zu öffnen. Dies geschah jedoch nicht uneingeschränkt: Verfahren wurden ausdrücklich ausgenommen.

39   Die Bestimmung des Schutzbereichs wurde entsprechend dem PatG geregelt. Auch wurde gestattet, die Laufzeit um weitere zwei auf insgesamt höchstens **10 Jahre** zu verlängern.

40   5. Da der Anwendungsbereich des Sortenschutzes auf alle Arten von Pflanzen ausgedehnt wurde, entfiel 1992 die für nicht sortenschutzfähige Arten vorgesehene Einschränkung des Ausschlusses der Pflanzensorten von der Patentierung.

41   6. Mit Rücksicht auf die lange Dauer von Zulassungsverfahren für Arzneimittel, durch die mehr als die Hälfte der effektiven Patentschutzdauer (sog. *effective patent life*) verloren gehen kann, wurde auf EU-Ebene das sog. **ergänzende Schutzzertifikat** (ESZ) eingeführt. ESZe können die Laufzeit eines sog. „Grundpatents" um bis zu fünf Jahre und für Kinderarzneimittel um weitere sechs Monate *(sog. pediatrische Verlängerung)* verlängern und werden von den nationalen Patentämtern erteilt. Ins deutsche PatG wurden darum entsprechende Regelungen eingefügt und – durch Bezugnahme auf die jeweils geltenden europäi-

---

[29] Gesetz zur Stärkung des Schutzes des geistigen Eigentums und zur Bekämpfung der Produktpiraterie (PrPG), BGBl. I 422 = BlPMZ 1990, 161 (mit Materialien).
[30] *Ann* FS Bornkamm, 2014, 3 (12); ähnlich *Kur* APuZ 2012, 21.
[31] Vgl. *Tronser* GRUR 1991, 10 ff.; zum vorausgegangenen Meinungsstreit und zur Vorgeschichte *Kraßer* GRUR-FS 1991, 617 Rn. 121 ff., 133 ff.

§ 6. Die deutsche Gesetzgebung nach 1877

schen Verordnungen – so gefasst, dass sie auch auf ESZe anwendbar sind, die künftig für weitere Erzeugnisse eingeführt werden,[32] wie 1996 für Pflanzenschutzmittel geschehen (Näheres zu ESZen unter → § 26 Rn. 38 ff.).

7. Das **Zweite Patentrechtsänderungsgesetz** vom 16.7.1998[33] erleichterte die Anmeldung, indem es zuließ, dass sie nicht direkt beim – nunmehr als Deutsches Patent- und Markenamt (DPMA) bezeichneten – Amt, sondern über ein Patentinformationszentrum eingereicht wird, und beseitigte mit dem Erfordernis der Schriftform ein Hindernis für die Einreichung auf elektronischem Weg, die dann für Patentanmeldungen mit Wirkung vom 15.10.2003 ermöglicht wurde (→ Rn. 43). Auch gestattete es die Einreichung in einer anderen als der deutschen Sprache abgefasster Anmeldungen, denen freilich fristgerecht eine deutsche Übersetzung folgen muss. Eine Reihe von Vorschriften über Anmeldungen, Prioritäten und Registereintragungen wurde in vereinfachender oder klarstellender Weise neu gefasst. Das Verfahren bei Berufungen und Beschwerden gegen Entscheidungen der Nichtigkeitssenate des BPatG wurde unter Abschaffung patentrechtlicher Besonderheiten den allgemeinen Regeln des Zivilprozess- und Gerichtskostenrechts angeglichen. Die Gründe für eine zulassungsfreie Rechtsbeschwerde wurden um denjenigen der Versagung rechtlichen Gehörs erweitert. Materiell-rechtlich wurde die Vorschrift über die Zwangslizenzen in enger Anlehnung an das TRIPS-Übereinkommen neu und wesentlich ausführlicher gefasst. Im Zusammenhang hiermit wurde die Möglichkeit der Zurücknahme von Patenten beseitigt. 42

8. Im Jahr **2002** wurden in das **PatG § 125a** und in das GebrMG eine entsprechende Verweisung eingefügt. Die Vorschrift lässt, soweit in Verfahren vor dem PA, dem BPatG und dem BGH für Anmeldungen, Anträge, sonstige Handlungen, Erklärungen usw Schriftform vorgesehen ist, in weitem Umfang die Aufzeichnung als **elektronisches Dokument** genügen, wenn dieses für die Bearbeitung durch das Patentamt oder Gericht geeignet ist. Ihre Verwirklichung wurde von einer **Rechtsverordnung** abhängig gemacht, die **2003** für Teilbereiche erlassen worden ist und die Erfordernisse festlegt, denen solche Dokumente genügen müssen.[34] Entsprechend wurden durch die Patentverordnung[35] die vorher in der Patentanmeldeverordnung enthaltenen Regelungen geändert. 43

9. Das Gesetz zur Bereinigung von **Kostenregelungen** auf dem Gebiet des geistigen Eigentums vom 13.12.2001[36] modernisiert diese für alle Aufgabenbereiche des DPMA, damit dessen Arbeits- und Ablauforganisation umfassend rationalisiert, insbesondere eine automatische Überwachung des Zahlungseingangs bei allen Gebühren eingeführt werden kann. Es verlegt deshalb die Vorschriften, nach welchen die Zahlung von Gebühren erforderlich ist, mit wenigen Ausnahmen aus den die verschiedenen Schutzrechte regelnden Einzelgesetzen wie dem PatG und dem GebrMG in das an die Stelle des bisherigen Patentgebührengesetzes 44

---

[32] Gesetz zur Änderung des Patentgesetzes und anderer Gesetze vom 23.3.1993 BGBl. I 366 = BlPMZ 1993, 169 (mit Materialien).

[33] Zweites Gesetz zur Änderung des Patentgesetzes und anderer Gesetze (2. PatGÄndG) BGBl. I 1827 = BlPMZ 1998, 382 (mit Materialien).

[34] VO über den elektronischen Rechtsverkehr **beim Deutschen Patent- und Markenamt** (ERVDPMAV) vom 1.11.2013 m. Anlage, BGBl. I 3906 = BlPMZ 2013, 378, zul. geänd. dch. Art. 2 der VO v. 10.12.2018, BGBl. I 2444 = BlPMZ 2019, 37 (38). Durch zwei Verordnungen vom 26.9.2006, BGBl. I 2159 (2161) = BlPMZ 2006, 305 (306), wurde die ERvGewRV aufgespalten in die VO über den elektronischen Rechtsverkehr beim BPatG und beim BGH und die – die Möglichkeiten elektronischer Einreichung erweiternde – VO über den elektronischen Rechtsverkehr beim DPMA. Die für BGH und BPatG geltende VO über den elektronischen Rechtsverkehr **beim Bundesgerichtshof und Bundespatentgericht** (BGH/BPatGERVV) vom 24.8.2007 wurde mit Wirkung vom 1.9.2007 neu erlassen BGBl. I 2130 = BlPMZ 2007, 368, zul. geänd. dch. § 10 Abs. 2, Nr. 1 der VO v. 24.11.2017, BGBl. I 3803).

[35] Verordnung zum Verfahren in Patentsachen vor dem Deutschen Patent- und Markenamt (Patentverordnung – PatV) vom 1.9.2003 mit Anlagen, BGBl. I 1702 = BlPMZ 2003, 322, in Kraft seit 15.10.2003.

[36] BGBl. I 3656 = BlPMZ 2002, 14 (mit Materialien).

§ 6 III   *1. Abschnitt. Grundlagen*

tretende **Patentkostengesetz** (PatKostG) und dessen Gebührenverzeichnis. Nur dieses gibt nunmehr Auskunft darüber, in welchen Fällen eine Gebührenzahlung erforderlich ist. Die Fälligkeit der Gebühren, die Fristen für ihre Zahlung und die beim Ausbleiben rechtzeitiger Zahlung eintretenden Rechtsfolgen sind größtenteils zusammenfassend im PatKostG festgelegt. Regelungen, die solche Rechtsfolgen von einer amtlichen Benachrichtigung des Betroffenen abhängig machten, wurden abgeschafft; die komplizierten Vorschriften über Zahlungserleichterungen bei Jahresgebühren wurden durch entsprechende Ausdehnung der Möglichkeit von Verfahrenskostenhilfe ersetzt.

45   10. Zwecks Entlastung des DPMA wurde in dem durch das „Kostenbereinigungsgesetz" (→ Rn. 44) eingefügten § 147 Abs. 3 PatG die Entscheidung über in den Jahren 2002 bis 2004 – unter bestimmten Voraussetzungen auch früher – eingelegte **Einsprüche** den Beschwerdesenaten des **Bundespatentgericht**s zugewiesen.[37] 2004 wurde die Geltungsdauer dieser Regelung bis zum 30.6.2006 verlängert.[38] Seit 1.7.2006[39] liegt die Zuständigkeit für die Entscheidung über Einsprüche grundsätzlich wieder beim DPMA, geht jedoch auf Antrag eines Beteiligten unter bestimmten Voraussetzungen auf das BPatG über.

46   Die Neuregelung der Zuständigkeiten im Einspruchsverfahren gab auch Gelegenheit, die Patentabteilung zur **Anhörung** zu verpflichten, wenn diese beantragt wird, und die problembelastete Möglichkeit der **Teilung** des Patents im Einspruchsverfahren[40] abzuschaffen.

47   11. Durch die gesetzgeberischen Vorbereitungen für die Umsetzung der „**Biopatentrichtlinie**" (→ § 7 Rn. 106 ff.) wurden tiefgreifende Kontroversen ausgelöst. Die Umsetzung gelang deshalb nicht termingerecht zum 30.7.2000, sondern erst durch Gesetz vom 21.1.2005.[41] Es fügt eine Reihe neuer Bestimmungen über Voraussetzungen der Patentierbarkeit und Patentierungsverbote sowie über die Patentwirkungen und deren Schranken in das PatG ein, wobei es weitgehend dem Wortlaut der Richtlinie folgt, an manchen Stellen aber hiervon abweicht. Inhaltlich bedeutet es teilweise eine Bestätigung von Regeln, die in der Rechtsprechung schon vorher anerkannt waren, ohne im Gesetz ausdrücklich formuliert zu sein. Darüber hinaus ergänzt und präzisiert es die bisherigen Vorschriften und ungeschriebenen Regeln durch Definitionen, Abgrenzungen, Beispiele und Klarstellungen. Einige Bestimmungen betreffen das Verhältnis zum Sortenschutz und beschränken zugunsten der Landwirte Patentwirkungen in Anlehnung an entsprechende sortenschutzrechtliche Vorschriften; im Zusammenhang hiermit werden auch die Möglichkeiten der Erteilung von Zwangslizenzen an Inhaber abhängiger Schutzrechte erweitert. Vom *Gebrauchsmusterschutz* schließt das Gesetz biotechnologische Erfindungen aus.

48   Die Umsetzung der in der BioPat-RL enthaltenen Bestimmungen über die Hinterlegung biologischen Materials für Patentierungszwecke erfolgte auf der Grundlage des schon 1998 eingefügten § 34 Abs. 8 PatG durch die Biomaterial-Hinterlegungsverordnung vom 24.1.2005.[42]

49   12. Durch das Gesetz zur Änderung des Arzneimittelgesetzes vom 29.8.2005 wurde entsprechend einer europäischen Richtlinie[43] der für die Benutzung von Erfindungen zu Versuchszwecken gelten-

---

[37] Vgl. *Landfermann* FS VPP, 2005, 160–173; mit statistischen Angaben über Auswirkungen der Regelung (165 f.).

[38] Gesetz zur Änderung des Patentgesetzes und anderer Vorschriften des gewerblichen Rechtsschutzes, BGBl. I 3232 = BlPMZ 2005, 3.

[39] Tag des Inkrafttretens des Gesetzes zur Änderung des patentrechtlichen Einspruchsverfahrens und des Patentkostengesetzes vom 21.6.2006 BGBl. I 1318 = BlPMZ 2006, 225 (mit Materialien); Berichtigung BGBl. 2006 I 2737 = BlPMZ 2007, 1.

[40] Dazu 5. Aufl., 631 ff.

[41] Gesetz zur Umsetzung der Richtlinie über den rechtlichen Schutz biotechnologischer Erfindungen BGBl. I 146 = BlPMZ 2005, 93 (mit Materialien).

[42] Verordnung über die Hinterlegung von biologischem Material in Patent- und Gebrauchsmusterverfahren, BGBl. I 151 = BlPMZ 2005, 102.

[43] Richtlinie 2004/27/EG des Europäischen Parlaments und des Rates vom 31.3.2004 zur Änderung der Richtlinie 2001/83/EG zur Schaffung eines Gemeinschaftskodexes für Arzneimittel, ABl. 2004 L 136, 34; dazu *Gassner* GRUR-Int 2004, 983 (989 ff.).

§ 6. Die deutsche Gesetzgebung nach 1877   III **§ 6**

den Einschränkung der Patentwirkungen (§ 11 Nr. 2 PatG) eine Bestimmung hinzugefügt, die Studien und Versuche und die sich daraus ergebenden praktischen Anforderungen, die für die Erlangung einer arzneimittelrechtlichen Genehmigung erforderlich sind, von den Patentwirkungen freistellt (§ 11 Nr. 2b PatG).

13. Im Zusammenhang mit der Ratifizierung des **EPÜ 2000** (→ § 7 Rn. 67 ff.) wurden PatG und IntPatÜG der Neufassung des EPÜ angepasst.[44] Änderungen ergaben sich dabei insbesondere in Aufbau und Formulierung der Vorschriften über die sachlichen Schutzvoraussetzungen. **50**

14. Zwecks Umsetzung der europäischen „Durchsetzungsrichtlinie" (→ § 7 Rn. 109) erging am 7.7.**2008** das Gesetz zur Verbesserung der **Durchsetzung** von Rechten des geistigen Eigentums (BGBl. I 1191). Für das PatG und das GebrMG brachte es mit Wirkung vom 1.9.2008 Neufassungen der Vorschriften über die Ansprüche auf Unterlassung, Schadensersatz, Beseitigung und Auskunft, neue Vorschriften über Ansprüche auf Vorlage von Urkunden und sonstigen Unterlagen sowie auf Duldung der Besichtigung von Sachen, eine neugefasste Regelung der Maßnahmen der Zollbehörden zur Verhinderung der Ein- oder Ausfuhr schutzrechtsverletzender Erzeugnisse und eine Bestimmung, nach welcher im Urteil über eine Klage wegen Patent- oder Gebrauchsmusterverletzung der obsiegenden Partei die Befugnis zur Veröffentlichung des Urteils zugesprochen werden kann. **51**

15. Das „Gesetz zur Vereinfachung und Modernisierung des Patentrechts" (Patentrechtsmodernisierungsgesetz)[45] vom 31.7.2009 trat am 1.10.2009 in Kraft und brachte folgende Änderungen mit sich: **52**
– Änderungen der Vorschriften über das *Nichtigkeitsverfahren*, durch welche dieses gestrafft und der BGH als Berufungsinstanz entlastet werden soll;
– eine Neufassung der gesetzlichen Grundlage für die Regelung des *elektronischen Rechtsverkehrs* und die Eröffnung der Möglichkeit der *elektronischen Aktenführung* beim BPatG und beim BGH;
– die Abschaffung des Erfordernisses eines inländischen *Zustellungsbevollmächtigten* in Fällen, in denen auswärtige Verfahrensbeteiligte zulässigerweise einen nicht im Inland ansässigen Inlandsvertreter bestellen;
– Verfahrensvorschriften bezüglich der Berichtigung und der (bei Kinderarzneimitteln möglichen) Verlängerung der *Laufzeit ergänzender Schutzzertifikate*;
– Ausführungsregelungen für die gemäß EG-VO Nr. 816/2006 zulässige Erteilung von *Zwangslizenzen* zur Herstellung von Arzneimitteln *zwecks Ausfuhr* in Ländern mit Problemen im Bereich der öffentlichen Gesundheit;
– Einführung einer *Anspruchsgebühr* für den elften und jeden weiteren in einer Patentanmeldung enthaltenen Anspruch.

16. Das lange Zeit kaum veränderte Gesetz über **Arbeitnehmererfindungen** (ArbEG) erfuhr einen materiell-rechtlich gewichtigen Eingriff durch Gesetz vom 18.1.**2002**.[46] Es beseitigte das „Hochschullehrerprivileg", wonach die Erfindungen von Professoren und anderen an wissenschaftlichen Hochschulen[47] wissenschaftlich Tätigen durch den Dienstherrn oder Arbeitgeber nicht in Anspruch genommen werden konnten (§ 42 aF ArbEG), und unterwarf diese Erfindungen mit einzelnen die Wahrung der Wissenschaftsfreiheit und die Vergütung betreffenden Abweichungen den allgemeinen Vorschriften. **53**

Die 2008 noch im Raum stehende **Gesamtreform** des ArbEG, die 2001 noch zur Vorlage eines Referentenentwurfs geführt hatte, ist in dem zum 1.10.2009 in Kraft getretenen Patentrechtsmodernisierungsgesetz nur noch in deutlich abgeschwächter Form weiterverfolgt worden. **54**

---

[44] Gesetz zur Umsetzung der Akte vom 29.11.2000 zur Revision des Übereinkommens über die Erteilung europäischer Patente vom 24.8.2007 BGBl. I 2166 = BlPMZ 2007, 362 (mit Begründung).
[45] BGBl. I 2521.
[46] BGBl. I 414 = BlPMZ 2002, 121.
[47] Zum Begriff der wissenschaftlichen Hochschule im Zshg mit § 6 PAO *Ann* Mitt. 2015, 197 ff. Auch in § 42 ArbEG aF hatte dieser Begriff nur Universitäten bezeichnen sollen.

55 Eingeführt wurden dort folgende wesentlichen Änderungen des ArbEG:
- eine Diensterfindung kann nicht mehr nur beschränkt, sondern *nur noch unbeschränkt in Anspruch genommen* werden;
- die *Inanspruchnahme* braucht nicht innerhalb bestimmter Frist erklärt zu werden, sondern *wird fingiert*, wenn eine Diensterfindung nicht innerhalb von vier Monaten nach ihrer Meldung ausdrücklich freigegeben wird;
- für die Abgabe von Erfindungsmeldungen und Erklärungen genügt nun Textform, § 126b BGB.

Nicht betroffen sind die Anmeldepflicht des Arbeitgebers und das Vergütungssystem, die ursprünglich Teil der Gesamtreform hatten sein sollen.

§ 7. Die internationale Rechtsentwicklung

I. Weltweite Konventionen und Harmonisierungsbestrebungen

a) Notwendigkeit internationaler Verständigung

1 Als ubiquitäre Güter können Erfindungen an vielen Orten von vielen Menschen gleichzeitig genutzt werden. Schutz durch ein Ausschließlichkeitsrecht kann aber jeder Staat nur für sein Staatsgebiet gewähren. An dessen Grenzen endet das Verbot, die Erfindung ohne Erlaubnis des Patent- oder Gebrauchsmusterinhabers zu benutzen. Will der Berechtigte die Erfindung auch in anderen Ländern unter dem Schutz eines Ausschlussrechts verwerten, muss er in jedem von ihnen nach der dort geltenden Gesetzgebung ein solches Recht zu erlangen suchen. Für Ausländer hängt dies an den Voraussetzungen, unter denen andere Staaten die Erteilung von Schutzrechten an Ausländer zulassen.

2 In Zeiten des Privilegienwesens, das die Förderung des inländischen Gewerbes betonte, lag es nahe, bei der Schutzverleihung eigene Staatsangehörige zu bevorzugen und Fremde nur zu berücksichtigen, wenn sie sich im Inland niederließen und ihre Innovationen hier verwirklichten. Ausländische Erfinder, die dies nicht konnten oder wollten, liefen Gefahr, die Verwertungsmöglichkeit in dem betreffenden Land an den zu verlieren, der ihre Erfindung dort tatsächlich heimisch machte und dafür ein Einführungsprivileg oder -patent erlangte. Nachwirkungen solcher Wertung führten noch in Patentgesetzen des 19. – vereinzelt sogar des 20. – Jahrhunderts dazu, dass Einführungspatente zugelassen, nur inländische Sachverhalte als neuheitsschädlich berücksichtigt oder als Sanktion des Ausbleibens einer die Erfindung anwendenden inländischen Produktionstätigkeit Verfall oder Rücknahme des Patents angedroht wurden.

3 Zur Überwindung merkantilistisch-autarkistischer Vorstellungen vom Erfindungsschutz trugen vor allem zwei Faktoren bei: Die Idee vom geistigen Eigentum musste zur Forderung führen, dass alle Staaten das durch geistige Leistung originär erworbene Recht des Erfinders anerkannten und ihm ohne weitere Voraussetzung einen Anspruch auf Schutz einräumten. Daneben bedurfte es jedoch der Einsicht, dass die Erfüllung dieses idealistischen Postulats erhebliche praktische Vorteile versprach. Sie ergab sich aus der wirtschaftlichen und technischen Entwicklung ab Mitte des 19. Jahrhunderts. Die Zunahme des zwischenstaatlichen Handels machte die Bedeutung der Patente bei Erschließung und Schutz von Ausfuhrmärkten sichtbar; die am Export interessierten Staaten erkannten es deshalb als nützlich, zunächst auf Gegenseitigkeitsbasis ausländischen Erfindern und Unternehmen Patente zu erteilen. Hinzu kam, dass infolge wachsender Kompliziertheit und Kostspieligkeit der Technik immer mehr Erfindungen für eine wirtschaftlichen Erfolg versprechende Verwertung einen größeren Markt benötigten, als ihn das Ursprungsland allein zu bieten vermochte. Zwar sind protektionistische Phänomene im Patentrecht bei heute nicht verschwunden;[1] gleichwohl wird es besser.[2]

---

[1] *Love/Helmers/Eberhard* Mitt. 2017, 163 ff.; *Pfaffenzeller* GRUR-Int 2017, 127 ff.
[2] *Qin/Shi* GRUR-Int 2015, 29 f.

§ 7. Die internationale Rechtsentwicklung

b) Die Pariser Verbandsübereinkunft

1. Die internationale Verständigung über den Erfindungsschutz, die sich aus den genannten Gründen als notwendig erwies, nahm ihren Ausgang vom Wiener Patentkongress des Jahres 1873. Sie brachte als erste Frucht die Pariser Verbandsübereinkunft zum Schutz des gewerblichen Eigentums vom 20.3.1883.³ Ihr tragender Grundsatz ist die **„Inländerbehandlung"**: Jedes Verbandsland gewährt den Angehörigen aller anderen Verbandsländer, auch wenn sie in jenem Land weder Wohnsitz noch Niederlassung haben, in Bezug auf den gewerblichen Rechtsschutz dieselben Vorteile wie den eigenen Staatsangehörigen. Demgemäß können Angehörige eines Verbandslandes in jedem anderen Patente und Gebrauchsmuster unter den gleichen Voraussetzungen erlangen wie die jeweiligen Inländer. Das Prinzip der Inländerbehandlung wird ergänzt durch **„besonders vorgesehene Rechte"**, die jeder Vertragsstaat den Verbandsausländern gewähren muss, auch wenn seine eigenen Staatsbürger sie nicht genießen. Für den Bereich des Erfindungsschutzes schränken solche Mindestrechte beispielsweise die Erteilung von Zwangslizenzen und die Möglichkeit des Patentverfalls insbesondere im Falle mangelnder Ausübung ein (Art. 5 A PVÜ); auch ist dem Erfinder das Recht gewährleistet, als solcher im Patent genannt zu werden (Art. 4ter PVÜ). Besondere Bedeutung hat das Institut der **Unionspriorität.** Es ermöglicht, soweit es Patente und Gebrauchsmuster betrifft, jedem, der in einem Verbandsland eine Erfindung vorschriftsmäßig angemeldet hat, die Inanspruchnahme des Zeitrangs dieser Anmeldung für die innerhalb von 12 Monaten in anderen Verbandsländern eingereichten Nachanmeldungen derselben Erfindung. Die gültige Inanspruchnahme der Priorität bewirkt, dass den Nachanmeldungen Tatsachen wie zB eine Veröffentlichung oder anderweitige Anmeldung der Erfindung, die seit der Erstanmeldung eingetreten sind, nicht patenthindernd entgegenstehen.

2. Die PVÜ ist auf einer Reihe von Revisionskonferenzen fortentwickelt worden, zuletzt 1967 in Stockholm. Die Grundkonzeption blieb dabei erhalten. Eine weitere Revisionskonferenz hat 1980 begonnen, aber patentrechtlich keine Ergebnisse gebracht, da über die Wünsche der Entwicklungsländer, die Konvention zu ihren Gunsten wesentlich umzugestalten, keine Einigung erzielt werden konnte.⁴ 1984 wurde sie auf unbestimmte Zeit unterbrochen.

Das Deutsche Reich schloss sich der Pariser Union erst 1903 an; deutlich später als zB Japan. Insgesamt umfasst der Verband gegenwärtig (15.4.2015) 176 Mitglieder, darunter alle wichtigen Industrieländer einschließlich der USA, Japans und Russlands; auch die Volksrepublik China und Indien gehören ihm an.

Die Verwaltung der Pariser Union obliegt heute der **Weltorganisation für geistiges Eigentum** (WIPO – OMPI, → § 8 Rn. 27 f.). Ihr Internationales Büro⁵ dient der Union als Sekretariat.

3. Ihren breiten Erfolg verdankt die PVÜ auch dem Umstand, dass sie den Verbandsländern hinsichtlich der Ausgestaltung des nationalen Rechts weitgehend freie Hand lässt. Allerdings erlaubt sie es nicht, die Inländerbehandlung davon abhängig zu machen, dass der Heimatstaat des Verbandsausländers den Angehörigen des Schutzlandes eine inhaltlich gleichwertige Rechtsstellung (materielle Gegenseitigkeit) gewährt. Im Übrigen unterliegen aber die Verbandsstaaten einer konventionsrechtlichen Bindung (zugunsten der Verbandsausländer) nur, soweit eines der Mindestrechte eingreift. Von ihnen pflegt wegen des Bestrebens der nationalen Gesetzgeber, eine Schlechterstellung der Inländer zu vermeiden, ein Zug zur

---

³ Zur Vorgeschichte *Beier* GRUR-Int 1983, 339 ff.
⁴ Vgl. *Kunz-Hallstein* GRUR-Int 1981, 137 und 1982, 45 sowie die Berichte in GRUR-Int 1982, 686; 1983, 930 (933 zu V, 938 f. zu Frage 67); 1985, 604 und GRUR 1984, 418.
⁵ Vorgänger waren die Vereinigten Internationalen Büros für das geistige Eigentum (BIRPI), die von den Staaten des Pariser und des – 1886 zum Schutze des Urheberrechts gegründeten – Berner Verbandes errichtet worden waren.

Rechtsangleichung auszugehen. Da aber nur wenige, eng begrenzte Mindestrechte vorgesehen sind, gestattet im Ganzen gesehen das System der PVÜ beträchtliche Unterschiede des Schutzniveaus in den einzelnen Ländern.[6] Hiervon profitieren Staaten, die den Schutz eng begrenzen, auf Kosten derjenigen, deren nationales Recht einen besser ausgebauten Schutz gewährt.

9 Ein weiterer Nachteil des Systems liegt darin, dass der Patentschutz in jedem Land von einer gesonderten Erteilung abhängig bleibt, die je eine gesonderte, von Land zu Land verschiedenen Form- und Sacherfordernissen unterworfene Anmeldung voraussetzt.[7]

10 Bei den Revisionen der PVÜ sind in der Verfolgung des Anliegens, den Schutz in möglichst vielen Ländern gleich wirkungsvoll und ohne unnötig multiplizierten Aufwand erreichbar zu machen, nur bescheidene Fortschritte erzielt worden.

11 Mehr Erfolg hatten die im Rahmen der WIPO entfalteten Bemühungen um ergänzende **Sonderabkommen**. Sie führten zunächst zum Patentzusammenarbeitsvertrag (PCT, → Rn. 13 ff.) und zur Internationalen Patentklassifikation (→ Rn. 20), später auch zu einem Vertrag über die Harmonisierung von Formerfordernissen und Verfahrensvorschriften (→ Rn. 28 ff.). Dagegen hatten die Bemühungen um einen Vertrag zur Harmonisierung der materiellen Voraussetzungen für die Erteilung und der Wirkungen von Patenten bisher keinen Erfolg (→ Rn. 21 ff.). Weitreichende Vereinbarungen über diese Fragen kamen jedoch im Zusammenhang mit der Fortentwicklung des GATT zustande (→ Rn. 33 ff.).

12 Wesentlich gefördert wurden diese global angelegten Harmonisierungsarbeiten dadurch, dass sie auf Angleichungs- und Koordinierungsmodelle zurückgreifen konnten, die seit den 50er Jahren des 20. Jahrhunderts in kleineren, sich teilweise überschneidenden Gruppen europäischer Staaten entwickelt und teilweise erfolgreich verwirklicht worden waren (→ Rn. 55 ff.).

c) Der Patentzusammenarbeitsvertrag (Patent Cooperation Treaty – PCT)

13 1. Der PCT wurde am 19.6.1970 in Washington abgeschlossen.[8] Auf seiner Grundlage ist es seit 1.6.1978 möglich, durch eine einzige **„internationale Anmeldung"** die Wirkung je einer Anmeldung in den vom Anmelder bezeichneten „Bestimmungsstaaten" zu erzielen. Für die Vertragsstaaten des EPÜ (→ Rn. 58 ff.) hat die internationale Anmeldung die Wirkung einer europäischen Anmeldung („Euro-PCT-Anmeldung"), wenn der Anmelder dies bestimmt oder ein dem EPÜ angehörender Bestimmungsstaat dies vorgeschrieben hat.

14 Wenn in einem Vertragsstaat des PCT außer dem Patent das Gebrauchsmuster oder ein hiermit vergleichbares Schutzrecht vorgesehen ist, kann es ebenfalls mittels internationaler Anmeldung beantragt werden.

15 2. Für Änderungen des PCT sind grundsätzlich Revisionskonferenzen erforderlich, deren Beschlüsse der Ratifizierung durch alle Vertragsstaaten bedürfen. Bei einigen organisatorischen Bestimmungen können Änderungen von der Versammlung des aus den Vertragsstaaten bestehenden Verbandes mit Dreiviertelmehrheit beschlossen werden; für ihr Inkrafttreten genügt die Ratifizierung durch drei Viertel der Vertragsstaaten (Art. 60, 61 PCT). Die Ausführungsordnung zum PCT kann durch Beschluss der Versammlung geändert werden, für den grundsätzlich drei Viertel der abgegebenen Stimmen genügen (Art. 58 PCT). Die letzte Änderung der AO vom 11.10.2017 trat am 1.7.2018 in Kraft.[9]

16 Dem PCT-System gehörten im Januar 2020 153 Staaten an. Es ist durch zahlreiche Änderungen der Ausführungsordnung fortentwickelt und dabei vereinfacht, anmelderfreundlicher und kostengünstiger gestaltet worden. Das hat seine Akzeptanz gefördert, und es war

---

[6] S. *Straus* GRUR-Int 1996, 179 (180, 184 f.).
[7] Hinweise auf frühe Vorschläge zur Zentralisierung von Prüfung und Erteilung gibt *Haertel* 5 ff. Rn. 4 ff.
[8] Zur Vorgeschichte *Haertel* GRUR-Int 1971, 101 f.
[9] BGBl. 2018 II 1345 = BlPMZ 2019, 225 f.

§ 7. Die internationale Rechtsentwicklung I § 7

auch im Sinn der WIPO, bei der das PCT-System aufgehängt ist und für die es eine wichtige Finanzierungsquelle darstellt.

3. Die internationale Anmeldung ist bei einem gemäß der Ausführungsordnung zuständigen „Anmeldeamt" – das kann ein nationales Patentamt oder das EPA sein – einzureichen und muss den im PCT und der Ausführungsordnung festgelegten Formerfordernissen entsprechen. Weitere Förmlichkeiten dürfen in den Bestimmungsstaaten nicht verlangt werden. Die Entscheidung, ob das Patent erteilt wird oder nicht, bleibt den nationalen Behörden vorbehalten. Doch wird ihnen die Arbeit erleichtert durch den internationalen Recherchenbericht, der für jede internationale Anmeldung durch die zuständige „Internationale Recherchenbehörde" – wiederum ein nationales Patentamt oder das EPA – erstellt wird. Er gibt die Veröffentlichungen an, die die Behörde als einschlägig für den die angemeldete Erfindung betreffenden Stand der Technik ermittelt. Darüber hinaus hat der Anmelder die Möglichkeit, eine internationale vorläufige Prüfung durch ein hiermit beauftragtes Patentamt durchführen zu lassen. Ihr Ergebnis bedeutet für die Bestimmungsämter, bei denen sie nach dem Willen des Anmelders verwendet werden soll („ausgewählten Ämter"), eine zusätzliche Hilfe, bindet sie aber nicht hinsichtlich der Entscheidung. 17

Durch Neuregelungen in der AO wurden die Aufgaben der Internationalen Recherchenbehörde erweitert: Sie erstellt gleichzeitig mit dem Recherchenbericht einen schriftlichen Bescheid darüber, ob sie die sachlichen Patentierungsvoraussetzungen als erfüllt und die Anmeldung als ordnungsgemäß ansieht. Dieser wird vertraulich dem Anmelder und dem Internationalen Büro übermittelt. Kommt es zu einer vorläufigen internationalen Prüfung, gilt der Bescheid der Recherchenbehörde im Regelfall als erster Bescheid der mit der Prüfung beauftragten Behörde. Andernfalls erstellt das Internationale Büro einen mit dem Bescheid der Recherchenbehörde übereinstimmenden Bericht, den es – als nicht bindende, faktisch aber hoch relevante Information – den Bestimmungsämtern übermittelt, was erst 30 Monate nach dem Prioritätsdatum geschehen darf, wenn nicht der Anmelder eine frühere Übermittlung herbeiführt. 18

4. Insgesamt zielt der PCT darauf ab, bei voller Wahrung der nationalen Souveränität die Patentämter und die Anmelder durch internationale Arbeitsteilung zu entlasten. Freilich müssen jedem Bestimmungsamt die Anmeldung und die zugehörigen Unterlagen nicht nur übermittelt, sondern im weiteren Verlauf auch in einer nach nationalem Recht zugelassenen Amtssprache zur Verfügung gestellt werden. Als zentrale Schalt- und Verteilungsstelle fungiert dabei das Internationale Büro in Genf, das auch für die Veröffentlichung der internationalen Anmeldungen und Recherchenberichte sorgt. Das PCT-Verfahren kennt eine internationale und eine nationale Phase. Die **internationale Phase** ist vergleichsweise kostengünstig und daher gerade für Start-ups ein Weg, bis zum Eintritt in die deutlich **teurere nationale Phase,** der nach spätestens 30 Monaten erfolgt, Zeit für die Unternehmensfinanzierung zu gewinnen. Dieser Vorteil eines Kostenaufschubs bei Erhalt weitgehender Schutzoptionen ist ein großer Vorteil des PCT-Verfahrens, gerade für KMU. 19

d) Die Internationale Patentklassifikation

1954 war im Rahmen des Europarats eine Übereinkunft über die internationale Klassifikation der Patente abgeschlossen worden. Aus ihr ging 1971 das Straßburger Abkommen über die internationale Patentklassifikation hervor[10], durch das 62 Staaten gebunden sind (15.4.2015). Es verpflichtet zur Anwendung einer einheitlichen Feineinteilung der technischen Sachgebiete bei der Einordnung von angemeldeten und patentierten Erfindungen sowie von technischen Dokumenten und schafft dadurch eine wesentliche Grundlage für entsprechende Recherchen. 20

---

[10] *Haertel* 5 ff. Rn. 20 ff.

e) Der Draft Patent Law Treaty von 1991 (PLT-Entwurf 1991) und weitere Bemühungen um Harmonisierung (auch) des materiellen Patentrechts

21 1. In Europa hatte die Rechtsangleichung (→ Rn. 55 ff.) zu einer starken Einschränkung der Fälle geführt, in denen Vorveröffentlichungen und Vorbenutzungen nicht als patentschädlich in Betracht gezogen werden, sofern sie innerhalb einer der Anmeldung vorausgehenden „Neuheitsschonfrist" liegen. Die insoweit großzügige Regelung im deutschen PatG hatte entsprechend geändert werden müssen. Bestrebungen zu einer „Gegenreform" mussten den Konsens mit den europäischen Vertragspartnern und eine möglichst weltweite Harmonisierung zu erreichen suchen, für die Unterstützung durch Staaten wie die USA und Japan erwartet werden konnte, in denen dem Anmelder günstige Lösungen bereits galten.[11] Entsprechende Initiativen von deutscher Seite führten dazu, dass sich im Rahmen der WIPO ab 1984 ein Sachverständigenausschuss des Problems annahm.[12]

22 2. Schon bald wurden weitere Fragen in die Diskussion einbezogen. Die Sachverständigen erarbeiteten auf zahlreichen Sitzungen Vorschläge zur umfassenden internationalen Harmonisierung des Patentrechts.[13] Sie wurden 1991 von der WIPO als Entwürfe eines Vertrags zur Ergänzung der PVÜ, soweit Patente betroffen sind, und der zugehörigen Ausführungsvorschriften veröffentlicht[14] und einer Diplomatischen Konferenz vorgelegt, die vom 3. bis 28.6.1991 im Haag tagte.

23 Die Entwürfe enthielten neben Regelungen über den durch die Vertragsstaaten zu bildenden Verband, die zur Verwaltung und Revision des Vertrags zuständigen Organe und deren Verfahren, über Inkrafttreten, Beitritte und Kündigung Vorschläge zur Regelung sowohl von Formalitäten und Verfahrensfragen als auch von materiell-rechtlichen Fragen, insbesondere des Anwendungsbereichs des Patentschutzes, der sachlichen Schutzvoraussetzungen (in deren Rahmen eine großzügige Neuheitsschonfrist vorgesehen war), des Rechts auf das Patent (das im Fall von Parallelerfindungen dem Erstanmelder zustehen sollte), der Wirkungen des Patents und ihrer Schranken, seiner Laufzeit und der Rechtsdurchsetzung. Bei manchen Vorschlägen waren Alternativen zur Wahl gestellt.

24 3. Schon vor Beginn der Haager Konferenz hatten die USA wissen lassen, dass sie nicht bereit seien, von dem in ihrem nationalen Recht geltenden Ersterfindergrundsatz abzugehen, nach welchem im Falle von Parallelerfindungen nicht demjenigen, dessen Erfindung zuerst *angemeldet,* sondern demjenigen, dessen Erfindung zuerst *gemacht* worden ist, das Recht auf das Patent zukommt. Die im Vertragsentwurf vorgesehene weltweite Einführung des in fast allen Staaten bereits geltenden Erstanmeldergrundsatzes schied damit als Verhandlungsgegenstand aus. Das gleiche ergab sich für die weitreichende Schonfristregelung, der einige europäische Staaten nur zustimmen wollten, wenn die USA vom Ersterfindergrundsatz abgingen.[15] Hinzu kam, dass über einige der im Vertragsentwurf behandelten materiell-rechtlichen Fragen im Rahmen der Fortentwicklung des GATT Verhandlungen in Gang gekommen waren, denen manche Staaten Vorrang gegenüber dem PLT-Entwurf einräumen wollten.[16] Die Konferenz von 1991 nahm deshalb den Charakter einer vorbereitenden Diskussionsrunde an;[17] bindende Ergebnisse wurden erst von ihrem zweiten Teil

---

[11] Angaben über Staaten mit solchen Regelungen bei *Klicznik* GRUR-Int 2001, 854 (857).
[12] *Schäfers* FS Nirk, 1992, 949 (954 f.).
[13] *Pagenberg* GRUR-Int 1990, 267 ff.; *Schäfers/Schennen* GRUR-Int 1991, 849 ff.; *Schäfers* FS Nirk, 1992, 955 f.
[14] „Basic Proposal" for the Treaty and the Regulations Submitted by the Director General of WIPO (PLT/DC/3), umfassend den Draft Treaty Supplementing the Paris Convention for the Protection of Industrial Property as far as Patents are Concerned (Patent Law Treaty) und die Draft Regulations under the Treaty..., Ind. Prop. 1991, 118, 134; dazu Notes on the Basic Proposal, Ind. Prop. 1991, 139, 148.
[15] *Schäfers* FS Nirk, 1992, 957.
[16] *Schäfers/Schennen* GRUR-Int 1991, 849 (850).
[17] Zum Verlauf und Meinungsstand *Schäfers/Schennen* GRUR-Int 1991, 849 (852 ff.); einige Streitpunkte behandeln *Pagenberg* FS Nirk, 1992, 809 ff. und *Schäfers* FS Nirk, 1992, 958 ff.

§ 7. Die internationale Rechtsentwicklung

erwartet,[18] der zunächst für Juli 1993 vorbereitet war, aber nicht mehr zustande kam, nachdem die USA 1994 erklärt hatten, über materiell-rechtliche Fragen vorläufig überhaupt nicht mehr verhandeln zu wollen. Bedeutende Schritte zur Harmonisierung wurden allerdings durch das TRIPS-Übereinkommen erreicht (→ Rn. 33 ff.).

Der PLT-Entwurf von 1991 und die zugehörigen Materialien bleiben wertvoll als 25 Sammlung detaillierter, wohlerwogener und jedenfalls unter Sachverständigen als international konsensfähig gewerteter Regelungsmodelle, die bei Reformen geltender Gesetze und Konventionen gebührend in Betracht gezogen werden sollten.

4. Im Jahr 2001 sind die Arbeiten an einem Vertrag über materielles Patentrecht wieder 26 aufgenommen worden. Der Ständige Ausschuss der WIPO für Patentrecht hat in mehreren Sitzungen einen von dieser erarbeiteten Entwurf und die auf Grund seiner Beratungen vorgenommenen Änderungen erörtert.[19] Wegen unüberbrückbarer Meinungsverschiedenheiten zwischen den Vertretern der Industrie- und der Entwicklungsländer sind die Arbeiten jedoch im Jahr 2006 zum Erliegen gekommen.[20] Während seitens der Industrieländer dafür geworben wurde, zunächst eine Einigung über die von ihnen als am ehesten konsensfähig erachteten und zwecks Entlastung ihrer Ämter durch internationale Zusammenarbeit dringend erwünschten Regelungen zu Stand der Technik, Neuheit, Neuheitsschonfrist, erfinderischer Leistung und Erstanmelderprinzip anzustreben, wurde seitens der Entwicklungsländer gefordert, von vornherein auch Regelungen über die Verpflichtung des Anmelders zur Angabe des Ursprungs für die Erfindung gegebenenfalls verwendeter genetischer Ressourcen und „indigener Kenntnisse"[21], über patentrechtliche Sanktionen der Nichterfüllung dieser Pflicht und die Beteiligung der Ursprungsstaaten solcher Ressourcen oder Kenntnisse an den Gewinnen aus darauf beruhenden Erfindungen, über Ausschlüsse von der Patentierbarkeit und Schranken der Patentwirkungen sowie Bestimmungen zur Verhinderung des Missbrauchs von Schutzrechten, Öffnungsklauseln für Vorschriften mit entwicklungspolitischer Zielsetzung uam in die Beratungen einzubeziehen.

Seit Februar 2005 bemüht sich eine Arbeitsgruppe von Sachverständigen, in der die Eu- 27 ropäische Patentorganisation, die Europäische Union, deren Vertrags- bzw. Mitgliedstaaten sowie Australien, Japan, Kanada, Neuseeland, Norwegen und die USA vertreten sind,[22] um eine Harmonisierung, die sich auf die vorerwähnten, von den Staaten dieser Gruppe als dringlich angesehenen Fragen beschränkt.[23]

f) Der Vertrag über die Harmonisierung von Formalitäten und Verfahrensregeln (PLT 2000)

Nach dem Scheitern der Konferenz über den PLT-Entwurf 1991 bemühte sich die 28 WIPO, die Harmonisierungsarbeiten wenigstens mit eingeschränkter Zielsetzung am Leben zu erhalten.[24] Dies führte zu einer in Genf abgehaltenen Diplomatischen Konferenz, die am 1.6.2000 einen Patentrechtsvertrag nebst Ausführungsvorschriften und einvernehmlichen

---

[18] *Schäfers/Schennen* GRUR-Int 1991, 849 (851).
[19] Über den Gang der Arbeiten berichten *Klicznik* GRUR-Int 2001, 854 ff.; *Pagenberg* GRUR-Int 2002, 736 f.; *Schneider* GRUR-Int 2003, 350 ff.; *Prinz zu Waldeck und Pyrmont* GRUR-Int 2003, 824 ff.; 2004, 840 ff.; 2005, 815 f.
[20] Vgl. *Klunker* GRUR-Int 2006, 497 ff.; dazu auch den Bericht von *Klunker* und *Prinz zu Waldeck und Pyrmont* über das von der WIPO im März 2006 veranstaltete Diskussionsforum zum Vertragsentwurf, GRUR-Int 2006, 577–585; zusammenfassend über das Scheitern der Harmonisierungsbemühungen und seine Gründe *Straus/Klunker* GRUR-Int 2007, 91 (93 ff.).
[21] Zu nationalen und internationalen Ansätzen, eine Pflicht zur Angabe solcher Erfindungsgrundlagen einzuführen, *Straus* in Thiele/Ashcroft (Hrsg.), Bioethics in a Small World, 2005, 45, 65 ff.; zum patentrechtlichen Schutz indigenen Wissens ausführlich *Nägele/Jacobs* Mitt. 2014, 353 ff.
[22] Sog. „B-Plus-Länder"; vgl. GRUR-Int 2006, 303 (304); 498 f.; 2007, 102.
[23] *Prinz zu Waldeck und Pyrmont* GRUR-Int 2005, 816.
[24] Dazu *Bardehle* Mitt. 1995, 113 ff.; *ders.* GRUR 1998, 182 (183); *Schäfers* GRUR-Int 1996, 763 (767).

Feststellungen annahm.[25] Er ist am 28.4.2005 in Kraft getreten. Am 15.3.2008 gehörten ihm 17 Staaten an. Deutschland hat ihn noch nicht ratifiziert.

29 Der Vertrag beschränkt sich auf die Regelung von Formalitäten und Verfahrensfragen. Ausdrücklich ist bestimmt, dass aus ihm und seinen Ausführungsvorschriften keinesfalls irgendeine Beschränkung der Vertragsstaaten in der Freiheit abgeleitet werden darf, Erfordernisse des materiellen Patentrechts vorzuschreiben (Art. 2 Abs. 2).

30 Die vereinbarten Bestimmungen betreffen: die Voraussetzungen für die Zuerkennung eines Anmeldetags; Form und Inhalt der Anmeldung (wofür im Wesentlichen auf die im PCT enthaltenen Erfordernisse verwiesen wird); die Vertretung vor dem zuständigen Amt; Form und Übermittlungswege von Erklärungen gegenüber dem Amt und Bescheiden des Amts; den grundsätzlichen Ausschluss der Ungültigerklärung von Patenten wegen Nichterfüllung bestimmter Formerfordernisse; das Gebot, dem Betroffenen vor der Ungültigerklärung eines Patents Gelegenheit zur Stellungnahme zu geben; die Verlängerung von Fristen; die Weiterbehandlung und Wiedereinsetzung nach Fristversäumnis; Anträge auf Eintragung von Änderungen des Namens, der Anschrift oder der Person eines Anmelders oder Inhabers, von Lizenzen und Sicherungsrechten; Anträge auf Berichtigung von Fehlern.

31 Die Versammlung des durch die Vertragsstaaten gebildeten Verbands kann die Ausführungsvorschriften ändern, wofür grundsätzlich drei Viertel der abgegebenen Stimmen genügen. Sie ist aufgerufen, auf der Grundlage von Vorschlägen des Internationalen Büros internationale Mustervordrucke für bestimmte Anträge und Dokumente festzulegen.

32 Die im Vertrag und den Ausführungsvorschriften vorgesehenen Erfordernisse stellen grundsätzlich das *Höchstmaß* dessen dar, was die Vertragsstaaten verlangen können. Den Anmeldern und Patentinhabern günstigere Regelungen sind grundsätzlich erlaubt (Art. 2 Abs. 1). Eine Ausnahme bilden die Voraussetzungen für die Zuerkennung eines Anmeldetags; bei ihnen handelt es sich nicht nur um Höchst-, sondern gleichzeitig um Mindesterfordernisse.

g) Das Übereinkommen über handelsbezogene Aspekte der Rechte des geistigen Eigentums (TRIPS-Übereinkommen)

Literatur: *Barona, A.*, TRIPs and Access of Developing Countries to Essential Medicines – Hands Tied?, Mitt. 2006, 402–407; *Beattie, P.*, The (Intellecutal Property Law) Economics of Innocent Fraud – The IP & Development Debate, 38 IIC 6–19 (2007); *Beier, F.-K./Schricker, G.* (Hrsg.), GATT or WIPO? New Ways in the International Protection of Intellectual Property, 1989; *dies.* (Hrsg.), From GATT to TRIPS – The Agreement on Trade-Related Aspects of Intellectual Property Rights, 1996; *Dreier, T.*, TRIPS und die Durchsetzung von Rechten des geistigen Eigentums, GRUR-Int 1996, 205–218; *ders.*, Interpreting International IP Law. Some Observations Regarding WTO Dispute Resolution, FS Kolle/Stauder, 2005, 45–62; *Drexl, J.*, Unmittelbare Anwendbarkeit des WTO-Rechts in der globalen Privatrechtsordnung, FS Fikentscher, 1998, 822–851; *Faupel, R.*, GATT und geistiges Eigentum, GRUR-Int 1990, 255–266; Gerichtshof der Europäischen Gemeinschaften: Gutachten 1/94 vom 15.11.1994, GRUR-Int 1995, 239–250; *Heath, C.*, Bedeutet TRIPS wirklich eine Schlechterstellung von Entwicklungsländern? GRUR-Int 1996, 1169–1185; *Hestermeyer, H. P.*, Flexible Entscheidungsfindung in der WTO. Die Rechtsnatur der neuen Beschlüsse über TRIPS und den Zugang zu Medikamenten, GRUR-Int 2004, 194–200; *Hilf, M./Oeter, S.*, WTO-Recht, 2004; *Hilpert, H. G.*, TRIPS und das Interesse der Entwicklungsländer am Schutz von Immaterialgüterrechten in ökonomischer Sicht, GRUR-Int 1998, 91–99; *Imam, A. M.*, How Does Patent Protection Help Developing Countries?, 37 IIC 245–259 (2006); *Joos, U./Moufang, R.*, Neue Tendenzen im internationalen Schutz des geistigen Eigentums, GRUR-Int 1988, 887–905; *Kampf, R.*, Freihandelsverträge und das TRIPS-Übereinkommen, VPP-Rundbrief 2006, 38–45; *Klunker, N.-S.*, Der Einfluss des WTO TRIPS-Übereinkommens auf die wirtschaftliche Entwicklung asiatischer Länder – das fünfte IP Forum in Shanghai, 26. bis 27. Oktober 2007, GRUR-Int 2008, 209–217; *Kramer, B.*, Patentschutz und Zugang zu Medikamenten, 2007; *Pacón, A. M.*, Was bringt TRIPS den Entwicklungsländern?, GRUR-Int 1995,

---

[25] Patent Law Treaty, Regulations under the Patent Law Treaty and Agreed Statements by the Diplomatic Conference, adopted on June 1, 2000 (WIPO-Dokument PT/DC/47 vom 2.6.2000) mit Explanatory Notes (WIPO-Dokument PT/DC/48 Prov. vom November 2000); dazu Bericht in GRUR-Int 2000, 648.

§ 7. Die internationale Rechtsentwicklung

875–886; *dies.*, Patentrecht und Entwicklungsländer, FS Kolle/Stauder, 2005, 77–94; *Rott, P.* (oben vor § 3); *Schäfers, A.*, Harmonisierung des Patentrechts: Perspektiven, Chancen und Hindernisse, FS Nirk (1992), 949, 963–970; *ders.*, Normsetzung zum geistigen Eigentum in internationalen Organisationen: WIPO und WTO – ein Vergleich, GRUR-Int 1996, 763, 768–778; *Straus, J.*, Bedeutung des TRIPS für das Patentrecht, GRUR-Int 1996, 179–205; *ders.*, Der Schutz des geistigen Eigentums in der Welthandelsorganisation; Konsequenzen des TRIPs für die Europäische Gemeinschaft und ihre Mitgliedstaaten, in: Müller-Graff (Hrsg.), Die Europäische Gemeinschaft in der Welthandelsorganisation, 1999/2000, 157–176; *ders.*, Patentschutz durch TRIPS-Abkommen, Bitburger Gespräche Jahrbuch 2003, 117–133; *ders.*, TRIPs, TRIPs-plus oder TRIPs-minus – Zur Zukunft des internationalen Schutzes des geistigen Eigentums, FS Schricker, 2005, 197–212; *Ullrich, H.*, Technologieschutz nach TRIPS: Prinzipien und Probleme, GRUR-Int 1995, 623–641.

1. Etwa ab 1985 waren die USA bestrebt, durch Mittel der Handelspolitik andere Staaten zu einem besseren Schutz von geistigem Eigentum zu bewegen.[26] Auf ihre Initiative wurde bei Eröffnung der „Uruguay-Runde" zur Fortentwicklung des Allgemeinen Abkommens über Zölle und Handel (General Agreement on Tariffs and Trade – GATT) ein Verhandlungsauftrag auch für handelsbezogene Aspekte von Rechten des geistigen Eigentums (Trade-Related Aspects of Intellectual Property Rights) einschließlich des Handels mit nachgemachten Waren beschlossen.[27] Die hierdurch veranlassten Arbeiten waren erfolgreich: Mit dem am 15.4.1994 in Marrakesch unterzeichneten Übereinkommen zur Errichtung der Welthandelsorganisation (World Trade Organisation – WTO) war als Anhang außer dem GATT 1994 ua das TRIPS-Übereinkommen verbunden. Sein Zustandekommen wurde wesentlich dadurch gefördert, dass im Rahmen der GATT-Verhandlungen der Schutz des geistigen Eigentums Teil eines umfassenden Pakets war. So konnte die Aussicht, durch Mitgliedschaft in der WTO Vorteile im Handel mit anderen Mitgliedern zu erlangen, davon abhängig gemacht werden, dass deren Angehörigen angemessener und wirkungsvoller Schutz ihres geistigen Eigentums gewährt wird. Dem entspricht, dass die Ratifizierung des WTO-Übereinkommens zwingend das TRIPS-Übereinkommen umfasst. Der Wunsch, Mitglied der WTO zu werden, hat zahlreiche Staaten, darunter auch viele Entwicklungsländer, denen das Übereinkommen geräumige Übergangsfristen gewährte, zu rascher Ratifizierung veranlasst. Schon am 1.1.1995 sind beide Übereinkommen für 81 Staaten in Kraft getreten. Am 26.4.2015 gehörten ihnen 161 Staaten an. 33

2. Das TRIPS-Übereinkommen umfasst alle Bereiche des Urheberrechts und gewerblichen Rechtsschutzes. Neben Regelungen, die für mehrere oder alle Arten von Rechten des geistigen Eigentums von Bedeutung sind, enthält es für jede von ihnen spezifische Bestimmungen über Verfügbarkeit, Umfang und Ausübung. 34

Von den **allgemeinen Bestimmungen** mit Bedeutung für das Patentrecht sind hervorzuheben: 35

die Verpflichtung der Mitglieder, dh der der WTO angehörenden Staaten, die Art. 1–12 und 19 PVÜ anzuwenden (Art. 2 Abs. 1), und die Bestätigung des Fortbestehens der Verpflichtungen, die sich für die Mitglieder aus der PVÜ ergeben (Art. 2 Abs. 2); 36

die grundsätzliche Verpflichtung der Mitglieder, Angehörige der anderen Mitglieder beim Schutz geistigen Eigentums nicht weniger günstig zu behandeln als ihre eigenen Angehörigen (**Inländerbehandlung,** Art. 3); 37

die grundsätzliche Verpflichtung, alle Vorteile, die Angehörigen anderer Staaten beim Schutz geistigen Eigentums gewährt werden, sofort und bedingungslos den Angehörigen aller anderen Mitglieder zu gewähren (**Meistbegünstigung,** Art. 4, 5); 38

die eingehende Regelung der Verpflichtungen der Mitglieder bezüglich der bei Rechtsverletzungen eintretenden **Sanktionen** und der Verfahren zu ihrer **Durchsetzung** (Art. 41–61) mit Bestimmungen über Verfahrensgrundsätze, Beweiserhebung, Unterlassungsanordnungen, Schadensersatz für Rechtsverletzungen und missbräuchliche Rechtsver- 39

---

[26] S. *Joos/Moufang* GRUR-Int 1988, 897.
[27] Wortlaut bei *Faupel* GRUR-Int 1990, 257 Fn. 4.

§ 7 I   *1. Abschnitt. Grundlagen*

folgung, Vernichtung verletzender Erzeugnisse, strafrechtliche Verletzungsfolgen, einstweilige Maßnahmen sowie die Aussetzung der Freigabe mutmaßlich rechtsverletzender Importwaren durch die Zollbehörden;

40   Verpflichtungen bezüglich der Förmlichkeiten und Verwaltungsverfahren bei Erwerb, Aufrechterhaltung und Ungültigerklärung von Rechten (Art. 62);

41   Veröffentlichungs- und Informationspflichten in Bezug auf Rechtsvorschriften und Entscheidungen, die Gegenstände des Übereinkommens betreffen (Art. 63);

42   Bestimmungen über die **Streitbeilegung** zwischen Mitgliedern (Art. 64), die im Wesentlichen auf die – ihrerseits durch eine Vereinbarung über Regeln und Verfahren für die Streitbeilegung ergänzten – Regelungen des GATT 1994 verweisen;

43   die Regelung der **Übergangsfristen** (Art. 65, 66): allen Mitgliedern war gestattet, das Übereinkommen erst nach Ablauf eines Jahres nach Inkrafttreten anzuwenden, wovon die Bundesrepublik Deutschland Gebrauch gemacht hat; Entwicklungsländer und – unter bestimmten Voraussetzungen – Länder im Übergang von der Plan- zur Marktwirtschaft durften – mit Ausnahme der Bestimmungen über Inländerbehandlung und Meistbegünstigung – die Anwendung um weitere vier Jahre aufschieben. Entwicklungsländern, in denen nicht auf allen Gebieten der Technik Stoffpatente erteilt werden können, war gestattet, diese Einschränkung über die ihnen zugestandene allgemeine Übergangsfrist hinaus für weitere fünf Jahre beizubehalten. Während der Übergangsfristen durften Mitglieder, die davon Gebrauch machten, ihre Gesetzgebung nicht so ändern, dass deren Vereinbarkeit mit dem Übereinkommen geringer geworden wäre (Art. 65 Abs. 5). Den am wenigsten entwickelten Ländern war zunächst eine insgesamt elfjährige, auf Antrag durch den Rat für TRIPS verlängerbare Übergangsfrist eingeräumt (Art. 66 Abs. 1). Sie wurde kurz vor ihrem Ablauf durch Beschluss vom 29.11.2005 um siebeneinhalb Jahre bis zum 1.7.2013 verlängert.[28] Bereits im November 2001 hatte sich der WTO-Ministerrat darauf geeinigt, die am wenigsten entwickelten Länder erst ab 1.1.2016 zum Patentschutz für Arzneimittel zu verpflichten.[29]

44   3. Die **besonderen Bestimmungen über Patente** verlangen grundsätzlich, dass diese „für Erfindungen auf **allen Gebieten der Technik** erhältlich sind, sowohl für Erzeugnisse als auch für Verfahren, vorausgesetzt, dass sie neu sind, auf einer erfinderischen Tätigkeit beruhen und gewerblich anwendbar sind" (Art. 27 Abs. 1 S. 1). **Ausnahmen** sind den Mitgliedern gestattet für Erfindungen, deren Verwertung zum Schutz der öffentlichen Ordnung oder der guten Sitten verhindert werden muss (Art. 27 Abs. 2), außerdem für human- und tiermedizinische Verfahren (Art. 27 Abs. 3 Buchst. a) sowie für Pflanzen und Tiere, soweit es sich nicht um Mikroorganismen handelt, und im wesentlichen biologische Züchtungsverfahren, wobei jedoch ein Schutz von Pflanzensorten entweder durch Patente oder durch ein besonderes System wie den Sortenschutz gewährleistet bleiben muss (Art. 27 Abs. 3 Buchst. b).

45   Die **Befugnisse,** die dem Patentinhaber zustehen, sind im Grundsatz ebenso formuliert wie im GPÜ, das insoweit Vorbild auch für das deutsche und zahlreiche andere nationale Patentgesetze war (Art. 28 Abs. 1). Für die Geltendmachung der Wirkung von Verfahrenspatenten in Bezug auf Erzeugnisse wird zugunsten des Patentinhabers eine Beweiserleichterung verlangt, bei deren Ausgestaltung die Mitglieder zwischen mehreren Varianten wählen können (Art. 34).

46   **Einschränkungen** der ausschließlichen Rechte aus Patenten sind zulässig, sofern sie weder die normale Verwertung des Patents noch die berechtigten Interessen seines Inhabers unangemessen beeinträchtigen, wobei auch die Interessen Dritter zu berücksichtigen sind (Art. 30). Eine Benutzung patentierter Erfindungen, die durch keine hiernach zulässige

---

[28] Bericht von *Prinz zu Waldeck und Pyrmont* in GRUR 2006, 178; der Beschluss enthält ein dem Art. 65 Abs. 5 entsprechendes Verbot von Gesetzesänderungen, die die Abweichung des nationalen Rechts vom TRIPS-Ü vergrößern würden; für die in Art. 66 Abs. 1 vorgesehene Übergangsfrist galt Art. 65 Abs. 5 seinem Wortlaut nach nicht.

[29] Vgl. *Straus* Bitburger Gespräche Jahrbuch 2003, 126 f.

§ 7. Die internationale Rechtsentwicklung

(allgemeine) Ausnahme gedeckt ist, dürfen Mitglieder ohne Zustimmung des Patentinhabers nur unter den in Art. 31 äußerst detailliert festgelegten strengen Voraussetzungen gestatten. Betroffen sind hiervon insbesondere **Zwangslizenzen** und durch eine Regierung vorgenommene oder angeordnete Benutzungen.

Ausdrücklich ist anerkannt, dass der Patentinhaber sein Recht übertragen und Lizenzverträge abschließen kann (Art. 28 Abs. 2). 47

Zur Patentierung angemeldete Erfindungen müssen so offenbart werden, dass ein Fachmann sie ausführen kann (Art. 29 Abs. 1 Hs. 1). Ob auch die Offenbarung der *besten Ausführungsform* und Angaben über gegenstandsgleiche ausländische Anmeldungen und Erteilungen verlangt wird, ist den Mitgliedern freigestellt (Art. 29 Abs. 1 Hs. 2, Abs. 2). 48

Die Laufzeit von Patenten muss mindestens 20 Jahre ab Anmeldung betragen (Art. 33). 49

Entscheidungen, die Patente widerrufen oder für verfallen erklären, müssen gerichtlicher Nachprüfung unterliegen (Art. 32). 50

Insgesamt bedeuten die patentrechtlichen Sonderbestimmungen vor allem, dass die Mitglieder verpflichtet sind, dem Patentschutz ein umfassendes Anwendungsgebiet einzuräumen und ihm weitreichende, nur unter bestimmten Voraussetzungen einschränkbare Wirkungen zu verleihen. Nicht definiert ist freilich, was unter „Erfindung" und „Technik" verstanden werden soll; anders als im EPÜ und im PatG sind auch keine Beispiele für Gegenstände und Tätigkeiten angegeben, die nicht als Erfindungen anzusehen sind. Die Regelung der Patentwirkungen spricht nur die unmittelbare, nicht auch die sog. mittelbare Benutzung an. Die Voraussetzungen für allgemeine Einschränkungen lassen Raum für Rechtfertigungen so unterschiedlicher Art, wie sie beispielsweise einerseits für das Weiterbenutzungsrecht des Vorbenutzers, andererseits für die Erlaubnisfreiheit rein privater Benutzung maßgebend sind. 51

4. Streit herrscht über die Frage, ob sich das TRIPS-Ü für die Entwicklungsländer unter den WTO-Mitgliedern insgesamt günstig oder ungünstig auswirkt.[30] Bei ihrer Beantwortung sind auch die Vorteile zu berücksichtigen, die die Zugehörigkeit zur WTO für die allgemeine wirtschaftliche Entwicklung der Mitglieder zur Folge hat. Soweit diese einen günstigen Verlauf zeigt, darf vermutet werden, dass hierzu auch ein gemäß dem TRIPS-Ü eingeführter oder verstärkter Schutz von Rechten des geistigen Eigentums beigetragen hat, indem er die Bereitschaft insbesondere ausländischer Unternehmen förderte, für Innovationen zu investieren.[31] Ursache für eine weniger zufriedenstellende Entwicklung kann ein solcher Schutz dagegen nur in Ländern sein, die das TRIPS-Ü umgesetzt haben, woran es gerade in den am wenigsten entwickelten Ländern bisher weitgehend fehlt und wegen noch laufender Übergangsfristen noch geraume Zeit fehlen wird.[32] 52

5. Zu einer **Ergänzung des TRIPS-Ü** ist es infolge der von Entwicklungsländern erhobenen Forderung gekommen, über patentierte Arzneimittel gegen dort stark verbreitete Krankheiten wie AIDS, Malaria und Tuberkulose zu Bedingungen verfügen zu können, die für sie angesichts ihrer wirtschaftlichen Leistungskraft tragbar sind.[33] Auf einer WTO-Ministerkonferenz in Doha wurde am 14.11.2001 eine Erklärung betreffend das TRIPS-Ü 53

---

[30] Vgl. *Straus* FS Schricker, 2005, 198 ff.; *Pacón* GRUR-Int 1995, 875 ff. und FS Kolle/Stauder, 2005, 77 ff.; *Imam* 37 IIC 245 ff. (2006); *Klunker* GRUR-Int 2008, 209 ff.

[31] *Straus* FS Schricker, 2005, 200 ff., stellt dies – mit statistischen Angaben – insbesondere für China und Indien fest; erhebliche Vorteile für Entwicklungsländer, die auf dem Weg sind, entwickelte zu werden, sieht auch *Imam* 37 IIC 245 ff. (2006).

[32] *Imam* meint in 37 IIC 245 (2006) unter Berufung auf Arbeiten von *Correa* und *Musungu*, die Einführung oder Reform eines Patentsystems empfehle sich für solche Länder nicht, weil sie keine die Kosten deckenden Vorteile bringe und dort vorrangig andere Probleme zu lösen seien. – *Beattie* 38 IIC 6 ff. (2007) kritisiert die Ansicht, dass starker Schutz geistigen Eigentums das Wirtschaftswachstum in Entwicklungsländern fördere, und das TRIPS-Ü, das diese zu solchem Schutz verpflichtet.

[33] Zum Ablauf der Arbeiten *Hestermeyer* GRUR-Int 2004, 194 ff.; *Barona* Mitt. 2006, 402 ff. – Kritisch zu dem Vorhaben *Straus* Bitburger Gespräche Jahrbuch 2003, 129 ff.; ebenso *Kramer*, die (237 ff.) vorschlägt, ohne Zwangslizenzen zu helfen.

und die öffentliche Gesundheit verabschiedet.[34] Darin wurde anerkannt, dass jedes WTO-Mitglied das Recht hat, Zwangslizenzen zu erteilen und die Gründe zu bestimmen, aus denen dies geschehen kann. Allerdings wurde festgestellt, dass Zwangslizenzen für Arzneimittel in Ländern ohne ausreichende Fertigungskapazitäten nicht wirksam genutzt werden können. Mit Rücksicht hierauf dispensierte der der Durchführung der Doha-Erklärung dienende Beschluss des Allgemeinen Rates der WTO vom 30.8.2003[35] unter bestimmten Voraussetzungen von der in Art. 31 Buchst. f des TRIPS-Ü vorgesehenen Verpflichtung, die Benutzung des Patentgegenstands vorwiegend für den Binnenmarkt des die Zwangslizenz erteilenden Mitglieds, also grundsätzlich nicht zu Zwecken der Ausfuhr zu gestatten. Ein vom Rat für TRIPS erarbeiteter Vorschlag für eine entsprechende Änderung des Übereinkommens wurde vom WTO-Rat am 6.12.2005 gebilligt.[36] Demgemäß wird durch ein Änderungsprotokoll zum TRIPS-Ü ein neuer Art. 31a eingefügt, wonach unter bestimmten Voraussetzungen die in Art. 31 Buchst. f enthaltene Beschränkung nicht gilt und der Zwangslizenznehmer im *Exportland* dem Patentinhaber eine angemessene Vergütung zu zahlen hat, durch die gleichzeitig eine vom *Importland* gegebenenfalls erteilte Zwangslizenz abgegolten wird. Das Änderungsprotokoll liegt den Mitgliedern zur Annahme vor, für die eine Frist bis 31.12.2009 gesetzt ist. Es tritt gem. Art. X Abs. 3 des WTO-Übereinkommens, wenn zwei Drittel der Mitglieder es angenommen haben, für diese, für andere mit seiner (späteren) Annahme in Kraft. Für den Bereich der EU ist jedoch bereits eine Verordnung ergangen und in Kraft getreten, die eine mit dem Änderungsprotokoll übereinstimmende Regelung enthält und als Gemeinschaftsrecht unmittelbar und unabhängig vom Inkrafttreten der Änderung des TRIPS-Ü in allen Mitgliedstaaten gilt (vgl. → Rn. 110). Sie ermöglicht es, Zwangslizenzen an Arzneimittelpatenten abweichend von Art. 31 Buchst. f TRIPS-Ü auch dann zu erteilen, wenn die vom Lizenznehmer hergestellten Erzeugnisse ausschließlich oder vorwiegend für den Markt eines anderen WTO-Mitglieds bestimmt sind, sofern dieses den Bedürftigkeitskriterien der VO (und des Protokolls) genügt.[37]

54 6. Seit 1997 versuchen die USA, in zweiseitigen **Freihandelsabkommen** einen über die Anforderungen des TRIPS-Ü hinausgehenden Schutz geistigen Eigentums durchzusetzen.[38] Beispielsweise wird verlangt, die Patentierung von Pflanzen, von weiteren medizinischen Indikationen bekannter Erzeugnisse und sogar von Heilverfahren zu ermöglichen, für Arzneimittel und allgemein bei langer Dauer des Erteilungsverfahrens den zeitbedingten Wegfall von Patenten hinauszuschieben, zur Verhinderung von Parallelimporten die Erschöpfung von Rechten aus Patenten nur bei inländischem Inverkehrbringen anzuerkennen, die Möglichkeit zwangsweiser Lizenzierung stärker als im TRIPS-Ü vorgesehen einzuschränken, eine Mindestfrist von 5 bzw. 10 Jahren für die in Art. 39 Abs. 3 TRIPS-Ü allgemein vorgesehene Geheimhaltung von Daten vorzuschreiben, die zwecks Marktzulassung pharmazeutischer bzw. agrochemischer Erzeugnisse eingereicht werden, oder diese Zulassung von der Zustimmung des Patentinhabers abhängig zu machen. Im Schrifttum wird darauf hingewiesen, dass WTO-Mitglieder, die in zweiseitigen Verträgen solche Zugeständnisse machen, diese wegen des Meistbegünstigungsprinzips sofort und bedingungslos auch den Angehörigen anderer WTO-Staaten gewähren müssen.[39]

---

[34] Text bei *Kramer* 299.
[35] Text mit Zusatzerklärung des Vorsitzenden bei *Kramer* 301, 305; vgl. dort auch 138 ff.
[36] Bericht in GRUR-Int 2006, 90.
[37] Streng genommen werden somit EU-Mitgliedstaaten im Verhältnis zu WTO-Mitgliedern, für die das Protokoll mangels Inkrafttretens oder späteren Beitritts (noch) nicht bindend ist, unionsrechtlich zu TRIPS-widrigem Verhalten verpflichtet, was zwar in ihrem Verhältnis zueinander bedeutungslos sein mag, aber im Verhältnis zu anderen WTO-Mitgliedern, denen Inhaber in EU-Staaten mit exportorientierten Zwangslizenzen belegter Patente angehören, zu Schwierigkeiten führen könnte.
[38] *Straus* FS Schricker, 2005, 206 ff.; *Kampf* VPP-Rundbrief 2006, 38 ff.; krit. *Pacón* FS Kolle/Stauder, 2005, 78 ff. – Regelungen, die den Schutz geistigen Eigentums betreffen, sind auch in bilateralen und regionalen Freihandelsverträgen der EU enthalten; sie sind jedoch weniger spezifisch und weitreichend als in den Verträgen der USA, vgl. *Kampf* VPP-Rundbrief 2006, 44.
[39] *Straus/Klunker* GRUR-Int 2007, 91 (103 f.); *Kampf* VPP-Rundbrief 2006, 40 (44); *Pacón* FS Kolle/Stauder, 2005, 78 ff.

§ 7. Die internationale Rechtsentwicklung   II § 7

II. Europäische Regelungen

a) Konventionen im Rahmen des Europarats

1. Die 1953 abgeschlossene Übereinkunft über **Formerfordernisse** bei Patentanmeldungen gebot den Vertragsstaaten, jede Patentanmeldung, die den von ihr festgelegten Förmlichkeiten genügte, als formell ordnungsmäßig anzuerkennen. Heute ist sie dadurch überholt, dass internationale Anmeldungen, die den Formerfordernissen des PCT entsprechen, in allen benannten Vertragsstaaten wie nationale Anmeldungen wirken.[40] Auch der PLT 2000 (→ Rn. 28 ff.) will es durch Begrenzung von Formerfordernissen erleichtern, Patente für eine Mehrzahl von Staaten anzumelden. 55

2. Die Europäische Übereinkunft über die internationale **Klassifikation** der Patente, die 1954 zustande kam, wurde 1971 in Form des inhaltlich auf ihr beruhenden Straßburger Übereinkommens (→ Rn. 20) in den Rahmen der WIPO überführt. 56

3. Das am 27.11.1963 in Straßburg unterzeichnete Übereinkommen zur Vereinheitlichung gewisser Begriffe des **materiellen Rechts der Erfindungspatente** wurde ausgearbeitet, als im Rahmen der EWG bereits Vorbereitungen zur Schaffung eines für das Gesamtgebiet der Mitgliedstaaten einheitlichen Patents begonnen hatten.[41] Es legt vor allem die wesentlichen sachlichen Voraussetzungen fest, von deren Vorliegen die Vertragsstaaten die Erteilung nationaler Patente abhängig machen dürfen und regelmäßig auch müssen; daneben enthält es grundlegende Bestimmungen über den Inhalt der Patentanmeldungen und den sachlichen Schutzbereich des Patents. Das Straßburger Übereinkommen hat schon vor seinem Inkrafttreten, das erst 1980 erfolgte, Einfluss auf nationale Patentreformen gehabt (Irland 1964; Frankreich 1968); vor allem aber sind seine Lösungen in das EPÜ und das GPÜ (→ Rn. 58 ff., 90 ff.) eingegangen und haben von hier aus einen Angleichungseffekt herbeigeführt, der wesentlich über den Kreis seiner 13 Vertragsstaaten hinausreicht.[42] Auch der weltweit angelegte PCT (→ Rn. 13 ff.) lehnt sich in seinen die Schutzvoraussetzungen betreffenden Bestimmungen an das Straßburger Übereinkommen von 1963 an. 57

b) Das Europäische Patentübereinkommen (EPÜ)

1. Nach der Gründung der Europäischen Wirtschaftsgemeinschaft hatten die auf eine „Europäisierung des Patentrechts"[43] gerichteten Überlegungen einen neuen Akzent erhalten. Neben die Anliegen, Unterschiede des nationalen Schutzniveaus zu beseitigen, Anmelder und Behörden von unnötigen Aufwendungen und Arbeiten zu entlasten, war das Bestreben getreten, die Schutzrechtsgrenzen zu beseitigen, die den freien Warenverkehr zwischen den Ländern des Gemeinsamen Marktes behindern konnten. Es sollte nicht dahin kommen, dass an Stelle der aufzuhebenden Zollschranken Gerichtsvollzieher, auf Schutzrechte im Einfuhrland gestützt, Warenströme an den Grenzen aufhielten.[44] Schon 1962 wurde mit dieser Zielsetzung der Vorentwurf eines Abkommens über ein Europäisches Patentrecht veröffentlicht.[45] Seine Verwirklichung scheiterte, noch während die Fachwelt über einen Teil seiner Vorschläge heftig stritt, an der gemeinschaftspolitischen Krise der folgenden Jahre. 58

2. Die Vorarbeiten für den PCT (→ Rn. 13 ff.) trugen dazu bei, dass Ende der 1960er Jahre das Interesse am Plan eines europäischen Patents wieder auflebte.[46] Anders als im Projekt von 1962 wurde er jedoch nunmehr zweigleisig verfolgt. Das Memorandum des 59

---

[40] Für die Bundesrepublik Deutschland ist die Übereinkunft 1977 außer Kraft getreten.
[41] *Haertel* 5 ff. Rn. 25 ff.
[42] Vgl. *Haertel* GRUR-Int 1981, 479–490; *Kraßer*, EPÜ-GK, 22. Lfg., 1998, 119–175.
[43] So der Titel einer 1955 erschienenen Schrift von *Eduard Reimer*.
[44] So zuerst *Finniss* Prop. ind. 1961, 133, 137; s. auch *Haertel* Rn. 36.
[45] GRUR Ausl. 1962, 561; zu den Vorarbeiten *Haertel* Rn. 37 ff.
[46] S. *Haertel* Rn. 42 ff.

§ 7 II　　　　　　　　　　　　　　　　　　　　　　　　　　1. Abschnitt. Grundlagen

EWG-Ministerrats über die Einführung eines europäischen Patenterteilungsverfahrens vom 3.3.1969 sah den Abschluss zweier internationaler Konventionen vor: einer über die zentrale Erteilung eines Patents mit nationaler Wirkung in einer Mehrzahl nicht notwendigerweise der EWG angehörender Länder, einer anderen über ein das Gesamtterritorium des Gemeinsamen Marktes umfassendes einheitliches Patent. An den Vorarbeiten zur ersten Konvention beteiligten sich Regierungsvertreter und Sachverständige aus insgesamt 21 europäischen Ländern.[47] 1970 wurde ein erster Vorentwurf, 1972 die endgültige Fassung des Entwurfs eines Übereinkommens über ein europäisches Patenterteilungsverfahren nebst Ausführungsordnung und ergänzenden Protokollen veröffentlicht.[48] Ab 10.9.1973 beriet in München eine Diplomatische Konferenz über den Entwurf. Für 14 der 21 Teilnehmerstaaten[49] wurde am 5.10.1973 das Europäische Patentübereinkommen (Übereinkommen über die Erteilung europäischer Patente) nebst Anlagen[50] unterzeichnet; später kamen zwei weitere Signatarstaaten[51] hinzu. Nachdem sieben Unterzeichnerstaaten[52] die nationalen Ratifizierungsverfahren beendet hatten, trat für sie am 7.10.1977 das **Übereinkommen** mit **Ausführungsordnung** (AO) und **Protokollen** in Kraft. Seither ist es für weitere 27 Staaten[53] wirksam geworden. Mit einigen ost- und südosteuropäischen Staaten[54] wurden Erstreckungsabkommen vereinbart, nach welchen auf Antrag die Wirkung europäischer Patente auf deren Staatsgebiet ausgedehnt wird.

60　　3. Durch das EPÜ wurde in Form der **Europäischen Patentorganisation** (EPO) eine zwischenstaatliche Einrichtung gegründet, deren Organe der **Verwaltungsrat** und das **Europäische Patentamt** (EPA) sind.[55] Letzteres wurde am 2.11.1977 eröffnet; seit 1.6.1978 nimmt es europäische Patentanmeldungen entgegen. Kernstück des durch das EPÜ geschaffenen Systems ist die Befugnis des EPA, Patente für Erfindungen, die den im EPÜ festgelegten Schutzvoraussetzungen genügen, mit unmittelbarer Wirkung für die vom Anmelder benannten Vertragsstaaten zu erteilen. Diese haben zugunsten der EPO einen Souveränitätsverzicht geleistet. Der Akt des EPA steht ohne jede Bestätigung durch nationale Behörden einer nationalen Patenterteilung gleich. Allerdings bleibt den zuständigen nationalen Instanzen das Recht, ein europäisches Patent bezüglich ihres Territoriums für nichtig zu erklären. Sie dürfen sich dabei aber nur auf Gründe stützen, die das EPÜ zulässt. Mit Nichtigkeitsgründen, die das nationale Recht darüber hinaus vorsehen mag, können europäische Patente nicht angegriffen werden. Im Übrigen ist aber der Vereinheitlichungs-

---

[47] Vgl. *Singer* 20; *Haertel* Rn. 54.
[48] Näheres in GRUR-Int 1972, 242 f.
[49] Belgien, Dänemark, Bundesrepublik Deutschland, Frankreich, Griechenland, Irland, Italien, Liechtenstein, Luxemburg, Niederlande, Norwegen, Schweden, Schweiz, Vereinigtes Königreich.
[50] Ausführungsordnung, Anerkennungsprotokoll, Protokoll über Vorrechte und Immunitäten, Zentralisierungsprotokoll, Auslegungsprotokoll, vgl. → § 8 Rn. 32 ff.
[51] Österreich, Monaco. – Beitrittsberechtigt waren gemäß Art. 165 Abs. 1, 166 Abs. 1 (a) außerdem die restlichen Teilnehmerstaaten der Münchener Konferenz (Finnland, Jugoslawien, Portugal, Spanien, Türkei sowie Island und Zypern (vgl. *Singer* 28); weitere europäische Staaten kann der Verwaltungsrat zum Beitritt einladen, Art. 166 Abs. 1 (b).
[52] Belgien, Bundesrepublik Deutschland, Frankreich, Luxemburg, Niederlande, Schweiz, Vereinigtes Königreich.
[53] Schweden, Italien, Österreich, Liechtenstein, Griechenland, Spanien, Dänemark, Monaco, Portugal, Irland, Finnland, Zypern, Türkei, Bulgarien, Estland, Slowakische Republik, Tschechische Republik, Slowenien, Ungarn, Rumänien, Polen, Island, Litauen, Lettland, Malta, Kroatien, Norwegen (in zeitlicher Reihenfolge).
[54] Albanien, Ehemalige Jugoslawische Republik Mazedonien, Bosnien und Herzegowina, Serbien (hierzu Mitteilung des EPA 23.5.2007, ABl. 2007, 406) sowie Rumänien, Slowenien, Lettland, Litauen und Kroatien, die inzwischen dem EPÜ beigetreten sind.
[55] Vgl. → § 9 Rn. 19 ff. In der Haager Zweigstelle des EPA ist das frühere Internationale Patentinstitut aufgegangen, das am gleichen Ort nach dem 2. Weltkrieg von einer Gruppe von Staaten, in denen die Patenterteilung ohne amtliche Vorprüfung erfolgt, für Ermittlungen über den Stand der Technik gegründet worden war.

§ 7. Die internationale Rechtsentwicklung   II § 7

effekt des EPÜ begrenzt. Insbesondere richten sich – abgesehen von einzelnen konventionsrechtlichen Grundregeln – die Wirkungen des europäischen Patents und die Rechtsfolgen seiner Verletzung für jeden benannten Vertragsstaat nach dessen nationalen Gesetzen. Es ist einem Bündel aus einzelstaatlichen Patenten vergleichbar, die nach Abschluss des zentralen Erteilungs- und gegebenenfalls Einspruchsverfahrens auseinanderfallen und hinsichtlich der weiteren Entwicklung voneinander unabhängig sind. Freilich bleiben sie dabei nach Maßgabe des EPÜ durch ihren europäischen Ursprung geprägt (vgl. → § 29 Rn. 68 f.).

4. Zur **Änderung** von Fristen, die im EPÜ festgesetzt sind, und der AO genügt ein mit **61** drei Vierteln der abgegebenen Stimmen gefasster Beschluss des Verwaltungsrats der EPO (Art. 33 Abs. 1, 35 Abs. 2 EPÜ). Bisher sind durch sechs Beschlüsse Fristen des EPÜ und durch mehr als 25 Beschlüsse zahlreiche Bestimmungen der AO geändert worden.[56]

Durch einen dieser Beschlüsse wurden in die AO Bestimmungen über *biotechnologische Erfindungen* **62** eingefügt, die sich eng an die entsprechende EG-Richtlinie (→ Rn. 106 ff.) anlehnen. Ob hierfür die Kompetenz des Verwaltungsrats ausreiche, ist fraglich angesichts der Bedeutung des Problems und des lebhaften Meinungsstreits, der darüber entstanden war. Unbeachtlich sind die neu eingefügten Regeln jedenfalls insoweit, als sich ergibt, dass sie mit dem Übereinkommen nicht übereinstimmen (Art. 164 Abs. 2 EPÜ).

Im Übrigen bedürfen Änderungen des EPÜ grundsätzlich des Verfahrens einer diplo- **63** matischen Konferenz der Vertragsstaaten nebst anschließender Ratifizierung durch deren parlamentarische Gremien (Art. 172 EPÜ). Die für das Inkrafttreten einer Revision erforderliche Anzahl von Ratifizierungen wird in der jeweiligen Revisionsakte festgelegt. Vertragsstaaten, für die im Zeitpunkt des Inkrafttretens die revidierte Fassung des EPÜ weder durch Ratifizierung noch durch Beitritt verbindlich geworden ist, gehören ab diesem Zeitpunkt dem EPÜ nicht mehr an (Art. 172 Abs. 4 EPÜ). Sie können ihm aber wieder beitreten (Art. 166 Abs. 2 EPÜ).

Europäische Patentanmeldungen, die im Zeitpunkt des Ausscheidens eines Vertragsstaats anhängig **64** sind, und europäische Patente, gegen die in diesem Zeitpunkt Einspruch erhoben oder noch möglich ist, werden von EPA gemäß dem revidierten EPÜ weiterbehandelt; der ausgeschiedene Vertragsstaat kann jedoch auf alle für ihn erteilten europäischen Patente die für ihn maßgebend gewesene Fassung des EPÜ anwenden (Art. 175 EPÜ).

Um eine Anpassung des EPÜ an internationale Verträge oder europäisches Gemeinschafts- **65** recht ohne diplomatische Konferenz und Ratifizierung zu ermöglichen, hat das EPÜ 2000 den Verwaltungsrat zu den hierfür erforderlichen Änderungen ermächtigt (→ Rn. 67 ff.).

5. Durch diplomatische Konferenz und Ratifizierung wurde es aus Anlass der Einfüh- **66** rung des ergänzenden Schutzzertifikats für Arzneimittel (→ Rn. 102 ff.) den Vertragsstaaten ermöglicht, den Ablauf eines europäischen Patents mit Rücksicht darauf hinauszuschieben, dass es sich auf ein Erzeugnis bezieht, das in dem betreffenden Vertragsstaat erst nach behördlicher Zulassung in den Verkehr gebracht werden darf (Art. 63 Abs. 2 Buchst. b, 3, 4 EPÜ in geänderter Fassung).[57]

6. Umfangreiche Änderungen des EPÜ wurden durch eine von 20. bis 29.11.2000 in **67** München abgehaltene Diplomatische Konferenz beschlossen.[58] Sie sind am 13.12.2007 in Kraft getreten.

---

[56] Übersichten in ABl. EPA 2005, 378; 2006, 406.
[57] Akte vom 17.12.1991 BGBl. 1993 II 242, in Kraft getreten am 4.7.1997, BGBl. 1997 II 1446.
[58] Revisionsakte vom 29.11.2000, ABl. EPA Sonderausgaben Nr. 1/2001 und Nr. 4/2001 (mit Neufassungen des EPÜ, des Protokolls über die Auslegung des Art. 69, des Zentralisierungsprotokolls und der vom Verwaltungsrat der EPO am 28.6.2001 gemäß Art. 7 der Revisionsakte beschlossenen Übergangsregelung). Dazu *Nack/Phélip* GRUR-Int 2001, 322 ff.; *Bardehle* Mitt. 2001, 145 ff.; *Kober* GRUR-Int 2001, 493 ff.; *Joos* FS Kolle/Stauder, 2005, 429 (432 f.); *Naumann* Mitt. 2007, 529 ff.; *Ullrich* European Law Journal 2002, 433 (449 ff.).

68 Die durch das **EPÜ 2000** eingeführten Änderungen umfassen mehr als 80 Einzelpunkte. Ein Teil davon beschränkt sich auf Klarstellungen oder redaktionelle Verbesserungen. Einige dienen der Anpassung an das TRIPS-Übereinkommen und den PLT 2000 (→ Rn. 33 ff., 28 ff.).

69 Von weiterreichender Bedeutung sind:

70 die Ermächtigung des Verwaltungsrats, das Übereinkommen selbst zu ändern, um es mit das Patentwesen betreffenden internationalen Verträgen und Rechtsvorschriften der EG in Übereinstimmung zu bringen (Art. 33 Abs. 1 Buchst. b);[59] ein Beschluss dieses Inhalts kann erst gefasst werden, nachdem der internationale Vertrag in Kraft getreten bzw. die gemeinschaftsrechtliche Regelung in Kraft getreten und, soweit sie der Umsetzung in nationales Recht bedarf, die Frist hierfür abgelaufen ist (Art. 33 Abs. 5); sein Zustandekommen setzt voraus, dass alle Vertragsstaaten vertreten sind und keine Gegenstimme abgegeben wird; er wird nicht wirksam, wenn innerhalb von zwölf Monaten einer der Vertragsstaaten erklärt, dass der Beschluss nicht verbindlich sein soll (Art. 35 Abs. 3);

71 die Erweiterung der Regelungskompetenz des Verwaltungsrats auch dadurch, dass zahlreiche Bestimmungen des Übereinkommens in die AO überführt werden;

72 die Eröffnung der Möglichkeit, unter Berufung auf bestimmte schwere Verfahrensmängel Entscheidungen der Beschwerdekammern des EPA durch dessen Große Beschwerdekammer überprüfen zu lassen;

73 die allgemeine Zulassung des Einreichens von Anmeldungen auch in Sprachen, die keine Amtssprachen des EPA sind;

74 die Ausdehnung der Wiedereinsetzungsmöglichkeit auf den Fall, dass die zwölfmonatige Prioritätsfrist versäumt ist;

75 das Abgehen von der bisherigen organisatorischen und verfahrensmäßigen Trennung von Recherche und Prüfung;

76 die Einführung der Möglichkeit, europäische Patente auf Antrag des Inhabers durch das EPA mit Wirkung für alle Vertragsstaaten, für die sie erteilt sind, zu beschränken oder zu widerrufen;

77 die Streichung der Bestimmungen, die die patenthindernde Wirkung einer älteren, aber erst an oder nach dem Prioritätstag einer späteren Anmeldung veröffentlichten europäischen Anmeldung auf die darin wirksam benannten Vertragsstaaten beschränken;

78 die ausdrückliche Anerkennung der Patentierbarkeit von Stoffen in zweiter oder weiterer medizinischer Anwendung;

79 die Ergänzung des Protokolls über die Auslegung des Art. 69 durch einen zweiten Absatz, wonach bei der Bestimmung des Schutzbereichs solchen Elementen gebührend Rechnung zu tragen ist, die Äquivalente der in den Patentansprüchen genannten Elemente sind.

80 Keine ausreichende Unterstützung fanden Vorschläge, in das Protokoll zu Art. 69 zusätzliche Ergänzungen einzufügen und die Programme für Datenverarbeitungsanlagen aus der Liste der Gegenstände und Tätigkeiten zu streichen, die nicht als Erfindungen anzusehen und deshalb als solche nicht patentierbar sind (Art. 52 Abs. 2, 3).[60] Die Behandlung biotechnologischer Erfindungen und die Erweiterung der Bestimmungen über die Neuheitsschonfrist waren von vornherein nicht Gegenstand der Konferenz. Sie gehören zum Inhalt eines „zweiten Korbs" von Problemen, deren Erörterung auf einen späteren, noch unbestimmten Zeitpunkt verschoben wurde.

81 Neuere Überlegungen, die bereits zu einem dem Verwaltungsrat vorgelegten und von ihm grundsätzlich gebilligten Vorschlag geführt haben, gelten dem Ziel, die Beschwerdekammern des EPA zu einem Europäischen Patentbeschwerdegericht zu verselbständigen, das als drittes Organ der EPO neben dem EPA und dem Verwaltungsrat steht.[61] Eine diplomatische Konferenz, die über das Vorhaben beraten und beschließen könnte, ist derzeit nicht in Sicht.

---

[59] Zur Problematik dieser Regelung *Joos* FS Kolle/Stauder, 2005, 438 f., und *Klopschinski* GRUR-Int 2007, 555 ff.
[60] Hierzu *Nack* EPÜ-GK Art. 52 Rn. 48 f.
[61] Vgl. *Messerli* ABl. EPA Sonderausgabe 2005, 6 (12 f.) und FS Kolle/Stauder, 2005, 441 ff.

§ 7. Die internationale Rechtsentwicklung II **§ 7**

In der Revisionsakte wurde der Verwaltungsrat ermächtigt, in **Übergangsvorschriften** 82
zu bestimmen, inwieweit das EPÜ auf bereits eingereichte Anmeldungen und erteilte
Patente anzuwenden ist. Dies geschah durch Beschluss vom 28.6.2001.[62] Ebenso hat der
Verwaltungsrat die infolge der Revision notwendig gewordenen Änderungen der **Ausführungsordnung** vorgenommen. Weitere Änderungen erfolgten durch Beschluss vom
7.12.2006, dem die neugefasste AO als Anhang beigefügt ist.[63]

7. Nach Art. 65 EPÜ, der bei der Revision unverändert geblieben ist, kann jeder Vertrags- 83
staat vorschreiben, dass von europäischen Patenten, die nicht in einer seiner Amtssprachen
vorliegen, bei seiner Zentralbehörde für gewerblichen Rechtsschutz eine vollständige
Übersetzung in einer solchen Sprache eingereicht wird, und für den Fall, dass dies nicht
fristgerecht geschieht, bestimmen, dass das Patent in seinem Gebiet als von Anfang an wirkungslos gilt. Von dieser Möglichkeit haben mit Ausnahme von Luxemburg und Monaco
alle Vertragsstaaten – einschließlich Deutschlands, das davon zunächst abgesehen hatte –
Gebrauch gemacht. Seit langem wird beklagt, dass die deshalb erforderlichen Übersetzungen die Kosten für europäische Patente beträchtlich erhöhen, obwohl sie nur in seltenen
Fällen tatsächlich benutzt werden.[64] Die Bemühungen, diese Belastungen zu vermindern,
haben zu dem **Übereinkommen** über die Anwendung des **Art. 65** EPÜ vom 17.10.2000
geführt.[65] Es verpflichtet die daran gebundenen Vertragsstaaten des EPÜ, auf Übersetzungen
europäischer Patente in (eine) ihre(r) Amtssprache(n) ganz oder weitgehend zu verzichten.
Sein Inkrafttreten setzt Ratifizierung durch mindestens acht Vertragsstaaten voraus, unter
denen sich Frankreich, das Vereinigte Königreich und Deutschland befinden müssen. Nach
Ratifizierung durch Frankreich, die sich lange verzögert hat, ist das Übereinkommen am
1.5.2008 für 11 Staaten in Kraft getreten.[66]

8. Wenn gegen ein europäisches Patent kein Einspruch mehr möglich und über gegebe- 84
nenfalls erhobene Einsprüche abschließend entschieden ist, kann seine Nichtigerklärung
nur noch in den einzelnen Vertragsstaaten mit jeweils national begrenzter Wirkung beantragt und ausgesprochen werden. Ebenso sind für Streitigkeiten wegen Verletzung europäischer Patente allein nationale Gerichte zuständig.

Die **internationale Zuständigkeit** richtet sich dabei im Verhältnis der EU angehören- 85
der Vertragsstaaten nach der EU-Verordnung über die gerichtliche Zuständigkeit und
die Anerkennung und Vollstreckung von Entscheidungen in Zivil- und Handelssachen
(EuGVVO),[67] im Verhältnis der EFTA angehörender Vertragsstaaten und in deren Verhältnis
zu EU-Staaten nach dem – mit der Verordnung weitgehend übereinstimmenden – Übereinkommen von Lugano (LugÜ), im Übrigen nach nationalem Recht. Diese Zuständigkeitsregelungen gewährleisten nicht, dass das zur Entscheidung berufene Gericht speziali-

---

[62] ABl. EPA Sonderausgabe 1/2007, 197; dazu die Tabelle ABl. EPA Sonderausgabe 1/2007, 217–220. Zu einzelnen Übergangsbestimmungen: EPA 31.3.2008, ABl. 2008, 567 = GRUR-Int 2009, 234 – Nachreichung von Zeichnungen.

[63] ABl. EPA Sonderausgabe 1/2007, 89 (91).

[64] *Van Benthem* Mitt. 1993, 151 (154); *J. Beier* GRUR-Int 1995, 113 ff.; *Osterwalder* GRUR-Int 1995, 579 ff.; *Bossung* GRUR-Int 1995, 923 (930 ff.); *Suchy* Mitt. 1997, 377–390; EPA-Dokument CA/46/96 vom 19.11.1996 über die Sprachenfrage und mögliche Lösungswege zur Verringerung der Übersetzungs- und Validierungskosten; Mitteilung der Kommission der EG an das Europäische Parlament und den Rat: Vertiefung des Patentsystems in Europa, KOM(2007) 165 endg., Anhang I und II.

[65] ABl. EPA 2001, 549 = BlPMZ 2002, 102; deutsches Ratifizierungsgesetz vom 10.12.2003 in BGBl. II 1666.

[66] Dänemark, Deutschland, Frankreich, Island, Lettland, Liechtenstein, Monaco, Niederlande, Slowenien, Schweiz, Vereinigtes Königreich; Bericht in GRUR-Int 2008, 269.

[67] Verordnung 12/2012 des Rates vom 12.12.2012, ABl. L 351, 1, in Kraft getreten am 10.1.2015. Sie ersetzt von diesem Zeitpunkt an die Verordnung Nr. 44/2001 über die gerichtliche Zuständigkeit und die Anerkennung und Vollstreckung von Entscheidungen in Zivil- und Handelssachen vom 22.12.2001, welche wiederum das weitgehend inhaltsgleiche Brüsseler Übereinkommen (EuGVÜ) ersetzte. Näheres → § 36 Rn. 5 ff.

sierte Sachkunde und Erfahrung in Patentsachen hat, und bergen deshalb ein erhebliches Risiko von Verzögerungen, Divergenzen und Fehlentscheidungen.

86 Eine Regierungskonferenz der Vertragsstaaten der EPO hat im Juni 1999 eine Arbeitsgruppe mit dem Auftrag eingesetzt, ein fakultatives Protokoll zum EPÜ vorzulegen, in dem sich die daran beteiligten Vertragsstaaten für Streitigkeiten über Rechtsgültigkeit und Verletzung europäischer Patente auf ein integriertes Gerichtswesen mit einheitlichen Verfahrensregeln und zumindest einem gemeinsamen Berufungsgericht einigen sollen. Die Arbeitsgruppe billigte im Juni 2000 ein Strukturpapier zu einem fakultativen Protokoll über die **Streitregelung** im Zusammenhang mit europäischen Patenten (European Patent Litigation Protocol – EPLP).[68] Auf ihm beruht der Entwurf eines Übereinkommens über die Schaffung eines Streitregelungssystems für europäische Patente (Agreement on the establishment of a European Patent Litigation System – **EPLA**).[69] Er sieht als neue, unabhängige, mit eigener Rechtspersönlichkeit ausgestattete internationale Organisation die „Europäische Patentgerichtsbarkeit" und als deren Organe einen Verwaltungsausschuss sowie ein mit rechtskundigen und technisch-naturwissenschaftlich vorgebildeten Richtern besetztes gemeinsames **europäisches Patentgericht** (EPG) vor, das aus dem Gericht erster Instanz (EPG 1) und dem Berufungsgericht (EPG 2) sowie einer Geschäftsstelle bestehen und nach einer Übergangszeit zur Entscheidung sowohl über die Rechtsgültigkeit als auch – sofern der angebliche Verletzer seinen Wohnsitz oder Sitz in einem EPLA-Staat hat – über die Verletzung europäischer Patente ausschließlich zuständig sein soll.[70] Das EPG 1 soll eine zentrale Kammer, die zusammen mit dem EPG 2 an dem noch zu bestimmenden Sitz der Europäischen Patentgerichtsbarkeit errichtet würde, und außerdem eine oder mehrere regionale Kammern haben, die nach bestimmten Kriterien in einzelnen Vertragsstaaten gebildet werden könnten.[71]

87 Das anzuwendende materielle Recht würde das EPG in erster Linie dem EPÜ und dem EPLA selbst entnehmen, das die Regelung der Patentwirkungen aus dem GPÜ in TRIPS-konformer Fassung sowie für die Rechtsfolgen von Verletzungen den einschlägigen Bestimmungen des TRIPS-Ü entsprechende Vorschriften enthalten soll. Nationales Recht von Vertragsstaaten wäre nur anzuwenden, soweit es im EPÜ vorgesehene Optionen für einzelstaatliche Regelungen ausfüllt.[72]

88 Für das Inkrafttreten des EPLA soll die Ratifizierung durch einen qualifizierten Teil der Vertragsstaaten des EPÜ genügen. Seine Wirkung würde dann sein, dass an Stelle der Gerichte der daran gebundenen Staaten das EPG zuständig wäre, während in den übrigen Staaten die nationalen Gerichte zuständig blieben.

89 Der durch die Revisionsakte 2000 eingefügte Art. 149a EPÜ gestattet in Abs. 1 Buchst. a ausdrücklich ein Übereinkommen über die Schaffung eines gemeinsamen europäischen Patentgerichts für die ihm angehörenden Vertragsstaaten. Dagegen sieht die Europäische Kommission den Abschluss eines EPLA als unvereinbar mit Unionsrecht an; sie bestreitet den Mitgliedstaaten die Befugnis zum Vertragsschluss, weil das Gebiet, auf das sich das

---

[68] Text nebst Anlagen und Einführung von *Addor/Luginbühl* in GRUR-Int 2000, 733 ff.; zur weiteren Entwicklung *Landfermann* Mitt. 2003, 341 (347 f.); *Pagenberg* GRUR-Int 2003, 718 ff.; *Stauder* GRUR 2003, 500 ff.; *Willems* und *Landfermann* ABl. EPA Sonderausgabe 2/2003, 190–201, 226–247.

[69] Zum Inhalt ausführlich *Schneider* 271 ff.; *Telg gen. Kortmann* 91 ff.; *Liedl* 179–203; *Luginbühl* GRUR-Int 2004, 357 (359 ff.); *Feldges* FS Schilling, 2007, 111–123; vgl. auch *Dreiss* GRUR-Int 2004, 712 f.; *Kolle/Waage* ABl. EPA Sonderausgabe 2005, 44 ff.; *Willems* FS Kolle/Stauder, 2005, 325 (328 ff.); *C. Osterrieth* Rn. 93 ff.

[70] Für einstweiligen Rechtsschutz würden auch nationale Gerichte zuständig bleiben, s. *Luginbühl* 361 f.; *Liedl* 189.

[71] Grundsätze für die Verfahrensregeln des Europäischen Patentgerichts wurden im November 2006 von einer Konferenz europäischer Patentrichter in Venedig verabschiedet; sie sind abgedruckt in GRUR-Int 2007, 583, ein dort erörterter Vorschlag betreffend Grundsätze für das Verletzungsverfahren GRUR-Int 2007, 587.

[72] Vgl. *Schneider* 280.

§ 7. Die internationale Rechtsentwicklung   II § 7

EPLA beziehe durch die EuGVVO und die Durchsetzungsrichtlinie bereits unionsrechtlich geregelt sei.[73] Im gleichen Sinn hat sich der Rechtsdienst des Europäischen Parlaments geäußert.[74] Im Schrifttum sind die Meinungen geteilt.[75] Von den Nutzern des europäischen Patentsystems wird die Errichtung einer Europäischen Patentgerichtsbarkeit gemäß dem EPLA-Entwurf befürwortet. Dabei wird hervorgehoben, dass diese unabhängig davon notwendig sei, ob die von der Kommission vorgeschlagene Verordnung über das Gemeinschaftspatent (vgl. → Rn. 114 ff.) zustande kommt, weil die dort vorgesehene Gerichtsbarkeit für die der VO nicht unterliegenden europäischen Patente nicht zuständig sein würde, die in großer Zahl bereits bestehen und auch nach Inkrafttreten der VO voraussichtlich noch in erheblicher Zahl entstehen werden.[76] Einigkeit besteht darüber, dass bei Zustandekommen der Gemeinschaftspatentverordnung eine Zusammenführung der im EPLA vorgesehenen Europäischen Gerichtsbarkeit und der Gemeinschaftspatentgerichtsbarkeit erfolgen muss.[77] Auch die Europäische Kommission empfiehlt jetzt ein einheitliches, sowohl für europäische Patente als auch für Gemeinschaftspatente zuständiges Gerichtssystem.[78]

c) Das Gemeinschaftspatentübereinkommen (GPÜ)

1. Nach dem Abschluss des EPÜ setzten die damaligen neun EWG-Staaten die Arbeit am Projekt eines einheitlichen Patents für den Gemeinsamen Markt fort. Sie führte zur Unterzeichnung des Übereinkommens über das europäische Patent für den Gemeinsamen Markt nebst Ausführungsordnung und einer Reihe ergänzender Texte[79] am Ende einer Diplomatischen Konferenz, die vom 17.11. bis 15.12.**1975** in Luxemburg stattfand. Das GPÜ wird als solches nicht mehr in Kraft gesetzt werden (→ Rn. 36 ff.). Der Plan, ein Gemeinschaftspatent einzuführen, ist aber nicht aufgegeben. Er soll im Wege einer EG-Verordnung verwirklicht werden (→ Rn. 114 ff.). Dabei ist nach wie vor das 1975 entworfene Grundkonzept maßgebend: 90

Das Gemeinschaftspatent wird **vom EPA** gemäß den Voraussetzungen und Verfahrensvorschriften des EPÜ **erteilt**. Es ist aber im Unterschied zu den europäischen „Bündel"-Patenten **einheitlich** und **autonom**. Einheitlichkeit bedeutet: Das Gemeinschaftspatent kann nur **für alle Vertragsstaaten** erteilt werden und nur im Ganzen, nicht für einzelne Vertragsstaaten für nichtig erklärt werden. 91

Nach dem GPÜ sollte die Benennung eines seiner Vertragsstaaten in einer europäischen Patentanmeldung – vorbehaltlich gegenteiliger Erklärung des Anmelders – als Benennung aller behandelt werden und insoweit[80] zu einem Gemeinschaftspatent führen; die Nichtigerklärung wegen eines nationalen älteren Rechts sollte auf den betroffenen Vertragsstaat beschränkt bleiben. Diese Regelungen sind im Vorschlag einer Verordnung über das Gemeinschaftspatent (→ Rn. 114 ff.) nicht übernommen. 92

---

[73] Mitteilung KOM(2007) 165 Abschn. 2.2.3 A; vgl. auch *Schneider* 308 f., 318 f.; *Luginbühl*, 364 f.; *Artelsmair* FS Kolle/Stauder, 2005, 5 (25); *Kolle/Waage* ABl. EPA Sonderausgabe 2005, 44 (48).

[74] Bericht in GRUR-Int 2007, 369 f.

[75] Eingehende Analyse bei *Telg gen. Kortmann* 131–201 mit zahlreichen Nachw. – Die gemeinschaftsrechtlichen Bedenken zu widerlegen versuchen *Schneider* 310 ff., 316 ff.; *Oser* GRUR-Int 2006, 539 (543 ff.); *Willems* FS Kolle/Stauder, 2005, 332 (insbes. hinsichtlich der Durchsetzungsrichtlinie); *Pagenberg* GRUR-Int 2006, 35 ff.; *Luginbühl* GRUR-Int 2004, 357 (359 ff.). Nur unter Mitwirkung der EU zulässig ist das EPLA nach *Tilmann* GRUR 2006, 824 f.; *Telg gen. Kortmann* 201 ff.; *Liedl* 294 ff.

[76] Vgl. *Artelsmair* FS Kolle/Stauder, 2005, 25 (28); *Kolle/Waage* ABl. EPA Sonderausgabe 2005, 44 (50); *Ermer* Mitt. 2006, 145 (148); dagegen hält *Tilmann* Mitt. 2004, 388 (390 f.) das EPLA für unnötig, falls das EPeW komme.

[77] *Stauder* GRUR 2003, 500 ff.; *Willems* und *Landfermann* ABl. EPA Sonderausgabe 2/2003, 190–201, 226–247; Wege zur Zusammenführung erörtert *Schneider* 322 ff.

[78] Mitteilung KOM(2007) 165 Abschn. 2.2.3 C.

[79] Übersicht bei *Haertel* GRUR-Int 1976, 192 – Texte in GRUR-Int 1976, 231 ff.

[80] Für außerdem benannte Nicht-GPÜ-Staaten wäre ein „Bündel"-Patent zu erteilen gewesen.

§ 7 II *1. Abschnitt. Grundlagen*

93 Die Autonomie des Gemeinschaftspatents äußert sich insbesondere in der selbständigen Regelung seiner **Wirkungen**.

94 Für Rechte, die diese Wirkungen einschränken, und die Rechtsverfolgung, namentlich die Sanktionen der Verletzung von Gemeinschaftspatenten und das Verfahren ihrer Durchsetzung blieben nach dem GPÜ weitgehend die nationalen Gesetze maßgebend und die nationalen Gerichte zuständig. Dagegen sieht der Verordnungsvorschlag auch für diese Bereiche autonome Regelungen vor.

95 Aus der Einheitlichkeit des Gemeinschaftspatents folgt die **Einheitlichkeit des** zugehörigen, alle Vertragsstaaten umfassenden **Schutzrechtsterritoriums**. Wenn ein erfindungsgemäß hergestelltes Erzeugnis irgendwo in diesem Territorium durch den Patentinhaber oder mit seiner Zustimmung in Verkehr gebracht worden ist, können im Gesamtgebiet der Vertragsstaaten sein Vertrieb und Gebrauch nicht mehr auf Grund des Gemeinschaftspatents untersagt werden **(Erschöpfung)**. Es gibt deshalb für das Gemeinschaftspatent keine Schutzrechtsgrenzen zwischen den Vertragsstaaten; ein Konflikt mit dem unionsrechtlichen Prinzip des freien Warenverkehrs ist insoweit ausgeschlossen. Ergänzend traf das GPÜ, das die Befugnis der Vertragsstaaten zur Erteilung **nationaler Patente** unberührt ließ, Vorkehrungen dagegen, dass mit Hilfe solcher Patente Schutzrechtsgrenzen innerhalb seines Geltungsbereichs aufrechterhalten werden. Es ordnete die Erschöpfung der Verbotsbefugnisse aus einem nationalen Patent für jedes Erzeugnis an, das – innerhalb oder außerhalb des Erteilungsstaates – irgendwo im Gebiet der Vertragsstaaten durch den Inhaber dieses nationalen Patents oder mit seiner Zustimmung in Verkehr gebracht worden ist. Das GPÜ schränkte insofern die Wirkungen nationaler Patente ein. Freilich unterlagen sie einer Einschränkung von ähnlicher Tragweite schon vor seiner Unterzeichnung infolge der Rechtsprechung des EuGH zum Grundsatz des freien Warenverkehrs (vgl. → § 33 Rn. 302 ff.).

96 2. Für sein Inkrafttreten verlangte das GPÜ Ratifizierung durch *alle* Unterzeichnerstaaten. Dieser stellten sich in Dänemark und Irland Hindernisse entgegen, deren Überwindung nicht absehbar schien. Deshalb wurde im Dezember **1985** auf einer Diplomatischen Konferenz in Luxemburg[81] über Möglichkeiten beraten, das GPÜ ohne die genannten Staaten in Kraft zu setzen. Eine abschließende Einigung wurde dabei nicht erreicht. Es wurden jedoch umfangreiche neue Texte paraphiert, vor allem eine „**Vereinbarung über Gemeinschaftspatente**", die als eine Art „Dachabkommen"[82] allgemeine Fragen wie das Verhältnis zum Recht der EWG, die Zuständigkeit des EuGH und das Inkrafttreten zum Gegenstand hatte. Als Anhang sind ihr mehrere Protokolle beigefügt, die das GPÜ von 1975 ändern und ergänzen.

97 Hervorzuheben ist das durch zwei Entschließungen der Luxemburger Konferenz von 1975 veranlasste Protokoll über die Regelung von Streitigkeiten über die Verletzung und die Rechtsgültigkeit von Gemeinschaftspatenten **(Streitregelungsprotokoll)**.[83] Nach ihm sollten für Klagen wegen Verletzung von Gemeinschaftspatenten wenige ausgewählte nationale Gerichte als Gemeinschaftspatentgerichte erster und zweiter Instanz ausschließlich zuständig sein, aber in zweiter Instanz nicht über Fragen entscheiden können, die durch *europäisches* Patentrecht, dh das EPÜ oder das GPÜ geregelt sind. Hierfür sollte ein noch zu bildendes Gemeinsames Berufungsgericht für Gemeinschaftspatente (Community Patent Appeal Court – COPAC) ausschließlich zuständig sein. Gemeinschaftspatentgerichte zweiter Instanz, vor denen Fragen des europäischen Patentrechts aufgeworfen worden wären, hätten diese unter Aussetzung ihres Verfahrens an das Gemeinsame Berufungsgericht verweisen müssen und wären an dessen Entscheidung in der anhängigen Sache gebunden gewesen. In Verletzungsverfahren sollten die Gerichte auf Widerklage die Gültigkeit des Gemeinschaftspatents zu prüfen und dieses bei negativem Ergebnis (grundsätzlich, → Rn. 90 ff.) für

---

[81] Darüber *Haertel* GRUR-Int 1986, 293 ff.; *Stauder* GRUR-Int 1986, 302 ff.; *Krieger* GRUR-Int 1987, 729 ff.

[82] *Haertel* GRUR-Int 1986, 293 (297).

[83] Dazu eingehend *Stauder* GRUR-Int 1986, 302 (305 ff.).

§ 7. Die internationale Rechtsentwicklung

alle Vertragsstaaten rückwirkend *erga omnes* für nichtig zu erklären haben. Außerhalb von Verletzungsverfahren sollte die Nichtigerklärung in erster Instanz weiterhin den im EPA zu errichtenden Nichtigkeitsabteilungen vorbehalten bleiben, in zweiter Instanz jedoch an Stelle der im GPÜ vorgesehenen Nichtigkeitskammern des EPA das Gemeinsame Berufungsgericht zuständig sein. Außerdem sollte es Beschwerdegericht im Tätigkeitsbereich der für Gemeinschaftspatente einzurichtenden Patentverwaltungsabteilung des EPA werden.

Eines der weiteren Protokolle enthielt Änderungen des GPÜ von 1975, die großenteils der Koordinierung mit der Vereinbarung und dem Streitregelungsprotokoll dienten. **98**

3. Für die auf der Konferenz von 1985 offen gebliebenen Probleme wurden auf einer weiteren, im Dezember **1989** ebenfalls in Luxemburg abgehaltenen Diplomatischen Konferenz Kompromisslösungen gefunden, die es allen damals 12 Mitgliedstaaten der EWG ermöglichten, die beschlossenen Texte alsbald zu unterzeichnen.[84] **99**

Damit das Vertragswerk nicht an Ratifizierungshindernissen in einzelnen Staaten scheitern musste, wurde ein Protokoll über ein zweistufiges Verfahren vereinbart, mittels dessen ein Inkrafttreten für die übrigen Staaten erreicht werden konnte. Die Möglichkeit, zwischen dem Gemeinschaftspatent und einem europäischen „Bündel"-Patent zu wählen, wurde bis zur Erteilung eröffnet, ihr Ausschluss von einem einstimmigen Beschluss des Rats der EWG abhängig gemacht. Bestätigt wurde das Streitregelungsprotokoll. Die Übersetzungserfordernisse wurden verschärft. Nach Art. 30 der Neufassung des GPÜ hätte der Patentinhaber innerhalb kurzer Frist Übersetzungen in einer der Amtssprachen eines jeden Vertragsstaats einreichen müssen, in dem die Verfahrenssprache nicht Amtssprache ist. Versäumte er dies, galten die Wirkungen des Gemeinschaftspatents in *allen* Vertragsstaaten als von Anfang an nicht eingetreten; immerhin konnte er für die Vertragsstaaten, für die er rechtzeitig Übersetzungen einreichte, auf ein „Bündel"-Patent umsteigen.[85] **100**

Die Bundesrepublik Deutschland[86] und sechs weitere Staaten haben die 1989 vereinbarten Texte ratifiziert. Es wird jedoch nicht mehr damit gerechnet, dass alle noch ausstehenden Ratifizierungen oder ein Inkrafttreten ohne einzelne nicht ratifizierende Staaten zustande kommen.[87] Deshalb hat die Europäische Kommission den Vorschlag einer Verordnung vorgelegt, durch die das Gemeinschaftspatent im Wege gemeinschaftsrechtlicher Rechtsetzung verwirklicht werden sollte (→ Rn. 114 ff.). **101**

d) Rechtsetzung der Europäischen Gemeinschaft und Europäischen Union

aa) Bereits geltende Regelungen

1. Durch Verordnung vom 18.6.1992[88] sah die EG die Möglichkeit vor, für jedes in einem Mitgliedstaat durch ein Patent geschützte Erzeugnis, das vor seinem Inverkehrbringen als **Arzneimittel** Gegenstand eines verwaltungsrechtlichen Genehmigungsverfahrens gemäß den einschlägigen europäischen Richtlinien war, durch Erteilung eines **ergänzenden** **102**

---

[84] S. den Bericht von *Krieger, Brouër* und *Schennen* GRUR-Int 1990, 173 ff.

[85] Nach *J. B. van Benthem,* dem ersten Präsidenten des EPA, Mitt. 1993, 151 (155) ist mit dieser Regelung dem Gemeinschaftspatent „der Todesstoß versetzt worden"; mit der Ratifizierung der Luxemburger Vereinbarung von 1989 würde „ein Leichnam auf den Thron gesetzt". Kritisch auch *Krieger* GRUR 1998, 256 (262 f.), der gleichwohl für Ratifizierung plädiert.

[86] Gesetz zu der Vereinbarung vom 21.12.1989 über Gemeinschaftspatente und zu dem Protokoll vom 21.12.1989 über eine etwaige Änderung der Bedingungen für das Inkrafttreten der Vereinbarung über Gemeinschaftspatente sowie zur Änderung patentrechtlicher Vorschriften (Zweites Gesetz über das Gemeinschaftspatent) vom 20.12.1991 BGBl. II 1354 = BlPMZ 1992, 42, jeweils mit allen von der Ratifizierung umfassten Texten.

[87] Eine Regierungskonferenz, die mit diesem Ziel im Mai 1992 in Lissabon stattfand, blieb erfolglos, s. den Bericht in GRUR-Int 1992, 560 sowie *Schäfers/Schennen* GRUR-Int 1992, 638 ff.; *Krieger* GRUR 1998, 256 (261 f.).

[88] VO (EWG) Nr. 1768/92 des Rates über die Schaffung eines ergänzenden Schutzzertifikats für Arzneimittel.

Schutzzertifikats den Ablauf des Patentschutzes um einen Zeitraum hinauszuschieben, der sich an dem durch die Dauer des Genehmigungsverfahrens verursachten Verlust an effektiver Schutzdauer orientiert, höchstens aber fünf Jahre betragen kann. Die Erteilung erfolgt durch die für den gewerblichen Rechtsschutz zuständige Behörde des Mitgliedstaats, für den das Patent als nationales oder europäisches erteilt worden ist. In Deutschland ist dies das DPMA.

103   In gleicher Weise wurde durch Verordnung vom 23.7.1996[89] das Hinausschieben des Ablaufs von Patenten für solche Erzeugnisse ermöglicht, die vor ihrem Inverkehrbringen als **Pflanzenschutzmittel** Gegenstand eines verwaltungsrechtlichen Genehmigungsverfahrens sind, und durch VO (EG) 1901/2006 vom 12.12.2006 wurde für **Kinderarzneimittel** eine sog. *pädiatrische Verlängerung* um weitere 6 Monate ermöglicht.[90]

104   Um diesen unübersichtlichen Rechtszustand handhabbarer zu machen, wurde das Unionsrecht der ergänzenden Schutzzertifikate am 6.5.2009 in der VO (EG) 469/2009 **konsolidiert** (dazu → § 26 Rn. 38 ff.).[91]

105   2. Zur Bekämpfung der **Produktpiraterie** erging eine Verordnung über das Vorgehen der Zollbehörden gegen Waren, die im Verdacht stehen, bestimmte Rechte am geistigen Eigentum zu verletzen, und die Maßnahmen gegen Waren, die erkanntermaßen derartige Rechte verletzen.[92] Sie regelt insbesondere Maßnahmen der Zollbehörden zur Verhinderung der Ein- oder Ausfuhr rechtsverletzender Erzeugnisse.

106   3. Nach langen, von tiefgreifenden Kontroversen begleiteten Vorarbeiten wurde am 16.7.1998 die Richtlinie über den rechtlichen Schutz **biotechnologischer Erfindungen** erlassen.[93] Sie trat am 30.7.1998 in Kraft. Eine Klage der Niederlande auf Ungültigerklärung der Richtlinie wurde vom EuGH abgewiesen.[94]

107   Die Richtlinie bezweckt eine Harmonisierung der in den Mitgliedstaaten geltenden Regelungen über die Voraussetzungen und Schranken für die Erteilung von Patenten auf biotechnologische Erfindungen und über die Wirkungen solcher Patente. Der Verpflichtung, sie durch Erlass der erforderlichen nationalen Vorschriften umzusetzen, ist Deutschland erst mit erheblicher Verspätung nachgekommen (→ § 6 Rn. 47 f.).

108   Damit der Schutz biotechnologischer Erfindungen auch insoweit der Richtlinie entspricht, als er durch europäische Patente gewährt wird, musste auch das EPÜ angepasst werden. In seine Ausführungsordnung wurden entsprechende Bestimmungen bereits eingefügt; doch fragt sich, ob nicht eine Regelung im EPÜ selbst notwendig ist (vgl. → Rn. 61 ff.).

109   4. Am 29.4.2004 wurde die **Richtlinie** des Europäischen Parlaments und des Rates zur **Durchsetzung** der Rechte des geistigen Eigentums erlassen.[95] Sie verpflichtet die Mit-

---

[89] Verordnung (EG) Nr. 1610/96 des Europäischen Parlaments und des Rates über die Schaffung eines ergänzenden Schutzzertifikats für Pflanzenschutzmittel.
[90] VO (EG) Nr. 1901/2006 des Europäischen Parlaments und des Rates über Kinderarzneimittel und zur Änderung der VO (EWG) Nr. 1768/92, der Richtlinien 2001/20/EG und 2001/83/EG sowie der VO (EG) Nr. 726/2004.
[91] VO (EG) Nr. 469/2009 des Europäischen Parlaments und des Rates über das ergänzende Schutzzertifikat für Arzneimittel (kodifizierte Fassung).
[92] So die Bezeichnung der VO (EG) Nr. 1383/2003 des Rates, ABl. 2003 L 196, 7 = BlPMZ 2003, 392, die ab 1.7.2004 an die Stelle einer VO von 1994/1999 getreten ist.
[93] Richtlinie 98/44/EG des Europäischen Parlaments und des Rates. Zur Entwicklung: Text des ursprünglichen Vorschlags in GRUR-Int 1989, 52; zu seiner Ablehnung durch das Europäische Parlament kritisch *Rothley* GRUR-Int 1995, 481 ff.; Berichte über einen geänderten Vorschlag und über einen Gemeinsamen Standpunkt hierzu in GRUR-Int 1993, 378 f. und 1994, 349; Text eines neuen Vorschlags in GRUR-Int 1996, 652; Bericht über Änderungsanträge des Europäischen Parlaments in GRUR-Int 1997, 851; ausführliche Darstellung bei *Barton* 103–153.
[94] EuGH 9.10.2001, GRUR-Int 2001, 1043.
[95] Richtlinie 2004/48/EG des Europäischen Parlaments und des Rates zur Durchsetzung der Rechte geistigen Eigentums, ABl. 2004 L 157, 45, berichtigt und wiederveröffentlicht ABl. 2004 L 195, 16 = BlPMZ 2004, 408 = GRUR-Int 2004, 615.

§ 7. Die internationale Rechtsentwicklung

gliedstaaten, die zur Durchsetzung der Rechte des geistigen Eigentums einschließlich der gewerblichen Schutzrechte erforderlichen Maßnahmen, Verfahren und Rechtsbehelfe vorzusehen, und legt für deren Gestaltung allgemeine Kriterien fest. Einzelbestimmungen, die für alle Arten von Rechten des geistigen Eigentums gelten, betreffen die Antragsberechtigung, die Beweise und ihre Sicherung, das Recht auf Auskunft, die einstweiligen Maßnahmen und Sicherungsmaßnahmen, die Anordnungen, zu denen die Gerichte ermächtigt sein müssen, den Schadensersatz, die Verfahrenskosten und die Veröffentlichung von Gerichtsentscheidungen.

5. Mit Rücksicht auf die in den Jahren 2001 bis 2005 zwecks Erweiterung der Möglichkeiten zwangsweiser Lizenzierung von Arzneimittelpatenten eingeleitete Ergänzung des TRIPS-Ü (→ Rn. 53) erging am 17.5.2006 die **Verordnung** (EG) Nr. 816/2006 des Europäischen Parlaments und des Rates über **Zwangslizenzen** für Patente an der Herstellung von **pharmazeutischen Erzeugnissen** für die **Ausfuhr** in Länder mit Problemen im Bereich der öffentlichen Gesundheit,[96] die bereits in Kraft getreten ist. Sie bestimmt die anspruchsberechtigten Länder, regelt Antrags- und Erteilungsverfahren, Inhalt und Nutzungsbedingungen, Rücknahme und Überprüfung der Zwangslizenzen und verbietet grundsätzlich die Einfuhr unter einer Zwangslizenz hergestellter Erzeugnisse in die Gemeinschaft.

110

bb) Vorschläge

1. Eine umfassend angelegte Initiative zur Rechtsangleichung hat die Europäische Kommission für das **Gebrauchsmusterrecht** ergriffen.[97] In drei Mitgliedstaaten gibt es bisher als Schutzrecht für technische Neuerungen nur das Patent. In den übrigen ist zwar daneben ein zweites Schutzrecht vorgesehen, seine Bezeichnung und Ausgestaltung jedoch sehr unterschiedlich. Die Kommission hat zunächst eine Umfrage durchführen lassen,[98] um das Interesse von Unternehmen und Erfindern an einem das Patent ergänzenden Erfindungsschutz zu ermitteln, und 1995 ein Grünbuch[99] herausgegeben, in dem zur Diskussion gestellt war, wie im Markenrecht eine Richtlinie zur Harmonisierung der nationalen Gesetze mit einer Verordnung über ein Gemeinschafts-Schutzrecht zu verbinden. Unter Berücksichtigung der Stellungnahmen zum Grünbuch, die sich überwiegend gegen ein Gemeinschafts-Schutzrecht ausgesprochen hatten, veröffentlichte sie 1998 den Vorschlag einer Harmonisierungsrichtlinie.[100] Nach Stellungnahme des Parlaments legte sie ihn in geänderter Fassung vor.[101]

111

Nach dem Vorschlag soll in allen Mitgliedstaaten Gebrauchsmusterschutz für alle ihrer Art nach patentierbaren Erfindungen mit Ausnahme derjenigen gewährt werden, die biologisches Material oder chemische oder pharmazeutische Stoffe oder Verfahren betreffen. Als Schutzvoraussetzungen werden

112

---

[96] ABl. 2006 L 157, = BlPMZ 2006, 279 = GRUR-Int 2006, 1001.
[97] Vorschläge in dieser Richtung bereits bei *Kulhavy* Mitt. 1980, 206–213, der für alle Arten von Erfindungen ein neben das Patent tretendes Schutzrecht empfiehlt, das nur Neuheit und gewerbliche Anwendbarkeit, aber keine erfinderische Tätigkeit voraussetzt. – Das Max-Planck-Institut für ausländisches und internationales Patent-, Urheber- und Wettbewerbsrecht erarbeitete 1992/93 einen Diskussionsentwurf für ein europäisches Gebrauchsmusterrecht, der auf Schaffung eines Gemeinschafts-Schutzrechts durch EG-Verordnung abzielte; er wurde auf dem Ringberg-Symposium „Europäisches Gebrauchsmusterrecht" erörtert und weiterentwickelt; s. den Bericht von *Kern* GRUR-Int 1994, 549 ff.; Text des Entwurfs mit Begründung GRUR-Int 1994, 569 ff.
[98] Bericht in GRUR-Int 1995, 569.
[99] „Gebrauchsmusterschutz im Binnenmarkt" KOM(95) 370 vom 19.7.1995; Bericht in GRUR-Int 1995, 660 f.; Stellungnahme der DVGR in GRUR 1996, 186 f.
[100] Vorschlag für eine Richtlinie des Europäischen Parlaments und des Rates über die Angleichung der Rechtsvorschriften betreffend den Schutz von Erfindungen durch Gebrauchsmuster vom 12.12.1997, ABl. 1998 C 36, 13 = GRUR-Int 1998, 245; dazu *Kraßer* GRUR 1999, 527 ff.
[101] Geänderter Vorschlag für eine Richtlinie des Europäischen Parlaments und des Rates über die Angleichung der Rechtsvorschriften betreffend den Schutz von Erfindungen durch Gebrauchsmuster, KOM(1999) 309 vom 25.6.1999; Bericht in GRUR-Int 1999, 807; Stellungnahme der DVGR in GRUR 2000, 134 f.; vgl. auch *Goebel* GRUR 2001, 916 ff.

§ 7 II   1. Abschnitt. Grundlagen

Neuheit, gewerbliche Anwendbarkeit und Beruhen auf einem erfinderischen Schritt verlangt, an den jedoch geringere Anforderungen gestellt werden als für ein Patent: die Erfindung soll für den Fachmann einen Vorteil aufweisen müssen und sich nicht in *sehr* naheliegender Weise aus dem Stand der Technik ergeben dürfen. Die Vorprüfung der Anmeldungen soll sich nicht auf Neuheit und erfinderischen Schritt erstrecken. Die Laufzeit soll zunächst sechs Jahre betragen und zweimal um je zwei Jahre verlängert werden können. Eine Recherche über den Stand der Technik soll vom Rechtsinhaber oder Dritten jederzeit beantragt werden können, bei Verletzungsklagen und Verlängerungsanträgen vorgelegt werden müssen.

113 Im März 2000 wurden die Arbeiten an dem Richtlinienvorschlag ausgesetzt, da die Mehrzahl der Mitgliedstaaten dem Gemeinschaftspatent Vorrang geben wollte (→ Rn. 114 ff.). Im Juli 2001 leitete die Kommission erneut Sondierungen ein, um ihre Datengrundlage zu aktualisieren und ein Grundlagenpapier zu erarbeiten, an Hand dessen die rechtlichen, praktischen und wirtschaftlichen Auswirkungen eines *Gemeinschafts*gebrauchsmusters eingeschätzt werden können.[102] Das Ergebnis der Sondierung sprach gegen ein solches Schutzrecht; auch der Plan einer Harmonisierungsrichtlinie ist mittlerweile aufgegeben.[103]

114 2. Da es trotz jahrzehntelanger Bemühungen nicht gelungen war, das **Gemeinschaftspatent** durch Ratifizierung der zu diesem Zweck unterzeichneten Konventionen zu verwirklichen (→ Rn. 90 ff.), leitete die Europäische Kommission 1997 durch ein Grünbuch[104] eine umfassende Diskussion über die Notwendigkeit neuer Initiativen im Patentbereich einschließlich der Einführung des Gemeinschaftspatents im Wege einer auf Art. 235 (später 308) EGV (heute: Art. 352 AEUV) gestützten Verordnung,[105] und der Behandlung computerimplementierter Erfindungen ein (→ Rn. 119 f.). Als Ergebnis stellte sie 1999 die Notwendigkeit eines für die gesamte Gemeinschaft einheitlichen Patentschutzes fest[106] und kündigte den Vorschlag einer VO zur Einführung des Gemeinschaftspatents an. Diesen legte sie am 1.8.2000 vor.[107]

115 Gemeinschaftspatente sollte danach das EPA nach den Vorschriften des EPÜ erteilen. Um die Maßgeblichkeit des EPÜ auch für Gemeinschaftspatente sicherzustellen, hatte die EG dem EPÜ beitreten sollen, was entsprechende Änderungen des EPÜ und deren Ratifizierung (vgl. → Rn. 61 ff.) erfordert hätte.[108] Zur Lösung der Sprachenfrage schlug die

---

[102] Arbeitsdokument der Kommissionsdienststellen SEK(2001) 1307 vom 26.7.2001: Sondierung der Auswirkungen des Gemeinschaftsgebrauchsmusters zur Aktualisierung des Grünbuchs über den Gebrauchsmusterschutz im Binnenmarkt. – Gegen gemeinschaftsrechtliche Regelungen über Gebrauchsmuster *Ullrich* European Law Journal 2002, 433 (483 f.).

[103] Vgl. *Gómez Segade* 39 IIC 135 ff. (2008), der die Entscheidung der Kommission bedauert.

[104] Förderung der Innovation durch Patente – Grünbuch über das Gemeinschaftspatent und das Patentschutzsystem in Europa, KOM(97) 314 vom 24.6.1997; dazu *Leardini* Mitt. 1997, 324 ff.; Ergebnisse einer Anhörung, ABl. EPA 1998, 82 ff.; Entschließung des Europäischen Parlaments vom 19.11.1998, ABl. EPA 1999, 193; Stellungnahme des Wirtschafts- und Sozialausschusses, ABl. EPA 1998, 328 ff.; Stellungnahme der DVGR, GRUR 1998, 120.

[105] Zu dieser Möglichkeit *Krieger* GRUR 1998, 256 (265 ff.); noch weitergehend hatte *Bossung* GRUR-Int 1995, 923 ff. eine Verordnung vorgeschlagen, in die nicht nur das GPÜ, sondern auch das EPÜ überführt wird; im gleichen Sinne *ders.* GRUR-Int 2002, 463 ff.

[106] Mitteilung der Kommission an den Rat, das Europäische Parlament und den Wirtschafts- und Sozialausschuß (KOM(1999) 42 vom 5.2.1999): Förderung der Innovation durch Patente – Folgemaßnahmen zum Grünbuch über das Gemeinschaftspatent und das Patentschutzsystem in Europa, ABl. EPA 1999, 197 ff.; dazu *Schäfers* GRUR 1999, 820 ff.

[107] Vorschlag für eine Verordnung des Rates über das Gemeinschaftspatent, Fassung vom 8.3.2004 (Dok. 7119/04) mit Änderungsvorschlag vom 11.5.2004 (Dok. 9399/04); diese Fassung berücksichtigt den Gemeinsamen Politischen Standpunkt des Rates der EU vom 3.3.2003 zum Gemeinschaftspatent mit Erklärung des Rates, GRUR-Int 2003, 389 (390); zur Entwicklung seit dem ursprünglichen Vorschlag ausführlich *Liedl* 237 ff. zu näheren Einzelheiten des Vorschlags zur Verordnung und zur Kritik hierzu vgl. 6. Auflage, 102 ff.

[108] Zur Problematik *Schäfers* GRUR 1999, 820 (821 ff.); *Kolle* FS Pagenberg, 2006, 45 (49, 53); *Ullrich* European Law Journal 2002, 433 (459 f., 462 ff.).

§ 7. Die internationale Rechtsentwicklung   II § 7

Europäische Kommission in besagtem Verordnungsentwurf die Anwendung des EPA-Dreisprachenregimes (Englisch, Deutsch, Französisch) vor.[109] Trotz eines von der Europäischen Kommission 2003 vorgelegten Kompromissvorschlags[110] scheiterte dieses Projekt letztlich an der Sprachenfrage, in der Italien und Spanien Widerstand leisteten und auf dem HABM-Fünfsprachenregime bestanden (Englisch, Deutsch, Französisch, Italienisch, Spanisch).[111]

Obwohl dieser erste Anlauf scheiterte, ließ die Diskussion über die Schaffung eines **116** Gemeinschaftspatents und einer europäischen Patentgerichtsbarkeit nicht nach. Vielmehr beschloss der EU-Wettbewerbsrat im November 2007 die Wiederaufnahme der Arbeiten zur Schaffung eines Gemeinschaftspatents.[112] In einer gemeinsamen Ausrichtung[113] und Schlussfolgerungen[114] einigte sich der Rat auf Kernelemente des künftigen Gemeinschaftspatents und des gemeinsamen europäischen Patentgerichts.[115] In seinen Schlussfolgerungen empfahl der Rat, die Übersetzungsregelungen im Zusammenhang mit dem EU-Patent durch gesonderte Verordnung zu regeln und die Diskussion so von der besonders problematischen Sprachenfrage zu entlasten.[116] In Kraft treten sollte die VO über die Übersetzungsregelung aber gleichwohl nur zusammen mit der VO über das EU-Patent.[117] Folglich machte die Kommission im Juni 2010 einen Vorschlag für eine Verordnung des Rats zur Regelung der Übersetzung des Patents der Europäischen Union,[118] der das EPA-Dreisprachenregime vorsah – und scheiterte wiederum am Widerstand Italiens und Spaniens.[119] Schließlich konstatierte der Rat Anfang Dezember 2010, beim EU-Patent sei eine Einigung aller Mitgliedstaaten in absehbarer Zukunft nicht erreichbar.[120]

Um das EU-Patent am Widerstand Italiens und Spaniens nicht endgültig scheitern zu **117** lassen, beantragten 12 EU-Staaten, darunter Deutschland, bei der Europäischen Kommission im Dezember 2010 die Durchführung einer sogenannte „Verstärkten Zusammenarbeit" nach Art. 20 EUV und Art. 326 ff. AEUV. Diese erlaubt einer Gruppe von Mitgliedstaaten die Schaffung einheitlicher Regelungen, die nur für die jeweils teilnehmenden Mitgliedstaaten gelten. An der verstärkten Zusammenarbeit nahmen 25 EU-Mitgliedstaaten, also alle damaligen Mitgliedstaaten außer Italien und Spanien[121] teil. Ergebnis dieser verstärkten Zusammenarbeit waren sowohl zwei EU-Verordnungen (Einheitspatentverordnung

---

[109] Vgl. *Lugingbühl* GRUR-Int 2013, 305 f.
[110] „Vorschlag für einen Beschluss des Rates zur Übertragung der Zuständigkeit in Gemeinschaftspatentsachen auf den Gerichtshof" (KOM/2003/827) und „Vorschlag für einen Beschluss des Rates zur Errichtung des Gemeinschaftspatentgerichts und betreffend das Rechtsmittel vor dem Gericht erster Instanz" (KOM/2003/828).
[111] Vgl. *Eck* GRUR-Int 2014, 114 f.; *Luginbühl* GRUR-Int 2013, 305 f.
[112] *Luginbühl* GRUR-Int 2013, 305 f.
[113] Vorschlag für eine Verordnung des Rates über das Gemeinschaftspatent – Allgemeine Ausrichtung, Ratsdokument 16113/09.
[114] 2982. Tagung des Rates Wettbewerbsfähigkeit (Binnenmarkt, Industrie und Forschung) Brüssel, den 3./4.12.2009, Verbesserung des Patentsystems in Europa – Schlussfolgerungen des Rates, PRES/09/365.
[115] Vgl. *Luginbühl* GRUR-Int 2013, 305 f.
[116] 2982. Tagung des Rates Wettbewerbsfähigkeit (Binnenmarkt, Industrie und Forschung) Brüssel, den 3./4.12.2009, Verbesserung des Patentsystems in Europa – Schlussfolgerungen des Rates, PRES/09/365, N 36; *Luginbühl* GRUR-Int 2013, 305 f.
[117] 2982. Tagung des Rates Wettbewerbsfähigkeit (Binnenmarkt, Industrie und Forschung) Brüssel, den 3./4.12.2009, Verbesserung des Patentsystems in Europa – Schlussfolgerungen des Rates, PRES/09/365, N 36; *Luginbühl* GRUR-Int 2013, 305 f.
[118] KOM(2010), 350 endgültig.
[119] *Eck* GRUR-Int 2014, 114 f.; *Luginbühl* GRUR-Int 2013, 305 f.
[120] Vgl. *Eck* GRUR-Int 2014, 114 f.; *Luginbühl* GRUR-Int 2013, 305 f.
[121] Italien und Spanien klagten erfolglos gegen den EU-Ratsbeschluss, der die übrigen 25 EU-Mitgliedstaaten zur verstärkten Zusammenarbeit ermächtigte, EuGH 16.4.2013, GRUR-Int 2013, 542.

§ 7 II 1. Abschnitt. Grundlagen

= EPVO und Verordnung über die Sprachenregelung = EPSVO)[122] als auch ein völkerrechtlicher Vertrag (Übereinkommen über das einheitliche Patentgericht = EPGÜ)[123], der von den 25 an der verstärkten Zusammenarbeit teilnehmenden Staaten am 19.2.2013 unterzeichnet wurde.[124] Die beiden EU-Verordnungen traten bereits am 20.1.2013 in Kraft, erlangen Geltung aber erst mit Inkrafttreten auch des EPGÜ.[125] Dazu ausf. → § 30a Rn. 9 ff.

118 3. Mit dem Ziel, die patentrechtliche Behandlung von Erfindungen, die mit Computerprogrammen arbeiten, zu harmonisieren, hat die Europäische Kommission im Februar 2002 nach Vorbereitung durch ein Grünbuch (→ Rn. 114) und Sondierungen einen Vorschlag für eine Richtlinie über die Patentierbarkeit **computerimplementierter Erfindungen** vorgelegt.[126] Sie verstand darunter „jede Erfindung, zu deren Ausführung ein Computer, ein Computernetz oder eine sonstige programmierbare Vorrichtung eingesetzt wird und die auf den ersten Blick mindestens ein neuartiges Merkmal aufweist, das ganz oder teilweise mit einem oder mehreren Computerprogrammen realisiert wird". Die Mitgliedstaaten sollten verpflichtet werden sicherzustellen, „dass eine computerimplementierte Erfindung als einem Gebiet der Technik zugehörig gilt", aber nicht patentierbar ist, wenn sie „keinen technischen Beitrag zum Stand der Technik leistet".

119 Der Vorschlag wurde in der Öffentlichkeit äußerst kontrovers diskutiert. Auch im Europäischen Parlament wurden gegen ihn schwerwiegende Einwände erhoben[127] und Änderungen verlangt, die vom Rat in dessen Gemeinsamem Standpunkt vom 7.3.2005 nur teilweise berücksichtigt wurden.[128] Am 6.7.2005 lehnte schließlich das Parlament den Gemeinsamen Standpunkt ab.[129] Damit war das Vorhaben gescheitert. Die Kommission plant keinen neuen Vorschlag.[130]

120 4. Zur Ergänzung der für den Bereich der zivilrechtlichen Bekämpfung der Verletzung von Rechten des geistigen Eigentums erlassenen Richtlinie (→ Rn. 109) hat die Europäische Kommission eine Richtlinie über strafrechtliche Maßnahmen zur Durchsetzung der Rechte des geistigen Eigentums vorgeschlagen.[131] Sie soll die Mitgliedstaaten verpflichten, jede vorsätzliche, in gewerblichem Umfang begangene, vollendete oder versuchte Verletzung eines Rechts des geistigen Eigentums sowie die Anstiftung und Beihilfe hierzu unter Strafe zu stellen, und Vorgaben enthalten, die die anzudrohenden Strafen einschließlich des Strafrahmens, sonstige strafrechtliche Sanktionen wie insbesondere Einziehung von Tatwerkzeugen und -ergebnissen sowie die Voraussetzungen für die Einleitung von Strafverfahren und die Durchführung von Ermittlungen betreffen.

---

[122] VO (EU) Nr. 1257/2012 des Europäischen Parlaments und des Rates über die Umsetzung der verstärkten Zusammenarbeit im Bereich der Schaffung eines einheitlichen Patentschutzes vom 17.12.2012, ABl. 2012 L 361, 1; VO (EU) Nr. 1260/2012 des Rates über die Umsetzung der verstärkten Zusammenarbeit im Bereich der Schaffung eines einheitlichen Patentschutzes im Hinblick auf die anzuwendenden Übersetzungsregelungen vom 17.12.2012, ABl. 2012 L 361, 89.
[123] Übereinkommen über ein Einheitliches Patentgericht vom 11.1.2013, ABl. 2013 C 175, 1.
[124] ABl. 2013 C 175, 1.
[125] Vgl. Art. 18 Abs. 2 EPVO; Art. 7 Abs. 2 EPSVO.
[126] Vorschlag für eine Richtlinie des Europäischen Parlaments und des Rates über die Patentierbarkeit computerimplementierter Erfindungen, KOM/2002/92 vom 20.2.2002, ABl. 2002 C 151, 129.
[127] Vgl. *Metzger* CR 2003, 313 ff., 871; *Moritz/Brachmann* CR 2004, 956 ff.; *Vieregge* GRUR 2005, 399; *Rocard* ABl. EPA Sonderausgabe 2005, 17–31; *Bacher/Melullis* in Benkard PatG § 1 Rn. 106; *Dogan* 176 ff.; ausführlich *Bodenburg* 83–96; zur Kritik des Vorschlags auch *Zirn* 96 ff.; *Müller/Gerlach* 389–395.
[128] *Vieregge* GRUR 2005, 399.
[129] *Weiden* GRUR 2005, 741.
[130] *McCreevy* GRUR-Int 2006, 361 (362).
[131] Geänderter Vorschlag mit Begründung in GRUR-Int 2006, 719; krit. *Hilty/Kur/Peukert* GRUR-Int 2006, 722–725.

3. Kapitel. Rechtsquellen. Organisation

§ 8. Quellen des Patent- und Gebrauchsmusterrechts

Die **amtlichen Veröffentlichungen** der patent- und gebrauchsmusterrechtlichen Vorschriften erfolgen im Bundesgesetzblatt (BGBl.), im Blatt für Patent-, Muster- und Zeichenwesen (BlPMZ), im Amtsblatt des Europäischen Patentamts (ABl. EPA) und im Amtsblatt der Europäischen Union (ABl.). 1

Textausgaben: Gewerblicher Rechtsschutz, Wettbewerbsrecht, Urheberrecht (Verlag C.H. Beck), Loseblattausgabe. 2

Taschenbuch des gewerblichen Rechtsschutzes, herausgegeben vom Deutschen Patent- und Markenamt, 4 Bände (Carl Heymanns Verlag), Loseblattausgabe.

Patent- und Designrecht: PatR (dtv 5563), 14. Aufl. 2018.

Eckardt/Klett/Schwartmann/Jung (Hrsg.), Wettbewerbsrecht, Gewerblicher Rechtsschutz und Urheberrecht, Vorschriftensammlung (Verlag C. F. Müller), 6. Aufl. 2019.

In der folgenden Zusammenstellung sind nur die wichtigsten Regelungen angeführt. Auf weitere, spezielle Bestimmungen, die sich ebenfalls in den genannten Textausgaben finden, wird im jeweiligen Sachzusammenhang hinzuweisen sein. 3

A. Nationales Recht der Bundesrepublik Deutschland

I. Patentrecht

a) Patentgesetz

Die vorliegende Darstellung behandelt, soweit nichts anderes gesagt ist, die Rechtslage nach dem **Patentgesetz 1981**[1] in seiner zuletzt durch Gesetz vom 8.10.2017[2] geänderten Fassung, die am 19.4.2018 in Kraft getreten ist. Es gilt für die seit seinem Inkrafttreten eingereichten Patentanmeldungen und die hierauf erteilten Patente. Entsprechendes gilt für die seither erfolgten Änderungen, soweit sich nicht für einzelne Vorschriften aus den Übergangsbestimmungen der Änderungsgesetze Abweichendes ergibt. 4

Auf Zeiträume vor 1981 anzuwendende Fassungen des PatG können nur noch in Ausnahmefällen Bedeutung erlangen. Patente, für die eine solche Fassung maßgebend war, sind spätestens Ende 2000, auf ihnen beruhende ergänzende Schutzzertifikate (s. § 16a PatG) spätestens Ende 2005 durch Zeitablauf erloschen und können nur dann, wenn sie vor ihrem Erlöschen verletzt wurden und noch keine Verjährung eingetreten ist, noch Grundlage von Schadensersatzforderungen und aus diesem Anlass Gegenstand von Nichtigkeitsklagen sein oder werden. 5

b) Erstreckungsgesetz. Patentgesetze der DDR

1. Durch das Gesetz über die Erstreckung von gewerblichen Schutzrechten (**Erstreckungsgesetz** – ErstrG) vom 23.4.1992[3] wurde die Wirkung von Schutzrechten ein- 6

---

[1] PatG in der Fassung der Bekanntmachung vom 16.12.1980, BGBl. 1981 I 1 = BlPMZ 1981, 2, in Kraft getreten am 1.1.1981.

[2] BGBl. I 3546 (3547).

[3] BGBl. I 938 = BlPMZ 1992, 202, zuletzt geändert durch Gesetz vom 4.4.2016, BGBl. I 558 = BlPMZ 2016, 169.

§ 8 A I   1. Abschnitt. Grundlagen

schließlich der Patente, soweit sie bis dahin auf die Bundesrepublik oder die DDR beschränkt war, auf das Gesamtgebiet Deutschlands ausgedehnt.

7   2. Bei Patenten, die vor dem 3.10.1990 in der DDR angemeldet wurden, richtet sich die Schutzfähigkeit nach demjenigen **Patentgesetz der DDR,** das zur Zeit ihrer Anmeldung in Kraft war; das gleiche gilt für die Laufzeit, sofern sie vor dem 1.1.1996 endete.

c) Ausführungsvorschriften

8   1.Verordnung über das **Deutsche Patent- und Markenamt** (DPMAV) vom 1.4.2004.[4]

9   2.Verordnung zum Verfahren in Patentsachen vor dem Deutschen Patent- und Markenamt (**Patentverordnung** – PatV) vom 1.9.2003.[5]

10 Die Erfordernisse, die sich aus dem PatG und der PatV für Patentanmeldungen ergeben, sind in einem **Merkblatt** für Patentanmelder zusammengestellt, das beim DPMA erhältlich ist. Das Merkblatt ist auch unter http://dpma.de/docs/service/formulare/patent/p2791.pdf (zuletzt aufgerufen am 29.8.2019) online erhältlich.

11 3. Verordnung über den **elektronischen Rechtsverkehr** beim Deutschen Patent- und Markenamt vom 1.11.2013 (ERVDPMAV);[6] Verordnung über den elektronischen Rechtsverkehr beim Bundespatentgericht und beim Bundesgerichtshof vom 24.8.2007 (BGH/BPatGERVV).[7]

12 4. Verordnung über die Hinterlegung von biologischem Material in Patent- und Gebrauchsmusterverfahren vom 24.1.2005 (Biomaterial-Hinterlegungsverordnung – BioMatHintV).[8]

d) Kostenregelungen

13 1. Gesetz über die Kosten des Deutschen Patent- und Markenamts und des Bundespatentgerichts (**Patentkostengesetz** – PatKostG) vom 13.12.2001.[9]

14 2. Verordnung über Verwaltungskosten beim Deutschen Patent- und Markenamt vom 14.7.2006 (DPMA-**Verwaltungskostenverordnung** – DPMAVwKostV).[10]

15 3. Verordnung über die Zahlung der Kosten des Deutschen Patent- und Markenamts und des Bundespatentgerichts vom 15.10.2003 (Patentkostenzahlungsverordnung – PatKostZV).[11]

e) Arbeitnehmererfindungen

16 1. Gesetz über **Arbeitnehmererfindungen** vom 25.7.1957.[12]

17 2. Richtlinien für die **Vergütung von Arbeitnehmererfindungen** im privaten Dienst vom 20.7.1959,[13] entsprechend anzuwenden auf den öffentlichen Dienst gemäß Erlass vom 1.12.1960.

---

[4] BGBl. I 514, zuletzt geändert durch VO vom 10.12.2018, BGBl. I 2444 = BlPMZ 2019, 37.

[5] BGBl. I 1702 = BlPMZ 2003, 322, zuletzt geändert durch VO vom 12.12.2018, BGBl. I 2446 = BlPMZ 2019, 38; durch die PatV wurden die Patentanmeldeverordnung (PatAnmV) und die Erfinderbenennungsverordnung ersetzt.

[6] BGBl. I 3906 = BlPMZ 2013, 378, zuletzt geändert durch VO vom 10.12.2018, BGBl. I 2444 = BlPMZ 2019, 38.

[7] BGBl. I 2130 = BlPMZ 2007, 386, zuletzt geändert durch VO vom 24.11.2017, BGBl. I 3803.

[8] BGBl. I 151 = BlPMZ 2005, 102.

[9] BGBl. I 3656 = BlPMZ 2002, 14; zuletzt geändert durch Gesetz vom 11.12.2018 (Art. 3), BGBl. I 2357.

[10] BGBl. I 1586 = BlPMZ 2006, 253, zuletzt geändert durch VO vom 31.8.2015, BGBl. I 1474 (1505).

[11] BGBl. I 2083 = BlPMZ 2003, 409, zuletzt geändert durch VO vom 1.11.2013, BGBl. I 3906 = BlPMZ 2013, 378.

[12] BGBl. I 756 = BlPMZ 1957, 218, zuletzt geändert durch Gesetz vom 31.7.2009, BGBl. I 2521.

§ 8. Quellen des Patent- und Gebrauchsmusterrechts **B § 8**

II. Gebrauchsmusterrecht

a) Gebrauchsmustergesetz

Die Darstellung behandelt das **Gebrauchsmustergesetz 1987**[14] mit den durch Gesetz 18 vom 7.3.**1990**[15] eingeführten, am 1.7.1990 in Kraft getretenen grundlegenden Änderungen, zuletzt geändert durch Gesetz vom 19.10.2013.[16]

b) Ausführungsvorschriften

Verordnung zur Ausführung des Gebrauchsmustergesetzes (**Gebrauchsmusterverord-** 19 **nung** – GebrMV) vom 11.5.2004.[17]

Die Erfordernisse, die sich aus dem GebrMG und der GebrMV für Gebrauchsmuster- 20 anmeldungen ergeben, sind in einem **Merkblatt** für Gebrauchsmusteranmelder zusammengestellt, das beim DPMA erhältlich ist. Das Merkblatt ist auch unter http://dpma.de/docs/service/formulare/gebrauchsmuster/g6181.pdf (zuletzt aufgerufen am 10.5.2015) online erhältlich.

c) Sonstiges

Das ErstrG (→ § 8 Rn. 6), die DPMAV (→ § 8 Rn. 8), die BioMatHintV (→ § 8 21 Rn. 12), die Vorschriften über den elektronischen Rechtsverkehr (→ § 8 Rn. 11), über Kosten (→ § 8 Rn. 13 ff.) und Arbeitnehmererfindungen (→ § 8 Rn. 16 f.) haben auch für Gebrauchsmuster Bedeutung.

B. Internationales Recht

1. Internationale Verträge wirken für und gegen den Einzelnen erst durch ihre Einbezie- 22 hung in eine nationale Rechtsordnung. Über die Voraussetzungen, die erfüllt sein müssen, damit diese Einbeziehung zustande kommt, herrschen in den verschiedenen Ländern unterschiedliche Anschauungen. In der Bundesrepublik Deutschland sind internationale Abkommen, soweit sie von ihr ratifiziert und die in dem jeweiligen Abkommen genannten Voraussetzungen des Inkrafttretens erfüllt sind, Bestandteile des nationalen Rechts. Ihre Bestimmungen sind ebenso wie nationale Rechtsvorschriften anzuwenden, wenn sie einen für die unmittelbare Anwendung geeigneten und hinreichend bestimmten Inhalt haben. Die Ratifizierung erfolgt durch Bundesgesetz. Das Inkrafttreten hängt bei mehrseitigen Abkommen in der Regel davon ab, dass bei einer im Abkommen bezeichneten Stelle die Ratifizierungsurkunden einer bestimmten Mindestzahl vertragschließender Staaten hinterlegt sind.

Übersichten, aus denen ersehen werden kann, wann die verschiedenen internationalen 23 Verträge und gegebenenfalls ihre revidierten Fassungen in Kraft getreten und für welche Länder sie verbindlich sind, erscheinen jährlich im BlPMZ und in GRUR-Int

2. Die **Pariser Verbandsübereinkunft** zum Schutz des gewerblichen Eigentums wurde 24 am 20.3.1883 abgeschlossen und 1900 in Brüssel, 1911 in Washington, 1925 im Haag, 1934 in London, 1958 in Lissabon und 1967 in Stockholm revidiert. Dem durch sie geschaffenen Verband gehören 176 Staaten an (Stand: 15.4.2015). Für die Bundesrepublik Deutschland

---

[13] BlPMZ 1959, 300 = Beilage zum Bundesanzeiger Nr. 156 vom 18.8.1959, zuletzt geändert am 1.9.1983, BlPMZ 1983, 350 = Bundesanzeiger Nr. 169, 9994.
[14] GebrMG in der Fassung der Bekanntmachung vom 28.8.1986, BGBl. I 1455 = BlPMZ 1986, 316, zuletzt geändert durch Gesetz vom 19.10.2013, BGBl. I 3830.
[15] Gesetz zur Stärkung des geistigen Eigentums und zur Bekämpfung der Produktpiraterie (Produktpirateriegesetz), BGBl. I 422 = BlPMZ 1990, 161.
[16] BGBl. I 3830.
[17] BGBl. I 890 = BlPMZ 2004, 314, zuletzt geändert durch VO vom 10.12.2012, BGBl. I 2630 = BlPMZ 2013, 9; durch die GebrMV wurde die Gebrauchsmusteranmeldeverordnung ersetzt.

§ 8 B 1. Abschnitt. Grundlagen

gilt die Stockholmer Fassung; doch sind im Verhältnis zu bestimmten Ländern noch frühere Fassungen, und zwar jeweils die letzte von dem betreffenden Land ratifizierte Fassung maßgebend.

25 Die Bestimmungen der PVÜ regeln die Stellung von *Ausländern,* die einem Verbandsland angehören oder nach Art. 3 PVÜ Angehörigen eines solchen Landes gleichgestellt sind. Durch Anpassung der nationalen Gesetzgebung an die PVÜ ist jedoch in der Bundesrepublik Deutschland gewährleistet, dass die konventionsrechtlichen Vorteile auch Inländern zugutekommen.

26 Für die Erlangung von Patentschutz in anderen Staaten ist die sog. **Unionspriorität** ähnlich bedeutend wie die Nutzung des PCT-Systems, dazu sogleich unter 4.

27 3. Das Übereinkommen zur Errichtung der **Weltorganisation für geistiges Eigentum** (World Intellectual Property Organization – **WIPO**) wurde am 14.7.1967 in Stockholm unterzeichnet und trat für die Bundesrepublik Deutschland am 19.9.1970 in Kraft. Der WIPO, die seit 1974 den Status einer Sonderorganisation der Vereinten Nationen hat, gehören 188 Staaten an (Stand: 8.5.2015). Ihr Sitz ist Genf. Ihr Zweck ist es, den Schutz des geistigen Eigentums durch Zusammenarbeit der Staaten weltweit zu fördern und die verwaltungsmäßige Zusammenarbeit der zum Schutz des geistigen Eigentums durch internationale Verträge gebildeten Verbände zu gewährleisten.

28 Insbesondere erfüllt die WIPO Verwaltungsaufgaben des Pariser Verbandes und dient durch das Internationale Büro der Durchführung des Systems der internationalen Patentanmeldungen gemäß dem PCT.

29 4. Der **Vertrag über die internationale Zusammenarbeit auf dem Gebiet des Patentwesens** (Patent Cooperation Treaty – **PCT**) vom 19.6.1970[18] mit seiner **Ausführungsordnung**[19] bildet die Grundlage der Möglichkeit, durch eine einzige internationale Anmeldung die Wirkung je einer nationalen Anmeldung in bis zu 152 Vertragsstaaten (Stand 29.7.2018) herbeizuführen. Die Nutzung des PCT-Systems hat nach zögerndem Beginn eine bedeutende Größenordnung erreicht.[20] Es ist sowohl für deutsche Anmelder von Bedeutung als auch für das DPMA, dessen Aufgaben und Tätigkeit als Anmelde- oder Bestimmungsamt internationaler Anmeldungen in **Art. III** des Gesetzes über internationale Patentübereinkommen (**IntPatÜG**) vom 21.6.1976[21] geregelt sind.

30 5. Im Straßburger Übereinkommen über die **Internationale Patentklassifikation** (IPC) vom 24.3.1971[22] haben die Vertragsstaaten eine gemeinsame Klassifikation für Patente, Gebrauchsmuster und Erfinderscheine angenommen. Dem besonderen Verband, der hierdurch geschaffen wurde, gehören 62 Staaten an (Stand 29.7.2018).

31 6. Das Übereinkommen über handelsbezogene Aspekte der Rechte des geistigen Eigentums (Agreement on Trade-Related Aspects of Intellectual Property Rights – **TRIPS-Übereinkommen**) vom 15.4.1994[23] ist am 1.1.1995 in Kraft getreten und seit 1.1.1996

---

[18] BGBl. 1976 II 664 = BlPMZ 1976, 200; zuletzt geändert durch Beschluss vom 2.10.2001, BGBl. 2002 II 727 (728) = BlPMZ 2002, 216.

[19] Fassung der Bekanntmachung vom 29.6.1992: BGBl. II 627, 1052 = BlPMZ 1992, 381, mit Gebührenverzeichnis; zuletzt geändert durch Beschluss vom 2.10.2013 mit Wirkung zum 1.7.2014 BGBl. 2014, 301.

[20] Zahl der Anmeldungen 1979: 2625; 1989: 14 874; 1993: 28 577; 1997: 54 422; 1999: 74 023; 2001: 103 947 (mit Benennung von durchschnittlich je 107 Bestimmungsstaaten, s. GRUR-Int 2002, 371); 2007 mehr als 156 000 (s. GRUR-Int 2008, 451); 2013 mehr als 205.000 (s. PCT Jahresbericht 2014, abrufbar unter: http://www.wipo.int/edocs/pubdocs/en/patents/901/wipo_pub_901_2014.pdf, zuletzt aufgerufen am 13.5.2015).

[21] BGBl. II 649 = BlPMZ 1976, 264, zuletzt geändert durch Gesetz vom 19.3.2013 (Art. 7), BGBl. I 3830.

[22] BGBl. 1975 II 283 = BlPMZ 1975, 156.

[23] BGBl. II 1730 = BlPMZ 1995, 18; zuletzt geändert durch Änderung vom 6.12.2005, übernommen für die europäische Gemeinschaft mit Beschluss vom 19.11.2007, ABl. 2007 L 311, 37.

§ 8. Quellen des Patent- und Gebrauchsmusterrechts   C § 8

von der Bundesrepublik Deutschland anzuwenden. Es verpflichtet die (am 26.4.2015) 161 Mitglieder der Welthandelsorganisation (WTO) in Bezug auf den Schutz geistigen Eigentums zur Inländerbehandlung und Meistbegünstigung der Angehörigen anderer Mitglieder sowie zur Erfüllung recht anspruchsvoller Mindestanforderungen hinsichtlich Verfügbarkeit, Umfang, Ausübung und Durchsetzung der wichtigsten Schutzrechte (auch → § 7 Rn. 33 ff.). Das deutsche PatG ist ihm bereits angepasst worden. Ob dies durchweg in ausreichendem Maße geschehen ist[24] und ob ggf. eine unmittelbare Anwendung des Übereinkommens in Betracht kommt,[25] ist umstritten.

C. Das Europäische Patenterteilungssystem

1. Die **Europäische Patentorganisation** mit dem Europäischen Patentamt und dem   32
Verwaltungsrat als ihren Organen wurde als eine mit supranationalen Entscheidungsbefugnissen ausgestattete gemeinsame Einrichtung, die mit unmittelbarer Wirkung für die Vertragsstaaten europäische Patente erteilt, geschaffen durch das **Europäische Patentübereinkommen (EPÜ)** vom 5.10.1973, in Kraft getreten am 7.10.1977.[26] Seit dem 1.10.2010 gehören ihr 38 Vertragsstaaten an (Stand: 8.5.2015) (→ § 7 Rn. 59). Am 13.12.2007 ist die im November 2000 durch eine Diplomatische Konferenz revidierte Fassung des EPÜ (vgl. → § 7 Rn. 67 ff.), das **EPÜ 2000,** in Kraft getreten.[27]

Bestandteile des EPÜ sind nach dessen Art. 164 Abs. 1 auch: 33

die **Ausführungsordnung;**[28]

das Protokoll über die gerichtliche Zuständigkeit und die Anerkennung von Entscheidungen über den Anspruch auf Erteilung des europäischen Patents **(Anerkennungsprotokoll);**[29]

das Protokoll über die Vorrechte und Immunitäten der Europäischen Patentorganisation (Protokoll über **Vorrechte und Immunitäten**);[30]

das Protokoll über die Zentralisierung des Europäischen Patentsystems und seine Einführung **(Zentralisierungsprotokoll);**[31]

das Protokoll über die **Auslegung des Art. 69;**[32]

---

[24] Verneinend zB *Schiuma* GRUR-Int 1998, 852 ff. hinsichtlich der Patentierbarkeit von Computerprogrammen.

[25] Befürwortet insbesondere von *Drexl* FS Fikentscher, 1998, 822 ff.; verneinend zB Ullrich GRUR-Int 1995, 623 (637 ff.); differenzierend *Schäfers* GRUR-Int 1996, 763 (774 ff.); *Straus* in Müller-Graff (Hrsg.), Die Europäische Gemeinschaft in der Welthandelsorganisation, 1999/2000, 157, 164 ff.; jeweils mwN.

[26] BGBl. 1976 II 826 = BlPMZ 1976, 272.

[27] ABl. EPA Sonderausgabe 1/2007, 3; für Deutschland ratifiziert durch Gesetz zu der Akte vom 29.11.2000 zur Revision des Übereinkommens vom 5.10.1973 über die Erteilung europäischer Patente vom 24.8.2007, BGBl. II 1082 = BlPMZ 2007, 370, jeweils mit Text der Akte, Begründung zum Gesetz, Denkschrift zur Akte und Neufassung des EPÜ, vgl. auch Bekanntmachung vom 19.2.2008 (BGBl. II 179). Synoptische Darstellung der neuen und der alten Fassung in ABl. EPA Sonderausgabe 4/2007; vgl. auch *Naumann* Mitt. 2007, 529 ff. mit tabellarischer Übersicht der Änderungen.

[28] BGBl. 1976 II 915 = BlPMZ 1976, 298; Neufassung gemäß Beschluss vom 7.12.2006 in ABl. EPA Sonderausgabe 1/2007, 91 = BGBl. 2007 II 1199 = BlPMZ 2007, 428; zuletzt geändert durch Beschluss vom 27.6.2012, BGBl. 2012 II 1543. Synoptische Darstellung der neuen und der alten Fassung in ABl. EPA Sonderausgabe 5/2007; vgl. auch *Naumann* Mitt. 2007, 529 ff. mit tabellarischer Übersicht der Änderungen.

[29] BGBl. 1976 II 982 = BlPMZ 1976, 316.

[30] BGBl. 1976 II 985 = BlPMZ 1976, 317.

[31] BGBl. 1976 II 994 = BlPMZ 1976, 320, geändert durch die Akte zur Revision des EPÜ vom 29.11.2000; Neufassung in ABl. EPA Sonderausgabe 1/2007, 128.

[32] BGBl. 1976 II 1000 = BlPMZ 1976, 322, geändert durch die Akte zur Revision des EPÜ vom 29.11.2000; Neufassung in ABl. EPA Sonderausgabe 1/2007, 88.

§ 8 D   *1. Abschnitt. Grundlagen*

das Protokoll über den Personalbestand des Europäischen Patentamts in Den Haag (Personalstandprotokoll).[33]

34   2. Auf der Grundlage der Rechtssetzungsbefugnis, die ihm Art. 33 EPÜ verleiht, hat der Verwaltungsrat die **Gebührenordnung** des EPA erlassen.[34]

35   3. Die für den Anmelder wichtigen Bestimmungen des europäischen Patentrechts sind in einem vom EPA herausgegebenen und dort erhältlichen ausführlichen **Leitfaden für Anmelder** zusammengestellt und erläutert. Dieser ist auch unter https://m.epo.org/applying/european/Guide-for-applicants.html (zuletzt aufgerufen am 29.7.2018) online erhältlich.

36   4. Die zur Verknüpfung des EPÜ mit dem Recht der Bundesrepublik Deutschland erforderlichen nationalen Vorschriften finden sich vor allem in **Art. II IntPatÜG** (→ § 8 Rn. 29).

37   Zu erwähnen sind außerdem die Verordnung über die Übersetzungen der Ansprüche europäischer Patentanmeldungen vom 18.12.1978 **(AnsprÜbersV)**[35] und die Verordnung über die Übersetzungen europäischer Patentschriften **(ÜbersV)** vom 2.6.1992.[36] Da am 1.5.2008 das Übereinkommen über die Anwendung des Art. 65 EPÜ (→ § 7 Rn. 83) in Kraft getreten ist, sind jedoch Art. II § 3 IntPatÜG und die auf ihm beruhende ÜbersV auf europäische Patente, für die der Erteilungshinweis nach dem 30.4.2008 veröffentlicht wurde, nicht mehr anwendbar.[37]

38   Das EPA hat unter dem Titel „Nationales Recht zum EPÜ" für alle Vertragsstaaten die dort geltenden Rechtsvorschriften und Erfordernisse für europäische Patentanmeldungen und Patente zusammengestellt. Die Broschüre ist auch unter https://www.epo.org/law-practice/legal-texts/national-law_de.html (zuletzt aufgerufen am 29.8.2019) online erhältlich.

D. Europäisches Recht

39   Von den zuständigen Organen der Europäischen Union sind mit Wirkung für deren Mitgliedstaaten folgende das Patentrecht betreffende Regelungen erlassen worden:

40   1. VO (EG) Nr. 469/2009 vom 6.5.2009 über das **ergänzende Schutzzertifikat für Arzneimittel** (kodifizierte Fassung);[38]

41   2. VO (EG) Nr. 1610/96 des Europäischen Parlaments und des Rates über die Schaffung eines **ergänzenden Schutzzertifikats für Pflanzenschutzmittel** vom 23.7.1996;[39]

42   3. VO (EU) Nr. 608/2013 des europäischen Parlaments und des Rates zur Durchsetzung der Rechte des geistigen Eigentums durch die Zollbehörden und zur Aufhebung der Verordnung (EG) Nr. 1383/2003 des Rates vom 12.6.2013 (Grenzbeschlagnahmeverordnung);[40]

43   4. Richtlinie 98/44/EG des Europäischen Parlaments und des Rates über den rechtlichen Schutz **biotechnologischer Erfindungen** vom 6.7.1998;[41]

---

[33] Enthalten in der Akte zur Revision des EPÜ vom 29.11.2000; Text in ABl. EPA Sonderausgabe 4/2001, 127.
[34] Neufassung gemäß Beschluss vom 7.12.2006 in ABl. EPA Sonderausgabe 1/2007, 201, zuletzt geändert durch Beschlüsse vom 13.12.2013 ABl. EPA 2014, 2 ff.
[35] BGBl. II 1469 = BlPMZ 1979, 1, geändert durch Verordnung vom 12.12.2018 BGBl. I 2446.
[36] BGBl. II 395 = BlPMZ 1992, 290, geändert durch Verordnung vom 4.8.2011 BGBl. II 738.
[37] Art. 8a und 8b des Gesetzes vom 7.7.2008, BGBl. I 1191 (1210).
[38] ABl. 2009 L 152, 1.
[39] ABl. 1996 L 198, 30 = BlPMZ 1996, 455; spätere Änderungen erfolgten wegen des Beitritts neuer Mitgliedstaaten.
[40] ABl. 2013 L 181, 15.
[41] ABl. 1998 L 213, 13 = BlPMZ 1998, 458.

§ 9. Patentbehörden. Rechtspflege   § 9

5. Richtlinie 2004/48/EG des Europäischen Parlaments und des Rates vom 29.4.2004   44
zur **Durchsetzung** der Rechte des geistigen Eigentums;[42]

6. VO (EG) Nr. 816/2006 des Europäischen Parlaments und des Rates vom 17.5.2006   45
über **Zwangslizenzen** für Patente an der Herstellung von **pharmazeutischen Erzeugnissen** für die Ausfuhr in Länder mit Problemen im Bereich der öffentlichen Gesundheit;[43]

7. VO (EU) Nr. 1257/2012 des Europäischen Parlaments und des Rates über die Umsetzung der verstärkten Zusammenarbeit im Bereich der Schaffung eines einheitlichen Patentschutzes vom 17.12.2012;[44]   46

8. VO (EU) Nr. 1260/2012 des Rates über die Umsetzung der verstärkten Zusammenarbeit im Bereich der Schaffung eines einheitlichen Patentschutzes im Hinblick auf die anzuwendenden Übersetzungsregelungen vom 17.12.2012;[45]   47

9. Übereinkommen über ein Einheitliches Patentgericht vom 11.1.2013.[46]   48

§ 9. Patentbehörden. Rechtspflege

Literatur: *Ann, C.,* Technische Richter in der Patentgerichtsbarkeit – ein Modell mit Perspektive? FS 50 J. BPatG, 111–125; *Ann, C.,* „Studium an einer wissenschaftlichen Hochschule" als Zugangsvoraussetzung für den Beruf des Patentanwalts, Mitt 2015, 197–206; *Ann, C.,* Patentwert und Patentnichtigkeit – Wieviel Rechtssicherheit dürfen Patentinhaber beanspruchen?, Mitt 2016, 248–252; *Ann, C.,* Patentqualität – Was ist das, und warum ist Patentqualität auch für Anmelder wichtig?, GRUR-Int 2018 (FS Straus), 1114–1118; *Beyer, A.,* Der Patentanwalt – Stellung und Funktion im Rechtssystem, 2002; *Fitzner, U.,* Der Patentanwalt, 2006; *Fitzner, U.,* Neuere Entwicklungen der Gesetzgebung zum patentanwaltlichen Berufsrecht, Mitt. 2010, 171–178; *Fitzner, U.,* Der Syndikuspatentanwalt, Mitt. 2017, 315–319; *Fitzner, U./Klante, E.,* Wesentliche Änderungen über die Ausbildung und Prüfung der Patentanwälte (PatAnwPrV), Mitt. 2019, 3–8; *Hammer, T./Rothe, H.,* Das DPMA und die Zukunft der Patentinformation, GRUR 1999, 788–792; *Hubert, G.,* Wer braucht eine Ausbildung an einer wissenschaftlichen Hochschule?, Mitt. 2015, 356; *Mayer, N.,* Innovative Informations- und Kommunikationstechnik im Gerichtssaal des Bundespatentgerichts, Mitt. 2011, 349–355; *Ortlieb, M./Schröder, M.,* Die Dienststelle Jena (ehem. Berlin) des DPMA, GRUR 1999, 792–800; *Prinz zu Waldeck und Pyrmont, W.,* The Patent System of the Future: the Role of the Trilateral Offices, GRUR-Int 2006, 303–306; *Reinhard, E.,* Berufsrecht der Patentanwälte, 6. Aufl. 2010; *Schade, J.,* Die Zusammenarbeit des Deutschen Patent- und Markenamts mit ausländischen Ämtern im Patentbereich, GRUR 2009 (FS Melullis), 338–341; *Sendrowski, H.,* Wer entscheidet, wer entscheidet? – Der gesetzliche Richter und das EPÜ, Mitt. 2016, 253–258; *Suhr, C.,* Patentliteratur und ihre Nutzung, 2000; *Ulrich, T.H.,* Der Syndikuspatentanwalt in der (inner-)betrieblichen Praxis, Mitt. 2017, 489–493; *Völp, F.,* Zur Entstehung des Bundespatentgerichts, GRUR 2009, 918–920; *Völp, F.,* Erinnerungen an die Entstehung des Bundes-

---

[42] ABl. 2004 L 157, 45; gesamte Vorschrift berichtigt ABl. 2004 L 195, 16 = BlPMZ 2004, 408 = GRUR-Int 2004, 615.

[43] ABl. 2006 L 157, 1 = BlPMZ 2006, 679 = GRUR-Int 2006, 1001.

[44] ABl. 2012 L 361, 1; die VO ist bereits in Kraft getreten, gilt allerdings erst, wenn auch das Übereinkommen über ein Einheitliches Patentgericht in Kraft tritt, vgl. Fn. 46.

[45] ABl. 2012 L 361, 89, die VO ist bereits in Kraft getreten, gilt allerdings erst, wenn auch das Übereinkommen über ein Einheitliches Patentgericht in Kraft tritt, vgl. Fn. 46. Der EuGH hat die Vertragsgemäßheit der VO mit Urteil vom 5.5.2015 in einem Verfahren bestätigt, mit dem das Königreich Spanien als Teil seiner durchaus rigiden Sprachenpolitik die Dreisprachigkeit angegriffen hatte, die für das EPeW/EPG vorgesehen ist, weil die neuen EPeW sonst nicht vom EPA erteilt werden könnten, GRUR-Int 2015, 558.

[46] ABl. 2013 C 175, 1; bei dem Übereinkommen handelt es sich nicht um europäisches Unionsrecht, sondern um einen völkerrechtlichen Vertrag, der am 19.2.2013 von 25 EU-Mitgliedstaaten unterzeichnet wurde. Das Übereinkommen muss von mindestens 13 dieser Staaten, darunter zwingend Deutschland, Frankreich und das Vereinigte Königreich, ratifiziert werden, um in Kraft treten zu können. Zum aktuellen Stand der Ratifikation vgl. https://www.epo.org/law-practice/unitary/patent-court_de.html (zuletzt aufgerufen am 13.5.2015).

patentgerichts, FS 50 J. BPatG, 33–34; *Wittmann, A.,* Grundlagen der Patentinformation und -dokumentation, 1992.

I. Die Patentämter

a) Deutsches Patent- und Markenamt

1 1. Bis heute ist das DPMA das sechstgrößte, oder wie es heute heißt, fünftgrößte *nationale* Patentamt der Welt. Hier werden nur seine Aufgaben und Tätigkeiten im Patent- und Gebrauchsmusterschutz betrachtet, also die **Prüfung** von Anmeldungen und die **Entscheidung** über die Patenterteilung bzw. Gebrauchsmustereintragung (samt Einsprüchen und Löschungsanträgen).

2 Zwischen 1975 und 1977 wurden beim DPMA[1] im Durchschnitt etwa 61 000 Patentanmeldungen jährlich eingereicht. Seit 1978 ging ihre Zahl wegen der Eröffnung des EPA zunächst bis auf jährlich etwa 40 000 in den Jahren 1989 bis 1991 zurück. Seither ist sie wieder angestiegen und betrug 2020 gut 62 000. Das sind, vermutlich pandemiebedingt, fast 8 % weniger als 2019. Ohne diesen Sondereffekt war die Zahl innerhalb einer gewöhnlichen Schwankungsbreite also in etwa stabil.[2] Die Erteilungsquote lag für die 2020 abgeschlossenen Prüfungsverfahren bei ca. 41,5 %, und insgesamt standen nach der DPMA-Statistik 2020 für die Bundesrepublik Deutschland samt der vom EPA für Deutschland erteilten Patente 834 584 Patente in Kraft. 2017 hatte diese Zahl noch bei 657 114 gelegen. Patentschutz für Deutschland bleibt damit weiterhin gesucht.[3]

3 Die Zahl der Gebrauchsmusteranmeldungen betrug zwischen 1995 und 2002 20–23 000 jährlich, von 2003 bis 2006 waren es rund 20 000 Anmeldungen. Seither ist diese Zahl kontinuierlich zurückgegangen auf zuletzt 12 323 Gebrauchsmusteranmeldungen in 2020. Das ist ein Rückgang von etwa 1–2 % jährlich. Dieser Rückgang wird wohl auch weitergehen, trotz aller Bemühungen des DPMA um Bekanntmachung der unstreitigen Vorteile des deutschen Gebrauchsmusters. Die Eintragungsquote liegt mangels umfassender Vorprüfung hoch. Ende 2020 standen für Deutschland insgesamt 74 900 Gebrauchsmuster in Kraft.

4 Nach Erteilung bzw. Eintragung hat das DPMA über **Einsprüche** gegen Patente und Anträge auf **Löschung** von Gebrauchsmustern zu entscheiden.

5 Unter den Voraussetzungen des § 61 Abs. 2 PatG entscheidet jedoch über Einsprüche bereits in erster Instanz ein Beschwerdesenat des BPatG.

6 2. Das DPMA sorgt für die gesetzlich vorgesehenen **Register**eintragungen und die Veröffentlichungen im **Patentblatt,** die Ausgabe von **Offenlegungs-** und **Patentschriften** und die Veröffentlichung deutscher **Übersetzungen** europäischer und internationaler Patentanmeldungen sowie europäischer Patente und gewährt unter den gesetzlich bestimmten Voraussetzungen **Akteneinsicht** (Näheres → § 23 Rn. 175 ff.).

7 Die zur allgemeinen Kenntnis bestimmten Informationen über deutsche und europäische Anmeldungen und Patente, internationale Anmeldungen sowie deutsche Gebrauchs-

---

[1] Detaillierte Statistiken von DPMA und BPatG erscheinen jährlich im BlPMZ-Märzheft; neuerdings auch im Internet unter https://www.dpma.de/dpma/veroeffentlichungen/statistiken/index.html (zuletzt besucht am 21.3.2021).

[2] Die Zahlen ab 1978 enthalten die internationalen Anmeldungen gemäß dem PCT, in denen die Bundesrepublik Deutschland als Bestimmungsland benannt ist, soweit sie hier in die „nationale Phase" eingetreten sind. Die in der Öffentlichkeit manchmal genannten wesentlich höheren Zahlen (zB über 166 000 für 2005, über 200 000 für 2006) enthalten auch die noch in der „internationalen Phase" befindlichen PCT-Anmeldungen mit Bestimmung für Deutschland. Da erfahrungsgemäß der Eintritt in die nationale Phase wegen des damit verbundenen Gebühren- und Übersetzungsaufwands oft unterbleibt (2005 haben über 94 000, 2006 über 109 000 PCT-Anmeldungen ihre Wirkung für Deutschland rückwirkend verloren, weil die Frist für den Eintritt in die nationale Phase ungenutzt abgelaufen war), sind diese hohen Zahlen weder für die Arbeitsbelastung des DPMA noch für die Schutzrechtslage in Deutschland aussagekräftig.

[3] BlPMZ 2018, 79 (80).

muster stehen großenteils auch, seit 1.1.2004 teilweise nur noch in Form elektronischer Speichermedien oder zum direkten Abruf auf elektronischem Weg zur Verfügung.

Durch **Patentinformationszentren (PIZ),**[4] die (Stand 2019) in über 20 Städten Deutschlands – neben den drei DPMA-Standorten sind das fast immer Universitätsstädte – bestehen, wird die Verbreitung der im DPMA bereitgehaltenen Informationen gefördert und der Zugang zu ihnen erleichtert. Nicht nur soll die Öffentlichkeit zuverlässig Kenntnis von bestehenden und zu erwartenden Schutzrechten nehmen können, auch soll das in der Patentliteratur gespeicherte umfassende technische Wissen besser nutzbar gemacht und dadurch der im Allgemeininteresse liegende Informationseffekt des Patentwesens intensiviert werden.[5] Die Zahl der PIZ ist seit langem stabil. Nur das Land Sachsen-Anhalt hat sein neben dem PIZ Magdeburg bestehendes PIZ Halle 2016 geschlossen. Das ist angesichts der Nähe zu Leipzig nachvollziehbar, denn dort betreibt der Freistaat Sachsen sein drittes PIZ neben Dresden und Chemnitz. 8

Auf Ersuchen von Gerichten oder Staatsanwaltschaften hat das DPMA Obergutachten über Fragen zu erstatten, die Patente oder Gebrauchsmuster betreffen (§ 29 Abs. 1 PatG, § 21 Abs. 1 GebrMG). 9

Die in § 29 Abs. 3 PatG vorgesehene Möglichkeit, dass das DPMA außerhalb anhängiger Verfahren Auskünfte zum Stand der Technik erteilt, besteht wegen Aufhebung der dafür erforderlichen Ausführungsverordnung seit 1.1.2002 nicht mehr.[6] 10

3. Das DPMA ist nach § 26 Abs. 1 PatG eine selbständige Bundesoberbehörde (Art. 87 Abs. 3 S. 1 GG) im Geschäftsbereich des Bundesministeriums der Justiz und für Verbraucherschutz.[7] Gegen seine Entscheidungen sind nicht die Verwaltungsgerichte anzurufen, sondern das Bundespatentgericht mit Sitz in München (vgl. → § 9 Rn. 27 f.). Zum DPMA gehören seine Dienststelle Jena[8] und das Technische Informationszentrum Berlin. 11

Das Patentamt besteht aus einem Präsidenten und weiteren **Mitgliedern.** Sie müssen gemäß § 26 Abs. 2 PatG die Befähigung zum Richteramt haben (rechtskundige Mitglieder) oder in einem Zweig der Technik sachverständig sein (technische Mitglieder). Als technisches Mitglied soll nur angestellt werden, wer ein den Erfordernissen des § 26 Abs. 3 PatG entsprechendes (universitäres) Hochschulstudium in einem technischen oder naturwissenschaftlichen Fach mit einer staatlichen oder akademischen Prüfung erfolgreich abgeschlossen hat, danach mindestens fünf Jahre lang im Bereich der Naturwissenschaften oder Technik beruflich tätig war und die erforderlichen Rechtskenntnisse besitzt. Die Mitglieder des Patentamts werden in das Beamtenverhältnis auf Lebenszeit im höheren Dienst berufen, neuerdings auch bezeichnet als „Qualifikationsebene 4". Beim Erfordernis eines Universitätsstudiums sollte es bleiben, weil wissenschaftliche Mitglieder des Patentamts zur verlässlichen Gewährleistung des Abstraktionsvermögens, das für die Beurteilung technischer Entwicklungen und damit namentlich von deren Erfindungshöhe notwendig ist, nicht primär anwendungsorientiert ausgebildet sein sollten, sondern forschungsorientiert. Unterschiedliche Ausbildungsinhalte müssen auch in einem Beamtenrecht berücksichtigungsfähig bleiben, das am Bologna-Prozess ausgerichtet ist, wie am Ende überhaupt immer Inhalt und Qualität einer Ausbildung entscheiden sollten („was drin ist") und nicht der Name eines verliehenen Abschlusses („was draufsteht"). 12

Hinzu kommt im Patentwesen, das am BPatG zu gewährleistende Gleichgewicht zwischen rechtskundigen und technischen Richtern, auch mit Blick auf deren Studienabschlüsse.[9] 13

---

[4] BlPMZ 2019, 43 ff.
[5] Näheres dazu bei *Wittmann; Suhr; Hammer/Rothe* GRUR 1999, 788–792; vgl. auch die Abschnitte „Informationsdienste" und „IT-Entwicklungen und E-Dienstleistungen" in den Jahresberichten des DPMA, zuletzt 2014, 44–47 u. 52–55.
[6] Verordnung vom 27.11.2001, BGBl. I 3243 = BlPMZ 2002, 95.
[7] Zur Problematik *Bernhardt* 229 ff.; vgl. auch → § 23 Rn. 1 ff.
[8] Dazu *Ortlieb/Schröder* GRUR 1999, 792–800.
[9] S. auch *Ann* FS 50 J. BPatG, 2011, 111 (114).

§ 9 I *1. Abschnitt. Grundlagen*

14   4. Die für Patente zuständigen Hauptabteilungen 1/I und 1/II des DPMA sind nach Gebieten der Technik in 13 bzw. 15 **Patentabteilungen** und eine Patentverwaltungsabteilung gegliedert.[10] Die Bearbeitung der Patentanmeldungen erfolgt durch **Prüfungsstellen,** deren Obliegenheiten jeweils von einem technischen Mitglied (Prüfer) wahrgenommen werden (§ 27 Abs. 1 Nr. 1, Abs. 2 PatG). Angelegenheiten, die erteilte Patente betreffen, werden durch Patentabteilungen teils in der Besetzung mit mindestens drei Mitgliedern entschieden, teils durch ein Mitglied allein bearbeitet (§ 27 Abs. 1 Nr. 2, Abs. 3, 4 PatG).

15   Einfachere Aufgaben der Prüfungsstellen oder Patentabteilungen können durch Beamte des gehobenen oder mittleren Dienstes sowie vergleichbare Angestellte erledigt werden.[11]

16   5. Für Anträge in Gebrauchsmustersachen mit Ausnahme der Löschungsanträge ist die **Gebrauchsmusterstelle** des DPMA zuständig, die von einem durch den Präsidenten bestimmten rechtskundigen Mitglied geleitet wird (§ 10 Abs. 1 GebrMG). Über **Löschungs**anträge beschließt eine der beiden mit einem rechtskundigen und zwei technischen Mitgliedern besetzten **Gebrauchsmusterabteilungen** (§ 10 Abs. 3 S. 1 GebrMG).

17   Einfachere Aufgaben der Gebrauchsmusterstelle oder -abteilungen können durch Beamte des gehobenen oder mittleren Dienstes sowie vergleichbare Angestellte erledigt werden.[12]

18   6. Als fünftgrößtes nationales Patentamt und sechstgrößtes weltweit verstärkt das DPMA zunehmend seine internationale Zusammenarbeit. Besonders prominent in diesem Zusammenhang sind die sog. „Patent Prosecution Highways" (PPH). Sie sind der Versuch, durch Arbeitsteilung effizienter zu werden, namentlich zur Abarbeitung der sog. Backlogs, mit denen alle großen Patentämter der Welt kämpfen, also der großen Zahl unerledigter Anmeldungen, deren Bearbeitung vielfach erst in Jahren erfolgen kann und die das System regelrecht zu ersticken drohen. Wenngleich das DPMA mit Backlogs aufgrund konstanterer Anmeldezahlen weniger zu kämpfen hat als andere große Ämter, nimmt auch das DPMA an der verstärkten Zusammenarbeit teil, auf die sich die größten Ämter der Welt verständigen.[13]

b) Europäisches Patentamt

19   1. Das EPA entscheidet auf Grundlage des EPÜ über die Erteilung oder Versagung **europäischer Patente** und über deren Aufrechterhaltung oder Widerruf im Falle eines Einspruchs. Es informiert die Öffentlichkeit über Patentgesuche und -erteilungen durch das europäische Patentblatt, die Publikation von Anmeldungen und Patentschriften und die Gewährung von Akteneinsicht. Die bei ihm verfügbaren Dokumente sind in großem Umfang auch auf elektronischem Weg zugänglich.

20   Die Zahl der Anmeldungen beim EPA – einschließlich der in die „regionale Phase" eingetretenen PCT-Anmeldungen[14] mit dem EPA als Bestimmungsamt – überschritt im Jahr 2000 erstmals 100 000, im Jahr 2006 betrug sie 135 183. Im Durchschnitt waren darin je 27 Vertragsstaaten benannt. Die Bundesrepublik Deutschland war in 99,6 % der Anmeldungen benannt; 18,4 % der Anmeldungen stammten aus Deutschland, aus den übrigen Vertragsstaaten insgesamt 30,13 %, aus den USA 25,74 %, aus Japan 16,38 %. Bis Ende 2006 hatte das EPA insgesamt 823 492 Patente erteilt, davon 62 780 für

---

[10] Organisationsschaubild des DPMA, Stand 1.4.2015.
[11] § 27 Abs. 5 PatG mit Verordnung über die Wahrnehmung einzelner den Prüfungsstellen, der Gebrauchsmusterstelle, den Markenstellen und den Abteilungen des Patentamts obliegender Geschäfte (Wahrnehmungsverordnung – WahrnV) vom 14.12.1994, BGBl. I 3812 = BlPMZ 1995, 51, zuletzt geändert durch VO vom 12.12.2018 BGBl. I 2446 = BlPMZ 2019, 41.
[12] § 10 Abs. 2 GebrMG iVm der WahrnV.
[13] Vgl. *Schade* GRUR 2009, 338 ff.; vgl. auch → § 25 Rn. 238 ff.
[14] Noch in der internationalen Phase befindliche PCT-Anmeldungen bleiben auch hier außer Betracht, vgl. oben Fn. 2.

§ 9. Patentbehörden. Rechtspflege I § 9

durchschnittlich je 13,84 Staaten im Jahr 2006 (Statistiken jeweils im Amtsblatt und im Jahresbericht des EPA). Die Zahl der Prüfungen betrug insgesamt 1 153 776, davon 83 067 im Jahr 2006. Das lässt auf eine Erteilungsquote von insgesamt 74 % und von 75 % für 2006 schließen. Das Amt kommt in eigenen Berechnungen zu einer geringeren Quote.

2. Das EPA ist neben dem Verwaltungsrat Organ der mit eigener Rechtspersönlichkeit ausgestatteten, verwaltungsmäßig und finanziell selbständigen **Europäischen Patentorganisation** (Art. 4, 5 EPÜ). Es ist am Sitz der EPO in München errichtet und hat eine Zweigstelle in Den Haag (Art. 6 EPÜ) sowie Dienststellen in Berlin[15] und Wien. Seine Leitung obliegt einem Präsidenten, der auch die EPO vertritt (Art. 5 Abs. 3 EPÜ). Die im Jahr 2015 rund 7000 Bediensteten des EPA stammen aus allen Vertragsstaaten; Amtssprachen sind aus Effizienzgründen nur Englisch, Deutsch und Französisch. Dieses Sprachenregime soll auch für das EPeW/EPG-System gelten. 21

Das EPA arbeitet eng mit den Patentämtern der USA und Japans in dem Bestreben zusammen, die Arbeit der Ämter zu rationalisieren und die anzuwendenden Vorschriften zu harmonisieren („trilaterale Zusammenarbeit").[16] 22

3. Das **Europäische Patentamt** ist in fünf Generaldirektionen gegliedert, von denen eine für Recherche, Prüfung und Einspruch zuständig ist. In ihrem Bereich bestehen eine Eingangsstelle, Recherchen-, Prüfungs- und Einspruchsabteilungen. Die Prüfungs- und Einspruchsabteilungen entscheiden regelmäßig in der Besetzung mit drei technisch vorgebildeten Prüfern, die grundsätzlich aus verschiedenen Vertragsstaaten stammen. Die Entscheidungen werden jedoch zunächst von einzelnen Prüfern vorbereitet. Zwecks Zusammenführung von Recherche und Prüfung sind die technisch vorgebildeten Prüfer Direktionen zugewiesen, auf die der Präsident in Anwendung der Internationalen Klassifikation die Geschäfte verteilt. 23

Die Entscheidungen des EPA unterliegen der Beschwerde, über die die Juristische oder eine Technische **Beschwerdekammer** entscheidet. Die Beschwerdekammern waren früher einer Generaldirektion zugeordnet, sind nun aber verselbstständigt worden. Ihre Mitglieder sind fachlich unabhängig (Art. 21 Abs. 1, 23 EPÜ). Wie weit ihre Unabhängigkeit darüber hinaus reichen soll, war zwischen Betroffenen und der Amtsleitung lange strittig. Die Besetzung der Beschwerdekammern bestimmt sich nach Art. 21 Abs. 2–4 EPÜ. Über Beschwerden gegen Entscheidungen von Prüfungs- oder Einspruchsabteilungen befinden normalerweise zwei technisch vorgebildete Mitglieder und ein rechtskundiges. Um den Status von BK-Mitgliedern wurde in der Amtszeit des letzten EPA-Präsidenten vielfach gestritten. Große Wellen schlug die Suspendierung des irischen GBK-Mitglieds Corcoran, die von dem für EPA-Beschäftigte zuständigen Verwaltungsgericht der Internationalen Arbeitsorganisation (ILO Administrative Tribunal) aufgehoben wurde. 24

Die **Große Beschwerdekammer** des EPA (GBK) entscheidet über einzelne Rechtsfragen, mit denen sie durch Beschwerdekammern in dort anhängigen Verfahren befasst wird, und nimmt zu Rechtsfragen Stellung, die ihr vom Präsidenten des EPA vorgelegt werden (Art. 22 Abs. 1 (a) und (b), 112 EPÜ). Sie beschließt in der Besetzung mit fünf rechtskundigen und zwei technisch vorgebildeten Mitgliedern (Art. 22 Abs. 2 S. 1 EPÜ). 25

Gemäß den durch die Revisionsakte 2000 eingefügten Art. 22 Abs. 1 Buchst. c und 112a iVm R 104–110 EPÜ kann jeder durch die Entscheidung einer BK beschwerte Beteiligte beantragen, dass diese Entscheidung durch die GBK überprüft wird; der Antrag kann jedoch nur auf bestimmte schwerwiegende Verfahrensmängel gestützt werden. Die GBK prüft in der Besetzung mit zwei rechtskundigen Mitgliedern und einem technisch vorgebildeten Mitglied, ob der Antrag *offensichtlich* unzulässig oder unbegründet ist. Wenn sie ihn nicht aus solchem Grund einstimmig verwirft, entscheidet sie 26

---

[15] Dazu Abkommen zwischen der Regierung der Bundesrepublik Deutschland und der Europäischen Patentorganisation über die Errichtung der Dienststelle Berlin des EPA vom 19.10.1977 mit Zusatzabkommen vom gleichen Tag, BlPMZ 1999, 303 (305), zuletzt geändert durch Vereinbarung vom 3./18.2.2004, BGBl. II 546 f. = BlPMZ 2004, 329.
[16] Vgl. zB *Prinz zu Waldeck und Pyrmont* GRUR-Int 2006, 303–306.

in der Besetzung mit vier rechtskundigen Mitgliedern und einem technisch vorgebildeten Mitglied (Art. 22 Abs. 2 S. 2, R 109 EPÜ).
Den Vorsitz hat in allen Verfahren der GBK ein rechtskundiges Mitglied (Art. 22 Abs. 2 S. 3 EPÜ).

II. Die Gerichte

a) Bundespatentgericht (BPatG)

27 Am Sitz des DPMA in München besteht als oberes Bundesgericht für Angelegenheiten des gewerblichen Rechtsschutzes (Art. 96 Abs. 1 GG) seit 1961 das BPatG.[17] Es entscheidet[18] durch sog. **Beschwerdesenate** über Beschwerden gegen Beschlüsse der Prüfungsstellen, der Patentabteilungen, der Gebrauchsmusterstelle und der Gebrauchsmusterabteilungen des Patentamts (§ 65 Abs. 1 PatG, § 18 Abs. 1 GebrMG) sowie – unter bestimmten Voraussetzungen auf Antrag eines Beteiligten – über Einsprüche gegen Patente des DPMA (§ 61 Abs. 2 PatG). Durch **Nichtigkeitssenate** entscheidet es ferner über Klagen auf Nichtigerklärung von Patenten und in Zwangslizenzverfahren (§ 65 Abs. 1 PatG). Diese Zuständigkeit erstreckt sich auch auf für Deutschland erteilte EP. Weil dies kurz Gegenstand einer wissenschaftlichen Diskussion war, ist festzustellen, dass zwischen 2015 und 2017 nie mehr als 300 Patentnichtigkeitsklagen jährlich eingegangen sind und dass jährlich gut 200 Verfahren erledigt werden. Derart geringe Zahlen sind nicht aussagekräftig zu extrapolieren und erlauben keine seriösen Rückschlüsse auf die Validität von Patentpopulationen > 1 Mio.[19]

28 Ebenso wie dem Amt, gehören auch dem Patentgericht rechtskundige und technische Mitglieder an. Für ihre Qualifikation gilt dasselbe wie beim Patentamt mit der Maßgabe, dass auch die technischen Mitglieder zwingend einen Universitätsabschluss benötigen (§ 65 Abs. 2 PatG) – sehr zurecht![20] Die Besetzung der Senate hängt von der Art des zu entscheidenden Falls ab (§ 67 PatG, § 18 Abs. 3 GebrMG); meist wirken rechtskundige und technische Mitglieder zusammen. Die Tätigkeit von Berufsrichtern, die die Befähigung zum Richteramt nicht durch juristische Ausbildung erworben haben und dementsprechend keine Volljuristen sind, ist in der deutschen Gerichtsbarkeit einzigartig – zugelassen durch § 120 DRiG.[21] Sie soll für technische Fragen die spezialisierte eigene Sachkunde des Gerichts gewährleisten, was in letzter Zeit schwierig geworden ist, weil dem Patentgericht Stellen entzogen und offene Stellen nur so zögerlich wiederbesetzt wurden, dass die Arbeitsfähigkeit des Gerichts beeinträchtigt war. Dieser Sachverhalt ist höchst unerfreulich, weil er Deutschland als Patentstandort beschädigt. Er mag einer übertrieben europäischen Ausrichtung und einem politischen Programm geschuldet gewesen sein, die erstens Folgen und Risiken des Brexit für das EPeW/EPG-System verdrängte und die zweitens verkannte, dass Deutschland auch nach der der Schaffung dieses Systems ein gesuchter Patentstandort bleiben wird – jedenfalls bei intakter Infrastruktur.

b) Ordentliche Gerichtsbarkeit in Zivilsachen

29 Für Patent- und Gebrauchsmusterstreitsachen, insbesondere Verletzungsklagen, einschließlich solcher, die europäische Patente betreffen, sind in erster Instanz die Zivilkammern der **Landgerichte** ausschließlich zuständig (§ 143 Abs. 1 PatG, § 27 Abs. 1 GebrMG). Durch landesrechtliche Regelungen gemäß § 143 Abs. 2 PatG, § 27 Abs. 2 GebrMG wurde eine **Konzentration** bei wenigen Landgerichten bewirkt.

30 In erster Instanz allein zuständig sind demgemäß folgende Landgerichte:[22] *Berlin* für Berlin und Brandenburg, *Braunschweig* für Niedersachsen, *Düsseldorf* für Nordrhein-Westfalen, *Erfurt* für Thürin-

---

[17] Zu dessen durchaus bemerkenswerter Entstehung *Völp* GRUR 2009, 918 ff.
[18] Geschäftsverteilung 2019 in BlPMZ 2019, 45 ff.
[19] Vgl. *Ann* Mitt. 2016, 245, mwN.
[20] *Ann* Mitt. 2015, 197 (201).
[21] Dazu näher *Ann* FS 50 J. BPatG, 2011, 111 ff.
[22] Nach BlPMZ 2007, 92.

gen, *Frankenthal* in Gebrauchsmustersachen für Rheinland-Pfalz, *Frankfurt (Main)* für Hessen und in Patentsachen für Rheinland-Pfalz, *Hamburg* für Bremen, Hamburg, Mecklenburg-Vorpommern und Schleswig-Holstein, *Leipzig* für Sachsen, *Magdeburg* für Sachsen-Anhalt, *Mannheim* für Baden-Württemberg, *München I* für Südbayern (OLG-Bezirk München), *Nürnberg-Fürth* für Nordbayern (OLG-Bezirke Nürnberg und Bamberg), *Saarbrücken* für das Saarland.

Entsprechend konzentriert sich in der Berufungsinstanz die Zuständigkeit bei den Oberlandesgerichten, zu deren Bezirk die genannten Landgerichte gehören. Die Zusammenfassung ermöglicht die Bildung von Kammern und Senaten mit besonderen Kenntnissen und Erfahrungen im Patent- und Gebrauchsmusterrecht und fördert die Gleichmäßigkeit der Rechtsprechung. 31

c) Funktionen des Bundesgerichtshofs

Der Bundesgerichtshof entscheidet in Patentsachen durch seinen X. Zivilsenat 32
– über Rechtsbeschwerden, die unter bestimmten Voraussetzungen, regelmäßig nur bei Zulassung, gegen Beschwerdeentscheidungen des BPatG erhoben werden können (§ 100 PatG, § 18 Abs. 4 GebrMG),
– über Berufungen und Beschwerden gegen Urteile der Nichtigkeitssenate des BPatG (§§ 110 ff., 122 PatG),[23]
– nach Maßgabe der ZPO über Revisionen gegen Urteile der Oberlandesgerichte (ausnahmsweise der Landgerichte) in Zivilsachen.

Alle Patent- und Gebrauchsmustersachen laufen also beim BGH zusammen, soweit im Einzelfall seine Anrufung statthaft ist und erfolgt. Dies gewährleistet in hohem Maße eine einheitliche Rechtsprechung. Im einstweiligen Rechtsschutz sind die regionalen Rechtsprechungen weniger konform. So sind etwa einstweilige Unterlassungsverfügen in München derzeit leichter erhältlich als in Düsseldorf oder Mannheim. Hier ist der BGH nicht zuständig.

III. Die Patentanwaltschaft[24]

1. Die besondere Bedeutung der technischen Fragen im Patent- und Gebrauchsmusterwesen erfordert auch bei der Vertretung in Angelegenheiten dieses Bereichs neben Rechtskenntnissen vielfach technisches Fachwissen. Diesem Bedürfnis entspricht der Beruf des Patentanwalts. Nach der für ihn maßgebenden Regelung[25] ist der Patentanwalt in seinem Aufgabenbereich ein unabhängiges **Organ der Rechtspflege.** Er übt einen **freien Beruf** aus, kein Gewerbe. Die Patentanwälte bilden die **Patentanwaltskammer,** eine bundesunmittelbare Körperschaft des öffentlichen Rechts mit Sitz in München. Sie wahrt und fördert die Belange des Berufsstands und überwacht die Einhaltung des Berufsrechts. 33

Grundlage der besonderen **Ausbildung** des Patentanwalts ist ein durch staatliche oder akademische Prüfung erfolgreich abgeschlossenes naturwissenschaftliches oder technisches Studium an einer wissenschaftlichen Hochschule (§ 6 PatAnwO). „Wissenschaftliche Hochschulen" iSv § 6 PatAnwO sind nur Universitäten. Das hat den inhaltlichen Grund, dass das Studium an Universitäten und FHen nicht gleichartig ist. Universitäten bilden (nach wie vor) forschungsnah und grundlagenorientiert aus, FHen dagegen praxisnah und 34

---

[23] Das BPatG gehört durch die Zuständigkeit des BGH für Rechtsmittel jedenfalls organisatorisch zur ordentlichen Gerichtsbarkeit, nicht zur Verwaltungsgerichtsbarkeit; diese Einordnung wird auch seinem sachlichen Aufgabenbereich am besten gerecht, vgl. *Bernhardt* 243 ff.
[24] Dazu umfassend *Beyer; Fitzner; Reinhard;* umfassend zu neueren Entwicklungen in der Gesetzgebung, *Fitzner* Mitt. 2010, 171 ff.
[25] Patentanwaltsordnung (PatAnwO) vom 7.9.1966, BGBl. I 557 = BlPMZ 1966, 313, zuletzt geändert durch Gesetz vom 10.10.2013, BGBl. I 3799; mit Ausbildungs- und Prüfungsordnung (PatAnwAPO) in der Fassung der Bekanntmachung vom 8.12.1977, BGBl. I 2491 = BlPMZ 1978, 36, zuletzt geändert durch Gesetz vom 10.10.2013, BGBl. I 3799.

anwendungsorientiert – was etwas anderes ist.[26] Hieran schließt sich eine vorwiegend praxisbezogene, aber nach § 7 Abs. 3, 4 PatAnwO durch ein Universitätsstudium im allgemeinen Recht zu ergänzende Ausbildung von mindestens 26 Monaten bei einem Patentanwalt – oder einem Patentassessor in der Patentabteilung eines Unternehmens – sowie von 2 Monaten beim Patentamt und 6 Monaten beim Patentgericht (§ 7 Abs. 1 PatAnwO). Anschließend sind in einer schriftlichen und mündlichen **Prüfung** vor einer Kommission beim Patentamt die erforderlichen Rechtskenntnisse nachzuweisen (§§ 8, 9 PatAnwO).[27] Wer die Prüfung besteht, darf sich Patentassessor nennen (§ 11 PatAnwO) und kann die Zulassung als Patentanwalt erlangen (§ 5 PatAnwO).[28] Patentassessoren können Stellen in Patentabteilungen von Unternehmen annehmen, bevorzugen heute freilich auch dafür die Stellung des Syndikuspatentanwalts.[29]

34a Um die juristische Qualifikation deutscher Patentanwälte theoretisch zu fundieren, hat die Patentanwaltskammer an der Fernuniversität Hagen das Kurt-Haertel-Institut für Geistiges Eigentum eingerichtet, wenngleich die theoretische Patentanwaltsausbildung auch an anderen deutschen Universitäten möglich wäre. In Hagen wird ein zweijähriger Fernstudiengang (Hagen I) angeboten, der ausschließlich Patentanwaltskandidaten oder Personen nach § 158 Abs. 1 BNr. 1 oder Nr. 2 PAO offen steht, die die Zulassung zur deutschen Patentanwaltschaft anstreben. Kandidaten absolvieren dieses Studium ausbildungsbegleitend. Abgeschlossen wird es mit einem Zertifikat. In einem weiteren, ebenfalls zweijährigen Fernstudiengang bietet das Institut darüber hinaus den Erwerb eines Master of Laws (LL.M.) an. Dieser Studiengang (Hagen II) ist (deutschen oder europäischen) Patentanwälten oder European Patent Attorneys vorbehalten. Die Anmeldung ist ausschließlich über die deutsche Patentanwaltskammer möglich. Als juristische Qualifikation ist der LL.M. für die Patentanwaltschaft strategisch wichtig, weil er eine „zusätzliche juristische Qualifikation" darstellt, die Art. 48 EPGÜ für die Vertretungsberechtigung von European Patent Attorneys vor dem EPG voraussetzt.

35 2. Die **Vertretung vor dem EPA** ist nach Art. 134 EPÜ außer Rechtsanwälten, die in einem der Vertragsstaaten zugelassen und zur Vertretung auf dem Gebiet des Patentwesens berechtigt sind (Art. 134 Abs. 8 EPÜ), nur besonders zugelassenen Vertretern gestattet, die in einer beim EPA geführten Liste eingetragen sind. Die Eintragung setzt das Bestehen einer europäischen Eignungsprüfung voraus. Auch im Rahmen des Art. 134 Abs. 8 EPÜ vertretungsbefugte Rechtsanwälte können nicht in die Liste der zugelassenen Vertreter eingetragen werden.[30]

Die zugelassenen Vertreter bilden das Institut der beim EPA zugelassenen Vertreter (epi), Art. 134a EPÜ.[31]

---

[26] Dazu umfassend *Ann* Mitt. 2015, 197 ff. Sachlich zutreffend verweist *Hubert* Mitt. 2015, 356, darauf, dass für Patentprüfer nichts anderes gelten kann, also auch für sie der Universitätsabschluss Regelfall bleiben muss. Das ist richtig, doch war es eine Referentin des DMPA selbst gewesen, die im Gespräch engagiert das Gegenteil vertreten und angekündigt hatte, dies alles werde nun geändert. Diesen Hintergrund kannte *Hubert* vermutlich nicht, aber es ist gut zu wissen, dass das DPMA an seinen bewährten Rekrutierungsstandards für seine Patentprüfer nicht rütteln will!

[27] *Fitzner/Klante* Mitt. 2019, 3 ff.

[28] Nach dem Gesetz über die Eignungsprüfung für die Zulassung zur Patentanwaltschaft vom 6.7.1990, BGBl. I 1349, zuletzt geändert durch Gesetz vom 10.10.2013, BGBl. I 3799, kann auch zugelassen werden, wer die dort für EU- und EWR-Ausländer vorgesehene, in §§ 44 ff. der PatAnwAPO näher geregelte Eignungsprüfung bestanden hat.

[29] Dazu *Fitzner* Mitt. 2017, 315; *Ulrich* Mitt. 2017, 489.

[30] Eingehend zur Vertretungsbefugnis *Haugg* in Singer/Stauder Art. 134.

[31] Zum Institut vgl. *Haugg* in Singer/Stauder Art. 134a Rn. 1–15.

Zweiter Abschnitt. Die sachlichen Voraussetzungen des Patent- und Gebrauchsmusterschutzes

1. Kapitel. Allgemeines. Die technische Erfindung

Literatur: *Beier, F.-K.*, Zukunftsprobleme des Patentrechts, GRUR 1972, 214–225; *ders./Straus, J.*, Der Schutz wissenschaftlicher Forschungsergebnisse, 1982; *Beyer, H.*, Der Begriff der „technischen Erfindung" aus naturwissenschaftlich-technischer Sicht, FS 25 J. BPatG, 1986, 189–210; *Bunke, H.*, 40 Jahre „Rote Taube" – Die Entwicklung des Erfindungsbegriffs, Mitt. 2009, 169–177; *Cueni, F.*, Erfindung als geistiges Sein und ihr Schutz, GRUR 1978, 78–83; *Duttenhöfer, H.*, Über den Patentschutz biologischer Erfindungen, in: Zehn Jahre Bundespatentgericht, 1971, 171–200; *Eichmann, H.*, Technizität von Erfindungen – Technische Bedingtheit von Marken und Mustern, GRUR 2000, 751–760; *Ensthaler, J.*, Der patentrechtliche Schutz von Computerprogrammen nach der BGH-Entscheidung „Steuerungseinrichtung für Untersuchungsmodalitäten", GRUR 2010, 1–6; *ders.*, Muss der Erfindungsbegriff in § 1 PatG und Art. 52 EPÜ reformiert werden?; GRUR 2015, 150–152; *Godt, C.*, Eigentum an Information, 2006; *Kolle, G.*, Technik, Datenverarbeitung und Patentrecht, GRUR 1977, 58–74; *Melullis, K.-J.*, Kommentierung des Art. 52, in: Benkard, EPÜ; *ders.*, Zur Sonderrechtsfähigkeit von Computerprogrammen, FS König, 2003, 341–358; *Nack, R.*, Die patentierbare Erfindung unter den sich wandelnden Bedingungen von Wissenschaft und Technologie, 2002 (zit.: Nack, Erfindung); *ders.*, Kommentierung von Art. 52 Abs. 1 bis 3 EPÜ, EPÜ-GK, 28. Lfg., 2005; *ders.*, Der Erfindungsbegriff – eine gesetzgeberische Fehlkonstruktion?, GRUR 2014, 148–151; *Pedrazzini, M. M.*, Wie das Recht wissenschaftlich-technische Kreationen erfassen kann, in: Harabi (Hrsg.), Kreativität – Wirtschaft – Recht, 1996, 175–202; *Pietzcker, R.*, Voraussetzungen der Patentierung: Neuheit, Fortschritt und Erfindungshöhe, GRUR-FS (1991), 417–458; *Prahl, K.*, Patentschutz und Wettbewerb, 1969; *Schickedanz, W.*, Das Patentierungsverbot von „mathematischen Methoden", „Regeln und Verfahren für gedankliche Tätigkeiten" und die Verwendung mathematischer Formeln im Patentanspruch, Mitt. 2000, 173–180; *Schrader, P. T.*, Technizität im Patentrecht – Aufstieg und Niedergang eines Rechtsbegriffs, 2007; *Stortnik, H.-J.*, Erfindungsbegriffe des Patentgesetzes, Mitt. 2012, 437–441; *Spoendlin, K.*, Erfindung und Entdeckung, in: Kernprobleme des Patentrechts, Bern 1988, 35–51; *Welte, S.*, Der Schutz von Pioniererfindungen, 1991.

§ 10. Funktion und gesetzliche Regelung der materiellen Schutzvoraussetzungen

I. Interessenlage. Grenzen der Schutzfähigkeit

1. Die Regeln über die sachlichen Voraussetzungen der Patenterteilung und des Gebrauchsmusterschutzes sorgen für den notwendigen Ausgleich zwischen dem allgemeinen Interesse, das gesamte faktisch zugängliche Wissen unbeschränkt nutzen zu können, und dem Interesse der Erfinder und innovierenden Unternehmen, ihre besonderen Leistungen und Investitionen angemessen belohnt zu sehen (vgl. → § 3 Rn. 1 ff.). Soll die Belohnung mittels Ausschlussrechte erreicht werden, die sich grundsätzlich auch gegen denjenigen richten, der die geschützte Neuerung selbständig erarbeitet hat, erlangt die Abgrenzung des Rechts*gegenstandes* besonderes Gewicht. **1**

2. Die Verleihung eines Ausschlussrechts kommt nur in Frage, soweit dem vorhandenen Wissen etwas hinzugefügt ist; was bereits jedermann zur Verfügung gestanden hat, darf nicht der ausschließlichen Nutzung einzelner unterworfen („monopolisiert") werden. Hieraus ergibt sich das Erfordernis der **Neuheit** (Näheres unten §§ 16, 17). Der durch Ausschluss- **2**

rechte gewährte Schutz muss aber auch der Entwicklung den nötigen Raum lassen. Insofern hat die Bestimmung seines Gegenstands zunächst darauf Rücksicht zu nehmen, dass Wissen schon durch seine Anwendung kontinuierlich erweitert und vervollkommnet wird. Diesem Anliegen dienen der Ausschluss „naheliegender" Neuerungen von der Patentierung durch das Erfordernis des „Beruhens auf **erfinderischer Tätigkeit**" und das gebrauchsmusterrechtliche Erfordernis des Beruhens auf einem **„erfinderischen Schritt"**, das ebenfalls den Schutz Erfindungen vorbehält, die vom vorbekannten Stand der Technik einen über die bloße Neuheit hinausgehenden, wenn auch nicht notwendigerweise „patentwürdigen" Abstand aufweisen (Näheres unten § 18).

3 3. Der Schutzgegenstand muss sich auch von anderen Neuerungen abgrenzen lassen; er darf nicht so allgemein gefasst sein, dass die Reichweite des Ausschlussrechts unkalkulierbar wird. Deshalb muss insbesondere **Grundlagenwissen** für jedermann frei benutzbar bleiben. Die Entdeckung von „Naturgesetzen", die Aufstellung von Formeln und Theorien bedeuten gewiss vielfach geistige Leistungen hohen Ranges. Ausschlussrechte an solchen allgemeinen Erkenntnissen würden jedoch ihrem Inhaber wegen der Größe des Bereichs der zugehörigen Anwendungsmöglichkeiten Verbotsbefugnisse in einem Umfang verschaffen, der außer Verhältnis zu jedem berechtigten Belohnungsinteresse steht. Die Gefahr, die sich hieraus ergibt, mag sich zwar für die wissenschaftliche Forschung dadurch in Grenzen halten lassen, dass nach § 11 Nr. 2 PatG, § 12 Nr. 2 GebrMG Handlungen zu Versuchszwecken, die sich auf den Schutzgegenstand beziehen, von der Schutzwirkung ausgenommen werden.[1] Für den Bereich praktisch-gewerblicher Betätigung ist jedoch eine vergleichbare Einschränkung nicht möglich, wenn Patent und Gebrauchsmuster Ausschlussrechte bleiben sollen. Zum Schutz ist daher nur zuzulassen, was sich auf eine **konkrete Anwendung** bezieht. Losgelöst von solcher Umsetzung in die Praxis müssen wissenschaftliche Erkenntnisse frei bleiben – auch als Basis für die Entwicklung neuer Anwendungen. Das Patent- und Gebrauchsmusterrecht sucht dies zu gewährleisten, indem es seinen Schutz **gewerblich anwendbaren Erfindungen** vorbehält, Entdeckungen, wissenschaftlichen Theorien und mathematischen Methoden aber versagt (Näheres → § 11 Rn. 11 ff., → § 12 Rn. 8 ff.).

4 Das Anliegen, Leistungen der Grundlagenforschung auch als solche speziell zu belohnen, bleibt somit im System des Erfindungsschutzes durch Ausschlussrechte unberücksichtigt (vgl. → § 3 Rn. 19 ff.). Hiervon grundsätzlich abzugehen, wäre gefährlich und auch den Wissenschaftlern wenig hilfreich. Das schließt nicht aus, die Grenzziehung zwischen freizuhaltendem Grundlagenwissen und patentierbarem „Anwendungswissen" immer wieder zu überprüfen, zumal sich – gerade wegen der Entwicklung von Wissenschaft und Technik – die Verhältnisse wandeln.[2]

II. Gesetzliche Regelung

a) Patente

5 1. Nach § 1 Abs. 1 PatG werden Patente für Erfindungen auf allen Gebieten der Technik erteilt, sofern sie neu sind, auf einer erfinderischen Tätigkeit beruhen und gewerblich anwendbar sind. In Abs. 3 und 4 wird dieser Grundsatz durch Klarstellungen zum Erfindungsbegriff ergänzt, in denen insbesondere dessen Begrenzung auf das Gebiet der Technik zum Ausdruck kommt. Da der Patentschutz von jeher Erfindungen mit technischem Charakter vorbehalten ist (vgl. → § 12 Rn. 1 ff.), bedeutet die Einfügung der Wörter „auf allen Gebieten der Technik" in Abs. 1 keine Änderung der Rechtslage. Sie verdeutlicht, dass der Patentschutz zwar grundsätzlich technischen Erfindungen aller Art offen steht, unterstreicht aber auch, dass er allein für technische Erfindungen möglich ist.[3]

---

[1] Vgl. *Beier/Straus* 63 ff., dazu auch → § 33 Rn. 246.
[2] Vgl. *Beier/Straus* 65 ff., die dafür eintret, „anwendungsnahe" Forschungsergebnisse zum Patentschutz zuzulassen.
[3] So die Begründung zum Gesetz vom 24.8.2007, BT-Drs. 16/4382, 10 (zu Art. 2 Nr. 1).

Der bei Umsetzung der BioPat-RL eingeführte § 1 Abs. 2 bestätigt und präzisiert den schon vorher anerkannten Grundsatz, wonach auch Erfindungen auf biologischem Gebiet patentierbar sind. **6**

Die Erfordernisse der Neuheit, des Beruhens auf erfinderischer Tätigkeit und der gewerblichen Anwendbarkeit sind in §§ 3–5 PatG näher umschrieben. **7**

§ 2 Abs. 1 PatG schließt Erfindungen, deren gewerbliche Verwertung gegen die öffentliche Ordnung oder die guten Sitten verstoßen würde, auch dann von der Patentierung aus, wenn alle Voraussetzungen des § 1 Abs. 1 erfüllt sind. Er wird für biotechnologische Erfindungen durch die in § 2 Abs. 2 enthaltenen Beispiele konkretisiert. **8**

Durch § 2a Abs. 1 PatG ist der Patentschutz unabhängig davon, ob seine Grundvoraussetzungen erfüllt sind, auch Pflanzensorten, Tierrassen und im Wesentlichen biologischen Züchtungsverfahren sowie medizinischen Verfahren verschlossen. Die Grenzen des auf Pflanzen und Tiere bezogenen Patentierungsverbots werden durch § 2a Abs. 2 klargestellt. **9**

§ 2a Abs. 3 definiert Begriffe, die das Gesetz in den seit 2005 geltenden, die Biotechnologie betreffenden Vorschriften verwendet. **10**

2. In ihrer bis zur Umsetzung der BioPat-RL geltenden Fassung war die Regelung im PatG weitgehend aus Art. 52–57 des EPÜ von 1973 übernommen. Sie wurde bei der Ratifizierung des EPÜ 2000 der revidierten Fassung der genannten Bestimmungen angeglichen, die ihrerseits das TRIPS-Übereinkommen berücksichtigt. **11**

So wurden in § 1 Abs. 1 die Wörter „auf allen Gebieten der Technik" eingefügt. Dass medizinische Verfahren nicht patentiert werden, kommt jetzt – systematisch zutreffend – unabhängig vom Erfordernis der gewerblichen Anwendbarkeit zum Ausdruck (§ 2a Abs. 1 Nr. 2). Die Patentierbarkeit zweiter und weiterer Indikationen als Arzneimittel schon bekannter Stoffe wurde ausdrücklich anerkannt (§ 3 Abs. 4). **12**

Von den die Biotechnologie betreffenden Vorschriften des PatG finden nur diejenigen im EPÜ selbst eine – im Wortlaut teilweise abweichende – Entsprechung, die schon vor der Umsetzung der Richtlinie vorhanden waren: Ausschluss von Pflanzensorten, Tierrassen und wesentlich biologischen Züchtungsverfahren; Anerkennung der Patentierbarkeit mikrobiologischer Verfahren und ihrer Erzeugnisse; Ausschluss medizinischer Verfahren. Doch wurden die die Patentierbarkeit betreffenden Bestimmungen der Richtlinie schon 1999 in die *Ausführungsordnung* zum EPÜ übernommen (jetzt R 26–29) (vgl. → § 7 Rn. 61 ff.). **13**

3. Vorbild der Bestimmungen über die sachlichen Patentierungsvoraussetzungen im EPÜ 1973 wie im PatG 1978/1981 war das StrÜ (→ § 7 Rn. 57). Da es den Zweck hatte, den Anforderungen (auch) eine Höchstgrenze zu setzen, genügt die Regelung im PatG dem StrÜ nur, wenn sie als **abschließende** verstanden wird. Sie ist, wie die amtliche Begründung[4] ergibt, in diesem Sinne gemeint. Von anderen als den gesetzlich vorgesehenen Erfordernissen darf die Patenterteilung nicht abhängig gemacht werden. Entsprechendes gilt für europäische Patente[5]. **14**

Aus dem Bestreben, eine abschließende Regelung zu schaffen, und der Notwendigkeit, dem EPA und den zur Prüfung der Gültigkeit europäischer Patente berufenen nationalen Instanzen möglichst eindeutige Maßstäbe zu geben, erklärt sich, dass die 1978 in Kraft getretenen Vorschriften ausführlicher sind als die für früher eingereichte Anmeldungen und die hierauf erteilten Patente maßgebenden §§ 1 und 2 PatG 1968. Freilich waren auf jener Grundlage aus dem Erfindungsbegriff und den Zwecken des Patentschutzes auch ungeschriebene Voraussetzungen und Schranken der Patentierbarkeit abgeleitet worden. Inwieweit die 1978 eingeführte Fassung Änderungen gebracht hat, ist daher aus einem bloßen Vergleich mit dem Wortlaut der früheren Regelung nicht zu ersehen. Entsprechendes gilt für die 2005 eingeführten Vorschriften über biotechnologische Erfindungen: sie bestätigen **15**

---

[4] Zum IntPatÜG, BlPMZ 1976, 323.
[5] *Busse/Keukenschrijver* PatG § 1 Rn. 10.

im Grundsatz weitgehend, was sich schon vorher in der Rechtsprechung herausgebildet hatte.

b) Gebrauchsmuster

16 In ihrer seit 1.7.1990 geltenden Fassung weisen die Vorschriften des GebrMG über die sachlichen Schutzvoraussetzungen (§§ 1–3) weitgehende Übereinstimmungen mit, aber auch einige Abweichungen von den patentrechtlichen Regelungen auf: Die Erfindung braucht nicht auf erfinderischer Tätigkeit, sondern nur auf einem – nicht näher definierten – erfinderischen Schritt zu beruhen. Der für die Beurteilung von Neuheit und erfinderischer Leistung maßgebende Stand der Technik ist enger begrenzt als im Patentrecht. Verfahren und – seit Umsetzung der BioPat-RL – biotechnologische Erfindungen können überhaupt nicht durch Gebrauchsmuster geschützt werden.

17 Deshalb bedarf es im GebrMG keiner Sonderbestimmungen, die auf dem Gebiet der Biotechnologie Schutzfähiges von nicht Schutzfähigem abgrenzen und für medizinische Verfahren den Schutz ausschließen. Es fehlt aber auch an einer Entsprechung zu der patentrechtlichen Bestimmung über den Schutz zum Stand der Technik gehörender Erzeugnisse in erster medizinischer Anwendung, ein Problem, das auch im Anwendungsbereich des Gebrauchsmusterschutzes Bedeutung erlangen kann, soweit dieser nicht bei Arzneimitteln wegen seiner geringeren Höchstdauer ohne praktisches Interesse ist. Das Fehlen einer Sondervorschrift muss aber nicht ausschließen, dass neue Verwendungen zum SdT gehörender Erzeugnisse Grundlage eines zweckgebundenen Erzeugnisschutzes durch Gebrauchsmuster sein können (vgl. → § 24 Rn. 190 ff.).

18 Die Regelung der sachlichen Schutzvoraussetzungen im GebrMG ist wie diejenige im PatG ersichtlich darauf angelegt, alle Erfordernisse ausdrücklich festzulegen; sie ist deshalb ebenfalls als **abschließend** anzusehen.

III. Bedeutung von Fortschritt, sozialer Nützlichkeit, Offenbarung

19 1. Da seit 1978 die materiellen Patentierungsvoraussetzungen im PatG abschließend geregelt sind, gilt nicht mehr die für das frühere deutsche Recht allgemein angenommene ungeschriebene Regel, dass eine Erfindung nur patentiert werden kann, wenn sie einen **Fortschritt** bringt.[6] Ist die Anmeldung ab 1.1.1978 eingereicht, kann das Patent nicht allein mangels Fortschritts versagt oder für ungültig erklärt werden.[7] Ebenso können Gebrauchsmuster, deren Anmeldung ab 1.1.1987 eingereicht worden ist, nicht allein deshalb gelöscht oder als unwirksam angesehen werden, weil der Schutzgegenstand keinen Fortschritt bringt[8].

---

[6] Vgl. *Bernhardt* 44 ff. mit Nachweisen. – Eine eingehende Analyse des Fortschrittserfordernisses enthält der Beschluss des BGH 24.2.1970, BGHZ 53, 283 ff. – Anthradipyrazol – Kritisch zum Forschrittserfordernis *Pietzcker* GRUR-FS 1991, 443 ff.; *Nack* 211 ff.

[7] So zutreffend BPatG 20.11.1979, BPatGE 22, 139; ebenso für das EPÜ: EPA 28.2.1984, ABl. 1984, 401 (409) – Spiroverbindungen/Ciba-Geigy; 9.10.1984, ABl. 1985, 75 (82) – Nachreichung einer Änderung/AISIN; 17.7.1986, ABl. 1987, 149 (155) – Antihistaminika/EISAI; 6.4.1994, ABl. 1995, 132 (136) – Verfahrensmangel/Hitachi Maxell. S. auch die Begründung, BlPMZ 1976, 323 (332); *Götting* GewRS § 10 Rn. 29; *Bacher/Melullis* in Benkard PatG § 1 Rn. 74; *Busse/Keukenschrijver* PatG § 1 Rn. 11; *Nack* EPÜ-GK Art. 52 Rn. 75 f. – Die praktische Tragweite der Änderung ist gering; vgl. hierzu und zu Versuchen aus der Anfangszeit der geltenden Regelung, das Fehlen von „Fortschritt" unter anderen Gesichtspunkten zu berücksichtigen, die 5. Aufl., 116 f.

[8] Begründung zum Änderungsgesetz vom 15.8.1986, BlPMZ 1986, 320 (323). (unter Hinweis auf die Streichung des Erfordernisses, dass die für den Schutz in Frage kommenden Gegenstände einem Arbeits- oder Gebrauchszweck dienen); *Bruchhausen* in Benkard, 8. Aufl. 1988, GebrMG § 1 Rn. 42; *Busse/Keukenschrijver* GebrMG § 1 Rn. 24. – BPatG 24.4.1980, BPatGE 23, 29 nahm bereits für ab 1.1.1978 angemeldete Gebrauchsmuster an, dass das Erfordernis eines Fortschritts wie im Patentrecht weggefallen sei.

§ 10. Funktion und gesetzliche Regelung   **III § 10**

2. Vielfach findet sich die Ansicht, eine Erfindung sei nur patentierbar, wenn sie **sozial**   20
nützlich ist; gemeint ist damit, dass sie für die Allgemeinheit in irgendeiner Form brauchbar, der Befriedigung irgendeines menschlichen Bedürfnisses dienlich sein müsse.[9] Dabei trifft zu, dass die Förderung des gemeinen Nutzens zu den Zwecken des Patentschutzes gehört. Auf welche Weise sie in diesem Bereich angestrebt wird, ist jedoch durch die einzelnen Normen der Patentrechtsordnung festgelegt. In diesem Sinne bewirken bereits die ausdrücklich geregelten materiellen Voraussetzungen und Schranken der Patentierbarkeit, insbesondere die Vorschriften, wonach die Erfindung gewerblich anwendbar sein muss und ihre Verwertung nicht gegen die öffentliche Ordnung oder die guten Sitten verstoßen darf, weitgehend, dass sozial nutzlosen oder gar schädlichen Neuerungen der Schutz verschlossen bleibt. Hinzu kommt die Befugnis der Patentbehörden, mangels Rechtsschutzbedürfnisses Anmeldungen zurückzuweisen, die sich auf offensichtlich Nutzloses beziehen.

Es wird daher nur in seltenen Ausnahmefällen[10] auf die Frage ankommen, ob das Fehlen   21
sozialer Nützlichkeit die Patenterteilung hindert, auch wenn deren übrige Voraussetzungen sämtlich erfüllt sind. Für ihre Verneinung spricht nach der Neuregelung der sachlichen Patentierungsvoraussetzungen deren abschließender Charakter[11] (vgl. → Rn. 5 ff.) und allgemein die Erwägung, dass in einer marktwirtschaftlichen Ordnung Nützlichkeit und Wert einer Erfindung nicht von Staats wegen geprüft werden, sondern sich auf dem Markt erweisen sollten. Die Gefahr, dass gelegentlich Erfindungen ohne sozialen Nutzen gültigen Patentschutz erlangen, kann in Kauf genommen werden. Ausschlussrechte an nutzlosen Dingen belasten die Allgemeinheit nicht. Vermieden werden muss allerdings der Eindruck, durch das Patent werde soziale Nützlichkeit attestiert. Man wirkt ihm am besten entgegen, indem man klarstellt, dass das Patentamt sie nicht zu prüfen hat.[12] Eine andere Frage ist es, ob durch Regelungen, die die Patentierung sozial erwünschter Neuerungen besonders fördern, die Erfindertätigkeit in solchen Bereichen anzuregen ist.[13]

---

[9] So für das frühere Recht: BPatG 5.10.1976, BPatGE 19, 86; *Bernhardt* 69; *Beier* GRUR 1972, 222, der freilich das Erfordernis als praktisch bedeutungslos bezeichnet; (auch) für das geltende Recht: *Nirk* 236; *Beyer* GRUR 1994, 541 (556); *Mes* PatG § 1 Rn. 90; nach *Moufang* in Schulte PatG § 1 Rn. 31, ist ein Mindestmaß an Nützlichkeit als Befriedigung irgendeines Bedürfnisses dem Begriff der Erfindung immanent; nach *Bacher/Melullis* in Benkard PatG § 1 Rn. 73a kann objektive Nutzlosigkeit, die prospektiv allerdings kaum je für alle Zeit feststellbar sei, die gewerbliche Anwendbarkeit ausschließen. – Nicht erforderlich ist soziale Nützlichkeit nach *Götting* GewRS § 10 Rn. 30; *Busse/Keukenschrijver* PatG § 1 Rn. 9, 16; *Nack* Erfindung 222 und EPÜ-GK Art. 52 Rn. 73 ff.

[10] Im Schrifttum werden als Beispiele sozial nutzloser Erfindungen etwa Vorrichtungen zum Köpfen von Maikäfern oder Fliegen, eine Hutabnehmmaschine genannt, während für Spielzeug, Zaubergeräte und eine Mäusemelkmaschine die soziale Nützlichkeit bejaht wird (vgl. *Bernhardt* 69; *Beier* GRUR 1972, 222; *Nirk* 236). – Das BPatG (5.10.1976, BPatGE 19, 86) hat mangels sozialer Nützlichkeit einer Vorrichtung den Patentschutz versagt, die nach Behauptung des Anmelders durch Wechselwirkung von Fernsehkameras und Monitoren ein „künstliches Bewusstsein" zu erzeugen in der Lage war. – Nach BPatG 23.2.1987, BPatGE 29, 39 (42) fehlt – Scheintoten-Entlarvungssystem – ungeachtet des Meinungsstreits darüber, ob nach geltendem Recht das Kriterium der sozialen Nützlichkeit berücksichtigt werden darf – jedenfalls der Anmeldung einer sinn- und zwecklosen Erfindung jegliches Rechtsschutzinteresse. – BPatG 20.10.1994, BPatGE 35, 5 –Außenspiegel-Anordnung erwähnt unter Hinweis auf *Schulte,* 5. Aufl., § 1 Rn. 4 „das dem Erfindungsbegriff immanente Eigenschaftsmerkmal der Sozialnützlichkeit"; in der Entscheidung ging es aber um die (letztlich bejahte) Frage, ob außergewöhnliche soziale Nützlichkeit einer Erfindung bei der Prüfung des Beruhens auf erfinderischer Tätigkeit zu berücksichtigen ist.

[11] Dagegen meinte *v. Albert* GRUR 1981, 451 (452), im Zusammenhang mit dem Wegfall des Fortschrittserfordernisses könne die soziale Nützlichkeit als Patentierungsvoraussetzung an Bedeutung gewinnen.

[12] Vgl. *Busse/Keukenschrijver* PatG § 1 Rn. 16 mit dem Hinweis, dass Patentverfahren für Umweltverträglichkeits- und Sicherheitsbeurteilungen wenig geeignet erscheinen und die Patenterteilung keinen Freibrief für sozial unverträgliches Verhalten darstellt.

[13] Dazu *Beier* GRUR 1972, 222; vgl. auch → § 3 Rn. 65.

§ 11 I 2. Abschnitt. Sachliche Voraussetzungen des Patent- u. Gebrauchsmusterschutzes

22 Auch im **Gebrauchsmuster**recht kann das Fehlen sozialer Nützlichkeit nicht als Schutzhindernis angesehen werden, wenn sich nicht eine den Zielen der geltenden Regelung zuwiderlaufende Abweichung vom Patentrecht ergeben soll.[14]

23 3. Nicht zu den materiellen Voraussetzungen der Patenterteilung und des Gebrauchsmusterschutzes gehört die **Offenbarung** der Erfindung. Sie stellt keine Eigenschaft der Erfindung dar, sondern ist ein von außen hinzukommender Akt. Allerdings legt sie den Gegenstand der Anmeldung, der Prüfung und der Schutzrechtserteilung fest: Die Entscheidung über diese bezieht sich stets auf die offenbarte Erfindung. Auch für das erteilte Patent und das eingetragene Gebrauchsmuster bleibt die Offenbarung Grundlage seiner Rechtsbeständigkeit: Unzureichende Offenbarung und unzulässige Erweiterung können zum Widerruf, zur Nichtigerklärung oder zur Löschung führen (§§ 21 Abs. 1 Nr. 2, 4, 22 Abs. 1 PatG, Art. 100 [b, c], 138 [b, c,] EPÜ, § 15 Abs. 1 Nr. 3 GebrMG; vgl. → § 26 Rn. 121 ff., → § 30 Rn. 11 ff., 95 ff.).

§ 11. Die Erfindung

Literatur: *Bruchhausen, K.,* Der technische Effekt und seine Auswirkungen auf den Schutz, FS Preu, 1988, 3–12; *ders.,* Hundert Jahre „Kongorot"-Urteil, GRUR 1989, 153–158; *ders.,* Der Schutz chemischer und pharmazeutischer Erfindungen, GRUR-FS (1991), 323–361; *Bunke, H.,* 40 Jahre „Rote Taube" – Die Entwicklung des Erfindungsbegriffs, Mitt. 2009, 169–177; *Dörries, H. U.,* Chemischer Stoffschutz für Bestandteile von Stoffgemischen, FS Reimann, 2009, 77–89; *Féaux de Lacroix, S.,* Auslegung von Zweckangaben in Verfahrensansprüchen – zweite nichtmedizinische Indikation, GRUR 2003, 282–287; *Feldges, J.,* Ende des absoluten Stoffschutzes? Zur Umsetzung der Biotechnologie-Richtlinie, GRUR 2005, 977–984; *Franzosi, M.,* Product and Process Claims – Are There Product Inventions in Real Life?, FS Meibom, 2010, 65–69; *Fürniss, P.,* Stoffschutz und Äquivalenz, FS Nirk, 1992, 305–314; *Geißler, B.,* Der Umfang des Stoffschutzes für chemische Erfindungen, 1972; *Haedicke, M.,* Absoluter Stoffschutz – Zukunftskonzept oder Auslaufmodell?, GRUR 2010, 94–99; *Hansen, B.,* Hände weg vom absoluten Stoffschutz – auch bei DNA-Sequenzen, Mitt. 2001, 477–493; *Holzapfel, H.,* Das Versuchsprivileg im Patentrecht und der Schutz biotechnologischer Forschungswerkzeuge, 2004; *Jänich, V.,* Geistiges Eigentum – eine Komplementärerscheinung zum Sacheigentum?, 2002; *Kaess, T.,* Zur Abgrenzung zwischen Erzeugnis- und Verwendungspatent unter Berücksichtigung von Wirkungsangaben und der Benutzung von Verwendungspatenten, FS Meibom, 2010, 191–205; *Keukenschrijver, A.,* Stoffschutz und Beschreibungserfordernis – legt Art. 5 Abs. 3 der Biotechnologie-Richtlinie eine Neubewertung nahe?, FS Tilmann, 2003, 475–486; *Kulhavy, S.,* Erfindungs- und Patentlehre, 2010; *Kraßer, R.,* Neue Überlegungen zum Stoffschutz, FS 50 J. BPatG, 343–359; *Kühnen, T./Grunwald, M.,* Hat der Stoffschutz Löcher, GRUR 2015, 35; *Lafontaine, C.,* Die rechtliche Stellung des selbständigen Individualerfinders im europäischen Patentrecht, 2002; *Moufang, R.,* Stoffschutz im Patentrecht, GRUR 2010, 89–93; *Schneider, D. R./Walter, D.,* Ist der absolute Stoffschutz noch zu retten? Zur Umsetzung der Richtlinie 98/44/EG (Biotechnologie-Richtlinie), GRUR 2007, 831–839; *Wilhelmi, R.,* Der Zusammenhang zwischen dem Ausschluss durch und dem Zugang zum Patentschutz angesichts der aktuellen Entwicklungen im deutschen und europäischen Recht, Jahrbuch Junger Zivilrechtswissenschaftler 2005.

I. Begriff und Wesen

1 1. EPÜ, PatG und GebrMG definieren die Erfindung nicht, geben jedoch einige Anhaltspunkte durch Bezeichnung von Gegenständen und Tätigkeiten, die nicht als Erfindung gelten sollen (§ 1 Abs. 3 PatG, § 1 Abs. 2 GebrMG; Art. 52 Abs. 2 EPÜ). Die

---

[14] Durch das Änderungsgesetz von 1986 sollte nach dessen Begründung (BlPMZ 1986, 320 (321, 323)) systematische und terminologische Parallelität zwischen Patent- und Gebrauchsmusterrecht hergestellt und dieses wieder näher dem an das europäische Patentrecht angepassten Patentrecht angeglichen werden.

§ 11. Die Erfindung

deutsche Rechtslehre hat sich seit langem um eine Begriffsbestimmung bemüht[1], ohne dass sich einer der verschiedenen Vorschläge allgemein durchsetzen konnte. Vielfach tendierten sie dazu, die – bei Fehlen besonderer Ausschlussgründe – *patentierbare* Erfindung zu definieren[2]. Für das geltende Recht empfiehlt sich dieser Ansatz nicht. Merkmale, die das Gesetz neben dem Vorliegen einer Erfindung als weitere Voraussetzungen ihrer Patentierung fordert (zB die Neuheit), gehören nicht zum Begriff der Erfindung im gesetzlichen Sinne.

Der BGH hat im Fall „Rote Taube"[3] die dem Patentschutz zugängliche Erfindung als eine „Lehre zum planmäßigen Handeln unter Einsatz beherrschbarer Naturkräfte zur Erreichung eines kausal übersehbaren Erfolges" gekennzeichnet. Er hat diesen Standpunkt in einer Reihe weiterer Entscheidungen bekräftigt und in Einzelpunkten präzisiert, insbesondere dahin, dass es sich um Naturkräfte „außerhalb der menschlichen Verstandestätigkeit" handeln[4] und der kausal übersehbare Erfolg die unmittelbare Folge des Einsatzes beherrschbarer Naturkräfte sein[5], also ohne Zwischenschaltung menschlicher Verstandestätigkeit erreicht werden muss[6]. Zusammenfassend hat er das Wesen der Erfindung in der **„planmäßigen Benutzung beherrschbarer Naturkräfte** außerhalb der menschlichen Verstandestätigkeit zur unmittelbaren Herbeiführung eines kausal übersehbaren Erfolges" gesehen.[7] Im Gebrauchsmusterrecht gilt Entsprechendes. Das Schrifttum hat diese Rechtsprechung im Ganzen zustimmend aufgegriffen,[8] wobei gelegentlich zum Ausdruck kommt, dass der Begriff der „Naturkräfte" in einem weiten Sinne zu verstehen ist.[9]

Indem sie auf den Einsatz von Naturkräften abstellt, beschränkt die Definition des BGH den patent- und gebrauchsmusterrechtlichen Erfindungsbegriff auf das Gebiet der Technik. Sie knüpft damit an die schon vorher gebräuchliche Kennzeichnung der Erfindung als **Lehre zum technischen Handeln** an, gibt aber für den technischen Charakter dieses Handelns ein Kriterium, das von intuitiven Vorstellungen darüber, was Technik sei, unabhängig ist und es ermöglicht, den Anwendungsbereich des Patent- und Gebrauchsmusterschutzes den Fortschritten bei der Beherrschung der „Naturkräfte" anzupassen. In jüngster Zeit scheint freilich der BGH jenes Kriterium wenigstens in bestimmten Beziehungen als zu eng zu empfinden. Zwar hält er am Erfordernis des technischen Charakters, der „Tech-

---

[1] Zur Entwicklung *Nack* Erfindung 157 ff., und EPÜ-GK Art. 52 Rn. 53 ff. mN.
[2] In diesem Sinne etwa *Lindenmaier* GRUR 1953, 15 und Mitt. 1959, 124; *Bernhardt* 23; *Bruchhausen* in Benkard, 9. Aufl., PatG § 1 Rn. 43, 45; vgl. auch *Troller* Bd. I 145 ff.
[3] 27.3.1969, BGHZ 52, 74 (79).
[4] BGH 22.6.1976, BGHZ 67, 22 (26 f.) – Dispositionsprogramm; 13.5.1980, GRUR 1980, 849 (850) – Antiblockiersystem; 16.9.1980, BGHZ 78, 98 (106) – Walzstabteilung.
[5] BGH 1.7.1976, GRUR 1977, 152 (153) – Kennungsscheibe.
[6] BGH 8.3.1975, GRUR 1975, 549 – Buchungsblatt.
[7] BGH 16.9.1980, BGHZ 78, 98 (106) – Walzstabteilung.
[8] *Beier* GRUR 1972, 217; *Kolle* GRUR 1977, 63; *Engel* GRUR 1978, 211 ff.; *Kindermann* GRUR 1979, 443 ff. (501 ff.); *Bacher/Melullis* in Benkard PatG § 1 Rn. 43; *Moufang* in Schulte PatG § 1 Rn. 35 ff.; *Mes* PatG § 1 Rn. 9 ff.; für einen normativen, dynamischen Technikbegriff, der wertend abzugrenzen sei, *Busse/Keukenschrijver* PatG § 1 Rn. 20; „völlig mißraten" ist die Begriffsbildung des BGH nach Ansicht von *Nack* 171 ff., 176, und EPÜ-GK Art. 52 Rn. 115.
[9] *Engel* GRUR 1978, 207 ersetzt ihn durch „Naturerscheinungen". *Kolle* GRUR 1977, 61 schreibt treffend: „Die beherrschbaren Naturkräfte sind ein Oberbegriff für alle Erscheinungen und Vorgänge, die durch eine nach unseren Erfahrungen und Erkenntnissen zwingende – wenn auch nicht notwendig stets erkannte – Gesetzmäßigkeit zwischen Ursache und Wirkung charakterisiert sind". Dass Einsatz von Naturkräften nicht bloß beim Hervorrufen von Bewegung erfolgt, versteht sich von selbst, vgl. BPatG 29.3.1965, BPatGE 7, 78 (81 f.). Gleichwohl bezweifelt *Eichmann* GRUR 2000, 752, dass alles, was patentrechtlich als technisch anerkannt ist, durch den – sei es auch im weitesten Sinn verstandenen – Einsatz von Naturkräften gekennzeichnet sei. *Schar* Mitt. 1998, 324 (330 f., 339) will die Technik ohne Bezug auf Naturkräfte definieren, in dem er kein geeignetes Abgrenzungsmerkmal sieht, ersetzt ihn aber nicht durch ein anderes, sondern betrachtet jede „praktische und wiederholbare Lösung" als technisch.

nizität", fest[10]. Er verlangt dafür aber nicht mehr unter allen Umständen einen unmittelbaren Einsatz beherrschbarer Naturkräfte[11]. Sein Standpunkt kann – und sollte – jedoch so interpretiert werden, dass ein *konkreter* – wenn auch *mittelbarer* – Bezug zum Einsatz beherrschbarer Naturkräfte erforderlich bleibt. Daher liegt in diesem Bezug nach wie vor ein brauchbareres Kriterium der Technizität als in den weitverbreiteten tautologischen Umschreibungen, die auf das Erreichen eines technischen Ergebnisses mit technischen Mitteln oder auf einen technischen Beitrag zum Stand der Technik abstellen (Näheres → § 12 Rn. 4 ff., 25 ff., 57 ff.).[12]

4   2. Die dargestellte Begriffsbestimmung bezieht sich auf den Inhalt dessen, was die Erfindung ausmacht, sagt aber nichts über deren Entstehung. Unter diesem Aspekt wird allgemein als wesentlich angesehen, dass die Erfindung vom *Menschen* ausgeht.[13] Im Gesetz kommt dies namentlich durch die Vorschriften über das Recht auf das Patent und den Gebrauchsmusterschutz (§ 6 PatG, § 13 Abs. 3 GebrMG, Art. 60 EPÜ) und die Erfindernennung (§§ 37, 63 PatG, Art. 62, 81 EPÜ) zum Ausdruck.

5   Vielfach wird die Leistung des Erfinders als eine **schöpferische** bezeichnet.[14] Dagegen meinte *Hubmann*,[15] die Erfindertätigkeit bestehe im bloßen Auffinden einer technischen Regel, nicht in deren Schöpfung. Der Erfindungsgedanke enthalte nicht die „Einmaligkeit des individuellen Geistes", sondern habe einen in der Natur vorgegebenen Inhalt, die „Erfindungsidee" Damit sind zwei Gründe gegen die Annahme schöpferischen Charakters genannt: Mangel an eigenpersönlicher Prägung und Vorfindlichkeit in der Natur. Das erste Argument trifft gewiss im Wesentlichen zu, besagt aber nichts gegen den schöpferischen Charakter einer Erfindung. Selbst das Urheberrecht, das ausdrücklich eine persönliche geistige Schöpfung voraussetzt (§ 2 Abs. 2 UrhG), fordert aus guten Gründen keine eigenpersönliche Prägung.[16] Das zweite Argument ist zwar für die allgemeinen Prinzipien, die „Naturgesetze", richtig. Wegen der Mannigfaltigkeit der Auswahl- und Verknüpfungsmöglichkeiten, die sich in ihrem Rahmen für die Befriedigung eines konkreten Bedürfnisses regelmäßig eröffnen, bedeutet die Tatsache, dass keine mögliche Lösung einer technischen Aufgabe den Naturgesetzen zuwiderlaufen kann, aber noch nicht, dass damit alle möglichen Lösungen bereits soweit vorgegeben wären, dass darüber hinaus kein Raum mehr für eine schöpferische Erfinderleistung verbleibt.[17] Im Gegenteil: die Lösung eines technischen Problems – sei sie auch die einzige der betreffenden Aufgabe – entsteht doch erst dadurch, dass ein Mensch sie erstmals erarbeitet.

6   Alles andere mündete doch in der Vorstellung, dass Dampfmaschine, Elektromotor, Düsentriebwerk, Fernseh-Bildröhre etc nach Aufbau und Wirkungsweise als „Idee" schon (immer?) vorhanden gewesen seien und vom Menschen nicht geschaffen, sondern nur – schrittweise – erkannt – statt *er*funden also nur noch *ge*funden – zu werden brauchten.

7   Die Leistung des Erfinders ist daher durchaus schöpferisch in dem Sinne, dass sie über das Auffinden von etwas Gegebenem, wenn auch bisher Verborgenem hinausgeht und etwas Neues hervorbringt[18].

---

[10] BGH 13.12.1999, BGHZ 143, 255 (261) – Logikverifikation; 17.10.2001, GRUR 2002, 143 – Suche fehlerhafter Zeichenketten.
[11] BGH 13.12.1999, BGHZ 143, 255 (261) – Logikverifikation.
[12] Zum Begriff der Erfindung und zu ihrer patentförmigen Verarbeitung aus erkenntnistheoretischer und sprachphilosophischer Sicht *Kulhavy* 1 ff. und 57 ff., zu seiner Entwicklung *Bunke* Mitt. 2009, 169 ff.
[13] Das entspricht auch dem Sinn, in dem das Wort „Erfindung" außerhalb des Bereichs technischer Neuerungen verwendet wird, vgl. *Nack* Erfindung 155 ff., und EPÜ-GK Art. 52 Rn. 60 ff.
[14] *Kohler* Handbuch 84, und Lehrbuch 23 ff.; *Bernhardt* 24; *Bodewig* in Fitzner/Lutz/Bodewig Einl. Rn. 80; *Nirk* 226; *Cueni* GRUR 1978, 78 ff.; *Troller* Bd. I 155.
[15] *Hubmann/Götting* § 4 Rn. 2, 5; anders jetzt *Götting* GewRS § 4 Rn. 6, 9.
[16] *Ulmer* 127.
[17] Im gleichen Sinne *Tetzner* § 1 Anm. 42, 99.
[18] Im Ergebnis zustimmend *Lafontaine* 39.

§ 11. Die Erfindung

Wenn mehrere unabhängig voneinander dieselbe Erfindung machen, hat jeder für sich eine schöpferische Leistung erbracht[19]. Die Übereinstimmung im Ergebnis rechtfertigt nicht die Annahme einer vorbestehenden Erfindungsidee[20], sondern erklärt sich hinreichend aus den vom konkreten Bedürfnis und den einschlägigen Naturgesetzen ausgehenden Sachzwängen und erscheint, da sie dennoch nicht eben häufig auftritt, als eher zufällige Ausnahme.[21] 8

Unmittelbare rechtliche Bedeutung hat die Frage nach dem schöpferischen Charakter der Erfindung nicht. Man kann zwar die Vorschriften, wonach Entdeckungen von der Patentierung und vom Gebrauchsmusterschutz ausgeschlossen sind, damit in Zusammenhang bringen, dass ihnen der schöpferische Charakter im hier angenommenen Sinne fehle; doch wird dadurch der eigentliche Grund des Ausschlusses eher verschleiert (vgl. → Rn. 11 ff.). 9

Ohne patent- oder gebrauchsmusterrechtliche Bedeutung ist das Merkmal des schöpferischen Charakters, wenn man es im Sinne einer Bewertung der Tätigkeit versteht, die zur Erfindung geführt hat. Daher genügt der Hinweis auf den hohen geistigen Rang von Leistungen der Grundlagenforschung nicht als Rechtfertigung für ihren Schutz (vgl. → § 10 Rn. 3 f.). Umgekehrt kann einem Anmelder das Patent oder Gebrauchsmuster nicht allein deshalb versagt werden, weil weder er noch ein Rechtsvorgänger die Erfindung gemacht haben[22]; selbst wer sie widerrechtlich entnommen hätte, müsste das Schutzrecht erhalten, solang der Verletzte nicht interveniert (vgl. §§ 7 Abs. 1, 8 PatG, § 13 Abs. 3 GebrMG, Art. 60 Abs. 3, 61 EPÜ). 10

II. Erfindung und Entdeckung

1. Nach ausdrücklicher Vorschrift der § 1 Abs. 3 Nr. 1 PatG, § 1 Abs. 2 Nr. 1 GebrMG, Art. 52 Abs. 2 (a) EPÜ werden Entdeckungen nicht als Erfindungen im Sinne des Patent- und Gebrauchsmusterrechts angesehen. Deshalb kann für sie *als solche* kein Schutz in Anspruch genommen werden (§ 1 Abs. 4 PatG, § 1 Abs. 3 GebrMG, Art. 52 Abs. 3 EPÜ). Dies entspricht hergebrachten Grundsätzen[23] und kommt auch in der oben (→ Rn. 1 ff.) dargestellten Definition dadurch zum Ausdruck, dass diese eine Handlungsanweisung verlangt.[24] 11

Unter Entdeckung versteht man das Auffinden oder Erkennen bisher unbekannter, aber objektiv in der Natur schon vorhandener Gesetzmäßigkeiten, Wirkungszusammenhänge, Eigenschaften oder Erscheinungen.[25] Da sie nichts objektiv Neues hervorbringt, wird sie vielfach nicht als schöpferisch angesehen.[26] Sie ist aber nicht deshalb vom Schutz ausgeschlossen, weil die ihr zugrundeliegende geistige Leistung prinzipiell geringer zu werten wäre als die eines Erfinders. Gegen ihre zeitweilige Monopolisierung wird vielmehr geltend gemacht, so würde etwas schon Vorhandenes dem allgemeinen Gebrauch entzogen.[27] Da dieser jedoch ohne die Leistung des Entdeckers oft genug nicht oder erheblich später möglich geworden wäre, bedarf es eines weiteren Arguments: entscheidend ist letztlich die Gefahr einer zu breiten, entwicklungshemmenden Schutzwirkung.[28] 12

---

[19] Dass nur der Erstanmelder ein Schutzrecht erhalten kann, ist durch Interessen der Allgemeinheit bedingt, vgl. → § 3 Rn. 31 ff.
[20] Anders *Hubmann/Götting* § 4 Rn. 6; wie hier *Götting* GewRS § 4 Rn. 9.
[21] Allerdings verweist *Jänich* 77 f., auf Untersuchungen in den USA aus den 1960er und -70er Jahren, in denen eine nicht unerhebliche Zahl von Doppel- und Mehrfacherfindungen festgestellt werde.
[22] Anders insoweit *Bernhardt* 58.
[23] Vgl. *Bernhardt* 24 f.
[24] Zur Erforderlichkeit einer Handlungsanweisung auch *Bacher/Melullis* in Benkard PatG § 1 Rn. 44; *Busse/Keukenschrijver* PatG § 1 Rn. 17, 50; *Moufang* in Schulte PatG § 1 Rn. 30 f.
[25] So – in Zusammenfassung mehrerer Definitionsvorschläge – *Beier/Straus* 14.
[26] Kritisch hierzu *Beier/Straus* 75; *Spoendlin* 44 ff.; *Welte* 107 f.
[27] In diesem Sinn zB *Godt* 464.
[28] Vgl. *Bernhardt* 25, unter Hinweis auf *Prahl* 143; *Pedrazzini* in Harabi (Hrsg.), Kreativität – Wirtschaft – Recht, 1996, 175, 179 ff.; *Godt* 187; *Bacher/Melullis* in Benkard PatG § 1 Rn. 44.

Das zeigt sich in den Merkmalen, mit denen man die Erfindung von der Entdeckung unterscheidet: jene ist die zweckgerichtete Lösung eines bestimmten Problems mit technischen Mitteln,[29] „angewandte" im Gegensatz zur „reinen" Erkenntnis.[30] Der konkrete Anwendungsbezug der Erfindung sorgt dafür, dass die Ausschlusswirkung des Schutzrechts abgrenzbar bleibt (vgl. → § 10 Rn. 3 f.)[31]. In dem nicht seltenen Fall einer Lehre zum technischen Handeln, die die Nutzung einer Entdeckung zur Erzielung eines konkreten Erfolgs lehrt, knüpft der BGH deren Patentfähigkeit in ausdrücklicher Abgrenzung zum U. S. Supreme Court[32] nicht an das Vorliegen eines „erfinderischen Überschusses", den der Erfinder über die Nutzung des naturgesetzlichen Zusammenhangs hinaus vorweisen kann.[33]

13 Entdeckung war zB die Erkenntnis, dass metallischem Selen im Dunkeln die elektrische Leitfähigkeit fast fehlt, während sie unter Lichteinfall beträchtlich wächst. In dieser abstrakten Fassung konnte sie jedoch nicht patentiert werden. Ihre Anwendung in einem Belichtungsmesser oder in einer Lichtschranke zum Zweck der Betätigung einer Alarmvorrichtung, des Öffnens oder Schließens von Türen uä war dagegen als Erfindung dem Patentschutz zugänglich. Die Entdeckung bildete dabei – wie oft – die Grundlage einer oder mehrerer Erfindungen.

14 Freilich kommt auch die umgekehrte Konstellation vor. So hatte dem X. BGH-Zivilsenat in **Metamin**[34] ein ergänzendes Schutzzertifikat zur Entscheidung vorgelegen, dessen europäisches Grundpatent den Einsatz des Adamantanderivats 1-Amino-3,5-Dimethyl-Adamantan (Metamin) und seiner pharmazeutisch verträglichen Salze zur Prävention und Behandlung celebraler Ischämien, also von Durchblutungsstörungen des Gehirns, namentlich von Morbus Alzheimer. Fraglich gewesen war die Rechtsbeständigkeit besagten Streitzertifikats – das Grundpatent war bereits abgelaufen – wegen neuheitsschädlicher Vorbekanntheit im SdT. Neuheit hätte nur vorgelegen, wenn die hier in Frage stehende zweite Indikation von Metamin in der Art seiner Anwendung oder für ein medizinisches Einsatzgebiet noch nicht als wirksam oder zumindest erfolgversprechend vorbeschrieben oder vorbenutzt gewesen sei. Dies freilich war hier der Fall, gewesen, denn hier war die Verwendung eines Arzneimittels mit Metamin zur Behandlung von Morbus Alzheimer im Stand der Technik als wirksam vorbeschrieben. Das Grundpatent lehrte nur noch den biologischen Wirkungsmechanismus von Metamin, also warum Alzheimer-Patienten mit Metamin wirksam behandelt werden können. Die darin liegende Entdeckung eines biologischen Zusammenhangs ist nicht patentfähig.[35]

15 Als Entdeckung wurde auch die Erkenntnis gewertet, dass ein Stoff selektiv an einen bestimmten Rezeptor bindet; als patentfähige Erfindung komme erst ihre praktische therapeutische Anwendung in Betracht[36].

16 Allerdings kann, wenn der Öffentlichkeit schon zugängliche Entdeckungen in konkrete Problemlösungen umgesetzt werden, die Patentierung daran scheitern, dass die Lösung für den Fachmann bei Kenntnis der Entdeckung nahelag (vgl. → § 18 Rn. 84 ff.).

17 Das kann beispielsweise für die Benutzung einer in einen Stromkreis eingefügten Selenzelle zur lichtabhängigen Beeinflussung eines Schalters, Relais oder Zeigers oder die Benutzung der Nord-Süd-Richtung einer drehbar gelagerten Magnetnadel in einem Kompass gesagt werden.

---

[29] *Beier/Straus* 14.
[30] *Bernhardt* 24; *Nirk* 226; *Götting* GewRS § 10 Rn. 18; nach *Troller* Bd. I 155 beschreibt die Entdeckung die Natur; die Erfindung bedient sich ihrer zum technischen Handeln.
[31] Die Bedeutung dieses Aspekts der Unterscheidung zwischen Erfindung und Entdeckung bleibt bei *Nack* Erfindung 225 ff. unberücksichtigt.
[32] *Mayo v. Prometheus* 566 U. S. [2012].
[33] BGH 19.1.2016, GRUR 2016, 475 (481) – Rezeptortyrosinkinase.
[34] 9.6.2011, GRUR 2011, 999.
[35] 9.6.2011, GRUR 2011, 999 Rn. 40, 44.
[36] EPA 14.6.2000, ABl. 2001, 103 – Serotoninrezeptor/Eli Lilly.

§ 11. Die Erfindung

Für den Gebrauchsmusterschutz kann es in solchen Fällen am erforderlichen erfinderischen Schritt fehlen.

Der Entdecker tut daher gut daran, praktische Anwendungen seiner Erkenntnis, bevor er diese der Öffentlichkeit zugänglich macht, zum Patent oder wenigstens innerhalb der folgenden 6 Monate zum Gebrauchsmuster anzumelden. Schutz kann er dabei nur für diejenigen Anwendungsmöglichkeiten erlangen, die er so offenbart, dass der Fachmann sie ausführen kann (vgl. → § 24 Rn. 62 ff.):[37] Dem Bestreben, sich möglichst alle Anwendungen zu reservieren, sind durch ein Konkretisierungsgebot Grenzen gezogen. Das schließt allgemein gefasste Schutzansprüche nicht aus, sofern sie vom nacharbeitbaren Offenbarungsgehalt der Anmeldung getragen werden (vgl. → § 24 Rn. 18 ff.).[38] Zusätzliche Konkretisierung und damit Eingrenzung wird erforderlich, wenn man – wie insbesondere das EPA (→ § 28 Rn. 29 ff.) – Ausführbarkeit im gesamten beanspruchten Bereich verlangt. **18**

2. Viele Entdeckungen kommen zustande, weil der Mensch die Bedingungen für das Hervortreten einer Erscheinung oder Gesetzmäßigkeit der Natur geschaffen hat, mag er dabei auf solche Erkenntnisse ausgegangen sein oder andere Zwecke verfolgt haben. Dann stellt sich die Frage, ob in der willkürlichen Herstellung jener Bedingungen eine Erfindung liegt. **19**

Bei Ergebnissen wissenschaftlicher Forschung kann die Versuchsanordnung, mit deren Hilfe eine Naturerscheinung oder -gesetzmäßigkeit erstmals erkannt wird, die Erfindung einer Vorrichtung oder eines Verfahrens zu deren planmäßiger Hervorrufung oder Nutzung enthalten. So war mit der Entdeckung, dass eine bestimmte Vorrichtung elektromagnetische Wellen aussendet, die von lichtundurchlässiger Materie verdeckte Körper auf einem Bildschirm sichtbar machen (Röntgenstrahlen),[39] wohl gleichzeitig die Erfindung eines Geräts zur praktischen Anwendung dieses Effekts gemacht; insoweit wäre Patentschutz möglich gewesen, während die Erkenntnis, dass bestimmte Wellen lichtundurchlässige Körper durchdringen, in jedem Falle frei bleiben musste. **20**

Wird lediglich erkannt, dass beim Gebrauch schon bekannter Erzeugnisse oder Verfahren *zwangsläufig* weitere, bisher nicht beachtete Wirkungen auftreten, handelt es sich um eine bloße Entdeckung. Sie ist als solche nicht schutzfähig;[40] einem Schutz des Erzeugnisses oder Verfahrens steht der Mangel der Neuheit entgegen. Anders verhält es sich, wenn im Zusammenhang mit der Entdeckung eines Effekts, der bisher nur gelegentlich oder zufällig aufgetreten ist, angegeben wird, wie die bekannten Mittel eingesetzt werden müssen, um die entdeckte Wirkung planmäßig und zuverlässig zu erzielen.[41] Dazu ist mindestens erforderlich, dass die bisher gebräuchliche Variationsbreite der Ausgangsbedingungen im Hinblick auf jene Wirkung eingeschränkt wird, sei es auch nur durch gezielte Auswahl der Fälle, **21**

---

[37] Erst wenn überhaupt eine (die Entdeckung verwertende) Handlungsanweisung beansprucht ist, kommt das in § 34 Abs. 4 PatG, Art. 83 EPÜ bezeichnete Erfordernis zum Zug. Wird dagegen eine Entdeckung als solche (dh ohne sie verwertende Handlungsanweisung) beansprucht, ist § 1 Abs. 3, 4 PatG bzw. Art. 52 Abs. 2, 3 EPÜ das maßgebende Patentierungshindernis. Daher sind diese Vorschriften nicht überflüssig, wie *Nack* EPÜ-GK Art. 52 Rn. 208 f., anzunehmen scheint.
[38] Vgl. *Nack* EPÜ-GK Art. 52 Rn. 201, mit Bezugnahme auf den im vorstehenden Text angeführten Fall der Verwendung metallischen Selens, wobei freilich nicht auf „Helligkeitsmessung", sondern eher auf „lichteinfallsabhängige Beeinflussung eines Stromkreises" abzustellen wäre.
[39] Das Beispiel wird von *Nirk* 226 behandelt; s. auch *Beyer* FS 25 J. BPatG, 1986, 202.
[40] Vgl. *Tetzner* § 1 Anm. 45, 105 mit Beispielen; BGH 14.5.1996, GRUR 1996, 753 (756) – Informationssignal; BPatG 28.1.1981, BPatGE 24, 177; EPA 11.12.1989, ABl. 1990, 93 (108 f.) – Reibungsverringernder Zusatz/Mobil Oil III, allerdings mangels eines „neuen technischen Merkmals"; ob es sich um eine Entdeckung handelt, brauche dabei nicht geprüft zu werden.
[41] Vgl. BGH 15.11.1955, GRUR 1956, 77 (78) – Rödeldraht (Spann- und Haltevorrichtung); BPatG 28.1.1981, BPatGE 24, 177; 2.8.1988, BPatGE 30, 45; 24.1.1990, BPatGE 32, 93 – Zertrümmern von Körperkonkrementen; *Bacher/Melullis* in Benkard PatG § 1 Rn. 76.

in denen die neu erkannte Wirkung zum Tragen kommen kann und soll.[42] Schon dies bedeutet eine neue Lehre zum technischen Handeln, die geschützt werden kann, wenn sie dem Fachmann nicht nahelag. Gleiches gilt erst recht für Veränderungen der vorbekannten Mittel (Erzeugnis oder Verfahren), die deren Eignung für den neu erkannten Verwendungszweck verbessern.

22 Die Große Beschwerdekammer des EPA[43] sieht bei Ansprüchen auf die Verwendung bekannter Stoffe zu einem bestimmten Zweck, der auf einer in der Anmeldung offenbarten, nicht vorbekannten technischen Wirkung beruht, die Angabe dieser Wirkung als neues technisches Merkmal an. Sie billigt dabei ausdrücklich die Entscheidung T 231/85[44]: Die Verwendung eines als Mittel zur Beeinflussung des Wachstums von Pflanzen bekannten Stoffes zur Behandlung von Pflanzen (und anderen Gegenständen) gegen Pilzbefall wurde als neu angesehen, obwohl sich schon bei der bekannten Verwendung eine Schutzwirkung gegen Pilze ergab und die Art der Verwendung (Besprühen) die gleiche blieb. Das lässt sich mit der Überlegung rechtfertigen, dass nunmehr eine gezielte Behandlung von Pilzbefall bedrohter Pflanzen (und anderer Gegenstände) möglich war.

23 In einem der Fälle, die zur Vorlage an die GBK Anlass gaben, wurde die bei der Verwendung eines dem Schutz eisenmetallischer Bauteile vor Korrosion dienenden Schmiermittelzusatzes zwangsläufig eintretende reibungsverringernde Wirkung[45], in dem anderen die bei Verwendung eines Fungizids zwangsläufig bewirkte Wachstumsregulierung der behandelten Pflanzen[46] von der BK als neues technisches Merkmal in dem von der GBK geforderten Sinn anerkannt, weil diese Wirkungen bei der bekannten Verwendung nicht klar genug zutage getreten seien. Das ist eher bedenklich, weil nach Lage der Fälle – anders als etwa bei medizinischen Indikationen – eine Unterscheidung des herkömmlichen von dem neuen Verwendungszweck kaum praktikabel erscheint und deshalb ein auf die „neue" Verwendung erteiltes Patent die herkömmliche zu behindern droht.

24 Dagegen wurde in einer späteren Entscheidung der Schutz der als neu beanspruchten Verwendung davon abhängig gemacht, dass diese nicht zwangsläufig mit der bekannten zusammenhängt und sich klar von ihr unterscheiden lässt[47]: Wenn ein Anspruch auf die Verwendung eines bekannten Stoffes für einen bekannten nichtmedizinischen Zweck gerichtet ist, fehle die Neuheit, auch wenn im Anspruch eine neu entdeckte technische Wirkung angegeben ist, die aber bereits der bekannten Verwendung zugrunde liegt. Ebenso wurde die Erkenntnis, dass in einem Gemisch aus Kortikosteroid und Retinoid letzteres der durch ersteres verursachten Hautatrophie entgegenwirkt, nicht als neuheitsbegründend in

---

[42] In dem von *Nack* Erfindung 231 f., und EPÜ-GK Art. 52 Rn. 197 behandelten Fall „Kesselspeisewasser" (RG 16.4.1919, GRUR 1923, 41) wäre sie mit der Maßgabe denkbar, dass der Schutz auf die Verwendung des (vorbekannten) Filters zur Entgasung *sauberen* Wassers beschränkt wird. Der Fall besagt nichts gegen die Annahme, dass das Erkennen des Entgasungseffekts *für sich genommen,* also ohne die Anweisung, das Filter gezielt zum Zweck der Entgasung einzusetzen, (nur) eine Entdeckung war. Das RG hatte aber über die Patentierbarkeit der Anweisung, diese Entdeckung in bestimmter Weise anzuwenden, und verneinte sie mangels Abgrenzbarkeit vom SdT. – BPatG 25.11.2004, GRUR 2005, 494 – Ganzzahliges Vielfaches hat eine Erfindung darin gesehen, die Auswahl der Bauteile eines stufenlosen Toroidalgetriebes so festzulegen, dass sie sich von einem ganzzahligen Vielfachen der Anzahl eines anderen Bauteils unterscheidet. Der Erfinder habe erkannt, dass diese Ausgestaltung Auswirkungen auf die Dauerstandfestigkeit des Getriebes hat, was durch den SdT weder vorweggenommen noch dem Fachmann nahegelegt gewesen sei. Das BPatG anerkannte die Schutzwürdigkeit auch für den Fall, dass statistisch gesehen die Mehrzahl der ohne Kenntnis jenes Zusammenhangs gewählten Konfigurationen den patentgemäßen Vorgaben entsprach. Dass solche Konfigurationen nach Erteilung des beantragten Patents ohne Zustimmung des Patentinhabers nur noch würden benutzt werden können, soweit gem. § 12 PatG Vorbenutzungsrechte entstanden waren, hat das Gericht ebenso wenig in Betracht gezogen wie die Möglichkeit, dass sie durch Benutzung der Öffentlichkeit zugänglich geworden waren.

[43] EPA 11.12.1989, ABl. 1990, 93 (109 ff.) – Reibungsverringernder Zusatz/Mobil Oil III und 11.12.1989, ABl. 1990, 114 (121 ff.) – Mittel zur Regulierung des Pflanzenwachstums/Bayer; dazu *Paterson* GRUR-Int 1996, 1093 ff.; *Féaux de Lacroix* GRUR 2003, 282 (284 ff.).

[44] EPA 8.12.1986, ABl. 1989, 74 (78) – Triazolylderivate/BASF.

[45] EPA 14.8.1990, ABl. 1991, 561 – Reibungsverringernde Zusätze/Mobil IV.

[46] EPA 28.2.1990, ABl. 1992, 22 – Wachstumsregulation/Bayer.

[47] EPA 19.1.1999, ABl. 2000, 1 – desodorierende Gemische/Robertet.

§ 11. Die Erfindung

Bezug auf die Verhütung von Hautatrophie anerkannt, weil dem Fachmann dieser Effekt für das Gemisch bereits bekannt war[48].

III. Chemische Stoffe als Gegenstand von Erfindungen

a) Einführung. Grundsätze der Praxis

1. Durch die gesetzliche Zulassung von Patenten auf chemische Stoffe als solche und die Rechtsprechung zum Schutz dieser Stoffe ist die Abgrenzung zwischen Erfindung und Entdeckung für diesen Bereich in ein neues Licht gerückt worden. Die Rechtsprechung sieht das Problem, das durch eine Stofferfindung gelöst wird, allein in der **Bereitstellung** eines neuen Stoffes von bestimmter Konstitution.[49] Im Einklang hiermit schreibt sie dem erteilten Patent **absolute Schutzwirkung** zu, die alle Anwendungsmöglichkeiten des Stoffes, also nicht nur diejenigen umfasst, die der Patentanmelder erkannt, offenbart oder beansprucht hat[50]. Wenn Stofferfindungen zum Patent angemeldet werden, wird Angaben über Anwendung, Eigenschaften und Wirkungen des neuen Stoffes nur im Rahmen der Prüfung auf erfinderische Tätigkeit (→ Rn. 28) Bedeutung beigemessen; der Anmelder darf deshalb solche Angaben noch bis zum Abschluss des Prüfungsverfahrens nachreichen.[51] Der Umstand, dass ein Stoff in gleicher Zusammensetzung *in der Natur vorkommt*, wird nicht als Patentierungshindernis betrachtet, sofern er nicht bereits bei Anmeldung bekannt war und deshalb die Neuheit fehlt.[52] Hierin bestätigt sich, dass Entdeckungen der Patentschutz nicht schon deshalb verschlossen ist, weil ihr Gegenstand (unerkannt) in der Natur vorhanden war, sondern weil abstrakt-allgemeine Erkenntnisse von Ausschlussrechten frei bleiben müssen (→ Rn. 11 ff.). Wo hinreichend konkrete Abgrenzbarkeit gewährleistet ist, stehen die Vorschriften, nach welchen Entdeckungen nicht als Erfindungen anzusehen sind, der Patentierung nicht entgegen. Bei chemischen Verbindungen ist diese Abgrenzbarkeit dadurch gegeben, dass sie unabhängig von einer Anwendung definierbar sind. Die vom Erfindungsbegriff geforderte *Handlungsanweisung* kann sich deshalb darauf beschränken, einen definierten Stoff bereitzustellen.

Die Bestimmung der BioPat-RL, wonach die gewerbliche Anwendbarkeit einer Sequenz oder Teilsequenz eines Gens in der Patentanmeldung konkret beschrieben werden muss (Art. 5 Abs. 3 mit Erwägungsgründen 22 und 24) hat *Keukenschrijver* Anlass gegeben, die Großzügigkeit der herkömmlichen Regeln über die in den ursprünglichen Unterlagen der Anmeldung einer Stofferfindung erforderlichen Angaben kritisch zu betrachten. Im Ergebnis hält er es für erwägenswert, „bei Stofferfindungen eine über die Bereitstellung des Stoffes hinausgehende Finalität der Lehre zum technischen Handeln als notwendigen und integralen Bestandteil einer patentfähigen Erfindung" anzusehen und auf dieser Grundlage die Offenbarung einer solchen Finalität in den ursprünglichen Unterlagen zu fordern.[53] Dabei schließe jedoch die Finalität des Erfindungsbegriffs die Absolutheit des Schutzes der patentierten Erfindung nicht notwendig aus.[54]

---

[48] EPA 14.5.1997, ABl. 1998, 285 – Verhütung von Hautatrophie/Ortho.

[49] BGH 14.3.1972, BGHZ 58, 280 (287) – Imidazoline; BPatG 28.7.1977, GRUR 1978, 238 (239) – Antamanid; 24.7.1978, GRUR 1978, 702 (703) – Menthonthiole; EPA 28.2.1984, ABl. 1984, 401 Rn. 11 – Spiroverbindungen/Ciba-Geigy.

[50] BGH 14.3.1972, BGHZ 58, 280 (288) – Imidazonline; allgemein für Patente, in denen „ein Gegenstand per se beansprucht wird", EPA 11.12.1989, ABl. 1990, 93 (104) – Reibungsverringernder Zusatz/Mobil Oil III; 16.6.1999, ABl. 2000, 50 Rn. 4 – L-Carnitin/Lonza.

[51] BGH 14.3.1972, BGHZ 58, 280 (287f.) – Imidazoline; *Beier/Straus* 68, 71; *Schäfers* in Benkard PatG § 34 Rn. 34; vgl. auch → § 24 Rn. 89 ff.

[52] BPatG 28.7.1977, GRUR 1978, 238 (239) – Antamanid. und 24.7.1978, GRUR 1978, 702 (703) – Menthonthiole; EPA (Einspruchsabteilung) 8.12.1994, ABl. 1995, 388 Rn. 5 – Relaxin; vgl. auch *Bunke* GRUR 1978, 132; *Tauchner* Mitt. 1979, 84; *Utermann* GRUR 1977, 1 ff.; *Vossius/Grund* Mitt. 1995, 339 (341).

[53] *Keukenschrijver* FS Tilmann, 2003, 475 (482f., 486); in *Busse* PatG § 1 Rn. 140 (vgl. auch Rn. 115) fordert *Keukenschrijver* dann vorbehaltlos neben der Angabe des Stoffs eine Angabe über dessen Funktionalität als Inhalt der Mindestoffenbarung nicht mehr.

[54] *Keukenschrijver* FS Tilmann, 2003, 483; vgl. auch *Busse/Keukenschrijver* PatG § 9 Rn. 58; außerdem → § 11 Rn. 62 ff.

27 Da die Möglichkeit der Herstellung in einem Gewerbebetrieb für die gewerbliche Anwendbarkeit der Lehre, einen bestimmten chemischen Stoff bereitzustellen, genügt (§ 5 Abs. 1 PatG, Art. 57 EPÜ), lässt sich aus dieser gesetzlichen Schutzvoraussetzung nicht das Erfordernis einer weitergehenden „Finalität" ableiten. Mögliche Grundlage hierfür wären vielleicht die Vorschriften, die Entdeckungen vom Erfindungsbegriff ausschließen, in dem Sinne, dass die identifizierbare Kennzeichnung eines chemischen Stoffs keine für die Zwecke der gesetzlichen Regelung ausreichende Konkretisierung bedeute (vgl. → Rn. 11 ff.). Dann würden es diese Zwecke aber auch gebieten, den Schutz nach Maßgabe der weitergehenden Finalität zu begrenzen. Entsprechendes ergäbe sich, wenn man diese wegen des zum Erfindungsbegriff gehörenden Merkmals der „Technizität" (→ Rn. 1 ff.) forderte: Wenn die Bereitstellung des Stoffs als solche, also unabhängig von dem hierzu dienenden – selbstverständlich technischen – Verfahren[55] nicht technisch wäre, so dass sie erst durch eine zusätzliche Finalität zur Erfindung iSd Gesetzes würde, müsste der dem Stoff gewährte Schutz ebenfalls nach Maßgabe dieser Finalität begrenzt werden.

28 2. Damit die Lehre, einen identifizierbar gekennzeichneten chemischen Stoff bereitzustellen, Schutz verdient, muss sie neu sein und auf erfinderischer Tätigkeit beruhen. Das Bereitstellen einer neuen chemischen Verbindung bereitet dem Fachmann nur ausnahmsweise Schwierigkeiten, deren Überwindung ihm eine **erfinderische Leistung** abfordert. In den meisten Fällen ist er ohne erfinderisches Bemühen in der Lage, nach geläufigen Regeln irgendwelche neuen Verbindungen zu ersinnen und sie mittels geläufiger Verfahren darzustellen[56]. Dennoch wird die Bereitstellung eines neuen Stoffes als erfinderische Leistung gewertet, wenn er **überraschende Eigenschaften oder Wirkungen** aufweist. Der Umstand, dass diese für den Fachmann unerwartet waren und ihr Auffinden deshalb nicht nahelag, dient als Begründung dafür, dass sich die Bereitstellung des Stoffes als solchen für den Fachmann nicht in naheliegender Weise aus dem Stand der Technik ergab[57].

b) Schutz chemischer Stoffe als Verfahrenserzeugnisse

29 1. Die Grundlagen für die die deutsche Praxis beherrschenden Regeln über die patentrechtliche Behandlung von Stofferfindungen wurden entwickelt, als Erfindungen von Nahrungs-, Genuss- und Arzneimitteln sowie von Stoffen, die auf chemischem Wege hergestellt werden, vom Patentschutz noch ausgenommen waren, soweit sie nicht ein bestimmtes Verfahren zur Herstellung solcher Gegenstände betrafen. Einen ersten Schritt bedeutete das Urteil des Reichsgerichts im Fall **„Methylenblau"**[58]. Es sah in der gesetzlichen Ausschlussbestimmung (§ 1 Abs. 2 Nr. 2 PatG 1877) den Ausdruck für „die den Stoffen, welche auf chemischem Weg hergestellt werden, wie ebenso den Nahrungs-, Genuss- und Arzneimitteln eigentümliche Zusammengehörigkeit des Herstellungsverfahrens und des Herstellungsergebnisses". Es liege keine Identität des Verfahrens vor, wenn das gleiche Verfahren nicht auf dasselbe Endziel gerichtet sei, und der mittels dieses Verfahrens erzeugte Stoff liege nicht außerhalb des Gegenstands der Erfindung, bilde vielmehr den das Verfahren patentrechtlich charakterisierenden Abschluss. Das **Verfahren** begreife daher den mittels desselben Verfahrens hergestellten **Stoff** als zum **Gegenstand der Erfindung** gehörig in sich.

30 2. Gehört bei der Erfindung eines chemischen Herstellungsverfahrens der hierdurch erzeugte Stoff zum Gegenstand der Erfindung, ist es folgerichtig, ihn auch bei der Beurteilung ihrer **Patentwürdigkeit** in Betracht zu ziehen[59]. Dies geschah in richtunggebender Weise durch das Urteil des RG im Fall **„Kongorot"**[60]. Patentiert war ein Verfahren zur

---

[55] Vgl. *Keukenschrijver* FS Tilmann, 2003, 481.
[56] S. *Weidlich* GRUR 1949, 396; *Schwanhäußer* GRUR 1963, 503 (504); *Vogt* GRUR 1964, 169 (171); *v. Pechmann* GRUR 1967, 501 (504); *Geißler* 152; *Hansen* Mitt. 2001, 477 (481); EPA 12.9.1995, ABl. 1996, 309 Rn. 2.5 – Triazole/Agrevo.
[57] S. *Bruchhausen* GRUR-FS 1991, 349 Rn. 32.
[58] 14.3.1888, RGZ 22, 8 (16 f.).
[59] *Bruchhausen* GRUR-FS 1991, 344.
[60] 20.3.1889, Patentblatt 1889, 209; dazu *Bruchhausen,* Hundert Jahre „Kongorot"-Urteil, GRUR 1989, 153–158.

§ 11. Die Erfindung　　　　　　　　　　　　　　　　　　　　　　**III § 11**

Darstellung von Azofarbstoffen. Die Kombinationsfähigkeit der Körperklassen, zu denen die verwendeten Ausgangsstoffe gehörten, und die angewandte Methode ihrer Umsetzung waren vorbekannt[61]. Überraschenderweise war jedoch der auf diesem Weg erzeugte neue Farbstoff geeignet, Baumwolle ohne Beizen echt rot zu färben. Dies bewog das RG, dem patentierten Verfahren erfinderische Qualität zuzuerkennen.

Damit war entschieden, dass nicht nur „chemisch eigenartige" Verfahren[62] patentierbar **31** sind, die sich einer für den Fachmann nicht naheliegenden Kombination von Ausgangsstoffen oder Arbeitsmethode bedienen, sondern auch **„Analogieverfahren"**[63], sofern sie neue Erzeugnisse mit **überraschenden Eigenschaften oder Wirkungen**[64] ergeben. Die Erzeugnisse selbst konnten auf dieser Grundlage den für die unmittelbaren Erzeugnisse patentierter Verfahren im Methylenblau-Urteil (→ Rn. 29) und seit 1891 im PatG anerkannten indirekten Schutz erlangen. Der Praxis war damit ein recht wirkungsvoller Ersatz für den gesetzlich ausgeschlossenen Schutz der Erzeugnisse als solcher zur Verfügung gestellt.

3. Die Frage, was bei dieser Lösung als eigentlicher **Gegenstand der Erfindung** anzu- **32** sehen ist, führte nach langer Zeit zu einer Diskussion darüber, ob die überraschenden Eigenschaften eines Erzeugnisses, von denen die Patentwürdigkeit eines chemischen Herstellungsverfahrens abhing, schon **ursprünglich,** dh in der Erstfassung der Patentanmeldung, **offenbart** werden müssen[65] oder noch nachträglich während des Prüfungsverfahrens angegeben werden können[66]. Die Kongorot-Entscheidung des RG hatte sich hierzu nicht geäußert[67].

Für die erste Ansicht konnte sprechen, dass erst im Auffinden überraschender Eigen- **33** schaften eine für den Fachmann nicht naheliegende Erkenntnis liegt und deshalb ein Verzicht auf deren ursprüngliche Offenbarung es ermöglicht, Verfahren anzumelden, für deren Erzeugnisse der Anmelder noch keine wertvollen Eigenschaften nennen kann, sondern erst zu finden hofft[68]. Allerdings schien der chemischen, insbesondere der Arzneimittelindustrie gerade an dieser Möglichkeit viel zu liegen[69]. Da der Fachmann über das Erzeugnis verfügen muss, um wertvolle Eigenschaften, die es haben mag, zu ermitteln, ist ein Herstellungsverfahren in aller Regel anmeldungsreif, bevor solche Eigenschaften er-

---

[61] *Bruchhausen* GRUR-FS 1991, 342 f. Rn. 25.

[62] S. *Redies* GRUR 1958, 56 (57); *Geißler* 149.

[63] Chemische Verfahren, die sich von bekannten lediglich dadurch unterscheiden, dass Ausgangsstoffe oder Arbeitsweise durch analoge ersetzt sind, und deshalb für den Durchschnittsfachmann naheliegende Abwandlungen zum SdT gehörender Verfahren bilden, vgl. BGH 3.2.1966, BGHZ 45, 102 (105) – Appetitzügler I; *Geißler* 8 f. – Kritisch zur Bezeichnung „Analogieverfahren", die die Zugehörigkeit des Erzeugnisses zum Verfahren vernachlässige, *Bruchhausen* GRUR-FS 1991, 345 f.; vgl. auch *Redies* GRUR 1958, 57 (59 f.), der von Stofferfindungen spricht.

[64] Da sich Wirkungen letztlich auf Eigenschaften zurückführen oder als solche darstellen lassen, wird im Folgenden nur noch von Eigenschaften gesprochen.

[65] So ua *v. Pechmann* GRUR 1957, 264 (266); 1960, 105; 1965, 404; *Langer* GRUR 1960, 1; *Mediger* GRUR 1963, 337; *v. Füner* Mitt. 1965, 5.

[66] So zB *Beil* Mitt. 1959, 231; GRUR 1961, 318 (322 ff.); *Rheinfelder* GRUR 1960, 361 (364); *Spieß* GRUR 1962, 113 (114 f.); *Koenigsberger* GRUR 1962, 280; *Zumstein* GRUR 1962, 281; *Vogt* GRUR 1964, 169 (174); grundsätzlich auch *Trüstedt* GRUR 1960, 55 (65), der jedoch auf die Gefahr „spekulativer" Anmeldungen hinweist und Vorschläge zu ihrer Verhinderung macht.

[67] Wie später herausgefunden wurde, waren in jenem Fall die überraschenden Eigenschaften ursprünglich offenbart gewesen. Der BGH wertete dies als bedeutungslos, s. sein Urteil v. 29.1.1970, GRUR 1970, 237 (242) – Appetitzügler II; dazu *v. Pechmann* GRUR-Int 1996, 366 (369). – Der BGH erwähnte auch nicht, dass das RG in einem Urteil vom 6.11.1893, über das *Bruchhausen* in GRUR 1977, 297 (302) berichtet, ausdrücklich verlangt hatte, dass das die Patentfähigkeit eines chemischen Herstellungsverfahrens begründende nicht zu erwartende besondere Resultat zur Zeit der Anmeldung bereits gefunden ist und offenbart wird.

[68] S. *v. Pechmann* GRUR 1967, 501 (507).

[69] Vgl. *Geißler* 35.

kannt sind[70]. Brauchen sie bei der Anmeldung noch nicht angegeben zu werden, kann für den Fall, dass die Suche nach ihnen zum Erfolg führt, dem dann erreichbaren Schutzrecht ein früherer Zeitrang gesichert werden, der freilich auch ein entsprechend früheres Ende der Laufzeit bedingt.

34 Zugunsten der zweiten Ansicht ließ sich anführen, dass Gegenstand der Erfindung das Verfahren und nicht die Verwendung seiner Erzeugnisse ist. Allerdings bedarf dabei der Klärung, was es bedeutet, dass zum Gegenstand der Erfindung eines Verfahrens auch das hierdurch gewonnene Erzeugnis gehört. Gewiss kann dieses Erzeugnis auch ohne Angaben über wertvolle Eigenschaften identifizierbar bezeichnet werden. Doch bleibt die Frage, ob es genügt, dem Fachmann eine nacharbeitbare Handlungsanweisung ohne die – voraussetzungsgemäß nicht naheliegende – Information zu geben, welchen Vorteil das Nacharbeiten bringt.

35 Der BGH hat im Fall „**Appetitzügler**"[71] entschieden: „Zur Offenbarung einer Erfindung, deren Gegenstand ein chemisches Analogieverfahren ist, **genügt die Angabe der Ausgangsstoffe, der Arbeitsmethoden und der Endprodukte** des Verfahrens." Schon hierdurch werde dem Fachmann eine nacharbeitbare Lehre gegeben. Die zur Begründung der Patentwürdigkeit erforderlichen Angaben über die besonderen technischen, therapeutischen oder sonstwie wertvollen Eigenschaften der Verfahrensprodukte könnten daher nachgereicht werden. Allerdings sei aus jener Angabe nicht immer ohne weiteres ersichtlich, ob die dadurch gekennzeichnete Lehre überhaupt in der Technik verwendbar sei oder lediglich die wissenschaftlichen Kenntnisse erweitere[72]. Deshalb werde bei der Anmeldung in der Regel die Angabe eines technischen Gebiets zu fordern sein, auf dem die Erfindung Anwendung finden soll. Der BGH ließ hierfür die nicht näher konkretisierte Angabe genügen, die Verfahrenserzeugnisse seien wertvolle Pharmazeutika bzw. Zwischenprodukte für deren Herstellung.

36 4. Wenn die überraschenden Eigenschaften des Erzeugnisses nicht zum Gegenstand der Verfahrenserfindung gehören, kann von dieser auch dann **Gebrauch gemacht** sein, wenn dabei nicht diese, sondern andere, vom Erfinder nicht erkannte, jedenfalls aber *nicht offenbarte Eigenschaften* genutzt werden. Es ist dann folgerichtig anzunehmen, dass auch eine solche Benutzung des Verfahrenserzeugnisses nicht ohne Zustimmung des Patentinhabers erlaubt ist. Demgemäß wurde es zur Zeit des Stoffschutzverbots wohl als selbstverständlich angesehen, dass der durch Patente auf Analogieverfahren bewirkte indirekte Erzeugnisschutz nicht auf bestimmte, insbesondere nicht auf die vom Anmelder erkannten und offenbarten Verwendungszwecke beschränkt ist, sondern **alle Verwendungsmöglichkeiten** des Erzeugnisses einschließlich solcher umfasst, die durch spätere Erfindungen erschlossen werden[73]. Ein Verfahrensschutz, der sich auf bestimmte Verwendungen des Erzeugnisses beschränkt, schien schwer vorstellbar und letztlich auf einen bloßen Verwendungsschutz hinauszulaufen. Dieser wurde jedoch für Verwendungen als Arzneimittel abgelehnt, weil er einem Schutz des Arzneimittels selbst gleichkomme und deshalb als unzulässige Umgehung des hierfür geltenden Patentierungsverbots zu werten sei[74]. Auf Verwendungsschutz und damit auf einen bei einer wichtigen Erzeugnisart nicht gangbaren Weg sahen sich jedoch Erfinder

---

[70] S. *v. Füner* Mitt. 1965, 5 (7 f.) – Eine Ausnahme ist für den Fall denkbar, dass die Herstellung eines Erzeugnisses bereits gelungen ist, der Weg, der dazu geführt hat, aber noch nicht in zuverlässig nacharbeitbarer Weise angegeben werden kann.

[71] 3.2.1966, BGHZ 45, 102 (105) – Appetitzügler I; ebenso das 29.1.1970, GRUR 1970, 237 (242) – Appetitzügler II.

[72] BGHZ 45, 102 (109).

[73] *Weidlich* GRUR 1949, 399; *Spieß* GRUR 1964, 49 ff.; *Vogt* GRUR 1964, 173 (178); BGH 27.2.1969, BGHZ 51, 378 (389) – Disiloxan; grundsätzlich auch RG 23.5.1914, RGZ 85, 95 (99) – Magnetisierbare Manganverbindungen, dazu → § 11 Rn. 44 f.

[74] BGH 13.4.1964, BGHZ 41, 231 (239) – Arzneimittelgemisch mN; *Bock* in Benkard, 5. Aufl. 1969 PatG § 1 Rn. 154; *Busse*, 3. Aufl. 1964, 122; *Reimer* § 1 Rn. 76; *Trüstedt* GRUR 1960, 55 (66); *Vogt* GRUR 1964, 172; *Zumstein* GRUR 1967, 509 (510); s. auch *Hirsch* GRUR 1989, 5 (6).

§ 11. Die Erfindung

neuer Verwendungsmöglichkeiten bekannter Stoffe grundsätzlich verwiesen[75]. Verfahrensschutz konnten sie nur erlangen, wenn sie für das Erzeugnis einen neuen, außerhalb des Schutzbereichs des älteren Verfahrenspatents liegenden Herstellungsweg angaben. Diese Möglichkeit blieb jedoch praktisch bedeutungslos, weil die Rechtsprechung dazu neigte, ein anderes Verfahren, das zum gleichen Erzeugnis führte, als Äquivalent in den Schutzbereich des älteren Patents einzubeziehen[76].

c) Schutz chemischer Stoffe als solcher

aa) Anerkennung des absoluten Stoffschutzes durch den BGH

1. Bei **Abschaffung des „Stoffschutzverbots"** schien es folgerichtig, die zu den Analogieverfahren entwickelten Grundsätze auf die Stoffe als solche mit der Maßgabe zu übertragen, dass es nicht mehr darauf ankam, durch welches Verfahren sie hergestellt waren. Trotzdem wurde eine lebhafte Diskussion[77] darüber geführt, ob der Stoffschutz *absolut*[78] oder *zweckgebunden*[79] sein solle. Manche, die schon gegen die großzügige Behandlung der Analogieverfahren Bedenken erhoben hatten, forderten deren Berücksichtigung wenigstens nach Wegfall der durch die Bindung an ein bestimmtes Herstellungsverfahren bedingten – praktisch freilich bedeutungslosen (→ Rn. 36) – Beschränkung der Schutzreichweite[80]. 37

Die Rechtsprechung konnte jedoch nicht hinter das für den Verfahrensschutz erreichte Ergebnis zurückgehen, ohne dieses zu korrigieren; sonst hätte durch ein Verfahrenspatents mehr Schutz erreicht werden können als durch ein Stoffpatent[81], was der Intention des Gesetzgebers zuwidergelaufen wäre, die Zahl der Verfahrensanmeldungen zu reduzieren[82]. 38

2. Die Grundsatzentscheidung, mit der der BGH im Fall **„Imidazoline"** den Streit beendete[83], konnte deshalb nicht überraschen: 39

„1. Der Patentschutz für auf chemischem Wege hergestellte Stoffe ist nicht zweckgebunden.

2. Der technische oder therapeutische Effekt braucht bei einer Stofferfindung nicht in den ursprünglichen Anmeldungsunterlagen offenbart zu werden."

Zur Begründung führt der BGH an, die Gesetzesmaterialien gäben keinerlei Anhalt in der Richtung, dass die Abschaffung des Stoffschutzverbots mit einer Entscheidung über die schon vorher aufgeworfene Kontroverse, ob ein Stoffschutz für chemische Stoffe zweckgebunden oder absolut sei, zugunsten eines zweckgebundenen Stoffschutzes verknüpft werden sollte. Die Beseitigung des sog. Stoffschutzverbots sei vielmehr dahin zu werten, dass Erfindungen, die auf chemischem Wege hergestellte Stoffe betreffen, fortan nach denselben Regeln zu behandeln seien wie Erfindungen auf allen übrigen Gebieten der Technik. Auch das nötige nicht dazu, jenen Erfindungen grundsätzlich 40

---

[75] *Spieß* GRUR 1962, 115; *Vogt* GRUR 1964, 180; vgl. auch *Zumstein* GRUR 1962, 282.
[76] BGH 18.2.1975, BGHZ 64, 86 – Metronidazol; 25.6.1976, BGHZ 67, 38 – Alkylendiamine II.
[77] Sie begann schon, als wegen des Vorentwurfs eines Abkommens über ein europäisches Patentrecht von 1962 und des StrÜ von 1963 der baldige Wegfall des Stoffschutzverbots im deutschen Recht erwartet werden konnte; vgl. ausführlich zur geschichtlichen Entwicklung des absoluten Stoffschutzes und zu den jeweiligen Positionen *Haedicke* GRUR 2010, 94 ff.
[78] So zB *Spieß* GRUR 1964, 49 (51 f.); *Rheinfelder* GRUR 1964, 354; *Zumstein* GRUR 1967, 509; *Kobs* GRUR 1967, 512; *Dittmann* GRUR 1968, 61.
[79] So insbes. *Geißler* 150 ff., 166, 177 ff.; *Schwanhäußer* GRUR 1963, 503 (505, 509 ff.) (mit Ausnahme des Falles, dass das Herstellungsverfahren chemisch eigenartig ist); *Schickedanz* GRUR 1971, 192 (202 f.).
[80] So zB *v. Pechmann* GRUR 1967, 504 (507).
[81] S. *Schmied-Kowarzik* Mitt. 1968, 181 (183).
[82] Schriftlicher Bericht des Rechtsausschusses, BlPMZ 1967, 279 (282).
[83] 14.3.1972, BGHZ 58, 280.

§ 11 III 2. Abschnitt. Sachliche Voraussetzungen des Patent- u. Gebrauchsmusterschutzes

nur einen zweckgebundenen Stoffschutz zu gewähren. Da es eine solche Regelung auf den übrigen Bereichen der Technik im Grundsatz nicht gebe, könne sie auch für Erfindungen, die auf chemischem Wege hergestellte Stoffe betreffen, keine Geltung beanspruchen. Die Reichweite des Schutzes sei auch bei ihnen nach dem Gegenstand der Erfindung zu bemessen.

41 Diesen kennzeichnet der BGH durch die **Aufgabe,** einen neuen chemischen Stoff einer näher umschriebenen Art der Konstitution **bereitzustellen.** Sie werde dadurch gelöst, dass der neue Stoff, die neue chemische Verbindung, geschaffen wird. Die Angaben über den technischen oder therapeutischen **Effekt** des Stoffes gehörten **nicht** zum **Gegenstand der Erfindung.** Hinsichtlich der Frage, was bei einer chemischen Stofferfindung in den ursprünglichen Anmeldungsunterlagen zu offenbaren ist, gälten somit die im Beschluss „Appetitzügler" (→ Rn. 32 ff.) für chemische Analogieverfahren aufgestellten Grundsätze entsprechend.

42 Auf Grund der Umschreibung des Gegenstands der chemischen Stofferfindung gelangt der BGH „im Ergebnis zu einem uneingeschränkten Ausschließlichkeitsrecht des Patentinhabers in Bezug auf die gewerbsmäßige Verwendung der erfindungsgemäßen chemischen Stoffe". Der **Stoffschutz** sei somit im Prinzip **absolut.**[84]

43 Fast 20 Jahre später hat *Bruchhausen*[85] festgestellt, der BGH habe die Annahme absoluter Wirkung des Stoffschutzes nicht mehr aus dem Sinn und Zweck des Patentrechts, sondern mit einer begrifflichen Argumentation motiviert, die auf Gründe der Angemessenheit und Billigkeit verzichte. Wo solche Gründe liegen könnten, ließ *Bruchhausen* offen. Anzusetzen wäre einerseits bei dem Argument, chemische Stofferfindungen müssten ebenso behandelt werden wie andere Erzeugniserfindungen (→ Rn. 44 ff.), andererseits bei der Übernahme der zu den Analogieverfahren entwickelten Regeln (→ Rn. 56 ff.).

bb) Allgemeine Reichweite des Schutzes von Erzeugniserfindungen

44 1. Dass der auf einem Erzeugnis- oder Verfahrenspatent beruhende Schutz eines Erzeugnisses nicht auf bestimmte Verwendungszwecke des Erzeugnisses beschränkt ist, hat grundsätzlich bereits das RG im Fall eines Patents ausgesprochen, dessen Anspruch auf ein Verfahren zur Darstellung *magnetisierbarer* Manganalegierungen gerichtet war[86]. Es hat deshalb Manganalegierungen des beanspruchten Mischungsverhältnisses als patentverletzend angesehen, obwohl der Bekl. seinen Abnehmern vertraglich auferlegt hatte, sie nicht zu magnetischen Zwecken zu benutzen.

45 In der Begründung verwies das RG darauf, dass es in zahlreichen Fällen außerordentlich schwierig erscheine, den Verwendungszweck ohne Schmälerung des Erfindungsgedankens scharf abzugrenzen und der Wert der Patente wesentlich verringert werde, wenn der Inhaber den vom Nachahmer beabsichtigten Verwendungszweck ermitteln müsste.[87] Vor allem aber erfahre das schöpferische Verdienst des Erfinders keine gerechte Entlohnung, da die Anwendung einer Erfindung für andere Zwecke häufig naheliegend und im Vergleich zur Leistung des Erfinders von untergeordneter Bedeutung sei. Das RG ließ jedoch offen, ob die Verwendung eines Erzeugnisses von der Erlaubnis des Patentinhabers auch dann abhängig ist, wenn „die Übertragung der (Erzeugnis-)Erfindung auf einen neuen Zweck für sich allein Erfindungscharakter trägt".

---

[84] Differenzierend *Kühnen/Grunwald* GRUR 2015, 35, die unter Verweis auf LG Düsseldorf 6.8.1985, GRUR 1987, 896 – Grasherbizid, einerseits als Loch im Stoffschutz die Anwesenheit eines nicht nur funktionslosen, sondern darüber hinaus auch noch unabwendbaren Stoffes (in casu einer mit vertretbarem Aufwand nicht zu entfernenden Verunreinigung) aufzeigen, andererseits aber auch bestätigen, dass der Anwendungsbereich dieser theoretisch denkbaren Ausnahmen in *praxi* verschwindend gering ist. Gleichwohl ist der Fall eindrücklich, weil er erweist, dass die Rede vom absoluten Stoffschutz nicht ganz präzise ist.
[85] GRUR-Int 1991, 413 (415).
[86] RG 23.5.1914, RGZ 85, 95 (98 f.) – Magnetisierbare Manganverbindungen.
[87] Im gegebenen Fall war die Abgrenzung insbesondere dadurch erschwert, dass das von der Bekl. hergestellte Erzeugnis jedenfalls magnetisierbar war.

§ 11. Die Erfindung

2. Bezugnehmend auf das RG (→ Rn. 44 f.) hat der BGH[88] ausgesprochen, der Schutz der Erfindung einer Vorrichtung erfasse in der Regel alle Funktionen, Wirkungen, Zwecke und Brauchbarkeiten dieser Vorrichtung, und zwar auch dann, wenn sie vom Erfinder selbst nicht erkannt oder nicht offenbart sind. Doch gelte dieser Grundsatz nicht uneingeschränkt. Die Grundlage für die Erteilung eines Patents könne auch in der Verwendung einer schon bekannten Vorrichtung zu einem neuen Zweck gefunden werden, sofern diese Art der Verwendung Erfindungseigenschaften besitze. **46**

3. Im Fall „Textilgarn"[89] hat der BGH darauf hingewiesen, dass bei einem Sachpatent die Angabe mindestens einer Herstellungsart und eines Verwendungszwecks genüge, um dem Erfinder alle zu demselben Produkt führenden Herstellungsarten und alle möglichen Verwendungen des Produkts vorzuhalten. **47**

Da weder Herstellungsverfahren noch Verwendungszweck Gegenstand des Schutzes seien, wurde ihre Offenbarung in der *Patentschrift* als ausreichend angesehen; im *Anspruch* brauchten sie nicht genannt zu sein. Der Entscheidung, die letztlich mangels Neuheit die Nichtigerklärung des Streitpatents bestätigt, ist nichts zur Frage des Umfangs der erforderlichen Offenbarung und der Schutzwirkung in Fällen zu entnehmen, in denen eine erfinderische Leistung nur deshalb vorliegt, weil das erfindungsgemäß bereitgestellte Erzeugnis überraschende Eigenschaften aufweist. **48**

4. Im Fall „Schießbolzen" wurde als anerkannter Rechtsgrundsatz hervorgehoben, dass der Sachschutz eines Vorrichtungspatents alle Funktionen, Wirkungen, Zwecke, Brauchbarkeiten und Vorteile der Vorrichtung ohne Rücksicht darauf umfasse, ob der die Patentfähigkeit der Vorrichtung gegebenenfalls allein begründende Verwendungszweck im Einzelfall auch tatsächlich genutzt wird[90]. **49**

Im Patentanspruch war das neue Konstruktionselement, ein auf dem Vorderteil des Bolzens sitzendes Reibungselement, durch den Zusatz „zum Festhalten des Bolzens an beliebiger Stelle des Laufs" gekennzeichnet. Der BGH hat wegen der konstruktiven Anpassung der Vorrichtung an den neuen Zweck, die Bolzeneindringtiefe durch Veränderung des Schießkammervolumens zu regulieren, das auf die Vorrichtung erteilte Patent als Sachpatent und die im Anspruch enthaltene Zweckangabe nicht als Einschränkung des Schutzbereichs, sondern lediglich als mittelbare Umschreibung der räumlich-körperlichen Ausgestaltung des Reibungselements gewertet[91]. Er hat deshalb die als verletzend angegriffene Ausführungsform unter Hinweis darauf als vom Schutzbereich des Patents umfasst angesehen, dass sie dank ihrer konstruktiven Ausgestaltung objektiv geeignet war, den Bolzen an jeder beliebigen Stelle des Laufs eines Bolzenschießgeräts festzuhalten, und es dadurch ermöglichte, mittels Einstellung des Schießkammervolumens die Eindringtiefe der Bolzen zu regulieren. Darauf, ob der Bekl. oder seine Abnehmer diese Möglichkeit bedacht oder genutzt haben, komme es nicht an. **50**

5. Im Urteil „Befestigungsvorrichtung II"[92] wurde der Grundsatz bestätigt, dass bei einem Sachpatent der Aufnahme von Zweck-, Wirkungs- und Funktionsangaben in den Anspruch im Regelfall auch dann keine schutzbeschränkende Wirkung zukommt, wenn es sich um einen neuen Verwendungszweck handelt und dieser allein die Patentfähigkeit begründet. **51**

---

[88] BGH 15.11.1955, GRUR 1956, 77 (78) – Rödeldrahlt (Spann- und Haltevorrichtung).
[89] BGH 25.4.1956, GRUR 1959, 125.
[90] 7.11.1978, GRUR 1979, 149 (150 f.). Krit. *v. Hellfeld* GRUR 1998, 243 f.
[91] Ebenso BGH 2.12.1980, GRUR 1981, 259 (260) – Heuwerbungsmaschine II. Da die angegriffene Ausführungsform, ein Mähdrescher, keine Heuwerbungsmaschine, sondern nur im eingebauten Strohschüttler Merkmale aufwies, die denjenigen der patentierten Maschine entsprachen, wurde das Vorliegen einer (gegenständlichen) Verletzung verneint. Dabei hätte es nicht des Hinweises bedurft, dass die Rechtsprechung, nach der sich – wie im Fall „Schießbolzen" – der Schutz eines Sachpatents auf jede Verwendung der geschützten Sache erstreckt, in einem solchen Fall keine Anwendung finde; im Gegensatz zum damaligen Sachverhalt fehlten der angegriffenen Ausführungsform die Merkmale, die durch die Zweckangabe mittelbar gekennzeichnet waren.
[92] 12.7.1990, BGHZ 112, 140 (155 f.).

52 Solche Angaben seien nur dem besseren Verständnis der Erfindung dienende Erläuterungen, die lediglich die Bedeutung einer mittelbaren Umschreibung der betreffenden Vorrichtungsteile hätten. Da in der angegriffenen Ausführungsform die in Frage stehenden Merkmale des Patentanspruchs in ihrer räumlich-körperlichen Ausgestaltung identisch benutzt waren, erübrigten sich Erwägungen zur Frage, ob sie dabei auch denselben Zweck, dieselbe Wirkung und Funktion hatten wie in der geschützten Vorrichtung.

53 6. Die Frage, ob sich die Schutzwirkung eines Sachpatents auch auf Verwendungen erstreckt, die in der Patentschrift weder offenbart sind noch dem Fachmann durch deren Inhalt nahegelegt werden, war in keinem der vorstehend behandelten Fälle entscheidungserheblich. Für eine alle Verwendungsmöglichkeiten umfassende Schutzwirkung können jedoch die zitierten allgemeinen Formulierungen herangezogen werden, insbesondere der Hinweis, dass bei räumlich-körperlicher Übereinstimmung eine im Patent enthaltene Zweckangabe auch dann nicht schutzbeschränkend wirke, wenn es sich um einen neuen Verwendungszweck handelt und dieser allein die Patentfähigkeit begründet, so dass es nicht darauf ankomme, ob dieser Zweck im Einzelfall auch genutzt wird[93]. Offenbar sind hiermit Fälle gemeint, in denen die Maßnahmen, die zum Erreichen des neuen Zwecks erforderlich sind, keine technischen Schwierigkeiten bereiten, wenn einmal das der neuen Verwendung zugrundeliegende Prinzip erkannt ist[94].

54 Der Vergleich mit den chemischen Stofferfindungen scheint sich in diesem Punkt aufzudrängen. Auch bei ihnen ist die Bereitstellung eines Stoffes trivial, sobald erkannt ist, dass er sich für eine bestimmte vorteilhafte Verwendung eignet. Allerdings ist bei ihnen die Begründung der erfinderischen Leistung aus einer überraschenden Verwendbarkeit die Regel, bei anderen Erfindungen, insbesondere solchen, die sich auf mechanische Vorrichtungen beziehen, dagegen wohl eher die Ausnahme, weil die Auswirkungen einfacher konstruktiver Änderungen meist unschwer vorauszusagen, also selten überraschend sind[95]. Auch lassen sich konstruktive Maßnahmen und das Erkennen ihrer Auswirkungen meist nicht so scharf voneinander abgrenzen wie das Bereitstellen eines chemischen Stoffs und das erst durch Erprobung mögliche Erkennen seiner Eigenschaften. Schließlich vermag der Fachmann, wenn er über eine konstruktive Maßnahme informiert wird, die Vorteile, die sie bringt, meist auch dann ohne erfinderisches Bemühen durch Vergleich mit dem Stand der Technik zu erkennen, wenn es sich um erhebliche, auf Patentwürdigkeit hindeutende Vorteile handelt.

55 Aus diesen Gründen ist es nicht restlos überzeugend, wenn eine Begrenzung des Schutzes chemischer Stoffe nach Maßgabe der ihren Erfindungscharakter begründenden Eigenschaften deshalb abgelehnt wird, weil sich der Erfindungsschutz in allen Bereichen der Technik nach den gleichen Regeln richten müsse. Vielmehr beziehen sich die Regeln, deren gleichmäßige Anwendung gefordert wird, eher auf Äußerlichkeiten. Ob ihre Verallgemeinerung gewährleistet, dass allenthalben die Reichweite des Schutzes dem erfinderischen Verdienst entspricht, ist fraglich.

cc) Gegenstand der Erfindung bei Analogieverfahren

56 Der Rechtsprechung zu den Analogieverfahren (→ Rn. 29 ff.), auf die der BGH die Anerkennung eines absoluten Stoffschutzes maßgeblich stützt, fehlt eine überzeugende Begründung für die Annahme, die patentbegründenden überraschenden Eigenschaften des Verfahrenserzeugnisses gehörten nicht zum Gegenstand der Erfindung und brauchten deshalb nicht ursprünglich offenbart zu sein, obwohl das Erzeugnis zum Verfahren gerechnet und *deshalb* die erfinderische Qualität des Verfahrens aus jenen Eigenschaften abgeleitet wird. Die vordergründig folgerichtige Argumentation, mit der der BGH zu seinen Ergebnissen gelangt, setzt sich nicht wirklich mit dem Problem auseinander, wo das erfinderische

---

[93] BGH 7.11.1978, GRUR 1979, 149 (151); 12.7.1990, BGHZ 112, 140 (157).
[94] So BGH 7.11.1978, GRUR 1979, 149 (151); vgl. *Bruchhausen* GRUR-Int 1991, 413.
[95] Vgl. *Redies* GRUR 1958, 62; *Schneider/Walter* GRUR 2007, 831 (836 f.).

§ 11. Die Erfindung

Verdienst liegt, wenn ein Verfahren um der Eigenschaften seines Erzeugnisses willen patentiert wird.

Allerdings wird darauf hingewiesen, dass es im allgemeinen zulässig ist, Angaben über 57 *Vorteile*, die die angemeldete Erfindung im Vergleich zum Stand der Technik aufweist, während des Prüfungsverfahrens als Belege für das Beruhen auf erfinderischer Tätigkeit nachzubringen (vgl. → § 24 Rn. 85 ff.). Voraussetzung dafür ist aber, dass es lediglich darum geht aufzuzeigen, dass das, was *ursprünglich offenbart* war, für den Fachmann nicht nahegelegen hat[96]. Überträgt man dies auf den Fall des chemischen Analogieverfahrens, beschränkt sich die nachträgliche Angabe überraschender Eigenschaften nur dann darauf, die Erfindungsqualität des ursprünglich Offenbarten zu belegen, wenn gesagt werden kann, dass es wegen dieser Eigenschaften nicht nahegelegen habe, aus der ungeheuren Vielzahl der dem Fachmann geläufigen Möglichkeiten der Kombination von Ausgangsstoffen und Reaktionsbedingungen[97] gerade diejenige zu finden, die überraschenderweise zu dem wertvollen Ergebnis führt[98]. Auch dann bliebe jedoch merkwürdig, dass bei den chemischen Analogieverfahren Vorteile nachgebracht werden dürfen, deren Auffinden definitionsgemäß erfinderisches Bemühen erfordert, während sich in anderen Bereichen Vorteile, die für Erfindungsqualität sprechen, dem Fachmann regelmäßig ohne solches Bemühen durch Vergleich des ursprünglichen Offenbarungsgehalts der Anmeldung mit dem im Prüfungsverfahren ermittelten SdT erschließen und nur deshalb nachträglich benannt werden, weil es angesichts dieses SdT auf sie ankommt.

Der BGH hat es bei Erfindungen außerhalb der Chemie nicht zugelassen, die Erfin- 58 dungsqualität einer Maßnahme, die vom Stand der Technik aus nahelag, aus nicht ursprünglich offenbarten Wirkungen herzuleiten, wenn diese der unter Schutz gestellten Lehre erst ihren eigentlichen Sinn gaben oder ihren Erfindungsrang erst begründeten.

Im Fall „Flugzeugbetankung I"[99] hatte der Patentinhaber die Erfindungshöhe einer durch den 59 SdT nahegelegten Vorrichtung damit zu begründen versucht, dass eine in einer Druck- oder Förderleitung an bestimmter Stelle angebrachte Düse oder Einschnürung nicht nur – naheliegend! – an dieser Stelle druckregelnd wirkte, sondern auch in einem weit entfernten Bereich der Leitung. Der BGH wies dies zurück, weil diese zusätzliche Wirkung nur von dem genutzt werden könne, der sie kennt.

Im Fall „Einlegesohle"[100] war die Lehre patentiert, Einlegesohlen aus Polyäthylen herzustellen. Sie 60 erwies sich vom SdT aus als naheliegend. Der Versuch des Patentinhabers, dies durch den Nachweis einer gesundheitsfördernden Wirkung zu entkräften, scheiterte, weil diese Wirkung in der PS nicht offenbart war.

Die letztgenannte Entscheidung löste Stellungnahmen aus, in denen ihr mit unterschied- 61 lichen Argumenten Bedeutung für chemische Analogieverfahren abgesprochen wurde[101]. Sie gab jedoch auch zu der Überlegung Anlass, dass bei allen Erfindungsarten einschließlich Analogieverfahren nur solche Vorteile sollten nachgebracht werden dürfen, die der Fach-

---

[96] Vgl. *Langer* GRUR 1960, 3 mN.
[97] Vgl. *v. Pechmann* GRUR 1967, 504.
[98] In diesem Sinne *Weidlich* GRUR 1949, 397; *Zumstein* GRUR 1962, 282; *Vogt* GRUR 1964, 171 ff. – Verfehlt wäre dagegen die Vorstellung, ein triviales Verfahren könne durch späteres Erkennen überraschender Eigenschaften seines Erzeugnisses *rückwirkend* zu einem erfinderischen gemacht werden. Das wurde im Sprachgebrauch nicht immer hinreichend beachtet. Kritisch zur „Rückstrahlungsthese" *Vogt* GRUR 1964, 170. – *Bruchhausen* GRUR-FS 1991, 345, lehnt nicht nur sie, sondern auch die „Auswahlthese" ab, weil dabei nicht „das Produkt selbst mit seinem Leistungsvermögen (Eigenschaften) in das unter Schutz gestellte Herstellungsverfahren" einbezogen werde. Wird es aber einbezogen, ist nicht einzusehen, warum dennoch sein Leistungsvermögen nicht zum Gegenstand der Erfindung gehören soll.
[99] BGH 29.4.1960, GRUR 1960, 542 (544).
[100] BGH 22.9.1961, GRUR 1962, 83 (85).
[101] S. *Heine* GRUR 1962, 85; *Koenigsberger* und *Zumstein* GRUR 1962, 280 (281); *Köhler* und *Poschenrieder* Mitt. 1962, 81 (83); vgl. auch *Geißler* 25 f.

mann beim Nacharbeiten ohne erfinderisches Bemühen zu erkennen vermag[102]. Der BGH sah sich im Appetitzügler-Beschluss[103] durch keine der beiden Entscheidungen an der dort gefundenen Lösung (→ Rn. 32 ff.) gehindert: Es sei in jenen Fällen weder um chemische Analogieverfahren noch um den Umfang der Offenbarung in der Anmeldung, sondern um einen Vorrichtungs- bzw. Verwendungsanspruch gegangen, für die ein patentbegründender Vorteil erst im Nichtigkeitsverfahren geltend gemacht worden sei.

d) Wertung

62 1. Zugunsten der in der Praxis feststehenden Handhabung lässt sich anführen, dass sie die Erlangung und Durchsetzung des Schutzes für neue chemische Stoffe mit unerwarteten Eigenschaften so weit wie möglich erleichtert. Fraglich ist allerdings, ob dabei *allen* im Spiel befindlichen Interessen ausreichend Rechnung getragen, insbesondere ob es durch einen Unterschied des erfinderischen Verdienstes gerechtfertigt ist, dass der Erfinder einer neuen, nicht naheliegenden Verwendung eines bereits für einen anderen patentierten Stoffes nur ein von dem Stoffpatent abhängiges Patent erlangen kann[104].

63 Dem Argument, der Erfinder des Stoffes habe diesen erstmals bereitgestellt, steht entgegen, dass in der Schaffung des Stoffes nur wegen dessen überraschender Eigenschaften ein erfinderisches Verdienst liegt, für das es nicht genügt, das Erkennen dieser Eigenschaften durch Bereitstellung des Stoffes zu *ermöglichen*[105], sondern erforderlich ist, die Eigenschaften auch zu *erkennen*. Das Erkennen neuer Eigenschaften eines patentierten Stoffes wird aber durch den Offenbarungsgehalt der Patentschrift nur im Äquivalenzbereich der darin offenbarten Eigenschaften, auf den sich auch die Wirkung eines zweckgebundenen Schutzes erstrecken würde, in erfinderischer Weise gefördert[106]. Nur insoweit lässt sich die Abhängigkeit von einem älteren Stoffpatent unter dem Gesichtspunkt der Ansporns- und Belohnungszwecke des Patentsystems rechtfertigen.[107] Geht sie weiter, kann sie hinsichtlich der Erforschung zusätzlicher Verwendungsmöglichkeiten demotivierend wirken.

64 *Keukenschrijver*[108] erscheint es „freilich mit dem Belohnungs- und dem Ansporngedanken durchaus vereinbar", „dem, der erstmals gelehrt hat, dass man mit einem bestimmten Stoff etwas Nützliches anfangen kann", Schutz für alle Verwendungen des Stoffs zu gewähren. Immerhin liege darin bereits ein Minus gegenüber der Auffassung, dass ein so weitgehender Schutz bereits dem zukommt, der den Stoff erstmals bereitgestellt hat.

65 Dieser Standpunkt unterscheidet sich von der herkömmlichen Praxis, die – inkonsequent (→ § 24 Rn. 93 ff.) – jedenfalls die Angabe eines „allgemeinen technischen Anwendungsgebiets" verlangt, dadurch, dass die Finalitäts- oder Funktionalitätsangabe zwingend bereits für die ursprünglichen Unterlagen gefordert wird. Unklar bleibt dabei, wie konkret die Angabe sein soll, ob sie erfinderischen Gehalt aufweisen muss und welche Rechtsfolgen es hat, wenn sie sich als unzutreffend erweist. Auch fragt sich, auf Grund welcher Schutzvoraussetzung sie verlangt werden kann, ohne dass der Schutz entsprechend beschränkt wird (→ Rn. 25 ff.).[109]

---

[102] In diesem Sinne *Mediger* GRUR 1963, 339 f.
[103] BGH 3.2.1966, BGHZ 45, 102 (108) – Appetitzügler I.
[104] Die von *Hansen* Mitt. 2001, 477 (481 f.) dargestellten Beispiele sprechen eher für eine verneinende als für eine bejahende Antwort.
[105] So freilich *Vogt* GRUR 1964, 170; iglS *Feldges* GRUR 2005, 977 (980 f.), der von der „Erfindung" eines Stoffs spricht, ohne zu klären, unter welchen Voraussetzungen diese auf erfinderischer Tätigkeit beruht; krit. *Schneider/Walter* GRUR 2007, 831 (838).
[106] Vgl. *Fürniss* FS Nirk, 1992, 306 (308, 310); *Geißler* 170 f.
[107] IglS *Wilhelmi* 123, 141; *Holzapfel* 311 f.
[108] *Keukenschrijver* FS Tilmann, 2003, 475 (483).
[109] Dass *Keukenschrijver* eine solche Beschränkung nicht für nötig erachtet, könnte damit zusammenhängen, dass er die Notwendigkeit einer Begrenzung des Schutzes nach Maßgabe des jeweiligen „Beitrags zum Stand der Technik" bezweifelt (FS Tilmann, 2003, 475 (485 f.)); *Busse/Keukenschrijver* PatG § 34 Rn. 85 f.). Praktisch geht es dabei in erster Linie um die Frage, inwieweit bei der Abfassung von Patentansprüchen Verallgemeinerungen zulässig sind (dazu → § 24 Rn. 18 ff., → § 28 Rn. 24 ff.).

§ 11. Die Erfindung

2. Dass Patente auf neue chemische Stoffe, deren Bereitstellung wegen überraschender Eigenschaften als erfinderisch gewertet wird, nur bei absoluter Schutzwirkung hinreichend durchsetzbar seien, überzeugt deshalb nicht, weil das Problem der Durchsetzung eines auf bestimmte Verwendungen begrenzten Schutzes bei den Verwendungspatenten ohnehin gelöst werden muss. Da sich solche Patente auch auf Stoffe beziehen können, die als solche nicht oder nicht mehr geschützt sind, muss es Wege geben, zwischen patentgemäßer und freier Benutzung des Stoffes zu unterscheiden.[110] Dabei versteht sich, dass nach Maßgabe der allgemeinen Regeln über die Bestimmung des Schutzbereichs auch Verwendungspatente durch Äquivalente im Anspruch definierter Verwendungen verletzt sein können. 66

3. Gewiss hat sich der Gesetzgeber bei Aufhebung des Stoffschutzverbots nicht für einen zweckgebundenen Stoffschutz entschieden; ebenso wenig gibt es aber klare Hinweise darauf, dass er sich für einen absoluten Stoffschutz entschieden hätte. Wahrscheinlich ist das Problem bei den Beratungen der erst vom Rechtsausschuss vorgeschlagenen Änderung[111] überhaupt nicht bedacht worden. Diese bedeutete auch ohne absoluten Stoffschutz eine erhebliche Erweiterung der Schutzmöglichkeiten insofern, als neben der Bindung des Stoffschutzes an ein bestimmtes Herstellungsverfahren auch das durch den Ausschluss des Schutzes von Arzneimitteln bedingte Hindernis für die Patentierung medizinischer Verwendungen wegfiel (→ Rn. 36). Auf dieser Grundlage hat die Rechtsprechung später Regeln über den Schutz neuer, nicht naheliegender medizinischer Verwendungen zum Stand der Technik gehörender Stoffe entwickelt, die bei näherer Betrachtung nicht als Verfahrens-, sondern als zweckgebundener Stoffschutz zu begreifen sind (→ § 33 Rn. 205 ff.).[112] Dieser ist für die erste medizinische Anwendung zum SdT gehörender Stoffe seit 1978 im PatG und im EPÜ und für weitere medizinische Anwendungen in Art. 54 Abs. 5 EPÜ 2000 auch gesetzlich vorgesehen. Darin zeigt sich, dass heute – anders als vielleicht zur Zeit des Imidazoline-Beschlusses – der zweckgebundene Stoffschutz eine anerkannte und handhabbare patentrechtliche Kategorie bildet. Das legt die Frage nahe, ob ein Stoff schon deshalb, weil er *neu* ist, einen weitergehenden Schutz auch dann verdient, wenn – wie im Regelfall – seine Bereitstellung für sich genommen keine erfinderische Leistung bedeutet. Es will nicht ohne weiteres einleuchten, dass das Erkennen wertvoller Eigenschaften des Stoffes allein wegen dessen Neuheit nicht vom Gegenstand der Erfindung umfasst sein soll, während es bei einem bekannten Stoff selbstverständlich dazu gehört. 67

4. Der Gedanke, dass um unerwarteter Eigenschaften willen einem neuen Stoff absoluter Schutz gebühre, führt zu Schwierigkeiten, wenn es für den Stoff eine dem Fachmann naheliegende Verwendung gibt[113]. Da die Bereitstellung des Stoffes schon wegen *dieser* Verwendungsmöglichkeit naheliegt, wäre es konsequent, den Stoffschutz zu versagen und für weitere Verwendungen, die durch überra- 68

Ihr ist die Bestimmung des Beitrags zum SdT vorgelagert. Dass für mehr als diesen, durch den ursprünglich offenbarten neuen, nicht naheliegenden Gehalt einer Anmeldung bestimmten Beitrag Schutz beansprucht werden könne, passt nicht zu den Gründen, die den Patentschutz rechtfertigen, und den Voraussetzungen und Grenzen, denen er deshalb unterliegen muss (vgl. → § 3 Rn. 53 ff.). Allerdings zeigt gerade das hier erörterte Problem, dass es über den Beitrag zum SdT unterschiedliche Meinungen geben kann: Bereitstellen des Stoffs als solches, auch wenn es nur in Verbindung mit dem Erkennen überraschender Eigenschaften und einer entsprechenden Verwendungsangabe erfinderisch ist, oder Bereitstellen des Stoffs für eine oder mehrere, durch erfinderisches Erkennen wertvoller Eigenschaften ermöglichte Verwendungen. Nicht ganz folgerichtig will es dagegen erscheinen, den Beitrag zum SdT in der Bereitstellung des Stoffs in Verbindung mit der Angabe einer Finalität oder Funktionalität zu sehen, ohne den Schutz entsprechend zu begrenzen.

[110] Nach *Wilhelmi* 138 sollten dabei Beweiserleichterungen gewährt werden.
[111] S. den Schriftlichen Bericht, BlPMZ 1967, 279 (282); zum Verlauf der Beratungen *Bruchhausen* GRUR 1977, 297 (299 f.).
[112] Von *Schneider/Walter* GRUR 2007, 831 (832 f., 837) wird dies nicht genügend beachtet.
[113] Vgl. das Beispiel von *Weidlich* GRUR 1949, 399; außerdem *Geißler* 179 sowie die unten (→ § 18 Rn. 66 ff. und 133 ff.) behandelten Entscheidungen, wonach eine naheliegende Maßnahme auch durch einen unerwarteten Effekt nicht erfinderisch wird.

schende Eigenschaften ermöglicht werden, nur Verwendungsschutz oder zweckgebundenen Stoffschutz zuzulassen. Ein absoluter Stoffschutz, von dessen Wirkung lediglich die naheliegende Verwendung ausgenommen ist[114], lässt sich dagegen nicht rechtfertigen.

69 Ein weiteres Problem ergibt sich nach den hergebrachten Regeln, wenn ein Anmelder die Schutzwürdigkeit einer Stofferfindung aus Eigenschaften ableitet, die nicht er oder sein Rechtsvorgänger, sondern ein Dritter gefunden hat[115]. Sieht man nur die Bereitstellung des Stoffes als Gegenstand des Schutzbegehrens an, könnte bezweifelt werden, dass sich dieses widerrechtlich auf eine fremde Erfindung beziehe; gehört dagegen das Erkennen der Eigenschaften zur Erfindung, verletzt die Anmeldung im genannten Fall eindeutig fremdes Erfinderrecht.

70 5. Wenn für einen Stoff, dessen Bereitstellung als solche kein erfinderisches Bemühen erfordert, nur zweckgebundener Schutz gewährt wird, versteht sich, dass der Anmelder die überraschenden Eigenschaften, die die zweckentsprechende Verwendung ermöglichen, bereits *im Prioritätszeitpunkt offenbaren* muss. Die Suche nach ihnen muss also durchgeführt werden, ohne dass für ein im Erfolgsfall erreichbares Schutzrecht bereits eine Priorität gesichert ist. Das hat zur Folge, dass nicht den Vorrang erlangt, wer als erster den Stoff und seine Herstellung konzipiert, sondern wer als erster dessen überraschende Eigenschaften erkennt. Der Anspornungs- und Belohnungseffekt des Patentsystems kommt dann voll der Forschung nach wertvollen Eigenschaften zugute. Nur insoweit, nicht aber hinsichtlich der Bereitstellung neuer Stoffe mit geläufigen Mitteln ist er auch am Platze[116].

71 Auch wenn man bereit wäre, demjenigen, der im angenommenen Fall als erster eine überraschende Eigenschaft des Stoffs erkennt, absoluten Schutz zuzubilligen, ließe sich nicht rechtfertigen, dass die herrschende Praxis die Offenbarung dieser Eigenschaft nicht schon in den ursprünglichen Anmeldungsunterlagen fordert.[117] Bei *Gebrauchsmusteranmeldungen,* wie sie heute auch für chemische Stoffe zulässig sind, führt dieser Standpunkt zu untragbaren Konsequenzen: Die Angabe der Eigenschaften, aus denen sich ergibt, dass die Bereitstellung des beanspruchten Stoffs auf einem erfinderischen Schritt beruht, braucht nicht in den ursprünglichen Unterlagen enthalten zu sein und mangels Vorprüfung dieser Schutzvoraussetzung nicht einmal bis zur Eintragung nachgebracht, sondern erst in einem etwaigen Löschungsverfahren gemacht zu werden. Es kann also ein vollwirksames Schutzrecht erworben werden, ohne dass Tatsachen, von denen dessen Rechtsbeständigkeit entscheidend abhängt, an Hand der Eintragungsakten verifiziert werden können.

72 6. Insgesamt hätte es also gute Gründe gegeben, die hergebrachte, durch fortschreitende Verallgemeinerung eines auf frühe Reichsgerichtsentscheidungen zurückgehenden Gedankens entstandene Auffassung kritisch zu überprüfen und eine Zweckbindung des Schutzes chemischer Stoffe in nähere Erwägung zu ziehen.[118] Auch das TRIPS-Übereinkommen,

---

[114] So *Hüni* GRUR-Int 1990, 425 (427); *Bruchhausen* FS Preu, 1988, 3 (9f.); zweifelnd *ders.* GRUR-Int 1991, 415.

[115] Erwähnt von *Trüstedt* GRUR 1960, 55 (64); *Beil* GRUR 1961, 325.

[116] AM *Hüni* GRUR-Int 1990, 425 (428); *Hansen* Mitt. 2001, 477 (487).

[117] *Troller* Bd. I 182f., insbes. Fn. 118; *v. Pechmann* GRUR-Int 1996, 366 (372f.); vgl. auch → § 24 Rn. 89 ff.

[118] Vgl. auch *Wilhelmi* 130ff., 135, der die Rechtsprechung kritisch würdigt. Zu bezweifeln ist jedoch, dass sich „der Zusammenhang von Voraussetzungen und Wirkungen" nicht nur durch Zweckbindung, sondern auch durch eine „Relativierung des absoluten Erzeugnisschutzes" (138f.) „wiederherstellen" lasse, kraft derer absoluter Stoffschutz gewährt wird, aber gegenüber den Inhabern von Patenten bezüglich (von der dem Erzeugnispatent zugrundeliegenden) „unabhängiger Verwendungen des Erzeugnisses keine Wirkung entfaltet". Das wäre keine konsequente Anpassung des Schutzgegenstands an die den Schutz rechtfertigende erfinderische Leistung, sondern nur eine Ausnahme von den Rechtsfolgen an sich bestehender Abhängigkeit, die sich kaum mit den förmlichen Voraussetzungen und der Entgeltlichkeit der für diesen Fall vorgesehenen Zwangslizenz vereinbaren ließe.

§ 12. Technischer Charakter der Erfindung § **12**

das die Patentierung nur bei Beruhen auf erfinderischer Tätigkeit vorschreibt, verbietet nicht die Frage, ob ein wegen bestimmter überraschender Eigenschaften gewährter absoluter Stoffschutz in vollem Umfang durch eine entsprechende erfinderische Leistung gerechtfertigt ist.

Zu fordern, dass die feststehende, anscheinend von allen Beteiligten akzeptierte Praxis ohne akuten Anlass grundsätzlich geändert werde, wäre allerdings unrealistisch. Die vorliegende Darstellung orientiert sich daher an dieser Praxis. **73**

Dass die Fundamente der herrschenden Auffassung erhebliche Schwächen zeigen, muss jedoch auf einem Gebiet im Auge behalten werden, auf dem sich deren Übernahme als folgerichtig anzubieten scheint: Da sich Gene und Teilsequenzen von ihnen als chemische Verbindungen darstellen, müsste für sie gemäß der herrschenden Praxis absoluter Stoffschutz gewährt werden. Seitens der interessierten Industrie wird dies gefordert[119]. Doch werden auch schwerwiegende Bedenken erhoben. Sie stützen sich vor allem auf Besonderheiten im Bereich der Gentechnologie. Daneben wird zu berücksichtigen sein, dass es schon allgemein keine zwingende Rechtfertigung für, aber begründete Einwände gegen die herkömmliche Handhabung des Stoffschutzes gibt (Näheres → § 14 Rn. 172 ff.). **74**

§ 12. Technischer Charakter der Erfindung

Literatur: *Albrecht, A. G./Meyer, M./Fanelli, D. L./Kilger, C. A.*, Personalized Medicine: Patentability before the European Patrnt Office and the USPTO, GRUR-Int 2015, 1–7; *Graf Ballestrem, J.*, Dreidimensionales Drucken – aus patentrechtlicher Sicht, Mitt. 2016, 358–364; *Basinski et al.*, Patentschutz für computersoftwarebezogene Erfindungen, GRUR 2007, 44–51; *Blanke-Roeser, C.*, 3D-Druck und das Patentrecht in Europa, GRUR 2017, 467–475; *Einsele, R. W.*, Erfinderische Tätigkeit – oder Nicht-Naheliegen? Gedanken zur Erfindungsqualität 2010, FS 50 J. BPatG, 193–198; *Engelhard, M.*, Sprachanalyseeinrichtung, Mitt. 2001, 58–60; *Ensthaler, J.*, Muss der Erfindungsbegriff in § 1 PatG und Art. 52 EPÜ reformiert werden?, GRUR 2015, 150–152; *Hetmank, S/Lauber-Rönsberg, A*, Künstliche Intelligenz – Herausforderung für das Immaterialgüterrecht, GRUR 2018, 574–582; *Hössle, M.*, Patentierung von Geschäftsmethoden – Aufregung umsonst?, Mitt. 2000, 331–333; *Jänich, V.M.*, Sonderrechtsschutz für geschäftliche Methoden, GRUR 2003, 483–489; *König, R.*, Patentfähige Datenverarbeitungsprogramme – ein Widerspruch in sich, GRUR 2001, 577–584; *Leenen, A.-K.*, Urheberrecht und Geschäftsmethoden, 2005; *May, C.*, Die Erfindung als technisches System, Mitt. 2012, 259–265; *ders.* Das Wesen der Erfindung, Mitt. 2016, 111–120; *Nack, R.*, Der Erfindungsbegriff – eine gesetzgeberische Fehlkonstruktion?, GRUR 2014, 148–151; *Ochmann, R.*, Zum Begriff der Erfindung als Patentschutzvoraussetzung, FS Nirk, 1992, 759–775; *Pagenberg, J.*, Trivialpatente – Eine Gefahr für das Patentsystem, FS Kolle/Stauder, 2005, 251–262; *Pila, J.*, Dispute over the Meaning of „Invention" in Art. 52 (2) EPC – The Patentability of Computer-Implemented Inventions in Europe, 36 IIC 173–191 (2005); *van Raden, L./Wertenson, F.*, Patentschutz für Dienstleistungen, GRUR 1995, 523–527; *van Raden, L.*, Dienstleistungen – Dienstleistungspatente?, in: van Raden (Hrsg.): Zukunftsaspekte des gewerblichen Rechtsschutzes, 1995, 117–122; *Riederer, M.*, Anmeldungen und Patente auf Geschäftsmethoden, Statistischer Vergleich USA, EP, und DE für den Zeitraum von 1995–2006, GRUR-Int 2007, 402–404; *Schindlbeck, T.*, Dienstleistungen – Schutzfähigkeit von Dienstleistungen als Beitrag zur Existenzsicherung mittelständischer Unternehmen, in: van Raden (Hrsg.): Zukunftsaspekte des gewerblichen Rechtsschutzes, 1995, 123–128; *Schmoll, A./Graf Ballestrem, J./Hellenbrand, J./Soppe, M.*, Dreidimensionales Drucken und die vier Dimensionen des Immaterialgüterrechts, GRUR 2015, 1041–1050; *Schricker, G.*, Urheberrechtsschutz für Spiele, GRUR-Int 2008, 200–204; *Straus, J./ Klopschinski, S.*, Der Schutz von Geschäftsmethoden und anderen patentrechtliche Fragestellungen im Lichte der aktuellen Finanzmarktkrise, FS Mes, 2009, 327–351; *Troller, A.*, Ist der immaterialgüterrechtliche „Numerus clausus" der Rechtsobjekte gerecht? in: Jus et Lex, Festgabe für M. Gutzwiller, Basel 1959, 769–786; *Vossius, V.*, Patentfähige Erfindungen auf dem Gebiet der genetischen Manipulationen, GRUR 1979, 579–584.

---

[119] S. *Hansen* Mitt. 2001, 477 ff.

I. Grundsatz

a) Herkunft und gesetzliche Verankerung des Technizitätserfordernisses

1 Das Anwendungsgebiet des Patent- und Gebrauchsmusterschutzes ist die Technik. Die gesamte Geschichte des Patentwesens zeigt, dass dieses von jeher auf die spezifischen Sachprobleme beim Schutz technischer Neuerungen zugeschnitten ist[1]. Auch der Gebrauchsmusterschutz wurde für Neuerungen eingeführt, die wegen ihres technischen Charakters im Schutz der Muster und Modelle keinen Platz fanden (→ § 6 Rn. 3). Durch die Revision des EPÜ hat dort – mit Rücksicht auf Art. 27 Abs. 1 S. 1 des TRIPS-Übereinkommens – die Ausrichtung des Patentschutzes auf das Gebiet der Technik auch in die allgemeine Umschreibung der Schutzvoraussetzungen Eingang gefunden (Art. 52 Abs. 1 EPÜ 2000). Im Anschluss hieran wurde auch § 1 PatG entsprechend ergänzt (vgl. → § 10 Rn. 5 ff.). Gleichwohl ist der patentrechtliche Technizitätsbegriff kompliziert und bis heute wohl nicht abschließend geklärt.[2] Das hat auch mit der Dynamik zu tun, die technischer Entwicklung zwar immer schon immanent war, die sich in der digitalen Welt aber nochmals beschleunigt hat.

2 Schon vor den durch das StrÜ und das EPÜ 1973 ausgelösten Änderungen des PatG und des GebrMG wurden geistige Leistungen, die nicht dem Bereich der Technik angehören, so allgemein als ungeeignet für Patent- und Gebrauchsmusterschutz angesehen, dass von Gewohnheitsrecht gesprochen werden konnte[3]. Die damals eingeführte Regelung hat hieran nichts geändert[4]. Vielmehr bestätigt sie den hergebrachten Grundsatz insbesondere dadurch, dass sie eine Reihe von Gegenständen und Tätigkeiten, denen schon vorher mangels technischen Charakters kein Patent- oder Gebrauchsmusterschutz zugänglich war, ausdrücklich nicht als Erfindungen[5] ansieht und deshalb auf diese Gegenstände oder Tätigkeiten als solche(!) bezogene Schutzbeanspruchungen nicht zulässt (§ 1

---

[1] Vgl. *Kohler* Handbuch 83, und Lehrbuch 13; *Kolle* GRUR 1977, 61; *Beier* GRUR 1972, 216; *Ochmann* FS Nirk, 1992, 768; BGH 22.6.1976, BGHZ 67, 22 (33) – Dispositionsprogramm; 17.10.2001, GRUR 2002, 143 (144) – Suche fehlerhafter Zeichenketten; 24.5.2004, BGHZ 159, 197 = GRUR 2004, 667 (669) – Elektronischer Zahlungsverkehr; aus der älteren Rechtsprechung zB RG 21.1.1933, GRUR 1933, 289 (290).

[2] Zum Erfindungsbegriff kritisch *May* Mitt. 2016, 111; zu seiner gesetzgeberischen Anlage sehr kritisch *Nack* GRUR 2014, 148, dagegen *Ensthaler* GRUR 2015, 150.

[3] *Kolle* GRUR 1977, 61; gesetzliche Anhaltspunkte erblickte man in den Vorschriften über die „technischen" Mitglieder des Patentamts und des Patentgerichts (heute §§ 26, 65 Abs. 2 PatG), vgl. BGH 22.6.1976, BGHZ 67, 22 (33) – Dispositionsprogramm; weitere Vorschriften in diesem Sinne nennt *Ochmann* FS Nirk, 1992, 762 f.; aus dem EPÜ könnten Art. 18–22 angeführt werden, wonach in den Prüfungs- und Einspruchsabteilungen sowie Beschwerdekammern technisch vorgebildete Prüfer bzw. Mitglieder tätig sind, ferner R 42, 43 (früher 27 und 29), die für die Anmeldung die Angabe des technischen Gebiets, der technischen Aufgabe und der technischen Merkmale der Erfindung fordern. Solche Vorschriften sind Anzeichen dafür, dass der Gesetzgeber (nur) die Technik als Anwendungsgebiet des Patentschutzes ins Auge gefasst hat. Im Verhältnis zum Erfordernis technischen Charakters sind sie jedoch nicht Grundlage, sondern Folgerung. Erstere findet sich allein im Erfindungsbegriff, der die möglichen Schutzgegenstände kennzeichnet, einschließlich seiner Klarstellung durch den Zusatz „auf allen Gebieten der Technik" und seiner Erläuterung durch eine Liste von Nichterfindungen. Die Vorschriften, wonach es für Neuheit und erfinderische Leistung auf den „Stand der Technik" ankommt (§§ 3, 4 PatG, § 3 GebrMG Art. 54, 56 EPÜ), sind auch deshalb kein inhaltlicher Beleg dafür, dass sich der Anwendungsbereich des Schutzes auf die Technik beschränkt, weil nach den gesetzlichen Definitionen der Stand der Technik Kenntnisse aller, nicht nur technischer Art umfasst.

[4] BGH 11.6.1991, BGHZ 115, 23 (30) – Chinesische Schriftzeichen.

[5] Im GebrMG heißt es freilich „als Gegenstand eines Gebrauchsmusters". Das ist aber nur eine terminologische Inkonsequenz, in der nachwirkt, dass in früheren Fassungen des GebrMG der Ausdruck „Erfindungen" vermieden wurde.

§ 12. Technischer Charakter der Erfindung **I § 12**

Abs. 3, 4 PatG, § 1 Abs. 2, 3 GebrMG, Art. 52 Abs. 2, 3 EPÜ, vgl. → § 12 Rn. 8 ff.)[6]. Nicht aus dem Fehlen technischen Charakters zu erklären ist freilich, dass in der Liste der Nicht-Erfindungen auch Programme für Datenverarbeitungsanlagen erscheinen, die als solche nicht patentierbar sein sollen, → § 12 Rn. 131 ff. Hier stellt sich in der Tat die Frage, ob das geltende Patentrecht das Patentsystem hinreichend offenhält für neue Technologien. Namentlich der Patentierungsausschluss für Computersoftware (als solche) erscheint insoweit problematisch, denn für Technologien wie 3D-Druck[7], Industrie 4.0, Personalized Medicine oder die Entwicklung von künstlicher Intelligenz (AI), die darauf gerichtet ist, technische Systeme mit der Fähigkeit zur kreativen Problemlösung auszustatten (keineswegs nur auf Nutzer-/Erfinder-, sondern auch auf Patentamts-/Prüferseite), stehen hier vor weitgehenden Fragen.[8]

Systematisch verfehlt war es auch, dem § 1 Abs. 2 GebrMG bei Umsetzung der BioPat-RL als Nr. 5 **3** „biotechnologische Erfindungen" anzufügen. Für den beabsichtigten Ausschluss des Gebrauchsmusterschutzes einer bestimmten Art von *Erfindungen* wäre § 2 GebrMG der richtige Ort gewesen.

b) Rechtsprechung des Bundesgerichtshofs

1. In der Erfindungsdefinition, die der BGH entwickelt und über 30 Jahre lang fest- **4** gehalten hat, ist die Technik gekennzeichnet durch den planmäßigen Einsatz beherrschbarer Naturkräfte außerhalb der menschlichen Verstandestätigkeit zur unmittelbaren Herbeiführung eines kausal übersehbaren Erfolgs. Es geht um die bewusste, zielgerichtete Steuerung des Wirkens natürlicher Faktoren, kurz: die Beherrschung der Natur durch den Menschen. In dem Maße, in dem sich infolge des Fortschreitens von Wissenschaft und Technik jene Herrschaft ausdehnt, erweitert sich ständig auch der Bereich, in dem technisches Handeln und damit Patent- oder Gebrauchsmusterschutz möglich sind. Ursprünglich auf die unbelebte Natur begrenzt, erfasste er nach und nach auch die belebte Natur, soweit sie sich steuernder Einwirkung des Menschen erschloss:[9] die Steigerung des Wachstums oder Ertrags von Pflanzen durch künstliche Mittel ohne Beeinflussung der Erbanlagen (landwirtschaftliche Kulturverfahren);[10] die Schädlingsbekämpfung; die Einwirkung auf den Körper lebender Tiere, zB zwecks Gewinnung von Seren oder Verbesserung der Milchproduktion; die Benutzung der Stoffwechseltätigkeit von Mikroorganismen bei der Gewinnung von Alko-

---

[6] Es handelt sich also nicht darum, Gegenstände oder Tätigkeiten, die „eigentlich" Erfindungen sind, mittels der „Fiktion", dass sie dies nicht seien, vom Schutz auszuschließen, sondern um den Ausdruck eines für den gesetzlichen Erfindungsbegriff notwendigen Merkmals; zutreffend *Poth* Mitt. 1992, 305 (306); *Bacher/Melullis* in Benkard PatG § 1 Rn. 95b. Dagegen meint *Pila* 36 IIC 173, 183 ff. (2005), die Liste des Art. 52 (2) EPÜ lasse sich – auch abgesehen vom Sonderfall der Computerprogramme – insgesamt nicht aus dem Fehlen technischen Charakters erklären, sondern schließe die bezeichneten Gegenstände, ohne dass es hierauf ankomme, vom Patentschutz aus. Wenn aber die Liste nicht aus dem Fehlen eines Merkmals des Erfindungsbegriffs erklärt werden kann, muss sie als Fiktion aufgefasst werden, die der Rechtfertigung bedarf (vgl. → § 12 Rn. 137 ff.). Allerdings ist auch dann, wenn das Fehlen technischen Charakters als gemeinsames Merkmal der aufgeführten Fälle angesehen wird, nach den Gründen zu fragen, die das hierauf beruhende Schutzhindernis letztlich rechtfertigen. Näheres hierzu → § 12 Rn. 22 ff.
[7] *Blanke-Roeser* GRUR 2017, 467; *Graf Ballestrem* Mitt. 2016, 358; *Schmoll/Graf Ballestrem/Hellemnbrand/Soppe,* Dreidimensionales Drucken und die vier Dimensioinen des Immaterialgüterrechts, GRUR 2015, 1041.
[8] Zu den Problemen, die AI für das Patentsystem aufwirft, instruktiv *Hetmank/Lauber-Rönsberg* GRUR 2018, 574. Zur Patentfähigkeit von Personalized Medicine vor EPA und USPTO *Albrecht/Meyer/Fanelli/Kilger* GRUR-Int 2015, 1.
[9] Zum folgenden *Duttenhöfer* 171 ff.; *Bernhardt* 30 ff.; *Ochmann* FS Nirk, 1992, 764 ff.; *Nack* Erfindung 178 ff.; BGH 27.3.1969, BGHZ 52, 74 ff. – Rote Taube.
[10] Vgl. PA 19.9.1932, BlPMZ 1932, 240 (Erzielung jährlich zweimaliger Ernte durch frühzeitigen Schnitt und intensive Bodenbearbeitung); 23.5.1956, GRUR-Int 1958, 337 (Erzielung mehrdoldiger Blüte durch systematischen Wechsel der Belichtungsdauer).

§ 12   I   *2. Abschnitt. Sachliche Voraussetzungen des Patent- u. Gebrauchsmusterschutzes*

hol, Milchsäure, Essigsäure usw, später auch zur Herstellung von Arzneimitteln (Antibiotika);[11] die – erbanlagenverändernde – Züchtung neuer Sorten und Rassen höherer Pflanzen und Tiere; die Steuerung der Eigenschaften von Lebewesen durch unmittelbare Einwirkung auf die Träger des Erbguts (Gentechnologie).[12] Alle diese Formen planmäßiger Ausnutzung biologischer Naturkräfte und Erscheinungen gehören nach heutigem Verständnis prinzipiell zum Gebiet der Technik.[13] Seit der BioPat-RL und ihrer Umsetzung ist ihre Patentierbarkeit dem Grundsatz nach auch durch ausdrückliche Vorschriften anerkannt (Art. 3 der Richtlinie, § 1 Abs. 2 S. 1 PatG, R 26 (früher 23b) EPÜ). Vom Gebrauchsmusterschutz wurden sie dabei allerdings ausgeschlossen (§ 1 Abs. 2 Nr. 5 GebrMG).

5   2. Im Zusammenhang mit den Möglichkeiten, die der Einsatz elektronischer Datenverarbeitung (EDV) erschlossen hat, stellt sich die Frage, ob nicht durch den vorstehend gekennzeichneten Erfindungs- und Technikbegriff der Anwendungsbereich des Patentschutzes in ungerechtfertigter Weise beschränkt wird. Der BGH hat deshalb im Bereich durch EDV realisierter Problemlösungen zu einer Auflockerung angesetzt[14]: Ob eine auf ein Programm für Datenverarbeitungsanlagen gerichtete Anmeldung die erforderliche Technizität aufweist, sei auf der Grundlage einer wertenden Gesamtbetrachtung des Anmeldegegenstands im Einzelfall festzustellen. Patentschutz sei nicht schon deshalb auszuschließen, weil ein Vorschlag die Lösung ohne unmittelbaren Einsatz beherrschbarer Naturkräfte anderweitig durch technisches Wissen anstrebt.

6   Technizität bleibt hiernach gefordert;[15] doch wird ihre Definition erweitert. Dabei bleibt es zulässig und nützlich zu fragen, welche Bedeutung der Einsatz beherrschbarer Naturkräfte für eine Problemlösung hat.[16] Wird diese unmittelbar durch jenen erreicht, ist sie ohne weiteres als technisch anzusehen. Fehlt es an einer unmittelbaren Beziehung dieser Art, kann mittels der vorgenannten Frage geklärt werden, ob die Problemlösung von technischem Wissen in einer Weise Gebrauch macht, die es erlaubt, ihr im Wege „wertender Gesamtbetrachtung" technischen Charakter zuzuerkennen.

c) Rechtsprechung der Beschwerdekammern des Europäischen Patentamts

7   Das Fehlen technischen Charakters ist auch nach Auffassung der Beschwerdekammern des EPA der Grund dafür, dass nach Art. 52 Abs. 2, 3 EPÜ für bestimmte Gegenstände und Tätigkeiten als solche kein Patentschutz beansprucht werden kann[17]. Sie verwenden dabei keine selbständige Definition der Technizität, sondern tautologische, nämlich ihrerseits den Technikbegriff voraussetzende Umschreibungen; gelegentlich wird von im wesentlichen

---

[11] Vgl. *Duttenhöfer* 181 ff.; BGH 27.3.1969, BGHZ 52, 74 (80) – Rote Taube.
[12] Vgl. *Vossius* GRUR 1979, 579 ff.; *Beier* GRUR 1972, 217.
[13] Grundlegend BGH 27.3.1969, BGHZ 52, 74 (79) – Rote Taube.
[14] 13.12.1999, BGHZ 143, 255 (262 ff.) – Logikverifikation; dazu → § 12 Rn. 77 ff.
[15] BGH 24.5.2004, BGHZ 159, 197 = GRUR 2004, 667 (669) – Elektronischer Zahlungsverkehr. bezeichnet es als „Zweck des Patentrechts, ausschließlich erfinderische Lösungen auf dem Gebiet der Technik durch ein zeitlich beschränktes Ausschließlichkeitsrecht zu fördern".
[16] In BGH 19.10.2004, GRUR 2005, 141 (142) (zu 4c) – Anbieten interaktiver Hilfe wird einem Problem die technische Natur abgesprochen, „da es nicht notwendigerweise den Einsatz beherrschbarer Naturkräfte zur Herbeiführung eines kausal übersehbaren Erfolgs erfordert". Aus der hergebrachten Definition ist hier nur das Wort „unmittelbar" weggelassen, was der Entscheidung „Logikverifikation" BGHZ 143, 255 (262 f.) entspricht.
[17] EPA 19.3.1986, ABl. 1986, 226 – Kodierte Kennzeichnung/Stockburger; 5.10.1988, ABl. 1990, 12 (17) – Zusammenfassen und Wiederauffinden von Dokumenten/IBM; 14.3.1989, ABl. 1990, 379 (383) – Farbfernsehsignal/BBC; 25.4.1989, ABl. 1990, 395 (402 f.) – Farbige Plattenhülle/Fuji; 3.7.1990, ABl. 1992, 230 – Anzeiger/Beattie; 8.12.2000, ABl. 2001, 441 (448, 453 ff.) – Steuerung eines Pensionssystems/PBS Partnership; 21.4.2004, ABl. 2004, 575 = GRUR-Int 2005, 332 Rn. 3.1 – Auktionsverfahren/Hitachi; 22.3.2006, ABl. 2007, 16 = GRUR-Int 2007, 246 Rn. 3 – Unzustellbare Postsendungen/Pitney Bowes; 22.3.2006, ABl. 2007, 63 = GRUR-Int 2007, 333 Rn. 2.2 – Geruchsauswahl/Quest International.

§ 12. Technischer Charakter der Erfindung

abstrakten Sachverhalten gesprochen, die nicht durch technische Merkmale gekennzeichnet seien[18]; manchmal ist das Erfordernis technischen Charakters auf dasjenige der gewerblichen Anwendbarkeit bezogen[19]. Vereinzelt wird neben technischem Charakter gesondert geprüft, ob einer der Tatbestände des Art. 52 Abs. 2 EPÜ vorliegt[20]. Abgrenzungsschwierigkeiten machen vor allem mit Datenverarbeitungsprogrammen arbeitende Problemlösungen (Näheres → Rn. 26 ff.).

II. Geistige Leistungen außerhalb der Technik

a) Entdeckungen, wissenschaftliche Theorien, mathematische Methoden

Nach den dargestellten Maßstäben ist der technische Charakter zunächst den Entdeckungen abzusprechen; weil sie – als solche – keine Lehre zum planmäßigen, zielgerichteten Handeln enthalten[21], sondern nur dafür verwertbare Erkenntnisse liefern (vgl. → § 11 Rn. 11 ff.). Gleiches gilt für die ebenfalls in § 1 Abs. 3 Nr. 1 PatG, § 1 Abs. 2 Nr. 1 GebrMG sowie Art. 52 Abs. 2 (a) EPÜ genannten wissenschaftlichen Theorien. Zwar können auch in ihnen bedeutende geistige Leistungen stecken und können auch sie – wenn sie einem technischen oder technisch verwertbaren Fach angehören – zu Erfindungen führen. Denn ist bei ihnen, ebenso wie in Entdeckungen der Ausschluss vom Patentschutz deshalb geboten, weil auch die nur zeitweilige Monopolisierung abstrakt-genereller Erkenntnisse den technischen Fortschritt übermäßig hemmen würde.[22] Aus diesem Grund sind auch **mathematische Methoden als solche** nicht patentfähig, obwohl sie fast immer Handlungsanweisungen enthalten. Die entscheidende Frage für das Vorliegen von Patentfähigkeit in allen Fällen des § 1 Abs. 3 PatG enthält Abs. 4: wird wirklich (nur) für die genannten Gegenstände "als solche" Schutz begehrt? Nur dann fehlt die Patentfähigkeit. Letztendlich fragt sich also, **wieviel Technikbezug** der angemeldete Gegenstand aufweisen muss.

8

In einem Verfahren zur rechnergestützten Optimierung von Herstellungsprozessen, bei dem Zielgrößen und Prozessparameter erfasst und gespeichert und dann einer mathematischen Abbildung unterzogen werden, die eine Projektion auf eine selbstorganisierende Karte (SOM-Karte) leistet und den Rückschluss auf die Eingangsdaten ermöglicht, so dass für eine auf der Karte ausgewählte Zielgröße die zugehörigen Parameter ermittelt und an den Prozessor ausgegeben werden können, sah das BPatG lediglich die mathematische Methode.[23] Ob und in welcher Hinsicht sie zur Optimierung eines konkreten Herstellungsprozesses beitrage, sei offen. Dem Verfahren lägen keine technischen Überlegungen zugrunde. Sein Schutz laufe darauf hinaus, ein anwendungsorientiertes mathematisches Abbildungs- und Berechnungsverfahren, jedenfalls beim Ablauf auf einem Rechner, generell unter Schutz

9

---

[18] EPA 5.10.1988, ABl. 1990, 12 (17) – Zusammenfassen und Wiederauffinden von Dokumenten/IBM und EPA 14.3.1989, ABl. 1990, 379 (383) – Farbfernsehsignal/BBC; ähnlich EPA 6.7.1994, ABl. 1995, 605 (613) – Warteschlangensystem/Pettersson.

[19] EPA 15.7.1986, ABl. 1987, 14 Rn. 7 – computerbezogene Erfindung/VICOM; 19.3.1992, ABl. 1993, 669 (675 f.) – Kartenleser/IBM. Dagegen wird in den EPA-Prüfungsrichtlinien (G II 2.) betont, dass die grundlegende Prüfung darauf, ob eine Erfindung iSv Art. 52 Abs. 1 vorliegt, nicht mit der Prüfung auf gewerbliche Anwendbarkeit verwechselt werden darf.

[20] EPA 15.4.1993, ABl. 1994, 557 (568) – Editierbare Dokumentenform/IBM; vgl. → Rn. 31 f.

[21] Dies lässt *König* GRUR 2001, 577 (581) unberücksichtigt, wenn er von technischen Entdeckungen spricht. Zutreffend dagegen BPatG 20.1.2004, GRUR 2004, 850 (851) – Kapazitätsberechnung.: „… das Gebiet der Technik umschließt nicht die Erkenntnisse grundsätzlicher naturgesetzlicher Zusammenhänge, sondern umfasst lediglich die Anwendungen oder Umsetzungen dieser Erkenntnisse zu einem konkreten Zweck, nämlich als Lehre zum Handeln."

[22] Es geht hier nicht darum, dass „die Ansprüche nicht mehr umfassen dürfen, als tatsächlich offenbart wurde". Vielmehr kann eine Entdeckung oder wissenschaftliche Theorie auch nach vollständiger Offenbarung nicht als solche beansprucht werden. Wer (noch) keine die Entdeckung oder Theorie verwertende praktische Handlungsanweisung zu geben vermag, kann noch nichts beanspruchen, auch nicht etwa besagte Entdeckung oder Theorie. Nicht vollständig klar insoweit *Nack* EPÜ-GK Art. 52 Rn. 214.

[23] 19.6.2001, Mitt. 2002, 76 (78) – SOM II.

zu stellen, gleichgültig welche Bedeutungsinhalte eines beliebigen Herstellungsverfahrens zugrunde gelegt werden. Gerade ihre universelle Anwendbarkeit kennzeichne abstrakte wissenschaftliche oder mathematische Verfahren.

10   Eine Lehre, die lediglich Angaben zu einem mathematischen Verfahren enthält, aber keine Lösung eines konkreten technischen Problems angibt, liegt, wie das BPatG entschieden hat, auch dann nicht auf technischem Gebiet, wenn sie sie auf technische Systeme eingeschränkt wird.[24] Nach einer anderen Entscheidung des BPatG ist eine mathematische Methode aber dann nicht nur „als solche" beansprucht, wenn sich der Patentanspruch auf ihre computergestützte Durchführung beschränkt, was aber im gegebenen Fall am Fehlen technischen Charakters freilich nichts geändert hatte.[25]

11   Der BGH-Patentsenat hat dazu 2015 klargestellt, dass eine mathematische Methode nur dann als nicht-technisch angesehen werden kann, wenn sie im Zusammenhang mit der beanspruchten Lehre keinen Bezug zur gezielten Anwendung von Naturkräften aufweist. In *casu* war es um Rechenoperationen gegangen, die als solche zwar (nur) die Anwendung statistischer Methoden betroffen hatten, die im Ergebnis aber die Beschleunigung weiterer Rechenschritte und die Gewinnung zuverlässigerer Erkenntnisse über den Flugzustand eines Flugzeugs ermöglichen lassen. Damit hatten sich Systeme zur Flugzustandsbestimmung verbessern lassen, und dieser Bezug zur gezielten Anwendung von Naturkräften hatte dem BGH ausgereicht. Nicht patentfähig seien nur mathematische Methoden **ohne Bezug zur gezielten Anwendung von Naturkräften**.[26]

b) Ästhetische Formschöpfungen

12   Keine Erfindungen sind die ästhetischen Formschöpfungen (§ 1 Abs. 3 Nr. 2 PatG, § 1 Abs. 2 Nr. 2 GebrMG, Art. 52 Abs. 2 (b) EPÜ). Die geistige Leistung, die ihnen zugrunde liegt, bezieht sich nicht auf das Gebiet der Technik. Zuständig für ihren Schutz sind das Urheber- und das Geschmacksmusterrecht (vgl. → § 2 Rn. 22 ff., 63 ff.). Wiederum ist freilich nur die ästhetische Gestaltung als solche vom Patentschutz ausgeschlossen (§ 1 Abs. 4 PatG, § 1 Abs. 3 GebrMG, Art. 52 Abs. 3 EPÜ), nicht dagegen eine an sich technische Problemlösung, mit deren Hilfe ästhetische Wirkungen, zB besserer Klang eines Musikinstruments, größere Leuchtkraft von Farben,[27] erzielbar sind, oder die technisch vorteilhafte Gestaltung eines Gegenstands, die ihm gleichzeitig ein gefälliges Aussehen gibt.

c) Nichttechnische Handlungsanweisungen, Informationsvermittlung

13   1. Pläne, Regeln und Verfahren für **gedankliche Tätigkeiten,** für **Spiele** oder für **geschäftliche Tätigkeiten** können nach § 1 Abs. 3 Nr. 3, Abs. 4 PatG, § 1 Abs. 2 Nr. 3, Abs. 3 GebrMG, Art. 52 Abs. 2 (c), 3 EPÜ als solche nicht patentiert oder durch Gebrauchsmuster geschützt werden, da sie nicht als Erfindungen anzusehen sind. Allerdings haben sie mit diesen gemeinsam, dass sie Handlungsanweisungen geben. Der wesentliche Unterschied ergibt sich daraus, dass ihnen der Bezug auf den Einsatz beherrschbarer Naturkräfte und deshalb der technische Charakter fehlt[28]. Sie leiten zu Handlungen an, die der Mensch ohne steuernden Eingriff in Naturvorgänge ausführen kann[29]. Sie sind, wie man zu sagen pflegt, bloße „Anweisungen an den menschlichen Geist". Die menschliche Verstandestätigkeit, die bei ihrer Ausführung eingesetzt wird, gehört, wie der BGH hervorhebt, nicht zu den Naturkräften, deren Einsatz die Technik kennzeichnet; technisches Handeln ist nur die Anwendung solcher Naturkräfte, die außerhalb jener Verstandestätigkeit liegen und mit

---

[24] 30.7.2002, BPatGE 46, 1 – Fuzzy Clustering.
[25] BPatG 28.9.2004, GRUR 2005, 1027 Rn. 1.2.1 und 2.2 – Partitionsbaum.
[26] BGH 30.6.2015, GRUR 2015, 983 Rn. 21, 27, 29 – Flugzeugzustand.
[27] Vgl. auch BGH 23.11.1965, GRUR 1966, 249 – Suppenrezept; 18.5.1967, GRUR 1967, 590 – Garagentor; 7.10.1971, Mitt. 1972, 235 – Rauhreifkerze; 3.11.1987, BGHZ 102, 118 (127 f.) – Kehlrinne.
[28] So schon *Kohler* Handbuch 106, 111 ff.
[29] BPatG 2.7.1998, GRUR 1999, 414 (416) – Pflanzenanordnung.

§ 12. Technischer Charakter der Erfindung II § 12

ihrer Hilfe beherrscht werden[30]. Zwar wendet sich auch die Erfindung als Lehre zum technischen Handeln an den Menschen, der sie verstehen und ausführen muss; doch erschöpft sie sich hierin nicht. Sie wird als Handlungsanweisung erst dadurch erfüllt, dass der Mensch verändernd auf die „Welt der Erscheinungen", der „Dinge"[31] einwirkt und dadurch einen Kausalverlauf auslöst, der ohne Einschaltung weiterer menschlicher Verstandestätigkeit zum erfindungsgemäßen Ergebnis führt[32]. Dagegen besteht das Ergebnis der Befolgung nichttechnischer Handlungsregeln zunächst darin, dass Vorstellungen bei Menschen hervorgerufen werden, also in einer Einwirkung auf die Welt des „Geistes", der „Ideen", der „Bewusstseinsinhalte".[33]

2. Den nichttechnischen Handlungsanweisungen ist – neben den schon wegen ihres abstrakt-allgemeinen Charakters vom Schutz auszuschließenden mathematischen Methoden (→ Rn. 8 ff.) – auch die **Wiedergabe von Informationen** zuzurechnen. Bei ihr geht es um Regeln für die Informations*darstellung*, durch deren Befolgung zunächst lediglich Vorstellungen erzeugt werden. Das Gesetz schließt sie aus seinem Erfindungsbegriff aus und verwehrt ihr (als solcher) den Patent- und Gebrauchsmusterschutz (§ 1 Abs. 3 Nr. 4, Abs. 4 PatG, § 1 Abs. 2 Nr. 4, Abs. 3 GebrMG; Art. 52 Abs. 2(d), 3 EPÜ).[34] 14

Patentschutz ist dabei nicht schon dann ausgeschlossen, wenn ein Verfahren oder eine Vorrichtung die Wiedergabe von Informationen betrifft; vielmehr kommt es, wie der BGH ausgesprochen hat, darauf an, ob die beanspruchte Lehre Anweisungen enthält, die der Lösung eines konkreten technischen Problems mit technischen Mitteln dienen. Ist dies der Fall, schadet es nicht, wenn der Patentanspruch auch auf den Informationscharakter des Verfahrensergebnisses oder der beanspruchten Sache abstellt.[35] Auf die gesetzlichen Ausschlussvorschriften bezogen bedeutet dies, dass in einem beanspruchten Gegenstand nur dann eine Wiedergabe von Informationen als solche gesehen werden kann, wenn ihm der technische Charakter fehlt. 15

3. Da das Gesetz die Gegenstände und Tätigkeiten, die es nicht als Erfindungen ansieht, nicht abschließend aufzählt, ist in allen Fällen das **Fehlen des technischen Charakters**, nicht die Einordnung unter einen der im Gesetz genannten Tatbestände entscheidend.[36] Bei den folgenden Beispielen aus dem Bereich der nichttechnischen Handlungsregeln und der Informationswiedergabe wird daher vom Versuch einer solchen Einordnung abgesehen. 16

Keine Erfindungen sind nach den dargestellten Maßstäben: Rechentabellen, eine Kurzschrift, Notenschrift oder Kunstsprache, Buchführungssysteme, Unterrichts- oder Werbe- 17

---

[30] BGH 22.6.1976, BGHZ 67, 22 (27) – Dispositionsprogramm. Ob sich die menschliche Verstandestätigkeit letztlich auf chemisch-physikalische Vorgänge zurückführen lässt, ist hier ohne Belang, vgl. *Kolle* GRUR 1978, 60; aM *Zipse* Mitt. 1974, 250; jedenfalls vermag der Mensch die Verstandestätigkeit anderer nicht in gleicher Weise zu beherrschen wie (gegebenenfalls sonstige) Naturkräfte, vgl. BPatG 30.10.1975, BPatGE 18, 170 (174); *Beyer* FS 25 J. BPatG, 1986, 208. Es ist deshalb fraglich, ob es der vom BGH gemachten Einschränkung überhaupt bedarf.
[31] BGH 22.6.1976, BGHZ 67, 22 (32) – Dispositionsprogramm; *Bernhardt* 26; BPatG 22.10.1963, Mitt. 1964, 97 (99); 15.1.1965, BPatGE 6, 145 (147).
[32] Ein Vorgang ist nicht schon deshalb nichttechnisch, weil er durch menschliches Handeln in Gang gesetzt wird, vgl. BGH 20.11.2001, Mitt. 2002, 176 (zu BPatG 7.12.1999, BPatGE 42, 157) – Gegensprechanlage; BPatG 28.11.1995, BPatGE 36, 77 (halbautomatische computergestützte Einparkhilfe); 29.4.2002, Mitt. 2002, 275 – Elektronischer Zahlungsverkehr; EPA 6.7.1994, ABl. 1995, 605 (615) – Warteschlangensystem/Pettersson.
[33] Vgl. BGH 22.6.1976, BGHZ 67, 22 (32) – Dispositionsprogramm; BPatG 22.10.1963, Mitt. 1964, 97 (99); 15.1.1965, BPatGE 6, 145 (147); *Bernhardt* 26.
[34] Die ausdrückliche Erwähnung der Wiedergabe von Informationen geht zurück auf Regel 39.1 (v) PCT, wo sie insbesondere auf Tabellen, Formulare und Schriftanordnungen zielt, vgl. *Moufang* in Schulte PatG § 1 Rn. 126.
[35] BGH 19.5.2005, GRUR 2005, 749 (752) – Aufzeichnungsträger.
[36] So wird in EPA 22.3.2006, ABl. 2007, 63 = GRUR-Int 2007, 333 Rn. 2.2 – Geruchsauswahl/ Quest International technischer Charakter verneint, obwohl sich der beanspruchte Gegenstand nach Ansicht der Kammer weder auf eine rein gedankliche noch auf eine rein geschäftliche Tätigkeit bezog. Zum Sachverhalt s. u. bei Fn. 58.

§ 12 II   2. Abschnitt. Sachliche Voraussetzungen des Patent- u. Gebrauchsmusterschutzes

methoden, Regeln für psychologische Tests,[37] die Anordnung und Einteilung der Angaben in Adressbüchern, Rundfunkprogrammen und dergleichen, Fahrpläne für Verkehrsmittel, Bebauungspläne, Muster für rechtsgeschäftliche Erklärungen (zB Unternehmertestament, Lizenzvertrag), Empfehlungen für die vorteilhafte, insbesondere steuersparende Gestaltung von Rechtsbeziehungen (zB Bauherrenmodell). Gleiches gilt für Regeln zur Identifizierung einer Person mittels ihrer Fingerabdrücke, während in einem Verfahren oder Gerät zum Festhalten oder Sichtbarmachen solcher Abdrücke eine technische Erfindung stecken kann.[38]

18   4. In der **deutschen Rechtsprechung** wurden **nicht als Erfindungen angesehen:**

– der Vorschlag, zwischen die Textseiten eines Buches Werbung so einzufügen, dass ihr Reklamecharakter nicht ins Auge fällt;[39]
– ein Wett- oder Wahlschein, der durch Linien und Schriftzeichen für die Vornahme von Eintragungen aufgeteilt ist;[40]
– die Zusammenstellung farblich aufeinander abgestimmter Muster von Vorhängen und Teppichböden auf einer Mustertafel;[41]
– die Aufteilung eines Buchungsblatts in waagrechte Zeilen und unterschiedlich gefärbte Spalten;[42]
– bei einem Lernspiel eine Gestaltung zu Bildern zusammenzufügender Plättchen, die das Erkennen falscher Zusammensetzung und damit das Auffinden der richtigen Lösung erschwert;[43]
– die Lehre, den Umschlag eines Schreibhefts ebenso zu linieren wie die Innenblätter, um die Lineatur ohne Öffnen des Hefts erkennbar zu machen;[44]
– das Versehen eines Briefbogens mit einem zusätzlichen Aufdruck der Absenderanschrift und Angaben, nach welchen der Empfänger diesen durch Falten des Bogens für seine Rückantwort nutzen kann;[45]
– farbige Kennzeichnungen an Steckschlüsseleinsätzen zur Unterscheidung der Maßsysteme, denen die Einsätze entsprechen;[46]
– die visuelle Darstellung des harmonischen Gefüges einer Abfolge von Tönen mittels der räumlichen Struktur einer Pflanzenanordnung: die Anleitung zum planenden und gestaltenden Handeln richte sich hier allein an die menschliche Verstandestätigkeit und bleibe in den Grenzen ästhetischer Formschöpfung; es handle sich um nichts anderes als eine von der üblichen Notenschrift abweichende visuelle Klangaufzeichnung; die bei der gärtnerischen Gestaltung angewandten technischen Mittel seien nicht Bestandteil der Problemlösung.[47]

19   **Als technisch** wurden dagegen folgende Vorschläge **angesehen:**

– einen Typensatz so auszugestalten, dass ohne Beeinträchtigung der Lesbarkeit seine Abdrucke beim maschinellen Abtasten unmittelbar einem Code entsprechende Impulse erzeugen;[48]
– die Erkennbarkeit des Inhalts eines EDV-Plattenstapels auch im Betriebszustand, also während sich der Stapel dreht, dadurch zu gewährleisten, dass auf dessen Abdeckplatte farbige Markierungen an-

---

[37] *Troller* Bd. I 150; vgl. auch EPA 22.3.2006, ABl. 2007, 63 = GRUR-Int 2007, 333 Rn. 2.2 – Geruchsauswahl/Quest International.
[38] Vgl. *Bernhardt* 29.
[39] DPA 2.3.1954, GRUR 1955, 35.
[40] BGH 21.3.1958, GRUR 1958, 602 – Wettschein.
[41] BPatG 23.5.1973, BPatGE 15, 184.
[42] BGH 18.3.1975, GRUR 1975, 549 – Buchungsblatt unter ausdrücklicher Ablehnung der in manchen älteren Entscheidungen des DPA vertretenen, schon von *Bernhardt* 29, kritisierten Ansicht, dass von schutzunfähigen „rein geistigen" sog. „mechanisch geistige" Anweisungen zu unterscheiden seien, die Gegenstand technischer Schutzrechte sein könnten; vgl. auch *Bruchhausen* in Benkard, 9. Aufl., PatG § 1 Rn. 47.
[43] BPatG 30.10.1975, BPatGE 18, 170; aufgegeben in BPatG 17.12.1997, BlPMZ 2000, 55 (57) – Doppelmotivkarte.
[44] BPatG 12.5.1977, BPatGE 20, 47.
[45] BPatG 10.5.1973, BPatGE 15, 166.
[46] DPA 30.3.1955, Mitt. 1956, 17.
[47] BPatG 2.7.1998, GRUR 1999, 414 (416) – Pflanzenanordnung.
[48] BGH 23.3.1965, GRUR 1965, 533 – Typensatz.

§ 12. Technischer Charakter der Erfindung II **§ 12**

gebracht sind: diese Anordnung berührt auch die konstruktive Ausgestaltung des Stapels, während der den farbigen Kennzeichnungen zugeordnete Bedeutungsinhalt nicht schutzfähig wäre.[49] Die Entscheidung zeigt, dass die Informationsvermittlung als solche von den Geräten[50] (zB Signaleinrichtungen, Messinstrumenten, Funkgeräten) und Verfahren unterschieden werden muss, mit denen sie betrieben wird. Demgemäß ist auch bei *Skalen* zwischen der gegenständlichen Ausbildung und den ihr etwa zugeschriebenen Bedeutungsinhalten zu unterscheiden; Erfindungen können sich auf Material und Form des Skalenträgers, Ausbildung und Farbe der Marken, Größe und Gesetzmäßigkeit ihrer Abstände beziehen; die willkürlich festgelegten Bedeutungen der einzelnen Marken sind dagegen nicht technischer Natur;[51]

— auf Teilbereichen einer Anzeigefläche, die mittels Leuchtsegmente Zeichen wie Zahlen oder Buchstaben erscheinen lässt, eine selbstklebende, durchsichtige, das hindurchtretende Licht farbverschiebende PVC-Folie anzubringen: der Zweck, verschiedene Bereiche der Anzeigefläche auffällig unterscheidbar zu machen, stehe der Zugehörigkeit zum Bereich der Technik nicht entgegen. Das unmittelbare technische Ergebnis bestehe in den unterschiedlich gefärbten Bereichen der Anzeigefläche; der Bedeutungsgehalt, der gegebenenfalls durch die verschiedenen Farben vermittelt werden könne, liege außerhalb der unter (hier: Gebrauchsmuster-)Schutz gestellten Gestaltung;[52]

— in einer Ansichtskarte ein Fenster auszusparen, das durch den Ausschnitt eines vom Benutzer gewählten individuellen Bildmotivs auszufüllen ist;[53]

— Modelle zur Veranschaulichung von Atom- oder Molekülstrukturen, wie sie zB für Unterrichtszwecke verwendet werden, in bestimmter Weise gegenständlich auszubilden, auch wenn ihrer Gestaltung ein in der Anmeldung dargestelltes theoretisches Modell zur Ableitung kern- und atomphysikalischer Parameter zugrunde liegt;[54]

— eine Gleisanlage mit mehreren in Fahrtrichtung der Fahrzeuge aufeinanderfolgenden verzweigenden Weichen automatisch ohne Einschaltung menschlicher Verstandestätigkeit so zu betreiben, dass ein frühzeitiger Schutz des aktuellen Ablaufs vor nachfolgenden Abläufen gewährleistet ist und Falschläufer vermieden werden; der technische Charakter eines solchen Verfahrens werde nicht durch die entfernte Möglichkeit in Frage gestellt, eine einzelne Verfahrensmaßnahme auch mit Hilfe menschlicher Verstandestätigkeit durchzuführen;[55]

— bei einem Verfahren zum Auswerten von diskreten Messwerten (a) vor der Auswertung den Messwerten ein Attribut zuzuordnen, das für jeden Messwert aus anderen Messwerten der Messwertfolge abgeleitet wird und für alle Messwerte die gleiche Eigenschaft aufweist, (b) ein Kriterium für die Attribute und die Länge einer Kette aus der Folge von diskreten Messwerten festzulegen sowie (c) die Messwerte entsprechend zu ordnen und auf dieser Grundlage zu mitteln und aufzuzeichnen. Mit der Zweckangabe „zum Auswerten von diskreten Messwerten" sei die beanspruchte Lehre inhaltlich auf physikalisch-technische Größen festgelegt; es würden vor Anwendung des Verfahrens nicht erkennbare Strukturen diskreter Messwertfolgen und damit die dahinter liegenden technischen Zusammenhänge herausgearbeitet und darstellbar gemacht.[56]

5. Beschwerdekammern des **Europäischen Patentamts** haben mangels technischen **20** Charakters als **nicht patentierbar** angesehen:

— die Anweisung, auf einem Gegenstand, insbesondere einem Tonträger, eine kodierte Kennzeichnung anzubringen, den Gegenstand mit Kenndaten zu versehen und die Kennzeichnung durch Verschlüsselung der Kenndaten zu bilden: sie könne von einer Person in beliebiger Weise durchgeführt werden und setze keinen Einsatz technischer Mittel voraus; ein Patentanspruch, der auf sie gerichtet ist,

---

[49] BGH 1.7.1976, GRUR 1977, 152 – Kennungsscheibe.
[50] Hierzu auch BPatG 13.7.1973, BPatGE 15, 175 – Transport- und Anzeigevorrichtung.
[51] BPatG 22.10.1963, Mitt. 1964, 97 (99); 15.1.1965, BPatGE 6, 145 (147); 13.7.1973, BPatGE 15, 175 (178); zur Unterscheidung zwischen technischen und nichttechnischen Gestaltungselementen bei einem „Schuppenformularsatz" für Überweisungsaufträge vgl. BPatG 17.3.1977, BPatGE 20, 29.
[52] BGH 10.5.1984, BlPMZ 1985, 117 – Anzeigevorrichtung.
[53] BPatG 17.12.1997, BlPMZ 2000, 55 (57) – Doppelmotivkarte.
[54] Nach BPatG 12.11.1998, BPatGE 40, 254 – Kernmechanisches Modell kann ein solcher Anmeldungsgegenstand jedenfalls nicht gem. § 42 Abs. 2 PatG als *offensichtlich* untechnisch zurückgewiesen werden.
[55] BPatG 12.11.1998, BPatGE 40, 250 – Grenzzeichenfreie Räumung.
[56] BPatG 11.7.2006, GRUR 2007, 133 (135).

ohne technische Mittel zu ihrer Durchführung anzugeben, betreffe ein Verfahren, das nach Art. 52 Abs. 2, 3 nicht als Erfindung iSd Art. 52 Abs. 1 EPÜ anzusehen sei;[57]
- den Vorschlag, für die Hülle von Platten statt Schwarz helle Farben zu verwenden: es werde lediglich eine ästhetische, keine technische Wirkung erzielt; das gelte auch insoweit, als Fingerabdrücke auf hellfarbigen Hüllen weniger auffallen als auf schwarzen und die Verwendung verschiedener Farben ein Ordnen der Platten nach Farben ermöglicht;[58]
- die Lehre, ein Tasteninstrument mit Zahlen und Buchstaben zu versehen, aus denen abgelesen werden kann, welchen Tönen die Tasten im dodekaphonischen und im heptatonischen System entsprechen und dadurch das Erlernen des Spielens zu erleichtern: ihr Inhalt sei nicht der Einsatz technischer Mittel zur Lösung einer technischen Aufgabe, sondern nur die Verbesserung einer Lehrmethode als eines Verfahrens für eine gedankliche Tätigkeit;[59]
- den Vorschlag, den Aufwand für die Herstellung, Verwahrung und Handhabung maschinenlesbarer Karten für Selbstbedienungsautomaten, insbesondere von Banken, durch ein Verfahren zu verringern, nach welchem eine Karte von verschiedenen Automatenaufstellern als berechtigt anerkannt und dann die Automaten aller dieser Aufsteller mit derselben Karte betätigt werden können: Das Verfahren sei eher ein geschäftliches Verfahren als solches denn ein technisches Verfahren;[60]
- ein Verfahren zur senderseitigen Bearbeitung einer Mitteilung über die Unzustellbarkeit einer Postsendung mit Anweisungen für die Suche nach den Informationen, die eine erfolgreiche Zustellung ermöglichen, wobei in den Ansprüchen keine technischen Mittel zur Gewinnung und Übermittlung der Informationen bezeichnet waren: es handle sich um eine geschäftliche Tätigkeit als solche, auch wenn bei ihrer Durchführung der Einsatz technischer Mittel möglich sei;[61]
- ein evokativer Wahrnehmungstest, bei dem ein Proband oder eine Vielzahl von Probanden Gerüchen und gleichzeitig visuellen oder akustischen Ziel- oder Bahnungsreizen ausgesetzt und je nach der Reaktion des oder der Probanden ein Geruch, insbesondere zur Verwendung in Parfümerieerzeugnissen, ausgewählt wird, von dem dann auf Grund des Tests verbesserte Marktchancen für die damit versehenen Erzeugnisse erwartet werden: der dem beanspruchten Verfahren zugrunde liegende, also der sich bei der Testperson abspielende Mechanismus gehöre nicht zu den Mechanismen, die sich unter denselben oder analogen Bedingungen mit durchgängig gleichen oder ähnlichen Ergebnissen und dem Grad an objektiver Verifizierbarkeit und Zuverlässigkeit wiederholen lassen, der technischen Mechanismen generell eigen sei;[62]

21 Dagegen wurde das Vorliegen eines aus Art. 52 Abs. 2, 3 EPÜ ableitbaren **Patentierungshindernisses verneint** für

- ein Fernsehsignal, das durch die technischen Merkmale des Systems gekennzeichnet ist, in dem es erzeugt oder empfangen wird: ein solches Signal stelle eine physische Realität dar, die durch technische Mittel direkt festgestellt und deshalb trotz ihres flüchtigen Charakters nicht als etwas Abstraktes betrachtet werden könne;[63]

---

[57] EPA 19.3.1986, ABl. 1986, 226 – Kodierte Kennzeichnung/Stockburger.
[58] EPA 25.4.1989, ABl. 1990, 395 (402 f.) – Farbige Plattenhülle/Fuji; krit. *Bacher/Melullis* in Benkard PatG § 1 Rn. 100a.
[59] EPA 3.7.1990, ABl. 1992, 230 – Anzeiger/Beattie.
[60] EPA 19.3.1992, ABl. 1993, 669 (675 f.) – Kartenleser/IBM; krit. *Bacher/Melullis* in Benkard PatG § 1 Rn. 103b.
[61] EPA 22.3.2006, ABl. 2007, 16 = GRUR-Int 2007, 246 Rn. 3 – Unzustellbare Postsendungen/Pitney Bowes.
[62] EPA 22.3.2006, ABl. 2007, 63 = GRUR-Int 2007, 333 Rn. 2.3, insbes. 2.3.2 – Geruchsauswahl/Quest International; als technisch wurde allerdings das ebenfalls beanspruchte Verfahren zur Herstellung eines parfümierten Erzeugnisses mit einem gemäß dem Testverfahren ausgewählten Geruch angesehen; doch wurde die Anmeldung auch insoweit mangels Beruhens auf erfinderischer Tätigkeit zurückgewiesen, weil bei der Prüfung dieses Erfordernisses nur die technischen Merkmale des Anspruchsgegenstands zu berücksichtigen, die als nicht naheliegend in Frage kommenden Merkmale im gegebenen Fall aber nicht technisch seien (Nr. 4). Systematisch befriedigender wäre es gewesen, auch dem Herstellungsverfahren technischen Charakter abzusprechen, weil die nach dem Inhalt der Anmeldung angesichts des darin vorausgesetzten SdT gelöste Aufgabe, die Erzeugnisse besser auf die „Kundenpsychologie" abzustimmen, keine technische war (was die Entscheidung in Nr. 4.2.1 aE feststellt).
[63] EPA 14.3.1989, ABl. 1990, 379 (382 f.) – Farbfernsehsignal/BBC.

§ 12. Technischer Charakter der Erfindung III § 12

– einen zur Verwendung in Verbindung mit einer Lesevorrichtung bestimmten Aufzeichnungsträger mit funktionellen Daten, nämlich Informationen für die Synchronisation codierter Bildzeilen, Zeilennummern und Adressen, die inhärent die technischen Merkmale des (Bildwiederauffindungs-) Systems aufweisen, in dem er verwendet wird: es gehe dabei nicht um eine Wiedergabe von Informationen als solche[64];
– eine Schaltanzeige, die in einem Fahrzeug sowohl den gerade eingelegten als auch den auf Grund Auswertung automatischer Signale über den Fahrzustand ermittelten jeweils günstigsten Gang des Getriebes anzeigt[65].

III. Computerprogramme

Literatur (s. auch die Angaben vor § 10): *Albrecht, F.*, Technizität und Patentierbarkeit von Computerprogrammen, CR 1998, 694–698; *Anders, W.*, Wie viel technischen Charakter braucht eine computerimplementierte Geschäftsmethode, um auf erfinderischer Tätigkeit zu beruhen?, GRUR 2001, 555–560; *ders.*, Die Patentierbarkeit von Computerprogrammen und Geschäftsmethoden, AB1EPA 2001, Sonderausg. 2, 130–148; *ders.*, Erfindungsgegenstand mit technischen und nichttechnischen Merkmalen, GRUR 2004, 461–468; *ders.*, Patentierbarkeit computerimplementierter Erfindungen nach der deutschen Rechtsprechung, AB1EPA 2005 Sonderausgabe, 92–107; *Basinski et al.*, Patentschutz für softwarebezogene Erfindungen, GRUR-Int 2007, 44–51; *Betten, J./Körber, A.*, Patentierung von Computer-Software, GRUR-Int 1997, 118–121; *Beyer, H.*, Der Begriff der Information als Grundlage für die Beurteilung des technischen Charakters von programmbezogenen Erfindungen, GRUR 1990, 399–410; *Blind, K./Edler, J.*, Ökonomische Teilstudie, in: Max-Planck-Institut für ausländisches und internationales Patent-, Urheber- und Wettbewerbsrecht (MPI)/Fraunhofer-Institut für Systemtechnik und Innovationsforschung (Fraunhofer ISI), Mikro- und makroökonomische Implikationen der Patentierbarkeit von Softwareinnovationen: Geistige Eigentumsrechte in der Informationstechnologie im Spannungsfeld von Wettbewerb und Innovation, Karlsruhe 2001, 13–177; *Blind, K./Edler, J./Nack, R./Straus, J.*, Software-Patente eine empirische Analyse aus ökonomischer und juristischer Perspektive, 2002; *Bodenburg, S.*, Softwarepatente in Deutschland und der EU, 2006; *Busche, J.*, Der Schutz von Computerprogrammen – Eine Ordnungsaufgabe für Urheberrecht und Patentrecht? Mitt. 2000, 164–173; *ders.*, Softwarebezogene Erfindungen in der Entscheidungspraxis des Bundespatentgerichts und des Bundesgerichtshofs, Mitt. 2001, 49–57; *Dogan, F.*, Patentrechtlicher Schutz von Computerprogrammen, 2005; *Enshaler, J.*, Patentrechtlicher Softwareschutz ohne konkrete Hardwareanbindung?, FS 50 J. BPatG, 199–207; *ders.*, Begrenzung der Patentierung von Computerprogrammen? – Zum interfraktionellen Antrag im Bundestag, GRUR 2013, 666–669; *Esslinger, A./Betten, J.*, Patentschutz im Internet, CR 2000, 18–22; Europäisches Patentamt, Prüfung computerimplementierter Erfindungen, ABl. EPA 2007, 594–600; *Gall, G.*, Computerprogramme und Patentschutz, Mitt. 1985, 181–186; *Goebel, F. P.*, Technizität – zum Patentschutz für programmbezogene Erfindungen nach der jüngeren deutschen Erteilungs- und Entscheidungspraxis, FS Nirk, 1992, 357–378; *Haase, H.*, Die Patentierbarkeit von Computersoftware. Eine Untersuchung unter juristischen und wirtschaftlichen Aspekten, 2003; *v. Hellfeld, A.*, Der Schutz von Computerprogramme enthaltenden Erfindungen durch das Europäische und das Deutsche Patentamt, GRUR 1985, 1025–1032; *Hilty, R. M./Geiger, C.*, Patenting Software? A Judicial and Socio-Economic Analysis, 36 IIC 615–646 (2005); *Horns, A. H.*, Anmerkungen zu begrifflichen Fragen des Softwareschutzes, GRUR 2001, 1–16; *Howard, A.*, Patentability of Computer-Implemented Inventions – A concise analysis oft he Commission's proposal for a Directive on the patentability of computer-implemented inventions, Cri 2002, 97–104; *Keukenschrijver, A.*, Sind bei der Beurteilung der erfinderischen Tätigkeit sämtliche Merkmale im Patentanspruch gleichermaßen zu berücksichtigen? FS König, 2003, 255–266; *Kiesewetter-Köbinger, S.*, Über die Patentprüfung von Programmen für Datenverarbeitungsanlagen, GRUR 2001, 185–193; *Klopmeier, F.*, Zur Technizität von Software, Mitt. 2002, 65–70; *Koch, F. A.*, Begründung und Grenzen des urheberrechtlichen Schutzes objektorientierter Software, GRUR 2000, 191–202; *König, R.*, Patentfähige Datenverarbeitungsprogramme – ein Widerspruch in sich, GRUR 2001, 577–584; *Kolle, G.*, Der Rechtsschutz von Computerprogrammen aus nationaler und internationaler Sicht, GRUR 1973, 611–620 und 1974, 7–20; *ders.*, Schutz der Computerprogramme, GRUR-Int 1974, 129–132, 448–451; *ders.*, Der Rechtsschutz der Computersoftware in der Bundesrepublik Deutschland, GRUR 1982, 443–461; *Kraßer, R.*, Der Schutz von Computerprogrammen nach deutschem Patentrecht, in: Lehmann, M. (Hrsg.), Rechtsschutz und Verwertung von Computerprogrammen, 2. Aufl. 1993, 221–278; *ders.*, Der Schutz

---

[64] EPA 15.3.2000, ABl. 2000, 525 – Datenstrukturprodukt/Philips.
[65] EPA 13.10.1992, Mitt. 1994, 126.

von Computerprogrammen nach europäischem Patentrecht, in: Lehmann, M. (Hrsg.), Rechtsschutz und Verwertung von Computerprogrammen, 2. Aufl. 1993, 279–317; *Laub, C.*, Patentfähigkeit von Softwareerfindungen: Rechtliche Standards in Europa und in den USA und deren Bedeutung für den internationalen Anmelder, GRUR-Int 2006, 629–640; *Maier, G.J./Mattson, R. C.*, State Street Bank ist kein Ausreißer: Die Geschichte der Softwarepatentierung im US-amerikanischen Recht, GRUR-Int 2001, 678–690; *Melullis, K.-J.*, Zur Patentfähigkeit von Programmen für Datenverarbeitungsanlagen, GRUR 1998, 843–853; *ders.*, Zum Patentschutz für Computerprogramme, FS Erdmann, 2002, 401–423; *ders.*, Zur Sonderrechtsfähigkeit von Computerprogrammen, FS König, 2003, 341–358; *Moufang, R.*, Softwarebezogene Erfindungen im Patentrecht, FS Kolle/Stauder, 2005, 225–250; *Müller, N./Gerlach, C.*, Softwarepatente und KMU, CR 2004, 389–395; *Nack, R.*, Sind jetzt computerimplementierte Geschäftsmethoden patentfähig?, GRUR-Int 2000, 853–858; *ders.*, Getrennte Welten? – Die volkswirtschaftliche und die juristische Diskussion um Software-Patente, FS König, 2003, 359–377; *ders.*, Neue Gedanken zur Patentierbarkeit von computerimplementierten Erfindungen Bedenken gegen Softwarepatente – ein déjà vu?, GRUR-Int 2004, 771–776; *ders./Straus, J.*, Juristische Teilstudie, in: MPI/Fraunhofer ISI (s. bei *Blind/Edler*), 119–222; *Ohly, A.*, Software und Geschäftsmethoden im Patentrecht, CR 2001, 809–817; *Perlzweig, D.*, Die Patentwürdigkeit von Datenverarbeitungsprogrammen, 2003; *Pfeiffer, A.*, Zur Diskussion der Softwareregelungen im Patentrecht, GRUR 2003, 581–587; *Pierson, M.*, Der Schutz der Programme für die Datenverarbeitung im System des Immaterialgüterrechts, 1991; *Pila, J.*, Dispute over the Meaning of „Invention" in Art. 52 (2) EPC – The Patentability of Computer-Implemented Inventions in Europe, 36 IIC 173–191 (2005); *Preuß, I. N.*, Der Rechtsschutz von Computerprogrammen unter besonderer Berücksichtigung der Systematik des Immaterialgüterrechts, Diss. Erlangen-Nürnberg 1987; *van Raden, L.*, Die Informatische Taube. Überlegungen zur Patentfähigkeit informationsbezogener Erfindungen, GRUR 1995, 451–458; *Reichl, W.*, Beobachtungen zur Patentierbarkeit computerimplementierter Erfindungen, Mitt. 2006, 6–13; *Röttinger, M.*, Patentierbarkeit computerimplementierter Erfindungen, CR 2002, 616–619; *Schiuma, D.*, TRIPS und das Patentierungsverbot von Software „als solcher", GRUR-Int 1998, 852–858; *Schmidtchen, J.*, Zur Patentfähigkeit und Patentwürdigkeit von Computerprogrammen und von programmbezogenen Lehren, Mitt. 1999, 281–294; *Schölch, G.*, Softwarepatente ohne Grenzen, GRUR 2001, 16–21; *ders.*, Patentschutz für computergestützte Entwurfsmethoden – ein Kulturbruch?, GRUR 2006, 969–976; *Schwarz, C.*, Rechtfertigen rechtsdogmatisch schwierige Fragen die Abschaffung von „Software-Patenten"?, GRUR 2014, 224–228; *Sedlmaier, R.*, Verwirrung durch Klarstellungen im Softwarepatentrecht, Mitt. 2002, 55–65; *ders.*, Die Patentierbarkeit von Computerprogrammen und ihre Folgeprobleme, 2004; *Tauchert, W.*, Patentschutz für Computerprogramme – Sachstand und neue Entwicklungen, GRUR 1999, 829–833; *ders.*, Grundlagen und aktuelle Entwicklungen bei der Patentierung von Computerprogrammen, FS König, 2003, 481–509; *ders.*, Nochmals: Anforderungen an einen Patentschutz für Computerprogramme, GRUR 2004, 922–923; *Teufel, F.*, Patentschutz für Software im amerikanisch-europäischen Vergleich, in: Fiedler/Ullrich (Hrsg.), Information als Wirtschaftsgut, 1997, 183–212; *ders.*, Patentschutz für Software – auch ein Jubilar, FS VPP, 2005, 608–628; *ders.*, Freie Software, Offene Innovation und Schutzrechte, Mitt. 2007, 341–352; *ders.*, Aktuelles aus dem Bereich der Softwarepatentierung – Das „Computerprogramm als solches" – Vorlage an die Große EPA-Beschwerdekammer, Mitt. 2009, 249–257; *ders.*, Aktuelles aus dem Bereich der Softwarepatentierung – Das „konkrete technische Problem" – objektiv eine noch ungelöste Aufgabe?, Mitt. 2011, 497–508; *Troller, A.*, Der urheberrechtliche Schutz von Inhalt und Form der Computerprogramme, CR 1987, 213–218, 278–284, 352–358; *van den Berg, P.*, Patentfähigkeit von Computerprogrammen und Verfahren für geschäftliche Tätigkeiten, ABlEPA 2001 Sonderausg. 2, 118–129; *Vendt, S.*, Die Patentierbarkeit internetbasierter Geschäftsmethoden, 2005; *Weyand, J./Haase, H.*, Anforderungen an einen Patentschutz für Computerprogramme, GRUR 2006, 198–204; *dies.*, Patenting Computer Programs: New Challenges, 36 IIC 647–663 (2005); *Wiebe, A.*, Information als Naturkraft – Immaterialgüterrecht in der Informationsgesellschaft, GRUR 1994, 233–246; *ders.*, Softwarepatente und Open Source, CR 2004, 881–888; *ders./Heidinger, R.*, Ende der Technizitätsdebatte zu programmbezogenen Lehren? Anmerkung zur EPA-Entscheidung „Auktionsverfahren/Hitachi" GRUR 2006, 177–180; *Wimmer-Leonhardt, S.*, Softwarepatente – eine „Never-Ending Story", WRP 2007, 273–281; *Zirn, F.*, Softwareschutz zwischen Urheberrecht und Patentrecht. Aktuelle Entwicklungen vor historischem Hintergrund und internationalem Zusammenhang, 2004.

a) Entstehung der Ausschlussbestimmungen

22 1. In den Vorschriften, die den Erfindungsbegriff durch Ausschluss bestimmter Gegenstände und Tätigkeiten konkretisieren (→ Rn. 1 ff.), sind auch Programme für Datenverar-

§ *12. Technischer Charakter der Erfindung*

beitungsanlagen (im Folgenden: DVA) ausdrücklich genannt. Ihre Einbeziehung in den Katalog von Beispielen für Nicht-Erfindungen erfolgte in einem schon fortgeschrittenen Stadium der Vorarbeiten zum EPÜ[66] in Anlehnung an R 39.1 (vi) und 67.1 (vi) PCT[67] und wurde aus dem EPÜ in das PatG und aus diesem bei der Reform von 1990 in das GebrMG übernommen. Die genannten Bestimmungen sehen von der Verpflichtung der zuständigen Behörden zur internationalen Recherche und vorläufigen Prüfung für Anmeldungen, die Programme für DVA zum Gegenstand haben, eine Ausnahme insoweit vor, als die jeweilige Behörde nicht dafür ausgerüstet ist, für solche Programme eine Recherche über den SdT bzw. eine Prüfung durchzuführen. Sie stehen im Zusammenhang damit, dass damals eine Überlastung des US-Patentamts mit Recherchen im Software-Bereich befürchtet wurde[68]. Dies deutet darauf hin, dass durch Einbeziehung der Computerprogramme (im folgenden: CP) in die Liste der Nicht-Erfindungen in erster Linie dem EPA Recherchen und Prüfungen erspart werden sollten, für die es möglicherweise nicht gerüstet wäre. Daneben wirkte sich aus, dass zu jener Zeit seitens der maßgebenden Industrie – auch in den USA – kein vordringliches Interesse an einem Schutz von „Computer-Software"[69] geltend gemacht wurde, weil sie im Verhältnis zu den Computern, der „Hardware", noch eine untergeordnete Rolle spielte. Bedeutung hatte wohl auch der Umstand, dass ungeklärt war, ob sich CP überhaupt für patentrechtlichen oder eher für urheberrechtlichen Schutz eignen oder eines Schutzes *sui generis* bedürfen. Hauptsächlich hieraus könnte sich erklären, dass schon das französische PatG von 1968 eine ähnliche Ausschlussbestimmung enthielt[70]. Allerdings kam in den Vorarbeiten für das EPÜ auch zum Ausdruck, dass es der Rechtsprechung überlassen bleiben sollte, die etwaige Patentierbarkeit mit CP zusammenhängender Erfindungen zu beurteilen[71].

2. Mit dem Fortschreiten der Computertechnik, das es ermöglichte, Geräte mit hoher Leistungsfähigkeit zu Preisen anzubieten, die deren geschäftliche, berufliche und private Nutzung weiten Kreisen zugänglich machten, wuchs der Bedarf an entsprechend leistungsfähigen Programmen für die verschiedensten Zwecke und damit auch das wirtschaftliche Gewicht der Software im Verhältnis zur Hardware[72]. Schon gegen Ende der 1970er Jahre machte sich deshalb das Bedürfnis für einen entsprechenden Schutz geltend. Er wurde vor allem auf urheberrechtlicher, gelegentlich auch auf patentrechtlicher Grundlage gesucht.

Das Internationale Büro der WIPO hat 1977 Mustervorschriften für den Schutz von Computersoftware veröffentlicht[73]. Sie waren im Wesentlichen urheberrechtlich konzipiert. 1991 erging eine Richtlinie des Rates der EG über den Rechtsschutz von Computerprogrammen, die den Mitgliedstaaten einen urheberrechtlichen Schutz aufgab. Sie wurde in Deutschland durch entsprechende Ergänzung des UrhG, insbesondere dessen §§ 69a–69g umgesetzt. Obwohl auf dieser Grundlage CP unter leicht erfüllbaren sachlichen Voraussetzungen ein recht wirkungsvoller, form- und kostenloser Schutz von außerordentlich langer Dauer gesichert ist (vgl. → § 2 Rn. 77 ff.), wurden und werden Problemlösungen, die von CP Gebrauch machen, in großer Zahl zum Patentschutz an-

23

24

---

[66] *Nack/Straus* Nr. 179 ff.; *Nack* Erfindung 265 f. und EPÜ-GK Art. 52 Rn. 26–31.
[67] Vgl. *Schar* Mitt. 1998, 333; *Schmidtchen* Mitt. 1999, 282.
[68] S. *Maier/Mattson* GRUR-Int 2001, 678.
[69] Zu diesem Begriff *Kolle* GRUR 1982, 444; *Kindermann* GRUR 1983, 150 f.; *Becker/Horn* DB 1985, 1274; *Zirn* 10 ff.
[70] Art. 7 Abs. 2 Nr. 3; dazu *Jonquères* GRUR-Int 1987, 465 (466 f.).
[71] *Schar* Mitt. 1998, 333 mN.
[72] Vgl. *Kolle* GRUR 1973, 612; *Ulmer/Kolle* GRUR-Int 1982, 489; Einführung zu den Mustervorschriften des Internationalen Büros der WIPO für den Schutz von Computersoftware, GRUR-Int 1978, 286 ff.; Denkschrift der Deutschen Vereinigung für gewerblichen Rechtsschutz und Urheberrecht, GRUR 1979, 301; *Reichel* Mitt. 1981, 69; *Teufel* in Fiedler/Ullrich 185 ff.; *Schiuma* GRUR-Int 1998, 852; *Melullis* GRUR 1998, 843; *Dogan* 26 ff. mwN.
[73] GRUR-Int 1978, 290.

gemeldet[74]. Das EPA hat in vielen solchen Fällen Patente erteilt[75] und die Anforderungen, die zur Vermeidung eines Konflikts mit der gesetzlichen Ausschlussbestimmung erfüllt sein müssen, auf ein Minimum reduziert (→ Rn. 25 ff.)[76]. Die anfangs zurückhaltende deutsche Praxis hat sich dieser Linie angenähert (→ Rn. 57 ff.). Die Europäische Kommission hat 2002 einen Vorschlag für eine Richtlinie über die Patentierbarkeit computerimplementierter Erfindungen veröffentlicht, der sich weitgehend an der Rechtsprechung des EPA orientierte.[77]

b) Praxis des Europäischen Patentamts

aa) Prüfungsrichtlinien

25   1985 wurden die Richtlinien für die Prüfung im EPA mit dem Ziel revidiert, die Tragweite der für CP vorgesehenen Ausschlussbestimmung in einer Weise abzugrenzen, die klarstellt, dass das europäische Patentrecht auch in diesem Bereich neuen technischen Entwicklungen seinen Schutz nicht versagt[78]. Demgemäß wurde der **technische Charakter** des Beitrags zum Stand der Technik, den ein Gegenstand **als Ganzes** leistet, als Voraussetzung dafür hervorgehoben, dass dieser als Erfindung angesehen werden kann (C IV 2.3). Das wurde durch Beispiele erläutert. Die weitere Entwicklung der Richtlinien folgt der Rechtsprechung der Beschwerdekammern.

bb) Rechtsprechung der Beschwerdekammern

26   Dass CP einsetzende Problemlösungen vom Patentschutz nicht ausgeschlossen sind, wenn sie als Ganzes betrachtet technischen Charakter aufweisen, wurde auch in zwei Grundsatzentscheidungen von Beschwerdekammern des EPA anerkannt (→ Rn. 1 f.). Weitere Entscheidungen befassten sich im Anschluss hieran mit der Prüfung auf technischen Charakter in Einzelfällen (→ Rn. 29 f.), wobei teilweise auch zusätzliche Gesichtspunkte angesprochen wurden (→ Rn. 31 f.). Spätere Entscheidungen zeigen wachsende Großzügigkeit in der Zuerkennung technischen Charakters (→ Rn. 33–53).[79]

27   1. Kein aus Art. 52 Abs. 2, 3 EPÜ ableitbares Hindernis stand nach Ansicht der Kammer der Patentierung eines Verfahrens zur *digitalen Bildverarbeitung* entgegen, dessen besondere Konzeption den Rechenaufwand im Vergleich zu bekannten Verfahren beträchtlich vermindert[80]: Ein Anspruch auf ein technisches Verfahren, das programmgesteuert abläuft, könne nicht als Anspruch auf ein CP als solches angesehen werden. Entscheidend sei, welchen Beitrag die im Anspruch definierte Erfindung als Ganzes zum SdT leiste. Auch ein Anspruch auf einen zur programmgemäßen Steuerung oder Ausführung eines technischen Verfahrens vorbereiteten Rechner beziehe sich nicht auf ein CP als solches und könne deshalb nicht nach Art. 52 Abs. 2, 3 EPÜ beanstandet werden.

---

[74] Nach *Tauchert* GRUR 1999, 830 gehen beim DPMA jährlich etwa 1500 Prüfungsanträge im Bereich der Datenverarbeitung ein. Die Zahl der europäischen Anmeldungen auf dem Gebiet der Datenverarbeitung betrug nach den Jahresberichten des EPA 8.134 für 2004, 8708 für 2005 und 8969 für 2006.

[75] Laut Jahresbericht 1994, 14, waren bereits damals über 11 000 Patente auf softwarebezogene Erfindungen erteilt, nach *Howard* CRi 2002, 97 und *Röttinger* CR 2002, 616 (617) bis 2002 etwa 30 000, laut Begründung zum Richtlinienvorschlag (KOM(2002) 92 vom 20.2.2002 ABl. 2002 C 151, 129), 2, 20 000. Die Zahl der Anmeldungen auf dem Gebiet der Datenverarbeitung betrug nach den Jahresberichten des EPA 8.134 für 2004, 8 708 für 2005 und 8 969 für 2006.

[76] Nach Jahresbericht 1994, 14, ist es bis dahin nur in weniger als 100 Fällen zur Versagung des Schutzes mangels technischen Charakters gekommen.

[77] Vorschlag für eine Richtlinie des Europäischen Parlaments und des Rates über die Patentierbarkeit computerimplementierter Erfindungen, KOM(2002) 92 vom 20.2.2002 ABl. 2002 C 151, 129; dazu → § 7 Rn. 119 f.

[78] Vgl. *Kraßer* 286 Rn. 15 ff., und zum Inhalt der Richtlinien 290 ff. Rn. 22 ff.

[79] Gute Zusammenfassung bei *Teufel* Mitt. 2009, 249 ff.

[80] EPA 15.7.1986, ABl. 1987, 14 – computerbezogene Erfindung/VICOM.

§ 12. Technischer Charakter der Erfindung

Eine *Röntgeneinrichtung,* bei der mittels eines Programms die Röhren so gesteuert werden, dass sich gemäß einer Parameterprioritätsbeziehung eine optimale Belichtung bei hinreichender Sicherheit vor Überlastung der Röhren ergibt, wurde unabhängig davon, ob sie ohne das Programm zum SdT gehörte oder nicht, unter Hinweis darauf als Erfindung iSd Art. 52 Abs. 1 EPÜ gewertet, dass das Programm in ihr eine technische Wirkung ausübe[81]. Allerdings liege eine solche Wirkung nicht schon in der Änderung der Schaltzustände in einer DVA. Andererseits sei – abweichend von der damaligen Rechtsprechung des BGH (→ Rn. 58 ff.) – für die Frage, ob eine Erfindung dem Bereich der Technik angehöre, nicht darauf abzustellen, auf welchem Gebiet deren *Kern* liegt, sondern die Erfindung in ihrer Gesamtheit zu würdigen. Das EPÜ verbiete nicht die Patentierung von Erfindungen, die aus einer Mischung technischer und nichttechnischer Mittel bestünden; auch eine *Gewichtung* der technischen und nichttechnischen Merkmale sei nicht angebracht; es genüge, dass sich die im Anspruch definierte Erfindung technischer Mittel bediene.

2. Als **technisch** wurden ferner angesehen

– das mit Hilfe eines Computers und bestimmter in einem Speicher enthaltener Tabellen zu bewirkende *automatische Anzeigen von Zuständen,* die in einer Vorrichtung oder einem System auftreten[82];
– eine Lehre zur Koordinierung und Steuerung der *internen Kommunikation* zwischen Programmen und Dateien, die in einem *Datenverarbeitungssystem* mit einer Vielzahl miteinander verbundener Prozessoren bei verschiedenen Prozessoren geführt werden[83]: sie beziehe sich – unabhängig von der Art der Daten und der Art und Weise, wie ein bestimmtes Anwendungsprogramm auf die Dateien einwirkt – auf die innere Arbeitsweise der Prozessoren und Übertragungseinrichtungen;
– ein Speicherungs- und Übertragungsverfahren, bei dem durch Zusammenfassen serieller Datenelemente in Gruppen, deren Speichern und Vergleichen Redundanz ermittelt und durch *Kompression* sowie *Dekompression der redundanten Datenfolgen* der Aufwand für die elektronische Übertragung und Speicherung verringert wird[84];
– ein Verfahren zur *Umformung* in einem Text enthaltener, für ein bestimmtes Textverarbeitungssystem geeigneter *Steuerbefehle* in solche, die für ein anderes Textverarbeitungssystem geeignet sind[85]: die Umformung betreffe vor allem Steuerbefehle und nicht die sprachliche Bedeutung des Textes; Endzweck sei die Steuerung technischer Vorgänge in Hardware wie einem Drucker; das Verfahren leiste nicht bloß einen linguistischen, sondern einen technischen Beitrag zum SdT und erziele eine technische Wirkung; da der Anspruchsgegenstand als Ganzes betrachtet technischen Charakter habe, sei es unerheblich, ob er auch Merkmale enthalte, die möglicherweise nicht technisch seien; es sei auch nicht angebracht, die technischen und nichttechnischen Merkmale zu „gewichten" oder nur den „Kern" der Erfindung in Betracht zu ziehen;
– ein elektronisches *Dokumentenverteilungssystem* mit mehreren Prozessoren oder Arbeitsplatzrechnern, bei dem die übertragenen Daten neben dem Inhalt von Dokumenten auch Anweisungen für deren Weiterverarbeitung umfassen, die dafür sorgen, dass von einem Prozessor nicht ausführbare Anweisungen in einem Speicher abgelegt und bei Weiterleitung des Datenstroms an einen anderen Prozessor wieder aufgerufen werden, also ein Verlust von Informationen vermieden wird[86];
– ein Computer mit einem *menübasierten Eingabesystem* und Speichereinrichtungen für Wörter und Satzteile zusammen mit deren grammatischer Klassifizierung und für grammatische Regeln, einer Einrichtung zur fortlaufenden Analyse eingegebener Wörter und Satzteile zwecks Erstellung von Menüs zur Auswahl möglicher Fortsetzungen des Satzes und mit einer Einrichtung zum Übersetzen eines analysierten vollständigen Satzes in einen durch den Computer ausführbaren Befehl[87]: offensichtlich sei der auf diesen Computer bezogene Anspruch nicht auf die Wiedergabe von Infor-

---

[81] EPA 21.5.1987, ABl. 1988, 19 – Röntgeneinrichtung/Koch & Sterzel.
[82] EPA 5.9.1989, ABl. 1990, 30 – computerbezogene Erfindung/IBM.
[83] EPA 6.10.1988, ABl. 1990, 5 – Datenprozessornetz/IBM; vergleichbar: EPA 23.2.2006, GRUR-Int 2006, 851 – Clipboardformate/Microsoft: automatische Umformung von Datenformaten während der Einordnung in vorhandene Ordner.
[84] EPA 26.4.1991, CR 1993, 26.
[85] EPA 15.4.1993, ABl. 1994, 557 – Editierbare Dokumentenform/IBM.
[86] EPA 21.9.1993, CR 1995, 205.
[87] EPA 16.4.1993, CR 1995, 214.

§ 12 III 2. Abschnitt. Sachliche Voraussetzungen des Patent- u. Gebrauchsmusterschutzes

mationen als solche, eine gedankliche Tätigkeit als solche oder ein Programm für DVA als solches gerichtet. Ein technischer Beitrag zum SdT liege in der technischen Wirkung der Analyseeinrichtung. Im Erstellen von Menüs, die eine Auswahl möglicher Satzfortsetzungen präsentieren, entspreche die interne Arbeitsweise des Computers nicht der herkömmlichen und sei deshalb als technisch anzusehen. Da ein analysierter vollständiger Satz in einen vom Computer auszuführenden Befehl übersetzt werde, habe die Eingabe des Satzes (anders als eine Eingabe von Text zu Editierzwecken) eine technische Wirkung.

30 **Verneint** wurde der **technische Charakter**

- eines Verfahrens zum *Zusammenfassen* eines Dokuments, Speichern der Zusammenfassung und deren *Wiederauffinden*[88]: der Beitrag zum SdT liege in der Bereitstellung des Regelwerks für ein im Wesentlichen nach administrativen Kriterien ablaufendes Informationswiederauffindungsverfahren. Dass dieses mit Hilfe herkömmlicher Computer-Hardwareteile realisiert werde, könne dem beanspruchten Gegenstand als Ganzem keinen technischen Charakter verleihen. Es definiere auch keine neue Betriebsweise des Computers. Die verarbeiteten Signale veränderten nicht wie im Fall „VICOM" (→ Rn. 27 f.) eine physikalische Erscheinung, sondern gäben nur den Informationsgehalt der Dokumente wieder;
- eines Verfahrens zur automatischen Erkennung und *Substitution sprachlicher Ausdrücke,* die gemäß einer Liste oberhalb eines vorgegebenen Verständlichkeitsniveaus liegen[89]: die gespeicherten Informationen seien rein abstrakter, sprachlicher Natur; die Gesamtwirkung des Verfahrens sei nicht technisch, weil dieses lediglich Signale für einen sprachlichen Ausdruck durch solche für einen anderen ersetze, die sich von jenen technisch nicht unterschieden. Auch ein Sachanspruch für ein Gerät zur Durchführung des Verfahrens sei nicht gewährbar, da das Gerät nicht vom physikalischen Aufbau her, sondern nur durch funktionelle Angaben definiert sei, die den Verfahrensschritten entsprächen;
- eines Verfahrens, das für – beispielsweise arabische – Schriftzeichen, die je nach der Stelle, an der sie in einem Wort auftreten, in unterschiedlichen Formen zu verwenden sind, automatisch die jeweils richtige Form herstellt, wenn sich beim Weiterschreiben ergibt, dass die zunächst dargestellte unrichtig war[90]: die Daten, deren Austausch bewirkt werde, unterschieden sich in technischer Hinsicht nicht; ihre Verarbeitung verbessere allenfalls die (geistige) Erfassbarkeit für den Leser, bewirke aber keine Veränderung der physikalischen Arbeitsweise des Datensichtgeräts, wie sie zB in höherer Leuchtdichte der Anzeigeelemente oder einer Bildvergrößerung liegen könne;
- eines Verfahrens, das ohne weiteren technischen Effekt lediglich einen Geschwindigkeitsvorteil gegenüber inhaltlich identischen Verfahren aus dem SdT bot.[91]

31 3. Einige Entscheidungen stellten neben oder im Zusammenhang mit der Prüfung auf technischen Charakter zusätzliche Erwägungen an. So wurde verlangt, dass der Beitrag des Anmeldungsgegenstands zum SdT auf einem von der Patentierung nicht ausgeschlossenen Gebiet liege[92]. Gelegentlich wurde auch ein auf erfinderischer Tätigkeit beruhender Beitrag auf einem solchen Gebiet gefordert[93], manchmal sogar dem Fachmann die Kenntnis der auf einem ausgeschlossenen Gebiet liegenden oder nichttechnischen Konzeption des Anmeldungsgegenstands unterstellt[94]. Andere Entscheidungen betonten jedoch, es sei zunächst zu prüfen, ob ein Anspruchsgegenstand eine Erfindung iSd Art. 52 Abs. 1 EPÜ darstelle; erst wenn dies bejaht sei, stelle sich die weitere, unabhängige Frage, ob er eine erfinderische Tätigkeit aufweist[95]. Die neuere Rechtsprechung scheint diesen Ansatz zu bevorzugen, der in weitem Umfang die Bejahung technischen Charakters zulässt, und gelangt zu der erfor-

---

[88] EPA 5.10.1988, ABl. 1990, 12 – Zusammenfassen und Wiederauffinden von Dokumenten/IBM.
[89] EPA 14.2.1989, ABl. 1990, 384 – Textverarbeitung/IBM.
[90] EPA 12.12.1989, ABl. 1991, 566 – Schriftzeichenform/Siemens.
[91] EPA 11.3.2016, BeckRS 2016, 119858 – On-demand property system/Microsoft.
[92] EPA 15.4.1993, ABl. 1994, 557 (568) – Editierbare Dokumentenform/IBM.
[93] EPA 16.4.1993, CR 1995, 214 Rn. 6.1; EPA 14.2.1989, ABl. 1990, 384 Rn. 13 – Textverarbeitung/IBM.
[94] EPA 14.2.1989, ABl. 1990, 384 Rn. 13 – Textverarbeitung/IBM.
[95] EPA 6.7.1994, ABl. 1995, 605 (612 f.) – Warteschlangensystem/Pettersson.

§ *12. Technischer Charakter der Erfindung*   III § 12

derlichen Einschränkung, indem sie bei der Prüfung auf erfinderische Tätigkeit nur den technischen Gehalt des Anmeldungsgegenstands berücksichtigt (→ Rn. 42 ff.).

Als Argument für die Verneinung technischen Charakters wurde auch angeführt, dass die in der Anmeldung vorgesehenen Verfahrensschritte von einem Menschen ohne technische Hilfsmittel durch bloßen Einsatz von Wissen und Urteilsvermögen vollzogen werden könnten[96]. Weil ein CP als solches nicht patentierbar sei, wurde in manchen Fällen gesondert geprüft, ob dies auf den Anmeldungsgegenstand zutreffe[97]; die Frage wurde letztlich verneint, weil dieser als technisch anzusehen sei. 32

4. Erleichtert wurde der Zugang CP einsetzender Problemlösungen zum Patentschutz durch Anerkennung der Möglichkeit, den technischen Charakter daraus abzuleiten, dass ihr Auffinden **technische Überlegungen** erfordert. Für ein Computersystem zur Wahrnehmung mehrerer Arten voneinander unabhängiger Verwaltungsaufgaben und das entsprechende Verfahren wurde ein aus Art. 52 Abs. 2, 3 EPÜ ableitbares Patentierungshindernis mit der Begründung verneint, das dort vorgesehene Patentierungsverbot greife nicht nur dann nicht ein, wenn sich iSd bisherigen Rechtsprechung in einer technischen Aufgabe oder Wirkung ein Beitrag zum SdT ausmachen lasse, sondern auch dann nicht, wenn technische Überlegungen zu den Einzelheiten der Erfindungsausführung angestellt werden müssten[98]. Schon dass solche Überlegungen notwendig seien, lege nahe, dass eine (mindestens implizite) technische Aufgabe mittels (mindestens impliziter) technischer Mittel zu lösen sei. 33

Die beanspruchte Lehre, in einem Speicher fünf näher bezeichnete, für verschiedene Zwecke bestimmte Dateien bereitzustellen und die Verarbeitungseinheit fünf näher bezeichnete Funktionen durchführen zu lassen, sei ohne technische Überlegungen völlig undenkbar. Auch enthalte die beanspruchte Erfindung wenigstens implizit eine technische Komponente insofern, als sie die Eingabe von Daten, die für mehrere Arten der Verarbeitung relevant sein können, mittels eines einzigen auf dem Bildschirm angezeigten, als „Buchungsbeleg" bezeichneten Formblatts ermögliche. Für die Wiedergabe dieser „Benutzeroberfläche" sei nicht allein der Inhalt der angezeigten Informationen maßgebend; vielmehr liege ihr auch der Gedanke zugrunde, Systeme mit unterschiedlichen Zwecken durch eine gemeinsame Eingabevorrichtung zu verbinden, so dass jedes für ein System eingegebene Element bei Bedarf auch in einem anderen System verwendet werden kann. Die Ausführung der „Benutzeroberfläche" in Form des „Buchungsbelegs" erschöpfe sich nicht im Programmieren, sondern umfasse weitere Tätigkeiten einschließlich technischer Überlegungen, die diesem vorausgehen müssten. 34

5. Ein bequemer Weg, das Patentierungshindernis aus Art. 52 Abs. 2, 3 EPÜ zu vermeiden, scheint sich zu eröffnen, wenn man den beanspruchten Gegenstand schon deshalb als technisch gelten lässt, weil er sich als **Vorrichtung** darstellt. Im Fall „Warteschlangensystem"[99] ging es um ein System zur Bestimmung der Reihenfolge der Bedienung von Kunden an mehreren Servicepunkten, bestehend aus einer Reihe durch ihre Funktionen definierter Komponenten, das mit Computerhilfe entscheidet, welcher Kunde an einem gerade freien Servicepunkt zu bedienen ist. Die Kammer sah hierin kein Verfahren für eine geschäftliche Tätigkeit. Durch den Anspruch werde ein technischer Gegenstand aus mindestens fünf Bauteilen definiert, der eindeutig zur Kategorie der Vorrichtungen gehöre. Die Betätigung der zugehörigen Wähleinheit durch einen Kunden und die Bedienung eines Terminals durch zuständiges Personal seien als manuelle Eingabe von Steuerungsdaten in ein technisches System zu werten. 35

---

[96] EPA 14.2.1989, ABl. 1990, 384 Rn. 11 – Textverarbeitung/IBM.
[97] EPA 15.4.1993, ABl. 1994, 557 (568 f.) – Editierbare Dokumentenform/IBM; 29.4.1992, ABl. 1995, 305 (315 f.) – Elektronische Rechenbausteine/Robert Bosch.
[98] EPA 31.5.1994, ABl. 1995, 525 – Universelles Verwaltungssystem/SOHEI; vgl. dazu EPA 5.10. 1988, ABl. 1990, 12 Rn. 8 – Zusammenfassen und Wiederauffinden von Dokumenten/IBM, wo technische Überlegungen vermisst werden.
[99] EPA 6.7.1994, ABl. 1995, 605 (612 f.) – Warteschlangensystem/Pettersson; vgl. auch T 931/95, dazu → § 12 Rn. 42 bei Fn. 98.

§ 12 III   2. Abschnitt. Sachliche Voraussetzungen des Patent- u. Gebrauchsmusterschutzes

36   6. Im Fall „**Computerprogrammprodukt**"[100] wurden die Grundsätze über die patentrechtliche Behandlung softwarebestimmter Problemlösungen insbesondere dahin weiterentwickelt, dass auch ein **allein beanspruchtes Computerprogramm** nicht von der Patentierung ausgeschlossen ist, wenn es beim Ablauf auf einem Computer einen **weiteren technischen Effekt** bewirkt, der über die „normale" physikalische Wechselwirkung zwischen ihm und dem Computer hinausgeht.

37   Die Entscheidung enthält weit ausholende grundsätzliche Ausführungen. Sie hält es für angezeigt, das TRIPS-Ü in ihre Überlegungen einzubeziehen, obwohl es mangels Mitgliedschaft der EPO in der WTO nicht direkt anwendbar sei, und geht davon aus, dass gem. dessen Art. 27 Computerprogramme patentierbar seien.

38   Das Patentierungsverbot für CP als solche könne dahin ausgelegt werden, dass solche Programme als rein abstraktes Werk ohne technischen Charakter gelten. Dies bedeute, dass CP als patentfähige Erfindungen anzusehen seien, wenn sie technischen Charakter aufweisen. Dabei eigneten sich die bei Ausführung eines Programms auftretenden physikalischen Veränderungen in der Hardware nicht zur Unterscheidung zwischen CP mit technischem Charakter und CP als solchen, weil sie ein gemeinsames Merkmal aller auf einem Computer lauffähigen Programme seien. Technischer Charakter könne jedoch in den *weiteren Effekten* der Programmausführung liegen. Sofern diese technischer Art seien, müssten alle CP als Erfindungen iSd Art. 52 Abs. 1 EPÜ angesehen werden. Abzulehnen sei die Ansicht, CP als solche seien ohne Rücksicht auf ihren Inhalt, also auch bei technischem Charakter von der Patentierung ausgeschlossen.

39   Der weitere technische Effekt könne auch durch die Funktionsweise des Computers bewirkt werden, auf dem das Programm läuft.[101] Auch dürfe der weitere technische Effekt aus dem Stand der Technik bekannt sein, solange es nur um die Anwendung von Art. 52 Abs. 2, 3 gehe. Die Ermittlung des technischen Beitrags, den eine Erfindung zum SdT leistet, gehöre eher zur Prüfung auf Neuheit und erfinderische Tätigkeit als zur Frage nach der Anwendbarkeit jenes Patentierungsverbots.

40   Ein Computerprogramm*produkt* könne insofern technischen Charakter aufweisen, als es *potentiell* einen vorgegebenen weiteren technischen Effekt im angesprochenen Sinne erzeugen kann, und sei dann nicht durch Art. 52 Abs. 2, 3 EPÜ vom Patentschutz ausgeschlossen.[102] Ein Anspruch auf ein Computerprogrammprodukt müsse jedoch alle Merkmale enthalten, die die Patentfähigkeit des Verfahrens gewährleisten, das das Produkt ausführen soll, wenn es auf einem Computer läuft.

41   Da die Prüfungsabteilung den Verfahrensanspruch bereits als gewährbar erachtet hatte, konnte die Beurteilung der auf das Computerprogrammprodukt gerichteten Ansprüche davon ausgehen, dass dieses den geforderten weiteren technischen Effekt herbeizuführen in der Lage war.

42   7. Die nachfolgende Entscheidung des Falles „**Steuerung eines Pensionssystems**"[103] spricht dem angemeldeten *Verfahren* den erforderlichen technischen Charakter ab.

43   Alle Anspruchsmerkmale seien Schritte zur Verarbeitung und Bereitstellung von Informationen mit rein administrativem, versicherungsmathematischem oder finanziellem Charakter und deshalb für Geschäfts- und Wirtschaftsmethoden typische Schritte. Die im Verfahrensanspruch definierten Datenverarbeitungs- und Rechenmittel könnten dem Verfahren keinen technischen Charakter verleihen, sondern dienten rein nichttechnischen Zwecken. Nichts deute darauf hin, dass durch das Verfahren eine technische Aufgabe gelöst oder eine technische Wirkung erzielt werde.

44   Dagegen wurde für den auf eine **Vorrichtung** zur Steuerung des in Frage stehenden Pensionssystems gerichteten Anspruch kein aus Art. 52 Abs. 2, 3 EPÜ ableitbares Hindernis

---

[100] EPA 1.7.1998, ABl. 1999, 609 – Computerprogrammprodukt/IBM.
[101] IglS EPA 23.2.2006, GRUR-Int 2006, 851 Rn. 5.2 – Clipboardformate/Microsoft.
[102] Ebenso EPA 23.2.2006, GRUR-Int 2006, 851 Rn. 5.3 – Clipboardformate/Microsoft für ein „computerlesbares Medium".
[103] EPA 8.12.2000, ABl. 2001, 441 – Steuerung eines Pensionssystems/PBS Partnership.

§ 12. Technischer Charakter der Erfindung III § 12

gesehen. Ein Computersystem, das zur Verwendung auf einem bestimmten Gebiet, sei es auch im geschäftlichen oder wirtschaftlichen Bereich, programmiert ist, habe den Charakter einer konkreten Vorrichtung im Sinne einer physikalischen Entität, die für einen praktischen Zweck künstlich hergestellt wurde, und sei damit eine Erfindung iSd Art. 52 Abs. 1 EPÜ. Bei der Prüfung, ob eine solche vorliegt, dürfe nicht zwischen „neuen" und aus dem SdT bekannten Merkmalen unterschieden werden; es sei also nicht angebracht, nach einem technischen Beitrag zum SdT zu fragen.

Letztlich scheiterte jedoch der Vorrichtungsanspruch am Erfordernis *erfinderischer Tätigkeit*. 45

Die Verbesserung, die erreicht werden solle, sei im Wesentlichen wirtschaftlicher Art und könne somit nichts zur erfinderischen Tätigkeit beitragen. Ein patentfähiger Gegenstand entstehe erst durch Programmierung eines Computers. Die erfinderische Tätigkeit müsse dabei beurteilt werden aus der Sicht eines Software-Entwicklers oder Anwendungsprogrammierers als des zuständigen Fachmanns, *der die Kenntnis* des Konzepts und der Struktur des verbesserten Pensionssystems und der zugrunde liegenden Informationsverarbeitungsschemata *hat*[104], wie sie zB in den vorliegenden Verfahrensansprüchen dargelegt seien. Da die technischen Merkmale der beanspruchten Vorrichtung durch genau die Schritte der Informationsverarbeitung funktionell definiert seien, die zum Wissensstand des Fachmanns gehörten, und die Anwendung von Computersystemen im Bereich der Wirtschaft am Prioritätstag der Anmeldung bereits allgemein üblich gewesen sei, müsse dem beanspruchten Gegenstand eine erfinderische Tätigkeit abgesprochen werden. 46

8. Die Entscheidung **„Auktionsverfahren"**[105] geht ebenfalls davon aus, dass die Prüfung auf technischen Charakter ohne Ansehung des SdT zu erfolgen hat. Da ein technische und nichttechnische Merkmale aufweisender Gegenstand als Erfindung iSd Art. 52 (1) EPÜ angesehen werden könne, dürfe ein solcher Gegenstand schon deshalb nicht zurückgewiesen werden, weil sich herausstellen könne, dass die technischen Merkmale selbst allen Erfordernissen des Art. 52 (1) genügen. 47

Als Erfindung iSd Art. 52 (1) anerkannt wurde demgemäß die beanspruchte, mit Mitteln zur Durchführung des in einem anderen Anspruch gekennzeichneten Verfahrens ausgestattete „computergesteuerte Auktionsvorrichtung zur Durchführung einer automatisierten Auktion über ein Netz mit einer Vielzahl von Bietern, die eine entsprechende Vielzahl von Client-Computern benutzen". Die Vorrichtung weise eindeutig technische Merkmale wie „Server-Computer", „Client-Computer" und ein „Netz" auf. 48

Hinsichtlich des **Verfahren**sanspruchs erleichtert die Entscheidung die Annahme technischen Charakters, indem sie – von der Entscheidung „Pensionssystem" (→ Rn. 42 ff.) ausdrücklich abweichend – die Verwendung technischer Mittel für das Vorliegen einer Erfindung unabhängig davon genügen lässt, ob ein technischer oder nichttechnischer Zweck verfolgt wird. 49

Eine Prüfung des technischen Charakters eines Verfahrens „anhand des Banalitätsgrades der technischen Merkmale des Anspruchs" enthalte immer noch Elemente des „Beitragsansatzes", da sie „eine Bewertung im Lichte des Standes der Technik oder des allgemeinen Fachwissens" impliziere. Einer nichttechnischen Tätigkeit könne durch die Verwendung technischer Mittel technischer Charakter verliehen werden. Nichterfindungen „als solche" iSd Art. 52 (2), (3) EPÜ seien „typischerweise rein abstrakte Konzepte ohne jeglichen technischen Bezug". Somit sei ein Verfahren, bei dem technische Mittel verwendet werden, im Allgemeinen eine Erfindung iSd Art. 52 (1). Damit es patentierbar ist, 50

---

[104] Hervorhebung vom Verf.; im englischen Original heißt es „having the knowledge of", in der deutschen Übersetzung undeutlicher „der sich mit ... auskennt". EPA 26.9.2002, ABl. 2003, 352 = GRUR-Int 2003, 852 Rn. 7 – Zwei Kennungen/Comvik will in diesem Ansatz „im Grunde genommen eine Methode zur Interpretation des Anspruchs zwecks Bestimmung der technischen Merkmale einer Erfindung" sehen; er erlaube es, „die technischen von den nichttechnischen Aspekten der Erfindung auch dann noch zu trennen, wenn diese in einem gemischten Anspruchsmerkmal eng miteinander verbunden sind". Das ist zu bezweifeln; denn die Annahme, der Fachmann habe bestimmte Elemente schon deshalb gekannt, weil sie nicht technisch sind, setzt (unabhängig von der Frage ihrer Vereinbarkeit mit Art. 54 Abs. 2 EPÜ) die Identifizierung dieser Elemente voraus.
[105] EPA 21.4.2004, ABl. 2004, 575 = GRUR-Int 2005, 332 – Auktionsverfahren/Hitachi.

§ 12 III　　　2. *Abschnitt. Sachliche Voraussetzungen des Patent- u. Gebrauchsmusterschutzes*

müsse es allerdings neu sein, eine nicht naheliegende technische Lösung einer technischen Aufgabe darstellen und gewerblich anwendbar sein.

51　　Die erforderliche Eingrenzung erfolgt dann unter dem Gesichtspunkt der erfinderischen Tätigkeit. Dabei sind nach Auffassung der Kammer nur die Merkmale zu berücksichtigen, die zum technischen Charakter beitragen.

52　　Letzteres wird insbesondere für die das eigentliche Auktionsverfahren betreffenden Merkmale verneint. Der technische Teil der Erfindung beschränke sich darauf, dem Server-Computer die Anweisungen zur Anwendung der vorgegebenen Bedingungen zu erteilen und bei Bedarf die erforderlichen Berechnungen durchzuführen.

53　　Technischer Charakter könne ein Verfahrensschritt jedoch haben, wenn er so konzipiert sei, dass er sich besonders für die Durchführung auf einem Computer eignet, weil hierfür technische Überlegungen zu den Funktionsprinzipien eines Computers erforderlich sein könnten. Der insoweit als technisch in Betracht kommende Schritt des beanspruchten Verfahrens wurde jedoch als naheliegend angesehen.

54　　9. Die drei zuletzt behandelten Entscheidungen stimmen darin überein, dass sie sich von der hergebrachten Formel lösen, die die Annahme technischen Charakters von einem technischen Beitrag zum Stand der Technik abhängig macht, und die Frage nach einem solchen Beitrag in die Prüfung auf Neuheit und erfinderische Tätigkeit verweisen. Hierbei wollen allerdings die beiden jüngsten Entscheidungen nur auf technischem Gebiet liegende Aspekte der Erfindung berücksichtigen[106], während die erste keinen Hinweis in diesem Sinne enthält.

55　　Unterschiedlich beurteilen die Entscheidungen die Bedeutung, die das Laden eines Programms in einen Computer hat: Im ersten Fall wird das zum Laden in den Computer bestimmte Programmprodukt nur deshalb als patentierbar angesehen, weil das auf Veranlassung des Produkts auszuführende Verfahren seinerseits nicht von der Patentierung ausgeschlossen ist[107]. Im zweiten Fall wird der technische Charakter des Verfahrens verneint und trotzdem das zu seiner Durchführung programmierte Computersystem als Erfindung iSd Art. 52 Abs. 1 EPÜ angesehen[108]. Die dritte Entscheidung sieht ebenfalls die beanspruchte Vorrichtung ohne weiteres als technisch an, billigt jedoch dem beanspruchten Verfahren diesen Charakter schon deshalb zu, weil dabei technische Mittel verwendet werden.[109]

56　　Im Anschluss an die neuere Rechtsprechung (→ Rn. 36–55) wurde die *Simulation* eines Schaltkreises, der 1/f Rauscheinflüssen unterworfen ist, als hinreichend bestimmter technischer Zweck eines computergestützten Verfahrens anerkannt, das auf diesen Zweck funktional beschränkt ist.[110] Die konkreten technischen Angaben computergestützter Simulationsverfahren seien selbst als moderne technische Verfahren anzusehen, die einen wesentlichen Bestandteil des Fabrikationsprogramms darstellten und der materiellen Herstellung in der Regel als Zwischenschritt vorausgingen. Ihnen könne eine technische Wirkung nicht deshalb abgesprochen werden, weil sie noch nicht das materielle Endprodukt umfassten.

c) Rechtsprechung des Bundesgerichtshofs und des Bundespatentgerichts

57　　Ausgehend von der im Fall „Rote Taube"[111] formulierten Definition der Erfindung hat der BGH der Möglichkeit, für Computerprogramme einsetzende Problemlösungen Patentschutz zu erlangen, zunächst sehr enge Grenzen gezogen (→ Rn. 58 ff.). Patentamt und

---

[106] EPA 8.12.2000, ABl. 2001, 441 (456 f.) – Steuerung eines Pensionssystems/PBS Partnership; 21.4.2004, ABl. 2004, 575 = GRUR-Int 2005, 332 – Auktionsverfahren/Hitachi; ebenso 26.9.2002, ABl. 2003, 352 = GRUR-Int 2003, 852 Rn. 6 f. – Zwei Kennungen/Comvik; 29.6.2006, Mitt. 2007, 231 – Universal Shopping/Ed Pool; vgl. auch *Moufang* FS Kolle/Stauder, 2005, 245 mwN.
[107] EPA 1.7.1998, ABl. 1999, 609 Rn. 9.3, 9.6, 9.7 – Computerprogrammprodukt/IBM.
[108] EPA 8.12.2000, ABl. 2001, 441 Rn. 5 – Steuerung eines Pensionssystems/PBS Partnership.
[109] EPA 21.4.2004, ABl. 2004, 575 = GRUR-Int 2005, 332 Rn. 4 – Auktionsverfahren/Hitachi.
[110] EPA 13.12.2006, ABl. 2007, 574 = GRUR-Int 2008, 59 Rn. 3.1, 3.2.2, 3.4.2 – Schlatkreissimulation/Infineon Technologies.
[111] BGH 27.3.1969, BGHZ 52, 74.

Patentgericht sind ihm darin nicht durchweg gefolgt, sondern haben teilweise eine großzügigere Haltung eingenommen, die sich an der Praxis des EPA orientiert (→ Rn. 68 f.). Später hat auch der BGH die Voraussetzungen für den Zugang solcher Problemlösungen zum Patentschutz gelockert (→ Rn. 70 ff.) und in seinen jüngsten Entscheidungen weiter erleichtert. Dabei löst er sich auch von jener Erfindungsdefinition und nähert sich der Linie des EPA (→ Rn. 77 ff.). Die seit 1978 für CP als solche geltende Ausschlussbestimmung hat die deutsche Praxis nicht wesentlich beeinflusst. Sie wirkte sich – wie regelmäßig auch beim EPA – als Patentierungshindernis letztlich nur insoweit aus, als im Einzelfall der technische Charakter fehlte.

aa) Enge Begrenzung der Patentierungsmöglichkeit, insbesondere durch die „Kerntheorie"

58 1. Eine Reihe von Entscheidungen erging schon auf der Grundlage des vor 1978 anwendbaren Rechts. Grundlegend war der Beschluss **„Dispositionsprogramm"**[112]: Organisations- und Rechenprogramme zur Lösung betrieblicher Aufgaben, bei deren Anwendung lediglich von einer in Aufbau und Konstruktion bekannten DVA der bestimmungsgemäße Gebrauch gemacht wird, seien nicht patentfähig.

59 In solchen Fällen liege zwar eine Anweisung zum planmäßigen Handeln vor, deren Befolgung zu einem kausal übersehbaren Erfolg führe; doch fehle es am Einsatz beherrschbarer Naturkräfte. Gegenstand der Anmeldung sei eine Regel, nach welcher ein Mensch mit den notwendigen kaufmännischen und mathematischen Kenntnissen die in Frage stehende Aufgabe auch ohne Benutzung von Naturkräften zuverlässig bewältigen könne, zu denen die menschliche Verstandestätigkeit nicht gehöre. Eine gedankliche Anweisung werde auch nicht dadurch technisch, dass gelegentlich ihrer Anwendung technische Mittel wie eine DVA benutzt werden. Vielmehr müsse die Verwendung technischer Mittel Bestandteil der Problemlösung sein. Eine Rechenregel verdiene nicht schon deshalb Patentschutz, weil jedem CP bestimmte Schaltzustände der DVA entsprechen[113]. Neuheit und Nichtnaheliegen der Rechenregel könnten die Patentfähigkeit einer nach ihr betriebenen DVA und des ihr angepassten Arbeitsablaufs einer DVA nicht begründen. Die Lehre, eine DVA nach einem bestimmten Rechenprogramm zu betreiben, könne nur dann patentfähig sein, wenn das Programm einen neuen, erfinderischen Aufbau der Anlage erfordere oder die Anweisung enthalte, sie auf neue, nicht naheliegende Weise zu benutzen.

60 2. Diese Grundsätze schlossen die Möglichkeit eines Patentschutzes nicht vollständig aus[114], schränkten sie aber stark ein. In den meisten Fällen, in denen sich der BGH in der Folge mit CP einsetzenden Problemlösungen zu befassen hatte, wurde diesen technischer Charakter abgesprochen.

61 Zugebilligt wurde er lediglich einem *Antiblockierregelsystem* für Fahrzeugbremsen, bei dem Schaltvorrichtungen so miteinander verbunden waren, dass ein durch das überwachte Rad ausgelöstes Verzögerungs- oder Beschleunigungssignal über die Steuerung von Ventilen den Bremsdruck absenkte oder konstant hielt[115].

62 Dem BGH genügte es nicht, dass das bei der Anwendung eines Programms erzielte Ergebnis auf technischem Gebiet verwendbar ist: die Anwendungsergebnisse seien nicht Bestandteil der Problemlösung[116]. Auch sei eine Lehre nicht schon deshalb technisch, weil ihre An-

---

[112] BGH 22.7.1976, BGHZ 67, 22.
[113] Dagegen hatte BPatG 28.5.1973, Mitt. 1973, 171 wegen dieses Zusammenhangs Technizität bejaht; später hat es sich dem BGH angeschlossen: BPatG 21.10.1976 und 12.6.1978, BlPMZ 1977, 192 (194) und 1978, 111.
[114] BGH 7.6.1977, GRUR 1978, 102 – Prüfverfahren.
[115] BGH 13.5.1980, GRUR 1980, 849 – Antiblockiersystem; nicht ausgeschlossen wurde technischer Charakter in BGH 7.6.1977, GRUR 1978, 102 – Prüfverfahren; BPatG 19.1.1978, GRUR 1978, 705 hat ihn nach Zurückverweisung teilweise bejaht.
[116] BGH 21.4.1977, GRUR 1977, 657 – Straken; 14.2.1978, GRUR 1978, 420 – Fehlerortung.

wendung zweckmäßig oder ausschließlich mit Hilfe technischer Geräte erfolgt oder eine auf technisches Gebiet übergreifende Aufgabenstellung enthält, ohne diese zu lösen; vielmehr müsse sie auch in ihrem technischen Aspekt eine vollständige Problemlösung bieten[117].

63   3. Es entsprach diesen Grundsätzen, dass der BGH bei der Prüfung auf technischen Charakter nur den **als neu und erfinderisch beanspruchten Kern** einer Lehre in Betracht ziehen wollte[118]: es genüge nicht, dass relevante Messwerte auf technischem Weg gewonnen werden und mittels einer sie programmgemäß verarbeitenden DVA ein technischer Herstellungs- und Bearbeitungsvorgang mit bekannten Steuerungsmitteln unmittelbar beeinflusst wird; in solchen Fällen seien die technischen Mittel nicht Bestandteil der Problemlösung[119].

64   Mit dieser Begründung wurde ein Verfahren als nicht technisch angesehen, nach welchem bei der Teilung in einer kontinuierlich arbeitenden Walzstraße produzierter Stäbe vorläufig gewonnene, noch ungenaue Messwerte unter Berücksichtigung während der Produktion in bekannter Weise abgenommener Messwerte mittels eines Rechners so korrigiert und in bekannter Weise zur unmittelbaren Steuerung der Schneidwerkzeuge benutzt wurden, dass die keine volle Verkaufslänge erreichenden Restlängen in einer das Aussortieren erleichternden Form anfielen.

65   Selbst bei einem Verfahren, das von Naturkräften abgeleitete Messwerte mit betriebswirtschaftlichen Faktoren in der Weise verknüpfte, dass das Ergebnis einen Steuerungsvorgang auslöste, verneinte der BGH den technischen Charakter[120].

66   Es ging darum, den Treibstoffverbrauch eines Flugzeugs so zu regeln, dass ein Flug möglichst geringe Gesamtkosten verursacht. Dabei war zu berücksichtigen, dass die bei Verringerung des Treibstoffverbrauchs eintretende Verlängerung der Flugzeit die treibstoffunabhängigen sog. Flugzeitkosten (wie Abschreibung, Versicherungen) erhöhte. Zur Lösung des Problems wurden einem Rechner die Treibstoffkosten und die Flugzeitkosten eingegeben. Während des Flugs wurden ihm automatisch die Werte des Treibstoffdurchsatzes und der Geschwindigkeit zugeführt. Unter Verarbeitung dieser Daten beeinflusste der Rechner den Treibstoffdurchsatz im Sinne einer Minimierung der Summe aus Flugzeitkosten und Treibstoffkosten für die gesamte Strecke.

67   Durch **Gewichtung** der beschriebenen Maßnahmen gelangte der BGH zu dem Ergebnis, dass markt- und betriebswirtschaftliche Aspekte unter Einschluss der angewandten Berechnungsregel gegenüber den eingesetzten Naturkräften im Vordergrund stünden und den Kern der beanspruchten Lehre bildeten. Die Mitursächlichkeit der eingesetzten Naturkräfte rechtfertige es deshalb nicht, der Gesamtheit der beanspruchten Lehre technischen Charakter zuzubilligen.

bb) Ansätze zur Auflockerung bei Patentamt und Patentgericht: Gesamtbetrachtung des Anmeldungsgegenstands

68   Der schlagwortartig als „Kerntheorie" bezeichnete Standpunkt des BGH (→ Rn. 63 ff.) wurde im Schrifttum vielfach kritisiert[121]. Das EPA hat ihn abgelehnt[122]. Das DPMA hat in seine Prüfungsrichtlinien einen Abschnitt über „Anmeldungen, die DV-Programme oder Regeln enthalten" eingefügt[123], in dem es heißt, dass bei der Prüfung auf technischen

---

[117] BGH 14.2.1978, GRUR 1978, 420 – Fehlerortung.
[118] BGH 7.6.1977, GRUR 1978, 102 – Prüfverfahren; 16.9.1980, BGHZ 78, 98 (104) – Walzstabteilung.
[119] BGH 16.9.1980, BGHZ 78, 98 (104) – Walzstabteilung.
[120] BGH 11.3.1986, GRUR 1986, 531 – Flugkostenminimierung.
[121] Vgl. zB v. Hellfeld Mitt. 1986, 190; Beyer FS 25 J. BPatG, 1986, 205; Brandi-Dohrn GRUR 1987, 4; Betten CR 1986, 314 und GRUR 1986, 534; Goebel FS Nirk, 1992, 375 ff.
[122] EPA 21.5.1987, ABl. 1988, 19 (24) – Röntgeneinrichtung/Koch & Sterzel; 15.4.1993, ABl. 1994, 557 (570) (zu 7) – Editierbare Dokumentenform/IBM; 21.4.2004, ABl. 2004, 575 = GRUR-Int 2005, 332 Rn. 4.4 – Auktionsverfahren/Hitachi.
[123] BlPMZ 1987, 1; ebenso die Fassung vom 1.3.2004, BlPMZ 2004, 69 Rn. 4.3.3, und die aktuellen Prüfungsrichtlinien vom 11.1.2019 Rn. 3.2.3.2.

§ 12. Technischer Charakter der Erfindung   III § 12

Charakter vom Anmeldungsgegenstand in seiner *Gesamtheit* auszugehen sei. Auch einige Senate des BPatG sind im Wege einer Gesamtbetrachtung des jeweils unter Schutz gestellten Gegenstands zur Annahme technischen Charakters gelangt, so zB für

- ein Verfahren zum spurplanmäßigen Aufrufen und Behandeln von Fahrwegelementen für ein *elektronisches Stellwerk,* bei dem auf Grund eines Fahrstraßenstellauftrags die Fahrwegelemente (Weichen, Gleisabschnitte, Signale) zeitlich aufeinanderfolgend ermittelt, behandelt und verkettet und ihre Adressen und Strangkennzeichen jeweils einem zentralen Speicher entnommen und einem Nachbaradressenregister eingegeben werden[124];
- eine Schaltungsanordnung, in der für eine Mehrzahl elektrischer Verbraucher Schalterstellungen automatisch erkannt und zielgerichtet ausgewertet sowie Steuersignale zur Betätigung der Verbraucher bereitgestellt werden[125]: Die Schaffung eines neuen Aufbaus oder einer neuen Brauchbarkeit einer DVA sei zwar hinreichend, aber nicht notwendig für technischen Charakter. Dieser könne auch dann gegeben sein, wenn eine technische Aufgabe so in ein Programm für eine Universal-DVA umgesetzt werde, dass diese einen technischen Erfolg liefere, indem die DVA durch das Programm in ihrem Betriebsablauf spezifisch beeinflusst werde (Betriebsprogramm) oder einen externen Vorgang steuere (Anwenderprogramm);
- ein Verfahren, durch Messung erhobene *seismische Daten* so auszuwerten, dass Gebiete mit der Möglichkeit der Gasspeicherung oder Ansammlungen von Kohlenwasserstoffen zuverlässiger erkennbar werden[126]; das Gericht sah hier keine Notwendigkeit, im Sinne einer „Kerntheorie" technische und nichttechnische Maßnahmen zu gewichten;
- ein *Schleifverfahren* für Nockenwellen, bei dem auf Grund einer Rechenregel Korrekturwerte für die die Soll-Kontur der Nocken bestimmenden Koordinaten ermittelt werden und die entsprechend modifizierten Koordinaten die Antriebe für Schleifscheibe und Nockenwelle steuern[127]; das Gericht betont die Notwendigkeit einer Gesamtbetrachtung bei der Prüfung des technischen Charakters, die unabhängig von der Frage nach Neuheit und erfinderischer Tätigkeit erfolgen müsse;
- ein mit Hilfe eines Rechnerprogramms durchzuführendes Verfahren, Hochtemperatur-Kernreaktoren so zu steuern, dass deren Abschaltung bei Überschwingungen oder Störanzeigen weitgehend vermieden und somit auf echte Störfälle begrenzt wird;[128]
- die mittels eines Rechnerprogramms bewirkte außentemperaturabhängige Steuerung der Temperatur einer Flächenheizanlage.[129]

Den restriktiven Grundsätzen des BGH folgte dagegen der ua für Rechengeräte und Informationsspeicher zuständige (17.) Senat des BPatG, was meist zur Verneinung technischen Charakters führte.[130]   69

cc) Anwendung der Gesamtbetrachtung durch den BGH

1. Zu dem seit 1978 geltenden Recht hat der BGH unter Hinweis auf die Rechtsprechung der Beschwerdekammern des EPA ausgesprochen, dass sich am Erfordernis des technischen Charakters nichts geändert habe,[131] und diesen für den gegebenen Fall mit   70

---

[124] BPatG 12.8.1987, BPatGE 29, 131.
[125] BPatG 25.7.1988, BPatGE 30, 26 – Rolladen-Steuerung.
[126] BPatG 5.10.1989, BPatGE 31, 36 (41).
[127] BPatG 10.7.1990, BPatGEE 31, 200 – Schleifverfahren.
[128] BPatG 22.9.1988, BPatGE 30, 90 (mit Kritik an der „Kerntheorie" BPatGE 30, 93).
[129] BPatG 4.10.1990, BPatGE 31, 269.
[130] BPatG 18.3.1986, BPatGE 28, 77 (elektronisches Übersetzungsgerät); 13.11.1986, BPatGE 28, 210 (Programmiereinrichtung); 3.2.1987, BPatGE 29, 24 (elektronisches Kurvenzeichengerät); 7.7.1987, BPatGE 29, 98 (Verfahren zur Bestimmung der Tonhöhe in menschlicher Sprache); 8.9.1988, BPatGE 30, 85 (elektronisches Übersetzungsgerät); 28.9.1991, BPatGE 32, 114 (Verfahren und Vorrichtung zur Postgebührenberechnung). – Bejaht wurde technischer Charakter in BPatG 20.8.1985, BPatGE 27, 186 (Anordnung zum Erzeugen gefilterter digitaler Ausgangssignale, deren erfindungsgemäße Ausbildung bei geringem Aufwand die Verarbeitungsgeschwindigkeit wesentlich erhöht); ferner in BPatG 30.8.1988, BPatGE 30, 78 (Anordnung von Bauelementen für die eindeutig umkehrbare Transformation einer Folge zeit- und amplitudendiskreter Abtastwerte eines reellen Signals in eine Folge dazu gehörender Fourier-Koeffizienten).
[131] BGH 11.3.1991, BGHZ 115, 23 – Chinesische Schriftzeichen.

Argumenten verneint, die deutliche Anklänge an die „Kerntheorie" (→ Rn. 63 ff.) aufweisen.

71 Im Vordergrund stehe eine bestimmte Ordnung der chinesischen Zeichen, die durch Auswahl und Einordnung von Bedeutungsinhalten erfolge. Dieses Ordnungssystem sei gedanklicher Art und bediene sich keiner technischen Mittel. Die weiteren Merkmale wie Eingabetastatur, Steuer- und Speichereinheit, Anzeige und Druckwerk, Eingabe, Ordnung des Speicherns, Suchen, Auslesen, Vergleichen, Anzeigen und Leitung der Zeichen zum Druckwerk seien für den Erfolg der Lehre von untergeordneter Bedeutung. Die gegenständlichen Merkmale gäben ihr nicht das entscheidende Gepräge und trügen nur mittelbar zum Erfolg bei, was für technischen Charakter nicht ausreiche.

72 2. In einem Beschluss vom gleichen Tag, in dem noch das frühere Recht anzuwenden war, hat der BGH die im Fall „Dispositionsprogramm" (→ Rn. 58 f.) aufgestellten Voraussetzungen für die Annahme technischen Charakters gemildert[132]: Für die Frage, ob der Anmeldungsgegenstand eine Lehre zum technischen Handeln zum Inhalt habe, sei es ohne Bedeutung, ob die Lehre neu, fortschrittlich und erfinderisch sei. Eine programmbezogene Lehre sei technisch, wenn sie die *Funktionsfähigkeit der DVA als solche* betreffe und damit das *unmittelbare Zusammenwirken ihrer Elemente* ermögliche.

73 Auf dieser Grundlage wurde dem angemeldeten Verfahren technischer Charakter zuerkannt, das in der Erfassung und Speicherung der Information über den aktuellen Speicherbereich eines in einer DVA ablaufenden Rechenprozesses und einer bestimmten Ladestrategie für einen dem bevorzugten Zugriff unterliegenden, aber nur eine Auswahl von Speicherseiten umfassenden Speicher (Seitenpuffer) bestand.

74 3. Mit der Aussage, dass der technische Charakter einer Lehre nicht davon abhänge, ob sie neu und erfinderisch sei, hat sich der BGH vom Standpunkt der „Kerntheorie" gelöst. In seinem durch Nichtigkeitsklage gegen ein europäisches Patent veranlassten Urteil „Tauchcomputer"[133] gelangt er für die Prüfung auf technischen Charakter zu einer Gesamtbetrachtung der Merkmale des Patentanspruchs.

75 Patentiert war eine Anzeigevorrichtung für die Parameter eines Tauchgangs, die durch Verknüpfung gespeicherter und gemessener Daten jederzeit die in Abhängigkeit von den durchtauchten Tiefen und Zeiten erforderliche Gesamtauftauchzeit einschließlich der vorgeschriebenen Dekompressionsaufenthalte errechnet und anzeigt.

76 Der beanspruchte Gegenstand erschöpfe sich nicht in Gegenständen oder Tätigkeiten, die gem. Art. 52 Abs. 2 EPÜ vom Patentschutz ausgeschlossen sind. Vielmehr umschreibe er eine *enge Beziehung* der dabei eingesetzten Rechenregel *mit technischen Mitteln* wie Anzeigevorrichtung, Speicher, Auswerte- und Verknüpfungsstufe, Tiefen- und Zeitmesser. Es sei eine Lehre zum technischen Handeln, dass durch den Betrieb dieser technischen Elemente gemäß einer bestimmten Rechenregel die automatische Anzeige mit Hilfe von Messgeräten ermittelter Größen ermöglicht werde. Bei der Prüfung auf *erfinderische Tätigkeit* müsse dieser Erfindungsgegenstand *im Ganzen,* also die neuartige Rechenregel zusammen mit den technischen Merkmalen in Betracht gezogen werden.

dd) Erweiterungen des Erfindungsbegriffs: Notwendigkeit „technischer Überlegungen" genügt

77 1. Im Beschluss **„Logikverifikation"**[134] aus dem Jahr 1999 überschritt der BGH die Grenzen seiner hergebrachten Erfindungsdefinition:

78 Angemeldet war ein „Verfahren zur hierarchischen Logik-Verifikation hochintegrierter Schaltungen", bei dem eine hierarchische Layout-Schaltung, die mit Hilfe eines Extraktionsverfahrens aus dem physikalischen Layout der jeweiligen hochintegrierten Schaltung gewonnen ist, mit einer durch einen Logikplan festgelegten hierarchischen Logikplan-Schaltung in drei mittels eines elek-

---

[132] BGH 11.3.1991, BGHZ 115, 11 – Seitenpuffer.
[133] BGH 4.2.1992, BGHZ 117, 144.
[134] BGH 13.12.1999, BGHZ 143, 255 = GRUR 2000, 498 mzustAnm Betten.

§ 12. Technischer Charakter der Erfindung III **§ 12**

tronischen Rechners durchzuführenden, in den Ansprüchen näher bestimmten Schritten verglichen wird.

Der BGH verstand die Anmeldung als Schutzbegehren für ein Programm für DVA, verwies aber darauf, dass solche Gegenstände nur „als solche" vom Patentschutz ausgenommen seien. Was dies bedeutet, ließ er offen, weil die angemeldete Lehre nach keiner der hierzu vertretenen Meinungen[135] vom Patentschutz ausgeschlossen war. Vielmehr untersuchte er, ob der beanspruchte Gegenstand technischen Charakter aufwies. Dazu stellte er fest, dass keiner der Fälle vorläge, für die er bisher bei Lehren, die von CP Gebrauch machen, die Möglichkeit technischen Charakters in Betracht gezogen hatte. Freilich, so der BGH, bildeten diese Möglichkeiten keinen abschließenden Katalog. Ob eine auf ein CP gerichtete Anmeldung die erforderliche Technizität aufweise, sei durch wertende Gesamtbetrachtung des Anmeldungsgegenstands im Einzelfall festzustellen. 79

Hier sei die vorgeschlagene vorteilhafte Art der Verifikation nur durch technische Überlegungen zu bewerkstelligen gewesen, die genaue Kenntnis der schaltungstechnischen Zusammenhänge voraussetzten. 80

Die angemeldete Lehre betreffe einen Zwischenschritt in dem Prozess, der mit der Herstellung von (Silicium-)Chips ende. Dort sorge sie dafür, dass diese Bauteile aus verifizierten Schaltungen bestehen. Sie sei damit nach ihrer Zweckbestimmung Teil einer aktuellen Technik und beschränke sich nicht auf ein gedankliches Konzept. Vielmehr habe sie eine technische Erkenntnis erfordert, die sich auf körperliche bzw. physikalische Gegebenheiten konzentriere. Damit weise die streitgegenständliche Anmeldung die erforderliche Technizität auf. 81

Der patentrechtliche Technikbegriff sei überdies nicht statisch, sondern Modifikationen zugänglich, sofern die technologische Entwicklung dies erfordere, was jedenfalls für Neuerungen auf dem Gebiet der Herstellung von (Silicium-)Chips anzuerkennen sei. Die Arbeiten zur Herstellung solcher Bauteile seien heute weitgehend nicht mehr durch maschinelle Fertigung geprägt, die den unmittelbaren Einsatz beherrschbarer Naturkräfte erfordert. Jedenfalls der Entwurf und notwendige Überprüfungen im Vorfeld der Herstellung geschähen heute vielmehr im Wesentlichen computergestützt, was dafür taugliche CP voraussetze. Dass sich der Prozess der Chipentwicklung verändert habe, ändere freilich nichts daran, dass es nach wie vor um die Beherrschbarkeit des Fertigungsprozesses für hochintegrierte Schaltungen gehe, der dem Bereich der Technik angehöre und der (entsprechend) nicht ohne technische Überlegungen zu erledigen sei. Dieser Bereich könne vom Patentschutz nicht deshalb ausgenommen sein, weil ein Lösungsvorschlag – abgesehen von den in dem verwendeten Rechner bestimmungsgemäß ablaufenden Vorgängen – auf den unmittelbaren Einsatz von beherrschbaren Naturkräften verzichte und die technische Tauglichkeit der gefertigten Bausteine anderweitig durch technisches Wissen voranzubringen versuche.[136] 82

2. An dieser Linie hat der BGH in seinen Entscheidungen **„Steuerungseinrichtung für Untersuchungsmodalitäten"** vom 20.1.2009[137] festgehalten. 83

Angemeldet gewesen war ein CP, in dem ein abgelegtes Programmmittel eingegebene symptomspezifische und/oder diagnosespezifische Informationen mit entsprechenden Referenzdaten in einer Datenbank abgleicht und daraus Modalitäten für die Untersuchung von Patienten und die jeweils passenden Untersuchungs- und Messprotokolle auswählt und ausgibt. 84

Anders als das BPatG, das den Anmeldungsgegenstand als nichttechnisch verworfen hatte, weil es den technischen Aspekt der Anmeldung – Übertragung der ausgewählten Untersuchungs- und Messprotokolle und fallweise Verwendung zur direkten Ansteuerung der 85

---

[135] Der BGH bezieht sich hier auf *Melullis* GRUR 1998, 850 ff.; *Tauchert* Mitt. 1999, 248 (251); *van Raden* GRUR 1995, 456; EPA 1.7.1998, ABl. 1999, 609 – Computerprogrammprodukt/IBM; vgl. auch → § 12 Rn. 117 ff.
[136] BGH 13.12.1999, BGHZ 143, 255 = GRUR 2000, 498 (501).
[137] GRUR 2009, 479 (480); iErg zust. *Ensthaler* GRUR 2010, 1.

§ 12 III 2. Abschnitt. Sachliche Voraussetzungen des Patent- u. Gebrauchsmusterschutzes

Untersuchungsmodalität – in Relation zum angemeldeten Datenabgleich als ergänzende Maßnahme von untergeordneter Bedeutung angesehen hatte, qualifizierte der BGH den Anmeldungsgegenstand als hinreichend technisch, weil er der Verarbeitung, Speicherung und Übermittlung von Daten mittels eines technischen Geräts diene. Ausdrücklich stellte der BGH fest, dass es **für das Technizitätserfordernis unerheblich** sei, ob der Anmeldungsgegenstand neben technischen Merkmalen auch nichttechnische aufweise.

86 Die Prüfung der materiellen Patenterteilungsvoraussetzungen ist nach Ansicht des BGH auf diese technischen Problemlösungen zu beschränken. „Außerhalb der Technik liegende Anweisungen genügen in diesem Zusammenhang grundsätzlich nicht; sie sind nur in dem Umfang von Bedeutung, in dem sie auf die Lösung des technischen Problems mit technischen Mitteln Einfluss nehmen (Senat, BGHZ 149, 68 = GRUR 2002, 143 – Suche fehlerhafter Zeichenketten; BGHZ 159, 197 = GRUR 2004, 67 – elektronischer Zahlungsverkehr)."[138]

87 3. In seinem Beschluss **„Dynamische Dokumentengenerierung"**[139] vom 22.4.2010 hat der Xa. BGH-Zivilsenat diese Rechtsprechung zum Technizitätsbegriff fortentwickelt und die Möglichkeit zur Patentierung von CP abermals erweitert.

88 Gegenstand war hier die deutsche Anmeldung eines Verfahrens gewesen, das durch den Einsatz von Softwaremodulen die Generierung strukturierter Dokumente aus einem Vorlagedokument ermöglicht, das in einer Skriptsprache – die Anmeldung nennt beispielhaft Java Server Pages – abgefasst ist, die der (Leit-)Rechner eines Client-Server-Systems aus Kapazitätsgründen nicht verarbeiten kann, weil er mit seinen Ressourcen keine komplexe, umfassende Laufzeitumgebung wie Java Virtual Machine in der Skriptsprache des Vorlagedokuments generieren kann. Die Anmeldung lehrt, wie sich die Generierung besagter Laufzeitumgebung überflüssig machen lässt und so die Effizienz von Computernetzwerken gesteigert werden kann, weil die Generierung strukturierter Dokumente unter Anwendung des Verfahrens weniger Rechenleistung benötigt.

89 DPMA und BPatG hatten die Patentierung des Verfahrens abgelehnt, da es sich nicht um ein technisches Verfahren im Sinne des Patentgesetzes (PatG) handele. Der Xa. BGH-Zivilsenat beurteilte dies anders und wies darauf hin, dass hier die Technizität der hier angemeldeten Lösung gerade in der Gestaltung eines CP in der Weise liege, dass die **technischen Gegebenheiten von Datenverarbeitungsanlagen** nun besser genutzt würden. Es reiche mit den Worten des BGH aus, „wenn der Ablauf eines Datenverarbeitungsprogramms, das zur Lösung des Problems eingesetzt wird, durch technische Gegebenheiten außerhalb der Datenverarbeitungsanlage bestimmt wird oder wenn die Lösung gerade darin besteht, ein Datenverarbeitungsprogramm so auszugestalten, dass es auf die technischen Gegebenheiten der Datenverarbeitungsanlage Rücksicht nimmt."[140] Letzteres sei hier erfüllt, denn das angemeldete Verfahren habe den Zweck, das unmittelbare Zusammenwirken der Elemente eines Datenverarbeitungssystems zu organisieren, sei **stets technischer Natur** und erfülle damit ohne weiteres das Technizitätserfordernis aus § 1 Abs. 1 PatG.

90 Das hier in Rede stehende Verfahren ist auch nicht als Programm für Datenverarbeitungsanlagen nach § 1 Abs. 3 Nr. 3 letzte Alt. PatG vom Patentschutz ausgeschlossen, denn es enthält verfahrensbestimmende Anweisungen, die die Lösung eines konkreten technischen Problems mit technischen Mitteln zum Gegenstand haben.[141]

91 Noch nicht gesagt sei damit freilich, ob das Verfahren auch patentiert werden müsse. Dies sei allein dann der Fall, wenn die vorstehend beschriebene technische Problemlösung alle materiellen Patenterteilungsvoraussetzung erfülle, namentlich neu und erfinderisch sei. Dies hatte das BPatG noch zu prüfen.

---

[138] BGH 20.1.2009, GRUR 2009, 479; fortgeführt in BGH 26.10.2010, GRUR 2011, 125 (126f.) – Wiedergabe topographischer Informationen.
[139] BGH 22.4.2010, GRUR 2010, 613.
[140] BGH 22.4.2010, GRUR 2010, 613 (616).
[141] BGH 22.4.2010, GRUR 2010, 613 (616).

§ 12. Technischer Charakter der Erfindung　　　　　　　　　　　　　　　　　　　III § 12

Mit denselben Argumenten, das Vorliegen von Technizität im Ergebnis freilich verneinend, das BGH-Urteil **„Webseitenanzeige"** vom 24.2.2011.[142]

4. In seinem Urteil **„Bildstrom"** vom 26.2.2015[143] gab der X. BGH-Zivilsenat der Berufung einer beklagten Patentinhaberin gegen die Teilvernichtung ihres Patents wegen mangelnder Patentfähigkeit des geschützten Gegenstand statt. Zur hier interessierenden Patentfähigkeit von CP stellte der Senat fest, patentfähig seien auch Anweisungen, die zwar die (visuelle) Informationswiedergabe beträfen, die aber nicht bloße Inhaltsvermittlung bezweckten, sondern die Präsentation von Bildinhalten in einer derart an die physischen Gegebenheiten des menschlichen Wahrnehmungsvermögens angepassten Weise, dass Menschen die Informationen überhaupt erst oder besser oder zweckmäßiger wahrnehmen könnten. 91a

ee) Technischer Charakter des programmierten Computers als Vorrichtung

Einen Weg, auf dem problemlos Patentschutz für CP aller Art erreichbar wäre, scheint der Beschluss **„Sprachanalyseeinrichtung"**[144] zu weisen. 92

Er betrifft eine „Dialog-Anzeigevorrichtung für natürliche Sprache" mit bestimmten im Patentanspruch aufgeführten Bestandteilen, die Sätze eines eingegebenen Textes in syntaktische Einheiten zerlegt, mögliche linguistische Beziehungen zwischen diesen auf ihre sprachliche Korrektheit prüft und hierdurch dem Benutzer die Auswahl unter (gegebenenfalls) mehreren korrekten Beziehungen ermöglicht oder, wenn er keine Wahl trifft, selbsttätig diejenige auswählt, die am wahrscheinlichsten korrekt ist. 93

Der BGH billigt dem Anmeldungsgegenstand schon deshalb ohne weiteres technischen Charakter zu, weil er in einer Vorrichtung (DVA) und nicht in einem Programm besteht.[145] Dass ein Rechner in bestimmter Weise programmtechnisch eingerichtet ist, nehme ihm nicht den technischen Charakter, sondern füge ihm als technischem Gegenstand lediglich weitere Eigenschaften hinzu. Für die Beurteilung der Anlage komme es auf den technischen Charakter dieser Eigenschaften nicht an, ebenso wenig darauf, ob ein über die „normale" Wechselwirkung zwischen Programm und Computer hinausgehender weiterer technischer Effekt erzielt wird, und erst recht nicht darauf, ob die Anlage die Technik bereichert oder einen Beitrag zum SdT leistet. Auch einer bekannten Vorrichtung, die an sich technisch ist, könne nicht deswegen, weil sie der Technik nichts hinzufügt, der technische Charakter abgesprochen werden. 94

Auch wenn die angemeldete Lehre Elemente aufweisen sollte, die der inhaltlichen Überarbeitung von Sprachtexten zuzuordnen wären, stehe dies einer Patentierung nicht mangels technischen Charakters entgegen. Zwar sei eine solche Überarbeitung (Textredaktion) als solche nicht ohne weiteres technisch. Doch bleibe auch eine DVA, auf der eine (redaktionelle) Bearbeitung von Texten vorgenommen wird, ein technischer Gegenstand. 95

ff) Wegen der Ausschlussbestimmung ist eine über den Computereinsatz hinausgehende Eigenheit erforderlich, Technizität erfordert den Einsatz technischer Mittel zur Lösung eines konkreten technischen Problems. 96

1. Differenzierter als im Fall „Sprachanalyseeinrichtung" argumentiert der BGH in seiner Entscheidung über ein „Verfahren und Computersystem zur **Suche fehlerhafter Zeichenketten** in einem Text"[146]. 97

---

[142] GRUR 2011, 610 Rn. 16–23; vgl. zur gesamten Thematik auch *Teufel* Mitt. 2011, 497 ff.; *Einsele* FS 50 J. BPatG, 2011, 199 ff.
[143] GRUR 2015, 660 Rn. 24, 26.
[144] BGH 11.5.2000, BGHZ 144, 282.
[145] IglS schon BPatG 14.6.1999, BPatGE 41, 171 – Automatische Absatzsteuerung, das freilich bereits das in dem beanspruchten „Verkaufsautomaten" durchgeführte Verfahren als technisch ansieht.
[146] BGH 17.10.2001, GRUR 2002, 143 – Suche fehlerhafter Zeichenketten; bestätigt und erläutert in BGH 24.5.2004, BGHZ 159, 197 = GRUR 2004, 667 – Elektronischer Zahlungsverkehr.

§ 12 III   2. *Abschnitt. Sachliche Voraussetzungen des Patent- u. Gebrauchsmusterschutzes*

98   Ansprüche auf das Verfahren waren bereits erteilt; die Anmelderin wollte aber auch ein „digitales Speichermedium, insbesondere Diskette, mit elektronisch auslesbaren Steuersignalen" schützen lassen, die so mit einem programmierbaren Computersystem zusammenwirken können, dass ein Verfahren nach einem der hierauf gerichteten Ansprüche abläuft.

99   Der BGH geht davon aus, dass eine Lehre nicht schon deshalb patentierbar sei, weil sie den Einsatz eines Computers erfordert, und verlangt eine „hierüber hinausgehende Eigenheit". Die prägenden Anweisungen der beanspruchten Lehre[147] müssten der Lösung eines konkreten technischen Problems dienen. Diese Abgrenzung führe dazu, dass Ansprüche, die zur Lösung eines Problems auf den herkömmlichen Gebieten der Technik, also der Ingenieurwissenschaft, Physik, Chemie oder Biologie die Abarbeitung bestimmter Verfahrensschritte durch einen Computer vorschlagen, grundsätzlich patentierbar seien. Im Übrigen bedürfe der Prüfung, ob sich die auf Datenverarbeitung mittels eines Computers gerichtete Lehre gerade durch eine Eigenheit auszeichne, die unter Berücksichtigung der Zielsetzung patentrechtlichen Schutzes eine Patentierung rechtfertige. Hiervon sei der Senat bereits bisher in seiner Rechtsprechung zu computerbezogenen Patentanmeldungen ausgegangen.

100   Der BGH analysiert dann die gesetzliche Ausschlussbestimmung und findet, sie trage dem Anliegen Rechnung, die Entwicklung auf dem damals relativ neuen Gebiet der Computertechnik nicht durch uferlose Ausdehnung des Patentschutzes zu behindern. Dies lege es nahe, Lehren, die nach traditionellem Verständnis nicht zur Technik gehörten, nicht allein deshalb dem Patentschutz zugänglich zu machen, weil sie mit Hilfe eines Computers angewandt werden. Andererseits gehe es über das genannte Ziel hinaus, einer Lehre, deren Eigenart durch technische Vorgänge oder Überlegungen geprägt ist, den Patentschutz zu versagen, weil sie auf einem Computer zur Ausführung kommen soll oder von einem Teil der Computerfachleute in einem engeren Sinn als Programm für DVA angesehen wird.

101   Die Suche und Korrektur einer fehlerhaften Zeichenkette in einem Text liege nicht auf technischem Gebiet, auch wenn dieser mit einem computergestützten Textverarbeitungssystem erstellt sei. Deshalb sei eine Bewertung nötig, ob der Anspruch Anweisungen enthalte, die den erforderlichen Bezug zur Technik herstellen. Diese Prüfung sei nicht deshalb entbehrlich, weil der Anspruch nicht auf ein Verfahren, sondern auf eine Diskette und damit auf einen körperlichen Gegenstand (Vorrichtung) gerichtet ist. Die Frage der Patentfähigkeit sei nicht allein nach der Anspruchskategorie und nicht unabhängig davon zu beantworten, was nach der beanspruchten Lehre im Vordergrund stehe. Dem stehe auch die Entscheidung „Sprachanalyseeinrichtung" (→ Rn. 91 ff.) nicht entgegen; denn damals seien es die vorrichtungsmäßig gekennzeichneten Merkmale des Anspruchs gewesen, die der Problemlösung dienten. Abschließend deutet der BGH an, dass er die Patentierbarkeit der schon gewährten Verfahrensansprüche bezweifelt. Das müsse auch bei der Beurteilung des Anspruchs auf ein Speichermedium berücksichtigt werden, das mit den das Verfahren steuernden Signalen versehen ist.

102   Das BPatG hat nach Zurückverweisung das Verfahren als nicht technisch angesehen und den auf ein entsprechendes Speichermedium gerichteten Anspruch versagt[148].

103   2. Im Beschluss **„Anbieten interaktiver Hilfe"** wird ausgeführt, dass „auch bei der vorrichtungsmäßigen Einkleidung einer Lehre, die sich der elektronischen Datenverarbeitung bedient, deren Patentfähigkeit nur dann zu bejahen ist, sofern hierbei die Lösung eines konkreten technischen Problems mit Mitteln gelehrt wird, die neu sind, auf einer erfin-

---

[147] Sie können sich nach BGH 24.5.2004, GRUR 2004, 667 (669) (b [2]) – Elektronischer Zahlungsverkehr auch auf an sich bekannte Maßnahmen beziehen.
[148] BPatG 26.3.2002, GRUR 2002, 871 – Suche fehlerhafter Zeichenketten – Tippfehler; ebenso sprechen BPatG 18.1.2000, BPatGE 42, 208 – Demontageschwierigkeitsbewertung und BPatG 9.4.2002, GRUR 2002, 869– Geschäftliche Tätigkeit. Datenträgern, auf denen ein als nichttechnisch erkanntes Programm gespeichert ist, und entsprechend programmierten Computern den technischen Charakter ab.

§ 12. Technischer Charakter der Erfindung   III   § 12

derischen Tätigkeit beruhen und gewerblich anwendbar sind".[149] Hieraus wird man ableiten können, dass der in „Sprachanalyseeinrichtung" vertretene Standpunkt jedenfalls nicht allgemein gilt.[150]

    Zum Ausschlusstatbestand des § 1 Abs. 2 (jetzt: 3) Nr. 3 PatG heißt es, er greife schon dann nicht ein, „wenn wenigstens einem Teil der Lehre ein konkretes technisches Problem zu Grunde liegt". Es sei dann unschädlich, wenn dieser Teil Bestandteil eines umfassenderen, nicht oder nur teilweise technischen Problems ist. Hierin bestätigt sich die Übung, die Anwendbarkeit der Ausschlussbestimmung vom Fehlen technischen Charakters abhängig zu machen und diesen als letztlich entscheidendes Kriterium einzusetzen.   **104**

    Im gegebenen Fall wurde mangels technischen Charakters einem Verfahren die Patentfähigkeit abgesprochen, bei dem von einem Kunden an seinem Rechner (nach Aufruf eines Waren- oder Dienstleistungsangebots) vorgenommene Bedienhandlungen erfasst, an einen zentralen Rechner gemeldet, dort protokolliert und mit Referenzprotokollen verglichen werden, um dem Kunden, wenn sich bei diesem Vergleich ergibt, dass er voraussichtlich keinen Auftrag erteilen wird, an seinem Rechner eine interaktive Hilfe anzubieten, die ihn bei der Bedienung seines Rechners unterstützt, aber auch in eine Art „Verkaufsgespräch" ziehen kann.   **105**

    Am gleichen Tag wurde mangels technischen Charakters einem Verfahren der Patentschutz verwehrt, bei dem mittels automatischer Erfassung von Betriebsdaten, Ermittlung von Vergütungsdaten und kalkulatorischen Kosten eines medizinischen Geräts sowie Übertragung der Daten an eine zentrale Datenbank die Rentabilität der Anschaffung eines zweiten Geräts gleicher Art oder eines Ersatzgeräts errechnet wird.[151] Das Verfahren bestehe nur in der – sei es auch automatischen – Ermittlung von Informationen betriebswirtschaftlicher Art, die nicht der Steuerung eines technischen Vorgangs, sondern als Grundlage für eine von Menschen zu treffende Kaufentscheidung dienten.   **106**

gg) Beurteilung der erfinderischen Tätigkeit

    1. Manche, vor allem neuere Entscheidungen des EPA neigen dazu, die Unterscheidung zwischen technischen und nichttechnischen Merkmalen eines unter Schutz gestellten Gegenstands in die Prüfung auf erfinderische Tätigkeit zu verlagern und hierbei nur die technischen Merkmale des Gegenstands zu berücksichtigen (→ Rn. 36 ff.). Ansätze zu solchem Vorgehen finden sich auch in der deutschen Rechtsprechung. So wird es im Fall „Sprachanalyseeinrichtung" als zweifelhaft bezeichnet, inwieweit bei der Prüfung der Schutzfähigkeit Elemente ohne technischen Charakter zu berücksichtigen seien. Freilich verweist der BGH dabei auf seine Entscheidung „Tauchcomputer" (→ Rn. 74 ff.), in der er ausgesprochen hat, dass bei der Prüfung auf erfinderische Tätigkeit der gesamte Erfindungsgegenstand unter Einschluss einer etwaigen Rechenregel zu berücksichtigen sei.   **107**

    2. Eine Entscheidung des BPatG aus dem Jahr 2002 hat aus der Rechtsprechung des BGH gefolgert, dass eine erfinderische Tätigkeit nur auf einem technischen Beitrag zum SdT beruhen könne.[152] Allerdings dürfe nicht nur der Teil des beanspruchten Gegenstands auf erfinderische Tätigkeit   **108**

---

[149] BGH 19.10.2004, GRUR 2005, 141 (143, Nr. II 4a) – Anbieten interaktiver Hilfe (Vorinstanz: BPatG 20.5.2003, BPatGE 47, 54 – Bedienhandlungen); ebenso BGH 19.10.2004, GRUR 2005, 141 (143, Nr. II 4a) – Rentabilitätsermittlung.

[150] AM *Reichl* Mitt. 2006, 6 (8 f.) – BPatG 6.5.2003, BPatGE 47, 42 (49) – Rentabilität eines medizinischen Geräts wollte die Bedeutung von BGH „Suche fehlerhafter Zeichenketten" auf den „Spezialfall" beschränken, dass der Vorrichtungsanspruch auf die Ausführung von Verfahrensansprüchen rückbezogen ist. Das steht jedenfalls mit den neueren BGH-Entscheidungen nicht im Einklang und wird auch vom BPatG anscheinend nicht mehr vertreten. Vgl. BPatG 28.9.2004, GRUR 2005, 1027 (1031) – Partitionsbaum; 3.3.2005, GRUR 2005, 1025 – Kfz-Kürzel.

[151] BGH 19.10.2004, GRUR 2005, 141 (143, Nr. II 4a) – Rentabilitätsermittlung (Bestätigung von BPatG 6.5.2003, BPatGE 47, 42 (49) – Rentabilität eines medizinischen Geräts).

[152] BPatG 29.4.2002, GRUR 2002, 791 – Elektronischer Zahlungsverkehr (sie betrifft nicht den Fall der BGH-Entscheidung mit diesem Stichwort; zum Sachverhalt s. u. bei Fn. 159. IglS BPatG 28.9.2004, GRUR 2005, 1027 (1032) – Partitionsbaum.

geprüft werden, der aus den technischen Merkmalen besteht. Vielmehr sei dieser in seiner Gesamtheit unter Einschluss der an sich nicht technischen Merkmale zur Ermittlung des technischen Beitrags zu berücksichtigen. Untechnische Bedeutungsinhalte blieben bei der Prüfung auf Neuheit und erfinderische Tätigkeit (nur) insoweit außer Betracht, als sie keinen technischen Bezug aufwiesen. Es sei zunächst der beanspruchte Gegenstand in seinem vollständigen technischen Inhalt zu erfassen und erst danach ein Vergleich mit dem SdT durchzuführen.

109 In Anwendung dieser Grundsätze hat das BPatG[153] ein Patent für ein Verfahren und eine entsprechende Vorrichtung widerrufen, wodurch aus konkurrierenden Angeboten die jeweils preisgünstigste Telefonverbindung unter Berücksichtigung auch von der Gesprächsdauer abhängiger Tarifunterschiede, also *nach Gesprächsende,* automatisch ausgewählt wird.

110 Ein Münzspielautomat, bei dem, wenn die Umlaufkörper in einer gewinnbringenden Stellung stehen bleiben, der „Jackpot" nicht nach vorgegebenen festen Zahlenwerten, sondern zufallsabhängig zunimmt, wurde als nicht patentfähig angesehen, weil zwar die Idee, diese Zunahme zufallsabhängig zu steuern, durch den SdT nicht nahegelegt gewesen sei, aber mangels technischen Charakters bei der Prüfung auf erfinderische Tätigkeit nicht berücksichtigt werden könne, während ihre technische Umsetzung für einen Fachmann, der den Zuwachs des Jackpots zufallsabhängig ermitteln soll, naheliegend gewesen sei.[154]

111 3. In seinem Beschluss **„Elektronischer Zahlungsverkehr"**[155] sah der BGH bei der angemeldeten Lehre auch das Problem betroffen, bestimmte schützenswerte Daten, die ohne den Lösungsvorschlag beispielsweise über eine (wegen der Gefahr des Ausspähens) unsichere Leitung weitergegeben werden müssten, sicher von einem Ort zum anderen zu schaffen; unter dem insoweit vorgeschlagenen „electronic banking" könne ein System mit Verschlüsselungstechniken verstanden werden; hierin könne – was noch näherer Prüfung bedürfe – die Lösung eines konkreten technischen Problems liegen. Die Frage, ob dieses System – wie in der Anmeldung angegeben – an sich bekannt ist, gehöre zur Prüfung auf Neuheit und erfinderische Tätigkeit. Hierzu wird ausgeführt,[156] mit der Forderung, auf die prägenden Anweisungen der beanspruchten Lehre abzustellen, solle sichergestellt werden, „dass sich die Feststellung erfinderischer Tätigkeit auf der Grundlage vollzieht, derentwegen der erfindungsgemäße Gegenstand eine Lehre zum technischen Handeln darstellt. Im Hinblick darauf, dass über den Patentschutz ausschließlich Problemlösungen auf dem Gebiet der Technik gefördert werden sollen, geht es allein darum, diejenigen Anweisungen zu erfassen, die insoweit bedeutsam sind, weil sie eine Aussage darüber erlauben, ob eine schutzwürdige Bereicherung der Technik vorliegt".

112 Das BPatG[157] ist (nach Zurückverweisung) davon ausgegangen, dass allein der „Verwendung eines an sich bekannten elektronischen Zahlungssystems (electronic banking)" eine konkrete technische Problemstellung zugrunde liege, und hat den BGH dahin verstanden, dass der Bewertung der erfinderischen Tätigkeit allein diese Anweisung zugrunde zu legen ist. Da es diese als dem Fachmann nahegelegt ansah, ergab sich wiederum, dass die Anmeldung zurückzuweisen war.

hh) Ergänzende Fallbeispiele aus neueren Entscheidungen des Bundespatentgerichts[158]

113 1. Als **technisch** wurden angesehen

– ein „Herstellungs- und Prüfverfahren für ein elektronisches Gerät",[159] bei welchem nach dem Durchlauf des Geräts durch eine Prüfstation eine den jeweiligen Prüfungsschritt dokumentierende Information in dem für die spätere Funktion des Geräts notwendigen Speicherelement dauerhaft abgespeichert wurde und ua zur Steuerung nachfolgender Herstellungs- und Prüfschritte diente;
– ein Verfahren zur automatischen, informationsgesteuerten Verdrahtung in einer integrierten Halbleiterschaltungsanordnung nach einem Algorithmus, der die Verdrahtungswege durch längenmäßige

---

[153] 10.5.2004, GRUR 2004, 931 (933 f.) = BPatGE 48, 154 – Preisgünstigste Telefonverbindung.
[154] BPatG 22.11.2004, GRUR 2005, 493 = BPatGE 48, 276 – Jackpotzuwachs.
[155] BGH 24.5.2004, BGHZ 159, 197 = GRUR 2004, 667 – Elektronischer Zahlungsverkehr.
[156] BGH 24.5.2004, GRUR 2004, 667 (669, Nr. 3b [2]) – Elektronischer Zahlungsverkehr.
[157] 10.2.2005, BPatGE 46, 265 – Transaktion im elektronischen Zahlungsverkehr.
[158] Über weitere Entscheidungen berichtet *Sedlmaier* Mitt. 2002, 62 ff.
[159] BPatG 13.2.1992, BPatGE 33, 87.

§ 12. Technischer Charakter der Erfindung III § 12

- Sortierung der Leitungen und deren Zuordnung zu den verschiedenen Verdrahtungsebenen festlegt;[160]
- ein Algorithmus mit der Zweckangabe „zum Empfang von über einen gestörten Kanal übertragenen Signalen", weil er hierdurch auf technische Größen festgelegt sei[161]. Die Zweckangabe umschreibe mittelbar, welche Signale verarbeitet werden; die mit dem Algorithmus berechneten Werte beträfen deshalb physikalische Signale und letztlich die Funktionsfähigkeit des Empfangsgeräts;
- ein „Verfahren zur automatischen Absatzsteuerung von Waren oder Dienstleistungen"[162], das elektronisch aktuelle Absatzdaten erfasst, ihre Abweichung von vorher für einen bestimmten Abgabepreis festgelegten Prognosedaten ermittelt und abhängig von dieser Abweichung den Abgabepreis anpasst und anzeigt;
- ein Verfahren für die Ausgabe von Postgebühren, nach welchem mittels eines Computers für mehrere jeweils eine Versandmenge bildende Poststücke eine Adressenliste erstellt, die erforderliche Gesamtgebühr berechnet und an einen Beförderungsdienst überwiesen und anschließend jede in der Liste enthaltene Adresse (für spätere Frankierkontrollen) mit einer eindeutigen verschlüsselten Zahl versehen wird[163];
- ein Verfahren, das ohne den sonst üblichen Aufbau eines Prototyps die Erzeugung der für die Montage eines Kabelbaums erforderlichen Vorlagebrettzeichnung mit einer zweidimensionalen Darstellung des dreidimensionalen Kabelbaums ermöglicht;[164]
- ein Verfahren zum Geld- oder Vermögenstransfer auf elektronischem Wege, insbesondere im Internet, das ua umfasst: Bereitstellen von Geld- oder Vermögenseinheiten in einer von mehreren Zahlungsempfängern akzeptierten virtuellen Währung, denen ein personenabhängiger Identifizierungscode zugeordnet ist; Weitergabe dieses Codes und gegebenenfalls der Einheitengröße an den Zahlungsempfänger; Überprüfen der Deckung sowie bei deren Vorliegen Transfer der Einheit und Abwertung der entsprechenden Einheit.[165] In der Gesamtbetrachtung trete – neben den ebenfalls vorhandenen geschäftlichen Inhalten – die programmtechnische Durchführung des Verfahrens mit einem Rechnersystem unter Verwendung eines Identifizierungscodes mit dem Ziel eines *sicheren elektronischen Zahlungsverkehrs* in den Vordergrund;
- ein Bildprozessor, der ein – als solches nicht technisches[166] – Verfahren zur strahlbasierten Gewinnung digitaler Bilder ausführt und diesem Zweck durch eine konkrete schaltungstechnische Ausgestaltung dient.[167]

2. Als **nichttechnisch** wurden dagegen angesehen: 114

- eine CAD/CAM-Einrichtung mit hierarchischer Datenstruktur, durch die räumliche Darstellungen eines Körpers definiert werden können,[168] wobei die einzelnen Elemente schon bei der Eingabe mit zusätzlichen Informationen zu versehen waren, durch die zusammengehörige Elemente verschiedener Schichten verknüpft werden konnten: Die Zuordnung der Informationen zu den eingegebenen Daten erfolge durch abwägende menschliche Verstandestätigkeit.
- ein interaktives Dialogverfahren, nach welchem beim Entwurf von Erzeugnissen die am leichtesten zerlegbare Gestaltung ermittelt wird[169]. Die zugehörige Definition und Auswahl bestimmter Ausgangskriterien seien von einem Benutzer auszuführen und erforderten dessen abwägende Verstandestätigkeit;

---

[160] BPatG 7.12.1995, BPatGE 36, 92.
[161] BPatG 25.3.1996, BPatGE 36, 174 – Viterbi-Algorithmus.
[162] BPatG 14.6.1999, BPatGE 41, 171 – Automatische Absatzsteuerung, bezugnehmend auf BGH 4.2.1992, BGHZ 117, 144 – Tauchcomputer und EPA 1.7.1998, ABl. 1999, 609 – Computerprogrammprodukt/IBM.
[163] BPatG 15.3.2001, Mitt. 2002, 78 – Postgebührensicherheitssystem.
[164] BPatG 21.3.2002, BlPMZ 2002, 428 – Computerimplementiertes Verfahren zum Herstellen eines Kabelbaums.
[165] BPatG 29.4.2002, GRUR 2002, 791 – Elektronischer Zahlungsverkehr; im Ergebnis wurde jedoch mangels erfinderischer Tätigkeit der Patentschutz versagt, s. o. Fn. 146.
[166] BPatG 28.9.2004, GRUR 2005, 1027 (1030 f.) – Partitionsbaum.
[167] BPatG 28.9.2004, GRUR 2005, 1027 Rn. 5 u. 6 – Partitionsbaum.
[168] BPatG 21.1.1997, BPatGE 38, 31, bezugnehmend auf BGH „Chinesische Schriftzeichen" und „Seitenpuffer" (→ § 12 Rn. 70 ff.).
[169] BPatG 18.1.2000, BPatGE 42, 208 – Demontageschwierigkeitsbewertung.

- ein automatisiertes Verfahren, mit dem eine Adressenliste für „Mailing"-Werbeaktionen in der Weise erstellt wird, dass sie nur solche Adressen erfasst, die noch nicht mit der gewünschten Häufigkeit angeschrieben wurden, oder ersichtlich macht, wie oft die Empfänger angeschrieben wurden;[170]
- ein computergestützt durchgeführtes Verfahren, das im Wesentlichen darin besteht, eine fehlerhafte Zeichenkette (dh ein fehlerhaft geschriebenes Wort) dadurch zu ermitteln, dass die in dem Text als fehlerfrei postulierten Zeichenketten nach vorgegebenen Regeln abgewandelt werden, der Text auf das Vorhandensein solcher fehlerhaft abgewandelter Zeichenketten durchsucht wird und die aufgefundenen fehlerhaften Zeichenketten in die fehlerfreien jedenfalls dann berichtigt werden, wenn sie weniger häufig vorkommen als die entsprechende fehlerfreie Zeichenkette.[171] Im Vordergrund stehe, wie in einem Text Fehler erkannt und korrigiert werden können;
- ein Verfahren zur Steuerung von Prozessen unter Verwendung einer Technologie zur maschinellen Sprachverarbeitung, nach welchem aus Dokumenten, die in einem Unternehmen eingehen, mittels automatischer Textanalyse inhaltliche Angaben extrahiert und entsprechende Aktivitäten veranlasst werden, beispielsweise die Zuleitung von Informationen zur Buchhaltung oder zum Kundendienst zwecks weiterer Verarbeitung;[172]
- ein computerimplementiertes Verfahren zur Sprachanalyse, bei dem einer sprachlichen Äußerung eine zutreffende syntaktische Struktur zugeordnet werden soll, indem ein „erweiterter Kontext", nämlich ein Dialogakt oder Sprachstil, verwendet wird, um für die verschiedenen möglichen syntaktischen Strukturen oder Teilstrukturen den Wahrscheinlichkeitsgrad ihrer Richtigkeit zu bestimmen;[173]
- ein aus Hardware- und Softwarekomponenten bestehendes (Experten-)System, das einem Benutzer oder Ratsuchenden Fragen stellt und aus den Antworten Schlussfolgerungen zieht, auf Grund deren es entweder zusätzliche Fragen stellt oder an den Benutzer, was dieser jederzeit veranlassen kann, ein Ergebnis und Angaben über dessen Zutreff-Wahrscheinlichkeit ausgibt;[174]
- ein System zur Durchführung themenspezifischer validierter Befragungen, bei dem unter Einsatz von DVA themenspezifische Fragen aus einer Umfragedatenbank und zusätzlich teilnehmerspezifische Fragen gestellt werden, deren Beantwortung nach Vergleich mit früheren, jeweils zur gleichen Frage gegebenen Antworten Aufschluss über Repräsentativität und Wahrheitsgehalt der themenspezifischen Antworten geben soll;[175]
- ein Verfahren zur Abbildung einer mehrdimensionalen Szene auf eine Bildebene, nach welchem computergestützt allein durch Berechnungen aus einer mathematischen Beschreibung lediglich mathematisch definierter Objekte (also nicht von realen Objekten ausgehend) mittels einer Abbildungsvorschrift eine andere mathematische Beschreibung gewonnen wird, die dann dargestellt werden kann;[176]
- der Vorschlag, die einzelnen Daten eines im Internet verfügbaren Datenbestands mit einer übergeordneten Speicheradresse zu versehen, die die Zugehörigkeit der Daten zu einer geographischen Region angibt, und dadurch die Möglichkeit zu schaffen, aus dem Datenbestand durch Eingabe des zu einer bestimmten Region gehörenden Kürzels für Kraftfahrzeugkennzeichen diese Region betreffende Daten auszuwählen;[177]
- ein Computerprogramm, das im Rahmen der Planung einer Bahnstrecke zur Abstimmung des Folgeabstands zweier Züge und der Anzahl und Positionen von Gleisabschnittsgrenzen (Anordnung

---

[170] BPatG 13.12.2001, Mitt. 2002, 74 – Mailingkampagne.

[171] BPatG 26.3.2002, GRUR 2002, 871 – Suche fehlerhafter Zeichenketten – Tippfehler (zu BGH 17.10.2001, GRUR 2002, 143 – Suche fehlerhafter Zeichenketten).

[172] BPatG 9.4.2002, GRUR 2002, 869 – Geschäftliche Tätigkeit.

[173] BPatG 12.11.2002, BPatGE 46, 95 = Mitt. 2003, 207 – Satzanalyseverfahren mit krit. Anm. von Brandt.

[174] BPatG 13.5.2004, GRUR 2005, 45 – Systemansprüche.

[175] BPatG 28.7.2004, BlPMZ 2005, 227 – Internet-Befragung.

[176] BPatG 28.9.2004, GRUR 2005, 1027 (1030 f.) – Partitionsbaum.

[177] BPatG 3.3.2005, GRUR 2005, 1025 – Kfz-Kürzel; wohl mit Rücksicht darauf, dass es sich um die Nichtigerklärung eines europäischen Patents handelte, wird GRUR 2005, 1027 unter Bezugnahme auf EPA 21.4.2004 T 258/03, GRUR-Int 2005, 332 (→ § 12 Rn. 47 ff.) auch das Beruhen der allenfalls technischen Elemente auf erfinderischer Tätigkeit verneint.

§ 12. Technischer Charakter der Erfindung

von Signalen bzw. Isolierstößen) dient und hierzu in einem Optimierungsalgorithmus keine aktuellen Fahr- und Zugdaten, sondern nur typische Fahrkurven von zwei Zügen verwendet;[178]
- eine Darstellungseinrichtung zum Darstellen eines Volumendatensatzes als zweidimensionales Bild, bei der anspruchsgemäß durch Koppelung zweier beim Betrachten erscheinender Flächen bewirkt wird, dass sich bei Vorgabe der Verlagerung einer der Flächen die andere selbsttätig korrespondierend verlagert und hierdurch der Bedienperson die Auswahl eines interessierenden Teilbereichs der Volumendaten erleichtert.[179]
- Patentschutz blieb auch Programmmitteln für DVA versagt, die aus eingegebenen Informationen (hier: von einem Arzt erhobenen medizinisch relevanten Daten) nach logischen Regeln unter Benutzung in Datenbanken gespeicherten Expertenwissens Schlüsse (hier: in Richtung auf Art und Reihenfolge durch die eingegebenen Daten indizierter Untersuchungsmodalitäten) ziehen: sog. Systeme künstlicher Intelligenz oder Expertensysteme unterlägen (als Computerprogramme als solche) dem Ausschluss nach § 1 Abs. 3 Nr. 3 iVm Abs. 4 PatG.[180]

ii) Ergebnis

115 Beim gegenwärtigen Stand der deutschen Rechtsprechung setzt die Patentierbarkeit Computer oder Computerprogramme einsetzender Gegenstände von Anmeldungen oder Patenten in erster Linie voraus, dass ein *konkretes technisches Problem mit technischen Mitteln* gelöst wird. Dafür genügt – mit Rücksicht darauf, dass das Gesetz Computerprogramme als solche nicht als Erfindungen gelten lässt – der Einsatz elektronischer Datenverarbeitung für sich genommen nicht. Auch Gegenstände von Ansprüchen auf Computer, in die zur Problemlösung dienende Programme geladen, oder auf Trägermedien, in denen solche Programme gespeichert sind, erfüllen nicht ohne weiteres das Erfordernis technischen Charakters. Liegt dieser vor, weil die prägenden Anweisungen der unter Schutz gestellten Lehre durch Lösung eines konkreten technischen Problems einen über den Computereinsatz hinausgehenden technischen Gehalt aufweisen, ist auf (Neuheit und) erfinderische Tätigkeit allein dieser technische Gehalt zu prüfen,[181] wobei hinsichtlich der gesetzlichen Patentierungsvoraussetzungen und Patentierungsausschlüsse keine bestimmte Prüfungsreihenfolge eingehalten werden muss,[182] so dass einer Lehre, wenn ihr möglicherweise technischer Gehalt jedenfalls nicht auf erfinderischer Tätigkeit beruht, der Schutz auch ohne genauere Abgrenzung dieses Gehalts versagt werden kann. Im Ergebnis kommt dies der Rechtsprechung des EPA nahe, die allerdings ihrem jüngsten Stande nach die Prüfung auf Technizität ganz in diejenige auf Neuheit und erfinderische Tätigkeit verweist (→ Rn. 47 ff.) und dabei die Berücksichtigung nicht zu den den jeweiligen SdT ausmachenden Kenntnissen gehörender nichttechnischer Vorüberlegungen auch dann auszuschließen scheint, wenn im Einzelfall die unter Schutz gestellte technische Problemlösung ohne solche Vorüberlegungen für den Fachmann nicht naheliegend war.

d) Schrifttum

116 1. Das Erfordernis *technischen Charakters* als Merkmal des patent- und gebrauchsmusterrechtlichen Erfindungsbegriffs ist im Schrifttum seit langem weitgehend akzeptiert[183]. Be-

---

[178] BPatG 11.5.2005, BlPMZ 2006, 156 – Schienengebundenes Verkehrssystem; das Gericht verneint (aaO 158) insbes. auch die Vergleichbarkeit mit dem Fall „Logikverifikation" (→ Rn. 77 ff.).
[179] BPatG 5.9.2006, GRUR 2007, 316 – Bedienoberfläche.
[180] BPatG 17.4.2007, CR 2007, 695 – Expertensystem.
[181] BGH 20.1.2009, GRUR 2009, 479 – Steuerungseinrichtung für Untersuchungsmodalitäten; nach *Melullis* FS Erdmann, 2002, 419 f., hat jedoch die Aufgabe der „Kerntheorie" bei der Prüfung der Technizität die Bestimmung des technischen Kerns der Erfindung nicht entbehrlich gemacht; diese Prüfung habe sich lediglich in die der erfinderischen Tätigkeit verlagert; ähnlich *Anders* GRUR 2004, 446 f.; auch *Moufang* FS Kolle/Stauder, 2005, 241, nennt das Grundanliegen der Kerntheorie berechtigt; krit. auch *Wiebe/Heidinger* GRUR 2006, 177 (179 f.): der BGH sei praktisch zur „Kerntheorie" zurückgekehrt.
[182] So BGH 24.5.2004, GRUR 2004, 667 Rn. 4 – Elektronischer Zahlungsverkehr.
[183] Abweichend zB *v. Hellfeld* GRUR 1989, 483: es sei nicht nach technischem Charakter zu fragen, sondern danach, ob der Schutz einer gegebenen Erfindung Sinn und Zweck des PatG entspreche.

§ 12 III   2. Abschnitt. Sachliche Voraussetzungen des Patent- u. Gebrauchsmusterschutzes

zweifelt wird allenfalls, ob sich seine Erfüllung mit der Frage bestimmen lässt, ob es um den Einsatz beherrschbarer *Naturkräfte* geht.[184] Entsprechend wird für ein erweitertes Technikverständnis[185] oder eine „liberale, wertende Auslegung" des Technizitätsbegriffs[186] plädiert oder ein Technikbegriff vorgeschlagen, der keine Bezugnahme auf Naturkräfte enthält[187]. Andererseits wird versucht, den Technikbegriff unter Festhalten am Bezug auf Naturkräfte dadurch auszudehnen, dass diesen als „dritte Entität" neben Materie und Energie auch die Information zugerechnet wird[188]. Einige Befürworter solcher Ansätze wollen CP oder von ihnen Gebrauch machende Problemlösungen generell als patentierbar anerkennen,[189] andere machen Einschränkungen (→ Rn. 116) oder nehmen an, dass ein Programm, das keine über den bestimmungsgemäßen Gebrauch einer DVA hinausgehende technische Wirkung entfaltet, nicht auf erfinderischer Tätigkeit beruhe.[190]

117 2. Verbreitet ist auch die Ansicht, *alle Computerprogramme seien* schon deshalb *technisch,* weil sie Schaltzustände in Computern beeinflussten, die unstreitig technische Geräte seien[191]. Diese Ansicht wird nicht nur aus einem erweiterten Technikbegriff abgeleitet, sondern auch auf Basis der Definition des BGH vertreten. Freilich wird dabei die beanspruchte Problemlösung für die Prüfung auf Neuheit und erfinderische Tätigkeit mitunter nicht als Ganzes betrachtet, sondern nur unter Teilaspekten. So wird die Anerkennung einer erfinderischen Leistung von einer technischen Wirkung, die über den bestimmungsgemäßen Gebrauch einer DVA hinausgeht[192] oder einem technischen Beitrag zum SdT[193] abhängig gemacht oder bei der Prüfung auf erfinderische Tätigkeit nicht das gedanklich-logische Konzept, also der Programminhalt, sondern nur dessen Umsetzung in die technische Gesamtkonzeption berücksichtigt und jenem nur insoweit Bedeutung beigemessen, als es die Anforderungen für die technischen Maßnahmen zu seiner Ausführung bestimmt[194].

118 3. Der Begriff „*Computerprogramme als solche*" wurde als inhaltsleer bezeichnet, weil es kein CP gäbe, das nur ein solches sei. Weil ein CP immer weitergehenden Zwecken diene, sei der gesetzliche Begriff ungeeignet zur Abgrenzung.[195] Im Zusammenwirken

---

[184] *Schar* Mitt. 1998, 324 f.; *Eichmann* GRUR 2000, 752 f.; *Horns* GRUR 2001, 3; *Nack/Straus* Nr. 41 ff.; *Nack* EPÜ-GK Art. 52 Rn. 106 ff.
[185] *Pierson* 198 ff., 204 ff., 212 f.
[186] *Goebel* FS Nirk, 1992, 378.
[187] *Schar* Mitt. 1998, 327 (339), der jede praktische und wiederholbare Lösung (einer Aufgabe) als technisch ansieht; *Nack* EPÜ-GK Art. 52 Rn. 116 ff., der eine „historische Grundtendenz im Verständnis des patentrechtlichen Technikbegriffs" feststellt, wonach dessen Erweiterung auf neue Gegenstände immer dann stattfinde, wenn diese eine Weiterentwicklung des Wissens und Könnens aus den schon bisher dem Patentschutz zugänglichen Bereichen darstellten, wenn also ein neuer Gegenstand in einer „Wissenstradition mit den herkömmlicherweise patentierbaren Gegenständen" stehe (EPÜ-GK Art. 52 Rn. 134).
[188] *Beyer* FS 25 J. BPatG, 1986, 193 ff. und GRUR 1990, 399 ff.; zustimmend *Wiebe* GRUR 1994, 234 ff.; grundsätzlich auch *Albrecht* CR 1998, 696; *Tauchert* GRUR 1999, 829; ähnlich *Kindermann* CR 1992, 665; krit. *Melullis* GRUR 1998, 846; *Busche* Mitt. 2000, 169.
[189] So wohl *v. Hellfeld* GRUR 1989, 484; *Wiebe* GRUR 1994, 240 f.; *Schar* Mitt. 1998, 334 f.
[190] So *Pierson* 215.
[191] *Preuß* 119 f., 138; *Pierson* 190 ff.; *Troller* CR 1987, 283; *v. Hellfeld* GRUR 1989, 480 f.; *Ensthaler* DB 1990, 209; *Anders* GRUR 1990, 498 (500); *Beyer* GRUR 1990, 405; *Engel* GRUR 1993, 196; *Melullis* GRUR 1998, 850 und FS Erdmann, 2002, 408; *Tauchert* GRUR 1999, 830; *Eichmann* GRUR 2000, 756; *Horns* GRUR 2001, 13; *Klopmeier* Mitt. 2002, 66 f. (70); *Haase* 69 ff., 73; *Zirn* 176 f.; *Perlzweig* 104 ff., 108; *Sedlmaier* 81 f. und Mitt. 2002, 59; *Hilty/Geiger* 36 IIC 623 (2005); *Teufel* FS VPP, 2005, 614; Resolution der AIPPI von 1997, zit. b. *Esslinger/Betten* CR 2000, 22.
[192] *Pierson* 215; *Preuß* 128 ff., 420.
[193] *Ohly* CR 2001, 816; *Sedlmaier* Mitt. 2002, 57 f.; *Nack* EPÜ-GK Art. 52 Rn. 149 ff., 318 ff. („Grundsatz der leistungsbezogenen Betrachtungsweise").
[194] *Melullis* GRUR 1998, 852 f.
[195] *V. Hellfeld* GRUR 1989, 476; ähnlich *Perlzweig* 85 f.

§ *12. Technischer Charakter der Erfindung*

mit dem Prozessor sei jedes CP nicht mehr nur „CP als solches".[196] Dem entspricht die Ansicht, unter „CP als solchen" iSd gesetzlichen Ausschlussbestimmung seien nur diejenigen zu verstehen, die außerhalb einer DVA aufgezeichnet oder gespeichert sind[197].

Die meisten Versuche, den Anwendungsbereich der Ausschlussbestimmung zu klären,[198] laufen darauf hinaus, dass ähnlich wie in der Rechtsprechung zwischen technischen und nichttechnischen Problemlösungen unterschieden wird[199]. Damit der Ausschlussbestimmung ein Anwendungsbereich verbleibt, soll die Patentfähigkeit nicht auf die Eigenschaften und Funktionen, die allen CP gemeinsam und mit jedem Einsatz eines Programms auf einer DVA zwangsläufig verbunden sind, also nicht allein auf dessen Schaltvorgänge in der DVA steuernde Wirkung gestützt werden dürfen. Maßgebende Beurteilungsgrundlage könne deshalb allein der *Programminhalt* sein.[200] In die gleiche Richtung gehen die Ansichten, dass zur technischen Erfindung der technische Charakter nicht nur der Mittel, sondern auch der Aufgabe und des (unmittelbaren) Erfolgs gehöre[201]; dass Patentfähigkeit also nur in Frage komme, wenn die programmgemäß in der DVA errechneten Ergebnisse unmittelbar und zwangsläufig in Vorgänge umgesetzt werden, die sich als technisch im Sinne eines planmäßigen Einsatzes von Naturkräften darstellen;[202] dass als Erfindung mithin nur eine Lösung betrachtet werden könne, die zumindest auch einen technischen Effekt hervorrufe,[203] oder dass als Programm für DVA als solches jedes nichttechnische Programm anzusehen sei.[204] In neuerer Zeit wird bei der Bestimmung des technischen Charakters die Entwicklung der Rechtsprechung berücksichtigt, zB dadurch, dass dieser auch der Substitution traditioneller technischer Lösungen zugebilligt wird[205].

Der überwiegenden Meinung wird entgegengehalten, dass die Ausschlussbestimmung „der Technizitätsfrage vergangener Tage" die Grundlage entzogen habe[206]. Sie bedeute, dass ein Datenverarbeitungsprogramm nicht allein Gegenstand eines Patentanspruchs sein könne, sondern eines Kontextes in Gestalt eines nicht vom Patentschutz ausgeschlossenen Elements bedürfe: Als Element einer solchen „binären Erfindung" seien Datenverarbeitungsprogramme dem Patentschutz, und zwar einem Verwendungsschutz zugänglich[207].

Ein anderer Ansatz geht von der Unterscheidung zwischen den verschiedenen Stufen der Programmentwicklung aus. Das „CP als solches" wird dabei meist in dem *Quellcode*, der formalen Beschreibung einer auf einem Datenträger gespeicherten Rechenanweisung, gesehen, für deren Schutz nicht das Patent-, sondern das Urheberrecht zuständig sei, während ersteres das *funktionale Prinzip* einer Vorrichtung oder eines Verfahrens schütze[208]. In die gleiche Richtung geht die Ansicht, das CP als solches sei in seiner maschinen-

---

[196] *Horns* GRUR 2001, 8.
[197] *Preuß* 120; *Betten* CR 1988, 248; *Horns* GRUR 2001, 8.
[198] Zahlreiche Nachweise bei *Haase* 271 ff.
[199] Vgl. zB *Pierson* 171, 173; *Busche* Mitt. 2000, 168 ff. (171); *Sedlmaier* 83; *Teufel* FS VPP, 2005, 622 f.
[200] *Engel* GRUR 1993, 194 ff.; ähnlich *Anders* GRUR 1990, 500.
[201] *Beyer* GRUR 1990, 404; kritisch hierzu *Wiebe* GRUR 1994, 236.
[202] *Ensthaler* DB 1990, 211.
[203] *Klopmeier* Mitt. 2002, 69.
[204] *Busche* Mitt. 2000, 171.
[205] *Busche* Mitt. 2001, 57; zustimmend *Ohly* CR 2001, 815.
[206] *König* GRUR 2001, 580; kritisch auch *Kiesewetter-Köbinger* GRUR 2001, 187; *Melullis* GRUR 1998, 845 (851) und FS Erdmann, 2002, 410; *Wimmer-Leonhardt* WRP 2007, 276 ff.
[207] *König* GRUR, 2001, 580 (583 f.).
[208] *Tauchert* GRUR 1999, 831 und FS König, 2003, 486 f. (499 f.); *van Raden* GRUR 1995, 457; *Betten* CR 1995, 213; vgl. auch *Busche* Mitt. 2000, 166 f.; *Eichmann* GRUR 2000, 755 f.; *Koch* GRUR 2000, 191 (195).

lesbaren Form oder im Programmlisting zu sehen; dies sei im Hinblick auf befürchtete Schwierigkeiten des Recherchierens die ursprünglich gewollte Bedeutung des Begriffs[209]. Dem entspricht, dass es nicht üblich ist und sogar als verfehlt betrachtet wird, bei Anmeldungen Quellcodes oder Programmlistings einzureichen[210]. Vielmehr pflegen die Patentansprüche auf die Funktionen gerichtet zu werden, die der programmierte Computer erfüllen soll[211].

121 Es findet sich jedoch auch die Ansicht, CP als solches sei das „außertechnische Konzept, d.h. die der Umsetzung in eine Handlungsanweisung an den Rechner vorausgehende Konzeption". Dieses Konzept werde nicht schon dadurch technisch, dass es durch einen Computer verwirklicht werden soll[212]. Grundsätzlich patentfähig – auch weil technisch – sei demgegenüber die Umsetzung dieser zunächst nur gedanklichen Lösung in eine Handlungsanweisung für den Computer und dessen Ansteuerung, dh die der Verwirklichung des Programms dienende technische Konzeption, wie sie ihren Niederschlag in dem fertigen Programm gefunden habe. Dem Urheberrecht unterliege nicht diese Konzeption, sondern in erster Linie der Programminhalt[213]. Begründet wird diese Auffassung mit dem Gedanken, dass durch die Ausschlussbestimmungen des § 1 Abs. 2 (jetzt: 3) PatG Freihaltungsbedürfnissen Rechnung getragen werde. Die Programme für Datenverarbeitungsanlagen stellten nur eine weitere Erscheinungsform der Sachverhalte dar, bei denen die Begründung eines Ausschließlichkeitsrechts eine Gefahr für die Freiheit des Denkens bedeuten könne.

e) Der Richtlinienvorschlag der Europäischen Kommission

122 Im Februar 2002 hat die Kommission der EG den Vorschlag für eine Richtlinie des Europäischen Parlaments und des Rates über die Patentierbarkeit computerimplementierter Erfindungen[214] vorgelegt. Im Juli 2005 ist dieser Vorschlag nach tiefgreifenden Kontoversen, die zu verschiedenen Änderungen geführt hatten, im Europäischen Parlament endgültig gescheitert (vgl. → § 7 Rn. 119 f.). Er wird deshalb hier nicht mehr behandelt. Sein ursprünglicher Inhalt ist in der 5. Auflage (S. 166 ff.) dargestellt.

IV. Wertung

Hinweis: Die nachstehenden Ausführungen gelten, soweit sie sich nicht allein auf Verfahrenserfindungen beziehen, in entsprechender Weise für Gebrauchsmuster, auch wenn diese nicht gesondert erwähnt sind.

a) Allgemeines

123 Die Begrenzung des Patentschutzes auf das Gebiet der Technik hat zur Folge, dass wesentliche geistige Leistungen von hohem wirtschaftlichem Wert unberücksichtigt bleiben. Dies ist zwecks Vermeidung von Ausschlussrechten nicht übersehbarer Tragweite unumgänglich, soweit es um **Grundlagenerkenntnisse** ohne Handlungsanweisung (Entdeckun-

---

[209] *Schmidtchen* Mitt. 1999, 281 f.
[210] *Betten/Körber* GRUR-Int 1997, 118; *Tauchert* GRUR 1999, 831; *Kiesewetter-Köbinger* GRUR 2001, 188. – Nach den EPA-Prüfungsrichtlinien (F II 4.12) sind in der Beschreibung zwar kurze Auszüge aus Programmlisten in üblichen Programmiersprachen zur Verdeutlichung eines Ausführungsbeispiels zulässig; doch können Programmlisten nicht als einzige Offenbarungsgrundlage dienen, da die Beschreibung für Fachleute verständlich sein müsse, die durch als Experten für eine bestimmte Programmiersprache anzusehen seien, aber über allgemeine Programmierkenntnisse verfügten; vgl. *van den Berg* ABl. EPA 2001 Sonderausg. 2, 118 (120).
[211] *Horns* GRUR 2001, 7; *Kiesewetter-Köbinger* GRUR 2001, 189; *Melullis* FS Erdmann, 2002, 406 (411 f.).
[212] *Melullis* GRUR 1998, 852 ff.
[213] *Melullis* GRUR 1998, 852 (853).
[214] KOM(2002) 92 vom 20.2.2002 ABl. 2002 C 151, 129.

§ 12. Technischer Charakter der Erfindung   **IV § 12**

gen, wissenschaftliche Theorien) und **Handlungsanweisungen abstrakt-allgemeiner Art** (mathematische Methoden) geht (→ § 3 Rn. 19 ff. und → § 11 Rn. 11 ff.)[215].

Ästhetische Formschöpfungen erhalten durch das Urheber- und Geschmacksmusterrecht den erforderlichen Schutz.   **124**

b) Konkrete nichttechnische Handlungsanweisungen[216]

1. Auch Neuerungen auf dem Gebiet der nichttechnischen Handlungsanweisungen einschließlich der Informationsvermittlung können bedeutende geistige Leistungen enthalten und großen wirtschaftlichen Wert aufweisen. Beispielsweise stehen in dieser Hinsicht unter den heutigen Verhältnissen zweckmäßige neue Lösungen von Aufgaben der Betriebs- und Absatzorganisation vielen technischen Erfindungen nicht nach.[217] Schon vor längerer Zeit ist deshalb eine Überprüfung des Ausschlusses nichttechnischer Handlungsanweisungen verlangt worden, da er vorwiegend historisch bedingt und nicht mehr zeitgemäß sei.[218] Neuere Stellungnahmen weisen auf die zunehmende Bedeutung des Dienstleistungssektors hin und halten deshalb besonders in diesem Bereich Patentschutz für wünschenswert.[219]   **125**

Bedenken gegen eine Patentierung nichttechnischer Handlungsanweisungen werden insbesondere im Hinblick auf Arbeitsergebnisse und Methoden der Betriebswirtschaft (für Management, Organisation, Rechnungswesen, Finanzierung, Werbung, Marketing usw) erhoben, die von allen Wirtschaftsunternehmen benötigt würden und deshalb frei benutzbar bleiben müssten.[220]   **126**

2. Im Bereich der nichttechnischen Handlungsanweisungen einschließlich der Informationsvermittlung (aber mit Ausnahme der mathematischen Methoden, → Rn. 122 f.) ist der mögliche Anwendungsbereich von Neuerungen nicht notwendigerweise so breit, dass die Reichweite eines Ausschlussrechts unkalkulierbar werden muss. Ob sich ihr Ausschluss vom Patentschutz unabhängig von dessen traditioneller Ausrichtung auf das Gebiet der Technik rechtfertigen lässt, hängt letztlich davon ab, wie die Schutz- und Belohnungsinteressen im Vergleich zu den Freihaltebedürfnissen zu werten sind.   **127**

Tendenziell dürfte hierbei das Freihaltebedürfnis schwerer wiegen als bei technischen Erfindungen, weil Ausschlussrechte an Neuerungen, die der Mensch ohne Einsatz von Naturkräften benutzen kann, weniger als solche an technischen Erfindungen durch außerhalb seiner selbst liegende Objekte definiert sind und deshalb regelmäßig unmittelbarer und stärker in seine Handlungsfreiheit eingreifen. Insbesondere wären von Ausschlussrechten an kommerziellen Neuerungen erhebliche wettbewerbsbeschränkende Effekte zu befürchten. Solange diese vorläufige Einschätzung nicht durch hinreichend konkrete und zuverlässige wirtschaftswissenschaftliche und rechtstatsächliche Erkenntnisse widerlegt ist, nach welchen   **128**

---

[215] Allerdings empfiehlt *Nack* 320 f., die Patentierungsverbote für Entdeckungen und wissenschaftliche Theorien zu streichen, weil sie wegen des Erfordernisses nacharbeitbarer Offenbarung entbehrlich seien, und dasjenige für mathematische Methoden auf den Bereich der „reinen" Mathematik zu beschränken.

[216] Zur Frage, ob und inwieweit die ausdrücklichen Ausschlussbestimmungen beibehalten werden sollen, *Nack* 321 ff.

[217] *Beier* GRUR 1972, 220; *Wertenson* GRUR 1972, 61 f.

[218] *Beier* GRUR 1972, 220; *Wertenson* GRUR 1972, 60 ff.; vgl. auch *Troller,* Jus et Lex, FG M. Gutzwiller, Basel 1959, 769–786, 772 ff., 780.

[219] *van Raden/Wertenson* GRUR 1995, 523 ff.; *van Raden* in van Raden (Hrsg.), Zukunftsaspekte des gewerblichen Rechtsschutzes, 1995, 117–122; *Schindlbeck* in van Raden (Hrsg.), Zukunftsaspekte des gewerblichen Rechtsschutzes, 1995, 123–128; Diskussion dazu in: van Raden (Hrsg.), Zukunftsaspekte des gewerblichen Rechtsschutzes, 1995, 129–134; s. auch *Jänich* GRUR 2003, 483 (488 f.); *Basinski et al.* GRUR-Int 2007, 48 ff.

[220] *Kolle* GRUR 1977, 71; vgl. auch *Pietzcker* GRUR 1981, 41 f., sowie *Leenen,* die sich wegen überwiegender Freihaltungsinteressen der Allgemeinheit gegen **urheberrechtlichen** Schutz von Geschäftsmethoden ausspricht.

§ 12 IV 2. Abschnitt. Sachliche Voraussetzungen des Patent- u. Gebrauchsmusterschutzes

Patentschutz in den genannten Bereichen sowohl im Interesse der Neuerer und des wirtschaftlichen Fortschritts notwendig als auch für die an konkurrierender Nutzung Interessierten tragbar ist, empfiehlt es sich nicht, ihn auf diese Bereiche oder Teile davon, zB Geschäftsmethoden auszudehnen[221].

129 3. Kein hinreichendes Argument für die Gewährung von Patentschutz ist der Umstand, dass die geistige Leistung, der sie zugute kommen soll, anderweitig nicht oder nicht umfassend geschützt ist. Vielmehr können die Grenzen des nach geltendem Recht erreichbaren Schutzes auch Anzeichen dafür sein, dass den Freihaltungsinteressen der Vorrang gebührt.

130 So ist durch das **Urheberrecht** zwar die sprachliche oder sonstige Darstellung (§ 2 Abs. 1 Nr. 1, 7 UrhG) von Regeln und Verfahren für Spiele, gedankliche oder geschäftliche Tätigkeiten, im Regelfall aber nicht die Regel oder das Verfahren selbst geschützt.[222] Der Urheber der Darstellung kann deren Vervielfältigung, Verbreitung und unkörperliche öffentliche Wiedergabe (§§ 15 ff. UrhG), nicht aber die *Anwendung* der Regel oder des Verfahrens verbieten (→ § 2 Rn. 72 f.). – Eher vermag das Urheberrecht den Schutzbedürfnissen bei Formularen, Tabellen, Adressbüchern, Katalogen, Plänen, Vertragsmustern u. dgl. zu genügen, deren wirtschaftliche Nutzung vorwiegend durch den Verkauf von Vervielfältigungsstücken erfolgt. Neuartige nichttechnische Besonderheiten, die dem Benutzer solcher Erzeugnisse Vorteile bieten, verleihen diesen oft unter den Gesichtspunkten der Sammlung, Auswahl, Einteilung und Anordnung ihres Inhalts individuelle Züge, die die Annahme einer persönlichen geistigen Schöpfung rechtfertigen.[223] Eine Nachahmung, die jene Besonderheiten übernimmt, stellt dann eine urheberrechtsverletzende Vervielfältigung dar. Auch die Informationsvermittlung kann als Werk oder Leistung Gegenstand urheberrechtlichen Schutzes sein; doch richtet sich dieser grundsätzlich nicht gegen die Wiedergabe oder Benutzung des Informationsinhalts; anders ist es allerdings bei Computerprogrammen (→ § 2 Rn. 77 ff.) und möglicherweise bei Datenbanken.

131 Das **Wettbewerbsrecht** schützt nichttechnische Handlungsanweisungen gegen unbefugte Weitergabe oder Verwertung, soweit sie Gegenstand eines Geschäfts- oder Betriebsgeheimnisses sind (§§ 17 ff. UWG). Auf dieser Grundlage ist auch ein Vorgehen gegen die *Anwendung* einer Regel oder eines Verfahrens möglich. – Fehlt es dagegen an einem Geheimnis, ist Schutz gegen die Übernahme einer Leistung nach dem UWG nur erreichbar, wenn nach den Umständen des Einzelfalles eine unlautere Wettbewerbshandlung iSd § 3, insbes. § 4 Nr. 9, vorliegt (vgl. → § 2 Rn. 56 ff.). Voraussetzung hierfür ist regelmäßig eine enge Anlehnung an Besonderheiten der konkreten Erscheinungsform jener Leistung; vielfach kommt es auch auf die Gefahr einer Irreführung des Verkehrs an. Frei ist dagegen die Übernahme allgemeiner Regeln, Prinzipien und Ideen, nach welchen ein Wettbewerber seine geschäftliche Tätigkeit ausrichtet, mag er sie auch „erfunden" oder zuerst als vorteilhaft erkannt haben. So wäre es wettbewerbsrechtlich nicht zu beanstanden, wenn jemand ein nicht geheimes Verfahren der Buchführung oder Lagerorganisation, des Vertriebs oder der Werbung übernimmt, das ein Konkurrent erstmals erfolgreich angewandt hat. – Bessere Aussicht auf wettbewerbsrechtliche Abwehrmöglichkeiten besteht in Fällen „sklavischer" Nachahmung von *Erzeugnissen*, die gemäß nichttechnischen Handlungsanweisungen oder im Sinne einer bestimmten Informationsvermittlung ausgestaltet sind (Buchungsblatt, Wettschein, Mustertafeln, farbig markierte Steckschlüssel, Werbemittel usw, vgl. → Rn. 16 ff.). Der Schutz hängt jedoch von den Umständen ab und kommt stets nur einer bestimmten Verkörperung, nicht dem zugrunde liegenden gedanklichen Prinzip zugute.

---

[221] Im gleichen Sinn *Melullis* FS König, 2003, 356 f.; diff. *Straus/Klopschinski* FS Mes, 2009, 327 ff. Die anscheinend großzügige Praxis in den USA liefert jedenfalls so lange kein Argument, als sie nicht erkennen lässt, dass dabei das Erfordernis des Nicht-Naheliegens ernsthaft geprüft wird, woran es weitgehend zu fehlen scheint; s. *Tauchert* GRUR 1999, 833; dazu die Hinweise von *Horns* GRUR 2001, 10 Fn. 73 auf die Patentierung einer „cleaner teaching method" und von *Melullis* FS König, 2002, 348 Fn. 22 auf die Anmeldung einer „method of providing reservations for restroom use". – Zur US-Praxis auch *Maier/Mattson* GRUR-Int 2001, 677 ff.; *Hössle* Mitt. 2000, 331 ff.; *Jänich* GRUR 2003, 483 ff.; *Laub* GRUR-Int 2006, 632 ff.; ausführlich *Nack* Erfindung 36 ff., 56 ff. – Statistische Angaben über Anmeldungen und Patente auf Geschäftsmethoden in den USA, beim EPA und in Deutschland bei *Riederer* GRUR-Int 2007, 402 ff.

[222] Nach *Schricker* GRUR-Int 2008, 200 ff. können bei Spielen nicht nur die formale Ausgestaltung, sondern auch die individuelle Konzeption und Spielregel Urheberrechtsschutz beanspruchen.

[223] Meist wird es sich nur um „kleine Münze" des Urheberrechts handeln, das indes auch dieser seinen Schutz nicht versagt; vgl. *Ulmer* 136, 165; *Loewenheim* in Schricker/Lowenheim § 2 Rn. 61 ff.

§ 12. Technischer Charakter der Erfindung

c) Computerprogramme

aa) Technischer Charakter

1. Unter einem Computerprogramm (Datenverarbeitungsprogramm) wird gewöhnlich **132** verstanden:[224] eine nach den Regeln der verwendeten Sprache festgelegte syntaktische Einheit aus **Anweisungen und Vereinbarungen,** welche die **zur Lösung einer Aufgabe** (mittels einer digitalen Rechenanlage) notwendigen Elemente umfasst.

2. Viele Äußerungen aus der einschlägigen Fachwelt[225] schreiben CP ohne weiteres **133** technischen Charakter zu und bekunden Unverständnis dafür, dass Juristen CP „als solche" für untechnisch erklären oder zwischen technischen und nichttechnischen Programmen unterscheiden. Technisch ist ohne Zweifel die Wirkung, die ein Programm auf die Vorgänge im Computer ausübt; denn hierbei findet ein zielgerichteter Einsatz von Naturkräften statt, und dieser erhält durch das Programm eine bestimmte Prägung. Die Rolle des Programms geht dabei über diejenige hinaus, die ein Text für die Vorgänge in einer elektrischen Schreibmaschine – oder auch einer DVA – oder ein Musikstück für die Vorgänge in einem Instrument oder elektrischen Gerät spielt, mit deren Hilfe Text bzw. Musik wiedergegeben werden[226]. Diesen Beispielen entsprechen beim Computereinsatz die im Einzelfall eingegebenen Daten. Das Programm ist dagegen darauf angelegt, eingegebene Daten unterschiedlichen Inhalts in immer gleicher Weise zu verarbeiten. Es eröffnet die Möglichkeit, durch – manuelle oder (beispielsweise durch unmittelbare Verbindung mit Messgeräten) automatisierte – Dateneingabe Ergebnisse zu erzielen, die zwar auch durch die eingegebenen Daten determiniert sind, ihnen aber stets in der durch das Programm bewirkten Weise entsprechen.

Das erlaubt es, das Programm als Teil einer Vorrichtung anzusehen, die dazu dient, **134** durch Dateneingabe Ergebnisse zu erzielen, die den eingegebenen Daten in bestimmter Weise entsprechen. Ohne das hierfür erforderliche Programm ist der Computer zu diesem spezifischen Zweck nicht verwendbar. Es geht hier nicht um die allen Programmen gemeinsame Wirkung, einen Computer irgendwie zum Laufen zu bringen, sondern darum, ihn jeweils für einen bestimmten Zweck tauglich zu machen. Der Umstand, dass ein „Universal"-Computer für viele unterschiedliche Zwecke einsetzbar ist, bedingt zwar gemeinsame Merkmale aller darauf lauffähigen Programme; doch erschöpft sich deren technische Bedeutung hierin nicht. Soweit ein Programm zusätzliche, durch einen spezifischen Zweck bestimmte Merkmale aufweist, sind die Vorgänge im Computer nicht nur Wirkungen von dessen Bauart, sondern Wirkungen des Programms. Es gibt deshalb gute Gründe, **allen Computerprogrammen** aus der Sicht der Fachleute, die sie schaffen und mit ihnen arbeiten, **technischen Charakter** zuzuschreiben.

Das gilt zunächst für die Programmform, die unmittelbar im Computer wirkt, also **135** die elektronischen Signale, durch die dies geschieht. Es gilt aber auch für andere Verkörperungen des Programms, die bereits alle vom Computer abzuarbeitenden Einzelschritte enthalten.

---

[224] Vgl. *König* GRUR 2001, 582 f. unter Hinweis auf DIN 44 300 Teil 4; ähnlich *Hübner* GRUR 1994, 883 unter Bezugnahme auf *Broy:* Folgen von Anweisungen und Vereinbarungen, die, gemäß den Regeln einer Programmiersprache gebildet, als vollständig und ausführbar anzusehen sind, um die Lösung einer bestimmten Aufgabe auf einem Rechner zu steuern.

[225] Vgl. zB *Hübner* GRUR 1994, 883 (886); *Schmidtchen* Mitt. 1999, 291 ff.; *Engelhard* Mitt. 2001, 58; außerdem *Preuß* 119 f., 138; *Pierson* 190 ff.; *Troller* CR 1987, 283; *v. Hellfeld* GRUR 1989, 480 f.; *Ensthaler* DB 1990, 209; *Anders* GRUR 1990, 498 (500); *Beyer* GRUR 1990, 405; *Engel* GRUR 1993, 196; *Melullis* GRUR 1998, 850 und FS Erdmann, 2002, 408; *Tauchert* GRUR 1999, 830; *Eichmann* GRUR 2000, 756; *Horns* GRUR 2001, 13; *Klopmeier* Mitt. 2002, 66 f. (70); *Haase* 69 ff., 73; *Zirn* 176 f.; *Perlzweig* 104 ff., 108; *Sedlmaier* 81 f. und Mitt. 2002, 59; *Hilty/Geiger* 36 IIC 623 (2005); *Teufel* FS VPP, 2005, 614; Resolution der AIPPI von 1997, zit. b. *Esslinger/Betten* CR 2000, 22.

[226] Anders *Kraßer* 269 f., Rn. 102 f.; die damaligen Überlegungen waren zu wenig differenziert.

136 Das Programm kann als **Verfahren** aufgefasst werden, das durch Eingabe in den Computer und dessen Betätigung ausgeführt wird. Es lässt sich aber auch als **Erzeugnis** verstehen, das mit dem Computer zu einem System verbunden wird, welches programmgemäße Ergebnisse produziert.

137 3. Am Verständnis der zuständigen Fachwelt kann die rechtliche Einordnung nicht vorbeigehen. Der BGH hat vor mehr als 30 Jahren seine Erfindungsdefinition so gefasst, dass der Anwendungsbereich des Patentschutzes laufend der technischen Entwicklung angepasst werden kann (→ Rn. 4); er hat sie jüngst erweitert, um der wachsenden Bedeutung des Computergebrauchs im Zusammenhang mit Produktionsvorgängen Rechnung zu tragen (→ Rn. 77 ff.). Das bedeutet: die Handhabung des für den patentrechtlichen Erfindungsbegriff maßgebenden Technizitätserfordernisses muss den tatsächlichen Verhältnissen entsprechen; Gegenständen, die nach diesem Maßstab technisch sind, sollte nicht durch Gesetz oder Rechtsprechung technischer Charakter abgesprochen werden. Vorschriften, die solche Gegenstände vom Erfindungsbegriff und damit vom Patentschutz ausschließen, sind nicht daraus zu erklären, dass dieser herkömmlicherweise nur im Bereich der Technik stattfindet, und lassen sich wegen der Technizität aller Computerprogramme nicht auf nichttechnische beschränken. Es genügt auch nicht, sie als *Fiktion* fehlender Technizität zu deuten; vielmehr sind sie unter dem Gesichtspunkt der Gründe und Zwecke des Patentschutzes auf ihre Rechtfertigung zu prüfen.

bb) Gründe der Ausschlussbestimmungen

138 1. Die Vorschriften des PatG und des EPÜ, nach welchen Programme für DVA nicht als Erfindungen anzusehen sind, beziehen sich jedenfalls auf **ausgearbeitete Programme** in maschinenlesbarer oder unmittelbar kongruent in diese übersetzbarer Form (vgl. → Rn. 132 ff.).

139 Der Definition eines Begriffs der „Computerprogramme als solcher" bedarf es nicht, weil er im Gesetz so nicht vorkommt. Vielmehr ist jeweils vom Gegenstand der Schutzbeanspruchung auszugehen. Umfasst er ein CP, ist zu prüfen, ob die Patentierung Verbietungsrechte in Bezug auf das Programm als solches oder nur in Bezug auf einen komplexeren Gegenstand begründen würde, von dem das Programm nur ein Element neben mindestens einem anderen bildet. Welche zusätzlichen Elemente geeignet sind und welche Beziehung sie zum Programm haben müssen, um die Anwendung der die Patentierung ausschließenden Vorschrift zu hindern, ist nicht durch die Definition des Begriffs „Computerprogramm als solches", sondern durch Auslegung jener Vorschrift zu bestimmen, die sich insbesondere an deren Sinn und Zweck orientiert.

140 2. Ein Grund für die Ausschlussbestimmung war ursprünglich die Sorge, die Patentämter seien für die Prüfung von CP, insbesondere die dabei nötige Ermittlung des einschlägigen SdT nicht gerüstet. Noch heute beschäftigen sie sich mit ausgearbeiteten Programmen praktisch nicht. Die Probleme, die Offenbarung, Dokumentation, Recherche und Vergleich mit dem SdT bereiten können, wären aber – insbesondere mit Hilfe elektronischer Speichermedien und durch Computereinsatz – wohl überwindbar[227]. Auf dem Gebiet der Biotechnologie sind sie durch neue, den Besonderheiten dieses Bereichs angepasste Hilfsmittel wie die Hinterlegung von Lebendmaterial und die Einreichung von Sequenzprotokollen zufriedenstellend gelöst.

141 3. Wenn die CP technischen Charakter haben, fehlt ihnen ein Merkmal, das den übrigen in der Liste der Nicht-Erfindungen genannten Gegenständen gemeinsam ist. Ihre Ein-

---

[227] S. *Esslinger/Betten* CR 2000, 21; zweifelnd *Horns* GRUR 2001, 12 ff., der auch darauf hinweist, dass sich aus den Vorschriften über den urheberrechtlichen Schutz von Computerprogrammen Schwierigkeiten für die Ermittlung des SdT ergäben. Solche rechtlichen Hindernisse könnten aber gesetzgeberisch beseitigt werden. Auch wäre der Aufbau einer für Recherchen tauglichen Dokumentation dadurch zu fördern, dass bei der Anmeldung von Erfindungen, die von Computerprogrammen Gebrauch machen, die Einreichung und folglich auch die spätere Offenlegung der die Programme darstellenden Quelltexte gefordert wird; vgl. → Rn. 155.

reihung in diese Liste könnte sich jedoch daraus erklären, dass es sich um Gegenstände handelt, die wegen überwiegender **Freihaltungsinteressen** keinem Ausschlussrecht unterworfen werden sollen. Ausgearbeitete Computerprogramme müssten jedoch in den Patentansprüchen regelmäßig so konkret umschrieben sein, dass ihr Schutz, auch wenn er äquivalente Abwandlungen einschließt, Freihaltungsinteressen nicht stärker beeinträchtigen würde als derjenige unstreitig technischer Erfindungen.[228] Schwerwiegende schutzwürdige Interessen daran, sie nur in Kombination mit mindestens einem weiteren Element zur Patentierung zuzulassen und dadurch für eine Benutzung in anderem Kontext freizuhalten, sind nicht ersichtlich, zumal ein ausgearbeitetes Programm kaum ohne weiteres für einen anderen Zweck verwendbar sein wird.

Hinzu kommt, dass ausgearbeitete Computerprogramme jedenfalls urheberrechtlichen Schutz genießen. Dieser bezieht sich zwar im Grundsatz nur auf die formale („sprachliche") Darstellung des Programms, erfasst aber im Ergebnis auch dessen Funktionalität (→ § 2 Rn. 77 ff.). Auch richtet er sich nicht nur gegen identische, sondern auch gegen eine durch Bearbeitung abgewandelte Wiedergabe (§ 69c Nr. 2 UrhG).[229] Zwar liegt eine abhängige Bearbeitung nur vor, wenn schutzbegründende individuelle Züge, also nicht nur „Ideen" oder „Grundsätze" eines Programms (§ 69a Abs. 2 UrhG) übernommen sind; doch ist fraglich, ob der – äquivalente Abwandlungen einschließende – Schutzbereich eines Patents, dessen Anspruch auf ein ausgearbeitetes Programm gerichtet ist, nennenswert weiter reichen würde. Jedenfalls scheint an solchen Patenten praktisch kein Interesse zu bestehen (→ Rn. 117 ff.). **142**

4. Freihaltungsinteressen machen sich jedoch geltend, wenn Patentschutz für **Verallgemeinerungen** mittels Computerprogramme erreichter Problemlösungen beansprucht wird. Die Gefahr ihrer Beeinträchtigung ist dabei umso größer, je abstrakter und allgemeiner die Problemlösung definiert ist. Sie ist auch bei Programmablauf- oder Datenflussplänen in Betracht zu ziehen, die als Vorstufen ausgearbeiteter Programme Strukturmerkmale eines Programmablaufs oder Datenflusses mittels Sinnbilder, zugehöriger Texte und orientierter Verbindungslinien graphisch darstellen[230]. **143**

Zum Schutz der Freihaltungsinteressen trägt jedoch das Verbot, CP als solche zu patentieren, allenfalls indirekt insoweit bei, als sich Patente an verallgemeinerten Problemlösungen dahin auswirken, dass für eine patentierte Problemlösung geeignete Programme nicht benutzbar sind, weil sie sich für anderweitige Benutzung nicht eignen. Dann könnte gesagt werden, dass das Patent an der verallgemeinerten Problemlösung im Ergebnis einem Patent an einem oder mehreren CP als solchen gleichkomme. Es wäre aber unverständlich, wenn auf die Freihaltung allgemein umschriebener Problemlösungen abzielende Vorschriften nicht unmittelbar auf diese, sondern auf ausgearbeitete CP bezogen wären, an deren Freihaltung für nicht schon durch Urheberrechte belegte Verwendungsmöglichkeiten kein dringendes Interesse besteht. **144**

---

[228] Besonderheiten des Innovationsprozesses im Softwarebereich, die gegen eine Patentierung von Computerprogrammen sprechen, sieht freilich *Perlzweig* 202 ff., 214 ff., 218, 246 ff., 254. Er berücksichtigt dabei aber nicht die möglicherweise innovationshindernden Auswirkungen des urheberrechtlichen Schutzes und untersucht nicht, ob die von ihm befürchteten negativen Auswirkungen eines Patentschutzes durch strikte Beachtung der Patentierungsvoraussetzungen vermeidbar sind, für die sich zB *Haase* 130, 340 einsetzt.

[229] Das bleibt unbeachtet, wenn gesagt wird, das Urheberrecht schütze nur gegen schlichtes Kopieren (so zB *Hilty/Geiger* 36 IIC 617 (2005)). Wie sich aus §§ 3, 23 UrhG ergibt, kann eine abhängige Bearbeitung sogar dann vorliegen, wenn sie ihrerseits ein schutzfähiges Werk bildet. Auch kann es sich bei den in der Bearbeitung wiederkehrenden individuellen Merkmalen eines bearbeiteten Programms durchaus um technisch relevante handeln. Deshalb ist auch fraglich, ob sich der urheberrechtliche Schutz durch Dekompilierung (die zu solchem Zweck nicht erlaubt ist) und „Umstilisierung" umgehen lässt, wie *Haase* 90 meint.

[230] Vgl. *Kolle* GRUR 1982, 444 f.

145   5. Insgesamt gibt es somit keine überzeugenden Gründe, ausgearbeitete CP von der Patentierung auszuschließen. Freilich bilden die Vorschriften, nach denen diese Programme nicht „als solche" patentiert werden können, in der deutschen und europäischen Amtspraxis und Rechtsprechung ohnehin keine selbständigen Patentierungshindernisse, weil sie lediglich als Ausdruck des Technizitätserfordernisses verstanden und in diesem Rahmen allenfalls in dem Sinne berücksichtigt werden, dass ein Programm durch sein Zusammenwirken mit dem Computer nicht ohne weiteres technischen Charakter erlangt.[231]

146   Die Ansicht, dass gerade die ausgearbeiteten CP patentierbar und unter CP als solchen nur die ihnen zugrunde liegenden gedanklichen Konzepte zu verstehen seien[232], hat zwar gute Sachargumente für sich und könnte zu sinnvollen Ergebnissen führen, ist aber angesichts des vorherrschenden Sprachgebrauchs[233] mit dem Wortlaut jener Vorschriften nicht vereinbar. Eher könnte ein Patentierungshindernis für verallgemeinerte Problemlösungen, die von CP Gebrauch machen, daraus abgeleitet werden, dass deren Schutz im Ergebnis die Benutzung ausgearbeiteter Programme und damit von CP als solchen zu verbieten ermögliche (→ Rn. 142 f.). Amtspraxis und Rechtsprechung kümmern sich jedoch nicht um derartige Auswirkungen, sondern sind nicht selten zu Ergebnissen gelangt, die – insbesondere im Bereich der Betriebsprogramme – auf Verbietungsrechte bezüglich CP als solcher hinauslaufen.[234] Zu unmittelbar auf ausgearbeitete Programme bezogenen Patenten kam es allerdings nicht; das erklärt sich aber eher aus mangelndem Interesse (→ Rn. 142 f.) als aus den Ausschlussbestimmungen. In neueren Entscheidungen werden diese nicht einmal für Ansprüche auf programmtragende Speichermedien als Hindernis betrachtet, sofern das gespeicherte Programm einer technischen Problemlösung dient (→ Rn. 36 ff. und → Rn. 96 ff.). Die Gewährung solcher Ansprüche kommt aber einer Patentierung ausgearbeiteter Programme gleich.

147   6. Eine **Streichung der Ausschlussbestimmungen** in PatG und EPÜ würde an der gemäß Amtspraxis und Rechtsprechung bestehenden Rechtslage nichts ändern, weil das Erfordernis technischen Charakters, auf dem diese maßgeblich beruht, unberührt bliebe. Weder die Befürchtung, sie könne zur uferlosen Ausweitung des Patentschutzes führen, noch etwaige Hoffnungen, sie werde diesen auf nichttechnische Gegenstände erweitern, sind begründet. Nützlich wäre sie aber um der Klarheit willen.

cc) Patentierbarkeit verallgemeinerter Problemlösungen

148   1. Den (ausgearbeiteten) Computerprogrammen werden oft die **Algorithmen** als allgemeine Regeln gegenübergestellt, deren schematische Befolgung die Lösung gleichgela-

---

[231] Vgl. *Moufang* FS Kolle/Stauder, 2005, 238.
[232] *Melullis* GRUR 1998, 852 ff.
[233] Nach *Melullis* GRUR 1998, 852, entspricht dem allgemeinen Sprachgebrauch die Verwendung des Begriffs Computerprogramm im Sinn der der Umsetzung in eine Handlungsanweisung an den Rechner vorausgehenden Konzeption. Doch stehen die dort als Beispiele genannten Ausdrücke eher für *Anwendungsgebiete* von Computerprogrammen. Diese entstehen erst mit der *Umsetzung* eines allgemeinen Konzepts. Wer für seinen Computer ein Programm erstellen lassen oder kaufen will, meint nicht dieses Konzept, sondern das fertige Ergebnis der Umsetzung.
[234] *Hilty/Geiger* 36 IIC 624 (2005); *Weyand/Haase* GRUR 2004, 200. – Als Beispiel vgl. EPA 23.2.2006, GRUR-Int 2006, 851 – Clipboardformate/Microsoft, wo (in Ls. 1 und Nr. 5.1) betont wird, dass ein computerimplementiertes Verfahren (a method implemented in a computer system) im Sinne einer Abfolge von Schritten, die tatsächlich durchgeführt werden und eine Wirkung erzielen (actually performed and achieving an effect) nicht gleichbedeutend sei mit einer Folge mittels Computers ausführbarer Anweisungen, dh einem Computerprogramm (computer-executable instructions, i. e. a computer program), die nur die Fähigkeit haben, eine solche Wirkung zu erzielen, wenn sie in einen Computer geladen werden und auf ihm laufen. Damit wird, soweit es um *Verfahrens*schutz geht, der sich ohnehin primär nur gegen die *Anwendung* des Verfahrens richtet, im Ergebnis ein Schutz des Computerprogramms als solchen erreicht. Allerdings stellt die Entscheidung auch fest, dass das beanspruchte Verfahren einem Allzweckcomputer eine zusätzliche Funktionalität verleihe und insofern eine zusätzliche technische Wirkung erziele (Nr. 5.2, 5.3).

§ 12. Technischer Charakter der Erfindung **IV § 12**

gerter Aufgaben erlaubt. Dabei war ursprünglich vor allem an abstrakt-allgemeine und deshalb von Ausschlussrechten tunlichst freizuhaltende Regeln gedacht[235]. Doch wird der Begriff „Algorithmus" auch für konkretere Anweisungen bis hin zu ausgearbeiteten Computerprogrammen verwendet[236]. Technische Handlungsanweisungen können deshalb ebenfalls als Algorithmen bezeichnet werden[237]. Demgemäß gibt es Algorithmen, für die Patentschutz möglich ist, und solche, die davon ausgeschlossen sind[238]. Bei Problemlösungen, die von CP Gebrauch machen, wird Patentschutz für Algorithmen im Sinne der durch die Programme realisierten Lösungsstrukturen gefordert[239].

2. Über die Patentierbarkeit entscheidet letztlich, ob das, was in einer Patentanmeldung **149** oder einem Patent **beansprucht** ist, im Ganzen gesehen **technischen Charakter** hat. Hierfür kommt es auf die Art **des Problems** an, das sich im Verhältnis zu dem in Anmeldung oder Patent vorausgesetzten SdT als gelöst darstellt.

Technisch ist eine Problemlösung, die mit Computerhilfe einen außerhalb des Compu- **150** ters stattfindenden Einsatz von Naturkräften regelt oder steuert[240]. Dabei macht es keinen Unterschied, zu welchem Endzweck dies geschieht und welche Art von Daten demgemäß im Computer verarbeitet wird. Wenn ein technischer Vorgang durch Computereinsatz unter wirtschaftlichen Gesichtspunkten optimiert werden soll und deshalb seine Regelung oder Steuerung auch durch wirtschaftliche Parameter beeinflusst wird, bleibt dennoch der Vorgang technisch[241].

Eine Problemlösung ist ferner dann technisch, wenn sie ein nicht durch die Bauart **151** des benutzten Computers vorgegebenes Zusammenwirken seiner Elemente veranlasst[242]. Ebenso verhält es sich bei der selbsttätigen Erhebung und Auswertung von Messwerten[243] und bei der verändernden Einwirkung auf elektrische Signale[244].

Darüber hinaus ist den durch die Computertechnik eröffneten Möglichkeiten dadurch **152** Rechnung zu tragen, dass die Simulation[245] oder Substitution[246] von Vorgängen, die in der

---

[235] In diesem Sinn die 4. Aufl. 94 ff.; *Albrecht* CR 1998, 695; *Dogan* 14, jeweils mN.

[236] S. *Schickedanz* Mitt. 2000, 174 f.; *Teufel* FS VPP, 2005, 615; *Perlzweig* 87 ff.; *Busse/Keukenschrijver* PatG § 1 Rn. 55.

[237] Vgl. BPatG 25.3.1996, BPatGE 36, 174 – Viterbi-Algorithmus; 21.1.1997, BPatGE 38, 31, bezugnehmend auf BGH „Chinesische Schriftzeichen" und „Seitenpuffer" (→ § 12 Rn. 71 ff.).

[238] Begründung des Richtlinienvorschlags KOM(2002) 92 vom 20.2.2002 ABl. 2002 C 151, 8.

[239] *Horns* GRUR 2001, 7; auch → Rn. 117 ff. mN.

[240] So lag es zB in den Fällen EPA 21.5.1987, ABl. 1988, 19 – Röntgeneinrichtung/Koch & Sterzel; BGH 13.5.1980, GRUR 1980, 849 – Antiblockiersystem; BPatG 12.8.1987, BPatGE 29, 131 – elektronisches Stellwerk; BPatG 25.7.1988, BPatGE 30, 26 – Rolladen-Steuerung; BPatG 10.7.1990, BPatGE 31, 200 – Schleifverfahren; BPatG 13.2.1992, BPatGE 33, 87 – Herstellungs- und Prüfverfahren, in denen technischer Charakter bejaht, aber auch im Fall BGH 16.9.1980, BGHZ 78, 98 (106) – Walzstabteilung, in dem er verneint wurde.

[241] Beispiel: der Fall BGH 11.3.1986, GRUR 1986, 531 – Flugkostenminimierung, in dem allerdings der BGH technischen Charakter verneint hat; krit. dazu *Bacher/Melullis* in Benkard PatG § 1 Rn. 103b.

[242] Beispiele: die Fälle EPA 6.10.1988, ABl. 1990, 5 – Datenprozessornetz/IBM; EPA 23.2.2006, GRUR-Int 2006, 851 – Clipboardformate/Microsoft; BGH 11.3.1991, BGHZ 115, 11 – Seitenpuffer, wohl auch EPA 15.4.1993, ABl. 1994, 557 (568) – Editierbare Dokumentenform/IBM und EPA 1.7.1998, ABl. 1999, 609 – Computerprogrammprodukt/IBM sowie BPatG 5.9.2006, GRUR 2007, 316 – Bedienoberfläche, obwohl das BPatG hier technischen Charakter verneint.

[243] Beispiel: der Fall BGH 4.2.1992, BGHZ 117, 144 – Tauchcomputer.

[244] Beispiele: die Fälle EPA 15.7.1986, ABl. 1987, 14 und BPatG 25.3.1996, BPatGE 36, 174 – Viterbi-Algorithmus.

[245] Hierzu *Wiebe* GRUR 1994, 233 (239); *Ensthaler* DB 1990, 209 (212); *Schmidtchen* Mitt. 1999, 289 (292) unter Hinweis auf BPatG – 17 W (pat) 60/97, wo ein „Logiksimulator" als technisch angesehen wurde, weil sich dabei der Erfolg der Simulation unmittelbar einstelle, ohne dass es einer Bewertung des Ergebnisses durch menschliche Verstandestätigkeit bedürfe. EPA 13.12.2006, ABl. 2007, 574 = GRUR-Int 2008, 59 Rn. 3.1, 3.2.2, 2.4.2 sieht ein computergestütztes Simulationsprogramm

§ 12 IV   2. Abschnitt. Sachliche Voraussetzungen des Patent- u. Gebrauchsmusterschutzes

Realität einen planmäßigen Einsatz von Naturkräften einschließen, ihrerseits als technisch anerkannt werden, weil sie diese Realität und die dabei auftretenden Wechselwirkungen abbilden und ihre Ergebnisse zu dem real angestrebten Erfolg beitragen.

153   3. Eine Problemlösung ist **nicht** schon deshalb **technisch,** weil sie sich eines Computerprogramms und eines Computers als technischer Hilfsmittel bedient. Mathematische Methoden, Pläne, Regeln und Verfahren für gedankliche Tätigkeiten, für Spiele oder für geschäftliche Tätigkeiten sowie die bloße Informationsvermittlung werden nicht schon dadurch technisch, dass bei ihrer Anwendung oder Ausführung technische Mittel wie Schreib- und Rechengeräte, Telekommunikationssysteme, Fahrzeuge, Sportausrüstung, Spielgeräte benutzt werden. Entsprechend verhält es sich mit dem Einsatz von Computern und den Programmen, die hierfür erforderlich sind.[247] Technische Probleme sind dabei nur insoweit zu lösen, als die zugrunde liegende nichttechnische Handlungsanweisung mit den zum SdT gehörenden Programmen und Computern nicht ausführbar ist. Dabei kann es nötig sein, jene Handlungsanweisung den programm- und computertechnischen Möglichkeiten anzupassen. Maßnahmen zu diesem Zweck sind Bestandteile einer technischen Problemlösung[248].

154   Eine Anmeldung oder ein Patent, die zur Ausführung einer nichttechnischen Handlungsanweisung keine im vorgenannten Sinne computer- oder programmtechnische Problemlösung beanspruchen, sondern nur angeben, dass Bauelemente eines Computersystems wie Eingabevorrichtung (= Tastatur), Speicher, zur Verknüpfung von Speicherinhalten dienende Prozessoren, Anzeigemittel (= Bildschirm), Übertragungsleitungen, Drucker benutzt werden, haben keine technische Problemlösung zum Gegenstand[249]. Es ist deshalb auch nicht möglich, einen entsprechend programmierten Computer als Erzeugnis zu beanspruchen.

155   Sieht jedoch eine Anmeldung oder ein Patent zur Durchführung einer nichttechnischen Handlungsanweisung eine spezifische programm- oder computertechnische Problemlösung

---

als technisch an. Dagegen hat das BPatG mit Entscheidung vom 11.5.2005 im Fall „schienengebundenes Verkehrssystem" BlPMZ 2006, 156 technischen Charakter verneint. Gegen Patentierung von Simulationsprogrammen *Albrecht* CR 1998, 698.

[246] *Busche* Mitt. 2000, 171 f. unter Bezugnahme auf BGH 13.12.1999, BGHZ 143, 255 – Logikverifikation; *Sedlmaier* 124; zu nennen ist auch der Fall BPatG 21.3.2003, BlPMZ 2002, 428 – Kabelbaum; gegen Ausdehnung des Patentschutzes auf computergestützte Entwurfsmethoden *Schölch* GRUR 2006, 969 ff.

[247] *Moufang* FS Kolle/Stauder, 2005, 241 ff., kritisiert deshalb die Entscheidungen „Sprachanalyseeinrichtung" (→ Rn. 91 ff.), „Pensionssystem" (→ Rn. 42 ff.) und „Auktionsverfahren" (→ Rn. 47 ff.).

[248] Vgl. *Anders* GRUR 2001, 558 f.; *Melullis* FS König, 2003, 356; *Sedlmaier* 113 ff.

[249] Beispiele sind die Fälle EPA 5.10.1988, ABl. 1990, 12 – Zusammenfassen und Wiederauffinden von Dokumenten/IBM; EPA 14.2.1989, ABl. 1990, 384 – Textverarbeitung/IBM; BGH 17.10.2001, GRUR 2002, 143 – Suche fehlerhafter Zeichenketten; BGH 19.10.2004, GRUR 2005, 141 – Anbieten interaktiver Hilfe; BGH 19.10.2004, GRUR 2005, 143 – Rentabilitätsermittlung; BPatG 18.1.2000, BPatGE 42, 208 – Demontageschwierigkeitsbewertung; BPatG 9.4.2002, GRUR 2002, 869 – Geschäftliche Tätigkeit; BPatG 10.5.2004, , GRUR 2004, 931 – Preisgünstigste Telefonverbindung; BPatG 13.5.2004, GRUR 2005, 45 – Systemansprüche; BPatG 28.7.2004, BlPMZ 2005, 227 – Internet-Befragung und BPatG 3.3.2005, GRUR 2005, 1025 – Kfz-Kürzel, in denen Technizität (auch soweit es um Erzeugnisansprüche ging) verneint wurde. – Kein über den Computereinsatz hinausgehender technischer Aspekt ist auch in den Sachverhalten folgender Fälle zu erkennen, in denen Technizität bejaht wurde: EPA 6.7.1994, ABl. 1995, 605 – Warteschlangensystem/Pettersson; EPA 21.4.2004, ABl. 2004, 575 = GRUR-Int 2005, 332 – Auktionsverfahren/Hitachi; BGH 11.5.2000, BGHZ 144, 282 – Sprachanalyseeinrichtung, BPatG 14.6.1999, BPatGE 41, 171 – Automatische Absatzsteuerung (jedenfalls hinsichtlich des Verfahrensanspruchs) sowie BPatG 29.4.2002, GRUR 2002, 791 – Elektronischer Zahlungsverkehr. Im Fall EPA 8.12.2000, ABl. 2001, 441 – Steuerung eines Pensionssystems/PBS Partnership wurde technischer Charakter hinsichtlich des Verfahrensanspruchs zutreffend verneint, hinsichtlich des Vorrichtungsanspruchs jedoch zu Unrecht bejaht.

vor, ist ein auf diese spezifische Ausführungsweise beschränkter Schutz möglich; soweit diese nicht – wenigstens in äquivalenter Abwandlung – zur Anwendung kommt, muss die nichttechnische Handlungsanweisung frei benutzbar bleiben.

dd) Ausführbarkeit. Offenbarung

Problemlösungen, die von CP Gebrauch machen, erfüllen die Patentierungsvoraussetzung der Ausführbarkeit (→ § 13 Rn. 11 ff.) nur, wenn ein zu ihrer Realisierung geeignetes Programm vorliegt, in der Anmeldung offenbart wird oder auf Grund der dort gemachten Angaben durch einen zuständigen Fachmann ohne größere Schwierigkeit erstellt werden kann. Anmeldungen von CP einsetzenden Problemlösungen pflegen keine ausgearbeiteten Programme zu umfassen. Die Ansprüche enthalten meist nur allgemeine Funktionsangaben. Doch wurde, soweit ersichtlich, in der Rechtsprechung die Ausführbarkeit solcher Problemlösungen bisher nicht in Zweifel gezogen.[250] Gleiches gilt für den Großteil des Schrifttums[251]. Meist wird lediglich behauptet, dass bei Kenntnis der Funktionsbeschreibung die Programmierung bloße Routine sei. Nur vereinzelt werden Angaben über die der Umsetzung dienenden Programme für nötig gehalten[252]. Dabei findet sich auch der Hinweis, dass der Zeit- und Arbeitsaufwand für ein funktionierendes Programm sehr viel größer sein könne als für die zugrunde liegende Funktionsbeschreibung[253]. Dass die Umsetzung eines der Struktur nach bekannten Lösungswegs in ein lauffähiges Programm nicht immer reibungslos gelingt, sondern oft von Fehlschlägen begleitet ist, erfahren nicht wenige Nachfrager von Leistungen auf dem Gebiet der EDV. Deshalb sollte allgemein und in jedem Einzelfall unter sorgfältiger Berücksichtigung der tatsächlichen Verhältnisse wesentlich genauer als bisher geprüft werden, was der Anmelder einer von einem CP Gebrauch machenden Lehre offenbaren muss, damit der Gegenstand, für den er Schutz begehrt, als eine mit hinreichender Erfolgsaussicht und ohne unzumutbaren Aufwand ausführbare Handlungsanweisung gelten kann. Es könnte sich ergeben, dass zum Nachweis der Ausführbarkeit oft die Einreichung ausgearbeiteter Programme erforderlich ist[254]. Sie könnte in Form entsprechender Speichermedien geschehen[255]. Darüber hinaus wird im neueren Schrifttum mit guten Gründen gefordert, dass bei Erfindungen, die Computerprogramme einsetzen, der Quellcode (Quelltext) dieser Programme mit der Anmeldung einzureichen und offenzulegen ist.[256] Für den *zuständigen* Fachmann ist dieser notwendigerweise verständlich; mehr ist für eine nacharbeitbare Offenbarung nicht nötig. Die Offenlegung des Quellcodes hätte den Vorteil, dass sie dem SdT für den Fall, dass zwecks Prüfung von Schutzvoraussetzungen oder behaupteter Verletzungen recherchiert werden muss, aussagekräftigere Informationen hinzufügt, als sie dem auf einem Speichermedium festgelegten Objektcode (Maschinen-

---

[250] Funktionelle Angaben wurden als ausreichend angesehen zB in EPA 23.2.2006, GRUR-Int 2006, 851 Rn. 4 – Clipboardformate/Microsoft und BPatG 5.9.2006, GRUR 2007, 316 (317) – Bedienoberfläche; BPatG 8.7.2004, GRUR 2004, 934 – Quellcode begnügt sich mit der Mitteilung des „technischen Prinzips" und hebt den Zurückweisungsbeschluss des PA auf, das die Offenbarung des Quellcodes eines zugehörigen Programms verlangt hatte.
[251] *Horns* GRUR 2001, 7.
[252] *Kiesewetter-Köbinger* GRUR 2001, 190 f.; krit. zum Fehlen solcher Angaben auch *Melullis* FS König, 2003, 352 f.; vgl. ferner *Schölch* GRUR 2001, 21.
[253] *Kiesewetter-Köbinger* GRUR 2001, 191; vgl. auch *Haase* 15; *Perlzweig* 19 f.
[254] Nach *Kiesewetter-Köbinger* GRUR 2001, 192 ist der Programmcode die einzig unzweideutige Offenbarung der Lösung der Aufgabe.
[255] Dass dies mangels für Menschen lesbarer Sprachform unzulässig sei (so *Tauchert* GRUR 1999, 831 (833)) überzeugt angesichts des für Mikroorganismen eingeführten Hinterlegungssystems nicht.
[256] *Haase* 77 f., 93, 116 ff., 340 f.; *Weyand/Haase* GRUR 2004, 201 (203 f.); zustimmend *Hilty/Geiger* 36 IIC 635 (2005). – *Tauchert* GRUR 2004, 922 f. hält die Einreichung des Quellcodes für unangemessenen Aufwand, nach *Sedlmaier* 185 f. ist sie weder ausreichend noch erforderlich. – *Zirn* 185 ff. schlägt die Einführung einer gesetzlich vorgeschriebenen „kanonisierten" Darstellungsform für die Anmeldung von Softwareerfindungen vor.

code) durch Dekompilierung zu entnehmen wären,[257] und außerdem Konflikte mit dem hierfür grundsätzlich geltenden urheberrechtlichen Verbot vermeidet.[258]

ee) Neuheit und erfinderische Tätigkeit

157 1. Nach den gesetzlichen Definitionen der Neuheit und des Beruhens auf erfinderischer Tätigkeit ist zu prüfen, ob im Prioritätszeitpunkt der Anmeldung der Gegenstand, für den Schutz beansprucht wird, durch den SdT vorweggenommen oder dem Fachmann nahegelegt war. Wenn er sich als Ganzes betrachtet als technische Problemlösung darstellt (→ Rn. 147 ff.), ist er auch als Ganzes auf Neuheit und erfinderische Tätigkeit zu prüfen. Dabei haben Kenntnisse, die in jenem Zeitpunkt der Öffentlichkeit nicht zugänglich waren, (mit Ausnahme des Inhalts nachveröffentlichter älterer Patentanmeldungen bei der patentrechtlichen Neuheitsprüfung) außer Betracht zu bleiben. Erkenntnisse, die nicht zum SdT gehörten und für das Auffinden der Problemlösung erforderlich waren, dürfen nicht deshalb unberücksichtigt bleiben, weil sie – zB als Entdeckung – keinen technischen Charakter aufweisen und für sich genommen nicht schutzfähig wären. Das gilt grundsätzlich auch für nichttechnische Handlungsanweisungen. So können Regeln für neue Spiele ursächlich für die Erfindung neuer Spielgeräte sein, neue Geschäftsmethoden oder Textverarbeitungsverfahren können zu spezifischen programm- oder computertechnischen Problemlösungen führen (→ Rn. 152 ff.). Bei der Prüfung auf erfinderische Tätigkeit ist dann von einem Fachmann auszugehen, dem die neue Spielregel oder Geschäftsmethode oder das neue Textverarbeitungsverfahren nicht zur Verfügung standen, weil sie nicht zum SdT gehörten[259].

158 2. Gelegentlich wird behauptet, eine erfinderische Tätigkeit könne bei Problemlösungen, die von CP Gebrauch machen, nur in der Struktur des Lösungswegs, nicht aber im ausgearbeiteten Programm (Quellcode, Objektprogramm) liegen[260]. Letzteres kann zwar zutreffen, wenn die Struktur des Lösungswegs zum SdT gehört. Würde jedoch ein ausgearbeitetes Programm mit einem Prioritätszeitpunkt beansprucht, in dem jene Struktur noch nicht der Öffentlichkeit zugänglich war, ergäbe sich bei Nichtnaheliegen der Lösungsstruktur, dass auch das entsprechende Programm für den Fachmann nicht nahelag. Selbst wenn die Lösungsstruktur zum SdT gehörte, ist nicht ausgeschlossen, dass die Erstellung eines ausgearbeiteten Programms, das sie realisiert, über das hinausging, was von einem durchschnittlichen Fachmann zu erwarten war.

159 3. Nicht selten ergibt sich bereits die Lösungsstruktur aus dem SdT. So verhält es sich, wenn bekannte Problemlösungen „computerisiert" werden und die dabei erforderliche Anpassung an programm- und computertechnische Gegebenheiten von einem durchschnittlichen Fachmann geleistet werden kann. Naheliegend sind aber auch viele Problemlösungen, die erst durch Computereinsatz möglich geworden sind. Zwar fehlt ihnen die Erfindungsqualität nicht schon deshalb, weil sie von dem benutzten Computer „bestimmungsgemäßen Gebrauch" machen. Die Vielfalt der Einsatzmöglichkeiten eines Universal-

---

[257] *Weyand/Haase* GRUR 2004, 202.

[258] Nach *Müller/Gerlach* CR 2004, 389 (392) gehört wegen dieses Verbots in kompilierter Form vertriebene Software nicht zum SdT, solange nicht (sei es auch unrechtmäßig) tatsächlich Dekompilierung erfolgt; ähnlich *Sedlmaier* 86 ff.; *Zirn* 144 f.

[259] In der Rechtsprechung des EPA wurde dies nicht immer beachtet, vgl. hierzu EPA 14.12.1989, ABl. 1990, 384 – Textverarbeitung/IBM; 26.9.2002, ABl. 2003, 352 = GRUR-Int 2003, 852 – Zwei Kennungen/Comvik; kritisch dazu *Engelhard* Mitt. 2001, 58 (60); BPatG 29.4.2002, GRUR 2002, 791 ff. – Elektronischer Zahlungsverkehr. Dagegen hält *Sedlmaier* 119 ff., 131 f. die „Zurechnung" einer neuen „Ausgangslage" bei Geschäftsmethoden zum SdT für nicht systemwidrig. Bedenklich auch BPatG 22.11.2004, GRUR 2005, 493 – Jackpotzuwachs. Allerdings ist eine erfinderische Tätigkeit iSd Patentrechts nicht allein und unmittelbar aus außertechnischen Gegebenheiten herzuleiten; so *Melullis* FS Erdmann, 2002, 419; zum Problem auch *Keukenschrijver* FS König, 2003, 261 ff.; *Moufang* FS Kolle/Stauder, 2005, 245 ff.

[260] *van Raden* GRUR 1995, 455; *Klopmeier* Mitt. 2002, 67 f.

rechners bedeutet nicht, dass jede davon als bekannt oder naheliegend zu gelten hätte[261]. Dennoch liegt ein erheblicher Teil davon dem Fachmann nahe, der mit dem Rechner umzugehen weiß. Es gehört heute angesichts der Verfügbarkeit immer leistungsfähigerer Computer zur Routine eines solchen Fachmanns, auch an neue Anwendungsmöglichkeiten zu denken und diejenigen zu realisieren, deren programmtechnische Umsetzung bei routinemäßigem Vorgehen Erfolg verspricht. Nur wenn der Grundgedanke einer Lösung oder ihre programmtechnische Umsetzung den Weg solcher Routine verlässt, ist die Lösung erfinderisch und patentwürdig.[262]

4. Soweit es für das Vorliegen einer erfinderischen Leistung auf die Struktur des Lösungswegs ankommt, wird davon auszugehen sein, dass der Computerfachmann mit einem Fachmann des Gebiets zusammenarbeitet, auf dem die Lösung zum Einsatz kommt. Wenn für einen solchen Fachmann die Lösungsstruktur nahelag, trägt sie zur Erfindungsqualität nichts bei. 160

ff) Mögliche Anspruchsfassungen

1. Die Patentansprüche müssen die Merkmale enthalten, aus denen sich der technische Charakter der beanspruchten Lehre ergibt. Im Übrigen bestimmt sich in erster Linie nach dem SdT, von dem ihr Gegenstand abzugrenzen ist, wie konkret sie zu fassen sind und in welchem Grad sie dementsprechend verallgemeinert werden dürfen (→ § 24 Rn. 18 ff., → § 28 Rn. 24 ff.).[263] Sofern dies beachtet und die beanspruchte Lehre nacharbeitbar offenbart ist, kann der Anmelder die Anspruchsfassung frei bestimmen. 161

2. Computerprogramme einsetzende Problemlösungen technischen Charakters können Gegenstand von **Verfahrensansprüchen** sein. Auch **Erzeugnisansprüche** auf programmierte Computer und programmtragende Speichermedien werden von EPA und BGH als zulässig angesehen. Das ist zu rechtfertigen, soweit das gespeicherte Programm alle schutzbegründenden Merkmale einschließlich derjenigen enthält, die die Problemlösung insgesamt zu einer technischen machen.[264] Computer und Speichermedium stellen sich dann als Erzeugnis dar, durch welches die der Problemlösung dienenden technischen Vorgänge bewirkt werden. Das Verbot, CP als solche zu beanspruchen, steht nach Amtspraxis und Rechtsprechung bei Vorliegen technischen Charakters Erzeugnisansprüchen ebenso wenig entgegen wie Verfahrensansprüchen, die auf einen Schutz von CP als solchen hinauslaufen. Allerdings genügt auch hier der Einsatz technischer Mittel nicht, um einer Problemlösung technischen Charakter zu verleihen. Für die Benutzung eines Speichermediums gilt insofern nichts anderes als für diejenige eines Programms und eines Computers (→ Rn. 152 ff.). Erzeugnisansprüche auf programmierte Computer oder auf programmtragende Speichermedien sind deshalb nur zulässig, wenn das Programm der Ausführung einer technischen Problemlösung dient[265]. 162

3. Computerprogramme können als Erzeugnisse aufgefasst werden (→ Rn. 132 ff.), auch wenn sie weder in einen Computer geladen noch in einem Datenträger verkörpert sind. Deshalb können sie (bei Vorliegen technischen Charakters, → Rn. 161), wie der BGH in einem Gebrauchsmusterfall anerkannt hat,[266] unabhängig von solcher Speicherung beansprucht werden. Die **Übertragung** eines geschützten Programms **in Signalform**, zB zum „Herunterladen" aus dem Internet, an einen Empfänger im räumlichen Schutzbereich des 163

---

[261] Hier liegt ein Unterschied zu technischen Geräten, deren bestimmungsgemäße Gebrauchsmöglichkeiten sich für den Fachmann ohne weiteres aus der Bauart ergeben und durch diese eng begrenzt sind. Anders die 4. Aufl., 95, und die dort Zitierten.
[262] Daran fehlt es nach *Hilty/Geiger* 36 IIC 624 (2005) vielen programmbezogenen Erfindungen, wenn hinsichtlich der erfinderischen Leistung angemessene Anforderungen gestellt werden.
[263] Ausführlich zur Gestaltung der Ansprüche *Sedlmaier* 140 ff.
[264] IglS *Sedlmaier* 130 ff., 138.
[265] Vgl. *Sedlmaier* Mitt. 2002, 61.
[266] BGH 17.2.2004, BGHZ 158, 142 = GRUR 2004, 495, 496 f. (Nr. II 3) – Signalfolge.

§ 12 IV   *2. Abschnitt. Sachliche Voraussetzungen des Patent- u. Gebrauchsmusterschutzes*

Patents ist dann als Inverkehrbringen eines Erzeugnisses und nicht nur als Anbieten eines Verfahrens oder mittelbare Benutzung erfassbar, was wegen der subjektiven Merkmale dieser beiden Tatbestände von Vorteil sein kann.

164   4. Bei Problemlösungen, die durch das Zusammenwirken eines programmgemäß arbeitenden Computers mit technischen Einrichtungen außerhalb von diesem gekennzeichnet sind, verkörpern ein entsprechend programmierter Computer und ein das benutzte Programm tragendes Speichermedium nicht alle patentbegründenden Merkmale der Lösung. Entsprechendes gilt für das Programm in Signalform (→ Rn. 162). Erzeugnisschutz ist dann nur für eine Vorrichtung möglich, die auch die außerhalb des Programms und des Computers liegenden Merkmale aufweist. Die Lieferung des programmierten Computers oder programmtragenden Speichermediums und die Übertragung des Programms in Signalform können aber kraft eines jene Merkmale einschließenden Erzeugnis- oder eines Verfahrenspatents als mittelbare Benutzung verboten werden.

165   5. Soweit Erzeugnisschutz in Betracht kommt, kann dieser auch durch Eintragung von **Gebrauchsmustern** begründet werden, wenn die hierfür maßgebenden Anforderungen hinsichtlich Neuheit und erfinderischer Leistung erfüllt sind (vgl. → § 16 Rn. 85 ff. und → § 18 Rn. 25 ff.).

gg) Zusammenfassung

166   1. Ausgearbeitete Computerprogramme sind technische Verfahren oder Erzeugnisse. Die Vorschriften, die sie als solche vom Patent- und Gebrauchsmusterschutz ausschließen, sind nicht aus dem Fehlen technischen Charakters zu erklären. Sie sind auch nicht durch schutzwürdige Freihaltungsinteressen gerechtfertigt. Die in Amtspraxis und Rechtsprechung gebräuchliche Einschränkung ihres Anwendungsbereichs auf Gegenstände ohne technischen Charakter ist zwar rechtssystematisch angreifbar, liegt aber im Sinn der Ziele des Patentschutzes.[267] Allerdings richtet sich das Schutzinteresse der Softwareindustrie weniger auf ausgearbeitete Programme als vielmehr auf verallgemeinerte Problemlösungen, die CP einsetzen.

167   Eine Abschaffung der Ausschlussbestimmungen wäre der Klarheit dienlich.[268] Sie würde aber nichts daran ändern, dass nur Gegenstände mit technischem Charakter dem Patentschutz zugänglich sind. Diese Einschränkung macht sich bei verallgemeinerten Problemlösungen geltend, die von CP Gebrauch machen. Sie sind nur patentierbar, wenn sie sich als Lösung eines **technischen** Problems darstellen. Dafür genügt noch nicht, dass zu ihrer Ausführung CP und Computer eingesetzt werden.

168   2. Das Erfordernis **nacharbeitbarer Offenbarung** wird in der bisherigen Praxis vernachlässigt. Es muss so gehandhabt werden, dass sich nicht ein Schutz von **Aufgabenstellungen** ergibt[269], deren computermäßige Realisierung noch umfangreichen Programmier- und Erprobungsaufwand ohne hinreichend zuverlässige Erfolgsaussicht erfordert. Andernfalls wäre es möglich, durch spekulative Anmeldungen ganze Anwendungsfelder für den Computereinsatz zu reservieren, um im Schutz der darauf erteilten Patente die Überwindung der Schwierigkeiten zu versuchen, die der programmtechnischen Lösung noch entgegenstehen. Die einem Programm zugrunde liegenden, vom urheberrechtlichen Schutz ausgeschlossenen „Ideen und Grundsätze" können patentrechtlichen Schutz nur erlangen, soweit sie in eine nacharbeitbare Handlungsanweisung umgesetzt und hierdurch konkretisiert sind.

---

[267] Nach *Moufang* FS Kolle/Stauder, 2005, 237 ist sie nicht mehr einschränkende Gesetzesauslegung, sondern teleologische Reduktion.
[268] Sie wird befürwortet auch von *Ohly* CR 2001, 817; *Nack* Erfindung 271; *Haase* 342; *Zirn* 204 ff.
[269] S. *Melullis* GRUR 1998, 851 FS König, 2003, 357 und FS Erdmann, 2002, 411 f. (417) Fn. 49, 422 f.; *Schölch* GRUR 2001, 20; *Weyand/Haase* 36 IIC 656 (2005).

3. Die Prüfung auf **Neuheit und erfinderische Tätigkeit** sollte – entgegen der unter 169 dem Einfluss der Rechtsprechung heute vordringenden Ansicht[270] – erst einsetzen, wenn festgestellt ist, dass der Gegenstand, für den Schutz beansprucht ist, technischen Charakter hat. Es ist dann weder erforderlich noch angebracht, Informationen, die nicht zum SdT gehörten und für das Zustandekommen der Problemlösung erforderlich waren, deshalb außer Betracht zu lassen, weil sie für sich genommen keinen technischen Charakter haben. Dagegen kann die Einbeziehung der Prüfung auf Technizität in diejenige auf erfinderische Tätigkeit zu ungerechtfertigten Schutzversagungen verleiten.

Bei der Prüfung auf erfinderische Tätigkeit ist darauf zu achten, dass es beim heutigen 170 Entwicklungsstand der Computer- und Programmiertechnik oft keiner über das Vermögen durchschnittlicher Fachleute – der Computertechnik und ihres jeweiligen Anwendungsgebiets – hinausgehenden Leistung bedarf, bekannte Problemlösungen zu „computerisieren" und dabei programm- und computertechnischen Erfordernissen anzupassen. Entsprechendes wird sich nicht selten auch beim Auffinden neuer Einsatzmöglichkeiten für Computer ergeben.

4. Von CP Gebrauch machende Problemlösungen können durch **Verfahrensansprüche** 171 geschützt werden. Außerdem sind **Erzeugnisansprüche** auf programmierte Computer, programmtragende Speichermedien und Programme in Signalform möglich, sofern der als Erzeugnis beanspruchte Gegenstand alle schutzbegründenden Merkmale einschließlich derjenigen umfasst, aus denen sich der technische Charakter der Problemlösung ergibt.

5. Das **TRIPS-Übereinkommen** verbietet nicht, die Patentierbarkeit einer Erfin- 172 dung davon abhängig zu machen, dass sie technischen Charakter hat. Vielmehr verpflichtet es zur Patentierung nur, wenn eine Erfindung auf einem Gebiet der Technik liegt. Eine Problemlösung liegt nicht schon deshalb auf einem Gebiet der Technik, weil sie von einem CP und einem Computer Gebrauch macht, sondern erst dann, wenn sie ein technisches Problem löst, das allerdings auch ein programm- oder computertechnisches sein kann (→ Rn. 152 ff.).

Bedenken lassen sich jedoch aus dem TRIPS-Ü gegen die auf CP als solche bezo- 173 genen Ausschlussbestimmungen ableiten[271], weil diese dazu Anlass geben können, technischen Erfindungen den Patentschutz zu versagen[272]. Freilich vermeidet die europäische und deutsche Amtspraxis und Rechtsprechung dies weitgehend, indem sie die Anwendung jener Vorschriften auf nichttechnische Problemlösungen beschränkt (vgl. → Rn. 165).

6. Die Benutzung eines quelloffenen Programms (**„Open-Source-Programms"**)[273] 174 kann vom Inhaber des Patents auf eine CP einsetzende Problemlösung verboten werden, wenn jenes Programm das gleiche Problem mit den gleichen oder mit äquivalenten Mitteln löst. Vorausgesetzt ist, dass das quelloffene Programm im Prioritätszeitpunkt des Patents

---

[270] *Zirn* 198 f.; *Sedlmaier* 111 ff.; *Haase* 288; *Anders* GRUR 2004, 467; *Melullis* FS Erdmann, 2002, 419 f.; *Keukenschrijver* FS König, 2003, 261 ff.; *Wiebe/Steidinger* GRUR 2006, 177 (179); *Nack* GRUR-Int 2004, 771 (772); krit. *Moufang* FS Kolle/Stauder, 2005, 247 (250); *Wimmer-Leonhardt* WRP 2007, 281; *Pagenberg* FS Kolle/Stauder, 2005, 252 Fn. 5.

[271] So *Schiuma* GRUR-Int 1998, 855 ff.; vgl. auch EPA 1.7.1998, ABl. 1999, 609 (616 f.) – Computerprogrammprodukt/IBM.

[272] Das folgt aber nicht daraus, dass es durch das TRIPS-Ü geboten wäre, die Begriffe „Erfindung" und „Technik" in einem weiteren als dem im europäischen und deutschen Recht bisher maßgebenden Sinn zu verstehen (zutreffend BPatG 18.1.2000, BPatGE 42, 208 (217 f.) – Demontageschwierigkeitsbewertung; anders *Schiuma* GRUR-Int 1998, 852 ff.), sondern aus der tatsächlichen Technizität der Computerprogramme, → Rn. 132 ff.

[273] Zur wirtschaftlichen Bedeutung der Open-Source-Entwicklung *Blind/Edler* 31 ff.; *Melullis* und *Nack* FS König, 2003, 343 ff. (364 f.); *Basinski et al.* GRUR-Int 2007, 49 f.; *Zirn* 156 ff.; *Bodenburg* 28–31, 128–150 mwN. Rechtliche Gestaltungen der Nutzung von Open-Source-Software behandelt *Teufel* Mitt. 2007, 341 ff.

§ 12 IV   2. Abschnitt. Sachliche Voraussetzungen des Patent- u. Gebrauchsmusterschutzes

weder zum SdT gehörte noch vorbenutzt war.[274] Gehörte es zum SdT, ist das Patent der Beseitigung im Einspruchs- oder Nichtigkeitsverfahren ausgesetzt (§§ 21 Abs. 1 Nr. 1, 22 PatG; Art. 100 (a) EPÜ; Näheres → § 26 Rn. 121 ff., → § 30 Rn. 11 ff., 95 ff.). War es, ohne zum SdT zu werden, vorbenutzt, darf jeder Vorbenutzer die Benutzung fortsetzen (§ 12 PatG; vgl. → § 34 Rn. 26 ff.). Weiter hängt die Durchsetzbarkeit des Patents davon ab, dass bereits die zugrundeliegende Anmeldung die beanspruchte Problemlösung in einer für den Fachmann ausführbaren Weise offenbart hat (→ Rn. 155). Fehlt es hieran, ist das Patent im Einspruchs- oder Nichtigkeitsverfahren wegen unzureichender Offenbarung zu beseitigen (§§ 21 Abs. 1 Nr. 2, 22 PatG; Art. 100 (b) EPÜ). Sind jedoch die Voraussetzungen für die Durchsetzbarkeit des Patents einschließlich des Erfordernisses nacharbeitbarer Offenbarung erfüllt, kann sich aus der Fassung der Ansprüche ergeben, dass die patentierte Erfindung ohne Zustimmung des Patentinhabers auch nicht mittels eines Programms benutzt werden darf, das in der dem Patent zugrundeliegenden Anmeldung weder vollständig noch durch die Angaben, die ein Fachmann zu seiner Erstellung benötigt, offenbart war. Neue quelloffene Programme können somit in Abhängigkeit von einem Patent geraten, das auf die Problemlösung erteilt ist, der sie dienen[275].

---

[274] Wer im Rahmen von Open-Source-Beziehungen erlangte Programme veröffentlicht oder benutzt, kann durch Patente, deren Zeitrang nach der Veröffentlichung oder Benutzung liegt, an der (Weiter-)Benutzung jener Programme nicht gehindert werden. Daher empfiehlt es sich, Nachweise über den Zeitpunkt der Veröffentlichung oder Benutzung zu sichern. Vgl. *Bodenburg* 143 f.; *Haase* 174.

[275] Zur Möglichkeit von Gesetzesänderungen zugunsten der Open-Source-Entwicklung *Blind/Edler/Nack/Straus* 227 f.; *Nack* FS König, 2003, 377.

2. Kapitel. Schranken der Schutzfähigkeit technischer Erfindungen

Vorbemerkung

1. Die nun folgenden Regelungen haben gemeinsam, dass sie dem Patent- oder Gebrauchsmusterschutz technischer Erfindungen unabhängig vom Stand der Technik entgegenstehen können. Oft geht es dabei um Anforderungen hinsichtlich der **Benutzbarkeit** der Erfindung. Kann eine technische Handlungsanweisung überhaupt nicht, nicht wiederholbar, nicht gewerblich oder nur im Widerspruch zur öffentlichen Ordnung oder den guten Sitten verwirklicht werden, ist sie weder patentierbar noch gebrauchsmusterfähig. Vor allem biologischen Pflanzen- oder Tierzüchtungsverfahren fehlt regelmäßig die erforderliche Wiederholbarkeit; wobei sie auch dann nicht patentiert werden können, wenn die erforderliche Wiederholbarkeit ausnahmsweise gegeben ist. Dass medizinische Verfahren nicht patentierbar sind, wurde früher oft mit dem Fehlen gewerblicher Anwendbarkeit begründet. Angesichts der wirtschaftlichen Durchdringung des Medizinbetriebs ist das lebensfremd. Sachgerechter ist der Hinweis, dass die Benutzung medizinischer Verfahren nicht durch Schutzrechte beschränkt werden soll, damit sie im Allgemeininteresse benutzbar bleiben. Der Ausschluss der Pflanzensorten vom Patent- und Gebrauchsmusterschutz hängt weniger mit der Benutzbarkeit als mit der Existenz des Sortenschutzes zusammen. Zwingend ist er deshalb freilich nicht. Für Tierrassen gibt es kein spezifisches Schutzsystem. Trotzdem sind sie vom Patent- und Gebrauchsmusterschutz ohne Rücksicht darauf ausgeschlossen, ob ihre Erzeugung im Einzelfall wiederholbar ist oder nicht. Hier zeigt der Gesetzgeber Respekt vor der Schöpfung, was mit Blick auf die Möglichkeiten der Gentechnik für Diskussionen sorgt.[1]

2. Nichts mit Fragen der Benutzbarkeit zu tun hat der **Ausschluss von Verfahrenserfindungen vom Gebrauchsmusterschutz.** Um ihn zu begründen, wurde bei Einführung der geltenden Bestimmung des Schutzgegenstands (vgl. → § 6 Rn. 38 f.) angeführt, die erfinderische Lehre von Verfahren sei erheblich schwerer fassbar als von Vorrichtungen oder von Stoffen. Auch sei die unberechtigte Benutzung eines Verfahrens schwieriger nachweisbar als die Herstellung oder anderweitige Benutzung eines geschützten Erzeugnisses. Von materiell nicht geprüften Schutzrechten für Verfahren seien daher untragbare Rechtsunsicherheit zu befürchten. Da Verfahren nicht durch Zeichnungen oder chemische Formeln darstellbar seien, könnten für sie erteilte ungeprüfte Schutzrechte von Dritten auch nicht zuverlässig genug auf ihre Schutzfähigkeit überprüft werden. Schließlich hätten die beteiligten Kreise kein Bedürfnis für einen Gebrauchsmusterschutz an Verfahrenserfindungen dargelegt.

Insgesamt sind diese Gründe wenig überzeugend[2]: Vermutlich gibt es viele technisch schwierige Erzeugnis-, und technisch einfache Verfahrenserfindungen. Dass auch Verfahren zur Schutzrechtserlangung in einer für den Fachmann nacharbeitbaren Weise dargestellt werden müssen, ist zwar zutreffend, aber kein unlösbares Problem. Wenn dafür bestimmte Darstellungsmittel nicht zur Verfügung stehen, muss die Verständlichkeit für den Fachmann eben anders sichergestellt werden. Bei Verfahrens*patenten* ist dies erfahrungsgemäß auch möglich. Die Schwierigkeit bei der Beurteilung der Schutzfähigkeit hängt im übrigen meist weniger von der Art der Erfindung ab als vom jeweils einschlägigen Stand der Technik. Er ist bei Verfahren typischerweise nicht schwerer ermittelbar, umfangreicher oder weniger über-

---

[1] Anders die Situation in Ungarn nach dem dortigen PatG 1969, dazu *Vida,* FS König 2003, 511 ff.
[2] Krit. auch *König* GRUR 2001, 948 (952 f.).

§ 13   2. Abschnitt. Sachliche Voraussetzungen des Patent- u. Gebrauchsmusterschutzes

sichtlich als bei Erzeugnissen. Die Gefahr, dass für banale, nicht schutzwürdige Gegenstände Gebrauchsmuster eingetragen werden, besteht bei Erzeugnissen nicht weniger als bei Verfahren. Sie ist Folge des Verzichts auf umfassende Vorprüfung. Das Ermitteln schutzrechtsverletzenden Gebrauchs ist bei Verfahren gewiss oft schwieriger als bei Erzeugnissen; doch gilt dies auch im Fall der Patentierung. Zudem ist dies Sache des Anmelders. Er muss entscheiden, ob er lieber die genannten Schwierigkeiten in Kauf nimmt, als von einer Anmeldung abzusehen. Entsprechendes gilt für den Hinweis auf das Fehlen eines Bedarfs für Gebrauchsmusterschutz für Verfahren.

4   Die Reichweite der Ausschlussbestimmung wird bei den für Gebrauchsmuster zulässigen Anspruchsgestaltungen erörtert, → § 24 Rn. 190 ff.

§ 13. Gewerbliche Anwendbarkeit. Ausführbarkeit

Literatur: *Anders, W.,* Die technische Brauchbarkeit – wird sie als besonderer Aspekt der Ausführbarkeit gebraucht? FS König, 2003, 1–15; *Baumgärtel, G.,* Inhalt und Bedeutung der gewerblichen Anwendbarkeit und/oder Nützlichkeit (utility) als Patentierungsvoraussetzungen, GRUR-Int 2004, 212–215; *Beier, F.-K./Straus, J.,* Der Schutz wissenschaftlicher Forschungsergebnisse, 1982; *Gramm, W.,* Die gewerbliche Anwendbarkeit, GRUR 1984, 761–769; *Hansen, B.,* Probleme der Ausführbarkeit chemischer Erfindungen, GRUR 2000, 469–476; *Holzer, W.,* Gewerbliche Anwendbarkeit: Säule oder Krücke des Systems? Von Anwendbarkeit zu Betriebsmäßigkeit, FS Pagenberg, 2006, 19–32; *Nack, R.,* Kommentierung des Art. 52, EPÜ-GK, 28. Lfg., 2005; *Pagenberg, J.,* Kommentierung des Art. 57, EPÜ-GK, 5. Lfg., 1984; *Pedrazzini, M. M.,* Die Entwicklung des Erfindungsbegriffs, in: Kernprobleme des Patentrechts, 1988, 21–34; *Schmidt, K.-M./Vogel, A.,* Deutliche Offenbarung vor dem EPA; Spekulative Gefahr für den Anmelder?, Mitt. 2004, 198–202; *Stolzenburg, F./Ruskin, B. A./Jaenichen, H.-R.,* Von unfertigen fertigen Erfindungen: T 1329/04-3.3.8, GRUR-Int 2006, 798–809; *Teschemacher, R.,* Kommentierung des Art. 83, EPÜ-GK, 7. Lfg., 1985; *Thomas, D. X.,* Patentability Problems in Medical Technology, 34 IIC 847–886 (2003); *Vogel, H. G.,* Gewerbliche Verwertbarkeit und Wiederholbarkeit als Patentierungsvoraussetzungen, Diss. München (TU) 1977; *Winterfeld, V.,* Aus der Rechtsprechung des Bundespatentgerichts im Jahre 2003 Teil II: Patentrecht, Gebrauchsmusterrecht und Geschmacksmusterrecht, GRUR 2004, 361–381; *ders.,* Aus der Rechtsprechung des Bundespatentgerichts im Jahre 2004 Teil II: Patentrecht, Gebrauchsmusterrecht und Geschmacksmusterrecht, GRUR 2005, 449–468; *ders.,* Aus der Rechtsprechung des Bundespatentgerichts im Jahre 2005 Teil II: Patentrecht, Gebrauchsmusterrecht und Geschmacksmusterrecht, GRUR 2006, 441–461; *ders./Engels, R.,* Aus der Rechtsprechung des Bundespatentgerichts im Jahre 2006 Teil II: Patentrecht, Gebrauchsmusterrecht und Geschmacksmusterrecht, GRUR 2007, 449–462.

1   1. Um (rechtsbeständigen) Patent- oder Gebrauchsmusterschutz zu erlangen, müssen Erfindungen gewerblich anwendbar sein (§ 1 Abs. 1 PatG, Art. 52 Abs. 1 EPÜ, § 1 Abs. 1 GebrMG). Sachlich übereinstimmend verlangten bereits die früheren deutschen Patentgesetze seit 1877 Erfindungen, die „eine gewerbliche Verwertung gestatten". Der Bezug auf das Gewerbe lässt die bedeutende Rolle anklingen, die dessen Förderung von jeher unter den Zielen des Erfindungsschutzes gespielt hat. Ursprünglich sollte er auch solche Neuerungen vom Schutz ausschließen, denen dieser nach heutiger Auffassung mangels technischen Charakters versagt bleibt.[3] Diese Verlagerung des Gesichtspunkts ist Folge einer fortschreitenden Ausdehnung des patentrechtlichen Gewerbebegriffs. Seine heute maßgebende Fassung würde es erlauben, viele nichttechnische Handlungsanweisungen, insbesondere Neuerungen auf kommerziellem Gebiet, als gewerblich anwendbar anzuerkennen. Die bedeutsamere Einschränkung des Kreises schutzfähiger Neuerungen liegt daher im Erfordernis des technischen Charakters. Wo dieser gegeben ist, kommt ein Scheitern des Schutzes wegen fehlenden Bezugs zum gewerblichen Bereich nur in Sonderfällen in Betracht (vgl. → Rn. 2 ff.). Auch ist dem Postulat, Schutz nur für Anwendungswissen zu

---

[3] Vgl. *Beier* GRUR 1972, 216, unter Hinweis auf die Vorarbeiten zum PatG 1877; *Gall* Mitt. 1985, 181 (185); abweichend und eher missverständlich *Pagenberg* Rn. 22 ff., der im technischen Charakter einen „Aspekt der gewerblichen Anwendbarkeit" sehen will.

§ 13. Gewerbliche Anwendbarkeit. Ausführbarkeit § 13

gewähren (vgl. → § 10 Rn. 1 ff.), weitgehend bereits durch das Erfordernis des technischen Charakters Rechnung getragen. Soll daneben der Vorschrift, die gewerbliche Anwendbarkeit verlangt, ein gewisses selbständiges Gewicht verbleiben, bietet es sich an, sie dahin zu verstehen, dass sie den Akzent auf die praktische, marktorientierte Anwendung legt, die durch die Feststellung technischen Charakters nicht unmittelbar angesprochen ist. So gesehen lässt sich als Folgerung aus dem Erfordernis gewerblicher Anwendbarkeit begreifen, dass Erfindungen, wie allgemein anerkannt ist, ausführbar, insbesondere fertig und wiederholbar sein müssen, um durch ein Patent oder Gebrauchsmuster geschützt werden zu können. Meist werden diese Merkmale freilich bereits dem Begriff der technischen Erfindung zugeschrieben, und gewiss lassen sie sich mit denjenigen der Planmäßigkeit des Handelns, der Beherrschbarkeit der dabei eingesetzten Naturkräfte und der Überschaubarkeit des hierdurch ausgelösten Kausalverlaufs verbinden. Es wäre jedoch überflüssig und irreführend, das hiermit Gesagte in anderen Worten nochmals zum Ausdruck zu bringen. Die Beibehaltung der hergebrachten Begriffe Ausführbarkeit, Fertigsein, Wiederholbarkeit lässt sich dagegen rechtfertigen, wenn man sie als ins Praktische gewendete Entsprechungen jener Merkmale des Erfindungsbegriffs versteht und mit ihrer Hilfe das Erfordernis der gewerblichen Anwendbarkeit verdeutlicht, wodurch gleichzeitig eine der Übersichtlichkeit dienliche Entlastung des Erfindungsbegriffs erreicht wird.

2. Nach § 5 PatG, Art. 57 EPÜ, § 3 Abs. 2 GebrMG gilt eine Erfindung[4] als gewerblich anwendbar, wenn ihr Gegenstand auf **irgendeinem gewerblichen Gebiet** einschließlich der Landwirtschaft hergestellt oder benutzt werden kann. Dies entspricht Art. 3 StrÜ und der international üblichen weiten Umschreibung des „gewerblichen Eigentums", wie sie in Art. 1 Abs. 3 PVÜ zum Ausdruck kommt. Gewerbe im patent- und gebrauchsmusterrechtlichen Sinn ist insbesondere auch die gesamte Urproduktion: Bergbau und sonstige Gewinnung von Bodenschätzen, Landwirtschaft, Gartenbau, Jagd, Fischerei. Auf abweichende Gewerbebegriffe anderer Gesetze oder des allgemeinen Sprachgebrauchs kommt es nicht an. Voraussetzungen wie Selbständigkeit, angelegt sein auf Dauer, Hervortreten nach außen, Gewinnerzielungsabsicht uä, die in anderen Zusammenhängen für das Vorliegen eines Gewerbes eine Rolle spielen mögen, können patent- oder gebrauchsmusterrechtlich nur dort Bedeutung erlangen, wo ihr Fehlen schon die **Möglichkeit** gewerblicher Anwendung ausschließt. Unter dem Gesichtspunkt des Gewerbebegriffs scheiden nur solche Erfindungen aus, die **ausschließlich** in **nicht gewerblicher** Weise angewandt werden **können**.

In Betracht kommt dies auf dem Gebiet der **freien Berufe,** die nach den einschlägigen Sondervorschriften und der Verkehrsauffassung nicht als Gewerbe gelten und auch unter dem Gesichtspunkt der gewerblichen Verwertbarkeit im Sinne des alten PatG nicht als solche angesehen wurden.[5] Da die geltende Definition der gewerblichen Anwendbarkeit keinen Anlass gibt, von dieser Auffassung abzugehen,[6] fragt sich, ob nicht einer Erfindung die gewerbliche Anwendbarkeit fehlt, wenn sie allein im Rahmen einer Tätigkeit benutzt werden kann, deren Ausübung einem freien Beruf vorbehalten ist. Patent- und gebrauchsmusterrechtlich wirkt sich die Frage freilich nur aus, wo die einem freien Beruf vorbehaltene Tätigkeit den planmäßigen Einsatz von Naturkräften mit sich bringt. Sie stellt sich daher im Wesentlichen nur für den Bereich der **ärztlichen Berufe.** Der BGH hat nach altem Recht die gewerbliche Verwertbarkeit und deshalb die Patentierbarkeit von Heilverfahren verneint, deren Anwendung dem Arzt vorbehalten ist.[7] Das geltende PatG und das EPÜ schließen jedoch medizinische Verfahren durch besondere Vorschriften

---
[4] Der Ausdruck „Gegenstand eines Gebrauchsmusters" in § 3 Abs. 2 GebrMG bedeutet in diesem Zusammenhang nichts anderes. Das ist aber nur eine terminologische Inkonsequenz, in der nachwirkt, dass in früheren Fragen des GebrMG der Ausdruck „Erfindungen" vermieden wurde.
[5] BGH 26.9.1967, BGHZ 48, 313 (323) – Glatzenoperation.
[6] Anders *Beier/Straus* 69; *Pagenberg* in EPÜ-GK Art. 57 Rn. 9 ff.
[7] BGH 26.9.1967, BGHZ 48, 313 – Glatzenoperation.

vom Patentschutz aus[8]; das spricht dagegen, der Frage ihrer gewerblichen Anwendbarkeit selbständige Bedeutung beizumessen (Näheres → § 14 Rn. 47 ff.).

4   3. Für die gewerbliche Anwendbarkeit genügt, dass der Erfindungsgegenstand seiner Art nach bei Ausübung einer im dargestellten weiten Sinne gewerblichen Tätigkeit **hergestellt oder benutzt** werden kann. Da der patent- und gebrauchsmusterrechtliche Gewerbebegriff alle Arten von Produktionstätigkeiten umfasst und somit alle Arten von Erzeugnissen gewerblich hergestellt werden können, sind Erfindungen von Erzeugnissen stets gewerblich anwendbar.[9] Das gilt auch dann, wenn im Einzelfall neben der gewerblichen eine nichtgewerbliche Produktion möglich oder das Erzeugnis ausschließlich im nichtgewerblichen, zB privaten, freiberuflichen oder hoheitlichen Bereich benutzbar sein sollte. So sind Erfindungen von Spielzeug oder Sportgeräten,[10] von ärztlichen Instrumenten, medizinischen Geräten, Arzneimitteln oder Prothesen (vgl. § 2a Abs. 1 Nr. 2 S. 2 PatG, Art. 53 (c) S. 2 EPÜ) sowie von Kriegswaffen gewerblich anwendbar, weil diese Erzeugnisse in Gewerbebetrieben produziert werden können, mag auch die Möglichkeit ihrer gewerblichen Benutzung fehlen oder fraglich sein[11].

5   Erfindungen von Halbfabrikaten und – chemischen oder anderen – Zwischenprodukten sind schon deshalb gewerblich anwendbar, weil sie in Gewerbebetrieben hergestellt werden können, gleichgültig ob auch ihre Weiterverarbeitung in gewerblicher Weise erfolgt.[12]

6   Verfahrenserfindungen sind stets gewerblich anwendbar, wenn sie die Herstellung von Erzeugnissen zum Gegenstand haben: das Verfahren ist gewerblich benutzbar, weil sein Erzeugnis in einem Gewerbebetrieb produziert werden kann.

7   Bei anderen Verfahren (Arbeits- oder Anwendungsverfahren) können sich Zweifel an der gewerblichen Anwendbarkeit ergeben, soweit ihre Anwendung Ärzten vorbehalten ist (vgl. → Rn. 2 f.). Verfahren, die in der therapeutischen Anwendung eines Stoffes bestehen, werden jedoch vom BGH schon dann als gewerblich anwendbar angesehen, wenn sie, wie regelmäßig, ein „Herrichten" des Stoffes für den therapeutischen Gebrauch erfordern, weil die hierzu gehörigen, der ärztlichen Anwendung vorausgehenden Handlungen (zB Formulierung, Konfektionierung, Dosierung, gebrauchsfertige Verpackung als Medikament) nicht wie die ärztliche Tätigkeit außerhalb des Bereichs der gewerblichen Nutzung liegen.[13]

8   Anerkannt ist heute die gewerbliche Anwendbarkeit von Verfahren zur **Untersuchung** der chemischen Zusammensetzung oder physikalischen Eigenschaften von Stoffen.[14] Auch für Verfahren, die der Kennzeichnung oder Denaturierung von Stoffen (zB Heizöl, Alkohol) für Zwecke der Erhebung staatlicher Abgaben dienen, wird die gewerbliche Anwendbarkeit zu bejahen sein, da es jedenfalls möglich ist, dass die Behörden Gewerbebetriebe mit der Anwendung beauftragen.[15]

9   4. Die dargestellten Grundsätze gelten auch für Erfindungen, die sich auf **unbewegliche Sachen,** also auf die Bearbeitung oder Umgestaltung von Grundstücken, Aufbau und Ausgestaltung mit diesen fest verbundener Bauwerke oder deren wesentlicher Bestandteile beziehen. Ist die unbewegliche Sache selbst, zB eine Talsperre, Straße, Brücke, ein unterirdi-

---

[8] Das GebrMG enthält keine solche Vorschrift, da es in § 2 Nr. 3 allen Verfahren seinen Schutz versagt.
[9] BGH 26.9.1967, BGHZ 48, 313 (322) – Glatzenoperation.
[10] Vgl. *Nirk* 235.
[11] Wenn ein Erzeugnis überhaupt nicht gewerblich benutzt werden kann, ist das in seiner *Verwendung* bestehende *Verfahren* nicht gewerblich anwendbar; so EPA 9.11.1994, ABl. 1995, 712 (716 ff.) – Empfängnisver-hütung/British Technology Group für eine bestimmte Art der Verwendung eines Empfängnisverhütungsmittels, die stets im privaten, persönlichen Bereich erfolge; anders in einem vergleichbaren Fall EPA 15.2.2000, BeckRS 2000, 30683875 krit. besprochen von *Thomas* 34 IIC 847, 867 f. (2003).
[12] Vgl. für chemische Zwischenprodukte BGH 27.2.1969, BGHZ 51, 378 (384) – Disiloxan.
[13] BGH 20.1.1977, BGHZ 68, 156 (161 f.) – Benzolsulfonylharnstoff; Näheres → § 14 Rn. 104 ff.
[14] Vgl. *Tetzner* § 1 Anm. 70.
[15] Vgl. *Busse/Keukenschrijver* PatG § 5 Rn. 17; anders *Asendorf/Schmidt* in Benkard PatG § 5 Rn. 10.

§ 13. Gewerbliche Anwendbarkeit. Ausführbarkeit **§ 13**

scher Lagerbehälter für Flüssigkeiten oder Gase,[16] als Erzeugnis Gegenstand der Erfindung oder besteht diese in einem Verfahren zur Herstellung einer solchen Sache, ist wegen der Möglichkeit einer erfindungsgemäßen Produktion in Gewerbebetrieben insbesondere des Bausektors gewerbliche Anwendbarkeit stets gegeben. Ebenso verhält es sich bei Sachen, die dazu bestimmt sind, in unbewegliche Sachen als wesentliche Bestandteile eingefügt zu werden. Aber auch bei Verfahren, nach welchen ohne Herstellung eines Erzeugnisses auf unbewegliche Sachen eingewirkt wird (zB Verfahren zur Fassadenreinigung oder Unkrautvernichtung) ist kaum denkbar, dass nicht (wenigstens auch) in gewerblicher Weise erfindungsgemäß gearbeitet werden kann; freien Berufen vorbehaltene Tätigkeiten spielen in diesem Zusammenhang keine Rolle. Deshalb ist die früher nicht selten vertretene Ansicht, Grundstücke und deren wesentliche Bestandteile seien nicht gewerblich anwendbar, mit der geltenden Regelung nicht in Einklang zu bringen.[17]

5. Die gewerbliche Anwendbarkeit ist abstrakt-allgemein zu beurteilen. Sie setzt kein aktuelles wirtschaftliches Interesse an der Benutzung der Erfindung und erst recht nicht voraus, dass diese Gewinn verspricht.[18] Auch kann nicht verlangt werden, dass eine *Nachfrage* für erfindungsgemäße Erzeugnisse oder Leistungen besteht. Andernfalls würde im Patenterteilungsverfahren das Amt prognostizieren müssen, wie der Markt diese aufnehmen wird, wofür es umso weniger Anhaltspunkte besitzt, je stärker die Erfindung vom Bekannten abweicht. Um das Risiko von Fehleinschätzungen zu vermeiden, die zur Schutzlosigkeit wertvoller Neuerungen führen können, bleibt daher nur übrig, die Bewertung dem Markt zu überlassen. Für die gewerbliche Anwendbarkeit muss genügen, dass erfindungsgemäßes Arbeiten in einem Gewerbebetrieb *denkbar* ist, mag ein Betrieb der erforderlichen Art auch noch nicht bestehen, sondern erst gegründet werden müssen. 10

6. Allgemein wird der Patent- oder Gebrauchsmusterschutz einer Erfindung von ihrer **Ausführbarkeit** abhängig gemacht,[19] die aus den schon genannten Gründen (→ Rn. 1) hier dem gesetzlichen Erfordernis der gewerblichen Anwendbarkeit zugeordnet wird. Bei ihrer Beurteilung ergibt sich in der Praxis meist ein enger Zusammenhang mit dem Gebot ausreichender *Offenbarung:* ist eine Erfindung zum Patent angemeldet, patentiert oder Gegenstand einer Gebrauchsmustereintragung, ist sie auf Ausführbarkeit in der durch die Anmeldung oder das Patent (vgl. → Rn. 26 ff.) offenbarten Form zu prüfen. 11

Doch kann sich die Frage der Ausführbarkeit auch unabhängig von einer Offenbarung stellen. So wird der Erfinder vor einer Anmeldung überlegen, ob er überhaupt schon zu Erkenntnissen gelangt ist, nach welchen ein Fachmann, dem sie offenbart werden, mit Erfolg arbeiten kann. Erst wenn dies zutrifft, geht es darum, die Erfindung in einer dem Ge- 12

---

[16] Die Beispiele nennt *Tetzner*, Sind unbewegliche Sachen patentschutzfähig?, Mitt. 1976, 61–66; vgl. auch *Kronz* Mitt. 1977, 24 ff.; BGH 21.9.1978, GRUR 1979, 48 – Straßendecke (Unterbau für Straßendecken).

[17] *Bacher/Melullis* in Benkard PatG § 1 Rn. 19; *Asendorf/Schmidt* in Benkard PatG § 5 Rn. 14; *Moufang* in Schulte PatG § 5 Rn. 12; *Busse/Keukenschrijver* PatG § 5 Rn. 9; *Tetzner* Mitt. 1976, 61; BPatG 12.7.1983, BPatGE 25, 204 – Durchsickerter Deich: Sachpatentschutz kann grundsätzlich auch für Erfindungen gewährt werden, deren Gegenstand eine unbewegliche Sache ist; ebenso BPatG 7.6.1984, BPatGE 27, 7 (12). – Eisenbahnbrücke – Die Fragen, unter welchen Voraussetzungen die Benutzung einer einheitlichen unbeweglichen Sache, in der ein geschütztes oder nach einem geschützten Verfahren hergestelltes Erzeugnis als wesentlicher Bestandteil aufgegangen ist, patentverletzenden Gebrauch darstellt und ob der Patentinhaber die Beseitigung eines patentverletzend errichteten Bauwerks verlangen kann, haben, wie die Untersuchung von *Tetzner* zeigt, mit derjenigen der gewerblichen Anwendbarkeit nichts zu tun.

[18] Vgl. EPA 7.7.2006, GRUR-Int 2007, 152 Rn. 6 – Hematopoietic receptor/Zymogenetics; allerdings wird dort ein durch die Erfindung zu erreichendes „immediate concrete benefit" verlangt, wofür aber genügen soll, dass die Erfindung in der gewerblichen Praxis zur Lösung eines gegebenen technischen Problems benutzt werden kann.

[19] Dazu auch die Nachweise aus der Rechtsprechung des BPatG bei *Winterfeldt/Engels* GRUR 2007, 452 f.; *Winterfeldt* GRUR 2006, 443 ff.; 2005, 451 ff.; 2004, 363 ff.

§ 13   2. Abschnitt. Sachliche Voraussetzungen des Patent- u. Gebrauchsmusterschutzes

setz genügenden Weise darzustellen. Andernfalls besteht auch bei optimaler Offenbarung des Erkannten keine Aussicht auf (rechtsbeständigen) Schutz. Für die praktische Handhabung im Erteilungs-, Einspruchs-, Nichtigkeits- oder Löschungsverfahren mag es wenig ausmachen, ob die Nichtausführbarkeit des Offenbarten schon an Mängeln der Erkenntnis oder nur an solchen der Mitteilung liegt[20]. Für eine gesonderte Erörterung des Erfordernisses der Ausführbarkeit sprechen jedoch systematische Gründe und die Bedeutung, die das Fertigstellen einer ausführbaren Erfindung für die Entstehung des Erfinderrechts und im Recht der Arbeitnehmererfindungen hat (vgl. → § 19 Rn. 7 ff., → § 21 Rn. 45 ff.).

13   Nicht erforderlich ist, dass die Erfindung bereits ausgeführt wurde; es genügt, dass ihre Ausführung – unter den nachstehend (zu → Rn. 14–37) behandelten Voraussetzungen – *möglich* ist.[21]

14   7. Nötig ist zunächst, dass die Erfindung **funktioniert,** dh das Handeln nach ihrer Lehre den vom Erfinder versprochenen Erfolg hat (technische Brauchbarkeit oder Leistungsfähigkeit)[22], wofür mindestens erforderlich ist, dass dieser „mit einiger Zuverlässigkeit" erreicht wird[23]. Dabei ist nicht von den ursprünglichen Absichten des Erfinders auszugehen; er mag bei vergeblichen Versuchen mit anderer Zielsetzung ein unerwartetes Ergebnis erreicht haben, wie Böttger bei Experimenten zur Goldherstellung auf das Porzellan stieß.[24] Als Problem oder Aufgabe (im objektiven Sinn), die die Erfindung löst, ist dann die Herbeiführung des wirklich gefundenen Ergebnisses anzusehen[25].

15   Ob angesichts dieses Ergebnisses die unter Schutz gestellte Erfindung technisch brauchbar ist, misst die neuere Rechtsprechung des BPatG allein an der in den *Ansprüchen* definierten technischen Lehre, auch wenn die *Beschreibung* weitergehende, aber in den Ansprüchen nicht berücksichtigte Zielsetzungen nennt.[26] Eine Abweichung von den Ansprüchen, die sich hieraus ergibt, ist durch Anpassung der Beschreibung zu beseitigen; einer Anspruchsergänzung bedarf es nicht.[27]

---

[20] Vgl. *Busse/Keukenschrijver* PatG § 1 Rn. 12 und PatG § 5 Rn. 5: alle mit der Ausführbarkeit zusammenhängenden Fragen seien nur an § 34 PatG zu messen; im gleichen Sinn *Teschemacher* in EPÜ-GK Art. 83 Rn. 63; *Nack* in EPÜ-GK Art. 52 Rn. 84 f.; BPatG 18.3.1999, GRUR 1999, 1076 – Kernmaterial.

[21] *Busse/Keukenschrijver* PatG § 34 Rn. 273; *Teschemacher* in EPÜ-GK Art. 83 Rn. 52; *Stolzenburg/Ruskin/Jaenichen* GRUR-Int 2006, 798 (800 ff.).

[22] BGH 13.3.1984, GRUR 1984, 580 – Chlortoluron; 22.1.1981, GRUR 1981, 338 – Magnetfeldkompensation; *Busse/Keukenschrijver* PatG § 34 Rn. 303 ff.; krit. *Hesse* GRUR 1981, 853 (861) – Unrichtig ist es nach BGH 27.9.1984, Mitt. 1985, 170 – Energiegewinnungsgerät, die gewerbliche Anwendbarkeit zu verneinen, wenn einem herstellbaren Gerät die technische Brauchbarkeit fehlt. Es fragt sich dann, aus welcher *gesetzlichen* Schutzvoraussetzung zu begründen ist, dass dieser Mangel, wie auch der BGH annimmt, der Patentierung entgegensteht. Kann er nicht auf die gewerbliche Anwendbarkeit bezogen werden, bleibt nur übrig, das Vorliegen einer Erfindung zu verneinen (vgl. → § 13 Rn. 1). Das lässt sich jedoch nur rechtfertigen, wenn sich die technische Lehre, für die Schutz beansprucht ist (s. u. bei Fn. 25), nicht auf die zum Bau der Vorrichtung erforderlichen Maßnahmen beschränkt, sondern als Anweisung zur Herbeiführung des *Erfolgs* zu verstehen ist, an dem ihre technische Brauchbarkeit gemessen wird. Verhält es sich aber so, dann kann in Fällen, in denen dieser Erfolg durch die Vorrichtung nicht erreichbar ist, auch gesagt werden, dass nach der beanspruchten Lehre eine zu dem von ihr umfassten Erfolg führende Vorrichtung nicht herstellbar und deshalb die Lehre nicht gewerblich anwendbar ist.

[23] BGH 22.10.1991, BlPMZ 1992, 308 (310) – Antigene-Nachweis; BPatG 18.3.1999, GRUR 1999, 1076 – Kernmaterial; in beiden Fällen wurde die Ausführbarkeit verneint.

[24] *Bernhardt* 40; *Hesse* GRUR 1981, 853 (861).

[25] *Moufang* in Schulte PatG § 1 Rn. 46 mN.

[26] BPatG 20.1.1997, GRUR 1997, 523 – Faksimile-Vorrichtung; 22.5.2006, GRUR 2006, 1015 (1016) – Neurodermitis-Behandlungsgerät – Ähnlich *Anders* FS König 2003, 11 ff.: es ist unzulässig, die Patentierbarkeit schon deshalb zu verneinen, weil ein in der *Beschreibung* versprochener Erfolg nicht erreicht wird. Überhaupt bedürfe es nicht der technischen Brauchbarkeit als besonderen Aspekts der Ausführbarkeit. Wenn ein als *Anspruchsmerkmal* geforderter Erfolg nicht erreicht werde, sei die beanspruchte Lehre nicht nur nicht brauchbar, sondern nicht ausführbar.

[27] BPatG 30.7.2003, BPatGE 47, 163 (167) – Frühestmöglicher Auslösezeitpunkt.

§ 13. Gewerbliche Anwendbarkeit. Ausführbarkeit **§ 13**

Das EPA hat freilich ein Patent widerrufen, weil es das einzige darin beschriebene Ausführungs- 16
beispiel als nicht ausführbar ansah, obwohl der Patentanspruch auch eine nach dem SdT ausführbare Vorrichtung umfasste.[28]

Enthält ein Vorrichtungsanspruch eine Bestimmungsangabe, die die räumlich-körperliche Ausgestal- 17
tung der Vorrichtung ermöglichen soll, muss auch die Realisierung des angegebenen Verwendungszwecks offenbart sein, was im gegebenen Fall für ein „Allergie- und Neurodermitis-Behandlungsgerät" verneint wurde.[29] Das EPA hat einer „Vorrichtung für die Anwendung in der Bion- oder Orgontherapie" mangels Ausführbarkeit den Patentschutz versagt.[30]

Eine funktionsfähige Erfindung liegt nur vor, wenn der Kausalzusammenhang er- 18
kannt ist, mittels dessen ihr Ergebnis willkürlich erzielt werden kann. Daher fehlt es mangels Ausführbarkeit an einer patentierbaren Erfindung, wenn der Kausalzusammenhang, den der Erfinder erkannt zu haben meint, naturgesetzlich ausgeschlossen ist, wie zB bei einem perpetuum mobile.[31] Das gleiche gilt, wenn die Problemlösung zwar naturgesetzlich möglich ist, der Erfinder aber bestimmte hierfür notwendige Bedingungen, die bei seinen Versuchen gegeben waren, nicht als wesentlich erkannt hat oder nicht mehr rekonstruieren kann. Freilich braucht er nicht die naturwissenschaftlichen Grundlagen seiner Lehre zu durchschauen; es genügt, dass er den äußeren Ursachenzusammenhang verstanden hat; er muss wissen, *wie,* nicht auch, *warum* die Erfindung funktioniert.[32]

8. Zur Ausführbarkeit gehört die **Wiederholbarkeit** der erfindungsgemäßen Prob- 19
lemlösung: die Erfindung muss unabhängig vom Zufall zu beliebig wiederholten Malen verwirklicht werden können[33]. Von der Rechtsprechung wird es dabei als unschädlich angesehen, dass die Erfindung unter besonders ungünstigen Verhältnissen versagt.[34]

In einer alten Entscheidung des RG[35] wurde freilich bei einem „Entschirrungsapparat" für 20
durchgehende Pferde mangels *absoluter* Zuverlässigkeit die technische Brauchbarkeit verneint; doch kam es auf sie im Streitfall wegen der lizenzvertraglichen Haftung für technische Ausführbarkeit der Erfindung, nicht unter dem Gesichtspunkt der Patentierbarkeit an.

---

[28] EPA 5.6.2003, ABl. 2004, 16 = GRUR-Int 2004, 437 – Transformator mit Hochtemperatur-Supraleitung für Lokomotive/ABB: Das Ausführungsbeispiel bezog sich auf die Verwendung flüssigen Stickstoffs als Kühlmittel, was bereits bei dessen Temperatur supraleitendes Material erforderte, das für den vorgesehenen Verwendungszweck nicht verfügbar war; der Hauptanspruch bezog sich dagegen lediglich auf einen supraleitenden Transformator mit einer Kälteversorgungseinrichtung, was durch Verwendung flüssigen Heliums und bei dessen wesentlich niedrigerer Temperatur supraleitenden Materials ausführbar ist. – Krit. zur Entscheidung *Schmidt/Vogel* Mitt. 2004, 198 ff.
[29] BPatG 22.5.2006, GRUR 2006, 1015 (1016) – Neurodermitis-Behandlungsgerät.
[30] EPA 16.5.2002, GRUR-Int 2006, 943 – Orgontherapie/Kai Vollert; allerdings war die räumlich-körperliche Ausgestaltung der Vorrichtung im Anspruch wohl hinreichend verdeutlicht; die Entscheidung stützt sich im Wesentlichen darauf, dass für die – wissenschaftlich höchst umstrittene – Therapie, der die Vorrichtung dienen sollte, keine therapeutische Wirkung nachgewiesen war. – Zur Problematik von „Erfindungen", deren Wirkung nach dem Stand der Wissenschaft fraglich ist, allgemein *Thomas* 34 IIC 847, 884 ff. (2003).
[31] Vgl. *Tetzner* § 1 Anm. 59; *Nirk* 234; BGH 20.6.1978, GRUR 1979, 48 – Corioliskraft; 27.9.1984, Mitt. 1985, 170 Energiegewinnungsgerät; BPatG 28.10.1998, GRUR 1999, 487 – Perpetuum mobile.
[32] *Bernhardt* 43; vgl. auch *Tetzner* § 1 Anm. 55; *Nirk* 234; BGH 7.5.1974, BGHZ 63, 1 (11) – Chinolizine; 5.11.1964, GRUR 1965, 138 (142) – Polymerisationsbeschleuniger; 20.1.1994, GRUR 1994, 357 – Muffelofen.
[33] BGH 27.3.1969, BGHZ 52, 74 (81 ff.) – Rote Taube; 12.2.1987, BGHZ 100, 67 (69) – Tollwutvirus; 30.3.1993, BGHZ 122, 144 (149 f.) – Tetraploide Kamille; BPatG 16.10.1973, BPatGE 17, 181 (185 f.) – Usambara-Veilchen.
[34] BGH 19.2.1957, GRUR 1957, 488 – Schleudergardine.
[35] 1.3.1911, RGZ 75, 400.

§ 13   2. Abschnitt. Sachliche Voraussetzungen des Patent- u. Gebrauchsmusterschutzes

21   9. Ausführbar und damit gewerblich anwendbar ist nur eine **fertige Erfindung**. Hieran fehlt es, wenn zum Auffinden der Problemlösung noch Versuche erforderlich sind.[36] Die Rechtsprechung vermeidet es jedoch, die Anforderungen zu überspannen, und erleichtert dadurch eine frühzeitige Patentanmeldung (vgl. auch → § 24 Rn. 70ff.).

22   Unschädlich ist es, wenn der Erfinder, der bereits zu einer Problemlösung gelangt ist, irrig oder aus Unzufriedenheit mit dem Erreichten weitere Versuche für nötig hält.[37] Die erzielte, funktionsfähige Lösung braucht nicht die günstigste oder vollkommenste des Problems zu sein. Keinesfalls braucht sie bereits fabrikations- oder verkaufsreife Gestalt angenommen zu haben.[38] Gewisse „Kinderkrankheiten", die der Erfindung noch anhaften mögen, hindern die Anerkennung der für die Patentierung vorauszusetzenden Ausführbarkeit nicht.[39] Die Rechtsprechung akzeptiert sogar, dass der nach der Erfindung arbeitende Fachmann in gewissem Umfang Versuche durchführen muss, bevor er die Erfindung erfolgreich anwenden kann.[40] Das gilt vor allem, wenn der Erfinder eine ganze Gruppe von Lösungsmöglichkeiten vorgeschlagen hat, die nicht alle gleich wirksam sind.[41] Dass die erfolgversprechende Anwendung noch naheliegende, dem Fachmann geläufige Maßnahmen voraussetzt, steht der Ausführbarkeit nicht entgegen; der Anmelder darf damit rechnen, dass der Fachmann die Kenntnisse und Fertigkeiten einsetzt, die ihm auf Grund seines Fachwissens im Anmeldezeitpunkt zur Verfügung stehen.[42] Die Ausführbarkeit fehlt jedoch, wenn der Fachmann selbst einen erfinderischen Beitrag leisten muss, um mit der Lehre des Erfinders etwas anfangen zu können.[43] Was dem Anwender zu tun bleibt, muss sich in zumutbaren Grenzen halten;[44] überschritten sind diese, wenn ein längeres, aufwendiges Suchen erforderlich ist,[45] nicht

---

[36] BGH 10.11.1970, GRUR 1971, 210 (212) – Wildverbißverhinderung.

[37] BGH 10.11.1970, GRUR 1971, 210 (213) – Wildverbißverhinderung.

[38] *Tetzner* § 1 Anm. 60; *Bernhardt* 43; BGH 10.11.1970, GRUR 1971, 210 (212) – Wildverbißverhinderung; nach BPatG 30.3.1993, BPatGE 34, 1 (5) – Perfluoro-Kohlenstoffverbindung ist bei Arzneimitteln die Zulassungsfähigkeit keine Voraussetzung für das Vorliegen einer fertigen, ausführbaren Erfindung.

[39] *Bernhardt* 42; RG 16.12.1941, GRUR 1942, 256.

[40] BGH 21.12.1967, GRUR 1968, 311 (313) – Garmachverfahren mit zahlreichen Nachweisen; 27.11.1975, GRUR 1976, 213 (214) – Brillengestelle; 24.3.1998, GRUR 1998, 1003 (1005) – Leuchtstoff; BPatG 17.3.1987, Mitt. 1988, 207 (208); 30.3.1993, BPatGE 34, 1 (4) – Perfluoro-Kohlenstoffverbindung; 14.9.1995, BPatGE 35, 255 (262); EPA 7.6.1983, ABl. 1984, 105 (110f.) – Vinylchloridharze/Sumitomo; 29.7.1986, ABl. 1987, 177 Rn. 14.2 – Metallic-Lackierung/Hoechst; 17.3.1987, ABl. 1988, 336 (340) – beständige Bleichmittel/Unilever; *Busse/Keukenschrijver* PatG § 34 Rn. 291f.; *Tetzner* § 1 Anm. 62ff.

[41] BGH 22.12.1964, GRUR 1965, 473 (475) – Dauerwelle; 5.11.1964, GRUR 1965, 138 (141) – Polymerisationsbeschleuniger; dazu auch 13.5.1980, GRUR 1980, 849 (851) – Antiblockiersystem; 9.10.1990, BGHZ 112, 297 – Polyesterfäden; BPatG 17.3.1987, Mitt. 1988, 207; zur Frage, welche Anspruchsfassung in solchen Fällen zulässig ist, → § 24 Rn. 18ff.

[42] BPatG 28.7.1993, BPatGE 37, 202 (206); EPA 27.1.1988, ABl. 1989, 202 (207) – Präprothaumatin/Unilever; 27.1.1988, ABl. 1989, 275 (282ff.) – Polypeptid-Expression/Genentech I; zum Umfang des Fachwissens EPA 26.3.1986, ABl. 1987, 5 (10ff.) – Herbizide/ICI; weitergehend für Bereiche der Technik, die sich rasch entwickeln, und unter Hinweis auf Möglichkeiten der Recherche mittels EDV *Hansen* GRUR 2000, 469ff.; zu den Voraussetzungen, welche Datenbanken zum allgemeinen Fachwissen zu rechnen sind, EPA 14.10.2004, ABl. 2005, 497 = GRUR-Int 2005, 1030 – Chimäres Gen/Bayer.

[43] BGH 5.11.1964, GRUR 1965, 138 (141f.) – Polymerisationsbeschleuniger.

[44] BGH 19.10.1971, GRUR 1972, 704 (705ff.) – Wasser-Aufbereitung; BPatG 22.5.2006, GRUR 2006, 1015, (1017f.) – Neurodermitis-Behandlungsgerät; EPA 26.3.1986, ABl. 1987, 5 – Herbizide/ICI; – T 281/86, ABl. 1989, 202 – Präprothaumatin/Unilever; 9.3.1994, ABl. 1995, 188 (193ff.) – Reinigungs-mittel/Unilever; 8.11.1995, ABl. 1996, 564 (586, 591ff.) – Menschlicher tPA/Genentech; 21.5.1999, ABl. 2001, 1 Rn. 8, 11ff. – Cellulose/Weyershaeuser; *Moufang* in Schulte PatG § 34 Rn. 355ff. mwN.

[45] Anders das EPA in den von *Hansen* GRUR 2000, 469 (475f.) dargestellten Fällen.

§ 13. Gewerbliche Anwendbarkeit. Ausführbarkeit **§ 13**

dagegen wenn der Fachmann ohne weiteres erkennt, welche Richtung er einzuschlagen hat, um zum Erfolg zu kommen.[46]

Die Idee, Pflanzen gegen Wildverbiss durch Kunststoffschaum zu schützen, wurde vom BGH[47] 23 nur unter folgenden Voraussetzungen als fertige Erfindung anerkannt: ein über durchschnittliches Wissen und Können verfügender Agrikulturchemiker muss ohne das übliche bzw. zumutbare Maß überschreitende Versuche und ohne eigene erfinderische, dh das Wissen und Können des Durchschnittsfachmanns übersteigende Überlegungen imstande sein, einen geeigneten Kunststoffschaum bzw. ein Präparat, das einen solchen entwickelt, und ein brauchbares Gerät herauszufinden, mit dem der Schaum am Ort der Verwendung erzeugt und auf die Pflanzen aufgebracht werden kann.

Erfindungen von Zwischenprodukten werden nur als fertig angesehen, wenn deren Weiterver- 24 arbeitung zum Endprodukt vom Erfinder erkannt oder dem Fachmann geläufig ist; andernfalls sei die Erfindung unvollendet und nicht gewerblich anwendbar.[48]

Zum Fertigsein der Erfindung gehört auch, dass die **Hilfsmittel,** die zu ihrer Aus- 25 führung benötigt werden, der Fachwelt zur Verfügung stehen.[49] So waren die von Abbe berechneten Zusammenstellungen optischer Linsen so lange keine fertigen Erfindungen, als nicht auch Glassorten mit dem für ihre erfindungsgemäße Wirkung erforderlichen erhöhten Brechungsindex hergestellt werden konnten.[50] Die Erfindung eines neuen Stoffes ist nicht schon mit der Aufstellung seiner Strukturformel und der Angabe seiner Eigenschaften fertig; es muss auch ein Weg zu seiner Herstellung erkannt sein.[51]

10. Werden die für die Ausführung einer Erfindung zunächst fehlenden Mittel nach- 26 träglich infolge der technischen Entwicklung verfügbar, fragt sich, auf welchen **Zeitpunkt** es für die Ausführbarkeit ankommt. Dabei versteht sich, dass die Erfindung bereits im Anmeldezeitpunkt so offenbart gewesen sein muss, dass ein durchschnittlicher Fachmann sie, sobald die fehlenden Hilfsmittel zur Verfügung stehen, ohne unzumutbaren Aufwand mit hinreichend zuverlässiger Erfolgsaussicht verwirklichen kann. Es geht nur um Fälle, in denen durch Umstände *außerhalb des Anmeldungsinhalts* die ursprünglich fehlende Ausführbarkeit hergestellt wird,[52] also *keine unzulässige Erweiterung* des ursprünglichen Offenbarungsgehalts der Anmeldung vorliegt.

In einem älteren Urteil hat der BGH[53] entschieden, dass ein Patent, dessen technische 27 Lehre bis zum Abschluss des Erteilungsverfahrens nicht ausführbar war, auch dann für nichtig zu erklären ist, wenn die Lehre nach der Erteilung des Patents ausführbar geworden ist.

Patentiert war ein Verfahren zur Stahlveredelung, für das es wesentlich war, dass das aus dem Hoch- 28 ofen kommende flüssige Stahlbad mindestens 0,01 % und höchstens 0,3 % Aluminiumnitrid enthielt. Es fehlte jedoch sowohl zur Zeit der Anmeldung als auch zur Zeit der Patenterteilung an geeigneten Methoden, den Aluminiumnitridgehalt in flüssigen Stahl zu prüfen. Daher war nach Auffassung des BGH das Verfahren nicht ausführbar. Etwa ein Jahr nach der Erteilung erschien dann die Veröffentlichung, auf deren Grundlage die Prüfung möglich wurde.

---

[46] BGH 4.7.1989, GRUR 1989, 899 – Sauerteig; 24.3.1998, GRUR 1998, 1003 – Leuchtstoff; nach BPatG 8.7.2004, GRUR 2004, 934 (935) – Quellcode bedarf es zur Vollständigkeit einer Lehre auf dem Gebiet der Datenverarbeitung regelmäßig keiner Offenbarung des Quellcodes (Näheres → § 12 Rn. 155).
[47] 10.11.1970, GRUR 1971, 210 – Wildverbißverhinderung.
[48] Vgl. BGH 25.4.1972, GRUR 1972, 642 (644) – Lactame; *Asendorf/Schmidt* in Benkard PatG § 5 Rn. 11; zur Kritik → § 24 Rn. 100.
[49] Vgl. *Nirk* 233.
[50] *Tetzner* § 1 Anm. 59; *Bernhardt* 41.
[51] *Nirk* 233.
[52] Nach *Moufang* in Schulte PatG § 21 Rn. 30 Fn. 41 gibt es solche Umstände nicht. Sie können jedoch beispielsweise darin bestehen, dass Hilfsmittel, die in der Anmeldung geforderten, aber nach dem SdT im Prioritätszeitpunkt nicht erfüllbaren Bedingungen genügen, nachträglich verfügbar werden und sich das Fachwissen, dessen Einsatz beim nacharbeitenden Fachmann vorausgesetzt werden kann, entsprechend erweitert.
[53] 1.4.1965, GRUR 1966, 141 – Stahlveredelung.

§ 13   2. Abschnitt. Sachliche Voraussetzungen des Patent- u. Gebrauchsmusterschutzes

29 Die Frage, ob nicht schon im Zeitpunkt der Anmeldung die Ausführbarkeit gegeben sein muss, wurde vom BGH offen gelassen. In einer Entscheidung des RG ist sie bejaht.[54] Spätere Entscheidungen des BGH haben – meist eher beiläufig – den Anmeldezeitpunkt als maßgebend bezeichnet[55]. Nur in einem Fall ist – noch zu dem vor 1978 anwendbaren Recht – ausdrücklich gesagt, es sei für die Entscheidung über eine Nichtigkeitsklage unerheblich, dass gegebenenfalls die Lehre des angegriffenen Patents unter zusätzlicher Berücksichtigung späterer Entwicklung und Erkenntnisse ausführbar geworden ist[56]. Für das geltende Gebrauchsmusterrecht hat der BGH Ausführbarkeit der Erfindung am Anmeldetag gefordert[57]. Das EPA verlangt sie für den Prioritätstag.[58]

30 Im Schrifttum gehen die Meinungen auseinander.[59] Unterschiedlich sind sie auch zur Frage, ob im patentrechtlichen Einspruchs- und Nichtigkeitsverfahren ein anderer Zeitpunkt maßgebend ist als im Erteilungsverfahren. Anlass dazu gibt, dass es nach dem Wortlaut der Vorschriften, nach welchen unzureichende Offenbarung einen Widerrufs- und Nichtigkeitsgrund bildet[60], auf den Inhalt des *Patents* ankommt[61]. Deshalb wird die Ansicht vertreten, dass bei der Prüfung der Ausführbarkeit im Einspruchs- oder Nichtigkeitsverfahren nicht auf den Anmeldezeitpunkt abzustellen sei[62]. Ob stattdessen der Zeitpunkt der Patenterteilung oder derjenige der Entscheidung in jenem Verfahren maßgebend sein soll, wird nicht deutlich. Nach der Gegenansicht muss die Ausführbarkeit stets für den Anmeldezeitpunkt geprüft werden, weil es unlogisch sei, eine Anmeldung, deren Lehre am Anmeldetag nicht ausführbar ist, zurückzuweisen, das auf die gleiche Erfindung erteilte Patent aber aufrechtzuerhalten, wenn diese bis zur Erteilung ausführbar geworden ist[63].

31 Wenn man den Zeitpunkt der Anmeldung nur der Prüfung des darin zu erfüllenden Offenbarungserfordernisses, derjenigen des Widerrufs- oder Nichtigkeitsgrundes der unzureichenden Offenbarung aber den Erteilungszeitpunkt zugrunde legt, ergibt sich eine unterschiedliche Beurteilung der Ausführbarkeit, wenn hierfür der Offenbarungsgehalt der Anmeldung nicht ausreicht, aber das Patent die nötigen Angaben enthält. Dann liegt aber zwangsläufig eine unzulässige Erweiterung vor, die ihrerseits einen Widerrufs- und Nich-

---

[54] RG 16.1.1929, MuW 1929, 117. Der Leitsatz MuW 1929, 117 lässt freilich die Nichtausführbarkeit „zur Zeit der Bekanntgabe der Patentschrift" als Grund der Nichtigerklärung erscheinen; vgl. *Moser v. Filseck* GRUR 1966, 145 f.

[55] So BGH 27.11.1975, GRUR 1976, 213 – Brillengestelle; 29.11.1983, GRUR 1984, 335 – Hörgerät (die Entscheidung betrifft hauptsächlich den nach früherem Recht als Patentierungsvoraussetzung verlangten Fortschritt).

[56] BGH 22.10.1991, BlPMZ 1992, 308 (311) – Antigene-Nachweis.

[57] BGH 8.4.1999, GRUR 1999, 920 – Flächenschleifmaschine; vgl. *Loth* § 4 Rn. 55.

[58] EPA 5.6.2003, ABl. 2004, 16 = GRUR-Int 2004, 437 Rn. 3.1 – Transformator mit Hochtemperatur-Supraleitung für Lokomotive/ABB.

[59] *Moser v. Filseck* GRUR 1966, 145 ff. sieht das Prioritätsdatum als maßgebend an, *Tetzner* § 1 Anm. 58, stets den Tag der inländischen Anmeldung; *Pedrazzini* in Kernprobleme des Patentrechts 21, 32 lehnt es ab, gewerbliche Anwendbarkeit und Ausführbarkeit erst im Zeitpunkt der Patenterteilung zu verlangen; *Beier/Straus* 73 lassen Ausführbarkeit bei Erteilung genügen und wollen auf Rechte Dritter durch Prioritätsverschiebung Rücksicht nehmen; *Moufang* in Schulte PatG § 34 Rn. 360 f. sieht nach Lage des Gesetzes den Anmeldetag als maßgebend an, befürwortet aber für den Fall, dass die Erfindung bis zur Offenlegung der Anmeldung ausführbar wird, eine Patenterteilung mit entsprechender Prioritätsverschiebung; nach *Pagenberg* EPÜ-GK Art. 57 Rn. 67, kann die Ausführbarkeit bis zur Entscheidung über das Patentgesuch nachgewiesen werden, ohne dass eine Prioritätsverschiebung eintritt.

[60] §§ 21 Abs. 1 Nr. 2, 22 Abs. 1 PatG; Art. 100 (b), 138 Abs. 1 (b) EPÜ mit Art. II § 6 Abs. 1 Nr. 2 IntPatÜG.

[61] Bei Gebrauchsmustern stellt sich das Problem nicht, weil unzureichende Offenbarung kein im Gesetz genannter Löschungsgrund ist, sondern als Fall mangelnder Schutzfähigkeit behandelt wird; s. BGH 8.4.1999, GRUR 1999, 920 – Flächenschleifmaschine; *Loth* § 15 Rn. 36.

[62] *Busse/Keukenschrijver* PatG § 34 Rn. 298.

[63] *Moufang* in Schulte PatG § 21 Rn. 32.

tigkeitsgrund bildet. Im vorliegenden Zusammenhang geht es dagegen um Fälle, in denen ohne unzulässige Erweiterung des Anmeldungsinhalts die beanspruchte Erfindung nachträglich ausführbar geworden ist. Insoweit schließt schon das Gebot, die Erfindung in der Anmeldung nacharbeitbar zu offenbaren, nicht aus, dass bei der Prüfung der Ausführbarkeit nachträglich eingetretene Umstände außerhalb der Anmeldung berücksichtigt werden. Der Wortlaut der Vorschriften über den Widerrufs- und Nichtigkeitsgrund der unzureichenden Offenbarung legt es sogar nahe, den Offenbarungsgehalt des Patents aus der Sicht eines Fachmanns zu beurteilen, dem bereits die Patentschrift vorliegt und der deshalb neben den hierin enthaltenen Angaben das ihm gleichzeitig zur Verfügung stehende, seit dem Anmeldetag möglicherweise gewachsene Fachwissen beim Nacharbeiten der im Patent gegebenen Handlungsanweisung heranzieht.

Grundsätzlich lässt es sich also rechtfertigen, dass bei der Beurteilung der Ausführbarkeit im Einspruchs- oder Nichtigkeitsverfahren Umstände berücksichtigt werden, die nach der Anmeldung eingetreten sind, ohne diese unzulässig zu erweitern. Geht man hiervon aus, ergeben sich auch Konsequenzen für die Prüfung der Ausführbarkeit im Erteilungsverfahren: wenn die beanspruchte Erfindung im Anmeldezeitpunkt noch nicht ausführbar war, aber nachträglich infolge außerhalb des Anmeldungsinhalts liegender Umstände ausführbar geworden ist, kann das Patent nicht mangels Ausführbarkeit versagt werden. Vielmehr kommt es auf die Ausführbarkeit in dem Zeitpunkt an, in dem erstinstanzlich über das Patentgesuch entschieden wird. Der Prüfer darf kein Patent auf eine nicht ausführbare Erfindung erteilen; er hat es aber – bei Vorliegen der übrigen Patentierungsvoraussetzungen – zu erteilen, wenn die Erfindung im Zeitpunkt seiner Entscheidung ausführbar ist. Er kann diese nach pflichtgeleitetem Ermessen aufschieben, wenn die Herstellung der Ausführbarkeit in naher Zukunft zu erwarten ist[64]. 32

Ein Patent auf eine im Zeitpunkt seiner Erteilung nicht ausführbare Erfindung, leidet an einem Mangel. Es ist deshalb auf Einspruch oder Nichtigkeitsklage rückwirkend zu beseitigen. Das gilt auch dann, wenn die Erfindung bis zur Entscheidung über den Einspruch oder die Nichtigkeitsklage noch ausführbar wird; denn die Patenterteilung bleibt auch in diesem Fall fehlerhaft. 33

Auf Grund der vorstehenden Überlegungen lässt sich die Ansicht vertreten, dass es für die Ausführbarkeit nach geltendem Recht allgemein auf den Zeitpunkt ankommt, in dem erstmals über das Patentgesuch entschieden wird. Späteres Ausführbarwerden hindert demgemäß weder die Bestätigung der Patentversagung im Rechtsmittelverfahren noch den Widerruf oder die Nichtigerklärung des Patents. 34

Bei *Gebrauchsmustern* wird auf den Zeitpunkt der Eintragung abzustellen sein, obwohl ihr keine Prüfung der Ausführbarkeit vorangeht. Die Eintragung eines Gebrauchsmusters für eine nicht ausführbare Erfindung ist ohne Rechtswirkung (§§ 13 Abs. 1, 15 Abs. 1 Nr. 1 GebrMG). Diese Unwirksamkeit wird durch nachträgliches Ausführbarwerden nicht geheilt. 35

Interessen Dritter oder der Allgemeinheit können bei dieser Lösung insofern beeinträchtigt werden, als die nachträglich verfügbaren Hilfsmittel im Schutzbereich des auf die anfangs nicht ausführbare Erfindung erteilten Patents nur mit Zustimmung des Patentinhabers benutzt werden dürfen. Dies steht jedoch im Einklang mit dem Zweck des Patentschutzes, denjenigen zu belohnen, von dem die Neuerungsleistung stammt, und führt zu keinen größeren Unzuträglichkeiten, als sie sich auch sonst in Fällen der Abhängigkeit von einem fremden Schutzrecht ergeben.[65] In Kauf genommen wird freilich, dass wegen der unterschiedlichen Dauer des Erteilungsverfahrens für das Ausführbarwerden bald mehr, bald we- 36

---

[64] Eine Zurückweisung wegen offensichtlicher Unausführbarkeit nach § 42 Abs. 2 Nr. 2 PatG sollte nur erfolgen, wenn ein Ausführbarwerden bis zum Abschluss der Vollprüfung gem. §§ 44 ff. PatG ausgeschlossen erscheint.
[65] Ein Dritter, der das fehlende Hilfsmittel erfindet, wird nicht, wie *Moser v. Filseck* GRUR 1966, 145 f. befürchtet, um die Früchte seiner Leistung gebracht; vielmehr kann er diese schützen lassen und so die Benutzung der ohne sie unausführbaren älteren Erfindung seiner Zustimmung unterwerfen.

niger Zeit zur Verfügung steht.⁶⁶ Doch ist dies eher hinzunehmen als die gänzliche Preisgabe berechtigter Interessen des Erfinders, der durch eine noch nicht ausführbare Lehre oft erst den Anstoß zur Schaffung der fehlenden Mittel gibt. Fraglich ist auch, ob⁶⁷ Dritte, die sich auf die Nichtausführbarkeit der Erfindung gemäß der Offenlegungsschrift verlassen, ein schutzwürdiges Interesse daran haben, den Gegenstand der Anmeldung, wenn dessen Benutzung infolge nachträglich (außerhalb der Anmeldung) eintretender Umstände möglich wird, ohne Rücksicht darauf, wie die Entscheidung über das Patentgesuch ausfällt, dauerhaft und unentgeltlich benutzen zu dürfen.

37   De lege ferenda wurde angeregt, die Patenterteilung auch dann zuzulassen, wenn die angemeldete Erfindung mangels bestimmter Hilfsmittel bei Abschluss der vollständigen Prüfung noch nicht ausführbar ist, aber nach fachmännischem Urteil die Entwicklung der Technik erwarten lässt, dass jene Mittel bereitgestellt werden.⁶⁸ Es würde dann ausreichen, dass dies vor Ablauf des Patents tatsächlich geschieht. Ob sich dabei sicherstellen ließe, dass nur konkrete Handlungsanweisungen, nicht aber bloße spekulative Anregungen patentiert werden, ist sehr fraglich.

§ 14. Grenzen der Schutzfähigkeit biotechnologischer Erfindungen

Literatur: *Ann, C.,* Patents on Human Gene Sequences in Germany – On Bad Lawmaking and Ways to Deal With It, 7 German LJ 2006, 279–291; *Appel, B.,* Der menschliche Körper im Patentrecht, 1995; *Bauer, C.,* Patente für Pflanzen – Motor des Fortschritts?, 1993; *Baumgartner, C./Mieth, D.* (Hrsg.), Patente am Leben? Ethische, rechtliche und politische Aspekte der Biopatentierung, 2003; *Beier, F.-K./Crespi, R. S./Straus, J.,* Biotechnologie und Patentschutz, 1986; *Blum, R. E.,* Fragen der Patentfähigkeit von Erfindungen auf dem Gebiet der lebenden Materie, GRUR-Int 1981, 293–298; *Duttenhöfer, H.,* Über den Patentschutz biologischer Erfindungen, in: Zehn Jahre Bundespatentgericht, 1971, 171–200; *Egerer, P.,* Patentschutz für Erfindungen auf dem Gebiet der Biotechnologie – Stoffschutz für Gene?, FS König, 2003, 109–132; *Epstein, F.,* Der Schutz der Erfindungen auf dem Gebiete der Mikrobiologie, GRUR-Int 1974, 271–277; *Fabry, B.,* (K)EIN PATENT AUF DAS ARME SCHWEIN … oder wie eine patentierte Sau durchs Dorf getrieben wird, Mitt. 2010, 60–64; *Feuerlein, F.,* Umsetzung des Patentgesetzes vom 21.1.2005 in die Praxis, VPP Rundbrief 2006, 53–58; *Fitzner, U.,* Wegweisende Entscheidungen der deutschen und europäischen Rechtsprechung zum Schutz biologischer Erfindungen, FS 50 J. BPatG, 209–229; *Feldges, J.,* Ende des absoluten Stoffschutzes? Zur Umsetzung der Biotechnologie-Richtlinie, GRUR 2005, 977–984; *Feldges, J.,* Kann die Dosierung eines Medikaments Grundlage einer patentfähigen Erfindung sein?, FS Reimann, 2009, 91–111; *Haedicke, M.,* Die Harmonisierung von Patent- und Sortenschutz im Gesetz zur Umsetzung der Biotechnologie-Richtlinie, Mitt. 2005, 241–246; *Haedicke, M.,* Das Verhältnis zwischen der Rechtsprechung der Beschwerkammern und nachträglich erlassenen Regeln der Ausführungsordnung zum EPÜ, GRUR-Int 2019, 885–996; *Haedicke, M./Popp, A.,* Patente auf Ergebnisse von Pflanzenzüchtung: Gar nicht so anders und auch sinnvoll!, Mitt. 2018, 1–8; *Hartmann, M. D.,* Die Patentierbarkeit von Stammzellen und den damit zusammenhängenden Verfahren, GRUR-Int 2006, 195–208; *Huber, S. J.,* Biotechnologie – Begriffe und Techniken für Bearbeiter von Patentsachen, Mitt. 1989, 133–137; *Huber, S./Straus, J./Höller, K./Sontag, K.-H.,* Biologische Erfindungen, in: van Raden (Hrsg.), Zukunftsaspekte des gewerblichen Rechtsschutzes, 1995, 37–73; *Hüttermann, A.,* Who decides if there is a conflict between Implementing Regulations and Articles of the EPC, GRUR-Int 2019, 896–900; *Hüttermann, A./Storz, U.,* Zur Patentierbarkeit von Pflanzenzuchtverfahren, Mitt. 2009, 277–282; *Hüttermann, A./Storz, U.,* Denken ist nicht Handeln – Zu den Entscheidungen G 1/07 und G 1/04 Mitt. 2010, 213; *Hüttermann, A./Storz, U.,* Die möglichen Auswirkungen des Monsanto-Urteils des EuGH auf das Konzept des Stoffschutzes bei chemischen Verbindungen, Mitt. 2011, 1–4; *Jaenichen/McDonnell/Haley Jr./Hosoda,* From clones to claims. The European Patent Office's case law on the patentability of biotechnology inventions in comparison to the United States and Japanese practice, 4. Aufl. 2006; *Keukenschrijver, A.,* Sortenschutz-

---

⁶⁶ Vgl. *Tetzner* § 1 Anm. 58; *Moser v. Filseck* GRUR 1966, 145 f.; BGH 29.11.1983, GRUR 1984, 335 (337) – Hörgerät.
⁶⁷ Wie *Schulte,* 7. Aufl., § 34 Rn. 374 Fn. 663 annimmt.
⁶⁸ In diesem Sinne *Beier/Straus* 74 unter Hinweis auf die bei *Tetzner* § 1 Anm. 58, erwähnte Behandlung „perspektivischer" Erfindungen im damaligen sowjetischen Recht.

§ 14. Grenzen der Schutzfähigkeit biologischer Erfindungen

gesetz, 2001; *Keukenschrijver, A.*, Das „Landwirteprivileg" im nationalen und gemeinschaftlichen Sortenschutz – ein Zwischenstand, FS Ullmann, 2006, 465–494; *Knapowski*, Landwirte als Patentverletzer: Patente der Biotech-Industrie als Bedrohung der deutschen Landwirtschaft?, Mitt. 2011, 447–452; *Kock, M./Porzig, S./Willnegger, E*, Der Schutz von pflanzentechnologischen Erfindungen und von Pflanzensorten unter Berücksichtigung der Umsetzung der Biopatentrichtlinie, GRUR-Int 2005, 183–192; *Körner, K./Schneider, R./Then, J./Wein, E.-M.*, Durchgriffsansprüche, FS Meibom, 2010, 219–228; *Kock, M.A./Zech, H.*, Pflanzenbezogene Erfindungen in der EU – aktueller Stand, GRUR 2017, 1004–1013; *Kraßer, R.*, Die *Rote Taube* wird 50 – zur Entwicklung des Patentschutzes von Verfahren zur Züchtung von Pflanzen und Tieren, GRUR-Int 2018, 1138–1146; *Krauß, J.*, Die Effekte der Umsetzung der Richtlinie über den rechtlichen Schutz biotechnologischer Erfindungen auf die deutsche Praxis im Bereich dieser Erfindungen, Mitt. 2005, 490–497; *Krauß, J.*, Aktuelles aus dem Bereich Biotechnologie: Das Erfordernis der „*Utility*" in den USA nach Mayo v. Prometheus – Auswirkungen auf die Praxis von Patentanmeldungen; *Krauß, J.*, Aktuelles aus dem Bereich der Biotechnologie: Was sind „im Wesentlichen biologische Verfahren"? – die Entscheidung G 1/08 und G 2/07 der Großen Beschwerdekammer des Europäischen Patentamts, Mitt. 2011, 279–283; *Krauß, J.*, Aktuelles aus dem Bereich der Biotechnologie: Willkommen im Sonderrecht für den Stoffschutz auf DANN-Sequenzen – Die „Monsanto" Entscheidung und der „informationsgebundene Stoffschutz", Mitt. 2011, 54–58; *Krauß, J./Kuttenkeuler, D.*, Aktuelles aus dem Bereich der Biotechnologie, Mitt. 2017, 305–310; *Krefft, A. R.*, Patente auf human-genomische Erfindungen, 2003; *Lawson, C.*, The Breeder's Exemption under UPOV 1991, the Convention on Biological Diversity and its Nagoya Protocol, GRUR-Int 2015, 617–620; *Mast, H.*, Sortenschutz/Patentschutz und Biotechnologie, 1986; *Moufang, R.*, Genetische Erfindungen im gewerblichen Rechtsschutz, 1987; *Neumeier, H.*, Sortenschutz und/oder Patentschutz für Pflanzenzüchtungen, 1990; *Ohly, A.*, Die Einwilligung des Spenders von Körpersubstanzen und ihre Bedeutung für die Patentierung biotechnologischer Erfindungen, FS König, 2003, 417–433; *v. Pechmann, E.*, Über nationale und internationale Probleme des Schutzes mikrobiologischer Erfindungen, GRUR 1972, 51–59; *Ruttekolk, I.*, Der Schatten des zahnlosen § 34a PatG – Mögliche Konsequenzen des Inkrafttretens des Nagoya-Protokolls für die Praxis, Mitt. 2015, 434–439; *Schatz, U.*, Zur Patentierbarkeit gentechnischer Erfindungen in der Praxis des Europäischen Patentamts, GRUR-Int 1997, 588–595; *Sommer, T.*, The Scope of Gene Patent Protection and the TRIPS Agreement – An Exclusively Nondiscriminatory Approach?, 38 IIC 30–51 (2007); *Straus, J.*, Gewerblicher Rechtsschutz für biotechnologische Erfindungen, 1987; *Straus, J.*, Ethische, rechtliche und wirtschaftliche Probleme des Patent- und Sortenschutzes für die biotechnologische Tierzüchtung und Tierproduktion, GRUR-Int 1990, 913–929; *Straus, J.*, Der Schutz biologischer Erfindungen, insbesondere von Pflanzenzüchtungen, GRUR-FS (1991), 363–416; *Straus, J.*, Biotechnologische Erfindungen – ihr Schutz und seine Grenzen, GRUR 1992, 252–266; *Straus, J.*, Angabe des Ursprungs genetischer Ressourcen als Problem des Patentrechts, GRUR-Int 2004, 792–796; *Straus, J.*, Zur Patentierbarkeit von embryonalen Stammzellen nach europäischem Recht, Jahrbuch für Wissenschaft und Ethik 2004; *Tilmann, W.*, Zum Begriff des „im Wesentlichen biologischen Verfahrens" zur Züchtung von Pflanzen in Art. 53 lit. B EPÜ, GRUR 2009 (FS Mellulis), 361–364; *Timke, J.*, Die Patentierbarkeit parthenogenetischer Stammzellen nach der RL 98/44/EG – zugleich Besprechung von EuGH, Urt. v. 18.12.2014 – C-364/13, GRUR 2015, 31–323; *Ulloa, G.*, Breeders Exemption and Essentially Derived Varieties, FS Meibom, 2010, 459–468; *Vida, A.*, Patentfähigkeit neuer Pflanzensorten und Tierarten in Ungarn, FS König, 511–525, *Vossius, V./Jaenichen, H.-R.*, Zur Patentierung biologischer Erfindungen nach Europäischem Patentübereinkommen und Deutschem Patentgesetz, GRUR 1985, 821–829; *Willnegger, E.*, Tagungsbericht zum WIPO-UPOV-Symposium über Immaterialgüterrechte in der Pflanzenbiotechnologie, GRUR-Int 2004, 28–31; *Winkler, G.*, Sortenschutz und Patentrecht, VPP Rundbrief 2004, 89–97; *Wöhlermann, K.*, Das Biopatentrecht in der EU am Beispiel von Patenten auf Leben, 2004; *Wolters, A. C.*, Die Patentierung von Menschen. Zur Patentierbarkeit humanbiologischer Erfindungen aus dem Bereich moderner Biotechnologie, 2006; *Worms, U./Guski, O.*, Analoge Anwendung des Zulassungsprivilegs auf Medizinprodukte? Zu den Grenzen von Versuchshandlungen an und mit patentierten Medizinprodukten, Mitt. 2011, 265–271; *Wuesthoff, F.*, Biologische Erfindungen im Wandel der Rechtsprechung, GRUR 1977, 404–411.

I. Überblick

a) Arten biologischer Erfindungen

Nach modernem Verständnis gehören zum Gebiet der Technik im patentrechtlichen **1** Sinne auch Erfindungen, die sich biologischer Naturkräfte und Erscheinungen bedienen

§ 14 I   2. Abschnitt. Sachliche Voraussetzungen des Patent- u. Gebrauchsmusterschutzes

(vgl. → § 12 Rn. 1 ff.), mag der Mensch dabei (1.) auf Lebensvorgänge mit anderen Mitteln als lebender Materie (chemischen oder physikalischen Mitteln), (2.) auf unbelebte Materie mit biologischen Mitteln oder (3.) auf Lebensvorgänge mit biologischen Mitteln einwirken.[1]

2   Beispiele der ersten Gruppe sind die landwirtschaftlichen Kulturverfahren, bei denen auf künstlichem Wege, etwa durch Bestrahlung, Wachstum oder Ertrag von Pflanzen beeinflusst werden, die Bekämpfung von Pflanzenkrankheiten durch chemische Mittel, die Verfütterung von Medikamenten zwecks Steigerung der Eierproduktion von Hennen oder zwecks Beschleunigung des Wachstums von Jungvieh[2]. – Zur zweiten Gruppe gehören insbesondere die zahlreichen Verfahren, bei denen die Stoffwechseltätigkeit von Mikroorganismen benutzt wird: Gärprozesse zur Gewinnung von Alkohol, Essigsäure usw[3], Beseitigung von Ölverschmutzungen[4], Bereitung von Sauermilch, Sauerteig oder Sauerkraut[5] und Silierung von Viehfutter mit Hilfe von Bakterien; Verwendung von Pilzen (Hefe, Schimmel) bei der Herstellung von Bier, Gebäck, Antibiotika; wohl auch die Gewinnung eines Heilmittels durch Umzüchtung von Bakterien auf Nährböden[6]. – Der dritten Gruppe ist vor allem die Züchtung neuer Pflanzensorten, Tierarten oder Mikroorganismen zuzurechnen, soweit sie auf biologischem Wege, also durch Kreuzung erfolgt; wird sie durch induzierte Mutation bewirkt, liegt ein Fall der ersten Gruppe vor; gentechnische Manipulationen[7] können ebenso wie human- oder tiermedizinische Behandlungs- oder Diagnoseverfahren je nach der Art der angewandten Mittel der ersten oder dritten Gruppe angehören.

3   Da es um **Technik** auf biologischem Gebiet und mit biologischen Mitteln geht, wird meist von **bio*techno*logischen** Erfindungen gesprochen.

b) Gesetzliche Regelung

aa) EU-Biopatentrichtlinie"[8] und ihre Umsetzung

4   1. Der für PatG und EPÜ seit langem nach Maßgabe der allgemeinen Patentierungsvoraussetzungen anerkannte Grundsatz, dass Patentschutz auch biotechnologischen Erfindungen offensteht, wurde für die EU durch die Richtlinie 98/44/EG des Europäischen Parlaments und des Rates von 6.7.1998 über den rechtlichen Schutz biotechnologischer Erfindungen, die EU-Biopatentrichtlinie (nachfolgend: EU-BioPatRL; zur Entstehung → § 7 Rn. 106 ff.), ausdrücklich festgeschrieben. Die Richtlinie verpflichtet alle EU-Mitgliedstaaten, in ihren nationalen Patentrechten den Schutz biotechnologischer Erfindungen vorzusehen und ihre Patentrechte der Richtlinie erforderlichenfalls anzupassen (Art. 1 Abs. 1). Art. 9 EU-BioPatRL **vollharmonisiert abschließend** den von ihm gewährten Schutz; mit der Folge, dass dieser nationalen Regelungen entgegensteht, die Patentschutz für Materialien, die Erzeugnisse im Sinne der Richtlinie enthalten, absolut gewähren, also unabhängig davon, ob das dort enthaltene genetische Material seine Funktion erfüllt.[9]

---

[1] Vgl. BGH 27.3.1969, BGHZ 52, 74 (79 ff.) – Rote Taube; *Duttenhöfer* 175; *Mellulis* in Benkard PatG § 2a Rn. 10; *Moufang* Genetische Erfindungen 1 ff.; *Gareis* GRUR-Int 1987, 287 ff.; *Egerer* FS König, 2003, 112 ff.

[2] Hierzu DPA (BS) 12.12.1958, BlPMZ 1959, 71.

[3] Vgl. *Duttenhöfer* 181.

[4] Vgl. US Supreme Court 16.6.1980, GRUR-Int 1980, 627 mit Anm. *von Bodewig*.

[5] Hierzu BPatG 5.4.1978, GRUR 1978, 586.

[6] Vgl. PA (Nichtigkeitsabteilung) 24.6.1922 und RG 27.10.1922, BlPMZ 1924, 6 – Friedmannsches Tuberkuloseserum.

[7] Darüber *Vossius* GRUR 1979, 579 ff.; *Vossius/Jaenichen* GRUR 1985, 821 ff.

[8] Die Richtlinie bezieht sich nach ihrer amtlichen Bezeichnung auf den Schutz von Erfindungen; nach Art. 1 Abs. 1 S. 1 erfolgt dieser jedoch durch das nationale *Patent*recht der Mitgliedstaaten.

[9] EuGH 6.7.2010, GRUR 2010, 989 – Monsanto/Cefetra; vgl. auch *Stief/Bühler* in Haedicke/Timmann § 9 Rn. 91–95; *Metzger/Zech* in Metzger/Zech PatG § 2a Rn. 32 sowie die unten in Fn. 14 nachgewiesenen EPA-Entscheidungen.

§ 14. Grenzen der Schutzfähigkeit biologischer Erfindungen

2. Für **Deutschland**[10] wurde die EU-BioPatRL durch Gesetz vom 21.1.2005, also massiv verspätet umgesetzt (vgl. → § 6 Rn. 47). Seither ist jener Grundsatz in einer eigenen Vorschrift des PatG verankert (§ 1 Abs. 2 S. 1). Dagegen wurden biotechnologische Erfindungen vom *Gebrauchsmusterschutz*, der ihnen bis dahin nur für Verfahren verwehrt gewesen war (§ 2 Nr. 3 GebrMG), nun gänzlich ausgeschlossen (§ 1 Abs. 2 Nr. 5 GebrMG[11]).

3. Für das **EPÜ** wurden schon durch Beschluss des Verwaltungsrats der EPO vom 16.6.1999(!) die Bestimmungen der Richtlinie über die Schutzvoraussetzungen als R 23b (jetzt 26) Abs. 2–6 und R 23c–23e (jetzt 27–29) in die **Ausführungsordnung** übernommen (vgl. → § 7 Rn. 62).[12] Das Übereinkommen selbst wurde der Richtlinie bisher nicht angepasst, weil EPÜ-Anpassungen aufwändig sind (vgl. → § 7 Rn. 80). Zwar sind nach R 26 (früher 23b) Abs. 1 der AO für europäische Patentanmeldungen und Patente, die biotechnologische Erfindungen zum Gegenstand haben, die maßgebenden Bestimmungen des Übereinkommens in Übereinstimmung mit den genannten Vorschriften der AO anzuwenden und auszulegen, wobei die EU-BioPatRL ergänzend heranzuziehen ist. Das ändert jedoch nichts daran, dass das Übereinkommen nach seinem Art. 164 Abs. 2 Vorrang hat, wenn die AO von ihm abweicht, und die EPO als solche – anders als die der EU angehörenden Vertragsstaaten des EPÜ – durch die Richtlinie nicht gebunden ist. Diese eigentlich ans Banale grenzende Rechtslage ist angesichts der Entscheidung der EPA-GBK 3/19 wieder einmal in Erinnerung zu bringen. Wenn man bestimmte biotechnologische Patente politisch nicht will, muss man deren Patentierbarkeit im für die EPO allein maßgeblichen EPÜ ausschließen. Die GBK über eine evident unzulässige Präsidentenvorlage entscheiden zu lassen, beschädigt die Grundlagen der EPO und schwächt sie damit, auch → Rn. 112 ff.[13] Leider hat die deutsche Bundesregierung diese Praxis nicht nur unterstützt, sondern sich dafür nach eigener Aussage sogar erfolgreich eingesetzt.[14] Das entlastet den handelnden EPA-Präsidenten, denn was soll er tun, wenn der patentrechtlich mächtigste EPO-Mitgliedstaat Ansprüche stellt?

bb) Grundbegriffe

Biotechnologisch iSd geltenden Regelungen ist eine Erfindung, wenn sie ein Erzeugnis, das aus biologischem Material besteht oder dieses enthält oder ein Verfahren, mit dem biologisches Material hergestellt, bearbeitet oder verwendet wird, zum Gegenstand hat (Art. 3 Abs. 1 RL; entsprechend § 1 Abs. 2 S. 1 PatG; R 26 Abs. 2 EPÜ). Unter biologischem Material ist solches zu verstehen, das genetische Informationen enthält und sich selbst reproduzieren oder in einem biologischen System reproduziert werden kann (Art. 2 Abs. 1 (a) RL; § 2a Abs. 3 Nr. 1 PatG; R 26 Abs. 3 EPÜ). Biologisches Material, das mit Hilfe eines technischen Verfahrens aus seiner natürlichen Umgebung isoliert oder mittels eines technischen Verfahrens hergestellt wird, kann auch dann Gegenstand einer Erfindung sein, wenn es in der Natur schon vorhanden war (Art. 3 Abs. 2 RL; § 1 Abs. 2 S. 2 PatG; R 27 (a) EPÜ).

cc) Ausnahmen von der Patentierbarkeit

1. Einschränkungen unterliegt der Patentschutz im Bereich **Pflanzen und Tiere.**

---

[10] Zur Umsetzung in den übrigen EU-Mitgliedstaaten vgl. *Feldges* GRUR 2005, 977 f.; *Sommer* 38 IIC 30, 44 ff. (2007).
[11] Ihre Anfügung an die Liste der „Nicht-Erfindungen" ist systematisch verfehlt; → § 12 Rn. 3.
[12] Nach EPA 6.7.2004, ABl. 2006, 15 = GRUR-Int 2006, 239 (Ls. 1 u. Nr. 5.1) – Krebsmaus/Harvard IV sind die geltenden Regeln auch auf Fälle anzuwenden, die bei ihrem Inkrafttreten bereits anhängig waren; EPA 7.4.2006, ABl. 2007, 313 = GRUR-Int 2007, 600 – Stammzellen/WARF hat die Frage, ob R 23d (jetzt 28) (c) EPÜ auf eine vor ihrem Inkrafttreten eingereichte Anmeldung anzuwenden ist, der GBK vorgelegt (s. Nr. 22 des Vorlagebeschlusses mwN).
[13] Kritisch völlig zurecht *Haedicke* GRUR-Int 2019, 885 (887 ff.); *Hüttermann* GRUR-Int 2019, 896 ff.
[14] BT-Unterrichtung durch die BReg (hier konkret das BMJV), BT-Drs. 19/3900, 2 letzter Abs.

9 Nicht patentierbar sind – wie schon vor Inkrafttreten der Richtlinie und ihrer Umsetzung in den Mitgliedstaaten – Pflanzensorten und Tierrassen sowie im Wesentlichen biologische Verfahren zur Züchtung von Pflanzen oder Tieren (Art. 4 Abs. 1 RL; § 2a Abs. 1 Nr. 1 PatG; Art. 53 (b) Hs. 1 EPÜ). Darunter fallen Verfahren zur Züchtung von Pflanzen, die weder mikrobiologischer Natur sind noch einen technischen Schritt (wie konkret die Veränderung eines Genoms, das nicht allein das Ergebnis einer Kreuzung ist) voraussetzen.[15] Das GebrMG schließt in § 2 Nr. 2 Pflanzensorten und Tier*arten* von seinem Schutz aus.[16]

10 Wie schon nach Art. 53 (b) Hs. 2 EPÜ 1973 und § 2 Nr. 2 S. 2 aF PatG (die auf Art. 2 (b) Hs. 2 StrÜ zurückgehen) steht der Ausschluss von Pflanzensorten, Tierrassen und biologischen Züchtungsverfahren nicht der Patentierung von Erfindungen entgegen, die ein *mikrobiologisches Verfahren* oder ein durch ein solches Verfahren gewonnenes *Erzeugnis* zum Gegenstand[17] haben. Die Richtlinie hat diese Klarstellung[18] erweitert, indem sie nach „mikrobiologisches" den Zusatz „oder ein sonstiges technisches" einfügte. § 2a Abs. 2 Nr. 2 PatG und R 27 (früher 23c) (c) EPÜ sind ihr hierin gefolgt. Andererseits setzen das PatG und die AOEPÜ ausdrücklich voraus, dass es sich bei dem Verfahrenserzeugnis nicht um eine Pflanzensorte oder Tierrasse handelt. In beiden Zusätzen weicht die AO von Art. 53 (b) EPÜ ab (vgl. → Rn. 110 ff.).

11 Für den Begriff der Pflanzensorte verweisen die Richtlinie (Art. 2 Abs. 3) und das PatG (§ 2a Abs. 3 Nr. 4) auf die Definition in der EG-Verordnung über den gemeinschaftlichen Sortenschutz (→ Rn. 31 ff.); für das EPÜ ist diese Definition in R 26 Abs. 4 wörtlich wiedergegeben. – „Im wesentlichen biologisch" ist ein Verfahren zur Züchtung, wenn es vollständig auf natürlichen Phänomenen wie Kreuzung oder Selektion beruht (Art. 2 Abs. 2 RL; § 2a Abs. 3 Nr. 3 PatG; R 26 Abs. 5 EPÜ).[19]

12 Ist die Ausführung einer Erfindung, deren Gegenstand Pflanzen oder Tiere sind, nicht auf eine bestimmte Pflanzensorte oder Tierrasse beschränkt, kann die Erfindung patentiert werden (Art. 4 Abs. 2 RL; § 2a Abs. 2 Nr. 1 PatG; R 27 (b) EPÜ; vgl. → Rn. 93 ff.).

13 2. Nicht patentierbar sind – wie bereits vor dem EPÜ 2000 und der Angleichung des PatG an dieses – Verfahren zur chirurgischen oder therapeutischen Behandlung des menschlichen oder tierischen Körpers und Diagnostizierverfahren, die am menschlichen oder tierischen Körper vorgenommen werden (Art. 53 (c) [früher 52 Abs. 4] S. 1 EPÜ, § 2 Abs. 1 Nr. 2 [früher 5 Abs. 2] S. 1 PatG). Zusammenfassend können sie als (human- oder tier-)**medizinische Verfahren** bezeichnet werden. Die EU-BioPatRL befasst sich mit ihnen nicht und lässt, wie Erwägungsgrund 35 klarstellt, einschlägige nationale Ausschlussvorschriften unberührt.

14 3. Der Patentierung ausdrücklich entzogen sind der **menschliche Körper** in den einzelnen Phasen seiner Entstehung und Entwicklung sowie die bloße Entdeckung eines seiner Bestandteile (Art. 5 Abs. 1 RL; § 1a Abs. 1 PatG; R 29 Abs. 1 EPÜ). Ein isolierter oder auf andere Weise durch ein technisches Verfahren gewonnener Bestandteil des menschlichen

---

[15] *Haedicke/Popp* Mitt. 2018, 1 (6). EPA 25.3.2015, Mitt. 2015, 273 – Tomatoes II und 25.3.2015, Mitt. 2015, 274 – Broccoli II sowie 9.12.2010, ABl. 2012, 130 f. – Verfahren zur Züchtung von Pflanzen, biologisches Verfahren zur Züchtung von Pflanzen = GRUR-Int 2011, 266 (nach zwei Vorlagen: EPA 4.4.2008, ABl. 2008, 52 = GRUR-Int 2009, 238 – Tomaten und EPA 22.5.2007, ABl. 2007, 644 = GRUR-Int 2008, 234 – Broccoli).

[16] Der Sprachgebrauch (dazu die 5. Aufl., 203) ist insoweit noch nicht dem EPÜ 2000 und der geltenden Fassung des PatG angeglichen.

[17] Dazu kürzlich: EPA 25.3.2015 – G 2/12, GRUR 2016, 585 – Tomaten II und G 2/13, BeckRS 2016, 8019 – Brokkoli II. Vgl. 134 aE.

[18] Aus naturwissenschaftlicher Sicht sind Mikroorganismen weder Pflanzen noch Tiere; die Anerkennung der Patentierbarkeit mikrobiologischer Verfahren und ihrer Erzeugnisse hat daher nur klarstellende Bedeutung; vgl. *Moufang* in EPÜ-GK Art. 53 Rn. 116 ff. und Genetische Erfindungen 39, 199 f.

[19] So auch *Tilmann* GRUR 2009, 361 (364).

§ 14. Grenzen der Schutzfähigkeit biologischer Erfindungen I **§ 14**

Körpers kann jedoch eine patentierbare Erfindung sein, auch wenn sein Aufbau mit demjenigen eines natürlichen Bestandteils identisch ist (Art. 5 Abs. 2 RL; § 1a Abs. 2 PatG; R 29 Abs. 2 EPÜ). Sequenzen und Teilsequenzen von Genen sind in diese Bestimmungen eingeschlossen.

4. Sondervorschriften sind **ethischen Aspekten** der Biotechnologie gewidmet: Das in § 2 Abs. 1 PatG, Art. 53 (a) EPÜ enthaltene, in Art. 6 Abs. 1 RL übernommene allgemeine Verbot der Patentierung von Erfindungen, deren gewerbliche Verwertung gegen die öffentliche Ordnung oder die guten Sitten verstieße, ist durch eine beispielhafte Aufzählung biotechnologischer Praktiken konkretisiert, die unter dieses Verbot fallen (Art. 6 Abs. 2 RL; § 2 Abs. 2 S. 1 PatG; R 28 EPÜ): Klonen menschlicher Lebewesen; Veränderung der genetischen Identität der Keimbahn menschlicher Lebewesen; industrielle oder kommerzielle Verwendung menschlicher Embryonen; Veränderung der genetischen Identität von Tieren, die diesen Leiden verursacht, ohne Menschen oder Tieren wesentlichen medizinischen Nutzen zu bringen. 15

Nach § 2 Abs. 2 S. 2 PatG sind bei der Anwendung der auf menschliche Lebewesen und Embryonen bezogenen Patentierungsverbote die entsprechenden Vorschriften des *Embryonenschutzgesetzes* maßgeblich. 16

5. Die im PatG und im EPÜ vorgesehenen Einschränkungen der Patentierbarkeit von Pflanzen und Tieren sind nach Art. 27 Abs. 3 (b), der Ausschluss der Patentierbarkeit medizinischer Verfahren nach Art. 27 Abs. 3 (a) des **TRIPS-Übereinkommens** zulässig. Ebenso erlaubt es Art. 27 Abs. 2 TRIPS-Ü den WTO-Mitgliedstaaten, Erfindungen von der Patentierung auszuschließen, wenn die Verhinderung ihrer gewerblichen Verwertung innerhalb ihres Hoheitsgebiets zum Schutz der öffentlichen Ordnung oder der guten Sitten notwendig ist. 17

dd) Besondere Erfordernisse bei Anmeldung und Patentierung

1. Nach Art. 5 Abs. 3 RL und R 29 Abs. 3 EPÜ muss die **gewerbliche Anwendbarkeit** einer Sequenz oder Teilsequenz eines Gens in der Patentanmeldung konkret **beschrieben** werden. § 1a Abs. 3 PatG verlangt, dass dies „unter Angabe der von der Sequenz oder Teilsequenz erfüllten Funktion" geschieht. Die Gesetzesbegründung[20] leitet diese Einfügung aus den Erwägungsgründen 22–25 der Richtlinie ab. 18

Die in § 1a Abs. 3 PatG vorgeschriebenen Erfordernisse gelten entsprechend, wenn Erfindungen, die Pflanzen oder Tiere zum Gegenstand haben, ohne auf eine Sorte oder Rasse beschränkt zu sein, oder mikrobiologische oder sonstige technische Verfahren oder hierdurch gewonnene Erzeugnisse zum Patent angemeldet werden (§ 2a Abs. 2 S. 2 PatG). 19

2. Ist Gegenstand der Erfindung eine Sequenz oder Teilsequenz eines Gens, deren Aufbau mit demjenigen einer natürlichen Sequenz oder Teilsequenz eines **menschlichen Gens** übereinstimmt, ist nach § 1a Abs. 4 PatG[21] deren **Verwendung**, für die die gewerbliche Anwendbarkeit nach § 1a Abs. 3 konkret beschrieben ist, in den **Patentanspruch** aufzunehmen. 20

3. Die schon seit langem übliche, bewährte **Hinterlegung** biologischen Materials für Patentierungszwecke war in R 28 und 28a (jetzt 31–36) EPÜ, nicht aber vom deutschen Gesetzgeber geregelt. Art. 13 und 14 der Richtlinie fassen die wesentlichen Grundsätze zusammen. Sie wurden für Deutschland durch die auf § 34 Abs. 8 PatG beruhende Biomaterial-Hinterlegungsverordnung vom 24.1.2005 umgesetzt. 21

4. Entsprechend einer in Erwägungsgrund 27 der Richtlinie enthaltenen, für die Mitgliedstaaten unverbindlichen Empfehlung wurde in § 34a Abs. 1 PatG bestimmt: „Hat eine Erfindung biologisches Material pflanzlichen oder tierischen Ursprungs zum Gegenstand, soll die Anmeldung Angaben zum 22

---

[20] BlPMZ 2005, 95 (99).
[21] Der Absatz wurde erst auf Empfehlung des BT-Rechtsausschusses eingefügt; vgl. BlPMZ 2005, 101 f.

geographischen Herkunftsort dieses Materials umfassen, soweit dieser bekannt ist. Die Prüfung der Anmeldungen und die Gültigkeit der Rechte auf Grund der erteilten Patente bleiben hiervon unberührt."[22] Die Mitteilungspflicht in Abs. 2 setzt darüber hinaus seit 1.7.2016 Verpflichtungen aus dem Nagoya-Protokoll[23] und der dieses umsetzenden EU-VO 511/2014[24] um; mit der für Patentanmelder nachteiligen Folge, dass diese nun entweder gegen § 34a Abs. 2 PatG verstoßen oder selbst auf einen Verstoß gegen das Übereinkommen über die biologische Vielfalt (CBD) vom 5.6.1992 (wegen seines Abschlusses auf dem Rio Earth Summit auch geläufig als „Rio-Konvention") aufmerksam machen müssen, der als Verstoß gegen die öffentliche Ordnung oder die guten Sitten nach § 2 Abs. 1 bzw. Art. 53a EPÜ der Patentierung entgegen stehen kann.[25]

ee) Reichweite und Grenzen der Patentwirkungen

23   1. Die Wirkung von Patenten für biologisches Material oder für Verfahren zu seiner Gewinnung erstreckt sich auf sämtliche **Vermehrungsprodukte** des geschützten oder unmittelbar durch das geschützte Verfahren gewonnenen Materials, sofern sie die gleichen Eigenschaften aufweisen wie das Ausgangsmaterial (Art. 8 RL; § 9a Abs. 1, 2 PatG). Die Wirkung eines Patents für ein Erzeugnis, das aus einer *genetischen Information* besteht oder sie enthält, erstreckt sich – vorbehaltlich der für den menschlichen Körper geltenden Ausnahme (→ Rn. 14) – auf jedes Material, in das das Erzeugnis Eingang findet und in dem die genetische Information enthalten ist und ihre Funktion erfüllt (Art. 9 RL; § 9a Abs. 3 PatG). Keinen Schutz gewährt Art. 9 RL nach Ansicht des EuGH[26] für ein patentiertes Erzeugnis, das in Sojamehl *nicht* die Funktion erfüllt hatte, für die es patentiert war, das diese Funktion aber vorher in der Sojapflanze erfüllt hatte oder das diese Funktion in der Zelle eines lebenden Organismus mglw. erneut erfüllen könnte, nachdem es isoliert und in diese eingebracht wurde.

24   2. Vermehrungsprodukte unter ein Patent fallenden biologischen Materials, das in einem EU-Mitgliedstaat vom Patentinhaber oder mit dessen Zustimmung für eine Verwendung in Verkehr gebracht worden ist, die notwendigerweise eine Vermehrung mit sich bringt, unterliegen der Wirkung des Patents nicht, soweit sie nicht zur weiteren Vermehrung benutzt werden (Art. 10 RL; § 9b PatG unter Einbeziehung der EWR-Vertragsstaaten).

25   3. Zugunsten der **Landwirtschaft** unterliegt die Wirkung von Patenten in Bezug auf pflanzliches Vermehrungsmaterial einer Ausnahme, die dem sortenschutzrechtlichen „Landwirteprivileg" (→ Rn. 37) entspricht (Art. 11 Abs. 1 RL; § 9c Abs. 1 PatG). In ähnlicher Weise ist die Wirkung von Patenten hinsichtlich tierischen Vermehrungsmaterials eingeschränkt (Art. 11 Abs. 2 RL; § 9c Abs. 2 PatG). Das PatG fügt in § 9c Abs. 3 hinzu, dass die in Bezug auf biologisches Material vorgesehenen Patentwirkungen (§ 9a PatG, → Rn. 23) biologisches Material, das im Bereich der Landwirtschaft *zufällig oder technisch nicht vermeidbar* gewonnen wurde, nicht erfassen und deshalb ein Landwirt im Regelfall nicht in Anspruch genommen werden kann, wenn er nicht diesen Wirkungen unterliegendes Saat- oder Pflanzgut angebaut hat.

26   4. Wenn ein Sortenschutzrecht von einem Patent oder ein Patent von einem Sortenschutzrecht *abhängig* ist, hat der Inhaber des abhängigen Rechts unter bestimmten Voraussetzungen Anspruch auf Erteilung einer **Zwangslizenz** (Art. 12 RL; § 24 Abs. 3 PatG; § 12a SortSchG).

---

[22] Vgl. *Straus* GRUR-Int 2004, 792 ff. m. rechtsvergleichenden Hinweisen.
[23] Nagoya Protocol on Access to Genetic Resources and the Fair and Equitable Sharing of Benefits Arising from their Utilization (ABS) to the Convention on Biological Diversity – www.cbd.int/abs/.
[24] Verordnung (EU) Nr. 511/2014 des EP und des Rates vom 16.4.2014 über Maßnahmen für die Nutzer zur Einhaltung der Vorschriften des Protokolls von Nagoya über den Zugang zu genetischen Ressourcen und die ausgewogene und gerechte Aufteilung der sich aus ihrer Nutzung ergebenden Vorteile in der Union.
[25] *Ruttekolk* Mitt. 2015, 434 (438).
[26] EuGH 6.7.2010, GRUR 2010, 989 – Monsanto/Cefetra; zu den möglichen Auswirkungen dieser Rechtsprechung *Hüttermann/Storz* Mitt. 2011, 1 ff.; vgl. auch *Krauß* Mitt. 2011, 54 ff.

II. Nicht patent- oder gebrauchsmusterfähige biotechnologische Erfindungen[27]

a) Pflanzensorten[28]

Vom Patent- und Gebrauchsmusterschutz sind Pflanzensorten ausgeschlossen (vgl. → Rn. 8 ff.). Sie können jedoch unionsrechtlichen oder nationalen Sortenschutz erlangen. 27

1. Das **Internationale Übereinkommen zum Schutz von Pflanzenzüchtungen** (UPOV-Ü)[29] verpflichtet die Vertragsparteien, dh die vertragschließenden Staaten und zwischenstaatlichen Organisationen, Züchterrechte zu erteilen und zu schützen (Art. 2), und zwar nach Ablauf einer Übergangszeit für alle Pflanzengattungen und -arten (Art. 3). Das deutsche Sortenschutzgesetz entspricht diesem Erfordernis bereits seit 1992. Nach Art. 5 Abs. 1 des Übereinkommens sind Züchterrechte zu erteilen für Sorten (Definition in Art. 1 Nr. vi, vgl. → Rn. 32), die neu, unterscheidbar, homogen und beständig sind (dazu Art. 6–9). In Bezug auf Vermehrungsgut einer geschützten Sorte, davon abgeleiteter und bestimmter anderer Sorten sowie Erzeugnisse, die durch ungenehmigte Benutzung solchen Vermehrungsmaterials gewonnen wurden, müssen gem. Art. 14 die Vertragsparteien bestimmen, dass folgende Handlungen – vorbehaltlich der in Art. 15 und 16 vorgesehenen oder zugelassenen Einschränkungen – der Zustimmung des Inhabers des Züchterrechts bedürfen: Erzeugung und Vermehrung, Aufbereitung für Vermehrungszwecke, Feilhalten, Verkauf und sonstiger Vertrieb, Ausfuhr, Einfuhr sowie Aufbewahrung zu einem der vorgenannten Zwecke. Einschränkungen des Züchterrechts können sich aus dem Übereinkommen über die biologische Vielfalt (CBD) und dem Nagoya-Protokoll ergeben.[30] 28

Das Übereinkommen enthält in seiner 1991 revidierten Fassung nicht mehr die Bestimmung, dass für dieselbe botanische Gattung oder Art nur entweder ein besonderes Schutzrecht oder ein Patent gewährt werden darf, würde also einem Patentschutz für sortenschutzfähige Pflanzensorten nicht entgegenstehen. Sowohl das PatG als auch das EPÜ und die EU-BioPatRL schließen jedoch nach wie vor Pflanzensorten von der Patentierung aus (→ Rn. 8 ff.). Die früher vielfach erhobene Forderung, für Pflanzensorten neben dem Sortenschutz – kumulativ oder wahlweise – Patentschutz zuzulassen[31], hat sich somit im europäischen Bereich nicht durchgesetzt. Das bedeutet jedoch nicht, dass es unzulässig wäre, Patente zu erteilen, deren Wirkungen Pflanzensorten umfassen (→ Rn. 92 ff.). Bei der Revision von 1991 wurde ein Vorschlag, wonach keine Handlung in Bezug auf eine sortenschutzrechtlich geschützte Pflanze auf der Grundlage eines Patents sollte untersagt werden können, nicht berücksichtigt[32]. 29

Demgemäß gibt es in der Bundesrepublik Deutschland für Pflanzensorten als solche nur Sortenschutz. Er ist mit einheitlicher Wirkung für alle Mitgliedstaaten der EU nach einer EG-Verordnung von 1994 (SortSchVO, → Rn. 31 ff.) oder mit Wirkung für Deutschland nach dem Sortenschutzgesetz (SortSchG, → Rn. 39 ff.) erreichbar. Sorten, die Gegenstand unionsrechtlichen Schutzes sind, können nicht Gegenstand nationalen Schutzes sein (Art. 92 Abs. 1 SortSchVO, § 1 Abs. 2 SortSchG). 30

---

[27] Zur neueren Entwicklung grundlegend *Kraßer* GRUR-Int 2018, 1138 ff.
[28] Vgl. *Hüttermann/Storz* Mitt. 2009, 277 ff.; *Haedicke* Mitt. 2005, 241 ff.; *Kock/Porzig/Willnegger* GRUR-Int 2005, 183 ff.; *Willnegger* GRUR-Int 2004, 28 ff.; *Winkler* VPP Rundbrief 2004, 89 ff.
[29] Vom 2.12.1961, revidiert 1972, 1978 und 1991; revidierte Fassung in BGBl. 1998 II 258 und (mit Denkschrift) in BlPMZ 1998, 232, für Deutschland in Kraft seit 25.7.1998.
[30] *Lawson* GRUR-Int 2015, 617 (620 ff.).
[31] Vgl. zB *Neumeier* 222 f., 247; unter Kritik an den geltenden Regelungen weiterhin vertreten von *Kock/Porzig/Willnegger* GRUR-Int 2005, 183 Rn. 55i.
[32] *Straus* GRUR-Int 1998, 1 (6).

31 2. Der **gemeinschaftliche Sortenschutz** gemäß der **Sortenschutzverordnung**[33] wird durch das gemeinschaftliche Sortenamt (Art. 30 ff.) auf Antrag (Art. 49 ff.) erteilt. Sein Gegenstand kann in Sorten aller botanischen Gattungen und Arten einschließlich Hybriden zwischen Gattungen oder Arten bestehen (Art. 5 Abs. 1). Unter Sorte versteht die VO nach Art. 5 Abs. 2, der inhaltlich mit Art. 1 Nr. vi UPOV-Ü[34] übereinstimmt,

32 eine pflanzliche Gesamtheit innerhalb eines einzigen botanischen Taxons der untersten bekannten Rangstufe, die, unabhängig davon, ob die Bedingungen für die Erteilung des Sortenschutzes vollständig erfüllt sind,
– durch die sich aus einem bestimmten Genotyp oder einer bestimmten Kombination von Genotypen ergebende Ausprägung der Merkmale definiert,
– zumindest durch die Ausprägung eines der erwähnten Merkmale von jeder anderen pflanzlichen Gesamtheit unterschieden und
– in Anbetracht ihrer Eignung, unverändert vermehrt zu werden, als Einheit angesehen
werden kann.

33 Der Schutz wird für Sorten erteilt, die unterscheidbar, homogen, beständig und neu[35] sind (Art. 6–10). Das Recht auf den Schutz hat die Person, die die Sorte hervorgebracht oder entdeckt und entwickelt hat, oder ihr Rechtsnachfolger; beide werden zusammenfassend als „Züchter" bezeichnet (Art. 11).

34 Zur Prüfung der sachlichen Schutzvoraussetzungen gehört im Rahmen der technischen Prüfung durch die vom Verwaltungsrat des Amts zu Prüfungsämtern bestimmten nationalen Sortenschutzämter (Art. 55 f.) grundsätzlich auch der Anbau der Sorte (Art. 56 Abs. 1).

35 Der Schutz dauert grundsätzlich 25, bei Sorten von Reben und Baumarten 30 Jahre ab Ende des Jahres der Erteilung (Art. 19 Abs. 1). Er hat nach Art. 13 Abs. 1 und 2 die Wirkung, dass folgende Handlungen in Bezug auf Sortenbestandteile der geschützten Sorte der Zustimmung des Sortenschutzinhabers bedürfen: Erzeugung und Fortpflanzung (Vermehrung), Aufbereiten zum Zweck der Vermehrung, Anbieten zum Verkauf, Verkauf und sonstiges Inverkehrbringen, Ausfuhr aus der und Einfuhr in die Gemeinschaft sowie Aufbewahrung zu einem der vorgenannten Zwecke. Die Schutzwirkung umfasst nach Maßgabe von Art. 13 Abs. 3–6 auch Erzeugnisse, die durch nicht gestattete Verwendung von Material der geschützten Sorte gewonnen wurden, sowie von ihr abgeleitete oder nicht unterscheidbare oder nur durch ihre fortlaufende Verwendung erzeugbare Sorten. Der Schutzbereich einer nationalen oder gemeinschaftsrechtlichen Sorte umfasst über den sog. **Identitätsbereich,** der durch die Kombination der im Erteilungsbeschluss des Sortenamts festgelegten Ausprägungsmerkmale gemäß der amtlichen Beschreibung einer Sorte bestimmt wird, **auch einen sog. Toleranzbereich** aus bestimmten zu erwartenden Variationen.[36]

36 Die Schutzwirkung erstreckt sich nach Art. 15 nicht auf Handlungen, die zu nichtgewerblichen Zwecken im privaten Bereich, zu Versuchszwecken, zur Züchtung, Entdeckung und Entwicklung anderer Sorten oder in Bezug auf solche anderen Sorten vorgenommen werden. Handlungen in Bezug auf Material, hinsichtlich dessen nach Art. 16 Erschöpfung des gemeinschaftlichen Sortenschutzes eingetreten ist, unterliegen dessen Wirkung – vorbehaltlich bestimmter Ausnahmen – ebenfalls nicht.

---

[33] Verordnung (EG) Nr. 2100/94 des Rates über den gemeinschaftlichen Sortenschutz vom 27.7.1994 ABl. 1994 L 227, 1, zuletzt geändert durch VO (EG) Nr. 15/2008 vom 20.12.2007 ABl. 2008 L 8, 2.

[34] Dazu *Straus* GRUR 1993, 799.

[35] Zur Auslegung von § 6 Abs. 1 SortG in Ansehung des Fehlens einer passenden unionsrechtlichen Vorschrift BGH 13.1.2014, GRUR 2014, 355 Rn. 14 ff. – Fond Memories.

[36] BGH 23.4.2009, GRUR 2009, 750 Rn. 13 – Lemon Symphony; OLG Düsseldorf 3.7.2015, Mitt. 2015, 392 – Summerdaisy's Maxima; zum Toleranzbereich auch Metzger/Zech/*Godt* SortG Art. 13 Rn. 15–21.

§ 14. Grenzen der Schutzfähigkeit biologischer Erfindungen

Eingeschränkt ist der gemeinschaftliche Sortenschutz außerdem durch das sog. **Land-** 37
wirteprivileg[37] nach Maßgabe des Art. 14: Landwirten kann nicht verboten werden, zur Sicherung der landwirtschaftlichen Erzeugung zu Vermehrungszwecken im Feldanbau in ihrem eigenen Betrieb Ernteerzeugnisse zu verwenden, die sie in diesem Betrieb durch Anbau einer geschützten Sorte gewonnen haben. Dies gilt nicht für Hybride und synthetische Sorten und auch im Übrigen nur für die in Art. 14 Abs. 2 bezeichneten Futterpflanzen, Getreide, Kartoffeln, Öl- und Faserpflanzen. Mit Ausnahme von Kleinlandwirten müssen Landwirte, die von dieser Einschränkung des Sortenschutzes Gebrauch machen, dessen Inhaber eine angemessene Entschädigung zahlen.[38]

Völlig zurecht stellen *Metzger/Zech*[39] die **erheblichen Reichweitenunterschiede zwi-** 37a
schen Sorten- und Patentschutz heraus. So kennt der Sortenschutz bei Weiterentwicklungen keine Abhängigkeiten jenseits der im wesentlichen abgeleiteten Sorten iSv § 10 Abs. 3 SortSchG und greift der Patentschutz auch wesentlich kleinteiliger als der Sortenschutz. Das Patentrecht schützt nicht ganze Sorten, sondern nur einzelne Gene oder Merkmale. Das ermöglicht die Belegung einer Sorte mit mehreren Patenten. Auch greift das Patentrecht auf allen Marktstufen, weil es nicht zwischen Vermehrungs- und Erntegut trennt.[40]

Bei Verletzung des Sortenschutzes kann der Inhaber Unterlassung oder Zahlung einer 38 angemessenen Vergütung oder beides (Art. 94 Abs. 1), bei Verschulden des Verletzers auch Schadensersatz (Art. 94 Abs. 2) verlangen, gem. einer Vorlageentscheidung des EuGH aber keinen Verletzerzuschlag.[41] Das verdient Zustimmung, denn die Einführung eines Strafschadensersatzes nach Art der aus den USA geläufigen *punitive damages* wäre ein durchaus zweifelhafter Paradigmenwechsel gewesen. Auch in Japan, dessen Zivilrecht auf dem des BGB aufbaut, wird die Einführung eines Strafschadensersatzes deshalb kritisch gesehen und wurde erst 2018 ein entsprechender Vorstoß der damaligen Präsidentin des auch für das Patentrecht zuständigen JPO von dem für das allgemeine Zivilrecht und damit auch das Schadensrecht zuständige Justizministerium gestoppt.

3. Der Schutz nach dem **Sortenschutzgesetz**[42] wird durch das **Bundessortenamt**[43] 39 (§§ 16 ff.) erteilt. Er ist bei allen Pflanzengattungen und -arten möglich; seine Beschränkung auf Arten, die in einem besonderen Verzeichnis aufgeführt sind, ist seit 1992 abgeschafft.

Die Definition der Pflanzensorte (§ 2 Nr. 1a) und die grundlegenden sachlichen Schutz- 40 voraussetzungen (§ 1 Nr. 1–4) entsprechen denjenigen des UPOV-Ü und der SortSchVO (→ Rn. 31 ff.). Das Recht auf den Schutz hat der Ursprungszüchter oder Entdecker der Sorte oder sein Rechtsnachfolger (§ 8). Die Erteilung des Sortenschutzes setzt einen Antrag voraus (§§ 22 ff.), dessen Prüfung durch das Bundessortenamt regelmäßig den Anbau der Sorte einschließt (§ 26). Die Schutzdauer ist die gleiche wie nach der SortSchVO; doch hat die längere Frist einen weiteren Anwendungsbereich als dort, da sie auch für Hopfen und Kartoffel gilt (§ 13).

Auch die Schutzwirkung und ihre Schranken einschließlich des Landwirteprivilegs sind 41 ähnlich geregelt wie beim gemeinschaftlichen Sortenschutz (§§ 10–10b).

---

[37] Dazu *Keukenschrijver* FS Ullmann, 2006, 465–494.
[38] Zur Bemessung der Entschädigung EuGH 8.6.2006, GRUR-Int 2006, 742 – Saatgut/Deppe; zur Zahlungsfrist auf Vorlage des LG Mannheim EuGH 25.6.2015, GRUR 2015, 878 Rn. 32 – Saatgut-Treuhandverwaltungs GmbH/Herhard und Jürgen Vogel GbR ua.
[39] *Metzger/Zech* in Metzger/Zech Einf. A Rn. 1.
[40] S. auch *Kock/Zech* GRUR 2017, 1004 (1005 ff.); dazu krit. *Haedicke/Popp* Mitt. 2018, 6.
[41] EuGH 9.6.2016, EuZW 2016, 543 Rn. 43 – Hansson/Jungpflanzen Grünewald mAnm *Hauck*.
[42] Sortenschutzgesetz in der Fassung der Bekanntmachung vom 19.12.1997 BGBl. I 3164 = BlPMZ 1998, 47, zuletzt geändert durch Gesetz vom 7.8.2013 BGBl. I 3154; Kommentar dazu: *Keukenschrijver* Sortenschutzgesetz.
[43] Dazu die VO über das Verfahren vor dem Bundessortenamt in der Fassung der Bekanntmachung vom 28.9.2004 BGBl. I 2552, geändert durch Gesetz vom 18.7.2016 BGBl. I 1666.

42 Im Fall der Verletzung des Sortenschutzes kann nach § 37 Beseitigung und Unterlassung und bei Verschulden des Verletzers Schadensersatz, nach Maßgabe der §§ 37a–37e auch Vernichtung und Rückruf bestimmter Gegenstände, Auskunft, Vorlage von Unterlagen und Duldung von Besichtigungen verlangt sowie die Befugnis zur Urteilsveröffentlichung zugesprochen werden.

b) Tierrassen

43 Nach der EU-BioPatRL, dem PatG und dem EPÜ können Tierassen nicht patentiert werden, und auch das GebrMG schließt – noch dem früheren Sprachgebrauch folgend – „Tierarten" von seinem Schutz aus (vgl. → Rn. 8 ff.).

44 Trotz aller Emotionen, die hier sehr rasch hochkochen („keine Patente auf Leben", was so grundsätzlich natürlich bestens vertretbar, im Zusammenhang mit innovativen Züchtungsverfahren aber fast nie einschlägig ist!) spricht viel dafür, die Patentierungsausschlüsse für Pflanzensorten *nicht* auf – nicht im Wesentlichen biologische (→ Rn. 45 f.) – Verfahren zur gezielten Veränderung von Tieren und deren Ergebnisse anzuwenden, wenn die erforderliche Wiederholbarkeit gegeben ist. Erstens ist für Tierrassen, anders als für Pflanzensorten, kein Sonderschutz vorgesehen.[44] Zweitens war zu der Zeit, als die Ausschlussbestimmungen entworfen wurden,[45] nicht absehbar, dass Züchtungsverfahren zur Schaffung neuer Rassen mit hinreichend zuverlässiger Erfolgsaussicht wiederholbar werden könnten.[46] Vor allem der seither erreichte biotechnologische Fortschritt spricht dafür, im Wesentlichen biologische Verfahren zur gezielten Veränderung von Tieren und deren Ergebnisse nicht länger von der Patentierung auszunehmen, sofern deren erforderliche Wiederholbarkeit gegeben ist.[47]

c) Biologische Züchtungsverfahren

45 Wie Pflanzensorten und Tierrassen können auch „im wesentlichen biologische Verfahren zur Züchtung von Pflanzen oder Tieren" nicht patentiert werden (→ Rn. 9 ff.; zur Abgrenzung des Patentierungsausschlusses → Rn. 104 ff. und → Rn. 121 ff.).

46 In Deutschland wurde Verfahren zur Züchtung von Pflanzen oder Tieren schon nach früherem Recht, also ohne ausdrückliche Ausschlussvorschrift, in Anwendung der BGH-Grundsätze aus „Rote Taube" die Patentierung wegen Fehlens der erforderlichen Wiederholbarkeit regelmäßig versagt[48]. Auch in einem bereits nach dem 1978 eingeführten Recht zu beurteilenden Fall stand dieser Gesichtspunkt im Vordergrund; ob das Verfahren im Wesentlichen biologisch war, wurde nicht erörtert[49].

d) Medizinische Verfahren

Literatur: *Bosch, M. A.,* Medizinisch-technische Verfahren und Vorrichtungen im deutschen, europäischen und amerikanischen Patentrecht, 2000; *Bruchhausen, K.,* Erfindungen von Ärzten, FS Möhring, 1975, 451–465; *Busche, J.,* Patentrecht zwischen Innovationsschutz und ethischer Verantwortung,

---

[44] Die Frage, ob sich seine Einführung empfiehlt, bejaht erst jüngst wieder überzeugend *Kraßer* GRUR-Int 2018, 1138 (1142, 1145 f.); früher schon *Looser* GRUR 1986, 27 ff.; aA *Straus* GRUR-Int 1990, 928 f.; aus Anlass des ungarischen Sonderwegs grundlegend zum Thema *Vida* FS König, 2003, 511 (519 ff.).

[45] Zur Entstehung und rechtspolitischen Kritik der Ausschlussvorschriften für Tiere *Moufang* in EPÜ-GK Art. 53 Rn. 4, 58 ff.; *Straus* GRUR-Int 1990, 920 f.; *Melullis* in Benkard PatG § 2a Rn. 42 ff.

[46] Nach *Melullis* in Benkard PatG § 2a Rn. 42 ff. ist dies kein hinreichender Grund für einen vollständigen Ausschluss.

[47] *Kraßer* GRUR-Int 2018, 1138–1146.

[48] BGH 27.3.1969, BGHZ 52, 74 (81 ff.) – Rote Taube; BPatG 16.10.1973, GRUR 1975, 654 – Usambara-Veilchen (die Entscheidung betraf den Bereich, in dem nach damaligem Recht Sortenschutz zugänglich und Patentschutz deshalb nicht ausgeschlossen war). Näheres in 4. Aufl., 117 f.

[49] BGH 30.3.1993, BGHZ 122, 144 – Tetraploide Kamille (zu BPatG 16.8.1990, BlPMZ 1991, 72); die Pflanze gehörte im Anmeldezeitpunkt zu einer nicht sortenschutzfähigen und deshalb vom Patentschutz nicht ausgeschlossenen Art. Krit. Zur Frage der Wiederholbarkeit. Koch/Zech GRUR 2017, 1004 (1010).

§ 14. Grenzen der Schutzfähigkeit biologischer Erfindungen

Mitt. 2001, 4–9; *Dersin, H.*, Über die Patentfähigkeit von Verfahren zur Behandlung des lebenden menschlichen Körpers, GRUR 1951, 2–6; *Moufang, R.*, Medizinische Verfahren im Patentrecht, GRUR-Int 1992, 10–24; *Müller, E.-M.*, Die Patentfähigkeit von Arzneimitteln, 2003; *Straus, J./Herrlinger, K.*, Zur Patentierbarkeit von Verfahren zur Herstellung individuumspezifischer Arzneimittel, GRUR-Int 2005, 869–876; *Thomas, D. X.*, Patentability Problems in Medical Technology, 34 IIC, 2003, 847–886; *Thums, D.*, Patentschutz für Heilverfahren? GRUR-Int 1995, 277–288; *Visser, C.*, The Exclusion of Medical Methods, FS Kolle/Stauder, 2005, 469–486; *Wagner, K.-R.*, Heilverfahren als nichtpatentierbare Behandlungsverfahren, GRUR 1976, 673–679.

aa) Bedeutung und Einordnung der Ausschlussbestimmungen[50]

1. Nach § 2a Abs. 1 Nr. 2 S. 1 PatG, Art. 53 (c) S. 1 EPÜ werden Patente nicht erteilt für Verfahren zur chirurgischen oder therapeutischen Behandlung des menschlichen oder tierischen Körpers und Diagnostizierverfahren, die am menschlichen oder tierischen Körper vorgenommen werden. 47

Die neue Fassung und Einordnung des Patentierungsverbots für medizinische Verfahren im EPÜ 2000, die das PatG übernommen hat, verzichtet auf die früher in § 5 Abs. 2 S. 1 PatG, Art. 52 Abs. 4 S. 1 EPÜ enthaltene Bezugnahme auf die *gewerbliche Anwendbarkeit*[51] und verdeutlicht, dass es nicht darauf ankommt, ob und in welchem möglichen Sinn diese im Einzelfall fehlt. 48

Die frühere Anknüpfung an die gewerbliche Anwendbarkeit mochte sich daraus erklären, dass das StrÜ zwar gewerbliche Anwendbarkeit verlangt, aber die Möglichkeit eines Ausschlusses medizinischer Verfahren nicht vorsieht. Dann steht dieser mit dem StrÜ aber nur in Einklang, soweit es sich um Verfahren handelt, die *wirklich* nicht gewerblich anwendbar sind. Dem entspricht die in der deutschen Rechtsprechung vertretene Ansicht, § 5 Abs. 2 S. 1 (aF) PatG schließe medizinische Verfahren nur bei Fehlen gewerblicher Anwendbarkeit von der Patentierung aus[52]. 49

Die Ausschlussbestimmungen im PatG und im EPÜ beanspruchten jedoch bereits in ihrer früheren Fassung ersichtlich *selbständige Bedeutung*.[53] Mit dem StrÜ lässt sich diese mit Rücksicht darauf vereinbaren, dass sich dessen Vertragsstaaten dem EPÜ angeschlossen und ihr nationales Recht diesem angepasst haben[54], wodurch der Einführung harmonisierter Regeln für die patentrechtliche Behandlung medizinischer Verfahren und damit für diesen Bereich dem Grundanliegen des StrÜ besser gedient ist als durch eine für Divergenzen wesentlich anfälligere Orientierung am allgemeinen Erfordernis der gewerblichen Anwendbarkeit. 50

Die Rechtsprechung des EPA hat schon nach Art. 52 Abs. 4 S. 1 aF EPÜ medizinischen Verfahren den Patentschutz unabhängig davon versagt, ob sie gewerblich anwendbar waren oder nicht[55]. Dabei genügte es, dass sich ein Teil des Verfahrens, für das Schutz beansprucht wurde, als chirurgisch oder therapeutisch im Sinn jener Vorschrift erwies[56]. 51

---

[50] Zu ihrer Entstehungsgeschichte BGH 20.9.1983, BGHZ 88, 209 (218 ff.) – Hydropyridin; *Nack* in EPÜ-GK Art. 52 Rn. 23 f., 34 ff., 43 ff.; *Visser* FS Kolle/Stauder, 2005, 471 ff.

[51] Zur Kritik dieser Gesetzestechnik *Moufang* GRUR-Int 1992, 17.

[52] BGH 20.9.1983, BGHZ 88, 209 (215) = GRUR 1983, 729 – Hydropyridin; BPatG 27.9.1984, GRUR 1985, 125; 8.12.1994, BPatGE 35, 12 (15).

[53] Vgl. die 5. Aufl., 204; ebenso *Visser* FS Kolle/Stauder, 2005, 477 ff. Eine gesonderte Prüfung auf gewerbliche Anwendbarkeit, wie sie EPA 25.9.1987, GRUR-Int 1989, 682 Rn. 3.3 – Durchflußmessung/Siemens für nötig hielt, war deshalb nicht angebracht; so zutreffend *Bosch* 101. – Nicht ganz konsequent deshalb *Straus/Herrlinger* GRUR-Int 2005, 869, die zwar davon ausgehen, dass das Patentierungsverbot nicht mit dem Fehlen gewerblicher Anwendbarkeit zu begründen sei (870 ff.), es aber nur gelten lassen wollen, wenn diese fehlt (insbes. 874 f.).

[54] In diesem Sinn *Moufang* GRUR-Int 1992, 17 f.

[55] EPA 14.10.1987, ABl. 1989, 13 Rn. 3.5, 4.1 ff. – Schweine I/Wellcome; 30.7.1993, ABl. 1994, 641 Rn. 2.1 – Durchblutung/See-Shell; 16.12.2005, ABl. 2006, 334 = GRUR-Int 2006, 514 Rn. 4 – Diagnostizierverfahren.

[56] EPA 30.7.1993, ABl. 1994, 641 Rn. 2.5.1 – Durchblutung/See-Shell; 11.1.1994, ABl. 1995, 113 Rn. 5.5 – Verfahren zur Empfängnisverhütung/The General Hospital; 15.5.1995, ABl. 1996, 274 – Herzphasensteuerung/Teletronics; 29.9.1999, ABl. 2000, 447 Rn. 8 – Perikardialzugang/Georgetown University; als ständige Rechtsprechung bestätigt durch EPA 16.12.2005, ABl. 2006, 334 = GRUR-Int 2006, 514 Rn. 6.2.1 – Diagnostizierverfahren.

52 Das TRIPS-Ü bestätigt die Selbständigkeit des Patentierungsverbots für medizinische Verfahren. Das in Art. 27 Abs. 1 S. 1 festgelegte allgemeine Patentierungsgebot steht unter dem Vorbehalt der nach Abs. 2 und 3 zulässigen Einschränkungen. Somit sind diese auch bei Vorliegen gewerblicher Anwendbarkeit gestattet. Art. 27 Abs. 3 (a), der es erlaubt, diagnostische, therapeutische und chirurgische Verfahren für die Behandlung von Menschen oder Tieren von der Patentierung auszuschließen, setzt nicht das Fehlen gewerblicher Anwendbarkeit voraus.[57]

53 2. Die Ausschlussvorschriften sind weder in ihrer heutigen noch in ihrer früheren Fassung Ausdruck der Beschränkung des Patentschutzes auf technische Erfindungen[58]. Zwar folgte diejenige des EPÜ 1973 unmittelbar den Bestimmungen, in denen das Erfordernis *technischen Charakters* zum Ausdruck kommt. Sie konnte aber nicht dahin verstanden werden, dass medizinische Verfahren nicht als *Erfindungen* iSd Art. 52 Abs. 1 angesehen werden sollen. Es war und ist deshalb verfehlt, zwischen medizinischen und technischen Verfahren unterscheiden zu wollen[59]. Vielmehr sind medizinische Verfahren technisch schon nach der herkömmlichen Fassung des vom BGH entwickelten Begriffs (vgl. → § 12 Rn. 4).

bb) Sachlicher Geltungsbereich des Patentierungsverbots

54 1. Den von der Patentierung ausgeschlossenen medizinischen Verfahren gemeinsam ist die Beziehung auf den **lebenden Körper**[60] von Menschen oder Tieren. Verfahren zur chirurgischen oder sonstigen Einwirkung auf tote Körper oder zur Untersuchung toter Körper oder von einem (lebenden oder toten) Körper getrennter Organe fallen nicht unter die dem Patentschutz entgegenstehenden Sonderbestimmungen. Patentierbar sind also zB Verfahren zur Untersuchung, Präparierung, Konservierung oder sonstigen Behandlung von Leichen oder abgetrennten Körperteilen oder von Flüssigkeiten oder Gewebe, die einem toten oder dauerhaft einem lebenden Körper entnommen sind. Nicht patentierbar sind jedoch Verfahren zur Entnahme von Substanzen aus lebenden Körpern[61].

55 **Beispiele:** Iontophoretische Entnahme eines Stoffs als Probe zu Diagnosezwecken aus dem lebenden Körper[62]; Entfernen eines Einsatzes aus einer Hüftgelenkendoprothese[63]. Als patentierbar wurde dagegen ein „Hilfsverfahren zur Blutextraktion" angesehen, durch das die Durchblutung in Richtung eines Extraktionspunktes beeinflusst wird[64].

56 Wenn – wie zB bei der Dialysebehandlung von Blut – Flüssigkeiten oder Gewebe nach ihrer Behandlung dem Körper, dem sie entnommen sind, unmittelbar wieder zugeführt werden, liegt ein nicht patentierbares medizinisches Verfahren vor.[65] Anders verhält es sich, wenn dem Körper entnommene Flüssigkeiten oder Gewebe zur Herstellung eines „individuumspezifischen" Medikaments verwendet werden.[66] Dieses wird dem Körper nicht unmittelbar wieder zugeführt. Vielmehr erfolgen die Anwendung des Verfahrens und die Herstellung des Produkts normalerweise für eine Vielzahl gleichgelagerter Fälle in einem Gewerbebetrieb des Patentinhabers oder eines Lizenznehmers. Dem behandelnden Arzt macht dann die Beschaffung des patientenspezifischen Arzneimittels, obwohl dieses nicht auf dem Markt angeboten wird und erworben werden kann, keine größeren Schwierigkeiten als diejenige anderer patentierter Medikamente, so dass sich die Gewährung von Patentschutz mit den gleichen Erwägungen rechtfertigen lässt wie bei diesen (vgl. → Rn. 86 ff.).

---

[57] S. *Sommer* 35.
[58] *Moufang* GRUR-Int 1992, 17 (21).
[59] Dies versucht *Bosch* 84 ff. ähnlich EPA 11.6.1997, ABl. 1998, 241 Rn. 5 ff. – Verfahren zur Blutextraktion/Baxter.
[60] EPA-Prüfungsrichtlinien G II 4.2.1 Abs. 2; *Dolder* Mitt. 1984, 1 (5 f.).
[61] EPA 11.6.1997, ABl. 1998, 241 Rn. 4 – Verfahren zur Blutextraktion/Baxter.
[62] EPA 29.6.2001, ABl. 2002, 4 Rn. 3.5 ff. – Vorrichtung und Verfahren zur Probeentnahme von Stoffen mittels wechselnder Polarität/Cygnus.
[63] BGH 28.11.2000, GRUR 2001, 321 – Endoprotheseeinsatz.
[64] EPA 11.6.1997, ABl. 1998, 241 Rn. 5 ff. – Verfahren zur Blutextraktion/Baxter; krit. *Thomas* (2003), 34 IIC 867.
[65] So die EPA-Prüfungsrichtlinien G II 4.2.1 Abs. 2; *Moufang* in EPÜ-GK Art. 52 Rn. 377; *Moufang* in Schulte PatG § 2a Rn. 76; *Thomas* (2003), 34 IIC 866.
[66] Hierzu eingehend *Straus* GRUR 1996, 11 ff. und *Straus/Herrlinger* GRUR-Int 2005, 869 (872 ff.); vgl. auch *Müller* 340 ff.

§ 14. Grenzen der Schutzfähigkeit biologischer Erfindungen II **§ 14**

Verfahren zur Entnahme von Organen aus toten Körpern zum Zweck der **Transplantation** werden, wenn die Einpflanzung in einen lebenden Körper nur unmittelbar anschließend möglich ist, als Bestandteile des den lebenden Körper betreffenden Verfahrens von der Patentierung auszuschließen, bei Konservierbarkeit der Organe dagegen als patentierbar anzusehen sein.[67] 57

2. Zur Unterscheidung nicht patentierbarer medizinischer von grundsätzlich patentierbaren anderen auf den lebenden menschlichen oder tierischen Körper bezogenen Verfahren kann regelmäßig das Merkmal des **Heilzwecks** dienen. Er liegt vor, wenn ein Verfahren dazu dient, Krankheiten vorzubeugen[68], sie zu heilen oder zu lindern oder im Hinblick auf die Auswahl und Anwendung von Maßnahmen zu ihrer Heilung oder Linderung zu erkennen und zu unterscheiden. Ein Heilzweck in diesem Sinne kennzeichnet alle **Therapie- und Diagnoseverfahren**.[69] Er liegt auch dann vor, wenn Schmerzen, Beschwerden oder Leistungsminderungen entgegengewirkt wird, die als Begleiterscheinung oder Folge für sich genommen nicht krankhafter Zustände oder Vorgänge auftreten können[70]. 58

Keinen Heilzweck haben rein **kosmetische Behandlungen**; sie sind deshalb patentierbar, solange dabei keine chirurgischen Mittel eingesetzt werden (→ Rn. 73 ff.). So wurde ein Verfahren, nach welchem ein Appetitlosigkeit verursachendes Präparat mit dem Ziel verabreicht wird, kosmetisch vorteilhaften Gewichtsverlust herbeizuführen, als patentierbar angesehen[71]. Dass auf dem gleichen Weg auch krankhafte Fettsucht *(Adipositas)* behandelt werden kann, war unschädlich, weil nach dem Anspruchswortlaut Schutz nur für die kosmetische Behandlung begehrt war. Nicht patentierbar ist dagegen ein Verfahren mit kosmetischer Wirkung, wenn es *zwangsläufig* auch eine therapeutische Behandlung definiert; dies wurde für die Entfernung von Zahnbelag angenommen, da diese zwar das Aussehen einer Person verbessert, gleichzeitig aber auch vor Karies und Periodontopathie schützt[72]. Ein Verfahren zur passiven Gymnastik durch motorgetriebenes Bewegen eines menschlichen Körpers, der sich auf einer – in mehrere bewegliche Segmente unterteilten – Liege befindet, wurde als therapeutisch angesehen und deshalb als nicht patentierbar.[73] 59

Ein **Heilzweck fehlt** bei Verfahren zur Feststellung oder Verhütung der Schwangerschaft,[74] da diese keine Krankheit ist,[75] ebenso bei Untersuchungsverfahren, die nicht das Erkennen pathologischer Zustände bezwecken, sondern zB die Beobachtung von Körperfunktionen unter sportlicher Belastung 60

---

[67] Vgl. BPatG 20.12.1983, BPatGE 26, 104.

[68] Nach EPA 15.10.1987, ABl. 1989, 24 – Schweine II/Duphar ist eine prophylaktische Behandlung jedenfalls dann therapeutisch, wenn sie sich, wie zB eine Impfung, gegen eine bestimmte Krankheit richtet; ebenso EPA 13.11.1990, ABl. 1992, 414 Rn. 3.1. – Entfernung von Zahnbelag/ICI – EPA 12.8.1991, ABl. 1993, 440 Rn. 6 – Immunstimulierende Mittel/Bayer sieht eine unspezifisch beanspruchte Immunstimulierung unter Hinweis darauf als therapeutisch an, dass sie immer auch eine spezifische Prophylaxe gegen zwei bestimmte Krankheiten bewirke.

[69] Heilzwecken dient auch ein Verfahren zur Feststellung der Narkosetiefe am menschlichen Körper, mag man es als diagnostisch oder als therapieunterstützend ansehen. DPA (BS) 4.11.1952, GRUR 1953, 172 verneint die Patentierbarkeit.

[70] EPA 15.5.1987, ABl. 1988, 207 – Dysmenorrhoe/Rorer.

[71] EPA 27.3.1986, ABl. 1986, 305 – Appetitzügler/Du Pont; krit. dazu *Pagenberg* GRUR-Int 1986, 721.

[72] EPA 13.11.1990, ABl. 1992, 414 – Entfernung von Zahnbelag/ICI.

[73] BPatG 18.1.2007, Mitt. 2007, 369 – Verfahren zur passiven Gymnastik; eine Beschränkung auf nicht-therapeutische Anwendungen wurde abgelehnt, weil solche nicht offenbart waren und deshalb ein entsprechender Disclaimer die Anmeldung unzulässig erweitert hätte.

[74] EPA 9.11.1994, ABl. 1995, 712 Rn. 2.2.3 – Verfahren zur Empfängnisverhütung/British Technology Group; anders DPA (BS) 14.12.1953, BlPMZ 1954, 322 für den Fall innerer, physiologisch wirkender Anwendung; EPA 11.1.1994, ABl. 1995, 113 Rn. 5.1 ff. – Verfahren zur Empfängnisverhütung/The General Hospital sieht ein Verfahren, das aus der kombinierten Verabreichung eines Empfängnisverhütungsmittels und eines Mittels zur Abwendung von dessen schädlichen Nebenwirkungen besteht, als therapeutisch und deshalb nicht patentierbar an.

[75] Das gleiche wäre für Verfahren zum Schwangerschafts*abbruch* anzunehmen; doch sind diese (legal) nur durch Ärzte anwendbar, so dass ihnen von der deutschen Rechtsprechung wohl die gewerbliche Anwendbarkeit abgesprochen würde.

oder im Zustand der Schwerelosigkeit.[76] Bei Desinfektionsverfahren ist zu unterscheiden: Heilbehandlung ist die Desinfektion von Wunden, nicht dagegen diejenige ärztlicher Instrumente oder der Menschen, die eine Behandlung oder Operation vornehmen.[77] Bezweckt die Desinfektion des menschlichen oder tierischen Körpers die Vernichtung von Krankheitserregern, die diesen selbst schädigen können, wird sie als medizinische Behandlung anzusehen sein[78].

61 Zahlreich sind die Fälle, in denen auf lebende Tiere zu anderen als Heilzwecken eingewirkt wird, zB zwecks Steuerung des Geschlechts von Nachkommen, Steigerung von Milch-, Eier- oder Fleischertrag,[79] Gewinnung von Heilseren,[80] Vernichtung oder Vertreibung schädlicher Tiere. Auch Verfahren zur künstlichen Befruchtung von Tieren haben keinen Heilzweck, sondern dienen der Produktion.[81] Dagegen soll künstliche Befruchtung bei Menschen pathologische Fortpflanzungshindernisse überwinden; einschlägige Verfahren sind daher nicht patentierbar.

62 3. Als **Diagnoseverfahren** wollte das EPA zunächst nur solche ansehen, deren Ergebnis es unmittelbar gestattet, über eine medizinische Behandlung zu entscheiden, nicht aber Verfahren, die bloße „Zwischenergebnisse" liefern[82]. Ebenso hat das BPatG[83] angenommen, dass Verfahren, die lediglich einzelne Untersuchungswerte liefern, die als Grundlage für die schlussfolgernde Wertung des Arztes dienen, keine Diagnoseverfahren seien und es deshalb nicht darauf ankomme, ob sie am Körper angewandt werden. Von dieser Betrachtungsweise, die dem Patentierungsverbot für Diagnoseverfahren praktisch jede Bedeutung nimmt[84], hat sich das EPA später distanziert[85]: Der Ausdruck „Diagnostizierverfahren, die am menschlichen oder tierischen Körper vorgenommen werden," und seine Entsprechungen in den beiden anderen Amtssprachen des EPA seien nicht im Sinne von Verfahren zu verstehen, die alle beim Stellen einer ärztlichen Diagnose auszuführenden Schritte enthalten.

---

[76] Vgl. BPatG 19.1.1984, BPatGE 26, 110; Thomas (2003) 34IIC 856. – Im Einzelfall kann jedoch die gewerbliche Anwendbarkeit fehlen, gleiches müsste auch für Verfahren zur Schwangerschaftsunterbrechung anzunehmen sein, doch sind diese (legal) nur durch Ärzte anwendbar, so dass ihnen von der deutschen Rechtsprechung wohl die gewerbliche Anwendbarkeit abgesprochen würde.

[77] Vgl. *Melullis* in Benkard PatG § 2a Rn. 73 f.

[78] So EPA 14.10.1987, ABl. 1989, 13 – Schweine I/Wellcome für ein Verfahren zur Bekämpfung von Ektoparasitenbefall bei Schweinen durch Auftragen eines Pestizidgemischs auf die Oberfläche des (lebenden) Schweinekörpers.

[79] DPA (BS) 12.12.1958, BlPMZ 1959, 71; *Moufang* in EPÜ-GK Art. 52 Rn. 379 f. Ein therapeutisches Verfahren wird aber nicht dadurch patentierbar, dass es im Ergebnis die Fleischproduktion erhöht, vgl. EPA 12.8.1991, ABl. 1993, 440 – Immunstimulierende Mittel/Bayer.

[80] PA (Nichtigkeitsabteilung) 24.6.1922, BlPMZ 1924, 6 – Friedmannsches Tuberkuloseserum.

[81] *Moufang* in EPÜ-GK Art. 52 Rn. 379 mit Fn. 587.

[82] EPA 25.9.1987, ABl. 1988, 308 Rn. 3.2 – Nicht-invasive Meßwertermittlung/Bruker. Über weitere Entscheidungen im gleichen Sinne berichtet die Vorlage des Präsidenten des EPA 29.12.2003, ABl. 2004, 229 (235 ff.). Die Prüfungsrichtlinien in der Fassung von 2001 (C IV 4.3) folgten ebenfalls dieser Ansicht.

[83] BPatG 8.12.1994, BPatGE 35, 12 (15); es ging um ein Verfahren zur Überwachung der Atemfunktion bei Lebewesen. Ebenso BPatG 11.7.2006, GRUR 2007, 133 – Auswertung diskreter Messwerte (Nr. II 3c; vgl. den Sachverhalt → § 12 Rn. 18 letzter Spiegelstrich).

[84] *Moufang* GRUR-Int 1992, 22 f. und in EPÜ-GK Art. 52 Rn. 389 f.; *Thomas* 860 f.; *Visser* FS Kolle/Stauder, 2005, 482 f.

[85] EPA 29.6.2001, ABl. 2002, 4 – Vorrichtung und Verfahren zur Probentnahme von Stoffen mittels wechselnder Polarität/Cygnus (Iontophoretische Entnahme eines Stoffs als Probe zu Diagnosezwecken aus dem lebenden Körper). Auf der gleichen Linie liegt bereits EPA 11.2.1997, ABl. 1998, 17 – Kontrastmittel für die NMR-Abbildung/Nycomed: ein Verfahren, das die Injektion eines (magnetisch anregbaren) Kontrastmittels umfasst, ist als Diagnoseverfahren vom Patentschutz ausgeschlossen. Weitere in diese Richtung gehende Entscheidungen behandelt die Vorlage vom 29.12.2003 ABl. 2004, 229 (243 ff.); vgl. auch *Thomas* 857 ff.

Der Präsident des EPA hat wegen dieser Divergenz das Problem der Großen Beschwerdekammer vorgelegt.[86] Diese hat in ihrer Stellungnahme[87] den Begriff des Diagnostizierverfahrens iSd Art. 52 (4) (jetzt 53 [c]) EPÜ stark eingeschränkt:

> Damit ein Diagnostizierverfahren Gegenstand eines Patentanspruchs ist, muss dieser Merkmale enthalten, die sich beziehen auf
> (i) die Diagnose zu Heilzwecken im strengen Sinne, also die deduktive human- oder veterinärmedizinische Entscheidungsphase als rein geistige Tätigkeit,
> (ii) die vorausgehenden Schritte, die für das Stellen dieser Diagnose konstitutiv sind, und
> (iii) die spezifischen Wechselwirkungen mit dem menschlichen oder tierischen Körper, die bei der Durchführung derjenigen vorausgehenden Schritte auftreten, die technischer Natur sind" (Leitsatz 1 und Nr. 5–6.2.4).

Die GBK weicht damit für Diagnostizierverfahren bewusst von der Rechtsprechung ab, die ein Verfahren schon dann als *chirurgisch* oder *therapeutisch* im Sinne der Ausschlussbestimmung ansieht, wenn es auch nur *einen* als chirurgisch oder therapeutisch zu qualifizierenden Schritt umfasst (Nr. 6.2.2). Dem scheint die Überlegung zugrunde zu liegen, dass erst die diagnostischen Schlussfolgerungen, die aus bestimmten Tatsachen gezogen werden, ein Verfahren, durch welches diese ermittelt worden sind, zum Bestandteil eines Diagnostizierverfahrens machen. In der Tat gibt es Fälle, in denen Untersuchungen, die am Körper eines Menschen oder Tieres vorgenommen werden, keinem Heilzweck, sondern anderen Zwecken dienen und deshalb dem dabei angewandten technischen Verfahren ein für Diagnostizierverfahren wesentliches Merkmal fehlt (→ Rn. 58 ff.). Im Hinblick auf diese Möglichkeit können technische Untersuchungsverfahren, die sich auch für andere als Heilzwecke eignen, unter Beschränkung auf diese Zwecke beansprucht werden, was am besten durch einen auf Diagnosezwecke bezogenen Disclaimer zum Ausdruck gebracht wird.[88]

Werden dagegen gemäß der Stellungnahme der GBK am menschlichen oder tierischen Körper vorzunehmende Untersuchungsverfahren, die sich auch oder gar ausschließlich für Diagnosezwecke eignen, schon dann zum Patentschutz zugelassen, wenn der Anspruch nicht auch ein auf die „deduktive medizinische Entscheidungsphase" bezogenes Merkmal enthält, wird das für Diagnostizierverfahren geltende Patentierungsverbot praktisch irrelevant. Denn zur Aufnahme jenes – wie die GBK (Nr. 5.2) selbst sieht – nichttechnischen Merkmals in die Anmeldung einer technischen Erfindung besteht schon ohne Kenntnis des Standpunkts der GBK kaum jemals Anlass, und wo sie vorgekommen ist, war das auf ungeschickte Anspruchsformulierung zurückzuführen. In Kenntnis jenes Standpunkts wird sie jeder einigermaßen umsichtige und erst recht jeder sachgemäß beratene Anmelder vermeiden.

Allerdings will die GBK (Nr. 6.2.4) verhindern, dass das Patentierungsverbot durch Weglassen des nichttechnischen Merkmals „umgangen" wird, das sich auf die Diagnose zu Heilzwecken bezieht. Sie stützt sich dabei auf Art. 84 EPÜ, wonach der Anspruch alle Merkmale angeben muss, die für eine deutliche und vollständige Definition einer bestimmten Erfindung erforderlich sind. Deshalb müsse ein nichttechnisches Merkmal, das für die Erfindung konstitutiv ist, in den Anspruch aufgenommen werden. Für das genannte Merkmal gelte dies, wenn sich aus der Anmeldung oder dem Patent insgesamt zweifelsfrei ergibt, dass es wesentlich ist. Das sei der Fall, wenn ein Verfahren zur Ermittlung diagnostisch relevanter Werte offenbart ist, welche die Zuordnung zu einem bestimmten Krankheitsbild erlauben.

Dass der Anmelder nach Art. 84 EPÜ, der Erfordernisse für die *Gewährbarkeit* eines Anspruchs festlegt, gehalten sein soll, ein Merkmal in den Anspruch aufzunehmen, um – we-

---

[86] Vorlage vom 29.12.2003 ABl. 2004, 229.
[87] 16.12.2005, ABl. 2006, 334 = GRUR-Int 2006, 514 – Diagnostizierverfahren; zustimmend BPatG 11.7.2006, GRUR 2007, 133 – Auswertung diskreter Messwerte.
[88] Vgl. *Moufang* in EPÜ-GK Art. 52 Rn. 381; EPA 8.4.2004, ABl. 2004, 413 = GRUR-Int 2004, 959 Rn. 2.4 – Disclaimer/PPG.

gen des für Diagnostizierverfahren geltenden Patentierungsverbots – die *Ablehnung* seines Patentgesuchs zu provozieren, ist ein überraschender Gedanke. Wenn sich der Gegenstand einer Anmeldung nach deren Gesamtinhalt als Diagnostizierverfahren im Sinne der Ausschlussbestimmung darstellt, sollte bereits die Feststellung dieses Sachverhalts genügen, um die Versagung des Schutzes zu begründen. Die Aufforderung, das nichttechnische Merkmal der Diagnose zu Heilzwecken in den Anspruch aufzunehmen, wäre nur dann gerechtfertigt, wenn ohne sie nicht definiert werden könnte, was als neu und erfinderisch beansprucht wird. So verhält es sich aber selbst dann nicht, wenn eine Anmeldung als neu und erfinderisch lediglich die Erkenntnis präsentiert, dass bestimmte auf bekannte Weise zu ermittelnde Werte auf ein bestimmtes Krankheitsbild hindeuten. Zur Definition einer *technischen Handlungsanweisung* genügt es, im Anspruch die Verfahrensschritte zu bezeichnen, die zur Ermittlung der relevanten Werte auszuführen sind. Als neu und erfinderisch kommt dabei die Kombination der an sich bekannten Verfahrensschritte oder der zu ermittelnden Werte in Betracht. Der Beurteilung der erfinderischen Leistung ist jedoch ein SdT zugrunde zu legen, der die Kenntnis davon, dass die beanspruchte Kombination eine neue Möglichkeit zur Feststellung einer Krankheit eröffnet, noch nicht umfasst. Trotzdem kann nicht verlangt werden, dass die zu dieser Feststellung führende schlussfolgernde Tätigkeit zum Anspruchsmerkmal erhoben wird. Durch Anwendung von Art. 84 EPÜ kann deshalb nicht verhindert werden, dass das Patentierungsverbot für Diagnostizierverfahren praktisch vollständig unterlaufen wird.

69 Freilich wäre dies im Ergebnis hinnehmbar, wenn es keinen Grund gäbe, die Anwendung von Diagnostizierverfahren, die am menschlichen oder tierischen Körper vorgenommen werden, ebenso von patentrechtlichen Beschränkungen freizuhalten wie die Anwendung chirurgischer oder therapeutischer Verfahren. Der Gesetzgeber hat aber offenbar auch für Diagnostizierverfahren ein Freihaltungsbedürfnis anerkannt, was grundsätzlich auch die GBK sieht (Nr. 4). Die Vorschrift, in der ihm Rechnung getragen wird, geht davon aus, dass eigentlich eine dem Patentschutz zugängliche technische Handlungsanweisung vorliegt. Dementsprechend stellt die GBK (Nr. 4) fest, dass die in Art. 52 (4) EPÜ bezeichneten Diagnostizierverfahren Erfindungen sind. Das bedeutet aber, dass die Vorschrift von vornherein nicht die „deduktive medizinische Entscheidungsphase als rein geistige Tätigkeit" betrifft. Wenn sie einen Sinn haben soll, ist sie deshalb so anzuwenden, dass neue, erfinderische Verfahren der Diagnose*technik* als solche und nicht bloß in Verbindung mit jener „deduktiven Phase" freigehalten werden.

70 Die erforderliche Abgrenzung gegenüber dem rein medizin*technischen* Bereich, in dem Patentschutz uneingeschränkt möglich ist, erfolgt durch das Merkmal der Vornahme *am menschlichen oder tierischen Körpers*. Die GBK hat sich auch mit diesem Merkmal befasst. Nach ihrer Stellungnahme (Leitsätze 3 und 4 sowie Nr. 6.4ff.) genügt jede Wechselwirkung mit dem menschlichen oder tierischen Körper, die zwangsläufig dessen Präsenz erfordert. Auf Art oder Intensität der Wechselwirkung kommt es nicht an. Geht man hiervon aus, lässt sich ein nicht-invasives Verfahren, bei dem mittels Magnetresonanz Temperaturen oder pH-Werte von Körperbereichen bestimmt werden, nicht mit Laboruntersuchungen einem Körper dauerhaft entnommener Blut- oder Gewebeproben vergleichen[89]. Erst recht gilt dies für körperliche Untersuchungen mittels Röntgenstrahlen[90].

71 Keine Voraussetzung für das Vorliegen eines nicht patentierbaren Diagnostizierverfahrens ist nach der Stellungnahme der GBK die Beteiligung eines persönlich anwesenden oder die Verantwortung tragenden Human- oder Tiermediziners; ebenso kommt es nicht darauf an, ob alle Verfahrensschritte auch oder nur von medizinischem oder technischem Hilfspersonal, dem Patienten selbst oder einem automatisierten System vorgenommen werden können; zwischen wesentlichen Verfahrensschritten mit diagnostischem Charakter und un-

---

[89] So aber EPA 25.9.1987, ABl. 1988, 308 Rn. 3.5.2 – Nicht-invasive Meßwertermittlung/Bruker.
[90] EPA 25.9.1987, ABl. 1988, 308 Rn. 4.3.2 – Nicht-invasive Meßwertermittlung/Bruker meint, solche Untersuchungen würden nicht „am Körper" vorgenommen.

§ 14. Grenzen der Schutzfähigkeit biologischer Erfindungen   II § 14

wesentlichen ohne diesen darf in diesem Zusammenhang nicht unterschieden werden (Leitsatz 2 und Nr. 6.3).

Bedeutung können diese zusätzlichen Klarstellungen vom Standpunkt der GBK aus freilich nur erlangen, soweit es um Anmeldungen und Patente geht, deren Ansprüche alle von ihr für die Definition eines Diagnostizierverfahrens geforderten Merkmale und damit auch ein die „deduktive medizinische Entscheidungsphase" betreffendes (nichttechnisches) Merkmal enthalten. Solche Fälle wird es aus der Zeit vor der Stellungnahme kaum und danach wohl überhaupt nicht mehr geben. 72

4. Bei **chirurgischen Verfahren**[91] ist nicht immer ein Heilzweck vorhanden[92]. Insbesondere lässt sich Verfahren der kosmetischen Chirurgie ein Heilzweck allenfalls sehr mittelbar zuschreiben, etwa in Bezug auf seelische Störungen. Das Fehlen eines Heilzwecks öffnet aber auch nicht zwingend den Zugang zum Patentschutz[93]. 73

So ist ein Verfahren zum Einschieben eines Katheters in den Perikardialraum auch dann als chirurgisches von der Patentierung ausgeschlossen, wenn es nicht unmittelbar der Diagnose oder Therapie, sondern lediglich deren Vorbereitung dient[94]. Nicht patentierbar ist auch ein Verfahren, mit dem durch Laser die Krümmung einer zur Korrektur des Sehvermögens auf die Hornhaut des Auges aufgesetzten und dort eingewachsenen künstlichen Linse nachprofiliert wird[95]. 74

Für patentierbar hielt der X. BGH-Zivilsenat unter ausdrücklichem Bezug auf eine Entscheidung der Großen EPA-Beschwerdekammer vom 15.2.2010[96] dagegen ein Verfahren zur Bildunterstützung bei der gezielten Navigation eines in ein Hohlraumorgan des menschlichen oder tierischen Körpers invasiv eingeführten Katheters an einen pathologischen Ort im Hohlraumorgan. Dieses Verfahren sei ausweislich der Ansprüche keines zur chirurgischen Behandlung, sondern lediglich ein Bildunterstützungsverfahren. Als solches sei es trotz seines engen sachlich-technischen und räumlich-zeitlichen Zusammenhangs mit (chirurgischen) Katheternavigationen nicht vom Patentierungsausschluss des § 2a Abs. 1 Nr. 2 PatG erfasst, sondern nur eine Lehre zum technischen Handeln.[97] 75

Ebenfalls für patentierbar angesehen wurde ein Verfahren zur Haarentfernung mittels Einwirkung einer optischen Strahlung auf den zu enthaarenden Hautbereich. Zwar sei dieses Verfahren chirurgisch. Mangels – sei es auch nur potentieller – Eignung zu Heilzwecken, sei die Ausschlussvorschrift aber nur insoweit anzuwenden, als es eines Freihaltens für Heilzwecke bedürfe.[98] Damit wird eine teleologische Reduktion vorgenommen, die das Patentierungsverbot für chirurgische Verfahren enger fasst, als der Wortlaut der Vorschrift angibt. 76

Ein bildgebendes Verfahren für diagnostische Zwecke, das einen physischen Eingriff in den menschlichen oder tierischen Körper umfasst (in casu die Injektion eines Kontrastmittels ins Herz), ist als „Verfahren zur chirurgischen Behandlung des menschlichen oder tierischen Körpers" nach Art. 53 (c) EPÜ vom Patentschutz ausgeschlossen.[99] Entscheidend gewesen war im entschiedenen Fall, dass das 77

---

[91] Zu diesem Begriff EPA 30.7.1993, ABl. 1994, 641 Rn. 2.3 f. – Durchblutung/See-Shell mN; *Moufang* GRUR-Int 1992, 18 f.

[92] EPA 30.7.1993, ABl. 1994, 641 (644 f.) – Durchblutung/See-Shell; *Thomas* 861.

[93] Vgl. BGH 26.9.1967, BGHZ 48, 313 (327) – Glatzenoperation; *Moufang* in EPÜ-GK Art. 52 Rn. 366 ff.

[94] EPA 29.9.1999, ABl. 2000, 447 – Perikardialzugang/Georgetown University.

[95] EPA 5.5.1994, ABl. 1995, 512 – Hornhaut/Thompson; das Verfahren wird dort als therapeutisch bezeichnet, wohl aber auch als chirurgisches angesehen.

[96] EPA 15.2.2010, ABl. 2011, 134 = GRUR-Int 2010, 333 – Treatment by surgery/Medi-Physics. Ein bildgebendes Verfahren ist nach dieser Entscheidung (5.) nicht allein deswegen vom Patentschutz ausgeschlossen, weil das Verfahren Informationen für die Beurteilung liefert, ob nachfolgend ein chirurgischer Eingriff notwendig ist.

[97] BGH 31.8.2010, GRUR 2010, 1081 Rn. 15 und 17 – Bildunterstützung bei Katheternavigation.

[98] EPA 1.10.2004, ABl. 2005, 159 = GRUR-Int 2005, 712 – Verfahren zur Haarentfernung/The General Hospital.

[99] EPA 15.2.2010, ABl. 2011, 134 = GRUR-Int 2010, 333 – chirurgische Behandlung, bildgebendes Verfahren für diagnostische Zwecke. Laut EPA könne der Ausschluss vom Patentschutz mittels eines Disclaimers vermieden werden, der die in → § 29 Rn. 97 genannten Voraussetzungen erfüllt. Vgl. auch *Hüttermann/Storz* Mitt. 2010, 2013.

§ 14 II *2. Abschnitt. Sachliche Voraussetzungen des Patent- u. Gebrauchsmusterschutzes*

bildgebende Verfahren einen Eingriff beinhaltet hatte, dessen Ausführung medizinisches Fachwissen erforderte.[100]

78 Allerdings wird der Ausschluss chirurgischer Verfahren auf solche zu beschränken sein, bei denen der behandelte Körper als lebender erhalten bleiben soll. Nicht ausgeschlossen ist deshalb ein chirurgische Eingriffe umfassendes Tierversuchsverfahren, an dessen Ende zur Gewinnung der angestrebten Erkenntnisse das Tier getötet werden muss[101].

79 Dem Patentschutz zugänglich sind rein kosmetische Verfahren, wie Haarbehandlung durch Schneiden, Färben, Dauerwellen,[102] Nägelbehandlung durch Schneiden und Lackieren, Hautbehandlung durch Anwendung tönender oder straffender[103] Mittel, wie Einreiben oder Bestrahlung, oder durch Entfernen von Unreinheiten.[104] Gleiches wird auch für Tätowieren und Ohrlochstechen noch gelten können[105]. Ein Verfahren zum Implantieren von Haarbündeln in die Kopfschwarte mittels atraumatischer Nadeln ist jedoch als chirurgisches Verfahren trotz seines kosmetischen Zwecks von der Patentierung ausgeschlossen[106].

80 5. Abgrenzungsprobleme können entstehen, wenn Patentschutz für Verfahren zum **Betrieb medizinisch-technischer Geräte** beansprucht wird[107].

81 Ein Verfahren zur Messung der Durchlaufgeschwindigkeit kleiner Flüssigkeitsmengen, die durch ein rohrförmiges Element strömen, wurde auch insoweit, als es in einem in den Körper implantierten Dosiergerät für Medikamente (insbesondere Insulin) angewandt wird, unter der Voraussetzung als nicht therapeutisch und deshalb als patentierbar angesehen, dass es nicht auch die von dem Gerät abgegebene Dosis beeinflusst, sondern nur die Leistung des Geräts misst[108]. Bejaht wurde auch die Patentierbarkeit eines Verfahrens zur Speicherung von Signalen in einem implantierbaren medizinischen Gerät und zu deren Übertragung nach außerhalb des Körpers des Patienten, sofern zwischen dem beanspruchten Speicherverfahren und der Wirkung des Geräts auf den Körper des Patienten kein Zusammenhang besteht.[109] Wegen therapeutischen Charakters versagt blieb der Patentschutz einem Verfahren zur Steuerung der Impulsrate eines implantierten Herzschrittmachers mittels Messung des rechtsventrikulären Drucks,[110] ebenso einem Verfahren zum Betreiben eines Herzschrittmachers zwecks Beendigung einer Tachykardie, nicht aber dem Programmieren eines Herzschrittmachers, das lediglich eine an einem Gerät durchgeführte Maßnahme darstelle.[111]

82 Ein Schutz für Verfahren, die sich im bestimmungsgemäßen, durch die Bauart vorgegebenen Gebrauch eines patentierten medizinischen Geräts oder Instruments erschöpfen, hätte zur Folge, dass dieser Gebrauch auch bei Vorrichtungen, die mit Zustimmung des Patentinhabers in Verkehr gebracht worden sind, kraft eines Verfahrenspatents verboten oder lizenzpflichtig gemacht werden könnte. Die im medizinischen Bereich bestehenden Freihaltungsinteressen würden hierdurch stärker beeinträchtigt als durch den für medizinisch benötigte Erzeugnisse zulässigen Patentschutz. Ein Verfahrensschutz, dem keine über

---

[100] EPA 15.2.2010, ABl. 2011, 134 = GRUR-Int 2010, 333 – chirurgische Behandlung, bildgebendes Verfahren für diagnostische Zwecke.

[101] EPA 30.7.1993, ABl. 1994, 641 Rn. 2.5.2 – Durchblutung/See-Shell.

[102] *Dersin* GRUR 1951, 2 ff.; DPA (BS) 10.11.1950, BlPMZ 1950, 352 gegen PA (BS) 18.1.1937, Mitt. 1937, 88.

[103] DPA (BS) 23.2.1959, BlPMZ 1959, 172.

[104] Vgl. *Melullis* in Benkard PatG § 2a Rn. 71, 82; *Bernhardt* 35.

[105] BPatG 12.12.1988, BPatGE 30, 134 (135).

[106] BPatG 12.12.1988, BPatGE 30, 134 (135).

[107] Vgl. *Bosch* 84 ff., *Thomas* 872 ff.

[108] EPA 25.9.1987, GRUR-Int 1989, 682 – Durchflußmessung/Siemens; krit. *Visser* FS Kolle/Stauder, 2005, 479 f.

[109] BPatG 23.2.1999, BPatGE 41, 84.

[110] EPA 15.5.1995, ABl. 1996, 274 Rn. 1.5 – Herzphasensteuerung/Teletronics.

[111] EPA 28.6.1990, ABl. 1992, 172 – Herzschrittmacher/Siemens. Ebenso sieht EPA 23.8.2001, ABl. 2002, 364 – Therapeutisches Verfahren/Ela Medical ein Verfahren, durch das ein Herzschrittmacher in einer den Energieverbrauch minimierenden Weise gesteuert werden soll, nicht als therapeutisch an; krit. dazu *Thomas* 874 f.

§ 14. Grenzen der Schutzfähigkeit biologischer Erfindungen II § 14

die Bereitstellung eines Erzeugnisses hinausgehende erfinderische Leistung zugrunde liegt, sollte daher neben dem Schutz dieses Erzeugnisses jedenfalls im medizinischen Bereich nicht gewährt werden[112] (vgl. auch → § 24 Rn. 53 ff.).

Dagegen käme es bei neuer, nicht naheliegender Verwendung eines – geschützten oder 83 nicht geschützten – Erzeugnisses auf die Frage an, ob sie ein medizinisches Verfahren darstellt. Ist dies nicht der Fall, ist normaler Verfahrensschutz möglich, andernfalls stellt sich die Frage nach entsprechender Anwendung der Regeln über den Schutz der zweiten Indikation, die auf einen zweckgebundenen Sachschutz hinauslaufen (→ Rn. 216 ff. und → § 33 Rn. 205 ff.).

Beispiele: Die Verwendung einer zum SdT gehörenden Vorrichtung zum Zertrümmern im Körper 84 eines Lebewesens befindlicher Konkremente (zB Nierensteine) wurde vom BPatG als nicht naheliegend und (auf der Grundlage des vor 1978 geltenden Rechts) in Anlehnung an die Rechtsprechung zum Schutz bekannter Stoffe in neuer medizinischer Anwendung (→ Rn. 227 ff.) als gewerblich verwertbar angesehen[113]. Dagegen verschafft nach Ansicht des EPA[114] die Zweckangabe „chirurgische Verwendung" der Verwendung von Bestandteilen eines bekannten Geräts zu dessen Herstellung noch keine Neuheit. Das ließe sich damit begründen, dass die GBK den Schutz der zweiten Indikation auf eine Analogie zu Art. 54 Abs. 5 EPÜ 1973 gestützt hat (→ Rn. 231 ff.), der nur für Stoffe und Stoffgemische gilt. Die zitierte Entscheidung argumentiert allerdings damit, dass sich Arzneimittel verbrauchten, Geräte jedoch nicht.

cc) Gründe des Patentierungsverbots. Rechtspolitische Beurteilung

1. Die durch die frühere Fassung des Patentierungsverbots nahegelegte Ansicht, gehin- 85 dert werde die Patentierung medizinischer Verfahren durch deren mangelnde gewerbliche Anwendbarkeit,[115] überzeugt nicht.[116] Gegen sie spricht erstens, dass es nicht darauf ankommen soll, wer medizinische Verfahren anwenden darf: Ärzte oder nichtärztliche Heilberufe.[117] Da hier jedenfalls teilweise ein Gewerbe und kein Freiberuf vorliegt, dürfte die Patentierung jedenfalls nicht unterschiedslos ausgeschlossen werden. Zweitens fällt auf, dass die Anwendung medizinischer Verfahren durch angestellte Ärzte in gewerblich betriebenen Krankenanstalten keine gewerbliche Benutzung sein soll. Gewiss liegt auch hier die Entscheidung theoretisch(!) beim Arzt. Gleichwohl ist die Anwendung medizinischer Verfahren in solchen Betrieben (auch) ein wirtschaftlicher Vorgang und als solcher dem Inhaber und somit einem Gewerbebetrieb zurechenbar.[118]

2. Vielfach wird der Ausschluss medizinischer Verfahren vom Patentschutz mit dem Inte- 86 resse der **Volksgesundheit** begründet, diese für den allgemeinen Gebrauch **freizuhalten**.[119] Schon vor Einführung des ausdrücklichen Patentierungsverbots hatte der BGH das Freihaltebedürfnis als rechtspolitische Forderung anerkannt und lediglich offen gelassen, ob sie ohne weiteres den Ausschluss von der Patentierung rechtfertigen würde.[120] Den Zweck

---

[112] Zustimmend BPatG 18.1.2007, Mitt. 2007, 369 Rn. 4 – Verfahren zur passiven Gymnastik.

[113] BPatG 24.1.1990, BPatGE 32, 93.

[114] EPA 15.12.1995, ABl. 1994, 491 – Zweite chirurgische Verwendung/Codman; dazu *Thomas* 881 ff. mwN.

[115] So insbesondere BGH 26.9.1967, BGHZ 48, 313 (325) – Glatzenoperation unter Hinweis auf abweichende Begründungen (316 ff.); vgl. auch den vollständigen Abdruck in GRUR 1968, 142 (144 f.).

[116] Noch weniger allerdings die von *Busche* Mitt. 2001, 4 (6) geäußerte Meinung, der Grund sei darin zu sehen, dass sich der Patentanspruch in diesen Fällen auf das lebende Objekt selbst, also den Menschen beziehen würde, der damit zum Gegenstand kommerzieller Verwertungsinteressen würde.

[117] *Melullis* in Benkard PatG § 2a Rn. 62.

[118] Vgl. *Wagner* GRUR 1976, 676 f.; *Bosch* 63. Dagegen will BGH 26.9.1967, BGHZ 48, 313 (326) – Glatzenoperation nichtärztliche (gewerbliche) Betreuung und ärztliche (nichtgewerbliche) Behandlung trennen.

[119] Vgl. zB DPA (BS) 4.11.1952, GRUR 1953, 172; 10.11.1950, BlPMZ 1950, 352; *Bernhardt* 34; *Moufang* in Schulte PatG § 2a Rn. 55; *Melullis* in Benkard PatG § 2a Rn. 58; *Thomas* 852 f.

[120] BGH 26.9.1967, BGHZ 48, 313 (320 f.) – Glatzenoperation.

der geltenden Ausschlussbestimmungen sieht er darin, die Entscheidungsfreiheit des Arztes bei der Auswahl von Maßnahmen zur Beseitigung von Krankheiten oder von Untersuchungsmethoden zu deren Erkennung zu erhalten.[121] Die Große Beschwerdekammer des EPA bezeichnete es als Zweck des Art. 52 Abs. 4 aF EPÜ, die nicht-kommerziellen und nicht-industriellen Tätigkeiten auf dem Gebiet der Human- und Veterinärmedizin von patentrechtlichen Beschränkungen freizuhalten.[122] Diese Überlegung ist ehrenwert, verkennt aber die Intensität, mit der in Deutschland das Recht der gesetzlichen Krankenversicherung in die ärztliche Entscheidungsfreiheit eingreift. Wären medizinische Behandlungen patentfähig, wäre Verhandlungspartner der Rechteinhaber nicht die Ärzteschaft, sondern die gesetzlichen und privaten Krankenversicherungen oder deren Spitzenverbände.

87   3. Nicht vorwerfen lassen muss sich der Gesetzgeber immerhin, dass er das Interesse der Volksgesundheit bei Arzneimitteln, medizinischen Geräten usw nicht als ausreichend für einen Ausschluss von der Patentierung ansieht. Dazu bestätigen § 2a Abs. 1 Nr. 2 (früher 5 Abs. 2) S. 2 PatG, Art. 53 (c) (früher 52 Abs. 4) S. 2 EPÜ ausdrücklich, dass das im vorausgehenden Satz enthaltene Verbot, medizinische Verfahren zu patentieren, nicht für *Erzeugnisse*, insbesondere Stoffe oder Stoffgemische zur Anwendung in einem solchen Verfahren gilt. Wenn also ein Freihaltebedürfnis das Patentierungsverbot für medizinische Verfahren rechtfertigen soll, muss es gewichtiger sein als bei Erzeugnissen, die für medizinische Zwecke benötigt werden. Dass es sich so verhält, lässt sich aus dem Zeitgewinn herleiten, den das Eingreifen des Erschöpfungsgrundsatzes bringt. Während Erzeugnisse für medizinische Zwecke im Bedarfsfall regelmäßig rasch beschafft werden können, weil der Patentinhaber nicht gefragt werden muss, müssten Ärzte (oder Angehörige anderer Heilberufs) bei der Anwendung eines patentierten Verfahrens jedes Mal die Zustimmung des Patentinhabers einholen. Würde sie versagt oder nicht rechtzeitig erteilt könnte das vielleicht am besten geeignete Verfahren nicht angewandt werden. Patentschutz hätte hier also das Potential fataler Folgen.[123]

88   Hauptargument gegen einen Patentschutz medizinischer Verfahren ist damit die Gefahr, dass dieser Diagnose- und Therapieentscheidungen einschränken oder verzögert könnte. Mit der Sonderstellung des ärztlichen Berufs gegenüber gewerblichen Tätigkeiten lässt sich dies insofern verknüpfen, als Ärzten zur Wahrung der Entscheidungsfreiheit von Patienten Werbung berufsrechtlich nur in engen Grenzen gestattet ist. Dazu passt, dass auch die Arztwahl des Patienten nicht durch Ausschließlichkeitsrechte einzelner Ärzte an bestimmten Verfahren beeinflusst werden soll. Ob das so auch für die Veterinärmedizin gelten kann, ist freilich zweifelhaft.[124]

89   4. In summa bestehen somit hinreichende Gründe für die Geltung der bestehenden Vorschriften und ist auch die Ansicht, dass es an der gewerblichen Verwertbarkeit fehle, auf Sachargumente zurückführbar.[125] Es trifft deshalb nicht den Kern des Problems, wenn jene

---

[121] BGH 28.11.2000, GRUR 2001, 321 (322) – Endoprotheseeinsatz.

[122] EPA 5.12.1984, ABl. 1985, 60 Rn. 22 – Zweite medizinische Indikation/Bayer; im gleichen Sinn EPA 14.10.1987, ABl. 1989, 13 Rn. 3.7 – Schweine I/Wellcome; 5.5.1994, ABl. 1995, 512 Rn. 2.4 – Hornhaut/Thompson; 29.9.1999, ABl. 2000, 447 Rn. 6 f. – Perikardialzugang/Georgetown University.

[123] Es geht also nicht allein darum, die Umständlichkeiten einer Lizenzbeschaffung zu vermeiden, die auch dann auftreten können, wenn außerhalb des medizinischen Bereichs ein patentiertes Verfahren benötigt wird. Vielmehr fällt in der Medizin das *Zeitmoment* besonders ins Gewicht, denn oft ist nicht voraussehbar, wann und wo ein bestimmtes Verfahren benötigt wird. Das Risiko, sich in Eilfällen auf die Anerkennung rechtfertigenden Notstands zu verlassen, wie es *Moufang* GRUR-Int 1992, 24 und *Thums* GRUR-Int 1995, 280 (287) vorschlagen, ist einem Therapeuten kaum zumutbar.

[124] Vgl. *v. Pechmann* GRUR-Int 1987, 349, der die Streichung des Patentierungsverbots für tiermedizinische Verfahren fordert.

[125] Vgl. BGH 26.9.1967, BGHZ 48, 313 (325 f.) – Glatzenoperation: „Die menschliche Gesundheit und die zu ihrer Erhaltung den Ärzten auferlegten Aufgaben bilden die gemeinsame sozialethische Begründung dafür, dass der ärztliche Beruf kein Gewerbe ist, und zugleich dafür, dass der Arzt auch in

Vorschriften mit dem Argument bekämpft werden, in Wahrheit sei der Arztberuf ein Gewerbe.[126] Rechtfertigen können die Freihaltungsinteressen, um die es letztlich geht, die Versagung von Patentschutz freilich nur im Rahmen der gesetzlichen Vorschriften, kein Argument liefern sie für deren extensive Auslegung oder analoge Anwendung.

Beispielsweise könnte gefragt werden, ob nicht an der Freihaltung von Diagnoseverfahren, die nicht am Körper, sondern an dauerhaft daraus entnommenen Proben wie Blut oder Gewebe vorgenommen werden, ebenfalls ein anerkennenswertes Interesse besteht.[127] Das würde aber nichts daran ändern, dass die Ausschlussbestimmungen insoweit nicht anwendbar sind.   90

Rechtspolitisch bleibt es jedoch bei der Frage, ob es auf Dauer angemessen ist, die Entwicklung von Neuerungen in einem für die Allgemeinheit besonders wichtigen Bereich von den Förderungs-, Belohnungs- und Informationseffekten des Patentsystems auszunehmen.[128] Mindestens wäre über Lösungen nachzudenken, die die Ausschlusswirkung des Patentschutzes abschwächen und den Akzent auf die Nennung des Erfinders und auf Vergütungsansprüche legen.[129]   91

III. Patentierbare biotechnologische Erfindungen

a) Veränderung von Pflanzen

aa) Erzeugniserfindungen

1. Nach Art. 4 Abs. 2 EU-BioPatRL, § 2a Abs. 2 S. 1 Nr. 1 PatG, R 27 (b) EPÜ können Erfindungen, deren Gegenstand Pflanzen sind, patentiert werden, wenn die Ausführung der Erfindung technisch **nicht auf eine bestimmte Pflanzensorte beschränkt** ist. Maßgebend für den Begriff der Sorte ist die in Art. 5 SortenschVO enthaltene Definition (→ Rn. 32). Erwägungsgrund 30 der Richtlinie hebt hervor, dass eine Sorte durch ihr ganzes Genom geprägt wird, deshalb Individualität besitzt und von anderen Sorten deutlich unterscheidbar ist. Eine Pflanzengesamtheit, die durch ein bestimmtes Gen (nicht durch ihr gesamtes Genom) gekennzeichnet ist, unterliegt, wie Erwägungsgrund 31 feststellt, nicht dem Sortenschutz und ist deshalb von der Patentierbarkeit *nicht* ausgeschlossen, auch wenn sie Pflanzensorten umfasst.   92

2. Die **Rechtsprechung des EPA** hat nach einigem Schwanken die Reichweite des für Pflanzensorten geltenden Patentierungsverbots durch eine Entscheidung der Großen Beschwerdekammer in einem mit der EU-BioPatRL (→ Rn. 92) übereinstimmenden Sinn geklärt und damit auch R 23c (jetzt 27) (b) EPÜ bestätigt. Zum Begriff der Pflanzensorte hat sie sich dabei nicht eindeutig geäußert.   93
Schon früh war unter Hinweis auf den Sortenbegriff des UPOV-Ü aF eine Erfindung für patentierbar erklärt worden, nach der Vermehrungsgut von Kulturpflanzen durch Be-

---

der Anwendung von Heilverfahren grundsätzlich frei sein muss." – Dazu *Bruchhausen* FS Möhring, 1975, 458.

[126] So *Appel* 75 f.
[127] Vgl. *Thums* GRUR-Int 1995, 279.
[128] Vgl. *Bruchhausen* FS Möhring, 1975, 452 f.; *Appel* 183; *Thums* GRUR-Int 1995, 284 ff.; *Moufang* in EPÜ-GK Art. 52 Rn. 352.
[129] Vgl. *Bruchhausen* FS Möhring, 1975, 455; *Wagner* GRUR 1976, 678. Anstelle der von *Bruchhausen* und *Appel* 187 f. empfohlenen Benutzungsanordnung gem. § 13 PatG wäre – da Zwangslizenzen kaum Abhilfe bieten – auch zu erwägen, dass schon die Erteilung eines Patents von der Erklärung der Lizenzbereitschaft gem. § 23 PatG abhängig gemacht wird. Den Bedenken von *Appel* 183 könnte dadurch Rechnung getragen werden, dass in Eilfällen eine der Benutzung unverzüglich nachfolgende Anzeige als ausreichend anerkannt würde. Erwägenswert ist es auch, Geltendmachung von Vergütungsansprüchen und Verteilung des Aufkommens – nach urheberrechtlichem Vorbild – Verwertungsgesellschaften anzuvertrauen; vgl. *Bosch* 216, 228 mit Hinweis auf einen in den USA gemachten Vorschlag. In jedem Fall muss ein Vergütungssystem so organisiert sein, dass die Wahrung der ärztlichen Schweigepflicht gewährleistet ist.

§ 14 III 2. Abschnitt. Sachliche Voraussetzungen des Patent- u. Gebrauchsmusterschutzes

handlung mit einem Oximderivat gegen Agrarchemikalien widerstandsfähig gemacht werden sollte.[130] Beansprucht seien keine von jeder anderen Sorte unterscheidbare individuelle Pflanzensorte, sondern beliebige, chemisch in bestimmter Weise behandelte Kulturpflanzen. Art. 53 (b) EPÜ schließe aber Pflanzen nur in der genetisch fixierten Form der Pflanzensorte von der Patentierung aus. Dass Objekt der chemischen Behandlung auch oder sogar vorwiegend eine Pflanzensorte sein könne, sei für die Patentierung unerheblich.

94   Unter Bezugnahme auf die vorgenannte Entscheidung und das UPOV-Ü wurde dann ausgesprochen, dass Hybridsamen und die daraus gezogenen Pflanzen, bei denen eine ganze Generationspopulation in einem Merkmal nicht beständig ist, nicht als Pflanzensorte bezeichnet werden könnten.[131] Eine spätere Einspruchsentscheidung[132] bezeichnet es als ständige Praxis des EPA, Ansprüche auf Pflanzengruppen, die größer als Pflanzensorten sind, zuzulassen, wenn die Erfindung bei solchen größeren Gruppen anwendbar ist. Das DPMA steht von jeher auf diesem Standpunkt und erteilt deshalb insbesondere Patente auf gentechnisch veränderte Pflanzen.[133]

95   Die Linie, die in der Praxis des EPA schon gefestigt schien, wurde durch eine Beschwerdeentscheidung unterbrochen, die einen ganz allgemein auf gentechnisch in bestimmter Weise veränderte Pflanzen gerichteten Anspruch ablehnte[134].

96   Beansprucht waren Pflanzen, deren Genom eine stabil integrierte heterologe Desoxyribonukleinsäure (DNA) mit einer fremden Nukleotidsequenz für ein Protein enthält, das unter Steuerung eines von den Polymerasen der Pflanzenzellen erkannten Promotors exprimiert wird und eine nicht sortenspezifische enzymatische Wirkung aufweist, die einen Glutamin-Synthese-Inhibitor neutralisieren oder inaktivieren kann. Die BK verwies darauf, dass der Anspruch Pflanzensorten im Sinne der 1991 revidierten Fassung des UPOV-Ü umfasse und deshalb durch seine Gewährung das Patentierungsverbot für Pflanzensorten umgangen werde, wobei sie hervorhob, dass anders als in den früher entschiedenen Fällen die erfindungsgemäß veränderten Merkmale der beanspruchten Pflanzen beständig von einer Generation zur nächsten weitergegeben würden.

97   Die Entscheidung gab dem Präsidenten des EPA Anlass zu einer Vorlage an die GBK. Diese hielt jedoch eine Divergenz zwischen Entscheidungen zweier Beschwerdekammern, von der nach Art. 112 Abs. 1 (b) EPÜ das Vorlagerecht des Präsidenten abhängt, nicht für gegeben und deshalb die Vorlage für unzulässig.[135] Zur höchstrichterlichen Klärung führte dann, dass im nächsten Fall eine Vorlage durch die BK selbst erfolgte[136], was nach Art. 112 Abs. 1 (a) EPÜ bei einer Rechtsfrage von grundsätzlicher Bedeutung unabhängig von einer Divergenz zulässig ist.

98   Beansprucht waren eine transgene Pflanze und deren Samen mit rekombinanten DNA-Sequenzen, die kodieren für (a) ein oder mehrere lytische Peptide, die kein Lipozym sind, iVm (b) einer oder mehreren Chitinasen und/oder (c) einer oder mehreren beta-1,3-Glukanasen in einer synergistisch wirksamen Menge. Die Erfindung bezweckte die Bekämpfung von Pflanzenpathogenen bei Nutzpflanzen.

99   Die BK hielt die Gewährung des Anspruchs für unvereinbar mit Art. 53 (b) EPÜ: Jede mögliche Ausführungsart sei entweder eine Pflanzensorte oder keine. Höhere taxonomische Kategorien wie Art, Gattung, Familie oder Ordnung könnten zwar das Anwendungsgebiet einer Erfindung bezeichnen; bei einer bestimmten Ausführungsart sei aber allein danach zu fragen, ob es sich um eine Pflanzensorte handelt oder nicht. Die BK entschied jedoch nicht, sondern legte der GBK ua die Frage vor, ob mit

---

[130] EPA 26.7.1983, ABl. 1984, 112 – Vermehrungsgut/Ciba-Geigy.
[131] EPA 10.11.1988, ABl. 1990, 71 – Hybridpflanzen/Lubrizol.
[132] EPA (Einspruchsabteilung) 15.2.1993, GRUR-Int 1993, 865 Rn. 4.3.
[133] *Huber* in van Raden 37.
[134] EPA 21.2.1995, ABl. 1995, 545 – Pflanzenzellen/Plant Genetic Systems.
[135] EPA 27.11.1995, ABl. 1996, 169 – Vorlage unzulässig; ähnlich lag der Sachverhalt unlängst in EPA-GBK 3/19, → § 14 Rn. 6. Dagegen zurecht *Haedicke* GRUR-Int 2019, 885 (887 ff.); ähnlich zur vorausgehenden Aussetzung von EPA-Verfahren, die durch im Wesentlichen biologische Verfahren erhaltene Pflanzen oder Tiere betreffen *Krauß/Kuttenkeuler* Mitt. 2017, 305 (309 f.).
[136] EPA 13.10.1997, ABl. 1998, 511 – Transgene Pflanzen/Novartis I.

§ 14. Grenzen der Schutzfähigkeit biologischer Erfindungen

einem Anspruch, der auf Pflanzen gerichtet ist, ohne dass dabei bestimmte Pflanzensorten in ihrer Individualität beansprucht werden, das Patentierungsverbot des Art. 53 (b) EPÜ umgangen werde, wenn er Pflanzensorten umfasst.

Die GBK[137] folgte nicht der Auffassung der vorlegenden Kammer: Ein Anspruch, in dem **100** bestimmte Pflanzensorten nicht individuell beansprucht werden, sei nicht nach Art. 53 (b) EPÜ vom Patentschutz ausgeschlossen, auch wenn er möglicherweise Pflanzensorten umfasst[138]. Der Gegenstand eines Anspruchs sei nicht mit dessen Umfang gleichzusetzen. Eine Pflanze, die durch einzelne rekombinante DNA-Sequenzen definiert ist, sei keine individuelle pflanzliche Gesamtheit mit einer vollständigen Struktur. Die beanspruchte Erfindung gebe weder explizit noch implizit eine einzelne Pflanzensorte an, sei es nach der Definition im UPOV-Ü von 1991, der in der Entscheidung T 49/83 herangezogenen Definition im ursprünglichen UPOV-Ü oder der in der SortSchVO enthaltenen, in R. 23b (jetzt 26) Abs. 4 EPÜ übernommenen Definition. Die Erfindung gebe deshalb auch keine Vielzahl von Pflanzensorten an, die zwangsläufig aus mehreren einzelnen Pflanzensorten besteht.

Den Grund der Ausschlussbestimmung sieht die GBK unter Hinweis auf deren Vorge- **101** schichte im Wesentlichen darin, keine europäischen Patente für Gegenstände zuzulassen, für die Sortenschutz erlangt werden kann, wobei sie das Fehlen von Einschränkungen des Ausschlusses aus der unterschiedlichen Rechtslage zum Sortenschutz in den Vertragsstaaten erklärt. Freihaltungsbedürfnisse betrachtet sie – anders als insbesondere bei medizinischen Verfahren – nicht als Grund des Patentierungsverbots.

Die Entscheidung der GBK bedeutet, dass Erfindungen, deren Gegenstand Pflanzen sind, **102** nach dem EPÜ grundsätzlich unter den gleichen Voraussetzungen patentierbar sind wie nach Art. 4 Abs. 2 EU-BioPatRL und § 2a Abs. 2 S. 1 Nr. 1 PatG, nämlich dann, wenn die Ausführung der Erfindung nicht auf eine bestimmte Pflanzensorte beschränkt ist. Allerdings hat sich die GBK nicht auf einen bestimmten Begriff der Pflanzensorte festgelegt, während die EU-BioPatRL (Art. 2 Abs. 3) und das PatG (§ 2a Abs. 3 Nr. 4) auf denjenigen der SortSchVO verweisen, der seinerseits inhaltlich demjenigen des UPOV-Ü von 1991 entspricht (→ Rn. 32). Es darf jedoch erwartet werden, dass dieser auch in die AOEPÜ übernommene Begriff bei der Anwendung von Art. 53 (b) EPÜ als maßgebend erachtet werden wird, wenn es auf ihn ankommt.[139]

3. Als erfindungsgemäß veränderte Erzeugnisse können gemäß der Praxis des EPA nicht **103** nur ganze Pflanzen, sondern auch *pflanzliche Zellen* beansprucht werden, die sich in Kulturen am Leben erhalten lassen[140]. Sie werden nicht dem Begriff der Pflanzensorten zugerechnet; ihr Schutz wurde auch bei extensivem Verständnis des für diese geltenden Patentierungsverbots nicht als Verstoß hiergegen gewertet[141]. Gleiches muss unabhängig von einer möglichen Zuordnung zum mikrobiologischen Bereich für *Hybridome* gelten. Vorausgesetzt ist aber auch in solchen Fällen, dass die erfindungsgemäße Veränderung nicht auf eine Sorte beschränkt ist.

bb) Verfahrenserfindungen

1. Im Wesentlichen biologische Verfahren zur Züchtung von Pflanzen oder Tieren sind **104** nicht patentierbar; das schließt jedoch den Schutz von Erfindungen nicht aus, die ein **technisches Verfahren** oder ein hierdurch gewonnenes Erzeugnis zum Gegenstand haben (vgl.

---

[137] EPA 20.12.1999, ABl. 2000, 111 – Transgene Pflanzen/Novartis II.
[138] Dies entspricht der schon vorher im Schrifttum hM, vgl. zB *Teschemacher* GRUR-Int 1987, 309 f.; *Moufang* in EPÜ-GK Art. 53 Rn. 77 f.; *Schatz* GRUR-Int 1997, 591 ff.; *Straus* GRUR-Int 1998, 1 (9 ff.); abweichend *Winter* Mitt. 1996, 270 (276 f.).
[139] Vgl. *Straus* GRUR-Int 1998, 1 (6).
[140] EPA 21.2.1995, ABl. 1995, 545 (575) – Pflanzenzellen/Plant Genetic Systems; EPA-Prüfungsrichtlinien G II 5.4. – derzeit freilich auf Anordnung des EPA-Präsidenten *außer Kraft*.
[141] EPA 21.2.1995, ABl. 1995, 545 Rn. 23, 40.2 – Pflanzenzellen/Plant Genetic Systems.

§ 14 III   2. Abschnitt. Sachliche Voraussetzungen des Patent- u. Gebrauchsmusterschutzes

→ Rn. 8 ff.).[142] Es darf angenommen werden, dass Verfahren als technisch zu gelten haben, wenn sie nicht im Wesentlichen biologisch sind, also nicht – wie es in der gesetzlichen Definition (→ Rn. 8 ff.) heißt – vollständig auf natürlichen Phänomenen wie Kreuzung oder Selektion beruhen.

105   2. In der **Rechtsprechung des EPA** ist die Frage, unter welchen Voraussetzungen ein im Wesentlichen biologisches Verfahren vorliegt, nicht abschließend geklärt, was trotz der in R 26 aus der EU-BioPatRL übernommenen Definition wegen des Vorrangs des Übereinkommens (Art. 164 Abs. 2) von Bedeutung ist. Zunächst wurde gefordert, dass sie ausgehend vom Wesen der Erfindung unter Berücksichtigung der menschlichen Mitwirkung und deren Auswirkung auf das erzielte Ergebnis beurteilt werde[143]. Im Anschluss hieran wurde entschieden, ein Verfahren falle nicht unter die Ausschlussbestimmung, wenn es mindestens einen wesentlichen technischen Verfahrensschritt enthält, der nicht ohne menschliche Mitwirkung durchgeführt werden kann und entscheidenden Einfluss auf das Endergebnis hat.[144] Nach der „Brokkoli I-Entscheidung" des EPA sind Verfahren zur Züchtung von Pflanzen dann im Wesentlichen biologische Verfahren, wenn das Verfahren weder mikrobiologischer Natur ist noch einen technischen Schritt (wie konkret die Veränderung eines Genoms, das nicht allein das Ergebnis einer Kreuzung ist) voraussetzt. Für die Frage, ob ein technischer Schritt vorliegt, komme es nicht darauf an, ob dieser neu oder bekannt sei, eine wesentliche Veränderung gegenüber bekannten Verfahren darstelle, in der Natur ohne menschliches Zutun auftreten könne oder den Kern der Erfindung verkörpere.[145]

106   3. Als **nicht im Wesentlichen biologisch** wurden angesehen:
– ein Verfahren zur Behandlung pflanzlichen Vermehrungsguts mit chemischen Mitteln[146];
– ein Verfahren, bei dem zunächst die zur Kreuzung vorgesehenen Elternpflanzen durch Klonen vermehrt und dann die auf diese Weise abgeleiteten Parentallinien in großem Maßstab in einem wiederholbaren Vorgang gekreuzt werden, um die gewünschte Hybridpopulation zu erzielen[147]. Zwar könne bei diesem mehrstufigen Verfahren jeder Schritt als im wissenschaftlichen Sinn biologisch bezeichnet werden. Die Abfolge der einzelnen Vorgänge komme aber weder in der Natur vor noch entspreche sie den klassischen Züchtungsverfahren. Vielmehr sei die herkömmliche Reihenfolge der Verfahrensschritte umgekehrt worden, was für die Erfindung ausschlaggebend sei und die gewünschte Steuerung des Ergebnisses erlaube, obwohl mindestens ein Elternteil nicht homo-, sondern heterozygot sei;
– die Transformation von Pflanzenzellen oder Pflanzengewebe mit einer rekombinanten DNA. Sie wurde unabhängig davon, inwieweit ihr Erfolg dem Zufall unterliegt, als ein wesentlich technischer Schritt gewertet, der entscheidenden Einfluss auf das Ergebnis habe; das Verfahren, das ihn einschließt, werde auch durch die anschließenden Schritte der Regeneration und Vervielfältigung der Pflanzen und Samen nicht zu einem im Wesentlichen biologischen[148].

---

[142] Hierzu EPA 25.3.2015 – G 2/12, GRUR 2016, 585 – Tomaten II und G 2/13, BeckRS 2016, 8019 – Brokkoli II. Vgl. Fn. 134 aE.
[143] EPA 10.11.1988, ABl. 1990, 71 Rn. 6 – Hybridpflanzen/Lubrizol; ebenso EPA 15.12.1993, GRUR-Int 1993, 865 Rn. 4.5.
[144] EPA 21.2.1995, ABl. 1995, 545 Rn. 27 f. – Pflanzenzellen/Plant Genetic Systems.
[145] EPA 9.12.2010, ABl. 2012, 130 = GRUR-Int 2011, 266 – Verfahren zur Züchtung von Pflanzen, biologisches Verfahren zur Züchtung von Pflanzen (nach zwei Vorlagen: EPA 4.4.2008, ABl. 2008, 52 = GRUR-Int 2009, 238 – Tomaten/STAAT ISRAEL und EPA 22.5.2007, ABl. 2007, 644 – Brokkoli). Nachgehend erfolgten in beiden Verfahren weitere Vorlagen, EPA 31.5.2012, GRUR-Int 2013, 432 – Tomaten II und EPA 8.7.2013, ABl. 2014, A 39 – Brokkoli II. Die GBK hat am 25.3.2015 über diese entschieden: EPA 25.3.2015 – G 2/12, GRUR 2016, 585 – Tomaten II und G 2/13, BeckRS 2016, 8019 – Brokkoli II. Die GBK stellte klar, dass Pflanzen und Tiere als solche, selbst wenn sie aus einem vom Patentschutz ausgeschlossenen biologischen Verfahren stammen, auch weiterhin patentiert werden können. Das gilt auch für Patentansprüche auf Pflanzen und Tiere, die durch Merkmale des Verfahrens zu ihrer Herstellung gekennzeichnet sind („Product-by-Process-Anspruch").
[146] EPA 26.7.1983, ABl. 1984, 112 Rn. 5 – Vermehrungsgut/Ciba-Geigy.
[147] EPA 10.11.1988, ABl. 1990, 71 Rn. 8, 9 – Hybridpflanzen/Lubrizol.
[148] EPA 21.2.1995, ABl. 1995, 545 Rn. 40.1 – Pflanzenzellen/Plant Genetic Systems.

§ 14. Grenzen der Schutzfähigkeit biologischer Erfindungen   III § 14

4. Als **nicht gewährbar** erachtet wurde   107

– ein Anspruch auf ein „Verfahren zur Erzeugung einer transgenen Pflanze", die bestimmte Produkte synthetisieren kann, „wobei das Verfahren die Verfahrensschritte der Erzeugung einer transgenen Pflanze mit rekombinanten DNA-Sequenzen umfasst", die für jene Produkte kodieren. Die BK sah hierdurch alle zu der angegebenen Pflanze führenden Wege beansprucht, darunter auch „im Wesentlichen biologische Verfahren zur Züchtung von Pflanzen"[149]. Für eine Abwandlung des Anspruchs, nach welcher das Verfahren die Erzeugung von *zwei oder mehr* transgenen Pflanzen und deren *Kreuzung mittels herkömmlicher Züchtungsverfahren* umfasste, erörterte die Kammer, welche Verfahrensschritte in einem Anspruch im Hinblick auf das Patentierungsverbot für im wesentlichen biologische Verfahren gewährbar sind[150]. Die Frage blieb letztlich offen; immerhin wurde die Patentierbarkeit nicht ausgeschlossen.

cc) Verfahrenserzeugnisse

1. Erzeugnisse, die durch mikrobiologische oder sonstige technische Verfahren gewonnen   108
werden, sind durch das Verbot der Patentierung im Wesentlichen biologischer Verfahren nicht vom Schutz ausgeschlossen (→ Rn. 8 ff.). Da auf mikrobiologische Verfahren und deren Erzeugnisse gesondert einzugehen sein wird (→ Rn. 179 ff.), werden im Folgenden unter technischen nur nicht mikrobiologische, also die als „sonstige technische" Verfahren bezeichneten verstanden.

Daraus, dass Art. 4 Abs. 3 RL nicht auch Abs. 1 Buchst. a nennt, muss gefolgert werden,   109
dass *Pflanzensorten* auch dann nicht patentierbar sind, wenn sie nicht durch ein im Wesentlichen biologisches, sondern durch ein technisches Verfahren erzeugt werden. Erwägungsgrund 32 stellt dies klar: „Besteht eine Erfindung lediglich darin, dass eine bestimmte Pflanzensorte genetisch verändert wird, und wird dabei eine neue Pflanzensorte gewonnen, bleibt diese Erfindung auch dann von der Patentierung ausgeschlossen, wenn die genetische Veränderung nicht das Ergebnis eines im wesentlichen biologischen Verfahrens ist." Demgemäß enthält § 2a Abs. 2 S. 1 Nr. 2 PatG den Zusatz „sofern es sich dabei nicht um eine Pflanzensorte handelt". Die gleiche Einschränkung findet sich in R 27 (früher 23c) (c) EPÜ. Sie steht jedenfalls hinsichtlich der Erzeugnisse „sonstiger technischer" Verfahren im Einklang mit Art. 53 (b) EPÜ, weil dessen Wortlaut eine Einschränkung des Patentierungsverbots für Pflanzensorten allenfalls insoweit zu entnehmen ist, als diese Erzeugnisse *mikrobiologischer* Verfahren sind (→ Rn. 179 ff.). Die **GBK des EPA** hat entschieden[151]: „Das Patentierungsverbot des Art. 53 (b) erster Halbsatz EPÜ gilt für Pflanzensorten unabhängig davon, auf welche Weise sie erzeugt wurden. Daher sind Pflanzensorten, in denen Gene vorhanden sind, die mittels der rekombinanten Gentechnik in eine Elternpflanze eingebracht wurden, vom Patentschutz ausgeschlossen."

2. Fraglich bleibt, ob Pflanzensorten, die durch patentierte technische Verfahren er-   110
zeugt werden, den für **unmittelbare Verfahrenserzeugnisse** in Art. 64 Abs. 2 EPÜ, § 9 S. 2 Nr. 3 PatG vorgesehenen Schutz genießen können. Die GBK des EPA[152] steht auf dem Standpunkt, dass Art. 64 Abs. 2 EPÜ nicht bei der Prüfung eines Anspruchs auf ein Verfahren zur Züchtung einer Pflanzensorte zu berücksichtigen, sondern von den Gerichten anzuwenden sei, die in Verletzungssachen entscheiden. Sie weist jedoch darauf hin, dass sich der Schutz eines Verfahrenspatents auf die unmittelbaren Verfahrenserzeugnisse erstrecke, auch wenn diese per se nicht patentierbar sind, und dass dieser Schutz von besonderer Bedeutung sei, wenn kein Erzeugnisschutz erlangt werden kann. Andererseits betont sie, dass es dem Zweck des Art. 53 (b) zuwiderliefe, Pflanzensorten als Erzeugnisse mikrobiologischer Verfahren zu behandeln, und stimmt der vorlegenden Kammer[153] darin zu, dass die

---

[149] EPA 13.10.1997, ABl. 1998, 511 Rn. 23 – Transgene Pflanzen/Novartis I.
[150] EPA 13.10.1997, ABl. 1998, 511 Rn. 24 ff. – Transgene Pflanzen/Novartis I.
[151] EPA 20.12.1999, ABl. 2000, 111 (Ls. 3) Rn. 5.3 – Transgene Pflanzen/Novartis II.
[152] EPA 20.12.1999, ABl. 2000, 111 Rn. 4 – Transgene Pflanzen/Novartis II; ebenso schon der Vorlagebeschluss EPA 13.10.1997, ABl. 1998, 511 Rn. 79 ff. – Transgene Pflanzen/Novartis I.
[153] EPA 13.10.1997, ABl. 1998, 511 Rn. 92 – Transgene Pflanzen/Novartis I.

§ 14 III   *2. Abschnitt. Sachliche Voraussetzungen des Patent- u. Gebrauchsmusterschutzes*

Hersteller von Pflanzensorten nicht nur deshalb, weil sie diese mittels Gentechnik gewinnen, besser gestellt werden sollten als Züchter, die nur mit herkömmlichen Züchtungsverfahren arbeiten. Auch diese Ausführungen beziehen sich aber wohl nur auf den *Sachschutz* von Pflanzensorten, nicht auf den Schutz, der sich für sie aus Verfahrenspatenten ergeben kann, und stehen im Einklang damit, dass Art. 53 (b) EPÜ Schutz für Erzeugnisse *mikrobiologischer* Verfahren nicht nur durch Verfahrens-, sondern auch durch Erzeugnispatente zulässt (→ Rn. 179 f.). Sie sind daher wohl so zu verstehen, dass für Pflanzensorten nur der Sachschutz unabhängig von der Art ihrer Erzeugung ausgeschlossen sein soll, und in diesem Sinn auch auf Pflanzensorten zu beziehen, die durch weder mikrobiologische noch im Wesentlichen biologische Verfahren gewonnen werden. R 27 (c) EPÜ ist dann mit Rücksicht auf Art. 164 Abs. 2 ebenso auszulegen; ihr Wortlaut lässt dies zu.

111 Würde in dieser Weise auch der in Art. 4 Abs. 3 EU-BioPatRL und § 2a Abs. 2 S. 1 Nr. 2 PatG gemachte Vorbehalt für sonstige technische Verfahren und deren Erzeugnisse ausgelegt und dadurch die Schutzwirkung für solche Verfahren erteilter Patente auf deren unmittelbare Erzeugnisse auch dann erstreckt, wenn es sich um Pflanzensorten handelt, wären nach Art. 8 Abs. 2 RL und § 9a Abs. 2 PatG alle mit denselben Eigenschaften ausgestatteten Vermehrungsprodukte solcher Pflanzensorten in den Schutz einzubeziehen, was sich aus Art. 64 Abs. 2 EPÜ und den hiermit übereinstimmenden nationalen Vorschriften wie § 9 S. 2 Nr. 3 PatG nur bei weitgehender Vernachlässigung des Erfordernisses der Unmittelbarkeit ableiten ließe[154]. Dann wäre die praktische Bedeutung des Verbots der Patentierung von Pflanzensorten, soweit diese auf nicht im Wesentlichen biologischem, insbesondere gentechnischem Weg gewonnen werden, jedenfalls dann erheblich eingeschränkt, wenn das Beruhen auf erfinderischer Tätigkeit entsprechend den für chemische Analogieverfahren entwickelten Grundsätzen (→ § 11 Rn. 30 f.) mit überraschenden Eigenschaften der dadurch gewonnenen Pflanzensorte begründet werden könnte. Praktische Relevanz behielte es für die Pflanzensorten, die mittels im Wesentlichen biologischer Verfahren erzeugt werden, und insoweit, als Pflanzensorten, deren Herstellungsverfahren patentiert ist, durch andere Verfahren gewonnen werden können.

112 Erwägungsgrund 32 der Richtlinie spricht jedoch gegen eine so enge Auslegung ihres Art. 4 Abs. 3. Nach ihm bleibt eine Erfindung, durch die mittels genetischer Veränderung von Pflanzen eine neue Pflanzensorte gewonnen werden soll, ohne Rücksicht auf die Art des angewandten Verfahrens von der Patentierung ausgeschlossen. Das deutet darauf hin, dass in einem solchen Fall das Verfahren auch dann nicht patentiert werden soll, wenn es kein im Wesentlichen biologisches ist.

112a 3. Zur Patentierbarkeit von Pflanzen (und Tieren) aus im wesentlichen biologischen Verfahren hat die EPA-GBK in ihren Entscheidungen G 2/12 und G 2/13 festgestellt, dass Art. 53 (b) EPÜ zwar im Wesentlichen biologische Verfahren zur Züchtung von Pflanzen oder Tieren von der Patentierung ausschließt, **nicht aber die durch solche Verfahren erhaltenen Pflanzen oder Tiere.** Zu dieser Entscheidung veröffentlichte die EU-Kommission eine (ausdrücklich!) nichtbindende Notiz, dass Art. 4 (1) (b) EU-BioPatRL entgegen seinem Wortlaut entsprechend der Intention des EU-Gesetzgebers so zu verstehen sei, auch solche Pflanzen oder Tiere von der Patentierung auszuschließen. Der EPO-Verwaltungsrat erließ daraufhin unter Berufung auf diese Notiz die neue R 28 (2) EPÜ, nach der europäische Patente nicht erteilt werden für ausschließlich durch ein im Wesentlichen biologisches Verfahren gewonnene Pflanzen oder Tiere. Nach Art. 164 (2) EPÜ tritt diese Regel jedoch hinter Art. 53 (b) EPÜ zurück, denn bei fehlender Übereinstimmung zwischen EPÜ und EPÜ-AO gehen die Vorschriften des Übereinkommens vor.

112b Änderungen oder Revisionen des EPÜ sind nur mit Dreiviertelmehrheit der auf einer Konferenz der Vertragsstaaten vertretenen Vertragsstaaten möglich. Nach Art. 33 (1) (b) und (5) sowie Art. 35 (2) EPÜ könnte zwar auch der EPO-Verwaltungsrat das EPÜ ändern,

---

[154] Für die allerdings die im Schrifttum weit überwiegende Meinung eintritt, vgl. *Straus* GRUR 1992, 258 mN.

§ 14. Grenzen der Schutzfähigkeit biologischer Erfindungen   III § 14

doch erfordert dies das Inkrafttreten von EU-Rechtsvorschriften oder eines internationalen Vertrags. Beides liegt hier erkennbar nicht vor. Insbesondere ist eine nicht bindende Interpretation der Kommission keine Rechtsvorschrift.

Weil R 28 (2) nicht lediglich die Bedeutung von Art. 53 (b) EPÜ klärt, sondern der Vorschrift, so wie sie von der maßgeblichen GBK ausgelegt wurde, ausdrücklich widerspricht geht nach Art. 164 (2) EPÜ die Vorschrift des Übereinkommens vor; so wie in der BK-Entscheidung T 1063/18 ausführlich festgestellt. Auch jeder andere Versuch, die Bedeutung von Art. 53 (b) EPÜ so zu ändern, dass die Vorschrift mit EU-Recht überein stimmt, ist unzulässig, weil Art. 164 (2) EPÜ so seiner Wirkung beraubt würde.[155]   112c

4. Im deutschen PatG scheint sich der den Anwendungsbereich des § 2a Abs. 2 S. 1 Nr. 2 PatG einschränkende Zusatz seinem Wortlaut nach zwar nur auf den Schutz der Erzeugnisse als solcher zu beziehen und damit ihren Schutz als unmittelbare Erzeugnisse eines nicht im Wesentlichen biologischen Verfahrens nicht auszuschließen. Die Begründung zum Umsetzungsgesetz[156] weist jedoch im Zusammenhang mit dem allgemeinen Grundsatz, dass ein Verfahrenspatent auch das unmittelbare Verfahrenserzeugnis schützt, und dessen Geltung für biotechnologische Erfindungen darauf hin, dass auf diese Weise der Patentierungsausschluss für Pflanzensorten nicht umgangen werden kann: „Ist also eine Pflanzensorte unmittelbares Erzeugnis eines patentierten Verfahrens, umfasst der Schutz diese Sorte nicht."   113

Nach Wortlaut und Begründung der einschlägigen Bestimmungen der Richtlinie und des PatG ist somit eine Auslegung möglich, die eine sinnvollere Abgrenzung der Anwendungsbereiche von Patent- und Sortenschutz ergibt als diejenige, auf die die Entscheidung der GBK hinzudeuten scheint. Da diese das Problem dem Verletzungsprozess zuweist, sind die hierfür zuständigen nationalen Gerichte durch das EPÜ nicht gehindert, einem für ein biotechnologisches Verfahren zur Erzeugung einer Pflanzensorte erteilten europäischen Patent die Wirkung für dieses Erzeugnis zu versagen. Das legt die Frage nahe, ob nicht schon das EPA die Erteilung eines Patents verweigern sollte, das für ein zwar nicht im Wesentlichen biologisches, aber lediglich in der Erzeugung einer Pflanzensorte bestehendes Verfahren beantragt wird.   114

b) Veränderung von Tieren

aa) Erzeugniserfindungen

1. Nach Art. 4 Abs. 2 EU-BioPatRL, § 2a Abs. 2 S. 1 Nr. 1 PatG, R 27 (b) EPÜ können Erfindungen, deren Gegenstand Tiere sind, patentiert werden, wenn ihre Ausführung technisch nicht auf eine Tierrasse beschränkt ist. Eine nähere Bestimmung dieses Begriffs ist weder in der Richtlinie noch im PatG noch im EPÜ einschließlich seiner AO enthalten.   115

2. Die Prüfungsabteilung des **EPA**[157] hat einen Anspruch auf einen „transgenen nichtmenschlichen Säuger, dessen Keim- und somatische Zellen eine aktivierte Onkogen-Sequenz enthalten, die spätestens im Achtzellstadium in dieses Tier oder einen seiner Vorfahren eingeschleust worden ist", wobei das Onkogen wahlweise nach einem von 8 anderen Ansprüchen näher definiert ist, mit der Begründung zurückgewiesen, dass Art. 53 (b) EPÜ einen Patentschutz für Tiere als solche nicht nur dann, wenn eine bestimmte Tierart beansprucht ist, sondern generell ausschließe.   116

In der Beschwerdeinstanz wurde diese Auffassung abgelehnt[158]: Die Ausnahme von der Patentierbarkeit nach Art. 53 (b) gelte nur für bestimmte Gruppen von Tieren, jedoch nicht für Tiere an sich.   117

---

[155] Sehr kritisch zur vom EPA-Präsidenten im Nov. 2016 verfügten Aussetzung vom EPA-Verfahren betreffend die durch im Wesentlichen biologische Verfahren erhaltenen Pflanzen oder Tiere *Krauß/Kuttenkeuler* Mitt. 2017, 305 (309 f.).
[156] BlPMZ 2005, 100 (zu Nr. 6, a, zu § 9a Abs. 2).
[157] 14.7.1989, ABl. 1989, 451 – Krebsmaus/Harvard I.
[158] EPA 3.10.1990, ABl. 1990, 476 – Krebsmaus/Harvard II.

118 Nach Zurückverweisung anerkannte die Prüfungsabteilung[159], dass Säuger und Nager taxonomische Klassifikationseinheiten darstellten, die mit Sicherheit höher anzusiedeln seien als der – im damaligen deutschen Text des EPÜ verwendete – Begriff der Art („Tierart"). Eine „animal variety" oder „race animale" stellten eine Untereinheit einer Art dar und seien daher taxonomisch unterhalb derselben einzuordnen. Daher falle der Gegenstand der auf Tiere als solche gerichteten Ansprüche nicht unter die drei genannten Begriffe. Im erstinstanzlichen Einspruchsverfahren wurde das Patent auf Nager, im anschließenden Beschwerdeverfahren auf Mäuse beschränkt.[160] Seine Aufrechterhaltung in diesem Umfang wurde dadurch ermöglicht, dass auch der Begriff „Maus" umfangreicher ist als die in der Ausschlussvorschrift verwendeten Begriffe.[161] Somit ist das EPA zu einem Standpunkt gelangt, der dem in R 23c (jetzt 27) (b) EPÜ und § 2a Abs. 2 S. 1 Nr. 1 PatG inhaltlich übernommenen Art. 4 Abs. 2 EU-BioPatRL grundsätzlich entspricht. Eine Definition jener Begriffe hat es jedoch nicht aufgestellt.

119 Das DPA hat eine Anmeldung, die auf eine transgene Ratte gerichtet war, zurückgewiesen, weil sie als nur auf eine einzige Tierart bezogen erschien[162].

120 3. Patentierbare Ergebnisse erfinderischer Veränderung können auch im tierischen Bereich in elementaren Bauteilen wie Zellen (einschließlich Ei- und Samenzellen sowie embryonaler Stammzellen) oder Hybridomen bestehen[163].

bb) Verfahrenserfindungen

121 1. Die Patentierung eines Tierzüchtungsverfahrens ist nicht ausgeschlossen, wenn es sich **nicht** um ein **im Wesentlichen biologisches Verfahren** handelt (– auch zur Definition – → Rn. 8 ff. und 105 f.).

122 2. Im Fall „Krebsmaus/Harvard" (→ Rn. 116 ff.) hat bereits die Prüfungsabteilung[164] die Einbringung eines Onkogens in ein Tier durch technische Mittel, zB Mikroinjektion, als eindeutig nicht im Wesentlichen biologisch angesehen. Die Beschwerdekammer[165] hat dies bestätigt und dabei auch die der Injektion vorausgehende Maßnahme der Insertion des Gens in einen Vektor, zB ein Plasmid, als technisch bezeichnet.

123 3. Insgesamt können jedenfalls Verfahren der **gentechnischen Veränderung** von Tieren[166] als nicht im Wesentlichen biologisch im Sinne sowohl der EU-BioPatRL als auch des EPÜ und des PatG und deshalb nach europäischem wie deutschem Recht als patentierbar angesehen werden. Das DPA hat ein Patent auf ein Verfahren zum Ersetzen homologer Genabschnitte aus Säugern in der Keimbahn nichtmenschlicher Säuger patentiert[167].

cc) Verfahrenserzeugnisse

124 1. Wie für Pflanzensorten kann Sachschutz für eine Tierrasse auch dann nicht beansprucht werden, wenn sie mittels eines technischen Verfahrens erzeugt ist. Allerdings ist in den Erwägungsgründen der EU-BioPatRL diese Rechtsfolge nur für Pflanzensorten ausdrücklich hervorgehoben. Sie ergibt sich aber daraus, dass Art. 4 Abs. 3 nur Abs. 1 Buchst. b nennt und damit das Verbot der Patentierung von Tierrassen unberührt lässt. Gleiches gilt nach § 2a Abs. 2 S. 1 Nr. 2 PatG und dem EPÜ; R 27 (früher 23c) (c) bestimmt insoweit nichts, was nicht bereits dem Art. 53 zu entnehmen ist (→ Rn. 108 f.).

---

[159] EPA 3.4.1992, ABl. 1992, 589 Rn. 2 – Krebsmaus/Harvard III.
[160] EPA (Einspruchsabteilung) 7.11.2001, ABl. 2003, 473 Rn. 10 ff.; EPA (BK) 6.7.2004, ABl. 2006, 15 = GRUR-Int 2006, 239 Rn. 12.2 – Krebsmaus/Harvard IV; vgl. auch unten § 15 Fn. 34.
[161] EPA 6.7.2004, ABl. 2006, 15 = GRUR-Int 2006, 239 Rn. 13.3 – Krebsmaus/Harvard IV.
[162] *Huber* in van Raden 42.
[163] Vgl. *Huber* Mitt. 1989, 137; *Straus* GRUR-Int 1990, 921; ferner *Fabry* Mitt. 2010, 61.
[164] EPA 14.7.1989, ABl. 1989, 451 Rn. 7.2.1 – Krebsmaus/Harvard I.
[165] EPA 3.10.1990, ABl. 1990, 476 Rn. 4.9.1 – Krebsmaus/Harvard II.
[166] Anwendungsbeispiele und deren Zwecke nennt *Kinkeldey* GRUR-Int 1993, 394 (396).
[167] *Huber* in van Raden 43.

§ 14. Grenzen der Schutzfähigkeit biologischer Erfindungen

2. Die Wirkung des auf ein patentierbares Verfahren zur Veränderung von Tieren er- 125
teilten Patents erstreckt sich auf die **unmittelbaren Verfahrenserzeugnisse** nach den
gleichen Regeln wie diejenige von Patenten auf Verfahren zur Veränderung von Pflanzen
(→ Rn. 110 ff.). Die Frage, ob dies auch dann gilt, wenn es sich um Tierrassen handelt, stellt
sich hier in gleicher Weise wie bei Pflanzensorten. Weil es an einem spezifischen Schutzsystem für Tierzüchtungen fehlt und kein einleuchtender Grund für die Ausschlussbestimmung ersichtlich ist, bestehen jedoch hier weniger Bedenken gegen eine Auslegung der
EU-BioPatRL in einem Sinne, der die praktische Bedeutung des Patentierungsverbots so
weit wie möglich reduziert. Raum für die Annahme, dass sich die Wirkung eines Patents
für ein technisches Verfahren zur Erzeugung einer Tierrasse auf diese als unmittelbares Verfahrenserzeugnis und gem. Art. 8 Abs. 2 RL, § 9a Abs. 2 PatG auf deren Vermehrungsprodukte erstreckt, besteht auch deshalb, weil sich die Erwägungsgründe der Richtlinie
und die Begründung des Umsetzungsgesetzes nur bezüglich Pflanzensorten ausdrücklich
dagegen aussprechen, dass diese mittels des Schutzes nicht im wesentlichen biologischer
Verfahren der Wirkung von Patenten unterworfen werden (vgl. → Rn. 110 ff.).

c) Gewinnung und Nutzung von Bestandteilen des menschlichen Körpers

1. Nach Art. 5 Abs. 1 EU-BioPatRL, § 1a Abs. 1 PatG, R 29 Abs. 1 EPÜ können der 126
menschliche Körper in den einzelnen Phasen seiner Entstehung und Entwicklung und
seiner Keimzellen sowie die bloße Entdeckung eines seiner Bestandteile, einschließlich der
Sequenz oder Teilsequenz eines Gens, **keine patentierbare Erfindung** sein. Weil dieser
Grundsatz nach der Rechtsprechung des EuGH auch Embryonen einschließt, die der
EuGH – weit – als *„jede menschliche Eizelle vom Stadium ihrer Befruchtung an"*[168] sowie jede
*„unbefruchtete menschliche Eizelle, die die inhärente Fähigkeit aufweist, sich zu einem Menschen zu
entwickeln"*, die mithin *„einer befruchteten Eizelle wirklich funktional entspricht"*,[169] umfasst das
Patentierungsverbot auch *totipotente menschliche embryonale Stammzellen*. Weil sie sich zu
einem menschlichen Organismus entwickeln können, zählen auch sie als solcher.[170]

Dieser Patentierungsausschluss soll die Würde und Unversehrtheit des Menschen ge- 127
währleisten; zudem soll er berücksichtigen, dass eine bloße Entdeckung patentiert werden
kann (Erwägungsgrund 16 der RL).

Indem die Richtlinie in Art. 9 auf Art. 5 Abs. 1 und das PatG in § 9a Abs. 3 S. 2 auf § 1a 128
Abs. 1 verweisen, schließen sie aus, dass sich die Wirkung von Patenten auf Erzeugnisse, die
aus genetischer Information bestehen oder sie enthalten, auf den Körper eines Menschen
erstreckt, wenn in diesen ein solches Erzeugnis Eingang findet. Das Patent gibt in diesem
Fall kein Recht, Handlungen dieses Menschen oder auf dessen Körper bezogene Handlungen Dritter deshalb zu verbieten, weil dieser Körper das patentierte Erzeugnis enthält.
Gleiches gilt für den Körper von Nachkommen des betreffenden Menschen.

2. Ein **isolierter** oder auf andere Weise **durch ein technisches Verfahren gewonne-** 129
ner Bestandteil des menschlichen Körpers, einschließlich der Sequenz oder Teilsequenz
eines Gens, kann nach Art. 5 Abs. 2 EU-BioPatRL, § 1a Abs. 2 PatG, R 29 Abs. 2 EPÜ eine
patentierbare Erfindung sein, selbst wenn der Aufbau dieses Bestandteils mit demjenigen
eines natürlichen identisch ist. Zweck dieser Regelung ist es nach Erwägungsgrund 17 der
Richtlinie, die Forschung mit dem Ziel der Gewinnung und Isolierung für die Arzneimittelherstellung wertvoller Bestandteile des menschlichen Körpers zu fördern. Dass ein solcher isolierter oder auf andere Weise erzeugter Bestandteil nicht von der Patentierung ausgeschlossen ist, wird in Erwägungsgrund 21 damit begründet, dass er – zB – das Ergebnis

---

[168] EuGH 18.10.2011, GRUR 2011, 1104 Rn. 26 ff., 35 – Oliver Brüstle/Greenpeace eV, mAnm *Feldges*; GRUR-Int 2011, 1045 (1047), mAnm *Straus* Mitt. 2011, 513 f. (Ls.) mAnm *Grund*.
[169] EuGH 18.12.2014, GRUR-Int 2015, 138 Rn. 38 – International Stem Cell Corporation/Comptroller General of Patents, Designs and Trade Marks; krit. *Timke* GRUR 2015, 319 (322 f.).
[170] *Stief/Bühler* in Haedicke/Timmann § 9 Rn. 88; *Hartmann* GRUR-Int 2006, 195 (198); *S. Straus* JB für Wissenschaft und Ethik 2004, 111 (128 f.).

§ 14 III   2. Abschnitt. Sachliche Voraussetzungen des Patent- u. Gebrauchsmusterschutzes

technischer Verfahren zu seiner Identifizierung, Reinigung, Bestimmung und Vermehrung außerhalb des menschlichen Körpers sei, zu deren Anwendung nur der Mensch fähig sei und die die Natur selbst nicht vollbringen könne.

130 **Beispiele**[171]: Gewinnung von Interferon aus menschlichen Epithelzellen, die mit einem Gen aus neoplastischen Zellen (Krebszellen) transfixiert sind, in Kultur, also außerhalb des menschlichen Körpers; Transfixierung von Feederzelllinien für menschliches Knochenmark, die bei diesen Zelllinien zur Immortalisierung und verbessertem Wachstum in der Kultur führt und dadurch eine Kultur von menschlichem Knochenmark ermöglichen soll. Beide Erfindungen wurden vom DPA patentiert.

131 3. In Erwägungsgrund 26 der EU-BioPatRL wird für den Fall, dass eine Erfindung biologisches Material menschlichen Ursprungs zum Gegenstand hat oder bei ihr solches Material verwendet wird, gefordert, dass bei einer Patentanmeldung die Person, bei der Entnahmen vorgenommen werden, die Gelegenheit erhalten hat, gemäß den innerstaatlichen Rechtsvorschriften informiert und freiwillig **der Entnahme zuzustimmen**. Die Richtlinie selbst enthält jedoch keine entsprechende Bestimmung. Insbesondere verpflichtet sie die Mitgliedstaaten nicht, die Patenterteilung von einem Zustimmungsnachweis abhängig zu machen. Auch der Erwägungsgrund äußert sich nicht dazu, ob, in welchem Zeitpunkt und in welcher Form das Patentamt einen solchen Nachweis verlangen kann. Nach seinem Wortlaut könnte sogar der Eindruck entstehen, es genüge, dass *Gelegenheit* zur Zustimmung gegeben war, und komme nicht darauf an, ob diese erteilt oder verweigert worden ist. Der Gesetzgeber hätte deshalb Grund gehabt, das Zustimmungserfordernis bei der Umsetzung der Richtlinie zu regeln, sei es auch nur durch eine eher unverbindliche Vorschrift, wie sie durch § 34a Abs. 1 PatG bezüglich Angaben über die geographische Herkunft erfindungsrelevanten pflanzlichen oder tierischen Materials eingeführt wurde. Im deutschen Umsetzungsgesetz ist dies nicht geschehen. Seine Begründung[172] sieht darin keine patentrechtliche, sondern eine anderweitig, etwa im Gesundheits-, Straf- und Datenschutzrecht, geregelte und erforderlichenfalls zu regelnde Frage. Der Bundesrat hatte in seiner Stellungnahme zum Entwurf von 2001[173] gebeten zu prüfen, ob als Voraussetzung der Patenterteilung sichergestellt werden sollte, dass die Person, aus deren Körper Material entnommen worden ist, der Entnahme in deren Kenntnis zugestimmt hat. Die Bundesregierung hatte dies aus den vorgenannten Gründen abgelehnt und außerdem darauf hingewiesen, dass es nicht Aufgabe des Patentamts sei, etwa die Rechtsgültigkeit einer Einwilligung für einen ärztlichen Eingriff im Patenterteilungsverfahren zu überprüfen[174]. Das Amt könnte aber prüfen, ob ein formgerechter *Nachweis* der Zustimmung vorliegt, die sich übrigens nicht auf eine ärztliche Behandlung, sondern speziell auf eine bestimmte Entnahme von Material zu beziehen hätte.

132 4. Die grundsätzliche Patentierbarkeit von Bestandteilen, die aus dem menschlichen Körper gewonnen werden, entspricht den bei **Naturstoffen** allgemein angewandten Grundsätzen (→ Rn. 7 und → § 11 Rn. 25 ff.). Eine **technische Handlungsanweisung** liegt bereits in der Lehre, solche Bestandteile durch Isolierung oder künstliche Produktion außerhalb des menschlichen Körpers bereitzustellen. **Neu und erfinderisch** kann sie jedoch nur insoweit sein, als im Anmelde- oder Prioritätszeitpunkt Informationen über Existenz, Struktur, Eigenschaften und Wirkungen (Funktionen) des in Frage stehenden Bestandteils weder der Öffentlichkeit zugänglich noch für einen durchschnittlichen Fachmann aus der Öffentlichkeit zugänglichen Informationen ableitbar waren. Erkenntnisse, die sich bei routinemäßigem Vorgehen erwartungsgemäß ergeben oder mittels automatisch ablaufender Verfahren gewonnen werden, können zur Patentwürdigkeit eines aus dem menschlichen Körper gewonnenen Bestandteils oder eines Erzeugnisses, das einem solchen nachgebildet ist, nichts beitragen. Entsprechendes gilt für Verfahren der Entnahme von Körperbestandteilen, soweit sie nicht als chirurgische Verfahren der Patentierung überhaupt entzogen sind (→ Rn. 73 ff.), Isolierungs-, Reinigungs- und Verarbeitungsverfahren sowie Verfahren der Synthese mit Körperbestandteilen übereinstimmender Produkte.

---

[171] Nach *Huber* in van Raden 44.
[172] BlPMZ 2005, 95; zustimmend *Ohly* FS König, 2003, 427, der eine Prüfung der Einwilligung durch das PA ablehnt. Dagegen besteht nach *Krefft* 107 f., 114 ein Patentierungshindernis, wenn die Entnahme des Materials ohne Einwilligung der betroffenen Person erfolgt ist.
[173] BT-Drs. 14/5642, 16 (zu 1k) u. 18 (zu 3b).
[174] BT-Drs. 14/5642, 21.

§ 14. Grenzen der Schutzfähigkeit biologischer Erfindungen **III § 14**

Nach dem neuen, erfinderischen Gehalt der jeweils unter Schutz gestellten Handlungs- 133
anweisung sollte sich auch der Umfang des Schutzes richten, den ein hierauf erteiltes Patent gewährt.

d) Gene und Gen-Teilsequenzen

Literatur: *Adam, T.,* Ethische und rechtliche Probleme der Patentierung genetischer Information. Ein Tagungsbericht, GRUR-Int 1998, 391–402; *Ahrens, C.,* Genpatente – Rechte am Leben? – Dogmatische Aspekte der Patentierbarkeit von Erbgut, GRUR 2003, 89–97; *Barton, T.,* Der „Ordre public" als Grenze der Biopatentierung, 2004; *Baumgartner/Mieth* (s. oben vor I); *Brandi-Dohrn, M.,* Reachthrough Ansprüche und Reach-through Lizenzen, FS VPP, 2005, 465–486; *Burdach, S.,* Patentrecht: eine neue Dimension in der medizinischen Ethik? Mitt. 2001, 9–15; *Dörries, H. U.,* Patentansprüche auf DANN-Sequenzen – ein Hindernis für die Forschung? Anmerkungen zum Regierungsentwurf für ein Gesetz zur Umsetzung der Richtlinie 98/44 EG, Mitt. 2001, 15–21; *Egerer* (s. oben vor I); *Feldges, J.,* Ende des absoluten Stoffschutzes? Zur Umsetzung der Biotechnologie-Richtlinie, GRUR 2005, 977–984; *Feuerlein, F.,* Patentrechtliche Probleme der Biotechnologie, GRUR 2001, 561–566; *Fuchs, A.,* Patentrecht und Humangenetik, Mitt. 2000, 1–9; *Godt, C.,* Eigentum an Information. Patentschutz und allgemeine Eigentumstheorie am Beispiel genetischer Information, 2006; *Goebel, F. P.,* Ist der Mensch patentierbar? Zur Frage der Patentierbarkeit von Humangenen, Mitt. 1995, 153–159; *Hansen, B.,* Hände weg vom absoluten Stoffschutz – auch bei DNA-Sequenzen, Mitt. 2001, 477–493; *Herrlinger, K.,* Die Patentierung von Krankheitsgenen, dargestellt am Beispiel der Patentierung der Brustkrebsgene BRCA 1 und BRCA 2, 2005; *Holzapfel, H.,* Das Versuchsprivileg im Patentrecht und der Schutz biotechnologischer Forschungswerkzeuge, 2004 (insb. S. 239–317); *ders.,* OECD-Workshop zum Thema „Genetische Erfindungen und Patentrecht", GRUR-Int 2002, 434–438; *ders./Nack, R.,* Patentrechtliche und ethische Aspekte der Patentierung gentechnischer Erfindungen, GRUR-Int 2002, 519–523; *Howlett, M.J./Christie, A. F.,* An Analysis of the Approach oft he European, Japanese and United States Patent Offices to Patenting Partial DANN Sequences (ESTs), 34 IIC 581–602 (2003); *Keukenschrijver, A.,* Stoffschutz und Beschreibungserfordernis – Legt Art. 5 Abs. 3 der Biotechnologie-Richtlinie eine Neubewertung nahe?, FS Tilmann, 2003, 476–486; *Kilger, C./Jaenichen, H.-R.,* Ende des absoluten Stoffschutzes? Zur Umsetzung der Biotechnologie-Richtlinie, GRUR 2005, 984–998; *Kinkeldey, U.,* Neuere Entwicklungen beim Schutz biotechnologischer Erfindungen im europäischen Patentrecht, ABlEPA 2003, Sonderausg. 2, 140–164; *König, G.,* Angemessener Stoffschutz für Sequenzerfindungen, FS König, 2003, 267–294; *Köster, U.,* Absoluter oder auf die Funktion eingeschränkter Stoffschutz im Rahmen von „Biotech"-Erfindungen, insbesondere bei Gen-Patenten, GRUR 2002, 833–844; *Krauß, J.,* Die richtlinienkonforme Auslegung der Begriffe „Verwendung" und „Funktion" bei Sequenzpatenten und deren Effekte auf die Praxis, Mitt. 2001, 396–400; *Krefft* (s. oben vor I); *Kunczik, N.,* Die Legitimation des Patentsystems im Lichte biotechnologischer Erfindungen, GRUR 2003, 854–849; *ders.,* Geistiges Eigentum an genetischen Informationen. Das Spannungsfeld zwischen geistigen Eigentumsrechten und Wissens- sowie Technologietransfer beim Schutz genetischer Informationen, 2007 (zit.: *Kunczik,* Genetische Informationen); *Landfermann, H.-G.,* Umsetzungs-Spielräume bei der Biopatent-Richtlinie, FS Tilmann. 2003, 527–538; *Markl, H.,* Who Owns the Human Genome? What Can Ownership Mean with Respect to Genes?, 33 IIC 1–4 (2002); *v. Meibom, W.,* Durchgriffsansprüche (Reach-Through-Ansprüche) bei Patenten für Research Tools, Mitt. 2006, 1–5; *Meier-Beck, P.,* Aktuelle Fragen der Schutzbereichsbestimmung im deutschen und europäischen Patentrecht, GRUR 2003, 905–912; *Meyer-Dulheuer, K.-H.,* Der Schutzbereich von auf Nucleotid- oder Aminosäuresequenzen gerichteten biotechnologischen Patenten, GRUR 2000, 179–182; *Müller, E.-M.,* Die Patentfähigkeit von Arzneimitteln, 2003 (insb. 187–257 u. 299–344); *Nieder, M.,* Die gewerbliche Anwendbarkeit der Sequenz oder Teilsequenz eines Gens – Teil der Beschreibung oder notwendiges Anspruchsmerkmal von EST-Patenten?, Mitt. 2001, 97–99; *Ohly* (s. oben vor I); *Oser, A.,* Patentierung von (Teil-)Gensequenzen unter besonderer Berücksichtigung der EST-Problematik, GRUR-Int 1998, 648–655; *van Raden, L./v. Renesse, D.,* „Überbelohnung" – Anmerkungen zum Stoffschutz für biotechnologische Erfindungen, GRUR 2002, 393–399; *Rauh, P. A./Jaenichen, H.-R.,* Neuheit und erfinderische Tätigkeit bei Erfindungen, deren Gegenstand Proteine oder DNA-Sequenzen sind, GRUR 1987, 753–760; *v. Renesse, M./Tanner, K./v. Renesse, D.,* Das Biopatent – eine Herausforderung an die rechtsethische Reflexion, Mitt. 2001, 1–4; *Schieble, A.-M.,* Abhängige Gen-Patente und das Institut der Zwangslizenz, 2005; *Schrell, A.,* Funktionsgebundener Stoffschutz für biotechnologische Erfindungen?, GRUR 2001, 782–788; *Sellnick,* Erfindung, Entdeckung und die Auseinandersetzung um die Umsetzung der Biopatentrichtlinie der EU, GRUR 2002, 121–126; *Sommer, T.,* The Scope of Gene Patent Protection and the TRIPS Agreement – An Exclusively Nondiscriminatory Approach?, 38 IIC 30–51 (2007); *Straus, J.,* Genpatente, 1997; *ders.,* Produktpatente auf DNA-Sequenzen – Eine aktuelle Herausforderung des Patentrechts, GRUR 2001, 1016–1021; *ders.,* Aktuelles zum Schutz von biotechnologischen Erfindungen und dem Schutzumfang von Genpatenten – ein akademischer Standpunkt, ABlEPA 2003, Sonderausg. 2, 166–188; *ders.,* Genomics and the food industry: outlook from an intellectual property perspective, in: Vaver/Bentley (Hrsg.), Intellectual Property in the New Millennium, FS Cornish, 2004, S. 124–136; *ders.,* Reach-Through Claims and Research Tools as Recent Issues of Patent Law, FS Bercovitz, 2005, 919–929; *Tilmann, W.,* Patentverletzung bei Genpatenten, Mitt. 2002, 438–448; *ders.,* Reichweite des Stoffschutzes bei Gensequenzen, GRUR 2004, 561–565; *Vossius, V.,* Patentfähige Erfindungen auf dem Gebiet der genetischen Manipulation, GRUR 1979, 579–584; *ders.,* Zur Patentierung von Erfindungen im Bereich der DNA-Rekombinations-Technologie, in: Gaul, D./Bartenbach, K., Aspekte des gewerblichen Rechtsschutzes, 1986, S. 1–28; *ders./Grund, M.,* Patentierung von Teilen des Erbguts, der Mensch als Sklave? Einspruchsverfahren gegen das Relaxin-Patent, Mitt. 1995, 339–345; *Walter, D.,* Harmonisierung und angemessene Anspruchsbreite bei Gensequenzpatentierung, GRUR-Int 2007, 284–294; *Wolfram, M.,* „Reach-Through Claims" und „Reach-Through Licensing" – Wie weit kann Patentschutz auf biotechnologische Research Tools reichen?, Mitt. 2003, 57–64; *Wolters* (s. oben vor I).

aa) Naturwissenschaftliche Grundbegriffe[175]

134 1. **Gene** sind Bestandteile von Organismen, die deren Eigenschaften an Vermehrungsprodukte weitergeben. Dies geschieht dadurch, dass die Bildung von Proteinen gesteuert, dh die Struktur von Eiweißmolekülen determiniert wird. Gene sind demnach die Grundeinheiten der Erbinformation. Bei höheren Lebewesen befinden sie sich auf bestimmten zellulären Strukturen, den **Chromosomen,** von denen jedes mehrere tausend Gene tragen kann. **Genom** heißt die Gesamtheit der Gene eines Organismus. Das menschliche Genom umfasst nach dem gegenwärtigen Stand der Forschung etwa 30- bis 35 000 Gene[176].

135 Chemisch ist ein Gen Teil einer **Desoxyribonukleinsäure** (DNS oder, nach dem englischen Ausdruck, **DNA**). Diese setzt sich aus (Mono-)**Nukleotiden** zusammen, von denen jedes aus einem Phosphorsäurerest, einem Zuckermolekül (der Desoxyribose) und einer von vier stickstoffhaltigen **Basen,** nämlich **Adenin, Guanin, Cytosin** und **Thymin,** besteht. Diese Nukleotide sind kettenförmig miteinander zu langen Fadenmolekülen, den Polynukleotiden, verbunden. Je zwei solcher Fäden bilden als **Doppelstrang** das DNA-Molekül. Die Verbindung der beiden Stränge wird durch Wasserstoffbrücken gebildet, wobei immer Adenin mit Thymin und Guanin mit Cytosin verbunden und deshalb die Nukleotidsequenzen der beiden Stränge zueinander komplementär sind. Die als Gene bezeichneten Abschnitte des DNA-Doppelstrangs (DNA-Sequenzen) sind von unterschiedlicher Länge und umfassen meist etwa 1000 Nukleotide. In diesem Sinn kann von Gensequenzen und Gen-Teilsequenzen gesprochen werden.

136 Ihrer **Funktion** nach können Gene als Strukturanweisungen für den Aufbau unterschiedlicher Proteine verstanden werden. Sie haben insofern „Informationscharakter"[177], allerdings nicht in dem Sinn, dass die darin verkörperte Information von einem Bewusstsein aufzunehmen und in Ausführungshandlungen umzusetzen wäre. Vielmehr erfolgt die Bestimmung der einem Gen entsprechenden Proteinstruktur selbsttätig dadurch, dass andere chemische Substanzen in bestimmter Weise auf bestimmte chemische Strukturelemente eines Gens – aber nicht *mit* ihnen – reagieren. Die Vorstellung, dass Information weitergegeben werde, ist nur ein bildhafter Ausdruck für einen chemischen Vorgang.

137 Ein DNA-Strang besteht aber nicht nur aus „Strukturgenen", sondern umfasst auch Abschnitte, die die Funktion solcher Gene steuern, insbesondere den Beginn ihrer Umsetzung (→ Rn. 139 ff.) ermöglichen oder auch verhindern[178].

---

[175] Nach *Moufang* Genetische Erfindungen 29 ff.; *Vossius/Grund* Mitt. 1995, 339 f.; *Vossius* in Gaul/Bartenbach; vgl. auch *Krefft* 17 ff.; *Holzapfel* 239 ff.; *Schieble* 27 ff.; *Wolters* 25 ff.

[176] *Straus* GRUR 2001, 1019.

[177] *Rauh/Jaenichen* GRUR 1987, 757; *v. Renesse/Tanner/v. Renesse* Mitt. 2001, 1 (3); *Feuerlein* GRUR 2001, 563; *Tilmann* Mitt. 2002, 441; *Schneider* in Baumgartner/Mieth 179, 188 ff.

[178] *Moufang* Genetische Erfindungen 36.

§ 14. Grenzen der Schutzfähigkeit biologischer Erfindungen

2. **Proteine** bestehen aus – meist 100 bis 500 – **Aminosäuren.** Ihre Struktur wird **138** durch DNA-Abschnitte bestimmt, weil die Reihenfolge der Nukleotide auf der DNA für die Reihenfolge der Aminosäuren eines Proteins maßgebend ist. Je eine Folge von drei Nukleotiden, ein „Triplett" oder „Codon", bestimmt („kodiert für") eine Aminosäure in einem Protein. Die Zuordnung der Tripletts zu bestimmten Aminosäuren wurde in den 1960er Jahren entschlüsselt. Von 64 unterschiedlichen Tripletts, die als Kombination der durch je eine von vier verschiedenen Basen gekennzeichneten Nukleotide möglich sind, kodieren 61 für Aminosäuren; die übrigen drei wirken als Signale für die Beendigung (den „Kettenabbruch" bei) einer Proteinsynthese. Da an dieser nur 20 Aminosäuren beteiligt sind, kodieren für einige von ihnen mehrere Tripletts („Degeneration des genetischen Codes"). Zwei der für Aminosäuren kodierenden Tripletts signalisieren in bestimmten Positionen den Synthesebeginn (Starttripletts, Initiationscodes). Nach neueren Erkenntnissen kann ein Gen auch für mehrere Proteine kodieren[179]. Wegen der vorerwähnten Zusammenhänge wird man dies darauf zurückführen müssen, dass für diese Proteine unterschiedliche Abschnitte des Gens bestimmend sind.

3. Die gengesteuerte **Proteinsynthese,** die „Expression" eines Gens durch Umsetzung **139** der darin verkörperten Information[180], erfolgt bei Prokaryonten (einfachsten Lebewesen, deren Zellen *keinen Zellkern* enthalten, zB Bakterien) in zwei Stufen. Zunächst findet unter dem Einfluss des Enzyms RNS-Polymerase die **Transkription** (Umschreibung) des für das benötigte Protein maßgebenden DNA-Abschnitts in Ribonukleinsäure (RNS oder RNA) statt, die wegen ihrer „Boten"-Funktion als m(essenger)RNA bezeichnet wird. Sie entspricht der DNA, enthält aber Ribose statt Desoxyribose als Zuckerbestandteil und statt der Base Thymin die Base Uracil.

An die Transkription schließt sich die **Translation** (Übersetzung) an. Mit der mRNA **140** treten **Ribosomen** in Verbindung. Diese aus je zwei Untereinheiten bestehenden Zellorganellen werden durch die mRNA für den Zusammenbau der Proteine „programmiert". Hierdurch wird unter Beteiligung weiterer Komponenten[181] ein Protein mit genau der Aminosäuresequenz gebildet, die die mRNA gemäß ihrer – letztlich durch den das Gen bildenden DNA-Abschnitt bestimmten – Triplettfolge signalisiert.

Bei Eukaryonten (Organismen, deren Zellen, wie bei allen höheren Lebewesen, einen **141** *Zellkern* aufweisen) enthalten die Strukturgene Zwischensequenzen **(Introns),** deren Zahl erheblich (15 und mehr) sein kann. Diese werden zwar umgeschrieben, aber nicht übersetzt, weil die mRNA durch Heraussschneiden ihrer Introns und Zusammenfügen ihrer verbleibenden Teile „prozessiert" („zurechtgestückelt") wird.

4. Grundlegendes Instrument der **Gentechnik** sind die **Restriktionsenzyme** (Restrik- **142** tionsendonukleasen). Sie werden in hochspezifischer Weise dazu verwendet, DNA-Stränge an ganz bestimmten, durch eine charakteristische Nukleotidsequenz gekennzeichneten Stellen aufzutrennen. Die entstehenden Fragmente lassen sich dann in vitro mit dazu passenden Gegenstücken anderer Herkunft verbinden. Diese biochemische **DNA-Rekombination** ermöglicht es, genetische Information unter Überwindung der natürlichen Speziesschranken dauerhaft in andere Lebewesen einzubringen.

5. Durch Nutzung ihres Informationsgehalts lassen sich Gene und Teilsequenzen da- **143** von zur **Herstellung von Proteinen** verwenden. Unter Einsatz der DNA-Rekombination (→ Rn. 142) kann dies auch außerhalb von Organismen geschehen. Die benötigte Sequenz kann durch Isolierung aus einem Organismus oder durch synthetische Bereitstellung gewonnen werden. Sie wird dann mittels eines Vektors (zB eines Plasmids oder Virus) in einen geeigneten Wirtsorganismus (zB eine Bakterien- oder Hefezelle) eingebracht, vermehrt sich mit diesem und bewirkt darin die Synthese des entsprechenden

---

[179] *Straus* GRUR 2001, 1019; *Schrell* GRUR 2001, 784; *Tilmann* Mitt. 2002, 440.
[180] S. *Huber* Mitt. 1989, 135.
[181] Wie aktivierender Enzyme und Transfer-RNA, s. *Moufang* Genetische Erfindungen 35.

Proteins. Dieses kann beispielsweise zur Herstellung eines Arzneimittels dienen, dessen Wirkstoff (wie Humaninsulin, Interferon zur Behandlung von Virusinfektionen, Wachstumshormon, Gewebe-Plasminogen-Aktivator zur Auflösung von Blutgerinnseln, Blutgerinnungsfaktor) mit dem körpereigenen des Organismus übereinstimmt, aus dem die DNA-Sequenz stammt, was Vorteile für Verträglichkeit, Reinheit und Sicherheit hat[182].

144 Neben Verwendungen, bei denen Gensequenzen als Informationsträger wirken, kommen auch solche in Betracht, bei denen es primär auf die stoffliche Beschaffenheit ankommt[183]. So sind Gen-Teilsequenzen vermöge ihrer Hybridisierungsfähigkeit als **Sonden** zur Identifizierung von Genen und als **Marker** einsetzbar[184]. Zu Identifizierungs- und Testzwecken können auch Genabschnitte ohne relevanten Informationsgehalt geeignet sein[185], da es für solche Funktionen nur auf das Zusammenwirken mit *anderen Nukleotidsequenzen* ankommt[186]. DNA-Abschnitte können demgemäß für unterschiedliche Zwecke als „**Forschungswerkzeuge**" dienen[187]. Eine besondere Rolle spielen dabei exprimierte Sequenzabschnitte (expressed sequence tags – **ESTs**)[188]. Sie werden hergestellt, indem man aus – von Introns freier (→ Rn. 139 ff.) – mRNA die entsprechende DNA synthetisiert. Hierdurch entsteht die der mRNA komplementäre DNA, die gleichzeitig eine auf die kodierenden Abschnitte beschränkte Kopie der ursprünglichen DNA darstellt. Sie spiegelt den kodierenden Teil der einem Gen zuschreibbaren DNA-Sequenz wider. EST lassen sich als Fragmente der kopierten, komplementären DNA (cDNA) mit gängigen Methoden in doppelsträngiger Form in größeren Mengen gewinnen, vervielfältigen und in entsprechende Proteine oder Teilproteine (Polypeptide) übersetzen.

145 EST sind Marker für die in vivo transkribierten Gene; sie weisen direkt auf die exprimierten Gene hin. Sie sind daher grundsätzlich geeignet, als Sonde die chromosomale Lokalisation des entsprechenden Gens zu bestimmen, dieses zu identifizieren und zu isolieren und möglicherweise auch seine biologische Funktion oder diejenige des Proteins, für das es kodiert, zu ermitteln. Außerdem sind EST verwendbar bei gerichtsmedizinischen Analysen, gewebe- und individuenspezifischen Identifikationen, zur Definition krankheitsbezogener Gene oder genetischer Marker, zur Unterdrückung der Expression der entsprechenden Proteine oder Erzeugung von Antikörpern gegen diese.

bb) Patentrechtliche Behandlung

146 1. Aus dem menschlichen Körper isolierte oder außerhalb des menschlichen Körpers synthetisierte Sequenzen oder Teilsequenzen menschlicher Gene können patentierbare Erfindungen sein (→ Rn. 129 f.). Für Gensequenzen von Tieren, Pflanzen und Mikroorganismen gilt Entsprechendes. Dass es hierzu keine Sondervorschrift gibt, erklärt sich daraus, dass insoweit – anders als bezüglich des Menschen – der Grundsatz der Patentierbarkeit biologischer Erfindungen (→ Rn. 4) weder eingeschränkt noch klargestellt zu werden brauchte.

147 2. Eine **Erfindung** im Sinne einer technischen Handlungsanweisung liegt nach herkömmlichem Verständnis bei Gensequenzen wie bei allen chemischen Verbindungen (→ § 11 Rn. 25 ff.) bereits darin, dass eine bestimmte Sequenz **bereitgestellt** und hierfür ein wiederholbar nacharbeitbarer Herstellungsweg angegeben wird[189]. Hiermit steht nicht

---

[182] S. *Vossius/Grund* Mitt. 1995, 340.
[183] *Schrell* GRUR 2001, 785.
[184] *Straus*, zit. bei *Holzapfel/Nack* GRUR-Int 2002, 519; s. auch *Schrell* GRUR 2001, 785; *Tilmann* Mitt. 2002, 441.
[185] *Reich*, zit. bei *Adam* GRUR-Int 1998, 392.
[186] *Tilmann* Mitt. 2002, 440.
[187] Vgl. *Burdach* Mitt. 2001, 9 (13).
[188] Zum folgenden *Oser* GRUR-Int 1998, 648 f.; *Howlett/Christie* 34 IIC 581, 583 f. (2003).
[189] Es handelt sich (entgegen *Oser* GRUR-Int 1998, 650; *Egerer* FS König, 2003, 111 (126 ff., 131 f.)) nicht um die bloße Bereitstellung oder Wiedergabe einer *Information*. Vielmehr ist die DNA-Sequenz ein durch Nukleotide und deren Reihenfolge definierter chemischer Stoff; dass er als „Informations-

§ 14. Grenzen der Schutzfähigkeit biologischer Erfindungen

im Einklang, dass in Erwägungsgrund 23 der EU-BioPatRL, auf den auch die Begründung zum Umsetzungsgesetz[190] verweist, gesagt wird: „Ein einfacher DNA-Abschnitt ohne Angabe einer Funktion enthält keine Lehre zum technischen Handeln und stellt deshalb keine patentierbare Erfindung dar."[191] Hiernach hätten bei der Umsetzung „einfache DNA-Abschnitte" in die Liste der „Nicht-Erfindungen" (§ 1 Abs. 3 PatG) eingereiht werden müssen, die „als solche" nicht patentierbar sind. Vertretbar wäre es wohl, die Identifizierung eines DNA-Abschnitts auch in Verbindung mit der Angabe eines Wegs zu seiner Gewinnung wegen abstrakt-allgemeinen Charakters für ebenso freihaltungsbedürftig zu erachten wie Entdeckungen, wissenschaftliche Theorien und mathematische Methoden. In diese Richtung weist auch Erwägungsgrund 16, indem er hervorhebt, dass die Entdeckung einer Gensequenz oder -teilsequenz nicht patentierbar ist. Ein Ausschluss der Bereitstellung von Gensequenzen aus dem Erfindungsbegriff würde jedoch dessen Definition als technische Handlungsanweisung in Frage stellen, was kaum ohne Rückwirkung auf andere Bereiche der Technik bleiben könnte. Insbesondere würde fraglich, ob und warum die Bereitstellung sonstiger chemischer Verbindungen im Gegensatz zu derjenigen von Gensequenzen dem Erfindungsbegriff genügt. Gewiss beruht sie im Regelfall nur wegen unerwarteter Eigenschaften der bereitgestellten Verbindung auf erfinderischer Tätigkeit (→ § 11 Rn. 28). Doch ist dies kein Grund, sie schon aus dem Erfindungsbegriff auszuschließen. Aus Erwägungsgrund 23 sollte deshalb lediglich abgeleitet werden, dass das Bereitstellen einer DNA-Sequenz nicht ohne Funktionsangabe patentiert werden soll. Der Begründung, die hierfür gegeben wird, kommt keine Verbindlichkeit zu. Insbesondere verpflichtet sie nicht zu einer Einschränkung des patentrechtlichen Erfindungsbegriffs.

3. Die EU-BioPatRL verlangt in Art. 5 Abs. 3, dass die **gewerbliche Anwendbarkeit** **148** einer Sequenz oder Teilsequenz eines Gens in der Patentanmeldung **konkret beschrieben** wird. In R 29 Abs. 3 EPÜ ist diese Vorschrift übernommen, in § 1a Abs. 3 PatG mit dem Zusatz „unter Angabe der von der Sequenz oder Teilsequenz erfüllten Funktion". Obwohl sich die ihr vorausgehenden Absätze speziell auf den menschlichen Körper und dessen Bestandteile beziehen, ist sie auf Gene pflanzlichen und tierischen Ursprungs in gleicher Weise anzuwenden, weil sie nicht durch die jenen Sonderbestimmungen zugrundeliegenden Wertungen (→ Rn. 127 f.) bedingt ist.[192] Im PatG wird dies durch § 2 Abs. 2 S. 2 bestätigt, der § 1a Abs. 3 bei Erfindungen im Pflanzen- und Tierbereich für entsprechend anwendbar erklärt.[193]

Ausgehend von dem in Art. 57 EPÜ, § 5 PatG definierten sehr weiten Begriff der **149** gewerblichen Anwendbarkeit (→ § 13 Rn. 2 ff.) könnte Art. 5 Abs. 3 EU-BioPatRL so verstanden werden, dass es genüge, einen Weg anzugeben, auf dem die Sequenz in einem Gewerbebetrieb als chemische Verbindung (wiederholbar) hergestellt werden kann. Aus Erwägungsgrund 24 ist aber zu entnehmen, dass dies für eine *konkrete* Beschreibung der gewerblichen Anwendbarkeit nicht ausreichen soll: „Das Kriterium der gewerblichen Anwendbarkeit setzt voraus, dass im Fall der Verwendung einer Sequenz oder Teilsequenz eines Gens zur Herstellung eines Proteins oder Teilproteins angegeben wird, welches Protein oder Teilprotein hergestellt wird und welche Funktion es hat."

Hieraus erklärt sich der Zusatz, durch den sich § 1a Abs. 3 PatG von Art. 5 Abs. 3 RL **150** (und R 29 Abs. 3 EPÜ) unterscheidet. Seine Formulierung ist jedoch umfassender als

---

träger" wirkt (vgl. → Rn. 134), ändert daran nichts; auch ist die Information, die er verkörpert, ohne Funktionsangabe nicht verfügbar.

[190] BlPMZ 2005, 97.

[191] Vgl. *Fuchs* Mitt. 2000, 4, der aber dem Erwägungsgrund zustimmt, weil ohne Funktionsangabe keine *anwendbare* Erfindung vorliege.

[192] Vgl. die Erwägungsgründe 22–25 der RL, die allgemein von Sequenzen und Teilsequenzen von Genen sprechen; außerdem *Kunczik* Genetische Informationen 145 mwN.

[193] Vgl. *Moufang* in Schulte PatG § 1a Rn. 22; *Bacher* in Benkard PatG § 1a Rn. 15.

Erwägungsgrund 24, weil sie sich nicht nur auf die Verwendung zur Herstellung eines Proteins bezieht, und wirft für diesen Fall die Frage auf, ob die Angabe, für welches Protein die Sequenz kodiert, als Funktionsangabe genügt oder entsprechend jenem Erwägungsgrund auch die Funktion des Proteins angegeben werden muss. Nach der Gesetzesbegründung[194] muss im Fall der Verwendung einer Sequenz oder Teilsequenz eines Gens zur Herstellung eines Proteins oder Teilproteins angegeben werden, welches Protein oder Teilprotein hergestellt wird und welche Aufgabe es hat, wobei allgemeine Angaben zur gewerblichen Verwertbarkeit wie „für medizinische Zwecke" nicht ausreichen, sondern eine konkrete Beschreibung der Funktion und der gewerblichen Anwendbarkeit des Gens erforderlich ist. Auch mit § 1a Abs. 3 PatG ist also beabsichtigt, die Angabe des Proteins nicht genügen zu lassen, sondern – übereinstimmend mit Erwägungsgrund 24 der Richtlinie – außerdem diejenige seiner Funktion zu fordern.

151   In entsprechender Weise geht das EPA[195] auf der Grundlage von Art. 57 und R 23e (jetzt 29) Abs. 3 EPÜ davon aus, dass es für die Prüfung der gewerblichen Anwendbarkeit eines Proteins wesentlich auf dessen Funktion ankommt. Diese könne auf der Ebene der Moleküle, der Zellen oder des Organismus liegen. Es genüge, dass sich auf einer dieser Ebenen eine praktische Anwendung herleiten lasse, auch wenn die auf den anderen Ebenen liegenden Funktionen unbekannt sind.

152   Eine Funktionsangabe ist nach § 1a Abs. 3 PatG auch dann erforderlich, wenn eine Sequenz nicht als Mittel zur Herstellung eines Proteins, sondern zB als Such- oder Testwerkzeug[196] beansprucht wird. Dies entspricht Erwägungsgrund 23, der einen Schutz für DNA-Abschnitte ohne solche Angabe ausschließt (→ Rn. 147).

153   4. Die Konkretisierung der gewerblichen Anwendbarkeit, die in Art. 5 Abs. 3 EU-BioPatRL, R 29 Abs. 3 EPÜ und § 1a Abs. 3 PatG verlangt wird, ist nicht nur ein Formerfordernis für die Anmeldung[197].

154   Die genannten Vorschriften lassen sich nicht allein daraus erklären, dass bei Gensequenzen und damit hergestellten Proteinen die Funktion für den Fachmann in der Regel nicht offensichtlich ist, und deshalb nicht als bloße Konkretisierung des in § 10 Abs. 2 Nr. 5 PatV und R 42 Abs. 1 (f) EPÜ enthaltenen Gebots verstehen, anzugeben, in welcher Weise der Gegenstand der Erfindung gewerblich anwendbar ist, wenn sich dies aus der Beschreibung oder der Art der Erfindung nicht offensichtlich ergibt.

155   Vielmehr bestimmt sich auch die **Schutzwirkung** eines Patents für ein Erzeugnis, das aus einer genetischen Information besteht oder sie enthält, nach der Funktion dieser Information, weil sie sich gem. Art. 9 EU-BioPatRL, § 9a Abs. 3 PatG auf Material, in das das patentierte Erzeugnis Eingang findet, nur unter der Voraussetzung erstreckt, dass in diesem Material die genetische Information enthalten ist und **ihre Funktion erfüllt.** Die Reichweite der Schutzwirkung hängt hiernach davon ab, dass nicht nur eine Benutzung des patentierten Erzeugnisses erfolgt, sondern auch die hierdurch verkörperte genetische Information genutzt, also das Erzeugnis in einer bestimmten Funktion benutzt wird.[198] Sinn hat dies nur, wenn nicht irgendeine durch die genetische Information erfüllbare, sondern diejenige Funktion gemeint ist, die gem. Art. 5 Abs. 3 EU-BioPatRL, §§ 1a Abs. 3, 2a Abs. 2 S. 2 PatG in der Anmeldung angegeben und der Patenterteilung zugrunde gelegt worden ist.

156   5. Die besonderen Anforderungen, die die Richtlinie aus dem Erfordernis der gewerblichen Anwendbarkeit für den Fall ableitet, dass Patentschutz für eine Gensequenz bean-

---

[194] BlPMZ 2005, 99 (zu Nr. 2, b, Abs. 2 Satz 4 und 5).

[195] 7.7.2006, GRUR-Int 2007, 152 Rn. 5 f., 29 ff. – Hematopoietic receptor/Zymogenetics; zu den Anforderungen an die Glaubhaftmachung der Funktion Nr. 22 ff.).

[196] Vgl. *Krauß* Mitt. 2001, 397 (398); *Feuerlein* GRUR 2001, 563; *Tilmann* Mitt. 2002, 442.

[197] Begründung zum Umsetzungsgesetz, BlPMZ 2005, 97 (zu 3, Abs. 4).

[198] *Ahrens* GRUR 2003, 92; anders *Müller* 243 f.: zwar könne Art. 5 Abs. 3 RL auf eine Zweckbindung des Schutzes hindeuten; gegen eine solche Einschränkung spreche jedoch Art. 5 Abs. 2 iVm Art. 9, der den Schutzumfang auf andere Erzeugnisse erstrecke. Was es bedeutet, dass Art. 9 auf die Funktion abstellt, bleibt dabei ungeklärt.

§ 14. Grenzen der Schutzfähigkeit biologischer Erfindungen   III § 14

sprucht wird, finden in der geltenden *gesetzlichen Definition* dieser Patentierungsvoraussetzung (Art. 57 EPÜ, § 5 PatG) keine hinreichende Stütze[199]. Das gilt auch dann, wenn Ausführbarkeit, Fertigsein und Wiederholbarkeit der gewerblichen Anwendbarkeit zugerechnet werden (→ § 13 Rn. 1). Wenn die Struktur einer Gensequenz und ein Verfahren zu ihrer Gewinnung oder Synthese angegeben werden, ist deren beliebig wiederholbare Herstellung in einem Gewerbebetrieb jedenfalls möglich. Die Richtlinie verlangt jedoch keine allgemeine Einschränkung des Begriffs der gewerblichen Anwendbarkeit. Sie läuft deshalb darauf hinaus, dass dieser in einem bestimmten Bereich der Technik einschränkend ausgelegt wird. Das stößt auf Bedenken, weil nach Art. 27 Abs. 1 S. 2 TRIPS-Ü bei der Patenterteilung, wenn deren allgemeine Voraussetzungen erfüllt sind, nicht hinsichtlich des Gebiets der Technik diskriminiert werden darf.[200]

Ohne Diskriminierung ließe sich das Ziel der Richtlinie vielleicht dadurch erreichen, 157 dass statt gewerblicher Anwendbarkeit allgemein „Nützlichkeit" (wenn auch nicht „soziale" Nützlichkeit, → § 10 Rn. 20 f.) gefordert würde, wie es das TRIPS-Ü in Fußnote 1 zu Art. 27 zulässt. Die Richtlinie will jedoch ihre Ziele ersichtlich ohne Änderung der grundlegenden Patentierungsvoraussetzungen erreichen, die in den nationalen Gesetzen verankert sind. Da sich ohne solche Änderung die besonderen Anforderungen, die die Richtlinie hinsichtlich der Funktionsangabe bei der Beanspruchung von Gensequenzen aufstellt, aus den Patentierungsvoraussetzungen des Vorliegens einer Erfindung und der gewerblichen Anwendbarkeit nicht ableiten lassen, bleibt zu untersuchen, ob dies auf der Grundlage des Erfordernisses möglich ist, dass eine Erfindung, für die Patentschutz beansprucht wird, auf erfinderischer Tätigkeit beruht.

cc) Erfinderischer Gehalt und Reichweite des Schutzes

1. Die „Entschlüsselung" von Gensequenzen im Sinne des Erkennens der Reihen- 158 folge der Nukleotide auf einem DNA-Strang erfolgt beim heutigen Stand der Technik durch Einsatz automatisch ablaufender Verfahren und automatischer Vorrichtungen in Verbindung mit automatisierter Verarbeitung der hierbei festgestellten Daten[201]. Sie geht regelmäßig nicht über das hinaus, was von einem durchschnittlichen Fachmann erwartet werden kann, dem die erforderlichen Apparate zur Verfügung stehen[202]. Ebenso verhält es sich mit den Verfahren der Bereitstellung von Gensequenzen mittels Isolierung oder Synthese[203]. Auch für die künstliche Veränderung von DNA-Sequenzen gilt nichts anderes. Sie ist mit den heute verfügbaren Mitteln ohne erfinderischen Aufwand in vielfältiger Weise möglich[204].

Eine **erfinderische Leistung** liegt daher normalerweise erst in weitergehenden Er- 159 kenntnissen und hierauf beruhenden Handlungsanweisungen. Zunächst kommt das Erkennen und Benutzen der Funktion einer Gensequenz in Betracht. Sie kann, muss aber nicht darin bestehen, dass die Sequenz für ein oder mehrere Proteine kodiert (→ Rn. 138, 143 ff.). Je weiter sich Wissenschaft und Technik entwickeln, umso wahrscheinlicher wird jedoch, dass auch das Bestimmen eines einer Gensequenz entsprechenden Proteins einem routinemäßig arbeitenden Fachmann möglich ist[205]. Soweit dies zutrifft, kann eine erfinde-

---

[199] Vgl. *Goebel* Mitt. 1995, 155; *Krefft* 227 ff.
[200] Ebenso *Holzapfel* 299 f.
[201] Vgl. *Straus* Genpatente 14 ff.; *Ropers,* zit. bei *Adam* GRUR-Int 1998, 401; *Fuchs* Mitt. 2000, 5; *Feuerlein* GRUR 2001, 563; *Schrell* GRUR 2001, 786; *Sellnick* GRUR 2002, 125; Enquête-Kommission, zit. bei *Hansen* Mitt. 2001, 480 f.
[202] *Straus,* zit. bei *Holzapfel/Nack* GRUR-Int 2002, 520; *van Raden/v. Renesse* GRUR 2002, 393 (398); *Köster* GRUR 2002, 838; *Tilmann* GRUR 2004, 562.
[203] *van Raden/v. Renesse* GRUR 2002, 393 (397 ff.).
[204] Anders anscheinend *van Raden/v. Renesse* GRUR 2002, 393 (398).
[205] Schon *Rauh/Jaenichen* GRUR 1987, 754 (757 f.) stellen für die Bestimmung der Aminosäuresequenz eines Proteins fest, dass sie nach Standard-Methoden in der Regel ohne Schwierigkeit möglich sei. Auch sei der Durchschnittsfachmann ohne weiteres in der Lage, modifizierte Proteine herzustellen.

rische Leistung nur durch Bereitstellung eines weiteren, mit Hilfe der Gensequenz oder eines durch sie bestimmten Proteins gewonnenen Produkts, zB eines gentechnisch veränderten (nichtmenschlichen) Organismus oder eines Arzneimittels erbracht werden. Soweit auch dessen Bereitstellung für den Fachmann Routine ist oder wird, kommt es für das Beruhen auf erfinderischer Tätigkeit auf Eigenschaften jenes Produkts an, denen aber bei einem Arzneimittel der Charakter des Überraschenden fehlt, wenn es einer körpereigenen Substanz entspricht und gerade deshalb erzeugt wird, weil es deren vorbekannte Wirkungen im Körper herbeiführen soll.

160 Soweit es um nicht in der Strukturbestimmung von Proteinen bestehende Funktionen von Gensequenzen geht, bildet das Erkennen ihrer Eignung als Such- oder Testwerkzeug (zB Sonde zur Identifizierung eines exprimierten Gens oder Marker zur Lokalisierung eines Gens auf einer physischen Genomkarte) für sich genommen nach jedenfalls überwiegender Ansicht keine erfinderische Leistung[206]. Dem entspricht, dass die Angabe einer solchen unspezifischen Funktion nicht als hinreichend konkrete Angabe der „gewerblichen Anwendbarkeit" iSv Art. 5 Abs. 3 EU-BioPatRL gelten kann[207]. Auch eine nähere Konkretisierung solcher Hilfsfunktionen kann bereits durch die ihrerseits ohne erfinderisches Bemühen erfolgte Strukturaufklärung nahegelegt sein und rechtfertigt dann die Patentierung nicht. Der verschiedentlich beklagten Behinderung von Forschungsarbeiten durch Patente auf DNA-Sequenzen, die als Forschungswerkzeuge benötigt werden[208], kann daher vermutlich weitgehend dadurch vorgebeugt werden, dass die Prüfung auf erfinderische Tätigkeit mit der gebotenen Sorgfalt durchgeführt wird.[209] Allerdings sind Behinderungen der Forschung auch dann nicht ausgeschlossen, wenn ein Forschungswerkzeug wegen einer spezifischen, nicht naheliegenden Verwendungsmöglichkeit und nur für diese patentiert ist.[210]

161 Eine erfinderische Leistung kann somit auf unterschiedlichen Etappen des Weges von der Bereitstellung einer Gensequenz bis zu einem mit ihrer Hilfe erreichten Endergebnis liegen. Mit hoher Wahrscheinlichkeit wird nach derzeitigem Wissensstand aber ausgeschlossen

---

Er könne ohne erfinderische Tätigkeit die DNA-Sequenz nennen, die der Aminosäuresequenz entspricht und umgekehrt in Kenntnis einer DNA-Sequenz die Aminosäuresequenz des entsprechenden Proteins angeben. Auch die Kenntnis von Verfahren zur Isolierung von DNA-Sequenzen, bei denen man von Proteinen mit bestimmter biologischer Aktivität ausgehe, gehöre zum allgemeinen Fachwissen des Durchschnittsfachmanns. – Zu den Voraussetzungen des Beruhens auf erfinderischer Tätigkeit bei Klonierung und Expression eines Gens EPA 11.1.1996, ABl. 1996, 658 – Chymosin/Unilever.

[206] *Straus* GRUR 1998, 315 (319); *Tribble*, zit. bei *Adam* GRUR-Int 1998, 397; *Holzapfel* 286, 302 f. mwN; aM anscheinend *Tilmann* GRUR 2004, 562 (564); vgl. auch *Müller* 213 ff., die das Erfordernis des Art. 5 Abs. 3 RL nur bei kodierenden Sequenzen als erfüllbar ansieht.

[207] Nach der Praxis des EPA genügen generalisierende Angaben wie „Rezeptor", „Kinase" oder „Sonde" nicht; so *Schatz*, zit. bei *Holzapfel* GRUR-Int 2002, 435; s. auch *Oser* GRUR-Int 1998, 650; *Sellnick* GRUR 2002, 123; *Godt* 180 ff., 188 f. – Vgl. auch U. S. Court of Appeals for the Federal Circuit 7.9.2005, GRUR-Int 2006, 160, wonach ein EST (dazu → Rn. 143 ff.) ohne individualisierbare Funktionsangabe, das für Teile von Proteinen einer Maispflanze kodiert, dem gesetzlichen Erfordernis der Nützlichkeit nicht genügt, und die abweichende Meinung von *Rader* GRUR-Int 2006, 163 f., der Nützlichkeit wegen Verwendbarkeit als Forschungswerkzeug bejaht und die Abgrenzung patentierbarer von nicht patentierbaren ESTs unter dem Gesichtspunkt des erfinderischen Schritts oder des Nicht-Naheliegens vornehmen empfiehlt.

[208] Hinweise hierauf geben *Tribble* und *Nelsen*, zit. bei *Adam* GRUR-Int 1998, 400; *Straus* und *Cho*, zit. bei *Holzapfel* GRUR-Int 2002, 435 (437); *Holzapfel/Nack* GRUR-Int 2002, 523; *Holzapfel* 264 ff.; *Herrlinger* 151 ff., 160 ff. – Die für die Benutzung zu Versuchszwecken vorgesehene Einschränkung der Rechte aus dem Patent (§ 11 Nr. 2 PatG) hilft der Forschung nicht, wenn der patentierte Gegenstand nicht untersucht, sondern als Hilfsmittel eingesetzt wird. Probleme der Abgrenzung zwischen diesen Fällen bei Benutzung der patentierten Brustkrebsgene BRCA 1 und BRCA 2 behandelt *Herrlinger* 246 ff.

[209] Vgl. *Howlett/Christie* 34 IIC 581, 601 f. (2003); *Holzapfel* 304 f.; *Wolters* 228 f.

[210] *Herrlinger* 145.

§ 14. Grenzen der Schutzfähigkeit biologischer Erfindungen

werden können, dass die Bereitstellung einer Teilsequenz und das Erkennen einer durch sie erfüllbaren unspezifischen Funktion auf erfinderischer Tätigkeit beruhen.[211] Für die genaue Identifizierung vollständiger Gensequenzen und deren Funktionsaufklärung scheint zwar nicht festzustehen, dass es sich ausnahmslos um reine Routineangelegenheiten handelt[212]. Doch liegt die Annahme nahe, dass auch in solchen Fällen nur *ausnahmsweise* eine erfinderische Leistung erbracht ist. Die technische Entwicklung bringt mit sich, dass es immer schwerer, wenn nicht unmöglich wird, dem Schritt von einer Rohsequenz zur Aufklärung mindestens einer ihrer Funktionen Erfindungshöhe zuzuerkennen[213]. Der Bereich, in dem es erfinderischen Bemühens bedarf, wird sich vermutlich dorthin verlagern, wo es nicht mehr um die Identifikation oder Herstellung von Grundelementen oder Werkzeugen der Gentechnologie, sondern um die Gewinnung zu anderen, nicht wiederum gentechnischen, sondern beispielsweise unmittelbar medizinischen Zwecken einsetzbarer Produkte geht. Auch insoweit ist es jedoch letztlich eine Frage des Einzelfalls, ob ein von fachmännischer Routine nicht zu erwartendes Ergebnis erreicht ist und worin es besteht.

2. Das in der **EU-BioPatRL** enthaltene Erfordernis konkreter Beschreibung der gewerblichen Anwendbarkeit von Gensequenzen oder -teilsequenzen, das zur geltenden gesetzlichen Definition dieser Patentierungsvoraussetzung nicht passt (→ Rn. 156 f.) und auch nicht aus dem patentrechtlichen Erfindungsbegriff abgeleitet werden kann (→ Rn. 147), lässt sich mit Rücksicht darauf, dass es nach den Erwägungsgründen 23 und 24 durch Funktionsangaben zu erfüllen ist, zwanglos allein der Patentierungsvoraussetzung des **Beruhens auf erfinderischer Tätigkeit** zuordnen[214]. Das hat Folgen für den Inhalt jenes Erfordernisses. Einen sinnvollen Bezug zu der genannten Patentierungsvoraussetzung erhält es nur dann, wenn jeweils diejenige Funktion anzugeben ist, die dem Gegenstand der Anmeldung seinen erfinderischen Wert verleiht. Es sollte selbstverständlich sein, dass eine Anmeldung in ihrer ursprünglichen Fassung offenbart, wodurch die Technik in nicht naheliegender Weise fortentwickelt worden ist. Allerdings ist dieses Postulat bei den chemischen Stofferfindungen vernachlässigt worden. Eine überzeugende Rechtfertigung hierfür gibt es jedoch nicht (→ § 11 Rn. 62 ff.). Es wäre deshalb verfehlt, die dort herrschende Praxis auf DNA-Sequenzen auszudehnen, nur weil es sich hierbei ebenfalls um chemische Verbindungen handelt[215]. Da sich nach der in der Anmeldung anzugebenden Funktion auch die Reichweite der Schutzwirkung des gegebenenfalls erteilten Patents bestimmt (→ Rn. 153 ff.), wird es nicht genügen, die Funktion, in deren Erkennen und Benutzen die erfinderische Leistung steckt, in der *Beschreibung* darzustellen. Sie muss vielmehr (auch) im **Patentanspruch** erscheinen[216]. Art. 5 Abs. 3 in Verbindung mit den zugehörigen Erwägungsgründen und mit Art. 9 der EU-BioPatRL lässt deshalb bei folgerichtigem Verständnis keinen Raum für einen „absoluten Stoffschutz" von Gensequenzen, -teilsequenzen

162

---

[211] *Howlett/Christie* 34 IIC 581, 591 ff. (2003).
[212] *Straus* GRUR 2001, 1019 Fn. 30.
[213] In diesem Sinne *Straus* GRUR 2001, 1019.
[214] Im gleichen Sinn *Krefft* 237 ff., 258 ff.; *Schieble* 81 ff.
[215] *Feuerlein* GRUR 2001, 564 empfiehlt, die in der EU-BioPatRL enthaltenen strengeren Anforderungen an die Offenbarung auf alle Stofferfindungen zu erstrecken.
[216] So *Meyer-Dulheuer* GRUR 2000, 179 (181); *Nieder* Mitt. 2001, 97 (98 f.); *Schrell* GRUR 2001, 786; *Straus* GRUR 2001, 1020; *Krefft* 306 f.; *Meier-Beck* GRUR 2003, 905 (911); *Kunczik* Genetische Informationen 194; wohl auch *Landfermann* FS Tilmann, 2003, 527 (536 f.); aM *Krauß* Mitt. 2001, 399 f.; *Tilmann* Mitt. 2002, 442 und GRUR 2004, 563 f.; *Köster* GRUR 2002, 837; *Keukenschrijver* FS Tilmann, 2003, 475 (485); *König* FS König, 2003, 276 ff., der (285 ff.) vorschlägt, bei der Bestimmung des Schutzbereichs im Verletzungsverfahren für eine angemessene Begrenzung des Schutzes zu sorgen, was nach Maßgabe der in der PS offenbarten Funktion geschehen soll, weil die Angabe einer Nukleinsäuresequenz ohne Funktion keine Lehre zum technischen Handeln darstelle (289). Dagegen weist *Walter* GRUR-Int 2007, 287 ff. mit Recht darauf hin, dass insbesondere wegen der in Deutschland geltenden Trennung zwischen Verletzungs- und Nichtigkeitsverfahren die nach Sachlage gebotenen Einschränkungen des Schutzgegenstands in den Ansprüchen zum Ausdruck kommen müssen.

oder hierdurch bestimmten Proteinen. Gleiches gilt für §§ 1a Abs. 3, 9a Abs. 3 PatG, wenn bei ihrer Auslegung die Erwägungsgründe der Richtlinie, auf der sie beruhen, gebührend berücksichtigt werden.

163 Es ist deshalb[217] richtlinienkonform, dass § 1a Abs. 3 PatG eine Funktionsangabe und § 1a Abs. 4 in bestimmten Fällen auch deren Aufnahme in den Anspruch verlangt. Die von *Tilmann*[218] zitierte Stelle aus der die Rechtmäßigkeit der Richtlinie bestätigenden Entscheidung des EuGH[219] bedeutet nicht, dass es die RL verböte, die Funktionsangabe im Anspruch zu fordern; sie beschäftigt sich nur mit der Frage, ob die die Patentierung des menschlichen Körpers betreffenden Bestimmungen die Achtung der Menschenwürde hinreichend gewährleisten, und verweist in diesem Zusammenhang darauf, dass nach Art. 5 Abs. 3 die Anmeldung eine *Beschreibung* (auch) der gewerblichen Anwendbarkeit umfassen müsse, die das Ziel der Arbeiten ist. Mit der Frage, welche Bedeutung die gewerbliche Anwendbarkeit und die Funktionsangabe, durch die sie gem. Erwägungsgrund 24 zu belegen ist, im Hinblick auf Art. 9 für den Umfang des beanspruchbaren Schutzes haben, hat sich der EuGH nicht beschäftigt. Eine Auslegung der RL, wonach die Funktion im Patentanspruch anzugeben ist, dient der Achtung der Menschenwürde, auf die es dem EuGH an der zitierten Stelle ankommt, gewiss nicht weniger als eine Auslegung, nach welcher die Funktionsangabe in der Beschreibung genügt.

164 3. Die **Begründung zum** deutschen **Umsetzungsgesetz**[220] geht freilich davon aus, dass auch DNA-Sequenzen **grundsätzlich** (zur Ausnahme → Rn. 169ff.) **absoluter Stoffschutz** zu gewähren sei. Eine gewisse *funktionsbezogene Begrenzung* will sie nur dadurch erreichen, dass der Prüfer die Patenterteilung auf die für die angegebene Funktion erforderlichen Teile der angemeldeten Sequenz beschränken und die für die beschriebene Funktion nicht benötigten Teile vom Patentschutz ausnehmen soll.

165 Dadurch werde erreicht, dass nur noch wenige Fälle aufträten, in denen einem bereits patentgeschützten Genabschnitt eine weitere patentfähige Funktion zugeordnet werden kann, für deren Nutzung dem Erstanmelder eine Lizenzgebühr zu zahlen wäre. Die verbleibenden Fälle ließen sich durch Abhängigkeits-Zwangslizenzen befriedigend lösen, deren Erteilung durch Neufassung von § 24 Abs. 2 PatG erleichtert wird.

166 In dem „beschriebenen engen, durch die Funktion definierten Umfang" sei der durch ein Stoffpatent gewährte Schutz nicht zuletzt im Interesse eines effektiven Innovationsschutzes notwendig. Da das allgemeine Patentrecht durch die Richtlinie nicht verändert werde, seien Einschränkungen des Stoffschutzes bei deren Umsetzung nicht möglich. Insoweit bestehe eine Bindung durch das TRIPS-Ü. Die Rechtfertigung für den Umfang des Stoffschutzes liege darin, dass der neu zur Verfügung gestellte Stoff durch seine erstmalige Beschreibung der Allgemeinheit bekannt werde und zur Grundlage der weiteren Forschung durch Dritte werden könne.

167 Der Bundesrat hatte in seiner Stellungnahme zum Umsetzungsentwurf von 2001[221] verlangt, „darauf hinzuwirken, dass lediglich die erfundenen Veränderungen am biologischen Material selbst für die Patentierung zugelassen werden," und durch eine möglichst präzise Funktionsbeschreibung „zu verhindern, dass andere auf dem Stoff basierende Erfindungen in anderen Funktionszusammenhängen behindert werden". Die Bundesregierung hatte hierauf erwidert[222], dass nach heutigem Verständnis die vom Bundesrat verlangte Beschränkung des Stoffschutzes einen deutlichen Bruch mit geltendem Patentrecht bedeute. Sie werde aber die Frage untersuchen und prüfen, ob Handlungsbedarf besteht. Im Übrigen verweist sie auf § 1a Abs. 3 PatG in der Fassung des Entwurfs, der das Erfordernis möglichst präziser Funktionsbeschreibung enthalte. Auf Empfehlung des Bundestags-Rechtsausschusses[223] wurde jedoch für Gensequenzen und -teilsequenzen, die mit menschlichen übereinstimmen, absoluter Stoffschutz ausgeschlossen (→ Rn. 170).

---

[217] Entgegen *Feldges* GRUR 2005, 977 (979).
[218] GRUR 2004, 564.
[219] 9.10.2001, GRUR-Int 2001, 1043 Rn. 74.
[220] BlPMZ 2005, 97.
[221] BT-Drs. 14/5642, 16 (zu g).
[222] BT-Drs. 14/5642, 20, Abs. 3.
[223] BlPMZ 2005, 101 (zu Nr. 2).

§ 14. *Grenzen der Schutzfähigkeit biologischer Erfindungen*   III § 14

Mit der Frage, unter welchen Voraussetzungen die erstmalige Beschreibung eines neu zur **168** Verfügung gestellten Stoffs auf erfinderischer Tätigkeit beruht, beschäftigt sich die Gesetzesbegründung nicht. Ersichtlich soll eine Gensequenz, für die eine Funktion angegeben wird, in jedem Fall Schutz auch gegen eine Verwendung in anderen Funktionen genießen. Dass dies im Interesse eines effektiven Innovationsschutzes notwendig sei, wird nicht begründet. Die Frage, ob nicht Art. 9 EU-BioPatRL und damit auch § 9a Abs. 3 PatG eine Funktionsbindung erfordert, wird ebenso wenig gestellt wie diejenige, ob der von der deutschen Rechtsprechung gewährte „absolute Stoffschutz" auch dann gerechtfertigt ist, wenn – wie im Regelfall – die Bereitstellung eines Stoffs nur wegen unerwarteter Eigenschaften, die dieser zeigt, als nicht naheliegend gewertet wird. Vielmehr wird der Eindruck erweckt, dass er in allen Fällen gesetzlich geboten sei.

4. Ist Gegenstand der Erfindung eine Sequenz oder Teilsequenz eines Gens, deren Aufbau **169** mit demjenigen einer natürlichen Sequenz oder Teilsequenz eines **menschlichen Gens** übereinstimmt, ist nach § 1a Abs. 4 PatG deren Verwendung, für die die gewerbliche Anwendbarkeit nach § 1a Abs. 3 (vgl. → Rn. 148 ff.) konkret beschrieben ist, in den **Patentanspruch** aufzunehmen.[224] In der Begründung[225] stellt der Bundestags-Rechtsausschuss, auf dessen Empfehlung die Vorschrift ins Gesetz gelangt ist, fest, dass es damit für Gensequenzen, die auch beim Menschen vorkommen, **keinen absoluten Stoffschutz** mehr gebe. Diese Einschränkung sei durch die für den Menschen geltenden Besonderheiten gerechtfertigt.[226] Die gewählte Formulierung solle im Hinblick darauf, dass menschliche Gene nach heutigen Erkenntnissen weitgehend mit tierischen und pflanzlichen übereinstimmen, ein Umgehen der Begrenzung des Stoffschutzes durch Patentierung eines übereinstimmenden zB tierischen Gens verhindern.

Für Gene und Gensequenzen, die nicht mit menschlichen übereinstimmen, wollte der Rechtsaus- **170** schuss die Möglichkeit absoluten Stoffschutzes nicht ausschließen.[227] Allerdings werde wegen des technischen Fortschritts bei der Entschlüsselung der Gene etwa durch den Einsatz von Sequenziermaschinen auch im Bereich der Pflanzen und Tiere de facto nur noch selten ein absoluter Stoffschutz gewährt werden. Die Erfindungshöhe werde hier in der Regel nicht mehr vorliegen. In einer Sachverständigenanhörung sei bestätigt worden, dass es nach dem heutigen Stand von Wissenschaft und Forschung bei korrekter Anwendung der Patentierungsvoraussetzungen nur noch in Ausnahmefällen erfinderisch sein könne, eine bestimmte Gensequenz bereitzustellen, während im Regelfall erst der Nachweis einer überraschenden Verwendung erfinderischen Charakter habe. In diesen Fällen sei aber schon jetzt der Schutzbereich auf die spezifische Verwendung beschränkt.

Auf die tatsächliche Praxis beim Stoffschutz trifft diese Aussage des Rechtsausschusses freilich nicht **171** zu (vgl. → § 11 Rn. 25 ff., 37 ff.). Sie passt auch nicht zu dem, was die Gesetzesbegründung zum Stoffschutz ausführt (→ Rn. 164 ff.). Als Postulat verdient sie jedoch Unterstützung.

5. Wie sich ergeben hat (→ § 11 Rn. 62 ff.), ist ein Schutz chemischer Stoffe, der vom **172** Anmelder nicht offenbarte Verwendungen auch dann umfasst, wenn sie den von ihm offenbarten nicht äquivalent sind, nur dann gerechtfertigt, wenn die Synthetisierung oder Isolierung des Stoffs ein über fachmännische Routine hinausgehendes Bemühen erfordert hat und damit schon für sich genommen auf erfinderischer Tätigkeit beruht. Fälle dieser Art kommen beim heutigen Stand der Technik im allgemein-chemischen Bereich praktisch

---

[224] Nach *Feuerlein* VPP Rundbrief 2006, 58 wird der Zweck der Vorschrift nur erreicht, wenn sie auch auf Verfahrensansprüche Anwendung findet, die auf die Herstellung oder Isolierung mit menschlichen übereinstimmenden Genen gerichtet sind. Andernfalls könne wegen des Schutzes des unmittelbaren Verfahrenserzeugnisses durch Anmeldung von Analogieverfahren die gesetzliche Einschränkung umgangen werden; vgl. auch *v. Campenhausen* VPP Rundbrief 2005, 65 (66).
[225] BlPMZ 2005, 101 (zu Nr. 2).
[226] Von der EU-Kommission wird sie als mit der Richtlinie vereinbar angesehen; s. *McCreevy* GRUR-Int 2006, 361 (362); vgl. auch die gem. Art. 16 EU-BioPatRL erstatteten Berichte KOM (2002) 545 vom 7.10.2002 und KOM(2005) 312 vom 14.7.2005; dazu *Kunczik* Genetische Informationen 152 f.
[227] BlPMZ 2005, 102; krit. *Walter* GRUR-Int 2007, 294; *Kunczik* Genetische Informationen 196 f.

249

nicht mehr vor. Auch bei der Bereitstellung von DNA-Sequenzen ist mit ihnen nur noch ausnahmsweise und in weiter abnehmendem Maß zu rechnen[228]. Soweit sie noch auftreten, stellt sich die Frage, ob der dann verdiente absolute Schutz mit der auf eine Funktionsbindung abzielenden EU-BioPatRL vereinbar ist. Erreichen lässt sich dies jedenfalls durch eine Auslegung der Richtlinie, die dem TRIPS-Ü Rechnung trägt. Dieses lässt nicht zu, dass neuen, gewerblich anwendbaren Erfindungen, die einem Gebiet der Technik zurechenbar sind und auf erfinderischer Tätigkeit beruhen, der Patentschutz versagt wird. Dass die Richtlinie dies in Kauf zu nehmen beabsichtige, kann als ausgeschlossen gelten, da sie in Art. 1 Abs. 2 und Erwägungsgrund 12 die Verbindlichkeit des TRIPS-Ü anerkennt.

173 Allerdings ist unwahrscheinlich, dass das Problem praktische Bedeutung erlangen wird. Im Regelfall wird es auch bei DNA-Sequenzen für die Patentierbarkeit darauf ankommen, dass eine Funktion aufgezeigt wird, deren Erkennen für einen durchschnittlichen Fachmann nicht naheliegend war. Ob dies für die in einer Anmeldung angegebene Funktion zutrifft, ist im Einzelfall zu prüfen. Ist das Ergebnis negativ, kann eine andere Funktion nicht nachgebracht, sondern nur zum Gegenstand einer gesonderten Anmeldung mit entsprechend späterem Zeitrang gemacht werden. Wird wegen Offenbarung einer nicht naheliegenden Funktion ein Patent erteilt, beschränkt sich dessen Wirkung auf Handlungen, bei denen diese Funktion genutzt wird. Das TRIPS-Ü verlangt keinen Patentschutz, dessen Wirkung über den vom Anmelder offenbarten, auf erfinderischer Tätigkeit beruhenden Beitrag zum SdT hinausgeht. Dieser liegt aber in den hier betrachteten Fällen nicht in der Bereitstellung des Stoffs selbst, die im Prioritätszeitpunkt jedem Fachmann ohne erfinderisches Bemühen möglich gewesen wäre, sondern in dessen Bereitstellung für eine nicht naheliegende Funktion. Auch die Investitionen, die für die Bereitstellung des Stoffs gemacht werden, rechtfertigen Patentschutz nicht um ihrer selbst willen, sondern nur insoweit, als sie zu einem nicht naheliegenden Ergebnis geführt haben[229]. Wer den Stoff bereitgestellt hat, ohne schon hierdurch eine erfinderische Leistung zu erbringen, kann ihn an Benutzer verkaufen, die den Aufwand für eine eigene Herstellung vermeiden wollen, und hat wie jeder Hersteller nichtgeschützter Erzeugnisse die Möglichkeit, eine Gegenleistung zu erzielen, in der sein Interesse an Amortisation und Gewinn und dasjenige des Käufers an der Benutzungsmöglichkeit zum Ausgleich kommen. Gerade wegen des hohen Aufwands für die Bereitstellung von DNA-Sequenzen wird diese durch andere als den Patentinhaber kaum unternommen werden, solange nicht eine andere als die patentbegründende und demgemäß schutzbegrenzende Funktion erkannt ist. Die Bereitstellung für letztere kann aber der Patentinhaber verbieten. Die Bereitstellung für eine neue, der patentierten nicht äquivalente Funktion sollte er nicht verbieten können[230]. Die Unterscheidung der beiden Fälle wird dabei in ähnlicher Weise erfolgen können wie diejenige zwischen mehreren geschützten Verwendungszwecken eines vorbekannten Stoffs, insbesondere mehreren medizinischen Indikationen, für die dieser geeignet ist (vgl. → Rn. 216 ff.). Wie dort wird sich

---

[228] *Straus* GRUR 2001, 1019 f.; *ders.* zit. bei *Holzapfel/Nack* GRUR-Int 2002, 520.
[229] Anders wohl *Hansen* Mitt. 2001, 487; *Köster* GRUR 2002, 839.
[230] Ebenso im Ergebnis *v. Renesse/Tanner/v. Renesse* Mitt. 2001, 1 (4 f.); *Nieder* Mitt. 2001, 97 ff., 238 f.; *Schrell* GRUR 2001, 785; *Sellnick* GRUR 2002, 124 ff.; *Kunczik* GRUR 2003, 845 (849); *ders.* Genetische Informationen 183 ff.; *Meier-Beck* GRUR 2003, 905 (911); *Straus* GRUR 2001, 1020 f., der zahlreiche einen absoluten Stoffschutz ablehnende Stimmen anführt, GRUR 2001, 1016 f. – AM *Goebel* Mitt. 1999, 173; *Feuerlein* GRUR 2001, 563 f.; *Krauß* Mitt. 2001, 399 f.; *Dörries* Mitt. 2001, 15 (20 f.); *Hansen* Mitt. 2001, 477 f. (487 ff.); *Köster* GRUR 2002, 837 ff.; *Schatz*, zit. bei *Holzapfel* GRUR-Int 2002, 435 – Für absoluten Stoffschutz unter der Voraussetzung, dass eine über die Bereitstellung eines neuen Stoffs hinausgehende Finalität in den ursprünglichen Unterlagen offenbart ist, *Keukenschrijver* FS Tilmann, 2003, 475 (482 ff.) – Für „hybriden" Stoffschutz, der sich, „soweit sich der Stoff zweckgerichtet (oder auch verfahrensmäßig) in den physiologischen Prozess des Körpers einfügt und diesen Prozess ... nutzt, auf den in der Beschreibung offenbarten Wirkungszusammenhang beschränkt" und „hinsichtlich aller übrigen Verwendungsarten, z. B. Werkzeuge (tools), absolut ist," *Tilmann* GRUR 2004, 564.

§ 14. Grenzen der Schutzfähigkeit biologischer Erfindungen

auch das Problem lösen lassen, das sich ergibt, wenn ein Erzeugnis für eine Funktion verwendet wird und dabei gleichzeitig zwangsläufig eine für einen anderen Rechtsinhaber patentierte Funktion erfüllt[231].

6. Stoffschutz gemäß den von der deutschen Rechtsprechung entwickelten Regeln, **174** also ohne Bindung an eine Funktion auch dann, wenn erst deren Erkennen und Benutzen eine erfinderische Leistung ausmacht, wird für DNA-Sequenzen auch mit dem Argument gefordert, dass **Gleichbehandlung** mit anderen chemischen Stoffen, insbesondere Naturstoffen geboten sei[232]. Hiergegen wird eingewandt, dass DNA-Sequenzen vor allem wegen ihres „Informationscharakters" Besonderheiten aufwiesen, die einer solchen Gleichbehandlung entgegenstünden[233]. Der Rechtsausschuss des Bundestags rechtfertigt den in § 1a Abs. 4 PatG vorgesehenen Ausschluss absoluten Stoffschutzes für Sequenzen und Teilsequenzen von Genen, die mit menschlichen übereinstimmen, durch die „für den Menschen geltenden Besonderheiten" (→ Rn. 169 ff.). Ließe man solche Besonderheiten nicht ausreichen, wäre das **Diskriminierungsverbot** in Art. 27 Abs. 1 S. 2 TRIPS-Ü zu beachten. Ihm wäre aber dadurch Rechnung zu tragen, dass bei *allen* chemischen Verbindungen der **Schutz nach Maßgabe des erfinderischen Verdienstes,** dh im Regelfall auf die Benutzung in der Funktion, deren Erschließung die erfinderische Leistung bildet, begrenzt bleibt, nicht aber dadurch, dass auf dem brüchigen Fundament eines durch das erfinderische Verdienst regelmäßig nicht gedeckten absoluten Stoffschutzes weitergebaut wird[234]. Einen solchen Stoffschutz fordert das TRIPS-Ü nicht, weil es die Patentierung nur unter der Voraussetzung des Beruhens auf erfinderischer Tätigkeit vorschreibt. Das Festhalten an ihm lässt sich auch nicht damit rechtfertigen, dass sich die Praxis daran gewöhnt habe[235] und keine größeren Unzuträglichkeiten hervorgetreten seien; denn es ist nicht ersichtlich, dass sich dies aus Gründen erklärt, die die bestehenden rechtlichen Bedenken entkräften könnten.

Wegen des TRIPS-Ü bedenklich ist allerdings, dass § 1a Abs. 4 PatG seinem Wortlaut **175** nach auch dann keinen Raum für absoluten Stoffschutz lässt, wenn dieser – ausnahmsweise – durch eine entsprechende erfinderische Leistung verdient ist. Die Vorschrift wäre in einem solchen Fall durch richtlinien- und damit TRIPs-konforme Auslegung einzuschränken (vgl. → Rn. 172 f.).

---

[231] Erwähnt von *Köster* GRUR 2002, 838.

[232] *Hansen* Mitt. 2001, 484; *Grubb,* zit. bei *Holzapfel* GRUR-Int 2002, 437; *Feldges* GRUR 2005, 983 f.; *Galligani* ABl. EPA Sonderausgabe 2/2007, 148 (152 ff.); *Müller* 243 f.; *Wolters* 250 ff.; *Egerer* FS König, 2003, 116 ff. (120 ff.), der allerdings fordert, dass durch „geschlossene" Fassung der Ansprüche und ihre Begrenzung auf nacharbeitbar Offenbartes unangemessen breite Schutzbeanspruchungen vermieden werden, und für Gen(teil)sequenzen nur einen funktionsgebundenen Schutz oder Verwendungsansprüche als gerechtfertigt ansieht.

[233] *Strauss* GRUR 2001, 1020; *Markl* 33 IIC 1, 4 (2002); *Schrell* GRUR 2001, 786; *van Raden/ v. Renesse* GRUR 2002, 394 ff.; *Kunczik* GRUR 2003, 845 (849); *ders.* Genetische Informationen 183 ff. (der letztlich [191 f.] für einen nach Maßgabe der erfinderischen Leistung begrenzten Schutz eintritt, ohne zu beachten, dass dieser Ansatz auch im hergebrachten Anwendungsbereich des absoluten Stoffschutzes Konsequenzen haben müsste); *Schneider* in Baumgartner/Mieth 179 ff.; *Sommer* 38 IIC 39 ff., 49 ff. (2007); *Schneider/Walter* GRUR 2007, 831 (837); *Schieble* 106 ff.; *Godt* 462 ff., 487, 631 ff. (mit unklaren Ausführungen über die Reichweite des letztlich befürworteten Schutzes); Bericht der Enquête-Kommission Recht und Ethik der modernen Medizin (2001), zit. bei *Barton* 369, die auf weitere Stellungnahmen in diesem Sinn verweist (abweichend ein Minderheitsvotum, zit. *Barton* 370 f.). – Bedenken, die herkömmliche Praxis zum Stoffschutz unverändert auf den Bereich der Bio- und Gentechnologie zu übertragen, sind auch in den Beiträgen von *Egerer* und *G. König* erkennbar, obwohl diese grundsätzlich am absoluten Stoffschutz festhalten wollen.

[234] Was *Hansen* Mitt. 2001, 480 ff. ausführt, um zu zeigen, dass die „Gegenüberstellung traditioneller chemischer Substanzen und DNA-Sequenzen" nicht „zu einer grundsätzlichen Verschiebung des Stoffparadigmas" führe, ist weniger zur Rechtfertigung als zur Infragestellung der hergebrachten Handhabung des Stoffschutzes geeignet und legt eine Gleichbehandlung im Sinne der Einschränkungen nahe, die sich für Gensequenzen aus der EU-BioPatRL ergeben. Zum Problem auch *König* 272 ff.

[235] *Hansen* Mitt. 2001, 485; *Köster* GRUR 2002, 839.

176 Besser wäre es freilich gewesen, auf eine Sondervorschrift überhaupt zu verzichten und in Anknüpfung an die in der Richtlinie vorgezeichneten Konkretisierungserfordernisse (→ Rn. 148 ff.) – durch ausdrückliche Bestimmung oder wenigstens in der Begründung – darauf hinzuwirken, dass die Reichweite des Stoffschutzes durchweg an der jeweiligen erfinderischen Leistung ausgerichtet wird. Doch lässt sich dies nach dem PatG und dem EPÜ auch ohne gesetzgeberische Weisung dadurch erreichen, dass das allgemeine Erfordernis des Beruhens auf erfinderischer Tätigkeit angemessen zur Geltung gebracht wird.[236] Die Sondervorschrift des § 1a Abs. 4 PatG, deren Praktikabilität vor allem im Hinblick auf das Kriterium der Übereinstimmung mit einer menschlichen Gen(teil)sequenz mit guten Gründen bezweifelt wird,[237] und der Umstand, dass das EPÜ eine entsprechende Vorschrift nicht kennt,[238] verlören dann – bei Berücksichtigung des vorerwähnten Gebots TRIPS-konformer Auslegung – jede praktische Relevanz.

177 7. Auch auf der Grundlage der herkömmlichen Handhabung des Stoffschutzes erstreckt sich dieser nicht auf Gegenstände, die in der Patentanmeldung nicht offenbart werden, sondern erst mit Hilfe eines unter Schutz gestellten DNA-Abschnitts, insbesondere durch dessen Einsatz als Such- oder Testwerkzeug gefunden werden sollen (sofern das Erkennen dieser Möglichkeit überhaupt als erfinderische Leistung in Betracht kommt, vgl. → Rn. 158 ff.). Ansprüchen, die sich auf solche erst erhofften weiteren Ergebnisse richten, sog. **Durchgriffsansprüchen** („reach-through claims") fehlt die Grundlage im Offenbarungsgehalt der Anmeldung. Sie sind nach europäischem und deutschem Patentrecht **nicht gewährbar**[239].

178 Ebenso wenig würde sich, wenn der Einsatz eines DNA-Abschnitts für Such- oder Testzwecke als **Verfahren** patentiert wäre, die Schutzwirkung auf Gegenstände erstrecken, die auf diese Weise gefunden werden; denn hierin liegt keine **Herstellung** durch das geschützte Verfahren iSv § 9 S. 2 Nr. 3 PatG, Art. 64 Abs. 2 EPÜ.[240]

e) Mikrobiologische Verfahren und ihre Erzeugnisse

Literatur: *Teschemacher, R.*, Die Patentfähigkeit von Mikroorganismen nach deutschem und europäischem Recht, GRUR-Int 1981, 357–363; *Straus, J./Moufang, R.*, Hinterlegung und Freigabe von biologischem Material für Patentierungszwecke, 1989; *Trüstedt, W.*, Patentierung mikrobiologischer Erfindungen, GRUR 1981, 95–107; *Vossius, V.*, Der Schutz von Mikroorganismen und mikrobiologischen Verfahren, GRUR 1975, 477–480.

aa) Gesetzliche Vorschriften. Begriffsbestimmungen

179 1. Nach Art. 4 Abs. 3 EU-BioPatRL berührt das in Abs. 1 (b) enthaltene Verbot der Patentierung im wesentlichen biologischer Verfahren zur Züchtung von Pflanzen oder Tieren

---

[236] Die Funktionen oder Verwendungsmöglichkeiten, von deren Erkennen im Regelfall das Beruhen auf erfinderischer Tätigkeit abhängt, können je nach den Verhältnissen des Einzelfalls auf verschiedenen Ebenen liegen (vgl. → Rn. 146). Die von *Kilger/Jaenichen* GRUR 2005, 994 ff. angeschnittenen Probleme treten deshalb nicht auf, wenn die Ansprüche so abgefasst werden, wie es der jeweiligen erfinderischen Leistung entspricht.

[237] Vgl. *Feldges* GRUR 2005, 977 (979); *Kilger/Jaenichen* GRUR 2005, 993 f.

[238] Vgl. *Feldges* GRUR 2005, 977 (981 f.), der nach dem EPÜ generell absoluten Stoffschutz für geboten hält. – Dagegen schlägt *Kunczik* Genetische Informationen 198 f., vor, hinsichtlich ohne Funktionsbindung erteilter europäischer Patente durch nationale Regelung die Schutz*wirkungen* auf die offenbarte Funktion zu beschränken.

[239] *Yeats*, zit. bei *Holzapfel* GRUR-Int 2002, 437; *Wolfram* Mitt. 2003, 57 (59 f., 64); *v. Meibom* Mitt. 2006, 1 (3); *Brandi-Dohrn* FS VPP, 2005, 465 (471); *Straus* FS Bercovitz, 2005, 919 (921 ff.); *Holzapfel* 317; auch aus der Sicht der Industrie werden Durchgriffsansprüche kritisch beurteilt, s. *Grubb*, zit. bei *Holzapfel/Nack* GRUR-Int 2002, 521; in einer vergleichenden Studie des Europäischen, des japanischen und des US-Patentamts werden sie abgelehnt, vgl. *Straus* FS Bercovitz, 2005, 919 (921 ff.); deutlich: EPA 3.3.2010, ABl. 2009, 516 = GRUR-Int 2010, 158 – Durchgriffsanspruch; vgl. auch *Körner/Schneider/Then/Wein* FS Meibom, 2010, 219 ff.

[240] *Meibom* Mitt. 2006, 1 (3 f.); *Brandi-Dohrn* FS VPP, 2005, 465 (468, 470, 472); *Straus* FS Bercovitz, 2005, 919 (926 ff.); *Holzapfel* 314 ff.

nicht die Patentierbarkeit von Erfindungen, die ein mikrobiologisches Verfahren oder ein hierdurch gewonnenes Erzeugnis zum Gegenstand haben. Die Richtlinie behandelt damit mikrobiologische Verfahren und deren Erzeugnisse ebenso wie „sonstige technische" Verfahren: Verfahrensschutz ist immer, Erzeugnisschutz immer dann möglich, wenn das Erzeugnis keine Pflanzensorte oder Tierrasse ist (→ Rn. 104 ff., 121 ff.). Gleiches ergibt sich aus § 2a Abs. 2 S. 1 Nr. 2 PatG. Art. 53 (b) S. 2 EPÜ erlaubt jedoch die Patentierung mikrobiologischer Verfahren und ihrer Erzeugnisse, ohne für Pflanzensorten und Tierrassen den Erzeugnisschutz auszuschließen. Pflanzensorten hat ihn die GBK des EPA verweigert[241]. Deshalb kann insoweit davon ausgegangen werden, dass R 27 (c) EPÜ mit dem Übereinkommen im Einklang steht.

Auf die in R 27 (c) ebenfalls genannten Tierrassen kann die Entscheidung nicht bezogen werden, weil sie sich wesentlich darauf stützt, dass Pflanzensorten mit Rücksicht auf die Möglichkeit des Sortenschutzes von der Patentierung ausgeschlossen seien. Es ist deshalb derzeit nicht sicher, ob nach dem EPÜ (das der AO vorgeht) auch – gegebenenfalls – durch mikrobiologische Verfahren erzeugte Tierrassen ausgeschlossen sind. Die praktische Bedeutung des Problems dürfte gering sein, weil die GBK den Begriff des mikrobiologischen Verfahrens in einem engen Sinn versteht (→ Rn. 183 ff.) und der Schutz eines solchen ebenso wie derjenige eines technischen Verfahrens dessen unmittelbare Erzeugnisse auch dann umfassen würde, wenn es sich dabei um eine Tierrasse handelte (→ Rn. 125). **180**

2. Mikrobiologisches Verfahren ist nach Art. 2 Abs. 1 (b) EU-BioPatRL, der in § 2a Abs. 3 Nr. 2 PatG und R 26 Abs. 6 EPÜ übernommen ist, jedes Verfahren, bei dem mikrobiologisches Material verwendet, ein Eingriff in mikrobiologisches Material durchgeführt oder mikrobiologisches Material hervorgebracht wird. Vorausgesetzt ist, dass das Material iSd Art. 2 Abs. 1 (a) RL, § 2a Abs. 3 Nr. 1 PatG, R 26 Abs. 3 EPÜ biologisch ist, dh genetische Informationen enthält und sich selbst reproduzieren oder in einem biologischen System reproduziert werden kann. Als mikrobiologisch wird es zu bezeichnen sein, wenn es in Form entsprechend gering dimensionierter Grundbestandteile verwendet, beeinflusst oder erzeugt wird. **181**

Durch die Ausdrucksweise „ein mikrobiologisches oder sonstiges technisches Verfahren" scheinen Art. 4 Abs. 3 RL, § 2a Abs. 2 S. 1 Nr. 2 PatG und R 27 (c) EPÜ die mikrobiologischen zu den technischen Verfahren zu zählen. Dennoch ist nicht anzunehmen, dass die Vorschriften auf mikrobiologische Verfahren, die iSd Art. 2 Abs. 2, § 2a Abs. 3 Nr. 3 und R 26 Abs. 5 im Wesentlichen biologisch sind, weil sie zB allein auf der Kreuzung von Mikroorganismen beruhen, nicht anwendbar sein sollen; denn ihr Inhalt besteht gerade darin, das für im Wesentlichen biologische Verfahren vorgesehene Patentierungshindernis auszuschalten. **182**

3. Nach der Praxis des EPA fallen unter den Begriff „Mikroorganismen" (im Folgenden: MO) Bakterien und Hefen, Pilze, Algen, Protozoen, menschliche, tierische und pflanzliche Zellen, also alle für das bloße Auge nicht sichtbaren, im allgemeinen einzelligen Organismen, die im Labor vermehrt und manipuliert werden können, und außerdem insbesondere Plasmide und Viren[242]. Als mikrobiologische Verfahren werden demgemäß solche angesehen, in denen MO im vorbezeichneten Sinne zur Herstellung oder Veränderung von Erzeugnissen verwendet oder für bestimmte Anwendungszwecke neue MO entwickelt werden. Als Erzeugnisse solcher Verfahren gelten die durch MO hergestellten oder veränderten Erzeugnisse sowie neue MO als solche. **183**

---

[241] EPA 20.12.1999, ABl. 2000, 111 (Ls. 3) – Transgene Pflanzen/Novartis II, vgl. → Rn. 108 f. Ihre allgemeine Aussage, dass Pflanzensorten von der Patentierung unabhängig davon ausgeschlossen sind, auf welche Weise sie erzeugt wurden, wird nicht dadurch eingeschränkt, dass ihre Begründung (ABl. 2000, 111 Rn. 5.3) den Fall der *gentechnischen* Erzeugung hervorhebt und diese nicht als mikrobiologisches Verfahren gelten lässt.
[242] So EPA 21.2.1995, ABl. 1995, 545 Rn. 34 – Pflanzenzellen/Plant Genetic Systems; dazu *Schatz* GRUR-Int 1997, 591.

184 Auf der Grundlage dieses extensiven Verständnisses und der Annahme, dass Art. 53 (b) EPÜ die Patentierung von Erzeugnissen mikrobiologischer Verfahren auch dann zulasse, wenn es sich um Pflanzensorten oder Tierarten handelt[243], hat eine BK durch gentechnische Veränderung geschaffene Pflanzensorten oder Tierarten als patentierbar angesehen. Dies sollte allerdings nicht gelten, wenn zu der neuen Pflanzensorte oder Tierart ein mehrstufiges technisches Verfahren führte, das außer (mindestens) einem „mikrobiologischen" Schritt in erheblichem Umfang auch Schritte anderer Art umfasste[244].

185 Die GBK des EPA[245] geht davon aus, dass gentechnische und mikrobiologische Verfahren nicht identisch seien. Letzterer Begriff stehe für Verfahren, bei denen MO verwendet werden. Diese seien etwas anderes als die Teile von Lebewesen, mit denen bei der genetischen Veränderung von Pflanzenzellen gearbeitet wird. Zwar würden Zellen und deren Bestandteile in der Praxis des EPA wie MO behandelt, was gerechtfertigt erscheine, weil sich die moderne Biotechnologie aus der traditionellen Mikrobiologie entwickelt habe und Zellen mit einzelligen Organismen vergleichbar seien. Das bedeute aber nicht, dass genetisch veränderte Pflanzen als Erzeugnisse mikrobiologischer Verfahren zu behandeln seien. Zur Begründung hierfür stützt sich die GBK allerdings auf Argumente, die, wie sie ausdrücklich feststellt, Pflanzensorten von der Patentierung unabhängig davon ausschließen, auf welche Weise sie erzeugt wurden (→ Rn. 108 ff.).

186 Auf eine Abgrenzung zwischen mikrobiologischen und gentechnischen Verfahren kann es deshalb allenfalls noch bei Tierrassen ankommen (→ Rn. 179 f.). Wenn man dabei mit der GBK den Begriff der mikrobiologischen Verfahren in einem engen Sinn versteht, kommt eine Erzeugung neuer Tierrassen mittels solcher Verfahren möglicherweise praktisch nicht in Betracht. In R 27 (c) EPÜ ist ein Sachschutz von Tierrassen wie von Pflanzensorten auch für den Fall ausgeschlossen, dass es sich um Erzeugnisse mikrobiologischer Verfahren handelt. Solange jedoch nicht auch in Bezug auf Tierrassen verbindlich geklärt ist, dass dies mit Art. 53 (b) EPÜ im Einklang steht, bleibt denkbar, dass die beim heutigen Stand der Biotechnologie kaum in sachgerechter Weise durchführbare Unterscheidung zwischen mikrobiologischen und gentechnischen Verfahren in einzelnen Fällen Bedeutung erlangt.

bb) Sicherstellung der Wiederholbarkeit durch Hinterlegung und Freigabe[246]

187 1. Gegenstand der Mikrobiologie war zunächst die Verwendung, dann auch die Erzeugung von MO.[247] Im ersten Fall wird die Stoffwechseltätigkeit von MO zur Herstellung wertvoller Produkte oder zur Beeinflussung von Zuständen benutzt (vgl. → Rn. 1 ff.). Im zweiten Fall werden durch Kreuzung (Hybridisierung) oder induzierte Mutation neue MO geschaffen.[248]

188 Bei der Anwendung *bekannter* MO kann eine erfinderische Leistung in Besonderheiten der Wirkungsbedingungen (wie Temperatur, Licht- und Luftzutritt, Beschaffenheit der Materie, auf die die MO einwirken, usw) oder in der Erkenntnis der Anwendbarkeit für einen neuen Zweck zum Ausdruck kommen. Unter beiden Gesichtspunkten ist praktisch kein Raum mehr für Neuerungen, die dem Fachmann nicht naheliegen.

189 Von großer Bedeutung sind dagegen mikrobiologische Erfindungen, die sich erstmals aus der Natur gewonnener oder von Menschen erzeugter MO bedienen. Das Anwendungsverfahren hat dann seinen erfinderischen Kern in der **Auswahl des benutzten MO**; die Maßnahmen, denen er unterworfen wird, sind meist geläufig oder naheliegend. Führt

---

[243] EPA 21.2.1995, ABl. 1995, 545 Rn. 30 – Pflanzenzellen/Plant Genetic Systems unter Bezugnahme auf EPA 3.10.1990, ABl. 1990, 476 Rn. 4.10 – Krebsmaus/Harvard II.
[244] EPA 21.2.1995, ABl. 1995, 545 Rn. 37–39 und 40.8 ff. – Pflanzenzellen/Plant Genetic Systems.
[245] EPA 20.12.1999, ABl. 2000, 111 Rn. 5.2 f. – Transgene Pflanzen/Novartis II.
[246] Dazu ausführlich *Schäfers* in Benkard PatG § 34 Rn. 37a–37s.
[247] Vgl. BGH 11.3.1975, BGHZ 64, 101 (104) – Bäckerhefe; *Epstein* GRUR-Int 1979, 271 ff.; *Trüstedt* GRUR 1981, 95 ff.
[248] Vgl. *Trüstedt* GRUR 1977, 197 (198).

§ 14. Grenzen der Schutzfähigkeit biologischer Erfindungen   III § 14

das Verfahren zu einem Erzeugnis, erstreckt sich sein Schutz auf dieses; ist das Erzeugnis neu, kann es auch als solches Patentschutz erlangen.[249] Die Methoden, mit denen neue MO erzeugt werden können, sind ihrerseits mikrobiologische Verfahren im Sinne der einschlägigen Vorschriften. Der neue MO ist somit Erzeugnis eines solchen Verfahrens. Sowohl für das Verfahren als auch für den MO selbst kommt daher Patentschutz grundsätzlich in Betracht (Näheres → Rn. 209ff.).

Durch die Entwicklung der Gentechnik haben MO auch als Hilfsmittel, zB Vektoren, und Objekte gentechnischer Veränderung Bedeutung erlangt. Im Zusammenhang hiermit hat sich jedenfalls in der Praxis des EPA der Begriff des MO ausgeweitet (→ Rn. 183ff.).   **190**

2. Eine Erfindung, die von einem MO, zB von dessen Stoffwechseltätigkeit, Gebrauch macht, ist nur dann **ausführbar und wiederholbar,** wenn der MO zur Verfügung steht. Keine Schwierigkeiten macht dies bei bekannten, allgemein zugänglichen MO. Bei solchen, die der Erfinder erstmals aus der Natur gewonnen oder neu erzeugt hat, ist die Erfindung für ihn selbst ausführbar und wiederholbar, solange er die erforderlichen MO besitzt. Der Zweck des Patentsystems, neue Lehren zum technischen Handeln zur allgemeinen Kenntnis zu bringen und letztlich der allgemeinen freien Anwendung zuzuführen, verlangt aber, dass auch andere die Erfindung auszuführen vermögen. Dies setzt hier voraus, dass sie den MO gewinnen oder schaffen können oder ihn fertig zur Verfügung gestellt bekommen. Praktisch kommt meist nur letzteres in Betracht. In aller Regel ist es bei größter Sorgfalt nicht möglich, einen MO durch Angabe von Eigenschaften so genau zu beschreiben, dass er zuverlässig identifiziert werden kann.[250] Auch der Weg, auf dem er gewonnen oder erzeugt worden ist, lässt sich meist nicht so darstellen, dass seine Wiederholung mit genügender Wahrscheinlichkeit zu eben diesem MO führt.[251]   **191**

3. In der Praxis ist es üblich geworden, die eindeutige Identifizierung neuer MO durch **Hinterlegung** bei Einrichtungen sicherzustellen, die in der Lage sind, sie sachgemäß und unverändert für längere Zeit aufzubewahren[252]. In Anmeldungen beim EPA und DPMA ist zur Ergänzung der Beschreibung von MO auf solche Hinterlegungen Bezug zu nehmen, wenn die beanspruchte Erfindung sonst nicht nacharbeitbar dargestellt werden kann. Die AO zum EPÜ enthält seit langem detaillierte Vorschriften bezüglich der Hinterlegung von MO und anderem biologischem Material (R 31–34; früher 28, 28a). Vom DPMA wurde zunächst ohne gesetzliche Regelung mit Billigung des BPatG und des BGH die Bezugnahme auf eine bei einer geeigneten Stelle vorgenommene Hinterlegung als Ergänzung der Beschreibung anerkannt und gefordert.[253] Bei Umsetzung der EU-BioPatRL wurde die **VO über die Hinterlegung von biologischem Material** in Patent- und Gebrauchsmusterverfahren (BioMatHintV) erlassen (→ Rn. 21).   **192**

---

[249] Die Erwähnung des Erzeugnisschutzes in den Vorschriften über die mikrobiologischen Verfahren ist nicht als bloßer Hinweis auf die Wirkung des Verfahrensschutzes gem. § 9 Nr. 3 PatG, Art. 64 Abs. 2 EPÜ zu verstehen, vgl. Teschemacher GRUR-Int 1981, 359f.; zustimmend Moufang EPÜ-GK Art. 53 Rn. 120; ebenso die Praxis des EPA, s. Schatz GRUR-Int 1997, 591.

[250] Vgl. Duttenhöfer 182f.; Epstein GRUR-Int 1974, 272; BGH 11.3.1975, BGHZ 64, 101 (111) – Bäckerhefe mN; 2.6.1981, BGHZ 81, 1 (2) – Erythronolid.

[251] Ausnahmen kommen vor; so wird in BPatG 5.4.1978, GRUR 1978, 586 (587f.), das vom Anmelder angegebene Verfahren zur Gewinnung des „Lactobacillus bavaricus" als mit zumutbarem Aufwand wiederholbar anerkannt. – Zur Wiederholbarkeit gentechnologischer Verfahren zur Erzeugung neuer Arten von MO vgl. Vossius GRUR 1979, 584; US Supreme Court 16.6.1980, GRUR-Int 1980, 627.

[252] Zur Rechtsentwicklung Straus/Moufang 13ff.

[253] Vgl. BPatG 30.6.1967, BPatGE 9, 150; 9.10.1973, GRUR 1974, 392; 22.3.1976, GRUR 1977, 30; 6.10.1977, BPatGE 20, 127; BGH 11.3.1975, BGHZ 64, 101 (112, 116) – Bäckerhefe; 20.10.1977, GRUR 1978, 162 (164) – 7-Chlor-6-demethyltetracyclin; 2.6.1981, BGHZ 81, 1 (2) – Erythronolid; 2.7.1985, GRUR 1985, 1035 – Methylomonas.

193 AOEPÜ und BioMatHintV nehmen auf den **Budapester Vertrag**[254] Bezug, in dem bestimmt ist, dass diejenigen Vertragsstaaten, die die Hinterlegung von MO für die Zwecke von Patentverfahren zulassen oder verlangen, für diese Zwecke die Hinterlegung eines MO bei jeder Einrichtung anerkennen, die gemäß dem Vertrag den Status einer **internationalen Hinterlegungsstelle** erworben hat.

194 4. Die BioMatHintV ist am 28.2.2005 in Kraft getreten. Auf vorher eingereichte Anmeldungen ist sie nicht anzuwenden (§ 11). Sie verlangt in § 1 bei der Anmeldung einer Erfindung, die biologisches Material oder dessen Verwendung betrifft, die Hinterlegung dieses Materials bei einer anerkannten Hinterlegungsstelle, wenn es der Öffentlichkeit nicht zugänglich ist und in der Anmeldung nicht so beschrieben werden kann, dass ein Fachmann die Erfindung ausführen kann. Die Beschreibung gilt in diesem Fall nur dann als ausreichend, wenn (1.) die Hinterlegung spätestens am Anmelde- bzw. Prioritätstag erfolgt ist, (2.) die Anmeldung die dem Anmelder bekannten Informationen über die Merkmale des hinterlegten Materials enthält und (3.) in der Anmeldung die Hinterlegungsstelle und das Aktenzeichen der Hinterlegung angegeben sind.

195 Entsprechendes bestimmt R 31 Abs. 1 (a)–(c) EPÜ.

196 Das Aktenzeichen kann innerhalb bestimmter Fristen nachgereicht werden (§ 3; R 31 Abs. 2); die VO setzt dabei voraus, dass bereits die Anmeldungsunterlagen eine eindeutige Zuordnung zu dem hinterlegten Material ermöglichen.

197 Anerkannte Hinterlegungsstellen sind nach § 2 der VO die internationalen Hinterlegungsstellen, die diesen Status gemäß dem Budapester Vertrag erworben haben, und außerdem solche wissenschaftlich anerkannten Einrichtungen, welche die Gewähr für eine ordnungsgemäße Aufbewahrung und Herausgabe von Proben nach Maßgabe der VO bieten und rechtlich, wirtschaftlich und organisatorisch vom Anmelder und vom Hinterleger unabhängig sind.

198 Nach R 31 Abs. 1 (a) EPÜ muss die Hinterlegung bei einer anerkannten Hinterlegungsstelle unter denselben Bedingungen wie denjenigen des Budapester Vertrags erfolgt sein; die zuständigen Hinterlegungsstellen werden im Amtsblatt des EPA veröffentlicht (R 31 Abs. 6).

199 Das hinterlegte Material ist nach R 9.1 der AO zum Budapester Vertrag, auf den § 8 der VO verweist, mindestens 5 Jahre nach Eingang des letzten Antrags auf Abgabe einer Probe, jedenfalls aber 30 Jahre ab Hinterlegung aufzubewahren. Ist die Hinterlegung nicht nach dem Budapester Vertrag erfolgt, beträgt nach § 7 der VO die Aufbewahrungsdauer 5 Jahre nach Eingang des letzten Abgabeantrags, mindestens aber 5 Jahre über die maximale Dauer aller auf das hinterlegte Material Bezug nehmenden Schutzrechte hinaus.

200 5. Mit der Hinterlegung ist die **Freigabe** des hinterlegten Materials in dem Sinne verbunden, dass die Hinterlegungsstelle ermächtigt ist, nach Maßgabe der geltenden Vorschriften **Proben** des hinterlegten Materials **herauszugeben**.

201 Die deutsche VO verlangt eine unwiderrufliche Erklärung des Hinterlegers, in der er der Hinterlegungsstelle das Material zur Herausgabe von Proben ab dem Tag der Anmeldung vorbehaltlos zur Verfügung stellt (§ 4).

202 Die Herausgabe erfolgt an das Patentamt, bei dem die auf die Hinterlegung Bezug nehmende Anmeldung eingereicht ist, ohne weiteres, an Dritte nur unter bestimmten Voraussetzungen, die eine die Rechte des Anmelders oder Hinterlegers verletzende Kenntnisnahme oder Benutzung möglichst verhindern sollen (§§ 5, 6 VO; R 32, 33 EPÜ; R 11.3 Budapester Vertrag). Maßgebend ist dabei der jeweilige Stand des Verfahrens vor dem PA. Vor Offenlegung bzw. Veröffentlichung der Anmeldung werden Proben an Dritte nur herausgegeben, wenn diesen vom Amt oder einem Gericht ein Recht auf Akteneinsicht zuerkannt ist (§ 5 Abs. 1 Nr. 1 (c) VO; R 33 Abs. 1 EPÜ; vgl. → § 23 Rn. 216ff., → § 27

---

[254] Über die internationale Anerkennung der Hinterlegung von Mikroorganismen für die Zwecke von Patentverfahren, mit Ausführungsordnung (beide vom 28.4.1977 mit späteren Änderungen). Der Vertrag ist für die Bundesrepublik Deutschland am 20.1.1981 in Kraft getreten. Die EPO hat eine besondere Erklärung abgegeben, wonach im Verfahren des EPA Hinterlegungen bei internationalen Hinterlegungsstellen anerkannt werden.

§ 14. Grenzen der Schutzfähigkeit biologischer Erfindungen   III   § 14

Rn. 42 ff.). Ab Offenlegung bzw. Veröffentlichung der Anmeldung ist das hinterlegte Material grundsätzlich jedermann zugänglich (§ 5 Abs. 1 Nr. 2 VO; R 33 Abs. 1 EPÜ).

Da jedoch bei Erfindungen, die im Wesentlichen durch die Bereitstellung oder Verwendung vermehrungsfähigen Materials gekennzeichnet sind, mit einer Probe dieses Materials Dritten nicht bloß die Kenntnis hiervon vermittelt, sondern bereits ein perfekt wirkendes Mittel zur Ausführung der Erfindung in die Hand gegeben und hierdurch die Gefahr einer dem Patentinhaber oder Anmelder nicht erkennbaren Benutzung und das Risiko einer gezielten Ausnutzung des Fehlens von vollwirksamem Schutz zwischen Offenlegung bzw. Veröffentlichung und Patenterteilung begründet wird,[255] kann der Hinterleger, solange beim Amt die technischen Vorbereitungen für die Offenlegung bzw. Veröffentlichung der Anmeldung noch nicht abgeschlossen sind, beantragen, dass der Zugang zu dem hinterlegten Material bis zum Wirksamwerden der Erteilung eines Schutzrechts nur durch Herausgabe einer Probe an einen vom Antragsteller benannten **Sachverständigen** hergestellt wird, der vom Hinterleger[256] akzeptiert oder vom Präsidenten des DPMA bzw. EPA anerkannt ist (§ 5 Abs. 1 Nr. 2 Hs. 2 mit Abs. 2–4 VO; R 32 EPÜ). Wenn die Anmeldung zurückgewiesen oder zurückgenommen wird oder als zurückgenommen gilt, bleibt die Einschaltung eines Sachverständigen bis zum Ablauf von 20 Jahren ab Anmeldetag erforderlich (§ 5 Abs. 2 VO; R 32 Abs. 1 (b) EPÜ).   **203**

6. Die Freigabe, die das hinterlegte Material unabhängig vom Willen des Hinterlegers bzw. Anmelders oder Patentinhabers zugänglich macht, bedeutet *keine Benutzungserlaubnis*. Besteht Patentschutz, muss der Empfänger der Probe ihn respektieren. Ist noch kein Patent erteilt, kann ihm zwar in Deutschland nicht verboten werden, die – beim deutschen oder europäischen Amt – angemeldete Erfindung zu benutzen; er ist jedoch im Falle der Benutzung zu einer angemessenen Entschädigung verpflichtet (vgl. → § 37).   **204**

Damit es möglichst nicht zu einer missbräuchlichen Verwendung von Proben kommt, hängt die Herausgabe davon ab, dass der **Antragsteller** gegenüber dem Anmelder bestimmte **Verpflichtungen** eingeht (§ 6 BioMatHintV, R 33 Abs. 2 EPÜ).   **205**

Nach R 33 Abs. 2 EPÜ muss er sich im Regelfall[257] verpflichten, das ihm überlassene oder davon abgeleitetes Material (Begriff: R 33 Abs. 3), solange die Anmeldung anhängig ist oder Patentschutz besteht, Dritten nicht zugänglich zu machen und nur zu Versuchszwecken zu verwenden. Wird nach R 32 ein Sachverständiger eingeschaltet, ist eine Erklärung einzureichen, in der dieser die erforderlichen Verpflichtungen eingeht, wobei der Antragsteller als Dritter gilt (R 33 Abs. 2 Satz 2).   **206**

Eine ähnliche Regelung enthält § 6 BioMatHintV. Er verlangt jedoch die Verpflichtung „für die Dauer der Wirkung sämtlicher Schutzrechte, die auf das hinterlegte biologische Material Bezug nehmen". Dieser Wortlaut entspricht Art. 13 Abs. 3 EU-BioPatRL, der die Verpflichtung für die Dauer der Wirkung des Patents vorschreibt. Er erinnert an die vor Erlass der VO maßgebende Rechtsprechung, wonach nicht verlangt werden durfte, dass der Empfänger sich für die Zeit zwischen Offenlegung und Patenterteilung Beschränkungen in der Benutzung unterwirft, und ein weitergehender Schutz des Anmelders vom Eingreifen des Gesetzgebers abhängig gemacht wurde.[258] Nachdem dieser nunmehr tätig geworden ist, scheint es für die Zeit bis zum Wirksamwerden einer Schutzrechtserteilung und für den Fall erfolglosen Wegfalls der Anmeldung keiner Verpflichtung des Empfängers von hinterlegtem Material zu bedürfen. Die deutsche Regelung wiche dann insoweit von der europäischen ab. Für die Zeit vor Offenlegung der Anmeldung wäre jedoch unverständlich, dass ein aus besonderen Gründen zur Akteneinsicht Zugelassener befugt sein sollte, die ihm übergebene Probe unbeschränkt zu verwenden. Auch für die Zeit nach Offenlegung wäre eine solche Befugnis nur zu rechtfertigen, wenn sich daraus, dass noch keine Unterlassungs-, sondern nur Entschädigungsansprüche gegen etwaige Benutzer   **207**

---

[255] Vgl. *Straus/Moufang* 57 ff. mN.
[256] R 32 Abs. 2 (a) EPÜ spricht vom Anmelder; doch ist über R 31 Abs. 1 (d) die Zustimmung des – gegebenenfalls mit dem Anmelder nicht identischen – Hinterlegers gesichert.
[257] Der Verpflichtung bedarf es nicht, wenn der Anmelder oder Patentinhaber ausdrücklich darauf verzichtet hat. Nach R 33 Abs. 2 Satz 2 und 3 entfällt sie, wenn der Antragsteller auf Grund einer Zwangslizenz oder sonstigen amtlichen oder im öffentlichen Interesse erteilten Benutzungserlaubnis zur Verwendung des Materials berechtigt ist.
[258] BGH 11.3.1975, BGHZ 64, 101 – Bäckerhefe.

bestehen, geradezu ein Recht jedes Dritten ergäbe, die Erfindung gegen Entschädigung zu benutzen. Damit würde jedoch der Entscheidung des Gesetzgebers, dem Anmelder in der Zeit zwischen Offenlegung und Patenterteilung vollwirksamen Schutz vorzuenthalten, eine zu weitreichende Bedeutung beigelegt (vgl. → § 37 Rn. 23 ff.). Nähme man auch für den Fall der Einschaltung eines Sachverständigen an, dass dieser Verpflichtungen bezüglich des ihm zugänglich gemachten Materials nur für die Zeit ab Wirksamwerden eines Schutzrechts zu übernehmen hätte, würde eine Vereitelung jener Vorsichtsmaßnahme gerade für den Zeitraum erlaubt, für den sie am wichtigsten ist. Wenigstens die Verpflichtungen, die ein *Sachverständiger* nach § 6 Abs. 2 iVm Abs. 1 der VO zu übernehmen hat, müssen deshalb auch die Zeit vor einer Schutzrechtserteilung umfassen.[259]

208 Für den Fall, dass eine bereits veröffentlichte Anmeldung zurückgewiesen oder zurückgenommen wird oder als zurückgenommen gilt, braucht bereits nach der europäischen Regelung der Empfänger hinterlegten Materials normalerweise keine die Zeit nach einem solchen Wegfall der Anmeldung umfassende Verpflichtung einzugehen. Dagegen muss sich ein *Sachverständiger* auch für diesen Fall verpflichten, bis zum Ablauf von 20 Jahren ab Anmeldung das Material Dritten (einschließlich des Antragstellers) nicht zugänglich zu machen und nur zu Versuchszwecken zu verwenden (R 32 Abs. 2 Satz 2). Dem § 6 der deutschen VO lässt sich dies nicht entnehmen. Dem Sicherungszweck des § 5 Abs. 2, wonach bei erfolglosem Wegfall der Anmeldung die beantragte Einschaltung eines Sachverständigen bis zum Ablauf von 20 Jahren ab Anmeldung geboten bleibt, widerspräche es jedoch, dem Sachverständigen das hinterlegte Material ohne ausdrückliche Übernahme jener Verpflichtung herauszugeben.

209 7. Bei mikrobiologischen Verfahren, deren Erzeugnis in einem **neuen Mikroorganismus** besteht, gewährleistet die Verfügbarkeit des oder der Ausgangs-MO im Allgemeinen noch keine hinreichende Wahrscheinlichkeit dafür, dass die Wiederholung zum gleichen Ergebnis führt. Das gilt sowohl für Verfahren der induzierten Mutation als auch für solche der Kreuzung.[260] Die deutsche Rechtsprechung bestand jedoch zunächst darauf, dass der Erfinder in der Lage sein müsse, einen mit hinreichender Erfolgsaussicht wiederholbaren Weg zur Gewinnung des neuen MO aufzuzeigen.[261] Dass dieser durch seine Fähigkeit zur Selbstreproduktion die Wiederholung des Herstellungsverfahrens für denjenigen, der ihn besitzt, überflüssig macht, wurde nicht als genügend erachtet: der Erfinder dürfe die Allgemeinheit nicht auf das zunächst allein in seiner Hand befindliche Verfahrensprodukt verweisen.

210 Die Frage lag nahe, ob es nicht genügt, dass der Erfinder den neuen MO durch Hinterlegung und Freigabe aus der Hand gibt und damit der Kenntnisnahme, Prüfung und, soweit nicht Patentschutz besteht, Benutzung durch beliebige Dritte zugänglich macht. Der BGH forderte dennoch zunächst auch bei Hinterlegung des MO die Wiederholbarkeit des Weges zu dessen erstmaliger Bereitstellung.[262]

211 Dagegen wurde in den Prüfungsrichtlinien des EPA (C IV 3.6, dann 4.7.2 und jetzt G II 5.5.2) schon frühzeitig anerkannt, dass bei MO, die nach R 28 (jetzt 31) EPÜ hinterlegt sind, durch die Möglichkeit, eine Probe zu entnehmen, die Wiederholbarkeit gesichert und deshalb die Angabe eines weiteren Verfahrens zur Herstellung des MO nicht erforderlich ist.

212 Mit Hinweis auf diesen Standpunkt des EPA, neuere Entwicklungen des Konventionsrechts und der Gesetzgebung sowie die Kritik, auf die die deutsche Praxis im Schrifttum gestoßen war[263], hat der BGH seine Rechtsprechung geändert. Nach dem Beschluss „Toll-

---

[259] Es mag sein, dass sich entsprechende Verpflichtungen regelmäßig schon aus dem Vertrag ergeben, auf Grund dessen der Sachverständige tätig wird. Das spricht jedoch nicht dagegen, in jedem Fall den Nachweis einer Verpflichtung mit dem für ihren Sicherungszweck notwendigen Inhalt zu fordern.
[260] Vgl. *Vossius* GRUR 1975, 478 f.; *Epstein* GRUR-Int 1974, 276; *Trüstedt* GRUR 1981, 98 f.; BGH 20.10.1977, GRUR 1978, 162 (164) – 7-Chlor-6-demethyltetracyclin.
[261] BGH 11.3.1975, BGHZ 64, 101 (106, 108) – Bäckerhefe; 20.10.1977, GRUR 1978, 162 ff. – 7-Chlor-6-demethyltetracyclin; BPatG 9.10.1973, GRUR 1974, 392 – Levorin.
[262] BGH 20.10.1977, GRUR 1978, 162 (164) – 7-Chlor-6-demethyltetracyclin; 11.12.1980, GRUR 1981, 263 – Bakterienkonzentrat.
[263] Vgl. die 4. Aufl., 124 ff.

wutvirus"[264] kann gemäß dem seit 1978 geltenden Recht für den Patentschutz eines neuen MO als solchen die Möglichkeit einer wiederholbaren Neuzüchtung durch Hinterlegung und Freigabe einer vermehrbaren Probe des MO ersetzt werden.

8. Auch bei Mikroorganismen, die **aus der Natur gewonnen** sind, braucht nach der heute maßgebenden Rechtsprechung die Gewährung von Sachschutz nicht daran zu scheitern, dass das Gewinnungsverfahren nicht mit hinreichender Aussicht auf den gleichen Erfolg wiederholbar ist. 213

Meist geht es um langwierige Prozesse der Selektion und Isolierung aus der Natur entnommenem Material, die auf bestimmte, für einen gegebenen Zweck erwünschte Eigenschaften ausgerichtet werden. Ob aus einer Probe natürlichen Materials ein tauglicher MO zu gewinnen ist, lässt sich dabei nicht voraussagen. Eine erneute, am gleichen Zweck ausgerichtete Selektion wird oft auch dann nicht auf Anhieb zum Erfolg führen, wenn bekannt ist, wo das natürliche Material zu finden und wie es auszuwählen ist. Auch wenn sie schließlich zum Erfolg führt, ist sehr fraglich, ob der gewonnene MO mit dem vorher gefundenen genetisch identisch ist. Daher ist es auch wenig erfolgversprechend, einen hinterlegten MO aus der Natur erneut gewinnen zu wollen. 214

Der Patentierung aus der Natur gewonnener MO steht auch nicht die früher gelegentlich geäußerte Erwägung entgegen, dass die Gewinnung in der Natur vorkommender MO frei bleiben müsse.[265] Die EU-BioPatRL bestätigt in Art. 3 Abs. 2, dass biologisches Material, das mit Hilfe eines technischen Verfahrens aus seiner natürlichen Umgebung isoliert oder hergestellt wird, auch dann Gegenstand einer Erfindung sein kann, wenn es in der Natur schon vorhanden war. Diese Bestimmung ist in § 1 Abs. 2 S. 2 PatG und R 27 (a) EPÜ übernommen. 215

f) Verwendung zum Stand der Technik gehöriger Stoffe oder Stoffgemische zu medizinischen Zwecken

Literatur: *v. Falck, A.,* Ausgewählte Probleme der Verletzungs- und Rechtsbestandsverfahren bei Pharmapatenten, FS Reimann, 2009, 535–550; *v. Falck, A./Gundt, M.,* Die Verletzung von Ansprüchen auf die zweite medizinische Indikation, FS 80 Jahre Düsseldorf, 113–124; *Günzel, B.,* Die Rechtsprechung der Beschwerdekammern des EPA zur Patentierung der zweiten medizinischen Indikation, GRUR 2001, 566–571; *Höffe, M./Weigelt, U.,* Patentierbarkeit neuer und erfinderischer Verwendungen von medizinischen Vorrichtungen nach dem Europäischen Patentübereinkommen, Mitt. 2010, 515–519; *Kraßer, R.,* Patentschutz für neue medizinische Anwendungen bekannter Stoffe, FS 25 J. BPatG, 159–178; *Meier-Beck, P.,* Patentschutz für die zweite medizinische Indikation und ärztliche Therapiefreiheit, GRUR 2009 (FS Mellulis), 300–305; *Schermer, E.-M.,* Die Offenbarung der therapeutischen Wirkung des Stoffs bei der zweiten medizinischen Indikation, GRUR 2009 (FS Mellulis), 349–353; *Szaba, G.,* Second medical and non medical indications – The relevance of indications to novel subjectmatter in: Zehn Jahre Rechtsprechung der Großen Beschwerdekammer im Europäischen Patentamt, 11–22.

aa) Das Problem und seine heutige Lösung in EPÜ und PatG

1. Eine Lehre zum technischen Handeln liegt auch in der Anweisung, einen bestimmten Stoff zu Heil- oder Diagnosezwecken zu verwenden. Diese Lehre kann patentrechtlich neu sein, auch wenn der Stoff als solcher bereits zum Stand der Technik gehört (vgl. → § 17 Rn. 60ff.); ebenso kann sie, insbesondere wegen überraschender wertvoller Wirkungen der neuen Verwendung, auf erfinderischer Tätigkeit beruhen (vgl. → § 18 Rn. 107ff.). Das gilt auch für die Verwendung von Stoffgemischen. 216

Die Lehre, ein Erzeugnis in bestimmter Weise zu verwenden, ist grundsätzlich eine *Verfahrens*erfindung. Dient die Verwendung eines Stoffs der therapeutischen Behandlung des menschlichen oder tierischen Körpers oder erfolgt sie am menschlichen oder tierischen Körper zu Diagnosezwecken, liegt die Folgerung nahe, dass es sich dabei um ein medizinisches Verfahren handle, das nach § 2a Abs. 1 Nr. 2 S. 1 PatG, Art. 53 (c) S. 1 EPÜ nicht patentierbar ist. 217

---

[264] 12.2.1987, BGHZ 100, 67.
[265] Zur Kritik vgl. die 4. Aufl., 126 f.

218 2. Für die erste medizinische Verwendung eines zum Stand der Technik gehörigen Stoffs oder Stoffgemischs, die **erste medizinische Indikation,** die in Bezug auf ein solches Erzeugnis aufgezeigt wird, ermöglichen die Sondervorschriften der § 3 Abs. 3 PatG, Art. 54 Abs. 4 (früher 5) EPÜ die Gewährung **zweckgebundenen Stoffschutzes** (vgl. → § 17 Rn. 8 f.).

219 **Beispiel:** Verwendung eines Stoffs, der als Mittel zur Wachstumsförderung von Pflanzen bekannt ist, als Mittel zur Blutzuckersenkung beim Menschen.[266]

220 3. Seit der Entscheidung *Hydropyridin* des X. BGH-Zivilsenats vom 20.9.1983[267] und spätestens seit Inkrafttreten von § 3 Abs. 3 PatG, Art. 54 Abs. 4 (früher 5) EPÜ ist nicht mehr ernsthaft strittig, dass Erfindungen, die eine **neue medizinische Indikation** (meist „zweite" genannte[268]) bezüglich eines Stoffs oder Stoffgemischs lehren, dessen Anwendung in (irgend)einem medizinischen Verfahren bereits zum SdT gehört, patentfähig sind.[269]

221 **Beispiele:** Schmerzmittel als Mittel zur Herabsetzung der Gerinnungsfähigkeit des menschlichen Bluts; Verwendung eines als blutzuckersenkend bekannten Stoffs zur Behandlung rheumatoider Erkrankungen,[270] einer als coronarwirksam bekannten Verbindung zur Behandlung cerebraler Insuffizienz[271] oder eines Darmkrebs-Therapeutikums zur Behandlung altersbedingter Makula-Degeneration.[272]

222 In der Angabe zusätzlicher medizinischer Verwendungsmöglichkeiten liegt eine neue technische Handlungsanweisung, nicht bloß die Entdeckung eines bisher schon zwangsläufig aufgetretenen Effekts.[273] Die neue Indikation bedeutet, dass bei der Anwendung schon wegen des abweichenden Krankheitsbilds andere Bedingungen herrschen als bei den bereits bekannten Indikationen.

223 Der für die erste Indikation vorgesehene zweckgebundene Stoffschutz war jedenfalls nach dem Wortlaut der § 3 Abs. 3 PatG 1978/1981, Art. 54 Abs. 5 EPÜ 1973 bei weiteren Indikationen nicht gewährbar. Allerdings waren diese Vorschriften – schon vor dem EPÜ 2000 und der Angleichung des PatG an dieses (→ Rn. 226) – auch nicht als Verbot jeden Schutzes für weitere Indikationen zu verstehen. Fraglich war jedoch, ob sich dieser mit den Vorschriften vereinbaren ließ, die medizinische Verfahren vom Patentschutz ausschließen. Die Rechtsprechung des BGH und des EPA ist – auf unterschiedlichen Wegen – zu Lösungen gelangt, die im Ergebnis einen Patentschutz für zweite und weitere Indikationen ermöglichen (vgl. → Rn. 227 ff.).[274]

224 Im Schrifttum war die Auffassung vertreten worden, Art. 52 Abs. 4 EPÜ betreffe nur diejenigen Heil- und Diagnoseverfahren, die *unmittelbar* am menschlichen oder tierischen Körper vorgenommen werden und deren Erfolg nicht direkt technisch kausal, sondern erst mittelbar durch die besonderen ärztlichen Fähigkeiten und Kenntnisse herbeigeführt wird. Daher sei nur die physische Behandlung des Körpers zu Heilzwecken, nicht aber die Verabreichung eines Medikaments von der Patentierung

---

[266] BGH 3.6.1982, GRUR 1982, 548 – Sitosterylglykoside.

[267] BGHZ 88, 209; GRUR 1983, 729.

[268] Dass sich dafür der Begriff „zweite medizinische Indikation" eingebürgert hat, liegt wohl daran, dass solche Fälle relativ selten sind und es bei der zweiten Indikation meist sein Bewenden hat. Präzise ist die Rede von der zweiten medizinischen Indikation trotzdem nicht, weshalb hier von „neuer medizinischer Indikation" gesprochen wird; im Gegensatz zur bekannten, die bereits SdT war.

[269] Verneint worden war die Schutzfähigkeit der zweiten Indikation noch auf Basis der ursprünglichen Fassung der EPA-Richtlinien (C IV 4.2). – Zur Entwicklung und neuem Recht grundlegend etwa *Meier-Beck* GRUR 2009, 300 (301 ff.); unlängst *Falck/Gundt* FS 80 Jahre Düsseldorf, 2016, 113 (114 ff.).

[270] BGH 3.6.1982, GRUR 1982, 548 – Sitosterylglykoside.

[271] BGH 20.9.1983, BGHZ 88, 209 = GRUR 1983, 729 – Hydropyridin; weitere Beispiele bei *Deutsch* GRUR-Int 1983, 489 (490); *Bruchhausen* GRUR-Int 1985, 239.

[272] Süddeutsche Zeitung v. 20.11.2007, 16.

[273] *Ullmann* in Benkard, 7. Aufl. 1981, PatG § 3 Rn. 92; *Klöpsch* GRUR-Int 1982, 102 (107).

[274] Vgl. *Schermer* GRUR 2009, 349 ff.

§ 14. Grenzen der Schutzfähigkeit biologischer Erfindungen III § 14

ausgeschlossen.[275] Von der Rechtsprechung wurde diese einschränkende Auslegung nicht übernommen. Gegen sie spricht außer den Abgrenzungsschwierigkeiten, die sie mit sich brächte, vor allem die Sonderregelung, die für die erste Indikation eingeführt wurde. Wäre der Gesetzgeber nicht davon ausgegangen, dass deren Patentierung der Ausschluss der medizinischen Verfahren entgegenstehen kann, hätte es der Sonderregelung nicht bedurft.

Die Patentierbarkeit weiterer medizinischer Indikationen ließ sich auch nicht aus § 5 Abs. 2 (jetzt 2a Abs. 1 Nr. 2) S. 2 PatG, Art. 52 Abs. 4 (jetzt 53 (c)) S. 2 EPÜ begründen, wonach die in Satz 1 vorgesehene Schutzversagung nicht für Erzeugnisse, insbesondere Stoffe oder Stoffgemische zur Anwendung in einem medizinischen Verfahren gilt. Hierdurch wird lediglich klargestellt, dass der Ausschluss des *Verfahrens*schutzes der Erteilung von *Erzeugnis*patenten nicht entgegensteht. Die Vorschrift ändert aber nichts daran, dass solche Patente grundsätzlich die Neuheit des Erzeugnisses voraussetzen, und besagt nichts für die Patentierbarkeit von Verfahren der medizinischen Anwendung zum SdT gehöriger Erzeugnisse. Andernfalls wäre es überflüssig gewesen, für den Fall der ersten Indikation ausdrücklich eine Ausnahme vom Erfordernis der Neuheit des Erzeugnisses zu machen. 225

4. Im EPÜ wurde bei der Revision von 2000 die Patentierbarkeit zweiter und weiterer Indikationen ausdrücklich anerkannt. Nach dem neuen Abs. 5 des Art. 54 wird die Patentierbarkeit von Stoffen oder Stoffgemischen, die gem. Abs. 2 oder 3 zum SdT zu rechnen wären, zur spezifischen Anwendung in einem in Art. 53 (c) genannten (dh einem medizinischen) Verfahren nicht ausgeschlossen, wenn diese Anwendung nicht zum SdT gehört. Entsprechendes bestimmt nunmehr § 3 Abs. 4 PatG. Damit ist auch für die weiteren Indikationen zweckgebundener Stoffschutz möglich. Auf ihn lief im Ergebnis schon die Rechtsprechung zu dem vor Einführung der genannten Vorschriften geltenden Recht hinaus. Weil sie deshalb nicht nur für früher eingereichte Anmeldungen und hierauf erteilte Patente, sondern auch für die Anwendung der neuen Vorschriften Bedeutung hat, wird ihre nachfolgende Darstellung beibehalten. 226

bb) Die Lösung des Bundesgerichtshofs nach dem PatG 1978/1981

Der BGH[276] gestattete es, die neue, nicht naheliegende medizinische Anwendung eines Stoffs, für den eine andere medizinische Anwendung bereits zum SdT gehört, als **Verfahren zur Behandlung einer Krankheit** zu patentieren. 227

Zur Begründung legte er dar, dass nach der Entstehungsgeschichte des EPÜ ein übereinstimmender Wille der Vertragsstaaten, die Patentierung der zweiten Indikation auszuschließen, nicht feststellbar sei. Auch der deutsche Gesetzgeber habe bei der im IntPatÜG erfolgten Anpassung des PatG keine derartige Absicht gehabt. Die Patentierung medizinischer Anwendungserfindungen sei deshalb wie nach früherem Recht nur dann ausgeschlossen, wenn ihnen die *gewerbliche Anwendbarkeit* fehle. Diese einschränkende Auslegung des § 5 Abs. 2 S. 1 PatG 1978/1981 ermögliche es, an Entscheidungen zum früheren Recht anzuknüpfen, wonach die gewerbliche Anwendbarkeit zwar fehlt, wenn sich die Verfahrensanweisung ausschließlich an den Arzt wendet, nicht aber, wenn sie wenigstens teilweise im gewerblichen Bereich auszuführen ist.[277] Die Lehre, einen Stoff zur Behandlung einer Krankheit zu verwenden, ist nach diesem Maßstab regelmäßig gewerblich anwendbar, da sie ein „Herrichten" des Stoffs, etwa durch Formulierung, Dosierung, Konfektionierung, gebrauchsfertige Verpackung für die erfindungsgemäße Anwendung erfordert, also Maßnahmen, die nicht dem Arzt vorbehalten sind, sondern in Gewerbebetrieben stattzufinden pflegen. Dies trifft auch dann zu, wenn die neue medizinische Verwendung keine andere als die für die vorbekannte Indikation gebräuchliche Darreichungsform mit sich bringt. 228

Das BPatG ließ auf der Grundlage der BGH-Rechtsprechung die Patentierung der Verwendung eines Wirkstoffs zur Behandlung einer Krankheit auch dann zu, wenn sie sich – bei bekannter Indikation – in einem *Therapieplan* oder einer *Dosisempfehlung* erschöpft[278]: Der sinnfälligen Herrichtung der 229

---

[275] So *Pagenberg* in EPÜ-GK Art. 57 Rn. 11 ff., 56; ähnlich *Trüstedt* GRUR 1983, 478 (482).
[276] BGH 20.9.1983, BGHZ 88, 209 = GRUR 1983, 729 – Hydropyridin; dazu *Klöpsch* GRUR 1983, 733; *Pagenberg* GRUR-Int 1984, 40; *Bruchhausen* GRUR-Int 1985, 239.
[277] BGH 20.1.1977, BGHZ 68, 156 (161) – Benzolsulfonylharnstoff; 3.6.1982, GRUR 1982, 548 – Sitosterylglykoside.
[278] So – ausdrücklich abweichend von früheren Entscheidungen – BPatG 22.3.1996, GRUR 1996, 868 – Knochenzellpräparat.

§ 14 III   2. Abschnitt. Sachliche Voraussetzungen des Patent- u. Gebrauchsmusterschutzes

Packung mit dem Verwendungshinweis auf die Behandlung einer Krankheit mit zwei unterschiedlichen Wirksubstanzen in mindestens zwei räumlich getrennten Zusammensetzungen nach einem festgelegten Therapieplan und unter Einhaltung bestimmter Dosisempfehlungen, um die es im gegebenen Fall ging, könne die gewerbliche Anwendbarkeit nicht abgesprochen werden.

230   Der BGH[279] lehnte diese Auffassung ab. Die Verabreichung eines für die Behandlung einer bestimmten Krankheit vorgesehenen Arzneimittels sei nicht mehr Herrichtung eines Stoffs zur Verwendung bei der Behandlung einer Krankheit, vielmehr folge sie dieser. Die Bestimmung des geeigneten individuellen Therapieplans für einen Patienten einschließlich der Verschreibung und Dosierung von Medikamenten sei prägender Teil der Tätigkeit des behandelnden Arztes und damit ein nach Art. 52 (4) (jetzt 53 (c)) EPÜ, § 5 Abs. 2 (jetzt 2a Abs. 1 Nr. 2) PatG dem Patentschutz entzogenes Verfahren. Als nicht unter die Ausschlussbestimmung fallend erachtete der BGH[280] jedoch einen Anspruch, der vorsieht, dass ein Medikament zur Verabreichung in bestimmten Dosierungen über bestimmte Zeiträume *hergerichtet* ist, etwa durch zweckmäßige Konfektionierung der Tablettengrößen, einen Aufdruck auf der Packung oder den dieser beiliegenden Begleitzettel.[281]

cc) Die Lösung des Europäischen Patentamts nach dem EPÜ 1973

231   1. Die **Große Beschwerdekammer des EPA**[282] sah es wegen des in Art. 52 Abs. 4 EPÜ 1973 enthaltenen Verbots der Patentierung medizinischer Verfahren als unzulässig an, ein europäisches Patent mit Ansprüchen zu erteilen, die auf die *Verwendung* eines Stoffs oder Stoffgemischs zur *therapeutischen Behandlung* des menschlichen oder tierischen Körpers gerichtet sind. Sie ermöglichte jedoch Patentansprüche auf die **Verwendung** eines Stoffs oder Stoffgemischs **zur Herstellung eines Arzneimittels** für eine bestimmte neue und erfinderische therapeutische Anwendung. Entsprechendes galt für Verwendungen zu Diagnosezwecken.[283]

232   Die dabei auftretende Problematik der *Neuheit* löste die GBK in Anlehnung an Art. 54 Abs. 5 (jetzt 4) EPÜ. Dort werde die Neuheit des Arzneimittels, das Gegenstand des Patentanspruchs ist, von der neuen pharmazeutischen Verwendung abgeleitet. Es erscheine gerechtfertigt, in entsprechender Weise auch die Neuheit des Verfahrens zur Herstellung eines an sich bekannten Stoffs oder Stoffgemischs aus dessen neuem therapeutischen Gebrauch abzuleiten, und zwar unabhängig davon, ob bereits eine pharmazeutische Verwendung des Stoffs oder Stoffgemischs bekannt ist oder nicht, und selbst dann, wenn das Herstellungsverfahren als solches sich nicht von einem bekannten Verfahren, bei dem der gleiche Wirkstoff verwendet wird, unterscheidet.

233   Zur Rechtfertigung dieses Ergebnisses verwies die GBK auch auf das in Art. 52 Abs. 1 EPÜ enthaltene grundsätzliche Gebot der Erteilung von Patenten für alle Erfindungen, die neu sind, auf einer erfinderischen Tätigkeit beruhen und gewerblich anwendbar sind. Die in Art. 52 Abs. 4 EPÜ enthaltene Ausnahme von diesem Grundsatz dürfe sich nicht über ihren Zweck hinaus auswirken, der darin bestehe, die nicht-kommerziellen und nicht-industriellen Tätigkeiten auf dem Gebiet der Humanund Veterinärmedizin von patentrechtlichen Beschränkungen freizuhalten. Der Sondervorschrift des Art. 54 Abs. 5 EPÜ sei nur zu entnehmen, dass zweite (und weitere) medizinische Anwendungen keinen zweckbestimmten *Sachschutz* erlangen können. Eine Absicht, solche Anwendungen allgemein vom Patentschutz auszuschließen, könne weder aus dem Text des EPÜ noch aus der geschichtlichen Entwicklung der in Betracht kommenden Artikel abgeleitet werden.

---

[279] BGH 19.12.2006, GRUR 2007, 404 Rn. 16 – Carvedilol II. Das Urteil lässt offen, ob die Aufnahme einer nicht patentfähigen Dosisempfehlung in einen Patentanspruch dazu führt, dass dieser insgesamt vom Schutz ausgeschlossen ist; jedenfalls sei die Dosisempfehlung nicht zur Beurteilung von Neuheit und erfinderischer Tätigkeit heranzuziehen (Nr. 17). Im Ergebnis wird die Nichtigerklärung des angegriffenen (europäischen) Patents mit der Begründung bestätigt, dass sein Gegenstand jedenfalls nicht auf erfinderischer Tätigkeit beruhe.
[280] BGH 19.12.2006, GRUR 2007, 409 Rn. 51 – Carvedilol II; auch für die hilfsweise verteidigten Ansprüche dieser Art wurde das Beruhen auf erfinderischer Tätigkeit verneint.
[281] Unter ausdr. Bezug darauf BGH 24.9.2013, GRUR 2014, 54 Rn. 34 – Fettsäuren.
[282] 5.12.1984, ABl. 1985, 60 = GRUR-Int 1985, 193 – Zweite medizinische Indikation/Bayer; ebenso die am gleichen Tag ergangenen Entscheidungen Gr 05/83 und Gr 06/83, ABl. 1985, 64 (67). Kritisch dazu *Pagenberg* GRUR-Int 1986, 376 ff.
[283] Zur Übertragung der Rspr. auf medizinische Vorrichtungen *Höffe/Weigelt* Mitt. 2010, 515 ff.

§ 14. Grenzen der Schutzfähigkeit biologischer Erfindungen III § 14

2. Die GBK hob hervor, dass der von ihr festgelegte Grundsatz der Beurteilung der **234** Neuheit der Herstellung nur für Erfindungen bzw. Patentansprüche gerechtfertigt sei, die sich auf eine Verwendung des Stoffs oder Stoffgemischs für ein Verfahren gem. Art. 52 Abs. 4 EPÜ beziehen[284]. Demgemäß kann die Neuheit des Herstellungsverfahrens nur dann aus der Neuheit der Verwendung des Verfahrenserzeugnisses abgeleitet werden, wenn einem Anspruch auf die Verwendung selbst das Patentierungsverbot für medizinische Verfahren entgegensteht[285]. Dagegen kann bei neuer nichtmedizinischer Verwendung eines zum SdT gehörigen Erzeugnisses die Verwendung und nur diese beansprucht werden[286]. Das nötigt jeweils zur Prüfung, ob es sich um eine medizinische oder nichtmedizinische Verwendung handelt[287]. Maßgebend sind dabei die zur Abgrenzung des Anwendungsbereichs des Patentierungsverbots für medizinische Verfahren entwickelten Grundsätze (→ Rn. 54 ff.).

3. Die Verwendung eines zum SdT gehörenden Stoffs[288] zur Herstellung eines Arznei- **235** mittels für eine neue, nicht naheliegende medizinische Anwendung kann unabhängig davon beansprucht werden, ob bereits eine medizinische Anwendung des Stoffs bekannt ist[289]. Zulässig ist es auch, den Anspruch auf ein durch die Verwendung des Stoffs gekennzeichnetes *Verfahren zur Herstellung* des Arzneimittels für die neue, erfinderische Anwendung zu richten, da diese Anspruchsfassung mit der auf die Verwendung des Stoffs zur Herstellung dieses Arzneimittels gerichteten gleichbedeutend ist[290].

4. Die Indikation(en) muss (müssen) im Patentanspruch grundsätzlich durch Angabe der ent- **236** sprechenden pathologischen Zustände konkretisiert werden; eine funktionelle Kennzeichnung, zB als Leiden, die durch selektive Belegung eines bestimmten Rezeptors gemildert werden sollen oder denen hierdurch vorgebeugt werden soll, genügt dem Erfordernis der Deutlichkeit gem. Art. 84 EPÜ nur dann, wenn sie dem Fachmann zu beurteilen ermöglicht, ob ein in der Anmeldung nicht ausdrücklich genanntes Leiden in den Schutzbereich des Anspruchs fällt[291]. Nicht den Grundsätzen über den Schutz weiterer Indikationen genügt jedenfalls ein Anspruch auf die Verabreichung eines unbestimmten von einer Liposomenhülle umschlossenen therapeutischen Mittels in einer Menge, die einem bestimmten Vielfachen der therapeutisch wirksamen Menge dieses Mittels entspricht, zur Behandlung einer unbestimmten Krankheit[292].

5. Die Neuheit des Herstellungsverfahrens, das gemäß den von der GBK entwickelten **237** Grundsätzen beansprucht werden kann, hängt davon ab, dass sich die medizinische Anwendung, für die das Arzneimittel unter Verwendung des bekannten Stoffs hergestellt werden soll, hinreichend vom SdT unterscheidet. Das EPA stellt in dieser Hinsicht keine strengen Anforderungen[293].

So liegt eine neue medizinische Indikation auch dann vor, wenn ein Impfstoff, dessen Verwendung **238** bei der Behandlung einer bestimmten Tiergruppe (hier: seronegativer Schweine) bekannt ist, gegen die gleiche Krankheit bei einer anderen Gruppe derselben Tierfamilie (hier: seropositiven Schweinen) therapeutisch angewandt wird[294]. Als schutzfähig gem. den für die zweite Indikation geltenden Grundsätzen wurde es auch angesehen, Lanthansalze, deren Verwendung zwecks Verringerung der

---

[284] ABl. 1985, 63 Rn. 21 aE.
[285] Vgl. EPA 11.2.1997, ABl. 1998, 17 Rn. 5.2 – Kontrastmittel für die NMR-Abbildung/Nycomed.
[286] *Günzel* GRUR 2001, 566 (567); *Hansen* GRUR-Int 1988, 379 ff.
[287] Kritisch deshalb *Hansen* GRUR-Int 1988, 379 ff.
[288] Gleiches gilt jeweils für Stoffgemische, die im Folgenden nicht mehr gesondert erwähnt werden.
[289] EPA 6.10.1994, ABl. 1996, 430 Rn. 3.2 – Trigonellin/MAI.
[290] EPA 30.9.1996, ABl. 1997, 241 – Antitumormittel/Thérapeutiques Substitutives.
[291] EPA 14.6.2000, ABl. 2001, 103 – Serotoninrezeptor/Eli Lilly; krit. dazu freilich EPA 29.10.2004, ABl. 2007, 204 = GRUR-Int 2007, 738 Rn. 33 ff. – Verfahren zur Verabreichung von IGF-1/Genentech.
[292] EPA 9.8.2001, ABl. 2002, 139 Rn. 8.1 – Liposomenzusammensetzung/Sequus.
[293] Vgl. außer den im Folgenden angegebenen Beispielen *Günzel* GRUR 2001, 566 (568 ff.) m. zahlreichen Nachw.
[294] EPA 15.10.1987, ABl. 1989, 24 – Schweine II/Duphar.

Löslichkeit von Zahnschmelz in organischen Säuren bekannt war, für die Herstellung von Gemischen zur Entfernung von Belag und/oder Verfärbungen von Zähnen zu verwenden[295]: die beanspruchte Erfindung diene zwar wie die bekannte Verwendung letztlich der Vorbeugung gegen Karies, beruhe aber auf einer anderen technischen Wirkung.

239 Auch wenn die Neuheit einer therapeutischen Anwendung eines Stoffs lediglich in dessen *Dosierung* oder *Anwendungsweise* liegt, kann gem. den Regeln über die Patentierung der zweiten und weiteren Indikationen die Verwendung des Stoffs zur Herstellung eines Arzneimittels für die durch die neue Dosierung oder Anwendungsweise gekennzeichnete Anwendung unter Schutz gestellt werden.[296]

dd) Wertung[297]

240 1. Der Patentschutz für zweite und weitere Indikationen entspricht berechtigten Interessen. Die Forschung nach therapeutischen Wirkungen bekannter Stoffe ist von großer **gesundheitspolitischer und wirtschaftlicher Bedeutung**.[298] Die erste Anwendungsmöglichkeit, die dabei gefunden wird, ist häufig nicht die medizinisch und wirtschaftlich wertvollste. Die Bereitschaft der Industrie, hohe Aufwendungen für die Untersuchung möglicher weiterer Indikationen zu machen, kann durch das Fehlen von Patentschutz beeinträchtigt werden.

241 Rechtlich wird die Zubilligung dieses Schutzes vor allem durch die Erwägung getragen, dass es keine einleuchtenden Gründe gibt, allein die jeweils erste Indikation zum Patentschutz zuzulassen. Die der Angabe weiterer Indikationen zugrundeliegende Erfindungsleistung ist nicht grundsätzlich geringer zu bewerten als die Erkenntnis der ersten. Nur dieser den Patentschutz zu eröffnen und die anderen davon auszuschließen, wäre ungerecht und unter dem Gesichtspunkt des verfassungsrechtlichen Gleichheitssatzes bedenklich. Daher verbot sich eine zu diesem Ergebnis führende wörtliche Auslegung der einschlägigen Vorschriften des PatG und des EPÜ in deren früheren Fassungen. Freilich erschwerten diese Vorschriften die **Begründung** und **Einordnung** des Schutzes zweiter und weiterer Indikationen beträchtlich.

242 2. Die Auffassung des BGH (→ Rn. 227) hatte den Vorzug, dass sie den Schutz unmittelbar auf den neuen, erfinderischen Gehalt der durch die weitere Indikation gegebenen Handlungsanweisung bezog. Freilich erforderte dies die Annahme, dass § 5 Abs. 2 S. 1 aF PatG nur solche medizinischen Verfahren vom Schutz ausschließe, die nicht gewerblich anwendbar sind. Die Vorschrift wird damit nur als Klarstellung des bereits in § 1 Abs. 1 iVm § 5 Abs. 1 aF PatG Gesagten aufgefasst, während ihr Wortlaut deutlich macht, dass sich für die von ihr erfassten Verfahren die Prüfung der gewerblichen Anwendbarkeit erübrigen soll (→ Rn. 47 ff.).

243 3. Der Vorzug der Lösung, die die Große Beschwerdekammer des EPA gefunden hat, lag darin, dass sie es nicht erforderte, den Grundsatz der Nichtpatentierbarkeit medizinischer Verfahren als solchen einzuschränken, und mit der Korrektur bei der Sondervorschrift des Art. 54 Abs. 5 aF EPÜ ansetzte, indem sie deren Beschränkung auf die erste Indikation als ungerecht wertete. Sie zog daraus zwar nicht die Folgerung, dass die Vorschrift auf weitere Indikationen entsprechend anwendbar sei: der zweckgebundene *Stoff*schutz blieb der ersten vorbehalten. Für die folgenden wurde aber ein Schutz eröffnet, der als zweckgebundener Schutz eines Herstellungsverfahrens bezeichnet werden kann.[299] Freilich wurde bei dieser Lösung eine Lehre zum Schutzgegenstand gemacht, die für sich genommen im Regelfall weder erfinderisch noch neu ist. Nur wegen der Neuheit der Anwendung des nach ihm produzierten Mittels und der unerwarteten Wirkungen dieser Anwendung wird dem „Her-

---

[295] EPA 13.11.1990, ABl. 1992, 414 Rn. 6 – Entfernung von Zahnbelag/ICI.
[296] EPA 29.10.2004, ABl. 2007, 204 = GRUR-Int 2007, 738 Rn. 72 – Verfahren zur Verabreichung von IGF-1/Genentech mit ausführlicher Erörterung der Rechtsprechung der Beschwerdekammern und nationaler Gerichte.
[297] Zum folgenden auch *Kraßer* FS 25 J. BPatG, 1986, (159–178).
[298] Vgl. *Klöpsch* GRUR-Int 1982, 102 (104 f.) mN; *Szaba* 11, 22.
[299] Vgl. *Utermann* GRUR 1985, 813.

stellungsverfahren" zugebilligt, dass es neu sei und auf erfinderischer Tätigkeit beruhe. Das entspricht jedoch dem Vorbild, das die gesetzliche Behandlung der ersten Indikation liefert, indem sie um deren Neuheit willen den zum SdT gehörigen Stoff als neu gelten lässt.

4. Das **EPÜ 2000** sieht in Art. 54 Abs. 4 und 5 sowohl für die erste als auch für weitere **244** Indikationen einen zweckgebundenen Stoffschutz vor (vgl. → Rn. 226). Die gleichzeitig mit dem EPÜ 2000 in Kraft getretene Neufassung des § 3 Abs. 3 und 4 PatG stimmt hiermit überein. Der Wortlaut der neuen Vorschriften kann freilich dahin verstanden werden, dass der Schutz im ersten Fall allgemein die Anwendung in irgendeinem medizinischen Verfahren umfassen, im zweiten Fall dagegen auf eine „spezifische" medizinische Anwendung beschränkt sein soll. Über die Frage, ob die neue Regelung überhaupt den Umfang des Schutzes betrifft, wurde auf der Revisionskonferenz keine Einigkeit erzielt.[300] Eine Auslegung, die dazu führt, dass die erste Indikation anders behandelt wird als weitere Indikationen, wäre nicht zu rechtfertigen.[301] Deshalb sollte künftig eine Regelung angestrebt werden, die eine solche Auslegung nicht zulässt, indem sie sich einheitlich auf alle neuen medizinischen Anwendungen zum Stand der Technik gehörender Stoffe oder Stoffgemische bezieht.

5. Für die Wertung der verschiedenen Lösungsansätze fällt auch ins Gewicht, wie sie **245** sich zu den **rechtspolitischen Anliegen** verhalten, denen der grundsätzliche Ausschluss medizinischer Verfahren vom Patentschutz dient (vgl. → Rn. 85 ff.). Insoweit kommt es auf die Tragweite der **Schutzwirkungen** an, zu denen die verschiedenen Lösungswege führen. Auf sie wird in anderem Zusammenhang einzugehen sein (vgl. → § 33 Rn. 205 ff.).

§ 15. Öffentliche Ordnung und gute Sitten als Schutzhindernisse

Literatur: *Barton, T.,* Der „Ordre public" als Grenze der Biopatentierung, 2004; *Beyer, H.,* Patent und Ethik im Spiegel der technischen Evolution, GRUR 1994, 541–559; *Burdach, S.,* Patentrecht: eine neue Dimension in der medizinischen Ethik? Mitt. 2001, 9–15; *Busche, J.,* Patentrecht zwischen Innovationsschutz und ethischer Verantwortung, Mitt. 2001, 4–9; *Dederer, H.-G.,* Stammzellpatente: causa finita? Zugleich Besprechung von BGH, Urt. v. 27.11.2012 – X ZR 58/07 – Neurale Vorläuferzellen II, GRUR 2013, 352–355; *Deutsch, E.,* Patente für Arzneimittel und Gentechnik, FS Erdmann, 2002, 263–280; *Dolder, F.,* Patente auf der Grundlage biologischer Ressourcen aus Entwicklungsländern, Mitt. 2003, 349–372; *ders.,* Patente auf der Grundlage traditioneller Kenntnisse indigener Gemeinschaften, FS König, 2003, 81–100; *Fabry, B.,* (K)EIN PATENT AUF DAS ARME SCHWEIN ... oder wie eine patentierte Sau durchs Dorf getrieben wird, Mitt. 2010, 60–64; *Federle, C.,* Biopiraterie und Patentrecht, 2005; *Götting, H.-P.,* Biodiversität und Patentrecht, GRUR-Int 731–736; *Grund, M./ Keller, C.,* Patentierbarkeit embryonaler Stammzellen, Mitt. 2004, 49–56; *Grund, M./Burda, M. R.,* Zum BGH Vorlagebeschluss an den EuGH zur Auslegung der Biopatentrichtlinie – Neurale Vorläuferzellen, Mitt. 2010, 214–219; *Hartmann, M. D.,* Die Patentierbarkeit von Stammzellen und den damit zusammenhängenden Verfahren, GRUR-Int 2006, 195–208; *Herdegen, M.,* Die Patentierbarkeit von Stammzellenverfahren nach der Richtlinie 98/44/EG, GRUR-Int 2000, 859–863; *Koenig, C./ Müller, E.-M.,* EG-rechtliche Vorgaben zur Patentierbarkeit gentherapeutischer Verfahren unter Verwendung künstlicher Chromosomen nach der Richtlinie 98/44/EG, GRUR-Int 2000, 295–304; *Krauß, J./Engelhard, M.,* Patente im Zusammenhang mit der menschlichen Stammzellenforschung – ethische Aspekte und Übersicht über den Status der Diskussion in Europa und Deutschland, GRUR 2003, 985–993; *Maksymiw, R.,* Menschliche embryonale Stammzellen – ethische Aspekte der Patentierung, FS 50 J. BPatG, 393–401; *Meiser, C.,* Biopatentierung und Menschenwürde, 2006; *Moufang, R.,* Patentierung menschlicher Gene, Zellen und Körperteile? Zur ethischen Dimension des Patentrechts, GRUR-Int 1993, 439–450; *Nack, R./Phélip, B.,* Bericht über die diplomatische Konferenz zur Revision des Europäischen Patentübereinkommens München 20.–29. November 2000, GRUR-Int 2001,

---

[300] S. *Nack/Phélip* GRUR-Int 2001, 322 (324 f.).
[301] Vgl. *Kraßer* FS 25 J. BPatG, 1986, 159 (175 ff.) sowie → § 24 Rn. 48 ff.

322–326; *Ohly, A.*, Die Einwilligung des Spenders von Körpersubstanzen und ihre Bedeutung für die Patentierung biotechnologischer Erfindungen, FS König, 2003, 417–433; *Peifer, K.-N.*, Patente auf Leben – Ist das Patentrecht blind für ethische Zusammenhänge? FS König, 2003, 435–450; *v. Renesse, M./Tanner, K./v. Renesse, D.*, Das Biopatent – eine Herausforderung an die rechtsethische Reflexion, Mitt. 2001, 1–4; *Rietschel, M./Illes, F.* (Hrsg.), Patentierung von Genen. Molekularbiologische Forschung in der ethischen Kontroverse, 2005; *Rogge, R.*, Patente auf genetische Informationen im Lichte der öffentlichen Ordnung und der guten Sitten, GRUR 1998, 303–309; *Säger, M.*, Ethische Aspekte des Patentwesens, GRUR 1991, 267–273; *Schatz, U.*, Öffentliche Ordnung und gute Sitten im europäischen Patentrecht – Versuch einer Flurbereinigung, GRUR-Int 2006, 879–890; *Schricker, G.*, Gesetzesverletzung und Sittenverstoß, 1970; *Spranger, T. M.*, Ethische Aspekte bei der Patentierung menschlichen Erbguts nach der Richtlinie 98/44/EG, GRUR-Int 1999, 595–598; *Straus, J.*, Patentrechtliche Probleme der Gentherapie, GRUR 1996, 10–16; *ders.*, Genpatente, 1997; *ders.*, Zur Patentierbarkeit von embryonalen Stammzellen nach europäischem Recht, Jahrbuch für Wissenschaft und Ethik Bd. 9, 2004, 111–129; *ders.*, Patents on Biomaterial – A New Colonialism or a Means for Technology Transfer and Benefit-Sharing?, in: Thiele/Ashcroft, Bioethics in a Small World, 2005, 45–72; *Taupitz, J.*, Menschenwürde von Embryonen – europäisch-patentrechtlich betrachtet – Besprechung zu EuGH, Urt. v. 18.10.2011 – EUGH 18.10.2011, C-34/10 – Brüstle/Greenpeace, GRUR 2012, 1–5; *Vorwerk, V.*, Patent und Ethik, GRUR 2009 (FS Mellulis), 375–378; *Westermayer, I.*, Die Patentierung gentechnisch veränderter Tiere im Hinblick auf die Schranke der öffentlichen Ordnung und der guten Sitten – eine Analyse unter Berücksichtigung der Rechtslage in Frankreich und Großbritannien, 2013; *Wiebe, A.*, Gentechnikrecht als Patenthindernis, GRUR 1993, 88–95; außerdem die bereits früher angeführten Veröffentlichungen von *Appel, Baumgartner/Mieth, Krefft, Mellulis, Moufang, Ohly, Schatz, Straus* (GRUR-Int 1990 und GRUR 1992), *Wöhlermann, Wolters* (oben vor § 14 I) sowie von *Adam, Ahrens, Feuerlein, Godt* und *Müller* (oben vor § 14 IIId aa).

I. Gesetzliche Regelung

1   1. Erfindungen, deren gewerbliche Verwertung gegen die öffentliche Ordnung oder die guten Sitten verstoßen würde, sind vom Patent- und Gebrauchsmusterschutz ausgeschlossen (§ 2 Abs. 1 PatG, Art. 53 (a) EPÜ; § 2 Nr. 1 GebrMG). Die geltende Regelung fasst das Patentierungsverbot enger als die entsprechende Vorschrift des vor 1978 geltenden deutschen Rechts, nach welcher Erfindungen ausgeschlossen waren, deren Verwertung den Gesetzen oder guten Sitten zuwidergelaufen wäre, soweit es sich nicht um Gesetze handelte, die nur das Feilhalten oder Inverkehrbringen von Erzeugnissen beschränkten (§ 1 Abs. 2 Nr. 1 PatG 1968): Gesetzwidrigkeit der Verwertung hindert den Schutz nur noch dann, wenn sie das Gewicht eines Verstoßes gegen die öffentliche Ordnung hat. Wie die heutige Regelung ausdrücklich hervorhebt, genügt dafür nicht, dass die Verwertung durch Gesetz oder Verwaltungsvorschrift verboten ist. Damit gilt nicht nur für Vertriebsbeschränkungen, sondern für Verwertungsbeschränkungen und -verbote aller Art, dass sie für sich genommen eine Schutzversagung nicht zu rechtfertigen vermögen. Die von Art. 4^{quater} PVÜ verlangte Unschädlichkeit von Vertriebsbeschränkungen ist nach wie vor gewährleistet.

2   2. Mit dem *StrÜ* (Art. 2 [a]) steht die geltende Regelung im Einklang. Nach Art. 27 Abs. 2 *TRIPS-Ü* können die Mitglieder der WTO Erfindungen von der Patentierbarkeit ausschließen, wenn die Verhinderung ihrer gewerblichen Verwertung innerhalb ihres Hoheitsgebiets zum Schutz der öffentlichen Ordnung oder der guten Sitten einschließlich des Schutzes des Lebens oder der Gesundheit von Menschen, Tieren oder Pflanzen oder zur Vermeidung einer ernsten Schädigung der Umwelt notwendig ist, vorausgesetzt, dass ein solcher Ausschluss nicht nur deshalb vorgenommen wird, weil die Verwertung durch ihr Recht verboten ist. Die *EU-BioPat-RL* enthält in Art. 6 Abs. 1 eine Ausschlussvorschrift in der dem TRIPS-Ü entsprechenden Fassung.

3   Diesen Vorgaben wurden durch die Revisionsakte 2000 Art. 53 (a) EPÜ und bei Umsetzung der EU-BioPat-RL (→ § 14 Rn. 4 ff.) § 2 Abs. 1 PatG und § 2 Nr. 1 GebrMG in der Weise angepasst, dass ein Schutzhindernis nur noch dann besteht, wenn die *gewerbliche Verwertung* gegen die öffentliche Ordnung oder die guten Sitten verstieße. Einer Erfindung kann demgemäß der Schutz nicht mehr – wie nach der früheren Fassung der genannten Vorschriften – mit der Begründung versagt werden, dass ihre

§ 15. Öffentliche Ordnung und gute Sitten als Schutzhindernisse

Veröffentlichung der öffentlichen Ordnung oder den guten Sitten zuwiderliefe. Freilich hat dieser Fall[1] schon bisher keine praktische Bedeutung erlangt.

Dass die Ausschlussbestimmung im PatG und im EPÜ (nicht aber im GebrMG) ausdrücklich auf 4 die *gewerbliche* Verwertung bezogen ist, bedeutet keine praktisch relevante Einschränkung ihres Anwendungsbereichs. Es ist kaum vorstellbar, dass bei einer gewerblich anwendbaren Erfindung eine *gewerbliche* Verwertung ohne Verstoß gegen die öffentliche Ordnung oder die guten Sitten möglich ist, ihre nicht gewerbliche Verwertung aber einen solchen Verstoß bedeuten würde.

3. Die EU-BioPat-RL konkretisiert die allgemeine Bestimmung des Art. 6 Abs. 1 in 5 Abs. 2 durch Beispiele biotechnologischer Erfindungen, die wegen Verstoßes gegen die öffentliche Ordnung oder die guten Sitten nicht patentierbar sind (Näheres → Rn. 31 ff.). In § 2 Abs. 2 PatG ist diese Aufzählung übernommen und durch Verweisung auf das Embryonenschutzgesetz ergänzt. Für das EPÜ findet sie sich in R 28, wonach insbesondere in den durch sie bezeichneten Fällen Art. 53 (a) anzuwenden ist.[2]

II. Gründe des Ausschlusses vom Schutz[3]

Das Verbot, Erfindungen, deren Verwertung gegen die öffentliche Ordnung oder die gu- 6 ten Sitten verstoßen würde, Patent- oder Gebrauchsmusterschutz zu gewähren, verhindert nicht, dass solche Erfindungen benutzt, insbesondere gewerblich verwertet werden, sondern nur, dass ihre Benutzung – zeitlich begrenzt – einem Schutzrechtsinhaber vorbehalten bleibt und anderen von diesem verboten werden kann[4]. Vielmehr kann ihre Benutzung nur durch und auf der Grundlage von Rechtsnormen unterbunden werden, die sich gegen näher definierte Verhaltensweisen oder allgemein gegen sittenwidriges Handeln richten. Soweit solche Rechtsnormen bestehen, müssen sie auch bei der Benutzung patentierter oder durch Gebrauchsmuster geschützter Erfindungen, beachtet werden. Schutzrechte an Erfindungen bedeuten keine Befreiung von Handlungsschranken, die sich aus der Rechtsordnung ergeben[5].

Dass sie dennoch mit Rücksicht auf öffentliche Ordnung und gute Sitten ausgeschlossen 7 werden, erklärt sich wohl in erster Linie aus der Besorgnis, ihre Gewährung könne den Eindruck erwecken, dass die Erfindungen, denen sie zuteilwerden, amtlich oder von Staats wegen gebilligt, ja sogar positiv bewertet würden.

Neben dem Zweck, Wertungswidersprüche innerhalb einer Rechtsordnung zu vermei- 8 den, könnte die Überlegung eine Rolle spielen, dass es den Patentämtern und den dort Tätigen nicht zugemutet werden soll, sich mit gravierend Rechtswidrigem oder sittlich Anstößigem zu befassen. Ihr kann aber in der praktischen Anwendung nur insoweit Rechnung getragen werden, als es gelingt, das Verfahren wegen Offensichtlichkeit eines solchen Verstoßes schon im Ansatz zu beenden. Dass ein Anmelder eine solche Entscheidung angreift und dadurch eine intensive Beschäftigung mit dem unter Schutz gestellten Gegenstand erzwingt, lässt sich nicht verhindern.

Endlich könnte daran gedacht werden, dass bei Versagung eines Ausschlussrechts die Be- 9 nutzung einer Erfindung unterbleibt, weil sie ohne solchen Schutz als wirtschaftlich uninteressant erscheint. Zu rechtfertigen ist eine hierauf abzielende Schutzrechtsversagung aber nur, soweit Benutzungsverbote gelten. Die Verwertung von Erfindungen zu steuern, deren

---

[1] Dazu die 4. Aufl., 136 f. (zu 4).
[2] Nach EPA 6.7.2004, ABl. 2006, 15 = GRUR-Int 2006, 239 (Ls. 3 und Nr. 7) – Krebsmaus/Harvard IV steht jedenfalls R 23d (jetzt 28), insbesondere hinsichtlich ihres Buchst. d, mit dem EPÜ im Einklang.
[3] Knappe Darstellung bei *Vorwerk* GRUR 2009, 375 ff.
[4] Deshalb kann mit der *Forschungsfreiheit* nicht das mit Rücksicht auf die öffentliche Ordnung und die guten Sitten bestehende Patentierungsverbot, sondern allenfalls ein aus diesen Maßstäben resultierendes Benutzungsverbot in Konflikt geraten; missverständlich insoweit *Koenig/Müller* GRUR-Int 2000, 295 (301); *Herdegen* GRUR-Int 2000, 859 (860); richtig *Burdach* Mitt. 2001, 13.
[5] Vgl. Erwägungsgrund 14 zur EU-BioPat-RL.

Benutzung nicht verboten ist, steht den Patentämtern nicht zu (vgl. → § 22 Rn. 5 ff.). Selbst wo Benutzungsverbote bestehen, sind diese nicht ohne weiteres, sondern nur im Rahmen der öffentlichen Ordnung zu berücksichtigen (→ § 14 Rn. 10 ff.). Im Übrigen ist es ganz den jeweils zuständigen Behörden und gegebenenfalls betroffenen Einzelnen oder privaten Verbänden zu überlassen, die Einhaltung von Benutzungsverboten zu überwachen und gegen Verstöße vorzugehen.

III. Reichweite der Schutzhindernisse

a) Öffentliche Ordnung

aa) Allgemeines

10 Rechtsnormen, die der gewerblichen Verwertung einer Erfindung entgegenstehen, bedeuten, wie sich jeweils aus dem zweiten Halbsatz der Ausschlussbestimmungen ergibt, noch nicht, dass diese wegen Verstoßes gegen die öffentliche Ordnung von der Patentierung ausgeschlossen ist. Doch sind sie, wie insbesondere Art. 27 Abs. 2 TRIPS-Ü deutlich macht, Voraussetzung dafür, dass ein solcher Verstoß in Betracht kommt[6]. Das zusätzliche Element, das die Normwidrigkeit zum Verstoß gegen die öffentliche Ordnung macht, ist die Bedeutung der Norm für die Ordnung der Rechtsgemeinschaft, in der sie gilt: Die öffentliche Ordnung wird gebildet durch die „tragenden Grundsätze der Rechtsordnung"[7], Normen, die der Verwirklichung und dem Schutz für das Leben in der Gemeinschaft grundlegender Werte und Güter dienen. Anhaltspunkte geben – für den jeweiligen räumlichen Geltungsbereich – in erster Linie die Wertentscheidungen, die in staatlichen Verfassungen, insbesondere deren Grundrechtsteil, oder in internationalen Verträgen wie der Europäischen Menschenrechtskonvention[8] zum Ausdruck kommen[9], ebenso die beispielhafte Aufzählung schutzwürdiger Güter in Art. 27 Abs. 2 TRIPS-Ü (→ Rn. 2 ff.). Dabei hängt die Bedeutung einer Norm nicht notwendig von ihrem Rang in der formalen Hierarchie der Rechtsvorschriften ab. Auch braucht es sich nicht um gesetztes Recht zu handeln; Normen des Gewohnheitsrechts können ebenfalls zur öffentlichen Ordnung gehören.

11 Bei der Entscheidung über eine Anmeldung oder ein Schutzrecht ist auch auf die Frage zu achten, ob nach der Bedeutung der Güter, die durch eine die Verwertung beschränkende Vorschrift geschützt sind, während der Laufzeit des Schutzes eine Änderung erwartet werden kann oder nicht[10]. Im ersteren Fall ist dieser gewährbar, wobei sich versteht, dass die Verwertung der Erfindung unterbleiben muss, solange die Verbotsvorschrift gilt.

12 Für die Frage, ob Patentschutz im jeweiligen Fall – zB nach sozio-ökonomischen Maßstäben – „angemessen" ist, bieten jedenfalls die geltenden Vorschriften, für die allein ein Verstoß der Erfindungs*verwertung* gegen die öffentliche Ordnung relevant ist, keine Grundlage. Auch rechtspolitisch wäre es nicht angebracht, eine Prüfung auf „Angemessenheit" im Einzelfall vorzusehen.[11] Vielmehr ist der Patentschutz durch *generelle Voraussetzungen* seiner Gewährung auf den Bereich zu beschränken, in dem

---

[6] Zustimmend *Straus* GRUR 1996, 14; vgl. auch *dens.* Jahrbuch für Wissenschaft und Ethik Bd. 9, 115 mwN; *Wolters* 181 ff. anders *Melullis* in Benkard EPÜ Art. 53 Rn. 33 unter Bezugnahme auf *Rogge* GRUR 1998, 305, der aber dort nur die Frage der Sittenwidrigkeit behandelt und die Entscheidung EPA 21.2.1995, BeckRS 1995, 30570349, auf die sich *Melullis* beruft, kritisch beurteilt.

[7] Vgl. die Begründung zum IntPatÜG, BlPMZ 1976, 332. – Nicht gegen die öffentliche Ordnung verstößt nach BPatG 15.3.2002, GRUR 2003, 142 eine Schalterabdeckung mit Leuchtdioden in Form des Europa-Emblems.

[8] *Moufang* EPÜ-GK Art. 53 Rn. 32 und GRUR 1993, 445; *Busche* Mitt. 2001, 7; *Barton* 296 ff.; vgl. auch Erwägungsgrund 43 zur EU-BioPat-RL.

[9] Zur Orientierung kann auch die Rechtsprechung zu Art. 6 (früher: 30) EGBGB dienen, der bei der Anwendung ausländischen Rechts die inländische öffentliche Ordnung vorbehält; vgl. *Rogge* GRUR 1998, 304; *Wiebe* GRUR 1993, 89; *Moufang* in EPÜ-GK Art. 53 Rn. 30; Nachweise bei *Bruchhausen* in Benkard, 9. Aufl., PatG § 2 Rn. 5. Ablehnend *Busse/Keukenschrijver* PatG § 2 Rn. 13; *Melullis* in Benkard EPÜ Art. 53 Rn. 26; *Melullis* in Benkard PatG § 2 Rn. 35.

[10] Vgl. die Begründung zum IntPatÜG, BlPMZ 1976, 332.

[11] Wie es *Godt* 605 ff., 611 f. anscheinend befürwortet.

er nach Maßgabe der in der Rechtsgemeinschaft anerkannten Wertungen gerechtfertigt ist (vgl. → § 3 Rn. 53 ff.).

bb) Berücksichtigung im Verfahren vor dem EPA

1. Das EPA kann Maßstäbe der öffentlichen Ordnung grundsätzlich nur aus dem in den **Vertragsstaaten** geltenden Recht gewinnen[12], zu dem in jedem Vertragsstaat auch das für ihn verbindlich gewordene Konventionsrecht und für die Mitgliedstaaten der EU das europäische Unionsrecht[13] gehören. Das EPÜ bietet, insbesondere weil es die Frage, ob die von ihm patentierten Erfindungen benutzt werden dürfen, vollständig dem in den Vertragsstaaten geltenden Recht überlässt, keine Grundlage für die Herleitung als öffentliche Ordnung qualifizierbarer Wertentscheidungen. Der Versuch, solche Wertentscheidungen mit Verbindlichkeit für alle jeweiligen Vertragsstaaten zu entwickeln[14], hat mit der Auslegung und Anwendung des EPÜ nichts mehr zu tun, sondern würde eine rechtsschöpferische Tätigkeit außerhalb der Zuständigkeiten bedeuten, die dem EPA konventionsrechtlich zugewiesen sind. 13

Angesichts der großen Zahl der Vertragsstaaten und der Unterschiedlichkeit der dort bestehenden Rechtsordnungen und Wertvorstellungen wird das EPA meist nicht in der Lage sein zu erkennen, ob in einem oder mehreren dieser Staaten ein Verstoß gegen die öffentliche Ordnung in Betracht kommt. Nachforschungen im Einzelnen vorzunehmen, kann indes nicht Aufgabe des EPA sein. Deshalb kann dieses, solange ihm nichts Gegenteiliges nachgewiesen ist, davon ausgehen, dass die gewerbliche Verwertung einer Erfindung in allen von deren Anmeldung oder dem für sie erteilten Patent erfassten Vertragsstaaten mit der öffentlichen Ordnung im Einklang steht, und die Frage etwaiger hieraus ableitbarer Patenthindernisse späteren Nichtigkeitsverfahren vor den zuständigen nationalen Instanzen überlassen, die dabei die öffentliche Ordnung im jeweiligen Vertragsstaat zur Geltung zu bringen und nicht nach einer „gesamteuropäischen" zu suchen haben, die sie zwingen könnte, ein Patent aufrechtzuerhalten, dessen Gegenstand mit dieser, aber nicht mit jener im Einklang steht[15]. Anlass, die Anmeldung zurückzuweisen oder das erteilte Patent zu widerrufen, hat das EPA freilich, wenn es mit Gewissheit davon ausgehen kann, dass die gewerbliche Verwertung der Erfindung in allen Vertragsstaaten, für die ihre Patentierung beantragt oder erfolgt ist, der öffentlichen Ordnung zuwiderliefe. Der angewandte Maßstab stammt aber auch in solchen Fällen aus dem nationalen Recht oder dem Unionsrecht und nicht aus einer auf den Geltungsbereich des EPÜ bezogenen öffentlichen Ordnung, so dass es nicht darauf ankommt, ob vielleicht in einem Vertragsstaat, für den kein Schutz beansprucht wird, die Erfindung ohne Verstoß gegen die öffentliche Ordnung verwertbar ist[16]. 14

---

[12] Vgl. *Rogge* GRUR 1998, 307; *Schatz* GRUR-Int 1997, 594 f. und 2006, 880 f.

[13] Selbst Art. 6 Abs. 1 der EU-BioPat-RL lässt aber, wie EuGH 9.10.2001, GRUR-Int 2001, 1043 Rn. 37 ff. feststellt, den Behörden und Gerichten der Mitgliedstaaten einen großen, allerdings durch die Bestimmungen des Abs. 2 begrenzten Spielraum bei der Anwendung des auf öffentliche Ordnung und gute Sitten bezogenen Patentierungsverbots, der nötig sei, um den Schwierigkeiten Rechnung zu tragen, die die Verwertung von bestimmten Patenten im sozialen und kulturellen Umfeld des jeweiligen Mitgliedstaats aufwerfen könne. Das spricht gegen die zB von *Moufang* in Schulte PatG § 2 Rn. 17 vertretene Ansicht, Art. 6 Abs. 1 RL sei – auch soweit es um die Bestimmung des Inhalts von öffentlicher Ordnung und guten Sitten geht – „europäisch autonom" auszulegen.

[14] Befürwortet von *Moufang* in EPÜ-GK Art. 53 Rn. 26 ff. mN; *Wolters* 203 ff.; krit. *Straus* GRUR-Int 1990, 918 f.; im gleichen Sinn *Appel* 169. – EPA 21.2.1995, ABl. 1995, 545 Rn. 7 – Pflanzenzellen/Plant Genetic Systems, meint unter Hinweis auf Art. 53 (a) Hs. 2, die Frage eines Verstoßes gegen die öffentliche Ordnung müsse unabhängig von etwaigen nationalen Rechtsvorschriften beurteilt werden; ablehnend *Schatz* GRUR-Int 1997, 594 und 2006, 881 ff.; krit. auch *Straus* GRUR 1996, 15.

[15] AM *Moufang* in EPÜ-GK Art. 53 Rn. 27; *Rogge* GRUR 1998, 308.

[16] AM wohl *Straus* GRUR-Int 1990, 919, weil es in solchen Fällen an einer der Verwertung entgegenstehenden „gesamteuropäischen öffentlichen Ordnung" fehle; ähnlich *Melullis* in Benkard EPÜ Art. 53 Rn. 25, der zur öffentlichen Ordnung iSd Art. 53 (a) EPÜ nur die tragenden Grundsätze der Rechts- und Sittenordnung rechnet, die allen Vertragsstaaten gemeinsam sind.

15 2. Ergibt sich ein Verstoß gegen die öffentliche Ordnung nur für einen oder einen **Teil der** in einer Anmeldung benannten **Vertragsstaaten,** kann ein auf die übrigen Vertragsstaaten beschränktes Patent jedenfalls dann erteilt werden, wenn der Anmelder die betroffene(n) Benennung(en) gem. Art. 79 Abs. 3 EPÜ zurücknimmt. Dagegen scheint der Grundsatz, wonach der Anmelder mit der für die Erteilung vorgesehenen Fassung des Patents einverstanden sein muss (Art. 97 Abs. 1, R 71 Abs. 3 EPÜ, dazu → § 29 Rn. 57 ff.), in Verbindung mit dem Grundsatz der Einheitlichkeit des europäischen Patents zu verbieten, dass das EPA ohne dieses Einverständnis ein auf die nicht betroffenen Vertragsstaaten beschränktes Patent erteilt. In Frage käme demgemäß nur eine uneingeschränkte Erteilung[17] oder eine vollständige Zurückweisung der Anmeldung. Gegen die zweite Lösung spricht, dass sie auch für die nicht betroffenen Staaten zu einem Rechtsverlust führt, soweit nicht deren nationales Recht gem. Art. 135 Abs. 1 (b) EPÜ die Umwandlung in eine nationale Anmeldung zulässt, was bisher für den hier in Frage stehenden Fall nirgends vorgesehen ist, oder, was praktisch kaum in Frage kommt, eine solche Anmeldung noch ohne Prioritätsverlust möglich ist. Durch eine Patentversagung würde deshalb das EPA Wertentscheidungen, die nur in einem Teil der Vertragsstaaten anerkannt sind, für Vertragsstaaten zur Geltung bringen, in denen dies nicht der Fall ist, so dass dort die Erfindung benutzt werden könnte, ohne dass der Erfinder oder sein Rechtsnachfolger an deren wirtschaftlichem Wert beteiligt wird. Für die erste der vorgenannten Lösungen könnte sprechen, dass die Erteilung eines Patents für die Staaten, in denen die öffentliche Ordnung der Erfindungsverwertung entgegensteht, nicht endgültig, sondern der rückwirkenden Beseitigung im Nichtigkeitsverfahren ausgesetzt wäre. Auch könnte sie unter dem Gesichtspunkt der letztlich maßgebenden öffentlichen Ordnung eines Vertragsstaats viel weniger als eine nationale Patenterteilung den Eindruck erwecken, dass der Erfindung die Vereinbarkeit mit den in diesem Staat geltenden grundlegenden Wertentscheidungen bescheinigt werde.

16 Es verhielte sich also ähnlich wie bei der Berücksichtigung *nationaler* älterer Rechte iSd Art. 139 Abs. 2 EPÜ, die im europäischen Verfahren nur dann, wenn der Anmelder dies wünscht, und im Übrigen erst im nationalen Nichtigkeitsverfahren erfolgen kann.

17 3. Im **Einspruchsverfahren** wird man – entsprechend dem Gedanken der Art. 101 Abs. 3 (a), R 82 Abs. 1, 2 EPÜ – eine mit allseitigem Einverständnis auf die nicht betroffenen Vertragsstaaten beschränkte Aufrechterhaltung des Patents als zulässig ansehen dürfen. Lässt sich das erforderliche Einverständnis nicht erreichen, stehen einem vollständigen Widerruf die gleichen Bedenken entgegen wie der Zurückweisung der Anmeldung einer Erfindung, deren Verwertung nur in einem Teil der benannten Vertragsstaaten der öffentlichen Ordnung zuwiderläuft, während eine vollständige Aufrechterhaltung eher hinnehmbar wäre, weil sie auf nationaler Ebene noch korrigiert werden kann (→ Rn. 15 f.).

18 4. Vorzugswürdig wäre freilich eine Lösung, nach welcher für diejenigen benannten Vertragsstaaten, in denen die öffentliche Ordnung der Verwertung der Erfindung nicht entgegensteht, das Patent – bei Vorliegen aller sonstigen Voraussetzungen – zu erteilen, für die anderen jedoch die Anmeldung zurückzuweisen ist. Dass eine solche Verfahrensweise mit dem EPÜ vereinbar, insbesondere nicht durch den Grundsatz der Einheit des europäischen Patents ausgeschlossen ist, hat jüngst *Ulrich Schatz* gezeigt, der mit guten Gründen Art. 53 (a) als – einzige – Ausnahme vom Einheitlichkeitsprinzip versteht.[18] Praktikabel ist dieser Weg unter der Voraussetzung, dass das EPA nicht von sich aus für jeden benannten Vertragsstaat die dort geltende öffentliche Ordnung zu erforschen hat: Deshalb können hieraus abgeleitete Verwertungshindernisse im Erteilungsverfahren nur berücksichtigt wer-

---

[17] Befürwortet von *Rogge* GRUR 1998, 308; *Straus* GRUR-Int 1990, 919; im Ergebnis auch von *Melullis* in Benkard EPÜ Rn. 25, 42; weitere Nachweise – auch für die Gegenansicht – bei *Straus* Jahrbuch für Wissenschaft und Ethik Bd. 9, 126 Fn. 37.
[18] GRUR-Int 2006, 886 f. Rn. 2.2.

den, wenn sie zweifelsfrei aus den Anmeldungsunterlagen ersichtlich sind; im Einspruchsverfahren sind sie von dem Beteiligten nachzuweisen, der daraus einen Widerrufsgrund ableitet.[19]

b) Gute Sitten

aa) Allgemeines

1. Der Begriff der guten Sitten bildet insbesondere im Hinblick auf seine Bedeutung für §§ 138, 826 BGB und den früheren § 1 UWG den Gegenstand äußerst zahl- und oft auch umfangreicher Erörterungen. Dabei hat sich die traditionelle Auffassung, dass mit den guten Sitten ein ethischer Maßstab gemeint sei, insofern behauptet, als ganz überwiegend die Heranziehung ethischer Kriterien als unentbehrlich angesehen wird.[20] Zu berücksichtigen sind demgemäß die Anforderungen der herrschenden Sozialmoral: Ge- und Verbote für das äußere Verhalten, die unabhängig von einer Verankerung in Rechtsvorschriften im Wesentlichen allgemein als verpflichtend anerkannt sind und – wegen des Erfordernisses solcher Anerkennung – auf elementare Regeln beschränkt bleiben. Allerdings hat sich die Erkenntnis durchgesetzt, dass es daneben anderer Maßstäbe bedarf. Von besonderer Bedeutung sind dabei diejenigen, die aus der Rechtsordnung selbst, ihren Grundentscheidungen und -wertungen gewonnen werden können.[21] In den hier behandelten Regelungen sind freilich diese rechtsimmanenten Prinzipien, soweit sie sich in Verbotsvorschriften niederschlagen, bereits durch den Begriff der öffentlichen Ordnung angesprochen[22]; die zusätzliche Erwähnung der guten Sitten kann deshalb den Kreis möglicher Patentierungshindernisse nur insoweit vergrößern, als weder ausdrückliche Verbote bestehen noch die Erfindungsverwertung ausdrücklich erlaubt oder nach dem Sinnzusammenhang der einschlägigen Vorschriften als erlaubt anzusehen ist[23]. Weiter wird zu fordern sein, dass an den Sittenverstoß **Sanktionen** – wie Unterlassungs- oder Schadensersatzpflichten, Unwirksamkeit über die Verwertung geschlossener Verträge – geknüpft sind, die von der Verwertung einer Erfindung wenigstens dadurch abzuhalten geeignet sind, dass sie diese als nicht lohnend erscheinen lassen. Soweit es hieran fehlt, sollte nicht durch Versagung des Schutzes eine Lage geschaffen werden, in der die Verwertung einer Erfindung zwar am Maßstab moralischer Prinzipien oder der Rechtsordnung immanenter Wertentscheidungen missbilligt wird, im Übrigen aber sanktionslos bleibt, so dass jeder, den die Missbilligung nicht kümmert, die Erfindung verwerten kann, ohne den Erfinder oder dessen Rechtsnachfolger an deren Wert teilhaben zu lassen[24]. Eine Rechtsordnung, die dies ermöglichte, riefe Zweifel daran hervor, ob sie, wie es Art. 27 Abs. 2 TRIPS-Ü voraussetzt, die Erfindungsverwertung zum Schutz der guten Sitten **verhindern** will. Soweit aber hinreichende Sanktionen vorgesehen sind, kann – im Einklang mit dieser Bestimmung – einer Erfindung, deren Verwertung gegen die guten Sitten verstieße, auch dann der Schutz verweigert werden, wenn dieser kein explizites Verbot entgegensteht[25].

---

[19] *Schatz* GRUR-Int 2006, 879 (Nr. V).
[20] Vgl. *Wolf/Neuner* § 46 Rn. 12 ff.; *Schricker* 212 ff., mwN.
[21] *Wolf/Neuner* § 46 Rn. 13; *Schricker* 223 ff., mwN.
[22] Zum Verhältnis öffentliche Ordnung/gute Sitten vgl. *Moufang* in EPÜ-GK Art. 53 Rn. 36; *Wiebe* GRUR 1993, 93.
[23] In diesem Sinn *Straus* GRUR 1996, 14 f.; dass das Fehlen eines Verbots noch keine „implizite Erlaubnis" bedeutet, betont *Rogge* GRUR 1998, 305; s. auch *Busse/Keukenschrijver* PatG § 2 Rn. 20; *Wolters* 150 ff. Es versteht sich, dass im Einzelfall die Verwertung sowohl gegen die öffentliche Ordnung als auch gegen die guten Sitten verstoßen kann; doch wird dann durch letztere der Anwendungsbereich des Patentierungsverbots nicht erweitert.
[24] Als Beispiele können Fälle der von *Moufang* in EPÜ-GK Art. 53 Rn. 49, und *Rogge* GRUR 1998, 305 erwähnten Art dienen.
[25] AM wohl *Straus* Genpatente 33.

§ 15 III   2. Abschnitt. Sachliche Voraussetzungen des Patent- u. Gebrauchsmusterschutzes

20   Einer Erfindung, die auf rechts- oder sittenwidrigen Versuchen beruht, ist demgemäß der Schutz nur dann zu versagen, wenn wegen des ihr zugrundeliegenden Verstoßes ihre Verwertung, sofern sie nicht direkt verboten ist, hinreichende Sanktionen nach sich zieht[26]. Entsprechendes wird zu gelten haben, wenn eine Erfindung auf der Verwendung menschlicher Körpersubstanzen beruht, der die Person, von der sie stammen, nicht zugestimmt hat[27] oder mit Hilfe von Material zustande gekommen ist, das unter Verstoß gegen die Biodiversitäts-Konvention gewonnen wurde[28].

21   2. Entscheidend ist, wie der Wortlaut der Ausschlussvorschriften eindeutig ergibt, ob die **Verwertung** einer Erfindung den guten Sitten zuwiderläuft. Ob dies für ihre **Patentierung** (oder ihren Gebrauchsmusterschutz) zutrifft, ist unerheblich[29]. Soweit ethische Postulate oder grundlegende rechtsimmanente Wertentscheidungen dagegen sprechen, ausschließliche Benutzungsrechte an Erfindungen zu gewähren, sind sie in den Voraussetzungen und Schranken der Schutzfähigkeit sowie durch Begrenzung der Schutzwirkungen berücksichtigt und gegen die Interessen des Erfinders und seiner Rechtsnachfolger abgewogen. So ist ihnen im Bereich der medizinischen Verfahren der Vorrang vor diesen eingeräumt (→ § 14 Rn. 47 ff.). Weitergehende Freihaltebedürfnisse unter Berufung auf die guten Sitten anzuerkennen, erlaubt das Gesetz nicht. Insbesondere kann ein Schutzrecht nicht mit der Begründung versagt werden, dass seine Geltendmachung den Eigentümer oder Besitzer von Lebendmaterial hindert, in Bezug auf dieses Handlungen vorzunehmen, die – als Herstellen, Anbieten, Inverkehrbringen oder Gebrauchen eines Erzeugnisses oder Anwenden eines Verfahrens – dem Schutzrechtsinhaber vorbehalten sind. Von einem „Patent auf Leben" sollte in solchen Fällen nicht gesprochen werden[30]. Der Schutz bezieht sich nicht allgemein auf „das Leben" jenes Materials, sondern beschränkt sich auf einen neuen, nicht naheliegenden Beitrag zur Nutzbarmachung von Lebensvorgängen oder Organismen. Das gilt auch dann, wenn es sich hierbei um höhere Tiere handelt[31]. Der besondere Schutz, den diese genießen, ist selbstverständlich auch bei der Ausübung von Befugnissen aus Schutzrechten zu beachten. Ebenso versteht sich, dass die Ausübung solcher Befugnisse in Bezug auf Erzeugnisse, die in den menschlichen Körper gelangen – selbst wenn es sich dabei nicht um Lebendmaterial handelt – vor der Würde und dem Selbstbestimmungsrecht des Menschen haltzumachen hat[32]. In der EU-BioPat-RL und im PatG ist dies für Erzeugnisse, die genetische Informationen darstellen oder enthalten, ausdrücklich bestimmt (Art. 9 Abs. 1 iVm Art. 5 Abs. 1 bzw. § 9a Abs. 3 iVm § 1a Abs. 1; vgl. → § 14 Rn. 126 ff.), muss aber in Rechtsordnungen, die jenen Werten den ihnen gebührenden Rang zuerkennen, auch für andere Erzeugnisse gelten.

---

[26] Dagegen betrachtet *Moufang* GRUR-Int 1993, 446 die Patentierung durch sittenwidrige Versuche zustande gekommener Erfindungen generell als ausgeschlossen.
[27] *Ahrens* GRUR 2003, 96 f.; *Wolters* 257 ff.; *Ohly* FS König, 2003, 429 ff. hält bei schwerwiegender Persönlichkeitsverletzung einen Verstoß gegen die öffentliche Ordnung und die guten Sitten für möglich; ähnlich *Krefft* 112 ff.; *Godt* 593 f.
[28] Zu dieser Frage *Dolder* Mitt. 2003, 349 (360 ff.) und FS König, 2003, 81 ff.; *Götting* GRUR-Int 2004, 731 (736); umfassend *Federle*.
[29] *Schatz* GRUR-Int 1997, 593; *Burdach* Mitt. 2001, 13; EPA 6.7.2004, ABl. 2006, 15 = GRUR-Int 2006, 239 Rn. 4.2 – Krebsmaus/Harvard IV; ungenau *Moufang* in Schulte PatG § 2 Rn. 26; *Herrlinger* 197 ff.; ganz abweichend *Deutsch* FS Erdmann, 2002, 263 (273). – *Moufang* GRUR-Int 1993, 446 (447) meint: selbst wenn die tatsächliche Benutzung einer Erfindung noch ethisch gerechtfertigt sei, könne allein der Umstand, dass zwecks Kommerzialisierung ein Ausschließlichkeitsrecht an ihr erteilt werden soll, gegen fundamentale ethische Prinzipien verstoßen. Nach dem Gesetz kommt es aber allein darauf an, ob die gewerbliche Verwertung einem der öffentlichen Ordnung zuzurechnenden Verbot zuwiderläuft oder sittenwidrig ist. Trifft beides nicht zu, kann die Patentierung nicht deshalb verweigert werden, weil darin, dass sie beantragt wird, die Absicht der Kommerzialisierung zum Ausdruck kommt.
[30] Vgl. *Markl* 33 IIC 1, 4 (2002); *Schreiber*, zit. bei *Adam* GRUR-Int 1998, 395; EPA (Einspruchsabteilung) 8.12.1994, ABl. 1995, 388 Rn. 6.3.4 – Relaxin; dazu *Vossius/Grund* Mitt. 1995, 339 (342 ff.).
[31] Vgl. *Moufang* in EPÜ-GK Art. 53 Rn. 51; *Straus* GRUR-Int 1990, 917 f.
[32] Vgl. EPA 8.12.1994, ABl. 1995, 388 Rn. 6.3.3 – Relaxin.

§ 15. Öffentliche Ordnung und gute Sitten als Schutzhindernisse III § 15

bb) Berücksichtigung im Verfahren vor dem EPA

Für den Fall, dass sich dem **EPA** die Frage stellt, ob die Verwertung einer Erfindung gegen die guten Sitten verstößt, gelten die gleichen Regeln wie für die Beurteilung unter dem Gesichtspunkt der öffentlichen Ordnung (→ Rn. 13 f.). Das EPA kann demgemäß weder von einem in allen Vertragsstaaten anerkannten „gesamteuropäischen" Maßstab ausgehen[33] noch steht ihm zu, einen solchen festzulegen[34]. Stellt es fest, dass die für die Frage der Vereinbarkeit mit den guten Sitten relevanten Anschauungen in den von einer Anmeldung oder einem Patent erfassten Vertragsstaaten auseinandergehen, hat es in entsprechender Weise zu verfahren wie im Fall, dass die öffentliche Ordnung nur in einem Teil dieser Staaten der Erfindungsverwertung entgegensteht (→ Rn. 15 ff.).

22

c) Fehlen zulässiger Verwertungsmöglichkeit

1. Wegen Verstoßes der Erfindungsverwertung gegen die öffentliche Ordnung oder die guten Sitten kann der Patent- oder Gebrauchsmusterschutz nicht schon dann versagt werden, wenn eine derart unzulässige Verwertung möglich ist; schutzhindernd wirkt nur das Fehlen einer vernünftigerweise in Betracht kommenden zulässigen Verwertungsmöglichkeit[35]. Das Schutzverbot soll und kann nicht gesetz- oder sittenwidriges Handeln verhindern; es bedeutet lediglich, dass vom Staat keine Erfindungen durch Ausschlussrechte belohnt und geschützt werden, die bestimmungsgemäß allein in einer von der Rechtsordnung missbilligten Weise verwendet werden können.[36] **Maßgebender Zeitpunkt** ist dabei derjenige der Erteilung oder Eintragung, im Einspruchs-, Nichtigkeits- und Löschungsverfahren derjenige der letzten mündlichen Verhandlung in der Tatsacheninstanz[37] (oder der entsprechende Zeitpunkt eines schriftlichen Verfahrens), so dass Änderungen der Beurteilungsmaßstäbe und neue Anwendungsmöglichkeiten, die sich bis dahin ergeben, zugunsten wie zum Nachteil des Anmelders oder Schutzrechtsinhabers zu berücksichtigen sind.

23

---

[33] *Melullis* in Benkard EPÜ Art. 53 Rn. 37.
[34] EPA 21.2.1995, ABl. 1995, 545 Rn. 14 – Pflanzenzellen/Plant Genetic Systems hält die „allgemein anerkannten Verhaltensnormen des europäischen Kulturkreises" für maßgebend; zustimmend EPA 6.7.2004, ABl. 2006, 15 = GRUR-Int 2006, 239 Rn. 10.2 und 10.10 – Krebsmaus/Harvard IV; krit. *Schatz* GRUR-Int 1997, 594. – EPA (Prüfungsabteilung) 3.4.1992, ABl. 1992, 589 Rn. 3 f. – Krebsmaus/Harvard III nimmt nach entsprechendem Hinweis der BK (EPA 3.10.1990, ABl. 1990, 476 – Krebsmaus/Harvard II) im Fall einer Erfindung, die die genetische Veränderung eines Tiers zum Gegenstand hat, eine „Interessenabwägung" vor, die ungefähr dem in Art. 6 Abs. 2 (d) EU-BioPat-RL verankerten Maßstab entspricht. Nach *Schatz* GRUR-Int 1997, 594, ist fraglich, ob dies mit Art. 53 (a) EPÜ in Einklang zu bringen ist. – Die Einspruchsabteilung (7.11.2001, ABl. EPA 2003, 473 Rn. 9.3 ff.) wandte im Krebsmaus-Fall die aus der EU-BioPat-RL übernommene R 23d (jetzt 28) (d) EPÜ an und gelangte zu dem Ergebnis, dass die Patentierung derjenigen erfindungsgemäßen Tiere, die iSd Richtlinie 86/409/EWG als Versuchstiere einsetzbar sind, mit dem Erfordernis der Wahrung der guten Sitten im Einklang stehe. Sie beschränkte auf dieser Grundlage das Patent auf Nager. Im Beschwerdeverfahren erfolgte eine weitere Einschränkung auf Mäuse (EPA 6.7.2004, ABl. 2006, 15 = GRUR-Int 2006, 239 Ls. 3 und Nr. 7 – Krebsmaus/Harvard IV). Begründet wurde sie unter Hinweis auf R 23d und die Entscheidung T 19/90 damit, dass die Anwendung der beanspruchten Erfindung auf andere Nager den Tieren Leiden zufüge, ohne dass ein wesentlicher medizinischer Nutzen für Menschen oder Tiere nachgewiesen sei (Nr. 12.2), während für Mäuse dieser Nachweis als erbracht angesehen wurde (Nr. 13).
[35] Eingehend dazu *Rogge* GRUR 1998, 306 ff.; vgl. auch *Moufang* in EPÜ-GK Art. 53 Rn. 43; *Schatz* GRUR-Int 2006, 884; jeweils mN.
[36] BGH 28.11.1972, GRUR 1973, 585 – IUP.
[37] *Bernhardt* 74; *Busse/Keukenschrijver* PatG § 2 Rn. 23; *Melullis* in Benkard PatG § 2 Rn. 23; *Melullis* in Benkard EPÜ Art. 53 Rn. 19 ff.; *Moufang* in EPÜ-GK Art. 53 Rn. 44; *Schatz* GRUR-Int 2006, 885; BPatG 5.12.2006, GRUR-Int 2007, 757 (Nr. II) – Humane embryonale Stammzellen. – Dagegen sieht EPA 6.7.2004, ABl. 2006, 15 = GRUR-Int 2006, 239 (Ls. 4 und Nr. 8.2, 9.5 f., 10.9) – Krebsmaus/Harvard IV den Anmelde- oder Prioritätszeitpunkt als maßgebend an; anders noch EPA 21.2.1995, ABl. 1995, 545 (Ls. 1) – Pflanzenzellen/Plant Genetic Systems. EPA 7.4.2006, ABl. 2007, 313 = GRUR-Int 2007, 600 Rn. 57 ff. – Stammzellen/WARF hat das Problem der GBK vorgelegt.

§ 15 III   2. Abschnitt. Sachliche Voraussetzungen des Patent- u. Gebrauchsmusterschutzes

24 2. Patentierbar sind zB Giftstoffe, die in der Hand des Arztes oder bei der Schädlingsbekämpfung, Waffen, die durch Polizei und Streitkräfte, zur Jagd und zur rechtmäßigen Selbstverteidigung auch von Privaten, Sprengstoffe, die etwa im Straßen- und Bergbau ohne Verstoß gegen die öffentliche Ordnung oder die guten Sitten benutzt werden können, mögen sie auch erfahrungsgemäß daneben zur widerrechtlichen Tötung, Verletzung oder sonstigen Schädigung anderer missbraucht werden.

25 Erfindungen, für die keine mit der öffentlichen Ordnung und den guten Sitten vereinbare praktisch sinnvolle Verwertungsmöglichkeit ersichtlich ist, sind nur schwer vorstellbar. In der Praxis kamen Patentversagungen wegen Unerlaubtheit der Verwertung auch zu der Zeit, als dafür jede Gesetzwidrigkeit ausreichte, nur selten vor. Zudem sind manche älteren Entscheidungen, zB solche, die Bedenken gegen die Patentierung von Empfängnisverhütungsmitteln hatten, durch Änderungen in der Gesetzgebung und den einschlägigen Moralbegriffen überholt.[38]

26 Für Abtreibungsmittel hat der BGH[39] ausgesprochen, dass § 1 Abs. 2 Nr. 1 aF PatG der Patentierung nicht entgegenstehe, weil sie wegen (damals eng begrenzter) Ausnahmen vom Abtreibungsverbot auch in einer Weise verwendbar seien, die mit der Rechtsordnung im Einklang stehe. – Ebenso beurteilte der BGH[40] ein Verfahren zur Wasseraufbereitung, das nach den einschlägigen Vorschriften auf Trinkwasser nicht angewandt werden durfte, aber auch für die Behandlung anderer Wassers geeignet war.

27 Allgemein wird für rechtliche Schranken der Verwertung angenommen, dass sie den Schutz nicht hindern, wenn Ausnahmen gestattet werden können oder wenigstens eine Produktion für den Export zulässig ist.[41] Schutzfähig sind auch Erfindungen, deren Benutzung – etwa nach dem Arzneimittelgesetz oder dem Gentechnikgesetz[42] – eine Genehmigung oder Zulassung voraussetzt, sofern diese nicht als ausgeschlossen anzusehen ist.

28 Werkzeuge, mit denen umschlossene Räume und Behältnisse auf „irreguläre" Weise geöffnet werden können, sind meist auch zur Benutzung durch Polizei, Feuerwehr usw bei rechtmäßiger Strafverfolgung oder in Notfällen benutzbar und deshalb nicht als (reine) „Einbrecherwerkzeuge" vom Patent- und Gebrauchsmusterschutz auszuschließen. Geräte zum Glücksspiel sind gewöhnlich auch in genehmigten Betrieben oder – ohne Einsatz – zu Unterhaltungszwecken verwendbar; die Vorschriften gegen verbotenes Glücksspiel stehen daher ihrem Schutz nicht entgegen.

29 3. Denkbare Beispiele für das Fehlen mit der öffentlichen Ordnung und den guten Sitten vereinbarer Benutzungsmöglichkeiten wären dagegen, sofern man die betroffenen Regelungen zur öffentlichen Ordnung rechnet, jedenfalls aus deutscher Sicht: Vorrichtungen an Glücksspielgeräten, die für den Uneingeweihten nicht erkennbar den Zufall ausschalten; Mittel zur Beseitigung denaturierender oder kennzeichnender Zusätze, die Alkohol oder Mineralöl für Zwecke der Abgabenerhebung beigemengt sind; Geräte, die Kraftfahrer vor Radaranlagen zur Geschwindigkeitsüberwachung warnen, sofern sie in der erfindungsgemäßen Ausgestaltung speziell diesem Zweck angepasst sind; Abtreibungsmittel, deren Anwendung von Ärzten, denen sie durch die einschlägigen Vorschriften vorbehalten ist, wegen Gefährlichkeit oder Gesundheitsschädlichkeit abgelehnt wird; Waffen, die durch Konventionsrecht sogar vom Einsatz in Kriegen ausgeschlossen sind[43]; Giftstoffe, die einem solchen Verbot unterliegen und aus Gründen des Umweltschutzes auch zur Schädlings-

---

[38] Vgl. *Melullis* in Benkard PatG § 2 Rn. 17; *Tetzner* § 1 Anm. 164; *Reimer* PatG § 1 Anm. 86; *Appel* 170 f.; jeweils mit Nachweisen.

[39] BGH 28.11.1972, GRUR 1973, 585 – IUP.

[40] BGH 19.10.1971, GRUR 1972, 704 (707) – Wasseraufbereitung.

[41] *Tetzner* § 1 Anm. 165; *Melullis* in Benkard PatG § 2 Rn. 4c; *Busse/Keukenschrijver* PatG § 2 Rn. 16; jeweils mit Nachweisen.

[42] Dazu *Wiebe* GRUR 1993, 90.

[43] *Moufang* in EPÜ-GK Art. 53 Rn. 47; *Stauder* in Singer/Stauder Art. 53 Rn. 14; vgl. auch die Prüfungsrichtlinien G II 4.1, die Antipersonenminen wegen Sittenverstoßes als nach dem EPÜ für nicht patentierbar ansieht; in einer früheren Fassung (C IV 3.1) war eine Briefbombe als Beispiel genannt.

bekämpfung nicht eingesetzt werden dürfen; Vorrichtungen zum Schutz vor Diebstahl u. dgl., die Selbstjustiz bewirken[44]; Vorrichtungen zum Vollzug der Todesstrafe[45].

4. Wenn für eine Erfindung eine Möglichkeit, sie ohne Verstoß gegen die öffentliche Ordnung oder die guten Sitten gewerblich zu verwerten, vernünftigerweise in Betracht kommt, braucht ein Schutzrecht, das sie zum Gegenstand hat, weder auf die zulässige(n) noch durch Ausschluss unzulässiger Verwertungsmöglichkeit(en) eingeschränkt zu werden; die Patentbehörden können davon ausgehen, dass eine unzulässige Verwertung wegen entsprechender Überwachung und der für den Fall des Verstoßes vorgesehenen Sanktionen weitgehend unterbleibt[46]. Soweit sie dennoch vorkommt, löst sie grundsätzlich die Rechtsfolgen einer Schutzrechtsverletzung aus. Der Schutzrechtsinhaber kann jedoch keinen Schadensersatz fordern[47], weil er weder die unzulässige Verwertung selbst oder durch Lizenznehmer hätte vornehmen dürfen noch sich deren Ergebnis durch Beanspruchung des Verletzergewinns zu eigen machen darf. 30

IV. Sonderbestimmungen im Bereich der Biotechnologie

1. Nach Art. 6 Abs. 1 EU-BioPat-RL sind Erfindungen, deren gewerbliche Verwertung gegen die öffentliche Ordnung oder die guten Sitten verstoßen würde, von der Patentierung ausgenommen. Nach Art. 6 Abs. 2 gelten im Sinne des Abs. 1 unter anderem als nicht patentierbar: 31

a) Verfahren zum Klonen von menschlichen Lebewesen; 32
b) Verfahren zur Veränderung der genetischen Identität der Keimbahn des menschlichen Lebewesens;
c) die Verwendung von menschlichen Embryonen zu industriellen oder kommerziellen Zwecken;
d) Verfahren zur Veränderung der genetischen Identität von Tieren, die geeignet sind, Leiden dieser Tiere ohne wesentlichen medizinischen Nutzen für den Menschen oder das Tier zu verursachen, sowie die mit Hilfe solcher Verfahren erzeugten Tiere.

Gemäß Art. 7 bewertet die Europäische Gruppe für Ethik der Naturwissenschaften und der Neuen Technologien der Kommission alle ethischen Aspekte im Zusammenhang mit der Biotechnologie.[48] 33

Art. 6 Abs. 2 EU-BioPat-RL ist weitgehend wortgleich in § 2 Abs. 2 S. 1 PatG und R 23d (jetzt 28) EPÜ übernommen worden. In § 2 Abs. 2 S. 2 PatG ist hinzugefügt, dass bei der Anwendung der Nr. 1–3 die entsprechenden Vorschriften des Embryonenschutzgesetzes vom 13.12.1990 maßgeblich sind[49]. 34

Das BPatG[50] legt den Begriff der Verwendung von Embryonen iSd § 2 Abs. 2 S. 1 Nr. 3 PatG weit aus; er erfasse die Gewinnung sowohl von totipotenten als auch von pluripotenten Stammzellen, wenn dazu menschliche Embryonen verbraucht werden müssen, und sei unabhängig davon, ob die Patentansprüche die Verwendung von menschlichen Embryonen selbst betreffen oder – beispielsweise als Ansprüche auf Vorläuferzellen mit neuronalen oder glialen Eigenschaften aus embryonalen Stammzellen – lediglich das Vorhandensein von menschlichen embryonalen Stammzellen voraussetzen, zu deren 35

---

[44] *Busse/Keukenschrijver* PatG § 2 Rn. 22; *Moufang* in EPÜ-GK Art. 53 Rn. 48.
[45] *Busse/Keukenschrijver* PatG § 2 Rn. 22.
[46] *Rogge* GRUR 1998, 303 (306 f.).
[47] Zu dieser Ansicht neigt auch *Rogge* GRUR 1998, 303 (307).
[48] Über die Stellungnahme der Gruppe vom 7.5.2002 berichten – teilw. krit. – *Krauß/Engelhard* GRUR 2003, 990 ff.; vgl. auch *Straus* Jahrbuch für Wissenschaft und Ethik Bd. 9, 120 ff.
[49] Vgl. *Straus* GRUR 1992, 255 f.; *Wiebe* GRUR 1993, 92; *v. Renesse/Tanner/v. Renesse* Mitt. 2001, 2 (4).
[50] BPatG 5.12.2006, GRUR-Int 2007, 757 Nr. IV 2–4 – Humane embryonale Stammzellen; krit. *Sattler de Sousa e Brito* GRUR-Int 2007, 759 ff., und *Dederer* GRUR 2007, 1054 f., insbes. wegen des im Stammzellengesetz vorgesehenen Erlaubnisvorbehalts für die Verwendung vor dem 1.1.2002 eingeführter Stammzellen.

Gewinnung Embryonen vernichtet werden mussten. Kein Schutzhindernis aus § 2 PatG sieht das BPatG jedoch, soweit Vorläuferzellen aus embryonalen Stammzellen beansprucht werden, die aus menschlichen embryonalen *Keimzellen* erhalten worden sind; denn solche Keimzellen werden aus primordialen Keimzellen gewonnen, die aus mehrere Wochen alten, abgegangenen menschlichen Föten isoliert werden, so dass kein Verbrauch von Embryonen iSd Embryonenschutzgesetzes nötig ist.[51] Nach § 2 Abs. 2 S. 1 Nr. 3 PatG nicht uneingeschränkt patentierbar sind nach Ansicht des BGH **Vorläuferzellen,** die aus menschlichen embryonalen Stammzellen gewonnen werden und zu denen in der Patentschrift ausgeführt wird, als Ausgangsmaterial in Betracht kämen (auch) Stammzelllinien und Stammzellen, die aus menschlichen Embryonen gewonnen werden.[52] Umgekehrt steht § 2 Abs. 2 S. 1 Nr. 3 PatG einer Patentierung in der genannten Konstellation nicht entgegen, wenn der Patentanspruch dahin eingeschränkt wird, dass er keine Vorläuferzellen aus humanen embryonalen Stammzellen erfasst, bei deren Gewinnung Embryonen zerstört wurden.[53]

36 Die GBK hat entschieden, dass R 28) (c) EPÜ (früher: R 23d c)) die Patentierung von Erzeugnissen (hier: menschlicher embryonaler Stammzellkulturen), die – wie in der Anmeldung beschrieben – zum Anmeldezeitpunkt ausschließlich durch ein zwangsläufig die Zerstörung menschlicher Embryonen umfassendes Verfahren hergestellt werden konnten, auch dann verbietet, wenn dieses Verfahren nicht Teil der Ansprüche ist.[54] Es ist dabei irrelevant, ob nach dem Anmeldetag eine Herstellung des Erzeugnisses auch ohne Zerstörung eines menschlichen Embryos möglich wäre.[55]

37 2. Zu der in Art. 6 EU-BioPat-RL enthaltenen Regelung gehören die **Erwägungsgründe** 36–43 und 45. Sie heben die in Art. 27 Abs. 2 TRIPS-Ü vorgesehenen Ausschlussmöglichkeiten als Grundlage auch der Richtlinie hervor. Die Aufzählung nicht patentierbarer Erfindungen in Art. 6 Abs. 2 bezeichnen sie als informatorisch und nicht erschöpfend; Verfahren, deren Anwendung gegen die Menschenwürde verstößt, wie etwa solche zur Herstellung hybrider Lebewesen, die aus Keimzellen oder totipotenten Zellen von Mensch und Tier entstehen, seien natürlich ebenfalls von der Patentierbarkeit auszunehmen. Zu Buchst. a und b wird ausgeführt, innerhalb der Gemeinschaft bestehe Übereinstimmung darüber, dass die Keimbahnintervention[56] am menschlichen Lebewesen und das Klonen von menschlichen Lebewesen gegen die öffentliche Ordnung und die guten Sitten verstoßen. Als Verfahren zum Klonen von menschlichen Lebewesen sei jedes Verfahren, einschließlich der Embryonenspaltung, anzusehen, das darauf abzielt, ein menschliches Lebewesen zu schaffen, das im Zellkern die gleiche Erbinformation wie ein anderes lebendes oder verstorbenes menschliches Lebewesen besitzt[57].

38 Umstritten ist, ob das Patentierungsverbot auch „therapeutisches" Klonen umfasst, bei dem Zellen in vitro für Forschungs- und Therapiezwecke erzeugt werden, aber nicht die Schaffung eines (vollständigen) menschlichen Lebewesens das Ziel bildet.[58]

39 Zum Verbot, die Verwendung menschlicher Embryonen[59] zu industriellen oder kommerziellen Zwecken zu patentieren, wird klargestellt, dass es nicht für Erfindungen gilt, die therapeutische oder diagnostische Zwecke verfolgen und auf den menschlichen Embryo zu

---

[51] Nr. V der Entscheidung; vgl. aber *Müller* 309: die Stammzellgewinnung aus primordialen Keimzellen werde aus ethischen Gründen abgelehnt.
[52] BGH 27.11.2012, GRUR 2013, 272 Rn. 20 – Neurale Vorläuferzellen II; dazu *Dederer* GRUR 2013, 352 ff.
[53] BGH 27.11.2012, GRUR 2013, 272 Rn. 32 f. – Neurale Vorläuferzellen II.
[54] EPA 25.11.2008, ABl. 2009, 306 = GRUR-Int 2010, 230 – Verwendung von Embryonen.
[55] EPA 25.11.2008, ABl. 2009, 306 = GRUR-Int 2010, 230 – Verwendung von Embryonen.
[56] Vgl. dazu *Moufang* Genetische Erfindungen 229 f., 243.
[57] Dazu *Herdegen* GRUR-Int 2000, 859 (860 f.); *Barton* 226 ff. ausführlich zur Patentierbarkeit von Stammzellen *Meiser* 200 ff., 267 ff.
[58] Verneinend *Hartmann* GRUR-Int 2006, 200; *Meiser* 281 ff., 288 ff.; bejahend *Moufang* in Schulte PatG § 2 Rn. 33; differenzierend *Müller* 318 ff., 331 ff.
[59] Zur Embryonenerzeugung *Moufang* Genetische Erfindungen 231 f., 244; *Herdegen* GRUR-Int 2000, 859 (861 f.); keine Embryonen sind pluripotente Stammzellen, während totipotente nach dem Embryonenschutzgesetz und dem Stammzellengesetz vom Begriff des Embryo umfasst sind; s. *Grund/Keller* Mitt. 2004, 52.

§ 15. Öffentliche Ordnung und gute Sitten als Schutzhindernisse

dessen Nutzen angewandt werden.[60] Freilich werden solche Erfindungen, soweit es sich um Verfahren handelt, meist als Verfahren zur therapeutischen Behandlung des menschlichen Körpers oder an diesem vorzunehmende Diagnoseverfahren im Sinne der für medizinische Verfahren geltenden Ausschlussbestimmungen anzusehen sein (→ § 14 Rn. 47 ff.). Dies wird auch dadurch nahegelegt, dass sich die Richtlinie, wie Art. 5 Abs. 1 und Erwägungsgrund 16 zeigen, auf den menschlichen Körper in allen Phasen seiner Entstehung und Entwicklung, einschließlich der Keimzellen, bezieht.

3. Wegen des TRIPS-Ü, dessen Maßgeblichkeit in Art. 1 Abs. 2 und den Erwägungsgründen 12 und 36 der Richtlinie anerkannt ist, müssen auf die öffentliche Ordnung oder die guten Sitten gestützten Patentierungsverboten rechtlich begründete Benutzungshindernisse entsprechen. Deshalb kann in Mitgliedstaaten, in denen es hieran fehlt, die Anwendung patentrechtlicher Vorschriften, in denen die Richtlinie umgesetzt ist, auf Schwierigkeiten stoßen.[61]

4. Die in Art. 6 Abs. 2 EU-BioPat-RL, § 2 Abs. 2 PatG, R 28 EPÜ enthaltene Aufzählung lässt die Möglichkeit offen, dass biotechnologische Erfindungen, die sie nicht erfasst, auf Grund der Generalklausel des Art. 6 Abs. 1 bzw. § 2 Abs. 1 oder Art. 53 (a) von der Patentierung ausgeschlossen sind.[62] Wertungen, die dabei ins Gewicht fallen, können insbesondere jener Aufzählung, dem Art. 5 Abs. 1 EU-BioPat-RL, den zugehörigen Erwägungsgründen und den entsprechenden Umsetzungsvorschriften entnommen werden (→ Rn. 37 ff.). Insoweit[63] besteht ein für alle Mitgliedstaaten verbindlicher Maßstab, aus dem im Einklang mit dem TRIPS-Ü Patentierungsverbote abgeleitet werden können, soweit entsprechende rechtlich begründete Benutzungshindernisse bestehen (→ Rn. 37 ff.).

Andererseits ist es den Mitgliedstaaten verwehrt, biotechnologischen Erfindungen, deren Patentierbarkeit die Richtlinie ausdrücklich anerkennt, den Schutz wegen Verstoßes gegen die öffentliche Ordnung oder die guten Sitten zu versagen. Deshalb kann ein solcher Verstoß nicht schon darin gesehen werden, dass sich eine Erfindung auf einen isolierten oder auf andere Weise durch ein technisches Verfahren gewonnenen Bestandteil des menschlichen Körpers, insbesondere eine Gensequenz oder -teilsequenz bezieht (Art. 5 Abs. 2 EU-BioPat-RL)[64].

Ebenso werden Verfahren zur genetischen Veränderung von Tieren nur unter den Voraussetzungen des Art. 6 Abs. 2 (d) RL von der Patentierung auszuschließen sein. Daraus, dass die Bestimmung eine Abwägung vorsieht und die dabei maßgebenden Gesichtspunkte nennt, darf gefolgert werden, dass andere gegen die Verwertung solcher Erfindungen sprechende Gesichtspunkte nicht zu berücksichtigen sind.[65]

---

[60] *Barton* 236 ff. will diese Einschränkung auch dann anwenden, wenn neben therapeutischen oder diagnostischen Zwecken auch industrielle oder kommerzielle verfolgt werden, solange diese nicht das einzige oder wenigstens überragende Ziel bilden; auch soll der Nutzen für den (welchen?) Embryo „gruppenbezogen" verstanden werden. In die gleiche Richtung geht *Meiser* 198 ff. Damit wird dem Erwägungsgrund eine zu weit gehende Bedeutung beigelegt, für die weder er noch die Ausschlussbestimmung einen Anhaltspunkt bieten. Nichts deutet darauf hin, dass der Erwägungsgrund mehr als eine Klarstellung für den Fall bezweckt, dass Therapie- oder Diagnosemaßnahmen an einem Embryo als eine Form von dessen „Verwendung" und als „industrielle oder kommerzielle Zwecke" verfolgend aufgefasst werden könnten.
[61] Zutreffend weist *Schatz* GRUR-Int 2006, 888 darauf hin, dass R 23d (jetzt 28) EPÜ mit Art. 53 (a) des Übereinkommens, wenn dieses TRIPS-konform ausgelegt wird, nur insoweit vereinbar ist, als die dort bezeichneten Praktiken in den jeweils benannten Vertragsstaaten verboten sind.
[62] EPA 6.7.2004, ABl. 2006, 15 = GRUR-Int 2006, 239 (Ls. 2.1 und Nr. 6) – Krebsmaus/Harvard IV.
[63] Im Übrigen ist mit Fällen zu rechnen, in denen die Verwertung einer biotechnologischen Erfindung nur in einem Teil des Mitgliedstaaten als Verstoß gegen die öffentliche Ordnung oder die guten Sitten angesehen wird; vgl. *Barton* 335 f. sowie → Rn. 10 ff.
[64] Vgl. *Strauss* GRUR. 1992, 261 mN; *Müller* 228; EPA 8.12.1994, ABl. 1995, 388 Rn. 6.3 – Relaxin.
[65] AM EPA 6.7.2004, ABl. 2006, 15 = GRUR-Int 2006, 239 (Ls. 6.2, 6.3 und Nr. 10.5–10.8) – Krebsmaus/Harvard IV, wo insbes. auf die Entscheidung 3.10.1990, ABl. 1990, 476 – Krebsmaus/

44 Im Übrigen aber folgt bei einer Erfindung, die sich auf den menschlichen Körper bezieht, aus dem Umstand, dass sie nicht unter Art. 6 Abs. 2 EU-BioPat-RL, § 2 Abs. 2 PatG oder R 28 EPÜ fällt, nicht zwingend, dass ihre gewerbliche Verwertung mit der öffentlichen Ordnung und den guten Sitten im Einklang steht. So könnte zwecks Vermeidung des Verbots der Patentierung von Verfahren zur Veränderung der genetischen Identität der Keimbahn des menschlichen Lebewesens versucht werden, ein Patentbegehren darauf zu beschränken, dass in vitro an einem Vorkern einer imprägnierten menschlichen Eizelle eine Genveränderung vorgenommen wird. Hierzu wird die Ansicht vertreten, die imprägnierte Eizelle (in der weibliches und männliches Erbgut bereits enthalten, aber noch nicht verschmolzen sind, deren Vorkerne aber infolge Membranveränderungen keine Keimzellen mehr darstellen) falle mangels Befruchtungsabschlusses noch nicht unter den Keimbahnbegriff, so dass jenes Patentierungsverbot auch dann nicht eingreife, wenn anschließend ein Transfer in den mütterlichen Organismus erfolgt[66]. Die gewerbliche Verwertung einer solchen Erfindung – sei es der veränderten Eizelle als Erzeugnis, sei es des Verfahrens ihrer Veränderung – ist aber nur in der Weise denkbar, dass sie zur Veränderung des Erbguts von Menschen benutzt wird; nur in diesem Fall kann der Inhaber eines für sie erteilten Patents Erträge erwarten. Sie ist deshalb nach Art. 6 Abs. 1 EU-BioPat-RL, § 2 Abs. 1 PatG, Art. 53 (a) EPÜ von der Patentierung auszuschließen[67]. Entsprechendes wird für eine Genkorrektur gelten müssen, die sich auf eine einzelne Keimzelle beschränkt[68]. Auch hier ist eine gewerbliche Verwertung nur denkbar, wenn die Zelle der Befruchtung zugeführt wird. Dass eine dahingehende Absicht im Patentbegehren nicht zum Ausdruck kommt, rechtfertigt die Patentierung nicht.

45 Sehr fraglich ist auch, ob sich aus dem Wortlaut von Art. 6 Abs. 2 (a) und (b) EU-BioPat-RL (und den entsprechenden Umsetzungsvorschriften) ableiten lässt, dass das Klonen von Embryonen nicht von Anfang, sondern erst von einer späteren Stufe an von der Patentierung ausgeschlossen sei[69]. Gegen diese Annahme spricht, dass Erwägungsgrund 41 Verfahren zur Embryonenspaltung ausdrücklich in den Begriff „Verfahren zum Klonen von menschlichen Lebewesen" einschließt, und die weite Umschreibung des menschlichen Körpers in Art. 5 Abs. 1 und Erwägungsgrund 16.

46 Für „therapeutisches" Klonen lässt sich zwar im Hinblick auf Erwägungsgrund 41 die Ansicht vertreten, dass es nicht unter das besondere Patentierungsverbot des Art. 6 Abs. 2 (a) falle (→ Rn. 37 ff.). Daraus kann aber nicht gefolgert werden, dass es nach der Richtlinie ohne Rücksicht darauf zum Patentschutz zugelassen werden müsse, ob es in einem Mitgliedstaat mit der öffentlichen Ordnung und den guten Sitten vereinbar ist.[70] Die Mitgliedstaaten haben insoweit den vom EuGH[71] anerkannten Spielraum bei der Anwendung dem Art. 6 Abs. 1 RL entsprechender allgemeiner Vorschriften.

47 5. Nach dem Grundsatz, dass ein Schutzhindernis nur besteht, wenn eine weder gegen die öffentliche Ordnung noch gegen die guten Sitten verstoßende gewerbliche Verwertung vernünftigerweise nicht in Betracht kommt (→ Rn. 23 ff.), könnte eine Erfindung schon dann Schutz erlangen, wenn sie nicht allein für eine von Art. 6 Abs. 2 Buchst. a–c erfasste Benutzung beim Menschen, sondern allgemein in einer Weise beansprucht ist, die auch zulässige Benutzungsmöglichkeiten, insbesondere mit Buchst. d vereinbare Anwendungen

---

Harvard II zurückgegriffen wird, deren Argumentation in Art. 6 Abs. 2 (d) RL jedoch nur teilweise berücksichtigt ist; krit. deshalb *Schatz* GRUR-Int 2006, 889.

[66] So *Koenig/Müller* GRUR-Int 2000, 295 (299 ff.); zustimmend *Barton* 235.

[67] Dass dies mit dem TRIPS-Ü nicht vereinbar sei, lässt sich mit dem Argument, dass die „Keimbahn" erst mit der befruchteten Eizelle beginne (dazu *Koenig/Müller* GRUR-Int 2000, 295 (297 ff.)), schon deshalb nicht begründen, weil jener Begriff dort nicht vorkommt.

[68] AM *Koenig/Müller* GRUR-Int 2000, 295 (301).

[69] Zu dieser Ansicht neigt *Herdegen* GRUR-Int 2000, 859 (860 f.).

[70] AM *Hartmann* GRUR-Int 2006, 203.

[71] EuGH 9.10.2001, GRUR-Int 2001, 1043.

§ 15. Öffentliche Ordnung und gute Sitten als Schutzhindernisse   **IV § 15**

auf Tiere einschließt[72]. Um einen falschen Eindruck in der Öffentlichkeit zu vermeiden und keine überflüssigen Einsprüche, Nichtigkeitsklagen oder Löschungsanträge zu provozieren, sollte jedoch der Anmelder jedenfalls den von jenen expliziten Patentierungsverboten betroffenen Bereich von seinem Schutzbegehren ausnehmen.

Für notwendig wird eine solche Einschränkung vom BPatG[73] dann erachtet, wenn eine gegen die öffentliche Ordnung oder die guten Sitten verstoßende Verwertung nicht nur als Möglichkeit in Betracht kommt, sondern in der Anmeldung oder dem Patent ausdrücklich als ein bestimmungsgemäßer Gebrauch der Erfindung genannt ist. **48**

6. Die EU-BioPat-RL berührt nach Erwägungsgrund 35 nicht die Vorschriften des nationalen Rechts, wonach **medizinische Verfahren** von der Patentierbarkeit ausgeschlossen sind[74] (dazu → § 14 Rn. 47 ff.). Das gilt auch für ihren Art. 6, der ein ganz anderes Ziel hat als jene Vorschriften. Während Erfindungen, deren gewerbliche Verwertung gegen die öffentliche Ordnung oder die guten Sitten verstößt, der Schutz versagt bleibt, weil ihre Benutzung *missbilligt* wird, steht ihm bei medizinischen Verfahren entgegen, dass sie im Interesse möglichst ungehinderter Benutzbarkeit von Ausschlussrechten **freigehalten** werden sollen. Dem entspricht, dass im PatG § 5 Abs. 2 S. 1 als § 2a Abs. 1 Nr. 2 S. 1 erhalten geblieben ist. Auch R 26–29 EPÜ enthalten nichts, was der uneingeschränkten Anwendung von Art. 53 (c) entgegenstünde. **49**

Die Ansicht, die dem Art. 6 Abs. 2 EU-BioPat-RL entsprechende R 23d (jetzt 28) EPÜ begründe eine lex specialis im Verhältnis zu Art. 52 Abs. 4 (jetzt 53 [c]) S. 1[75], verkennt den Vorrang des Übereinkommens im Verhältnis zur Ausführungsordnung (Art. 164 Abs. 2, → § 14 Rn. 6). Auch inhaltlich ließ sich schon nach dem EPÜ 1973 keine Spezialität daraus ableiten, dass in Art. 6 EU-BioPat-RL die gewerbliche Anwendbarkeit der dort in Abs. 2 bezeichneten Erfindungen anerkannt sei und deshalb Art. 52 Abs. 4 S. 1 EPÜ, der das Fehlen gewerblicher Anwendbarkeit voraussetze, im Anwendungsbereich der R 23d nicht eingreife. In Wirklichkeit kam es nämlich schon für Art. 52 Abs. 4 S. 1 nicht darauf an, ob gewerbliche Anwendbarkeit gegeben ist oder nicht (→ § 14 Rn. 47 ff.). Art. 53 (c) S. 1 EPÜ 2000 hat insoweit lediglich eine nützliche Klarstellung gebracht. **50**

---

[72] Vgl. *Rogge* GRUR 1998, 306 f.; *Herdegen* GRUR-Int 2000, 859 (862 f.) (zu VI); *Koenig/Müller* GRUR-Int 2000, 295 (302).
[73] BPatG 5.12.2006, GRUR-Int 2007, 757 (Nr. II 2) – Humane embryonale Stammzellen.
[74] Einschlägig sind diese Vorschriften in den meisten der von *Rogge* GRUR 1998, 307 genannten Fälle.
[75] So *Koenig/Müller* GRUR-Int 2000, 295 (302 f.).

3. Kapitel. Neuheit und erfinderische Leistung

Literatur: *Anders, W.,* Die erfinderische Tätigkeit – der Prüfungsansatz der deutschen Instanzen, Mitt. 2000, 41–46; *Anders, W.,* Über die Wahl des Ausgangspunkts für die Beurteilung der erfinderischen Tätigkeit unter besonderer Berücksichtigung neuerer Entscheidungen des Bundesgerichtshofs, FS VPP, 2005, 136–150; *Anders, W.,* Über Erfindungen, die nicht neu sind, aber auf erfinderischer Tätigkeit beruhen, FS 50 J. BPatG, 95–109; *Ann, C.,* Patentwert und Patentnichtigkeit – Wieviel Rechtssicherheit dürfen Patentinhaber beanspruchen?, Mitt. 2016, 245–252; *Bardehle, H.,* Zur Neuheitsschonfrist, GRUR 1981, 687–690; *ders.,* Wird das richtige Niveau der Erfindungshöhe wirklich richtig gewählt?, FS VPP, 2005, 151–159; *ders.,* Muss die Behauptung der Existenz zu vieler „Trivialpatente" zu einer Verschiebung des Niveaus ausreichender erfinderischer Tätigkeit als Patenterfordernis führen?, FS Pagenberg, 2006, 3–8; *Beier, F.-K./Straus, J.,* Der Schutz wissenschaftlicher Forschungsergebnisse, 1982; *Beier, F.-K.,* Zur historischen Entwicklung des Erfordernisses der Erfindungshöhe, GRUR 1985, 606–616; *van Benthem, J. B./Wallace, N. W. P.,* Zur Beurteilung des Erfordernisses der erfinderischen Tätigkeit (Erfindungshöhe) im europäischen Patenterteilungsverfahren, GRUR-Int 1978, 219–224; *Blind, K./Karge, P./Marquard, J.,* Strategische Publikationen als Ergänzung klassischer Schutzrechte zur Sicherung der eigenen Handlungsfreiheit, GRUR 2013, 1197–1201; *Bossung, O.,* Stand der Technik und eigene Vorverlautbarung im internationalen, europäischen und nationalen Patentrecht, GRUR-Int 1978, 381–398; *Bossung, O.,* Das der „Öffentlichkeit zugänglich Gemachte" als Stand der Technik. Neues Patentrecht auf ungeklärter Grundlage?, GRUR-Int 1990, 690–699; *Breuer, M.,* Der erfinderische Schritt im Gebrauchsmusterrecht, GRUR 1997, 11–18; *Brodeßer, O.,* Die sogenannte „Aufgabe" der Erfindung, ein unergiebiger Rechtsbegriff, GRUR 1993, 185–190; *Decker, A. J.,* Der Neuheitsbegriff im Immaterialgüterrecht, 1989; *Dinné, E./Stübbe, A.,* Neuheit und Chemie-Patente. Europa kontra Deutschland?, Mitt. 2004, 337–343; *Dolder, F.,* Erfindungshöhe. Rechtsprechung des Europäischen Patentamts zu Art. 56 EPÜ. Mechanik, technische Physik, Verfahrenstechnik, Werkstoffe, 2003; *Dolder, F./Ann C./Buser M.,* Erfahrungen mit einem additiven Index zur Beurteilung der Erfindungshöhe, Mitt. 2007, 49–58; *Dolder, F./Ann C./Buser M.,* Assessing Inventive Step of patent applications using a multicriteria index: An empirical validation, European Journal of Law and Technology (www.ejlt.org), Vol 5., No. 1., 2014; *Dreiss, U.,* Der Durchschnittsfachmann als Maßstab für ausreichende Offenbarung, Patentfähigkeit und Patentauslegung, GRUR 1994, 781–791; *Einsele, R. W.,* Erfinderische Tätigkeit – oder Nicht-Naheliegen? Gedanken zur Erfindungsqualität 2010, FS 50 J. BPatG, 193–198; *Eisenführ, G.,* Heraus aus dem Demonstrationsschrank!, Mitt. 2009, 165–169; *Fabry, B./Fischer, F.,* (Bio-)Piraten der Karibik: Die Biodiversitätsrichtlinie und ihre patentrechtlichen Implikationen, Mitt. 2010, 346–351; *Fähndrich, M./Freischem, S.,* Gegenwärtige Standards für Offenbarungen im Stand der Technik bei der Beurteilung der Voraussetzungen der Neuheit und der Erfindungshöhe, GRUR-Int 2002, 495–502; *v. Falck, A.,* Ausgewählte Probleme der Verletzungs- und Rechtsbestandsverfahren bei Pharmapatenten, FS Reimann, 2009, 535–550; *Féaux de Lacroix, S.,* Wann machen überraschende Eigenschaften erfinderisch?, GRUR 2006, 625–630; *Friedrich, R.,* Zur Frage des „Mitlesens" von in einer Druckschrift nicht wörtlich offenbarter Information durch den Fachmann, Mitt. 2014, 304–306; *Godt, C.,* Eigentum an Information, 2006; *Goebel, F. P.,* Schutzwürdigkeit kleiner Erfindungen in Europa – die materiellen Schutzvoraussetzungen für Gebrauchsmuster in den nationalen Gesetzen und dem EU-Richtlinienvorschlag, GRUR 2001, 916–922; *ders.,* Der erfinderische Schritt nach § 1 GebrMG. Zur Problematik der Erfindungshöhe im Gebrauchsmusterrecht, 2005; *ders.,* Nicht gangbare Differenzierung? Zur gebrauchsmusterrechtlichen Erfindungshöhe nach der BGH-Entscheidung „Demonstrationsschrank", GRUR 2008, 301–312; *Götting, H.-P.,* Biodiversität und Patentrecht, GRUR-Int 2004, 731–736; *Gruber, S./Schallmoser, K.,* Offenbarung und erfinderische Tätigkeit – Die Rechtsprechung des BGH seit 2009 mit Querverweisen zur europäischen Praxis, Mitt 2012, 377–387; *Günzel, B.,* Die Vorbenutzung als Stand der Technik im Sinne des Europäischen Patentübereinkommens, FS Nirk, 1992, 441–455; *Held, S./Loth, H.-F.,* Methoden und Regeln zur Beurteilung der Neuheit im Patentrecht, GRUR-Int 1995, 220–227; *Henn, R.-T.,* Defensive Publishing, 2010; *Hess, P./Müller-Stoy, T./Wintermeier, M.,* Sind Patente nur „Papiertiger"?, Mitt. 2014, 439–452; *Hesse, H. G.,* Die Aufgabe – Begriff und Bedeutung im Patentrecht, GRUR 1981, 853–864; *Hetmank, S.,* Der Patentschutz von neu aufgefundenen Wirkungen, GRUR 2015, 227–232; *Hetmank, S.,* Die Patentierbarkeit der Auswahl aus numerischen Bereichen, Mitt. 2015, 494–498; *Huebner, S. R.,* Zur Neuheit von Erfindungen aus der Nanotechnologie, GRUR 2007, 839–840; *Hüttermann, A./*

Storz, U., Zur Identität nach § 15 I Nr. 2 Gebrauchsmustergesetz, Mitt. 2006, 343–346; *dies.*, Nicht Erschießen, sondern Erhängen – Zur stetig zunehmenden Rolle der erfinderischen Tätigkeit bei der Beurteilung der Schutzfähigkeit von Patenten, Mitt. 2012, 107–110; *Jestaedt, B.*, Die erfinderische Tätigkeit in der neueren Rechtsprechung des Bundesgerichtshofs, GRUR 2001, 939–944; *Keukenschrijver, A.*, Sind bei der erfinderischen Tätigkeit sämtliche Merkmale im Patentanspruch gleichermaßen zu berücksichtigen?, FS König, 2003, 255–265; *ders.*, Europäische Patente mit Wirkung für Deutschland – dargestellt anhand jüngerer Entscheidungen des BGH, GRUR 2003, 177–182; *ders.*, Erfinderische Schritte werden zu Tätigkeiten, VPP Rundbrief 2007, 82–88; *Keussen, C.*, Die Qual der (Aus)wahl. Zur Neuheit bei Auswahlerfindungen, FS Reimann, 2009, 255–265; *Kiani, N./Springorum, H.*, Aktuelles aus dem Bereich der ‚Patent Litigation' – Erfinderische Tätigkeit im deutschen Patentprozess. Auf dem Weg zu einer einheitlichen europäischen Dogmatik?, Mitt. 2011, 550–555; *Klicznik, A.*, Neuartige Offenbarungsmittel des Standes der Technik im Patentrecht, 2007; *Knesch, G.*, Die erfinderische Tätigkeit – der Prüfungsansatz im EPA, Mitt. 2000, 311–318; *König, R.*, Die erfinderische Leistung – Auslegung oder Rechtsfortbildung, Mitt. 2009, 159–165; *Kolle, G.*, Der Stand der Technik als einheitlicher Rechtsbegriff, GRUR-Int 1971, 63–78 (rechtsvergleichend); *Kraßer, R.*, Die ältere Anmeldung als Patenthindernis, GRUR-Int 1967, 285–292; *Kulhavy, S. V.*, Der Fachmann im Patentwesen, Mitt. 2011, 179–183; *Langfinger, K.-D.*, Olanzapin – ein Paradigmenwechsel?, FS 50 J. BPatG, 379–391; *Leber, T. M.*, The closest prior art in the problem solution approach – theoretical considerations and a dilemma, GRUR-Int 2016, 337–339; *Liedel, D.*, Das deutsche Patentnichtigkeitsverfahren, 1979; *Loth, F.*, Neuheitsbegriff und Neuheitsschonfrist im Patentrecht, 1988; *ders.*, Kommentierung des Art. 55, EPÜ-GK, 13. Lfg., 1990; *Maiwald, W.*, Rechtsprechung zur Neuheit im EPA und in Deutschland, Mitt. 1997, 272–278; *Meier-Beck, P.*, Was denkt der Durchschnittsfachmann? Tat- und Rechtsfrage im Patentrecht, Mitt. 2005, 529–534; *Melullis, K.-J.*, Zur Auslegung von Patenten, zum Begriff des Fachmanns im Patentrecht und zur Funktion des Sachverständigen, FS Ullmann, 2006, 503–514; *Nack, R./Phélip, B.*, Bericht über die Diplomatische Konferenz zur Revision des Europäischen Patentübereinkommens München 20.–29. November 2009, GRUR-Int 2001, 322–326; *Nägele, T./Jacobs S.*, Patentrechtlicher Schutz indigenen Wissens, Mitt. 2014, 353–363; *Niedlich, W.*, Zur erfinderischen Tätigkeit, Mitt. 2000, 281–286; *ders.*, Veröffentlichungen im Internet, Mitt. 2004, 349–351; *ders.*, Die patentrechtliche Aufgabe im Wandel, FS VPP, 2005, 186–209; *Ochmann, R.*, Die Vorveröffentlichung und die Reichweite ihres Offenbarungsgehalts im Lichte der Rechtsprechung des Bundesgerichtshofs und des Patentgesetzes in der geltenden Fassung, GRUR 1984, 235–240 (mit Diskussionsbericht GRUR 1984, 269–271); *ders.*, Die erfinderische Tätigkeit und ihre Feststellung, GRUR 1985, 941–946; *Pagenberg, J.*, Vorbenutzung und Vorveröffentlichungen des Erfinders, GRUR 1981, 690–695; *ders.*, Die Bedeutung der Erfindungshöhe im amerikanischen und deutschen Patentrecht, 1975; *ders.*, Kommentierung des Art. 56, EPÜ-GK, 5. Lfg., 1984; *ders.*, Trivialpatente – Eine Gefahr für das Patentsystem?, FS Kolle/Stauder, 2005, 251–262; *v. Pechmann, E.*, Ist der Fortfall der Neuheitsschonfrist des § 2 Satz 2 PatG noch zeitgemäß? GRUR 1980, 436–441; *Pietzcker, R.*, Voraussetzungen der Patentierung: Neuheit, Fortschritt und Erfindungshöhe, GRUR-FS, 1991, 417–458; *Poth, H.*, Zum Neuheitsbegriff des Art. 54 des Europäischen Patentübereinkommens, Mitt. 1998, 453–461; *Powell, T.*, Selection Inventions In The Pharmaceutical Field – Developing Law And Policy, FS Meibom, 2010, 351–360; *Ritscher, T./Ritscher, M.*, Der fiktive Fachmann als Maßstab des Nichtnaheliegens, in: Kernprobleme des Patentrechts, Bern 1988, 263–275; *Rößler, M.*, Der neuheitsschädliche Produktverkauf, Mitt. 2006, 98–105; *Rogge, R.*, Gedanken zum Neuheitsbegriff nach geltendem Patentrecht, GRUR 1996, 931–940; *Rosenich, P.*, Die Defensivpublikation – Schutz vor Patentrollen und anderen Trittbrettfahrern, Mitt. 2014, 306–309; *Schachenmann, B.*, Begriff und Funktion der Aufgabe im Patentrecht, Zürich 1986; *Scharen, U.*, So genannte positive Beweisanzeichen in der Rechtsprechung des Bundesgerichtshofs – Gedanken zu ihrer Bedeutung, FS Meibom, 2010, 415–422; *Schickedanz, W.*, Die rückschauende Betrachtung bei der Beurteilung der erfinderischen Tätigkeit, GRUR 2001, 459–469; *Schrader, P. T.*, Identität des „Stands der Technik" im Patent- und Gebrauchsmusterrecht, Mitt. 2013, 1–8; *Sedlmaier, R.*, Die Patentierbarkeit von Computerprogrammen und ihre Folgeprobleme, 2004; *Seifert, A./Wortmann, J.*, Der Videobeweis im Patentrecht – Internet-Offenbarungen als Stand der Technik, Mitt. 2019, 394–398; *Sendrowski, H.*, „Olanzapin" – eine Offenbarung?, GRUR 2009, 797–801; *Slopek, D.*, Defensive Publishing – Verbreitung, Funktion, Strategien, GRUR 2009, 816–820; *Stellmach, J. A.*, Zur grafischen Darstellung des Konzepts von Aufgabe und Lösung, Mitt. 2007, 542–547; *Straus, J./Moufang, R.*, Hinterlegung und Freigabe von biologischem Material für Patentierungszwecke, 1989; *Straus, J.*, Grace Period and the European and International Patent Law. Analysis of Key Legal and Socio-Economic Aspects, 2001; *ders.*, Patents on Biomaterials – A New Colonialism or a Means for Technology Transfer and Benefit-Sharing?, in: Thiele/Ashcroft (Hrsg.), Bioethics in a Small World,

2005, 45–72; *ders./Klunker, N.-S.*, Harmonisierung des internationalen Patentrechts, GRUR-Int 2007, 91–104; *Straus, J.*, Zur Rolle klinischer Versuche beim Zustandekommen von so genannten Auswahlerfindungen, FS Reimann, 2009, 471–484; *Szabo, G. S. A.*, Der Ansatz über Aufgabe und Lösung in der Praxis des Europäischen Patentamts, Mitt. 1994, 225–239; *Teschemacher, R.*, Das ältere Recht im deutschen und europäischen Patenterteilungsverfahren, GRUR 1975, 641–650; *ders.*, Poisonous divisionals – ein Gespenst verschwindet?, Mitt. 2014, 16–18; *Tönnies, J.*, Defensivpublikation – Der Dritte Weg zwischen Patentanmeldung und Geheimhaltung?, Mitt. 2014, 309–311; *Walder-Hartmann, L.*, Giftige Teilanmeldung – Altlast oder Lärm um nichts?, GRUR-Int 2014, 17–27; *Wenzel, R.*, Rechtliche Bedenken gegen die BGH-Entscheidung „Demonstrationsschrank", GRUR 2013, 140–146; *Wieczorek, R.*, Die Unionspriorität im Patentrecht, 1975; *Winterfeldt, V.*, Aus der Rechtsprechung des Bundespatentgerichts im Jahr 2005. Teil II: Patentrecht, Gebrauchsmusterrecht, Geschmacksmusterrecht, GRUR 2006, 441–461; *ders./Engels, R.*, Aus der Rechtsprechung des Bundespatentgerichts im Jahr 2006. Teil II: Patentrecht, Gebrauchsmusterrecht, Geschmacksmusterrecht, GRUR 2007, 537–548; *Wuttke, T.*, Äquivalenz und erfinderische Tätigkeit: was liegt hier nahe?, Mitt. 2015, 489–493; *Zypries, B.*, Hypertrophie der Schutzrechte?, GRUR 2004, 977–980.

§ 16. Der Stand der Technik

A. Patentrecht

I. Grundbegriffe

1   1. Um patentiert werden zu können, muss eine Erfindung neu sein und auf einer erfinderischen Tätigkeit beruhen (§ 1 Abs. 1 PatG, Art. 52 Abs. 1 EPÜ): Sie darf weder zum Stand der Technik gehören noch sich für den Fachmann in naheliegender Weise daraus ergeben (§§ 3 Abs. 1 S. 1, 4 S. 1 PatG; Art. 54 Abs. 1, 56 S. 1 EPÜ). Die Erfindung, deren Patentierbarkeit in Frage steht, ist also zum Stand der Technik in Beziehung zu setzen.

2   Neuheit und erfinderische Tätigkeit werden deshalb gelegentlich als *relative* Patentierungsvoraussetzungen bezeichnet. Gleichwohl kann sich auf ihr Fehlen *jedermann* berufen: ihre Wirkung ist keineswegs nur „relativ" wie zB diejenige von relativen Schutzhindernissen im Markenrecht. Zur Vermeidung von Missverständnissen sollte deshalb im vorliegenden Zusammenhang auf den rechtlich nichtssagenden Ausdruck „relativ" verzichtet werden.

3   Der maßgebende Stand der Technik richtet sich nach einem Stichtag, bei dessen Festlegung von der Anmeldung der Erfindung auszugehen ist (vgl. → Rn. 12 ff.). Er umfasst alle Kenntnisse, die vor dem Stichtag der Öffentlichkeit zugänglich gemacht worden sind (§ 3 Abs. 1 S. 2 PatG, Art. 54 Abs. 2 EPÜ), also nicht nur technische Handlungsanweisungen[1]. Außerdem wird ihm für die Beurteilung der Neuheit – nicht dagegen für die Frage des Beruhens auf erfinderischer Tätigkeit – der Inhalt bestimmter Patentanmeldungen zugerechnet, die erst nach dem Stichtag veröffentlicht wurden, aber einen vor diesem liegenden Zeitrang haben (§§ 3 Abs. 2, 4 S. 2 PatG; Art. 54 Abs. 3, 56 S. 2 EPÜ).

4   Was nach den genannten Bestimmungen nicht zum Stand der Technik gehört, wirkt auch dann nicht schutzhindernd oder -beschränkend, wenn es in einer Anmeldung oder Patentschrift irrtümlich als vorbekannt bezeichnet ist[2].

5   2. Die Funktion der am Stand der Technik (im Folgenden: SdT) zu messenden Patentierungsvoraussetzungen – und damit auch der gesetzlichen Abgrenzung des SdT – besteht darin, von Ausschlussrechten **freizuhalten,** was ohne Zutun des Erfinders bereits zur Verfügung stand oder aus verfügbarem Wissen im Laufe routinemäßiger Anwendung erwachsen konnte (vgl. → § 10 Rn. 1 ff.). Daneben soll durch die Einbeziehung des Inhalts nicht vorveröffentlichter älterer Anmeldungen in den SdT in erster Linie verhindert werden, dass

---

[1] *Melullis* in Benkard EPÜ Art. 54 Rn. 3.
[2] BGH 20.1.1994, GRUR 1994, 357 – Muffelofen.

§ 16. Der Stand der Technik A II § 16

für die gleiche Erfindung im selben räumlichen Bereich mehrere Patente verschiedenen Zeitrangs entstehen (vgl. → § 17 Rn. 16 ff.). Allerdings kommt es bei europäischen Anmeldungen, nachdem in Art. 54 EPÜ 2000 der frühere Abs. 4 weggefallen ist, nicht mehr darauf an, ob und inwieweit mit der älteren und der jüngeren Anmeldung Schutz für die gleichen Vertragsstaaten beansprucht wird (vgl. → Rn. 56 ff.).

3. Als Gesetzesbegriff wurde der Ausdruck „Stand der Technik" – im Einklang mit Art. 4 **6** Abs. 1 StrÜ und dem EPÜ – erst durch das IntPatÜG in das deutsche Recht eingeführt. Er war jedoch in Rechtsprechung und Schrifttum schon vorher als zusammenfassende Bezeichnung dessen gebräuchlich, was nach § 2 S. 1 PatG 1968 nicht als neu galt. Wie früher kann dabei auch unter dem geltenden Recht in Fällen der Zugehörigkeit zum SdT und ihrer Geltendmachung von „neuheitsschädlichen Tatsachen", „Vorwegnahmen" und „Entgegenhaltungen" gesprochen werden.

4. Auch das Erfordernis, dass die Erfindung „auf erfinderischer Tätigkeit beruht", war im **7** PatG vor 1978 nicht genannt. Aus dem Erfindungsbegriff und den Zwecken des Patentschutzes leiteten Rechtsprechung und Lehre jedoch ab, dass ein Patent nur erteilt werden kann, wenn der Anmeldegegenstand nicht nur neu ist, sondern auch „Erfindungshöhe" aufweist. Maßgebend hierfür war, ob er für den Durchschnittsfachmann vom SdT aus nahelag. Der Sache nach entspricht dies der durch den Begriff der erfinderischen Tätigkeit gekennzeichneten Schutzvoraussetzung des geltenden Rechts.

II. Umfang des Standes der Technik nach geltendem und früherem Recht

1. Damit etwas zum SdT gehört, genügt nach dem seit 1978 geltenden Patentrecht, dass **8** es vor dem Stichtag **der Öffentlichkeit zugänglich** gemacht worden ist. Es kommt nicht darauf an, in welcher Form, an welchem Ort oder vor wie langer Zeit die Öffentlichkeit Zugang erlangt hat. Dagegen gehörte nach dem früheren deutschen Patentrecht zum SdT nur, was in öffentlichen *Druckschriften* aus den letzten *hundert Jahren* vorbeschrieben oder im *Inland* offenkundig vorbenutzt war.

Die geltende Regelung erweitert also den Umfang des patentrechtlich bedeutsamen SdT **9** beträchtlich. Insbesondere hat sie zur Folge, dass eine Erfindung auch durch nicht druckschriftliche, zB mündliche, oder mehr als hundert Jahre alte Beschreibungen oder durch ausländische Benutzungshandlungen patenthindernd vorweggenommen sein kann.

2. Völlig neu war 1978 die Einbeziehung nicht vorveröffentlichter älterer Anmeldungen **10** in den SdT. Zwar hatten diese, ohne zum SdT gezählt zu werden, bereits nach früherem deutschen Recht, wenn auf sie ein *Patent erteilt* wurde, für den Gegenstand dieses Patents schutzhindernd gewirkt (§ 4 Abs. 2 PatG 1968). Nach geltendem Recht kommt es jedoch nicht darauf an, ob die ältere Anmeldung zum Patent führt. Es genügt, dass sie nachträglich veröffentlicht wird; in diesem Fall wirkt sie mit dem gesamten Offenbarungsinhalt ihrer ursprünglich eingereichten Fassung patenthindernd gegenüber der jüngeren Anmeldung (Näheres → Rn. 55 ff.).

3. Erweitert wurde der maßgebende SdT auch durch eine wesentliche Verschärfung **11** der Voraussetzungen, unter denen Kenntnisse, die vor dem Stichtag – durch öffentliches Zugänglichwerden oder Patentanmeldung – offenbart worden sind, um deswillen nicht zum SdT gerechnet werden, weil sie vom Erfinder selbst stammen. Das frühere deutsche Recht gewährte eine „Neuheitsschonfrist" (Immunitätsfrist) von sechs Monaten für alle auf der Erfindung des Anmelders oder seines Rechtsvorgängers beruhenden Vorbeschreibungen und -benutzungen (§ 2 S. 2 PatG 1968) und knüpfte für einen weit gezogenen Kreis von Ausstellungen an die Zurschaustellung ein für sechs Monate wirksames Prioritätsrecht (Gesetz vom 18.3.1904). PatG und EPÜ sehen dagegen ein vorzeitiges öffentliches Zugänglichwerden nur dann noch als „unschädliche Offenbarung" an, wenn es auf einem „offensichtlichen Missbrauch" gegenüber dem Anmelder oder seinem Rechtsvorgänger oder auf Zurschaustellung im Rahmen bestimmter außergewöhnlicher internationaler Aus-

§ 16 A IV   2. Abschnitt. Sachliche Voraussetzungen des Patent- u. Gebrauchsmusterschutzes

stellungen beruht (Näheres → Rn. 65 ff.). Nur im Bereich dieses eng begrenzten Ausstellungsschutzes kann der Berechtigte eine Erfindung noch *freiwillig* der Öffentlichkeit zugänglich machen, ohne dass die Möglichkeit verlorengeht, durch eine nachfolgende Anmeldung ein Patent zu erlangen. Jede andere Veröffentlichung, Ausstellung, öffentlich wahrnehmbare Erprobung usw, die mit dem Willen des Berechtigten erfolgt, kann abweichend vom früheren deutschen Recht auch dann patenthindernd wirken, wenn dieser vor Ablauf der folgenden sechs Monate die Erfindung zum Patent anmeldet.

III. Maßgebender Zeitpunkt

12   Nach welchem SdT zu beurteilen ist, ob eine Erfindung neu ist und auf erfinderischer Tätigkeit beruht, wird erst durch ihre Anmeldung festgelegt. Nach ihr bestimmt sich der Tag, *vor* welchem eine Information der Öffentlichkeit zugänglich gemacht worden sein muss, um der Patentierung der Erfindung entgegenstehen zu können. Ebenso muss der Zeitrang einer nachveröffentlichten Anmeldung vor jenem Tag liegen, wenn sie als patenthindernd in Betracht kommen soll.

13   Maßgebend ist grundsätzlich der **Tag der Anmeldung**.[3] Diese kann mit Wirkung für Deutschland vorgenommen werden als nationale Anmeldung beim DPMA, als europäische Anmeldung mit Benennung Deutschlands beim EPA oder DPMA (Art. 75 Abs. 1 (a) EPÜ, Art. II § 4 Abs. 1 IntPatÜG) oder als internationale Anmeldung bei einem nach dem PCT zuständigen Anmeldeamt unter Angabe Deutschlands als Bestimmungsstaat (Art. 4, 11 Abs. 3 PCT).

14   Nach einem früheren Tag als demjenigen, an dem eine solche Anmeldung eingereicht wird, bestimmt sich der SdT, wenn der – deutschen, europäischen oder internationalen – Anmeldung die **Priorität** einer früheren Anmeldung der gleichen Erfindung zugutekommt. Grundlage hierfür können nationale Anmeldungen von Patenten oder gleichgestellten technischen Schutzrechten in Verbandsländern der PVÜ sowie europäische oder internationale Patentanmeldungen mit Wirkung für solche Länder sein (§ 41 PatG, Art. 4 PVÜ, 87 f. EPÜ, 8 PCT; Näheres → § 22 Rn. 52 ff.); für eine deutsche Patentanmeldung kann auch die „innere" Priorität einer vorausgegangenen Patent- oder Gebrauchsmuster-Anmeldung beim DPMA in Anspruch genommen werden (§ 40 PatG). Die gültige Inanspruchnahme der Priorität ist bis zum Ablauf von **zwölf Monaten** seit der ersten prioritätsbegründenden Anmeldung möglich. Sie bewirkt in allen Fällen, dass sich der SdT nach dem Tag der prioritätsbegründenden Voranmeldung richtet (§ 3 Abs. 1 S. 2 und Abs. 2 PatG, Art. 4 B PVÜ, 89 EPÜ). Er umfasst deshalb weder die Kenntnisse, die von diesem Tag bis zur Nachanmeldung der Öffentlichkeit zugänglich gemacht werden, noch den Inhalt nachveröffentlichter Anmeldungen, deren Zeitrang in dieses „Prioritätsintervall" fällt.

15   **Beispiel:** Eine Erfindung wird durch A am 3.12.2019 in Frankreich zum Patent angemeldet. Im März 2020 erscheint in den USA ein Zeitschriftenartikel, der sie beschreibt. Am 15.4.2020 reicht B beim DPMA eine Patentanmeldung für die gleiche Erfindung ein, die 2021 veröffentlicht wird. Gegenüber einer von A unter Inanspruchnahme der Priorität der französischen Voranmeldung bis 3.12.2020 beim DPMA für die gleiche Erfindung eingereichten Anmeldung gehören die amerikanische Veröffentlichung und die Anmeldung des B nicht zum SdT.

IV. Der für die Öffentlichkeit zugängliche Stand der Technik

16   1. Abgesehen vom Inhalt bestimmter nicht vorveröffentlichter älterer Anmeldungen (vgl. → Rn. 55 ff.) fällt in den SdT nur, was vor dem Stichtag der Öffentlichkeit zugänglich gemacht wird. In welcher **Form** dies geschieht, ist ohne Belang. Die vom PatG und EPÜ genannten Fälle, schriftliche oder mündliche **Beschreibung und Benutzung, sind nur Beispiele.** Zugänglichwerden „in sonstiger Weise" steht ihnen gleich. Die Fragen, wann

---

[3] Der Tag ihres Eingangs beim PA ist auch dann entscheidend, wenn sich dieser wegen Verzögerung des Postlaufs verspätet: BGH 27.9.1988, GRUR 1989, 38 – Schlauchfolie.

§ 16. Der Stand der Technik A IV § 16

eine Beschreibung als Druckschrift anzusehen oder eine Benutzung im Inland erfolgt ist, haben im geltenden Patentrecht keine Bedeutung mehr.[4] Der Inhalt deutscher, europäischer, ausländischer und internationaler Patentanmeldungen, die vor dem Stichtag der Öffentlichkeit zugänglich geworden sind, ist SdT, ohne dass es darauf ankommt, ob die zuständige Behörde Vervielfältigungsstücke ausgibt oder nur (unbeschränkt) Einblick gewährt. Gleiches gilt für deutsche oder ausländische Anmeldungen anderer technischer Schutzrechte wie Gebrauchsmuster oder Erfinderscheine. Ton- und Bildaufzeichnungen kommen ebenso in Betracht wie Informationen, die in Datenverarbeitungsanlagen gespeichert sind, desgleichen mündliche Mitteilungen in Vorträgen, in Hörfunk- und Fernsehsendungen, ja selbst in Gesprächen, ferner Zurschaustellung, Erprobung oder Inverkehrbringen von Erzeugnissen, Anwendung von Verfahren.

2. Von dem in irgendeiner Weise körperlich oder unkörperlich wiedergegebenen Wissen muss die **Öffentlichkeit** Kenntnis nehmen können. Man wird darunter einen Kreis von Personen zu verstehen haben, der wegen seiner Größe oder der Beliebigkeit seiner Zusammensetzung für den Urheber der Information nicht mehr kontrollierbar ist. Da sich der Informationsgehalt eines zum SdT gehörenden Sachverhalts jeweils nach fachmännischem Verständnis bestimmt (→ § 17 Rn. 27 ff.), kommt es letztlich auf die Möglichkeit der Kenntnisnahme durch beliebige **Durchschnittsfachleute** des in Frage stehenden Gebiets an. 17

Schriftstücke oder andere Mitteilungsträger sind der Öffentlichkeit zugänglich, wenn sie derart in den Verkehr gebracht sind[5], dass es im Belieben des Empfängers steht, sie weiterzugeben und Dritte von ihrem Inhalt Kenntnis nehmen zu lassen. Die Verbreitung einer Mehrzahl von Stücken ist nicht notwendig. 18

So ist eine Dissertation oder Diplomarbeit der Öffentlichkeit zugänglich, wenn sie auch nur in einem einzigen Exemplar in einer öffentlichen Bibliothek von beliebigen Benutzern gelesen oder entliehen werden kann. Eine Diplomarbeit, die in der DDR in eine Hochschulbibliothek eingestellt, dort registriert und dem DDR-Fachpublikum zugänglich war, wurde als der Öffentlichkeit zugänglich angesehen[6]. 19

Ihre bloße *Abgabe* macht eine Diplomarbeit oder Dissertation noch nicht der Öffentlichkeit zugänglich[7]. Für ein neu erschienenes Zeitschriftenheft wurde öffentliche Zugänglichkeit ab dem Tag angenommen, an dem es im Freihandbereich einer öffentlichen Bibliothek ausgelegt oder jedenfalls auf Anfrage ausgehändigt wurde[8]; das lässt sich mit Rücksicht darauf vertreten, dass mit solchen Anfragen schon vor Katalogisierung des Hefts zu rechnen war. Ein dem Prozessgegner zugestellter Schriftsatz wurde unter der Voraussetzung als der Öffentlichkeit zugänglich angesehen, dass die nicht entfernt liegende Möglichkeit seiner Weiterverbreitung bestand.[9] 20

Der Öffentlichkeit zugänglich ist auch, was beliebige Personen dem **Internet** entnehmen können.[10] Befindet sich eine Information auf einer **Website,** ist Voraussetzung für deren Entnehmbarkeit aus dem Netz zunächst die öffentliche **Zugänglichkeit der URL,** mit der die Website aufgerufen werden kann.[11] Sie ist gegeben, wenn die URL mit einer 21

---

[4] Zur Rechtslage nach § 2 PatG 1968 vgl. *Bernhardt* 59 ff.; *Ullmann* in Benkard, 9. Aufl., PatG § 3 Rn. 123–149; *Busse/Keukenschrijver* PatG § 3 Rn. 23–71; jeweils mN.
[5] Dies geschieht nicht schon durch Absendung, sondern erst durch Zugang beim Empfänger: EPA 10.11.1988, ABl. 1990, 213 – Veröffentlichung/Research Association.
[6] BPatG 11.4.1988, BPatGE 30, 1.
[7] BPatG 25.3.1996, BPatGE 36, 174 – Viterbi-Algorithmus; vgl. auch BPatG 6.12.1983, Mitt. 1984, 148, wonach eine Dissertation nicht schon mit ihrem Eingang bei einer öffentlichen Bibliothek, sondern erst dann der Öffentlichkeit zugänglich wird, wenn sie katalogisiert und in die für die Benutzer bereitgehaltenen Bestände eingereiht ist; ebenso EPA 4.3.2003, becklink 88192, zit. bei *Klicznik* 141 f.
[8] EPA 10.11.1988, ABl. 1990, 213 – Veröffentlichung/Research Association.
[9] BPatG 30.1.1986, BPatGE 28, 22.
[10] Vgl. *Niedlich* Mitt. 2004, 349 ff.
[11] Zum folgenden *Klicznik* 149 ff.

§ 16 A IV   *2. Abschnitt. Sachliche Voraussetzungen des Patent- u. Gebrauchsmusterschutzes*

gängigen **Suchmaschine** auffindbar[12] oder über einen **Hyperlink** (auf einer Website) erreichbar ist.[13]

22   Kernproblem wird stets die Feststellung des **Zeitpunkts** sein, ab dem die Information so öffentlich zugänglich war,[14] dass ein nicht geheimhaltungspflichtiges Mitglied der Öffentlichkeit vor Anbruch des maßgebenden Anmelde- oder Prioritätstags in seiner jeweiligen Zeitzone[15] unmittelbar und eindeutig Zugang erlangen konnte.[16]

23   Der Inhalt über das Internet versandter elektronischer Mitteilungen (**E-Mails**) ist der Öffentlichkeit zugänglich, wenn der Empfänger nicht geheimhaltungspflichtig und zur Weitergabe oder zur Gewährung von Einblick bereit ist. Dagegen wird die bloße Möglichkeit des Erratens einer URL oder des „Mitlesens" einer E-Mail auf der einen oder anderen Station ihres elektronischen Übermittlungswegs noch nicht als ausreichend anzusehen sein, den Inhalt einer Webseite oder E-Mail der Öffentlichkeit zugänglich gemacht zu haben.[17] Der Öffentlichkeit zugänglich wird dieser Inhalt jedoch, wenn eine nicht geheimhaltungspflichtige und zur Weitergabe bereite Person davon auf solche an sich fernliegende Weise tatsächlich Kenntnis erlangt.

24   **Schutzrechtsanmeldungen** samt zugehöriger Unterlagen werden der Öffentlichkeit zugänglich, sobald das PA sie veröffentlicht oder jedermann ohne weiteres Einsicht gewährt, bei deutschen Patentanmeldungen also mit der Offenlegung (§§ 31 Abs. 2, 32 Abs. 5 PatG), bei europäischen und internationalen Anmeldungen mit der Veröffentlichung (Art. 93 EPÜ, 21 PCT), bei Gebrauchsmusteranmeldungen mit der Eintragung (§ 8 Abs. 3 und 5 GebrMG).

25   Bei Werbeprospekten, die für die Kunden eines Unternehmens bestimmt waren, wird öffentliches Zugänglichwerden vor dem Stichtag angenommen, wenn sie längere Zeit vorher gedruckt worden sind.[18] Vorabdrucke (Vervielfältigungsstücke des Typoskripts) eines wissenschaftlichen Aufsatzes, die dessen Verfasser an 16 bestimmte Kollegen ohne Geheimhaltungsverpflichtung versandt hatte, wurden nicht als öffentliche Druckschriften iSd § 2 PatG 1968 gesehen, weil ihre Versendung die wissenschaftliche Diskussion innerhalb eines überschaubaren und bestimmbaren Kreises von Fachleuten (Empfänger, Mitarbeiter, interessierte Kollegen) habe fördern sollen, und eine Weitergabe über diesen abgrenzbaren Kreis hinaus nicht festgestellt wurde.[19]

26   **Mündliche Mitteilungen** können schon wegen der Größe oder Beliebigkeit des Kreises der unmittelbaren Zuhörer bewirken, dass ihr Inhalt der Öffentlichkeit zugänglich wird; richten sie sich an einzelne, individualisierte Empfänger, kommt es darauf an, ob nach den Umständen damit gerechnet wird oder werden muss, dass sie alsbald in einer der Kontrolle des Mitteilenden entzogenen Weise weiterverbreitet werden.[20] Hieran kann es fehlen, wenn der Empfänger den Kreis der Informierten aus Eigeninteresse begrenzt halten wird,[21] oder wenn er ein Angebot erhält, dessen Weitergabe an beliebige Dritte nach der Lebenserfahrung nicht zu erwarten ist.[22]

27   Das Naheliegen einer solchen Weitergabe hatte der BGH 2014 in seiner Entscheidung **Presszange** nicht annehmen wollen, weil das Angebot hier auf einen Gegenstand gerichtet gewesen war, der erst noch hatte hergestellt werden sollen. Hier bestehe auf beiden Seiten ein Interesse an der Nichtweiter-

---

[12] Darüber *Klicznik* 38 ff.
[13] Zum Beweis grundsätzlich und mit Hinweis auf die Website „Internet Archive": *Seifert/Wortmann* Mitt. 2019, 394; sowie *Klicznik* 267 ff.
[14] EPA 12.3.2012, Mitt. 2012, 360 (361).
[15] BGH 4.9.2018, GRUR 2018, 271 Rn. 94 – Drahtloses Kommunikationsnetz.
[16] Vgl. Darstellung auf der JPO-Website von Internetuploads als SdT: https://www.jpo.go.jp/news/kokusai/ip5/document/jitsumu_catalog/en_shousai.pdf – zuletzt besucht am 28.2.2021.
[17] *Klicznik* 149, vgl. auch 289 f.; EPA 12.3.2012, Mitt. 2012, 355.
[18] BPatG 15.2.1991, BPatGE 32, 109; 23.6.1997, BPatGE 38, 206.
[19] BGH 9.2.1993, GRUR 1993, 466 – Fotovoltaisches Halbleiterelement.
[20] BGH 8.7.2008, GRUR 2008, 885 Rn. 23 – Schalungsteil.
[21] BGH 13.12.1977, GRUR 1978, 297 – Hydraulischer Kettenbandantrieb.
[22] BGH 9.12.2014, GRUR 2015, 463 Rn. 34 – Presszange; 15.1.2013, GRUR 2013, 367 Rn. 20 f. – Messelektronik für Coriolisdurchflussmesser; 8.7.2008, GRUR 2008, 885 Rn. 23 – Schalungsteil; 13.12.1977, GRUR 1978, 297 – Hydraulischer Kettenbandantrieb.

§ 16. Der Stand der Technik A IV § 16

gabe des Angebots, weil beiden Seiten daran interessiert seien, das Entwicklungsprojekt nicht bekannt werden zu lassen, bevor das Produkt auf den Markt gelange.[23]

Auch kann jedenfalls nur das öffentlich zugänglich werden, was der Empfänger versteht und weiterzugeben in der Lage ist.[24] **28**

Welche Informationen durch die **Wahrnehmung von Gegenständen** vermittelt werden, hängt von den Umständen ab[25]. Die Information kann sich auf einen flüchtigen äußeren Eindruck beschränken, der die in Frage stehenden technischen Besonderheiten nicht erkennbar macht[26]. Sie kann aber auch Einzelheiten der Bauart oder Zusammensetzung des Gegenstands umfassen, die erst bei Zerlegung oder Zerstörung erkennbar werden. Letzteres kommt vor allem dann in Betracht, wenn ein Gegenstand **vorbehaltlos anderen überlassen** wird[27]. Schon dies kann die Annahme rechtfertigen, dass beliebige Dritte Gelegenheit hatten, vom Wesen der Erfindung Kenntnis zu nehmen[28]; insbesondere besteht dann die Möglichkeit genauer Untersuchung durch Sachverständige (→ Rn. 37 ff.). **29**

Der BGH sieht die in einem Gegenstand verkörperte Lehre durch dessen Lieferung an einen einzelnen Betrieb jedenfalls dann als der Öffentlichkeit zugänglich gemacht an, wenn der Gegenstand zur Weiterverarbeitung in der für Dritte bestimmten Produktion jenes Betriebs bestimmt ist[29]. Das BPatG hat für die vorbehaltlose Lieferung eines technischen Geräts an das Labor eines Universitätsinstituts ebenso entschieden[30]. Das EPA lässt grundsätzlich ebenfalls einen einzigen vorbehaltlosen Verkauf genügen, um den verkauften Gegenstand der Öffentlichkeit zugänglich zu machen[31]. Es hat jedoch angenommen, dass die Bedruckbarkeit eines Materials und die Oberflächenmerkmale, die es nach einem Wärmeschrumpfungsprozess aufweist, nicht schon durch Auslieferung an einen Kunden öffentlich zugänglich werden.[32] Anders sieht der BGH dies für ein Handbuch, das als Begleitunterlage zu einer Vorrichtung überlassen wurde und das nach dem Willen des Veräußerers ausdrücklich nur für einen bestimmten Zweck verwendet und nicht vervielfältigt werden durfte. Ist die in einem solchen Handbuch enthaltene Information nicht als vertraulich gekennzeichnet oder Gegenstand einer Geheimhaltungsverpflichtung, wird diese mit Herausgabe des Handbuchs offenkundig.[33] **30**

3. Nicht der Öffentlichkeit zugänglich ist Wissen, das nur wenigen Personen bekannt ist und von ihnen **geheim gehalten** wird[34]. Das gilt auch, wenn mehrere unabhängig voneinander ein Geheimnis besitzen. So steht es im Fall von Parallelerfindungen der Ertei- **31**

---

[23] BGH 9.12.2014, GRUR 2015, 463 Rn. 34 – Presszange.
[24] Vgl. BGH 11.7.1974, GRUR 1975, 254 (256) – Ladegerät II; 22.1.1963, GRUR 1963, 311 (313) – Stapelpresse.
[25] BGH 5.3.1996, GRUR 1996, 747 (752) – Lichtbogen-Plasma-Beschichtungssystem; für den Fall einer Ausstellung, vgl. BPatG 26.5.1993, BPatGE 34, 38.
[26] BGH 22.1.1963, GRUR 1963, 311 (313) – Stapelpresse; 5.6.1997, BGHZ 136, 40 (51) – Leiterplattennutzen; 13.3.2001, GRUR 2001, 819 (822) – Schalungselement (für die Verwendung eines Bauelements, die an der Erfindung nur bei Zerlegung erkennbar wird, auf einen einzelnen, mit dem Herstellerbetrieb verbundenen Baustelle); 30.9.1997, GRUR 1998, 382 – Schere: Durch Geschmacksmusterhinterlegung wird nicht offenbart, was erst durch eingreifende, zur Gewinnung eines ästhetischen Eindrucks nicht erforderliche Untersuchungen erkennbar wird; zu den Voraussetzungen, unter denen das Angebot einer Vorrichtung geeignet ist, das damit durchzuführende Verfahren bekannt zu machen, vgl. BGH 12.7.1988, GRUR 1988, 755 – Druckguß.
[27] EPA-Richtlinien G. IV 7.2.1.
[28] BGH 5.3.1996, GRUR 1966, 747 (753) – Lichtbogen-Plasma-Beschichtungssystem.
[29] BGH 19.5.1999, GRUR 1999, 976 – Anschraubscharnier.
[30] BPatG 26.4.1990, Mitt. 1991, 118.
[31] EPA 11.12.1990, ABl. 1992, 646 – Stromversorgung/Télémécanique; ebenso 4.4.1991, ABl. 1992, 654 – Haltevorrichtung/Sedlbauer.
[32] EPA 20.11.1996, ABl. 1998, 161 – Joint-venture/Sekisui.
[33] BGH 15.5.2013, GRUR 2014, 251 Rn. 30 – Bildanzeigegerät; ausdr. in Fortführung von BGH 15.1.2013, GRUR 2013, 367 – Messelektronik für Coriolisdurchflussmesser.
[34] BGH 5.3.1996, GRUR 1996, 747 (752) – Lichtbogen-Plasma-Beschichtungssystem; 5.6.1997, BGHZ 136, 40 (47) – Leiterplattennutzen.

§ 16 A IV 2. Abschnitt. Sachliche Voraussetzungen des Patent- u. Gebrauchsmusterschutzes

lung des Patents an den Erstanmelder nicht entgegen, dass der andere Erfinder die Erfindung kannte.

32 Wer verhindern will, dass Wissen, das er anderen zugänglich macht, auch der Öffentlichkeit zugänglich wird, kann die Informationsempfänger vertraglich zur Geheimhaltung verpflichten. Vielfach unterliegt der Empfänger auch **ohne ausdrückliche Abrede** einer Geheimhaltungspflicht[35]. Sie kann sich aus einem **Vertrag** ergeben, wenn die in § 241 Abs. 2 BGB vorgesehene Pflicht zur Rücksichtnahme auf die Rechte, Güter und Interessen des anderen Teils unter den gegebenen Umständen die Geheimhaltung von diesem stammender Informationen gebietet. Schon eine durch **geschäftlichen Kontakt** entstehende Sonderbeziehung kann nach § 311 Abs. 2 iVm § 241 Abs. 2 BGB eine Geheimhaltungspflicht begründen. Strafbewehrten Geheimhaltungspflichten unterliegen bei einem Unternehmen beschäftigte Personen hinsichtlich dessen Geschäftsgeheimnissen aus Arbeitsrecht und nach dem Geschäftsgeheimnisgesetz (GeschGehG), das am 26.4.2019 inkraft getreten ist.[36]

33 Bei gemeinsamer Entwicklungstätigkeit kann regelmäßig davon ausgegangen werden, dass die Beteiligten die dabei entstehenden Kenntnisse schon im jeweils eigenen Interesse geheim halten[37]. Dass ein Erfindungsbesitzer erfindungsgemäße Gegenstände durch ein anderes Unternehmen herstellen lässt, macht die Erfindung ohne Hinzutreten besonderer Umstände nicht der Öffentlichkeit zugänglich[38]; es darf also in solchen Fällen normalerweise mit Geheimhaltung durch das beauftragte Unternehmen gerechnet werden. Entsprechendes gilt bei einem Auftrag zur Durchführung von Tierversuchen oder klinischen Versuchen[39].

34 Durch Zusendung des Manuskripts eines Aufsatzes an eine Fachzeitschrift zwecks Veröffentlichung gestattet der Verfasser grundsätzlich nicht, dass dieses vor regulärer Veröffentlichung unkontrolliert an beliebige Dritte weitergegeben wird[40]. Bei Angebotsverhandlungen zwischen einem Interessenten und mehreren Anbietern ist von Geheimhaltung jedenfalls dann auszugehen, wenn der Interessent mit jedem Anbieter einzeln verhandelt[41]. Als nicht der Öffentlichkeit zugänglich wurde ein „Datenblatt" eines Fachverbandes von Reifenherstellern angesehen, das Verbandsmitgliedern vorbehalten und als vertraulich gekennzeichnet war: der informierte Personenkreis sei zwar vergleichsweise weit, aber noch überschaubar; dass Außenstehende Kenntnis erlangt hätten, sei nicht ersichtlich[42]. Dagegen wurde eine den zahlreichen Mitarbeitern eines Unternehmens ohne Geheimhaltungspflicht überlassene Hauszeitschrift als der Öffentlichkeit zugänglich angesehen, weil nach der Lebenserfahrung mit Kenntnisnahme auch durch Außenstehende gerechnet werden musste.[43]

35 Wird eine **Geheimhaltungspflicht verletzt** und ein Geheimnis pflichtwidrig offengelegt, wird es nach neuem Geheimnisschutzrecht der Öffentlichkeit zugänglich.[44] Der

---

[35] BGH 15.1.2013, GRUR 2013, 367 Rn. 21 – Messelektronik für Coriolisdurchflussmesser; 5.6.1997, BGHZ 136, 40 (47 ff.) – Leiterplattennutzen; vgl. auch BGH 13.3.2001, GRUR 2001, 819 (823 ff.) – Schalungselement; BPatG 7.3.1994, BPatGE 34, 145; EPA 23.7.1993, ABl. 1994, 713 – Geheimhaltungsvereinbarung/Macor. – Die im Text folgenden Hinweise betreffen die deutsche Rechtslage. Doch können auch Mitteilungen, die im Ausland erfolgen, im Inland patenthindernd wirken. In solchen Fällen stellt sich zunächst die Frage, welche Rechtsordnung über das Bestehen von Geheimhaltungspflichten entscheidet.
[36] Gesetz zum Schutz von Geschäftsgeheimnissen (GeschGehG) vom 18.4.2019 (BGBl. I 466).
[37] BGH 10.11.1998, Mitt. 1999, 362 (364) – Herzklappenprothese; BPatG 29.9.1997, GRUR 1998, 653 – Schwingungsdämpfer; EPA 23.7.1993, ABl. 1994, 713 – Geheimhaltungsvereinbarung/Macor.
[38] BGH 10.11.1998, Mitt. 1999, 362 (364) – Herzklappenprothese; 19.5.1999, GRUR 1999, 976 (977) – Anschraubscharnier; 13.3.2001, GRUR 2001, 819 (822) – Schalungselement.
[39] BGH 10.11.1998, Mitt. 1999, 362 (364) – Herzklappenprothese; BPatG 17.3.1987, Mitt. 1988, 207.
[40] BPatG 19.7.1995, BPatGE 35, 122.
[41] BPatG 15.1.1998, BPatGE 40, 10 – Rollenkeller.
[42] BPatG 10.6.1999, BPatGE 42, 33 – Datenblatt.
[43] BPatG 8.12.2005, Mitt. 2006, 370 – Transporteinheit.
[44] BPatG 17.10.1991, BPatGE 33, 18 – Manual.

§ 16. Der Stand der Technik   A IV § 16

Geheimnisinhaber, dessen Vertrauen enttäuscht wurde, ist auf die Ansprüche aus §§ 6–10 GeschGehG verwiesen. Das ist auch richtig so, schon weil das Risiko pflichtwidriger Handlungen eines Vertragspartners nur dem zugewiesen sein kann, der den Vertragspartner ausgewählt hat. Er konnte das Risiko einer Vertragsverletzung am ehesten kontrollieren und hätte seine Auswahl noch vorsichtiger treffen können. Nichts anderes gilt für **ausgespähte** Geheimnisse,[45] die freilich nur selten offengelegt werden. Geschieht dies doch, werden sie damit der Öffentlichkeit zugänglich.

Stets zu beachten ist in diesen Fällen freilich der **Missbrauchstatbestand der Neu-** 36 **heitsschonfrist,** § 3 Abs. 5 S. 1 Nr. 1 PatG, denn vertragswidriger Geheimnisbruch, der nach § 23 GeschGehG auch strafbar ist, bedeutet regelmäßig auch einen **Missbrauch,** der eine auf ihm beruhende öffentliche Zugänglichkeit für eine vor Ablauf von sechs Monaten eingereichten Anmeldung unschädlich macht (vgl. → Rn. 65 ff.).

Wenn eine Patentanmeldung, die auf die **Hinterlegung** eines Mikroorganismus oder sonsti- 36a gen **biologischen Materials** Bezug nimmt, veröffentlicht ist und der Anmelder von der in R 32 EPÜ, § 5 BioMatHintV vorgesehenen „Sachverständigen-Lösung" Gebrauch gemacht hat (→ § 14 Rn. 200 ff.), sind der Öffentlichkeit diejenigen Informationen zugänglich, die der Sachverständige durch Untersuchung der ihm ausgehändigten Probe erlangen kann und weitergeben darf. Dagegen ist das hinterlegte Material der Öffentlichkeit nicht zugänglich, solange der Sachverständige die ihm ausgehändigte Probe nach R 33 Abs. 2 iVm R 32 Abs. 2 S. 2 EPÜ bzw. nach § 6 BioMatHintV nicht weitergeben darf[46]. Ist die angemeldete Erfindung nur bei Verfügbarkeit des hinterlegten Materials ausführbar, fehlt es somit an einer nacharbeitbaren Offenbarung der Erfindung. Die der Öffentlichkeit zugänglichen Informationen vermögen deshalb dem Gegenstand einer späteren Anmeldung nicht die Neuheit zu nehmen; sie sind jedoch bei der Prüfung auf erfinderische Tätigkeit zu berücksichtigen. Hinsichtlich des der Öffentlichkeit nicht zugänglichen Gegenstands der Hinterlegung wirkt die Veröffentlichung der Anmeldung, die hierauf Bezug nimmt, nur nach Maßgabe der § 3 Abs. 2 PatG, Art. 54 Abs. 3, 4 EPÜ (→ Rn. 59 ff.).

4. Für die Zugehörigkeit zum SdT genügt es, dass der Öffentlichkeit die **Kenntnisnah-** 37 **me möglich** ist. Dass tatsächlich ein größerer Personenkreis Kenntnis nimmt, ist nicht erforderlich.[47] Die Rechtsprechung verlangt aber, dass die Weiterverbreitung an Dritte durch den Empfänger nach der Lebenserfahrung nahegelegen hat. Bei schriftlich vorliegendem SdT wird man das nicht bejahen können, wenn eine Geheimhaltungspflicht bestand, denn es gibt keine Lebenserfahrung, dass die Weitergabe von Informationen naheliegt, die mit solchen Pflichten geschützt werden. Bei offenen Informationen, die schriftlich vorliegen, wird eine Weitergabe vielfach nahliegen. Bei nicht schriftlich vorliegenden Informationen wird man nach den Umständen des Einzelfalls entscheiden müssen, ob deren Weiterverbreitung nahegelegen hat.[48] Nicht ausgeschlossen ist diese Weiterverbreitung allerdings schon dadurch, dass die Information, auf die es ankommt, nur durch umfangreiche, zeit- und arbeitsaufwendige Untersuchung des der Öffentlichkeit zugänglich gewordenen Gegenstands zu gewinnen waren.[49]

Das BPatG hat freilich eine in ausgelieferten Stählen verkörperte technische Lehre nicht als offen- 38 kundig geworden betrachtet, weil es die Durchführung der erforderlichen Analyse unter den ge-

---

[45] Möglichkeiten und Praktiken des Ausspähens im Internet behandelt *Klicznik* 180 ff.
[46] *Straus/Moufang* 135 ff. wollen auch insoweit Zugänglichsein für die Öffentlichkeit annehmen.
[47] BGH 15.1.2013, GRUR 2013, 367 Rn. 20 – Messelektronik für Coriolisdurchflussmesser.
[48] BGH 5.6.1997, BGHZ 136, 40 (45) – Leiterplattennutzen; BPatG 3.3.1998, BPatGE 40, 104 (113); ähnliche Ansätze in der Rechtsprechung des EPA behandelt *Klicznik* 141 f.
[49] BGH 19.12.1985, GRUR 1986, 372 (374) – Thrombozyten-Zählung (dazu *Dreiss* GRUR 1994, 782 f.; *Reimann* GRUR 1998, 298 (301 f.)); BPatG 3.3.1998, BPatGE 40, 104 (112 f.); auch nach EPA 17.8.1994, ABl. 1995, 755 – Vorbenutzung/Packard ist der Untersuchungsaufwand grundsätzlich ohne Bedeutung; dagegen scheint EPA 18.12.1992, ABl. 1993, 277 Rn. 1.4 – Öffentliche Zugänglichkeit vorauszusetzen, dass kein „unzumutbarer Aufwand" erforderlich ist. – Zur Problematik und den einschlägigen Beweisproblemen auch *Rößler* Mitt. 2006, 98–105.

gebenen Umständen für allzu unwahrscheinlich hielt.[50] Der BGH[51] hat sich dem BPatG insoweit nicht angeschlossen, sondern dessen Entscheidung im Ergebnis deshalb gebilligt, weil der Fachmann durch Analyse des gelieferten Stahls die erforderlichen Informationen nicht habe gewinnen können. Das EPA[52] hat die öffentliche Zugänglichkeit eines Steuerungsverfahrens verneint, das auf einem in einer offenkundig vorbenutzten Vorrichtung enthaltenen Mikrochip gespeichert war: der interessierten fachkundigen Öffentlichkeit hätten keine programmspezifischen Funktions- und Blockschaltpläne zur Verfügung gestanden; das Prinzip des Steuerungsverfahrens sei äußerlich nicht erkennbar; die Ermittlung des Programminhalts des Mikrochips sei zwar technisch möglich, könne aber unter den gegebenen Umständen, insbesondere aus Kosten-/Nutzenerwägungen, nicht erfolgt sein.

39   Die *Möglichkeit* der Kenntnisnahme hängt nicht davon ab, dass Personen, die den Gegenstand in die Hand bekommen, *Anlass* zu näherer Untersuchung haben[53]. Demgemäß gehört die Zusammensetzung eines Erzeugnisses, das der Öffentlichkeit zugänglich ist und vom Fachmann analysiert und reproduziert werden kann, unabhängig davon zum SdT, ob es besondere Gründe gibt, es zu analysieren[54].

40   Soweit nach diesen Grundsätzen die Möglichkeit der Kenntnisnahme besteht, sind zum Stand der Technik auch solche Informationen zu rechnen, die tatsächlich unbeachtet geblieben sind („papierener Stand der Technik").[55]

41   Informationen, die vor dem Stichtag der Öffentlichkeit zugänglich gemacht worden sind, gehören auch dann zum SdT, wenn sie am Stichtag der Öffentlichkeit nicht mehr zugänglich waren.[56]

42   5. Der Zugehörigkeit einer Information zum SdT steht es nicht entgegen, dass sie der Öffentlichkeit in der Absicht zugänglich gemacht worden ist, Patentschutz für eine Erfindung zu verhindern, die durch die Information vorweggenommen oder dem Fachmann nahegelegt wird. Vielmehr gelten für die Relevanz solcher „Defensivpublikationen" **(„defensive publishing")**[57] die allgemeinen Regeln. Das ist eine Kehrseite des absoluten Neuheitsbegriffs, jedenfalls seiner strikten Handhabung.[58]

43   In Grenzfällen, etwa dann, wenn ein Publikationsmittel oder -ort ganz ungewöhnlicher Art benutzt worden ist, von dem die Fachwelt keinerlei einschlägige Information erwartet, oder die Information nach kürzester Zeit wieder unzugänglich gemacht worden ist, kann der in der Rechtsprechung anklingende Gedanke, dass eine rein theoretische Zugänglichkeit nicht genügt (→ Rn. 37 ff.), dazu führen, dass die Information nicht zum SdT gerechnet wird. Ob dies jenseits extremer Ausnahmefälle richtig wäre, erscheint zweifelhaft. Wer einen absoluten Neuheitsbegriff formuliert, wird vielmehr auch mit dessen Folgen leben müssen.[59]

---

[50] BPatG 3.3.1998, BPatGE 40, 104 (113).
[51] 19.6.2001, GRUR 2001, 1129 (1134) – Zipfelfreies Stahlband.
[52] 17.4.1991, ABl. 1993, 295 – Mikrochip/Heidelberger Druckmaschinen.
[53] BPatG 3.3.1998, BPatGE 40, 104 (113) unter Hinweis auf BGH 5.6.1997, BGHZ 136, 40 (51) – Leiterplattennutzen; anders noch BPatG 14.1.1992, BPatGE 33, 207.
[54] EPA 18.12.1992, ABl. 1993, 277 Rn. 1.4 – Öffentliche Zugänglichkeit.
[55] *Melullis* in Benkard PatG § 3 Rn. 69, 84 mit Nachweisen; *Melullis* in Benkard EPÜ Art. 54 Rn. 140, 83; *Kolle* GRUR-Int 1971, 63 ff.; *Günzel* FS Nirk, 1992, 443. – Dagegen schlägt *Bossung* GRUR-Int 1978, 390 (bekräftigt in GRUR-Int 1990, 698) vor, eine Information nur dann als der Öffentlichkeit zugänglich anzusehen, wenn für einen des Recherchierens Kundigen, dem alle Informationsmittel der Technik und des Patentwesens zur Verfügung stehen, ein gewisses Maß an Ermittlungswahrscheinlichkeit gegeben ist.
[56] BGH 2.7.1985, BGHZ 95, 162 = GRUR 1985, 1035 (1036) – Methylomonas; *Melullis* in Benkard PatG § 3 Rn. 275.
[57] Vgl., auch mit taktischen Hinweisen, *Slopek* GRUR 2008, 816 ff.; *Henn* 4 ff.; *Blind/Karge/Marquard* GRUR 2013, 1197 ff.; sowie *Klicznik* 81 ff., der insbes. auf elektronische Offenbarungsmittel eingeht; ausführlich hierzu auch *Rosenich* Mitt. 2014, 306 ff.
[58] *Henn* 221.
[59] Wesentlich zurückhaltender und damit im Ergebnis liberaler *Henn* 112 ff., 221; vgl. hierzu auch *Tönnies* Mitt. 2014, 309 ff.

6. Nach den dargestellten Regeln richtet sich auch, ob und wann **„indigenes"** oder **„traditionelles" Wissen** als Stand der Technik anzusehen ist. 44

Beschränkt sich seine Kenntnis auf wenige „eingeweihte" Personen, die es geheim halten, gehört 45
das Wissen nicht zum SdT, solange es nicht wenigstens einer nicht geheimhaltungspflichtigen, zur Weitergabe befähigten Person mitgeteilt wird. Ist es dagegen Gemeingut einer – sei es auch begrenzten – Gemeinschaft, deren Mitglieder in der Lage und auf Anfrage bereit sind, es mitzuteilen, gehört es zum SdT. Der Schwierigkeit, einen solchen Sachverhalt nachzuweisen, kann – im Verhältnis zu künftigen Patentanmeldungen – durch gezielte Veröffentlichung des in Frage stehenden Wissens begegnet werden (vgl. → Rn. 42 f.).[60] Manche Entwicklungsländer verfahren in dieser Weise. Sie können dabei einen Leitfaden und ein Internet-Portal der WIPO nutzen.[61]

Der Umstand, dass eine Information zum indigenen oder traditionellen Wissen einer Gemeinschaft gehört, reicht somit für sich genommen weder zur Bejahung noch zur Verneinung ihrer Zugehörigkeit zum SdT aus. Deshalb sollten keine Sonderregelungen angestrebt werden, die solches Wissen generell zum SdT rechnen. Ebenso wenig ist aber die Empfehlung umsetzbar, sie stets der Patentierung zuzuführen, weil andernfalls kein wirtschaftliches Interesse an ihrer Nutzung bestehe.[62] 46

7. **Genetische Ressourcen** sind, auch soweit sie ausschließlich oder vorwiegend in 47
bestimmten Entwicklungsländern anzutreffen sind, patentrechtlich nicht notwendigerweise ebenso zu behandeln wie indigenes oder traditionelles Wissen.

Die in der Natur vorkommenden Pflanzen, Tiere und Mikroorganismen, die sie als Gensequenzen 48
enthalten, sind der Öffentlichkeit zugänglich, soweit nicht der Zugriff auf sie durch Vorschriften oder Maßnahmen aller Staaten, auf deren Territorium sie sich finden, erfolgreich verhindert oder einem – insbesondere durch Genehmigungserfordernisse – beschränkten Personenkreis vorbehalten wird. Fehlt es hieran, ist der Öffentlichkeit zugänglich, jedenfalls aber nicht erfinderisch (→ § 14 Rn. 158 ff.), was der zuständige Fachmann durch – sei es auch aufwendige – Untersuchung mit ihm geläufigen Mitteln und Methoden erkennt. Erfinderisch und patentierbar können jedoch Produkte und Verfahren sein, die auf Grund so gewonnener Erkenntnisse entwickelt werden.

Staaten, die an der Kontrolle über „ihre" in natürlichem Material, das auf ihrem Territorium vorkommt, enthaltenen genetischen Ressourcen interessiert sind, können deren Zugehörigkeit zum SdT 49
dadurch verhindern, dass der Zugang zu dem Material in allen Staaten, in denen es zu finden ist, effektiv einem begrenzten Personenkreis vorbehalten wird. Unter welchen Voraussetzungen und in welchem Umfang dann Patentschutz erreichbar ist, hängt davon ab, worin jeweils die erfinderische Leistung liegt. Für die Bereitstellung einer genetischen Ressource iS einer Gensequenz als solcher trifft dies nur zu, wenn sie dem Fachmann – ausnahmsweise – mehr abfordert als ein routinemäßiges Anwenden der ihm zur Verfügung stehenden Verfahren (→ § 14 Rn. 158 ff.). Unter dieser Voraussetzung stünde aber auch der Umstand, dass das der Natur entnommene Material der Öffentlichkeit zugänglich war, einer Patentierung nicht entgegen.

Insgesamt ergibt sich, dass beim heutigen Entwicklungsstand der Gentechnologie genetische Ressourcen als solche regelmäßig nicht patentiert werden können.[63] 50

Eine *Veröffentlichung* genetischer Ressourcen kann sich zu dem Zweck empfehlen, ihre öffentliche 51
Zugänglichkeit für einen bestimmten Zeitpunkt außer Zweifel zu stellen und außerdem ihre Patentierung auch dort zu verhindern, wo im Ausland vorliegende Informationen nur in schriftlicher Form als SdT anerkannt werden und außerdem die Anforderungen an die erfinderische Leistung gering sind. Sie setzt aber voraus, dass zunächst aus einem in der Natur vorkommenden Material eine darin enthaltene genetische Ressource ermittelt wird.

---

[60] In Staaten, deren Recht ausländische Sachverhalte nicht uneingeschränkt als SdT berücksichtigt, kann die Veröffentlichung Voraussetzung dafür sein, dass ihr Inhalt überhaupt als SdT in Betracht kommt; vgl. *Götting* GRUR-Int 2004, 731 (735); *Straus/Klunker* GRUR-Int 2007, 91 (95).

[61] S. *Götting* GRUR-Int 2004, 731 (735).

[62] In diesem Sinn *Straus/Klunker* GRUR-Int 2007, 91 (94 f.), die allerdings auch bemerken, dass in den meisten Fällen das Erfordernis der Neuheit einer Patentierung entgegenstehen werde; ausführlich zum patentrechtlichen Schutz indigenen Wissens einschließlich des Vorschlags der europäischen Kommission vom 4.10.2012 für eine Verordnung des Europäischen Parlaments und des Rates über den Zugang zu genetischen Ressourcen sowie die ausgewogene und gerechte Aufteilung der sich aus der Nutzung ergebenen Vorteile in der Europäischen Union *Nägele/Jacobs* Mitt. 2014, 353 ff.

[63] AM anscheinend *Straus/Klunker* GRUR-Int 2007, 91 (94 f.).

52 8. In der Natur vorhandenes **biologisches Material,** das als Gegenstand einer Erfindung in Betracht kommt, wenn es mit Hilfe eines technischen Verfahrens hergestellt oder aus seiner natürlichen Umgebung isoliert ist (§ 1 Abs. 2 S. 2 PatG, Art. 3 Abs. 2 BioPat-RL, R 27 (a) EPÜ), gehört zum Stand der Technik, wenn die Information, dass es in der Natur vorhanden ist, vor dem Stichtag der Öffentlichkeit zugänglich gemacht worden ist (vgl. → § 11 Rn. 25 ff.).

53 Deshalb kann durch Veröffentlichung dieser Information die Patentierung (der Bereitstellung) dieses Materials als solchen verhindert werden. Nicht verhindert wird jedoch die Patentierung von Erfindungen, die einen neuen, nicht naheliegenden Weg zur Herstellung oder Isolierung des Materials lehren oder Eigenschaften und Wirkungen des Materials nutzen, deren Erkennen für den Fachmann nicht naheliegend war. Um insoweit eine Patentierung zu verhindern, müsste eine Veröffentlichung über solche Eigenschaften und Wirkungen informieren. Wer sie erkannt hat, könnte jedoch, statt sie zu veröffentlichen, auch Patentschutz für ihre Nutzung in Anspruch nehmen.[64] Eine spezifisch auf Eigenschaften und Wirkungen biologischen Materials bezogene Veröffentlichung empfiehlt sich deshalb nur, soweit diese bekannt sind; sie sichert dann einen nachweisbaren Zeitpunkt der Zugänglichkeit und die Zurechnung zum SdT auch in Staaten, deren Recht im Ausland vorhandene Informationen nur in schriftlicher Form berücksichtigt.

54 9. Wenn im DPMA oder EPA der Gegenstand einer Patentanmeldung auf Neuheit und erfinderische Tätigkeit geprüft wird, steht oft nicht der gesamte einschlägige SdT als „**Prüfstoff**" zur Verfügung. Aus praktischen Gründen setzt sich dieser in erster Linie – und auch insoweit ohne Gewähr der Vollständigkeit – aus druckschriftlich veröffentlichter oder auf elektronischem Weg zugänglicher Fachliteratur, Patentschriften und -anmeldungen sowie Unterlagen über andere technische Schutzrechte zusammen. Im Übrigen bezieht sich jedoch die durch das geltende Recht eingeführte Erweiterung des patenthindernden SdT großenteils auf Vorwegnahmen, die ihrer Form wegen schwerlich in den Prüfstoff der Ämter gelangen werden; sie hat daher die Differenz zwischen dem Prüfstoff und dem SdT vergrößert und bedeutet im Ergebnis wohl hauptsächlich eine Verbesserung der Aussichten, Material für Einsprüche und Nichtigkeitsklagen gegen erteilte Patente zu finden.

V. Ältere Patentanmeldungen als neuheitsschädlicher Stand der Technik

55 1. Der Inhalt einer Patentanmeldung gehört in jeder Hinsicht zum SdT, wenn er vor dem maßgebenden Zeitpunkt der Öffentlichkeit zugänglich gemacht worden ist (vgl. → Rn. 12 ff.). Der **Neuheit** einer Erfindung kann er jedoch nach § 3 Abs. 2 PatG, Art. 54 Abs. 3 EPÜ auch bei *späterer* Veröffentlichung entgegenstehen, sofern die Anmeldung ihrem Zeitrang nach älter ist als diejenige der Erfindung, deren Patentierbarkeit zu beurteilen ist. Für die Frage, ob die Erfindung auf **erfinderischer Tätigkeit** beruht, gilt diese Erweiterung des SdT nicht (§ 4 S. 2 PatG, Art. 56 S. 2 EPÜ).

56 2. Die Einbeziehung einer Anmeldung in den SdT, nach dem sich die Neuheit des Gegenstands einer jüngeren Anmeldung richtet, erfolgt nach § 3 Abs. 2 PatG nur, wenn und soweit mit beiden Anmeldungen **Schutz für** die Bundesrepublik **Deutschland** begehrt wird. Demgemäß kommen gegenüber einer zur Erteilung eines deutschen Patents beim DPMA angemeldeten Erfindung als neuheitsschädliche ältere Anmeldungen in Betracht: nationale Patentanmeldungen beim DPMA; europäische Anmeldungen, wenn die Bundesrepublik Deutschland benannt und für sie die Benennungsgebühr gezahlt ist (vgl. Art. 139 Abs. 1, 79 Abs. 2, R 39 EPÜ); internationale Anmeldungen, für die das DPMA Bestimmungsamt ist, nicht dagegen deutsche Gebrauchsmusteranmeldungen (§ 14 GebrMG) und nationale Schutzrechtsanmeldungen im Ausland.

57 Einer europäischen Anmeldung kann eine ältere europäische Anmeldung neuheitsschädlich entgegenstehen.[65] Ob bei beiden dieselben Vertragsstaaten benannt sind, ist nach

---

[64] *Straus* in Thiele/Ashcroft (Hrsg.) 45, 68.
[65] Zum Problem, dass eine Teilanmeldung gegenüber der Stammanmeldung neuheitsschädlich wirken kann *Walder-Hartmann* GRUR-Int 2014, 17 ff.; *Teschemacher* Mitt. 2014, 16 ff.

§ 16. Der Stand der Technik AV **§ 16**

dem EPÜ 2000, das den früheren Art. 54 Abs. 4 nicht mehr enthält, ohne Bedeutung.[66] Internationale Anmeldungen, für die das EPA als Bestimmungsamt tätig wird, stehen europäischen Anmeldungen gleich (Art. 153 Abs. 2 EPÜ). Dagegen hindern ältere nationale Anmeldungen in benannten Vertragsstaaten das EPA nicht an der Patenterteilung; soweit sie nach dem nationalen Recht eines solchen Staates – wie zB nach § 3 Abs. 2 PatG – patenthindernd wirken, kann dies aber *nach* Erteilung des europäischen Patents gemäß dem im nationalen Recht vorgesehenen Verfahren – in Deutschland durch Nichtigkeitsklage – geltend gemacht werden (Art. 139 Abs. 2 EPÜ).

Bei **internationalen Anmeldungen** erfolgt die Einbeziehung in den SdT gegenüber deutschen und europäischen Anmeldungen nur, wenn sie fristgerecht dem DPMA als Bestimmungsamt in **deutscher Sprache,** dem EPA als Bestimmungsamt in einer seiner **Amtssprachen** vorliegen und die gemäß dem PCT zu entrichtende **nationale** bzw. regionale **Gebühr** an das DPMA bzw. das EPA bezahlt ist (Art. III § 8 Abs. 3, § 4 Abs. 2 IntPatÜG; Art. 153 Abs. 3–5 mit R. 165, 159 Abs. 1(c) EPÜ). Das gilt auch dann, wenn eine an das EPA als Bestimmungsamt gerichtete internationale Anmeldung, die Deutschland benennt, einer deutschen Anmeldung als ältere europäische Anmeldung entgegengehalten wird (§ 3 Abs. 2 S. 1 Nr. 2 PatG). **58**

3. Die Einbeziehung der älteren Anmeldung in den SdT hängt davon ab, dass sie nachträglich noch gemäß den einschlägigen Verfahrensvorschriften der Öffentlichkeit zugänglich gemacht wird.[67] Dies geschieht bei deutschen Anmeldungen durch **Offenlegung** gem. §§ 31 Abs. 2, 32 Abs. 5 PatG, bei europäischen und internationalen durch **Veröffentlichung** gem. Art. 93 EPÜ bzw. Art. 21 PCT. **59**

Letztere ersetzt – erforderlichenfalls zusammen mit der beim DPMA oder EPA als Bestimmungsamt eingereichten und von ihm veröffentlichten deutschen oder amtssprachigen Übersetzung – die Offenlegung bzw. Veröffentlichung durch das DPMA oder EPA (Art. III § 8 Abs. 1 und 2 IntPatÜG, Art. 153 Abs. 3–5 EPÜ). **60**

Die Veröffentlichung oder Offenlegung macht den gesamten Offenbarungsinhalt der älteren Anmeldung mit Rückwirkung auf deren Anmelde- oder Prioritätsdatum zum neuheitsschädlichen SdT. Dabei ist stets die ursprünglich eingereichte Fassung maßgebend, selbst wenn die später der Öffentlichkeit zugänglich gemachte Fassung von ihr abweicht. Beruht jedoch der ältere Zeitrang der Anmeldung auf einer Voranmeldung, deren Priorität in Anspruch genommen wurde, wird nach § 3 Abs. 2 S. 2 PatG ihr Inhalt nur insoweit zum SdT gerechnet, als er über denjenigen der Voranmeldung nicht hinausgeht.[68] Für europäische Anmeldungen wird mit Rücksicht auf Art. 89, 88 Abs. 3 EPÜ Entsprechendes gelten müssen. **61**

---

[66] Für die Änderung dürften rein praktische Gründe maßgebend gewesen sein: Nach der Gebührenordnung der EPO sind seit 1.7.1999 maximal 7 Benennungsgebühren zu bezahlen, so dass die Benennung eines achten und weiterer Vertragsstaaten die Gebührenlast nicht erhöht. Da außerdem die Formblätter für die Anmeldung so gefasst sind, dass alle Vertragsstaaten als benannt gelten, wenn der Anmelder nichts anderes bestimmt, wird damit gerechnet, dass im Regelfall alle Vertragsstaaten (wirksam) benannt werden. Eine grundsätzliche Anerkennung über das beanspruchte Schutzterritorium hinausreichender Wirkungen der nicht vorveröffentlichten älteren Anmeldung bedeutet die Streichung des Art. 54 Abs. 4 aF nicht. Das zeigt insbes. Art. 139 Abs. 1 EPÜ, wonach die Wirkung gegenüber *nationalen* jüngeren Anmeldungen auf die *benannten* Vertragsstaaten beschränkt bleibt.

[67] Deutsche Patentanmeldungen, die gem. § 50 PatG aus Gründen des Staatsschutzes nicht veröffentlicht werden, gelten nach § 3 Abs. 2 S. 3 PatG mit Ablauf von 18 Monaten nach ihrer Einreichung als öffentlich zugänglich gemacht.

[68] Gleiches gilt nach BPatG 22.1.2003, BPatGE 46, 242 – Programmierbarer Türschließer, wenn eine Teilanmeldung erst nach dem für den Zeitrang der jüngeren Anmeldung maßgebenden Tag erweitert worden ist. Das BPatG wendet hier § 3 Abs. 2 PatG analog an; für eine europäische Teilanmeldung ergibt sich unmittelbar aus Art. 76 Abs. 1 S. 2 EPÜ, dass ihr nur für den Inhalt der Stammanmeldung in der ursprünglich eingereichten Fassung am Anmeldetag und gegebenenfalls Priorität dieser Anmeldung zugutekommen.

62 Der weitergehende Inhalt der Anmeldung gehört erst mit ihrem Anmeldedatum zum SdT. Bleibt umgekehrt der Inhalt der Anmeldung hinter demjenigen der prioritätsbegründenden Voranmeldung zurück, gehört dieser weitergehende Offenbarungsinhalt nicht zum SdT.[69]

63 Bei einer Anmeldung, die auf die **Hinterlegung** eines Mikroorganismus oder sonstigen **biologischen Materials** Bezug nimmt (→ § 14 Rn. 187ff.), gehört auch der Gegenstand der Hinterlegung zu dem Offenbarungsgehalt, der gem. § 3 Abs. 2 PatG, Art. 54 Abs. 3 EPÜ in den (neuheitsschädlichen) SdT eingeht. Das gilt auch dann, wenn es sich um eine Anmeldung handelt, deren Anmelder gem. R 32 EPÜ, § 5 BioMatHintV von der „Sachverständigen-Lösung" Gebrauch gemacht hat, so dass der Gegenstand der Hinterlegung der Öffentlichkeit nicht zugänglich ist, solange der Sachverständige ihm ausgehändigte Proben nicht weitergeben darf (→ Rn. 31ff.). Dabei wird auch der Fall einzubeziehen sein, dass die ältere, auf die Hinterlegung Bezug nehmende Anmeldung schon *vor dem Prioritätstag* der jüngeren Anmeldung vom Amt offengelegt bzw. veröffentlicht wird. Da diese Veröffentlichung den Gegenstand der Hinterlegung nicht der Öffentlichkeit zugänglich macht und deshalb nicht die Voraussetzungen von § 3 Abs. 1 S. 2 PatG, Art. 54 Abs. 2 EPÜ erfüllt, würde eine wortlautgemäße Anwendung von § 3 Abs. 2 PatG, Art. 54 Abs. 3 EPÜ im angenommenen Fall der Hinterlegung jede patenthindernde Wirkung im Verhältnis zur jüngeren Anmeldung nehmen. Zur Schließung der Lücke, die sich hier ergäbe, ist eine analoge Anwendung der genannten Vorschriften gerechtfertigt[70]. Dass sie mit dem System der Einbeziehung älterer Anmeldungen in den SdT vereinbar ist, wird durch § 3 Abs. 2 S. 3 PatG bestätigt, der diese Wirkung schon unabhängig von einer Veröffentlichung eintreten lässt.

64 Die Rückwirkung der Veröffentlichung oder Offenlegung setzt voraus, dass die Anmeldung in diesem Zeitpunkt noch anhängig ist; wurde sie schon *vorher* zurückgenommen, ist sie erst im Zeitpunkt der Veröffentlichung oder Offenlegung SdT[71]. Dagegen ändert eine *spätere* Zurücknahme nichts mehr. Erst recht ist ohne Bedeutung, ob die Anmeldung zum Patent führt[72].

VI. Unschädliche Offenbarungen

65 1. Nach § 3 Abs. 5 PatG, Art. 55 EPÜ bleibt für die Anwendung des § 3 Abs. 1 und 2 PatG und des Art. 54 EPÜ eine Offenbarung der Erfindung außer Betracht, wenn sie nicht früher als sechs Monate vor Einreichung der Anmeldung erfolgt ist und unmittelbar oder mittelbar zurückgeht auf einen offensichtlichen Missbrauch zum Nachteil des Anmelders oder seines Rechtsvorgängers oder auf die Tatsache, dass der Anmelder oder Rechtsvorgänger die Erfindung auf einer amtlichen oder amtlich anerkannten Ausstellung im Sinne des Pariser Übereinkommens von 1928 über internationale Ausstellungen zur Schau gestellt hat. Die Regelung beruht auf Art. 4 Abs. 4 StrÜ. Sie bedeutet, dass die genannten Offenbarungen weder als der Öffentlichkeit zugänglich gewordenes Wissen noch als Inhalt einer älteren Anmeldung zum SdT gerechnet werden.[73] Das gilt nicht nur für Informationen, die die später angemeldete Erfindung neuheitsschädlich vorwegnehmen würden, sondern auch für solche, die als SdT dazu beitragen könnten, dass sie als naheliegend gewertet wird.

66 Für den Fall missbräuchlicher *älterer Anmeldungen* wurde auf der Münchener Diplomatischen Konferenz von 1973 die Ansicht vertreten, dass ihr Inhalt immer dann *nicht* zum SdT gehören solle, wenn ihre (amtliche) *Veröffentlichung* in die Schonfrist fällt. Um auch den Fall zu erfassen, dass die Veröffentlichung *nach* dem Anmeldetag der jüngeren Anmeldung erfolgt, wurde die im Entwurf von 1972 vorgeschlagene, auch in Art. 4 Abs. 4 StrÜ enthaltene Formulierung „innerhalb von sechs Monaten" ersetzt durch „nicht früher als sechs Monate" (vor dem Anmeldetag bzw. vor Einreichung der An-

---

[69] Vgl. *Bossung* GRUR-Int 1975, 338.
[70] So *Straus/Moufang* 143 Nr. 169.
[71] BPatG 15.10.1992, BPatGE 33, 171 (173 f.).
[72] Im Fall ihrer Zurückweisung bleibt die Anmeldung anhängig, bis der Zurückweisungsbeschluss unanfechtbar wird, vgl. BPatG 15.10.1992, BPatGE 33, 171 (173 f.).
[73] Das muss auch für den SdT gelten, von dem bei der Anwendung des § 3 Abs. 3 und 4 PatG auszugehen ist; er bestimmt sich nach § 3 Abs. 1 und 2. Dass § 3 Abs. 5 die Absätze 3 und 4 nicht nennt, während sich Art. 55 EPÜ auch auf Art. 54 Abs. 4 und 5 bezieht, macht sachlich keinen Unterschied.

meldung)[74]. Dabei wurden Sinn und Zweck der Einbeziehung nachveröffentlichter Anmeldungen in den SdT verkannt; interessen- und systemgerecht ist auch der geänderte Wortlaut – was ihm jedenfalls nicht widerspricht – dahin auszulegen, dass der Inhalt der missbräuchlichen älteren Anmeldung nur dann nicht zum SdT gehört, wenn deren *Zeitrang* innerhalb der Schonfrist liegt[75]. Andernfalls würde die in Art. 54 Abs. 3 EPÜ vorgeschriebene *Rückwirkung* bei missbräuchlichen Anmeldungen gänzlich ignoriert und die Möglichkeit von Doppelpatentierungen stark erweitert. Rechtspolitisch empfiehlt es sich, die Neuheitsschädlichkeit, die älteren Anmeldungen mit Rückwirkung auf ihren Zeitrang zukommt, von der Schonfrist auszunehmen, da der Berechtigte über genügend andere Möglichkeiten verfügt, gegen missbräuchliche Anmeldungen und darauf erteilte Patente vorzugehen (vgl. unten § 20).

2. Der Wortlaut der Regelung macht klar, dass bei der Berechnung der sechsmonatigen Frist stets von der deutschen oder europäischen **Anmeldung** und **nicht** von einer etwa in Anspruch genommenen **Priorität** auszugehen ist.[76] Dies entspricht der überkommenen deutschen Rechtsprechung[77], die der BGH bestätigt hat[78]. Die Große Beschwerdekammer des EPA hat ebenso entschieden.[79] Daher stellt sich die Frage der Unschädlichkeit vor der Anmeldung erfolgter Offenbarungen nicht, wenn für die Anmeldung ein mindestens sechs Monate zurückliegendes Prioritätsdatum gilt. 67

Zwingende sachliche Gründe für diese Handhabung bestehen nicht. Das Prioritätsrecht und die Ausnahmen zugunsten unschädlicher Offenbarungen sind wegen der Unterschiede ihrer Voraussetzungen und Wirkungen keineswegs austauschbar. Ein schutzwürdiges Interesse des rechtmäßigen Erfindungsbesitzers, vor patenthindernder Wirkung bestimmter Offenbarungen bewahrt zu bleiben, besteht auch und gerade dann, wenn diese seiner ersten, prioritätsbegründenden Anmeldung zuvorkommen. Dass er eine der unschädlichen Offenbarung innerhalb von sechs Monaten nachfolgende Anmeldung nicht als prioritätsbegründend für Nachanmeldungen verwerten kann und deshalb gezwungen ist, noch innerhalb dieser Frist Anmeldungen jedenfalls für alle Länder vorzunehmen, in denen eine mit dem deutschen und europäischen Recht übereinstimmende Regelung gilt, ist schwer verständlich. Wirksame Abhilfe könnte freilich nur ein konventionsrechtliches Gebot schaffen, die Kumulierung von Prioritäts- und Immunitätsfrist anzuerkennen (vgl. → Rn. 82 ff.). 68

3. Die für den Fall der **Ausstellung** vorgesehene Ausnahme ist praktisch nahezu bedeutungslos. Die Verweisung auf das Pariser Übereinkommen bedeutet, dass lediglich Weltausstellungen und gleichrangige Fachausstellungen berücksichtigt werden, die nur in größeren Zeitabständen zulässig sind und mindestens drei Wochen dauern müssen, während Ausstellungen vorwiegend kommerzieller Art ganz außer Betracht bleiben.[80] 69

Wenn der Anmelder vom „Ausstellungsschutz" Gebrauch machen will, muss er bei Einreichung der Anmeldung angeben, dass die Erfindung tatsächlich zur Schau gestellt worden ist, und hierüber innerhalb von vier Monaten eine Bescheinigung vorlegen (§ 3 Abs. 5 S. 2 PatG, Art. 55 Abs. 2 mit R 25 EPÜ). 70

4. Damit eine Offenbarung auf einen **offensichtlichen Missbrauch** zum Nachteil des Anmelders oder seines Rechtsvorgängers zurückgehe, wird in Anlehnung an die Materialien[81] zu fordern sein, dass ein Dritter die offenbarte Kenntnis „in einer Weise erlangt oder 71

---

[74] Vgl. *Loth* 294 f.; *Straus* GRUR-Int 1994, 89 (92).
[75] BGH 5.12.1995, BGHZ 131, 239 (242) – Corioliskraft; *Kraßer* GRUR-Int 1996, 345 (351 f.). Gegen diese Auslegung wird eingewandt, sie entspreche nicht dem „übereinstimmenden Willen der vertragschließenden Parteien"; so *Straus* GRUR-Int 1994, 89 (92 f.). Freilich hatte sich dieser Wille auf Basis einer unreflektierten Fehlvorstellung gebildet; so BGHZ 131, 239 (245 f.) – Corioliskraft.
[76] Vgl. § 3 Abs. 5 PatG („Einreichung der Anmeldung") einerseits, Abs. 1 und 2 („dem für den Zeitrang der Anmeldung maßgeblichen Tag") andererseits, ferner Art. 4 B PVÜ, 89 EPÜ (der Art. 55 nicht nennt).
[77] BGH 15.12.1970, GRUR 1971, 214 – customer prints; weitere Nachweise bei *Wieczorek* 202 ff.
[78] BGH 5.12.1995, BGHZ 131, 239 – Corioliskraft.
[79] EPA 12.7.2000, BeckRS 2000, 30479640 – Sechsmonatsfrist/University Patents und 12.7.2000, ABl. 2001, 62 (83) – Sechsmonatsfrist/Dewert.
[80] Zur Frage, ob die Regelung im PatG und EPÜ den durch Art. 11 PVÜ geforderten Ausstellungsschutz gewährleistet, vgl. *Bossung* GRUR-Int 1978, 386 (verneinend); *Steup/Goebel* GRUR 1979, 337 (bejahend).
[81] Denkschrift zum StrÜ, BlPMZ 1976, 339; Bericht des Rechtsausschusses, BlPMZ 1976, 350.

an die Öffentlichkeit weitergegeben hat, die eine vertragliche oder gesetzliche Pflicht gegenüber dem Erfinder oder seinem Rechtsnachfolger verletzte".

72 Gesetzliche Pflichten sind auch solche, die sich aus Verboten sittenwidrigen Handelns ergeben; bei Verträgen ist zu berücksichtigen, dass sie gemäß Treu und Glauben auszulegen und zu erfüllen sind (§§ 157, 242 BGB) und auch ohne ausdrückliche Abrede jeden Teil zur Rücksicht auf die Rechte, Rechtsgüter und Interessen des anderen Teils verpflichten können (§ 241 Abs. 2 BGB). Letzteres gilt auch für Schuldverhältnisse, die durch Vertragsverhandlungen, Vertragsanbahnung oder sonstige geschäftliche Kontakte entstehen (§ 311 Abs. 2 BGB). Ob sich auf solcher Grundlage[82] Pflichten ergeben, die es verbieten, vom Anmelder oder dessen Rechtsvorgänger stammende Informationen weiterzugeben, an die Öffentlichkeit zu bringen oder zum Inhalt einer Patentanmeldung zu machen, hängt von den Umständen des Einzelfalls ab. Dass der Berechtigte derartigen Handlungen nicht zugestimmt hat, macht sie noch nicht missbräuchlich[83].

73 Offensichtlich ist der Missbrauch, wenn der Handelnde Tatsachen kannte, aus denen sich für ihn die Pflichtwidrigkeit seines Handelns zweifelsfrei ergab; dass er die eigentliche Pflichtverletzung unbewusst beging, indem er zB geheim zu haltende Unterlagen nicht sorgfältig verwahrte, steht der Annahme eines offensichtlichen Missbrauchs nicht entgegen.

74 Der Ansicht, die Pflichtwidrigkeit, dh ein entgegenstehender Wille des Berechtigten, brauche nur *objektiv*, nicht aber auch für den Dritten *erkennbar* zu sein[84], steht entgegen, dass der Dritte auch objektiv gesehen nicht pflichtwidrig handelt, wenn er keinen Anhaltspunkt für einen solchen Willen hat. Zu beachten ist in diesem Zusammenhang, dass nicht die Offenbarung selbst pflichtwidrig zu sein braucht, sondern lediglich auf einer Pflichtwidrigkeit beruhen muss. Diese kann auch von einer anderen Person begangen sein als derjenigen, die schließlich bewirkt, dass die Information der Öffentlichkeit zugänglich oder zum Patent angemeldet wird; vgl. das Beispiel → Rn. 79 f.

75 Ohne Bedeutung ist jedenfalls, ob der Missbrauch für die *prüfende Behörde* offensichtlich ist; regelmäßig hat diese keine Möglichkeit, einen Missbrauch von sich aus zu erkennen; die Tatsachen, aus denen er sich ergibt, müssen vom Patentsucher oder -inhaber beigebracht werden. In diesem Sinn kann das Abstellen auf die Offensichtlichkeit als Beweislastregel dahin verstanden werden, dass die Nichterweislichkeit des Missbrauchs zu Lasten desjenigen geht, der sich darauf beruft[85].

76 Am ehesten wird das einschränkend gemeinte Merkmal der Offensichtlichkeit dem Zweck der Regelung gerecht, wenn es den Versuch verhindert, nachträglich einen Missbrauch schon dann zu konstruieren, wenn die fragliche Information demjenigen, auf den die Offenbarung zurückgeht, nicht ausdrücklich zur freien Verfügung überlassen war[86].

77 Unter diesem Gesichtspunkt kann es auch auf *Geheimhaltungsmaßnahmen* ankommen:[87] wenn der Berechtigte nicht will, dass Informationen, die er anderen zugänglich macht, weitergegeben werden, muss er darauf achten, dass alle Empfänger zur Geheimhaltung verpflichtet sind. Insbesondere ist daher betriebsfremden Empfängern mindestens deutlich zu machen, dass ihnen überlassene Unterlagen „anvertraut" sind (§ 18 UWG). Die bloße Erwartung, sie würden geheim gehalten werden, genügt nicht[88], wenn der Empfänger im Zweifel sein kann, wie die Überlassung gemeint war. – Dagegen ist das *Ausspähen* fremder Geheimnisse auch dann missbräuchlich, wenn der Berechtigte nur mangelhafte Vorkehrungen zu ihrem Schutz getroffen hat; es genügt, dass sein Geheimhaltungswille für den Täter nicht zu verkennen war. Entsprechend liegt bei Verletzung zweifelsfrei auferlegter Geheimhaltungs-

---

[82] Die Pflichtwidrigkeit kann, insbesondere bei Handlungen im Ausland, auch nach einer anderen als der deutschen Rechtsordnung und deshalb nach anderen als den im Text genannten Maßstäben zu beurteilen sein.
[83] *Melullis* in Benkard PatG § 3 Rn. 412; vgl. *Busse/Keukenschrijver* PatG § 3 Rn. 181; *Melullis* in Benkard EPÜ Art. 55 Rn. 28.
[84] *Melullis* in Benkard PatG § 3 Rn. 422; *Melullis* in Benkard EPÜ Art. 55 Rn. 34 ff., 42; anders *Moufang* in Schulte PatG § 3 Rn. 190.
[85] So *Busse/Keukenschrijver* PatG § 3 Rn. 186.
[86] Ersichtlich wird hier – anders, als *Loth* 334 Fn. 696 und EPÜ-GK Art. 55 Rn. 95 Fn. 236 es darstellt – *nicht* der Fall behandelt, dass der Berechtigte *zugestimmt hat;* dass diese Zustimmung einen Missbrauch ausschließt, bedarf keiner Erwähnung.
[87] Vgl. die Denkschrift zum StrÜ, BlPMZ 1976, 339.
[88] Anders *Bossung* GRUR-Int 1978, 392.

§ 16. Der Stand der Technik A VI **§ 16**

pflichten ein offensichtlicher Missbrauch auch dann vor, wenn die Pflichtverletzung durch schärfere Überwachung hätte verhindert werden können[89].

Das EPA hat für einen offensichtlichen Missbrauch allgemein vorausgesetzt, dass der Dritte ohne Genehmigung in Schädigungsabsicht oder in Kenntnis seiner Nichtberechtigung unter Inkaufnahme eines Nachteils für den Erfinder oder unter Verletzung eines Vertrauensverhältnisses gehandelt hat[90]. Später hat es betont, es sei von entscheidender Bedeutung, welche Absicht der Handelnde verfolgt. Die Art dieser Absicht ergebe sich aus seinem Verhältnis zum Anmelder; wenn die Offenbarung in der Absicht, Schaden zuzufügen, oder in voller Kenntnis des zu erwartenden Schadens geschehe, liege ein Missbrauch zum Nachteil des Inhabers der Information vor[91]. Dieses restriktive Verständnis verkennt, dass durch die Anerkennung der Unschädlichkeit bestimmter Offenbarungen nicht der Offenbarende für irgendwelche böse Absichten bestraft, sondern das verletzte Recht des Anmelders wiederhergestellt werden soll. Im Ergebnis wurde die durch das brasilianische Patentamt vorschriftswidrig vorzeitig bewirkte Veröffentlichung einer Anmeldung nicht als unschädlich angesehen, weil jenes Amt nicht dem Anmelder gegenüber geheimhaltungspflichtig, sondern lediglich der Öffentlichkeit verpflichtet sei, einer Offenbarung vorzubeugen. Eher ist jedoch zu vermuten, dass die einer vorzeitigen Veröffentlichung entgegenstehenden Vorschriften auch in Brasilien hauptsächlich das Interesse des Anmelders zu schützen bezwecken. **78**

5. Ist ein offensichtlicher Missbrauch begangen worden, sind auch indirekt durch ihn ermöglichte Offenbarungen unschädlich, selbst wenn sie ihrerseits nicht missbräuchlich sind. Für die Berechnung der Sechsmonatsfrist kommt es auf den Zeitpunkt an, in dem die offenbarte Information in den SdT eingehen würde[92]; das dafür ursächliche missbräuchliche Handeln selbst kann länger zurückliegen. **79**

Beispiel: Ein Arbeitnehmer verrät eine Diensterfindung, die er gemacht und seinem Arbeitgeber vorenthalten hat, einem Konkurrenten des Arbeitgebers. Dieser verkauft sie einige Monate später einem Dritten, der nach den Umständen keinen Anlass hat, die Berechtigung des Veräußerers zu bezweifeln, und nach einiger Zeit erfindungsgemäße Erzeugnisse herstellt und auf den Markt bringt, aus denen für den Fachmann die Erfindung ersichtlich ist. In diesem Fall liegt die Offenbarung erst im Inverkehrbringen des Erzeugnisses, das selbst nicht missbräuchlich ist, aber auf offensichtlich missbräuchliches Handeln des Arbeitnehmers (und wohl auch des Ersterwerbers) zurückgeht. Sie ist unschädlich gegenüber einer Anmeldung, die der geschädigte Arbeitgeber vor Ablauf der dem ersten Inverkehrbringen folgenden sechs Monate für die von ihm unbeschränkt in Anspruch genommene Erfindung einreicht. **80**

6. Was **mit dem Willen** des Berechtigten der Öffentlichkeit zugänglich oder zum Gegenstand einer (später veröffentlichten) Patentanmeldung gemacht wird, gehört zum SdT, sofern nicht einer der seltenen Fälle unschädlicher Zurschaustellung (→ Rn. 69f.) vorliegt. Erfinder und Unternehmen laufen daher Gefahr, durch Veröffentlichung, durch Mitteilungen oder Vorführungen gegenüber Dritten, die nicht zweifelsfrei zur Geheimhaltung verpflichtet werden, oder durch öffentlich wahrnehmbare Benutzung der Erfindung, insbesondere Erprobung erfindungsgemäßer Erzeugnisse, Stand der Technik zu schaffen, der einer späteren Patentanmeldung entgegensteht. Auch wenn sich die vorzeitige Offenbarung nicht auf die Erfindung selbst bezieht, kann sie – gegebenenfalls in Verbindung mit anderem zum SdT gehörigen Wissen – bewirken, dass die später angemeldete Erfindung als naheliegend erscheint. Auf diese Weise kann insbesondere die Publikation wissenschaftlicher Erkenntnisse Patenthindernisse begründen. **81**

Weniger groß ist das Risiko einer „Selbstkollision" mit eigenen älteren Anmeldungen. Zwar rechnen diese – bei späterer Veröffentlichung – von ihrem Anmelde- oder Prioritätsdatum an zum SdT; doch gilt dies nicht für die Beurteilung der erfinderischen Tätigkeit, so dass ihre patenthindernde Wirkung weniger weit reicht als diejenige der Öffentlichkeit zugänglichen Wissens. Fortentwicklungen **82**

---

[89] Entgegen der Denkschrift, BlPMZ 1976, 339, kann also nicht allgemein die Annahme eines Missbrauchs davon abhängig gemacht werden, dass der Berechtigte „alles Erforderliche zur Geheimhaltung getan hat".
[90] EPA 1.7.1985, ABl. 1987, 465 – Antioxidans/Télécommunications.
[91] EPA 9.2.1995, ABl. 1996, 129 (133f.) – Desodorierendes Reinigungsmittel/Unilever.
[92] Für den Ablauf der Frist gilt nach BPatG 17.4.1986, BPatGE 28, 90 die Regelung des § 193 BGB entsprechend.

eigener Anmeldungen, die von deren Inhalt aus naheliegen, können daher noch zur Patentierung gebracht werden, wenn ihre Anmeldung erfolgt, bevor die ältere der Öffentlichkeit zugänglich wird.

83 Wer also über Wissen verfügt, das möglicherweise eine patentierbare Erfindung darstellt oder nahelegt, muss bei der bestehenden Rechtslage sorgfältig vermeiden, dieses Wissen in irgendeiner Form der Öffentlichkeit zugänglich zu machen, solange er nicht eine entsprechende Anmeldung vorgenommen hat.[93]

84 **Rechtspolitisch** wurde die Abschaffung der Neuheitsschonfrist für eigene Vorverlautbarungen des Erfinders und seines Rechtsnachfolgers schon bald vielfach als **verfehlt** gewertet.[94] Eine Wiedereinführung auf rein nationaler Ebene könnte jedoch nicht ausschließen, dass solche Verlautbarungen in anderen Ländern einer gültigen Patentierung entgegenstehen; wünschenswert wäre es daher, eine möglichst weltweit wirkende Immunitätsfrist zur Anerkennung zu bringen.[95] Im PLT-Entwurf von 1991 (dazu → § 7 Rn. 21 ff.) wurde eine *zwölfmonatige,* vom *Prioritätstag* zurückzurechnende, auch auf eigene Vorverlautbarungen des Erfinders oder Rechtsnachfolgers anzuwendende Schonfrist vorgeschlagen; es ist jedoch nicht zum Abschluss des Vertrags gekommen. Im TRIPS-Ü ist die Frage nicht geregelt. Seit 1998 sind Initiativen des Europäischen Parlaments und von Vertragsstaaten des EPÜ zu verzeichnen, die zu intensiven Erörterungen von Möglichkeiten einer europäischen Schonfristregelung geführt haben[96]. Auf der EPÜ-Revisionskonferenz von 2000 wurde das Thema allerdings nicht behandelt[97].

B. Gebrauchsmusterrecht

85 Wie seit 1978 das PatG bestimmt seit 1987 das GebrMG die Neuheit durch Bezugnahme auf den Stand der Technik. Nach § 3 Abs. 1 S. 1 GebrMG gilt der „Gegenstand eines Gebrauchsmusters"[98] als neu, wenn er nicht zum SdT gehört.

86 Das Erfordernis des Beruhens auf einem „erfinderischen Schritt" (§ 1 Abs. 1 GebrMG) ist gesetzlich nicht definiert und deshalb nicht auf den SdT bezogen. Trotzdem ist bei seiner Prüfung vom SdT auszugehen, weil es als abgeschwächte Entsprechung zum patentrechtlichen Erfordernis des Beruhens auf erfinderischer Tätigkeit zu verstehen ist (Näheres → § 18 Rn. 25 ff.).

87 Die Festlegung des neuheitsschädlichen SdT wurde im GebrMG nicht wie im PatG „europäisiert". Vielmehr wurde in § 3 Abs. 1 S. 2, 3 GebrMG die teils auf 1891, teils auf 1936 zurückgehende frühere Regelung beibehalten und in Bezug auf die darin gewährte Schonfrist sogar zugunsten des Anmelders erweitert.[99] Demgemäß ergeben sich **Abweichungen vom PatG** in folgenden Punkten:

88 1. Zum SdT gehören nicht alle Kenntnisse, die vor dem Anmelde- oder Prioritätstag der Öffentlichkeit zugänglich gemacht worden sind, sondern nur solche, bei denen dies durch **schriftliche Beschreibung** oder **inländische Benutzung** bewirkt worden ist[100].

---

[93] *Bossung* GRUR-Int 1978, 393, empfiehlt treffend: „Schweigen und Anmelden".

[94] Vgl. *v. Pechmann* GRUR 1980, 436–441; *Bardehle* GRUR 1981, 687–690; *Pagenberg* GRUR 1981, 690–695; *Beier/Straus* 76 ff.

[95] *Bossung* GRUR-Int 1978, 395 ff.; *Pagenberg* GRUR 1981, 687 ff.; *Beier/Straus* 78 ff.

[96] Dazu eingehend *Straus.*

[97] *Nack/Phélip* GRUR-Int 2001, 322 f.

[98] Das ist im Hinblick auf § 1 Abs. 1 GebrMG in der seit 1.7.1990 geltenden Fassung nichts anderes als die unter Gebrauchsmusterschutz gestellte *Erfindung;* so zutreffend OLG Zweibrücken 4.11.2004, GRUR-RR 2005, 241 – Kristallampen-Sockel. Vgl. zur Terminologie → § 1 Rn. 41 ff.

[99] Für eine Angleichung an § 3 Abs. 1 S. 2 PatG *Schrader* Mitt. 2013, 1 ff.

[100] Zur Bedeutung von Handlungen, die einer schriftlichen Beschreibung „nahestehen", und mündlichen Erläuterungen, die anlässlich einer Benutzung gegeben werden, BGH 3.12.1996, GRUR 1997, 360 (362) – Profilkrümmer. – Veröffentlichungen im **Internet** machen ihren Inhalt nach *Kliznik* 130 ff. nicht als schriftliche Beschreibung, sondern in sonstiger Weise der Öffentlichkeit zugänglich und gehören deshalb gebrauchsmusterrechtlich nicht zum SdT. Dagegen will *Niedlich* Mitt. 2004, 349 sie Druckschriften gleichstellen.

§ 16. Der Stand der Technik **B § 16**

Ob durch solche Vorgänge Informationen *der Öffentlichkeit zugänglich* gemacht worden sind, richtet 89
sich allerdings nach den gleichen Regeln wie im Patentrecht[101] (→ Rn. 18 ff.).

2. **Ältere Anmeldungen** werden in den SdT nur dann einbezogen, wenn ihr Inhalt vor 90
dem Anmelde- oder Prioritätstag des später angemeldeten Gebrauchsmusters der Öffentlichkeit zugänglich gemacht worden ist. Im Übrigen, also soweit es sich um nicht vorveröffentlichte ältere Anmeldungen handelt, gilt ein **Verbot mehrfachen Schutzes:** aus nicht vorveröffentlichten älteren Anmeldungen ergibt sich ein Schutzhindernis nur, soweit sie zu einem (rechtsbeständigen[102]) Patent oder Gebrauchsmuster führen (§ 15 Abs. 1 Nr. 2, § 13 Abs. 1 GebrMG).

Zur Feststellung des Schutzhindernisses sind der Gegenstand des älteren Rechts und derjenige des 91
jüngeren Gebrauchsmusters zu vergleichen, wie sie durch die Schutzansprüche definiert sind.[103] Das jüngere Gebrauchsmuster ist unwirksam und löschungsreif, wenn seine Anspruchsmerkmale mit denjenigen des älteren Rechts übereinstimmen oder lediglich – im Sinne der für die Bestimmung des Schutzbereichs geltenden Regeln (→ § 32 Rn. 81 ff.) – äquivalente Abwandlungen dieser Merkmale darstellen. Es genügt jedoch nicht, dass der Gegenstand des jüngeren Gebrauchsmusters von der durch das ältere Recht geschützten Erfindung Gebrauch macht, also seine Benutzung dieses Recht verletzen würde.[104] Vielmehr entfällt das Schutzhindernis, wenn der Gegenstand des jüngeren Gebrauchsmusters (wenigstens) ein in den Ansprüchen des älteren Rechts nicht enthaltenes Merkmal aufweist.[105] In diesem Fall steht das ältere Recht, weil es mangels Vorveröffentlichung auch nicht als schutzhindernder SdT in Betracht kommt, der Rechtsbeständigkeit des jüngeren Gebrauchsmusters nicht entgegen.[106] Einer Einschränkung bedarf dieses nicht, da sich sein Gegenstand von dem des älteren Rechts durch (wenigstens) ein Merkmal unterscheidet. Das Verhältnis der beiden Rechte bestimmt sich nach den im Fall der *Abhängigkeit* anzuwendenden Regeln (→ § 33 Rn. 40 f.).

3. Nach § 3 Abs. 3 S. 3 GebrMG bleibt eine innerhalb von sechs Monaten vor dem 92
für den Zeitrang der Anmeldung eines Gebrauchsmusters maßgebenden Tag erfolgte Beschreibung oder Benutzung außer Betracht, wenn sie auf der Ausarbeitung des Anmelders oder seines Rechtsvorgängers beruht. Es besteht also eine **Schonfrist,** die nicht – wie im Patentrecht – nur missbräuchliche, sondern auch vom Anmelder oder dessen Rechtsvorgänger selbst bewirkte oder veranlasste Vorverlautbarungen unschädlich macht.

Sie gilt auch für Vorveröffentlichungen und Vorbenutzungen, die die später angemeldete Erfin- 93
dung nicht vollständig vorwegnehmen, sondern lediglich deren Beruhen auf einem erfinderischen Schritt in Frage stellen; es ist also nicht erforderlich, dass der Anmelder oder Rechtsvorgänger schon im Besitz einer anmeldungsreifen Erfindung war[107].

Die gebrauchsmusterrechtliche Schonfrist ist – anders als die patentrechtliche 94
(→ Rn. 67 f.) – von dem für den **Zeitrang** der Anmeldung maßgebenden Tag, also bei wirksamer Inanspruchnahme einer Priorität, die auch eine Ausstellungspriorität (→ Rn. 95 ff.) sein kann, vom **Prioritätstag** an zurückzurechnen. Dabei kommt einer

---

[101] BGH 5.6.1997, BGHZ 136, 40 (45) – Leiterplattennutzen.
[102] S. *Loth* § 15 Rn. 51 ff.
[103] *Goebel* in Benkard GebrMG § 15 Rn. 13; *Ullmann* in Benkard, 9. Aufl., PatG § 3 Rn. 147 ff.; *Loth* § 15 Rn. 57; *Busse/Keukenschrijver* PatG § 3 Rn. 145 ff.
[104] Missverständlich deshalb *Ullmann* in Benkard, 9. Aufl., PatG § 3 Rn. 149 und im Anschluss hieran *Loth* § 15 Rn. 57: Die jüngere Anmeldung nehme im Verhältnis zum älteren Recht bei der Identitätsprüfung die gleiche Stellung ein wie im Verletzungsstreit die angegriffene Ausführungsform im Verhältnis zum Klageschutzrecht.
[105] So zutreffend *Hüttermann/Storz* Mitt. 2006, 343 (345).
[106] S. *Hüttermann/Storz* Mitt. 2006, 343 (345), die sich dafür aussprechen, § 15 Abs. 1 Nr. 2 GebrMG iS einer „Neuheitsprüfung auszulegen". Freilich geht es anders als bei dieser nicht um einen Vergleich mit dem SdT, sondern um einen Vergleich von Schutzansprüchen, bei dem – anders als dort – auch Äquivalente zu berücksichtigen sind, weil sonst die vom Gesetz bezweckte Vermeidung von Doppelschutz nicht erreicht wird.
[107] *Goebel* in Benkard GebrMG § 3 Rn. 17; *Busse/Keukenschrijver* GebrMG § 3 Rn. 15.

§ 16 B 2. Abschnitt. Sachliche Voraussetzungen des Patent- u. Gebrauchsmusterschutzes

Gebrauchsmusteranmeldung die für sie beanspruchte Priorität einer Patentanmeldung auch dann zugute, wenn diese, weil ihr gegenüber die in Frage stehende Vorverlautbarung nicht gem. § 3 Abs. 5 PatG unschädlich ist, nicht zu einem (rechtsbeständigen) Patent führen kann[108].

95 4. Die Schonfrist macht auch die **Ausstellung** von Gegenständen unschädlich, aus denen Informationen über eine innerhalb der folgenden sechs Monate zum Gebrauchsmuster angemeldete Erfindung entnommen werden können. Darüber hinaus begründet aber nach § 6a GebrMG[109] die Zurschaustellung einer Erfindung auf einer durch entsprechende Bekanntmachung des Bundesministeriums der Justiz und für Verbraucherschutz bezeichneten Ausstellung ein **Prioritätsrecht** für eine innerhalb von 6 Monaten eingereichte Gebrauchsmusteranmeldung dieser Erfindung.[110]

96 Wer es in Anspruch nimmt, muss vor Ablauf des 16. Monats nach dem Tag der erstmaligen Zurschaustellung der Erfindung diesen Tag und die Ausstellung angeben und einen Nachweis für die Zurschaustellung einreichen (§ 6a Abs. 3 GebrMG).

97 Die Ausstellungspriorität verlängert nach § 6a Abs. 4 GebrMG nicht die Frist für die in § 6 Abs. 1 geregelte innere Priorität (dazu → § 24 Rn. 151 ff. und 184 f.). Die Priorität einer unter Inanspruchnahme der Ausstellungspriorität eingereichten Gebrauchsmusteranmeldung wird deshalb für eine spätere Gebrauchsmusteranmeldung nur bis zum Ablauf von 12 Monaten seit der ersten Zurschaustellung beansprucht werden können.[111]

98 Die ordnungsgemäße Inanspruchnahme der gebrauchsmusterrechtlichen Ausstellungspriorität bewirkt, dass der Tag der ersten Zurschaustellung den Zeitrang der Anmeldung und damit den Stand der Technik bestimmt, der für die Beurteilung der Schutzwürdigkeit der Erfindung maßgebend ist. Sie ist für einen weit größeren Kreis von Ausstellungen möglich als diejenige der in § 3 Abs. 5 S. 1 Nr. 2 PatG vorgesehenen Schonfrist (→ Rn. 69 f.). Ihre Wirkung erfasst alle Informationen, die im Zeitraum zwischen Zurschaustellung und Anmeldung der Öffentlichkeit zugänglich gemacht worden sind, mögen sie auf die Zurschaustellung oder in sonstiger Weise auf den Anmelder oder dessen Rechtsvorgänger zurückgehen oder von Dritten selbständig erarbeitet oder aus anderen Quellen erlangt worden sein. Ebenso bewahrt sie vor der schutzhindernden Wirkung, die sich wegen des Verbots mehrfachen Schutzes (→ Rn. 90 f.) aus älteren Anmeldungen ergibt, wenn sie zur Patenterteilung oder Gebrauchsmustereintragung führen.[112]

---

[108] BGH 7.2.1995, Mitt. 1996, 118 – Flammenüberwachung.

[109] Die Vorschrift ersetzt – zusammen mit § 15 GeschmMG – das Gesetz betreffend den Schutz von Mustern auf Ausstellungen vom 18.3.1904, zuletzt geändert durch Gesetz vom 25.10.1994.

[110] Vgl. *Busse/Keukenschrijver* GebrMG § 6a Rn. 5.

[111] Die Frage, ob durch Verzicht auf die Ausstellungspriorität die volle Frist für die innere Priorität wiedergewonnen werden kann, ist praktisch bedeutungslos, weil ein solcher Verzicht zwangsläufig bewirken würde, dass die zur Schau gestellte Erfindung in den für die Nachanmeldung schutzhindernden SdT fiele.

[112] Zweifelnd *Goebel* in Benkard GebrMG § 6a Rn. 12 mit der Begründung, Prioritätsrechte würden für den Löschungsgrund des älteren Rechts (§ 15 Abs. 1 Nr. 2 GebrMG) nicht als relevant angesehen. Das steht jedenfalls mit Art. 4 B S. 1 PVÜ nicht im Einklang, wonach eine Hinterlegung, der die Unionspriorität zugutekommt, insbesondere durch eine (im Prioritätsintervall erfolgte) andere Hinterlegung nicht unwirksam gemacht werden kann. Was § 15 Abs. 1 Nr. 2 GebrMG betrifft, ist kein Grund ersichtlich, aus dem für die – sowohl für das schutzhindernd geltend gemachte Recht als auch für das angegriffene Gebrauchsmuster zu beantwortende – Frage, welche Anmeldung die „frühere" ist, nur das Datum der Einreichung beim DPMA, nicht aber ein vor diesem Datum liegendes, wirksam beanspruchtes Prioritätsdatum berücksichtigt werden müsste.

§ 17. Neuheit

I. Der gesetzliche Neuheitsbegriff

a) Patentrecht

1. Das Patentrecht bedient sich eines Neuheitsbegriffs, den es für seine Zwecke selbst 1
festlegt. Man kann ihn einen „künstlichen" oder „formellen" Neuheitsbegriff nennen.[1] Ob etwas, was nach dem PatG oder dem EPÜ als neu anzusehen ist, unter irgendeinem anderen, außerpatentrechtlichen Gesichtspunkt als neu anzusehen wäre, ist ohne Bedeutung.

Der Neuheitsbegriff des geltenden deutschen und europäischen Patentrechts folgt un- 2
mittelbar aus der Umschreibung des Standes der Technik: Eine Erfindung gilt als neu, wenn sie nicht zum SdT gehört (§ 3 Abs. 1 S. 1 PatG, Art. 54 Abs. 1 EPÜ, ebenso Art. 4 Abs. 1 StrÜ). Je größer der Umfang des SdT ist, umso enger ist der Neuheitsbegriff und umgekehrt. Der geltende Neuheitsbegriff ist deshalb enger als der des früheren deutschen Rechts. Die patentrechtliche Neuheitserfordernis wurde durch die Neuregelung verschärft; es ist weniger leicht zu erfüllen als nach dem alten Gesetz. Dieses verlangte nur eine *relative* Neuheit, weil es den entgegenstehenden SdT unter den Gesichtspunkten der Zeit, des Ortes und der Erscheinungsform der Vorwegnahme begrenzte (vgl. → § 16 Rn. 8 ff.). Das geltende Recht sieht dagegen von solchen einschränkenden Kriterien ab, erklärt alles für vorweggenommen, was der Öffentlichkeit zugänglich gemacht worden ist, und fordert damit **absolute Neuheit**.

Da das Patentrecht mit einem selbstgeschaffenen Neuheitsbegriff arbeitet und an keinen anderen 3
Neuheitsbegriff irgendwelche Rechtswirkungen knüpft, besteht kein Anlass zur Frage, ob eine unwiderlegliche Vermutung oder gar eine Fiktion darin liegt, dass alles, was der Öffentlichkeit zugänglich gemacht worden ist, nicht als neu angesehen wird[2]. Allenfalls könnte erörtert werden, wie sich der patentrechtliche zu einem „natürlichen" oder „materiellen" Neuheitsbegriff verhält. Ersterer wäre weiter, wenn letzterer bedeutete, dass etwas vorher nicht existiert hat oder wenigstens keinem Menschen bekannt war; denn was zwar vorhanden und einzelnen Menschen bekannt, aber der Öffentlichkeit nicht zugänglich war, ist (vorbehaltlich Vorwegnahme durch eine ältere Anmeldung) patentrechtlich neu. Dagegen wäre im Verhältnis zu einem materiellen Neuheitsbegriff, nach welchem es darauf ankommt, ob etwas beliebigen Fachleuten wirklich bekannt war[3], der patentrechtliche Begriff der engere. Er bedeutet nicht, dass alles, was nach dem Gesetz nicht als neu gilt, als − allgemein oder dem „Durchschnittsfachmann" − bekannt anzusehen ist (vgl. → § 18 Rn. 46 f.).

2. Auch der absolute Neuheitsbegriff verlangt nicht, dass der Inhalt einer Patentanmeldung 4
als vorweggenommen angesehen wird, obwohl er *nicht* vor dem Stichtag der Öffentlichkeit zugänglich gemacht war. Aus der Sicht eines am Zugänglichsein für die Öffentlichkeit ausgerichteten Neuheitsbegriffs ist die Einbeziehung bestimmter nicht vorveröffentlichter Anmeldungen eine *Fiktion:* das Gesetz ordnet an, etwas als nicht neu zu behandeln, obwohl es nach seinem eigenen allgemeinen Maßstab neu ist.

Allerdings kann gefragt werden, ob es nicht einen engeren Neuheitsbegriff gibt, der sowohl das öf- 5
fentlich zugänglich gewordene Wissen als auch den Inhalt der zum SdT gehörigen nicht vorveröffentlichten Anmeldungen ausschließt. Immerhin ist dieser Inhalt existent und bestimmten Menschen bekannt. Falls es allein hierauf ankommen sollte, wäre aber nicht zu verstehen, warum nur ein beschränkter Ausschnitt des vor dem Stichtag vorhandenen und bekannten, aber nicht öffentlich zugänglichen Wissens als nicht neu angesehen wird.

Näher an der geltenden Regelung läge ein Neuheitsbegriff, der neben dem öffentlich Zugängli- 6
chen das ausschließt, was bereits dergestalt offenbart ist, dass eine Veröffentlichung in absehbarer Zeit

---

[1] *Anders* FS 50 J. BPatG, 95 ff. (108) hält den Rechtsbegriff für „überflüssig".
[2] Hierzu *Bernhardt* 57; BGH 19.6.1962, BGHZ 37, 219 (232); *Bossung* GRUR-Int 1978, 388, Fn. 51; *Kolle* GRUR-Int 1971, 64 (69, 77); *Liedel* 193, Fn. 7; *Troller* Bd. I 199.
[3] Vgl. *Kolle* GRUR-Int 1971, 69 f.; zum materiellen Neuheitsbegriff *Troller* Bd. I 195 ff.

nachfolgt: Da bereits die Anmeldung die Erfindung in einer Weise offenbart, die sie *auf den Weg* zur Veröffentlichung bringt, könnte gesagt werden, dass die Allgemeinheit, falls die erste Anmeldung veröffentlicht wird, an der durch die spätere Anmeldung bewirkten Offenbarung nicht mehr interessiert, diese also nicht mehr belohnungswürdig sei.[4] Zu dieser Überlegung passt, dass *nicht zum Patent angemeldetes* Wissen erst dann neuheitsschädlich wirkt, wenn es wirklich der Öffentlichkeit zugänglich wird. Doch bleibt unerklärt, dass der Inhalt einer nicht vorveröffentlichten älteren Anmeldung nach dem PatG nur dann, wenn Schutz für Deutschland begehrt wird, und nach dem EPÜ nur dann, wenn es sich um eine europäische Anmeldung oder eine internationale Anmeldung mit dem EPA als Bestimmungsamt handelt, zum SdT gerechnet wird, während er nach dem PatG bei nationalen ausländischen Anmeldungen, internationalen Anmeldungen, für die das DPMA nicht Bestimmungsamt ist, und europäischen Anmeldungen, in denen Deutschland nicht benannt ist, und nach dem EPÜ bei nationalen Anmeldungen sowie internationalen Anmeldungen, für die das EPA nicht Bestimmungsamt ist, nicht zum SdT gehört. Die Annahme, dass *insoweit* eine Fiktion vorliege, weil der *eingeschränkte* Neuheitsbegriff der vom Patentrecht eigentlich gemeinte sei, könnte schwerlich befriedigen. Vielmehr ist die Einbeziehung älterer Anmeldungen in den SdT wegen der spezifischen Grenzen, die ihr gezogen sind, letztlich nur aus dem Zweck der Vermeidung von Doppelschutz verständlich (vgl. → § 17 Rn. 16ff.). Der Gedanke, dass bereits in der Anmeldung die zur Veröffentlichung führende Offenbarung liegt, kann es dabei zwar als sachgerecht erscheinen lassen, jenen Zweck mit dem Neuheitserfordernis zu verknüpfen; er hat jedoch im geltenden Recht nicht den Rang eines *selbständigen* Grundes dafür, dass die vorangemeldete Erfindung nicht als neu angesehen wird.

7 Allerdings kommt es nach dem EPÜ 2000 für den SdT, nach dem sich die Neuheit des Gegenstands einer europäischen Anmeldung richtet, nicht mehr darauf an, ob und inwieweit sie dieselben Vertragsstaaten benennt wie eine nicht vorveröffentlichte ältere europäische Anmeldung. Das bedeutet jedoch nicht, dass nach dem EPÜ die Einbeziehung der letzteren in den SdT nicht mehr in erster Linie die Vermeidung von Doppelschutz bezweckt.[5]

8 3. Eine Ausnahme vom Grundsatz, dass zum SdT gehörendes Wissen *nicht* neu ist, sehen § 3 Abs. 3 PatG und Art. 54 Abs. 4 EPÜ vor: gehören Stoffe oder Stoffgemische zum SdT, wird ihre Patentfähigkeit hierdurch nicht ausgeschlossen, sofern sie zur Anwendung in einem der in § 2a Abs. 1 Nr. 2 PatG, Art. 53(c) EPÜ genannten medizinischen Verfahren bestimmt sind und ihre Anwendung in einem dieser Verfahren nicht zum SdT gehört. Die Ausnahme erstreckt sich auch auf den Fall, dass der Stoff oder das Stoffgemisch als Inhalt einer nachveröffentlichten älteren Anmeldung zum SdT gehört. Ihre Bedeutung liegt darin, dass sie um der neuen Erkenntnis einer medizinischen *Anwendbarkeit* willen den *Stoff,* der als solcher bereits zum SdT gehört, für die medizinische Anwendung als neu gelten lässt und ihm damit einen „zweckgebundenen Stoffschutz" eröffnet. Begrifflich handelt es sich auch hier um eine Fiktion. Die Zweckbindung des Schutzes verhindert jedoch, dass ihm zum SdT Gehörendes unterworfen wird.

9 Entsprechendes gilt für Art. 54 Abs. 5 EPÜ 2000 und § 3 Abs. 4 PatG, die den Schutz von Stoffen und Stoffgemischen, auch wenn sie in medizinischer Anwendung bereits zum SdT gehören, in „spezifischen" medizinischen Anwendungen zulassen.[6]

b) Gebrauchsmusterrecht

10 Da das GebrMG den relevanten SdT einschränkt, indem es nur schriftliche Beschreibung und inländische Benutzung berücksichtigt (→ § 16 Rn. 88f.), fordert es keine absolute, sondern nur *relative* Neuheit. Erfindungen, die patentrechtlich nicht neu sind, können deshalb gebrauchsmusterrechtlich neu sein. Erweitert wird diese Möglichkeit durch die Unterschiede der Vorschriften über die Unschädlichkeit von Vorverlautbarungen (→ § 16 Rn. 92ff.).

11 Ein (zweckgebundener) *Erzeugnis*schutz zum SdT gehörender Stoffe oder Stoffgemische, für die eine (gebrauchsmusterrechtlich) neue *medizinische Anwendung* gefunden wird, ist im

---

[4] Vgl. *Kraßer* GRUR-Int 1967, 286f.; Begründung zum IntPatÜG, BlPMZ 1976, 333.
[5] Vgl. → § 16 Rn. 56ff.
[6] Das EPA legt diese Möglichkeit weit aus: 19.2.2010, ABl. 2010, 456 = GRUR-Int 2010, 333 – Dosage regime/Abott respiratory.

§ 17. Neuheit

GebrMG – anders als in § 3 Abs. 3, 4 PatG, Art. 54 Abs. 4, 5 EPÜ – nicht vorgesehen. Einem *Verfahrens*schutz neuer medizinischer Indikationen zum SdT gehörender Erzeugnisse durch Gebrauchsmuster – sei es als Verwendungsschutz gem. der Rechtsprechung des BGH, sei es als „zweckgebundener Schutz eines Herstellungsverfahrens" iSd Rechtsprechung des EPA (→ § 14 Rn. 216 ff.) – steht § 2 Nr. 3 GebrMG jedenfalls seinem Wortlaut nach entgegen (Näheres → § 24 Rn. 190 ff.).

II. Zwecke des Neuheitsbegriffs

1. Es ist eine lang zurückreichende und weit verbreitete Tradition des Patentrechts, einen starren Neuheitsbegriff aufzustellen, der möglichst wenig Einzelfallwertung erfordert und zulässt. Der Begriff soll so trennscharf sein, dass Abgrenzungsprobleme möglichst vermieden werden. Das erklärt sich sowohl aus den Zwecken des Patentschutzes als auch aus praktischen Rücksichten auf die Bedürfnisse der prüfenden Behörden. Wie richtig das ist, zeigt der Begriff der Erfindungshöhe, des Beruhens auf erfinderischer Tätigkeit. Was für den Durchschnittsfachmann naheliegt, lässt sich nämlich weit weniger trennscharf bestimmen als absolute Neuheit. So ist es kein Zufall, dass die Mehrzahl aller Nichtigkeitsklagen vor dem BPatG zwar auf mangelnde Patentfähigkeit gestützt wird, dabei aber nicht auf mangelnde Neuheit, sondern auf mangelnde Erfindungshöhe (vgl. → § 26 Rn. 219), deren Bestimmung deutlich mehr Raum für Interpretation öffnet.[7] 12

Der Patent- oder Gebrauchsmusterschutz soll nicht eine subjektive Anstrengung belohnen, sondern ein **objektiv wertvolles Ergebnis.** Wer etwas (aufs Neue) erfindet, was schon vorhanden und zugänglich war, erhält dafür keinen Schutz, mag er noch so selbständig gearbeitet haben. Seine persönliche Leistung lässt sich nicht von dem Wissen abgrenzen, das ohne sein Zutun zur Verfügung stand und frei benutzbar bleiben muss. Es macht daher auch keinen Unterschied, ob er die Existenz und Zugänglichkeit dieses Wissens kennen musste oder auch nur kennen konnte, als er seine Erfindung machte und anmeldete. Erst recht muss es ausgeschlossen sein, dass durch das bloße Ermitteln vorhandenen Wissens aus öffentlich zugänglichen Quellen Patent- oder Gebrauchsmusterschutz erlangt werden kann; die Quellen und die Nutzung der daraus geschöpften Informationen müssen für alle offen bleiben, auch wenn sie ohne den, der sie zuerst erschlossen hat, vielleicht unbeachtet und ungenutzt geblieben wären. 13

Was als hinreichend zugänglich angesehen und damit vom Schutz ausgeschlossen wird, hängt auch vom Stand der Kommunikationsinfrastruktur ab. Je mehr diese den Wissenstransfer auch über große Entfernungen erleichterte, desto weniger mochte man hierin eine belohnungswürdige Leistung sehen. Im gleichen Sinne wirkte sich das Vordringen des Gedankens aus, dass der Schutz dem geistigen Urheber einer Erfindung gebührt. 14

Den **prüfenden Behörden** wird durch einen scharf umgrenzten Neuheitsbegriff die Arbeit erleichtert. Dabei wurde es vor allem in Ländern mit patentamtlicher Vorprüfung vielfach für zweckmäßig gehalten, als neuheitsschädlichen SdT im Wesentlichen nur anzusehen, was dem Prüfer als Vergleichsmaterial normalerweise erreichbar ist. Aus diesem Grund fanden sich etwa in Deutschland und Großbritannien bis zur Anpassung des nationalen an das europäische Recht noch Relativierungen des patentrechtlichen Neuheitserfordernisses, während manche nicht prüfenden Länder bereits dem Erfordernis absoluter Neuheit folgten.[8] Im geltenden deutschen und europäischen Patentrecht nimmt die Definition der Neuheit keine Rücksicht mehr auf den Umfang des gewöhnlichen Prüfstoffs der Ämter. Doch wird dies kaum zur Folge haben, dass sich deren Arbeitsweise erheblich ändert (vgl. → § 16 Rn. 54). Gesteigert wird vor allem der Erfolg von Patentnichtigkeitsklagen, die auf mangelnde Neuheit gestützt werden. 15

---

[7] Vgl. Auswertung der BPatG-Rechtsprechung bei *Hess/Müller-Stoy/Wintermeier* Mitt. 2014, 439 (441) (linke Spalte), (450) (links oben).
[8] Vgl. die Denkschrift zum StrÜ, BlPMZ 1976, 338.

16 2. Die im PatG und im EPÜ vorgesehene **Einbeziehung der älteren Anmeldungen** in den SdT soll im Interesse sowohl des Erstanmelders als auch der Allgemeinheit[9] verhindern, dass dieselbe Erfindung doppelten (oder mehrfachen) Schutz erlangt. Freilich wäre es unter diesem Gesichtspunkt ausreichend, der jüngeren Anmeldung die Patentierung zu versagen, wenn die ältere zum Patent führt. An einer in diesem Sinn auf die Verhinderung doppelten Schutzes beschränkten Regelung hat das GebrMG festgehalten (→ § 16 Rn. 90ff.). Für das Patentrecht verpflichtet Art. 6 StrÜ diejenigen Vertragsstaaten zu einem reinen „Doppelpatentierungsverbot", die nicht gemäß Art. 4 Abs. 3 StrÜ die nachveröffentlichten älteren Anmeldungen zum SdT rechnen. Dass das EPÜ und die nationalen Gesetze der meisten seiner Vertragsstaaten die letztgenannte Lösung bevorzugen, erklärt sich aus den **praktischen Vorteilen,** die sie bietet. Sie erleichtert die Prüfung, da nach ihr die Methode des Vergleichs bei älteren Anmeldungen dieselbe ist wie bei anderen Vorwegnahmen: als patenthindernd ist der gesamte Offenbarungsinhalt zu berücksichtigen *(whole contents approach);* die in der älteren Anmeldung formulierten Ansprüche sind nicht maßgebend (kein *prior claim approach).* Da es nicht darauf ankommt, ob auf die ältere Anmeldung schließlich ein Patent erteilt wird,[10] entfällt bei Feststellung von Überschneidungen die Notwendigkeit, vor der Entscheidung über die jüngere Anmeldung diejenige über die ältere abzuwarten. Die Veröffentlichung der älteren Anmeldung muss nur zu einem Zeitpunkt erfolgt sein, an dem diese noch anhängig war.[11] Es ist deshalb auch nicht erforderlich, für die ältere Anmeldung einen Prüfungsantrag zu stellen, der andernfalls vielleicht später oder überhaupt nicht gestellt worden wäre. Die Lösung des geltenden Rechts passt daher besser als die frühere in ein System der aufgeschobenen Prüfung,[12] insbesondere wenn, wie im PatG, eine lange Frist für den Prüfungsantrag eingeräumt ist. Ferner wird durch die geltende Regelung ausgeschlossen, dass der **nicht beanspruchte Inhalt** der älteren Anmeldung noch zum Gegenstand einer späteren Anmeldung gemacht wird. Allgemein bewirkt sie, dass der Inhalt veröffentlichter Anmeldungen, die nicht zum Patent führen, auch dann frei wird, wenn er noch Gegenstand einer jüngeren Anmeldung ist; der unbeschränkt verwertbare SdT wird hierdurch erweitert.

17 Obwohl somit die neue Regelung erheblich über die Wirkung eines Doppelpatentierungsverbots hinausgeht, kann sie andererseits **Doppelpatentierungen** doch nicht völlig ausschließen: ist die ältere Anmeldung missbräuchlich gegenüber dem späteren Anmelder oder seinem Rechtsvorgänger, gehört ihr Inhalt für die jüngere Anmeldung nicht zum SdT (vgl. → § 16 Rn. 65ff.). Dann können auf beide Anmeldungen Patente erteilt werden.[13] Zwar kann der durch den Missbrauch Verletzte den Erfolg der älteren Anmeldung verhindern (vgl. unten § 20). Nicht gesichert ist jedoch, dass er von diesem Recht auch Gebrauch macht.

18 Man wird in dieser Rechtslage keinen Verstoß gegen das StrÜ zu sehen brauchen[14], weil dieses den Ausschluss der Doppelpatentierung nur verlangt, wenn der Inhalt älterer Anmeldungen nicht zum SdT gerechnet wird (Art. 6), und gleichwohl ausdrücklich verbietet, Patente wegen bestimmter auf

---

[9] Vgl. *Kraßer* GRUR-Int 1967, 285 mN.

[10] Nach dem reinen Doppelpatentierungsverbot des § 4 Abs. 2 PatG 1968 konnte das Patenthindernis sogar nach Erteilung eines Patents auf die ältere Anmeldung noch dadurch entfallen, dass dieses für nichtig erklärt wurde, vgl. *Ullmann* in Benkard, 9. Aufl., PatG § 3 Rn. 148; *Busse/Keukenschrijver* PatG § 3 Rn. 147.

[11] BGH 8.9.2015, GRUR 2016, 166 Rn. 29 – PALplus.

[12] Vgl. die Denkschrift zum StrÜ, BlPMZ 1976, 339.

[13] Vgl. *Bossung* GRUR-Int 1978, 387, der auch auf weiterreichende Möglichkeiten doppelten Schutzes hinweist, die sich in der Übergangszeit zwischen dem Inkrafttreten von § 3 Abs. 2 und demjenigen von § 3 Abs. 4 PatG ergaben. Vgl. dazu die 4. Aufl., 154 Fn. 8, *Ullmann* in Benkard, 9. Aufl., PatG § 3 Rn. 2, 121 und BGH 8.1.1991, GRUR 1991, 376 (377) – Beschußhemmende Metalltür, der es ablehnt, für die Übergangszeit noch § 4 Abs. 2 PatG 1968 anzuwenden.

[14] AM *Bossung* GRUR-Int 1978, 387 (396).

§ 17. Neuheit   III   **§ 17**

Missbrauch beruhender Offenbarungen zu versagen (Art. 4 Abs. 4). Die Möglichkeit der Doppelpatentierung ist insofern bereits im StrÜ angelegt.

Auch der Umstand, dass sich die patenthindernde Wirkung der älteren Anmeldung 19 nach ihrem Offenbarungsinhalt und nicht nach dem (möglichen) Schutzumfang eines durch sie erreichbaren Patents bestimmt, kann Ursache für das Zustandekommen von Doppelpatentierungen sein (vgl. → Rn. 48 ff.).

3. Die Vorschriften, die **bekannte Stoffe in neuer medizinischer Anwendung** vom 20 SdT ausnehmen, wenn sie in dieser Funktion erstmals präsentiert werden (§ 3 Abs. 3, 4 PatG, Art. 54 Abs. 4, 5 EPÜ), nehmen Rücksicht darauf, dass nach § 2a Abs. 1 Nr. 2 PatG und Art. 53(c) EPÜ medizinische *Verfahren* nicht patentierbar sind. Deshalb wird für die neue, nicht naheliegende Erkenntnis der medizinischen Anwendbarkeit nicht Verfahrens-, sondern zweckgebundener Erzeugnisschutz gewährt (vgl. → § 14 Rn. 216 ff.).

III. Prüfung der Neuheit

1. Nach feststehender deutscher Praxis erfolgt die Prüfung einer Erfindung auf Neuheit 21 im Wege des **Einzelvergleichs**.[15] Jeder nach Zeitpunkt und Informationsgehalt möglicherweise neuheitsschädliche Sachverhalt – Veröffentlichung, Benutzung, Patentanmeldung usw – ist für sich genommen, also getrennt von anderen Elementen des SdT, daraufhin zu prüfen, ob das Wissen, das durch ihn der Öffentlichkeit zugänglich gemacht oder zwecks Patenterlangung offenbart wurde, die Erfindung vorweggenommen hat, um deren Neuheit es geht. Dass die Erfindung aus getrennten Elementen des SdT nach Art eines „Mosaiks" zusammengesetzt werden könnte, steht ihrer Neuheit nicht entgegen.

In gleicher Weise verfährt das EPA. Nach den Prüfungsrichtlinien (G VI 1.) ist es bei der 22 Prüfung der Neuheit nicht zulässig, verschiedene Teile des Standes der Technik miteinander zu verbinden. Die Rechtsprechung der Beschwerdekammern steht ebenfalls auf diesem Standpunkt[16].

Nach Auffassung des BGH[17] und des EPA[18] widerspricht es jedoch nicht dem Prinzip 23 des Einzelvergleichs, in Verbindung mit dem Inhalt einer Veröffentlichung denjenigen einer anderen Druckschrift zu berücksichtigen, auf die sie in einer Weise Bezug nimmt, dass die andere Druckschrift zu ihrer Grundlage und damit ebenso zu ihrem Inhalt wird, wie wenn sie mit abgedruckt wäre. Werden als Bestandteile einer Stoffzusammensetzung mehrere Stoffe oder Stoffgruppen **alternativ beansprucht,** fehlt es dem Patentgegenstand schon dann an der erforderlichen Neuheit in der beanspruchten Bandbreite, wenn einer dieser Stoffe oder eine dieser Stoffgruppen als Bestandteil in einer solchen Zusammensetzung bekannt waren.[19]

---

[15] RG 26.8.1941, GRUR 1941, 465 (468); BGH 17.1.1980, BGHZ 76, 97 (104) – Terephthalsäure; 15.3.1984, BGHZ 90, 318 (322) – Zinkenkreisel; *Melullis* in Benkard PatG § 3 Rn. 21 ff.; *Busse/Keukenschrijver* PatG § 3 Rn. 85; *Moufang* in Schulte PatG § 3 Rn. 136; *Pietzcker* GRUR-FS 1991, Rn. 44; *Rogge* GRUR 1996, 932; jeweils mit Nachweisen. Als Beispiel vgl. BGH 4.7.1989, GRUR 1989, 899 – Sauerteig.

[16] EPA 11.12.1986, ABl. 1988, 1 – Alternativansprüche/Amoco; s. auch *Melullis* in Benkard EPÜ Art. 54 Rn. 39 mwN.

[17] BGH 17.1.1980, BGHZ 76, 97 (104) – Terephthalsäure; 14.5.1985, BlPMZ 1985, 373.

[18] EPA 11.12.1986, ABl. 1988, 1 – Alternativansprüche/Amoco; vgl. auch EPA 16.3.1989, ABl. 1990, 280 – Fehlerhaftes Referat/ICI, wo eine fehlerhafte Angabe in einem Dokument, das auf ein anderes, das Originaldokument, Bezug nimmt, mit Rücksicht auf letzteres für unbeachtlich erklärt wird.

[19] BGH 5.5.2015, GRUR 2015, 1091 Rn. 30 f. – Verdickerpolymer I unter ausdr. Hinweis darauf, dass dies nicht BGH 16.12.2008, GRUR 2009, 382 – Olanzapin widerspreche. Hier gehe es nicht darum, ob mit Polyurethanen auch andere Verdickerpolymere offenbart seien, sondern allein darum, dass ein aufgrund der alternativen Beanspruchung teils bekannter Stoffe und Stoffgruppen besonders weitgehender Anspruch nicht in seiner Gesamtheit gewährt werden könne.

24 2. PatG und EPÜ machen im Unterschied zum früheren deutschen Recht die Neuheitsschädlichkeit einer Information nicht ausdrücklich davon abhängig, dass „danach die Benutzung durch andere Sachverständige möglich erscheint" (vgl. § 2 S. 1 PatG 1968). Zu erklären ist dies wohl daraus, dass die Definition des SdT auch Grundlage für die Beurteilung der erfinderischen Tätigkeit ist. Da diese bereits im Fall des Naheliegens der Erfindung fehlt, konnte für den SdT nicht allgemein das Erfordernis aufgestellt werden, dass das öffentlich zugänglich gemachte Wissen den Fachmann unmittelbar **zum Nacharbeiten befähigte.** Dennoch muss nach wie vor gelten, dass eine Information nur unter dieser Voraussetzung neuheitsschädlich ist[20].

25 Für das **Gebrauchsmusterrecht** wurde dies in Anlehnung an das frühere Patentrecht angenommen[21], obwohl das GebrMG schon vor Einführung der geltenden Fassung des § 3 Abs. 1 die Neuheitsschädlichkeit ohne Bezugnahme auf die Benutzbarkeit durch Sachverständige definierte.

26 Aus den heutigen Gesetzestexten lässt sich die Notwendigkeit einer für den Fachmann nacharbeitbaren Offenbarung damit begründen, dass Neuheit schon vorliegt, wenn die **Erfindung** nicht zum SdT **gehört.** Es schadet daher nicht, wenn im SdT Wissen enthalten war, das den Fachmann zu der Erfindung lediglich hinführen konnte. Nur wenn er die Erfindung – infolge eines einheitlichen Tatbestands der Vorwegnahme – fertig im SdT vorfindet, gehört sie diesem an und ist nicht mehr neu. Nicht neuheitsschädlich sind daher Verlautbarungen, die sich auf Andeutungen oder Spekulationen beschränken oder nur allgemeines Grundlagenwissen mitteilen. Sie mögen die Erfindung nahelegen und ihr den erfinderischen Charakter nehmen; zum Ausschluss der Neuheit bedarf es jedoch einer konkreten Handlungsanweisung.[22]

27 3. In Vergleich zu setzen sind der **Offenbarungsinhalt** des möglicherweise neuheitsschädlichen Dokuments oder sonstigen Sachverhalts[23] und die **Ansprüche,** mit denen die Anmeldung, auf die sich die Prüfung bezieht, den Gegenstand des erstrebten Schutzes bestimmt[24]. Die Ansprüche dürfen nichts einschließen, was schon in einer einheitlichen Beschreibung, einem einheitlichen Benutzungsvorgang oder einem einheitlichen Sachverhalt anderer Art vorweggenommen ist[25]. Entsprechendes gilt für die Prüfung erteilter Patente im Einspruchs- und Nichtigkeits- sowie von Gebrauchsmustern im Löschungsverfahren.

28 Maßgebend ist der Informationsgehalt, den ein Dokument oder sonstiger Sachverhalt für den **zuständigen Fachmann** hat[26]. Er umfasst auch, was „in der Beschreibung nicht

---

[20] *Busse/Keukenschrijver* PatG § 3 Rn. 94; *Melullis* in Benkard PatG § 3 Rn. 181; für das EPÜ *Melullis* in Benkard EPÜ Art. 54 Rn. 229 ff., 256 f., 261 f.; *Günzel* FS Nirk, 1992, 447 f.; EPA 28.2.1985, ABl. 1985, 209 Rn. 4 – Thiochlorformiate/Hoechst; 26.3.1986, ABl. 1987, 5 – Herbizide/ICI; 20.9.1988, ABl. 1990, 22 – Dicke magnetischer Schichten/Toshiba; 27.2.1991, GRUR-Int 1991, 816 – Reaktivfarbstoffe/Hoechst; 8.4.1997, ABl. 1999, 273 Rn. 19 – humanes beta-Interferon/Biogen; 30.3.1999, ABl. 2001, 84 – Impfstoff gegen canine Coronaviren/American Home Products.
[21] *Ullmann* in Benkard, 7. Aufl. 1981, GebrMG § 1 Rn. 28 f.
[22] BGH 6.4.1954, GRUR 1954, 584 – Holzschutzmittel; 18.12.1975, BGHZ 66, 17 (33 f.) – Alkylendiamine; 26.1.1988, BGHZ 103, 150 – Fluoran.
[23] Nach der Rechtsprechung des EPA ist außer der Zugänglichkeit des Informations*mittels* zu prüfen, welchen Informations*gehalt* es zugänglich macht; so EPA 17.8.1994, ABl. 1995, 755 – Vorbenutzung/Packard; zustimmend BGH 5.6.1997, BGHZ 136, 40 (51) – Leiterplattennutzen. – Wegen der maßgebenden Fassung älterer, nicht vorveröffentlichter Anmeldungen, die zum SdT gehören, vgl. → § 16 Rn. 59 ff. Die Zusammenfassung der älteren Anmeldung gemäß § 36 PatG, Art. 78 Abs. 1 (e), 85 EPÜ bleibt außer Betracht.
[24] BGH 26.9.1989, GRUR 1990, 33 (34) – Schüsselmühle.
[25] BGH 24.3.1998, GRUR 1998, 1003 – Leuchtstoff; BPatG 12.12.2002, BPatGE 46, 177 (182 ff.) – Zöliakie; das Neuheitserfordernis wirkt deshalb einer „unangemessenen Breite" der Ansprüche entgegen, vgl. BPatG 30.7.2003, BPatGE 47, 163 (166) – Frühestmöglicher Auslösezeitpunkt.
[26] BGH 17.1.1995, BGHZ 128, 270 – Elektrische Steckverbindung; 30.9.1999, GRUR 2000, 296 – Schmierfettzusammensetzung; BPatG 5.5.1988, BPatGE 30, 6 (7); EPA 11.12.1986, ABl. 1988, 1 –

§ 17. Neuheit

ausdrücklich erwähnt ist, aus der Sicht des Fachmanns jedoch für die Ausführung der unter Schutz gestellten Lehre selbstverständlich ist und deshalb keiner besonderen Offenbarung bedarf, sondern ‚mitgelesen' wird"[27]. Die Einbeziehung von Selbstverständlichem erlaubt dabei **keine Ergänzung der Offenbarung** durch das Fachwissen. Sie dient lediglich der vollständigen Ermittlung des Sinngehalts der Offenbarung, also derjenigen technischen Information, die der fachkundige Leser der Offenbarung vor dem Hintergrund seines Fachwissens entnimmt, die er in diesem Sinne „mitliest". Dies umfasst nicht Abwandlungen, Weiterentwicklungen oder Schlussfolgerungen, die keine bloßen Selbstverständlichkeiten oder die unerlässlich für die Ausführung der Erfindung sind. Nicht in die Offenbarung einbezogen sind auch Austauschmittel, was der Erstreckung der Offenbarung auf den Äquivalenzbereich entgegensteht.

So ist es für den Fachmann selbstverständlich, dass zu einer kompletten Steckverbindung außer dem in einem Dokument erwähnten Steckverbinder ein entsprechend ausgebildeter Gegensteckverbinder gehör.t[28]. – Wenn für zwei Steuerkreise eine analoge Wirkungsweise beschrieben und dabei nur für einen von ihnen ein stufenloses Steuern des zugeordneten Ventils ausdrücklich dargelegt ist, liest der Fachmann für den anderen Steuerkreis ein stufenloses Steuern des entsprechenden Ventils mit.[29] – Eine Wirkungsweise eines Elements, die über die in einem Dokument angeführte hinausgeht, ist mitoffenbart, wenn sie sich für den Fachmann beim Lesen zweifelsfrei ergibt.[30] – Als selbstverständlich liest der Fachmann mit, dass einer Fotodiode ein Treiber (Verstärker) nachgeschaltet ist, nicht mehr jedoch, dass dieser eine bestimmte von zwei möglichen Ausgestaltungen aufweist.[31] – Eine Vorbeschreibung, die sich von dem unter Schutz gestellten Verfahren dadurch unterschied, dass Angaben über die Herstellung *kristallinen* Cholinsalicylats fehlten, wurde als neuheitsschädlich angesehen, weil die Darstellung als Kristall für den Fachmann auf Grund seines allgemeinen Fachwissens am Anmeldetag selbstverständlich und mittels eines geläufigen Verfahrens möglich gewesen sei.[32] – Klargestellt hat der BGH andererseits, dass **mit der Offenbarung einer chemischen Strukturformel** grundsätzlich zwar noch nicht die Einzelverbindungen offenbart sind, die unter diese Formel fallen,[33] sehr wohl aber diejenigen für den Fachmann naheliegenden Mittel, die die Lagerfähigkeit des als Arzneimittel zugelassenen Präparats über einen Zeitraum ermöglichen, den der therapeutische Einsatz des Präparats erfordert; *in casu* also die Gefriertrocknung des Präparats.[34] Umgekehrt reicht es für die neuheitsschädliche Offenbarung einer nicht ohne Weiteres identifizierbaren komplexen Zusammensetzung aus, wenn der Fachmann eine **überschaubare Anzahl plausibler Hypothesen** über die mögliche Beschaffenheit der Zusammensetzung entwickeln kann, von denen sich eine mit ihm zur Verfügung stehenden Analysemöglichkeiten verifizieren lässt. Ein in jeder Hinsicht eindeutiges Ergebnis, das jede andere denkbare Zusammensetzung mit Sicherheit ausschließt, ist dazu nicht erforderlich. Dass für den Fachmann keine vernünftigen Zweifel am Ergebnis seiner Analyse bestehen, reicht aus.[35]

29

Alternativansprüche/Amoco; 29.4.1993, ABl. 1995, 305 (387) – Elektronische Rechenbausteine/Robert Bosch; 12.2.1998, ABl. 1998, 489 (493) – Erythro-Verbindungen/Novartis.

[27] BGH 16.12.2008, GRUR 2009, 382 – Olanzapin, mkritAnm *Sendrowski* GRUR 2009, 797 ff., bestätigt durch 10.9.2009, GRUR 2010, 123 (125 ff.) – Escitalopram; 5.4.2011, GRUR 2011, 707 (710) – Dentalgerätesatz; 18.3.2014, GRUR 2014, 758 – Proteintrennung; in ausdrücklicher Fortführung von BGH 17.1.1995, BGHZ 128, 270 – Elektrische Steckverbindung; 30.9.1999, GRUR 2000, 296 – Schmierfettzusammensetzung; BPatG 5.5.1988, BPatGE 30, 6 (7); 21.7.1997, GRUR 1998, 368 – Drucksteuerventil; 26.11.1997, BPatGE 39, 123 – Näherungsschalter II; im gleichen Sinn EPA 13.5. 1981, ABl. 1981, 434 – Reflektorzwischenlage; zur Frage, ob der Offenbarungsgehalt einer Druckschrift auch eine mögliche Fehlfunktion der darin beschriebenen Vorrichtung einschließt, BPatG 22.9.2003, BPatGE 47, 179 (186) – Kraftfahrzeug-Türverschluss (für den gegebenen Fall verneinend); vgl. auch *Friedrich* Mitt. 2014, 304 ff.

[28] BGH 17.1.1995, BGHZ 128, 270 (277 f.) – Elektrische Steckverbindung.
[29] BPatG 21.7.1997, GRUR 1998, 368 – Drucksteuerventil.
[30] EPA 13.5.1981, ABl. 1981, 434 – Reflektorzwischenlage.
[31] BPatG 26.11.1997, BPatGE 39, 123 – Näherungsschalter II.
[32] BGH 27.6.1972, GRUR 1974, 332 (334) – Cholinsalicylat.
[33] BGH 16.12.2008, GRUR 2009, 382 – Olanzapin in ausdrücklicher Fortführung v. 26.1.1988, BGHZ 103, 150 – Flouran.
[34] BGH 18.3.2014, GRUR 2014, 758 – Proteintrennung, s. auch *Friedrich* Mitt. 2014, 304.
[35] BGH 23.10.2012, GRUR 2013, 51 Rn. 15 – Gelomyrtol.

30 Zum neuheitsschädlichen Offenbarungsgehalt der Beschreibung eines Verfahrens gehört auch, was der Fachmann erst beim Nacharbeiten des Verfahrens über dessen Ergebnis unmittelbar und zwangsläufig erkennt.[36] Ist eine solche Nacharbeitung für ein berichtetes Forschungsergebnis nicht nahegelegt, kann dies der Neuheitsschädlichkeit einer Vorveröffentlichung entgegenstehen. So war es im Abstract der *Zöliakiediagnose* gewesen. Dort waren zwar zwei Autoantigene der Zöliakie als identifiziert benannt, diese aber nicht näher charakterisiert oder als zur Herbeiführung einer diagnostisch oder therapiekontrollrelevanten Immunreaktion geeignet beschrieben worden.[37]

31 Die *Fehlerhaftigkeit* einer Information als solche rechtfertigt darum auch nicht zwangsläufig, diese Information nicht zum SdT zu rechnen.[38] Vielmehr entscheidet auch hier das Verständnis des Fachmanns. Befähigt es ihn, den Fehler ohne weiteres zu erkennen und die Information berichtigt aufzufassen, ist auch die als solche fehlerhafte Information dem SdT zurechenbar.

32 Eine neuheitsschädliche Offenbarung liegt bereits dann vor, wenn ein bestimmtes, dem Fachmann zugängliches Material benannt wird, dem dieser Fachmann alle beanspruchten Merkmale unmittelbar und eindeutig entnehmen kann[39] – auch ohne wissenschaftliche Begründung, warum der Einsatz eines solchen Materials den patentgemäßen Erfolg eintreten lässt.[40]

33 4. Das **Fachwissen,** das beim Fachmann vorauszusetzen ist, bestimmt sich nach dem **Zeitrang** der Anmeldung oder des Schutzrechts, deren Gegenstand auf Neuheit zu prüfen sind.[41] Es kann auch das Ergebnis einer zielgerichtet und ohne großen Aufwand durchführbaren Literaturrecherche einschließen, zB einen Beitrag in einer verbreiteten, dem Fachmann bekannten Zeitschrift[42]. Eine umfassenden Recherche umfasst das vorauszusetzende Fachwissen nicht.[43]

34 *Datenbanken,* die keine Handbücher oder Enzyklopädien im strengen Sinn sind, werden vom EPA zum allgemeinen Fachwissen gerechnet, wenn sie dem Fachmann als geeignete Quelle für die gesuchte Information bekannt sind, ohne unzumutbaren Aufwand nach dieser durchsucht werden können und sie klar und unmissverständlich bereitstellen, ohne dass weitere Recherchen notwendig sind.[44] Ob allein der Umstand, dass eine Information im World Wide Web gefunden werden kann, diese schon zum Bestandteil des allgemeinen Fachwissens macht, ist nicht unzweifelhaft. Dagegen einwenden lässt sich, dass dort Verlässlichkeit und zeitnahe Auffindbarkeit nicht gewährleistet sind.[45]

35 Die Umstände können die Erwartung rechtfertigen, dass der zuständige Fachmann die Hilfe eines anderen in Anspruch nimmt.

---

[36] BGH 17.1.1980, BGHZ 76, 97 (104 ff.) – Terepthalsäure; EPA 12.2.1998, ABl. 1998, 489 Rn. 11.1 – Erythro-Verbindungen/Novartis.
[37] BGH 19.4.2016, GRUR 2016, 1027 Rn. 22 – Zöliakiediagnose.
[38] Anders manche Entscheidungen des EPA, über die *Kliznik* 169 ff. berichtet.
[39] BGH 18.3.2014, GRUR 2014, 758 Rn. 38 – Proteintrennung.
[40] BGH 18.11.2010, GRUR 2011, 129 Rn. 45 – Fentanyl-TTS.
[41] Das EPA stellt dagegen auf den Zeitpunkt ab, in dem ein Dokument in den SdT eingeht; vgl. die Prüfungsrichtlinien G IV 1, *Lindner* in Singer/Stauder Art. 54 Rn. 44 und die bei *Melullis* in Benkard EPÜ Art. 54 Rn. 95 zitierte Rechtsprechung; krit. *Rogge* GRUR 1996, 932; *Melullis* in Benkard EPÜ Art. 54 Rn. 95; *Melullis* in Benkard PatG § 3 Rn. 151; *Kliznik* 166 f.
[42] BPatG 13.12.1994, BPatGE 34, 264.
[43] EPA 26.3.1986, ABl. 1987, 5 – Herbizide/ICI, wo die nacharbeitbare Offenbarung eines Erzeugnisses verneint wird, weil die Herstellung eines dafür erforderlichen Ausgangsstoffs nur einer von den Standardhandbüchern und -nachschlagewerken nicht erschlossenen Patentschrift zu entnehmen war; krit. *Hüni* GRUR-Int 1987, 851 ff.
[44] EPA 14.10.2004, ABl. 2005, 497 = GRUR-Int 2005, 1030 Rn. 3 – Chimäres Gen/Bayer; die im Text genannten Voraussetzungen waren nach Ansicht der Kammer (Nr. 7–9, 13–19) erfüllt durch die Datenbanken EMBL Nucleotide Sequence und ENZYME, nicht aber durch bibliographische Datenbanken wie Chemical Abstracts (Nr. 12). Vgl. auch *Kliznik* 155 ff.
[45] So *Kliznik* 162 ff.; differenziert *Busse/Keukenschrijver* PatG § 3 Rn. 32, ähnlich *Melullis* in Benkard PatG § 3 Rn. 141.

§ 17. Neuheit III § 17

Beispielsweise wird er einen Programmierer heranziehen, wenn er in einer Veröffentlichung Hinweise darauf findet, dass weitere Einzelheiten einer beigefügten Programmliste zu entnehmen sind, und selbst keine ausreichende Kenntnis der Programmiersprachen hat[46]. 36

Die Maßgeblichkeit des fachmännischen Verständnisses bedingt auch, dass für die Bedeutung von Informationen, die ein zum SdT gehörender Sachverhalt bietet, auf den jeweiligen **Sachzusammenhang** zu achten ist. Deshalb dürfen funktional zusammengehörige Merkmale nicht auseinandergerissen werden[47]. Einzelangaben können nicht ohne weiteres in jeder beliebigen Kombination als dem Fachmann offenbart gelten[48] und dürfen nicht in einer Weise verallgemeinert oder verknüpft werden, die der in einer Entgegenhaltung verfolgten grundsätzlichen Zielrichtung zuwiderläuft[49]. Doch darf normalerweise vom Fachmann erwartet werden, dass er die technische Lehre eines Beispiels mit der an anderer Stelle desselben Dokuments offenbarten allgemeinen Lehre in Verbindung bringt[50]. 37

Merkmale, die in einem Dokument nur **zeichnerisch dargestellt** sind, können schon hierdurch in einer für den Fachmann nacharbeitbaren Weise offenbart sein[51]; doch liegt es diesem fern, einer schematischen Darstellung konkrete Abmessungen zu entnehmen[52]. 38

5. Nicht ausgeschlossen wird die Neuheitsschädlichkeit eines Sachverhalts dadurch, dass zwischen Merkmalen, die er offenbart, und den entsprechenden Merkmalen des angemeldeten Gegenstands **Abweichungen** bestehen. 39

Unter dem früheren Recht wurde vollständige Vorwegnahme auch in Fällen „**technischer Äquivalenz**" angenommen: der Anmeldegegenstand wurde nicht als neu angesehen, wenn er vom Offenbarungsinhalt einer Entgegenhaltung nur in Mitteln abwich, die nach den Lehren der Technik allgemein als auswechselbar angesehen werden,[53] dh ohne Beschränkung auf den Sonderfall der zu beurteilenden Erfindung ihrer regelmäßigen Funktion nach als gleichwirkend bekannt sind.[54] 40

Die Praxis zum geltenden Recht vermeidet bei der Neuheitsprüfung den Begriff der Äquivalenz. Das BPatG rechnet zum Offenbarungsgehalt eines Dokuments auch die „**fachnotorisch austauschbaren**" Mittel,[55] zu denen es sowohl eine dem zuständigen Fachmann ohne weiteres verfügbare funktionsgleiche Ausführungsart eines im einzelnen beschriebenen Mittels als auch eine vorherrschend gebräuchliche und daher für den Fachmann selbstverständliche konkrete Ausführungsart eines durch einen umfassenden technischen Begriff angegebenen Mittels zählt. 41

Demgemäß wurde eine ältere Anmeldung als neuheitsschädlich angesehen, obwohl darin – anders als in der jüngeren Anmeldung – für die in Frage stehende Röntgenröhre nicht auch angegeben war, dass zur Ablenkung des Elektronenstrahls Ablenkungsspulen vorgesehen sind und die Röhre eine Lochanode mit dahinter angeordnetem Target aufweist[56]. – Verneint wurde fachnotorische Austauschbarkeit zwischen Spritzguss- und Extrusionsverfahren bei einer der volumenreduzierenden Konditio- 42

---

[46] EPA 29.4.1993, ABl. 1995, 305 (387) – Elektronische Rechenbausteine/Robert Bosch.
[47] BPatG 28.4.1997, BPatGE 38, 122.
[48] EPA 23.7.1987, ABl. 1988, 302 Rn. 9.2 ff. – Katalysator/Bayer; 1.9.1989, ABl. 1991, 429 – Schere/Grehal (zur Kombination von Merkmalen in einem Katalog unabhängig voneinander dargestellter Erzeugnisse).
[49] BPatG 8.8.1995, BlPMZ 1996, 459; EPA 20.9.1988, ABl. 1990, 188 – Isolationskammer/Scanditronix.
[50] EPA 12.2.1998, ABl. 1998, 489 Rn. 9.2 – Erythro-Verbindungen/Novartis.
[51] BPatG 24.5.1989, GRUR 1989, 745; EPA 24.3.1985, ABl. 1985, 310 – Venturi/Charbonnages.
[52] EPA 24.3.1985, ABl. 1985, 310 – Venturi/Charbonnages.
[53] BGH 24.6.1952, GRUR 1953, 29 (32) – Plattenspieler.
[54] BGH 24.10.1961, GRUR 1962, 86 (89) – Fischereifahrzeug: das Patent sah einen „Galgen", die Entgegenhaltung einen „Davit" als Hebewerkzeug vor.
[55] BPatG 5.5.1988, BPatGE 30, 6 (9) mit Hinweis darauf, dass diese Mittel inhaltlich den technischen Äquivalenten weitgehend entsprächen; 30.3.1989, BPatGE 30, 188; 19.7.1990, BPatGE 31, 230; 16.5.1995, BPatGE 35, 172.
[56] BPatG 5.5.1988, BPatGE 30, 6 (7 f.).

nierung und Fixierung radioaktiv kontaminierter Kunstharze dienenden Problemlösung,[57] ebenso im Verhältnis auf unterschiedlichen Lösungsprinzipien beruhender Lösungen eines Problems[58].

43   Der BGH[59] hält den Begriff der fachnotorischen Austauschmittel für nicht hinreichend trennscharf und spricht daher lieber von **Abwandlungen,** die nach dem Gesamtzusammenhang einer Schrift für den Fachmann derart **naheliegen,** dass sie sich ihm bei aufmerksamer, weniger auf die Worte als ihren erkennbaren Sinn achtender Lektüre ohne weiteres erschließen, er sie gewissermaßen mitliest, auch ohne sich dessen bewusst zu sein. Unter dieser Voraussetzung werden auch naheliegende Abwandlungen weitgehend als neuheitsschädlich offenbart sein.

44   Im gegebenen Fall war durch die beispielhafte Angabe von Doppelflachfederkontakten die vorherrschend gebräuchlichen Stift- und die zugehörigen Buchsenkontaktelemente sowie durch die Angabe, dass auf einen Kontaktaufsatz ein Gehäuse aufgesteckt wird, die Abwandlung, dass ein Kontakteinsatz in ein Gehäuse eingeschoben wird, als mitoffenbart angesehen worden.

45   Die EPA-Prüfungsrichtlinien (G VI 4.) sehen ein Dokument als neuheitsschädlich an, wenn der beanspruchte Gegenstand unmittelbar und eindeutig daraus hervorgeht, und schließen dabei die Merkmale ein, die für den Fachmann, ohne ausdrücklich erwähnt zu sein, vom Inhalt mit erfasst sind. Dagegen erklären sie es für unrichtig, bei der Neuheitsprüfung die Lehre eines Dokuments dahin auszulegen, dass sie in diesem selbst nicht offenbarte allgemein bekannte Äquivalente einschließt[60]. Dies wird in die Prüfung auf erfinderische Tätigkeit verwiesen. Ein an der angeführten Stelle gegebenes Beispiel zeigt jedoch, dass gewisse Abwandlungen als unerheblich gelten sollen: Ist die Verwendung von Gummi in der Weise offenbart, dass es eindeutig auf seine Elastizität ankommt, wird die Neuheit noch nicht durch Verwendung anderen elastischen Materials begründet. Dieser Ansatz ermöglicht es, in einem der deutschen Rechtsprechung jedenfalls tendenziell entsprechenden Sinn Austauschmittel als mitoffenbart anzusehen[61]. Auch findet sich in der neueren Rechtsprechung des EPA der Hinweis, der Begriff „zugänglich gemacht" gehe über die schriftliche Beschreibung hinaus und umfasse auch die implizite Offenbarung technischer Informationen[62].

46   6. Es fragt sich, ob auch im Fall **weitergehender Abweichungen** die Neuheit fehlen kann. Anders als im früheren Patent- und noch im geltenden Gebrauchsmusterrecht (→ § 16 Rn. 90 f.) ist dies nach geltendem Patentrecht von erheblicher Bedeutung, da der Inhalt nachveröffentlichter älterer Anmeldungen nur für die Neuheit zum SdT gehört, aber für die erfinderische Tätigkeit außer Betracht bleibt. Die Prüfung der einen Voraussetzung muss deshalb von derjenigen der anderen klar abgegrenzt werden. Wesentlich ist dabei, dass nach dem Gesetz nur das, was zum SdT **gehört,** nicht aber auch, was durch ihn bloß **nahegelegt** wird, nicht als neu gilt[63]. Der Neuheit steht nur entgegen, was durch eine Vorbe-

---

[57] BPatG 30.3.1989, BPatGE 30, 188.
[58] BPatG 19.7.1990, BPatGE 31, 230 für die einerseits mechanische, andererseits chemische Beeinflussung des Abbindevorgangs bei der Herstellung von Gipsplatten; 16.5.1995, BPatGE 35, 172 für die einerseits mechanische, andererseits elektronische Übertragung einer Fahrpedalbewegung auf ein Stellglied des Fahrzeugmotors.
[59] BGH 17.1.1995, BGHZ 128, 270 (276) – Elektrische Steckerverbindung.
[60] Ebenso EPA 20.1.1987, ABl. 1987, 369 – Kraftstoff-Einspritzventil/Nissan.
[61] Vgl. auch EPA 29.10.1986, ABl. 1987, 485 – Schaumkunststofffilter/Eriksson, wo ein Anspruch auf „geschlossene Zellen mit perforierten Wänden" lediglich als andere Formulierung für eine zum SdT gehörende offenzellige Struktur aus vielen untereinander verbundenen Zellen oder Hohlräumen gewertet wird.
[62] EPA 12.2.1998, ABl. 1998, 489 Rn. 11.1 – Erythro-Verbindungen/Novartis; anders EPA 14.3.1991, GRUR-Int 1991, 817 – Thermoplastische Formmassen/BASF, wonach nur im SdT explizit Offenbartes für die Neuheitsprüfung relevant ist.
[63] Das spricht gegen die in BGH 17.1.1995, BGHZ 128, 270 (276) – Elektrische Steckerverbindung verwendete Ausdrucksweise.

§ 17. Neuheit

schreibung oder -benutzung dem Fachmann **mitgeteilt** wird. **Überlegungen,** zu denen ihn das Mitgeteilte erst anregt, müssen außer Betracht bleiben. Sie können, so naheliegend sie sein mögen, erst berücksichtigt werden, wenn es darum geht, ob eine ausreichende erfinderische Leistung vorliegt. Insbesondere gehören Austauschmittel, die außerhalb des Bereichs liegen, der durch den Begriff der technischen Äquivalenz und die ihm entsprechenden Umschreibungen in der neueren Rechtsprechung (→ Rn. 39 ff.) begrenzt wird, nicht zum Offenbarungsinhalt einer Beschreibung, Benutzung oder sonstigen Entgegenhaltung, mag es sich auch im Sinn der bei der Bestimmung des Schutzbereichs geltenden Grundsätze um Äquivalente handeln.[64]

Daher ist eine Vorbeschreibung nicht neuheitsschädlich, wenn die Erfindung an Stelle eines dort vorgesehenen Mittels ein anderes benutzt, das zwar in der Technik allgemein als gleichwirkend angesehen wird, aber eine **besondere Anpassung** an den Erfindungszweck erfahren hat.[65] Ebenso liegen die Dinge nach Ansicht des BGH[66] auch für ein Verfahren (Entschlüsselung), das dem in der Anmeldung offenbarten (Verschlüsselung) zeitlich nachgeordnet ist und ohne das das offenbarte Verfahren nicht sinnvoll genutzt werden kann. Auch wenn – *in casu* – die Nutzung einer Verschlüsselung ohne Möglichkeit zur Entschlüsselung technisch und wirtschaftlich nicht sinnvoll ist, ist das in der Anmeldung des Verschlüsselungsverfahrens nicht erwähnte Entschlüsselungsverfahren in der Regel nicht als zur Erfindung gehörig (mit-)offenbart – auch dann nicht, wenn der Fachmann mit der Beschreibung des angemeldeten Verfahrens alle Informationen in die Hand bekommt, die er benötigt, um mit Hilfe seines Fachwissens auch das weitere Verfahren auszuführen. 47

7. Die dargestellten Grenzen des neuheitsschädlichen Offenbarungsinhalts zum SdT gehörender Sachverhalte lassen Spielraum für **Doppelpatentierungen:** Eine nicht vorveröffentlichte Anmeldung wirkt nur mit ihrem neuheitsschädlichen Offenbarungsinhalt, nicht aber gegenüber Lösungen patenthindernd, die durch ihn nur nahegelegt werden.[67] Dagegen schließt der Schutzumfang eines auf die Anmeldung erteilten Patents oft Abwandlungen ein, zu denen der Fachmann erst durch ein gewisses Maß an Überlegung gelangt. Das hat zur Folge, dass der Gegenstand eines Patents im Schutzbereich eines anderen Patents liegen kann, das auf eine ältere Anmeldung erteilt ist.[68] 48

Zu vermeiden wäre dieses Ergebnis, wenn als neuheitsschädlicher Offenbarungsgehalt der älteren Anmeldung alles angesehen würde, was vom Schutzbereich eines auf die Anmeldung gewährbaren Patents umfasst werden kann. Grundsätzlich befürwortet wird eine solche Handhabung von *Teschemacher,*[69] wohl auch von *Bossung.*[70] Dieser Auffassung kann nicht gefolgt werden.[71] Sie unterstellt, dass die Neuheitsschädlichkeit des Offenbarungsinhalts einer Anmeldung nach denselben Prinzipien abzugrenzen sei wie der Umfang des Schutzes, der auf sie gegründet werden kann. Das ist aber unzutreffend. Zwar bestimmt sich nach dem Offenbarungsgehalt der Anmeldung, welche Patentansprüche aufgestellt werden können. Der Schutzbereich, der durch diese bestimmt wird, ergibt sich aber erst durch *Auslegung* der Ansprüche, wobei Beschreibung und Zeichnungen heranzuziehen sind. Der Umstand, dass sich der so ermittelte Schutzbereich auch auf Ausführungsformen erstreckt, die nicht mehr unter den – technisch verstandenen – Anspruchswortlaut fallen, 49

---

[64] *Melullis* in Benkard PatG § 3 Rn. 194 f.; *Preu* GRUR 1980, 692; *Dörries* GRUR 1984, 240 f.; *Pagenberg* EPÜ-GK Art. 56 Rn. 4; *Troller* Bd. I 200; für Einbeziehung „glatter" Äquivalente in engem, möglicherweise nur „technischem" Sinn *Ochmann* GRUR 1984, 236 f.
[65] BGH 24.6.1952, GRUR 1953, 29 (32) – Plattenspieler.
[66] BGH 9.4.2013, GRUR 2013, 809 Rn. 16 – Verschlüsselungsverfahren.
[67] Hingegen ist im Interesse daran, zwei identische Patente erteilt zu bekommen nicht anerkannt, EPA 3.7.2007, ABl. 2009, 422 = GRUR-Int 2009, 1031 – ARCO/Doppelpatentierung.
[68] Nach EPA könne hier der Einwand der Doppelpatentierung erhoben werden, EPA 3.7.2007, ABl. 2009, 422 (428 f.) = GRUR-Int 2009, 1031 (1033) – ARCO/Doppelpatentierung.
[69] GRUR 1975, 648 f.
[70] GRUR-Int 1978, 383 f.
[71] Ebenso im Ergebnis *Ullmann* in Benkard, 9. Aufl., PatG § 3 Rn. 16 ff.; *Melullis* in Benkard PatG § 3 Rn. 160 f.

bedeutet nicht, dass diese Ausführungsformen auch vom Offenbarungsinhalt der Anmeldung umfasst sind[72], sondern nur, dass sie von der auf dessen Grundlage im Anspruch definierten technischen Lehre Gebrauch machen (vgl. → § 32 Rn. 34 ff., 81 ff.).

50 Auch der BGH lehnt es ab, bei der Bestimmung des neuheitsschädlichen Offenbarungsgehalts den Schutzbereich eines älteren Patents zu berücksichtigen, und betrachtet die Übertragung der bei der Bestimmung des Schutzbereichs anzustellenden Äquivalenzüberlegungen auf die Bestimmung des Neuheitsbegriffs als weder sachgerecht noch praktikabel[73].

51 Dem Vorschlag, die in PatG und EPÜ vorgesehene neuheitsschädliche Wirkung nachveröffentlichter älterer Anmeldungen gemäß dem möglichen Schutzumfang eines auf sie erteilbaren Patents zu bestimmen, steht ferner entgegen, dass sich das volle Maß der schutz*hindernden* Wirkung bei sonstigem SdT erst nach Prüfung auch der erfinderischen Tätigkeit ergibt, bei welcher diese Anmeldungen außer Betracht zu bleiben haben. Es wäre gesetzwidrig, die *Neuheits*prüfung auf die Frage zu erstrecken, ob der Gegenstand der jüngeren Anmeldung durch den Offenbarungsinhalt der älteren nahegelegt wird, und zwar auch dann, wenn dabei keine Verknüpfung mit anderen Teilen des SdT erfolgt und für die Neuheit ein geringerer als der volle erfinderische Abstand gefordert wird.[74] Übrigens wären bei solcher Beschränkung Doppelpatentierungen ohnehin nicht zuverlässig auszuschließen. Dagegen würde sich die Gefahr patenthindernder „Selbstkollisionen" mit eigenen älteren Anmeldungen erhöhen. Dies liefe dem hauptsächlichen Zweck der Vorschriften zuwider, nach welchen bei der Prüfung auf erfinderische Tätigkeit die nicht vorveröffentlichten älteren Anmeldungen außer Betracht bleiben sollen. Diesem Gebot ist nicht schon dadurch Genüge getan, dass die Anforderungen hinsichtlich des erfinderischen Abstands reduziert werden. Sobald ein Patent wegen einer Entgegenhaltung, insbesondere einer nachveröffentlichen älteren Anmeldung, versagt oder für ungültig erklärt wird, von deren gemäß den oben dargestellten Grundsätzen aus fachmännischer Sicht bestimmtem Offenbarungsgehalt der unter Schutz gestellte Gegenstand nicht umfasst ist, geschieht die Schutzversagung wegen Naheliegens und deshalb mangels erfinderischer Tätigkeit, nicht mangels Neuheit.

52 Ein gewisses Risiko der Doppelpatentierung muss daher im geltenden System nicht nur wegen der Neuheitsunschädlichkeit missbräuchlicher älterer Anmeldungen (vgl. → Rn. 16 ff.), sondern auch deshalb in Kauf genommen werden, weil der Inhalt nicht vorveröffentlichter älterer Anmeldungen für die erfinderische Tätigkeit nicht berücksichtigt wird.

53 Ein Widerspruch zum StrÜ liegt darin nicht. Dort ist es in Art. 5 S. 2 den Vertragsstaaten gestattet, den Inhalt nachveröffentlichter älterer Anmeldungen für die Frage der erfinderischen Tätigkeit nicht zum SdT zu rechnen. Mit der Wahl dieser Möglichkeit ist nicht die Verpflichtung verbunden, Doppelpatentierungen auszuschließen; denn diese gilt nur für Staaten, die den Inhalt älterer Anmeldungen überhaupt nicht in den SdT einbeziehen (Art. 6).

54 Insgesamt sollte das Ausmaß der Möglichkeit doppelten Schutzes und der Folgen, die sich hieraus ergeben können, nicht überschätzt werden. Die frühzeitige Veröffentlichung aller Anmeldungen begrenzt den zeitlichen Abstand von Anmeldungen, die zur Doppelpatentierung führen können, und das

---

[72] Vgl. *Melullis* in Benkard EPÜ Art. 54 Rn. 35, 126.
[73] BGH 17.1.1995, BGHZ 128, 270 (275 f.) – Elektrische Steckerverbindung.
[74] Dagegen will *Teschemacher* GRUR 1975, 648 die schutzhindernde Wirkung der älteren Anmeldung auf den durch ihren Inhalt nahegelegten Bereich beziehen. Nicht ganz im Einklang hiermit meint er weiter, es bedürfe keines erfinderischen Abstands zwischen beiden Anmeldungen, und nimmt deshalb letztlich eine schutzhindernde Wirkung nur für den Bereich glatter Äquivalenz iSd früher zur Bestimmung des Schutzbereichs angewandten „Dreiteilungslehre" an. – Nach *Gesthuysen* GRUR 1993, 205 (210 f.) soll die Patentierung zu versagen sein, wenn und soweit sich die in der jüngeren Anmeldung beschriebene Erfindung in naheliegender Weise aus einer nachveröffentlichten älteren Anmeldung ergibt, wobei aber der SdT außer Betracht bleiben soll, der nach dem Anmelde- oder Prioritätstag der älteren Anmeldung entstanden ist. Das ist weder mit § 4 S. 2 PatG, Art. 56 S. 2 EPÜ noch mit § 4 S. 1 iVm § 3 Abs. 1 S. 2 PatG, Art. 56 S. 1 iVm Art. 54 Abs. 2 EPÜ vereinbar.

§ 17. Neuheit   IV § 17

Hinausschieben des Freiwerdens des Schutzgegenstands, das sich bei Doppelpatentierung ergeben kann, auf 18 Monate. Bis zu einem Jahr kann jedoch dieses Freiwerden schon mit Hilfe von Prioritäten hinausgeschoben werden.

IV. Abgrenzung des Neuheitsgehalts der Erfindung

a) Allgemeines

1. Der Vergleich mit dem SdT ergibt, was als neu unter Schutz gestellt werden kann. **55** Dabei steht es der Neuheit einer technischen Lehre nicht entgegen, dass sie auf Wissen Bezug nimmt oder von Wissen Gebrauch macht, das bereits zum SdT gehörte, ja allgemein bekannt war. Selbst wenn solches Wissen Gegenstand eines fremden Patents oder Gebrauchsmusters ist, kann die Erfindung für das, was an ihr neu ist, Schutz erlangen. Freilich bedarf die Benutzung einer Erfindung, die vom Gegenstand eines fremden Schutzrechts Gebrauch macht, der Zustimmung des Rechtsinhabers (Näheres → § 33 Rn. 40f.). Doch schließt solche *Abhängigkeit* die Neuheit nicht aus. Hierfür kommt es allein auf den SdT an, mag er geschützt sein oder nicht. Von ihm ist zur Bestimmung der erreichbaren Schutzwirkungen abzugrenzen, was die Erfindung Neues bringt. Dass sie patentiert oder durch ein Gebrauchsmuster geschützt werden kann, hängt freilich noch davon ab, dass sie auf erfinderischer Tätigkeit bzw. einem erfinderischen Schritt beruht.

2. Ein **Erzeugnis** kann neu sein, auch wenn es bekannte Bestandteile (Elemente) ent- **56** hält. Selbst wenn alle seine Bestandteile bekannt waren, kann in ihrer Verknüpfung eine neue **Kombination** liegen (vgl. → § 18 Rn. 115 ff.). Wird eine bekannte **Vorrichtung** (ein Gerät, eine Maschine usw) zu einem neuen Zweck verwendet und hierfür – sei es auch nur geringfügig – verändert, kann ihre veränderte Ausgestaltung als neue Vorrichtung geschützt werden.[75] Wird dagegen die bekannte Vorrichtung völlig unverändert für einen neuen Zweck angewandt, kann eine Erfindung nur in der **neuen Anwendung** liegen. Eine Verwendung ist neu, wenn sie durch objektive Merkmale von den vorbekannten Verwendungsmöglichkeiten abgegrenzt werden kann, die den SdT bilden.[76] Nicht neu wäre diese Anwendung freilich dann, wenn ein Fachmann den bekannten Gegenstand schon einmal gezielt zur Erreichung des beanspruchten Zwecks eingesetzt hätte. Dies wäre neuheitsschädlich; selbst dann, wenn der Fachmann den Wirkungsmechanismus nicht im Detail gekannt hätte.[77]

Der neu erkannte Effekt darf auch nicht schon beim bisher bekannten bestimmungsgemäßen **57** Gebrauch der Vorrichtung *zwangsläufig* aufgetreten sein. Dann läge in der Erkenntnis, dass dieser Effekt mit der unveränderten Vorrichtung erzielt werden kann, eine bloße Entdeckung (vgl. → § 11 Rn. 11 ff.), deren Schutz den herkömmlichen, bekannten Gebrauch ungerechtfertigt behindern würde, da er sich vom Gebrauch für den neu erkannten Zweck nicht trennen ließe. Die Verwendung für einen Zweck, der bisher nicht oder nur zufällig und unregelmäßig erreicht wurde, erfordert dagegen, wenn die Vorrichtung unverändert bleibt, eine neue Art und Weise ihres Einsatzes. Diese kann als *Verfahren* patentiert werden.

3. Ebenso kann ein **Gerätesatz** mit in ihren technischen Merkmalen zur Erreichung **58** eines bestimmten Zwecks aufeinander abgestimmten Bestandteilen neu sein, wenn im SdT eine Mehrzahl von Einzelteilen eines solchen Satzes bekannt ist, nicht aber deren in der Anmeldung offenbare funktionale Abstimmung.

In der Entscheidung **Dentalgerätesatz**[78] hatte der beanspruchte Gerätesatz aus einer Mehrzahl **59** unterschiedlicher Interdentalbürstentypen bestanden, also mehreren gleichartigen Gegenständen und mindestens einem Sondiergerät, wobei der Sinn des Gerätesatzes gerade in der funktionsbestimmten

---

[75] BGH 7.11.1978, GRUR 1979, 149 (150 f.) – Schießbolzen.
[76] BGH 23.2.2017, GRUR 2017, 681 Rn. 36 – Cryptosporidium; GRUR-Prax 2017, 284 mAnm *Kendziur;* in Fortführung von 20.12.2011, GRUR 2012, 373 Rn. 55 – Glasfasern I.
[77] BGH 23.2.2017, GRUR 2017, 681 Rn. 35 – Cryptosporidium.
[78] BGH 5.4.2011, GRUR 2011, 707.

§ 17 IV   2. Abschnitt. Sachliche Voraussetzungen des Patent- u. Gebrauchsmusterschutzes

Zusammenfügung der Bestandteile lag. Eine derart funktionsbestimmte Zusammenfügung war im Stand der Technik mit der voneinander unabhängigen Offenbarung von Interdentalbürsten und Sondiergeräten nicht bekannt gewesen.[79]

60 4. Neue **Stoffe** können als solche geschützt werden, mag es sich um chemische Verbindungen, Legierungen oder Gemische handeln. Es genügt, dass die Zusammensetzung des Stoffes nicht zum SdT gehörte.

61 Nicht mehr neu ist eine chemische Verbindung, wenn sie in einer Veröffentlichung bezeichnet ist und der Fachmann in der Lage war, sie herzustellen; ob sie schon einmal hergestellt wurde, ist unerheblich; auch brauchen ihre chemischen und physikalischen Eigenschaften nicht vorbekannt gewesen zu sein.[80]

62 Auf Herstellungsverfahren und Verwendungszweck kommt es für die Neuheit des Stoffes nicht an;[81] sie können jedoch in anderem Zusammenhang eine Rolle spielen (vgl. → § 24 Rn. 79 ff.). Dass ein Stoff in der **Natur** vorkommt, steht seiner Neuheit nicht entgegen, sofern nicht sein Vorhandensein in der Natur zum SdT gehörte.[82]

63 Ein bekannter Stoff wird jedoch nicht dadurch zu einem neuen, dass ein neuer, möglicherweise erfinderischer Weg zu seiner Herstellung oder Auswahl aufgezeigt wird; deshalb kann ein durch ein Auswahlverfahren gekennzeichneter Stoff nicht beansprucht werden, wenn diese Definition auch bekannte Stoffe einschließt[83]. Gleiches gilt grundsätzlich, wenn ein bekanntes Erzeugnis in reiner(er) Form bereitgestellt wird, auch wenn dies mittels eines neuen, erfinderischen Verfahrens geschieht[84]. Auch einem Anspruch auf eine Zubereitung aus einem bekannten, strukturell definierten Wirkstoff und einem in keiner Weise näher gekennzeichneten Hilfsstoff steht der Mangel der Neuheit entgegen.[85]

64 5. Ein **Zwischenprodukt,** das in einem mehrstufigen Herstellungsprozess nur vorübergehend und abschnittsweise besteht, kann mit seinen Eigenschaften neuheitsschädlichen SdT bilden, wenn es abgrenzbar ist, wenn es also nicht übergangslos und unabgrenzbar in einen Zustand mit anderer Beschaffenheit umgeformt wird.[86]

65 6. Ein **Verfahren** zur Herstellung eines Erzeugnisses ist auch dann neu, wenn zwar das Erzeugnis bekannt ist, das Verfahren aber nicht zum SdT gehört. Setzt sich ein Verfahren aus mehreren an sich bekannten Schritten zusammen, kann sich seine Neuheit daraus ergeben, dass diese in einer vom SdT abweichenden Weise kombiniert werden. Die Neuheit eines Verfahrens kann auch auf der vom SdT abweichenden Wahl der Ausgangsstoffe beruhen.[87]

66 Nicht neu ist die Ausrichtung eines vorbeschriebenen Verfahrens auf die Erzielung eines bisher nicht bekannten Ergebnisses, sofern sich dieses von selbst einstellt, wenn das vorbe-

---

[79] BGH 5.4.2011, GRUR 2011, 707 Rn. 29.
[80] BGH 30.5.1978, GRUR 1978, 696 (698) – α-Aminobenzylpenicillin; 26.1.1988, BGHZ 103, 150 (156) – Fluoran. – BPatG 17.5.1983, BPatGE 25, 193 sieht freilich einen chemischen Stoff schon dann als neu an, wenn er sich von Stoffen *gleicher chemischer Zusammensetzung* in mindestens einem zuverlässig feststellbaren Merkmal bzw. Parameter unterscheidet.
[81] Nach EPA 25.6.1985, ABl. 1985, 363 – Vinylester-Crotonsäure-Copolymerisate/Hoechst genügt zur Begründung der Neuheit nicht die Änderung des Herstellungsverfahrens, auf das zur Kennzeichnung eines Stoffes bisher Bezug genommen worden ist.
[82] *Bacher/Melullis* in Benkard PatG § 1 Rn. 92 f.; *Melullis* in Benkard PatG § 3 Rn. 338; vgl. auch → § 11 Rn. 25 ff.
[83] BGH 24.3.1998, GRUR 1998, 1003 – Leuchtstoff.
[84] EPA 25.6.1985, ABl. 1985, 363 Rn. 3.2.3 – Vinylester-Crotonsäure-Copolymerisate/Hoechst; 12.12.1998, ABl. 1998, 489 Rn. 11.5 – Erythro-Verbindungen/Novartis; 12.5.2000, ABl. 2001, 319 (325 ff.) – reines Terfenadin/Albany.
[85] EPA 16.6.1999, ABl. 2000, 50 – L-Carnitin/Lonza.
[86] BGH 26.5.2009, GRUR 2009, 929 – Schleifkorn; s. auch EPA 22.4.1992, BeckRS 1997, 30565360 (Rn. 2.2).
[87] BGH 11.7.1985, BGHZ 95, 295 (299) – Borhaltige Stähle; 27.6.1972, BlPMZ 1973, 170 (171) – Legierungen.

§ 17. Neuheit

schriebene Verfahren ohne jede Änderung ausgeführt wird; das gilt selbst dann, wenn das neu erkannte Ergebnis den Fachmann überrascht.[88]

Ein neues Verfahren kann auch in der neuen **Verwendung** (Anwendung) eines bekannten Erzeugnisses liegen (vgl. → Rn. 56 f.),[89] insbesondere in der Lehre, einen (zB als Düngemittel) bekannten Stoff für einen neuen Zweck (zB als Waschmittel) zu verwenden.[90] Die patentierbare Erkenntnis beschränkt sich dann auf die neue Anwendung, die sich grundsätzlich als Verfahren darstellt. Für medizinische Verwendungen zum SdT gehörender Stoffe oder Stoffgemische ist jedoch wegen der für medizinische Verfahren geltenden Ausschlussbestimmungen (§ 2a Abs. 1 Nr. 2 PatG, Art. 53 (c) EPÜ) eine Sonderregelung vorgesehen: Nach § 3 Abs. 3, 4 PatG, Art. 54 Abs. 4, 5 EPÜ kann der Stoff oder das Stoffgemisch für die medizinische Verwendung, wenn diese nicht zum SdT gehört,[91] zweckgebundenen Erzeugnisschutz erlangen (vgl. → Rn. 8 f., 10 f. und 20). 67

b) Neuheit durch Auswahl aus vorbekannten Bereichen?

Verbreitet ist das Bestreben von Anmeldern, die Neuheit einer technischen Lehre aus Merkmalen abzuleiten, die in einen größeren, allgemeiner vorbeschriebenen Bereich fallen, ohne dort ausdrücklich genannt worden zu sein. Die Patentfähigkeit einer solchen Auswahlerfindung hängt dann daran, ob man der Auswahl als solcher Neuheit zuerkennt. Der Anmelder wird dies stets beanspruchen und hält bereits seine einschränkende Auswahl für neuheitsbegründend. Man kann dies freilich auch restriktiver sehen und auf die Vorbekanntheit aller Elemente abstellen, die zur Auswahl standen. Die Vorbekanntheit wird dann meist neuheitsschädlich sein. Gleichgültig, wie man sich entscheidet, ist doch stets zu fragen, ob die Auswahlentscheidung, die geschützt werden soll, von der Vorveröffentlichung neuheitsschädlich getroffen wurde. Das hängt vom Offenbarungsgehalt der Vorveröffentlichung ab, also von den technischen Informationen, die sie dem Durchschnittsfachmann offenbart hat. Wie weit der Durchschnittsfachmann mit welchen Informationen kommen kann, ist nach Technikgebieten sehr unterschiedlich, denn nicht in jedem Technikgebiet wird dasselbe mitgedacht. Auch das Technikgebiet, dem die in Rede stehende Technik angehört, bestimmt also mit, ob eine Auswahl als neu gelten kann oder ob sie in einer Vorveröffentlichung neuheitsschädlich mitoffenbart wurde.[92] 68

aa) Deutsche Rechtsprechung

1. Grundlegend für die neuere deutsche Rechtsprechung ist die BGH-Entscheidung Olanzapin vom 16.12.2008,[93] mit der der Patentsenat die Patentfähigkeit von Auswahler- 69

---

[88] BGH 30.5.1978, GRUR 1978, 696 (699) – α-Aminobenzylpenicillin; 17.1.1980, BGHZ 76, 97 (104 f.) – Terepthalsäure; 14.5.1985, BlPMZ 1985, 373; EPA 9.2.1982, ABl. 1982, 296 (301 ff.) – Diastereomere; 30.7.1984, ABl. 1984, 555 Rn. 6 – Vinylacetat/Fernholz.

[89] Vgl. *Bruchhausen* GRUR 1980, 367.

[90] BGH 6.4.1954, GRUR 1954, 584 – Holzschutzmittel; 27.6.1972, BlPMZ 1973, 257 (258) – Herbizide.

[91] Damit eine Vorverlautbarung einen Stoff als Arzneimittel zum SdT macht, muss sie konkret auf einen wirklich erzielten medizinischen Effekt hinweisen; vgl. *Bruchhausen* GRUR 1982, 641 ff.

[92] Aus der umfangreichen Literatur zu den „Auswahlerfindungen": *Beil* GRUR 1971, 53–59 und 382–389; *Bruchhausen* GRUR 1972, 226–230; *Christ* Mitt. 1998, 408–413; *Dinné/Stübbe* Mitt. 2004, 337–343; *Dörries* GRUR 1984, 90–93 und 1991, 717–722; *Hetmank* Mitt. 2015, 494–498; *Hüni* GRUR 1972, 391–394 und GRUR-Int 1987, 663–669; *Güthlein* GRUR 1987, 481–484; *Klöpsch* GRUR 1972, 625–631; *Meyer-Dulheuer* GRUR 2000, 1–6; *Pietzcker* GRUR 1986, 269–271; *Schmied-Kowarzik/Heimbach* GRUR 1983, 109–112; *Spangenberg* GRUR-Int 1998, 193–199; *Szabo* GRUR-Int 1989, 447–451; außerdem die vor § 16 angeführten Arbeiten von *Maiwald* und *Poth*; s. auch die Kommentare von *Moufang* in Schulte PatG § 1 Rn. 268–271 und § 3 Rn. 110–116; *Busse/Keukenschrijver* PatG § 3 Rn. 118–135; *Melullis* in Benkard EPÜ Art. 54 Rn. 256–271 – sämtlich mwN.

[93] BGH 16.12.2008, GRUR 2009, 382 Rn. 25 ff. – Olanzapin, mzustAnm *Bublack/Coehn* 388 ff., und krit. Anm. *Sendrowski* GRUR 2009, 797 ff.; bestätigt durch 10.9.2009, GRUR 2010, 123 (125 ff.)

findungen erweiterte. Falle eine beanspruchte chemische Verbindung unter eine vorbeschriebene Formel, sei dies für sich noch nicht neuheitsschädlich. Zu fragen sei vielmehr, ob die Offenbarung besagter Formel auch die beanspruchte Verbindung in einer Weise offenbart habe, die es dem Durchschnittsfachmann ermögliche, den Stoff in die Hand zu bekommen. Völlig zurecht erklärt der BGH für maßgeblich, *„was aus fachmännischer Sicht einer Schrift [der Vorveröffentlichung] „unmittelbar und eindeutig" zu entnehmen ist"*. Das schließt freilich ausdrücklich ein, was der Durchschnittsfachmann nach seinem allgemeinen Fachwissen als selbstverständlich oder unerlässlich für die Ausführung der unter Schutz gestellten Lehre hält und was darum nicht offenbart werden musste.

70   2. Das ist klarer als früher manchmal zu lesen. Grundlegend neu ist es beileibe nicht. So hat der BGH bei einer Vorrichtung, für die im SdT angegeben war, dass bei zwei bestimmten kreisförmigen Elementen der Radius des einen kleiner als der des anderen sein sollte, eine Lösung als neu betrachtet, nach welcher der eine Radius kleiner als der andere, aber größer als dessen Hälfte war.[94] Bei chemischen Stoffen hat er es in früheren Entscheidungen nicht als neuheitsschädlich betrachtet, dass sie bereits in allgemeiner Form vorweggenommen, insbesondere von einer durch eine Gruppenformel vorbeschriebenen Kategorie von Verbindungen umfasst waren.[95] Später hat er es als unerheblich für die Neuheitsfrage bezeichnet, dass eine chemische Verbindung unter eine vorveröffentlichte Formel fällt; maßgebend sei allein, ob ein Sachverständiger durch die Angaben einer vorveröffentlichten Druckschrift über eine Verbindung ohne weiteres in die Lage versetzt wird, die diese betreffende Erfindung auszuführen, dh den betreffenden Stoff in die Hand zu bekommen, was nach den Tatsachenfeststellungen im gegebenen Fall zu bejahen war.[96] Für die allgemeine Angabe „synthetische Ester" wurde angenommen, dass sie dem Fachmann nicht die Erkenntnis vermittle, es seien gerade oder doch zumindest auch die speziellen Ester gemeint, für die Schutz beansprucht war.[97]

71   3. Zur Bestimmung des Offenbarungsgehalts, in dessen Grenzen Anmeldungen geändert werden dürfen (→ § 25 Rn. 118 ff.), hat der BGH klargestellt, dass es nicht darauf ankommt, ob eine durch Einschränkung eines Anspruchs definierte Erfindung in den ursprünglichen Anmeldungsunterlagen gegenüber gleichzeitig offenbarten anderen Lösungen als vorteilhaft, zweckmäßig oder bevorzugt bezeichnet ist.[98] Anders nun in *Olanzapin* wurde dann angenommen, durch Grenzwerte definierte Mengenbereiche der Komponenten einer Legierung umfassten sämtliche innerhalb der angegebenen Grenzen möglichen Variationen, also auch diejenigen, die nicht einzeln zahlenmäßig ausdrücklich genannt sind, sofern die charakteristischen Eigenschaften der Legierung gewahrt blieben. Mit der Angabe eines durch Grenzwerte definierten Bereichs seien alle innerhalb der Grenzwerte liegenden Zwischenwerte und alle daraus beliebig gebildeten Teilmengen offenbart.[99] Daran wird sich nur dann festhalten lassen, wenn der Durchschnittsfachmann diese Variationen komplett überblickt, was doch zweifelhaft scheint.

– Escitalopram; 5.4.2011, GRUR 2011, 707 (710) – Dentalgerätesatz; 18.3.2014, GRUR 2014, 758 – Proteintrennung.

[94] 19.5.1981, BGHZ 80, 323 (330 f.) – Etikettiermaschine.
[95] BGH 18.12.1975, BGHZ 66, 17 (33 f.) – Alkylendiamine; ebenso BPatG 18.3.1976, GRUR 1976, 633 – Selektive Herbizide.
[96] BGH 26.1.1988, BGHZ 103, 150 (157) – Fluoran.
[97] BGH 30.9.1999, GRUR 2000, 296 – Schmierfettzusammensetzung.
[98] BGH 20.3.1990, BGHZ 111, 21 – Crackkatalysator, wo die Einschränkung eines ursprünglich offenbarten Bereichs von „bis zu 50 ppm" auf „weniger als 10 ppm" zugelassen wird.
[99] BGH 12.5.1992, BGHZ 118, 210 (217 ff.) – Chrom-Nickel-Legierung; vgl. jedoch BPatG 8.8.1995, BlPMZ 1996, 459, das wegen der in einer Entgegenhaltung verfolgten grundsätzlichen Zielrichtung annimmt, für den fachkundigen Leser kämen von den ihr entnehmbaren Legierungszusammensetzungen nur die in Betracht, die jener Zielsetzung nicht zuwiderliefen.

§ 17. Neuheit IV § 17

4. Da sich der Offenbarungsgehalt einer Anmeldung, der die Zulässigkeit von Änderungen begrenzt, nach denselben Maßstäben bestimmt wie der neuheitsschädliche Offenbarungsgehalt eines Dokuments,[100] hat die angeführte Rechtsprechung auch die Regeln beeinflusst, die die Neuheitsprüfung bestimmen: So hieß es vor *Olanzapin*, die umfassende numerische Bereichsangabe etwa eines Molekulargewichtsbereichs enthalte grundsätzlich auch die umfassende Offenbarung aller denkbaren Unterbereiche.[101] Daran kann nun nur noch dann festgehalten werden, wenn der Durchschnittsfachmann alle denkbaren Unterbereiche so gut überblickt, dass es genau weiß, was genau mit der Angabe des numerischen Bereichs technisch ausgedrückt wird. In aller Regel wird dies Ausnahmeerfindungen nicht ausschließen. 72

bb) Rechtsprechung des EPA

1. Der Rechtsprechung der EPA-Beschwerdekammern hat sich der BGH damit weitgehend angenähert. Nach Auffassung des EPA kann ein Stoff, der durch Umsetzung eines speziellen Paars zwei verschiedenen Klassen angehörender, jeweils in einer Auflistung gewissen Umfangs zusammengestellter Ausgangsstoffe zustande kommt, als Auswahl im patentrechtlichen Sinn und damit als neu angesehen werden.[102] Eine Klasse chemischer Verbindungen, die nur durch eine allgemeine Strukturformel mit mindestens zwei variablen Gruppen definiert ist, offenbart nicht jede einzelne Verbindung, die sich aus der Kombination aller möglichen Varianten innerhalb dieser Gruppen ergeben kann.[103] Wird bei einem vorbeschriebenen Herstellungsverfahren ein bestimmtes als Bereich definiertes Verhältnis von Reaktionsparametern ausgewählt, das von der bekannten Lehre zwar umfasst, aber nicht genannt ist, kann hierin eine neue Erfindung liegen.[104] 73

Ein größerer, durch Eckwerte definierter Zahlenbereich (> 0 und < 100 Mol-%) stellt nicht notwendigerweise eine die Auswahl eines Teilbereichs ausschließende Offenbarung aller zwischen diesen Eckwerten liegenden Zahlenwerte dar, wenn der ausgewählte Bereich eng ist (0,02–0,2 Mol-%) und genügend Abstand von dem durch Beispiele belegten Bereich (2–13 Mol-%) hat.[105] Freilich darf die Auswahl nicht willkürlich sein; es muss also ein vorteilhafter Effekt nur im Auswahlbereich auftreten und deshalb eine „gezielte Auswahl" vorliegen. Die Neuheit ergibt sich nicht aus jenem Effekt,[106] sondern aus der Definition des Auswahlbereichs. 74

Dass im SdT durch Strukturformeln beschriebene Racemate offenbart waren, hinderte das EPA nicht, D-Enantiomere als neu anzusehen, weil es eine spezifische Raumform hiervon 107[OBJ]. Zwar kämen die Racemate in zahlreichen Raumformen vor, die im Racemat auch ungetrennt vorlägen. In individueller Form offenbart seien die Raumformen aber nicht, solange sie nicht namentlich genannt und herstellbar seien. 75

Als zerstört sieht das EPA die Neuheit eines „ausgewählten" Bereichs, wenn die Vorbeschreibung Beispiele daraus enthält.[108] Ebenso, wenn die Werte der Ausführungsbei- 76

---

[100] BGH 19.5.1981, BGHZ 80, 323 (327 f.) – Etikettiermaschine.
[101] BGH 7.12.1999, GRUR 2000, 591 – Inkrustierungsinhibitoren; ebenso in der Vorinstanz BPatG 1.12.1994, Mitt. 1995, 320; krit. zur Rechtsprechung wegen der Konsequenzen, die sich daraus für die Patentierbarkeit nanotechnologischer Erfindungen ergäben, *Huebner* GRUR 2007, 839 f.; einen Widerspruch zur Olanzapin-Entscheidung (BGH 16.12.2008, GRUR 2009, 382 – Olanzapin) sieht *Langfinger* FS 50 J. BPatG, 2011, 379 (389 f.).
[102] EPA 9.2.1982, ABl. 1982, 296 Rn. 13 – Diastereomere.
[103] EPA 16.9.1987, ABl. 1988, 381 – Xanthine/Draco.
[104] EPA 30.7.1984, ABl. 1984, 555 Rn. 6 – Vinylacetat/Fernholz.
[105] EPA 28.2.1985, ABl. 1985, 209 Rn. 7 – Thiochlorformiate/Hoechst.
[106] EPA 28.2.1985, ABl. 1985, 209 Rn. 7 – Thiochlorformiate/Hoechst; ebenso EPA 30.7.1984, ABl. 1984, 555 Rn. 6 – Vinylacetat/Fernholz für einen von der Fachwelt bisher nicht erkannten Vorteil, der bei unveränderter Ausführung eines zum SdT gehörenden Verfahrens eintritt.
[107] EPA 30.8.1988, ABl. 1990, 195 (206 f.) – Enantiomere/Hoechst.
[108] EPA 30.7.1984, ABl. 1984, 555 (560) – Vinylacetat/Fernholz.

spiele einer Entgegenhaltung nur knapp außerhalb des beanspruchten Bereichs liegen und dem Fachmann die Lehre vermitteln, dass er innerhalb dieses gesamten Bereichs arbeiten kann.[109]

77 Keine Neuheit durch Auswahl sieht das EPA auch, wenn eine Vorveröffentlichung eine spezielle stereospezifische Form (threo-Form) eines in der Strukturformel beschriebenen Stoffs zwar nicht explizit erwähnt, sich diese Form aber – unerkannt – als zwangsläufiges Ergebnis eines von mehreren in der Vorveröffentlichung hinreichend durch Angabe des Ausgangsstoffs und seiner Schritte beschriebenen Verfahrens erwies.[110] Die Feststellung, dass sich bei einer in der Vorveröffentlichung offenbarten Verfahrensvariante das Verhältnis von threo- und erythro-Form von ca. 1 : 1 in 90 : 1 änderte, wurde als nicht neuheitsschädliche unerwartete Erkenntnis über ein bekanntes Verfahren gewertet.[111]

78 Nicht als Abweichung vom „Grundsatz der Auswahlerfindung" wurde die Verneinung der Neuheit in einem Fall angesehen, in dem ein Verfahren zur Herstellung einer Klasse von Verbindungen vorbeschrieben war, deren Mitglieder eine beliebige Kombination jeweils innerhalb bestimmter Zahlenbereiche liegender Werte von Parametern haben sollten, und alle Mitglieder dieser Klasse von Verbindungen anhand dieser Lehre vom Fachmann hergestellt werden konnten[112]: Hier seien alle Mitglieder der Öffentlichkeit zugänglich gemacht worden. Der Anspruch auf eine Klasse von Verbindungen, die sich mit der beschriebenen überschneidet, sei nicht neu.

79 2. Wenn sich der in einer Anmeldung oder einem Patent beanspruchte Bereich eines bestimmten Parameters mit dem im SdT offenbarten Bereich dieses Parameters überschneidet, muss nach Ansicht des EPA geprüft werden, ob der Fachmann auf Grund der technischen Gegebenheiten *ernsthaft in Betracht ziehen* würde, die technische Lehre des zum SdT gehörenden Dokuments im Überschneidungsbereich anzuwenden.[113] Könne dies mit einiger Wahrscheinlichkeit bejaht werden, sei auf mangelnde Neuheit zu schließen; halte jedoch eine begründete Feststellung in jenem Dokument den Fachmann davon ab, die dort offenbarte Lehre in einem Teil dieses Bereichs auszuführen, sei dieser Teilbereich als neu anzusehen.[114]

80 BPatG[115] und BGH[116] lehnen es ausdrücklich ab, in Fällen, in denen sich der numerisch definierte beanspruchte Bereich mit einem bereits bekannten weiteren Bereich deckt oder überschneidet, die Neuheitsschädlichkeit davon abhängig zu machen, dass der Fachmann ernsthaft erwägen würde, die technische Lehre des bekannten Dokuments im Deckungs- oder Überschneidungsbereich anzuwenden.[117]

81 Dies steht im Einklang mit dem Grundsatz, wonach Neuheitsschädlichkeit einer Information nur voraussetzt, dass ein Fachmann davon *Kenntnis nehmen konnte* (→ § 16 Rn. 37 ff.). Die nach diesem Maßstab feststehende Zugänglichkeit einer Information kann nicht deshalb in Frage gestellt werden, weil ein Fachmann dies Information vielleicht nicht benutzt hätte.

82 Nachdem die GBK[118] entschieden hat, dass die chemische Zusammensetzung eines Erzeugnisses der Öffentlichkeit unabhängig davon zugänglich ist, ob ein Fachmann besondere Gründe hatte, es zu analysieren, wäre es folgerichtig, auch in Fällen der „Überschneidung"

---

[109] EPA 6.6.1986, ABl. 1986, 406 – Füllstoff/Plüss-Staufer.
[110] EPA 9.2.1982, ABl. 1982, 296 (301 ff.) – Diastereomere.
[111] EPA 9.2.1982, ABl. 1982, 296 Rn. 10, 14.5 – Diastereomere.
[112] EPA 9.8.1988, ABl. 1989, 491 – Copolymere/Du Pont.
[113] EPA 20.9.1988, ABl. 1990, 22 – Dicke magnetischer Schichten/Toshiba; ebenso 10.9.1991, ABl. 1993, 495 – Waschmittel/Unilever.
[114] EPA 20.9.1988, ABl. 1990, 22 – Dicke magnetischer Schichten/Toshiba.
[115] 1.12.1994, Mitt. 1995, 320.
[116] 7.12.1999, GRUR 2000, 591 (594).
[117] Ebenso *Melullis* in Benkard EPÜ Art. 54 Rn. 262; *Rogge* GRUR 1996, 940.
[118] EPA 18.12.1992, ABl. 1993, 277 – Öffentliche Zugänglichkeit.

§ 17. Neuheit

oder „Auswahl" die Zugänglichkeit unabhängig vom mutmaßlichen Verhalten des Fachmanns zu beurteilen.

cc) Wertung

1. Aus der gesetzlichen Regelung des Neuheitserfordernisses lässt sich nicht begründen, dass schon die einschränkende Auswahl aus einem im SdT umschriebenen Bereich neuheitsbegründend sein könne[119]. Vielmehr gelten die allgemeinen Regeln über die Bestimmung des neuheitsschädlichen Offenbarungsgehalts zum SdT gehörender Sachverhalte auch dann, wenn Teile solcher Bereiche beansprucht werden. 83

Anders als früher lässt die BGH-Rechtsprechung nach Olanzapin nun durchaus Raum für die Anerkennung der Neuheit engerer Bereiche, die ganz oder teilweise innerhalb eines durch numerische Grenzwerte von Parametern oder Mischungsverhältnissen definierten Bereichs liegen.[120] Für Gruppen chemischer Verbindungen, die durch generelle Formeln gekennzeichnet sind, gilt dasselbe, soweit der Fachmann nicht sämtliche hiervon umfassten Verbindungen herstellen kann.[121] 84

2. Auch dass in einem Teil eines voroffenbarten Bereichs liegende Erzeugnis- oder Verfahrensvarianten verbesserte oder sogar *unerwartete Eigenschaften* aufweisen, kann dem betreffenden Teilbereich nun Neuheit verschaffen. Ebenso wie früher kann natürlich auch jetzt das Erkennen solcher Eigenschaften in eine schutzfähige Erfindung umgesetzt werden, wenn eine neue, im SdT nicht vorweggenommene Handlungsanweisung gegeben wird (vgl. dazu → § 11 Rn. 11 ff.). Bei Erzeugnissen kommt dies auf der Grundlage der in der Praxis feststehenden Regeln über den absoluten Erzeugnisschutz, wonach sich die durch eine Erzeugniserfindung gelöste Aufgabe in der Bereitstellung des Erzeugnisses erschöpft (→ § 11 Rn. 25 ff.), nur durch Angabe einer *neuen Verwendung* der Erzeugnisse in Frage, die (gegebenenfalls) durch jene Eigenschaften ermöglicht wird.[122] Die Annahme, auf solche Eigenschaften könne für die „ausgewählten" Erzeugnisse absoluter Erzeugnisschutz gestützt werden, widerspräche, soweit nicht diese mangels Herstellbarkeit nach der Rechtsprechung als neu gelten können, den eigenen Prämissen der Lehre vom absoluten Stoffschutz. Außerdem würde sie, soweit für die allgemein definierten Erzeugnisse bereits Schutz in Anspruch genommen worden ist, auf eine ungerechtfertigte Verlängerung dieses Schutzes hinauslaufen. 85

Ginge man in Fällen, in denen die Bereitstellung von Erzeugnissen erst durch das Erkennen unerwarteter wertvoller Eigenschaften zu einer erfinderischen Leistung wird, also insbesondere im Regelfall der Erfindung chemischer Stoffe, nicht von einem absoluten, sondern von einem zweckgebundenen Stoffschutz aus (vgl. → § 11 Rn. 62 ff.), könnte allerdings aus unerwarteten Eigenschaften, die sich in Teilen voroffenbarter größerer Bereiche zeigen, jeweils ein in entsprechender Weise zweckgebundener Stoffschutz gewährt werden, der von dem für den größeren Bereich gegebenenfalls bestehenden, auf andere Eigenschaften gestützten zweckgebundenen Stoffschutz unabhängig ist. 86

3. Bei *Verfahren*svarianten, die in einen voroffenbarten Bereich fallen, vermögen *verbesserte Wirkungen* wie größere Ausbeute oder Reinheit, geringerer Material- oder Energieverbrauch, auch wenn sie sich unerwartet einstellen, ebenfalls die Neuheit nicht zu begründen. 87

Denkbar ist, dass die Anwendung des Verfahrens in einem Teil des voroffenbarten Bereichs zu einem neuen Erzeugnis führt, für das Erzeugnisschutz in Frage kommt, oder die in dem Teilbereich herrschenden Verhältnisse eine Abwandlung des Verfahrens bedingen, der Neuheit zukommt. Doch ist zweifelhaft ob dergleichen möglich ist, ohne dass der im SdT definierte Bereich verlassen wird und schon deshalb Neuheit vorliegt. 88

---

[119] In diesem Sinn auch *Melullis* in Benkard PatG § 3 Rn. 331; *Melullis* in Benkard EPÜ Art. 54 Rn. 260.
[120] *Rogge* GRUR 1996, 940.
[121] Vgl. *Busse/Keukenschrijver* PatG § 3 Rn. 135.
[122] *Brodeßer* FS Nirk, 1992, 85 (95 f.).

§ 18. Erfinderische Leistung

I. Bedeutung und Zweck des Erfordernisses

a) Patentrecht: Beruhen auf erfinderischer Tätigkeit

1   1. Für die Patentierbarkeit einer (gewerblich anwendbaren, vom Schutz nicht ausgeschlossenen) Erfindung genügt nicht, dass diese im oben (→ § 17 Rn. 21 ff.) dargestellten Sinn neu ist. Sie muss sich zudem vom der Öffentlichkeit vor dem Stichtag zugänglich gemachten Stand der Technik soweit unterscheiden, dass sie sich für den Fachmann **nicht in naheliegender Weise daraus ergibt** (§ 1 Abs. 1 und § 4 PatG; Art. 52 Abs. 1, 56 EPÜ). Dass eine Erfindung nur dann schutzfähig ist, wenn sie nicht nur auf fachmännischem Handeln[1], sondern auf erfinderischer Tätigkeit beruht, hat zur Folge, dass ein erheblicher Teil der nicht zum SdT gehörigen Erfindungen nicht patentierbar ist.

2   Der Grund der Einschränkung ergibt sich aus dem **Zweck des Patentschutzes**. Die Erfahrung zeigt, dass technisches Wissen bereits durch seine laufende Anwendung erweitert und vervollkommnet wird. Schon die gewöhnliche Alltagsarbeit des Technikers erschöpft sich nicht in der unveränderten Wiederholung von Vorgegebenem, sondern bringt Abwandlungen bekannter Vorrichtungen, Materialien und Verfahren mit sich.[2] Die Neuerungen, die im Rahmen dieser „normalen technologischen Weiterentwicklung"[3] zustande kommen, bedürfen keiner weiteren Anspornung durch den Patentschutz. Ihre Urheber verdienen dessen Belohnungseffekt nicht, weil sie lediglich vollzogen haben, was durch irgendeinen routinemäßig tätigen Fachmann ohnehin bewirkt worden wäre[4]. Die Gewährung von Ausschlussrechten an so entstandenen Neuerungen würde das Fortschreiten der Technik nicht fördern, sondern hemmen. Könnte jede geringfügige Veränderung einer dem Fachmann in einer einheitlichen, der Öffentlichkeit vor dem Stichtag zugänglich gemachten Informationsquelle offenbarten Problemlösung (vgl. → § 17 Rn. 21 ff.) patentiert werden, wäre die freie Benutzbarkeit der aus der Alltagspraxis erwachsenden Abwandlungen des SdT gefährdet.[5] Unternehmen müssten dann, um Behinderungen durch fremde Schutzrechte zu vermeiden, schon für jede noch so naheliegende Verbesserung, die im gewöhnlichen Betrieb entsteht, möglichst bald Schutz beantragen. Die resultierenden Ausschlussrechte würden sich lähmend auf den Einsatz des SdT in der laufenden Praxis auswirken.

3   Wird hingegen den vorbezeichneten Freihaltungsinteressen durch angemessene Anforderungen an die den Schutz rechtfertigende erfinderische Leistung Rechnung getragen, sind weder eine „Hypertrophie"[6] der technischen Schutzrechte noch „Trivialpatente"[7] zu befürchten; jedenfalls nicht in größerem als dem wegen der Unvollkommenheit menschlichen Tuns unvermeidlichen Umfang. Freilich dürfen die Anforderungen andererseits auch nicht so weit gesteigert werden, dass geistigen Leistungen auf technischem Gebiet, die das gewöhnliche Maß übersteigen, verdiente Belohnung und Schutz gegen die entmutigende Gefahr wohlfeiler Ausbeutung versagt bleiben.[8]

---

[1] BGH 7.8.2018, GRUR 2019, 157 Rn. 46 – Rifaxim α; 24.7.2012, GRUR 2012, 1130 Rn. 26 ff. – Leflunomid.
[2] Vgl. *Nähring* GRUR 1959, 57 f.
[3] So die EPA-Richtlinien G VII 4.
[4] Vgl. die Denkschrift zum StrÜ, BlPMZ 1976, 340; EPA 25.2.1985, ABl. 1985, 132 Rn. 8.2 – Verpackungsmaschine/Michaelsen.
[5] Vgl. die Denkschrift, StrÜ, BlPMZ 1976.
[6] Vgl. *Zypries* GRUR 2004, 977 (978).
[7] Vgl. *Pagenberg* FS Kolle/Stauder, 2005, 251 ff.; *Bardehle* FS VPP, 2005, 151 (156 ff.) und FS Pagenberg, 2006, 3 (4).
[8] Vgl. *Pagenberg* FS Kolle/Stauder, 2005, 257 ff.; *Bardehle* FS VPP, 2005, 158 bzw. FS Pagenberg, 2006, 5.

§ 18. Erfinderische Leistung   I § 18

2. Die Erkenntnis, dass es aus diesen Gründen neben der Neuheit einer weiteren auf den 4
SdT bezogenen Patentierungsvoraussetzung bedarf, durch die eine Zone normalen Fortschritts freigehalten wird, hat sich im deutschen Patentrecht schon früh durchgesetzt[9].
Mangels einer ausdrücklichen Vorschrift wurde das zusätzliche Erfordernis zunächst aus
dem Erfindungsbegriff und dem Zweck des Patentschutzes abgeleitet. Bedeutung erlangten
dabei sowohl die Vorteile, die mit einer neuen Problemlösung erzielt wurden, als auch die
Schwierigkeiten, die für ihr Zustandekommen zu überwinden waren. Das Verhältnis beider
Gesichtspunkte entwickelte sich in den Entscheidungen von RG und RPA schließlich dahin, dass die Patentierbarkeit sowohl „Fortschritt" als auch „Erfindungshöhe" voraussetzte:[10] die Erfindung musste Vorteile bringen und sie durfte für den „Durchschnittsfachmann" nicht nahegelegen haben. DPA, BPatG und BGH übernahmen diese Maßstäbe.

Als das bei weitem wichtigere Erfordernis erwies sich die **Erfindungshöhe.** Ihr Fehlen 5
wurde zum häufigsten Grund für die Versagung oder Vernichtung von Patenten.[11] Dagegen
hat das Erfordernis des **Fortschritts,** das ursprünglich wohl im Vordergrund gestanden
hatte, neben dem der Erfindungshöhe seine praktische Bedeutung so weit verloren, dass
darauf im europäischen und im geltenden deutschen Patentrecht verzichtet wurde (vgl.
→ § 10 Rn. 19 ff.).

Die entscheidende Bedeutung, die die Erfindungshöhe erlangt hat, entspricht dem 6
Zweck des Patentschutzes: besonderer Förderung bedarf der technische Fortschritt nur,
soweit dieser nicht schon durch die laufenden Anwendung des SdT zu erwarten ist. Da die
hierbei entstehenden Neuerungen im Einzelfall durchaus bedeutende Vorteile aufweisen
können, genügt es nicht, einen – sei es auch erheblichen – Fortschritt zu verlangen. Die
Patentierung muss vielmehr voraussetzen, dass sich eine Neuerung vom normalerweise zu
Erwartenden abhebt.

Die Frage kann nur sein, ob es *zusätzlich* auch eines Vorteils bedarf. Das geltende Recht 7
verneint dies. Das ist nicht nur aus den Erfahrungen der deutschen Patentrechtspraxis erklärlich, sondern entspricht auch dem Konzept des Patentschutzes: er belohnt nicht unmittelbar, sondern mittels der besonderen Marktchancen, die ein zeitweiliges Alleinbenutzungsrecht eröffnet. Die Vorteile einer Neuerung zu bewerten, kann daher dem Markt
überlassen bleiben.

3. Freilich entwickelt sich die Technik nicht von allein weiter. Veränderungen eines ge- 8
gebenen Bestands von Problemlösungen sind immer das Werk von Menschen, auch wenn
sie sich im Rahmen alltäglicher, routinemäßiger Anwendung ergeben. Der Bereich, der im
Interesse des technischen Fortschritts von patentrechtlichen Beschränkungen freigehalten
werden muss, wird daher durch die Neuerungsleistungen bestimmt, die von den im Rahmen gewöhnlicher Praxis mit dem SdT arbeitenden und für diese Tätigkeit fachlich geschulten Menschen zu erwarten sind. Hieraus rechtfertigt sich, dass die geltende Regelung
auf den **Fachmann** Bezug nimmt, wie ohne gesetzliche Anordnung schon jahrzehntelang
vorher auch die deutsche Praxis.[12]

Dies bedeutet nicht, dass es um ein subjektives Kriterium ginge. Die Frage ist nicht, 9
was ein bestimmtes Subjekt als Erfinder gewusst oder sich vorgestellt hat oder als Beurteilender meint. Vielmehr ist eine Erfindung als außerpersönliches unkörperliches Objekt
dem ebenfalls objektiv feststehenden SdT gegenüberzustellen und im Lichte der Kenntnisse
und Fähigkeiten zu beurteilen, die vom Fachmann nicht als einer individuell bestimmten
Person, sondern als einem gedachten Normaltypus (vgl. → Rn. 46 ff.) – also wiederum

---

[9] Zur Entwicklung *Pietzcker* GRUR-FS 1991, 417 Rn. 39 ff., 63 ff.
[10] Vgl. schon früh *Lindenmaier* GRUR 1939, 153 (156).
[11] Für die Vernichtungspraxis des BPatG unlängst Ann Mitt. 2016, 245 (250), früher bereits *Liedel*
199, der für 73 von ihm untersuchte Nichtigerklärungen einen Anteil von 83 % ermittelt hat.
[12] Die Bezugnahme auf den Fachmann gewährleistet auch, dass sich die Schutzwürdigkeit nach
einer geistigen Leistung bestimmt und nicht – wie *Godt* 480 f., 564 für die Gentechnologie sagt –
nach der Höhe von Investitionen; vgl. auch → § 3 Rn. 68, 71 f.

objektiv – erwartet werden dürfen. Es ist daher durchwegs eine **objektive Beurteilung** geboten.

10 Dass tatsächlich Einflüsse aus der Person des Beurteilenden nicht völlig auszuschließen sind, ist eine nicht ganz vermeidbare, aber unerwünschte Folge menschlicher Unvollkommenheit und berechtigt keinesfalls dazu, die Entscheidung über die erfinderische Tätigkeit wesentlich einem subjektiven Empfinden zu überlassen.

11 4. Objektiv ist die Beurteilung auch insofern, als es nicht darauf ankommt, was der Erfinder getan hat[13]. Wie er zu seiner neuen Problemlösung gelangt ist, spielt keine Rolle: weder gewährleistet ein hohes Maß an persönlicher Anstrengung, etwa in Form langwieriger, umständlicher und mühevoller Versuche[14] die Patentierbarkeit noch schließt der Umstand sie aus, dass die Erfindung scheinbar mühelos oder zufällig gemacht wurde; ebenso gut kann jedoch eine Erfindung, die aus systematischen Versuchen hervorgegangen ist, patentwürdig sein.[15] Ob eine Tätigkeit eine erfinderische ist, richtet sich nicht nach ihrem Verlauf, sondern allein nach ihrem **Ergebnis**. Immer, aber auch nur dann, wenn dieses eine Erfindung ist, die sich für den Fachmann nicht in naheliegender Weise aus dem SdT ergibt, ist der Vorgang, der dazu geführt hat, eine erfinderische Tätigkeit im Sinne des Patentrechts.

12 Entscheidend ist also letztlich nicht das Beruhen auf erfinderischer Tätigkeit, sondern das **Nicht-Naheliegen**. Der alte Begriff der Erfindungshöhe kam dem Wesen des Erfordernisses näher, eignete sich jedoch nicht zur Umsetzung in eine übernationale Terminologie. Da er ebenfalls mit Nicht-Naheliegen gleichgesetzt wurde, hat die Umbenennung sachlich nichts geändert.[16] Daher kann für das deutsche Recht die Rechtsprechung zur Erfindungshöhe weiterhin herangezogen werden.

13 Auch für das europäische Recht wurde erwartet, dass im Großen und Ganzen „die Kriterien für die Beurteilung der erfinderischen Tätigkeit dieselben wie im deutschen Patentsystem sein sollten"[17]. Die Erfahrungen erlauben freilich nicht ohne weiteres die Feststellung, dass sich dies bestätigt habe.

14 Nach einer frühen Entscheidung des EPA[18] sollte das von diesem geforderte Ausmaß der erfinderischen Tätigkeit in keinem Fall unter dem liegen, was als durchschnittlicher Beurteilungsmaßstab in den Vertragsstaaten betrachtet werden kann, damit die europäischen Patente ausreichende Rechtssicherheit für den Fall bieten, dass ihre Gültigkeit vor nationalen Gerichten angefochten wird. Das BPatG hat 1988 keine nachprüfbaren Anhaltspunkte dafür gesehen, dass der durchschnittliche Bewertungsmaßstab des EPA vom deutschen deutlich abweiche[19]. Gelegentlich wurde bei der gleichen Erfindung die erfinderische Tätigkeit vom EPA bejaht, von deutschen Gerichten dagegen verneint[20]. Daraus ist aber nicht auf einen generell „großzügigeren" Beurteilungsmaßstab des EPA zu schließen[21], zumal sich die Divergenz teilweise daraus erklärt, dass nicht vom gleichen SdT ausgegangen wurde. Auch die Ergebnisse der europäische Patente betreffenden Nichtigkeitsverfahren lassen eine solche Folgerung nicht zu[22].

---

[13] *Kinkeldey/Karamanli/Söldenwagner* in Benkard EPÜ Art. 56 Rn. 12 f.; EPA 13.10.1982, ABl. 1983, 133 Rn. 4 – Metallveredlung/BASF.
[14] Vgl. BGH 6.4.1954, GRUR 1954, 584 – Holzschutzmittel; 20.2.1962, GRUR 1962, 350 (352 f.) – Dreispiegel-Rückstrahler.
[15] BPatG 24.4.1964, BPatGE 5, 78 (80); 24.7.1978, GRUR 1978, 702 (705).
[16] Vgl. die Begründung zum IntPatÜG, BlPMZ 1976, 334.
[17] So *van Benthem/Wallace* GRUR-Int 1978, 219; vgl. auch *Pagenberg* EPÜ-GK Art. 56 Rn. 69; aM. *Haertel* GRUR-Int 1981, 479 (487 f.).
[18] 4.5.1981, ABl. 1981, 439 Rn. 11 aE – Thermoplastische Muffen.
[19] BPatG 2.11.1988, BPatGE 30, 107 (109).
[20] Vgl. zB BPatG 30.1.1986, GRUR 1986, 604 und EPA 4.6.1987, Mitt. 1988, 12 (13) – Interferenzstromtherapiegerät; BPatG 24.2.1988, Mitt. 1989, 115 und EPA 7.7.1986, ABl. 1986, 400 (402 f.) – Zweiteilige Form eines Patentanspruchs/Bossert; BGH 30.9.1999, GRUR 2000, 296 – Schmierfettzusammensetzung.
[21] Vgl. zB EPA 27.1.2011, GRUR-Int 2011, 952 – 1-Click/Amazon.
[22] Vgl. *Rogge* und *Brinkhof* GRUR-Int 1996, 1111 ff. (1115 ff.); *Keukenschrijver* GRUR 2003, 177 ff.

§ 18. Erfinderische Leistung **I § 18**

5. Den alten Ausdruck „Erfindungshöhe" in die Darstellung des neuen Rechts zu übernehmen, **15** schien nicht empfehlenswert. Da andererseits der ständigen Verwendung des Begriffs „Nicht-Naheliegen" sprachästhetische Gründe entgegenstehen, wird die hier erörterte Schutzvoraussetzung als Beruhen auf erfinderischer Tätigkeit oder abkürzend als erfinderische Tätigkeit bezeichnet. Von einer technischen Lehre, die auf erfinderischer Tätigkeit beruht, kann gesagt werden, dass sie erfinderischen Charakter hat oder dass sie erfinderisch ist.

6. Gewöhnlich wird in der Bejahung oder Verneinung der erfinderischen Tätigkeit ein **16** **Werturteil** gesehen.[23] Bezogen auf die Erfindung, über deren Patentierbarkeit zu entscheiden ist, leuchtet dies gewiss ein. Dennoch scheint sich die Frage, ob sich die Erfindung für den Fachmann in naheliegender Weise aus dem SdT ergibt, auf eine **hypothetische Tatsache** zu beziehen: Es kommt nicht darauf an, ob der Fachmann nachträglich die Erfindung als naheliegend wertet, sondern darauf, ob er sie vermutlich gemacht hätte. Da jedoch mit dem Fachmann keine konkret existierende Person, sondern eine gedankliche Abstraktion gemeint ist, kann sein wahrscheinliches Verhalten nicht Gegenstand einer (hypothetischen) Tatsachenfeststellung sein.

Eher könnte versucht werden, eine solche Feststellung auf die Entwicklung der Technik **17** zu beziehen: ließe sich ermitteln, dass die Erfindung ohne die Leistung des Erfinders aus der Alltagspraxis entstanden wäre, könnte gefolgert werden, dass sie dem Fachmann nahelag und nicht schutzwürdig ist. Demgemäß käme es auf eine möglichst exakte Feststellung des Verlaufs an, den vom SdT aus die Entwicklung „normalerweise" genommen hätte. Doch wäre auch diese Fragestellung nicht rein tatsächlicher Art. Es genügte nicht, die Erfindung hinwegzudenken, die gerade zu beurteilen ist. Vielmehr müsste die Entwicklung insgesamt daraufhin geprüft werden, inwieweit sie als Ergebnis routinemäßiger Anwendungspraxis verstanden werden kann; alle hierüber hinausgehenden Entwicklungsschritte müssten bei der hypothetischen Tatsachenermittlung außer Betracht bleiben. Letztlich wäre also die Frage, was vom Fachmann zu erwarten war, doch nicht zu umgehen.[24]

Die wertende Beurteilung der erfinderischen Tätigkeit ähnelt in gewisser Weise Verfahren der Be- **18** wertung von Prüfungsleistungen am Maßstab als „durchschnittlich" vorausgesetzter Kenntnisse und Fähigkeiten. Ein zusätzliches Problem ergibt sich jedoch daraus, dass der Gegenstand der Beurteilung dort an einem vorbekannten, für zahlreiche Leistungen einheitlich geltenden Idealmuster gemessen werden kann, dem er möglichst nahekommen soll, während bei einer Erfindung, die auf erfinderische Tätigkeit zu prüfen ist, nur das vorbekannt ist, wovon sie jedenfalls abweichen muss, und die Erheblichkeit der Abweichung über den Schutz entscheidet; eine Zielmarke, die erreicht oder überschritten sein muss, lässt sich dabei nicht definieren, weil die möglichen Abweichungen zu vielgestaltig sind.

Das Werturteil, dass eine Erfindung für den Fachmann nahelag oder nicht nahelag, be- **19** zieht sich zunächst auf die dem Zustandekommen der Erfindung (objektiv) entgegenstehenden Schwierigkeiten, mittelbar aber auf ihre Schutzwürdigkeit unter dem Gesichtspunkt eines gerechten Ausgleichs der Freihaltungs- und Belohnungsinteressen und eines zweckmäßigen Einsatzes der Ansporungswirkung des Patentschutzes. Hier liegen die **rechtlich bedeutsamen Werte;** das Nicht-Naheliegen ist kein Wert für sich, sondern ein Hilfsbegriff. Welche Anforderungen bei seiner Handhabung angemessen sind, richtet sich letztlich nach den der Patentrechtsordnung zugrundeliegenden Wertungen.

7. Das Werturteil bedarf einer **tatsächlichen Grundlage.** Zu ihr gehören die Erfindung, **20** der Stand der Technik und die Umstände, nach denen sich richtet, welche Kenntnisse und Fähigkeiten beim zuständigen Fachmann vorauszusetzen sind.[25] In allen diesen Punkten

---

[23] Vgl. zB *Völcker* GRUR 1983, 83 (90); *Bruchhausen* Mitt. 1981, 144 (145) und FS v. Gamm, 1990, 353 (361); zu den Grenzen der Revisibilität dort 361 ff., insbes. 367 f.
[24] Vgl. *Bernhardt* 50.
[25] Vgl. BGH 25.11.2003, GRUR 2004, 411 (413) – Diabehältnis: Der gerichtliche Sachverständige hat die Aufgabe, das Gericht über Kenntnisse, Fähigkeiten und Arbeitsweise des Fachmanns zu informieren, nicht aber zu beurteilen, ob die erfindungsgemäße Lösung für diesen nach dessen festgestelltem Wissen und Können nahegelegen hat. – Näheres zur Abgrenzung zwischen Tat- und Rechtsfragen

sind sorgfältige Ermittlungen geboten. Insbesondere darf den Schwierigkeiten, die einer konkreten Bestimmung des maßgebenden Fachwissens und Könnens oft entgegenstehen, nicht durch pauschale, formelhafte Aussagen ausgewichen werden.

21 Der BGH formuliert zusammenfassend: „Ob sich der Gegenstand einer Erfindung für den Fachmann in naheliegender Weise aus dem Stand der Technik ergibt, ist eine Rechtsfrage, die mittels wertender Würdigung der tatsächlichen Umstände zu beurteilen ist, die – unmittelbar oder mittelbar – geeignet sind, etwas über die Voraussetzungen für das Auffinden der erfindungsgemäßen Lösung auszusagen."[26]

22 8. Der Anmelder oder Patentinhaber braucht nicht zu „beweisen", dass die beanspruchte oder geschützte Erfindung auf erfinderischer Tätigkeit beruht. Vielmehr haben im Erteilungsverfahren das Patentamt und die Beschwerdeinstanz zu begründen, im Einspruchs- und Nichtigkeitsverfahren der Einsprechende oder Kläger darzulegen, dass und warum (nach ihrer Ansicht) eine ausreichende erfinderische Leistung fehlt, und die Tatsachen nachzuweisen, aus denen sie dies folgern[27].

23 Wenn Zweifel daran bestehen, dass sich die unter Schutz gestellte Erfindung in naheliegender Weise aus dem SdT ergibt, ist dies nach einer Entscheidung des BPatG[28] „ersichtlich" nicht der Fall, so dass die Erfindung als auf erfinderischer Tätigkeit beruhend gilt, auch wenn sie keine überraschenden oder vorteilhaften Wirkungen zeigt.

24 9. Nach allgemeiner Ansicht ist die erfinderische Tätigkeit kein quantitatives, sondern ein **qualitatives Erfordernis**. Dabei trifft sicher zu, dass sie nicht exakt gemessen oder berechnet werden kann. Dennoch erwecken gebräuchliche Umschreibungen wie Nicht-Naheliegen, erfinderischer Abstand zum SdT, Erfindungshöhe und dergleichen den Eindruck einer räumlich-quantitativen Sicht. Auch kann im Vergleich verschiedener Erfindungen oft gesagt werden, welche davon näher am oder weiter vom SdT liegt und damit die *relativ* geringere bzw. größere erfinderische Tätigkeit aufweist. Nach der im Schrifttum überwiegenden Ansicht ist es deshalb auch möglich, im Gebrauchsmusterrecht geringere Anforderungen an die erfinderische Leistung zu stellen als im Patentrecht (→ Rn. 25 ff.).

b) Gebrauchsmusterrecht: Beruhen auf einem erfinderischen Schritt

25 1. Auch für den Gebrauchsmusterschutz genügt nicht, dass eine (gewerblich anwendbare, vom Schutz nicht ausgeschlossene) Erfindung nicht zum (gebrauchsmusterrechtlich relevanten) Stand der Technik gehört und deshalb iSd GebrMG neu ist. Sie muss außerdem auf einem erfinderischen Schritt beruhen (§ 1 Abs. 1 GebrMG), dessen Beurteilung wie die der erfinderischen Tätigkeit das Ergebnis einer Wertung ist.[29] Damit sollen vom Schutz zumindest solche Neuerungen ausgeschlossen werden, die die Technik nicht wenigstens in einem gewissen Ausmaß bereichern, insbesondere weil sie nur auf rein handwerkliches Können zurückzuführen sind[30].

26 Schon vor der gesetzlichen Verankerung des Erfordernisses einer erfinderischen Leistung wurde für (rechtsbeständigen) Gebrauchsmusterschutz Erfindungshöhe vorausgesetzt.[31] Dabei wurde jedoch überwiegend angenommen, die **Anforderungen** seien im Vergleich zu den patentrechtlichen **abzumildern.** Freilich sind Fälle, in denen bei demselben Gegenstand die erfinderische Leistung für ein Patent als unzureichend, für ein Gebrauchsmus-

---

und den Aufgaben des Sachverständigen bei *Meier-Beck* Mitt. 2005, 529 ff. und *Melullis* FS Ullmann, 2006, 503 ff.

[26] BGH 7.3.2006, GRUR 2006, 663 Rn. 28 – Vorausbezahlte Telefongespräche.
[27] Vgl. für das Einspruchsverfahren EPA 26.11.1985, ABl. 1986, 211 – Zeolithe/BASF.
[28] 20.1.1997, BPatGE 37, 235.
[29] BGH 20.6.2006, GRUR 2006, 842 Rn. 11 – Demonstrationsschrank.
[30] So die Begründung zum Änderungsgesetz von 1986, BlPMZ 1986, 322, und BPatG 27.1.2001, Mitt. 2001, 361 – Innerer Hohlraum.
[31] Umfassende Darstellung der Rechtsentwicklung bei *Goebel* 10–64.

§ 18. Erfinderische Leistung

ter dagegen als genügend gewertet worden wäre, nicht bekannt geworden[32]. Es gibt jedoch zahlreiche Entscheidungen zum Gebrauchsmusterschutz, in denen der Grundsatz formuliert ist, für diesen genüge eine geringere Erfindungshöhe als für Patente.[33] Als ein Grund dafür wurde auch die geringere Schutzdauer hervorgehoben[34]. Aus einigen Entscheidungen ist erkennbar, dass nach dem konkreten Sachverhalt nur eine bescheidene erfinderische Leistung in Frage kam, die für ein Gebrauchsmuster freilich als ausreichend erachtet wurde[35]. Gelegentlich ist für Sachverhalte, in denen ersichtlich jede erfinderische Leistung fehlte, ausgesprochen, dass nicht einmal die für den Gebrauchsmusterschutz nötigen geringen Anforderungen erfüllt waren[36]. Die Auffassung, die dieser Rechtsprechung zugrunde liegt, sollte durch die von der patentrechtlichen abweichende gesetzliche Bezeichnung des Erfordernisses bestätigt werden[37].

In Anwendung des geltenden Rechts hat das BPatG ausdrücklich anerkannt: „Eine Erfindung kann auch dann als Gebrauchsmuster schutzfähig sein, wenn sie nicht auf einer erfinderischen Tätigkeit beruht, also für den Fachmann aus dem Stand der Technik nahegelegt ist; vielmehr kann sie in diesem Fall trotzdem auf einem ‚erfinderischen Schritt' beruhen, nämlich dann, wenn sie der Fachmann nicht bereits auf der Grundlage seines allgemeinen Fachwissens und bei routinemäßiger Berücksichtigung des Standes der Technik ohne weiteres finden kann."[38] In weiteren Entscheidungen des BPatG kommt jedoch zum Ausdruck, dass dieser Maßstab in vielen Fällen zu einem nicht überzeugenden Ergebnis führe.[39] Auf eine zugelassene Rechtsbeschwerde hat es der BGH abgelehnt, für Gebrauchsmuster eine geringere als die für Patente erforderliche erfinderische Leistung genügen zu lassen (→ § 17 Rn. 28 ff.). **27**

2. Im Schrifttum wird nicht selten bestritten, dass es angebracht oder auch nur möglich sei, für ein Gebrauchsmuster ein geringeres Maß an erfinderischer Leistung genügen zu lassen, als es für ein Patent erforderlich ist[40]. Dabei wird insbesondere geltend gemacht, dass es sich um ein qualitatives und deshalb nicht „quantifizierbares" Erfordernis handle, Naheliegendes nicht Gegenstand eines Ausschlussrechts sein dürfe und das für die Beurteilung maßgebende Wissen und Können des Fachmanns nach den gleichen Grundsätzen zu bestimmen sei wie im Patentrecht. **28**

---

[32] Vereinzelt sollen sogar Gebrauchsmuster gelöscht worden sein, während das für denselben Gegenstand erteilte Patent aufrechterhalten wurde; vgl. *U. Krieger* GRUR-Int 1990, 354 (357) Fn. 47.
[33] Vgl. insbes. BGH 2.11.1956, GRUR 1957, 270 (271) – Unfallverhütungsschuh; 20.11.1956, GRUR 1957, 213 – Dipolantenne; 29.5.1962, GRUR 1962, 575 (576) – Standtank; RG 3.11.1911, RGSt 45, 226 (229 f.); RG 4.11.1912, BlPMZ 1913, 162; 12.6.1920, RGZ 99, 211 (212); 17.1.1931, GRUR 1931, 521 (523); 29.3.1933, GRUR 1933, 566 (567); 21.1.1934, Mitt. 1934, 100; 30.6.1934, Mitt. 1934, 242; 11.7.1934, GRUR 1934, 666 (670); 30.1.1935, Mitt. 1935, 108 (109); 18.4.1936, BlPMZ 1936, 168 (169); DPA 22.10.1957, BlPMZ 1958, 7 (8); 17.2.1960, Mitt. 1960, 99. Weitere Nachweise bei *Busse/Keukenschrijver* GebrMG § 1 Rn. 15; *Braitmayer* in Bühring § 3 Rn. 76 ff.
[34] RG 20.1.1939, GRUR 1939, 838 (840 f.).
[35] Besonders gilt dies für BGH 29.5.1962, GRUR 1962, 575 (576) – Standtank; 3.10.1968, GRUR 1969, 184 (186) – Lotterielos; RG 17.1.1931, GRUR 1931, 521 (523); 29.3.1933, GRUR 1933, 566 (567); 30.6.1934, Mitt. 1934, 242; 18.4.1936, BlPMZ 1936, 168 (169); 4.11.1936, GRUR 1936, 1059 (1062); DPA 19.11.1957, Mitt. 1958, 98.
[36] So zB RPA 18.4.1940, Mitt. 1940, 114; DPA 27.11.1956, Mitt. 1957, 34.
[37] Begründung zum Änderungsgesetz von 1986, BlPMZ 1986, 322 und BPatG 27.1.2001, Mitt. 2001, 361 – Innerer Hohlraum.
[38] BPatG 15.10.2003, BPatGE 47, 215 = GRUR 2004, 852 (855) – Materialstreifenpackung; ebenso 13.10.2004, GRUR 2006, 489 (492) – Schlagwerkzeug, wo das angegriffene Gebrauchsmuster aufrechterhalten wird, obwohl in der Entscheidung über das gegenstandsgleiche Patent betreffende Nichtigkeitsklage ausgeführt war, dass die unter Schutz gestellte Ausgestaltung „kein erfinderisches Zutun" erfordert habe.
[39] S. *Winterfeldt* GRUR 2006, 441 (459); *Winterfeldt/Engels* GRUR 2007, 537 (546); *Keukenschrijver* VPP Rundbrief 2007, 82 (86).
[40] *Trüstedt* GRUR 1980, 877 (880 f.); *Starck* GRUR 1983, 401 (404); *Breuer* GRUR 1997, 11 ff. (18); *Busse/Keukenschrijver* GebrMG § 1 Rn. 17 ff.

29 Dieser Auffassung hat sich der BGH angeschlossen: „Für die Beurteilung des erfinderischen Schritts kann auf die im Patentrecht entwickelten Grundsätze zurückgegriffen werden. Es verbietet sich dabei, Naheliegendes etwa unter dem Gesichtspunkt, dass es der Fachmann nicht bereits auf der Grundlage seines allgemeinen Fachwissens und bei routinemäßiger Berücksichtigung des Standes der Technik ohne weiteres finden könne, als auf einem erfinderischen Schritt beruhend zu bewerten."[41]

30 Für die Gegenansicht, wonach für Gebrauchsmuster eine geringere erfinderische Leistung genügt, nennt der BGH zwar zahlreiche Belege. Mit den Argumenten, auf die sie sich stützt, beschäftigt er sich aber nicht näher. Einige davon werden deshalb nachstehend dargestellt (→ Rn. 31 ff.). Ergänzend ist auf die Untersuchung von *Goebel*[42] zu verweisen, der sich eingehend mit den Bedenken auseinandersetzt, die gegen eine Abstufung der Anforderungen erhoben werden.

31 3. Als Argument für eine Abstufung der Anforderungen wird außer der bei der Änderung von 1986 zum Ausdruck gebrachten Absicht des Gesetzgebers[43] insbesondere die kürzere Höchstlaufzeit des Gebrauchsmusters angeführt[44]. Auch wird darauf hingewiesen, dass in den Voraussetzungen, unter denen Naheliegen im Sinne des Patentrechts angenommen wird, eine zeitbezogene Komponente insofern enthalten sei, als es um den Aufwand geht, der vom Fachmann beim Suchen nach Anregungen im SdT und bei Versuchen zwecks Auffindung anderer oder verbesserter Problemlösungen erwartet werden kann[45].

32 Obwohl das Erfordernis einer erfinderischen Leistung grundsätzlich ein qualitatives ist, deuten sich doch bei seiner Umschreibung und Handhabung Aspekte räumlich-quantitativer Art an (vgl. → Rn. 20 f.). Auch scheint nicht bezweifelt zu werden, dass es erfinderische Leistungen von großer und solche von geringerer Bedeutung gibt. Manche der Erwägungen, die bei der Beurteilung des Naheliegens angestellt werden, sind graduellen Differenzierungen zugänglich, so zB die Abgrenzung des Bereichs, für den vom zuständigen Fachmann zu erwarten ist, dass er außerhalb seines eigenen Gebiets liegende Informationen in Betracht zieht (→ Rn. 52 ff., 78 ff.), die Zeit zwischen dem Entstehen eines als dringend empfundenen Bedürfnisses und dessen Befriedigung durch die zu beurteilende Erfindung (→ Rn. 130 f.) oder das Alter eines SdT, von dem aus die Erfindung hätte entstehen müssen, wenn sie nahegelegen hätte. Es erschiene nicht abwegig, in solchen Zusammenhängen die Anforderungen zu verringern, wenn es nicht um ein Schutzrecht von bis zu zwanzigjähriger, sondern um ein solches von höchstens zehnjähriger Laufzeit geht[46]. Dafür spricht auch die Erwägung, dass der Schutz Erfindungen vorbehalten ist, die von der normalen, durch routinemäßig arbeitende Fachleute bewirkten Fortentwicklung der Technik nicht schon im Zeitpunkt ihrer ersten Anmeldung, sondern – wenn überhaupt – erst erheblich später zu erwarten gewesen wären. Gewiss kann die im Vergleich zur hypothetischen Entwicklung der Technik erreichte Zeitersparnis nicht in Zahlen ausgedrückt werden. Es ist aber zu vermuten, dass sie von Fall zu Fall variiert. Das lässt es als vertretbar erscheinen, Erfindungen, deren „Beschleunigungseffekt" das Minimum, das verlangt werden muss, damit überhaupt ein Ausschlussrecht gewährt werden kann, gerade erreicht oder nicht we-

---

[41] BGH 20.6.2006, GRUR 2006, 842 Rn. 17–20 – Demonstrationsschrank; zustimmend *Nirk* GRUR 2006, 847 f.; *Engel/Tappe* Mitt. 2006, 517; *Keukenschrijver* VPP Rundbrief 2007, 82 ff., *Eisenführ* Mitt. 2009, 165 ff.; krit. *Goebel* GRUR 2008, 301 ff. sowie *König* Mitt. 2009, 159 (161 ff.).
[42] Insbes. 98–112, 147–153, 155–157.
[43] Begründung zum Änderungsgesetz von 1986, BlPMZ 1986, 322; *Goebel* 141 f.; *Loth* § 1 Rn. 162.
[44] *Bruchhausen* FS v. Gamm, 1990, 361.
[45] *Beckmann* GRUR 1997, 513 (514).
[46] Die Laufzeit, die Patente im statistischen Durchschnitt tatsächlich erreichen, ist hier – entgegen *Breuer* GRUR 1997, 11 – nicht die passende Vergleichsgröße, da bei der Beurteilung der erfinderischen Leistung (außer in den seltenen nach Erlöschen stattfindenden Nichtigkeits- oder Löschungsverfahren) nicht bekannt ist, ob die Höchstlaufzeit voll oder nur zum Teil in Anspruch genommen wird.

§ 18. Erfinderische Leistung   I   § 18

sentlich übertrifft, auf ein Schutzrecht zu verweisen, dessen Höchstlaufzeit geringer ist, als es sich bei deutlich über dieser Schwelle liegenden Leistungen rechtfertigen lässt.

Der BGH[47] hat in dem Umstand, dass – mit Wirkung für die ab 1.7.1990 angemeldeten Gebrauchsmuster – die Schutzdauer von 8 auf 10 Jahre verlängert worden ist, allein keine Rechtfertigung dafür gesehen, die dabei im Wortlaut unverändert gebliebene Schutzvoraussetzung des Beruhens auf einem erfinderischen Schritt nach strengeren Maßstäben zu beurteilen als bei früher angemeldeten Gebrauchsmustern. Dabei trifft sicher zu, dass sich eine Verlängerung der Höchstlaufzeit um ein Viertel nicht proportional in eine Anhebung des erforderlichen Minimums an erfinderischer Leistung umsetzen lässt. Doch konnte die Entscheidung als Hinweis darauf verstanden werden, dass dieses Minimum niedriger anzusetzen ist als für ein Patent. Jedenfalls ändert sie nichts daran, dass sich ein Grundsatz dieses Inhalts allein aus der kürzeren Höchstlaufzeit rechtfertigen lässt. Dass es unzulässig sei, bei der Beurteilung der erfinderischen Leistung auch zeitbezogene Erwägungen anzustellen, konnte ihr nicht entnommen werden.   **33**

4. Dass sich der **Schutzbereich** von Patenten und Gebrauchsmustern grundsätzlich nach den gleichen Regeln bestimmt (s. § 14 PatG, § 12a GebrMG), ist kein Hindernis, Erfindungen, die keine für ein Patent genügende erfinderische Leistung bedeuten, Gebrauchsmusterschutz zu gewähren, falls sie die Technik in einer von routinemäßigem fachmännischem Vorgehen nicht zu erwartenden Weise bereichert haben. Denn die **Schutzansprüche,** die in solchen Fällen – mit Aussicht auf Rechtsbeständigkeit – aufgestellt werden können, werden regelmäßig – auch bei Einbeziehung von Äquivalenten[48] – einen engeren Schutzbereich ergeben, als er bei größerer erfinderischer Leistung gerechtfertigt ist. Auch ist damit zu rechnen, dass sich in solchen Fällen Äquivalente der im Anspruch definierten Erfindung für den Fachmann oft ohne erfinderischen Schritt aus dem SdT ergeben und deshalb nicht in den Schutzbereich einbezogen werden können (→ § 32 Rn. 138).   **34**

5. In einem einheitlichen System, das sowohl Patente als auch Gebrauchsmuster vorsieht, könnte die Möglichkeit des Gebrauchsmusterschutzes ein Argument für relativ strenge Anforderungen an eine patentwürdige erfinderische Leistung sein. Bei europäischen Patenten kann jedoch nur für einen Teil der Vertragsstaaten mit der Möglichkeit eines Schutzes für Erfindungen gerechnet werden, die nicht im Sinne des EPÜ auf erfinderischer Tätigkeit beruhen, sondern eine geringere erfinderische Leistung bedeuten[49]. Das EPA darf aber für diese Vertragsstaaten keine höheren Anforderungen hinsichtlich der erfinderischen Tätigkeit stellen als für die übrigen. Auch können in solchen Staaten europäische Patente nicht ohne Verstoß gegen Art. 138 EPÜ allein deshalb für nichtig erklärt werden, weil wegen der nach nationalem Recht bestehenden Möglichkeit des Gebrauchsmusterschutzes eine für ein Patent ausreichende erfinderische Leistung nicht als gegeben erachtet wird. Das nötigt praktisch dazu, auch für nationale Patente auf dieses Argument zu verzichten, um zu vermeiden, dass für diese ein anderer Beurteilungsmaßstab gilt als für europäische.   **35**

Dass es in allen Vertragsstaaten des EPÜ oder auch nur in den Mitgliedstaaten der EU zur Einführung eines das Patent ergänzenden Schutzrechts für technische Erfindungen kommt, ist in absehbarer Zeit nicht zu erwarten (vgl. → § 7 Rn. 111 ff.). Sinnvoll erscheint seine Einführung allenfalls dann, wenn es auch für Erfindungen erreichbar ist, die den patentrechtlichen Anforderungen hinsichtlich der erfinderischen Leistung nicht voll genügen[50].   **36**

6. Von einer näheren **Begriffsbestimmung** des Beruhens auf einem erfinderischen Schritt, wie sie § 4 S. 1 PatG für das Beruhen auf erfinderischer Tätigkeit gibt, hat der Gesetzgeber abgesehen[51]. Das Erfordernis ist aber – wie schon die nach früherem Recht   **37**

---

[47] 20.1.1998, GRUR 1998, 913 (915) – Induktionsofen.
[48] Vgl. *Goebel* 138; *Ullmann* GRUR 1988, 333 (339).
[49] Angaben hierzu bei *Goebel* GRUR 2001, 916 (920 f.); *Kraßer* GRUR 1999, 527 (528) Fn. 6, 7.
[50] S. *Kraßer* GRUR 1999, 527 (529 ff.); im gleichen Sinn *Goebel* GRUR 2001, 916 f. (920 ff.).
[51] Vgl. die Begründung zum Änderungsgesetz von 1986, BlPMZ 1986, 322.

verlangte Erfindungshöhe – jedenfalls auf den Stand der Technik zu beziehen (vgl. → § 16 Rn. 85 ff.). Bei seiner Beurteilung kommt es wie im Patentrecht darauf an, was vom zuständigen Durchschnittsfachmann zu erwarten war. Es kann deshalb grundsätzlich von den im Patentrecht entwickelten, nachstehend unter II bis IV behandelten Kriterien ausgegangen werden, wobei aber für Gebrauchsmuster nach dem Fehlen eines für einen erfinderischen Schritt ausreichenden Unterschieds zum SdT zu fragen ist.[52] Geht man – entgegen der Auffassung des BGH (→ Rn. 28 ff.) – davon aus, dass hierin eine Verringerung der Anforderungen zum Ausdruck kommt, ist diese auch im Rahmen der durch den jeweiligen Fall veranlassten Einzelerwägungen zu berücksichtigen (vgl. → Rn. 31 ff.).

II. Allgemeine Beurteilungskriterien

38 1. In der praktischen Anwendung ist die Frage nach der erfinderischen Tätigkeit oft nicht so eindeutig zu beantworten, wie es angesichts ihrer großen Bedeutung wünschenswert wäre. Die zahlreichen Stellungnahmen und Untersuchungen, die dem Erfordernis der erfinderischen Tätigkeit gewidmet wurden, zeigen die Schwierigkeiten seiner Handhabung und nicht selten auch eine gewisse Unzufriedenheit mit deren Ergebnissen. Beklagt wird dabei nicht so sehr, dass Patentamt und Gerichte allgemein zu hohe oder zu geringe Anforderungen stellten, als vielmehr dass ihre Entscheidungen zu wenig berechenbar seien.[53] Daher sind immer wieder Methoden vorgeschlagen worden, die eine zuverlässigere Beurteilung ermöglichen sollen.[54] Wiederholt wurden sogar mathematische Formeln zur Bestimmung des erfinderischen Charakters aufgestellt.[55] Sie verlagern jedoch nur die Schwierigkeiten auf die Bestimmung der einzusetzenden Werte. Ähnliches gilt von „informationstheoretischen" Verfahren[56] und dem durch die „fuzzy logic" inspirierten Gedanken, die Erfindungshöhe durch Zuordnung des Prozentsatzes, den sie von einem gedachten Vollwert erreicht, zu differenzieren und zu quantifizieren[57]. Ebenso wird die Anwendung von Methoden der formalen Logik oder der Sprachlogik, insbesondere von Syllogismen[58], oder der Unterscheidung zwischen Intension und Extension sprachlicher Ausdrücke[59] kaum zu Ergebnissen führen können, die weniger Unschärfe aufweisen als die Annahmen, ohne die angesichts der Gesetzeslage und der zu beurteilenden Sachverhalte nicht auszukommen ist; sie wird deshalb die Praxis nicht auf ihre Schlussfolgerungen festlegen können, auch wenn sie diese als logisch zwingend darstellt. Angeregt wurde ferner, aus dem Zahlenverhältnis der positiven und negativen Urteile einer Mehrheit von Sachverständigen abzulesen, ob und in welchem Maße erfinderische Tätigkeit vorliegt.[60] Solchen Modellen steht neben dem Kostenaufwand, den die Befragung einer hinreichend großen Zahl von Fachleuten erfordern würde, das strukturelle Bedenken entgegen, dass diese die Erfindung, über die sie urteilen sollen, notwendigerweise schon kennen. Sie könnten daher nicht direkt auf die Frage antworten, ob sie im maßgebenden Zeitpunkt zu der Erfindung imstande waren, sondern nur sagen, ob sie glauben, dazu imstande gewesen zu sein. Ein neuerer Vorschlag geht dahin, von einer sachverständigen Person, die die Erfindung nicht kennt, Verbesserun-

---

[52] *Goebel* 108, 156 definiert ihn dadurch, dass sich die Erfindung für den Fachmann nicht ohne weiteres aus dem SdT ergibt, maW eine erfinderische Leistung vorliegt, die über fachmännische Routine hinausgeht; nach *Braitmayer* in Bühring § 3 Rn. 96 ff. ist dies zu wenig; es seien aber qualitativ andere Anforderungen zu stellen als im Patentrecht.

[53] Vgl. *H. Mediger* Mitt. 1959, 125 (129 f.); *Dick* GRUR 1965, 169 ff.

[54] Vgl. *Pagenberg* 169 f.

[55] Eine Reihe dieser Vorschläge behandelt *Öhlschlegel* GRUR 1964, 477 (478 ff.); Mathematisierung versucht auch *Beyer* GRUR 1986, 345 ff.

[56] Vorgeschlagen zB von *Öhlschlegel* GRUR 1964, 477 (482 f.) mit Ergänzung von *Oelering* GRUR 1966, 84; *P. Wirth* GRUR 1960, 405 (407 ff.).

[57] *Beckmann* GRUR 1998, 7 ff.; dazu *Keukenschrijver* VPP Rundbrief 2007, 82 (85).

[58] Vgl. *Schick* Mitt. 1987, 142; 1990, 90; 1992, 315.

[59] *Stamm* Mitt. 1997, 6 ff.; dazu *Härtig* Mitt. 1998, 14 f.

[60] So insbesondere *F. Winkler* Mitt. 1963, 61.

gen des für diese als relevant ermittelten SdT erarbeiten und anschließend von einer anderen sachverständigen Person mit der Erfindung vergleichen zu lassen, wobei allerdings gesehen wird, dass die Unkenntnis der erstgenannten Person bei frühzeitiger Offenlegung und aufgeschobener Prüfung der Anmeldungen und erst recht in Einspruchs-, Beschwerde- und Nichtigkeitsverfahren nur schwer zu gewährleisten ist[61].

Da die Unsicherheit vor allem aus der Bezugnahme auf den Fachmann resultiert, wurde schließlich empfohlen, von ihr abzusehen und ganz auf Art und Maß des Fortschritts abzustellen. Soweit danach allein die Vorteile der Erfindung entscheiden sollen,[62] ist freilich dem Zweck nicht genügt, dem das Erfordernis des Beruhens auf erfinderischer Tätigkeit dienen soll (vgl. → Rn. 4 ff.); sollte es auf ein Hinausgehen über den „gewöhnlichen" Fortschritt ankommen,[63] wäre dieser aus den genannten Gründen (→ Rn. 8 ff., 16 ff.) kaum ohne Berücksichtigung dessen zu bestimmen, was „gewöhnliche" Fachleute zu leisten vermögen. 39

Ungeachtet dieser Lösungsversuche sieht die Praxis als entscheidend an, ob die Erfindung im Prioritätszeitpunkt für den Fachmann nahelag. Damit geht es zentral um die Frage, welcher Fachmann für welches Fachgebiet *in casu* heranzuziehen ist (vgl. → Rn. 43 ff.). Zudem werden Hilfskriterien berücksichtigt, die als konkrete Anhaltspunkte die Beurteilungsgrundlage ergänzen (vgl. → Rn. 118 ff.). 40

Eine systematische Zusammenstellung aller in der Praxis als für oder gegen das Beruhen auf erfinderischer Tätigkeit in Betracht gezogenen Umstände in Fragenkatalogen u. dgl.[64] kann helfen, die jeweils zu beurteilende Erfindung unter allen relevanten Aspekten zu erfassen, und so einseitige Bewertungen zu vermeiden. Sie ändert aber nichts daran, dass sich für die einzelnen Fragen Antworten oft nicht aufdrängen, sondern dass diese ihrerseits Wertungen erfordern, die unterschiedlich ausfallen können. Wenngleich zutrifft, dass mit dieser Unsicherheit auch Punktesysteme behaftet sind,[65] ist doch fraglich, ob der Einschätzung teils regelbasiert, teils aber auch stark erfahrungsbasiert arbeitender Prüfer wirklich mehr zuzutrauen ist als der Anwendung sorgfältig erarbeiteter Indexkonstruktionen. Immerhin können diese die Gültigkeit (Validität) und Zuverlässigkeit (Reliabilität) der erzielten Ergebnisse sichern[66] und diese so nachvollziehbarer machen als manche Prüferentscheidung. Lohnenswert macht die weitere Entwicklung differenzierter Indizes nicht zuletzt die immer weitgehendere Nutzung von „Patent Prosecution Highways (PPH)" durch alle großen Patentämter. Weder diesen Aspekt, noch das Potenzial von künstlicher Intelligenz (KI) in der Prüfung konnte die inzwischen mehr als 20 Jahre alte Fundamentalkritik an Indexlösungen berücksichtigen. Dabei verändern beide Aspekte das Bild grundlegend und sollten Anlass sein, das Thema nochmals fundiert aufzugreifen! 41

2. Für die Erfindungshöhe wird auf den Durchschnittsfachmann abgestellt. Wenngleich die geltende Regelung lediglich vom Fachmann spricht, kann es sich dabei um keinen anderen handeln als den Durchschnittsfachmann.[67] Erstens lässt sich erfinderische Tätigkeit nicht damit belegen, dass es den einen oder anderen Fachmann gibt, dem misslungen wäre, vom SdT zu der Erfindung zu gelangen. Zweitens fehlt erfinderische Tätigkeit nicht schon deshalb, weil einzelne, besonders qualifizierte Fachleute die Erfindung ohne Schwierigkeit 42

---

[61] *Schickedanz* GRUR 2001, 459 (467 ff.).
[62] So *Dick* GRUR 1965, 169.
[63] In diesem Sinne H. *Winkler* GRUR 1958, 153; *H. Mediger* Mitt. 1959, 125 (129 f.); *Kumm* GRUR 1964, 236.
[64] Beispielsweise in der Checkliste und dem Index zur Beurteilung der Erfindungshöhe, die *Dolder* 332 ff., 341 ff. auf der Grundlage der Rechtsprechung und der Prüfungsrichtlinien des EPA entwickelt hat.
[65] Vgl. insoweit grundsätzlich zutreffend 6. Auflage, S. 310.
[66] Das zeigen die verblüffend guten Ergebnisse eines Tests, bei dem eine größere Studentengruppe ohne Erfahrung im Bewerten von Erfindungen den von *Dolder* entwickelten Index (332 ff., 341 ff.) auf eine bestimmte Erfindung anzuwenden hatte; vgl. *Dolder/Ann/Buser* Mitt. 2007, 49 (51 ff., 57 f.) und http://ejlt.org/article/view/283/427 (zuletzt besucht 17.4.2020).
[67] Vgl. BGH 19.6.1990, BlPMZ 1991, 159 – Haftverband; *Kinkeldey/Karamanli/Söldenwagner* in Benkard EPÜ Art. 56 Rn. 51; *Melullis* FS Ullmann, 2006, 508 ff.

zustande gebracht hätten⁶⁸. Auch der Zweck des Erfordernisses, patentfrei zu halten, was schon die routinemäßige Anwendung des SdT erwarten lässt, fordert die Anwendung eines (nur) durchschnittlichen Maßstabs.

43   Die Definition des *in casu* heranzuziehenden Fachmanns erfolgt durch die Prüfungsbehörden (Ämter) und das mit technischen Richtern besetzte Gericht. Deren Sachkunde soll auch umfassen, über welches Fachwissen und -können der so definierte Fachmann verfügt und was mithin als amts- bzw. gerichtsbekannt gelten und nicht mehr belegbedürftig sein soll.⁶⁹ Angesichts der erheblichen Folgen, die die Definition des Durchschnittsfachmanns und damit auch das ihm zugeschriebene Fachwissen und -können nach sich ziehen, spricht freilich viel dafür, dass die entsprechenden Festlegungen der Ämter und des Gerichts durchaus der Begründung bedürfen.

44   Nicht einfach als Verkörperung des Fachmanns im Sinne des PatG oder EPÜ angesehen werden können die Prüfer bei DPMA oder EPA sowie die technischen Richter beim BPatG oder den EPA-Beschwerdekammern.⁷⁰ Erstens besitzen sie auf ihren Spezialgebieten Kenntnisse, die das gewöhnliche Fachwissen regelmäßig übersteigen werden. Zweitens sind sie nicht selbst praktisch tätig und es bestünde deshalb die Gefahr, dass sie Schwierigkeiten aus der Sicht des SdT und des Fachwissens verzerrt einschätzen, ganz so wie in dem bekannten Zitat *J. B. van Benthems*, des ersten EPA-Präsidenten: *„Ich meine . . ., dass der Prüfer, der abseits der Praxis an seinem Schreibtisch sitzt, eine gewisse Bescheidenheit an den Tag legen sollte. Er sollte sich nicht als Spezialist aufspielen. Sogar Prüfer, die große praktische Erfahrung hinter sich haben, verlieren unweigerlich in gewissem Grade den Kontakt mit den praktischen handwerklichen Problemen, wenn sie erst einige Jahre im Büro verbracht haben".*⁷¹

45   Weil die Definition des Fachmanns für die Beurteilung einer Erfindung überragend wichtig ist – für ihre Neuheit, für ihr Beruhen auf erfinderischer Tätigkeit und für ihre hinreichende Offenbarung –, hat der BGH in *Wärmeenergieverwaltung*⁷² unlängst nochmals ausdrücklich festgestellt, welcher Funktion die **Definition des Fachmanns dient:** Sie soll die richtige (fiktive) Person festlegen, aus deren Sicht Patent und SdT zu würdigen sind, und kann deshalb *nicht* auf Erwägungen zur Auslegung des Patents oder zur erfinderischen Tätigkeit gestützt werden!⁷³

46   3. Die Bezugnahme auf den Fachmann hat eine kognitive und eine kreative Komponente:⁷⁴ der Fachmann verfügt über das auf seinem Gebiet zum Stichtag **übliche Fachwissen (eines Fachmanns)** und über (dessen) **durchschnittliche Fähigkeiten.**⁷⁵ An diesem Wissen und solchen Fähigkeiten ist zu messen, ob sich eine Erfindung in naheliegender Weise aus dem SdT ergibt. Dabei muss jedenfalls nach geltendem Recht⁷⁶ das gewöhnliche Fachwissen in seiner Gesamtheit zum SdT gerechnet werden⁷⁷. Als gewöhnliches Fachwis-

---

⁶⁸ Vgl. EPA 31.8.1990, ABl. 1992, 268 Rn. 2.2.4, 3.2.5 – Fusionsproteine/Harvard: beim Fachmann für Gentechnik darf nicht die Qualifikation eines Nobelpreisträgers vorausgesetzt werden.

⁶⁹ BPatG 13.2.2008, GRUR 2008, 689 (691) – Scharnierkonstruktion.

⁷⁰ Gleiches gilt für Sachverständige, die der BGH im Nichtigkeits-Berufungsverfahren heranzieht, s. *Jestaedt* GRUR 2001, 939 (940); *Melullis* FS Ullmann, 2006, 503 f.

⁷¹ *Van Benthem/Wallace* GRUR-Int 1978, 223.

⁷² BGH 9.1.2018, Mitt. 2018, 174 Rn. 27 ff. – Wärmeenergieverwaltung.

⁷³ *Van Benthem/Wallace* GRUR-Int 1978, 223.

⁷⁴ Vgl. *Liedel* 202.

⁷⁵ In ihm ist also nicht lediglich, wie es A. *Troller* GRUR-Int 1973, 394 ausdrückt „ein vorgestelltes vereintes technisches Wissen ... personifiziert". Auch in Immaterialgüterrecht, Bd. I, 192 ff. sieht *Troller* allein das *Wissen,* nicht auch das *Können* des Fachmanns als maßgebend an. Dass auch dieses zu berücksichtigen ist, betont *Pagenberg* EPÜ-GK Art. 56 Rn. 43 ff.

⁷⁶ Nach früherem deutschem Recht war immerhin denkbar, dass das Fachwissen Kenntnisse umfasste, die nicht zum SdT gehörten, weil sie weder druckschriftlich veröffentlicht noch im Inland offenkundig benutzt waren. Vgl. BGH 15.9.1977, GRUR 1978, 37 (38) – Börsenbügel.

⁷⁷ S. EPA 12.9.1995, ABl. 1996, 309 (317) – Triazole/Agrevo; *Schickedanz* GRUR 1987, 71 (74). – Gelegentliche Äußerungen in dem Sinn, dass das Fachwissen nicht zum SdT gehöre, zielen auf die

§ 18. Erfinderische Leistung

sen kommt nur in Betracht, was sich auf dem betreffenden Gebiet jeder Interessierte aneignen kann, indem er von öffentlich zugänglichen Ausbildungsmöglichkeiten und Informationsquellen Gebrauch macht. Wissen, das durch betriebliche Ausbildung vermittelt oder durch betriebliche Praxis erworben wird, gehört insoweit zum SdT, als es keiner Geheimhaltung unterliegt. Was dagegen nur einzelnen bekannt ist, die es geheim halten und anderen nur unter Geheimhaltungsvorkehrungen mitteilen, gehört nicht zum Wissen des durchschnittlichen Fachmanns.

Das maßgebende Fachwissen geht also über den SdT jedenfalls nicht hinaus; dagegen reicht der öffentlich zugängliche SdT *weiter* als das Fachwissen, und zwar auch in Bezug auf das jeweils in Frage stehende Spezialgebiet. Rein tatsächlich betrachtet versteht sich das von selbst; der SdT umfasst vieles, was weit abseits des gewöhnlichen Fachwissens liegt[78]. Es ist aber auch nicht durch gesetzliche Vorschriften geboten, so zu tun, als ob der gesamte einschlägige SdT dem Fachmann bekannt wäre. **47**

Nach früherem deutschem Recht konnte ein Missverständnis in diesem Sinne entstehen, weil die Definition der patentrechtlichen Neuheit vielfach – zu Unrecht (vgl. → § 17 Rn. 1 ff.) – als Fiktion des Bekanntseins interpretiert wurde[79]. Da sie gleichzeitig als Umschreibung des SdT diente, von dem aus die Erfindung nicht naheliegen durfte, konnte sich die Meinung bilden, der gesamte SdT sei als dem Fachmann bekannt zu fingieren. Sie stieß jedoch schon unter dem früheren Recht auf Kritik[80]. In der Rechtsprechung ist sie trotz mancher in ihre Richtung tendierender Formulierungen nie in ihrer vollen Tragweite entscheidungserheblich geworden; vielmehr bleiben Entgegenhaltungen außer Betracht, die der Durchschnittsfachmann vermutlich nicht herangezogen hätte (→ Rn. 52 ff.) – was nicht ganz zur Annahme passt, dass sie ihm bekannt gewesen seien[81]. **48**

Prüfung der *Neuheit*. Diese darf nur bei Vorwegnahme durch einen bestimmten einheitlichen Sachverhalt verneint werden, nicht aber durch bloßen Hinweis auf „allgemeines Fachwissen". Auch wenn die erfinderische Tätigkeit auf Grund von „Kenntnissen der Fachwelt" verneint wird, muss festgestellt sein, dass und wodurch diese Kenntnisse vor dem Stichtag der Öffentlichkeit zugänglich waren; andernfalls liegt ein wesentlicher Verfahrensmangel vor, so BPatG 18.7.1989, BPatGE 30, 250; vgl. auch EPA 25.4.2007, GRUR-Int 2007, 927 Rn. 4.2. – NGK Insulators Nachgiebiger demgegenüber BPatG 13.2.2008, GRUR 2008, 689 (691) – Scharnierkonstruktion, das zum Fachwissen auch Kenntnisse zählen will, die sich einer Fixierung im Sinne einer Offenbarung nach § 3 Abs. 1 PatG entzögen, die aber gleichwohl zur Grundlage fachmännischen Handelns gehörten. Entsprechend sei das aus der Ausbildung und Berufserfahrung des Fachmanns resultierende Wissen kein konkreter „technischer Gegenstand" und seine Offenbarung nicht in jedem Fall nachweisbar. – Ob das richtig sein kann, erscheint schon aus Gründen der Rechtssicherheit zweifelhaft. Wenn dem Patentinhaber Kenntnisse des Durchschnittsfachmanns entgegengehalten werden, können diese Entgegenhaltungen auch dann nicht diffus, sondern müssen diese gerade dann nachvollziehbar sein, wenn besagter Durchschnittsfachmann eine fiktive Person darstellt.

[78] AM *Busse/Keukenschrijver* PatG § 4 Rn. 131 f., wo das Fachwissen mit dem öffentlich zugänglichen SdT gleichgesetzt wird. Danach hätte jeder Fachmann das gleiche, diesen ganzen SdT umfassende Fachwissen; es wäre schwer erklärlich, warum es, wie allgemein angenommen wird, auf eine gebietsgebundene Zuständigkeit des Fachmanns ankommt. Freilich besteht zwischen Fachwissen und SdT insofern „kein substantieller Unterschied" (so *Busse/Keukenschrijver* PatG § 4 Rn. 132; *Asendorf/Schmidt* in Benkard PatG § 4 Rn. 76), als jenes nur relevant ist, soweit es – nachweisbar – vor dem Stichtag der Öffentlichkeit zugänglich gemacht worden ist und deshalb zum SdT gehört. Dazu passt jedoch nicht, dass zum maßgeblichen Fachwissen „neben dem SdT auch das Allgemeinwissen" gehören soll (so *Busse/Keukenschrijver* PatG § 4 Rn. 131).
[79] Vgl. *Liedel* 204 ff. mN.
[80] Vgl. *R. Wirth* GRUR 1941, 58 (61); *v. Falck* Mitt. 1969, 252 ff.; *Pagenberg* 149 ff.; *Liedel* 204 ff.; für das neue Recht *Bruchhausen* Mitt. 1981, 144 f. Dagegen meint *Meier-Beck* Mitt. 2005, 530, der Fachmann kenne den gesamten SdT seines Fachgebiets; ebenso für den druckschriftlichen SdT *Kinkeldey/Karamanli/Söldenwagner* in Benkard EPÜ Art. 56 Rn. 54; nach *Asendorf/Schmidt* in Benkard PatG § 4 Rn. 75 ist dem Fachmann die Kenntnis der (dh wohl aller der Öffentlichkeit zugänglich gemachten) Entgegenhaltungen aus dem SdT zu unterstellen; vgl. auch oben Fn. 75.
[81] Vgl. *Liedel* 207 ff.; *Pagenberg* 150, 152, 154; *v. Falck* Mitt. 1969, 252 (256).

49 Vom SdT, der für die erfinderische Tätigkeit zu berücksichtigen ist, sagt das geltende Recht, dass er vor dem Stichtag **der Öffentlichkeit zugänglich** gemacht worden ist; nichts rechtfertigt die Annahme, dass er damit auch als allgemein oder wenigstens jedem durchschnittlichen Fachmann bekannt gelten müsste.

50 Die Vorschriften, wonach der neuheitsschädliche Inhalt nicht vorveröffentlichter älterer Anmeldungen für die erfinderische Tätigkeit außer Betracht bleibt, lassen sich zwar (auch) mit der Erwägung in Zusammenhang bringen, dass er der Fachwelt nicht einmal bekannt sein *konnte*. Sie bedeuten aber nicht, dass der Grund für die Berücksichtigung des übrigen SdT darin läge, dass dieser in seiner Gesamtheit als dem Fachmann bekannt anzusehen wäre. – Auch der Umstand, dass § 3 Abs. 1 PatG bei der Umschreibung des öffentlich zugänglichen SdT von „Kenntnissen" spricht, erlaubt nicht die Annahme, dass das Gesetz im SdT mehr sehe als potentielle Kenntnisse, also Informationen, die beliebigen Personen zugänglich, aber nicht notwendigerweise auch aktuell im Bewusstsein von Menschen enthalten sind. Schon ihrer sprachlichen Fassung nach ist die Vorschrift weit von einer Fiktion in dem Sinne entfernt, dass dem Fachmann der SdT bekannt sei. Es ist auch nicht anzunehmen, dass der deutsche Gesetzgeber eine solche Regelung, die vom EPÜ wesentlich abwiche, ohne jeden Hinweis in den Materialien getroffen hätte.

51 Unter dem Gesichtspunkt der Kenntnis des Fachmanns besteht also ein wesentlicher Unterschied zwischen dem Fachwissen und dem übrigen Stand der Technik. Vom Fachwissen hat er unmittelbar aus dem Gedächtnis oder durch die ihm geläufigen Informationsquellen[82] eine ohne weiteres verfügbare, gleichsam griffbereite Kenntnis; genauer: sie wird ihm als gedachter Normalfigur unterstellt. Vom sonstigen SdT ist allgemein nur zu sagen, dass er ihn kennen *kann*. Mehr als zufällige, punktuelle Kenntnisse nicht zum Fachwissen gehöriger Teile des SdT sind vom durchschnittlichen Fachmann nicht zu erwarten. Die Möglichkeit solcher Kenntnisse wird hinreichend berücksichtigt, indem der gesamte SdT als dem Fachmann zugänglich angesehen wird (vgl. → Rn. 95 f.). In welchem Umfang und in welcher Weise er davon Gebrauch macht, hängt jedoch von seinem Fachwissen und seinen Fähigkeiten ab[83].

52 4. Was von einem Fachmann zu erwarten ist, richtet sich in erster Linie nach seinem **Fachgebiet**. Dieses wird gemäß der Aufgabe bestimmt, die durch die Erfindung gelöst ist,[84] nicht nach der Person dessen, der die Erfindung gemacht hat oder erfindungsgemäße Erzeugnisse benutzt. Der Erfinder mag durch Lösung einer ihm fachfremden Aufgabe einen für *seine* Fachgenossen nicht naheliegenden Schritt getan haben;[85] im Allgemeinen ist aber von *diesen* Fachleuten zu erwarten, dass sie einen Fachmann des Gebiets heranziehen, zu dem die Aufgabe gehört; daher fehlt eine erfinderische Tätigkeit, wenn dem hierfür *zuständigen* Fachmann die Lösung nahelag.[86] Dasselbe gilt, wenn für den Fachmann ohne weiteres erkennbar ist, dass sich der Einsatz eines zum allgemeinen Fachwissen zählenden Lösungsmittels als objektiv zweckmäßig darstellt.[87]

---

[82] *Kinkeldey/Karamanli/Söldenwagner* in Benkard EPÜ Art. 56 Rn. 55; vgl. auch EPA 9.11.1990, ABl. 1992, 427 – Verbrennungsmotor/Lucas, wonach es bei einem gängigen Fachbuch nicht darauf ankommt, in welcher Sprache es verfasst ist; zur Frage, unter welchen Voraussetzungen in Datenbanken auffindbare Informationen zum SdT gehören, vgl. EPA 14.10.2004, ABl. 2005, 497 = GRUR-Int 2005, 1030 – Chimäres Gen/Bayer; Näheres → § 17 Rn. 27 ff.

[83] Vgl. BGH 5.2.1991, BlPMZ 1991, 306 – Überdruckventil.

[84] Vgl. EPA 5.3.1982, ABl. 1982, 225 – Reinigungsvorrichtung für Förderbänder.

[85] Vgl. BGH 20.2.1962, GRUR 1962, 350 (352 f.) – Dreispiegel-Rückstrahler; BGH 30.4.2009, GRUR 2009, 743 (745) – Airbag-Auslösesteuerung, wo ausdrücklich festgestellt wird, dass der Umstand, dass die Kenntnis eines technischen Sachverhalts zum allgemeinen Fachwissen gehört, für sich genommen noch nicht belegt, dass es für den Fachmann nahegelegen hat, sich bei der Lösung eines bestimmten technischen Problems dieser Kenntnis auch zu bedienen.

[86] Vgl. *Pagenberg* 147.

[87] BGH 27.3.2018, GRUR 2018, 716 Rn. 27 ff. – Kinderbett; im Anschluss an 11.3.2014, GRUR 2014, 647 Rn. 25 ff. – Farbversorgungssystem; 30.4.2009, GRUR 2009, 743 (745) – Airbag-Auslösesteuerung.

§ 18. Erfinderische Leistung II § 18

Beispielsweise wurden als maßgebliche Fachleute angesehen: bei einer Brieftauben-Reisekabine 53
nicht der Sachverständige für den Reisetaubensport, sondern ein Karosseriebautechniker,[88] bei einem
Kunststoff für die Anfertigung von Zahnersatz nicht der Zahnarzt, bei einem Dauerwellenmittel nicht
der Friseur, sondern jeweils ein akademisch ausgebildeter Industriechemiker[89], bei einem zum Anschluss an den Lüftungskanal einer Dunstabzugshaube bestimmten Mauerkasten nicht der (Küchen-)
Möbelschreiner, sondern ein Ingenieur, der über Kenntnisse und Erfahrungen in der Strömungstechnik verfügt und zugleich mit den Problemen der Einbauküchentechnik vertraut ist[90], bei einem
Verfahren zur Regelung der Durchflussmenge der Heizflüssigkeit in einer Zentralheizungsanlage nicht
Heizungsmonteure oder -installationsfirmen, sondern Ingenieure in Unternehmen, die sich mit der
Konstruktion von Heizkörpern und -armaturen befassen[91], bei einem Verfahren zum Herstellen von
gebogenen Teilen für Waschmaschinen durch Kaltverformen von Stahlblechen nicht der Hersteller
von Waschmaschinen, sondern der Praktiker auf dem Gebiet der Kaltverformung von Metallteilen[92],
bei einem Verfahren zur Herstellung von Polymerteilchen-Emulsionen, die als Mattierungsmittel in
Überzugsmitteln dienen, nicht der Anwender solcher Mattierungsmittel, sondern der Industriechemiker mit Erfahrung in der Herstellung von Überzugsmitteln und deren Bestandteilen[93], bei einem
Fischbissanzeiger nicht der Angler, sondern der Konstrukteur, der nicht notwendig akademisch vorgebildet sein, wohl aber über Erfahrung mit der Entwicklung von Angelgeräten verfügen muss[94].
– Dagegen hat das EPA bei einem Verfahren zur Einbringung eines fluoreszierenden Seltenerd-Chelats
in Fasern, die als Bestandteile von Papieren zwecks Identifizierung, Echtheitsgewähr, Fälschungsschutz
u. dgl. verwendet werden, nicht den Fachmann auf dem Gebiet des Färbens, sondern denjenigen für
Sicherheitsmaterialien als maßgebend betrachtet und deshalb die erfinderische Tätigkeit bejaht.[95]

Für einen Handwerksmeister im Bereich Innenausbau/Fliesen/Sanitär hat der BGH als naheliegend 54
den Gedanke angesehen, ein Werkzeug zur Nacharbeitung von mit elastischer Fugenmasse gefüllten
Fugen aus einem elastisch-verformbaren und sich dem zu bearbeitenden Untergrund anpassenden
Elastomer herzustellen statt aus dem weniger elastischen Kunststoff, aus dem die aus Heimwerkermagazinen für dieselbe Aufgabe geläufigen Kunststoffkeile gefertigt waren.[96]

Oft darf damit gerechnet werden, dass ein durchschnittlicher Fachmann des primär einschlägigen Gebiets die Hilfe eines für ein **anderes Gebiet** zuständigen Fachmanns als notwendig erkennt und in Anspruch nimmt. 55

Von einem Maschinenbauer, der sich die Aufgabe gestellt hatte, eine bestimmten Anforderungen 56
genügende maschinelle Einrichtung auf elektromagnetischem Wege zu betätigen, wurde erwartet, dass
er dabei den Elektrotechniker befragte; da für diesen die Lösung nahelag, war sie nicht erfinderisch.[97]
Entsprechend wurde angenommen, dass ein Fachmann auf dem Gebiet der Optik bei der Verwendung
von Kunststoff für den Bau von Rückstrahlern den Kunststoff-Fachmann befragt.[98] Bei einem Konstrukteur von Fahrwerken für Nutzkraftwagen wurde vorausgesetzt, dass er über Kenntnisse der Regeltechnik verfügt oder sich diese von einem Regeltechniker verschafft[99], ebenso der Entwerfer von
Liegemöbeln, der sich wegen einer Höhenverstelleinrichtung beim Sachverständigen für die Fertigung von Beschlägen erkundigt[100]. Von einem mit der Entwicklung von Sicherheitsgurten befassten
Fachmann wurde erwartet, dass er sowohl in der Verwendung als auch in der Herstellung textiler Gewebe berufserfahrene Textiltechniker zu Rate zieht[101]. Bei einem Gerät zur Erzeugung und medizini-

---

[88] BGH 14.11.1961, GRUR 1962, 290 (293).
[89] BGH 5.11.1964, GRUR 1965, 138 (141) – Polymerisationsbeschleuniger; 22.12.1964, GRUR 1965, 473 (475) – Dauerwellen.
[90] BGH 20.1.1987, GRUR 1987, 351 (352) – Mauerkasten II.
[91] BGH 11.5.1993, GRUR 1994, 36 (37) – Messventil.
[92] EPA 8.5.1984, zit. bei *Knesch* Mitt. 2000, 317.
[93] EPA 6.3.1990, zit. bei *Knesch* Mitt. 2000, 318.
[94] BGH 18.6.2009, GRUR 2009, 1039 (1040) – Fischbissanzeiger; vgl. hierzu auch *Kiani/Springorum* Mitt. 2011, 552 f.
[95] EPA 21.9.1995, ABl. 1997, 24 (30) – Lumineszierende Sicherheitsfasern/Jalon.
[96] BGH 27.4.2010, GRUR 2010, 814 (816 f.) – Fugenblätter.
[97] BGH 23.6.1959, GRUR 1959, 532 (536 f.) – Elektromagnetische Rühreinrichtung.
[98] BGH 20.2.1962, GRUR 1962, 350 (352 f.) – Dreispiegel-Rückstrahler.
[99] BGH 4.10.1979, GRUR 1980, 166 (168) – Doppelachsaggregat.
[100] BGH 26.10.1982, GRUR 1983, 64 – Liegemöbel.
[101] BGH 4.10.1988, BlPMZ 1989, 133 – Gurtumlenkung.

schen Verwendung von Ultraschall-Stoßwellen wurde auf einen Physiker oder Ingenieur abgestellt, der über Kenntnisse auf den Gebieten der Medizin und Medizintechnik verfügt oder insoweit andere Fachleute zu Rate zieht[102]. Für eine Schaltungsanordnung zum Steuern des elektrischen Antriebs einer Abfördereinrichtung wurde angenommen, der hierfür zuständige Maschinenbauingenieur ziehe einen Regelungstechniker zu Rate: er habe erkennen können, dass ihm dieser möglicherweise Hilfe bieten könne und diese nötig sei; ihm seien deshalb Wissen und Können eines erfahrenen Regelungstechnikers zuzurechnen; die Summe des Wissens beider Fachleute stelle das Wissen des Durchschnittsfachmanns dar[103]. Vom Durchschnittsfachmann der Verpackungstechnik und den von ihm etwa herangezogenen weiteren Fachleuten wurden dagegen keine Kenntnisse über den Einsatz von Ventilen in der Akkumulatorentechnik erwartet[104].

57 Unter Umständen ist vom Zusammenwirken mehrerer Fachleute aus unterschiedlichen Gebieten in einem *Team* auszugehen[105], so zB bei einem Verfahren zur Gravierung mittels eines Schreiblaserstrahls, der durch ein beim Abtasten der Vorlage erzeugtes Videosignal moduliert wird, von einem Team aus einem Physiker (Laserfachmann), einem Elektroniker (fachkundig in Scannen und Modulation), und einem Chemiker (kundig über die lichtempfindliche Schicht des Aufzeichnungsmaterials).[106] Berührt eine Erfindung zwei Fachgebiete (Xerographie und gedruckte E-Schaltungen), ist das fachmännische Handeln mit Blick auf die Anforderungen aus beiden zu beurteilen und das Fachkönnen und Fachwissen der sich im Team ergänzenden Fachleute dem Team insgesamt zuzurechnen. Es bildet dann den sog. **Teamfachmann.**[107]

58 Bei Problemlösungen, die von *Computerprogrammen* Gebrauch machen, legt die Rechtsprechung der Prüfung auf erfinderische Tätigkeit nur den *technischen Gehalt* zugrunde (→ § 12 Rn. 36ff. und 107ff.) und stellt nur auf den hierfür zuständigen Fachmann ab. So sah das BPatG bei einem „Verfahren zur gesicherten Durchführung einer Transaktion im elektronischen Zahlungsverkehr", dass für die Auffindung des im Patentanspruch angegebenen Verfahrens ein Bankfachmann/Steuerberater und ein Elektronikingenieur mit praktischer Erfahrung in der Projektierung von EDV-Lösungen für den Geschäfts- und Bankensektor kooperiert hatten, verneinte aber das Beruhen des Verfahrens auf erfinderischer Tätigkeit, weil die technischen Anweisungen für den insoweit zuständigen Elektronikingenieur naheliegend waren.[108] Das blendet aus, dass die technische Problemlösung durch nichttechnische Informationen beeinflusst sein kann, die der Öffentlichkeit vor dem Prioritätszeitpunkt nicht zugänglich waren (vgl. → § 12 Rn. 157ff.), zB die Möglichkeit, dass ohne die durch den SdT nicht nahegelegte Idee, bei einem Münzspielautomaten die Zunahme des „Jackpots" zufallsabhängig zu steuern, auch deren technische Realisierung für den Fachmann nicht nahelag.[109] Wohl um die Berücksichtigung nichttechnischer Anweisungen mit Einfluss auf die technische Problemlösung im Einzelfall zulassen zu können, stellt der BGH in *Entsperrbild*[110] ausdrücklich fest, dass bei der Prüfung auf erfinderische Tätigkeit Anweisungen, die durch die Vermittlung bestimmter Inhalte auf die menschliche Vorstellung oder Verstandesfähigkeit einwirken sollen, nur „als solche" außer Betracht bleiben.

59 Die Praxis bringt es vielfach mit sich, dass sich der Fachmann in gewissem Umfang auch über Arbeitsabläufe orientieren muss, die seiner eigentlichen Tätigkeit vorausgehen oder nachfolgen. So wurde bei einer First- und Gratabdeckung für Dächer, die mit Dacheindeckplatten gedeckt sind, auf einen Bautechniker abgestellt, der Erfahrung in der Her-

---

[102] BGH 12.5.1998, GRUR 1999, 145 (147) – Stoßwellen-Lithotripter.
[103] BGH 11.3.1986, GRUR 1986, 798 – Abfördereinrichtung für Schüttgut; krit. dazu *Gramm*, aaO 801 ff. und *Dreiss* GRUR 1994, 786 f.
[104] BGH 5.2.1991, BlPMZ 1991, 306 – Überdruckventil.
[105] EPA-Richtlinien G VII 3.
[106] EPA 26.3.1987, zit. bei *Knesch* Mitt. 2000, 315; vgl. auch EPA 31.8.1990, ABl. 1992, 268 Rn. 2.2.4 – Fusionsproteine/Harvard; weitere Nachw. bei *Kroher* in Singer/Stauder Art. 56 Rn. 21; *Kinkeldey/Karamanli/Söldenwagner* in Benkard EPÜ Art. 56 Rn. 52.
[107] BGH 6.3.2012, GRUR 2012, 482 Rn. 18 – Pfeffersäckchen; BPatG 21.1.2003, BPatGE 46, 238 (242) – Gedruckte Schaltung.
[108] BPatG 10.2.2005, BPatGE 46, 265 (Nr. II 3.2) – Transaktion im elektronischen Zahlungsverkehr II.
[109] Vgl. BPatG 22.11.2004, GRUR 2005, 493 – Jackpotzuwachs, das erfinderische Tätigkeit verneint.
[110] BGH 25.8.2015, Mitt. 2015, 503 Rn. 18 ff. – Entsperrbild; 26.2.2015, GRUR 2015, 660 Rn. 34 – Bildstrom; 23.4.2013, GRUR 2013, 909 Rn. 14 – Fahrzeugnavigationssystem.

§ 18. Erfinderische Leistung

stellung von Baustoffen und -zubehör besitzt,[111] bei Fensterbeschlägen auf einen über gründliche Fabrikationserfahrungen verfügenden Konstrukteur.[112]

5. Für die **Qualifikation,** die beim Fachmann vorausgesetzt werden kann, ist maßgebend, welche Fachleute sich mit Aufgaben der durch die Erfindung gelösten Art zu beschäftigen pflegen. Das können handwerklich geschulte Techniker, aber auch Diplomingenieure und andere Fachhochschul- oder Universitätsabsolventen sein. 60

Für eine verbesserte Schaltungsanordnung bei einem Aufzugsmotor wurde angenommen, dass sie nicht nach dem Wissen und Können eines Wissenschaftlers zu beurteilen ist[113]. 61

Als maßgebender Fachmann wurde angesehen:[114] bei einem Aufhänger für Kleidungsstücke, der aus einem an den Enden durch Metallteile verstärkten Lederband besteht, ein im Wesentlichen handwerklich geschulter Techniker mit praktischen Erfahrungen in der Herstellung von kleinen Stanzteilen[115]; bei einem Pfannendrehturm zum Stranggießen von Stahl ein bei der Konstruktion von Stranggießanlagen tätiger Ingenieur mit Hochschulausbildung;[116] bei einer Schaltungsanordnung zum Steuern des Antriebs einer Abfördereinrichtung ein Maschinenbauingenieur mit Hochschulausbildung und praktischen Erfahrungen in der Regelungs- und Steuertechnik, der einen wissenschaftlich ausgebildeten, berufserfahrenen Regelungstechniker zu Rate zieht;[117] bei einer schwenkbaren Vorrichtung zum Aufnehmen der Tastatur eines Büroinformationsgeräts ein an einer Technikerschule ausgebildeter Konstrukteur mit einschlägigen praktischen Erfahrungen;[118] für einen Haftverband zur kontinuierlichen perkutanen Verabreichung von Arzneimitteln ein Pharmazeut mit Universitätsabschluss;[119] für Paneele zur Wand- oder Deckenverkleidung ein Praktiker mit Fachschul-, also ohne Hochschulausbildung;[120] für ein Werkzeug zum Verlegen von Profilbrettern ein mit der Entwicklung und Fertigung solcher Werkzeuge vertrauter Techniker.[121] 62

Grundsätzlich ist nicht damit zu rechnen, dass der einfacher qualifizierte Fachmann einen höher qualifizierten zu Rate zieht.[122] Anders aber, wenn dazu Anlass besteht, etwa weil in einem Betrieb neue Herstellungsmethoden angewendet werden sollen, die den Betrieb nach Struktur, Arbeitsweise und technischer Ausrüstung grundlegend verändern. 63

Daher wurde im Fall der Umstellung einer bisher handwerksmäßig betriebenen Produktion auf den Einsatz von Verbundwerkzeugen nicht der handwerksmäßig ausgebildete Werkzeugmacher, sondern der beim Entwerfen von Verbundwerkzeugen tätige Ingenieur zum Maßstab genommen.[123] 64

Setzt bereits die Frage nach der Zuziehung eines höher qualifizierten Fachmanns voraus, dass der Durchschnittsfachmann schon eine durch den SdT nicht nahegelegte Lösung erdacht hat, kann die dafür nötige erfinderische Tätigkeit nicht unter Hinweis darauf verneint werden, für den Spezialisten sei sie naheliegend gewesen.[124] 65

6. Durch Fachgebiet und Qualifikation des Fachmanns wird das Wissen festgelegt, das bei diesem gewöhnlich vorausgesetzt werden kann. Die – kreativen – **Fähigkeiten,** die ihm zuzuschreiben sind, lassen sich schwerer konkretisieren. Man wird dem Fachmann zutrauen 66

---

[111] BGH 14.5.1981, GRUR 1981, 732 (733) – First- und Gratabdeckung.
[112] BGH 6.5.1960, GRUR 1960, 427 (428) – Fensterbeschläge; vgl. auch BGH 20.1.1987, GRUR 1987, 351 (352) – Mauerkasten II.
[113] BGH 19.4.1977, GRUR 1978, 98 (99) – Schaltungsanordnung.
[114] Weitere Beispiele und Nachweise bei *Asendorf/Schmidt* in Benkard PatG § 4 Rn. 70 ff., 79; *Busse/Keukenschrijver* PatG § 4 Rn. 166 ff.
[115] BGH 7.12.1978, GRUR 1979, 224 (226) – Aufhänger.
[116] BGH 23.9.1980, GRUR 1981, 42 (44) – Pfannendrehturm.
[117] BGH 11.3.1986, GRUR 1986, 798 – Abfördereinrichtung für Schüttgut.
[118] BGH 12.12.1989, GRUR 1990, 594 (595) – Computerträger.
[119] BGH 19.6.1990, BlPMZ 1991, 159 – Haftverband.
[120] BGH 12.10.2004, GRUR 2005, 233 (Nr. III 1) – Paneelelemente; ebenso BGH 1.7.2003, BlPMZ 2004, 213 (214) – Gleitvorrichtung für eine Vorrichtung zum Transport eines Patienten mittels eines auf einem Brett gleitenden Endlosbandes.
[121] BPatG 13.10.2004, GRUR 2006, 489 (491) – Schlagwerkzeug.
[122] BGH 29.9.2009, GRUR 2010, 41 (43) – Diodenbeleuchtung.
[123] BGH 15.9.1977, GRUR 1978, 37 (38) – Börsenbügel.
[124] BGH 29.9.2009, GRUR 2010, 41 (43) – Diodenbeleuchtung.

dürfen, dass er die ihm als Fachwissen bekannten Lösungen zu verbessern bestrebt ist, nicht aber, dass er dabei an grundsätzliche Änderungen denkt.[125] Um einen Lösungsweg abseits der bisher beschrittenen Wege **als für den Fachmann naheliegend** anzusehen, bedarf es regelmäßig besonderer, die Erkennbarkeit des technischen Problems übersteigender Anstöße oder Anregungen, die technische Problemlösung auf besagtem Weg zu suchen.[126] **Unzulässig ist** die Einstufung des Auffindens einer neuen Lehre zum technischen Handeln als nicht erfinderisch, wenn **lediglich keine Hinderungsgründe** erkennbar sind, von im Stand der Technik Bekannten zum Gegenstand dieser Lehre zu gelangen, weil dies bereits die Wertung voraussetzt, dass das Bekannte dem Fachmann Anlass oder Anregung gab, zu der vorgeschlagenen Lehre zu gelangen.[127]

67   In welchem Umfang und in welcher Konkretisierung der Fachmann Anregungen im SdT benötigt, um eine bekannte Lösung in einer bestimmten Weise fortzuentwickeln, will der BGH einzelfallabhängig entscheiden. Maßgeblich sein sollen namentlich: das Vorliegen ausdrücklicher Hinweise, die Eigenarten des in Rede stehenden Fachgebiets, Ausbildungsgang und Ausbildungsstand der dort tätigen Fachleute zum Prioritätszeitpunkt, Üblichkeiten der in dem Fachgebiet gängigen F&E-Methodik, technische Bedürfnisse des fraglichen Gegenstands und schließlich auch nichttechnische Vorgaben, die dem Fachmann Anlass geben könnten, in eine Richtung zu denken.[128] Erforderlich ist eine konkrete Anregung jedenfalls dann, wenn die Anwendung des Standard-Repertoires der vom Fachmann als Ausgangspunkt für eine Problemlösung herangezogenen Lehre widerspricht. Dann nämlich muss der Fachmann die Perspektive wechseln und gegen den Standardansatz denken, was nicht naheliegt.[129]

68   Wenn ihm der SdT nur eine Möglichkeit bietet, von der er eine angestrebte Verbesserung erwarten kann, liegt, wie das EPA entschieden hat, eine erfinderische Tätigkeit auch dann nicht vor, wenn sich ein zusätzlicher unerwarteter Effekt ergibt[130].

69   Alltägliche, auf der Hand liegende Wünsche der Nutzer der von ihm entwickelten Gegenstände, zB den Wunsch nach möglichst viel Bequemlichkeit bei der Anwendung, zu beachten und gegebenenfalls zu berücksichtigen, gehört zum normalen Handeln des Fachmanns[131]. Eine von Rundfunksendern ausgestrahlte Kennung, die eine Information über die Sprache des Programms enthält und zur Abstimmung des Empfängers auf ein Programm in der vom Hörer gewünschten Sprache verwendet wird, wurde nicht als erfinderisch gewertet, weil auf dem Gebiet der Konsumelektronik benutzerbezogene Gerätefunktionen vorrangig vom Benutzer gewünscht würden und die Tätigkeit des Fachmanns erst bei der Realisierung einsetze[132].

---

[125] Vgl. einerseits EPA 28.7.1981, ABl. 1982, 2 – Wirbelstromprüfeinrichtung; 8.7.1986, ABl. 1987, 112 (116f.) – Erfinderische Tätigkeit/Britax; BGH 12.2.2003, GRUR 2003, 693 (695) – Hochdruckreiniger; andererseits BGH 1.7.2003, BlPMZ 2004, 213 (214) – Gleitvorrichtung.
[126] BGH 30.4.2009, GRUR 2009, 746 (748) – Betrieb einer Sicherheitseinrichtung; in Fortführung dieser Rechtsprechung bejaht für den BGH 7.9.2010, GRUR 2011, 37 Rn. 37 ff. – Walzgerüst II.
[127] BGH 8.12.2009, GRUR 2010, 407 Rn. 17 aE – einteilige Öse, ähnlich zur Frage, wann die Modalitäten der Verabreichung einer Medikation dem Fachmann vom SdT nahegelegt sind BGH 25.2.2014 – GRUR 2014, 461 Rn. 21 und 27 – Kollagenase I, wodurch der Rechtsbeschwerde abgeholfen wurde, die sich gegen die Bestätigung der Zurückweisung der Anmeldung durch das BPatG gerichtet hatte, und jüngst auch 11.3.2014, GRUR 2014, 647 Rn. 25 ff. – Farbversorgungssystem, mit der die Nichtigerklärung des angegriffenen Patents mangels Erfindungshöhe bestätigt worden war.
[128] BGH 20.12.2011, GRUR 2012, 378 Rn. 17 – Installiereinrichtung II.
[129] BPatG 8.3.2016, Mitt. 2016, 313 Rn. 2.1. – Tongeber.
[130] EPA 22.3.1984, ABl. 1984, 415 – Formmassen/Bayer; die Entscheidung spricht von einer „Einbahnstraßen-Situation", in der auch ein „Extra-Effekt" die erfinderische Tätigkeit nicht begründen könne; im gleichen Sinn EPA 10.9.1982, ABl. 1983, 15 (20) – Elektromagnetischer Schalter; 5.4.1984, ABl. 1984, 357 – Thermoplastische Formmassen/Bayer.
[131] BPatG 9.1.2002, GRUR 2002, 418 – Selbstbedienungs-Chipkartenausgabe; 20.11.2002, GRUR 2003, 321 – Unterbrechungsbetrieb.
[132] BPatG 13.8.1997, BPatGE 38, 250 – Radio-Daten-System; 26.2.2003, BPatGE 47, 1 = GRUR 2004, 317 (319) (Nr. III 1c) – Programmartmitteilung.

Allgemein ist dabei zu beachten, dass der SdT nach seiner gesetzlichen Definition *alle Kenntnisse* 70
(§ 3 Abs. 1 S. 2 PatG) bzw. *alles* (Art. 54 Abs. 2 EPÜ) umfasst, die bzw. was vor dem Stichtag der Öffentlichkeit zugänglich gemacht worden sind bzw. ist, und deshalb *nicht nur aus Informationen technischen Inhalts* besteht, so dass beispielsweise auch Informationen über Anforderungen kommerzieller Art eine deren Erfüllung dienende technische Handlungsanweisung nahelegen können.[133]

Anregungen, die ihm aus dem SdT bekannt werden, wird auch ein durchschnittlicher 71
Fachmann aufgreifen und wohl auch seinen Bedürfnissen anzupassen suchen; er wird sich aber auf solche Abwandlungen beschränken, die keinen großen Erprobungsaufwand erfordern und eine hohe **Erfolgsaussicht** bieten.[134] **Nicht auf erfinderischer Tätigkeit beruht** ein Verfahren zur Herstellung einer Telefonverbindung (Telefonanruf) unter Beteiligung des Mobilfunknetzes, in dem der Fachmann einen Standardisierungsentwurf zu dessen technischer Umsetzung erst noch dadurch weiter konkretisieren muss, dass er Auswahlentscheidungen zwischen mehreren Alternativlösungen trifft, die für ihn naheliegen.[135]

Von einem Fachmann wird zwar erwartet, dass er die auf seinem Gebiet üblichen Routineversuche 72
durchführt, so dass Lösungen, die auf diesem Weg gefunden werden können, nicht auf erfinderischer Tätigkeit beruhen; auch wird er bestrebt sein, erkannte Probleme von vornherein zu vermeiden und nicht erst nach ihrem Auftreten zu beseitigen; doch kann hieraus nicht hergeleitet werden, dass von ihm Versuche in einer bestimmten Richtung zu erwarten sind.[136]

Wie insbesondere das EPA häufig hervorhebt, liegt eine Veränderung des SdT nicht schon dann 73
nahe, wenn ein durchschnittlicher Fachmann sie vornehmen *könnte,* sondern erst dann, wenn er sie vermutlich vornehmen *würde,* dh hinreichende **Veranlassung** dazu hatte[137]. Freilich darf diese Überlegung nicht dazu führen, dass Maßnahmen als erfinderisch gelten, die der Fachmann deshalb nicht in Betracht zieht, weil er sich davon zurecht keinen oder keinen den Änderungsaufwand lohnenden Vorteil verspricht[138]. Auch wenn ohne Bezug zu einem bestimmten Zweck oder Ergebnis ein engerer Bereich aus einem größeren ausgewählt wird, kann das Vorliegen einer erfinderischen Leistung nicht damit begründet werden, dass der Fachmann keinen Anlass zu einer bestimmten Auswahl gehabt habe; denn dies ergibt sich bereits daraus, dass sich die Auswahl als eine beliebige darstellt.[139]

Der Bereich möglicher Variationen, auf den der Fachmann seine Überlegungen erstreckt, 74
hängt allerdings wiederum von seinem Fachwissen ab. Die kreative Komponente ist von der kognitiven nicht streng trennbar; sie wird nicht allein durch individuell vorgegebene

---

[133] Vgl. BPatG 10.5.2006, GRUR 2004, 494 (Nr. II 3) – Preisgünstigste Telefonverbindung. Dagegen scheint EPA 27.11.2003, Mitt. 2005, 80 (Ls.) – Order management system/Ricoh mit Anm. *v. Engelhard* nur Informationen technischen Inhalts zum SdT rechnen zu wollen; vgl. auch EPA 22.3.2006, ABl. 2007, 63 = GRUR-Int 2007, 333 Rn. 2.5.1 aE u. 4.2.2 aE – Geruchsauswahl/Quest International, wo auf T 172/03, Bezug genommen wird.
[134] BGH 16.4.2019, GRUR 2019, 1032 Rn. 38 – Fulvestrant, bestätigt 19.4.2016, GRUR 2016, 1027 Rn. 24 – Zöliakiediagnoseverfahren; 15.5.2012, GRUR 2012, 803 Rn. 43 – Calcipotriol_Monohydrat; 10.9.2009, GRUR 2010, 123 Rn. 40 – Escitalopram.
[135] BGH 16.2.2016, GRUR 2016, 1023 Rn. 36 ff. – Anrufroutingverfahren.
[136] BGH 11.4.2006, GRUR 2006, 666 Rn. 56, 58 – Stretchfolienhaube.
[137] EPA 15.3.1984, ABl. 1984, 265 – Simethicon-Tablette/Rider; 21.8.1986, ABl. 1987, 301 Rn. 8 – Acetophenonderivate/Bayer; 19.12.1991, ABl. 1994, 154 Rn. 4.5 – Geschäumte Körper/Japan Styrene; 20.6.1994, ABl. 1995, 684 Rn. 5.1.3.4; 12.9.1995, ABl. 1996, 309 Rn. 2.4.2 – Triazole/Agrevo; EPA-Richtlinien G VII 4; ebenso BGH 11.4.2006, GRUR 2006, 666 Rn. 54, 58 – Stretchfolienhaube; BPatG 28.4.1997, BPatGE 38, 122 (125 f.) – Nockenschleifvorrichtung; 29.9.1997, GRUR 1998, 653; *Kroher* in Singer/Stauder Art. 56 Rn. 71 f.; *Kinkeldey/Karamanli/Söldenwagner* in Benkard EPÜ Art. 56 Rn. 73 f.; *Szabo* Mitt. 1994, 233; *Anders* Mitt. 2000, 44; einschränkend *Busse/Keukenschrijver* PatG § 4 Rn. 149. – Nach BGH 11.9.2007, GRUR 2008, 145 Rn. 24–26 – Stahlblech ist es für einen Fachmann naheliegend, ein zum SdT gehörendes Herstellungsverfahren (hier: für ein Stahlblech bestimmter Härte) zwecks Herstellung eines gleichartigen Erzeugnisses (hier: eines Stahlblechs anderer Härte) abzuwandeln, wenn er hinreichenden Grund hatte, die Abwandlung mit einer begrenzten Anzahl von Versuchen und begründeter Erfolgserwartung zu erproben.
[138] Vgl. EPA 12.9.1995, ABl. 1996, 309 Rn. 2.5.3 – Triazole/Agrevo.
[139] BGH 24.9.2003, BGHZ 156, 179 = GRUR 2004, 47 (49) (Nr. IV 3b, c) – Blasenfreie Gummibahn I; 22.5.2007, GRUR 2008, 56 Rn. 25 – injizierbarer Mikroschaum.

Fähigkeiten, sondern auch durch den Erwerb von Kenntnissen beeinflusst. In diesem Sinne bedeuten die kreativen Fähigkeiten des Fachmanns ein durch verschiedenartige Einflüsse geformtes **Können**.

75 Auf Gebieten, die an der Spitze der technischen Entwicklung stehen und nur von wenigen Spezialisten bearbeitet werden, gehören oft schon zur laufenden Praxis der Fachleute Forschungen von sehr unsicherer Erfolgsaussicht. Erfindungen, die sich hierbei ergeben, kann die Patentwürdigkeit nicht deshalb abgesprochen werden, weil eine forschende Tätigkeit für den maßgebenden Fachmann selbstverständlich war; die Überlegung, dass auf einem solchen Gebiet mit bloß routinemäßigem Vorgehen keine neuen Ergebnisse zu erzielen sind, rechtfertigt es vielmehr, aus der Forschung hervorgegangene technische Problemlösungen grundsätzlich als erfinderisch anzuerkennen.[140]

76 Für den Bereich der **Gentechnik** nimmt das EPA erfinderische Tätigkeit an, wenn nicht mit guter Aussicht auf Erfolg erwartet werden kann, dass sich ein bestimmtes Gen klonieren und exprimieren lässt, nicht dagegen, wenn der Fachmann am Stichtag erwarten kann, dass dies relativ einfach, wenn auch arbeitsaufwendig zu bewerkstelligen ist und keine die Erfolgsaussicht in Frage stellenden Probleme aufwirft[141].

77 Der Fachmann, der mit der punktuellen **Verbesserung von Komponenten eines Standards** (*in casu* einer Datenstruktur) befasst ist, hat nach Ansicht des BGH[142] in der Regel Anlass, zur Problemlösung zunächst auf Mechanismen zuzugreifen, die im Standard bereits vorgesehen sind, denn ihr Einsatz erfordert allenfalls geringfügige Ergänzungen des Standards. Entsprechend ist der Zugriff auf diese Mechanismen jedenfalls dann naheliegend, wenn er nicht eine Abkehr von allem Vorbekannten darstellt, was vorstellbar, bei Komponenten eines Standards aber nur selten der Fall sein wird.[143]

78 7. **Anlass** hat der Fachmann jedenfalls zur Suche nach Lösungswegen, die neben solchen existieren, die für ihn einschlägige Vorschriften ausdrücklich als zulässig hervorheben.[144]

79 Auch kann vom Fachmann erwartet werden, dass er sich – zunächst auf seinem Fachgebiet – **auch außerhalb des gewöhnlichen Fachwissens** nach Lösungen im SdT umsieht.

80 Zurecht betrachtet es der BGH als für einen FH-Ingenieur des Maschinenbaus oder Bauingenieurwesens naheliegend, die Paneele eines Sektionaltors mit konvexen und konkaven Oberflächenbereichen an den Stirnseiten statt aus Holz aus mit einer Aufschäummasse verbundenen doppelschaligen Blechschalen auszubilden, also lediglich aus einem anderen Material – insbesondere weil es diesbezüglich keine Fehlvorstellungen geben konnte, da ein Mitbewerber solche Schalen bereits im Angebot hatte.[145]

81 In bestimmten Situationen wird er Informationen auch auf anderen Fachgebieten suchen. Das gilt vor allem, wenn er auf Grund seines Fachwissens oder von Hinweisen im sonstigen SdT seines Bereichs erwarten darf, dass auf einem **benachbarten Gebiet** ähnliche Aufgaben vorkommen und möglicherweise gelöst sind.[146]

---

[140] In diesem Sinne (teils mit stärkerer Betonung des kognitiven Elements): BGH 19.10.1954, GRUR 1955, 283 (286) – Strahlentransformator; *Fritz* GRUR 1959, 113 (114); *Bernhardt* 50; *Pagenberg* 148.
[141] EPA 11.1.1996, ABl. 1996, 658 – Chymosin/Unilever; im gleichen Sinn EPA 20.6.1994, ABl. 1995, 684 Rn. 5.1.3.3 – Expression in Hefe/Genentech; 8.4.1997, ABl. 1999, 273 Rn. 30 ff. – Humanes beta-Interferon/Biogen; verneint wurde eine die Erfindung nahelegende Erfolgsaussicht in EPA 8.5.1996, ABl. 1997, 408 Rn. 28.5 ff. – Modifizieren von Pflanzenzellen/Mycogen.
[142] 22.11.2011, GRUR 2012, 261 Rn. 37 f. – E-Mail via SMS.
[143] BGH 22.11.2011, GRUR 2012, 261 Rn. 52 – E-Mail via SMS.
[144] BGH 10.12.2013, GRUR 2014, 349 Rn. 27 f. – Anthocyanverbindung.
[145] BGH 15.9.2009, GRUR 2010, 322 Rn. 38, 40 f. – Sektionaltor.
[146] BGH 4.10.1988, BlPMZ 1989, 133 – Gurtumlenkung; BPatG 9.2.1978, BPatGE 21, 32; EPA 10.9.1982, ABl. 1983, 15 (19) – Elektromagnetischer Schalter; 22.11.1985, ABl. 1986, 50 – Stiftspitzer/Möbius; 18.5.2006, GRUR-Int 2007, 249 Rn. 8.6.1 – Druckertinte/Videojet Technologies.

§ 18. Erfinderische Leistung II **§ 18**

So erwartet der BGH von dem für Blechschrankkonstruktionen zuständigen Fachmann, dass er sich auf nahe verwandten Gebieten wie dem der Fensterbeschläge, Torverschlüsse und Autoschlösser auskennt und sich dort zu findende Lösungen nutzbar macht.[147] **82**

Sofern nach seinem Fachwissen die Aufgabe ein allgemeines, fachübergreifendes technologisches Problem darstellt, wird der Fachmann sogar aus **entfernteren Gebieten** Informationen einholen, auf denen sie in prinzipiell gleicher Weise auftritt.[148] Ist aus solchen Gründen zu erwarten, dass der Fachmann außerhalb seines eigenen Gebiets nach Vorbildern und Anregungen Ausschau hält, ist die **Übertragung** dort vorgegebener Lösungen für sich genommen keine erfinderische Tätigkeit.[149] Doch kann sich diese daraus ergeben, dass Anpassungsmaßnahmen erforderlich werden, die das Wissen und Können des Fachmanns übersteigen.[150] **83**

8. Der **Stand der Technik** kommt bei der Beurteilung der erfinderischen Tätigkeit in Betracht, soweit er vor dem Stichtag der Öffentlichkeit zugänglich gemacht worden ist, nicht dagegen soweit er durch den Inhalt nicht vorveröffentlichter Patentanmeldungen gebildet wird (§ 4 S. 2 PatG, Art. 56 S. 2 EPÜ). Insoweit ist sein Umfang hier also geringer als bei der Neuheitsprüfung.[151] Größer als bei der Neuheit ist die Reichweite der patenthindernden Wirkung des SdT hingegen bei der erfinderischen Tätigkeit. Um eine Erfindung nahezulegen, braucht eine zum SdT gehörige Information nämlich nicht die fertige, vollständige Lösung zu enthalten. Es genügt, dass sie den Fachmann zu ihr hinführt, ohne dass es längerer Überlegungen oder Versuche bedarf. So kann eine Erfindung bereits durch eine Grundlagenerkenntnis, zB eine Entdeckung, nahegelegt sein, deren praktische Anwendung sie lehrt. Die Umsetzung solcher Erkenntnisse in technische Handlungsanweisungen ist nur dann erfinderisch, wenn sie vom Fachmann nicht zu erwarten war.[152] Ob ein be- **84**

---

[147] BGH 24.10.1996, GRUR 1997, 272 (273) – Schwenkhebelverschluss.
[148] BPatG 9.2.1978, BPatGE 21, 32; RG 11.6.1943, GRUR 1943, 284 (285); BGH 12.2.1957, GRUR 1958, 131 – Schmierverfahren; 4.10.1988, BlPMZ 1989, 133 – Gurtumlenkung; EPA 22.11.1985, ABl. 1986, 50 – Stiftspitzer/Möbius; 10.10.1985, ABl. 1986, 121 – Technisches Allgemeinwissen/Boeing; 24.4.1991, ABl. 1992, 725 Rn. 5.2 – Füllmasse/N.J. Industries.
[149] So BGH 14.7.1966, GRUR 1967, 25 (27) – Spritzgussmaschine III für die Heranziehung von Kenntnissen aus dem Bau von Kautschukverarbeitungsmaschinen beim Bau von Spritzgussmaschinen für thermoplastische Kunststoffe; entsprechend BGH 2.7.1968, GRUR 1969, 182 (183) – Betondosierer für Kiesaufbereitung und Betonmischung; 25.4.1963, GRUR 1963, 568 (569) – Wimpernfärbestift für das Auftragen von Kosmetika auf Kopfhaare und Augenwimpern; 23.4.1963, BlPMZ 1963, 365 (366) – Schutzkontaktstecker für Gerätesteckdosen und Schutzkontaktstecker; EPA 15.5.1984, ABl. 1984, 473 (478 f.) – Hörgerät/Bosch für Übernahme der Schallleitungsvorrichtung von Stethoskopen in eine Mess- und Prüfeinrichtung für Hörgeräte; 20.6.1994, 1995, 684 (730 f.) – Expression in Hefe/Genentech für die Benutzung von Kenntnissen aus der bakteriellen Gentechnik durch den Fachmann auf dem Gebiet der Expression von Polypeptiden in Hefe. – Anders RG 11.6.1943, GRUR 1943, 284 (285) für Handstaubsauger und Gasspürgeräte; BGH 30.6.1964, GRUR 1964, 612 (615) für Bierabfüllung in Flaschen und in Fässer; BPatG 28.4.1997, BPatGE 38, 122 (125 f.) – Nockenschleifvorrichtung für Schleifen von Turbinenschaufeln und von Nocken; EPA 22.11.1985, ABl. 1986, 50 – Stiftspitzer/Möbius für die Verwendung eines bei Spardosen bekannten Verschlusses, um bei einem Bleistiftspitzer das Herausfallen von Spänen zu verhindern; 12.8.1986, ABl. 1987, 53 – Tolylfluanid/Bayer im Verhältnis von Holzschutz- und Pflanzenschutz-Fungiziden. – Beispiele aus der älteren Rspr. bringt insbesondere *Pagenberg* 134 ff.; vgl. auch *Asendorf/Schmidt* in Benkard PatG § 4 Rn. 129 f.
[150] EPA 7.2.1990, ABl. 1991, 514 (520) – Profilstab/Kömmerling; eine Anpassung in konstruktiven Einzelheiten genügt nicht, BGH 14.7.1966, GRUR 1967, 25 (28) – Spritzgußmaschine III.
[151] Vom nicht vorveröffentlichten älterer Anmeldungen ist bei der Prüfung auf erfinderische Tätigkeit *völlig* abzusehen, denn es kommt nicht darauf an, ob und inwieweit der – durch eine solche Anmeldung nicht vollständig vorweggenommene – Prüfungsgegenstand in solchen Anmeldungen *teilweise* beschrieben ist. So BGH 8.12.1983, GRUR 1984, 272 (274) – Isolierglasscheibenrandfugenfüllvorrichtung.
[152] Zweifelhaft ist nach BGH 4.10.1988, BlPMZ 1989, 133 – Gurtumlenkung, ob ein praktisch tätiger Durchschnittsfachmann einer theoretischen, teilweise hypothetischen Abhandlung auch dann

stimmter SdT sich dem Fachmann als Ausgangspunkt seiner Bemühungen um die angemeldete Problemlösung angeboten hat, bestimmt sich nach st. BGH-Rspr. *nicht* danach, ob es sich dabei um den nächstliegenden SdT gehandelt hätte. Das hat der BGH in „Spinfrequenz" erst unlängst wieder bestätigt, wo fraglich gewesen war, ob als Ausgangspunkt der Bemühungen eines Fachmanns um die Bestimmung der Spinparameter von Sportbällen Erkenntnisse aus der militärischen Ballistik anzusehen waren, weil diese technisch am nächsten gelegen hatten. Der BGH verneinte dies, weil der Fachmann keinen Anlass gehabt habe, sich mit Schriften zu befassen, bei denen es allein um Waffentechnologie ging.[153]

85 Soweit Entdeckungen und andere Grundlagenerkenntnisse, die in einer Erfindung verwertet sind, nicht zu dem für die Beurteilung der erfinderischen Tätigkeit maßgebenden SdT gehören, also vor dem Stichtag nicht der Öffentlichkeit zugänglich waren, ist die in den Grundlagenerkenntnissen enthaltene Leistung in die Beurteilung einzubeziehen.[154] Nicht nahegelegt war die Erfindung durch den SdT dann nur, wenn sie vom Durchschnittsfachmann ohne die nicht zum SdT gehörigen Grundlagenerkenntnisse nicht zu erwarten war. Das gilt – weil es für das Nichtnaheliegen auf den Entstehungsprozess der Erfindung nicht ankommt (vgl. → Rn. 11 ff.) – auch dann, wenn jene Erkenntnisse nicht vom Anmelder oder dessen Rechtsvorgänger stammen, sondern von einem Dritten erarbeitet wurden. Freilich können dem Dritten dann Ansprüche wegen Geheimnis- oder Vertragsverletzung gegen den Anmelder zustehen (vgl. → § 20 Rn. 30 ff.).

86 9. Anders als bei der Neuheitsprüfung sind für die erfinderische Tätigkeit die zum SdT gehörigen Beschreibungen und Benutzungen **nicht einzeln** mit dem Gegenstand des beanspruchten Schutzes zu vergleichen. Vielmehr ist in Rechnung zu stellen, dass der Fachmann die Informationen aus mehreren solchen Sachverhalten **miteinander verknüpft**. Ist anzunehmen, dass er auf dieser Grundlage mittels seines Wissens und Könnens unschwer zu der beanspruchten Lösung gelangt, ist diese Lösung nicht erfinderisch. Bildlich könnte man sagen, dass **bei der Prüfung auf erfinderische Tätigkeit die Bildung eines „Mosaiks" nicht nur zulässig, sondern geboten** ist.

87 Wie weit dabei zu gehen ist, hängt jedoch davon ab, was vom Fachmann erwartet werden kann[155]. Die Kenntnis des gesamten SdT ist ihm nicht zu unterstellen (vgl. → Rn. 46 ff.). Unrealistisch wäre aber auch die Annahme, er habe den gesamten SdT vor Augen. Vielmehr sind nach den erwähnten Grundsätzen (→ Rn. 52–83) zunächst die Teile des SdT zu bestimmen, deren Heranziehung vom Fachmann überhaupt erwartet werden kann. Auch innerhalb dieses Bereichs ist ihm dann nicht einfach jede beliebige Verknüpfung als naheliegend zuzutrauen,[156] sondern man wird annehmen müssen, dass er nicht allzu viele und nicht allzu weit auseinanderliegende Informationen in einen Zusammenhang

---

noch wesentliche Anregungen für seine Arbeit entnimmt, wenn dies nicht ohne gedankliche Umsetzung geschehen kann und nicht konkret belegt ist, dass Anregungen aus jener Abhandlung Eingang in die Praxis gefunden haben.

[153] BGH 26.9.2017, Mitt. 2018, 21 Rn. 102 – Spinfrequenz; s. auch 31.1.2017, GRUR 2017, 498 Rn. 29 – Gestricktes Schuhoberteil; 5.10.2016, GRUR 2017, 148 Rn. 43 – Opto-Bauelement; 16.12.2008, GRUR 2009, 382 – Olanzapin.

[154] Zur Problematik *Troller* Bd. I 175 f.

[155] *Kinkeldey/Karamanli/Söldenwagner* in Benkard EPÜ Art. 56 Rn. 38 f.; EPA-Richtlinien G VII 4.

[156] So sieht BGH 15.5.2007, GRUR 2007, 1055 Rn. 27 – Papiermaschinengewebe die Kombination zweier Schriften als für den Fachmann eher fernliegend an, weil die darin dargestellten Lösungen gegensätzliche Ziele verfolgten. – Nach BPatG 29.9.1997, GRUR 1998, 653 kann eine willkürliche, durch nichts angeregte Kombination der Merkmale zweier Entgegenhaltungen (die sich auf zwei konstruktiv unterschiedlich ausgestaltete Schwingungsdämpfer bezogen) einen Patentgegenstand jedenfalls dann nicht nahelegen, wenn sie erst mit zusätzlichen grundlegenden Änderungen der bekannten Ausführungsformen zu ihm führt; im gleichen Sinn BPatG 10.2.1999, BPatGE 41, 78 (83 f.) – Fluidleitungsverbindung für die Kombination von zwei im SdT vorhandenen grundsätzlich verschiedenen Verfahren zur Herstellung von Leitungsverbindungen (unlösbare Ummantelung der Verbindungsbereiche bzw. lösbare Press- oder Klemmringe u. dgl.).

§ 18. Erfinderische Leistung   II § 18

bringen kann. Heranziehen wird er davon in erster Linie vielmehr diejenigen, die erkennbare Bezüge zu seiner Aufgabe zeigen. Entfernter liegende wird er nur benutzen, wenn erstere ihm entsprechende Anregungen vermittelt haben.[157] Nicht selten gibt es auch mehrere, unterschiedliche Wege zu einer Problemlösung und ist die Entscheidung für einen davon nicht erfinderisch.[158]

Eine Auswahl unter den – außerhalb des einschlägigen Fachwissens – zum SdT gehörigen Informationen ist deshalb bei der Prüfung auf erfinderische Tätigkeit unumgänglich. Sie richtet sich nach dem Informationsinhalt, der zum Wissen und Können des Fachmanns in Beziehung zu setzen ist. Diese Grenzen beachtet die Praxis. Insbesondere gehen DPMA und BPatG[159] jeweils von einem für den Einzelfall ermittelten „entscheidungserheblichen" Stand der Technik aus und beginnen in diesem Rahmen regelmäßig mit der Entgegenhaltung, die der Erfindung am nächsten kommt. Weitere in deren Umkreis liegende Entgegenhaltungen werden schrittweise einbezogen[160], bis sich zeigt, dass es mangels sachlicher Bezugspunkte unergiebig wäre, die Erörterung fortzusetzen. Entgegenhaltungen, die ihrem *Inhalt* nach offensichtlich weitab liegen, werden weder einzeln berücksichtigt, noch als Teil des „Mosaiks".[161]   88

Für **sehr alten SdT** fragt sich immer wieder, ob dieser vom Fachmann in seine Bemühungen zur Entwicklung der angemeldeten Lehre einzubeziehen ist. Das ist nicht unzweifelhaft, denn der Durchschnittsfachmann ist kein Technikhistoriker. Ob sehr alter SdT eine angemeldete Lehre (zum Prioritätszeitpunkt) nahegelegt hatte, ist deshalb nicht allein nach dem Alter einer Entgegenhaltung zu beurteilen, sondern bedarf einer umfassenden Würdigung aller Umstände des Einzelfalls. Zurecht hat der BGH dies ausdrücklich festgestellt.[162] Relevant sind dabei zB die Länge der Entwicklungszyklen, eine mögliche Stagnation der technischen Entwicklung in einem Gebiet, auch der Einfluss nichttechnischer Faktoren auf die Produktentwicklung. Besonders sorgfältig zu prüfen ist umgekehrt freilich auch die Annahme, eine ältere Lösung, die bereits alle wesentlichen Elemente der Erfindung enthielt, liege allein aufgrund ihres Alters außerhalb des Bereichs, in dem der Fachmann sich nach einer Lösung seines technischen Problems umgesehen hätte.[163]   88a

10. Das **EPA** verfährt bei der Beurteilung der erfinderischen Tätigkeit regelmäßig nach dem **Aufgabe/Lösungs-Ansatz** *(problem-solution approach, PSA)*. Nach seinen Prüfungsrichtlinien (G VII 5.) und der Rechtsprechung der Beschwerdekammern[164] gliedert sich dieser Ansatz in drei Phasen: 1) Ermittlung des **nächstliegenden SdT**, 2) Bestimmung der zu lösenden technischen Aufgabe, 3) Prüfung, ob die beanspruchte Erfindung angesichts des nächstliegenden SdT und der technischen Aufgabe für den Fachmann naheliegend gewesen wäre. Die technische **Aufgabe** wird **objektiv** durch Untersuchung der zwischen der Erfindung und dem nächstliegenden SdT bestehenden strukturellen oder funktionellen Un-   89

---

[157] Allerdings kann nicht allgemein gelten, dass das Zusammentragen der Merkmale einer Erfindung aus drei oder mehr Quellen die praktischen Fähigkeiten des Durchschnittsfachmanns übersteige und Naheliegen folglich nur anzunehmen sei, wenn er diese Merkmale in einer einzigen „sekundären", dh zur „nächstliegenden" hinzutretenden Quelle findet; unzutr. insoweit *Szabo* Mitt. 1994, 232.
[158] BGH 11.11.2014, GRUR 2015, 356 Rn. 22 ff. – Repaglinid.
[159] Nach *Papke* GRUR 1980, 148 f.; vgl. auch *Wächtershäuser* GRUR 1982, 591 (594).
[160] S. zB BGH 24.10.1996, GRUR 1997, 272 (274 f.) – Schwenkhebelverschluss.
[161] EPA 1.7.1982, ABl. 1982, 394 – Methylen-bis-(phenylisocyanat) erklärt es ausdrücklich für unzulässig, nicht zueinander in Beziehung stehende oder einander widersprechende Dokumente mosaikartig zu kombinieren, um die erfinderische Tätigkeit zu verneinen; vgl. auch EPA-Richtlinien G VII 3.1; *Singer* GRUR-Int 1985, 239.
[162] BGH 29.6.2010, GRUR 2010, 992 Rn. 28 – Ziehmaschinenzugeinheit II.
[163] BGH 31.1.2017, GRUR 2017, 498 Rn. 29 – Gestricktes Schuhoberteil.
[164] ZB EPA 13.10.1982, ABl. 1983, 133 Rn. 4 – Metallveredelung/BASF; 12.9.1995, ABl. 1996, 309 Rn. 2.4.3 – Triazole/Agrevo; 25.10.2001, Mitt. 2002, 315 (316 f.); weitere Nachw. bei *Kinkeldey/Karamanli/Söldenwagner* in Benkard EPÜ Art. 56 Rn. 23, 40 ff.; *Busse/Keukenschrijver* PatG § 4 Rn. 24, 36; Darstellung der Methode auch bei *Kroher* in Singer/Stauder Art. 56 Rn. 58 ff.; *Moufang* in Schulte PatG § 4 Rn. 27 ff.; *Szabo* Mitt. 1994, 226; *Knesch* Mitt. 2000, 313; *Schickedanz* GRUR 2001, 460 ff.; *Stellmach* Mitt. 2007, 542 ff. und (für organisch-chemische Verfahren) 5 ff.; *Anders* FS VPP, 2005, 136 ff.

terschiede in Bezug auf die technischen Merkmale bestimmt. Sie wird darin gesehen, über die Änderung oder Anpassung des nächstliegenden SdT die technischen Wirkungen zu erzielen, die die Erfindung über diesen hinaus erreicht. Eine Verbesserung braucht damit nicht zwingend verbunden zu sein.

90   Da die objektive Aufgabe im Vergleich zum SdT bestimmt wird, kann sie von der in der Anmeldung oder Patentschrift angegebenen abweichen, wenn SdT ermittelt wird, der vom Anmelder oder im Erteilungsverfahren noch nicht berücksichtigt war. Die Aufgabe wird dann neu formuliert, wenn dies im Rahmen des ursprünglichen Offenbarungsgehalts der Anmeldung, also ohne unzulässige Erweiterung möglich ist[165]. Beispielsweise kann die Aufgabe, wenn sie laut Anmeldung oder Patentschrift eine Verbesserung gegenüber dem SdT umfasst, dahin umformuliert werden, dass lediglich die im SdT vorhandenen Lösungen durch eine weitere Alternative vermehrt werden sollen.

91   Die **Prüfung auf Naheliegen** soll klären, ob sich im SdT insgesamt eine Lehre findet, die den mit dem technischen Problem befassten Fachmann veranlassen würde, den nächstliegenden SdT unter Berücksichtigung dieser Lehre zu ändern oder anzupassen und somit zu etwas zu gelangen, was unter den Patentanspruch fällt, und zu erreichen, was mit der Erfindung erreicht wird. Wichtig dabei ist die **korrekte Formulierung des technischen Problems,** das die angemeldete Erfindung lösen soll. Sie muss so allgemein und neutral erfolgen, dass sie für die Überlegungen des Fachmanns keinen Ausgangspunkt nahelegt und so das Ergebnis der Prüfung auf erfinderische Tätigkeit bereits in der Problemdefinition vorwegnimmt. Zurecht betont der BGH dies in stRspr.[166]

92   Für die dargestellte Methode wird behauptet, sie vermeide die „rückschauende Betrachtungsweise" (dazu → Rn. 97 f.), die unzulässiger Weise von der Erfindung Gebrauch macht. Dem wird entgegengehalten, sie beruhe an sich auf solcher Betrachtungsweise, da ihr die Ergebnisse einer Recherche in Kenntnis der Erfindung zugrunde gelegt würden; sie sei deshalb nur mit Vorsicht anzuwenden[167]. Auch könne das Ausgehen vom nächstliegenden SdT zu künstlichen und technisch unrealistischen Aufgabenformulierungen führen und die eigentlich entscheidende Frage nach dem Naheliegen in den Hintergrund treten lassen.[168]

93   Dem Aufgabe/Lösungs-Ansatz kann Nützlichkeit und Praktikabilität im Sinne einer „Richtschnur"[169] nicht abgesprochen werden. Die deutschen Instanzen verfahren oft in einer ihm entsprechenden Weise, auch wenn sie dies so nicht sagen und den Aufgabe/Lösungs-Ansatz nicht zur grundsätzlich oder gar ausschließlich zu befolgenden Regel erheben.[170] Bei seiner Handhabung sind aber mögliche Fehlerquellen im Auge zu behalten.[171] Sie ergeben sich zunächst daraus, dass der nächstliegende SdT zwangsläufig in Kenntnis der zu beurteilenden Erfindung festgelegt wird, weiter daraus, dass auch die „objektive" Aufgabe aus dem Vergleich dieser Erfindung mit jenem SdT gebildet wird,[172] und

---

[165] Vgl. EPA 4.5.1981, ABl. 1981, 439 Rn. 11 aE – Thermoplastische Muffen; 29.6.1984, ABl. 1984, 261 Rn. 5 – Formkörper aus Poly(p-methylstyrol)/Mobil; 15.5.1986, ABl. 1986, 253 (258) – Neuformulierung der Aufgabe/Sperry; 14.2.1996, ABl. 1997, 134 (146) – Polymerpuder/Allied Colloids.
[166] BGH 30.9.2017, Mitt. 2017, 21 Rn. 12 ff. – Spinfrequenz; 13.1.2015, GRUR 2015, 352 Rn. 16 f. – Quetiapin.
[167] EPA 14.10.1994, ABl. 1996, 32 Rn. 9.5 – Aluminiumlegierungen/Alcan; krit. dazu *Szabo* GRUR-Int 1996, 723 ff.
[168] EPA 14.10.1994, ABl. 1996, 32 Rn. 9.6 – Aluminiumlegierungen/Alcan.
[169] *Moufang* in Schulte PatG § 4 Rn. 29.
[170] S. *Anders* Mitt. 2000, 41 f. und FS VPP, 2005, 139 ff.
[171] *Kroher* in Singer/Stauder Art. 56 Rn. 56. mN.
[172] Vgl. BPatG 10.2.1999, BPatGE 41, 78 (83 f.) – Fluidleitungsverbindung – *Szabo* Mitt. 1994, 228 f. meint freilich, eine einschlägige technische Aufgabe müsse auch ohne Kenntnis der Erfindung erkennbar sein, indem man sich vorstelle, dem Fachmann werde die Aufgabe gestellt, mögliche weitere Verbesserungen oder alternative Entwicklungen in Form von technischen Aufgaben aufzulisten, die sich beim Studium der primären Informationsquelle (wohl: des nächstliegenden SdT) ergäben. Die *relevante* technische Aufgabe will *Szabo* Mitt. 1994, 228 (229) jedoch durch Vergleich zwischen der beanspruchten Erfindung und dem SdT erkennen, wobei er voraussetzt, dass für diese Aufgabenstel-

§ 18. Erfinderische Leistung

schließlich aus der Gefahr, dass den nicht „nächstliegenden", aber sachlich ebenfalls einschlägigen zum SdT gehörenden Informationen und insbesondere der Frage, ob vom Fachmann eine Verknüpfung verschiedener Elemente des SdT zu erwarten war, zu wenig Aufmerksamkeit gewidmet wird.[173]

Darüber hinaus fragt sich, ob die Bestimmung der Aufgabe aus einem Vergleich der beanspruchten Erfindung mit dem nächstliegenden SdT mehr als einen – lediglich gesondert bezeichneten – Schritt im Rahmen des Vergleichs mit dem SdT bedeuten kann, bei dem außer dem „nächstliegenden" auch andere Sachverhalte in Betracht zu ziehen sind.[174] Wäre dies zu verneinen, könnte auf eine gesonderte Aufgabenbestimmung im genannten Sinn verzichtet[175] und dadurch die Beurteilung der erfinderischen Tätigkeit flexibler an der nach dem Gesetz maßgebenden Frage ausgerichtet werden, ob sich vor dem Prioritätszeitpunkt die beanspruchte Erfindung für den Fachmann in naheliegender Weise aus dem SdT ergab.[176] Das EPA hat freilich auch in jüngster Zeit bekräftigt, dass es grundsätzlich am Aufgabe-Lösungs-Ansatz festhält.[177] 94

11. Zum öffentlich zugänglichen SdT gehörige Informationen dürfen nicht deshalb außer Betracht gelassen werden, weil sie für den Fachmann **faktisch schwer erreichbar** waren. Im Rechtssinne kann eine Erfindung auch durch solche Informationen nahegelegt sein, die wegen der Umstände (Ort, Sprache, Form, Zeit), unter denen sie der Öffentlichkeit zugänglich gemacht wurden, vom (inländischen) Fachmann nicht herangezogen zu werden pflegen. Nach dem Zweck des Erfordernisses der erfinderischen Tätigkeit muss ausgeschlossen sein, dass jemand, der eine solche unbeachtete Information tatsächlich aufgreift, sie in naheliegender Abwandlung geschützt erhält. Es muss gewährleistet bleiben, dass diejenigen, die die öffentlich zugängliche Information unverändert oder in naheliegender Abwandlung verwerten wollen, nicht durch ein Patent behindert werden können, das für eine solche Abwandlung erteilt ist; daher kann Patentschutz auch dann nicht gewährt werden, wenn der Erfinder die Information nicht gekannt, sondern unabhängig von ihr 95

---

lung in der primär herangezogenen Entgegenhaltung eine Notwendigkeit zu erkennen war. Es ist jedoch nicht ersichtlich, dass das EPA die Aufgabe – sei es auch nur vorläufig – bestimmt, ohne die beanspruchte Erfindung in Betracht zu ziehen.

[173] Vgl. *Jestaedt* in Benkard, EPÜ, 1. Aufl., Art. 56 Rn. 37; *Kinkeldey/Karamanli/Söldenwagner* in Benkard EPÜ Art. 56 Rn. 47; *Bruchhausen* in Benkard, 9. Aufl., PatG § 4 Rn. 7; *Asendorf/Schmidt* in Benkard PatG § 4 Rn. 26; BPatG 26.2.2003, BPatGE 47, 1 = GRUR 2004, 317 (319) (Nr. III 1d aa) – Programmartmitteilung; *Leber* GRUR-Int 2016, 337 (338).

[174] Nach BGH 23.1.1990, GRUR 1991, 522 (523) – Feuerschutzabschluss reduziert sich die sog. „Aufgabe" letztlich auf das, was die beanspruchte Lösung gegenüber dem SdT im Ergebnis tatsächlich leistet; dieses Ergebnis bedürfe allenfalls dann einer Überprüfung, wenn es um die Feststellung eines – gegebenenfalls auf eine erfinderische Leistung hinweisenden – großen technischen Fortschritts gehe. Die Prüfung und Feststellung dessen, was die Erfindung tatsächlich leistet, stehe folglich nicht am Anfang, sondern am Ende der Prüfung auf erfinderische Tätigkeit; ebenso BPatG 20.1.1997, BPatGE 37, 235 (238); zu dem vom EPA abweichenden Ansatz des BGH bei der Bestimmung der Aufgabe auch *U. Krieger* GRUR 1990, 743 (745) mN.

[175] R 42 (früher 27) Abs. 1 (c) EPÜ verlangt nur, in der vom Anmelder eingereichten Beschreibung die beanspruchte Erfindung so darzustellen, dass danach die technische Aufgabe und deren Lösung verstanden werden können, wobei die Aufgabe nicht ausdrücklich als solche genannt zu werden braucht. Es geht also nur darum, die in Art. 83 EPÜ geforderte nacharbeitbare Offenbarung sicherzustellen. Dass es bei der Prüfung auf erfinderische Tätigkeit geboten wäre, eine – gegebenenfalls von der in der Beschreibung mitgeteilten abweichende – Aufgabe zu bestimmen, lässt sich der Vorschrift nicht entnehmen; vgl. EPA 14.10.1994, ABl. 1996, 32 Rn. 9.2 – Aluminiumlegierungen/Alcan.

[176] Vgl. *Kinkeldey/Karamanli/Söldenwagner* in Benkard EPÜ Art. 56 Rn. 24: der Aufgabe/Lösungs-Ansatz kann als Methode die Wertung erleichtern, aber nicht ersetzen.

[177] EPA 12.9.1995, ABl. 1996, 309 Rn. 2.4.4 – Triazole/Agrevo; 25.10.2001, Mitt. 2002, 315 (316 f.); jeweils in Auseinandersetzung mit 14.10.1994, ABl. 1996, 32 Rn. 9.5 – Aluminiumlegierungen/Alcan; 18.5.2006, GRUR-Int 2007, 249 Rn. 8.2 – Druckertinte/Videojet Technologies.

seine Erfindung gemacht hat. Entsprechendes gilt im Gebrauchsmusterrecht für die dort zum SdT gerechneten Informationen. Mag auch vom Fachmann nicht zu erwarten sein, dass er seine Suche nach verwertbaren Anregungen auf faktisch entlegene Quellen erstreckt, ist es doch nicht ganz unwahrscheinlich, dass aus der großen Zahl der Fachleute der eine oder andere bei seiner gewöhnlichen Arbeit auf eine solche Quelle stößt. Hierin sieht aber das Gesetz, wie schon das Neuheitserfordernis ergibt (vgl. → § 17 Rn. 12 ff.), kein den Schutz rechtfertigendes Verdienst. Folgerichtig muss für eine erfinderische Tätigkeit bzw. einen erfinderischen Schritt gefordert werden, dass eine Fortentwicklung erreicht ist, die vom Fachmann unter Berücksichtigung des Informationsgehalts der Quelle normalerweise nicht zu erwarten war.

96 Das bedeutet nicht, dass dem Fachmann als gedachtem Normaltypus die Kenntnis des gesamten (einschlägigen) SdT unterstellt würde. Es wird nur die im Zugänglichsein für die Öffentlichkeit liegende **Möglichkeit** beliebiger Kenntnisnahme berücksichtigt, damit das Erfordernis der erfinderischen Tätigkeit seine Freihaltefunktion erfüllen kann. Dabei ist nicht schematisch vorzugehen. Der Umstand, dass eine an sich der Öffentlichkeit zugängliche Information bis zum Stichtag unbeachtet geblieben ist, kann im Einzelfall auch bedeuten, dass sie in jenem Zeitpunkt schon von ihrem *Inhalt* her dem Fachmann keine zur Erfindung hinführende Anregung gab.[178] Erst recht ist Zurückhaltung bei der Annahme geboten, dass vom Fachmann vor dem Stichtag die Verknüpfung einer solchen Information mit anderen Teilen des SdT zu erwarten gewesen sei.

97 12. Die Prüfung auf erfinderische Tätigkeit erfolgt unvermeidlich in Kenntnis der Erfindung und weiteren, oft beträchtlichen Zuwachses des SdT seit dem Stichtag. Zu entscheiden ist aber, ob sich die Erfindung für den Fachmann aus dem *damaligen* SdT in naheliegender Weise ergab. Der seit dem Prioritätstag hinzugekommene SdT und der Zuwachs an gewöhnlichem Fachwissen bringt das Problem des sog. **Rückschaufehlers,** des sog. *hindsight bias,* der auch im Nichtigkeitsverfahren ein erhebliches Problem darstellt (auch → § 26 Rn. 220a). Denn auch wenn dies unzulässig ist, wie soll der Prüfer aus dem prüfungsrelevanten SdT am Prioritätsdatum, der die Beurteilungsgrundlage bildet, Erkenntnisse ausblenden, die erst die zu beurteilende Erfindung gebracht hat[179]. Wie soll er die Vervollkommnung der Fähigkeiten des durchschnittlichen Fachmanns ausblenden, die durch verbesserte Ausbildung oder durch Gewöhnung an ein durch die technische Entwicklung anspruchsvoller gewordenes Niveau, der schon zur Alltagsarbeit gehörigen Aufgaben, bewirkt worden ist? Die Kognitionspsychologie hält diese Ausblendung für unmöglich und spricht vom **unvermeidlichen Rückschaufehler,** der dazu führt, dass der Urteiler (Patentprüfer oder Nichtigkeitsrichter) die Vorhersehbarkeit eingetretener Ereignisse stets überschätzt.

98 Die Praxis versucht das Problem des Rückschaufehlers durch ein **Verbot der rückschauenden Betrachtungsweise** zu lösen. Damit ist gemeint, dass nicht „rückblickend" aus der Sicht des Entscheidungszeitpunkts zu werten ist, aus der frühere Erfindungen (psychologisch bedingt) tendenziell weniger bedeutend erscheinen, wenn sie einfache, unmittelbar einleuchtende Lösungen erbracht haben.[180] Stattdessen, so die Forderung, soll sich der Patentprüfer oder Nichtigkeitsrichter in die **Situation des Stichtags** zurückversetzen und nur aus dieser Perspektive werten.[181] So selbstverständlich dies im Grundsatz ist, so schwierig ist die praktische Verwirklichung. Der Rückschaufehler bildet darum eine ernstzunehmende Fehlerquelle bei der Prüfung auf erfinderische Tätigkeit. Verringern lässt er

---

[178] RG 26.8.1941, GRUR 1941, 466 (469); vgl. *Pagenberg* 160 f.
[179] BGH 4.7.1989, GRUR 1989, 899 (902) – Sauerteig.
[180] RG 6.10.1937, BlPMZ 1937, 220 (221); EPA 25.2.1985, ABl. 1985, 132 Rn. 8.7 – Verpackungsmaschine/Michaelsen.
[181] RG 26.8.1941, GRUR 1941, 466 (469); BGH 3.7.1979, GRUR 1980, 100 (103) – Bodenkehrmaschine; 23.1.1990, GRUR 1991, 522 (523) – Feuerschutzabschluss; 19.6.1990, BlPMZ 1991, 159 – Haftverband; EPA 13.10.1982, ABl. 1983, 133 Rn. 4 – Metallveredlung/BASF.

§ 18. Erfinderische Leistung   III § 18

sich nur durch ständiges, sorgfältiges Bemühen, nicht nur den SdT, sondern auch das Fachwissen und im Zusammenhang hiermit möglichst auch das Können des nach Gebiet und Qualifikation maßgebenden Fachmanns für den Stichtag konkret zu ermitteln und zu belegen.

III. Einzelfragen

1. Vielfach findet sich die Ansicht, eine erfinderische Tätigkeit könne schon darin liegen, dass eine neue, nicht naheliegende **Aufgabe** gestellt wird.[182] Vorausgesetzt ist dabei, dass dem Fachmann bei Kenntnis der Aufgabe die Lösung mit geläufigen Mitteln ohne weiteres möglich ist; andernfalls läge schon mangels Ausführbarkeit keine patentierbare Erfindung vor.[183] Es geht also um Fälle, in denen der Erfinder dem Fachmann nicht zu sagen braucht, wie die Aufgabe zu lösen ist. Eine erfinderische Leistung kann dann nur in der Aufgabenstellung liegen, und zwar in einer technischen Aufgabenstellung,[184] nicht in der bloßen Angabe eines Bedürfnisses oder allgemeinen Ziels wie Verbesserung, Verbilligung, Vereinfachung, Platzersparnis, Erhöhung der Zuverlässigkeit, Sicherheit usw.[185] Technische Aufgaben pflegen jedoch nicht um ihrer selbst willen, sondern zwecks Befriedigung eines Bedürfnisses gestellt zu werden. Sie haben insofern gleichzeitig Lösungscharakter. Wird die Aufgabe, ein bestimmtes Bedürfnis (in verbesserter Weise) zu befriedigen, durch eine mit geläufigen Mitteln ausführbare Handlungsanweisung gelöst, mag man die Handlungsanweisung als Aufgabe bezeichnen und von einer „Aufgabenerfindung" sprechen. Wesentlich ist jedoch nur, dass einerseits der erfinderische Charakter nicht schon durch das Naheliegen der zur Ausführung benutzten Mittel ausgeschlossen, andererseits eine verallgemeinerte Umschreibung des Schutzgegenstandes möglich wird.[186] Dass es dazu einer eigenen Kategorie der Aufgabenerfindung bedürfe, ist zu bezweifeln. Die Fälle, die sich als Aufgabenerfindungen darstellen lassen, sind im Grunde nur besondere Erscheinungsformen der neuen, erfinderischen Anwendung oder Abwandlung bekannter Mittel.[187]

99

Im Fall „Strahlentransformator" unterscheidet der BGH[188] zwischen der Ermittlung der optimalen Bedingungen für die Elektronenbeschleunigung und der technischen Lehre des Patents, wie diese Bedingungen technisch zu realisieren sind. Diese Anweisung, die der BGH als – im gegebenen Fall erfinderische – Aufgabenstellung bezeichnet, habe sich an den elektrotechnischen Konstrukteur gerichtet, dem es an Hand des Patents und seines Fachwissens ohne weiteres möglich gewesen sei, die vom Patent angegebenen Intensitätsabstufungen des Magnetfeldes herbeizuführen. Andererseits sieht aber der BGH als Gegenstand der Erfindung die Kombination der Bedingungen an, die für die Stabilisierung der Elektronen gleichzeitig erfüllt sein müssen, und bezeichnet diese Kombination als Lösung der Stabilisierungsaufgabe. Die eigentliche erfinderische Leistung wird also einmal als eine mit bekannten Mitteln unschwer lösbare Aufgabe, zum anderen als Lösung einer allgemeineren, übergeordneten Aufgabe gesehen.

100

---

[182] Dazu *Bruchhausen* in Benkard, 9. Aufl., PatG § 4 Rn. 21 ff. mN; *Pagenberg* 139 f.; *Bernhardt* 40, 43; *Schmieder* GRUR 1984, 549; *Troller* Bd. I 153, 177; *Hesse* GRUR 1981, 853–864 (854); *Niedlich* FS VPP, 2005, 186–209; *Schachenmann* 128 ff.; *Brodeßer* GRUR 1993, 185–190; *Szabo* Mitt. 1994, 231.

[183] Vgl. *Hesse* GRUR 1981, 853 (863).

[184] ZB elektromagnetischer Betrieb eines Hubrührers und Verwendung dieses Hubrührers für geschlossene Hochdruckgefäße, BGH 23.6.1959, GRUR 1959, 532 (537) – Elektromagentische Rühreinrichtung. Der BGH sah diese Aufgabenstellung als naheliegend für den „rührtechnisch orientierten Maschinenbauer", die Erfüllung der daraus resultierenden Anforderungen als naheliegend für den Elektrotechniker an.

[185] Vgl. BGH 15.9.1977, GRUR 1978, 37 – Börsenbügel; 23.9.1980, GRUR 1981, 42 (44) – Pfannendrehturm; EPA 28.7.1981, ABl. 1982, 2 – Wirbelstromprüfeinrichtung.

[186] Vgl. *Hesse* GRUR 1981, 853 (856, 863).

[187] Vgl. außer den im folgenden behandelten Fällen die Beispiele aus der älteren Rechtsprechung bei *Pagenberg* 139 f.; *Bernhardt* 43; *Götting* GewRS § 11 Rn. 27; außerdem EPA 15.3.1984, ABl. 1984, 265 – Simethicon-Tablette/Rider; 5.4.1984, ABl. 1984, 357 – Thermoplastische Formmassen/Bayer.

[188] 19.10.1954, GRUR 1955, 283 (285).

§ 18 III   2. Abschnitt. Sachliche Voraussetzungen des Patent- u. Gebrauchsmusterschutzes

101 Im Fall „Rauhreifkerze" hebt der BGH[189] hervor, der Erfinder habe schon von der Aufgabe her Überlegungen anstellen müssen, in welcher Richtung überhaupt eine andersartige Schmuckwirkung bei Stearinkerzen auf einem technisch praktikablen Weg zu erzielen war. Erreicht wurde dies durch planmäßigen Einsatz der ansonsten bei der Kerzenherstellung eher unerwünschten Kristallisationsfähigkeit des Stearins. Der Erfinder mochte sich dabei eine klare Vorstellung über das neue Aussehen der Kerzen erst gebildet haben, als er den dahin führenden Weg erkannt hatte. Da jedoch die Aufgabe im Sinne des Patentrechts nicht durch das vom Erfinder angestrebte, sondern durch das objektiv erreichte Ergebnis bestimmt wird (vgl. → § 13 Rn. 14 ff.), kann die übergeordnete Aufgabe in der Herbeiführung des neuartigen Aussehens der Kerzen gesehen werden. Als Lösung hätte der Gedanke, die Kerze mit einer Schicht von Stearinkristallen zu umhüllen, genügt, wenn dem Fachmann geläufig gewesen wäre, mit welchen Mitteln dies zu bewirken ist. Dann wäre es für die erfinderische Tätigkeit allein auf jenen Gedanken angekommen. Der BGH hat jedoch im entschiedenen Fall eine erfinderische Tätigkeit auch wegen der Besonderheiten des zur Durchführung angewandten Verfahrens angenommen.

102 Später fixiert der BGH noch wesentliche Grundsätze für die Beurteilung von „Aufgabenerfindungen".

103 In „Kreiselegge"[190] formuliert er als allgemeinen Grundsatz: „Eine Aufgabe ist keine Erfindung; diese kann nur in ihrer Lösung liegen". Darum lehnt es der BGH auch ab, bereits in einer Aufgabenstellung einen erfinderischen Schritt zu sehen. Im Streitfall bejahte er die Erfindungshöhe aber trotzdem und völlig zurecht! Zwar sei die erfindungsgemäße Konstruktion im SdT weitgehend vorgegeben gewesen, der Erfinder habe mit ihr aber eine völlig andersartige Aufgabe gelöst.[191]

104 Im Urteil „Körperstativ",[192] das laut amtlichem Leitsatz „zur Frage der einer Erfindung zugrundeliegenden Aufgabe" Stellung nimmt, heißt es, die Erfindung habe nach der Patentschrift das Ziel, bei einem Körperstativ für eine Filmkamera Nachteile bekannter Vorrichtungen zu reduzieren, nämlich die Übertragung von Körperbewegungen auf die Kamera. Soweit die Patentschrift nähere Überlegungen zu den Nachteilen von Körperstativen nach dem SdT mitteile, gingen diese über die Umschreibung des technischen Problems hinaus und böten bereits Lösungsansätze. Zur Erfindungshöhe ist gesagt, die erfinderische Leistung setze bereits bei der Erkenntnis ein, dass bei den Körperstativen nach dem SdT die Bewegung der Schulterblätter auf Stativ und damit auch die Kamera übertragen würden. Von dieser Erkenntnis bis zur beanspruchten Konstruktion eines diese Nachteile vermeidenden Körperstativs habe es mehrerer Überlegungen bedurft. Dass im Anschluss an diese neuen, vom SdT nicht nahegelegten Erkenntnisse und Überlegungen die konstruktive Ausgestaltung im Einzelnen dem Durchschnittsfachmann vorgegeben war, ändere dies nicht.

105 Beide Entscheidungen zeigen, dass das Problem der Aufgabenerfindung sowohl den Erfindungsbegriff betrifft, als auch das Beruhen auf erfinderischer Tätigkeit als materielle Patenterteilungsvoraussetzung. Beim ersten Aspekt geht es um den Grundsatz, wonach **als Erfindung nur eine konkrete Handlungsanweisung** gelten kann. Definiert man die bloße Aufgabenstellung entsprechend dahin, dass sie dem Fachmann ein Ziel vorgibt, ohne ihm zu sagen, wie er dorthin gelangt, ergibt sich eine klare Grenze zwischen Erfindung und Aufgabenstellung. Keine bloße Aufgabenstellung liegt danach vor, wenn der Fachmann durch sie eine hinreichend konkrete Handlungsanweisung erhält, weil er ohne weiteres erkennt, wie er die „Aufgabe" zu lösen hat.

106 Die Prüfung auf erfinderische Tätigkeit setzt voraus, dass eine für den Fachmann ausführbare Handlungsanweisung vorliegt; daher kann sie nicht eine Aufgabenstellung als solche zum Gegenstand haben. Ist aber eine ausführbare Handlungsanweisung gegeben, kommt es für die erfinderische Tätigkeit nur noch darauf an, ob sie sich für den Fachmann in naheliegender Weise aus dem SdT ergab. Bei dieser Prüfung sind alle über den SdT hinausführenden Erkenntnisse und Überlegungen des Erfinders zu berücksichtigen, auch soweit sie der Bereitstellung der eigentlichen Lösungsmittel vorausgehen. So kann bereits das

---

[189] 7.10.1971, Mitt. 1972, 235 (236).
[190] 15.11.1983, GRUR 1984, 194; dazu *Graf* GRUR 1985, 247.
[191] S. dazu auch EPA 30.7.1982, ABl. 1982, 419 (423) – Reflexionslamellen.
[192] 22.11.1984, GRUR 1985, 369.

§ 18. Erfinderische Leistung   III **§ 18**

Erkennen bisher unerkannter Nachteile zum SdT gehöriger Mittel,[193] der bisher verborgenen Ursachen bekannter Nachteile oder der Möglichkeit, eine bekannte Vorrichtung durch konstruktive Abwandlung vielfältiger verwendbar zu machen als bisher,[194] über das hinausgehen, was vom Durchschnittsfachmann im Prioritätszeitpunkt zu erwarten war. Dann kann sich ergeben, dass eine Lösung erfinderisch ist, obwohl die aufgrund nicht naheliegender Erkenntnisse oder Vorüberlegungen ausgewählten oder gestalteten Lösungsmittel als solche vom SdT aus als bekannt oder naheliegend erscheinen. Damit hier die erfinderische Leistung nicht zu gering eingeschätzt wird, muss die Aufgabe so formuliert werden, dass sie nicht bereits auf jener Leistung beruhende Ansätze zur Lösung enthält[195].

2. Nicht selten liefert eine Maßnahme, die als solche dem Fachmann keine Schwierigkeiten bereitet, ein **überraschendes wertvolles Ergebnis**.[196]   107

So umfasst bereits das gewöhnliche Fachwissen eines Chemikers vielfältige Möglichkeiten, neue Verbindungen sowohl ihrer Formel nach zu definieren als auch herzustellen. Ebenso kann er ohne Schwierigkeiten neue Resultate erzielen, indem er bekannte Herstellungsverfahren durch Änderung der Ausgangsstoffe oder Ablaufbedingungen in analoger Weise abwandelt. Zeigt ein derart gewonnener neuer Stoff überraschende vorteilhafte Eigenschaften oder Wirkungen zB als Arzneimittel, Farbstoff, Konservierungs-, Reinigungs-, Schädlingsbekämpfungs- oder Düngemittel, besteht ein starkes wirtschaftliches Interesse am Patentschutz. Ebenso kann es sein, wenn die naheliegende Abwandlung eines Verfahrens zu einem nicht vorhergesehenen Reaktionsverlauf führt.[197]   108

Die Praxis lässt den Schutz nicht daran scheitern, dass die angewandten Maßnahmen   109
dem Fachmann geläufig waren.[198] Sie anerkennt, dass angesichts der unübersehbaren Fülle der Möglichkeiten, die sich für routinemäßiges Vorgehen eröffnen, das gewöhnliche Wissen und die Fähigkeiten eines durchschnittlichen Fachmanns nicht ausreichen, um mit hinreichender Wahrscheinlichkeit zum Erfolg zu gelangen.[199] Da das Ergebnis überraschend ist, gaben Fachwissen und SdT keinen Hinweis, in welcher Richtung der Erfolg zu suchen wäre; vom Durchschnittsfachmann ist nicht zu erwarten, dass er auf die vage Aussicht eines Zufallstreffers hin experimentiert.

Umgekehrt fehlt es an erfinderischer Tätigkeit, wenn eine Maßnahme, von der eine verbesserte   110
Wirkung aus fachmännischer Sicht nicht zu erwarten ist, erwartungsgemäß keine solche Wirkung zur Folge hat. Der BGH hat dies für die Zugabe von Trigonellin zur Rezeptur eines der Haarwuchsförderung dienenden, Calciumpantothenat und Folsäure enthaltenden, peroral einzunehmenden Heilmittels

---

[193] Vgl. EPA 15.3.1984, ABl. 1984, 265 (270) – Simethicon-Tablette/Rider.
[194] BPatG 11.9.1990, BPatGE 32, 25.
[195] Vgl. BGH 19.6.1990, BlPMZ 1991, 159 (161) – Haftverband; BPatG 18.8.1999, BPatGE 41, 196 – Probennahme; EPA 27.10.1986, ABl. 1987, 237 – Ätzverfahren/Schmid; 23.10.1986, ABl. 1987, 413 – Diagnostisches Mittel/Boehringer-Kodak; 14.2.1996, ABl. 1997, 134 Rn. 5.3.6 – Polymerpuder/Allied Colloids.
[196] Erforderlichenfalls ist das Ergebnis durch Vergleichsversuche nachzuweisen; hierzu BPatG 22.3.1996, GRUR 1996, 868; EPA 28.2.1984, ABl. 1984, 401 (409) – Spiroverbindungen/Ciba-Geigy; 12.8.1986, ABl. 1987, 53 Rn. 7 – Tolyfluanid/Bayer; 4.2.1988, ABl. 1989, 371 – Photographische Kuppler/Kodak; vgl. auch *Christ* Mitt. 1987, 121 (128 ff.) – EPA 18.5.2006, GRUR-Int 2007, 249 Rn. 8.4.4 f. – Druckertinte/Videojet Technologies hebt hervor, dass die Versuche auf Grund der Angaben in der Anmeldung wiederholbar sein müssen, was im gegebenen Fall verneint wurde.
[197] Systematisch *Hetmank* GRUR 2015, 227.
[198] BPatG 30.6.1967, BPatGE 9, 150 (155 f.); 28.7.1977, GRUR 1978, 238 (239); 24.7.1978, GRUR 1978, 702 (705); EPA 6.4.1981, ABl. 1981, 439, 211 f. – Thermoplastische Muffen; 22.6.1982, ABl. 1982, 341 Rn. 6 – Bis-epoxyäther; 17.3.1983, ABl. 1983, 419 (421) – Benzothiopyranderivate/Ciba-Geigy; 5.11.1987, ABl. 1989, 115 – Gelbe Farbstoffe/Sumitomo; 12.9.1995, ABl. 1996, 309 Rn. 2.5.1, 2.6 – Triazole/Agrevo. Vgl. jedoch EPA 22.3.1984, ABl. 1984, 415 – Formmassen/Bayer; die Entscheidung spricht von einer „Einbahnstraßen-Situation", in der auch ein „Extra-Effekt" die erfinderische Tätigkeit nicht begründen könne; im gleichen Sinn EPA 10.9.1982, ABl. 1983, 15 (20) – Elektromagnetischer Schalter; 5.4.1984, ABl. 1984, 357 – Thermoplastische Formmassen/Bayer.
[199] Dazu allgemein *Féaux de Lacroix* GRUR 2006, 625–630.

angenommen, nachdem der Sachverständige bekundet hatte, dass Trigonellin bei peroraler Einnahme keine haarwuchsfördernde Wirkung hat[200]. Diese Beurteilung ist sicher angebracht, wenn es sich um eine Maßnahme handelt, die dem Fachmann ohne weiteres zu Gebote steht. Ob Gleiches gelten kann, wenn sich eine dem Fachmann nicht naheliegende Maßnahme als nutzlos erweist, ist nach Wegfall des Fortschrittserfordernisses fraglich (vgl. → § 10 Rn. 19).

111   Die Berücksichtigung überraschender wertvoller Ergebnisse bei der Beurteilung des erfinderischen Charakters der zu ihrer Erzielung angewandten Maßnahmen hat in der deutschen Praxis zunächst zur Anerkennung der Patentierbarkeit sogenannter **Analogieverfahren** geführt, die in Verbindung mit dem Schutz der Verfahrenserzeugnisse einen recht wirkungsvollen Ersatz für den bis 1968 fehlenden Stoffschutz gewährleistete (→ § 11 Rn. 29 ff.). Die Aufhebung des Stoffschutzverbots hat an der Patentierbarkeit der Analogieverfahren nichts geändert,[201] aber deren praktische Bedeutung verringert. – Beim **Schutz der Stoffe** selbst kommt es, sofern nicht schon ihre Bereitstellung über die fachmännische Routine hinausgehende Überlegungen oder Maßnahmen erforderte, für die erfinderische Tätigkeit ebenfalls auf vorteilhafte Eigenschaften und Wirkungen an, mit denen der Fachmann nicht rechnen konnte.[202] Praxis und herrschende Lehre nehmen dabei an, dass auch dann, wenn sich eine erfinderische Leistung erst aus dem Erkennen unerwarteter Eigenschaften ergibt, „absoluter", dh nicht auf die Nutzung dieser Eigenschaften beschränkter, sondern alle Verwendungen des Stoffs umfassender Schutz gerechtfertigt sei (auch zur Kritik → § 11 Rn. 37 ff., 62 ff.).

112   Bei **Zwischenprodukten** kann die erfinderische Tätigkeit auch aus Eigenschaften und Wirkungen des Endprodukts abgeleitet werden, wenn hierfür diejenigen der Zwischenprodukte (und nicht lediglich die Weiterverarbeitung) ursächlich sind.[203] Zur Neuheitsschädlichkeit von Eigenschaften eines nur vorübergehend bestehenden Zwischenprodukts in einem mehrstufigen Herstellungsprozess → § 17 Rn. 60 ff.

113   Wird Schutz für ein durch ein Herstellungs- oder Auswahlverfahren definiertes Erzeugnis beansprucht, kommt es darauf an, ob die Bereitstellung des Erzeugnisses als solches naheliegend war. Ob das im Patentanspruch angegebene Verfahren nahelag, ist für die Schutzfähigkeit des Erzeugnisses unerheblich[204].

114   **3. Anwendungs- und Verwendungserfindungen** erzielen ein überraschendes wertvolles Ergebnis durch Einsatz bekannter Mittel für einen neuen Zweck. Von den Übertragungserfindungen, bei denen es für die erfinderische Tätigkeit auf das Verhältnis der beteiligten Fachgebiete ankommt (vgl. → Rn. 52–83), unterscheiden sie sich dadurch, dass sie nicht lediglich in neuem Zusammenhang von den bekannten Wirkungen des Mittels Gebrauch machen, sondern neu erkannte Wirkungen des Mittels nutzen. Daher kann sich bei ihnen die erfinderische Tätigkeit, auch wenn sie – wie häufig – nicht schon in Maßnahmen zur Anpassung an den neuen Zweck liegt, aus überraschenden Wirkungen der neuen Anwendung ergeben.[205] Gab es im SdT keine Hinweise, in welcher

---

[200] BGH 20.3.2001, GRUR 2001, 730 – Trigonellin.
[201] BPatG 21.2.1972, GRUR 1972, 648 (651); vgl. auch EPA 12.12.1983, ABl. 1984, 217 (224) – Gelatinierung/Exxon; *Christ* Mitt. 1987, 121 (127 f.).
[202] Vgl. *Asendorf/Schmidt* in Benkard PatG § 4 Rn. 138; *Moufang* in Schulte PatG § 4 Rn. 86 f.; EPA 28.2.1984, ABl. 1984, 401 (409) – Spiroverbindungen/Ciba-Geigy; 12.9.1995, ABl. 1996, 309 Rn. 2.5 – Triazole/Agrevo. – Vgl. auch → § 11 Rn. 25 ff.
[203] BGH 27.2.1969, BGHZ 51, 378 (383 ff.) – Disiloxan; 18.6.1970, GRUR 1970, 506 (508) – Dilactame; 7.4.1974, BGHZ 63, 1 – Chinolizine; BPatG 28.11.1985, BlPMZ 1986, 223; 16.10.1986, Mitt. 1987, 10; EPA 22.6.1982, ABl. 1982, 341 Rn. 6 – Bis-epoxyäther; 20.4.1983, ABl. 1983, 327 – Cyclopropan/Bayer; 21.8.1986, ABl. 1987, 301 (306 f.) – Acetophenonderivate/Bayer; 23.11.1989, ABl. 1991, 292 Rn. 8, 9.4 – (R,R,R)-Alpha-Tocopherol/BASF; 25.1.1990, ABl. 1992, 107 – Pyrimidine/Dow; *Asendorf/Schmidt* in Benkard PatG § 4 Rn. 141; *Moufang* in Schulte PatG § 1 Rn. 210 f.
[204] BGH 14.1.1992, GRUR 1992, 375 – Tablettensprengmittel; BPatG 26.7.1994, BPatGE 34, 230.
[205] BGH 3.6.1982, GRUR 1982, 548 (549) – Sitosterylglykoside; 27.6.1972, BlPMZ 1973, 257 (258) – Herbizide; BPatG 18.3.1976, GRUR 1976, 633 – Selektive Herbizide; BGH 13.3.1984,

§ 18. Erfinderische Leistung　　　　　　　　　　　　　　　　　　　　　III **§ 18**

Richtung solche Wirkungen zu suchen wären, war vom Fachmann nicht zu erwarten, dass er dies tat. Eine besonders wichtige Rolle spielt dieser Gesichtspunkt, wenn neue medizinische Wirkungen (Indikationen) bekannter Stoffe festgestellt werden (dazu auch → § 14 Rn. 216 ff.).

4. Werden zwei oder mehr zum SdT gehörige Arbeitsmittel, Stoffe oder Verfahren miteinander verbunden, kann darin eine erfinderische **Kombination** liegen. Ihr Schutz wird nicht schon dadurch ausgeschlossen, dass die einzelnen Merkmale (Elemente) oder aus ihnen gebildete Teilkombinationen bekannt oder nahegelegt waren.[206] Dies gilt auch dann, wenn sich Merkmale oder Merkmalsgruppen unterschiedlichen „Teilaufgaben" zuordnen lassen.[207] Damit von einer Kombination gesprochen werden kann, ist zunächst eine gewisse Selbständigkeit der Elemente erforderlich; andernfalls ließen sich die meisten Erfindungen als Kombinationen darstellen.[208] Andererseits müssen die Elemente zu einem einheitlichen technischen Erfolg **zusammenwirken,** indem sie sich gegenseitig beeinflussen, unterstützen und ergänzen.[209] Es bedarf, wie oft gesagt wird, einer „funktionellen Verschmelzung" der Merkmale.[210] Dagegen ist die frühere Forderung der Rechtsprechung, dass die Gesamtwirkung der Kombination größer sei als die Summe der Einzelwirkungen der Elemente, seit langem aufgegeben.[211] Eine Kombination mit einheitlicher Gesamtwirkung ist erfinderisch, wenn es für den Fachmann nicht nahelag, die Elemente zu diesem Effekt zu verbinden.[212] Das kann sich daraus ergeben, dass hierfür Überlegungen notwendig waren, die vom Fachmann nicht erwartet werden konnten,[213] dass der SdT keine Anregungen in Richtung auf die Kombination und keine Vorbilder für sie enthielt[214] oder dass die Gesamtwirkung überraschende Vorteile aufweist.[215]

115

GRUR 1984, 580 – Chlortoluron; BGH 14.11.1952, GRUR 1953, 120 (Anwendung eines an sich bekannten Glimmschalters zur Zündung von Leuchtröhren); 14.3.1969, GRUR 1969, 531 (532) – Geflügelfutter (keine Erfindungshöhe, wenn Wirkung für den Fachmann voraussehbar war); EPA 4.8.1992, ABl. 1994, 192 (195 ff.) – Glucomannan/Mars II (erfinderische Tätigkeit verneint, weil die beanspruchte neue Verwendung als Emulsionsstabilisator nach dem einschlägigen Fachwissen in engem Zusammenhang mit der bekannten Verwendung als Verdickungsmittel stand).

[206] BGH 13.1.1981, GRUR 1981, 341 (343) – piezoelektrisches Feuerzeug; 14.5.1981, GRUR 1981, 732 (734) – First- und Gratabdeckung; 9.6.1981, GRUR 1981, 736 (738) – Kautschukrohlinge; 19.4.1977, GRUR 1978, 98 (99) – Schaltungsanordnung; 28.7.1964, GRUR 1964, 676 (679) – Läppen; 20.4.1961, GRUR 1961, 572 (575) – Metallfenster; 24.10.1996, GRUR 1997, 272 (274 f.) – Schwenkhebelverschluss; 12.5.1998, GRUR 1999, 145 (147) – Stoßwellen-Lithotripter; EPA 18.3.1986, ABl. 1987, 405 (412) – Gasreinigung/Air Products.
[207] BGH 15.5.2007, GRUR 2007, 1055 (Ls. und Nr. 28) – Papiermaschinengewebe.
[208] *Bernhardt* 55.
[209] BGH 11.7.1958, GRUR 1959, 22 (24) – Einkochdose; 15.5.1975, GRUR 1976, 88 (89) – Ski-Absatzbefestigung; 17.12.1974, Mitt. 1975, 117 – Rotations-Einmalentwickler; BPatG 13.7.1979, GRUR 1980, 41 (42); EPA 29.7.1983, ABl. 1984, 71 – Niederspannungsschalter/Siemens; 27.11.1986, ABl. 1987, 228 (234 f.) – Synergistische Herbizide/Ciba-Geigy; 17.6.1998, Mitt. 1998, 302 (303;) *Bacher/Melullis* in Benkard PatG § 1 Rn. 78; *Asendorf/Schmidt* in Benkard PatG § 4 Rn. 131 ff.; *Moufang* in Schulte PatG § 1 Rn. 254 ff.
[210] BGH 11.7.1958, GRUR 1959, 22 (24) – Einkochdose; *Pagenberg* 128.
[211] *Bernhardt* 54; *Pagenberg* 128 jeweils mit Nachweisen.
[212] Naheliegend wird zB die Überlagerung der Steuerung mehrerer Vorrichtungen durch eine übergreifende Gesamtsteuerung regelmäßig selbst dann, wenn die damit naheliegenden Möglichkeiten zur Steuerungsoptimierung im Stand der Technik nicht ausdrücklich beschrieben sind, BGH 14.5.2013, GRUR 2013, 1022 Rn. 44 – Aufzugsmultigruppensteuerung.
[213] BGH 25.9.1953, GRUR 1954, 107 (110) – Mehrfachschelle; 2.7.1968, GRUR 1969, 182 (183) – Betondosierer.
[214] BGH 20.4.1961, GRUR 1961, 572 (575) – Metallfenster; 28.7.1964, GRUR 1964, 676 (679) – Läppen; 9.6.1981, GRUR 1981, 736 (738) – Kautschukrohlinge; BPatG 9.3.1962, BPatGE 1, 70 (73 f.); 10.2.1999, BPatGE 41, 78 (83 f.) – Fluidleitungsverbindung.
[215] BGH 20.4.1961, GRUR 1961, 572 (575) – Metallfenster; 17.12.1974, Mitt. 1975, 117 – Rotations-Einmalentwickler; BPatG 13.7.1979, GRUR 1980, 41 Rn. 5.

116 Dagegen ist die gemeinsame Anwendung auch von mehr als zwei bekannten Maßnahmen nicht patentierbar, wenn sie nur zu einem angesichts der bekannten Einzelwirkungen voraussehbaren Effekt führt[216] oder wenn die Zusammenfügung der teils einzeln, teils in Unterkombination bekannten Merkmale diese nur variiert, ohne ein dem SdT deutlich überlegenes Ergebnis herbeizuführen.[217] Gleiches gilt von einer Zusammenfügung von Mitteln, in der jedes unabhängig von den anderen lediglich seine ursprüngliche Wirkung entfaltet.[218]

117 Man pflegt in Fällen, in denen das für die Kombinationserfindung charakteristische Zusammenwirken der miteinander verbundenen Elemente fehlt, vielmehr jedes selbständig die ihm eigene Wirkung behält, von **Aggregation** zu sprechen.[219] Eine erfinderische Tätigkeit kann sich hier mangels einer neuen, nicht vorherzusehenden Wirkung allenfalls unter dem Gesichtspunkt besonderer konstruktiver Schwierigkeiten ergeben, die die Verbindung als solche mit sich brachte (zB Einbau eines Radios in ein Auto in der Weise, dass die elektrischen Vorgänge beim Betrieb des Motors den Rundfunkempfang nicht stören).

IV. Begründung des Werturteils über die erfinderische Leistung. Hilfskriterien

118 1. Das Beruhen auf erfinderischer Tätigkeit ist einem unmittelbaren Tatsachenbeweis nicht zugänglich (vgl. → Rn. 16 ff.). Das Werturteil, das darüber gesprochen wird, stützt sich aber auf tatsächliche Umstände. Genaue Feststellungen werden dabei regelmäßig über den (entscheidungserheblichen) SdT getroffen. Wesentlich seltener findet man durch Tatsachen belegte Aussagen über das Wissen und Können des Fachmanns zur maßgebenden Zeit. Oft werden diesbezügliche Annahmen allein aus dem Vergleich der Erfindung mit dem SdT abgeleitet.

119 So kann sich angesichts der Geringfügigkeit der Unterschiede oder der Deutlichkeit der zur Erfindung hinführenden Anregungen die Annahme aufdrängen, dass der Fachmann auf die Erfindung kommen *musste*. Dass in diesem Sinne offensichtlich keine erfinderische Leistung vorliegt, ist gemeint, wenn gesagt wird, der Vorschlag des Erfinders sei eine für einen Ingenieur übliche, eine rein handwerkliche[220] oder eine einfache konstruktive[221] Maßnahme.

120 In entsprechender Weise können augenfällige Unterschiede zum SdT beim Fehlen erkennbarer Anregungen eindeutig *für* erfinderischen Charakter sprechen. Eine solche Wertung kommt etwa zum Ausdruck, wenn gesagt wird, die Erfindung sei entwicklungsraffend,[222] bedeute einen „glücklichen Griff",[223] eine Abkehr von eingefahrenen Wegen[224]

---

[216] BPatG 15.12.1961, BPatGE 1, 6.

[217] BGH 14.6.1957, GRUR 1958, 134 (136) – Milchkanne.

[218] BGH 13.1.1956, GRUR 1956, 317 (318) – Wasch- und Bleichmittel; vgl. *Moufang* in Schulte PatG § 1 Rn. 257.

[219] *Bernhardt* 54, der die Anbringung eines Radiergummis am Ende eines Bleistifts (als Aggregation) dem Zusammenwirken einer Lupe mit der Präpariernadel, an der sie angebracht ist, und der verschiedenen Linsen eines Fernrohrs gegenüberstellt; *Pagenberg* 128, 253, der erwähnt, dass der Fall des Bleistifts 1875 in den USA entschieden wurde; vgl. auch BGH 14.5.1981, GRUR 1981, 732 (734) – First- und Gratabdeckung; *Moufang* in Schulte PatG § 1 Rn. 261; *Kinkeldey/Karamanli/Söldenwagner* in Benkard EPÜ Art. 56 Rn. 170.

[220] BGH 18.10.1955, GRUR 1956, 73 (76); 12.2.1986, BlPMZ 1986, 248 (250) – Polyestergarn.

[221] BGH 12.5.1961, GRUR 1961, 529 (533) – Strahlapparat; 21.5.1985, BlPMZ 1985, 374 – Ätzen; vgl. auch EPA 25.10.1982, ABl. 1983, 269 – Parabolspiegelantenne/CSELT; 13.5.1981, ABl. 1981, 434 – Reflektorzwischenlage.

[222] BGH 30.6.1953, GRUR 1954, 391.

[223] BGH 13.3.1984, GRUR 1984, 580 (582) – Chlortoluron; 4.5.1995, GRUR 1996, 757 (763) – Zahnkranzfräser; 19.5.2005, GRUR 2005, 749 (753) – Aufzeichnungsträger; EPA 29.7.1986, ABl. 1987, 177 Rn. 5 aE – Metallic-Lackierung/Hoechst; weitere Nachw. bei *Busse/Keukenschrijver* PatG § 4 Rn. 141.

[224] BGH 12.5.1998, GRUR 1999, 145 (147) – Stoßwellen-Lithotripter.

§ 18. Erfinderische Leistung   IV § 18

oder stelle eine sprunghafte Weiterentwicklung dar, ihr Ergebnis sei für den Fachmann
überraschend (vgl. → Rn. 107 ff.), der SdT habe fernab gelegen[225] oder an den erfindungsgemäß gelösten Problemen vorbeigeführt.[226]

Formulierungen der angeführten Art umschreiben und unterstreichen lediglich die Aus- 121
sage, dass die Erfindung nahegelegen oder nicht nahegelegen habe. Sollen sie zu einer
Beurteilungsgrundlage führen, die über den Vergleich mit dem SdT hinausreicht, müssen sie
durch Einzeltatsachen belegt sein, zB durch die Feststellung, dass die vom Erfinder vorgeschlagene Lösung schon von handwerklich arbeitenden Fachleuten praktiziert wurde,[227]
oder durch den tatsächlichen Verlauf der technischen Entwicklung.[228]

2. Eine Beurteilung, die sich lediglich auf einen Vergleich mit dem SdT stützt, zieht den 122
Maßstab für die erfinderische Tätigkeit nur teilweise unmittelbar in Betracht. Bezüglich
des Wissens und Könnens des Fachmanns begnügt sie sich mit Annahmen, die durch jenen
Vergleich nur indirekt belegbar sind und voraussetzen, dass sich der Fachmann gemäß der
technischen Rationalität verhält, indem er jede Möglichkeit nutzt, die sich objektiv erkennbar als erfolgversprechend anbietet. Liegen daher Umstände vor, die die aus dem SdT
bezüglich des Wissens und Könnens des Fachmanns gezogenen Schlüsse in Frage stellen,
darf ihre Erörterung nicht deshalb unterbleiben, weil schon der Vergleich mit dem SdT
„unmittelbar" das Vorliegen oder Fehlen einer erfinderischen Tätigkeit ergäbe[229].

Mit Recht werden daher in der patentamtlichen und gerichtlichen Praxis außer dem 123
SdT Tatsachen in Betracht gezogen, die mittelbar auf das Vorliegen oder Fehlen einer
erfinderischen Tätigkeit, insbesondere die Reichweite des fachmännischen Wissens und
Könnens zur maßgebenden Zeit hinweisen können. Man nennt diese Tatsachen heute
Hilfskriterien (früher: Beweisanzeichen), denn die erfinderische Tätigkeit als solche kann
nicht bewiesen werden. Sehr wohl können Hilfskriterien jedoch Anlass bieten, die aus dem
SdT bekannten Lösungswege daraufhin zu überprüfen, ob sie vor dem Hintergrund des
allgemeinen Fachwissens hinreichende Anhaltspunkte für ein Naheliegen der Erfindungsgegenstands bieten und nicht nur eine Anregung, die retrospektiv zur Erfindung geführt
hat.[230]

Die Abgrenzung zwischen Hilfskriterien und sonstigen Argumenten für oder gegen das 124
Beruhen auf erfinderischer Tätigkeit ist im Schrifttum nicht einheitlich. Jedenfalls empfiehlt
es sich aber nicht, wertende Umschreibungen dafür, dass die Erfindung dem Fachmann
nahegelegen oder nicht nahegelegen habe (vgl. → Rn. 118 ff.), zu den Hilfskriterien zu
rechnen. Genau besehen gehört zu ihnen auch nicht das Argument, dass der Erfinder besondere **Schwierigkeiten** zu bewältigen hatte.[231] Es unterscheidet sich zwar von jenen

---

[225] BGH 16.5.1972, GRUR 1972, 707 (708) – Streckwalze.
[226] BGH 14.5.1981, GRUR 1981, 732 (734) – First- und Gratabdeckung.
[227] BGH 18.12.1953, GRUR 1954, 258 (259).
[228] Vgl. etwa BGH 20.4.1971, Mitt. 1972, 18 – Netzunabhängiger Trockenrasierapparat; BPatG 26.10.1961, BPatGE 1, 4 (6); EPA 15.3.1984, ABl. 1984, 265 (270). – Simethicon-Tablette/Rider – Es kann auch der Verlauf *nach* dem Stichtag berücksichtigt werden, vgl. BGH 3.7.1979, GRUR 1980, 100 (104) – Bodenkehrmaschine; 22.12.1964, GRUR 1965, 473 (478) – Dauerwellen; EPA 27.1.1988, ABl. 1989, 275 Rn. 6.10 – Polypeptid-Expression/Genentech; 4.10.2004, ABl. 2005, 302 = GRUR-Int 2005, 714 Rn. 2.3 – Beweiswürdigung/General Electric.
[229] So grundsätzlich auch BGH 18.9.1990, GRUR 1991, 120 (121) – Elastische Bandage, wo es allerdings am Ende (GRUR 1991, 120 (122)) heißt, in einem Fall, in dem der SdT dem Fach-mann hinreichende Anregung gegeben habe, könnten Markterfolg und Nachahmung den anhand von Druckschriften gewonnenen ersten Eindruck mangelnder erfinderischer Tätigkeit nicht wieder wenden.
[230] BGH 30.7.2009, GRUR 2010, 44 (46 f.) – Dreinahtschlauchfolienbeutel.
[231] Dazu *Pagenberg* 198 ff.; *Asendorf/Schmidt* in Benkard PatG § 4 Rn. 99 ff.; BGH 20.4.1971, Mitt. 1972, 18 – Netzunabhängiger Trockenrasierapparat; 3.7.1979, GRUR 1980, 100 (103) – Bodenkehr-maschine; EPA 7.7.1987, ABl. 1988, 452 – Plasmid p SG 2/Hoechst (Gewinnung eines Plasmids, das bestimmten Anforderungen für die gentechnische Verwendung als Vektor genügt, aus einer Vielzahl an

allgemeinen Formeln dadurch, dass es sich leichter konkret belegen lässt; doch stützt es sich regelmäßig allein auf den SdT; dass die Schwierigkeiten das Wissen und Können des Fachmanns überforderten, wird ohne nähere Bestimmung dieses Wissens und Könnens nur indirekt aus dem am SdT gemessenen Schwierigkeitsgrad abgeleitet.

125 Ähnlich verhält es sich mit der **Äquivalenz** als Anzeichen für das Fehlen einer erfinderischen Tätigkeit. Die äußerste Grenze des Äquivalenzbereichs wird gewöhnlich durch die Frage bestimmt, ob der Fachmann vom SdT aus ohne erfinderische Überlegungen zu der beanspruchten Lehre hätte gelangen können.[232] Insoweit führt die Frage nach der Äquivalenz auf diejenige nach der erfinderischen Tätigkeit zurück.[233]

126 Die vorliegende Darstellung zieht als Hilfskriterien nur in Betracht, was nicht bloß umschreibt, dass eine Erfindung vom SdT aus für den Fachmann nahegelegen oder nicht nahegelegen hat, sondern eine Erweiterung der Beurteilungsgrundlage erwarten lässt. Kriterien, die diese Voraussetzung erfüllen, finden sich nur unter denjenigen, die *für* erfinderische Tätigkeit angeführt werden[234]. Eine Auswahl in der Praxis häufig genannter Kriterien dieser Art wird im Folgenden behandelt.[235]

127 3. Als starkes Kriterium für eine erfinderische Tätigkeit wird regelmäßig die Überwindung eines technischen **Vorurteils** gewertet.[236] Von ihr kann jedoch nur gesprochen werden, wenn die Fachwelt **allgemein**[237] der Ansicht war, der vom Erfinder eingeschlagene Weg sei ungangbar oder unvorteilhaft. Vorurteil ist nur eine Meinung, die so festzustehen scheint, dass sie den Fachmann davon abhält, ihr entgegenzuhandeln. Ein Vorurteil, das nur einen begrenzten Anwendungsbereich betrifft, rechtfertigt die Annahme einer erfinderischen Tätigkeit nicht, weil es den Fachmann nicht davon abzuhalten brauchte, den betreffenden Lösungsweg *überhaupt* einzuschlagen.[238] Das Vorurteil muss ein **technisches** sein; die Überwindung des Vorurteils, dass ein Erzeugnis keine ausreichende Nachfrage finden werde, oder sonstiger wirtschaftlicher Bedenken ist ein kaufmännisches, kein erfinderisches Verdienst.[239] Allgemein kann nur eine sachlich unbegründete, unrichtige Meinung als Vorurteil gelten.[240] Zusammenfassend ist also die Überwindung einer **allgemeinen, einge-**

---

sich bekannter MO-Stämme, von denen nur etwa 7 % überhaupt ein Plasmid und nur gut 2 % ein solches mit geeigneter Molekülgröße enthielten).

[232] *Scharen* in Benkard PatG § 14 Rn. 109; vgl. → § 32 Rn. 81 ff.
[233] Ähnlich *Wuttke* Mitt. 2015, 489 (493).
[234] Vgl. *Busse/Keukenschrijver* PatG § 4 Rn. 172, wonach für die Anerkennung negativer Hilfskriterien kein Bedürfnis besteht. Abweichend *Bardehle* FS VPP, 2005, 151 (158 f.).
[235] Vgl. ergänzend die eingehenden Untersuchungen von *Pagenberg* 187 ff. und EPÜ-GK Art. 56 Rn. 81 ff., sowie *Liedel* 211 ff. – Weitere Angaben und Nachweise bringen *Asendorf/Schmidt* in Benkard PatG § 4 Rn. 115–125; *Moufang* in Schulte PatG § 4 Rn. 64 ff.; *Busse/Keukenschrijver* PatG § 4 Rn. 173–191; *Kinkeldey/Karamanli/Söldenwagner* in Benkard EPÜ Art. 56 Rn. 82–142.
[236] BGH 21.1.1958, GRUR 1958, 389 (391) – Kranportal; 30.6.1964, GRUR 1964, 612 (617 f.): einhelliges Vorurteil der Fachwelt gegen die unmittelbare Heißabfüllung kohlensäurehaltiger Getränke auf Flaschen oder Dosen; 17.9.1987, GRUR 1988, 287 (290) – Abschlussblende: Aufgreifen einer Möglichkeit, die in der Fachwelt lange als minderwertig galt; 4.7.1989, GRUR 1989, 899 (902 f.) – Sauerteig: Bestreben der Fachwelt, bei Sauerteig vollständige „Aussäuerung" zu vermeiden; BPatG 24.5.1971, GRUR 1972, 178 (180); 9.12.1996, BPatGE 37, 102 (105) – Näherungsschalter I; EPA 1.7.1982, ABl. 1982, 394 (401) – Methylen-bis-(phenylisocyanat); 28.2.1985, ABl. 1985, 209 (215) – Thochlorformiate/Hoechst: Erwartung, eine Verminderung der Katalysator-Konzentration werde auf Kosten der Ausbeute gehen.
[237] BGH 7.12.1956, GRUR 1957, 212 – Karbidofen; 13.3.1984, GRUR 1984, 580 (581 f.) – Chlortoluron; EPA 29.7.1981, ABl. 1982, 51 – Folienaufbringung/Röhm. – EPA 1.3.1985, ABl. 1985, 166 Rn. 8 – Olefinpolymere/Solvay folgert Vorurteil schon aus einem Handbuch.
[238] BGH 30.4.2009, GRUR 2009, 746 (748) – Betrieb einer Sicherheitseinrichtung; 14.7.1966, GRUR 1967, 25 (28) – Spritzgußmaschine III.
[239] BGH 18.6.1953, GRUR 1953, 438; 11.5.1993, GRUR 1994, 36 (37) – Meßventil; vgl. auch *Hesse* GRUR 1982, 514 (515).
[240] Vgl. *Hesse* GRUR 1982, 515 (517).

§ 18. Erfinderische Leistung IV § 18

wurzelten technischen Fehlvorstellung zu fordern[241]. Sie muss noch an dem für die Beurteilung der Erfindung maßgebenden Stichtag bestanden haben[242].

Im bloßen Ignorieren von Bedenken, die gegen die vorgeschlagene Lösung zu Recht erhoben werden, und der Inkaufnahme ihrer tatsächlichen und vorhersehbaren Nachteile liegt kein Überwinden einer technischen Fehlvorstellung[243]. Auch eine Abwägung der Vorteile einer Lösung gegen die Nachteile, die sie gegenüber aus dem SdT bekannten Lösungen zwecks Erreichung der erstrebten Vorteile hinnimmt, bedeutet für sich genommen keine erfinderische Leistung.[244] Ebenso wenig erfinderisch ist das Beharren auf einer Konstruktion, die für sich gesehen naheliegt, deren Nachteile einen Fachmann dort aber nicht stehenbleiben lassen würden.[245] 128

Nachteile und Schwierigkeiten, die der Fachmann für den Fall der Anwendung einer naheliegenden Maßnahme vorhersieht, stellen nicht das Naheliegen, sondern die Realisierung der Maßnahme in Frage[246]. Anders verhält es sich, wenn die Maßnahme, gegen die sich die Bedenken richten, in ihrer Wirkung gefördert und dabei das Leistungsergebnis verbessert wird[247]. 129

4. Häufig wird ein Kriterium für erfinderische Tätigkeit darin gesehen, dass eine technische Lehre ein **seit langem bestehendes Bedürfnis** erstmals befriedigt.[248] Ein Bedürfnis pflegt die Fachleute zu Bemühungen um eine Lösung zu veranlassen. Bleibt diese dennoch lange aus, kann vermutet werden, dass sie sich für den Fachmann nicht in naheliegender Weise aus dem SdT ergab. Es dürfen allerdings keine anderen Gründe für die Verzögerung vorliegen.[249] So mag es sein, dass das Bedürfnis nur schwach ausgeprägt war oder erst in neuester Zeit ein Ausmaß erlangt hat, das wirtschaftlichen Erfolg versprach[250]; dass es sich um langlebige, teure Wirtschaftsgüter handelt, bei denen ein bestehendes Bedürfnis technische Neuerungen nur mit erheblichem Zeitabstand nach sich zieht;[251] dass erst kurze Zeit vor dem Stichtag die für die Lösung nötigen Hilfsmittel verfügbar wurden;[252] dass sich die 130

---

[241] BGH 4.6.1996, BGHZ 133, 57 (67) – Rauchgasklappe; *Asendorf/Schmidt* in Benkard PatG § 4 Rn. 106; *Busse/Keukenschrijver* PatG § 4 Rn. 48.
[242] EPA 24.5.1993, ABl. 1994, 695 (705 f.) – Kornorientiertes Blech aus Siliziumstahl/Kawasaki.
[243] BGH 24.4.2018, GRUR 2018, 1128 Rn. 37 – Gurtstraffer; bestätigt 4.6.1996, BGHZ 133, 57 (67) – Rauchgasklappe; im gleichen Sinn BPatG 22.7.1998, BPatGE 40, 179 – Zeigerpositionserkennung; EPA 5.4.1984, ABl. 1984, 357 – Thermoplastische Formmassen/Bayer.
[244] BPatG 3.5.2006, GRUR 2006, 930 Rn. 33 – Mikrotom.
[245] BGH 25.9.2012, GRUR 2013, 160 Rn. 43 – Kniehebelklemmvorrichtung.
[246] BPatG 13.8.1997, BPatGE 38, 245.
[247] BPatG 9.12.1996, BPatGE 37, 102.
[248] RG 6.10.1937, BlPMZ 1937, 220 (221); BGH 2.12.1952, GRUR 1953, 120 (122) – Rohrschelle; 25.9.1953, GRUR 1954, 107 (110) – Mehrfachschelle; 3.5.1957, GRUR 1957, 543 (544) – Polstersessel; 27.11.1969, GRUR 1970, 289 (294) – Dia-Rähmchen IV; 19.10.1971, GRUR 1972, 704 (706 f.) – Wasser-Aufbereitung; 14.5.1981, GRUR 1981, 732 (734) – First- und Gratabdeckung; 26.1.1982, GRUR 1982, 289 (290) – Massenausgleich; 4.5.1995, GRUR 1996, 757 (763) – Zahnkranzfräser; BPatG 10.2.1999, BPatGE 41, 78 (83 f.) – Fluidleitungsverbindung; EPA 15.5.1984, ABl. 1984, 473 (478 f.) – Hörgerät/Bosch; 25.2.1985, ABl. 1985, 132 Rn. 8.6 – Verpackungsmaschine/Michaelsen; 27.8.1990, GRUR-Int 1991, 815 – Gefrorener Fisch/Frisco-Findus; weitere Beispiele aus der Rechtsprechung des EPA bei *Kroher* in Singer/Stauder Art. 56 Rn. 96 ff.
[249] So ausdr. BGH 29.6.2010, GRUR 2010, 992 – Ziehmaschinenzugeinheit II im zweiten Leitsatz: *„Hat der Stand der Technik vor dem Prioritätszeitpunkt einer neuen Erfindung über lange Zeit stagniert, ist es eine Frage der Umstände des Einzelfalls (hier: zu verzeichnende lange Entwicklungszyklen auf dem betroffenen technischen Gebiet), ob dies darauf hindeutet, dass die neue Erfindung dem Fachmann durch den Stand der Technik nicht nahe gelegt war."* – In casu hatte der BGH diese Nahelegung bejaht, weil die technische Entwicklung des betroffenen Gebietes so langsam verlaufen war, dass für den Durchschnittsfachmann Anlass bestanden hatte, sich auch mit Lösungen aus über 50 Jahre alten amerikanischen Patentschriften auseinander zu setzen. Ähnlich BGH 31.1.2017, GRUR 2017, 489 Rn. 31 – Gestricktes Schuhoberteil.
[250] EPA 13.10.1982, ABl. 1983, 133 (142) – Metallveredlung/BASF.
[251] BGH 2.12.1958, Mitt. 1962, 74 (77) – Braupfanne.
[252] BGH 30.6.1959, GRUR 1960, 27 (29) – Verbindungsklemme; EPA 13.10.1982, ABl. 1983, 133 Rn. 16 – Metallveredlung/BASF.

§ 18 IV 2. Abschnitt. Sachliche Voraussetzungen des Patent- u. Gebrauchsmusterschutzes

Fachwelt zunächst auf grundsätzlichere Probleme konzentrierte und erst nach deren Lösung bereit war, sich mit weiteren Verbesserungen zu befassen.[253]

131 Für erfinderischen Charakter kann die Tatsache sprechen, dass kurz vor der Anmeldung ein Konkurrent des Patentsuchers eine Produktion aufgenommen hat, ohne die vorteilhafte erfindungsgemäße Lösung zu benutzen.[254] Dagegen kann der Umstand, dass in kurzer Zeit mehrere unabhängig voneinander die gleiche Erfindung gemacht haben, nicht nur auf ein Bedürfnis für diese, sondern auch auf ihr Naheliegen hindeuten.[255]

132 **5. Langdauernde vergebliche Bemühungen** von Fachleuten um die Lösung einer Aufgabe sprechen gegen die Annahme, dass die Erfindung, die die Aufgabe erstmals löst, für den Fachmann nahegelegen habe.[256] Anders verhält es sich, wenn sie Mittel einsetzt, die erst seit kurzem zum SdT gehören und bei den früheren Lösungsversuchen nicht zur Verfügung standen. Erklären sich die Fehlschläge aus diesem Umstand, scheiden sie als Indiz einer erfinderischen Tätigkeit aus.

133 6. Häufig wird zugunsten der Annahme einer erfinderischen Tätigkeit auf einen **erheblichen Fortschritt,** also erhebliche Vorteile gegenüber dem SdT hingewiesen, die die Erfindung gebracht hat.[257] Seitdem der Fortschritt als selbständige Patentierungsvoraussetzung weggefallen ist, kann von diesem Argument sogar ein unbefangenerer Gebrauch gemacht werden als früher.[258] Da bedeutende Vorteile manchmal mit naheliegenden Maßnahmen erzielt werden,[259] ist jedoch der Fortschritt für sich allein kein ausreichendes Indiz für eine erfinderische Tätigkeit. Ein Vorteil, der sich auf Grund einer für den Fachmann naheliegenden Maßnahme ergibt, begründet keine erfinderische Tätigkeit.[260] Gleiches gilt für einen unerwarteten Zusatzeffekt.[261]

---

[253] BGH 23.9.1980, GRUR 1981, 42 (45) – Pfannendrehturm.
[254] BGH 20.2.1979, GRUR 1979, 619 (620) – Tabelliermappe.
[255] Vgl. BGH 7.11.1952, GRUR 1953, 384 (385); 14.11.1952, GRUR 1953, 120; 2.12.1952, GRUR 1953, 120 (122) – Rohrschelle; 20.4.1971, Mitt. 1972, 18 (19) – Netzunabhängiger Trockenrasierapparat; 13.1.1981, GRUR 1981, 341 (343) – piezoelektrisches Feuerzeug.
[256] BGH 14.11.1952, GRUR 1953, 120; 2.12.1952, GRUR 1953, 120 (122) – Rohrschelle; 11.7.1958, GRUR 1959, 22 (24) – Einkochdose; 23.4.1963, BlPMZ 1963, 365 (366) – Schutzkontaktstecker; 18.2.1965, GRUR 1965, 416 (419) – Schweißelektrode; 27.11.1969, GRUR 1970, 289 (294) – Dia-Rähmchen IV; BPatG 24.7.1978, GRUR 1978, 702 (705 f.); BPatG 14.1.1992, BPatGE 33, 207 (214) – Abschlussblende; EPA 6.11.1986, ABl. 1988, 12 – Polyamid-6/Bayer (Einfachheit eines Lösungsvorschlags auf einem wirtschaftlich bedeutenden, stark bearbeiteten Fachgebiet).
[257] BGH 30.6.1953, GRUR 1954, 391; 25.5.1956, GRUR 1957, 120 (121); 3.5.1957, GRUR 1957, 543 (544) – Polstersessel; 16.5.1972, GRUR 1972, 707 (708) – Streckwalze; 14.3.1974, GRUR 1974, 715 (717) – Spreizdübel; 7.12.1978, GRUR 1979, 224 (227) – Aufhänger; 22.1.1981, GRUR 1982, 338 (341) – Magnetfeldkompensation; 26.1.1982, GRUR 1982, 289 (290) – Massenausgleich; 17.1.1989, BlPMZ 1989, 215 – Gießpulver; 12.5.1998, GRUR 1999, 145 (148) – Stoßwellen-Lithotripter; BPatG 26.10.1961, BPatGE 1, 4 (6); 16.10.1986, Mitt. 1987, 10; EPA 25.2.1985, ABl. 1985, 132 (138) – Verpackungsmaschine/Michaelsen; 17.7.1986, ABl. 1987, 149 Rn. 8 – Antihistaminika/Eisai; 18.3.1986, ABl. 1987, 405 (412) – Gasreinigung/Air Products (Beseitigung von Nachteilen eines seit 20 Jahren gebräuchlichen Verfahrens); 27.10.1986, ABl. 1987, 237 Rn. 7 – Ätzverfahren/Schmid (besondere Einfachheit einer Lösung, an der die Fachwelt trotz intensiver Bearbeitung des Gebiets vorbeigegangen ist); vgl. auch *Schulze* Mitt. 1976, 132 (134 f.); *Danner* Mitt. 1986, 43 ff.; *Moufang* in Schulte PatG § 4 Rn. 103 ff.
[258] Vgl. die Begründung zum IntPatÜG BlPMZ 1976, 332.
[259] Das gilt insbesondere, wenn herkömmliches Material durch ein neu entwickeltes ersetzt wird, dessen Eignung für den betreffenden Zweck der Fachmann ohne weiteres erkennt, vgl. BGH 22.9.1961, GRUR 1962, 83 (84) – Einlegesohle; 16.6.1961, GRUR 1962, 80 (82) – Rohrdichtung; EPA-RichtlinienG VII 8.
[260] BPatG 22.7.1998, BPatGE 40, 179 – Zeigerpositionserkennung.
[261] BGH 10.12.2002, GRUR 2003, 317 – Kosmetisches Sonnenschutzmittel; 12.2.2003, GRUR 2003, 693 (695) – Hochdruckreiniger; *Féaux de Lacroix* GRUR 2006, 625 (626 f.) mwN; auch → Rn. 68 Fn. 130.

§ 18. Erfinderische Leistung   IV § 18

Der BGH setzt dafür, dass im technischen Fortschritt ein Indiz für das Ausmaß der erfinderischen 134
Leistung gesehen werden kann, voraus, dass überhaupt eine schöpferische Leistung, wenn auch
geringeren Grades vorliegt.[262] Gehört es zum typischen Aufgabenfeld eines Fachmanns, durch Vereinfachung von Werkzeugen eine kostengünstige Herstellung anzustreben, ist eine hierdurch nahegelegte konstruktive Ausgestaltung auch dann nicht erfinderisch, wenn sich dabei gleichzeitig eine verbesserte Lösung eines anderen Problems ergibt, für die der SdT keine hinreichende Anregung vermittelt hat.[263] Ähnlich beurteilte der BGH die naheliegende Optimierungsmöglichkeit einer Wirkstoffzusammensetzung.[264] Ein Kriterium für erfinderische Tätigkeit wurde jedoch darin gesehen, dass der Fachmann die Funktionen bekannter Bauteile eines Erzeugnisses in einer Weise, zu der der SdT keine Anregung gab, ändern musste, um eine vorteilhafte Konstruktion und damit eine Kostenersparnis zu erzielen (Benutzung der als Mittel, Paneelelemente an Wänden oder Decken zu befestigen, bekannten Klammern als Mittel, die Breite der sichtbaren Fuge zwischen den Elementen festzulegen).[265]

Einen Sonderbereich bilden die Fälle, in denen Maßnahmen, die als solche dem Fach- 135
mann geläufig sind, um eines unerwarteten wertvollen Ergebnisses willen erfinderischer
Charakter zuerkannt wird (vgl. → Rn. 107 ff.). Die Prüfung auf erfinderische Tätigkeit
verlagert sich hier auf die Frage, ob ein solches Ergebnis für den Fachmann voraussehbar
war; Maßstab hierfür ist dessen Wissen und Können. Daher erlangt das Ergebnis dort
nicht die Funktion eines Hilfskriteriums. Ähnliches gilt in den Fällen, in denen dem Erfinder wegen der mit der Erfindung erzielten Vorteile ein „glücklicher Griff"[266] aus einem
„verwirrenden" SdT[267] bescheinigt wird. Auch hierin liegt letztlich eine Verweisung auf
das fachmännische Wissen und Können, ohne dass die Beurteilung von dessen Reichweite
erleichtert wird.

Im Übrigen findet sich der Hinweis auf den Fortschritt nur in unterstützender Funk- 136
tion neben anderen Gründen, die zugunsten der Annahme einer erfinderischen Leistung
sprechen. Von besonderer Bedeutung ist dabei die Verknüpfung mit einem lange bestehenden Bedürfnis: eine Lösung, die dieses in erheblich verbesserter Weise befriedigt,
hätte von der Fachwelt, die sich schon aus Wettbewerbsgründen um ständige Verbesserung bemüht, früher zustande gebracht werden müssen, wenn dies mit dem Wissen und
Können des Fachmanns möglich gewesen wäre.

Das BPatG hat als Kriterium für erfinderische Tätigkeit den „sozialen Fortschritt" ins Gewicht 137
fallen lassen, den es darin erblickte, dass durch lichttechnische Zusatzausstattung eines Kraftfahrzeugs ein wesentlicher Beitrag zur Erhöhung der Straßenverkehrssicherheit geleistet wurde[268].
Mehr als der Durchschnittsfachmann leistet nach seiner Ansicht auch, wer ein Gerät so verbessert,
dass er ein Bauteil davon nicht nur gemäß dem herkömmlichen Zweck als Licht*sender* benutzt, sondern außerdem mit der für dieses Bauteil unüblichen Funktion eines Licht*empfängers* belegt und dadurch einen gesonderten Lichtempfänger einspart; dies gelte erst recht, wenn das
Gerät ein Massenartikel ist und einem viel bearbeiteten Gebiet angehört[269]. Bei einem großtechnischen Verfahren darf nach Ansicht des EPA eine Ausbeuteverbesserung bei der Beurteilung
der erfinderischen Tätigkeit auch dann nicht übergangen werden, wenn sie zahlenmäßig gering ist
(hier 0,5%)[270].

7. Gelegentlich – allerdings nur neben anderen Anhaltspunkten – wird auch der 138
wirtschaftliche Erfolg einer technischen Neuerung zugunsten ihres erfinderischen Cha-

---

[262] BGH 11.5.1993, GRUR 1994, 36 (38) – Meßventil.
[263] BGH 12.2.2003, GRUR 2003, 693 (695) – Hochdruckreiniger.
[264] BGH 15.4.2010, GRUR 2010, 607 Rn. 79 f. – Fettsäurezusammensetzung.
[265] BGH 12.10.2004, GRUR 2005, 233 – Paneelelemente.
[266] Vgl. BGH 6.5.1960, GRUR 1960, 427 (428) – Fensterbeschläge; BPatG 15.11.1976, GRUR 1977, 248 (249) – Hochspannungsschalter.
[267] BGH 22.12.1964, GRUR 1965, 473 (478) – Dauerwellen.
[268] BPatG 20.10.1994, BPatGE 35, 5 – Außenspiegel-Anordnung.
[269] BPatG 26.11.1997, BPatGE 39, 123 – Näherungsschalter II.
[270] EPA 5.4.1984, ABl. 1984, 368 – Toluoloxidation/Stamicarbon.

§ 18 IV 2. Abschnitt. Sachliche Voraussetzungen des Patent- u. Gebrauchsmusterschutzes

rakters angeführt.[271] Er kann nur ins Gewicht fallen, wenn er auf die neue technische Lehre und nicht auf andere Ursachen wie einen durch Einsatz billigerer Grundstoffe ermöglichten günstigen Abgabepreis, besondere Werbeanstrengungen, Modeerscheinungen usw zurückzuführen ist.[272] Eine günstige Marktlage früher erkannt zu haben als die Konkurrenz, ist keine erfinderische Leistung, sondern nur eine kluge kaufmännische Entscheidung[273]. Gleiches gilt, wenn jemand als erster etwas im SdT Angelegtes aufgreift und daraus einen Markterfolg macht. Allgemein wird dieser am ehesten als Hinweis auf ein entsprechendes Bedürfnis Gewicht erlangen können.

139 8. Welche Bedeutung den Hilfskriterien insbesondere im Verhältnis zum Vergleich der Erfindung mit dem SdT, aber auch im Verhältnis zueinander zukommt, ist aus der patentamtlichen und gerichtlichen Praxis nicht eindeutig zu ersehen; im Schrifttum gibt es unterschiedliche Ansichten.[274]

140 Auszugehen ist von der Überlegung, dass den Patentsucher im Erteilungsverfahren und den Schutzrechtsinhaber im Einspruchs-, Nichtigkeits- oder Löschungsverfahren keine „Beweislast" für die erforderliche Erfindungsqualität oder hierauf hindeutende Tatsachen trifft. Vielmehr kann nur dann seine Anmeldung zurückgewiesen, sein Patent widerrufen oder vernichtet oder sein Gebrauchsmuster gelöscht werden, wenn hinreichende Gründe *gegen* die Annahme erfinderischen Charakters sprechen.[275] Das Beibringen von Hilfskriterien bleibt dennoch aus praktischen Gründen weitgehend dem Anmelder oder Schutzrechtsinhaber überlassen. Ämter und Gerichte sind meist nicht in der Lage, von sich aus nach Hilfskriterien zu forschen.

141 Sind Hilfskriterien vom Anmelder nachgewiesen, müssen sie nach den Richtlinien für die Prüfung im DPMA[276] bei der Beurteilung der erfinderischen Tätigkeit und in der Begründung eines zurückweisenden Beschlusses behandelt werden. Der BGH steht auf dem Standpunkt, dass im Übergehen von Hilfskriterien ein Mangel der Schutzfähigkeitsprüfung liegen kann.[277] Die Richtlinien für die Prüfung im EPA (G VII 14. mit Anlage) verlangen die Berücksichtigung einer Reihe von Umständen, die der Sache nach Hilfskriterien sind, aber dort nicht so genannt werden.

142 Die Bedeutung der Hilfskriterien ergibt sich hauptsächlich daraus, dass unmittelbare Tatsachenerhebungen über die Fähigkeiten des Fachmanns praktisch nicht möglich sind. Aussagen hierüber können nur mittelbar durch Tatsachen gestützt werden. Dabei sind Feststellungen, die aus dem Vergleich der Erfindung mit dem SdT gewonnen werden, nicht grundsätzlich zuverlässiger als andere Indizien, die Rückschlüsse darauf erlauben, was dem Fachmann zuzutrauen war. Es ist daher nicht zulässig, Hilfskriterien mit der Begründung zu übergehen, dass sich das Fehlen einer erfinderischen Tätigkeit bereits aus „unmittelbaren" Gründen ergebe.[278]

---

[271] Vgl. zB BGH 26.1.1982, GRUR 1982, 289 (290) – Massenausgleich; 21.5.1985, BlPMZ 1985, 374 – Ätzen; EPA 25.2.1985, ABl. 1985, 132 Rn. 8.5 – Verpackungsmaschine/Michaelsen; ferner *Liedel* 230 f.; *Lewinsky* Mitt. 1986, 41 ff.

[272] Vgl. BGH 18.9.1990, GRUR 1991, 120 (121) – Elastische Bandage; *Pagenberg* 196 f.

[273] BGH 20.1.1987, GRUR 1987, 351 (353) – Mauerkasten II; 12.12.1989, GRUR 1990, 594 (596) – Computerträger.

[274] Vgl. *Pagenberg* EPÜ-GK Art. 56 Rn. 120 sowie GRUR 1980, 766 ff. und 1981, 151 ff.; *Pakuscher* GRUR 1981, 1 ff.; *Bruchhausen* Mitt. 1981, 144 ff.; *Wächtershäuser* GRUR 1982, 591 ff.; *Völcker* GRUR 1983, 8 ff.

[275] Vgl. BGH 9.6.1981, GRUR 1981, 736 (739) – Kautschukrohlinge.

[276] BlPMZ 2004, 69 Rn. 3.3.3.2.4.

[277] BGH 16.9.1980, BlPMZ 1981, 136 – Halbleitereinrichtung; vgl. auch BGH 21.12.1962, GRUR 1963, 645 (649) – Warmpressen.

[278] So aber zB BPatG 1.6.1979, Mitt. 1979, 195 (196); vgl. auch *Liedel* 231 ff. mit weiteren Nachweisen. Anders EPA 25.2.1985, ABl. 1985, 132 Rn. 8.2 – Verpackungsmaschine/Michaelsen: Auch wenn der SdT an sich darauf hindeute, dass die erfindungsgemäße Lösung als naheliegend beurteilt werden müsse, sei es sachdienlich, nach brauchbaren Nebenaspekten zu fragen, die den ersten Eindruck der

§ 18. Erfinderische Leistung

Hilfskriterien sind auch dann zu beachten, wenn sich im SdT Material findet, das der **143** Erfindung nahekommt, ohne sie freilich in neuheitsschädlicher Weise vorwegzunehmen. So kann der auf den ersten Blick sich anbietenden Folgerung, der Fachmann habe von solchem Material aus unschwer zur Erfindung gelangen können, der Umstand entgegenstehen, dass ein Vorurteil zu überwinden war oder die Erfindung trotz Bedürfnisses oder trotz fachmännischen Bemühens nicht zustande gekommen ist.[279] Freilich bedarf es stets einer Gesamtwürdigung. Dass aus Hilfskriterien *zwingend* das Beruhen auf erfinderischer Tätigkeit folge, kann nicht allgemein gesagt werden.[280]

---

mangelnden erfinderischen Tätigkeit zerstreuen könnten; im gegebenen Fall führten solche Aspekte zur Anerkennung des Beruhens auf erfinderischer Tätigkeit.
[279] Vgl. BGH 2.12.1952, GRUR 1953, 120 (122) – Rohrschelle; 18.2.1965, GRUR 1965, 416 (419) – Schweißelektrode; 26.1.1982, GRUR 1982, 289 (290) – Massenausgleich.
[280] *Pagenberg* EPÜ-GK Art. 56 Rn. 79; vgl. auch EPA 13.10.1982, ABl. 1983, 133 (137) – Metallveredlung/BASF; BGH 18.9.1990, GRUR 1991, 120 (121) – Elastische Bandage.

Dritter Abschnitt. Das Recht an der Erfindung

Literatur: *Ann, C.,* Die idealistische Wurzel des Schutzes geistiger Leistungen, GRUR-Int 2004, 597–603; *Bartenbach, K./Kunzmann, J.,* Bruchteilsgemeinschaft an Patenten – Nutzungsrechte, Ausgleichsanspruch und Aufhebung der Gemeinschaft, FS zum 80-jährigen Bestehen des Patentgerichtsstandortes Düsseldorf, 2016, 37-29; *Beier, F.-K./Straus, J.,* Der Schutz wissenschaftlicher Forschungsergebnisse, 1982; *Beier, H.,* Die gemeinschaftliche Erfindung von Arbeitnehmern, GRUR 1979, 669–672; *Chakraborty, M./Tilmann, W.,* Nutzungsrechte und Ausgleichsansprüche einer Mehrheit von Erfindern, FS König, 2003, 63–79; *Cronauer, A.,* Das Recht auf das Patent im Europäischen Patentübereinkommen, 1988; *Doukoff, E.,* Das Recht auf Erfindernennung als Bestandteil des Erfinderpersönlichkeitsrechts, 1976; *Ehlers, K.,* Kann der Erfinder die Nennung seines Namens auch bei anderen als den amtlichen Veröffentlichungen über die Erfindung verlangen?, GRUR 1950, 359–364; *Fischer, E.,* Verwertungsrechte bei Patentgemeinschaften, GRUR 1977, 313–318; *Gennen, K.,* Zum Ausgleichsanspruch des Mitinhabers eines Schutzrechts bei Vorliegen einer Bruchteilsgemeinschaft, FS Bartenbach, 2005, 335–355; *Giebe, O.,* Widerrechtliche Entnahme im Erteilungs- und Einspruchsverfahren, Mitt. 2002, 301–306; *Godt, C.,* Eigentum an Information, 2007; *Goeden, C.,* Der Offenbarungsbegriff im Fall der Patentvindikation nach der Entscheidung „Blendschutzbehang" des BGH, Mitt. 2010, 421–424; *Heath, C.,* Kommentierung der Art. 58–62, EPÜ-GK, 27. Lfg., 2004; *ders.,* Anhängigkeit nationaler Gerichtsverfahren und das EPÜ, GRUR-Int 2004, 736–738; *Heide, N.,* Ausgleichspflicht für Verwertungsungleichgewichte in Patentmitinhabergemeinschaften, Mitt. 2004, 499–504; *Hellebrand, O.,* Die Realteilung der Gemeinschaftserfindung und ihre Folgen, FS Bartenbach, 2005, 141–158; *ders.,* Definition und Bewertung des miterfinderische Beitrags, Mitt. 2013, 432–436; *Henke, V.,* Die Erfindergemeinschaft, 2005; *ders.,* Interessengemäße Erfindungsverwertung durch mehrere Patentinhaber, GRUR 2007, 89–95; *ders./v. Falck, A. et al.,* Der Einfluss der Mitinhaberschaft an Rechten des Geistigen Eigentums auf deren Verwertung, GRUR-Int 2007, 503–509; *Homma, B.,* Der Erwerb des Miterfinderrechts, 1998; *Hühnerbein, N.,* Rechtsvergleichende Untersuchung der Miterfinderschaft, 2004; *Kasper, K. N.,* Urteilsanmerkung zu BGH X ZR 152/03 – Gummielastische Masse II, Mitt. 2005, 488–490; *Kather, P.,* Die Vindikation im Alltag: Möglichkeiten des Berechtigten, Gefahren für ihn und seine Absicherung dagegen, FS Reimann, 2009, 237–254; *ders.,* Erfindungen bei grenzüberschreitender Zusammenarbeit, FS zum 80-jährigen Bestehen des Patentgerichtsstandortes Düsseldorf, 2016, 231–244; *Krahforst, M.,* Das auf die Patentvindikation von Arbeitnehmererfindungen anwendbare Recht, Mitt. 2019, 207–210; *Kraßer, R.,* Erfinderrecht und widerrechtliche Entnahme, FS Hubmann, 1985, 221–239; *ders.,* „Vindikation" im Patentrecht und rei vindicatio, FS v. Gamm, 1990, 405–422; *Kroitzsch, H.,* Erfindungen in der Vertragsforschung und bei Forschungs- und Entwicklungsgemeinschaften unter dem Blickpunkt des Arbeitnehmererfindungsgesetzes, GRUR 1974, 177–186; *Liuzzo, L.,* Inhaberschaft und Übertragung des europäischen Patents, GRUR-Int 1983, 20–25; *Lüdecke, W.,* Erfindungsgemeinschaften, 1962; *McGuire, M.-R.,* Die Patentvindikation: Anwendbares Recht, Rechtsnatur und Gutglaubensschutz, Mitt. 2019, 197–207; *Meitinger, T. H.,* Erfinderlose Erfindungen durch Know-how einer Organisation und Erfinderprinzip: kein Widerspruch, Mitt. 2017, 149–151; *Niedzela-Schmutte, A.,* Miterfindungen in Forschungs- und Entwicklungskooperationen, 1998; *Ohly, A.,* Die Patentvindikation im deutschen und europäischen Recht, 1987; *Pinzger, W.,* Zwangsvollstreckung in das Erfinderrecht, ZZP 60 (1936/37), 415–418; *Preu, A.,* Das Erfinderpersönlichkeitsrecht und das Recht auf das Patent, FS Hubmann, 1985, 349–358; *Rother, G.,* Die Stellung des Arbeitnehmers einer frei gewordenen Diensterfindung, FS Bartenbach, 2005, 159–173; *Schade, H.,* Die gemeinschaftliche Erfindung und die Doppelerfindung von Arbeitnehmern, GRUR 1972, 510–518; *Schönherr,* Zur Begriffsbildung im Immaterialgüterrecht, FS Troller, 1976, 57–87; *Seuß, T. D.,* Über die Notwendigkeit einer Neubewertung des Schutzes chemischer Herstellungsverfahren, Mitt. 2006, 398–401; *Storch, K.,* Die Rechte des Miterfinders in der Gemeinschaft, FS Preu, 1988, 39–49; *Tilmann, W.,* Neue Überlegungen im Patentrecht, GRUR 2006, 824–831; *Schwab, B.,* Rechtsprobleme einer Miterfindung nach dem Arbeitnehmererfindergesetz, GRUR 2018, 670–674; *Ullrich, H.,* Privatrechtsfragen der Forschungsförderung in der Bundesrepublik Deutschland, 1984; *ders.,* Staatliche Förderung industrieller Forschung und Entwicklung: Das Innenverhältnis, ZHR 146 (1982) 410–444; *van Venrooy, G.J.,* Der partiell rechtlose Patentlizenzgeber, Mitt. 2000, 26–33; *Vollmer, B.,* Die Computererfindung, Mitt. 1971, 256–264; *Winterfeldt, V.,* Aktuelle Entscheidungspraxis des BPatG zum Patentrecht, VPP Rundbrief 2006, 82–91; *Wunderlich, D.*, Die gemeinschaftliche Erfindung, 1962; *Zipse, E.*, Computer oder nachvollziehender Mensch als Erfinder?, Mitt. 1972, 41–44.

§ 19. Erfinderprinzip und Erfinderrecht

I. Allgemeines. Gesetzliche Grundlagen

1   1. In den Vorschriften, nach denen der Erfinder oder sein Rechtsnachfolger das Recht auf das Patent hat (§ 6 S. 1 PatG, Art. 60 Abs. 1 S. 1 EPÜ)[1] und bei Patentanmeldung und -erteilung der Erfinder als solcher zu nennen ist (§§ 37, 63 PatG; Art. 62, 81 mit R 19 EPÜ), ist ein ohne Formalität entstehendes **Recht an der Erfindung** anerkannt. Dieses **(allgemeine) Erfinderrecht** erwächst dem Erfinder originär kraft seines bloßen Schaffens der Erfindung. So gehen sowohl das deutsche als auch das europäische Patentrecht vom **Erfinderprinzip** aus (vgl. → § 1 Rn. 25 und → § 6 Rn. 6);[2] ebenso das GebrMG. Es verweist in § 13 Abs. 3 auf § 6 PatG. Dass es bei der Anmeldung und Eintragung keine Erfindernennung vorsieht, ist kaum nachvollziehbar.

2   Im Erfinderrecht ist die Erfindung dem Erfinder **rechtlich zugeordnet:** sie ist auch dann (noch) *seine* Erfindung, wenn sie sich – durch „Verlautbarung" (vgl. → Rn. 9) – *tatsächlich* von ihm abgelöst hat und unabhängig von ihm, als außerpersönlicher unkörperlicher Gegenstand, fortzubestehen vermag. Das Recht auf das Patent ist **vermögensrechtlicher,** das Recht auf Erfindernennung **persönlichkeitsrechtlicher Bestandteil** des Erfinderrechts.[3] Dass das GebrMG keine Erfindernennung vorschreibt, bedeutet nicht, dass das Erfinderrecht keine persönlichkeitsrechtlichen Elemente enthielte, wenn nur Gebrauchsmusterschutz in Frage kommt, beantragt ist oder besteht (vgl. → § 20 Rn. 136 ff.).

3   2. Haben **Miterfinder** gemeinsam eine Erfindung gemacht, steht ihnen das Recht auf das Patent oder Gebrauchsmuster gemeinschaftlich zu (§ 6 S. 2 PatG, § 13 Abs. 3 GebrMG). Im EPÜ fehlt eine entsprechende ausdrückliche Vorschrift; doch ist, wie Art. 81 S. 2 zeigt, die Möglichkeit vorausgesetzt, dass eine Erfindung mehrere Erfinder hat.[4] Die Frage, in welchem Verhältnis die Erfinder zueinander bezüglich des Rechts auf das europäische Patent stehen, ist nach dem jeweils anwendbaren nationalen Recht zu entscheiden.[5]

Das Recht auf Erfindernennung steht jedem Miterfinder gesondert zu;[6] es bleibt jedoch auf die Nennung als *Mit*erfinder beschränkt.

4   3. Bei strenger Durchführung des Erfinderprinzips wäre in einem Patentsystem mit amtlicher Vorprüfung zu erwarten, dass das Amt untersucht, ob dem Anmelder das Recht

---

[1] Der etwas abweichende Wortlaut der europäischen Vorschrift, wonach das Recht dem Erfinder oder Rechtsnachfolger zusteht (englisch: *shall belong to;* französisch: *appartient à*), bedeutet sachlich keinen Unterschied; in § 6 S. 2 formuliert das PatG ebenso.

[2] Das Erfinderprinzip gilt nach deutschem Recht auch für *Arbeitnehmererfindungen.* Das *EPÜ* verweist jedoch insoweit auf *nationales Recht* (Art. 60 Abs. 1 S. 2). Dies wird auch auf die Qualifikation einer Erfindung als Arbeitnehmererfindung und auf den Begriff des Arbeitnehmers zu beziehen sein und kann dazu führen, dass das Recht auf das Patent für ein anderes Rechtssubjekt als den tatsächlichen Erfinder entsteht; vgl. *Heath* Art. 60 Rn. 19 ff. sowie → § 20 Rn. 86.

[3] Zur Frage nach weiteren Bestandteilen des einen oder anderen Art vgl. → § 20 Rn. 139 ff.

[4] Vgl. *Cronauer* 148 ff., der nachweist, dass sich der Begriff „Erfinder" in Art. 60 Abs. 1 EPÜ nicht nur auf Allein-, sondern auch auf Miterfinder bezieht; dazu auch *Heath* Art. 60 Rn. 12 f.

[5] Weil die Zahl rechtlich komplizierter Erfindungen aus grenzüberschreitender F&E ständig ansteigt, rät *Kather* FS 80 Jahre Düsseldorf, 2016, 231 ff., völlig zurecht zu Rechtswahl und sorgfältiger Dokumentation sämtlicher Übertragungsvorgänge.

[6] Vgl. *Schippel* GRUR 1969, 135; die Miterfinder stehen hinsichtlich ihres Erfinderpersönlichkeitsrechts nicht in unteilbarer Rechtsgemeinschaft, wie LG Nürnberg-Fürth 25.10.1967, GRUR 1968, 252 (255) meint.

§ 19. Erfinderprinzip und Erfinderrecht

auf das Patent zusteht und die Erfindung wirklich von dem (den) als Erfinder Benannten stammt. Der deutsche Gesetzgeber hat jedoch das Erfinderprinzip ohne zusätzliche Belastung des Patentamts einführen wollen.[7] Das EPÜ ist dieser in der Praxis bewährten Lösung gefolgt.

Die Patentämter prüfen daher nicht, ob demjenigen, für den eine Erfindung zum Patent angemeldet wird, auch das Recht auf das Patent zusteht; sie behandeln den **Anmelder als Berechtigten** (§ 7 Abs. 1 PatG, Art. 60 Abs. 3 EPÜ). Das gleiche gilt für Gebrauchsmusteranmeldungen (§ 13 Abs. 3 GebrMG iVm § 7 Abs. 1 PatG), die ohnehin keiner vollständigen Prüfung unterliegen. Ist Inhaber des Rechts auf das Patent in Wahrheit ein anderer als der Anmelder, kann er sein Recht im Erteilungsverfahren und nach Patenterteilung gegenüber dem nichtberechtigten Anmelder bzw. Patentinhaber mittels bestimmter gesetzlich vorgesehener Behelfe zur Geltung bringen; entsprechendes gilt, wenn einem Gebrauchsmusteranmelder oder -inhaber das Recht auf den Schutz nicht zusteht (vgl. unten → § 20). Es genügt nicht, dass der Berechtigte lediglich dem Amt sein Recht nachweist. Werden die vermögensrechtlichen Interessen des Inhabers hinsichtlich der Erfindung in anderer Weise als durch unberechtigte Anmeldung beeinträchtigt, kann er hiergegen vorgehen, soweit ihm gegenüber eine Geheimnisverletzung vorliegt (vgl. → § 2 Rn. 100 ff.).

Das in PatG und EPÜ vorgesehene Recht des Erfinders auf Erfindernennung berücksichtigen die Patentämter nur dadurch, dass sie vom Anmelder die Benennung des Erfinders fordern. Ob diese korrekt erfolgt, prüfen die Ämter nicht, weil sie dies letztlich nicht können. Fühlt er sich nicht korrekt genannt, liegt die Initiative beim Erfinder und kann er seine zutreffende Nennung einklagen (vgl. → § 20 Rn. 121 ff.). Aus unerlaubter Handlung können dem Erfinder Ansprüche auch aus Beeinträchtigungen seiner ideellen Interessen erwachsen, die nicht seine Erfindernennung im patentrechtlichen Verfahren betreffen (vgl. → § 2 Rn. 107 f. sowie → § 20 Rn. 136 ff.).

II. Entstehung des Erfinderrechts. Rechtsnachfolge

1. Lange bestand Einigkeit, dass das Erfinderrecht durch den tatsächlichen Vorgang des Schaffens der Erfindung entsteht und dass dieser Vorgang nur das **Werk eines oder mehrerer Menschen** sein konnte. Auch wenn die Entwicklung sogenannter „künstlicher Intelligenz" (KI) derzeit stürmisch voran zu schreiten scheint, sollte daran festgehalten werden, dass im Rechtssinne erfinderisch nur der Mensch tätig sein kann. Auch KI ist letztlich nichts anderes als der Einsatz elektronischer Datenverarbeitungsanlagen zur Erarbeitung technischer Problemlösungen. Den gezielten Einsatz der Anlage, die Erkennung des von ihr ausgegebenen Resultats als technische Problemlösung und die Beurteilung seiner Brauchbarkeit leistet und verantwortet am Ende immer noch ein Mensch.[8] Zu überdenken sein wird diese Grundregel erst, wenn sich daran etwas ändert. Derzeit ist es noch so, dass KI-Arbeitsergebnisse nur selten über das dem Fachmann Geläufige hinausgehen. Und dann kommt für solche Ergebnisse Patentschutz ohnehin nicht in Betracht, weil das Beruhen auf erfinderischer Tätigkeit fehlt. Immerhin macht KI heute Problemlösungen naheliegend, die früher hätten als erfinderisch durchgehen können. Werden heute durch den Einsatz von KI Lösungen gefunden, die nicht naheliegen, beruhen diese letztlich auf der erfinderischen Tätigkeit des Menschen, der die KI und ihren Einsatz konzipiert hat. Bislang kann KI darum nicht mehr sein als Hilfsmittel des Erfinders. Selbst „Erfinderin" sein kann sie nicht. Schreitet die Entwicklung fort, mag diese Position einmal zu überdenken sein; freilich mit kaum absehbaren Konsequenzen für den Begriff der Rechtssubjektivität und die Unterscheidung zwischen Personen, Sachen und Rechten, die nicht nur das deutsche Recht prägt.

---

[7] Begründung zum Patentgesetz vom 5.5.1936, BlPMZ 1936, 104.
[8] Zum Thema jüngst *Meitinger* Mitt. 2017, 149; schon früher *Volmer* Mitt. 1971, 256–264; *Zipse* Mitt. 1972, 41–44; *Melullis* in Benkard PatG § 6 Rn. 31 f.

8 2. Das Erfinderrecht entsteht, sobald eine patentierbare oder gebrauchsmusterfähige Erfindung im früher erläuterten Sinne (vgl. → § 13 Rn. 21) **fertig** ist.[9] Es enthält, wenn die Erfindung die Voraussetzungen sowohl für Patent- als auch für Gebrauchsmusterschutz erfüllt, als vermögensrechtlichen Bestandteil das Recht auf das Patent *und* das Recht auf das Gebrauchsmuster, andernfalls je nach Sachlage nur eines von beiden. Im Übrigen richten sich aber Entstehung und Zuordnung dieser Rechte nach den gleichen Regeln. Deshalb genügt es insoweit, das Recht auf das Patent zu nennen, ohne auch das Recht auf das Gebrauchsmuster ausdrücklich zu erwähnen.

9 3. Praktische Bedeutung erlangt das Erfinderrecht allerdings erst, wenn die Erfindung durch irgendeine Mitteilung oder körperliche Wiedergabe **verlautbart** ist, die die technische Handlungsanweisung, ohne sie der Öffentlichkeit zugänglich zu machen (vgl. → Rn. 36 ff.), für einen Fachmann erkennbar werden lässt[10] und damit die Erfindung zu einem unabhängig von ihrem Urheber existenzfähigen Immaterialgut macht. Erst die Verlautbarung ermöglicht es, dass andere als der Erfinder auf die Erfindung einwirken, insbesondere sie benutzen, weitergeben, zum Schutz anmelden usw. Solange sie – was bei einer fertigen Erfindung selten sein wird – allein im Kopf des Erfinders vorhanden ist, droht ihr schon faktisch kein fremder Zugriff. Dennoch empfiehlt es sich nicht, als Entstehungszeitpunkt des Erfinderrechts die Verlautbarung anzusehen;[11] sie aktualisiert lediglich das Bedürfnis für eine individuelle Zuordnung der Erfindung; dagegen liegt im Schaffen der Erfindung der innere Grund, der eine solche Zuordnung erst rechtfertigt. Nimmt man demgemäß die Fertigstellung der Erfindung als Zeitpunkt der Entstehung des Rechts an, erübrigt sich die Frage, unter welchen Voraussetzungen eine Verlautbarung vorliegt: hinreichend verlautbart ist jede Erfindung, für die überhaupt ein Bedürfnis zur Geltendmachung des Erfinderrechts auftritt.

10 4. Das Schaffen einer Erfindung ist ein **Realakt,** kein Rechtsgeschäft. Es setzt keine Geschäftsfähigkeit voraus. Auch geschäftsunfähige oder in der Geschäftsfähigkeit beschränkte Personen erwerben ein Erfinderrecht, wenn sie eine Erfindung machen. Es bedarf dabei keinerlei Mitwirkung eines gesetzlichen Vertreters. Da das erfinderische Handeln kein rechtsgeschäftliches ist, findet keine Stellvertretung statt. Auch gibt es hier keine Zurechnung fremden tatsächlichen Verhaltens, wie sie etwa in den Fällen der §§ 31 und 855 BGB und bei Verarbeitungsklauseln im Rahmen des § 950 BGB erfolgt. Erfinderrechte können daher nur als Rechte **natürlicher Personen** neu entstehen, und zwar derjenigen, die die Erfindung wirklich gemacht haben, nicht anderer, für welche diese – in welcher Funktion auch immer – tätig geworden sind.[12] Insbesondere ist mit dem Erfinderprinzip die Vorstellung unvereinbar, es gebe „Betriebserfindungen", die keinem Menschen als individuelle Leistung zugerechnet werden könnten, so dass das Recht an ihnen von vornherein in der Person des Betriebsinhabers (gegebenenfalls also auch einer juristischen Person) entstehe.

11 5. Das Recht auf das Patent kann nach Entstehung des Erfinderrechts von Todes wegen, kraft rechtsgeschäftlicher Verfügung seines Inhabers (zunächst also des Erfinders) oder kraft Inanspruchnahme durch den ArbGeb des Erfinders auf einen **Rechtsnachfolger** übergehen. Es handelt sich dann jedoch nicht um ursprünglichen, sondern um abgeleiteten Erwerb, selbst wenn die Rechtsnachfolge durch eine schon vor der Entstehung des Rechts vorgenommene Verfügung (Vorausverfügung) bewirkt wird.

12 Keine Rechtsnachfolge unter Lebenden gibt es auf der persönlichkeitsrechtlichen Seite des Erfinderrechts; insbesondere verbleibt, wenn das Recht auf das Patent auf einen anderen übergeht, dem Erfinder das Recht, gemäß dem PatG oder dem EPÜ als solcher genannt zu

---

[9] Vgl. *Hellebrand* 155 f.
[10] Vgl. BGH 10.11.1970, GRUR 1971, 210 (213) – Wildbißverhinderung.
[11] So aber *Melullis* in Benkard PatG § 6 Rn. 6 f.; *Moufang* in Schulte PatG § 6 Rn. 11; *Busse/Keukenschrijver* PatG § 6 Rn. 16.
[12] Das gilt auch für das EPÜ, vgl. *Heath* Art. 60 Rn. 6 ff.

§ 19. Erfinderprinzip und Erfinderrecht

werden. Nach dem Tode des Erfinders wird man Erben oder Vertrauenspersonen in gewissem Umfang die Befugnis zubilligen müssen, die Anerkennung der Urheberschaft des Verstorbenen durchzusetzen.

6. Der Erfinder, in dessen Person das Recht auf das Patent entsteht, kann verpflichtet 13 sein, es einem anderen zu übertragen. Eine solche **Verpflichtung** kann beispielsweise aus Anlass eines Forschungsauftrags oder der Gewährung von Forschungsmitteln,[13] aber auch in einem Gesellschaftsvertrag begründet werden, der in der Erwartung geschlossen wird, dass in Verfolgung des Gesellschaftszwecks Erfindungen entstehen.[14] Ob in einer Rechtsbeziehung ohne besondere Abrede eine Übertragungspflicht besteht, ist eine Frage des Einzelfalls. Ein Werk- oder Werklieferungsvertrag verpflichtet den Unternehmer grundsätzlich nicht zur Übertragung des Rechts an einer im Zusammenhang mit der vertraglichen Leistung entstandenen Erfindung.[15] Dass die Verfasser von Qualifikationsarbeiten an Hochschulen (Seminar-, Bachelor-, Master, Diplomarbeiten, Dissertationen, Habilitationsschriften) Erfindungen, die sie bei ihrer Arbeit machen, nicht an die Hochschule oder (gar!) ihre Betreuer übertragen müssen, ist evident, weil ein Betreuungsverhältnis für eine solche Übertragung keinen zureichenden Rechtsgrund bildet.[16]

Eine Übertragungsverpflichtung ändert als solche noch nichts daran, dass das Recht auf 14 das Patent beim Erfinder liegt. Es wechselt seinen Inhaber erst, wenn die Verpflichtung durch das Verfügungsgeschäft der **Übertragung** erfüllt wird. Soll der Gläubiger des Übertragungsanspruchs stärker gesichert werden, kann eine Vorausübertragung erfolgen.[17] Sie ist wirksam, wenn die Erfindung(en), auf die sie sich bezieht, eindeutig bestimmbar ist (sind): Im Zeitpunkt der Fertigstellung einer Erfindung muss zweifelsfrei gesagt werden können, ob sie von der Vorausübertragung erfasst wird. Trifft dies zu, geht das Recht auf das Patent sogleich nach seiner Entstehung auf den Erwerber über; doch ändert die Vorausübertragung nichts daran, dass es zunächst in der Person des Erfinders entsteht.

7. Da das Recht an der Erfindung unabhängig davon entsteht, ob diese die materiellen 15 Patenterteilungsvoraussetzungen erfüllt, **bestehen Erfinderrechte an einer Erfindung grundsätzlich auch, wenn diese nicht schutzfähig ist,**[18] – unabhängig davon, ob dies im amtlichen Prüfungsverfahren festgestellt wird, ob das Patent durch Verzicht wegfällt oder ob es erfolgreich nichtig geklagt wird. Das muss so sein, denn Grundlage des Erfinderrechts ist allein die schöpferische Tat des Erfinders, nicht die Anmeldung oder Erteilung eines Schutzrechts.[19]

Weil die reinen Erfinderrechte – Befugnis zur Schutzrechtsanmeldung der Erfindung, 16 Befugnis zur Inhaberschaft am erteilten Schutzrecht und Recht auf Erfindernennung – sich von den Rechten unterscheiden, die die Schutzrechtserteilung vermittelt, und weil die Schutzrechtserteilung sogar dann eine nutzbare (faktische) Vorzugsstellung vermittelt, wenn das Schutzrecht später mit Wirkung *ex tunc* wegfällt, können die Vorteile von Benutzungshandlungen, die ohne Rechtsgrund am Erfinderrecht oder an dieser faktischen Vorzugsstellung vorgenommen werden, nicht dem Nutzer verbleiben, sondern **kann der Erfinder sie nach den Regeln über die Eingriffskondiktion herausverlangen.**[20]

---

[13] Vgl. *Ullrich* 99 ff., 302 ff.; *ders.* ZHR 146 (1982) 410 (433 ff.).
[14] Vgl. BGH 16.11.1954, GRUR 1955, 286 (289); ferner BGH 22.10.1964, GRUR 1965, 302 (304) – Schellenreibungskupplung; OLG Düsseldorf 10.6.1999, GRUR 2000, 49; zu Erfindungen von Organpersonen → § 21 Rn. 34.
[15] BGH 24.6.1952, GRUR 1953, 29 (30).
[16] Vgl. *Fahse* in Arbeitsgruppe Fortbildung im Sprecherkreis der Hochschulkanzler (Hrsg.) 163, 179 ff.
[17] BGH 16.11.1954, GRUR 1955, 286.
[18] BGH 17.5.2011, GRUR 2011, 903 Rn. 13 – Atemgasdrucksteuerung; 18.5.2010, GRUR 2010, 817 Rn. 30 – Steuervorrichtung mit Bezug auf 15.5.2001, GRUR 2001, 823 (825) – Schleppfahrzeug.
[19] *Pinzger* ZZP 60 (1936/37), 415 (416).
[20] BGH 18.5.2010, GRUR 2010, 817 Rn. 30 f. – Steuervorrichtung.

III. Bestimmung des Erfinders. Miterfinderschaft

17 1. Erfinden heißt eine neue, nicht naheliegende Lehre zum technischen Handeln erkennen. Wer die hierin liegende geistige Leistung erbringt, ist Erfinder. Zum Zustandekommen einer Erfindung tragen häufig Handlungen mehrerer Menschen bei. Nicht alle von ihnen sind notwendigerweise auch an jener geistigen Leistung beteiligt. Dass es nicht ausreicht, eine Bedingung gesetzt zu haben, ohne die die Erfindung nicht entstanden wäre *(conditio sine qua non)*, versteht sich ohnehin.[21] Doch genügt es auch nicht, eine Auswahl aus diesen Bedingungen unter dem Gesichtspunkt ihrer Nähe zum Vorgang der Erfindungsentstehung zu treffen. Beiträgen, die hiermit eng verknüpft sind, fehlt häufig evident der Charakter der geistigen Leistung, denn wer Finanzierung, Labors oder Geräte zur Verfügung stellt, ist nicht Miterfinder; ebenso wenig wer nach Angaben anderer Versuchsbedingungen überwacht, Messwerte registriert, Versuchsanordnungen oder Prototypen baut usw. Solche Personen arbeiten zwar oft eng mit Erfindern zusammen; dennoch macht sie ihre Tätigkeit noch nicht zu Miterfindern. Sie sind nur (Erfinder)**Gehilfen**.[22]

18 Freilich sollte andererseits nicht zweifelhaft sein, dass Miterfinderschaft keinen Beitrag erfordert, der für sich genommen alle Merkmale einer schutzfähigen Erfindung aufweist.[23] Dass von mehreren Urhebern des neuen, nicht naheliegenden Gehalts einer Schutzrechtsanmeldung jeder einen solchen Beitrag erbracht hat, wird schon wegen des Erfordernisses der Einheitlichkeit (vgl. → § 24 Rn. 102 ff., 186, → § 28 Rn. 76 ff.) nur ausnahmsweise der Fall sein. Regelmäßig bildet der Beitrag des einzelnen Beteiligten keine vollständige, ausführbare technische Handlungsanweisung, sondern wird erst durch die Beiträge der anderen zu einer solchen ergänzt. Auch hat von denjenigen, die gemeinsam ein als Ganzes schutzwürdiges Resultat geschaffen haben, oft keiner einen Beitrag geleistet, der unabhängig von anderen Beiträgen Schutz verdienen würde.

19 Das Erfinderprinzip verlangt jedoch auch in solchen Fällen eine Zurechnung an bestimmte Menschen als Erfinder; andernfalls wäre man zur Annahme von erfinderlosen Erfindungen, insbesondere von „Betriebserfindungen" genötigt, was jenem Prinzip widerspräche.[24] Die Anerkennung eines Beteiligten als Miterfinder kann daher nicht davon abhängig gemacht werden, dass sein Beitrag für sich genommen eine erfinderische Tätigkeit im Sinne von § 4 PatG, Art. 56 EPÜ oder einen erfinderischen Schritt im Sinne von § 1 Abs. 1 GebrMG bedeutet. Hierüber besteht heute weitgehende Einigkeit.[25] Die Unterscheidung zwischen Miterfinderbeiträgen und sonstiger Mitwirkung am Zustandekommen von Erfindungen bestimmt sich nach anderen Merkmalen.

20 2. Auszugehen ist vom Erfordernis einer **geistigen Mitarbeit;** schon hierdurch werden, wie erwähnt, manche Hilfstätigkeiten ausgeschieden. Weiterhin muss die geistige Mitarbeit **bei der Problemlösung** stattfinden; hieran fehlt es, wenn lediglich eine **Aufgabe** gestellt wird; der Aufgabensteller ist als solcher noch nicht Miterfinder.[26] Er kann es jedoch werden, indem er wenigstens in grundsätzlicher Weise einen möglichen neuen Lösungsweg angibt;[27] die bloße Spekulation, dass die Aufgabe „irgendwie" lösbar sein müsse, reicht allerdings

---

[21] Vgl. BGH 18.6.2013, Mitt. 2013, 551 (552) – Flexibles Verpackungsverhältnis.
[22] *Homma* 47 ff.; eine grundsätzlich „negative" Definition der Miterfinderschaft, wie sie *Niedzela-Schmutte* 86 ff., 91 ff. vertritt, empfiehlt sich jedoch nicht.
[23] Vgl. BGH 18.6.2013, Mitt. 2013, 551 (552) – Flexibles Verpackungsverhältnis.
[24] BGH 5.5.1966, GRUR 1966, 558 (559 f.) – Spanplatten.
[25] Vgl. BGH 20.6.1978, GRUR 1978, 583 (585) – Motorkettensäge; *Wunderlich* 48 ff., 63 ff., 71; *Bernhardt* 80; *Melullis* in Benkard PatG § 6 Rn. 43; *Schade* GRUR 1972, 510 ff.
[26] *Wunderlich* 74 ff.; *H. Beier* GRUR 1979, 671; *Niedzela-Schmutte* 96 ff.; *Homma* 56 f.
[27] Vgl. BGH 10.11.1970, GRUR 1971, 210 (213) – Wildbißverhinderung. Ist die in der Aufgabenstellung bereits grundsätzlich vorgezeichnete Lösung für den Fachmann mit geläufigen Mitteln ohne weiteres ausführbar, ist der „Aufgabensteller" sogar Alleinerfinder; vgl. → § 18 Rn. 99.

§ 19. Erfinderprinzip und Erfinderrecht

nicht aus.[28] Schließlich muss der geistige Beitrag zur Problemlösung ein **selbständiger** sein. Wer lediglich Informationen über den Stand der Technik gibt oder ausschließlich nach fremder Anweisung geistig arbeitet, ist nicht Miterfinder. Er kann es jedoch werden, indem er eigene Gedanken beisteuert, die die erhaltenen Anweisungen abwandeln und fortentwickeln oder vom Stand der Technik aus die Richtung zu einer neuen Lösung, zB einer neuen Kombination bekannter Elemente zeigen.[29]

Der eigenständige Beitrag des Miterfinders braucht nicht die Form einer konkreten technischen Handlungsanweisung zu haben. Auch wer theoretische Grundlagen erarbeitet, natürliche Erscheinungen oder Wirkungszusammenhänge entdeckt hat, aus denen die technische Problemlösung entwickelt wurde, kann Miterfinder sein.[30]

3. Es fragt sich, ob selbständige geistige Mitarbeit an der erfinderischen Problemlösung ohne weiteres zum Miterfinder macht oder nur, wenn sie in irgendeiner Weise „qualifiziert" ist. Die vom BGH bis heute vertretene Ansicht verlangt in diesem Sinne einen **schöpferischen Beitrag**.[31] *Lüdecke*[32] sieht stattdessen eine Mitwirkung durch Gedankengänge, die das Durchschnittskönnen auf dem betreffenden Gebiet übersteigen, als wesentlich an. Er betont dabei, dass die *Tätigkeit* des Beteiligten und nicht sein Beitrag als deren *Ergebnis* bewertet werden müsse.

Der BGH stimmte im Fall „Spanplatten"[33] *Lüdecke* mit dem Bemerken grundsätzlich zu, dieser gebe erstmals eine brauchbare Umschreibung dessen, was im Grunde seit Einführung des Erfinderprinzips unter einem „schöpferischen Beitrag" verstanden worden sei. Er meinte jedoch, dass im gegebenen Fall[34] auch *Lüdeckes* Begriffsbestimmung zur Klärung letztlich nicht ausreiche. Im Ergebnis bejahte er die Miterfinderschaft eines Beteiligten, *obwohl* dieser nach der von ihm gebilligten Auffassung des Berufungsgerichts keine das fachmännische Durchschnittskönnen übersteigende Leistung erbracht hatte. Hierzu sah er sich genötigt, weil bei Anlegung eines entsprechenden Maßstabs auch beim anderen Beteiligten keine solche Leistung hätte gefunden werden können und deshalb ein individueller Erfinder überhaupt nicht zu ermitteln gewesen wäre. Zur Vermeidung dieser Konsequenz hielt es der BGH für angebracht, die Einzelbeiträge nicht isoliert zu würdigen und unter dem Gesichtspunkt des „schöpferischen Beitrags" oder der „qualifizierten Mitwirkung" einen weniger strengen Maßstab anzulegen als das Berufungsgericht. Ähnliche Gedankengänge finden sich in einem späteren Urteil des OLG Düsseldorf:[35] das Erfordernis eines überdurchschnittlichen Beitrags solle dann nicht gelten, wenn kein Beteiligter einen solchen erbracht hat.

---

[28] *Homma* 64 will dies nicht gelten lassen: es genüge, die Vorstellung zu äußern, wie die Aufgabe gelöst werden könnte; das ist jedoch mehr als die Aussage, sie müsse *irgendwie* lösbar sein.

[29] Hier wird nicht, wie *Homma* 125 Fn. 330 meint, für den selbständigen geistigen Beitrag eine zusätzliche Qualifikation gefordert, sondern lediglich festgestellt, dass das Informieren über den SdT für sich genommen kein solcher Beitrag ist.

[30] So (für Entdeckungen) *Lüdecke* 41; *Beier/Strauß* 83.

[31] BGH 17.5.2011, GRUR 2011, 903 Rn. 16 – Atemgasdrucksteuerung mit ausdr. Bezug auf 20.2.1979, BGHZ 73, 337 = GRUR 1979, 540 – Biedermeiermanschetten; ebenso insbesondere *Melullis* in Benkard PatG § 6 Rn. 43, freilich mit dem Hinweis, dass keine zu hohen Anforderungen gestellt werden dürfen; *Moufang* in Schulte PatG § 6 Rn. 21; weitere Nachweise bei *Homma* 106 ff.; vgl. ferner *Hellebrand* Mitt. 2013, 433 f.

[32] 30.

[33] BGH 5.5.1966, GRUR 1966, 558 (560) – Spanplatten.

[34] Sachverhalt: Der Leiter eines Werks (Kl.) und ein Werkmeister (O.) hatten sich seit langem mit dem Problem beschäftigt, für Holzwerkstoffplatten eine zur Weiterverarbeitung geeignete Deckschicht zu entwickeln. O. hatte eines Tages dem Kl. vorgeschlagen, Spanplatten- oder Sperrholzschleifstaub auszuprobieren. Der Kl. hatte ihn daraufhin angewiesen, den Spanplattenschleifstaub zu probieren. Dies führte schon beim ersten Versuch zum Erfolg. Entscidend war, dass beleimtes Ausgangsmaterial verwendet wurde; diese Voraussetzung erfüllte nur der Spanplatten-, nicht der Sperrholzschleifstaub. Der BGH sah – anders als das Berufungsgericht – den Kl. als Miterfinder an.

[35] 30.10.1970, GRUR 1971, 215.

24 Ein die selbständige geistige Mitwirkung am Auffinden der Problemlösung zusätzlich qualifizierendes Merkmal kann also anscheinend nur mit der Maßgabe verlangt werden, dass die Anforderungen zu senken sind, wenn sich sonst kein Erfinder ermitteln lässt.[36] Diese Schwierigkeit droht, wie der BGH[37] selbst erwähnt, namentlich bei langwierigen Forschungsaufträgen und planmäßigen Versuchsreihen der modernen Industrie. Das deutet darauf hin, dass die Forderung nach einem qualifizierenden Merkmal schon grundsätzlich der Eigenart des gemeinschaftlichen Erfindens unter den Bedingungen moderner Technik[38] nicht gerecht wird: sie gibt Anlass, aus einem Vorgang, der von Gedankenaustausch und gegenseitiger Anregung lebt, möglichst in sich geschlossene Einzelbeiträge zu isolieren und gesondert zu bewerten.

25 Dabei ist eine Anlehnung an den für die erfinderische Leistung als Schutzvoraussetzung gebräuchlichen Maßstab kaum zu vermeiden. Wie berücksichtigt werden soll, dass der Einzelbeitrag diesem Erfordernis nicht zu genügen braucht (vgl. → Rn. 17 ff.), bleibt unklar.[39] Auch *Lüdeckes* Versuch, die durch Vergleich mit durchschnittlichen Fähigkeiten vorzunehmende Wertung auf eine Tätigkeit statt auf ein Resultat zu beziehen, macht die Beurteilung weder einfacher noch zuverlässiger.

26 *Kraßer*[40] sah ein weiteres Bedenken darin, dass das Bestreben, einen „qualifizierten" Beitrag zu erbringen, die Zusammenarbeit in Gruppen beeinträchtigen könne, die sich um technische Problemlösungen bemühen: wer hier vorzeitig einen neuen Gedanken äußere, laufe Gefahr, dass das „schöpferische" oder „überdurchschnittliche" Verdienst später allein dem zuerkannt werde, der besagten Gedanken (lediglich) fortentwickelt habe. Das behindere Innovationen, denn es verleite zur Zurückhaltung von Einfällen und deren Ausbau auf eigene Faust, um die Aussicht auf Anerkennung des eigenen Beitrags als qualifiziert zu steigern.

27 4. In kritischer Auseinandersetzung mit der herkömmlichen Lehre hat sich *Wunderlich*[41] gegen das Erfordernis eines schöpferischen Beitrags ausgesprochen. Er macht bei Erfindungen, die aus der Zusammenarbeit mehrerer Personen (Teamwork) erwachsen, das Vorliegen von Miterfinderschaft davon abhängig, dass die Miterfinder in gemeinsamem geistigem Schaffen an der Konzeption der erfinderischen Idee gearbeitet haben und jeder selbständig und nicht nach den Weisungen eines anderen tätig geworden ist.[42] Der BGH hat im Urteil „Spanplatten"[43] die Frage offen gelassen, ob diese Auffassung nicht sachgerechter wäre als diejenige, die von jedem Miterfinder einen schöpferischen Anteil oder eine qualifizierte Mitwirkung verlangt. In späteren Entscheidungen ist ein ausdrückliches Abrücken vom herkömmlichen Standpunkt ebenfalls nicht festzustellen. Immerhin heißt es im Urteil „Motorkettensäge",[44] die Beiträge der Miterfinder seien nur daraufhin zu prüfen, ob sie überhaupt zur Lösung der Aufgabe beigetragen haben. Nur solche Beiträge, die den Gesamterfolg nicht beeinflusst haben, also unwesentlich in Bezug auf die Lösung sind, sowie solche, die auf Weisung des Erfinders oder eines Dritten geschaffen worden sind, begründeten keine Miterfinderschaft. Das kann als Annäherung an die neuere

---

[36] Vgl. *Schippel* GRUR 1966, 561; *Schade* GRUR 1972, 511 f.; dazu auch *Homma* 136 ff., die an einen zum Miterfinder machenden Beitrag umso höhere Anforderungen stellen will, je weiter sich das Gesamtergebnis vom SdT abhebt.
[37] BGH 5.5.1966, GRUR 1966, 558 (559) – Spanplatten.
[38] Darüber *Wunderlich* 61 ff.
[39] Vgl. *Bernhardt* AcP 163, 303.
[40] Vorauflage § 19 III 4., S. 341.
[41] Insbesondere 52 f., 68, 86.
[42] *Wunderlich* 66; zustimmend *Schippel* GRUR 1966, 651; *Schade* GRUR 1972, 513 f.; LG Nürnberg-Fürth 25.10.1967, GRUR 1968, 252 (255).
[43] BGH 5.5.1966, GRUR 1966, 558 (560) – Spanplatten.
[44] BGH 20.6.1978, GRUR 1978, 583 (585) – Motorkettensäge; ebenso 17.1.1995, Mitt. 1996, 16 (18) – Gummielastische Masse I; 16.9.2003, GRUR 2004, 50 (Nr. II 2) – Verkranzungsverfahren mwN.

§ 19. Erfinderprinzip und Erfinderrecht

Ansicht gedeutet werden.[45] Aus den schon genannten Gründen ist diese der herkömmlichen vorzuziehen: Miterfinder ist, wer durch selbständige geistige Arbeit (in gemeinsamem Handeln mit anderen, vgl. unten 5) zur Schaffung einer neuen, auf erfinderischer Tätigkeit oder einem erfinderischen Schritt beruhenden technischen Problemlösung beigetragen hat.[46]

Dabei ist für die Geltendmachung des Erfinderrechts der Gegenstand einer Anmeldung oder eines Schutzrechts jeweils als Einheit anzusehen. Miterfinderschaft kann auch dann vorliegen, wenn der Beitrag eines Beteiligten für sich genommen bereits eine schutzwürdige Erfindung darstellt und die anderen Beiträge sie durch mit ihr zusammenhängende selbständige Erfindungen oder auch nur durch von ihr abhängige besondere Ausgestaltungen ergänzen, wie sie in Neben- bzw. Unteransprüchen zum Ausdruck kommen.[47] 28

Bei Erfindungen von Stoffen oder Verfahren, die erst wegen des Erkennens überraschender wertvoller Eigenschaften eines Erzeugnisses schutzwürdig sind (vgl. → § 18 Rn. 107 ff.), ist diese Erkenntnis als miterfinderischer Beitrag zu werten.[48] 29

5. Miterfinder ist nach dem Gesetz nur, wer gemeinsam mit anderen eine Erfindung gemacht hat (§ 6 S. 2 PatG). Grundsätzlich hängt daher die Stellung als Miterfinder von der Teilnahme an **gemeinsamer Arbeit** ab.[49] Es fragt sich, ob auch auf andere Weise eine Miterfindergemeinschaft zustande kommen kann. 30

Lüdecke[50] sieht es als möglich an, dass Urheber von Vorarbeiten, die noch nicht zu einer fertigen Problemlösung geführt haben, ihre unabhängig voneinander erzielten Ergebnisse zu einer Erfindung „verschmelzen" und dadurch Miterfinder werden. Ein Recht auf das Patent entsteht in solchen Fällen erst mit der Verschmelzung, da vorher noch keine fertige Erfindung vorhanden ist. Die Verschmelzung ist daher keine rechtsgeschäftliche Übertragung vorbestehender Rechte, sondern steht miterfinderischer Zusammenarbeit gleich und verschafft den Beteiligten originär ein gemeinschaftliches Recht auf das Patent.[51] 31

---

[45] So *Beier/Straus* 82.
[46] *Homma* 136 ff. will die Frage, wer zu dieser Lösung beigetragen hat, zwecks Vermeidung ungerechtfertigter Annahme von Miterfinderschaft dadurch beantworten, dass die Leistungen in einer Gruppe Zusammenarbeitender in ihrem Verhältnis zueinander unter Berücksichtigung aller Umstände des Einzelfalls bewertet werden.
[47] Vgl. *Schade* GRUR 1972, 512 (518).
[48] A. M. *Homma* 69 f.
[49] OLG München 17.9.1992, GRUR 1993, 661 (663); eingehend *Homma* 73 ff., 83 ff.
[50] 8 f., 45.
[51] Anders verhält es sich bei der Verschmelzung fertiger Erfindungen, die eine Verfügung über bereits bestehende Rechte hieran enthält und deshalb rechtsgeschäftlichen Willen erfordert. *Lüdecke* 41, berücksichtigt dies nicht. Wenn mehrere Erfinder ihre schon fertigen Erfindungen gemeinsam weiterentwickeln und dadurch zu einer anderen Erfindung gelangen, die von jenen Erfindungen Gebrauch macht, entstehen originäre Erfinderrechte an dieser Erfindung. Hinsichtlich der Rechte an den vorbestehenden Erfindungen kann davon ausgegangen werden, dass sie rechtsgeschäftlich in eine aus den Beteiligten bestehende Gemeinschaft eingebracht werden. Dies ist aber erst erforderlich, wenn die Weiterentwicklung zu einem für Schutz und Verwertung geeigneten Ergebnis geführt hat. Wenn dann eine entsprechende Anmeldung vorbereitet oder Schritte zur Verwertung eingeleitet werden und von einer gesonderten Anmeldung bzw. Verwertung der vorbestehenden Erfindungen abgesehen wird, kann hierin eine konkludente rechtsgeschäftliche Vergemeinschaftung der Rechte an letzteren gesehen werden. Dagegen scheint *Henke* 48 ff. anzunehmen, dass diese Rechte durch die faktische Zusammenarbeit an der Weiterentwicklung (rückwirkend?) zu originär gemeinschaftlichen würden. Allerdings meint er auch, dass die Rechte an den Einzelerfindungen bei Patenterteilung erlöschen, wenn sich die Miterfinder für die Anmeldung der aus der Weiterentwicklung entstandenen Erfindung entschieden haben. Welche Rechtsnatur dieser „Entscheidung" zukommt, bleibt unklar. Es wäre schwer begreiflich, dass ein Beteiligter ohne entsprechenden rechtsgeschäftlichen Willen Rechte verliert, die er einmal gehabt hat. Die Möglichkeit, dass in vermutlich seltenen Einzelfällen ein rechtlich relevanter Wille fehlt, rechtfertigt es nicht, für einen solchen Rechtsverlust einen Realakt genügen zu lassen.

§ 19 III 3. Abschnitt. Das Recht an der Erfindung

32 Für Fälle, in denen jemand die unvollendete Arbeit eines anderen ohne dessen weitere Mitwirkung zu einer Erfindung fortentwickelt, wird die Ansicht vertreten, dass beide als Miterfinder anzusehen seien.[52] Vorauszusetzen ist aber auch hier ein einverständliches Zusammenwirken, eine Weitergabe und Übernahme der Vorleistungen zum Zweck der Fortsetzung und Vollendung.[53] Ferner muss, damit dem Urheber der Vorleistung ein Beitrag zur fertigen Erfindung bescheinigt werden kann, seine Leistung erkennbar in die Lösung eingegangen sein.[54] Andernfalls fehlt es mangels weiterer Mitarbeit an jedem Anhaltspunkt dafür, dass er zur Lösung überhaupt beigetragen hat. Wenn etwa der Erfinder die Vorarbeiten als unbrauchbar erkennt und hierdurch veranlasst wird, einen ganz anderen Weg einzuschlagen, mögen diese zwar für die Problemlösung ursächlich sein, können aber keine Miterfinderschaft begründen. Aus dem gleichen Grund reichen Anregungen, Ratschläge, Informationen nicht aus, sofern sie nicht ausnahmsweise die Lösung bereits vorzeichnen.[55]

33 6. Ungeachtet aller Probleme **spricht im Ergebnis daher doch viel für den hergebrachten Ansatz des BGH,** die Anerkennung als Miterfinder an die **Leistung eines schöpferischen Beitrags** zu der Erfindung zu knüpfen, die in Frage steht. Richtiger Maßstab für eine Beteiligung, die eine Mitberechtigung rechtfertigt, kann dabei nie allein der Gegenstand der Patentansprüche sein, sondern muss **stets die gesamte unter Schutz gestellte Erfindung** sein. Mit Bezug auf sie ist zu prüfen, mit welcher Leistung der Einzelne zu ihrem Zustandekommen beigetragen hat. Auf die Fassung der Patentansprüche kommt es dabei nur insoweit an, als sich aus ihnen ergeben kann, dass ein Teil der in der Beschreibung dargestellten Erfindung nicht zu demjenigen Gegenstand gehört, für den mit der Patenterteilung Schutz gewährt wurde. Die Leistung als schöpferischer Beitrag ist also nicht mit der Entfaltung einer erfinderischen Tätigkeit gleichzusetzen, die ihren Niederschlag in den Ansprüchen gefunden haben muss.[56] Der Erfindungsgegenstand ergibt sich aus der Anmeldung insgesamt. Die **Patentansprüche sind lediglich Teil einer Gesamtoffenbarung.**[57] Im Rückschluss folgt daraus, dass ein schöpferischer Beitrag eines Miterfinders nicht an Ansprüchen bestehen kann, die für sich genommen aus dem SdT bekannt sind.[58]

34 7. Ohne einverständliches Zusammenwirken führt die Verwertung fremder Vorarbeiten nicht zur Miterfinderschaft von deren Urhebern.[59] Stattdessen fragt sich, ob diesen gegenüber nicht widerrechtlich gehandelt wurde. Waren die Vorarbeiten bereits zu einer schutzfähigen Erfindung gediehen, hat ihr Urheber als Erfinder insoweit ein eigenes Erfinderrecht und kann er dieses mit den speziellen patent- oder gebrauchsmusterrechtlichen Behelfen dagegen verteidigen, dass seine Erfindung unrechtmäßig in die Anmeldung einer hieraus entwickelten anderen Erfindung einbezogen wird; bildeten die Vorarbeiten – insbesondere als Entdeckungen oder theoretische Erkenntnisse – keine patentierbare Erfindung, kann gegen ihre unrechtmäßige Verwertung einschließlich der Einbeziehung in eine Schutzrechtsanmeldung nach den Regeln über den Geheimnisschutz vorgegangen werden. Nach ihnen bestimmt sich, ob die Einbeziehung der Vorarbeiten in eine Erfindung unrechtmäßig ist. Ist sie es, sollte derjenige, von dem die Vorarbeiten geleistet wurden, in ent-

---

[52] *Wunderlich* 72 ff. mit Nachweisen.
[53] Vgl. *Lüdecke* 6 ff., 43 f.; *Homma* 87; *Hellebrand* 149 f. mwN.
[54] Vgl. *Wunderlich* 72 f.
[55] Systemfremd ist deshalb der Vorschlag von *Godt* 599, „gemeinnützigen Organisationen" (zB von Patienten), die den Anstoß zu Forschungen gegeben haben, auf denen eine Erfindung beruht, durch Sondervorschrift eine fingierte (Mit-)Erfinderstellung einzuräumen.
[56] BGH 17.5.2011, GRUR 2011, 903 Rn. 16 – Atemgasdrucksteuerung.
[57] BGH 17.5.2011, GRUR 2011, 903 Rn. 17 – Atemgasdrucksteuerung; 5.7.2005, GRUR 2005, 1023 (1024) – Einkaufswagen II.
[58] BGH 17.5.2011, GRUR 2011, 903 Rn. 21 – Atemgasdrucksteuerung.
[59] Vgl. *Hellebrand* 149 f., 155 f.; anders *Henke* 53 ff.; unklar BGH 17.1.1995, Mitt. 1996, 16 (18) – Gummielastische Masse I; vgl. auch → § 20 Rn. 12 ff.

§ 19. Erfinderprinzip und Erfinderrecht **IV § 19**

sprechender Anwendung von § 8 PatG oder jedenfalls als Schadenersatz auch die Einräumung einer Mitberechtigung an der Erfindung verlangen können. Waren jedoch die Vorarbeiten im Zeitpunkt ihrer Verwertung schon der Öffentlichkeit zugänglich, kommen Ansprüche ihres Urhebers nicht in Betracht – schon weil sie wegen Zugehörigkeit zum Stand der Technik nicht mehr zur Schutzwürdigkeit der aus ihnen entwickelten Erfindung beitragen haben können.

Nach den dargestellten Grundsätzen richtet sich auch, unter welchen Voraussetzungen Miterfinderschaft durch Einbringung von Informationen über *traditionelles Wissen* oder *genetische Ressourcen* zustande kommen kann. Gehörten diese Informationen zum SdT, (dazu → § 16 Rn. 44 ff.), ist Miterfinderschaft ausgeschlossen.[60] Andernfalls können Personen, die sie zur Verfügung stellen und dadurch eine Erfindung ermöglichen, Miterfinder werden. Bedeutet die Erlangung oder Verwertung solcher Informationen eine Geheimnisverletzung, kommen Ansprüche wegen letzterer in Frage, die sich auch auf Einräumung einer Mitberechtigung richten können.[61]   **35**

IV. Erfinderrecht und Anmeldung. Parallelerfindungen

1. Das Recht auf das Patent entsteht, wenn jemand eine patentierbare Erfindung macht. Es **erlischt,** wenn die Erfindung später ihre Patentierbarkeit verliert. Möglich ist dies infolge der Entwicklung des Standes der Technik, die dazu führen kann, dass die Erfindung dem Erfordernis der Neuheit oder demjenigen der erfinderischen Tätigkeit nicht mehr genügt. Entsprechendes gilt für das Recht auf das Gebrauchsmuster.   **36**

Macht der Inhaber des Rechts die Neuerung der Öffentlichkeit zugänglich, geht sie patentrechtlich ohne weiteres, gebrauchsmusterrechtlich unter den Voraussetzungen des § 3 Abs. 1 GebrMG in den SdT ein. Das gleiche ergibt sich, wenn sie unabhängig von ihm durch einen anderen geschaffen und infolgedessen der Öffentlichkeit zugänglich wird. Schutzhindernd wirken jedoch solche Vorgänge nicht, wenn die Erfindung vorher zum Patent oder Gbm **angemeldet** worden ist (vgl. → § 16 Rn. 14 ff., 88 f.). Soweit eine Schonfristregelung eingreift, genügt es sogar, dass die Anmeldung nicht später als 6 Monate nach dem öffentlichen Zugänglichwerden erfolgt (vgl. → § 16 Rn. 65 ff., 92 ff.). Wird dagegen die Erfindung infolge einer fremden Patentanmeldung veröffentlicht, bestimmt sich nach dem Zeitrang dieser Anmeldung, wann eine das Recht auf das Patent erhaltende Anmeldung spätestens erfolgt sein muss (vgl. → § 16 Rn. 55 ff.). Entsprechendes gilt für das Recht auf das Gebrauchsmuster, wenn eine fremde Anmeldung der Erfindung zur Patenterteilung oder Gebrauchsmustereintragung führt (→ § 16 Rn. 90 f.). Die Anmeldung der Erfindung zum Patent oder Gbm sichert somit den Rechtsinhaber, zu dessen Gunsten sie erfolgt, gegen den Verlust des Rechts auf den entsprechenden Schutz.   **37**

Dagegen lässt sich durch Geheimhaltung der Verlust der Schutzfähigkeit meist nicht zuverlässig verhindern. Auch wenn alle, die das Geheimnis kennen, dem Rechtsinhaber geheimhaltungspflichtig sind und sich demgemäß verhalten, kann es sein, dass Dritte selbständig die Erfindung machen oder Erkenntnisse gewinnen, durch die sie nahegelegt wird, und ihr Wissen unmittelbar oder auf dem Weg über eine Schutzrechtsanmeldung an die Öffentlichkeit bringen.   **38**

2. Wer eine patentierbare Erfindung zum Patent anmeldet, erlangt einen **öffentlichrechtlichen Anspruch auf Patenterteilung** unabhängig davon, ob ihm auch das Recht auf das Patent zusteht.[62] Entsprechendes gilt für den Gebrauchsmusteranmelder. Fehlt dem Anmelder das Recht auf den Schutz, ist allerdings die Anmeldung unrechtmäßig. Der   **39**

---

[60] Davon geht auch *Godt* 581 aus.
[61] Zu weit ginge es, „Verfügungsberechtigten" eine fingierte Miterfinderstellung zuzuerkennen, wie es *Godt* 600 vorschlägt.
[62] Entgegen BGH 18.6.1970, BGHZ 54, 181 (184) – Fungizid und 14.12.1978, BGHZ 73, 183 (187) – Farbbildröhre folgt der Anspruch nicht daraus, dass jemand Erfinder oder dessen Rechtsnachfolger ist; auch der Inhaber des Rechts auf das Patent erlangt den öffentlichrechtlichen Erteilungsanspruch erst durch die Anmeldung.

§ 19 IV

Schutz des Rechtsinhabers, der dann eingreift, ist gesondert zu behandeln. Er hat unter bestimmten Voraussetzungen zur Folge, dass dem Rechtsinhaber die Anmeldung des Nichtberechtigten zugutekommt. Andererseits können Versäumnisse bei seiner Geltendmachung zum Verlust des Rechts auf den Schutz führen (Näheres unten → § 20).

40 Wird die Anmeldung auf den Namen dessen eingereicht, dem das Recht auf das Patent oder Gbm zusteht, wird das Recht gegen die Gefahr eines nachträglichen Verlustes der Schutzfähigkeit gesichert und dadurch stabilisiert. Erst die Anmeldung gibt dem Rechtsinhaber eine Stellung, die als **Anwartschaft** bezeichnet zu werden verdient, weil sie ihm – anders als im Stadium vor der Anmeldung (vgl. → Rn. 36 ff.) – nicht mehr ohne Rücksicht auf sein eigenes Verhalten verlorengehen kann[63] (wenn nicht die Patentbehörden fehlerhaft entscheiden). Ab Offenlegung der Patentanmeldung erlangt der Berechtigte außerdem einen vorläufigen Schutz, kraft dessen er von anderen, die die Erfindung benutzen, zwar nicht Unterlassung, aber angemessene Entschädigung fordern kann (§ 33 PatG, Art. 67 EPÜ mit Art. II § 1 IntPatÜG). Bei einer Gebrauchsmusteranmeldung bedarf es keines vorläufigen Schutzes, da ihr Inhalt erst bei Eintragung der Öffentlichkeit zugänglich gemacht wird.

41 Wird für den Rechtsinhaber das **Patent erteilt** oder das **Gebrauchsmuster eingetragen,** geht das Recht auf den Schutz in diesem auf;[64] die Patenterteilung oder Gebrauchsmustereintragung fügt ihm die Befugnis hinzu, anderen die Benutzung der Erfindung zu verbieten, ohne dass es auf eine Geheimnisverletzung ankommt. Erst sie macht die Zuordnung der Erfindung zum Rechtsinhaber zu einer im vollen Sinne ausschließlichen.[65] Das vor Erteilung oder Eintragung bestehende Recht an der Erfindung wird deshalb als „unvollkommen absolutes Immaterialgüterrecht" bezeichnet.[66] Zwar kann schon in diesem Stadium gesagt werden, dass die Erfindung allein dem Rechtsinhaber „gehört"; auch genießt das Recht an der Erfindung – wie alle vermögenswerten Rechte – gewiss den verfassungsrechtlichen Eigentumsschutz nach Art. 14 GG. Gegen Eingriffe, die in der Benutzung des Rechtsgegenstandes bestehen, kann aber der Rechtsinhaber nur vorgehen, solange er zur Erfindung in einer *tatsächlichen* Ausschließlichkeitsbeziehung steht und soweit ihm diese als Geheimnis geschützt ist.

42 Der hierauf gestützte Schutz versagt nicht nur gegenüber Parallelerfindern (vgl. → Rn. 45 ff.) und denjenigen, die ihre Kenntnis der Erfindung von ihnen ableiten; er kann auch daran scheitern, dass ein Benutzer, dessen Kenntnis auf denselben Erfindungsakt zurückgeht, diese Kenntnis auf redliche Weise und ohne Beschränkungen erlangt hat – selbst wenn dabei (mangels *öffentlicher* Zugänglichkeit oder wegen vorheriger Anmeldung) kein Verlust des Rechts auf das Patent eingetreten ist.

43 Mit dem Erlöschen des Patents enden die vermögensrechtlichen Wirkungen des Erfinderrechts. Gleiches gilt beim Erlöschen eines Gebrauchsmusters, wenn nicht für die Erfindung außerdem ein Patent erteilt ist, das weiterbesteht.

44 3. Für das **Erfinderpersönlichkeitsrecht** bewirkt die *Patent*anmeldung, dass die besonderen patentrechtlichen Vorschriften über Benennung und Nennung des Erfinders bei der Anmeldung, ihrer Veröffentlichung und der Patenterteilung zum Zuge kommen. Im Übrigen ist jedoch die persönlichkeitsrechtliche Seite des Erfinderrechts von der Anmeldung und Patentierung unabhängig und deshalb auch im Fall einer Gebrauchsmusteranmeldung geschützt, die keinen Anspruch auf Erfindernennung auslöst. Auch wenn das Recht auf das

---

[63] Vgl. BGH 25.11.1965, BGHZ 44, 346 (356) – Batterie; *Götting* GewRS § 5 Rn. 17; für Annahme einer Anwartschaft schon vor Anmeldung jedoch *Bernhardt* 76, 78; nicht mehr so *Götting* GewRS § 18 Rn. 10.

[64] Vgl. *Melullis* in Benkard PatG § 6 Rn. 22; zum Zusammenhang zwischen Recht auf das Patent, Erteilungsanspruch und Patent BGH 24.3.1994, GRUR 1994, 602 – Rotationsbürstenwerkzeug.

[65] Genauer: „ausschließenden"; vgl. *Schönherr* FS Troller, 1976, 57 (64).

[66] Vgl. *Moufang* in Schulte PatG § 6 Rn. 12; *Melullis* in Benkard PatG § 6 Rn. 28 mit Nachweisen. Dagegen nennt es *Bernhardt* 76 f. ein absolutes Privatrecht und ein rechtlich geschütztes vollkommenes Vermögensrecht. *Götting* GewRS § 5 Rn. 16 stellt klar, dass das Recht (soweit sein Inhalt reicht) wie alle absoluten Rechte gegen jedermann wirkt und deshalb in dieser Hinsicht nicht unvollkommen ist.

§ 19. *Erfinderprinzip und Erfinderrecht*   IV § 19

Patent oder Gbm mangels rechtzeitiger Anmeldung verlorengegangen oder das durch Erteilung oder Eintragung begründete Schutzrecht erloschen ist, kann der Erfinder seine Persönlichkeitsinteressen verteidigen (→ § 20 Rn. 136 ff.); zumindest kann er der Leugnung seiner Urheberschaft weiterhin entgegentreten.

4. Da neue technische Aufgaben vorwiegend durch die Entwicklung der Technik und 45
der praktischen Bedürfnisse gestellt werden, bemühen sich um die Lösung ein und derselben Aufgabe oft gleichzeitig mehrere unabhängig voneinander arbeitende Fachleute oder Teams. Sie können dabei zu durchaus verschiedenen Lösungen gelangen. Da jedoch allen ein bestimmter Rahmen von Prinzipien und Sachzwängen vorgegeben ist, kommen immer wieder auch weitgehend übereinstimmende Lösungen zustande. Es ist daher möglich, dass mehrere Erfinder (oder mehrere Gruppen von Miterfindern) unabhängig voneinander dieselbe patent- oder gebrauchsmusterfähige Erfindung machen. Dann liegen mehrere gesonderte Erfindungsakte vor; ihr Ergebnis ist aber inhaltsgleich und insofern einheitlich. Im Unterschied zur gemeinschaftlichen Erfindung wird dieser Fall gewöhnlich als Doppelerfindung (oder Mehrfacherfindung) bezeichnet. Vorzuziehen ist es vielleicht, von **Parallelerfindungen** zu sprechen, um ganz deutlich zu machen, dass nicht nur mehrere Erfindungsakte, sondern auch verschiedene, getrennt arbeitende Erfinder(teams) im Spiel sind.

Dem Allgemeininteresse am technischen Fortschritt ist Genüge getan, wenn eine be- 46
stimmte technische Problemlösung *einmal* geschaffen und dem der Öffentlichkeit zugänglichen Wissen hinzugefügt wird. Ist dies geschehen, erscheint derjenige, der nochmals die gleiche Leistung erbringt, nicht mehr belohnungswürdig, auch wenn sein Einfallsreichtum und seine Anstrengungen keineswegs geringer waren, als diejenigen des anderen Erfinders. Patent- oder Gebrauchsmusterschutz kann daher nur einer der Parallelerfinder (oder sein Rechtsnachfolger) erlangen. Das deutsche Recht spricht im Konfliktfall das Schutzrecht demjenigen Erfinder (oder Rechtsnachfolger) zu, für den die Erfindung **zuerst** (genauer: mit dem frühesten Zeitrang) **beim Patentamt angemeldet** wird (§ 6 S. 3, § 3 Abs. 2 PatG; § 13 Abs. 3 GebrMG iVm § 6 PatG, § 15 Abs. 1 Nr. 2 GebrMG). Gleiches gilt im europäischen Patentrecht (Art. 60 Abs. 2, 54 Abs. 3, 89 EPÜ).

Nicht entscheidend ist somit die Priorität der Erfindung (Reihenfolge der Erfindungs- 47
akte). Wer für seine Anmeldung die bessere Priorität hat, erlangt den Vorzug vor einem späteren Anmelder, auch wenn er (oder sein Rechtsvorgänger) die Erfindung später fertiggestellt hat als der spätere Anmelder (oder dessen Rechtsvorgänger). Diese Regelung hat gegenüber der früher in den USA vorgesehenen Anknüpfung an die Erfindungspriorität wesentliche Vorteile. Sie vermeidet nicht nur schwierige Tatsachenermittlungen zur Abfolge der verschiedenen Erfindungsakte, sondern trägt vor allem dem Gedanken Rechnung, dass Patentschutz maßgeblich deshalb gewährt wird, weil der Erfinder seine Erfindung offenbart. Käme es auf die Priorität der Erfindung an, entstünde ein Anreiz, mit der Anmeldung zu warten, bis ein anderer anmeldet, und dann zu versuchen, ein früheres Erfindungsdatum nachzuweisen.

5. Obwohl von mehreren parallelen Erfindungsakten letztlich nur einer zu einem 48
(rechtsbeständigen) Schutzrecht führen kann, entsteht zunächst für jeden Parallelerfinder ein selbständiger Anspruch auf Schutz, **ein selbstständiges Recht auf das Patent.** Die gesetzliche Regelung lässt dies nicht hinreichend erkennen. Sie kann jedenfalls nicht dahin verstanden werden, dass erst die Anmeldung das Recht entstehen ließe. Das widerspräche dem Erfinderprinzip. Vielmehr führt die Anmeldung zu einer Veränderung der vorher gleichrangigen Rechte. Sie stabilisiert das Recht, für dessen Inhaber sie eingereicht wird, und hat im weiteren Verlauf regelmäßig zur Folge, dass alle übrigen Rechtsinhaber ihre Rechte verlieren. Anders als § 6 S. 3 PatG vermuten lassen könnte, tritt diese Wirkung freilich nicht schon mit der Anmeldung ein. Sie hängt, wie das EPÜ (Art. 60 Abs. 2 Hs. 2) klarstellt, beim Recht auf das **Patent** noch davon ab, dass die **Erstanmeldung veröffentlicht** wird. Geschieht dies, gilt ihr Inhalt von dem für ihren Zeitrang maßgebenden Tag an als Stand der Technik und verhindert damit, dass die gleiche Erfindung aufgrund einer spä-

ter, wenn auch vor der Veröffentlichung eingereichten Anmeldung für einen Parallelerfinder (oder dessen Rechtsnachfolger) Patentschutz erlangt (→ § 16 Rn. 55 ff.). Wird die Erstanmeldung vor ihrer Veröffentlichung zurückgenommen oder zurückgewiesen, haben die übrigen Rechtsinhaber wieder die Chance, ein Patent zu erlangen, wenn nicht aus sonstigen Gründen inzwischen die Patentierbarkeit der Erfindung entfallen ist (vgl. → Rn. 36 ff.). Für das Recht auf das **Gebrauchsmuster** gilt Entsprechendes, solange nicht die prioritätsälteste Anmeldung der Erfindung zu einem (rechtsbeständigen) Patent oder Gebrauchsmuster geführt hat (§ 15 Abs. 1 Nr. 2 GebrMG, vgl. → § 16 Rn. 90 f.).

V. Gemeinschaftliche Rechte an Erfindungen

a) Allgemeines

49   1. Das Recht auf das Patent oder Gebrauchsmuster als vermögensrechtliche Komponente des Erfinderrechts ist **originär** ein gemeinschaftliches, wenn mehrere gemeinsam die Erfindung gemacht haben. Ist das Recht in der Person eines Alleinerfinders entstanden, kann es als übertragbares und vererbliches Recht noch **nachträglich** kraft Rechtsnachfolge zu einem gemeinschaftlichen werden: Der Erfinder kann weiteren Personen Mitberechtigungen einräumen, sein Recht an eine (nicht selbständig rechtsfähige) Mehrheit von Personen veräußern oder von mehreren Erben beerbt werden. Auch können sich die Beteiligungsverhältnisse bezüglich eines originär gemeinschaftlichen oder später gemeinschaftlich gewordenen Rechts an der Erfindung durch Ausscheiden bisheriger oder Hinzukommen neuer Mitinhaber in mannigfacher Weise ändern (vgl. → Rn. 92 ff. und 107).

50   So mögen der Erfinder oder die Miterfinder Personen, die das Zustandekommen der Erfindung gefördert, aber nicht durch selbständige geistige Arbeit daran mitgewirkt haben und deshalb nicht Miterfinder sind, durch Rechtsgeschäft zu Mitberechtigten machen. Von praktischem Interesse ist dies etwa im Falle von Kapitalgebern oder Erfindergehilfen.

51   Ein originär gemeinschaftliches Recht an einer Erfindung kann im Wege der Rechtsnachfolge – sei es durch Vereinigung sämtlicher Anteile bei einem der Teilhaber oder durch deren Übergang auf einen Außenstehenden – einem Alleininhaber zufallen. Besonders häufig geschieht dies dadurch, dass bei gemeinschaftlichen Erfindungen von Arbeitnehmern desselben ArbGeb dieser gegenüber allen Miterfindern die Inanspruchnahme erklärt. Er wird dadurch Alleininhaber des Rechts auf das Patent. Praktische Bedeutung haben daher neben Gemeinschaften freiberuflicher Erfinder hauptsächlich solche, die aus der Heranziehung freiberuflicher Ingenieure bei betrieblichen Entwicklungsarbeiten oder aus zwischenbetrieblicher Zusammenarbeit entstehen.[67]

51a   Denkbar sind freilich auch andere Konstellationen, namentlich gemischte Diensterfindungen, wenn eine gemeinsame Erfindung für einen Miterfinder Diensterfindung ist und für den anderen frei, oder Miterfindungen unter Beteiligung von Leiharbeitnehmern. Hier sind unterschiedliche ArbGeb jeweils unterschiedlich beteiligt[68] und ist Unternehmen dringend zu raten, in ihren internen Regeln zB den Einsatz von Leiharbeitnehmern zu berücksichtigen.

52   2. Das Erfinderpersönlichkeitsrecht ist auch im Falle einer Mehrheit von Erfindern kein gemeinschaftliches Recht. Es entsteht für jeden Miterfinder gesondert und bleibt als unveräußerliches Recht von Übertragungsvorgängen unberührt. Jeder Miterfinder kann jederzeit die ihm zustehenden persönlichkeitsrechtlichen Befugnisse (vgl. → § 20 Rn. 121 ff.) unabhängig von den anderen ausüben, freilich mit der Maßgabe, dass er nur als *Mit*erfinder Anerkennung beanspruchen kann.

53   3. Die Gemeinschaft der Mitinhaber des Rechts an einer Erfindung kann **Bruchteilsgemeinschaft oder Gesamthandsgemeinschaft** sein. Im ersten Fall kann jeder unab-

---

[67] Vgl. *Bernhardt* 80; *Fischer* GRUR 1977, 313; einen Fall zwischenbetrieblicher Zusammenarbeit betrifft BGH 20.2.1979, BGHZ 73, 337 = GRUR 1979, 540 – Biedermeiermanschetten.
[68] *Schwab* GRUR 2018, 670.

§ 19. Erfinderprinzip und Erfinderrecht

hängig von den anderen über seinen Anteil an dem Recht verfügen (§ 747 S. 1 BGB, vgl. → Rn. 92 ff.). Im zweiten Fall ist das Recht Gegenstand eines gemeinschaftlichen Sondervermögens; der einzelne Beteiligte hat an einzelnen Gegenständen dieses Vermögens keinen selbständig verkehrsfähigen Anteil, über den er verfügen könnte (§§ 719, 1419, 2033 BGB, vgl. → Rn. 107).

Ist Inhaber des Rechts eine Personenvereinigung mit **eigener Rechtspersönlichkeit**, ist diese als juristische Person allein berechtigt; Personen, die ihr als Mitglieder, Gesellschafter usw angehören, sind nicht Mitinhaber des Rechts. Juristische Personen können ihrerseits an Bruchteils- oder Gesamthandsgemeinschaften beteiligt sein; der originäre Erwerb eines Anteils an einem gemeinschaftlichen Erfinderrecht ist ihnen freilich verschlossen (vgl. → Rn. 10). 54

Von einer Gemeinschaft nach Bruchteilen ist gemäß § 741 BGB auszugehen, sofern sich nicht aus dem Gesetz etwas anderes ergibt. Damit eine Gesamthandsgemeinschaft besteht, ist daher mehr erforderlich als bloß eine Mehrheit von Rechtsinhabern. Das BGB sieht die Gesamthandsgemeinschaft bei der Gesellschaft, bei der Erbengemeinschaft und bei der Gütergemeinschaft vor. Dass Rechte an Erfindungen nur kraft abgeleiteten Erwerbs in das Vermögen einer Erben- oder Gütergemeinschaft fallen können, bedarf keiner Erörterung. Dagegen fragt sich, ob nicht die Anwendung der Vorschriften über die **Gesellschaft** dazu führen kann, dass das Recht an einer gemeinsamen Erfindung den Miterfindern von Anfang an zur gesamten Hand und nicht lediglich nach Bruchteilen zusteht: Der Abschluss eines Gesellschaftsvertrages iSd § 705 BGB bedarf keiner Form; eine Gesellschaft kann bereits dadurch entstehen, dass sich mehrere Personen mit rechtsgeschäftlichem Bindungswillen zu dem gemeinsamen Zweck zusammentun, ein technisches Problem zu lösen; in das gesamthänderische Gesellschaftsvermögen fallen nach § 718 Abs. 1 BGB die Beiträge der Gesellschafter und die durch die Geschäftsführung für die Gesellschaft erworbenen Gegenstände. Dennoch kann **nicht** gesagt werden, dass das Recht an einer von den Gesellschaftern in Verfolgung ihres gemeinsamen Zwecks gemachten Erfindung **originär zum Gesellschaftsvermögen** gehöre. Vielmehr steht das Recht auch in diesem Fall den Miterfindern im Augenblick seiner Entstehung nach Bruchteilen zu. Sie können freilich im Gesellschaftsvertrag die Verpflichtung eingegangen sein, das Recht in das Gesellschaftsvermögen einzubringen und sogar das hierfür erforderliche Verfügungsgeschäft (Vorwegübertragung gem. §§ 413, 398, 747 BGB) bereits vorgenommen haben;[69] nicht selten wird auch ohne ausdrückliche Abrede der Gesellschaftsvertrag in diesem Sinne auszulegen sein. Doch gelangt das Recht stets erst durch abgeleiteten Erwerb in das Gesellschaftsvermögen;[70] fehlt es – mangels wirksamer rechtsgeschäftlicher Übertragung – an den Voraussetzungen hierfür, bleibt es zunächst bei der Bruchteilsgemeinschaft. Es verhält sich also bei einer Erfindung, an der alle Gesellschafter beteiligt sind, nicht anders als bei einer Erfindung, die von einem Gesellschafter allein oder einem Teil der Gesellschafter gemacht wurde. Der Umstand, dass in einer dem Gesellschaftszweck dienenden Erfindertätigkeit eine Geschäftsführung für die Gesellschaft gesehen werden kann, führt nicht zum originären Erwerb der Gesellschaft. Das patentrechtliche Erfinderprinzip geht dem Grundsatz des § 718 BGB vor.[71] Die Annahme, dass die „Gesellschaftserfindung" von Anfang an zum Gesellschaftsvermögen gehöre,[72] liefe 55

---

[69] OLG Karlsruhe 23.9.1981, GRUR 1983, 67 (69); vgl. auch BGH 30.10.1990, GRUR 1991, 127 (129) – Objektträger.
[70] *K. Schmidt* in MüKoBGB § 741 Rn. 63; *Wunderlich* 140; *Homma* 166; im Ergebnis auch *Henke* 89 f.; *Hühnerbein* 11 ff., 14.
[71] *P. Ulmer* in MüKoBGB § 718 Rn. 23.
[72] So *Lüdecke* 101, 117; *Bernhardt* 81; *Götting* GewRS § 16 Rn. 13 f.; *Fitzner* in Fitzner/Lutz/Bodewig PatG § 6 Rn. 31; *Lindenmaier* § 3 Rn. 26; Staudinger/*Langhein* (2002) § 741 Rn. 136; *Chakraborty/Tilmann* 69. In BGH 16.11.1954, GRUR 1955, 286 (289) ist kein originärer Erwerb der Gesellschaft anerkannt, sondern nur ausgesprochen, dass im Falle einer *Vorausverfügung* die Gesellschaft das Recht an der Erfindung ohne *weiteren* Übertragungsakt erwirbt. BGH 20.2.1979, BGHZ 73, 337 (347) – Biedermeiermanschetten deutet zwar an, dass Erfindungen, die in Zusammenarbeit auf Grund

darauf hinaus, dass die als Einheit aufgefasste Gesellschaft vermögensrechtlich die Stelle des Erfinders einnähme, was mit dem Erfinderprinzip nicht im Einklang stünde.

56 Freilich tritt diese Konsequenz bei der BGB-Gesellschaft, für die das Gesetz keine Vereinheitlichung unter einem Gesamtnamen vorsieht, nicht deutlich hervor. Im Falle einer offenen Handelsgesellschaft müsste dagegen die unter ihrer Firma bezeichnete Gesellschaft als originäre Inhaberin des Rechts auf das Patent angesprochen werden, wenn wirklich dieses Recht hinsichtlich einer von den Gesellschaftern in Verfolgung des Gesellschaftszwecks gemeinsam gemachten Erfindung für das Gesellschaftsvermögen *entstünde* (§§ 124, 105 Abs. 3 HGB, § 718 BGB). Hier wäre der Widerspruch zum Erfinderprinzip offensichtlich.

Die Annahme, zwischen Miterfindern bestehe von vornherein eine Gesamthandsgemeinschaft, lässt sich auch nicht damit begründen, dass nach § 8 Abs. 2 S. 1 Hs. 1 UrhG **Miturhebern** das Recht zur Veröffentlichung und Verwertung ihres gemeinsam geschaffenen Werks „zur gesamten Hand" zusteht. Damit ist lediglich gesagt, dass zur Veröffentlichung und Verwertung die Zustimmung aller Miturheber erforderlich ist, nicht aber, dass die Gemeinschaft der Miturheber eine Gesamthandsgemeinschaft des bürgerlichen Rechts wäre; sie ist vielmehr eine urheberrechtlich geprägte Gemeinschaft besonderer Art.[73] Ihre Regelung ist gekennzeichnet durch den starken persönlichkeitsrechtlichen Einschlag und die grundsätzliche Unübertragbarkeit des Urheberrechts (§ 29 UrhG).[74] Da beim Erfinderrecht der persönlichkeitsrechtliche Einschlag schwach und die Übertragbarkeit des vermögensrechtlichen Bestandteils unbeschränkt ist, besteht nicht ohne weiteres Anlass, Miterfinder so eng aneinander zu binden wie Miturheber.

b) Rechtsverhältnisse bei der Bruchteilsgemeinschaft

57 1. Die Teilhaber der Bruchteilsgemeinschaft nach §§ 741 ff. BGB haben je einen **ideellen Anteil** an dem gemeinschaftlichen Recht: Der Anteil bezieht sich auf den Rechtsgegenstand im Ganzen, nicht auf reale Teile davon. Beim Recht auf das Patent oder Gbm hat jeder Teilhaber Anteil an der ganzen Erfindung; die Erfindung ist nicht dergestalt aufzugliedern, dass jedem Beteiligten ein anderes Merkmal des erfindungsgemäßen Erzeugnisses, ein anderer Schritt des erfindungsgemäßen Verfahrens oder der Gegenstand eines anderen Schutzanspruchs zuzuordnen wäre. Das gilt namentlich auch unter Miterfindern: ist die Erfindung gemeinsam gemacht, hat jeder, selbst wenn sich die Beiträge hinreichend voneinander abgrenzen ließen, ideellen Anteil am Recht auf den Schutz, nicht ein Alleinrecht an seinem eigenen Beitrag.

Die **Größe der Anteile** ist nach § 742 BGB im Zweifel für alle Teilhaber gleich. Doch können sich Abweichungen von dieser Regel ergeben. Soweit die Gemeinschaft auf *abgeleitetem* Rechtserwerb beruht, kommt es für das Anteilsverhältnis auf die Vereinbarungen der Beteiligten an. Beim *originären* Erwerb des Rechts an einer Erfindung kann dieses Verhältnis dagegen ebenso wenig durch Vereinbarung bestimmt werden wie die Personen, für die der Erwerb eintritt. Vielmehr ist gemäß dem Erfinderprinzip auch für das Anteilsverhältnis allein die tatsächliche Mitwirkung beim Schaffen der Erfindung maßgebend. Dem entspricht, dass der BGH die Höhe der Anteile von der Beteiligung an der erfinderischen Leistung abhängig macht:[75] Zunächst ist der Gegenstand der Erfindung zu ermitteln; dann sind die Einzelbeiträge der Beteiligten am Zustandekommen dieser Erfindung festzustellen; schließlich ist deren Gewicht im Verhältnis zueinander und zur erfinderischen Gesamtleistung abzuwägen. Erst wenn sich nach Ausschöpfung aller sich anbietenden Erkenntnis-

---

eines Gesellschaftsvertrags gemacht werden, den Gesellschaftern „gemeinsam gehören"; dass eine Gesamthandsgemeinschaft auch ohne Vorwegübertragung bestehen soll, ist der Entscheidung freilich nicht zu entnehmen; im gegebenen Fall fehlte es bereits am Gesellschaftsverhältnis.

[73] *E. Ulmer* 191; für ergänzende Anwendung der §§ 705 ff. BGB freilich *Loewenheim* in Schricker/Loewenheim Urheberrecht § 8 Rn. 10 ff.

[74] Nach *Loewenheim/Peifer* in Schricker/Loewenheim Urheberrecht § 8 Rn. 12 braucht wegen § 29 UrhG die Unübertragbarkeit der Miturheberanteile nicht aus § 719 BGB abgeleitet zu werden.

[75] BGH 20.2.1979, BGHZ 73, 337 (343 ff.) – Biedermeiermanschetten; s. auch *Homma* 161, ausführliche Überlegungen zur Bestimmung der Anteile dort 159 iVm 136 ff.

§ 19. Erfinderprinzip und Erfinderrecht

quellen keine letzte Klarheit über den Wert der einzelnen Beiträge gewinnen lässt, darf auf die Regel des § 742 BGB zurückgegriffen werden.

Im Fall einer Erfindung, zu der die Beteiligten einerseits ein Verfahren zur Herstellung sogenannter **58** Biedermeiermanschetten aus Papier für Blumensträuße, andererseits eine Vorrichtung zu dessen Durchführung beigetragen hatten, sah es der BGH als möglich an, dass die erfinderische Leistung allein im Verfahren oder allein in der Vorrichtung lag oder auf beide – gleichmäßig oder ungleichmäßig – verteilt war.[76]

2. Bei der Regelung der Bruchteilsgemeinschaft wurde an gemeinschaftliche Erfin- **59** derrechte wie überhaupt an Immaterialgüterrechte nicht gedacht.[77] Daraus ergeben sich Schwierigkeiten bei der Anwendung der im BGB vorgesehenen Regelung. Oft wird deshalb empfohlen, die Rechtsverhältnisse unter den Beteiligten vertraglich zu ordnen; insbesondere wird auf Vorteile aufmerksam gemacht, die sich bei Anwendung der Regeln über die Gesellschaft ergäben.[78] Wenn Vereinbarungen fehlen, ist es jedoch unumgänglich, auf die Vorschriften über die Bruchteilsgemeinschaft zurückzugreifen. Allerdings ist dabei auf die **Besonderheiten** der Interessenlage **bei Rechten an Erfindungen** Rücksicht zu nehmen. Diese Besonderheiten ergeben sich aus der unkörperlichen Natur der Erfindung und dem Umstand, dass deren wirtschaftlicher Wert, solange sie nicht zum Schutz angemeldet ist, weitgehend von ihrer Geheimhaltung abhängt. Dagegen sind die Persönlichkeitsinteressen der Miterfinder als solche ohne wesentlichen Einfluss auf die Gestaltung des Gemeinschaftsverhältnisses.

Sie sind, soweit sie Rechtsschutz genießen, nur bezüglich der patentrechtlich vorgesehenen Miter- **60** findernennung betroffen, über deren Vornahme oder Unterbleiben jeder Miterfinder unabhängig von den anderen entscheiden kann (vgl. → § 20 Rn. 121 ff.). Durch Einwirkung auf den Rechtsgegenstand, die Erfindung, insbesondere deren Benutzung, werden geschützte Persönlichkeitsinteressen von Miterfindern nicht beeinträchtigt. Auch durch die Veröffentlichung der Erfindung werden sie nur insofern berührt, als dabei ein Miterfinder gegen seinen Willen genannt oder nicht genannt wird.

Eine Regelung, die immaterialgüterrechtlichen Besonderheiten Rechnung trägt, findet **61** sich in § 8 Abs. 2–4 UrhG für das Verhältnis zwischen **Miturhebern.** Sie ist jedoch wesentlich durch den starken persönlichkeitsrechtlichen Einschlag des Urheberrechts und dessen grundsätzliche Unübertragbarkeit bestimmt. Die Frage, ob bei gemeinschaftlichen Rechten an Erfindungen einzelne urheberrechtliche Bestimmungen ergänzend zu oder abweichend von den Vorschriften des BGB über die Bruchteilsgemeinschaft herangezogen werden können, bedarf daher jeweils sorgfältiger Prüfung.

3. Die **Verwaltung** des gemeinschaftlichen Gegenstandes ist in §§ 744, 745 BGB gere- **62** gelt. Sie umfasst beim Recht an einer Erfindung neben der Schutzrechtsanmeldung, auf die zurückzukommen sein wird (vgl. → Rn. 68 ff., 73 ff.), insbesondere die Vergabe von Lizenzen, das Vorgehen gegen Geheimnisverletzungen, widerrechtliche Anmeldungen und Verletzungen eines Schutzrechts, die Aufrechterhaltung eines Schutzrechts durch Gebührenzahlung usw.

Nach § 744 Abs. 1 BGB steht die Verwaltung den Teilhabern gemeinschaftlich zu. **63** Doch kann eine der Beschaffenheit des gemeinschaftlichen Gegenstandes entsprechende ordnungsmäßige Verwaltung **mehrheitlich beschlossen** werden, wobei sich die Stimmenmehrheit nach der Größe der Anteile richtet (§ 745 Abs. 1 BGB). Die Minderheit ist durch das Erfordernis der Ordnungsmäßigkeit und durch die Bestimmung geschützt, dass keine wesentliche Veränderung des Gegenstandes beschlossen und einem Teilhaber die seinem Anteil entsprechende Beteiligung an den Nutzungen nicht entzogen werden kann

---

[76] BGH 20.2.1979, BGHZ 73, 337 (346 f.) – Biedermeiermanschetten – Die abschließende Klärung des Beteiligungsverhältnisses wurde dem Berufungsgericht aufgegeben.
[77] Vgl. *Reimer* PatG § 3 Rn. 11; *Fitzner* in Fitzner/Lutz/Bodewig PatG § 6 Rn. 28 ff.; *Götting* GewRS § 16 Rn. 6; *Bartenbach*/Kunzmann 37; *Fischer* GRUR 1977, 313.
[78] *Wunderlich* 94 f.; vgl. → Rn. 104 ff.

(§ 745 Abs. 3 BGB). Beschlüsse, die diese Grenzen überschreiten, sind für die Überstimmten nicht verbindlich; ihre Durchführung verpflichtet zum Schadenersatz.

64 Soweit die Verwaltung nicht einvernehmlich oder durch Mehrheitsbeschluss geregelt ist,[79] kann jeder Teilhaber eine dem **Interesse aller** nach **billigem Ermessen** entsprechende **Verwaltung verlangen** (§ 745 Abs. 2 BGB). Eine Sonderregelung gilt für Maßnahmen, die **zur Erhaltung** des gemeinschaftlichen Gegenstandes **notwendig** sind: jeder Teilhaber ist berechtigt, solche Maßnahmen ohne Zustimmung der anderen zu treffen; er kann verlangen, dass diese ihre Einwilligung geben (§ 744 Abs. 2 BGB).

65 Jeder Teilhaber ist verpflichtet, die Durchführung von Verwaltungsmaßnahmen zu ermöglichen, die vereinbart oder wirksam beschlossen sind oder verlangt werden können. Kosten, die entstehen, hat er entsprechend seinem Anteil mitzutragen (§ 748 BGB). Ebenso ist er an Erträgen des gemeinschaftlichen Gegenstandes zu beteiligen (§ 743 Abs. 1 iVm § 99 BGB), beim gemeinschaftlichen Recht an einer Erfindung also beispielsweise an Lizenzgebühren oder gem. § 33 PatG bezahlten Entschädigungen.

66 Ist zur Durchführung einer Verwaltungsmaßnahme ein **Rechtsgeschäft** erforderlich, das nur alle Teilhaber gemeinsam wirksam vornehmen können, befähigt das Bestehen eines **Anspruchs** auf die Mitwirkung eines Teilhabers die übrigen noch nicht, an dessen Stelle wirksam zu handeln; die von ihm verweigerte Erklärung (zB Bevollmächtigung, Zustimmung) kann jedoch letztlich durch eine gerichtliche Entscheidung ersetzt werden (vgl. § 894 ZPO). Allerdings bedeutet die Vereinbarung, dass bestimmte Teilhaber Verwaltungsmaßnahmen durchführen sollen, die rechtsgeschäftliches Handeln mit Wirkung für und gegen alle erfordern, häufig eine Ermächtigung zu den nötigen Rechtsgeschäften, etwa zum Abschluss eines Lizenzvertrags. Das gleiche kann bei Mehrheitsbeschlüssen angenommen werden; doch ist zweifelhaft, ob die Ermächtigung auch die Überstimmten bindet.[80] Jedenfalls aber kann im Falle der **Verletzung** eines gemeinschaftlichen **Schutzrechts** jeder Teilhaber im eigenen Namen auf Unterlassung und auf Leistung von Schadensersatz an alle Teilhaber klagen.[81] Das entspricht dem Rechtsgedanken der §§ 1011, 432 BGB und ist für das Urheberrecht in § 8 Abs. 2 S. 3 UrhG ausdrücklich vorgesehen.

67 Ein Teilhaber, der sich Verwaltungsmaßnahmen, die berechtigterweise beschlossen, verlangt oder durchgeführt werden, nicht fügen will oder eine von ihm für erforderlich gehaltene Maßnahme nicht durchzusetzen vermag, kann sich weiteren Auswirkungen dadurch entziehen, dass er seinen Anteil veräußert oder die Aufhebung der Gemeinschaft herbeiführt (vgl. → Rn. 92 ff., 101 ff.).

68 4. Bei der Verwaltung gemeinschaftlicher Erfindungen ist die Frage von besonderer Bedeutung, ob eine **Schutzrechtsanmeldung** erfolgen soll. Grundsätzlich bestehen in dieser Hinsicht drei Möglichkeiten: Vornahme der Anmeldung, die nach einiger Zeit zwangsläufig zur Veröffentlichung führt; Versuch, durch möglichst lange Geheimhaltung eine rechtlich geschützte tatsächliche Alleinstellung zu wahren; Preisgabe an die Öffentlichkeit durch Publikation oder eine die Kenntnis beliebiger Dritter ermöglichende Benutzung.

69 Der letztgenannte Weg erscheint nur sinnvoll, wenn auch ohne Erfindungs- oder Geheimnisschutz ein Wettbewerbsvorsprung voraussichtlich solange bestehen wird, dass unter Berücksichtigung des Innovationsaufwandes mit Gewinn gerechnet werden kann (vgl. → § 3 Rn. 37 ff.) *und* für den weiterreichenden Effekt eines Schutzrechts kein Bedürfnis besteht, weil die Erfindung nur eine kurze Nutzungsdauer zu erwarten hat. Auch in solchen Fällen kann aber angesichts der Unsicherheit der künftigen Entwicklung nur im Einverständnis *aller* Teilhaber sowohl auf Erfindungs- als auch auf Geheimnisschutz verzichtet werden. Maßnahmen, die diesen preisgeben, ohne dass für jenen durch entsprechende Anmeldung die Grundlage geschaffen ist, können nicht als „ordnungsmäßige" oder „billigem

---

[79] Staudinger/*Langhein* (2002) § 745 Rn. 50; aM *K. Schmidt* in MüKoBGB § 745 Rn. 29, 35.
[80] Grundsätzlich bejahend *K. Schmidt* in MüKoBGB § 745 Rn. 31 mit Nachweisen.
[81] *Reimer* PatG § 3 Rn. 11; *Fitzner* in Fitzner/Lutz/Bodewig PatG § 6 Rn. 40; *Lindenmaier* § 3 Rn. 22.

§ 19. Erfinderprinzip und Erfinderrecht

Ermessen entsprechende" Verwaltung gegen den Willen auch nur *eines* Teilhabers durchgesetzt werden. Sie sind vielmehr einer wesentlichen Veränderung des gemeinschaftlichen Gegenstandes iSd § 745 Abs. 3 S. 1 BGB gleich zu achten, da sie der Erfindung den selbständigen Marktwert nehmen. Solange weder auf jeden Schutz einvernehmlich verzichtet noch eine Schutzrechtsanmeldung eingereicht ist, trifft daher jeden Teilhaber eine **Geheimhaltungspflicht**.

Wird die Erfindung mit dem Willen aller der Öffentlichkeit zugänglich gemacht, erledigt sich die Gemeinschaft hinsichtlich des Rechts *auf das Patent*. Macht ein Teilhaber die Erfindung eigenmächtig der Öffentlichkeit zugänglich, wird darin regelmäßig ein Missbrauch iSv § 3 Abs. 5 Nr. 1 PatG, Art. 55 Abs. 1 (a) EPÜ zu sehen sein (vgl. → § 16 Rn. 71 ff.); wird dann die Erfindung noch vor Ablauf von sechs Monaten nach ihrem öffentlichen Zugänglichwerden angemeldet, wirkt dieses nicht patenthindernd. Hinsichtlich des Rechts auf Gebrauchsmusterschutz erledigt sich, auch wenn die Erfindung im Einverständnis aller Teilhaber der Öffentlichkeit zugänglich gemacht wird, die Gemeinschaft erst dann, wenn nicht innerhalb der folgenden sechs Monate eine prioritätsbegründende Anmeldung erfolgt (vgl. → § 16 Rn. 92 ff.). 70

Der Versuch, unter Absehen von einer Schutzrechtsanmeldung die Erfindung geheim zu halten, ist nur am Platz, wenn begründete Aussicht besteht, das Geheimnis auch bei Benutzung der Erfindung hinreichend lange zu wahren *und* die Wahrscheinlichkeit gering ist, dass Dritte ein Schutzrecht für die gleiche Erfindung anmelden.[82] Auch in solchen Fällen ist zu prüfen, ob die Kostenersparnis, die Aussicht auf eine die Patentlaufzeit übersteigende Schutzdauer und die Gefahr unkontrollierbarer Nachahmung der nach Anmeldung veröffentlichten Erfindung so schwer wiegen, dass sie es rechtfertigen, die Geheimhaltung vorzuziehen. Nur unter dieser Voraussetzung, die selten erfüllt sein wird, kann ein Teilhaber gem. § 745 Abs. 1 oder 2 BGB gegen seinen Willen darauf festgelegt werden, dass eine Anmeldung unterbleibt.[83] 71

Ist ein solcher Sonderfall nicht gegeben, fragt sich, ob die **Vornahme der Anmeldung per se** als Maßnahme der ordnungsmäßigen Verwaltung gegen den Widerspruch einer Minderheit der Teilhaber beschlossen werden kann. In der Vorauflage wurde dies noch so vertreten, aber wenn man die Patentierungskosten in den Blick nimmt (vor allem Amts- und Anwaltsgebühren sowie Übersetzungskosten), wird eine Patentanmeldung wohl nur dann als eine der Beschaffenheit des gemeinschaftlichen Gegenstandes gelten können, wenn eine nachvollziehbare Verwertungsperspektive für das Patent dargetan worden ist. Dann und nur dann kann jeder Teilhaber auch ohne Beschluss eine Anmeldung fordern, denn nur dann liegt diese nach billigem Ermessen im Interesse aller. Das kann nicht anders sein, denn angesichts der Wirtschaftlichkeitsrisiken einer Patentanmeldung ist eben nicht **jede patentfähige Erfindung grundsätzlich zum Patent anzumelden,** sondern muss die Eingehung der dafür notwendigen Kosten gerechtfertigt sein. Und zwingend ist dann wirtschaftlich vorzugehen, also (in Anlehnung an § 13 Abs. 1 S. 2 ArbEG) der vorgängige Erwerb von Gebrauchsmusterschutz oder eine PCT-Anmeldung zu erwägen, denn jeder dieser Wege kauft Zeit für die wirtschaftliche Entwicklung der Erfindung. 72

Wurde die Anmeldung wirksam beschlossen oder besteht ein Anspruch auf Zustimmung dazu, **schuldet jeder Teilhaber allen anderen Mitwirkung** an einer gemeinschaftlichen Anmeldung auf die Namen aller. 72a

5. Nach § 744 Abs. 2 BGB darf ein Teilhaber die **Anmeldung allein vornehmen,** wenn sie „zur Erhaltung des gemeinschaftlichen Gegenstandes" notwendig ist. Eine solche Notverwaltung liegt vor, wenn die Gefahr besteht, dass eine Erfindung mit wirtschaftlicher Perspektive der Öffentlichkeit zugänglich oder auch von Dritten gemacht und angemeldet wird (vgl. → Rn. 68 ff.). Für eine Erfindung mit wirtschaftlicher Perspektive besteht diese 73

---

[82] Vgl. *Seuß* Mitt. 2006, 398 ff., der empfiehlt, bei chemischen Herstellungsverfahren häufiger als bisher üblich den Patentschutz der Geheimhaltung vorzuziehen.
[83] Vgl. §§ 13 Abs. 1, 17 Abs. 1 ArbEG, wo das Absehen von der Anmeldung ebenfalls nur ausnahmsweise gestattet ist.

§ 19 V   3. Abschnitt. Das Recht an der Erfindung

Gefahr grundsätzlich; nur besondere Umstände können sie ausschließen oder soweit verringern, dass sie nicht ins Gewicht fällt.

73a Wichtig ist also stets **auch Wirtschaftlichkeit,** denn nur eine Minderheit aller patentierten Erfindungen verdient die Kosten ihrer Patentierung. Gem. § 744 Abs. 2 BGB anmelden können sollte jeder Teilhaber darum nur, wenn eine nachvollziehbare Verwertungsperspektive oder das Risiko besteht, dass ein Dritter anmeldet, bevor die entsprechende Prüfung abgeschlossen werden kann.

73b **Als Geschäftsgeheimnis geschützt** werden darf eine Erfindung mit nachvollziehbarer Verwertungsperspektive nur, wenn aus guten Gründen erwartet werden darf, dass die Erfindung *nicht* offenkundig oder in absehbarer Zeit von Dritten gemacht und angemeldet werden wird. Für Geschäftsgeheimnisse wird diese Erwartung die seltene Ausnahme sein. Fehlt sie, entsteht umgekehrt für jeden Teilhaber ein Recht aus § 744 Abs. 2 BGB, die Anmeldung für alle im Wege der Notverwaltung allein vorzunehmen – soweit eine entsprechend nachvollziehbare Verwertungsperspektive gegeben ist.

74 Zweifelhaft ist, ob § 744 Abs. 2 BGB den zur Anmeldung berechtigten Teilhaber (Miterfinder) befugt, die übrigen vor dem Patentamt **zu vertreten.**[84] Praktisch ist die Frage kaum von Bedeutung, da der anmeldende Teilhaber eine ihm zustehende Vertretungsmacht ohne Mitwirkung der anderen dem Amt nicht in der erforderlichen Form nachweisen könnte (vgl. § 15 DPMAV; R 152 EPÜ). Eine auf die Namen aller Teilhaber lautende Anmeldung kann daher nur zum Erfolg führen, wenn formgerechte Vollmachten nachgereicht werden.

75 Vermeiden lässt sich dies dadurch, dass der anmeldewillige Teilhaber auf seinen Namen allein anmeldet.[85] § 744 Abs. 2 BGB gibt ihm hierzu zwar kein Recht.[86] Doch sagt er, dass die anderen Teilhaber die zur Rechtserhaltung gebotene ordnungsgemäße Anmeldung hinnehmen müssen und verpflichtet sind, daran mitzuwirken. Sie können daher nur fordern, an der Anmeldung – und nach Erteilung am Schutzrecht – gemäß ihren Anteilen beteiligt zu werden. Dem Verlangen, die Anmeldung zurückzunehmen, kann der anmeldende Teilhaber mit dem Hinweis auf die Mitwirkungspflicht der übrigen begegnen. Schadenersatzansprüchen setzt er sich nur aus, wenn er die anderen nicht unverzüglich über die Anmeldung unterrichtet oder einem berechtigten Beteiligungsverlangen nicht nachkommt.

76 Die Bedeutung des § 744 Abs. 2 BGB beschränkt sich bei Patent- und Gebrauchsmusteranmeldungen mithin auf die Frage, ob ein Teilhaber von den übrigen eine formgerechte Vollmacht zur Anmeldung und gem. § 748 BGB anteilige Kostentragung fordern kann oder diesen umgekehrt verpflichtet ist, die Anmeldung zurückzunehmen und einen durch sie etwa verursachten Schaden zu ersetzen. Es geht also um Rechte und Pflichten im *Innenverhältnis* zwischen den Teilhabern.

77 Auch insoweit kommt es auf § 744 Abs. 2 BGB im Ergebnis nicht an, wenn – wie regelmäßig (vgl. → Rn. 68 ff.) – die Anmeldung schon als Verwaltungsmaßnahme geboten ist.[87] Wirkliche Bedeutung erlangt die Vorschrift nur, wenn vereinbart oder mehrheitlich beschlossen ist, dass die Erfindung nicht angemeldet, sondern geheim gehalten werden soll. Sie erlaubt es jedem Teilhaber, sich über eine solche Verwaltungsregelung hinwegzusetzen, wenn die konkrete Gefahr eines Rechtsverlustes durch Offenkundigwerden oder anderweitige Anmeldung der Erfindung droht, der nur durch rasche Anmeldung vermieden werden kann. Keine notwendige Erhaltungsmaßnahme ist die Schutzrechtsanmeldung nur

---

[84] Bejahend *K. Schmidt* in MüKoBGB § 745 Rn. 47; vgl. auch BPatG 21.4.1998, BlPMZ 1999, 44, wonach bei gemeinschaftlicher Anmeldung ein Beteiligter gem. § 744 Abs. 2 BGB berechtigt ist, mit Wirkung für die übrigen einen gemeinsamen Zustellungsbevollmächtigten zu bestellen.

[85] *Busse/Keukenschrijver* § 6 Rn. 47; ablehnend *Henke* 105 Fn. 356, der in einem solchen Vorgehen eine widerrechtliche Entnahme sehen will (120 f.), wobei er nicht beachtet, dass im vorliegenden Zusammenhang ein Anmelderecht gem. § 744 Abs. 2 BGB vorausgesetzt ist und das Problem nur im Zustandebringen einer *formgerechten* Anmeldung liegt.

[86] Vgl. RG 30.4.1927, RGZ 117, 47 (51).

[87] Weitergehende Rechtsfolgen hat § 744 Abs. 2 BGB, wenn man annimmt, dass er dem anmeldeberechtigten Teilhaber Vertretungsmacht verleiht.

§ 19. Erfinderprinzip und Erfinderrecht

im eigenen Namen. Werden hier Mitberechtigte übergangen, stehen ihnen Schadenersatzansprüche samt der entsprechenden Hilfsansprüche auf Auskunft und Rechnungslegung zu. Diese Ansprüche können auch den Ausgleich von Gebrauchsvorteilen des Anmelders umfassen.[88] Inhaber dieser Ansprüche sind die Miterfinder gemeinschaftlich, geltend machen an alle darf sie auch jeder einzelne Miterbe.[89] Keine gemeinschaftliche Empfangszuständigkeit besteht, wenn ein Ausgleichsanspruch nicht für einen Schaden besteht, der alle trifft, sondern der nur einzelnen Teilhabern entstanden ist.

6. Die Grundsätze der Verwaltung gelten grundsätzlich auch für die **Benutzung der** **78** **Erfindung,** die den Gegenstand des gemeinschaftlichen Rechts bildet (§ 745 BGB). Ein Teilhaber darf die Erfindung nur benutzen, soweit nicht eine Vereinbarung oder ein wirksamer Mehrheitsbeschluss entgegenstehen. Auch kann sich aus § 745 Abs. 2 BGB die Verpflichtung ergeben, die Benutzung zu unterlassen, weil sie die gebotene Geheimhaltung der Erfindung gefährden würde. So darf eine Erfindung, die sich bei der Benutzung nicht geheim halten lässt, von den Teilhabern nicht benutzt werden, solange nicht unter ihnen verbindlich entschieden ist, ob sie angemeldet werden soll, und bejahendenfalls die Anmeldung eingereicht ist (vgl. → Rn. 68 ff.).

Im Übrigen fragt sich, welche Bedeutung bei gemeinschaftlichen Rechten an Erfin- **79** dungen der Vorschrift des **§ 743 Abs. 2 BGB** zukommt, wonach jeder Teilhaber zum Gebrauch des gemeinschaftlichen Gegenstandes[90] insoweit befugt ist, als nicht der Mitgebrauch der übrigen beeinträchtigt wird. Besonderheiten ergeben sich bei Erfindungen daraus, dass einerseits wegen der Unkörperlichkeit des Rechtsgegenstandes jeder Teilhaber ohne Rücksicht auf die anderen in der Lage ist, die Erfindung als technische Lehre anzuwenden, andererseits die Möglichkeiten zum wirtschaftlich erfolgversprechenden Gebrauch durch die Marktverhältnisse begrenzt sind. Doch liegt hierin kein Grund, § 743 Abs. 2 BGB bei gemeinschaftlichen Rechten an Erfindungen überhaupt als unanwendbar anzusehen[91] und stattdessen etwa der urheberrechtlichen Vorschrift zu folgen, wonach Miturhebern die Verwertung „zur gesamten Hand" zusteht, der einzelne aber seine Zustimmung nicht wider Treu und Glauben verweigern darf (§ 8 Abs. 2 S. 2 und 3 UrhG).

Diese Regelung passt für Erfindungen insbesondere deshalb nicht, weil deren Verwertung Per- **80** sönlichkeitsinteressen viel weniger berührt als diejenige von Werken. Auch ist bei jenen weit häufiger als bei diesen eine unmittelbare Verwertung durch einzelne Teilhaber praktisch möglich. Die Notwendigkeit, eine Einigung herbeizuführen, kann dabei auf Kosten der oft recht knappen Zeit gehen, die für die erfolgversprechende Verwertung einer Erfindung zur Verfügung steht.

Aus § 743 Abs. 2 BGB folgt zunächst, dass Teilhabern untereinander die mit dem ge- **81** meinschaftlichen Recht verbundenen Ausschließungsbefugnisse nicht zustehen. **Keine Verletzung** begeht bei einem gemeinschaftlichen Patent oder Gebrauchsmuster darum ein Teilhaber, der die Erfindung ohne Zustimmung der anderen benutzt.[92] Allenfalls fragt sich,

---

[88] BGH 27.9.2016, GRUR 2016, 1257 Rn. 20, 28 – Beschichtungsverfahren. – Beruhte das Unterbleiben der Anmeldung – ausnahmsweise – nicht auf Vertrag oder Beschluss, sondern auf § 745 Abs. 2 BGB, bewirkt die konkrete Gefahr eines Rechtsverlustes, dass bereits nach dieser Vorschrift nicht länger das Unterbleiben der Anmeldung gefordert werden kann, sondern nur noch ihre Vornahme; der Heranziehung von § 744 Abs. 2 BGB bedarf es nicht.
[89] BGH 4.4.2006, BGHZ 167, 118 Rn. 10 = GRUR 2006, 754 (755) – Haftetikett.
[90] Dieser ist – entgegen *Henke* 128 – nicht das *Recht* an der Erfindung, gegebenenfalls das Patent, sondern die Erfindung selbst; so zutreffend BGH 22.3.2005, BGHZ 162, 342 = GRUR 2005, 663 Rn. 2a – gummielastische Masse II.
[91] So aber *Lüdecke* 210 ff.; *Lindenmaier* § 3 Rn. 23; *Niedzela-Schmutte* 164 ff.; grundsätzlich auch *Sefzig* GRUR 1995, 302 ff.; wie hier *Reimer* PatG § 3 Rn. 11; im Ergebnis auch *Henke* 140 f. Nach *Hühnerbein* 45 f. regelt § 743 Abs. 2 nur das *Maß* des Gebrauchs und greift erst ein, wenn durch Vereinbarung, Mehrheitsbeschluss (§ 745 Abs. 1) oder Durchsetzung des Anspruchs aus § 745 Abs. 2 die *Art* des Gebrauchs festgelegt ist. Dies wird jedoch kaum ohne gleichzeitige Regelung des Umfangs geschehen, in dem jeder Beteiligte zum Gebrauch berechtigt ist, so dass es nur selten zur Anwendung von § 743 Abs. 2 käme.
[92] *Lüdecke* 192 f., 201.

ob er gegen schuldrechtliche Pflichten aus dem Gemeinschaftsverhältnis verstößt. Freilich gilt auch dies nur für den Eigengebrauch der Teilhaber, nicht für Dritte, auch wenn ihnen einzelne Teilhaber die Benutzung gestatten (vgl. → Rn. 99 f.). Umfasst sind vom Benutzungsrecht der Teilhaber alle Formen der Erfindungsbenutzung. Kein Grund besteht für seine Beschränkung auf betriebsinternen Gebrauch oder dafür, das Inverkehrbringen erfindungsgemäßer Erzeugnisse zu versagen.[93]

82 Weiter bedeutet die Regelung, dass jeder Teilhaber den Gegenstand ohne weiteres benutzen darf, soweit und solange nicht ein anderer den Gebrauch beansprucht.[94] Ein Teilhaber darf daher den von ihm einmal begonnenen Gebrauch nicht ohne Rücksicht auf die Bedürfnisse anderer fortsetzen, während die übrigen durch das Verbot, den Mitgebrauch zu beeinträchtigen, gehindert wären, mehr als die allenfalls verbleibenden Gebrauchsmöglichkeiten zu beanspruchen. Vielmehr gewährleistet § 743 Abs. 2 BGB *jedem* Teilhaber den *Mit*gebrauch, aber *nur* diesen. Es muss jedem ein angemessener Mitgebrauch ermöglicht werden. Ein Teilhaber, der die Erfindung benutzt, muss es daher hinnehmen, dass später ein anderer ebenfalls die Benutzung aufnimmt, auch wenn dies die Absatzmöglichkeiten des ersten Benutzers beeinträchtigt. Im Streitfall können die Gebrauchsbefugnisse gem. § 745 BGB (vgl. → Rn. 62 ff.) geregelt werden – in den Grenzen des Kartellrechts.

83 7. Das Recht zum eigenen Gebrauch des gemeinschaftlichen Gegenstands kann bei Erfindungen von den Teilhabern oft aus tatsächlichen Gründen nicht ausgeübt werden. Sind alle Teilhaber in dieser Lage, wird man das gemeinschaftliche Recht durch Veräußerung oder Lizenzerteilung verwerten. Zur Veräußerung kann jeder den Anstoß geben, indem er gem. § 749 BGB die Aufhebung der Gemeinschaft verlangt; auch kann jeder grundsätzlich unabhängig von den anderen über seinen Anteil verfügen. Schwieriger ist es, wenn einzelne Teilhaber bereits benutzen. Es kann dann wegen des Umfangs dieser Benutzung und der starken Marktposition des oder der Benutzenden für den oder die übrigen Teilhaber praktisch aussichtslos sein, eine wirtschaftlich erfolgversprechende Benutzung zu unternehmen. Vielfach fehlt den nicht benutzenden Teilhabern auch schon deshalb die Möglichkeit zum Gebrauch, weil sie nicht über einen entsprechenden Betrieb und nicht über die Mittel zu seiner Errichtung verfügen. In solchen Fällen fragt sich, wie die nicht selbstnutzenden Teilhaber zu einer angemessenen Beteiligung am wirtschaftlichen Wert der Erfindung kommen sollen.

84 Die Vergabe von Lizenzen, an deren Erträgen sie zu beteiligen wären (§ 743 Abs. 1 BGB), werden sie nur selten durchsetzen können, weil die selbstnutzenden Teilhaber meist nicht zur erforderlichen Mitwirkung (vgl. → Rn. 99 f.) bereit sind; auch besteht bei intensiver Nutzung durch Teilhaber kaum ein Interesse Dritter, Lizenzen zu nehmen; jedenfalls lassen sich dann auf diesem Wege keine befriedigenden Erträge erzielen. Die Geltendmachung des Aufhebungsanspruchs verspricht ebenfalls oft keinen angemessenen Gegenwert und kann bei den selbstnutzenden Teilhabern zu einer Zerstörung wirtschaftlicher Werte führen, die den nicht nutzenden keinen Vorteil bringt. Durch Veräußerung des eigenen Anteils (vgl. → Rn. 92 ff.) kann ein Teilhaber eine wertentsprechende Gegenleistung nur erzielen, wenn ein benutzungswilliger Erwerber trotz der von einem anderen Teilhaber schon begonnenen Benutzung noch mit hinreichenden Marktchancen rechnen kann.

85 Als Ausweg aus diesen Schwierigkeiten bieten sich **Ausgleichszahlungen** der benutzenden Teilhaber zugunsten derer an, die nicht benutzen. Freilich wird aus § 743 Abs. 2

---

[93] *Götting* GewRS § 16 Rn. 8, begründet diese Unterscheidung damit, dass das Inverkehrbringen nicht bloß Gebrauch sondern Fruchtziehung, also Verwaltungshandlung sei; – *Fischer* GRUR 1977, 314 will gar die erfindungsgemäßen Erzeugnisse selbst als Früchte der Erfindung ansehen, die die Teilhaber nur gemeinsam veräußern könnten; hiergegen *Storch* 44 f. – Zur technisch-wirtschaftlichen Problematik eines auf betriebsinterne Vorgänge beschränkten Gebrauchsrechts *Lüdecke* 208 f.; *Fischer* GRUR 1977, 314 f. Ersterer folgert daraus die grundsätzliche Unanwendbarkeit des § 743 Abs. 2 BGB; letzterer tritt dafür ein, ihn ohne Beschränkung auf betriebsinternen Gebrauch anzuwenden.

[94] BGH 29.6.1966, NJW 1966, 1707 (1708).

BGB der Grundsatz abgeleitet, dass ein Teilhaber, der den gemeinschaftlichen Gegenstand in größerem als dem seinen Anteil entsprechenden Umfang gebraucht, denjenigen, die ihn nicht oder weniger, als ihrem Anteil entspräche, gebrauchen, zu keinem Ausgleich verpflichtet sei.[95] Die besondere Bedeutung, die dem Gebrauch einer Erfindung für die Realisierung ihres wirtschaftlichen Werts zukommt, wird es jedoch vielfach rechtfertigen, davon bei gemeinschaftlichen Rechten an Erfindungen abzuweichen. Erst im Hinblick auf den Gebrauch, der von ihr gemacht werden kann, erscheint die Erfindung ja überhaupt als Wirtschaftsgut; nur soweit sie Gegenstand eines ausschließlichen Benutzungsrechts ist, ist sie auch verkehrsfähig. Beides kann zeitliche Grenzen setzen: die Nachfrage nach erfindungsgemäßen Erzeugnissen oder Leistungen kann sich erschöpfen oder sie kann sich neuen technischen Lösungen zuwenden; der patent- und gebrauchsmusterrechtliche Schutz ist an gesetzliche Höchstfristen gebunden; ein auf Geheimhaltung gegründeter Schutz ist für längere Zeit nur in Sonderfällen aufrechtzuerhalten. Ausgleichszahlungen werden daher vielfach die einzige vernünftige Möglichkeit sein, nicht selbst nutzenden Teilhabern eine angemessene Beteiligung am wirtschaftlichen Wert ihrer Erfindung zu sichern. Aus diesem Grund ist es richtig, einen Anspruch auf solche Zahlungen grundsätzlich anzuerkennen.[96] Dass der BGH jüngst deutlich gemacht hat, dass immer auch die Gründe zu beachten seien, aus denen ein Berechtigter von der eigenen Nutzung abgesehen hat, ist richtig, steht dem aber nicht entgegen.[97]

Mit BGB-Gemeinschaftsrecht in Einklang bringen lässt sich dies so, dass das Recht jedes Teilhabers auf einen seinem Anteil entsprechenden Bruchteil der Nutzungen, das nach § 745 Abs. 3 S. 2 BGB durch Verwaltungs- oder Benutzungsregelungen nicht ohne seine Zustimmung beeinträchtigt werden darf,[98] der nicht strikt an das Anteilsverhältnis gebundenen Gebrauchsbefugnis aus § 743 Abs. 2 BGB vorgeht.[99] **86**

Gestattet ein Teilhaber Dritten die Nutzung des für die gemeinsame Erfindung erteilten Patents, lizenziert er es etwa und vereinnahmt er dafür Entgelt, schuldet er den übrigen Ausgleich im Innenverhältnis. Der BGH-Patentsenat geht aber noch weiter und hat 2020 entschieden, dass der handelnde Teilhaber schon seine Nutzungsvereinbarung mit dem Dritten so gestalten muss, dass den Teilhabern, die nicht zugestimmt haben, der Zugriff auf den ihnen gebührenden Anteil an den Nutzungen möglich ist; sinnvollerweise dadurch, dass Zahlung an die Gemeinschaft vereinbart wird, wodurch die Teilhaber eine Mitberechtigung an den Erlösen erlangen.[100] **86a**

Gem. § 100 BGB gehören zu den Nutzungen dabei auch die Gebrauchsvorteile. Unterlässt ein Teilhaber Eigengebrauch, der ihm möglich wäre, mag dies bezüglich der Gebrauchsvorteile als konkludente Zustimmung zu einer vom Anteilsverhältnis abweichenden Verteilung der Nutzungen gelten. Anders jedoch, soweit der Gebrauch aufgrund tatsächlicher Hindernisse unterbleibt. Ob dann wo- **86b**

---

[95] Vgl. *K. Schmidt* in MüKoBGB § 743 Rn. 10 f.; BGH 29.6.1966, NJW 1966, 1707; für Patente bestätigt durch BGH 22.3.2005, BGHZ 162, 342 = GRUR 2005, 663 Rn. 2c – gummielastische Masse II; 21.12.2005, GRUR 2006, 401 Rn. 10 – Zylinderrohr.
[96] Ebenso im Ergebnis *Reimer* PatG § 3 Rn. 11; *Bruchhausen* in Benkard, 9. Aufl., PatG § 6 Rn. 35; *Wunderlich* 117 f.; *Fischer* GRUR 1977, 316 f.; *Storch* 47; *K. Schmidt* in MüKoBGB § 743 Rn. 18; *Chakraborty/Tilmann* 78 f.; *Henke* 255 ff., 261 ff.; *Hühnerbein* 48 f.; nur zugunsten eines Teilhabers, der zur Eigenverwertung in der Lage ist, *Heide* Mitt. 2004, 499 (503); ablehnend *Lüdecke* 211 (vgl. aber auch 213); *Gennen* FS Bartenbach, 2005, 335 (343 ff.); einschränkend BGH 22.3.2005, BGHZ 162, 342 = GRUR 2005, 663 – gummielastische Masse II und im Anschluss hieran *Melullis* in Benkard PatG § 6 Rn. 65.
[97] BGH 16.5.2017, GRUR 2017, 890 Rn. 30 ff. = Mitt 2017, 416 – Sektionaltor II; dazu i. wesentl. zust. *Henke* 420.
[98] BGH 9.6.2020, GRUR 986, 988 Rn. 28 – Penetrometer. Wobei sich daraus, dass nach § 743 Abs. 1 BGB jedem Teilhaber ein seinem Anteil entsprechender Bruchteil der Früchte gebührt, ein Ausgleichsanspruch für unterlassenen Gebrauch nicht herleiten lässt, vgl. BGH 22.3.2005, BGHZ 162, 342 = GRUR 2005, 663 Rn. 2c – gummielastische Masse II; 21.12.2005, GRUR 2006, 401 Rn. 10 – Zylinderrohr; *Heide* Mitt. 2004, 499 (502).
[99] Es versteht sich, dass die Befugnis zum tatsächlichen Gebrauch unberührt bleibt, was *Henke* 263 der vorliegenden Darstellung nicht entnehmen zu können glaubt.
[100] BGH 9.6.2020, GRUR 986, 988 Rn. 30 – Penetrometer.

möglich ganz allgemein Ausgleich gefordert werden kann, muss hier nicht erörtert werden. Geboten ist der Ausgleich jedenfalls bei Rechten an Erfindungen, weil deren wirtschaftlicher Wert einerseits nur durch Benutzung realisierbar ist, dadurch andererseits aber auch aufgezehrt wird.

87 Auch allgemeine Prinzipien stützen den **Ausgleichsanspruch:** Er führt dazu, dass für eine Benutzung, die der Berechtigte nicht verbieten kann, eine Vergütung in Geld geschuldet ist; so wie im Immaterialgüterrecht auch sonst häufig vorgesehen. Kommt er Miterfindern zu, gewährleistet der Ausgleichsanspruch so gleichzeitig auch die gebotene Erfinderbelohnung.

88 Berechnet wird die Höhe des Ausgleichsanspruchs im Wege der **Lizenzanalogie.**[101] Sie wird zunächst für das Gesamtvolumen der Benutzung errechnet und dann als Schuld gemäß den Verhältnissen des tatsächlichen Nutzungsumfangs auf die benutzenden Teilhaber und als Forderung auf alle Teilhaber – auch der benutzenden – nach Anteilsverhältnissen umgelegt. Wieviel jeder bekommt, respektive bezahlen muss, ergibt sich anschließend durch Saldierung.

89 Zu leisten ist ein Ausgleich nicht nur an Teilhaber, die die Erfindung überhaupt nicht benutzen, sondern auch, wenn Teilhaber unterproportional benutzen, also in einem Umfang, der nicht den Anteilsverhältnissen entspricht. Freilich setzt der Anspruch stets voraus, dass dem anspruchstellenden Teilhaber eine wirtschaftlich erfolgversprechende, anteilsgerechte Benutzung nicht zumutbar möglich ist.

90 Der BGH schließt derartige Ausgleichsansprüche zwischen Mitinhabern von Rechten an Erfindungen nicht aus, doch muss der Ausgleich mehrheitlich beschlossen oder vereinbart worden sein oder muss zumindest doch der Ausgleich fordernde Teilhaber seinen Anspruch aus § 745 Abs. 2 BGB auf eine dem Interesse aller Teilhaber nach einer billigem Ermessen entsprechenden Verwaltung und Benutzung geltend gemacht haben; nicht unbedingt gerichtlich, wohl aber nachweisbar.[102] Ausgleich unter den Voraussetzungen des § 745 Abs. 2 BGB kann demgemäß also erst ab dem Zeitpunkt verlangt werden, in dem er anderen Teilhabern gegenüber beansprucht wurde, nicht rückwirkend.[103]

91 Das ist richtig, denn so wird der Ausgleich fordernden Teilhaber gezwungen, das Thema aktiv zu klären.[104] Die vorstehend behandelten Gesichtspunkte werden dann im Rahmen der Billigkeitsprüfung berücksichtigt.[105]

92 8. Zur **Verfügung über seinen Anteil** ist jeder Teilhaber ohne Mitwirkung der anderen in der Lage (§ 747 S. 1). Solange er geheimhaltungspflichtig ist, darf er jedoch nur so verfügen, dass die Geheimhaltung gewahrt bleibt; als Basis von Neuheit und Erfindungshöhe sowie eines wettbewerbs- oder deliktsrechtlichen Schutzes. Das schließt eine Verfügung nicht aus. Der Erwerber muss sich aber seinerseits zur Geheimhaltung verpflichten und der Veräußerer bleibt geheimhaltungspflichtig.

93 Hat der Verkäufer die Geheimhaltungspflicht nicht weitergegeben oder den Erwerber nicht sorgfältig ausgewählt, haftet er für die daraus folgende Offenkundigkeit der Erfindung.

94 Der Anteilserwerber erlangt die Gebrauchsbefugnis gem. § 743 Abs. 2 BGB, auch wenn der Veräußerer die Erfindung nicht benutzt hat; doch tritt er in Benutzungsregelungen ein, die zwischen den Teilhabern vereinbart oder beschlossen wurden (§ 746 BGB). Der Veräußerer verliert sein Benutzungsrecht und etwaige Ausgleichsansprüche.

95 Eine Verfügung in der Weise, dass der Verfügende neben dem Erwerber benutzungsberechtigt bleibt, ist nicht statthaft. Ein Teilhaber kann nicht durch Aufspaltung seines Anteils das Benutzungsrecht ver-

---

[101] BGH 16.5.2017, GRUR 2017, 890 Rn. 50 ff. – Sektionaltor II. So schon *Henke* 266, der zurecht von der Lizenzanalogie ausgeht, im Einzelfall aber den tatsächlichen Nutzergewinn heranziehen will, Rn. 1088, vgl. auch Rn. 1040 ff., 1099 ff.

[102] BGH 22.3.2005, BGHZ 162, 342 = GRUR 2005, 663 Rn. 2b – gummielastische Masse II; zustimmend *Kasper* Mitt. 2005, 488 ff.; krit. insbes. zur Begründung des Urteils *Henke* GRUR 2007, 90 f.

[103] BGH 22.3.2005, BGHZ 162, 342 = GRUR 2005, 663 Rn. 3 – gummielastische Masse II; ebenso OLG Düsseldorf 25.8.2005, Mitt. 2006, 184 – Drehschwingungstilger; krit. *Tilmann* GRUR 2006, 824 (828 f.).

[104] Vgl. *Henke* GRUR 2007, 92.

[105] Vgl. auch die Überlegungen von *Henke* GRUR 2007, 92 (93 ff.).

§ 19. Erfinderprinzip und Erfinderrecht V § 19

vielfältigen. Das käme einer Lizenzierung gleich, die der Zustimmung aller Teilhaber bedarf (vgl. unten → Rn. 99 f.).

Ist die Erfindung noch geheim, darf sie auch ein Anteilserwerber nur insoweit benutzen, als die Geheimhaltung nicht gefährdet wird. Doch können ihm die anderen Teilhaber den Gebrauch nicht schon deshalb untersagen, weil der Veräußerer ihm das Geheimnis unrechtmäßig mitgeteilt hätte. Vielmehr ist jeder Teilhaber im Rahmen seines Verfügungsrechts grundsätzlich befugt, dem Anteilserwerber unter den erforderlichen Vorkehrungen rechtmäßige Kenntnis des Geheimnisses zu verschaffen. Soll diese Befugnis ausgeschlossen werden, bedarf es einer besonderen Vereinbarung. 96

Es versteht sich, dass eine Anteilsveräußerung die übrigen Teilhaber, namentlich wenn sie selbst nutzen,[106] empfindlich stören kann. Ein Vorkaufsrecht wird ihnen dennoch grundsätzlich nicht zuerkannt. Immerhin kann unter besonderen Umständen ein Teilhaber durch §§ 138, 826 oder sogar 226 BGB gehindert sein, an einen Dritten zu veräußern, wenn ihm andere Teilhaber die Übernahme des Anteils zu denselben Bedingungen anbieten. Im Übrigen würde manches dafür sprechen, aus dem im gesetzlichen Schuldverhältnis der Teilhaber geltenden Gebot, nach Treu und Glauben zu handeln und auf die Interessen der anderen Rücksicht zu nehmen (§§ 242, 241 Abs. 2 BGB), die grundsätzliche Pflicht zur Bevorzugung eines in jeder Hinsicht gleichwertigen Angebots von Teilhabern und folglich auch zu deren rechtzeitiger Information über Veräußerungsabsichten abzuleiten.[107] 97

Einen **Verzicht** eines Teilhabers mit der Wirkung, dass sein Anteil den übrigen anwüchse, gibt es bei der Bruchteilsgemeinschaft nicht. Doch kann eine Verzichtserklärung regelmäßig als ein an die anderen Teilhaber gerichtetes Übernahmeangebot interpretiert werden.[108] Vorzuziehen wäre die Anerkennung eines unmittelbar zur Anwachsung führenden Verzichts in Analogie zu § 8 Abs. 4 UrhG.[109] 98

9. **Verfügungen** über das gemeinschaftliche Recht **im ganzen** – wie Übertragung, Einbringung in eine Gesellschaft, Verpfändung, Belastung mit einem Nießbrauch – können nur im Einverständnis aller Teilhaber wirksam erfolgen (§ 747 S. 2 BGB). Keine Verfügung über das Recht an einer Erfindung liegt in der Vornahme einer Schutzrechtsanmeldung.[110] Die Erteilung von **Lizenzen** wird allgemein als Verfügung betrachtet, wenn es sich um ausschließliche Lizenzen handelt. Für die Erteilung nichtausschließlicher Lizenzen ist umstritten, ob sie nur Verpflichtungs- oder (auch) Verfügungswirkung hat (Näheres → § 40 Rn. 26 ff.). Doch ist nach beiden Auffassungen erforderlich, dass alle Teilhaber bei der Erteilung mitwirken oder wirksam vertreten sind oder ihr nachträglich zustimmen. Andernfalls kann die Lizenzierung im Verhältnis zu den nicht einverstandenen Teilhabern weder als Verfügungs- noch als Verpflichtungsgeschäft Rechtswirkungen entfalten, so dass der Lizenznehmer Ansprüchen dieser Teilhaber ausgesetzt ist. Die Lizenz bedarf daher grundsätzlich 99

---

[106] *Fischer* GRUR 1977, 317 will für diesen Fall dem Erwerber die Benutzung nur im Rahmen eines durch ihn übernommenen Betriebs des Veräußerers gestatten. Doch ist eine solche Beschränkung der Rechte von Teilhabern nur zu rechtfertigen, wenn sie *verpflichtet* sind, die Erfindung nicht oder nur in beschränktem Umfang zu benutzen; der Anteilserwerber ist dann gem. § 746 BGB in gleicher Weise gebunden.

[107] Die Gründe, mit denen *Henke* 188 f. dies ablehnt, betreffen im wesentlichen Probleme der Gleichwertigkeit der Angebote. Sein zusätzliches Argument, die übrigen Teilhaber hätten nicht immer die zum Anteilserwerb nötigen Mittel, geht fehl, weil sie dann dem Veräußerungswilligen kein Angebot machen können.

[108] *Wunderlich* 127; *Lüdecke* 144; *K. Schmidt* in MüKoBGB § 747 Rn. 16 f.; *Henke* 183 f.

[109] *Busse/Keukenschrijver* § 6 Rn. 45; ablehnend *Henke* 183 f.; *Hühnerbein* 36 f.

[110] Anders *Lüdecke* 159; *Hühnerbein* 34, die darauf hinweist, dass ein Anwartschaftsrecht auf das Patent begründet und durch den Offenbarungsgehalt der Anmeldung der mögliche Schutzgegenstand begrenzt wird. Dies sind jedoch Rechtsfolgen des Erteilungsanspruchs, der auch bei Anmeldung durch einen Nichtberechtigten entsteht (→ § 20 Rn. 29 f.) und das materielle Recht an der Erfindung nicht verändert. Beeinträchtigt wird dieses (gem. § 3 Abs. 1, § 4 oder § 3 Abs. 2 PatG) erst durch Veröffentlichung der Anmeldung, die aber durch rechtzeitige Zurücknahme noch verhindert werden kann (→ § 25 Rn. 29 f.).

des Einverständnisses aller Teilhaber,[111] zu dessen Erteilung freilich ein rechtmäßiger Mehrheitsbeschluss oder ein aus § 745 Abs. 2 BGB abzuleitender Anspruch verpflichten kann (vgl. → Rn. 62 ff.).[112]

100 Das Verfügungsrecht über den eigenen Anteil befähigt den einzelnen Teilhaber nicht auch zur Lizenzierung: während bei der Anteilsveräußerung der verfügende Teilhaber aus der Gemeinschaft ausscheidet und das Recht zum Gebrauch verliert, bewirkt die Lizenzierung regelmäßig eine Vervielfältigung der Gebrauchsbefugnisse dadurch, dass ein weiterer Benutzungsberechtigter hinzutritt.[113] Anders verhält es sich, wenn bei der Lizenzierung eine Benutzung durch den Teilhaber mit der Wirkung ausgeschlossen wird, dass ein Verstoß nicht nur für den Lizenznehmer, sondern auch für die übrigen Teilhaber Ansprüche begründet. In diesem Fall werden die Teilhaber die Lizenz ebenso hinnehmen müssen wie eine Anteilsübertragung.[114]

101 10. Nach § 749 Abs. 1 BGB kann jeder Teilhaber jederzeit die **Aufhebung der Gemeinschaft** verlangen. Ist durch Vereinbarung dieses Recht ausgeschlossen oder der Einhaltung einer Kündigungsfrist unterworfen, kann es gleichwohl (fristlos) ausgeübt werden, wenn ein wichtiger Grund vorliegt (§ 749 Abs. 2, 3 BGB). Dagegen ist ohne einschränkende Vereinbarung das Recht, Aufhebung zu verlangen, auch bei gemeinschaftlichen Rechten an Erfindungen nicht von einem wichtigen Grund abhängig,[115] wie dies im patentrechtlichen Schrifttum überwiegend angenommen wird.[116] Freilich können sich aus Vertragsbeziehungen, die zwischen den Teilhabern bestehen, auch ohne ausdrückliche Vereinbarung Schranken für die Ausübung des Aufhebungsrechts ergeben.[117]

102 Die Aufhebung erfolgt beim gemeinschaftlichen Recht an einer Erfindung durch **Verkauf und Teilung des Erlöses** (§ 753 Abs. 1 S. 1 BGB); eine Teilung „in Natur", etwa nach Ansprüchen eines Patents oder einer Anmeldung oder nach Beiträgen von Miterfindern kommt regelmäßig nicht in Betracht und kann jedenfalls nicht gegen den Willen eines Teilhabers durchgesetzt werden. Der Verkauf richtet sich, wenn sich die Teilhaber nicht anders einigen, nach den Vorschriften über den Pfandverkauf. Das bedeutet hier, dass eine Verwertung auf Grund eines vollstreckbaren Titels (der entsprechende Klage und Verurteilung voraussetzt) nach den für die **Zwangsvollstreckung** geltenden Vorschriften zu erfolgen hat (§ 1277 BGB). Regelmäßig führt dies dazu, dass das Recht auf gerichtliche Anordnung gem. § 857 Abs. 5 ZPO im Wege öffentlicher Versteigerung oder freihändigen Verkaufs veräußert wird.[118] Das Gericht hat jedoch auch die Möglichkeit, eine Versteigerung nur unter den Teilhabern herbeizuführen oder einem Teilhaber das Recht zum Schätzpreis zu überweisen.[119] Eine solche Form der Verwertung ist insbesondere angebracht, wenn die Erfindung geheim bleiben soll.

---

[111] *Bernhardt* 82; *Lindenmaier* § 3 Rn. 23; *Lüdecke* 225 f.; *Melullis* in Benkard PatG § 6 Rn. 67; aM *Chakraborty/Tilmann* 77 f.

[112] Auf diesem Weg kann auch den Fällen Rechnung getragen werden, in denen *Fischer* GRUR 1977, 315 f. eine Lizenzierung durch einzelne Teilhaber für zulässig hält.

[113] Vgl. *Fitzner* in Fitzner/Lutz/Bodewig PatG § 6 Rn. 46; *Wunderlich* 122. – *Henke* 71 will diese Überlegung nicht gelten lassen, weil auch durch Übertragung eines Anteils an mehrere Erwerber die Zahl der Benutzungsberechtigten erhöht werden könne; eben deshalb ist aber bei der Übertragung eine Aufspaltung des Anteils nicht zulässig, → Rn. 92 ff.

[114] Auf dieser Grundlage könnte auch der von *van Venrooy* Mitt. 2000, 26 ff. behandelte Fall befriedigend gelöst werden: der Lizenzgeber müsste die Verpflichtung, die Erfindung nicht zu benutzen, auch zugunsten etwaiger Mitberechtigter eingehen.

[115] *K. Schmidt* in MüKoBGB § 741 Rn. 60, 63, § 749 Rn. 9; *Henke* 191 ff., 199.

[116] *Reimer* PatG § 3 Rn. 11; *Bernhardt* 83; *Wunderlich* 136 f.; *Niedzela-Schmutte* 166; für den Regelfall auch *Sefzig* GRUR 1995, 302 (306). – Nach *Fischer* GRUR 1977, 318 sollen die Teilhaber überhaupt nicht Aufhebung verlangen, sondern nur aus wichtigem Grund „austreten" können, wobei ihr Anteil den übrigen Teilhabern – möglicherweise sogar entschädigungslos – anwachsen soll.

[117] In diesem Sinne *Lindenmaier* § 3 Rn. 25; *Lüdecke* 148.

[118] *Staudinger/Langhein* (2002) § 753 Rn. 15 ff.

[119] *Staudinger/Langhein* (2002) § 753 Rn. 18.

Um die Schwierigkeiten des gesetzlich vorgesehenen Verfahrens, die dabei drohenden Wertverluste und nachteilige Folgen einer Veräußerung insbesondere für selbstnutzende Teilhaber zu vermeiden, empfiehlt es sich oft, die Aufhebung der Gemeinschaft einvernehmlich in der Weise zu regeln, dass der oder die aufhebungswilligen Teilhaber ausscheiden und von dem oder den übrigen, die das Recht behalten, für den Wert ihres Anteils abgefunden werden. Im Schrifttum wird sogar angenommen, dass den nicht aufhebungswilligen Teilhabern ein Übernahmerecht auch gegen den Willen derjenigen zustehe, die die Aufhebung verlangen.[120] Gewiss kann sich aus Vertragsbeziehungen unter den Teilhabern auch ohne ausdrückliche Vereinbarung die Verpflichtung ergeben, hinsichtlich der Art und Weise der Auseinandersetzung auf berechtigte Interessen anderer Teilhaber Rücksicht zu nehmen; was demgemäß gefordert werden kann, ist jedoch eine Frage des Einzelfalls. Eine allgemeine Regel, wonach an die Stelle des gesetzlich vorgesehenen Verfahrens ohne weiteres ein bestimmtes anderes zu treten hätte, lässt sich nicht aufstellen. 103

c) Rechtsverhältnisse bei Bestehen einer Gesellschaft

1. Zwischen Miterfindern oder sonstigen Mitinhabern des Rechts an einer Erfindung besteht eine Gesellschaft, wenn sie vertraglich die Verfolgung eines gemeinsamen Zwecks, insbesondere die Zusammenarbeit bei der Entwicklung oder die gemeinsame Verwertung der Erfindung vereinbart haben. Solche Fälle sind häufig. Regelmäßig geht auch das Recht an der Erfindung alsbald nach seiner Entstehung in das gesamthänderisch gebundene Gesellschaftsvermögen über; ein originärer Erwerb zur gesamten Hand findet jedoch nicht statt (vgl. → Rn. 55). 104

2. Die **Verwaltung** des gemeinschaftlichen Rechts und die **Benutzung** der Erfindung sind Angelegenheiten der **Geschäftsführung.** Diese steht, wenn vertraglich nichts anderes bestimmt ist, allen Gesellschaftern gemeinschaftlich zu (§ 709 BGB); Mehrheitsbeschlüsse sind nur verbindlich, wenn der Gesellschaftsvertrag sie vorsieht. Insgesamt besteht daher ein stärkerer Zwang zur Einigung als bei der Bruchteilsgemeinschaft. Das gilt auch für die Benutzung durch die Gesellschafter selbst; das Gesetz gibt den einzelnen Gesellschaftern kein selbständiges Recht, Gegenstände des Gesellschaftsvermögens zu gebrauchen. 105

Die **Vertretung** der Gesellschafter gegenüber Dritten steht nach § 714 BGB den geschäftsführungsberechtigten Gesellschaftern, grundsätzlich also allen Gesellschaftern gemeinsam zu. In entsprechender Anwendung von § 744 Abs. 2 BGB[121] wird aber angenommen, dass jeder Gesellschafter berechtigt ist, die Erfindung beim Patentamt anzumelden, wenn dies zur Vermeidung eines Rechtsverlustes erforderlich ist (vgl. → Rn. 73 ff.). 106

3. Über das Recht an der Erfindung können – wie allgemein über Gegenstände des Gesellschaftsvermögens – nur alle Beteiligten **gemeinsam verfügen;** ist einzelnen Gesellschaftern Vertretungsmacht eingeräumt, können sie Verfügungen im Namen aller wirksam vornehmen. In wesentlicher Abweichung vom Recht der Bruchteilsgemeinschaft können die Gesellschafter **nicht über Anteile an Gegenständen** des Gesellschaftsvermögens verfügen (§ 719 Abs. 1 BGB). Die Gesellschaft ist aus diesem Grund stabiler als die Bruchteilsgemeinschaft. Nach dem Gesetz kann der einzelne Gesellschafter auch über seinen **Anteil am Gesellschaftsvermögen** nicht verfügen. Doch ist diese Vorschrift abdingbar: wenn der Gesellschaftsvertrag es zulässt oder alle anderen Gesellschafter einverstanden sind, kann ein Gesellschafter seinen Anteil veräußern; er verliert damit nicht nur seine vermögensrechtliche Beteiligung, sondern überhaupt seine Stellung als Gesellschafter, ist also insbesondere nicht mehr befugt, an der Geschäftsführung mitzuwirken. 107

4. Jeder Gesellschafter hat das Recht der **Kündigung;** er kann es, wenn nichts anderes vereinbart ist, grundsätzlich jederzeit ausüben (§ 723 Abs. 1 S. 1 BGB); kündigt er aber „zur 108

---

[120] *Bernhardt* 83; *Reimer* PatG § 3 Rn. 11; *Wunderlich* 139.
[121] Vgl. *Lindenmaier* § 3 Rn. 28; *Fitzner* in Fitzner/Lutz/Bodewig PatG § 6 Rn. 40; *Lüdecke* 134 f., 163.

Unzeit", ohne hierfür einen wichtigen Grund zu haben, macht er sich schadenersatzpflichtig (§ 723 Abs. 2 BGB). Das Kündigungsrecht kann im Gesellschaftsvertrag eingeschränkt, aber nicht ganz ausgeschlossen werden (§ 723 Abs. 3 BGB). Ein Gesellschafter, der einen wichtigen Grund zur Kündigung hat, kann ungeachtet entgegenstehender Vertragsbestimmungen kündigen. Als wichtiger Grund kommt neben den in § 723 Abs. 1 S. 3 genannten Fällen bei einer Gesellschaft, die die Verwertung einer Erfindung bezweckt, namentlich in Betracht, dass die Gesellschafter zu einer erfolgversprechenden Verwertung nicht in der Lage sind oder sich über die Art und Weise der Verwertung nicht einigen können.

109 Die Kündigung führt zur **Auflösung** der Gesellschaft und zieht die **Auseinandersetzung** hinsichtlich des Gesellschaftsvermögens nach sich (§ 730 BGB). Auf diesem Weg erlangt jeder Gesellschafter letztlich seinen Anteil am Wert der Erfindung (vgl. § 733 BGB). Die Auseinandersetzung wird grundsätzlich von allen Gesellschaftern gemeinsam durchgeführt (§ 730 Abs. 2 S. 2 BGB). Einigen sie sich über die Art und Weise der Verwertung der zum Gesellschaftsvermögen gehörigen Erfindung nicht, bleibt letztlich nur der Weg der Zwangsvollstreckung (§§ 731 S. 2, 753, 1277 BGB, vgl. → Rn. 102).[122]

110 Die Kündigung bildet für einen Gesellschafter, der seinen Gesellschaftsanteil – der gesetzlichen Regel gemäß – nicht veräußern kann, den einzigen Weg, sich aus der Bindung zu lösen. Durch Vereinbarung kann, wie erwähnt, die Kündigung nicht vollständig ausgeschlossen werden. Doch kann der Gesellschaftsvertrag verhindern, dass sie zur Auflösung führt, indem er bestimmt, dass die Gesellschaft unter den übrigen fortbesteht; dann scheidet lediglich der Kündigende aus (§ 736 BGB). Sein Anteil am Gesellschaftsvermögen wächst den übrigen Gesellschaftern zu, die ihn dafür wertmäßig abzufinden haben (§ 738 BGB).

§ 20. Der Schutz des Erfinderrechts

I. Der Übertragungsanspruch nach § 8 PatG

a) Voraussetzungen

1 1. Der Berechtigte, dessen Erfindung von einem Nichtberechtigten zum Patent angemeldet ist, kann vom Patentsucher verlangen, dass ihm der Anspruch auf Patenterteilung abgetreten wird; hat die Anmeldung bereits zum Patent geführt, kann er vom Patentinhaber die Übertragung des Patents verlangen; die gleichen Ansprüche hat der „durch widerrechtliche Entnahme Verletzte" (§ 8 S. 1 und 2 PatG). Entsprechendes gilt im Gebrauchsmusterrecht (§ 13 Abs. 3 GebrMG iVm § 8 PatG).[1]

2 Die **Klage** auf Übertragung[2] des Erteilungsanspruchs oder Schutzrechts ist vor den für Patent- bzw. Gebrauchsmusterstreitsachen zuständigen ordentlichen Gerichten (§ 143 PatG, § 27 GebrMG) gegen denjenigen zu erheben, der im Register als Patentanmelder, Patent- oder Gebrauchsmusterinhaber eingetragen ist (§ 30 Abs. 3 S. 2 PatG, § 8 Abs. 4 S. 2 GebrMG).[3] Das der Klage stattgebende rechtskräftige Urteil ersetzt die zur Übertragung erforderliche Willenserklärung des Bekl. (§ 894 ZPO).

3 Ein nach Klageerhebung erfolgender Übergang des Erteilungsanspruchs oder Schutzrechts auf einen Dritten hat auch nach entsprechender Umschreibung im Register auf den Prozess keinen Einfluss (§ 265 Abs. 2 ZPO); das Urteil wirkt für und gegen den Dritten (§ 325 ZPO).[4] Wird der Erteilungs-

---

[122] Vgl. Staudinger/*Langenhein* (2002) § 749 Rn. 94 ff., 98.
[1] Grundlegendes Plädoyer für die dogmatische Konstruktion von § 8 PatG als Pendant zu § 985 BGB bis hin zum Gutglaubensschutz *McGuire* Mitt. 2019, 197 ff.
[2] Auch die Anspruchsabtretung ist Übertragung, wie sich aus § 398 BGB ergibt.
[3] Vor Offenlegung der Patentanmeldung bzw. Eintragung des Gbm ist die Klage gegen den aus den Akten ersichtlichen Anmelder zu richten.
[4] BGH 24.10.1978, GRUR 1979, 145 (147) – Aufwärmvorrichtung; OLG Karlsruhe 12.2.1997, Mitt. 1998, 101 (102).

§ 20. Der Schutz des Erfinderrechts I § 20

anspruch oder das Schutzrecht *dem Kl. übertragen* und ihm auch die erforderliche Umschreibungsbewilligung (→ Rn. 16) erteilt, erledigt sich der Prozess in der Hauptsache. Gleiches gilt, wenn während des Prozesses rechtskräftig das Patent widerrufen oder für nichtig erklärt oder das Gbm gelöscht wird.[5]

2. Berechtigter ist jeweils der **Inhaber des Rechts auf den Schutz.** Das kann der Erfinder sein; im Fall einer Rechtsnachfolge ist es derjenige, auf den das Recht zuletzt übergegangen ist, zB ein Erwerber, dem es rechtsgeschäftlich übertragen wurde, ein ArbGeb, der die Erfindung in Anspruch genommen hat, oder ein Erbe. Nichtberechtigter ist jeder, der nicht Inhaber des Rechts ist, auch wenn es ihm früher einmal zugestanden hat. So ist der Erfinder, der die Erfindung nach Veräußerung seines Rechts oder nach Inanspruchnahme seitens seines ArbGeb für sich selbst anmeldet, als Nichtberechtigter gem. § 8 PatG übertragungspflichtig. Mit den Worten „dessen Erfindung" meint somit das Gesetz nicht die Urheberschaft, sondern die – gegebenenfalls abgeleitete – Rechtsinhaberschaft. 4

Anspruchs- und klageberechtigt sind auch Personen, die ihr Recht von einem **ausländischen Erfindungsakt** herleiten. Sie können sich auf den Grundsatz des deutschen Rechts berufen, wonach das Recht auf das Patent oder Gbm nicht durch die Anmeldung, sondern kraft des Erfindungsakts erworben wird. In der Frage, für wen auf dieser Grundlage das Recht entstanden und auf wen es gegebenenfalls übergangen ist, können sich jedoch ausländische Regelungen auswirken. Namentlich folgt die Zuordnung des Rechts an der Erfindung an AN oder ArbGeb (→ § 21 Rn. 28 ff.) dem auf das Arbeitsverhältnis anwendbaren Recht **(Arbeitsstatut)** und *nicht etwa* dem Recht des Landes, in dem das Schutzrecht erteilt wurde oder die Anmeldung anhängig ist **(Schutzlandprinzip).** Dem Schutzlandprinzip folgt das für den Vindikationsanspruch maßgebliche Recht.[6] 5

Der Anmelder oder Schutzrechtsinhaber ist im Verhältnis zum Kl. nur dann Nichtberechtigter, wenn der Inhalt der Anmeldung oder des Schutzrechts von **demselben Erfindungsakt** herrührt wie das Recht, auf welches die Übertragungsklage gestützt wird. Daran fehlt es, wenn Anmeldung oder Schutzrecht auf einer selbständigen Parallelerfindung beruhen. Steht in diesem Fall das entsprechende Recht auf den Schutz nicht dem Anmelder oder Schutzrechtsinhaber, sondern einem Dritten zu, kann nur dieser den Übertragungsanspruch geltend machen. Anzustellen ist mithin stets ein **prüfender Vergleich** der zum Patent angemeldeten mit derjenigen Lehre, deren widerrechtliche Entnahme geltend gemacht wird. Das hat der BGH-Patentsenat erst unlängst nochmals klargestellt.[7] 6

3. Neben dem Inhaber des Rechts auf das Patent oder Gbm kann nach § 8 PatG auch der durch **widerrechtliche Entnahme Verletzte** die Übertragung verlangen. Widerrechtliche Entnahme liegt vor, wenn der wesentliche Inhalt einer Anmeldung, eines Patents oder eines Gbm den Beschreibungen, Zeichnungen, Modellen, Gerätschaften oder Einrichtungen eines anderen oder einem von diesem angewendeten Verfahren ohne dessen Einwilligung entnommen worden ist (§ 21 Abs. 1 Nr. 3 PatG; § 13 Abs. 2 GebrMG). Voraussetzung ist damit, dass der Betroffene **Erfindungs(mit)besitz** hatte. Das ist der tatsächliche Zustand, der die Möglichkeit gewährt, die Erfindung zu benutzen; Erfindungsbesitz hat, wer die fertige Erfindung kennt oder über Unterlagen verfügt, aus denen er Kenntnis von ihr erlangen kann.[8] 7

Der Anspruch hängt davon ab, dass Anmeldung, Patent oder Gbm des Bekl. und Erfindungsbesitz des Kl. auf **denselben Erfindungsakt** – und nicht etwa auf voneinander unabhängige Parallelerfindungen[9] – zurückgehen. Dagegen kommt es nicht darauf an, ob 8

---

[5] Vgl. *Giebe* Mitt. 2002, 303.
[6] OLG Karlsruhe 13.4.2018, Mitt. 2018, 506 Rn. 145, 146 – Rohrleitungsprüfung, mAnm *Krahforst* Mitt. 2019, 207, die meint, Teile eines Bündelpatents sollten stets nur nach einem Recht vindiziert werden können. Dazu auch → § 21 Rn. 31.
[7] BGH 20.10.2015, GRUR 2016, 265 Rn. 22 – Kfz-Stahlbauteil.
[8] Vgl. RG 15.12.1928, RGZ 123, 58 (61); BGH 21.6.1960, GRUR 1960, 546 (548) – Bierhahn; vgl. auch OLG Frankfurt a. M. 3.7.1986, GRUR 1987, 886 (891) – Aufwärmvorrichtung.
[9] Zu den Beweisanforderungen hinsichtlich des Ausschlusses dieser Möglichkeit BGH 24.10.1978, GRUR 1979, 145 Rn. 3c – Aufwärmvorrichtung.

dem Erfindungsbesitz des Anmelders ein – von ihm selbst oder einem Besitzvorgänger verübter – unrechtmäßiger Eingriff in den Erfindungsbesitz des Kl., insbesondere eine Geheimnisverletzung, zugrunde liegt. Wesentlich ist allein die **Unrechtmäßigkeit der Anmeldung.**[10] Es ist deshalb widerrechtliche Entnahme, wenn jemand eine ihm gesprächsweise mitgeteilte oder in Vertragsverhandlungen zugänglich gemachte Erfindung eigenmächtig für sich anmeldet.[11] Sogar die Anmeldung eines **früheren Inhabers** des Rechts an der Erfindung – zB des Erfinders, der es durch Veräußerung oder infolge Inanspruchnahme verloren hat – wird als widerrechtliche Entnahme angesehen, obwohl der Anmelder in solchen Fällen den Erfindungsbesitz nicht vom klagenden Rechtserwerber ableitet.[12]

9   Keine widerrechtliche Entnahme liegt gegenüber einem Erfindungsbesitzer vor, der zur Anmeldung seine **Einwilligung** erteilt hat; diese muss als **Rechtsgeschäft** den hierfür nach bürgerlichem Recht maßgebenden Voraussetzungen genügen. Wer **selbst Inhaber** des Rechts auf den Schutz ist, begeht durch die Anmeldung ebenfalls keine widerrechtliche Entnahme. So kann gegen das Übertragungsverlangen eines Erfindungsbesitzers eingewandt werden, dass das Recht auf den Anmelder oder Schutzrechtsinhaber übergegangen oder mangels wirksamer Veräußerung bei diesem verblieben ist.

10 Der Bekl. kann, auch wenn er *nicht selbst der Berechtigte* ist, einwenden, dass das Recht nicht dem Kl. zusteht, weil es auf einen Dritten übergegangen oder bei einem Dritten verblieben ist.[13] Der Einwand erfordert lediglich die Feststellung, dass *jedenfalls der Kl. nicht der Berechtigte ist.* Es besteht kein Anlass, zu einer Übertragung zu verurteilen, die lediglich den Kl. seinerseits in die Position eines widerrechtlich Entnehmenden bringen würde. Besser ist es hier, dem Anmelder oder Patentinhaber seine Position zu belassen, solange der wahre Berechtigte nicht eingreift (anders bei Einspruch, Nichtigkeitsklage und Löschungsantrag, vgl. → Rn. 68 ff.).

11 Die Übertragungsklage zielt, auch wenn sie auf widerrechtliche Entnahme gestützt wird, nicht als eine Art Besitzstörungsklage auf vorläufige Wiederherstellung eines tatsächlichen Zustands. Der weite Begriff der widerrechtlichen Entnahme erfordert vielfach eine Prüfung der Rechtsinhaberschaft. Er hat sich herausgebildet, als Einspruch und Nichtigkeitsklage wegen widerrechtlicher Entnahme die alleinigen gegen Anmeldungen und Patente Nichtberechtigter bildeten. Bei Einführung der Übertragungsklage war es im Grunde nicht erforderlich, auch in deren Rahmen die Berufung auf widerrechtliche Entnahme zu gestatten. Dass es dennoch geschah, bezweckte nur eine Beweiserleichterung für den Kl.,[14] aber nicht den Ausschluss des Einwands (und Nachweises) fehlender Rechtsinhaberschaft.

12 4. Da Erfindungsbesitz und widerrechtliche Entnahme ebenso wie ein Recht auf das Patent oder Gebrauchsmuster nur hinsichtlich einer **fertigen Erfindung** in Frage kommen,[15] begründet die Übernahme fremder **Anregungen oder Ideen,** die sich noch nicht

---

[10] OLG Frankfurt a. M. 3.7.1986, GRUR 1987, 886 (889) (zu c), 890.
[11] Vgl. OLG München 22.12.1950, GRUR 1951, 157.
[12] Vgl. BGH 24.10.1978, GRUR 1979, 145 (147) – Aufwärmvorrichtung: Es kommt nicht darauf an, welche der streitenden Parteien als erste im Besitz der Erfindung war.
[13] BGH 30.10.1990, GRUR 1991, 127 – Objektträger; ebenso die 4.Aufl. im Anschluss an *Hubmann* 4.Aufl., 122 und *Bruchhausen* in Benkard, 7.Aufl., PatG § 8 Rn. 4.
[14] So die Begründung zum PatG 1936, BlPMZ 1936, 105; BGH 30.10.1990, GRUR 1991, 127 (128) – Objektträger; vgl. auch *Lüdecke* GRUR 1966, 2; *Ohly* 25.
[15] *Melullis* in Benkard PatG § 8 Rn. 21; vgl. auch *Moufang* in Schulte PatG § 21 Rn. 46; *Bernhardt* 129; BGH 27.10.1961, GRUR 1962, 140 – Stangenführungsrohre; OLG Frankfurt a.M. 3.7.1986, GRUR 1987, 886 (889). – BGH 17.1.1995, Mitt. 1996, 16 (18) – gummielastische Masse I führt allerdings unter Hinweis auf seine Rechtsprechung zur Miterfinderschaft (→ § 19 Rn. 17 ff.) aus, dem Vindikationsanspruch sehe sich auch ausgesetzt, wer keine vollständige, für sich allein schutzfähige Erfindung, aber einen wesentlichen Beitrag zu dem von ihm angemeldeten oder für ihn geschützten Gegenstand entnommen habe. Das trifft den entschiedenen Fall nicht, weil es nicht um Fragen der Miterfinderschaft ging, sondern als Gegenstand einer Entnahme nur Ergebnisse einer vom Anmelder

§ 20. Der Schutz des Erfinderrechts

zu einer ausführbaren Erfindung verdichtet haben, keinen Übertragungsanspruch.[16] Dagegen ist, wenn eine fertige Erfindung vorliegt, die Frage ihrer **Schutzfähigkeit** im Streit wegen des Übertragungsanspruchs nicht zu prüfen.[17]

Der Übertragungsanspruch besteht nur, soweit sich hinreichende **Übereinstimmung** 13 zwischen dem Anmeldungs- oder Schutzrechtsinhalt und dem Gegenstand des geltend gemachten Rechts oder Erfindungsbesitzes zeigt. Ausgehend von der Anmeldung oder dem Schutzrecht ist zu prüfen, ob darin die wesentlichen Merkmale der Erfindung wiederkehren.[18]

Hat der Anmelder der fremden Erfindung eine eigene hinzugefügt, kann nur eine ent- 14 sprechend eingeschränkte Übertragung verlangt werden (vgl. → Rn. 20 ff.). Hebt sich eine zum *Patent* angemeldete oder patentierte Problemlösung *insgesamt* in erfinderischer Weise von der technischen Lehre ab, auf die der Anspruch gestützt wird, ist dieser nicht begründet, auch wenn jene Lösung in Kenntnis der fremden Erfindung erarbeitet und durch sie angeregt wurde. Dagegen lassen Abwandlungen und Ergänzungen, die im Rahmen des Fachkönnens liegen, nach allgemeiner Auffassung den Übertragungsanspruch unberührt.[19]

Für den Anspruch auf Übertragung eines *Gebrauchsmusters* oder einer hierauf gerichteten 15 Anmeldung wird vorauszusetzen sein, dass deren Gegenstand im Verhältnis zu demjenigen des geltend gemachten Erfinderrechts *keinen erfinderischen Schritt* iSd § 1 Abs. 1 GebrMG bedeutet.

b) Inhalt des Anspruchs

1. Der Anspruch geht auf **Übertragung** des Anspruchs auf Patenterteilung oder Ge- 16 brauchsmustereintragung oder, wenn diese schon erfolgt sind, des hierdurch begründeten Schutzrechts.[20] Die Übertragung erfolgt gem. §§ 413, 398 BGB durch formlosen Vertrag. Die **Umschreibung** im Register gem. § 30 Abs. 3 S. 1 PatG, § 8 Abs. 4 S. 1 GebrMG ist zur Wirksamkeit der Übertragung nicht erforderlich. Das DPMA nimmt sie vor, wenn ihm ein Antrag und Nachweise vorliegen, die den Anforderungen von § 28 DPMAV genügen.[21] Deshalb muss von einem Übertragungspflichtigen auch verlangt werden können, dass er

---

selbst als Arbeitnehmer der Klägerin ausgeübten Tätigkeit in Frage standen, die letztere als Diensterfindung in Anspruch genommen hatte. Dies war aber nur hinsichtlich einer während der Dauer des Arbeitsverhältnisses fertiggestellten Erfindung möglich (→ § 21 Rn. 45 ff.). Fehlte es hieran (was im Prozess noch ungeklärt war), konnte die Einbeziehung bei der Kl. erlangter Kenntnisse in eine nach Beendigung des Arbeitsverhältnisses vom Bekl. fertiggestellte eigene Erfindung allenfalls als Geheimnisverletzung beanstandet werden.

[16] Das gilt für die *eigenmächtige* Benutzung. Bei *einverständlicher* Benutzung kann die Anregung oder Idee zur Miterfinderschaft führen, sofern sie als selbständiger geistiger Beitrag in die Problemlösung eingeht, vgl. → § 19 Rn. 17 ff.; BGH 10.11.1970, GRUR 1971, 210 (213) – Wildverbissverhinderung; zum Übertragungsanspruch unter Miterfindern → Rn. 17 ff.

[17] BGH 27.10.1961, GRUR 1962, 140 – Stangenführungsrohre mit Nachweisen; 6.3.1979, GRUR 1979, 692 (694) – Spinnturbine I; 11.11.1980, BGHZ 78, 358 (366) – Spinnturbine II; 17.1.1995, Mitt. 1996, 16 – gummielastische Masse I; 15.5.2001, GRUR 2001, 823 (825) – Schleppfahrzeug. – *Loth* GebrMG § 5 Rn. 13 berücksichtigt diese Rechtsprechung nicht und sieht deshalb ein nicht existierendes Problem.

[18] Vgl. im Einzelnen *Melullis* in Benkard PatG § 8 Rn. 21 und *Rogge/Kober-Dehm* in Benkard PatG § 21 Rn. 24; *Busse/Keukenschrijver* PatG § 8 Rn. 15; BGH 6.3.1979, GRUR 1979, 692 (693) – Spinnturbine I; 11.11.1980, BGHZ 78, 358 (363 ff., 367 f.) – Spinnturbine II; 17.1.1995, Mitt. 1996, 16 (18) – gummielastische Masse I.

[19] BGH 1.3.1977, BGHZ 68, 242 (246) – Geneigte Nadeln mit Nachweisen.

[20] Dazu auch LG Nürnberg-Fürth 24.1.1991, Mitt. 1993, 110, das den auf Übertragung des Erteilungsanspruchs verklagten Anmelder im Verfahren der einstweiligen Verfügung verurteilt, die Erklärungen abzugeben, die erforderlich sind, damit der Kl. gem. § 40 PatG für eine eigene Anmeldung die Priorität der Anmeldung des Bekl. in Anspruch nehmen kann.

[21] *Schäfers* in Benkard PatG § 30 Rn. 13b; vor Offenlegung erfolgt die Umschreibung in den Akten, vgl. *Schäfers* in Benkard PatG § 30 Rn. 19.

eine schriftliche (nicht notwendigerweise auch beglaubigte) Umschreibungsbewilligung oder Übertragungserklärung erteilt (§ 28 Abs. 2 (b), Abs. 3 DPMAV). Ist er allerdings zur Übertragung rechtskräftig verurteilt, genügt die Vorlage der Urteilsausfertigung als Nachweis des Personenwechsels.[22]

17   2. Ein **Mitinhaber** des Rechts auf das Patent oder Gbm kann von einem anderen Mitinhaber, der die Erfindung eigenmächtig für sich allein angemeldet und gegebenenfalls geschützt erhalten hat, **Einräumung einer** seinem Anteil (vgl. → § 19 Rn. 57ff.) entsprechenden **Mitberechtigung** verlangen,[23] die in der gleichen Weise vorzunehmen ist wie die Vollübertragung.

18   Wird letztere verlangt, ist darin von vornherein das Verlangen, eine Mitberechtigung einzuräumen, für den Fall enthalten, dass sich der Anspruchsteller − beispielsweise, weil er nur Miterfinder ist − lediglich als Mitinhaber des Rechts erweist; deshalb darf eine uneingeschränkte Übertragungsklage nicht abgewiesen werden, wenn nach Sachlage eine Mitberechtigung des Klägers in Betracht kommt.[24]

19   Der Anspruch auf quotenmäßige Beteiligung wird auch zu gewähren sein, wenn außer dem Kl. weitere Teilhaber vorhanden sind, und zwar selbst dann, wenn der Anmelder oder Schutzrechtsinhaber nicht zu den Teilhabern gehört und deshalb in vollem Umfang übertragungspflichtig ist. Im letzteren Fall sollte freilich − trotz der quotenmäßigen Teilbarkeit der Leistung − jeder Teilhaber entsprechend §§ 1011, 432 BGB ebenso gut auf vollständige Übertragung an alle klagen können.

20   3. Ein Anspruch auf Einräumung einer Mitberechtigung kann auch dadurch zustande kommen, dass der Anmelder mit einer fremden Erfindung **eigene erfinderische Zutaten** in derselben Anmeldung verbunden hat. Der Inhaber des Rechts an jener Erfindung kann dann nicht verlangen, dass ihm die Anmeldung oder das Schutzrecht uneingeschränkt übertragen, wohl aber, dass er nach Maßgabe seines Beitrags daran beteiligt wird.[25]

21   Soweit der Anteil des Verletzten einen „trennbaren Bestandteil der Anmeldung des Verletzers"[26] darstellt, wenn dieser Anteil also ohne Rückgriff auf den übrigen Anmeldungsinhalt Gegenstand einer Teilanmeldung sein könnte, lässt sich die für den Verletzten oft unerwünschte Folge, dass er als Mitberechtigter in eine Rechtsgemeinschaft mit dem Verletzer geriete, solange noch kein Schutzrecht erteilt ist,[27] dadurch vermeiden, dass der Verletzer seine **Anmeldung** (gem. § 39 PatG bzw. § 4 Abs. 6 GebrMG) durch Ausscheidung des ihm nicht zustehenden Inhalts **teilt** und dem Verletzten die diesbezügliche **Trennanmeldung abtritt** − und der Verletzte auch nur dies fordern kann.[28] Bildet das vom Übertragungskläger stammende Gedankengut keinen trennbaren Bestandteil der Anmeldung des Verletzers, kommt eine Trennung nicht in Betracht und hat der Verletzte Anspruch auf **Einräumung einer Mitberechtigung an der Verletzeranmeldung**. Die Größe seines (ideellen) Anteils muss der Verletzungskläger in seinem Klageantrag zunächst noch nicht angeben.[29] Diese ist schwer zu ermitteln und häufig überdies zweitrangig, weil der Mitberechtigte nach

---

[22] *Ohly* 61 f. hält es deshalb für überflüssig, auf Bewilligung der Umschreibung zu klagen; doch sollte der Bekl. nicht durch freiwillige Übertragung den Prozess erledigen können, ohne dem Kl. auch einen für die Umschreibung genügenden Nachweis des Rechtsübergangs zur Verfügung zu stellen.

[23] BGH 20.2.1979, BGHZ 73, 337 (342 f.) = GRUR 1979, 540 (541 f.) − Biedermeiermanschetten.

[24] BGH 11.4.2006, GRUR 2006, 747 Rn. 9, 10, 13 − Schneidbrennerstromdüse.

[25] BGH 6.3.1979, GRUR 1979, 692 (694) − Spinnturbine I.

[26] BGH 12.3.2009, GRUR 2009, 657 (658) − Blendschutzbehang, unter Hinweis auf 6.3.1979, GRUR 1979, 692 − Spinnturbine I.

[27] Nach Erteilung eines Patents ist durch Einspruch, Teilwiderruf und Nachanmeldung ein ähnliches Ergebnis erzielbar, vgl. → Rn. 76ff.

[28] BGH 12.3.2009, GRUR 2009, 657 (658) − Blendschutzbehang. *Obiter dictum* stellt der Senat fest, die Einräumung einer Mitberechtigung sei in dieser Konstellation subsidiär gegenüber einer Anmeldungsteilung. Ob diese Subsidiarität auch sonst besteht, entscheidet er ausdrücklich nicht, äußert insoweit jedoch Zweifel!

[29] BGH 12.3.2009, GRUR 2009, 657 (659) − Blendschutzbehang.

§ 20. Der Schutz des Erfinderrechts   I **§ 20**

Patenterteilung auch ohne Rücksicht auf die Größe seines Anteils zur Patentbenutzung berechtigt ist.[30]

Anders als an (materiellen) Anmeldungsgegenständen, die mehreren gemeinsam zustehen können, ist **an einer Patentanmeldung,** mit der der öffentlich-rechtliche Anspruch auf Patenterteilung verfolgt wird, eine **Mitberechtigung nur insgesamt** möglich. Keine Mitberechtigung geben kann es an einzelnen Patentansprüchen oder (gar) an Teilen von Ansprüchen.[31]

Auf die Schutzfähigkeit des Gegenstands der Trennanmeldung kommt es für den Übertragungsanspruch nicht an. Über sie ist bei Prüfung der Trennanmeldung bzw. des auf sie eingetragenen Gebrauchsmusters zu befinden. **22**

Im Verhältnis zwischen Mitinhabern eines Rechts auf das Patent oder Gbm, von denen der eine oder andere bei der Anmeldung übergangen wurde, ist das geschilderte Verfahren einer „Realteilung" grundsätzlich nicht anwendbar, da ihnen auch bei Unterscheidbarkeit ihrer Beiträge nur *ideelle* Anteile zustehen (vgl. → § 19 Rn. 57 und 101 f.). **23**

4. Der Übertragungsanspruch begründet für den Berechtigten (oder durch widerrechtliche Entnahme Verletzten) eine **Einrede** gegen Entschädigungsansprüche aus der offengelegten Patentanmeldung und gegen Ansprüche wegen Verletzung des Patents oder Gebrauchsmusters.[32] Die Einrede setzt nicht voraus, dass die Übertragungsklage erhoben ist oder die Voraussetzungen für ein Benutzungsrecht nach § 12 PatG, § 13 Abs. 3 GebrMG erfüllt sind. Sie steht auch demjenigen zu, der nur Einräumung einer Mitberechtigung verlangen kann, da ihm die Erfüllung dieses Anspruchs eine Gebrauchsbefugnis nach § 743 Abs. 2 BGB verschaffen würde (vgl. → § 19 Rn. 78 ff.). **24**

c) Rechtsnatur des Anspruchs. Ergänzende Ansprüche

1. Der Übertragungsanspruch dient dazu, den Zwiespalt zu beseitigen, der sich daraus ergibt, dass die Position des Anmelders oder Schutzrechtsinhabers nicht in den Händen desjenigen ist, der das Recht auf den Schutz hat.[33] Daher wird in Anlehnung an den Anspruch des Eigentümers gegen den nichtberechtigten Besitzer nach §§ 985, 986 BGB vielfach von **erfinderrechtlicher Vindikation** gesprochen. **25**

Der BGH[34] leitet die Rechtsähnlichkeit aus der Vorstellung ab, dass bereits die zur Patenterteilung angemeldete Erfindung ein dem Eigentum gleichzuachtendes Recht sei; an dieser Berechtigung des Erfinders ändere die Eintragung eines Dritten im Register und dessen Benennung als Patentinhaber in der Patentschrift nichts; dies seien nur deklaratorische Angaben, die, wie § 7 Abs. 1 PatG zeige, über die sachliche Berechtigung der als Patentinhaber genannten Person nichts aussagten. Der Erfinder bleibe vielmehr sachlich Berechtigter im Sinne der §§ 6, 8 PatG am herausverlangten Patent. Gegen den Herausgabeanspruch könne jedoch der Patentinhaber analog § 986 BGB einwenden, dass er auf Grund einer Übertragung nunmehr auch sachlich berechtigter Inhaber des Patents sei. **26**

Diese Deutung beruht auf der Annahme, dass der Erteilungsanspruch und das Patent im Falle der Anmeldung durch und Erteilung an einen Nichtberechtigten von ihrer Entstehung an dem Berechtigten „gehörten", von ihm also nicht erst durch die in Erfüllung des Anspruchs aus § 8 PatG vollzogene Übertragung erworben würden.[35] Mit der gesetzlichen **27**

---

[30] BGH 12.3.2009, GRUR 2009, 657 (659) – Blendschutzbehang; 22.3.2005, BGHZ 162, 342 = GRUR 2005, 663 – gummielastische Masse II.
[31] BGH 12.3.2009, GRUR 2009, 657 (659) – Blendschutzbehang.
[32] *Melullis* in Benkard PatG § 8 Rn. 46; RG 29.10.1930, RGZ 130, 158 (160); BGH 1.2.2005, BGHZ 162, 110 = GRUR 2005, 567 – Schweißbrennerreinigung.
[33] Vgl. BGH 20.2.1979, BGHZ 73, 337 (342) = GRUR 1979, 540 – Biedermeiermanschetten.
[34] 6.10.1981, BGHZ 82, 13 (16 f.) – Pneumatische Einrichtung (= GRUR 1982, 95 mit kritischer Anmerkung von *Tilmann*); ähnlich für den Anspruch auf Einräumung einer Mitberechtigung BGH 20.2.1979, BGHZ 73, 337 (343) = GRUR 1979, 540 – Biedermeiermanschetten.
[35] Zur Kritik dieser Auffassung vgl. *Kraßer* FS v. Gamm, 1990, 405 ff.

Regelung ist eine solche Betrachtungsweise schwerlich in Einklang zu bringen (vgl. → Rn. 29).

28   Auch wenn man eine entsprechende Anwendung von Regeln über die Vindikation grundsätzlich in Betracht ziehen wollte, träfe jedenfalls die vom BGH angenommene Analogie zu § 986 BGB nicht zu. Die Berufung auf ein **Recht zum Besitz** geht davon aus, dass der Kl. Eigentümer ist; der Einwand des Bekl., er sei kraft Übertragung Berechtigter, leugnet, dass dem Kl. das geltend gemachte Recht auf das Patent überhaupt zustehe. Um dem Bekl. die **Beweislast** für die von ihm behauptete Rechtsübertragung aufzuerlegen, bedarf es der Heranziehung des § 986 BGB nicht. Hat der Kl. dargelegt und erforderlichenfalls bewiesen, dass er das Recht auf das Patent einmal erlangt hat, ist es schon nach allgemeinen Grundsätzen Sache des Bekl., die spätere Übertragung zu beweisen. Der Beweis dafür, dass er das einmal erlangte Recht nicht wieder verloren hat, obliegt dem Kl. nicht.

29   2. Dass der Anmelder gem. § 7 Abs. 1 PatG, § 13 Abs. 3 GebrMG im Verfahren vor dem Patentamt als berechtigt gilt, die Erteilung des Patents bzw. Eintragung des Gbm zu verlangen, bedeutet nicht, dass ihm der öffentlich-rechtliche Erteilungs- oder Eintragungsanspruch nicht wirklich zustünde.[36] Läge es so, dann müsste das Amt die Patentanmeldung und könnte (weil jedenfalls § 8 Abs. 1 S. 2 GebrMG nicht entgegensteht) wohl auch eine Gbm-Anmeldung zurückweisen, wenn sich „ohne Verzögerung der sachlichen Prüfung" ergibt, dass der Anmelder Nichtberechtigter ist. Das Amt ist jedoch nicht befugt, mit dieser Begründung das beantragte Schutzrecht zu versagen;[37] selbst nach dem früheren Patentrecht konnte es dies nur dann, wenn der Berechtigte fristgemäß Einspruch eingelegt hatte (§§ 4 Abs. 3, 32 PatG 1968). Nach geltendem Recht führt der Einspruch des Berechtigten lediglich zum Widerruf des Patents (vgl. → Rn. 60 ff.); stünde ihm dieses „materiell" bereits zu, wäre nicht zu verstehen, warum nicht einfach eine Berichtigung der „deklaratorischen" Falschbezeichnung der Person des Patentinhabers (nach altem Recht: des Inhabers der bekanntgemachten Anmeldung) erfolgt, so wie etwa zugunsten des wahren Berechtigten eine Berichtigung des Grundbuchs vorgenommen wird (§ 894 BGB, § 22 GBO). Ebenso wäre, falls der Anspruch auf Patenterteilung bzw. Gbm-Eintragung und das entsprechende Schutzrecht von vornherein für den Inhaber des Rechts auf den Schutz entstünden, folgerichtigerweise ein Berichtigungs-, nicht aber ein Übertragungsanspruch zu geben gewesen. Dass das Gesetz letzteren vorsieht, kann rechtlich nicht bedeutungslos sein. Die Übertragung ist nicht Herausgabe eines Gegenstandes, der dem Berechtigten schon gehört. Anders als im Fall des § 985 BGB, in dem nur eine tatsächliche Position herauszugeben ist, hat im Fall des § 8 PatG der Verpflichtete ein Recht, das er nur durch rechtsgeschäftliche Übertragung herausgeben kann. Beschränkte sich seine Position auf eine rein formale Falschbezeichnung, wäre er lediglich zur Einwilligung in die Berichtigung zu verpflichten.[38]

30   Die Position des Anmelders oder Schutzrechtsinhabers ist zwar insofern eine formale, als sie im Gegensatz zum formlos entstandenen Recht auf den Schutz durch die Formalakte der Anmeldung, Erteilung oder Eintragung zustande kommt. Doch ist es *seine* Position mit allen Wirkungen, die die Formalakte hervorbringen.[39] Hierzu rechnen auch materielle Rechte, die mit dem Recht auf den Schutz als solchem noch nicht verbunden sind, wie der Entschädigungsanspruch aus der offengelegten Patentanmeldung und das Verbietungsrecht aus dem Patent oder Gebrauchsmuster. Daher handelt es sich um **keine bloß formale Position**,[40] sondern um eine **Rechtsstellung.** Obwohl dem Anmelder oder Schutzrechtsinhaber das Recht auf das Patent oder Gbm fehlt, hat er den Anspruch auf Erteilung oder

---

[36] Vgl. *Tilmann* GRUR 1982, 99; es handelt sich weder um eine Fiktion noch um eine unwiderlegliche Vermutung, vgl. *Kraßer* FS v. Gamm, 1990, 405 (407).

[37] BPatG 2.8.1999, BPatGE 41, 192 (195).

[38] Im Patentrecht kommen Berichtigungsansprüche vor, wenn ein Registereintrag ohne entsprechenden gültigen Rechtserwerb erfolgt oder ein wirksamer Rechtsübergang noch nicht eingetragen ist. Solche Fälle sind gemeint, wenn von patentrechtlicher Vindikation oder Patentvindikation gesprochen wird. Entsprechendes gilt für das Gbm-Recht.

[39] Vgl. *Tilmann* GRUR 1982, 98; *Ohly* 5 f.

[40] So freilich *Lüdecke* GRUR 1966, 3.

§ 20. Der Schutz des Erfinderrechts　　　　　　　　　　　　　　　　　　　　　I **§ 20**

Eintragung bzw. das Patent oder Gbm. Diese Rechte „gehören" ihm. Aber sie sind ihm **entgegen der** im Erfinderprinzip festgelegten **Güterzuordnung** zugefallen: sie „gebühren" ihm nicht.[41] Der Übertragungsanspruch dient der Korrektur des der Güterzuordnung widersprechenden Rechtszustandes. Ansprüche dieser Art gehören bürgerlich-rechtlich gesehen in die Kategorie der **Eingriffskondiktion,** nicht der Vindikation.[42] Bei bewusst unrechtmäßigem Handeln des Verpflichteten lässt sich der Übertragungsanspruch auch unter dem Gesichtspunkt der Geschäftsanmaßung (§ 687 Abs. 2 BGB) erklären.

3. Die **Nutzungen und Ersatzleistungen,** die vor der Übertragung aus der Rechtsstellung des Anmelders oder Schutzrechtsinhabers gezogen wurden, gebühren ebenfalls dem Inhaber des Rechts auf das Patent oder Gebrauchsmuster.[43] Der Nichtberechtigte hat ihm daher nach **Bereicherungsrecht** Lizenz-, Schadenersatz- und Entschädigungszahlungen herauszugeben und Ansprüche auf solche Leistungen abzutreten. Hat der Nichtberechtigte selbst Gebrauch von der Erfindung gemacht, muss er hierfür ab Offenlegung der Patentanmeldung oder Eintragung des Gbm Wertersatz leisten (§ 818 Abs. 1, 2 BGB), dessen Umfang sich nach dem Marktwert richtet, den der vorläufige Schutz aus der Patentanmeldung, das Patent oder das Gbm dem Erfindungsgebrauch verleihen. – Soweit der Anmelder oder Schutzrechtsinhaber Nutzungen in **Kenntnis** seiner Nichtberechtigung gezogen hat, kann der Berechtigte seine Ansprüche auch auf §§ 819 Abs. 1, 818 Abs. 4, 292 Abs. 2, 987 und 687 Abs. 2, 681, 667 BGB stützen. In allen Fällen ist er verpflichtet, dem Nichtberechtigten die **Aufwendungen** für Anmeldung und Schutzrecht **zu erstatten** (§§ 818 Abs. 3, 994, 684 S. 1 BGB).

Schadenersatzansprüche nach § 823 Abs. 1 BGB wegen Verletzung des Rechts auf das Patent oder Gbm, gegebenenfalls auch des Rechts am eingerichteten und ausgeübten Gewerbebetrieb, können dem Berechtigten zustehen, wenn ihn der Nichtberechtigte mittels der Anmeldung oder des Schutzrechts **schuldhaft** daran gehindert hat, die Erfindung zu benutzen oder auf Grund eigener Anmeldung durch Lizenzvergabe auszuwerten,[44] ebenso, wenn er im Verfahren vor dem Patentamt durch sachlich ungerechtfertigtes Fallenlassen von Ansprüchen schuldhaft den Übertragungsanspruch (insoweit) vereitelt.[45]

4. Verwandtschaft mit der Vindikation zeigt der Übertragungsanspruch lediglich insoweit, als er gegen den **jeweiligen Anmelder oder Schutzrechtsinhaber** gerichtet ist, während Bereicherungsansprüche, wenn der Verpflichtete den herauszugebenden Gegenstand veräußert, (grundsätzlich, vgl. § 822 BGB) nicht gegen den Erwerber erhoben werden können, sondern – unter Änderung ihres Inhalts – weiterhin nur gegen den Veräußerer bestehen (§ 818 Abs. 2 BGB). Offenbar **beschränkt** der Übertragungsanspruch die **Verfügungsmacht** des Inhabers der ihm unterliegenden Rechtsposition; seine Wirkung geht über eine rein schuldrechtliche Verpflichtung des ersten Inhabers hinaus. Verfügungen des Anmelders oder Schutzrechtsinhabers sind dem Berechtigten gegenüber unwirksam, soweit sie die Verwirklichung des Übertragungsanspruchs beeinträchtigen (vgl. → Rn. 53). Entsprechendes gilt bei Insolvenz des Anmelders oder Schutzrechtsinhabers und Zwangsvollstreckung gegen ihn.[46]

Zur Erklärung dieser Wirkungen braucht man sich nicht vorzustellen, dass die durch Anmeldung oder Erteilung begründete Rechtsstellung schon vollinhaltlich dem Gläubiger

---

[41] *Tilmann* GRUR 1982, 98.
[42] Dass sich der Übertragungsanspruch gegen den *jeweiligen* Anmelder oder Schutzrechtsinhaber richtet, schließt – entgegen *Ohly* 17 – diese grundsätzliche Qualifikation nicht aus; vgl. → Rn. 33 f.
[43] Von Ansprüchen, die ihm wegen *geheimnis*verletzender Benutzung der Erfindung zustehen können, ist hier abgesehen.
[44] Vgl. OLG Frankfurt a. M. 3.7.1986, GRUR 1987, 886.
[45] BGH 17.1.1995, Mitt. 1996, 16 – gummielastische Masse I. Im Rechtsstreit über den Schadenersatzanspruch ist die Schutzfähigkeit der Erfindung jedenfalls dann zu prüfen, wenn Patentbehörden und -gerichte nicht mehr damit befasst werden können BGH 17.1.1995, Mitt. 1996, 16 (17).
[46] Vgl. *Lüdecke* GRUR 1966, 3; *Tetzner* § 5 Rn. 3.

393

des Übertragungsanspruchs zustehe. Es bedarf nicht einmal der Annahme einer „dinglichen" Belastung. Vielmehr handelt es sich um Wirkungen, wie sie einem im Grundbuch *vorgemerkten Anspruch* zukommen (vgl. § 883 BGB). Dass sie beim Übertragungsanspruch keine Formalität voraussetzen, entspricht dem Fehlen konstitutiver, Vertrauensschutz begründender Formalitäten im patent- und gebrauchsmusterrechtlichen Rechtsverkehr. Die Einschränkung der Verfügungsmacht des Anmelders oder Schutzrechtsinhabers entsteht **kraft Gesetzes** mit dem Übertragungsanspruch, dh mit Anmeldung durch oder Erteilung an bzw. Eintragung für einen Nichtberechtigten.[47]

35   5. Uneingeschränkt ist jedoch bis zum Vollzug der Übertragung die Befugnis des Anmelders oder Schutzrechtsinhabers, seine Rechtsstellung durch Erklärungen und rechtserhebliche Unterlassungen gegenüber dem DPMA, dem BPatG und dem BGH zu beeinflussen. So kann er die Anmeldung **zurücknehmen** oder durch Versäumung der Prüfungsantragsfrist oder Nichtzahlung von Jahresgebühren bewirken, dass eine Patentanmeldung als zurückgenommen gilt; er kann auf das Schutzrecht **verzichten** (§ 20 PatG, § 23 Abs. 3 GebrMG), es durch Nichtzahlung von Jahres- oder Verlängerungsgebühren **erlöschen** oder, wenn es sich um ein Patent handelt, nach § 64 PatG **widerrufen** oder **beschränken** lassen.[48] Ebenso kann er durch Nichteinlegung oder Zurücknahme von Rechtsmitteln eine Versagung, einen Widerruf, eine Nichtigerklärung oder Löschung des Schutzrechts rechtskräftig werden lassen.

36   Die Wirkungen solchen Verhaltens erklären sich im Fall eines Verzichts, Widerrufs- oder Beschränkungsantrags daraus, dass der Verzichtende bzw. Antragsteller wirklich Inhaber des Patents oder Gebrauchsmusters als des Rechts ist, auf das sich der Verzicht oder Antrag unmittelbar beziehen; im Übrigen beruhen sie auf Verfahrenshandlungen oder auf gesetzlichen Vorschriften, die nachteilige Rechtsfolgen an das Ausbleiben bestimmter, gegenüber der Behörde vorzunehmender Handlungen knüpfen. Der Inhaber des Rechts auf das Patent oder Gbm, der als solcher nicht am Verfahren beteiligt und nicht förmlich legitimiert ist, muss sie hinnehmen, obwohl sie seinen Übertragungsanspruch vereiteln oder beeinträchtigen. Hat freilich der Anmelder oder Schutzrechtsinhaber durch sein Verhalten – etwa durch sachlich unbegründetes Fallenlassen der offengelegten Anmeldung, des Patents oder des Gebrauchsmusters – **schuldhaft** bewirkt, dass dem Berechtigten das Recht auf das Patent oder Gbm verlorenging, kann dieser nach § 823 Abs. 1 BGB **Schadenersatz** verlangen.[49] Dabei genügt fahrlässige Unkenntnis der Nichtberechtigung. Im Fall ihrer Kenntnis kommen auch Schadensersatzansprüche nach §§ 819 Abs. 1, 818 Abs. 4, 292 Abs. 1, 989 und 687 Abs. 2, 678 BGB in Frage. Wichtiger ist es jedoch für den Berechtigten, einem ihm nachteiligen Verhalten des Anmelders oder Patentinhabers gegenüber der Behörde zuvorzukommen. Er kann zu diesem Zweck eine Klage auf **Unterlassung** (zB einer Rücknahme oder eines Verzichts) erheben, aber auch eine **einstweilige Verfügung** nach § 935 ZPO erwirken, die insbesondere in einer Sequestration des Erteilungs- oder Eintragungsanspruchs oder des Schutzrechts gemäß § 938 Abs. 2 ZPO bestehen kann.[50]

d) Entstehung und Erlöschen des Anspruchs

37   1. Der Übertragungsanspruch entsteht, sobald eine widerrechtliche Anmeldung eingereicht ist, auch wenn sich der Anmelder gutgläubig und schuldlos für berechtigt hält. Er kann in jedem Stadium des patentamtlichen Verfahrens und auch nach Erteilung oder Ein-

---

[47] Vgl. *Tilmann* GRUR 1982, 98, der von einem gesetzlichen Treuhandverhältnis spricht.
[48] Vgl. *Weiss* GRUR 1955, 458 f.; *Tetzner* GRUR 1963, 551.
[49] BGH 29.4.1997, BGHZ 135, 298 (304 f.) – Drahtbiegemaschine – Der Anspruch setzt Schutzfähigkeit der Erfindung voraus (s. BGH 17.1.1995, Mitt. 1996, 16 (17) – gummielastische Masse I), weil andernfalls kein Recht auf den Schutz entstanden ist.
[50] Dazu OLG Karlsruhe 25.8.1977, GRUR 1978, 116; OLG Frankfurt a. M. 20.7.1978, GRUR 1978, 636; OLG München 29.6.1996, Mitt. 1997, 394; *Weiss* GRUR 1955, 460; eingehend *Ohly* 65; vgl. auch *Giebe* Mitt. 2002, 304; *Mes* § 8 Rn. 33; *Melullis* in Benkard PatG § 8 Rn. 45.

§ 20. Der Schutz des Erfinderrechts

tragung gerichtlich geltend gemacht werden, während Einspruch, Nichtigkeitsklage und Antrag auf Löschung wegen widerrechtlicher Entnahme nur nach Erteilung bzw. Eintragung zulässig sind. Der Übertragungsanspruch erlischt jedoch, wenn das Schutzrecht rechtskräftig versagt, widerrufen, für nichtig erklärt oder gelöscht ist. Ebenso bewirken die Zurücknahme der Anmeldung und ihr Verfall, dass eine Rechtsposition, die übertragen werden könnte, nicht mehr vorhanden ist (vgl. → Rn. 35 f.). Auch ein *nicht rückwirkender* Wegfall des Patents oder Gbm, zB infolge Verzichts, macht den Anspruch auf Übertragung gegenstandslos; Ansprüche auf Herausgabe von Nutzungen und Ersatzleistungen bleiben jedoch in diesen Fällen unberührt.

2. **Nach Patenterteilung** oder **Gebrauchsmustereintragung** kann der Anspruch auf Übertragung **durch Fristablauf ausgeschlossen** sein, wenn der Inhaber des Schutzrechts bei dessen Erwerb **gutgläubig** war (§ 8 S. 5 PatG, vgl. → Rn. 40 ff.). Die Frist beträgt zwei Jahre ab Erteilung oder Eintragung; hat jedoch der Verletzte wegen widerrechtlicher Entnahme Einspruch gegen das Patent eingelegt oder Löschung des Gbm beantragt, kann er die Klage noch innerhalb eines Jahres nach rechtskräftigem Abschluss des Einspruchs- oder Löschungsverfahrens erheben (§ 8 S. 3 und 4 PatG). Er ist also nicht genötigt, noch während eines solchen Verfahrens eine Übertragungsklage anhängig zu machen, die bei Erfolg seines Einspruchs oder Löschungsantrags gegenstandslos würde. **38**

Eine längere Frist als zwei Jahre ab Erteilung steht hiernach dem Verletzten nur zu, wenn er *selbst* Einspruch wegen *widerrechtlicher Entnahme* erhebt, nicht aber wenn lediglich von Dritten – insbesondere mangels Patentfähigkeit – Einspruch erhoben ist. Das bedeutet im praktischen Ergebnis eine Verschlechterung im Vergleich zum früheren Recht, nach welchem das Einspruchsverfahren *vor der Erteilung* stattfand, so dass die Klagefrist erst nach Erledigung aller Einsprüche begann.[51] Die geltende Rechtslage im Patentrecht entspricht derjenigen, die im Gbm-Recht schon immer bestanden hat, weil ein Löschungsverfahren erst nach Eintragung möglich ist. **39**

3. Wann **guter Glaube** vorliegt, bestimmt sich entsprechend § 932 Abs. 2 BGB: bösgläubig ist, wer die Umstände kennt oder infolge grober Fahrlässigkeit nicht kennt, aus denen sich ergibt, dass das Recht auf das Patent oder Gebrauchsmuster nicht ihm oder nicht ihm allein zusteht. Bösgläubig macht zB die Kenntnis oder grobfahrlässige Unkenntnis der Tatsache, dass neben dem Anmelder oder seinem Rechtsvorgänger noch ein anderer einen wesentlichen Beitrag zum Zustandekommen der Erfindung geleistet hat.[52] **40**

Maßgebender Zeitpunkt für den guten Glauben ist nach dem Gesetzeswortlaut der Erwerb des Patents. Was das bedeutet, ist strittig. Nach verbreiteter Ansicht genügt guter Glaube im Zeitpunkt des (vermeintlichen) Erwerbs des Rechts auf das Patent, auch wenn er bei Patenterteilung nicht mehr bestanden hat.[53] Die Gegenmeinung fordert in jedem Fall guten Glauben bei Erteilung.[54] In entsprechender Weise stellt sich beim Gebrauchsmuster die Frage, ob es auf den Eintragungs- oder einen anderen Zeitpunkt ankommt. **41**

Auszugehen ist von dem Grundsatz, dass es im Patentrecht wie allgemein im Immaterialgüterrecht keinen Rechtserwerb vom Nichtberechtigten kraft guten Glaubens gibt. Davon macht auch die Regelung in § 8 S. 3–5 PatG keine Ausnahme. Sie führt nicht dazu, dass der Patentinhaber das ihm fehlende Recht auf das Patent erlangt, sondern nur zu einem Erlöschen des Übertragungsanspruchs, das aus dem Verwirkungsgedanken erklärt werden kann, und einer entsprechenden Verfestigung der Rechtsstellung des Patentinhabers, die nunmehr nur noch mit der Nichtigkeitsklage angreifbar ist. Die Festsetzung bestimmter Fristen soll dem Berechtigten ausreichend Gelegenheit zur Geltendmachung des Anspruchs geben, wobei seine Aussichten, eine unrechtmäßige Anmeldung rechtzeitig zu bemerken, dank **42**

---

[51] Vgl. *Lichti* Mitt. 1982, 107 f.
[52] Vgl. BGH 20.2.1979, BGHZ 73, 337 (349) = GRUR 1979, 540 – Biedermeiermanschetten.
[53] *Moufang* in Schulte PatG § 8 Rn. 27; *Busse/Keukenschrijver* PatG § 8 Rn. 22. – *Reimer* § 5 Rn. 14 lässt sogar genügen, dass irgendein Rechtsvorgänger des Patentinhabers in gutem Glauben erworben hat; aA *Schnekenbühl* in Fitzner/Lutz/Bodewig PatG § 8 Rn. 43.
[54] *Melullis* in Benkard PatG § 8 Rn. 35; *Lindenmaier* § 5 Rn. 9.

frühzeitiger Offenlegung der Patentanmeldungen erheblich besser sind als unter der Regelung von 1936.

43 Dagegen bedeuten die Fristen nicht, dass der Patentinhaber *bis zu ihrem Ablauf* gutgläubig gewesen sein müsste. Nach allgemeiner Ansicht schadet es ihm jedenfalls nicht, wenn er *nach Erteilung* bösgläubig wird. Der gute Glaube, der es rechtfertigt, der Rechtsstellung des Patentinhabers letztlich den Vorzug gegenüber dem Recht auf das Patent zu geben, muss daher zum Zeitpunkt des Vorgangs bestanden haben, der für den Erwerb jener Rechtsstellung entscheidend ist. Den Grund dazu legen aber schon die Anmeldung und der Erteilungsanspruch, den sie auch dem nichtberechtigten Patentsucher verschafft. Die Erteilung verwirklicht nur diesen bereits vorher erworbenen Anspruch. Soll verhindert werden, dass sie zugunsten eines nichtberechtigten Patentsuchers erfolgt, muss diesem mittels Übertragungsklage der Erteilungsanspruch entzogen werden. Geschieht dies, stellt sich die Frage der Gut- oder Bösgläubigkeit nicht. Unterbleibt die Klage, ist die Erteilung an den Nichtberechtigten – bei einer patentierbaren Erfindung – zwangsläufige Folge des Erteilungsanspruchs.

44 Beim **Erwerb des Erteilungsanspruchs** – mittels eigener Anmeldung oder kraft Übertragung der Anmeldung eines Dritten – muss daher der spätere Patentinhaber gutgläubig gewesen sein, damit der Übertragungsanspruch gegen ihn mit Fristablauf erlischt. Dass er bei Erteilung nicht mehr gutgläubig war, schadet ihm nicht. Wird das erteilte Patent übertragen, kommt es darauf an, dass der neue Inhaber beim **Erwerb des Patents** gutgläubig war.

45 Unerheblich ist, ob ein Rechtsvorgänger, von dem der Patentinhaber den Erteilungsanspruch oder das Patent erworben hat, gut- oder bösgläubig war: weder kommt dem Patentinhaber bei eigenem bösem Glauben zugute, dass der Rechtsvorgänger gutgläubig erworben hatte, noch schadet ihm bei eigenem gutem Glauben böser Glaube des Rechtsvorgängers. War allerdings gegenüber einem Rechtsvorgänger, der gutgläubig den Erteilungsanspruch oder das Patent erlangt hatte, infolge Ablaufs der Zweijahresfrist der Übertragungsanspruch des wahren Berechtigten bereits erloschen, wird es dabei gegenüber dem Rechtsnachfolger bleiben müssen, ohne dass es auf dessen Gut- oder Bösgläubigkeit ankommt.

46 In entsprechender Weise ist beim **Gebrauchsmuster** auf den Zeitpunkt abzustellen, in dem dessen Inhaber durch Anmeldung oder Übertragung den Anspruch auf Eintragung oder das durch diese begründete Recht erworben hat.

47 Nicht ausreichend ist, wie sich aus dem Gesagten ergibt, guter Glaube beim vermeintlichen Erwerb des Rechts an einer noch **nicht angemeldeten Erfindung.** Reicht der Erwerber in diesem Fall in Kenntnis oder grobfahrlässiger Unkenntnis der Nichtberechtigung des Veräußerers eine Anmeldung ein, bleibt er auch nach Patenterteilung oder Gebrauchsmustereintragung und Fristablauf der Übertragungsklage ausgesetzt. Entsprechendes gilt, wenn ein vermeintlicher (Allein-)Erfinder die Erfindung für sich (allein) anmeldet, nachdem er hinsichtlich der (Mit-)Erfinderschaft eines anderen bösgläubig geworden ist.

48 4. Mit dem Übertragungsanspruch **fällt,** wie der BGH bestätigt hat, auch die damit verbundene **Einrede** gegen Ansprüche aus dem *Patent* (→ Rn. 24) **weg.** Sie kann nach Fristablauf nur noch einem bösgläubigen, nicht aber einem gutgläubigen Patentinhaber entgegengesetzt werden. Wenn sich dieser im Verletzungsprozess auf seine kraft Fristablaufs verfestigte Position beruft, handelt er nicht arglistig. Auch begründen Aufnahme oder Vorbereitung einer Erfindungsbenutzung vor Fristablauf kein Weiterbenutzungsrecht für den früheren Inhaber des weggefallenen Anspruchs.[55]

49 Die Einrede muss somit vor Fristablauf erhoben sein. Einer Übertragungs(wider)klage bedarf es dazu nicht. Zweifelhaft ist, ob diese nach Fristablauf möglich bleibt, wenn innerhalb der Frist der Anspruch lediglich einredeweise geltend gemacht worden ist.

---

[55] BGH 1.2.2005, BGHZ 162, 110 = GRUR 2005, 567 – Schweißbrennerreinigung. Näheres zu den Versuchen, eine Erhaltung der Einrede oder wenigstens ein Weiterbenutzungsrecht zu rechtfertigen, in der 5. Aufl., 370f. mN.

§ 20. Der Schutz des Erfinderrechts

Bei **Gebrauchsmustern** ist das Problem ohne praktische Bedeutung, weil diese im Fall widerrechtlicher Entnahme dem Verletzten gegenüber ohne weiteres unwirksam sind (§ 13 Abs. 2 GebrMG, → Rn. 80). Diese Unwirksamkeit wird auch bei gutem Glauben des eingetragenen Inhabers nicht durch Zeitablauf geheilt. 50

De lege ferenda wäre über eine Regelung nachzudenken, die an Stelle der Nichtigkeitsklage wegen widerrechtlicher Entnahme ein zeitlich unbegrenztes Einrederecht vorsieht (vgl. → Rn. 81). Dadurch würde auch eine dem § 13 Abs. 2 GebrMG im Ergebnis entsprechende Rechtslage hergestellt. 51

e) Wirkungen der Übertragung

1. Mit dem Vollzug der Übertragung erlangt der Berechtigte den Erteilungsanspruch oder das Schutzrecht. Sein Erwerb hat jedoch **keine Rückwirkung.** Soweit vor der Übertragung die Erfindung durch den nichtberechtigten Anmelder oder Schutzrechtsinhaber oder mit dessen Zustimmung benutzt wurde, kann der Berechtigte von den Benutzern weder Schadenersatz nach § 139 Abs. 2 PatG, § 24 Abs. 2 GebrMG noch Entschädigung gemäß § 33 PatG fordern. Schadenersatz- und Entschädigungsansprüche gegen Benutzer, die ohne Zustimmung des Schutzrechtsinhabers oder Anmelders gehandelt haben, entstehen für diesen, sind aber dem Berechtigten herauszugeben; gleiches gilt für bereits erbrachte Leistungen auf solche Ansprüche sowie für Lizenzgebührenansprüche und hierauf geleistete Zahlungen (vgl. → Rn. 31). 52

2. **Verfügungen** des nichtberechtigten Anmelders oder Schutzrechtsinhabers, wie zB eine Verpfändung oder Nießbrauchsbestellung, verlieren durch die Übertragung ihre Wirksamkeit. Der Berechtigte ist nicht etwa darauf angewiesen, von jedem Erwerber eine dem Umfang der Verfügung entsprechende Teilübertragung zu verlangen. Solche Übertragungsansprüche sieht das Gesetz nicht vor. Sie ließen sich bei Verfügungen, die nicht im Register vermerkt sind, schon praktisch kaum realisieren. Abgesehen hiervon bedarf es ihrer Annahme nicht. Der Erteilungsanspruch und das Schutzrecht sind in den Händen des Nichtberechtigten durch die Wirkungen des Übertragungsanspruchs eingeschränkt. Nur mit dieser Einschränkung kann er anderen durch Verfügung Rechte verschaffen.[56] Dagegen sind in den Händen des Berechtigten Erteilungsanspruch und Schutzrecht nicht in dieser Weise eingeschränkt. Er erlangt somit durch die Übertragung eine stärkere Stellung, als sie der Nichtberechtigte hatte. Sie ist insofern, als der Berechtigte keinem Übertragungsanspruch ausgesetzt ist, nicht aus derjenigen des Nichtberechtigten abgeleitet. Daher braucht er Verfügungen, die die Verwirklichung des Anspruchs beeinträchtigen, nicht gegen sich gelten zu lassen. 53

Diese Regeln gelten im Grundsatz auch für die **Übertragung** des Erteilungsanspruchs oder Schutzrechts **an einen Dritten.** Eine Besonderheit ergibt sich jedoch daraus, dass in diesem Fall auch vom Dritten **Übertragung verlangt** werden kann. Der Berechtigte braucht dennoch, wenn ihm ein früherer Inhaber den Erteilungsanspruch oder das Schutzrecht überträgt, die vorhergehende Übertragung an den Dritten nicht gegen sich gelten zu lassen. Zweckmäßigerweise wird er sich daran halten, der beim Amt als Anmelder oder Schutzrechtsinhaber geführt wird. Dieser kann ihm sowohl die erforderliche Legitimation als auch – ungeachtet etwaiger zwischenzeitlicher Übertragungen an Dritte – den Erteilungsanspruch oder das Schutzrecht verschaffen. Bei klageweiser Geltendmachung seines Anspruchs muss er ohnehin gegen den durch das Register ausgewiesenen Anmelder[57] oder Schutzrechtsinhaber vorgehen (§ 30 Abs. 3 S. 2 PatG, vgl. auch → Rn. 2). 54

3. **Lizenzen,** die der Nichtberechtigte als Anmelder oder Schutzrechtsinhaber vergeben hat, **erlöschen,** wenn diese Rechtsstellung dem Berechtigten übertragen wird.[58] 55

---

[56] Vgl. *Tetzner* § 5 Rn. 6.
[57] Solange keine Eintragung vorliegt, ist auf die Akten zurückzugreifen.
[58] *Melullis* in Benkard PatG § 8 Rn. 17; *Ohly* 74; aM *Götting* GewRS § 19 Rn. 32.

56 Sie werden, soweit ihre Einräumung als Verfügung anzusehen ist, aus den vorerwähnten Gründen unwirksam (vgl. → Rn. 53 f.); soweit dem Lizenzvertrag nur Verpflichtungswirkung zuzuschreiben wäre, würde diese ohnehin den am Vertrag unbeteiligten Berechtigten nicht binden können.

57 Der Berechtigte kann, sobald ihm das Schutzrecht übertragen oder erteilt ist, den Lizenznehmern wie dem Nichtberechtigten selbst die weitere **Benutzung** der Erfindung **verbieten.** Auf bösen Glauben oder Verschulden kommt es dabei nicht an. Entschädigungsansprüche nach § 33 PatG und Schadenersatzansprüche bestehen jedoch nur hinsichtlich einer Benutzung, die in Kenntnis oder fahrlässiger Unkenntnis der Übertragung erfolgt.

58 Ist eine vom Nichtberechtigten erteilte ausschließliche Lizenz gemäß § 30 Abs. 4 PatG eingetragen, kann nach Übertragung der Berechtigte vom Lizenznehmer verlangen, dass er die Löschung des nunmehr unrichtigen Eintrags bewilligt.

59 Nach rechtzeitiger Übertragungsklage kann den Lizenznehmern des Verpflichteten die Benutzung ab Übertragung bzw. Erteilung des Schutzrechts auch dann untersagt werden, wenn die Übertragung des Schutzrechts oder der Anmeldung erst nach Ablauf der in § 8 S. 3 und 4 bestimmten Fristen vollzogen worden ist und die Benutzer bei Lizenzerteilung den Nichtberechtigten gutgläubig für berechtigt gehalten haben.[59] Ist dagegen infolge Fristablaufs der Übertragungsanspruch gegen den Nichtberechtigten erloschen, hat der Berechtigte auch gegen dessen Lizenznehmer keine Ansprüche.

II. Widerruf, Nichtigerklärung und Löschung wegen widerrechtlicher Entnahme

a) Widerruf und Nichtigerklärung des Patents

60 1. Nach § 21 Abs. 1 Nr. 3 PatG wird ein Patent widerrufen, wenn sein wesentlicher Inhalt widerrechtlich entnommen ist. Der durch die Entnahme **Verletzte kann also wählen,** ob er durch Erhebung des Anspruchs aus § 8 S. 2 PatG innerhalb der Fristen nach S. 3 und 4 die Übertragung des Patents auf sich anstreben oder ob er durch Erhebung des Einspruchs nach § 21 Abs. 1 Nr. 3 PatG dessen Vernichtung (mit Wirkung *ex tunc,* dazu sogleich unten) betreiben will. Seine Rechte sind also durch zwei unterschiedliche Rechtsinstitute mit unterschiedlicher Zielrichtung geschützt.[60]

61 Für den Tatbestand der widerrechtlichen Entnahme gilt hier grundsätzlich das gleiche wie bei der Übertragungsklage (vgl. → Rn. 7 ff., 12 ff.). Der Widerruf setzt voraus, dass der durch die Entnahme Verletzte binnen drei Monaten nach Veröffentlichung der Patenterteilung **Einspruch** erhoben hat (§ 59 Abs. 1 S. 1 PatG). Dritte sind wegen widerrechtlicher Entnahme nicht einspruchsberechtigt. Über den Einspruch entscheidet im Regelfall die Patentabteilung (§ 61 Abs. 1 PatG), auf Antrag eines Beteiligten, wenn die Voraussetzungen des § 61 Abs. 2 PatG erfüllt sind, jedoch ein Beschwerdesenat des BPatG. Das Patent wird widerrufen, soweit es auf widerrechtlicher Entnahme beruht; trifft dies nicht für den ganzen Inhalt des Patents zu, wird es im Übrigen aufrechterhalten (§ 21 Abs. 2 PatG). Der Widerruf beseitigt **rückwirkend** die Wirkungen des Patents und der Anmeldung (§ 21 Abs. 3 PatG).

62 Wegen seiner Rückwirkung erledigt der Einspruch, wenn er mit Rechtsmitteln nicht mehr angreifbar ist, eine gegebenenfalls anhängige Übertragungsklage (→ Rn. 1 ff.). Dagegen erledigt, wie der BGH[61] entschieden hat, die Übertragung des Patents auf den Einsprechenden den Einspruch nicht,

---

[59] Ein Recht des gutgläubigen Nichtberechtigten und seiner gutgläubigen Lizenznehmer zur Weiterbenutzung gegen angemessene Vergütung erschiene *de lege ferenda* erwägenswert, vgl. Ohly 74; vorgesehen ist es für das Gemeinschaftspatent (→ Rn. 114).
[60] BGH 22.2.2011, GRUR 2011, 509 Rn. 9 – Schweißheizung; 16.12.1993, GRUR 1996, 42 = BGHZ 124, 343 – Lichtfleck.
[61] BGH 22.2.2011, GRUR 2011, 509 – Schweißheizung; 16.12.1993, GRUR 1996, 42 = BGHZ 124, 343 – Lichtfleck; ihm folgend *Busse/Keukenschrijver* PatG § 8 Rn. 47; *Moufang* in Schulte PatG

§ 20. Der Schutz des Erfinderrechts

weil nach einem Widerruf des Patents der Berechtigte eine eigene Anmeldung einreichen und dadurch Vorteile erlangen kann, die ihm der Erwerb des Patents nicht verschafft (§ 7 Abs. 2 PatG, → Rn. 76 ff.). Zwar muss er sich mit seiner Anmeldung an den ursprünglichen Offenbarungsgehalt der rechtswidrigen Anmeldung halten. Doch folgt nach Auffassung des BGH[62] sein Interesse an einem Widerruf ohne weiteres daraus, dass er bei einer Nachanmeldung an Verzichte und Beschränkungen des Voranmelders nicht gebunden ist und selbst gestaltend Einfluss auf den Inhalt der Patentschrift und – vor allem – die Formulierung der Patentansprüche nehmen kann.[63] Freilich hält sich dieser Vorteil in Grenzen, wenn berücksichtigt wird, dass einerseits „Verzichte und Beschränkungen" grundsätzlich nur insoweit binden, als sie in der Fassung der Ansprüche des erteilten Patents niederschlagen (→ § 25 Rn. 177 ff.), und andererseits bei einer Neufassung der Ansprüche das in § 22 Abs. 1 PatG enthaltene Verbot der Erweiterung des Schutzbereichs zu beachten ist, dessen Zweck, das Interesse unbeteiligter Dritter an Rechtssicherheit zu schützen, nicht deshalb außer Betracht bleiben kann, weil im Fall des § 7 Abs. 2 PatG die erweiterte Anspruchsfassung formal auf eine neue Anmeldung zurückgeht.[64]

Ein vom BGH nicht erwähnter Vorteil ist allerdings die Aussicht, durch die Nachanmeldung ein Patent zu erlangen, dessen Laufzeit erst mit dieser und nicht schon mit der rechtswidrigen Anmeldung beginnt (→ Rn. 78). Doch ist dieser Vorteil sachlich nicht zu rechtfertigen. Nach wie vor kann somit bezweifelt werden, dass das Nachanmelderecht schutzwürdigen Interessen des Verletzten diene, die er durch eine Übertragungsklage nicht wahren kann. Nur wenig spricht deshalb nach geltendem Recht gegen die Annahme, dass sich nach Übertragung des Patents auf den Einsprechenden der wegen widerrechtlicher Entnahme erhobene Einspruch erledige, viel jedoch unter rechtspolitischem Gesichtspunkt für die Abschaffung dieses Einspruchsgrunds (→ Rn. 81 ff.). 63

2. Nach § 22 in Verbindung mit § 21 Abs. 1 Nr. 3, Abs. 2 PatG wird das auf widerrechtlicher Entnahme beruhende Patent auf Antrag – ganz oder teilweise – für nichtig erklärt. Der Antrag ist in Form der **Nichtigkeitsklage** an das BPatG zu richten (§ 81 PatG). Er ist an keine Frist gebunden. Doch ist er nicht vor Ablauf der Einspruchsfrist und Erledigung eines anhängigen Einspruchsverfahrens zulässig (§ 81 Abs. 2 PatG). Antragsberechtigt ist auch hier nur der Verletzte (§ 81 Abs. 3 PatG). Die Nichtigerklärung bewirkt, soweit sie reicht, ebenso wie der Widerruf, dass die Wirkungen des Patents und der Anmeldung **von Anfang an** als nicht eingetreten gelten (§§ 22 Abs. 2, 21 Abs. 3 PatG). Der erfolgreiche Kläger hat jedoch kein Recht zur prioritätsbegünstigten Nachanmeldung. 64

Deshalb wird angenommen werden müssen, dass sich die Nichtigkeitsklage erledigt, wenn das Patent auf den Kläger übertragen oder dessen Übertragungsklage rechtskräftig stattgegeben worden ist. Die Gründe, die beim Einspruch für eine andere Beurteilung sprechen können (→ Rn. 62), kommen hier nicht in Betracht. 65

3. Auch im Verhältnis zwischen **Mitinhabern** des Rechts auf das Patent sind Einspruch und Nichtigkeitsklage wegen widerrechtlicher Entnahme zulässig.[65] So gesehen worden 66

---

§ 8 Rn. 30 f.; *Giebe* Mitt. 2002, 303. Nach BPatG 14.7.2003, BPatGE 47, 171 – Aktivkohlefilter kann jedoch, wenn der wegen widerrechtlicher Entnahme Einsprechende Inhaber des Patents geworden ist und außerdem seinen Einspruch zurückgenommen hat, nicht weiter geprüft werden, ob widerrechtliche Entnahme vorliegt.

[62] BGH 16.12.1993, GRUR 1996, 42 (44) – Lichtfleck.
[63] BGH 22.2.2011, GRUR 2011, 509 Rn. 11 – Schweißheizung; 16.12.1993, GRUR 1996, 42 = BGHZ 124, 343 (349 f.) – Lichtfleck.
[64] Nach BGH 1.3.1977, BGHZ 68, 242 (251 f.) – Geneigte Nadeln erlangt nach früherem Recht, wenn bei einer Kombinationserfindung der Anmelder infolge Einspruchs auf selbständigen Schutz des widerrechtlich entnommenen Kombinationsmerkmals verzichtet, der Einsprechende ein Nachanmelderecht für dieses Merkmal. Nach geltendem Recht würde diese Auffassung, wenn sich in dem durch die Nachanmeldung eingeleiteten Verfahren das Merkmal als selbständig schutzfähig erweist, zu einem Patent führen, dessen Schutzbereich erheblich weiter wäre als der mit dem Einspruch angegriffenen Patents.
[65] BGH 22.2.2011, GRUR 2011, 509 Rn. 11 – Schweißheizung; so auch schon *Henke* 120 ff., der übergangenen Mitberechtigten ebenfalls den Einspruch wegen widerrechtlicher Entnahme zugestehen wollte, damit diese sich das Nachanmelderecht gem. § 7 Abs. 2 PatG verschaffen könnten; aA noch

war dies schon immer, soweit der Patentsucher **eigenmächtig** in die Anmeldung eine fremde Erfindung einbezogen hatte, die einen **trennbaren Bestandteil** des Patentinhalts bildete.[66]

67 Gegen das *Patent eines Dritten,* dessen Erlangung im Verhältnis zu *allen* Teilhabern widerrechtlich war, kann jeder von diesen *allein* vorgehen. Er ist durch seinen Mitbesitz an der Erfindung hinreichend legitimiert, ohne dass es auf die Anwendbarkeit von § 744 Abs. 2 BGB ankommt.

68 4. Der Patentinhaber kann dem Einspruch und der Nichtigkeitsklage die **Einwendung** entgegensetzen, dass ihm selbst das Recht auf das Patent zusteht. In diesem Fall fehlt es bereits am Tatbestand der widerrechtlichen Entnahme.[67] Ist der Patentinhaber jedoch nicht der Berechtigte, wird ihm der Einwand, dass der Einsprechende oder Nichtigkeitskläger ebenfalls Nichtberechtigter sei, weder im Einspruchs- noch im Nichtigkeitsverfahren zugebilligt werden können.[68] Anders als beim Übertragungsanspruch (vgl. → Rn. 7) verlangt der Antragsteller hier das Patent nicht für sich, sondern begehrt seine Beseitigung. Dafür genügt es, dass jedenfalls der Patentinhaber nicht der Berechtigte ist und im Verhältnis zum Antragsteller keine Anmeldebefugnis hat.

69 Schwerer ließe sich die Nichtzulassung des Einwands mangelnder Berechtigung damit begründen, dass jedenfalls das Patentamt im Einspruchsverfahren die sachliche Berechtigung nicht zu erörtern habe. Da der Tatbestand der widerrechtlichen Entnahme nicht auf Fälle unerlaubter Erlangung des Erfindungsbesitzes beschränkt bleibt (vgl. → Rn. 7 f.), erfordert oft bereits die Feststellung der Widerrechtlichkeit der Entnahme eine Prüfung von Fragen der sachlichen Berechtigung.

70 Dem **wahren Berechtigten** gehen, wenn das Patent auf Einspruch eines nichtberechtigten Erfindungsbesitzers widerrufen wird und dieser keine Nachanmeldung gemäß § 7 Abs. 2 PatG vornimmt, der Übertragungsanspruch und das Recht auf das Patent verloren, sofern nicht schon im Zeitpunkt des Widerrufs die Übertragungsklage durch Fristablauf (§ 8 S. 3–5 PatG) ausgeschlossen ist. Entsprechendes gilt für den Fall einer Nichtigerklärung. Der auf solche Weise drohenden Beeinträchtigung des Rechts auf das Patent kann dessen Inhaber begegnen, indem er den Einsprechenden oder Nichtigkeitskläger im Wege der **Unterlassungsklage** zur Zurücknahme des Antrags zwingt;[69] stattdessen kann er im Fall des Einspruchs (analog § 8 PatG) auch **Übertragung** der hierdurch begründeten Rechtsstellung verlangen und sich so das Recht zur Nachanmeldung verschaffen, selbst wenn die Einspruchsfrist bereits abgelaufen ist.

71 5. Im Einspruchs- und Nichtigkeitsverfahren wegen widerrechtlicher Entnahme ist die **Patentierbarkeit** der den Gegenstand des angegriffenen Patents bildenden Erfindung **nicht** (erneut) **zu prüfen,** sofern nicht außer der widerrechtlichen Entnahme auch der Widerrufs- oder Nichtigkeitsgrund der mangelnden Patentfähigkeit (§ 21 Abs. 1 Nr. 1 PatG) geltend gemacht ist.

72 Wird aus diesem Grund auf Einspruch eines Dritten das Patent widerrufen, ist der wegen widerrechtlicher Entnahme Einsprechende beschwerdeberechtigt, weil nur ein auf diesen Grund gestützter Widerruf ihm das Nachanmelderecht verschafft.[70] Die Beschwerde hat freilich nur Erfolg, wenn die Erfindung in Wirklichkeit patentierbar ist.

Vorlauflage unter Verweis auf RG 30.4.1927, RGZ 117, 47 (50 f.); *Melullis* in Benkard PatG § 6 Rn. 57; *Rogge/Kober-Dehm* in Benkard PatG § 21 Rn. 21.

[66] BGH 1.3.1977, BGHZ 68, 242 (249) – Geneigte Nadeln.

[67] *Rogge/Kober-Dehm* in Benkard PatG § 21 Rn. 20; *Busse/Keukenschrijver* PatG § 21 Rn. 51, 74.

[68] So *Rogge/Kober-Dehm* in Benkard PatG § 21 Rn. 20; *Busse/Keukenschrijver* PatG § 21 Rn. 50; nur für das Einspruchsverfahren, während im Nichtigkeitsverfahren der Einwand zulässig sein soll: *Reimer* PatG § 4 Rn. 24, *Tetzner* § 4 Rn. 33.

[69] Vgl. *Melullis* in Benkard PatG § 6 Rn. 15.

[70] PA (Großer Senat) 18.2.1942, BlPMZ 1942, 40; BGH 12.9.2000, GRUR 2001, 46 – Abdeckrostverriegelung; *Melullis* in Benkard PatG § 7 Rn. 14, *Giebe* Mitt. 2002, 303.

§ 20. Der Schutz des Erfinderrechts

Nicht nur im älteren Schrifttum[71], sondern auch von RG und BGH[72] war bis 1961 vertreten worden, dass auch bei einem **ausschließlich** wegen widerrechtlicher Entnahme angegriffenen Patent die Voraussetzungen der Patentierbarkeit erfüllt und insbesondere Neuheit und erfinderische Tätigkeit gegeben sein müssten. An dieser Rechtsprechung hält der X. BGH-Zivilsenat seit 2011[73] vor allem aus zwei Gründen nicht mehr fest: erstens geht es im Einspruchsverfahren wegen widerrechtlicher Entnahme allein um die materielle Zuordnung des entnommenen Schutzrechts, das auch dann widerrechtlich entnommen worden sein kann, wenn sein Gegenstand nicht schutzfähig war. Zweitens könnte die Zulassung des Einwands der mangelnden Schutzfähigkeit im Einspruchsverfahren dazu führen, dass ein Patent gerade *wegen* der Schutzunfähigkeit seines Gegenstands aufrechterhalten werden könnte. Dies wäre widersprüchlich.

Dass ein Patent bei Schutzunfähigkeit seines Gegenstands im Einspruchsverfahren (allein) wegen widerrechtlicher Entnahme nicht aus *diesem* Grund widerrufen oder für nichtig erklärt werden darf, folgt daraus, dass Patentamt oder Patentgericht dann von Amts wegen einen vom Antragsteller nicht geltend gemachten Widerrufs- oder Nichtigkeitsgrund berücksichtigen würden. Dies wäre jedenfalls im Einspruchsbeschwerdeverfahren und im Nichtigkeitsverfahren nicht zulässig. Es wäre auch nicht zu rechtfertigen, wenn der Einspruch ausschließlich wegen widerrechtlicher Entnahme erhoben wurde. Als Instrument des Individualrechtsschutzes, § 59 Abs. 1 S. 1 Alt. 2 PatG, dient der Einspruch hier nur dem Interesse des allein einspruchsberechtigten Verletzten und darf nicht, wie ein Popularrechtsbehelf, von Amts wegen dazu benutzt werden, auch das Interesse der Allgemeinheit an der Beseitigung durch andere Widerrufsgründe betroffener Patente zur Geltung zu bringen. Somit ist in beiden Instanzen beider Verfahren, wenn die als einziger Widerrufs- oder Nichtigkeitsgrund behauptete widerrechtliche Entnahme *nicht vorliegt*, das Patent aufrechtzuerhalten bzw. die Nichtigkeitsklage abzuweisen. Bei *Vorliegen* der behaupteten widerrechtlichen Entnahme machte es zwar im Fall einer Nichtigerklärung im Ergebnis keinen Unterschied, ob das Patent aus diesem Grund oder mangels Patentierbarkeit beseitigt wird. Im Einspruchsverfahren hängt jedoch an der Begründung eines Widerrufs die Frage, ob ein Nachanmelderecht gemäß § 7 Abs. 2 PatG entsteht (vgl. → Rn. 76 ff.). Dieses Recht darf dem durch widerrechtliche Entnahme Verletzten nicht dadurch entzogen werden, dass der Widerruf auf einen anderen, nicht vorgebrachten Grund gestützt wird. Zur Berücksichtigung im Einspruchsverfahren neu aufgetretener Bedenken gegen die Patentierbarkeit besteht Gelegenheit, wenn wirklich eine Nachanmeldung erfolgt.[74]

Daher ist auch im Einspruchsverfahren die Prüfung der Schutzfähigkeit unzulässig, wenn das Patent allein wegen widerrechtlicher Entnahme angegriffen ist. Das gilt selbst dann, wenn diese nur für einen Teil des Patentinhalts behauptet wird.[75] Zwar wurde im Erteilungsverfahren noch nicht geprüft, ob dieser Teil selbständig schutzfähig ist. Doch genügt es, diese Prüfung im Fall einer Nachanmeldung vorzunehmen.[76] Zu prüfen ist im Einspruchsverfahren nur, ob der Gegenstand der Entnahme eine vollständige, **ausführbare** technische **Handlungsanweisung** bildet, die sich vom übrigen Patentinhalt **trennen** lässt.

6. Wer wegen widerrechtlicher Entnahme erfolgreich Einspruch erhoben hat, kann nach § 7 Abs. 2 PatG für eine eigene Anmeldung der entnommenen Erfindung den Zeitrang des

---

[71] *Reimer* PatG § 4 Rn. 21; *Tetzner* § 4 Rn. 34; *Lindenmaier* § 4 Rn. 22.
[72] Zuletzt in der Entscheidung BGH 27.10.1961, GRUR 1962, 140 f. – Stangenführungsrohre.
[73] 22.2.2011, GRUR 2011, 509 Rn. 34 – Schweißheizung.
[74] In diesem Sinn auch *Winterfeldt* VPP Rundbrief 2006, 82 (87).
[75] Ebenso *Busse/Keukenschrijver* PatG § 21 Rn. 79; *Rogge/Kober-Dehm* in Benkard PatG § 21 Rn. 23; *Moufang* in Schulte PatG § 21 Rn. 64 ff.; *Giebe* Mitt. 2002, 302 f.
[76] Anders BGH 1.3.1977, BGHZ 68, 242 (249) – Geneigte Nadeln: der entnommene Teil muss selbständig schutzfähig sein. – Vgl. aber BGH 11.11.1980, BGHZ 78, 358 (366) – Spinnturbine II, wo zum Ausdruck kommt, der Berechtigte könne auch im Wege des Einspruchs wegen widerrechtlicher Entnahme verhindern, dass sich der Patentinhaber ihm gegenüber auf widerrechtlich Entnommenes beruft, das *keine schutzfähige Erfindung* darstellt.

angegriffenen Patents in Anspruch nehmen. Er hat ein **Nachanmelderecht mit Entnahmepriorität**. Erfolgreich ist der Einspruch, wenn das Patent im Einspruchsverfahren wegen widerrechtlicher Entnahme widerrufen wird oder der Patentinhaber darauf wegen des Einspruchs verzichtet. Gleiches wird gelten müssen, wenn der Patentinhaber wegen des Einspruchs den Widerruf des Patents nach § 64 PatG beantragt und daraufhin der Widerruf erfolgt. Ein anders begründeter bzw. motivierter Widerruf oder anders motivierter Verzicht erzeugen das Prioritätsrecht nicht.[77] Ebenso wenig entsteht es bei Nichtigerklärung oder durch den Patentinhaber wegen einer Nichtigkeitsklage herbeigeführtem Wegfall des Patents.

77 Die Anmeldung muss zur Wahrung der Priorität **innerhalb eines Monats** nach der amtlichen Mitteilung über Widerruf oder Verzicht eingereicht werden. Ihr Gegenstand muss sich im Rahmen des ursprünglichen Offenbarungsinhalts der widerrechtlichen Anmeldung halten (§ 21 Abs. 1 Nr. 4 Hs. 2 PatG).[78] Ist die Priorität wirksam in Anspruch genommen, bestimmt sich der SdT für die Nachanmeldung gemäß dem Zeitrang der widerrechtlichen Anmeldung. Später eingetretene neuheitsschädliche Tatsachen sind auch insoweit unschädlich, als sie nicht durch diese Anmeldung verursacht sind. Im Übrigen ist jedoch die neue Anmeldung von der alten unabhängig. Erklärungen, die der Nichtberechtigte im ersten Erteilungsverfahren abgegeben hat, binden den Nachanmelder nicht.[79] Die praktische Bedeutung dieser Regel ist aber jedenfalls nach geltendem Recht gering (→ Rn. 60 ff.).

78 Der Gesetzeswortlaut stellt klar, dass die Nachanmeldung mit einer Priorität ausgestattet, aber **nicht zurückdatiert** wird.[80] Daher beginnt die **Laufzeit** des darauf erteilten Patents mit Einreichung der Nachanmeldung. Sie endet also erst mehrere Jahre nach dem Zeitpunkt, in dem das widerrufene Patent abgelaufen wäre. Freilich verschiebt sich in entsprechender Weise der Beginn des mit Offenlegung und Patenterteilung verbundenen Schutzes.[81]

79 Die **Schonfrist** des § 3 Abs. 5 PatG ist vom Zeitpunkt der Nachanmeldung zurückzurechnen. Sie hilft also dem Berechtigten insbesondere nicht gegen Verlautbarungen, die der Nichtberechtigte vor der alten Anmeldung missbräuchlich herbeigeführt hat.

b) Löschung des Gebrauchsmusters

80 Nach § 15 iVm § 13 Abs. 2 GebrMG wird ein Gebrauchsmuster gelöscht, wenn der wesentliche Inhalt der Eintragung den Beschreibungen, Zeichnungen, Modellen, Gerätschaften oder Einrichtungen eines anderen ohne dessen Einwilligung entnommen ist, also widerrechtliche Entnahme iSd Definition des § 21 Abs. 1 Nr. 3 PatG vorliegt (vgl. → Rn. 7 ff.). Die Löschung setzt einen Antrag voraus (§ 16 GebrMG), der an keine Frist gebunden ist und nur vom Verletzten gestellt werden kann (§ 15 Abs. 2 GebrMG). Über den Antrag entscheidet eine Gebrauchsmusterabteilung (§ 10 Abs. 3 S. 1 GebrMG). Sie löscht das Gbm, soweit es auf widerrechtlicher Entnahme beruht (§ 15 Abs. 3 GebrMG). Die Löschung wirkt im Verhältnis zum Verletzten nur deklaratorisch, da nach § 13 Abs. 2 GebrMG ihm gegenüber von Anfang an kein Gbm-Schutz bestanden hat. Im Verhältnis zu Dritten beseitigt sie jedoch rückwirkend die Wirkungen der Eintragung. Ein Nachanmelderecht des Verletzten hat sie nicht zur Folge, da § 13 Abs. 3 GebrMG nur auf § 7 Abs. 1, nicht auch auf § 7 Abs. 2 PatG verweist. Seiner rein „negativen" Funktion nach entspricht

---

[77] Deshalb entsteht kein Recht zur Nachanmeldung, wenn der nichtberechtigte Anmelder die Anmeldung zurücknimmt oder auf das Patent verzichtet, ohne dass Einspruch erhoben war; BGH 29.4.1997, BGHZ 135, 298 – Drahtbiegemaschine; BPatG 26.7.1996, BPatGE 36, 258.
[78] Vgl. BGH 12.7.1979, GRUR 1979, 847 – Leitkörper.
[79] BGH 12.7.1979, GRUR 1979, 847 (848) – Leitkörper; 16.12.1993, GRUR 1996, 42 – Lichtfleck.
[80] OLG Frankfurt a. M. 7.5.1992, GRUR 1992, 683.
[81] Zur Problematik *Kraßer* FS Hubmann, 1995, 226 f.

§ 20. Der Schutz des Erfinderrechts

also der Löschungsantrag der patentrechtlichen Nichtigkeitsklage; mit dem Einspruch hat er jedoch gemeinsam, dass in erster Instanz (beim Einspruch: grundsätzlich, vgl. → Rn. 61) das Patentamt entscheidet, was Kostenvorteile bringt. Im Übrigen kann auf die Ausführungen zum Einspruch wegen widerrechtlicher Entnahme verwiesen werden (→ Rn. 66–75).

c) Wertung

1. Rechtspolitisch ist bei **Patenten** zu fragen, ob es in einem System mit aufgeschobener Prüfung und erst nach Patenterteilung möglichem Einspruch noch sinnvoll ist, neben der Übertragungsklage Behelfe vorzusehen, die auf Beseitigung des dem Nichtberechtigten erteilten Patents gerichtet sind. Die Möglichkeit, wegen widerrechtlicher Entnahme auf Nichtigerklärung zu klagen, würde entbehrlich, wenn – entsprechend dem Gebrauchsmusterrecht – dem Verletzten ein **Einrederecht** gesichert würde, das die bei gutem Glauben des Verletzers geltende Befristung des Übertragungsanspruchs überdauert (vgl. → Rn. 48 ff.). Es gibt keinen Grund, Patente in dieser Hinsicht anders zu behandeln als Gebrauchsmuster, weil die Berechtigung des Anmelders vor einer Patenterteilung ebenso wenig geprüft wird wie vor einer Gbm-Eintragung. 81

Der Einspruch wegen widerrechtlicher Entnahme könnte durch ein bereits ab Anmeldung zulässiges **Feststellungsverfahren vor dem Patentamt** ersetzt werden, in dem ein mit rechtskundigen und technischen Mitgliedern besetzter Spruchkörper auf Antrag prüft, ob dem Antragsteller hinsichtlich einer von einem bzw. für einen anderen angemeldeten oder patentierten Erfindung das Recht auf das Patent zusteht, und der Antragsteller, wenn seine Berechtigung im Verhältnis zwischen den Beteiligten verbindlich festgestellt ist, die Anmeldung bzw. das Patent übernehmen oder zu Fall bringen könnte.[82] Dabei wäre sicherzustellen, dass nach Einleitung des Verfahrens der Antragsgegner keine Handlungen wirksam vornehmen kann, die das vom Antragsteller geltend gemachte Recht beeinträchtigen können. Ein schutzwürdiges Interesse des Berechtigten, nach dem von ihm herbeigeführten Wegfall der Anmeldung oder des Patents eine prioritätsbegünstigte eigene Anmeldung einzureichen, wäre nicht anzuerkennen (vgl. → Rn. 60 ff.). 82

2. Bei **Gebrauchsmustern** bedarf der Inhaber des Rechts, um Angriffe aus dem für einen Nichtberechtigten eingetragenen Gbm abzuwehren, schon nach geltendem Recht nicht der Möglichkeit einer Löschung wegen widerrechtlicher Entnahme, weil ihm in diesem Fall zeitlich unbeschränkt der Einwand nach § 13 Abs. 2 GebrMG zu Verfügung steht (→ Rn. 50). 83

Im Übrigen wäre das Löschungsverfahren wie das Einspruchsverfahren durch ein Verfahren zur patentamtlichen Feststellung der Berechtigung zu ersetzen (→ Rn. 82).

III. Durchsetzung des Rechts auf das europäische Patent

a) Intervention des Berechtigten im Erteilungsverfahren. Grundlagen

1. Das EPA prüft nicht, ob dem Anmelder nach Art. 60 Abs. 1 EPÜ das Recht auf das europäische Patent zusteht. Vielmehr gilt im Verfahren vor dem EPA der Anmelder als berechtigt, das Recht geltend zu machen (Art. 60 Abs. 3 EPÜ). Dieser Regel unterliegt auch das Einspruchsverfahren: Der Einspruch gegen das europäische Patent kann nicht darauf gestützt werden, dass seinem Inhaber die sachliche Berechtigung fehle oder sein Inhalt widerrechtlich entnommen sei (vgl. Art. 100 EPÜ). 84

Im Erteilungsverfahren berücksichtigt jedoch das EPA **rechtskräftige Entscheidungen nationaler Instanzen,** die den Anspruch auf Erteilung des europäischen Patents einer anderen Person als dem Anmelder zusprechen (Art. 61 Abs. 1 EPÜ): Wer gemäß einer solchen Entscheidung der Berechtigte ist, kann, solange das europäische Patent noch nicht 85

---

[82] Näheres zu diesem Vorschlag, insbesondere auch zum Verhältnis zwischen patentamtlichem Verfahren und Übertragungsklage, bei *Kraßer* FS Hubmann, 1995, 233 ff.

erteilt ist, innerhalb von drei Monaten nach Eintritt ihrer Rechtskraft in Bezug auf die Vertragsstaaten, für die sie gilt (vgl. → Rn. 92 ff.),
(a) die europäische Patentanmeldung an Stelle des Anmelders als eigene Anmeldung weiterverfolgen,
(b) eine neue europäische Patentanmeldung für dieselbe Erfindung einreichen, der der Anmeldetag der unrechtmäßigen Anmeldung zukommt (vgl. → Rn. 103 ff.), oder
(c) beantragen, dass die europäische Patentanmeldung zurückgewiesen wird.

Der durch rechtskräftige Entscheidung ausgewiesene Berechtigte hat somit im europäischen Patenterteilungsverfahren ein **Interventionsrecht**. Zur Sicherung dieses Rechts setzt das EPA das Erteilungsverfahren aus, wenn ihm ein Dritter die Einleitung eines Verfahrens nachweist, in welchem er dem Anmelder den Erteilungsanspruch streitig macht (vgl. → Rn. 101 f.).

86   2. Für die Frage, **wem der Anspruch auf Erteilung** des europäischen Patents **zugesprochen werden kann,** gilt der Grundsatz des Art. 60 Abs. 1 S. 1 EPÜ, wonach das Recht auf das europäische Patent dem Erfinder oder seinem Rechtsnachfolger zusteht. Hiervon müssen die nationalen Instanzen ausgehen. Für den wichtigen Bereich der **Arbeitnehmererfindungen** verweist jedoch das EPÜ auf nationales Recht und sagt lediglich, welche Rechtsordnung jeweils anzuwenden ist: das Recht auf das europäische Patent bestimmt sich nach dem Recht des Staats, in dem der Arbeitnehmer überwiegend beschäftigt ist, hilfsweise des Staates, in dem der ArbGeb den Betrieb unterhält, dem der Arbeitnehmer angehört (Art. 60 Abs. 1 S. 2 EPÜ).[83] Der Staat, dessen Recht hiernach anzuwenden ist, kann – gleichgültig für welche Vertragsstaaten ein europäisches Patent angestrebt wird – ein Vertragsstaat oder ein anderer Staat sein. Dabei ist nicht ausgeschlossen, dass das Recht auf das europäische Patent abweichend vom Erfinderprinzip des Art. 60 Abs. 1 S. 1 EPÜ und des deutschen Rechts originär dem ArbGeb zuzusprechen ist (vgl. → Rn. 4 ff.).

87   Soweit die Rechtsordnung, auf die Art. 60 Abs. 1 S. 2 EPÜ verweist, *Vereinbarungen* über das auf das Arbeitsverhältnis anzuwendende Recht anerkennt, ist die von ArbGeb und Arbeitnehmer durch Vertrag getroffene Wahl einer anderen Rechtsordnung zu beachten (vgl. → § 21 Rn. 28 ff.).

88   3. Die nationalen Entscheidungen über das Recht auf das europäische Patent werden regelmäßig in zivilrechtlichen Streitigkeiten vor den ordentlichen Gerichten ergehen; Regelungen, die andere Behörden, insbesondere Patentbehörden für zuständig erklären, sind jedoch mit dem EPÜ vereinbar.[84] Das europäische Recht legt auch nicht fest, in welchem Sinne dem Berechtigten der Erteilungsanspruch zuzusprechen ist. Entscheidungen, die *zur Übertragung* des Anspruchs *verpflichten,* genügen für die Anwendung des Art. 61 Abs. 1 EPÜ ebenso wie solche, die *feststellen,* dass er von vornherein für den Berechtigten und nicht für den Anmelder entstanden ist. Die Ausgestaltung ist insoweit dem nationalen Recht überlassen.[85] Für das europäische Verfahren kommt es nur darauf an, dass die Entscheidung demjenigen, der unter Berufung auf sie interveniert, in ihrem Tenor den Erteilungsanspruch hinsichtlich des Anmeldungsgegenstands zuerkennt. Ihr Vollzug geschieht immer in der vom Berechtigten gemäß Art. 61 Abs. 1 EPÜ gewählten Form, mag er auch je nach dem Inhalt der Entscheidung unterschiedlich zu deuten sein.

89   So wären bei einem Leistungsurteil die Weiterverfolgung der europäischen Anmeldung gemäß Art. 61 Abs. 1 (a) EPÜ als Vollzug der geschuldeten Übertragung, wobei die Entscheidung die erforderliche Willenserklärung des Anmelders ersetzt, und der Zurückweisungsantrag gemäß Art. 61 Abs. 1 (c) EPÜ als eine dem Einspruch wegen widerrechtlicher Entnahme nach früherem deutschen Recht vergleichbare Geltendmachung eines Erteilungshindernisses zu verstehen. Bei einem Feststel-

---

[83] Dazu *Straus* GRUR-Int 1984, 1; *Bremi/Stauder* in Singer/Stauder Art. 60 Rn. 12 ff.; *Melullis* in Benkard EPÜ Art. 60 Rn. 32 ff.

[84] Vgl. die Denkschrift zum Anerkennungsprotokoll, BlPMZ 1976, 344; *Heath* Art. 61 Rn. 50.

[85] Zur Rechtslage in einigen Vertragsstaaten *Cronauer* 159 ff.

lungsurteil wäre die Weiterverfolgung der Anmeldung als Ausübung einer schon vorher erworbenen Rechtsposition unter Beseitigung einer unzutreffenden formalen Legitimation, der Antrag auf Zurückweisung im Grunde als Rücknahme der Anmeldung aufzufassen. Die Einreichung einer neuen Anmeldung gemäß Art. 61 Abs. 1 (b) EPÜ begründet in jedem Fall einen neuen Erteilungsanspruch; die mit ihr verbundene Verdrängung der unrechtmäßigen Anmeldung nach R 17 Abs. 1 entspricht der Wirkung einer gemäß Art. 61 Abs. 1 (c) EPÜ beantragten Zurückweisung und kann in der für diese angegebenen Weise gedeutet werden.[86]

4. Für die **Bundesrepublik Deutschland** wurde bei der Ratifizierung des EPÜ eine besondere nationale Vorschrift über die Durchsetzung des Rechts auf das europäische Patent gegen einen nichtberechtigten Anmelder oder Patentinhaber für erforderlich gehalten:[87] der Übertragungsanspruch nach dem PatG sei auf Anmeldungen beim DPA und von diesem erteilte Patente zugeschnitten; dass nach Art. 66 EPÜ die europäische Anmeldung, wenn Deutschland benannt ist, die Wirkung einer deutschen Anmeldung und nach Art. 2 Abs. 2 EPÜ das für Deutschland erteilte europäische Patent die Wirkung eines deutschen Patents hat, begründe nicht den Übertragungsanspruch nach § 5 (heute § 8) PatG, da dieser keine Wirkung der Anmeldung oder des Patents sei. Letzteres ließe sich bezweifeln; immerhin ist der Anspruch Rechtsfolge der unrechtmäßigen Anmeldung oder der Erteilung des Patents an den Nichtberechtigten. Ein weiterer Grund für die Sonderregelung lag jedoch in der Absicht, dem GPÜ Rechnung zu tragen, dessen Inkrafttreten damals in absehbarer Zeit erwartet wurde. Daher wurde eine an Art. 27 (seit 1989: Art. 23) GPÜ angelehnte, von § 8 PatG teilweise abweichende Vorschrift eingeführt. Sie ist zunächst insoweit zu betrachten, als sie sich auf das Stadium vor der Patenterteilung bezieht (vgl. im Übrigen → Rn. 109ff.).

Gemäß Art. II § 5 Abs. 1 S. 1 IntPatÜG kann der nach Art. 60 Abs. 1 EPÜ Berechtigte, dessen Erfindung von einem Nichtberechtigten angemeldet ist, vom Patentsucher verlangen, dass ihm der Anspruch auf Erteilung des europäischen Patents abgetreten wird. Ein Anspruch des *durch widerrechtliche Entnahme Verletzten* ist somit nicht vorgesehen. Doch bedeutet, wie sich gezeigt hat (vgl. → Rn. 7ff.), die Regelung im PatG insoweit lediglich eine Beweiserleichterung. Das IntPatÜG verbietet es nicht, aus Umständen, die eine widerrechtliche Entnahme ergeben, in freier Beweiswürdigung auch Schlüsse bezüglich der für die sachliche Berechtigung maßgebenden Tatsachen zu ziehen. Hinsichtlich des Anspruchs des **Berechtigten** stimmt die Regelung mit § 8 PatG überein. Für die insoweit maßgebenden Voraussetzungen gilt daher ebenso wie für Inhalt und Rechtsnatur des Anspruchs und die zivilrechtlichen Nebenansprüche, was zu jener Vorschrift ausgeführt ist (vgl. → Rn. 25ff.).

b) Anerkennung nationaler Entscheidungen über den Erteilungsanspruch

1. Die in Art. 61 Abs. 1 EPÜ vorausgesetzte rechtskräftige Entscheidung gibt die dort vorgesehenen Rechte für diejenigen in der Anmeldung benannten Vertragsstaaten, in denen die Entscheidung **ergangen** oder **anerkannt** oder auf Grund des zum EPÜ gehörigen Anerkennungsprotokolls **anzuerkennen ist.**

2. Das **Anerkennungsprotokoll**[88] ist nach Art. 164 EPÜ Bestandteil des Übereinkommens. Es hat den Zweck, Entscheidungen nationaler Gerichte,[89] die einem anderen als dem Anmelder den Anspruch auf Erteilung des europäischen Patents zusprechen, Wirkung für

---

[86] Deshalb kommt nur die in Art. 61 Abs. 1 (a) EPÜ vorgesehene Möglichkeit in Betracht, wenn dem Intervenienten nur eine *Mitberechtigung* hinsichtlich der Erfindung zugesprochen ist; vgl. *Bremi/Stauder* in Singer/Stauder Art. 60 Rn. 10; *Cronauer* 163 f.
[87] Vgl. die Begründung zum IntPatÜG, BlPMZ 1976, 326.
[88] Protokoll über die gerichtliche Zuständigkeit und die Anerkennung von Entscheidungen über den Anspruch auf Erteilung eines europäischen Patents, BGBl. 1976 II 982 = BlPMZ 1976, 316. Dazu *Stauder* EPÜ-GK, 6. Lfg., 1984; *Le Tallec* GRUR-Int 1985, 245 (263).
[89] Den Gerichten sind in Art. 1 Abs. 2 andere Behörden gleichgestellt, die in einem Vertragsstaat über den Anspruch auf Erteilung des europäischen Patents zu entscheiden haben.

§ 20 III
3. Abschnitt. Das Recht an der Erfindung

alle Vertragsstaaten zu verleihen und damit ihre Berücksichtigung durch das EPA für alle diejenigen in einer europäischen Anmeldung benannten Staaten sicherzustellen, auf die sich die jeweilige Entscheidung bezieht.

94 Das Protokoll betrifft nach dem Wortlaut seines Art. 1 Abs. 1 „Klagen gegen den Anmelder, mit denen der Anspruch auf Erteilung eines europäischen Patents für einen oder mehrere der in der europäischen Patentanmeldung benannten Vertragsstaaten geltend gemacht wird"; in Art. 3 spricht es von der „Person, die den Anspruch auf Erteilung des europäischen Patents geltend macht". Diese Formulierungen sind jedenfalls aus der Sicht der im deutschen Patentrecht gebräuchlichen Terminologie[90] nicht sachgerecht. Der Anspruch auf Erteilung eines europäischen Patents richtet sich als öffentlich-rechtlicher Anspruch gegen die Europäische Patentorganisation. Er wird nicht durch Klage vor Gerichten der Vertragsstaaten, sondern durch den Antrag auf Erteilung eines europäischen Patents geltend gemacht. Durch die im Protokoll gemeinten Klagen wird dagegen geltend gemacht, dass dem Kläger das *Recht auf das europäische Patent* und damit – je nach der anzuwendenden nationalen Regelung – entweder unmittelbar der Erteilungsanspruch oder (wie nach Art. II § 5 IntPatÜG) ein Anspruch auf dessen Abtretung zustehe. Nur in diesem Sinne handelt es sich um Rechtsstreitigkeiten und Entscheidungen „über den Anspruch auf Erteilung des europäischen Patents" (vgl. Art. 5 Abs. 1, 9 Abs. 1 des Protokolls).

95 3. Nach Art. 9 Abs. 1 des Protokolls werden die in einem Vertragsstaat ergangenen rechtskräftigen Entscheidungen über den Anspruch auf Erteilung eines europäischen Patents für einzelne oder alle in der europäischen Patentanmeldung benannten Vertragsstaaten in den anderen Vertragsstaaten **ohne besonderes Verfahren anerkannt.** Ausgenommen sind Entscheidungen, die ergangen sind, ohne dass dem Anmelder hinreichend Gelegenheit zur Verteidigung gegen die Klage gewährt war (Art. 10 [a]). Sind in Vertragsstaaten zwischen denselben Parteien mehrere miteinander **unvereinbare Entscheidungen** ergangen, gilt die Anerkennung nur für diejenige, der die am frühesten eingereichte Klage zugrunde liegt (Art. 10 [b]). Unvereinbar sind Entscheidungen jedoch nur, soweit sie **für denselben Vertragsstaat** einander widersprechen.

96 Für verschiedene Vertragsstaaten kann in verschiedenen Entscheidungen, aber auch in ein und derselben Entscheidung der Erteilungsanspruch verschiedenen Personen zugesprochen werden. Anlass hierzu kann sich ergeben, wenn bezüglich des Rechts auf das Patent eine territorial beschränkte Rechtsnachfolge stattgefunden hat.

97 4. Die Anerkennung ist geboten, ohne dass die Zuständigkeit des Gerichts, das die Entscheidung erlassen hat, und die Gesetzmäßigkeit der Entscheidung nachgeprüft werden dürfen. Gleichwohl regelt das Protokoll die **Zuständigkeit** eingehend (Art. 2–8).

98 Die Parteien können durch schriftliche Vereinbarung die ausschließliche Zuständigkeit eines bestimmten Gerichts oder der Gerichte eines bestimmten Vertragsstaates begründen (Art. 5 Abs. 1); zwischen einem Arbeitnehmer und seinem ArbGeb gilt dies jedoch nur, soweit es das für den Arbeitsvertrag maßgebliche nationale Recht zulässt (Art. 5 Abs. 2). Eine wirksame Zuständigkeitsvereinbarung geht anderen Zuständigkeitsregelungen vor. Ist keine Zuständigkeit wirksam vereinbart, kommt es zunächst darauf an, ob Gegenstand der europäischen Anmeldung eine Arbeitnehmererfindung ist. In diesem Fall sind für einen Rechtsstreit zwischen dem Arbeitnehmer und seinem ArbGeb ausschließlich die Gerichte des Vertragsstaates zuständig, nach dessen Recht sich gemäß Art. 60 Abs. 1 S. 2 EPÜ das Recht auf das europäische Patent bestimmt (Art. 4; vgl. → Rn. 86 f.). Im Übrigen richtet sich die Zuständigkeit in erster Linie nach dem Wohnsitz oder Sitz des Anmelders (Art. 2), hilfsweise nach dem Wohnsitz oder Sitz der Person, die den Erteilungsanspruch zugesprochen erhalten will (Art. 3). Haben beide Parteien keinen Wohnsitz oder Sitz im Gebiet der Vertragsstaaten, sind die Gerichte der Bundesrepublik Deutschland ausschließlich zuständig (Art. 6).

---

[90] Im englischen Text heißt es: claims ... to (bzw. the party claiming) the right to the grant of a European patent, im französischen: actions visant à faire (bzw. la personne qui fait) valoir le droit à l'obtention du brevet européen.

§ 20. Der Schutz des Erfinderrechts III § 20

Die mit Klagen im Sinne des Protokolls befassten Gerichte haben von Amts wegen zu 99
prüfen, ob sie nach dessen Bestimmungen zuständig sind. Werden bei Gerichten verschiedener Vertragsstaaten Klagen wegen desselben Anspruchs zwischen denselben Parteien anhängig gemacht, entscheidet grundsätzlich das zuerst angerufene Gericht in der Sache, während sich das später angerufene für unzuständig erklärt (Art. 8).

5. Entscheidungen, die nicht gemäß dem Anerkennungsprotokoll anzuerkennen sind, 100
berücksichtigt das EPA für den Vertragsstaat, in dem sie ergangen sind, sowie für die Vertragsstaaten, in denen sie – nach nationalem Recht, europäischem Unionsrecht (vgl. → Rn. 115) oder zwischenstaatlichen Verträgen – anzuerkennen oder anerkannt worden sind. Auf diesem Wege können sich auch Entscheidungen auswirken, die nicht in Vertragsstaaten des EPÜ ergangen sind.[91]

c) Sicherung und Ausübung des Interventionsrechts

1. Die Ausführungsordnung zum EPÜ will in R 14–18 sicherstellen, dass der Anspruch auf 101
Erteilung des europäischen Patents nicht verloren geht, solange ein Rechtsstreit anhängig ist, in dem er möglicherweise einer anderen Person als dem Anmelder zugesprochen wird. Demgemäß **setzt das EPA,** wenn die europäische Patentanmeldung bereits veröffentlicht ist, **das Erteilungsverfahren aus,** sobald ihm ein Dritter nachweist, dass er gegen den Anmelder ein Verfahren wegen des Anspruchs auf Erteilung des europäischen Patents eingeleitet hat (R 14 Abs. 1).[92] Zwischen dem Eingang des Nachweises und der Fortsetzung des Verfahrens kann weder die Anmeldung noch die Benennung eines Vertragsstaats zurückgenommen werden (R 15). Auch sind Fristen mit Ausnahme derjenigen für die Zahlung der Jahresgebühren während der Aussetzung gehemmt (R 14 Abs. 4). Daher kann insbesondere kein Rechtsverlust wegen Versäumung der Prüfungsantragsfrist eintreten. Die Aussetzung dauert bis zur Rechtskraft der Entscheidung im Rechtsstreit zwischen dem Anmelder und dem Dritten; lautet diese zugunsten des Dritten, darf das europäische Erteilungsverfahren gegen dessen Willen nicht vor Ablauf der – für die Ausübung der Wahlmöglichkeit nach Art. 61 Abs. 1 EPÜ vorgesehenen – Frist von drei Monaten ab Rechtskraft fortgesetzt werden (R 14 Abs. 2 Satz 2). Um Verschleppungsversuchen entgegenzuwirken,[93] kann jedoch das EPA unter entsprechender Mitteilung an die Beteiligten einen Zeitpunkt festsetzen, zu dem das Erteilungsverfahren ohne Rücksicht auf den Stand jenes Rechtsstreits fortgesetzt wird, sofern dem Amt nicht vor diesem Zeitpunkt eine rechtskräftige Entscheidung nachgewiesen ist (R 14 Abs. 3).[94]

Die Aussetzung des Erteilungsverfahrens genügt dem Interesse des Berechtigten nicht, wenn diesem 102
an einer baldigen Entscheidung über das Patentgesuch gelegen ist. Nach einem Urteil des OLG München[95] kann er deshalb im Verfahren der einstweiligen Verfügung den Erteilungsanspruch[96] des nicht-

---

[91] Näheres bei *Heath* Art. 61 Rn. 59 ff.
[92] Die Aussetzung ist möglich, solange nicht gem. Art. 97 Abs. 4 (jetzt 3) EPÜ im Europäischen Patentblatt auf die Erteilung des Patents hingewiesen ist, EPA 20.1.1998, ABl. 1999, 443 – Aussetzung des Verfahrens. Sie steht nicht im Ermessen des Amts und erfolgt ohne Anhörung des Anmelders; vgl. EPA 29.5.1985, ABl. 1985, 267 – Aussetzung des Verfahrens/TAG; außerdem EPA 4.12.1996, ABl. 1997, 400 – Aussetzung des Verfahrens/Soludia, wo auch die Beschwerdemöglichkeiten im Fall der Aussetzung und ihrer Verweigerung behandelt sind. – Zur Frage, unter welchen Voraussetzungen das EPA von der Einleitung eines nationalen Verfahrens auszugehen hat und wie dabei vermieden werden kann, dass sich die Aussetzung wegen zeitaufwendiger Erfordernisse des nationalen Rechts verzögert, vgl. *Heath* GRUR-Int 2004, 736 ff.
[93] Vgl. die EPA-Richtlinien A IV 2.2.5.2; EPA 29.5.1985, ABl. 1985, 267 – Aussetzung des Verfahrens/TAG; *Heath* Art. 61 Rn. 20.
[94] Der Zeitpunkt kann auf Antrag geändert werden, EPA 29.5.1985, ABl. 1985, 267 – Aussetzung des Verfahrens/TAG.
[95] 26.6.1996, Mitt. 1997, 394.
[96] Als Gegenstand der Sequestration bezeichnet das Urteil allerdings fälschlich den „Vindikationsanspruch", den es andererseits (OLG München 26.6.1996, Mitt. 1997, 394 zu 5) zutreffend der Verfügungsklägerin zuschreibt.

§ 20 III 3. Abschnitt. Das Recht an der Erfindung

berechtigten Anmelders sequestrieren lassen und von diesem verlangen, dass er den Sequester zu seiner Vertretung vor dem EPA ermächtigt und eine anderweitige Vollmacht widerruft.[97]

103 2. Reicht der Dritte, dem der Erteilungsanspruch rechtskräftig zugesprochen ist, gemäß Art. 61 Abs. 1 (b) EPÜ eine **neue europäische Patentanmeldung** ein, gilt diese als an dem Tag der unrechtmäßigen Anmeldung eingereicht und genießt deren Prioritätsrecht, sofern ihr Gegenstand nicht über den Inhalt der ursprünglich eingereichten Fassung jener Anmeldung hinausgeht (Art. 61 Abs. 2 iVm Art. 76 Abs. 1 EPÜ). Mit Einreichung der neuen Anmeldung gilt nach R 17 Abs. 1 die unrechtmäßige Anmeldung für diejenigen in ihr benannten Staaten als zurückgenommen, für die die Entscheidung über den Erteilungsanspruch nach den dargestellten Regeln wirksam ist (vgl. → Rn. 92 ff.). Das alte Erteilungsverfahren ist insoweit ergebnislos beendet; nur die zeitrangbegründende Wirkung der alten Anmeldung lebt in dem neuen Verfahren fort. Die **Laufzeit** eines Patents, das auf die neue Anmeldung erteilt wird, richtet sich – anders als im Fall des § 7 Abs. 2 PatG (vgl. → Rn. 76 ff.) – nicht nach dem Anmeldetag der neuen, sondern nach demjenigen der alten Anmeldung.[98]

104 Die GBK des EPA gestattet dem Berechtigten eine neue Anmeldung gem. Art. 61 Abs. 1 (b) EPÜ auch dann, wenn die für den Nichtberechtigten eingereichte Anmeldung bereits zurückgenommen, verfallen oder rechtskräftig zurückgewiesen, also **nicht mehr anhängig** ist.[99] Begründet wird dies hauptsächlich damit, dass Art. 61 EPÜ nicht ausdrücklich die Anhängigkeit der Anmeldung verlange und auch den Ausführungsvorschriften kein Hinweis auf ein solches Erfordernis zu entnehmen sei. Außerdem wird auf das Anerkennungsprotokoll hingewiesen: Der Anmelder, dem das hiernach zuständige Gericht rechtskräftig den Anspruch auf Erteilung eines europäischen Patents zugesprochen hat, müsse anschließend auch das zentralisierte Verfahren gem. Art. 61 Abs. 1 EPÜ in Anspruch nehmen können. Die GBK will durch ihre Lösung insbesondere ausschließen, dass der Nichtberechtigte, indem er seine Anmeldung nach deren Veröffentlichung zurücknimmt, den Berechtigten daran hindert, europäischen Patentschutz für die Erfindung zu erlangen, und sich selbst Handlungsfreiheit für die Nutzung der Erfindung verschafft, die er sich widerrechtlich angeeignet hat; die Duldung einer solchen Manipulation könne bei Abfassung des Anerkennungsprotokolls nicht gewollt gewesen sein. R 13, 14 und 15 Abs. 1 (jetzt 14, 15 und 17 Abs. 1) EPÜ seien nur für Fälle gedacht, in denen die Anmeldung des Nichtberechtigten noch anhängig ist, erlaubten aber nicht die Annahme, dass diese bei Einreichung der Nachanmeldung des Berechtigten noch anhängig sein müsse. Demgemäß wird diese Anhängigkeit weder im Zeitpunkt der Nachanmeldung noch in demjenigen der Rechtskraft der den Erteilungsanspruch zuerkennenden nationalen Entscheidung (Nr. 5.8), möglicherweise nicht einmal bei Einleitung des hierauf gerichteten nationalen Verfahrens (Nr. 4.4) für erforderlich gehalten. Für den Fall, dass Dritte im Vertrauen auf den Wegfall der Anmeldung des Nichtberechtigten begonnen haben, deren Gegenstand zu benutzen, stellt die GBK den nationalen Gerichten anheim, eine Lösung zu finden (Nr. 4.4, 6).

105 Eine Minderheit der an dem Verfahren beteiligten Mitglieder der GBK hat sich nicht in der Lage gesehen, der Entscheidung zuzustimmen. Ihre abweichende Meinung ist in den Entscheidungsgründen wiedergegeben (Nr. 8.1 ff.). Sie stützt sich insbesondere auf das System der Regelung in Art. 61 EPÜ und den zugehörigen Vorschriften der AO und hebt hervor, dass der Gesetzgeber das nach der Mehrheitsansicht mögliche Wiederaufleben längst untergegangener Anmeldungen nicht zugelassen hätte, ohne die Rechte Dritter zu schützen, die durch dieses Wiederaufleben betroffen sind.

106 Zuzustimmen ist der Meinung der Minderheit.[100] Ihren Argumenten könnte hinzugefügt werden, dass Art. 61 EPÜ und das Anerkennungsprotokoll einen *Anspruch auf Erteilung* eines europäischen

---

[97] Zustimmend *Gallo* Mitt. 1997, 395; ablehnend *Rapp* Mitt. 1998, 347 ff., der die Sequestration für unzulässig hält, weil sie mit dem EPÜ unvereinbar sei. Immerhin unterliegt aber nach Art. 74 EPÜ, soweit dieses nichts anderes bestimmt, eine europäische Patentanmeldung als Gegenstand des Vermögens in jedem benannten Vertragsstaat dem Recht, das in diesem Staat für nationale Patentanmeldungen gilt. Die Sequestration wäre also mit Wirkung für Deutschland mit dem EPÜ vereinbar. Freilich ist sie für sich genommen im europäischen Erteilungsverfahren nutzlos, wie auch das Gericht gesehen hat.
[98] *Heath* Art. 61 Rn. 42.
[99] EPA 13.6.1994, ABl. 1994, 607 (615 ff.). – Unberechtigter Anmelder/Latchways.
[100] Ebenso *Bremi/Stauder* in Singer/Stauder Art. 61 Rn. 6; *Moufang* in Schulte PatG § 7 Rn. 9.

Patents voraussetzen. Dieser entsteht aber mit der Anmeldung und fällt weg, wenn diese zurückgenommen wird, als zurückgenommen gilt oder rechtskräftig zurückgewiesen ist. Eine Entscheidung eines nach dem Anerkennungsprotokoll zuständigen nationalen Gerichts wird deshalb durch den Wegfall der Anmeldung insoweit gegenstandslos, als sie einer Partei den Erteilungsanspruch zuerkennt. Weder das Anerkennungsprotokoll noch Art. 61 EPÜ verpflichten das EPA, einer solchen Entscheidung Folge zu geben, wenn kein Erteilungsanspruch mehr besteht. Das zeigt sich beispielweise auch dann, wenn – mangels rechtzeitiger Intervention des Berechtigten – dem nichtberechtigten Anmelder bereits das Patent erteilt ist. Auch hier besteht kein Erteilungsanspruch mehr; dem entspricht, dass nicht mehr die Behelfe des Art. 61 EPÜ zur Verfügung stehen, sondern die Durchsetzung des – mit dem Erteilungsanspruch nicht zu verwechselnden – Rechts auf das europäische Patent bezüglich des erteilten Patents auf nationaler Ebene betrieben werden muss (→ Rn. 109 ff.), wobei sich allenfalls nach Art. 99 Abs. 4, R 78 EPÜ Rückwirkungen auf ein beim EPA noch anhängiges Einspruchsverfahren ergeben können. Schließlich ist die Gefahr, dass auf der Grundlage der Entscheidung der GBK das Wiederaufleben weggefallener Anmeldungen manipuliert wird, jedenfalls nicht geringer als diejenige einer Manipulation in dem von der GBK befürchteten Sinn. Doch trifft das Risiko in diesem Fall den Berechtigten, der seine Erfindung nicht früher angemeldet und dadurch der Anmeldung des Nichtberechtigten Raum gegeben hat, in jenem Fall aber Dritte, die weder für die Anmeldung des Nichtberechtigten noch für das Zögern des Berechtigten mit einer eigenen Anmeldung irgendwie verantwortlich sind.

3. Die Intervention nach Art. 61 EPÜ oder der Nachweis einer Verfahrenseinleitung **107** nach R 14 brauchen sich nicht auf alle in der angegriffenen Anmeldung benannten Vertragsstaaten zu erstrecken. Das Erteilungsverfahren für die nicht betroffenen Staaten bleibt dann unberührt. Es kann aber auch sein, dass sich das Recht des Dritten auf einen **Teil des Anmeldungsgegenstands** beschränkt und er deshalb nur insoweit den Erteilungsanspruch zugesprochen erhält. Für den betroffenen Teil sind dann Art. 61 EPÜ und R 16, 17 anzuwenden (R 18 Abs. 1). Allerdings kann der Dritte die Anmeldung nicht gemäß Art. 61 Abs. 1 (a) EPÜ als eigene weiterbetreiben.[101] Will er sich nicht damit begnügen, gemäß Art. 61 Abs. 1 (c) EPÜ die Patenterteilung bezüglich des ihm zustehenden Anmeldungsinhalts zu verhindern, muss er hierfür gemäß Art. 61 Abs. 1 (b) EPÜ eine eigene Anmeldung einreichen. Es kommt dann zu einer Teilung der ursprünglichen Anmeldung, wobei deren Anmelder und der Dritte auf Grund von Anmeldungen gleichen Zeitrangs (Art. 61 Abs. 2, 76 Abs. 1 EPÜ) das Erteilungsverfahren für entsprechend eingeschränkte Anmeldungsgegenstände weiterbetreiben. Gilt in solchen Fällen die Streitentscheidung nicht für alle benannten Vertragsstaaten, kann das auf die angegriffene Anmeldung erteilte Patent für die betroffenen und die übrigen benannten Staaten unterschiedliche Ansprüche, Beschreibungen und Zeichnungen enthalten (R 18 Abs. 2).

Ein Dritter, dem das Recht auf das Patent nicht allein, sondern nur gemeinsam mit dem (den) An- **108** melder(n) zusteht, kann seine Mitberechtigung nur dadurch zur Geltung bringen, dass er analog Art. 61 Abs. 1 (a) EPÜ die Anmeldung gemeinsam mit dem (den) ebenfalls berechtigten Anmelder(n) weiterverfolgt. Die beiden anderen Möglichkeiten sind ihm verschlossen, weil dadurch dem (den) Mitberechtigten die durch die Anmeldung begründete Rechtsstellung ganz entzogen würde.[102]

d) Durchsetzung des Rechts nach Patenterteilung

1. Ist einem Nichtberechtigten ein europäisches Patent erteilt, kann der Inhaber des **109** Rechts auf das Patent vor den zuständigen nationalen Instanzen erreichen, dass ihm das Patent zugesprochen wird. Die nationalen Entscheidungen folgen dabei wiederum dem Erfinderprinzip des Art. 60 Abs. 1 S. 1 EPÜ, im Falle von Arbeitnehmererfindungen dem nach Art. 60 Abs. 1 S. 2 anwendbaren nationalen Recht (vgl. → Rn. 86 f.).

In der Bundesrepublik Deutschland kann der Berechtigte vom nichtberechtigten Patent- **110** inhaber die **Übertragung** des europäischen Patents **verlangen** (Art. II § 5 Abs. 1 S. 2 IntPatÜG). Der Anspruch kann nur innerhalb einer Ausschlussfrist von **zwei Jahren** nach

---

[101] EPA-Richtlinien A IV 2.7.
[102] *Heath* Art. 61 Rn. 54 f.; *Bremi/Stauder* in Singer/Stauder Art. 60 Rn. 10.

Erteilung des europäischen Patents geltend gemacht werden, wenn nicht der Patentinhaber **bei Erteilung oder Erwerb** des Patents **wusste,** dass ihm kein Recht auf das europäische Patent zustand (Art. II § 5 Abs. 2 IntPatÜG).

111 Die Bezeichnung der Frist als Ausschlussfrist soll klarstellen, dass nach ihrem Ablauf dem Berechtigten keine Einrede gegen Ansprüche aus dem Patent verbleibt,[103] wie es hier auch für deutsche Patente angenommen wurde (vgl. → Rn. 48 ff.). Eine Abweichung vom PatG liegt jedoch darin, dass dem Patentinhaber nur positive Kenntnis, nicht schon grobfahrlässige Unkenntnis seiner Nichtberechtigung schadet. Er steht insofern besser als nach § 8 PatG. Eine Verschlechterung ergibt sich für ihn, wenn man, wie oben (→ Rn. 40 ff.) ausgeführt, im Rahmen des § 8 PatG eine Kenntniserlangung zwischen Erwerb des Erteilungsanspruchs und Erteilung als unschädlich ansieht.

112 Tritt der Inhaber des Rechts auf das Patent in die Stellung des Patentinhabers ein, bestimmen sich seine Rechte gegenüber diesem und etwaigen Lizenznehmern in jedem Vertragsstaat, für den er auf diese Weise das Patent erlangt, nach nationalem Recht. In der Bundesrepublik Deutschland treten die bereits dargestellten Rechtsfolgen der Übertragung ein (vgl. → Rn. 52 ff.).

113 Für das **Gemeinschaftspatent** soll die Durchsetzung des Rechts auf das Patent gem. dem Vorschlag für eine Gemeinschaftspatentverordnung (→ § 7 Rn. 114 ff.) in dieser selbst geregelt werden: Nach Art. 5 kann der Berechtigte von einem nichtberechtigten Patentinhaber die Übertragung des Gemeinschaftspatents verlangen; steht ihm das Recht nur teilweise zu, kann er verlangen, dass ihm die Mitinhaberschaft an dem Patent eingeräumt wird. Der Anspruch unterliegt einer zweijährigen Ausschlussfrist ab Patenterteilung, wenn nicht der Patentinhaber bei Erteilung oder Erwerb des Patents wusste, dass ihm das Recht auf das Patent nicht zustand. Diese Regelung entspricht Art. 27 (23) des nicht verwirklichten GPÜ. Wer Berechtigter ist, bestimmt Art. 4 Abs. 1 und 2 des Vorschlags übereinstimmend mit Art. 60 EPÜ.

114 Lizenzen und sonstige Rechte erlöschen, wenn infolge gerichtlicher Geltendmachung des Übertragungsanspruchs der Berechtigte vollständig an die Stelle des bisherigen Patentinhabers tritt und in das Register für Gemeinschaftspatente eingetragen wird. Doch dürfen der nichtberechtigte Patentinhaber und seine Lizenznehmer eine gutgläubig begonnene oder vorbereitete Benutzung fortsetzen, wenn sie nach der Umschreibung des Patents auf den Berechtigten eine nichtausschließliche Lizenz beantragen, die ihnen für angemessene Zeit und zu angemessenen Bedingungen zu gewähren ist (Art. 6 des Verordnungsvorschlags; ebenso schon Art. 28 (24) GPÜ).

115 2. Entscheidungen nationaler Instanzen, durch die europäische Patente einem anderen als dem Patentinhaber zugesprochen werden, gelten zunächst nur für den Staat, in dem sie ergangen sind. Ihre **Anerkennung** in anderen Staaten richtet sich nach den allgemeinen Regeln des nationalen Rechts dieser Staaten und der für sie maßgebenden zwischenstaatlichen Vereinbarungen. Im Verhältnis von EU-Staaten untereinander (mit Ausnahme Dänemarks[104]) ist die Verordnung Nr. 1215/2012 des Europäischen Parlaments und des Rates über die gerichtliche Zuständigkeit und die Anerkennung und Vollstreckung von Entscheidungen in Zivil- und Handelssachen (EuGVVO)[105] zu beachten. Das zum EPÜ gehörige Anerkennungsprotokoll gilt nur für Entscheidungen über den Erteilungsanspruch, nicht aber für solche, die das erteilte Patent betreffen.

116 3. Vor dem EPA können sich nationale Entscheidungen, die das europäische Patent einem anderen als dem Patentinhaber zusprechen, im Rahmen eines **Einspruchsverfahrens** auswirken. Wer nachweist, dass er in einem Vertragsstaat auf Grund einer rechtskräftigen Entscheidung anstelle des bisherigen Patentinhabers in das Patentregister dieses Staats eingetragen ist, tritt auf Antrag im Einspruchsverfahren an die Stelle des bisherigen Patentinhabers (Art. 99 Abs. 4 EPÜ). Er ist damit für den betreffenden Vertragsstaat Gegner des oder der

---

[103] Vgl. die Begründung, BlPMZ 1976, 327.
[104] Insoweit gilt weiter das Brüsseler Übereinkommen über die gerichtliche Zuständigkeit und die Vollstreckung gerichtlicher Entscheidungen in Zivil- und Handelssachen (EuGVÜ, BGBl. 1972 II 773).
[105] Vom 12.12.2012 ABl. 2012, L 351, 1; dazu das deutsche Ausführungsgesetz in der Fassung vom 3.12.2009 BGBl. I 3830, zuletzt geändert durch Gesetz vom 10.12.2014 BGBl. I 2082.

Einsprechenden und hat Gelegenheit zur Verteidigung des nunmehr ihm zustehenden Patents, wobei dieses für den von der Intervention betroffenen Vertragsstaat auch mit anderen Ansprüchen, Beschreibungen und Zeichnungen aufrechterhalten werden kann als für die übrigen Staaten (R 78 Abs. 2).

Andere Folgerungen werden im Einspruchsverfahren aus dem Mangel der sachlichen Berechtigung 117
des Patentinhabers nicht gezogen. Insbesondere gibt es keinen Widerruf wegen dieses Mangels mit anschließendem Nachanmelderecht. Der Berechtigte kann sich die infolge der unbefugten Anmeldung entstandene Rechtsstellung nur verschaffen, indem er an die Stelle des nichtberechtigten Patentinhabers tritt.

Damit nicht im Verlauf eines Einspruchsverfahrens Rechtsverluste eintreten, die den In- 118
haber des Rechts auf das europäische Patent beeinträchtigen, **setzt das EPA,** sofern es den Einspruch für zulässig hält, **das Einspruchsverfahren aus,** wenn ihm ein Dritter während dieses Verfahrens oder während der Einspruchsfrist[106] nachweist, dass er gegen den Patentinhaber ein Verfahren eingeleitet hat (vgl. → Rn. 101 f.), in dem das europäische Patent ihm zugesprochen werden soll (R 78 Abs. 1). Voraussetzungen und Wirkungen der Aussetzung sind wie bei der Aussetzung des Erteilungsverfahrens geregelt; allerdings fehlt im europäischen Recht ein dem Schutz gegen die Zurücknahme der Anmeldung (R 15) entsprechender Schutz des Berechtigten gegen einen Verzicht auf das Patent. Er bleibt dem nationalen Recht überlassen (vgl. für Deutschland → Rn. 35 f.).

4. Das EPÜ lässt zu, dass ein europäisches Patent für das Hoheitsgebiet eines Vertrags- 119
staates für **nichtig erklärt** wird, wenn sein Inhaber nicht nach Art. 60 Abs. 1 EPÜ berechtigt ist (Art. 138 Abs. 1 [e]). Voraussetzung der Nichtigerklärung ist, dass das nationale Recht des betreffenden Staates sie für diesen Fall vorsieht. Die Entscheidung trifft die zuständige nationale Instanz. In der Bundesrepublik Deutschland wird ein für diese erteiltes europäisches Patent vom BPatG für nichtig erklärt, soweit sich ergibt, dass dessen Inhaber nach Art. 60 Abs. 1 EPÜ kein Recht auf das Patent hat; antragsberechtigt ist dabei nur der Inhaber des Rechts auf das europäische Patent (Art. II § 6 Abs. 1 Nr. 5 und Abs. 4 IntPatÜG). Der Antrag ist an keine Frist gebunden. Eine Nichtigerklärung ist auch dann noch möglich, wenn die Übertragungsklage durch Zeitablauf ausgeschlossen oder rechtskräftig abgewiesen ist.

De lege ferenda sollte die Möglichkeit, europäische Patente, soweit sie für Deutschland erteilt sind, 120
wegen fehlender Berechtigung des Inhabers für nichtig erklären zu lassen, ebenso wie bei nationalen Patenten dadurch ersetzt werden, dass die dem Berechtigten zustehende Einrede zeitlich unbegrenzt gewährt wird (→ Rn. 81 f.).

IV. Schutz des Erfinderpersönlichkeitsrechts

a) Nennung als Erfinder im Patenterteilungsverfahren nach deutschem Recht

Aus dem Erfinderpersönlichkeitsrecht folgt das Recht des Erfinders, als Urheber oder 121
Miturheber der neuen technischen Lehre anerkannt zu werden, die er – allein oder mit anderen – geschaffen hat. Das PatG sieht deshalb vor, dass er durch das DPMA in bestimmter Weise zu nennen ist. Er kann hierauf nicht bindend verzichten (§ 63 Abs. 1 S. 5 PatG). Grundlage der Erfindernennung ist die dem Anmelder obliegende Benennung des Erfinders. Im GebrMG fehlt allerdings eine entsprechende Regelung.

---

[106] Es versteht sich, dass auch in diesem Fall eine Aussetzung nur in Betracht kommt, wenn noch innerhalb der Frist Einspruch erhoben wird. Dies bestätigt R 78 Abs. 1 Satz 3, wonach das Verfahren nur ausgesetzt wird, wenn die Einspruchsabteilung den Einspruch für zulässig hält. Ohne rechtzeitigen und auch sonst zulässigen Einspruch bedarf es keiner Intervention des Berechtigten, weil der Bestand des Patents vom EPA nicht mehr in Frage gestellt werden kann. Ein Interesse des Berechtigten, selbst Einspruch zu erheben oder seinen Hinweis auf das von ihm eingeleitete Verfahren als Einspruch gelten zu lassen, wie es *Heath* Art. 61 Rn. 46 empfiehlt, ist nicht ersichtlich, weil nach dem EPÜ fehlende Berechtigung kein Einspruchsgrund ist.

§ 20 IV 3. Abschnitt. Das Recht an der Erfindung

122 1. Wer eine Erfindung beim DPMA zum Patent anmeldet, muss nach § 37 Abs. 1 PatG den oder die **Erfinder benennen** und dabei versichern, dass seines Wissens keine weiteren Personen an der Erfindung beteiligt sind. Bei Benennung mehrerer Erfinder erfolgt keine Angabe von Beteiligungsquoten und keine Zuordnung sachlich abgrenzbarer Teile der Erfindung.[107] Ist der Anmelder selbst nicht oder nicht allein der Erfinder, muss er angeben, wie er das Recht auf das Patent erlangt hat.

123 Die Erfinderbenennung muss grundsätzlich innerhalb von 15 Monaten nach dem Tag der Einreichung der Anmeldung erfolgen; bei Inanspruchnahme einer Priorität läuft die Frist vom Prioritätstag an. Damit wird bezweckt, dass möglichst schon bei Offenlegung der Anmeldung die Erfindernennung erfolgen kann. Aus besonderen Gründen kann das Patentamt die Frist verlängern, in Ausnahmefällen auch über den Zeitpunkt der Patenterteilung hinaus (§ 37 Abs. 2 PatG). Holt der Anmelder oder Patentinhaber die Erfinderbenennung nicht bis zum Ablauf der letzten vom Patentamt gewährten Frist nach, droht ihm die Zurückweisung der Anmeldung (§§ 42 Abs. 1, 3, 45 Abs. 1, 48 PatG) bzw. das Erlöschen des Patents (§§ 37 Abs. 2 S. 3, 20 Abs. 1 Nr. 2 PatG).

124 Das **Patentamt prüft nicht,** ob die Erfinderbenennung und die zugehörige Erklärung des Anmelders über seinen Rechtserwerb richtig sind (§ 37 Abs. 1 S. 3 PatG). Auch ist im deutschen Recht keine besondere Mitteilung an den oder die benannten Erfinder vorgesehen. Doch werden die Angaben des Anmelders grundsätzlich mit der Offenlegung, jedenfalls aber zu einem späteren Zeitpunkt der Öffentlichkeit zugänglich. Der Anmelder wird sich daher nicht nur wegen seiner allgemeinen Wahrheitspflicht (§ 124 PatG), sondern schon zwecks Vermeidung von Ansprüchen der wahren Berechtigten um zutreffende Angaben bemühen. Die verfahrensrechtliche Pflicht zur Erfinderbenennung ist so auch ohne amtliche Richtigkeitskontrolle ein wirksames Mittel zum Schutz der Erfinderinteressen.

125 2. Die Erfinderbenennung bildet die Grundlage für die amtliche **Erfindernennung** auf der Offenlegungsschrift, auf der Patentschrift und in der Veröffentlichung der Patenterteilung sowie für einen entsprechenden Vermerk im Register (§ 63 Abs. 1 S. 1 und 2 PatG).

126 Die Erfindernennung **unterbleibt auf Antrag** des vom Anmelder benannten Erfinders; doch kann dieser durch Widerruf des Antrags jederzeit erreichen, dass er nachträglich noch genannt wird (§ 63 Abs. 1 S. 3 und 4 PatG). Einer Mitwirkung des Anmelders bedarf es in diesem Fall nicht.

127 Anders verhält es sich, wenn jemand als Erfinder genannt werden will, der vom Anmelder nicht benannt ist, weil die Erfinderbenennung **fehlt oder unrichtig ist.** Wer in solchen Fällen seine Nennung als Erfinder anstrebt, kann sie nicht durch Anträge an das Amt, sondern nur mittels Klage vor dem zuständigen ordentlichen Gericht (vgl. § 143 PatG) durchsetzen. Das PatG gibt ihm in § 63 Abs. 2 einen **Anspruch** gegen den Anmelder oder Patentinhaber und jeden zu Unrecht als Erfinder Benannten **auf Zustimmung** zur Berichtigung oder Nachholung der Nennung.[108] Sind bei einer gemeinschaftlichen Erfindung nicht alle Miterfinder angegeben, sind neben dem Anmelder die benannten Miterfinder den nichtbenannten zustimmungspflichtig.[109] Die erteilte Zustimmung ist in jedem Fall unwiderruflich (§ 63 Abs. 2 S. 2 PatG).

128 Der Anspruch nach § 63 Abs. 2 PatG ist nicht übertragbar und kann nur vom Erfinder selbst, nicht etwa in „Prozessstandschaft" durch dessen ArbGeb, geltend gemacht werden,

---

[107] BGH 30.4.1968, GRUR 1969, 133 (134 f.) – Luftfilter. Wegen der erforderlichen Einzelangaben vgl. § 7 PatV.

[108] Nach OLG Karlsruhe 26.3.2003, Mitt. 2004, 22 müssen mehrere in dieser Weise Verpflichtete nicht gemeinsam, sondern können nacheinander verklagt werden, solange nicht die Klage gegen einen von ihnen rechtskräftig abgewiesen ist. Dagegen nimmt *Busse/Keukenschrijver* PatG § 63 Rn. 38 notwendige Streitgenossenschaft an.

[109] Ohne Zustimmung des (der) Benannten ist die Nachbenennung eines weiteren Miterfinders für das PA unbeachtlich, BPatG 6.4.1984, BPatGE 26, 152 (155).

§ 20. Der Schutz des Erfinderrechts   IV § 20

der die Erfindung in Anspruch genommen hat;[110] hierdurch erlangt der ArbGeb zwar das Recht auf das Patent, aber nicht das Erfinderpersönlichkeitsrecht. Der Anspruch kann jedoch nach dem Tod des Erfinders entsprechend den für das allgemeine Persönlichkeitsrecht und das Urheberpersönlichkeitsrecht geltenden Grundsätzen durch Erben des Erfinders oder von ihm bestimmte Personen seines Vertrauens geltend gemacht werden.[111]

129 Die Regelung in § 63 Abs. 2 PatG bezieht sich auf den Fall, dass eine amtliche Nennung gemäß Abs. 1 erfolgt ist. Doch kann schon vorher vom Anmelder verlangt werden, dass er eine unrichtige Benennung richtigstellt,[112] da bereits diese die Gefahr einer Verletzung des Erfinderpersönlichkeitsrechts begründet, der gemäß §§ 823 Abs. 1, 1004 BGB mit der Unterlassungsklage begegnet werden kann (vgl. → Rn. 136 ff.). Der Anmelder kann – vor Veröffentlichung – die Berichtigung ohne Zustimmung des zu Unrecht Benannten vornehmen.[113]

130 Das Erteilungsverfahren nimmt ohne Rücksicht auf einen Rechtsstreit um die Benennung oder Nennung des Erfinders seinen Fortgang (§ 63 Abs. 2 S. 3 PatG). Doch trägt das Amt einer formgerechten Zustimmung oder dem sie ersetzenden rechtskräftigen Urteil Rechnung, indem es die Nennung nachholt oder berichtigt.

131 In allen Fällen, in denen die Erfindernennung nachgeholt oder berichtigt wird, bleiben davon aus praktischen Gründen die bereits veröffentlichten amtlichen Druckschriften unberührt (§ 63 Abs. 3 PatG).

b) Die Erfindernennung im Verfahren vor dem Europäischen Patentamt

132 Nach Art. 62 EPÜ hat der Erfinder gegenüber dem Anmelder oder Inhaber des europäischen Patents das Recht, vor dem EPA als Erfinder genannt zu werden. Dem Anmelder obliegt es, den Erfinder zu nennen und, wenn er nicht selbst oder nicht allein der Erfinder ist, eine Erklärung darüber abzugeben, wie er das Recht auf das europäische Patent erlangt hat (Art. 81 EPÜ). Die Frist für die Nennung beträgt grundsätzlich 16 Monate ab Anmelde- oder Prioritätstag (R 60). Wird sie versäumt, wird die Anmeldung zurückgewiesen (Art. 90 Abs. 5 S. 1 EPÜ, R 60). Das EPA prüft nicht, ob die Angaben des Anmelders zutreffen (R 19 Abs. 2), informiert jedoch den oder die als Erfinder Genannten – mit Ausnahme des Anmelders selbst – nach Maßgabe der R 19 Abs. 3. Der Genannte wird auf der veröffentlichten Anmeldung und auf der Patentschrift als Erfinder vermerkt, außer er hat **schriftlich** auf seine Nennung verzichtet (R 20 Abs. 1).

133 In entsprechender Weise wird als Erfinder angegeben, wer dem EPA eine rechtskräftige Entscheidung vorlegt, nach welcher der Anmelder verpflichtet ist, ihn als Erfinder zu nennen (R 20 Abs. 2). Die Entscheidung ersetzt somit die vom Anmelder unterlassene Nennung. Hatte dieser bereits einen anderen als Erfinder genannt, bedarf es einer Berichtigung der Nennung gemäß R 21 Abs. 1. Sie setzt einen Antrag voraus, der, wenn er von einem Dritten gestellt wird, der Zustimmung des Anmelders oder Patentinhabers bedarf. Außerdem ist die Zustimmung des zu Unrecht Genannten erforderlich, da dieser regelmäßig schon nach R 19 Abs. 3 von seiner Nennung informiert worden ist. Berichtigt werden unter den bezeichneten Voraussetzungen auch der Vermerk im Patentregister und die Bekanntmachung im Europäischen Patentblatt, die auf der unrichtigen Erfindernennung beruhen (R 21 Abs. 2).

134 Wenn nur ein *weiterer* Miterfinder genannt werden soll, ist nach Auffassung des EPA die Zustimmung der schon Genannten nicht erforderlich, da diese nicht „zu Unrecht genannt" seien.[114] Von diesem Standpunkt aus müsste folgerichtig gefordert werden, dass das EPA prüft, ob die vor Nachbenennung eines Miterfinders als Erfinder Genannten zu Recht genannt sind und gegebenenfalls verlangt, dass deren Zustimmung nachgewiesen wird. Die Regelung im EPÜ und seiner AO ist je-

---

[110] BGH 20.7.1978, GRUR 1979, 583 (585) – Motorkettensäge, mit Anm. *Harmsen*.
[111] *Melullis* in Benkard PatG § 6 Rn. 22 mit Rechtsprechungsnachweisen zum allgemeinen und Urheberpersönlichkeitsrecht; *Busse/Keukenschrijver* PatG § 63 Rn. 8, § 6 Rn. 12.
[112] BGH 30.4.1968, GRUR 1969, 133 – Luftfilter.
[113] BPatG 7.10.1971, BPatGE 13, 53 (55 ff.); 15.3.1983, BPatGE 25, 131.
[114] EPA 8.11.1983, ABl. 1984, 155 (161 ff.).

doch so konzipiert, dass dem Amt eine solche Prüfung erspart bleiben soll. Deshalb sollte davon ausgegangen werden, dass Erfinder auch dann zu Unrecht genannt sind, wenn es nicht genannte Miterfinder gibt, weil auch in diesem Fall die Erfindernennung einen unrichtigen Eindruck macht, der die nicht Genannten benachteiligt. Damit das Amt in Fällen, in denen dies behauptet wird, nicht in eine Sachprüfung einzutreten braucht, ist die Zustimmung der bereits Genannten zu fordern, weil deren Rechte bei Unrichtigkeit der Nachbenennung beeinträchtigt wären.

135 Wie die Entscheidungen zustande kommen, die die Erfindernennung ersetzen können und wie die zur Berichtigung erforderlichen Zustimmungen herbeizuführen sind, ist im europäischen Patentrecht nicht näher bestimmt. Aus dem Grundsatz des Art. 62 EPÜ wird, obwohl er das Recht auf Erfindernennung nur gegenüber dem Anmelder gibt, auch abgeleitet werden dürfen, dass der Erfinder von einem zu Unrecht Genannten die Zustimmung zur Berichtigung verlangen kann. Die Entscheidung darüber, ob nach der europäischen Regelung ein Anspruch besteht, liegt bei den nach nationalem Recht zuständigen Gerichten oder sonstigen Behörden. Die Voraussetzungen dafür, dass deren Entscheidungen vom EPA zu beachten sind, und die Rechtslage im Fall einander widersprechender Entscheidungen sind jedoch im europäischen Patentrecht – anders als für Streitigkeiten über das Recht auf das Patent – nicht geregelt.[115]

c) allgemeine Rechtsfolgen bei Verletzung des Erfinderpersönlichkeitsrechts

136 Die auf das Patenterteilungsverfahren abgestimmten Ansprüche gegen Anmelder und unzutreffend als Erfinder Genannte lassen sich als Folgerung aus einem allgemeinen Grundsatz verstehen, wonach der Erfinder im Falle einer Beeinträchtigung seiner rechtlich geschützten Persönlichkeitsinteressen **Unterlassung, Beseitigung und Schadenersatz** fordern kann. Dieser Grundsatz gilt auch dann, wenn für eine Erfindung nur Gebrauchsmusterschutz in Frage kommt, beantragt ist oder besteht. Nach deutschem Recht ist Grundlage der genannten Ansprüche § 823 Abs. 1 iVm § 1004 BGB, da das Erfinderpersönlichkeitsrecht, genauer: das Erfinderrecht in seinem persönlichkeitsrechtlichen Bestandteil, ein sonstiges, weil allseitig geschütztes Recht im Sinne dieser Vorschrift ist. Des Gedankens, dass das Erfinderpersönlichkeitsrecht Ausfluss des allgemeinen Persönlichkeitsrechts sei, bedarf es zur Begründung der Anwendbarkeit von § 823 Abs. 1 BGB nicht. Allseitiger Schutz bedeutet, dass dieser gegenüber jedermann und unabhängig von Sonderbeziehungen eingreift, nicht aber, dass er sich gegen jede mögliche Beeinträchtigung der Interessen richtet, die der Rechtsinhaber bezüglich des Rechtsgegenstands hat. Wie weit das Erfinderpersönlichkeitsrecht in dieser Hinsicht reicht, ist in erster Linie aus den patentrechtlichen Bestimmungen über das Erfinderrecht zu erschließen. Danach können jedenfalls diejenigen Beeinträchtigungen als Rechtsverletzungen angesehen werden, die die speziellen patentrechtlichen Ansprüche auslösen. Sie verpflichten nicht nur zur Beseitigung in den patentrechtlich vorgesehenen Formen, sondern können auch mit der Unterlassungsklage abgewehrt werden und bei schuldhaftem Handeln zum Schadenersatz verpflichten. Weitergehend kommen solche Ansprüche auch dann in Betracht, wenn dem Erfinder außerhalb patentrechtlicher Verfahren die **Urheberschaft bestritten** oder an seiner Stelle **ein anderer als Erfinder angegeben** wird.[116] Gleiches gilt, wenn bei einer gemeinschaftlichen Erfindung ein oder mehrere Miterfinder genannt, andere aber verschwiegen werden. Dagegen hat der Erfinder kein Recht darauf, überall da genannt zu werden, wo seine Erfindung erwähnt wird oder in Erscheinung tritt.[117] Insbesondere kann er grundsätzlich nicht verlangen, dass in Verbindung mit erfindungsgemäßen Erzeugnissen auf seine Erfinderschaft hingewiesen wird. Im Übrigen kommt es auf die Umstände[118] und die **Verkehrsgepflogenheiten**[119] an.

---

[115] Näheres bei *Heath* Art. 62 Rn. 12 ff.

[116] Vgl. *Ehlers* GRUR 1950, 359 (362), der auch auf § 824 BGB hinweist.

[117] *Ehlers* GRUR 1950, 359 (361).

[118] *Ehlers* GRUR 1950, 359 (363) hält bei wissenschaftlichen Veröffentlichungen das Erwecken falscher Vorstellungen über die Erfinderschaft für sittenwidrig iSd § 826 BGB.

[119] BGH 17.3.1961, GRUR 1961, 470 (472) – Mitarbeiter-Urkunde: Keine Verkehrssitte des Inhalts, dass ein prämierter Aussteller an der Verleihung einer Mitarbeiter-Urkunde für den Erfinder seines prämiierten Ausstellungsstücks mitwirken müsse.

§ 20. Der Schutz des Erfinderrechts

Bei sehr schwerwiegender Beeinträchtigung der Erfinderehre kommt auch ein Anspruch auf Geldersatz für immateriellen Schaden entsprechend den bei der Verletzung des allgemeinen Persönlichkeitsrechts geltenden Grundsätzen in Betracht.[120]

Gegen denjenigen, der seine Erfinderschaft leugnet, kann der Erfinder auch auf **Feststellung der Erfinderschaft** klagen;[121] es handelt sich dabei nicht nur um das Ergebnis eines tatsächlichen Vorgangs, sondern auch um rechtliche Beziehungen.[122] Das nach § 256 ZPO erforderliche Feststellungsinteresse ist meist gegeben,[123] weil die Geltendmachung eines Leistungsanspruchs – etwa auf Unterlassung des Bestreitens oder Widerruf – dem Rechtsschutzbedürfnis des Erfinders nicht voll genügt. Die persönlichkeitsrechtliche Feststellung der Miterfinderschaft spricht sich über Bruchteile nicht aus. Sie spielen nur in vermögensrechtlicher Beziehung eine Rolle.[124]

V. Grenzen des Schutzes

1. Die **Benutzung** der Erfindung kann weder kraft des Erfinderpersönlichkeitsrechts vom Erfinder noch kraft des Rechts auf das Patent oder Gebrauchsmuster von dessen Inhaber untersagt werden; sie begründet keine Schadenersatz- oder Entschädigungsansprüche. Zwar mögen im Zusammenhang mit der Benutzung Persönlichkeitsinteressen des Erfinders dadurch beeinträchtigt werden, dass die Umstände einen falschen Eindruck von der Urheberschaft geben (vgl. → Rn. 136ff.) oder der Erfinder zutreffend genannt, die Erfindung aber in wahrheitswidriger, das Ansehen ihres Urhebers herabsetzender Weise als mangelhaft hingestellt wird. Ansprüche des Erfinders können sich dann aber nur auf die Begleitumstände, nicht auf die Benutzung selbst beziehen. Unter dem vermögensrechtlichen Aspekt des Erfinderrechts kann gegen eine vom Berechtigten nicht gebilligte Benutzung, wie schon früher ausgeführt (→ § 2 Rn. 100ff.), nur in den Grenzen des Geheimnisschutzes vorgegangen werden.

2. Keine Beschränkungen für die Zuerkennung der Ansprüche, die das bürgerliche Recht an die Verletzung absoluter Rechte knüpft, bestehen in Fällen **unrechtmäßiger Anmeldung**. Der Inhaber des Rechts auf das Patent oder Gbm kann hier anstelle der Übertragungsklage auch eine Beseitigungsklage mit dem Ziel der Rücknahme der Anmeldung erheben oder dieser mit einer Unterlassungsklage zuvorkommen.[125] Hat er freilich infolge Zeitablaufs den Übertragungsanspruch gegen einen gutgläubigen Schutzrechtsinhaber verloren, so kann er gegen diesen auch nicht mehr mit zivilrechtlichen Schadenersatz- oder Beseitigungsansprüchen, sondern nur noch mit der Nichtigkeitsklage oder einem Löschungsantrag vorgehen.

3. Fraglich kann sein, ob zum Erfinderrecht auch ein Recht zur **Veröffentlichung** der Erfindung gehört.[126] Die unbefugte Veröffentlichung einer von ihrem Urheber noch geheim gehaltenen Erfindung beeinträchtigt diesen sowohl in seinen Persönlichkeits- als auch

---

[120] Vgl. OLG Frankfurt a.M. 6.6.1963, GRUR 1964, 561; *Melullis* in Benkard PatG § 6 Rn. 20 mit Hinweisen auf Entscheidungen zum allgemeinen Persönlichkeitsrecht.
[121] Vgl. BGH 5.5.1966, GRUR 1966, 558 – Spanplatten; LG Nürnberg-Fürth 25.10.1967, GRUR 1968, 252 (254); OLG München 17.9.1992, GRUR 1993, 661.
[122] BGH 24.10.1978, GRUR 1979, 145 (148) – Aufwärmvorrichtung; *Bernhardt* 77.
[123] BGH 24.10.1978, GRUR 1979, 145 (148) – Aufwärmvorrichtung; OLG München 17.9.1992, GRUR 1993, 661.
[124] LG Nürnberg-Fürth 25.10.1967, GRUR 1968, 252 (255); *Schippel* GRUR 1969, 135.
[125] *Melullis* in Benkard PatG § 6 Rn. 14 mit Nachweisen; wegen Schadenersatzansprüchen vgl. → Rn. 31f., 35f.
[126] Grundsätzlich bejahend *Preu* FS Hubmann, 1985, 356f. – Die neuen Vorschriften, die die – positive und negative – Publikationsfreiheit in Bezug auf Erfindungen Beschäftigter an Hochschulen schützen (§ 42 Nr. 1, 2 ArbEG, vgl. → § 21 Rn. 147ff.), erklären sich aus der verfassungsrechtlich garantierten Wissenschaftsfreiheit; aus ihnen kann nicht abgeleitet werden, dass das Erfinderpersönlichkeitsrecht allgemein ein Veröffentlichungsrecht umfasse.

in seinen Vermögensinteressen: sie nimmt ihm die Freiheit der Entscheidung darüber, ob und wie er die Erfindung an die Öffentlichkeit gelangen lassen will, und zerstört den Geheimnisschutz sowie – vorbehaltlich ihrer zeitweiligen Unschädlichkeit (vgl. → § 16 Rn. 65 ff., 92 ff.) – die Aussicht auf Patent- oder Gebrauchsmusterschutz. Soweit man ein persönlichkeitsrechtlich aufgefasstes Recht zur Veröffentlichung in Erwägung zieht, ist allerdings zu berücksichtigen, dass es abweichend insbesondere vom Recht, als Erfinder anerkannt zu werden, rechtswirksamer Disposition des Erfinders zugänglich sein und bei Arbeitnehmererfindungen sogar dem Zugriff des ArbGeb unterliegen muss, da ohne Veröffentlichung die verkehrsfähigen vermögensrechtlichen Bestandteile des Erfinderrechts nicht voll auswertbar sind. Bei einem Rechtsübergang verbleibt dem Erfinder nur die Befugnis zu bestimmen, ob und in welcher Weise die Erfindung *unter Nennung seines Namens* veröffentlicht wird; dies folgt jedoch aus dem Recht auf Anerkennung der Erfinderschaft. Im Übrigen ist grundsätzlich zweifelhaft, ob ein Schutz gegen unbefugte Veröffentlichung auch dann gewährt werden kann, wenn weder der – objektive und subjektive – Tatbestand einer Geheimnisverletzung erfüllt noch eine unbefugte Schutzrechtsanmeldung erfolgt ist. Insbesondere bestehen Bedenken dagegen, dem Inhaber des Erfinderrechts Ansprüche gegen denjenigen zu geben, der die Erfindung veröffentlicht, nachdem er auf eine im Sinne der Regeln über den Geheimnisschutz *redliche* Weise ohne Geheimhaltungspflicht davon *Kenntnis* erlangt hat. Erst recht können gegen denjenigen, der nach unbefugter Veröffentlichung ohne eigene Unredlichkeit die Erfindung benutzt, keine Ansprüche wegen Verletzung des Erfinderrechts erhoben werden. Allerdings muss im Fall einer Geheimnis*verletzung* der hierfür Verantwortliche auch den Schaden ersetzen, der dem Inhaber des Rechts an der Erfindung entsteht, wenn er die Möglichkeit verliert, ein Schutzrecht zu erlangen.

§ 21. Arbeitnehmererfindungen

Literatur: *Bartenbach-Fock, A.,* Arbeitnehmererfindungen im Konzern, 2007; *Bartenbach, K./ Volz, F.-E.,* Gesetz über Arbeitnehmererfindungen, Kommentar, 5. Aufl. 2013 (zit.: Bartenbach/Volz); *dies.,* Erfindungen/Verbesserungen, in: Leinemann (Hrsg.), Handbuch zum Arbeitsrecht; *dies.,* Arbeitnehmererfindervergütung, 2. Aufl. 1999; *dies.,* Arbeitnehmererfindungen. Praxisleitfaden mit Mustertexten, 4. Aufl. 2006; *Fabry, B./Trimborn, M.,* Arbeitnehmererfindungsrecht im internationalen Vergleich, 2007; *Friemel, B.,* Die Betriebsvereinbarung über Arbeitnehmererfindungen und technische Verbesserungsvorschläge, 2004; *Gaul, D.,* Die Arbeitnehmererfindung, 2. Aufl. 1990; *Gaul, D./ Bartenbach, K.* (Hrsg.), Aspekte des gewerblichen Rechtsschutzes, 1986; *Heine, H. G./Rebitzki, H.,* Arbeitnehmererfindungen, Kommentar, 3. Aufl. 1966; *dies.,* Die Vergütung für Erfindungen von Arbeitnehmern im privaten Dienst, 1960; *Himmelmann, U.,* Vergütungsrechtliche Ungleichbehandlung von Arbeitnehmer-Erfinder und Arbeitnehmer-Urheber, 1998; *Hueck, A./Nipperdey, H. C.,* Lehrbuch des Arbeitsrechts, Bd. I, 7. Aufl. 1963; *Johannesson, B.,* Arbeitnehmererfindungen, 1979; *Keukenschrijver, A.,* Kommentierung des ArbEG, in: Busse, 2143–2280; *Knauer, H.,* Möglichkeiten und Nutzen einer Vereinheitlichung des Arbeitnehmererfinderrechts in der Europäischen Union und Schlussfolgerungen für die diesbezügliche deutsche Gesetzgebung, 2007; *Körting, M.,* Das Arbeitnehmererfindungsrecht und die innerbetriebliche Innovationsförderung. Ansichten im internationalen Kontext, 2006; *Kremnitz, W.,* Das Arbeitnehmererfinderrecht in der Praxis des Unternehmens, 1977; *Lenhart, M. B.,* Arbeitnehmer- und Arbeitgeberbegriff im Arbeitnehmererfindungsrecht, 2002; *Lindenmaier, F./ Lüdecke, W.,* Die Arbeitnehmererfindungen, 1961; *Martin, W.,* Die arbeitsrechtliche Behandlung betrieblicher Verbesserungsvorschläge unter Berücksichtigung immaterialgüterrechtlicher Grundlagen, 2003; *Reimer, E./Schade, H./Schippel, H.,* Das Recht der Arbeitnehmererfindung, Kommentar, 7. Aufl. 2000; *Ruzman, L.,* Softwareentwicklung durch Arbeitnehmer, 2004; *Sack, R.,* Recht am Arbeitsergebnis, in: Münchener Handbuch zum Arbeitsrecht, Bd. 1, 2. Aufl. 2000, 2055–2160; *Schaub, G.,* Arbeitsrechts-Handbuch, 15. Aufl. 2013; *Schwab, B.,* Erfindung und Verbesserungsvorschlag im Arbeitsverhältnis, 1985; *ders.,* Arbeitnehmererfinderrecht. Handkommentar, 2006; *Ulmer, E.,* Die Immaterialgüterrechte im internationalen Privatrecht, 1975; *Volmer, B./Gaul, D.,* Arbeitnehmererfindungsgesetz, Kommentar, 2. Aufl. 1983; *Volz, F.-E.,* Das Recht der Arbeitnehmererfindung im öffentlichen Dienst, 1985.

Aufsätze: *Ahrens, H.-J.*, Schöpferische Tätigkeit des Arbeitnehmers und Schutz des Geistigen Eigentums, FS Reimann, 2009, 1–12; *Ann, C.*, Arbeitnehmererfinderrecht und Arbeitnehmerurheberrecht, in: Obergfell (Hrsg.), Zehn Jahre reformiertes Urhebervertragsrecht, Berlin 2013, 85–100; *Bartenbach, A./Fock, S.*, Erfindungen von Organmitgliedern – Zuordnung und Vergütung, GRUR 2005, 384–392; *Bartenbach, B.*, Die Schuldrechtsreform und ihre Auswirkungen auf das Lizenzvertragsrecht, Mitt. 2003, 102–113; *Bartenbach, K.*, Rechtswirksamkeit von Abkaufregelungen, Vortrag anlässlich der VPP-Fachtagung Frühjahr 2005, VPP Rundbrief 2005, 92–97; *Bartenbach, K./Goetzmann, M.J.*, Europäisches Arbeitnehmererfindungsrecht vs. Arbeitnehmererfindungsrecht in Europa, VPP Rundbrief 2006, 73–82; *Bartenbach, K./Volz, F.-E.*, Die betriebsgeheime Diensterfindung und ihre Vergütung gemäß § 17 ArbEG, GRUR 1982, 133–142; *dies.*, Geschichtliche Entwicklung und Grundlagen des Arbeitnehmererfindungsrechts – 25 Jahre ArbEG, GRUR 1982, 693–703; *dies.*, Schuldrechtsreform und Arbeitnehmererfindungsrecht, FS Tilmann, 2003, 431–448; *dies.*, 50 Jahre Gesetz über Arbeitnehmererfindungen, GRUR 2008 Beilage I 4, 1–19; *Bartenbach, K./Volz, F.-E./Kelter, A.*, Identischer technischer Gegenstand und die erfinderrechtlichen Wirkungen unterschiedlicher (Schutz-)Rechte, FS Mes, 2009, 11–31; *Bartenbach, K./Kunzmann, J./Kelter, A.*, Materiellrechtliche Zuordnung und verfahrensrechtliche Zuständigkeit bei unberechtigter Patentanmeldung im Arbeitsverhältnis, FS 50 Jahre BPatG, 2011, 1035–1054; *Bayreuther, F.*, Zum Verhältnis zwischen Arbeits-, Urheber- und Arbeitnehmererfindungsrecht – Unter besonderer Berücksichtigung der Sondervergütungsansprüche des angestellten Softwareerstellers, GRUR 2003, 570–581; *Beyerlein, T.*, Umgehungsgeschäfte beim Gesetz über Arbeitnehmererfindungen (ArbEG) durch Vereinbarungen zwischen Arbeitnehmer und Dritten unter besonderer Berücksichtigung der Hochschulkooperationsverträge, Mitt. 2005, 152–155; *ders.*, Die Erfindungsmeldung als Grundlage für die Übergangsregelungen im Patentrechtsmodernisierungsgesetz – praxisrelevante Überlegungen zur Anwendbarkeit des neuen Rechts, Mitt. 2010, 524–525; *Brandi-Dohrn, A.*, Arbeitnehmererfindungsschutz bei Softwareerstellung, CR 2001, 285–294; *Brandner, H.E.*, Zur Rechtsstellung eines angestellten Programmierers, GRUR 2001, 883–885; *Busche, J.*, Gesellschaftsorgane als Erfinder, FS Reimann, 2009, 37–48; *Dieners, P./Milbradt, C.*, Gestaltung von Forschungsverträgen der Pharma- und Medizinprodukteindustrie mit universitären Einrichtungen und deren Mitarbeitern, FS Reimann, 2009, 49–75; *Eck, S.*, Der erfundene Verbesserungsvorschlag – Konsequenzen einer Meldung desselben Gegenstands als technischen Verbesserungsvorschlag sowie als Diensterfindung, Mitt. 2009, 367–373; *Einsele, R.*, Spannungsfeld Verbesserungsvorschläge, FS Bartenbach, 2005, 89–96; *v. Falckenstein, R.*, Arbeitnehmererfindungsgesetz – das Rote Kliff im gewerblichen Rechtsschutz, FS Bartenbach, 2005, 73–88; *ders.*, Vereinfachung des Arbeitnehmererfindungsrechts?, FS VPP, 2005, 262–280; *Franke, E.*, Der lange Weg zur Reform des ArbEG und alternative Incentive-Systeme der Industrie, FS Bartenbach, 2005, 127–140; *Franke, E./Steiling, L.*, Novellierung des ArbEG – Kein Ende in Sicht, Die Industrie reagiert mit Incentive-Systemen, FS VPP, 2005, 281–288; *dies.*, Incentive- und Abkaufregelungen von Verpflichtungen aus dem Arbeitnehmerfindergesetz, Vortrag anlässlich der VPP-Jubiläumsfachtagung Frühjahr 2005, VPP Rundbrief 2005, 89–92; *Fricke, S./Meier-Beck, P.*, Der Übergang der Rechte an der Diensterfindung auf den Arbeitgeber, Mitt. 2000, 199–206; *Gaul, D.*, Der persönliche Geltungsbereich des Arbeitnehmererfindungsgesetzes, Recht der Arbeit 1982, 268–279; *ders./Bartenbach, K.*, Die Geheimhaltungspflicht bei Arbeitnehmererfindungen, Mitt. 1981, 207–219; *Grabinski, K.*, Anmerkungen zum Vergütungsanspruch für technische Verbesserungsvorschläge nach § 20 I ArbErfG, GRUR 2001, 922–926; *Grunert, M.*, Arbeitnehmerfindungen in der technischen Grauzone zwischen Patent- und Urheberrecht, Anmerkungen zum BGH-Urteil „Wetterführungspläne", Mitt. 2001, 234–237; *Hellebrand, O.*, Nochmals – Der Übergang der Rechte an der Diensterfindung auf den Arbeitgeber – Eine Erwiderung, Mitt. 2001, 195–199; *ders.*, Lizenzanalogie und Angemessenheit der Arbeitnehmererfindervergütung, FS VPP, 2005, 289–302; *ders.*, Diensterfindungen ab jetzt mit Haftungsetikett für den Arbeitgeber wegen einer Pflichtverletzung des Arbeitnehmererfinders, Mitt. 2006, 486–490; *ders.*, Die Unfassbarkeit des Werts einer Diensterfindung nach dem erfassbaren betrieblichen Nutzen, Mitt. 2010, 362–371; *Jestaedt, B.*, Die Vergütung des Geschäftsführers für unternehmensbezogene Erfindungen, FS Nirk, 1992, 493–506; *Kaube, G./Volz, F.-E.*, Die Schiedsstelle nach dem Gesetz über Arbeitnehmererfindungen beim Deutschen Patentamt, Recht der Arbeit 1981, 213–219; *Keukenschrijver, A.*, Zur Arbeitnehmerzüchtung und -entdeckung im Sortenschutzrecht, FS Bartenbach, 2005, 243–257; *Kreuzkamp, M.*, Rechtsprechungsänderung: Der BGH verneint nun das Recht des Arbeitnehmererfinders auf Auskunft und Rechnungslegung über den erzielten Gewinn und über nach einzelnen Kostenfaktoren aufgeschlüsselte Gestehungskosten, Mitt. 2010, 227–230; *Kunzmann, J.*, Von Copolyester bis Abwasserbehandlung, Zu Inhalt und Grenzen des arbeitnehmererfinderrechtlichen Auskunfts- und Rechnungslegungsanspruchs, FS Bartenbach 2005, 175–197; *Meier-Beck, P.*, Vergütungs- und Auskunftsanspruch des Arbeitnehmers bei der Nutzung einer Diensterfindung im Konzern, FS Tilmann, 2003, 539–548; *ders.*, „Abwasserbehandlung" und Monopolprinzip – ein Beitrag zum Recht an der Erfindung, FS Reimann, 2009, 309–321; *Melullis, K.-J.*, Zum Verhältnis von Erfindung und technischem Verbesserungsvorschlag nach dem Arbeitnehmererfindergesetz, GRUR 2001, 684–688; *Meitinger, T. H.*, Crowdsourcing und Patentrecht. Wie passt das zusammen?, Mitt. 2016, 532–540; *Oster, J.*, Arbeitnehmererfindungen beim Betriebsübergang in der Insolvenz – Das Verhältnis von § 27 Nr. 1 ArbnErfG zu § 613a BGB, GRUR 2012, 467–471; *Rother, G.*, Die Stellung des Arbeitnehmers einer frei gewordenen Diensterfindung, FS Bartenbach, 2005, 159–173; *Sack, R.*, Kollisions- und europarechtliche Probleme des Arbeitnehmererfinderrechts, FS Steindorff, 1990, 1333–1357; *Schaub, G.*, Arbeitnehmererfindung und Betriebsnachfolge, FS Bartenbach, 2005, 229–241; *Schippel, H.*, Zur Entwicklung des Arbeitnehmererfinderrechts, GRUR-FS, 1991, 585–616; *Schütt, P./Böhnke, J.*, Rechtsfolgen bei erheblich verspäteter Erfindungsmeldung, GRUR 2013, 789–796; *Steininger, S.*, Neue Tücken bei der Überleitung von Diensterfindungen auf den Arbeitgeber – Anmerkung zum Urteil des BGH vom 4. April 2006 (Haftetikett), Mitt. 2006, 483–486; *Straus, J.*, Die international-privatrechtliche Beurteilung von Arbeitnehmererfindungen im europäischen Patentrecht, GRUR-Int 1984, 1–7; *ders.*, Arbeitnehmererfinderrecht: Grundlagen und Möglichkeiten der Rechtsangleichung, GRUR-Int 1990, 353–366; *Trimborn, M.*, Erfindungen während des Auslandseinsatzes, Mitt. 2006, 498–502; *ders.*, Erfindungen beim Betriebsübergang, Mitt. 2007, 208–212; *ders.*, Aktuelles aus dem Arbeitnehmererfindungsrecht ab 2009, Mitt. 2010, 461–468; *ders.*, Aktuelle Entwicklungen im Arbeitnehmererfindungsrecht ab 2010, Mitt. 2012, 70–77; *ders.*, Pauschalvergütungssysteme für Arbeitnehmererfindungen in Deutschland, Mitt. 2006, 160–164; *Volmer, B.*, Der Begriff des Arbeitnehmers im Arbeitnehmererfindungsrecht, GRUR 1978, 329–335; *ders.*, Begriff des Arbeitgebers im Arbeitnehmererfindungsrecht, GRUR 1978, 393–403; *Volz, F.-E.*, Zur Unbilligkeit im Sinne des § 23 ArbEG, FS Bartenbach, 2005, 199–227; *Werner, H. S.*, Die Anrechnung des Dienstgehalts auf die Arbeitnehmererfinder-Vergütung, BB 1983, 839–841; *Wuttke, T.*, Aktuelles aus dem Bereich der ‚Patent Litigation' – ein Überblick über die aktuelle instanzgerichtliche Rechtsprechung, Mitt. 2014, 452–458; *Zimmermann, K.*, Erfindungen von Organmitgliedern und Gesellschaftern, FS Schilling, 2007, 415–432.

Materialien: Amtliche Begründung zum Regierungsentwurf eines Gesetzes über Erfindungen von Arbeitnehmern und Beamten, BlPMZ 1957, 224–249; dazu: Schriftlicher Bericht des Ausschusses für gewerblichen Rechtsschutz und Urheberrecht aaO 249–256. – Entwurf eines Gesetzes zur Änderung des Gesetzes über Arbeitnehmererfindungen mit Begründung, Bundestagsdrucksache 14/5975 vom 9.5.2001; dazu Beschlussempfehlung und Bericht des Rechtsausschusses, Bundestagsdrucksache 14/7573 vom 26.11.2001. – Referentenentwurf eines Gesetzes zur Änderung des Gesetzes über Arbeitnehmererfindungen (Gesamtreform) BMJ III B4-3621 vom 25.10.2001 mit Begründung. Entwurf eines Gesetzes zur Vereinfachung und Modernisierung des Patentrechts mit Begründung, Bundestagsdrucksache 16/11339 vom 10.12.2008 und Bundesratsdrucksache 757/08 vom 17.10.2008; Beschlussempfehlung und Bericht des Rechtsausschusses, Bundestagsdrucksache 16/13099 vom 20.5.2009.

Hinweis: Vorschriften des Gesetzes über Arbeitnehmererfindungen (ArbEG) werden im Folgenden ohne Gesetzesangabe zitiert.

I. Allgemeines

a) Wirtschaftliche Bedeutung, Interessenlage, Rechtsentwicklung

1. Zur patent- oder gebrauchsmusterfähigen Lösung eines technischen Problems gelangt im Allgemeinen nur, wer mit dem technischen Umfeld des Problems vertraut ist. Meist bedarf es kostspieliger Forschungseinrichtungen und entsprechend spezialisierten Personals, das überwiegend in Gruppen zusammenarbeitet. „Bastler", die sich „in der Dachkammer" um Erfindungen bemühen, haben beim heutigen Stand der technologischen Entwicklung kaum noch Erfolgsaussichten. Sofern sie überhaupt schutzfähige Erfindungen machen, ist deren wirtschaftliche Bedeutung meist gering. Die meisten angemeldeten Erfindungen stammen aus **(Groß-)Unternehmen,** die überwiegend eigene F&E-Abteilungen unterhalten. Weniger zahlreich, wirtschaftlich aber nicht selten durchaus bedeutend sind Erfindungen nichtgewerblicher Forschungseinrichtungen. In beiden Bereichen erfinden regelmäßig abhängig Beschäftigte, vor allem Arbeitnehmer (AN); soweit sie aus Unternehmen oder Dienststellen öffentlich-rechtlicher Körperschaften hervorgehen, können sie auch von

§ 21. Arbeitnehmererfindungen

Personen stammen, die als Beamte oder Soldaten in einem öffentlich-rechtlichen Dienstverhältnis stehen. Allenfalls in manchen KMU und „start-ups"[1] scheinen manche Inhaber noch selbst nennenswert zu Erfindungen beizutragen.[2] Statistisch ist der Anteil, den sie und andere Selbstständige, insbesondere freiberuflich tätige Erfinder am Gesamtaufkommen haben, jedoch sehr gering. Schließt man vom Auseinanderfallen von Erfinder und Patentanmelder in Patentanmeldungen auf das Vorliegen einer Arbeitnehmererfindung, sind mehr als 90% aller beim DPMA eingereichten Patentanmeldungen Arbeitnehmererfindungen, Tendenz steigend. Das ArbEG ist praktisch also höchst relevant!

2. Kraft des **Erfinderprinzips** (vgl. oben → § 19 Rn. 1 ff.) entsteht das Recht an einer Erfindung, die ein AN macht, in der Person dieses **AN** (§ 6 S. 1 PatG). Entsprechendes gilt bei gemeinschaftlichen Erfindungen mehrerer AN (§ 6 S. 2 PatG). Ein originärer Rechtserwerb des Arbeit*gebers* ist ausgeschlossen. Gleichgültig ist, in wie enger Beziehung die Tätigkeit, die zu der Erfindung führt, zu den Pflichten des AN aus dem Arbeitsverhältnis steht. Auch wenn der AN auf Erfahrungen des Unternehmens aufbaut, für das er tätig ist, entsteht ein Erfinderrecht allein für ihn, nicht für den Inhaber des Unternehmens.

Nur wenn der Unternehmensinhaber – was nur bei natürlichen Personen in Frage kommt – einen Beitrag zum Zustandekommen der Erfindung geleistet hat (vgl. oben → § 19 Rn. 17 ff.), der seine *Miterfinderschaft* begründet, steht ihm von Anfang an das Erfinderrecht gemeinsam mit dem AN zu. Ein solcher Beitrag ergibt sich freilich nicht schon aus der Verwertung betrieblicher Erfahrungen durch den AN. Der Vorschlag *Meitingers*[3], das ArbEG analog auf sog. **Crowdsourcing** anzuwenden, ist originell, kann im Ergebnis aber nicht überzeugen. Für Veranstalter eines Crowdsourcing-Projekts besteht schon deshalb keine Regelungslücke, die zu ihrem Vorteil (und dem Nachteil erfinderischer Crowdsourcer!) geschlossen werden müsste, weil Veranstalter vertraglich Vorsorge treffen können.

3. Die Wirkung des Erfinderprinzips gerät bei Erfindungen von AN in Konflikt mit dem **arbeitsrechtlichen Grundsatz,** nach welchem das **Arbeitsergebnis dem Arbeitgeber (ArbGeb)** zusteht. Nach diesem Grundsatz müssten Erfindungen, die sich als Ergebnis der vom AN geschuldeten Arbeitsleistung darstellen, dem ArbGeb zufallen. Dazu bedarf es jedoch nicht notwendigerweise eines originären Rechtserwerbs des ArbGeb. Das Erfinderprinzip hindert nicht, dass der Erfinder seine vermögensrechtliche Stellung **überträgt;** nach den allgemeinen Regeln kann dies sogar für künftige Erfindungen durch Vorausverfügung geschehen (vgl. oben → § 19 Rn. 7 ff.). Der ArbGeb könnte daher dem arbeitsrechtlichen Grundsatz Geltung verschaffen, indem er sich etwaige Erfindungen des ANs, soweit sie arbeitsrechtlich ihm gebühren, beim Abschluss des Arbeitsvertrags im Voraus übertragen ließe. Ohne solche Vorwegübertragung ergäbe sich bei jeder Erfindung, die der AN macht, die Frage, ob er dem ArbGeb zur Rechtsübertragung **verpflichtet** ist und ob ihm dieser eine besondere **Gegenleistung** für die Erfindung schuldet. Dabei liefe der ArbGeb Gefahr, dass der AN – sei es auch vertragswidrig – die Erfindung für sich schützen und von Konkurrenten seines ArbGeb verwerten lässt, diesen selbst aber von ihrer Benutzung ausschließt. Ein bloßer Übertragungs*anspruch* würde daher die Interessen des ArbGeb nicht ausreichend schützen. Andererseits riskiert der AN, der sich auf eine Vorausübertragung einlässt, dass ihm dabei wegen seiner sozialen Abhängigkeit und wirtschaftlichen Unterlegenheit und wegen der Schwierigkeit, Art und Wert künftiger Erfindungen abzuschätzen, keine oder keine ausreichende Beteiligung an den wirtschaftlichen Vorteilen eingeräumt wird, die eine von ihm gemachte Erfindung dem ArbGeb verschafft. Sinn des Erfinderprinzips ist es jedoch,

---

[1] Was dieser Begriff, den sich junge Unternehmer ja regelmäßig selbst zuschreiben, wirklich meint, weiß wohl niemand genau. Das begünstigt leider auch Missbrauch; bis hin zu einer durchaus bedenklichen Instrumentalisierung im Prüfungswesen einiger deutscher Universitäten.
[2] Darauf deutet hin, dass die IFO-Untersuchung „Patentwesen und technischer Fortschritt, Teil I", 1974, 51 (Tabelle 25) für Unternehmen mit kleiner 10 Mio DM(!) Jahresumsatz nur 49% Arbeitnehmererfindungen ausweist. Für kleinere inhabergeführte KMU dürfte sich daran bis heute wenig geändert haben.
[3] *Meitinger* Mitt. 2016, 532, 535 f.

§ 21 I   3. Abschnitt. Das Recht an der Erfindung

den **wirtschaftlichen Wert** einer Erfindung demjenigen zukommen zu lassen, von dem sie stammt. Daher genügt es nicht, dem AN formal das originäre Recht an der Erfindung zuzuerkennen; er muss auch in die Lage versetzt werden, für seine Rechtsposition einen Gegenwert zu erzielen.

5   4. In der Rechtsentwicklung[4] hatte sich schon vor der gesetzlichen Einführung des Erfinderprinzips die Überzeugung durchgesetzt, dass der ArbGeb seinem AN, der eine Erfindung gemacht hat, wenigstens in bestimmten Fällen eine Sondervergütung schulden sollte.[5] Schon im April 1909 hatte der Reichstag Reichskanzler von Bülow förmlich ersucht, in die geplante Reform des Patentgesetzes von 1891 Regelungen zum besseren Schutz der Erfindungen von technischen Angestellten und Arbeitern aufzunehmen.[6] Auch der 28. und 29. Juristentag in den Jahren 1906 und 1908 und die GRUR befürworteten dies,[7] letztere 1909 auf ihrem Kongress in Stettin. Ergebnis dieser Diskussion war, dass die kaiserliche Regierung in ihrem im Sommer 1913 veröffentlichten Entwurf eines Patentgesetzes einen Ausgleich der entgegenstehenden Interessen von – in heutiger Terminologie! – Gewerkschaften und Arbeitgeberverbänden dadurch erstrebte, dass das Anmelderprinzip durch das Erfinderprinzip ersetzt und das Erfinderpersönlichkeitsrecht anerkannt wurde – wodurch den Interessen der angestellten Erfinder Genüge getan werden sollte. Zugleich sollte der ArbGeb Zugang zu den sogenannten Etablissementerfindungen seiner AN erhalten. Damit anerkannte der neue Gesetzesentwurf einerseits den Erfinder vollumfänglich als Schöpfer seiner „Arbeitnehmererfindung". Andererseits gewährleistete er dem ArbGeb Zugang zu denjenigen Erfindungen seiner AN, die diese (sachlich) im Rahmen ihrer Tätigkeit und (räumlich) in ihren Arbeitsräumen machten.[8]

6   Wenngleich auch dieser Entwurf in der Industrie auf Widerstand traf, war er aus heutiger Sicht doch ein großer Schritt nach vorn, weil er erstens half, das Erfinderpersönlichkeitsrecht anzuerkennen, und weil er zweitens die Differenzierung zwischen Betriebserfindungen, Diensterfindungen und freien Erfindungen begründete.[9] Leider trat der Entwurf nie in Kraft, denn ein Jahr nach seiner Veröffentlichung begann der Erste Weltkrieg.

7   Nach dem Krieg sahen Gewerkschaften und Industriellenverbände gleichermaßen das Bedürfnis, die Problematik zu lösen, weshalb in wichtigen Industriezweigen Tarifverträge geschlossen wurden, die das Reichsarbeitsministerium für allgemeinverbindlich erklärte. Die bekannteste dieser Vereinbarungen ist der *Reichstarifvertrag für die akademisch gebildeten Angestellten der chemischen Industrie* vom 27.1.1920.[10] Seine Regelungen waren so einflussreich, dass sie noch immer als Ursprung aller nachfolgenden deutschen Gesetzgebung zum Thema zitiert werden.

8   Das erste dieser Gesetzgebungsvorhaben bildete 1923 der „Entwurf eines Allgemeinen Arbeitsvertragsgesetzes",[11] dessen Voraussetzungen für den Anspruch auf Arbeitnehmererfindervergütung jedoch eingeschränkter waren als die des Patentgesetzentwurfs von 1913 – vielleicht aufgrund seiner arbeitsrechtlichen Prägung, die Arbeitsergebnisse grundsätzlich dem ArbGeb zuordnete. Folgerichtig sollte ein Anspruch auf besonderes Entgelt nur bestehen, „wenn der Gewinn [des ArbGeb] aus der Erfindung in auffälligem Missverhältnis zum Entgelt des Erfinders steht."

9   Zweites vom Tarifvertrag der Chemieindustrie beeinflusstes Gesetzgebungsvorhaben war das PatG 1936. Sein Paragraph 3 ersetzte (schließlich) das Anmelderprinzip durch das Erfinderprinzip und

---

[4] Zur Entstehungsgeschichte und dem Streit zwischen Arbeitsrechtstheorie und Erfinderrechtstheorie, der seit 1870 intensiv geführt worden war, *Ann* in: Obergfell (Hrsg.), Zehn Jahre reformiertes Urhebervertragsrecht, 85, 86 ff.
[5] Vgl. amtl. Begr., BlPMZ 1957, 224 f.
[6] GRUR 1909, 202.
[7] Verhandlungen des neunundzwanzigsten Deutschen Juristentages, 5. Band, 388.
[8] *Ann* in: Obergfell (Hrsg.), Zehn Jahre reformiertes Urhebervertragsrecht, 85, 90.
[9] *Ann* in: Obergfell (Hrsg.), Zehn Jahre reformiertes Urhebervertragsrecht, 85, 90.
[10] Vgl. Kommentar zum Reichstarifvertrag für die akademisch gebildeten Angestellten der chemischen Industrie, 2. Aufl. 1922; vgl. auch *Wirth* Mitt. 1922, 118 ff.
[11] RArbBl. (Amtl. Teil) 1923, 498 ff.

§ 21. Arbeitnehmererfindungen

normierte das aus seinem Persönlichkeitsrecht fließende Recht des Erfinders, als solcher anerkannt und in Patentanmeldung und Patentschrift genannt zu werden. Darüber hinaus wurden Arbeitnehmererfindungen nicht erwähnt, weil 1935/36 die „Erfindungen von Gefolgsmännern" noch in einem geplanten Tarifvertragsgesetz hatten angesprochen werden sollen. Freilich trat dieses Gesetz dann nie in Kraft, weil NSDAP-Gliederungen sowie zivile und Wehrmachtsbehörden über zu viele Einzelfragen uneinig waren.[12] Auch die entsprechende Regelung für AN im privaten Dienst kam nicht voran. Sie wurde durch militärische Kommandobehörden der Wehrmacht blockiert.[13]

Auch die **Rechtsprechung bis 1936** unterschied in Anlehnung an manche dieser Regelungen zwischen „Betriebserfindungen", „Diensterfindungen" und „freien Erfindungen":[14] 10

Als sog. **Betriebserfindungen** sah sie diejenigen an, die keine selbständige erfinderische Leistung eines Einzelnen erkennen ließen, sondern so weitgehend auf Erfahrungen und Vorarbeiten des Unternehmens des ArbGeb beruhten, dass man glaubte, sie keinem individuellen Erfinder zuschreiben zu können. Sie fielen unmittelbar und ohne Vergütungspflicht an den ArbGeb. 11

Sog. **Diensterfindungen** entstanden aus einer zu den dienstlichen Obliegenheiten des AN gehörigen Tätigkeit, ohne „Betriebserfindungen" zu sein. Hier wurde der AN als Erfinder anerkannt. Überstieg die Erfindung die Leistung, die vom AN-Erfinder vertragsgemäß zu erwarten war, war der ArbGeb verpflichtet, diesem eine angemessene Vergütung zu zahlen. Das Recht an der Erfindung wurde in diesen Fällen kraft Arbeitsvertrags ebenfalls von Beginn an dem ArbGeb zugesprochen. 12

Nur an sog. **freien Erfindungen,** die weder „Betriebs-" noch „Diensterfindungen" waren, wurden AN-Erfinder als originär berechtigt angesehen. Sie konnte der ArbGeb nur durch Übertragung in einer gesonderten Vereinbarung erlangen. 13

5. Wie bereits erwähnt, brachte das PatG 1936 die 1913 noch am Kriegsbeginn gescheiterte **Einführung des Erfinderprinzips.** Weil dieses Prinzip für sich allein den AN noch nicht ausreichend schützte (vgl. oben → Rn. 4), wurde es durch eine Regelung ergänzt, die einerseits den Anspruch des ArbGeb auf das Arbeitsergebnis auch insoweit sichert, als es in Erfindungen besteht, die andererseits aber dem AN, dessen Erfindung der ArbGeb als Arbeitsergebnis beansprucht, in Erfüllung des patentrechtlichen Gebots gerechter Erfinderbelohnung (vgl. oben → § 3 Rn. 13 ff.) einen Anteil am Erfindungswert zuweist, der seiner Leistung angemessen ist. 14

1942 änderte sich die politische Situation insofern, als Nazideutschland fortschrittliche Technologie für seine Rüstungsproduktion benötigte. Zur Förderung dieses Zwecks wurde in der *„Verordnung 1942"* (über die Behandlung von Erfindungen von Gefolgschaftsmitgliedern)[15] der Reichsminister für Bewaffnung und Munition (sic!) ermächtigt, eine „Durchführungsverordnung" zu erlassen, die 1943 erging[16]. Sie beendete nicht nur endgültig den langjährigen Meinungsstreit zwischen Arbeitsrecht und Patentrecht, von dem oben bereits die Rede war, sondern wurde auch regelungstechnisch zur Vorläuferin des ArbEG vom 27.7.1957. Neu und aus der Grundsatzdiskussion um den konzeptionellen Ansatz des AN-Erfinderrechts nicht bekannt gewesen war die Zielsetzung dieser beiden Verordnungen: Zur Zeit der Niederlage von Stalingrad, dem wohl entscheidenden Wendepunkt des Kriegs, wurde dem AN-Erfinderrecht die neue Aufgabe zugewiesen, das Erfinderpotential der Arbeiterschaft freizusetzen, um Nazideutschland mit neuen „Wunderwaffen" doch noch zum „Endsieg" zu führen, wie es in der NS-Propaganda hieß.[17] 15

Zur Erreichung dieses Zwecks wurden die Interessen von AN- und ArbGeb-Seite zu einem Ausgleich geführt, der bis heute als im Grundsatz ausgewogen anerkannt ist: AN wur- 16

---

[12] Ausführl. *Volmer/Gaul* Einl. Rn. 88 ff.
[13] *Ann* in: Obergfell (Hrsg.), Zehn Jahre reformiertes Urhebervertragsrecht, 85, 90 f.
[14] Im ArbEG entsprechen den „Betriebserfindungen" die „Erfahrungserfindungen" (§ 4 Abs. 2 Nr. 2), den früheren „Diensterfindungen" die „Obliegenheitserfindungen" (§ 4 Abs. 2 Nr. 1); vgl. unten → Rn. 33 ff.
[15] RGBl. I, 466 f. – VO 1942.
[16] RGBl. I, 257 ff. – DVO 1943.
[17] *Ann* in: Obergfell (Hrsg.), Zehn Jahre reformiertes Urhebervertragsrecht, 85, 91.

§ 21 I 3. Abschnitt. Das Recht an der Erfindung

den Erfinder und als solche anerkannt, was dem Patentrecht gerecht wurde. ArbGeb wurden über alle Erfindungen ihrer AN informiert und erhielten exklusiv Zugang nicht nur zu Etablissementerfindungen, die ihnen ohnehin gehörten, sondern auch zu Diensterfindungen, was den Grundsätzen des Arbeitsrechts Rechnung trug. Für Diensterfindungen, die ArbGeb beanspruchten, erhielten die betroffenen AN-Erfinder eine angemessene Vergütung, wenn es sich um eine im Rahmen des Dienstverhältnisses unter Einsatz daraus stammender Erfahrungen gemachte Erfindung handelte. Sogar an einen Streitbeilegungsmechanismus wurde gedacht; vergleichbar mit der heutigen *DPMA-Schiedsstelle*.[18] Noch heute liegen dem ArbEG, das die Materie umfassender regelt als jede andere Regelung weltweit, diese Grundgedanken zugrunde.[19]

17 Weitgehende Änderungen des ArbEG haben erst die Beseitigung des Hochschullehrerprivilegs im Jahr 2001 und das PatModG 2009 gebracht.

b) Grundgedanken und Grundbegriffe

18 1. Systematisch ist das ArbEG in der Hauptsache dem Arbeitsrecht zuzuordnen. Es geht jedoch über dieses Gebiet hinaus, indem es die Erfindungen von Beamten und Soldaten einbezieht, die es ebenso stellt wie AN im öffentlichen Dienst. Mit dem Patent- und Gebrauchsmusterrecht ist es dadurch verknüpft, dass es als Erfindungen nur die schutzfähigen in Betracht zieht und für seinen Anwendungsbereich die Frage beantwortet, wem das Recht auf das Patent oder Gebrauchsmuster zusteht. Es modifiziert dabei das Erfinderprinzip durch einen **ArbGeb-Zugriff,** der durch die Inanspruchnahmefiktion des § 6 Abs. 2 weiter gestärkt worden ist. Die patentrechtliche Güterzuordnung bringt das ArbEG in den **Vergütungsansprüchen** zur Geltung, die es dem AN zuweist.

19 Technische Neuerungen, die nicht patent- oder gebrauchsmusterfähig sind, bezeichnet das Gesetz als technische **Verbesserungsvorschläge**. Sie begründen für den AN kein Erfinderrecht und stehen deshalb als Arbeitsergebnisse originär dem ArbGeb zu. In besonderen Fällen gibt das Gesetz dem AN, der einen Verbesserungsvorschlag gemacht hat, jedoch einen Vergütungsanspruch (§ 20). Gibt der ArbGeb eine Erfindung frei, die ihm von seinem AN als Diensterfindung gemeldet worden war, kann er sich den Zugriff darauf nicht dadurch sichern, dass er diese als qualifizierten Verbesserungsvorschlag nutzt.[20] Das hat zur Folge, dass ein ArbGeb Ansprüchen Dritter ausgesetzt sein kann, an die sein AN seine freigegebene und patentierte Erfindung übertragen hat. Der ArbGeb muss sich also entscheiden, ob er ein belastbares Benutzungsrecht wünscht. Ist das der Fall, sollte er nicht freigeben.

20 2. Das Gesetz teilt AN-Erfindungen in Diensterfindungen und freie Erfindungen. Diensterfindungen muss der Erfinder dem ArbGeb melden; freie Erfindungen muss er ihm grundsätzlich mitteilen, zu den Ausnahmen von diesem Grundsatz s. u. → Rn. 57 ff. Ihm gemeldete oder mitgeteilte Arbeitnehmererfindungen muss der ArbGeb solange **geheim halten,** wie die berechtigten Belange seines AN dies erfordern. Umgekehrt hat auch der AN-Erfinder Diensterfindungen geheim zu halten, solange diese nicht frei geworden sind; dies gilt auch für Dritte, die aufgrund des ArbEG Kenntnis von einer Erfindung erlangt haben (§ 24 Abs. 1–3).[21]

21 Diensterfindungen kann der ArbGeb durch einseitige Erklärung in Anspruch nehmen. Tut er dies, geht vermögensrechtlich das Recht an der Erfindung auf ihn über. Das Erfinderpersönlichkeitsrecht bleibt beim AN, der die Erfindung gemacht hat. Grundsätzlich verpflichtet die Inanspruchnahme den ArbGeb, die beanspruchte Erfindung zum Schutz durch ein Patent oder Gebrauchsmuster anzumelden. Die früher vorgesehene **Möglichkeit der beschränkten Inanspruchnahme ist entfallen** für Diensterfindungen, die einem

---

[18] Vgl. die Amtliche Begründung, BlPMZ 1957, 224 f.
[19] *Ann* in: Obergfell (Hrsg.), Zehn Jahre reformiertes Urhebervertragsrecht, 85, 90 f.
[20] OLG München, 26.6.2008, Mitt. 2009, 417, vergüteter Verbesserungsvorschlag. – Zust. *Eck,* Mitt. 2009, 367, 372 f.
[21] Vgl. *Gaul/Bartenbach* Mitt. 1981, 207–219.

§ 21. Arbeitnehmererfindungen

ArbGeb nach Inkrafttreten des Patentrechtsmodernisierungsgesetzes gemeldet worden sind, also ab 1.10.2009 (§ 43 Abs. 3).

Die Inanspruchnahme führt regelmäßig zu einem **Anspruch des AN auf angemessene Vergütung**. Freie Erfindungen kann der ArbGeb nicht in Anspruch nehmen. Der AN ist jedoch verpflichtet, ihm ein nichtausschließliches Benutzungsrecht zu angemessenen Bedingungen anzubieten, wenn er während des Arbeitsverhältnisses die Erfindung verwerten will und diese in den Arbeitsbereich des ArbGeb fällt (§ 19 Abs. 1). 22

3. Von den Vorschriften des ArbEG kann durch Vertrag **nicht zum Nachteil des AN abgewichen** werden, soweit es sich nicht um dem ArbGeb bereits gemeldete oder mitgeteilte Erfindungen seines AN handelt (§ 22).[22] Ausgeschlossen ist damit insbesondere, im Voraus durch Vertrag dem ArbGeb Rechte an künftigen Erfindungen einzuräumen oder die Vergütung für solche Erfindungen festzulegen. Auch zulässige Vereinbarungen sind unwirksam, soweit sie in erheblichem Maße **unbillig** sind (§ 23).[23] 23

Auf die Unbilligkeit kann sich aber nur berufen, wer sie – spätestens bis zum Ablauf von sechs Monaten nach Beendigung des Arbeitsverhältnisses – schriftlich gegenüber dem anderen Vertragsteil geltend macht (§ 23 Abs. 2).[24] 24

In der Praxis mancher, vor allem größerer Unternehmen wird es zunehmend üblich, *nach Meldung* von Diensterfindungen mit den Erfindern Vereinbarungen zu treffen, wonach diese auf Rechte aus dem ArbEG verzichten und dafür mit **Pauschalzahlungen** abgefunden werden.[25] Solche Vereinbarungen sind nach § 22 S. 2 zulässig und nach § 23 wirksam, soweit sie nicht in erheblichem Maße unbillig sind.[26] 25

Die Vorschriften des ArbEG lassen sonstige Rechte und Pflichten, die sich für ArbGeb und AN aus dem **Arbeitsverhältnis** ergeben, grundsätzlich unberührt (§ 25); die Rechte und Pflichten aus dem Gesetz treten also neben diejenigen gemäß den allgemeinen arbeitsrechtlichen Regeln; sie überdauern die Beendigung des Arbeitsverhältnisses (§ 26).[27] 26

4. Als institutionelle Besonderheit des Rechts der AN-Erfindungen ist die **Schiedsstelle** hervorzuheben, die beim DPMA errichtet ist (§§ 28 ff.). Sie ermöglicht es, Streitigkeiten zwischen ArbGeb und AN, die auf Grund des ArbEG entstehen, ohne Einschaltung der Gerichte kostenfrei und in einer den Betriebsfrieden schonenden Weise der Beurteilung eines mit sachkundigen und erfahrenen Mitgliedern besetzten Gremiums zu unterwerfen. Im Regelfall kann vor Gericht erst nach Durchführung eines Verfahrens vor der Schiedsstelle geklagt werden (§ 37 Abs. 1 und 2). 27

c) Bestimmung der maßgeblichen Rechtsordnung

1. Das ArbEG ist anzuwenden, wenn das Arbeitsverhältnis deutschem Recht untersteht.[28] Für die Frage, wann dies zutrifft, kommt es zunächst darauf an, ob das Arbeitsverhältnis 28

---

[22] *Beyerlein* Mitt. 2005, 152 ff. hält – abweichend von der überwiegenden Meinung – auch Vereinbarungen des AN mit Dritten für unwirksam, wenn darin zuungunsten des AN vom ArbEG abgewichen wird und der ArbGeb mit dem Dritten in einer Vertragsbeziehung steht, die auch Erfindungen des AN betrifft.

[23] Dazu eingehend *Volz* FS Bartenbach (2005).

[24] *Bartenbach/Volz* FS Tilmann (2003), 441 f. weisen darauf hin, dass nach der durch die Schuldrechtsmodernisierung eingeführten Verjährungsregelung im BGB Ansprüche bereits verjährt sein können, wenn § 23 Abs. 2 ArbEG ihre Geltendmachung noch nicht ausschließt.

[25] Vgl. *Franke/Steiling* VPP Rundbrief 2005, 89 ff. und FS VPP (2005), 281 ff.; *Franke* FS Bartenbach (2005), 127, 138 ff.; *Trimborn,* Mitt. 2006, 160 ff.

[26] Vgl. *Volz* FS Bartenbach (2005); *Bartenbach* VPP Rundbrief 2005, 92 ff.; *Trimborn* Mitt. 2006, 160 ff.

[27] Zum Fall des Betriebsinhaberwechsels *Volmer/Gaul* § 1 Rn. 114 ff.; *Gaul* GRUR 1994, 1–6; *Villinger* GRUR 1990, 169–175; *Schaub* FS Bartenbach (2005), 229–241; *Trimborn* Mitt. 2007, 208–212; Schiedsstelle 12.5.1987 BlPMZ 1988, 349.

[28] Vgl. BGH 27.11.1975 Rosenmutation BGHZ 65, 347, 353; dazu auch *Ulmer,* 80; *Reimer/Schade/Schippel,* § 1 Rn. 14.

durch Vereinbarung einer bestimmten Rechtsordnung unterstellt ist. Das Kollisionsrecht (IPR) lässt bei vertraglichen Schuldverhältnissen solche Vereinbarungen grundsätzlich zu (Art. 8 Abs. 1 S. 14, 3 Abs. 1 Rom I-VO[29]; für Altverträge, die vor dem 17.12.2009 geschlossen wurden, gilt weiterhin Art. 27 EGBGB). Freilich darf die Rechtswahl der Parteien bei Arbeitsverträgen und Arbeitsverhältnissen nach Art. 8 Abs. 1 S. 2 Rom I-VO (bei Altverträgen: Art. 30 Abs. 1 EGBGB) nicht dazu führen, dass dem AN der Schutz entzogen wird, den ihm die zwingenden Bestimmungen des Rechts gewähren, das nach Art. 8 Abs. 2–4 Rom I-VO (bei Altverträgen: Art. 30 Abs. 2 EGBGB) ohne vertragliche Rechtswahl anzuwenden wäre (s. unten → Rn. 29 f.).

29 2. Fehlt eine Rechtswahl, bestimmt sich das für die Zuordnung einer Arbeitnehmererfindung maßgebliche Recht, nach dem Arbeitsstatut, nicht nach dem Schutzlandprinzip[30], Art. 8 Abs. 2 Rom I-VO (bei Altverträgen: Art. 30 Abs. 2 S. 1 Nr. 1 EGBGB). Das ist h. M., und es ist richtig. Verrichtet der AN seine Arbeit gewöhnlich nicht in ein und demselben Staat, gilt nach Art. 8 Abs. 3 Rom I-VO (bei Altverträgen: Art. 30 Abs. 2 S. 1 Nr. 2 EGBGB) das Recht des Staates, in dem sich die Niederlassung befindet, die den AN eingestellt hat. Ergibt jedoch die Gesamtheit der Umstände, dass Arbeitsvertrag oder Arbeitsverhältnis engere Verbindungen zu einem anderen Staat als demjenigen aufweist, dessen Recht nach Abs. 2 oder 3 anzuwenden wäre,[31] ist nach Art. 8 Abs. 4 Rom I-VO (bei Altverträgen: Art. 30 Abs. 2 S. 2 EGBGB) das Recht dieses anderen Staates anzuwenden.

30 Zwingende Vorschriften, durch die das nach diesen Regeln bei Fehlen einer Rechtswahl anzuwendende Recht den AN schützt, können durch vertragliche Rechtswahl nicht ausgeschaltet werden (s. oben → Rn. 28). Wenn also nach Art. 8 Abs. 2–4 Rom I-VO oder Art. 30 Abs. 2 EGBGB deutsches Recht anzuwenden wäre, bleiben auch bei abweichender Rechtswahl die Vorschriften des ArbEG maßgebend, soweit sie nach § 22 zugunsten des AN zwingend und für den AN günstiger sind als die Vorschriften des gewählten Rechts.[32] In gleicher Weise ist dem AN, wenn nach derartigen Kollisionsnormen das Recht eines anderen Staates als der Bundesrepublik Deutschland anzuwenden wäre, mindestens der ihm nach dem Recht dieses Staates zustehende Schutz zu gewährleisten.

31 3. Bei europäischen Anmeldungen und Patenten bestimmt sich das Recht auf das Patent bei AN-Erfindungen nach dem Recht des Beschäftigungs-, hilfsweise des Betriebsorts (Art. 60 Abs. 1 S. 2 EPÜ, vgl. oben → § 20 Rn. 86 f.). Soweit jedoch dieses Recht für das Arbeitsverhältnis eine vertragliche Rechtswahl zulässt, ist eine entsprechende Vereinbarung zwischen ArbGeb und AN zu beachten.[33] Demgemäß kann in Fällen, in denen Art. 60 Abs. 1 S. 2 EPÜ auf deutsches Recht verweist, kraft einer nach diesem Recht gültigen vertraglichen Rechtswahl das Recht eines anderen Staates anzuwenden sein. In Fällen, in denen Art. 60 Abs. 1 S. 2 EPÜ auf das Recht eines anderen Staates verweist, kann auf Grund einer nach dem Recht dieses Staates zulässigen und wirksamen Vereinbarung deutsches Recht oder das Recht eines dritten Staates anzuwenden sein. Für die Anwendung von Art. 8 Rom I-VO (bei Altverträgen: Art. 30 EGBGB) (s. oben → Rn. 28–30) wird es dabei auf die zwingenden Schutzvorschriften des Staates ankommen müssen, dessen

---

[29] Verordnung (EG) Nr. 593/2008 des Europäischen Parlaments und des Rates vom 17.6.2008 über das auf vertragliche Schuldverhältnisse anzuwendende Recht (Rom I), ABl. L 177, 6; berichtigt ABl. 2009 L 309, 87.

[30] Vgl. nur OLG Karlsruhe 13.4.2018, GRUR 2018, 1030, 1031 (Nr. 23) – Rohrleitungsprüfung.

[31] *Sack* FS Steindorff (1990), 1341 nennt als Beispiel den Fall, dass ein deutsches Unternehmen deutsche AN (nicht nur vorübergehend) im Ausland beschäftigt. Vgl. auch *Trimborn* Mitt. 2006, 498–502.

[32] *Sack* FS Steindorff (1990), 1342 ff.

[33] So überzeugend *Straus* GRUR-Int 1984, 3 ff.; zustimmend *Sack* FS Steindorff (1990), 1348.

§ 21. Arbeitnehmererfindungen   II § 21

Recht nach Art. 60 Abs. 1 S. 2 EPÜ ohne Rechtswahl maßgebend wäre, also auf die zwingenden Vorschriften des ArbEG, wenn das EPÜ auf deutsches Recht verweist.

Gemäß dem nach Art. 60 Abs. 1 S. 2 EPÜ anzuwendenden Recht bestimmt sich nach dem Wortlaut 32 der Vorschrift nur das Recht auf das europäische Patent. Da sich die Anknüpfungskriterien, die sie verwendet, nicht vollständig mit den in Art. 8 Rom I-VO und Art. 30 EGBGB, dem zugrundeliegenden Übereinkommen und den diesem entsprechenden nationalen Regelungen decken und von anderen nationalen Regelungen möglicherweise noch stärker abweichen, kann sich ergeben, dass das Recht auf das europäische Patent nach einer anderen Rechtsordnung zu beurteilen ist, als die sonstigen die Erfindung betreffenden Rechte und Pflichten von ArbGeb und AN. Um solche Diskrepanzen zu vermeiden, sollte Art. 60 Abs. 1 S. 2 EPÜ auf diese Rechte und Pflichten analog angewandt werden.[34] Dafür spricht, dass schon die Besonderheiten, die die Zuordnung des Rechts auf das Patent bei AN-Erfindungen aufweist, auf den spezifischen Beziehungen zwischen ArbGeb und AN beruhen und deren sonstige Rechte und Pflichten weitgehend als Konsequenzen dieser Zuordnung verstanden werden können. Auch sind die in Art. 60 Abs. 1 S. 2 EPÜ verwendeten Anknüpfungskriterien durchaus geeignet zu rechtfertigen, dass die Rechtsordnung, auf die sie verweisen, das die Erfindung betreffende Rechtsverhältnis zwischen ArbGeb und AN insgesamt regelt.

II. Anwendungsbereich des Gesetzes über Arbeitnehmererfindungen

a) Persönlicher Anwendungsbereich

1. Das ArbEG gilt für **AN im privaten und öffentlichen Dienst** sowie für **Be-** 33 **amte** und **Soldaten** (§ 1). Die Vorschriften, die die AN im privaten Dienst betreffen, bilden das Grundmodell. Sie sind mit einzelnen Abwandlungen und Einschränkungen auch auf AN im öffentlichen Dienst anwendbar (§ 40). Auf Beamte und Soldaten sind die Vorschriften für AN im öffentlichen Dienst entsprechend anzuwenden (§ 41). Die Darstellung behandelt dem Aufbau des Gesetzes folgend zunächst die Erfindungen von AN im privaten Dienst und später zusammenfassend die Besonderheiten im öffentlichen Dienst.

2. Während sich die Frage, ob jemand Beamter oder Soldat ist, anhand der einschlägigen 34 Sondervorschriften[35] problemlos beantworten lässt, fehlt es für den AN an einer gesetzlichen Begriffsbestimmung. Maßgebend sind die in der arbeitsrechtlichen Rechtsprechung und Lehre entwickelten Kriterien. Dabei können sich im Einzelfall Zweifel ergeben.[36] **Arbeitnehmer** ist nach der heute gebräuchlichsten Definition, wer auf Grund eines privatrechtlichen Vertrages oder eines diesem gleichgestellten Rechtsverhältnisses im Dienst eines anderen (dh in persönlich abhängiger Stellung) zur Arbeit verpflichtet ist.[37] Ob ein AN Arbeiter oder Angestellter ist, macht für das ArbEG keinen Unterschied; dies gilt insbesondere auch für leitende Angestellte. Auch auf Auszubildende ist das Gesetz anwendbar, ebenso auf Praktikanten und Volontäre. Dagegen unterliegen ihm nicht Personen, die Organe oder Organmitglieder juristischer Personen sind, etwa Mitglieder des Vorstands einer Aktiengesellschaft, einer Genossenschaft oder eines eingetragenen Vereins (etwa der Max-Planck-Gesellschaft), ebenso Geschäftsführer einer GmbH.[38] Inwieweit solche Perso-

---

[34] Befürwortet von *Sack* FS Steindorff (1990), 1350. Die Gefahr, dass sich die Rechtsverhältnisse bezüglich europäischer Patente nach einer anderen Rechtsordnung richten als bezüglich nationaler Patente, kann durch vertragliche Rechtswahl verringert werden; vgl. *Sack*, FS Steindorff (1990), 1349 f.
[35] Beamtengesetze des Bundes und der Länder; Soldatengesetz.
[36] Näheres in den Kommentaren zu § 1 ArbEG; eingehend *Volmer* GRUR 1978, 329 ff.
[37] Vgl. *Hueck/Nipperdey* § 9 II; *Schaub* § 8.
[38] OLG Düsseldorf 10.6.1999, GRUR 2000, 49; LG Düsseldorf 3.2.2005, InstGE 5, 100; gleiches gilt nach BGH 24.10.1989, GRUR 1990, 193 – Auto-Kindersitz für den von einer KG angestellten Geschäftsführer ihrer Komplementär-GmbH. Vgl. außerdem BGH 11.4.2000, GRUR 2000, 788 – Gleichstromsteuerschaltung; 17.10.2000, GRUR 2001, 226 – Rollenantriebseinheit und 26.9.2006, GRUR 2007, 52 – Rollenantriebseinheit II. Eingehend zur Problematik *Jestaedt* FS Nirk, 1992, 493–506; *Bartenbach/Fock* GRUR 2005, 384–392; *Zimmermann* FS Schilling, 2007, 415–432.

§ 21 II 3. Abschnitt. Das Recht an der Erfindung

nen verpflichtet sind, der juristischen Person Rechte an Erfindungen einzuräumen, und welche Gegenleistung sie hierfür verlangen können, richtet sich nach dem Inhalt ihres jeweiligen Anstellungsvertrags. Keine AN sind auch freie Mitarbeiter; auf ihre Erfindungen ist das ArbEG nicht anwendbar.[39] Zweifel bestehen hinsichtlich der sog. arbeitnehmerähnlichen Personen,[40] die mangels persönlicher Abhängigkeit keine AN, diesen hinsichtlich ihrer wirtschaftlichen Abhängigkeit aber vergleichbar sind.[41] Die Vorschriften, nach denen sie AN in einzelnen Beziehungen arbeitsrechtlich gleichstehen, sind nicht Ausdruck eines allgemeinen Grundsatzes; das ArbEG kann daher nach überwiegender Ansicht jedenfalls nicht im Ganzen auf sie angewandt werden.[42] Wegen ihrer arbeitnehmerähnlichen sozialen Schutzbedürftigkeit wird man ihnen aber, soweit sie einem Unternehmer oder Auftraggeber, für den sie tätig sind, Rechte an Erfindungen einräumen, auch ohne ausdrückliche Vereinbarung Vergütungsansprüche zubilligen müssen, die sich an den für AN-Erfindungen geltenden Maßstäben orientieren. Andererseits kann Arbeitnehmerähnlichkeit dazu führen, dass in der Frage, ob den Erfinder – mangels ausdrücklicher Abrede – eine Pflicht zur Mitteilung der Erfindung und zur Einräumung von Rechten trifft, die Voraussetzungen zu berücksichtigen sind, unter denen nach dem ArbEG der ArbGeb Ansprüche oder Zugriffsrechte in Bezug auf Erfindungen des AN hat.[43]

b) Sachlicher Anwendungsbereich

aa) Erfindungen und technische Verbesserungsvorschläge

35 1. Das ArbEG findet auf Erfindungen und technische Verbesserungsvorschläge Anwendung (§ 1). Unter **Erfindungen** versteht es nur solche, die **patent- oder gebrauchsmusterfähig** sind (§ 2). Als **technische Verbesserungsvorschläge** bezeichnet es Vorschläge für sonstige Neuerungen, die nicht patent- oder gebrauchsmusterfähig sind (§ 3).[44] Ob ein Verbesserungsvorschlag technischen Charakter hat, ist nach den Maßstäben zu bestimmen, die für den patentrechtlichen Erfindungsbegriff gelten.[45]

36 Eingehend geregelt sind im Gesetz freilich nur die Erfindungen. Für technische Verbesserungsvorschläge sieht es einen Vergütungsanspruch des AN vor, wenn sie dem ArbGeb eine schutzrechtsähnliche **Vorzugsstellung** verleihen (§ 20 Abs. 1). Man pflegt insoweit von „qualifizierten" technischen Verbesserungsvorschlägen zu sprechen. Die übrigen technischen Verbesserungsvorschläge regelt das Gesetz nicht; es überlässt ihre Behandlung der Regelung durch die arbeitsrechtlichen Instrumente des Tarifvertrags und der Betriebsvereinbarung (§ 20 Abs. 2); im öffentlichen Dienst kommen auch Dienstvereinbarungen in Betracht (§ 40 Nr. 2). Dabei ist es nicht ausgeschlossen, in solche das „betriebliche Vorschlagswesen" betreffende Regelungen auch nichttechnische, etwa organisatorische, kaufmännische, werbliche Verbesserungsvorschläge einzubeziehen. Das ArbEG gilt jedoch für solche Vorschläge auch dann nicht, wenn der ArbGeb in der Lage ist, sie unter Ausschluss der Konkurrenz zu verwerten.

37 2. Eine **Pflanzenzüchtung** ist weder eine Erfindung noch ein technischer Verbesserungsvorschlag im Sinne des ArbEG, dennoch verpflichtet ihre Verwertung entsprechend § 20 Abs. 1 zur Vergütung.[46] Ebenso kann einem AN, der an einer Kulturpflanze im An-

---

[39] *Bartenbach/Volz* § 1 Rn. 44 ff.; *Volmer/Gaul* § 1 Rn. 75 ff.
[40] Vgl. *Bartenbach/Volz* § 1 Rn. 25 ff.; *Reimer/Schade/Schippel* § 1 Rn. 6.
[41] Zum Begriff der arbeitnehmerähnlichen Personen *Schaub* § 9.
[42] Für volle Erstreckung jedoch *Volmer/Gaul* § 1 Rn. 68.
[43] Vgl. *Reimer/Schade/Schippel* § 1 Rn. 6.
[44] Vgl. dazu *Melullis* GRUR 2001, 684 ff.; *Einsele* FS Bartenbach, 2005, 89 ff.
[45] Zum technischen Verbesserungsvorschlag und seiner Vergütungspflicht DPMA-Schiedsstelle EV 25.7.2017, Mitt. 2019, 371.
[46] VGH München 31.3.1982, GRUR 1982, 559; zu Züchtungen und Entdeckungen neuer Pflanzensorten durch Arbeitnehmer vgl. *Hesse* GRUR 1980, 404–411 und Mitt. 1984, 81 f.; *Keukenschrijver* FS Bartenbach, 2005, 243 ff.

baugelände seines ArbGeb eine spontane Mutation findet, als dem Entdecker dieser neuen Sorte das Recht auf den Sortenschutz zustehen, das dem Recht auf das Patent entspricht.[47]

3. Auf Problemlösungen, die **Computerprogramme** (CP) einsetzen, findet das ArbEG **38** entsprechend dem vorstehend Gesagten nur Anwendung, wenn sie **technischen Charakter** aufweisen (dazu → § 12 Rn. 22 ff. und 131 ff.), neu sind und ausreichend Erfindungshöhe besitzen. Nicht ausgeschlossen wird durch den Schutz als Erfindungen, dass das eingesetzte CP nach § 69a UrhG im Regelfall Urheberrechtsschutz genießt (vgl. § 69g UrhG).[48] Dass die hieraus erwachsenden vermögensrechtlichen Befugnisse bei Programmen, die von AN oder Beamten in Wahrnehmung ihrer Aufgaben oder nach den Anweisungen des ArbGeb oder Dienstherrn geschaffen sind, diesem nach § 69b UrhG ohne weiteres vergütungsfrei zufallen, hindert nicht die Anwendung des ArbEG in Fällen, in denen das Programm eine schutzfähige Erfindung oder Bestandteil hiervon ist. Rechte an solchen Erfindungen kann sich der ArbGeb oder Dienstherr nur nach Maßgabe des ArbEG verschaffen, also nur gegen angemessene Vergütung.[49]

Der BGH hat allerdings im Fall „Wetterführungspläne" ausgesprochen, dass ein Vergütungsanspruch **39** nach dem ArbEG grundsätzlich nicht in Betracht komme, wenn ein CP von einem AN in Wahrnehmung seiner Aufgaben geschaffen wird.[50] Er hat dies jedoch wesentlich damit begründet, dass im gegebenen Fall mangels Technizität keine Erfindung und kein technischer Verbesserungsvorschlag iSd ArbEG vorgelegen habe.[51] Im Gegenschluss müsste die Anwendung des ArbEG demnach möglich sein, wenn eine Problemlösung, die ein CP einsetzt, technischen Charakter aufweist. Neuere BGH-Entscheidungen geben hierfür recht weiten Raum (→ § 12 Rn. 77–105).[52]

Fallen die vermögensrechtlichen Befugnisse aus dem Urheberrecht an einem Programm **40** nicht dem ArbGeb oder Dienstherrn zu, weil die Voraussetzungen des § 69b UrhG nicht erfüllt sind, kommt – im Fall einer technischen Problemlösung – die Anwendbarkeit des ArbEG wohl nur unter dem Gesichtspunkt der Erfahrungserfindung (§ 4 Abs. 2 Nr. 2, → Rn. 51) in Betracht. Es erscheint dann gerechtfertigt, die Befugnis des ArbGeb zur Inanspruchnahme auf die urheberrechtlich begründeten Vermögensrechte am Programm zu erstrecken.[53]

bb) Diensterfindungen und freie Erfindungen

1. Die Rechte, die dem ArbGeb bezüglich einer Erfindung seiner AN zustehen, hängen **41** davon ab, ob diese eine **gebundene Erfindung** ist oder eine **freie Erfindung** (vgl. § 4 Abs. 1). Gebundene Erfindungen bezeichnet das Gesetz als **Diensterfindungen;** sie sind Erfindungen, die ein AN (a) während der Dauer des Arbeitsverhältnisses gemacht hat *und die* (b) entweder aus der dem AN im Betrieb oder (bei AN des öffentlichen Dienstes) in der öffentlichen Verwaltung obliegenden Tätigkeit entstanden sind *oder* maßgeblich auf Erfahrungen oder Arbeiten des Betriebs oder der öffentlichen Verwaltung beruhen (§ 4

---

[47] BPatG 16.7.1973, Mitt. 1984, 94.
[48] Dazu *Brandner* GRUR 2001, 883 ff.; *Bayreuther* GRUR 2003, 570 (578 ff.); *Brandi-Dohrn* CR 2001, 285–294.
[49] Krit. zur unterschiedlichen Behandlung des AN im Urheberrecht und Erfinderrecht *Himmelmann,* passim; *Ruzman,* passim.
[50] BGH 24.10.2000, GRUR 2001, 155 – Wetterführungspläne (I).
[51] Krit. hierzu *Grunert* Mitt. 2001, 234 ff.
[52] Freilich verlangt der BGH 24.10.2000, GRUR 2001, 155 (157) – Wetterführungspläne (I) für einen Vergütungsanspruch nach § 20 ArbEG einen „über den Geltungsbereich des § 69b UrhG hinausgehenden" und im nächsten Absatz einen „aus dem Anwendungsbereich des § 69b UrhG herausführenden zusätzlichen" technischen Charakter. Sollte damit gemeint sein, dass der technische Charakter als Voraussetzung der Anwendbarkeit des ArbEG in einem engeren Sinn zu verstehen sei als im Rahmen des § 1 PatG, könnte dem schon wegen § 69g UrhG nicht gefolgt werden.
[53] In diesem Sinn LG München I 16.1.1997, CR 1997, 351, freilich ohne Erörterung der Frage, ob eine technische Erfindung vorliegt.

Abs. 2). Für Erfindungen von Beamten und Soldaten gilt diese Begriffsbestimmung entsprechend (§ 4 Abs. 4). Diensterfindungen der ersten Gruppe werden als „Obliegenheitserfindungen" bezeichnet,[54] solche der zweiten Gruppe als „Erfahrungserfindungen". Diensterfindungen sind somit nicht alle während der Dauer des Arbeits- oder Dienstverhältnisses gemachten Erfindungen, sondern nur solche, an denen der „Betrieb" oder die „öffentliche Verwaltung" wesentlichen Anteil haben.

42 **Betrieb** im Sinne des ArbEG ist dabei nicht, wie sonst im Arbeitsrecht, nur die einzelne organisatorisch-technische Einheit, sondern das **Unternehmen** des ArbGeb,[55] das mehrere Betriebe umfassen kann. **Öffentliche Verwaltung** im Sinne des ArbEG ist jede Dienststelle, an der AN im öffentlichen Dienst, Beamte oder Soldaten beschäftigt sind, gleichgültig, ob es sich im einzelnen Fall um Betriebe, Institute, Anstalten, Stiftungen oder Verwaltungen handelt.[56] Sämtliche von demselben öffentlichen Dienstherrn unterhaltenen Dienststellen bilden grundsätzlich eine einheitliche „öffentliche Verwaltung".[57] Anders ist es bei organisatorisch selbständigen Unternehmen, die von Gebietskörperschaften (Bund, Ländern, Gemeinden) zB für Zwecke der Energieversorgung oder des Verkehrswesens betrieben werden („Eigenbetriebe", „Regiebetriebe"). Hier ist – wie im privatrechtlichen Bereich – das Unternehmen die maßgebende Einheit.

43 Erfindungen eines ANs, die keine Diensterfindung sind, sind **freie Erfindungen** (§ 4 Abs. 3), sei es, dass sie vor Beginn oder nach Beendigung des Arbeitsverhältnisses gemacht werden oder dass sie zwar während der Dauer des Arbeitsverhältnisses zustande gekommen sind, aber *weder* aus der dem AN obliegenden Tätigkeit entstanden sind, *noch* maßgeblich auf betrieblichen Erfahrungen oder Arbeiten beruhen.

44 Diensterfindungen kennzeichnet, dass das Unternehmen oder die öffentliche Verwaltung zu ihrer **Entstehung** beigetragen haben. Dagegen macht es keinen Unterschied, ob eine Erfindung im Unternehmen oder der öffentlichen Verwaltung des ArbGeb **verwertbar** ist.[58] Auch ohne in dieser Weise verwertbar zu sein, ist eine Erfindung als Diensterfindung gebunden, wenn sie die gesetzlichen Merkmale dieses Begriffs aufweist; fällt sie nicht unter diesen Begriff, ist sie eine freie Erfindung, auch wenn sie für den ArbGeb verwertbar ist. Die Vorschriften über freie Erfindungen berücksichtigen freilich das Verwertungsinteresse des ArbGeb (vgl. → Rn. 119 ff.).

45 2. Während der **Dauer des Arbeitsverhältnisses gemacht** ist eine Erfindung, wenn sie nach dessen Beginn und vor dessen Ende **fertiggestellt** worden ist, wenn die ihr zugrunde liegenden Lehre also technisch soweit ausführbar ist, dass der Durchschnittsfachmann ohne eigene erfinderische Überlegungen danach arbeiten könnte.[59] Entscheidend ist allein die objektive Erkenntnis des Durchschnittsfachmanns, nicht die subjektive Sicht des AN-Erfinders.[60] Im Streitfall beweispflichtig ist dafür der ArbGeb.[61]

46 Für das Zeitmoment – Fertigstellung während der Dauer des Arbeitsverhältnisses – nicht relevant ist, ob die Erfindung während der Arbeitszeit oder in der Freizeit, innerhalb oder außerhalb der Betriebsräume des ArbGeb gemacht wird. Entscheidend ist allein die **recht-**

---

[54] Weniger eindeutig sind die Ausdrücke „Auftragserfindung" (sie kommt auch außerhalb von Arbeitsverhältnissen vor) oder „Aufgabenerfindung" (er wird patentrechtlich auf den Fall der „erfinderischen Aufgabenstellung" bezogen, vgl. → § 18 Rn. 99 ff.). Dass ein Arbeitnehmer nicht verpflichtet werden kann, eine schutzfähige Erfindung zustandezubringen (vgl. *Volmer/Gaul* § 4 Rn. 83) wird mit der Bezeichnung „Obliegenheitserfindung" nicht verkannt.
[55] *Bartenbach/Volz* § 1 Rn. 104; *Volmer/Gaul* § 4 Rn. 75 ff.
[56] So die Amtliche Begründung, BlPMZ 1957, 229.
[57] Vgl. *Bartenbach/Volz* § 4 Rn. 21; *Volmer/Gaul* § 4 Rn. 80.
[58] Vgl. die Amtliche Begründung, BlPMZ 1957, 228.
[59] AllgA vgl. nur OLG Karlsruhe 28.4.2010, GRUR 2011, 318 (320) – Initialidee; umfassende Nachweise bei *Bartenbach/Volz* § 4 Rn. 16.
[60] BGH 10.11.1970, GRUR 1971, 210 (212) – Wildverbissverhinderung mAnm *Fischer*.
[61] Im Einzelfall kann sich aus den Umständen ein Beweis des ersten Anscheins ergeben; vgl. OLG München 27.1.1994, Mitt. 1995, 316.

liche Dauer des Arbeitsverhältnisses. Diensterfindung kann darum auch eine Erfindung sein, die der AN macht, während er wegen Urlaubs,[62] Krankheit oder auch Streiks nicht arbeitet, desgleichen eine Erfindung, die zwischen Kündigung und Beendigung des Arbeitsverhältnisses fertiggestellt wird. Weil der Zeitpunkt der Fertigstellung entscheidet, ist eine nach Beendigung des Arbeitsverhältnisses fertiggestellte Erfindung auch dann keine Diensterfindung, wenn sie maßgeblich auf Erfahrungen oder Arbeiten des Unternehmens beruht.

Verzögert ein AN die Fertigstellung einer Erfindung, um deren Inanspruchnahme 47 durch den (alten) ArbGeb zu vermeiden, greift § 162 BGB mit der Folge, dass besagter ArbGeb die Erfindung doch noch beanspruchen kann.[63] Daneben kann besagter AN schadenersatzpflichtig sein.[64]

Hat ein AN, während das Arbeitsverhältnis bestand, **pflichtwidrig Überlegungen** 48 **nicht angestellt oder Versuche nicht durchgeführt,** die zu einer Erfindung geführt hätten, liegt darin eine Verletzung des Arbeitsvertrags, sofern sich hieraus die Verpflichtung ergab, das in Frage stehende technische Problem zu lösen. Der AN ist seinem ehemaligen ArbGeb dann wegen Vertragsverletzung schadenersatzpflichtig (§ 280 Abs. 1 BGB) und muss sich gemäß § 249 BGB so behandeln lassen, als hätte er die Erfindung schon während der Dauer des Arbeitsverhältnisses fertiggestellt. Hat er sich auf seine Erfindung ein Schutzrecht erteilen lassen, kann der frühere ArbGeb von dessen Inhaber die Übertragung auf sich fordern.[65] Ebenso wie die absichtliche Verzögerung der Fertigstellung der Erfindung liegt die Vereitelung des Bedingungseintritts auch darin, dass der AN durch pflichtwidriges Verhalten eine **Kündigung provoziert,** um so sein Arbeitsverhältnis noch vor der Fertigstellung seiner Erfindung loszuwerden, die sich schon abzeichnet.[66]

3. Für die Frage, ob eine Erfindung **aus der dem AN im Betrieb oder in der öf-** 49 **fentlichen Verwaltung obliegenden Tätigkeit entstanden** ist, kommt es auf den **Aufgabenbereich** an, den der Erfinder auf Grund seines Arbeitsvertrags oder auf Weisung des ArbGeb konkret wahrzunehmen hatte. Hinzukommen muss ein ursächlicher Zusammenhang zwischen der hierdurch bestimmten Tätigkeit und der Erfindung. Von AN, die in einem Konstruktionsbüro, einem Forschungslabor, einer Entwicklungs- oder Versuchsabteilung nicht nur mit untergeordneten Hilfsdiensten, sondern mit geistig geprägter Arbeit beschäftigt sind, darf ohne weiteres erwartet werden, dass sie auf neue Lösungen technischer Probleme bedacht sind. Erfindungen, die sie im Arbeitsfeld einer solchen Einrichtung machen, entstehen aus der ihnen obliegenden Tätigkeit und sind Diensterfindungen. Auch von anderen AN kann aber vielfach erwartet werden, dass sie sich um neue Lösungen technischer Probleme bemühen, die sich bei der Durchführung ihrer Aufgaben stellen.[67]

Beispielsweise liegt eine Diensterfindung vor, wenn ein Ingenieur, der eine im Unternehmen seines 50 ArbGeb eingesetzte, aber nicht dort hergestellte Vorrichtung zu überwachen und funktionsfähig zu erhalten hat, diese durch eine erfinderische Veränderung leistungsfähiger oder zuverlässiger macht. – Die Erfindung eines Diplomvolkswirts, der sich bei der ihm aufgegebenen Vorbereitung der Aufnahme eines neuen Geschäftszweigs durch den ArbGeb intensiv auch in die technischen Entwicklungsarbeiten eingeschaltet hatte, wurde von der Schiedsstelle[68] als Diensterfindung gewertet, weil sie im Pflichtenkreis des AN gelegen habe. – Ebenso wurde die Erfindung eines kaufmännischen Angestellten als Diensterfindung angesehen, der als Leiter einer Niederlassung des ArbGeb vornehmlich Kundenkontakt zu pflegen und dabei auch an der technischen Entwicklung des Unternehmens Anteil zu nehmen hatte.[69]

---

[62] Vgl. BGH 18.5.1971, GRUR 1971, 407 – Schlussurlaub mit Anmerkung *von Schippel*.
[63] *Bartenbach/Volz* § 4 Rn. 16.
[64] *H. P. Westermann* in MüKoBGB § 162 Rn. 16.
[65] BGH 21.10.1980, BGHZ 78, 252 (257) – Flaschengreifer; dazu *Fischer* GRUR 1981, 129 f.
[66] Anders mit einer Lösung allein über § 628 Abs. 2 BGB noch Voraufl. unter Hinweis auf *Volmer/Gaul* § 4 Rn. 52.
[67] Vgl. LG Düsseldorf 4.12.1973, GRUR 1974, 275.
[68] 3.10.1961, BlPMZ 1962, 54; dazu *Schippel* GRUR 1962, 359.
[69] Schiedsstelle 14.8.1972, BlPMZ 1973, 144.

51 **4. Auf Erfahrungen oder Arbeiten des Unternehmens beruht** die Erfindung eines AN, wenn dieser Kenntnisse für die erfinderische Problemlösung verwertet, die ihm im Unternehmen zugänglich geworden sind.[70] Es geht dabei um den sogenannten „inneren Stand der Technik". Dieser kann im Einzelfall unter oder über dem nach Patent- oder Gebrauchsmusterrecht neuheitsschädlichen SdT liegen. Als *maßgeblicher* Beitrag zu einer *schutzfähigen* Erfindung kommt allerdings nur ein innerer SdT in Betracht, der *über* dem allgemeinen SdT liegt.[71] Auch wenn der AN zum allgemeinen SdT gehörige Kenntnisse erst bei seiner Tätigkeit im Unternehmen erlangt, bildet dies noch keinen Beitrag des Unternehmens, der es rechtfertigen könnte, die schutzwürdige erfinderische Leistung des AN dem Zugriff des ArbGeb zu unterwerfen. Betriebliche Arbeiten oder Erfahrungen, deren Verwertung die Erfindung zur Diensterfindung macht, können freilich schon darin liegen, dass Möglichkeiten der Verknüpfung unterschiedlicher Informationen aus dem SdT oder – zB durch Kundenbeanstandungen – Mängel zum SdT gehöriger Lösungen[72] erkannt werden. Ob die Kenntnisse, die der Erfinder verwertet, schriftlich oder zeichnerisch festgehalten, in Betriebseinrichtungen verkörpert oder ohne Verkörperung in der betrieblichen Praxis vermittelt worden sind, ist unerheblich. Sie müssen dem AN aber zugänglich gewesen und darüber hinaus auch wirklich von ihm benutzt worden sein; nur dann kann gesagt werden, dass die Erfindung auf ihnen **beruhe.** Schließlich ist erforderlich, dass sie einen **maßgeblichen** Beitrag zur Erfindung gebildet haben. Davon kann regelmäßig nur gesprochen werden, wenn sie in die erfinderische Problemlösung Eingang gefunden haben. Es genügt also nicht, dass der Erfinder – etwa durch die bloße Anschauung von Vorrichtungen oder Fertigungsprozessen – die **Anregung** empfangen hat, sich mit einem technischen Problem zu befassen. Der Gesetzgeber hat bewusst davon abgesehen, reine „Anregungserfindungen", zu denen der Betrieb nicht mehr als das Anschauungsmaterial beigetragen hat, zu den Diensterfindungen zu rechnen.[73]

III. Meldung und Inanspruchnahme von Diensterfindungen

a) Unterrichtung des Arbeitgebers

52 1. Der AN, der eine Diensterfindung gemacht hat, muss diese als solche[74] seinem ArbGeb nach § 5 Abs. 1 S. 1 **unverzüglich melden;**[75] unter Beachtung verschiedener **Formerfordernisse:** Die Meldung muss in Textform (§ 126b BGB) erfolgen und gesondert von sonstigen Erklärungen und Mitteilungen. Sie ist als **Erfindungsmeldung kenntlich** zu machen.[76] Genügt sie diesen Anforderungen nicht, wird ihre Ordnungsmäßigkeit seit Inkrafttreten des Patentmodernisierungsgesetzes am 1.10.2009 nach § 5 Abs. 3 S. 1 gleichwohl fingiert, wenn der ArbGeb seinem AN gegenüber nicht binnen zwei Monaten nach Meldungseingang erklärt, dass und in welcher Hinsicht die Meldung ergänzt werden muss.

---

[70] Schiedsstelle 1.10.1987, BlPMZ 1988, 221.
[71] Anders *Volmer/Gaul* § 4 Rn. 115.
[72] Vgl. Schiedsstelle 8.5.1972, BlPMZ 1972, 382 (383).
[73] Amtliche Begründung, BlPMZ 1957, 229 f.; s. auch *Bartenbach/Volz* § 4 Rn. 5, 44.
[74] Hat der AN die erfindungsgemäße Lehre nur als verbessertes Arbeitsergebnis gemeldet, wird die Lehre nach § 611 BGB Eigentum des ArbGeb und erwirbt dieser daran ein eigenes Benutzungsrecht. Nach der Anmeldung kann eine Benutzung dann nur noch vergütungspflichtig sein, wenn dem Arbeitgeber über die Benutzung im Rahmen des § 611 BGB geldwerte Vorteile zugeflossen sind, Schiedsstelle 12.9.2017, Mitt. 2017, 369 (371). Die Abgabe eines Schriftstücks mit Überschrift „Neue technische Innovation" beim Vorgesetzten reichte der DPMA-Schiedsstelle ausdrücklich nicht, weil sie nicht die Meldung einer Diensterfindung habe erkennen lassen, Mitt. 2019, 419 f.
[75] Aus der Meldepflicht ergibt sich ein Auskunftsanspruch des ArbGeb; s. OLG München 10.9.1992, GRUR 1994, 625.
[76] Dies gilt auch dann, wenn der ArbGeb auf die Schriftform verzichtet, was auch stillschweigend geschehen kann; vgl. BGH 17.1.1995, Mitt. 1996, 16 – Gummielastische Masse; OLG Karlsruhe 12.2. 1997, Mitt. 1998, 101; zur verspäteten Erfindungsmeldung *Schütt/Böhnke* GRUR 2013, 789 ff.

Nach § 5 Abs. 3 S. 2 hat der ArbGeb seinen AN bei Ergänzungen soweit erforderlich zu unterstützen. Nachteile aus unzureichenden Meldungen müssen damit faktisch nur noch dolose AN fürchten. Das passt zu der Rechtsprechung zum alten Recht, nach der die Frist für die Inanspruchnahme auch ohne ordnungsgemäße Meldung hatte beginnen sollen, wenn der ArbGeb die Diensterfindung mit dem Inhalt der von seinem (seinen) AN(n) entwickelten Lehre zum technischen Handeln angemeldet und dabei die an der Entwicklung beteiligten Erfinder benannt hatte.[77]

Für den **Inhalt** der Meldung gilt § 5 Abs. 2: Beschrieben werden müssen die technische 53
Aufgabe, ihre Lösung und das Zustandekommen der Diensterfindung. Vorhandene Aufzeichnungen sollen beigefügt werden, soweit zum Verständnis erforderlich. Auch soll der AN ihm erteilte dienstliche Weisungen oder Richtlinien, benutzte betriebliche Erfahrungen oder Arbeiten und die Mitarbeiter sowie Art und Umfang ihrer Mitarbeit angeben[78] und hervorheben, was er als seinen eigenen Anteil ansieht. Der ArbGeb soll so eine klare, aktenmäßige Grundlage erhalten, auf der er über die Inanspruchnahme entscheiden kann und muss.[79]

Wird eine bereits gemeldete Diensterfindung von einem Miterfinder durch Ergänzungen wesent- 54
lich verändert, ist eine neue Erfindungsmeldung erforderlich. Solange sie fehlt, beginnt hinsichtlich der Ergänzungen die Frist zur Auslösung der Inanspruchnahmefiktion nicht zu laufen.[80]

Sind mehrere AN an einer Erfindung beteiligt, können sie eine **gemeinsame Meldung** 55
abgeben (§ 5 Abs. 1 S. 2).[81]

2. Der ArbGeb hat dem AN, der eine Erfindungsmeldung vorlegt, deren **Eingangszeit-** 56
punkt unverzüglich in Textform zu bestätigen (§ 5 Abs. 1 S. 3). Insofern kommt der Bestätigung auch Beweisfunktion zu. Zu den Arbeitgeberobliegenheiten (qualifizierte Rüge) und -pflichten (Unterstützung bei Ergänzungen), die bestehen, wenn eine Meldung nicht den inhaltlichen Anforderungen des § 5 Abs. 2 genügt, → Rn. 53.[82] Muss eine Erfindungsmeldung noch ergänzt werden, laufen die von einer ordnungsmäßigen Meldung abhängigen Fristen erst nach Vornahme der nötigen Ergänzungen;[83] der ArbGeb hat hierbei den AN soweit erforderlich zu unterstützen (§ 5 Abs. 3 S. 2).

3. Hat ein AN während der Dauer des Dienstverhältnisses eine **freie Erfindung** ge- 57
macht, schuldet er zwar **keine Meldung gemäß § 5**. Auch dann hat der AN seinem ArbGeb nach § 18 Abs. 1 aber unverzüglich in Textform **mitzuteilen,** dass er eine Erfindung gemacht hat, und über die Erfindung und soweit erforderlich auch über ihre Entstehung so viel anzugeben, dass der ArbGeb beurteilen kann, ob die mitgeteilte Erfindung auch wirk-

---

[77] BGH 4.4.2006, GRUR 2006, 754 Rn. 26 – Haftetikett; ebenso schon OLG Düsseldorf 18.9. 2003, GRUR-RR 2004, 163 (165) – Haftetikett und 27.2.2003, Mitt. 2004, 418 (421 f.) – Hub-Kipp-Vorrichtung; *Volmer/Gaul* § 5 Rn. 201, § 8 Rn. 105; *Bartenbach/Volz* § 5 Rn. 39, § 6 Rn. 51; *Fricke/Meier-Beck* Mitt. 2000, 199 (201 f.); der Rechtsprechung zustimmend *Steininger* Mitt. 2006, 483 f.; ablehnend *Hellebrand* Mitt. 2001, 195 ff. und 2006, 486 ff.; *v. Falckenstein* FS VPP, 2005, 262 (273 ff.).

[78] Hat der meldende AN es unterlassen, die Mitarbeiter anzugeben, und hierdurch den ArbGeb veranlasst, ihn als Alleinerfinder zu vergüten, kann der ArbGeb die Vergütungsvereinbarung nach § 123 BGB wegen arglistiger Täuschung anfechten, wenn auch deren subjektive Tatbestandsmerkmale erfüllt sind; vgl. BGH 18.3.2003, GRUR 2003, 702 – Gehäusekonstruktion.

[79] BGH 12.4.2011, GRUR 2011, 733 Rn. 14 – Initialidee, unter Hinweis auf BT-Drs. II 1648, 21 = BlPMZ 1957, 224 (229).

[80] BGH 5.10.2005, GRUR 2006, 141 Rn. 15–21 – Ladungsträgergenerator.

[81] Bei getrennter Meldung beginnt die Frist zur Inanspruchnahme für jeden Miterfinder gesondert, BGH 5.10.2005, GRUR 2006, 141 Rn. 26, 28 – Ladungsträgergenerator.

[82] Nach BGH 10.12.2004, GRUR 2005, 761 – Rasenbefestigungsplatte wird die Zweimonatsfrist nicht in Gang gesetzt, wenn der AN eine Diensterfindung arglistig so meldet, dass der ArbGeb von ihrer Inanspruchnahme abgehalten wird (Vorspiegelung eines Erfindungszeitpunkts, der nach dem Wirksamwerden einer vom ArbGeb erklärten generellen Freigabe liegt).

[83] *Bartenbach/Volz* § 5 Rn. 92 f.

lich frei ist. Den AN trifft eine **Informationspflicht** also auch, wenn er meint, seine Erfindung sei weder aus der ihm obliegenden Tätigkeit entstanden, noch gehe sie maßgeblich auf betriebliche Erfahrungen oder Arbeiten zurück. Eine Ausnahme gilt lediglich dann, wenn die Erfindung offensichtlich im Arbeitsbereich des Unternehmens des ArbGeb nicht verwendbar ist (§ 18 Abs. 3).

58 Dass hier anders als beim Begriff der Diensterfindung bereits für die Mitteilungspflicht auf deren Verwendbarkeit abgestellt wird, erscheint inkonsistent. Ist die für den ArbGeb offensichtlich nicht verwendbare Erfindung entgegen der Ansicht des AN eine Diensterfindung, unterliegt sie der Inanspruchnahme durch den ArbGeb. Freilich kann dieser sein Recht nicht ausüben, solange er von der Erfindung nichts erfährt. Der AN, der irrtümlich eine Erfindung für frei hält und sie mangels Verwendbarkeit beim ArbGeb diesem nicht mitteilt, kann sich später seitens des ArbGeb Schadenersatzansprüchen und Angriffen auf ein von ihm erlangtes Schutzrecht ausgesetzt sehen. Verkennt er bei einer freien Erfindung, dass diese für den ArbGeb verwendbar ist, kann er ebenfalls schadensersatzpflichtig werden. Darum muss **auch der AN daran interessiert sein, seine Erfindung im Zweifel wenigstens mitzuteilen.**

59 Hält der ArbGeb eine Erfindung, die ihm als freie Erfindung mitgeteilt ist, für eine Diensterfindung, muss er dies innerhalb von drei Monaten nach Zugang der formgerechten Mitteilung dem AN gegenüber in Textform erklären; versäumt er dies, verliert er das Recht zur Inanspruchnahme als Diensterfindung (§ 18 Abs. 2).[84]

60 4. Eine Erfindung, die er vor Beginn oder nach Ende des Arbeitsverhältnisses fertigstellt, braucht ein AN weder zu melden, noch mitzuteilen. Doch besteht bei einer während des Dienstverhältnisses gemachten Erfindung die Informationspflicht nach dessen Auflösung fort (§ 26). Im Falle eines Arbeitsplatzwechsels besteht sie gegenüber dem ArbGeb desjenigen Dienstverhältnisses, während dessen Dauer die Erfindung fertiggestellt wurde.

61 In Fällen, in denen der AN wegen pflichtwidriger Verzögerung der Fertigstellung oder missbräuchlicher Herbeiführung einer vorzeitigen Auflösung des Arbeitsverhältnisses einem früheren ArbGeb schadenersatzpflichtig ist (vgl. → Rn. 45 ff.), kann die Erfindung im Verhältnis zu einem nachfolgenden ArbGeb regelmäßig schon mangels Kausalität weder als Obliegenheits- noch als Erfahrungserfindung behandelt werden. Hier kann allein der frühere ArbGeb Rechte geltend machen.

62 5. Steht ein AN bei Fertigstellung einer Erfindung gleichzeitig in mehreren Arbeitsverhältnissen, ist er jedem ArbGeb meldepflichtig, bezüglich dessen Unternehmen sich die Erfindung als Obliegenheits- oder Erfahrungserfindung darstellt.[85] Er muss also unter Umständen mehrere Meldungen abgeben.

63 Versäumt er irrig eine nach Sachlage gebotene Meldung, drohen Komplikationen, wenn später der zu Unrecht übergangene ArbGeb Rechte geltend macht.

64 Eine freie Erfindung hat der AN grundsätzlich **jedem** ArbGeb mitzuteilen, zu dem er bei Fertigstellung in einem Dienstverhältnis steht; ausgenommen ist nur der oder sind nur die ArbGeb, in deren Unternehmen die Erfindung offensichtlich nicht verwendbar ist (vgl. → Rn. 57 ff.).

65 Diese Regeln gelten auch dann, wenn der AN neben der Tätigkeit in einem oder mehreren Arbeitsverhältnissen eine selbständige Tätigkeit ausübt. Eine Erfindung, die er bei dieser Tätigkeit macht, kann gleichwohl Diensterfindung (insbesondere Erfahrungserfindung) sein und ist dann dem (den) betreffenden ArbGeb zu melden. Handelt es sich um eine freie Erfindung, ist sie grundsätzlich jedem ArbGeb mitzuteilen.

b) Inanspruchnahme von Diensterfindungen

66 1. Mit Inkrafttreten des Patentrechtsmodernisierungsgesetzes (vgl. → § 6 Rn. 52) ist die Möglichkeit der beschränkten Inanspruchnahme weggefallen. Die infolgedessen stets nur

---

[84] Vgl. Schiedsstelle 8.5.1972, BlPMZ 1972, 382.
[85] Vgl. *Gaul/Bartenbach* GRUR 1979, 750 ff.

unbeschränkt mögliche Inanspruchnahme muss nach § 6 Abs. 2 nun nicht mehr vom ArbGeb binnen vier Monaten nach Meldung erklärt werden, sondern gilt als erklärt, wenn der ArbGeb sie nicht innerhalb dieser Frist ausdrücklich freigegeben hat. Mit dieser Änderung erledigen sich alle Fragen der beschränkten Inanspruchnahme. Gleichzeitig ergeben sich neue Fragen im Zusammenhang mit der Automatik, die mit der Fiktion der Abgabe einer Inanspruchnahmeerklärung faktisch eingerichtet worden ist.

Weil der Eingang der Erfindungsmeldung nach wie vor eine Frist in Gang setzt – statt einer Viermonatsfrist zur Abgabe einer Zugriffserklärung nun eine Frist gleicher Länge zur Abgabe einer Freigabeerklärung – ist frühestens derjenige der ersten gemäß § 5 Abs. 1 S. 1 formgerechten Meldung maßgebend. Ein späterer Zeitpunkt gilt, wenn die Meldung inhaltlich nicht dem § 5 Abs. 2 genügt und der ArbGeb dies rechtzeitig beanstandet hat (vgl. → Rn. 56). Die Frist für die Inanspruchnahme beginnt dann erst, wenn die erforderlichen Ergänzungen vorgenommen wurden. 67

Erfolgt die Freigabe der Erfindung rechtzeitig, wird diese frei (§ 8 S. 1). Dem ArbGeb verbleiben dann nicht einmal die Rechte, die er bei einer originär freien Erfindung hätte (§ 8 S. 2). 68

2. Das Recht zur Inanspruchnahme besteht auch dann, wenn die Diensterfindung dem ArbGeb (noch) nicht oder nicht ordnungsgemäß gemeldet, sondern durch Mitteilung als vermeintlich freie Erfindung oder auf sonstige Weise bekannt geworden ist. Freilich verhindert das Fehlen der Meldung, dass der ArbGeb durch Fristablauf Rechte verlieren kann. Der ArbGeb kann verlangen, dass die ordnungsgemäße Meldung nachgeholt wird, auch wenn er die Inanspruchnahme schon erklärt hat. 69

Der AN, der die Meldung schuldhaft verzögert hat, ist dem ArbGeb schadenersatzpflichtig. Ein Schaden kann insbesondere darin liegen, dass Patent- oder Gebrauchsmusterschutz, der nach dem SdT bei rechtzeitiger Meldung und anschließender Anmeldung erreichbar gewesen wäre, angesichts inzwischen hinzugekommenen SdT nicht mehr zu erlangen ist. 70

3. Die **Inanspruchnahme** bewirkt den **Übergang aller Rechte** an der Diensterfindung auf den ArbGeb (§ 7 Abs. 1). Nur das Erfinderpersönlichkeitsrecht verbleibt beim AN. Kraft abgeleiteten Rechts ist nun der ArbGeb Inhaber des Rechts auf das Patent oder Gebrauchsmuster und damit (allein) berechtigt, die Erfindung anzumelden und fremden Anmeldungen entgegen zu treten, die auf den gleichen Erfindungsakt zurückgehen (vgl. oben → § 20). Das gilt auch im Verhältnis zu seinem AN, der die Erfindung gemacht hat: eine Anmeldung, die dieser im eigenen Namen einreichen würde, wäre widerrechtlich. 71

Wurde die Erfindung von **mehreren AN** desselben ArbGeb gemacht, muss dieser, um das Recht an der Erfindung voll zu erwerben, gegenüber jedem Miterfinder formgerecht (§ 126b BGB) die Inanspruchnahme erklären oder die Viermonatsfrist des § 6 Abs. 2 verstreichen lassen. Miterfinder, gegenüber denen eine wirksame Inanspruchnahme fehlt, stehen mit dem ArbGeb in Rechtsgemeinschaft (vgl. → § 19 Rn. 49 ff.). 72

Handelt es sich um eine gemeinschaftliche Erfindung, die in zwischenbetrieblicher Zusammenarbeit von AN **verschiedener ArbGeb** gemacht wurde, hat jeder ArbGeb, für den die AN-Erfindung Diensterfindung ist, das Recht zur Inanspruchnahme des seinem AN zustehenden Anteils. Steht ein Erfinder zur Zeit der Fertigstellung der Erfindung in **mehreren Arbeitsverhältnissen,** ist jeder der beteiligten ArbGeb, für den die Erfindung Diensterfindung ist, hinsichtlich des Bruchteils zur Inanspruchnahme berechtigt, der dem Anteil seines Unternehmens am Zustandekommen der Erfindung entspricht. 73

4. Die **beschränkte Inanspruchnahme,** die dem AN das Recht an der Erfindung belassen und seinen ArbGeb nur eingeschränkt berechtigt hatte, ist seit 1.10.2009 weggefallen (vgl. Vorauflage § 21 IIIb 4. und 5.). 74

5. Über die Rechtsstellung, die ihm die Inanspruchnahme verschafft, kann der ArbGeb vorbehaltlich seiner Pflicht zur Schutzrechtsanmeldung (dazu gleich → Rn. 82 ff.) **in jeder Hinsicht frei verfügen.** 75

76   6. Solange der ArbGeb die Erfindung nicht in Anspruch nimmt, liegt das Recht an ihr beim AN. Dieser kann darüber durch Übertragung auf einen Dritten oder in sonstiger Weise verfügen. Nach § 7 Abs. 2 sind jedoch, wenn später eine wirksame Inanspruchnahme erfolgt, **Verfügungen des AN unwirksam,** die Rechte seines ArbGeb beeinträchtigen; guter Glaube des Dritten ändert daran nichts.

77   Daher wird eine Rechtsübertragung, die der AN vornimmt, vollständig unwirksam und entfällt ein Benutzungsrecht, das der AN einem Dritten eingeräumt hat.

78   7. Das Recht des ArbGeb, die Diensterfindung in Anspruch zu nehmen, ist ein **Gestaltungsrecht,** das durch einseitige Erklärung ausgeübt wird. Die Erklärung ist daher bedingungsfeindlich. Von einer Zustimmung oder sonstigen Mitwirkung des AN hängt die Wirksamkeit der Inanspruchnahme nicht ab. Insbesondere bedeutet die Meldung kein Vertragsangebot.

79   Seinem Inhalt nach kommt das Recht zur Inanspruchnahme einem **Aneignungsrecht am nächsten.** Von den Aneignungsrechten des Sachenrechts unterscheidet es sich jedoch dadurch, dass sein Gegenstand bereits einem anderen gehört, so dass seine Ausübung einen derivativen Rechtserwerb bewirkt, keinen originären. Man wird deshalb annehmen müssen, dass das Recht des AN an der Diensterfindung von vornherein mit dem Zugriffsrecht des ArbGeb belastet ist.

80   Da der Rechtserwerb des ArbGeb nur von einer Handlung abhängt, über deren Vornahme er allein entscheidet, kann von einer Anwartschaft des ArbGeb gesprochen werden. Dazu passt auch die Vorschrift des § 7 Abs. 2, die etwa dem § 161 Abs. 3 BGB vergleichbar ist. Die Anwartschaft erstarkt bei wirksamer Inanspruchnahme zum Vollrecht; sie erlischt, wenn die Erfindung frei wird.

81   Vom Anwartschaftsrecht unterscheidet sich das Recht zur Inanspruchnahme der Diensterfindung aber durch seinen höchstpersönlichen Charakter. Insbesondere ist es als solches nicht übertragbar, verpfändbar oder pfändbar und fällt damit bei Insolvenz des ArbGeb auch nicht in die Insolvenzmasse.[86]

IV. Die Schutzrechtsanmeldung

a) Inlandsanmeldungen

82   1. Nach § 13 Abs. 1 S. 1 ist der ArbGeb **verpflichtet** und allein berechtigt, eine gemeldete Diensterfindung im Inland zur Erteilung eines Schutzrechts anzumelden. Die Anmeldung erfolgt auf den Namen des ArbGeb; der AN ist als Erfinder zu nennen. Der AN hat den ArbGeb, wenn dieser es verlangt, beim Erwerb von Schutzrechten zu unterstützen; er hat Anspruch auf umfassende Information über die Anmeldung und den Fortgang des Verfahrens (§ 15).

83   Die Anmeldepflicht entfällt, wenn die Erfindung frei geworden ist (§ 13 Abs. 2 Nr. 1). Das Recht, die freigewordene Erfindung anzumelden, hat nur der AN (§ 13 Abs. 4 S. 1), was sich schon aus patentrechtlichen Grundsätzen ergibt. Hatte der ArbGeb schon angemeldet, gehen mit dem Freiwerden der Erfindung die Rechte aus der Anmeldung, dh der Anspruch auf Patenterteilung oder Gebrauchsmustereintragung, ohne weiteres auf den AN über (§ 13 Abs. 4 S. 2); es entsteht also kein bloßer Übertragungsanspruch des AN nach § 8 PatG. Es bedarf lediglich der Berichtigung der Akten und Register des Patentamts. Der AN hat Anspruch auf Abgabe der hierfür erforderlichen Zustimmungserklärungen des ArbGeb.[87]

84   Ist dem ArbGeb bereits ein Patent erteilt oder ein Gbm eingetragen worden, kann der AN ohne Bindung an die Fristen des § 8 PatG Zustimmung zur Umschreibung verlangen; man wird ihm aber

---

[86] OLG Karlsruhe 26.9.2012, Mitt. 2013, 91 (92) – Formatkreissäge mwN.
[87] Vgl. OLG Karlsruhe 13.7.1983, GRUR 1984, 42 (43) – digitales Gaswarngerät; dass lediglich ein Übertragungsanspruch nach § 8 PatG entsteht, vertritt nunmehr OLG Düsseldorf 24.10.2013, Mitt. 2014, 475–479 – Haltesystem für Werbeprints II; hierzu auch *Wuttke* Mitt. 2014, 458.

auch das Recht zubilligen müssen, gegen ein Patent mit Einspruch oder Nichtigkeitsklage vorzugehen, gegen ein Gbm mit dem Antrag auf Löschung wegen widerrechtlicher Entnahme.

2. Bei Inanspruchnahme darf der ArbGeb ohne **Zustimmung des AN** (§ 13 Abs. 2 Nr. 2) von einer Schutzrechtsanmeldung nur absehen, wenn berechtigte Belange des Unternehmens es erfordern, eine gemeldete Diensterfindung **nicht bekanntwerden zu lassen** (§ 13 Abs. 2 Nr. 3 iVm § 17 Abs. 1). Er muss dann jedoch die Schutzfähigkeit der Erfindung anerkennen oder zur Herbeiführung einer Einigung über die Schutzfähigkeit die Schiedsstelle anrufen (§ 17 Abs. 2). 85

Hat der ArbGeb die Schutzfähigkeit anerkannt, bleibt er hieran in gleicher Weise gebunden wie bei Erteilung eines Schutzrechts. Die Anrufung der Schiedsstelle ist ihm dann verschlossen, auch wenn er nachträglich SdT findet, der die Schutzfähigkeit der Erfindung in Frage stellt.[88] Doch wird er dem Erfinder die Schutzunfähigkeit entgegenhalten können, wenn er wegen Offenkundigwerdens der Erfindung den mit der Geheimhaltung verbundenen Wettbewerbsvorteil verloren hat und der Erfinder gem. § 17 Abs. 3 Ausgleich wirtschaftlicher Nachteile fordert, die er wegen des Fehlens einer Schutzrechtserteilung erlitten zu haben behauptet (vgl. Richtlinie 27). Dagegen wird man dem ArbGeb nicht das Recht zubilligen können, die Anerkennung der Schutzfähigkeit nach § 119 Abs. 2 BGB mit der Begründung anzufechten, er habe irrtümlich an die Schutzfähigkeit und damit an eine verkehrswesentliche Eigenschaft der Erfindung geglaubt. Vielmehr geht der ArbGeb mit der Anerkennung der Schutzfähigkeit das Risiko ein, dass sich die Erfindung wegen später aufgefundenen SdT als schutzunfähig erweist; dieses Risiko kann ihm nicht durch § 119 Abs. 2 BGB abgenommen werden.[89] 86

3. Nach der gesetzlichen Regelung entsteht die Anmeldepflicht des ArbGeb mit der Meldung, sofern nicht der AN der Nichtanmeldung zugestimmt hat oder ein berechtigtes Geheimhaltungsinteresse des ArbGeb besteht. Der Fortbestand der Anmeldepflicht hängt allerdings davon ab, dass der ArbGeb die Erfindung auch wirklich in Anspruch nimmt. Dennoch darf er die Anmeldung nicht bis zur Erklärung der Inanspruchnahme oder zum Ablauf der Viermonatsfrist aus § 6 Abs. 2 hinausschieben. Da in der Schwebezeit zwischen Meldung und Inanspruchnahme oder Freigabe der Erfindung allein der ArbGeb anmeldeberechtigt ist (obwohl das Recht auf den Schutz noch dem AN zusteht), liegt es an ihm, für die möglichst rasche Sicherung eines Prioritätszeitpunkts zu sorgen. § 13 Abs. 1 S. 3 verlangt daher eine **unverzügliche Anmeldung.**[90] Verzögert der ArbGeb nach der Inanspruchnahme die Anmeldung, kann ihm der AN eine angemessene Nachfrist setzen und, wenn diese ungenutzt abläuft, die Erfindung auf den Namen und auf Kosten des ArbGeb anmelden (§ 13 Abs. 3). Auch kann ein schuldhaftes Verzögern der Anmeldung durch den ArbGeb Schadensersatzansprüche des AN auslösen, wenn es im Hinblick auf den SdT zur Folge hat, dass der ArbGeb oder – nach Freiwerden – der AN kein gültiges Schutzrecht erlangt. 87

Eine Anmeldung, die der AN vor dem Freiwerden der Erfindung auf seinen Namen einreicht, ist widerrechtlich, auch wenn ihm mangels Inanspruchnahme das Recht auf das Patent oder Gbm noch zusteht. Erklärt dann der ArbGeb die Inanspruchnahme, gehören zu den Rechten an der Diensterfindung, die gemäß § 7 Abs. 1 auf ihn übergehen, auch der Anspruch auf Patenterteilung oder Gebrauchsmustereintragung und gegebenenfalls ein auf die Anmeldung bereits erteiltes Schutzrecht.[91] Der ArbGeb hat Anspruch darauf, dass der 88

---

[88] BGH 29.9.1987, BGHZ 102, 28 – Vinylpolymerisate; krit. dazu und bereits zu dem vom BGH bestätigten Berufungsurteil *Gaul* NJW 1988, 1217 f.; Mitt. 1987, 185 (188 ff.); teilweise auch *Bartenbach/Volz* GRUR 1988, 125 ff.

[89] In diesem Sinn BGH 29.9.1987, BGHZ 102, 28 (35) – Vinylpolymerisate für den Einwand, dass die „Geschäftsgrundlage" der Anerkennung weggefallen sei; für die Anfechtung, deren Begründetheit der BGH (BGHZ 102, 28 (36)) mangels unverzüglicher Erklärung (§ 121 BGB) nicht geprüft hat, muss Entsprechendes gelten.

[90] Dazu *Vollrath* in Gaul/Bartenbach 127 ff.

[91] *Reimer/Schade/Schippel* § 7 Rn. 3; *Bartenbach/Volz* § 7 Rn. 11 ff.; anders und für die Notwendigkeit einer gesonderten Übertragung BGH 12.4.2011, GRUR 2011, 733 Rn. 31 – Initialidee.

AN in der erforderlichen Weise bei der Umschreibung mitwirkt. Einer Übertragungsklage nach § 8 PatG bedarf es nicht (anders bei Anmeldung *nach* Inanspruchnahme).

89 Dagegen wird dem ArbGeb, wenn der AN ein Patent erlangt hat, von manchen die Befugnis zum Einspruch zugestanden[92]; der ArbGeb kann sich damit die Vorteile verschaffen, die dem in § 7 Abs. 2 PatG vorgesehenen Nachanmelderecht zugeschrieben werden (→ § 20 Rn. 60 ff., 76 ff.). Zu einem ähnlichen Ergebnis würde es führen, wenn man Erklärungen des AN im Patenterteilungsverfahren, die die durch die Anmeldung begründete Rechtsstellung verschlechtern, als Verfügungen über das von der Inanspruchnahme erfasste Recht gem. § 7 Abs. 3 als unwirksam ansehen könnte[93]. Hiergegen spricht jedoch der Vorrang der förmlichen Legitimation des Anmelders im Verfahren.[94]

90 Fraglich ist, wie der ArbGeb vorgehen kann, wenn der AN für sich anmeldet, bevor die Erfindung in Anspruch genommen oder frei wird. Dem vorläufigen Charakter des Anmelderechts, das ihm – zunächst ohne das materielle Recht an der Erfindung – schon mit der Meldung erwächst, entspricht am ehesten, ihm nur vorläufigen Rechtsschutz gegen eine Verschlechterung der durch die Anmeldung für den AN begründeten Rechtsstellung zuzubilligen, die bei Inanspruchnahme dem ArbGeb zufällt. So wird vermieden, dass die Anmeldung wieder auf den AN umgeschrieben werden muss (vgl. → Rn. 82 ff.), wenn die Erfindung frei wird.

91 4. Sofern der ArbGeb zur Schutzrechtsanmeldung verpflichtet ist, hat er eine **patentfähige Erfindung grundsätzlich zum Patent** anzumelden. Dies kann er durch eine Anmeldung nach dem PatG oder durch eine europäische oder internationale Anmeldung unter Benennung Deutschlands bewirken. Mit dem Gebrauchsmusterschutz darf er sich begnügen, wenn dieser bei verständiger Würdigung der Verwertbarkeit der Erfindung zweckdienlicher erscheint (§ 13 Abs. 1 S. 2). Davon kann ausgegangen werden, wenn nach den herrschenden Verhältnissen auf dem betreffenden Markt zu erwarten ist, dass noch vor Ablauf des Gebrauchsmusterschutzes die Nachfrage nach erfindungsgemäßen Erzeugnissen weitgehend zum Erliegen kommen wird.[95]

92 5. Will der ArbGeb das **Verfahren nicht weiterbetreiben** (etwa die Anmeldung zurücknehmen oder durch Nichtzahlung von Jahresgebühren oder Unterlassung des Prüfungsantrags fallen lassen) oder ein erteiltes **Schutzrecht aufgeben,** muss er zuvor nach Maßgabe des § 16 dem AN Gelegenheit geben, die **Übertragung** des Rechts an der Erfindung und des Anspruchs auf Patenterteilung oder Gebrauchsmustereintragung, gegebenenfalls des erteilten Schutzrechts, **zu verlangen.**[96] Dies muss so rechtzeitig geschehen, dass der AN die für die Aufrechterhaltung der Anmeldung oder des Schutzrechts erforderlichen Handlungen fristgemäß vornehmen kann.

93 Der ArbGeb darf nach § 16 Abs. 2 sein Recht erst aufgeben, wenn der AN nicht binnen drei Monaten, nachdem ihm die entsprechende Ankündigung zugegangen ist, die Übertragung des Rechts verlangt. Während dieser Überlegungsfrist muss er alle ihm zumutbaren Maßnahmen zur Aufrechterhaltung des Rechts treffen, wozu auch dessen sachgemäße Verteidigung in einem gegebenenfalls anhängigen Einspruchsverfahren gehört.[97]

94 Der ArbGeb kann sich bei der Mitteilung seiner Aufgabeabsicht ein nichtausschließliches Recht zur Benutzung der Diensterfindung gegen angemessene Vergütung vorbehalten (§ 16 Abs. 3). Unabhängig davon, ob dies geschieht, wird man Benutzungserlaubnisse, die er *Dritten* vor der Rechtsübertragung auf den AN erteilt hat, insoweit als fortbestehend anse-

---

[92] So *Reimer/Schade/Schippel* § 7 Rn. 4 f. mN.
[93] So – wenigstens teilweise – *Bartenbach/Volz* § 7 Rn. 63, 14.
[94] *Reimer/Schade/Schippel* § 7 Rn. 3, 24.
[95] Vgl. die Amtliche Begründung, BlPMZ 1957, 235.
[96] Zu Schadensersatz- und Bereicherungsansprüchen des AN wegen Verletzung dieser Pflicht OLG Frankfurt a. M. 19.12.1991, GRUR 1993, 910; zum Auskunftsanspruch des AN im Fall eines solchen Schadenersatzanspruchs BGH 6.2.2002, GRUR 2002, 609 – Drahtinjektionseinrichtung. – Zur Rechtslage, die entsteht, wenn bei einer gemeinschaftlichen Arbeitnehmererfindung nicht alle Miterfinder die Übertragung fordern, *Bartenbach/Volz* GRUR 1978, 668 ff.
[97] BGH 6.2.2002, GRUR 2002, 609 – Drahtinjektionseinrichtung.

§ 21. Arbeitnehmererfindungen

hen müssen, als Lizenzen bei Übertragung eines Schutzrechts gegenüber dem Erwerber wirksam bleiben (vgl. → § 40 Rn. 33 ff.).

Behält sich der ArbGeb bei der Übertragung der von ihm durch Inanspruchnahme, Anmeldung und gegebenenfalls Erteilung erlangten Rechtsposition ein nichtausschließliches Benutzungsrecht vor, verbleibt ihm dieses auch dann, wenn der AN die ihm übertragene Rechtsstellung (gegebenenfalls samt eines ihm nach der Übertragung erteilten Schutzrechts) weiterüberträgt.[98] Das vorbehaltene Recht wirkt Dritten gegenüber ebenso wie das Recht zur Inanspruchnahme, aus dem es abgeleitet ist und dessen Restbestand es darstellt (vgl. → Rn. 78 ff.). 95

Die Verpflichtung des ArbGeb, dem AN den Rechtserwerb zu ermöglichen, entfällt, wenn dessen Anspruch auf eine angemessene Vergütung für die in Anspruch genommene Erfindung bereits vollständig erfüllt ist (§ 16 Abs. 1). 96

b) Anmeldung im Ausland

Nach Inanspruchnahme der Diensterfindung ist der ArbGeb berechtigt, diese auch im Ausland zur Schutzrechtserteilung anzumelden (§ 14 Abs. 1). In den Vertragsstaaten des EPÜ kann er dies auch im Wege einer europäischen Anmeldung tun. Für ausländische Staaten, in denen er kein Schutzrecht anstrebt, hat er dem AN die Erfindung freizugeben,[99] und zwar so rechtzeitig, dass der AN für Auslandsanmeldungen, die er beabsichtigt, konventionsrechtliche Prioritätsfristen (insbesondere nach Art. 4 PVÜ) nutzen kann (§ 14 Abs. 2). 97

Für die Staaten, auf die sich die Freigabe bezieht, kann sich der ArbGeb nach § 14 Abs. 3 ein nichtausschließliches Benutzungsrecht gegen angemessene Vergütung vorbehalten; er steht dann ebenso wie im Fall des § 16 Abs. 3. Darüber hinaus kann er verlangen, dass der AN bei der Verwertung der Erfindung die Verpflichtungen des ArbGeb aus den bei der Freigabe bestehenden Verträgen über die Diensterfindung gegen angemessene Vergütung berücksichtigt. 98

Lizenzen des ArbGeb wirken also, wenn dieser es verlangt, gegen den AN unabhängig davon, ob sie nach dem Recht der betreffenden Staaten einem Rechtsnachfolger entgegengesetzt werden könnten. Darüber hinaus hat der AN gegebenenfalls auch Lizenzierungspflichten zu beachten, die der ArbGeb beispielsweise in Lizenzaustauschverträgen eingegangen ist; der AN kann demgemäß gegenüber dem ArbGeb verpflichtet sein, dessen ausländischem Vertragspartner eine Lizenz zu geben. 99

V. Der Vergütungsanspruch des Arbeitnehmers

1. Als Ausgleich für die Befugnisse, die es dem ArbGeb hinsichtlich einer Diensterfindung gewährt, gibt das Gesetz dem AN, der sie gemacht hat, einen Anspruch auf angemessene Vergütung.[100] 100

Der Vergütungsanspruch entsteht gemäß § 9 Abs. 1, sobald die **Inanspruchnahme** erfolgt ist, auch wenn der ArbGeb die Erfindung **nicht benutzt**. Allerdings ist dabei vorausgesetzt, dass die Erfindung **schutzfähig** ist. Ob dies zutrifft, erweist sich erst bei 101

---

[98] *Gaul* GRUR 1984, 494 ff. nimmt dagegen an, dass das vorbehaltene Benutzungsrecht erlösche. Der Kern seiner Begründung liegt in der Annahme, das Benutzungsrecht sei nur ein „schuldrechtliches"; dies ist aber dem ArbEG nirgends zu entnehmen. Der vielfach herangezogene Vergleich mit der einfachen Lizenz ist nur angebracht, wo es um die Reichweite des Benutzungsrechts geht; Folgerungen für dessen Rechtsnatur dürfen daraus nicht gezogen werden. Es kommt also in diesem Zusammenhang nicht auf die Frage an, ob sich die einfache Lizenz in Verpflichtungswirkungen erschöpft.
[99] Vgl. LG Düsseldorf 8.8.2002, Mitt. 2002, 534, das im Verfahren der einstweiligen Verfügung zur Freigabe verurteilt.
[100] Zur Rechtsnatur des Anspruchs *Sikinger* GRUR 1985, 785; BGH 25.11.1980, GRUR 1981, 263 (265) – Drehschiebeschalter; 23.6.1977, GRUR 1977, 784 (786) – Blitzlichtgeräte.

§ 21 V 3. Abschnitt. Das Recht an der Erfindung

Schutzrechtserteilung.[101] Scheitert der ArbGeb hier mit seiner Anmeldung, entfällt der Vergütungsanspruch. Daher braucht nach § 12 Abs. 3 S. 2 der ArbGeb, wenn nicht vorher eine die Vergütung feststellende Vereinbarung mit dem AN zustande kommt, die Vergütung erst bis zum Ablauf von drei Monaten nach Erteilung des Schutzrechts[102] festzusetzen und demgemäß auch nicht vorher zu bezahlen (§ 12 Abs. 3 S. 1). Diese Regelung beruht auf dem Gedanken, dass sich die Vergütung bei der Inanspruchnahme aus der Vorzugsstellung rechtfertigt, die der ArbGeb durch ein Schutzrecht erlangt („Monopolprinzip").

Die Rechtsprechung sieht es jedoch namentlich wegen der oft langen Dauer von Patenterteilungsverfahren als unbillig an, den AN bis zur Schutzrechtserteilung warten zu lassen. Sie verlangt, dass der ArbGeb, **wenn er die Erfindung benutzt,** innerhalb von drei Monaten nach Aufnahme der Benutzung wenigstens eine vorläufige Vergütung festsetzt und zahlt.[103] Dabei darf er das Risiko, dass kein Schutzrecht erteilt wird, vergütungsmindernd berücksichtigen.[104] Der durch die Benutzung entstandene Anspruch auf die vorläufige Vergütung bleibt auch dann bestehen, wenn schließlich kein (gültiges) Schutzrecht erteilt wird.[105]

102 2. Es kann sein, dass der durch die Ansprüche bestimmte Schutzbereich des auf die Anmeldung des ArbGeb erteilten Patents oder eingetragenen Gbm den **erfinderischen Gehalt** der vom AN abgegebenen Erfindungsmeldung **nicht ausschöpft.** Nach Auffassung des BGH ist trotzdem die Vergütung nach dem erfinderischen Gehalt der Meldung zu bemessen, also einschließlich des durch das erteilte Schutzrecht nicht ausgeschöpften Teils.[106] Das BVerfG[107] betrachtet dies als verfassungsrechtlich geboten.

103 3. Wenn der ArbGeb eine in Anspruch genommene Diensterfindung berechtigterweise **geheim hält,** muss er entweder ihre Schutzfähigkeit anerkennen oder zu deren Klärung die Schiedsstelle anrufen (→ Rn. 85 f.). Im ersten Fall besteht die Vergütungspflicht in gleicher Weise, als wenn die Erfindung geschützt wäre; im zweiten Fall ist es der Erteilung eines Schutzrechts gleich zu achten, wenn das eingeleitete Verfahren (in einem von beiden Teilen akzeptierten Einigungsvorschlag der Schiedsstelle oder einer Entscheidung in einem anschließenden Gerichtsverfahren, vgl. → Rn. 156 ff.) zur Anerkennung der Schutzfähigkeit führt; andernfalls ist die Erfindung als Verbesserungsvorschlag zu behandeln. Nimmt der

---

[101] Hat der ArbGeb ein Schutzrecht erlangt, kann er (auch bei einem Gebrauchsmuster) gegen den Vergütungsanspruch grundsätzlich nicht einwenden, dass dieses mangels Schutzfähigkeit der Erfindung ungültig sei; vgl. BGH 23.6.1977, GRUR 1977, 784 (786 f.) – Blitzlichtgeräte.
[102] Sehr str., *Gaul/Bartenbach* GRUR 1983, 14 ff. wollen darunter für das geltende Patentrecht den Ablauf der Einspruchsfrist, gegebenenfalls den rechtskräftigen Abschluss des Einspruchsverfahrens verstehen, um zu vermeiden, dass infolge der durch das GPatG bewirkten Übergangs zum „nachgeschalteten" Einspruchsverfahren eine Vorverlegung des maßgebenden Zeitpunkts eintritt. Ebenso *Bartenbach/Volz* § 12 Rn. 56; *Reimer/Schade/Schippel* § 12 Rn. 5. Doch treten nach § 58 Abs. 1 PatG die gesetzlichen Wirkungen des Patents mit der Veröffentlichung seiner Erteilung ein. Dass dies für § 12 Abs. 3 nicht genügen soll, ist kaum zu begründen, zumal beim Gbm unstreitig der Zeitpunkt der Eintragung maßgebend ist. *Volmer/Gaul* § 12 Rn. 35 ff. stellen beim Patent auf den Erteilungszeitpunkt ab.
[103] BGH 28.6.1962, BGHZ 37, 281 – Cromegal.
[104] BGH 28.6.1962, BGHZ 37, 281 (292 f.) – Cromegal; 30.3.1971, GRUR 1971, 475 (477) – Gleichrichter. Der Abschlag ist bei Patenterteilung grundsätzlich nachzuzahlen, vgl. *Bartenbach/Volz* § 12 Rn. 69.
[105] BGH 30.3.1971, GRUR 1971, 475 – Gleichrichter; krit. *Reimer/Schade/Schippel* § 12 Rn. 16 ff.
[106] BGH 22.11.2011, GRUR 2012, 380 Rn. 20 – Ramipril II; 29.11.1988, BGHZ 106, 84 – Schwermetalloxidationskatalysator; krit. dazu *Krieger* GRUR 1989, 210 und FS Quack, 1991, 41 (47 ff.), der meint, das Zurückbleiben des erteilten Schutzbereichs gegenüber dem erfinderischen Gehalt der Meldung sei nicht bei der Vergütungsbemessung von Bedeutung, sondern nur unter dem Gesichtspunkt einer Schadenersatzpflicht des ArbGeb, die verschuldensabhängig und (daher) bei Mitverschulden des AN einzuschränken sei; ebenso *Rosenberger* GRUR 1990, 238 (247 f.); krit. auch *Kaube* in Patent- und Urheberrecht, Arbeitnehmererfindungs- und Veröffentlichungsrecht II, 1991, 193 ff.
[107] 24.4.1998, Mitt. 1999, 61 (64).

ArbGeb die Benutzung auf, muss er, auch wenn die Schutzfähigkeit streitig ist, entsprechend den bei angemeldeten Erfindungen geltenden Regeln eine vorläufige Vergütung bezahlen.

4. Art und Höhe der Vergütung sind nach § 12 Abs. 1 möglichst durch **Vereinbarung** zwischen ArbGeb und AN festzustellen. Kommt eine Vereinbarung nicht innerhalb angemessener Zeit nach der Inanspruchnahme zustande, hat der ArbGeb – spätestens drei Monate nach Schutzrechtserteilung bzw. Benutzungsbeginn (§ 12 Abs. 3 S. 2, vgl. → Rn. 100f.) – eine **Festsetzung** vorzunehmen und die festgesetzte Vergütung zu zahlen (§ 12 Abs. 3 S. 1). Die Festsetzung wird für beide Teile verbindlich, wenn der AN nicht innerhalb von zwei Monaten in Textform (§ 126b BGB) widerspricht (§ 12 Abs. 4). Im Fall des Widerspruchs muss eine Einigung vor der Schiedsstelle angestrebt, notfalls eine gerichtliche Entscheidung herbeigeführt werden (vgl. → Rn. 156ff.). 104

Sind mehrere AN an der Erfindung beteiligt, ist die Vergütung für jeden dieser Arbeitnehmermiterfinder gesondert festzustellen und jeder über die Gesamthöhe der Vergütung und die Anteile der einzelnen Erfinder zu informieren (§ 12 Abs. 2). Bemessungsgrundlage für den Vergütungsanspruch eines Arbeitnehmermiterfinders ist dem Grund und der Höhe nach der Beitrag, den der Arbeitnehmermiterfinder zu der patentierten Gesamterfindung beigesteuert hat. Dabei ist das Gewicht der Einzelbeiträge zueinander und zur erfinderischen Gesamtleistung abzuwägen. Die Bewertung der Einzelbeiträge erfolgt nicht unter wirtschaftlichen, sondern unter technischen Gesichtspunkten im Hinblick darauf, welches Gewicht jedem Beitrag für das Zustandekommen der erfindungsgemäßen Lehre zukommt.[108] 105

Haben Miterfinder in einer gemeinsamen Meldung ihre Anteile benannt, darf der ArbGeb normalerweise davon ausgehen, dass diese richtig angegeben sind.[109] Eine Festsetzung der Vergütung wird für keinen Beteiligten verbindlich, wenn ihr auch nur ein Miterfinder mit der Begründung widerspricht, sein Anteil sei unrichtig festgesetzt (§ 12 Abs. 5). 106

Eine Feststellung oder Festsetzung der Vergütung ist von Anfang an unwirksam, soweit sie **in erheblichem Maße unbillig** ist (§ 23, vgl. → Rn. 23ff.).[110] Bei späterer **wesentlicher Änderung der Umstände,** die für die Feststellung oder Festsetzung maßgebend waren, können ArbGeb und AN voneinander die Einwilligung in eine geänderte Vergütungsregelung verlangen (§ 12 Abs. 6 S. 1);[111] ein Anspruch des ArbGeb auf Rückzahlung einer bereits geleisteten Vergütung ist jedoch ausgeschlossen (§ 12 Abs. 6 S. 2). 107

Im Konzern nicht von vornherein unbillig ist die Bestimmung des Erfindungswerts auf Basis eines konzerninternen Abgabepreises. So ist die Orientierung am Verkaufspreis statt am Werksabgabepreis zwar möglich, aber nicht in aller Regel geboten.[112] Die Marktüblichkeit von Lizenzsätzen richtet sich auch danach, ob eine *first* oder *second source* lizenziert werden soll.[113] 108

5. Für die **Bemessung der Vergütung** sind insbesondere die wirtschaftliche Verwertbarkeit der Diensterfindung, die Aufgaben und die Stellung des AN im Betrieb sowie der Anteil des Betriebs am Zustandekommen der Diensterfindung maßgebend (§§ 9 Abs. 2, 10 Abs. 1 S. 2).[114] 109

---

[108] BGH 22.11.2011, GRUR 2012, 380 Rn. 26f. – Ramipril II.
[109] BGH 17.5.1994, BGHZ 126, 109 – Copolyester (I).
[110] Vgl. zur Abgrenzung zwischen § 23 und § 12 Abs. 6 BGH 17.4.1973, GRUR 1973, 649 – Absperrventil mit Anmerkung *von Schade;* einen Fall, in dem eine Vergütungsvereinbarung als (zum Nachteil des AN) in erheblichem Maße unbillig gewertet wurde, behandelt BGH 4.10.1988, GRUR 1990, 271 – Vinylchlorid; krit. dazu *Rosenberger* GRUR 1990, 238 (240ff.).
[111] Aus dem Anspruch ergibt sich eine Einwendung gegen den Vergütungsanspruch, BGH 5.12.1974, GRUR 1976, 91 – Softeis mAnm *Schippel.*
[112] BGH 6.3.2012, GRUR 2012, 605 Rn. 32 – antimykotischer Nagellack.
[113] Schiedsstelle 15.11.2017, Mitt. 2019, 296.
[114] Die Verfassungsmäßigkeit der Vergütungsregelung im ArbEG bestätigt BVerfG 24.4.1998, Mitt. 1999, 61 (63). – Zur Vergütungsbemessung vgl. zB BGH 31.1.1978, GRUR 1978, 430 – Absorberstab-

110 Bei Diensterfindungen, die nach Inanspruchnahme berechtigterweise geheim gehalten werden, sind bei der Vergütungsbemessung auch die wirtschaftlichen Nachteile zu berücksichtigen, die sich für den AN daraus ergeben, dass kein Schutzrecht erteilt wird (§ 17 Abs. 3).

111 Aufgrund der in § 11 enthaltenen Ermächtigung hat der Bundesminister für Arbeit und Sozialordnung am 20.7.1959 **Richtlinien** für die Vergütung von AN-Erfindungen im privaten Dienst erlassen.[115] Sie sind nicht rechtsverbindlich, sondern geben nur Anhaltspunkte für die Vergütung. Berechnungsgrundlage sind einerseits der Erfindungswert, in dem die wirtschaftliche Verwertbarkeit zum Ausdruck kommt, andererseits der Anteilsfaktor, durch den der Beitrag des Unternehmens berücksichtigt wird.

112 Der **Erfindungswert** betrieblich benutzter Erfindungen kann im Wege der **Lizenzanalogie,** nach dem erfassbaren **betrieblichen Nutzen**[116] oder durch **Schätzung** ermittelt werden. Die Richtlinien geben dazu nähere Anleitung. Als praktisch wichtigste und im Ganzen verlässlichste Methode ist die Lizenzanalogie am eingehendsten behandelt.[117]

113 Soweit die Höhe der Vergütung durch das Ausmaß der Erfindungsbenutzung beeinflusst wird, kann es angemessen sein, auch eine vor Inanspruchnahme und sogar eine vor Meldung vom ArbGeb vorgenommene Benutzung zu berücksichtigen.[118]

Wird die Erfindung *nicht betrieblich benutzt,* sondern durch Lizenzvergabe oder Verkauf verwertet, bestimmt sich der Erfindungswert nach dem hierdurch erzielten Nettoertrag (RL 14–16); bei Austauschverträgen kommt es auf den Nutzen an, den der ArbGeb erlangt (RL 17). Als Sonderform der Verwertung werden Sperrpatente[119] behandelt (RL 18, 19). Erfolgt keinerlei Verwertung, hängt der Erfindungswert davon ab, aus welchem Grund sie unterbleibt (RL 20–24).

114 Von dem Erfindungswert ist mit Rücksicht darauf, dass die Erfindung aus der dem AN obliegenden Tätigkeit erwachsen ist oder maßgeblich auf betrieblichen Erfahrungen oder Arbeiten beruht, ein **Abzug** zu machen, der umso größer ist, je geringer der für die Erfindung ermittelte prozentuale **Anteilsfaktor** ausfällt. Dieser wird bestimmt (a) durch die Stellung der Aufgabe, (b) durch die Lösung der Aufgabe, (c) durch die Aufgaben und die Stellung des AN im Betrieb. Unter jedem dieser Aspekte erfolgt eine Bewertung nach einer Punkteskala. Mit der Summe der so ermittelten Werte steigt der Anteilsfaktor, der von 2 bis 90% reichen kann. In der Praxis ergeben sich überwiegend Werte von 15–20%. Bei sehr niedrigem Anteilsfaktor und gleichzeitig geringem Erfindungswert kann die Vergütung bis auf einen Anerkennungsbetrag sinken oder ganz wegfallen („Nullfälle").[120]

---

antrieb mit Anmerkung von *Goltz;* 25.11.1980, GRUR 1981, 263 – Drehschiebeschalter; 17.5.1994, BGHZ 126, 109 (118 ff.) – Copolyester I; 13.11.1997, GRUR 1998, 684 – Spulkopf; 13.11.1997, BGHZ 137, 162 (169 ff.) – Copolyester II; OLG Nürnberg 26.9.1978, GRUR 1979, 234; OLG Frankfurt a. M. 30.4.1992, GRUR 1992, 852; LG Düsseldorf 17.2.1998, Mitt. 1998, 235; Schiedsstelle 18.1.1990, BlPMZ 1990, 336; 16.1.1991, BlPMZ 1993, 114; 23.7.1991, GRUR 1993, 387; 8.10.1991, GRUR 1992, 849; 22.6.1995, Mitt. 1996, 220; 19.9.1995, Mitt. 1996, 176; 12.12.1995, Mitt. 1997, 91; 11.7.1997, Mitt. 1997, 190; zur Wertermittlung *Hellebrand* Mitt. 2010, 362 ff.

[115] BlPMZ 1959, 300; dazu die Änderungsrichtlinie vom 1.9.1983, BlPMZ 1983, 350 = GRUR 1984, 11 mit Erläuterungen von *Gaul* und *Bartenbach.*

[116] Dazu auch *Hoffmann-Bühner* GRUR 1974, 445 ff. mit kritischer Stellungnahme von *Hegel* GRUR 1975, 307 ff.; ferner *Gaul* GRUR 1988, 254–264.

[117] Dazu BGH 13.11.1997, GRUR 1998, 684 – Spulkopf; OLG Düsseldorf 4.3.2004, InstGE 4, 165 – Spulkopf II; *Johannesson* GRUR 1975, 588 ff.; *Bartenbach/Volz* FS Nirk, 1992, 39–59; *Hellebrand* GRUR 1993, 449 ff.; 2001, 678 ff.; krit. *Sturm* Mitt. 1989, 61–73. Über die Höhe üblicher Zahlungen für Lizenzen informieren *Hellebrand/Kaube/v. Falckenstein* Lizenzsätze für technische Erfindungen, 3. Aufl. 2007; *Groß/Rohrer* Lizenzgebühren, 2003, insbes. 78–150.

[118] BGH 29.4.2003, GRUR 2003, 789 (791) – Abwasserbehandlung; abweichend mit ausführlicher Begründung Schiedsstelle 4.11.2003, BlPMZ 2005, 83 (85 f.):Vergütungsanspruch nur ab Meldung.

[119] Zu ihrer Unterscheidung von Vorratspatenten iSd RL 21 vgl. Schiedsstelle 18.11.2005, BlPMZ 2006, 185.

[120] Dazu auch *Werner* BB 1983, 839–841.

§ 21. Arbeitnehmererfindungen

6. Der ArbGeb ist, wenn er eine Diensterfindung in Anspruch genommen hat, verpflichtet, dem Erfinder **Auskunft** zu erteilen und **Rechnung zu legen**.[121] Nicht unter diesen Anspruch fallen gewinnbezogene Informationen, denn diese sind zur Geltendmachung angemessenen Schadensersatzes heute nicht mehr erforderlich, denn Informationen sind für Arbeitnehmererfinder in der Wissensgesellschaft leichter verfügbar als früher, Sonderrechte für diese mithin nicht länger erforderlich.[122]

7. Die Regeln über die Vergütungspflicht des ArbGeb gelten entsprechend, wenn dieser einen **technischen Verbesserungsvorschlag** benutzt, der ihm eine schutzrechtsähnliche Vorzugsstellung gewährt (§ 20 Abs. 1).[123] Letzteres kann angenommen werden, solange hinsichtlich des Verbesserungsvorschlags objektiv die Voraussetzungen für den Schutz als Betriebsgeheimnis nach §§ 17 ff. UWG erfüllt sind (dazu → § 2 Rn. 52 ff.), nicht dagegen wenn es sich um Kenntnisse handelt, die auch in ihren wesentlichen Einzelheiten und ihrer konkreten Zusammenstellung Dritten ohne weiteres zugänglich sind, mögen sie auch bisher von ihnen nicht verwertet worden sein.[124]

Hinsichtlich eines Computerprogramms, das von einem AN im Rahmen seiner arbeitsvertraglichen Pflichten entwickelt worden ist, besteht eine Vorzugsstellung, die einen Vergütungsanspruch nach § 20 auslöst, nicht schon deshalb, weil dem ArbGeb nach dem UrhG am Programm ein alleiniges Nutzungsrecht zusteht und eine Nachschöpfung aus tatsächlichen Gründen, insbesondere wegen des Dekompilierungsverbots und der darauf beruhenden Schwierigkeit einer solchen Nachbildung ausscheidet; denn diese Vorzugsstellung hat ihm nicht der AN durch einen Verbesserungsvorschlag verschafft, sondern § 69b UrhG vergütungsfrei zugewiesen.[125]

8. Bezüglich schon gemeldeter Diensterfindungen kann in Vereinbarungen zwischen ArbGeb und AN über die Vergütung von den Vorschriften des ArbEG abgewichen werden (§ 22 S. 2). Diese Möglichkeit wird zunehmend insbesondere in größeren Unternehmen durch Vereinbarung von **Pauschalvergütungen** genutzt. Begrenzt wird sie durch § 23, wonach in erheblichem Maße unbillige Vereinbarungen unwirksam sind (vgl. → Rn. 23 ff.).

VI. Freie Erfindungen

1. Hinsichtlich freier Erfindungen, die er während der Dauer des Arbeitsverhältnisses gemacht hat, trifft den AN eine **Mitteilungspflicht** nach Maßgabe des § 18 (vgl. → Rn. 57 ff.).

2. Will der AN während der Dauer des Arbeitsverhältnisses eine freie Erfindung – die auch vor dessen Beginn gemacht sein kann – verwerten, kommt es darauf an, ob die Erfindung in den vorhandenen oder vorbereiteten Arbeitsbereich des Unternehmens des ArbGeb fällt. Trifft das zu, ist der AN verpflichtet, seinem ArbGeb mindestens ein nichtausschließliches Benutzungsrecht zu angemessenen Bedingungen anzubieten, bevor er die Erfindung anderweitig verwertet (§ 19 Abs. 1). In dieser **Anbietungspflicht** äußert sich die allgemeine arbeitsrechtliche Treuepflicht. Das Angebot des AN erlischt, wenn der Arb-

---

[121] BGH 21.12.1989, BGHZ 110, 30 – Marder; 17.5.1994, BGHZ 126, 109 – Copolyester (I).
[122] Zu Umfang und Grenzen der Rechnungslegungspflicht grundsätzlich BGH 17.11.2009, GRUR 2010, 223 Rn. 14 ff. – Türinnenverstärkung in teilweiser Abkehr von 13.11.1997, GRUR 1998, 684 – Spulkopf; 13.11.1997, BGHZ 137, 162 – Copolyester II; 6.2.2002, GRUR 2002, 609 – Drahtinjektionseinrichtung; 16.4.2002, GRUR 2002, 801 – Abgestuftes Getriebe. Dazu *Kreuzkamp* Mitt. 2010, 227 ff. Für den Fall, dass der ArbGeb einem Konzern angehört und für die Nutzung der Erfindung keine in Zahlen ausdrückbare Gegenleistung erhält, auch *Meier-Beck* FS Tilmann, 2003, 539 ff.; *Bartenbach* VPP Rundbrief 2003, 102 ff.; *Kunzmann* FS Bartenbach, 2005, 175 (191 ff.); BGH 29.4.2003, GRUR 2003, 789 – Abwasserbehandlung.
[123] Vgl. *Grabinski* GRUR 2001, 922 ff.
[124] Vgl. BGH 26.11.1968, GRUR 1969, 341 (343) – Räumzange, mit Anm. *Schippel*.
[125] BGH 23.10.2001, GRUR 2002, 149 – Wetterführungspläne II.

Geb es nicht innerhalb von drei Monaten annimmt (§ 19 Abs. 2).[126] Hält er die angebotenen Bedingungen für unangemessen, genügt es, dass er fristgemäß seine grundsätzliche Bereitschaft zum Rechtserwerb erklärt; die Bedingungen werden dann auf Antrag des ArbGeb oder des AN gerichtlich festgesetzt (§ 19 Abs. 3). Bei wesentlicher Veränderung der Umstände kann beiderseits Anpassung der Bedingungen gefordert werden (§ 19 Abs. 4).

121   3. Von den originär freien Erfindungen zu unterscheiden sind die **frei gewordenen Diensterfindungen**.[127] Das Freiwerden tritt kraft ausdrücklicher Freigabeerklärung[128] des ArbGeb ein (§ 8 S. 1) und ist auch noch nach der Inanspruchnahme möglich, solange noch keine Schutzrechtsanmeldung erfolgt ist[129]. Die in §§ 18, 19 vorgesehenen Pflichten des AN bestehen für frei gewordene Diensterfindungen nicht (§ 8 S. 2), da der ArbGeb bereits Gelegenheit zur Wahrung seiner Interessen hatte. Der AN darf daher die Erfindung nach Belieben verwerten, insbesondere auch durch Vergabe von Benutzungsrechten an Wettbewerber des ArbGeb. Die arbeitsrechtliche Treuepflicht hindert ihn hieran nicht (§ 25). Nur durch eigene Tätigkeit verwerten darf er die Erfindung nicht, wenn dem ein arbeitsvertragliches Wettbewerbsverbot entgegensteht.

VII. Besonderheiten im öffentlichen Dienst

a) Öffentlicher Dienst außerhalb von Hochschulen

122   1. AN des öffentlichen Dienstes sind diejenigen, die in Betrieben und Verwaltungen des Bundes und der Länder, der Gemeinden und sonstigen Körperschaften, Anstalten und Stiftungen des öffentlichen Rechts beschäftigt sind (§ 40). Es kommt also auf die öffentlich-rechtliche Organisationsform des ArbGeb an. AN privatrechtlich organisierter Unternehmen der öffentlichen Hand, insbesondere von Aktiengesellschaften oder Gesellschaften mit beschränkter Haftung, deren Anteile dem Staat, einer Gemeinde oder anderen juristischen Personen des öffentlichen Rechts zustehen, sind AN im privaten Dienst.

123   Den AN des öffentlichen Dienstes sind Beamte und Soldaten gleichgestellt (§ 41), weil es unangebracht wäre, sie bezüglich ihrer Erfindungen anders zu behandeln als die AN, mit denen sie vielfach im gleichen Betrieb oder in der gleichen Dienststelle zusammenarbeiten.

124   Abgesehen von den nachfolgend dargestellten Sondervorschriften unterliegen AN des öffentlichen Dienstes, Beamte und Soldaten bezüglich ihrer Erfindungen den für AN des privaten Dienstes geltenden Regeln; die Vergütungsrichtlinien sind auf den öffentlichen Dienst entsprechend anwendbar.[130]

125   2. Statt eine Diensterfindung in Anspruch zu nehmen, kann der ArbGeb (Dienstherr) eine angemessene **Beteiligung am Ertrag** der Diensterfindung verlangen, wenn dies **vorher vereinbart** worden ist; die Höhe der Beteiligung kann im Voraus vereinbart werden; mangels Einigung wird sie in entsprechender Anwendung des § 12 Abs. 3–6 festgesetzt (§ 40 Nr. 1). Durch die Möglichkeit der Ertragsbeteiligung wird darauf Rücksicht genommen, dass der ArbGeb (Dienstherr) die Erfindung oft nicht selbst auswerten kann oder will.

126   Die Verwertung von (freigewordenen) Diensterfindungen durch AN, Beamte oder Soldaten kann im öffentlichen Interesse durch allgemeine Anordnung der zuständigen obersten

---

[126] Durch die Annahme des Angebots kommt ein Lizenzvertrag zustande, vgl. BGH 29.11.1984, BGHZ 93, 82 (85 f.) – Fahrzeugsitz.

[127] Zur Stellung des AN-Erfinders in diesem Fall allgemein *Rother* FS Bartenbach, 2005, 159 ff.

[128] Zu den Sorgfaltspflichten des Arbeitgebers in diesem Fall BGH 31.1.1978, GRUR 1978, 430 (433 f.) – Absorberstabantrieb.

[129] Schiedsstelle 29.7.2017, Mitt. 2017, 371.

[130] Die Richtlinien für die Vergütung von Arbeitnehmererfindungen im öffentlichen Dienst vom 1.12.1960 beschränken sich darauf, den persönlichen Anwendungsbereich der für den privaten Dienst erlassenen Richtlinien zu erweitern.

Dienstbehörde Beschränkungen unterworfen werden (§ 40 Nr. 3). Solche Anordnungen bestehen zB für den Geschäftsbereich einiger Bundesministerien.[131]

Soweit öffentliche Verwaltungen eigene Schiedsstellen zur Beilegung von Streitigkeiten auf Grund des ArbEG errichtet haben, sind diese in ihrem Zuständigkeitsbereich statt der Schiedsstelle beim DPMA anzurufen (§ 40 Nr. 5). 127

b) Erfindungen an einer Hochschule Beschäftigter

Literatur: *Ann, C.*, Hochschulerfinderwesen in Deutschland – Eine Bestandsaufnahme, FS C. Huber, 2020, 17–25; *Asche, M., et al.* (Hrsg.), Modernes Patentbewusstsein an Hochschulen, 2004; *Ballhaus, W.*, Rechtliche Bindungen bei Erfindungen von Universitätsangehörigen, GRUR 1984, 1–9; *Bartenbach, K.*, Ergänzende Anmerkungen zur Reform des Gesetzes über Arbeitnehmererfindungen, VPP Rundbrief 2004, 52–66; *Bartenbach, K./Goetzmann, M.*, Europäisches Arbeitnehmererfindungsrecht vs Arbeitnehmererfindungsrecht in Europa, VPP Rundbrief 2006, 73–82; *Bartenbach, K./Hellbrand, O.*, Zur Abschaffung des Hochschullehrerprivilegs (§ 42 ArbNErfG) – Auswirkungen auf den Abschluss von Forschungsaufträgen, Mitt. 2002, 165–170; *Bartenbach, K./Volz, F.-E.*, Erfindungen an Hochschulen. Zur Neufassung des § 42 ArbEG, GRUR 2002, 743–758; *dies.*, Erfindungsrechtliche Aspekte der universitären Auftragsforschung, FS VPP, 2005, 225–261; *Bergmann, A.*, Erfindungen von Hochschulbeschäftigten nach der Reform von § 42 ArbNErfG, 2006; *Beyerlein, T.*, Zur Verfassungsmäßigkeit von § 42 Nr 1 S 1 HS 2 ArbErfG, Mitt. 2004, 75–76; *Böhringer, I.*, Die Novellierung des „Hochschullehrerprivilegs" (§ 42 ArbnErfG), NJW 2002, 952–954; *Fabry, B./Trimborn, M.*, Arbeitnehmererfindungsrecht im internationalen Vergleich, 2007; *v. Falck, A./Schmaltz, C.*, Hochschulerfindungen: Zuordnung und Vergütung, GRUR 2004, 469–475 (rechtsvergleichend); *Franke, E.*, Stand der Novellierung des Gesetzes über Arbeitnehmererfindungen, VPP Rundbrief 2004, 49–52; *ders.*, Der lange Weg zur Reform des ArbEG und alternative Incentive-Systeme der Industrie, FS Bartenbach, 2005, 127–140; *Goddar, H.*, Mustervereinbarungen für Forschungs- und Entwicklungskooperationen – eine Bestandsaufnahme, FS Mes, 2009, 119–128; *Hoeren, T.*, Zur Patentkultur an Hochschulen – auf neuen Wegen zum Ziel, Wissenschaftsrecht 38, 131–156 (2005); *Knauer, H.*, Möglichkeiten und Nutzen einer Vereinheitlichung des Arbeitnehmererfinderrechts in der Europäischen Union und Schlussfolgerungen für die diesbezügliche deutsche Gesetzgebung, 2007; *Knudsen, B./Lauber, A.*, Schutz wissenschaftlicher Leistungen an Hochschulen und Forschungseinrichtungen, 2005; *Kraßer, R.*, Erfindungsrecht des wissenschaftlichen Personals, in: Hartmer/Detmer (Hrsg.), Hochschulrecht, 2004, 451–477; *Kraßer, R./Schricker, G.*, Patent- und Urheberrecht an Hochschulen, 1988; *Leuze, D.*, Kritische Anmerkungen zu § 42 ArbEG, GRUR 2005, 27–33; *Levin, M.*, Is There a Good Solution For Patenting University Inventions?, FS Kolle/Stauder, 2005, 207–224; *Matschiner, B.*, Erfindungen im Rahmen der Hochschulforschung – zum Patentwesen an deutschen Hochschulen, FS VPP, 2005, 174–185; *Peter, M.*, Die Flucht in die Nebentätigkeit – ein Schlupfloch aus der Neuregelung des § 42 ArbnErfG bei Erfindungen von Hochschullehrern, Mitt. 2004, 396–401; *Reetz, E.*, Erfindungen an Hochschulen, 2006; *Slopek, D. E. F.*, Geistiges Eigentum in FuE-Verträgen zwischen Unternehmen und Hochschulen, Mitt. 2013, 26–31; *Stallberg, C. G.*, Anwendungsfragen von § 42 Nr. 4 ArbNErfG bei F&E-Verträgen im Hochschulbereich, GRUR 2007, 1035–1041; *Vieregge, H.*, Aktuelle Berichte – Februar 2005, GRUR 2005, 132–133; *Weyand, J./Haase, H.*, Der Innovationstransfer an Hochschulen nach Novellierung des Hochschulerfindungsrechts, GRUR 2007, 28–39.

1. Hochschulerfindungen gibt es nicht erst seit 2002. Was genau Hochschulerfindungen sind, erklärt sich nur scheinbar eindeutig aus dem Begriff der Hochschule, dem Leitbegriff der akademischen Landschaft in Deutschland. Hochschulen sind zahlreiche Einrichtungen des tertiären Bildungssektors: klassische Universitäten, die früher als „wissenschaftliche Hochschulen" geläufig waren[132], auch Fach-, Film- und Kunsthochschulen, Akademien, Wirtschafts- und Handelshochschulen. Auch private Hochschulen gibt es. Keine Hochschulen sind Fachakademien, Fachschulen und waren bis 2009 auch die Berufsakademien 128

---

[131] Vgl. die Angaben bei *Bartenbach/Volz* § 40 Rn. 49; Texte finden sich bei *Volmer/Gaul*, 1785 ff.

[132] Das wurde im Hochschulrecht dann geändert, um auf Fachhochschulen in der Weise politisch Rücksicht zu nehmen, dass sie nicht implizit als „unwissenschaftlich" dastanden, vgl. *Ann* Mitt. 2015, 197.

§ 21 VII   3. Abschnitt. Das Recht an der Erfindung

des Landes Baden-Württemberg, die erfolgreich ausbilden, aber nicht wissenschaftlich arbeiten.[133]

128a Hochschulerfindungen sind nicht Erfindungen *von* Hochschulen, sondern Erfindungen *an* Hochschulen; also Erfindungen iSv § 1 PatG, § 1 GebrMG, die Hochschulbeschäftigte als solche machen. Anders als etwa der Begriff der Arbeitnehmererfindung war die Rede von „Hochschulerfindungen" damit noch nie sehr präzise. Vor allem waren Erfindungen von Hochschulbeschäftigten immer schon Arbeitnehmererfindungen und unterlagen damit immer schon dem ArbEG.

128b Allein für die „Erfindungen von Professoren, Dozenten und wissenschaftlichen Assistenten bei den wissenschaftlichen Hochschulen" enthielt das ArbEG bis zum 6.2.2002 eine Ausnahme. Wissenschaftliche Hochschulen waren nach § 42 ArbEG aF und sind nach § 6 Patentanwaltsordnung (PAO) bis heute allein Universitäten.[134] Das bestimmten früher so auch die Hochschulgesetze der Länder, etwa § 1 NWHSchG 1970,[135] und es ist bis heute ein Grund, aus dem die RWTH Aachen als eine der besten technischen Universitäten Deutschlands bis heute am Begriff der Hochschule festhält, obwohl das geltende Hochschulrecht das Adjektiv wissenschaftlich nicht mehr verwendet, sondern den Hochschulbegriff (zeitgeisthörig[136]) so weit fasst wie irgend möglich.[137]

128c **Vor dem 7.2.2002** unterlagen Erfindungen, die im öffentlichen Dienst stehende **Professoren, Dozenten** und wissenschaftliche **Assistenten**[138] an wissenschaftlichen Hochschulen in dieser Funktion machten, nicht den Vorschriften des ArbEG über Diensterfindungen. Sie waren **freie Erfindungen**; es bestand aber keine Mitteilungs- oder Anbietungspflicht; Vereinbarungen bezüglich solcher Erfindungen waren auch im Voraus grundsätzlich unbeschränkt zulässig (§ 42 Abs. 1 aF) und wirksam, soweit sie nicht in erheblichem Maße unbillig waren (§ 23, vgl. → Rn. 23 ff.).

129 Ohne solche Vereinbarung bestanden besondere Verpflichtungen der Hochschullehrer und Assistenten nur, wenn der Dienstherr für Forschungsarbeiten, die zur Erfindung geführt hatten, **besondere Mittel aufgewendet** hatte. Dann musste der Erfinder den Dienstherrn über die Verwertung der Erfindung und deren Ertrag informieren und konnte der Dienstherr eine **angemessene Ertragsbeteiligung** verlangen, deren Höhe durch die der aufgewendeten Mittel begrenzt war (§ 42 Abs. 2 aF).

130 Die Sonderregelung des § 42 galt nicht für Professoren, Dozenten und Assistenten an Fachhochschulen und für Wissenschaftler privatrechtlich organisierter, wenn auch von der öffentlichen Hand unterhaltener Forschungseinrichtungen wie der Institute der Max-Planck-Gesellschaft oder der Fraunhofer-Gesellschaft. Diese Personengruppen unterlagen schon vor dem 7.2.2002 in vollem Umfang dem ArbEG.

---

[133] Dass diese dann nicht nur zur „Dualen Hochschule(sic!) Baden-Württemberg" aufgenordet wurden, sondern auf Englisch gleich noch zur „Baden-Wuerttemberg State University of Cooperative Education", war im Mindesten terminologisch zweifelhaft, eher wohl ein veritabler Etikettenschwindel, krit. *Ann* FAZ vom 15.10.2009, 10.

[134] Vgl. *Ann* Mitt. 2015, 197.

[135] Gesetz über die wissenschaftlichen Hochschulen des Landes Nordrhein-Westfalen vom 7.4.1970, GVBl. 1970, 254.

[136] Vgl. *Geis* Die Nebentätigkeit der Hochschullehrerinnen und Hochschullehrer, § 52 Rn. 3 aE, Heidelberg 2004.

[137] Statt die Vielfalt der Hochschultypen als die Bereicherung zu begreifen, als die sie gemeint war, gibt man den Begriff der Wissenschaftlichkeit faktisch auf und biedert sich dadurch möglichst umfassend an, dass man einfach alles „wissenschaftlich" nennt.

[138] Zur Auslegung dieses Begriffs eingehend *Ballhaus* GRUR 1984, 4 ff.; nach *Volmer/Gaul* § 42 Rn. 28 beschränkte er sich auf Hochschulassistenten iSv § 47 des Hochschulrahmengesetzes in seiner früheren Fassung. Das Änderungsgesetz vom 14.11.1985 (BGBl. I 2090), in Kraft getreten am 23.11. 1985, hat diesen Begriff abgeschafft und den – wohl weiteren – des wissenschaftlichen Assistenten wieder eingeführt; dazu *Bartenbach/Volz* § 42 (aF) Rn. 11 f. Nach LG Düsseldorf 26.6.1990, GRUR 1994, 53 – Photoplethysmograph fällt eine Person, die wissenschaftlicher Mitarbeiter iSd hochschulrechtlichen Vorschriften ist, auch dann nicht unter § 42 aF, wenn sie im Einzelfall Aufgaben eines wissenschaftlichen Assistenten wahrnimmt.

§ 21. Arbeitnehmererfindungen

2. Durch das Gesetz zur Änderung des ArbEG vom 18.1.2002[139] wurde das durch den früheren § 42 gewährte „Hochschullehrerprivileg" abgeschafft. Seitdem das Gesetz am 7.2.2002 in Kraft getreten ist, gelten für die Erfindungen **aller an einer Hochschule Beschäftigten**[140] grundsätzlich die Vorschriften des ArbEG, also die für den Bereich des öffentlichen Dienstes geringfügig modifizierten Vorschriften über Erfindungen von AN im privaten Dienst. Abweichungen hiervon enthalten die **Sonderbestimmungen** des neugefassten § 42. Sie gelten ihrem Wortlaut nach ebenfalls für alle an einer Hochschule Beschäftigten, was insbesondere die Fachhochschulen einschließt. Soweit sie Ausdruck der verfassungsrechtlich gewährleisteten Freiheit von Forschung und Lehre sind, haben sie freilich nur für solche Hochschulbeschäftigte Bedeutung, deren Tätigkeit unter dem Schutz dieses Grundrechts steht.

131

Für Personen, die an Forschungseinrichtungen *außerhalb von Hochschulen* tätig sind, gelten die Sonderbestimmungen des neuen § 42 ebenso wenig wie der frühere § 42 (→ Rn. 122 ff.).[141]

Vereinbarungen, die von den allgemeinen Vorschriften des ArbEG oder den Sonderbestimmungen des § 42nF in einem für den Beschäftigten **ausschließlich günstigen** Sinn abweichen, sind nach § 22 zulässig (→ Rn. 23 ff.). Insbesondere können in Berufungsvereinbarungen die Rechte, die sich für den ArbGeb oder Dienstherrn aus dem ArbEG ergeben, zugunsten des Hochschullehrers ausgeschlossen oder eingeschränkt werden.

132

3. Als Bestandteil des ArbEG setzt § 42 voraus, dass der an einer Hochschule Beschäftigte in einem **Arbeits- oder Beamtenverhältnis** steht. Er gilt deshalb ebenso wie die übrigen Vorschriften des ArbEG nicht für Honorarprofessoren, außerplanmäßige Professoren, Privatdozenten, Doktoranden, Diplomanden und Studenten, denn dieser jeweilige Status begründet als solcher keine Arbeitnehmer- oder Beamtenstellung. Stehen Personen der genannten Arten – etwa als wissenschaftliche Mitarbeiter, Assistenten oder studentische Hilfskräfte – *auch* in einem zur Tätigkeit an einer Hochschule verpflichtenden Arbeits- oder Beamtenverhältnis, gilt in dessen Rahmen das ArbEG einschließlich des § 42.

133

Das Arbeits- oder Beamtenverhältnis kann mit der Hochschule als öffentlich-rechtlicher Körperschaft oder mit dem sie tragenden Staat, insbesondere einem Land der Bundesrepublik Deutschland, bestehen. Auch wenn demgemäß der Staat ArbGeb oder Dienstherr ist, werden seine Rechte aus dem ArbEG – kraft Rechtsnachfolge oder Ermächtigung – freilich fast immer von der Hochschule ausgeübt, an der der Erfinder beschäftigt ist. Für die Erfüllung seiner Verpflichtungen aus dem ArbEG als ArbGeb oder Dienstherr muss der Staat auch dann einstehen, wenn er sich hierzu einer Hochschule bedient.

134

4. Nach den allgemeinen Vorschriften des ArbEG kommt es zunächst darauf an, ob eine **Diensterfindung** iSd § 4 Abs. 2 vorliegt.[142] Dabei ist im Hochschulbereich zu beachten, dass *Professoren* durch ihre Forschung, auch wenn sie deren Gegenstand frei wählen, eine dienstliche Obliegenheit erfüllen[143] und auch Erfindungen, die bei einer erlaubten Nebentä-

135

---

[139] BGBl. I 414 = BlPMZ 2002, 121; zu den Vorarbeiten ausführlich *Bartenbach/Volz* GRUR 2002, 743 ff.; *Bergmann* 25 ff.; zur Reformbedürftigkeit der früheren Regelung *Barth* GRUR 1997, 880–886; vgl. auch *Hoeren* 134 f.; s. auch Nw. bei *Bergmann* 26 f.

[140] Dazu gehören selbstverständlich auch die Professoren. *Leuze* GRUR 2005, 27 (30) meint freilich, § 4 Abs. 2 sei auf sie nicht anwendbar, da er Abhängigkeit und Weisungsgebundenheit voraussetze. Dies verkennt Sinn und Zweck des ÄnderungsG von 2002; vgl. *Reetz* 137 ff., 149.

[141] Schiedsstelle 17.3.2005, BlPMZ 2005, 324.

[142] Als „öffentliche Verwaltung" iSd § 4 Abs. 2 ist in diesem Zusammenhang die Hochschule anzusehen, wie sich auch aus § 40 erschließen lässt. Dass nicht nur Erfindungen erfasst werden, die bei einer „Verwaltungstätigkeit" gemacht werden oder auf Erfahrungen bei einer solchen beruhen, sollte selbstverständlich sein. A. M. anscheinend *Leuze* GRUR 2005, 27.

[143] Anders *Bartenbach/Hellebrand* Mitt. 2002, 165 (167); es scheint jedoch, dass dort die Frage nach dem Vorliegen einer Obliegenheitserfindung mit der lediglich für den – übrigens nur außerhalb des Hochschulbereichs (→ Rn. 142 ff.) – vergütungsbestimmenden Anteilsfaktor relevanten Frage nach der Aufgabenstellung vermengt wird. Nach *Bartenbach/Volz* GRUR 2002, 748 reicht der Umstand,

tigkeit gemacht werden, nicht schon deshalb, weil sie nicht aus der dem Erfinder obliegenden Tätigkeit entstehen, ohne weiteres frei sind, sondern maßgeblich auf Erfahrungen oder Arbeiten der Hochschule beruhen können,[144] zu denen auch die Ergebnisse der vom Erfinder in Erfüllung seiner dienstlichen Obliegenheiten betriebenen Forschung gehören.[145] Dennoch werden bei weitem nicht alle Erfindungen als Diensterfindungen anzusehen sein, die Wissenschaftler im Rahmen von Nebentätigkeiten machen. Vielfach werden sie nicht *maßgeblich* auf dienstlich erarbeiteten Forschungsergebnissen beruhen, weil bei der Nebentätigkeit eine intensive Weiterentwicklung stattgefunden hat. Andererseits sollte ein Hochschulwissenschaftler eine sich anbietende praktische Anwendung seiner dienstlich erarbeiteten Erkenntnisse nicht dadurch dem Zugriff der Hochschule entziehen können, dass er das letzte, relativ unproblematische Stück des Wegs in eine Nebentätigkeit verlegt.

136 5. Diensterfindungen sind gem. § 5 zu **melden,** freie Erfindungen nach § 18 **mitzuteilen.**

137 Fraglich ist, unter welchen Voraussetzungen die Ausnahme des § 18 Abs. 3 im Hochschulbereich eingreift. Die Neuregelung soll die Hochschulen befähigen und veranlassen, die in ihrem Bereich entstehenden Erfindungen wirtschaftlicher Verwertung zuzuführen. Berücksichtigt man die Aufgabe, die ihnen damit zugewiesen wird, als Arbeitsbereich iSd § 18 Abs. 3, sind Erfindungen, auf die die Ausnahme zutrifft, kaum denkbar. Es empfiehlt sich deshalb im Hochschulbereich noch weniger als sonst (vgl. → Rn. 57 ff.), eine Mitteilung in der Meinung zu unterlassen, dass dies nach § 18 Abs. 3 gerechtfertigt sei.

---

dass die Forschung bei Hochschullehrern zu den klassischen dienstlichen Aufgaben gehört, nicht aus, um eine „Aufgabenerfindung" iSd § 4 Abs. 2 zu begründen; vielmehr setze dies grundsätzlich die Zuweisung eines bestimmten Forschungs- oder Entwicklungsauftrags oder entsprechender Tätigkeiten voraus. Angesichts der weitgehend selbständigen Aufgabenwahrnehmung „dürfte eine Aufgabenerfindung bei Hochschullehrern die Ausnahme sein". Der Ausdruck „Aufgabenerfindung" erweist sich hier als irreführend. Nach dem Wortlaut des § 4 Abs. 2 Nr. 1 kommt es nicht auf eine konkrete Aufgabenzuweisung, sondern auf die dem Beschäftigten obliegende Tätigkeit an. Diese kann auch durch Selbständigkeit bei der Aufgabenstellung geprägt sein. Abweichend von ihrer Grundauffassung scheinen *Bartenbach/Volz* aaO 748 bei Drittmittelforschung gemachte Erfindungen im Regelfall als Diensterfindungen anzusehen, weil sich hier der beteiligte Hochschullehrer zur Mitwirkung an einem konkreten Vorhaben bereit erkläre. Wie hier *Bergmann* 51 ff.; im Ergebnis auch *v. Falck/Schmaltz* GRUR 2004, 470; *Weyand/Haase* GRUR 2007, 32.

[144] *Böhringer* NJW 2002, 952 (953). – *Reetz* 168 ff. will als Erfahrung oder Arbeiten der Hochschule nur geschützte Rechtspositionen in Betracht ziehen. Doch reicht es für § 4 Abs. 2 Nr. 2 aus, dass tatsächlich vorhandene, nicht zum SdT gehörende, aber im Hochschulbereich dem beschäftigten Erfinder zugängliche Informationen maßgeblich zur Erfindung beigetragen haben.

[145] *Bartenbach/Hellebrand* Mitt. 2002, 165 halten dies für zweifelhaft; *Bartenbach/Volz* GRUR 2002, 749 und *Peter* Mitt. 2004, 396 ff., der die Möglichkeit von Erfahrungserfindungen im Hochschulbereich noch stärker einschränken will, verneinen die Frage. Aus der Wissenschaftsfreiheit lässt sich dies aber nicht begründen, weil sich diese nicht auch auf die wirtschaftliche Verwertung der Forschungsergebnisse bezieht; s. *Kraßer/Schricker* 36 mN. – *Leuze* GRUR 2005, 27 (30) scheint dies zu bezweifeln; sein Hinweis darauf, dass Honorare für wissenschaftliche Publikationen kein Entgelt für Forschungstätigkeit, sondern für die Einräumung urheberrechtlicher Nutzungsrechte seien, zeigt aber, dass es sich nicht um die wirtschaftliche Verwertung der in der Publikation dargestellten, als solche nicht urheberrechtlich geschützten Forschungsergebnisse handelt. Er ändert nichts daran, dass nur die Veröffentlichungsfreiheit durch Art. 5 Abs. 3 GG garantiert ist. – *Bartenbach/Volz* FS VPP, 2005, 255 meinen, es gehe hier nicht um die „vermögensrechtliche Bewertung", sondern um die „Zuordnung" des im Rahmen der wissenschaftlichen Betätigung vom Hochschulwissenschaftler selbst geschaffenen Wissens. Bei der Frage, ob dieses als Grundlage einer Erfahrungserfindung zu berücksichtigen ist und deshalb das Recht an der Erfindung dem Zugriff der Hochschule unterliegt, geht es aber um nichts anderes als den Vermögenswert der Erfindung; zutreffend *Bergmann* 55. Eine „Zuordnung" des Wissens zur Person des Wissenschaftlers, der es „geschaffen" hat, kann auf Grund der Wissenschaftsfreiheit nur in dem Sinn gefordert werden, dass diese persönliche Leistung anzuerkennen ist, wie es insbesondere dadurch geschieht, dass der Person, die diese Leistung erbracht hat, das Recht gewährleistet wird, über die Publikation des Wissens zu entscheiden.

§ 21. Arbeitnehmererfindungen VII § 21

Die Hochschule kann die Diensterfindung **in Anspruch nehmen**. 138

Die nach früherem Recht bestehende – von den Hochschulen im Verhältnis zu ihrem 139
nicht unter § 42 aF fallenden Personal in großem Umfang genutzte – Möglichkeit einer
Vereinbarung, die es erlaubte, anstelle der Inanspruchnahme eine Ertragsbeteiligung zu
wählen (§ 40 Nr. 1), ist für den Hochschulbereich nun entfallen (§ 42 Nr. 5 nF).

Die Inanspruchnahme einer Erfindung durch die Hochschule hindert den Erfinder daran, sie mit 140
der Maßgabe zu veröffentlichen, dass er ihre Benutzung freigibt. Darin liegt[146] kein verfassungsrechtlich bedenklicher Eingriff in die Publikationsfreiheit, sondern nur eine Konsequenz daraus, dass der
wirtschaftliche Wert der Erfindung dem Zugriff der Hochschule unterworfen und der Erfinder auf
einen Vergütungsanspruch verwiesen ist. Diese Regelung, die mit dem Grundrecht der Wissenschaftsfreiheit vereinbar ist[147], schließt es aus, dass der Wissenschaftler die Erfindung freigibt, bevor sie frei
geworden ist.

6. Für eine gemeldete Diensterfindung muss die Hochschule, auch wenn sie über die In- 141
anspruchnahme noch nicht entschieden hat, unverzüglich eine inländische **Schutzrechtsanmeldung** einreichen (→ Rn. 82 ff.). Dem Erfinder verbleibt, auch wenn die Hochschule
ein Schutzrecht erlangt, ein nichtausschließliches Recht zur Benutzung der Erfindung im
Rahmen seiner Lehr- und Forschungstätigkeit (§ 42 Nr. 3).

Dieses Recht beruht auf dem Erfinderrecht und steht deshalb nur dem Erfinder und etwaigen 142
Miterfindern zu.[148] Andere Hochschulbeschäftigte bedürfen einer Benutzungserlaubnis, zu deren
Erteilung die Hochschule regelmäßig bereit sein wird. Sie muss bei einer Rechtsübertragung oder
ausschließlichen Lizenzierung allerdings darauf achten, dass sie sich ein Benutzungsrecht für ihre
Beschäftigten vorbehält.

7. Wenn der Dienstherr oder ArbGeb, also die Hochschule oder der Staat, für den sie ge- 143
gebenenfalls handelt (vgl. → Rn. 133 ff.), die Erfindung verwertet, beträgt nach § 42
Nr. 4[149] die **Vergütung 30 %** der durch die Verwertung erzielten Einnahmen, dh aller
Vermögenswerte, für deren Zufluss die Erfindung ursächlich ist.[150]

Wenn die Hochschule von einem Vertragspartner für die Überlassung von Rechten an Erfindungen 144
keine gesondert ausgewiesene Vergütung erhält, ist der Erfindervergütung ein angemessener Anteil der
gesamten Leistungen des Vertragspartners zugrunde zu legen.[151]
Verwertet die Hochschule eine Erfindung, ist § 42 Nr. 4 auch dann anwendbar, wenn sie keine oder
keine dem Wert der Erfindung entsprechenden Einnahmen erzielt.[152] Hat sie dies zu vertreten, wird
sie den Erfinder durch Schadenersatzleistung so zu stellen haben, als hätte sie sich eine angemessene
Gegenleistungen versprechen lassen. Sie ist deshalb beim Abschluss von Verträgen gehalten, sich Gegenleistungen in einem Umfang auszubedingen, der bei Anwendung des § 42 Nr. 4 eine angemessene
Beteiligung des Erfinders am wirtschaftlichen Wert der Erfindung gewährleistet. Als Anhaltspunkt
können dabei die Ergebnisse dienen, zu denen eine Vergütungsberechnung nach den allgemeinen Vorschriften führen würde.

---

[146] Entgegen *Leistner* 35 IIC 859, 867 (2004).
[147] Was *Leistner* 35 IIC 859, 864 (2004) zutreffend erwähnt.
[148] Vgl. *Bartenbach/Volz* FS VPP, 2005, 239 f.; *Bergmann* 115; aM *Reetz* 252.
[149] Die Bestimmung ist auf nicht hochschulangehörige AN nicht anwendbar, Schiedsstelle 22.12.2004, BlPMZ 2005, 326.
[150] *Bartenbach/Volz* GRUR 2002, 755 f. und FS VPP, 2005, 241 ff.; *Weyand/Haase* GRUR 2007, 32 – Die Ursächlichkeit wird – entgegen *Stallberg* GRUR 2007, 1036 (1038) – nicht dadurch ausgeschlossen, dass die Erfindungen, an denen die Hochschule Rechte gegen Vergütung einräumt, erst nach Vertragsschluss und möglicherweise erst nach Zahlung einer (Pauschal-)Vergütung entstehen. Dass in solchen Fällen eine Gegenleistung nicht für die Verwertung, sondern für die Chance hierzu vereinbart sei, trifft nicht zu, weil es auf die Verwertung durch die *Hochschule* ankommt; diese erfolgt dadurch, dass für die Eröffnung einer Verwertungschance eine Gegenleistung erzielt wird.
[151] Die Schiedsstelle hat in solchen Fällen je nach Lage des Einzelfalls Anteile von 1 % bis 5 % für angemessen erachtet, vgl. *Bartenbach/Volz* FS VPP, 2005, 242 ff. mN.
[152] Zu diesem Fall *Stallberg* GRUR 2007, 1039 ff.

145 Berechnungsgrundlage sind die **Bruttoeinnahmen ohne jeden Abzug**[153], also sämtliche Vermögensvorteile, die dem Dienstherrn durch die Verwertung der Erfindung zufließen.[154] Das sind alle geldwerten Vorteile, auch Kosten der Schutzrechtserlangung, -aufrechterhaltung oder -verteidigung, die sich der Dienstherr (die Hochschule) abnehmen lässt. Auch daran muss der Hochschulerfinder also beteiligt werden.[155] Nicht anwendbar sind die Vorschriften des ArbEG über die *Bemessung* der Vergütung und die zugehörigen Richtlinien auf Erfindungen Hochschulbeschäftigter, die die Hochschule verwertet.[156] Für das *Verfahren* der Feststellung oder Festsetzung wird jedoch § 12 mit der Maßgabe entsprechend anzuwenden sein, dass Fristen erst durch die Erzielung von Einnahmen in Lauf gesetzt werden.

146 Für Erfindungen, die die Hochschule *nicht verwertet*, wird vorgeschlagen, die allgemeine Vergütungsregelung des ArbEG anzuwenden.[157] Das widerspricht zwar nicht dem Wortlaut des § 42 Nr. 4, doch fragt sich, ob diese Sonderregelung nicht Hochschulen von Vergütungspflichten für Hochschulerfindungen entlasten soll, für die ihnen keine Einnahmen zufließen. Wendet man die allgemeine Regelung an, besteht dem Grunde nach ein Anspruch auf eine nach Schutzrechtserteilung zu zahlende Vergütung (§ 12 Abs. 3 S. 2). Anhaltspunkte für deren Höhe geben RL 20–24. Eine nennenswerte Vergütung wird sich hier darum nur selten ergeben.

147 8. Mit Rücksicht auf das Grundrecht der Wissenschaftsfreiheit, das das Recht einschließt, eigenverantwortlich über die **Veröffentlichung** eigener Forschungsergebnisse zu entscheiden,[158] lässt die Neuregelung das Interesse der Hochschule an Schutz und Verwertung der in ihrem Bereich entstehenden Erfindungen unter bestimmten Voraussetzungen hinter jenem Recht zurücktreten. Die Bestimmungen hierüber betreffen nur Beschäftigte, die **kraft ihrer Dienststellung weisungsfrei** über die Veröffentlichung von Forschungsergebnissen entscheiden können, also nur Wissenschaftler.[159]

148 Nach § 42 Nr. 1 ist der Erfinder berechtigt, eine Diensterfindung im Rahmen seiner Lehr- und Forschungstätigkeit zu offenbaren,[160] wenn er dies dem Dienstherrn **rechtzeitig,** in der Regel zwei Monate zuvor, **angezeigt** hat („positive Publikationsfreiheit").[161] Die in § 24 Abs. 2 vorgesehene Geheimhaltungspflicht ist insoweit eingeschränkt.[162]

---

[153] Begründung zu Art. 1 Nr. 2 des Änderungsgesetzes vom 18.1.2002 (zu § 42 Nr. 4); krit. *Bergmann* 143 ff., die *de lege ferenda* Abzugsfähigkeit der Schutzrechtskosten verbunden mit einer garantierten Mindestvergütung vorschlägt.

[154] BGH 5.2.2013, GRUR 2013, 498 Rn. 17 – Genveränderungen.

[155] BGH 5.2.2013, GRUR 2013, 498 Rn. 21 – Genveränderungen.

[156] *Reetz* 253 ff., 282 hält es für einen Verstoß gegen Art. 3 Abs. 1 GG, § 42 Nr. 4 auch auf Erfindungen nicht-wissenschaftlicher Hochschulbeschäftigter anzuwenden; aM *Bergmann* 153 ff.

[157] *Stallberg* GRUR 2007, 1038 f.

[158] Vgl. *Kraßer/Schricker* 36.

[159] Vgl. *Bartenbach/Volz* GRUR 2002, 746; *Reetz* 207 f.; *Weyand/Haase* GRUR 2007, 33.

[160] Als Offenbarung kommt dabei jeder Vorgang in Betracht, durch den die Erfindung der Öffentlichkeit zugänglich gemacht wird, also nicht nur schriftliche Veröffentlichungen, sondern zB auch mündliche Vorträge oder Vorführungen von Prototypen (vgl. → § 16 Rn. 18 ff.).

[161] Nach Ablauf der Frist darf er veröffentlichen. Es sind nicht, wie *Leuze* GRUR 2005, 27 (28, 32) meint, die vier Monate, die der Hochschule für die Entscheidung über die Inanspruchnahme zur Verfügung stehen, oder gar die Zeit, die bis zum Einreichen einer Anmeldung vergeht, der Zweimonatsfrist hinzuzurechnen; zutreffend OLG Braunschweig 6.10.2005, Mitt. 2006, 41 (43) – Selbststabilisierendes Knie.

[162] Soweit sie bestehen bleibt, also für die Zeit zwischen der „rechtzeitigen" Anzeige und der Vornahme der Offenbarung, wird sie von manchen als verfassungswidrige Einschränkung der positiven Publikationsfreiheit angesehen, zB von LG Braunschweig 17.9.2003, Mitt. 2004, 74; *Leuze* GRUR 2005, 27 f. – AM *Beyerlein* Mitt. 2004, 75 f.; OLG Braunschweig 6.10.2005, Mitt. 2006, 41 – Selbststabilisierendes Knie mwN. – BGH 18.9.2007, GRUR 2008, 150 – selbststabilisierendes Kniegelenk sieht die Anzeige- und Wartepflicht grundsätzlich als verfassungsmäßig an; doch könne sich die Wartefrist im Einzelfall mit Rücksicht auf ein besonderes Interesse des Wissenschaftlers an möglichst rascher Publikation wesentlich verkürzen; iglS schon OLG Braunschweig 6.10.2005, Mitt. 2006, 41 (43) – Selbststabilisierendes Knie.

§ 21. Arbeitnehmererfindungen

Die Regelung betrifft nur Veröffentlichungen und sonstige Offenbarungen, die fertige technische Erfindungen in einer für den Fachmann nacharbeitbaren Weise darstellen, also nicht die Offenbarung von Forschungsergebnissen ohne unmittelbaren Anwendungsbezug.[163]

149 Damit der Inhalt der angekündigten Offenbarung nicht in den für eine *Patent*anmeldung der Hochschule relevanten SdT eingeht, muss eine erste prioritätsbegründende Anmeldung eingereicht werden, bevor der Inhalt der Offenbarung der Öffentlichkeit zugänglich gemacht wird. Wenn nur *Gebrauchsmusterschutz* angestrebt wird, kann die sechsmonatige *Schonfrist* nach § 3 Abs. 1 S. 3 GebrMG genutzt werden. Gäbe es eine wenigstens ebenso lange Schonfrist im Patentrecht (vgl. → § 16 Rn. 81 ff.), könnte § 42 Nr. 1 auf die Pflicht zur unverzüglichen *nachträglichen* Anzeige einer Veröffentlichung oder sonstigen als SdT in Betracht kommenden Offenbarung beschränkt werden.

150 Unabhängig von der Pflicht, eine beabsichtigte Offenbarung rechtzeitig anzuzeigen, ist der Erfinder in jedem Fall gem. § 5 meldepflichtig. Wenn schon bei Meldung eine Offenbarung, insbesondere eine Veröffentlichung beabsichtigt ist, wird ihre Anzeige zweckmäßigerweise der Meldung beigefügt. Da andererseits die Anzeige der Offenbarung der Hochschule Gelegenheit zur rechtzeitigen Schutzrechtsanmeldung geben soll, wird angenommen werden müssen, dass sie die Zweimonatsfrist nicht in Lauf setzt, solange keine als Grundlage einer Anmeldung geeignete Meldung[164] erfolgt ist.

151 Nach § 42 Nr. 2 ist ein Erfinder, der auf Grund seiner Lehr- und Forschungsfreiheit die **Offenbarung** seiner Diensterfindung **ablehnt,** nicht verpflichtet, sie dem Dienstherrn zu melden („negative Publikationsfreiheit"); er muss dies aber unverzüglich nachholen, wenn er sich später zu einer Offenbarung entschließt. In entsprechender Weise wird die Pflicht zur Mitteilung einer Erfindung einzuschränken sein, die der Erfinder als freie Erfindung ansieht.[165]

152 Die Entscheidung, eine Offenbarung zu unterlassen, trifft der Erfinder in eigener Verantwortung. Die Hochschule erhält keine Gelegenheit zu prüfen, ob dafür ausreichende Gründe vorliegen. Sie kann – und sollte – mit Rücksicht darauf, dass sie nicht mit der Meldung und deshalb auch nicht mit der Möglichkeit der Inanspruchnahme ausnahmslos aller Diensterfindungen rechnen kann, Vertragspartnern Rechte an Erfindungen bei ihr Beschäftigter nur insoweit versprechen oder einräumen, als es sich um *gemeldete* Diensterfindungen handelt.

153 Wenn an einer Erfindung mehrere Personen beteiligt sind, deren Beiträge sich nicht getrennt verwerten lassen, wird sich im Konfliktfall der Beteiligte durchsetzen, der die *negative Publikationsfreiheit* für sich in Anspruch nimmt. Er muss dies jedoch aus seiner Lehr- und Forschungsfreiheit in einer Weise begründen können, die die Zurücksetzung der Interessen der anderen Beteiligten rechtfertigt. Hierfür wird zu fordern sein, dass ihm trotz dieser Interessen mit Rücksicht auf seine Verantwortung und sein Ansehen als Wissenschaftler die von den anderen Beteiligten gewünschte Offenbarung nicht zugemutet werden kann.[166]

154 *Vertragliche Einschränkungen* der Publikationsfreiheit werden als zulässig und wirksam gelten können, soweit sie mit dem Grundrecht vereinbar sind, das die diesbezüglichen Sonderbestimmungen des ArbEG rechtfertigt. So wird sich ein Erfinder verpflichten können, mit

---

[163] Die Offenbarung solcher Forschungsergebnisse braucht nach dem Gesetzeswortlaut nicht vorher angezeigt zu werden. Sie hindert jedoch den Schutz von Erfindungen, die sich aus ihrem Inhalt ohne erfinderische Leistung ableiten lassen. Die arbeits- oder beamtenrechtliche Treuepflicht kann deshalb ihren Aufschub insbesondere dann gebieten, wenn eine durch ihren Inhalt nahegelegte Erfindung bereits fertiggestellt und gemeldet ist.
[164] Sie muss nicht notwendigerweise allen Erfordernissen genügen, von denen nach § 5 ihre Ordnungsmäßigkeit abhängt. Es genügt, dass nach § 35 Abs. 2 S. 1 PatG ein Anmeldetag begründet werden kann; vgl. *Reetz* 218, 221 f.
[165] *Bartenbach/Volz* GRUR 2002, 749.
[166] Für wertende Interessenabwägung auch *Bartenbach/Volz* GRUR 2002, 753; *Bergmann* 175 ff.; vgl. auch *Reetz* 292 ff. Dagegen soll nach *v. Falck/Schmaltz* GRUR 2004, 471 jeder Miterfinder auch dann veröffentlichen dürfen, wenn ein anderer sich auf seine negative Publikationsfreiheit beruft.

§ 21 IX 3. Abschnitt. Das Recht an der Erfindung

einer Veröffentlichung etwas länger als zwei Monate nach ihrer Ankündigung zu warten, wenn dies mit Rücksicht auf eine unverzüglich vorbereitete und demnächst einzureichende Schutzrechtsanmeldung nötig ist. Auf die Geltendmachung der negativen Publikationsfreiheit wird er in den erwähnten Grenzen der Zumutbarkeit verzichten können.[167]

155   9. Auf **vor dem 7.2.2002 fertiggestellte** Erfindungen findet die Neuregelung keine Anwendung. Für sie gilt weiter das alte „Hochschullehrerprivileg" gem. § 42aF, § 43 Abs. 1 S. 1, Abs. 2 nF. Dasselbe gilt für Erfindungen, zu deren Übertragung sich solche Personen vor dem 18.7.2001[168] verpflichtet haben, sofern die Erfindung bis 7.2.2003 fertiggestellt wurde, § 43 Abs. 1 S. 2 nF.

VIII. Verfahrensregelungen

156   1. In allen ArbEG-Streitfällen kann jederzeit die **Schiedsstelle** beim DPMA angerufen werden (§ 28). Sie besteht aus einem rechtskundigen Vorsitzenden und zwei hinsichtlich des Gegenstandes des Streitfalles technisch sachverständigen Beisitzern; auf Antrag wird sie um je einen Beisitzer aus den Kreisen der ArbGeb und der AN erweitert (§§ 30, 32, dazu auch 40 Nr. 4). Das Verfahren vor der Schiedsstelle wird weitgehend von dieser selbst bestimmt (§ 33) und ist kostenfrei (§ 36). Es endet mit einem **Einigungsvorschlag,** der für die Beteiligten verbindlich wird, wenn ihm keiner von ihnen innerhalb eines Monats schriftlich widerspricht (§ 34). Wird dem Einigungsvorschlag widersprochen, ist das Verfahren erfolglos beendet; das gleiche gilt in den übrigen Fällen des § 35.

157   2. Vor **Gericht** können Klagen auf Grund des ArbEG grundsätzlich erst erhoben werden, wenn ein Verfahren vor der Schiedsstelle vorausgegangen ist (§ 37 Abs. 1; Ausnahmen: § 37 Abs. 2–5). Zuständig sind, wenn es sich um Erfindungen handelt, ohne Rücksicht auf den Streitwert die Patentstreitgerichte (§ 39 Abs. 1, § 143 PatG, vgl. → § 9 Rn. 27 ff.); ausgenommen sind Rechtsstreitigkeiten, bei denen es lediglich um die Leistung festgesetzter oder festgestellter Erfindungsvergütungen geht (§ 39 Abs. 2). Sie gehören vor die Arbeits-, bei Beamten vor die Verwaltungsgerichte. Gleiches gilt für Streitigkeiten über technische Verbesserungsvorschläge.

158   3. Verjährungsrechtlich wird die Schiedsstelle wie eine Gütestelle behandelt, die durch die Landesjustizverwaltungen anerkannt ist. Wird sie angerufen, hemmt dies die Verjährung zwar nicht nach § 204 Abs. 1 Nr. 12 BGB, wohl aber nach § 204 Abs. 1 Nr. 4 analog.[169]

IX. Reformbestrebungen

159   1. In neuerer Zeit wird seitens der Industrie das ArbEG zunehmend kritisiert und seine Reform gefordert.[170] Dabei wird versichert, dass es nicht um eine Verringerung des Auf-

---

[167] *Bergmann* 182 ff. hält im Anschluss an *Beyerlein* Mitt. 2005, 152 ff. den Verzicht eines Hochschulwissenschaftlers auf die negative Publikationsfreiheit, wenn er der Hochschule gegenüber erklärt wird, nach § 22 S. 1 und wenn er gegenüber einem mit der Hochschule in bezug auf mögliche Erfindungen des Wissenschaftlers vertraglich verbundenen Dritten erklärt wird, als Umgehungsgeschäft für unwirksam. Eine Benachteiligung iSd § 22 S. 1 ergibt sich aber nur insoweit, als der Wissenschaftler das Zurückhalten einer Erfindung aus seiner Lehr- und Forschungsfreiheit rechtfertigen kann. Nur insoweit schützt ihn auch § 42 Nr. 2. Deshalb wird eine Vereinbarung, die die negative Publikationsfreiheit auf den Fall beschränkt, dass eine Offenbarung dem Wissenschaftler nicht zugemutet werden kann, von § 22 S. 1 nicht erfasst. Sie empfiehlt sich, weil sie dem Wissenschaftler vor Augen führt, dass er in der Lage sein muss, das Zurückhalten einer Erfindung durch schwerwiegende Gründe zu rechtfertigen.
[168] Datum des Kabinettsbeschlusses, von dem an mit dem Fortbestand der alten Regelung nicht mehr gerechnet werden durfte; vgl. die Begründung zu Art. 1 Nr. 3 des Änderungsgesetzes (zu § 43 Abs. 1).
[169] BGH 26.11.2013, GRUR 2014, 357 Rn. 25 f. – Profilstrangpressverfahren.
[170] Vgl. zB *Meier* GRUR 1998, 779; *Franke, Dänner, Hellebrand* und *Bartenbach* VPP Rundbrief 1999, 28 ff. (31 ff., 34 ff., 41 ff.); *Kockläuner* GRUR 1999, 664; Protokoll einer Anhörung vom 22.3.2000, GRUR 2000, 1000 ff.; *Teufel* FS Bartenbach, 2005, 97 (106 ff.); weitere Nachw. bei *Bergmann* 11 f.

wands für Vergütungen gehe. Vielmehr belaste das gesetzliche System die Unternehmen mit zu viel kostspieligem Verwaltungsaufwand, den besonders die Pflicht zur Schutzrechtsanmeldung verursache. Es fördere nicht die Innovation, sondern hemme sie und gefährde den Betriebsfrieden. In anderen Staaten insbesondere Europas gälten wesentlich einfachere Regelungen;[171] die deutsche stehe deshalb der zwecks Erleichterung grenzüberschreitender Zusammenarbeit dringend erwünschten Rechtsangleichung im Wege, benachteilige die deutsche Wirtschaft im internationalen Wettbewerb und könne Investoren vom Standort Deutschland abschrecken.

2. Das Reformvorhaben ist Anfang 2005 zum Stillstand gekommen;[172] nicht aufgrund von Bedenken, wie dargestellt, sondern aufgrund eines Streit zwischen Gewerkschaften und Industrie um die Höhe einer ersten Pauschalvergütung. Im weiteren Verlauf erarbeitete eine aus Vertretern der beteiligten Kreise bestehende Projektgruppe Änderungen des Referentenentwurfs.[173] Freilich waren die Gewerkschaften auch damit nicht zufrieden, sondern lehnten auch den modifizierten Entwurf schließlich ab, insbesondere weil weiterhin die Anmeldepflicht abgeschafft und abweichend vom Referentenentwurf nicht mehr die Schutzfähigkeit von Diensterfindungen vermutet werden sollte. Das BMJV hat eine Gesamtreform seither nicht wieder aufgegriffen.

3. Gesetz geworden ist stattdessen ein deutlich reduziertes Modell, nach dem Diensterfindungen nur noch unbeschränkt in Anspruch genommen werden können und die Inanspruchnahme einer Arbeitnehmererfindung als erklärt gilt, wenn der ArbGeb diese nicht innerhalb von vier Monaten nach ihrer Meldung ausdrücklich freigibt. Dies entspricht Vorschlägen aus dem Entwurf von 2001. Die Anmeldepflicht des ArbGeb und das Vergütungssystem wurden nicht angetastet. Ob dies auch in Zukunft so bleibt, wird man abwarten müssen. Wünschenswert bleibt eine EU-weite Regelung – zumindest von Mindeststandards.

---

[171] Rechtsvergleichende Hinweise bei *Straus* GRUR-Int 1990, 355 ff.; *Schmidt-Szalewski* 342 ff. (für Frankreich); jeweils zum Stichwort „Arbeitnehmererfinderrecht"; *Fabry/Trimborn* passim; *Knauer* passim; *Bartenbach/Goetzmann* VPP Rundbrief 2006, 73 ff.

[172] Zur Entwicklung nach dem Referentenentwurf s. *Bergmann* 14 ff.; *Knauer* 176 ff.; jeweils mwN; *Franke* VPP Rundbrief 2004, 49 ff. und FS Bartenbach, 2005, 127 (130 ff.); *Vieregge* GRUR 2005, 132.

[173] In Gegenüberstellung zum RE wiedergegeben bei *Bartenbach* VPP Rundbrief 2004, 52 (54–66).

Vierter Abschnitt. Entstehung und Wegfall von Patenten und Gebrauchsmustern

Der Abschnitt behandelt die formale Seite des Patent- und Gebrauchsmusterschutzes, **1** insbesondere das einschlägige Verfahrensrecht. Zunächst geht es um die Anmeldung der Erfindung zum Schutz und das Verfahren der Patenterteilung und Gebrauchsmustereintragung. Der Entstehung der Schutzrechte wird anschließend ihr Wegfall gegenübergestellt, soweit die Fälle, in denen er eintritt, durch amtliche oder gerichtliche Entscheidungen oder sonstige formale Elemente gekennzeichnet sind. Zu unterscheiden ist zwischen einer Beendigung, die nur für die Zukunft wirkt, und einer rückwirkenden Beseitigung. Letztere kommt bei Patenten vornehmlich als Ergebnis eines Einspruchs- oder Nichtigkeitsverfahrens in Betracht, in dem *nach* Erteilung die Sachfragen, die im Erteilungsverfahren zu prüfen waren, erneut zum Gegenstand der Entscheidung gemacht werden können. Zur formalen Beseitigung von Gebrauchsmustern ist das Löschungsverfahren vorgesehen; seine besondere Bedeutung liegt darin, dass es die Geltendmachung des Fehlens sachlicher Schutzvoraussetzungen auch insoweit ermöglicht, als diese vor der Eintragung nicht zu prüfen sind.

Entstehung und Wegfall werden für deutsche Patente, für europäische Patente und für **2** Gebrauchsmuster jeweils gesondert dargestellt. Auf gemeinsame Grundgedanken und die wesentlichen Unterschiede weist die vorangestellte Einführung hin. Sie zeigt ferner die unterschiedlichen Wege zum Schutz, die durch das internationale Anmeldesystem nach dem PCT und das europäische Patenterteilungssystem beträchtlich vermehrt wurden. Dabei ist in Grundzügen auf die „internationale Phase" des PCT-Anmeldewegs einzugehen, die Einstieg in das deutsche oder europäische Patenterteilungsverfahren oder das Gebrauchsmustereintragungsverfahren sein kann.

§ 22. Einführung. Überblick

Literatur: *Asendorf, C. D.*, Europäische und internationale Patentanmeldungen als Grundlagen eines Prioritätsrechts für die Nachanmeldung der Erfindung in einem benannten Vertragsstaat, GRUR 1985, 577–581; *Gall, G.*, Die europäische Patentanmeldung und der PCT in Frage und Antwort, 8. Aufl. 2011; *Gruber, S./von Zumbusch, L./Haberl, A./Oldekop, A.*, Europäisches und internationales Patentrecht, 7. Aufl. 2012; *Köllner, M.*, PCT-Handbuch, 9. Aufl. 2015; *Reischle, M.*, Ausführliche Darstellung der ab 1. Januar 2004 geltenden Änderungen der PCT-Ausführungsordnung, Mitt. 2004, 529–534; *Rippe, K.-D.*, Europäische und internationale Patentanmeldungen, 4. Aufl. 2006; *Ruhl, O.*, Unionspriorität, 2000; *Schade, H.*, Geprüfte und nicht geprüfte Patente, GRUR 1971, 535–541; *Schade, H./Schaich, E./Schweitzer, W.*, Geprüfte und nicht geprüfte Patente, 1973; *Wieczorek, R.*, Die Unionspriorität im Patentrecht, 1975.

I. Die formalen Voraussetzungen des Patent- und Gebrauchsmusterschutzes

1. Das Recht an einer Erfindung, das ohne Formalität mit deren Fertigstellung entsteht, **1** genießt noch keinen spezifischen Schutz dagegen, dass andere die Erfindung ohne Zustimmung des Berechtigten benutzen (vgl. → § 2 Rn. 103). Zwar kann unter dem Gesichtspunkt des *Geheimnisschutzes,* solange die Erfindung nicht offenkundig wird, dem Rechtsinhaber ein Anspruch auf Unterlassung des Handelns nach der technischen Lehre erwachsen, die den Gegenstand seines Rechts bildet. Der Anspruch kommt jedoch nur gegenüber denjenigen in Betracht, die ihre Kenntnis der Erfindung von eben dem Erfindungsakt herleiten, auf den sich der Berechtigte stützt. Auch setzt der Anspruch voraus, dass

der Benutzer die Kenntnis der Erfindung auf geheimnisverletzende Weise erlangt hat oder verwertet, wobei er sich Geheimnisverletzungen Dritter nur bei eigener Unredlichkeit zurechnen zu lassen braucht.

2   Die Erteilung eines **Patents** oder Eintragung eines **Gebrauchsmusters** verschaffen dagegen deren Inhaber das Recht, anderen die Benutzung der Erfindung ohne Rücksicht darauf zu untersagen, woher und auf welche Weise sie Kenntnis davon erlangt haben. Das Patent oder Gebrauchsmuster gewährt eine rechtlich begründete Ausschließungsbefugnis unabhängig von jeder Geheimhaltung, während diese nur eine rechtlich geschützte *faktische* Ausschließungsmöglichkeit bedeutet[1].

3   2. Das Ausschlussrecht steht dem Patent- oder Gebrauchsmusterinhaber als solchem zu. Ist er gleichzeitig Inhaber des materiellen Rechts an der Erfindung, bestätigt es in vermögensrechtlicher Hinsicht dieses Recht und verstärkt es durch die Befugnis, jedem anderen die Erfindungsbenutzung zu verbieten. Das formlos entstandene Recht geht insofern im Patent oder Gebrauchsmuster als dem weiterreichenden Recht auf und teilt fortan untrennbar dessen rechtliches Schicksal.

4   Die Erteilung des Patents oder Eintragung des Gebrauchsmusters verleihen jedoch deren Inhaber ein Ausschlussrecht auch dann, wenn ihm die materielle Berechtigung fehlt. Angriffe auf und Einwendungen gegen das Patent oder Gebrauchsmuster, die auf diesen Mangel gestützt sind, können nur vom wahren Rechtsinhaber, nicht aber von Dritten erhoben werden (→ § 20 Rn. 1 ff., 60 ff., 109 ff.). Diese müssen das Schutzrecht respektieren, auch wenn es in den Händen eines materiell Nichtberechtigten ist.

5   3. Patenterteilung und Gebrauchsmustereintragung sind **behördliche Akte**. Die förmliche Erklärung eines Privaten, eine Erfindung unter Schutz stellen zu wollen, begründet den Schutz nicht; sie ist rechtserheblich nur als **Antrag** an die zuständige Behörde **auf Erteilung** oder **Eintragung**. Allerdings wird *ohne* solchen Antrag kein Patent erteilt und kein Gebrauchsmuster eingetragen. Erst durch ihn wird das behördliche Verfahren in Gang gesetzt; durch seine Rücknahme wird es beendet. Eine Patenterteilung oder Gebrauchsmustereintragung von Amts wegen findet nicht statt.

6   Neben seiner verfahrensrechtlichen Wirkung hat der Antrag materiellrechtliche Bedeutung[2]. Er begründet, wenn er formgerecht gestellt ist und sein Gegenstand die der Vorprüfung unterliegenden Schutzvoraussetzungen erfüllt, einen **öffentlichrechtlichen Anspruch auf Erteilung oder Eintragung**. Die Entscheidung, sie zu gewähren oder zu versagen, steht nicht im Ermessen der Behörde, sondern richtet sich allein danach, ob die gesetzlichen Voraussetzungen der Gewährung erfüllt sind oder nicht.

7   Wirtschafts-, sozial- oder allgemeinpolitische Erwägungen haben dabei keinen Raum. Ungünstige Auswirkungen einer Erfindung auf Arbeitsmarkt, Umwelt, Energiehaushalt, Bestand herkömmlicher Gewerbezweige usw rechtfertigen es nicht, einer *patentierbaren* Erfindung den Schutz zu versagen. Noch weniger darf wegen (vermeintlich) günstiger Auswirkungen dieser Art eine Erfindung patentiert werden, die *nicht* patentierbar ist. Anders zu verfahren wäre nicht nur rechtswidrig, sondern überdies unsinnig. Mit der Patenterteilung oder -versagung wird ja nicht entschieden, ob die Erfindung benutzt werden darf und soll, sondern lediglich, ob ihre Erarbeitung und Offenlegung durch die Gewährung eines Ausschlussrechts belohnt und ihre Verwertung gefördert werden soll. Ob und inwieweit die Erfindung benutzt wird, entscheidet am Ende der Markt (vgl. → § 3 Rn. 65). Entsprechendes gilt für Gebrauchsmuster mit dem Unterschied, dass hier die Eintragung nicht einmal mangels Neuheit oder erfinderischen Schritts zu verweigern wäre.

---

[1] *Troller* Bd. I 75, spricht von einer „tatbeständlichen, vom Recht unterstützten, aber nicht gewährten Exklusivität".

[2] *Kohler* 272 ff., 279 ff. hat deshalb zwischen einer „prozessualen" und einer „zivilistischen" Anmeldung unterschieden. Die neuere Lehre sieht das mit Recht als gekünstelt und überflüssig an, vgl. *Bernhardt* 114 f.; *Götting* GewRS § 19 Rn. 2 f.; *Schäfers* in Benkard PatG § 34 Rn. 12a. Die Anmeldung ist ein einheitlicher Akt mit mehrfacher Wirkung, wobei die materiellrechtlichen Wirkungen auch vom Vorliegen der materiellen Schutzvoraussetzungen abhängen.

§ 22. Einführung, Überblick　　　　　　　　　　　　　　　　　　　　　　I § 22

Eine weitere materiellrechtliche Wirkung des Antrags besteht in der Festlegung des **Zeitrangs** des Schutzbegehrens. Er bestimmt sich nach der Einreichung des Antrags; unter bestimmten Voraussetzungen kommt diesem jedoch der Zeitrang, die **Priorität,** eines früher eingereichten Antrags zugute (→ Rn. 53 ff.). Vereinfachend kann in beiden Fällen das für den Zeitrang maßgebende Datum als **Prioritätsdatum** bezeichnet werden (vgl. Art. 2 xi PCT). Es entscheidet insbesondere darüber, nach welchem Stand der Technik die Schutzfähigkeit der Erfindung zu beurteilen ist. Mit dem Antrag muss deshalb eine hinreichende Darstellung seines Gegenstands, die **Offenbarung der Erfindung,** für die Schutz begehrt wird, verbunden sein. Die Zusammengehörigkeit von Erteilungs- oder Eintragungsantrag und Offenbarung kommt im Begriff der **Anmeldung** zum Ausdruck: Wer für eine Erfindung ein Patent oder Gebrauchsmuster erlangen will, muss sie beim Patentamt anmelden. 8

4. Bevor das DPMA oder das EPA ein **Patent** erteilen, prüfen sie nicht nur, ob eine formal ordnungsmäßige Anmeldung vorliegt, sondern auch, ob deren Gegenstand patentierbar ist, also eine gewerblich anwendbare Erfindung im patentrechtlichen Sinne darstellt, die neu ist, auf einer erfinderischen Tätigkeit beruht und nicht durch besondere Vorschrift vom Schutz ausgeschlossen ist.[3] Ohne **amtliche Vorprüfung** aller sachlichen Patentierungsvoraussetzungen wird weder vom DPMA noch vom EPA ein Patent erteilt. Der Vorteil dieses „Vorprüfungssystems" gegenüber einem „Registrierungssystem" (vgl. → § 1 Rn. 32 ff.) liegt darin, dass es – obwohl eine Überprüfung der Patentierbarkeit nach Patenterteilung möglich bleibt (→ Rn. 64 ff.) – für ein hohes Maß an Vertrauen in die Rechtsbeständigkeit der Patente sorgt[4]. 9

Freilich wird nicht jede beim DPMA oder EPA eingereichte Anmeldung umfassend geprüft. Zunächst erfolgt beim DPMA nur eine **vorläufige Prüfung** auf offensichtliche Mängel hinsichtlich der Formerfordernisse und einzelner sachlicher Schutzvoraussetzungen, im EPA eine **Eingangs- und Formalprüfung.** Eine **vollständige Prüfung,** die alle sachlichen Schutzvoraussetzungen einschließt, findet dagegen nur auf besonderen, **fristgebundenen und gebührenpflichtigen Prüfungsantrag** statt. Das gibt dem Anmelder die Möglichkeit, bis zum Ablauf der Antragsfrist zu überlegen, ob die Erfindung den Aufwand für die Prüfung lohnt. Nicht selten zeigt sich in dieser Zeit, dass die Erfindung technisch überholt, wirtschaftlich unergiebig oder angesichts des Standes der Technik wahrscheinlich nicht patentierbar ist. Der Anmelder wird in solchen Fällen oft von einem Prüfungsantrag absehen und damit die Anmeldung verfallen lassen. 10

Der Prüfungsantrag kann bereits mit der Anmeldung verbunden werden. Das ist zu beachten, wenn wie üblich von einer „aufgeschobenen Prüfung" gesprochen wird. Genau besehen handelt es sich darum, dass es von einem ausdrücklichen Antrag und der Zahlung einer besonderen, nicht unerheblichen Gebühr abhängt, ob die Anmeldung vollständig geprüft wird und wirksam bleibt oder nach einer bestimmten Zeit als zurückgenommen gilt. Ob es dabei zum Aufschub der Prüfung kommt, richtet sich nach dem Verhalten des Anmelders. 11

In der Ausgestaltung dieses Systems weichen PatG und EPÜ voneinander ab. Nach **deutschem Recht** steht für den Prüfungsantrag eine Frist von sieben Jahren ab Einreichung der Anmeldung zur Verfügung. Um seine Entschließung wegen des Antrags vorzubereiten, kann der Anmelder eine amtliche Ermittlung der für die Beurteilung der angemeldeten Erfindung einschlägigen öffentlichen Druckschriften (Recherche) herbeiführen. Doch ist der Prüfungsantrag auch ohne vorherige Recherche zulässig. Mit Rücksicht auf die Länge der Antragsfrist ist neben dem Anmelder auch jeder Dritte zum Antrag auf Recherche oder Prüfung berechtigt. 12

---

[3] Zur Anwendbarkeit von Eintragungsversagungsgründen auf DDR-Patente, die zwar noch unter DDR-PatG 1983 angemeldet, aber erst unter DDR-PatG 1990 erteilt worden sind, das besagte Eintragungsversagungsgründe nicht mehr enthielt, BPatG 29.4.2014, GRUR 2015, 61 (Ls.) – Adjuvanz für Grippe Impfstoff; BeckRS 2014, 16916.

[4] Dazu *Schade* GRUR 1971, 535–541.

§ 22 I 4. *Abschnitt. Entstehung und Wegfall von Patenten und Gebrauchsmustern*

13 Für eine **europäische Patentanmeldung,** die bestimmten formalen Mindesterfordernissen genügt, erstellt die zuständige Abteilung des EPA in jedem Fall von Amts wegen einen europäischen Recherchenbericht. Auf seine Veröffentlichung wird im europäischen Patentblatt hingewiesen. Damit beginnt die Prüfungsantragsfrist. Sie beträgt nur sechs Monate; regelmäßig wird sie daher kaum später als zwei bis drei Jahre nach Einreichung der europäischen Anmeldung ablaufen (vgl. Art. 94, R 70 EPÜ). Die vollständige amtliche Prüfung ist somit weit weniger lange aufschiebbar als im Verfahren vor dem DPMA. Damit hängt zusammen, dass vor dem EPA nur der Anmelder den Prüfungsantrag stellen kann. Der Recherchenbericht erleichtert es ihm, sich kurzfristig zu entscheiden.

14 Die Unterschiede der deutschen und europäischen Regelung erklären sich daraus, dass jene vor allem das Amt von Prüfungsarbeit entlasten will, während beim EPA dieses Anliegen weniger vordringlich erschien und im Bereich der Recherche die erheblichen Kapazitäten zur Verfügung standen, die sich das EPA mit dem ehemaligen Internationalen Patentinstitut in Den Haag eingliederte (vgl. Abschnitt I des Zentralisierungsprotokolls zum EPÜ).

15 5. Im Unterschied zur Patenterteilung erfolgt die Eintragung von **Gebrauchsmustern** durch das DPMA **ohne vollständige Vorprüfung** bereits dann, wenn die Anmeldung den formalen Anforderungen entspricht; eine Prüfung auf Neuheit, erfinderischen Schritt und gewerbliche Anwendbarkeit schließt das GebrMG ausdrücklich aus (→ § 1 Rn. 54). Deshalb führt eine formal ordnungsgemäße Anmeldung im Regelfall schon nach wenigen Monaten zur Eintragung.

16 Eine umfassende Prüfung der sachlichen Schutzvoraussetzungen kann erst durch einen Antrag auf Löschung herbeigeführt werden (§§ 15 ff. GebrMG). Eine Recherche findet nur auf Antrag statt (§ 7 GebrMG).

17 Nach Eintragung eines Gebrauchsmusters ist deshalb die Gefahr, dass sich die Erfindung, auf die es sich bezieht, nachträglich als schutzunfähig erweist, erheblich größer als nach Erteilung eines Patents (vgl. → § 1 Rn. 57 ff.).

18 6. Nach einem Grundprinzip des Patent- und Gebrauchsmusterrechts wird einer Erfindung nur um den Preis ihrer **öffentlichen Bekanntgabe** Schutz gewährt. Damit wird nicht nur die Publizität der an technischen Problemlösungen bestehenden Ausschlussrechte gewährleistet, sondern auch allgemein eine breite Information über technische Neuerungen bezweckt. Eine Ausnahme gilt für Erfindungen, die im Staatsinteresse geheim zu halten sind. Ihre Patentierung oder Gebrauchsmustereintragung erfolgt ohne jede Veröffentlichung (§§ 54, 50 Abs. 1 PatG, § 9 GebrMG).

19 Bevor das System der „aufgeschobenen Prüfung" im deutschen Patentrecht eingeführt wurde, veröffentlichte das Amt eine zum Patent angemeldete Erfindung erst dann, wenn es bei vollständiger Prüfung kein Schutzhindernis gefunden hatte. Mit dieser ersten Veröffentlichung traten einstweilen – dh vorbehaltlich erfolgreichen Einspruchs Dritter – bereits die vollen Wirkungen des Patents ein. Der Anmelder brauchte also sein Geheimnis nur Zug um Zug gegen Gewährung eines Verbietungsrechts aufzugeben. Die Information der Öffentlichkeit erfolgte dabei freilich umso später, je länger die amtliche Vorprüfung dauerte. Im Zusammenhang mit der Schaffung der Möglichkeit, die Prüfung aufzuschieben, wurde deshalb dafür gesorgt, dass die Patentanmeldungen unabhängig vom Abschluss ihrer Prüfung frühzeitig, nämlich **18 Monate nach dem Prioritätstag** veröffentlicht werden. Dies gilt sowohl für Anmeldungen beim DPMA als auch für europäische Anmeldungen.

20 **Vollen Schutz** gewährt jedoch das deutsche Recht nach wie vor erst, nachdem die amtliche Prüfung ergeben hat, dass alle Patentierungsvoraussetzungen erfüllt sind. In diesem Fall wird nach geltendem deutschem wie nach europäischem Recht – ohne dass Dritte vorher Einspruch erheben können – das **Patent erteilt.** Um den Anmelder in der Zeit zwischen der Veröffentlichung der Anmeldung und der Erteilung des Patents nicht ohne jeden Ausgleich für den Verlust der Geheimhaltungsmöglichkeit zu lassen, gewährt ihm das

§ 22. Einführung, Überblick

deutsche Recht einen **Anspruch auf angemessene Entschädigung** – jedoch keinen Unterlassungsanspruch – gegen Benutzer der angemeldeten Erfindung. Insofern hat die Veröffentlichung der nicht voll geprüften Anmeldung bereits eine abgeschwächte Schutzwirkung, deren Bestand jedoch davon abhängt, dass später ein (gültiges) Patent erteilt wird. Der vorläufige Schutz ist für europäische Anmeldungen, soweit sie für die Bundesrepublik Deutschland Patentschutz begehren, der gleiche wie für nationale Anmeldungen beim DPMA.

Das EPÜ bestimmt zwar grundsätzlich, dass europäische Anmeldungen bereits von ihrer Veröffentlichung an vollen Patentschutz gewähren (Art. 67 Abs. 1, 64 Abs. 1 EPÜ); doch ist den Vertragsstaaten im Rahmen des Art. 67 Abs. 2 EPÜ gestattet, einen schwächeren Schutz vorzusehen; davon hat der deutsche Gesetzgeber Gebrauch gemacht, um europäische Anmeldungen für Deutschland deutschen Anmeldungen gleichzustellen (Art. II § 1 IntPatÜG). 21

Zum **Gebrauchsmuster**schutz angemeldete Erfindungen werden der Öffentlichkeit erst **nach Eintragung** zugänglich gemacht (§ 8 Abs. 3, 5 GebrMG), mit der die volle Schutzwirkung eintritt, so dass es keines vorläufigen Schutzes bedarf. Da die Eintragung meist in kurzer Frist zu erlangen ist, kann für Erfindungen, die ihrer Art nach dem Gebrauchsmusterschutz zugänglich sind, durch Einreichung einer Gebrauchsmusteranmeldung vollwirksamer, insbesondere ein Verbietungsrecht einschließender Schutz oft wesentlich früher erreicht werden als mittels Patentanmeldung. Diesen Vorteil kann auch nutzen, wer für die gleiche Erfindung ein Patent anstrebt (→ Rn. 58 f.). 22

7. Ergibt die Prüfung einer **Patentanmeldung** einen Formmangel oder hat das Amt Bedenken hinsichtlich der Patentierbarkeit, erhält der Anmelder Gelegenheit zur Beseitigung des Mangels oder zur Stellungnahme. Das Amt **weist die Anmeldung zurück,** wenn der Mangel nicht beseitigt wird oder die Bedenken nicht auszuräumen sind. Zur Zurückweisung kann es bereits auf Grund der vorläufigen Prüfung im DPMA oder der Eingangs- und Formalprüfung im EPA oder später auf Grund der antragsabhängigen Vollprüfung kommen. War die zurückgewiesene Anmeldung bereits veröffentlicht, entfällt rückwirkend der hierdurch begründete vorläufige Schutz; unberührt bleibt dagegen die neuheitsschädliche Bedeutung des Anmeldungsinhalts im Verhältnis zu jüngeren Patentgesuchen (§ 3 Abs. 2 PatG, Art. 54 Abs. 3 EPÜ). 23

Gebrauchsmusteranmeldungen unterliegen nur einer beschränkten Prüfung und können nur wegen Mängel der hiervon umfassten Anforderungen (→ Rn. 15 ff.) zurückgewiesen werden. 24

Gegen die Zurückweisung der Anmeldung kann der Anmelder **Beschwerde** beim BPatG bzw. der Beschwerdekammer des EPA einlegen. Diese können, wenn sie im Fall einer Patentanmeldung die Beschwerde als begründet und alle Voraussetzungen für die Erteilung des beantragten Patents als erfüllt ansehen, ohne Zurückverweisung an das Amt selbst auf Erteilung entscheiden. Entsprechendes gilt im Fall einer Gebrauchsmusteranmeldung, wenn das BPatG die Beschwerde als begründet und alle vor der Eintragung zu prüfenden Anforderungen als erfüllt ansieht.

II. Wege zum Patent- und Gebrauchsmusterschutz

Die Möglichkeit der internationalen Anmeldung nach dem PCT und der Erteilung europäischer Patente durch das EPA eröffnet vor allem denjenigen, die im europäischen Raum Patentschutz anstreben, mehrere Wege[5]. PCT und EPÜ sind aufeinander abgestimmt. Das Patentrecht der Bundesrepublik Deutschland ist beiden angepasst und durch das IntPatÜG mit beiden verknüpft. Mittels internationaler Anmeldung gemäß dem PCT kann in Deutschland auch Gebrauchsmusterschutz beantragt und erlangt werden (Art. 2ii, 43, 44, R 4.9 (a) ii, 49bis.1 PCT). 25

---

[5] S. *Beier* EPÜ-GK 1. Lfg. 51, 75 ff.

a) Nationale Anmeldung

26 1. Der herkömmliche Weg, die Erteilung eines **Patents** zu beantragen, besteht darin, dass in jedem Staat, für dessen Gebiet Schutz angestrebt wird, bei der dort zuständigen Behörde gemäß den Vorschriften des dort geltenden (des „nationalen") Rechts eine Patentanmeldung eingereicht wird. In der **Bundesrepublik Deutschland** ist die Befähigung hierzu unabhängig von Staatsangehörigkeit, Wohnsitz, Sitz oder Niederlassung des Anmelders. In **ausländischen Staaten,** die Verbandsstaaten der **Pariser Union** oder Mitglieder der **WTO** sind, können Personen, die einem anderen dieser Staaten angehören oder in dessen Gebiet ihren Wohnsitz oder eine Geschäftsniederlassung haben, Patentanmeldungen auch dann nach den für die Angehörigen des Anmeldestaats geltenden Vorschriften einreichen (Art. 2, 3 PVÜ, 3 Abs. 1, 1 Abs. 3 TRIPS-Ü), wenn ansonsten dessen nationale Vorschriften die Anmeldeberechtigung von Ausländern einschränken oder gar ausschließen.

27 In Staaten, die weder der Pariser Union noch der WTO angehören, richtet sich die Anmeldeberechtigung von Ausländern, soweit nicht Staatsverträge etwas anderes bestimmen, nach den fremdenrechtlichen Vorschriften der nationalen Gesetzgebung, die dabei Ausländer auch schlechter stellen kann als Inländer.

28 Die Erteilung des Patents erfolgt in allen diesen Fällen durch die **nationale Behörde,** sofern die von der nationalen Gesetzgebung geforderten Voraussetzungen erfüllt sind.

29 2. Das Recht, ein **Gebrauchsmuster** anzumelden, haben in Deutschland ohne Einschränkung auch ausländische Anmelder. Soweit in anderen Verbandsstaaten der Pariser Union Gebrauchsmuster vorgesehen sind, können diese von Personen, die einem anderen Verbandsstaat angehören oder dort ihren Wohnsitz oder eine Geschäftsniederlassung haben, unter den gleichen Voraussetzungen beantragt und erlangt werden wie von den eigenen Angehörigen des betreffenden Verbandsstaats (Art. 2, 3, 1 Abs. 2 PVÜ). Dagegen bezieht sich das TRIPS-Übereinkommen nicht auf Gebrauchsmuster.

b) Europäische Patentanmeldung

30 Nach dem EPÜ kann mit *einer* europäischen Anmeldung Patentschutz für alle in der Anmeldung benannten, derzeit also für bis zu 34 Vertragsstaaten erreicht werden; gemäß Erstreckungsabkommen, die die EPO geschlossen hat, ist seine Ausdehnung auf derzeit bis zu vier weitere Staaten möglich (→ § 7 Rn. 58 ff.). Auf Staatsangehörigkeit, Wohnsitz, Sitz oder Niederlassung des Anmelders kommt es für die Anmeldeberechtigung nicht an.

31 Die europäische Anmeldung kann direkt beim EPA oder nach Maßgabe des nationalen Rechts der Vertragsstaaten bei Behörden dieser Staaten eingereicht werden, die sie dann (grundsätzlich, s. Art. 77 EPÜ) dem EPA übermitteln müssen. Über die **Erteilung** des Patents entscheidet für alle benannten Staaten **zentral das EPA** einheitlich nach EPÜ-Maßstäben.

c) Internationale Anmeldung[6]

32 1. Gemäß dem PCT kann durch *eine* internationale Anmeldung für alle darin als „Bestimmungsstaaten" bezeichneten Vertragsstaaten (Art. 4ii PCT) die **Wirkung je einer nationalen Anmeldung** herbeigeführt werden (Art. 11 Abs. 3 PCT). Über die Erteilung entscheidet jedoch für jeden benannten Staat die dort zuständige nationale (gegebenenfalls auch „regionale", Art. 2 xii PCT) Behörde, das „Bestimmungsamt". Am 1.6.2008 gehörten dem PCT 139 Staaten an, darunter alle Vertragsstaaten des EPÜ.

---

[6] Dazu eingehend *Gall; Rippe; Köllner; Gruber/von Zumbusch/Haberl/Oldekop;* außerdem insbes. *Ullmann* in Benkard Internationaler Teil Rn. 81 ff.; *Beier* EPÜ-GK 1. Lfg. 51, 69 ff.; *Reischle* Mitt. 2004, 529–534. – Einzelheiten im umfangreichen Leitfaden für PCT-Anmelder, deutsche Fassung herausgegeben vom DPMA.

§ 22. Einführung, Überblick

Internationale Anmeldungen kann einreichen, wer einem PCT-Staat oder gleichgestellten Staat angehört oder in einem solchen Staat seinen Sitz oder Wohnsitz hat (Art. 9 Abs. 1, 2 PCT). Die Einreichung erfolgt beim zuständigen Anmeldeamt; das ist das nationale Amt des Staats, dem der Anmelder angehört oder in dem er seinen Sitz oder Wohnsitz hat (Heimatstaat des Anmelders),[7] ein für diesen Staat handelndes „regionales" Amt (wie das EPA) oder das Internationale Büro der WIPO (Art. 10 und 2 xii, xv, xviii, xix, R 19.1 PCT). Anmelder aus EPÜ-Staaten können demgemäß das nationale Amt ihres Heimatstaats, das EPA (Art. 151 EPÜ) oder das Internationale Büro als Anmeldeamt benutzen. 33

Die Regeln über die Bestimmung der Vertragsstaaten, für die die Anmeldung gelten soll, wurden mit Wirkung vom 1.1.2004 vereinfacht. In Anmeldungen, die nach diesem Zeitpunkt eingereicht sind, gelten alle Staaten als benannt, die dem PCT zur Zeit der Einreichung angehören (R 4.9 (a) PCT). Die früher verlangte Bestimmungsgebühr ist in die internationale Anmeldegebühr (jetzt 1.400 CHF) einbezogen. Für welche Staaten die internationale Anmeldung wirksam bleibt, entscheidet sich beim Eintritt in die „nationale Phase" (→ Rn. 41 ff.). 34

2. Das Anmeldeamt erkennt der Anmeldung ein **internationales Anmeldedatum** zu, wenn sie einigen Mindesterfordernissen genügt (Art. 11 Abs. 1, 2 PCT). Es prüft die Anmeldung auf bestimmte **Formmängel;** werden festgestellte Mängel nicht beseitigt, erklärt es die Anmeldung für zurückgenommen (Art. 14 Abs. 1 PCT)[8]. Eine Anmeldung, der kein internationales Anmeldedatum zuerkannt oder die für zurückgenommen erklärt wird, kann jedoch in den Bestimmungsstaaten nach nationalem Recht weiterverfolgt werden (Art. 25, 24 Abs. 2 PCT; Art. III § 5 IntPatÜG). Die letzte Entscheidung bleibt somit auch bei Anmeldungen, die das Anmeldeamt als mangelhaft ansieht, den Bestimmungsämtern vorbehalten. 35

Von den formal ordnungsgemäßen Anmeldungen übermittelt das Anmeldeamt je ein Exemplar dem Internationalen Büro (wenn dieses nicht selbst Anmeldeamt ist) und der Internationalen Recherchenbehörde (Art. 12 PCT). Als Internationale Recherchenbehörden sind einige entsprechend ausgerüstete nationale Patentämter[9] und das EPA[10] eingesetzt (Art. 16, R 34, 36 PCT). Jedes Anmeldeamt bestimmt, welche Recherchenbehörde(n) für die bei ihm eingereichten internationalen Anmeldungen zuständig ist (sind) (R 35 PCT). Für die internationalen Anmeldungen beim DPMA oder EPA ist Internationale Recherchenbehörde das EPA. 36

Gleichzeitig mit dem internationalen Recherchenbericht erstellt die Recherchenbehörde für Anmeldungen, die nach dem 1.1.2004 eingereicht sind, einen *schriftlichen Bescheid* darüber, ob die beanspruchte Erfindung iSd Art. 33 Abs. 2–4 PCT als neu, auf erfinderischer Tätigkeit beruhend und gewerblich anwendbar anzusehen ist (R 43bis.1 (a) PCT). 37

Der schriftliche Bescheid, in dem sich die Recherchenbehörde zur Schutzfähigkeit äußert, wird nicht veröffentlicht. Wenn kein vorläufiger internationaler Prüfungsbericht (→ Rn. 45 ff.) erstellt wird oder erstellt werden soll, wird der schriftliche Bescheid nach R 44bis.1 PCT als „internationaler vorläufiger Bericht zur Patentfähigkeit (Kapitel I des [PCT])" unverzüglich dem Anmelder übermittelt. Die Bestimmungsämter erhalten ihn nicht vor Ablauf von 30 Monaten ab Prioritätsdatum, wenn nicht der Anmelder wünscht, 38

---

[7] Für die Entrichtung von Gebühren für PCT-Anmeldungen an das DPMA als Anmeldeamt gelten das PatKostG und die PatKostZV, vgl. BPatG 8.7.2004, BlPMZ 2005, 80.
[8] Wenn das DPMA als Anmeldeamt gehandelt hat, ist Beschwerde zum BPatG zulässig, BPatG 8.12.1980, BPatGE 23, 146.
[9] Nämlich diejenigen Australiens, Chinas, Japans, Österreichs, der Russischen Föderation, Schwedens, Spaniens und der USA (BlPMZ 2002, 189).
[10] Zur Tätigkeit des EPA bei Recherche und Prüfung gemäß dem PCT Art. 152 EPÜ und die Neue Vereinbarung zwischen der EPO und dem Internationalen Büro der WIPO über die Aufgaben des EPA als Internationale Recherchenbehörde und mit der internationalen vorläufigen Prüfung beauftragte Behörde nach dem PCT vom 18./24.10.2007 ABl. EPA 2007, 617.

§ 22 II   4. Abschnitt. Entstehung und Wegfall von Patenten und Gebrauchsmustern

dass der Eintritt in die „nationale Phase" früher erfolgt (R 44bis.2). Nach Ablauf der genannten Frist sind der schriftliche Bescheid und der vorläufige Bericht beim Internationalen Büro gem. R 44ter.1, 94.1 zugänglich.[11]

39 Die Anmeldung und der Recherchenbericht werden vom Internationalen Büro den Bestimmungsämtern übermittelt und spätestens 18 Monate nach dem Prioritätsdatum veröffentlicht (Art. 20, 21 PCT). Die Veröffentlichung begründet nach Maßgabe des nationalen Rechts einen vorläufigen Schutz des Gegenstands der Anmeldung (Art. 29 PCT; für Deutschland: Art. III § 8 IntPatÜG).

40 3. Die weitere Behandlung der Anmeldung liegt dann – vorbehaltlich der Möglichkeit einer internationalen vorläufigen Prüfung (→ Rn. 45 ff.) – bei den Bestimmungsämtern („nationale Phase").

41 Anmeldungen, die nach dem 1.1.2004 eingereicht sind, umfassen nach R 4.9 (a) iii die Erklärung, dass für die dem EPÜ angehörenden PCT-Staaten ein europäisches Patent beantragt wird. Insoweit ist das EPA Bestimmungsamt („Euro-PCT-Anmeldung", Art. 153 EPÜ). „Nationales Recht" des EPA ist das EPÜ (Art. 2x PCT). Daneben wirkt die internationale Anmeldung auch als Antrag auf Erteilung eines nationalen Patents in denjenigen EPÜ-Staaten, die nicht gem. Art. 45 Abs. 2 PCT ausgeschlossen haben, dass die PCT-Anmeldung als nationale Anmeldung behandelt wird.[12]

42 Die Weiterbehandlung setzt voraus, dass dem einzelnen Bestimmungsamt spätestens **30 Monate**[13] nach dem Prioritätsdatum die internationale Anmeldung und – soweit nach nationalem Recht erforderlich – deren **Übersetzung** vorliegen (Art. 22 PCT; Art. III § 4 IntPatÜG; Art. 153 Abs. 4 EPÜ) und die national vorgeschriebenen **Gebühren** entrichtet werden. Vor Ablauf der genannten Frist darf kein Bestimmungsamt die Anmeldung prüfen oder bearbeiten, ohne dass der Anmelder dies wünscht (Art. 23 PCT). Erfüllt ein nationales Amt schuldhaft nicht eine Anforderung des PCT-Fristenregimes, kann dies eine Laufzeit des nationalen Patents um die Dauer einer etwaigen Säumnis verlängern; so für das USPTO ausdrücklich der U.S. CAFC.[14]

43 Das Bestimmungsamt prüft die Anmeldung und entscheidet nach nationalem Recht über die Erteilung des Schutzrechts. Dabei dürfen hinsichtlich **Form und Inhalt** der Anmeldung **keine strengeren Anforderungen** gestellt werden als die des PCT und seiner Ausführungsordnung (Art. 27 Abs. 1 PCT). Dagegen sind die Vertragsstaaten frei in der Gestaltung und Prüfung der *sachlichen* Voraussetzungen der Schutzfähigkeit, insbesondere der Bestimmung des maßgebenden Standes der Technik (Art. 27 Abs. 5 PCT).

44 4. Auf besonderen Antrag des Anmelders (Art. 31 PCT) kann eine **internationale vorläufige Prüfung** erfolgen. Sie führt zu einem **nicht bindenden Gutachten** darüber, ob die beanspruchte Erfindung als neu, auf erfinderischer Tätigkeit beruhend und gewerblich anwendbar anzusehen ist (Art. 33 PCT).

45 Der Antrag kann nach R 54bis.1 PCT gestellt werden bis zum Ablauf von 3 Monaten nach dem Tag, an dem der Recherchenbericht und der Bescheid über die Schutzfähigkeit (→ Rn. 36) dem Anmelder übermittelt worden sind, oder von 22 Monaten ab Prioritätsdatum. Werden beide Fristen versäumt, gilt der Antrag als nicht gestellt. Ist er rechtzeitig gestellt, darf die Prüfung nur auf ausdrücklichen Antrag des Anmelders vor Ablauf der genannten Fristen begonnen werden (R 69.1 [a]).

---

[11] *Reischle* Mitt. 2004, 529 (530).
[12] Belgien, Frankreich, Griechenland, Irland, Italien, Monaco, die Niederlande, Slowenien, Zypern; s. *Hesper/Quarch* in Singer/Stauder Art. 153 Rn. 70.
[13] Die Frist wurde durch Beschluss der Versammlung des PCT-Verbands vom 2.10.2001 (BGBl. 2002 II 727 (728)) mit Wirkung vom 1.4.2002 von 20 auf 30 Monate verlängert. Einige PCT-Staaten haben diese Verlängerung nicht anerkannt. Soweit es sich dabei um EPÜ-Staaten handelt und das EPA als Bestimmungsamt tätig wird, gilt jedoch auch für sie die längere Frist, die beim EPA gem. Art. 2 Abs. 3 PCT, R 159 (1) EPÜ 31 Monate beträgt.
[14] CAFC 6.2.2018, GRUR-Int 2018, 817 – Actelion v. USPTO.

§ 22. Einführung, Überblick

Im Antrag ist anzugeben, in welchen der Bestimmungsstaaten der internationalen Anmeldung das Prüfungsergebnis verwendet werden soll („ausgewählte Staaten"). Das EPA wird nach Maßgabe des Art. 153 EPÜ als ausgewähltes Amt tätig. 46

Die Prüfung wird durch die hiermit beauftragte Behörde durchgeführt (Art. 32, R 59 PCT); das ist wiederum ein entsprechend ausgerüstetes nationales Amt[15] oder – so für internationale Anmeldungen beim DPMA oder EPA – das EPA[16]. Prüfungsmaßstab sind die im PCT definierten Kriterien der Neuheit, erfinderischen Tätigkeit und gewerblichen Anwendbarkeit (Art. 33 Abs. 2–4, R 64, 65 PCT). Den Vertragsstaaten steht es jedoch frei, diese Schutzvoraussetzungen anders zu bestimmen (Art. 33 Abs. 5 PCT). 47

Der von der Recherchenbehörde erstellte schriftliche Bescheid über die Schutzfähigkeit (→ Rn. 36 ff.) wird der beauftragten Behörde, wenn er nicht von ihr selbst stammt, durch das Internationale Büro zugeleitet (R 62.1i PCT). Er gilt grundsätzlich als (erster) schriftlicher Bescheid der Prüfungsbehörde (R 66.1^{bis} PCT). 48

Der internationale vorläufige Prüfungsbericht wird dem Anmelder und dem Internationalen Büro übermittelt, das ihn – falls erforderlich mit Übersetzung – den ausgewählten Ämtern übersendet. Er dient diesen bei ihrer Entscheidung als Information, bindet sie aber nicht. Er ist vertraulich zu behandeln, wird also nicht veröffentlicht (Art. 38 PCT).

5. **Vorteile** des PCT-Wegs für den **Anmelder** liegen darin, dass dieser sich durch *eine* Anmeldung den Zeitrang für zahlreiche Staaten sichern kann und erst nach geraumer Zeit – regelmäßig in Kenntnis des Recherchenberichts und des zugehörigen schriftlichen Bescheids über die Schutzfähigkeit, uU auch eines Prüfungsberichts – zu entscheiden braucht, für welche Staaten es zweckmäßig ist, die nationalen Gebühren und Übersetzungskosten aufzuwenden. Soweit er die Anmeldung weiterverfolgt, kommt ihm zugute, dass die formgerechte internationale Anmeldung in allen Bestimmungsstaaten als formgerecht anerkannt wird. 49

Für die **Bestimmungsämter** ergibt sich aus der internationalen Recherche und gegebenenfalls einer internationalen vorläufigen Prüfung eine **Arbeitserleichterung,** namentlich wenn die Schutzvoraussetzungen des vom Bestimmungsamt anzuwendenden Rechts den Maßstäben des PCT angepasst sind, wie es im PatG und EPÜ der Fall ist. 50

Durch die seit 2004 geltende Einführung des schriftlichen Bescheids und des darauf beruhenden vorläufigen Berichts der Recherchenbehörde über die Schutzfähigkeit (→ Rn. 36 ff.) sollen die mit der vorläufigen Prüfung beauftragten Behörden, insbesondere das EPA und das US-Patent- und Markenamt, entlastet werden. Dem entspricht jedoch eine Reduzierung des Entlastungseffekts für die Bestimmungsämter,[17] weil dem Bescheid und dem vorläufigen Bericht eine weniger eingehende Prüfung zugrunde liegt als dem gem. Kapitel II (Art. 31 ff.) des PCT erstellten Prüfungsbericht. 51

d) Prioritäten und Abzweigung

1. Wer in einem Verbandsland der Pariser Union die Anmeldung für ein Patent oder Gebrauchsmuster vorschriftsmäßig hinterlegt hat, genießt für die Anmeldung eines Patents oder – soweit vorgesehen – Gebrauchsmusters in den anderen Verbandsländern ein Prioritätsrecht nach Maßgabe des Art. 4 PVÜ, die **Unionspriorität.** 52

Das Prioritätsrecht wird auch durch die Anmeldung für einen *Erfinderschein* begründet, wenn im Anmeldeland die Anmelder das Recht haben, nach ihrer Wahl ein Patent oder einen Erfinderschein zu verlangen (Art. 4 I Abs. 1 PVÜ). 53

---

[15] Beauftragte Behörden sind die Patentämter Australiens, Chinas, Japans, Österreichs, der Russischen Föderation, Schwedens und der USA (BlPMZ 2002, 189).
[16] Maßgebend ist die Neue Vereinbarung zwischen der EPO und dem Internationalen Büro der WIPO über die Aufgaben des EPA als Internationale Recherchenbehörde und mit der internationalen vorläufigen Prüfung beauftragte Behörde nach dem PCT vom 18./24.10.2007, ABl. EPA 2007, 617.
[17] Teilw. krit. deshalb *Reischle* Mitt. 2004, 529 (531 f., 534).

§ 22 II 4. *Abschnitt. Entstehung und Wegfall von Patenten und Gebrauchsmustern*

54 Das Prioritätsrecht kann für Anmeldungen ausgeübt werden, die innerhalb von **12 Monaten** nach der ersten prioritätsbegründenden Anmeldung eingereicht werden (Art. 4 C PVÜ). Seine **Wirkung** besteht darin, dass Tatsachen wie namentlich eine Veröffentlichung, Benutzung oder anderweitige Anmeldung der Erfindung, die im Zeitraum zwischen Erst- und Nachanmeldung (Prioritätsintervall) eintreten, die Wirksamkeit der Nachanmeldung nicht beeinträchtigen können (Art. 4 B PVÜ).

55 2. Das Prioritätsrecht wird durch die erste Anmeldung begründet, die in wenigstens einem Verbandsland die Wirkung einer **vorschriftsmäßigen nationalen Anmeldung** hat. Diese Bedeutung kann auf dem nationalen Recht des Anmeldestaates, aber auch auf Verträgen zwischen Verbandsländern beruhen (Art. 4 A Abs. 2 PVÜ). So stehen **internationale Anmeldungen,** die den Voraussetzungen für die Zuerkennung eines Anmeldedatums genügen, und **europäische Anmeldungen,** denen ein Anmeldetag zuerkannt worden ist, vorschriftsmäßigen nationalen Anmeldungen im Sinne der PVÜ gleich (Art. 11 Abs. 4 PCT, 66 EPÜ). Die Unionspriorität kann *auf Grund* einer solchen Anmeldung, wenn es sich um die *erste* für ein Verbandsland wirkende Anmeldung der Erfindung handelt, ebenso beansprucht werden wie auf Grund nationaler Anmeldung in einem Verbandsland.

56 3. *Für* eine internationale Anmeldung kann nach Maßgabe von Art. 8 PCT, 4 PVÜ die Priorität einer früheren für ein Verbandsland der PVÜ wirkenden Patent-, Gebrauchsmuster- oder Erfinderscheinanmeldung, für eine europäische Patentanmeldung nach Maßgabe von Art. 87, 88 EPÜ die Priorität einer früheren für einen Vertragsstaat der PVÜ oder der WTO wirkenden Patent- oder Gebrauchsmusteranmeldung[18] beansprucht werden. Prioritätsbegründend wirkt demgemäß auch eine frühere internationale oder europäische Anmeldung. Dies gilt grundsätzlich für alle in einer solchen Anmeldung benannten Staaten, auch diejenigen, auf die sich bereits die Voranmeldung bezieht[19].

57 4. Für eine Patent- oder Gebrauchsmusteranmeldung beim DPMA kann nach § 40 PatG, § 6 GebrMG die **„innere Priorität"** einer nicht länger als 12 Monate zurückliegenden deutschen Patent- oder Gebrauchsmusteranmeldung in ähnlicher Weise wie eine Unionspriorität beansprucht werden. Die prioritätsbegründende Patent- bzw. Gebrauchsmusteranmeldung gilt dabei als zurückgenommen, wenn die Nachanmeldung ebenfalls auf ein Patent bzw. Gebrauchsmuster gerichtet ist (§ 40 Abs. 5 PatG, § 6 Abs. 1 S. 2 GebrMG).

58 5. Von der Inanspruchnahme einer Priorität ist die bei **Gebrauchsmuster**anmeldungen mögliche **„Abzweigung"** zu unterscheiden: Wer mit Wirkung für die Bundesrepublik Deutschland eine Erfindung zum Patent angemeldet hat, kann nach § 5 GebrMG für eine spätere Gebrauchsmusteranmeldung **derselben Erfindung** – sofern diese ihrer Art nach gebrauchsmusterfähig, also insbesondere keine Verfahrenserfindung und keine biotechnologische Erfindung ist – den **Anmeldetag der Patentanmeldung** in Anspruch nehmen. Für die Laufzeit des Gebrauchsmusters ist dann nicht wie bei einer Prioritätsbeanspruchung der Tag der Nachanmeldung, sondern derjenige der Patentanmeldung maßgebend. Dass für diese bereits eine Priorität beansprucht wurde, hindert die Abzweigung nicht; vielmehr kommt die beanspruchte Priorität auch der Gebrauchsmusteranmeldung zugute. Die Abzweigung ist nicht an die zwölfmonatige Prioritätsfrist gebunden, sondern innerhalb eines Zeitraums zulässig, der einerseits durch die Erledigung der Patentanmeldung und etwaiger Einsprüche, andererseits durch die für Gebrauchsmuster geltende zehnjährige Höchstlaufzeit bestimmt wird (§ 5 Abs. 1 S. 3 GebrMG).

---

[18] Erfinderscheinanmeldungen sind im EPÜ 2000 nicht mehr als prioritätsbegründend erwähnt.
[19] Sog. Selbstbenennung des Staates der prioritätsbegründenden Anmeldung; vgl. *Asendorf* GRUR 1985, 577 ff. – Aus Art. 8 Abs. 2 (b) PCT kann sich in Verbindung mit dem nationalen Recht, auf das er verweist, in bestimmten Fällen ergeben, dass für die Selbstbenennung keine Priorität in Anspruch genommen werden kann. – Für europäische Nachanmeldungen vgl. BGH 20.12.1981, BGHZ 82, 88 – Roll- und Wippbrett. Näheres → § 24 Rn. 117 ff.

§ 22. Einführung, Überblick III **§ 22**

Die Abzweigung hat **Vorteile** insbesondere in Fällen, in denen ein Patentanmelder rasch   59
ein vollwirksames Verbietungsrecht benötigt oder die patentrechtlichen Schutzvoraussetzungen nicht erfüllt sind, aber die gebrauchsmusterrechtlichen als erfüllbar erscheinen (vgl. → § 1 Rn. 67).

Die großzügig gewährte Abzweigungsmöglichkeit rechtfertigt sich daraus, dass sie das ursprüngliche Schutzbegehren nicht erweitert. Deshalb kommt sie in umgekehrter Richtung, dh vom kürzer- zum längerlaufenden Schutzrecht nicht in Betracht.

III. Wegfall des Patents

a) Beendigung ohne Rückwirkung

1. Das **Erlöschen** des Patents tritt mit dem Ende der **Laufzeit**, also **20 Jahre** nach   60
Anmeldung ein. Schon vorher erlischt das Patent, wenn eine fällige **Jahresgebühr** nicht rechtzeitig bezahlt wird oder der Patentinhaber gegenüber dem Patentamt einen schriftlichen **Verzicht** erklärt. Vielfach lässt der Inhaber das Patent ohne förmlichen Verzicht verfallen, indem er die Zahlung der Jahresgebühren einstellt.

Europäische Patente erlöschen am Ende ihrer 20-jährigen Laufzeit für alle Vertragsstaaten, für die sie erteilt sind. Dagegen wirkt das Unterbleiben rechtzeitiger Zahlung von Aufrechterhaltungsgebühren, da diese nach Patenterteilung an die nationalen Ämter zu entrichten sind, nur für den Vertragsstaat, den es betrifft. Ebenso erlischt bei Verzichtserklärung gegenüber dem DPMA das europäische Patent nur für Deutschland. Ein Patentverzicht gegenüber dem EPA ist nicht möglich.

Die Schutzwirkung von Patenten auf Arzneimittel und Pflanzenschutzmittel kann durch **ergän-**   61
zende Schutzzertifikate, die auch bei europäischen Patenten durch Behörden der Vertragsstaaten erteilt werden, um maximal fünf Jahre (bei Kinderarzneimitteln um weitere sechs Monate) über das Ende der regulären Laufzeit hinaus aufrechterhalten werden.

Für **Gemeinschaftspatente** ist in Art. 26 des Verordnungsvorschlags eine zentrale Verzichtserklärung gegenüber dem EPA vorgesehen.

2. Patente des DPMA können auch dadurch erlöschen, dass die **Erfinderbenennung** nicht recht-   62
zeitig erfolgt, sofern das Amt die Frist hierfür ausnahmsweise über die Patenterteilung hinaus verlängert hat. Bei europäischen Patenten kann es zu einem Erlöschen aus diesem Grund nicht kommen, da die Erfinderbenennung in jedem Fall vor Erteilung erfolgen muss.

3. Die Wirkung eines vom DPMA erteilten Patents kann auch infolge des **Verbots des**   63
Doppelschutzes enden, wonach nicht für dieselbe Erfindung ein deutsches und ein mit Einsprüchen nicht mehr angreifbares europäisches Patent mit gleichem Zeitrang bestehen dürfen (Art. II § 8 Int. PatÜG, Art. 139 Abs. 3 EPÜ).

b) Rückwirkende Beseitigung

1. Auf **Einspruch,** der gegen Patente des DPMA innerhalb von drei, gegen europäische   64
Patente innerhalb von neun Monaten nach Erteilung erhoben werden kann, wird ein Patent widerrufen, wenn die sachlichen Patentierungsvoraussetzungen nicht vollständig erfüllt waren oder das Patent die Erfindung nicht hinreichend offenbart oder im ursprünglichen Offenbarungsgehalt der Anmeldung keine hinreichende Grundlage findet. Zum Einspruch aus diesen Gründen ist jedermann berechtigt.

Gegen Patente des DPMA kann Einspruch auch wegen widerrechtlicher Entnahme er-   65
hoben werden (→ § 20 Rn. 60 ff.). In diesem Fall ist er dem Verletzten vorbehalten.

Über den Einspruch wird grundsätzlich durch das Amt entschieden, welches das Patent   66
erteilt hat. Richtet er sich gegen ein vom DPMA erteiltes Patent, entscheidet jedoch auf Antrag schon in erster Instanz ein Beschwerdesenat des BPatG, wenn die Voraussetzungen des § 61 Abs. 2 PatG erfüllt sind (vgl. → § 23 Rn. 69 ff.).

Der Einspruch gegen ein europäisches Patent erfasst dieses für **alle Vertragsstaaten.**   67
Wird er versäumt, kann das europäische Patent nicht mehr zentral, sondern nur noch in den einzelnen Vertragsstaaten angegriffen werden (→ Rn. 71 ff.).

§ 22 III   4. Abschnitt. Entstehung und Wegfall von Patenten und Gebrauchsmustern

68   Der **Widerruf** beseitigt, soweit er reicht, das Patent **von Anfang an**. Die Schutzwirkung einschließlich des vorläufigen Schutzes der veröffentlichten Anmeldung gilt als niemals eingetreten.

69   Soweit das Patent durch das Patentamt widerrufen wird, kann der Patentinhaber, soweit es aufrechterhalten wird, kann der Einsprechende **Beschwerde** beim BPatG bzw. der Beschwerdekammer des EPA einlegen. Gegen Entscheidungen, die das BPatG über Einsprüche trifft, findet die Rechtsbeschwerde zum BGH statt.

70   2. Nach Ablauf der Einspruchsfrist und Erledigung etwaiger Einsprüche kann beim BPatG unbefristet **Klage** auf Erklärung der **Nichtigkeit** eines vom DPMA erteilten Patents erhoben werden. Gleiches gilt – mangels eines zentralen europäischen Nichtigkeitsverfahrens – für europäische Patente, soweit sie für die Bundesrepublik Deutschland erteilt sind. In entsprechender Weise können sie für andere Vertragsstaaten durch die dort zuständigen nationalen Behörden jeweils mit Wirkung für den einzelnen Vertragsstaat für nichtig erklärt werden. Hinsichtlich der Gründe, auf die eine Nichtigerklärung gestützt werden darf, sind jedoch die Vertragsstaaten an das EPÜ gebunden (Art. 138 Abs. 1, 139 Abs. 2 EPÜ). Das deutsche Recht nimmt hierauf Rücksicht (Art. II § 6 IntPatÜG).

71   **Nichtigkeitsgründe** sind alle Einspruchsgründe, außerdem die Erweiterung des Schutzbereichs des Patents, wie sie in einem Einspruchs-, Nichtigkeits- oder Beschränkungsverfahren (→ Rn. 74f.) zustande kommen kann. Ferner können bei **europäischen Patenten** zwei Mängel, die nach deutschem Recht auch Einspruchsgründe sind, erst mit der Nichtigkeitsklage geltend gemacht werden: Im Gegensatz zum Einspruch kann die Nichtigkeitsklage darauf gestützt werden, dass dem Patentinhaber das Recht auf das europäische Patent fehlt (Art. 138 Abs. 1(e) mit Art. 60 Abs. 1 EPÜ; Art. II § 6 Abs. 1 Nr. 5 IntPatÜG). Dies entspricht der auf widerrechtliche Entnahme gestützten Nichtigkeitsklage nach dem PatG. Weiter besteht im Nichtigkeitsverfahren anders als im europäischen Einspruchsverfahren die Möglichkeit, ältere *nationale* Rechte oder Anmeldungen patenthindernd zur Geltung zu bringen (Art. 139 Abs. 2 EPÜ). Demgemäß kann ein europäisches Patent mit Wirkung für Deutschland vom BPatG mangels Neuheit auch dann für nichtig erklärt werden, wenn die patentierte Erfindung bereits in einer prioritätsälteren, nach dem Prioritätsdatum des europäischen Patents veröffentlichten nationalen Anmeldung beim DPMA oder PCT-Anmeldung mit dem DPMA als Bestimmungsamt offenbart war (§ 3 Abs. 2 PatG).

72   Die **Befugnis** zur Nichtigkeitsklage ist im Fall widerrechtlicher Entnahme oder mangelnder Berechtigung dem Verletzten oder Berechtigten vorbehalten; in allen anderen Fällen steht sie jedermann zu. Die **Nichtigerklärung** beseitigt gleich dem Widerruf die Wirkungen des Patents und der Anmeldung ganz oder (im Wege der Beschränkung) teilweise **rückwirkend**.

73   Gegen die Urteile des BPatG im Nichtigkeitsverfahren kann beim BGH **Berufung** eingelegt werden.

74   3. Auf **Antrag des Patentinhabers** wird ein deutsches oder europäisches Patent durch das DPMA bzw. das EPA rückwirkend **beschränkt oder widerrufen** (§ 64 PatG, Art. 105a–105c, 68 EPÜ).

75   Die Beschränkung ist im PatG seit langem vorgesehen. Im EPÜ wurde sie erst durch die Revision von 2000 eingeführt. Da diese außerdem den Widerruf auf Antrag des Patentinhabers ermöglichte, wurde § 64 PatG entsprechend erweitert. Auf der Grundlage von Art. 2 Abs. 2 EPÜ wird angenommen werden dürfen, dass es die Regelung im EPÜ nicht ausschließt, ein europäisches Patent gem. § 64 PatG lediglich für Deutschland zu beschränken oder zu widerrufen. Da dies auf Antrag des Patentinhabers geschieht, steht Art. 138 EPÜ nicht entgegen, obwohl die Wirkung einer teilweisen oder vollständigen Nichtigerklärung herbeigeführt wird.

Nach Art. 29a des Verordnungsvorschlags sollen gemäß den Bestimmungen des EPÜ auch Gemeinschaftspatente beschränkt werden können.

§ 22. Einführung, Überblick   IV § 22

IV. Wegfall des Gebrauchsmusters

a) Beendigung ohne Rückwirkung

Gebrauchsmuster erlöschen am Ende ihrer **Laufzeit,** die zunächst drei Jahre beträgt und 76
durch Zahlung der vorgeschriebenen Gebühr einmal um drei, dann zweimal um je zwei
auf insgesamt höchstens **10 Jahre** verlängert werden kann. Vorzeitiges Erlöschen tritt ein,
wenn am Ende eines Laufzeitabschnitts nicht rechtzeitig die Gebühr für den nächsten
entrichtet wird.

Wie beim Patent kann das Erlöschen des Gebrauchsmusters auch durch einen vom 77
Inhaber gegenüber dem Patentamt schriftlich erklärten **Verzicht** herbeigeführt werden.

Ein Erlöschen mangels Erfinderbenennung kommt nicht in Betracht, da diese bei Gebrauchsmus- 78
tern nicht vorgesehen ist.

b) Löschung

Der Beseitigung ungerechtfertigter Gebrauchsmustereintragungen dient das **Löschungs-** 79
verfahren, das vor einer Gebrauchsmusterabteilung des DPMA beginnt. Löschungsgründe
sind mangelnde Schutzfähigkeit, Bestehen eines gegenstandsgleichen älteren Patents oder
Gebrauchsmusters und der Umstand, dass das Gebrauchsmuster im ursprünglichen Offenbarungsgehalt der Anmeldung keine hinreichende Stütze findet. Unzureichende Offenbarung ist kein selbständiger Löschungsgrund, bedeutet aber regelmäßig, dass die
Erfindung auf Grund der vom Anmelder gegebenen Offenbarung nicht ausführbar und
deshalb nicht schutzfähig ist.

In den genannten Fällen ist jedermann berechtigt, den – an keine Frist gebundenen 80
– Löschungsantrag zu stellen. Hinzu kommt der Löschungsgrund der widerrechtlichen
Entnahme, dessen Geltendmachung dem Verletzten vorbehalten ist.

In Ihrer **Wirkung** unterscheidet sich die Löschung des Gebrauchsmusters vom Widerruf 81
und der Nichtigerklärung des Patents: Nach § 13 Abs. 1 GebrMG wird durch die Eintragung kein Gebrauchsmusterschutz begründet, soweit ein Löschungsgrund vorliegt, zu
dessen Geltendmachung jedermann berechtigt ist. Auf diesen Mangel kann sich jedermann
unabhängig von einem Antrag auf Löschung berufen. Dagegen ist ein Patent für den Kern
seines Schutzbereichs als wirksam zu behandeln, solange es nicht rechtskräftig widerrufen oder für nichtig erklärt ist. Die Löschung wirkt also, wenn sie aus einem *„absolut"*
wirkenden Grund erfolgt, nur *deklaratorisch*.

Für den Löschungsgrund der widerrechtlichen Entnahme gilt dies nur im Verhältnis zum Verletzten 82
(§ 13 Abs. 2 GebrMG). Im Verhältnis zu Dritten ist dagegen das Gebrauchsmuster wirksam,
solange es nicht gelöscht wird; insoweit wirkt seine Löschung wegen widerrechtlicher Entnahme *konstitutiv*, indem sie das Gebrauchsmuster rückwirkend beseitigt.

Gegen die Entscheidung der Gebrauchsmusterabteilung über den Löschungsantrag kann 83
beim BPatG **Beschwerde** erhoben werden.

1. Kapitel. Patente und Gebrauchsmuster des Deutschen Patent- und Markenamts

§ 23. Allgemeine Regelungen für das patentamtliche und gerichtliche Verfahren

Literatur: *Ann, C.*, Der Schutzbereich des Patents – Erteilungsakten als Auslegungshilfsmittel?, Mitt 2000, 181–185; *Asendorf, C. D.*, Zu den Aufgaben des gerichtlichen Sachverständigen im Patentnichtigkeitsverfahren, GRUR 2009 (FS Melullis), 209–215; *Bacher, K.*, Das reformierte Patentnichtigkeitsverfahren in der Berufungsinstanz – erste Erfahrungen, GRUR 2013, 902–906; *Beier, F.-K.*, Die Rechtsbehelfe des Patentanmelders und seiner Wettbewerber im Vergleich – Eine rechtsvergleichende Untersuchung zur Chancengleichheit im Patentverfahren, GRUR-Int 1989, 1–14; *Beyerlein, T./ Beyerlein, K.*, Du sollst nicht lügen! III, Mitt 2011, 542–545; *Braitmayer, S.-E.*, Die Weiterbehandlung oder Schilda liegt in Deutschland, FS 50 Jahre BPatG, 2011, 129–160; *Bross, S.*, Das mündliche Sachverständigengutachten im Nichtigkeitsberufungsverfahren vor dem Bundesgerichtshof – verfassungskonform oder verfassungswidrig?, GRUR 2012, 249–253; *Deichfuß, H.*, Gebühren im patentrechtlichen Verfahren bei Beteiligung mehrerer Personen, GRUR 2015, 1170–1178; *ders.*, Das refomierte Berufungsverfahren in Nichtigkeitssachen, Mitt. 2015, 49–55; *Engel, F.-W.*, Das Rechtsbeschwerdeverfahren, Mitt 1979, 61–73; *ders.*, Anforderungen an eine Berufungsbegründung nach dem neuen Berufungsrecht, Mitt 2013, 377–383; *Fitzner, U./Waldhoff, C.*, Das patentrechtliche Einspruchs- und Einspruchsbeschwerdeverfahren – Eine Analyse aus öffentlich-rechtlicher Sicht, Mitt 2000, 446–454; *Gröning, J.*, Angriff und Verteidigung im reformierten Patentnichtigkeitsberufungsverfahrens, GRUR 2012, 996–1002; *Haller*, Aus der Arbeit eines gerichtlichen Sachverständigen im Patentnichtigkeitsverfahren vor dem Bundesgerichtshof, GRUR 1985, 653–661; *Grunwald, M.*, Die Reichweite der Registervermutung bei nicht beurkundeten Zwischenerwerben im Patentrecht, GRUR 2016, 1126; *Häußer, E.*, Die Gewährung von Einsicht in Patenterteilungsakten unter besonderer Berücksichtigung verfassungsrechtlicher Gesichtspunkte, 1974; *Hövelmann, P.*, Die Weiterbehandlung (PatG § 123a), Mitt 2009, 1–6; *Hofmeister, J.*, Die Fischdose der Pandora – Rechtsfragen zur Durchsetzung der Unterlassung von abwertenden Äußerungen in Patentschriften, Mitt 2010, 178–182; *Hüttermann, A.*, Der qualifizierte Hinweis im Nichtigkeitsverfahren – entscheidend für die Zulassung verspäteten Vorbringens, Mitt 2017, 193–194; *Jänich, V.*, Verfahrensgrundrechte vor dem Bundespatentgericht, FS 50 Jahre BPatG, 2011, 289–303; *Kelbel, G.*, Verfahrenskostenhilfe im Patenterteilungsverfahren, GRUR 1981, 5–15; *Keukenschrijver, A.*, Sachverhaltsaufklärung im Nichtigkeitsberufungsverfahren vor dem Bundesgerichtshof – die neue Praxis unter altem Recht, Mitt 2010, 162–167; *Keussen, C.*, Der Amtsermittlungsgrundsatz im Patentnichtigkeitsverfahren – zeitgemäß oder ein Relikt?, FS 50 Jahre BPatG, 2011, 331–342; *Kiani, N./Springorum, H./Schmitz, T.*, Aktuelles aus dem Bereich der ‚Patent Litigation', Mitt 2010, 6–11; *dies.*, Aktuelles aus dem Bereich der ‚Patent Litigation': Das reformierte erstinstanzliche Patentnichtigkeitsverfahren in der Praxis, Mitt 2012, 394–399; *Kiani, N./Springorum, H./Panin, O.*, Aktuelles aus dem Bereich der ‚Patent Litigation' – Das reformierte zweitinstanzliche Patentnichtigkeitsverfahren in der Praxis, Mitt 2013, 301–306; *Kraßer, R.*, Die Zulassung der Rechtsbeschwerde durch das Bundespatentgericht, GRUR 1980, 420–423; *Kraßer, I./Neuburger, B./Zimmermann, G.*, Die Unterbrechung des Verfahrens vor dem DPMA im Fall der Insolvenz eines Beteiligten, GRUR 2010, 588–591; *Landfermann, H.-J.*, Das Bundespatentgericht in den Jahren 2001 bis 2006, FS 50 Jahre BPatG, 2011, 79–87; *ders.*, Die befristete Zuständigkeit des Bundespatentgerichts für Einsprüche und Durchgriffsbeschwerden, FS VPP, 2005, 160–173; *Liedel, D.*, Das deutsche Patentnichtigkeitsverfahren, 1979; *Meier-Beck, P.*, Der gerichtliche Sachverständige im Patentprozess, FS VPP, 2005, 356–371; *ders.*, Das künftige Berufungsverfahren in Patentnichtigkeitssachen, FS Mes, 2009, 273–285; *ders.*, Bundespatentgericht und Bundesgerichtshof – patentrechtliche Aufgaben und Lösungen, FS 50 Jahre BPatG, 2011, 403–415; *Melullis, K.-J.*, Zur Auslegung von Patenten, zum Begriff des Fachmanns im Patentrecht und zur Funktion des Sachverständigen im Patentprozess, FS Ullmann, 2006, 503–514; *Nieder, M.*, Neuer Stand der Technik im Nichtigkeitsverfahren nach Zurückverweisung durch den BGH – Überlegungen im Anschluß an Polymerschaum, Mitt 2014, 201–203; *Ohly, A.*, Wirkung und Reichweite der Registervermutung im Patentrecht, GRUR 2016, 1120–1126; *Pahlow, L.*, Formelle

Inhaberschaft und materielle Berechtigung. Überlegungen zur Legitimationswirkung des Patent- und Markenregisters, FS 50 Jahre BPatG, 2011, 417–426; *Pietzcker, R.*, Zur rechtlichen Bedeutung der patentamtlichen Rollen für die gewerblichen Schutzrechte, GRUR 1973, 561–571, *Pitz, J./Rauh, G.*, Erstattungsfähigkeit der Kosten des Zweitanwalts bei Doppelvertretung im erstinstanzlichen Patentnichtigkeitsverfahren, Mitt 2010, 470–475; *Prietzel-Funk, D.*, Die Ablehnung des Sachverständigen im Patentnichtigkeitsverfahren – Grundsätze und Einzelfälle, GRUR 2009 (FS Melullis), 322–325; *Rauch, J.*, Legitimiert nach zweierlei Maß – Ein Beitrag zur Konsistenz des gewerblichen Rechtsschutzes, GRUR 2001, 588–595; *Rogge, R.*, Die Legitimation des scheinbaren Patentinhabers nach § 30 Abs. 3 Satz 3 PatG, GRUR 1985, 734–739; *Stephan, J.-C.*, Die Streitwertbestimmung im Patentrecht, 2015; *Rojahn, S./Lunze, A.*, Die Streitwertfestsetzung im Patentrecht – Ein Mysterium?, Mitt 2011, 533–541; *Rieck, M./Köllner, M.*, Patent Prosecution Highway – Lohnt sich der Aufwand?; *Schülke, K.*, Das reformierte Nichtigkeitsverfahren in 1. Instanz, FS 50 Jahre BPatG, 2011, 435–447; *Seiler, F.*, Neuere Rechtsprechung zur zulassungsfreien Rechtsbeschwerde in Patentsachen, GRUR 2011, 287–291; *Stjerna, I. B.*, Die Entscheidung „Du sollst nicht lügen! II" des OLG Düsseldorf – Kein „*Generalverdacht gegen die Anwaltschaft*", Mitt 2011, 546–550; *Ulmer, E.*, Aufbau, Verfahren und Rechtsstellung der Patentämter, 1960; *Ulrich, T. H.*, Vertretung von Konzernunternehmen durch Patentingenieure, Patentassessoren und Syndikus-Patentanwälte, Mitt 2005, 545–552; *Winterfeldt, V.*, Aus der Rechtsprechung des Bundespatentgerichts im Jahre 2005 Teil II: Patentrecht, Gebrauchsmusterrecht und Geschmacksmusterrecht, GRUR 2006, 441–461; *ders.*, Aktuelle Entscheidungen des BPatG zum Patentrecht, VPP-Rundbrief 2007, 74–81; *Winterfeldt, V./Engels, R.*, Aus der Rechtsprechung des Bundespatentgerichts im Jahre 2006 Teil II: Patentrecht, Gebrauchsmusterrecht und Geschmacksmusterrecht, GRUR 2007, 537–548.

I. Verfahren vor dem Deutschen Patent- und Markenamt

a) Rechtsstellung des Amts und seiner Mitglieder

1. Schon zu der Zeit, als zum DPA noch Beschwerde- und Nichtigkeitssenate gehörten, gelangte das Bundesverwaltungsgericht in einem Grundsatzurteil[1] zu der Auffassung, dass es sich dabei um eine **Verwaltungsbehörde** handelt. Es folgerte daraus, dass die Möglichkeit, Entscheidungen des Amts vor dessen eigenen Beschwerdesenaten anzufechten, der Rechtsweggarantie des Art. 19 Abs. 4 GG nicht genügte und mangels anderweitiger gerichtlicher Nachprüfbarkeit der Weg zu den Verwaltungsgerichten offenstand (→ § 6 Rn. 18). Nachdem daraufhin unter Ausgliederung der Beschwerde- und Nichtigkeitssenate aus dem Amt das BPatG errichtet worden ist, kann als allgemein anerkannt gelten, dass das DPMA nach seiner Stellung im staatlichen Behördenaufbau und seiner inneren Organisation eine Verwaltungsbehörde darstellt. Seine Entscheidungstätigkeit kann daher verfassungsrechtlich gesehen keine richterliche sein; denjenigen, die sie ausüben, ist nicht die richterliche Unabhängigkeit zugesichert (vgl. Art. 92, 97 GG).

Das Bundesverfassungsgericht hat dies durch einen Beschluss vom 25.2.2003[2] bestätigt: „Die Tätigkeit der Beschwerdeführer als technische Mitglieder des Deutschen Patent- und Markenamtes gehört nicht zur Rechtsprechung."

Seit 23.11.2007 bestimmt § 26 Abs. 1 S. 1 PatG ausdrücklich: *Das Deutsche Patent- und Markenamt ist eine selbstständige Bundesoberbehörde im Geschäftsbereich des Bundesministeriums der Justiz und für Verbraucherschutz.*

2. Unter diesen Umständen kann nur über die Frage diskutiert werden, ob *de lege ferenda* die Entscheidung über Erteilung oder Versagung, Aufrechterhaltung oder Widerruf von Patenten nicht nur richterlicher Kontrolle zu unterwerfen, sondern von vornherein unabhängigen Richtern zu übertragen ist.[3] In diesem Zusammenhang wird auf Besonderheiten

---

[1] Vom 13.6.1959, BVerwGE 8, 350; zur Kritik an der Begründung *Bernhardt* 229; *Ulmer*, Aufbau, Verfahren und Rechtsstellung der Patentämter, 11.
[2] GRUR 2003, 723 (Nichtannahmebeschluss).
[3] Bejahend insbesondere *Krabel* Mitt. 1976, 138 ff. und GRUR 1977, 204 ff.; *Winkler* Mitt. 1973, 101 ff., die jedoch der Vielfalt möglicher Ausgestaltungen verwaltungsbehördlichen Handelns nicht hinreichend Rechnung tragen; die von *Krabel* Mitt. 1976, 138 (140), gezogenen Parallelen zum streitigen Zivilprozess sind großenteils unzutreffend.

hingewiesen, die die Tätigkeit des DPMA im Vergleich zu derjenigen vieler anderer Verwaltungsbehörden aufweist: es verfolgt bei der Entscheidung über die Gewährung von Patentschutz keine eigene verwaltungsmäßige Zielsetzung[4] und hat keine an einer solchen Zielsetzung ausgerichteten Zweckmäßigkeitserwägungen anzustellen; es genießt keinen Ermessensspielraum, sondern muss und darf ein Patent immer und nur dann erteilen, wenn die im Gesetz festgelegten Voraussetzungen erfüllt sind. – Verwaltungsentscheidungen, die in solcher Weise gebunden sind, gibt es freilich auch in anderen Bereichen.

4 Der Umstand, dass die wesentlichen unmittelbaren Wirkungen der Entscheidungen im Patenterteilungs- und Einspruchsverfahren auf **privatrechtlichem Gebiet** liegen, erfordert es nicht, diese Entscheidungen Richtern zu übertragen. Sonst müsste dies für die auf anderen Gebieten vorkommenden privatrechtsgestaltenden Verwaltungsakte ebenfalls geschehen.

5 3. Dass über Patentanmeldungen und Einsprüche nur unabhängige Richter entscheiden dürften, wird teilweise auch damit begründet, dass es dabei um Streitigkeiten über bereits bestehende *private Eigentumsrechte* gehe: durch die Patenterteilung werde lediglich das Bestehen eines Rechts festgestellt, nicht aber ein Recht verliehen.[5] Diese Betrachtungsweise verkennt die Tätigkeit des DPMA. Im Erteilungsverfahren wird nicht geprüft, ob dem Anmelder ein Recht an der Erfindung zusteht, sondern nur, ob der Anmeldungsgegenstand den Patentierungsvoraussetzungen genügt, so dass er zum Gegenstand eines zeitlich begrenzten Ausschlussrechts gemacht werden kann. Die Prüfung betrifft nicht die Frage, ob ein *subjektives Recht* besteht, sondern nur die Eigenschaften des *Objekts* des Erteilungsantrags und dessen Verhältnis zum Stand der Technik.

6 Eine Konfliktentscheidung kann allenfalls darin gesehen werden, dass bei mehrfacher Anmeldung des gleichen Gegenstands das PA nur auf die prioritätsälteste ein Patent erteilt. Dies geschieht jedoch nach geltendem Recht unter dem Gesichtspunkt der Neuheit der Erfindung; es handelt sich nicht darum, auf ein vorbestehendes subjektives Recht Rücksicht zu nehmen. Eher mochte dieser Eindruck nach der früheren Regelung entstehen; doch war schon damals das vorrangige subjektive Recht nicht der wesentliche Gesichtspunkt, da das Patenthindernis des § 4 Abs. 2 PatG 1968 auch durch die Zustimmung des Inhabers des älteren Patents nicht beseitigt werden konnte.

7 Im **Erteilungsverfahren** wird daher nicht darüber entschieden, welchem von mehreren Prätendenten ein Recht zusteht, sondern darüber, ob der Gegenstand der Anmeldung zeitweilig der allgemeinen freien Nutzung entzogen werden kann. Bejahendenfalls erfolgt durch das PA nicht eine Rechts*feststellung*, sondern eine Rechts*verleihung*. Das zeigt sich deutlich darin, dass erst die Erteilung ein Verbietungsrecht begründet, das von den – infolge Offenlegung meist längst nicht mehr gegebenen – Voraussetzungen eines Geheimnisschutzes unabhängig ist. Die Rechtsverleihung wirkt stets zugunsten des Anmelders, auch wenn ihm das materielle Recht auf das Patent nicht zusteht (vgl. → § 19 Rn. 39 ff.). Es bleibt dem Inhaber dieses Rechts überlassen, gegen den Patentinhaber vorzugehen.

8 4. Für das **Einspruchsverfahren**[6] gilt, soweit es nicht um Fälle der widerrechtlichen Entnahme geht, das gleiche wie für das Erteilungsverfahren. Die Patentabteilung überprüft nochmals, ob der Gegenstand des Patents den sachlichen Schutzvoraussetzungen genügt (§ 21 Abs. 1 Nr. 1 PatG) und in der Erteilung zugrundeliegenden Anmeldung hinreichend offenbart war (§ 21 Abs. 1 Nr. 2 und 4 PatG). Der Einsprechende macht nicht geltend, dass er ein Recht an der Erfindung habe, sondern kämpft für deren freie Benutzbarkeit.

Dass die nochmalige Prüfung einen fristgebundenen Antrag voraussetzt, dient der Rechtssicherheit des Patentinhabers. Er braucht nicht damit zu rechnen, dass das Amt das erteilte Patent von sich aus in Frage stellt. Liegt aber ein Einspruch vor, kann das PA auch Tatsachen berücksichtigen, die vom Einsprechenden nicht vorgetragen sind (§§ 59 Abs. 4, 46 Abs. 1 S. 1 PatG), und setzt das Verfahren sogar nach Einspruchsrücknahme fort (§ 61 Abs. 1 S. 2 PatG). Bedeutung hat die Beteiligtenstellung des Einsprechenden vor allem deshalb, weil sie es ermöglicht, die Aufrechterhaltung des Patents gerichtlich überprüfen zu lassen. Das Einspruchsverfahren ist deshalb[7] kein der streitigen Gerichtsbarkeit nahestehendes, „quasikontradiktorisches", sondern ein jedenfalls nicht durchgehend als zweiseitiges Streitverfahren ausgestaltetes Verwaltungsverfahren[8].

---

[4] Vgl. BGH 29.4.1969, GRUR 1969, 562 (563) – Appreturmittel.
[5] So vor allem *Krabel* GRUR 1977, 204 ff.
[6] Dazu *Fitzner/Waldhoff* Mitt. 2000, 446–454.
[7] Entgegen BGH 27.4.1967, GRUR 1967, 586 (588) – Rohrhalterung.
[8] BGH 10.1.1995, GRUR 1995, 333 (335) – Aluminium-Trihydroxid; vgl. auch *Moufang* in Schulte PatG § 59 Rn. 28; *Busse/Engels* PatG § 59 Rn. 12 ff.; *Schäfers/Schwarz* in Benkard PatG § 59 Rn. 8 ff., 14.

§ 23. Allgemeine Verfahrensregeln **I § 23**

Eine Sonderstellung nimmt das Einspruchsverfahren wegen **widerrechtlicher Entnahme** ein. Sein Gegenstand ist eine Frage, die im Erteilungsverfahren nicht geprüft wird. Der Einsprechende macht allerdings nicht ausdrücklich geltend, dass ihm das Recht auf das Patent zustehe, sondern nur, dass ihm gegenüber widerrechtlich gehandelt worden sei. Auch ist das Ergebnis des erfolgreichen Einspruchs das gleiche wie in den übrigen Fällen: das Patent wird beseitigt, nicht aber dem durch widerrechtliche Entnahme Verletzten zugesprochen. Der Nebeneffekt, dass dieser für eine eigene Anmeldung einen Prioritätsvorteil erlangt (§ 7 Abs. 2 PatG), ist nicht Inhalt der patentamtlichen Entscheidung; er tritt in gleicher Weise ein, wenn sich der Einspruch durch Patentverzicht oder vom Inhaber beantragten Widerruf erledigt und deshalb keine Entscheidung ergeht. Über das materielle Recht an der Erfindung wird im Einspruchsverfahren nicht entschieden; vielmehr bleibt dies ganz den ordentlichen Gerichten überlassen. Das PA entscheidet auch im Fall eines Einspruchs wegen widerrechtlicher Entnahme nur darüber, ob das erteilte Patent bestehen bleiben soll. 9

Auch das Einspruchsverfahren unterscheidet sich somit nach Gegenstand und Ziel wesentlich von einem gerichtlichen Streitverfahren über das Bestehen privater Rechte, die als Wirkung vom Verfahren selbst unabhängiger Vorgänge geltend gemacht werden. Das gilt auch, wenn es in erster Instanz vor dem BPatG durchgeführt wird (→ Rn. 69 ff.). Allerdings handelt es sich dann formal um ein erstinstanzliches Gerichtsverfahren[9]. Das BPatG nimmt insoweit eine der freiwilligen Gerichtsbarkeit zurechenbare Aufgabe wahr (vgl. → Rn. 12 ff.). 10

5. Das zum Patenterteilungs- und Einspruchsverfahren Gesagte (→ Rn. 3–10) gilt sinngemäß auch für das **Gebrauchsmuster**eintragungs- und Löschungsverfahren, zumal in ersterem das Amt nur eine beschränkte Prüfung vorzunehmen hat. 11

6. Sucht man Bezüge zu richterlichem Wirken, lässt sich die Tätigkeit des DPMA insgesamt am ehesten mit der *freiwilligen Gerichtsbarkeit* vergleichen.[10] Das Einspruchsverfahren ist dabei nicht auszunehmen, da Verfahren mit mehreren gegensätzlich interessierten Beteiligten auch in jenem Bereich, zB bei der Erteilung von Erbscheinen, vorkommen. 12

Gerade bei der freiwilligen Gerichtsbarkeit handelt es sich aber weitgehend um Aufgaben, die ihrer Art nach keine primäre Zuweisung an Gerichte erfordern, sondern – unter richterlicher Kontrolle – ebenso von Verwaltungsbehörden wahrgenommen werden könnten. Dass sie bei Gerichten liegen, erklärt sich vor allem aus ihrem sachlichen Zusammenhang mit deren Streitentscheidungstätigkeit. 13

Es wäre daher zwar nicht ausgeschlossen, die Entscheidung über die Erteilung und Aufrechterhaltung von Patenten und die Löschung von Gebrauchsmustern primär unabhängigen (technischen) Richtern zu übertragen, dh die Prüfer des DPMA und die sonstigen Mitglieder der Patent- und Gebrauchsmusterabteilungen zu Richtern zu machen. Aus rechtlichen, insbesondere verfassungsrechtlichen Gründen geboten ist eine solche Änderung jedoch nicht.[11] 14

Vielmehr kommt es letztlich darauf an, welche Gestaltung die *zweckmäßigere* ist;[12] unter diesem Gesichtspunkt verdient das bestehende System insbesondere wegen seiner größeren Beweglichkeit grundsätzlich den Vorzug. Angesichts der Mannigfaltigkeit der technischen Sachgebiete und der großen Zahl der Prüfer würden die Arbeit des Amtes und die Ausschöpfung seiner Prüfkapazität unnötig erschwert, wenn die Personen, die zur Entscheidung der durch eine Anmeldung, einen Einspruch oder Löschungsantrag aufgeworfenen technischen und rechtlichen Fragen berufen sind, bereits vor dem Eingangszeitpunkt in einer den Anforderungen an die Bestimmung des „gesetzlichen Richters" (Art. 101 Abs. 1 S. 2 GG)[13] genügenden Weise eindeutig festgelegt sein müssten. 15

---

[9] Vgl. BPatG 20.6.2002, Mitt. 2002, 417 – Etikettierverfahren; BGH 17.4.2007, GRUR 2007, 859 Rn. 27 – Informationsübermittlungsverfahren I.
[10] *Bernhardt* 229.
[11] BVerfG 25.2.2003, GRUR 2003, 723. Anders *Krabel* Mitt. 1976, 138 ff. und *Winkler* Mitt. 1973, 101 ff.
[12] Vgl. *Ulmer* Aufbau, Verfahren und Rechtsstellung der Patentämter, 11.
[13] Sie gelten für die Prüfungsstellen und Patentabteilungen nicht; vgl. §§ 1 Abs. 1 und 2 Abs. 1 DPMAV; *Schäfers* in Benkard PatG § 27 Rn. 3, 6 f. unter Ablehnung von BPatG 28.5.1973, BPatGE 16, 7 (10), wo die Besetzung einer Patentabteilung an Art. 101 Abs. 1 S. 2 GG gemessen wird.

§ 23 I   *4. Abschnitt. Entstehung und Wegfall von Patenten und Gebrauchsmustern*

16   Zweifelhaft ist freilich, ob es zweckmäßig ist, dass das PA über Einsprüche und Löschungsanträge *wegen widerrechtlicher Entnahme* zu entscheiden hat. Zwar vermeidet es die gesetzliche Regelung auch in diesem Fall, die Entscheidung des PA als Entscheidung über ein vorbestehendes subjektives Privatrecht erscheinen zu lassen; doch muss unter dem Gesichtspunkt der Widerrechtlichkeit die Patentabteilung vielfach prüfen, wem materiell das Recht an der Erfindung zusteht, zumal die herrschende Praxis die Widerrechtlichkeit der Anmeldung genügen lässt, auch wenn die Erlangung des Erfindungsbesitzes nicht widerrechtlich war (vgl. → § 20 Rn. 7 ff.). Dem PA entstehen hieraus Aufgabe, die eher am Rande seiner Sachkompetenz liegen; manches spräche dafür, es hiervon im Einspruchs- und Löschungsverfahren zu entlasten (vgl. → § 20 Rn. 81 ff.); dann entfiele bei Patenten auch die Merkwürdigkeit, dass ein Umstand, der als Erteilungshindernis nicht in Betracht kommt, zum Widerruf führen kann.

17   7. Als Verwaltungsbehörde erlässt das DPMA **Verwaltungsakte,** auch wenn es durch „Beschlüsse" entscheidet. Gleichwohl gilt für Verfahren vor dem DPMA nicht das Verwaltungsverfahrensgesetz, § 2 Abs. 2 Nr. 3 VwVfG.

18   **Rechtssetzung** durch das DPMA ist nur der Erlass allgemeiner Regelungen, zu denen es nach §§ 27 Abs. 5, 34 Abs. 6 und 8, 63 Abs. 4 PatG, §§ 4 Abs. 4 und 7 sowie 10 Abs. 2 GebrMG iVm § 1 Abs. 2 DPMAV und nach Art. II § 2 Abs. 2 und § 3 Abs. 6 iVm Verordnungen vom 27.11.1978 und 1.6.1992 ermächtigt ist. Auf diese Weise sind die WahrnV[14], die PatV[15], die frühere ErfBenVO[16], die GebrMV[17], die AnsprÜbersV und die ÜbersV[18] zustande gekommen. Die Patenterteilung ist hingegen kein Rechtssetzungsakt.[19] Dass jedermann das Patent zu beachten verpflichtet ist, folgt aus dem PatG; die Patenterteilung ist nur Element des Tatbestands, an den das Gesetz die allseitige Ausschlusswirkung knüpft.

19   8. Häufig wird auf **justizförmige Züge** des patentamtlichen Verfahrens hingewiesen.[20] So kann das PA im Patenterteilungs-, Einspruchs- und Gebrauchsmusterlöschungsverfahren Zeugen, Sachverständige und Beteiligte auch **eidlich vernehmen**[21] und verfügt damit über ein charakteristisches Mittel richterlicher Sachaufklärung,[22] das andere Verwaltungsbehörden gewöhnlich nicht und selbst im „förmlichen" Verwaltungsverfahren nur durch Einschaltung eines Gerichts anwenden können (vgl. §§ 26, 27, 65 VwVfG, § 57 Abs. 6 GWB).

20   Dem BPatG vorbehalten sind jedoch die Festsetzung von **Ordnungs- und Zwangsmitteln** gegen Zeugen oder Sachverständige, die vor dem PA nicht erscheinen oder ihre Aussage oder deren Beeidigung verweigern, sowie die Anordnung, einen vor dem PA nicht erschienenen Zeugen vorzuführen (§ 128 Abs. 2 und 3 PatG, § 21 Abs. 1 GebrMG).

21   Hervorgehoben wird ferner, dass Personen, die Aufgaben der Prüfungsstellen oder Patentabteilungen, der Gebrauchsmusterstelle oder einer Gebrauchsmusterabteilung erfüllen, der **Ausschließung und Ablehnung** unterliegen (§ 27 Abs. 6 PatG, § 10 Abs. 4 GebrMG). Doch sind Ausschließung und Ablehnung heute in allen Verwaltungsverfahren möglich (§§ 20, 21 VwVfG); eine Besonderheit des patentamtlichen Verfahrens liegt nur noch darin, dass für die Ausschließung und Ablehnung von **Gerichtspersonen** geltende Vorschriften der **ZPO** heranzuziehen sind.

---

[14] → § 9 Rn. 14 f.
[15] → § 8 Rn. 9 f.
[16] Sie ist jetzt in die PatV einbezogen.
[17] → § 8 Rn. 19 f.
[18] Zu beiden → § 8 Rn. 36 ff.
[19] *Pakuscher* Mitt. 1977, 10; *Schwerdtner* GRUR 1968, 10; Rechtssetzung wurde angenommen in RG 4.4.1906, RGZ 63, 140 (142 f.); 16.3.1907, RGZ 65, 303 (304).
[20] Vgl. BGH 28.4.1966, GRUR 1966, 583 (585) – Abtastverfahren; 27.4.1967, GRUR 1967, 586 – Rohrhalterung; 29.4.1969, GRUR 1969, 562 – Appreturmittel.
[21] §§ 46 Abs. 1, 59 Abs. 4 PatG; für das Löschungsverfahren § 17 Abs. 2 S. 2, 3 GebrMG iVm den Vorschriften der ZPO (§§ 373 ff., 402 ff.) über die Vernehmung von Zeugen und Sachverständigen.
[22] *Bernhardt* 230.

§ 23. Allgemeine Verfahrensregeln **I § 23**

Als weiteres Zeichen der „Justiznähe" wird genannt, dass die Anfechtung der Entscheidungen des PA zur ordentlichen und nicht zur Verwaltungsgerichtsbarkeit führt. Doch findet sich Ähnliches bei den Kartellbehörden (§§ 63 Abs. 4, 74 Abs. 1 GWB). Ein Unterschied zeigt sich allerdings darin, dass das DPMA zum Geschäftsbereich des BMJV gehört, das BKartA zum Geschäftsbereich des BMWi. 22

Soweit angeführt worden ist, dass das PA an den gerichtlichen Verfahren, in denen seine Entscheidungen nachgeprüft werden, nicht beteiligt sei,[23] traf dies uneingeschränkt nur für die vor 1981 geltende Regelung zu; heute kann nach §§ 76, 77, 105 Abs. 2 PatG, § 18 Abs. 2 S. 1, Abs. 4 S. 2 GebrMG der Präsident des PA im Beschwerde- und Rechtsbeschwerdeverfahren Erklärungen gegenüber dem BPatG und dem BGH abgeben und auf Einladung des BPatG die Stellung eines Beteiligten erlangen (vgl. → Rn. 44). Freilich entspricht auch im Fall einer Beteiligung des Präsidenten seine Rolle nicht derjenigen eines Beklagten oder Beklagtenvertreters im verwaltungsgerichtlichen Verfahren (vgl. § 78 VwGO)[24]. 23

Insgesamt sind gegenwärtig nur wenige spezifisch justizförmige Elemente im patentamtlichen Verfahren festzustellen. Sie ändern nichts daran, dass es sich beim DPMA um eine Verwaltungsbehörde handelt und bei seinen Beschlüssen um Verwaltungsakte.[25] Allenfalls kann gefragt werden, ob die Anlehnung an die Justiz in allen Punkten, in denen sie sich zeigt, sachangemessen und verfassungsrechtlich einwandfrei ist.[26] Soweit sich in dieser Hinsicht Bedenken ergäben, wären sie jedoch durch Beseitigung der „justizförmigen" Besonderheiten auszuräumen; Anlass, Prüfungsstellen, Patent- und Gebrauchsmusterabteilungen zu einem Gericht zu machen, böten sie nicht. 24

9. Der Präsident des DPMA hat grundsätzlich ein **Weisungsrecht** gegenüber den Bediensteten der von ihm geleiteten Verwaltungsbehörde einschließlich der technischen und rechtskundigen Mitglieder. Dieses Recht entspricht der – bezüglich der Spruchtätigkeit von Gerichten nicht bestehenden – Verantwortlichkeit des für das Amt zuständigen Ministers gegenüber dem Parlament.[27] Freilich ist der Präsident durch seine eigene Dienstpflicht gehalten, Weisungen nur im Rahmen der Gesetze und nach pflichtmäßigem Ermessen zu erteilen. Bei der technischen Prüfung von Patentanmeldungen im Erteilungs-, von erteilten Patenten im Einspruchs- und von eingetragenen Gebrauchsmustern im Löschungsverfahren muss er den Prüfern und den Mitgliedern der Abteilungen schon wegen ihrer besonderen Sachkunde weitgehende Selbstständigkeit für ihr jeweiliges Aufgabengebiet lassen. Eingriffe erscheinen nur denkbar, wenn sich ergibt, dass der Anmeldungs- oder Schutzgegenstand in den Aufgabenbereich einer anderen als der zunächst damit befassten Prüfungsstelle oder Abteilung fällt. Für die Behandlung von Rechtsfragen in Prüfungs-, Einspruchs- oder Löschungsverfahren werden Einzelweisungen schon aus organisatorischen Gründen ebenfalls kaum in Betracht kommen. Rechtlich unzulässig wären diese aber nicht.[28] Der einzelne Beamte müsste ihnen im allgemeinen Rahmen seiner Dienstpflicht folgen. 25

Während Einzelweisungen jedenfalls im hier interessierenden Bereich praktisch keine Rolle spielen, hat die Präsidentin des DPMA in Ausübung ihres Weisungsrechts eine Reihe 26

---

[23] Vgl. insbesondere BGH 29.4.1969, GRUR 1969, 562 – Appreturmittel.
[24] *Herbst* FS BPatG, 1986, 47 (53 f.).
[25] Vgl. BGH 19.7.1967, GRUR 1968, 447 (449) – Flaschenkasten.
[26] Vgl. *Bernhardt* NJW 1961, 996 (997), der unter dem Gesichtspunkt der Gewaltenteilung (Art. 20 Abs. 2 S. 2 GG) die Befugnis des DPA zu eidlichen Vernehmungen und dessen Zuordnung zum Geschäftsbereich des Bundesjustizministers kritisiert.
[27] Vgl. den Schriftlichen Bericht des Rechtsausschusses zum 6. Überleitungsgesetz, BlPMZ 1961, 170 (Nr. III 2).
[28] *Schäfers* in Benkard PatG § 26 Rn. 11; ebenso *Starck* CR 1989, 367 (370 f.); anders *Bernhardt* 230, 232, der die Prüfer als sachlich unabhängig und bei ihrer Prüfungstätigkeit nicht weisungsunterworfen ansieht, da die Voraussetzungen der Patenterteilung gesetzlich abschließend festgelegt sind. Dies schließt jedoch nicht aus, dass durch Weisungen auf eine gesetzmäßige Prüfungspraxis hingewirkt wird, während gegenüber Richtern Weisungen auch mit dieser Zielsetzung unzulässig wären.

§ 23 I 4. Abschnitt. Entstehung und Wegfall von Patenten und Gebrauchsmustern

allgemeiner Richtlinien für die Tätigkeit des Amts erlassen, zB für die Prüfung von Patentanmeldungen,[29] und ergänzenden Schutzzertifikaten,[30] die Druckschriftenermittlung (Recherche) nach § 43 PatG und § 7 GebrMG,[31] das Einspruchsverfahren,[32] die Umschreibung von Schutzrechten und Schutzrechtsanmeldungen in den Registern,[33] die Klassifizierung von Patent- und Gebrauchsmusteranmeldungen[34]. Solche Richtlinien sind einerseits **keine Rechtsnormen** und dürfen einschlägigen Vorschriften nicht widersprechen. Andererseits brauchen sie sich aber auch nicht auf deren Wiederholung zu beschränken, sondern können sie erläutern und, soweit keine abschließende Regelung besteht, ergänzen. In diesem Rahmen binden sie die Mitglieder und sonstigen Bediensteten des Amts kraft Dienstpflicht.[35] Anders verhält es sich mit Richtern. Für deren Entscheidungstätigkeit könnte der Präsident eines Gerichts keine dienstlich bindenden Richtlinien erlassen.

b) Verfahrensgrundsätze

27 1. Das Verfahren vor dem DPMA findet grundsätzlich **schriftlich** statt[36] – zur Möglichkeit, Schriftformerfordernisse durch elektronische Aufzeichnungen zu erfüllen, → Rn. 146. Prüfungsstellen und Patentabteilungen können aber im Erteilungs- und Einspruchsverfahren jederzeit Beteiligte laden und anhören (§§ 46 Abs. 1 S. 1, 59 Abs. 4 PatG).[37] Bis zum Beschluss über die Patenterteilung ist die Prüfungsstelle auf schriftlichen Antrag des Anmelders zu dessen Anhörung verpflichtet, wenn diese sachdienlich ist (§ 46 Abs. 1 S. 2–5 PatG).[38] Im Einspruchsverfahren findet eine Anhörung statt, wenn ein Beteiligter sie beantragt oder die Patentabteilung sie für sachdienlich hält (§ 59 Abs. 3 PatG). Die Gebrauchsmusterabteilungen entscheiden über Löschungsanträge auf Grund mündlicher Verhandlung (§ 17 Abs. 3 GebrMG).

28 Das Patentamt wird nur auf Antrag tätig. Doch ist es dabei nicht auf den Sachvortrag der Beteiligten angewiesen, sondern kann jederzeit von sich aus, im Patenterteilungs-, Einspruchs- und Löschungsverfahren auch durch Vernehmung von Zeugen und Sachverständigen, Ermittlungen anstellen, die zur Aufklärung der Sache erforderlich sind (§§ 46 Abs. 1 S. 1, 59 Abs. 5 PatG, § 17 Abs. 2 S. 2, 3 GebrMG). Es gilt nicht der Beibringungs-, sondern der **Untersuchungsgrundsatz** (Amtsermittlungsgrundsatz).

29 Über Anhörungen und Vernehmungen ist in Patentsachen entsprechend zivilprozessrechtlichen Vorschriften eine **Niederschrift** zu fertigen, die den wesentlichen Gang der Verhandlung wiedergeben und die rechtserheblichen Erklärungen der Beteiligten enthalten soll (§ 46 Abs. 2 PatG). Im Gebrauchsmusterlöschungsverfahren sind Beweisverhandlungen unter Zuziehung eines beeidigten Protokollführers aufzunehmen (§ 17 Abs. 2 S. 4 GebrMG).

30 2. Die **Beschlüsse** der Prüfungsstellen, Patent- und Gebrauchsmusterabteilungen sind zu begründen und den Beteiligten von Amts wegen in Abschrift zuzustellen; eine Beglau-

---

[29] Richtlinien für die Prüfung von Patentanmeldungen vom 11.1.2019.
[30] Richtlinien für die Prüfung von ergänzenden Schutzzertifikaten vom 23.1.2015.
[31] Rechercherichtlinien vom 14.5.2020; Gebrauchsmuster-Rechercherichtlinien vom 31.3.2015.
[32] Richtlinien für das Einspruchsverfahren, Widerrufs- und Beschränkungsverfahren vor dem DPMA vom 3.7.2018.
[33] Umschreibungsrichtlinien vom 14.12.2018.
[34] Richtlinien für die Klassifizierung von Patent- und Gebrauchsmusteranmeldungen vom 8.3.2019.
[35] *Rudloff-Schäffer* in Schulte PatG § 26 Rn. 24 f.; *Starck* CR 1989, 367 (369 f.); nach *Bernhardt* 230, sind dagegen die Richtlinien nur unverbindliche Vorschläge.
[36] Vgl. im Einzelnen *Schäfers* in Benkard PatG vor § 34 Rn. 20–23.
[37] Dazu eingehend BPatG 7.10.1975, BPatGE 18, 30; Richtlinien für die Prüfung von Patentanmeldungen vom 11.1.2019; Richtlinien für das Einspruchsverfahren, Widerrufs- und Beschränkungsverfahren vor dem DPMA vom 3.7.2018.
[38] Zur Sachdienlichkeit BPatG 22.6.2005, BeckRS 2009, 6334 Anhörung im Prüfungsverfahren; Richtlinien für die Prüfung von Patentanmeldungen vom 11.1.2019, 2.6.1.

§ 23. Allgemeine Verfahrensregeln II **§ 23**

bigung der Abschrift ist nicht erforderlich (§§ 47 Abs. 1 S. 1, 59 Abs. 5 PatG, § 17 Abs. 3 S. 3 GebrMG). Beschluss ist (nur) ein Ausspruch, durch den eine abschließende Regelung ergeht, die die Rechte eines Beteiligten berühren kann,[39] insbesondere die Zurückweisung einer Anmeldung, die Aufrechterhaltung und der Widerruf eines Patents, die Löschung eines Gebrauchsmusters oder Zurückweisung eines Löschungsantrags. In Patentsachen kann, wenn eine Anhörung stattgefunden hat, an ihrem Ende ein Beschluss verkündet werden; seine Zustellung wird hierdurch nicht ersetzt (§ 47 Abs. 1 S. 3 PatG). Beschlüsse im Gebrauchsmusterlöschungsverfahren sollen vorrangig verkündet werden; ersatzweise ist auch Zustellung möglich (§ 17 Abs. 3 S. 2 und 5 GebrMG).

Zur **Begründung** gehört, dass die tatsächlichen Umstände und rechtlichen Erwägungen, auf denen die Entscheidung beruht, angegeben werden, damit deren Richtigkeit von den Beteiligten und – auf Beschwerde – vom BPatG nachgeprüft werden kann; die Gründe müssen sich auf alle entscheidungserheblichen Punkte erstrecken.[40] 31

Beschlüsse, die einem Antrag des alleinbeteiligten Patentanmelders in vollem Umfang stattgeben, brauchen nicht begründet zu werden (§ 47 Abs. 1 S. 4 PatG). Keiner Begründung bedürfen deshalb insbesondere Erteilungsbeschlüsse, sofern sie nicht das Patent lediglich in einer nur hilfsweise begehrten (engeren) Fassung gewähren und damit den (weitergehenden) Hauptantrag ablehnen. 32

II. Verfahren vor dem Bundespatentgericht

a) Beschwerdeverfahren

1. Statthafter Rechtsbehelf gegen die Beschlüsse (vgl. → Rn. 30 ff.) der DPMA-Prüfungsstellen und Patentabteilungen sowie der Gebrauchsmusterstellen und Gebrauchsmusterabteilungen ist die Beschwerde (§ 73 Abs. 1 PatG, § 18 Abs. 1 GebrMG).[41] Zuständig sind die BPatG-Beschwerdesenate (§§ 65 Abs. 1, 66 Abs. 1 Nr. 1, Besetzung: § 67 Abs. 1 PatG, § 18 Abs. 3 S. 2–4 GebrMG). Das Beschwerdeverfahren dient der richterlichen Nachprüfung von Verwaltungsakten des DPMA; ähnlich wie die verwaltungsgerichtliche Anfechtungsklage.[42] Die Verwaltungsgerichte sind für die Überprüfung von Verwaltungsakten des DPMA nicht zuständig. Wegen der unterschiedlichen Rechtsstellung des DPMA als Verwaltungsbehörde und des BPatG als unabhängigen Gerichts ist der Weg vom Amt zum Gericht Rechtsweg gegen Akte der öffentlichen Gewalt iSd Art. 19 Abs. 4 GG. Dennoch ist dieser Weg kein Instanzenzug und die Beschwerde kein Rechtsmittel, weil das DPMA eine andere Stellung hat als im Beschwerdeverfahren nach ZPO oder FamFG das Gericht erster Instanz.[43] 33

Dass dem Beschwerdeweg die Merkmale eines Instanzenzugs und dem Beschwerdeverfahren die Merkmale eines Rechtsmittelverfahrens weitgehend verblieben sind, hat vor allem den historischen Grund, dass die Beschwerde zum BPatG an die Stelle des früheren innerämtlichen Instanzenzugs zu den DPA-Beschwerdesenaten getreten ist (vgl. auch → Rn. 50 ff.). In diesem Sinn kann mit dem BGH[44] gesagt werden, dass in *der Sache* ein Instanzenzug vom PA als erster Instanz zum BPatG führt und dass das Verfahren vor den 34

---

[39] BPatG 18.7.1973, BPatGE 15, 134 (136); 27.2.2003, BPatGE 47, 10 – Formularmäßige Mitteilung; 23.4.2003, BPatGE 47, 23 – *Papierauflage*; *Püschel* in Schulte PatG § 73 Rn. 25; jeweils mit Nachweisen.
[40] Näheres bei *Schäfers* in Benkard PatG § 47 Rn. 8 ff.
[41] Ausnahmen: §§ 123 Abs. 4, 135 Abs. 3 PatG, die nach § 21 GebrMG auch im Gebrauchsmusterrecht gelten; §§ 27 Abs. 3 S. 3, 46 Abs. 1 S. 5 PatG.
[42] Von einem „Rechtsbehelf nach Art der verwaltungsgerichtlichen Anfechtungsklage" spricht die Begründung zum 6. Überleitungsgesetz, BlPMZ 1961, 153; vgl. auch BGH 19.7.1967, GRUR 1968, 447 – *Flaschenkasten*. – *Herbst* FS BPatG, 1986, 47 (51) hält dies für sachlich unzutreffend.
[43] *Bernhardt* 279; *Fitzner/Waldhoff* Mitt. 2000, 446 (453 f.); *van Hees/Braitmayer* 602 ff.
[44] 29.4.1969, GRUR 1969, 562 – *Appreturmittel*; 10.1.1995, GRUR 1995, 333 (337) – *Aluminium-Trihydroxid*.

§ 23 II 4. Abschnitt. Entstehung und Wegfall von Patenten und Gebrauchsmustern

Beschwerdesenaten als echtes Rechtsmittelverfahren ausgestaltet ist: patentamtliches Verfahren und patentgerichtliches Beschwerdeverfahren bilden eine verfahrensmäßige Einheit, in der das Beschwerdeverfahren die Stelle eines Rechtsmittelverfahrens einnimmt: die Beschwerde setzt kein erstinstanzliches Verfahren in Gang, sondern eröffnet eine zweite Tatsacheninstanz – obwohl es sich um die *erste gerichtliche* Instanz handelt!

35   2. Obwohl seine Beschwerdesenate funktionell der Verwaltungsgerichtsbarkeit zuzuordnen wären, ist das BPatG organisatorisch Teil der **ordentlichen Gerichtsbarkeit** und ressortiert wie diese beim BMJV. Rechtsmittelinstanz ist der BGH. Zur Ergänzung der Vorschriften über das patentgerichtliche Verfahren verweisen PatG und GebrMG auf GVG und ZPO (§§ 68, 69, 99 Abs. 1 PatG, § 18 Abs. 3 S. 5, 6 GebrMG).

36   Für das hier interessierende Patent- und Gebrauchsmusterrecht rechtfertigt sich die Zuordnung des BPatG zur ordentlichen Gerichtsbarkeit aus den Wirkungen seiner Spruchtätigkeit. Sie besteht vornehmlich im Zivilrecht. Da Schutzrechte vor den ordentlichen Gerichten geltend gemacht werden, war es zweckmäßig, dem dafür letztinstanzlich zuständigen BGH auch die letztinstanzliche Zuständigkeit für Rechtsgewährung und Rechtsbestand zu übertragen.[45] Das vermeidet Koordinationsprobleme, die die Eingliederung des BPatG in die Verwaltungsgerichtsbarkeit sonst (wohl) zur Folge gehabt hätte.

37   3. Die Beschwerde ist binnen **eines Monats** ab Zustellung des angefochtenen Beschlusses **schriftlich beim Patentamt** einzulegen (§ 73 Abs. 2 S. 1 PatG). Der Zugang der Beschwerde beim BPatG bestimmt sich nach VwZG. Übergabeeinschreiben gelten auch dann gem. § 127 Abs. 1 PatG iVm § 4 Abs. 2 S. 2 VwZG als am dritten Tag nach Aufgabe zur Post zugestellt, wenn dieser Tag ein Samstag, Sonntag oder Feiertag ist.[46]

38   Die einmonatige Frist beginnt gemäß §§ 47 Abs. 2, 59 Abs. 4 PatG, § 17 Abs. 3 S. 4 GebrMG nur zu laufen, wenn die Beteiligten eine ordnungsgemäße **Belehrung** über Möglichkeit und Erfordernisse der Beschwerde erhalten haben. Sonst läuft eine Einjahresfrist ab Zustellung; nach deren Ablauf ist die Beschwerde nur noch zulässig, wenn eine schriftliche Belehrung dahin erfolgt war, dass keine Beschwerde gegeben sei.

39   Die Vorschrift, wonach die Beschwerde beim Patentamt einzulegen ist, hat ihren Grund darin, dass dieses, sofern dem Beschwerdeführer (im Folgenden: Bf.) kein anderer Verfahrensbeteiligter gegenübersteht (§ 73 Abs. 4 PatG), der Beschwerde **abzuhelfen** hat, wenn es sie für begründet erachtet (§ 73 Abs. 3 S. 1 PatG)[47]. Sie gilt aber auch dann, wenn mit Rücksicht auf einen anderen Beteiligten eine Abhilfe ausgeschlossen ist. Eine an das BPatG adressierte Beschwerde wird als zulässig behandelt, wenn sie noch vor Fristablauf an das PA gelangt[48] oder nach fristgemäßem Eingang bei der gemeinsamen Annahmestelle von dieser unmittelbar dem PA zugeleitet wird.[49] Wenn das PA nicht abhilft, hat es die Beschwerde innerhalb eines Monats ohne sachliche Stellungnahme dem BPatG vorzulegen (§ 73 Abs. 3 S. 3 PatG).

40   Für die Beschwerde ist eine **Gebühr** zu zahlen. Sie beträgt, wenn sich die Beschwerde gegen die Entscheidung einer Patent- oder Gebrauchsmusterabteilung im Ein-

---

[45] Bei Gebrauchsmustern kommt hinzu, dass mangelnde Rechtsbeständigkeit im Verletzungsprozess uneingeschränkt eingewendet werden kann (§ 13 Abs. 1 GebrMG).
[46] BPatG 24.2.2017, BlPMZ 2017, 265.
[47] Abhilfe bedeutet, dass dem Begehren des Bf. entsprochen, also beispielsweise das beantragte Patent erteilt wird; Aufhebung des angefochtenen Beschlusses und Fortsetzung des Verfahrens ist keine Abhilfe; vielmehr besteht diese darin, dass eine abschließende Entscheidung durch eine andere abschließende Entscheidung ersetzt wird: BPatG 12.4.1984, GRUR 1984, 647; 26.7.1988, BPatGE 30, 32. – Wenn die Anmeldung geteilt wird, nachdem die Beschwerde eingelegt, aber bevor sie dem BPatG vorgelegt worden ist, kann die Abhilfe auf einen der entstandenen Teile beschränkt werden, BPatG 17.5.1991, BPatGE 32, 139.
[48] BPatG 26.11.1975, BPatGE 18, 65.
[49] BPatG 7.5.1975, BPatGE 18, 68.

§ 23. Allgemeine Verfahrensregeln

spruchs- oder Löschungsverfahren richtet, 500 EUR, gegen die Zurückweisung einer Anmeldung 200 EUR. Nach dem GebührenVz zum PatKostG sind Gebühren für gemeinsame Anträge oder Rechtsbehelfe von jedem Beteiligten (gesondert) zu zahlen. Wird eine Beschwerdegebühr nicht fristgerecht bezahlt, gilt die Beschwerde als nicht eingelegt (§ 6 PatKostG). Diese Regel hat der BGH 2015 mit der Maßgabe bestätigt, dass bei Einzahlung nur einer Gebühr deren Zuordnung zu einem Beschwerdeführer geprüft werden müsse, um die Wirkungen der Nichteinlegungsfiktion nach § 6 PatKostG möglichst gering zu halten und umgekert möglichst weitgehend Rechtsschutz gewähren zu können.[50] Dies hatte das BPatG zunächst restriktiv gesehen, kürzlich aber noch beschwerdeführerfreundlicher entschieden, weil die Vorschriften Raum zur Auslegung böten: Nicht nur sei für den Rechtsuchenden nicht hinreichend klar, ob auch ein Beschwerdeführer „Antragsteller" im Sinne der Vorbemerkung vor Abschnitt I in Teil B des GebührenVz zum PatKostG sei. Zudem werde die gesonderte Zahlungspflicht jedes Verfahrensbeteiligten (lediglich) *ebenso wie im patentamtlichen Verfahren* angeordnet. Dort aber sei eine Anmeldung durch mehrere mit nur einer Gebühr möglich. Auslegungsbedarf, wie hier, dürfe nicht den Rechtsschutz einzelner Beschwerdeführer verkürzen.[51] Konnte der Beschwerdeführer nicht wissen, dass das von ihm angegriffene Patent vor Einlegung (wegen Nichtzahlung der Jahresgebühr) erloschen war, und hat er kein Interesse an einem rückwirkenden Widerruf des Patents, ist ihm die Beschwerdegebühr aus Billigkeitsgründen zu erstatten.[52]

4. **Beschwerdeberechtigt** ist grundsätzlich nur, wer an dem patentamtlichen Verfahren 41 beteiligt war, in dem der angefochtene Beschluss ergangen ist (§ 74 Abs. 1 PatG), insbesondere als Anmelder, Patent- oder Gebrauchsmusterinhaber, Einsprechender oder Löschungsantragsteller, nicht dagegen, wer als Dritter einen Recherche- oder Prüfungsantrag gestellt hatte (§§ 43 Abs. 2 S. 1, 44 Abs. 2 S. 1 PatG).

Ohne Beteiligung am patentamtlichen Verfahren hat das BMVg als zuständige oberste Bundesbehörde ein Beschwerderecht gegen Beschlüsse, die die Anordnung betreffen, dass jede Veröffentlichung einer angemeldeten Erfindung unterbleibt, ebenso die Akteneinsicht nach Erlass einer solchen Anordnung (§ 74 Abs. 2 PatG, § 9 GebrMG). 42

Zulässig ist eine Beschwerde nur, wenn der angefochtene Beschluss für den Bf. eine 43 **Beschwer** bedeutet. Daran fehlt es, wenn das PA den Anträgen des Bf. in vollem Umfang stattgegeben hat (vgl. auch → § 25 Rn. 80 f.).

5. Am Beschwerdeverfahren nehmen außer dem Bf. die Beteiligten des patentamtlichen 44 Verfahrens teil.

Das PA als die Behörde, die den angefochtenen Verwaltungsakt erlassen hat, ist – abweichend von den im verwaltungsgerichtlichen Verfahren und im kartellrechtlichen Beschwerdeverfahren geltenden Regeln – am Beschwerdeverfahren vor dem BPatG grundsätzlich nicht beteiligt. Ursprünglich war ihm überhaupt jede Beteiligung verwehrt. Mit Wirkung vom 1.1.1981 wurde jedoch dem **Präsidenten des Patentamts** eine begrenzte Beteiligungsmöglichkeit eröffnet.[53] Er kann, wenn er dies zur Wahrung des öffentlichen Interesses als angemessen erachtet, im Beschwerdeverfahren gegenüber dem Patentgericht schriftliche Erklärungen abgeben, den Terminen beiwohnen und in ihnen Ausführungen machen (§ 76 PatG)[54]. Das Patentgericht kann, wenn es dies wegen einer Rechtsfrage von grundsätzlicher Bedeutung als angemessen erachtet, dem Präsidenten des PA anheimgeben, dem Beschwerdeverfahren beizutreten (§ 77 PatG)[55]. Die Einladung

---

[50] BGH 18.8.2015, GRUR 2015, 1255 Rn. 17 – Mauersteinsatz; s. auch *Deichfuß* GRUR 2015, 1170.
[51] BPatG 7.6.2016, Mitt. 2016, 525 (526) – Verkehrsschild-Einrichtung.
[52] BPatG 13.11.2014, Mitt. 2015, 146 (147) – Großformat-Bogenoffsetdruckmaschine.
[53] Vgl. dazu die Begründung, BlPMZ 1979, 288.
[54] Beispiele: BPatG 13.11.1986, CR 1987, 367; 12.8.1987, BPatGE 29, 131 – Elektronisches Stellwerk; 10.7.1990, BPatGE 31, 200 – Schleifverfahren.
[55] Beispiel: BPatG 17.3.1988, CR 1988, 652.

zum Beitritt setzt nicht voraus, dass sich der Präsident nach § 76 PatG geäußert hat. Nimmt er sie an, erlangt er mit Eingang seiner Beitrittserklärung beim Gericht die Stellung eines Beteiligten.

45 6. Über den **Inhalt** der Beschwerdeschrift bestimmt das Gesetz nichts Näheres. Jedenfalls wird man aber fordern müssen, dass sie den Beschluss bezeichnet, gegen den sie sich richtet, und die Absicht, ihn anzufechten, hinreichend erkennen lässt. Es ist jedoch nicht vorgeschrieben, dass ein bestimmter Antrag gestellt oder die Beschwerde begründet wird. Freilich empfiehlt sich beides im eigenen Interesse des Bf.

46 7. Die Beschwerde hat **aufschiebende Wirkung** (§ 75 Abs. 1 PatG). Beispielsweise sichert sie, wenn sie sich gegen die Zurückweisung einer Patentanmeldung, den Widerruf eines Patents oder die Löschung eines Gebrauchsmusters richtet, zunächst den Fortbestand des vorläufigen Schutzes aus der offengelegten Anmeldung bzw. des vollen Patent- oder Gebrauchsmusterschutzes. Die Beschwerde gegen die Aufrechterhaltung eines Patents oder Zurückweisung eines Löschungsantrags lässt dagegen den schon vorher kraft der Erteilung oder Eintragung eingetretenen Schutz unberührt; sie hemmt nur die Wirkung der Zurückweisung des auf Beseitigung des Schutzrechts gerichteten Antrags.

47 **Keine aufschiebende Wirkung** hat die Beschwerde gegen eine gemäß § 50 Abs. 1 PatG oder § 9 GebrMG im Interesse der Staatssicherheit ergangene Geheimhaltungsanordnung (§ 75 Abs. 2 PatG).

48 8. Die Beschwerde eröffnet eine vollständige Sachprüfung durch das BPatG. Das Beschwerdeverfahren ist der Sache nach eine Fortsetzung des Erteilungs- oder Einspruchs-, Eintragungs- oder Löschungsverfahrens vor einer Rechtsmittelinstanz (vgl. → Rn. 33f.). Entsprechend können alle Verfahrenshandlungen, die vor dem PA möglich waren, auch noch im Beschwerdeverfahren gegenüber dem BPatG vorgenommen werden.

49 9. Eine **mündliche Verhandlung** vor dem BPatG findet statt, wenn ein Beteiligter sie beantragt oder das Gericht sie für sachdienlich erachtet, sowie immer dann, wenn das Gericht (nicht nur vorbereitend, § 88 Abs. 2 PatG) Beweis erhebt, § 78 PatG.[56] Das Beschwerdeverfahren kann somit zwar schriftlich durchgeführt werden, sofern der Senat nicht Beweis erhebt. Praktisch wird aber auch sonst von der Möglichkeit, eine mündliche Verhandlung zu beantragen bzw. von Amts wegen anzuordnen, häufig Gebrauch gemacht. Unentbehrlich ist die mündliche Erörterung des technischen Sachverhalts vor allem in vielen Verfahren über Beschwerden gegen die Zurückweisung von Patentanmeldungen oder bei Entscheidungen über Einsprüche oder Löschungsanträge.

50 Zur (angesichts überlanger Verfahren gebotenen) Beschleunigung seiner Patentnichtigkeitsverfahren soll das BPatG die Parteien frühzeitig auf die Gesichtspunkte hinweisen, die es für streitentscheidend hält. Auch kann es den Parteien Äußerungsfristen setzen, § 83 Abs. 1 u. 2 PatG. Nicht fristgerecht vorgebrachte Angriffs- und Verteidigungsmittel können nach § 83 Abs. 4 PatG als verspätet zurückweisen werden. Dies gilt freilich nicht für ein in der mündlichen Verhandlung vorgetragenes Angriffsmittel des Nichtigkeitsklägers gegen eine geänderte Fassung des Streitpatents, die der Beklagte trotz eines qualifizierten Hinweises des Gerichts nicht schon innerhalb der vom Gericht gesetzten Frist hätte formulieren müssen und deren Formulierung daher ihrerseits verspätet war.[57]

10. Die **Entscheidung** des Beschwerdesenats richtet sich nach § 79 PatG. Sie ergeht durch Beschluss. Eine nicht statthafte oder nicht form- und fristgerecht eingelegte Beschwerde wird als unzulässig verworfen, eine unbegründete zurückgewiesen.

---

[56] Die Regelung gilt entsprechend im Einspruchsverfahren, soweit dafür das BPatG erstinstanzlich zuständig ist; vgl. BPatG 20.6.2002, Mitt. 2002, 417 – Etikettierverfahren; 22.8.2002, BPatGE 46, 134 – gerichtliches Einspruchsverfahren: zwar verwies der frühere § 147 Abs. 3 S. 2 PatG auf § 59 und damit auch auf § 46 PatG; doch genügt es für ein *gerichtliches* Verfahren nicht, nach dieser Vorschrift zu verfahren.

[57] BGH 23.8.2016, GRUR 2016, 1143 Rn. 23 – Photokatalytische Titanoxidschicht.

Erachtet das Gericht die Beschwerde für zulässig und begründet, hebt es den Beschluss 51
des PA auf und trifft regelmäßig an dessen Stelle eine **neue Sachentscheidung.**[58] Hier
weicht das patentgerichtliche Beschwerdeverfahren wesentlich vom verwaltungsgerichtlichen Verfahren und vom kartellrechtlichen Beschwerdeverfahren ab (vgl. § 113 VwGO,
§ 71 GWB).

Eine **Zurückverweisung** an das PA kann nach § 79 Abs. 3 PatG erfolgen, wenn dieses 52
noch nicht in der Sache selbst entschieden hat, sein Verfahren an einem wesentlichen
Mangel leidet[59] oder neue entscheidungserhebliche Tatsachen oder Beweismittel bekannt
werden. Bei Zurückverweisung ist die der Aufhebung seines Beschlusses zugrundeliegende
rechtliche Beurteilung des Beschwerdesenats bindend für das PA.

Vielfach sprechen darum die Beschwerdesenate selbst die Erteilung, die Aufrechterhaltung oder den Widerruf eines Patents, die Eintragung oder Löschung eines Gebrauchsmusters oder Zurückweisung eines Löschungsantrags aus. Daraus kann freilich nicht gefolgert werden, solche Akte des BPatG hätten die gleiche Rechtsnatur wie die entsprechenden
Akte des PA. Erstere sind Rechtsprechung, letztere Verwaltung. 53

Dass das BPatG im Beschwerdeverfahren an Stelle einer Verwaltungsbehörde entscheidet, erklärt 54
sich letztlich daraus, dass nach dem für seiner Errichtung geltenden Recht die Prüfungsstellen und
Patentabteilungen als erste, die Beschwerdesenate als zweite Instanz eines amtsinternen Instanzenzugs
tätig waren. Das Verfahren der aus dem Amt ausgegliederten und 1961 zum BPatG verselbstständigten Beschwerdesenate blieb durch deren frühere Funktion geprägt. Für diese Verfahrensgestaltung
sprechen vor allem Zweckmäßigkeitsgründe, wenngleich dagegen Bedenken erhoben worden sind,
die unter dem Aspekt der Gewaltenteilung, Art. 20 Abs. 2 S. 2 GG, nicht abwegig sind.[60]

b) Nichtigkeits- und Zwangslizenzverfahren

1. Durch das PatRModG[61] (→ § 6 Rn. 52) sind in § 83 PatG diejenigen Pflichten und 55
Befugnisse des BPatG geregelt worden, die der Straffung und Beschleunigung des erstinstanzlichen Nichtigkeitsverfahrens dienen. Insbesondere muss das Gericht die Parteien
so früh wie möglich auf die für die Entscheidung wesentlichen Gesichtspunkte hinweisen
(qualifizierter Hinweis) und kann es auch eine Frist setzen, binnen der durch sachdienliche Anträge und Ergänzungen früheren Vorbringens auf gerichtliche Hinweise reagiert
werden kann. Was nach Fristablauf vorgebracht wird, kann das Gericht nach Präklusionsregeln zurückweisen, also wenn die Berücksichtigung des neuen Vortrags die Vertagung
eines bereits anberaumten Verhandlungstermins erforderlich machen würde, die betroffene
Partei über die Folgen einer Fristversäumnis belehrt wurde und sie ihre Verspätung (gleichwohl) nicht genügend entschuldigt.[62] Grundsätzlich gilt, dass die **Prozessparteien im
Nichtigkeitsprozess handeln müssen,** wenn ein qualifizierter Hinweis ergeht, der für
sie ungünstig ist.[63] Legen sie Urkunden vor, dürfen sie nicht davon ausgehen, das Gericht

---

[58] BGH 24.3.1992, BlPMZ 1992, 496 (498) – Entsorgungsverfahren.
[59] BPatG 17.5.1991, BPatGE 32, 139 (146); s. auch BPatG 12.11.1998, BPatGE 40, 250 (253) –
Grenzzeichenfreie Räumung und 14.6.1999, BPatGE 41, 171 (177 f.) – Automatische Absatzsteuerung: Zurückverweisung, weil PA bisher nur auf technischen Charakter geprüft hatte; 18.7.1989,
BPatGE 30, 250: Zurückverweisung, weil PA nicht festgestellt hatte, dass die von ihm als schutzhindernd gewerteten Kenntnisse vor dem für den Zeitrang der Anmeldung maßgebenden Tag der
Öffentlichkeit zugänglich waren; 22.6.2005, BlPMZ 2005, 554 – Anhörung im Prüfungsverfahren:
Zurückverweisung, weil PA wegen einer von ihm unzutreffend ausgelegten Entgegenhaltung Patent
versagt hatte, ohne die vom Anmelder beantragte Anhörung durchzuführen.
[60] *Bernhardt* 285 f.; *Schwerdtner* GRUR 1968, 10 f. mit Nachweisen.
[61] Gesetz zur Vereinfachung und Modernisierung des Patentrechts vom 31.7.2009, BGBl. I 2521;
zu dessen Auswirkungen und namentlich zur Zulässigkeit neuen Vorbringens *Deichfuß* Mitt. 2015, 49
(51 ff.).
[62] Zur genügenden Entschuldigung iSv § 83 Abs. 4 S. 1 Nr. 2, S. 2 PatG vgl. BPatG 8.11.2012,
GRUR 2013, 601 – Bearbeitungsmaschine.
[63] *Hüttermann* Mitt. 2017, 193.

werde diese Urkunden in ihrem Sinne lesen.[64] Vielmehr müssen Sie, etwa durch die Stellung von Hilfsanträgen, Vorsorge für den Fall treffen, dass das Gericht Urkunden anders liest als die Partei, die sie vorlegt. Umgekehrt erweitert sich der Handlungsspielraum einer Partei, wenn das Gericht von einer für sie günstigen Einschätzung abweicht. Dann bestand zunächst kein Anlass zum Tätigwerden und bleibt auch Vortrag zulässig, der verspätet gewesen wäre, hätte das Gericht den Parteien seine spätere Einschätzung sogleich offengelegt.[65]

56   2. Im Nichtigkeitsverfahren wird geltend gemacht, dass ein erteiltes Patent[66] zu Unrecht bestehe. Es wird aber nicht Aufhebung oder Abänderung eines patentamtlichen Verwaltungsakts begehrt,[67] sondern dem Patentinhaber das durch die Erteilung begründete private Ausschlussrecht bestritten (Näheres → § 26 Rn. 198 ff.). Deshalb wird das Verfahren durch **Klage gegen den** im Register als **Patentinhaber** Eingetragenen eingeleitet (§ 81 Abs. 1 PatG). Es kann als Streitverfahren oder Parteiprozess bezeichnet werden.[68]

57   Freilich kann das Verfahren am förmlichen Akt der Patenterteilung nicht vorbeigehen. Er gewährt dem Patentinhaber auch dann Schutz, wenn das Patent materiell nicht zukommt. Darum genügt es nicht festzustellen, dass dem Patent die sachliche Grundlage fehlt. Durchsetzen kann sich das materielle Recht vielmehr nur, wenn der (materiell unzutreffende) Formalakt der Patenterteilung durch eine **rechtsgestaltende Entscheidung** beseitigt wird. Folgerichtig ist daher die Entscheidung über die Nichtigkeitsklage dem BPatG als dem Gericht vorbehalten, das schon bei Beschwerden gegen aufrechterhaltende Einspruchsentscheidungen der Patentabteilungen berufen ist. Es widerruft ungerechtfertigt erteilte Patente ganz oder teilweise; freilich durch andere Spruchkörper, die **Nichtigkeitssenate** (§ 66 Abs. 1 Nr. 2, Besetzung: § 67 Abs. 2 PatG). Diese handeln – anders als die Beschwerdesenate (vgl. → Rn. 33 f.) in jedem Sinn als erste Instanz. Die Nichtigkeitsklage eröffnet ein komplett selbstständiges Verfahren, das keine Fortsetzung des Verfahrens bildet, das zur Erteilung (Aufrechterhaltung, Beschränkung) des angegriffenen Patents geführt hat; mag die abschließende Entscheidung von einer DPMA-Prüfungsstelle oder Patentabteilung stammen oder einem BPatG-Beschwerdesenat.

58   Ein vor der *Patentabteilung* im DPMA beginnendes Nichtigkeitsverfahren mit dem BPatG als Beschwerdeinstanz, wie etwa von *Pakuscher*[69] und *Liedel*[70] vorgeschlagen, wäre nur vorstellbar, wenn das Einspruchsverfahren nicht *nach,* sondern wie früher vor der Patenterteilung stattfände und außerdem die Möglichkeit abgeschafft würde, dass auf Beschwerde gegen Zurückweisungsbeschlüsse das BPatG selbst Patente erteilt (vgl. → Rn. 50 ff.). Ob sich unter diesen Voraussetzungen die genannte Ausgestaltung empfiehlt, ist fraglich. Dass in erster Instanz das Patentamt über die Rechtsbeständigkeit eines von ihm erteilten Schutzrechts befindet, mag im Gebrauchsmusterlöschungsverfahren angebracht sein, weil die Gebrauchsmustereintragung ohne vollständige Prüfung der Schutzfähigkeit erfolgt. Bei Patenten würde eine derartige Regelung die mit der amtlichen Vorprüfung erstrebte erhöhte Bestandsgarantie entwerten. Will man dies nicht, ist es angemessen, die Entscheidung über nicht fristgebundene Anträge auf Überprüfung der Rechtmäßigkeit von Patenterteilungen von vornherein einer richterlichen Instanz zuzuweisen.

59   3. Zur Nichtigkeitsklage ist bei Geltendmachung widerrechtlicher Entnahme nur der Verletzte berechtigt; wegen aller übrigen Nichtigkeitsgründe kann sie als **Popularklage**

---

[64] BGH 8.8.2015, GRUR 2013, 1174 Rn. 33 – Mischerbefestigung.

[65] *Hüttermann* Mitt. 2017, 193 (194).

[66] Entsprechendes gilt für ergänzende Schutzzertifikate; sie können nach § 81 Abs. 1 PatG gemeinsam mit dem zugrundeliegenden Patent, aber auch unabhängig von diesem durch Nichtigkeitsklage angegriffen werden.

[67] Von einem „Verwaltungsstreitverfahren" (so BGH 8.7.1955, BGHZ 18, 81 (92)) sollte daher nicht gesprochen werden; vgl. auch *Rogge* in Benkard PatG § 22 Rn. 8.

[68] *Bernhardt* 293.

[69] GRUR 1977, 371 (372); 1995, 705 (707 f.).

[70] S. 283 ff.

von jedermann erhoben werden.[71] Ihr Ziel ist stets die Beseitigung des Patents, die die Feststellung einschließt, dass es seinem Inhaber materiellrechtlich nicht zukam. Auch bei widerrechtlicher Entnahme kann der Nichtigkeitskläger das Patent nicht für sich selbst erlangen, sondern muss dazu Vindikationsklage auf Übertragung und Umschreibung erheben. Obsiegt der Nichtigkeitskläger im Vindikationsprozess, entfällt das Rechtsschutzbedürfnis für seine Nichtigkeitsklage. Zwar tritt wegen § 265 Abs. 2 S. 1 ZPO keine Konfusion ein, weil der Nichtigkeitsbeklagte der Verfahrensübernahme durch den neuen Patentinhaber erst noch zustimmen muss. Doch entfällt das Rechtsschutzbedürfnis (allg. Prozessvoraussetzung) und muss der Nichtigkeitskläger für erledigt erklären, will er verhindern, dass das BPatG seine Nichtigkeitsklage als unzulässig verwirft.[72]

4. Die Nichtigkeitsklage ist an **keine Frist** gebunden. Sie kann jedoch nicht erhoben werden, solange Einspruch möglich oder ein Einspruchsverfahren anhängig ist (§ 81 Abs. 2 S. 1 PatG). 60

Klage auf Nichtigerklärung eines ergänzenden Schutzzertifikats kann gem. § 81 Abs. 2 S. 2 PatG nicht erhoben werden, soweit ein Antrag auf Berichtigung oder auf Widerruf der Verlängerung der Laufzeit des Zertifikats gestellt werden kann oder ein Verfahren über einen solchen Antrag anhängig ist (dazu → § 26 Rn. 76 ff., 80). 61

Nach Erlöschen des Patents ist die Klage nur zulässig, wenn der Kläger ein eigenes berechtigtes Interesse an rückwirkender Beseitigung des Patents hat (vgl. → § 26 Rn. 203 ff.). 62

Bei **Klageerhebung** sind Kläger, Beklagter und Streitgegenstand zu bezeichnen und die zur Begründung dienenden Tatsachen und Beweismittel anzugeben; auch soll die Klage einen bestimmten Antrag enthalten; doch können inhaltliche Mängel innerhalb einer vom Vorsitzenden zu bestimmenden Frist beseitigt werden (§ 81 Abs. 4, 5 PatG). Einzuzahlen ist ferner eine **streitwertabhängige Gebühr** (4,5-facher Satz) nach GKG (§§ 2 Abs. 2, 3 Abs. 1 PatKostG mit GebVz). Die Streitwertbestimmung steht gem. § 51 Abs. 1 GKG im (billigen) Ermessen des Gerichts. Nach stRspr des BGH besteht der Streitwert des Patentnichtigkeitsverfahrens im wirtschaftlichen Interesse der Allgemeinheit an der Vernichtung des angegriffenen Patents für dessen Restlaufzeit.[73] Dieser Wert ist regelmäßig der gemeine Wert des Patents bei Klageerhebung. 63

Für den häufigen Fall, dass die Nichtigkeitsklage in Zusammenhang mit einem Verletzungsstreit steht, können die mit dem Streitpatent erzielten Umsätze in die Schätzung des Streitwerts einfließen, sind für sich aber nicht maßgeblich. Entscheidend ist vielmehr das Marktpotential des Streitpatents. Das BPatG versucht dieses Potential auszuschöpfen, indem es den Streitwert der Nichtigkeitsklage nach dem Streitwert des Verletzungsprozesses bemisst, sofern der Patentinhaber sein Schutzrecht auch selbst nutzt, zuzüglich eines Aufschlags von ca. 25% oder nach der Höhe eventuell geltend gemachter Schadensersatzforderungen.[74] 64

5. Das BPatG stellt dem beklagten Patentinhaber die Klage zu und fordert ihn auf, sich dazu binnen eines Monats zu erklären (§ 82 Abs. 1 PatG). Unterbleibt dies, kann ohne 65

---

[71] Eine *Nebenintervention* im Nichtigkeitsverfahren sieht BGH 17.1.2006, GRUR 2006, 438 – Carvedilol als jedenfalls dann zulässig an, wenn der Nebenintervenient durch das angegriffene Patent in seiner geschäftlichen Tätigkeit als Wettbewerber beeinträchtigt werden kann.

[72] BPatG 26.11.2016, Mitt. 2016, 421 (422).

[73] BPatG 5.5.2014, BeckRS 2014, 11340 aE, unter ausdr. Hinweis auf *Schell* in Schulte PatG PatKostG § 2 Rn. 38; ebenso bereits BPatG 15.4.2014, GRUR 2014, 1135 (1136) – Zwischenwirbelimplantat, unter Hinweis auf BGH 20.4.2011, GRUR 2014, 757 – Nichtigkeitsstreitwert; zum Streitwert im Nichtigkeitsverfahren, wenn mehrere Kläger dasselbe Patent in demselben Umfang angreifen BGH 15.8.2013, GRUR 2013, 1286 – Nichtigkeitsstreitwert II; zur Streitwertbestimmung allgemein und damit zusammenhängenden Problemen vgl. ausführlich *Rojahn/Lunze* Mitt. 2011, 533 ff.; ferner *Beyerlein/Beyerlein* Mitt. 2011, 542 ff.; *Stjerna* Mitt. 2011, 546 ff.

[74] BPatG 15.4.2014, GRUR 2014, 1135 (1136) – Zwischenwirbelimplantat aE, s. auch *Schell* in Schulte PatG PatKostG § 2 Rn. 38, 41, 43; *Busse/Keukenschrijver* PatG § 84 Rn. 68.

§ 23 II 4. *Abschnitt. Entstehung und Wegfall von Patenten und Gebrauchsmustern*

mündliche Verhandlung sofort nach dem Klageantrag entschieden und dabei jede vom Kläger behauptete Tatsache für erwiesen angenommen werden (§ 82 Abs. 2 PatG).[75] Es erfolgt also eine Zulässigkeits- und Schlüssigkeitsprüfung wie bei Säumnis des Beklagten im Zivilprozess (vgl. § 331 Abs. 1 S. 1 ZPO). Das Urteil, das daraufhin gegen den Beklagten ergeht, unterliegt aber nicht dem Einspruch, wie er gegen Versäumnisurteile gegeben ist, sondern nur der Berufung (§ 110 Abs. 1 PatG, vgl. → Rn. 110ff.).

Widerspricht der Beklagte rechtzeitig, teilt das BPatG den Widerspruch dem Kläger mit (§ 82 Abs. 3 PatG). Seine Entscheidung, die durch **Urteil** ergeht (§ 84 Abs. 1 PatG), trifft es regelmäßig auf Grund **mündlicher Verhandlung**. Von ihr kann – außer im Fall des § 82 Abs. 2 PatG – nur mit Zustimmung beider Parteien abgesehen werden (§ 82 Abs. 3 S. 2 PatG).

66   Daher wird eine Klage, der nicht rechtzeitig widersprochen ist, mangels Zulässigkeit oder Schlüssigkeit nur auf Grund mündlicher Verhandlung *abgewiesen* werden können.[76]

67   6. Weitgehend den gleichen Regeln wie das Nichtigkeitsverfahren folgen die Verfahren wegen Erteilung oder Rücknahme von **Zwangslizenzen** oder Anpassung durch Urteil festgesetzter Zwangslizenzvergütungen; als Besonderheit ist hervorzuheben, dass nach Maßgabe von § 85 PatG eine Zwangslizenz bei Dringlichkeit durch einstweilige Verfügung erteilt werden kann (Näheres → § 34 Rn. 119ff.).

68   Gemäß § 85a PatG werden Verfahren, die in der EG-VO über Zwangslizenzen für die Ausfuhr von Arzneimitteln in Länder mit Problemen im Bereich der öffentlichen Gesundheit (dazu → § 34 Rn. 89ff.) vorgesehen sind, durch Klage zum BPatG eingeleitet. Soweit sie nicht in der VO geregelt sind, sind die Vorschriften über das Zwangslizenz- und das Nichtigkeitsverfahren entsprechend anzuwenden.

c) Einspruchsverfahren

69   Zur Entlastung des DPMA war durch den inzwischen wieder aufgehobenen § 147 Abs. 3 PatG die erstinstanzliche Entscheidung über Einsprüche, die vom 1.1.2002 bis zum 30.6.2006 eingelegt wurden, – unter bestimmten Voraussetzungen auch über früher eingelegte Einsprüche[77] – den Beschwerdesenaten des BPatG zugewiesen.[78] Für später erhobene Einsprüche[79] ist grundsätzlich wieder eine Patentabteilung des DPMA zuständig. Gemäß dem mit Wirkung vom 1.7.2006 neu gefassten § 61 Abs. 2 PatG entscheidet jedoch ein Beschwerdesenat des BPatG, wenn ein Beteiligter dies beantragt und kein anderer Beteiligter innerhalb von zwei Monaten nach Zustellung des Antrags widerspricht, oder auf Antrag nur eines Beteiligten, wenn mindestens 15 Monate seit Ablauf der Einspruchsfrist, im Fall des Antrags eines gem. § 59 Abs. 2 Beigetretenen seit der Erklärung des Beitritts, vergangen sind. Die Patentabteilung kann die Zuständigkeit wieder an sich ziehen, indem sie innerhalb von drei Monaten nach Zugang des Antrags auf patentgerichtliche Entscheidung eine Ladung zur Anhörung oder ihre Entscheidung über den Einspruch zustellt. Das BPatG ist

---

[75] Ebenso wird zu verfahren sein, wenn der Beklagte eine Erklärung in dem Sinne abgibt, dass er der Klage nicht entgegentreten wolle, oder einen zunächst erklärten Widerspruch zurücknimmt; vgl. *Hall/Nobbe* in Benkard §§ 82 Rn. 4f.; *Voit* in Schulte PatG § 82 Rn. 6.
[76] In diesem Sinne *Bernhardt* 295.
[77] Dazu BPatG 17.7.2003, BPatGE 47, 148.
[78] Zum Hintergrund dieser Regelung *Landfermann* FS 50 J. BPatG, 2011, 79–83. Vgl. – auch zu den Vorarbeiten für die jetzt geltende Regelung – *Landfermann* FS VPP, 2005, 160ff. – § 147 Abs. 3 PatG war nicht verfassungswidrig, vgl. BPatG 6.3.2006, Mitt. 2006, 511 – Symbolübermittlung und BGH 17.4.2007, GRUR 2007, 859 Rn. 26ff. – Informationsübermittlungsverfahren I.
[79] Für die auf der Grundlage von § 147 Abs. 3 PatG bis zum 30.6.2006 eingelegten Einsprüche bleibt das BPatG zuständig nach BPatG (23. Senat) 19.10.2006, GRUR 2007, 499 – Rundsteckverbinder; aM BPatG (11. Senat) 12.4.2007, GRUR 2007, 904 – Gesetzlicher Richter; hiergegen wieder BPatG (19. Senat) 9.5.2007, BlPMZ 2007, 332 – Einspruchszuständigkeit und (23. Senat) 10.5.2007, GRUR 2007, 907 – Gehäuse/perpetuatio fori.

§ 23. Allgemeine Verfahrensregeln   II § 23

somit nur noch dann zuständig, wenn alle Beteiligten einverstanden sind oder das patentamtliche Verfahren sich erheblich verzögert und ein Beteiligter patentgerichtliche Entscheidung beantragt.

Im Einspruchsverfahren vor dem BPatG sind nach § 61 Abs. 2 S. 3 PatG ua die §§ 59 (mit Verweisung auf 46, 47) und 86–99 PatG entsprechend anzuwenden. Das BPatG gibt dabei § 47 Abs. 1 S. 3 (jetzt: § 47 Abs. 1 S. 4) den Vorrang vor § 94 Abs. 2, so dass die Entscheidung des Beschwerdesenats im Einspruchsverfahren keiner Begründung bedarf, wenn nach Rücknahme des einzigen Einspruchs nur noch der Patentinhaber beteiligt ist und seinem Antrag, das Patent aufrechtzuerhalten, uneingeschränkt stattgegeben wird.[80] Dagegen sieht es, weil sein Verfahren ein *gerichtliches* ist, an Stelle der in §§ 59 Abs. 3, 46 geregelten Anhörung eine – nach Maßgabe des § 69 PatG (→ Rn. 78 ff.) grundsätzlich öffentliche – *mündliche Verhandlung* als geboten an, wenn ein Fall des § 78 PatG vorliegt (→ Rn. 49).[81] 70

Ein Beteiligtenwechsel ist nach § 99 PatG, § 265 Abs. 2 S. 2 ZPO nur mit Zustimmung der übrigen Verfahrensbeteiligten zulässig.[82] Das Fernbleiben im Termin wird im Einspruchsverfahren jedoch wie eine rügelose Einlassung zur Sache behandelt, so dass die Zustimmung nach § 267 ZPO vermutet wird.[83] 71

d) Gemeinsame Vorschriften für die patentgerichtlichen Verfahren

1. Auf das Verfahren vor dem BPatG sind nach dem PatG (§ 99 Abs. 1), soweit dieses selbst keine Regelung enthält und die Besonderheiten des patentgerichtlichen Verfahrens nicht entgegenstehen, das GVG und die ZPO entsprechend anzuwenden. Ausdrücklich ist dabei bestimmt, dass eine Anfechtung von Entscheidungen des BPatG nur stattfindet, soweit das PatG sie zulässt (§ 99 Abs. 2 PatG)[84]. 72

2. Wegen der **Ausschließung und Ablehnung** von Gerichtspersonen beim BPatG verweist § 86 Abs. 1 PatG auf Vorschriften der ZPO. Für die Entscheidung über Ablehnungen gilt § 86 Abs. 3 und 4 PatG. Die Zurückweisung eines Ablehnungsantrags durch das BPatG ist unanfechtbar und auch im Rahmen einer auf andere Gründe gestützten Rechtsbeschwerde nicht nachprüfbar, weil die Verweisung in § 86 Abs. 1 PatG den § 46 Abs. 2 ZPO nicht einschließt[85]. 73

Zusätzliche Fälle der Ausschließung sind in § 86 Abs. 2 PatG vorgesehen. Nach Nr. 1 ist im Beschwerdeverfahren von der Ausübung des Amtes als Richter ausgeschlossen, wer bei dem vorausgegangenen Verfahren vor dem PA mitgewirkt hat[86]. Nach Nr. 2 kann im Nichtigkeitsverfahren als Richter nicht tätig werden, wer bei dem das angegriffene Patent betreffenden Erteilungs- oder Einspruchsverfahren vor dem DPMA oder EPA oder dem anschließenden Beschwerdeverfahren vor dem BPatG oder EPA mitgewirkt hat. Insoweit darf also nicht dieselbe Person in verschiedenen Verfahren über Gewährung oder Bestand desselben Schutzrechts entscheiden[87]. Das ist insbesondere dann von Bedeutung, wenn, wie 74

---

[80] BPatG 5.8.2003, BPatGE 47, 168 – fehlende Begründungspflicht.
[81] BPatG 20.6.2002, Mitt. 2002, 417 – Etikettierverfahren; 12.8.2002, BPatGE 46, 134.
[82] BGH 17.4.2007, BGHZ 172, 98 = GRUR 2008, 87 (89) – Patentinhaberwechsel im Einspruchsverfahren.
[83] BPatG 30.3.2012, BPatGE 53, 167 = Mitt. 2013, 131 – Maßstabträger.
[84] Vgl. *Püschel* in Schulte PatG § 99 Rn. 8; *Busse/Schuster* PatG § 99 Rn. 16 ff.; *Schäfers* in Benkard PatG § 99 Rn. 8.
[85] BGH 11.7.1985, BGHZ 95, 302 – Farbfernsehsignal II; 21.12.1989, BGHZ 110, 25 – Wasserventil.
[86] Das gilt in dem eine Teilanmeldung betreffenden Beschwerdeverfahren auch für einen Richter, der in dem die noch ungeteilte Anmeldung betreffenden Verfahren mitgewirkt hat, BGH 30.6.1998, GRUR 1999, 43 – Ausgeschlossener Richter.
[87] Ein allgemeiner Grundsatz dieses Inhalts gilt jedoch nicht. Wenn im *Einspruchs*beschwerdeverfahren ein Richter mitwirkt, der im patentamtlichen oder patentgerichtlichen Verfahren an der *Erteilung* des Patents mitgewirkt hat, ist er nicht ausgeschlossen; § 86 Abs. 2 PatG findet hier keine (analoge) Anwendung: BGH 9.2.1993, GRUR 1993, 466 – Fotovoltaisches Halbleiterelement; 18.7.2000, GRUR

es häufig vorkommt, Mitglieder des PA zu Richtern am BPatG ernannt oder dort gemäß § 71 Abs. 1 PatG als Richter kraft Auftrags verwendet oder Mitglieder von Beschwerdesenaten in Nichtigkeitssenaten eingesetzt werden.

75   3. Auch in den Verfahren des BPatG gilt der **Untersuchungsgrundsatz:** Das Gericht erforscht – insbesondere durch Beweiserhebung gemäß § 88 PatG[88] – den Sachverhalt von Amts wegen, ohne an das Vorbringen und die Beweisanträge der Beteiligten gebunden zu sein (§ 87 Abs. 1 PatG).[89] Demgemäß wird auch ein Geständnis des Beklagten im Nichtigkeitsverfahren für das Gericht nicht als bindend angesehen.[90]

76   Der Untersuchungsgrundsatz bedeutet nicht, dass den Beteiligten die Verfügung über das Verfahren entzogen wäre. Insoweit gilt vielmehr die **Dispositionsmaxime:** Das Gericht wird nur auf Antrag tätig und darf bei seiner Entscheidung über die Anträge der Beteiligten nicht hinausgehen (§ 99 Abs. 1 PatG mit § 308 ZPO). Beschwerdeführer oder Nichtigkeitskläger können, solange keine abschließende Entscheidung ergangen ist, das Verfahren jederzeit beenden, indem sie Beschwerde oder Klage zurücknehmen. Die Zustimmung eines anderen Verfahrensbeteiligten erfordert dies nicht. Auch ein prozessuales Anerkenntnis ist möglich.[91] Erklärt das BPatG statt nur eines angegriffenen Teils den gesamten Patentanspruch für nichtig, geht es über den Klageantrag hinaus und ist dies im Berufungsverfahren von Amts wegen zu berücksichtigen.[92]

77   4. Ob das BPatG zur Klärung des Offenbarungsgehalts einer Druckschrift in einem Nichtigkeitsverfahren Sachverständigenbeweis erhebt, bestimmt sich nach der (Selbst-)Einschätzung der eigenen Sachkunde durch den Senat. Diese liegt in seinem pflichtgemäßen Ermessen. Ausreichende Sachkunde des Senats besteht bereits dann, wenn diese bei einem seiner Mitglieder vorliegt.[93] Entsprechend kommt die Verletzung rechtlichen Gehörs durch Nichtbeiziehung zusätzlicher externer Sachkunde in Gestalt eines gerichtlichen Sachverständigen vor einem technischen Beschwerdesenat nur in Betracht, wenn vorgetragen wird, aufgrund welcher Umstände sich dem Senat die Erkenntnis aufdrängen musste, er bedürfe zur Beurteilung des streitigen Sachverhalts externer Sachkunde.[94]

78   5. Seine **Entscheidung** trifft das BPatG nach seiner freien, aus dem Gesamtergebnis des Verfahrens gewonnenen Überzeugung (§ 93 Abs. 1 S. 1 PatG). Wenn auf Grund mündlicher Verhandlung entschieden wird, darf ein Richter, der bei der letzten mündlichen Verhandlung nicht zugegen war, bei der Beschlussfassung nur mitwirken, wenn die Beteiligten zustimmen (§ 93 Abs. 3 PatG).

79   Die Entscheidung darf nur auf Tatsachen und Beweismittel gestützt werden, zu denen die Beteiligten sich äußern konnten (§ 93 Abs. 2 PatG, vgl. Art. 103 Abs. 1 GG). Sie hat nach § 93 Abs. 1 S. 2 PatG die Gründe anzugeben, die für die richterliche Überzeugung leitend gewesen sind. Fraglich ist das Verhältnis dieser Vorschrift zu § 94 Abs. 2 PatG, wonach Entscheidungen zu begründen sind, durch die ein Antrag zurückgewiesen oder über ein Rechtsmittel entschieden wird. Ginge man davon aus, dass § 93 Abs. 1 S. 2 PatG nur anzuwenden ist, wenn nach § 94 Abs. 2 PatG eine Begründungspflicht besteht,[95] müsste mit

---

2001, 47 – Ausweiskarte; es ist auch nicht ohne weiteres die Besorgnis der Befangenheit begründet: BPatG 3.8.1989, BPatGE 30, 258.

[88] Dabei kann eine Zeugenvernehmung gem. §§ 99 Abs. 1 PatG, 128a Abs. 2 ZPO auch in Form einer Videokonferenz durchgeführt werden; vgl. BPatG 16.7.2002, BPatGE 45, 227 – Leiterplattennutzen-Trennvorrichtung/Videokonferenz.

[89] Vgl. BPatG 1.7.2003, Mitt. 2004, 213 (Nr. 3b [1]) – Gleitvorrichtung.

[90] *Bernhardt* 296; *Schäfers* in Benkard PatG § 87 Rn. 8.

[91] Vgl. *Liedel* 18 Fn. 42; *Schmieder* GRUR 1982, 348 (350); Näheres → § 26 Rn. 226 ff.

[92] BGH 12.12.2012, GRUR 2013, 363 Rn. 22 f. – Polymerzusammensetzung.

[93] BPatG 10.1.2012, GRUR 2013, 165 (170) – Traglaschenkette; BPatG 28.6.2013, Mitt. 2014, 30 – Vorschaltgerät.

[94] BGH 26.8.2014, GRUR 2014, 1235 Rn. 9 – Kommunikationsrouter.

[95] So *Schäfers* in Benkard PatG § 93 Rn. 5c.

Rücksicht auf § 100 Abs. 3 Nr. 6 PatG (vgl. → Rn. 83 ff.) jedenfalls die Beschwerde als Rechtsmittel iSd § 94 Abs. 2 PatG angesehen werden, was sich in einem erweiterten Sinne vertreten lässt (vgl. → Rn. 33 f.). Für die Nichtigkeitsklage käme dies jedoch nicht in Betracht. Nach dem Wortlaut des § 94 Abs. 2 PatG ergäbe sich dann, dass wohl die Abweisung der Klage, jedenfalls aber nicht die Nichtigerklärung des Patents eine Begründung erfordern würde. Das wäre schon deshalb unhaltbar, weil auch die Nichtigerklärung der Berufung unterliegt. Es bliebe daher nur übrig, § 94 Abs. 2 PatG berichtigend in dem Sinne auszulegen, dass sich die Begründungspflicht auf alle Endurteile im Nichtigkeitsverfahren erstreckt.[96] Es fragt sich jedoch, ob nicht wenigstens für Urteile schon aus § 93 Abs. 1 S. 2 PatG, auch wenn dieser unmittelbar nur die Beweiswürdigung betrifft, abgeleitet werden kann, dass eine Begründung notwendig ist; die Entstehungsgeschichte der Regelung legt dies nahe.[97] In der Praxis scheint es als selbstverständlich zu gelten, dass alle Urteile der Nichtigkeitssenate begründet werden müssen.[98]

Die Endentscheidungen des BPatG werden nach Maßgabe des § 94 Abs. 1 PatG **verkündet** und **zugestellt** oder lediglich zugestellt; wenn eine mündliche Verhandlung stattgefunden hat, ist die Verkündung die Regel. 80

6. Die Verhandlung vor dem BPatG einschließlich der Entscheidungsverkündung ist in der Regel **öffentlich** (§ 69 Abs. 1 S. 1, Abs. 2 PatG). Vor den Beschwerdesenaten ist sie in Patentsachen einschließlich der Verkündung der Beschlüsse (§ 69 Abs. 1 Nr. 2) nicht öffentlich, solange weder die Anmeldung offengelegt noch die Patentschrift veröffentlicht ist. Entsprechendes gilt in Gebrauchsmustersachen, solange nicht die Eintragung erfolgt ist (§§ 18 Abs. 3 S. 6, 8 Abs. 5 S. 1 GebrMG). 81

Durch Gerichtsbeschluss kann die Öffentlichkeit im Beschwerde- und Nichtigkeitsverfahren in entsprechender Anwendung von §§ 172–175 GVG ausgeschlossen werden. Gemäß § 69 Abs. 1 S. 2 Nr. 1, Abs. 2 S. 2 PatG, § 18 Abs. 3 S. 6 GebrMG kann dies auf Antrag eines Beteiligten auch dann geschehen, wenn dessen schutzwürdige Interessen bei öffentlicher Verhandlung gefährdet wären. 82

III. Verfahren vor dem Bundesgerichtshof

a) Rechtsbeschwerdeverfahren[99]

1. Gegen die Beschlüsse der Beschwerdesenate des BPatG, durch die über eine Beschwerde nach § 73 PatG oder § 18 Abs. 1 GebrMG (vgl. → Rn. 33 f.)[100] oder im erstinstanzlichen Einspruchsverfahren über Aufrechterhaltung oder Widerruf eines Patents (→ Rn. 69 ff.) entschieden wird, findet unter bestimmten Voraussetzungen die Rechtsbeschwerde an den Bundesgerichtshof statt (§ 100 PatG, § 18 Abs. 4 GebrMG). Sie kann nur darauf gestützt werden, dass der Beschluss auf einer Verletzung des Rechts beruht, dient also allein der Überprüfung der Rechtsanwendung des BPatG, nicht auch seiner *tatsächli-* 83

---

[96] So *Bernhardt* 298.
[97] Wie die Begründung zum 6. Überleitungsgesetz, BlPMZ 1961, 155, ergibt, haben für § 93 (früher § 41h) PatG der § 108 VwGO, für § 94 (früher § 41i) Abs. 2 PatG der § 122 Abs. 2 VwGO als Vorbild gedient. In der VwGO sprechen jedoch § 108 von *Urteilen,* § 122 Abs. 2 von *Beschlüssen;* die Verweisung auf § 108 in § 122 Abs. 1 VwGO schließt § 108 Abs. 1 S. 2, der die Begründung der Urteile betrifft, nicht ein. Im PatG sind dagegen sowohl § 93 Abs. 1 S. 2 als auch § 94 Abs. 2 unterschiedslos auf *Entscheidungen* des BPatG bezogen.
[98] Vgl. *Schmieder* NJW 1977, 1218; *Pakuscher* GRUR 1973, 610, der die Begründungspflicht aus § 99 (früher 41o) Abs. 1 PatG in Verbindung mit § 313 ZPO ableitet; ebenso *Schäfers* in Benkard PatG § 94 Rn. 17 f.; *Busse/Schuster* PatG § 94 Rn. 12.
[99] Vgl. *Engel* Mitt. 1979, 61–73; *Kraßer* GRUR 1980, 420–423.
[100] Dazu BGH 18.12.1984, GRUR 1985, 519 – Wärmeaustauscher; BPatG 8.1.1988, BPatGE 29, 194 (Entscheidung über Zulässigkeit eines erst im Einspruchsbeschwerdeverfahren erklärten Beitritts ist keine Entscheidung über eine Beschwerde).

chen Feststellungen (§ 101 Abs. 2 PatG, §§ 546, 547 ZPO)[101]. In dieser Hinsicht ist der BGH an den angefochtenen Beschluss gebunden, sofern nicht die Rechtsbeschwerde in Bezug auf dessen tatsächliche Feststellungen zulässige und begründete Rügen erhoben hat (§ 107 Abs. 2 PatG). Das Rechtsmittel der Rechtsbeschwerde hat also revisionsähnliche Funktion (vgl. § 559 Abs. 2 ZPO).

84 Grundsätzlich ist die Rechtsbeschwerde nur statthaft, wenn das BPatG sie in dem angefochtenen Beschluss **zugelassen** hat (→ Rn. 86f.). Bei bestimmten schwerwiegenden Verfahrensmängeln bedarf es jedoch der Zulassung nicht (→ Rn. 88ff.).

85 Die Rechtsbeschwerde wurde 1961 im Zusammenhang mit der Errichtung des BPatG eingeführt. Vorher war es nicht möglich gewesen, Entscheidungen der Beschwerdesenate des PA nachprüfen und Abweichungen ihrer Rechtsprechung von derjenigen des BGH durch Anrufung des letzteren bereinigen zu lassen[102]. Die Eröffnung des Rechtsbeschwerdewegs hat die Möglichkeiten, für eine einheitliche Rechtsprechung und Rechtsfortbildung im gewerblichen Rechtsschutz zu sorgen, wesentlich verbessert. Inwieweit sie genutzt werden, hängt freilich nicht nur von der Zulassungspraxis des BPatG, sondern auch vom Interesse der Beteiligten des Beschwerdeverfahrens ab. Erfahrungsgemäß werden viele zugelassene Rechtsbeschwerden nicht eingelegt. Wenn das BPatG dem Antrag des Bf. voll stattgibt[103] und diesem kein anderer Verfahrensbeteiligter gegenübersteht, können grundsätzliche Rechtsfragen, die für die Entscheidung wesentlich waren, überhaupt nicht dem BGH unterbreitet werden. Abhilfe kann hier in gewissem Umfang die Beteiligung des PA-Präsidenten nach § 77 PatG schaffen.

86 2. Die Rechtsbeschwerde ist zuzulassen, wenn (1.) eine Rechtsfrage von **grundsätzlicher Bedeutung** zu entscheiden ist oder (2.) die **Fortbildung des Rechts** oder die Sicherung einer **einheitlichen Rechtsprechung** eine Entscheidung des BGH erfordert (§ 100 Abs. 2 PatG). Liegt einer dieser Gründe vor, ist der Beschwerdesenat zur Zulassung **verpflichtet**; andernfalls *darf* er die Rechtsbeschwerde nicht zulassen. Er hat also keine Ermessensentscheidung zu treffen; freilich gibt ihm die gesetzliche Bestimmung der Zulassungsvoraussetzungen einen beträchtlichen Beurteilungsspielraum. Zur Rechtsfortbildung oder Sicherung einer einheitlichen Rechtsprechung wird die Rechtsbeschwerde insbesondere dann regelmäßig zugelassen werden müssen, wenn der Beschwerdesenat in der Beurteilung einer Rechtsfrage von einer Entscheidung des BGH oder eines anderen Senats des BPatG abweicht.[104]

87 Das BPatG befindet über die Zulassung von Amts wegen. Beteiligte können sie nicht beantragen, sondern nur anregen. Die Zulassung muss nicht im Tenor, sondern kann auch lediglich in den Gründen der Beschwerdeentscheidung zum Ausdruck kommen.[105]

88 3. **Ohne Zulassung** findet die Rechtsbeschwerde statt, wenn einer der in § 100 Abs. 3 PatG aufgeführten **Verfahrensmängel** vorliegt[106] und gerügt wird: (1.) das Gericht war nicht vorschriftsmäßig besetzt[107]; (2.) ein ausgeschlossener oder mit Erfolg

---

[101] Zu diesen gehört auch, wie ein Fachmann die Darstellung der Erfindung in Beschreibung und Zeichnungen versteht, BGH 20.6.2000, GRUR 2000, 1015 (1016) – Verglasungsdichtung.

[102] Zu einer solchen Situation führten die Entscheidungen DPA (Großer Senat) 7.8.1953, GRUR 1953, 440; BGH 8.7.1955, BGHZ 18, 81 – Zwischenstecker und DPA (Großer Senat) 19.12.1955, BlPMZ 1956, 34.

[103] Eine Beschwer, die für die Zulässigkeit der Rechtsbeschwerde ausreicht, liegt schon darin, dass das BPatG nicht über den vom Beschwerdeführer geltend gemachten Widerrufsgrund der widerrechtlichen Entnahme entschieden hat, BGH 24.7.2007, GRUR 2007, 996 Rn. 4 – Ausgussvorrichtung für Spritzgießwerkzeuge.

[104] *Voß/Kühnen* in Schulte PatG § 100 Rn. 19; *Rogge/Fricke* in Benkard PatG § 100 Rn. 16.

[105] BGH 14.2.1978, GRUR 1978, 420 (422) – Fehlerortung; BPatG 29.5.1979, BPatGE 22, 45.

[106] Für die Statthaftigkeit genügt, dass der Mangel (substantiiert) *behauptet* wird: BGH 21.12.1962, BGHZ 39, 333 (334) – Warmpressen; 14.7.1983, GRUR 1983, 640 – Streckenausbau; kritisch zu dieser Rechtsprechung *Hesse* GRUR 1974, 711 ff.

[107] Die Tatsachen, aus denen der Besetzungsfehler abgeleitet wird, sind im Einzelnen anzugeben, BGH 7.2.1995, Mitt. 1996, 118 – Flammenüberwachung; 30.3.2005, GRUR 2005, 572 Rn. 1 – Vertikallibelle.

abgelehnter Richter hat mitgewirkt[108]; (3.) einem Beteiligten war das rechtliche Gehör versagt; (4.) ein Beteiligter war nicht gesetzmäßig vertreten[109]; (5.) bei einem auf Grund mündlicher Verhandlung ergangenen Beschluss wurden die Vorschriften über die Öffentlichkeit des Verfahrens verletzt; (6.) der Beschluss ist nicht mit Gründen versehen.

Wegen sonstiger, in § 100 Abs. 3 PatG nicht genannter Verstöße gegen Verfahrensvorschriften ist die Rechtsbeschwerde ohne Zulassung nicht statthaft. 89

Die weitaus meisten Versuche, eine vom BPatG nicht zugelassene Rechtsbeschwerde anzubringen, wurden bisher auf die Behauptung gestützt, dass der angefochtene Beschluss **nicht mit Gründen versehen** sei. Vielfach wird dabei versucht, als *sachlich unrichtig* empfundene Erkenntnisse des BPatG korrigieren zu lassen. Der BGH hat deshalb in zahlreichen Fällen zur Frage Stellung nehmen müssen, wann ein Begründungsmangel iSd § 100 Abs. 3 Nr. 6 (früher: 5) PatG vorliegt. Als Grundsatz gilt, dass *Fehler in den Gründen* noch nicht das *Fehlen von Gründen* bedeuten. Es genügt nicht, dass die Gründe des angefochtenen Beschlusses nur sachlich unvollständig, unzureichend, unrichtig oder sonst rechtsfehlerhaft sind.[110] Ziel der Rechtsbeschwerde kann nicht die Beseitigung eines Begründungsfehlers, sondern nur die *Herbeiführung einer Begründung* sein.[111] 90

Die nach § 100 Abs. 3 Nr. 6 PatG zulassungsfreie Rechtsbeschwerde bleibt aber nicht auf Fälle beschränkt, in denen der Beschluss überhaupt keine als Gründe bezeichneten Ausführungen enthält.[112] Vielmehr ist es dem vollständigen Fehlen einer Begründung gleich zu achten, wenn die angegebenen Gründe so **unklar, widersprüchlich und verworren** sind, dass der der Entscheidung zugrundeliegende Gedankengang nicht nachvollziehbar ist oder dass nicht eindeutig feststellbar ist, auf welchen Erwägungen die getroffene Entscheidung beruht.[113] Auch wenn Gründe angegeben sind, ist somit eine gewisse inhaltliche Prüfung möglich. Sie gilt jedoch nicht der Richtigkeit der Entscheidung, sondern der Frage, ob das Gericht seiner Begründungspflicht (vgl. → Rn. 78 ff.) genügt hat. Diese ist nur erfüllt, wenn die Gründe hinreichend erkennen lassen, wie das Gericht zu seiner Entscheidung über die Beschwerde gelangt ist.[114] 91

---

[108] Ein Ausschließungsgrund, der durch Ablehnungsgesuch ohne Erfolg geltend gemacht worden ist, eröffnet die Rechtsbeschwerde nicht: §§ 101 Abs. 2 S. 2 PatG, 547 Nr. 2 ZPO, BGH 11.7.1985, BGHZ 95, 302 – Farbfernsehsignal II.

[109] Die Rechtsbeschwerde steht in diesem Fall nur dem nicht ordnungsgemäß Vertretenen zu, BGH 21.12.1989, GRUR 1990, 348 – Gefäßimplantat. – Zu den Voraussetzungen des Vertretungsmangels BGH 29.4.1986, GRUR 1986, 667 – Raumzellenfahrzeug II. Kein Vertretungsmangel liegt vor, wenn Vertreter krankheitshalber mündliche Verhandlung versäumt, an der die Partei selbst oder anderes Sozietätsmitglied hätten teilnehmen können, BGH 25.6.1986, BlPMZ 1986, 251 – Vertagungsantrag.

[110] Vgl. BGH 28.11.1963, GRUR 1964, 259 – Schreibstift; 16.10.1973, GRUR 1974, 352 – Farbfernsehsignal; 12.10.1976, GRUR 1977, 214 (215) – Aluminiumdraht; 7.3.1978, GRUR 1978, 423 (424) – Mähmaschine; 28.11.1978, GRUR 1979, 220 – β-Wollastonit mit Anmerkung *von Hoeppner*; 18.12.1984, GRUR 1985, 519 – Wärmeaustauscher; 12.5.1987, BlPMZ 1987, 357 – Zigarettenfilter; 25.1.2000, GRUR 2000, 792 (794) – Spiralbohrer; auch ein ungewöhnlicher und besonders gravierender Rechtsfehler (hier: Verstoß gegen das Prinzip des Einzelvergleichs bei der Neuheitsprüfung, vgl. → § 17 Rn. 21 ff.) stellt für sich genommen keinen Begründungsmangel dar, BGH 29.7.2003, GRUR 2004, 79 – Paroxetin.

[111] BGH 5.10.1982, GRUR 1983, 63 (64) – Streckenvortrieb; 18.12.1984, BlPMZ 1985, 299 (300); 12.1.1999, GRUR 1999, 573 – Staatsgeheimnis; 30.3.2005, GRUR 2005, 572 Rn. 2 – Vertikallibelle.

[112] Einen solchen Fall betrifft BGH 13.5.1971, GRUR 1971, 484 – Entscheidungsformel.

[113] So zusammenfassend BGH 9.7.1980, GRUR 1980, 984 (985) – Tomograph; 10.6.1986, Mitt. 1986, 195 – Kernblech; 2.3.1993, GRUR 1993, 655 (656) – Rohrausformer; 12.7.2006, GRUR 2006, 929 – Rohrleitungsprüfverfahren; 27.6.2007, BlPMZ 2008, 12 (Nr. III a) – Informationsübermittlungsverfahren II.

[114] Dazu grundlegend BGH 21.12.1962, BGHZ 39, 333 (337 f.) – Warmpressen.

Ein Begründungsmangel wird angenommen, wenn die Gründe unverständlich sind,[115] sich in nicht nachprüfbaren Behauptungen erschöpfen[116] oder auf ein „selbstständiges Angriffs- oder Verteidigungsmittel" nicht eingehen, das rechtlich erheblich sein kann.[117]

92   **Beispiele:** Nichterörterung einer möglicherweise neuheitsschädlichen Entgegenhaltung des beschwerdeführenden Einsprechenden;[118] Übergehen eines Falls offenkundiger Vorbenutzung, der der Patentierbarkeit entgegenstehen kann;[119] Fehlen der Prüfung eines selbstständigen Nebenanspruchs;[120] Nichterörterung neugefasster Patentansprüche;[121] Patenterteilung nach einem Hilfsantrag ohne Stellungnahme zum Hauptantrag;[122] Fehlen von Erwägungen zur Erfindungshöhe, nicht dagegen bloßes Übergehen von „Beweisanzeichen" für diese.[123]

93   *Nicht:* Fehlende Erörterung oder unzutreffende Beurteilung vorteilhafter Eigenschaften der Erfindung;[124] fehlende Auseinandersetzung mit abweichender höchstrichterlicher Rechtsprechung, wenn ersichtlich ist, wie das BPatG zu seiner Entscheidung gekommen ist;[125] Fehlen gesonderter Prüfung nachgeordneter Ansprüche (auch wenn sie sich als „Nebenansprüche" darstellen), die der Patentinhaber nicht zum Gegenstand eines auf selbstständigen Schutz gerichteten Hilfsantrags gemacht hat;[126] Lücke in der gedanklichen Herleitung der einzelnen Elemente der Begründung für Vorliegen oder Fehlen erfinderischer Tätigkeit.[127]

94   *Widersprüche* in den Gründen werden als Begründungsmangel angesehen, wenn sie dazu führen, dass nicht mehr zu erkennen ist, welche Überlegungen für die Entscheidung letztlich maßgebend waren.[128]

95   Da die Zulassung oder Nichtzulassung der Rechtsbeschwerde nicht Bestandteil der Entscheidung über die Beschwerde ist, eröffnet das Fehlen von Gründen für die Nichtzulassung keine zulassungsfreie Rechtsbeschwerde.[129]

96   Auf den Umstand, dass einem Beteiligten das **rechtliche Gehör**[130] **versagt** war, kann seit 1.11.1998 eine zulassungsfreie Rechtsbeschwerde gestützt werden.[131] Vorbild der Änderung war § 83 Abs. 3 Nr. 3 des MarkenG von 1994. Für ihre Anwendung hat der BGH,

---

[115] BGH 11.4.1967, GRUR 1967, 548 (552) – Schweißelektrode II; 6.12.1979, Mitt. 1980, 77 – Biegerollen.
[116] BGH 14.7.1983, Mitt. 1983, 214 – Schaltungsanordnung II.
[117] BGH 22.4.1998, GRUR 1998, 907 (909) – Alkyläther; 12.9.2000, GRUR 2001, 46 – Abdeckrostverriegelung; vgl. auch BGH 18.12.1986, GRUR 1987, 286 – Emissionssteuerung; 26.9.1989, GRUR 1990, 33 – Schüsselmühle; 21.12.1989, GRUR 1990, 348 – Gefäßimplantat; 2.3.1993, GRUR 1993, 655 – Rohrausformer; 2.3.2004, Mitt. 2005, 233 (Nr. III 2) – Kanold.
[118] BGH 2.2.1982, GRUR 1982, 406 – Treibladung.
[119] BGH 13.2.1979, GRUR 1979, 538 – Drehstromöltransformator.
[120] BGH 5.10.1982, GRUR 1983, 63 f. – Streckenvortrieb.
[121] BGH 2.10.1973, GRUR 1974, 210 – Aktenzeichen.
[122] BGH 13.5.1971, GRUR 1971, 532 (533) – Richterwechsel.
[123] BGH 28.11.1963, GRUR 1964, 201 – Elektro-Handschleifgerät; 11.12.1973, GRUR 1974, 419 – Oberflächenprofilierung; 28.11.1978, GRUR 1979, 220 – Wollastonit; 27.3.1980, GRUR 1980, 846 – Lunkerverhütungsmittel; 3.12.1991, GRUR 1992, 159 – Crackkatalysator II; 16.9.1997, BGHZ 136, 336 – Rechtliches Gehör II.
[124] BGH 12.5.1987, BlPMZ 1987, 357 – Zigarettenfilter.
[125] BGH 22.4.1998, GRUR 1998, 907 – Alkyläther.
[126] BGH 1.2.2000, GRUR 2000, 597 (599) – Kupfer-Nickel-Legierung.
[127] BGH 12.7.2006, GRUR 2006, 929 Rn. 16 f. – Rohrleitungsprüfverfahren.
[128] BGH 7.3.1978, GRUR 1978, 423 – Mähmaschine; 9.7.1980, GRUR 1980, 984 – Tomograph; 29.4.1986, GRUR 1986, 667 – Raumzellenfahrzeug II; 20.12.1988, GRUR 1990, 346 – Aufzeichnungsmaterial; 3.12.1991, GRUR 1992, 159 – Crackkatalysator II.
[129] BGH 21.4.1964, BGHZ 41, 360 (363 f.) – Damenschuh-Absatz.
[130] Zu den Anforderungen für seine Gewährung *Schulte* Einleitung Rn. 280–335.
[131] Ablehnend nach früherem Recht BGH 3.12.1964, BGHZ 43, 12 (15 ff.) – Kontaktmaterial; 19.9.1989, GRUR 1990, 110 – Rechtliches Gehör; 4.12.1990, GRUR 1991, 442 – Pharmazeutisches Präparat; 16.9.1997, BGHZ 136, 336 – Rechtliches Gehör II (keine entsprechende Anwendung von § 83 Abs. 3 Nr. 3 MarkenG); *Bernhardt* 289 f.; Nw. auch bei *Voß/Kühnen* in Schulte PatG § 100 Rn. 41 Fn. 110. Krit. zur Gesetzesänderung *Bender* Mitt. 1998, 85 ff.

ausgehend von der Rechtsprechung des Bundesverfassungsgerichts, folgende Grundsätze aufgestellt.[132] Mit der Rüge, das rechtliche Gehör sei versagt gewesen, kann *nicht die sachliche Richtigkeit* des angefochtenen Beschlusses zur Überprüfung gestellt werden.[133] Der Anspruch auf rechtliches Gehör gibt den Verfahrensbeteiligten lediglich das Recht, sich zu dem der Entscheidung zugrundeliegenden Sachverhalt zu äußern und dem Gericht die eigene Auffassung zu den entscheidungserheblichen Rechtsfragen darzulegen; das Gericht ist verpflichtet, dieses Vorbringen zur Kenntnis zu nehmen und in Erwägung zu ziehen. Grundsätzlich ist davon auszugehen, dass das Gericht das von ihm entgegengenommene Parteivorbringen auch zur Kenntnis genommen und zur Kenntnis genommenes Vorbringen bei seiner Entscheidung in Erwägung gezogen hat. In einer auf § 100 Abs. 3 Nr. 3 PatG gestützten Rechtsbeschwerde müssen deshalb Umstände dargelegt werden, die deutlich machen, dass Parteivorbringen nicht zur Kenntnis genommen oder nicht erwogen worden ist. Das Gericht braucht sich nicht mit jedem Vorbringen einer Partei in den Gründen seiner Entscheidung ausdrücklich zu befassen oder gar in einer bestimmten Weise auseinanderzusetzen.[134] Der Anspruch auf rechtliches Gehör gewährleistet nicht, mit der eigenen Einschätzung durchzudringen. Er umfasst keine allgemeine Pflicht zu Hinweisen an die Parteien iSd §§ 139, 238 ZPO, § 91 PatG. Ein Hinweis kann aber geboten sein, wenn für die Parteien bei der von ihnen zu erwartenden Sorgfalt nicht vorhersehbar ist, auf welche Erwägungen das Gericht seine Entscheidung stützen und auf welches Vorbringen es demgemäß ankommen wird. Erkenntnisse, zu denen sich die Beteiligten nicht äußern konnten, darf das Gericht seiner Entscheidung nicht zugrunde legen.[135] Die im pflichtmäßigen Ermessen des Gerichts stehende Entscheidung, einen Beweisantrag auf Zuziehung eines gerichtlichen Sachverständigen abzulehnen, bedeutet keine Versagung des rechtlichen Gehörs.[136] Im *schriftlichen Verfahren* genügt es, wenn das Gericht, nachdem es Vorbringen einer Partei dem Gegner zugeleitet hat, eine angemessene Zeit, deren Mindestdauer sich nach den Umständen richtet, auf die Erwiderung wartet, bevor es in der Sache entscheidet.[137] Dabei hat es Eingänge bis zur Absendung seines Beschlusses zu berücksichtigen.[138]

4. Ist weder die Rechtsbeschwerde durch das BPatG zugelassen worden, noch ein die zulassungsfreie Rechtsbeschwerde eröffnender Verfahrensmangel gegeben, kann die Entscheidung des Beschwerdesenats nicht mehr angegriffen werden. Es gibt auch keinen Rechtsbehelf gegen die Nichtzulassung der Rechtsbeschwerde, insbesondere **keine Nichtzulassungsbeschwerde.** Die Stellung des BPatG unterscheidet sich hierin erheblich von derjenigen der Berufungs- und Beschwerdeinstanzen in vielen anderen Verfahren, insbesondere im verwaltungsgerichtlichen Verfahren und im kartellrechtlichen Beschwerdeverfahren.[139] Zwar ist ihm unter bestimmten Voraussetzungen die Zulassung bindend auferlegt (→ Rn. 86 ff.); ein Verstoß gegen diese Verpflichtung bleibt aber folgenlos; dem BGH ist jede Nachprüfung verschlossen.[140]

97

---

[132] Vgl. BGH 19.5.1999, GRUR 1999, 919 – Zugriffsinformation; 14.9.1999, GRUR 2000, 140 – Tragbarer Informationsträger; 25.1.2000, GRUR 2000, 792, – Spiralbohrer; 1.2.2000, GRUR 2000, 597 – Kupfer-Nickel-Legierung; 30.3.2005, GRUR 2005, 572 Rn. 3 – Vertikallibelle; 24.7.2007, GRUR 2007, 996 Rn. 10, 11 – Ausgussvorrichtung für Spritzgießwerkzeuge; 27.6.2007, BlPMZ 2008, 12 (Nr. III b) – Informationsübermittlungsverfahren II.
[133] BGH 1.2.2000, GRUR 2000, 597 (599) – Kupfer-Nickel-Legierung.
[134] BGH 11.9.2007, GRUR 2007, 997 Rn. 17 f. – Wellnessgerät (für „Beweisanzeichen", die gegen das Naheliegen einer Lösung sprechen können).
[135] BGH 30.1.1997, GRUR 1997, 637 – Top Selection; 12.2.1998, GRUR 1998, 817 – DORMA (markenrechtliche Fälle).
[136] BGH 11.6.2002, GRUR 2002, 957 – Zahnstruktur.
[137] BGH 1.2.2000, GRUR 2000, 597 – Kupfer-Nickel-Legierung; 24.7.2007, GRUR 2007, 996 Rn. 12 – Ausgussvorrichtung für Spritzgießwerkzeuge.
[138] BGH 12.12.1996, GRUR 1997, 223 – Ceco (markenrechtlicher Fall).
[139] Vgl. *Kraßer* GRUR 1980, 421.
[140] BGH 21.4.1964, BGHZ 41, 360 – Damenschuh-Absatz.

98 Immerhin bleibt es möglich, ein gegen die Beschwerde eines Einsprechenden aufrechterhaltenes Patent mit der Nichtigkeitsklage zu bekämpfen. Dagegen ist für den Anmelder oder Patentinhaber der Versuch, Patentschutz zu erlangen, endgültig gescheitert, wenn seine Beschwerde gegen die Versagung oder den Widerruf des Patents ohne Zulassung der Rechtsbeschwerde (und ohne schwerwiegenden Verfahrensmangel) zurückgewiesen wird.[141] Soweit über Einsprüche das BPatG erstinstanzlich entscheidet (→ Rn. 69 ff.), bedeutet in diesem Fall schon der Widerruf den endgültigen Verlust des Patents.

99 Ähnliches gilt für das Gebrauchsmusterrecht: Der Umstand, dass ein Löschungsantrag in der Beschwerdeinstanz erfolglos geblieben ist, schließt weitere Löschungsanträge nicht aus (Näheres → § 26 Rn. 268 ff.), während eine Beschwerdeentscheidung, die die Zurückweisung einer Anmeldung bestätigt oder die Löschung eines Gebrauchsmusters bestätigt oder ausspricht, endgültig ist, wenn sie nicht die Rechtsbeschwerde zulässt oder an einem schweren Verfahrensmangel leidet.

100 Rechtspolitisch wäre es höchst wünschenswert, dem BGH in Angleichung an andere Verfahrensordnungen die Möglichkeit zur Überprüfung der Nichtzulassung der Rechtsbeschwerde einzuräumen.[142]

101 5. Zur Rechtsbeschwerde berechtigt sind die Beteiligten des patentgerichtlichen Beschwerdeverfahrens (§ 101 Abs. 1 PatG), gegebenenfalls also auch der Präsident des Patentamts (vgl. → Rn. 44). Außer dem Rechtsbeschwerdeführer nehmen am Verfahren vor dem BGH die übrigen Beteiligten des Beschwerdeverfahrens teil. Der Präsident des Patentamts hat ein Äußerungsrecht, auch wenn er nicht beteiligt ist (§§ 105 Abs. 2, 76 PatG).

102 Die Rechtsbeschwerde ist innerhalb **eines Monats** nach Zustellung des angefochtenen Beschlusses **beim BGH** einzulegen (§ 102 Abs. 1 PatG). Sie muss von einem beim BGH zugelassenen Rechtsanwalt unterzeichnet sein; dieser **Anwaltszwang** gilt auch für mündliche Verhandlungen; auf Antrag eines Beteiligten wird seinem Patentanwalt das Wort gestattet (§ 102 Abs. 5 PatG).

103 Innerhalb einer – verlängerbaren – Frist von einem Monat nach Einlegung ist eine **Begründung** einzureichen (§ 102 Abs. 3, 4 PatG). Sie muss die Erklärung enthalten, inwieweit der Beschluss angefochten und seine Abänderung oder Aufhebung beantragt wird, und die verletzte Rechtsnorm bezeichnen; soweit die Rechtsbeschwerde auf die Behauptung eines Verfahrensmangels gestützt ist, muss die Begründung die Tatsachen nennen, aus denen sich dieser ergibt.

104 Die **Gebühren** im Rechtsbeschwerdeverfahren richten sich nach dem GKG und sind demgemäß von der Höhe des Streitwerts abhängig, der jedoch für einen wirtschaftlich schwachen Beteiligten ermäßigt werden kann (§§ 102 Abs. 2, 144 PatG, vgl. → § 36 Rn. 56 ff.).

105 Die Rechtsbeschwerde hat im gleichen Umfang aufschiebende Wirkung wie die Beschwerde (§ 103 PatG; vgl. → Rn. 46 f.). Sie unterwirft, wenn sie auf Grund **Zulassung** erhoben wird, den angefochtenen Beschluss der Nachprüfung in verfahrensrechtlicher Hinsicht, soweit Mängel gerügt oder von Amts wegen zu beachten sind; die Anwendung des materiellen Rechts durch den Beschwerdesenat überprüft der BGH **in vollem Umfang**.[143] Er ist nicht darauf beschränkt, zu der Rechtsfrage Stellung zu nehmen, die dem BPatG Anlass zur Zulassung gegeben hat.[144] Möglich ist allerdings, dass das BPatG die Zulassung auf einen abgrenzbaren Teil des Verfahrensgegenstandes beschränkt.[145] Der Rechtsbeschwerdeführer kann die Nachprüfung durch die Gestaltung seiner Anträge eingrenzen.

---

[141] Zum „Ungleichgewicht der Durchsetzungschancen", das sich hieraus zum Nachteil des Patentanmelders im deutschen Erteilungsverfahren ergibt, *Beier* GRUR-Int 1989, 1 (10 ff., 13 f.); vgl. auch *Kraßer* Mitt. 1988, 213 f.

[142] In diese Richtung jetzt auch *Meier-Beck* FS 50 J. BPatG, 2011, 403 (415).

[143] BGH 24.3.1992, BlPMZ 1992, 496 (497) – Entsorgungsverfahren; 19.10.2004, GRUR 2005, 143 – Rentabilitätsermittlung mwN.

[144] BGH 28.11.1963, GRUR 1964, 276 – Zinnlot; 26.5.1964, BGHZ 42, 19 (29) – Akteneinsicht I; 23.2.1972, GRUR 1972, 538 – Parkeinrichtung; 15.3.1984, BGHZ 90, 318 – Zinkenkreisel.

[145] BGH 14.2.1978, GRUR 1978, 420 – Fehlerortung; 14.7.1983, BGHZ 88, 191 (193 f.) – Ziegelsteinformling; 20.11.2001, Mitt. 2002, 176 – Gegensprechanlage.

Auf eine **zulassungsfreie** Rechtsbeschwerde prüft der BGH nur, ob der geltend ge- 106
machte Verfahrensmangel vorliegt.

6. Über die Rechtsbeschwerde entscheidet der BGH durch Beschluss, der ohne münd- 107
liche Verhandlung ergehen kann, zu begründen und in jedem Fall den Beteiligten von
Amts wegen zuzustellen ist (§ 107 Abs. 1, 3 PatG). Ein Beschluss, der auf Grund mündlicher
Verhandlung ergeht, ist in entsprechender Anwendung des § 94 Abs. 1 PatG auch zu verkünden.
Für die Öffentlichkeit einer mündlichen Verhandlung gelten die gleichen Regeln
wie im Beschwerdeverfahren (§ 106 Abs. 2 PatG; vgl. → Rn. 81 f.).

Eine Rechtsbeschwerde, die nicht nach § 100 PatG statthaft oder nicht form- und 108
fristgerecht eingelegt und begründet worden ist, wird als unzulässig verworfen (§ 104
PatG). Auf eine zulässige Rechtsbeschwerde prüft der BGH im angegebenen Umfang (vgl.
→ Rn. 101 ff.) die Gesetzmäßigkeit des Beschlusses. Soweit dieser das Gesetz verletzt und
im Ergebnis auf einer Gesetzesverletzung beruht, wird er aufgehoben. Bei den Verfahrensverstößen,
die die zulassungsfreie Rechtsbeschwerde eröffnen, ist, soweit sie in § 547 ZPO
genannt sind, stets davon auszugehen, dass sie für die angefochtene Entscheidung ursächlich
waren (§ 101 Abs. 2 S. 2 PatG). War das rechtliche Gehör versagt, ist die Rechtsbeschwerde
begründet, wenn nicht auszuschließen ist, dass die Entscheidung auf diesem Fehler beruht.[146]

Im Fall der Aufhebung des angefochtenen Beschlusses kann der BGH nicht in der Sache 109
selbst entscheiden, sondern muss nach § 108 PatG die Sache zur anderweiten Verhandlung
und Entscheidung an das BPatG zurückverweisen.[147] Dieses ist an die rechtliche Beurteilung
gebunden, die der BGH der Aufhebung zugrunde gelegt hat.[148]

b) Nichtigkeitsberufungsverfahren

1. Gegen die Nichtigkeitsurteile des BPatG findet die Berufung an den BGH statt (§ 110 110
Abs. 1 PatG). Als **zweite gerichtliche Tatsacheninstanz** nimmt der BGH hier eine
für seine Stellung als Revisionsgericht ungewöhnliche Funktion wahr, die ohne Parallele in
seinen sonstigen Tätigkeitsgebieten ist. Da ihm keine technischen Richter angehören, ist
der BGH zur Klärung technischer Fragen meist auf die Hilfe **Sachverständiger** angewiesen.[149]

Die Zuständigkeit des BGH als Berufungsinstanz geht darauf zurück, dass bereits gegen die Ent- 111
scheidungen der Nichtigkeitsabteilungen und späteren Nichtigkeitssenate des PA das Reichsoberhandelsgericht,
dann das Reichsgericht und schließlich der BGH angerufen werden konnten.[150]

Die Neufassung der §§ 111–120 PatG durch das PatRModG sollte den BGH als Beru- 112
fungsinstanz entlasten.[151] Zu diesem Zweck wurde die Zulässigkeit neuen Tatsachenvortrags
eingeschränkt und das Nichtigkeitsberufungsverfahren einem **Revisionsverfahren angenähert**.
Im Ergebnis ist das Nichtigkeitsberufungsverfahren von einer „vollständigen neuen

---

[146] BGH 30.1.1997, GRUR 1997, 637 – Top Selection.
[147] Begründung zum 6. Überleitungsgesetz, BlPMZ 1961, 158; vgl. BGH 27.2.1969, BGHZ 51, 378
(381) – Disiloxan; dagegen meint *Bernhardt* 291, dass der BGH die Versagung eines Patents (auf
Einspruch, dh nach geltender Regelung den Widerruf des Patents) selbst aussprechen könne, wenn
die Sache in diesem Sinne entscheidungsreif sei. *Löscher* GRUR 1966, 18 befürwortet dies de lege
ferenda.
[148] Nichtbeachtung dieser Bindung eröffnet für sich genommen keine zulassungsfreie Rechtsbeschwerde,
vgl. BGH 11.4.1967, GRUR 1967, 548 (550 f.) – Schweißelektrode II.
[149] Vgl. *Haller* GRUR 1985, 653–661; *Meier-Beck* FS VPP, 2005, 356–371; *Melullis* FS Ullmann, 2006,
503 (513 f.); *Asendorf* GRUR 2009, 209 ff.; *Keukenschrijver* Mitt. 2010, 163 f.; *Bross* GRUR 2012, 249 ff.;
zur Ablehnung des Sachverständigen vgl. *Prietzel-Funk* GRUR 2009, 322–325; – zu Gutachtenmängeln
und Befangenheitsbesorgnis jüngst BGH 27.9.2011, GRUR 2012, 92 – Sachverständigenablehnung IV.
[150] Vgl. *Liedel* 278 f.; *Stauder* GRUR-FS 1991, 503 ff. Rn. 20 ff.
[151] Ausf. *Meier-Beck* FS Mes, 2009, 273 (279 ff., 282 ff.).

Tatsacheninstanz" zu einem (bloßen) „Instrument der Fehlerkontrolle und Fehlerbeseitigung"[152] geworden.

113 2. Die Zulässigkeit der Berufung setzt das *Urteil* eines Nichtigkeitssenats voraus; *Beschlüsse* der Nichtigkeitssenate sind nur zusammen mit entsprechenden Urteilen anfechtbar (§ 110 Abs. 7 PatG).[153]

Berufungsberechtigt sind die Parteien des Verfahrens vor dem Nichtigkeitssenat, sofern sie durch dessen Urteil beschwert sind.

114 Die Parteien des Berufungsverfahrens müssen sich nach § 113 PatG vor dem BGH durch einen Bevollmächtigten **vertreten** lassen. Anders als im Rechtsbeschwerdeverfahren kann jeder gemäß der Bundesrechtsanwaltsordnung zugelassene **Rechtsanwalt** und jeder gemäß der Patentanwaltsordnung zugelassene Patentanwalt Verfahrensbevollmächtigter sein. Dem Bevollmächtigten ist es gestattet, mit einem technischen Beistand zu erscheinen.

115 3. Die Berufung wird **beim BGH**[154] durch Einreichung einer – vom Bevollmächtigten (→ Rn. 114) unterzeichneten – Berufungsschrift **eingelegt,** die die Bezeichnung des angefochtenen Urteils und die Erklärung enthalten muss, dass hiergegen Berufung eingelegt wird (§ 110 Abs. 2, 4 PatG). Die **Berufungsfrist** beträgt **einen Monat.** Fristbeginn ist die Zustellung des in vollständiger Form abgefassten Urteils, spätestens der Ablauf von fünf Monaten nach Urteilsverkündung (§ 110 Abs. 3 PatG).

116 Die **Gebühren** im Verfahren vor dem BGH richten sich nach dem GKG und damit nach dem Streitwert, der jedoch zugunsten einer wirtschaftlich schwachen Partei ermäßigt werden kann (§§ 121 Abs. 1, 144 PatG; → § 36 Rn. 56 ff.).[155]

117 Innerhalb einer – verlängerbaren! – Frist von **drei Monaten** ab Zustellung des vollständigen Urteils (oder spätestens ab Ablauf von fünf Monaten nach der Verkündung) ist nach § 112 Abs. 2 PatG beim BGH eine **Berufungsbegründung** einzureichen.[156]

118 Gestützt werden kann die Berufung nach § 111 PatG nur noch darauf, dass die Entscheidung des BPatG auf einer Rechtsverletzung beruht oder nach § 117 PatG zugrunde zu legende Tatsachen eine andere Entscheidung rechtfertigen.

119 Die Berufungsbegründung muss die Berufungsanträge und die Berufungsgründe enthalten, dh die Erklärung, inwieweit das Urteil angefochten wird und welche Abänderungen beantragt werden, und die genaue Angabe der Anfechtungsgründe, namentlich die Bezeichnung der Umstände, aus denen sich die Rechtsverletzung ergibt, soweit die Berufung darauf gestützt wird, dass das Gesetz in Bezug auf das Verfahren verletzt sei, die Bezeichnung der Tatsachen, die den Mangel ergeben, die entsprechende Bezeichnung neuer Angriffs- und Verteidigungsmittel sowie der Tatsachen, aufgrund derer die neuen Angriffs- und Verteidigungsmittel nach § 117 PatG zuzulassen sind.

120 Zwischen Verfahrensrügen und der Rüge materieller Rechtsverletzungen besteht der Unterschied, dass das Berufungsgericht, wenn eine Verletzung materiellen Rechts gerügt wird, nicht an die geltend gemachten Berufungsgründe gebunden ist, sondern den mit der Berufung zur Überprüfung gestellten Streitgegenstand in vollem Umfang auf Rechtsfehler

---

[152] Begründung des Regierungsentwurfs zum PatRModG, BT-Drs. 16/11339, 24; zur Berücksichtigung neuen SdT bei Zurückverweisung an das BPatG *Nieder* Mitt. 2014, 201 ff.

[153] Deshalb ist ein Nebenintervenient, dessen Intervention das BPatG für unzulässig erklärt hat, nicht gem. § 71 Abs. 3 ZPO einstweilen im Verfahren zuzuziehen (§ 100 Abs. 6 S. 2 PatG); vgl. *Voit* in Schulte PatG § 110 Rn. 6; zur Zulässigkeit der Nebenintervention vgl. BGH 17.1.2006, GRUR 2006, 438 – Carvedilol.

[154] Das frühere „Vorschaltverfahren" beim BPatG (vgl. die 4. Auflage, 302 f.) ist seit 1.11.1998 abgeschafft, → § 6 Rn. 42.

[155] BGH 3.9.2013, GRUR 2013, 1288 – Kostenbegünstigung III; zur Streitwertbestimmung allgemein und damit zusammenhängenden Problemen ausführlich *Stephan,* passim; *Rojahn/Lunze* Mitt. 2011, 533 ff.; ferner *Beyerlein/Beyerlein* Mitt. 2011, 542 ff.; *Stjerna* Mitt. 2011, 546 ff.

[156] Wiedereinsetzung kann innerhalb der Frist des § 234 Abs. 1 S. 2 ZPO beantragt werden, BGH 28.9.2011, GRUR 2011, 357 Rn. 5 – Geänderte Berufungsbegründungsfrist.

§ 23. Allgemeine Verfahrensregeln

überprüfen kann. Anders liegt dies, wenn Verfahrensrügen erhoben werden. Sie definieren den Umfang der berufungsrichterlichen Prüfung und beschränken ihn damit.[157]

Begründet ist die Berufung nur, soweit das angegriffene Urteil auf der Rechtsverletzung **beruht**. § 111 Abs. 3 PatG enthält einen abschließenden Katalog von Verfahrensmängeln, bei deren Vorliegen das Beruhen des Urteils auf ihnen unwiderleglich vermutet wird. Die Vorschrift entspricht § 547 ZPO zu den absoluten Revisionsgründen im Zivilprozess. 121

Anschlussberufung ist nur noch bis zum Ablauf von zwei Monaten nach der Zustellung der Berufungsbegründung oder bis zum Ablauf der Berufungserwiderungsfrist zulässig, § 115 PatG. 122

Klageerweiterung, also auch die Einführung eines weiteren Nichtigkeitsgrunds, ist nur noch unter den Voraussetzungen des § 116 PatG zulässig.[158] 123

4. Berufungsschrift und Berufungsbegründung sind gem. § 110 Abs. 8 PatG, § 521 ZPO dem Berufungsbeklagten zuzustellen. Dabei kann ihm eine Frist zur Erwiderung gesetzt werden. Entsprechendes gilt, wenn diese erfolgt ist, für die Stellungnahme des Berufungsklägers. 124

Der BGH prüft nach § 114 PatG von Amts wegen, ob die Berufung statthaft und form- und fristgerecht eingelegt und begründet ist. Verneint er das Vorliegen eines dieser Merkmale, verwirft er die Berufung durch Beschluss als unzulässig. 125

Sieht er die Berufung als zulässig an, bestimmt er Termin zur mündlichen Verhandlung (§ 114 Abs. 3 PatG, Ausnahmen: § 118 Abs. 3 PatG, → Rn. 128 ff.). 126

Umfangreiche Tatsachenfeststellungen nimmt der BGH nach der Neufassung des § 117 PatG durch das PatRModG nicht mehr vor. Zugrunde zu legen hat der BGH seiner Entscheidung in erster Linie die Tatsachen, die das BPatG rechtsfehlerfrei festgestellt hat, ferner die in erster Instanz vorgebrachten, aber vom BPatG rechtsfehlerhaft nicht festgestellten Tatsachen. Neue Tatsachen hat er nur unter den Voraussetzungen der §§ 529–531 ZPO zu berücksichtigen.[159] Vom BPatG zu Recht zurückgewiesenes Vorbringen (vgl. → Rn. 55) bleibt auch im Berufungsverfahren ausgeschlossen. 127

5. Der BGH entscheidet durch **Urteil**, also aufgrund **mündlicher Verhandlung**. Deren Öffentlichkeit bestimmt sich nach der für das Verfahren der BPatG-Nichtigkeitssenate geltenden Regelung (§§ 118 Abs. 1 S. 2, 69 Abs. 2 PatG, → Rn. 81 f.). Mit Zustimmung der Parteien kann von der mündlichen Verhandlung abgesehen werden; gleiches gilt, wenn nur über die Kosten entschieden werden soll (§ 118 Abs. 3 PatG). 128

Soweit der BGH Verfahrensrügen (Ausnahme: absolute Berufungsgründe nach § 111 Abs. 3 PatG) als nicht durchgreifend erachtet, muss er sein Urteil nicht begründen, § 120 PatG. Urteilsverkündung und -zustellung richten sich nach §§ 166–190 und 310 ff. ZPO. 129

Soweit der BGH die Berufung als unbegründet ansieht, weist er sie zurück. Sonst hebt er die Entscheidung des BPatG-Nichtigkeitssenats auf und ersetzt sie durch eine eigene Entscheidung oder er verweist den Rechtsstreit ans BPatG zurück, § 119 Abs. 2, 3 und 5 PatG.[160] 130

Ohne Urteil endet das Berufungsverfahren, wenn der Berufungskläger die Berufung zurücknimmt, was bis zur Beendigung des Berufungsverfahrens auch ohne Zustimmung der Gegenseite jederzeit möglich ist.[161] Das angefochtene Urteil wird dann rechtskräftig. 131

---

[157] BGH 18.12.2012, GRUR 2013, 275 Rn. 38 ff. – Routenplanung.
[158] Dazu *Gröning* GRUR 2012, 996 (1001).
[159] BGH 28.8.2012, BGHZ 194, 290 = GRUR 2012, 1236 Rn. 26 – Fahrzeugwechselstromgenerator; BGH 28.5.2013, GRUR 2013, 912 Rn. 68 ff. – Walzstraße; BGH 8.8.2013, GRUR 2013, 1174 Rn. 33 – Mischerbefestigung; BGH 27.8.2013, BGHZ 198, 187 = GRUR 2013, 1272 Rn. 24 ff., 34 ff. – Tretkurbeleinheit.
[160] Vgl. im Einzelnen *Voit* in Schulte PatG § 119 Rn. 2–17.
[161] BGH 13.5.2014, GRUR 2014, 911 Rn. 6 ff. – Sitzgelenk mit ausdr. Bestätigung von BGH 22.6.1993, GRUR 1993, 895 – Hartschaumplatten.

§ 23 IV 4. Abschnitt. Entstehung und Wegfall von Patenten und Gebrauchsmustern

132 Wird in der Berufungsinstanz die *Klage* zurückgenommen, was ebenfalls ohne Zustimmung des Berufungsbeklagten oder seiner möglichen Streithelfer möglich ist,[162] wird ein der Klage stattgebendes Urteil wirkungslos.[163] Das mit der Nichtigkeitsklage angegriffene Patent bleibt dann in Kraft, kann aber durch eine neue Klage für nichtig erklärt werden (vgl. auch → § 26 Rn. 242 ff.).

c) Beschwerdeverfahren

133 Urteile der Nichtigkeitssenate des BPatG über den Erlass einstweiliger Verfügungen in Zwangslizenzverfahren (§§ 85 und 85a PatG) können beim BGH gem. § 122 Abs. 1–3 PatG mit der Beschwerde angefochten werden. Für das Beschwerdeverfahren gelten weitgehend die gleichen Vorschriften wie für das Berufungsverfahren (§ 122 Abs. 4 PatG).

d) Anhörungsrüge

134 Nach § 122a PatG, der durch Gesetz vom 21.6.2006 eingefügt wurde, ist das Verfahren vor dem BGH auf die Rüge der durch dessen (End-)Entscheidung beschwerten Partei fortzuführen, wenn das Gericht den Anspruch dieser Partei auf rechtliches Gehör in entscheidungserheblicher Weise verletzt hat. Die Vorschrift entspricht § 321a ZPO und verweist wegen des Verfahrens auf dessen Abs. 2–5.

IV. Gemeinsame Verfahrensregeln

a) Vertretung

135 1. Wer im Inland weder Wohnsitz noch Sitz noch Niederlassung hat (ein „Auswärtiger"), kann – vorbehaltlich der sogleich zu behandelnden Ausnahmeregelung – an einem im PatG oder GebrMG geregelten Verfahren vor dem Patentamt oder dem Patentgericht nur teilnehmen und die Rechte aus einem Patent oder Gebrauchsmuster nur geltend machen, wenn er einen Rechtsanwalt oder Patentanwalt als **Vertreter** bestellt hat, der **vertretungsbefugt** ist. Die dem Vertreter erteilte **Vollmacht** muss die Vertretung in Verfahren vor dem Patentamt, dem Patentgericht und in bürgerlichen Rechtsstreitigkeiten umfassen, die das Patent oder Gebrauchsmuster betreffen, sowie auch die Stellung von Strafanträgen (§ 25 Abs. 1 PatG, § 28 Abs. 1 GebrMG).

136 Mit Rücksicht auf die Dienstleistungsfreiheit im Bereich der EU und des EWR, wurde durch Gesetz vom 13.12.2001 zugelassen, dass als Vertreter auch Staatsangehörige von EU- oder anderen EWR-Staaten bestellt werden, die die Voraussetzungen der § 25 Abs. 2 PatG, § 28 Abs. 2 GebrMG und der dort genannten Regelungen erfüllen.

137 Das Erfordernis der Bestellung eines Inlandsvertreters (oder Vertreters mit inländischem Zustellungsbevollmächtigtem) gilt für alle „Auswärtigen" unabhängig davon, welchem Staat sie angehören, also auch für deutsche Staatsangehörige ohne Wohnsitz, Sitz oder Niederlassung im Inland. Es ist durch Art. 2 Abs. 3 PVÜ, 3 Abs. 2 TRIPS-Ü auch im Verhältnis zu Angehörigen von Unionsländern bzw. WTO-Mitgliedern gedeckt. Sein Zweck ist es, den Behörden den Verkehr mit dem auswärtigen Beteiligten zu erleichtern. Die Bestellung eines Vertreters nimmt dem Auswärtigen nicht die Fähigkeit, Verfahrenshandlungen gegenüber dem Patentamt oder Patentgericht wirksam selbst vorzunehmen.

138 2. Soweit es keines Inlandsvertreters (oder Vertreters mit inländischem Zustellungsbevollmächtigtem) bedarf, ist die **Vertretung** vor dem PA und dem BPatG grundsätzlich **fakultativ** (§ 13 Abs. 1 DPMAV, § 97 Abs. 1 S. 1 PatG).
Zum Vertreter vor dem **DPMA** kann jede prozessfähige, dh voll geschäftsfähige Person bestellt werden (§§ 15 Abs. 3 S. 1 DPMAV). *In praxi* werden meist Patentanwälte, Patentanwaltsgesellschaften (§ 52l PatAnwO, §§ 13 Abs. 2, 14 Abs. 4, 15 Abs. 3 S. 2 DPMAV) oder patentrechtlich geschulte, insbesondere zur Führung der Bezeichnung „Patentassessor"

---

[162] BGH 13.5.2014, GRUR 2014, 911 Rn. 6 ff. – Sitzgelenk mit ausdr. Bestätigung von BGH 22.12.1964, GRUR 1965, 297 – Nebenintervention.
[163] *Hall/Nobbe* in Benkard PatG § 82 Rn. 20.

§ 23. Allgemeine Verfahrensregeln   **IV § 23**

(vgl. § 11 PatAnwO) berechtigte Angestellte von Unternehmen[164] mit der Vertretung betraut. Zulässig ist auch eine Vertretung durch Rechtsanwälte oder Rechtsanwaltsgesellschaften (§ 59l BRAO), die jedoch selten vorkommt. Im übrigen dürfen Vertreter *geschäftsmäßig* nur nach RDG tätig werden.

Die Vertretung vor dem **BPatG** regelt § 97 PatG.[165] Vertretungsberechtigt sind außer Patentanwälten und Rechtsanwälten (Abs. 2 S. 1) und von ihnen gebildeten Gesellschaften (vgl. Abs. 2 S. 3) nach Abs. 2 S. 2 nur: Beschäftigte des Beteiligten oder eines mit ihm verbundenen Unternehmens; Beschäftigte von Behörden und juristischen Personen des öffentlichen Rechts nach Maßgabe der Nr. 1 Hs. 2; ferner, wenn die Vertretung nicht im Zusammenhang mit einer entgeltlichen Tätigkeit steht, nach Nr. 2 Familienangehörige, Personen mit Befähigung zum Richteramt (mit Ausnahme von Richtern des BPatG, Abs. 4) und Streitgenossen. Nicht vertretungsberechtigte Bevollmächtigte weist das Gericht gem. Abs. 3 zurück. Den in Abs. 2 S. 2 bezeichneten Bevollmächtigten kann es die weitere Vertretung untersagen, wenn sie nicht in der Lage sind, das Sach- und Streitverhältnis sachgerecht darzustellen (Abs. 3 S. 3).   139

Jeder Vertreter muss beim PA bzw. beim BPatG eine **schriftliche Vollmacht** einreichen (§ 15 Abs. 1 DPMAV, § 97 Abs. 5 PatG). Der Mangel der Vollmacht kann in jeder Lage des Verfahrens geltend gemacht werden und ist von Amts wegen zu berücksichtigen, wenn nicht ein Rechts- oder Patentanwalt oder vor dem PA ein Erlaubnisscheininhaber (§ 171 PatAnwO) oder nach § 155 PatAnwO zur Vertretung befugter Patentassessor als Bevollmächtigter auftritt (§ 15 Abs. 4 DPMAV, § 97 Abs. 6 PatG).   140

b) Amts- und Gerichtssprache

Die Sprache vor dem Patentamt und dem Patentgericht ist deutsch, sofern nichts anderes bestimmt ist (§ 126 S. 1 PatG, § 21 Abs. 1 GebrMG).   141

Die wichtigste Abweichung besteht darin, dass nach § 35a PatG, § 4b GebrMG Patent- und Gebrauchsmusteranmeldungen in einer anderen als der deutschen Sprache eingereicht werden können und ihre Priorität behalten, wenn binnen drei Monaten eine deutsche Übersetzung nachgereicht wird.[166]

Bei Schriftstücken, die nicht zu den Unterlagen der Anmeldung zählen und in *englischer, französischer, italienischer* oder *spanischer Sprache* eingereicht sind, bei *Prioritätsbelegen*, die gemäß der PVÜ vorgelegt werden, und bei *Abschriften früherer Anmeldungen*, deren Priorität in Anspruch genommen wird, steht es im Ermessen des Patentamts, Übersetzungen anzufordern (§ 14 Abs. 2, 3 PatV, § 9 Abs. 2, 3 GebrMV). Dagegen ist von Schriftstücken, die nicht zu den Anmeldungsunterlagen zählen und *nicht* in einer der vorgenannten Sprachen eingereicht werden, zwingend innerhalb eines Monats eine Übersetzung nachzureichen (§ 14 Abs. 4 PatV, § 9 Abs. 4 GebrMV).   142

Erforderliche oder vom Patentamt angeforderte Übersetzungen müssen von einem Rechts- oder Patentanwalt beglaubigt oder von einem öffentlich bestellten Übersetzer angefertigt sein (§ 14 Abs. 1, 5 PatV, § 9 Abs. 1, 5 GebrMV). Handelt es sich um Anmeldungsunterlagen, müssen bei einer von einem öffentlich bestellten Übersetzer stammenden Übersetzung sowohl dessen Unterschrift, als auch die Tatsache seiner Bestellung gem. § 129 BGB öffentlich beglaubigt sein (§ 14 Abs. 1 PatV, § 9 Abs. 1 GebrMV). Das BPatG hält das Beglaubigungserfordernis des § 14 Abs. 1 PatV für unvereinbar mit dem **Rechtsstaatsprinzip.**[167]   143

---

[164] Dazu *Ulrich* Mitt. 2005, 545–552.

[165] BGBl. I 2840; zur Erstattungsfähigkeit der Kosten insbesondere des Zweitanwalts bei Doppelvertretung (Patentanwalt und Rechtsanwalt) zutreffend BPatG 17.5.2018, BlPMZ 2018, 327; dafür schon früher *Pitz/Rauh* Mitt. 2010, 470 ff. Zur Erstattungsfähigkeit von Kosten für dieselbe Person mit Doppelqualifikation als PA und RA, die kritisch zu sehen ist, → § 36 Rn. 25.

[166] Das gilt auch für niederdeutsche (plattdeutsche) Anmeldungsunterlagen, BGH 19.11.2002, BGHZ 153, 1 – Läägeunnerloage.

[167] BPatG 11.10.2018, Mitt. 2019, 278 Rn. 3.1.1.4.4 – Kipphebel-Freilaufkupplung-Druckstück. m. euphorischer, freilich eher allgemein-systemkritischer Anm. *Köllner,* die zwar zentral mit dem Begriff des Gemeinwohls argumentiert, diesen aber nicht näher bestimmt; s. auch GRUR 2019, 434 (438) (dort Rn. 49), mAnm *Friedrich* GRUR-Prax 2019, 89.

144 Für eine **internationale Patentanmeldung,** in der die Bundesrepublik Deutschland als Bestimmungsstaat benannt ist, und für eine **europäische Patentanmeldung,** die für die Bundesrepublik Deutschland in eine nationale Anmeldung umgewandelt wird, ist – sofern die Anmeldung nicht schon ursprünglich in deutscher Sprache abgefasst war – beim DPMA innerhalb bestimmter Fristen eine **deutsche Übersetzung** einzureichen (Art. III § 4 Abs. 2 und § 6 Abs. 2 sowie Art. II § 9 Abs. 2).

c) Wahrung der Schriftform durch Aufzeichnung als elektronisches Dokument

145 Durch Gesetz vom 19.7.2002 (BGBl. I 2681) wurden in das PatG der § 125a und in § 135 Abs. 1 PatG sowie § 21 Abs. 1 GebrMG entsprechende Verweisungen eingefügt. Nach § 125a Abs. 1 genügt der Schriftform, soweit diese in Verfahren vor dem PA für Anmeldungen, Anträge oder sonstige Handlungen und in Verfahren vor dem BPatG und dem BGH für vorbereitende Schriftsätze und deren Anlagen, für Anträge und Erklärungen der Beteiligten sowie für Auskünfte, Aussagen, Gutachten und Erklärungen Dritter vorgesehen ist, die Aufzeichnung als elektronisches Dokument, wenn dieses für die Bearbeitung durch das PA oder das Gericht geeignet ist. Die verantwortende Person soll das Dokument mit einer qualifizierten elektronischen Signatur nach dem Signaturgesetz versehen. Nach § 125a Abs. 3 PatG ist ein elektronisches Dokument eingereicht, sobald die für den Empfang bestimmte Einrichtung des PA oder des Gerichts es aufgezeichnet hat. – Die Einzelheiten regeln zwei **Verordnungen** (→ § 8 Rn. 11):

146 Nach § 1 Abs. 1 Nr. 1 und 2 der **VO über den elektronischen Rechtsverkehr beim Deutschen Patent- und Markenamt** (ERVDPMAV) vom 1.11.2013[168] können in Patentverfahren für Anmeldungen nach dem PatG und dem IntPatÜG Einsprüche und Beschwerden, Rechercheund Prüfungsanträge, und in Gebrauchsmusterverfahren für Anmeldungen und Rechercheanträge elektronische Dokumente eingereicht werden. Dabei ist die über die Internetseite www.dpma.de unentgeltlich herunterzuladende Zugangs- und Übertragungssoftware (§ 3 Abs. 1) zu benutzen. Auf Datenträgern können Dokumente unter Beachtung der auf dieser Internetseite bekanntgemachten Datenträgertypen und Formatierungen eingereicht werden (§ 3 Abs. 2). Für Patentanmeldungen kann auch die in § 3 Abs. 4 bezeichnete, vom EPA herausgegebene Software benutzt werden. Die Anforderungen hinsichtlich der elektronischen Signatur und des Dateiformats sind in § 3 Abs. 3 festgelegt. Für weitere Einzelheiten verweist § 4 auf die genannte Internetseite.

147 Den elektronischen Rechtsverkehr **bei BGH und BPatG** regelt auch in Verfahren nach PatG und GebrMG die VO über den elektronischen Rechtsverkehr **beim Bundesgerichtshof und Bundespatentgericht** (BGH/BPatGERVV) vom 24.8.2007[169]. Die elektronischen Poststellen der Gerichte sind über die auf www.bundesgerichtshof.de/erv.html und www.bundespatentgericht.de/bpatg/erv.html bezeichneten Kommunikationswege erreichbar (§ 2 Abs. 1). Die zulässigen Formate richten sich nach § 2 Abs. 4–6. Weitere Erfordernisse geben die Gerichte auf den genannten Internetseiten bekannt.

148 Durch das PatRModG wurde § 125a PatG neu gefasst. Abs. 1 verweist wegen der Wahrung der Schriftform durch Verwendung elektronischer Mittel im Verfahren vor dem PA allgemein auf § 130a ZPO. Abs. 2 erlaubt die elektronische Aktenführung beim BPatG und beim BGH unter Verweisung auf die Vorschriften der ZPO über elektronische Dokumente, die elektronische Akte und die elektronische Verfahrensführung.

d) Wahrheitspflicht

149 Die Beteiligten haben im Verfahren vor dem PA, dem BPatG und dem BGH ihre Erklärungen über tatsächliche Umstände vollständig und der Wahrheit gemäß abzugeben (§ 124

---

[168] BGBl. I 3906 = BlPMZ 2013, 378, zul. geänd. dch. Art. 2 der VO v. 10.12.2018, BGBl. I 2444; BlPMZ 2019, 37 (38).

[169] BGBl. I 2130 = BlPMZ 2007, 368, zul. geänd. dch. Art. 5 Abs. 3 des Gesetzes vom 10.10.2013, BGBl. I 3799.

§ 23. Allgemeine Verfahrensregeln IV § 23

PatG, § 21 Abs. 1 GebrMG). Wahrheitspflicht besteht also – wie nach § 138 Abs. 1 ZPO – nicht nur für Zeugen und Sachverständige.

e) Wiedereinsetzung nach Fristversäumnis

1. Wer schuldlos gehindert war, gegenüber Patentamt[170] oder Patentgericht eine Frist 150 einzuhalten, deren Versäumung von Gesetzes wegen unmittelbar zu einem Rechtsnachteil führt[171], erlangt gem. § 123 PatG, § 21 Abs. 1 GebrMG auf Antrag Wiedereinsetzung in den vorigen Stand. Dies hat große praktische Bedeutung. Die Rechtsprechung zur Wiedereinsetzung, insbesondere zu den Voraussetzungen, unter denen ein Fristversäumnis unverschuldet ist, hat großen Umfang. Zurecht ist sie insgesamt darauf gerichtet, Sorgfaltsanforderungen nicht zu überspannen.[172]

Keine Wiedereinsetzung gibt es – wegen der nicht fristgebundenen Möglichkeit 151 der Nichtigkeitsklage – bezüglich der Fristen für die Erhebung des Einspruchs, die Zahlung der Einspruchsgebühr, die Beschwerde des Einsprechenden gegen die Aufrechterhaltung des Patents und die Zahlung der zugehörigen Gebühr (§ 123 Abs. 1 S. 2 Nr. 1 und 2 PatG). Dagegen wurde durch Gesetz vom 16.7.1998 der Ausschluss der Wiedereinsetzung bezüglich der bei Inanspruchnahme der Priorität ausländischer Anmeldungen einzuhaltenden Zwölfmonatsfrist aufgehoben.[173] Nicht wiedereinsetzungsfähig sind nach wie vor die Zwölfmonatsfrist für die Einreichung einer Nachanmeldung, für die gem. § 40 PatG oder § 6 GebrMG eine innere Priorität in Anspruch genommen wird, sowie die einmonatige Frist für die Inanspruchnahme der Priorität einer auf widerrechtlicher Entnahme beruhenden Anmeldung gem. § 7 Abs. 2 PatG (§ 123 Abs. 1 S. 2 Nr. 3 PatG).

2. Der **Antrag** auf Wiedereinsetzung muss innerhalb von **2 Monaten** nach Wegfall 152 des Hindernisses schriftlich unter Angabe der Tatsachen gestellt werden, aus denen sich (nach Meinung des Antragstellers) ergibt, dass die Säumnis unverschuldet war; diese Tatsachen sind im Antrag oder im hierdurch eingeleiteten Verfahren glaubhaft zu machen (§ 123 Abs. 2 S. 1, 2 PatG).

Innerhalb der Zweimonatsfrist ist die versäumte Handlung **nachzuholen** (§ 123 Abs. 2 S. 3 Hs. 1 PatG).

Ausgeschlossen ist die Wiedereinsetzung, wenn seit Ablauf der versäumten Frist **ein** 153 **Jahr** verstrichen ist. Sie kann dann nicht mehr beantragt, die versäumte Handlung nicht mehr nachgeholt werden (§ 123 Abs. 2 S. 4 PatG). Auch gibt es keine Wiedereinsetzung in diese Frist[174].

3. **Ohne Antrag** kann die Wiedereinsetzung gewährt werden, wenn innerhalb der An- 154 tragsfrist (→ Rn. 152) die versäumte Handlung nachgeholt worden ist und bei der zuständigen Stelle (→ Rn. 155) Tatsachen offen- oder aktenkundig sind, die die Wiedereinsetzung rechtfertigen[175].

---

[170] Soweit es für die Wahrung einer Frist auf den Zugang beim DPMA ankommt, ist zu beachten, dass die 1981 abgeschlossene, 1989 geänderte Verwaltungsvereinbarung zwischen dem DPA und dem EPA, wonach beim EPA eingehende, aber für das DPA bestimmte Schriftstücke und Zahlungsmittel im Zeitpunkt ihres Eingangs beim EPA als dem DPA zugegangen gelten sollten, vom BPatG (23.11.2004, GRUR 2005, 525 – Irrläufer) als rechtswidrig angesehen wurde und der Präsident des DPMA durch Mitteilung Nr. 23/05 BlPMZ 2005, 273 = ABl. EPA 2005, 444 ihre Beendigung bekanntgegeben hat.

[171] Dies ist auch der Fall bei Versäumung der Frist für die bei Teilung einer Anmeldung vorgeschriebene Gebührenzahlung, BGH 15.12.1998, GRUR 1999, 574 – Mehrfachsteuersystem gegen BPatG 11.11.1997, BPatGE 39, 98.

[172] Umfassende Nachweise in den Kommentaren, zB *Schell* in Schulte PatG § 123 Rn. 72 ff., 105 ff.; *Busse/Engels* PatG § 123 Rn. 31 ff., 42 ff.; *Schäfers* in Benkard PatG § 123 Rn. 16–50.

[173] Dazu die Begründung, BlPMZ 1998, 393 (407) zu Nr. 31. – Die Wiedereinsetzungsmöglichkeit ist mit der PVÜ vereinbar, s. *Beier/Katzenberger* GRUR 1990, 277 ff.

[174] BPatG 21.3.1994, BPatGE 34, 195.

[175] *Schell* in Schulte PatG § 123 Rn. 17 f. mN.

§ 23 IV *4. Abschnitt. Entstehung und Wegfall von Patenten und Gebrauchsmustern*

155 4. Über die Gewährung der Wiedereinsetzung beschließt die Stelle, die über die nachgeholte Handlung zu beschließen hat (§ 123 Abs. 3 PatG).[176] Die Gewährung der Wiedereinsetzung ist unanfechtbar (§ 123 Abs. 4 PatG). Die Anfechtung ihrer Versagung richtet sich nach den allgemeinen Regeln; dabei ist zu beachten, dass die Versagung der Wiedereinsetzung durch einen Beschwerdesenat keine Entscheidung über eine Beschwerde ist und deshalb nicht der Rechtsbeschwerde unterliegt (vgl. § 100 Abs. 1 PatG).

155a Am einseitigen Wiedereinsetzungsverfahren eines Patentinhabers vor dem Patentamt ist ein als Patentverletzer in Anspruch genommener Dritter nicht beteiligt, weil das PatG eine Beteiligung Dritter am Prüfungs- und anschließenden Einspruchsverfahren nur für wenige Fälle vorsieht, nicht aber hier. Einen allgemeinen Rechtsgrundsatz, dass Dritte an Wiedereinsetzungsverfahren immer dann zu beteiligen seien, wenn die gewährte Wiedereinsetzung sie in ihren Rechten beträfe, gibt es im Patentrecht nicht. Denkbar ist eine Beteiligung allenfalls, wenn zwischen den Beteiligten bereits ein patentamtliches Verfahren anhängig sei.[177]

156 5. Für den Fall, dass infolge Wiedereinsetzung ein weggefallenes Patent oder Gebrauchsmuster, eine verfallene Anmeldung oder ein verlorengegangenes Prioritätsrecht wieder wirksam wird, sieht § 123 Abs. 5–7 PatG zugunsten Gutgläubiger ein Weiterbenutzungsrecht vor (Näheres → § 34 Rn. 68 ff.).[178]

157 6. Für die Wiedereinsetzung im Rechtsbeschwerdeverfahren vor dem BGH gelten §§ 233–238 ZPO entsprechend; § 123 Abs. 5–7 PatG ist auch hier anzuwenden (§ 106 Abs. 1 PatG). Gleiches gilt, obwohl es an einer ausdrücklichen Verweisung fehlt, im Berufungsverfahren[179].

f) Weiterbehandlung der Anmeldung

158 Durch Einfügung von § 123a PatG, auf den § 21 Abs. 1 GebrMG verweist, hat der Gesetzgeber zu Beginn 2005 die Möglichkeit geschaffen, eine **Anmeldung weiterbehandeln zu lassen, die nach Versäumung einer vom PA gesetzten Frist zurückgewiesen worden war.**[180] Das PatG wurde so weiter dem EPÜ angeglichen, das die Weiterbehandlung in Art. 121 EPÜ schon lange kennt und das ihr durch das EPÜ 2000 Vorrang vor der Wiedereinsetzung eingeräumt hat, die als aufwändiger gilt.[181]

Voraussetzung der Weiterbehandlung ist die Zurückweisung einer Anmeldung nach § 48 PatG oder § 42 Abs. 3 PatG, **weil der Anmelder Mängel seiner Anmeldung nicht**

---

[176] Für die Wiedereinsetzung in die Frist zur Zahlung einer Jahresgebühr ist das PA auch dann zuständig, wenn bezüglich der Anmeldung oder des Patents ein Beschwerdeverfahren anhängig ist; so zutreffend *Hövelmann* Mitt. 1997, 237 ff. – Wenn die Anmeldung im Beschwerdeverfahren geteilt wird, ist für die Wiedereinsetzung in die Frist zur Zahlung der nach § 39 Abs. 2 PatG erforderlichen Gebühren das BPatG zuständig, BGH 15.12.1998, GRUR 1999, 574 – Mehrfachsteuersystem.

[177] BGH 7.7.2015, GRUR 2015, 927 Rn. 11–18 – Verdickerpolymer II.

[178] Zur Wirkung des § 123 PatG im umgekehrten Fall: LG Düsseldorf, InstGE 13, 193 Rn. 10 ff. – Schneeschieber.

[179] *Busse/Keukenschrijver* PatG vor § 110 Rn. 20; *Voit* in Schulte PatG § 110 Rn. 17; *Hall/Nobbe* in Benkard PatG § 110 Rn. 9 ff. – Der im Gesetzgebungsverfahren zum 2. PatGÄndG vom 16.7.1998 gemachte Vorschlag, in § 121 PatG ausdrücklich auf §§ 233–238 ZPO zu verweisen (s. BlPMZ 1998, 415 f.), ist nicht verwirklicht worden. Daraus wird nicht zu folgern sein, dass die Wiedereinsetzung in die Berufungsfrist ausgeschlossen werden sollte, sondern dass die Anwendbarkeit der genannten Vorschriften als selbstverständlich und deshalb eine ausdrückliche Verweisung als entbehrlich erachtet wurde.

[180] Die Regelung geht auf das „Kostenbereinigungsgesetz" vom 13.12.2001 zurück, ist aber erst seit 1.1.2005 in Kraft; vgl. die Mitteilung des Präsidenten des DPMA vom 8.12.2004, BlPMZ 2005, 1. Zur ersten deutschen Entscheidung BPatG 17.1.2008, Mitt. 2008, 375 f. – Weiterbehandlung, s. auch *Hövelmann* Mitt. 2009, 1 ff., grundsatzkritisch *Braitmayer* FS 50 Jahre BPatG, 2011, 129 (159 f.).

[181] *Kroher* in Singer/Stauder Art. 121 Rn. 2; *Schäfers/Unland* in Benkard EPÜ Art. 121 Rn. 1 und 7; aA *Braitmayer* FS 50 Jahre BPatG, 2011, 129 (159 f.).

behoben hat, deren Beseitigung ihm unter Fristsetzung aufgegeben worden war, regelmäßig in einem Prüfungsbescheid nach § 45 PatG oder in einen Beanstandungsbescheid nach § 42 Abs. 1 und 2 PatG.

Beantragt der Anmelder erstens die Weiterbehandlung innerhalb einer – nicht wiedereinsetzungsfähigen – Frist von einem Monat nach Zustellung der Entscheidung über die Zurückweisung, holt er zweitens die versäumte Handlung nach und bezahlt er drittens die Gebühr von 100 EUR (§ 6 PatKostG), wird die Zurückweisung wirkungslos, ohne dass es ihrer ausdrücklichen Aufhebung bedarf.

Ist die Weiterbehandlung einer Anmeldung statthaft, besteht **daneben keine Antragsbefugnis zur Wiedereinsetzung.**[182]

g) Kostenentscheidungen

Für Verfahren, in denen gegensätzlich interessierte Beteiligte einander gegenüberstehen, sind im PatG und GebrMG Kostenentscheidungen des PA, des BPatG und des BGH vorgesehen.

So können das PA und das BPatG die Kosten des Einspruchsverfahrens nach billigem Ermessen auf den oder die Einsprechenden und den Patentinhaber verteilen und damit einem Beteiligten die Erstattung der Kosten eines anderen auferlegen (§§ 62, 61 Abs. 2 S. 3 PatG). Im Gebrauchsmusterlöschungsverfahren hat das PA in entsprechender Anwendung von Vorschriften über das Einspruchs- und Nichtigkeitsverfahren zu bestimmen, zu welchem Anteil die Kosten den Beteiligten zur Last fallen (§ 17 Abs. 4 GebrMG, §§ 62 Abs. 2, 84 Abs. 2 S. 2, 3 PatG).

Im Beschwerdeverfahren kann das BPatG, wenn mehrere Personen beteiligt sind, bestimmen, dass die Verfahrenskosten, sofern dies der Billigkeit entspricht, einem Beteiligten ganz oder teilweise zur Last fallen, und demgemäß auch Erstattung anderen Beteiligten entstandener Kosten anordnen (§ 80 PatG). Im Rechtsbeschwerdeverfahren werden die Kosten einer erfolglosen Rechtsbeschwerde dem Bf. auferlegt; bei Beteiligung mehrerer Personen kann der BGH bestimmen, dass Kosten von einem Beteiligten ganz oder teilweise zu erstatten sind, wenn dies der Billigkeit entspricht (§ 109 PatG).

Im Urteil des Nichtigkeitssenats ist über die Kosten in entsprechender Anwendung der ZPO zu entscheiden, von deren Vorschriften jedoch abgewichen werden kann, wenn die Billigkeit dies erfordert (§ 84 Abs. 2 PatG).[183] Gleiches gilt für das Urteil des BGH im Berufungsverfahren (§ 121 Abs. 2 PatG). § 91 ZPO ist anwendbar, wobei das BPatG für den nicht seltenen Fall selbst durchgeführter Recherchen zum SdT entschieden hat, dass solche Eigenrecherchen grundsätzlich allgemeiner Prozessaufwand und als solcher nach § 91 Abs. 2 ZPO nicht erstattungsfähig sind.[184]

h) Verfahrenskostenhilfe (VKH)[185]

1. Im Verfahren vor dem PA, dem BPatG und dem BGH erhält ein Beteiligter auf Antrag Verfahrenskostenhilfe nach Maßgabe der §§ 129–138 PatG, die in Gebrauchsmustersachen

---

[182] So unter Hinweis auf den unterschiedlichen konzeptionellen Ansatz der beiden Rechtsinstitute sowie den ausdrücklichen Wiedereinsetzungsausschluss in § 123a Abs. 3 PatG zurecht *Busse/Keukenschrijver* PatG § 123a Rn. 2; sowie unter Hinweis auf den Regelungszweck *Keukenschrijver/Baumgärtner* in Benkard PatG § 123a Rn. 2 m. w. Nw; auch *Hövelmann* Mitt. 2009, 1 ff., aA zu § 91a MarkenG *Ströbeke/Hacker* § 91a Rn. 11. Zum Verhältnis von Weiterbehandlung und Wiedereinsetzung nach EPÜ 2000 *Kroher* in Singer/Stauder Art. 121 Rn. 2 f. sowie *Schäfers/Unland* in Benkard EPÜ Art. 121 Rn. 1–6.
[183] Zur Kostentragungspflicht der unterlegenen Partei im Hinblick auf die Kosten der Nebenintervention vgl. BPatG 5.5.2014, Mitt. 2014, 330 (331 f.) – L-Arginin.
[184] BPatG 20.5.2015, BlPMZ 2015, 328 – selbst (eigenhändig) durchgeführte Recherche.
[185] Vgl. *Kelbel* GRUR 1981, 5–15.

§ 23 IV 4. *Abschnitt. Entstehung und Wegfall von Patenten und Gebrauchsmustern*

entsprechend anzuwenden sind (§ 21 Abs. 2 GebrMG)[186] und ergänzend auf Vorschriften der ZPO über die Prozesskostenhilfe verweisen.

Die Vorschriften über die VKH gelten seit 1.1.1981; sie haben die früheren Vorschriften über das Armenrecht abgelöst. Zweck der VKH ist es vor allem, wirtschaftlich schwachen Erfindern die Erlangung von Patent- oder Gebrauchsmusterschutz zu erleichtern.

164 Seit 1.1.2002 kann auf Antrag des Anmelders, Patent- oder Gebrauchsmusterinhabers VKH auch für die **Jahresgebühren** und die **Verlängerungsgebühren** gewährt werden, die nach § 17 PatG bzw. § 23 Abs. 2 GebrMG zu entrichten sind (§ 130 Abs. 1 S. 2 PatG, § 21 Abs. 2 GebrMG). Die vorher in §§ 17, 18 PatG, § 23 GebrMG enthaltenen komplizierten Regelungen über Zahlungserleichterungen bei Jahresgebühren und Verlängerungsgebühren sind aufgehoben. Die VKH ist nunmehr auch bei Jahresgebühren und Gebrauchsmuster-Aufrechterhaltungsgebühren die einzige Entlastungsmöglichkeit für bedürftige Anmelder und Schutzrechtsinhaber.

165 Unberührt von den Vorschriften über die VKH bleibt die Möglichkeit der Streitwertherabsetzung nach § 144 PatG, § 26 GebrMG, die auch im Nichtigkeits- und Zwangslizenzverfahren vor dem BPatG sowie im Rechtsbeschwerde- und Berufungsverfahren vor dem BGH besteht (§ 2 Abs. 2 S. 5 PatKostG, §§ 102 Abs. 2, 121 Abs. 1 PatG, § 18 Abs. 5 S. 2 GebrMG).

166 2. Die Bewilligung der VKH bewirkt, dass von dem Beteiligten nach Maßgabe des § 122 Abs. 1 ZPO Zahlung von Gebühren und Kosten nicht verlangt werden kann und bei den Gebühren, die Gegenstand der VKH sind, die für den Fall der Nichtzahlung vorgesehenen Rechtsfolgen nicht eintreten (§ 130 Abs. 2 PatG); bereits das Gesuch um VKH bewirkt, wenn es bezüglich einer Gebühr vor Ablauf der Zahlungsfrist eingereicht wird, dass die Frist erst einen Monat nach Zustellung der Entscheidung über das Gesuch endet (§ 134 PatG). Einem Beteiligten, dem VKH bewilligt ist, wird unter den Voraussetzungen des § 133 PatG ein Patentanwalt oder Rechtsanwalt seiner Wahl beigeordnet.

167 3. Allgemeine Voraussetzung der Bewilligung von VKH ist zunächst, dass der Beteiligte nach seinen persönlichen und **wirtschaftlichen Verhältnissen** die Kosten der Prozessführung nicht, nur zum Teil oder nur in Raten aufbringen kann (§§ 114–116 ZPO). Bei einer gemeinschaftlichen Anmeldung muss dies für alle Anmelder, bei einer Anmeldung, die nicht vom Erfinder oder dessen Gesamtrechtsnachfolger eingereicht wird, auch für den Erfinder zutreffen (§ 130 Abs. 3, 4 PatG), damit nicht die VKH ungerechtfertigterweise wirtschaftlich leistungsfähigen Interessenten zugutekommt. Entsprechendes gilt, wenn ein Patentinhaber für Jahresgebühren oder ein Gebrauchsmusterinhaber für Aufrechterhaltungsgebühren VKH beantragt.

168 Beantragt im Einspruchs- oder Nichtigkeitsverfahren der Patentinhaber oder im Löschungsverfahren der Gebrauchsmusterinhaber VKH, kommt es nach §§ 132 Abs. 1 S. 1, Abs. 2, 130 Abs. 4 PatG auch auf die wirtschaftliche Leistungsfähigkeit des Erfinders an, wenn nicht der Antragsteller dessen Gesamtrechtsnachfolger ist. Auf § 130 Abs. 3 ist in § 132 nicht verwiesen. Deshalb ist strittig, ob VKH einem von mehreren Schutzrechtsinhabern bewilligt werden kann, wenn nur bei ihm, nicht aber bei den übrigen die Voraussetzungen hinsichtlich der wirtschaftlichen Leistungsfähigkeit erfüllt sind.[187]

169 Die Bewilligung von VKH setzt ferner grundsätzlich voraus, dass die beabsichtigte Rechtsverfolgung oder Rechtsverteidigung hinreichende **Aussicht auf Erfolg** bietet und nicht mutwillig erscheint (§ 114 Abs. 1 S. 1 ZPO). Daher muss hinreichende Aussicht auf Erteilung des Patents bestehen, wenn der Anmelder VKH beantragt (§ 130 Abs. 1 PatG)[188].

---

[186] Für die gebrauchsmusterrechtliche Recherchengebühr kann – anders als für die patentrechtliche – keine VKH gewährt werden, BPatG 6.12.2000, BlPMZ 2002, 208 – Verfahrenskostenhilfe für Gebrauchsmusterrecherche.

[187] Bejahend *Schell* in Schulte PatG § 132 Rn. 3, 7; *Busse/Keukenschrijver* PatG § 132 Rn. 6; verneinend *Schäfers* in Benkard PatG § 132 Rn. 2 ff., 8.

[188] BPatG 17.2.2000, BPatGE 43, 20 – Differenzgetriebemaschine; 20.11.2000, BPatGE 43, 185 – Nagelschneidezange. – Zur Frage, unter welchen Voraussetzungen Mutwilligkeit mit dem Fehlen von

§ 23. Allgemeine Verfahrensregeln   IV § 23

Im Einspruchsverfahren wird dagegen bei einem Antrag des Patentinhabers nicht geprüft, ob seine Rechtsverteidigung hinreichende Aussicht auf Erfolg bietet (§ 132 Abs. 1 S. 2 PatG). Im Gebrauchsmuster-Löschungsverfahren kann dies mangels vollständiger Vorprüfung nicht entsprechend gelten, so dass es bei einem Antrag des Inhabers auf die Erfolgsaussicht seiner Verteidigung ankommt. Im Gebrauchsmuster-Eintragungsverfahren kann die hinreichende Aussicht auf Eintragung nur verneint werden, wenn der Gegenstand der Anmeldung seiner Art nach dem Gebrauchsmusterschutz nicht zugänglich ist. Wegen der geringen Höhe der bis zur Eintragung aufzubringenden Gebühren werden allerdings die Voraussetzungen der §§ 114–116 ZPO in diesem Stadium kaum erfüllt sein. Für die Beschwerde gegen eine Zurückweisung der Anmeldung ist ohnehin ein neuer Antrag auf Bewilligung von VKH erforderlich, der Anlass gibt, die Erfolgsaussicht der Beschwerde zu prüfen.

Einsprechende, ihnen beitretende Dritte, Beteiligte am Nichtigkeits- oder Zwangslizenzverfahren und Dritte, die einen Recherchen- oder Prüfungsantrag stellen, können VKH nur erhalten, wenn sie glaubhaft machen, dass sie mit ihrem Vorgehen ein eigenes schutzwürdiges Interesse verfolgen[189] (§§ 132 Abs. 2, 130 Abs. 6 PatG). Dadurch soll verhindert werden, dass Personen, die nach ihren wirtschaftlichen Verhältnissen Aussicht auf VKH haben, von besser gestellten Interessenten als Strohmänner vorgeschoben werden. Entsprechendes wird deshalb im Gebrauchsmuster-Löschungsverfahren für den Antragsteller gelten müssen.   **170**

Eine *juristische Person* oder parteifähige Vereinigung erhält nach § 130 Abs. 1 S. 1 PatG, § 116 S. 1 Nr. 2 ZPO VKH nur dann, wenn die Kosten weder von ihr noch von den am Gegenstand des Verfahrens wirtschaftlich Beteiligten aufgebracht werden können und die Unterlassung der Rechtsverfolgung oder Rechtsverteidigung allgemeinen Interessen zuwiderliefe.[190]   **171**

4. Für die Einreichung des Gesuchs um Bewilligung der VKH und die Entscheidung darüber gilt als Regel, dass sie dort erfolgen, wo das Verfahren, für welches die VKH beantragt wird, durchzuführen oder anhängig ist (§§ 135 Abs. 1, 2, 138 Abs. 2 PatG); für das Verfahren vor dem PA entscheidet jedoch in Patentsachen stets die Patentabteilung über die VKH (§ 27 Abs. 1 Nr. 2 PatG). Entsprechend wird, obwohl eine ausdrückliche Vorschrift fehlt, in Gebrauchsmustersachen stets die Gebrauchsmusterabteilung als zuständig anzusehen sein. Die VKH muss für das Erteilungs- oder Eintragungs-, das Einspruchs- oder Löschungs-, das Beschwerde-, das Rechtsbeschwerde-, das Nichtigkeits- und das Berufungsverfahren jeweils gesondert und gegebenenfalls erneut beantragt und bewilligt werden.   **172**

Die Beschlüsse, durch die VKH oder die Beiordnung eines Anwalts bewilligt oder versagt werden, sind nach § 135 Abs. 3 PatG grundsätzlich unanfechtbar; der Beschwerde nach § 73 PatG unterliegen jedoch ablehnende Beschlüsse der Patentabteilungen[191]; eine Rechtsbeschwerde gibt es auch in diesen Fällen nicht. Entsprechendes wird für ablehnende Be-   **173**

Verwertungsaussichten begründet werden kann, BPatG 18.12.1997, GRUR 1998, 42 – Gitarrenbauer; 16.12.1999, BPatGE 42, 178 – Kreativer Enthusiast; 20.12.1999, BPatGE 42, 180 – Verfahrenskostenhilfe; 6.2.2003, BlPMZ 2003, 428; *Winterfeldt/Engels* GRUR 2007, 537 (544); *Winterfeldt* GRUR 2006, 441 (458).

[189] Zu den Voraussetzungen hierfür BPatG 30.3.2006, BlPMZ 2006, 417 – Verfahrenskostenhilfe für Einsprechenden: ideelles Interesse genügt nicht; vgl. auch *Winterfeldt* VPP-Rundbrief 2007, 74 (81 f.).

[190] BPatG 16.7.2003, BlPMZ 2004, 58 – Nagelfeile und BGH 27.6.2004, Mitt. 2005, 165 – Verfahrenskostenhilfe für juristische Person verneinen dies für die Nichtigkeitsklage einer GmbH, weil kein über das Interesse an der Beseitigung für schutzunwürdige Erfindungen erteilter Patente hinausgehendes konkretes Allgemeininteresse dargetan war. Vgl. auch *Schäfers* in Benkard PatG § 132 Rn. 8b.

[191] VKH für diese Beschwerde kann nicht gewährt werden, BPatG 4.12.2000, BPatGE 43, 187 – Luftfilter. Sie ist jedoch nach Nr. 401 300 des Gebührenverzeichnisses zum PatKostG gebührenfrei; ebenso bereits BPatG 26.9.2002, BPatGE 46, 38 – Gebührenfreie Verfahrenskostenhilfebeschwerde. BPatG 1.7.2003, BPatGE 47, 120 ist insoweit, BPatG 18.12.2002, BPatGE 46, 192 – wartungsfreies Gerät ganz überholt.

schlüsse in Gebrauchsmustersachen gelten müssen. Gegen einen Beschluss, durch das BPatG VKH bewilligt, ohne dem Begünstigten Zahlungspflichten aufzuerlegen, kann die Bundeskasse sofortige Beschwerde zum BGH einlegen (§ 135 Abs. 3 S. 3 PatG iVm § 127 Abs. 3 ZPO).

174   5. Wenn sich infolge Verwertung einer Erfindung, für deren Schutz VKH gewährt worden ist, die wirtschaftlichen Verhältnisse des Begünstigten bessern, kann die VKH aufgehoben werden; der Begünstigte ist deshalb zur Anzeige jeder wirtschaftlichen Verwertung der Erfindung verpflichtet (§ 137 PatG).

V. Eintragungen und Veröffentlichungen des Patentamts. Akteneinsicht

175   Mit den Wirkungen von Patenten und Gebrauchsmustern haben alle zu rechnen, die an der Nutzung von Erfindungen interessiert sind. Deshalb muss sich jedermann zuverlässig darüber informieren können, für welche Gegenstände Schutz besteht. Zur Vermeidung unwirtschaftlicher Aufwendungen für Neuerungen, die schon von anderen gemacht und angemeldet wurden, ist es wegen der meist erheblichen Dauer des Patenterteilungsverfahrens außerdem wünschenswert, dass die Öffentlichkeit über Patentanmeldungen möglichst frühzeitig unterrichtet und über den Fortgang des Verfahrens auf dem Laufenden gehalten wird. Schließlich entspricht es einem Grundanliegen des Patentsystems, durch Publikation der Gegenstände von Patentanmeldungen, Patenten und Gebrauchsmustern der Fachwelt eine möglichst vollständige Kenntnis von neuen technischen Problemlösungen zu verschaffen und sie dadurch zur Entwicklung weiterführender oder andersartiger Lösungen anzuregen. Den genannten Zwecken dienen – mit unterschiedlicher Schwerpunktsetzung – die Eintragungen in den Registern, die Veröffentlichung der Offenlegungs- und Patentschriften und des Patentblatts sowie die Gewährung von Einsicht in patentamtliche und gerichtliche Akten.

a) Eintragungen im Patentregister

176   1. Gemäß § 30 Abs. 1 S. 1 PatG führt das PA ein Register[192], das die Bezeichnung der offengelegten Patentanmeldungen und der erteilten Patente und ergänzenden Schutzzertifikate sowie Namen und Wohnort der Anmelder oder Patentinhaber und gegebenenfalls ihrer nach § 25 PatG bestellten Vertreter oder Zustellungsbevollmächtigten (→ Rn. 135 ff.) angibt. Außerdem sind nach § 30 Abs. 1 S. 2 PatG zu vermerken: Anfang, Ablauf, Erlöschen, Beschränkung, Widerruf, Nichtigerklärung von Patenten und ergänzenden Schutzzertifikaten sowie die Erhebung von Einsprüchen und Nichtigkeitsklagen. Der Präsident des PA kann bestimmen, dass weitere Angaben eingetragen werden (§ 30 Abs. 2 PatG).[193]

177   Im Register ist auch die Nennung des Erfinders zu vermerken, sofern nicht ihr Unterbleiben beantragt ist (§ 63 Abs. 1 PatG), und die Erklärung einer Lizenzbereitschaft einzutragen (§ 23 Abs. 1 S. 3 PatG).

178   **Europäische Patente**, die mit Wirkung für die Bundesrepublik Deutschland erteilt sind, werden im Patentregister des DPMA geführt; dabei wird auch auf die Veröffentlichung nach Art. II § 3 IntPatÜG eingereichter Übersetzungen hingewiesen.

179   2. Nach § 30 Abs. 3 S. 1 PatG vermerkt das PA im Register eine **Änderung** in der Person, im Namen oder im Wohnort des Anmelders oder Patentinhabers und seines Inlandsvertreters sowie Zustellungsbevollmächtigten, wenn sie ihm **nachgewiesen** wird.[194] Das

---

[192] So die Bezeichnung seit dem Gesetz vom 13.12.2001; vorher: „Rolle".

[193] Vgl. die Übersichten bei *Schäfers* in Benkard PatG § 30 Rn. 5; *Rudloff-Schäffer* in Schulte PatG § 30 Rn. 16; *Busse/Keukenschrijver* PatG § 30 Rn. 25.

[194] Zu den erforderlichen Nachweisen in den einzelnen Fällen eingehend die Umschreibungsrichtlinien vom 14.12.2018.

§ 23. Allgemeine Verfahrensregeln V § 23

wird dahin verstanden, dass die Eintragung einen **Antrag** voraussetzt[195]. Der Umschreibungsantrag eines Rechtsnachfolgers ist dem eingetragenen Patentinhaber zwecks Gewährung rechtlichen Gehörs zuzustellen; gegen die Umschreibungsmitteilung des PA kann Beschwerde erhoben werden[196]. Eine inhaltlich unrichtige Umschreibung kann von Amts wegen nur rückgängig gemacht werden, wenn rechtliches Gehör nicht gewährt war und die Unrichtigkeit hierauf beruht[197]. Das „Rückgängigmachen" erfolgt in diesem Fall durch Vornahme der richtigen Eintragung, also ohne Rückwirkung.[198] Mit Rückwirkung kann nur eine Korrektur offenbarer Unrichtigkeiten vorgenommen werden.[199]

Die Eintragung der Änderung hat bezüglich des Inhabers des Erteilungsanspruchs oder des Patents und der Vertretungsbefugnis eines Inlandsvertreters oder Zustellungsbevollmächtigten nur **deklaratorische Wirkung**[200]; sie ist zur Wirksamkeit eines Rechtsübergangs oder einer Bevollmächtigung nicht erforderlich; einen nicht eingetragenen Rechtsübergang und ein nicht eingetragenes Erlöschen der Vertretungsmacht müssen auch gutgläubige Dritte gegen sich gelten lassen; eine mangels wirksamen Zustandekommens zu Unrecht eingetragene Änderung in der Person des Rechtsinhabers, Vertreters oder Zustellungsbevollmächtigten kann nicht Grundlage eines Rechtserwerbs gutgläubiger Dritter sein. **180**

3. Für den Verkehr mit dem PA und den Gerichten ist jedoch die Umschreibung im Register zur **Legitimation** erforderlich:[201] solange eine Änderung in der Person des Anmelders, Patentinhabers, Vertreters oder Zustellungsbevollmächtigten nicht eingetragen ist, bleibt der frühere Anmelder, Patentinhaber, Vertreter oder Zustellungsbevollmächtigte nach Maßgabe des PatG berechtigt und verpflichtet (§ 30 Abs. 3 S. 2 PatG). **181**

Der nicht ordnungsgemäß legitimierte Rechtsnachfolger ist nicht Beteiligter des Erteilungs- oder Einspruchsverfahrens; er kann keine Beschwerde einlegen; das erteilte Patent betreffende Anträge (zB bezüglich Jahresgebühren oder auf Beschränkung) oder Erklärungen (zB des Verzichts oder der Lizenzbereitschaft) sind als unzulässig zu behandeln, wenn sie nicht von der als Patentinhaber oder Anmelder eingetragenen Person ausgehen. Ein Inlandsvertreter oder Zustellungsbevollmächtigter kann nicht rechtswirksam handeln, wenn er nicht als solcher eingetragen ist. **182**

Einen Nichtberechtigten legitimiert die Eintragung nur dann, wenn er früher einmal *wirklich* Anmelder, Patentinhaber, Vertreter oder Zustellungsbevollmächtigter war. Eintragungen, die von Anfang an – insbesondere mangels wirksamer Rechtsübertragung oder Bevollmächtigung – unrichtig waren, legitimieren weder gegenüber den Gerichten noch gegenüber dem PA. **183**

Im Fall der rechtsgeschäftlichen Beendigung der Bestellung eines **Inlandsvertreters** (zB durch Kündigung des Vertragsverhältnisses) ist auch der mit Wirkung vom 1.1.2002 eingefügte **§ 25 Abs. 4 PatG** (mWv 18.5.2017: § 25 Abs. 3) zu beachten: Die Beendigung wird erst wirksam, wenn sowohl sie als auch die Bestellung eines anderen Vertreters dem PA oder BPatG angezeigt wird. **184**

---

[195] *Rudloff-Schäffer* in Schulte PatG § 30 Rn. 24. Seit 1.1.2002 ist der Antrag auch im Fall von Änderungen in der Person des Anmelders oder Patentinhabers nicht mehr gebührenpflichtig.
[196] BPatG 10.5.1999, BPatGE 41, 150 – Umschreibung/Rechtliches Gehör; 6.10.2005, BlPMZ 2006, 67 – Umschreibung/Rechtliches Gehör II.
[197] BPatG 10.5.1999 und 6.10.2005, BlPMZ 2006, 67 – Umschreibung/Rechtliches Gehör II; 2.8.1999, BPatGE 41, 192 – Rückgängigmachung einer Umschreibung; vgl. auch BPatG 28.10.1997, GRUR 1998, 662 – Umwandlung eines Wirtschaftspatents.
[198] BPatG 16.6.2006, BlPMZ 2006, 376 (Nr. II B 2) – Mischvorrichtung.
[199] BPatG 16.6.2006, BlPMZ 2006, 376 (Nr. II B 1) – Mischvorrichtung.
[200] Offenlassend: OLG Düsseldorf 27.1.2011, InstGE 13, 15 Rn. 5 – Faktor VIII-Konzentrat. Das Gericht weist gleichzeitig daraufhin, dass der Rolleneintrag der Auslegung fähig ist.
[201] Vgl. RG 30.11.1907, RGZ 67, 176 (180 f.); 18.4.1936, RGZ 151, 129 (135); zuletzt BGH 7.5.2013, BGHZ 197, 196 = GRUR 2013, 713 Rn. 49 ff. – Fräsverfahren mwN – Bei *europäischen* Patenten ist für die Legitimation gegenüber dem DPMA und den deutschen Gerichten allein das *deutsche* Register maßgebend, BPatG 7.7.1986, BPatGE 29, 5; 26.6.1991, BPatGE 32, 204.

§ 23 V   4. Abschnitt. Entstehung und Wegfall von Patenten und Gebrauchsmustern

Da aber ohne Eintragung der Beendigung und gegebenenfalls des neuen Vertreters schon nach § 30 Abs. 3 S. 2 (früher: 3) PatG der bisherige berechtigt und verpflichtet blieb[202] und die Eintragung der Änderung voraussetzt, dass sie dem PA nachgewiesen und damit auch angezeigt worden ist, fragt sich, worin die Bedeutung des § 25 Abs. 3 liegt. Wörtlich genommen kann sie dazu führen, dass mit Anzeige der Bestellung des neuen Vertreters die Vertretungsbefugnis des bisherigen endet, der neue aber mangels Eintragung noch nicht legitimiert ist. Eine solche Situation sollte aber gerade vermieden werden[203]. Man wird deshalb annehmen müssen, dass § 25 Abs. 3 eine Voraussetzung für die materielle Wirksamkeit der Beendigung der Vertretungsmacht aufstellt, für deren Erfüllung nicht die Einreichung von Unterlagen für eine Änderungseintragung, sondern erst eine Anzeige im jeweils *anhängigen Verfahren*[204] genügt, während für die Legitimation § 30 Abs. 3 S. 2 PatG maßgebend bleibt, so dass die verfahrensrechtliche Legitimation des bisherigen Vertreters erst endet, wenn die Beendigung seiner Vertreterstellung – und damit wegen § 25 Abs. 3 PatG zwangsläufig auch der neue Vertreter – eingetragen ist[205].

185 Nichtigkeitsklagen sind, wie § 81 Abs. 1 S. 2 PatG ausdrücklich bestätigt, gegen den im Register als Patentinhaber Eingetragenen zu richten[206]. Einem Rechtsnachfolger fehlt, solange er nicht eingetragen ist, die Prozessführungsbefugnis; eine gegen ihn erhobene Nichtigkeitsklage ist als unzulässig abzuweisen.[207] Auch für die Übertragungsklage ist nach Auffassung des BGH allein der im Register noch eingetragene frühere Inhaber des Patents (oder Erteilungsanspruchs) der richtige Beklagte.[208] Freilich ist zur Erfüllung des Übertragungsanspruchs nicht er, sondern nur der wahre Inhaber der zu übertragenden Rechtsstellung in der Lage. Der Eingetragene als solcher kann dem Kläger allenfalls dazu verhelfen, dass dieser als Patentinhaber oder Anmelder im Register erscheint. Doch wendet der BGH,[209] wenn nach Rechtshängigkeit die Umschreibung erfolgt, die §§ 265 Abs. 2, 325 Abs. 1 ZPO analog an, so dass der bei Klageerhebung noch eingetragene Rechtsvorgänger prozessführungsbefugt bleibt und ein gegen ihn ergehendes Urteil Rechtskraftwirkung gegen den Rechtsnachfolger hat. Konsequenterweise wird man letzteres auch dann annehmen müssen, wenn die Umschreibung erst nach Abschluss des Prozesses und Eintritt der formellen Rechtskraft vorgenommen wird.

186 Auch im Verletzungsprozess muss sich nach hM der Rechtsnachfolger durch seine Eintragung im Register legitimieren, sofern er nicht gerade gegen den noch eingetragenen Rechtsvorgänger selbst klagt.[210]

187 Die Auffassung, dass stets nur der als Anmelder oder Patentinhaber Eingetragene prozessführungsbefugt sei, wird für den Bereich der Nichtigkeitsprozesse und der zivilgerichtlichen Streitigkeiten von

---

[202] *Rudloff-Schäffer* in Schulte PatG § 30 Rn. 32; *Busse/Keukenschrijver* PatG § 25 Rn. 41; *Schäfers* in Benkard PatG § 30 Rn. 20.

[203] Vgl. die Begründung, BlPMZ 2002, 53 (58). Es scheint, dass hauptsächlich das Fehlen einer dem § 30 Abs. 3 S. 2 PatG entsprechenden Bestimmung im MarkenG zur Einfügung des dortigen § 96 Abs. 4 (jetzt § 96 Abs. 3) Anlaß gegeben hat, mit dem § 25 Abs. 3 PatG übereinstimmt.

[204] Dafür spricht auch, dass in der Begründung (BlPMZ 2002, 53 (58)) als Vorbild § 87 ZPO genannt wird.

[205] Vor Einführung des § 25 Abs. 3 PatG hat das BPatG (28.9.1993, BlPMZ 1994, 292) entschieden, dass nach Anzeige einer Mandatsniederlegung das PA an den noch eingetragenen Vertreter oder an den Beteiligten, der noch keinen neuen Vertreter bestellt hat, zustellen kann, wobei es nach Zweckmäßigkeit zu wählen hat. Die neue Vorschrift dürfte einer solchen Handhabung nicht entgegenstehen.

[206] Auch für Nichtigkeitsklagen gegen *europäische* Patente ist allein die Eintragung im *deutschen* Register maßgebend, BPatG 26.6.1991, BPatGE 32, 204.

[207] BGH 16.7.1965, GRUR 1966, 107 – Patentrolleneintrag; 14.6.1966, GRUR 1967, 56 – Gasheizplatte.

[208] BGH 24.10.1978, BGHZ 72, 236 (240) – Aufwärmvorrichtung.

[209] BGH 17.4.2007, BGHZ 172, 98 = GRUR 2008, 87 Rn. 18–28 – Patentinhaberwechsel im Einspruchsverfahren m. zahlr. Nw.; BGH 24.10.1978, BGHZ 72, 236 (242) – Aufwärmvorrichtung; ebenso BPatG 14.11.1990, BPatGE 33, 1; 13.2.2001, BPatGE 44, 47 – Künstliche Atmosphäre.

[210] RG 6.6.1934, RGZ 144, 389; Näheres → § 36 Rn. 18 ff.

Pietzcker[211] kritisiert, der sich dafür ausspricht, neben dem Eingetragenen auch seinem Rechtsnachfolger als wirklichem Inhaber der angegriffenen oder geltend gemachten Rechtsstellung die Prozessführungsbefugnis zuzuerkennen.

Nach *Rauch*[212] schließt der Wortlaut des § 30 Abs. 3 S. 2 PatG nicht aus, den neuen Berechtigten bereits vor seiner Eintragung als legitimiert anzusehen. Er bedeute lediglich, dass bis zum Vollzug der Umschreibung nicht allein der Rechtsnachfolger, sondern auch der noch eingetragene Vorgänger berechtigt und verpflichtet sei. Damit würde die von *Pietzcker* vertretene Ansicht auf alle Verfahren ausgedehnt, in denen es auf die Legitimation ankommt. De lege ferenda empfiehlt *Rauch* jedoch eine Regelung wie in § 28 Abs. 2 MarkenG, wonach der Rechtsnachfolger erst dann legitimiert ist, wenn der Antrag auf Umschreibung dem PA zugeht.

Das BPatG hat in analoger Anwendung von § 28 Abs. 2 MarkenG dem noch nicht eingetragenen **188** Rechtsnachfolger die Beschwerdebefugnis schon dann zuerkannt, wenn spätestens mit Einlegung der Beschwerde ein ordnungsgemäßer Antrag auf Umschreibung gestellt worden ist.[213] Die Begründung mit dem Hinweis, aus § 30 Abs. 3 S. 3 (jetzt: 2) PatG ergebe sich nicht, dass der Eingetragene *allein* verfahrensführungsbefugt sei, deutet darauf hin, dass dieser es auch dann bleibt, wenn ein Antrag auf Umschreibung gestellt, diese aber noch nicht vollzogen ist. Zum gleichen Ergebnis kommt eine spätere Entscheidung[214] mit der Begründung, § 74 Abs. 1 PatG sei so auszulegen, dass nach rechtsgeschäftlicher Übertragung eines Patents oder einer Patentanmeldung – bisher nicht am Verfahren beteiligten – Rechtsnachfolger als einem „am Verfahren Beteiligten" mit Eingang eines den Anforderungen des § 28 DPMAV genügenden Umschreibungsantrags beim PA die Beschwerdebefugnis zustehe. Noch weitergehend hat dann ein anderer Senat den Rechtsnachfolger schon *vor Stellung eines Umschreibungsantrags* als beschwerdeberechtigt angesehen.[215]

Die hM rechtfertigt sich aus der Überlegung, dass Sinn und Zweck des § 30 Abs. 3 S. 2 PatG im **189** Grunde nur darin gesehen werden können, dem PA und den Gerichten die Prüfung von dem Registerinhalt widersprechender Nachweise und hieraus resultierender Zweifel über die Wirksamkeit von Verfahrenshandlungen zu ersparen. Daneben wird auf eine zeitnahe Eintragung von Änderungen hingewirkt. Eine Übernahme der markenrechtlichen Regelung hätte den Vorteil, dass die Verfahrensdauer vom Eingang des Antrags auf Umschreibung bis zu deren Vollzug nicht zu Lasten des neuen Berechtigten ginge. Nachteilig wäre jedoch, dass es während dieser Zeit in den verschiedensten Verfahren nötig werden könnte, die von einer anderen als der (noch) eingetragenen Person behauptete Rechtsstellung zu prüfen.

4. Die **verfahrensrechtliche Legitimation des Eingetragenen**, aber nicht mehr **190** Berechtigten ermöglicht diesem die Vornahme von *Verfahrenshandlungen,* die den Verlust oder eine Einschränkung des Erteilungsanspruchs oder Patents zur Folge haben können, zB Zurücknahme der Anmeldung, Antrag auf Beschränkung oder Widerruf nach § 64 PatG, Handlungen im Erteilungs-, Einspruchs-, Nichtigkeits-, Zwangslizenz- oder Verletzungsverfahren. Die Wirkung solcher Handlungen und der Entscheidungen, die durch sie veranlasst werden, muss der Anmelder oder Patentinhaber gegen sich gelten lassen.

Zu den Folgen, die sich aus dem Auseinanderfallen von Registereintragung einer- **191** seits und materieller Berechtigung **für das materielle Recht** ergeben, ist verschiedenes festzustellen. § 30 Abs. 3 S. 2 PatG ändert nicht die materielle Rechtslage, die **Registereintragung wirkt also nicht konstitutiv**. Das dürfte unstrittig sein. Anders als die § 28 Abs. 1 MarkenG oder § 891 BGB begründet § 30 Abs. 3 S. 2 PatG aber **auch keine Vermutung**[216]. Das wollte der BGH klarstellen, als er der Vorschrift in seiner Entscheidung **Fräsverfahren**[217] nur eine **erhebliche Indizwirkung** zusprach, die

---

[211] GRUR 1973, 561 (565 ff.).
[212] GRUR 2001, 588–595.
[213] 17.7.2001, GRUR 2002, 234 – Rechtsnachfolge und Beschwerdeberechtigung (Abweichung von BPatG 4.8.1983, GRUR 1984, 40); zust. *Pahlow* FS 50 J. BPatG, 2011, 417 (426); aA BGH 17.4.2007, BGHZ 172, 98 = GRUR 2008, 87 Rn. 28 – Patentinhaberwechsel im Einspruchsverfahren.
[214] BPatG 27.1.2005, GRUR 2006, 524 – Beleuchtungseinheit.
[215] BPatG 12.12.2005, BlPMZ 2006, 287 – Beschwerderecht des neuen Rechtsinhabers.
[216] Busse/*Keukenschrijver* § 30 Rn. 40.
[217] 7.5.2013, BGHZ 197, 196; GRUR 2013, 713 Rn. 58 f.

daraus folgt, dass das Patentamt eine Änderung in der Person des Patentinhabers gem. § 30 Abs. 3 S. 1 PatG nur im Register vermerken dürfe, wenn sie ihm nachgewiesen worden sei[218]. Diese Terminologie scheint auf den ersten Blick ungenau, wie[219] kritisch angemerkt hat, aber sie hat ihren Sinn, denn sie stellt klar, dass § 30 Abs. 3 S. 1 PatG keine Vermutungswirkung besitzt. Auch stellt sie klar, dass sich das Thema nicht mit Effizienzüberlegungen lösen lässt, sich mühsame Beweisaufnahmen oder Rechtsaufklärungen also nicht dadurch überflüssig machen lassen, dass man über die Annahme einer Vermutungswirkung „abkürzt".[220]

192 Zu diskutieren ist gleichwohl, ob § 30 Abs. 3 S. 2 PatG, wenn die Vorschrift schon nicht die materielle Rechtslage ändert, so doch mittelbar auf die materielle Rechtsstellung der Beteiligten einwirken können soll und in welchem Umfang. Dass die Vorschrift keinerlei materiell-rechtliche *Bedeutung* haben soll, wie hier früher vertreten[221], wird im Licht der BGH-Entscheidung Fräsverfahren nicht länger aufrechterhalten. Ausdrücklich festgehalten wird jedoch daran, dass das Patentregister keine Publizitätswirkung entfaltet; weder positiv (wie Grundbuch oder Erbschein), noch negativ (wie das Handelsregister), wie *Keukenschrijver* ebenso zutreffend wie plastisch sagt.[222] Die derzeit schwache Wirkung des Patentregisters zeigt der gutgläubige Rechtserwerbs vom registrierten Patentinhaber: sein Vertrauen in die Richtigkeit des Registereintrags wird nicht geschützt. Auch der gutgläubige Erwerber muss einen (noch) nicht registrierten Rechtsübergang gegen sich gelten lassen.[223]

193 Wenn der BGH in seiner Entscheidung Fräsverfahren ausführt, der Eintragung im Patentregister komme **erhebliche Indizwirkung** für die Beurteilung der Frage zu, wer materiell-rechtlich Inhaber des Patents sei, heißt dies konkret: beruft sich eine Partei auf den im Patentregister wiedergegebenen Rechtsbestand, muss sie dazu im Patentverletzungsprozess weder vortragen oder Beweis anbieten. Umgekehrt muss für die Geltendmachung einer Abweichung der materiellen Rechtslage vom Registerstand jedoch konkret vorgetragen und bewiesen werden, warum der Registerberechtigte nicht Patentinhaber sein soll.[224] Dies gilt unabhängig vom Zustandekommen des Registerstands, also auch zB dann, wenn dieser, wie in der Entscheidung des LG Mannheim nur auf einem formellen Konsens des Voreingetragenen und des neuen Eingetragenen iSd § 28 Abs. 2 DPMAV beruht.[225]

194 Eine Art von Parallele zur grundbuchrechtlichen Vermutung aus § 891 BGB oder zur Erbscheinsvermutung aus § 2365 BGB besteht freilich insoweit, als (auch) dort Verfahrensverstöße bei der Eintragung solange nichts am Eintritt der Vermutungswirkung ändern, wie nicht die Grenze der Nichtigkeit oder einen Grad an Mängeln überschritten ist, dass gem. § 48 Abs. 3 S. 1 VwVfG kein Vertrauensschutz gerechtfertigt ist.[226]

195 5. Nach § 30 Abs. 4 PatG trägt das PA auf Antrag des Patentinhabers oder Lizenznehmers die Erteilung einer **ausschließlichen Lizenz** in das Register ein, wenn ihm die Zustimmung des anderen Teils nachgewiesen und die Antragsgebühr (derzeit 25 EUR) bezahlt

---

[218] 7.5.2013, BGHZ 197, 196; GRUR 2013, 713 Rn. 59; ebenso LG Mannheim 27.11.2015, WuW 2016, 86.
[219] GRUR 2016, 1120–1121.
[220] So aber OLG Düsseldorf 24.6.2011, BeckRS 2011, 20938 Rn. 116 – Schwangerschaftstestgerät VI; Kühnen, HdB d. Patentverletzung, 6. Aufl., Rn. 812; *Verhauwen* GRUR 2011, 116 (119f.).
[221] 7.Vorauflage → Rn. 194 e. E.
[222] Busse/*Keukenschrijver* § 30 Rn. 42.
[223] Zum Problem der nicht seltenen Patentinhaberketten mit nicht eingetragenen oder beurkundeten Zwischenerwerben ungeachtet des Titel, der von einer Registervermutung spricht, die das Patentrecht im eigentlichen Sinn gerade nicht kennt, *Grunwald* GRUR 2016, 1126.
[224] BGH 7.5.2013, BGHZ 197, 196 – Fräsverfahren; GRUR 2013, 713 Rn. 59 f.; ebenso LG Mannheim 27.11.2015, WuW 2016, 86.
[225] So zutreffend LG Mannheim 27.11.2015, WuW 2016, 86.
[226] LG Mannheim 27.11.2015, WuW 2016, 86; MüKoBGB/*Kohler* § 891 Rn. 4.

§ 23. Allgemeine Verfahrensregeln　　　　　　　　　　　　　　　　V § 23

ist (§ 5 Abs. 1 PatKostG). Der Lizenznehmer ist im Antrag zu bezeichnen, wird aber in der Eintragung nicht genannt.

Der Antrag zielt darauf ab, den Lizenznehmer gegen eine Lizenzbereitschaftserklärung 196 nach § 23 PatG zu sichern, durch die die Ausschließlichkeit der ihm erteilten Lizenz zerstört würde. Bereits das Vorliegen des Eintragungsantrags beim PA macht die Erklärung der Lizenzbereitschaft unzulässig (§ 23 Abs. 2 PatG); umgekehrt ist der Eintragungsantrag unzulässig, wenn vorher die Lizenzbereitschaft erklärt worden ist (§ 30 Abs. 4 S. 2 PatG). Doch bedeutet die „Zulässigkeit" der Erklärung oder des Antrags noch nicht, dass auch eine *materiell wirksame* Erklärung bzw. ausschließliche Lizenz zustande kommt (vgl. → § 34 Rn. 13ff.).

6. Das Patentregister wird in Form **elektronischer Datenspeicher** geführt. Die **Einsicht** steht jedermann **frei** (§ 31 Abs. 1 S. 2 PatG). Sie wird mit Hilfe von Datensichtgeräten und mittels automatischer Fernübertragungseinrichtungen („online") kostenlos gewährt. Gegen Entgelt werden Registerauszüge erteilt und Daten aus dem Register auf Datenträgern zur Verfügung gestellt[227]. 197

Da das Register der freien Einsicht unterliegt, erfolgen darin keine Eintragungen über Anmeldungen und Patente, die im Interesse der Staatssicherheit einer Geheimhaltungsanordnung nach § 50 PatG unterliegen. Führt eine geheim zu haltende Anmeldung zur Erteilung eines Patents, wird dieses in ein besonderes Register eingetragen, das nur unter strengen Voraussetzungen der Einsicht zugänglich ist (§§ 54, 31 Abs. 5 S. 1 PatG, vgl. → Rn. 222ff.). 198

b) Eintragungen im Gebrauchsmusterregister

1. Wenn eine Gebrauchsmusteranmeldung den vorzuprüfenden Erfordernissen entspricht, verfügt das Patentamt die Eintragung in das Register für Gebrauchsmuster mit Angabe der Zeit der Anmeldung sowie des Namens und Wohnsitzes des Anmelders und seines gegebenenfalls nach § 28 GebrMG bestellten inländischen Vertreters oder Zustellungsbevollmächtigten (§ 8 Abs. 1 S. 1, Abs. 2 GebrMG). Diese Eintragung ist für die Entstehung des Schutzrechts **konstitutiv**. 199

Außer den gesetzlich vorgeschriebenen werden eine Reihe weiterer Informationen über das Gebrauchsmuster eingetragen[228], insbesondere Aufrechterhaltung am Ende eines Laufzeitabschnitts, Erlöschen und Löschung. Nicht vorgesehen ist die Eintragung ausschließlicher Lizenzen, was sich daraus erklärt, dass eine Lizenzbereitschaftserklärung in Bezug auf Gebrauchsmuster nicht möglich ist (vgl. → Rn. 195f.). 200

2. Die Eintragung von **Änderungen** in der Person des Gebrauchsmusterinhabers, seines Vertreters oder Zustellungsbevollmächtigten ist in § 8 Abs. 4 GebrMG übereinstimmend mit § 30 Abs. 3 PatG (→ Rn. 179f., 181ff.) geregelt.[229] 201

Für die rechtsgeschäftliche Beendigung der Bestellung eines Inlandsvertreters gibt § 28 Abs. 3 GebrMG eine mit § 25 Abs. 3 PatG (→ § 23 Rn. 184) übereinstimmende Regelung. 202

3. Das Gebrauchsmusterregister wird wie das Patentregister in elektronischer Form geführt. Die Einsicht steht jedermann frei (§ 8 Abs. 5 S. 1 GebrMG) und wird in entsprechender Weise gewährt wie beim Patentregister (→ Rn. 197f.). 203

Im Interesse der Staatssicherheit geheimhaltungsbedürftige Gebrauchsmuster werden in ein besonderes Register eingetragen (§ 9 GebrMG), in das nur unter strengen Voraussetzungen Einsicht gewährt wird (§ 9 Abs. 2 GebrMG, §§ 54, 31 Abs. 5 PatG). 204

---

[227] *Busse/Keukenschrijver* PatG § 31 Rn. 88; *Schäfers* in Benkard PatG § 30 Rn. 23.
[228] S. *Schmid* in Bühring § 8 Rn. 48ff.; *Loth* § 8 Rn. 40ff.; *Busse/Keukenschrijver* GebrMG § 8 Rn. 21; *Busse/Keukenschrijver/Schuster* GebrMG § 23 Rn. 37f.
[229] Nimmt der eingetragene Gebrauchsmusterinhaber durch Erklärung gegenüber dem PA die von ihm erteilte Umschreibungsbewilligung zurück, darf dieses die Umschreibung nicht vornehmen, weil der erforderliche Nachweis der Änderung nicht erbracht ist; BPatG 7.3.2002, BPatGE 46, 42.

c) Veröffentlichungen

205   1. Das Patentamt veröffentlicht die Offenlegungsschriften, die Patentschriften und das Patentblatt (§ 32 Abs. 1 PatG); seit Beginn des Jahres 2004 geschieht dies ausschließlich in elektronischer Form (Mitteilungen 11 und 15/03 BlPMZ 2003, 353 (354)).

206   2. Die **Offenlegungsschrift** (§ 32 Abs. 1 Nr. 1, Abs. 2 PatG) enthält die Patentansprüche, die Erfindungsbeschreibung und die Zeichnungen einer Anmeldung, die gemäß §§ 31 Abs. 2, 32 Abs. 5 PatG offengelegt ist (vgl. → Rn. 216 ff. und → § 25 Rn. 27 ff.), in der ursprünglich eingereichten oder vom PA zur Veröffentlichung zugelassenen geänderten Form und die Zusammenfassung, wenn diese rechtzeitig vorliegt.

207   Die **Patentschrift** (§ 32 Abs. 1 Nr. 2, Abs. 3 PatG) enthält die Patentansprüche, die Beschreibung und die Zeichnungen, auf Grund deren das Patent erteilt worden ist, und nennt die Druckschriften, die das PA für die Beurteilung der Patentfähigkeit in Betracht gezogen hat. Hinzu kommt die Zusammenfassung, wenn sie nicht schon in der Offenlegungsschrift veröffentlicht worden ist.

208   Offenlegungs- und Patentschriften können, soweit sie bis Ende 2003 veröffentlicht worden sind, beim DPMA (Dienststelle Jena) bezogen werden.[230] Sie liegen im Recherchesaal des DPMA in München und in seinem Technischen Informationszentrum Berlin sowie in einer Reihe von Patentinformationszentren an verschiedenen anderen Orten (→ § 9 Rn. 8) zur Einsicht auf. Sind sie ab 2004 veröffentlicht, stehen sie ausschließlich über die Internet-Plattform DPMApublikationen (http://publikationen.dpma.de) zur Verfügung.

209   3. Soweit bei einer veröffentlichten **europäischen Patentanmeldung**, in der die Bundesrepublik Deutschland benannt ist, der mit der Veröffentlichung der Anmeldung einsetzende vorläufige Schutz davon abhängt, dass eine deutsche **Übersetzung der Ansprüche** veröffentlicht worden ist, geschieht dies auf gebührenpflichtigen Antrag durch das DPMA (Art. II § 1 Abs. 2 und § 2 IntPatÜG). Die nach Art. II § 3 IntPatÜG eingereichten **Übersetzungen europäischer Patente** werden durch das DPMA von Amts wegen gebührenpflichtig veröffentlicht.

210   Bei einer vom Internationalen Büro nicht in deutscher Sprache veröffentlichten **internationalen Patentanmeldung**, für die die Bundesrepublik Deutschland Bestimmungsstaat ist, veröffentlicht das DPMA die ihm zuzuleitende deutsche Übersetzung der ganzen Anmeldung von Amts wegen (Art. III § 8 Abs. 2 IntPatÜG).

211   4. Das **Patentblatt** (§ 32 Abs. 1 Nr. 3, Abs. 5 PatG) enthält regelmäßig erscheinende Übersichten über die Eintragungen im Register (vgl. → Rn. 176 ff., 179 f.) mit Ausnahme des zeitbedingten regelmäßigen Ablaufs der Patente und der Eintragung und Löschung ausschließlicher Lizenzen (§ 32 Abs. 5 PatG).

212   Unabhängig von der außerdem vorgesehenen Registereintragung ist vorgeschrieben, dass im Patentblatt veröffentlicht werden: die Hinweise auf die Möglichkeit der Einsicht in die Akten offengelegter Patentanmeldungen (§ 32 Abs. 5 PatG); die Patenterteilung (§ 58 Abs. 1 PatG); Angaben über Recherchen- und Prüfungsanträge (§§ 43 Abs. 3 S. 1, Abs. 7, 44 Abs. 3 S. 2, 4 PatG); Hinweise auf bestimmte Ergebnisse eines Einspruchs-, Beschränkungs- oder Widerrufsverfahrens (§§ 61 Abs. 3, 4, 64 Abs. 3 PatG); Hinweise gem. §§ 7 Abs. 2, 8 Abs. 2, 3 ErstrG.

213   Im Patentblatt erscheinen ferner:[231]
– Hinweise auf die Veröffentlichung mit Benennung der Bundesrepublik Deutschland eingereichter **europäischer Patentanmeldungen und** für sie erteilter europäischer **Patente**;
– Hinweise auf **internationale Patentanmeldungen** für die die Bundesrepublik Deutschland, die vom Internationalen Büro in deutscher Sprache veröffentlicht wurden, und auf die Veröffentlichung dem DPMA zugeleiteter deutscher Übersetzungen fremdsprachiger internationaler Anmeldungen.

---

[230] Über die Bezugsbedingungen informiert ein beim DPMA unentgeltlich erhältliches Merkblatt; zur Abwehr abwertender Äußerungen in Patentschriften ausführlich *Hofmeister* Mitt. 2010, 178 ff.; vgl. auch BGH 10.12.2009, GRUR 2010, 241–245 – Fischdosendeckel.

[231] Mitteilung Nr. 12/03 BlPMZ 2003, 353; *Rudloff-Schäffer* in Schulte PatG § 32 Rn. 23 ff.

§ 23. Allgemeine Verfahrensregeln   V § 23

5. Die im Register für **Gebrauchsmuster** eingetragenen Angaben (→ Rn. 199 ff.) 214
werden ebenfalls im Patentblatt in regelmäßig erscheinenden Übersichten veröffentlicht
(§ 8 Abs. 3 GebrMG), was seit 1.1.2004 nur noch in elektronischer Form geschieht
(§ 8 Abs. 3 GebrMG). Eine Ausgabe von *Gebrauchsmusterschriften* ist im Gesetz nicht vorgesehen. Das Patentamt veröffentlicht jedoch die Unterlagen eingetragener Gebrauchsmuster als „Gebrauchsmusterschriften" über die Internet-Plattform DPMApublikationen
(s. o. 2.);[232] Vervielfältigungsstücke davon können beim Amt bezogen werden.

6. Das Patentblatt ist – auch für Jahrgänge vor 2004 – vollständig im **Internet** zugäng- 215
lich; auf **CD-ROM** sind das Patentblatt ab 2004, außerdem ua Offenlegungs- und Patentschriften sowie Unterlagen von Gebrauchsmustern erhältlich[233].

d) Akteneinsicht beim DPMA

1. Dem Anmelder ist daran gelegen, die Erfindung geheim zu halten, solange er nicht 216
das Recht hat, andere an ihrer Benutzung zu hindern. Diesem Interesse widerspricht
es, Dritten vor der Patenterteilung Einblick in die Anmeldungsakten zu geben. Die
mit dem System der „aufgeschobenen Prüfung" (vgl. → § 22 Rn. 18 ff.) verbundene
zwangsweise frühzeitige Offenlegung aller Anmeldungen bedingt jedoch, dass das Bestreben des Anmelders, die Erfindung bis zum Eintritt des vollen Patentschutzes geheim
zu halten, nur noch dann Erfolg haben kann, wenn spätestens zu dem Zeitpunkt, in
dem die Anmeldung offenzulegen wäre, das Patent erteilt wird. Das ist aber praktisch
nur selten erreichbar, selbst wenn schon bei Einreichung der Anmeldung der Prüfungsantrag gestellt wird.

Durch die frühzeitige Offenlegung wird dem Informationsinteresse der Allgemein- 217
heit einschließlich der Mitbewerber des Anmelders Vorrang gegenüber dem Geheimhaltungsinteresse des Anmelders eingeräumt, der mit einem bloßen Entschädigungsanspruch
gegen Benutzer abgefunden wird.[234] Diese Interessenwertung kommt in erster Linie in
der Regelung der Akteneinsicht zum Ausdruck: Die Einsicht in die Akten offengelegter
Patentanmeldungen steht jedermann frei (§ 31 Abs. 2 PatG). Die Offenlegung ist gesetzlich dadurch definiert, dass unter Veröffentlichung eines entsprechenden Hinweises im Patentblatt die Einsicht in die Akten der Anmeldung freigegeben wird; die Publikation der
Offenlegungs*schrift* erleichtert nur die tatsächliche Nutzung der so geschaffenen Informationsfreiheit.

Der **freien Einsicht** unterliegen – vorbehaltlich einer Geheimhaltungsanordnung (vgl. 218
→ Rn. 226) – nach geltendem Recht die Akten (mit gegebenenfalls dazu gehörenden
Modellen und Probestücken, § 31 Abs. 3 PatG): (1.) offengelegter Patentanmeldungen
(§ 31 Abs. 2 PatG); (2.) erteilter Patente (auch wenn nicht schon die Anmeldung offengelegt war[235]) einschließlich der Akten von Beschränkungs- oder Widerrufsverfahren (§§ 31
Abs. 1 S. 2, 64 PatG), Einspruchsverfahren und Verfahren zur Erteilung eines ergänzenden
Schutzzertifikats.[236] Dagegen ist die Einsicht in Akten eines Nichtigkeitsverfahrens auch
insoweit gem. § 99 Abs. 3 S. 3 PatG (dazu → Rn. 230) eingeschränkt, als sich solche Akten
beim PA befinden[237].

Die Akteneinsicht bleibt frei, auch wenn das Patent erlischt, widerrufen oder für nichtig 219
erklärt oder die offengelegte Anmeldung zurückgewiesen, zurückgenommen oder fallen-

---

[232] *Schmid* in Bühring § 8 Rn. 54 ff.
[233] S. *Rudloff-Schäffer* in Schulte PatG § 32 Rn. 8, 38.
[234] Zur rechtspolitischen Wertung *Häußer*, für die Schutzbereichsbestimmung: Ann Mitt. 2000, 181 (184).
[235] In diesem Fall besteht freie Akteneinsicht erst ab Veröffentlichung im Patentblatt, BPatG 23.12.1994, BlPMZ 1995, 324.
[236] *Schäfers* in Benkard PatG § 31 Rn. 15 ff.; *Rudloff-Schäffer* in Schulte PatG § 31 Rn. 26; *Busse/Keukenschrijver* PatG § 31 Rn. 20.
[237] BPatG 22.7.1993, BlPMZ 1993, 484.

§ 23 V   4. Abschnitt. Entstehung und Wegfall von Patenten und Gebrauchsmustern

gelassen wird. Soweit die Akteneinsicht jedermann freisteht, braucht der Antragsteller einen etwaigen Auftraggeber nicht zu nennen[238].

220 Ausgenommen von der freien Akteneinsicht ist die Erfinderbenennung, wenn der Benannte dies beantragt (§ 31 Abs. 4 PatG)[239]. Auch unterliegen ihr nur die Akten von Erteilungs-, Beschränkungs-, Widerrufs- oder Einspruchsverfahren; auf Akten damit zusammenhängender, aber rechtlich selbstständiger Verfahren (zB wegen Verfahrenskostenhilfe) erstreckt sie sich nicht.[240] Wegen berechtigter Geheimhaltungsinteressen können auf Antrag Teile der Akten von der freien Einsichtnahme ausgenommen werden[241]. Die Akteneinsicht ist ferner ausgeschlossen, soweit eine Rechtsvorschrift entgegensteht oder soweit das schutzwürdige Interesse der betroffenen Person im Sinne des Artikels 4 Nummer 1 der Verordnung (EU) 2016/679 des Europäischen Parlaments und des Rates vom 27.4.2016 zum Schutz natürlicher Personen bei der Verarbeitung personenbezogener Daten, zum freien Datenverkehr und zur Aufhebung der Richtlinie 95/46/EG (Datenschutz-Grundverordnung) offensichtlich überwiegt (§ 31 Abs. 3b PatG).

221 2. Bei **Gebrauchsmustern** wird der Inhalt von Anmeldungen vor der Eintragung der Öffentlichkeit nicht zugänglich gemacht. **Ab Eintragung** steht die Akteneinsicht jedermann **frei;** sie umfasst dann auch die Akten eines Löschungsverfahrens (§ 8 Abs. 5 S. 1 GebrMG).

222 3. Soweit Akten weder der freien Einsicht noch einer Geheimhaltungsanordnung unterliegen, gewährt das PA auf Antrag Einsicht, wenn ein berechtigtes Interesse glaubhaft gemacht wird (§ 31 Abs. 1 S. 1 PatG, § 8 Abs. 5 S. 2 GebrMG). Dies gilt insbesondere für Akten noch nicht offengelegter oder vor Offenlegung zurückgewiesener, zurückgenommener oder verfallener Patentanmeldungen, für die Benennung des Erfinders, der einen entsprechenden Antrag gestellt hat, für Akten von Gebrauchsmusteranmeldungen, die (noch) nicht zur Eintragung geführt haben, sowie für Akten rechtlich selbstständiger Verfahren, auf die sich die freie Akteneinsicht nicht erstreckt.

223 Der Antrag ist gebührenpflichtig (90 EUR);[242] er wird dem Betroffenen übersandt (§ 21 DPMAV), der dadurch Gelegenheit zur Stellungnahme erhält; das Verfahren richtet sich nach § 22 DPMAV; die Entscheidung des PA unterliegt der Beschwerde (vgl. → Rn. 33 ff.). Das PA hat das Informationsinteresse des Antragstellers gegen das Geheimhaltungsinteresse des Betroffenen abzuwägen; grundsätzlich ist dabei ein strenger Maßstab anzulegen.[243]

224 Insbesondere wird zu fordern sein, dass den berechtigten Interessen des Antragstellers nicht durch eine in absehbarer Zeit zu erwartende Offenlegung oder Eintragung Genüge getan werden kann. Bei Anmeldungen, die vor der Offenlegung zurückgewiesen, zurückgenommen oder fallengelassen wurden, wird dem Geheimhaltungsinteresse grundsätzlich Vorrang zu geben sein; ein berechtigtes Interesse an der Einsicht kann sich jedoch daraus ergeben, dass auf die Anmeldung die Priorität einer bereits veröffentlichten Nachanmeldung[244] oder gem. § 5 GebrMG die „Abzweigung" eines schon eingetragenen Gebrauchsmusters gestützt ist[245].

225 Der Umfang der Akteneinsicht bestimmt sich stets nach dem glaubhaft gemachten berechtigten Interesse; oft wird sie auf Teile der Akten zu beschränken sein.[246]

---

[238] BGH 8.10.1998, GRUR 1999, 226 – Akteneinsicht XIV.
[239] Dazu BGH 21.9.1993, GRUR 1994, 104 – Akteneinsicht XIII.
[240] *Rudloff-Schäffer* in Schulte PatG § 31 Rn. 15; *Schäfers* in Benkard PatG § 31 Rn. 13a; *Busse/Keukenschrijver* PatG § 31 Rn. 21.
[241] BPatG 31.10.1988, BPatGE 30, 74.
[242] Nr. 301 400 des Kostenverzeichnisses zur DPMA-Verwaltungskosten-VO vom 14.7.2006.
[243] Einzelheiten mit Rechtsprechungsnachweisen bei *Schäfers* in Benkard PatG § 31 Rn. 54–77; *Rudloff-Schäffer* in Schulte PatG § 31 Rn. 18 ff.
[244] Vgl. BPatG 18.4.1976, BPatGE 19, 6 (10); 27.10.1972, BPatGE 14, 174 (179 f.).
[245] BPatG 15.1.2001, Mitt. 2001, 256 – Akteneinsicht.
[246] Vgl. *Schäfers* in Benkard PatG § 31 Rn. 82.

§ 23. Allgemeine Verfahrensregeln **V § 23**

4. In die Akten von Anmeldungen und Schutzrechten, für die gemäß § 50 PatG oder § 9 GebrMG **226** angeordnet ist, dass zur Wahrung eines Staatsgeheimnisses jede Veröffentlichung unterbleibt, kann das PA nur unter den strengen Voraussetzungen des § 31 Abs. 5 PatG Einsicht gewähren: das Bundesministerium der Verteidigung ist anzuhören; der Antragsteller muss ein besonderes schutzwürdiges Interesse an der Einsicht haben (zB weil er aus einem Geheimpatent in Anspruch genommen wird); es darf nicht die Gefahr eines schweren Nachteils für die äußere Sicherheit der Bundesrepublik Deutschland zu erwarten sein. Die gleichen Sicherheitsvorkehrungen sind zu beachten, wenn eine Patentanmeldung oder ein Patent, die der Geheimhaltung unterliegen, einer jüngeren Patentanmeldung oder einem jüngeren Patent als nicht vorveröffentlichter Stand der Technik gemäß § 3 Abs. 2 S. 3 PatG entgegengehalten werden (vgl. → § 16 Rn. 59 ff.). Entsprechendes wird für Geheimpatente und -gebrauchsmuster gelten müssen, die gem. §§ 15 Abs. 1 Nr. 2, 13 Abs. 1 GebrMG einem prioritätsjüngeren Gebrauchsmuster als Schutzhindernis entgegengehalten werden.

e) Akteneinsicht bei den Gerichten

1. Die Akten eines Beschwerdeverfahrens werden Bestandteil der Anmeldungs- und **227** Patentakten und können, soweit sie sich beim DPMA befinden, nach den unter → *d* dargestellten Regeln dort eingesehen werden. Die Akteneinsicht kann aber unter den gleichen Voraussetzungen, die beim DPMA gelten, auch beim BPatG stattfinden (§ 99 Abs. 3 S. 1 PatG). Demgemäß ist sie frei, wenn das Beschwerdeverfahren eine offengelegte Anmeldung oder ein – unter Veröffentlichung – erteiltes Patent oder eingetragenes Gebrauchsmuster[247] betrifft (vgl. → Rn. 216 ff., 221 ff.). Im Übrigen wird sie auf Antrag bei Glaubhaftmachung eines berechtigten Interesses gewährt; die Entscheidung trifft der Beschwerdesenat (§ 99 Abs. 3 S. 2 PatG), auch soweit es sich um beigezogene Akten des PA handelt.

Bei Anmeldungen, Patenten und Gebrauchsmustern, die einer Geheimhaltungsanordnung unter- **228** liegen, ist § 31 Abs. 5 PatG zu beachten (vgl. → Rn. 226).

2. Die Regelung des § 31 PatG ist auch auf die Einsicht in die Akten eines Rechts- **229** beschwerdeverfahrens entsprechend anzuwenden, die sich beim BGH befinden.[248] Gleiches wird für § 8 Abs. 5 GebrMG gelten müssen. Erforderliche Entscheidungen trifft der X. Zivilsenat.

3. Für die Einsicht in die Akten eines Nichtigkeitsverfahrens beim BPatG gilt grund- **230** sätzlich ebenfalls § 31 PatG entsprechend (§ 99 Abs. 3 S. 1 PatG). Danach müsste die Akteneinsicht – vorbehaltlich einer Geheimhaltungsanordnung – schon deshalb stets frei sein, weil es sich um Akten eines erteilten Patents handelt. Einschränkend bestimmt jedoch § 99 Abs. 3 S. 3 PatG, dass sie nicht gewährt wird, wenn und soweit der Patentinhaber ein entgegenstehendes schutzwürdiges Interesse dartut[249]; diese Bestimmung wird von der Recht-

---

[247] BGH 11.10.2004, GRUR 2005, 270 – Akteneinsicht XVI lässt offen, ob die Einsicht in die Akten eines Löschungsverfahrens analog § 99 Abs. 3 PatG (→ Rn. 230) wegen entgegenstehender schutzwürdiger Interessen Dritter versagt werden kann.
[248] So BGH 8.3.1983, GRUR 1983, 365 – Akteneinsicht Rechtsbeschwerdeakten unter Aufgabe der im Beschluss vom 18.5.1971, BlPMZ 1971, 345 vertretenen Ansicht, dass § 299 Abs. 2 ZPO entsprechend anzuwenden sei und deshalb stets ein berechtigtes Interesse an der Akteneinsicht glaubhaft gemacht werden müsse.
[249] Zur Beurteilung der Schutzwürdigkeit zB BPatG 23.7.1980, BPatGE 23, 58; 11.11.1982, BPatGE 25, 34; 21.4.1986, BPatGE 28, 37; nach BPatG 2.11.2004, Mitt. 2005, 367 – Akteneinsicht bei Nichtigkeitsverfahren genügt nicht das Interesse des Patentinhabers an der Aufrechterhaltung des Patents; zustimmend *v. Falck* Mitt. 2005, 368; vgl. auch *Boehme* GRUR 1987, 668 ff. – Damit beurteilt werden kann, ob ein schutzwürdiges Interesse entgegensteht, muss nach BPatG 18.2.1992, BPatGE 32, 270; 27.5.1992, BPatGE 33, 101 der Antragsteller einen etwaigen Auftraggeber nennen; einschränkend BGH 17.10.2000, GRUR 2001, 143 – Akteneinsicht XV; BPatG 2.11.2004, Mitt. 2005, 367 – Akteneinsicht bei Nichtigkeitsverfahren: nur bei Vorliegen besonderer Umstände. – Ein eigenes berechtigtes Interesse braucht der Antragsteller nicht glaubhaft zu machen, BPatG 13.4.1988, BPatGE 29, 240; 2.11.2004, Mitt. 2005, 367 – Akteneinsicht bei Nichtigkeitsverfahren.

§ 24 A I 4. *Abschnitt. Entstehung und Wegfall von Patenten und Gebrauchsmustern*

sprechung auch zugunsten des Nichtigkeitsklägers angewandt[250]. Daher muss den Parteien in jedem Fall Gelegenheit zur Stellungnahme gegeben werden, in dem ein Dritter Akteneinsicht begehrt.[251] Im Streitfall entscheidet der Nichtigkeitssenat (§ 99 Abs. 3 S. 2 PatG). Soweit kein schutzwürdiges Interesse entgegensteht, umfasst die Akteneinsicht auch Unterlagen eines Verletzungsprozesses, die von den Parteien im Nichtigkeitsverfahren eingereicht worden sind.[252]

Der Antrag auf Akteneinsicht ist auch dann zulässig, wenn die Klage nach § 6 Abs. 2 PatKostG wegen nicht ordnungsgemäßer Gebühreneinzahlung als nicht erhoben gilt.[253]

231   4. Die Einsicht in die Akten eines Zwangslizenzverfahrens setzt nach §§ 99 Abs. 3 S. 1, 31 Abs. 1 S. 1 PatG in allen Fällen voraus, dass ein berechtigtes Interesse glaubhaft gemacht wird[254].

232   5. Die Einsicht in die Akten eines Berufungsverfahrens beim BGH richtet sich nach den gleichen Regeln wie diejenige in die erstinstanzlichen Akten (→ Rn. 230);[255] die Entscheidung liegt beim X. Zivilsenat, sofern nicht die Akten denjenigen der ersten Instanz einverleibt worden sind; in diesem Fall entscheidet das BPatG[256].

§ 24. Die Anmeldung beim Deutschen Patent- und Markenamt

A. Die Patentanmeldung

Literatur: *Anders, W.*, Der klare Patentanspruch: Ein unklarer Rechtsbegriff, Mitt 2014, 487–488; *Bardehle, H.*, Patentanspruch ist „nicht klar", was heißt das?, Mitt 2010, 453–454; *Blumer, F.*, Formulierung und Änderung der Patentansprüche im europäischen Patentrecht, 1998; *Bruchhausen, K.*, Der Schutzgegenstand verschiedener Patentkategorien, GRUR 1980, 364–368; *ders.*, Die Formulierung der Patentansprüche und ihre Auslegung, GRUR 1982, 1–5; *Curchod, F.*, Obligation de déclarer la source des ressources génétiques et des savoirs traditionnelles et Traité de coopération en matière de brevets (PCT), FS Kolle/Stauder, 2005, 31–44; *Czekay, H.-F.*, Deduktive Formulierung von Patentansprüchen, GRUR 1984, 83–90; *de Lacroix, S. F.*, Probleme offen definierter Merkmale in Patentansprüchen, Mitt 2011, 49–53; *Dreiss, U.*, Patentansprüche und Schutzbereich, Mitt 1977, 221–227; *Ehlers, J.*, Die Offenbarung in angemeldeten Patentansprüchen, FS Schilling, 2007, 87–98; *Einsele, R.*, Formulierung von Patentansprüchen – klar oder nicht klar?, Mitt 2014, 249–254; *Giebe, O.*, Zur Auslegung von Patentansprüchen mit chemischen Strukturformeln – was ändert sich durch „Olanzapin"?, FS Meibom, 2010, 95–104; *Godt, C.*, Eigentum an Information, 2006; *Götting, H.-P.*, Biodiversität und Patentrecht, GRUR-Int 2004, 731–736; *Häußer, E.*, Anspruchsformulierung, Offenbarung und Patentfähigkeit im deutschen Patentrecht, Mitt 1983, 121–128; *Häußler, K.*, Die Klarheit der Patentansprüche, GRUR 2013, 1011–1013; *Kulhavy, S. V.*, Der Fachmann im Patentwesen, Mitt 2011, 179–183; *Kurz, P.*, Weltgeschichte des Erfindungsschutzes, 2000; *Meier-Beck, P.*, Der zu breite Patentanspruch, FS Ullmann, 2006, 495–502; *Rogge, R.*, Die Schutzwirkung von Product-by-Process-Ansprüchen, Mitt 2005, 145–149; *Schickedanz, W.*, Die Formulierung von Patentansprüchen. Deutsche, europäische und amerikanische Praxis, 2000; *Schiuma, D.*, Formulierung und Auslegung von Patentansprüchen nach europäischem, deutschem und italienischem Recht, 2000; *Schneider, D.*, Dissens im BPatG – zur Klarheit von Patentansprüchen, Mitt 2014, 481–486; *Schneider, D.*, Die Klarheit von Patentansprüchen – Anmerkungen zum deutschen und europäischen Recht, Mitt 2016, 49–54; *Schrell,*

---

[250] BGH 16.12.1971, GRUR 1972, 441 (442) – Akteneinsicht IX; BPatG 2.2.1984, GRUR 1984, 342.
[251] BPatG 18.5.1984, BPatGE 26, 165.
[252] BGH 10.10.2006, GRUR 2007, 133 – Akteneinsicht XVII; 27.6.2007, GRUR 2007, 815 – Akteneinsicht XVIII.
[253] BPatG 12.7.2011, GRUR 2012, 755 f. – Zulässigkeit der Akteneinsicht.
[254] Vgl. BPatG 18.2.1992, BPatGE 32, 268 (270).
[255] BGH 8.3.1983, GRUR 1983, 365 – Akteneinsicht Rechtsbeschwerdeakten; 18.5.1971, BlPMZ 1971, 345; 11.6.1971, GRUR 1972, 195 (196) – Akteneinsicht VIII.
[256] BPatG 14.8.1979, BPatGE 22, 66.

§ 24. Die Anmeldung beim Deutschen Patent- und Markenamt   A I § 24

A./Heide, N., Zu den Grenzen des „product-by-process"-Patentanspruchs im Erteilungs- und Verletzungsverfahren, GRUR 2006, 383–388; *Schwarz, C.,* Anspruchskategorien bei computer-implementierten Erfindungen, Mitt 2010, 57–60; *Sendrowksi, H.,* Undeutsche Wörter, Mitt 2009, 218–221; *Steinbrenner, S.,* Zur (un)zulässigen Verallgemeinerung des Erfindungsgegenstands, GRUR 2009, 356–361; *Stellmach, J. A.,* Patentfähigkeit biologisch aktiver Substanzen – Einige Zusammenhänge zwischen Struktur, Wirkung und erfinderischer Tätigkeit, GRUR-Int 2005, 665–673; *Straus, J.,* Patents on biomaterial: a new colonialism or a means for technology transfer and benefit-sharing?, in: Thiele/Ashcroft (Hrsg.), Bioethics in a Small World, 2005, 45–72; *ders.,* Angabe des Ursprungs genetischer Ressourcen als Problem des Patentrechts, GRUR-Int 2004, 792–796; *Thums, D. E.,* Durchsetzung des patentrechtlichen Schutzes für die zweite medizinische Indikation, 1994; *Walter, D.,* Harmonisierung und angemessene Anspruchsbreite bei der Gensequenzpatentierung, GRUR-Int 2007, 284–294; *Windisch, E.,* „Merkmalsanalyse" im Patentanspruch, GRUR 1978, 385–393.

I. Einreichung

1. Die Anmeldung einer Erfindung zum Patent ist – unmittelbar oder über ein durch **1**
Bekanntmachung des Bundesministeriums der Justiz und für Verbraucherschutz dazu bestimmtes Patentinformationszentrum[1] – schriftlich oder in elektronischer Form (vgl.
→ § 23 Rn. 145 ff.) **beim DPMA** einzureichen (§ 34 Abs. 1, Abs. 2 S. 1 PatG, § 3 PatV,
§ 12 DPMAV).

Die Anmeldung braucht – abweichend von § 126 PatG – nicht in deutscher Sprache **2**
eingereicht zu werden. Ist sie ganz oder teilweise in einer anderen Sprache abgefasst, hat der Anmelder innerhalb von drei Monaten eine deutsche **Übersetzung** nachzureichen (§ 35a Abs. 1 S. 1 PatG, dazu § 14 PatV, vgl. → § 23 Rn. 141 ff.). Ist die andere Anmeldesprache Englisch oder Französisch, genügt die Nachreichung einer Übersetzung binnen 12 Monaten oder binnen 15 Monaten ab dem Datum einer mit der Anmeldung beanspruchten Priorität. Wird die Übersetzung nicht fristgerecht nachgereicht, gilt die Anmeldung als zurückgenommen (§ 35a Abs. 1 S. 2 PatG).

Nicht übersetzungsbedürftig sind in den Unterlagen einer Patentanmeldung verwendete **3**
fremdsprachige Begriffe, die im (weiteren) Fachgebiet der Anmeldung allgemein als Fachausdrücke anerkannt sind, wenn sich eine einheitliche deutsche Entsprechung noch nicht herausgebildet hat oder wenn die Bedeutung dieser Begriffe dem deutsch sprechenden Fachmann ohne weiteres klar ist.[2] Verhält es sich so, ist das Übersetzungserfordernis des § 35a PatG gelockert, weil es üblich sein kann, technische Sachverhalte auch in deutschen Texten mit englischen Begriffen auszudrücken und Zeichnungen mit diesen Begriffen zu erläutern.[3]

Nicht ausgelöst wird die schwerwiegende Rechtsfolge des § 35a Abs. 1 S. 2 PatG allein **4**
durch Vorlage einer Übersetzung, die Auslassungen in der Beschreibung der Erfindung oder bei den Patentansprüchen aufweist.[4] Das folgt aus der Klarstellung in der Begründung zum 2. PatGÄndG, der Offenbarungsgehalt der Erfindung richte sich nach der Anmeldung in der Originalsprache, nicht (nur) nach deren Übersetzung.[5] Eine Übersetzung iSd § 35a PatG liegt bereits vor, wenn dort die Mindestanforderungen enthalten sind, die für die fremdsprachige Anmeldung selbst gelten: Name des Anmelders, Antrag auf Patenterteil-

---

[1] Dazu → § 9 Rn. 6 ff. Wenn die Anmeldung ein Staatsgeheimnis enthalten kann, darf sie nur unmittelbar beim DPMA eingereicht werden, § 34 Abs. 2 S. 2 PatG.

[2] So BPatG 15.11.2007, BeckRS 2007, 65374 unter Hinweis auf *Schell* in Schulte PatG § 126 Rn. 9 mwN sowie BPatG 15.10.2004, BeckRS 2009, 7149.

[3] Mit Blick auf BPatG 15.10.2004, BeckRS 2009, 7149, zur Zurückhaltung ratend noch *Sendrowski* Mitt. 2009, 218 (221).

[4] BGH 18.7.2011, GRUR 2012, 91 Rn. 16 – Polierendpunktbestimmung.

[5] BGH 18.7.2011, GRUR 2012, 91 Rn. 16 – Polierendpunktbestimmung mit ausdr. Hinweis auf Begr. RegE z. 2. PatGÄndG, BT-Drs. 13/9971, 31 = BlPMZ 1998, 393 (403); zu einer englischsprachigen(!) Anmeldung sehr restriktiv noch LG Düsseldorf 15.1.2009, InstGE 11, 1 Rn. 8 ff. – Aufblasventil.

lung, Angaben, die ihrem äußeren Anschein nach die Beschreibung einer Erfindung darstellen.[6]

5   Unschädlich ist auch der Mangel der in § 33 VwVfG vorgesehenen Form für den Beglaubigungsvermerk nach § 14 Abs. 1 S. 1 PatV, denn dort ist eine Form nicht vorgeschrieben. Ausreichend ist daher die unzweideutige Erklärung, die Übersetzung sei nach bestem Wissen des Erklärenden eine richtige und vollständige Übertragung der fremdsprachigen Unterlagen ins Deutsche.[7]

6   Von fremdsprachigen **internationalen Anmeldungen,** für die das DPMA Bestimmungsamt ist, muss spätestens mit dem Ablauf von 30 Monaten nach dem Prioritätsdatum eine deutsche Übersetzung beim DPMA eingereicht werden (Art. III § 4 Abs. 2 IntPatÜG, Art. 22 Abs. 1 PCT; vgl. → § 22 Rn. 41 ff.).

7   Die Erfordernisse, denen die Anmeldung nach Form und Inhalt genügen muss, sind in §§ 34–41 PatG und in der auf § 34 Abs. 6 PatG (und § 1 Abs. 2 DPMAV) beruhenden **Patentverordnung** im Einzelnen festgelegt. Einen Überblick mit einem Anmeldungsbeispiel gibt das **Merkblatt für Patentanmelder,** das beim DPMA kostenfrei erhältlich ist.

8   Notwendige Bestandteile der Anmeldung sind nach § 34 Abs. 3 PatG der Name des Anmelders, der Antrag auf Erteilung eines *Patents* mit Bezeichnung der Erfindung, mindestens ein Patentanspruch, die Beschreibung und die Zeichnungen, auf die sich die Ansprüche oder die Beschreibung beziehen. Mängel, die die Anmeldung aufweist, können oft ohne Verlust des Zeitrangs beseitigt werden (vgl. → § 25 Rn. 15 ff., → Rn. 53 ff.). Doch muss bereits in der ursprünglichen Fassung der Anmeldung die Erfindung so deutlich und vollständig offenbart sein, dass ein Fachmann sie ausführen kann (§ 34 Abs. 4 PatG, vgl. → Rn. 62 ff.). Innerhalb bestimmter Fristen nach der Anmeldung sind eine Zusammenfassung und die Erfinderbenennung einzureichen. Sofern der Anmelder eine Priorität beanspruchen will, muss er die prioritätsbegründende Anmeldung fristgerecht bezeichnen und belegen.

9   Hat eine Erfindung **biologisches Material** pflanzlichen oder tierischen Ursprungs zum Gegenstand oder wird bei ihr solches Material verwendet, soll nach § 34a Abs. 1 S. 1 PatG die Anmeldung Angaben zur **geographischen Herkunft** dieses Materials umfassen, soweit diese bekannt ist. Doch bleiben von diesem Erfordernis die Prüfung der Anmeldungen und die Gültigkeit der Rechte auf Grund der erteilten Patente unberührt (§ 34a Abs. 1 S. 2). Die Regelung, der Erwägungsgrund 27 der BioPat-RL zugrunde liegt, gibt in sehr zurückhaltender Weise einer Forderung Raum, die vor allem von Entwicklungsländern erhoben wird.[8]

10   2. Anmelder kann jede natürliche oder juristische Person sein, ebenso eine nicht rechtsfähige Personenvereinigung, die ähnlich einer juristischen Person als solche Rechte und Pflichten haben kann, wie eine OHG oder KG (§ 124 HGB) und nach neuerer Rechtsprechung auch eine Gesellschaft bürgerlichen Rechts (§§ 705 ff. BGB)[9]. Juristische Personen und gleichgestellte Personenvereinigungen melden durch ihre Organe (Vorstand, Geschäftsführer, vertretungsberechtigte Gesellschafter usw) oder von diesen bevollmächtigte Vertreter an. Für Personen, die wegen Minderjährigkeit nicht voll geschäftsfähig sind, kann nur der gesetzliche Vertreter wirksam anmelden (§§ 104 ff. BGB). Entsprechendes gilt für unter Betreuung stehende Volljährige, soweit ein Einwilligungsvorbehalt angeordnet ist (§§ 1896 ff., 1903 BGB).

---

[6] BGH 18.7.2011, GRUR 2012, 91 Rn. 22 – Polierendpunktbestimmung.
[7] BGH 18.7.2011, GRUR 2012, 91 Rn. 18 – Polierendpunktbestimmung.
[8] Zur Vereinbarkeit solcher Regelungen mit PCT und PLT *Curchod* FS Kolle/Stauder, 2005, 31 ff.; zur Problematik und internationalen Rechtsentwicklung *Straus* in Thiele/Ashcroft 45, 65 ff.; *ders.* GRUR-Int 2004, 792 ff.; *Götting* GRUR-Int 2004, 731 ff.; Entschließung der AIPPI VPP-Rundbrief 2007, 21; *Schäfers* in Benkard PatG § 34a Rn. 2–5; *Godt* 580 f., 600 ff.
[9] Mitteilung Nr. 4/05 des Präsidenten des DPMA über die Schutzrechts-, Anmelde- und Registerfähigkeit der Gesellschaft bürgerlichen Rechts, BlPMZ 2005, 2.

§ 24. Die Anmeldung beim Deutschen Patent- und Markenamt

Reichen solche Personen selbstständig eine Anmeldung ein, kann der gesetzliche Vertreter sie rückwirkend genehmigen und dadurch den Zeitrang wahren[10]; die Vorschriften des BGB über Willenserklärungen nicht voll Geschäftsfähiger (insbesondere §§ 105 Abs. 1, 111) finden insoweit keine Anwendung.[11] Das Amt wird entsprechend § 56 Abs. 2 ZPO dem Anmelder eine Frist für die Genehmigung der Anmeldung und die Übernahme des Verfahrens durch den gesetzlichen Vertreter einzuräumen haben.[12] **11**

Voll geschäftsfähige Anmelder benötigen einen Vertreter nur dann, wenn sie im Inland weder Wohnsitz noch Niederlassung haben (§ 25 PatG, Näheres → § 23 Rn. 135 ff.). **12**

3. Innerhalb von drei Monaten ab Einreichung ist die **Anmeldegebühr** zu entrichten; geschieht dies nicht, gilt die Anmeldung als zurückgenommen (§ 3 Abs. 1, § 6 PatKostG). Bei Anmeldung in Papierform beträgt die Anmeldegebühr für die ersten zehn Patentansprüche 60 Euro. Für jeden weiteren Patentanspruch erhöht sie sich um 30 Euro. Bei elektronischer Anmeldung beträgt die Anmeldegebühr für die ersten zehn Patentansprüche 40 Euro und erhöht sich dann für jeden weiteren Anspruch um 20 Euro. Entscheidend ist die vom Anmelder angegebenen Anzahl von Patentansprüchen, nicht deren sachlicher Gehalt.[13] **13**

II. Erteilungsantrag

1. Der Antrag auf Patenterteilung (§ 34 Abs. 3 Nr. 2 PatG, § 4 PatV) ist auf dem vom Patentamt vorgeschriebenen **Vordruck** oder in elektronischer Form gemäß der VO über den elektronischen Rechtsverkehr beim DPMA (→ § 23 Rn. 145 ff.) einzureichen. Er umfasst insbesondere genaue Angaben über den oder die **Anmelder,** bei Bestellung eines **Vertreters** dessen Namen und Anschrift.[14] Der Antrag muss von jedem Anmelder oder dessen Vertreter **eigenhändig** (§ 126 BGB) **unterzeichnet** sein. Es genügt aber, ein Schriftstück, das diesen Anforderungen entspricht, durch **Telefax** zu übermitteln (§ 11 DPMAV).[15] Bei elektronischer Einreichung muss die verantwortende Person eine qualifizierte elektronische Signatur nach dem Signaturgesetz anbringen (§ 125a Abs. 1 S. 2 PatG, § 12 DPMAV). **14**

2. Zum Erteilungsantrag gehört auch eine kurze und genaue **Bezeichnung der Erfindung.** Verfahren werden dabei gewöhnlich durch das Verfahrensergebnis, insbesondere -erzeugnis gekennzeichnet (zB Verfahren zur Entschwefelung von Abgasen; Verfahren zur Herstellung von aromatischen Carbonsäuren usw); bei Erfindungen, die in der Lehre bestehen, einem Erzeugnis bestimmte technische Eigenschaften zu geben, erfolgt die Kennzeichnung regelmäßig durch Angabe des Erzeugnisses. **15**

Beispiele: Rigg für ein Segelbrett; Rammbohrgerät; Getriebekopf für Manipulatoren; Regelbare Induktionsbremse bzw. -kupplung; Dichtvorrichtung zwischen zwei Maschinenteilen; anzeigender Regler; Entlastungseinrichtung an einem Stützelementeträger für Metall-, insbesondere für bogenförmige Stranggießanlagen; Anästhetikum für Tiere; als Thermothiocin bezeichnetes Antibiotikum; injizierbare Sulfonamidzubereitung; photopolymerisierbares Gemisch. **16**

Die Erfindungsbezeichnung, der „Titel" der Anmeldung, braucht nicht die Merkmale anzugeben, in denen sich die Erfindung nach Meinung des Anmelders vom Stand der Technik abhebt.[16] Es genügt, die *Art* der technischen Aufgabe deutlich zu machen, um die es sich handelt. **17**

---

[10] Das wird auch dann gelten müssen, wenn nach § 104 Nr. 2 BGB *Geschäftsunfähigkeit* vorliegt. Der Fall des § 104 Nr. 1 kommt in diesem Zusammenhang praktisch nicht in Betracht.

[11] Vgl. *Bernhardt* 117, der auf §§ 551 Nr. 5 (jetzt: 547 Nr. 4), 579 Nr. 4 ZPO hinweist; ebenso *Götting* GewRS § 19 Rn. 5; im Ergebnis auch *Moufang* in Schulte PatG § 34 Rn. 14; vgl. auch *Pfanner* GRUR 1955, 556 ff.

[12] So *Pfanner* GRUR 1955, 556 (560); *Schäfers* in Benkard PatG § 34 Rn. 2 ff.

[13] BPatG 20.8.2013, Mitt. 2013, 453 ff. – Anspruchsabhängige Anmeldegebühr.

[14] Zum Nachweis der *Vollmacht* s. § 15 DPMAV.

[15] Die Übermittlung muss *direkt* geschehen; eine Telekopie, die dem Amt von einem privaten Zwischenempfänger überbracht wird, genügt nicht, BGH 5.2.1981, GRUR 1981, 410 – Telekopie.

[16] Vgl. BPatG 6.7.1978, GRUR 1979, 629 (630); 10.12.1975, BPatGE 18, 15.

III. Patentansprüche

18 1. In einem oder mehreren Patentansprüchen ist anzugeben, was **als patentfähig unter Schutz gestellt** werden soll (§ 34 Abs. 3 Nr. 3 PatG). Die Bedeutung der Ansprüche für die Reichweite des Schutzes der angemeldeten Erfindung ist mit Wirkung vom 1.1.1978 in § 14 PatG ausdrücklich festgelegt worden, der auf Art. 8 Abs. 3 StrÜ zurückgeht und mit Art. 69 Abs. 1 EPÜ übereinstimmt: „Der Schutzbereich des Patents und der Patentanmeldung wird durch die Patentansprüche[17] bestimmt. Die Beschreibung und die Zeichnungen sind jedoch zur Auslegung der Patentansprüche heranzuziehen." Nach allgemeiner Einschätzung ergibt sich hieraus, dass sich die Ermittlung des Schutzbereichs, sofern die Anmeldung nach Inkrafttreten der neuen Vorschrift eingereicht ist, enger an die Ansprüche zu halten hat, als dies in der früheren deutschen Praxis üblich war (Näheres → § 32 Rn. 34 ff.). Der Formulierung der Ansprüche ist daher größte Aufmerksamkeit und Sorgfalt zu widmen. Ihre Aufgabe besteht darin, den Schutzgegenstand so zu definieren, dass sich der Schutz auf jede „Ausführungsform" erstreckt, die von der neuen, erfinderischen Lehre Gebrauch macht, und dennoch nichts einschließt, was am Prioritätstag bereits zum Stand der Technik gehörte oder durch ihn nahegelegt war.[18] Dabei versteht sich, dass die Aufnahme eines zum SdT gehörigen Merkmals in den Anspruch nicht bedeutet, dass dieses für sich genommen unter Schutz gestellt sein soll. Vielmehr ist jeweils nur ein Gegenstand unter Schutz gestellt, der *alle* im Anspruch enthaltenen Merkmale aufweist[19]. Es bedarf daher im Grunde keiner Unterscheidung zwischen „bekannten" und „neuen" Merkmalen im Anspruch, wie sie § 9 Abs. 2 PatV für den Fall verlangt, dass die „zweiteilige" Anspruchsfassung gewählt wird.[20] Bei Kombinationserfindungen können sogar alle Einzelmerkmale vorbekannt sein. Soweit Lösungsmerkmale für sich genommen als neu und erfinderisch in Betracht kommen, sollten sie selbstständig zum Gegenstand eines entsprechend allgemeiner gefassten Anspruchs gemacht werden.

19 Die Grenze der Verallgemeinerung liegt dort, wo die Gefahr entsteht, dass auf Grund des Patents die Nutzung bisher frei verfügbaren Wissens behindert werden kann.[21] Zu vermeiden ist dies dadurch, dass die Ansprüche streng auf den neuen, erfinderischen Offenbarungsgehalt der Anmeldung (vgl. → Rn. 62 ff.) beschränkt werden, also auf das, was den **ursprünglich eingereichten Anmeldungsunterlagen in ihrer Gesamtheit**[22] „unmittelbar und eindeutig" zu entnehmen ist, nicht aber weitergehende Erkenntnisse, zu denen der Fachmann aufgrund seines allgemeinen Fachwissens oder durch Abwandlung der offenbarten Lehre gelangen kann.[23] Dies ist besonders wichtig, weil nach deutschem Recht die Verletzungsgerichte an die Ansprüche gebunden sind und die Prüfung der Gültigkeit des Patents dem Nichtigkeitsverfahren überlassen müssen.[24]

20 Die angemessene Gestaltung der Ansprüche setzt klares Erkennen des Wesens der Erfindung voraus.[25] Darum müssen die Patentansprüche klar formuliert sein und kann eine An-

---

[17] Durch Gesetz vom 24.8.2007 wurden in Angleichung an Art. 69 EPÜ 2000 die Wörter „den Inhalt der" durch „die" ersetzt.

[18] Vgl. *Bruchhausen* GRUR 1982, 3; BGH 24.6.1982, GRUR 1982, 610 (611) – Langzeitstabilisierung.

[19] BPatG 4.2.1986, BPatGE 28, 24.

[20] Vgl. *Bruchhausen* GRUR 1982, 5; BGH 20.1.1994, GRUR 1994, 357 – Muffelofen.

[21] Vgl. BPatG 12.12.2002, BPatGE 46, 177 (185) – Zöliakie.

[22] BGH 21.6.2011, GRUR 2011, 1003 Rn. 17 – Integrationselement; 8.7.2010, GRUR 2010, 910 Rn. 46 – Fälschungssicheres Dokument.

[23] BGH 9.4.2013, GRUR 2013, 809 Rn. 11 – Verschlüsselungsverfahren; BGH 8.7.2010, GRUR 2010, 910 Rn. 46 – Fälschungssicheres Dokument; 16.12.2008, BGHZ 179, 168 = GRUR 2009, 382 – Olanzapin; vgl. auch BPatG 22.5.2014, Mitt. 2014, 501 (503) – Elektronischer Energiespeicher.

[24] Vgl. *Walter* GRUR-Int 2007, 284 (292).

[25] Vgl. *Bruchhausen* GRUR 1982, 2; zur Formulierung von klaren Patentansprüchen vgl. auch *Anders* Mitt. 2014, 487 ff.; *de Lacroix* Mitt. 2011, 49 ff.; *Einsele* Mitt. 2014, 249 ff.; *Schneider* Mitt. 2014, 481 ff.

§ 24. Die Anmeldung beim Deutschen Patent- und Markenamt

meldung nach § 34 Nr. 3 PatG zurückgewiesen werden, wenn die Ansprüche unklar sind.[26] Im Rahmen des schutzfähigen Offenbarungsgehalts der Anmeldung sollte der Patentsucher in allen Verfahrensstadien grundsätzlich die weiteste vertretbare Anspruchsfassung anstreben,[27] da es schwierig ist, unnötig konkretisierte und damit eingeengte Ansprüche durch erweiternde Auslegung in Richtung auf den angesichts des Offenbarungsgehalts „verdienten" Schutzbereich zu korrigieren. Die Erteilungsbehörden (DPMA und BPatG) sind gehalten, gründlich zu prüfen, in welchem Maße die Anspruchsfassung verallgemeinert und abstrahiert werden kann, ohne die Stütze im erfinderischen Gehalt der Anmeldung zu verlieren. Der BGH lässt es zu, im Anspruch die Erfindung durch das *Prinzip* zu umschreiben, das alle vorgeschlagenen Mittel kennzeichnet.[28] Auf ein in der Beschreibung dargestelltes Ausführungsbeispiel (→ Rn. 57) braucht der Anmelder seinen Anspruch nicht zu beschränken.[29] Wird eine vorteilhafte Gestaltung, die in einem Aufführungsbeispiel gezeigt ist, zu einer **Beschränkung des Gegenstands des Patentanspruchs** herangezogen, muss der Anmelder nach stRspr des BGH *nicht* sämtliche Merkmale dieses Ausführungsbeispiels in den Patentanspruch übernehmen.[30] Freilich darf sich hieraus kein Gegenstand ergeben, den der Fachmann den Ursprungsunterlagen nicht als mögliche Ausführungsform der Erfindung entnehmen kann.[31]

Die Überlegung, dass weite Anspruchsfassungen die Entwicklung der Technik behindern könnten, rechtfertigt es nicht, dem Anmelder die Anspruchsfassung zu verwehren, die der Leistung des Erfinders entspricht. Gewiss kann die Patentierung eines Lösungs*prinzips* zur *Abhängigkeit* späterer Entwicklungen führen. Das ist jedoch gerechtfertigt, wenn die späteren Entwicklungen von eben diesem Prinzip *Gebrauch machen*. Nötig ist nur, dass eine *technische Handlungsanweisung* (und nicht eine Entdeckung oder wissenschaftliche Theorie) vorliegt, die im Prioritätszeitpunkt neu und nicht naheliegend war und die für den Fachmann ausführbar ist. 21

So hätte etwa ein Anspruch auf den Otto-Motor[32] nicht so weit gefasst werden dürfen, dass wegen des Prinzips, einen Kolben in einem Zylinder durch Gasexpansion zu bewegen – auch vorbekannte Dampfmaschinen darunter fielen. Der Patentanspruch durfte aber, sofern zum Stichtag das Prinzip, den Kolben durch *Explosion* eines gasförmigen Gemisches zu bewegen, neu und nicht naheliegend war, auf dieses Prinzip bezogen werden – ohne Rücksicht darauf, dass spätere erfinderische Abwandlungen des Prinzips wie der Dieselmotor von dem Patent abhängig werden könnten. 22

Will man das nicht, bleibt nur übrig, die Ansprüche auf die vom Anmelder beschriebenen und die von hier aus naheliegenden Ausführungsformen des Lösungsprinzips zu beschränken. Dann ist es aber schwer zu rechtfertigen, dass der Schutz von Stoffen auf die Herstellung mittels später erfundener patentfähiger Verfahren erstreckt wird. Auch ergäbe sich die Frage, warum es als selbstverständlich gilt, dass etwa im Fall der Patentierung des Elektromotors spätere Anwendungserfindungen vom Trocken- 23

---

[26] BPatG 22.5.2014, Mitt. 2014, 501 (504) – Elektronischer Energiespeicher; mzustAnm *Schneider* Mitt. 2016, 49 (51 f.); anders BPatG 16.12.2013, Mitt. 2014, 126 (129 f.) – Batterieüberwachungsgerät; vgl. auch BPatG 7.4.2014, Mitt. 2014, 280 (281) – Elektronisches Steuergerät.

[27] Vgl. *Bruchhausen* GRUR 1982, 2; *Dreiss* Mitt. 1977, 224 ff.; *Ford* GRUR-Int 1985, 249 mit Diskussionsbericht (264); *Anders* GRUR 1993, 701 ff.; zum Problem der „unangemessenen Anspruchsbreite" allgemein BPatG 31.1.1996, BPatGE 37, 212 (214); 30.7.2003, BPatGE 47, 163 – Frühestmöglicher Auslösezeitpunkt; BGH 24.9.2003, BGHZ 156, 179 = GRUR 2004, 47 (Nr. III 6) – Blasenfreie Gummibahn; BPatG 21.4.2004, BPatGE 48, 143 – Rahmensynchronisation; *Meier-Beck* FS Ullmann, 2006, 495–502.

[28] BGH 13.5.1980, GRUR 1980, 849 (851) – Antiblockiersystem; vgl. auch BGH 15.10.1981, Mitt. 1986, 15.

[29] BGH 16.10.2007, GRUR 2008, 60 Rn. 33 – Sammelhefter II; umfassend zur Spruchpraxis von BGH sowie EPA-Beschwerdekammern vgl. *Steinbrenner* GRUR 2009, 356.

[30] BGH 24.1.2012, GRUR 2012, 475 Rn. 34 – Elektronenstrahltherapiesystem.

[31] BGH 11.9.2001, GRUR 2002, 49 (51) – Drehmomentübertragungseinrichtung.

[32] Dazu *Kurz* 411 ff. mit Wiedergabe der tatsächlich erteilten Ansprüche, von denen einer generell das Prinzip des Viertaktmotors umfasst. Zahlreiche weitere Beispiele nennt *Eichmann* GRUR 1996, 859 (869 f.).

rasierer bis zum Tonbandgerät als abhängig anzusehen gewesen wären. Wenn in solchen Fällen dem Interesse an der technischen Weiterentwicklung die Zulässigkeit der versuchsweisen Erfindungsbenutzung (§ 11 Nr. 2, 2b PatG), die zeitliche Begrenzung des Patents, das Lizenzwesen und die Möglichkeit von Zwangslizenzen genügen, sollte es auch möglich sein, Grundlagenerfindungen den ihnen zukommenden Schutzbereich zu gewähren, wobei es genügt, dass in der Anmeldung *ein* nacharbeitbarer Weg zur Ausführung gezeigt wird.

24   In der Praxis werden Patentansprüche nicht selten deshalb beanstandet, weil sie „aufgabenhaft" gefasst seien. Der BGH[33] betont, dass sich die in einem Patentanspruch enthaltenen Angaben nicht in einer Umschreibung der der Erfindung zugrundeliegenden Aufgabe erschöpfen dürfen, sondern die Lösung der Aufgabe kennzeichnen müssen. Ein Anspruch ist jedoch nicht schon deswegen unzulässig, weil sich sein Inhalt als Aufgabe verstehen lässt. Ein und dieselbe Handlungsanweisung kann vielfach ebenso gut als Aufgabe wie als Lösung eines allgemeineren Problems dargestellt werden (vgl. → § 18 Rn. 99ff.). Bei einem Patentanspruch kommt es zunächst darauf an, ob er eine technische Handlungsanweisung kennzeichnet, die nach dem Gesamtinhalt der Anmeldung ausführbar ist (vgl. → Rn. 62ff.). Fehlt es hieran, mag gesagt werden, dass nur eine Aufgabe angegeben sei. Das Patentgesuch scheitert dann ohnehin mangels hinreichender Offenbarung. Liegt dagegen eine ausführbare Handlungsanweisung vor, ist sie in der im Anspruch enthaltenen Kennzeichnung auf Neuheit und erfinderische Tätigkeit zu prüfen[34]. Dabei kann sich erweisen, dass die „aufgabenhaft" weite Fassung des Anspruchs Vorweggenommenes oder vom SdT aus Naheliegendes einschließt und deshalb nicht gewährbar ist[35]. Ergibt sich jedoch, dass die verallgemeinerte Fassung eine neue und erfinderische Handlungsanweisung kennzeichnet, kann aus den schon genannten Gründen der anspruchsgemäße Schutz nicht deshalb versagt werden, weil andere Ausführungsformen der so umschriebenen Lehre, die später entwickelt werden könnten, von der Wirkung des Patents erfasst würden.

25   Demgemäß steht es der Gewährbarkeit eines Verfahrensanspruchs nicht entgegen, dass er auch Ausgangsmaterialien umfasst, die der Fachwelt im Anmeldezeitpunkt noch nicht zur Verfügung stehen[36].

26   In einem vom BGH entschiedenen Fall[37] wurde die „Aufgabe" darin erblickt, näher gekennzeichneten Fasern eine bestimmte, im SdT noch nicht erreichte Mindestfestigkeit zu geben. Der Anmelder war jedoch nicht in der Lage, die Beschaffenheit der Fasern näher anzugeben, die diese Festigkeit gewährleistet. Die Patentierung eines Anspruchs, der das Erzeugnis durch eine Mindestfestigkeit kennzeichnet, hätte einen Schutz bedeutet, der alle Wege zur Herbeiführung dieser Festigkeit umfasst. Der BGH sah dies als ungerechtfertigt an. Im Ergebnis ist ihm wohl zuzustimmen, weil die Anweisung, solche Fasern bereitzustellen, entweder nach dem Offenbarungsgehalt der Anmeldung für den Fachmann nicht ausführbar oder vom SdT nahegelegt war.[38] Die aus dem Aufgabenbegriff abgeleitete Begründung überzeugt jedoch nicht. Nach ihr ließe sich jedem Erzeugnisanspruch entgegenhalten, er kennzeichne die Erfindung lediglich durch die Aufgabe, eben dieses Erzeugnis zu schaffen, und seine Gewährung behindere diejenigen, die später andere zu dem Erzeugnis führende Wege finden. Es wäre dann insbesondere nicht vertretbar, chemische Stoffe unabhängig von dem oder den Verfahren zu

---

[33] 19.7.1984, GRUR 1985, 31 – Acrylfasern; kritisch dazu *Brauns* Mitt. 1985, 115f.; *Czekay* GRUR 1985, 477 ff.

[34] Vgl. BGH 16.6.1998, GRUR 1998, 899 – Alpinski: Wenn in der Beschreibung eines technischen Gegenstands durch Messwerte eine für den Fachmann ausführbare Lehre zum technischen Handeln liegt, handelt es sich nicht um eine bloße Beschreibung der Aufgabe. – BGH 1.10.2002, GRUR 2003, 223 (225) – Kupplungsvorrichtung II: Es ist nicht erforderlich, dass alle denkbaren unter den Wortlaut eines Patentanspruchs fallenden Ausgestaltungen ausgeführt werden können; im entschiedenen Fall wurde Ausführbarkeit eines Ausführungsbeispiels als ausreichend angesehen.Vgl. auch → Rn. 72 ff.

[35] Vgl. BPatG 26.1.2000, BPatGE 42, 204 – Veränderbare Daten; 30.7.2003, BPatGE 47, 163 (166) – Frühestmöglicher Auslösezeitpunkt.

[36] BGH 22.12.1964, GRUR 1965, 473 (475) – Dauerwellen; 9.10.1990, BGHZ 112, 297 – Polyesterfäden.

[37] 9.10.1990, BGHZ 112, 297 – Polyesterfäden.

[38] *Krieger* GRUR 1985, 33.

§ 24. Die Anmeldung beim Deutschen Patent- und Markenamt A III § 24

patentieren, nach welchen sie der Fachmann auf Grund des Offenbarungsgehalts der Anmeldung herstellen kann.

Das Problem liegt daher nicht im Aufgabenbegriff, sondern darin, welche Anspruchsfassung der Offenbarungsgehalt mit Rücksicht auf den SdT rechtfertigt. Ist nach diesem Maßstab ein weitreichender Anspruch am Platz, steht seiner Gewährung nicht entgegen, dass sich sein Gegenstand unter irgendeinem Aspekt als „Aufgabe" darstellen lässt. 27

Wenn die erfinderische Leistung bereits bei der Erkenntnis einsetzt, dass eine bekannte Vorrichtung durch konstruktive Abwandlung vielfältiger als bisher verwendbar ist, kann diese Erkenntnis durch Wirkungs- und Funktionsangaben im Anspruch zum Ausdruck kommen, die das erzielte technische Ergebnis umschreiben[39]. Bei einer Lehre, die sich mit verschiedenen Mitteln verwirklichen lässt, um damit einen übersehbaren Erfolg zu erzielen, ist der Anmelder nicht genötigt, in den Anspruch die konkreten Mittel aufzunehmen, mit denen die Lehre verwirklicht werden kann. Vielmehr genügt es, die Lehre mit dem alle vorgeschlagenen Mittel kennzeichnenden Prinzip zu umschreiben, wenn der Fachmann die Erfindung auf Grund des Gesamtinhalts der Anmeldungsunterlagen anhand seines Fachkönnens ohne weiteres verwirklichen kann[40]. 28

2. Die meisten Patentanmeldungen enthalten mehrere Ansprüche. Im ersten (ggf. einzigen) sind nach § 9 Abs. 4 PatV die **wesentlichen Merkmale der Erfindung** anzugeben **(Hauptanspruch)**. Nicht erforderlich ist, dass nach den Angaben des Hauptanspruchs ein Fachmann die Erfindung ausführen kann.[41] Die Erfindung in nacharbeitbarer Weise zu offenbaren, ist Aufgabe der Beschreibung und der zugehörigen Zeichnungen. Für die Ansprüche ist wesentlich, dass der Fachmann aus ihnen erkennen kann, ob ein Vorhaben unter das Patent fällt oder nicht, also dessen Schutzbereich bestimmt werden kann.[42] 29

Weitere Ansprüche können Nebenansprüche oder Unteransprüche sein (§ 9 Abs. 5 und 6 PatV). Ein **Nebenanspruch** liegt vor, wenn eine vom Gegenstand des Hauptanspruchs **unabhängige Erfindung** unter Schutz gestellt ist; es handelt sich im Grunde um einen weiteren Hauptanspruch[43]. Zulässig ist eine Anmeldung, die in dieser Weise mehrere selbstständige Erfindungen umfasst, jedoch nur, wenn die Einheitlichkeit gewahrt ist (vgl. → Rn. 103 ff.). 30

Unteransprüche beziehen sich auf besondere Ausführungsarten der im Haupt- oder einem Nebenanspruch gekennzeichneten Erfindung. Sie sind vom übergeordneten Anspruch **abhängig;** ihr Gegenstand macht von dessen Gegenstand Gebrauch, indem er ihn in zweckmäßiger Weise abwandelt oder ergänzt. Die Abwandlung oder Ergänzung braucht nicht erfinderisch, darf also naheliegend sein. Unzulässig ist jedoch ein Unteranspruch, der sich auf eine „glatte (oder: platte) Selbstverständlichkeit" bezieht.[44] Nichterfinderische Unteransprüche werden als „echte", erfinderische als „unechte" bezeichnet.[45] 31

Bei Anmeldungen, die mehr als zehn Ansprüche enthalten, hängt die Wirksamkeit der Einreichung des elften und jedes weiteren Anspruchs bei Anmeldung in Papierform davon ab, dass eine Gebühr von je 30 EUR bezahlt wird, bei elektronischer Anmeldung von je 20 EUR.[46] 32

3. Patentansprüche können nach § 9 Abs. 1 PatV einteilig oder zweiteilig gefasst und in beiden Fällen nach Merkmalen gegliedert werden. In der Praxis herrscht die **zweiteilige** 33

---

[39] BPatG 11.9.1990, BPatGE 32, 25 (28).
[40] BPatG 12.11.1998, BPatGE 40, 250 (252) – Grenzzeichenfreie Räumung.
[41] BGH 20.11.2000, Mitt. 2002, 176 (179) – Gegensprechanlage; 1.10.2002, GRUR 2003, 223 – Kupplungsvorrichtung II; BPatG 28.7.1993, BPatGE 37, 202 (205); 27.4.2007, Mitt. 2007, 557 – Halbleiterspeicher; vgl. auch Dreiss Mitt. 1977, 224 (233); Anders GRUR 1993, 701.
[42] Bruchhausen GRUR 1982, 3.
[43] Das schließt nicht aus, dass er durch Rückbeziehung Merkmale eines anderen Anspruchs in sich aufnimmt, vgl. BPatG 17.8.1998, BPatGE 40, 219 – Elektronische Programmzeitschrift.
[44] BGH 16.2.1954, GRUR 1954, 317 (322); BPatG 4.2.1986, BPatGE 28, 24; Moufang in Schulte PatG § 34 Rn. 190 mwN.
[45] Vgl. RG 29.4.1938, RGZ 158, 385; BGH 15.4.1955, GRUR 1955, 476 (478).
[46] Nr. 311 050 und 311 160 des Gebührenverzeichnisses zum PatKostG.

Form vor[47]. Sie gliedert den Anspruch in einen **Oberbegriff** und einen **kennzeichnenden Teil** (§ 9 Abs. 2 PatV). Der Oberbegriff enthält die durch den SdT bekannten Merkmale der Erfindung. Meist geht die Formulierung des Oberbegriffs von der Vorveröffentlichung aus, deren Gegenstand der beanspruchten Erfindung am nächsten kommt; vorgeschrieben ist dies jedoch nicht.[48] Der kennzeichnende Teil wird durch Wendungen wie „dadurch gekennzeichnet, dass" oder „gekennzeichnet durch" eingeleitet. Er nennt die Merkmale der Erfindung, für die in Verbindung mit dem Oberbegriff, dh bezüglich eines Gegenstands der dort definierten Art, Schutz begehrt wird.

34 **Beispiel:**[49] Skistiefel mit einer Polsterauskleidung aus geschäumtem, offenzelligem Material in Form einer den Fuß tragenden Sohle und von aus der Sohlenebene sich nach oben erstreckenden, den Fuß zumindest teilweise umschließenden Seitenwänden, dadurch *gekennzeichnet,* dass die Polsterauskleidung ein Formteil ist, das auswechselbar in die Stiefelhöhlung eingesteckt ist, die äußeren Konturen der Polsterauskleidung der Stiefelhöhlung genau angepasst sind und dass das Material der Polsterauskleidung aus steifem, in nur geringem Maße elastisch verformbarem Schaumstoff besteht, der bei Belastung durch den Stiefelträger bis zu 30% seiner Schichtstärke nachgibt.

35 Bei einer Mehrheit von Ansprüchen kann auf vorausgehende Ansprüche oder deren Oberbegriff Bezug genommen werden. Unteransprüche müssen auf mindestens einen vorausgehenden Anspruch Bezug nehmen.

36 **Beispiel:**[50] Skistiefel nach Anspruch 1, dadurch gekennzeichnet, dass die Wand der Polsterauskleidung Zonen unterschiedlicher Elastizität besitzt, wobei die Polsterauskleidung bis zu 40% ihrer Schichtstärke nachgibt.

37 Eine Bezugnahme auf Beschreibung oder Zeichnungen – etwa durch die Wendungen „wie beschrieben" oder „wie dargestellt" – dürfen die Ansprüche nur in Ausnahmefällen enthalten (§ 9 Abs. 8 PatV). Zulässig und zweckmäßig ist es dagegen, bei den einzelnen Merkmalen durch **Bezugszeichen** auf deren Darstellung in den Zeichnungen zu verweisen (§ 9 Abs. 9 PatV).

38 Statt der in Oberbegriff und kennzeichnenden Teil gegliederten Anspruchsfassung stellt die PatV heute gleichrangig die – oft übersichtlichere – **einteilige Fassung** zur Wahl. Dabei ist eine **Gliederung nach Merkmalen** oder Merkmalsgruppen zwar nicht zwingend vorgeschrieben, aber üblich; wird sie vorgenommen, ist sie gem. § 9 Abs. 3 PatV zu gestalten. Eine Unterscheidung zwischen Merkmalen, die in Verbindung miteinander zum SdT gehören, und neuen Merkmalen erfolgt dabei nicht. Was der Anmelder als SdT ansieht, ist nur der Beschreibung zu entnehmen.[51] In Anmeldungen und Patentschriften findet sich die einteilige Fassung bisher selten. Doch werden in Gerichtsentscheidungen, namentlich in Verfahren wegen Patentverletzung, zweiteilige Ansprüche oft in eine nach Merkmalen gegliederte einteilige Fassung „übersetzt".

39 **Beispiel:** Auskleidung für einen Skistiefel mit folgenden Merkmalen:
(1) Sie kann in die Stiefelhöhlung herausnehmbar eingesteckt werden.
(2) Sie besteht aus
  (a) einer den Fuß tragenden Sohle
    und aus
  (b) Seitenwänden, die
      (aa) sich aus der Sohlenebene nach oben erstrecken,
      (bb) den Fuß zumindest teilweise umschließen.
(3) Ihre äußeren Konturen sind der Stiefelhöhlung genau angepasst.

---

[47] Kritisch dazu insbes. *Blumer* 127 ff., der sie als entbehrlich ansieht.

[48] *Schäfers* in Benkard PatG § 34 Rn. 56 ff.; vgl. auch BGH 19.9.1985, BGHZ 96, 3 – Hüftgelenkprothese; BPatG 17.2.1987, BPatGE 29, 32.

[49] Aus BGH 18.11.1980, GRUR 1981, 190 – Skistiefelauskleidung.

[50] Vgl. BGH 18.11.1980, GRUR 1981, 190 (191) – Skistiefelauskleidung (der Anspruch war dort in einem Zusatzpatent enthalten).

[51] Zu den Anforderungen in dieser Hinsicht BPatG 29.4.1997, BPatGE 38, 17.

(4) Ihr Material ist steifer offenzelliger Schaumstoff,
  (a) der nur in geringem Maße elastisch verformbar ist,
  (b) der bei Belastung durch den Stiefelträger bis zu 30% seiner Schichtstärke nachgibt.

4. Zum Gegenstand von Ansprüchen kann nur, aber auch alles das gemacht werden, was in nacharbeitbarer Weise offenbart ist (vgl. → Rn. 62 ff.). Insbesondere bestimmt sich nach dem Offenbarungsgehalt, welche **Anspruchskategorie** in Betracht kommt. Grundkategorien sind der Erzeugnis- und der Verfahrensanspruch (vgl. § 9 PatG). Ein **Erzeugnisanspruch** (Sachanspruch) erfasst jedes gemäß der erfinderischen Lehre gestaltete (aufgebaute, zusammengesetzte) Erzeugnis unabhängig davon, auf welche Weise es hergestellt und zu welchem Zweck es bestimmt ist oder verwendet wird.[52] Außerhalb des Schutzbegehrens bleiben jedoch Erzeugnisse, die *mittels* des beanspruchten Erzeugnisses (zB einer Maschine) hergestellt sind.[53] Kommen diese als patentierbar in Betracht, müssen sie gesondert beansprucht werden. Ein **Verfahrensanspruch** erfasst die erfindungsgemäßen Maßnahmen, die auch durch Merkmale dabei zu verwendender Vorrichtungen gekennzeichnet werden können[54], und, sofern sie zu einem Erzeugnis führen, die auf diesem Weg **unmittelbar** gewonnenen Erzeugnisse, nicht aber Erzeugnisse gleicher Beschaffenheit, die mittels anderer Verfahren hergestellt sind.

Erscheinungsformen des Erzeugnisanspruchs sind namentlich Vorrichtungs-, Anordnungs- und Stoffansprüche.[55] Ist Gegenstand eines Anspruchs ein **chemischer Stoff**, ist er grundsätzlich durch seine chemische **Formel** zu kennzeichnen.

Dabei werden vielfach Formeln angegeben, die ganze **Gruppen von Verbindungen** umfassen. Die Praxis sieht hierin keinen Grund zur Beanstandung, sofern für den Gesamtbereich das Vorliegen der sachlichen Patentierungsvoraussetzungen, insbesondere der wertvollen Eigenschaften, die unter dem Gesichtspunkt der erfinderischen Tätigkeit von Bedeutung sind, und der Ausführbarkeit im Sinne von Herstellbarkeit hinreichend wahrscheinlich gemacht ist.[56] Sind einzelne zum Gesamtbereich gehörige Verbindungen vorbekannt, sind sie durch einen „Disclaimer" vom Schutz auszunehmen.[57]

Wenn die chemische Formel — wie es insbesondere bei makromolekularen Stoffen vorkommt — nicht zu ermitteln ist, kann der Stoff durch eine Reihe zuverlässig feststellbarer chemischer und physikalischer Eigenschaften, sogenannter **Parameter, oder, falls auch dieser Weg nicht gangbar ist, durch Angabe des Herstellungsverfahrens** (product-by-process claim) gekennzeichnet werden.[58] In jedem Fall muss die Kennzeichnung eindeutig sein. Das Schutzbegehren erfasst auch bei Kennzeichnung durch das Herstellungs-

---

[52] Vgl. *Bruchhausen* GRUR 1980, 365 f. mit Nachweisen.
[53] BGH 14.12.1978, BGHZ 73, 183 (186) – Farbbildröhre mit Nachweisen.
[54] BPatG 3.8.1995, Mitt. 1997, 368.
[55] Zur Anspruchsfassung bei einem Hardware- und Softwarekomponenten umfassenden Datenverarbeitungssystem BPatG 13.5.2004, GRUR 2005, 45 – Systemansprüche.
[56] Vgl. BGH 20.10.1977, GRUR 1978, 162 (164) – 7-Chlor-6-demethyltetracyclin; BPatG 27.9.1976, BPatGE 19, 83; 23.11.1987, BlPMZ 1988, 220; *Schmied-Kowarzik/Heimbach* GRUR 1983, 109 f.; *Bacher* in Benkard PatG § 1 Rn. 90 f.; *Moufang* in Schulte PatG § 34 Rn. 394; *Stellmach* GRUR-Int 2005, 665 (673).
[57] BPatG 10.5.1976, BPatGE 19, 14. – Entsprechend BPatG 15.9.1983, Mitt. 1984, 75 für eine Ausnahme in einem durch bereichsbezogene Bemessungsregeln gekennzeichneten Verfahrensanspruch.
[58] BGH 6.7.1971, BGHZ 57, 1 – Trioxan; zur Kennzeichnung mittels Parameter BGH 19.7.1984, GRUR 1985, 31 – Acrylfasern; BPatG 6.7.1978, GRUR 1979, 629 (631); zur Kennzeichnung durch das Herstellungsverfahren BGH 15.5.1997, BGHZ 135, 369 (373 f.) – Polyäthylenfilamente; BPatG 27.9.1982, GRUR 1983, 173; 15.6.1983, BPatGE 25, 202; außerdem *Moufang* in Schulte PatG § 34 Rn. 152 ff.; *Meyer-Dulheuer* GRUR-Int 1985, 435 ff. – Zur Kennzeichnung einer Komponente eines beanspruchten Erzeugnisses durch ein Verfahren zur Auswahl hierfür geeigneter Stoffe BGH 14.1.1992, GRUR 1992, 375 – Tablettensprengmittel.

verfahren den Stoff unabhängig davon, wie er hergestellt ist[59], nicht dagegen das Verfahren[60], sofern nicht dieses selbst zum Gegenstand eines Anspruchs gemacht wird.

44 Die Regel, wonach ein Erzeugnis notfalls durch Parameter oder das Verfahren zu seiner Herstellung gekennzeichnet werden kann, wird von der Rechtsprechung auch außerhalb des Bereichs der chemischen Stofferfindungen angewandt;[61] in Sonderfällen wird sogar gestattet, das Erzeugnis durch die zu seiner Herstellung dienende Vorrichtung zu kennzeichnen.[62]

45 **Verwendungsansprüche** sind eine Erscheinungsform des Verfahrensanspruchs. Sie betreffen die Anweisung, ein Erzeugnis, insbesondere einen chemischen Stoff, zu einem bestimmten Zweck, zB als Farbstoff oder Lösungsmittel zu verwenden. Der Stoff als solcher ist dabei nicht Gegenstand des Schutzbegehrens.

46 Zur Zeit des Stoffschutzverbots hat die deutsche Praxis auch **Mittelansprüche** zugelassen.[63] Sie sollen ein Erzeugnis als Mittel zu einem bestimmten Zweck erfassen (zB Schädlingsbekämpfungsmittel, enthaltend den Wirkstoff X), sind also im Grunde **zweckgebundene Stoffansprüche**.[64] Seit Abschaffung des Stoffschutzverbots ist für neue Stoffe ein alle Verwendungszwecke einschließender Erzeugnisschutz möglich. Ist der Stoff als solcher patentfähig, besteht für einen Mittelanspruch kein Bedürfnis. Die in ihm enthaltene Angabe eines Verwendungszwecks ist bedeutungslos, sofern der Anmelder nicht eine entsprechende Beschränkung des Schutzes beabsichtigte.[65] Fehlt es dagegen für den Stoff an Neuheit oder erfinderischer Tätigkeit, ist nach der Rechtsprechung nur für einen Verwendungsanspruch Raum; ein Mittelanspruch wäre entsprechend zu ändern.[66] Nur zweckgebundene Stoffansprüche kommen dagegen für Erfindungen in Betracht, die darin bestehen, dass für einen zum SdT gehörenden Stoff erstmals eine medizinische Anwendung erkannt wird (§ 3 Abs. 3 PatG, → Rn. 48 ff.). Deshalb sind solche Ansprüche auch im geltenden Patentrecht der Form nach nicht ausgeschlossen. Dem Verwendungsschutz, den die deutsche Praxis insbesondere Erfindungen weiterer medizinischer Indikationen, aber auch anderen Verwendungserfindungen gewährt, werden ebenfalls Wirkungen beigelegt, die im Ergebnis auf einen zweckgebundenen Stoffschutz hinauslaufen (→ § 33 Rn. 205 ff.). In § 3 Abs. 4 PatG ist dieser nunmehr übereinstimmend mit Art. 54 Abs. 5 EPÜ 2000 für spezifische medizinische Indikationen zum SdT gehörender Stoffe oder Stoffgemische ausdrücklich vorgesehen (vgl. → § 14 Rn. 226).

47 Unter welchen Voraussetzungen absoluter Stoffschutz beansprucht werden kann und wann nur zweckgebundene Stoffansprüche gerechtfertigt sind, richtet sich nach dem erfinderischen Gehalt der

---

[59] BGH 6.7.1971, BGHZ 57, 1 (24f.) – Trioxan – Es empfiehlt sich aber, das Erzeugnis im Anspruch als „erhältlich durch" das Verfahren zu kennzeichnen; die Formulierung „erhalten durch" kann als Beschränkung auf Erzeugnisse des angegebenen Verfahrens verstanden werden; vgl. *Rogge* Mitt. 2005, 145 ff.; *Schrell/Heide* GRUR 2006, 383 (385). Letztere wollen allerdings grundsätzlich nur Ansprüche mit der engeren Formulierung zulassen und die weitere davon abhängig machen, dass der Anmelder zusätzlich zum Verfahren das Erzeugnis eindeutig identifizierende Merkmale oder Parameter angibt (*Schrell/Heide* GRUR 2006, 383 (387f.)).

[60] BPatG 26.7.1994, BPatGE 34, 230.

[61] BGH 14.12.1978, BGHZ 73, 183 (188f.) – Farbbildröhre; BPatG 3.3.1977, BPatGE 20, 20 – netzartiger Faservliesstoff; für biologische Erzeugnisse BGH 30.3.1993, BGHZ 122, 144 (154f.) – Tetraploide Kamille; zur Kennzeichnung eines Skis durch Messwerte BGH 16.6.1998, GRUR 1998, 899 – Alpinski; eines Papiers, bei dem es auf Staubarmut ankommt, durch entsprechende Messgrößen BPatG 26.7.1994, BPatGE 34, 230; eines zum Tiefziehen geeigneten Stahlblechs oder -bands durch Parameter und Herstellungsverfahren BGH 19.6.2001, GRUR 2001, 1129 (1133) – Zipfelfreies Stahlband; eines Aufzeichnungsträgers durch ein Verfahren, das eine bestimmte Informationsstruktur erzeugt, BGH 19.5.2005, GRUR 2005, 749 – Aufzeichnungsträger.

[62] BGH 14.12.1978, BGHZ 73, 183 (189f.) – Farbbildröhre.

[63] Vgl. vor allem BGH 24.2.1970, BGHZ 53, 274 (280) – Schädlingsbekämpfungsmittel.

[64] BGH 24.2.1970, BGHZ 53, 274 (276) – Schädlingsbekämpfungsmittel; 14.3.1972, GRUR 1972, 638 (639) – Aufhellungsmittel; 27.6.1972, GRUR 1972, 644 (646) – Gelbe Pigmente; 16.6.1987, BGHZ 101, 159 (164ff.) – Antivirusmittel.

[65] Vgl. BGH 30.9.1976, GRUR 1977, 212 (213) – Piperazinoalkylpyrazole.

[66] BGH 3.6.1982, GRUR 1982, 548 (549) – Sitosterylglykoside; vgl. auch *Maikowski* GRUR 1977, 200 (202); *Bacher* in Benkard PatG § 1 Rn. 39; zum Verhältnis von Mittel- und Verwendungsanspruch BGH 27.6.1972, GRUR 1972, 644 – Gelbe Pigmente; BPatG 30.11.1982, BlPMZ 1983, 308.

§ 24. Die Anmeldung beim Deutschen Patent- und Markenamt A III § 24

Anmeldung. Die hM sieht auch in Fällen, in denen die Bereitstellung eines neuen chemischen Stoffes nicht als solche, sondern nur wegen der vom Erfinder erkannten überraschenden Eigenschaften des Stoffes eine erfinderische Leistung bedeutet, absoluten Stoffschutz als gerechtfertigt an. Die Gründe, die sich gegen diese Handhabung anführen lassen, sind in anderem Zusammenhang erörtert (→ § 11 Rn. 37 ff., 62 ff.). Für Gensequenzen, die mit menschlichen übereinstimmen, schließt § 1a Abs. 4 PatG absoluten Stoffschutz aus (vgl. → § 14 Rn. 169 ff.).

5. Wird nach § 3 Abs. 3 PatG für einen **bekannten Stoff** im Hinblick auf seine **erstmalige medizinische Anwendung** eine Anmeldung für zweckgebundenen Stoffschutz eingereicht, soll dem Stoff nach verbreiteter Ansicht Schutz für *alle medizinischen Anwendungen* gebühren, also nicht nur für diejenigen, die der Anmelder offenbart hat.[67] Die Gewährung eines so weitreichenden Schutzes hätte zur Folge, dass zu jeder Benutzung des Stoffes für irgendeine medizinische Indikation und somit auch für neue und erfinderische und deshalb patentierbare Verwendungen (vgl. → § 14 Rn. 216 ff.) die Zustimmung des Patentinhabers erforderlich wäre. Alle Patente, die auf solche Verwendungen erteilt werden, wären dann von demjenigen für die erste Indikation *abhängig*. 48

Diese Sichtweise erscheint bedenklich, denn die erste medizinische Anwendung eines bekannten Stoffes kann nicht allein deshalb wie die Erfindung eines neuen Stoffes behandelt werden, weil vom Gesetz – zwecks Vermeidung des für medizinische *Verfahren* geltenden Patentierungsverbots – der Stoff um seiner neuen Anwendung willen fiktiv als neu angesehen wird. Vielmehr würde das Wesen der durch das Aufzeigen der ersten medizinischen Indikation gegebenen erfinderischen Lehre verfehlt, würde gesagt, der Stoff werde hierdurch „als Arzneimittel bereitgestellt". Hierin liegt nämlich – im Unterschied zur Lehre, einen bestimmten Stoff, dessen Konstitution und Herstellungsweise angegeben werden, als solchen bereitzustellen – keine nachvollziehbare Handlungsanweisung, solange nicht angegeben wird, welche Krankheiten mit dem „als Arzneimittel bereitgestellten" Stoff behandelt werden können. Der Fachmann, dem der Stoff als solcher ohnehin im Stand der Technik zur Verfügung steht, erhält durch die bloße Angabe, dass dieser als Arzneimittel verwendbar sei, keine verwertbare Information.[68] 49

Der als Stoffschutz gewährte Schutz der ersten Indikation kann daher nicht über diese hinaus auf weitere Indikationen erstreckt werden. Vielmehr ist er wie derjenige aller weiteren Indikationen nach dem *ursprünglichen Offenbarungsgehalt* der Anmeldung zu bemessen.[69] Nur in diesem Rahmen können Ansprüche aufgestellt werden. 50

Die Zubilligung eines alle weiteren Anwendungen umfassenden Schutzbereichs würde nicht mehr einen zweckgebundenen Stoffschutz, sondern einen absoluten Schutz als Arzneimittel, einen zwar auf das Arzneimittelgebiet begrenzten, insoweit aber absoluten Stoffschutz bedeuten[70]. 51

Sie stünde auch mit den Erwägungen nicht im Einklang, die der Anerkennung der Patentierbarkeit weiterer Indikationen in medizinischer Anwendung schon bekannter Stoffe zugrunde liegen. Ihre Rechtfertigung findet diese hauptsächlich darin, dass die weiteren Indikationen nicht prinzipiell weniger schutzwürdig sind als die jeweils erste Indikation eines zum SdT gehörigen Stoffes. Deshalb ist eine möglichst weitgehende Gleichbehandlung auch hinsichtlich der Schutzwirkungen (vgl. → § 33 Rn. 205 ff.) und des Schutzbereichs geboten, auch wenn der Wortlaut von § 3 Abs. 3, 4 PatG (und Art. 54 Abs. 4, 5 EPÜ 2000) eine unterschiedliche Behandlung nahezulegen scheint (vgl. → § 14 Rn. 244).

Möglich bleibt dabei, dass der maßgebliche Offenbarungsinhalt gewisse Verallgemeinerungen rechtfertigt. Therapeutische Wirkungen, die für bestimmte Erkrankungen eines Or- 52

---

[67] *Melullis* in Benkard PatG § 3 Rn. 371 ff.; *Nirk* GRUR 1977, 356 (361); *Tetzner* Leitfaden 162; *Klöpsch* GRUR-Int 1982, 102 (103 f.); weitere Nachweise bei *Stieger* GRUR-Int 1980, 203 (205) sowie *Gruber/Kroher* GRUR-Int 1984, 201 (206).

[68] BGH 16.6.1987, BGHZ 101, 159 (168) – Antivirusmittel; *Bruchhausen* GRUR 1982, 641 f. – Vgl. auch → Rn. 83 ff.

[69] Ebenso *Vossius/Rauh* GRUR 1978, 7 (14); *Bruchhausen* GRUR 1980, 367; *Stieger* GRUR-Int 1980, 203; *Gruber/Kroher* GRUR-Int 1984, 201; *Trüstedt* GRUR 1983, 478 (480); *Thums* 60 ff.

[70] Vgl. *Melullis* in Benkard PatG § 3 Rn. 371 ff. und *Nirk* GRUR 1977, 356, die „gebietsgebundene Sachansprüche" gewähren wollen.

gans erkannt und beschrieben sind, können Ansprüche tragen, die auf die Behandlung anderer, verwandter Erkrankungen des gleichen Organs oder analoger Krankheiten anderer Organe bezogen sind, usw. Der Grad der zulässigen Verallgemeinerung ist aber jeweils eine Frage des Einzelfalls.

53 6. Innerhalb der nach dem Anmeldungsinhalt möglichen Anspruchskategorien kann der Anmelder wählen. Dabei hat er das Recht auf die Anspruchsfassung, die den weitestgehenden Schutz bietet. Er kann im Rahmen der Einheitlichkeit (vgl. → Rn. 103 ff.) auch **Ansprüche verschiedener Kategorien** in derselben Anmeldung aufstellen. So kann er einen Anspruch auf ein Verfahren mit einem Anspruch auf eine Vorrichtung zu dessen Ausführung[71] oder einen Erzeugnisanspruch für einen Stoff mit Verfahrensansprüchen für dessen Herstellung und Verwendung verbinden.[72] Der Verwendungsanspruch ist nicht deshalb ausgeschlossen, weil im Falle der Patenterteilung der Stoff als solcher in jeder Verwendung geschützt ist.[73] Er kann als „Rückzugsstellung" dienen, wenn der Stoffschutz versagt wird; bei Gewährung des Stoffschutzes verhindert er jedenfalls, dass sich ein Dritter die Verwendung durch ein (abhängiges) Patent schützen lässt. Nur wenn ein Anspruch neben den übrigen unter keinem denkbaren Gesichtspunkt einen zusätzlichen Vorteil bietet, mag seine Aufstellung mangels Rechtsschutzbedürfnisses beanstandet werden.

54 So hat es die Rechtsprechung als unzulässig bezeichnet, hinsichtlich eines Stoffes neben einem Anspruch auf den Stoff als solchen einen Mittelanspruch *und* einen Verwendungsanspruch aufzustellen oder neben einem Verfahren ein Erzeugnis nur für den Fall zu beanspruchen, dass es durch dieses Verfahren hergestellt ist.[74] Zulässig ist es dagegen, sofern die Einheitlichkeit gewahrt bleibt, einen Sachanspruch auf ein Erzeugnis mit einem Sachanspruch auf eine Vorrichtung zu verbinden, mit der es hergestellt werden kann,[75] oder neben einem Verfahren eine Vorrichtung zu dessen Ausführung zu beanspruchen.[76] Ebenso ist einem Anspruch auf ein Computersystem, das einen bestimmten Mikroprozessor enthält, neben einem Anspruch auf diesen Mikroprozessor das Rechtsschutzbedürfnis nicht abzusprechen.[77] Es wird durch Übereinstimmungen im Schutzbereich von Patentansprüchen jedenfalls solange nicht berührt, wie der Erteilungsantrag nicht auf eine mehrfache Patentierung ein und desselben Gegenstands gerichtet ist.

55 Im Übrigen gilt auch bei Ansprüchen unterschiedlicher Kategorien, dass eine glatte Selbstverständlichkeit keinen zusätzlichen Anspruch trägt. Daher kann nicht, wenn eine Vorrichtung als Erzeugnis beansprucht ist, außerdem ihr bestimmungsgemäßer Gebrauch, der sich aus den Merkmalen der Vorrichtung selbstverständlich ergibt, als Verfahren beansprucht werden.[78]

---

[71] Vgl. *v. Rospatt* GRUR 1985, 740 ff.
[72] BGH 18.6.1970, BGHZ 54, 181 – Fungizid; 20.1.1977, BGHZ 68, 156 (160) – Benzolsulfonylharnstoff. – BPatG 13.8.1992, BPatGE 33, 153 (158 ff.).
[73] BGH 18.6.1970, BGHZ 54, 181 – Fungizid; zur praktischen Bedeutung von Verwendungsansprüchen neben Stoffansprüchen *Utermann* GRUR 1985, 537 ff.
[74] BGH 14.3.1972, GRUR 1972, 638 (640) – Aufhellungsmittel; 27.6.1972, GRUR 1972, 646 (647) – Schreibpasten; 20.1.1977, BGHZ 68, 156 (159) – Benzolsulfonylharnstoff. – Ohne Stoffanspruch sind dagegen nach BPatG 21.11.1983, BlPMZ 1984, 296 Mittel- und Verwendungsanspruch nebeneinander zulässig.
[75] BGH 14.12.1978, BGHZ 73, 183 (186 f.) – Farbbildröhre.
[76] BPatG 13.11.1987, BPatGE 29, 177 (180 f.); 17.8.1998, BPatGE 40, 219 (222) – Elektronische Programmzeitschrift; 18.3.1999, BPatGE 41, 112 – Nockenwellenschleifer.
[77] BGH 14.3.2006, GRUR 2006, 748 – Mikroprozessor; anders die Vorinstanz: BPatG 16.10.2003, GRUR 2004, 320 – Mikroprozessor; BPatG 27.4.2007, Mitt. 2007, 557 – Halbleiterspeicher bejaht Rechtsschutzbedürfnis für Anspruch auf Verfahren zum Ansteuern einer Halbleiterspeichereinrichtung neben Anspruch auf diese selbst, weil es im gegebenen Fall dem Verfahrensanspruch einen über den Vorrichtungsanspruch hinausgehenden sachlichen Gehalt zubilligt; vgl. hierzu auch *Schwarz* Mitt. 2010, 57 ff.
[78] Vgl. *Schäfers* in Benkard PatG § 34 Rn. 76; BGH 16.9.1997, GRUR 1998, 130 – Handhabungsgerät wenigstens für den Fall, dass das Verfahren nicht anders als mittels der beanspruchten Vorrichtung

§ 24. Die Anmeldung beim Deutschen Patent- und Markenamt

7. Ohne Wirkung auf die Reichweite der Patentansprüche, also auf den Schutzbereich des Patents, ist der **Zweck**, den ein patentgemäßes Erzeugnis erfüllt oder erfüllen soll. Gegenstand des **Erzeugnisschutzes** ist allein die beanspruchte Vorrichtung oder Anordnung oder der beanspruchte Stoff, nicht hingegen **deren bestimmte Verwendung;**[79] auch dann nicht, wenn eine solche im Patent genannt ist – etwa zur Herausstellung von Erfindungsvorteilen. Zweckangaben in einem Sachanspruch sind gleichwohl nicht völlig bedeutungslos. Vielmehr definieren sie den patentierten geschützten Gegenstand regelmäßig mittelbar dahin, dass dieser (auch) so ausgebildet sein muss, um für den angegebenen Zweck zu taugen;[80] zum Ganzen auch → § 33 Rn. 46ff.

IV. Beschreibung und Zeichnungen

1. Die Beschreibung (§ 34 Abs. 3 Nr. 4 PatG, § 10 PatV) darf nichts enthalten, was zur Erläuterung der Erfindung offensichtlich nicht notwendig ist. Sie trägt als Titel die Bezeichnung der Erfindung gemäß dem Erteilungsantrag. Sie nennt das technische Gebiet, in das die Erfindung gehört, soweit es sich nicht aus den Ansprüchen oder den Angaben zum SdT ergibt. Daran schließt sich die Schilderung des SdT, von dem die Erfindung ausgeht, mit Angabe der Fundstellen, soweit sie dem Anmelder bekannt sind. Das Patentamt kann verlangen, dass der Anmelder den SdT nach seinem besten Wissen vollständig und wahrheitsgemäß angibt und in die Beschreibung aufnimmt (§ 34 Abs. 7 PatG). Die Beschreibung nennt ferner das der Erfindung zugrundeliegende Problem, sofern es sich nicht aus der angegebenen Lösung oder Angaben über Vorteile der Erfindung im Vergleich zum SdT ergibt, insbesondere wenn es zum Verständnis oder für die nähere inhaltliche Bestimmung der Erfindung unentbehrlich ist. Die Lösung des Problems liegt in der durch die Ansprüche definierten technischen Lehre. Sie wird in der Beschreibung übereinstimmend mit den Ansprüchen dargestellt. Dabei kann eine Wiederholung von Ansprüchen oder Anspruchsteilen durch Bezugnahme ersetzt werden (§ 10 Abs. 3 S. 2 PatV). Wenigstens *einen* Weg zum Ausführen der beanspruchten Erfindung muss die Beschreibung im Einzelnen darstellen; er wird meist, soweit möglich, durch ein oder mehrere Ausführungsbeispiele und an Hand der Zeichnungen erläutert. Anzugeben ist auch, in welcher Weise der Gegenstand der Erfindung gewerblich anwendbar ist, wenn dies nicht aus der Beschreibung oder der Art der Erfindung offensichtlich hervorgeht.

2. Zeichnungen sind erforderlich, wenn die Ansprüche oder die Beschreibung auf sie verweisen. Ihre äußere Form ist in Anlage 2 zur PatV genau geregelt. Mit den Ansprüchen und der Beschreibung werden sie durch Bezugszeichen (meist Zahlen für die einzelnen Merkmale) verknüpft.

Modelle und Proben sind nur auf Anforderung des Patentamts einzureichen, damit dieses nicht unnötig mit ihrer Verwahrung belastet werde. Sie sind nicht Bestandteil der Anmeldung und kein Mittel der Erfindungsoffenbarung. Das Nähere regelt § 16 PatV.

3. In Anmeldungen, die sich auf **biologisches Material** oder dessen Verwendung beziehen, ist es oft nicht möglich, einen mit hinreichender Erfolgsaussicht gangbaren Weg zur Gewinnung dieses Materials zu beschreiben. Die deutsche Praxis hat es jedoch – ohne aus-

---

ausgeführt werden kann. BPatG 12.4.2000, BPatGE 43, 66 – Rechteckiges Gehäuse hat jedoch einen auf einen Vorrichtungsanspruch rückbezogenen Anspruch auf die bestimmungsgemäße Verwendung der Vorrichtung als echten Unteranspruch (vgl. → Rn. 29 ff.) zugelassen.

[79] BGH 24.1.2012, GRUR 2012, 475 (476) – Elektronenstrahltherapiesystem; 28.5.2009, GRUR 2009, 837 (838) – Bauschalungsstütze; 12.7.1990, BGHZ 112, 140 (155 f.) – Befestigungsvorrichtung II.

[80] BGH 24.1.2012, GRUR 2012, 475 – Elektronenstrahltherapiesystem; 28.5.2009, GRUR 2009, 837 – Bauschalungsstütze; 7.6.2006, GRUR 2006, 923 Rn. 15 – Luftabscheider für Milchsammelanlage; 2.12.1980, GRUR 1981, 259 (260) – Heuwerbungsmaschine II; 7.11.1978, GRUR 1979, 149 (151) – Schießbolzen.

drückliche Regelung – seit langem zugelassen, die Beschreibung durch die Bezugnahme auf die **Hinterlegung** des biologischen Materials bei einer geeigneten Stelle zu ergänzen (vgl. → § 14 Rn. 192 f.). Maßgebend ist nunmehr die Verordnung über die Hinterlegung biologischen Materials vom 24.1.2005 (→ § 14 Rn. 194 ff.).

61 4. Sind in einer Patentanmeldung **Nukleotid- oder Aminosäuresequenzen** offenbart, sind gem. § 11 PatV ein **Sequenzprotokoll** und bei schriftlicher Anmeldung zwei Datenträger einzureichen, auf denen es in maschinenlesbarer Form gespeichert ist. Näheres bestimmt die Anlage 1 zur PatV.

V. Offenbarung der Erfindung

a) Bedeutung des Erfordernisses

62 1. Nach § 34 Abs. 4 PatG ist die Erfindung in der Anmeldung so deutlich und vollständig zu offenbaren, dass ein Fachmann sie ausführen kann. Sachlich gleichbedeutend verlangte die vor 1978 geltende Regelung, die Erfindung „so zu beschreiben, dass danach ihre Benutzung durch andere Sachverständige möglich erscheint" (§ 26 Abs. 1 S. 4 PatG 1968).[81]

63 Das Offenbarungsgebot steht in engem Zusammenhang mit dem Erfordernis der **Ausführbarkeit** der Erfindung (vgl. → § 13 Rn. 11 ff.). Es ist jedoch anders als dieses ganz auf die formalen Voraussetzungen des Patentschutzes bezogen: Auf Patentierbarkeit kann nur geprüft werden, was ordnungsgemäß offenbart ist. Erkenntnisse des Erfinders, die die Anmeldung nicht offenbart, sind nicht Gegenstand des Erteilungsantrags und bleiben bei der Prüfung außer Betracht. Ein Patent wird widerrufen oder für nichtig erklärt, wenn die patentierte Erfindung nicht ausreichend offenbart ist. Dagegen kann sich die Frage, ob eine ausführbare Erfindung vorliegt, auch unabhängig von einem Patenterteilungs-, Einspruchs- oder Nichtigkeitsverfahren stellen, so namentlich dann, wenn es darauf ankommt, ob und wann ein Erfinderrecht entstanden ist.

64 2. Die Offenbarung der Erfindung erfolgt zunächst gegenüber dem Patentamt. Sie ist jedoch, sofern es sich nicht um ein Staatsgeheimnis handelt (vgl. §§ 50 ff. PatG), auch für die Öffentlichkeit bestimmt. Das DPMA macht spätestens 18 Monate nach dem Prioritätsdatum die vom Anmelder offenbarte technische Lehre der Öffentlichkeit zugänglich, wenn die Anmeldung nicht vorher zurückgenommen worden ist.

65 Die **Information der Öffentlichkeit** über neue technische Entwicklungen ist ein wesentlicher **Zweck des Patentwesens** (vgl. → § 3 Rn. 31 ff.). Sie kann die Fachwelt zu Weiterentwicklungen und Alternativlösungen anregen, weist mögliche Konkurrenten des Anmelders darauf hin, dass und in welchem Umfang sie mit einem Schutzrecht zu rechnen haben, und zeigt denjenigen, die an einer Verwertung interessiert sind, an wen sie sich zwecks Anknüpfung entsprechender Vertragsbeziehungen wenden können;[82] soweit kein Patentschutz besteht, bildet die Offenbarung der Erfindung die Grundlage ihrer freien Benutzung.

66 Im Verhältnis zum **Patentamt** liegt die wesentliche Funktion der Offenbarung darin, dass sie den **Gegenstand der Anmeldung** (genauer: des Erteilungsantrags) **festlegt**. Nur was im Anmeldezeitpunkt ordnungsgemäß offenbart ist, kann in Patentansprüchen unter Schutz gestellt werden. Der durch die Offenbarung gegebene Anmeldungsgegenstand[83] kann im Verlauf des Erteilungsverfahrens zwar eingeschränkt, aber **nicht mehr erweitert**

---

[81] Vgl. *Bardehle* Mitt. 2010, 453.
[82] Vgl. *Beier* GRUR 1972, 214 ff. (225); *Kolle/Fischer* GRUR-Int 1978, 80 ff. (83).
[83] *Moufang* in Schulte PatG § 34 Rn. 296 sieht als Gegenstand der Anmeldung an, was der Anmelder *beansprucht*. Das könne mehr oder weniger sein als das Offenbarte. Doch dürfen die Ansprüche, solange kein Patent erteilt ist, jederzeit dem Offenbarungsgehalt angepasst werden; wenn sie über ihn hinausgehen, ist dies unumgänglich, damit nicht die Anmeldung zurückgewiesen wird. Wenn Gegenstand der Anmeldung nur das Beanspruchte wäre, stünde § 38 PatG einer Erweiterung der Anspruchsfassung auch dann entgegen, wenn sie im Rahmen des Offenbarungsgehalts bleibt.

§ 24. Die Anmeldung beim Deutschen Patent- und Markenamt

werden (vgl. → § 25 Rn. 118 ff.). In entsprechender Weise wird der Gegenstand, für den aus einer Anmeldung ein Prioritätsrecht abgeleitet werden kann, durch den Offenbarungsgehalt ihrer ursprünglichen Fassung begrenzt (vgl. → Rn. 125, 158 ff.).

Dem Amt stellt sich demgemäß die Frage, ob das, was der Anmelder geschützt haben will, durch die Anmeldung in nacharbeitbarer Weise offenbart ist. Weiter hat das Amt darauf zu achten, dass bei späteren Änderungen der Anmeldung deren Gegenstand nicht erweitert wird. Zurückzuweisen ist die Anmeldung, wenn von vornherein nichts Nacharbeitbares offenbart war oder der Anmelder auf einer Anspruchsfassung besteht, die über den nacharbeitbaren Gehalt der ursprünglichen Fassung der Anmeldung hinausgeht. Ist mit einer solchen Anspruchsfassung ein Patent erteilt worden, wurde der Inhalt der Anmeldung also überschritten, liegt der Nichtigkeitsgrund einer unzulässigen Erweiterung vor.[84] Dies gilt freilich nicht, wenn der Patentgegenstand mit Begriffen gekennzeichnet wird, die zwar nicht in den ursprünglich eingereichten Anmeldungsunterlagen enthalten waren, die die dort enthaltenen längeren Umschreibungen aber lediglich zusammengefasst oder schlagwortartig umschrieben haben.[85] 67

Auch liegt eine unzulässige Erweiterung des Schutzbereichs nicht notwendig darin, dass der Patentanspruch eines Vorrichtungspatents beschränkt wird, in dem eine bestimmte Ausführungsform der Vorrichtung offenbart war, der nach der Beschränkung die Begrenzung auf diese Ausführungsform aber nicht mehr enthält. Der Grund ist, dass ein beschränkter Patentanspruch ohne Begrenzung auf eine Ausführungsform enger sein kann als der unbeschränkte, dafür aber auf eine Ausführungsform begrenzte Anspruch.[86] 68

3. Bedeutung hat die Offenbarung der Erfindung in der Anmeldung ferner deshalb, weil sie, wenn die Anmeldung später veröffentlicht wird, vom Prioritätsdatum an zu dem **Stand der Technik** gehört, nach welchem die **Neuheit** später angemeldeter Erfindungen zu beurteilen ist (vgl. → § 16 Rn. 55 ff.). Vom Offenbarungsgehalt der Anmeldung hängt ab, inwieweit sie gegenüber späteren Anmeldungen schutzhindernd wirkt (vgl. → § 17 Rn. 21 ff.). 69

b) Allgemeiner Beurteilungsmaßstab

1. Aus den vorgenannten Gründen muss sich der Anmelder im eigenen Interesse um eine deutliche und vollständige Offenbarung bemühen. Andererseits ist ihm daran gelegen, möglichst früh anzumelden, um der Gefahr zu begegnen, dass die Erfindung vorher der Öffentlichkeit zugänglich oder von einem anderen angemeldet wird. Er wagt deshalb oft nicht, mit der Anmeldung zu warten, bis er seinen erfinderischen Gedanken nach allen Richtungen erprobt und ausgebaut hat, so dass er ihn optimal, dh sowohl genau als auch umfassend darstellen kann. Eine weitere Schwierigkeit bei der Abfassung der Anmeldung ergibt sich daraus, dass ohne Neuheitsprüfung nicht vollständig zu überblicken ist, inwieweit die Lehre, die der Anmelder für neu und erfinderisch hält, angesichts des SdT wirklich schutzfähig ist. Es gilt daher, bei der Darstellung der Erfindung auch an Rückzugspositionen für den Fall zu denken, dass der SdT mehr Einschlägiges enthält, als dem Anmelder bekannt ist. Konkretisierende und spezialisierende Angaben, die aus diesem Grund in die Anmeldung aufgenommen werden, können jedoch hinderlich sein, wenn sich erweist, dass – vom SdT her gesehen – der Erfindungsgedanke in einer allgemeineren Fassung Schutz erlangen könnte. Daher müssen Einzelheiten, auf die es für die Abgrenzung vom SdT möglicherweise nicht ankommt, so dargestellt werden, dass sie nicht als Begrenzung, sondern lediglich als Kennzeichnung besonderer Erscheinungsformen des Anmeldungsgegenstands zu verstehen sind. 70

---

[84] BGH 5.7.2005, GRUR 2005, 1023 – Einkaufswagen II; vgl. auch BPatG 4.6.2013, Mitt. 2013, 460 – Vorrichtung zur Schwingungserzeugung.

[85] BGH 21.4.2009, GRUR 2009, 933 – Druckmaschinen-Temperierungssystem II.

[86] BGH 12.3.2009, GRUR 2009, 835 – Crimpwerkzeug II in ausdr. Fortführung von BGH 16.10.2007, GRUR 2008, 60 – Sammelhefter II.

§ 24 AV   4. Abschnitt. Entstehung und Wegfall von Patenten und Gebrauchsmustern

71 2. Auf die Schwierigkeiten, denen der Anmelder typischerweise gegenübersteht, wenn er die Offenbarung abfasst, nimmt die deutsche Rechtsprechung bei den Anforderungen Rücksicht, die an die Offenbarung unter dem Gesichtspunkt der **Nacharbeitbarkeit** gestellt werden. Sie geht von der Überlegung aus, dass sich die Offenbarung an den Fachmann wendet, und rechnet damit, dass dieser die Angaben des Anmelders aus seinem Fachwissen ergänzt, so dass ihm die zur Ausführung der Erfindung erforderlichen Schritte nicht in allen Einzelheiten vorgezeichnet zu werden brauchen.[87] Der jeweils zuständige Fachmann und seine Qualifikation werden dabei nach den gleichen Grundsätzen bestimmt wie für die Beurteilung der erfinderischen Tätigkeit (vgl. → § 18 Rn. 52 ff., 60 ff.). Ebenso wie dort hat man sich einen durchschnittlichen Fachmann vorzustellen. Entscheidend ist, ob die Angaben in der Anmeldung ausreichen, um einem solchen Fachmann, wenn er sie aufmerksam liest[88], zu sagen, was er tun muss, um zum Erfolg zu kommen. Notwendig ist die Mitteilung des äußeren Kausalverlaufs, der zum Erfolg führt;[89] eine wissenschaftliche Erklärung dafür braucht die Anmeldung nicht zu geben.[90] Erfindungsmerkmale, die in der Anmeldung weder wörtlich noch bildlich dargestellt sind, werden gleichwohl als hinreichend offenbart angesehen, wenn sie der Fachmann aus dem Zusammenhang des Offenbarungsgehalts der Anmeldungsunterlagen *ohne weiteres* entnehmen kann.[91] Auch darf damit gerechnet werden, dass er einen unzutreffend gewählten Ausdruck auf Grund des Zusammenhangs richtig versteht.[92]

72 3. Im Einzelnen ist das Erfordernis der Nacharbeitbarkeit vom BGH meist großzügig gehandhabt worden. Es ist nicht nötig, dass der Fachmann sofort und ohne jeglichen Fehlschlag zum angestrebten Erfolg gelangen kann;[93] vielmehr genügt es, dass ihm die entscheidende Richtung angegeben wird, in der er, ohne am Wortlaut zu haften, allein auf Grund seines dem Durchschnitt entsprechenden Fachwissens mit Erfolg weiterarbeiten und die jeweils günstigste Lösung auffinden kann.[94] Das gilt auch dann, wenn er hierzu noch **Versuche** durchführen muss, sofern diese über das Maß des Üblichen und Zumutbaren nicht hinausgehen[95] und alsbald zuverlässig erkennen lassen, wie der Erfolg zu erreichen ist.[96]

---

[87] BGH 8.12.1983, GRUR 1984, 272 (273 f.) – Isolierglasscheibenrandfugenfüllvorrichtung. BPatG 28.7.1993, BPatGE 37, 202 (205 ff.). Nach BPatG 8.7.2004, GRUR 2004, 934 – Quellcode bedarf es zur Vollständigkeit einer Lehre auf dem Gebiet der Datenverarbeitung regelmäßig keiner Offenbarung des Quellcodes; Näheres → § 12 Rn. 77 ff.

[88] BPatG 16.12.1998, BPatGE 41, 207 – Streuvorrichtung.

[89] BPatG 19.10.1962, BPatGE 3, 31 (35).

[90] BGH 7.5.1974, GRUR 1974, 718 (720) – Chinolizine; 5.11.1964, GRUR 1965, 138 (142) – Polymerisationsbeschleuniger. Deshalb ist ein Irrtum des Erfinders in der Beurteilung der Wirkungsursachen der von ihm gegebenen konkreten Handlungsanweisung unschädlich, BGH 20.1.1994, GRUR 1994, 357 (358) – Muffelofen.

[91] Vgl. BGH 27.9.1973, GRUR 1974, 208 (209) – Scherfolie; 15.10.1974, BGHZ 63, 150 (154 f.) – Allopurinol; 23.11.1976, GRUR 1977, 483 (484) – Gardinenrollenaufreiher; 15.6.1978, BGHZ 72, 119 (128 f.) – Windschutzblech; 13.1.1981, GRUR 1981, 341 (342) – piezoelektrisches Feuerzeug; 14.10.1982, GRUR 1983, 169 (170) – Abdeckprofil; BPatG 21.7.1997, GRUR 1998, 368.

[92] BGH 20.1.1994, GRUR 1994, 357 (358) – Muffelofen; BPatG 7.12.1999, BPatGE 42, 157 (163 f.) – Gegensprechanlage, bestätigt durch BGH 20.11.2000, Mitt. 2002, 176 (177 f.) – Gegensprechanlage: Verwendung der Bezeichnung „Parallelschaltung" im Anspruch, wenn der übrige Offenbarungsgehalt eindeutig auf eine Reihenschaltung hinweist.

[93] BGH 27.11.1975, GRUR 1976, 213 (214) – Brillengestelle; 24.3.1998, GRUR 1998, 1003 (1005) – Leuchtstoff mN.

[94] BGH 21.12.1967, GRUR 1968, 311 (313) – Garmachverfahren; 19.10.1971, GRUR 1972, 704 (705) – Wasser-Aufbereitung.

[95] BGH 21.12.1967, GRUR 1968, 311 – Garmachverfahren; 9.10.1990, BGHZ 112, 297 (305) – Polyesterfäden; 24.3.1998, GRUR 1998, 1003 – Leuchtstoff.

[96] BGH 5.11.1964, GRUR 1965, 138 (141) – Polymerisationsbeschleuniger; 19.10.1971, GRUR 1972, 704 – Wasser-Aufbereitung; 27.11.1975, GRUR 1976, 213 – Brillengestelle; 16.6.1961, GRUR 1962, 80 (81) – Rohrdichtung; 9.10.1990, BGHZ 112, 297 (305) – Polyesterfäden; als unzumut-

§ 24. Die Anmeldung beim Deutschen Patent- und Markenamt AV **§ 24**

Unbestimmte Größen- und Mengenangaben – auch ein nur in eine Richtung begrenzter, also einseitig offener Wertebereich[97] – reichen aus, wenn der Fachmann aus der Anmeldung ersieht, worauf es bei der Bemessung ankommt, und aufgrund dieser Hinweise die geeigneten Werte durch Erprobung unschwer ermitteln kann.[98] Die Erfindung ist dementsprechend auch dann ausführbar offenbart, wenn dem Fachmann eine Messmethode zur Verfügung steht, mit der er den relevanten Wert zuverlässig ermitteln kann,[99] oder sogar dann, wenn er durch Versuche erst ermitteln muss, welche von den in der Anmeldung nur allgemein gekennzeichneten Materialien zur Erzielung des erfindungsgemäßen Erfolgs geeignet sind. Solange solche Versuche den im Einzelfall zumutbaren Umfang nicht überschreiten, ist es unschädlich, dass sich die eine oder andere Verbindung, obwohl sie unter den Wortlaut der Anmeldung fällt, bei den Versuchen für den betreffenden Zweck als untauglich erweist.[100] Manche Entscheidungen haben sich sogar damit begnügt, dass der Erfolg nur bei einigen wenigen, aber vom Fachmann auf Grund seines Fachwissens und -könnens nach den Angaben in der Anmeldung zuverlässig und ohne unzumutbaren Aufwand zu ermittelnden Arten der einzusetzenden Ausgangsstoffe eintritt.[101] Allgemein versagt die Rechtsprechung den Schutz nicht schon deshalb, weil ein Anspruch auch Ausgangsmaterialien umfasst, bei denen das erfindungsgemäße Verfahren nicht zum Erfolg führt[102]; ob gewährbar ist, hängt dann ab vom Verhältnis der tauglichen zu den untauglichen Verfahrensvarianten, der Schwierigkeit, die dem Fachmann das Herausfinden der tauglichen bereitet, der Bedeutung der Erfindung und der Möglichkeit, untaugliche Varianten ohne Beeinträchtigung der Verständlichkeit des Anspruchs oder der Beschreibung zusammenfassend zu kennzeichnen und vom Schutzbegehren auszunehmen.[103] Wenn der Anmelder durch Versuchsergebnisse hinreichend belegt, dass die angemeldete Erfindung in einer großen Bandbreite ausführbar ist, verdient er einen entsprechend weit gefassten Schutz. 73

Bei einem chemischen Syntheseverfahren kann ein bestimmter Verfahrensschritt (zB Veresterung) in Form einer an sich geläufigen, allgemein bezeichneten Reaktion auch dann beansprucht werden, wenn bekannte Möglichkeiten, diese Reaktion durchzuführen, versagen, aber ein ausführbarer Weg zu ihrer Durchführung nacharbeitbar offenbart ist; dabei kommt es nicht darauf an, ob dem Fachmann auch andere Wege zur Durchführung der Reaktion zur Verfügung standen und ob es überhaupt andere Wege gibt, die Reaktion mit brauchbarer Ausbeute durchzuführen[104]. 74

---

bar aufwendig wertet BPatG 22.5.2006, GRUR 2006, 1015 – Neurodermitis-Behandlungsgerät die Versuche, die auf der Grundlage des Offenbarungsgehalts der Anmeldung noch nötig gewesen wären.
[97] BGH 12.3.2019, GRUR 2019, 713 Rn. 44 ff. – Cer-Zirkonium-Mischoxid I.
[98] BGH 14.6.1966, GRUR 1967, 56 (57) – Gasheizplatte; 21.12.1967, GRUR 1968, 311 – Garmachverfahren; 19.10.1971, GRUR 1972, 704 (705 f.) – Wasser-Aufbereitung.
[99] BGH 12.3.2019, GRUR 2019, 718 Rn. 66 f. – Cer-Zirkonium-Mischoxid II.
[100] BGH 22.12.1964, GRUR 1965, 473 (475) – Dauerwellen; 9.10.1990, BGHZ 112, 297 (305) – Polyesterfäden; BPatG 14.9.1995, BPatGE 35, 255 (262).
[101] BGH 5.11.1964, GRUR 1965, 138 – Polymerisationsbeschleuniger; 27.11.1975, GRUR 1976, 213 – Brillengestelle.
[102] BGH 4.7.1989, GRUR 1989, 899 (900) – Sauerteig; 9.10.1990, BGHZ 112, 297 (301) – Polyesterfäden.
[103] BGH 9.10.1990, BGHZ 112, 297 (306 f.) – Polyesterfäden; BPatG 18.4.1991, BPatGE 32, 174 versagt im Anschluss hieran die Aufrechterhaltung eines Patents für ein Enzym (eine Restriktionsendonuklease) unbekannter Struktur, das allein durch eine bestimmte Erkennungssequenz und eine definierte Spaltungsstelle gekennzeichnet und dessen Gewinnung nur aus einem einzigen hinterlegten MO-Stamm beschrieben war, weil Grund zur Annahme bestand, dass Enzyme mit derselben Erkennungssequenz und Spaltungsstelle, aber abweichender Struktur aus anderen MO-Stämmen erhältlich sind, und die Patentschrift weder solche Stämme nannte noch einen Weg zum erleichterten Auffinden solcher Enzyme offenbarte.
[104] BGH 3.5.2001, GRUR 2001, 813 (818) – Taxol.

75 Zurecht vorausgesetzt wird freilich stets, dass der Fachmann *ohne eigenes erfinderisches Bemühen* zum Erfolg gelangen kann.[105] Nicht als ausreichend offenbarte technische Lehre anerkannt wurde auch ein Vorschlag, den ein durchschnittlicher Fachmann auf Grund der Angaben der Anmeldung und mit den Fachkenntnissen des Anmeldetags nur mit großen Schwierigkeiten und nicht oder nur durch Zufall ohne vorherige Misserfolge praktisch verwirklichen konnte, obwohl festgestellt worden war, dass die Entfaltung erfinderischer Tätigkeit für die Ausführung des Vorschlags nicht erforderlich war.[106]

76 4. Wenn mit Rücksicht auf das berechtigte Interesse des Erfinders und seines Rechtsnachfolgers an möglichst frühzeitiger Anmeldung Unvollkommenheiten der Offenbarung geduldet werden, besteht die Gefahr, dass Anmeldungen unfertiger Erfindungen akzeptiert werden oder der Anmelder wesentliche Erkenntnisse des Erfinders verschweigt[107]. In manchen Einzelfällen mögen deshalb die Ergebnisse der im Ganzen großzügigen Haltung der Praxis als zu weitgehend erscheinen. Doch ist die Erwartung, dass der Fachmann, dem die wesentlichen Erkenntnisse des Erfinders mitgeteilt werden, die zur Verwirklichung nötigen Einzelheiten aus seinem Wissen hinzufügt, grundsätzlich gerechtfertigt. Die Aufnahme aller dieser Einzelheiten in die Anmeldungsunterlagen würde diese in vielen Fällen zu einem nicht mehr überschaubaren Umfang anschwellen lassen,[108] der für das Patentamt eine untragbare Mehrbelastung bedeuten würde. Die Offenbarung würde ihrem Zweck entfremdet, den Gegenstand des beanspruchten und schließlich gewährten Schutzes deutlich zu machen, und könnte dennoch nicht nennenswert mehr zur Information der Öffentlichkeit beitragen, der das Fachwissen ohnehin zugänglich ist.

77 5. Nach der gesetzlichen Regelung genügt es, dass der Inhalt der Anmeldung den Fachmann überhaupt in die Lage versetzt, die Erfindung auszuführen, dass also der mit den Merkmalen des Patentanspruchs umschriebene technische Erfolg vom Fachmann erreicht werden kann.[109] Nicht erforderlich ist, dass er sie in der – objektiv oder nach Kenntnis des Anmelders – besten Ausführungsform verwirklichen kann[110] oder dass auch nur mindestens eine mögliche Ausführung der Erfindung so offenbart ist, wie für die neuheitsschädliche Vorwegnahme erforderlich[111]. Noch weniger gehört in die Anmeldung das zusätzliche technische Wissen, das oft nötig ist, um auf Grund der Erfindung zu einem **marktfähigen Produkt** zu gelangen.[112] Dieses ergänzende „**Know-how**" wird vom Anmelder oder Patentinhaber denjenigen, die von ihm eine Erlaubnis zur Benutzung der Erfindung (Lizenz) erhalten, regelmäßig zur Verfügung gestellt. Wer, ohne auf diese Weise in Vertragsbeziehungen zum Inhaber des Know-how zu treten, die Erfindung benutzt, hat keinen Anspruch auf das zugehörige Know-how, auch wenn er (vor Erteilung oder nach Wegfall eines Patents oder auf Grund einer Zwangslizenz) rechtmäßig benutzt.

78 6. Die Maßstäbe, nach denen sich bestimmt, ob eine Erfindung in ihrer Anmeldung zum Patent hinreichend offenbart ist, gelten auch dann, wenn es um die neuheitsschädliche Wirkung gegenüber jüngeren Anmeldungen geht.[113] Zum SdT gehört nur, was in nacharbeitbarer Weise offenbart ist, auch wenn § 3 PatG – im Unterschied zu § 2 PatG 1968 – dies nicht ausdrücklich sagt (vgl. → § 17 Rn. 24 ff.). Es bleibt daher bei der Regel, dass die

---

[105] BGH 5.11.1964, GRUR 1965, 138 (141) – Polymerisationsbeschleuniger; 21.12.1967, GRUR 1968, 311 – Garmachverfahren; 19.10.1971, GRUR 1972, 704 – Wasser-Aufbereitung; 27.11.1975, GRUR 1976, 213 – Brillengestelle; vgl. auch BGH 16.6.1961, GRUR 1962, 80 – Rohrdichtung.
[106] BGH 4.10.1979, GRUR 1980, 166 (168) – Doppelachsaggregat.
[107] *Bernhardt* 71 f.
[108] Vgl. *Beier* GRUR 1972, 214 (224).
[109] BGH 13.7.2010, GRUR 2010, 916 (918) – Klammernahtgerät.
[110] BGH 20.1.1994, GRUR 1994, 357 (359) – Muffelofen; *Moufang* in Schulte PatG § 34 Rn. 338, 350.
[111] BGH 13.7.2010, GRUR 2010, 916 (918) – Klammernahtgerät.
[112] *Beier* GRUR 1972, 214 (224 f.); *Kolle/Fischer* GRUR-Int 1978, 80 (81).
[113] Vgl. *Ehlers* FS Schilling, 2007, 87 ff.

§ 24. Die Anmeldung beim Deutschen Patent- und Markenamt　　　　　AV § 24

schutz*hindernde* Wirkung einer Offenbarung unter dem Gesichtspunkt der *Ausführbarkeit* von den gleichen Voraussetzungen abhängt wie ihre schutz*begründende* Wirkung; ein Unterschied ergibt sich nur insofern, als letztere auf das beschränkt bleibt, was „als zur Erfindung gehörig" offenbart ist.[114]

c) Einzelfragen

1. Die Offenbarung muss „**in der Anmeldung**" erfolgen[115]. Es ist daher grundsätzlich 79 gleichgültig, in welchem Teil der Anmeldung ein zur Erfindung gehöriges Merkmal dargestellt ist. Außer Betracht bleibt freilich die Zusammenfassung (vgl. → Rn. 109 ff.). Zur Offenbarung eines Merkmals als zur Erfindung gehörig kann dessen Darstellung in einer Zeichnung ausreichen, auf die sich Beschreibung oder Ansprüche der Anmeldungsunterlagen beziehen. Stets ist maßgeblich, ob die merkmalsgemäße Ausgestaltung nach der Gesamtoffenbarung aus fachmännischer Sicht als mögliche Ausführungsform der zum Patent angemeldeten Erfindung erscheint.[116] Allerdings kann im Einzelfall zweifelhaft sein, ob ein nur in der Zeichnung erscheinendes Merkmal als zur Erfindung gehörig verstanden wird.[117]

Eine Offenbarung, die dem Patentamt oder einem entsprechend qualifizierten Patent- 80 informationszentrum vorgelegt wird, fixiert, wenn die in § 35 Abs. 1 PatG bezeichneten Voraussetzungen für die Zuerkennung eines Anmeldetags erfüllt sind (Näheres → § 25 Rn. 1 ff.), für diesen Tag den Gegenstand des Patentbegehrens. Eine ausreichende Offenbarung fehlt daher nicht schon deshalb, weil die Beschreibung der Erfindung nicht alle in der PatV geforderten Angaben (vgl. → Rn. 57) enthält. Es genügt, dass die eingereichten Unterlagen Angaben enthalten, die wenigstens dem Anschein nach als Beschreibung anzusehen sind. Formmängel können ohne Verlust des Zeitrangs behoben werden.

Wird zwecks Offenbarung der Erfindung auf die Hinterlegung **biologischen Materials** Bezug 81 genommen, umfasst der Offenbarungsgehalt der Anmeldung dieses Material nur unter den in §§ 1–3 BioMatHintV bezeichneten Voraussetzungen (vgl. → § 14 Rn. 194 ff.).

2. Erfindungen, die in **Erzeugnissen** verwirklicht werden, sind nur dann in ausführbarer 82 Weise offenbart, wenn dem Fachmann (mindestens) ein **Weg zur Herstellung** des Erzeugnisses gezeigt wird oder aus seinem Fachwissen zur Verfügung steht. Bei mechanischen oder elektrischen Vorrichtungen wird der Fachmann meist nicht auf die Angabe eines Herstellungswegs durch den Anmelder angewiesen sein. Dagegen ist er bei chemischen Stoffen in vielen Fällen nicht in der Lage, den neuen Stoff allein auf Grund seines Fachwissens gemäß der chemischen Formel zu schaffen, und bedarf deshalb der Angabe eines Herstellungswegs in der Anmeldung. Gruppenformeln dürfen keine Stoffe umfassen, von denen festgestellt ist, dass sie für den Fachmann nicht herstellbar sind.[118]

3. Bei **Verfahren** zur Herstellung von Erzeugnissen sind Ausgangsstoffe, Arbeitsmetho- 83 den und Endprodukte anzugeben.[119] Sonstige Verfahren sind durch Angabe der Arbeitsmethoden und der Gegenstände darzustellen, auf die sie angewandt werden.

Erfindungen, die in der Anweisung bestehen, ein Erzeugnis zu einem bestimmten Zweck 84 anzuwenden, sind nur dann in nacharbeitbarer Weise offenbart, wenn auch der **Verwen-**

---

[114] BGH 19.5.1981, GRUR 1981, 812 – Etikettiermaschine; vgl. auch → § 25 Rn. 128 ff.
[115] Zur Berücksichtigung (auch fremdsprachiger) Dokumente, auf die in der Anmeldung Bezug genommen wird, BGH 3.2.1998, GRUR 1998, 901 (903) – Polymermasse; *Strehlke* Mitt. 1999, 453 ff.
[116] BGH 18.2.2010, GRUR 2010, 599 – Formteil.
[117] Vgl. *Moufang* in Schulte PatG § 34 Rn. 318 ff.; *Brodeßer* FS Nirk, 1992, 85 (100 f.); BGH 4.2.1982, BGHZ 83, 83 – Verteilergehäuse; 23.10.1984, GRUR 1985, 214 – Walzgut-Kühlbett; BPatG 17.9.1998, BlPMZ 1999, 228. Näheres → § 25 Rn. 128 ff.
[118] BGH 20.10.1977, GRUR 1978, 162 (164) – 7-Chlor-6-demethyltetracyclin mit Anmerkung von *Beil* 165.
[119] *Bacher* in Benkard PatG § 1 Rn. 31; BGH 11.7.1985, BlPMZ 1985, 381 – Borhaltige Stähle.

§ 24 AV 4. Abschnitt. Entstehung und Wegfall von Patenten und Gebrauchsmustern

dungszweck angegeben ist. Das muss so konkret geschehen, dass der Verwendungserfolg erreicht werden kann. Beispielsweise wird bei Schädlingsbekämpfungs- oder Unkrautvertilgungsmitteln anzugeben sein, gegen welche Schädlinge oder Unkräuter sie einzusetzen sind. Entsprechend gehört zur ordnungsgemäßen Offenbarung therapeutischer Verwendungserfindungen die Angabe der spezifischen Indikation. Die bloße Angabe, dass ein Stoff als Arzneimittel zu verwenden ist, offenbart keine ausführbare Verwendungserfindung. Selbst wenn ein zum SdT gehöriger Stoff *erstmals* als Arzneimittel vorgestellt wird und deshalb gemäß § 3 Abs. 3 PatG zweckgebundenen Stoffschutz erlangen kann, ist die Angabe einer spezifischen Indikation zu fordern, da die Schaffung des bekannten Stoffes als solche keine neue technische Lehre ist und der Fachmann ohne Angabe der Indikation nicht weiß, wie er den Stoff „als Arzneimittel bereitstellen" soll (vgl. → Rn. 48 ff.).

85 Der Angabe des konkreten Verwendungszwecks kommt hier eine andere Bedeutung zu als bei den Erfindungen, die die Bereitstellung eines *neuen* Stoffes lehren.[120] Sie betrifft nicht nur die erfinderische Tätigkeit, sondern ist notwendig, damit überhaupt eine nachvollziehbare Handlungsanweisung vorliegt. Daher muss sie, auch wenn man mit der vorherrschenden Ansicht eine Angabe der ihr Beruhen auf erfinderischer Tätigkeit begründenden Eigenschaften als hinreichend offenbart gelten lässt (vgl. → § 11 Rn. 25 ff., 39 ff.), in den Fällen des § 3 Abs. 3 PatG bereits in der ursprünglichen Fassung der Anmeldung enthalten sein und kann nicht im Lauf des Erteilungsverfahrens nachgebracht werden. Sonst müsste es zulässig sein, vorsorglich beliebige zum SdT gehörige Stoffe „als Arzneimittel" anzumelden und die Indikation nachzubringen, wenn auf erfinderische Tätigkeit geprüft wird.

86 4. **Vorteile** einer auf Grund der ursprünglichen Anmeldungsunterlagen ausführbaren Erfindung können für die Beurteilung der **Patentierbarkeit** – nach geltendem Recht hauptsächlich der erfinderischen Tätigkeit – berücksichtigt werden, auch wenn sie vom Anmelder zunächst nicht erkannt und im Anmeldezeitpunkt nicht offenbart worden sind.[121]

87 Dagegen gestattet die Rechtsprechung das Nachbringen von Vorteilen nicht, wenn sie der Befolgung der technischen Lehre, mit der sie erzielt werden, erst ihren **eigentlichen Sinn** geben und damit ihren Inhalt, ihr Wesen ausmachen.[122] Die Angabe eines zusätzlichen Vorteils ändert freilich am Inhalt der in der Anmeldung ausführbar dargestellten Erfindung nichts, solange jener keine Abwandlung oder Ergänzung der offenbarten Handlungsanweisung bedingt[123] und bei ihrer Befolgung zwangsläufig erreicht wird.[124] Dennoch kann die Erfindungsqualität der offenbarten Lehre auf nachträglich erkannte oder offenbarte überraschende Vorteile nicht mehr gestützt werden, wenn es dem Fachmann angesichts des SdT aus anderen Gründen, insbesondere wegen anderer, leicht erkennbarer Vorteile, nahelag, zu der als Erfindung beanspruchten Maßnahme zu greifen.

88 Einlegesohlen aus Polyäthylen zu fertigen, war ein naheliegender Materialaustausch, den der Durchschnittsfachmann ganz unabhängig davon als zweckmäßig erkennen konnte, ob davon außerdem eine therapeutische Wirkung zu erwarten war.[125] Entsprechendes muss bei neuen chemischen Stoffen gelten, sofern man mit der hM deren Bereitstellung schon wegen unerwarteter Eigenschaften als erfinderisch gelten lässt und demgemäß absoluten Stoffschutz gewährt: Wenn ein neuer Stoff eine für den Durchschnittsfachmann voraussehbare Eigenschaft aufweist und dieser ohne Schwierigkeiten in der Lage ist, ihn bereitzustellen, kann nicht mehr gesagt werden, seine Bereitstellung habe für ihn nicht nahegelegen. Zeigen sich weitere, unerwartete Eigenschaften des Stoffs, darf auch die hM folge-

---

[120] Vgl. *Stieger* GRUR-Int 1980, 203 (205).
[121] BGH 29.4.1960, GRUR 1960, 542 (544) – Flugzeugbetankung; 22.9.1961, GRUR 1962, 83 (85) – Einlegesohle; 30.3.1971, GRUR 1971, 403 (406) – Hubwagen.
[122] Vgl. BGH 29.4.1960, GRUR 1960, 542 (544) – Flugzeugbetankung; 22.9.1961, GRUR 1962, 83 (85) – Einlegesohle; 30.3.1971, GRUR 1971, 403 (406) – Hubwagen.
[123] Vgl. BGH 30.3.1971, GRUR 1971, 403 – Hubwagen.
[124] Vgl. BGH 29.4.1960, GRUR 1960, 542 – Flugzeugbetankung; 22.9.1961, GRUR 1962, 83 – Einlegesohle.
[125] Vgl. BGH 22.9.1961, GRUR 1962, 83 (84) – Einlegesohle.

richtigerweise nur einen auf die Nutzung dieser Eigenschaften beschränkten Verwendungsschutz oder zweckgebundenen Stoffschutz gewähren (vgl. → § 11 Rn. 68 f.).

Deutlich wird die Grenze der Zulässigkeit des „Nachbringens von Vorteilen", wenn man vom **Verbot der Erweiterung** des ursprünglichen Gegenstands der Anmeldung (§ 38 PatG; Näheres → § 25 Rn. 118 ff.) ausgeht. Hierfür kommt es darauf an, welche Handlungsanweisung dem Fachmann durch deren Offenbarungsgehalt gegeben wird. Diese Handlungsanweisung darf nicht verändert werden. Deshalb ist es nicht zulässig, Vorteile nachzubringen, deren Erreichen von zusätzlichen, ursprünglich nicht offenbarten Maßnahmen abhängt. Nur solche nachträglich genannten Vorteile, die sich bei Ausführung der ursprünglich offenbarten Handlungsanweisung ohne weiteres ergeben, ändern nichts an dem Gegenstand der Offenbarung, der – soweit beansprucht – mit dem SdT zu vergleichen ist. Sie bilden also eigentlich Umstände, die nach Art von Beweisanzeichen oder Hilfserwägungen zu der bereits vollständig offenbarten Erfindung hinzutreten und beispielsweise das Argument stützen können, dass angesichts der mit dieser erreichbaren Vorteile ein durchschnittlicher Fachmann schon längst auf die beanspruchte Problemlösung hätte kommen müssen, wenn sie für ihn vom SdT aus naheliegend gewesen wäre (vgl. → § 18 Rn. 118 ff.). 89

5. Bei chemischen Stofferfindungen und Erfindungen chemischer Analogieverfahren kommt es für die erfinderische Tätigkeit häufig auf **wertvolle Eigenschaften oder Wirkungen** der angemeldeten oder durch das angemeldete Verfahren gewonnenen Stoffe an. Die Erfindung ist jedoch nach hM auch ohne Angabe solcher Eigenschaften oder Wirkungen in nacharbeitbarer Weise offenbart, weil sie sich in der Bereitstellung des neuen Stoffs erschöpft. Deshalb wird es als zulässig angesehen, die Angabe, dass sie solche Vorteile bringt und worin diese bestehen, noch im Verlauf des Erteilungsverfahrens nachzubringen.[126] 90

Es ist aber fraglich, ob es sich bei den unerwarteten Eigenschaften neuer chemischer Stoffe lediglich um Vorteile handelt, die sich bei Ausführung der Handlungsanweisung, für die Schutz beansprucht wird, also der bloßen Bereitstellung des Stoffs, ohne weiteres ergeben. Denn die Verfügbarkeit des bereitgestellten Stoffs erlaubt die Nutzung jener Vorteile nur in Verbindung mit der Erkenntnis, dass und in welchem Verwendungs-Kontext sie erzielbar sind. Gewiss sind die Eigenschaften, auf denen der Vorteil beruht, dem Stoff immanent und mit ihm gegeben. Sie wirken sich aber nicht bei jeder Verwendung des Stoffs im Sinn dieses Vorteils aus. Vielmehr bedeutet ihre Offenbarung eine notwendige Ergänzung der die bloße Bereitstellung des Stoffs beinhaltenden Handlungsanweisung[127]. Es verhält sich insoweit bei chemischen Stoffen anders als bei sonstigen Erzeugnissen, deren bestimmungsgemäßer Gebrauch durch ihre Strukturmerkmale vorgezeichnet und relativ eng begrenzt ist, so dass er im allgemeinen zwangsläufig auch diejenigen Vorteile bringt, die der Erfinder in der Anmeldung nicht angegeben hat. 91

Hinzu kommt, dass die eigentliche Erfindungsleistung das Erkennen der wertvollen Eigenschaften und Wirkungen ist.[128] Deshalb wäre es folgerichtig, nur einen zweckgebundenen Stoffschutz zu gewähren, wenn die Schaffung eines neuen Stoffes als solche dem durchschnittlichen Fachmann keine Schwierigkeiten bereitet, weil sie durch naheliegende Abwandlung bekannter Stoffe oder Methoden erreicht wird. Die Rechtsprechung gewährt jedoch auch in diesen Fällen dem Stoff als solchem bzw. als unmittelbarem Erzeugnis des patentierten Verfahrens einen nicht zweckgebundenen Schutz. Sie geht davon aus, dass sich die erfinderische Leistung nicht auf das Erkennen einer unerwartet vorteilhaften Anwendungsmöglichkeit beschränke, sondern schon im Schaffen des neuen Stoffes ihren Niederschlag finde. Als Begründung scheint sich anzubieten, dem Durchschnittsfachmann fehle, wenn er die wertvollen Eigenschaften und Wirkungen des Stoffes nicht voraussehen kann, der Anlass, aus der Fülle der Möglichkeiten, die das Instrumentarium des Chemikers eröffnet, gerade einen bestimmten Stoff zu schaffen. Die Maßnahmen, die erforderlich sind, um zu Stoffen mit vorteilhaften Eigenschaften und Wirkungen zu gelangen, seien deshalb mit einem typisch erfinderischen Risiko verknüpft, auf das sich der Durchschnittsfachmann nicht einzulassen pflege[129]. 92

Doch greift diese Argumentation zu kurz. In Wirklichkeit wird nicht ein neuer Stoff bereitgestellt, *weil* seine wertvollen Eigenschaften in erfinderischer Weise vorausgesehen werden. Vielmehr ist beim Erkennen solcher Eigenschaften der Stoff schon in jederzeit wiederholbarer Weise bereitgestellt. Meist 93

---

[126] BGH 3.2.1966, BGHZ 45, 102 (107 f.) – Appetitzügler; 14.3.1972, BGHZ 58, 280 (287, 291) – Imidazoline. Zur Kritik → § 11 Rn. 56 ff. und 70 f.
[127] Im gleichen Sinn *v. Pechmann* GRUR-Int 1996, 366 (372 f.).
[128] Vgl. *Troller* Bd. I 182 f., insbes. Fn. 118, der die deutsche Praxis kritisiert.
[129] So die 4. Aufl., 335.

bedarf es hierzu keiner erfinderischen Leistung, sondern nur der Routine des Durchschnittsfachmanns. Gewiss geschieht die routinemäßige Bereitstellung neuer Stoffe auf das Risiko hin, dass ihre Untersuchung auf wertvolle Eigenschaften kein verwertbares Resultat bringt. Doch lässt sich durch diese Ungewissheit erfahrungsgemäß auch der durchschnittliche Fachmann nicht davon abhalten, solche Untersuchungen vorzunehmen. Eine erfinderische Leistung liegt erst in dem nicht zu erwartenden Erfolg. Dies spricht für eine entsprechende Beschränkung des Schutzes in Fällen, in denen die Bereitstellung eines neuen Stoffs nicht – ausnahmsweise – schon unabhängig von etwaigen unerwarteten Eigenschaften eine über die fachmännische Routine hinausgehende Leistung bedeutet (vgl. → § 11 Rn. 62 ff.). Gleichwohl ist der in der Praxis unangefochten herrschenden Handhabung in der vorliegenden Darstellung gebührend Rechnung zu tragen.

94   6. Der BGH hat unter dem vor 1978 anzuwendenden Recht bei Analogieverfahren[130] und nach Aufhebung des Stoffschutzverbots bei neuen chemischen Stoffen[131] verlangt, dass für das Verfahrenserzeugnis bzw. den neuen Stoff ein allgemeines technisches **Anwendungsgebiet** genannt wird. Hierdurch sollte die Patentierung „lediglich wissenschaftlich interessierender Erkenntnisse" ausgeschlossen werden, da bei solchen Erfindungen nicht immer ohne weiteres ersichtlich sei, ob die durch Ausgangsstoffe, Arbeitsmethoden und Endprodukt eines Verfahrens bzw. die Konstitution eines neues Stoffes gekennzeichnete Erfindung überhaupt in der Technik verwendbar ist. Das BPatG[132] hat demgemäß angenommen, dass das Erfordernis der gewerblichen Verwertbarkeit durch den Begriff des „technisch Sinnvollen" anzureichern sei: Es genüge nicht, dass der Stoff in einem Gewerbebetrieb hergestellt werden kann; daher müsse ein allgemeines technisches Gebiet, auf dem die erfindungsgemäßen Stoffe oder Verfahrensprodukte sinnvoll zur Anwendung kommen sollen, bereits in den **ursprünglichen Anmeldungsunterlagen** angegeben sein, wenn es dem Fachmann nicht ohnehin geläufig sei.

95   Jedenfalls nach der seit 1978 geltenden Fassung des PatG kann dieser Standpunkt nicht aufrechterhalten werden, auch wenn ihm die Praxis nach wie vor zu folgen scheint. Er war bereits mit der für das frühere Recht vom BGH aufgestellten allgemeinen Definition der gewerblichen Verwertbarkeit nicht vereinbar, nach der es genügte, dass das Erfundene seiner Art nach geeignet ist, entweder in einem technischen Gewerbebetrieb hergestellt zu werden oder technische Verwendung in einem Gewerbe zu finden.[133] Die geltende Regelung (§ 5 PatG) folgt diesem weiten Begriff. Nach ihr sind chemische Stoffe und Verfahren zu ihrer Herstellung schon deshalb gewerblich anwendbar, weil die Stoffe in Gewerbebetrieben *hergestellt* werden können. Ob sie *außerdem* gewerblich *benutzbar* sind, ist ohne Bedeutung. Daher kann die Angabe eines technischen Anwendungsgebiets unter dem Gesichtspunkt der gewerblichen Anwendbarkeit bei Erfindungen von chemischen Stoffen oder Herstellungsverfahren nicht gefordert werden. Um die Erfindung ausführen zu können, braucht der Fachmann nicht zu wissen, auf welchem Gebiet der Stoff angewandt werden kann. Auch wenn ohne diese Kenntnis kein wirtschaftliches Interesse daran besteht, die Erfindung durch Herstellung des Stoffs zu benutzen, ist ihre Benutzung doch *möglich*.

96   Die Überlegung, dass die Angabe eines allgemeinen technischen Anwendungsgebiets erforderlich sei, um die Patentierung rein wissenschaftlicher Erkenntnisse zu vermeiden, hätte nach geltendem Recht Bedeutung, wenn zweifelhaft sein könnte, ob die Lehre, einen neuen chemischen Stoff zu schaffen, als technische Erfindung und nicht etwa als Entdeckung oder wissenschaftliche Theorie anzusehen ist. Diese Frage ist jedoch bereits durch die Anerkennung der Patentierbarkeit chemischer Stoffe als solcher allgemein im erstgenannten Sinne entschieden (vgl. → § 11 Rn. 25 ff.). Es kann daher bei Erfindungen chemischer Stoffe oder Herstellungsverfahren nicht gefordert werden, dass der technische Charakter im Einzelfall durch zusätzliche Angaben dargetan wird.

---

[130] BGH 3.2.1966, BGHZ 45, 102 (109) – Appetitzügler.
[131] BGH 14.3.1972, BGHZ 58, 280 (289) – Imidazoline.
[132] 10.7.1975, BPatGE 17, 192 (198 f.).
[133] BGH 26.9.1967, BGHZ 48, 313 (322) – Glatzenoperation; das BPatG 10.7.1975, BPatGE 17, 192 (196) stellt die Abweichung ausdrücklich fest.

§ 24. Die Anmeldung beim Deutschen Patent- und Markenamt

Dennoch wird die Ansicht, dass regelmäßig in den ursprünglichen Anmeldungsunterlagen ein allgemeines technisches Anwendungsgebiet anzugeben sei, auch für das geltende Recht verteidigt. **97**

Bruchhausen[134] begründet sie mit folgenden Überlegungen: Die Anmeldung nicht ausgereifter Erfindungen müsse im Interesse der Allgemeinheit verhindert werden; Patentanmeldungen dürften nicht „ins Blaue hinein" erfolgen, um weite Stoffbereiche für bloße Experimentierzwecke unter Ausschluss Dritter zu reservieren; neue Stoffe, die keine irgendwie interessanten Eigenschaften erkennen ließen, verdienten keinen Patentschutz. Doch werden spekulative Stoffanmeldungen kaum erschwert, wenn die Angabe eines allgemeinen technischen Anwendungsgebiets genügt. Wirksam könnte den Bedenken, die *Bruchhausen* anführt, nur durch die Forderung begegnet werden, die vom Durchschnittsfachmann nicht zu erwartenden wertvollen *Eigenschaften oder Wirkungen* des neuen Stoffes bereits in den ursprünglichen Anmeldungsunterlagen zu offenbaren. Da die hM dies nicht für nötig hält, ist es inkonsequent, dem vielleicht nicht ganz zu unterdrückenden Zweifel, ob damit nicht auf die Offenbarung des eigentlichen Erfindungsgedankens im Anmeldezeitpunkt verzichtet wird (vgl. → Rn. 90 ff.), durch das Erfordernis der Angabe eines allgemeinen technischen Anwendungsgebiets Raum zu geben.

Hesse[135] hält nach geltendem Recht die Angabe eines Anwendungsgebiets, wenn es sich nicht offensichtlich aus der Art der Erfindung ergibt, in den ursprünglichen Anmeldungsunterlagen deshalb für nötig, weil andernfalls der für die Beurteilung der Erfindung zuständige Fachmann nicht ermittelt werden könne. Doch ist der Fachmann, auf den es für die Frage ankommt, ob die Erfindung *nacharbeitbar offenbart* ist, auch bei chemischen Erfindungen mittels der das Erzeugnis oder Verfahren kennzeichnenden Merkmale zu ermitteln. Soweit es für die Beurteilung der *Patentfähigkeit* auf Eigenschaften oder Wirkungen des Erzeugnisses ankommt, die sich erst bei einer bestimmten Anwendung zeigen, und die Angaben hierüber, wie es die hM zulässt, im Laufe des Prüfungsverfahrens nachgebracht werden können (→ Rn. 90 ff.), ist es wiederum inkonsequent, die Bestimmbarkeit des für ihre Beurteilung zuständigen Fachmanns schon im Anmeldezeitpunkt zu fordern. **98**

Folgerichtig wäre es somit, entweder auch auf die Angabe eines allgemeinen technischen Anwendungsgebiets zu verzichten oder zu einer Handhabung überzugehen, die auch im Bereich der chemischen Stofferfindungen verlangt, dass schon die ursprünglichen Anmeldungsunterlagen die Erkenntnisse offenbaren, in denen die erfinderische Leistung liegt, und die Reichweite des gewährbaren Schutzes an dieser auszurichten. **99**

7. Bei **Zwischenprodukten** hat der BGH nach dem früheren Recht gefordert, dass schon in den ursprünglichen Anmeldungsunterlagen offenbart wird, wie sie zum jeweiligen Endprodukt **weiterzuverarbeiten** sind, falls dies dem Fachmann nicht geläufig ist; andernfalls sei das Zwischenprodukt technisch nicht sinnvoll benutzbar und deshalb nicht gewerblich anwendbar.[136] Aus den dargelegten Gründen (vgl. → Rn. 94 ff.) wird dieser Standpunkt für das geltende Recht nicht aufrechterhalten werden können. Zur nacharbeitbaren Offenbarung genügt, dass der Fachmann der Anmeldung entnehmen kann, wie er zu dem Zwischenprodukt gelangt. Gewerblich anwendbar ist eine solche Erfindung schon deshalb, weil das Zwischenprodukt gewerblich herstellbar ist. Insoweit besteht kein Unterschied zu sonstigen Stofferfindungen. Das Produkt der Weiterverarbeitung kann allerdings für die Patentierbarkeit des Zwischenprodukts eine Rolle spielen: weist ersteres wertvolle Eigenschaften und Wirkungen auf, die ursächlich durch letzteres bedingt sind, sind diese bei der Beurteilung des Zwischenprodukts zu berücksichtigen.[137] Das ist aber nur möglich, wenn der Fachmann weiß, wie er mittels des angemeldeten Zwischenprodukts zu jenen Effekten gelangt; da hierfür die Weiterverarbeitung erforderlich ist, muss der Fachmann zu ihr imstande sein. Es handelt sich also eigentlich um ein Erfordernis, das die erfinderische Tätigkeit betrifft, so dass es nach hM genügen müsste, es im Lauf des Prüfungsverfahrens zu erfüllen[138]. Dass die Rechtsprechung dies schon im Anmeldezeitpunkt verlangt, ist vom **100**

---

[134] *Bruchhausen* in Benkard, 9. Aufl., PatG § 1 Rn. 89.
[135] Mitt. 1983, 106–110.
[136] BGH 25.4.1972, GRUR 1972, 642 (644) – Lactame; 7.5.1974, GRUR 1974, 718 (720) – Chinolizine.
[137] BGH 27.2.1969, BGHZ 51, 378 – Disiloxan.
[138] So *Beil* GRUR 1969, 443 ff. (449).

§ 24 A VI 4. Abschnitt. Entstehung und Wegfall von Patenten und Gebrauchsmustern

Standpunkt der hM inkonsequent. Wenn es genügt, die wertvollen Eigenschaften des Endprodukts und die Ursächlichkeit des Zwischenprodukts hierfür im Lauf des Prüfungsverfahrens anzugeben, ist nicht verständlich, warum es nötig sein soll, dem Fachmann schon in den ursprünglichen Unterlagen einen Weg zu offenbaren, auf dem er vom Zwischenprodukt zum Endprodukt gelangt.

101 8. Wird **nachträglich ein biologischer Zusammenhang aufgefunden,** der der Wirkung eines Arzneimittels zugrunde liegt, offenbart dies dann keine neue Lehre zum technischen Handeln, wenn verabreichter Wirkstoff, Indikation, Dosierung und die sonstige Art und Weise der Verwendung des Wirkstoffs mit der bereits beschriebenen therapeutischen Verwendung eines Wirkstoffs übereinstimmen.[139] Etwas anderes als eine bloße Dosierung ist die therapeutische Herrichtung eines Stoffs. Diese kann patentfähig sein.[140]

102 9. **Kein Mangel der ausführbaren Offenbarung** besteht im Nichtigkeitsverfahren darin, dass eine Erfindung so offenbart worden ist, dass Beschreibungsstellen der Patentschrift gegensätzlich ausgelegt werden können – in der Entscheidung Sicherheitssystem[141] hatte dies – für ein EP – die zeitliche Lage von Ansprechzeit und Verriegelungs-Freigabezeit eines Airbag-Auslösesensors im Verhältnis zueinander betroffen. Anders als das BPatG, das die Möglichkeit zur technisch nachvollziehbaren gegensätzlichen Auslegung als Offenbarungsmangel gesehen hatte, stellte der BGH-Patentsenat Xa klar, die Identifikation der durch das Streitpatent geschützten technischen Lehre durch Auslegung obliege dem Patentgericht. Sie bilde die Grundlage der Prüfung auf Ausführbarkeit der Erfindung und auf Patentfähigkeit der Ansprüche, der das Streitpatent im Nichtigkeitsverfahren zu unterziehen sei. In dem praktisch wohl eher seltenen Fall, dass beide der gegensätzlichen Auslegungen Erfindungen darstellen, die auf Basis des Offenbarten ausführbar sind und die die materiellen Erteilungsvoraussetzungen erfüllen, wird das Streitpatent so oder so bestätigt werden.

VI. Einheitlichkeit des Anmeldungsgegenstands

103 1. Die Anmeldung darf nur eine einzige Erfindung enthalten oder eine Gruppe von Erfindungen, also eine Gruppe noch nicht auf Patentfähigkeit geprüfter Gegenstände[142], die untereinander in der Weise verbunden sind, dass sie eine einzige allgemeine erfinderische Idee verwirklichen (§ 34 Abs. 5 PatG)[143]. Unzulässig ist es demgemäß, mehrere verschiedene Erfindungen in einer einzigen Anmeldung zusammenzufassen, beispielsweise ein Flugzeug, einen Azofarbstoff und eine Klaviermechanik[144] oder eine Atombombenvernichtungs- und -verschleppungsanlage und eine künstliche Herzklappe.[145] Man pflegt in diesem Sinne vom Erfordernis der Einheitlichkeit der Erfindung oder Einheitlichkeit der Anmeldung zu sprechen. Beides ist nicht ganz genau: *eine* Erfindung kann streng genommen ebenso wenig uneinheitlich sein wie *eine* Anmeldung. Gemeint ist, dass sich eine Anmeldung auf nicht mehr als eine Erfindung beziehen, ihr Gegenstand (oder Inhalt) nicht aus mehreren Erfindungen bestehen darf. Die Frage nach der Einheitlichkeit geht folglich dahin, ob der Gegenstand einer Anmeldung insgesamt als **eine Erfindung** im Sinne der gesetzlichen Vorschrift angesehen werden kann.

---

[139] BGH 24.9.2013, GRUR 2014, 54 Rn. 34 – Fettsäuren; 9.6.2011, GRUR 2011, 999 Rn. 33, 37, 44 – Memantin.

[140] BGH 24.9.2013, GRUR 2014, 54 Rn. 34 – Fettsäuren; 19.12.2006, BGHZ 170, 215 Rn. 16 = GRUR 2007, 404 – Carvedilol II.

[141] BGH 30.4.2009, GRUR 2009, 749.

[142] BPatG 13.8.2007, GRUR 2009, 52 – Fördermittelantrieb.

[143] Die Regelung wurde durch das 2. PatGÄndG vom 16.7.1998 in Anlehnung an Art. 82 EPÜ und R 13.1 PCT neu gefasst. Nach der Begründung zu diesem Gesetz (BlPMZ 1998, 393 (402)) sind deshalb R 30 (jetzt: 44) EPÜ und R 13.2, 13.3 PCT auf Patentanmeldungen beim DPMA entsprechend anwendbar.

[144] Beispiel aus PA (Beschwerdeabteilung) 24.9.1913, BlPMZ 1913, 292.

[145] BGH 30.1.1962, GRUR 1962, 398 – Atomschutzvorrichtung.

§ 24. Die Anmeldung beim Deutschen Patent- und Markenamt

Keine Einheitlichkeit, also eine einzige allgemeine erfinderische Idee liegt vor, wenn für das mit jeder Erfindung objektiv Erreichte kein technischer Zusammenhang ersichtlich ist.[146] In diesem Fall ist der Gegenstand der Anmeldung auf eine der mehreren angemeldeten Erfindungen zu beschränken. Was ausgeschieden wird, kann zum Gegenstand einer selbstständigen (Ausscheidungs- oder Teil-)Anmeldung (erforderlichenfalls mehrerer solcher Anmeldungen) gemacht werden (Näheres → § 25 Rn. 183 ff.).

Wie die Verbindung einzelner Erfindungen zum Ausdruck gebracht wird, sagt das Gesetz nicht. Dies kann auf verschiedenste Weisen erfolgen. Eine bestimmte Wortwahl ist nicht erforderlich.[147]

2. Das Gebot der Einheitlichkeit ist nach der Rechtsprechung eine **Ordnungsvorschrift**.[148] Sie soll im Interesse der Prüfungs- und Klassifikationsaufgaben des Patentamts sowie des Informationsbedürfnisses der Öffentlichkeit für eine hinreichende Übersichtlichkeit des Inhalts jeder einzelnen Anmeldung sorgen. Daneben soll sie verhindern, dass durch Zusammenfassung von sachlich nicht Zusammengehörigem missbräuchlich versucht wird, Gebühren einzusparen. Das Gesetz rechtfertigt es jedoch nicht, im fiskalischen Interesse zu fordern, dass der Anmeldungsstoff in möglichst kleine „Erfindungseinheiten" zerlegt und für jede von diesen eine eigene gebührenpflichtige Anmeldung eingereicht wird. Nicht nur dem Anmelder, sondern auch der Erteilungsbehörde ist aus Gründen der Arbeitseffizienz daran gelegen, dass zusammenhängende Fragen möglichst in demselben Verfahren und nicht mehrfach in verschiedenen Verfahren behandelt werden.[149] Wesentlich ist die Frage, ob es unter den Gesichtspunkten der Praktikabilität des Erteilungsverfahrens, der Übersichtlichkeit und des inneren technisch-wirtschaftlichen Zusammenhangs des Gesamtinhalts der Anmeldung zweckmäßiger erscheint, diesen in einem Verfahren zu behandeln oder auf verschiedene Verfahren zu verteilen.[150] Demgemäß kann ein **Komplex von Erfindungen** als *eine* Erfindung im Sinne des Einheitlichkeitserfordernisses aufzufassen sein,[151] auch wenn die Teile des Erfindungskomplexes nach der Gruppeneinteilung der Patentklassen nicht derselben Klasse angehören.[152] Eine formale Betrachtungsweise ist nicht angebracht.[153]

3. Der Umstand, dass in einer Anmeldung Ansprüche verschiedener Kategorien aufgestellt sind, macht den Anmeldungsgegenstand nicht uneinheitlich[154]. Insbesondere ist es zulässig, einen neuen Stoff als solchen, ein Verfahren zu seiner Herstellung und ein Verfahren zu seiner Verwendung in einer Anmeldung zusammenzufassen.[155] Das gleiche gilt für chemische Zwischenprodukte, das Verfahren zu ihrer Herstellung und das Verfahren, nach dem sie zum Endprodukt weiterverarbeitet werden.[156]

---

[146] BPatG 13.8.2007, GRUR 2009, 52 – Fördermittelantrieb.
[147] BPatG 10.1.2008, GRUR 2009, 50 (51) unten – Offensichtlichkeitsprüfung.
[148] BGH 29.6.1971, GRUR 1971, 512 (514) – Isomerisierung; BPatG 12.2.1976, BPatGE 18, 157 (160); *Moufang* in Schulte PatG § 34 Rn. 233.
[149] BGH 25.6.1974, GRUR 1974, 774 (775) – Alkalidiamidophosphite; 14.12.1978, BGHZ 73, 183 (187 f.) – Farbbildröhre.
[150] BGH 14.12.1978, BGHZ 73, 183 (187 f.) – Farbbildröhre; 20.2.1979, BGHZ 78, 330 (335) – Tabelliermappe.
[151] BGH 29.6.1971, GRUR 1971, 512 – Isomerisierung; 14.12.1978, BGHZ 73, 183 (187 f.) – Farbbildröhre.
[152] BPatG 27.7.1964, BPatGE 7, 99; 15.3.1979, GRUR 1979, 544 (546).
[153] Anders *Balk* Mitt. 1977, 181 ff., der eine spezielle „Einheitlichkeitsprüfung" fordert, die der Sachprüfung vorausgehen soll; gegen ihn: *Hegel* Mitt. 1977, 228; *Olbricht* Mitt. 1977, 229; *v. Bülow* Mitt. 1977, 229 ff.; *Führing* Mitt. 1978, 105 ff.
[154] Vgl. die Übersicht zulässiger Kombinationen bei *Moufang* in Schulte PatG § 34, nach Rn. 243.
[155] BGH 29.6.1971, GRUR 1971, 512 – Isomerisierung: Katalysator, Verfahren zu seiner Herstellung, Verfahren zur katalytischen Isomerisierung (als Verwendung des Katalysators) unter üblichen Bedingungen; vgl. auch BGH 27.6.1972, GRUR 1972, 644 – Gelbe Pigmente.
[156] BGH 25.6.1974, GRUR 1974, 774 – Alkalidiamidophosphite.

107 Bei einer Erfindung, die als Lösung eines komplexen – wenn auch möglicherweise nicht neuen – Problems ein wahlweise mit zwei verwandten mikrobiologischen Ausgangsmaterialien auszuführendes Verfahren vorschlug, bezeichnete es der BGH als rechtlich bedenklich, die Einheitlichkeit zu verneinen.[157] Das BPatG bejahte die Einheitlichkeit bei einer Anmeldung, die mehrere fotografische Objektive umfasste,[158] bei einer Anmeldung von Konservierungs- und Desinfektionsmitteln, die zur Behandlung sowohl von technischen Gegenständen als auch von Lebensmitteln bestimmt waren,[159] bei der Anmeldung eines Alkylierungsverfahrens, das wahlweise auf Aluminium, Bor und Beryllium anzuwenden war,[160] bei der Anmeldung eines Herstellungsverfahrens nebst Verwendungen von Erzeugnissen dieses Verfahrens und Verwendungen anderer Erzeugnisse.[161]

108 Bedenken unter dem Gesichtspunkt der Einheitlichkeit hat die Rechtsprechung, wenn in eine Anmeldung außer einem Stoff, seiner Herstellung und Verwendung auch die unter seiner Verwendung hergestellten Erzeugnisse[162] oder neben Stoff und Herstellungsverfahren zahlreiche verschiedenartige Verfahren zu seiner Weiterverarbeitung[163] aufgenommen werden.

VII. Zusammenfassung des Anmeldungsinhalts

109 1. Nach dem Vorbild des EPÜ (Art. 85, R 47) und des PCT (Art. 3 Abs. 2 und 3, R 8) verlangt § 36 PatG eine Zusammenfassung. Sie dient ausschließlich der **technischen Unterrichtung** (§ 36 Abs. 2 S. 1 PatG). Mit ihrer Einführung sollte, wie die Begründung zum GPatG[164] sagt, dem gestiegenen technischen Informationsbedürfnis der Allgemeinheit in einer für Dokumentationszwecke geeigneten, den „abstracts" des naturwissenschaftlich-technischen Schrifttums vergleichbaren Form entsprochen werden, da Patentansprüche und Beschreibung wegen ihrer am Schutzzweck ausgerichteten Funktion diese Aufgabe nicht zu erfüllen vermögen.

110 2. Die Zusammenfassung gehört nicht zu den Bestandteilen der Anmeldung. Ihr Inhalt ist nicht Offenbarungsinhalt der Anmeldung. Demgemäß kann für eine technische Lehre, die nur in der Zusammenfassung, nicht aber in der ursprünglichen Fassung der Anmeldung selbst dargestellt ist, kein Schutz beansprucht werden. Auch für die patenthindernde Wirkung nach § 3 Abs. 2 PatG bleibt der Inhalt der Zusammenfassung außer Betracht; sie kommt nur dem Inhalt der Anmeldung selbst zu. Ein gegebenenfalls weitergehender Inhalt der Zusammenfassung zählt erst von dem Zeitpunkt an zum Stand der Technik, in dem er der Öffentlichkeit zugänglich wird (§ 3 Abs. 1 PatG).

111 3. Die Zusammenfassung ist der Anmeldung beizufügen oder innerhalb von **15 Monaten** nach dem Prioritätsdatum einzureichen. Dadurch wird ihre Aufnahme in die Offenlegungsschrift ermöglicht (§ 32 Abs. 2 S. 1 PatG). Versäumnis der Frist bringt dem Anmelder keine unmittelbaren Rechtsnachteile, sondern führt zu einer Beanstandung durch das Amt (§§ 42 Abs. 1, 45 Abs. 1 PatG) und, wenn auch innerhalb der dabei gesetzten Frist keine Zusammenfassung eingeht, zur Zurückweisung der Anmeldung (§§ 42 Abs. 3, 48 PatG).

112 Die Zusammenfassung muss gemäß § 36 Abs. 2 S. 2 PatG neben der Bezeichnung der Erfindung (vgl. → Rn. 15 ff.) vor allem eine Kurzfassung des Offenbarungsinhalts der Anmeldung enthalten, die aus nicht mehr als 1500 Zeichen bestehen soll (§ 13 Abs. 1 PatV). Die Kurzfassung soll das technische Gebiet der Erfindung angeben und so gefasst sein, dass sie ein klares Verständnis des technischen Problems, seiner Lösung und der hauptsäch-

---

[157] BGH 11.3.1975, BGHZ 64, 101 (109) – Bäckerhefe.
[158] BPatG 22.7.1965, BPatGE 8, 13.
[159] BPatG 10.10.1963, BPatGE 4, 133 (135).
[160] BPatG 19.7.1963, BPatGE 5, 116 (118).
[161] BPatG 24.10.1983, Mitt. 1984, 232.
[162] BGH 27.6.1972, GRUR 1972, 646 – Schreibpasten; vgl. dazu *Schiller* GRUR 1980, 24 ff. (33 f.).
[163] BGH 25.6.1974, GRUR 1974, 774 (776) – Alkalidiamidophosphite.
[164] BlPMZ 1979, 283 f.

§ 24. Die Anmeldung beim Deutschen Patent- und Markenamt A VIII § 24

lichen Verwendungsmöglichkeit der Erfindung erlaubt. Wenn sie eine Zeichnung erwähnt, ist diese in die Zusammenfassung aufzunehmen; von mehreren erwähnten Zeichnungen ist diejenige auszuwählen, die die Erfindung nach Auffassung des Anmelders am deutlichsten kennzeichnet. Bei chemischen Erfindungen kann in der Zusammenfassung die Formel angegeben werden, die die Erfindung am deutlichsten kennzeichnet (§ 13 Abs. 2 PatV).

Die Prüfung der Zusammenfassung soll nicht dazu führen, dass sich deren Veröffentlichung wesentlich verzögert oder beim DPMA und den ihm übergeordneten Gerichten ein dem verfolgten Zweck nicht angemessener wesentlicher Aufwand entsteht.[165] Im Prüfungsverfahren sind daher Mängel der Zusammenfassung nur zu beanstanden, wenn sie **offensichtlich** sind (§§ 42 Abs. 1 S. 1, 45 Abs. 1 S. 1 PatG). Ist die Zusammenfassung mit der Offenlegungsschrift veröffentlicht, erübrigt sich jede weitere Prüfung ihrer Ordnungsmäßigkeit, da sie in die Patentschrift nur aufgenommen wird, wenn sie nicht schon vorher veröffentlicht worden ist (§ 32 Abs. 3 S. 3 PatG).[166]

113

VIII. Erfinderbenennung

1. Die dem Anmelder nach § 37 PatG obliegende Benennung des Erfinders (vgl. → § 20 Rn. 122 ff.) ist in § 7 PatV näher geregelt. Sie ist – auch wenn sie bereits bei der Anmeldung erfolgt – gesondert auf einem vom Anmelder oder einem entsprechend bevollmächtigten Vertreter unterzeichneten Formblatt oder als den Formatvorgaben des DPMA entsprechende Datei mit elektronischer Signatur (§ 3 Abs. 1 PatV) einzureichen und muss den Erfinder mit Namen und Anschrift und die Erfindung, auf die sie sich bezieht, genau bezeichnen. Sie muss die Versicherung des Anmelders enthalten, dass nicht benannte Personen seines Wissens an der Erfindung nicht beteiligt sind. Hinzu kommt, wenn der Anmelder nicht selbst (Allein-)Erfinder zu sein erklärt, die Angabe, wie das Recht auf das Patent an ihn gelangt ist. Der Erwerbsgrund ist dabei konkret anzugeben, zB Erbfolge oder Vertrag mit Datum. Bei Arbeitnehmererfindungen genügt die Angabe, dass der (die) Erfinder Arbeitnehmer des Anmelders ist (sind).

114

2. Die **Frist** für die Erfinderbenennung beträgt **15 Monate** ab Prioritätsdatum. Mit Rücksicht auf die Schwierigkeiten, die die Ermittlung der Erfinder machen kann, sieht § 37 Abs. 2 PatG die Möglichkeit vor, die Benennungsfrist – erforderlichenfalls auch wiederholt – zu verlängern. Die Anmeldung ist daher mangels Erfinderbenennung nur zurückzuweisen, wenn nicht fristgerecht (dh im Fall erstmaliger Beanstandung innerhalb der vom DPMA nach § 42 Abs. 1 oder § 45 Abs. 1 PatG gesetzten Frist) ein begründeter Verlängerungsantrag gestellt wird. In Ausnahmefällen kann sogar die Patenterteilung vor der Erfinderbenennung erfolgen; Nichteinhaltung der über die Erteilung hinaus verlängerten Frist führt zum Erlöschen des Patents (§ 20 Abs. 1 Nr. 2 PatG).

115

3. Ein Antrag auf **Nichtnennung** (vgl. → § 20 Rn. 125 ff.) muss schriftlich eingereicht werden und vom Erfinder unterzeichnet sein; gleiches gilt für den Widerruf eines solchen Antrags; auch die im Fall der Berichtigung oder Nachholung einer Erfinderbenennung erforderlichen **Zustimmungserklärungen** gegenüber dem DPMA sind schriftlich abzugeben (§ 8 PatV). Es bedarf jedoch keiner Zustimmung des Benannten, wenn der Anmelder die Erfinderbenennung ändert, bevor die entsprechende Nennung veröffentlicht ist.[167] Sind dagegen die ursprünglich benannten Erfinder – zB in der Offenlegungsschrift – schon bekanntgegeben, darf das PA die Erfindernennung nur noch mit Zustimmung des oder der betroffenen Genannten ändern; die Zustimmung aller Genannten ist erforderlich, wenn eine weitere Person als Miterfinder genannt werden soll.[168] Anders verhält es sich, wenn eine Erfindernennung nur insofern fehlerhaft ist, als sie von der Benennung abweicht; das

116

---

[165] Vgl. die Begründung, BlPMZ 1979, 284.
[166] Vgl. die Begründung, BlPMZ 1979, 285; *Schäfers* in Benkard PatG § 36 Rn. 8.
[167] BPatG 7.10.1971, BPatGE 13, 53.
[168] BPatG 6.4.1984, BPatGE 26, 152 (155).

Amt hat sie dann von sich aus zu berichtigen; der Zustimmung des oder der in der fehlerhaften Nennung Bezeichneten bedarf es in solchen Fällen nicht.[169]

IX. Inanspruchnahme von Prioritäten[170]

Literatur: *Haedicke, M./König, G.*, Der Zeitpunkt der Übertragung eines Prioritätsrechts, GRUR-Int 2016, 613–621; *Lins, E.*, Die Rechtsprechung zur Teilpriorität – Konflikt zwischen Dogma und Praxis, FS Eisenführ, 2005, 195–208; *Ruhl, O.*, Unionspriorität, 2000; *ders.*, Priorität und Erfindungsidentität nach der Entscheidung der Großen Beschwerdekammer des EPA in der Sache G 2/98, GRUR-Int 2002, 16–23; *Schricker, G.*, Fragen der Unionspriorität im Patentrecht, GRUR-Int 1967, 85–93; *Scharen, U.*, Wie ist das Erfordernis der so genannten Anmelderidentität des Art. 87 I EPÜ zu verstehen?, GRUR 2016, 446–450; *Tönnies, J. G.*, Ist die Schutzfähigkeit der Erstanmeldung Voraussetzung für die Wirkung des Prioritätsrechts?, Mitt 2000, 496–498; *Ullmann, E.*, Das Prioritätsrecht im Patentwesen – Verbrauch und Mißbrauch?, Mitt 2009, 201–206; *Wieczorek, R.*, Die Unionspriorität im Patentrecht, 1975.

a) Unionspriorität[171]

aa) Allgemeine Voraussetzungen und Wirkungen

117 1. Wer für eine Patentanmeldung beim DPMA gemäß Art. 4 PVÜ die Priorität einer früheren Anmeldung derselben Erfindung in einem anderen Verbandsland der Pariser Union in Anspruch nimmt, hat innerhalb von **16 Monaten** nach dem Prioritätstag **Zeit, Land** und **Aktenzeichen** der früheren Anmeldung anzugeben (Prioritätserklärung) und eine **Abschrift** der früheren Anmeldung einzureichen (Art. 4 D Abs. 1 und 3 PVÜ, § 41 Abs. 1 S. 1 PatG). Innerhalb der genannten Frist können die Angaben zur Priorität geändert werden (§ 41 Abs. 1 S. 2 PatG).

Staaten, die Mitglieder der WTO sind, stehen wegen Art. 2 Abs. 1 TRIPS-Ü Verbandsländern der Pariser Union gleich. Außerdem kann nach § 41 Abs. 2 PatG entsprechend den für die Unionspriorität geltenden Regeln auch die Priorität einer Anmeldung in einem Staat in Anspruch genommen werden, mit dem kein Staatsvertrag über die Anerkennung der Priorität besteht, sofern das BMJV im BGBl. bekanntgemacht hat, dass dieser Staat nach Maßgabe der genannten Vorschrift Gegenseitigkeit gewährt.[172]

118 Die **frühere Anmeldung** darf nicht länger als **12 Monate** zurückliegen (Art. 4 C Abs. 1– 3 PVÜ). Sie kann eine nationale Patent-, Gebrauchsmuster- oder Erfinderscheinanmeldung oder eine europäische oder internationale Patentanmeldung sein (vgl. → § 22 Rn. 54).

119 Ist in der prioritätsbegründenden europäischen oder internationalen Anmeldung *Deutschland allein* benannt, liegt der Sache nach die gemäß § 40 PatG zulässige Inanspruchnahme einer inneren Priorität vor.[173] Die Inanspruchnahme der Priorität richtet sich jedoch nach § 41 PatG, wenn es sich nicht um eine internationale Anmeldung handelt, für die das DPMA selbst Anmeldeamt ist. Nur in diesem Fall wird die Deutschland allein benennende prioritätsbegründende Anmeldung nach § 40 Abs. 5 PatG ohne weiteres als zurückgenommen gelten müssen.[174] Im Übrigen greift, wenn die Erstanmeldung

---

[169] BPatG 15.3.1983, BPatGE 25, 131.
[170] Zum Ganzen vgl. *Ullmann* Mitt. 2009, 201 ff.
[171] S. auch *Bodenhausen*, 28–50; *Ullmann/Tochtermann* in Benkard PatG Internationaler Teil Rn. 30–73.
[172] Vgl. *Moufang* in Schulte PatG § 41 Rn. 25.
[173] *Asendorf* GRUR 1985, 577 (579) will einen Fall innerer Priorität auch dann annehmen, wenn in der internationalen Anmeldung neben dem Staat, auf den sich die Selbstbenennung bezieht, auch andere Bestimmungsstaaten benannt sind. Für eine derart einschränkende Auslegung der Art. 11 Abs. 3 PCT, 4 PVÜ besteht jedoch kein Grund. Art. III § 4 Abs. 3 IntPatÜG betrifft nicht den hier gemeinten Fall, sondern denjenigen, dass *für* eine internationale Anmeldung die Priorität einer beim DPMA eingereichten Anmeldung beansprucht wird.
[174] Ebenso *Asendorf* GRUR 1985, 577 (581) für den Fall einer europäischen Voranmeldung; eine internationale Anmeldung soll dagegen – auch bei Benennung weiterer Bestimmungsstaaten – für Deutschland als zurückgenommen gelten, wenn ihre Priorität für eine nationale Anmeldung in diesem Staat in Anspruch genommen wird (*Asendorf* GRUR 1985, 577 (579)).

eine europäische ist, lediglich das Doppelschutzverbot des Art. II § 8 IntPatÜG ein. Ist die Erstanmeldung eine internationale, erfolgt die Bereinigung unter dem Gesichtspunkt, dass eine mehrfache Sachentscheidung über gegenstands- und prioritätsgleiche Anmeldungen desselben Anmelders mangels Rechtsschutzbedürfnisses nicht verlangt werden kann (vgl. → § 25 Rn. 11 ff.).

120 Die Nichteinhaltung der in der PVÜ vorgesehenen zwölfmonatigen Prioritätsfrist führt zur **Verwirkung des Prioritätsrechts**. Gleiches gilt, wenn die Frist versäumt wird, innerhalb deren nach § 41 PatG die Prioritätserklärung unter Nennung von Datum, Land und Aktenzeichen der Voranmeldung abzugeben und deren Abschrift[175] einzureichen ist (§ 41 Abs. 1 S. 3 PatG). Bei mehrfacher Priorität (→ Rn. 129 ff.) kann es vorkommen, dass nur hinsichtlich eines Teils der beanspruchten Voranmeldungen die Priorität verlorengeht. Soweit die Priorität nicht form- und fristgerecht beansprucht ist, wird die Anmeldung mit dem Zeitrang ihrer Einreichung beim DPMA weiterbehandelt; es wäre nicht zulässig, sie als zurückgenommen anzusehen oder zurückzuweisen (Art. 4 D Abs. 4 PVÜ).

121 Bei Versäumnis der zwölfmonatigen Prioritätsfrist oder der in § 41 PatG vorgesehenen 16-monatigen Frist kann auf begründeten Antrag **Wiedereinsetzung** in den vorigen Stand erfolgen (§ 123 PatG; vgl. → § 23 Rn. 150 f.). Ihre Gewährung ändert jedoch nichts am Anmeldetag der Nachanmeldung; insbesondere bewirkt sie nicht, dass dieser auf den letzten Tag der Prioritätsfrist zurückverlegt wird.[176]

122 2. Die prioritätsbegründende Anmeldung braucht nicht mehr anhängig zu sein, wenn die Nachanmeldung beim DPMA eingereicht wird (Art. 4 A Abs. 3 PVÜ). Doch kann die Priorität nur auf die **erste für ein Verbandsland wirksame Anmeldung** der Erfindung gestützt werden. Insbesondere ist es daher nicht zulässig, die Priorität einer Anmeldung in Anspruch zu nehmen, für die bereits die Priorität einer vorangegangenen Anmeldung beansprucht war.

123 Bei der Feststellung der ersten Anmeldung in einem Verbandsland kann jedoch eine Anmeldung außer Betracht bleiben, die vor Hinterlegung der Nachanmeldung „spurlos untergegangen" ist, dh zurückgezogen, fallengelassen oder zurückgewiesen wurde, ohne öffentlich ausgelegt worden oder Grundlage einer Prioritätsbeanspruchung gewesen zu sein und ohne dass Rechte bestehen geblieben sind (Art. 4 C Abs. 4 PVÜ). Es kann dann die Priorität der nächsten für ein Verbandsland hinterlegten Anmeldung beansprucht werden.

124 Das durch die Erstanmeldung begründete Recht zur prioritätsbegünstigten Nachanmeldung in anderen Verbandsländern (**Prioritätsrecht**)[177] entsteht für den Erstanmelder. Dieser kann es unabhängig von der Rechtsstellung, die er im Land der Erstanmeldung durch diese erlangt hat, für bestimmte oder alle Verbandsländer auf einen Rechtsnachfolger übertragen (Art. 4 A Abs. 1 PVÜ). Der Prioritätsvorteil kommt dann der (den) Nachanmeldung(en) des Rechtsnachfolgers zugute. Wurde die **Erstanmeldung von mehreren Personen** eingereicht, sollen nach *Scharen* auch einzelne der Erstanmelder prioritätsberechtigt sein.[178]

124a 3. Das Prioritätsrecht ist ein subjektiv-öffentliches Recht und Gestaltungsrecht.[179] Weil es vom Nachanmeldestaat eingeräumt wird, muss die **Form seiner Übertragung dem Recht des Nachanmeldestaats** folgen. Das mag gelegentlich unpraktikabel sein, aber es

---

[175] Zur Prioritätsverwirkung bei nicht rechtzeitiger Vorlage der Abschrift BGH 14.1.1972, GRUR 1973, 139 – Prioritätsverlust.
[176] BPatG 3.2.2005, GRUR 2005, 887 – Tragbare Computervorrichtung.
[177] Zur Rechtsnatur *Wieczorek* 17 f. mit Nachweisen.
[178] *Scharen* GRUR 2016, 446 (447 ff.).
[179] HM, aA *Haedicke/G. König* GRUR-Int 2016, 613 (618), die das Prioritätsrecht dem Erfinderrecht zuordnen wollen, obwohl auch Nichterfinder es erlangen können, und *Ruhl* Rn. 260, der das Prioritätsrecht für ein dingliches Recht hält, obwohl es keine Ansprüche gegenüber Dritten begründet; seine Rangwahrung ist bloßer Rechtsreflex.

§ 24 A IX   4. *Abschnitt. Entstehung und Wegfall von Patenten und Gebrauchsmustern*

entspricht dem Schutzlandprinzip.[180] Übertragen worden sein muss das Prioritätsrecht nach hM spätestens bis zur Einreichung der Nachanmeldung, für die es gelten soll.[181]

125 4. Das Prioritätsrecht gilt für die Nachanmeldung **derselben Erfindung** (§ 41 Abs. 1 S. 1 PatG).[182] Doch kann die Priorität nicht deshalb verweigert werden, weil bestimmte Merkmale der Erfindung, für welche die Priorität beansprucht wird, nicht in den in der Patentanmeldung aufgestellten Patentansprüchen enthalten sind, sofern nur die Gesamtheit der Anmeldungsunterlagen diese Merkmale deutlich offenbart (Art. 4 H PVÜ). Zu vergleichen ist deshalb der Gegenstand, für den in der Nachanmeldung Schutz begehrt wird, mit dem gesamten **Offenbarungsinhalt** der Voranmeldung. Der BGH verlangt dabei nicht, dass sämtliche Merkmale der Erfindung wortwörtlich in den Unterlagen der Voranmeldung genannt sind, und lässt es genügen, dass sich einzelne nicht ausdrücklich erwähnte Merkmale der Erfindung für den Durchschnittsfachmann aus dem Gesamtinhalt der Voranmeldung ohne weiteres ergeben; er lässt Ergänzungen der ersten Anmeldungsunterlagen in der Nachanmeldung ohne Prioritätseinbuße im selben Umfang zu, wie die beim DPMA eingereichten ursprünglichen Unterlagen im Laufe des Erteilungsverfahrens geändert werden dürfen.[183]

126 5. Die **Wirkung** der rechtmäßigen Prioritätsbeanspruchung ergibt sich aus Art. 4 B PVÜ: die Nachanmeldung kann nicht unwirksam gemacht werden durch zwischen Vor- und Nachanmeldung eingetretene Tatsachen, insbesondere die Veröffentlichung der Erfindung oder deren Ausübung. Das bedeutet vor allem, dass für die Beurteilung der Schutzfähigkeit des Gegenstands der Nachanmeldung, wenn dieser vom Offenbarungsgehalt der Voranmeldung umfasst ist, nur der vor dem Prioritätszeitpunkt, also vor der früheren Anmeldung angefallene, nicht auch der im „Prioritätsintervall" hinzugekommene Stand der Technik in Betracht zu ziehen ist. Auch können in diesem Zeitraum eingetretene Tatsachen kein Recht Dritter und kein persönliches Besitzrecht begründen, so dass insbesondere Vorbenutzungsrechte (§ 12 PatG) nur durch vor dem Prioritätszeitpunkt vorgenommene Handlungen begründet werden können (Art. 4 B S. 1 Hs. 2, S. 2 PVÜ).

127 6. Die **materielle Wirksamkeit** einer Prioritätsbeanspruchung wird im Erteilungsverfahren gewöhnlich nicht selbstständig, sondern nur insoweit geprüft, als es für die Bestimmung des Standes der Technik, nach welchem die Patentierbarkeit der angemeldeten Erfindung zu beurteilen ist, darauf ankommt, dass der Anmeldung ein vor ihrer Einreichung beim DPMA liegender Zeitrang zuerkannt wird.[184] So kann sich herausstellen, dass im Prioritätsintervall zwischen Erst- und Nachanmeldung wesentliche Kenntnisse der Öffentlichkeit zugänglich geworden oder zum Gegenstand einer anderen für Deutschland wirkenden und später veröffentlichten Patentanmeldung gemacht worden sind (vgl. → § 16 Rn. 14ff.). Das Patentamt hat dann insbesondere zu untersuchen, inwieweit der Gegenstand der deutschen Nachanmeldung durch den Inhalt einer als prioritätsbegründend genannten Anmeldung gedeckt ist, ob es sich hierbei um die Erstanmeldung in einem Verbandsland handelt und ob eine vom Anmelder behauptete Rechtsnachfolge bezüglich des Prioritätsrechts wirksam zustande gekommen ist.

---

[180] Str., aA BGH 16.4.2013, GRUR 2013, 712 Rn. 12 – Fahrzeugscheibe: Recht des Staates der ersten Anmeldung.
[181] AA *Haedicke/G. König* GRUR-Int 2016, 613.
[182] Vgl. BGH 15.10.1974, BGHZ 63, 150 – Allopurinol; 1.3.1979, GRUR 1979, 621 (622f.) – Magnetbohrständer; RG 1.7.1933, RGZ 141, 295 (301). In der PVÜ verlangen zwar Art. 4 A und 4 B nicht ausdrücklich die Übereinstimmung der Gegenstände von Vor- und Nachanmeldung; doch setzen Art. 4 F Abs. 2 und 4 H voraus, dass sie erforderlich ist; auch die nach Art. 4 C Abs. 2 und 4 erforderliche Identifizierung der prioritätsbegründenden ersten Anmeldung ist nur auf Grund einer inhaltlichen Beziehung zur Nachanmeldung möglich.
[183] BGH 15.10.1974, BGHZ 63, 150 (154–156) – Allopurinol; vgl. → § 25 Rn. 118ff.
[184] Vgl. *Ullmann/Tochtermann* in Benkard PatG Internationaler Teil Rn. 71; BPatG 27.4.1978, BPatGE 21, 48; 27.1.1984, BPatGE 26, 119; 18.2.1986, BPatGE 28, 31 mN.; 17.2.1987, BPatGE 28, 222.

§ 24. Die Anmeldung beim Deutschen Patent- und Markenamt

Nach Patenterteilung kann die materielle Wirksamkeit einer Prioritätsbeanspruchung 128
im Einspruchs- oder Nichtigkeitsverfahren geprüft werden, wenn von ihr die Entscheidung
über die Gültigkeit des Patents, insbesondere unter dem Gesichtspunkt des maßgebenden
SdT, abhängt. Einen selbstständigen Widerrufs- oder Nichtigkeitsgrund bildet die materielle Unwirksamkeit einer Prioritätsbeanspruchung nicht. Ihre formelle Ordnungsmäßigkeit
kann nach Patenterteilung in keinem Fall überprüft werden.[185]

bb) Mehrfache Priorität und Teilpriorität

1. Soweit das Erfordernis der Einheitlichkeit (vgl. → Rn. 103ff.) nicht entgegensteht, 129
kann in einer Anmeldung beim DPMA der Offenbarungsinhalt mehrerer Voranmeldungen
aus einem oder mehreren Verbandsländern zusammengefasst werden (Art. 4 F Abs. 1 Fall 1
PVÜ). Die Priorität jeder ausländischen Voranmeldung kann dann nur für den ihr entsprechenden Teil des Gegenstands der deutschen Nachanmeldung in Anspruch genommen
werden. In der Prioritätserklärung sind in solchen Fällen mehrere Daten und gegebenenfalls mehrere Länder zu nennen, wobei die älteste Voranmeldung nicht länger als 12 Monate
zurückliegen darf. Man spricht von mehreren Prioritäten oder **mehrfacher Priorität**.[186]
Ebenso darf bei Wahrung der Einheitlichkeit der Gegenstand der deutschen Nachanmeldung über den Offenbarungsinhalt der prioritätsbegründenden Voranmeldung(en) hinausgehen (Art. 4 F Abs. 1 Fall 2 PVÜ). Die Unionspriorität kommt dann nur einem Teil
des Anmeldungsgegenstands zu; man spricht von **Teilpriorität** oder partieller Priorität.[187]
Der von keiner Voranmeldung gedeckte Teil des Gegenstands der deutschen Nachanmeldung genießt nur den Zeitrang der Einreichung beim DPMA; insoweit begründet die
deutsche Anmeldung ein Prioritätsrecht für Nachanmeldungen in anderen Verbandsländern
(Art. 4 F Abs. 2 PVÜ).

2. Der Zweck der Zulassung von mehrfachen Prioritäten und Teilprioritäten wird viel- 130
fach darin gesehen, dass es ermöglicht werden soll, in eine spätere Anmeldung **Weiterentwicklungen** einzubeziehen, die die Erfindung seit der Erstanmeldung erfahren hat.[188]
Diese Möglichkeit wird jedoch durch eine neue Entscheidung des **BGH**[189] weitgehend
in Frage gestellt. Sie betrifft zwar eine Klage auf Nichtigerklärung eines *europäischen* Patents
und bezieht sich demgemäß auf die in Art. 87–89 EPÜ enthaltene Prioritätsregelung
(→ § 28 Rn. 61ff.). Doch geht sie davon aus, dass diese im Einklang mit der PVÜ anzuwenden ist[190], und hat deshalb auch für deutsche Nachanmeldungen Bedeutung. Ihr
Leitsatz lautet:

„Ein Gegenstand einer europäischen Patentanmeldung betrifft nur dann im Sinne des Art. 87 131
Abs. 1 EPÜ dieselbe Erfindung wie eine Voranmeldung, wenn die mit der europäischen Patentanmeldung beanspruchte Merkmalskombination dem Fachmann in der Voranmeldung in ihrer Gesamtheit als zu der angemeldeten Erfindung gehörig offenbart ist. Einzelmerkmale können nicht in
ein und demselben Patentanspruch mit unterschiedlicher Priorität miteinander kombiniert werden (im Anschluss an die Stellungnahme G 2/98 der Großen Beschwerdekammer des Europäischen
Patentamts)."

---

[185] Vgl. *Ullmann/Tochtermann* in Benkard PatG Internationaler Teil Rn. 72 mN; BPatG 27.4.1978, BPatGE 21, 48.
[186] Vgl. *Schricker* GRUR-Int 1967, 85 (86).
[187] *Schricker* GRUR-Int 1967, 85 (87).
[188] Vgl. *Schricker* GRUR-Int 1967, 85 (86); *Lins/Gramm* GRUR-Int 1983, 634ff.; *Beier/Moufang* GRUR-Int 1989, 869 (872f.); *Goebel* Mitt. 1989, 185 (187); *Lins* FS Eisenführ, 2005, 195ff.; BPatG 10.3.1998, BPatGE 40, 115 (120f.) – Luftverteiler mN.
[189] 11.9.2001, GRUR-Int 2002, 154 – Luftverteiler; ebenso 14.10.2003, GRUR 2004, 133 (Nr. II 2) – Elektronische Funktionseinheit.
[190] BGH 11.9.2001, GRUR-Int 2002, 154 (156); ebenso EPA 31.5.2001, ABl. 2001, 413 Rn. 3 – Erfordernis der Inanspruchnahme einer Priorität für ‚dieselbe Erfindung'; 16.8.1994, ABl. 1995, 18 Rn. 4 – Prioritätsintervall.

Die Stellungnahme[191], der sich der BGH damit anschließt, lautet:

132 „Das in Art. 87 (1) EPÜ für die Inanspruchnahme einer Priorität genannte Erfordernis ‚derselben Erfindung' bedeutet, dass die Priorität einer früheren Anmeldung für einen Anspruch in einer europäischen Patentanmeldung gemäß Art. 88 EPÜ nur dann anzuerkennen ist, wenn der Fachmann den Gegenstand des Anspruchs unter Heranziehung des allgemeinen Fachwissens unmittelbar und eindeutig der früheren Anmeldung als Ganzer entnehmen kann."

133 Das mit der Nichtigkeitsklage angegriffene Patent betraf einen Gasverteiler, insbesondere einen Luftverteiler zum feinblasigen Belüften von Wasser, der im Patentanspruch durch vier Hauptmerkmale gekennzeichnet war. In der Gebrauchsmusteranmeldung, deren Priorität die Patentanmeldung in Anspruch genommen hatte, war ein Gasverteiler offenbart, der nur drei dieser Merkmale aufwies, nicht dagegen die im Patentanspruch zusätzlich angegebenen, über der Membrane des Gasverteilers angeordneten, im Wesentlichen stegförmigen Elemente, die ein Aufwölben der Membrane bei der Gaszufuhr verhindern sollten.

134 Der BGH hat wegen dieser Abweichung angenommen, die Anmeldung des europäischen Patents und die Gbm-Anmeldung hätten nicht dieselbe Erfindung iSd Art. 87 Abs. 1 EPÜ zum Gegenstand gehabt; deshalb sei die Priorität der Gbm-Anmeldung nicht wirksam in Anspruch genommen; der vor Einreichung der Anmeldung des eP der Öffentlichkeit zugänglich gemachte Inhalt der Gbm-Anmeldung gehöre damit zu dem für die Schutzfähigkeit der patentierten Erfindung relevanten SdT. Die den Gegenstand des angegriffenen Patents bildende Erfindung habe sich für den Fachmann aus jenem Gbm iVm einem anderen vorveröffentlichten Dokument in naheliegender Weise ergeben[192]. Das Patent wurde deshalb für Deutschland für nichtig erklärt.

135 3. Art. 4 F PVÜ bezieht sich nach Ansicht des BGH nicht auf einzelne Anspruchsmerkmale, sondern meint einen in den ursprünglichen Unterlagen offenbarten Erfindungsgegenstand, der freilich nach Art. 4 H nicht notwendigerweise in einem Anspruch definiert sein müsse. Durch Art. 88 Abs. 2 S. 2 EPÜ, wonach für einen Anspruch mehrere Prioritäten in Anspruch genommen werden können, hätten, wie sich aus der Entstehungsgeschichte ergebe[193], nicht für Teile ein und desselben Anspruchs unterschiedliche Prioritäten zugelassen, sondern nur der Fall geregelt werden sollen, dass alternative, in unterschiedlichen Voranmeldungen offenbarte Ausführungsformen einer Erfindung alternativ in einem Anspruch („Oder-Anspruch") zusammengefasst werden.

136 Als entscheidenden Gesichtspunkt hebt der BGH unter Berufung auf die GBK des EPA[194] hervor, dass es sachlich nicht gerechtfertigt wäre, die in Art. 89 EPÜ vorgesehene Prioritätswirkung bei einer Weiterentwicklung der Erfindung (durch Hinzufügung eines weiteren Merkmals in der Nachanmeldung) dem Gegenstand der Nachanmeldung in seiner Gesamtheit zuzubilligen.

137 Die vom BPatG in der angefochtenen Entscheidung[195] vertretene Konzeption, in der der Nachanmeldung – *nur im Umfang der in der Erstanmeldung offenbarten Merkmalskombination*[196] – deren Priorität zugebilligt wird, wenn die Nachanmeldung den ursprünglichen Erfindungsgedanken im Sinne einer weiteren Ausgestaltung ergänzt, zwänge nach Ansicht des BGH dazu, dem entsprechenden Erfindungsgedanken eine Ausgestaltung zuzurechnen, die als solche in der Erstanmeldung gerade nicht offenbart ist. Auch könne die Abgrenzung zwischen einer Merkmalskombination 1 bis 4, bei der das

---

[191] EPA 31.5.2001, ABl. 2001, 413 – Erfordernis der Inanspruchnahme einer Priorität für ‚dieselbe Erfindung'; vgl. auch EPA 16.8.1994, ABl. 1995, 18 (22) – Prioritätsintervall.

[192] BGH 11.9.2001, GRUR-Int 2002, 154 (157).

[193] Der BGH verweist hier auf EPA 31.5.2001, ABl. 2001, 413 Rn. 6.3 ff. – Erfordernis der Inanspruchnahme einer Priorität für ‚dieselbe Erfindung'.

[194] EPA 31.5.2001, ABl. 2001, 413 (428 ff.) – Erfordernis der Inanspruchnahme einer Priorität für ‚dieselbe Erfindung'.

[195] 10.3.1998, BPatGE 40, 115 (121 ff.) – Luftverteiler; ebenso 22.7.1999, BPatGE 42, 42 (47 ff., 50) – Elektrische Funktionseinheit; krit. zur ersten Entsch. *Rau* Mitt. 1998, 414 ff.

[196] Hervorhebung vom BGH.

§ 24. Die Anmeldung beim Deutschen Patent- und Markenamt

Merkmal 4 die Merkmale 1 bis 3 lediglich ergänzt, und einer Merkmalskombination 1 bis 4, bei der auch die Merkmale 1 bis 3 im Rahmen der Gesamtkombination eine andere technische Bedeutung gewinnen, im Einzelfall Probleme bereiten, deren Inkaufnahme der Rechtssicherheit bei der Beurteilung der wirksamen Prioritätsinanspruchnahme abträglich sei. Schließlich ergebe sich die Konsequenz, dass dem Anmelder die Priorität für die Merkmalskombination 1 bis 3 nicht helfe, wenn im Prioritätsintervall die Gesamtkombination 1 bis 4 von einem Dritten angemeldet oder offenkundig wird, weil die Gesamtkombination lediglich die Priorität des Anmeldetags genieße.

4. Der vom BGH vertretene restriktive Standpunkt hat für die Praxis den Vorzug relativer Einfachheit: Es brauchen jeweils nur ganze Ansprüche der Nachanmeldung mit dem Offenbarungsgehalt der Voranmeldung verglichen zu werden. Ergibt sich eine Abweichung und ist – wie im entschiedenen Fall – der Inhalt der Voranmeldung vor dem Zeitpunkt der Einreichung der Nachanmeldung der Öffentlichkeit zugänglich geworden, braucht nur noch geprüft zu werden, ob sich hieraus unter Berücksichtigung des übrigen vor diesem Zeitpunkt angefallenen SdT die in der Nachanmeldung vorgenommene *Ergänzung* für den Fachmann in naheliegender Weise ergeben hat. Die Gefahr, dass dann die Nachanmeldung scheitert oder das auf sie erteilte Patent widerrufen oder für nichtig erklärt wird, ist umso größer, je weniger sich der in der Nachanmeldung beanspruchte Gegenstand von dem nach gängigen Regeln ermittelten Offenbarungsgehalt der Voranmeldung unterscheidet. Dennoch sollte nicht versucht werden, durch großzügigere Handhabung dieser Regeln Abweichungen, die unter dem einen oder anderen Gesichtspunkt als unbedeutend erscheinen, noch als mitoffenbart gelten zu lassen[197]. Vielmehr muss es bei einem in allen Anwendungsbereichen einheitlichen Maßstab für die Feststellung des aus fachmännischer Sicht Offenbarten bleiben.

5. Berechtigtes Streben nach Praktikabilität sollte – ebenso wie dabei vielleicht mitschwingende, weniger berechtigte Opportunitätserwägungen im Hinblick auf restriktive Auffassungen in anderen Verbandsländern – die Frage nicht ausschließen, ob eine zu diesem Zweck entwickelte Lösung auch inhaltlich sachgerecht ist.[198] Der BGH ist zu seiner Entscheidung wesentlich dadurch bestimmt worden, dass er *mehrfache Prioritäten und Teilprioritäten für ein und denselben Anspruch* nicht als zulässig ansieht. Zwar berücksichtigt er Art. 88 Abs. 2 S. 2 EPÜ; er reduziert jedoch dessen Anwendungsbereich auf einen Fall, in dem es sich in Wahrheit nur um eine sprachlich abgekürzte Zusammenfassung mehrerer selbstständiger Ansprüche handelt, und macht ihn dadurch nahezu bedeutungslos[199]. Mit Art. 88 Abs. 3 EPÜ, wonach bei Inanspruchnahme einer oder mehrerer Prioritäten das Prioritätsrecht nur die Merkmale umfasst, die in der oder den prioritätsbegründenden Anmeldungen enthalten sind, befasst er sich überhaupt nicht. In Art. 4 F PVÜ will er unter den in der französischen Originalfassung als *éléments* bezeichneten Einheiten Erfindungsgegenstände, also wohl vollständige Erfindungen verstehen, wobei er den Zweck der Vorschrift lediglich darin sieht, dem Anmelder eine Mehrzahl von Nachanmeldungen im gleichen Verbandsland zu ersparen, soweit nicht nach dem dort geltenden Recht das Erfordernis der Einheitlichkeit entgegensteht.

Das BPatG wollte früher ebenfalls für einen Anspruch nur eine Priorität gelten lassen[200]. Es hat diesen Standpunkt jedoch aufgegeben[201]. Nach seiner jüngsten einschlägigen Entscheidung[202] bleibt,

---

[197] Die Ablehnung solcher Ansätze, die sich in manchen Entscheidungen von BK gezeigt hatten, ist das Hauptanliegen von EPA 31.5.2001, ABl. 2001, 413 – Erfordernis der Inanspruchnahme einer Priorität für ‚dieselbe Erfindung'; vgl. → § 28 Rn. 61 ff.
[198] Vgl. die Kritik von *Lins* FS Eisenführ, 2005, 195 ff., der die Risiken hervorhebt, die sich insbesondere für kleine und mittlere Unternehmen aus der Rechtsprechung ergeben.
[199] S. *v. Hellfeld* Mitt. 1997, 294 (296).
[200] BPatG 21.1.1981, BPatGE 23, 259 (263); ebenso *Wieczorek* 170 mit Hinweis auf die internationale Praxis; ablehnend *Lins/Gramm* GRUR-Int 1983, 634 ff.
[201] BPatG 22.3.1995, GRUR 1995, 667.
[202] BPatG 22.7.1999, BPatGE 42, 42 – Elektrische Funktionseinheit.

soweit eine Priorität zu Recht in Anspruch genommen ist, bei der Prüfung der Patentfähigkeit der mit dieser Priorität angemeldeten oder patentierten Erfindung die entsprechende Offenbarung einer prioritätsjüngeren Entgegenhaltung außer Betracht, so dass als schutzhindernd nur derjenige Teil dieser Offenbarung zu berücksichtigen ist, der von jener Priorität nicht erfasst wird. Die kleinste Einheit, an die eine Priorität anknüpfen kann, sieht das BPatG bei der Anwendung des Art. 88 Abs. 2 S. 2 EPÜ in dem *Erfindungsgedanken,* den die Vor- und die Nachanmeldung übereinstimmend enthalten[203]; dagegen hat es bei der Anwendung von § 40 PatG (→ Rn. 151 ff.) unterschiedliche Teilprioritäten für verschiedene *Merkmale* innerhalb eines Anspruchs als zulässig angesehen[204].

141   6. Der Wortlaut des Art. 4 F PVÜ zwingt nicht zu der Annahme, er betreffe nur den Fall, dass in einer Nachanmeldung mehrere mit unterschiedlichen Prioritäten vorangemeldete *vollständige Erfindungen* oder eine vorangemeldete mit einer erst in der Nachanmeldung hinzugefügten vollständigen Erfindung verbunden werden. Gewiss bezieht er sich *auch* auf diesen Fall und macht deshalb den Vorbehalt der Einheitlichkeit. Das bedeutet aber nicht, dass er nicht auf Fälle anzuwenden wäre, in denen sich kein Einheitlichkeitsproblem ergibt, weil es sich um Abwandlungen oder Ergänzungen einer in der Voranmeldung offenbarten Erfindung handelt. Dass mit „éléments" vollständige Erfindungen gemeint seien, will schon sprachlich nicht einleuchten; denn Art. 4 PVÜ verwendet den Ausdruck „Erfindung", wo er eine solche meint. „Éléments" sind deshalb jedenfalls kleinere Einheiten, wie es auch der Wortbedeutung „(Grund-)Bestandteile" entspricht. Damit steht der deutsche Ausdruck „Merkmale" insofern im Einklang, als er solche Bestandteile unter dem Gesichtspunkt ihrer eine Erfindung kennzeichnenden Funktion erfasst[205]. Da es letztlich auf den Vergleich von Offenbarungsgehalten ankommt, könnte auch von *Informationen* gesprochen werden[206]. Dann bedeutet Art. 4 F PVÜ, dass die Priorität nicht deshalb versagt werden darf, weil aus der Voranmeldung stammenden Informationen in der Nachanmeldung weitere Informationen hinzugefügt worden sind, dass also auch in diesem Fall den aus der Voranmeldung stammenden Informationen die durch diese begründete Priorität mit der in Art. 4 B PVÜ vorgesehenen Wirkung erhalten bleibt[207]. Freilich müssen die in der Voranmeldung offenbarten Informationen eine nacharbeitbare – wenn auch nicht notwendigerweise schutzfähige[208] – Erfindung ausmachen[209]. Informationen, die nicht zu einer für den Fachmann ausführbaren Handlungsanweisung gehören, begründen keine Priorität.

---

[203] BPatG 10.3.1998, BPatGE 40, 115 (124) – Luftverteiler.

[204] BPatG 22.3.1995, GRUR 1995, 667.

[205] Vgl. *Ruhl* GRUR-Int 2002, 16 (19), der „élément" als Definitionsmerkmal einer technischen Lehre definiert.

[206] Vgl. *Joos* GRUR-Int 1998, 456 (458).

[207] Im gleichen Sinn *Tönnies* GRUR-Int 1998, 451 (453); *Nöthe* GRUR 1998, 454f.

[208] Anders *Tönnies* Mitt. 2000, 496 ff. Doch kann in Fällen in denen der Gegenstand der Voranmeldung schon im Verhältnis zu dem bei ihrer Einreichung vorhandenen SdT nicht schutzfähig ist, die Nachanmeldung ohnehin nur dann zum Erfolg führen, wenn sich ihr Gegenstand vom relevanten SdT erfinderisch abhebt. Hierzu kann im angenommenen Fall der Gegenstand der Voranmeldung auch dann nichts beitragen, wenn man ihn nicht zu dem im Zeitpunkt der Nachanmeldung vorhandenen SdT rechnet; denn er hatte bereits im Zeitpunkt der Voranmeldung gegenüber dem damaligen SdT keinen erfinderischen Gehalt. Ist in einem solchen Fall der Gegenstand der Nachanmeldung nicht im Verhältnis sowohl zu diesem als auch zu dem im Prioritätsintervall hinzugekommenen SdT neu und erfinderisch, ist die Nachanmeldung mangels Schutzfähigkeit zurückzuweisen, ohne dass es der Feststellung bedarf, dass ihr bereits hinsichtlich des Offenbarungsgehalts der Voranmeldung die beanspruchte Priorität nicht zukomme. Die Bedenken, die *Rau* Mitt. 1998, 414 Rn. 2c äußert, sind deshalb unbegründet. – Die von *Nöthe* GRUR 1998, 454 (455) angeschnittene Frage nach Vorbenutzungsrechten würde sich im angenommenen Fall hinsichtlich des Gegenstands der Voranmeldung nicht stellen, weil für diesen kein Schutzrecht entstünde; bei Patentierung des Gegenstands der Nachanmeldung käme es für Vorbenutzungsrechte nur auf den Zeitpunkt der letzteren an, weil der Schutzbereich des Patents den Gegenstand der Voranmeldung nicht umfassen würde.

[209] *Straus* GRUR-Int 1995, 103 (111); *Ullmann/Töchtermann* in Benkard PatG Internationaler Teil Rn. 41; BPatG 10.5.1994, BPatGE 34, 160.

§ 24. Die Anmeldung beim Deutschen Patent- und Markenamt   A IX   § 24

7. Die Anerkennung von Teilprioritäten im vorgeschlagenen Umfang bedeutet nicht, dass **142** der Anmelder eine Priorität für etwas erhält, was er in der Voranmeldung nicht offenbart hat. Sowohl der BGH als auch die GBK gelangen zu dieser Befürchtung nur deshalb, weil sie für einen Anspruch nur eine Priorität zulassen wollen, so dass ein Anspruch auf eine Weiterentwicklung einer in der Voranmeldung offenbarten Erfindung die Priorität dieser Anmeldung entweder überhaupt nicht oder – unzulässigerweise – einschließlich eines vom Offenbarungsgehalt der Voranmeldung nicht gedeckten Teils seines Gegenstands soll genießen können. Es geht also letztlich darum, ob man sich auf eine differenzierte Zuordnung unterschiedlicher Prioritäten zu den Informationen einlassen will, die einem in der Nachanmeldung aufgestellten Anspruch zugrunde liegen. Dabei versteht sich, dass beispielsweise die Offenbarung einer Kombination aus drei Elementen weder ein später hinzugefügtes viertes Element noch dessen Wechselwirkung mit jenen Elementen und jedem von ihnen noch etwaige Rückwirkungen der Verbindung mit dem neuen Element auf das Zusammenwirken der drei voroffenbarten Elemente untereinander umfasst. Soweit aber der prioritätsbegründende Offenbarungsgehalt reicht, sollte er der Nachanmeldung weder als Inhalt der gegebenenfalls im Prioritätsintervall der Öffentlichkeit zugänglich gemachten Voranmeldung noch als Offenbarungsgehalt eines in diesem Zeitraum in den SdT eingegangenen sonstigen Dokuments oder Sachverhalts entgegengehalten werden können.

Im Grunde bedarf es dabei auch nicht der Prüfung, ob der Gegenstand der Nachanmeldung im **143** Rahmen des voroffenbarten Erfindungsgedankens bleibt; denn je weiter er sich hiervon entfernt, umso weniger tragen die voroffenbarten und deshalb prioritätsbegünstigten Informationen zu seiner Schutzfähigkeit bei[210].

Ebenso ist zu bezweifeln, dass Fälle, in denen der Gegenstand der Nachanmeldung während des **144** Prioritätsintervalls der Öffentlichkeit zugänglich wird, einer gesonderten Betrachtung bedürfen[211]. Vielmehr gehört zu dem für die Schutzfähigkeit des Gegenstands der Nachanmeldung relevanten SdT nur derjenige Offenbarungsgehalt, in dem der der Öffentlichkeit zugänglich gewordene Sachverhalt über denjenigen der Voranmeldung hinausgeht.

Wenn während des Prioritätsintervalls der Gegenstand der Nachanmeldung *anderweitig angemeldet* **145** und diese Anmeldung erst nach Einreichung der Nachanmeldung veröffentlicht wird, steht dieser der Inhalt jener Anmeldung wiederum nur insoweit entgegen, als er über den Offenbarungsgehalt der Voranmeldung hinausgeht, und wirkt deshalb wegen § 4 S. 2 PatG nicht patenthindernd. Andererseits gehört der Inhalt der Nachanmeldung, wenn sie später veröffentlicht wird, für die gegenstandsgleiche Anmeldung aus dem Prioritätsintervall nur insoweit zum SdT, als vom Offenbarungsgehalt der Voranmeldung gedeckt ist, und wirkt deshalb ebenfalls nicht patenthindernd. Die *Doppelpatentierung*, die hierdurch ermöglicht wird, ist letztlich dadurch bedingt, dass nachveröffentlichte ältere Anmeldungen nur für die Neuheit und nicht auch für die erfinderische Tätigkeit zum SdT gerechnet werden[212]. Sie kann als – vermutlich äußerst seltene – Folge dieses Systems ebenso in Kauf genommen werden wie in anderen Fällen (vgl. → § 17 Rn. 48 ff.)[213].

Die vorgeschlagene Handhabung ist schon deshalb keineswegs gleichbedeutend mit einer *Neuheits-* **146** *schonfrist,* weil von einer solchen nur gesprochen werden kann, wenn sie unabhängig von Formalitäten gewährt wird, die schon im Zeitpunkt der ersten Offenbarung erfüllt sein müssen. Hinzu kommt, dass zur Begründung einer Priorität eine fertige, ausführbare Erfindung angemeldet werden muss, während

---

[210] S. *v. Hellfeld* Mitt. 1997, 294 (297); *Wieczorek* 149.

[211] Bejahend *Tönnies* GRUR-Int 1998, 451 (453); *v. Hellfeld* Mitt. 1997, 294 (297). Erst recht kann die Prioritätswirkung nicht, wie *Tönnies* (GRUR-Int 1998, 451 (453)) meint, gegenüber einer Veröffentlichung im Prioritätsintervall verlorengehen, die außer dem Offenbarungsgehalt der Voranmeldung ein anderes als in der Nachanmeldung hinzugefügtes Merkmal offenbart.

[212] Es wird also im Anwendungsbereich von §§ 3 Abs. 2, 4 S. 2 PatG (entsprechend Art. 54 Abs. 3, 56 S. 2 EPÜ) nicht „die Selbstkollision gegenüber der Fremdkollision bevorzugt". Das Beispiel, mit dem *Joos* FS Beier, 1996, 73 (79) eine solche Bevorzugung zeigen will, liegt im Anwendungsbereich von Art. 54 Abs. 2, 56 S. 1 EPÜ und ist deshalb nicht stichhaltig, wenn sich, wie *Joos* anscheinend meint, ein Verbot solcher Bevorzugung aus Art. 54 Abs. 3 EPÜ ergibt. Abgesehen hiervon ist fraglich, ob angesichts der Prioritätswirkung überhaupt von Selbstkollision gesprochen werden kann.

[213] Ähnlich insoweit *Ruhl* GRUR-Int 2002, 16 (21).

§ 24 A IX 4. *Abschnitt. Entstehung und Wegfall von Patenten und Gebrauchsmustern*

eine Neuheitsschonfrist durch Informationen aller Art in Lauf gesetzt werden kann. Es ist deshalb nicht möglich, „mit Hilfe des Prioritätsrechts eine Neuheitsschonfrist einzuführen"[214].

147 Die Zulassung von Teilprioritäten innerhalb eines Anspruchs widerspricht auch nicht den Regeln für die Bestimmung der *Erstanmeldung* gem. Art. 4 C Abs. 2 und 4 PVÜ. Der Vergleich des Offenbarungsgehalts folgt dort denselben Grundsätzen wie im Verhältnis zwischen Vor- und Nachanmeldung. Doch geht die Frage dahin, ob der *Gegenstand* einer Anmeldung bereits früher angemeldet worden ist. Dabei wird zwar, wenn eine Anmeldung mehrere Erfindungen umfasst, für jede von ihnen gesondert zu prüfen sein, ob schon eine ältere Anmeldung vorliegt. Eine weitere Aufgliederung in „Elemente", wie sie nach der hier vertretenen Ansicht Art. 4 F PVÜ hinsichtlich der Nachanmeldung zulässt, ist jedoch ausgeschlossen.

148 8. Die Praxis wird sich allerdings auf die vom BGH übereinstimmend mit dem EPA eingeschlagene Richtung einzustellen haben, die auch im Schrifttum nicht wenige Befürworter findet[215]. Bei Einbeziehung von Weiterentwicklungen in die Nachanmeldung muss deshalb jedenfalls vermieden werden, dass die Voranmeldung während des Prioritätsintervalls der Öffentlichkeit zugänglich wird[216]. Gegen anderweitig entstehenden SdT hilft dies freilich nicht. Deshalb empfiehlt es sich, in die Nachanmeldung auch Ansprüche aufzunehmen, die sich strikt auf den Offenbarungsgehalt der Voranmeldung beschränken. Dann kann auf die Nachanmeldung wenigstens insoweit ein rechtsbeständiges Patent erteilt werden, als der Gegenstand der Voranmeldung im Prioritätszeitpunkt neu und erfinderisch war.

149 In dem vom BGH entschiedenen Fall ist dem Inhaber des für nichtig erklärten Patents das auf die Voranmeldung hin eingetragene Gbm verblieben. Wenn dessen Gegenstand schutzfähig ist, kann auf dieser Grundlage in Deutschland auch gegen die Benutzung der in jenem Patent beanspruchten Ausführungsform vorgegangen werden, da sie sämtliche Merkmale des Schutzanspruchs des Gbm aufweist.

150 Auch kann nach Auffassung des BPatG ein Patent, das wegen eines in der Voranmeldung nicht offenbarten Merkmals nur den Zeitrang seiner Anmeldung beim DPMA genießt, beschränkt aufrechterhalten werden, wenn der Patentanspruch eine in der Prioritätsanmeldung offenbarte patentfähige Unterkombination enthält und in den Patentanspruch die Erklärung aufgenommen wird, dass das hinzugefügte Anspruchsmerkmal über den Inhalt der Prioritätsanmeldung hinausgeht und die Patentfähigkeit bei Berücksichtigung des Zeitrangs der Prioritätsanmeldung nicht stützen kann.[217] Die Erklärung ist erforderlich, weil das hinzugefügte Merkmal wegen des Verbots, den Schutzbereich des Patents zu erweitern, nicht gestrichen werden darf (vgl. → § 26 Rn. 176 ff.). Das gemäß der Lösung des BPatG aufrechterhaltene Patent schützt somit nur gegen Ausführungsformen, die auch das hinzugefügte Merkmal aufweisen; bei Überprüfung seiner Rechtsbeständigkeit ist aber mit dem – allerdings durch den Zeitrang der Prioritätsanmeldung bestimmten – SdT die „Unterkombination" ohne dieses Merkmal zu vergleichen, so dass ein entsprechend umfangreicherer SdT entgegenstehen kann. Erweist sie sich als neu und erfinderisch, gewährt das Patent im Ergebnis den ursprünglich intendierten Schutz.

b) Innere Priorität[218]

151 1.Vor 1981 war die Nutzung des Prioritätsjahres für eine Anmeldung beim DPA nur möglich, wenn die Erfindung zuerst in einem anderen Verbandsland der Pariser Union angemeldet wurde. Auf der Grundlage einer Erstanmeldung beim DPA konnte sie für die

---

[214] Dass dies von manchen angestrebt werde, meint *Rau* Mitt. 1998, 414 (417); ähnlich *Joos* GRUR-Int 1998, 456 (460); ablehnend zu diesem Argument *Lins* FS Eisenführ, 2005, 195 (204 f.).

[215] *Joos* FS Beier, 1996, 73 ff. und GRUR-Int 1998, 456 ff.; *Rau* Mitt. 1998, 414 ff.; *Ruhl* Mitt. 1999, 135 ff. und GRUR-Int 2002, 16 ff.; *Ullmann/Tochtermann* in Benkard PatG Internationaler Teil Rn. 57 f.

[216] Bei Gbm-Anmeldungen ist dazu meist ein Antrag auf Aussetzung der Eintragung gem. §§ 8 Abs. 1 S. 3 GebrMG, 49 Abs. 2 PatG erforderlich.

[217] BPatG 30.4.2003, BlPMZ 2003, 298 – Prioritätsdisclaimer.

[218] Vgl. die Begründung zum GPatG, BlPMZ 1979, 284 f.; *Bossung* GRUR 1979, 661–668; *Gramm* GRUR 1980, 954–960; *Goebel* Mitt. 1981, 15 ff.

§ 24. Die Anmeldung beim Deutschen Patent- und Markenamt A IX § 24

Bundesrepublik Deutschland nur mittels einer diese selbst benennenden europäischen Nachanmeldung erreicht werden.[219] Hieraus ergab sich eine Benachteiligung der Anmelder, die – namentlich aus Kostengründen – solche Umwege nicht gehen konnten oder nicht riskieren wollten, vor allem für kleine und mittlere Unternehmen sowie Einzelerfinder. Die seit 1.1.1981 geltende Regelung soll in dieser Hinsicht, wie die Begründung zum GPatG sagt, allen Anmeldern gleiche Chancen geben. Sie ermöglicht es, für eine beim DPMA eingereichte Anmeldung die Priorität einer früheren, ebenfalls beim DPMA eingereichten Anmeldung in Anspruch zu nehmen (§ 40 PatG).

Dadurch kompensiert sie bis zu einem gewissen Grad auch die Verschlechterungen, die das IntPatÜG durch Einengung des Kreises der unschädlichen Vorverlautbarungen gebracht hat (vgl. → § 16 Rn. 81 ff.). Sie erleichtert eine frühzeitige Anmeldung, die vor nachteiligen Folgen eigener Verlautbarungen und öffentlich wahrnehmbarer Erprobungen schützen kann. Freilich hilft sie – im Gegensatz zur alten Neuheitsschonfrist – denjenigen nicht, die erst nach neuheitsschädlicher Verlautbarung auf den Gedanken kommen, Patentschutz anzustreben. 152

Die Regelung der inneren Priorität in § 40 PatG ist an Art. 4 PVÜ und Art. 87, 88 EPÜ angelehnt. Soweit das PatG nichts Abweichendes bestimmt, können die für die Unionspriorität entwickelten Grundsätze ergänzend herangezogen werden. Das gilt auch für die Prüfung der formellen Ordnungsmäßigkeit und materiellen Wirksamkeit der Prioritätsbeanspruchung (vgl. → Rn. 127 f.). 153

2. Die Priorität kann nur innerhalb von **zwei Monaten** nach dem Tag der Nachanmeldung in Anspruch genommen werden; die Prioritätserklärung gilt erst dann als abgegeben, wenn das **Aktenzeichen** der früheren Anmeldung angegeben worden ist (§ 40 Abs. 4 PatG). Der Vorlage einer *Abschrift* dieser Anmeldung bedarf es nicht, da die Anmeldung beim DPMA vorliegt. Wird Einsicht in die Akten der Nachanmeldung beantragt, nimmt das Amt eine Abschrift der früheren Anmeldung zu diesen Akten (§ 40 Abs. 6 PatG). 154

3. **Prioritätsbegründend** ist eine beim DPMA eingereichte **Patent- oder Gebrauchsmusteranmeldung,** für die noch keinerlei in- oder ausländische Priorität beansprucht worden ist (§ 40 Abs. 1 PatG). Sie braucht nicht mehr anhängig zu sein (vgl. § 40 Abs. 5 PatG); erforderlich ist nur, dass sie ein Anmeldedatum begründet hat. Die Priorität kann auch auf Grund einer Anmeldung beansprucht werden, die zurückgenommen oder zurückgewiesen wurde oder – beispielsweise mangels Zahlung der Anmeldegebühr – als zurückgenommen anzusehen ist;[220] das gleiche gilt, wenn die frühere Anmeldung bereits zur Patenterteilung oder Gebrauchsmustereintragung geführt hat. 155

Prioritätsbegründend ist auch die Benennung Deutschlands in einer *europäischen oder internationalen Anmeldung.* § 40 PatG ist jedoch in solchen Fällen nur von Bedeutung, wenn weitere Vertragsstaaten nicht benannt sind. Aus ihm ergibt sich dann die Zulässigkeit der Prioritätsbeanspruchung. Verfahrensmäßig wird jedoch, weil die Voranmeldung nicht oder nicht allein vom DPMA zu behandeln ist, den für die Unionspriorität geltenden Regeln zu folgen sein, sofern es sich nicht um eine beim DPMA als Anmeldeamt eingereichte internationale Anmeldung handelt (vgl. → Rn. 117 ff.). 156

Die Nachanmeldung muss innerhalb der **Prioritätsfrist** eingereicht werden, die auch hier **zwölf Monate** nach dem Tag der früheren Anmeldung abläuft. Eine Wiedereinsetzung ist bei Versäumnis dieser Frist ausgeschlossen (§ 123 Abs. 1 S. 2 Nr. 3 PatG). 157

4. Die Priorität gilt nur für die Nachanmeldung **derselben Erfindung** (§ 40 Abs. 1 PatG). Sie kann nur für solche Merkmale des Gegenstands der Nachmeldung in Anspruch genommen werden, die in der Gesamtheit der Unterlagen der Voranmeldung **deutlich offenbart** sind (§ 40 Abs. 3 PatG).[221] 158

---

[219] Diese Möglichkeit bestand nach BGH 20.10.1981, BGHZ 82, 88 – Roll- und Wippbrett bereits vor Inkrafttreten des GPatG.
[220] Vgl. *Gramm* GRUR 1980, 954 (960).
[221] Zur Frage, unter welchen Voraussetzungen das PA dies – insbesondere wegen der Rücknahmewirkung nach § 40 Abs. 5 PatG – unabhängig davon zu prüfen hat, ob ihm schutzhindernde Tatsachen

159 Es kann daher nicht unzulässig sein, die innere Priorität für eine mit der früheren Anmeldung **wörtlich übereinstimmende Nachanmeldung** zu beanspruchen; ein Rechtsschutzbedürfnis hierfür ergibt sich schon daraus, dass auf diese Weise der Ablauf des Patents hinausgeschoben werden kann, weil dessen Laufzeit von der Nachanmeldung ab gerechnet wird.[222]

160 **Mehrfache und partielle Prioritäten** sind nach den gleichen Grundsätzen zulässig wie bei der Unionspriorität (§ 40 Abs. 2 und 3 PatG; vgl. → Rn. 129). Es besteht auch kein Hindernis, für dieselbe Anmeldung Unionsprioritäten und innere Prioritäten nebeneinander geltend zu machen.[223] Für eine Patentanmeldung können demgemäß unter Umständen teils eine oder mehrere ausländische, teils eine oder mehrere innere Prioritäten und im Übrigen der Tag ihrer Einreichung beim DPMA maßgebend sein. Ob sie in einem Verfahren behandelt werden kann oder aufzuteilen ist, hängt allein von der Einheitlichkeit ihres Gegenstands ab (vgl. → Rn. 103 ff.).

161 5. Besonderheiten im Vergleich zur Unionspriorität ergeben sich daraus, dass die prioritätsbegründende Anmeldung für den **gleichen räumlichen Bereich** Schutz begehrt wie die Nachanmeldung. Da im Falle wirksamer Prioritätsbeanspruchung beide den gleichen Zeitrang haben, kommt freilich eine schutzhindernde oder -hemmende Wirkung der früheren Anmeldung gegenüber der Nachanmeldung weder nach § 3 Abs. 2 PatG noch gemäß § 14 GebrMG in Betracht. Das Gesetz will aber möglichst verhindern, dass für Deutschland mehrere, letztlich auf die gleiche Anmeldung zurückgehende prioritäts- und inhaltsgleiche Schutzrechte gleicher Art bestehen. Deshalb bestimmt § 40 Abs. 5 PatG, dass die frühere Anmeldung, wenn sie noch beim DPMA anhängig und ebenfalls auf die Erteilung eines Patents gerichtet ist, mit − form- und fristgerechter[224] − Abgabe der Prioritätserklärung **als zurückgenommen gilt**.

162 War die Anmeldung, deren Priorität für eine spätere Patentanmeldung in Anspruch genommen wird, auf ein Gebrauchsmuster gerichtet, gilt sie nicht als zurückgenommen (§ 40 Abs. 5 S. 2 PatG). War sie aus einer (noch) früheren Patentanmeldung abgezweigt (§ 5 GebrMG), gilt auch diese nicht als zurückgenommen; die zur zweiten Patentanmeldung abgegebene Prioritätserklärung kann nicht gegen den Willen des Anmelders auf die erste Patentanmeldung bezogen werden.[225]

163 Wenn es sich bei der *Nachanmeldung* um eine *internationale Anmeldung* handelt, gilt nach Art. III § 4 Abs. 3 IntPatÜG die beim DPMA eingereichte frühere Anmeldung erst dann als zurückgenommen, wenn für die Nachanmeldung an das DPMA zu entrichtende *Anmeldegebühr* bezahlt, eine gegebenenfalls erforderliche *Übersetzung* eingereicht und die gem. dem PCT für die Erfüllung dieser Voraussetzungen maßgebende *Frist* abgelaufen ist.

164 Ist das DPMA sowohl Anmelde- als auch Bestimmungsamt und die internationale Anmeldung in deutscher Sprache eingereicht, genügt für den Eintritt der Rücknahmefiktion der Fristablauf, weil es keiner Übersetzung bedarf und die deutsche Anmeldegebühr durch Zahlung der Übermittlungsgebühr als bezahlt gilt. Vermeidbar ist der Wegfall der deutschen Voranmeldung dadurch, dass vor Fristablauf die Benennung Deutschlands zurückgenommen oder schon bei der Anmeldung Deutschland ausdrücklich von der grundsätzlich alle PCT-Staaten umfassenden Benennung ausgenommen wird;[226] ebenso durch einen auf die nationale Phase und damit auf Deutschland beschränkten Verzicht auf die durch die Voranmeldung beim DPMA begründete Priorität für die internationale Anmeldung.[227]

165 Die frühere Anmeldung gilt auch dann in vollem Umfang als zurückgenommen, wenn sie nur für einen Teil ihres Inhalts als Prioritätsgrundlage in Anspruch genommen wird;[228] soll sie im übrigen

---

aus dem Prioritätsintervall vorliegen, vgl. BPatG 27.1.1984, BPatGE 26, 119; 18.2.1986, BPatGE 28, 31; 17.2.1987, BPatGE 28, 222 (224 f.).
[222] BPatG 17.2.1983, BlPMZ 1983, 372.
[223] *Gramm* GRUR 1980, 954 (957).
[224] Vgl. *Schäfers* in Benkard PatG § 40 Rn. 18; BPatG 25.11.1982, BlPMZ 1983, 47.
[225] BPatG 30.6.2006, GRUR 2007, 1018 − Frequenzsignal.
[226] Mitteilung Nr. 24/04 des Präsidenten des DPMA vom 4.5.2004, BlPMZ 2004, 349.
[227] BPatG 9.6.2004, GRUR 2004, 1025 − Prioritätsverzicht.
[228] BPatG 23.12.1983, BPatGE 26, 60 (62 f.); vgl. auch BPatG 27.1.1984, BlPMZ 1984, 238.

aufrechterhalten werden, ist sie vor der Prioritätserklärung gemäß § 39 PatG zu teilen.²²⁹ Wenn für eine *europäische Patentanmeldung,* in der Deutschland benannt ist, die Priorität einer Patentanmeldung beim DPMA beansprucht wird, findet § 40 Abs. 5 PatG keine Anwendung²³⁰; die Erteilung des beantragten eP kann jedoch nach Art. II § 8 IntPatÜG dazu führen, dass das vom DPMA gegebenenfalls erteilte Patent seine Wirkung verliert.

6. Ist – was nur in Ausnahmefällen vorkommen dürfte – auf die frühere Anmeldung schon ein **Patent** erteilt, **bleibt** dieses ungeachtet der Prioritätserklärung **bestehen**²³¹. Es gibt jedoch kein berechtigtes Interesse daran, für Deutschland denselben Gegenstand nicht nur durch das auf die – für die Berechnung der Laufzeit günstigere – Nachanmeldung erteilte, sondern auch durch ein auf die frühere Anmeldung erteiltes prioritätsgleiches Patent geschützt zu sehen.²³² Eine Vorschrift, die verhindert, dass die Anwendung des § 40 PatG zu diesem Ergebnis führt, fehlt jedoch. Bei analoger Anwendung des im Verhältnis zwischen europäischen und deutschen Patenten geltenden Doppelschutzverbots des Art. II § 8 IntPatÜG²³³ ergäbe sich, dass das auf die frühere Anmeldung erteilte Patent ohne weiteres seine Wirkung verliert, wenn das auf die Nachanmeldung erteilte keinem Einspruch mehr ausgesetzt ist. Man wird sich jedoch damit begnügen müssen, unter den genannten Voraussetzungen die Geltendmachung des ersteren Patents als unzulässige Rechtsausübung zu behandeln.²³⁴ **166**

X. Zusatzanmeldung

Die Bestimmungen des § 16 Abs. 1 S. 2, Abs. 2 PatG aF über Zusatzpatente sind mit Wirkung zum 1.4.2014 ersatzlos entfallen. Die folgende Darstellung bezieht sich auf Zusatzpatente, soweit sie auf einer Anmeldung vor dem 1.4.2014 beruhen. Gemäß der Übergangsvorschrift des § 147 Abs. 3 PatG sind die Vorschriften auf Altfälle weiterhin anzuwenden. **167**

1. Für eine Erfindung, die die Verbesserung oder weitere Ausbildung einer anderen, zum Patent angemeldeten oder durch Patent geschützten Erfindung bezweckt, kann unter den Voraussetzungen des § 16 Abs. 1 S. 2 PatG aF die Erteilung eines Zusatzpatents beantragt werden. Die Patentanmeldung bringt dann im Erteilungsantrag und durch Bezugnahme auf die Anmeldung der anderen Erfindung (Hauptanmeldung) oder das für sie erteilte Patent (Hauptpatent) zum Ausdruck, dass es sich um eine Zusatzanmeldung handelt. Außerdem muss sie den für alle Patentanmeldungen geltenden Erfordernissen genügen. **168**

Eine Zusatzanmeldung ist frühestens am Tag der Hauptanmeldung möglich. Das Zusatzpatent kann (als solches) nur erteilt werden, wenn die Hauptanmeldung zum Patent führt.

Ein Zusatzpatent kann nur zu **einem Hauptpatent,** nicht zu mehreren Hauptpatenten erteilt werden. Doch sind zu einem Hauptpatent **mehrere Zusatzpatente** möglich (vgl. § 16 Abs. 2 S. 2 PatG aF); dabei kann sich ein Zusatzpatent auch auf ein anderes Zusatzpatent oder auf ein Zusatzpatent und das Hauptpatent²³⁵ beziehen. Eine Zusatzanmeldung kann jederzeit in eine selbständige Anmeldung umgewandelt werden; eine selbständige Anmeldung kann als Zusatzanmeldung mit einer anderen Anmeldung verknüpft werden,²³⁶ solange für diese die Frist zur Einreichung von Zusatzanmeldungen (vgl. → Rn. 174 ff.) noch läuft. **169**

---

²²⁹ Vgl. *Moufang* in Schulte PatG § 40 Rn. 32; *Busse/Tochtermann* PatG § 40 Rn. 27; Näheres zur Teilung → § 25 Rn. 183 ff.
²³⁰ BPatG 27.11.1989, BPatGE 31, 62.
²³¹ BPatG 4.4.1989, BPatGE 30, 192; 22.5.1992, GRUR 1993, 31.
²³² Vgl. BPatG 12.10.1972, BPatGE 14, 185 (186); 11.1.1979, BPatGE 21, 223; 4.4.1989, BPatGE 30, 192 (194).
²³³ Sie wird befürwortet von *Bossung* GRUR 1979, 661 (665).
²³⁴ *Schäfers* in Benkard PatG § 40 Rn. 21.
²³⁵ BPatG 11.3.1963, BPatGE 3, 157.
²³⁶ BGH 13.5.1971, GRUR 1971, 563 – Dipolantenne.

170 Die Hauptanmeldung kann eine für Deutschland wirksame *internationale Patentanmeldung* sein. Ein Zusatzpatent kann für Deutschland im Wege der internationalen Anmeldung beantragt werden (Art. 43 PCT).

171 Beim EPA können keine Zusatzpatente angemeldet werden. Das schließt nicht aus, dass das DPMA ein Zusatzpatent zu einem für Deutschland erteilten *europäischen Patent* erteilt,[237] sofern sich das verwaltungsmäßig durchführen lässt.[238] Der Umstand, dass dem DPMA erst nach Erteilung des europäischen Patents Jahresgebühren für das Hauptpatent zufließen, muss kein grundsätzliches Hindernis bedeuten.

172 Der wesentliche **Vorteil** der Zusatzanmeldung und des Zusatzpatents besteht darin, dass dafür **keine Jahresgebühren** zu entrichten sind, solange die Hauptanmeldung anhängig ist oder das Hauptpatent besteht (§ 17 Abs. 2 PatG aF). Dafür endet die **Laufzeit** des Zusatzpatents mit derjenigen des Hauptpatents; ebenso erlischt das Zusatzpatent mit dem Hauptpatent, wenn eine Jahresgebühr für dieses nicht rechtzeitig bezahlt wird.[239] Dagegen **verselbstständigt** sich das Zusatzpatent, wenn das Hauptpatent aus anderen Gründen wegfällt (§ 16 Abs. 2 PatG aF). Eine Zusatzanmeldung kann nach Wegfall der Hauptanmeldung oder des Hauptpatents nur als selbstständige Anmeldung weiterverfolgt werden.[240]

173 Fällt das vom DPMA erteilte Hauptpatent gem. Art. II § 8 IntPatÜG infolge zeitrang- und gegenstandsgleichen europäischen Patentschutzes weg, entsteht ein Zusatzverhältnis zu dem eP nicht automatisch, sondern nur auf Antrag, der nach Ablauf der 18-Monats-Frist (→ Rn. 175) nicht mehr gestellt werden kann.[241]

174 2. Vor dem Inkrafttreten des GPatG waren Zusatzanmeldungen unbefristet zulässig, solange die Hauptanmeldung oder das Hauptpatent wirksam blieben. Allerdings hatten Zusatzanmeldungen, die eingereicht wurden, wenn der Inhalt der Hauptanmeldung bereits zum Stand der Technik gehörte, nur dann Aussicht auf Erfolg, wenn ihr Gegenstand im Verhältnis zu demjenigen der Hauptanmeldung eine erfinderische Leistung bedeutete. Diese Voraussetzung erfüllen Erfindungen, die eine andere verbessern oder weiter ausbilden, nur selten. Praktisch blieb daher bereits nach früherem Recht nur ausnahmsweise Raum für die Erteilung von Zusatzpatenten, deren Anmeldung nach Offenlegung der Hauptanmeldung eingereicht wurde.

175 Seit 1.1.1981 sind Zusatzanmeldungen nur noch bis zum Ablauf von **18 Monaten** nach dem Anmeldetag der Hauptanmeldung oder dem für sie beanspruchten Prioritätsdatum zulässig,[242] also bis zu dem Zeitpunkt, in dem die Hauptanmeldung normalerweise offengelegt wird. Freilich kommt es für den Fristablauf nicht darauf an, wann die Offenlegung tatsächlich erfolgt. Die Zusatzanmeldung ist innerhalb der Frist beim DPMA einzureichen; es genügt nicht, dass ihr eine vor Fristablauf liegende Priorität zukommt.

176 Der Ablauf der heute geltenden Frist hindert die Erlangung von Zusatzpatenten praktisch nur in den seltenen Fällen, in denen die früher angemeldete technische Lehre in erfinderischer Weise weiterentwickelt wird. Wenn solche wertvolleren Erfindungen nach Ablauf der 18-Monatsfrist angemeldet werden, erscheint der Verlust des Gebührenvorteils nicht als unbillig.

---

[237] *Grabinski* in Benkard, 10. Aufl., PatG § 16 Rn. 10.
[238] Vgl. BPatG 20.2.1980, BPatGE 22, 268, das eine Gebrauchsmuster-Hilfsanmeldung beim DPA zu einer europäischen Patentanmeldung als zulässig ansah und im Einzelnen erörterte, wie die Unterrichtung des DPA über den Fortgang des Verfahrens beim EPA sicherzustellen sei.
[239] *Grabinski* in Benkard, 10. Aufl., PatG § 16 Rn. 24.
[240] Vgl. *Moufang* in Schulte PatG § 16 Rn. 25; BGH 11.11.1976, GRUR 1977, 216 – Schuhklebstoff. Ein nach Wegfall der Hauptanmeldung (irrtümlich) als Zusatzpatent erteiltes Patent ist analog § 16 Abs. 2 PatG als selbstständiges Patent anzusehen, BPatG 17.5.1990, Mitt. 1991, 159.
[241] BPatG 12.7.1991, BPatGE 33, 8 – Änderung des Zusatzverhältnisses.
[242] Wiedereinsetzung ist nicht ausgeschlossen, *Busse/Hacker* PatG § 16 Rn. 12; nach *Grabinski* in Benkard, 10. Aufl., PatG § 16 Rn. 11 ist sie nur dann möglich, wenn die Anmeldung, für die ein Zusatzverhältnis begründet werden soll, innerhalb der 18-Monats-Frist eingereicht und diese lediglich für den Antrag auf Herstellung des Zusatzverhältnisses (ohne Verschulden) versäumt worden ist.

§ 24. Die Anmeldung beim Deutschen Patent- und Markenamt

3. Das Zusatzpatent kann nur dem **gleichen Inhaber** erteilt werden wie das Hauptpatent. Doch genügt es, wenn bis zum Zeitpunkt der Entscheidung über die Zusatzanmeldung der Anmelder des Zusatzpatents das Hauptpatent oder die hierauf gerichtete Anmeldung oder der Inhaber oder Anmelder des Hauptpatents den Erteilungsanspruch aus der Zusatzanmeldung erwirbt; nach Erteilung können Haupt- und Zusatzpatent **getrennt übertragen** werden, wobei diesem der Gebührenvorteil erhalten bleibt, solange es nicht infolge Wegfalls des Hauptpatents selbstständig wird.[243]

4. Damit ein Zusatzpatent erteilt werden kann, muss die Erfindung, für die es beantragt ist, zu der Erfindung, die durch das Hauptpatent geschützt wird, in einem **Zusatzverhältnis** stehen. Ein solches liegt, wie heute allgemein angenommen wird, immer dann vor, wenn der Gegenstand der Zusatzanmeldung unter Wahrung der **Einheitlichkeit** in die Anmeldung des Hauptpatents hätte einbezogen werden können.[244] Daher gelten für die Frage, ob ein Zusatzverhältnis vorliegt, die gleichen Maßstäbe wie für die Beurteilung der Einheitlichkeit (vgl. → Rn. 103 ff.). Das entspricht dem Sinn der Einrichtung des Zusatzpatents: was in einer Anmeldung hätte untergebracht werden können, soll auch bei teilweise späterer Anmeldung keine zusätzlichen Jahresgebühren erfordern, sofern die Laufzeit mit der ersten Anmeldung beginnt.

Ein Zusatzpatent kann daher nicht nur für eine vom Schutzgegenstand des Hauptpatents abhängige Abwandlung, für die dort ein Unteranspruch hätte aufgestellt werden können, sondern auch für eine unabhängige Erweiterung jenes Gegenstands (nebengeordnete Erfindung) erteilt werden, für die ein Nebenanspruch möglich gewesen wäre.[245] Ebenso kann ein der Lehre des Hauptpatents übergeordnetes allgemeineres Lösungsprinzip durch ein Zusatzpatent geschützt werden.[246]

Beispiele: Selbsttragende Autokarosserie für geschlossene Wagen und deren Weiterentwicklung für offene Wagen;[247] Verfahren zum elektrischen Schmelzen von Eisen, geeigneter Ofen zu dessen Ausführung, Anwendung des Verfahrens auf Aluminium;[248] Skistiefelauskleidung aus elastischem Material und deren Ausbildung mit Zonen unterschiedlicher Elastizität;[249] verschiedene Aufhängevorrichtungen an einer Tabelliermappe;[250] Haltegriff an der Rückenlehne eines Autositzes aus zweisträngigem Drahtseil in zwei Kanälen einer Ummantelung und aus gelochtem Stahlband in einem flachgedrückten Hohlschlauch;[251] chemischer Stoff und strukturabgewandelte Verbindung hiervon.[252]

5. Für die Beurteilung der **Patentierbarkeit** des Gegenstands der Zusatzanmeldung gelten die allgemeinen Regeln. Der Zeitrang der Zusatzanmeldung richtet sich nach dem Tag ihrer Einreichung, gegebenenfalls einem ihr zukommenden früheren Prioritätsdatum. Der Inhalt der prioritätsälteren Hauptanmeldung ist, sofern er nachveröffentlicht wird, neuheitsschädlicher Stand der Technik; für die erfinderische Tätigkeit bleibt er in diesem Fall außer Betracht (§ 4 S. 2 PatG). Anders verhält es sich, wenn er vorveröffentlicht ist, was angesichts der für die Zusatzanmeldung einzuhaltenden Frist (vgl. → Rn. 174 ff.) nur ausnahmsweise vorkommt. Vom Offenbarungsinhalt der **nicht vorveröffentlichten** Hauptanmeldung braucht deshalb der Gegenstand der Zusatzanmeldung nur soweit abzuweichen, wie es für die **Neuheit** erforderlich ist (vgl. → § 17 Rn. 39 ff., 46 ff.).

177

178

179

180

181

---

[243] *Grabinski* in Benkard, 10. Aufl., PatG § 16 Rn. 14; *Moufang* in Schulte PatG § 16 Rn. 26.
[244] BGH 20.2.1979, BGHZ 78, 330 (334) – Tabelliermappe mit Nachweisen; ebenso schon BPatG 17.4.1964, BPatGE 5, 81 (84 f.).
[245] BGH 20.2.1979, BGHZ 78, 330 (333) – Tabelliermappe mit Nachweisen; BPatG 28.5.1979, GRUR 1980, 222.
[246] BPatG 17.4.1964, BPatGE 5, 81; *Grabinski* in Benkard, 10. Aufl., PatG § 16 Rn. 13.
[247] RG 23.8.1935, RGZ 148, 297.
[248] *E. Pietzcker* Patentgesetz § 7 Anm. 5.
[249] BGH 18.11.1980, GRUR 1981, 190 (193) – Skistiefelauskleidung.
[250] BGH 20.2.1979, BGHZ 78, 330 – Tabelliermappe.
[251] BGH 30.11.1967, GRUR 1968, 305 (306) – Halteorgan.
[252] BPatG 28.5.1979, GRUR 1980, 222.

§ 24 B I 4. *Abschnitt. Entstehung und Wegfall von Patenten und Gebrauchsmustern*

182 Zum gleichen Ergebnis war die Rechtsprechung bereits nach den vor 1978 geltenden Vorschriften gelangt.[253] Der Gegenstand des Zusatzpatents brauchte sich vom nicht vorveröffentlichten Inhalt des Hauptpatents nicht durch Erfindungshöhe abzuheben. Es genügte, dass die Lehre des Zusatzpatents im Verhältnis zu derjenigen des Hauptpatents keine glatte Selbstverständlichkeit bildete. Zwar hätte das Doppelpatentierungsverbot des früheren § 4 Abs. 2 PatG seinem Wortlaut nach für den gesamten Gegenstand des Hauptpatents der Erteilung eines später angemeldeten Zusatzpatents entgegenstehen müssen. Sinn und Zweck der Einrichtung des Zusatzpatents wären jedoch verfehlt worden, wenn sie den seltenen Weiterentwicklungen mit eigenem erfinderischen Gehalt reserviert worden wäre. Daher wurde aus der Regelung des Zusatzpatents eine Ausnahme vom Doppelpatentierungsverbot abgeleitet, die sich auch daraus rechtfertigte, dass das Zusatzpatent an die Laufzeit des Hauptpatents gebunden ist.

183 6. Die Zusatzanmeldung ist nach Zweck und Wirkungsweise der erweiterten Nachanmeldung mit innerer Priorität (vgl. → Rn. 151 ff.) verwandt. Auf beiden Wegen kann sich der Anmelder einer Erfindung, die nach ihrer Anmeldung noch fortentwickelt und ausgebaut wird, ohne erheblichen Mehraufwand an Amtsgebühren einen entsprechend breiteren Schutz verschaffen, wobei für die Erweiterung der Zeitrang der späteren Anmeldung maßgebend ist. Freilich sind Voraussetzungen, Verfahren und Fristen unterschiedlich geregelt. Insbesondere darf für die Hauptanmeldung anders als für die prioritätsbegründende Anmeldung bereits eine Priorität beansprucht sein; auch muss die Hauptanmeldung bestehen bleiben und zur Erteilung führen, während die prioritätsbegründende Patentanmeldung als zurückgenommen gilt, weil ihr Inhalt unter Wahrung des Zeitrangs in die Nachanmeldung eingeht. Ein Vorteil der inneren Priorität ergibt sich daraus, dass dabei die Laufzeit des Patents bis zu 12 Monaten später endet.

B. Die Gebrauchsmusteranmeldung

Literatur: *Baumgärtel, G./Maikowski, M.*, Das abgezweigte Gebrauchsmuster: Ein starkes, ein gefährliches Schutzrecht, FS Mes, 2009, 33–38; *Bühling, J.*, Anpassung der Ansprüche an die angegriffene Ausführungsform im Patent- und Gebrauchsmusterverletzungsprozess – Gedanken nach „Momentanpol", FS Mes, 2009, 47–58; *Quodbach, M.*, Mittelbarer Gebrauchsmusterschutz für Verfahren?, GRUR 2007, 357–362; *Scharen, U.*, „Product-by-process"-Anspruch und Gebrauchsmusterschutz, FS Mes, 2009, 320–325.

Hinweis: Vorschriften des GebrMG werden in diesem Unterabschnitt ohne Zusatz zitiert.

I. Überblick

184 Erfindungen, für die Gebrauchsmusterschutz beantragt wird, sind – unmittelbar oder über ein Patentinformationszentrum – schriftlich oder elektronisch beim DPMA anzumelden (§ 4 Abs. 1, Abs. 2 S. 1 GebrMG, § 2 GebrMV, § 12 DPMAV, § 1 Nr. 2 der VO über den elektronischen Rechtsverkehr beim DPMA; vgl. → Rn. 1 ff. und → § 23 Rn. 145 ff.). Der Antrag auf Schutzgewährung richtet sich dabei auf Eintragung eines *Gebrauchsmusters* (§ 4 Abs. 3 Nr. 2). Für die Fähigkeit, Anmelder zu sein, dessen Vertretung, die einzureichenden Unterlagen, ihren notwendigen Inhalt (§ 4 Abs. 3 GebrMG mit §§ 2–7 GebrMV), die Zahlung der Anmeldegebühr von derzeit 40 EUR bei Einreichung in Papierform oder 30 EUR bei elektronischer Einreichung, etwaige Übersetzungserfordernisse (§ 4a Abs. 2 S. 1 und Abs. 2 S. 2; Art. III § 4 Abs. 2 IntPatÜG; § 9 GebrMV) und die Beanspruchung der Priorität früherer Anmeldungen (§ 6)[254] sowie die Hinterlegung biologischen Materials

---

[253] RG 23.8.1935, RGZ 148, 297; BGH 30.11.1967, GRUR 1968, 305 – Halteorgan mit Anmerkung *von Moser v. Filseck;* BGH 13.12.1979, GRUR 1980, 713 (714) – Kunststoffdichtung.

[254] Anders als im Patenterteilungsverfahren (→ Rn. 127 f.) kann vor der Eintragung eines Gbm die Prüfung der materiellen Wirksamkeit einer Prioritätsbeanspruchung in keinem Fall erforderlich werden, da von ihr keine der vorzuprüfenden Eintragungsvoraussetzungen abhängt; die Gbm-Stelle hat daher stets nur die formale Ordnungsmäßigkeit der Prioritätsbeanspruchung zu prüfen, vgl. BPatG 4.10.1995, Mitt. 1997, 86; 2.4.1996, BPatGE 38, 20. – Bei Inanspruchnahme einer inneren Priorität

(§ 4 Abs. 7) gilt weitgehend das gleiche wie bei Patentanmeldungen (→ Rn. 1 ff.). Es sind jedoch keine Zusammenfassung, keine Erfinderbenennung und keine Zusatzanmeldung vorgesehen. Eine gebrauchsmusterrechtliche Besonderheit bildet die Ausstellungspriorität (§ 6; dazu → § 16 Rn. 95 ff.).

Unterschiede im Wortlaut von GebrMG und PatG finden sich bezüglich der Einheit- 185 lichkeit (→ Rn. 186) und des Offenbarungserfordernisses (→ Rn. 187 ff.). Auf die Möglichkeiten der Anspruchsgestaltung wirkt sich aus, dass Verfahren vom Gbm-Schutz ausgeschlossen sind (→ Rn. 190 ff.). Eine gebrauchsmusterrechtliche Besonderheit bildet die Möglichkeit, den Anmeldetag einer früheren Patentanmeldung in Anspruch zu nehmen (→ Rn. 195 ff.).

Beim DPMA ist kostenlos ein **Merkblatt für Gebrauchsmusteranmelder** erhältlich, das über Schutzvoraussetzungen und Formerfordernisse informiert.

II. Einheitlichkeit

Das Erfordernis der Einheitlichkeit des Anmeldungsgegenstands ergibt sich aus § 4 Abs. 1 186 S. 2, wonach für jede Erfindung eine besondere Anmeldung erforderlich ist. Dies entspricht der bis zum Inkrafttreten des 2. PatGÄndG vom 16.7.1998 geltenden Fassung des PatG. Da bereits diese in einer Weise angewandt wurde, die der Zusammenfassung formal selbstständiger, aber sachlich zusammenhängender Erfindungen weiten Raum gibt[255], ist nicht zu erwarten, dass sich infolge Einführung des § 34 Abs. 5 PatG, wonach eine Anmeldung unter bestimmten Voraussetzungen auch eine Gruppe von Erfindungen enthalten darf (→ Rn. 103 ff.), im Patentrecht eine Beurteilung entwickelt, die von der früheren, für das Gebrauchsmusterrecht weiterhin maßgebenden[256] abweicht.

III. Offenbarung

1. Das GebrMG fordert lediglich eine Beschreibung des „Gegenstands der Anmeldung" 187 (§ 4 Abs. 3 Nr. 4), dh der Erfindung, nicht aber ausdrücklich auch ihre **nacharbeitbare Offenbarung**. Immerhin ist nach § 6 Abs. 2 Nr. 7 GebrMV wenigstens ein Weg zum Ausführen der beanspruchten Erfindung anzugeben. Auch Zweck und Rechtfertigung des Schutzes, die bei Gebrauchsmustern auf denselben Erwägungen beruhen wie bei Patenten, verlangen, dass durch Gebrauchsmuster nur geschützt werden kann, was nacharbeitbar offenbart ist. Es gelten deshalb in dieser Hinsicht für beide Arten von Schutzrechten die gleichen Anforderungen (→ Rn. 62 ff.).

2. Bei **chemischen Stoffen** würde die hM, die – auch soweit sie die Bereitstellung eines Stoffs nur 188 wegen unerwarteter Eigenschaften als erfinderisch wertet – für den Zeitpunkt der Anmeldung lediglich die Angabe eines allgemeinen technischen Anwendungsgebiets, nicht aber die Offenbarung jener Eigenschaften verlangt (→ Rn. 94 ff.), im gebrauchsmusterrechtlichen Bereich dazu führen, dass vollwirksamer Schutz entstehen kann, ohne dass die Öffentlichkeit darüber unterrichtet wird, welche Eigenschaften es rechtfertigen können, die Bereitstellung des Stoffs als auf einem erfinderischen Schritt beruhend anzusehen. Die Prüfung der Frage, ob solche Eigenschaften vorliegen, bliebe einem Löschungs- oder Verletzungsverfahren vorbehalten, in dem geltend gemacht wird, dass die Erfindung schutzunfähig sei, wobei es sich letztlich zum Nachteil des Antragstellers oder Beklagten auswirken würde, wenn dies nicht eindeutig belegt werden kann (→ § 26 Rn. 253 ff.).

Da es nicht vertretbar wäre, bei Gbm-Anmeldungen, die sich auf chemische Stoffe beziehen, andere 189 Anforderungen hinsichtlich des ursprünglichen Offenbarungsgehalts zu stellen als bei entsprechenden Patentanmeldungen, lassen sich die genannten Konsequenzen nur dadurch vermeiden, dass auch bei Patentanmeldungen, wie es schon aus anderen Gründen geboten ist, die Offenbarung der Eigenschaf-

---

gilt die frühere Anmeldung nur dann als zurückgenommen, wenn sie ebenfalls eine Gbm-Anmeldung ist (§ 6 Abs. 1 S. 2).

[255] Vgl. 4. Aufl., 338 ff. und die Kommentierungen von § 35 Abs. 1 S. 2 aF PatG.
[256] Vgl. *Loth* § 4 Rn. 37 ff.; *Schmid* in Bühring § 4 Rn. 75.

ten, auf die es für das Vorliegen einer erfinderischen Leistung ankommt, bereits im Anmeldezeitpunkt verlangt wird (vgl. → Rn. 90 ff. und → § 11 Rn. 70 f.).

IV. Schutzansprüche

190 Nach § 2 Nr. 3 können **Verfahren** nicht durch Gebrauchsmuster geschützt werden. Zwar hat der BGH festgestellt, dass dieser Ausschluss Art. 14 Abs. 1 u. 3 GG nicht widerspricht.[257] Da es für diesen Ausschluss keine einleuchtenden Gründe gibt (s. o. vor § 13), sollte er aber möglichst eng ausgelegt und zur Beanstandung von Schutzansprüchen nur genutzt werden, wenn sich diese ausdrücklich auf Verfahren richten.[258]

191 Aus dem Fehlen eines körperlichen Substrats folgt nicht notwendigerweise, dass eine Erfindung als Verfahren iSd § 2 Nr. 3 anzusehen ist. Deshalb steht dieser einem Anspruch auf eine Signalfolge, die ein Programm zum Ablauf in einem Rechner darstellt, nicht entgegen.[259]

192 Wo nicht ausdrücklich ein Verfahren beansprucht ist, sollten Bedenken nicht schon daraus hergeleitet werden, dass der beanspruchte Schutz die Untersagung von Handlungen ermöglicht, die sich als Verfahren darstellen lassen. So bewirkt der gebrauchsmusterrechtliche Erzeugnisschutz nach § 11 Abs. 1 S. 2 ua, dass das geschützte Erzeugnis nicht ohne Zustimmung des Gebrauchsmusterinhabers hergestellt werden darf. Demgemäß kann dieser die Benutzung jedes *Herstellungsverfahrens* verbieten, soweit sie zu dem geschützten Erzeugnis führt. Auch wird es als zulässig angesehen, ein Erzeugnis, für das Gbm-Schutz beansprucht wird, durch ein Herstellungsverfahren (vgl. → Rn. 40 ff.) oder Merkmale eines solchen Erzeugnisses durch Funktions- oder Wirkungsangaben zu kennzeichnen[260].

193 Die Wirkung des Erzeugnisschutzes erstreckt sich ferner auf das *Gebrauchen*. Hieran lässt sich die Frage knüpfen, ob nicht ein Gebrauchsmusterschutz gegen das Gebrauchen von Erzeugnissen auch dann möglich ist, wenn diese bereits zum Stand der Technik gehören. Gewiss ist es üblich, die Verwendung eines Erzeugnisses zu einem bestimmten Zweck formal als Verfahren einzuordnen; sie kann jedoch auch als ein Ausschnitt der Wirkung des Erzeugnisschutzes verstanden werden[261]. So wird es zugelassen, dass ein Erzeugnispatent auf eine bereits in der ursprünglichen Anmeldung offenbarte Verwendung des patentierten Erzeugnisses eingeschränkt wird, wenn sich zeigt, dass das Erzeugnis als solches angesichts des SdT nicht schutzfähig ist[262]. Eine nach § 22 Abs. 1 PatG unzulässige Erweiterung des Schutzbereichs wird hierin nicht gesehen. Allerdings muss dabei vermieden werden, dass durch den Verwendungsschutz spezifische Wirkungen des Verfahrensschutzes zustande kommen, die der Erzeugnisschutz nicht hätte. Demgemäß muss sichergestellt sein, dass etwaige weitere Erzeugnisse, die sich bei der Verwendung ergeben, nicht gem. § 9 S. 2 Nr. 3 PatG von der Schutzwirkung erfasst werden[263]. Der Schutz ist demgemäß auf das *Erzeugnis*

---

[257] BGH 27.3.2018, BlPMZ 2018, 292 – Feldmausbekämpfung.
[258] Ausf. zur Auslegung *Scharen* FS Mes, 2009, 320 ff. Zutr. eng die Auslegung von BPatG 6.11.2018, BlPMZ 2019, 308 – Lithiumsilikat-Glaskeramik.
[259] BGH 17.2.2004, GRUR 2004, 495 – Signalfolge. Ob es sich um ein nach § 1 Abs. 2 Nr. 3, Abs. 3 nicht schutzfähiges Computerprogramm als solches handelte, war vom BPatG nach Zurückverweisung noch zu prüfen. Krit. zur Entscheidung des BGH *Quodbach* GRUR 2007, 357 (360 ff.).
[260] BGH 5.6.1977, GRUR 1997, 892 (893) – Leiterplattennutzen; *Tronser* GRUR 1991, 10 (14 f.).
[261] *V. Falck* GRUR 1993, 199 ff.; *Loth* § 1 Rn. 145; *Eisenführ* FS Schilling, 2007, 99 (103 ff.); ablehnend, *Braitmayer* in Bühring § 2 Rn. 45 ff.; *Tronser* GRUR 1991, 10 (13 f.); zweifelnd *Busse/Keukenschrijver* GebrMG § 1 Rn. 8; PatG § 1 Rn. 139. – *U. Krieger*, auf den sich *Loth* § 1 Rn. 145 beruft, hat seine in GRUR-Int 1996, 354 f. vertretene Ansicht in EPÜ-GK, 23. Lfg., 1998, Art. 64 Rn. 10 Fn. 20 aufgegeben.
[262] BGH 17.9.1987, GRUR 1988, 287 (288) – Abschlußblende; 2.11.2011, Mitt. 2012, 119 – Notablaufvorrichtung.
[263] BGH 16.1.1990, BGHZ 110, 82 (87 f.) – Spreizdübel.

§ 24. Die Anmeldung beim Deutschen Patent- und Markenamt　　　　　　BV § 24

zu richten und dabei auf einen bestimmten Verwendungszweck zu beschränken²⁶⁴. Es ist dann auch gewährleistet, dass mit Zustimmung des Schutzrechtsinhabers für die geschützte Verwendung in Verkehr gebrachte Erzeugnisse für diese Verwendung benutzt werden dürfen, ohne dass es einer Lizenz bedarf, und die Lieferung des Erzeugnisses nur dann, wenn es erkennbar *für die geschützte Verwendung hergerichtet* ist, als unmittelbare und nur dann, wenn sie zum Zweck solchen Herrichtens erfolgt, als mittelbare Verletzung in Betracht kommt.

Einen in dieser Weise ausgestalteten Verwendungsschutz gewährt der BGH Erfindungen, **194** die im Erkennen weiterer medizinischer Anwendungsmöglichkeiten von Erzeugnissen bestehen, die nicht nur als solche, sondern auch in medizinischer Anwendung bereits zum SdT gehören. Genau besehen handelt es sich dabei nicht mehr um einen Verfahrensschutz, sondern um einen **zweckgebundenen Erzeugnisschutz** (vgl. → § 33 Rn. 216 ff., 219 ff.). Er ist an das für den schutzbegründenden und -begrenzenden Verwendungszweck augenfällig hergerichtete Erzeugnis gebunden und erfasst das so hergerichtete Erzeugnis entsprechend einem Erzeugnisschutz. Er sollte deshalb auch gebrauchsmusterrechtlich erreichbar sein²⁶⁵. Die Anspruchsfassung hätte das Erzeugnis in den Vordergrund zu stellen und den schutzbegründenden Verwendungszweck in einer Weise zu nennen, dass er auch schutzbegrenzend wirkt. Zweckgebundener Stoffschutz durch Gbm ist in dieser Weise auch für Arzneimittel möglich, wobei es – schon deshalb, weil eine dem § 3 Abs. 3, 4 PatG entsprechende Regelung fehlt – keinen Unterschied macht, ob ein zum SdT gehörendes Erzeugnis in erster oder weiterer Anwendung geschützt werden soll²⁶⁶. Im Ergebnis anerkennt auch der BGH, dass § 2 Nr. 3 die Eintragung eines Gebrauchsmusters für die Verwendung bekannter Stoffe im Rahmen einer medizinischen Indikation nicht ausschließt.²⁶⁷

V. Inanspruchnahme des Anmeldetags einer früheren Patentanmeldung (Abzweigung)

1. Der Gebrauchsmusteranmelder kann nach § 5 für seine Anmeldung den Anmeldetag **195** einer von ihm mit Wirkung für die Bundesrepublik Deutschland eingereichten früheren Patentanmeldung derselben Erfindung in Anspruch nehmen. Das Gesetz ermöglicht damit die „Abzweigung" (§ 8 GebrMV) einer Gebrauchsmuster- aus einer früheren Anmeldung nach dem PatG²⁶⁸, einer Deutschland benennenden europäischen Anmeldung oder einer internationalen Anmeldung, mit der vom DPMA oder EPA²⁶⁹ als Bestimmungsamt Patentschutz für Deutschland begehrt wird.

Sachlich gerechtfertigt ist die Abzweigungsmöglichkeit durch die Überlegung, dass die **196** Anmeldung eines Gebrauchsmusters wegen dessen kürzerer Laufzeit auf einen weniger weitgehenden Schutz abzielt als eine Patentanmeldung und deshalb als ein von dieser mitumfasstes eingeschränktes Schutzbegehren verstanden werden kann. Deshalb kann für eine

---

²⁶⁴ *V. Falck* GRUR 1993, 199 (200 f.). Dagegen wäre ein Verfahrensanspruch iVm einem Verzicht des Anmelders auf Schutz etwaiger Verfahrenserzeugnisse, wie ihn der BGH 16.1.1990, BGHZ 110, 82 (87 f.) – Spreizdübel für angebracht hält, gebrauchsmusterrechtlich nicht zulässig.
²⁶⁵ Befürwortend *Loth* § 2 Rn. 82 ff.
²⁶⁶ IErg ebenso *Loth* § 1 Rn. 145 ff., der jedoch nur bei der ersten Indikation (analog § 3 Abs. 3 PatG) zweckgebundenen Stoffschutz, im Übrigen dagegen Verwendungsschutz für angebracht hält.
²⁶⁷ BGH 5.10.2005, GRUR 2006, 135 – Arzneimittelgebrauchsmuster (Aufhebung von BPatG 28.10.2002, Mitt. 2004, 266 – Verwendungsgebrauchsmuster); die Begründung vermeidet es, von zweckgebundenem Erzeugnisschutz zu sprechen und hält an der Einordnung als Verwendungsanspruch fest, dem sie lediglich „Elemente von Erzeugnisansprüchen" zuschreibt; sie argumentiert hauptsächlich mit einer engen Auslegung des Verfahrensbegriffs und dem öffentlichen Interesse an Innovationen im Arzneimittelbereich. Krit. dazu *Eisenführ* FS Schilling, 2007, 99 (110); vgl. auch *Quodbach* GRUR 2007, 357 (361 f.).
²⁶⁸ Zur Abzweigung aus einer Teilanmeldung BPatG 29.11.1995, Mitt. 1996, 211.
²⁶⁹ Zu diesem Fall (der „Euro-PCT-Anmeldung") BGH 20.1.1998, GRUR-Int 1998, 721 – Induktionsofen.

§ 24 BV 4. Abschnitt. Entstehung und Wegfall von Patenten und Gebrauchsmustern

Patentanmeldung, die einer Gbm-Anmeldung nachfolgt, nicht der Anmeldetag, sondern nur die Priorität der Gbm-Anmeldung in Anspruch genommen werden, wobei eine zwölfmonatige Frist eingehalten werden muss (→ Rn. 155 ff.), während die Abzweigung in einem erheblich weiteren zeitlichen Rahmen zulässig ist (→ Rn. 200 ff.).

197 2. Anders als bei Beanspruchung einer Priorität ist die **Laufzeit** des abgezweigten Gbm vom Anmeldetag der früheren Patentanmeldung an zu berechnen und endet demgemäß spätestens **10 Jahre** nach diesem Tag. Daher ist nach Ablauf dieser Zeit eine Abzweigung in jedem Fall ausgeschlossen (§ 5 Abs. 1 S. 3 Fall 3). Andererseits kommen der abgezweigten Gbm-Anmeldung ohne weiteres **Prioritäten** zugute, die für die Patentanmeldung beansprucht sind (§ 5 Abs. 1 S. 2)[270]. Das hat zur Folge, dass die gebrauchsmusterrechtliche **Neuheitsschonfrist** von dem (den) hierdurch begründeten Prioritätstag(en) zurückzurechnen ist (vgl. → § 16 Rn. 92 ff.).

198 3. Die **Abzweigungserklärung** muss „mit der Gebrauchsmusteranmeldung" also gleichzeitig mit deren Einreichung abgegeben werden[271]. Wird dies versäumt, kann die Abzweigung nur in Verbindung mit einer neuen Gbm-Anmeldung nachgeholt werden; eine Wiedereinsetzung ist nicht möglich[272].

199 Liegt mit einer Gbm-Anmeldung eine Abzweigungserklärung vor, fordert das PA den Anmelder auf, innerhalb von zwei Monaten nach Zustellung dieser Aufforderung das Aktenzeichen und den Anmeldetag der Patentanmeldung anzugeben und deren Abschrift, der erforderlichenfalls eine deutsche Übersetzung beizufügen ist, einzureichen (§ 5 Abs. 2 GebrMG, § 8 Abs. 2 GebrMV). Kommt der Anmelder der Aufforderung nicht nach, verwirkt er das Recht, den Anmeldetag der Patentanmeldung in Anspruch zu nehmen. Solange die Frist hierfür noch läuft (→ Rn. 200 ff.), kann er jedoch bei einer neuen Gbm-Anmeldung eine formgerechte Abzweigung vornehmen.

200 4. Die Abzweigung ist bis zum Ablauf von **zwei Monaten** nach dem Ende des Monats zulässig, in dem die **Patentanmeldung erledigt** oder ein etwaiges **Einspruchsverfahren abgeschlossen** ist (§ 5 Abs. 1 S. 3 Fall 1 und 2). Selbstverständlich kann sie auch schon vor Erledigung bzw. Verfahrensabschluss erfolgen.

201 Führt die Patentanmeldung **nicht zur Erteilung**, ist für den Fristbeginn der Zeitpunkt maßgebend, in dem der Zurückweisungsbeschluss rechtskräftig wird, die Anmeldung zurückgenommen wird oder als zurückgenommen gilt.

202 Eine europäische Patentanmeldung ist auch dann iSd § 5 GebrMG erledigt, wenn mangels rechtzeitiger Zahlung der erforderlichen Benennungsgebühr die Benennung Deutschlands als zurückgenommen gilt. Ihr Anmeldetag kann dann nur noch bis zum Ablauf des zweiten Monats nach dem Ende des Monats, in dem die Zahlungsfrist abgelaufen ist, in Anspruch genommen werden. Dass für andere Vertragsstaaten das Verfahren vor dem EPA noch anhängig ist, ändert daran nichts.[273] Künftig werden solche Fälle dadurch ausgeschlossen sein, dass an das EPA unabhängig von der Zahl der benannten Staaten eine *einheitliche Benennungsgebühr* zu zahlen ist (→ § 28 Rn. 49).

203 Wird auf die Anmeldung ein **Patent erteilt**, kommt es nach der Rechtsprechung des BPatG auf den Zeitpunkt der Rechtskraft des Erteilungsbeschlusses an[274].

Diese tritt mit Ablauf der Frist ein, innerhalb deren gegen den Erteilungsbeschluss Beschwerde erhoben werden kann (gem. § 73 Abs. 2 S. 1 PatG 1 Monat, gem. Art. 108 EPÜ 2 Monate nach Zustellung), ohne dass es darauf ankommt, ob der Beschluss den Anmelder beschwert, wie es für die Zulässigkeit einer Beschwerde erforderlich ist.[275]

---

[270] BPatG 12.7.1990, BPatGE 31, 217.
[271] BPatG 6.10.1989, BPatGE 31, 43.
[272] BPatG 14.3.1991, BPatGE 32, 124.
[273] BPatG 24.11.2004, BPatGE 48, 218 – Abzweigungsfrist bei europäischer Patentanmeldung.
[274] BPatG 4.12.1991, BPatGE 32, 259; 20.1.1993, BPatGE 33, 264; 24.2.1993, GRUR 1993, 660; 22.3.2000, BPatGE 46, 200 – Geschlechtslose Verbinder.
[275] BPatG 22.3.2000, BPatGE 46, 200 (203) – Geschlechtslose Verbinder.

§ 24. Die Anmeldung beim Deutschen Patent- und Markenamt

Die Frist beginnt also nicht erst mit dem Ablauf des Monats, in dem nach § 59 Abs. 1 **204** PatG oder Art. 99 Abs. 1 EPÜ die Einspruchsfrist abläuft oder dem Patentinhaber mitgeteilt wird, dass kein Einspruch erhoben wurde, aber auch noch nicht mit dem Ablauf des Monats, in dem die Erteilung des Patents veröffentlicht wird.

Der Ablauf der an die Erledigung der Patentanmeldung anknüpfenden Frist steht jedoch **205** der Abzweigung nicht entgegen, wenn **Einspruch erhoben** wird. Das gilt auch dann, wenn jene Frist bei Einlegung des Einspruchs schon verstrichen ist. Durch einen Einspruch wird eine neue Abzweigungsmöglichkeit eröffnet[276]. Sie besteht bis zum Ende des übernächsten Monats nach demjenigen, in dem das Einspruchsverfahren – durch Zurücknahme des Einspruchs oder rechtskräftige Entscheidung – seinen Abschluss findet.

Die Gewährung zweier voneinander unabhängiger Abzweigungsmöglichkeiten erklärt sich aus Sinn **206** und Zweck dieser Einrichtung. Dazu gehört insbesondere, dass ein im Erteilungs- oder Einspruchsverfahren gescheiterter Patentanmelder oder -inhaber für seine Erfindung Gbm-Schutz soll erlangen können, wenn sie den hierfür maßgebenden Anforderungen hinsichtlich Neuheit und erfinderischer Leistung genügt. Damit dies erreicht wird, muss nicht nur nach Erledigung der Patentanmeldung, sondern unabhängig hiervon auch nach Abschluss eines Einspruchsverfahrens Gelegenheit zur Abzweigung gegeben werden. Andernfalls müsste auch dem erfolgreichen Patentanmelder, wenn die Erfindung ihrer Art nach gebrauchsmusterfähig ist, empfohlen werden, nach einer Patenterteilung vorsorglich fristgemäß eine Gbm-Anmeldung für den Fall abzuzweigen, dass erfolgreich Einspruch erhoben wird. Patentinhabern, die dies versäumen, könnten Einsprechende die Abzweigungsmöglichkeit abschneiden, indem sie mit ihrem Einspruch warten, bis die an die Erledigung der Patentanmeldung anschließende Frist für die Abzweigung verstrichen ist.

5. Die Gebrauchsmusteranmeldung muss **dieselbe Erfindung** zum Gegenstand haben **207** wie die frühere Patentanmeldung. Das BPatG hat hierfür zunächst in einer Serie von Entscheidungen grundsätzlich verlangt, dass beide Anmeldungen *vollständig und wörtlich übereinstimmen*.[277] Später hat das BPatG genügen lassen, dass die den Gegenstand der Gbm-Anmeldung bildende Erfindung in der Patentanmeldung in einer allgemeinen Regeln über die Bestimmung des Offenbarungsgehalts von Anmeldungen (dazu → Rn. 62 ff.) genügenden Weise offenbart ist. Die in manchen Entscheidungen des BPatG zum Ausdruck kommende Ansicht, die Beanspruchung des Anmeldetags der Patentanmeldung sei insgesamt unwirksam, wenn die Gbm-Anmeldung in unzulässiger Weise von ihr abweicht, hat der BGH abgelehnt.[278] Er lässt es in entsprechender Anwendung von § 4 Abs. 5 S. 2[279], der die unzulässige Erweiterung der Anmeldung betrifft, dabei bewenden, dass aus Änderungen, die gegenüber der Patentanmeldung eine Erweiterung bedeuten, keine Rechte hergeleitet werden können. Das Gbm ist daher im Umfang der Erweiterung auf Antrag zu löschen (§ 15 Abs. 1 Nr. 3, Abs. 3, § 13 Abs. 1).[280] Es kann sein, dass der dann verbleibende Rest nicht schutzfähig ist. Soweit es hierfür auf den SdT ankommt, bleiben aber die frühere Patentanmeldung und nach ihrem Prioritätstag erwachsener SdT außer Betracht.

---

[276] *Bühring* § 5 Rn. 17; BPatG 22.3.2000, BPatGE 46, 200 – Geschlechtslose Verbinder lässt die Frage offen.

[277] Zur Entwicklung der Rechtsprechung des BPatG und ihrer Kritik Näheres in der 5. Aufl., 532 ff.

[278] BGH 13.5.2003, GRUR 2003, 867 – Momentanpol.

[279] Für sie spricht auch die Bedeutung, die die Rechtsprechung in anderem Zusammenhang der Patentanmeldung als Grundlage für ein abgezweigtes Gbm beimisst; vgl. BGH 31.1.2000, GRUR 2000, 698 f. – Schutzdauer bei Gebrauchsmusterabzweigung; 11.5.2000, GRUR 2000, 1018 (1019) – Sintervorrichtung; BPatG 23.11.1995, BPatGE 39, 10 (12).

[280] Bei Abzweigung aus einer Teil-Patentanmeldung ist die Gbm-Anmeldung auch dann wie eine unzulässig erweiterte zu behandeln, wenn ihr Gegenstand vom Offenbarungsgehalt der Teilanmeldung, nicht aber von demjenigen der ungeteilten Anmeldung gedeckt ist. BPatG 29.11.1995, Mitt. 1996, 211, das eine Anwendung der Vorschriften über die unzulässige Erweiterung ablehnt, bietet für das Problem keine Lösung, sondern umgeht es, indem es im gegebenen Fall die Teil-Patentanmeldung nicht als unzulässig erweitert ansieht.

208 An den Anmeldetag der Patentanmeldung bleibt der Gebrauchsmusteranmelder, wie schon das BPatG geklärt hat, auch bei unzulässig erweiternder Abzweigung gebunden.[281] Der Anmeldetag gilt aber nur insoweit, als die Gbm-Anmeldung nicht über den Offenbarungsgehalt der Patentanmeldung hinausgeht. Für ihren etwaigen weiteren Inhalt kann es weder diesen noch einen späteren Anmeldetag geben. Das Gbm kann nicht etwa mit der Begründung, sein Gegenstand gehe unzulässigerweise über den Offenbarungsgehalt der Patentanmeldung hinaus, mit einem späteren Anmeldetag und entsprechend später endender Laufzeit hinsichtlich eines Gegenstands aufrechterhalten werden, der nach dem durch diesen Tag bestimmten SdT schutzwürdig ist.

§ 25. Patenterteilung und Gebrauchsmustereintragung durch das Deutsche Patent- und Markenamt

Literatur: *Beier, F.-K./Katzenberger, P.,* Anfechtung und Widerruf der Zurücknahme von Patentanmeldungen, FS Zehn Jahre Bundespatentgericht, 1971, 251–271; *Bossung, O.,* Über den Irrtum des Anmelders im europäischen Patenterteilungsverfahren, FS Preu, 1988, 219–234; *Breith, H.-J.,* Sind die gesetzlichen Regelungen über die Geheimhaltung von Patenten und Gebrauchsmustern noch zeitgemäß?, GRUR 2003, 587–592; *Hacker, F.,* Probleme der Teilung des Patents und der Patentanmeldung, Mitt 1999, 1–11; *Harraeus,* Das Patenterteilungsverfahren zwischen Bekanntmachungsbeschluß und Bekanntmachung, GRUR 1961, 257–260; *Hövelmann, P.,* Das Patent nach Hilfsantrag, Eine – kostengünstige – Alternative zur Teilung der Anmeldung, GRUR 1998, 434–437; *ders.,* Der nicht beschiedene Hilfsantrag. Oder: die Teilentscheidung über die Patentanmeldung in der Fassung des Hauptantrags, GRUR 2009, 718–722; *Meitinger, T. H.,* Die Offenlegung der Patentanmeldung nach 18 Monaten: Ist das noch zeitgemäß?, Mitt. 2017, 303–305; *Papke, H.,* Das Dilemma des deutschen Patentierungsverfahrensrechts, GRUR 1986, 11–12; *Rieck, M./Köllner, M.,* Patent Prosecution Highway – Lohnt sich der Aufwand?, Mitt 2013, 525–530; *Schulte, R.,* Die Bindung des Patentamts an Beschlüsse des Patentgerichts, GRUR 1975, 573–584; *Seetzen, U.,* Der Verzicht im Immaterialgüterrecht, 1969; *Wagner, W.,* Änderung des Schutzbegehrens nach Bekanntmachung, GRUR 1973, 624–628; *Winkler, G.,* Die Anfechtung von Erklärungen im Patentverfahrensrecht, Teil II: „Doppelnatur" – Motiv-Irrtum – Ausschluß und Folgen der Anfechtung, Mitt 1999, 148–153; *Witte, J.,* Die Irrtumsanfechtung von Willenserklärungen gegenüber dem Patentamt, GRUR 1962, 497–500.

A. Das Erteilungsverfahren nach dem Patentgesetz

I. Rechtsfolgen des Eingangs der Anmeldung

1 1. Die Wirkungen einer Patentanmeldung treten ein, wenn bestimmte **Mindesterfordernisse** erfüllt sind: Beim DPMA oder einem entsprechend qualifizierten Patentinformationszentrum (→ § 24 Rn. 1 ff.) müssen Unterlagen eingegangen sein, die den Namen des Anmelders, einen Antrag auf Erteilung eines *Patents* mit kurzer und genauer Bezeichnung der Erfindung sowie Angaben enthalten, die wenigstens dem Anschein nach als Beschreibung anzusehen sind; der Tag, an dem diese Voraussetzungen erfüllt sind, ist der **Anmeldetag** der Patentanmeldung (§ 35 Abs. 1 S. 1)[1]. Dass die Unterlagen wenigstens einen *Patentanspruch* enthalten, ist für die Zuerkennung eines Anmeldetags nicht erforderlich.

---

[281] BPatG 19.10.1994, BPatGE 35, 1; 23.11.1995, BPatGE 39, 10.

[1] Die den Anmeldetag betreffende Regelung wurde durch das 2. PatGÄndG vom 16.7.1998 eingeführt; dazu *Hövelmann* GRUR 1999, 801 ff. Schon vorher galt jedoch nach der Rechtsprechung Entsprechendes; vgl. BGH 13.7.1971, GRUR 1971, 565 (567) – Funkpeiler; 20.4.1978, BlPMZ 1979, 151 – Etikettiergerät II; BPatG 8.5.1984, BPatGE 26, 198; 9.8.1985, GRUR 1986, 50; 10.8.1989, GRUR 1989, 906.

§ 25. Patenterteilung und Gebrauchsmustereintragung   A I § 25

Soweit Anmeldungsunterlagen nicht in deutscher Sprache abgefasst sind, muss innerhalb von drei **2** Monaten eine deutsche **Übersetzung** nachgereicht werden; andernfalls gilt die Anmeldung als nicht erfolgt (§ 35a Abs. 1 S. 2 PatG). Fehlen **Zeichnungen,** auf die in der Anmeldung Bezug genommen wird, fordert das PA den Anmelder auf, sie innerhalb eines Monats nachzureichen. Geschieht dies, wird der Tag des Eingangs der Zeichnungen Anmeldetag; andernfalls gilt jede Bezugnahme auf die Zeichnungen als nicht erfolgt; der Anmelder kann auch schon innerhalb der Frist erklären, dass er es hierbei bewenden lassen will (§ 35 Abs. 2 S. 1 aE PatG).

Der Eingang einer den genannten Mindesterfordernissen genügenden Anmeldung beim **3** DPMA **setzt das Erteilungsverfahren in Gang,** hat jedoch nicht notwendigerweise eine Entscheidung über das Patentgesuch zur Folge. Das Verfahren kann ohne Entscheidung enden, wenn die Anmeldung zurückgenommen wird oder als zurückgenommen gilt (Näheres → Rn. 99 ff.).

Der **Gegenstand** des Verfahrens wird durch den **Offenbarungsinhalt** der Anmeldung **4** bestimmt. Durch **Änderungen** kann dieser im Lauf des Verfahrens eingeschränkt, darf aber nicht erweitert werden (vgl. → Rn. 118 ff.). Durch **Teilung** der Anmeldung kann das Verfahren in mehrere selbständige Erteilungsverfahren aufgespalten werden (vgl. → Rn. 183 ff.).

2. Soweit der Verfahrensgegenstand, die in der Anmeldung offenbarte Erfindung, den **5** sachlichen Patentierungsvoraussetzungen genügt, begründet der Eingang der Anmeldung beim PA für den Anmelder einen **öffentlich-rechtlichen Anspruch auf Patenterteilung,** der sich im Fall der Patenterteilung – gewissermaßen durch Erfüllung – erledigt. Privatrechtlich entspricht ihm eine **Anwartschaft** auf das Patent, die bei Erteilung in diesem aufgeht. Sie bildet die Grundlage der Entschädigungsansprüche, die dem Anmelder erwachsen können, wenn die Erfindung nach Offenlegung der Anmeldung von anderen benutzt wird (vgl. unten § 37). Erteilungsanspruch, Anwartschaft und Entschädigungsansprüche entfallen jedoch rückwirkend, wenn die Anmeldung rechtskräftig zurückgewiesen ist, zurückgenommen wird oder als zurückgenommen gilt.

3. Nach dem Anmeldetag bestimmen sich der Beginn der Fristen für den Prüfungsantrag **6** (§ 44 Abs. 2 PatG) und für die Beanspruchung der inneren Priorität (§ 40 Abs. 4 PatG), der Zeitpunkt, in dem die Jahresgebühren fällig werden (§ 17 Abs. 1 PatG), und der Anfang der Laufzeit des gegebenenfalls erteilten Patents (§ 16 Abs. 1 S. 1 PatG).

Der Zeitpunkt, in dem von Amts wegen die Anmeldung spätestens offenzulegen ist **7** (§ 31 Abs. 2 S. 1 Nr. 2 PatG), und der Beginn der Fristen für die Einreichung der Zusammenfassung (§ 36 PatG) und der Erfinderbenennung (§ 37 PatG) bestimmen sich nach dem Anmeldetag, wenn kein früherer Zeitpunkt als maßgebend beansprucht ist; andernfalls ist vom beanspruchten **Prioritätsdatum,** gegebenenfalls vom frühesten unter mehreren beanspruchten Daten auszugehen. Auf die materielle Rechtmäßigkeit der Prioritätsbeanspruchung kommt es hierbei nicht an.

4. Der Eingang der Anmeldung beim DPMA begründet für diese, wenn sie den Min- **8** destvoraussetzungen für die Zuerkennung eines Anmeldetags genügt (→ Rn. 1), den **Zeitrang** dieses Tags oder des vor diesem liegenden sowohl form- und fristgerecht als auch *materiell rechtmäßig* beanspruchten Prioritätstags.

Bei mehrfacher oder partieller Priorität (vgl. → § 24 Rn. 129 ff.) gilt jedes der verschiedenen Daten **9** nur für denjenigen Teil des Anmeldungsinhalts, welcher der dem betreffenden Datum zugrundeliegenden Anmeldung entspricht.

Der Zeitrang der Anmeldung ist in mehrfacher Hinsicht wesentlich. Er entscheidet über **10** das Verhältnis zu **gegenstandsgleichen Anmeldungen:** bei verschiedenem Zeitrang wirkt die älteste Anmeldung, sofern sie zur Veröffentlichung gelangt, patenthindernd gegenüber der oder den jüngeren Anmeldungen (vgl. → § 19 Rn. 36 ff.). Der **Stand der Technik,** nach welchem die Patentierbarkeit des Anmeldungsgegenstands zu beurteilen ist, richtet sich nach dem Zeitrang der Anmeldung; er umfasst nur, was vor dem hierfür maßgebenden Tag der Öffentlichkeit zugänglich oder mit Wirkung für einen vor diesem liegenden Zeitpunkt zum Inhalt auf die Bundesrepublik Deutschland bezogener und später veröffentlichter Patentanmeldungen gemacht worden ist (vgl. → § 16 Rn. 14 ff., 55 ff.). Auch kann ein **Vorbenutzungsrecht,** das Ansprüchen aus der offengelegten Anmeldung oder dem erteilten Patent entgegensteht, nur auf Tatsachen gestützt werden, die bereits vor dem für den Zeitrang maßgebenden Tag eingetreten waren (§ 12 PatG).

11 5. Werden für denselben Gegenstand mehrere Anmeldungen mit **gleichem Zeitrang** eingereicht, steht keine der anderen patenthindernd entgegen, da die Voraussetzungen der §§ 3 Abs. 2, 6 S. 3 PatG nicht erfüllt sind.

Beispiel: A und B, die unabhängig voneinander die gleiche Erfindung gemacht haben, reichen dafür (ohne Prioritätsbeanspruchung) am selben Tag je eine Anmeldung ein.

12 In solchen Fällen ist – bei Erfüllung der Formerfordernisse und der sachlichen Patentierungsvoraussetzungen – auf jede Anmeldung ein Patent zu erteilen, wenn die Anmelder *personenverschieden* sind. Die Patente sind voneinander unabhängig und begründen im Verhältnis der Inhaber zueinander keine Ansprüche (vgl. → § 33 Rn. 36 f.). Dagegen kann von mehreren prioritäts- und inhaltsgleichen Anmeldungen *derselben Person* nur *eine* zum Patent führen; die anderen sind mangels Rechtsschutzbedürfnisses zurückzuweisen.

13 Das gilt jedoch nur dann, wenn die Anmeldungen ihrem Inhalt nach vollständig übereinstimmen.[2] Auch in diesem Fall kann erst nach rechtskräftiger Entscheidung über eine der Anmeldungen die Zurückweisung der anderen ausgesprochen werden; erledigt sich eine der Anmeldungen auf andere Weise, bleiben die übrigen anhängig.[3]

14 Von einem für dieselbe Erfindung durch eine prioritätsgleiche, auch Deutschland benennende europäische Patentanmeldung eingeleiteten Verfahren vor dem EPA ist das Erteilungsverfahren vor dem DPMA unabhängig[4]; wenn es zur Erteilung eines Patents führt, kann dieses jedoch, wenn auch vom EPA ein Patent erteilt wird, gem. Art. II § 8 IntPatÜG ganz oder teilweise unwirksam sein oder werden.

II. Vorläufige Prüfung auf offensichtliche Mängel

15 1. Nach § 42 PatG wird jede Patentanmeldung von Amts wegen zunächst einer beschränkten Prüfung unterzogen, sofern nicht bereits ein Prüfungsantrag gestellt und deshalb sogleich die vollständige Prüfung nach § 44 PatG durchzuführen ist.

Zweck der vorläufigen Prüfung ist es einerseits, formal mangelhafte Anmeldungen in eine zur Offenlegung und als Grundlage einer Recherche geeignete äußere Form zu bringen, andererseits Anmeldungen, deren Gegenstand schon seiner Art nach außerhalb des Anwendungsbereichs des Patentschutzes liegt, von vornherein auszuscheiden. Umfang und Intensität der Prüfung sind darauf zugeschnitten, dass die Arbeitsbelastung des PA in diesem Stadium gering gehalten wird. Insbesondere gehört zur vorläufigen Prüfung kein Vergleich des Anmeldungsgegenstands mit dem SdT. Auch legt es ihr Zweck nahe, sie möglichst vor der Offenlegung abzuschließen[5]; bei Prioritätsbeanspruchung kann die dafür verfügbare Zeit auf sechs Monate ab Eingang der Anmeldung schrumpfen. Nach den Prüfungsrichtlinien[6] soll die vorläufige Prüfung vor allem bei Prioritätsbeanspruchung spätestens vier Monate nach dem Anmeldetag abgeschlossen sein. Es ist aber nicht unzulässig, die Prüfung, soweit erforderlich, nach Offenlegung fortzusetzen.

16 Als **offensichtlich** sind nach der Rechtsprechung[7] nur solche Mängel anzusehen, die dem Prüfer bei der Durchsicht der Unterlagen an Hand seiner Sach- und Fachkenntnisse

---

[2] BPatG 12.10.1972, BPatGE 14, 185 (186); 11.1.1979, BPatGE 21, 223.
[3] BGH 15.3.1984, BGHZ 90, 318 (321) – Zinkenkreisel.
[4] BPatG 14.6.1986, BPatGE 28, 113; 8.2.1988, BPatGE 29, 214.
[5] Vgl. BPatG 6.5.1994, BPatGE 34, 212.
[6] Richtlinien für die Prüfung von Patentanmeldungen vom 11.1.2019, Nr. 1.8.
[7] BGH 29.6.1971, GRUR 1971, 512 (514) – Isomerisierung; 6.7.1971, BGHZ 57, 1 (19 f.) – Trioxan; BPatG 19.1.1984, BPatGE 26, 110 (111); ebenso die Richtlinien für die Prüfung von Patentanmeldungen vom 11.1.2019, Nr. 1.4.

§ 25. Patenterteilung und Gebrauchsmustereintragung   **A II § 25**

zweifelsfrei erkennbar sind, ohne dass er Material, das nicht sofort verfügbar ist, heranzuziehen oder zusätzliche Ermittlungen und Nachforschungen anzustellen braucht. Fragen mit rechtlichem Einschlag können in der Regel nur dann zum Gegenstand der Untersuchung auf offensichtliche Mängel gemacht werden, wenn dazu eine gesicherte Rechtsprechung vorliegt.

2. Die vorläufige Prüfung erstreckt sich zunächst auf die gesetzlichen **Formerfordernisse** (§ 42 Abs. 1 S. 1 PatG). Sie erfolgt insoweit – mit Ausnahme der Prüfung auf Einheitlichkeit (vgl. → Rn. 20 ff.) – in Wahrnehmung von Aufgaben der zuständigen Prüfungsstellen durch Sachbearbeiter des gehobenen oder mittleren Dienstes.[8] Wenn sich offensichtliche Mängel zeigen, wird der Anmelder aufgefordert, sie innerhalb einer bestimmten Frist zu beseitigen[9].   **17**

Dabei ist zu beachten, dass die Zusammenfassung und die Erfinderbenennung schon nach dem Gesetz erst 15 Monate nach dem Anmelde- oder Prioritätsdatum vorgelegt zu werden brauchen und die Frist für die Erfinderbenennung verlängert werden kann.   **18**

Im Übrigen kommen als offensichtliche Mängel namentlich in Betracht: Fehlen nach § 34 Abs. 3 PatG erforderlicher Bestandteile der Anmeldung, Unklarheit oder Unvollständigkeit der die Identität des Anmelders oder seine Vertretung betreffenden Angaben.[10] Bei Mängeln, die lediglich Erfordernisse der PatV betreffen, kann im Rahmen der vorläufigen Prüfung von einer Beanstandung abgesehen werden (§ 42 Abs. 1 S. 2 PatG). Die Prüfungsrichtlinien sehen die (vorläufige) Nichtbeanstandung als Grundsatz vor, verlangen jedoch in jedem Fall darauf zu achten, dass die eingereichten Unterlagen als Grundlage für die Offenlegungsschrift tauglich sind.   **19**

3. Hinsichtlich der **sachlichen Schutzvoraussetzungen** kann nach § 42 Abs. 2 S. 1 PatG bei der vorläufigen Prüfung eine Beanstandung nur erfolgen, wenn offensichtlich ist, dass der Gegenstand der Anmeldung seinem Wesen nach keine Erfindung (§ 1 Abs. 3, 4 PatG)[11], nicht gewerblich anwendbar (§ 5 PatG) oder nach § 2 PatG mit Rücksicht auf die öffentliche Ordnung oder die guten Sitten von der Patentierung ausgeschlossen ist.[12]   **20**

Die Prüfung wird insoweit von technischen Mitgliedern der zuständigen Patentabteilung (Prüfern) durchgeführt; der einzelne Prüfer handelt als Prüfungsstelle im Sinn des Gesetzes (§ 27 Abs. 2 PatG). Bei Feststellung eines offensichtlichen Mangels benachrichtigt die Prüfungsstelle den Anmelder unter Angabe der Gründe und fordert ihn auf, sich innerhalb einer bestimmten Frist zu äußern. Ebenso verfährt sie, wenn bei einer Zusatzanmeldung die hierfür maßgebende Frist nicht eingehalten ist (§§ 42 Abs. 2 S. 2, 16 Abs. 2 S. 1 PatG).   **21**

In gleicher Weise wie die in § 42 Abs. 2 PatG bezeichneten Fälle wird die **offensichtliche Uneinheitlichkeit** der Anmeldung behandelt. Nach dem Gesetzeswortlaut (§§ 42 Abs. 1 S. 1, 34 Abs. 5 PatG) stellt sie sich zwar als Formmangel dar; sie ist aber in Wahrheit durch den Inhalt der Anmeldung bedingt und sachlich dem Fehlen der Zusatzbeziehung nahe verwandt. Wie dieses wird sie allerdings nur selten so klar zutage liegen, dass eine Beanstandung schon nach § 42 PatG geboten ist.[13]   **22**

Materielle Mängel, die nicht von § 42 PatG erfasst sind, also das Fehlen von Neuheit oder erfinderischer Tätigkeit, können im Rahmen der vorläufigen Prüfung auch dann nicht beanstandet werden, wenn sie offensichtlich sind.[14]   **23**

---

[8] Vgl. die Richtlinien für die Prüfung von Patentanmeldungen vom 11.1.2019, Nr. 1.3.
[9] Das PA hat dafür zu sorgen, dass der Zugang der Aufforderung zweifelsfrei nachweisbar ist, BPatG 6.5.1994, BPatGE 34, 212.
[10] Vgl. die Richtlinien für die Prüfung von Patentanmeldungen vom 11.1.2019, Nr. 1.5.
[11] Dazu BPatG 12.11.1998, BPatGE 40, 254 – Kernmechanisches Modell, das offensichtliches Fehlen technischen Charakters verneint.
[12] Der Ausschluss der Pflanzensorten, Tierrassen und im Wesentlichen biologischen Züchtungsverfahren ist von § 42 Abs. 2 PatG nicht mehr erfasst, weil er sich jetzt in § 2a Nr. 1 PatG findet.
[13] Vgl. BGH 29.6.1971, GRUR 1971, 512 – Isomerisierung; 25.6.1974, GRUR 1974, 722 (724) – Aromatische Diamine; BPatG 15.3.1979, BPatGE 21, 243.
[14] BPatG 25.10.1973, BPatGE 16, 119.

24   4. **Formmängel** kann der Anmelder oft ohne Schwierigkeit beseitigen. Eine uneinheitliche Anmeldung kann er durch Teilung oder teilweise Zurücknahme in Ordnung bringen. Dem Fehlen eines Zusatzverhältnisses und dem Versäumnis der Frist für eine Zusatzanmeldung kann er Rechnung tragen, indem er die Anmeldung als selbständige weiterführt. Dagegen kann er Beanstandungen, die die Patentierbarkeit betreffen, regelmäßig nicht durch Änderung der Anmeldung ausweichen; er kann nur versuchen, das PA zu überzeugen, dass der beanstandete Mangel in Wahrheit nicht vorliegt. Entsprechend dem vorläufigen Charakter der „Offensichtlichkeitsprüfung" wird das PA in Zweifelsfällen die Beanstandung eher zurückzustellen haben.

25   Wenn der Anmelder innerhalb der gesetzten Frist weder den Mangel beseitigt noch das PA zum (vorläufigen) Fallenlassen der Beanstandung zu bewegen vermag, wird die Anmeldung **zurückgewiesen** (§ 42 Abs. 3 PatG). Sollen dabei Umstände zugrunde gelegt werden, die dem Anmelder noch nicht mitgeteilt waren, muss er vor der Zurückweisung Gelegenheit erhalten, sich dazu innerhalb einer bestimmten Frist zu äußern. Die Zurückweisung aus Gründen, denen der Anmelder widersprochen hat, kann auch bei Formmängeln (vgl. → Rn. 17) nur vom Prüfer selbst ausgesprochen werden. In den Gründen des Beschlusses ist auch darzulegen, warum der Mangel als offensichtlich angesehen wurde.[15]

26   5. Ergibt die vorläufige Prüfung **keine Mängel,** die nach § 42 PatG zu beanstanden sind, wird dies in den Akten vermerkt.[16] Auch wenn vom Amt erhobene Rügen durch Beseitigung von Mängeln oder durch Gegenvorstellungen ausgeräumt werden, ergeht **keine Entscheidung**.[17] Daher kann auch das BPatG, wenn es der Beschwerde des Anmelders gegen eine Zurückweisung stattgibt, lediglich diese aufheben, aber nicht positiv über die Anmeldung entscheiden. Der Umstand, dass ein Mangel bei der vorläufigen Prüfung nicht beanstandet wurde, hindert das Amt in keinem Fall, ihn im weiteren Verlauf des Erteilungsverfahrens zum Anlass einer Zurückweisung zu nehmen.

III. Offenlegung der Anmeldung

27   1. Vorbehaltlich einer Geheimhaltungsanordnung (vgl. → Rn. 82 ff.) wird spätestens 18 Monate nach dem Anmeldetag oder, wenn eine Priorität beansprucht ist, nach dem Prioritätstag (vgl. → Rn. 6) die Einsicht in die Akten der Anmeldung freigegeben (§ 31 Abs. 2 S. 1 Nr. 2 PatG). Zu einem früheren Zeitpunkt erfolgt die Freigabe, wenn sich der Anmelder gegenüber dem PA mit der Akteneinsicht einverstanden erklärt und den Erfinder benannt hat (§ 31 Abs. 2 S. 1 Nr. 1 PatG). Die 18-Monatsfrist bis zur zwangsweisen Offenlegung der Anmeldung ist verschiedentlich kritisiert worden, zuletzt von *Meidinger*. Er rügt den *blind spot,* der sich daraus ergeben kann, dass eine Anmeldung bis zu 18 Monate nicht offengelegt bleiben kann, und fordert die Abschaffung der 18-Monatsfrist.[18]

28   Die freie Akteneinsicht setzt außer dem Fristablauf oder der Einverständniserklärung nebst Erfinderbenennung die Veröffentlichung eines entsprechenden Hinweises im Patentblatt voraus, der auch im Register eingetragen wird; außerdem wird die Offenlegungsschrift veröffentlicht (vgl. → § 23 Rn. 176, 205, 216 ff.). Der Hinweis im Patentblatt legt den Zeitpunkt fest, von dem an der Akteninhalt allgemein zugänglicher und damit gemäß § 4 S. 2 PatG auch für die erfinderische Tätigkeit relevanter SdT ist und die Benutzung der angemeldeten Erfindung durch Dritte Entschädigungsansprüche des Anmelders nach § 33 PatG auslösen kann. Der Anmelder kann durch sein Einverständnis mit vorzeitiger Offenlegung dafür sorgen, dass diese Wirkungen früher eintreten als bei regulärer Offenlegung.

29   2. Die Offenlegung unterbleibt, wenn die Anmeldung vor dem maßgebenden Zeitpunkt zurückgenommen oder (rechtskräftig) zurückgewiesen wird oder als zurückgenommen gilt.

---

[15] BGH 20.6.1978, GRUR 1979, 46 – Corioliskraft.
[16] Richtlinien für die Prüfung von Patentanmeldungen vom 11.1.2019, Nr. 1.8.
[17] Vgl. *Schäfers* in Benkard PatG § 42 Rn. 27; *Rudloff-Schäffer* in Schulte PatG § 42 Rn. 33 f.
[18] *Meitinger* Mitt. 2017, 303 (305).

§ 25. Patenterteilung und Gebrauchsmustereintragung A IV § 25

Trotzdem wird in solchen Fällen die Offenlegungsschrift veröffentlicht, wenn bei Wegfall der Anmeldung die technischen Vorbereitungen für die Veröffentlichung bereits abgeschlossen waren (§ 32 Abs. 4 PatG); nach der Praxis des PA geschieht dies in der achten Woche vor dem Offenlegungstermin;[19] ein Wegfall der Anmeldung, der später als acht Wochen vor diesem Termin eintritt, kann die Veröffentlichung nicht mehr verhindern, die die Offenlegungsschrift jedermann zugänglich macht. Das bedeutet nicht, dass auch die Einsicht in die Anmeldungsakten frei wäre; sie erfordert ein berechtigtes Interesse (vgl. → § 23 Rn. 222).

Dasselbe gilt, wenn der Anmelder sein Einverständnis mit einer vorzeitigen Offenlegung später als acht Wochen vor dem Veröffentlichungstermin widerruft; die Offenlegungsschrift wird dann vorzeitig veröffentlicht, die Akteneinsicht jedoch erst zum regulären Termin freigegeben, wenn die Anmeldung dann noch anhängig ist. 30

IV. Amtliche Ermittlung des Stands der Technik (Recherche)

1. Das PA ermittelt auf Antrag den SdT, der für die Beurteilung der Patentfähigkeit der angemeldeten Erfindung in Betracht zu ziehen ist (§ 43 Abs. 1 S. 1 PatG). Überdies beurteilt das PA seit 2014 auch vorläufig die Schutzfähigkeit der angemeldeten Erfindung. Diese Recherche ist nach deutschem Recht **fakultativ**. Die vollständige Prüfung kann auch nach § 44 PatG herbeigeführt werden, ohne vorausgehende Recherche. Dennoch wird der Rechercheantrag häufig sinnvoll sein, denn die Information, die die Recherche ergibt, kann dem Anmelder die Beurteilung erleichtern, ob sich die Aufrechterhaltung seiner Anmeldung und ein Prüfungsantrag lohnen. Die Recherchegebühr von 350 EUR wird bis auf 50 EUR auf die Prüfungsgebühr angerechnet. Nach der Vorstellung des Gesetzgebers sollte vor einem Prüfungsantrag regelmäßig eine Recherche stattfinden. In Wirklichkeit werden aber weit weniger Recherchen als Prüfungen beantragt. 31

2. **Der Antrag** kann nur vom Patentanmelder gestellt werden (§ 43 Abs. 2 S. 1 PatG). 32

Der Antrag ist schriftlich einzureichen; er gilt als zurückgenommen, wenn die Gebühr nicht innerhalb der folgenden drei Monate bezahlt wird (§§ 3 Abs. 1, 6 Abs. 1 S. 2, Abs. 2 PatKostG). Er kann jederzeit auch schon vor Offenlegung der Anmeldung und vor Abschluss der vorläufigen Prüfung gestellt werden; freilich wird zweckmäßigerweise zunächst diese durchgeführt (vgl. → Rn. 15). 33

Ein Rechercheantrag gilt als nicht gestellt, wenn vorher schon ein Prüfungsantrag gestellt worden ist (§ 43 Abs. 5, 4 PatG). 34

Der Eingang des Antrags wird im Patentblatt veröffentlicht, jedoch nicht früher als der Offenlegungshinweis (§ 43 Abs. 3 S. 1 PatG). 35

Jedermann ist berechtigt, dem PA Hinweise zum SdT zu geben, die der Erteilung eines Patents entgegenstehen können (§ 43 Abs. 3 S. 3 PatG); Hinweisgeber werden dadurch nicht Verfahrensbeteiligte. 36

Der Rechercheantrag kann zurückgenommen werden; das Verfahren wird dadurch (mangels einer dem § 44 Abs. 4 PatG entsprechenden Vorschrift) beendet, sofern die Recherche nicht schon durchgeführt wurde. 37

3. Ziel der Recherche ist es, den einschlägigen Stand der Technik so zu ermitteln, dass **Neuheit** und **erfinderische Tätigkeit** beurteilt werden können.[20] Als Bezugszeitpunkt ist dabei der Anmeldetag zu wählen, nicht der gegebenenfalls beanspruchte Prioritätstag; im Prioritätsintervall liegender SdT ist aber besonders zu kennzeichnen. Ältere nicht vorveröffentlichte Anmeldungen, mit denen für Deutschland Patentschutz beansprucht wird, werden berücksichtigt, wenn sie im Zeitpunkt der Recherche bereits druckschriftlich vorliegen. Die Recherche wird beendet, wenn erkennbar wird, dass für eine nur noch geringfügige Ergebnisverbesserung unverhältnismäßiger Aufwand nötig wäre, ebenso wenn SdT 38

---

[19] Mitteilung Nr. 6/81 des Präsidenten des DPA, BlPMZ 1981, 141.
[20] Vgl. im Einzelnen Richtlinien für die Durchführung der Recherche nach § 43 PatG (Rechercherichtlinien) vom 14.5.2020.

§ 25 A V   4. *Abschnitt. Entstehung und Wegfall von Patenten und Gebrauchsmustern*

aufgefunden wird, der alle Merkmale sämtlicher Patentansprüche neuheitsschädlich vorwegnimmt.[21]

39   4. Das Rechercheergebnis wird in einem **Recherchebericht**[22] zusammengestellt und dem Patentanmelder mitgeteilt (§ 43 Abs. 7 PatG). Im Patentblatt wird auf die Mitteilung hingewiesen. Das PA erteilt den Recherchebericht ohne Gewähr der Vollständigkeit.

V. Vollständige Prüfung. Entscheidung über das Patentgesuch

a) Prüfungsantrag und -gebühr

40   1. Ein Patent kann nur erteilt werden, wenn die formale Ordnungsmäßigkeit der Anmeldung und die sachlichen Patentierungsvoraussetzungen *vollständig* geprüft sind. Das geschieht nur auf besonderen, gebührenpflichtigen Antrag, der bereits mit der Anmeldung verbunden oder bis zum Ablauf von sieben Jahren nach ihrer Einreichung gestellt werden kann (§ 44 Abs. 1–3 PatG)[23]. Unterbleibt dies, gilt die Anmeldung als zurückgenommen (§ 58 Abs. 3 PatG).

41   Das Gesetz sieht trotz dieser einschneidenden Rechtsfolge nicht vor, dass der Anmelder vom PA auf den bevorstehenden Fristablauf hinzuweisen ist. Daher treten dieser und der mit ihm verbundene Verfall der Anmeldung unabhängig von einem solchen Hinweis ein.

42   Die Härte der gesetzlichen Regelung legt es nahe, bei Wiedereinsetzungsgesuchen (vgl. → § 23 Rn. 150) die Anforderungen an die Sorgfalt, von deren Wahrung abhängt, dass die Fristversäumnis als unverschuldet angesehen werden kann, nicht zu hoch anzusetzen; das gilt insbesondere bei patentrechtlich unerfahrenen Anmeldern.[24]

43   2. Die Gebühr für den Prüfungsantrag beträgt 350 EUR, bei vorausgegangener Recherche 150 EUR. Die Ermäßigung gilt auch dann, wenn eine internationale Anmeldung zu prüfen ist, für die ein internationaler Recherchebericht vorliegt, sofern sich dieser nicht nur auf Teile der Anmeldung bezieht (Art. III § 7 IntPatÜG).

44   Die Zahlung der Gebühr muss grundsätzlich innerhalb von drei Monaten nach Antragstellung erfolgen (§ 44 Abs. 2 PatG, § 3 Abs. 1 PatKostG). Geschieht dies nicht, gilt der Antrag als zurückgenommen (§ 6 Abs. 1 S. 2, Abs. 2 PatKostG), kann jedoch innerhalb der siebenjährigen Antragsfrist erneut gestellt werden. Wird er später als drei Monate vor Ablauf dieser Frist gestellt, steht für die Gebührenzahlung nur noch der Rest der Antragsfrist zur Verfügung (§ 44 Abs. 2 S. 3 PatG). Wird sie nicht gewahrt, gilt der Antrag als zurückgenommen und kann – vorbehaltlich Wiedereinsetzung – nicht erneut gestellt werden. Das PA beginnt in jedem Fall mit der Prüfung erst nach Zahlung der Gebühr (§ 5 Abs. 1 PatKostG).

45   Wenn die Antragsfrist verstrichen ist, kann die Gebühr auch dann nicht mehr wirksam entrichtet werden, wenn ein Zuschlag bezahlt wird; das ist mit Art. 5bis PVÜ vereinbar, da es sich nicht um eine zur Aufrechterhaltung eines Schutzrechts vorgesehene Gebühr handelt.[25]

46   3. Antragsberechtigt ist jedermann, Auswärtige jedoch nur dann, wenn sie einen Inlandsvertreter oder inländischen Zustellungsbevollmächtigten bestellt haben (§§ 44 Abs. 3 S. 2, 43 Abs. 2 S. 3, 25 PatG, vgl. → § 23 Rn. 135). Der Antrag eines Dritten macht diesen ebenso wenig zum Verfahrensbeteiligten wie ein Rechercheantrag (§ 44 Abs. 2 PatG). Der Dritte erhält im Prüfungsverfahren keine Bescheide des Amts, sondern ist darauf angewiesen, sich

---

[21] Rechercherichtlinien, Nr. 5.
[22] Näheres in den Rechercherichtlinien, Nr. 6.
[23] Der Umstand, dass die Anmeldung wegen versäumter Zahlung einer Jahresgebühr ihre Wirkung vorübergehend verloren und durch Wiedereinsetzung wiedererlangt hat, schiebt den Ablauf der Frist nicht hinaus, BGH 18.10.1994, GRUR 1995, 45 – Prüfungsantrag.
[24] Vgl. BPatG 10.3.1980, BPatGE 22, 280. – Zur Wiedereinsetzung in einem Sonderfall BGH 18.10.1994, GRUR 1995, 45 – Prüfungsantrag.
[25] BPatG 6.12.1971, BPatGE 14, 31.

§ 25. Patenterteilung und Gebrauchsmustereintragung

durch Akteneinsicht zu informieren; lediglich vom Abschluss des Verfahrens wird er durch das Amt benachrichtigt.²⁶

Der von einem Dritten gestellte Prüfungsantrag wird dem Anmelder mitgeteilt (§§ 44 Abs. 3 S. 2, 43 Abs. 3 S. 2 PatG); erweist er sich nach dieser Mitteilung als unwirksam, wird der Anmelder hiervon benachrichtigt (§§ 44 Abs. 3 S. 2, 43 Abs. 6 PatG). Er hat dann Gelegenheit, selbst die Prüfung zu beantragen. Dafür hat er nach Zustellung der amtlichen Mitteilung in jedem Fall mindestens drei Monate Zeit, auch wenn die siebenjährige Prüfungsantragsfrist schon vorher abläuft (§ 44 Abs. 3 S. 3 PatG). **47**

4. Wenn bereits ein wirksamer Prüfungsantrag vorliegt, gelten spätere Prüfungsanträge als nicht gestellt (§§ 44 Abs. 3 S. 2, 43 Abs. 5 PatG). Ist vor dem Prüfungsantrag ein Rechercheantrag gestellt worden, beginnt das Prüfungsverfahren erst, wenn dieser erledigt ist (§ 44 Abs. 3 S. 1 PatG). Welcher Antrag der erste ist, richtet sich nach dem Zeitpunkt der Gebührenzahlung. **48**

Nimmt der Antragsteller seinen Antrag zurück, hat er auch dann keinen Anspruch auf Rückzahlung der Gebühr, wenn das PA den Beginn der Prüfung längere Zeit verzögert und die Anmeldung deswegen zurückgenommen wird.²⁷ **49**

Wird die Prüfung einer Zusatzanmeldung beantragt, muss der Anmelder beantragen, dass auch die Hauptanmeldung geprüft wird; andernfalls wird die Zusatzanmeldung selbständig (§§ 44 Abs. 3 S. 2, 43 Abs. 2 S. 4 PatG; vgl. → Rn. 35). **50**

5. Auf einen wirksamen Prüfungsantrag wird das Prüfungsverfahren auch dann durchgeführt, wenn der Antrag wieder *zurückgenommen* wird (§ 44 Abs. 4 S. 1 PatG). Eine vorzeitige Beendigung der Prüfung kann nur durch Zurücknahme der *Anmeldung* herbeigeführt werden. Der Anmelder soll bei ungünstigem Verlauf der Prüfung nicht versuchen, durch Zurücknahme des Prüfungsantrags den vorläufigen Schutz nach § 33 PatG möglichst lange aufrechtzuerhalten.²⁸ **51**

Freilich würde der vorläufige Schutz bei Ablauf der siebenjährigen Frist ohnehin *rückwirkend* entfallen; der Anmelder stünde also bei Einstellung der Prüfung letztlich nicht besser, als wenn ihre Fortsetzung zur Zurückweisung führt. Auch kann ein Benutzer, den der Anmelder nach § 33 PatG auf Entschädigung verklagt, erreichen, dass diesem eine Frist zur Stellung des Prüfungsantrags gesetzt wird (§ 140 PatG). Missbräuche durch Rücknahme des Prüfungsantrags wären daher auch ohne die Vorschrift des § 44 Abs. 4 S. 1 PatG praktisch ausgeschlossen. **52**

b) Durchführung der Prüfung

1. Das PA prüft, ob die Anmeldung den Anforderungen der §§ 34, 37 und 38 PatG genügt und ob der Gegenstand der Anmeldung nach den §§ 1–5 patentfähig ist (§ 44 Abs. 1 PatG). Die vollständige Prüfung umfasst also auch diejenigen Formerfordernisse und materiellen Patentierungsvoraussetzungen, auf die sich schon die vorläufige Prüfung bezieht. Sie geht jedoch wesentlich über diese hinaus, da sie alle Formerfordernisse, auch soweit sie nur in der PatV vorgesehen sind, und alle sachlichen Schutzvoraussetzungen einschließlich der Neuheit und des Beruhens auf erfinderischer Tätigkeit zum Gegenstand hat und sich in beiden Bereichen nicht auf offensichtliche Mängel beschränkt. Eine Ausnahme gilt lediglich für die Zusammenfassung: sie wird, auch wenn Prüfungsantrag gestellt ist, nur auf offensichtliche Mängel geprüft (§ 45 Abs. 1 S. 1 PatG); ist sie bereits in der Offenlegungsschrift veröffentlicht (§ 32 Abs. 2 S. 1 PatG), ist sie überhaupt keiner Prüfung mehr zugänglich (§ 45 Abs. 1 S. 2 PatG). **53**

Die Prüfung erfolgt durch die für den Gegenstand der Anmeldung fachlich zuständige Prüfungsstelle, deren Obliegenheiten von einem technischen Mitglied des PA (Prüfer) wahrgenommen werden (§ 27 Abs. 2 PatG). **54**

---

²⁶ Vgl. die Richtlinien für die Prüfung von Patentanmeldungen vom 11.1.2019, Nr. 2.1.
²⁷ BPatG 23.8.2005, BlPMZ 2005, 455; anders Art. 11 der Gebührenordnung des EPA.
²⁸ Vgl. die Begründung zum Gesetz vom 4.9.1967, BlPMZ 1967, 260.

55　　2. Ergibt die Prüfung formale Mängel der Anmeldung (oder offensichtliche Mängel der noch nicht veröffentlichten Zusammenfassung), fordert die Prüfungsstelle den Anmelder auf, sie innerhalb einer bestimmten Frist zu beseitigen (§ 45 Abs. 1 S. 1 PatG). Sind nach ihrer Auffassung die sachlichen Patentierungsvoraussetzungen der §§ 1–5 PatG nicht (vollständig) erfüllt, teilt sie dies dem Anmelder unter Angabe der Gründe mit und fordert ihn auf, sich innerhalb einer bestimmten Frist zu äußern (§ 45 Abs. 2 PatG). Die Mitteilungen der Prüfungsstelle über formale und sachliche Patentierungshindernisse erfolgen durch schriftliche **Prüfungsbescheide**. Nach Möglichkeit soll bereits im ersten Bescheid, auch wenn noch Formmängel zu beheben sind, sachlich zur Patentierbarkeit Stellung genommen werden.[29] Die Beantwortung des ersten Prüfungsbescheids durch den Anmelder macht vielfach einen weiteren Prüfungsbescheid erforderlich. Anzustreben ist gleichwohl, dass es beim zweiten Bescheid sein Bewenden hat, dass dieser mithin der letzte ist.[30]

56　　Die Bemessung der **Fristen** soll einerseits auf einen zügigen Verfahrensablauf hinwirken, andererseits ausreichend Zeit zu vollständiger Beantwortung geben. Sie richtet sich daher nach dem Inhalt des Bescheids. Die Prüfungsrichtlinien[31] sehen für die Beseitigung von Formmängeln einen Monat, für die Erwiderung auf Sachbescheide vier Monate als Regelfristen vor. Auf hinreichend begründeten Antrag gewährt die Prüfungsstelle Fristverlängerung.[32] Wenn jedoch vor Ablauf der gesetzten Frist weder eine Antwort des Anmelders noch ein begründetes Verlängerungsgesuch eingeht, ist in der Sache zu entscheiden.

57　　Vielfach ist es der Klärung von Zweifelsfragen förderlich, eine **Anhörung** durchzuführen; die Prüfungsstelle kann sie von Amts wegen anberaumen; auf Antrag des Anmelders ist sie dazu verpflichtet, wenn die Anhörung sachdienlich ist (§ 46 Abs. 1 PatG).[33]

58　　Insgesamt verläuft das Prüfungsverfahren meist als eine Art Dialog zwischen Anmelder und Prüfungsstelle. Im Vordergrund steht dabei das Anliegen, an Hand des von der Prüfungsstelle ermittelten Standes der Technik den **schutzfähigen Gehalt** der Anmeldung herauszuarbeiten. Vereinzelt kommt es vor, dass die Prüfungsstelle die Anmeldung schon in ihrer ursprünglich eingereichten Form als erteilungsreif ansieht. Sie kann dann das Patent erteilen, ohne vorher einen Prüfungsbescheid zu erlassen.[34]

c) Zurückweisung der Anmeldung (§ 48 PatG)

59　　1. Die Prüfungsstelle weist die Anmeldung zurück, wenn der Anmelder die von ihr gerügten Formmängel nicht fristgerecht beseitigt. In gleicher Weise ist zu entscheiden, wenn er den sachlichen Patentierungsvoraussetzungen, denen der Gegenstand der Anmeldung nach Ansicht der Prüfungsstelle nicht genügt, nicht – innerhalb der ihm gesetzten Frist – Rechnung tragen kann. In beiden Fällen darf die Zurückweisung nur auf solche (tatsächlichen) Umstände gestützt werden, zu denen sich der Anmelder innerhalb angemessener Frist äußern konnte (§§ 48 S. 2, 42 Abs. 3 S. 2 PatG).[35] So muss die Prüfungsstelle, wenn sie wegen einer im letzten Prüfungsbescheid noch nicht behandelten Vorveröffentlichung die Anmeldung zurückweisen will, dem Anmelder erneut Gelegenheit zur Stellungnahme geben.

---

[29] Vgl. die Richtlinien für die Prüfung von Patentanmeldungen vom 11.1.2019, Nr. 2.4.1.

[30] Richtlinien für die Prüfung von Patentanmeldungen vom 11.1.2019, Nr. 2.4.2.

[31] Richtlinien für die Prüfung von Patentanmeldungen vom 11.1.2019, Nr. 2.5.

[32] Zur Fristbemessung und -verlängerung bei Prüfung einer Anmeldung, deren Priorität in einer beim EPA anhängigen Nachanmeldung beansprucht ist, vgl. die Richtlinien für die Prüfung von Patentanmeldungen vom 11.1.2019, Nr. 2.5 Abs. 4 sowie BPatG 23.9.2003, Mitt. 2004, 18.

[33] Zum Recht des Anmelders auf Anhörung BPatG 22.7.1982, GRUR 1983, 366; zu formellen Fragen bei Verkündung eines Beschlusses unmittelbar nach der Anhörung (§ 47 Abs. 1 S. 3 Hs. 1 PatG) und anschließender schriftlicher Ausfertigung vgl. BPatG 29.10.2013, Mitt. 2014, 132 ff. – Modulanordnung.

[34] BPatG 31.1.1983, GRUR 1983, 367 – Erteilungsreife Anmeldung.

[35] Dem Anmelder ist rechtliches Gehör nur dann gewährt, wenn über den Zugang des Bescheids, auf den sich die Begründung der Zurückweisung bezieht, Gewissheit besteht, BPatG 13.3.2003, BPatGE 47, 21 – Reversible Krawattenbefestigung.

§ 25. Patenterteilung und Gebrauchsmustereintragung

Die Zurückweisung der Anmeldung führt, sobald sie mit Rechtsbehelfen nicht mehr angreifbar ist, zum rückwirkenden Wegfall des einstweiligen Schutzes, der mit der Offenlegung eingetreten war (§ 58 Abs. 2 PatG). Der Patentsucher verliert damit den Entschädigungsanspruch gegen Benutzer und muss empfangene Entschädigungsleistungen als ungerechtfertigte Bereicherung (§§ 812 ff. BGB) zurückgewähren. 60

2. Sachliche Bedenken der Prüfungsstelle kann der Anmelder durch Gegenargumente auszuräumen oder durch Änderung der Anmeldung zu berücksichtigen versuchen. Im zweiten Fall sind die Zulässigkeit der Änderung (vgl. → Rn. 118 ff.) und die Patentierbarkeit des neu gefassten Anmeldungsgegenstandes zu prüfen. Die Prüfungsstelle kann eine Änderung anregen, die die Erteilung eines Patents ermöglicht.[36] Sie darf jedoch kein Patent erteilen, mit dessen Fassung sich der Anmelder nicht wenigstens hilfsweise einverstanden erklärt hat (vgl. → Rn. 77). Daher ist es nicht zulässig, dem Patentgesuch teilweise stattzugeben und es im Übrigen zurückzuweisen. Ein Patentgesuch, dem nicht voll, dh hinsichtlich aller darin aufgestellten Schutzansprüche, entsprochen werden kann, ist vielmehr **ganz zurückzuweisen.**[37] Kann das Patent in einer vom Anmelder **hilfsweise** beantragten Fassung erteilt werden, geschieht dies unter Zurückweisung des Hauptantrags (und gegebenenfalls derjenigen Hilfsanträge, die dem der Erteilung zugrunde gelegten Antrag vorgehen)[38]. Ist keine wenigstens hilfsweise beantragte Fassung unverändert gewährbar, muss die Anmeldung ganz zurückgewiesen werden.[39] 61

Zulässig ist es, zunächst über den Hauptantrag zu entscheiden und die Prüfung der Hilfsanträge erst einmal zurückzustellen. Zweckmäßig kann dies sein, wenn der Hauptantrag nicht wegen Fehlens von Schutzvoraussetzungen zurückgewiesen wird.[40] 62

3. Die Zurückweisung der Anmeldung muss **begründet** werden (§ 47 Abs. 1 PatG) und ist mit der Beschwerde anfechtbar (vgl. → § 23 Rn. 33). Eine Bestätigung der Zurückweisung durch das BPatG im Beschwerdeverfahren bedarf ebenfalls der Begründung (vgl. → § 23 Rn. 79). Die Beschwerde ist auch dann zulässig, wenn das Patent nach einem Hilfsantrag erteilt wird, da hiermit der Hauptantrag und gegebenenfalls vorrangige Hilfsanträge zurückgewiesen sind.[41] In der Begründung ist auf jeden Antrag, dem nicht stattgegeben wird, also auch auf sämtliche erfolglos bleibenden Hilfsanträge einzugehen.[42] Dagegen braucht bei mangelnder Patentierbarkeit des Haupt*anspruchs* einer Anmeldung zu einem Unteranspruch nur dann gesondert Stellung genommen zu werden, wenn hilfsweise die Patenterteilung gemäß dem Unteranspruch beantragt ist.[43] 63

4. Mit Rechtskraft der Zurückweisung entfallen rückwirkend alle Wirkungen der Anmeldung mit Ausnahme der patenthindernden Wirkung, die ihr nach § 3 Abs. 2 PatG zukommt, wenn sie – wie meist – bereits offengelegt war.[44] Für die durch die Offenlegung 64

---

[36] BGH 21.12.1982, GRUR 1983, 171 – Schneidhaspel.
[37] BGH 10.6.1965, Mitt. 1967, 16 – Anspruchsfassung; 27.3.1980, GRUR 1980, 716 (718) – Schlackenbad; 21.12.1982, GRUR 1983, 171 – Schneidhaspel.
[38] Die abschließende Entscheidung über die Anmeldung muss sämtliche wirksamen Anträge erledigen, BPatG 14.9.1998, BlPMZ 1999, 40 – Nähguthalteeinrichtung.
[39] RG 15.11.1940, RGZ 165, 209 (218); BPatG 29.11.1974, BPatGE 17, 207 (208); 20.2.1974, BPatGE 16, 130 (131) mit Nachweisen.
[40] BGH 14.3.2006, GRUR 2006, 748 Rn. 10 – Mikroprozessor. Die Zurückweisung war darauf gestützt, dass kein Rechtsschutzbedürfnis bestehe; vgl. → § 24 Rn. 54.
[41] Vgl. BPatG 19.11.1982, GRUR 1983, 294 – Dichtvorrichtung; 19.6.1980, GRUR 1980, 997 (998) – Haupt- und Hilfsantrag.
[42] BGH 10.6.1965, Mitt. 1967, 16 – Anspruchsfassung; BPatG 30.11.1977, BPatGE 21, 11 (12).
[43] BGH 27.3.1980, GRUR 1980, 716 – Schlackenbad und 21.12.1982, GRUR 1983, 171 – Schneidhaspel; BPatG 20.2.1974, BPatGE 16, 130.
[44] Zur Frage, inwieweit der Anmelder dagegen geschützt ist, dass zur Ergänzung der Beschreibung *hinterlegtes biologisches Material* nach Zurückweisung der Anmeldung beliebigen Dritten zugänglich wird, vgl. → § 14 Rn. 200 ff., 203, 204.

§ 25 A V 4. *Abschnitt. Entstehung und Wegfall von Patenten und Gebrauchsmustern*

ermöglichte Benutzung der in der Anmeldung beanspruchten Lehre steht dem Anmelder auch für die Zeit vor der Zurückweisung keine Entschädigung nach § 33 PatG zu.

d) Erteilung des Patents

65 1. Nach § 49 Abs. 1 PatG **beschließt die Prüfungsstelle die Erteilung des Patents,** wenn die Anmeldung den Anforderungen der §§ 34, 37 und 38 PatG genügt, gegebenenfalls gerügte offensichtliche Mängel der (noch nicht veröffentlichten) Zusammenfassung beseitigt sind und der Gegenstand der Anmeldung nach §§ 1–5 PatG patentfähig ist, dh wenn die vollständige Prüfung der Anmeldung ergibt, dass alle formalen und sachlichen Voraussetzungen der Patenterteilung erfüllt sind.

66 Hat die Prüfungsstelle die Anmeldung zurückgewiesen und erachtet das BPatG die vom Anmelder hiergegen erhobene Beschwerde für begründet, wird der Patenterteilungsbeschluss vom **Bundespatentgericht** erlassen, falls nicht ausnahmsweise eine Zurückverweisung an das PA angezeigt ist (vgl. → § 23 Rn. 51 ff.).

67 Auf Antrag des Anmelders wird der Erteilungsbeschluss bis zum Ablauf von **15 Monaten** nach dem Anmelde- oder Prioritätsdatum **ausgesetzt** (§ 49 Abs. 2 PatG). Der Anmelder kann hierdurch in Fällen, in denen die vollständige Prüfung sehr frühzeitig beantragt und abgeschlossen wird, verhindern, dass die Veröffentlichung des Patents die Neuheit der Erfindung bei Nachanmeldungen in ausländischen Staaten beeinträchtigt, für die – insbesondere mangels Zugehörigkeit zur Pariser Union oder WTO – eine Priorität nicht in Anspruch genommen werden kann. Die praktische Bedeutung der Vorschrift beschränkt sich somit auf Ausnahmefälle. Ihre Anwendung kann die Offenlegung nicht hinausschieben.

68 Die Erteilung des Patents wird **im Patentblatt veröffentlicht;** gleichzeitig wird die Patentschrift veröffentlicht (§ 58 Abs. 1 PatG, vgl. → § 23 Rn. 207). Die Veröffentlichung im Patentblatt wird auch dann, wenn das BPatG den Erteilungsbeschluss erlassen hat, durch das PA bewirkt. Mit ihr treten die **gesetzlichen Wirkungen des Patents** ein (§ 58 Abs. 1 S. 3 PatG). Insbesondere erlangt der Patentinhaber das Recht, anderen die Benutzung der Erfindung zu verbieten. Die Patenterteilung hat jedoch **keine Rückwirkung.** Für die Zeit vor ihrer Veröffentlichung kann nur Entschädigung nach Maßgabe des § 33 PatG, nicht aber Schadenersatz verlangt werden. Andererseits müssen diejenigen, die vor der Patenterteilung die Erfindung ohne Erlaubnis des Patentinhabers benutzt haben, die Benutzung nunmehr einstellen, sofern ihnen nicht aus besonderen Gründen (§§ 12, 123 Abs. 5 PatG) ein Weiterbenutzungsrecht zusteht; der Umstand, dass sie Entschädigung nach § 33 PatG bezahlt haben, gibt ihnen noch kein solches Recht.

69 Die Patenterteilung begründet das Patent als subjektives Ausschlussrecht seines Inhabers an der Erfindung. Sie wirkt insofern *konstitutiv,* als ohne sie das Recht nicht besteht, auch wenn seine sachlichen Entstehungsvoraussetzungen erfüllt sind. Doch reicht ihre Wirkung weiter: Sie begründet das Recht – vorbehaltlich der Möglichkeit des Widerrufs oder der Nichtigerklärung – selbst dann, wenn die formalen und materiellen Voraussetzungen der Patenterteilung nicht erfüllt sind.

70 Nach früherem Recht bestand Einigkeit darüber, dass der entscheidende rechtsbegründende Akt im Erteilungsbeschluss liegt. Nach geltendem Recht muss die Veröffentlichung hinzukommen, damit das Patent seine volle Wirkung erlangt. Gleichwohl kann nicht gesagt werden, dass der Erteilungsbeschluss nur vorläufigen Charakter habe (vgl. → Rn. 71 ff.).

71 2. Der Erteilungsbeschluss ergeht im Wesentlichen unter den gleichen Voraussetzungen, unter denen nach früherem Recht die Bekanntmachung der Anmeldung zu beschließen war.[45]

---

[45] Nach § 30 Abs. 1 S. 1 PatG 1968 setzte der Bekanntmachungsbeschluss zwar nur voraus, dass die Prüfungsstelle die Erteilung eines Patents „nicht für ausgeschlossen" erachtete. Doch ging dieser Feststellung die gleiche umfassende und gründliche Prüfung voraus, wie sie heute vor dem Erteilungsbeschluss stattfindet.

§ 25. *Patenterteilung und Gebrauchsmustereintragung*   A V § 25

Nach früherem Recht wurde die Erteilung des Patents erst beschlossen, wenn die Einspruchsfrist ungenutzt verstrichen war oder erhobene Einsprüche nach eingehender amtlicher Prüfung erfolglos geblieben waren. Nach geltendem Recht ist dagegen das Patent zunächst noch Einsprüchen ausgesetzt und muss sich gegebenenfalls fristgemäß erhobenen Einsprüchen gegenüber behaupten, bevor es den Grad von Beständigkeitsgewähr erlangt, der dem Patent nach früherem Recht schon mit der Erteilung zukam. Der Erteilungsbeschluss bleibt in dieser Hinsicht wenigstens in seiner praktischen Tragweite hinter demjenigen nach früherem Recht zurück.   72

Andererseits unterscheidet er sich aber auch vom früheren Bekanntmachungsbeschluss. Nach vorherrschender Ansicht bildete dieser noch keinen echten Beschluss, sondern nur eine „verfahrensleitende Zwischenverfügung". Solange er nicht durch Ausführung der Bekanntmachung vollzogen war, galt das PA als befugt, ihn zurückzunehmen oder (mit Zustimmung des Anmelders) zu ändern.[46]   73

Ob das BPatG bei einem von ihm erlassenen Bekanntmachungsbeschluss ebenso verfahren durfte, blieb ungeklärt.[47]

Die Ansicht, dass (jedenfalls) das Amt an seinen Bekanntmachungsbeschluss nicht gebunden sei, konnte aus der Vorschrift des § 32 Abs. 3 PatG 1968 begründet werden, wonach die Prüfungsstelle, wenn die Einspruchsfrist ungenutzt abgelaufen war, „über die Erteilung des Patents Beschluss zu fassen" hatte. Dieser Beschluss konnte – selbst wenn der festgestellte SdT unverändert blieb – auch negativ ausfallen[48] oder (mit Zustimmung des Anmelders) eine engere als die bekanntgemachte Anspruchsfassung vorsehen; nicht zulässig war freilich die Erteilung eines Patents, das den durch die Bekanntmachung begründeten einstweiligen Schutz erweitert hätte.[49]   74

Die Befugnis der Prüfungsstelle, von einem erlassenen (dh verkündeten oder zugestellten) Bekanntmachungsbeschluss abzuweichen, bildete eine Ausnahme von dem Grundsatz, dass das PA an seine Entscheidungen gebunden ist;[50] sie erklärte sich aus den Besonderheiten jenes Beschlusses. Die geltende Regelung gibt dagegen dem PA nach dem Erteilungsbeschluss keine Gelegenheit mehr, über die Erteilung (erneut) Beschluss zu fassen. Wenn innerhalb der Einspruchsfrist kein Einspruch erhoben wird, entfällt jede Kompetenz des Amts; bei rechtzeitigem Einspruch beschränkt sie sich auf die Entscheidung darüber, ob das Patent aufrechterhalten oder aus einem der gesetzlich vorgesehenen Gründe widerrufen wird. Daraus ergibt sich, dass der Erteilungsbeschluss – anders als früher der Bekanntmachungsbeschluss – das **Erteilungsverfahren abschließt**.[51]   75

Gewiss treten nach § 58 Abs. 1 S. 3 PatG die gesetzlichen Wirkungen des Patents erst ein, wenn die Erteilung im Patentblatt veröffentlicht ist. Daraus ist aber nicht zu folgern, dass das PA vor der Veröffentlichung an seinen Beschluss noch nicht gebunden wäre und ihn etwa ändern oder aufheben dürfte. Die Schwäche, die der frühere Bekanntmachungs-   76

---

[46] BPatG 6.10.1967, BPatGE 9, 159 (162); 30.9.1977, BPatGE 20, 125 (126); 8.5.1981, BPatGE 24, 21 (23); 23.11.1981, BPatGE 24, 61 (62); vgl. ferner *Klauer/Möhring* § 30 Rn. 4; *Lindenmaier* § 30 Rn. 7; *Schulte*, 2. Aufl., § 30 Rn. 9; *ders.* GRUR 1975, 573 ff. (576); *Harraeus* GRUR 1961, 257.

[47] Verneinend BPatG (9. Senat) 5.10.1983, Mitt. 1984, 173; dagegen nimmt BPatG (4. Senat) 23.11.1981, BPatGE 24, 61 (62) an, dass nach einem Bekanntmachungsbeschluss des BPatG die Prüfungsstelle das Verfahren wiederaufnehmen dürfe, wenn der Anmelder mit der gerichtlich festgelegten Anspruchsfassung nicht mehr einverstanden ist.

[48] BPatG 20.9.1962, BPatGE 3, 40 (42 f.).

[49] Vgl. *Reimer* § 26 Rn. 36 f.; *Klauer/Möhring* § 26 Rn. 21; *Lindenmaier* § 26 Rn. 119; *Schäfers* in Benkard PatG § 38 Rn. 14 f.; *Wagner* GRUR 1973, 624 ff. (627); BGH 17.9.1974, GRUR 1975, 310 – Regelventil; 15.3.1977, GRUR 1977, 780 (781) – Metalloxyd mit Anm. *von Fischer;* 17.5.1984, GRUR 1984, 644 – Schichtträger.

[50] BPatG 8.9.1971, BPatGE 13, 77; 20.6.1972, BPatGE 14, 191 (193); 18.7.1973, BPatGE 15, 142 (148); 14.2.1979, BPatGE 21, 254.

[51] BPatG 2.5.1983, GRUR 1983, 643 – Elektronisches Blitzgerät.

beschluss in dieser Hinsicht aufwies, ergab sich daraus, dass er den Beschluss über die Erteilung nicht präjudizierte.[52] Dieser Charakter der Vorläufigkeit konnte in der Neuregelung dem Erteilungsbeschluss nicht gegeben werden, auch wenn dieser infolge „Nachschaltung" des Einspruchs im Übrigen an die Stelle des früheren Bekanntmachungsbeschlusses trat. Demgemäß lässt das geltende Recht keinen Raum für Entscheidungen des PA, in denen dieses auf einen einmal erlassenen Erteilungsbeschluss zurückkommen oder außerhalb eines Einspruchsverfahrens inhaltlich von ihm abweichen könnte. Vielmehr ist das PA an einen Erteilungsbeschluss gebunden, sobald dieser (am Ende einer Anhörung, § 47 Abs. 1 S. 3 PatG) verkündet oder dem Anmelder zugestellt ist.[53]

77 3. Die Prüfungsstelle darf ein Patent nur in Übereinstimmung mit dem **Willen des Anmelders** erteilen.[54] Sie darf der Erteilung keine Fassung der Unterlagen, insbesondere der Ansprüche oder der Beschreibung zugrunde legen, der der Anmelder nicht – wenigstens hilfsweise – zugestimmt hat. Dabei kann das Verbot, im Erteilungsbeschluss über das Patentbegehren des Anmelders hinauszugehen, auf die im Dispositionsgrundsatz enthaltene allgemeine verfahrensrechtliche Regel zurückgeführt werden, dass einem Antragsteller nicht *mehr* zugesprochen werden darf, als er beantragt hat („ne ultra petita", vgl. § 308 ZPO). Dagegen lässt sich aus diesem Prinzip nicht herleiten, dass dem Patentbegehren nicht – unter Zurückweisung im übrigen (vgl. → Rn. 61) – teilweise stattgegeben, dem Antragsteller also *weniger* zugesprochen werden könnte, als er beantragt hat. Auch zeigt die Möglichkeit, ein Patent im Wege der Beschränkung teilweise zu widerrufen oder für nichtig zu erklären (§§ 21 Abs. 2, 22 Abs. 2 PatG), dass Entscheidungen entsprechenden Inhalts im Erteilungsverfahren nicht undenkbar wären.

78 Dass dennoch Beschlüsse, die über das ganze Patentbegehren entscheiden, ihm aber nur teilweise stattgeben, als unzulässig gelten,[55] könnte sich aus der Besorgnis erklären, die Öffentlichkeit werde irregeführt, wenn eine beschränkte Erteilung veröffentlicht ist und der Anmelder gegen die seinem Willen nicht entsprechende Beschränkung erfolgreich Beschwerde einlegt. In der Tat können sich hieraus Gefahren für Dritte ergeben, die sich – insbesondere bei ihrer Produktionsplanung – auf den Schutzumfang gemäß der Veröffentlichung eingerichtet haben. Die gleichen Schwierigkeiten drohen aber, wenn nach Patenterteilung gemäß einem Hilfsantrag der umfassendere Hauptantrag im Beschwerdewege weiterverfolgt wird. Sie sind nur dadurch zu vermeiden, dass die Veröffentlichung nach § 58 Abs. 1 PatG, die die vollen gesetzlichen Schutzwirkungen auslöst, bis zur Rechtskraft des Erteilungsbeschlusses zurückgestellt wird.[56] Unter dieser Voraussetzung wären jedoch auch beschränkte Erteilungsbeschlüsse praktikabel.

79 Vorteile zeigt die bestehende Übung gleichwohl hinsichtlich der Arbeitsbelastung des PA und des BPatG. Wenn die Prüfungsstelle dem Patentbegehren nicht voll entsprechen will, braucht sie von sich aus nicht zu überlegen, ob ihm in eingeschränktem Umfang stattzugeben ist. Es ist Sache des Anmelders, für diesen Fall passende Hilfsanträge zu stellen. Unterbleibt dies, genügt als Begründung eines Zurückweisungsbeschlusses, dass dem Patentgesuch nicht voll stattgegeben werden kann, beispielsweise weil schon der Hauptanspruch nicht (unverändert) gewährbar ist. Einen Erteilungsbeschluss braucht die Prüfungsstelle nur

---

[52] Vgl. BPatG 30.9.1977, BPatGE 20, 125; 2.5.1983, GRUR 1983, 643 – Elektronisches Blitzgerät.
[53] So mit eingehender Begründung BPatG 2.5.1983, GRUR 1983, 643 – Elektronisches Blitzgerät.
[54] BGH 1.6.1965, GRUR 1966, 85 (86) – Aussetzung der Bekanntmachung; 15.9.1977, GRUR 1978, 39 – Titelsetzgerät; 28.11.1978, GRUR 1979, 220 (221) – β-Wollastonit.
[55] Vgl. BGH 30.1.1962, GRUR 1962, 398 – Atomschutzvorrichtung; 13.5.1965, GRUR 1966, 146 (148) – Beschränkter Bekanntmachungsantrag; BPatG 19.6.1980, GRUR 1980, 997 – Haupt- und Hilfsantrag; 21.2.1984, BPatGE 26, 120.
[56] Vgl. *Schäfers* in Benkard PatG § 58 Rn. 3; *Hövelmann* GRUR 1998, 434 (436 f.) schlägt vor, die Erteilung eines Patents gemäß Hilfsantrag und deren Veröffentlichung in der Weise zuzulassen, dass das Patent durch die Erteilung eines dem Hauptantrag entsprechenden Patents auflösend bedingt ist; auf diese Weise könne die im Fall einer Teilung (→ Rn. 209) erforderliche Zahlung doppelter Jahresgebühren vermieden werden.

§ 25. Patenterteilung und Gebrauchsmustereintragung

zu begründen, wenn der Anmelder (mindestens) einen Hilfsantrag gestellt hat und der Beschluss nicht dem in erster Linie gestellten Antrag folgt (vgl. → Rn. 61). Auch ist regelmäßig nur in diesem Fall die Beschwerde gegen einen Erteilungsbeschluss gegeben (vgl. → Rn. 80).

4. Mit der Beschwerde kann ein Erteilungsbeschluss nur angegriffen werden, wenn er für den Anmelder eine **Beschwer** enthält. Das setzt voraus, dass er vom Antrag des Anmelders zu dessen Nachteil abweicht.[57] So liegt es, wenn das PA nicht dem in erster Linie gestellten – zulässigen[58] – Antrag gefolgt ist,[59] wenn der Beschluss die Unterlagen, die der Erteilung zugrunde liegen, nicht vollständig angibt[60], die Prüfungsstelle diese Unterlagen ohne Zustimmung des Anmelders geändert hat[61] oder in den Gründen des Erteilungsbeschlusses den Schutzbereich in einer vom Anmelder nicht gebilligten Weise einschränkt[62]. Dagegen kann ein Erteilungsbeschluss, der in vollem Umfang dem Antrag des Anmelders entspricht, mangels Beschwer nicht mit der Beschwerde angefochten werden.[63] Das gilt auch dann, wenn die Prüfungsstelle auf eine Anmeldung, die sie bereits in der ursprünglichen Fassung als „erteilungsreif" ansieht, ohne vorherigen Prüfungsbescheid ein Patent erteilt.[64] Der Anmelder ist nicht schon dadurch beschwert, dass ihm keine Gelegenheit gegeben wurde, eine zu enge Fassung der Ansprüche in Kenntnis des SdT dem schutzfähigen Offenbarungsgehalt der Anmeldung anzupassen.

Praktisch kommen Fälle, in denen der Anmelder durch den Erteilungsbeschluss beschwert und deshalb beschwerdeberechtigt ist, selten vor. Das PA pflegt sich, bevor es die Erteilung beschließt, des Einverständnisses des Anmelders mit derjenigen Fassung der Unterlagen zu versichern, die der Erteilung zugrunde gelegt werden soll. Dem Anmelder, der einer von der Prüfungsstelle als gewährbar vorgeschlagenen Fassung nicht zustimmen will, ist bewusst, dass er damit die Zurückweisung riskiert. Er kann ihr bei grundsätzlicher Aufrechterhaltung seines ursprünglichen Schutzbegehrens entgehen, indem er einen dem Vorschlag der Prüfungsstelle entsprechenden Hilfsantrag formuliert. Dazu ist er jederzeit berechtigt; er kann, wenn er dies für zweckmäßig hält, auch mehrere Hilfsanträge stellen.[65] Sein ursprüngliches Schutzbegehren kann er im Beschwerdeweg weiterverfolgen, wenn die Prüfungsstelle die Anmeldung zurückweist oder das Patent in einer nur hilfsweise beantragten Fassung[66] erteilt. Im letzteren Fall bewirkt jedoch die Einlegung der Beschwerde, dass sich der Eintritt der Rechtskraft des Erteilungsbeschlusses und damit die Veröffentlichung der Erteilung und der Beginn der vollen Schutzwirkungen verzögern. Deshalb sind viele Anmelder, denen daran liegt, rasch einen Schutz zu erlangen, bereit, Einschränkungen ihres Schutzbegehrens zu akzeptieren. Sie begeben sich damit aber der Möglichkeit, im Be-

---

[57] Dabei können Anträge des Anmelders nicht mehr berücksichtigt werden, wenn sie beim PA erst eingehen, nachdem der Erteilungsbeschluss an die Postabfertigungsstelle des PA zwecks Zustellung abgegeben worden ist, vgl. BGH 9.3.1967, GRUR 1967, 435 – Isoharnstoffäther; 2.2.1982, GRUR 1982, 406 – Treibladung; BPatG 24.11.1982, GRUR 1983, 366. Einen Ausweg bietet die Teilung, die bis zur Rechtskraft des Erteilungsbeschlusses zugelassen wird; → Rn. 204.
[58] Einen Fall, in dem der Hauptantrag mangels Rechtsschutzinteresses als unzulässig angesehen wurde, behandelt BGH 2.2.1982, GRUR 1982, 291 (292 f.) – Polyesterimide.
[59] BPatG 19.11.1982, GRUR 1983, 294 – Dichtvorrichtung.
[60] BPatG 20.8.1975, BPatGE 18, 27 (28).
[61] BPatG 24.11.1982, GRUR 1983, 366 – Unterlagenänderung; eine Änderung der Beschreibung kann den Anmelder beschweren, auch wenn die Ansprüche unverändert geblieben sind, vgl. BGH 2.2.1982, GRUR 1982, 291 – Polyesterimide; BPatG 12.4.1983, Mitt. 1983, 234.
[62] BPatG 15.7.1986, BPatGE 28, 188.
[63] BPatG 15.7.1982, BlPMZ 1983, 19; 8.2.1983, GRUR 1983, 369 – Beschwer; vgl. auch BPatG 30.9.1977, BPatGE 20, 125 und 11.12.1980, GRUR 1981, 412 (413) – Hochdrosselvorrichtung zum früheren Bekanntmachungsbeschluss.
[64] BPatG 31.1.1983, GRUR 1983, 367 – Erteilungsreife Anmeldung.
[65] BPatG 30.11.1977, BPatGE 21, 11.
[66] Zu Hilfsantrag und Teilentscheidung vgl. *Hövelmann* GRUR 2009, 718 ff.

schwerdeweg nachprüfen zu lassen, ob die vom PA verlangte Einschränkung angesichts des SdT wirklich geboten war.

VI. Besonderheiten bei Anmeldungen, die Staatsgeheimnisse betreffen

82   1. Staatsgeheimnisse sind nach der Begriffsbestimmung des § 93 Abs. 1 StGB Tatsachen, Gegenstände oder Erkenntnisse, die nur einem begrenzten Personenkreis zugänglich sind und vor einer fremden Macht geheim gehalten werden müssen, um die Gefahr eines schweren Nachteils für die äußere Sicherheit der Bundesrepublik Deutschland abzuwenden. Auch Erfindungen können Staatsgeheimnisse sein. Mit den Geheimhaltungspflichten, die sich dann aus den einschlägigen Strafvorschriften (§§ 94 ff. StGB) ergeben, dem amtlichen Geheimschutz, ist die Publizität des Patenterteilungsverfahrens nicht vereinbar. Eine Patenterteilung kann ohne Geheimnisverletzung nur erfolgen, wenn dabei abweichend von den sonst geltenden Regeln die Erfindung geheim gehalten wird. Die Möglichkeit dazu geben §§ 50–56 PatG[67]. Die darin vorgesehene Geheimhaltungsanordnung des DPMA und ihre Aufhebung (vgl. → Rn. 83 ff., 86) bewirken jedoch nicht, dass eine Erfindung, die in Wahrheit kein Staatsgeheimnis ist, zu einem solchen gemacht würde oder eine Erfindung, die tatsächlich ein Staatsgeheimnis ist, dies dann nicht mehr sei. Vielmehr ist unter den genannten Voraussetzungen die Anordnung bzw. Aufhebung rechtswidrig.

83   2. Ist eine beim DPMA zum Patent angemeldete Erfindung ein Staatsgeheimnis, ordnet gemäß § 50 Abs. 1 PatG die Prüfungsstelle nach Anhörung des Bundesministeriums der Verteidigung (BMVg) als zuständiger oberster Bundesbehörde[68] von Amts wegen an, dass **jede Veröffentlichung unterbleibt.** Die Prüfungsstelle hat in eigener Verantwortung darauf zu achten, dass unverzüglich und jedenfalls vor Offenlegung geklärt wird, ob ein Staatsgeheimnis vorliegt. Sie wird daher nicht nur, wenn sie den Erlass einer Geheimhaltungsanordnung beabsichtigt, sondern schon in Zweifelsfällen die Stellungnahme des BMVg einholen. Letzteres kann den Erlass der Anordnung auch von sich aus beantragen. Es hat unabhängig von den Voraussetzungen des § 31 PatG Anspruch auf Akteneinsicht (§ 51 PatG), um selbst und unmittelbar klären zu können, ob Geheimhaltungsbedarf vorliegt.

84   Die Geheimhaltungsanordnung muss dem Anmelder binnen vier Monaten ab Anmeldung zugestellt worden sein. Andernfalls können der Anmelder und jeder, der von der Erfindung Kenntnis hat, davon ausgehen, dass die Erfindung keiner Geheimhaltung bedarf, sofern ihnen nicht deren Geheimhaltungsbedürftigkeit positiv bekannt ist (§ 53 Abs. 1 PatG). Die Viermonatsfrist kann durch eine vor ihrem Ablauf zugestellte Mitteilung des PA um höchstens zwei Monate verlängert werden (§ 53 Abs. 2 PatG). Der Fristablauf hat vor allem strafrechtliche Bedeutung. Er schließt, solange die Erfindung geheim bleibt, nicht aus, dass die Anordnung nachträglich noch erlassen wird.

85   Die Geheimhaltungsanordnung bewirkt auch, dass Akteneinsicht nur unter den strengen Voraussetzungen des § 31 Abs. 5 PatG gewährt werden darf. Der Inhalt der Anmeldung wird jedoch nach § 3 Abs. 2 S. 3 PatG neuheitsschädlicher SdT (vgl. → § 16 Rn. 59 ff.). Ein gegebenenfalls erteiltes Patent (Geheimpatent) ist in ein besonderes Register einzutragen, in das ebenfalls nur nach Maßgabe des § 31 Abs. 5 PatG Einsicht genommen werden kann (§ 54 PatG). Da die Erteilung nicht veröffentlicht wird, beginnen die gesetzlichen Wirkungen des Patents mit der Verkündung oder Zustellung des Erteilungsbeschlusses.

86   3. Die Geheimhaltungsanordnung ist durch die Prüfungsstelle von Amts wegen oder auf Antrag des BMVg, des Anmelders oder des Patentinhabers **aufzuheben,** wenn der Inhalt der Anmeldung keiner Geheimhaltung mehr bedarf (§ 50 Abs. 2 PatG). Damit die Anordnung nicht länger als nötig bestehen bleibt, ist in jährlichen Abständen die Geheimhaltungsbedürftigkeit zu überprüfen. Vor der Aufhebung ist das BMVg zu hören. Nach

---

[67] Vgl. *Breith* GRUR 2003, 587 ff.
[68] § 56 PatG in Verbindung mit der VO vom 24.5.1961, BGBl. I 595 = BlPMZ 1961, 210, geändert durch Gesetz vom 16.7.1998 BGBl. I 1827 = BlPMZ 1998, 382 (391).

§ 25. Patenterteilung und Gebrauchsmustereintragung   **A VI § 25**

Rechtskraft der Aufhebung wird, sofern noch kein Patent erteilt ist, die Offenlegung der Anmeldung nachgeholt; ist bereits ein Patent erteilt, wird dieses in das (normale) Register eingetragen; die Erteilung und die Patentschrift werden veröffentlicht.

4. Die Geheimhaltungsanordnung und ihre Aufhebung sowie die Zurückweisung eines Antrags, sie zu erlassen oder aufzuheben, können mit der **Beschwerde** angefochten werden[69]; die Beschwerde gegen die Anordnung hat keine aufschiebende Wirkung (§ 75 Abs. 2 PatG). Im Fall der Aufhebung der Anordnung oder der Zurückweisung eines Antrags auf ihren Erlass kann dagegen mit Rücksicht auf die aufschiebende Wirkung einer möglichen Beschwerde erst mit Rechtskraft des Beschlusses (entsprechend § 53 PatG) davon ausgegangen werden, dass die Erfindung nicht (mehr) der Geheimhaltung bedarf. Daher benachrichtigt die Prüfungsstelle die Beteiligten, wenn der Beschluss innerhalb der Beschwerdefrist nicht angefochten worden ist (§ 50 Abs. 3 PatG).   87

5. Eine Geheimhaltungsanordnung wird sehr häufig die Verwertung der von ihr betroffenen Erfindung behindern. § 55 PatG gibt deshalb dem Anmelder, dem Patentinhaber oder deren Rechtsnachfolger **Anspruch auf Entschädigung** gegen den Bund. Ausgeglichen werden soll der Vermögensschaden, der dadurch entsteht, dass der Betroffene wegen der Geheimhaltungsanordnung eine nach §§ 1 ff. PatG patentierbare Erfindung nicht mehr für friedliche Zwecke verwerten kann.   88

Vorausgesetzt ist, dass die Erfindung nicht vor ihrer beim DPMA eingereichten Anmeldung anderweitig angemeldet und nicht vor dessen Anordnung von einem fremden Staat aus Verteidigungsgründen geheim gehalten worden ist (§ 55 Abs. 3 PatG).   89

Der Anspruch besteht nur, wenn und soweit dem Betroffenen nicht zumutbar ist, den Schaden selbst zu tragen. Diese Einschränkung erklärt sich daraus, dass die Geheimhaltungsanordnung **nicht als Enteignung** im Sinne von Art. 14 Abs. 3 GG angesehen wird,[70] sondern die Entschädigung nur aus Billigkeitsgründen erfolgt. Das Fehlen des Enteignungscharakters wird daraus abgeleitet, dass die Geheimhaltungspflicht schon auf Grund der allgemeinen Vorschriften des StGB besteht und deshalb nicht erst durch Anordnung des PA begründet wird.   90

Für die **Zumutbarkeit** ist neben der wirtschaftlichen Lage des Geschädigten insbesondere zu berücksichtigen, was er für die Erfindung aufgewandt hat,[71] in welchem Maß er die Geheimhaltungsbedürftigkeit voraussehen konnte und welcher Nutzen ihm aus einer sonstigen, dh militärischen Verwertung der zufließt.   91

Der Anspruch entsteht, soweit unzumutbarer Schaden eintritt, ab Erlass der Geheimhaltungsanordnung. Weil er von der Patentierbarkeit der Erfindung abhängt, deren Prüfung dem PA vorbehalten bleiben soll, kann Entschädigung erst nach Patenterteilung geltend gemacht werden (§ 55 Abs. 1 S. 3 PatG); nur nachträglich und nur für Zeitabschnitte von jeweils mindestens einem Jahr (§ 55 Abs. 1 S. 4 PatG).   92

Der Anspruch ist beim BMVg geltend zu machen; im Streitfall steht der Rechtsweg zu den ordentlichen Gerichten offen. Zuständig sind die Patentstreitgerichte (§§ 55 Abs. 2, 143 PatG).   93

Weitergehende Ansprüche als nach § 55 PatG können entstehen, wenn die Geheimhaltungsanordnung **rechtswidrig** war (§ 839 BGB, Art. 34 GG).[72]   94

---

[69] Nach BGH 12.1.1999, GRUR 1999, 573 – Staatsgeheimnis ist das Bundesministerium der Verteidigung zur Rechtsbeschwerde auch dann berechtigt, wenn die angegriffene Aufhebung der Geheimhaltungsanordnung seinem eigenen Willen entsprach.

[70] BGH 4.5.1972, GRUR 1973, 141 (142) – Kernenergie; vgl. auch die Begründung zum 6. ÜG, BlPMZ 1961, 149; dagegen bezweifelt *Bernhardt* 275, die Vereinbarkeit des § 55 (früher § 30 f.) PatG mit Art. 14 Abs. 3 S. 3 GG.

[71] Wurden die Forschungen, die zur Erfindung führten, durch erhebliche staatliche Zuschüsse gefördert, erhöht sich der Umfang des zumutbaren Schadens, vgl. BGH 4.5.1972, GRUR 1973, 141 (143) – Kernenergie.

[72] Vgl. BPatG 1.9.1978, BPatGE 21, 112 (116 f.).

95 6. **Außerhalb der Bundesrepublik Deutschland** darf eine Patentanmeldung, die ein Staatsgeheimnis enthält, nur mit schriftlicher Genehmigung des BMVg eingereicht werden. Das Verbot ist strafbewehrt (§ 52 PatG).

96 **Europäische Anmeldungen,** die ein Staatsgeheimnis enthalten *können,* sind beim DPMA einzureichen; wer eine Anmeldung, die ein Staatsgeheimnis enthält, unmittelbar beim EPA einreicht, macht sich strafbar (Art. II § 4 Abs. 2, § 14 IntPatÜG). Das DPMA prüft die Geheimhaltungsbedürftigkeit entsprechend §§ 50ff. PatG. Ergibt sich, dass die Erfindung ein Staatsgeheimnis darstellt, ordnet das Amt an, dass die Anmeldung nicht ans EPA weitergeleitet wird und jede Veröffentlichung unterbleibt. Sie wird dann als deutsche Geheimanmeldung nach dem PatG behandelt. Enthält sie kein Staatsgeheimnis, wird die Anmeldung dem EPA zugeleitet.

97 Bei **internationalen Anmeldungen,** für die das DPMA Anmeldeamt ist, wird von Amts wegen geprüft, ob sie ein Staatsgeheimnis enthalten. Gegebenenfalls ordnet das DPMA an, dass die Anmeldung nicht weitergeleitet wird und jede Veröffentlichung unterbleibt; für das weitere Verfahren gilt sie als nationale Geheimanmeldung (Art. III § 2 IntPatÜG).

98 7. Eine Geheimhaltungsanordnung entsprechend § 50 Abs. 1–3 PatG ergeht nach Abs. 4 der Vorschrift auch dann, wenn eine beim DPMA eingereichte Anmeldung eine Erfindung betrifft, die zwar kein Staatsgeheimnis der Bundesrepublik Deutschland iSd § 93 StGB ist, aber von einem fremden Staat aus Verteidigungsgründen geheim gehalten und der Bundesregierung mit deren Zustimmung unter der Auflage der Geheimhaltung anvertraut wird. Entschädigung wird in solchen Fällen von der Bundesrepublik Deutschland nicht gewährt (§ 55 Abs. 3 PatG). Diese ist dann Sache des anderen Staates.[73] § 50 Abs. 4 PatG gestattet es Ausländern, beim DPMA Erfindungen anzumelden, die nach ihrem Heimatrecht geheim zu halten sind. Die Vorschrift steht im Zusammenhang mit zwischenstaatlichen Vereinbarungen,[74] die es deutschen Anmeldern ermöglichen, in bestimmten ausländischen Staaten – mit Genehmigung des BMVg, § 52 PatG, – Geheimpatente zu erlangen.

VII. Zurücknahme und Verfall der Anmeldung

99 1. Eine Patentanmeldung kann jederzeit zurückgenommen werden, solange sie anhängig ist, dh weder zurückgewiesen ist, noch als zurückgenommen gilt, noch zur Erteilung eines Patents geführt hat.[75] Das ist im Gesetz zwar nicht ausdrücklich vorgesehen, wird aber als selbstverständlich vorausgesetzt. Das zeigen die Vorschriften, nach denen die Anmeldung in bestimmten Fällen als zurückgenommen gilt (vgl. → Rn. 104). Letztlich folgt die Möglichkeit der Zurücknahme aus dem Dispositionsgrundsatz (vgl. → § 22 Rn. 5).

100 Die Zurücknahme ist möglich, solange das Erteilungsverfahren nicht rechtskräftig beendet ist, also nach Erteilung eines Patents, wenn keine Beschwerde eingelegt wird, bis zum Ablauf der Frist für eine Beschwerde gegen den Erteilungsbeschluss[76]. Sie erfolgt durch Erklärung des Anmelders oder seines entsprechend bevollmächtigten Vertreters[77] gegenüber dem Patentamt. Ist – nach Anmelderbeschwerde gegen einen Zurückweisungsbeschluss der Prüfungsstelle – das Erteilungsverfahren beim BPatG anhängig, muss die Zurücknahme diesem gegenüber erklärt werden.[78]

---

[73] Vgl. die Begründung BlPMZ 1961, 149.

[74] Nachweise bei *Schäfers* in Benkard PatG § 50 Rn. 8 ff.; *Rudloff-Schäffer* in Schulte PatG § 50 Rn. 10 Fn. 7.

[75] Vgl. *Schäfers* in Benkard PatG § 34 Rn. 144 ff.; *Moufang* in Schulte PatG § 34 Rn. 459 ff.

[76] Vgl. BGH 2.3.1999, GRUR 1999, 571 – Künstliche Atmosphäre; BPatG 10.6.1997, BPatGE 38, 195.

[77] Vgl. BGH 25.1.1972, GRUR 1972, 536 – Akustische Wand.

[78] BPatG 23.12.1965, BPatGE 8, 28 (30 f.).

§ 25. Patenterteilung und Gebrauchsmustereintragung   A VII § 25

Die Erklärung braucht nicht wörtlich auf Zurücknahme zu lauten. Zum Ausdruck kommen muss **101** aber eindeutig, dass eine Patenterteilung im anhängigen Verfahren nicht mehr angestrebt wird. Grundsätzlich ist die Zurücknahme bedingungsfeindlich; zulässig ist aber, sie vom Unterbleiben der Offenlegung abhängig zu machen;[79] ebenso wird es überwiegend für zulässig gehalten, eine gem. § 39 PatG entstandene Teilanmeldung unter der Bedingung zurückzunehmen, dass mangels fristgerechter Vornahme der in § 39 Abs. 3 bezeichneten Handlungen die Teilungserklärung als nicht abgegeben gelte.[80]

Wie alle bestimmenden Erklärungen im Erteilungsverfahren bedarf die Zurücknahme **102** grundsätzlich der **Schriftform** (aber → § 23 Rn. 145). Eine Erklärung, die während einer Anhörung vor der Prüfungsstelle oder in der mündlichen Verhandlung vor dem BPatG zur **Niederschrift** abgegeben wird (§§ 46 Abs. 2, 92 Abs. 2 PatG, § 160 ZPO) steht einer schriftlichen gleich.

Die Zurücknahme hat zur Folge, dass das Erteilungsverfahren beendet ist und die Wir- **103** kungen der Anmeldung als von Anfang an nicht eingetreten gelten. Somit entfallen rückwirkend der Erteilungsanspruch, die Anwartschaft auf das Patent, die Festlegung des Zeitrangs für die Bestimmung des SdT, nach dem sich die Patentierbarkeit des Anmeldungsgegenstandes richtet, und gegebenenfalls der durch die Offenlegung begründete vorläufige Schutz nach § 33 PatG. Dagegen bleibt der Inhalt der Anmeldung nach Maßgabe des § 3 Abs. 2 PatG neuheitsschädlich gegenüber zeitrangjüngeren Anmeldungen, sofern die zurückgenommene Anmeldung bereits offengelegt war (vgl. → § 16 Rn. 59 ff.).

2. Von bestimmten Verfahrenshandlungen, insbesondere Gebührenzahlungen machen **104** das PatG und das PatKostG den Fortgang des Erteilungsverfahrens und das Fortbestehen der Anmeldungswirkungen in der Weise abhängig, dass die Anmeldung **als zurückgenommen gilt,** wenn die Handlung nicht rechtzeitig erfolgt: Zahlung der Anmeldegebühr (§ 6 Abs. 1 S. 2, Abs. 2, § 3 Abs. 1 PatKostG), Stellung des Prüfungsantrags und Zahlung der Prüfungsgebühr (§ 44 Abs. 2 PatG, § 3 Abs. 1 und § 6 Abs. 1 S. 2, Abs. 2 PatKostG, § 58 Abs. 3 PatG), Zahlung der Jahresgebühren (§§ 17, 58 Abs. 3 PatG, §§ 3 Abs. 2, 7 Abs. 1 PatKostG, Näheres → § 26 Rn. 83 ff.). Eine Anmeldung, die nach diesen Vorschriften als zurückgenommen gilt, verliert ihre Wirkungen ebenso wie im Fall einer *Zurücknahmeerklärung* (vgl. → Rn. 99).

Eine beim DPMA eingereichte Patentanmeldung gilt ferner dann als zurückgenommen, wenn auf **105** sie die Inanspruchnahme der „inneren Priorität" für eine spätere Patentanmeldung derselben Erfindung beim DPMA gestützt wird (§ 40 Abs. 5 PatG). Der Zweck der Regelung ist dort aber ein anderer als in den vorgenannten Fällen: für dieselbe Erfindung sollen (möglichst) nicht mehrere Patente erteilt werden, die sich auf denselben räumlichen Schutzbereich beziehen (vgl. im Übrigen → § 24 Rn. 161).

Die Rechtsfolge der Säumnis wird gewöhnlich als *Fiktion* der Zurücknahme gekenn- **106** zeichnet. Die Unterlassung der betreffenden Handlungen wird dabei zwingend als Ausdruck des Willens verstanden, die Anmeldung aufzugeben, auch wenn der Anmelder diesen Willen nicht gehabt hat. Damit ist aber noch nicht die Frage nach dem sachlichen Grund der Regelung beantwortet. Gewiss darf davon ausgegangen werden, dass in vielen Fällen, in denen die Anmeldung als zurückgenommen gilt, der Anmelder tatsächlich kein ernsthaftes Interesse mehr an ihr gehabt hat. Insoweit verhindern die hier erörterten Vorschriften, dass Anmeldungen (als „Karteileichen") nur deshalb anhängig bleiben, weil vergessen wird, sie förmlich zurückzunehmen. Wo aber das Interesse an der Anmeldung in Wirklichkeit fortbestand, lässt sich die gesetzliche Regelung nur unter dem Gesichtspunkt rechtfertigen, dass die interessiert bleibenden Anmelder in bestimmten Situationen und – soweit es um die Jahresgebühren geht – in regelmäßigen Abständen ihr Interesse bekräftigen und dabei prüfen müssen, ob sich der Gebührenaufwand lohnt. Die gesetzliche Regelung kann deshalb

---

[79] BPatG 12.11.2001, Mitt. 2002, 79.
[80] BGH 15.12.1998, GRUR 1999, 574 (576) – Mehrfachsteuersystem; *Hacker* Mitt. 1999, 1 (9) mN.; Näheres zur Teilung → § 25 Rn. 183.

§ 25 A VII   4. Abschnitt. Entstehung und Wegfall von Patenten und Gebrauchsmustern

auch dahin verstanden werden, dass die Wirkungen der Anmeldung jeweils nur solange dauern, bis die nächste zu ihrer Aufrechterhaltung nötige Gebühr spätestens zu zahlen ist, und somit das Ausbleiben der Zahlung den **Verfall** der Anmeldung nach sich zieht. Dieser tritt **kraft Gesetzes** ein; der Fiktion eines Aufgabe*willens* bedarf es nicht. Der rückwirkende Verlust der durch die Anmeldung begründeten Rechte erklärt sich schon daraus, dass diese von vornherein davon abhängen, dass die Anmeldung zum Patent führt.

107 3. Gelegentlich nehmen Anmelder eine zur Vermeidung des Verfalls erforderliche Handlung nicht rechtzeitig vor, obwohl die betroffene Anmeldung weiterverfolgt werden soll. Hier kann gemäß § 123 PatG **bei unverschuldeter Säumnis Wiedereinsetzung** in den vorigen Stand gewährt werden (vgl. → § 23 Rn. 150). Die Interessen Dritter, die zwischen dem Verfall der Anmeldung und dem Zeitpunkt, in dem sie ihre Wirkung wiedererlangt, die Erfindung gutgläubig in Benutzung genommen haben, wahrt das Weiterbenutzungsrecht nach § 123 Abs. 5, 6 PatG (vgl. → § 34 Rn. 68).

108 Fraglich ist dagegen, ob und unter welchen Voraussetzungen die Wirkungen einer **versehentlich erklärten Zurücknahme** nachträglich beseitigt werden können. Ein **Widerruf** der Erklärung wird (analog § 130 Abs. 1 S. 2 BGB) nur anerkannt, wenn er dem PA (oder dem BPatG) spätestens gleichzeitig mit der Erklärung zugeht.[81] Ein nachträglicher Widerruf ist damit ausgeschlossen.[82] Eine **Berichtigung** der Zurücknahmeerklärung wird vom PA zugelassen, wenn aus den Akten oder amtsbekannten Umständen objektiv erkennbar war, dass die Zurücknahme auf einem Versehen beruhte; dass das PA den Fehler tatsächlich erkannt hat, wird nicht vorausgesetzt.[83] Praktisch kann eine versehentliche Zurücknahme nur selten im Wege der Berichtigung ausgeräumt werden.

109 Seit einer Grundsatzentscheidung des DPA von 1954[84] ist in der Praxis anerkannt, dass auf die Zurücknahme einer Patentanmeldung die Vorschriften der §§ 119 ff. BGB über die **Irrtumsanfechtung** in gewissem Umfang entsprechend anzuwenden sind.[85]

110 Die Anfechtung der Zurücknahme wird jedenfalls wegen Inhalts- oder Erklärungsirrtums iSd § 119 Abs. 1 BGB sowie wegen Übermittlungsfehlers (§ 120 BGB) zugelassen.[86] Ob auch der Eigenschaftsirrtum (§ 119 Abs. 2 BGB) zur Anfechtung berechtigt, ist streitig[87]. Bejaht man die Frage, kann die Zurücknahme wegen irriger Vorstellungen über die technische Bedeutung des Anmeldungsgegenstands, sein Verhältnis zum SdT, seine Patentierbarkeit oder den Schutzumfang des zu erwartenden Patents[88] angefochten werden.

111 Schon aus BGB-Grundsätzen folgt, dass ein bloßer *Motivirrtum* nicht zur Anfechtung berechtigt. Das ist von besonderer Bedeutung, wenn ein Vertreter des Anmelders die Zurücknahme infolge einer irrtümlichen, dem Vertreter falsch übermittelten oder von ihm falsch verstandenen Weisung des Anmelders erklärt.[89] Wenn es dabei, wie gewöhnlich

---

[81] Vgl. *Beier/Katzenberger* FS 10 J. BPatG, 1971, 251 (257) mit Nachweisen.
[82] BGH 7.12.1976, GRUR 1977, 485 (486) – Rücknahme der Patentanmeldung; 14.3.1985, GRUR 1985, 919 – Caprolactam mit kritischer Anmerkung von *Eisenführ*. – Die Zulassung des Widerrufs bis zur Offenlegung hält BPatG 1.10.1973, BPatGE 16, 11 (16) für erwägenswert. Der BGH (14.3.1985, GRUR 1985, 919 – Caprolactam) lehnt dies ab; auch kann nach seiner Auffassung der Widerruf grundsätzlich nicht als Neuanmeldung behandelt oder in eine solche umgedeutet werden. – *Papke* GRUR 1986, 11 f., empfiehlt, den Widerruf innerhalb von 3 Monaten durch Gesetz oder durch Anordnung des Präsidenten des PA allgemein zuzulassen.
[83] *Beier/Katzenberger* FS 10 J. BPatG, 1971, 251 (255 f.) mit Nachweisen.
[84] DPA (BS) 9.1.1954, BlPMZ 1954, 49.
[85] Vgl. *Schäfers* in Benkard PatG § 34 Rn. 151 ff.; *Schulte* Einl. Rn. 89 ff. und *Moufang* in Schulte PatG § 34 Rn. 472.
[86] BGH 7.12.1976, GRUR 1977, 485 – Rücknahme der Patentanmeldung; BPatG 25.10.1961, BPatGE 1, 21 (23); 23.12.1965, BPatGE 8, 28 (35 ff.).
[87] S. *Schäfers* in Benkard PatG § 34 Rn. 151; *Schulte* Einl. Rn. 98; *Winkler* Mitt. 1999, 148 (150); jeweils mN.
[88] DPA (BS) 20.2.1954, GRUR 1954, 261.
[89] Vgl. BPatG 12.12.1966, BPatGE 9, 15 (17).

§ 25. Patenterteilung und Gebrauchsmustereintragung

angenommen wird, gemäß § 166 Abs. 1 BGB auf die Person des Vertreters ankommt,[90] ist dessen unrichtige Vorstellung, weisungsgemäß zu handeln, als bloßer Irrtum im Beweggrund unbeachtlich. Die von ihm erklärte Zurücknahme ist nicht anfechtbar, wenn der Vertreter sie so abgeben wollte, wie sie lautete, sein Wille sich mit ihrem objektiven Sinn deckte und sie dem PA richtig übermittelt wurde. Zulässig ist die Anfechtung nur, wenn der *Erklärende* (Anmelder oder Vertreter) sich verschrieben oder versprochen hat, wenn er die objektive Bedeutung seiner Erklärung verkannt hat oder diese vom Erklärenden zum PA unrichtig übermittelt worden ist. Über die Bedeutung der Erklärung kann der Erklärende irren, indem er sich über die Art seiner Erklärung eine falsche Vorstellung macht, zB eine Teilung der Anmeldung oder die Niederlegung der Vertretung zu erklären glaubt, während seine Erklärung objektiv eine Zurücknahme bedeutet.[91] Ein zur Anfechtung berechtigender Irrtum liegt aber auch dann vor, wenn der Erklärende seine Erklärung der Art nach richtig als Zurücknahme versteht, aber falsche Vorstellungen darüber hat, auf welche Anmeldung(en) sie sich bezieht, so dass nach dem objektiven Sinn der Erklärung statt oder neben der (den) wirklich gemeinten Anmeldung(en) eine oder mehrere andere Anmeldungen betroffen sind. Irrtümer dieser Art können namentlich durch Verwechslung von Aktenzeichen zustande kommen, etwa durch „Zahlendreher".

Insgesamt bleibt auch unter Berücksichtigung der Anfechtungsmöglichkeit der Kreis **112** der Fälle, in denen die Wirkungen einer versehentlichen Zurücknahme beseitigt werden können, recht eng begrenzt. Daher empfiehlt es sich, wenn nicht aus besonderen Gründen (zB zwecks Verhinderung der Offenlegung) eine Zurücknahme angezeigt ist, eine Anmeldung, an der kein Interesse mehr besteht, nicht zurückzunehmen, sondern einfach verfallen zu lassen (vgl. → Rn. 104). Allerdings braucht das PA seit Inkrafttreten des Kostenbereinigungsgesetzes am 1.1.2002 (vgl. → § 6 Rn. 44) nicht mehr auf den bevorstehenden Verfall hinzuweisen. Der Anmelder muss also selbst auf den Zeitpunkt achten, bis zu dem er seine Absicht, die Anmeldung aufzugeben, revidieren kann. Unberührt bleibt jedoch die Möglichkeit der Wiedereinsetzung in Fällen unverschuldeter Säumnis.

4. Die Lösungen, die die Praxis für das Problem der versehentlichen Zurücknahme von **113** Patentanmeldungen gefunden hat, werden vielfach nicht nur als im Ergebnis unzureichend kritisiert, sondern auch aus rechtssystematischen Gründen. Das gilt namentlich für die Anfechtbarkeit. Ihre Zulassung beruhte früher auf dem Gedanken, dass die Zurücknahme der Anmeldung nicht nur Prozesshandlung sei, sondern aufgrund ihrer materiellrechtlichen Wirkungen auch materiellrechtliche Willenserklärung – entsprechend der zivilprozessrechtlichen Theorie von der „Doppelnatur" bestimmter Prozesshandlungen wie Anerkenntnis und Verzicht (§§ 306, 307 ZPO). Heute gelten die genannten Erklärungen als reine Prozesshandlungen.[92]

Dem Prozessvergleich, dem die hM auch heute noch eine Doppelnatur zuschreibt,[93] steht die Zu- **114** rücknahme der Patentanmeldung als einseitige Erklärung zu fern, als dass die Möglichkeiten seiner nachträglichen Beseitigung auf sie übertragen werden könnten.

---

[90] BPatG 25.10.1961, BPatGE 1, 21; 1.10.1973, BPatGE 16, 11 (13 f.); 5.6.1986, Mitt. 1986, 174; vgl. auch BGH 25.1.1972, GRUR 1972, 536 Rn. 2 – Akustische Wand. – Zu einem dem Anmelder günstigeren Ergebnis würde es führen, wenn in den Fällen, in denen der Vertreter nach bestimmten Weisungen gehandelt hat, entsprechend § 166 Abs. 2 BGB diejenige Person als maßgeblich erachtet würde, die die Weisung gegeben und sich dabei geirrt hat. Im bürgerlichrechtlichen Schrifttum wird eine solche Anwendung des § 166 Abs. 2 auf Willensmängel zunehmend befürwortet; vgl. *Medicus* BGB AT Rn. 898, 902; *Wolf/Neuner* § 49 Rn. 73 mit weiteren Nachweisen.
[91] Vgl. *Beier/Katzenberger* FS 10 J. BPatG, 1971, 258 f.
[92] *Baumbach/Lauterbach/Albers/Hartmann* ZPO Einf. §§ 306, 307 Rn. 1 f. mit Nachweisen; *Rosenberg/Schwab/Gottwald* ZPO § 132 IV 7 und V 2e.
[93] *Rosenberg/Schwab/Gottwald* ZPO § 132 III; *Baumbach/Lauterbach/Albers/Hartmann* ZPO Anhang zu § 307 Rn. 3 ff.; jeweils mN.

115 Auch wenn man Verfahrenshandlungen mit Doppelnatur grundsätzlich für möglich hält, kann jedenfalls für die Rücknahme der Patentanmeldung nicht gesagt werden, sie enthalte eine privatrechtliche Willenserklärung. Die an sie geknüpften materiellrechtlichen Wirkungen, folgen daraus, dass die materiellrechtlichen Wirkungen einer *Anmeldung* gesetzlich vom erfolgreichen Abschluss des Erteilungsverfahrens abhängen und deshalb – vorläufig – nur solange bestehen können, wie nicht feststeht, dass kein Patent erteilt werden wird. Die materiellrechtlichen Wirkungen der Anmeldung hängen also am Anhängigwerden und -bleiben des Verfahrens als solchem. Endet das Verfahren ohne Patenterteilung, müssen sie *ex tunc* entfallen, gleichgültig wie: durch Zurückweisung, Verfall oder Rücknahme. Auf einer privatrechtlichen Willenserklärung des Anmelders beruht dieser Wegfall dann nicht.[94]

116 Folglich ist die Rücknahme einer Patentanmeldung auch nie nach §§ 119 ff. BGB anfechtbar. Eine interessengerechte Korrekturmöglichkeit muss stattdessen anders erfolgen.[95] Denkbar wäre eine Anlehnung an die beim Verfall der Anmeldung vorgesehene Wiedereinsetzungsmöglichkeit:[96] beruht die Zurücknahmeerklärung in der Fassung, in der sie dem PA (oder BPatG) zugeht oder dort zu Protokoll genommen wird, auf einem Versehen, das im Recht der Wiedereinsetzung als unverschuldet anzusehen ist, kann beantragt werden, die Wirkung der Anmeldung wiederherzustellen. Über den Antrag wird dann wie über einen Wiedereinsetzungsantrag entschieden. Wird ihm stattgegeben, müssen gutgläubige Dritte ein Weiterbenutzungsrecht genießen; entsprechend den dafür geltenden Regeln[97]. Obwohl dies überwiegend vertreten wird,[98] ist nicht abschließend klar, ob eine solche Lösung angewandt werden kann, ohne dass das Gesetz sie ausdrücklich vorsieht. Dafür spricht, dass das PatG auch sonst keine Bestimmungen zur Zurücknahme enthält. Auch würde so eine Korrektur in Fällen möglich, in denen die Zurücknahme auf der irrigen Annahme einer entsprechenden Absicht oder Weisung des Anmelders beruht, wenn kein dem Anmelder zurechenbares Verschulden vorliegt. Nicht allein deshalb beseitigt werden könnte eine Zurücknahme dagegen, wenn sie durch falsche Vorstellungen über den SdT oder über die Patentierungsaussichten veranlasst war. Und das wäre richtig. Denn wer sich hier ohne patentamtliche Prüfung auf seine eigene Beurteilung verlässt, beachtet nicht die im Verkehr erforderliche Sorgfalt. Auch nach einer wegen Fehlbeurteilung der Verwertbarkeit der Erfindung erklärten Zurücknahme wäre die Fortführung des Verfahrens nicht erreichbar. Hier ist der Anmelder bewusst ein Risiko eingegangen, das ihm ebenso wenig abgenommen werden kann, wie die Nichtanmeldung einer Erfindung, die er fälschlich für wertlos gehalten hatte.

117 5. Nach § 123a PatG ist es möglich, Anmeldungen, die wegen Versäumung einer vom PA gesetzten Frist zurückge*wiesen* wurden, unter bestimmten Voraussetzungen auf gebührenpflichtigen Antrag **weiterzubehandeln** (vgl. → § 23 Rn. 158). Zu erwägen wäre eine ähnliche Regelung – mit den durch das Fehlen einer Fristsetzung und einer amtlichen Entscheidung bedingten Modifikationen – für zurückge*nommene* Anmeldungen. Ihr Vorzug bestünde darin, dass sie unabhängig davon anwendbar wäre, aus welchem Grund die Zurücknahme erfolgt ist und inwieweit der Anmelder diesen zu vertreten hat.

---

[94] Materiellrechtliche Wirkungen reiner Prozesshandlungen finden sich zB auch in §§ 987, 989, 818 Abs. 4 sowie einigen Fällen des § 204 BGB.

[95] So im Ergebnis auch *Beier/Katzenberger* FS 10 J. BPatG, 1971, 251 (264 ff., 268 ff.) – Dagegen befürwortet *Witte* GRUR 1962, 497 (500) eine Ausdehnung der Anfechtungsmöglichkeit; *Seetzen* 124, vertritt die Anfechtbarkeit wegen Eigenschaftsirrtums; *Schulte* Einl. Rn. 98 bezeichnet deren Versagung dann als inkonsequent, wenn Verfahrenshandlungen anfechtbar sein können.

[96] Anregungen in diesem Sinne geben *Beier/Katzenberger* FS 10 J. BPatG, 1971, 251 (265, 270); *Nieder* GRUR 1977, 488 (2c); *Bossung* FS Preu, 1988, 219 (229 f.).

[97] Ablehnend *Winkler* Mitt. 1999, 148 (152), die jedoch mit der hM die Zurücknahme als anfechtbar gem. § 119 BGB ansieht und die 4. Aufl. dahin versteht, dass dort ein Weiterbenutzungsrecht als Ersatz des Vertrauensschadens iSd § 122 BGB vorgeschlagen werde; ob der Anfechtung nicht eine Analogie zur Wiedereinsetzung vorzuziehen sei, sagt *Winkler* nicht.

[98] Vgl. nur *Busse/Keukenschrijver* PatG § 34 Rn. 123 mNw.

Dabei könnte eine Anfechtung der Zurücknahme ausgeschlossen werden. Für eine Analogie zur Wiedereinsetzung wäre dann kein Raum mehr, da die gesetzliche Regelung keine Lücke mehr aufwiese.

VIII. Änderung der Anmeldung

Literatur: *Anders, W.*, Die Teilung der Patentanmeldung im Beschwerdeverfahren: Zuständigkeiten für die Trennanmeldung, GRUR 2009 (FS Melullis), 200–204; *Ballhaus, W.*, Folgen der Erweiterung der Patentanmeldung, GRUR 1983, 1–8; *Baumgärtel, G./Ehlers, J./Fleuchaus, M./Königer, K.*, Internationale Vereinigung für den Schutz des Geistigen Eigentums (AIPPI) – Berichte der Deutschen Landesgruppe für die Tagung des Geschäftsführenden Ausschusses der AIPPI vom 6. bis 9. Oktober 2007 in Singapur, GRUR-Int 2007, 498–502; *Beil, W.*, Offenbarung der Erfindung und Anspruchsformulierung, GRUR 1966, 589–597; *ders.*, Die Wiederaufnahme fallengelassener Patentansprüche im Erteilungsverfahren, GRUR 1974, 495–500; *Brodeßer, O.*, Offenbarung und Beschränkung des Schutzbegehrens im Patentrecht, FS Nirk, 1992, 85–102, *Degwert, H.*, Added Matter im Europäischen Patent, FS Meibom, 2010, 31–42; *v. Falck, K.*, Die irrtümliche Angabe eines zu starken Standes der Technik in der Beschreibung von Schutzrechten, GRUR 1972, 233–237; *König, R.*, Disclaimer und rechtliche Folgen, Mitt. 2004, 477–487; *ders.*, Der Normwiderspruch in § 21 Abs. 1 Ziff. 4 und § 22 Abs. 1 Alt. 2 PatG/Art. 123 Abs. 2 und Abs. 3 EPÜ, FS Tilmann, 2003, 487–512; *Kraßer, R.*, „Der Verzicht" des Anmelders im Erteilungsverfahren, GRUR 1985, 689–694; *Müller, H.-J.*, Zulässiges Erweitern und Beschränken im Rahmen der Offenbarung, Mitt. 1991, 10–13; *Niedlich, W.*, Die erfindungswesentliche Offenbarung, Mitt. 1994, 72–74; *Papke, H.*, Die inhaltliche Änderung der Patentanmeldung, GRUR 1981, 475–489; *Schmied-Kowarzik, V.*, Über die Beschränkung von Patentansprüchen, insbesondere von allgemeinen chemischen Formeln, GRUR 1985, 761–772; *Schmieder, H.-H.*, Die „feststellende Vernichtung" bei unzulässig erweitertem Streitpatent, GRUR 1980, 895–900; *Winkler, H.*, Änderung und Beschränkung von Schutzansprüchen im Erteilungsverfahren und Verletzungsprozeß, GRUR 1976, 393–400; *Winterfeldt, V./Engels, R.*, Aus der Rechtsprechung des Bundespatentgerichts im Jahre 2006 – Teil II: Patentrecht, Gebrauchsmusterrecht und Geschmacksmusterrecht, GRUR 2007, 449–462; *Zeunert, G.*, Der Gegenstand der Anmeldung und der Umfang der zulässigen Änderungen des Patentbegehrens vor der Bekanntmachung, GRUR 1966, 405–414, 465–469.

a) Grundsätze

118 1. Erkenntnisse über den Stand der Technik, Bescheide der Prüfungsstelle, das Auftauchen von Konkurrenzerzeugnissen auf dem Markt oder ganz allgemein der Wunsch, dem angestrebten Patent die bestmögliche Schutzwirkung zu sichern, geben in vielen Erteilungsverfahren Anlass, den Inhalt der eingereichten Anmeldung zu ändern. In welchem Maß dies zulässig ist, bestimmt sich nach § 38 S. 1 PatG. Oberstes Prinzip ist dabei das **Verbot der Erweiterung:** es dürfen in jedem Fall nur solche Änderungen vorgenommen werden, die den Gegenstand der Anmeldung nicht erweitern. Uneingeschränkt gilt dieser Rahmen jedoch erst, wenn ein **Antrag auf Prüfung** gemäß § 44 PatG beim PA eingegangen ist. Vorher darf die Anmeldung nur geändert werden, soweit es sich um die Berichtigung offensichtlicher Unrichtigkeiten,[99] um die Beseitigung der von der Prüfungsstelle im Zuge der vorläufigen Prüfung gemäß § 42 PatG beanstandeten offensichtlichen Mängel oder um Änderungen von Patentansprüchen handelt. Anspruchsänderungen sind demgemäß bereits in diesem Stadium auch dann gestattet, wenn weder eine offensichtliche Unrichtigkeit vorliegt noch ein Mangel beanstandet wird.

119 Der mit Eingang des Prüfungsantrags beginnende Zeitabschnitt, in dem den Anmeldungsgegenstand nicht erweiternde Änderungen unbeschränkt zulässig sind, endet mit dem **Beschluss über die Erteilung** des Patents. Die Eingabe, mit der die Änderung verlangt wird, muss dem PA zugehen, bevor der Beschluss verkündet oder an die Postabfertigungsstelle zwecks Zustellung abgegeben wird. Nach diesem Zeitpunkt ist der Beschluss der Verfügung der Prüfungsstelle entzogen.[100] Für Änderungsmöglichkeiten, wie sie nach früherem Recht in der Zeit vom Bekanntmachungsbeschluss bis zu dessen Vollzug gewährt wurden,

---

[99] Vgl. BPatG 28.1.1971, Mitt. 1971, 157 – Fehler in mathematischer Formel; 20.2.1973, Mitt. 1973, 78 – Grammatikfehler.
[100] Prüfungsrichtlinien vom 11.1.2019, Nr. 2.3.3.3; vgl. auch Fn. 57.

ist beim Erteilungsbeschluss kein Raum, auch wenn die Erteilung noch nicht veröffentlicht ist (vgl. → Rn. 71 ff.). Zu einer Änderung des Erteilungsbeschlusses kann es jedoch kommen, wenn gegen ihn zulässigerweise (vgl. → Rn. 80) Beschwerde erhoben wird und das PA ihr abhilft oder das BPatG ihr stattgibt.

120 Das rechtskräftig **erteilte Patent** kann nur in einem Einspruchs-, Nichtigkeits- oder Beschränkungsverfahren inhaltlich geändert werden. Dabei sind die Grenzen des **Schutzbereichs** einzuhalten. Eine Änderung, die diesen erweitert, ist Nichtigkeitsgrund (vgl. → § 26 Rn. 192), auch wenn sie durch den ursprünglichen Anmeldungsgegenstand gedeckt ist.

121 2. Der **Gegenstand der Anmeldung**, der durch Änderungen im Erteilungsverfahren nicht erweitert werden darf, wird durch den **Offenbarungsgehalt der ursprünglich eingereichten Anmeldungsunterlagen in ihrer Gesamtheit**[101] bestimmt (vgl. → § 24 Rn. 62 ff.). Gegenstand der Anmeldung kann nur sein, was im Anmeldezeitpunkt von ihrem Informationsgehalt umfasst ist. Nur insoweit verdient der Anmelder ein Patent mit *diesem* Zeitrang. Was er später offenbart, kann ihm allenfalls durch ein Patent mit späterem Zeitrang geschützt werden. Um es zu erlangen, muss er eine **gesonderte Anmeldung** einreichen, die unter den Voraussetzungen des § 16 Abs. 1 S. 2 aF PatG auch eine Zusatzanmeldung sein konnte (vgl. → § 24 Rn. 167 ff.). Der Zeitrang des für den nachträglich offenbarten Gegenstand erteilten Patents richtet sich aber nach dessen Anmeldung, nicht nach dem Zeitpunkt, in dem die frühere Anmeldung erweitert wurde (vgl. → Rn. 154 ff.).

122 Das Erweiterungsverbot folgt aus der grundlegenden Bedeutung, die der Offenbarung für die sachliche Rechtfertigung des Patentschutzes und dem Zeitrang der Anmeldung für die Patentierbarkeit der Erfindung zukommt. Daneben macht sich jedoch auch die Erwägung geltend, dass sich das **Patentbegehren** des Anmelders auf den Gegenstand der Anmeldung beschränke: Was nicht Gegenstand der Anmeldung sei, werde von dessen **Willen**, Patentschutz zu erlangen, nicht umfasst. Von diesem Ansatz her scheint sich die Folgerung anzubieten, dass als Gegenstand der Anmeldung allgemein *nur* das angesehen werden könne, was der Anmelder geschützt haben will, und dass der Offenbarungsgehalt der Anmeldung insoweit nicht zu deren Gegenstand gehöre, als ein solcher Wille des Anmelders fehle.[102] Als Anzeichen hierfür sind vielfach Umstände gewertet worden, aus denen auf mangelnde „Erfindungswesentlichkeit" in der Anmeldung enthaltener Angaben geschlossen wird (vgl. → Rn. 128 ff.).

123 Gegen eine solche subjektiv-voluntaristische Betrachtungsweise bestehen grundsätzliche Bedenken. Dass sich der Wille des Anmelders, Patentschutz zu erlangen, auf den Anmeldungsgegenstand bezieht, trifft, solange dieser durch den Offenbarungsgehalt bestimmt wird, nur insofern zu, als der Anmelder vernünftigerweise nicht *mehr* zu wollen pflegt. Im Einzelfall kann dies gleichwohl vorkommen; so lässt sich unschwer denken, dass die Fassung eines Patentanspruchs etwas einschließt, was in der Anmeldung nicht nacharbeitbar mitgeteilt ist. Wäre der Wille des Anmelders für den Gegenstand der Anmeldung maßgebend, müsste es in solchen Fällen auf die **Anspruchsfassung** ankommen. Entsprechend wäre bei einer Anspruchsfassung, die hinter dem Offenbarungsgehalt zurückbleibt, anzunehmen, dass der Anmelder insoweit keinen Schutz wolle und die betreffenden Teile des Offenbarungsgehalts nicht zum Gegenstand der Anmeldung rechneten. Dann müsste eine Erweiterung der ersten Anspruchsfassung auch dann ausgeschlossen sein, wenn die Neufassung im Rahmen des ursprünglichen Offenbarungsgehalts bleibt. Es wäre dann nicht zu verstehen, dass Änderungen dieser Art allgemein als zulässig anerkannt sind (vgl. → Rn. 140).

---

[101] BGH 21.6.2011, GRUR 2011, 1003 Rn. 17 – Integrationselement; 8.7.2010, GRUR 2010, 910 – Fälschungssicheres Dokument.

[102] Vgl. BGH 20.12.1977, BGHZ 71, 152 (157) – Spannungsvergleichsschaltung; BPatG 20.1.1964, BPatGE 5, 129 (133); 29.11.1974, BPatGE 17, 207 (208); *Papke* GRUR 1981, 487.

§ 25. Patenterteilung und Gebrauchsmustereintragung **A VIII § 25**

In Wahrheit ist die Willensrichtung des Anmelders bei Einreichung der Anmeldung **124** regelmäßig noch nicht scharf umrissen. Die erste Anspruchsfassung pflegt ein Formulierungsversuch zu sein, der auf Korrektur im Lichte des Prüfungsergebnisses angelegt ist. Viel spricht für die Annahme, dass sich das Patentbegehren typischerweise auf den gesamten Offenbarungsinhalt der Anmeldung richtet, dabei aber unter dem Vorbehalt steht, dass sich das Offenbarte als schutzfähig erweist. Gewiss geht es nicht an, dass sich der Anmelder im Lauf des Erteilungsverfahrens aus den Angaben der Anmeldung eine Erfindung zusammensetzt, an die er ursprünglich nicht gedacht hat. Um Versuchen dieser Art entgegenzutreten, braucht man aber nicht auf die (ursprüngliche) Willensrichtung des Anmelders abzustellen. Sachgerechter ist es, vom **Informationsgehalt** der Anmeldung auszugehen. Dabei ist es wesentlich klarzustellen, welche **Anweisung zum technischen Handeln** gegeben ist. Einzelmerkmale haben für den Offenbarungsgehalt und damit für den Anmeldungsgegenstand immer nur im Rahmen einer solchen Handlungsanweisung Bedeutung. Sie können daher nicht in der Weise neu gruppiert werden, dass sich eine andere[103], vielleicht sogar gegenteilige[104] Handlungsanweisung ergibt. Hier liegt auch der berechtigte Kern der Forderung, dass ein Merkmal als zur Erfindung gehörig offenbart sein muss, wenn es vom Gegenstand der Anmeldung umfasst sein soll (vgl. → Rn. 128 ff.).

Ist den ursprünglichen Anmeldungsunterlagen zu entnehmen, dass ein Erzeugnis bestimmte Be- **125** standteile „enthalten" soll, ist damit nicht ohne weiteres als zur Erfindung gehörig offenbart, dass weitere Bestandteile nicht hinzugefügt werden dürften. Für die Offenbarung des Erzeugnisses als *ausschließlich* aus den genannten Bestandteilen bestehend, bedarf es in der Regel vielmehr weitergehender Anhaltspunkte in den ursprünglichen Unterlagen, etwa des Hinweises, dass das ausschließliche Bestehen des Erzeugnisses aus den genannten Bestandteilen besonders vorteilhaft oder sonst wünschenswert sei.[105]

3. Der Offenbarungsgehalt und damit der Gegenstand der Anmeldung, der den Spielraum **126** für nachträgliche Änderungen begrenzt, bestimmt sich danach, was ein durchschnittlicher **Fachmann** am Anmeldetag der Beschreibung, den Zeichnungen und den Ansprüchen als (nacharbeitbare, vgl. → § 24 Rn. 70) Lehre zum technischen Handeln **„unmittelbar und eindeutig" entnehmen** konnte.[106] Nicht zum Offenbarungsgehalt der Anmeldung gehören weitergehende Erkenntnisse, zu denen der Fachmann auf Grund seines allgemeinen Fachwissens oder durch Abwandlung der offenbarten Lehre gelangen kann.[107]

Dies richtet sich nach den gleichen Grundsätzen wie die Reichweite der neuheitsschäd- **127** lichen Wirkung einer Offenbarung (vgl. → § 24 Rn. 77). Für das geltende Recht ist dieser Gleichklang umso mehr geboten, als sich die schutz*hindernde* Wirkung einer Anmeldung gegenüber jüngeren Anmeldungen nach ihrem neuheitsschädlichen Offenbarungsinhalt richtet. Ihre schutz*sichernde* Wirkung wird nicht weiter gehen können. Das schließt nicht aus, dass der *Schutzbereich* eines auf die Anmeldung erteilten Patents gleichwirkende Abwandlungen (Äquivalente) der in dem Anspruch definierten Lehre umfasst, die zwar nicht nachträglich in die Anmeldung hätten einbezogen werden dürfen, aber trotz gewisser Abweichungen von dieser Lehre Gebrauch machen (→ § 32 Rn. 81 ff.).

---

[103] BPatG 10.3.2005, BlPMZ 2006, 212 – Sektionaltorblatt: Ersetzen des Merkmals „bei Übergang von dem Torblattschließzustand in dessen Öffnungszustand" durch „bei Übergang von dem Torblattöffnungszustand in den Schließzustand".

[104] BGH 14.6.1960, GRUR 1960, 483 (486) – Polsterformkörper.: die ausdrücklich gegebene Anweisung, zuerst eine Polstermatte zu formen und dann deren Oberflächen mit einem elastischen Bindemittel zu imprägnieren, kann nicht zugleich als Anweisung, die umgekehrte Reihenfolge der Fertigungsschritte einzuhalten, verstanden werden.

[105] BGH 12.7.2011, GRUR 2011, 1109 Rn. 36–39 – Reifenabdichtmittel.

[106] BGH 8.7.2010, GRUR 2010, 910 Rn. 62 – Fälschungssicheres Dokument; 22.12.2009, GRUR 2010, 509 (512 f.) – Hubgliedertor I; 15.6.1978, BGHZ 72, 119 (128 f.) – Windschutzblech; vgl. auch BGH 2.12.1952, GRUR 1953, 120 (121); 21.9.1993, Mitt. 1996, 204 (206) – Spielfahrbahn.

[107] BGH 8.7.2010, GRUR 2010, 910 Rn. 62 – Fälschungssicheres Dokument; BPatG 14.1.2013, Mitt. 2013, 416 (417) – Antriebssteuervorrichtung.

128 4. Der Offenbarungsgehalt, der den Rahmen für zulässige Änderungen bildet, beschränkt sich auf das als **zur Erfindung gehörig** Offenbarte.[108] Dem Gesetz lässt sich eine solche Regel nicht unmittelbar entnehmen. Teilweise wird sie damit begründet, dass sich der Wille des Anmelders, ein Patent anzustreben, nur auf das beziehe, was er erkennbar als seine Erfindung präsentiert.[109] Wie bereits gesagt, sollte jedoch der Anmelder auf einen solchen „Willen" noch nicht zu einem Zeitpunkt festgelegt werden, in dem er den SdT noch nicht hinreichend überblickt.[110] Zu rechtfertigen ist das Erfordernis der erkennbaren „Erfindungszugehörigkeit" in der Anmeldung enthaltener Angaben letztlich nur unter dem Gesichtspunkt der Handlungsanweisung, die der Fachmann der Anmeldung ohne weiteres entnehmen kann. So werden Angaben, die als beiläufig oder nebensächlich erscheinen, regelmäßig dahin verstanden, dass es auf sie für die erfindungsgemäße Handlungsanweisung und den ihr entsprechenden Kausalverlauf nicht ankommt.[111]

129 Die Anmeldung kann dann nicht dahin geändert werden, dass solchen Angaben nunmehr das entscheidende Gewicht zukommt. Als nebensächlich in diesem Sinne werden oft auch Merkmale anzusehen sein, die nur zeichnerisch dargestellt sind.[112] Wenn zwischen verschiedenen Merkmalen nach dem Inhalt der Anmeldung keine erkennbare Beziehung besteht, kann nicht nachträglich das Patentbegehren auf eine Lösung gerichtet werden, für die gerade das Zusammenwirken dieser Merkmale entscheidend ist.[113] Ganz allgemein wird der Inhalt der Anmeldung nicht nur durch die darin erwähnten Merkmale, sondern auch durch deren Beziehung zueinander bestimmt. Eine unzulässige Änderung kann auch darin liegen, dass zwischen Merkmalen oder Merkmalsgruppen – ohne Hinzufügung oder Weglassung von Merkmalen – Beziehungen hergestellt werden, die der Fachmann aus der ursprünglichen Fassung nicht ohne weiteres erkennen konnte.

130 Nicht als „zur Erfindung gehörig" erscheint auch eine Handlungsanweisung, die in der Anmeldung zwar vollständig beschrieben, aber als schon bekannt, von anderer Seite vorgeschlagen oder anderweitig geschützt bezeichnet ist. Sie kann, auch wenn sich diese Annahme als Irrtum erweist, nach hM nicht mehr nachträglich in die Ansprüche einbezogen werden.[114] Zur Begründung wird darauf verwiesen, dass der Anmelder zweifelsfrei nicht den Willen gehabt habe, Patentschutz zu beantragen. Ob dies die Versagung des Schutzes für eine in Wahrheit patentierbare und bereits in der ursprünglichen Fassung nacharbeitbar dargestellte Lösung rechtfertigt, ist fraglich.

131 Grundsätzlich braucht der Anmelder den Willen, ein Patent zu erlangen, bei Einreichung der Anmeldung nicht näher zu präzisieren; im Zweifel ist dieser Wille, gleichgültig wie die ersten Ansprüche lauten, auf den gesamten schutzfähigen Offenbarungsgehalt der Anmeldung zu beziehen (vgl. → Rn. 121). Im hier erörterten Fall scheint zwar ein besonderer Umstand Zweifel über die Reichweite des Willens in einer bestimmten Richtung auszuschließen. Es ist aber bedenklich, die in Frage stehenden Angaben des Anmelders überhaupt als Willensäußerungen zu verstehen. Da er bei

---

[108] BGH 20.12.1977, BGHZ 71, 152 (156) – Spannungsvergleichsschaltung; 19.5.1981, GRUR 1981, 812 (814) – Etikettiermaschine; 4.2.1982, BGHZ 83, 83 (84) – Verteilergehäuse; 30.10.1990, GRUR 1991, 307 (308) – Bodenwalze; 21.9.1993, Mitt. 1996, 204 – Spielfahrbahn; 6.10.1994, GRUR 1995, 113 (115) – Datenträger; 5.10.2000, GRUR 2001, 141 – Zeittelegramm; 11.9.2001, GRUR 2002, 49 – Drehmomentübertragungseinrichtung; 5.7.2005, GRUR 2005, 1023 – Einkaufswagen II; BPatG 16.3.1962, BPatGE 2, 155; 20.1.1964, BPatGE 5, 129; 12.1.1977, BPatGE 20, 1; 10.3.2005, BlPMZ 2006, 212 (215f.) – Sektionaltorblatt; *Schäfers* in Benkard PatG § 38 Rn. 12, PatG § 35 Rn. 27ff.; *Brodeßer* FS Nirk, 1992, 85 (89ff.); *Niedlich* Mitt. 1994, 72ff. – Oft wird auch vom „als erfindungswesentlich Offenbarten" gesprochen; krit. hierzu *Brodeßer* FS Nirk, 1992, 85 (90).

[109] Vgl. zB BGH 20.12.1977, BGHZ 71, 152 (157) – Spannungsvergleichsschaltung; BPatG 20.1.1964, BPatGE 5, 129.

[110] Vgl. *Beil* GRUR 1966, 594.

[111] Vgl. BGH 19.5.1981, GRUR 1981, 812 – Etikettiermaschine.

[112] Vgl. BGH 4.2.1982, BGHZ 83, 83 – Verteilergehäuse; 23.10.1984, GRUR 1985, 214 – Walzgut-Kühlbett; *Brodeßer* FS Nirk, 1992, 85 (100f.).

[113] BPatG 16.3.1962, BPatGE 2, 155 (159ff.).

[114] BPatG 20.1.1964, BPatGE 5, 129; *v. Falck* GRUR 1972, 233ff.

Einreichung der Anmeldung keinen Anlass zu einer bestimmteren Willensäußerung als dem auf den schutzfähigen Offenbarungsgehalt der Anmeldung zu beziehenden Erteilungsantrag hat, ist seine Angabe, dass dieser Offenbarungsgehalt teilweise bekannt sei, eher als bloße Wissens- denn als Willenserklärung zu verstehen: Er meint, insoweit keinen Schutz erlangen zu *können;* außerdem zu sagen, dass er ihn nicht *wolle,* kommt ihm dabei kaum in den Sinn.

Der hM wäre im Ergebnis nur zu folgen, wenn dies mit Rücksicht auf berechtigte Interessen Dritter geboten wäre. Doch müssen Dritte, die von der Anmeldung Kenntnis erhalten, darauf gefasst sein, dass die Patentansprüche bis zur Erteilung geändert und dabei ursprünglich nicht beansprucht Teile des Offenbarungsgehalts der Anmeldung einbezogen werden (vgl. → Rn. 140). Es ist unter diesen Umständen sehr fraglich, ob die – aus dem SdT nicht belegte – Angabe, dass etwas bekannt sei, ein schutzwürdiges Vertrauen auf fortdauernde Benutzungsfreiheit begründet. **132**

Die erörterten Probleme treten nicht auf, wenn ein Merkmal als bekannt bezeichnet wird, dem die Anmeldung lediglich im Rahmen einer durch weitere Merkmale gekennzeichneten technischen Lehre Bedeutung zuschreibt. Selbständiger Schutz kann für ein solches Merkmal nachträglich schon deshalb nicht beansprucht werden, weil die Anweisung, es ohne Verknüpfung mit den übrigen Merkmalen zu benutzen, ursprünglich nicht offenbart war. Andererseits kann die Verknüpfung auch dann schutzfähig sein, wenn die Einzelmerkmale bekannt waren. **133**

Nicht zur angemeldeten Erfindung gehört, wie der BGH[115] entschieden hat, auch ein Lösungsvorschlag, dessen Nachteile zu vermeiden sich der Erfinder zum Ziel gesetzt hat. **134**

In der Beschreibung war als denkbare Möglichkeit einer Schaltung zum Vergleich verschiedener Geräuschspannungen angegeben, die Spannungen in ihrer Frequenz zu versetzen, auf einen gemeinsamen Verstärker zu geben und nach der Verstärkung durch Filter wieder zu trennen. Diese Lösung war wegen des Aufwands für mehrere Filter als nachteilig dargestellt. Als bessere Lösung war vorgeschlagen, für jeden Empfangsgeräuschkanal einen eigenen Verstärker vorzusehen, wobei die hiermit verbundenen Nachteile durch Gleichrichterschaltung vermieden werden sollten. **135**

Die Entscheidung stützt sich darauf, dass nach dem eindeutig erklärten Willen des Anmelders die als nachteilig bezeichnete Lösung vom Schutzbegehren habe ausgenommen sein sollen. Das reicht aber als Begründung hier noch weniger aus als bei einer irrtümlich als bekannt bezeichneten Lösung. Wenn die weniger vorteilhafte Lösung von Anfang an so offenbart war, dass der Fachmann sie ausführen konnte, und den Patentierungsvoraussetzungen genügte, durfte ihr der Schutz nicht schon deshalb versagt werden, weil der Anmelder außerdem eine andere Lösung offenbart hatte, die er für besser hielt. **136**

5. Die Annahme einer unzulässigen Erweiterung wird nicht selten damit begründet, dass die der Erfindung zugrundeliegende **Aufgabe geändert** worden sei.[116] Dabei ist zu beachten, dass die Aufgabe einer Erzeugniserfindung darin besteht, ein Erzeugnis mit bestimmten Merkmalen zu schaffen (bereitzustellen); Verfahrenserfindungen haben die Aufgabe, auf einem bestimmten Weg ein bestimmtes Ergebnis (Erzeugnis oder sonstigen Erfolg) zu erzielen. Die Aufgabe wird durch die Unterschiede bestimmt, die die Erfindung **objektiv** gesehen gegenüber dem **Stand der Technik** aufweist, nicht durch subjektive Ziele oder Vorstellungen des Erfinders oder Anmelders und ebenso wenig durch die weiteren Zwecke, die mit der Verwendung eines Erzeugnisses oder mittels eines Verfahrensergebnisses verfolgt werden. Wird die Aufgabe in diesem Sinne verstanden, ist ihre Änderung zwangsläufig mit einer Änderung der technischen Handlungsanweisung verbunden und deshalb als Erweiterung anzusehen. **137**

So bedeutete es im Fall „Spannungsvergleichsschaltung"[117] eine Änderung der Aufgabe, dass die nachträglich beanspruchte Lösung nicht mehrere, sondern einen gemeinsamen Verstärker verwendete. War aber, wie es hier abweichend vom BGH befürwortet wird (vgl. → Rn. 128 ff.), diese Lösung von **138**

---

[115] 20.12.1977, BGHZ 71, 152 – Spannungsvergleichsschaltung; ebenso BPatG 12.1.1977, BPatGE 20, 1.

[116] Vgl. zB BGH 20.12.1977, BGHZ 71, 152 (156) – Spannungsvergleichsschaltung; BPatG 19.10. 1962, BPatGE 3, 31; 23.1.1964, BPatGE 5, 10; 21.7.1982, GRUR 1983, 239; kritisch *Beil* GRUR 1966, 597; *Müller* GRUR 1964, 501.

[117] BGH 20.12.1977, BGHZ 71, 152 (156) – Spannungsvergleichsschaltung.

vornherein neben der bevorzugten, mit mehreren Verstärkern arbeitenden Lösung als Gegenstand der Anmeldung anzusehen, war auch die ihr entsprechende Aufgabe vom maßgebenden Offenbarungsinhalt umfasst.

139 Eine Änderung von Angaben über **Vorteile** erweitert den Anmeldungsgegenstand nur, wenn die Erreichung der nachträglich offenbarten Vorteile im Einzelfall auch eine Änderung der Handlungsanweisung bedingt, nicht dagegen, wenn die Vorteile nur für die Patentierbarkeit, insbesondere das Beruhen auf erfinderischer Tätigkeit Bedeutung haben (vgl. → § 24 Rn. 85 ff., 89 ff.). Eine Änderung von Angaben über die **Verwendung** eines Erzeugnisses erweitert die Verwendung betreffende, nicht aber nach hM die in der Bereitstellung des Erzeugnisses bestehende Handlungsanweisung, da diese, auch wenn sie nicht schon für sich genommen, sondern nur wegen überraschender Eigenschaften, die sich bei dessen Verwendung zeigen, als erfinderische Leistung anzusehen ist, unabhängig von der Angabe dieser Eigenschaften als hinreichend offenbart gilt (vgl. → § 24 Rn. 89 ff.). Verlangt man dagegen, dass diese Eigenschaften und die entsprechende Verwendung bereits in den ursprünglichen Anmeldungsunterlagen offenbart werden, ist die nachträgliche Änderung solcher Angaben unzulässig.

140 6. Infolge des Erweiterungsverbots ist es unzulässig, in die Anmeldung nachträglich Informationen einzufügen, die darin bei Einreichung noch nicht – für den Fachmann ohne weiteres erkennbar – enthalten waren. Änderungen dürfen lediglich zu einer Verringerung oder anderen Darstellung dieses Informationsgehalts führen.[118]

141 Mehr Spielraum für Änderungen besteht bei der Fassung der **Ansprüche**. Die bei Einreichung formulierten Ansprüche werden als nur vorläufig betrachtet. Der Anmelder ist an sie nicht gebunden. Er kann sie bis zum Erteilungsbeschluss ändern, sofern er im Rahmen des ursprünglichen Offenbarungsgehalts bleibt.[119] Insbesondere kann er durch Erweiterung anfänglich zu eng gefasster Ansprüche diesen Offenbarungsgehalt besser auszuschöpfen versuchen. Das gilt auch nach Offenlegung;[120] niemand darf sich also darauf verlassen, dass die offengelegte Anspruchsfassung nicht mehr erweitert werde und die von ihr nicht gedeckten Teile des Offenbarungsinhalts „freigegeben" seien.

b) Einzelfragen[121]

142 1. Der Gegenstand der Anmeldung wird nicht erweitert, sondern nur **eingeschränkt,** wenn in sich geschlossene Teillehren, zB eine gesondert beanspruchte Ausführungsform oder ein Ausführungsbeispiel weggelassen werden.[122] Zulässig ist es aber auch, das Schutzbegehren auf ein oder mehrere Ausführungsbeispiele oder auf eine durch die gemeinsame Besonderheit mehrerer Beispiele gekennzeichnete Ausführungsform[123] zu beschränken. Die Anmeldung besagt zwar in solchen Fällen, dass die Erfindung auch anders verwirklicht werden kann; doch entnimmt ihr der Fachmann, dass *jedenfalls* nach der in den Beispielen gegebenen Lehre gearbeitet werden kann. Die Beispiele bilden das „Kernstück" der Erfindung.[124] Dementsprechend wurde auch sonst die Begrenzung der Ansprüche auf eine kon-

---

[118] Vgl. *Zeunert* GRUR 1966, 467.
[119] BGH 2.12.1952, GRUR 1953, 120; 25.3.1965, GRUR 1966, 138 (140) – Wärmeschreiber; 15.10.1974, BGHZ 63, 150 (155) – Allopurinol; 21.12.1982, GRUR 1983, 171 – Schneidhaspel; 11.7.1985, GRUR 1985, 1037 – Raumzellenfahrzeug; BPatG 4.5.1965, BPatGE 8, 15; 15.1.1998, BPatGE 40, 10 – Rollenkeller; vgl. auch PA (Beschwerdeabteilung) 11.9.1933, BlPMZ 1933, 233; PA (BS) 12.1.1938, BlPMZ 1938, 28 (29); 18.1.1938, GRUR 1938, 327 (328); *Schäfers* in Benkard § 38 Rn. 8; *Moufang* in Schulte PatG § 38 Rn. 7 f.
[120] BGH 18.4.1972, GRUR 1972, 640 (641) – Akteneinsicht X; 17.11.1987, GRUR 1988, 197 – Runderneuern.
[121] Zahlreiche Beispiele insbes. bei *Winterfeldt/Engels* GRUR 2007, 449 (453–455).
[122] *Papke* GRUR 1981, 477.
[123] BPatG 11.10.1965, BPatGE 8, 18.
[124] BGH 3.2.1966, BGHZ 45, 102 (110 f.) – Appetitzügler.

§ 25. Patenterteilung und Gebrauchsmustereintragung   A VIII § 25

kretisierte Ausgestaltung zugelassen, wenn diese in den ursprünglichen Unterlagen als bevorzugte Ausführungsform dargestellt oder in anderer Weise als eine in Betracht kommende Lösung hervorgehoben war.[125] Die Einschränkung des Anmeldungsgegenstands auf *eine* solche Lösung ist auch dann keine Erweiterung, wenn daneben andere gleichgestellte Lösungen angegeben waren, die sich als vorbekannt oder unbrauchbar erwiesen haben.[126] Der Informationsgehalt der Anmeldung wird im letzteren Fall nicht schon deshalb erweitert, weil darin nicht mitgeteilt war, dass nur *eine* der mehreren Lösungen zum Erfolg führt.[127]

In seiner neueren Rechtsprechung hat der BGH klargestellt, dass Patentansprüche nicht **143** nur auf eine schon ursprünglich als bevorzugt dargestellte oder in anderer Weise hervorgehobene Ausführungsform beschränkt werden dürfen: Für die Frage der eine Beschränkung erlaubenden Offenbarung spiele es keine Rolle, ob etwas in der Beschreibung gegenüber gleichzeitig offenbarten anderen Lösungen als vorteilhaft, zweckmäßig oder bevorzugt bezeichnet ist[128]. Solche Angaben erleichterten nur die Feststellung, dass etwas als zur Erfindung gehörend offenbart ist. Ihr Fehlen schließe aber diese Feststellung nicht aus.

Ähnlich verhalte es sich, wenn sich die Ausführungsbeispiele in einer Patentanmeldung **144** nur auf eine bestimmte Ausgestaltung der Erfindung bezögen, mit der das erfindungsgemäße Problem gelöst würde, sich aber unmittelbar und eindeutig erkennen lasse, dass die Erfindung in allgemeinerer Form geschützt werden solle. Hier stelle ein allgemein gefasster Patentspruch auch dann keine unzulässige Erweiterung dar, wenn er auch Ausführungsformen erfasse, bei denen sich das angegebene Problem nicht stelle.[129]

Demgemäß wurde es als zulässig angesehen, einen Anspruch, der die Metallkomponente eines **145** Katalysators mit „bis zu 50 ppm" angab, auf eine Metallkomponente von „weniger als 10 ppm" einzuschränken, weil mangels gegenteiliger Anhaltspunkte anzunehmen sei, dass der Fachmann die ursprüngliche Angabe dahin verstehe, dass sie alle innerhalb dieser Grenze möglichen Werte umfasse, auch wenn sie nicht einzeln zahlenmäßig ausdrücklich genannt seien.

Ebenso wurde angenommen, durch Grenzwerte definierte Mengenbereiche der Kom- **146** ponenten einer Legierung umfassten sämtliche innerhalb der angegebenen Grenzen möglichen Variationen, also auch die nicht zahlenmäßig ausdrücklich genannten Zusammensetzungen, sofern das für den Gesamtbereich charakteristische Eigenschaftsprofil gewahrt bleibe, wobei es auf die Bedeutung der einzelnen Komponenten für die Eigenschaften der Legierung nicht ankomme[130].

Die Einschränkung der Mengenangabe für Molybdän von 7–12% auf 7–10,59% und für Zirkonium von 0–0,1% auf 0 bis unter 0,01% wurde deshalb als zulässig angesehen.

2. Die Einfügung **zusätzlicher Merkmale** in einen Anspruch ist nicht schon deshalb **147** unbedenklich, weil sie nach den Regeln der Logik den im Anspruch definierten Gegenstand und damit den Schutzbereich einengt. Der Informationsgehalt der Anmeldung kann dennoch erweitert sein, wenn daraus ursprünglich nicht zu entnehmen war, dass es auf das Merkmal ankommt. Die Einfügung ist nur zulässig, wenn das Merkmal bereits aus der ursprünglichen Fassung in seiner Bedeutung für die technische Lehre zu erkennen war, auf die sich der geänderte Anspruch bezieht.[131] Das kann im Einzelfall auch dann zutreffen,

---

[125] BGH 5.11.1964, GRUR 1965, 138 – Polymerisationsbeschleuniger; 3.2.1966, GRUR 1966, 319 (322) – Seifenzusatz; BPatG 6.12.1978, BPatGE 22, 1.
[126] BGH 3.2.1966, BGHZ 45, 102 – Appetitzügler; 29.11.1966, GRUR 1967, 241 (244) – Mehrschichtplatte; 21.2.1967, GRUR 1967, 585 (586) – Faltenrohre; BPatG 26.4.1965, BPatGE 7, 20 (23 f.).
[127] Anders noch BPatG 23.1.1964, BPatG 5, 10 (14).
[128] BGH 20.3.1990, BGHZ 111, 21 (25 f.) – Crackkatalysator.
[129] BGH 29.4.2014, GRUR 2014, 970 Rn. 18 ff. – Stent.
[130] BGH 12.5.1992, BGHZ 118, 210 (217, 219 f.) – Chrom-Nickel-Legierung.
[131] BGH 3.3.1977, GRUR 1977, 598 (599) – Autoskooter-Halle; 23.1.1990, GRUR 1990, 432 (433) – Spleißkammer; 30.10.1990, GRUR 1991, 307 – Bodenwalze; 6.10.1994, GRUR 1995, 113 –

§ 25 A VIII 4. Abschnitt. Entstehung und Wegfall von Patenten und Gebrauchsmustern

wenn das Merkmal in den ursprünglichen Unterlagen weder wörtlich noch bildlich dargestellt war; es genügt, dass es sich für den Fachmann ohne weiteres daraus ergibt.[132]

148 Unproblematisch ist es, die Merkmale eines Unteranspruchs in einen übergeordneten Anspruch einzubeziehen; da der Unteranspruch kraft Bezugnahme die Merkmale des übergeordneten umfasst, ergibt sich eine Einschränkung, die einer Streichung des letzteren gleichkommt.

149 Aus einem in der Beschreibung gegebenen Ausführungsbeispiel braucht der Anmelder nicht alle Merkmale in den Anspruch zu übernehmen, wenn er diesen einschränken will. Fördern solche Merkmale je für sich, aber auch zusammen den durch die Erfindung erreichten Erfolg, hat es der Anmelder in der Hand, ob er sie alle oder nur einzelne davon in den Anspruch einfügt[133]. Doch dürfen nicht einzelne Elemente eines Ausführungsbeispiels nach Belieben im Patentanspruch kombiniert werden. Vielmehr muss die Kombination insgesamt eine technische Lehre darstellen, die der Fachmann den ursprünglichen Unterlagen als mögliche Ausgestaltung der Erfindung entnehmen kann; andernfalls würde etwas beansprucht, was gegenüber der angemeldeten Erfindung ein Aliud darstellt[134].

150 3. Unzulässig und ein Widerrufsgrund iSv § 21 Abs. 1 Nr. 4 PatG sind Änderungen des Anmeldungsgegenstands, die den **Patentgegenstand zu einem Aliud abwandeln**.[135] Ein solches liegt zunächst vor, wenn der Patentgegenstand der Erfindung als **exklusives Aliud**[136] in einem Ausschließlichkeitsverhältnis zum Anmeldungsgegenstand steht, der in den Unterlagen offenbart wurde.[137] Ein die Nichtigerklärung veranlassendes Aliud liegt aber auch bereits dann vor, wenn die Hinzufügung einen technischen Aspekt der Erfindung betrifft, der den ursprünglichen Anmeldungsunterlagen **nicht wenigstens abstrakt als erfindungszugehörig zu entnehmen** war. In seiner Entscheidung **Integrationselement** stellt der BGH ausdrücklich fest, dass an dieser Rechtsprechung festzuhalten sei, weil das Interesse des Patentinhabers am Erhalt seines Schutzrechts hinter dem Gemeinwohlbelang der Verkehrssicherheit zurücktreten müsse, dessen Schutz § 21 Abs. 1 Nr. 4 PatG dienen solle.[138]

151 4. Das **Weglassen** einzelner Merkmale ist nur dann zulässig, wenn der Fachmann aus dem Gesamtinhalt der Anmeldung ohne weiteres erkennen konnte, dass die Ausführbarkeit der beanspruchten Lehre von ihnen nicht abhängt, also eine „Überbestimmung" vorliegt. Nach diesem Maßstab bestimmt sich auch, wann eine „Unterkombination", die durch weniger Merkmale gekennzeichnet ist als eine zunächst beanspruchte Ausgestaltung, nachträglich beansprucht werden kann.[139] Entscheidend ist auch hier, ob die Unterkombination dem Fachmann aus dem ursprünglichen Offenbarungsgehalt der Anmeldung ohne weiteres als Lehre zum technischen Handeln erkennbar und somit von vornherein Gegenstand der Anmeldung war.[140]

152 Kann der ursprünglichen Beschreibung entnommen werden, dass Bauelemente einer bestimmten Art mehrfach oder einfach vorhanden sein können und Bauelemente einer anderen Art nicht erfor-

---

Datenträger; 11.9.2001, GRUR 2002, 49 (51) – Drehmomentübertragungseinrichtung; 30.8.2011, Mitt. 2012, 344 (347) – Antriebseinheit für Trommelwaschmaschine; *Brodeßer* FS Nirk, 1992, 85 (87).

[132] BGH 23.11.1976, GRUR 1977, 483 – Gardinenrollenaufreiher.
[133] BGH 23.1.1990, GRUR 1990, 432 – Spleißkammer; 11.9.2001, GRUR 2002, 49 – Drehmomentübertragungseinrichtung; 15.11.2005, GRUR 2006, 316 Rn. 22 – Koksofentür; 16.10.2007, GRUR 2008, 60 Rn. 30 f. – Sammelhefter II.
[134] BGH 11.9.2001, GRUR 2002, 49 – Drehmomentübertragungseinrichtung.
[135] StRspr, vgl. BGH 26.6.2011, GRUR 2011, 1003 Rn. 27 – Integrationselement, 8.7.2010, GRUR 2010, 910 Rn. 46 – Fälschungssicheres Dokument; 14.5.2009, GRUR 2009, 936 Rn. 25 – Heizer.
[136] BGH 26.6.2011, GRUR 2011, 1003 Rn. 28 – Integrationselement; 9.9.2010, GRUR 2010, 1084 Rn. 43 – Windenergiekonverter.
[137] BGH 26.6.2011, GRUR 2011, 1003 Rn. 28 – Integrationselement.
[138] 26.6.2011, GRUR 2011, 1003 Rn. 29 – Integrationselement.
[139] Vgl. *Moufang* in Schulte PatG § 34 Rn. 411 f.
[140] Daran fehlte es im Fall Windschutzblech (BGH 15.6.1978, BGHZ 72, 119 – Windschutzblech).

§ 25. Patenterteilung und Gebrauchsmustereintragung

derlich sind, ist eine Beschränkung auf eine Ausführungsform, bei der jeweils nur „ein einziges" Element der ersten Art vorhanden ist und auf Elemente der zweiten Art verzichtet wird, unabhängig davon zulässig, ob ursprünglich offenbart ist, dass diese Ausführungsform besondere Vorteile bietet[141].

Wenn ein Merkmal nachträglich mit einem Zusatz wie „vorzugsweise" oder dergleichen versehen wird, liegt eine unzulässige Erweiterung vor, sofern nicht aus dem Gesamtinhalt der Anmeldung schon erkennbar war, dass es nicht notwendig ist.[142] Andererseits ist der Anmelder an bevorzugte Angaben, Ausführungsbeispiele usw grundsätzlich nicht gebunden; das gilt auch für Zahlenangaben.[143] Er kann seine Ansprüche allgemeiner fassen und auf ein übergeordnetes Lösungsprinzip beziehen, wenn dieses dem Fachmann hinreichend offenbart ist (vgl. → § 24 Rn. 18 ff.). **153**

c) Rechtsfolgen unzulässiger Erweiterung

1. Eine Anmeldung, deren Gegenstand in unzulässiger Weise erweitert wurde, ist mit einem **Mangel** behaftet. Das PA muss diesen im Prüfungsverfahren beanstanden. Wird er vom Anmelder nicht fristgemäß durch Beseitigung der Erweiterung behoben, ist die Anmeldung ganz **zurückzuweisen.**[144] Die Streichung eines Merkmals, dessen Einfügung unzulässig war (vgl. → Rn. 147), ist ihrerseits keine unzulässige Erweiterung.[145] **154**

Ist die Erweiterung im Erteilungsverfahren unbeanstandet geblieben und auf die unzulässig erweiterte Anmeldung ein **Patent erteilt** worden, ist auf Einspruch oder Nichtigkeitsklage die Erweiterung im Wege eines teilweisen **Widerrufs** oder einer teilweisen **Nichtigerklärung** zu beseitigen (§ 21 Abs. 1 Nr. 4, Abs. 2 und § 22 PatG; Näheres → § 26 Rn. 176 ff., 234 ff.). **155**

Zweifelhaft kann sein, ob auch ohne Widerruf oder Nichtigerklärung das Patent im Umfang der Erweiterung schon deshalb als unwirksam zu behandeln ist, weil nach § 38 S. 2 PatG aus Änderungen, die den Gegenstand der Anmeldung erweitern, **keine Rechte hergeleitet** werden können. Zur Klärung der Frage empfiehlt sich ein Blick auf die **Rechtsentwicklung.** **156**

2. Die Vorschrift des § 38 S. 2 PatG geht auf das Patentänderungsgesetz vom 4.9.1967 („Vorabgesetz") zurück, durch welches mit Wirkung vom 1.10.1968 das System der „aufgeschobenen Prüfung" eingeführt wurde. Schon vorher waren freilich Ergänzungen und Berichtigungen der Anmeldung nur insoweit zulässig, als sie den Gegenstand der Anmeldung nicht veränderten (§ 26 Abs. 5 PatG 1961); unzulässige Erweiterungen mussten auf Rüge des PA ausgeschieden werden. Doch wurde eine gesonderte Anmeldung, die sich auf die ausgeschiedene Erweiterung bezog, als an dem Tag eingereicht angesehen, an dem die unzulässige Erweiterung in das erste Verfahren eingeführt worden war. Prioritätsbestimmend war also der Tag des Eingangs der die Erweiterung enthaltenden Eingabe beim PA und nicht erst der Eingangstag der späteren gesonderten Anmeldung.[146] Wurde die Erweiterung übersehen und auf die Anmeldung ein Patent erteilt, bildete die Erweiterung als solche noch keinen Nichtigkeitsgrund. Immerhin war bei einer Prüfung der Schutzfähigkeit im Nichtigkeitsverfahren für den Gegenstand der Erweiterung von der durch diese begründeten Priorität auszugehen nicht von derjenigen der ursprünglichen Anmeldung. Von Bedeutung war dies aber nur, wenn zwischen dem Prioritätstag der ursprünglichen Anmeldung und dem Zeitpunkt der Erweiterung schutzhindernde Tatsachen eingetreten waren.[147] **157**

---

[141] BGH 6.10.1994, GRUR 1995, 113 – Datenträger.
[142] Vgl. BGH 27.11.1969, GRUR 1970, 289 – Dia-Rähmchen IV.
[143] Vgl. *Winkler* GRUR 1976, 397.
[144] Vgl. die Prüfungsrichtlinien vom 11.1.2019, Nr. 2.3.3.3; BGH 1.3.1977, GRUR 1977, 714 (716) – Fadenvlies.
[145] BGH 17.9.1974, GRUR 1975, 310 (311 f.) – Regelventil.
[146] Vgl. die Begründung zum Gesetz vom 4.9.1967, BlPMZ 1967, 255.
[147] Entsprechendes galt für das Entstehen von Vorbenutzungsrechten und die Bestimmung des Schutzumfangs im Verletzungsprozess, vgl. *Ballhaus* GRUR 1983, 2.

158 3. Im Zusammenhang mit der Einführung des Systems der „aufgeschobenen Prüfung" wurde dann bestimmt, dass aus Ergänzungen und Berichtigungen, die den Gegenstand der Anmeldung erweitern, keine Rechte hergeleitet werden können (§ 26 Abs. 5 S. 2 PatG 1968). Damit wurde die Möglichkeit beseitigt, für den Zeitpunkt der Erweiterung ohne förmliche Neuanmeldung eine Priorität zu begründen. Ihr Fortbestehen hätte dazu führen können, dass Dritte mit Patenten konfrontiert würden, deren Priorität weit zurückreicht, ohne dass das entsprechende Patentgesuch spätestens 18 Monate nach dem Prioritätszeitpunkt offengelegt worden wäre. Die neue Vorschrift stellte sicher, dass (nicht geheime) Patente mit einem länger als 18 Monate zurückliegenden Zeitrang nicht mehr entstehen können, soweit nicht bereits durch Offenlegung der Anmeldung auf die Möglichkeit ihres Entstehens hingewiesen worden ist.[148] Der Gegenstand einer im Erteilungsverfahren beanstandeten Erweiterung konnte nach seiner Ausscheidung Patentschutz fortan nur noch mit dem Zeitrang erlangen, der durch die für ihn eingereichte gesonderte Anmeldung begründet wurde.

159 Führte die erweiterte Anmeldung zur Patenterteilung, ohne dass die Erweiterung bemerkt und beseitigt worden war, war nach der ab 1.10.1968 geltenden Regelung das Patent mit einem Mangel behaftet. Dieser war jedoch in der abschließenden Aufzählung der Nichtigkeitsgründe (§§ 13, 13a PatG 1968) nicht berücksichtigt; eine (allein) auf ihn gestützte Nichtigkeitsklage wurde daher überwiegend als unzulässig angesehen.[149] Für den Fall, dass aus einem gesetzlich vorgesehenen Grund Nichtigkeitsklage erhoben wurde, nahm man allerdings an, dass das Gericht bei der Prüfung der Schutzfähigkeit des patentierten Gegenstands von der Erweiterung abzusehen und diese auch dann zu beseitigen hatte, wenn sich das Patent im übrigen als gültig erwies.[150]

160 Unabhängig von der Frage, wie die unzulässige Erweiterung im Nichtigkeitsverfahren zu behandeln war, wurde jedoch aus § 26 Abs. 5 S. 2 PatG 1968 meist gefolgert, dass auch nach Patenterteilung aus der Erweiterung keine Rechte hergeleitet werden können, und deshalb das Patent ohne weiteres als wirkungslos angesehen, soweit es sich auf den Gegenstand der Erweiterung bezog.[151] Wer aus dem Patent verklagt wurde, brauchte dieses also auch ohne Nichtigerklärung nur in entsprechend eingeschränktem Umfang gegen sich gelten zu lassen. Der Wortlaut der gesetzlichen Regelung hätte freilich nicht zu dieser Folgerung genötigt; er verbot nur, aus der *Erweiterung* Rechte herzuleiten; aus einer wegen unzulässiger Erweiterung fehlerhaften *Patenterteilung* Rechte herzuleiten, verbot er nicht; herkömmlichen Grundsätzen hätte es entsprochen, dass das Patent, solange es nicht für nichtig erklärt wurde, beachtet werden musste, wie es erteilt war. Dass sich die nach dem Wortlaut mögliche extensive Auslegung durchsetzte, wird hauptsächlich daraus erklärt werden müssen, dass versäumt worden war, die unzulässige Erweiterung zum Nichtigkeitsgrund zu erheben. Die Annahme, das Patent sei im Umfang der Erweiterung *ipso iure* unwirksam, war im Grunde ein systemwidriger Notbehelf, mit welchem das Fehlen einer regulären Möglichkeit zur Nichtigkeitsklage kompensiert wurde.

161 4. Das IntPatÜG nahm für die ab 1.1.1978 eingereichten Anmeldungen und die darauf erteilten Patente die unzulässige Erweiterung in den Katalog der gesetzlichen Einspruchs- und Nichtigkeitsgründe auf (§§ 32 Abs. 1 S. 3 Nr. 4, 13 Abs. 1 Nr. 4 PatG 1978). Seit Inkrafttreten des GPatG kann der durch die Erweiterung bedingte Mangel auch im Wege des Einspruchs erst nach Patenterteilung geltend gemacht werden.

162 Im neueren Schrifttum festigt sich die Ansicht, dass nach geltendem Recht der durch unzulässige Erweiterung bedingte Mangel eines Patents **nur noch durch Einspruch oder**

---

[148] Vgl. die Begründung BlPMZ 1967, 255, 252, 254 f.

[149] *Schmieder* GRUR 1980, 895 (896), mit Nachweisen.

[150] *Ballhaus* GRUR 1983, 4; *Schmieder* GRUR 1980, 895 (897 ff.); BPatG 6.12.1979, BPatGE 22, 149. – Über Form und Rechtsnatur der die Erweiterung beseitigenden Entscheidung gab es unterschiedliche Meinungen; vgl. im einzelnen *Schmieder* GRUR 1980, 895 (897 ff.) mit Nachweisen.

[151] *Ballhaus* GRUR 1983, 2 f. mit Nachweisen.

§ 25. Patenterteilung und Gebrauchsmustereintragung A VIII § 25

Nichtigkeitsklage geltend gemacht werden kann: solange das Patent nicht widerrufen oder für nichtig erklärt wird, ist es im Umfang seiner Erteilung zu beachten und darf auch insoweit nicht (mehr) einfach als unwirksam behandelt werden, als es sich auf den Gegenstand einer unzulässigen Erweiterung bezieht.[152]

Freilich kommt in der Begründung zum IntPatÜG[153] die Ansicht zum Ausdruck, dass an der früheren Rechtslage nichts habe geändert werden sollen, wonach Rechte aus der Erweiterung auch dann nicht hergeleitet werden konnten, wenn das Patent mit der Erweiterung erteilt worden war: nur zusätzlich habe im Interesse der Rechtssicherheit und Rechtsklarheit sowie zwecks Anpassung an das europäische Recht die Möglichkeit der Beseitigung des durch die Erweiterung gesetzten Rechtsscheins eröffnet werden sollen. Gleichwohl ist durch die Einreihung der unzulässigen Erweiterung unter die Widerrufs- und Nichtigkeitsgründe der Grund weggefallen, der die eigentlich systemwidrige Extension des Verbots, aus der Erweiterung Rechte herzuleiten, notfalls rechtfertigen mochte. Dass nach geltendem Recht die unzulässige Erweiterung die Gültigkeit des Patents stärker und unmittelbarer beeinträchtige als andere Widerrufs- und Nichtigkeitsgründe, kann nicht angenommen werden. **163**

Daher beschränkt sich die Bedeutung des § 38 S. 2 PatG, wie es der ursprünglichen Intention der Vorschrift entspricht, auf das Erteilungsverfahren. Sie liegt allein darin, dass die Erweiterung für den zusätzlichen Informationsgehalt, der durch sie in das Erteilungsverfahren eingeführt wird, keinerlei Anmeldungswirkungen hat, während ihr durch die Praxis vor dem 1.10.1968 (vgl. → Rn. 157) materiellrechtlich für die Begründung des Zeitrangs die Wirkung einer Anmeldung zugeschrieben wurde.[154] Die Vorschrift ist daher Ausdruck des Prinzips, dass materiellrechtliche Anmeldungswirkungen stets nur durch eine Anmeldung herbeigeführt werden, die den Voraussetzungen für die Einleitung eines Erteilungsverfahrens genügt. Ohne Anmeldung werden weder ein Erteilungsanspruch noch ein Zeitrang begründet. Die unzulässige Erweiterung ist daher kein bloßer Verfahrensfehler. Sie lässt sich mit anderen Widerrufs- und Nichtigkeitsgründen, insbesondere dem Mangel der Patentfähigkeit, unter dem Gesichtspunkt in Zusammenhang bringen, dass das Patent erteilt wurde, obwohl materiellrechtlich insoweit kein Erteilungsanspruch bestand. **164**

d) Wirkung einschränkender Änderungen

1. Änderungen der Anmeldung, die deren Gegenstand nicht erweitern, sind nach § 38 PatG unbeschränkt zulässig, sobald ein Prüfungsantrag gestellt und solange noch kein Erteilungsbeschluss ergangen ist. Bei *einschränkenden* Änderungen kommt es jedoch vor, dass der Anmelder sie rückgängig zu machen wünscht, weil er erkennt, dass die eingeschränkte Fassung keinen ausreichenden Schutz ergibt, und glaubt, dass der ursprüngliche Offenbarungsgehalt der Anmeldung einen weitergehenden Schutz rechtfertige. Dann stellt sich die Frage, ob das Erweiterungsverbot (vgl. → Rn. 118) dem (gegebenenfalls teilweisen) Wiederaufnehmen der ursprünglichen, weiteren Fassung entgegensteht. **165**

Nach früherem Recht wurde es, wenn die Anmeldung in der eingeschränkten Fassung *bekanntgemacht* worden war, allgemein als unzulässig angesehen, Einschränkungen rückgängig zu machen, die im Lauf des Erteilungsverfahrens mit dem Willen des Anmelders erfolgt waren. Änderungen durften fortan nur noch im Rahmen der bekanntgemachten Unterlagen vorgenommen werden, der durch die bekanntgemachten Patentansprüche bestimmte Schutzbereich nicht erweitert werden. **166**

Die Frage, ob diese „Zäsurwirkung" bereits mit dem Bekanntmachungsbeschluss oder erst mit dessen Vollzug eintrat, wurde nicht immer klar beantwortet; überwiegend hielt man wohl den späteren **167**

---

[152] *Schmieder* GRUR 1978, 561 ff.; *Ballhaus* GRUR 1983, 5; *Moufang* in Schulte PatG § 38 Rn. 28; *Schäfers* in Benkard PatG § 38 Rn. 50; *Busse/Keukenschrijver* PatG § 21 Rn. 82; aM *König* Mitt. 2004, 477 (484 f.) und FS Tilmann, 2003, 487 (508 ff.).

[153] BlPMZ 1976, 334.

[154] Gelegentlich wurde deshalb gesagt, die Erweiterung sei als „zivilistische" Anmeldung ohne „prozessuale" Anmeldung behandelt worden (zu diesen Begriffen → § 22 Rn. 6 Fn. 2); vgl. *Ballhaus* GRUR 1983, 1.

Zeitpunkt für maßgebend. Dies war folgerichtig, wenn man annahm, dass das PA seinen Bekanntmachungsbeschluss ändern konnte, solange er nicht vollzogen war (vgl. → Rn. 73 ff.).

168 Nach geltendem Recht tritt die Bindung des Anmelders jedenfalls in dem Zeitpunkt ein, in dem der **Erteilungsbeschluss rechtskräftig** wird. Das ist regelmäßig der Ablauf der Frist für eine Beschwerde gegen den Beschluss, da diese meist mangels Beschwer nicht in Frage kommt und nicht eingelegt wird (→ Rn. 80). Allerdings kann sich der Anmelder im Zeitraum **zwischen Erlass und Rechtskraft** des Erteilungsbeschlusses, wenn er nicht begründetermaßen Beschwerde einlegt, nur dadurch aus der Bindung an die erteilte Fassung des Patents lösen, dass er die **Anmeldung teilt,** was ihm der BGH bis zum Ablauf der Beschwerdefrist unabhängig davon gestattet, ob eine Beschwerde zulässig und begründet wäre[155].

169 2. In der Frage, ob nach früherem Recht *vor der Bekanntmachung* einschränkende Änderungen rückgängig gemacht werden konnten, war nach hM zu unterscheiden: Waren Abwandlungen der Anmeldung, die sich im Rahmen des ursprünglichen Offenbarungsgehalts hielten, nur als Formulierungsversuche zu verstehen, die während des „Dialogs" zwischen Prüfungsstelle und Anmelder im Lichte des bei der Prüfung ermittelten SdT möglichst genau den schutzfähigen Gehalt der Anmeldung herausarbeiten sollten, galt eine Erklärung, durch die der Anmelder eine eingeschränkte Fassung vorschlug oder einer von der Prüfungsstelle vorgeschlagenen Änderung zustimmte, nur als vorläufig und schloss die Rückkehr zu einer weiteren Fassung nicht aus.[156] Es war dann insbesondere möglich, einen Anspruch, der fallen gelassen oder eingeschränkt worden war, in der ursprünglichen Fassung wiederaufzunehmen.[157] War jedoch das Verhalten des Anmelders als **„endgültiger Verzicht"** auf einen Teil seines ursprünglichen Schutzbegehrens anzusehen, war jener gebunden; eine Rückkehr zur ursprünglichen Fassung galt als unzulässige Erweiterung.[158] Das PA musste schon aus diesem Grund die Anmeldung zurückweisen, wenn der Anmelder auf der weiteren Fassung bestand.[159] Ob deren Gegenstand schutzfähig war, hatte es nicht mehr zu prüfen. Erhob der Anmelder gegen die Zurückweisung Beschwerde, wurde nur die eingeschränkte Fassung der Anmeldung Gegenstand des Beschwerdeverfahrens.[160]

170 Wurde dagegen, nachdem der Anmelder eine Einschränkung gebilligt, dann aber – im Rahmen des ursprünglichen Offenbarungsgehalts – auf eine weiterreichende Fassung der Anmeldung zurückgegriffen hatte, ein Patent gemäß dieser Fassung erteilt, musste nach den damals überwiegend angenommenen Grundsätzen (vgl. → Rn. 158 ff.) wegen § 26 Abs. 5 S. 2 PatG 1968 davon ausgegangen werden, dass Schutzwirkungen nur bezüglich der eingeschränkten Fassung eintreten konnten.

171 Es scheint jedoch, dass sich die Ansicht, der Anmelder werde durch einen „Verzicht" im Erteilungsverfahren sofort und nicht erst bei Bekanntmachung der eingeschränkten Anmeldung gebunden, praktisch kaum ausgewirkt hat. Die höchstrichterlichen Entscheidungen, die die Bindung des Anmelders mit dessen Verzichtswillen begründen, betreffen mit einer Ausnahme Fälle, in denen die eingeschränkte Fassung bereits bekanntgemacht war. Das gleiche Bild zeigt die Rechtsprechung des BPatG. Soweit die eingeschränkte Fassung noch nicht Gegenstand der Bekanntmachung gewesen war, handelte es sich um Einschränkungen, die im – damals noch „vorgeschalteten" – Einspruchs- oder im

---

[155] BGH 28.3.2000, GRUR 2000, 688 – Graustufenbild; vgl. → Rn. 204 ff.

[156] BPatG 3.11.1961, BPatGE 1, 63; BGH 20.4.1978, BlPMZ 1979, 151 – Etikettiergerät II; 24.3.1987, GRUR 1987, 510 – Mittelohr-Prothese.

[157] BPatG 31.8.1977, BPatGE 20, 105; BGH 9.3.1967, GRUR 1967, 413 (417) – Kaskodeverstärker; *Schulte*, 3. Aufl., § 35 Rn. 214.

[158] *Schäfers* in Benkard PatG § 34 Rn. 159; *Schulte*, 3. Aufl., § 35 Rn. 212; *Lindenmaier* § 26 Rn. 102, § 28b/29 Rn. 56.

[159] So grundsätzlich BGH 3.2.1966, GRUR 1966, 312 Rn. 7 – Appetitzügler; 24.3.1987, GRUR 1987, 510 – Mittelohr-Prothese; in den gegebenen Fällen wurde jedoch aus tatsächlichen Gründen die Einschränkung nicht als Verzicht gewertet.

[160] Vgl. BGH 9.3.1967, GRUR 1967, 413 – Kaskodeverstärker: da der Anmelder auf den fraglichen Anspruch verzichtet habe, sei dieser nicht Gegenstand des Beschwerdeverfahrens gewesen und von der wiederum zurückweisenden rechtskräftigen Beschwerdeentscheidung nicht betroffen.

§ 25. Patenterteilung und Gebrauchsmustereintragung   A VIII   § 25

Einspruchsbeschwerdeverfahren geschehen waren.[161] Hier hätte zugunsten einer sofortigen Bindung des Anmelders, wenn sie nicht ohnedies allgemein bejaht worden wäre, die Rücksicht auf Interessen des Einsprechenden ins Gewicht fallen können.

3. Unter dem Gesichtspunkt der **unzulässigen Erweiterung** könnte sich die Annahme eines sofort bindenden Teilverzichts des Anmelders auch **nach geltendem Recht** auswirken. Für das Erteilungsverfahren vor der Prüfungsstelle und gegebenenfalls dem Beschwerdesenat ergäben sich dabei keine Abweichungen von der früheren Rechtslage. Dagegen fragt sich, auf welchem Weg **nach Patenterteilung** geltend zu machen wäre, dass die Anmeldung eine wegen vorausgehenden „Verzichts" unzulässige Erweiterung erfahren habe. Widerruf oder Nichtigerklärung wegen unzulässiger Erweiterung scheinen nach dem Wortlaut des § 21 Abs. 1 Nr. 4 PatG nur möglich, wenn der Gegenstand des Patents über den Inhalt der Anmeldung in ihrer *ursprünglichen Fassung* hinausgeht, was im hier erörterten Fall nicht zutrifft. Nimmt man jedoch für das geltende Recht an, dass der durch unzulässige Erweiterung eines Patents begründete Mangel ausschließlich durch Einspruch oder Nichtigkeitsklage geltend zu machen ist (vgl. → Rn. 162), kann schwerlich wegen einer unzulässigen Erweiterung, die nicht unter die gesetzliche Formulierung der Einspruchs- und Nichtigkeitsgründe fällt, das Patent gemäß § 38 S. 2 PatG in Anlehnung an die vorherrschende Auslegung des § 26 Abs. 5 S. 2 PatG 1968 einfach als teilweise unwirksam behandelt werden. Möglich erscheint allein die *entsprechende Anwendung* der für den Fall des § 21 Abs. 1 Nr. 4 PatG vorgesehenen Rechtsfolgen.[162] Doch sollte der Umstand, dass ein Fall, den Rechtsprechung und herrschende Lehre als unzulässige Erweiterung zu werten pflegten, von dem entsprechenden Widerrufs- und Nichtigkeitsgrund der seit 1978 geltenden Regelung nicht erfasst wird, Anlass zu grundsätzlicher Prüfung der Frage sein, ob jener Fall **überhaupt als unzulässige Erweiterung** anzusehen ist. Die Antwort hängt davon ab, ob es richtig ist, dem herkömmlicherweise als Verzicht geltenden Verhalten des Anmelders eine **sofortige Bindungswirkung** beizulegen. Zweifel hieran ergeben sich aus praktischen wie aus grundsätzlichen Erwägungen.   **172**

4. Die Annahme, dass eine vom Anmelder vorgeschlagene oder akzeptierte Einschränkung unter bestimmten Voraussetzungen einen sofort bindenden Teilverzicht auf das Schutzbegehren bedeute, kann im Einzelfall zu schwierigen **Auslegungsproblemen** führen:[163] War ein endgültiger Verzicht oder nur ein vorläufiger Formulierungsversuch gewollt? Ist ein Anspruch „der Sache nach" und damit endgültig oder bloß „der Form nach" und damit nur vorübergehend[164] fallen gelassen worden? Hat der Anmelder einen „vorbehaltlosen" Verzicht zum Ausdruck gebracht oder ist ein die Verzichtswirkung hindernder Vorbehalt erklärt worden oder nach den Umständen als erklärt anzusehen?[165] Gewiss haben sich praktisch anscheinend keine größeren Schwierigkeiten ergeben. Doch liegt das zu einem guten Teil daran, dass meist bereits die Bekanntmachung erfolgt war, so dass es genügte, das Einverständnis des Anmelders mit der bekanntgemachten Fassung festzustellen. Auch halfen sich die Gerichte mit Beweisanzeichen: als Indiz für einen Verzichtswillen galt namentlich der Umstand, dass sich der Anmelder durch die Einschränkung einem entsprechenden Verlangen der Prüfungsstelle gebeugt hatte, um die andernfalls in Aussicht gestellte gänzliche Zurückweisung zu vermeiden.[166] Einen Hinweis auf die Endgültigkeit einer Anspruchsein-   **173**

---

[161] BGH 9.3.1967, GRUR 1967, 413 (414 f.) – Kaskodeverstärker; BPatG 3.11.1961, BPatGE 1, 63.
[162] Sie wird befürwortet von *Ballhaus* GRUR 1983, 5; *Schäfers/Schwarz* in Benkard PatG § 59 Rn. 53, 82; für direkte Anwendung *Rogge/Kober-Dehm* in Benkard PatG § 21 Rn. 32.
[163] Vgl. *Beil* GRUR 1974, 495 (500); *Winkler* GRUR 1976, 393 (394).
[164] Zu dieser Unterscheidung BGH 9.3.1967, GRUR 1967, 413 (417) – Kaskodeverstärker.
[165] Vgl. BGH 13.5.1965, GRUR 1966, 146 (148) – Beschränkter Bekanntmachungsantrag.
[166] BGH 13.5.1965, GRUR 1966, 146 (148) – Beschränkter Bekanntmachungsantrag; 9.3.1967, GRUR 1967, 413 (417) – Kaskodeverstärker; BPatG 3.11.1961, BPatG 1, 63 (64); 29.10.1969, BPatGE 14, 22; 29.11.1974, BPatGE 17, 207; 25.4.1977, BPatGE 20, 39 (40); 11.12.1980, GRUR 1981, 412 (413); vgl. auch RG 25.10.1938, RGZ 159, 1 (10).

§ 25 A VIII   4. Abschnitt. Entstehung und Wegfall von Patenten und Gebrauchsmustern

schränkung sah man auch in der Einreichung neuer Unterlagen, die ihr angepasst sind.[167] Doch hing hiervon die Annahme eines Verzichtswillens nicht ab.[168]

174   Für den **Anmelder** ist die „Verzichtstheorie" gefährlich. Er riskiert, während des Dialogs mit der Prüfungsstelle in die Falle eines Verzichts zu geraten und dadurch bereits ohne entsprechende Entscheidung des PA einen Teil des möglichen Schutzes einzubüßen. Selbst wenn schließlich nicht einmal die eingeschränkte Fassung gewährt würde, könnte mit der Beschwerde gegen den Zurückweisungsbeschluss nur die engere, nicht aber die ursprüngliche Fassung weiterverfolgt werden.

175   Durch schutzwürdige **Interessen Dritter** wird eine sofortige Bindung des Anmelders an einschränkende Änderungen nicht gefordert. Dritte können zwar durch Akteneinsicht von der Einschränkung Kenntnis erlangen, vermögen dabei aber kaum mit hinreichender Sicherheit zu beurteilen, ob sie einen „endgültigen Verzicht" bedeutet. Abgesehen davon mutet ihnen das Gesetz grundsätzlich zu, bis zum Beginn des vollen Patentschutzes damit zu rechnen, dass dieser den gesamten schutzfähigen Offenbarungsinhalt der Anmeldung umfassen wird.[169] Insbesondere können sie sich nicht darauf verlassen, dass es bei den *offengelegten Ansprüchen* bleibt, wenn diese unnötig eng gefasst sind. Erst recht besteht kein Grund, ihr Vertrauen darauf zu schützen, dass Einschränkungen, die in einem laufenden Prüfungsverfahren erfolgen und nicht einmal veröffentlicht werden, auch dann bestehen bleiben, wenn sie sachlich nicht geboten waren.

176   Für das **Patentamt** und das **Bundespatentgericht** bedeutet es gewiss eine Entlastung, wenn sie sich mit Anmeldungsteilen nicht mehr zu befassen brauchen, auf die der Anmelder „verzichtet" hat. Doch wird dieser, nachdem er sich auf eine Einschränkung eingelassen hat, eine weitergehende Fassung gewöhnlich nur dann wieder aufgreifen, wenn er angesichts des Prüfungsergebnisses Grund hat, auf ihre Gewährung zu hoffen. Irrt er sich, kann die Anmeldung sogleich ohne weiteren Aufwand zurückgewiesen werden. Reicht aber das Prüfungsergebnis nicht aus, eine solche Entscheidung zu rechtfertigen, dann sollte sich das PA bzw. das BPatG nicht schon aus Gründen der Arbeitserleichterung weigern dürfen, die Prüfung fortzusetzen.

177   5. Die Rechtsstellung des Anmelders, auf die sich der Verzicht bezieht, kann nur der **Erteilungsanspruch** sein.[170] Da dieser nach geltendem Recht nur durch eine als Prozesshandlung wirksame Anmeldung begründet werden kann, muss auch für seinen Wegfall vorausgesetzt werden, dass sich die Anmeldung durch Zurückweisung oder Zurücknahme erledigt. Ein teilweiser „Verzicht" auf das Schutzbegehren kann daher Rechtswirkungen durch teilweisen Wegfall des Erteilungsanspruchs nur entfalten, wenn er sich als **Teilrücknahme der Anmeldung** darstellt.

178   In Rechtsprechung und Schrifttum wird auf diese Einordnung nur vereinzelt hingewiesen.[171] Solange in Fällen unzulässiger Erweiterung eine Prioritätsbegründung ohne prozessual wirksame Anmeldung als möglich angesehen wurde (vgl. → Rn. 157), mochte sich dabei die Vorstellung auswirken, dass materiell-rechtliche Anmeldungswirkungen auf ähnlich „formlose" Weise auch beseitigt werden könnten. Seit dem PatG 1968 ist dafür aber kein Raum mehr.

---

[167] BGH 13.5.1965, GRUR 1966, 146 (148) – Beschränkter Bekanntmachungsantrag. – BPatG 31.8.1977, BPatGE 20, 105 (107) verneint mangels Anpassung der Beschreibung bindenden Verzicht.

[168] BPatG 3.11.1961, BPatGE 1, 63 (64); 29.10.1969, BPatGE 14, 22 (28, 30 f.); 29.11.1974, BPatGE 17, 207 (209).

[169] Vgl. *Baumgärtel/Ehlers/Fleuchaus/Königer* GRUR-Int 2007, 498 (501).

[170] Vgl. *Papke* GRUR 1981, 476 – *Moufang* in Schulte PatG § 34 Rn. 435 ff. will den Verzicht als materiellrechtliche Erklärung, eine Rechtsposition endgültig aufgeben zu wollen, von der Erklärung, mit einer eingeschränkten Patenterteilung einverstanden zu sein, unterscheiden, die lediglich eine Änderung des Erteilungsantrags bedeute. Auf welche Rechtsposition sich der Verzicht beziehen soll, ist dabei nicht erkennbar. Nach *Busse/Keukenschrijver* PatG § 34 Rn. 160 ist die Annahme bindender Verzichte dogmatisch bedenklich und praktisch nicht notwendig.

[171] So von BPatG 3.11.1961, BPatGE 1, 63; *Papke* GRUR 1981, 477; nach *Schäfers* in Benkard PatG § 34 Rn. 160 unterscheiden sich Verzicht und Zurücknahme im Wesentlichen quantitativ.

§ 25. Patenterteilung und Gebrauchsmustereintragung   **A VIII § 25**

Als Entsprechung zum *Verzicht* auf den Streitgegenstand *nach § 306 ZPO* konnte, da diese Vorschrift ganz auf ein streitiges Verfahren zwischen zwei Parteien zugeschnitten ist, der „Teilverzicht" auf den Erteilungsanspruch allenfalls dann angesehen werden, wenn er im „vorgeschalteten" Einspruchsverfahren (oder einem anschließenden Beschwerdeverfahren) nach früherem Recht erfolgt war (vgl. → Rn. 171).

Man wird es grundsätzlich als zulässig ansehen müssen, dass eine Zurücknahme auf Teile **179** des Anmeldungsinhalts beschränkt wird[172]. Da aber eine Teilrücknahme dem Anmelder keinerlei Kosten spart, bleiben nur wenige Fälle, in denen sie durch Interessen des Anmelders nahegelegt wird. Denkbar ist insbesondere, dass sie darauf abzielt, die Offenlegung inhaltlich zu beschränken. Nach Offenlegung kann dagegen eine Teilrücknahme für den Anmelder nur noch von Interesse sein, wenn sie erforderlich ist, um die Patentierung des verbleibenden Anmeldungsgegenstands zu ermöglichen und dadurch eine vollständige Zurückweisung zu vermeiden. Es fragt sich jedoch, ob darin, dass der Anmelder eine durch das Prüfungsergebnis veranlasste Einschränkung vorschlägt oder billigt, bereits eine Teilrücknahme gesehen werden kann. Der Anmelder will in dieser Situation nicht das Verfahren hinsichtlich eines Teils des Anmeldegegenstands durch einseitige Erklärung sofort und unbedingt beenden, sondern nur den Weg zur **Gewährung des** nach Sachlage **erreichbaren Schutzes** freimachen. Insofern hält er an seiner allgemeinen Zielsetzung fest, ein Patent für den *schutzfähigen* Offenbarungsgehalt seiner Anmeldung zu erlangen. Seine Willensrichtung ist eine andere als im Fall einer teilweisen Zurücknahme, die ohne Rücksicht auf das Schicksal des im Verfahren verbleibenden Restes erfolgt. Vor allem will der Anmelder nur gebunden sein, wenn ihm wirklich gemäß der eingeschränkten Fassung ein Patent erteilt wird. Andernfalls will er nicht schlechter stehen, als wenn er sich auf die Einschränkung nicht eingelassen hätte. In diesem Fall könnte er die Zurückweisung der Anmeldung in vollem Umfang durch das Beschwerdegericht überprüfen lassen. Wäre dagegen sein Einverständnis mit der Einschränkung eine Teilrücknahme, könnte er die Anmeldung, wenn sie dennoch zurückgewiesen wird, nur im eingeschränkten Umfang mit der Beschwerde weiterverfolgen.

Die Zustimmung des Anmelders zu einer einschränkenden Änderung der Anmeldung **180** kann somit gerade in den Fällen, in denen die Rechtsprechung darin regelmäßig einen Teilverzicht sieht, **nicht als Teilrücknahme** ausgelegt werden.[173] Daher hat sie Rechtswirkungen nicht schon kraft einseitiger Erklärung des Anmelders, sondern erst kraft des ihr entsprechenden **Erteilungsbeschlusses.** Erst dieser bindet, wenn er rechtskräftig wird (→ Rn. 168), den Anmelder und hindert ihn, auf eine weitergehende Fassung der Anmeldung zurückzukommen. Das Erteilungsverfahren ist damit beendet. Der Erteilungsanspruch ist weggefallen: im Umfang des Erteilungsbeschlusses ist er durch diesen „erfüllt"; darüber hinaus erledigt kraft des Einverständnisses des Anmelders der Beschluss den Erteilungsanspruch auch insoweit, als er im Einzelfall den schutzfähigen Gehalt der ursprünglichen Anmeldungsfassung nicht ausschöpft. Die Rechtswirkung des Einverständnisses beruht dabei letztlich auf der Regel, die es nicht zulässt, dem Patentbegehren teilweise stattzugeben und es im Übrigen zurückzuweisen (vgl. → Rn. 61): Das Einverständnis des Anmelders mit der Einschränkung ersetzt im Zusammenwirken mit der Entscheidung, durch die es bindend wird, eine Teilzurückweisung durch das Amt.

Für den Anmelder ist damit der Nachteil verbunden, dass ihm mangels Beschwer der Beschwerde- **181** weg verschlossen wird (→ Rn. 80). Das PA sollte daher Einschränkungen nur verlangen, wenn die

---

[172] Nach *Moufang* in Schulte PatG § 34 Rn. 461 ist die Erklärung einer Teilrücknahme entweder als Vollrücknahme oder als Verzicht oder als Änderung des Erteilungsantrags zu verstehen; nach *Busse/Keukenschrijver* PatG § 34 Rn. 160 ist wegen der Möglichkeit, den Erteilungsantrag einzuschränken, fraglich, ob ein praktisches Bedürfnis für eine Teilrücknahme besteht.

[173] Auch das PA ging im Grunde hiervon aus; andernfalls hätte es die „Teilrücknahme" in die Rolle eintragen und im Patentblatt veröffentlichen müssen, vgl. § 1 Nr. 6 der 1998 aufgehobenen VO über die Patentrolle vom 16.6.1981 und BPatG 1.10.1973, BPatGE 16, 11 (17).

§ 25 A IX   4. Abschnitt. Entstehung und Wegfall von Patenten und Gebrauchsmustern

Schutz*un*fähigkeit des betreffenden Teils des Anmeldungsinhalts feststeht, nicht aber schon dann, wenn nur Zweifel an seiner Schutzfähigkeit bestehen.[174] Ein Hinwirken auf Einschränkungen, die vornehmlich den Zweck hätten, dem PA die Prüfung zu erleichtern, wäre unstatthaft.

182   6. Aus den dargelegten Gründen wirken einschränkende Änderungen der Anmeldung, die der Anmelder im Erteilungsverfahren vorschlägt oder akzeptiert, **in keinem Fall als sofort bindender Teilverzicht.** Eine Bindung des Anmelders trat vielmehr nach früherem Recht erst ein, wenn die Anmeldung in der eingeschränkten Fassung bekanntgemacht wurde; nach geltendem Recht tritt sie erst ein, wenn die Erteilung eines Patents gemäß der eingeschränkten Fassung rechtskräftig beschlossen ist. Bis zur Bekanntmachung konnte, bis zum Erteilungsbeschluss – durch Teilung der Anmeldung sogar bis zum Ablauf der anschließenden Beschwerdefrist (→ Rn. 165 ff.) – kann der Anmelder ungeachtet während des Erteilungsverfahrens erklärter Einschränkungen auf eine – vom ursprünglichen Offenbarungsgehalt der Anmeldung gedeckte – weitere Fassung seines Schutzbegehrens zurückkommen und hierüber eine Sachentscheidung verlangen, sei es auch nur zu dem Zweck, sein Patentbegehren in vollem Umfang mit der Beschwerde weiterzuverfolgen. Eine unzulässige Erweiterung liegt darin nicht; es sind weder § 38 noch § 21 Abs. 1 Nr. 4 PatG (direkt oder analog) anwendbar.

IX. Teilung der Anmeldung[175]

Literatur: *Anders, W.,* Die Teilung der Patentanmeldung im Beschwerdeverfahren: Zuständigkeiten für die Trennanmeldung, GRUR 2009, 200–204; *Keukenschrijver, A.,* Zur Teilung des Patents im Einspruchsverfahren, Mitt. 1995, 267–271; *Klaka, R./Nieder, M.,* divide et extende? – Zur Teilung des Patents im Einspruchsverfahren, GRUR 1998, 251–256; *Königer, K.,* Teilung und Ausscheidung im Patentrecht, 2004; *Melullis, K.J.,* Zur Teilung von Patent und Anmeldung, GRUR 2001, 971–976; *Nieder, M.,* Teilung der Trennanmeldung und ursprüngliche Offenbarung der Stammanmeldung, Mitt. 1999, 414–416; *ders.,* Ausscheidung und Teilung im deutschen Patentrecht, GRUR 2000, 361–365; *Papke, H.,* Die Herstellung der Einheitlichkeit – Zur Problematik des nationalen Ausscheidungsverfahrensrechts, Mitt. 1988, 1–5; *Rieck, M./Rüßmann, F.,* Gebühren bei Teilung einer Patentanmeldung, Mitt. 2017, 298–303; *Schober C. D.,* Von der Realteilung zur Verfahrensteilung: Ein Paradigmenwechsel im deutschen Patentrecht? – Zugleich Anmerkung zum Beschluss des BGH vom 30. September 2002 („Sammelhefter"), Mitt. 2002, 481–484; *Stortnik, H.-J.,* Gedanken zur Teilung des Patents, GRUR 2000, 111–119; *ders.,* Abschied von der Ausscheidungserklärung – Die Beseitigung des Mangels der Uneinheitlichkeit einer Patentanmeldung im Lichte der BGH-Entscheidungen „Graustufenbild" und „Sammelhefter", GRUR 2004, 117–123; *ders.,* Wider die ewige Teilung – Wege zu mehr Rechtssicherheit ohne Einschränkung der Gestaltungsfreiheit, GRUR 2005, 729–736.
S. auch die Literaturhinweise vor A.

a) Gesetzliche Regelung

183   Nach § 39 PatG kann der Anmelder die Anmeldung jederzeit durch schriftliche Erklärung teilen. Jeder der daraus hervorgehenden Teilanmeldungen bleibt der Zeitrang der ursprünglichen Anmeldung („Stammanmeldung") erhalten. Jede wird hinsichtlich der Gebühren als selbständige Anmeldung behandelt; für die Zeit bis zur Teilung angefallene Gebühren sind innerhalb von drei Monaten nachzuentrichten. In der gleichen Frist müssen gesonderte Unterlagen für die abgetrennte Anmeldung eingereicht werden. Wird die Frist versäumt, gilt die Teilungserklärung als nicht abgegeben und verliert rückwirkend jede Wirkung. Einen amtlichen Hinweis auf die Frist und die Säumnisfolge erhält der Anmelder nicht.[176]

184   Wiedereinsetzung ist zulässig; für ihre Gewährung ist nach § 123 Abs. 3 PatG das BPatG zuständig, wenn die Teilung im Beschwerdeverfahren erklärt wird; eine vom PA gewährte Wiedereinsetzung ist in diesem Fall wirkungslos[177].

---

[174] Vgl. *Winkler* GRUR 1976, 395 f.; BPatG 11.7.1968, Mitt. 1969, 77; 28.6.1982, Mitt. 1984, 50.
[175] Dazu umfassend *Königer.*
[176] Vgl. die Begründung zum GPatG, BlPMZ 1979, 284.
[177] BGH 15.12.1998, GRUR 1999, 574 – Mehrfachsteuersystem.

§ 25. Patenterteilung und Gebrauchsmustereintragung

b) Teilung nur des Verfahrens oder auch des Anmeldungsgegenstands?

1. Der Ausdruck „Teilung" suggeriert die Vorstellung, die ursprüngliche und die infolge **185** Teilung neu entstehende Anmeldung müssten sich auf jedenfalls unterschiedliche Gegenstände beziehen, wobei allerdings Überschneidungen nicht als unzulässig anzusehen seien[178]. Zu dieser Vorstellung trägt auch der Umstand bei, dass die Teilung zwecks Herstellung der Einheitlichkeit altvertraut ist und häufig vorkommt; denn in diesem Fall muss das mit der Stammanmeldung erhobene Schutzbegehren eingeschränkt werden und die Trennanmeldung ebenfalls dem Erfordernis der Einheitlichkeit genügen. Doch ist die Beseitigung von Uneinheitlichkeit nur ein besonderer Anlass, aus dem es in bestimmten Fällen zur Teilung kommt. Liegt ein solcher Anlass nicht vor, gibt es keinen Grund zu fordern, dass die Teilung dem von Fällen der Uneinheitlichkeit her gewohnten Bild entsprechen müsse.

2. Die **Rechtsprechung** des BGH und des BPatG hat sich vorwiegend mit Problemen **186** der seit 1.7.2006 abgeschafften Teilung des *Patents* im Einspruchsverfahren auf der Grundlage des früheren § 60 PatG befasst; doch machen sich dort gefundene Aussagen auch bei der Beurteilung der Teilung der Anmeldung bemerkbar. Dabei wurden zunächst Anforderungen aufgestellt, die auf eine Teilung des Anmeldungs*gegenstands* gerichtet sind. Im Lauf der Entwicklung hat sich aber ein rein verfahrensrechtliches Verständnis der Teilung herausgebildet.

Im Beschluss „**Textdatenwiedergabe**" geht der BGH[179] davon aus, dass er für die Teilung eines **187** Patents eine Aufspaltung des zu teilenden Gegenstands in mindestens zwei Teile verlangt hat[180]. Für die Teilung einer Patentanmeldung gelte nichts grundsätzlich anderes, auch wenn sich Unterschiede daraus ergeben könnten, dass der Gegenstand einer Anmeldung nicht in gleicher Weise wie bei einem Patent durch die Ansprüche begrenzt werde. Auch eine Anmeldung werde nur dann „geteilt", wenn ihr Gegenstand in mindestens zwei Teile zerlegt werde. Aus der Anmeldung müsse ein Teil ihres Gegenstands herausgelöst und in ein neues, selbständiges Anmeldeverfahren übergeleitet werden. Der um den abgetrennten Teil verminderte Rest verbleibe in der ursprünglichen Anmeldung und sei im bereits anhängigen Erteilungsverfahren weiterzubehandeln. Die durch die Teilung geschaffenen selbständigen Anmeldungsteile könnten wiederum geteilt werden. Dabei sei nicht zu fordern, dass jede der Anmeldungen eine selbständige, für sich schutzwürdige Erfindung zum Gegenstand habe. Es genüge, dass sie sich auf formell verschiedene Erfindungsgegenstände bezögen, wozu bereits ein einziges unterscheidendes Merkmal ausreiche. Das bedeute nicht, dass sich die Teile nicht überschneiden könnten. Der Senat habe die Teilung eines Patents ausdrücklich nicht verlangt, dass mit der Teilungserklärung (außer dem im Einspruchsverfahren verbleibenden Rest des Patents) auch der Gegenstand der Trennanmeldung festgelegt werden müsse. Da für diese auf den gesamten Offenbarungsgehalt der Ursprungsanmeldung zurückgegriffen werden könne[181], müsse (und könne) der genaue Inhalt der Trennanmeldung erst am Ende des Prüfungsverfahrens und nicht schon bei Abgabe der Teilungserklärung feststehen. Dasselbe gelte bei Teilung einer Anmeldung für die Teilanmeldungen.

Entsprechend den für die Teilung eines Patents geltenden Grundsätzen[182] liege auch bei einer An- **188** meldung keine Teilung vor, wenn der Anmeldungsgegenstand unangetastet bleibe, weil das, was aus der Anmeldung herausgelöst werden soll, nicht Bestandteil der Anmeldung ist. Dabei komme es nicht darauf an, ob der gesamte abgetrennte Gegenstand in der Ausgangsanmeldung enthalten ist; er dürfe nur nicht vollständig außerhalb von deren Gegenstand liegen. Umfasse der abgetrennte Gegenstand eine Lehre, die in der Anmeldung teilbar enthalten sei, und darüber hinaus einen hierin nicht enthaltenen Gegenstand, stelle sich allenfalls die Frage, ob der Gegenstand der Trennanmeldung unzulässig erweitert sei. Das sei aber erst im Prüfungsverfahren der Trennanmeldung zu klären und berühre nicht die Frage, ob eine Teilung vorliege.

---

[178] So die 4. Aufl., 400.

[179] 23.9.1997, GRUR 1998, 458; die Entscheidung erging auf der Grundlage von Art. 4 G Abs. 2 PVÜ (vgl. → Rn. 183); Anmelder war ein Verbandsausländer.

[180] BGH 5.3.1996, GRUR 1996, 747 – Lichtbogen-Plasma-Beschichtungssystem und 14.5.1996, BGHZ 133, 18 – Informationssignal.

[181] Der Beschluss bezieht sich hier auf BGH 1.10.1991, BGHZ 115, 234 – Straßenkehrmaschine.

[182] BGH 14.5.1996, BGHZ 133, 18 (22 f.) – Informationssignal.

189 Im Anschluss hieran hat der BGH im Fall „**Rutschkupplung**"[183] bestätigt, dass eine unzulässige Erweiterung im abgetrennten Teil einer Patentanmeldung nicht notwendig zur materiellrechtlichen Unwirksamkeit einer Teilungserklärung führt. Wenn sich der hiervon erfasste Gegenstand in einer unzulässigen Erweiterung erschöpfe, liege jedoch eine Teilung iSd § 39 PatG nicht vor, weil vom Gegenstand der ursprünglichen Anmeldung nichts abgetrennt werde. Die Teilung einer Patentanmeldung setze aber voraus, dass ihr Gegenstand in mindestens zwei Teile zerlegt werde.

190 Im Beschluss „**Graustufenbild**"[184] wird die Zulässigkeit der Teilung bis zum rechtskräftigen Abschluss des Erteilungsverfahrens und damit auch für den Zeitraum zwischen Übergabe des patentamtlichen Erteilungsbeschlusses an die Postabfertigungsstelle und dem Ablauf der Beschwerdefrist anerkannt (→ Rn. 207). In diesem Zeitraum ist aber der Erteilungsbeschluss einer Änderung durch das PA entzogen und deshalb auch eine Reduzierung des Gegenstands der Stammanmeldung nicht mehr möglich[185]. Jedenfalls insoweit konnte die Forderung nach gegenständlicher Teilung nicht aufrechterhalten werden, womit ihre Berechtigung grundsätzlich in Frage gestellt war[186].

191 Im Beschluss „**Sammelhefter**"[187] hat der BGH seine Rechtsprechung geändert. Der amtliche Leitsatz lautet: „Die wirksame Teilung eines Patents setzt nicht voraus, dass durch die Teilungserklärung ein gegenständlich bestimmter Teil des Patents definiert wird, der von diesem abgetrennt wird."[188] Ob daran festzuhalten sei, dass eine Teilung begrifflich eine Aufspaltung des zu teilenden Gegenstands in mindestens zwei Teile voraussetze, lässt der BGH freilich offen. Er bezeichnet jedoch das Erfordernis einer gegenständlich verstandenen Teilung nur insoweit als sinnvoll, als es sicherstelle, dass auf die Trennanmeldung nichts patentiert werde, was mit dem im Verfahren der Stammanmeldung gewährten oder versagten Patentschutz unvereinbar sei. Das betreffe insbesondere die Vermeidung einer Doppelpatentierung. Diese müsse und könne jedoch nicht durch inhaltliche Anforderungen an die Teilungserklärung vermieden werden, sondern allein durch entsprechende Anforderungen an die zu gewährenden oder aufrechtzuerhaltenden Patentansprüche. Damit werde zugleich erreicht, dass die Teilung des Patents nicht anders behandelt werde als die Teilung der Anmeldung. Der bis zur Patenterteilung vorläufige Charakter der in der Anmeldung formulierten Patentansprüche schließe es aus, die Teilung von einer inhaltlichen Aufspaltung der beanspruchten Lehre nach Maßgabe der angemeldeten Ansprüche abhängig zu machen. Erst am Ende des Erteilungsverfahrens könne und müsse der Gegenstand des im jeweiligen Verfahren erstrebten Patentschutzes feststehen. Würden Patent und Anmeldung insoweit gleichbehandelt, würden auch Friktionen in Fällen der Teilung zwischen Patenterteilung und deren Bestandskraft[189] vermieden.

192 Im Beschluss „**Basisstation**" bekräftigt der BGH, dass durch die Teilung eines Patents nichts von diesem abgetrennt werden muss[190].

193 3. Im neueren **Schrifttum** hat sich *Keukenschrijver*[191] dafür eingesetzt, die Teilung der Anmeldung rein verfahrensrechtlich als Aufspaltung des bisher einheitlichen Erteilungsverfahrens in mehrere selbständige zu verstehen. Nicht der Gegenstand der Anmeldung, sondern das Verfahren werde geteilt. Selbst eine „identische" Teilung sei nicht ausgeschlossen. Etwa fehlendes Rechtsschutzinteresse sei erst bei der Entscheidung über den Erteilungsantrag zu berücksichtigen.

---

[183] 30.6.1998, GRUR 1999, 41 (43).
[184] BGH 28.3.2000, GRUR 2000, 688.
[185] *Schober* Mitt. 2002, 481 (482) mN.
[186] *Schober* Mitt. 2002, 481 (483).
[187] BGH 30.9.2002, GRUR 2003, 47 – Sammelhefter.
[188] Hinzugefügt ist: „(Abweichung von BGHZ 133, 18 – Informationssignal; Senat, GRUR 1996, 747 – Lichtbogen-Plasma-Beschichtungssystem)". Abgewichen wird laut Begründung auch von BGH 3.12.1998, GRUR 1999, 485 – Kupplungsvorrichtung, wo die Grundsätze der vorgenannten Entscheidungen nochmals bestätigt worden waren. BPatG 20.11.2002, BlPMZ 2003, 215 – Unterbrechungsbetrieb und 26.2.2003, BlPMZ 2003, 293 – Programmartmitteilung hat sich dem Standpunkt des BGH angeschlossen.
[189] Dazu bei → Rn. 204 Fn. 205.
[190] BGH 29.4.2003, Mitt. 2003, 388 – Basisstation.
[191] Mitt. 1995, 267 (268 ff.); ebenso *Busse/Keukenschrijver* PatG § 39 Rn. 22.

§ 25. Patenterteilung und Gebrauchsmustereintragung

Hacker[192], der an einem „materiellen Teilungsbegriff" festhalten will, lehnt gleichwohl die Annahme eines schutzbegrenzenden „Gegenstands der Teilungserklärung" ab. Bei Teilung der Anmeldung hätten die Ansprüche sowohl in der Stamm- als auch in der Teilanmeldung nur vorläufigen Charakter. Es sei deshalb unerheblich, ob begrifflich eine Teilung vorliege. 194

Stortnik[193] steht kritisch zu einem „materiellen Teilungsbegriff" und empfiehlt, zwischen der Teilung und einer damit gegebenenfalls verbundenen Selbstbeschränkung des Anmelders (oder Patentinhabers) zu unterscheiden. 195

Auch *Melullis*[194] weist darauf hin, dass erst am Ende des Erteilungsverfahrens der Inhalt der Ansprüche abschließend bestimmt wird. Deshalb könne und müsse erst dann und nicht schon bei der Teilungserklärung der genaue Inhalt der Trennanmeldung feststehen. Für die Stammanmeldung gelte nichts anderes. 196

Schober[195] entnimmt der Entscheidung „Sammelhefter", dass der Teilungserklärung keine materielle Gestaltungswirkung mehr zukomme. Sie bedeute im Fall der Teilung der Anmeldung nur, dass zu einem anhängigen Erteilungsverfahren ein weiteres hinzukomme. Die Grenzen beider Verfahren würden nicht durch die Teilungserklärung bestimmt, sondern durch das Gebot, Doppelpatentierungen zu vermeiden. 197

Entgegen der im neueren Schrifttum überwiegenden Tendenz und mit kritischer Stellungnahme zur neueren Rechtsprechung setzt sich *Königer* dafür ein, die Teilung als gegenständlich zu verstehen. 198

4. Wenn eine *Anmeldung* geteilt wird, ist eine Teilung ihres Gegenstands weder praktikabel noch erforderlich. Die ursprüngliche und die neue Anmeldung von vornherein durch *Ansprüche* unterschiedlichen Inhalts voneinander abzugrenzen widerspräche der Gestaltungsfreiheit, die dem Anmelder zusteht und ihm erlaubt, im Rahmen des ursprünglichen Offenbarungsgehalts die Ansprüche zu ändern, solange noch kein Patent (rechtskräftig) erteilt ist. Eine Teilung des *Offenbarungsgehalts* selbst[196] in dem Sinn, dass jeder Anmeldung nur ein abgegrenzter Teil davon zukäme, wäre – auch bei Zulassung von Überschneidungen – mit der Gefahr verbunden, dass eine in der ursprünglichen Anmeldung offenbarte neue und erfinderische Lehre in Bruchstücke zerfällt, von denen keines den Schutzvoraussetzungen genügt. Einer Teilung des *Schutzbereichs*[197] stehen die Vorläufigkeit der im Zeitpunkt der Teilungserklärung vorliegenden Anspruchsfassungen und der Grundsatz entgegen, dass es nicht Sache des Erteilungsverfahrens ist, über die Fassung der Ansprüche hinaus auch deren Schutzbereich festzulegen. 199

Die Wirksamkeit einer Teilung kann deshalb nicht davon abhängig gemacht werden, wie sich die in den verschiedenen Verfahren zu behandelnden Anmeldungen inhaltlich zueinander verhalten. Es genügt, dass der Anmelder eine schriftliche Teilungserklärung abgibt und den Form- und Gebührenerfordernissen rechtzeitig genügt. Welche Ziele er in den verschiedenen Verfahren verfolgt, ergeben die dafür eingereichten Unterlagen. Bei Teilung zwecks Herstellung der Einheitlichkeit müssen sie allerdings geeignet sein, dieses Gebot zu erfüllen. Auch in anderen Fällen wird der Anmelder normalerweise die einzelnen Anmeldungen unterschiedlich gestalten. Beispielsweise mag er versuchen, für eine spezielle Ausführungsform rasch einen relativ eng begrenzten und in einer anderen, weiter gefassten Teilanmeldung für das zugrundeliegende allgemeinere Lösungsprinzip, das möglicherweise mehr Prüfungsaufwand erfordert, einen umfassenderen Schutz zu erlangen[198]. Er ist jedoch an die im Sinn seiner Ziele formulierten Ansprüche in keinem der Verfahren gebunden, solange nicht (rechtskräftig) ein entsprechendes Patent erteilt ist. 200

Die gesetzliche Regelung hindert nicht, die Teilung im Sinne einer **Vervielfältigung**, also dahin zu verstehen, dass aus einer Anmeldung zwei oder mehr Anmeldungen gemacht werden: der Anmelder stellt durch die Teilung die Lage her, die bestünde, wenn er von Anfang an zwei oder mehr Anmeldungen mit gleichem Zeitrang und Offenbarungsgehalt 201

---

[192] Mitt. 1999, 1 (2, 7).
[193] GRUR 2000, 111 ff. (118).
[194] GRUR 2001, 971 (974).
[195] Mitt. 2002, 481 ff.
[196] Abgelehnt von *Melullis* GRUR 2001, 971 (974).
[197] Abgelehnt von *Hacker* Mitt. 1999, 1 (3).
[198] Vgl. *Nieder* GRUR 2000, 361 (365); *Melullis* GRUR 2001, 971.

eingereicht hätte[199]. Dem entspricht seine Verpflichtung, die Gebühren nachzuzahlen, die er in jenem Fall schon hätte entrichten müssen. Durch die Teilung verschafft er sich nachträglich die Möglichkeit, auf der Grundlage des Offenbarungsgehalts seiner ersten Anmeldung sein Patentbegehren zu optimieren und im Erteilungsverfahren flexibel zu taktieren. Die Teilung als solche braucht ihm auch dann nicht verwehrt zu werden, wenn ursprüngliche und neue Anmeldung zunächst inhaltlich vollständig übereinstimmen. Gewiss muss verhindert werden, dass zwei oder mehr identische Schutzrechte entstehen.[200] Dazu genügt es aber, die Erteilung eines Patents mangels Rechtsschutzbedürfnisses[201] zu verweigern, wenn dem Anmelder bereits ein zeitrang- und gegenstandsgleiches Patent erteilt worden ist (vgl. → Rn. 12). Auch zur Vermeidung von Doppelpatentierungen ist es somit nicht nötig, eine „gegenständliche" Teilung zu verlangen.[202]

202 Nicht durch die Annahme, dass die Teilung unwirksam sei[203], sondern nach den allgemeinen Regeln über die unzulässige Erweiterung (→ Rn. 118 ff.) ist auch eine Teilanmeldung zu behandeln, durch die für einen vollständig außerhalb des Offenbarungsgehalts der ursprünglichen Anmeldung liegenden Gegenstand Schutz begehrt wird[204]: Das PA fordert den Anmelder auf, die Erweiterung zu beseitigen. Geschieht dies nicht, ist die Anmeldung zurückzuweisen. Sie kann wegen § 38 S. 2 PatG auch nicht mit dem Zeitrang der Teilungserklärung irgendwelche Rechte begründen. Beschränkt sich der Anmelder darauf, die Erweiterung zu beseitigen, ohne die Anmeldung zurückzunehmen, ist diese als gegenstandslos zurückzuweisen. Der Anmelder kann dies jedoch vermeiden, indem er auf den Offenbarungsgehalt der ursprünglichen Anmeldung zurückgreift. Für den hierüber hinausgehenden Gegenstand der Teilanmeldung kann er einen Erteilungsanspruch nur durch Einreichung einer neuen Anmeldung begründen, der aber ein entsprechend späterer Zeitrang zukommt.

203 Als richtig erweist sich damit das von *Keukenschrijver* (→ Rn. 193) empfohlene rein verfahrensrechtliche Verständnis der Teilung.

c) Verfahren

204 1. Die Teilung ist **in jedem Stadium** des Erteilungsverfahrens zulässig, solange dieses vor dem PA oder dem BPatG anhängig ist.[205] Daran fehlt es, sobald die Entscheidung über das Patentgesuch rechtskräftig ist.[206]

---

[199] *Busse/Keukenschrijver* PatG § 39 Rn. 22; *Stortnik* GRUR 2000, 111 (116); *Klaka/Nieder* GRUR 1998, 251 (255) vergleichen treffend mit der biologischen Zellteilung; *Schober* Mitt. 2002, 481 (484) verweist auf die Verwandtschaft zur Abzweigung einer Gebrauchsmusteranmeldung (dazu → § 24 Rn. 195 ff.).

[200] BGH 30.9.2002, GRUR 2003, 47 (49) – Sammelhefter, vgl. → Rn. 191; *Melullis* GRUR 2001, 971 (974 f.).

[201] Nach *Busse/Keukenschrijver* PatG § 39 Rn. 22, 24 und PatG vor § 34 Rn. 45 besser: wegen Verbrauchs des Erteilungsanspruchs. Dieser Ansatz soll aber vermutlich nicht dahin verstanden werden, dass nach Erteilung eines Patents auf eine Teilanmeldung ein Patent auf eine andere Teilanmeldung nur noch für einen von dem ersten Patent nicht erfassten Teil des Gegenstands der ursprünglichen Anmeldung erteilt werden könne. Andernfalls ergäben sich aus der Frage, inwieweit der Erteilungsanspruch aus dieser Anmeldung verbraucht ist, wiederum die Schwierigkeiten, die durch ein verfahrensrechtliches Verständnis der Teilung vermieden werden. Zu einem solchen Verständnis passt nicht ganz, dass auf den Erteilungsanspruch abgestellt werden soll, der materiellrechtlich ist, weil er von den materiellrechtlichen Schutzvoraussetzungen abhängt.

[202] So letztlich auch BGH 30.9.2002, GRUR 2003, 47 (49) – Sammelhefter.

[203] So *Stortnik* GRUR 2000, 111 (117); *Melullis* GRUR 2001, 971 (975).

[204] BPatG 7.5.2004, Mitt. 2007, 283 – Wirksamkeit der Teilungserklärung.

[205] BGH 13.7.1971, GRUR 1971, 565 (567) – Funkpeiler; BPatG 3.6.1976, BPatGE 19, 16. Dagegen will *Stortnik* GRUR 2005, 729 (730) die Teilung nur bis zum Ablauf der Frist für den Prüfungsantrag, also innerhalb von 7 Jahren ab Anmeldetag der ursprünglichen Anmeldung, zulassen.

[206] BGH 27.3.1980, GRUR 1980, 716 (718) – Schlackenbad. – Ob der Erteilungsbeschluss des DPMA Bestandskraft erlangen kann, soll hier nicht diskutiert werden.

§ 25. Patenterteilung und Gebrauchsmustereintragung **A IX § 25**

Schon vor jeder Entscheidung kann nach hergebrachter Ansicht auch ein bindender „Verzicht" des 205
Anmelders bewirken, dass Teile des ursprünglichen Anmeldegegenstandes aus dem Verfahren ausscheiden. Sie könnten dann auch in einer Teilanmeldung nicht wieder aufgenommen werden.[207] Nach der hier vertretenen Auffassung ist jedoch der Anmelder erst mit dem Erteilungsbeschluss gebunden (→ Rn. 182).

Nach rechtskräftigem Erteilungsbeschluss kommt keine Teilung mehr in Betracht. Die 206
Möglichkeit, das Patent im Einspruchsverfahren zu teilen (§ 60 PatG in der bis 30.6.2006 geltenden Fassung) ist abgeschafft.

Die Teilung der Anmeldung ist dem PA, im Beschwerdeverfahren ausschließlich dem 207
BPatG gegenüber zu erklären.[208] Wird gegen die Entscheidung des PA keine Beschwerde eingelegt, endet die Teilungsmöglichkeit erst mit der Beschwerdefrist, auch wenn das PA seine Entscheidung bereits der Postabfertigungsstelle übergeben hat und deshalb von sich aus nicht mehr ändern kann, und unabhängig davon, ob eine Beschwerde des Anmelders zulässig und begründet wäre[209], so dass es im Fall eines Erteilungsbeschlusses nicht darauf ankommt, ob der Anmelder durch diesen beschwert ist. Wird Beschwerde eingelegt, kann noch bis zum Ablauf der Rechtsbeschwerdefrist die Anmeldung geteilt werden, auch wenn der Beschwerdesenat seine Entscheidung schon verkündet hat.[210] Im Rechtsbeschwerdeverfahren, in dem die Entscheidungsgrundlage nicht verändert werden darf, kann keine Teilung erfolgen.[211] Doch ist eine in diesem Verfahren erklärte Teilung nach Zurückverweisung an das BPatG von diesem zu beachten[212].

Für die abgetrennte Anmeldung sind innerhalb von drei Monaten nach Einreichung der 208
Teilungserklärung die **nach §§ 34–36 PatG erforderlichen Unterlagen** – Erteilungsantrag, Ansprüche, Beschreibung, Zeichnungen, Zusammenfassung[213] und, soweit erforderlich, Übersetzung – einzureichen (§ 39 Abs. 3 PatG).

2. Die Teilung bedeutet keine Neuanmeldung,[214] sondern zielt darauf ab, dass der durch 209
die ursprüngliche Anmeldung begründete Erteilungsanspruch in zwei oder mehr **selbständigen Verfahren** weiter behandelt wird, die das bisherige Verfahren fortsetzen. Die Teilungserklärung hat insofern, als sie ein gesondertes Verfahren anhängig macht, die Wirkung einer Anmeldung; das Gesetz spricht in diesem Sinne von der **abgetrennten Anmeldung**. Doch ist diese aus der ursprünglichen Anmeldung abgeleitet. Die materiellen Anmeldungswirkungen bestimmen sich weiterhin nach dieser. Jeder Teilanmeldung, dh der ursprünglichen und der (den) abgetrennten Anmeldung(en), bleiben der **Zeitpunkt** der ursprünglichen Anmeldung und eine dafür in Anspruch genommene **Priorität** erhalten (§ 39 Abs. 1 S. 4 PatG). Das gilt auch für die Berechnung der Fristen, die ab Anmelde- oder Prioritätstag laufen (vgl. → Rn. 6). Voraussetzung ist freilich, dass durch die Teilungserklärung auf die ursprüngliche Anmeldung Bezug genommen wird; fehlt es hieran, ist die Einreichung neuer Unterlagen, deren Inhalt in einer früheren Anmeldung desselben Anmelders

---

[207] Vgl. BPatG 11.2.1980, BPatGE 22, 153.
[208] Vgl. BPatG 1.2.2017, Mitt. 2017, 422 – Fahrzeugdatenaufzeichnungsgerät; BlPMZ 2017, 334; krit. *Anders* GRUR 2009, 200 (204), der trotz entgegenstehender Gesetzesbegründung unter Hinweis auf Wortlaut und Systematik des § 39 Abs. 1 S. 2 PatG die Zuständigkeit der DPMA-Prüfungsstelle auch für Trennanmeldungen begründet, die aus der Teilung im Beschwerdeverfahren vor dem BPatG resultieren.
[209] BGH 28.3.2000, GRUR 2000, 688 – Graustufenbild; zustimmend *Melullis* GRUR 2001, 971 (972).
[210] BPatG 18.11.2004, BPatGE 48, 272 – Entwicklungsvorrichtung.
[211] BGH 6.9.1979, GRUR 1980, 104 – Kupplungsgewinde; 2.3.1993, GRUR 1993, 655 – Rohrausformer.
[212] *Keukenschrijver* Mitt. 1995, 267 (270).
[213] Ist im Zeitpunkt der Abgabe der Teilungserklärung die ursprüngliche Anmeldung bereits offengelegt, ist es nicht mehr erforderlich, eine Zusammenfassung der Trennanmeldung innerhalb der Dreimonatsfrist einzureichen, BPatG 12.3.2003, BPatGE 47, 13 – Trennanmeldungszusammenfassung.
[214] BGH 13.7.1971, GRUR 1971, 565 – Funkpeiler.

schon beansprucht oder offenbart war, als Neuanmeldung mit entsprechend späterem Zeitrang zu behandeln[215].

210 Der Gegenstand jeder Teilanmeldung muss im Rahmen des **ursprünglichen Offenbarungsgehalts** der Ausgangsanmeldung liegen;[216] andernfalls ist die betreffende Teilanmeldung unzulässig erweitert. Wird eine Teilanmeldung nochmals geteilt, steht, wie sich insbesondere aus § 21 Abs. 1 Nr. 4 Hs. 2 PatG ableiten lässt, der gesamte Offenbarungsgehalt der ursprünglichen Anmeldung zur Verfügung; er wird nicht durch die vorausgegangene Teilungserklärung eingeschränkt[217].

211 Verfahrenshandlungen des Anmelders, Verwaltungsakte des PA und Entscheidungen des BPatG, die im ungeteilten Verfahren zustande gekommen sind, behalten ihre Wirkung für sämtliche Teilanmeldungen.[218] Die abgetrennten Verfahren gehen daher in dem Stadium weiter, das im Ausgangsverfahren erreicht war, gegebenenfalls auch in der Beschwerdeinstanz.[219]

212 3. Hinsichtlich der **Gebühren** ist jede Teilanmeldung als selbständige Anmeldung zu behandeln. Die für die ursprüngliche Anmeldung bezahlten Gebühren gelten nicht für die abgetrennte(n) Anmeldung(en), sondern nur für die Stammanmeldung. Daher müssen für jede Trennanmeldung alle für die Zeit bis zur Teilung angefallenen Gebühren **nachgezahlt** werden (§ 39 Abs. 2 S. 1 PatG).

213 Wenn gem. § 40 PatG die innere Priorität einer abgetrennten Anmeldung für eine spätere Patentanmeldung beansprucht wird, gilt erstere nach § 40 Abs. 5 als zurückgenommen. Geschieht dies vor Ablauf der Dreimonatsfrist des § 39 Abs. 3, brauchen für die abgetrennte Anmeldung keine Anmelde- und keine Prüfungsgebühr bezahlt zu werden. Bereits bezahlte Gebühren sind zurückzuerstatten.[220]

214 War im Zeitpunkt der Teilung bereits eine **Recherche,** aber noch nicht die vollständige Prüfung beantragt,[221] so gilt der Rechercheantrag nur für die Stammanmeldung. Hinsichtlich der Trennanmeldung bleibt es dem Anmelder überlassen, ob er eine Recherche wünscht; beantragt er sie, wird die entsprechende Gebühr fällig (§ 39 Abs. 2 S. 2 PatG).

215 Ein im Stammverfahren infolge Durchführung der Recherche erledigter Rechercheantrag lebt für die abgetrennte Anmeldung auch dann nicht von selbst wieder auf, wenn die Teilung wegen Uneinheitlichkeit erfolgt ist. Eine Recherchegebühr ist deshalb im Verfahren über die abgetrennte Anmeldung nur dann zu zahlen, wenn der Anmelder für diese eine nochmalige Recherche beantragt[222].

216 Die Gebühren müssen nach § 39 Abs. 3 PatG innerhalb von drei Monaten nach Eingang der Teilungserklärung entrichtet werden, wenn nicht die Teilungserklärung als nicht abgegeben gelten soll (→ Rn. 222 ff.). Unabhängig hiervon ergeben sich aus dem PatKostG Zahlungsfristen, deren Nichteinhaltung den Verfall der Trennanmeldung nach sich zieht (→ Rn. 217–221 und 225).

217 4. Hinsichtlich der **Anmeldegebühr für die Trennanmeldung** ergibt sich aus §§ 3 Abs. 1, 6 Abs. 1 S. 2, Abs. 2 PatKostG, dass sie bei Einreichung fällig wird, innerhalb der folgenden drei Monate zu zahlen ist und nach Versäumung dieser Frist die Anmeldung als zurückgenommen gilt. Wie § 39 Abs. 3 PatG erkennen lässt, rechnet der Gesetzgeber damit,

---

[215] BGH 13.7.1971, GRUR 1971, 565 (568) – Funkpeiler.
[216] Vgl. BGH 20.12.1977, BGHZ 71, 152 (159 f.) – Spannungsvergleichsschaltung.
[217] *Melullis* GRUR 2001, 971 (975 f.); *Hacker* Mitt. 1999, 1 (6 f.); *Nieder* Mitt. 1999, 414 (416). Anders BPatG 26.2.1998, GRUR 1998, 1006 – Textdatenwiedergabe III; 23.6.1998, BlPMZ 1999, 163 – Drehstoßkompensation; 29.7.1999, BlPMZ 2000, 58 – Drehschwingungsdämpfung.
[218] BPatG 21.11.1977, BPatGE 20, 154 (155).
[219] BGH 7.12.1971, GRUR 1972, 474 (475) – Ausscheidungsanmeldung.
[220] BGH 14.7.1993, GRUR 1993, 890 – Teilungsgebühren.
[221] War beides beantragt, sind nach BPatG 31.5.2002, BPatGE 45, 153 – Trennanmeldungs-Recherchengebühr die Recherchengebühr und die – mit Rücksicht darauf ermäßigte – Prüfungsgebühr zu zahlen.
[222] BPatG 20.11.1987, BPatGE 29, 186 – Ausscheidung III.

§ 25. Patenterteilung und Gebrauchsmustereintragung A IX § 25

dass die Teilung auch ohne gleichzeitige Einreichung entsprechender Anmeldungsunterlagen erklärt werden kann.[223] Werden nicht schon mit der Teilungserklärung Unterlagen eingereicht, die wenigstens den Erfordernissen für die Begründung eines Anmeldetags genügen (§ 35 Abs. 1 PatG), beginnt die Zahlungsfrist erst, wenn dies nachgeholt ist. Maßgeblich für die Höhe der Anmeldegebühr ist stets die Zahl der Ansprüche der Stammanmeldung; auch wenn die Trennanmeldung weniger Ansprüche enthält. Wirksam wird die Teilung erst nach – ggf. nachträglicher – Gebührenzahlung in entsprechender Höhe.[224] Die Knüpfung der Höhe der Anmeldegebühr an die Zahl der Patentansprüche wird kritisiert – zurecht.[225]

5. Ist für die ursprüngliche Anmeldung bereits ein **Prüfungsantrag** gestellt, gilt der (jeder) abgetrennte Teil als Anmeldung, für die ein Prüfungsantrag gestellt worden ist (§ 39 Abs. 1 S. 2 PatG). 218

Gemäß dem bei Einführung dieser Vorschrift geltenden, mit Wirkung vom 1.1.2002 aufgehobenen § 44 Abs. 3 PatG galt der Prüfungsantrag ohne Zahlung der dafür vorgeschriebenen Gebühr als nicht gestellt. Vom Wortlaut her wäre deshalb die Ansicht vertretbar gewesen, dass die im Ausgangsverfahren bezahlte Prüfungsantragsgebühr der abgetrennten Anmeldung zugute komme, weil andernfalls hätte verlangt werden müssen, dass für die Trennanmeldung ein Prüfungsantrag *gestellt* werde. Es besteht jedoch Einigkeit, dass für die (jede) Trennanmeldung eine eigene Prüfungsantragsgebühr zu bezahlen ist. Als Bestätigung hierfür kann gelten, dass die Recherchegebühr vom Nachzahlungserfordernis ausdrücklich ausgenommen ist. 219

Die **Prüfungsantragsgebühr**[226] ist binnen drei Monaten ab Fälligkeit, spätestens aber innerhalb der für die Stellung des Antrags bestimmten Siebenjahresfrist einzuzahlen (→ Rn. 43 ff.), die auch für die Trennanmeldung mit dem Zeitpunkt der ursprünglichen Anmeldung beginnt (§ 39 Abs. 3 S. 4 PatG). Nichtzahlung der Gebühr innerhalb von drei Monaten nach Fälligkeit, dh hier ab Teilungserklärung, hat zur Folge, dass der – mit dieser als gestellt geltende – Prüfungsantrag als zurückgenommen gilt. Die Trenn*anmeldung* gilt jedoch erst dann als zurückgenommen, wenn am Ende der Siebenjahresfrist des § 44 Abs. 2 PatG kein wirksamer Prüfungsantrag vorliegt oder die Gebühr nicht bezahlt ist (§ 58 Abs. 3 PatG).[227] Diese Rechtsfolge kann nach Versäumung der Dreimonatsfrist noch vermieden werden, indem vor Ablauf der Siebenjahresfrist erneut ein Prüfungsantrag gestellt und die Gebühr bezahlt wird. Ist die Teilung nach – oder weniger als drei Monate vor – Ablauf dieser Frist erklärt, können die rechtserhaltenden Handlungen sogar noch bis zum Ablauf der Dreimonatsfrist des § 39 Abs. 3 vorgenommen werden.[228] 220

6. Hinsichtlich der **Jahresgebühren** richten sich Fälligkeit und Fristen für Zahlung und zuschlagpflichtige Nachzahlung nach §§ 3 Abs. 2, 7 Abs. 1 PatKostG. Ausbleiben rechtzeitiger Zahlung einer Jahresgebühr oder des gegebenenfalls erforderlichen Zuschlags hat nach 221

---

[223] Vgl. BPatG 26.2.2003, GRUR 2004, 317 (Nr. II) – Programmartmitteilung (zur Teilung des Patents nach dem früheren § 60 PatG).
[224] BPatG 14.6.2016, Mitt. 2017, 344 – Gebühren für die Teilanmeldung I; 12.4.2017, Mitt. 2017, 346 – Gebühren für die Teilanmeldung II.
[225] *Rieck/Rüßmann* Mitt. 2017, 298 (301 ff.).
[226] Wenn vor Teilung außer der Prüfung auch eine Recherche beantragt war, ist nach BPatG 31.5.2002, BPatGE 45, 153 – Trennanmeldungs-Recherchengebühr die Gebühr insgesamt höher als wenn nur die Prüfung beantragt war.
[227] Ebenso BPatG 20.4.2006, GRUR 2006, 791 – Prüfungsgebühr für die Ausscheidungsanmeldung; allerdings galt für die Anmeldung noch nicht § 44 Abs. 2 S. 2 PatG, wonach die Zahlungsfrist „nach dem Patentkostengesetz" 3 Monate ab Fälligkeit beträgt. Doch hat diese Bestimmung nichts daran geändert, dass die Anmeldung nach § 58 Abs. 3 PatG erst dann als zurückgenommen gilt, wenn bis zum Ablauf der siebenjährigen Frist des § 44 Abs. 2 S. 1 PatG für den Prüfungs*antrag* kein solcher gestellt oder die für seine Wirksamkeit erforderliche Gebühr nicht bezahlt wird.
[228] Vgl. *Schäfers* in Benkard PatG § 34 Rn. 125 und PatG § 39 Rn. 32. – Nach früherem Recht wurde dieses Ergebnis durch entsprechende Anwendung des § 44 (früher § 28b) Abs. 4 (jetzt: 3) S. 3 PatG erreicht; vgl. BPatG 14.11.1973, BPatGE 16, 35 (38 f.); 24.2.1975, BPatGE 17, 45 (50); 21.11.1977, BPatGE 20, 154.

§ 58 Abs. 3 PatG den Verfall der Anmeldung zur Folge. Zweifelhaft ist, ob für die Trennanmeldung auch Zuschläge nachgezahlt werden müssen, die für die Stammanmeldung betreffende Jahresgebühren bereits fällig geworden sind.[229] Da der Zuschlag Rechtsfolge der Nichteinhaltung der regulären Zahlungsfrist ist und vor der Teilungserklärung keinerlei Grund zur Zahlung von Jahresgebühren für eine mögliche Trennanmeldung bestanden hat, muss eine zuschlagfreie Nachzahlung analog §§ 3 Abs. 2, 7 Abs. 1 PatKostG jedenfalls innerhalb von zwei Monaten nach der Teilungserklärung möglich sein[230]. Darüber hinaus fragt sich, ob § 39 Abs. 3 PatG nicht dahin zu verstehen ist, dass der Anmelder für die Nachzahlung der Gebühren stets eine Überlegungsfrist von drei Monaten ab Teilungserklärung haben soll[231]. Probleme hinsichtlich der Fristberechnung gem. § 7 Abs. 1 S. 2 PatKostG ergäben sich dabei nicht: erfolgte die Zahlung innerhalb der Frist des § 39 Abs. 3 PatG, würde kein Zuschlag fällig; bliebe sie aus, gälte die Trennanmeldung als zurückgenommen, wenn nicht bis zum spätesten nach dem PatKostG möglichen Zeitpunkt Gebühren und erforderlichenfalls Zuschläge bezahlt sind

222 7. Unabhängig von den Zahlungsfristen, die einzuhalten sind, um einen Verfall der Trennanmeldung zu vermeiden, läuft **ab Teilungserklärung eine dreimonatige Frist** zur Einreichung von Unterlagen für die Trennanmeldung, die allen Erfordernissen der §§ 34–36 PatG genügen müssen, und die Zahlung der Gebühren. Wird sie nicht eingehalten, gilt die Teilungserklärung als nicht abgegeben.

223 Der Anmelder kann jedoch, solange die Teilung überhaupt möglich ist (→ Rn. 204 ff.), auch nach Versäumung der Frist des § 39 Abs. 3 jederzeit erneut die Teilung erklären.[232] Dabei läge es nahe, nach dem Ende der Frist des § 39 Abs. 3 PatG erfolgende Handlungen – gegebenenfalls in Verbindung mit innerhalb dieser Frist bereits vorgenommenen Handlungen – als konkludente Wiederholung aufzufassen, sofern dabei der erforderliche Bezug zur ursprünglichen Anmeldung unmissverständlich zum Ausdruck kommt. Damit wird insbesondere vermieden, dass Zahlungen, die nach Ablauf der Frist des § 39 Abs. 3 PatG, aber innerhalb der nach dem PatKostG einzuhaltenden Frist erfolgen, ins Leere gehen und eine neue schriftliche Teilungserklärung erforderlich wird.[233]

224 Auf die Zahlung der Prüfungsantragsgebühr sollte es für die Aufrechterhaltung der Teilung überhaupt nicht ankommen. Es liefe dem Zweck der Gewährung einer geräumigen

---

[229] Bejahend *Moufang* in Schulte PatG § 39 Rn. 57; verneinend *Schäfers* in Benkard PatG § 39 Rn. 32.

[230] So BPatG 29.9.1983, BPatGE 26, 28 (31 f.); iglS *Schäfers* in Benkard PatG § 39 Rn. 32. Nach *Moufang* in Schulte PatG § 39 Rn. 58 soll zuschlagfreie Zahlung innerhalb von 2 Monaten nach Teilungserklärung nur dann möglich sein, wenn zur Zeit der Teilungserklärung die reguläre Frist zur Zahlung einer Jahresgebühr für die Stammanmeldung noch läuft; aus BPatG 29.9.1983, BPatGE 26, 28 (31 f.) lässt sich diese Einschränkung nicht entnehmen, da im gegebenen Fall sämtliche Jahresgebühren erst 3 Monate nach Teilung entrichtet waren.

[231] So *Moufang* in Schulte PatG § 39 Rn. 57 für den Fall, dass im Zeitpunkt der Teilungserklärung bereits die Nachfrist zur zuschlagpflichtigen Zahlung einer Jahresgebühr für die Stammanmeldung läuft. Der Anmelder könnte dann die Teilung aufrechterhalten, indem er die Jahresgebühr für die Trennanmeldung (nach *Moufang* in Schulte PatG § 39 Rn. 58: mit Zuschlag) innerhalb der Frist des § 39 Abs. 3 zahlt, auch wenn die Nachfrist früher endet. In BPatG 29.9.1983, BPatGE 26, 28 war die Frage nicht entscheidungserheblich, da § 39 Abs. 3 schon deshalb als unanwendbar angesehen wurde, weil die ursprüngliche Anmeldung vor dem 1.1.1981 eingereicht war (BPatG 29.9.1983, BPatGE 26, 30).

[232] Zur Wiederholung der Teilungserklärung vgl. BGH 30.9.2002, GRUR 2003, 47 (48) – Sammelhefter. Freilich warnt *Stortnik* GRUR 2005, 729 ff. vor Missbrauch der Möglichkeit des Hinausschiebens und Wiederholens der Teilung; sein Vorschlag, diese nur anzuerkennen, wenn sie der Herstellung der Einheitlichkeit dient, ist jedoch mit dem Gesetz nicht vereinbar, solange es die freie Teilung zulässt.

[233] BPatG 4.12.2006, BlPMZ 2007, 290 – Jahresgebührenzahlung für Teilanmeldung hat – ohne den Wiederholungsaspekt anzusprechen – eine Teilung als weiterhin wirksam behandelt, obwohl die Frist des § 39 Abs. 3 PatG schon vor der nach dem PatKostG noch rechtzeitigen Zahlung einer für die Trennanmeldung fällig gewordenen Jahresgebühr abgelaufen war.

§ 25. Patenterteilung und Gebrauchsmustereintragung

Frist für den Prüfungsantrag zuwider, wenn der Anmelder, um die Teilung aufrechtzuerhalten, die Prüfungsgebühr bezahlen müsste, auch wenn er an einer Prüfung des abgetrennten Teils vorerst nicht interessiert ist, insbesondere erst auf Grund von Erkenntnissen aus der Prüfung der Stammanmeldung entscheiden will, ob und mit welchen Ansprüchen die Trennanmeldung weiterverfolgt werden soll. Deshalb sollte die Dreimonatsfrist des § 39 Abs. 3 PatG auf die Zahlung der Prüfungsantragsgebühr nicht angewandt werden, wenn die Siebenjahresfrist erst später abläuft. Als Zeichen des ernstlichen Willens, das abgetrennte Verfahren als selbständiges zu betreiben, genügt die rechtzeitige Erfüllung der sonstigen Erfordernisse des § 39 Abs. 3 PatG.

8. Auch wenn eine **Trennanmeldung** mangels Gebührenzahlung **als zurückgenommen gilt** (→ Rn. 217–221), kann der Anmelder, solange eine Teilung überhaupt möglich ist (→ Rn. 204 ff.), jederzeit eine neue Trennanmeldung – auch unter Verwertung bereits eingereichter Unterlagen – einreichen, in der – vorbehaltlich des Gebots, die Einheitlichkeit zu wahren – der gesamte Offenbarungsgehalt der ursprünglichen Anmeldung beansprucht werden kann.

9. Auf der Grundlage eines rein verfahrensrechtlichen Verständnisses der Teilung ergibt sich somit bis zur Erteilung eines Patents auf die ursprüngliche Anmeldung kein irreparabler Rechtsverlust. Nach rechtskräftiger Erteilung kann er – weil das Patent nicht mehr geteilt werden kann – darin bestehen, dass die erteilten Ansprüche – vielleicht weil sie im Zusammenhang mit einem letztlich wegen Fristversäumung gescheiterten Teilungsversuch eingeschränkt worden sind – den Offenbarungsgehalt der ursprünglichen Anmeldung nicht ausschöpfen.

10. Da die Teilungserklärung nach der neueren Rechtsprechung keinen verbindlichen Inhalt hat, sondern nur den Bezug zur ursprünglichen Anmeldung herstellt, sollte überlegt werden, ob nicht das Gesetz dahin zu ändern ist, dass es keiner Teilungs*erklärung* bedarf, sondern – wie in Art. 76, R 36 EPÜ – das Einreichen einer Teil*anmeldung* genügt.

d) Teilung zwecks Herstellung der Einheitlichkeit („Ausscheidung")

1. Nach den Prüfungsrichtlinien des DPA von 1981[234] sollten alle dem neuen Recht unterliegenden Fälle der Teilung einschließlich der durch Uneinheitlichkeit veranlassten Ausscheidung gemäß § 39 PatG behandelt werden. Dagegen hat das BPatG die Vorschrift auf die Ausscheidung als weder unmittelbar noch entsprechend anwendbar angesehen.[235]

Die gleiche Auffassung hat im Schrifttum insbesondere *Ballhaus*[236] vertreten: Die Ausscheidung unterscheide sich von der Teilung dadurch, dass diese Ausübung eines Gestaltungsrechts, jene Beseitigung eines Mangels sei. Die Prüfungsstelle müsse, wenn die Ausscheidung „als solche" erklärt sei, feststellen, ob die „Voraussetzungen für eine Ausscheidung" (dh wohl insbesondere: Uneinheitlichkeit) vorlägen; die Ausscheidung bedürfe der Zustimmung der Prüfungsstelle. Sei eine Ausscheidung nicht zur Beseitigung einer Uneinheitlichkeit erforderlich, komme es darauf an, ob die Erklärung des Anmelders als Teilungserklärung iSd § 39 PatG „verstanden werden kann". Auch sei wegen § 38 S. 1 PatG die Ausscheidung ohne Aufforderung des PA erst nach Stellung des Prüfungsantrags zulässig.

Gegen die Entscheidung des BPatG hat der Präsident des DPA, der dem Verfahren gem. § 77 PatG beigetreten war, Rechtsbeschwerde eingelegt. Der BGH[237] hat ihr den Erfolg

---

[234] BlPMZ 1981, 267 f. (Nr. III 4c).
[235] BPatG 28.6.1984, GRUR 1984, 805.
[236] *Ballhaus* in Benkard, 7. Aufl. 1981, PatG § 35 Rn. 112 ff.; später ebenso ua *Schäfers* in Benkard PatG § 34 Rn. 112 ff.; *Nieder* GRUR 2000, 361 f.; grundsätzlich auch *Busse/Keukenschrijver* PatG § 39 Rn. 51, allerdings nur für den Fall, dass der Anmelder einer *Beanstandung* wegen fehlender Einheitlichkeit Rechnung trägt. Die „Grundsätze der Ausscheidung", die dann maßgebend sein sollen, bedeuten freilich nur, dass die Teilung so zu erfolgen hat, wie es erforderlich ist, um die Beanstandung auszuräumen, vgl. → Rn. 233.
[237] 10.7.1986, BGHZ 98, 196 – Kraftfahrzeuggetriebe.

versagt. In der Begründung hebt er hervor, dass die Ausscheidung der Beseitigung eines Mangels diene und „einverständlich" im Zusammenwirken mit dem Prüfer erfolge. Die Ausscheidungserklärung sei sofort wirksam, während die Wirkung der Teilungserklärung gem. § 39 Abs. 3 PatG zunächst in der Schwebe bleibe und unter Umständen ganz entfalle. Diese Regelung gebe dem Anmelder die Möglichkeit, eine freiwillige Teilung durch Nichtzahlung der vorgeschriebenen Gebühren wieder rückgängig zu machen. Ihre Anwendung auf die Ausscheidung versetze ihn in die Lage, die Beseitigung der Uneinheitlichkeit durch Herbeiführung der Nichtabgabefiktion und anschließende erneute Teilungserklärungen bis zur Grenze des Rechtsmissbrauchs hinauszuschieben.

231 Nicht gefolgt ist der BGH dem BPatG in der Ansicht, bis zur Entrichtung der für die Trennanmeldung erforderlichen Prüfungsantragsgebühr werde das Prüfungsverfahren nicht fortgesetzt, weil der Anmelder für die Zahlung bis zum Ablauf der Siebenjahresfrist des § 44 Abs. 2 PatG Zeit habe. Vielmehr habe er dafür zu sorgen, dass die Trennanmeldung auch hinsichtlich der Prüfungsantragsgebühr auf den Stand der Stammanmeldung gebracht wird. Dazu könne ihm das PA eine angemessene Frist setzen, nach deren Versäumung die Anmeldung als zurückgenommen gelte.

232 Zur Begründung verwies der BGH auf die damaligen Bestimmungen über die Rechtsfolgen der Nichtzahlung der Anmelde- und der Erteilungsgebühr (§§ 35 Abs. 3 S. 2 aF, 57 Abs. 1 S. 4 aF PatG), ohne zu berücksichtigen, dass die für die Prüfungsantragsgebühr maßgebende Regelung hiervon sowohl hinsichtlich der Dauer der Frist als auch dadurch abwich, dass diese auch damals schon nicht von einer amtlichen Benachrichtigung abhing (vgl. → Rn. 41). Der Entscheidung ist deshalb keine tragfähige gesetzliche Grundlage dafür zu entnehmen, dass der Anmelder gehalten sein soll, die Prüfungsgebühr innerhalb angemessener Frist nach der Teilungserklärung zu bezahlen. Die Annahme einer solchen Obliegenheit bedeutet, dass die Prüfung entgegen der 1968 eingeführten Regelung nicht mehr aufschiebbar, wohl aber gemäß dieser Regelung – bei Strafe des Verfalls der Anmeldung – gebührenpflichtig ist. Im Schrifttum ist dieser Standpunkt mit Recht kritisiert worden[238]. Er räumte dem PA die Befugnis ein, den Verfall einer Anmeldung unabhängig davon herbeizuführen, ob hierfür die in §§ 58 Abs. 3, 44 Abs. 2 und Abs. 3 aF PatG festgelegten Voraussetzungen erfüllt waren. Nach der gesetzlichen Regelung war das PA vor Ablauf von sieben Jahren ab Anmeldung nur berechtigt, den Prüfungsantrag als nicht gestellt anzusehen, solange die Gebühr nicht entrichtet war.

233 2. Die Prüfungsrichtlinien des DPA wurden 1987 dem Standpunkt des BGH angepasst und unterscheiden demgemäß auch in der Fassung von 2019 zwischen Ausscheidung wegen Uneinheitlichkeit und freiwilliger Teilung[239]. Bei Uneinheitlichkeit wird der Anmelder aufgefordert, die Einheitlichkeit dadurch herzustellen, dass er eine Ausscheidungserklärung abgibt oder auf den uneinheitlichen Teil verzichtet. Aus der Ausscheidungserklärung muss klar hervorgehen, was in der Stammanmeldung verbleiben und was Gegenstand der Trennanmeldung sein soll. Fehlt es hieran, wird der Anmelder zur Klarstellung aufgefordert. Unterbleibt diese, wird die Ursprungsanmeldung zurückgewiesen. Für die Trennanmeldung sind Anmeldegebühr und Prüfungsantragsgebühr nachzuentrichten. Geschieht dies nicht innerhalb von 3 Monaten nach Eingang der Ausscheidungserklärung, soll die Trennanmeldung als zurückgenommen gelten. Begründet wird dies durch Hinweis auf §§ 3, 6 PatKostG und die vorstehend behandelte Grundsatzentscheidung des BGH. Soweit es um die Prüfungsantragsgebühr geht, trifft jedoch, wie sich ergeben hat (→ Rn. 220), die in den Prüfungsrichtlinien behauptete Rechtsfolge nicht zu.

234 3. Die Gründe, die gegen die Anwendung des § 39 PatG auf eine wegen Uneinheitlichkeit erfolgende Teilung vorgebracht werden, überzeugen nicht. Gewiss kommt es unter dem Gesichtspunkt der Einheitlichkeit in erster Linie darauf an, dass die ursprüngliche Anmeldung entsprechend eingeschränkt wird. Einer gesonderten Anmeldung für den dabei ausgeschiedenen Teil des Anmeldungsgegenstandes bedarf es aber zur Mängelbeseitigung nicht. Der Anmelder muss daher die Möglichkeit haben, durch eine *bloße Beschränkung* zu einem

---

[238] *Eisenführ* GRUR 1986, 881.
[239] Richtlinien für die Prüfung von Patentanmeldungen vom 11.1.2019, Nr. 2.3.3.4 und 2.3.3.5.

Patent für den verbleibenden Teil des Anmeldungsgegenstands zu gelangen[240]. Hierfür reicht es aus, dass neue Ansprüche eingereicht werden,[241] die sich sowohl im Rahmen des ursprünglichen Offenbarungsgehalts der Anmeldung halten als auch dem Erfordernis der Einheitlichkeit genügen, also auf Teile dieses Offenbarungsgehalts beschränkt sind. Bindend wird die Beschränkung, wie oben (VIII d) ausgeführt, erst durch einen entsprechenden Erteilungsbeschluss. Auf die Gefahr sofortiger Zurückweisung hin kann der Anmelder die ausgeschiedenen Teile wieder in das Verfahren einbeziehen.

Verbindet der Anmelder die Beschränkung mit einer Teilung, setzt er ein gesondertes 235 Erteilungsverfahren in Gang. Wenn er, wie es die neuere Rechtsprechung zulässt, bei der Teilungserklärung noch nicht angibt, was Gegenstand der Trennanmeldung werden und Gegenstand der Stammanmeldung bleiben soll (→ Rn. 191), genügt die Teilungserklärung als solche nicht zur Herstellung der Einheitlichkeit. Vielmehr ist hierfür innerhalb der vom PA gesetzten Frist eine neue, einheitliche Anspruchsfassung einzureichen. Deshalb kann der Anmelder – entgegen der Befürchtung des BGH – dadurch, dass er die Frist des § 39 Abs. 3 PatG verstreichen lässt und dann eine erneute Teilungserklärung abgibt, die Rechtsfolgen nicht vermeiden, die eintreten, wenn er die Aufforderung, die Einheitlichkeit herzustellen, nicht befolgt.

Eine Teilung dient dem Interesse des Anmelders daran, auch für den von den geänderten 236 Ansprüchen nicht umfassten Offenbarungsgehalt der ursprünglichen Anmeldung Schutz zu erlangen. Hierzu muss er die Voraussetzungen des § 39 PatG erfüllen, was auch dann noch möglich ist, wenn er für die ursprüngliche Anmeldung dem Erfordernis der Einheitlichkeit genügende Ansprüche eingereicht hat.[242] Hat er bereits hiermit eine Teilungserklärung verbunden, verliert diese zwar ihre Wirkung, wenn er nicht innerhalb von drei Monaten die nach § 39 Abs. 3 PatG erforderlichen Handlungen vornimmt. Dass deswegen auch die durch eine neue Anspruchsfassung hergestellte Einheitlichkeit der Stammanmeldung wieder verloren gehe, ist jedoch nicht anzunehmen, weil das die Stammanmeldung betreffende Verfahren vom Ergebnis des durch die Trennanmeldung eingeleiteten nur dann beeinflusst werden kann, wenn hier ein Patent erteilt wird, das dem im gegebenenfalls noch anhängigen Verfahren der Stammanmeldung erhobenen Schutzbegehren vollständig genügt, so dass das Rechtsschutzinteresse für die Weiterverfolgung dieser Anmeldung entfällt (vgl. → Rn. 199 ff.). Abgesehen hiervon ist der Anmelder, solange überhaupt eine Teilung möglich ist, nicht gehindert, eine Teilungserklärung, die nach § 39 Abs. 3 PatG ihre Wirksamkeit verloren hat, zu wiederholen (vgl. → Rn. 223).

Entgegen der Ansicht von *Ballhaus*[243] besteht auch kein Anlass, *besondere Zulässigkeitsvoraussetzungen* 237 für eine Teilung aufzustellen, die sich als Ausscheidung wegen Uneinheitlichkeit darstellt. Sofern eine Aufforderung zur Herstellung der Einheitlichkeit ergangen ist, sind die von *Ballhaus* angenommenen besonderen Voraussetzungen ohnehin erfüllt. In anderen Fällen ist es dagegen gleichgültig, ob der Anmelder die Teilung – weil er sie wegen Uneinheitlichkeit für geboten hält – als Ausscheidung bezeichnet oder als freiwillige Teilung behandelt wissen will. Insbesondere ist die mit einer Teilung verbundene Änderung der Stammanmeldung immer bereits vor Stellung des Prüfungsantrags zulässig. § 39 PatG dispensiert insoweit von der Schranke des § 38 S. 1 PatG.[244]

X. Patent Prosecution Highway (PPH)[245]

1. Als Teil der Strategien zur Effizienzsteigerung, die angesichts riesiger Anmeldungsrück- 238 stände, sog. „Pipelines", alle großen Ämter verfolgen (müssen), bietet (auch) das DPMA

---

[240] Vgl. *Papke* Mitt. 1988, 1 ff.
[241] S. *Stortnik* GRUR 2004, 117 (119 ff.).
[242] Vgl. *Stortnik* GRUR 2004, 117 (121).
[243] *Ballhaus* in Benkard, 7. Aufl. 1981, PatG § 35 Rn. 112 ff.
[244] Vgl. *Schäfers* in Benkard PatG § 39 Rn. 9 ff.
[245] Ausführlich http://www.dpma.de/patent/verfahren/pph/index.html (zuletzt besucht am 5.5. 2015); krit. *Rieck/Köllner* Mitt. 2013, 525 ff.

Patentanmeldern die Möglichkeit, Anmeldungen im Rahmen eines Patent-Prosecution-Highway (PPH)-Programms beschleunigt prüfen zu lassen. Die beschleunigte Prüfung wird dadurch ermöglicht, dass Arbeitsergebnisse zwischen Ämtern geteilt werden, die am PPH-Programm teilnehmen. So soll Doppelarbeit vermieden und die Effizienz der Prüfungsverfahren vor den beteiligten Ämtern gesteigert werden.

239 2. Möglich ist die beschleunigte Prüfung, wenn bei einem Partneramt, das dem 2019 noch in der Pilotierung befindlichen Global Patent Prosecution Highway (GPPH) angehört oder dem Chinesischen Amt (CNIPA), mit dem ein bilaterales PPH-Abkommen besteht, eine korrespondierende Patentanmeldung eingereicht und zumindest ein Patentanspruch von diesem Partneramt für gewährbar befunden wurde. Die Möglichkeit einer beschleunigten Prüfung endet, wenn das DPMA mit der Sachprüfung begonnen hat.

240 3. Anmelder müssen den PPH-Antrag beim DPMA in deutscher Sprache zusammen mit folgenden Unterlagen einreichen, letztere übersetzt in eine beim DPMA zugelassene Sprache:[246]
– Kopie aller Bescheide über die entsprechende frühere Anmeldung beim Partneramt,
– Kopie der für patentfähig befundenen Ansprüche,
– ausgefüllte Anspruchskorrespondenztabelle, aus der hervorgeht, inwieweit die Ansprüche übereinstimmen und
– Kopien der im früheren Verfahren zitierten Dokumente.
Nicht eingereicht werden müssen Unterlagen, auf die das DPMA in Datenbanken online zugreifen kann. Dann genügt die eindeutige Bezeichnung der Dokumente.

241 4. Das erste PPH-Abkommen hatte das DPMA 2008 mit dem JPO geschlossen. Dem GPPH gehören (Stand 2019) neben dem DPMA noch weitere 25 Patentbehörden an: JPO (Japan), USPTO (USA), KIPO (Korea), CIPO (Kanada), UK IPO (Vereinigtes Königreich), PRH (Finnland), ÖPA (Österreich), IPOS (Singapur), DKPTO (Dänemark), EPA (Estland), ROSPATENT (Russische Föderation), IP Australia (Australien), IPO (Island), ILPO (Israel), INPI (Portugal), NPI (Nordische Staaten), NIPO (Norwegen), PPO (Polen), OEPM (Spanien), HIPO (Ungarn), IPONZ (Neuseeland), SIC (Kolumbien), INDECOPI (Peru), PRV (Schweden), VPI (Visegrád-Patentinstitut).[247]

242 5. Beim DPMA gestellt wurden bis Juli 2018 insgesamt 4.730 PPH-Anträge. 29 dieser Anträge wurden abgelehnt, also nur gut 1,5%.[248]

B. Das Eintragungsverfahren nach dem Gebrauchsmustergesetz

Hinweis: Vorschriften des GebrMG werden in diesem Unterabschnitt ohne Zusatz zitiert.

I. Rechtsfolgen des Eingangs der Anmeldung

243 1. Die Voraussetzungen für die Zuerkennung eines **Anmeldetags** und die das Beibringen gegebenenfalls erforderlicher Übersetzungen und Nachreichen von Zeichnungen betreffenden Regelungen sind – abgesehen davon, dass der Antrag auf Eintragung eines *Gebrauchsmusters* gerichtet ist – die gleichen wie bei Patentanmeldungen (§ 4a, vgl. → Rn. 1 ff.).

244 2. Die **Wirkungen** des Eingangs der Anmeldung entsprechen grundsätzlich denjenigen bei der Patentanmeldung: Festlegung des Verfahrensgegenstands durch den Offenbarungs-

---

[246] Antragsformulare unter https://www.dpma.de/patente/patentschutz_im_ausland/pph/index.html (zuletzt besucht am 20.2.2019).
[247] Weltweit unterhalten mittlerweile (Stand Juli 2018) 48 Patentbehörden eine oder mehrere PPH-Vereinbarungen. Überblick sowie umfangreiche Statistiken unter https://www.jpo.go.jp/ppph-portal/statistics.htm (zuletzt besucht am 20.2.2019).
[248] Die Zahlen wurden auf Anfrage mitgeteilt vom DPMA.

§ 25. Patenterteilung und Gebrauchsmustereintragung B II § 25

gehalt der Anmeldung, Entstehung des öffentlichrechtlichen Anspruchs auf Eintragung, Beginn der Laufzeit, Begründung des Zeitrangs für den Anmelde- oder einen wirksam in Anspruch genommenen Prioritätstag. Eine Abweichung ergibt sich daraus, dass die Anmeldung nicht vor der Eintragung der Öffentlichkeit zugänglich gemacht wird und deshalb mit dem Anmeldetag keine entsprechende Frist beginnt.

Der öffentlich-rechtliche Anspruch auf Eintragung setzt nicht voraus, dass alle sachlichen 245 Schutzvoraussetzungen erfüllt sind, sondern entsteht, wenn die Anmeldung und ihr Gegenstand den vor der Eintragung zu prüfenden Erfordernissen genügen (→ Rn. 248 ff.), auch dann, wenn die nicht vorzuprüfenden Schutzvoraussetzungen nicht (vollständig) erfüllt sind. Nur wenn auch ihnen genügt ist, begründet jedoch die Anmeldung eine Anwartschaft auf den Schutz, weil andernfalls die Eintragung wirkungslos bleibt (§§ 13 Abs. 1, 15 Abs. 1 Nr. 1).

Die Bedeutung des Zeitrangs im Verhältnis zu gegenstandsgleichen Anmeldungen und 246 Schutzrechten ist anders geregelt als im Patentrecht: Gegenüber Gebrauchsmustern kommen als ältere Rechte nur (rechtsbeständig) erteilte Patente und eingetragene Gebrauchsmuster in Betracht (§ 15 Abs. 1 Nr. 2). Ebenso wirkt sich gegenüber jüngeren Rechten die Gebrauchsmusteranmeldung nur aus, wenn sie zur (rechtsbeständigen) Eintragung führt, wobei sich nur gegenüber Gebrauchsmustern ein Wirksamkeits*hindernis,* gegenüber Patenten aber lediglich eine Wirkungs*hemmung* ergibt, die bei Wegfall des älteren Gebrauchsmusters endet (§ 15 Abs. 1 Nr. 2 bzw. § 14).

3. Die Behandlung aus Gründen der Staatssicherheit **geheim zu haltender Anmeldungen** und 247 Eintragungen entspricht derjenigen im Patentrecht (§ 9 mit ergänzender Verweisung auf Vorschriften des PatG; vgl. → § 25 Rn. 82 ff.).

II. Prüfung und Eintragung

1. Die Prüfung der Eintragungsvoraussetzungen erfolgt durch die **Gebrauchsmuster-** 248 **stelle** (§ 10 Abs. 1). Sie wird gem. § 10 Abs. 2 GebrMG, § 2 Abs. 1 Nr. 1, Abs. 2 Nr. 1, 2 WahrnV weitgehend von Beamten des gehobenen, teilweise auch des mittleren Dienstes und vergleichbaren Angestellten durchgeführt.

2. Die Gbm-Stelle verfügt die Eintragung in das Register für Gebrauchsmuster, wenn die 249 Anmeldung den Anforderungen der §§ 4, 4a entspricht (§ 8 Abs. 1 S. 1, zur Veröffentlichung vgl. § 8 Abs. 3 und → § 23 Rn. 214). Dazu gehören auch die Anforderungen, die sich aus der auf § 4 Abs. 4 beruhenden GebrMV ergeben (vgl. → § 24 Rn. 184–189). In den genannten Vorschriften sind ausschließlich **Formerfordernisse** vorgesehen. Insoweit ist die Anmeldung nicht nur auf *offensichtliche* Mängel zu prüfen, sondern vollständige Ordnungsmäßigkeit durchzusetzen. Sie ist regelmäßig dadurch erreichbar, dass das PA die Mängel, die die Anmeldung bei Einreichung noch aufweist, beanstandet und der Anmelder sie innerhalb der ihm gesetzten Frist(en) beseitigt. Geschieht dies nicht, wird die Anmeldung **zurückgewiesen**[249]. Dabei kann der Beamte der Gbm-Stelle, wenn der Anmelder dem Grund, auf den die Zurückweisung gestützt werden soll, nicht widersprochen hat, selbst entscheiden; andernfalls ist die Entscheidung dem Leiter der Gbm-Stelle vorbehalten, der rechtskundiges Mitglied des PA sein muss (§ 2 Abs. 1 Nr. 1 Buchst. f WahrnV, § 10 Abs. 1, 2 S. 1 GebrMG).

Die Eintragung wird auf Antrag bis zum Ablauf von 15 Monaten ab Anmelde- oder Prioritätstag 250 *ausgesetzt* (§ 8 Abs. 1 S. 3 iVm § 49 Abs. 2 PatG, vgl. → Rn. 67). Dies kann sich, weil die Eintragung und deren Veröffentlichung meist rasch erfolgen, im Hinblick auf die Rechtsprechung zur Priorität (→ § 24 Rn. 129 ff.) empfehlen, wenn eine Nachanmeldung der Erfindung in weiterentwickelter Form in Betracht gezogen wird.

3. Eine Prüfung des Gegenstands der Anmeldung auf **Neuheit, erfinderischen Schritt** 251 und gewerbliche Anwendbarkeit findet im Eintragungsverfahren **nicht** statt (§ 8 Abs. 1

---

[249] Weiterbehandlung ist möglich nach § 21 Abs. 1 GebrMG, § 123a PatG; vgl. → § 23 Rn. 158.

S. 2). Die Anmeldung darf nach überwiegender Meinung auch dann nicht zurückgewiesen werden, wenn eine dieser Voraussetzungen *offensichtlich* fehlt[250].

252 Da es somit auf den SdT nicht ankommt, versteht sich, dass im Fall der Beanspruchung einer Priorität nur deren formale Ordnungsmäßigkeit, nicht aber die Voraussetzungen ihrer materiellen Wirksamkeit zu prüfen sind, zu denen auch die Einhaltung der zwölfmonatigen Prioritätsfrist gerechnet wird[251].

253 4. Nicht geregelt ist, ob in § 8 Abs. 1 S. 2 nicht genannte sachliche Schutzvoraussetzungen vor der Eintragung zu prüfen sind, also die Frage, ob dem Gegenstand der Anmeldung nicht deshalb die Schutzfähigkeit fehlt, weil er nach § 1 Abs. 2, 3 nicht als Erfindung[252] anzusehen oder nach § 2 wegen der öffentlichen Ordnung oder der guten Sitten, als Pflanzensorte, Tierart oder Verfahren vom Schutz ausgeschlossen ist.

254 Herkömmlicherweise wird die Prüfung durch die Gbm-Stelle auf diese Voraussetzungen erstreckt[253]. § 2 Abs. 1 Nr. 1 Buchst. g WahrnV geht davon aus, dass dies angebracht ist, indem er Beamte des gehobenen Dienstes mit der Zurückweisung von Anmeldungen aus sachlichen Gründen, denen der Anmelder nicht widersprochen hat, betraut, sofern der Leiter der Gbm-Stelle zugestimmt hat. Entwickelt hat sich diese Übung freilich zu einer Zeit, als die Einreichung eines Modells zwingend vorgeschrieben und deshalb leicht zu erkennen war, ob der Gegenstand, für den die Eintragung begehrt wurde, seiner Art nach im damaligen Anwendungsbereich des Gebrauchsmusterschutzes lag[254]. Auf der Grundlage der geltenden Vorschriften können sich jedoch bei der Anwendung von § 1 Abs. 2, 3, § 2 schwierige Abgrenzungsprobleme ergeben (vgl. → §§ 12, 14, 24 Rn. 190 ff.), auf deren Bewältigung die Gebrauchsmusterstelle mangels Mitwirkung technischer Mitglieder des PA nicht eingerichtet ist. Deshalb sollte sich die Prüfung in diesem Bereich auf das Erkennen und Beanstanden *offensichtlicher* Schutzhindernisse beschränken.

255 Das BPatG zieht der Prüfungskompetenz der Gbm-Stelle einen weiteren Rahmen. Nach einer neueren Entscheidung[255], die sich auf den technischen Charakter als Voraussetzung des Gbm-Schutzes bezieht, besteht diese Kompetenz zumindest insoweit, als die Prüfung auf Grund des in der Anmeldung schlüssig Dargelegten möglich ist und solange nicht im Einzelfall die besonderen Schwierigkeiten des technischen Sachverhalts zur Beschränkung der Prüfung zwingen. Für den gegebenen technisch recht einfachen Fall – es ging um eine Ansichtskarte mit einem ausgesparten, durch ein vom Benutzer individuell gewähltes Bildmotiv auszufüllenden Fenster – bejahte das BPatG den technischen Charakter, nachdem ihn die Gbm-Stelle verneint hatte.

256 5. Gegen die Zurückweisung seiner Anmeldung kann der Anmelder Beschwerde zum BPatG erheben, gegen dessen Entscheidung unter bestimmten Voraussetzungen Rechtsbeschwerde zum BGH (§ 18 Abs. 4).

III. Recherche

257 Auf Antrag, der vom Anmelder oder Inhaber eines Gebrauchsmusters und von jedem Dritten gestellt werden kann, ermittelt nach § 7, der ergänzend auf Teile des § 43 PatG verweist, das PA die öffentlichen Druckschriften, die für die Beurteilung der Schutzfähigkeit des Gegenstands der Anmeldung oder des Gebrauchsmusters in Betracht zu ziehen sind

---

[250] *Busse/Keukenschrijver* GebrMG § 8 Rn. 5; *Loth* § 8 Rn. 5; aM *Schmid* in Bühring § 8 Rn. 6.
[251] BPatG 4.10.1995, Mitt. 1997, 86; 2.4.1996, BPatGE 38, 20.
[252] Das Gesetz sagt „Gegenstand eines Gebrauchsmusters im Sinne des Absatzes 1", obwohl dort nicht dieser Ausdruck, sondern das Wort „Erfindung" erscheint. Deshalb ist es systematisch verfehlt, dass nach § 1 Abs. 2 Nr. 5 biotechnologische Erfindungen nicht als Gegenstand eines Gebrauchsmusters angesehen werden; vgl. → § 12 Rn. 3.
[253] *Busse/Keukenschrijver* GebrMG § 8 Rn. 4; *Loth* § 8 Rn. 5; *Goebel/Hall/Nobbe* in Benkard GebrMG § 8 Rn. 4; BPatG 28.7.2004, BlPMZ 2005, 227 (Nr. II 4) – Internet-Befragung.
[254] *Loth* § 8 Rn. 5.
[255] BPatG 17.12.1997, BlPMZ 2000, 55 (56) – Doppelmotivkarte.

§ 25. Patenterteilung und Gebrauchsmustereintragung **B IV § 25**

(Recherche). Die Durchführung der Recherche erfolgt gemäß den vom Präsidenten des DPMA gegebenen Richtlinien[256]. Mit Einreichung des Antrags wird eine Gebühr von 250 EUR fällig; wird sie nicht innerhalb der folgenden drei Monate bezahlt, gilt der Antrag gem. dem PatKostG als zurückgenommen.[257]

Das Eintragungsverfahren läuft unabhängig von einer – sei es auch vom Anmelder beantragten – Recherche ab, da deren Ergebnis bei der Entscheidung über die Eintragung nicht berücksichtigt werden kann (→ Rn. 251). Bedeutung hat dieses jedoch für die Beurteilung der Aussichten eines Löschungsantrags oder der Geltendmachung von Ansprüchen aus dem Gebrauchsmuster sowie bei Verträgen und Investitionsentscheidungen bezüglich seines Gegenstands. **258**

Die Recherche ist in allen Fällen fakultativ. Insbesondere ist der Inhaber eines Gbm nicht verpflichtet, sie vor einer Verletzungsklage durchführen zu lassen. Er ist jedoch wegen seiner Haftung im Fall unberechtigter Geltendmachung des Gbm (→ § 39 Rn. 33 ff.) gehalten, sich Kenntnis von dem für dessen Rechtsbeständigkeit relevanten SdT zu verschaffen, was allerdings nicht mittels einer amtlichen Recherche zu erfolgen braucht. **259**

IV. Zurücknahme, Verfall, Änderung und Teilung der Anmeldung

1. Eine Gebrauchsmusteranmeldung kann wie eine Patentanmeldung durch Erklärung des Anmelders gegenüber dem PA **zurückgenommen** werden (Näheres → Rn. 99 ff.). Sie verliert dadurch jede Wirkung[258] auch gegenüber Rechten, die auf späteren Anmeldungen beruhen, da ihre Wirkung auch insoweit von der Eintragung abhängt (→ Rn. 244). Für die Frage, ob und auf welche Weise die Wirkung einer Zurücknahme beseitigt werden kann, gilt das gleiche wie im Patentrecht (→ Rn. 107 ff., 113 ff.). **260**

2. Die Gebrauchsmusteranmeldung **gilt als zurückgenommen,** wenn für sie die Anmeldegebühr (→ § 24 Rn. 184) nicht innerhalb von drei Monaten nach Einreichung bezahlt wird (§ 3 Abs. 1, § 6 Abs. 1 S. 2, Abs. 2 PatKostG), außerdem dann, wenn ihre Priorität für eine nachfolgende Gebrauchsmusteranmeldung beim DPMA in Anspruch genommen wird (§ 6 Abs. 1 S. 2 GebrMG iVm § 40 Abs. 5 S. 1 PatG). **261**

3. **Änderungen** der Gebrauchsmusteranmeldung sind bis zur Eintragungsverfügung zulässig, soweit sie den Gegenstand der Anmeldung nicht erweitern; aus Änderungen, die ihn erweitern, können keine Rechte hergeleitet werden (§ 4 Abs. 5). Die Regelung entspricht vollständig derjenigen in § 38 PatG (vgl. → Rn. 118 ff.). Freilich ist hier für Änderungen weit weniger Anlass und Raum als dort, weil vor der Eintragung keine am SdT orientierte Prüfung stattfindet, auf deren Ergebnisse mit Änderungen zu reagieren wäre, und die Zeit von der Anmeldung bis zur Eintragung meist viel kürzer ist als bis zu einer Patenterteilung. **262**

4. Nach § 4 Abs. 6 kann der Anmelder die Anmeldung jederzeit durch schriftliche Erklärung **teilen.** Jeder Teilanmeldung bleiben Anmeldetag und Priorität der ursprünglichen Anmeldung erhalten. Für die abgetrennte Anmeldung sind für die Zeit bis zur Teilung die gleichen Gebühren zu entrichten wie für die ursprüngliche. Regelmäßig ist also lediglich die Anmeldegebühr nachzuzahlen, nicht dagegen eine gegebenenfalls schon fällig gewordene Recherchegebühr, da es sich hierbei um eine Gebühr nicht für die ursprüngliche Anmeldung, sondern für einen außerhalb des Eintragungsverfahrens gestellten Antrag handelt. **263**

Da eine dem § 39 Abs. 3 PatG entsprechende Regelung fehlt, scheint es, dass nach dem PatKostG die Trennanmeldung als zurückgenommen gelten muss, wenn nicht inner- **264**

---

[256] Gebrauchsmuster-Rechercherichtlinien vom 31.5.2015.
[257] Wird der Antrag nach Entrichtung der Gebühr zurückgenommen, kann diese grundsätzlich nicht zurückgefordert werden, BPatG 21.12.2001, BlPMZ 2004, 162 – Rechercheantragsgebühr.
[258] Ein nach Zurücknahme der entsprechenden Anmeldung eingetragenes Gbm ist wirkungslos; wird seine Löschung beantragt, ist deklaratorisch seine Unwirksamkeit festzustellen, BPatG 31.7.2001, BPatGE 44, 209.

§ 26 A 1   4. Abschnitt. Entstehung und Wegfall von Patenten und Gebrauchsmustern

halb von drei Monaten nach der Teilungserklärung die Anmeldegebühr nachbezahlt wird. *Schmid*[259] weist jedoch zutreffend darauf hin, dass eine Trennanmeldung, die als zurückgenommen gelten kann, erst vorliegt, wenn wenigstens den Mindesterfordernissen für die Begründung eines Anmeldetags genügende Unterlagen eingereicht sind. Demgemäß sollte die Zahlungsfrist erst mit diesem Zeitpunkt beginnen, da die Gebührenpflicht durch die Anmeldung ausgelöst wird und eine „Teilungsgebühr" nicht vorgesehen ist.

265   Wenn das PA dem Anmelder zur Einreichung der für die Trennanmeldung erforderlichen Unterlagen eine Frist setzt und dabei für den Fall, dass sie nicht eingehalten wird, die Zurückweisung in Aussicht stellt, fragt sich ebenfalls, was mangels Erfüllung der genannten Mindesterfordernisse „zurückgewiesen" werden kann.[260] Dem PA wird, wenn der Anmelder seine Aufforderung nicht befolgt, nur die Möglichkeit bleiben, die Teilungserklärung zu ignorieren, solange nicht auch entsprechende Unterlagen eingereicht werden; hierbei kann auf die schon abgegebene Teilungserklärung Bezug genommen werden, da diese mangels einer dem § 39 Abs. 3 entsprechenden Vorschrift ihre Wirkung nicht verloren hat. Im Übrigen gilt für Voraussetzungen und Wirkungen der Teilung das gleiche wie im Patentrecht[261].

Nach *Eintragung* des Gebrauchsmusters ist keine Teilung der Anmeldung mehr möglich, weil eine solche nicht mehr vorliegt. Eine Teilung des Gebrauchsmusters, insbesondere im Löschungsverfahren, ist nicht vorgesehen.

§ 26. Wegfall vom Deutschen Patent- und Markenamt erteilter Patente und eingetragener Gebrauchsmuster

A. Nicht rückwirkende Beendigung

Literatur: *Alt, M./Gassner, U.,* Das ergänzende Schutzzertifikat im Wandel, Mitt. 2009, 16–23; *Brändel, O. C.,* Offene Fragen zum „ergänzenden Schutzzertifikat", GRUR 2001, 875–879; *Brandt, K.,* Die Schutzfrist des Patents, 1996; *Deichfuß, H.,* Gebühren im patentrechtlichen Verfahren bei Beteiligung mehrerer Personen, GRUR 2015, 1170–1178; *Hövelmann, P.,* Der Wechsel des Einsprechenden – leicht gemacht, Mitt. 2009, 481–485; *Kellner, H.,* Salz in der Suppe oder Sand im Getriebe? Anmerkungen zu den Schutzrechtszertifikaten, GRUR 1999, 805–809; *Kort, P. H.,* Sondersteuer auf Geistiges Eigentum in Deutschland?, GRUR 2000, 131–132; *Kramer, B.,* Wann schützt das Grundpatent ein Erzeugnis? Zu den Voraussetzungen der Erteilung ergänzender Schutzzertifikate, Mitt. 2012, 434–436; *Kraßer, I./Neuburger, B./Zimmann, G.,* Die Unterbrechung des Verfahrens vor dem DPMA im Fall der Insolvenz eines Beteiligten, GRUR 2010, 588–591; *Krauß, J.,* Die Verordnung (EG) Nr. 1901/2006 über Kinderarzneimittel und ihre Auswirkung für die patentrechtliche Praxis, Mitt. 2009, 49–57; *Kühnen, T.,* Die Reichweite des Doppelschutzverbots nach Art. II § 8 IntPatÜG, FS König, 2003, 309–321; *Meier-Beck, P.,* Der zu breite Patentanspruch, FS Ullmann, 2006, 495–502; *Mes, P.,* Zum Doppelschutzverbot des Art. II § 8 IntPatÜG, GRUR 2001, 976–979; *Mühlens, P.,* Das Ergänzende Schutzzertifikat für Arzneimittel, Mitt. 1993, 213–219; *Nieder, M.,* Verbot des Doppelschutzes im europäischen Patentrecht, Mitt. 1987, 205–209; *v. Saint André, B.,* Das Dilemma der einschränkenden Erweiterung nach dem deutschen, europäischen, englischen und US-amerikanischen Patentrecht, 2007; *Schennen, D.,* Die Verlängerung der Patentlaufzeit für Arzneimittel im gemeinsamen Markt, 1993; *ders.,* Auf dem Weg zum Schutzzertifikat für Pflanzenschutzmittel, GRUR-Int 1996, 102–112; *Straus, J.,* Offene Fragen des ergänzenden Schutzzertifikats für Arzneimittel, GRUR-Int 2001, 591–601.

1   Der Wegfall eines Patents oder Gebrauchsmusters kann den **Verlust seiner Wirkungen *ex nunc* oder oder *ex tunc*** bewirken, also nur für die Zukunft oder auch rückwirkend für die Vergangenheit. Schon angesichts des Investments, das die Erlangung und Aufrechterhal-

---

[259] In *Schmid* in Bühring § 4 Rn. 179, 188.
[260] Zutreffend *Schmid* in Bühring § 4 Rn. 179, 188.
[261] → Rn. 183 ff.; insbesondere ist BPatG 6.9.1991, BPatGE 32, 212 durch die neuere BGH-Rechtsprechung überholt.

§ 26. Wegfall vom DPMA erteilter Patente u. eingetragener Gebrauchsmuster

tung vor allem von Patenten bedeutet, sind beide Fälle wichtig, und werden sie in diesem Kapitel behandelt.

Anders als durch Nichtigerklärung, die die *ex tunc* wirkt, verlieren Patente oder Gebrauchsmuster **durch Erlöschen ihre Wirkungen nur prospektiv,** also nur für die Zukunft. Vorher entfaltete Wirkungen bleiben unberührt. Eine noch vor Erlöschen erfolgte Schutzrechtsverletzung bleibt dies auch danach; und begründet Ansprüche. Gerichtet sein können diese Ansprüche dann freilich nicht mehr in die Zukunft, sondern nur noch in die Vergangenheit. Darum kann zwar die Fortsetzung des Eingriffs nicht mehr untersagt werden. Wohl aber kann **Ersatz für Schäden** aus Schutzrechtsverletzungen gefordert werden, die noch vor Erlöschen stattgefunden hatten. 2

Erlöschen kann ein Patent oder Gebrauchsmuster **durch Verzicht,** durch **Ablauf seiner Schutzdauer** oder durch **Nichtzahlung von Jahresgebühren.** 2a

Einen **Wirkungsverlust ohne Erlöschen** bewirkt die Erteilung eines zeitrang- und gegenstandsgleichen europäischen EP-Patents. 2b

Über die gesetzliche Schutzdauer hinaus verlängert werden kann die Wirkung eines Patents, das sich auf Human- oder Tierarzneimittel oder auf Pflanzenschutzmittel bezieht, durch ein ergänzendes Schutzzertifikat. 2c

I. Erlöschen durch Verzicht

a) Verzicht des Patentinhabers

1. Das Patent erlischt, wenn sein Inhaber darauf durch schriftliche[1] Erklärung an das Patentamt verzichtet (§ 20 Abs. 1 Nr. 1 PatG). Das Erlöschen tritt ein, sobald die Erklärung **dem PA zugeht.** Einer Entscheidung oder Mitwirkung des PA bedarf es nicht. Die Eintragung des Erlöschens in das Patentregister (§ 30 Abs. 1 S. 2 PatG) und seine Veröffentlichung im Patentblatt (§ 32 Abs. 5 PatG) wirken nur deklaratorisch. 3

Ein Verzicht, der – im Nichtigkeits- oder Einspruchsbeschwerdeverfahren – vor dem **Bundespatentgericht** erklärt wird, lässt das Patent noch nicht erlöschen.[2] Das schließt nicht aus, dass dieser Verzicht den Fortgang des beim BPatG anhängigen Verfahrens und dessen Ergebnis beeinflusst.[3] Das Patent fällt gleichwohl nicht unmittelbar durch die Erklärung des Inhabers fort, sondern erst durch die gerichtliche Entscheidung. 4

2. Die Erklärung des Patentinhabers braucht nicht das Wort „Verzicht" zu enthalten, muss aber eindeutig zum Ausdruck bringen, dass das Patent nicht weiterbestehen soll. Zur Schaffung von Rechtssicherheit, ob und wann das Patent erloschen ist, wird die Verzichtserklärung allgemein als **bedingungsfeindlich** angesehen: ein bedingter oder befristeter Verzicht ist unwirksam.[4] Zulässig sein soll hingegen ein **beschränkter Verzicht,** sofern er sich auf einen oder einzelne **Patentansprüche im Ganzen** bezieht.[5] Eine Beschränkung, die auf eine Änderung der Anspruchsfassung hinausliefe, macht den Verzicht unwirksam. Um eine Anspruchsänderung zu erreichen, muss sich der Patentinhaber des Beschränkungsverfahrens gemäß § 64 PatG (vgl. → Rn. 245 ff.) bedienen, in dem die teilweise Beseitigung des Patents aber rückwirkend erfolgt. 5

3. Die **Befugnis zum Verzicht** steht nur dem **wahren Patentinhaber** zu. Sie setzt aber nicht voraus, dass dieser auch das *Recht auf das Patent* hat; der Verzicht des Patentinha- 6

---

[1] Auch eine Übermittlung per Telefax genügt, BPatG 31.1.2013, Mitt. 2013, 347 (351 f.) – Schrumpfkappe mit Verweis auf § 11 DPMAV im Anschluss an *Busse/Keukenschrijver* PatG vor § 34 Rn. 63. Seine frühere Rspr. hat das BPatG ausdrücklich aufgegeben.
[2] BGH 1.12.1961, GRUR 1962, 294 (295) – Hafendrehkran; ebenso die Begründung zum GPatG, BlPMZ 1979, 281, unter ausdrücklicher Ablehnung der in BPatG 16.6.1977, BPatGE 20, 66 vertretenen gegenteiligen Ansicht.
[3] Vgl. *Schmieder* GRUR 1980, 74–78; Näheres → § 26 Rn. 226.
[4] DPA (BS) 31.1.1961, BlPMZ 1961, 175.
[5] BGH 21.10.1952, GRUR 1953, 86; 1.12.1961, GRUR 1962, 294 (296) – Hafendrehkran.

§ 26 A I 4. *Abschnitt. Entstehung und Wegfall von Patenten und Gebrauchsmustern*

bers, dem diese sachliche Berechtigung fehlt, ist vielmehr wirksam. Zur Sicherung seines Übertragungsanspruchs muss der Inhaber des Rechts auf das Patent den Patentinhaber am Verzicht hindern (vgl. → § 20 Rn. 35).

7 Wer **im Register fälschlich** als Patentinhaber eingetragen ist, dies aber niemals war oder nicht mehr ist, kann nicht wirksam auf das Patent verzichten. Seine Verzichtserklärung wäre unwirksam, selbst wenn daraufhin das Erlöschen des Patents eingetragen und veröffentlicht würde.[6]

8 Auch die Vorschrift des § 30 Abs. 3 S. 2 PatG, wonach bis zur Eintragung eines Rechtsnachfolgers der frühere Patentinhaber nach Maßgabe des PatG berechtigt und verpflichtet bleibt, verleiht dem zu Unrecht noch Eingetragenen keine Befugnis zum materiell wirksamen Verzicht. Die Legitimation, die sie ihm gibt, bezieht sich nur auf den Verkehr mit dem PA und den Gerichten (vgl. → § 23 Rn. 181); sie hat nur verfahrensrechtliche Bedeutung, befähigt aber nicht zur unmittelbaren Herbeiführung materiell-rechtlicher Wirkungen. Der noch eingetragene frühere Inhaber kann das Patent ebenso wenig durch Verzichtserklärung zum Erlöschen bringen wie er durch Übertragung einen (sei es auch gutgläubigen) Dritten zum Patentinhaber machen kann. Es kann deshalb nicht gesagt werden, dass nach § 30 Abs. 3 S. 2 PatG, solange der Inhaberwechsel nicht eingetragen ist, der bisherige Inhaber als der Berechtigte gelte;[7] auch die Feststellung, er allein könne auf das Patent verzichten,[8] ist insofern missverständlich, als sie den Eindruck erweckt, ein vom eingetragenen früheren Inhaber erklärter Verzicht sei materiell wirksam.

9 Fraglich kann nur sein, ob die Wirksamkeit eines vom wahren Patentinhaber erklärten Verzichts davon abhängt, dass der Erklärende als Patentinhaber auch eingetragen ist. Bejaht wird dies offenbar, wenn gesagt wird, dass „nur der in der Rolle eingetragene und materiell wahre Patentinhaber" erklärungsberechtigt[9] oder „nur der Berechtigte (der eingetragene Inhaber)" zum Verzicht befugt sei.[10] Im Gesetz findet sich jedoch keine Stütze für die Ansicht, dass die Verzichtserklärung des nicht eingetragenen Berechtigten materiell unwirksam sei. Allenfalls kann sie vom PA als „unzulässig" behandelt werden, wenn nach § 30 Abs. 3 S. 2 PatG dem Erklärenden die förmliche Legitimation fehlt. Praktisch wird jedoch das PA, auch wenn kein Fall des § 30 Abs. 3 S. 2 PatG vorliegt, das Erlöschen des Patents ohnehin nur dann eintragen und veröffentlichen, wenn der Verzichtende als Patentinhaber eingetragen ist.[11] Das schließt aber nicht aus, dass der Verzicht gleichwohl bereits mit dem Eingang beim PA materiell wirksam wird.

10 4. Steht das Patent mehreren gemeinschaftlich zu, ist für einen wirksamen Verzicht die **Zustimmung aller Mitinhaber** erforderlich. Der Inhaber eines mit einem **Nießbrauch** oder **Pfandrecht** belasteten Patents kann hierauf nur mit Zustimmung des Nießbrauchers oder Pfandgläubigers verzichten (§§ 1071 Abs. 1 S. 1, 1276 Abs. 1 S. 1 BGB). Entsprechendes muss gelten, wenn an dem Patent eine **ausschließliche Lizenz** besteht.[12] Der Verzicht würde die Rechtsstellung des Lizenznehmers insofern beeinträchtigen, als Dritte von der Benutzung der Erfindung nicht mehr ausgeschlossen werden könnten, und ist deshalb nur mit Zustimmung des Lizenznehmers wirksam. Anders verhält es sich bei der **einfachen Lizenz**. Hier behält der Patentinhaber die Befugnis, über die Zulassung weiterer Benutzer zu entscheiden; er hat daher auch die Rechtsmacht, durch Verzicht die Benutzung völlig freizugeben; das bloße Benutzungsrecht des Lizenznehmers wird durch den Wegfall des Patents nicht beeinträchtigt. Der Vertrag über die einfache Lizenz kann zwar im Einzelfall so gestaltet sein, dass der Verzicht eine Verletzung schuldrechtlicher Pflichten des Patentinhabers gegenüber dem Lizenznehmer bedeutet; das steht aber der patentrechtlichen Wirksamkeit des Verzichts nicht entgegen.

---

[6] *Bernhardt* 213; *Moufang* in Schulte PatG § 20 Rn. 11.
[7] So aber *Schäfers* in Benkard PatG § 30 Rn. 18.
[8] So BGH 24.10.1978, BGHZ 72, 236 (240) – Aufwärmvorrichtung.
[9] *Moufang* in Schulte PatG § 20 Rn. 11.
[10] *Schäfers* in Benkard PatG § 20 Rn. 4.
[11] *Bernhardt* 213.
[12] *Götting* GewRS § 27 Rn. 10; *Busse/Keukenschrijver* PatG § 20 Rn. 20.

5. Wird der Verzicht durch einen **Vertreter** erklärt, hängt seine Wirksamkeit davon ab, dass die erforderliche Vertretungsmacht bestand. Ein gemäß § 25 PatG bestellter Inlandsvertreter ist zum Verzicht nicht schon nach dem gesetzlichen Umfang seiner Vertretungsmacht, sondern nur bei besonderer Ermächtigung befugt. Der ohne die erforderliche Vertretungsmacht in fremdem Namen erklärte Verzicht ist analog § 180 S. 1 BGB unwirksam; das gleiche gilt entsprechend § 174 S. 1 BGB für einen Verzicht, der zwar von der Vertretungsmacht des Erklärenden gedeckt ist, vom PA jedoch mangels Vollmachtsurkunde unverzüglich zurückgewiesen wird.[13]

6. Der Verzicht auf ein Patent, zu dem ein **Zusatzpatent** gehört, erfasst dieses nicht. Vielmehr wird das Zusatzpatent (bei mehreren Zusatzpatenten: das erste) **selbstständig** (§ 16 Abs. 2 PatG aF iVm § 147 Abs. 3 PatG).

7. Der Verzicht ist keine Verfahrenshandlung[14], sondern eine amtsempfangsbedürftige materiellrechtliche Willenserklärung. Er unterliegt daher uneingeschränkt den Vorschriften des BGB über Willenserklärungen. Insbesondere kann er **wegen Irrtums** nach §§ 119, 121, 143 BGB mit der Wirkung **angefochten** werden, dass er nach § 142 BGB von Anfang an als nichtig anzusehen ist.[15]

Als Eigenschaftsirrtum, der zur Anfechtung berechtigt, wurde auch die Unkenntnis der Tatsache angesehen, dass das Patent Gegenstand eines Lizenzvertrags war.[16] Dagegen wurden falsche Vorstellungen über das Interesse der Wirtschaft an erfindungsgemäßen Erzeugnissen als nicht zur Anfechtung berechtigender bloßer Motivirrtum gewertet,[17] ebenso die irrige Meinung des kraft Inanspruchnahme berechtigten Patentinhabers, dass der Erfinder an einer Übertragung des Patents gem. § 16 ArbEG nicht interessiert sei[18].

Motivirrtum ist auch die unrichtige Annahme eines Vertreters, der von ihm erklärte Verzicht entspreche einer Weisung des Patentinhabers. Der Verzicht ist in diesem Fall nicht anfechtbar, wenn nicht außerdem dem *Vertreter* ein Inhalts- oder Erklärungsirrtum unterlaufen ist (§ 166 Abs. 1 BGB). Dagegen sollte analog § 166 Abs. 2 BGB die Anfechtung des von einem Vertreter erklärten Verzichts zugelassen werden, wenn dieser gemäß einer bestimmten Weisung des Patentinhabers erklärt wurde, die ihrerseits auf einem nach § 119 BGB relevanten Irrtum beruhte oder dem Vertreter falsch übermittelt wurde[19].

Dritten, die in der Zeit zwischen einem Verzicht und dessen wirksamer Anfechtung die Erfindung gutgläubig in Benutzung genommen haben, wird entsprechend der bei der Wiedereinsetzung geltenden Regelung (§ 123 Abs. 5 PatG) ein Weiterbenutzungsrecht zuzugestehen sein;[20] der Umstand, dass jene Regelung ein Erlöschen des Patents voraussetzt,[21] während nach Anfechtung eines Verzichts das Patent als niemals erloschen gewesen gilt, ist kein Hindernis, sie *analog* anzuwenden.

b) Verzicht des Gebrauchsmusterinhabers

Nach § 23 Abs. 3 Nr. 1 GebrMG erlischt das Gebrauchsmuster, wenn der als Inhaber Eingetragene durch schriftliche Erklärung an das Patentamt darauf verzichtet. Aus dem Wortlaut wird man nicht ableiten dürfen, dass der Eingetragene auch dann wirksam ver-

---

[13] BPatG 3.12.1963, BPatGE 5, 5; die Zurückweisung muss dem Patentinhaber spätestens am 10. Tag nach Eingang der Verzichtserklärung beim PA zugehen, BPatG 9.12.1988, BPatGE 30, 130.
[14] AM anscheinend *Winkler* Mitt. 1998, 401 und 1999, 149, weil der Verzicht „die weitere Verwaltung des Patents durch das Patentamt" beende.
[15] BPatG 16.3.1981, BPatGE 25, 63; 28.7.1997, BPatGE 38, 224; *Winkler* Mitt. 1999, 150 f. mN.
[16] BPatG 16.3.1981, BPatGE 25, 63 (64).
[17] DPA (BS) 5.3.1952, BlPMZ 1952, 150.
[18] BPatG 28.7.1997, BPatGE 38, 224.
[19] → § 25 Rn. 107 ff. mit Fn. 89.
[20] *Bernhardt* 215; ablehnend *Winkler* Mitt. 1999, 152, die annimmt, dass der Dritten gegebenenfalls entstandene Vertrauensschaden gem. § 122 BGB in Geld zu ersetzen sei.
[21] BGH 27.5.1952, GRUR 1952, 564 (566).

zichten kann, wenn er nicht wirklich Inhaber des Gbm ist. Dagegen geht aus der Formulierung klar hervor, dass die Wirksamkeit eines Verzichts die Eintragung des Verzichtenden voraussetzt, was sich aus § 20 Abs. 1 Nr. 1 PatG nicht ergibt (→ Rn. 9). Im Übrigen gilt für den Verzicht auf das Gebrauchsmuster das gleiche wie für denjenigen auf das Patent.

II. Ende der Laufzeit und Nichtzahlung von Jahresgebühren

a) Ende der Patentlaufzeit

17   1. Das Patent erlischt (spätestens, vgl. → Rn. 3ff. sowie → Rn. 83 und 119), wenn seine gesetzliche Laufzeit von **20 Jahren** endet. Die Frist beginnt mit dem auf die Anmeldung folgenden Tag (§ 16 PatG), auch wenn ein früherer Prioritätszeitpunkt in Anspruch genommen wird (vgl. Art. 4bis Abs. 5 PVÜ). Dies entspricht dem von Art. 33 TRIPS geforderten Minimum.

18   Die Angabe des Laufzeitbeginns im Erteilungsbeschluss ist für die Gerichte im Verletzungs- und Nichtigkeitsverfahren bindend.[22] Für die Fristberechnung gelten §§ 187, 188 BGB.

> **Beispiel:** Anmeldung 20.3.1984, Erlöschen mit Ablauf des 20.3.2004 – Da es nicht um eine Frist zur Vornahme einer Handlung geht, ist § 193 BGB nicht anwendbar; das Patent erlischt vielmehr auch dann mit Ablauf des letzten Tags der Frist, wenn dieser ein Samstag, Sonn- oder Feiertag ist.

19   Erfahrungsgemäß wird die maximale Laufzeit nur von einem kleinen Teil aller Patente erreicht. Die meisten werden früher aufgegeben, vornehmlich durch Einstellen der Jahresgebührenzahlung; weil die Erfindung technisch überholt ist oder weil die Aufrechterhaltung des Patents aus anderen Gründen nicht mehr wirtschaftlich erscheint.[23]

20   2. **Zusatzpatente** erlöschen, gleichgültig wann sie angemeldet wurden, am Ende der Laufzeit des Hauptpatents, zu dem sie erteilt sind (§ 16 Abs. 1 S. 2 PatG aF iVm § 147 Abs. 3 PatG). Auch bei einem durch Wegfall des Hauptpatents **selbständig** gewordenen Zusatzpatent bestimmt sich die Laufzeit weiterhin nach dem Anmeldetag des Hauptpatents (§ 16 Abs. 2 S. 1 Hs. 2 PatG). Dagegen richtet sich die Laufzeit eines Patents, das auf eine verselbstständigte Zusatz*anmeldung* erteilt wird, nach dem Tag, an dem *diese* eingereicht wurde,[24] und endet deshalb später, als wenn das Selbstständigwerden erst nach Erteilung des Zusatzpatents eingetreten wäre (vgl. auch die unterschiedliche Behandlung der Jahresgebührenpflicht, → Rn. 93f.).

> **Beispiel:** Hauptanmeldung am 10.3.1998 – Zusatzanmeldung am 1.9.1999 – Erteilung von Haupt- und Zusatzpatent am 10.5.2001 – Verzicht auf das Hauptpatent am 1.8.2001: Das Zusatzpatent wird selbstständig und läuft bis 10.3.2018. Wäre die Zusatz*anmeldung* am 8.3.2000 verselbstständigt worden, liefe das auf sie erteilte Patent bis 1.9.2019.

21   3. Die **effektive Dauer des Erfindungsschutzes** einer patentierten Erfindung ist stets kürzer als die die gesetzliche Patentlaufzeit. Schon der vorläufige Schutz der Anmeldung, der mit ihrer Offenlegung eintritt und der den Entschädigungsanspruch (ohne Verbietungsrecht) nach § 33 Abs. 1 PatG begründet, beginnt – je nach Prioritätszeitpunkt – erst 6 bis 18 Monate nach dem Anmeldetag, sofern nicht der Anmelder früher offenlegen lässt (vgl. → § 25 Rn. 27ff.). Wann der mit der Veröffentlichung des Patents im Patentblatts eintretende vollwertige Patentschutz einsetzt, hängt erstens am Zeitpunkt des Prüfungsantrags und zweitens an der Dauer des Erteilungsverfahrens. Je später die Anmeldung geprüft wird und

---

[22] Vgl. BGH 30.10.1962, GRUR 1963, 563 (566) – Aufhängevorrichtung.
[23] Nach einer Umfrage bei Industrieunternehmen (Bericht in GRUR 1999, 134f.) hatten 13.875 in den Jahren 1995 bis 1997 erloschene Patente eine durchschnittliche Laufdauer von 9,27 Jahren; dazu gehörten 4420 gewerblich genutzte Patente mit einer durchschnittlichen Laufdauer von 10,64 Jahren. Aus Feststellungen des DPMA (BlPMZ 2008, 81) ergibt sich ein Durchschnitt von etwa 12,5 Jahren.
[24] BGH 11.10.1976, GRUR 1977, 216 – Schuhklebstoff.

je länger das Erteilungsverfahren dann dauert, desto weniger effektive Schutzdauer verbleibt dem Anmelder, denn die Patenterteilung wirkt nicht zurück. Schon deshalb kann entgegen dem Wortlaut von § 16 PatG streng genommen gar keine Rede davon sein, das Patent dauere 20 Jahre. Auch vom Anmelder nicht zu beeinflussende Verfahrensverzögerungen gehen zu seinen Lasten, etwa wenn die sachlich gebotene Patenterteilung erst im Beschwerdeverfahren vor dem BPatG erfolgt oder womöglich erst mit der Rechtsbeschwerde zum BGH.

Auch wenn dies grundsätzlich möglich gewesen wäre, wollte der Gesetzgeber die Patentlaufzeit nicht erst mit Eintritt der vollen Schutzwirkungen beginnen lassen. Weil mit einer solchen Regelung das endgültige Freiwerden patentierter Erfindungen an die Verfahrensdauer geknüpft worden wäre, befürchtete man Verfahrensverschleppungen durch die Anmelder[25]. Ganz überzeugen kann das nicht, weil aktuell Längen des Erteilungsverfahrens zulasten des Anmelders gehen, für die er beim besten Willen nichts kann; angefangen mit den in Zeiten digitaler Kommunikation völlig unverständlichen viermonatigen Äußerungsfristen, die niemand braucht, die aber nicht nur in der Patentamtsamtspraxis üblich sind, sondern ohne erkennbaren sachlichen Grund auch vor dem BPatG. Gerüchteweise ist zu hören, besagte Viermonatsfristen seien eingeführt worden, um die Auslastung des Amts zu verstetigen, letztlich also aus Gründen der Arbeitssteuerung. Angesichts der Gefahr, die vom berüchtigtem *injunction gap für* die Akzeptanz des deutschen Bifurkationssystems ausgeht, ist dies nicht nachzuvollziehen. 22

Gegen vollen Schutz schon ab Eingang der Anmeldung oder wenigstens ab deren Offenlegung spricht immerhin die Gefahr rückwirkenden Schutzwegfalls bei Patentversagung. Ein materiell ungeprüftes Patent ist kritisch zu sehen, Bedenken bestehen hier zurecht! 22a

Zugunsten einer Lösung im letztgenannten Sinne spräche immerhin, dass sich Patentanmelder, wenn nicht die Anmeldung ein Verfahren oder eine biotechnologische Erfindung zum Gegenstand hat, durch parallele Gebrauchsmusteranmeldung meist frühzeitig – ohne vollständige sachliche Vorprüfung – ein Verbietungsrecht verschaffen können (vgl. → § 1 Rn. 67, → § 24 Rn. 184ff., → § 25 Rn. 243ff.). Auch ließe sich anführen, dass der Entschädigungsanspruch vielfach nicht den durch Offenlegung bewirkten Verlust der Geheimhaltungsmöglichkeit aufwiegt. 23

4. Vor allem aus Kreisen selbstständiger Erfinder wird immer wieder beklagt, die Dauer des Erfindungsschutzes sei bei weitem zu kurz.[26] Dabei geht es weniger darum, dass der Schutz oft erst lange nach Anmeldung einsetzt (vgl. → Rn. 21). Vielmehr wird die bestehende Zwanzigjahresfrist von der Anmeldung bis zum Ablauf des Patents insgesamt für unzureichend gehalten. Dass sie bei den meisten Patenten nicht ausgeschöpft wird (vgl. → Rn. 19), lässt man nicht gelten, weil die Höhe der Jahresgebühren viele Erfinder zwinge, Patente vorzeitig aufzugeben, obwohl sie diese eigentlich aufrechterhalten wollten. 24

Im Allgemeinen wird bei dieser **Kritik** zwar eine zeitliche Begrenzung des Schutzes grundsätzlich akzeptiert[27]. Nicht verstanden wird jedoch vielfach der deutlich längere Schutz des Urheberrechts (vgl. → § 2 Rn. 65), obwohl die geistige Leistung des Erfinders keineswegs geringer sei als die des Urhebers. Dass Erfindungen nicht oder doch weniger durch die Persönlichkeit des Erfinders geprägt seien als urheberrechtschutzfähige Werke durch die ihres Schöpfers, wird zuweilen bezweifelt, jedenfalls aber nicht als Grund für eine unterschiedliche Bemessung der Schutzdauer anerkannt. Stärkere „Individualität" bedeute nicht auch Höherwertigkeit. Gleichbehandlung von Erfindern und Urhebern wird auch deshalb gefordert, weil Erfindungen nicht weniger geistiges Eigentum ihrer Schöpfer seien als urheberrechtschutzfähige Werke. Man beruft sich hier auch auf das BVerfG, das das Erfinderrecht als „technisches Urheberrecht" bezeichnet hat (vgl. → § 3 Rn. 25). 25

---

[25] Begründung zum PatG 1936 BlPMZ 1936, 106.

[26] Vgl. *Schickedanz* GRUR 1973, 343–348; *ders.* GRUR 1980, 828–832; *Heinz* Mitt. 1975, 202; *ders.* Mitt. 1994, 1–8; *Krabel* Mitt. 1978, 12–15; *Hafner* Mitt. 1981, 92–98.

[27] Ganz ablehnend jedoch *Heinz* Mitt. 1993, 266f. unter Hinweis darauf, dass das Sacheigentum zeitlich unbegrenzt sei.

§ 26 A II   4. Abschnitt. Entstehung und Wegfall von Patenten und Gebrauchsmustern

26   5. Erfindungsschutz durch Ausschlussrechte kann nicht zeitlich unbegrenzt gewährt werden. Anders als die Gegenstände des zeitlich unbeschränkten Sacheigentums, die nur vermöge einer räumlich-körperlichen Beziehung genutzt werden können, sind Erfindungen gleichzeitig an verschiedenen Orten von beliebig vielen Personen nutzbar. Die Entwicklung der Technik, in der jeder Erfinder auf früheren Erkenntnissen aufbaut, würde durch ein immer intransparenteres Geflecht von Abhängigkeiten behindert, würden technische Neuerungen nicht nach einer gewissen Zeit für die Benutzung durch jedermann frei. Fraglich sein kann damit nur, wie die begrenzte Dauer des Erfindungsschutzes richtig bemessen wird. Sicher ist, dass eine starre, für alle patentierbaren Erfindungen **einheitliche Höchstgrenze** nicht jedem Einzelfall gerecht werden kann. Der Ertrag, dessen Erzielung der Patentschutz bis zu seinem Ablauf ermöglicht, ist nicht immer eine angemessene Belohnung der erfinderischen Leistung; zwangsläufig wird er manchmal als unzureichend oder als unverdient hoch empfunden werden. Auch unter dem Gesichtspunkt der Förderung von Innovationstätigkeit und Innovationsbereitschaft wird eine einheitliche Höchstgrenze gewiss in einigen Fällen zu einer kürzeren, in anderen zu einer längeren als der erforderlichen Schutzdauer führen. Freilich lässt sich mit vertretbarem Aufwand kein System einrichten, das die Bemessung der Schutzdauer für jeden Einzelfall so erlaubt, dass am Ende eine Belohnung herauskommt, die einerseits gerecht, andererseits aber auch optimal im Sinne des technischen und wirtschaftlichen Fortschritts wirkt. Auch brächte ein System variabler Schutzdauern erhebliche Rechtsunsicherheiten, die weder im Interesse von Erfindern noch der innovationsgetriebenen Wirtschaft liegen.[28]

27   Abgesehen von solchen praktischen Schwierigkeiten würde es zu einem System des Erfindungsschutzes durch Ausschlussrechte schon grundsätzlich nicht recht passen, wollte man Einzelfallgerechtigkeit durch individuelle Bemessung der Schutzdauer im Einzelfall anstreben. Dem Erfinder wird durch das Patentsystem ja nicht unmittelbar eine Belohnung gewährt, sondern nur die Chance vermittelt, sich diese auf dem Markt zu verschaffen. Wie hoch sie ausfällt, hängt vor allem davon ab, wie der Markt die Innovation aufnimmt. Patentierung bedeutet insoweit keine Garantie, weshalb es systemfremd wäre, die Schutzdauer dem Markterfolg einer Erfindung anpassen zu wollen, um im Ergebnis möglichst zu einer Belohnung zu gelangen, die dem erfinderischen Verdienst im Einzelfall entspricht. Die Notwendigkeit, zu diesem Zweck das erfinderische Verdienst unabhängig vom Markterfolg zu bewerten, müsste die Schwierigkeiten vervielfachen, die schon die Frage bereitet, ob überhaupt eine die Patentierung rechtfertigende Leistung vorliegt. Das gälte auch dann, wenn man sich damit begnügte, nach dem Grad dieser Leistung nur die Schutzdauer abzustufen.[29] Noch weniger möglich erscheint es, auf solchem Weg die Höhe der Belohnung zu steuern, da alles andere als gewährleistet ist, dass Markterfolg und Schutzdauer einander proportional sind.

Auch das Urheberrecht bedient sich darum einer für alle Werke unabhängig vom Maß des schöpferischen Verdiensts ihrer einheitlich geltenden Bestimmung des Zeitpunkts, in dem der Schutz abläuft, und nimmt in Kauf, dass der wirtschaftliche Ertrag, der die Belohnung des Urhebers ausmacht, in Missverhältnis zu diesem schöpferischen Verdienst geraten kann.

Letztlich entspricht dennoch die einem mit Ausschlussrechten operierenden System immanente Begünstigung der auf dem Markt erfolgreichen Erfindungen und Werke einem Gerechtigkeitspostulat: der Erfinder oder Urheber soll an dem mittels seiner geistigen Leistung erzielten Ertrag angemessen teilhaben können, auch wenn deren Wert nach marktexternen Kriterien relativ niedrig eingeschätzt werden mag. Die Verbesserung des Markterfolgs „hochwertiger" geistiger Leistungen kann letztlich nur durch Schaffung entsprechender Nachfrage erreicht werden; sie aber liegt außerhalb der Wirkungsmöglichkeiten eines Schutzes, der sich auf Ausschlussrechte gründet.

---

[28] Zum Problem *Brandt* 62 ff., 70 f.
[29] Eine solche Abstufung erfolgt im geltenden System auch insoweit nicht, als der kürzer dauernde Gebrauchsmusterschutz weniger voraussetzt als der länger dauernde Patentschutz (vgl. → § 16 Rn. 85 ff. und → § 18 Rn. 25 ff.); vielmehr stellt sich in jedem der beiden Bereiche *unabhängig* vom anderen die Frage, ob die gesetzlichen Schutzvoraussetzungen erfüllt sind. Dies richtet sich allein danach, ob ein Patent oder ein Gbm *beantragt* ist. Das PA kann nicht von sich aus, wenn es die Schutzvoraussetzungen nicht für ein Patent, aber für ein Gbm als erfüllt ansieht, statt der beantragten Patenterteilung eine Gbm-Eintragung vornehmen oder auf eine Gbm-Anmeldung, deren Gegenstand den Schutzvoraussetzungen für ein Patent genügt, ein Patent erteilen.

6. Es bleibt die Frage, ob sich rechtfertigen lässt, dass **Patentschutz deutlich kürzer** 28
dauert als Urheberrechtsschutz. Wegen der dargestellten Unterschiede zwischen den
jeweiligen Schutzgegenständen, der Art ihrer Nutzung und den jeweiligen Schutzansätzen
(vgl. → § 2 Rn. 72 ff.) ist das grundsätzlich zu bejahen.

Eine Erfindung wird dadurch genutzt, dass sie als Handlungsanweisung angewandt 29
wird. Also muss sie gegen die Anwendung technisch wesensgleicher Handlungsanweisungen
geschützt werden. Damit dieser Schutz wirken kann, muss er die technische Lehre in ihrer
objektiv bestimmten Eigenart erfassen und von individuell bedingten Zufälligkeiten ihrer
Einkleidung absehen. Da eine dergestalt abstrahierte technische Regel grundsätzlich auch
von anderen selbstständig gefunden werden kann und deshalb im Einzelfall schwer nachzuweisen ist, dass ein Benutzer seine Kenntnis der technischen Regel von der individuellen
Leistung eines bestimmten Erfinders ableitet, bedarf der Schutz der für das Patent charakteristischen **Sperrwirkung**[30] (die freilich auch Zwecken dient, die im Allgemeininteresse
liegen). Dagegen genügt es dem Urheber, vor einer Übernahme der individuellen Züge
seines Werks geschützt zu sein. Weil es sehr unwahrscheinlich ist, dass diese Züge in selbstständig geschaffenen gleichartigen Werken vorkommen, braucht sich dieser Schutz nur
gegen die **Wiedergabe** des Werks zu richten und muss die **Anwendung** dadurch ver-
mittelter Informationen nicht umfassen. Der Patentschutz bedarf darum einer größeren
Wirkungsbreite als der Urheberschutz und beschränkt die Handlungsfreiheit anderer stärker
als jener.

Allerdings bewirkt bei *Computerprogrammen* der urheberrechtliche Schutz gegen Vervielfältigung, 30
dass im Regelfall auch die in einem Programm enthaltenen Informationen und – gegebenenfalls –
Handlungsanweisungen nicht ohne Zustimmung des Rechtsinhabers genutzt werden dürfen (→ § 2
Rn. 77 ff.). Deshalb ist sehr fraglich ob sich insoweit die lange Dauer des urheberrechtlichen Schutzes
rechtfertigen lässt, auch wenn sie bisher nicht zu spürbaren Unzuträglichkeiten geführt haben mag.

Hinzu kommt, dass Erfindungen, soweit sie nicht relativ bald zugunsten andersartiger 31
Wege aufgegeben werden, mit der Zeit in die verschiedensten Abwandlungen und Weiterentwicklungen eingehen. Dem Erfinder, der sich um die Befriedigung eines bestimmten
Bedürfnisses bemüht, lassen „Naturgesetze" und wirtschaftliche Erfordernisse oft keinen
Spielraum für eine Lösung, die nicht in irgendeiner Form von früheren Erfindungen Gebrauch macht. Die Laufzeit der Patente muss deshalb so bemessen werden, dass eine allzu
lang dauernde Abhängigkeit auf dem Schutzgegenstand aufbauender späterer Erfindungen
vermieden wird. Urheber von Werken der Literatur, Wissenschaft und Kunst können dagegen mit den Elementen, die die schutzbegründenden Züge des Werks bestimmen, sehr viel
freier umgehen.[31] Vielmehr ist es geradezu Voraussetzung der urheberrechtlichen Relevanz
eines Gestaltungselements, dass sein Einsatz frei erfolgt ist und nicht durch Sachzwänge
determiniert war.

Ein Beispiel[32] mag diese grundsätzlichen Unterschiede deutlich machen: Ein auf die Erfindung der 32
Schallplatte erteiltes Patent würde bewirken, dass ohne Zustimmung des Patentinhabers niemand
Schallplatten herstellen und vertreiben darf; auf den Gegenstand der Aufzeichnung kommt es dabei
nicht an. Dem Inhaber des Urheberrechts an einem Musik- oder Sprachwerk sind dagegen Herstellung und
Vertrieb nur derjenigen Schallplatten vorbehalten, auf denen das Werk wiedergegeben ist. Ein Schall-
plattenhersteller kann diesem Schutzrecht leicht ausweichen; er wird regelmäßig andere Urheber
gleichartiger Werke finden, die bereit sind, ihm deren Benutzung zu gestatten. Um nicht in das Patent
einzugreifen, müsste er dagegen zu einer anderen Tonaufzeichnungstechnik (zB Magnetband) übergehen.

Die größere Wirkungsbreite des Patentschutzes, die bedingt, dass seine Dauer erheblich 33
hinter der des Urheberschutzes zurückbleibt, steht im Zusammenhang mit dem unter-

---

[30] Vgl. *Hubmann* BlPMZ 1977, 209 (211).
[31] Vgl. *Schickedanz* GRUR 1973, 346 f.
[32] Angelehnt an *Hafner* Mitt. 1981, 92 (97), der daraus jedoch ableitet, Urheber und Erfinder seien
hinsichtlich der Schutzfrist gleich zu behandeln.

§ 26 A II 4. Abschnitt. Entstehung und Wegfall von Patenten und Gebrauchsmustern

schiedlichen Maß, in welchem der Schutzgegenstand durch **individuelle Züge** gekennzeichnet werden kann. Dies bedeutet nicht, dass das schöpferische Verdienst von Urhebern prinzipiell höher zu werten wäre als das von Erfindern. Dennoch genügt den berechtigten Interessen der Erfinder und technologiegetriebenen Unternehmen nur ein Schutz, der nicht durch Abwandlung technisch gleichgültiger Einzelheiten umgangen werden kann. Dies erfordert, dass Technologieschutz prinzipiell weiter gehen muss als der des Urheberrechts.

34 Dass im Einzelfall wegen des Erfolgs eines Werks oder der Berühmtheit eines Autors der Urheberschutz für die von der Werknutzung Ausgeschlossenen *wirtschaftlich* stärker ins Gewicht fallen mag als der Patentschutz mancher marginalen, bald überholten Erfindung, muss in diesem Zusammenhang außer Betracht bleiben. Der Schutz geistiger Leistungen durch Ausschlussrechte kann nur Marktchancen, nicht Markterfolg zuteilen.

35 7. Die Eigenarten von Gegenstand und Wirkung sowie der Informationszweck des Patentschutzes bedingen auch, dass dessen Beginn und Ende **formal definiert** sind. Ohne Förmlichkeiten wäre nur ein Schutz gegen unrechtmäßige Benutzung von Kenntnissen denkbar, die nachweislich von einem bestimmten Erfindungsakt hergeleitet sind; sein Nutzen wäre zweifelhaft, da die für Investitionsentscheidungen erforderliche Rechtssicherheit fehlen würde. Es bedarf mindestens eines verlässlichen Systems der Prioritätssicherung und der Publizität bestehender Rechte; darüber hinaus hat sich die amtliche Vorprüfung der Schutzfähigkeit als zweckmäßig erwiesen (vgl. → § 1 Rn. 66). Der Zeitpunkt, in dem der Schutz spätestens abläuft, muss sich deshalb nach einem Formalakt bestimmen. Eine Anknüpfung an die *Lebensdaten des Erfinders* kommt nicht in Betracht, zumal sie meist eine zu lange Schutzdauer ergeben würde.

36 8. Die zwanzigjährige Frist, an deren Ende das Patent abläuft, ist somit **ihrer Größenordnung nach sachgerecht.** Dass dem Erfinder wie dem Urheber „geistiges Eigentum" und hierfür grundsätzlich der Schutz des Art. 14 GG zustehen, hindert den Gesetzgeber nicht, die Dauer des Ausschlussrechts, das diesem geistigen Eigentum erst Bestand verleiht, nach Maßgabe der Unterschiede im Schutzgegenstand und der hierdurch bedingten Ausgestaltung der Schutzwirkungen unterschiedlich festzulegen.

37 Fälle, in denen die Dauer des Patentschutzes als grundsätzlich zu kurz erscheint, werden im Ganzen gesehen sehr selten vorkommen. Genannt werden in diesem Zusammenhang Erfindungen, die innerhalb der Patentlaufzeit keine Interessenten finden oder keine wirtschaftliche Bedeutung erlangen oder der technischen Entwicklung ihrer Zeit weit voraus sind.[33] Sofern solche Erfindungen nach Wegfall des Patentschutzes noch wichtig sind, wird es sich regelmäßig um **Grundlagenerfindungen** handeln, deren marktfähige Verwirklichung besonders ausgedehnte und aufwendige Vorbereitungen erfordert. Die Erfinder teilen in solchen Fällen das Schicksal derjenigen, die Erkenntnisse der Grundlagenforschung erarbeiten und für diese – als solche – überhaupt keinen Schutz erlangen können (vgl. → § 3 Rn. 19). Insofern kann für die geltende Schutzdauer sprechen, dass sie allzu einschneidenden Folgen des Patentschutzes entgegenwirkt: Die Grundlagenerfindung wird frei benutzbar, bevor die Wirkung eines für sie erteilten Patents auf den Markt durchschlägt. Der Erfinder kann dennoch spezielle Ausgestaltungen, die er auf dem Weg zur praktischen Verwertung entwickelt, unter dem Schutz später einsetzender und ablaufender Patente mit entsprechend geringerem Schutzumfang auswerten. Es mag sein, dass auch außerhalb des Bereichs der Grundlagenerfindungen die Schutzdauer in manchen Fällen deshalb nicht ausreicht, weil wegen der Kompliziertheit einer technischen Neuerung und der Kosten ihrer Verwirklichung die Zeit von der Erfindung bis zum marktreifen Produkt besonders lang ist. Ob es aus diesem Grund angebracht ist, die Laufzeit der Patente erneut zu verlängern, kann ohne eingehende rechtstatsächliche Erhebungen nicht beurteilt werden. Jedenfalls aber könnte es sich nur

---

[33] *Schickedanz* GRUR 1980, 830 ff.

um eine bescheidene Korrektur, nicht um eine Annäherung an urheberrechtliche Maßstäbe handeln[34].

b) Verlängerung der Schutzdauer durch ergänzende Schutzzertifikate

Literatur: *Ackermann, M.,* Ergänzende Schutzzertifikate: Erzeugnisse mit einem auf Null reduzierten, Schutzumfang, Mitt. 2017, 383–388; *Ackermann, M.,* Ergänzende Schutzzertifikate: Schluss mit der Diskussion über erfinderische Tätigkeit, Mitt. 2018, 256–261 (Teil I); *Ackermann, M.,* Ergänzende Schutzzertifikate: Schluss mit der Diskussion über erfinderische Tätigkeit (Teil II), Mitt. 2018, 477-482; *Alt, M./Gassner, U.,* Das ergänzende Schutzzertifikat im Wandel, Mitt. 2009, 16–23; *Bopp, T.,* Die Schutzbereichsbestimmung bei ergänzenden Schutzzertifikaten, FS 80 J. PatG Ddf, 63-78; *Brückner, C.,* C-125/10, EuGH, Entscheidung vom 8.12.2011 bezüglich der Erteilung von ergänzenden Schutzzertifikaten mit negativer Laufzeit, Mitt. 2013, 205–206; *Brückner, C.,* Neurim – neue Möglichkeiten für Anmelder von ergänzenden Schutzzertifikaten, Mitt. 2014, 156–158; *Brückner, C.,* Ergänzende Schutzzertifikate für Biologics – zur *Forsgren*-Entscheidung des EuGH, GRUR-Int 2016, 647–649; *Brückner, C.,* Wie geht es weiter nach Actavis, GRUR-Int 2015, 896–899; *Dernauer, M.,* Japan: Oberster Gerichtshof entscheidet über Voraussetzungen der Verlängerung von Pharmapatenten, GRUR-Int 2011, 657–659; *v. Falck, A./Slopek, D E. F./Thiermann, A.,* "Life-cycle-Management" für Arzneimittel und gewerbliche Schutzrechte, GRUR 2015, 1050–1059; *Feldges, J./Kramer, B.,* Die Bestimmung des Schutzgegenstandes von ergänzenden Schutzzertifikaten für Arzneimittel, FS Meibom, 2010, 57–64; *Gassner, U. M.,* Pädiatrische Laufzeitverlängerung unter nationalem Bürokratievorbehalt?, FS Meibom, 2010, 71–93; *ders.,* Unterlagenschutz im Europäischen Arzneimittelrecht, GRUR-Int 2004, 983–994; *Hövelmann, P.,* Die letzte Jahresgebühr – Anmerkungen zu einer Entscheidung des OLG Düsseldorf, Mitt. 2007, 143, Mitt. 2007, 540–542; *Keukenschrijver, A.,* Das ergänzende Schutzzertifikat für Arzneimittel in der neueren Rechtsprechung des Bundesgerichtshofs und des Bundespatentgerichts, FS Mes, 2009, 223–231; *Kock, M./Porzig, S./Willenegger, E.,* Der Schutz von pflanzenbiotechnologischen Erfindungen und von Pflanzensorten unter Berücksichtigung der Umsetzung der Biopatentrichtlinie, GRUR-Int 2005, 183–192; *König, G./v. Renesse, D.,* Der „spezifische Bezug" ist besser als sein Ruf, FS 80 J. PatG Ddf, 293-310; *Krauß, J.,* Aktuelles aus dem Bereich Biotechnologie – Ergänzende Schutzzertifikate auf Kombinationsmedikamente „Kombiniere: Keine Klarheit in Sicht!", Mitt. 2019, 52–57; *Kühnen, T.,* Die Erteilung mehrerer ergänzender Schutzzertifikate für dasselbe Erzeugnis an unterschiedliche Inhaber und die Konsequenzen bei einer Verfolgung von Rechtsverletzungen, FS 50 Jahre BPatG, 2011, 361–378; *Meier-Beck, P.,* Kein Schutzzertifikat für Äquivalente? – Oder: What is meant by „the product is protected by a basic patent in force"?, GRUR 2018, 657–665; *Meier-Beck, P.,* Richard Arnold, Joachim Bornkamm und die Curie – ein europäisches ABC, FS Bornkamm, 2014, 699–711; *Müller, E.-M.,* Die Patentfähigkeit von Arzneimitteln, 2003; *Nack, R./Kühne, A.,* Die arzneimittelrechtliche Vermarktungexklusivität: ein unerkanntes IP-Recht?, GRUR-Int 2018, 1152–1157; *Pacón, A.-M.,* Patentrecht und Entwicklungsländer, FS Kolle/Stauder, 2005, 77–94; *v. Renesse, D.,* No SPC for Nanotherm® particles – don't be frustrated, GRUR-Int 2016, 909–911; *v. Renesse, D./Wanner, B./Seym, M./Thomaier, J.,* Supplementary Protection Certificates with Unitary Effect ("U-SPC") – a Proposal, GRUR-Int 2016, 1129–1132; *Sasdi, A.,* Innovationsschutz im TRIPS-Übereinkommen, 2004; *Romandini, R.,* Art 3(a) SPC legislation: An analysis of the CJEU's ruling in Teva (C–121/17) and a proposal for ist implementation, GRUR-Int 2019, 9; *Schell, J.,* Neurim – ein neuer Erzeugnisbegriff bei ergänzenden Schutzzertifikaten?, GRUR-Int 2013, 509–514; *Sredl, V.,* Das ergänzende Schutzzertifikat im deutschen Patentnichtigkeitssystem, GRUR 2001, 596–600.

1. Während die oft lange Dauer der Patenterteilungsverfahren und der häufig große Zeitaufwand, den der Weg von der zum Patent angemeldeten Erfindung zum marktreifen Produkt erfordert,[35] bei der Bemessung der Patentlaufzeit nicht berücksichtigt werden und wohl auch nicht berücksichtigt werden könnten, wurde vor gut 20 Jahren ein Weg gefunden, den Wegfall des Patentschutzes bei solchen Erzeugnissen hinauszuschieben, deren *effective patent life* erheblich durch langwierige **behördliche Zulassungsverfahren verkürzt wird,** die positiv abgeschlossen worden sein müssen, bevor die Erzeugnisse in Verkehr ge-

---

[34] Für generelle Verlängerung der Patentlaufzeit um etwa 5 Jahre und Abschaffung dahingehender Sonderregelungen *Brandt* 173 f.

[35] Zum betriebswirtschaftlichen Hintergrund der Anmelderseite, also dem sog. "Life-cycle-Management" für Arzneimittel *v. Falck/Slopek/Thiermann* GRUR 2015, 1050.

§ 26 A II   4. Abschnitt. Entstehung und Wegfall von Patenten und Gebrauchsmustern

bracht werden dürfen: Nach Maßgabe unionsrechtlicher VOen kann der **Schutz patentierter Wirkstoffe oder Wirkstoffkombinationen** eines Arznei- oder Pflanzenschutzmittels (nicht der Schutz eines Arznei- oder Pflanzenschutzmittels als solchem![36]), durch sog. Ergänzende Schutzzertifikate (mit dem VO-Wortlaut nachfolgend: *Zertifikat*)[37] um bis zu fünf Jahre verlängert werden. Ähnliche Verfahren gibt es in praktisch allen nennenswerten Patentrechtsjurisdiktionen, nicht etwa nur in Europa, den USA und Japan. Die Voraussetzungen variieren.[38]

39   Für *Kinderarzneimittel* gibt es noch die sog. *pediatrische Verlängerung* um weitere 6 Monate (nachstehend → Rn. 44 ff.).[39]

40   Einen gewissen Schutz der Interessen des Zulassungsantragsstellers sieht bereits das Zulassungsrecht vor. So besteht beispielsweise **Unterlagenschutz**, dürfen die bei der zuständigen Behörde eingereichten *Unterlagen* vor Ablauf einer bestimmten Frist ab Zulassungserteilung (derzeit bei Arzneimitteln grundsätzlich 8, bei Pflanzenschutzmitteln 10 Jahre) also nur mit Zustimmung des Anmelders im Interesse Dritter benutzt werden und darf Dritten (namentlich Generikaherstellern) bei Arzneimitteln vor Ablauf einer grundsätzlich zehnjährigen Frist keine Zulassung erteilt werden, § 24b AMG.[40]

41   **Arzneimittel für seltene Leiden** (sog. Orphan Drugs) besitzen nach VO 141/2000/EG in den ersten 10 Jahren, die auf ihre Zulassung folgen, (bei Kinderarzneimitteln gem. VO 1901/2006 12 Jahren) Marktexklusivität dadurch, dass Dritten während dieser Zeit keine Zulassung erteilt werden darf.[41]

42   Das Zertifikat wird allgemein als besonderes, wenn auch (lediglich) einem (Grund-)Patent akzessorisches Schutzrecht angesehen, das die Wirkung dieses Patents über das Ende seiner regulären Laufzeit hinaus aufrechterhält. Faktisch verlängern Zertifikate damit die Laufzeit des Grundpatents[42] und werden hier daher unter diesem Aspekt zusammenfassend dargestellt.[43]

43   Nach der Terminologie der einschlägigen EU-Verordnungen (→ Rn. 44) schützen Zertifikate zwar *Erzeugnisse;* und taucht der Begriff „Erfindung" nur am Rande auf. Dennoch gilt der Schutz dem Erzeugnis ebenso wie nach § 9 S. 2 Nr. 1 PatG: allein dem Rechtsinhaber sind Handlungen in Bezug auf das Erzeugnis vorbehalten, weil und soweit sie eine Benutzung der Erfindung bedeuten. Bestätigt wird dies dadurch, dass nach den Verordnungen das Zertifikat – vorbehaltlich bestimmter Einschränkungen – die gleichen Rechte gewährt wie das (Grund-)Patent, auf dem es aufbaut.

---

[36] Art. 1 lit. b VO 469/2009/EG sowie BPatG 8.12.2015, GRUR 2016, 582 Rn. 9 – Aminosilanbeschichtete Eisenoxid-Nanopartikel; dazu differenzierend, in Teilen aber durchaus zustimmend *v. Renesse* GRUR-Int 2016, 910 f.

[37] Überblick bei *Alt/Gassner* Mitt. 2009, 16 ff.

[38] In Japan unlängst: IP High Court 17.11.2015, GRUR 2016, 345 – Bevacizumab II; 30.5.2014, GRUR-Int 2016, 341 – Bevacizumab I; einführend *Dernauer* GRUR-Int 2011, 657–659. In Australien: Federal Court of Australia 18.8.2017, GRUR 2018, 33.

[39] *Kock/Porzig/Willnegger* GRUR-Int 2005, 183 (188 f.) schlagen vor, eine solche Regelung auch für gentechnisch veränderte Pflanzen einzuführen.

[40] Vgl. *Nack, R./Kühne, A.* GRUR-Int 2018 (FS Straus), 1152 ff.; *Böttcher* GRUR 1987, 19 (23 ff.); *Müller* 92 ff., 98 ff.; *Sasdi* 196 ff.; *Gassner* GRUR-Int 2004, 983–994. – Krit. zum Testdatenschutz *Pacón* FS Kolle/Stauder, 2005, 77 (85 ff.).

[41] EuGH 3.3.2016, GRUR-Int 2016, 651 – Teva/EMA (Imatinib); s. auch *Müller* 111–148; und *Gassner* GRUR-Int 2004, 983 f.

[42] Begründung zum PatGÄndG vom 23.3.1993, BlPMZ 1993, 205 (210).

[43] Die *Übergangsvorschriften,* nach denen sich die Berücksichtigung von Sachverhalten aus der Zeit vor dem Inkrafttreten der Verordnungen bzw. nach dem späteren Beitritt neuer Mitgliedstaaten richtet, müssen dabei außer Betracht bleiben; vgl. dazu *Sredl* GRUR 2001, 596 (599); *Straus* GRUR-Int 2001, 591 ff.; BGH 1.2.2000, GRUR 2000, 392 – Omeprazol; 17.12.2002, GRUR 2003, 599 – Cabergolin; BPatG 15.3.2007, GRUR 2008, 67 – Finasterid; EuGH 11.12.2003, GRUR 2004, 225 – Omeprazol; 19.10.2004, GRUR-Int 2005, 219 – Pharmacia Italia/Cabergolin und im Anschluss hieran BGH 25.1.2005, GRUR 2005, 405 – Cabergolin II.

2. **Rechtsgrundlagen für die Erteilung von Zertifikaten** sind 44
- die **Verordnung (EG) Nr. 469/2009** des Europäischen Parlaments und Rates vom 6.5.2009, zuletzt geändert durch Verordnung (EU) 2019/933 des Europäischen Parlaments und Rates vom 20.5.2019 über das ergänzende Schutzzertifikat für Arzneimittel (kodifizierte Fassung), und
- die **Verordnung (EG) Nr. 1610/96** des Europäischen Parlaments und des Rates über die Schaffung eines ergänzenden Schutzzertifikats für Pflanzenschutzmittel vom 23.7.1996, zuletzt geändert durch Beitrittsprotokoll vom 25.4.2005.

Beide stimmen konzeptionell und teils auch immer noch wörtlich weitgehend überein 45 und werden hier insoweit ohne Zusatz zitiert. Unterschiede, die nicht durch die Schutzgegenstände bedingt sind, beruhen auf Bestimmungen, die in die erste VO aufgenommen wurden, also in die nun kodifizierte über Zertifikate für Arzneimittel. Darauf, dass diese sinngemäß auch für die Auslegung der VO 1610/96 heranzuziehen sein soll, findet sich im Verordnungstext kein Hinweis. Verweise in VO 1610/96 auf die (alte) VO 1768/92 gelten weiterhin; nun als Verweis auf die kodifizierte VO 469/2009.[44]

Nach beiden VOen kann nach den in den VOen „festgelegten Bedingungen und 46 Modalitäten" (sic!), Art. 2, ein Zertifikat für jedes Erzeugnis erteilt werden, das auf dem Gebiet eines EU-Mitgliedstaats durch ein sog. Grundpatent geschützt ist, Art. 1 Buchst. c bzw. Nr. 9, und das vor Inverkehrbringung als Arznei- bzw. Pflanzenschutzmittel Gegenstand eines Genehmigungsverfahrens nach den Gemeinschaftskodizes für Human- und Tierarzneimittel bzw. nach den entsprechenden Regelungen für Pflanzenschutzmittel war.

Die Erteilung erfolgt auf eine Anmeldung hin, die ähnlich wie eine Patentanmeldung ei- 47 nen Erteilungsantrag enthalten muss. Zuständig ist die für den gewerblichen Rechtsschutz zuständige Behörde jedes Mitgliedstaats, durch oder mit Wirkung für den das Grundpatent erteilt ist und in dem die Genehmigung für das Inverkehrbringen erlangt wurde, Art. 9 Abs. 1, 10 Abs. 1. Zuständig für die Bundesrepublik ist das **DPMA**, § 49a PatG, auch für europäische Patente, soweit mit Wirkung für Deutschland erteilt, Art. II § 6a IntPatÜG, dazu Art. 63 Abs. 2 (b) EPÜ.[45]

Das **Recht auf das Zertifikat** steht dem Inhaber des Grundpatents oder seinem Rechtsnachfolger 48 zu (Art. 6). Hieraus ist zu schließen, dass es unabhängig vom Grundpatent übertragbar ist[46], weil bei Übertragung des letzteren der Rechtsnachfolger Patentinhaber wird, so dass die Erwähnung des Rechtsnachfolgers überflüssig wäre, wenn das Recht nur zusammen mit dem Grundpatent übertragbar wäre. Wird das Zertifikat beim DPMA von einem Nichtberechtigten angemeldet, kann der Patentinhaber nach § 16a Abs. 2, § 8 PatG Übertragung verlangen. Ist schon das Grundpatent einem Nichtberechtigten erteilt und hat dieser bereits ein Zertifikat angemeldet, wird die Klage auf Übertragung des Grundpatents mit derjenigen auf Übertragung der durch die widerrechtliche Zertifikatanmeldung erlangten Rechtsposition verbunden werden können. Der Lizenznehmer ist in Deutschland nicht antragsberechtigt, Ziff. 3.2.4. Richtlinien für das Prüfungsverfahren bei ergänzenden Schutzzertifikaten (PrüfungsRL-ESZ).

3. Die **sachlichen Schutzvoraussetzungen regelt** Art. 3 bzw. 3 Abs. 1: Ein Zertifikat 49 wird danach erteilt, wenn in dem Mitgliedstaat, in dem die Anmeldung eingereicht wird, zum Zeitpunkt der Anmeldung

---

[44] Zur alten VO 1768/92 EuGH 16.9.1999, GRUR-Int 2000, 69 Rn. 20 – Farmitalia, zur neuen VO 469/2009 Fuhrmann/Klein/Fleischfresser/*Markgraf*, Arzneimittelrecht, 2. Aufl. 2014, § 30 Rn. 153 aE.

[45] Dass ein unionsweit gültiges U-SPC wünschenswert wäre, gerade im Bereich Pharma und gerade im Gefolge des EPeW liegt rechtspolitisch auf der Hand. Zur möglichen Rechtsgrundlage, zur praktischen Handhabung und dazu, wie ein solches Unionzertifikat auf die sehr unterschiedlichen Zulassungsrechte für Arzneimittel abgestimmt werden müsste, *v. Renesse/Wanner/Seym/Thomaier* GRUR-Int 2016, 1129 ff.

[46] Im Ergebnis ebenso *Brändel* GRUR 2001, 878, der freilich das Recht auf das Zertifikat mit dem öffentlich-rechtlichen Anspruch auf dessen Erteilung vermengt.

§ 26 A II   4. Abschnitt. Entstehung und Wegfall von Patenten und Gebrauchsmustern

a) das Erzeugnis durch ein in Kraft befindliches Grundpatent geschützt ist[47],
b) eine gültige Genehmigung für das Inverkehrbringen nach den in Art. 2 genannten Richtlinien erteilt wurde[48],
c) für das Erzeugnis nicht schon ein Zertifikat erteilt wurde und
d) die vorgenannte Genehmigung die erste Genehmigung für das Inverkehrbringen des Erzeugnisses als Arzneimittel bzw. Pflanzenschutzmittel ist.[49]

50 Fällt ein **Erzeugnis unter mehrere Patente,** kann bei Identität des Inhabers nur ein Zertifikat, bei Verschiedenheit der Inhaber jedoch jedem von diesen ein Zertifikat erteilt werden, wenn für dasselbe Patent nicht schon vor der von ihm eingereichten Anmeldung einem anderen ein Zertifikat erteilt worden war[50].

51 **Erzeugnis** im Sinne der VO 469/2009 ist nach Art. 1 Buchst. b der Wirkstoff oder die Wirkstoffzusammensetzung eines Human- oder Tierarzneimittels gem. Definition in Art. 1 Buchst. a.[51] Der Begriff des Wirkstoffs ist eng auszulegen und auf Futtermitteladditive mangels planwidriger Regelungslücke der VO nicht analog anwendbar [52]. **Wirkstoffe sind nur Stoffe mit eigener arzneilicher Wirkung auf den menschlichen oder tierischen Organismus;** auch wenn sie nicht Wirkstoff genannt werden.[53] Stoffe ohne eigene arzneiliche Wirkung sind keine Wirkstoffe. Das ist herrschende Meinung.[54] Sie sind nur Hilfsstoffe ohne eigene pharmakologische Wirkung und fallen damit nicht unter den Wirkstoffbegriff von Art. 1 Buchst. b. Schützt ein Patent einen mit einem Adjuvans kombinierten Wirkstoff, kann ein Zertifikat nur für den Wirkstoff erteilt werden, nicht für das Adjuvans oder dessen Zusammensetzung mit dem Wirkstoff, denn deren Zusammensetzung ist keine *Wirkstoff*zusammensetzung.[55] Die Vorlagefrage des BGH, ob es möglich sei, dass der Begriff „Wirkstoffzusammensetzung" iSd VO anders auszulegen sei, ob letztlich also ein Wirkstoff ausreiche,[56] hat der EuGH restriktiv entschieden, „dass der Begriff ‚Wirkstoffzusammensetzung eines Arzneimittels' eine Zusammensetzung, die aus zwei Stoffen besteht, von denen nur einer eigene arzneiliche Wirkungen für eine bestimmte Indikation besitzt und von denen der andere eine Darreichungsform des Arzneimittels ermöglicht, die für die arzneiliche Wirksamkeit des ersten Stoffes für diese Indikation notwendig ist, nicht einschließt".[57]

52 Bei dieser sehr restriktiven Auslegung ist der EuGH auf Vorlage des BPatG in der Sache Paclitaxel freisetzender Stent geblieben.[58] Unstritten war dort die Eigenschaft von Paclitaxel als Stoff mit eigener

---

[47] Ohne Grundpatent kann ein Zertifikat auch dann nicht erteilt werden, wenn die Genehmigung erst nach Ablauf dieses Patents erteilt worden ist; BPatG 21.6.1999, BPatGE 41, 231 – Abamectin.
[48] Vgl. EuGH 12.6.1997, GRUR-Int 1997, 908 – Yamanouchi.
[49] Die Genehmigung eines Tierarzneimittels ist auch insoweit „erste Genehmigung", als das gleiche Erzeugnis später als Human-Arzneimittel verwendet und genehmigt wird, EuGH 19.10.2004, GRUR-Int 2005, 219 – Pharmacia Italia/Cabergolin und BGH 25.1.2005, GRUR 2005, 405 – Cabergolin II.
[50] Art. 3 Abs. 2 iVm Erwägungsgrund 17 VO 1610/96, vgl. → Rn. 44; EuGH 23.1.1997, GRUR-Int 1997, 363 Rn. 26ff. – Biogen/Smithkline; krit. Fuhrmann/Klein/Fleischfresser/*Markgraf,* Arzneimittelrecht, 2. Aufl. 2014, § 30 Rn. 157, der zurecht weiter fragt, ob nach dem EuGH 19.7.2012, GRUR-Int 2012, 910 – Neurim, demselben Anmelder mehrere Zertifikate für denselben Wirkstoff erteilt werden können, wenn der Anmelder den Wirkstoff für eine weitere Indikation zugelassen hat, die durch ein anderes Grundpatent geschützt ist. – Zum Problem der Inhaberidentität unter Betonung formaler Aspekte *Kühnen* FS 50 Jahre BPatG, 2011, 361 (366).
[51] Zum Erzeugnisbegriff mit dem Vorschlag, diesen patentrechtlich zu korrigieren, *Ackermann* Mitt. 2018, 256ff.
[52] BPatG 18.12.2018, GRUR 2019, 806f. Rn. 16ff. – Futtermitteladditiv.
[53] öOGH 22.4.2015, GRUR-Int 2016, 134 (135f.) – Snyflorix II.
[54] EuGH 14.11.2013, PharmR 2014, 98 Rn. 35ff. – Glaxosmithkline; BeckRS 2013, 82215 mit Anm. *Seitz* GRUR-Prax 2014, 14; unlängst BPatG 23.1.2018, BlPMZ 2018, 223 (224) – Hexavaleter Impfstoff; schon früher BPatG 25.11.2002, BPatGE 46, 142 (147ff.) – Polifeprosan.
[55] BPatG 25.11.2002, BPatGE 46, 142 (147ff.) – Polifeprosan.
[56] BGH 29.6.2004, GRUR-Int 2005, 63 – Polifeprosan.
[57] EuGH 4.5.2006, ABl. 2006 C 165, 8.
[58] EuGH 25.10.2018, GRUR 2018, 1232 Rn. 51 – Boston Scientific (deutsch); GRUR-Int 2019, 156 mzustAnm *Brückner* (englisch).

arzneilicher Wirkung,[59] doch hatte das Erzeugnis kein förmliches Arzneimittelzulassungsverfahren nach dem Gemeinschaftskodex für Humanarzneimittel (RL 2001/83/EG, für Deutschland umgesetzt im AMG) durchlaufen, sondern musste als ergänzender Arzneimittelbestandteil eines Medizinprodukts nach der Medizinprodukterichtlinie (RL 93/42/EWG – binnen einer 3-jährigen Übergangsfrist ersetzt durch die am 25.5.2017 in Kraft getretene MedizinprodukteVO (EU) 2017/745) bewertet und zugelassen werden. Dazu stellte das BPatG die vom EuGH entschiedene Vorlagefrage, ob die Zulassung nach der Medizinprodukterichtlinie für die hier interessierenden Zwecke der Zertifikaterteilung als förmliches Arzneimittelzulassungsverfahren nach dem Gemeinschaftskodex für Humanarzneimittel gleichgestellt werden könne.[60] Das schwBVerwG hatte das 2016 abgelehnt.[61]

Nach Art. 1 Nr. 8 VO 1610/96 (für Pflanzenschutzmittel) ist Erzeugnis der Wirkstoff 53 oder die Wirkstoffzusammensetzung eines Pflanzenschutzmittels, wie in Nr. 1 (dazu auch Nr. 4) definiert, und sind Wirkstoffe gem. Nr. 3 Stoffe (Nr. 2) und Mikroorganismen, samt Viren, mit allgemeiner oder spezifischer Wirkung gegen Schadorganismen (Nr. 7) oder auf Pflanzen (Nr. 5), Pflanzenteile oder Pflanzenerzeugnisse (Nr. 6). *Safener,* also chemische Verbindungen, die die Herbizidtoleranz von Kulturpflanzen erhöhen, ohne dass gleichzeitig die Wirkungen des entsprechenden Herbizids herabgesetzt werden müssen, können unter die Begriffe Erzeugnis oder Wirkstoffe fallen, wenn sie eine eigene toxische, phytotoxische oder pflanzenschützende Wirkung entfalten.[62] Ob eine solche Wirkung besteht, ist nicht aufgrund einer verwaltungstechnischen Einordnung zu bestimmen, sondern aufgrund einer objektiv wissenschaftlichen Bewertung.[63]

Das für die Zertifikatserteilung nach Art. 3 Buchst. a erforderliche **Grundpatent** kann 54 sich nach Art. 1 Buchst. c bzw. Nr. 9 beziehen auf ein Erzeugnis als solches, auf ein Verfahren zur Herstellung oder auf eine Verwendung eines Erzeugnisses. Für Pflanzenschutzmittel geht Art. 1 Nr. 9 VO 1610/96 weiter und erfasst auch Zubereitungen, also Gemenge, Gemische oder Lösungen, die gem. Nr. 4 aus mehreren Stoffen bestehen, davon zumindest einem Wirkstoff. Obwohl Patente für solche Zubereitungen nach der VO 469/2009 nicht als Grundpatente in Betracht kommen, sollen die Patentämter zahlreicher EU-Mitgliedstaaten auch sie gleichwohl als solche anerkennen.[64] Das Zertifikat nach der VO 469/2009 kann, wie der EuGH 1999 noch zur VO 1768/92 auf Vorlage des BGH entschieden hat[65], ein Erzeugnis als Arzneimittel in allen dem Schutz des Grundpatents unterliegenden Formen erfassen – solange das Erzeugnis in der in der arzneimittelrechtlichen Genehmigung genannten Form durch ein in Kraft stehendes Grundpatent geschützt ist.

Die Frage, wann ein Erzeugnis **durch ein (Grund-)Patent** geschützt ist[66], und wann 55 damit die Zertifikatserteilung für ein Erzeugnis grundsätzlich möglich ist, war lange umstritten. Gegenübergestanden hatten sich die *Verletzungstheorie* und die *Offenlegungs- oder Identitätstheorie.*[67] Der auf Basis der EuGH-Entscheidung *Farmitalia* von 1999[68] entwickelten

---

[59] EuGH 15.1.2015, GRUR 2015, 245 Rn. 23 ff. – Forsgren; 14.11.2013, BeckRS 2013, 82215 – Glaxosmithkline mit Anm. *Seitz* GRUR-Prax 2014, 14; zu den vom EuGH noch nicht beantworteten Anschlussfragen *Brückner* GRUR-Int 2016, 647 ff. Schon früher EuGH 4.5.2006, GRUR 2006, 694 – Polifeprosan.
[60] BPatG 18.7.2017, GRUR 2018, 64 – Paclitaxel freisetzender Stent.
[61] 21.12.2016, GRUR-Int 2017, 604 – Taxol.
[62] Vorlagebeschluss BPatG 6.12.2012, GRUR 2013, 494; Antwort: EuGH 19.6.2014, ABl. 2014 C 282, 8–9 – Bayer CropScience/DPMA.
[63] BPatG 10.12.2014, GRUR 2015, 1098 (1099 f.) – Isoxadifen II.
[64] Fuhrmann/Klein/Fleischfresser/*Markgraf,* Arzneimittelrecht, 2. Aufl. 2014, § 30 Rn. 161, unter Hinweis auf http://thespcblog.blogspot.com/2009/03/harmonisation-in-denmark-patents.html.
[65] EuGH 16.9.1999, GRUR-Int 2000, 69 – Farmitalia; BGH 17.6.1997, GRUR 1998, 363 – Idarubicin I.
[66] In Überblick und Detail hervorragend Brückner/*Brückner* Art. 3 Rn. 70 ff., zur EuGH-Rspr. *Meier-Beck* GRUR 2018, 657.
[67] Vgl. *Gassner* PharmR 2011, 361 (363 f.), mit Zuordnung der nationalen Gerichtsbarkeiten zum einen oder anderen Lager.
[68] EuGH 16.9.1999, GRUR-Int 2000, 69 – Farmitalia.

§ 26 A II   4. Abschnitt. Entstehung und Wegfall von Patenten und Gebrauchsmustern

Verletzungstheorie, die auch deutsche Gerichte immer wieder angewandt hatten, erteilt der EuGH am 24. und 25.11.2011 in seinen Entscheidungen *Medeva*,[69] *Daiichi*,[70] *Yeda*[71] und *Queensland*[72] eine Absage. Seither gilt die Offenlegungs- oder Identitätstheorie, die besagt, dass Zertifikate nur für Wirkstoffe erteilt werden, die in den Ansprüchen des Grundpatents genannt sind. Dies hat Folgen für **Kombinationspräparate**,[73] also für Präparate, in denen geschützte Wirkstoffe mit nicht geschützten kombiniert werden. Solche Kombinationen sind nun auch dann nicht mehr als (grund-)patentgeschützte Kombinationen anzusehen, wenn ihre Herstellung und ihr Vertrieb patentverletzend wären. Gleichwohl kann Schutz für die gesamte Kombination über ein Zertifikat bestehen, das nur ein Erzeugnis schützt. Dessen Benutzung ist dann auch in Kombination mit anderen Wirkstoffen unzulässig.[74]

56 Erteilt werden kann ein Zertifikat weiterhin nur für Erzeugnisse, die in den *Ansprüchen* des Grundpatents genannt sind, auf das die Anmeldung gestützt wird.[75] Dem EuGH vorgelegt hat das BPatG Ende 2017 die besonders für Grundlagenpatente relevante Frage, ob die Zertifikatserteilung voraussetzt, dass das in Frage stehende Erzeugnis zu dem durch die Ansprüche definierten Schutzgegenstand gehören und dem Fachmann (somit) als konkrete Ausführungsform zur Verfügung gestellt worden sein muss.[76] Für die Erteilung eines Zertifikats nicht verkörpern muss ein antragsgemäßes Erzeugnis die zentrale erfinderischen Tätigkeit des Grundpatents.[77]

57 Das gilt auch für Derivate (Salze und Ester) von Wirkstoffen. Für sie können Zertifikate erteilt werden, vorausgesetzt die Wirkstoffe sind in den Ansprüchen des Grundpatents genannt. Wirkstoffe und Derivate können auch als unterschiedliche Erzeugnisse anzusehen sein; vorausgesetzt, die Derivate sind Gegenstand von Patenten, in denen sie besonders beansprucht werden.[78] Überholt sein dürften damit die BGH-Entscheidungen *Idarubicin II*[79] und *Sumatriptan*[80]. Erstens muss nun doch die Festlegung des **Schutzbereichs** erfolgen, die der BGH seinerzeit noch als im Erteilungsverfahren unangebracht bezeichnet hatte. Zweitens können Zertifikate nun nicht mehr für Äquivalente erteilt werden, weil diese (definitionsgemäß) nicht in Grundpatenten genannt sind.[81]

58 Was genau „Nennung" in den Ansprüchen bedeuten soll, ist nach wie vor unklar.[82] In den vorgenannten, allesamt englischsprachigen EuGH-Entscheidungen zum Schutz durch ein Grundpatent iSv Art. 3 Buchst. a ist nur vergleichsweise offen die Rede von *„specified in the wording of the claims"* oder *„identified in the wording of the claims"*. Klargestellt hat der EuGH 2013 in seiner Vorlageentscheidung *Eli Lilly* zwar, dass ein Wirkstoff im Patentanspruch nicht als Strukturformel aufgeführt sein muss, um im o. g. Sinn als „genannt" zu gelten, sondern dass eine Spezifizierung in anderer Weise ausreicht,

---

[69] GRUR-Int 2010, 140 – Medeva. Mit Blick auf die nachfolgenden Entscheidungen (Fn. 65–67) heftig kritisiert vom schwBPatG 3.10.2017, GRUR-Int 2018, 239 Rn. 36 ff. – Mepha Pharma AG.
[70] GRUR-Int 2012, 356 – Daiichi.
[71] GRUR 2012, 261 (Ls.) – Yeda.
[72] GRUR-Int 2012, 356 (Ls.) – Queensland.
[73] *Krauß* Mitt. 2019, 52.
[74] EuGH 9.2.2012, EuZW 2012, 431 – Novartis/Actavis mzustAnm *Seitz*. Grundlegend *Brückner* GRUR-Int 2015, 896 ff.
[75] EuGH 25.11.2011, GRUR-Int 2012, 356 – Daiichi; ebenso EuGH 25.11.2011, GRUR-Int 2012, 356 – Queensland.
[76] BPatG 17.10.2017, GRUR 2018, 281 – Sitagliptin III; Mitt. 2018, 28.
[77] BPatG 23.1.2018, BlPMZ 2018, 223 (224) – Hexavalenter Impfstoff.
[78] BPatG 5.9.2017, GRUR-Int 2017, 961 (963 f.) – Paliperidonpalmitat; unter ausdrücklichem Hinweis darauf, dass BGH 14.10.2008, GRUR 2009, 41 – Doxorubicin-Sulfat, dem nicht entgegenstehe, da durch die EuGH-Entscheidung Forsgren (Fn. 55) überholt.
[79] 15.2.2000, BGHZ 144, 15.
[80] 29.1.2002, GRUR-Int 2002, 609; s. auch *Bopp* FS Ddf, 2016, 63 (68 ff.).
[81] Anders noch BGH 29.2.2000, GRUR 2000, 1011 – Custodiol; BGH 12.3.2002, GRUR 2002, 523 – Custodiol I.
[82] Insoweit zurecht kritisch Fuhrmann/Klein/Fleischfresser/*Markgraf*, Arzneimittelrecht, 2. Aufl. 2014, § 30 Rn. 162.

§ 26. Wegfall vom DPMA erteilter Patente u. eingetragener Gebrauchsmuster   A II § 26

solange der Wirkstoff *identifizierbar* ist.⁸³ Unklar bleibt aber auch damit, was genau Identifizierbarkeit erfordert. Oberbegriffe oder funktionelle Umschreibungen beziehen sich nach Ansicht des BPatG nur dann stillschweigend, aber in der nach *Teva* (dazu in → Rn. 59) geforderten Weise notwendig und in spezifischer Art und Weise auf einen im Grundpatent nicht als erfindungsgemäß angesprochenen Wirkstoff, wenn ausgeschlossen ist, dass auch andere Wirkstoffe Repräsentanten dieser Oberbegriffe oder Umschreibungen in den Ansprüchen des Grundpatents sein oder diesen subsumiert werden können, die die spezifischen arzneilichen Eigenschaften oder Wirkweisen der in Rede stehenden Wirkstoffe nicht teilen.⁸⁴

Kein Zertifikat erteilt werden kann für ein Erzeugnis, für das vor der Anmeldung bereits ein Zertifikat erteilt worden ist.⁸⁵ In Frage kommt ein zweites Zertifikat freilich dann, wenn ein Grundpatent nicht nur ein Erzeugnis schützt, sondern mehrere (jeweils „als solches"). ⁸⁶

Nach der EuGH-Vorlageentscheidung *Teva*⁸⁷ ist ein aus mehreren Wirkstoffen bestehendes Erzeugnis auch dann durch ein inkraft stehendes Grundpatent geschützt, *wenn sich einer der Patentansprüche notwendigerweise und spezifisch auf dieses Erzeugnis bezieht* – auch wenn das Erzeugnis in den Ansprüchen des Grundpatents nicht explizit erwähnt ist. Das Erzeugnis muss für den Fachmann nur durch die Beschreibung und die Zeichnungen des Grundpatents *notwendigerweise* von der patentgeschützten Erfindung erfasst sein und der Fachmann muss das Erzeugnis im Licht aller im Patent offengelegten Angaben nach der SdT am Prioritätstag *spezifisch* identifizieren können. **59**

Wie ein Grundpatent das Erzeugnis eines Zertifikats definiert und welche Bedeutung dabei Verwendungen des Erzeugnisses haben, hat der EuGH 2012 in seiner Vorlageentscheidung *Neurim* entschieden.⁸⁸ Danach ist die Erteilung eines Zertifikats für die zweite Verwendung eines Erzeugnisses dann *nicht* möglich, wenn einerseits zwar für eine erste Verwendung (als Tierarzneimittel) bereits eine Zulassung erteilt worden ist, wenn aber auch die zweite Verwendung in den Schutzbereich des Grundpatents fällt. Freilich ist die Entscheidung *Neurim* nicht verallgemeinerungsfähig, sondern eine Ausnahme. Das hat der EuGH 2019 in *Abraxis* klar gestellt. Keine *erste* Verkehrsgenehmigung iSv Art. 3 Buchst. b für ein Erzeugnis ist nämlich die für die neue Formulierung eines alten Wirkstoffs erteilte Genehmigung, wenn der Wirkstoff bereits als solcher Gegenstand einer früheren Verkehrsgenehmigung gewesen war.⁸⁹ **60**

4. Die **Anmeldung** ist binnen sechs Monaten nach Erteilung der Genehmigung (Art. 7 Abs. 1) bei der Behörde des jeweiligen Mitgliedstaats (Art. 9 Abs. 1, → Rn. 44) einzureichen, die für die Erteilung des Grundpatents zuständig ist. Wird (ausnahmsweise) die Genehmigung früher erteilt als das Grundpatent, endet die Frist sechs Monate nach Patenterteilung (Art. 7 Abs. 2). **61**

Nach wie vor umstritten ist, zu welchem Zeitpunkt die 6-Monatsfrist des Art. 7 Abs. 1 anläuft: mit Ausstellung der arzneimittelrechtlichen Genehmigung, mit deren Übermittlung an den Anmelder oder mit deren Veröffentlichung? Ähnlich wie das britische Amt stellt das DPMA auf den Zeitpunkt der Genehmigungsausstellung ab, weil dieser Zeitpunkt aus den Akten eindeutig feststellbar ist.⁹⁰ Auch das BPatG hatte dies so gesehen,⁹¹ und nachdem der BGH seine EuGH-Vor- **62**

---

⁸³ 12.12.2013, GRUR 2014, 163 Rn. 35 f. – Eli Lilly.
⁸⁴ BPatG 15.5.2018, BlPMZ 2019, 58 (62) – Truvada.
⁸⁵ EuGH-Vorabentscheidung 12.3.2015, GRUR 2015, 658 Rn. 37 – Actavis/Boehringer.
⁸⁶ EuGH-Vorabentscheidung 12.3.2015, GRUR 2015, 658 Rn. 33 – Actavis/Boehringer.
⁸⁷ EuGH 25.7.2018, GRUR 2018, 908 Rn. 37, 52, 57 (deutsch) – Teva UK Ltd. et al/Gilead Sciences Inc; GRUR-Int 2019, 37 Rn. 37, 52, 57 (englisch); dazu *Romandini* GRUR-Int 2019, 9.
⁸⁸ 19.7.2012, GRUR-Int 2012, 910; anders noch EuGH 17.4.2007, Mitt. 2007, 308 – Calcitirol.
⁸⁹ EuGH 21.3.2019, GRUR 2019, 603 Rn. 32 ff. – Abraxis/Comptroller Central of Patents (deutsch); GRUR-Int 2019, 711 Rn. 32 ff. (englisch) mAnm *Hutchinson*; *Hirse* GRUR-Prax 2019, 185.
⁹⁰ 3.2.1.3 PrüfungsRL-ESZ; siehe a. Brückner/*v. Cettritz*, ESZ, 2. Aufl., Art. 7 Rn. 28.
⁹¹ BPatG 26.3.2005, Mitt. 2006, 73 – Zeitpunkt der Genehmigung für das Inverkehrbringen eines zugelassenen Arzneimittels.

§ 26 A II 4. *Abschnitt. Entstehung und Wegfall von Patenten und Gebrauchsmustern*

lage zurückgenommen hat, ist es für Deutschland bei dieser Handhabung geblieben.[92] Im Schrifttum wird dies teils anders gesehen und statt der Ausfertigung des Genehmigungsbescheids, teils dessen Bekanntgabe an den Antragsteller, teils auch dessen Veröffentlichung für maßgebend erachtet.[93]

63   Den Anmeldungsinhalt gibt Art. 8 Abs. 1 vor. Er umfasst auch die Angabe der Nummer des Grundpatents samt Erfindungsbezeichnung, ferner Nummer und Zeitpunkt der Genehmigung im Anmeldestaat sowie, falls diese nicht die erste Genehmigung (für das Inverkehrbringen) in der Union bildet, auch Nummer und Zeitpunkt dieser Genehmigung[94] sowie eine Kopie der erstgenannten und einen Nachweis über die Erteilung der letztgenannten Genehmigung[95].

64   Für den beim **DPMA** einzureichenden Antrag auf Erteilung eines ergänzenden Schutzzertifikats enthalten §§ 19–21 PatV neben Verweisungen auf Art. 8 der Verordnungen ergänzende Bestimmungen, wonach einzelne für Patentanmeldungen vorgesehene Erfordernisse entsprechend gelten (§ 19 Abs. 1) und dem Antrag Angaben zur Erläuterung des durch das Grundpatent vermittelten Schutzes beizufügen sind (§ 19 Abs. 2).

65   Außer den in den Verordnungen bezeichneten Angaben verlangt der BGH[96], wenn das Zertifikat für den Wirkstoff in einer anderen, insbesondere weiteren Form als der in der arzneimittelrechtlichen Genehmigung identifizierten erteilt werden soll, dass dies in der Anmeldung erklärt und dabei angegeben wird, in welchem Umfang Schutz für den Wirkstoff begehrt wird.

66   Nach Art. 8 Abs. 4 können die Mitgliedstaaten vorsehen, dass eine **Anmeldegebühr** zu entrichten ist. Gem. PatKostG beträgt diese beim DPMA 300 EUR.

67   Bei **Kinderarzneimitteln** kann in der Anmeldung oder zu einer bereits anhängigen Anmeldung ein **Antrag auf Verlängerung der Laufzeit** gestellt werden, Art. 1 Buchst. e, 7 Abs. 5, 13 Abs. 3 VO 469/2009 iVm Art. 36 VO 1901/2006).[97]

68   5. Das DPMA **veröffentlicht** gem. Art. 9 Abs. 2 iVm §§ 30 Abs. 1, 32 Abs. 5 PatG einen Hinweis auf die Anmeldung, in dem u. a die Nummer des Grundpatents mit Bezeichnung der Erfindung und Angaben über die inländische Genehmigung und das hierdurch identifizierte Erzeugnis sowie ggf. über die erste Genehmigung für das Inverkehrbringen in der Gemeinschaft und einen (bei Kinderarzneimitteln möglichen) Antrag auf Verlängerung der Laufzeit (Art. 9 Abs. 2 Buchst. f, Abs. 3 VO 469/2009) enthalten sind.

69   Die **Patentabteilung prüft,** ob die Anmeldung der einschlägigen VO und den in §§ 16a, 49a Abs. 5 PatG bezeichneten Erfordernissen entspricht (§ 49a Abs. 1 PatG).[98] Sie erteilt das Zertifikat für die Dauer seiner Laufzeit (→ Rn. 71 ff.), wenn die Anmeldung und das Erzeugnis, das ihr Gegenstand ist, die in der VO festgelegten Voraussetzungen erfüllen (Art. 10 Abs. 1, 6, § 49a Abs. 2 S. 1 PatG). Ist dies nicht der Fall, gibt die Patentabteilung dem Anmelder unter Setzung einer Frist von mindestens zwei Monaten Gelegenheit, zu Beanstandungen Stellung zu nehmen und Mängel zu beseitigen, § 49a Abs. 2 S. 2 PatG, Art. 10 Abs. 3. Bleiben trotzdem Mängel bestehen, weist die Patentabteilung die Anmeldung durch Beschluss zurück (§ 49a Abs. 2 S. 3 PatG, Art. 10 Abs. 2, 4), gegen den der An-

---

[92] BGH 27.6.2007, GRUR-Int 2007, 1033 – Porfimer; EuGH 3.9.2008, BeckRS 2008, 71048 – Health Research Inc.
[93] Nachweise BGH 27.6.2007, GRUR-Int 2007, 1033 Rn. 8 – Porfimer; jüngst auch Brückner/ *v. Cettritz,* ESZ, 2. Aufl., Art. 7 Rn. 92.
[94] Vgl. EuGH 12.6.1997, GRUR-Int 1997, 908 (910) – Yamanouchi; zum Problem, unter mehreren Genehmigungen die maßgebende festzustellen, *Kellner* GRUR 1999, 808.
[95] Vgl. EuGH 23.1.1997, GRUR-Int 1997, 363 Rn. 45 – Biogen/Smithkline. Die Anforderungen an diesen Nachweis sind in der VO 1610/96 gemildert, was nach Erwägungsgrund 17 sinngemäß auch für die Auslegung von Art. 8 Abs. 1 Buchst. c VO 1768/92 gilt.
[96] BGH 29.1.2002, GRUR-Int 2002, 609 (611) – Sumatriptan; vgl. auch BGH 17.7.2001, GRUR 2002, 47 – Idarubicin III.
[97] Überblick bei *Krauß* Mitt. 2009, 49 ff.
[98] Dazu die Richtlinien für das Prüfungsverfahren bei ergänzenden Schutzzertifikaten vom 23.1.2015.

melder Beschwerde einlegen kann (Art. 17, § 16a Abs. 2 iVm §§ 73 ff., 100 ff. PatG; zum Verfahren → § 23 Rn. 33 ff., 83 ff.), und macht einen entsprechenden Hinweis bekannt (Art. 11 Abs. 2).

Im Fall der **Erteilung** veröffentlicht das DPMA einen Hinweis, der die im Hinweis auf die Anmeldung enthaltenen Angaben und außerdem diejenige der Laufzeit des Zertifikats umfasst (Art. 11 Abs. 1 Buchst. f). Auch das Erzeugnis (der Wirkstoff oder die Wirkstoffzusammensetzung iSdVO), für das das Zertifikat gilt, ist konkret zu bezeichnen.[99] 70

6. Zur Bestimmung der **Laufzeit** des Zertifikats sind von dem Zeitraum zwischen der Anmeldung des Grundpatents und der ersten Genehmigung[100] des Inverkehrbringens in der Gemeinschaft fünf Jahre abzuziehen (Art. 13 Abs. 1). Als Zeitpunkt der ersten Genehmigung hat der EuGH den Zeitpunkt der Bekanntgabe des Genehmigungsbeschlusses gegenüber seinem Adressaten definiert.[101] Die Höchstdauer der Laufzeit beträgt jedoch – außer bei Kinderarzneimitteln – fünf Jahre ab Wirksamwerden des Zertifikats (Art. 13 Abs. 2). Da dieses ab Ende der gesetzlichen Laufzeit des Grundpatents gilt (Art. 13 Abs. 1), an das sich der ergänzende Schutz unmittelbar anschließt, endet die Laufzeit spätestens 5 Jahre nach Ablauf des Grundpatents, so dass sich insgesamt ein effektiver Schutz von höchstens 15 Jahren ab Genehmigung ergibt (Erwägungsgrund 98 und 10). Ausdrücklich festgestellt hat der EuGH in seinem Urteil *Incyte* vom 20.12.2017 die **Unrichtigkeit jeder Laufzeitberechnung,** die auf einer Feststellung der ersten Genehmigung des Inverkehrbringens des fraglichen Arzneimittels beruht, die nicht im Einklang mit dem EuGH-Urteil *Seattle Genetics* vom 6.10.2015[102] steht.[103] 71

Dass bei der Laufzeitberechnung auf den Zeitpunkt der *Anmeldung* des Grundpatents abgestellt wird, ist nicht sachgerecht unter dem Gesichtspunkt, dass dem Patentinhaber ein Ausgleich für den allein durch das Genehmigungsverfahren (und nicht schon durch das Patenterteilungsverfahren) bedingten Verlust an Zeit für die unter dem Schutz des Patents erfolgende Verwertung gewährt werden soll. 72

Beispiel: Patenterteilung 7 Jahre nach Anmeldung (was durch späten Prüfungsantrag oder ein Beschwerdeverfahren verursacht sein kann); erste Genehmigung im Erteilungsstaat und in der Gemeinschaft 9 Jahre nach Patentanmeldung; genehmigungsbedingter Verlust an patentgeschützter Vermarktungszeit: 2 Jahre; Laufzeit des Zertifikats nach der VO aber 4 Jahre. Erst wenn der Zeitraum zwischen Patenterteilung und erster Genehmigung mehr als 5 Jahre beträgt, ergibt sich kein Unterschied mehr. 73

Dass von der Zeit zwischen Patentanmeldung und Genehmigung pauschal nur 5 Jahre abgezogen werden, kann somit bedeuten, dass dem Patentinhaber im Bereich der Arznei- und Pflanzenschutzmittel für eine mehr als fünfjährige Dauer des Erteilungsverfahrens ein Ausgleich gewährt wird, den Patentinhaber auf anderen Gebieten nicht erlangen können. Die Rechtfertigung dieser unterschiedlichen Behandlung erscheint nicht unzweifelhaft. 74

Bei **Kinderarzneimitteln** dauert die Laufzeit gem. Art. 13 Abs. 3 VO 469/2009 **sechs Monate länger,** als sie sich nach Abs. 1 und 2 errechnet. 75

7. Das **Erlöschen** des Zertifikats tritt nach Art. 14 ein, wenn dessen Laufzeit endet, der Inhaber verzichtet oder eine Jahresgebühr nicht rechtzeitig bezahlt wird (hierzu → Rn. 83); zudem wenn und solange das Erzeugnis infolge Widerrufs der Genehmigung nicht mehr in Verkehr gebracht werden darf[104]. 76

---

[99] BGH 29.1.2002, GRUR-Int 2002, 609 – Sumatriptan.
[100] Zur Feststellung ihres Zeitpunkts BPatG 19.10.1995, BPatGE 35, 276; EuGH 21.4.2005, GRUR-Int 2005, 581 – Novartis.
[101] EuGH 6.10.2015, GRUR 2016, 474 – Seattle Genetics/ÖPA; auf Vorlage des OLG Wien.
[102] S. o. Fn. 95.
[103] EuGH 20.12.2017, Mitt. 2018, 272 Rn. 44 – Incyte Corp/Szellemi Tuljadon Nemzeti Hivatala (Ungar. Amt f. Geistiges Eigentum); auf Vorlage des Fövárosi Törvényszék (Hauptstädtischen Gerichtshofs).
[104] Zu diesem Fall *Brändel* GRUR 2001, 878.

77 Eine **Verlängerung** der Laufzeit kann beantragt werden, freilich nur bis spätestens zwei Jahre vor Ablauf des Zertifikats (Art. 7 Abs. 4); die Sonderregelung für Kinderarzneimittel während der ersten fünf Jahre nach Inkrafttreten der VO 1901/2006 hat sich durch Zeitablauf erledigt.

78 **Nichtig** ist das Zertifikat nach Art. 15 Abs. 1, wenn die in Art. 3 geforderten sachlichen Voraussetzungen für seine Erteilung nicht erfüllt waren oder das Grundpatent vor dem Ende seiner gesetzlichen Laufzeit erloschen ist, für nichtig erklärt oder so beschränkt wurde, dass das Erzeugnis nicht länger von seinen Ansprüchen erfasst wird[105]. Einer Nichtigerklärung oder Beschränkung steht es gleich, wenn nach Erlöschen des Grundpatents Nichtigkeitsgründe vorliegen, die eine (frühere) Nichtigerklärung oder eine Beschränkung der vorbezeichneten Art[106] gerechtfertigt hätten.

79 Auf **Nichtigerklärung** eines vom DPMA erteilten Zertifikats kann jedermann beim BPatG klagen (Art. 15 Abs. 2, 17 iVm §§ 16a Abs. 2, 81 ff., 110 ff. PatG; zum Verfahren → § 23 Rn. 55 ff., 110 ff.). Diese Klage kann mit der Nichtigkeitsklage gegen das (vom DPMA oder vom EPA für Deutschland erteilte) Grundpatent verbunden werden (§ 81 Abs. 1 S. 3 PatG). Möglich ist auch der **Widerruf** des Zertifikats auf Antrag des Inhabers analog § 64 PatG.[107]

80 8. Die **Verlängerung** eines Zertifikats für ein Kinderarzneimittel kann nach Art. 16 Abs. 1 VO 469/2009 **widerrufen** werden, wenn sie im Widerspruch zu Art. 36 VO 1901/2006 gewährt worden ist. Zuständig ist die Stelle, die nach nationalem Recht über den Widerruf des Grundpatents entscheidet, bei einer vom DPMA gewährten Verlängerung also die Patentabteilung oder – unter den Voraussetzungen des § 61 Abs. 2 PatG – der BPatG-Beschwerdesenat. Die Verweisung betrifft nur die Zuständigkeit für den Widerruf. Deshalb kann dieser auch nach Ablauf von drei Monaten ab Bekanntmachung des Hinweises auf die Verlängerung beantragt werden.

81 9. Das Zertifikat hat grundsätzlich dieselben **Wirkungen** wie das Grundpatent (Art. 5). Gleichwohl erstreckt sich sein Schutz in den Grenzen des Schutzbereichs dieses Patents allein auf das von den Genehmigungen für das Inverkehrbringen des entsprechenden Arznei- oder Pflanzenschutzmittels erfasste Erzeugnis, und auch insoweit nur auf diejenigen Verwendungen des Erzeugnisses als Arznei- oder Pflanzenschutzmittel, die vor Ablauf des Zertifikats genehmigt wurden (Art. 4). Geschützt sind also nicht etwa alle in den Schutzbereich des Patents fallenden Erzeugnisse, sondern nur das genehmigte Erzeugnis in der vor Ablauf des Zertifikats genehmigten Verwendung[108]. Das Zertifikat gewährt damit nur einen **zweckgebundenen Schutz innerhalb einer arzneimittelrechtlichen Genehmigung**. Für nicht pharmazeutische Verwendungen eines Erzeugnisses kann kein Zertifikat gewährt werden.[109]

82 10. Weist das Zertifikat eine falsche Laufzeit aus, kann sein Inhaber nach Art. 18 VO 469/2009 „einen Rechtsbehelf" einlegen mit dem Ziel, die Laufzeit im Zertifikat falsch angegebene Laufzeit berichtigen zu lassen.[110] In seiner Entscheidung spricht der EuGH davon, der Rechtsbehelf sei statthaft bis zum Erlöschen des Zertifikats. Das ist missverständlich, denn unklar bleibt, ob sich Erlöschen und damit Zertifikatslaufzeit nach der im Zertifikat unzutreffend ausgewiesenen oder der korrekt berechneten Frist richten soll. Gemeint sein kann hier nur die korrekt berechnete Frist!

Zu dem in Art. 4 beschriebenen Verhältnis von Schutz und arzneimittelrechtlicher Genehmigung hat der EuGH 1999 in *Farmitalia* festgestellt,[111] dass das Schutzzertifikat das

---

[105] Zur Frage, ob damit die Nichtigkeitsgründe abschließend aufgezählt sind, *Brändel* GRUR 2001, 878 (879) mN.

[106] Vgl. BPatG 27.6.2006, Mitt. 2007, 68 – Alendronsäure.

[107] BPatG 7.12.2016, Mitt. 2017, 121 – Trifloxtrobin.

[108] LG Düsseldorf 8.3.2011, InstGE 13, 103 – Valsartan legt das weit aus.

[109] Aufzeichnung des BMJ (jetzt: BMJV) vom 15.10.1990 zum Kommissionsvorschlag für die spätere VO 1768/92, GRUR-Int 1991, 32 (34).

[110] EuGH 20.12.2017, Mitt. 2018, 272 Rn. 51 und 60 – Incyte; s. auch Fn. 95.

[111] EuGH 16.9.1999, GRUR-Int 2000, 69 – Farmitalia.

§ 26. *Wegfall vom DPMA erteilter Patente u. eingetragener Gebrauchsmuster*   A II § 26

Erzeugnis nach Art. 4 (VO 1768/92) nicht nur so schützt, wie in der Genehmigung beschrieben. Dies ergäbe sich auch aus Erwägungsgrund 13 und 17 der VO 1610/96 (für Pflanzenschutzmittel). Das Zertifikat gewähre danach Schutz für einen Wirkstoff („als solchen") sowie für dessen Derivate (Salze und Ester), wenn auch der Schutz des Grundpatents diese erfasse. Erfasst die Genehmigung den Wirkstoff nur in einer besonderen Form, zB der eines Salzes, beschränke dies nicht den Gegenstand des Schutzzertifikats.[112]

c) Nichtzahlung einer Jahresgebühr

1. Außer für Zusatzanmeldungen und -patente ist für jede Anmeldung und jedes Patent ab dem dritten Jahr, gerechnet vom Anmeldetag, jährlich eine Jahresgebühr zu entrichten (§ 17 Abs. 1, 2 PatG). Wird diese Jahresgebühr nicht rechtzeitig gezahlt, gelten Anmeldungen als zurückgenommen (§ 58 Abs. 3 PatG, vgl. → § 25 Rn. 104), und erteilte Patente erlöschen (§ 20 Abs. 1 Nr. 2 PatG).   **83**

Die Jahresgebührenpflicht für *Anmeldungen* wurde zusammen mit der aufgeschobenen Prüfung eingeführt. Nach der Vorgängerregelung waren bei Erteilung die Jahresgebühren für das laufende und alle vorausgegangenen Patentjahre auf einmal fällig geworden. Die aktuell geltende Regelung will vermeiden, dass sich die Belastung des Anmelders in dieser Weise kumuliert, und gleichzeitig darauf hinwirken, dass er in regelmäßigen Abständen überlegt, ob es noch sinnvoll ist, seine Anmeldung aufrechtzuerhalten.[113]   **84**

Für *ergänzende Schutzzertifikate* gestatten die dafür maßgebenden europäischen Verordnungen (jeweils Art. 12, → Rn. 44) den Mitgliedstaaten die Erhebung von Jahresgebühren. Deutschland hat von dieser Möglichkeit Gebrauch gemacht (§ 16a Abs. 1 S. 2 PatG).   **85**

Die **Höhe** der Jahresgebühren richtet sich nach dem Patentkostengesetz. Für Patente betragen sie für das dritte und vierte Patentjahr je 70 EUR und steigen vom fünften Jahr an jährlich bis auf 1940 EUR für das zwanzigste Jahr.[114] Ihre Summe beläuft sich auf 13 170 EUR. Für ergänzende Schutzzertifikate steigen die Jahresgebühren von 2650 EUR im ersten bis auf 4520 EUR im sechsten Jahr. In Summe sind das 21 170 EUR.   **86**

Der Anmelder, Patent- oder Zertifikatinhaber kann durch Erklärung der **Lizenzbereitschaft** bewirken, dass sich die künftig fällig werdenden Jahresgebühren auf die **Hälfte** ermäßigen; freilich begibt er sich damit seines Verbietungsrechts aus dem Patent und allen gegebenenfalls dazu gehörenden Zusatzpatenten (§ 23 PatG aF iVm § 147 Abs. 3 PatG, Näheres → § 34 Rn. 1 ff.).   **87**

Wird ein **Zusatzpatent** (zur verselbstständigten Zusatz*anmeldung* → Rn. 93 ff.) **selbstständig**, wird es gebührenpflichtig (§ 17 Abs. 2 S. 2 Hs. 1 PatG aF iVm § 147 Abs. 3 PatG); doch brauchen für die Vergangenheit keine Jahresgebühren nachentrichtet zu werden. Fälligkeit und Jahresbetrag der künftigen Gebühren richten sich nach dem Anfangstag des bisherigen Hauptpatents (§ 17 Abs. 2 S. 2 Hs. 2 PatG aF iVm § 147 Abs. 3 PatG).   **88**

2. Die **Fälligkeit** der Jahresgebühren tritt regelmäßig (vgl. → Rn. 93 ff.) jeweils für das beginnende Patentjahr am **letzten Tag des Monats** ein, der durch seine Benennung dem Monat entspricht, in den der Anmeldetag fällt (§ 3 Abs. 2 S. 1 PatKostG).   **89**

---

[112] So mit Bezug auf BGH 15.2.2000, GRUR 2000, 683 – Idarubicin II; Brückner/*v. Cettritz*, ESZ, 2. Aufl., Art. 4 Rn. 38–40.

[113] Vgl. *Schäfers* in Benkard PatG § 17 Rn. 5; Begründung zum Gesetz vom 4.9.1967, BlPMZ 1967, 251.

[114] Die Beträge für das 5. bis 19. Jahr sind (in EUR): 90–130–180–240–290–350–470–620–760–910–1060–1230–1410–1590–1760. Wenn bei Fälligkeit der 3. Gebühr die 4. und 5. vorausbezahlt werden, sind insgesamt nur 200 zu zahlen (Nr. 312 205 GVZ iVm § 2 Abs. 1 PatKostG). – Für ergänzende Schutzzertifikate sind für die 5 Jahre ihrer Höchstlaufzeit zu entrichten (in EUR): 2650–2940–3290–3650–4120. Für die zusätzlichen sechs Monate, um die ein Zertifikat für Kinderarzneimittel verlängert werden kann, beträgt die Gebühr 4520 EUR (Nr. 312 260 iVm § 2 Abs. 1 PatKostG).

§ 26 A II 4. *Abschnitt. Entstehung und Wegfall von Patenten und Gebrauchsmustern*

90 **Beispiele:** Anmeldung 1.3.1999; Fälligkeit jeweils am 31.3., erstmals 2001.
Anmeldung 29.2.2000; Fälligkeit jeweils am 28. oder 29.2., erstmals 2002.

91 Wird die Gebühr nicht vor **Ablauf des zweiten Monats** nach Fälligkeit entrichtet, erhöht sie sich um einen **Zuschlag** von 50 EUR (§ 7 Abs. 1 S. 2 PatKostG).

92 Für die **Fristberechnung** gelten §§ 187 Abs. 2, 188 Abs. 2 BGB.[115] Da es um eine Handlungsfrist geht, ist, anders als für die Fälligkeit, auch § 193 BGB anzuwenden: wenn die Frist mit einem Samstag, Sonn- oder Feiertag enden würde, läuft sie erst mit dem nächsten Werktag ab.

93 3. Wenn eine **Zusatzanmeldung** in eine **selbstständige** Anmeldung umgewandelt wird oder, weil für sie, aber nicht für die Hauptanmeldung ein Recherchen- oder Prüfungsantrag gestellt wurde (§§ 43 Abs. 2 S. 4, 44 Abs. 3 S. 2 PatG), als von Anfang an selbstständige Anmeldung gilt, tritt nach § 17 PatG mit dem Wirksamwerden der Verselbstständigung[116] die Fälligkeit aller Jahresgebühren ein, die bereits fällig geworden wären, wenn im Zeitpunkt der Einreichung der Zusatzanmeldung eine selbstständige Anmeldung eingereicht worden wäre.[117] Die folgenden Jahresgebühren werden in regulärer Weise fällig.

94 **Beispiel:** Hauptanmeldung 16.3.1999; Zusatzanmeldung 10.9.1999; Selbstständigwerden 15.11.2002; Fälligkeit der Gebühr für das dritte und vierte Patentjahr 15.11.2002, für die folgenden Jahre jeweils 30.9. (ab 2003).

95 Entsprechendes zeigt sich bei der **Teilung** von Anmeldungen (§ 39 PatG). Für die Anmeldung, die hieraus als Trennanmeldung hervorgeht, sind für die Zeit bis zur Teilung die Jahresgebühren nachzuentrichten, die für die ursprüngliche Anmeldung zu entrichten waren (§ 39 Abs. 2 S. 1 PatG). Die Fälligkeit tritt insoweit ein, sobald die Teilung wirksam wird, also mit Eingang der Teilungserklärung (Näheres → § 25 Rn. 221).

96 4. Der Ablauf der zweimonatigen Frist bewirkt nur, dass sich die Gebühr um den Zuschlag erhöht; auf den Bestand der Anmeldung oder des Patents hat er noch keinen Einfluss. Vielmehr kann die Gebühr mit dem Zuschlag noch bis zum Ablauf des **sechsten Monats** nach Fälligkeit gezahlt werden (§ 7 Abs. 1 S. 2 PatKostG). Zum Verfall der Anmeldung oder zum Erlöschen des Patents führt also erst die Unterlassung der Zahlung (samt Zuschlag!) auch innerhalb der Nachzahlungsfrist. Dem Anmelder oder Patentinhaber steht damit die in Art. 5bis Abs. 1 PVÜ geforderte sechsmonatige Nachfrist zur Verfügung. Eine amtliche Benachrichtigung über ihren Ablauf erfolgt, anders als bis 2001, heute nicht mehr.

97 Im Gegensatz zum Verfall der Anmeldung (vgl. → § 25 Rn. 106) hat das mangels rechtzeitiger Zahlung einer Jahresgebühr eintretende **Erlöschen** des Patents **keine Rückwirkung,** auch nicht auf den Zeitpunkt der Fälligkeit.[118] Die Wirkungen des Patents enden erst mit Ablauf der versäumten Nachzahlungsfrist. Bis dahin bleibt das Patent wirksam.

98 **Zusatzpatente** eines mangels rechtzeitiger Zahlung einer Jahresgebühr erloschenen Patents **erlöschen** zusammen mit diesem, werden also nicht selbstständig.

---

[115] BPatG 10.3.1983, BPatGE 25, 184.

[116] Im Fall eines Recherchen- oder Prüfungsantrags bedarf es dafür auch des Ablaufs eines Monats nach Zustellung der amtlichen Aufforderung, einen entsprechenden Antrag für die Hauptanmeldung zu stellen.

[117] Vgl. BGH 13.5.1971, GRUR 1971, 563 (564) − Dipolantenne; 11.10.1976, GRUR 1977, 216 − Schuhklebestoff; BPatG 20.1.1978, BPatGE 20, 181 (182).

[118] BGH 16.3.1956, GRUR 1956, 265 (267) − OLG Düsseldorf 31.8.2006, Mitt. 2007, 143 und 12.12.2006, GRUR-RR 2007, 216 scheint jedoch anzunehmen, dass das Erlöschen bereits mit Ablauf der zweimonatigen Frist für die zuschlagfreie Zahlung und deshalb bei Versäumung der Nachzahlungsfrist rückwirkend eintrete; ebenso *Kreuzkamp,* in seiner Urteilsanmerkung, Mitt. 2007, 144. Durch den Gesetzeswortlaut und die Kommentare wird diese Auffassung nicht gestützt, wie *Hövelmann* Mitt. 2007, 540 ff. nachweist.

§ 26. Wegfall vom DPMA erteilter Patente u. eingetragener Gebrauchsmuster **A II   § 26**

5. Eine **Besonderheit** gilt bei Jahresgebühren, die nach § 39 Abs. 2 S. 1 PatG im Fall der Teilung 99 zur Nachzahlung fällig werden (vgl. → Rn. 95 und → § 25 Rn. 221). Das Ausbleiben ihrer Zahlung bewirkt nach § 39 Abs. 3 PatG nur, dass mit Ablauf von drei Monaten ab Teilungserklärung diese als nicht abgegeben gilt. Zu einem Rechtsverlust kommt es erst dann, wenn für die Trennanmeldung eine *nach* der Teilung fällig werdende Jahresgebühr nicht rechtzeitig bezahlt wird und die Teilung bei Ablauf dieser Frist wirksam ist. Wegen § 39 Abs. 3 PatG hängt dies davon ab, dass vor dem letztgenannten Zeitpunkt die *vor* der Teilung fällig gewordenen Jahresgebühren bezahlt wurden.

6. Die verschiedenen **Formen** der Gebührenzahlung regelt die VO über die Zahlung 100 der Kosten des DPMA und des BPatG (→ § 8 Rn. 15). Geregelt wird dort auch die im fristengetriebenen Patentrecht wichtige Frage, welcher Tag als Einzahlungstag gilt und somit noch innerhalb der Zahlungsfrist liegen muss, wenn eine Gebühr rechtzeitig entrichtet sein soll. Für den beim DPMA inzwischen vorherrschenden Zahlungsweg des Lastschrifteinzugs galt früher die Regel, dass die Einreichung einer Ermächtigung zum Lastschrifteinzug beim Amt noch *keine Zahlung* bewirkte.[119] *§ 2 Nr. 4 PatKostZV* hat dies ab 1.11.2013 geändert. Seither reicht die Erteilung eines **SEPA-Basislastschriftmandats** mit Angaben zum Verwendungszweck, der die Kosten umfasst, für die Zuerkennung des Fälligkeitstags als Zahlungstag aus. Gleichwohl hat es das BPatG für die Zahlung einer Gebührenschuld und damit die Zuerkennung eines Zahlungstags *entgegen § 2 Nr. 4 PatKostZV* für unzureichend erklärt, dass die Einziehung auf Basis eines dem DPMA erteilten Lastschriftmandats erfolgte und dem DPMA gutgeschrieben wurde. Die Gebührenschuld müsse vielmehr iSv § 362 BGB *durch Erfüllung erloschen* sein. Daran fehle es.[120]

Die Zahlung von Jahresgebühren durch **Dritte** wird analog §§ 267, 268 BGB zu behan- 101 deln sein.[121] Sie ist danach stets wirksam, wenn nicht der Patentinhaber (oder Anmelder) ihr widerspricht *und* das PA sie zurückweist. Macht der Dritte glaubhaft, dass ihm bei Verfall der Anmeldung oder Erlöschen des Patents ein Recht, zB das Recht auf das Patent oder aus einer Exklusivlizenz verlorenzugehen droht, kann das PA die Zahlung auch dann nicht zurückweisen, wenn Anmelder oder Patentinhaber ihr widersprechen.

Die **Entscheidung über die Rechtzeitigkeit** der Zahlung einer Jahresgebühr ist dem PA vorbe- 102 halten (§ 20 Abs. 2 PatG); ein besonderer Ausspruch wird aber gewöhnlich nur ergehen, wenn das PA das Patent mangels rechtzeitiger Zahlung als erloschen ansieht. Der Patentinhaber kann die Auffassung des PA im Beschwerde- und Rechtsbeschwerdeverfahren überprüfen lassen. Im Verletzungsprozess bindet die Entscheidung des PA die Gerichte.[122]

7. Jahresgebühren können frühestens **ein Jahr**[123] **vor Fälligkeit** bezahlt werden (§ 5 103 Abs. 2 PatKostG). Sie sind **zurückzuzahlen**, wenn sich noch vor Fälligkeitseintritt ergibt, dass sie **nicht mehr fällig werden können** (§ 10 Abs. 1 PatKostG; Ausnahme bei Vorauszahlung für das 4. und 5. Jahr: § 10 Abs. 1 S. 2). Eine Rückzahlung bereits *fällig gewordener* Jahresgebühren ist nicht vorgesehen, selbst wenn Anmeldung oder Patent *rückwirkend* wegfallen. Rücknahme, Verfall und Zurückweisung der Anmeldung, deren Umwandlung in eine Zusatzanmeldung,[124] Patentverzicht, Widerruf oder Nichtigerklärung des Patents führen stets nur zur Rückerstattung der Zahlungen, deren Fälligkeit noch nicht eingetreten war, als die in Frage stehende Erklärung oder Entscheidung beim PA einging bzw. rechtskräftig wurde oder als die maßgebende Frist (insbesondere für Prüfungsantrag und -gebühr) ablief.

---

[119] Zum bis 30.11.2013 geltenden Recht: BPatG 12.5.2016, Mitt. 2016, 416 (417f.) – Verzögerte Einziehung.
[120] 9.5.2017, GRUR-RS 2017, 111947 – Trennwandeinrichtung.
[121] *Schäfers* in Benkard PatG § 17 Rn. 14.
[122] *Schäfers* in Benkard PatG § 20 Rn. 13.
[123] Ausnahme: Gebühr für das 5. Jahr, s. o. Fn. 90.
[124] Hierzu BGH 13.5.1971, GRUR 1971, 563 (564) – Dipolantenne.

104 Nach älteren BPatG-Entscheidungen[125] ist die versehentliche Zahlung einer Jahresgebühr **anfechtbar,** wenn sie auf einem Irrtum iSd § 119 Abs. 1 BGB beruht. Abweichend von den sonst geltenden Grundsätzen könnte dann – praktisch wohl sehr selten – die Rückzahlung einer schon fällig gewordenen Gebühr erreicht werden.

105 8. Ein Anmelder mit hinreichender Aussicht auf Erteilung des beantragten Patents und ein Patentinhaber erhalten für die Jahresgebühren **Verfahrenskostenhilfe** (VKH), wenn sie nach ihren persönlichen und wirtschaftlichen Verhältnissen die Jahresgebühren nicht, nur zum Teil oder nur in Raten aufbringen können (§ 130 Abs. 1 S. 1 und 2 PatG iVm §§ 114–116 ZPO; Näheres → § 23 Rn. 163 ff.). Die Bewilligung von VKH bewirkt, dass der Verfall der Anmeldung oder das Erlöschen des Patents, die im Fall der Nichtzahlung drohen, nicht eintreten (§ 130 Abs. 2 PatG). Wird das VKH-Gesuch vor Ablauf der Zahlungsfrist eingereicht, wird der Lauf dieser Frist bis zum Ablauf eines Monats nach Zustellung des auf das Gesuch ergehenden Beschlusses gehemmt (§ 134 PatG).

106 9. Wer ohne Verschulden die rechtzeitige Zahlung einer Jahresgebühr versäumt, kann nach § 123 PatG **Wiedereinsetzung** erlangen (→ § 23 Rn. 150 ff.).[126] Das gilt auch bezüglich der zweimonatigen Frist für die zuschlagfreie Zahlung, da ihre Nichteinhaltung den Rechtsnachteil der Gebührenerhöhung bewirkt. Führt die Wiedereinsetzung zum Wiederinkrafttreten eines erloschenen Patents oder einer verfallenen Anmeldung, können **für gutgläubige Dritte Weiterbenutzungsrechte** bestehen (§ 123 Abs. 5, 6 PatG, näher unter → § 34 Rn. 68 ff.).

107 10. Die Gebührengestaltung im Patentwesen ist ein schwieriges Thema. Kritisiert werden heute, anders als früher, zwar eher die Gebühren des EPA als die des DPMA und stehen heute auch weniger soziale als vielmehr Effizienzaspekte zur Diskussion. Dies ändert aber nichts an der Sonderstellung der patentrechtlichen Gebühren im Gefüge der Eigentumsrechte. Warum werden diese ausgerechnet Erfindern abverlangt, nicht aber Urhebern, Inhabern anderer Immaterialgüterrechte oder – gar – Sacheigentümern? Und wie passt dies zur innovationsfördernden Wirkung des Patentsystems? – Für die Parallele zu den Urhebern und Inhabern anderer Immaterialgüterrechte ist Unterschiede hinzuweisen, die zwischen Erfindern einerseits und Urheber andererseits bestehen. Diese Unterscheide sind erheblich, und rechtfertigen es, den Rechtsschutz für beide unterschiedlich auszugestalten (vgl. → Rn. 24–37). Schon aus Gründen der **Rechtssicherheit,** die dem Erfinder nützt, weil sie sein Risiko beschränkt, kommt Erfindungsschutz nicht ohne Förmlichkeit aus und ist eine amtliche Vorprüfung der Schutzfähigkeit zweckmäßig. Zwar dient das Patentsystem auch der Allgemeinheit, doch diese dafür schon über den Preis. Für den Rechtsinhaber rechnet das Patentsystem damit, dass er auch die Kosten für die Patenterlangung und -aufrechterhaltung amortisieren kann; sofern der Markt seine Erfindung annimmt.

108 Für die Jahresgebühren liegen die Dinge weniger eindeutig. Während der Aufwand für Erteilungsverfahren und Prüfung ganz offensichtlich spezifische Gebühren erfordert, scheint es für Jahresgebühren an der **Gegenleistung** zu fehlen. Freilich decken die Verfahrens- und Prüfungsgebühren die Gesamtkosten des Patentwesens bei weitem nicht, sondern leisten auch die Jahresgebühren einen Beitrag. Dieser führt letztlich zu einer Subvention zurückgewiesener Anmeldungen und mangels Erfolg nur kurz laufender Rechte durch erfolgreiche lang laufende. Anmelder und Patentinhaber zahlen für das Patentsystem also auch mit den Jahresgebühren, und zwar entsprechend der Dauer, für sie den Schutz aufrechterhal-

---

[125] 29.11.1961, BPatGE 1, 25; 10.5.1962, BPatGE 2, 17 (19); 3.12.1970, 1972, 262; in allen Fällen wurde eine wirksame Anfechtung im Ergebnis verneint.
[126] Ist ein Patent übertragen worden, aber der neue Inhaber noch nicht im Register eingetragen, ist nach BPatG 12.1.2006, BlPMZ 2006, 244 – Triazolverbindungen – jedenfalls solange beim PA kein Umschreibungsantrag eingeht – allein der noch eingetragene Rechtsvorgänger Gebührenschuldner, so dass nur in seinem Bereich liegende Gründe eine Wiedereinsetzung rechtfertigen können.

ten.[127] Die Jahresgebühren sind die Verbindung zwischen dem Beitrag des einzelnen Nutzers und dem **Ausmaß seiner Nutzung.** Ohne Jahresgebühren würden Patente billiger, aber Anmeldungen würden teurer. Das brächte eine Steigerung der Anmeldekosten, und damit der wichtigsten Zutrittsschwelle für KMU. Zudem ist es jedenfalls nicht sachwidrig, neben dem verursachten Arbeitsaufwand auch den Umfang zu berücksichtigen, in dem Anmelder von den **Vorteilen des Schutzsystems** Gebrauch machen. Ein „Durchgriff" auf den wirtschaftlichen Wert der Erfindung[128] liegt darin nicht. Dieser hängt mit den Jahresgebühren nur insofern zusammen, als die Vorstellungen des Anmelders oder Patentinhabers von der Profitabilität seiner Erfindung seine Zahlungsbereitschaft beeinflussen. Dass für unergiebig gehaltene Erfindungen darum oft vorzeitig frei werden, ist ein im Allgemeininteresse erwünschter Nebeneffekt.

Für die mit Blick auf selbstständige Erfinder und KMU gebotene Berücksichtigung **sozialer Belange** sorgt die Möglichkeit, durch Verfahrenskostenhilfe wirtschaftlich schwache Anmelder oder Patentinhaber zeitweilig oder ganz von Jahresgebühren zu entlasten (vgl. → Rn. 105). **109**

In summa ist daher dem BPatG[129] zuzustimmen, dass die Pflicht zur Zahlung von Patentjahresgebühren **nicht grundgesetzwidrig** ist, solange diese Gebühren **keine abschreckende oder prohibitive Höhe** erreichen. Für die im Gebührengesetz von 1976 festgelegten Sätze hat das BPatG dies verneint. Auch die nach dem PatKostG geltenden Beträge liegen erheblich unter der allgemeinen Preissteigerung der vorangegangenen 25 Jahre.[128] **110**

Dringend geachtet werden sollte gleichwohl darauf, dass das Patentsystem nicht zu einer Veranstaltung weniger Großanmelder werden sollte, sondern **besonders für Einzelerfinder und KMU offen bleibt,** etwa für *start-ups.* Dieser Anmelderkreis darf nicht durch hohe Gebühren davon abgehalten werden, patentwürdige und wirtschaftlich erfolgversprechende Erfindungen anzumelden, oder solche Patente verfrüht fallenzulassen.[130] Die Verfahrenskostenhilfe kann so etwas nicht ausschließen, weil sie kaum berücksichtigen kann, dass nicht nur mangelnde wirtschaftliche Leistungsfähigkeit der Aufwendung erhebliche Mittel für die Erlangung und Aufrechterhaltung von Patenten im Weg stehen kann, sondern auch unternehmerische Erfordernisse, die der Erfinder priorisiert. Nicht beizukommen ist mit Verfahrenskostenhilfe auch den durchaus hohen Gebührenlasten, die daraus resultieren, dass nicht wenige Individualerfinder und KMU zahlreiche patentwürdige Erfindungen hervorbringen. **111**

Sollte sich aus solchen Gründen eine Senkung der Jahresgebühren im Interesse einer **breiteren Nutzung des Patentsystems,** vor allem durch KMU empfehlen, wäre notfalls in Kauf zu nehmen, dass die Gebühren die Kosten des Patentwesens nicht mehr vollständig decken. Zu senken wären die Jahresgebühren auch, wenn sich ergäbe, dass sie zur Deckung des Gesamtaufwands des Patentsystems nicht erforderlich sind. Sie allein mit Blick auf die Überschüsse hochzuhalten, die das Patentamt an den Bundeshaushalt abführt, wäre nicht zulässig.[131] Diese Überschüsse in (niedriger) dreistelliger Millionenhöhe, die das DPMA (auch in Form seiner Zuflüsse aus dfem EPA) in den letzten Jahren an den Bundeshaushalt abgeführt hat, sind insoweit nicht unbedenklich. **112**

Problematisch an der Ausgestaltung der Patentgebühren, die sich zwischen EPA und DPMA nicht strukturell unterscheiden, ist aus heutiger Perspektive deren **fiskalischer Aspekt und dessen Wirkungen auf die Patentqualität.** Dass dem einzelnen Prüfer die Erteilung einer Anmeldung weniger Arbeit macht als deren Zurückweisung, darf als bekannt gelten. Jeder Prüfer bestätigt dies. Dennoch ist nicht bekannt geworden, dass Ämter **113**

---

[127] Vgl. BPatG 26.7.1972, BPatGE 14, 93 (106 f.); BPatG 17.12.1981, BPatGE 24, 154.
[128] So *Schickedanz* GRUR-Int 1981, 313 (317).
[129] BPatG 17.12.1981, BPatGE 24, 154.
[130] Vgl. *Hubmann* BlPMZ 1977, 209 (211).
[131] So schon *Kort* GRUR 2000, 131 f.

ihre Prüfer dadurch zu strenger Prüfung anhalten, dass die Zurückweisung von Anmeldungen ähnlich positiv bepunktet wird wie deren Erteilung. Aus Sicht der Ämter ist das zweckrational gedacht, denn Geld verdienen Ämter nur, oder jedenfalls vor allem, mit Patenten, die möglichst lange in Kraft stehen. Das setzt ihre Erteilung voraus. Wirklich problematisch wird es, wenn ein Amt existentiell von seinen Gebühreneinnahmen abhängt. Bestehen **fiskalische Ämterinteressen,** ist absehbar, letztlich sogar berechenbar, welche Zurückweisungsquote sich das Amt leisten kann, welchen Anteil der bei ihm eingereichten Anmeldungen es anders gewendet erteilen muss. Für die Patentqualität sind solche wirtschaftlichen Zwangspunkte hoch toxisch. Denn letztlich steht und fällt die gerichtliche und damit auch politische Akzeptanz eines Patentsystems unmittelbar mit der Produktqualität, die es gewährleisten kann.

d) Laufzeitende und Nichtzahlung einer Verlängerungsgebühr beim Gebrauchsmuster

114 1. Nach § 23 Abs. 1 GebrMG beginnt die Schutzdauer eines eingetragenen Gebrauchsmusters mit dem Anmeldetag und endet **10 Jahre** nach Ablauf des Monats, in den der Anmeldetag fällt. Die Vorschrift bezieht sich nicht auf die Dauer der Schutzwirkung, die erst mit der Eintragung beginnt (§ 11 GebrMG), sondern auf die Laufzeit.

115 Die zeitliche Begrenzung des Schutzes ist grundsätzlich mit den gleichen Erwägungen zu rechtfertigen wie beim Patent (vgl. → Rn. 24 ff.). Dass seine Höchstdauer wesentlich kürzer ist als dort, lässt sich allein damit begründen, dass der Gebrauchsmusterschutz eine *geringere erfinderische Leistung* voraussetzt. Verneint man dies, ist es willkürlich, den durch Gebrauchsmustereintragung erreichbaren Schutz früher enden zu lassen als denjenigen, den eine Patenterteilung gewährt. Insbesondere ist dies nicht daraus zu rechtfertigen, dass vor der Gbm-Eintragung keine vollständige Prüfung der sachlichen Schutzvoraussetzungen erfolgt. Falls diese nicht erfüllt sind, hat die Eintragung ohnehin keine Schutzwirkung. Wäre aber eine auch für ein Patent ausreichende erfinderische Leistung erforderlich und gegeben, wäre nicht einzusehen, warum der Schutz deshalb früher enden soll, weil ihr Vorliegen nicht vor der Eintragung festgestellt worden ist. Auch die günstigere Gebührengestaltung beim Gbm (→ Rn. 116) rechtfertigt die Halbierung der Laufzeit nicht, da sie sich aus dem geringeren Aufwand für die Prüfung erklärt. Die Beschränkung des für Neuheit und erfinderischen Schritt relevanten SdT auf schriftliche Beschreibung und inländische Benutzung mag zwar bei der derzeitigen Rechtslage unterstützend für eine verkürzte Laufzeit sprechen; maßgebender Grund hierfür kann sie aber nicht sein, weil einem Mangel der Neuheit, der sich ohne solche Begrenzung ergäbe, allein durch Versagung, nicht aber durch Verkürzung des Schutzes Rechnung getragen werden könnte, während eine nicht patentwürdige erfinderische Leistung immerhin das für einen verkürzten Schutz erforderliche Mindestmaß erfüllen kann (vgl. → § 18 Rn. 25 ff.).

116 2. Mit der **Anmeldegebühr** von 40 (bei elektronischer Anmeldung 30) EUR sichert der Anmelder den Bestand der Anmeldung und des daraufhin eingetragenen Gebrauchsmusters für drei Jahre. Durch Zahlung von **Jahresgebühren** kann er die Laufzeit zunächst um drei, dann noch zweimal um je zwei Jahre verlängern (§ 23 Abs. 2 GebrMG)[132]. Jede dieser Gebühren wird am letzten Tag des Monats fällig, der durch seine Benennung dem Monat entspricht, in den der Anmeldetag fällt (§ 3 Abs. 2 S. 1 PatKostG). Vorauszahlung ist erst ein Jahr vor Fälligkeit zulässig (§ 5 Abs. 2 PatKostG). Wird das Gbm erst nach Beendigung des ersten oder eines folgenden Abschnitts der Laufzeit eingetragen, wird (werden) die Jahresgebühr(en) für den (die) schon begonnenen weiteren Abschnitt(e) am letzten Tag des Monats fällig, in dem die Eintragung bekanntgemacht wird (§ 3 Abs. 2 S. 2 PatKostG). Es ist also – anders als im Patentrecht – nicht erforderlich, bereits für die noch anhängige Anmeldung Jahresgebühren zu zahlen.

117 Für die Zahlungsfristen und den Zuschlag bei Nachzahlung gilt das gleiche wie bei Patent-Jahresgebühren (→ Rn. 89 ff., 96 ff.). Erfolgt die Zahlung nicht rechtzeitig, erlischt das Gebrauchsmuster (§ 23 Abs. 3 Nr. 2 GebrMG).

---

[132] Die Gebühren betragen 210, dann 350 und schließlich 530 EUR.

§ 26. Wegfall vom DPMA erteilter Patente u. eingetragener Gebrauchsmuster   B § 26

Die Jahresgebühren rechtfertigen sich aus den gleichen Erwägungen wie die Patent-Jahresgebühren 118
(→ Rn. 107 ff.). Dass sie, weil in den Vergleich auch die Patent-Prüfungsgebühr einzubeziehen ist, insgesamt erheblich geringer sind als für die Aufrechterhaltung eines Patents bis zum Ablauf von 10 Jahren nach Anmeldung, entspricht dem unterschiedlichen Prüfungsaufwand.

III. Nicht rückwirkender Wegfall von Patentwirkungen durch Erteilung eines EP-Patents

Hat das vom DPMA erteilte DE-Patent[133] eine Erfindung zum Gegenstand, für die 119 demselben Erfinder oder seinem Rechtsnachfolger mit Wirkung für die Bundesrepublik Deutschland ein EP mit derselben Priorität erteilt worden ist, wirkt das DE-Patent gemäß Art. II § 8 IntPatÜG (vgl. Art. 139 Abs. 3 EPÜ) (erst) von dem Zeitpunkt an nicht mehr, in dem feststeht, dass das EP nicht mehr widerrufen werden kann; weil die Einspruchsfrist ungenutzt abgelaufen ist oder das Einspruchsverfahren zur Aufrechterhaltung geführt hat.[134] Wird das DE-Patent erst erteilt, wenn das EP aus den genannten Gründen keinem Einspruch mehr unterliegt, hat es bereits ab Erteilung keine Wirkung, soweit es sich mit dem EP überschneidet. Die Wirkung des DE-Patents lebt in diesem Umfang auch dann nicht (wieder) auf, wenn das EP später erlischt oder für nichtig erklärt wird.

B. Rückwirkender Wegfall

Literatur: *Ann, C.,* Patentwert und Patentnichtigkeit – Wieviel Rechtssicherheit dürfen Patentinhaber beanspruchen?, Mitt. 2016, 245–252; *Bender, A.,* Eingeschränkte Schutzansprüche und die entsprechende Anwendung von zivilprozessualen Grundsätzen im Gebrauchsmusterlöschungsverfahren, GRUR 1997, 785–790; *Dihm, P.,* Die Klarstellung von Patentansprüchen im Nichtigkeitsverfahren, GRUR 1995, 295–302; *Engel, F. W.,* Zur Beschränkung des Patents und deren Grenzen, GRUR 2009 (FS Melullis), 248–251; *Féaux de Lacroix, S.,* Zum gegenseitigen Verhältnis von Beschränkungs-, Einspruchs- und Nichtigkeitsverfahren, Mitt. 2008, 6–9; *Fitzner, U./Waldhoff, C.,* Das patentrechtliche Einspruchsverfahren – Eine Analyse aus öffentlich-rechtlicher Sicht, Mitt. 2000, 446–454; *Flad, L.,* Änderungen des Patents im Einspruchs-, Einspruchsbeschwerde-, Nichtigkeits- und Beschränkungsverfahren, GRUR 1995, 178–181; *Goebel, F. P.,* Gebrauchsmuster – Beschränkte Schutzansprüche und Kostenrisiko im Löschungsverfahren, GRUR 1999, 833–838; *ders.,* Schutzansprüche und Ursprungsoffenbarung – Der Gegenstand des Gebrauchsmusters im Löschungsverfahren, GRUR 2000, 477–484; *Gröning, J.,* Zum Rechtsschutzbedürfnis für die Patentnichtigkeitsklage nach Erlöschen des Schutzrechts, FS Bornkamm, 2014, 667–676; *Harlfinger, P.,* Bindungswirkung eines auf Teilwiderruf des Patents gerichteten Antrags des Einsprechenden, GRUR 2009, 466–470; *Haugg, C.,* Die Entwicklung des Einspruchsverfahrens im deutschen und europäischen Patentrecht, 2000; *Hellwig, T.,* Zur Änderung der Schutzansprüche eingetragener Gebrauchsmuster, Mitt. 2001, 102–109; *Hess, P./Müller-Stoy, T./Wintermeier, M.,* Sind Patente nur „Papiertiger"?, Mitt. 2014, 439–452; *Hövelmann, P.,* Der Übergang ins schriftliche Verfahren, Mitt. 2006, 546–548; *ders.,* Der Wechsel des Einsprechenden leicht gemacht, Mitt. 2009, 481–485; *ders.,* Der unzulässige Einspruch in der Beschwerde – Ein Zuständigkeitsstreit, Mitt. 2005, 193–198; *ders.,* Die neuen Einspruchsrichtlinien und der Beitritt, Mitt. 2003, 303–308; *ders.,* Neues vom deutschen Einspruch, Mitt. 2002, 49–55; *ders.,* Patentverzicht und Erledigung – Überlegungen zur Beendigung des Einspruchsverfahrens, GRUR 2007, 283–290; *Isenbruck, G.,* Unzulässige Änderungen in angemeldeten und erteilten Schutzrechten, FS Reimann, 2009, 225–236; *Jestaedt, B.,* Patentschutz und öffentliches Interesse, FS Traub, 1994, 141–152; *Keukenschrijver, A.,* Patentnichtigkeitsverfahren, 3. Aufl. 2008; *ders.,* Änderungen der Patentansprüche erteilter Patente im

---

[133] Auf Gebrauchsmuster ist die Regelung nicht anwendbar, vgl. *Nieder* Mitt. 1987, 205 ff.

[134] Ob und inwieweit aus diesem Grund ein Patent seine Wirkung verloren hat, kann nur im Verletzungsprozess geprüft werden, vgl. BGH 22.2.1994, GRUR-Int 1994, 751 – Sulfonsäurechlorid; OLG Düsseldorf 19.12.2002, InstGE 3, 8 Rn. 15 ff. – Cholesterin-Test; *Nieder* Mitt. 1987, 205 ff.; *Messerli* GRUR 2001, 979. – Der Patentinhaber kann das Unwirksamwerden des deutschen Patents vermeiden, indem er in der europäischen Anmeldung die Benennung Deutschlands vor Bekanntmachung des Hinweises auf die Erteilung des europäischen Patents zurücknimmt; vgl. LG Düsseldorf 20.1.2005, InstGE 5, 87 – Sicherheitsmesser.

Verfahren vor dem Bundespatentgericht und vor dem Bundesgerichtshof, GRUR 2001, 571–577; *ders.*, Zur Rechtskraft des klageabweisenden Urteils im Patentnichtigkeitsverfahren, GRUR 2009 (FS Melullis), 281–284; *ders.*, Zur Bindung an die Anträge des Patentinhabers und zum Streitgegenstand im Patentnichtigkeitsverfahren, GRUR 2014, 127–132; *Kiani, N./Springorum, H./Panin, O.*, Aktuelles aus dem Bereich der ‚Patent Litigation': Das reformierte erstinstanzliche Patentnichtigkeitsverfahren in der Praxis, Mitt. 2012, 394–399; *Kroher, J.*, Überlegungen zur Verfahrenspraxis bei der Anspruchsänderung in Parteistreitverfahren vor dem Bundespatentgericht, FS Kolle/Stauder, 2005, 355–364; *Kühnen, T./Claessen, R.*, Die Durchsetzung von Patenten in der EU – Standortbestimmung vor Einführung des europäischen Patentgerichts, GRUR 592–597; *Liedel*, Das deutsche Patentnichtigkeitsverfahren, 1979; *Meier-Beck P.*, Der zu breite Patentanspruch, FS Ullmann, 2006, 495–502; *Melullis, K.-J.*, Urteil vom 16. Dezember 2003 – X ZR 206/98 (BPatG)-Fahrzeugleitsystem, ABl. EPA Sonderausgabe 2005, 142–149; *Messerli, P.*, Die Überprüfung der Entscheidungen der Beschwerdekammern des Europäischen Patentamts nach dem neuen Art. 112a EPÜ, GRUR 2001, 979–984; *Osenberg, R.*, Das Gebrauchsmusterlöschungsverfahren in der Amtspraxis, GRUR 1999, 838–842; *Pitz, J.*, Das Verhältnis von Einspruchs- und Nichtigkeitsverfahren nach deutschem und europäischem Patentrecht, 1994; *Quinlan, Z.*, Hindsight Bias in Patent Law: Comparing the USPTO and the EPO, 37 Fordham L. Rev. 1788, 1820 (2014); *Rentsch, R. A.*, Ausgewählte rechtsvergleichende Aspekte der Nichtigkeitsanfechtung von Patenten – unter gleichzeitiger Rückbesinnung auf Grundlagen des Patentrechts, FS Reimann, 2009. 399–425; *v. Saint André, B.*, Das Dilemma der einschränkenden Erweiterung nach dem deutschen, europäischen, englischen und US-amerikanischen Patentrecht, 2007; *Sedemund-Treiber, A.*, Einspruchsbeschwerdeverfahren – quo vadis?, GRUR-Int 1996, 390–399; *Stamm, K.*, Die logische Lösung des Änderungsdilemmas, Mitt. 2006, 153–159, 197; *Strehlke, I. K.*, Der BGH-Beschluss „Polymermasse" (Teil I): Die Prüfungskompetenz des Bundespatentgerichts im Einspruchsverfahren, Mitt. 1999, 416–422; *Walter, H. P.*, Die objektive Rechtskraft des Urteils im Patentnichtigkeitsprozess, GRUR 2001, 1032–1035; *Winterfeldt, V./Engels, R.*, Aus der Rechtsprechung des Bundespatentgerichts aus dem Jahr 2006 – Teil II: Patentrecht, Gebrauchsmusterrecht und Geschmacksmusterrecht, GRUR 2007, 449–462; *ders.*, „Quo vadis, Einspruch?" – Exitus oder Renaissance, Popularrechtsbehelf oder Streitverfahren und: Gibt es eine *exceptio pacti?*, FS VPP, 2005, 210–224.

I. Überblick

121 1. Nach Veröffentlichung seiner Erteilung und dem damit verbundenen Beginn seiner gesetzlichen Wirkungen (§ 58 Abs. 1 S. 3 PatG) fällt ein **Patent** – ganz oder teilweise – rückwirkend weg, wenn es auf Einspruch oder auf Antrag seines Inhabers **widerrufen oder beschränkt** wird; ebenso, wenn ein Patent vor dem BPatG **nichtig geklagt** wird. Widerruf auf Einspruch und Nichtigerklärung erfolgen, soweit sich herausstellt, dass das Patent (so wie in Kraft) aus materiellrechtlichen Gründen von vornherein nicht hätte erteilt werden dürfen oder dass es auf einer widerrechtlichen Entnahme beruht. Auf Antrag des Patentinhabers erfolgt ein Widerruf ohne weiteres, eine Beschränkung schon dann, wenn die Prüfung der erstrebten Änderung ergibt, dass sie wirklich eine Beschränkung und nicht etwa eine Erweiterung bedeutet.

122 Soweit die Wirkungen eines Patents rückwirkend entfallen, gelten auch die Wirkungen der **Anmeldung** als von vornherein nicht eingetreten. Die Benutzung der angemeldeten und patentierten Erfindung ist weder für die Zeit nach der Patenterteilung als *Patentverletzung* anzusehen noch begründet sie für die Zeit zwischen Offenlegung und Erteilung *Entschädigungsansprüche* nach § 33 PatG. Erhalten bleibt aber die *neuheitsschädliche Wirkung* des Offenbarungsinhalts der Anmeldung nach § 3 Abs. 2 PatG. Auch werden eingezahlte *Gebühren* nicht zurückbezahlt.

123 2. Der Einspruch kann nur innerhalb von neun Monaten nach Veröffentlichung der Patenterteilung, die Nichtigkeitsklage unbefristet, aber erst nach Ablauf der Einspruchsfrist und Erledigung etwaiger Einsprüche erhoben werden. Wegen der Möglichkeit der Nichtigkeitsklage gibt es keine Wiedereinsetzung bei Versäumung der Fristen zur Erhebung des Einspruchs, zur Zahlung der Einspruchsgebühr, zur Einlegung der Beschwerde des Einsprechenden gegen die Aufrechterhaltung des Patents und zur Zahlung der Beschwerdegebühr (§ 123 Abs. 1 S. 2 Nr. 1 und 2 PatG).

Eine nicht rückwirkende Beendigung des Patents schließt nicht aus, dass mittels Einspruchs oder Nichtigkeitsklage dessen rückwirkende Beseitigung betrieben wird, sofern der Einsprechende oder Kläger daran ein eigenes berechtigtes Interesse hat. Im Übrigen ist die Einspruchs- und Klagebefugnis nur insofern an besondere Voraussetzungen gebunden, als widerrechtliche Entnahme allein vom Verletzten geltend gemacht werden kann. Wegen der anderen Widerrufs- und Nichtigkeitsgründe ist **jedermann befugt, das Patent anzugreifen.** Da sich der Kreis der durch ein inhaltlich ungerechtfertigtes Patent nachteilig Betroffenen nicht verlässlich abgrenzen lässt,[135] verlangt das Gesetz nicht, dass der Einsprechende oder Kläger irgendein eigenes Interesse nachweist oder auch nur behauptet. Praktisch nimmt er jedoch in aller Regel ein solches Interesse wahr; gelegentlich mag es vorkommen, dass er im Interesse eines anderen auftritt, der aus besonderen Gründen nicht einsprechen oder klagen kann oder will. Auch in diesen Fällen wird jedoch ein Individualinteresse verfolgt. Gewiss liegt die Beseitigung zu Unrecht erteilter Patente, soweit nicht lediglich die materielle Berechtigung des Inhabers fehlt, auch im Interesse der Allgemeinheit. Die Geltendmachung einschlägiger Mängel ist aber ganz der Privatinitiative überlassen. Allerdings wird das **Einspruchsverfahren auch nach etwaiger Einspruchsrücknahme fortgesetzt;** dagegen **kann der Nichtigkeitskläger die Überprüfung des Patents jederzeit durch Klagerücknahme beenden.** Insgesamt dienen daher Einspruch und Nichtigkeitsklage in erster Linie dem Interesse Einzelner, die sich in irgendeiner Weise durch das Patent beeinträchtigt fühlen oder wenigstens mit der Gefahr einer solchen Beeinträchtigung rechnen. Dem Allgemeininteresse wird jedoch dadurch Rechnung getragen, dass die vom Einzelnen erreichte rückwirkende Beseitigung oder Einschränkung des Patents für und gegen alle *(erga omnes)* wirkt. Darum sind **mehrere Nichtigkeitskläger gegen dasselbe Patent notwendige Streitgenossen** nach § 62 ZPO.[136] Die Allgemeinheit nimmt insofern den individuell Interessierten in ihren Dienst. Dadurch wird verhindert, dass dieser für sich selbst die Freiheit, die Erfindung zu benutzen, erstreitet und im Verhältnis zu Dritten vom Fortbestehen des Ausschlussrechts profitiert.[137] Im Nichtigkeitsverfahren kann freilich ein solches Ergebnis dadurch herbeigeführt werden, dass der Kläger seinen Antrag zurücknimmt und ihm der beklagte Patentinhaber dafür die Benutzung gestattet. Dritte, die durch das Patent behindert werden, sind dann darauf angewiesen, es durch eine eigene Nichtigkeitsklage zu Fall zu bringen.

Das Allgemeininteresse reagiert auf ein materiell ungerechtfertigtes Patent nur, soweit es Einzelne zur Erhebung von Einspruch oder Nichtigkeitsklage veranlasst. Solange niemand die durch ein Patent ungerechtfertigt eingeschränkte Freiheit gebrauchen will, ist aus Sicht der Allgemeinheit derzeit nichts veranlasst, sondern lässt man das Patent fortbestehen.

3. Die Eintragung eines **Gebrauchsmusters** kann durch **Löschung** beseitigt werden. Diese erfolgt auf nicht fristgebundenen Antrag, soweit sich herausstellt, dass der Gegenstand des Gbm nicht den sachlichen Schutzvoraussetzungen genügt, bereits auf Grund einer früheren Patent- oder Gbm-Anmeldung geschützt worden ist oder über den Inhalt der Anmeldung in ihrer ursprünglich eingereichten Fassung hinausgeht, außerdem dann, wenn der Inhalt der Eintragung Informationsquellen eines anderen widerrechtlich entnommen ist. In letzterem Fall ist nur der Verletzte, sonst jedermann antragsberechtigt. Im Unterschied zu Widerruf und Nichtigerklärung (→ Rn. 121) wirkt die Löschung, soweit jedermann antragsberechtigt ist und ein Löschungsgrund vorliegt, nur *deklaratorisch,* weil in diesen Fällen die Eintragung von vornherein keinen Gebrauchsmusterschutz begründet (§ 13 Abs. 1 GebrMG). Gleiches gilt bei widerrechtlicher Entnahme im Verhältnis zum Verletzten (§ 13 Abs. 2 GebrMG). Zum rückwirkenden Wegfall führt die aus diesem Grund erfolgende Lö-

---

[135] Vgl. BGH 16.11.1962, GRUR 1963, 279 (281) – Weidepumpe.
[136] BGH 27.10.2015, GRUR 2016, 361 Rn. 48 f. – Fugenband.
[137] Vgl. *Ströbele* 53.

schung im Verhältnis zu Dritten; gleiches ergibt sich allgemein bei sachlich ungerechtfertigter Löschung[138].

127 In seiner verfahrensmäßigen Ausgestaltung steht das Löschungsverfahren dem Einspruchsverfahren insofern nahe, als es in erster Instanz vor dem PA stattfindet[139]; mit dem Nichtigkeitsverfahren hat es gemeinsam, dass der Löschungsantrag nicht fristgebunden ist und seine Rücknahme das Verfahren beendet. Wie das Nichtigkeitsverfahren und mehr als das Einspruchsverfahren entspricht es dem Modell des Zivilprozesses[140], was auch damit zusammenhängt, dass vor seiner Einführung über die Löschung von Gebrauchsmustern von den ordentlichen Gerichten zu entscheiden war. Die allgemeine Zielsetzung des Löschungsverfahrens entspricht der des Einspruchs- und des Nichtigkeitsverfahrens; doch bezieht es sich im Unterschied zu diesen auf eine Erfindung, für die die praktisch wichtigsten Schutzvoraussetzungen noch nicht geprüft worden sind.

II. Widerruf des Patents infolge Einspruchs[141]

128 1. Einspruch kann nur innerhalb von **neun Monaten** nach Veröffentlichung der Patenterteilung im Patentblatt erhoben werden (§ 59 Abs. 1 PatG), nicht jedoch vor dieser Veröffentlichung, insbesondere nicht schon nach Registrierung des Erteilungsbeschlusses.[142] Vor Fristablauf müssen beim DPMA sowohl eine schriftliche Erklärung, die die Bezeichnung des Einsprechenden[143] und mindestens die Angabe enthält, dass und gegen welches Patent Einspruch erhoben wird, als auch eine den gesetzlichen Anforderungen genügende Begründung (→ Rn. 144 ff.) eingehen.

129 **Zuständig** für die Entscheidung über den Einspruch ist nach § 61 Abs. 1 S. 1 PatG die **Patentabteilung.** Auf Antrag entscheidet jedoch unter den Voraussetzungen des § 61 Abs. 2 PatG erstinstanzlich der **Beschwerdesenat** des BPatG (→ § 23 Rn. 69 – auch zur Zuständigkeit des BPatG nach dem § 147 Abs. 3 PatG aF).

130 2. Nach § 21 Abs. 1 PatG wird das Patent widerrufen, wenn sich ergibt, dass einer der im Gesetz aufgezählten Widerrufsgründe vorliegt. Der Widerruf setzt voraus, dass gegen das Patent (mindestens) ein zulässiger Einspruch erhoben worden ist (§ 59 PatG, vgl. → Rn. 151 ff., 159); er kann jedoch auch dann erfolgen, wenn der Einspruch (alle Einsprüche) zurückgenommen wird (werden); in diesem Fall wird das Verfahren von Amts wegen ohne der (die) Einsprechenden fortgesetzt (§ 61 Abs. 1 S. 2 PatG, vgl. → Rn. 172).

131 **Widerrufsgründe** sind:
– Fehlen der Patentfähigkeit des Patentgegenstandes (§ 21 Abs. 1 Nr. 1 in Verbindung mit §§ 1–5 PatG; oben §§ 10–18);
– unzureichende Offenbarung (§ 21 Abs. 1 Nr. 2 in Verbindung mit § 34 Abs. 4 PatG; → § 24 Rn. 62 ff.);
– widerrechtliche Entnahme (§ 21 Abs. 1 Nr. 3 PatG; → § 20 Rn. 7 ff. und 60 ff.);
– unzulässige Erweiterung (§ 21 Abs. 1 Nr. 4 PatG; → § 25 Rn. 118 ff.).

132 **Unzulässige Erweiterung** liegt vor, wenn der Gegenstand des Patents über den Inhalt der Anmeldung in der Fassung hinausgeht, in der sie bei der für die Einreichung der Anmeldung zuständigen Behörde *ursprünglich* eingereicht worden ist; das gleiche gilt, wenn das Patent auf einer Teilanmeldung (§ 39 PatG; vgl. → § 25 Rn. 183 ff.) oder einer nach § 7

---

[138] Loth § 15 Rn. 59.
[139] Von der Möglichkeit erstinstanzlicher Entscheidung durch das BPatG nach § 61 Abs. 2 PatG ist hier abgesehen.
[140] Vgl. Bender GRUR 1997, 785 ff.
[141] Dazu die Richtlinien für das Einspruchsverfahren, Widerrufs- und Beschränkungsverfahren vom 3.7.2018 (https://www.dpma.de/docs/formulare/patent/p2797.pdf – zuletzt besucht am 20.2.2019).
[142] BPatG 2.3.2006, BlPMZ 2006, 329 – Veröffentlichung der Patenterteilung.
[143] Dazu BGH 23.6.1988, GRUR 1988, 809 – Geschoß; 7.11.1989, GRUR 1990, 108 – Meßkopf; BPatG 24.1.1986, BPatGE 28, 186; 10.8.1987, BPatGE 29, 246; 30.7.1992, BPatGE 33, 139.

Abs. 2 PatG, dh mit „Entnahmepriorität" (vgl. → § 20 Rn. 76), eingereichten neuen Anmeldung beruht und der Gegenstand des Patents über den Inhalt der früheren Anmeldung in der Fassung hinausgeht, in der sie bei der für die Einreichung der früheren Anmeldung zuständigen Behörde *ursprünglich* eingereicht worden ist. Hiernach bedeutet es *keine* unzulässige Erweiterung, wenn im Erteilungsverfahren nach einschränkender Änderung der ursprünglichen Fassung diese wieder aufgenommen (oder eine andere, über die eingeschränkte hinausgehende, aber von der ursprünglichen gedeckte Fassung vorgeschlagen) und das Patent demgemäß erteilt worden ist (vgl. → § 25 Rn. 172–182).

Die Fälle der unzureichenden Offenbarung und der unzulässigen Erweiterung sind in Anlehnung an Art. 100 EPÜ mit Wirkung vom 1.1.1978 als Einspruchsgründe (für das damals noch „vorgeschaltete" Einspruchsverfahren) neu eingeführt worden. Gleichzeitig hat durch die Neubestimmung der sachlichen Patentierungsvoraussetzungen der Einspruchsgrund der mangelnden Patentfähigkeit eine inhaltliche Änderung erfahren. **133**

Unzureichende Offenbarung liegt jenseits von Evidenzfällen auch vor, wenn in einen übergeordneten Patentanspruch Merkmale aufgenommen werden, die in ihrer Kombination eine Ausführungsform definieren, die in den Anmeldeunterlagen nicht als mögliche Ausgestaltung der Erfindung offenbart worden war.[144] Eine unzureichende, da nicht ausführbare Offenbarung liegt auch in dem nicht seltenen Fall vor, dass der geschützte Patentgegenstand durch offene Bereichsangaben für physikalische oder chemische Eigenschaften, die dem Fachmann in der Gesamtheit der Unterlagen an die Hand gegeben worden war, über die in der Beschreibung bereitgestellte Lösung hinaus so weit verallgemeinert war, dass der durch das Patent geschützte Bereich über den Beitrag hinausgeht, den die Erfindung zum Stand der Technik leistet.[145] **134**

Ausdrücklich stellt der BGH in *Dipeptidyl-Peptidase-Inhibitoren*[146] freilich klar, dass die **Wahl eines funktionellen Merkmals** dann zulässig ist, wenn die darin liegende Verallgemeinerung dem berechtigten Anliegen Rechnung trägt, die Erfindung in vollem Umfang zu erfassen. Wenn nur so angemessener Schutz gewährt werden kann, soll dies auch dann gelten, wenn die funktionelle Erfassung des Merkmals noch unbekannte Möglichkeiten umfasst, die erst noch bereitgestellt oder erfunden werden (müssen). Das **Erfordernis der deutlichen und vollständigen Offenbarung erfordert nicht,** dass die Beschreibung Hinweise darauf enthält, wie alle denkbaren Varianten der Komponenten zu erzielen sind, die unter die funktionelle Definition fallen.[147] **135**

Damit richtet sich die **Zulässigkeit eines Patentanspruchs, der eine Verallgemeinerung enthält,** im Einzelfall danach, ob der begehrte Schutz über das hinausgeht, was dem Fachmann unter Berücksichtigung der Beschreibung und der dort enthaltenen Ausführungsbeispiele als allgemeinste Form der technischen Lehre erscheint, mit der das erfindungsgemäße Problem gelöst wird.[148] **136**

Die gesetzliche Aufzählung der Widerrufsgründe ist **abschließend.**[149] Auf andere Gründe kann kein Einspruch gestützt (§ 59 Abs. 1 S. 3 PatG), aus anderen Gründen kein Patent widerrufen werden. Insbesondere haben Mängel, die nur das *Verfahren* der Erteilung betref- **137**

---

[144] BGH 14.5.2009, GRUR 2009, 936 (938 f.) – Heizer.
[145] BGH 11.9.2013, GRUR 2013, 1210 Rn. 18 ff. – Dipeptidyl-Peptidase-Inhibitoren; 25.2.2010, GRUR 2010, 414 (415 f.) – Thermoplastische Zusammensetzung.
[146] BGH 11.9.2013, GRUR 2013, 1210 Rn. 20 – Dipeptidyl-Peptidase-Inhibitoren, m. Hinweis auch auf EPA (TBK) 27.11.1986 – T 68/85 Rn. 8.4 – Synergistische Herbizide/CIBA-GEIGY.
[147] BGH 11.9.2013, GRUR 2013, 1210 Rn. 20 aE – Dipeptidyl-Peptidase-Inhibitoren, m. Hinweis auf EPA (TBK) 27.1.1988 – T 292/85 Rn. 3.1.5 – Polypeptide Expressions/GENENTEC I.
[148] BGH 11.9.2013, GRUR 2013, 1210 Rn. 21 – Dipeptidyl-Peptidase-Inhibitoren, m. Hinweis auf EPA (TBK) 9.3.1994, GRUR-Int 1995, 591 Rn. 2.2.1 – Reinigungsmittel/UNILEVER; EPA (TBK) 8.5.1996, GRUR-Int 1997, 918 Rn. 5 – Modifizieren von Pflanzenzellen/MYCOGEN; *Meier-Beck* FS Ullmann, 2006, 495 (502).
[149] Entsprechendes galt für die Einspruchsgründe des früheren Rechts, vgl. BGH 23.2.1972, GRUR 1972, 592 (593) – Sortiergerät.

fen, außer Betracht zu bleiben.[150] Die Widerrufsgründe der unzureichenden Offenbarung und der unzulässigen Erweiterung machen hiervon keine Ausnahme. Zwar ist unzureichende Offenbarung auch ein formaler Mangel der Anmeldung; doch hat sie materielle Bedeutung insofern, als sich die Beurteilung der Patentierbarkeit nur auf Offenbartes beziehen kann. Insbesondere fehlt bei unzureichender Offenbarung zwangsläufig auch die Ausführbarkeit und damit die gewerbliche Anwendbarkeit (vgl. → § 13 Rn. 1, 11 ff. und → § 24 Rn. 69 ff.). Ebenso verstößt die Erteilung eines Patents, das den Gegenstand einer unzulässigen Erweiterung einschließt, zwar gegen das verfahrensrechtliche Gebot, solche Erweiterungen unberücksichtigt zu lassen; dennoch bildet sie keinen bloßen Verfahrensfehler, sondern ist sachlich ungerechtfertigt, weil sie nicht auf dem durch die Anmeldung abgegrenzten Offenbarungsgehalt beruht.

138   3. Durch den Einspruch wird somit geltend gemacht, dass das Patent wegen **materiell-rechtlicher Mängel** zu Unrecht bestehe[151]. In den Fällen mangelnder Patentfähigkeit, unzureichender Offenbarung und unzulässiger Erweiterung fehlt es an einem den Schutz rechtfertigenden *Inhalt* des Patents oder der ihm zugrundeliegenden Anmeldung; im Fall widerrechtlicher Entnahme gebührt mit Rücksicht auf das Recht des Einsprechenden das Patent seinem Inhaber nicht. Bei Vorliegen eines der drei erstgenannten Widerrufsgründe hätte das Patent (in der gegebenen Fassung) nicht erteilt werden dürfen. Dagegen wäre im Fall widerrechtlicher Entnahme das PA gar nicht befugt gewesen, dem Anmelder das Patent zu versagen (§ 7 Abs. 1 PatG). Insofern unterscheidet sich der Einspruch wegen widerrechtlicher Entnahme wesentlich von demjenigen aus anderen Gründen.

139   Allerdings hat erst die Rechtsentwicklung den Unterschied in dieser Weise zugespitzt. Ursprünglich hatte eine nähere Verwandtschaft zwischen den beiden Arten von Einsprüchen bestanden. Solange Einsprüche nach der Bekanntmachung der vom PA vollständig geprüften und für gewährbar erachteten Anmeldung zu erheben waren und die Anmeldung Dritten erst durch die Bekanntmachung zugänglich wurde, bildete diese ein **Aufgebot** im Sinne einer Aufforderung, Einwendungen gegen die Erteilung des Patents innerhalb einer bestimmten Frist vorzubringen. Dass die materielle Anmeldeberechtigung vorher nicht geprüft wurde, hatte seinen Grund darin, dass sich das PA mit dieser Frage zweckmäßigerweise nicht ohne Beteiligung etwaiger anderer Prätendenten befasste. Diese konnten sich aber erst auf Grund der Bekanntmachung melden. Als 1968 die frühzeitige Offenlegung aller Anmeldungen ohne Rücksicht auf den Stand des Erteilungsverfahrens eingeführt wurde, schwächte sich der Aufgebotscharakter der Bekanntmachung ab; es war nicht mehr ohne weiteres einzusehen, dass der durch widerrechtliche Entnahme Verletzte mit seiner Intervention – wenn er nicht zur Übertragungsklage greifen wollte – warten musste, bis die Anmeldung die vollständige Sachprüfung durch die Prüfungsstelle bestanden hatte. Nach der geltenden Regelung hat der Akt, der die Einspruchsfrist in Gang setzt, allenfalls noch entfernte Ähnlichkeit mit einem Aufgebot: Die Veröffentlichung der Patenterteilung bedeutet keine Aufforderung an die Allgemeinheit, *vor* Erlass einer hiermit angekündigten Entscheidung Gründe vorzubringen, die dieser entgegenstehen können; vielmehr bringt sie eine bereits ergangene **verfahrensbeendende Entscheidung** zur allgemeinen Kenntnis. Die Möglichkeit, nachher auf Gründe hinzuweisen, aus denen das Patent – jedenfalls in seiner vorliegenden Fassung – nicht hätte erteilt werden dürfen, und dessen Widerruf zu betreiben, ändert nichts daran, dass bereits eine abschließende Entscheidung vorliegt. Das zeigt sich darin, dass nach früherem Recht auch beim Ausbleiben von Einsprüchen noch

---

[150] BGH 16.11.1962, GRUR 1963, 279 (281) – Weidepumpe; 23.2.1972, GRUR 1972, 592 (593) – Sortiergerät; 15.5.1997, BGHZ 135, 369 – Polyäthylenfilamente (Voraussetzungen dafür, dass Erzeugnis im Anspruch durch Herstellungsverfahren gekennzeichnet werden darf); 3.2.1998, GRUR 1998, 901 (902) – Polymermasse (Vorschriften über die Verfahrenssprache); 30.9.2002, GRUR 2003, 47 (48) – Sammelhefter; BPatG 17.9.1990, BPatGE 32, 29 (Einheitlichkeitserfordernis).

[151] BGH 2.3.1999, GRUR 1999, 571 (572) – Künstliche Atmosphäre.

der Patenterteilungsbeschluss als verfahrensbeendende Entscheidung erlassen werden musste, nach der geltenden Regelung aber keinerlei Entscheidung des PA mehr ergeht, wenn kein Einspruch erhoben wird, und auch im Fall von Einsprüchen, soweit diese erfolglos bleiben, das Patent nicht erteilt, sondern aufrechterhalten wird.

Das Patent, solange es noch einem Einspruch ausgesetzt oder nach Einspruch noch nicht rechtskräftig aufrechterhalten ist, als „nicht bestandskräftig" zu bezeichnen[152], erweckt den Eindruck, seine Rechtsbeständigkeit könne danach nicht mehr in Zweifel gezogen werden, was jedoch durch Nichtigkeitsklage weiterhin möglich bleibt. Mit rechtskräftiger Aufrechterhaltung im Einspruchsverfahren wird nur die Wahrscheinlichkeit verringert, dass ein Nichtigkeitsangriff Erfolg hat, mit ungenutztem Ablauf der Einspruchsfrist nur (aus Kostengründen) die Wahrscheinlichkeit, dass ein Angriff unternommen wird, nicht auch seine Erfolgsaussicht. Das Einspruchsverfahren unterscheidet sich vom Nichtigkeitsverfahren auch nicht dadurch, dass hier die Rechtmäßigkeit der Patenterteilung erneut *positiv festgestellt* werden müsste, während es dort für die Feststellung, dass die Erteilung rechts*widrig* war, genügte, einen einzelnen Fehler zu ermitteln[153]. Vielmehr geht es in beiden Verfahren darum, ob wenigstens *ein* Grund festzustellen ist, aus dem nach dem Gesetz das Patent zu beseitigen ist. Findet sich kein solcher Grund, ist es aufrechtzuerhalten bzw. die Klage abzuweisen. Schon im Erteilungsverfahren richtet sich die Prüfung darauf, ob es Gründe gibt, die der Patentierung *entgegenstehen*. Lässt sich dies nicht feststellen, darf die Anmeldung nicht zurückgewiesen werden. Unterschiedliche Regeln gelten allerdings für die Ermittlung der in Frage kommenden Gründe. Sie geschieht im Erteilungsverfahren ganz durch das PA, während es im Einspruchs- oder Nichtigkeitsverfahren zunächst dem Einsprechenden oder Kläger obliegt, solche Gründe vorzutragen und unter Beweis zu stellen, ohne dass freilich PA oder Gericht an eigener Ermittlung gehindert sind.

Der Einspruch eröffnet somit ein **neues, selbstständiges Verfahren,** das nicht mehr zum Erteilungsverfahren gehört[154]. Gegenstand des Einspruchsverfahrens ist nur das *Patent als materielles Recht.* Soweit der Einspruch mangels Patentfähigkeit, mangels ausreichender Offenbarung oder wegen unzulässiger Erweiterung erhoben ist, führt er allerdings auch dazu, dass unter Mitwirkung Dritter überprüft wird, ob es materiell-rechtlich zu Recht erteilt worden ist[155]. Mit dem Einspruch wegen **widerrechtlicher Entnahme** wird dagegen Widerruf eines Patents aus einem Grund begehrt, auf den die Versagung des Patents keinesfalls hätte gestützt werden dürfen. Der Einspruch bildet in diesem Fall einen Behelf eigener Art, der die Frage der materiellen Anmeldeberechtigung des Patentinhabers **erstmals** der Prüfung durch das PA (oder das an seiner Stelle erstinstanzlich entscheidende BPatG) zugänglich macht.

Dies legt die Frage nahe, ob nicht der Einspruch wegen widerrechtlicher Entnahme durch einen anderen Behelf ersetzt werden sollte, der es zwar ebenfalls erlaubt, die sachliche Anmeldeberechtigung ohne den für eine Übertragungsklage nach § 8 PatG erforderlichen Kostenaufwand prüfen zu lassen, aber in seiner Ausgestaltung diesem Zweck besser angepasst ist als das Einspruchsverfahren (vgl. → § 20 Rn. 81 f.).

---

[152] So zB BPatG 20.6.2002, Mitt. 2002, 417 – Etikettierverfahren; im gleichen Sinn *Sedemund-Treiber* GRUR-Int 1996, 394 (397).
[153] So *Sedemund-Treiber* GRUR-Int 1996, 394 (397).
[154] Anders BGH 22.2.1994, GRUR 1994, 439 (441) – Sulfonsäurechlorid.: Das Erteilungsverfahren ende erst mit der Bestandskraft des Erteilungsbeschlusses nach Ablauf der Einspruchsfrist und setze sich, wenn vorher Einspruch erhoben wird, in Form des Einspruchsverfahrens mit beschränktem Prüfungsauftrag bis zu dessen rechtskräftiger Entscheidung fort. Durch den Beschluss des BGH vom 2.3.1999, GRUR 1999, 571 – Künstliche Atmosphäre dürfte dieser Standpunkt überholt sein.
[155] Insofern kann nach BGH 2.3.1999, GRUR 1999, 571 (572) – Künstliche Atmosphäre von einer „Fortsetzung des Erteilungsverfahrens mit begrenztem Prüfungsauftrag" gesprochen werden. Wenn das richtig wäre, träfe es auch auf das Nichtigkeitsverfahren zu, in dem ebenfalls materiell-rechtliche Fragen geprüft werden, die (mit Ausnahme der Erweiterung des Schutzbereichs) schon vor Erteilung zu prüfen waren. Der Gesamtinhalt des Beschlusses legt nahe, die zitierte Formulierung des BGH, der sich dabei auf die Entscheidung vom 22.2.1994, GRUR 1994, 439 – Sulfonsäurechlorid bezieht, so zu verstehen, dass er diese nur insoweit als vereinbar mit seiner nunmehr vertretenen Auffassung ansieht.

§ 26 B II 4. Abschnitt. Entstehung und Wegfall von Patenten und Gebrauchsmustern

143 In allen Fällen richtet sich der Einspruch gegen die materiell-rechtliche Position des Patentinhabers, nicht gegen eine Entscheidung. Er ist deshalb *kein Rechtsmittel*[156]. Das gilt auch dann, wenn nicht, wie es normalerweise vorgesehen ist, das PA selbst (in erweiterter Besetzung), sondern gemäß § 61 Abs. 2 PatG an seiner Stelle in erster Instanz das BPatG entscheidet, wodurch das als Verwaltungsverfahren konzipierte Einspruchsverfahren zu einem gerichtlichen wird (vgl. → § 23 Rn. 69 ff.).

144 4. Der Einspruch setzt voraus, dass die Erteilung des Patents veröffentlicht worden ist; daher ist er gegen *Geheimpatente* erst dann gegeben, wenn sie nach Aufhebung der Geheimhaltungsanordnung veröffentlicht worden sind[157]. Er ist nach § 59 Abs. 1 S. 2, 3 PatG schriftlich zu erklären und zu begründen. Aus der **Begründung** muss hervorgehen, auf welchen oder welche der gesetzlichen Widerrufsgründe der Einspruch gestützt ist[158].

145 Der Einspruch gegen ein Patent, das mehrere Nebenansprüche umfasst, ist auch dann zulässig, wenn die Patentfähigkeit nur eines dieser Ansprüche angegriffen wird; es brauchen nicht gegen sämtliche Nebenansprüche Widerrufsgründe vorgebracht zu werden[159].

146 Die Tatsachen, die den Einspruch rechtfertigen (sollen), sind im Einzelnen anzugeben (§ 59 Abs. 1 S. 2–4). Die Begründung muss **substantiiert** sein.[160] Allgemeine Behauptungen wie diejenige, dass die Erfindung nicht neu oder dass sie naheliegend sei, genügen nicht. Es reicht auch nicht aus, dass *Druckschriften* als schutzhindernd angeführt werden; die Einspruchsbegründung muss auch angeben, ob und wann sie der Öffentlichkeit zugänglich gemacht worden sind,[161] und den technischen Zusammenhang zwischen der Druckschrift und dem Gegenstand des Patents erkennen lassen; die einschlägigen Stellen jeder Druckschrift sind genau zu bezeichnen. Der Einsprechende muss sagen, warum eine Druckschrift nach seiner Meinung die Erfindung vorwegnimmt oder – gegebenenfalls in Verbindung mit anderem Material – nahelegt. Er muss die für die Beurteilung der behaupteten Widerrufsgründe maßgeblichen Umstände so vollständig darlegen, dass der Patentinhaber und insbesondere das Patentamt daraus abschließende Folgerungen für das Vorliegen oder Nichtvorliegen eines Widerrufsgrunds ziehen können[162]. Wird der Einspruch auf eine *nachveröffentlichte* Entgegenhaltung gestützt, muss durch Tatsachen belegt werden, dass diese zum SdT gehört; Entsprechendes gilt, wenn die Berechtigung einer in Anspruch genommenen Priorität angezweifelt wird, auf die es für die Zugehörigkeit einer Entgegenhaltung zum SdT ankommt[163]. Wenn eine *Vorbenutzung* behauptet wird, ist konkret darzulegen, in welchem tatsächlichen Vorgang sie gesehen wird und inwiefern sie Kenntnisse der Öffentlichkeit zugänglich gemacht hat.[164] Der Einspruch ist aber nicht deshalb unzulässig, weil Be-

---

[156] Vgl. BGH 9.2.1993, GRUR 1993, 466 (467) – Fotovoltaisches Halbleiterelement – Dass es sich nicht um ein Rechtsmittel handelt, wird besonders deutlich, wenn das angegriffene Patent auf Anmelderbeschwerde durch das BPatG erteilt worden ist. Es kann dann – nach der Normalregelung im Beschwerdeverfahren, nach § 61 Abs. 2 PatG in erster Instanz – dahin kommen, dass ein Beschwerdesenat über den Widerruf eines von ihm selbst erteilten Patents zu befinden hat.

[157] BPatG 24.5.1988, BPatGE 30, 17.

[158] BPatG 12.5. u. 24.6.1986, BPatGE 28, 103 (112); 16.2.1987, BPatGE 29, 28.

[159] BGH 13.3.2003, GRUR 2003, 695 – Automatisches Fahrzeuggetriebe.

[160] Näheres zu den Anforderungen an die Einspruchsbegründung in den Einspruchsrichtlinien vom 3.7.2018, Nr. 6; vgl. ferner BGH 23.2.1972, GRUR 1972, 592 – Sortiergerät; zuletzt BPatG 15.6.2012, GRUR 2013, 171 – Authentifizierungssystem; *Winterfeldt/Engels* GRUR 2007, 449 (458–460).

[161] BPatG 22.8.1988, BPatGE 30, 40; 24.4.1989, BlPMZ 1990, 25; 9.8.2004, BlPMZ 2005, 81 – Individualisierte Betriebsanleitung.

[162] BGH 26.5.1988, BlPMZ 1988, 289 (290) – Meßdatenregistrierung; 30.3.1993, GRUR 1993, 651 (653) (Nr. III 3b) – Tetraploide Kamille; BPatG 30.10.1996, BlPMZ 1997, 406.

[163] BPatG 15.5.1995, GRUR 1995, 731.

[164] Vgl. BGH 26.5.1988, BlPMZ 1988, 289 (290) – Meßdatenregistrierung; BPatG 28.5.1969, BPatGE 10, 218 (221 f.); 25.9.1979, BPatGE 22, 119 (120); 17.3., 19.6. u. 9.10.1989, BPatGE 31, 174 (176), 180; 15.10.1990, BlPMZ 1991, 308.

ginn und Dauer der behaupteten Vorbenutzung nicht angegeben sind; es genügt die Behauptung, dass sie vor dem Anmelde- oder Prioritätsdatum des Patents stattgefunden habe[165]. Bei einer Kombinationserfindung darf sich die Einspruchsbegründung nicht in der Erörterung von Einzelmerkmalen erschöpfen.[166]

Die Behauptung, das *Erzeugnis* eines patentierten Verfahrens sei der Öffentlichkeit zugänglich geworden, genügt nicht als Begründung eines Einspruchs gegen das *Verfahrens*patent[167]. Wer den Widerruf eines Patents begehrt, weil dessen Gegenstand nicht auf erfinderischer Tätigkeit beruhe, muss dies durch Angabe eines konkreten SdT belegen[168]. Unzulässig ist auch ein Einspruch, der sich nur mit einem Teilaspekt der unter Schutz gestellten Erfindung, nicht aber mit der gesamten patentierten Lehre befasst[169]. Ein auf unzureichende Offenbarung gestützter Einspruch muss nähere Darlegungen darüber enthalten, warum ein Fachmann nicht im Stande ist, die patentierte Lehre auszuführen[170]. 147

Zur Begründung eines Einspruchs wegen *widerrechtlicher Entnahme* ist der behauptete Erfindungsbesitz konkret darzulegen. Den Wortlaut des Patentanspruchs zu wiederholen, reicht nicht aus, wenn Erfindungsbesitz nicht bezüglich schriftlicher Unterlagen, sondern bezüglich eines konkret durchgeführten Verfahrens oder einer konkreten Vorrichtung geltend gemacht wird.[171] Ergibt sich aus der Begründung des Einspruchs, dass der Einsprechende nicht allein den angeblich verletzten Erfindungsbesitz hatte, muss er darlegen, woraus er die Befugnis ableitet, den Einspruch allein zu erheben.[172] 148

Die Begründung braucht zwar noch nicht mit der Einspruchserklärung verbunden zu sein; sie muss jedoch wie diese **vor Ablauf der Einspruchsfrist** (vgl. → § 26 Rn. 128) beim PA eingehen (§ 59 Abs. 1 S. 5 PatG). Wird bis zu diesem Zeitpunkt keine oder nur eine den gesetzlichen Erfordernissen nicht genügende Einspruchsbegründung geliefert, ist der Einspruch **unzulässig**. Beweismittel für behauptete Tatsachen können jedoch nach Fristablauf noch benannt werden. Dass das Einspruchsvorbringen in sich *schlüssig* ist, also bei Richtigkeit der vorgebrachten Tatsachen der geltend gemachte Widerrufsgrund vorliegt, ist keine Voraussetzung der Zulässigkeit des Einspruchs, sondern betrifft nur dessen Begründetheit.[173] 149

Für das Einspruchsverfahren ist **von jedem Einsprechenden**[174] eine **Gebühr** von 200 EUR zu entrichten.[175] Geschieht dies nicht innerhalb der Einspruchsfrist, gilt der Einspruch als nicht erhoben.[176] Wird gem. § 61 Abs. 2 PatG Antrag auf Entscheidung durch das 150

---

[165] BGH 29.4.1997, GRUR 1997, 740 – Tabakdose.
[166] BPatG 11.1.1982, GRUR 1982, 550; 19.4.1982, BlPMZ 1983, 1969, 371.
[167] BGH 24.3.1987, BGHZ 100, 242 – Streichgarn.
[168] BGH 13.10.1987, BGHZ 102, 53 – Alkyldiarylphosphin.
[169] BGH 10.12.1987, GRUR 1988, 364 – Epoxidationsverfahren; BPatG 10.7.1989, BPatGE 30, 246.
[170] BGH 30.3.1993, BlPMZ 1988, 289 (290) – Meßdatenregistrierung.
[171] BPatG 23.9.2003, GRUR 2004, 231 – Leiterplattenbeschichtung.
[172] BPatG 30.4.2003, BPatGE 47, 32 f. – Mehrheit von Erfindungsbesitzern.
[173] So BGH 2.6.1977, GRUR 1978, 99 (100) – Gleichstromfernspeisung; 18.12.1984, BGHZ 93, 171 – Sicherheitsvorrichtung; 28.3.1985, BlPMZ 1985, 304; BPatG 28.2.1968, BPatGE 10, 21; anders BPatG 13.3.1974, BPatGE 16, 211 (214 f.); 8.12.1980, BPatGE 23, 144; 12.6.1985, Mitt. 1985, 194; differenzierend BPatG 11.1.1982, GRUR 1982, 550 (551); nach BPatG 19.4.1982, BlPMZ 1983, 1969 (371) und 1.2.1985, GRUR 1985, 373 (375) muss das Einspruchsvorbringen erkennbar geeignet sein, im Fall seiner Richtigkeit die Aufrechterhaltung des Patents ernsthaft zu gefährden. Nach BPatG 22.3.1999, GRUR 1999, 700 ist ein Einspruch nicht deshalb unzulässig, weil die Behauptung fehlender erfinderischer Tätigkeit auf ein nachveröffentlichtes Dokument stützt.
[174] Zur gebührenrechtlichen Situation, wenn sich mehrere Personen an einem Einspruchsverfahren beteiligen, *Deichfuß* GRUR 2015, 1170 (1173 ff.).
[175] Nr. 313 600 des Gebührenverzeichnisses zum PatKostG mit Vorbemerkung (2). Die Divergenz zwischen BPatG 28.4.2003, BPatGE 46, 260 und 24.1.2005, GRUR 2006, 169 einerseits und BPatG 1.12.2003, BPatGE 48, 13 andererseits ist damit iSd erstgenannten Beschlüsse entschieden.
[176] § 6 Abs. 1 S. 1, Abs. 2 iVm § 3 Abs. 1 S. 2 Nr. 1 PatKostG; die Neufassung des § 3 Abs. 1 durch Gesetz vom 21.6.2006 klärt die Zweifel über die Einordnung des Einspruchs als „Antrag" oder „sonstige Handlung" iSd § 6 Abs. 2; vgl. die Begründung in BlPMZ 2006, 234 (zu Nr. 1) und zum früheren Meinungsstand BPatG 10.5.2004, BPatGE 48, 5.

§ 26 B II   4. Abschnitt. Entstehung und Wegfall von Patenten und Gebrauchsmustern

BPatG gestellt, ist hierfür von jedem Antragsteller eine weitere Gebühr von 300 EUR zu zahlen.[177] Wird die Gebühr nicht innerhalb von drei Monaten nach Antragstellung bezahlt, gilt der Antrag als nicht gestellt.[178] Insgesamt sind die Kosten des Einspruchsverfahrens erheblich geringer als die eines Nichtigkeitsverfahrens. Daher bringt es erhebliche praktische Vorteile, die Einspruchsfrist einzuhalten. Die rechtzeitige Erhebung von Einsprüchen wird dadurch erleichtert, dass Dritte meist schon geraume Zeit vor der Patenterteilung durch die Offenlegung Kenntnis von der Anmeldung erlangen und auf dieser Grundlage erforderlich erscheinende Einsprüche vorbereiten können.

151   5. Die Erhebung des Einspruchs macht den Einsprechenden zum **Verfahrensbeteiligten;** als solcher ist er insbesondere berechtigt, gegen eine ihn beschwerende Entscheidung des PA **Beschwerde** beim BPatG einzulegen. An einem durch Beschwerde von Einsprechenden ausgelösten Beschwerdeverfahren sind nur der (die) Beschwerdeführer und der Patentinhaber beteiligt, nicht aber Einsprechende, die keine Beschwerde eingelegt haben. Wird auf die Beschwerde eines Einsprechenden die Entscheidung des PA aufgehoben und die Sache (ausnahmsweise, vgl. § 79 Abs. 3 PatG) zurückverwiesen, sind am Verfahren vor dem PA auch die Einsprechenden wieder beteiligt, die keine Beschwerde erhoben hatten.[179] Am Verfahren über eine Beschwerde des Patentinhabers sind alle Einsprechenden beteiligt.

152   Wenn über den Einspruch das BPatG in erster Instanz entschieden hat, ist keine Beschwerde möglich (vgl. § 73 Abs. 1 PatG). Dagegen findet nach § 100 PatG die **Rechtsbeschwerde** an den BGH statt. Sie setzt insoweit nicht voraus, dass das BPatG *über eine Beschwerde* entschieden hat. Im Übrigen bleibt es aber bei der Regelung in §§ 100 ff. PatG: Die Rechtsbeschwerde ist nur statthaft, wenn das BPatG sie zugelassen hat oder einer der in § 100 Abs. 3 bezeichneten Verfahrensmängel gerügt wird, und kann nur darauf gestützt werden, dass die angegriffene Entscheidung auf einer Verletzung des Rechts beruht (Näheres → § 23 Rn. 83 ff.), während auf Beschwerde gegen eine erstinstanzliche Entscheidung des PA eine Überprüfung durch das BPatG auch in tatsächlicher Hinsicht erfolgt.

153   Nach Ablauf der Einspruchsfrist ist gemäß § 59 Abs. 2 PatG ein **Beitritt** möglich, der dem Beitretenden die Stellung eines Einsprechenden verschafft. Mit dieser Möglichkeit reagiert das PatG darauf, dass die Nichtigkeitsklage erst nach rechtskräftiger Erledigung aller erhobenen Einsprüche zulässig ist (§ 81 Abs. 2 PatG). Darum ist der Beitritt nur möglich, solange ein – sei es auch unzulässiger[180] – Einspruch anhängig ist, also nicht mehr, wenn alle erhobenen Einsprüche bereits rechtskräftig als unzulässig verworfen sind, wohl aber nach Rücknahme eines zulässigen Einspruchs (vgl. → Rn. 172), ebenso noch im Beschwerdeverfahren.[181] Beitrittsberechtigt ist, wer nachweist, dass gegen ihn eine Klage wegen Verletzung des Patents erhoben worden ist oder dass er einer entsprechenden Schutzrechtsverwarnung des Patentinhabers mit einer negativen Feststellungsklage begegnet ist. Die Erwirkung einer einstweiligen Verfügung des Patentinhabers gegen den Beitretenden steht einer Klageerhebung nach § 253 ZPO gleich. Erstens liegt auch in einem eV-Verfahren die Inanspruchnahme gerichtlicher Hilfe. Zweitens kann auch dort eine Sachentscheidung ergehen, im Wege der Beschlussverfügung sogar ohne vorherige Anhörung. Drittens wäre es eine übermäßige Hürde für den Antragsgegner, seine Beitrittsmöglichkeit von einer Klage abhängig zu machen, wenn er die eV bei gesichertem Schutzrechtsbestand sonst anerkennen würde, etwa aus Kostengründen. Der Beitritt ist innerhalb von drei Monaten nach Erhebung der Verletzungs- oder Feststellungsklage schriftlich zu

---

[177] Nr. 400 000 des Gebührenverzeichnisses zum PatKostG mit Vorbemerkungen (1) und (2).
[178] § 3 Abs. 1 S. 1, 6 Abs. 1 S. 2 und Abs. 2 iVm § 3 Abs. 1 S. 2 Nr. 2 PatKostG.
[179] *Schäfers/Schwarz* in Benkard PatG § 59 Rn. 52.
[180] BGH 6.7.1993, BGHZ 123, 119 – Heizkörperkonsole.
[181] BPatG 8.1.1988, BPatGE 29, 194; 15.11.1988, BPatGE 30, 109; nach *Hövelmann* Mitt. 2003, 303 ff. kann der Beitritt nach Erlass der erstinstanzlichen Entscheidung erklärt werden; dem Beigetretenen sei dann die Entscheidung zuzustellen und er könne binnen eines Monats nach Zustellung Beschwerde einlegen.

erklären und zu begründen, wobei die gleichen Anforderungen gelten wie für die Einspruchsbegründung. Innerhalb der Beitrittsfrist ist auch die Gebühr von 200 EUR zu entrichten.[182, 183]

Die **Übernahme eines Einspruchsverfahrens als Hauptpartei,** zB von einem Patentinhaber, der sein Schutzrecht veräußert hat, ist nach § 265 Abs. 2 ZPO nicht möglich, weil niemand ohne Weiteres aus einem (öffentlich-rechtlichen) Prozessrechtsverhältnis ausscheiden darf, vor allem nicht durch eigenes Tun.[184] Auch nach Ablauf der Dreimonatsfrist aus § 59 Abs. 2 PatG möglich bleiben soll hingegen die **Nebenintervention** – auch auf Seiten des Einsprechenden. § 59 Abs. 2 PatG steht dem nicht entgegen, weil die Verfahrensstellung des Nebenintervenienten von der des Einsprechenden abhängt und damit entscheidend schwächer ist als die des Beitretenden.[185]   154

Auch ohne Beteiligung am Einspruchsverfahren ist jedermann berechtigt, dem PA Druckschriften zu nennen, die zum Widerruf des Patents Anlass geben könnten (§§ 59 Abs. 4, 43 Abs. 3 S. 3 PatG). Solche Mitteilungen machen nicht zum Verfahrensbeteiligten. Wer einsprechen oder beitreten will, muss daher klar zum Ausdruck bringen, dass es sich nicht bloß um eine Angabe von Druckschriften handelt.   155

6. Die **Patentabteilung,** vor der das Verfahren über den Einspruch normalerweise stattfindet, ist beschlussfähig, wenn mindestens drei, darunter mindestens zwei technische Mitglieder mitwirken; bei besonderen rechtlichen Schwierigkeiten soll ein rechtskundiges Mitglied mitwirken (§ 27 Abs. 3 PatG). Die Berichterstattung übernimmt grundsätzlich der nach der Geschäftsverteilung zuständige Prüfer.[186] Für das Verfahren gelten die bereits dargestellten allgemeinen Grundsätze (vgl. → § 23 Rn. 1 ff., 135 ff.).   156

Soweit der Beschwerdesenat des BPatG erstinstanzlich über einen Einspruch entscheidet, ist er mit einem technischen Mitglied als Vorsitzendem, zwei weiteren technischen Mitgliedern und einem rechtskundigen Mitglied besetzt (§ 67 Abs. 1 Nr. 2 (d) PatG). Für sein Verfahren ist auf die Vorschriften über das Einspruchsverfahren und das patentgerichtliche Verfahren (dazu → § 23 Rn. 72 ff.) verwiesen (§ 61 Abs. 2 S. 3 PatG).   157

In eine **Sachprüfung** der geltend gemachten Widerrufsgründe kann, weil das Erteilungsverfahren bereits abgeschlossen ist, nur eingetreten werden, wenn mindestens ein **zulässiger Einspruch** oder Beitritt vorliegt.[187] Der Zulässigkeit können insbesondere Formmängel und Fristversäumnis[188] entgegenstehen. Strittig ist, ob der Einspruch auch dann unzulässig ist, wenn er gegen eine **Nichtangriffspflicht** des Einsprechenden gegenüber dem Patentinhaber verstößt. Nach geltendem Recht spricht die Annäherung an die Nichtigkeitsklage, die der Einspruch dadurch erfahren hat, dass er der Patenterteilung nachfolgt, dafür, Nichtangriffsabreden bei Einsprüchen die gleiche Wirkung zuzuerkennen wie bei Nichtigkeitsklagen.[189] In jüngerer Zeit mehren sich jedoch die Stimmen, die dies ableh-   158

---

[182] § 6 Abs. 1 S. 1 und Abs. 2 iVm § 3 Abs. 1 S. 2 Nr. 3 PatKostG und Nr. 313 600 des Gebührenverzeichnisses idF des Gesetzes vom 19.10.2013.
[183] *Moufang* in Schulte PatG § 59 Rn. 248.
[184] BGH 17.4.2007, BGHZ 172, 98 Rn. 19 = GRUR 2008, 87 (89) – Patentinhaberwechsel im Einspruchsverfahren; s. auch *Hövelmann* Mitt. 2009, 481 (484 f.).
[185] BPatG 25.8.2008, GRUR 2009, 569 (570) – Kindersitzerkennung.
[186] Vgl. die Einspruchsrichtlinien vom 3.7.2018, Nr. 4.1.
[187] Anders für das alte Recht *Bernhardt* 278, und wohl auch BGH 29.4.1969, GRUR 1969, 562 (563 unten) – Appreturmittel; 28.11.1978, GRUR 1979, 313 (Nr. II) – Reduzier-Schrägwalzwerk.
[188] Weitere Beispiele für unzulässige Einsprüche nennen die Einspruchsrichtlinien vom 3.7.2018, Nr. 5 und 6.
[189] *Moufang* in Schulte PatG § 59 Rn. 60; *Vollrath* Mitt. 1982, 43 ff.; *Windisch* FS v. Gamm, 1990, 477 (482 ff.); BPatG 17.11.1990, BPatGE 32, 54; eingehend BPatG 26.3.1996, BPatGE 36, 177 (182 f.) – Unzulässig ist freilich eine Klage, nach welcher einem Einsprechenden ein bestimmtes tatsächliches Vorbringen verboten werden soll; es ist allein Sache der Patentabteilung bzw. des BPatG, über die Zulässigkeit des Einspruchsvorbringens zu befinden, vgl. BGH 29.10.1981, GRUR 1982, 161 – Ein-

nen.[190] Soweit sie sich darauf berufen, dass der Einspruch ein „Popular-Rechtsbehelf" ist, besteht freilich kein Unterschied zur Nichtigkeitsklage. Dass das „öffentliche Interesse", auf das oft hingewiesen wird, einen Verstoß gegen eingegangene Verpflichtungen eher in Form eines Einspruchs als in Form einer Nichtigkeitsklage rechtfertige, will ebenfalls nicht einleuchten. Ihm ist auf kartellrechtlicher Ebene Raum zu geben (vgl. → § 42 Rn. 17 ff., 39, 47 f.). Dass das EPA im Einspruchsverfahren Nichtangriffsabreden für unbeachtlich hält, ist für das deutsche Recht höchstens insofern relevant, als diese Sicht DPMA und gegebenenfalls BPatG die Prüfung schwieriger Tat- und Rechtsfragen ersparen kann.

159 Das **Erlöschen** des angegriffenen Patents, zB infolge Verzichts oder Nichtzahlung einer Jahresgebühr (→ Rn. 1 ff., 83 ff.) macht einen vorher erhobenen Einspruch nicht unzulässig. Fortgesetzt wird das Verfahren dann aber nur, wenn der Einsprechende ein **eigenes Rechtsschutzinteresse** an *rückwirkender* Beseitigung dartut; fehlt es, wird das Verfahren als in der Hauptsache erledigt angesehen.[191]

160 *Hövelmann*[192] hat dies kritisiert und gemeint, der Einspruch sei als wegen Wegfalls des Rechtsschutzinteresses unzulässig geworden zu verwerfen. Diese Auffassung hat wohl die besseren Gründe für sich, und die Praxis sollte entsprechend geändert werden.

161 Auch bei Vorliegen des erforderlichen Interesses kann das Patent nicht mehr widerrufen, sondern – bei Vorliegen eines Widerrufsgrunds – nur noch festgestellt werden, dass es von Anfang an unwirksam war[193]. Ist das Patent bereits vor Einlegung des Einspruchs erloschen, was wegen der kurzen Frist für diesen selten sein dürfte, wird der Einspruch als unzulässig anzusehen sein, wenn nicht der Einsprechende ein eigenes Rechtsschutzinteresse besitzt[194]. Ob es vorliegt, bestimmt sich nach den gleichen Regeln wie bei der Nichtigkeitsklage gegen ein erloschenes Patent (→ Rn. 203 ff.).

162 Der BGH hat in einem Fall, in dem gem. Art. II § 8 IntPatÜG (vgl. → Rn. 120 f.) das mit dem Einspruch angegriffene Patent schon bei Erteilung seine Wirkung teilweise verloren hatte, den Einspruch mit der Begründung als zulässig angesehen, dass das Verfahren der Erteilung des deutschen Patents erst mit rechtskräftigem Abschluss des Einspruchsverfahrens beendet sei, wovon er jedoch später abgerückt ist;[195] ergänzend hat er freilich auch das Rechtsschutzinteresse des Einsprechenden bejaht, weil der Gegenstand des deutschen Patents über denjenigen des europäischen hinausging. Das BPatG[196] verlangt, wenn das Patent wegen bestandskräftiger Erteilung eines gegenstands- und prioritätsgleichen europäischen Patents seine Wirkung verloren hat, überhaupt kein besonderes Rechtsschutzinteresse des Einsprechenden.

163 Ein **Widerruf auf Antrag** des Patentinhabers gem. § 64 PatG (→ § 36 Rn. 246 ff.) beseitigt das Patent **rückwirkend.** Im Einspruchsverfahren kann dann kein Widerruf mehr

---

spruchsverbietungsklage; die Entscheidung des BAG 26.7.1979, NJW 1980, 608 ist damit überholt; vgl. BAG 23.6.1981, NJW 1982, 2839.
[190] *Busse/Engels* PatG § 59 Rn. 46 f.; *Schäfers/Schwarz* in Benkard PatG § 59 Rn. 18 ff.; *Pitz* Mitt. 1994, 239 ff. mwN; *Winterfeldt* FS VPP, 2005, 210 (213 ff.) mit ausführlicher Darstellung des Meinungsstandes; BPatG 27.5.2004, BPatGE 48, 203 – Feuerwehr-Tableau-Einheit.
[191] BGH 17.4.1997, GRUR 1997, 615 – Vornapf; BPatG 8.5.1987, BPatGE 29, 65; 22.1.1996, BPatGE 36, 110; BPatG 20.1.2014, mAnm *Köppen* Mitt. 2014, 282 f.; Nach BPatG 30.10.2007, GRUR 2008, 279 bedarf jedoch der Einsprechende keines besonderen Rechtsschutzinteresses, wenn das Patent gem. Art. II § 8 IntPatÜG wegen bestandskräftiger Erteilung eines gegenstands- und prioritätsgleichen europäischen Patents seine Wirkung verloren hat.
[192] *Hövelmann* GRUR 2007, 283 (288 ff.).
[193] BPatG 9.7.1987, BPatGE 29, 84.
[194] BPatG 26.5.1993, BlPMZ 1993, 62 sieht auch in diesem Fall – insbesondere wegen der Möglichkeit, dass das Patent infolge Anfechtung eines Verzichts oder Wiedereinsetzung in eine Zahlungsfrist „wieder auflebt" – nicht den Einspruch als unzulässig, sondern die Hauptsache als erledigt an; ebenso mit anderer Begründung BGH 22.2.1994, GRUR 1994, 439 (441) – Sulfonsäurechlorid.
[195] BGH 22.2.1994, GRUR 1994, 439 (441) – Sulfonsäurechlorid; 2.3.1999, GRUR 1999, 571 (572) – Künstliche Atmosphäre; vgl. → Rn. 138 ff. und → § 25 Rn. 99 ff.
[196] BGH 30.10.2007, GRUR 2008, 279.

§ 26. Wegfall vom DPMA erteilter Patente u. eingetragener Gebrauchsmuster

ausgesprochen werden. Dem Interesse des Einsprechenden an rückwirkender Beseitigung des Patents ist vollständig genügt. Das Verfahren ist in der Hauptsache für erledigt zu erklären, weil nicht nur das Rechtsschutzinteresse an der Weiterverfolgung des mit dem Einspruch angestrebten Ziels weggefallen, sondern dieses uneingeschränkt erreicht ist.[197]

7. Ein Einspruch, der den Zulässigkeitsvoraussetzungen nicht genügt, ist ohne Sachprüfung und ohne Ausspruch über die Aufrechterhaltung des Patents als unzulässig zu verwerfen. Der Einsprechende kann hiergegen Beschwerde einlegen.[198] Hierüber hatte gem. § 67 Abs. 1 PatG in der bis zum 30.6.2006 geltenden Fassung der Beschwerdesenat des BPatG in der Besetzung mit drei rechtskundigen Mitgliedern zu entscheiden. Durch Gesetz vom 21.6.2006 wurde dann in § 67 Abs. 1 Nr. 2 (b) PatG eingeführt, dass in den Fällen, in denen der Einspruch als unzulässig verworfen wird, der Beschwerdesenat in der Besetzung mit einem technischen Mitglied als Vorsitzendem, zwei weiteren technischen Mitgliedern und einem rechtskundigen Mitglied entscheidet, also in der gleichen Besetzung wie insbesondere bei Beschwerden gegen die Zurückweisung von Anmeldungen oder gegen Sachentscheidungen im Einspruchsverfahren. Damit wurde einerseits bestätigt, dass ein unzulässiger Einspruch zu verwerfen ist, obwohl der Wortlaut des § 61 Abs. 1 S. 1 PatG nur Aufrechterhaltung oder Widerruf des Patents gestattet. Andererseits wurde das Beschwerdeverfahren einem Technischen Beschwerdesenat zugewiesen, nicht dem Juristischen Beschwerdesenat. **164**

Auf einen zulässigen Einspruch ist zu prüfen, ob der oder die ordnungsgemäß geltend gemachten, insbesondere auf eine fristgerecht eingereichte, genügend substantiierte Begründung (→ Rn. 144 ff.) gestützten Widerrufsgründe gegeben sind. Darüber hinaus reicht die erstinstanzliche Prüfungsbefugnis nicht soweit, Widerrufsgründe zu berücksichtigen, die der Einsprechende nicht oder nicht innerhalb der Einspruchsfrist geltend gemacht hat.[199] Schon gar nicht ist der Einsprechende zum Auswechseln oder Nachschieben von Widerrufsgründen mit der Folge berechtigt, diese auch geprüft zu sehen[200]. **165**

Nach Ansicht des BPatG[201] soll in erster Instanz das Aufgreifen nicht geltend gemachter Widerrufsgründe auch dann zulässig sein, wenn der Einspruch *allein* wegen *widerrechtlicher Entnahme* erhoben ist. Das widerspricht Sinn und Zweck des Einspruchs in diesem Fall (vgl. → § 20 Rn. 71 ff.). Dass weitere Widerrufsgründe im Wege des *Beitritts,* der immerhin nicht nach Belieben gangbar ist (→ Rn. 151 ff.), zum Gegenstand des Einspruchsverfahrens gemacht werden können, rechtfertigt es nicht, sie unabhängig hiervon zu berücksichtigen, sondern bestätigt, dass das Einspruchsverfahren insgesamt ein ungeeignetes Instrument für den Schutz des Rechts auf das Patent bildet (vgl. → § 20 Rn. 81 f.). Gegen die Zulässigkeit des nicht beantragten Aufgreifens anderer Widerrufsgründe spricht auch, dass der wegen widerrechtlicher Entnahme Einsprechende durch den Verlust des Nachanmelderechts *beschwert* ist, wenn Beigetretene oder andere Einsprechende andere Widerrufsgründe geltend gemacht haben und das Patent *deshalb* widerrufen wird.[202] Patentabteilung und BPatG (in erster Instanz) sollten nicht befugt sein, von sich aus dem Einsprechenden diesen Weg abzuschneiden. Soweit der Rechtsbestän- **166**

---

[197] Das gilt auch dann, wenn der Einspruch wegen widerrechtlicher Entnahme erhoben war. Der Einsprechende hat das Nachanmelderecht nach § 7 Abs. 2 PatG, weil der Fall, dass das Patent „auf Grund" des Einspruchs widerrufen wird, auch auf einen Widerruf nach § 64 zu beziehen, zumindest aber analog einem Verzicht zu behandeln ist, zu dem der Einspruch „führt".

[198] BPatG 23.3.1984, BPatGE 26, 143; 2.12.2004, BPatGE 48, 171 – Messvorrichtung. – Die Zulässigkeit des Einspruchs ist nach BGH 23.2.1972, GRUR 1972, 592 (593, 594) auch im Beschwerdeverfahren von Amts wegen zu prüfen; das BPatG hat den Einspruch, wenn es ihn als unzulässig ansieht, aus diesem Grund zu verwerfen, auch wenn das PA die Zulässigkeit angenommen und in der Sache entschieden hat; ebenso BGH 13.3.2003, GRUR 2003, 695 (Nr. II 1) – Automatisches Fahrzeuggetriebe.

[199] BPatG 12.1.2009, GRUR, 2010, 521 – Prüfungskompetenz bei widerrechtlicher Entnahme; im Tenor einschränkend BGH 10.1.1995, BGHZ 128, 280 (286 ff.) = GRUR 1995, 333 (335 ff.) – Aluminium-Trihydroxid.

[200] *Schäfers/Schwarz* in Benkard PatG § 59 Rn. 93; *Moufang* in Schulte PatG § 59 Rn. 187.

[201] 17.3.1994, BPatGE 34, 149; 14.7.2003, BPatGE 47, 141 (144) – Aktivkohlefilter.

[202] BGH 24.7.2007, GRUR 2007, 996 – Ausgussvorrichtung für Spritzgießwerkzeuge.

§ 26 B II   4. Abschnitt. Entstehung und Wegfall von Patenten und Gebrauchsmustern

digkeit des Patents andere Gründe entgegenstehen, kommen sie zur Geltung, wenn eine Nachanmeldung zu prüfen ist.

167 In der *Beschwerdeinstanz* kann nach Ansicht des BGH *von Amts wegen* kein Widerrufsgrund berücksichtigt werden, der nicht schon Gegenstand des Einspruchsverfahrens gewesen war.[203] Für das Verfahren der Rechtsbeschwerde gegen eine erstinstanzliche Einspruchsentscheidung des BPatG (→ Rn. 129) wird dasselbe gelten müssen. Unberührt bleibt freilich, dass im Fall eines Beitritts der Beitretende neue Widerrufsgründe einführen kann, auch wenn sein Beitritt erst in der Beschwerdeinstanz erfolgt war (→ Rn. 151 ff.).[204]

168 Das BPatG hält es auch für zulässig, einen neuen Widerrufsgrund, auf dessen Erörterung sich der Patentinhaber *eingelassen* hat, wenigstens durch Zurückverweisung an das PA zu berücksichtigen[205].

169 Wenn der Inhaber das Patent in einer von der erteilten abweichenden Fassung, insbesondere mit *geänderten Ansprüchen* verteidigt, ist die patentrechtliche Zulässigkeit der geänderten Fassung – auch in der Beschwerdeinstanz – ohne Beschränkung auf die geltend gemachten Widerrufsgründe zu prüfen[206].

170 Weil das Einspruchsverfahren vor der Patentabteilung des PA anders als das Beschwerdeverfahren vor dem BPatG kein Rechtsmittelverfahren ist, sondern eine umfassende Überprüfung des Patents unmittelbar im Anschluss an seine Erteilung leisten soll,[207] gehen die Prüfungsbefugnisse des PA weiter als die des BPatG, vor dem der Beschwerdeführer über den Verfahrensgegenstand weitergehend verfügen kann. Im Rahmen der (zulässig) geltend gemachten Widerrufsgründe ist die Patentabteilung nicht auf das von Einsprechenden innerhalb der Einspruchsfrist beigebrachte Material beschränkt, sondern kann nach dem Amtsermittlungsgrundsatz (§§ 59 Abs. 4, 46 Abs. 1 S. 1, 61 Abs. 2 S. 3, 87 Abs. 1 PatG) auch Tatsachen berücksichtigen, die ihr durch späteres Vorbringen eines Einsprechenden, unzulässige Einsprüche, Angaben des Patentinhabers, formlose Mitteilungen Dritter oder durch Nachforschungen von Amts bekannt werden.[208] Die Bedeutung des fristgerechten Vorbringens liegt lediglich darin, dass sich die Patentabteilung damit auseinandersetzen *muss*, während es im Übrigen ihrem pflichtgemäßen Ermessen[209] anheimgegeben ist, inwieweit sie in Anwendung des Amtsermittlungsgrundsatzes Tatsachen aufgreifen und zum Gegenstand des Verfahrens machen will, so dass insbesondere der Einsprechende kein Recht auf Berücksichtigung verspäteten Vorbringens hat.[210] Soweit sie von dieser Möglichkeit Gebrauch macht, haben alle Verfahrensbeteiligten Anspruch auf rechtliches Gehör, dh sie müssen in angemessener Weise Gelegenheit zur Stellungnahme erhalten.[211]

---

[203] BGH 8.11.2016, GRUR 2017, 54 Rn. 25 ff. – Ventileinrichtung; in ausdr. Fortführung von 10.1.1995, BGHZ 128, 280 (292 ff.) – Aluminium-Trihydroxid; zust. *Sieckmann* GRUR 1997, 157 f.; krit. *Sedemund-Treiber* GRUR-Int 1996, 395 ff.; *Fitzner/Waldhoff* Mitt. 2000, 453 f.; *Hövelmann* GRUR 1997, 875 ff.; *Schulte* Einl. Rn. 21 ff.

[204] BPatG 28.8.2006, BlPMZ 2007, 285 – Antriebsvorrichtung; vgl. auch *Strehlke* Mitt. 1999, 418.

[205] BPatG 8.2.1999, BPatGE 41, 64 – Schaltungsanordnung; krit. *Strehlke* Mitt. 1999, 418.

[206] BGH 3.2.1998, GRUR 1998, 901 – Polymermasse; ebenso BPatG 24.4.1996, GRUR 1997, 48; 18.11.1996, BPatGE 37, 155 (168 f.) – Digitales Telefonsystem; 19.3.1997, BPatGE 38, 93 – Bilddatenverarbeitungssystem; 16.6.1997, BPatGE 38, 204; 19.10.1999, BPatGE 42, 84 – Extrusionskopf; vgl. auch *Strehlke* Mitt. 1999, 416 ff.

[207] BGH 8.11.2016, GRUR 2017, 54 Rn. 21–24 – Ventileinrichtung; unter ausdr. Hinweis auf 10.1.1995, BGHZ 128, 280 (291) – Aluminium-Trihydroxid.

[208] Krit. hierzu *Raible* Mitt. 1987, 61 ff., der die Berücksichtigung nach Ablauf der Einspruchsfrist eingeführten Materials als unzulässig ansieht.

[209] Dazu BPatG 25.11.1980, BPatGE 24, 1.

[210] BGH 2.6.1977, GRUR 1987, 99 – Gleichstromfernspeisung; die Patentabteilung kann die Nichtberücksichtigung verspäteten Vorbringens allein mit der Fristüberschreitung begründen, vgl. BPatG 6.8.1975, BPatGE 18, 19 (20).

[211] BGH 2.6.1977, GRUR 1987, 99 – Gleichstromfernspeisung und BPatG 6.8.1975, BPatGE 18, 19 (20). – Nach § 17 Abs. 2 DPMAV sind von allen Schriftstücken Abschriften für die übrigen Beteiligten beizufügen; sie werden diesen in bestimmten Fällen zugestellt, im Übrigen formlos übersandt,

§ 26. Wegfall vom DPMA erteilter Patente u. eingetragener Gebrauchsmuster   B II § 26

Schon seit längerem strittig ist, ob eine **gegenständliche Beschränkung des Einspruchs** – zB auf bestimmte Patentansprüche – eine weitergehende Überprüfung des Patents hindert, ob ein sog. „Teileinspruch" die Überprüfungsinstanz also bindet. Diese Frage stellt sich nur für das deutsche Recht, weil der Teileinspruch im PatG nicht ausdrücklich geregelt ist, anders als in Regel 76 Abs. 2 lit. c AOEPÜ für das europäische Einspruchsverfahren. Im Ergebnis ist die Bindungswirkung eines solchen „Teileinspruchs" abzulehnen, weil er dem Zweck des Einspruchs zuwiderläuft. Dieser Zweck liegt im öffentlichen Interesse am Widerruf zu Unrecht erteilter Patente. Entsprechend ist das Einspruchsverfahren gestaltet als Popularverfahren zur Überprüfung problematischer Patente. Der Einspruch leitet dieses Verfahren lediglich ein. Beschränkt werden kann das Verfahren danach nicht mehr, so wie die patentamtliche Prüfung auch sonst nicht von außen beschränkt werden kann. Insoweit schärfer als das EPÜ bestimmt dies für die Einspruchsrücknahme nach deutschem Recht ausdrücklich § 61 Abs. 1 S. 2 PatG. Für die Breite des Einspruchs kann nichts anderes gelten. Auch hier kann es keine Dispositionsmaxime geben; nicht nur weil deren Annahme unweigerlich zu strategischen Überlegungen und daraus folgenden Absprachen über den Umfang von Einsprüchen führen würde, was niemand wollen kann, weil sie der zu fordernden „Patenthygiene" in hohem Maß abträglich wären.[212] Für die **Teilrücknahme** von Einsprüchen kann nichts anderes gelten, denn hier greift § 61 Abs. 1 S. 2 PatG. 171

8. Die **Zurücknahme** von Einsprüchen, die einmal in zulässiger Weise erhoben worden sind,[213] steht einer Sachprüfung der geltend gemachten Widerrufsgründe nicht entgegen. Sie beendet lediglich die Verfahrensbeteiligung des Einsprechenden, hindert aber, selbst wenn kein anderer zulässiger Einspruch anhängig bleibt, die Fortsetzung des Verfahrens nicht (§ 61 Abs. 1 S. 2 PatG). 172

Nach Auffassung des BPatG ist es jedoch nicht angebracht, von Amts wegen Ermittlungen über eine von dem ausgeschiedenen Einsprechenden behauptete offenkundige Vorbenutzung anzustellen, wenn für diese nicht schon ein hoher Grad von Wahrscheinlichkeit spricht und ohne Mitwirkung des Ausgeschiedenen wenig Aussicht auf Klärung des Sachverhalts besteht.[214] 173

Ist nur wegen **widerrechtlicher Entnahme** Einspruch erhoben, hat seine Zurücknahme die Beendigung des Einspruchsverfahrens zur Folge,[215] da die Patentabteilung und das BPatG in diesem Fall nicht befugt sind, die Schutzfähigkeit des angeblich entnommenen Patentgegenstands zu prüfen (vgl. → § 20 Rn. 71), und eine Prüfung der sachlichen Anmeldeberechtigung nur auf Antrag des Verletzten stattfindet. Insbesondere muss dieser die Möglichkeit behalten, vom Einspruch zur Übertragungsklage überzugehen. 174

Ist gegen die Entscheidung der Patentabteilung von einem Einsprechenden **Beschwerde** erhoben, kann nach Zurücknahme des Einspruchs das BPatG, wenn keine anderen Beschwerden eingelegt sind, 175

---

vgl. die Einspruchsrichtlinien vom 3.7.2018, Nr. 9.3 und zur Frage, wann ein Zwischenbescheid angebracht ist, Nr. 2.3.

[212] So auch BPatG (21. Senat) 13.4.2011, BlPMZ 2011, 384 – Optische Inspektion von Rohrleitungen; *Busse/Engels* PatG § 59 Rn. 291 mwN; *Schäfers/Schwarz* in Benkard PatG § 59 Rn. 168 f. mwN; *Winterfeldt/Engels* GRUR 2007, 449 (457) mwN; BPatG 25.4.2006, BlPMZ 2006, 418 – Kalibrierverfahren; wohl auch BGH 13.3.2003, GRUR 2003, 695 (Nr. II 3b) – Automatisches Fahrzeuggetriebe; aA PatG (19. Senat) 19.3.2008 (online verfügbar); (7. Senat) 20.6.2007, GRUR 2008, 634 – Teileinspruch; *Moufang* in Schulte PatG § 59 Rn. 180; *Harlfinger* GRUR 2009, 466 ff.

[213] Die Zurücknahme eines unzulässigen Einspruchs beendet das Verfahren; es kann nicht mehr der Einspruch verworfen werden, sondern nur noch seine Unzulässigkeit oder (wenn es der einzige Einspruch war) die Beendigung des Verfahrens festgestellt werden, BPatG 4.2.2003, BPatGE 46, 247.

[214] BPatG 27.11.1974, Mitt. 1978, 191 (193); 25.11.1980, BPatGE 24, 1.

[215] So nicht mehr zu finden in den Einspruchsrichtlinien vom 3.7.2018 (vgl. Nr. 9.2); vgl. auch BPatG 20.4.1996, BlPMZ 1996, 506. – BPatG 14.7.2003, BPatGE 47, 141 (143 f.) hat Bedenken gegen die Ansicht, dass nach Zurücknahme des wegen widerrechtlicher Entnahme erhobenen Einspruchs dieser Widerrufsgrund nicht mehr geprüft werden darf, nimmt dies aber jedenfalls dann an, wenn der Einsprechende Inhaber des Patents geworden ist.

nicht mehr in der Sache entscheiden, sondern nur noch die Beschwerde als unzulässig (geworden) verwerfen, so dass die angegriffene Entscheidung der Patentabteilung ebenso wie im Fall der Zurücknahme der Beschwerde formell rechtskräftig wird[216]; dagegen kann durch Zurücknahme von Einspruch oder Beschwerde einer bereits ergangenen Beschwerdeentscheidung die Wirkung nicht mehr entzogen werden.[217]

Die *Anmeldung* kann im Einspruchsverfahren nicht mehr zurückgenommen werden[218].

176   9. Bei der **Entscheidung** im Einspruchsverfahren sind die Patentabteilungen und die Beschwerdesenate des BPatG nicht an eine von der Prüfungsstelle oder einem Beschwerdesenat im Erteilungsverfahren vertretene Ansicht gebunden;[219] das wird auch dann gelten müssen, wenn über eine Einspruchsbeschwerde oder über einen Einspruch derselbe Beschwerdesenat entscheidet, der bereits auf Beschwerde des Anmelders das Patent erteilt hat.

177   Der Ausschließungsgrund des § 86 Abs. 2 Nr. 1 PatG liegt in diesem Fall nicht vor (vgl. → § 23 Rn. 73 f.); es wäre freilich sinnvoll, ihn entsprechend zu erweitern.

178   Die Entscheidung im Einspruchsverfahren lautet, je nachdem, ob sich Widerrufsgründe ergeben und inwieweit das Patent davon betroffen wird, dahin, dass das Patent widerrufen, aufrechterhalten oder beschränkt aufrechterhalten wird (§§ 21 Abs. 1 und Abs. 2 S. 1, 61 Abs. 1 S. 1 PatG). Eine beschränkte Aufrechterhaltung ist, wenn nicht sämtliche selbstständigen Patentansprüche von Widerrufsgründen betroffen sind, auch dann geboten, wenn der Patentinhaber keinen dahingehenden (Hilfs-)Antrag gestellt hat.[220] Beantragt er jedoch die Aufrechterhaltung mit *bestimmten Ansprüchen,* ist das Patent insgesamt zu widerrufen, wenn sich der Gegenstand auch nur eines dieser Ansprüche als nicht patentfähig erweist.[221]

179   Soweit das Patent nicht aufrechterhalten wird, gelten seine Wirkungen als von Anfang an nicht eingetreten. Eine beschränkte Aufrechterhaltung bedeutet somit, dass das Patent im Übrigen widerrufen ist (§ 21 Abs. 3 PatG). Eine Beschränkung kann in Form einer Änderung der Patentansprüche, der Beschreibung oder der Zeichnungen vorgenommen werden (§ 21 Abs. 2 S. 2 PatG). Die Patentschrift ist der Beschränkung entsprechend zu ändern, die Änderung zu veröffentlichen (§ 61 Abs. 4 PatG). Regelmäßig ist eine Änderung der Ansprüche erforderlich; sie bedingt oft auch eine Anpassung der Beschreibung. Bei teilweiser Aufrechterhaltung ist zu beachten, dass die eingeschränkte Fassung nicht nur innerhalb des Offenbarungsgehalts des Patents liegen muss, sondern auch dessen Schutzbereich nicht erweitern darf (vgl. § 22 Abs. 1 PatG).[222]

180   Nicht einfach gestrichen werden können Anspruchsmerkmale, die durch unzulässige Erweiterung des Anmeldungsinhalts ins Patent gelangt sind, wenn diese Streichung den Patentgegenstand unzulässig erweitern würde.[223] Das dann auftretende „Dilemma der ein-

---

[216] BPatG 21.7.1987, BPatGE 29, 92; 24.3.1988, BPatGE 29, 234.

[217] Vgl. BGH 29.4.1969, GRUR 1969, 562 (563 f.) – Appreturmittel mit Anmerkung *von Storch* (GRUR 1969, 562 (564), zu 2); BGH 28.11.1978, GRUR 1979, 313 – Reduzier-Schrägwalzwerk; BGH 10.12.1987, GRUR 1988, 364 – Epoxidationsverfahren; BPatG 24.3.1988, BPatGE 29, 234; *Schäfers/Schwarz* in Benkard § 59 Rn. 114; *Moufang* in Schulte PatG § 61 Rn. 30.

[218] BGH 2.3.1999, GRUR 1999, 571 – Künstliche Atmosphäre; vgl. → § 25 Rn. 99 ff.

[219] BGH 23.2.1972, GRUR 1972, 538 (539) – Parkeinrichtung.

[220] BGH 27.6.2007, GRUR 2007, 862 (Nr. III 3a cc) – Informationsübermittlungsverfahren II.

[221] BGH 27.6.2007, GRUR 2007, 862 (Nr. III 3a cc und dd) – Informationsübermittlungsverfahren II.

[222] BGH 23.1.1990, BGHZ 110, 123 – Spleißkammer; 30.10.1990, GRUR 1991, 307 – Bodenwalze; 20.6.2000, GRUR 2001, 1015 – Verglasungsdichtung; BPatG 24.4.1996, GRUR 1997, 48.

[223] BGH 21.6.2011, GRUR 2011, 1003 Rn. 24 f. – Integrationselement; 5.10.2000, GRUR 2001, 140 (143) – Zeittelegramm; BPatG 28.6.1988, BPatGE 31, 1 – Flanschverbindung; 10.1. u. 10.4.1990, BPatGE 31, 109 (157); 18.8.1999, BPatGE 42, 57 – Fernsehgerätbetriebsparameteranzeige; 9.11.1990, BPatGE 42, 105 – Streuverfahren; 21.3.2001, BPatGE 44, 123 – Eindringalarmsystem; 20.2.2002, GRUR 2002, 599 – Automatische Umschaltung.

schränkenden Erweiterung"²²⁴ hat der BGH in *Winkelmessereinrichtung*²²⁵ durch eine Art „Minimalbegünstigung des Patentinhabers" gelöst: zwar muss dessen Patent nicht widerrufen werden, weil es beschränkt aufrechterhalten werden kann und die Widerrufsgründe der §§ 21 Abs. 1 Nr. 4 und 22 Abs. 1 PatG mangels Erweiterung des *Patentgegenstands* nicht erfüllt sind. Das den *Anmeldungsinhalt* erweiternde Merkmal soll darum einerseits im Anspruch belassen werden, weil nur dies eine Erweiterung des *Patentgegenstands* vermeidet. Andererseits soll dieses (im Anspruch belassene) Merkmal aber nicht herangezogen werden dürfen, um die Patentfähigkeit der Erfindung zu stützen. Der BGH konzediert, dass dieser Ansatz mit Blick auf die Entscheidung der GrBK-EPA G 1/93 *Beschränkendes Merkmal/ Advanced Semiconductor Products*²²⁶ nicht ohne Problem ist, kommt aber zur Zulässigkeit seiner Lösung, weil er den kategorischen Ausschluss seinen Lösungswegs durch Art. 123 Abs. 1 und 2 EPÜ verneint.²²⁷ Das BPatG hat 2015 ausdrücklich die beschränkte Anwendbarkeit der BGH-Rechtsprechung nur auf das Einspruchs- und Nichtigkeitsverfahren festgestellt. Auf das Erteilungsverfahren sei *Winkelmessereinrichtung* nicht anwendbar.²²⁸

181 Zur Frage, ob in der Patentschrift durch einen Vermerk *(Disclaimer)* zum Ausdruck gebracht werden muss, dass die im Anspruch belassenen Merkmale nicht als schutzbegründend berücksichtigt werden dürfen, hat der BGH in derselben Entscheidung²²⁹ festgestellt, dass die Anbringung eines solchen *Disclaimers* wenn auch nicht grundsätzlich zu beanstanden, so doch jedenfalls nicht erforderlich sei. Für das Einspruchs- und Nichtigkeitsverfahren erledigt war damit die Diskussion um den *Disclaimer* an sich und um seine korrekte Anbringung.²³⁰

182 Da die nicht offenbarten Anspruchsmerkmale einerseits nicht gestrichen werden können, weil sonst eine unzulässige Erweiterung vorläge, diese andererseits aber auch nicht zur Schutzbereichsbestimmung herangezogen werden können, weil sie nicht offenbart waren, wird der potentiell entgegenstehende SdT dann durch die restlichen Anspruchsmerkmale bestimmt und ist deshalb er umfangreicher, als er es bei schutzbegründender Berücksichtigung jener Merkmale wäre. Doch beschränkt sich der Schutzbereich auf Ausführungsformen, die auch diese Merkmale (wenigstens in äquivalenter Abwandlung) aufweisen.²³¹

183 Für das frühere Recht hatte der BGH verlangt, dass solche Merkmale auch nach der Bekanntmachung noch gestrichen werden, selbst wenn sich hierdurch der in der bekanntgemachten Anspruchs-

---

²²⁴ *V. Saint André* 46 ff.
²²⁵ BGH 21.10.2010, GRUR 2011, 40 Rn. 18; so auch 21.6.2011, GRUR 2011, 1003 Rn. 19 f. – Integrationselement.
²²⁶ EPA (GrBK) 2.2.1994, ABl. 1994, 541 = GRUR-Int 1994, 842.
²²⁷ BGH 21.10.2010, GRUR 2011, 40 Rn. 19.
²²⁸ BPatG 11.9.2015, GRUR 2016, 583 Rn. 12–16 – Kosmetische Zubereitung.
²²⁹ BGH 21.10.2010, GRUR 2011, 40 Rn. 18; ohne Festlegung zur Frage der Notwendigkeit eines *Disclaimers* noch BGH 5.10.2000, GRUR 2001, 140 (143) – Zeittelegramm.
²³⁰ Etwa BPatG 17.8.2005, GRUR 2006, 487 – Semantischer Disclaimer, nach der der Disclaimer vorzugsweise in die Ansprüche aufzunehmen sei und bei größerem Umfang als Fußnote hierzu. S. auch *Moufang* in Schulte PatG § 21 Rn. 69 ff.; *Dellinger* VPP Rundbrief 2005, 6 (9 f.) – Anders *Stamm* Mitt. 2006, 153 (158 f., 197), der den Anspruch alternativ mit der und ohne die Erweiterung hatte fassen und es Dritten überlassen wollen, welche Fassung sie gegen sich gelten lassen wollen.
²³¹ *V. Saint André* 46 ff., 63, 87 f. stimmt dieser Lösung grundsätzlich zu, will aber durch eine „doppelte Schutzbereichsprüfung" im Verletzungsprozess der Gefahr beggenen, dass durch das unzulässige Merkmal „der Äquivalenzbereich zumindest marginal verschoben wird". Die angegriffene Ausführungsform müsste demnach „sowohl den Schutzbereich, der sich unter Berücksichtigung des unzulässigen Merkmals ergibt, verletzen, als auch den Schutzbereich, der sich ohne das unzulässige Merkmal ergibt". Darin liegt aber kein Korrektiv, weil es für das zweite Kriterium auf das unzulässige Merkmal überhaupt nicht ankommt und aus einer Anspruchsfassung, die es nicht aufweist, nichts für seinen Äquivalenzbereich hergeleitet werden kann. Eher wäre denkbar, dass der Schutzbereich auf Ausführungsformen zu beschränken ist, die das Merkmal *wortsinngemäß* aufweisen, also eine Einbeziehung von Äquivalenten ausgeschlossen wird. Hierfür kann sprechen, dass dem Merkmal keine als schutzbegründend in Betracht zu ziehende Offenbarung zugrunde liegt.

§ 26 B II 4. Abschnitt. Entstehung und Wegfall von Patenten und Gebrauchsmustern

fassung festgelegte Schutzbereich erweitert.²³² Diese Handhabung kann angesichts des Verbots, den Schutzbereich des Patents zu erweitern, nicht auf das Stadium nach der Patenterteilung und somit auch nicht auf das nachgeschaltete Einspruchsverfahren übertragen werden.²³³

184 Wenn ein Patentanspruch durch Merkmale eines in der Beschreibung dargestellten Ausführungsbeispiels *beschränkt* wird, die je für sich, aber auch zusammen den durch die Erfindung erreichten Erfolg fördern, ist es nicht erforderlich, alle diese Merkmale, sondern zulässig, nur einzelne von ihnen in den Anspruch einzufügen²³⁴.

185 Zugelassen wurde es auch, im Erteilungsverfahren eingefügte, aber vom ursprünglichen Offenbarungsgehalt der Anmeldung nicht umfasste gegen entsprechende ursprünglich offenbarte Anspruchsmerkmale auszutauschen²³⁵.

186 Eine Änderung darf nicht dazu führen, dass an die Stelle der Erfindung, für die das Patent erteilt ist, eine andere (ein „aliud") tritt²³⁶. Das schließt einen Wechsel der *Patentkategorie* nicht aus, sofern dadurch nicht ein Patent mit weiterreichenden Schutzwirkungen entsteht. So wurde es zugelassen, einen auf ein *Erzeugnis* gerichteten Anspruch auf eine bestimmte, bereits in den ursprünglichen Anmeldungsunterlagen offenbarte *Verwendung* zu beschränken²³⁷. Der BGH fasst dabei die Verwendung als Verfahren auf und nimmt deshalb an, dass die Zustimmung des Patentinhabers zu einer solchen Einschränkung den Verzicht auf Schutz eines gegebenenfalls durch das Verfahren unmittelbar hergestellten Erzeugnisses impliziere²³⁸. Dieser Vorstellung bedarf es nicht, wenn man das Ergebnis der Beschränkung als *zweckgebundenen Erzeugnisschutz* versteht²³⁹.

187 Die beschränkte Aufrechterhaltung setzt voraus, dass der Patentinhaber einen entsprechenden Antrag stellt oder wenigstens hilfsweise mit der eingeschränkten Fassung einverstanden ist²⁴⁰. Das schließt auch „verdeutlichende Änderungen" des Patents ohne Einverständnis des Inhabers aus, wie sie früher als zulässig angesehen wurden²⁴¹.

188 Erklärt der Patentinhaber, das Patent nur in beschränktem Umfang verteidigen zu wollen, ist nur noch in diesem Umfang zu prüfen, ob das Patent aufrechtzuerhalten oder zu widerrufen ist; der Patentinhaber kann jedoch während des Verfahrens von der Beschränkung abgehen und Aufrechterhaltung in einer anderen oder der erteilten Fassung anstreben²⁴². Begehrt der Einsprechende nur teilweisen Widerruf, bindet dies das PA grundsätz-

---

²³² BGH 17.9.1974, GRUR 1975, 310 (311 f.) – Regelventil; 1.3.1977, GRUR 1977, 714 (715 f.) – Fadenvlies. Unter Berufung hierauf für das geltende Recht BPatG (20. Senat) 25.8.1997, BPatGE 39, 34 (41 ff.) – Steuerbare Filterschaltung; (8. Senat) 9.1.1998, BPatGE 39, 215 – Zerkleinerungsanlage; zustimmend *Vollrath* Mitt. 2000, 185 ff.; ähnlich schon *Schwanhäußer* GRUR 1991, 165 ff.; krit. *Rau* GRUR 1998, 671 f.; *Niedlich/Graefe* Mitt. 1999, 246 f. Der 20. Senat hat im Beschluss vom 20.2.2002, GRUR 2002, 599 (601 f.) – Automatische Umschaltung diesen Standpunkt wieder aufgegeben.
²³³ *Schäfers/Schwarz* in Benkard PatG § 59 Rn. 182 f.; *Rogge/Kober-Dehm* in Benkard PatG § 21 Rn. 39 mwN; aM *Ballhaus* GRUR 1983, 1 (6); *König* FS Tilmann, 2003, 487 (502 ff.).
²³⁴ BGH 3.2.1998, GRUR 1998, 901 (903) – Polymermasse.
²³⁵ BPatG 13.10.1998, BPatGE 40, 233 – Bohrhammer.
²³⁶ BGH 23.1.1990, BGHZ 110, 123 – Spleißkammer; BPatG 10.3.2005, BlPMZ 2006, 212 (218) – Sektionaltorblatt.
²³⁷ BGH 17.9.1987, GRUR 1988, 287 – Abschlussblende; BGH 2.11.2011, Mitt. 2012, 119 – Notablaufvorrichtung; nach BPatG 11.10.1988, BlPMZ 1989, 284 gilt dies auch dann, wenn das Erzeugnis als solches neu ist.
²³⁸ BGH 16.1.1990, BGHZ 110, 82 – Spreizdübel.
²³⁹ Vgl. *v. Falck* GRUR 1993, 199 ff.; dazu auch → § 24 Rn. 190 ff.
²⁴⁰ BGH 3.11.1988, BGHZ 105, 381 – Verschlussvorrichtung für Gießpfannen unter Hinweis auf Art. 102 Abs. 3 (jetzt Art. 101 Abs. 3 mit R 82) EPÜ; dazu → § 30 Rn. 65 ff.; BGH 20.6.2000, GRUR 2001, 1015 – Verglasungsdichtung; *Moufang* in Schulte PatG § 59 Rn. 166.
²⁴¹ ZB in BPatG 7.6.1984, BPatGE 27, 7. – BPatG 14.3.1989, BPatGE 30, 186 und 16.7.1997, Mitt. 2000, 456 betreffen Fälle, in denen das Einverständnis vorlag.
²⁴² *Moufang* in Schulte PatG § 59 Rn. 174 ff.; *Busse/Engels* PatG § 59 Rn. 256 f. – Zur Notwendigkeit und den Möglichkeiten, dem Einsprechenden bezüglich neuer Anspruchsfassungen, die der Pa-

lich nicht²⁴³; bei einem auf widerrechtliche Entnahme gestützten Einspruch bedeutet jedoch eine derartige Einschränkung, dass insoweit eine etwaige Entnahme infolge Zustimmung des Einsprechenden ihm gegenüber nicht als widerrechtlich angesehen werden kann.

Liegt keine geänderte Anspruchsfassung, zu der der Patentinhaber wenigstens hilfsweise **189** sein Einverständnis gegeben hat, ist innerhalb der durch das Erweiterungsverbot gezogenen Grenzen zu prüfen, ob die erteilte Fassung durch einen Widerrufsgrund getroffen wird. Falls dies zutrifft, ist das Patent zu widerrufen.²⁴⁴ Wegen der Dispositionsmaxime, § 308 Abs. 1 S. 1 ZPO, hält das BPatG eine Prüfung der erteilten Fassung nur bei entsprechendem Antrag des Patentinhabers für geboten. Verteidigt dieser das Patent ausschließlich in einer unzulässig geänderten Fassung, ist es ohne weiteres zu widerrufen.²⁴⁵ Freilich genügt für die Aufgabe der erteilten Fassung – auch mit Rücksicht auf die Rechtsprechung des BGH²⁴⁶ – nicht das Fehlen eines förmlichen Antrags. Das Verhalten des Patentinhabers muss dessen mangelndes Interesse an der erteilten Fassung vielmehr eindeutig erkennen lassen.²⁴⁷ Dies ist etwa dann der Fall, wenn der beklagte Patentinhaber ein angegriffenes Patent nur in vorstehend erwähnter, unzulässig geänderter Fassung verteidigt. Dann ist das Streitpatent in der erteilten Fassung ohne weiteres, also ohne Sachprüfung der dieser Fassung entgegen gehaltenen Nichtigkeitsgründe für nichtig zu erklären. Ebenso wie der Patentinhaber auch im Nichtigkeitsverfahren frei ist, sein Patent (auch unzulässig!)²⁴⁸ zu beschränken, ist es Amt und Gerichten verwehrt, das Patent in einer Fassung (beschränkt) aufrecht zu erhalten, die nicht das Einverständnis des Patentinhabers hat.²⁴⁹ Die Aufgabe des Streitpatents in der erteilten Fassung entbindet PA und Gericht von der Sachprüfung auf das Bestehen von Nichtigkeitsgründen. Ob die Aufgabe damit auch prozessual, also iSv § 307 ZPO, ein Anerkenntnis darstellt, hat das BPatG ausdrücklich dahinstehen lassen.²⁵⁰

10. Durch **Teilung des Patents konnte** nach dem seit 1.7.2006 aufgehobenen § 60 **190** PatG der Patentinhaber im Einspruchsverfahren bewirken, dass der abgetrennte Teil in das Erteilungsverfahren zurückversetzt und als Gegenstand einer Anmeldung, für die Prüfungsantrag gestellt ist, behandelt wird. Dabei konnte nach der Rechtsprechung des BGH, an der er trotz zahlreicher kritischer Stellungnahmen des Schrifttums festhielt,²⁵¹ der **volle Offenbarungsgehalt** der ursprünglichen Anmeldung **ausgeschöpft** werden²⁵². In dieser

---

tentinhaber im Verfahren vor dem BPatG vorlegt, *rechtliches Gehör* zu gewähren, Kroher FS Kolle/Stauder, 2005, 355 ff.; *Hövelmann* Mitt. 2006, 546 ff.

²⁴³ BPatG 16.1.1989, BPatGE 30, 143 (147); 15.3.2001, BPatGE 44, 64 – Branddetektion; *Hövelmann* Mitt. 2002, 49 (51); aM DPA 30.6.1997, BlPMZ 1997, 364; BPatG 19.10.1999, BPatGE 42, 84 – Extrusionskopf; *Moufang* in Schulte PatG § 59 Rn. 180.

²⁴⁴ *Busse/Keukenschrijver* PatG § 21 Rn. 121; *Busse/Engels* PatG § 59 Rn. 255. – *Keukenschrijver* GRUR 2001, 576 weist darauf hin, dass die Unzulässigkeit einer im Einspruchsverfahren vorgeschlagenen Änderung kein Widerrufsgrund ist; insoweit zustimmend BPatG 26.6.2007, GRUR 2009, 145 (148) – Fentanylpflaster; ebenso *Strehlke* Mitt. 1999, 421.

²⁴⁵ So unter ausdrücklicher Ablehnung von *Busse/Keukenschrijver* PatG § 21 Rn. 135; *Busse/Engels* PatG § 59 Rn. 255. – *Keukenschrijver* GRUR 2001, 573; BPatG 26.6.2007, GRUR 2009, 145 (148) – Fentanylpflaster; 8.8.2005, GRUR 2006, 46 – Vollmantel-Schneckenzentrifuge; ebenso schon *Moufang* in Schulte PatG § 59 Rn. 166.

²⁴⁶ BGH 27.6.2007, GRUR 2007, 862 (Nr. III 3a cc und dd) – Informationsübermittlungsverfahren II.

²⁴⁷ Das ergab sich in dem vom BPatG entschiedenen Fall daraus, dass der Patentinhaber gem. dem früheren § 60 PatG das Patent geteilt hatte und sich offensichtlich auf die hieraus entstandene Trennanmeldung konzentrieren wollte.

²⁴⁸ BPatG 26.6.2007, GRUR 2009, 145 (149) – Fentanylpflaster.

²⁴⁹ BPatG 26.6.2007, GRUR 2009, 145 (148) – Fentanylpflaster.

²⁵⁰ BPatG 26.6.2007, GRUR 2009, 145 (149) – Fentanylpflaster unten.

²⁵¹ BGH 22.4.1998, GRUR 1999, 148 (150) – Informationsträger; 30.9.2002, GRUR 2003, 47 (49, 50) – Sammelhefter mN.

²⁵² BGH 1.10.1991, BGHZ 115, 234 – Straßenkehrmaschine; ebenso schon *Wagner* Mitt. 1980, 149 (151 f.); 4. Aufl., 430.

§ 26 B III 4. Abschnitt. Entstehung und Wegfall von Patenten und Gebrauchsmustern

Auslegung bedeutete die Regelung der Teilung des Patents, dass Dritte, auch wenn im Erteilungsverfahren keine Teilung erfolgt war, bis zum Ablauf der Einspruchsfrist oder zur Erledigung gegebenenfalls erhobener Einsprüche damit rechnen mussten, dass die ursprüngliche Anmeldung zu einem weiteren als dem durch die Ansprüche des erteilten Patents und deren Auslegung bestimmten Schutzbereich führt. Das Risiko, dass dies geschieht, konnte davon abhalten, Einspruch zu erheben. Dass diese Folgen wegen dringender schutzwürdiger Interessen des Patentinhabers in Kauf zu nehmen seien, war nicht überzeugend zu begründen. Es lag deshalb im Interesse der Rechtssicherheit, dass die Teilung des Patents ausgeschlossen wurde.[253]

III. Nichtigerklärung des Patents

191   1. Das Patent wird auf Antrag rückwirkend für nichtig erklärt, wenn sich ergibt, dass ein Nichtigkeitsgrund vorliegt. Der Antrag wird durch Klage beim BPatG gestellt (§ 81 PatG); für das Verfahren vor diesem und das Berufungsverfahren vor dem BGH gelten die bereits dargestellten allgemeinen Regelungen (vgl. → § 23 Rn. 55 ff., 72 ff., 110 ff. und 135 ff.).

192   **Nichtigkeitsgründe**[254] sind alle in § 21 Abs. 1 PatG aufgezählten **Widerrufsgründe** (vgl. → Rn. 130 ff.) und außerdem die **Erweiterung des Schutzbereichs** des Patents (§ 22 Abs. 1 PatG). Hierdurch wird die Möglichkeit berücksichtigt, dass sich eine auf Beschränkung gerichtete Änderung eines erteilten Patents in Wirklichkeit als Erweiterung erweist, weil die daraus entstandene Anspruchsfassung unter Berücksichtigung von Beschreibung und Zeichnungen (§ 14 PatG) eine technische Lehre einschließt, die von der vorhergehenden Fassung nicht gedeckt war. Dass Teile des ursprünglichen Schutzbereichs ausgeschieden wurden, schließt nicht aus, dass in anderer Hinsicht eine Erweiterung vorliegt.

193   Änderungen, die den Schutzbereich erweitern, können in einem Einspruchs-, einem früheren Nichtigkeits- oder einem auf Antrag des Patentinhabers durchgeführten Beschränkungsverfahren zustande gekommen sein. Soweit sie im Rahmen des ursprünglichen Offenbarungsgehalts der Anmeldung bleiben, können sie nicht unter dem Gesichtspunkt der unzulässigen Erweiterung (§ 21 Abs. 1 Nr. 4 PatG) beseitigt werden. Sie dürfen aber nicht bestehen bleiben, weil die Patenterteilung für die Öffentlichkeit den Schutzumfang festlegt, mit dem maximal zu rechnen ist.

194   Für den Fall, dass eine gemäß § 36a PatG 1968 zur Beschränkung des Patents auf Antrag des Inhabers angeordnete Änderung der Ansprüche eine Erweiterung enthielt, sah bereits § 13a PatG 1968 die Nichtigerklärung im Umfang der Erweiterung vor. Die durch das GPatG in Anlehnung an Art. 138 Abs. 1 (d) EPÜ und Art. 57 Abs. 1 (d) GPÜ eingeführte Verallgemeinerung des Nichtigkeitsgrunds der „Beschränkungserweiterung" ist durch die Nachschaltung des Einspruchsverfahrens bedingt, schließt aber auch Fälle der Erweiterung im Nichtigkeitsverfahren ein.

195   Auf **Verfahrensfehler** bei der Erteilung des Patents oder der Behandlung von dagegen erhobenen Einsprüchen kann die Nichtigkeitsklage nicht gestützt werden.[255] Die Erweiterung des Schutzbereichs ist kein (bloßer) Verfahrensfehler, sondern bedeutet, dass der daraus erwachsenen Fassung des Patents die wirksame Erteilungsgrundlage fehlt. Die Entscheidung im Einspruchs-, Nichtigkeits- oder Beschränkungsverfahren ersetzt die Erteilung nicht, da sie sich nur auf die Frage bezieht, inwieweit ein Patent fortbestehen soll, nicht aber für einen bisher nicht geschützten Gegenstand den Schutz erst begründen kann. Dagegen kann

---

[253] Vgl. die Begründung zum Gesetz vom 21.6.2006, BlPMZ 2006, 230 (zu Nr. 6).

[254] Wegen der rechtsgestaltenden Wirkung der Nichtigerklärung wäre genauer von Nichtigerklärungs- oder Vernichtungsgründen zu sprechen; vgl. *Liedel* 20.

[255] Vgl. BGH 15.4.1955, GRUR 1955, 476 (477) – Spülbecken (Uneinheitlichkeit des Patentgegenstands); 6.10.1959, GRUR-Int 1960, 506 (507) – Schiffslukenverschluß (unzulässige Wiedereinsetzung); 31.1.1967, GRUR 1967, 543 (546) – Bleiphosphit; BPatG 8.6.1983, BlPMZ 1984, 380 (unentdeckt gebliebener Verfall der Anmeldung wegen verspäteter Zahlung eines Jahresgebühren-Zuschlags; das Patent kann in diesem Fall auch nicht wegen „unzulässiger Erweiterung" vernichtet werden).

mit der Nichtigkeitsklage nicht geltend gemacht werden, dass für einen bestimmten Anspruch eines Patents kein Rechtsschutzbedürfnis bestehe, zB deshalb, weil er keinen nicht schon durch einen anderen Anspruch des Patents gesicherten Schutz gewähre.[256]

Die Nichtigkeitsklage kann nicht darauf gestützt werden, dass das Patent – zB durch **196** falsche Angaben über den SdT – „erschlichen" worden sei. Regelmäßig wird in solchen Fällen einer der gesetzlichen Nichtigkeitsgründe eingreifen. Einen selbstständigen Nichtigkeitsgrund der „Patenterschleichung" gibt es nicht, die Regelung in §§ 21, 22 ist abschließend.[257]

2. Im gleichen Verfahren wie Patente können auch vom DPMA erteilte **ergänzende** **197** **Schutzzertifikate** für nichtig erklärt werden (§ 81 Abs. 1 S. 1 PatG). Die Gründe dafür sind in den einschlägigen europäischen Verordnungen festgelegt. Sie beziehen sich hauptsächlich auf die spezifischen Schutzvoraussetzungen für solche Zertifikate, umfassen aber auch die Nichtigerklärung des Grundpatents, wenn sie das zertifikatgeschützte Erzeugnis betrifft, sowie den Fall, dass nach dessen Erlöschen Gründe vorliegen, die eine solche Nichtigerklärung gerechtfertigt hätten (→ Rn. 76ff.). Damit nicht nacheinander zwei Verfahren durchgeführt werden müssen, kann die Nichtigkeitsklage gegen das Zertifikat mit derjenigen gegen das Grundpatent verbunden und auch darauf gestützt werden, dass gegen dieses ein Nichtigkeitsgrund vorliegt (§ 81 Abs. 1 S. 3 PatG).

3. Seiner **Rechtsnatur** nach wird das Nichtigkeitsverfahren oft als besonders ausgestalte- **198** tes **Verwaltungsstreitverfahren** bezeichnet, in dem darüber entschieden werde, ob der Verwaltungsakt der Patenterteilung zu Recht ergangen ist.[258] Allerdings gehe es dabei nicht um ein Rechtsmittel gegen die Patenterteilung;[259] vielmehr soll es sich um eine Durchbrechung von deren Rechtskraft handeln.[260] Als Besonderheit im Vergleich zu verwaltungsgerichtlichen Verfahren wird hervorgehoben, dass das Nichtigkeitsverfahren als Streit zwischen gleichgeordneten privaten Parteien und ohne jede Mitwirkung der den Verwaltungsakt erlassenden Behörde abläuft. Trotz der Form des Parteistreits sei es aber das **Allgemeininteresse** an der Beseitigung zu Unrecht erteilter Patente und der Freihaltung nicht patentierbaren Wissens, das mit der Nichtigkeitsklage verfolgt werde.

Angemessener wäre eine Deutung, die die **Einzelinteressen** und die **privatrechtlichen** **199** Elemente in den Vordergrund rückt.[261] Mit der Nichtigkeitsklage werden **primär Individualinteressen wahrgenommen** (vgl. → Rn. 123ff.).[262] Der Schutz des Allgemeininteresses ist ein Reflex dieser Interessenwahrnehmung.

Richtiger Beklagter im Nichtigkeitsprozess ist der im Register eingetragene Patent- **200** inhaber; und zwar auch dann, wenn das Streitpatent bereits übertragen worden, die Umschreibung aber noch nicht erfolgt war, § 265 Abs. 2 S. 1 ZPO analog.[263] Der materiell Berechtigte muss dem Verfahren nicht beitreten.[264] **Mehrere Nichtigkeitskläger** gegen dasselbe Patent sind notwendige Streitgenossen nach § 62 ZPO.[265] Das muss so sein, weil

---

[256] BGH 30.1.2007, GRUR 2007, 578 Rn. 39 – rückspülbare Filterkerze.
[257] Vgl. *Rogge/Kober-Dehm* in Benkard PatG § 22 Rn. 29.
[258] BGH 8.7.1955, BGHZ 18, 81 (92); ebenso *Bernhardt* 217; *Liedel* 16, 21; anders *Preu* GRUR 1974, 623 (624f.).
[259] *Bernhardt* 217.
[260] So *Voit* in Schulte PatG § 22 Rn. 6.
[261] In diesem Sinne *Lindenmaier* vor § 37 Rn. 1; *Jungbluth* in Zehn Jahre Bundespatentgericht, 9, 19; *Jestaedt* FS Traub, 1994, 147ff.
[262] Dies wird bestätigt durch die Beurteilung des für die Gewährung von VKH an eine juristische Person erforderlichen allgemeinen Interesses: diesem läuft nach BPatG 16.7.2003, BlPMZ 2004, 58 die Unterlassung der Nichtigkeitsklage nicht schon deshalb zuwider, weil die Wettbewerber und darüber hinaus die Allgemeinheit an der Vernichtung eines zu Unrecht erteilten Patents interessiert sind.
[263] BPatG 17.12.2013, Mitt. 2015, 182 (185) – Astaxanthin.
[264] BGH 23.9.2008, GRUR 2009, 42 (43f.) – Multiplexsystem.
[265] BGH 27.10.2015, GRUR 2016, 361 Rn. 48f. – Fugenband.

ihr Obsiegen *inter omnes* wirkt und weil gegen den Patentinhaber sonst noch mehr problematischer Kostendruck[266] aufgebaut werden könnte, als ohnehin schon möglich.

200a Umgekehrt besteht für passive Streitgenossen im Patentverletzungsprozess jedoch keine Verpflichtung, gemeinsam gegen das Patent vorzugehen, aus dem sie in Anspruch genommen werden. Sie können dies vielmehr getrennt und zeitlich unabhängig voneinander tun;[267] selbst dann, wenn Sie durch Konzernzugehörigkeit miteinander verbunden sind.[268]

201 Inhaltlich bedeutet die Nichtigkeitsklage in erster Linie, dass der Kläger dem Patentinhaber das Patent als das aus dem Erteilungsakt entstandene subjektive Privatrecht aberkannt wissen will. Wäre die Erteilung nur *notwendige,* nicht aber auch *hinreichende* Bedingung für das Entstehen des privaten Rechts, genügte es festzustellen, dass mangels der einen oder anderen materiellen Voraussetzung die Erteilung kein wirksames Patent hervorgebracht hat.[269] Dabei könnte im Interesse der Rechtssicherheit und -klarheit auch bestimmt sein, dass die Unwirksamkeit erst geltend gemacht werden kann, wenn sie gerichtlich ausgesprochen ist. Nach deutscher Rechtsauffassung reicht jedoch die Wirkung des Erteilungsakts weiter. Er schafft ein (zunächst) wirksames Patent, auch wenn seine materiellen Voraussetzungen nicht erfüllt waren. Deshalb hätte – ähnlich wie bei anderen begünstigenden Verwaltungsakten[270] – eine Beseitigung des Patents für die Vergangenheit grundsätzlich ausgeschlossen werden können. Dass gleichwohl eine *rückwirkende* Nichtigerklärung vorgesehen ist, nähert das Ergebnis demjenigen einer zur förmlichen Voraussetzung für die Geltendmachung der Unwirksamkeit erhobenen Feststellungsentscheidung an. Dass eine solche im deutschen System nicht genügt, liegt allein an der *selbstständig* rechtsbegründenden Wirkung, die dem Erteilungsakt beigelegt wird. Sie macht es erforderlich, dass diese Wirkung durch eine **rechtsgestaltende Entscheidung** beseitigt wird, und bedingt, dass die Entscheidung über die Gültigkeit des Patents einer Instanz vorbehalten bleibt, deren Kompetenz derjenigen der Erteilungsinstanzen zumindest gleichwertig ist. Trotzdem ist die in der Nichtigerklärung des Patents enthaltene Aufhebung der Wirkung des Erteilungsakts nur das notwendige Mittel, die darin ebenfalls enthaltene Feststellung der materiellen Rechtslage zur Geltung zu bringen; primärer oder hauptsächlicher Zweck des Verfahrens ist sie nicht. Dazu passt, dass der Urteilsausspruch nur das Patent, nicht aber den Erteilungsakt nennt, der im Einzelfall auch vom BPatG stammen kann. Seinem Gesamtbild nach ist daher das Nichtigkeitsverfahren eher als ein mit Besonderheiten behaftetes privatrechtliches denn als atypisches verwaltungsrechtliches Streitverfahren zu begreifen.

202 Bei dieser Betrachtungsweise fügt sich auch die Geltendmachung der *widerrechtlichen Entnahme* ohne Schwierigkeit in den Rahmen des Nichtigkeitsverfahrens, wenn auch zu überlegen wäre, ob nicht dem Verletzten an Stelle der Nichtigkeitsklage besser eine unbefristete Einrede gegen Ansprüche aus dem Patent gewährt werden sollte (→ § 20 Rn. 81 ff.). Ein Interesse der Allgemeinheit an der Vernichtung von Patenten, die lediglich den Mangel aufweisen, „in den falschen Händen" zu sein, ist nicht anzuerkennen.

203 4. Eine Nichtigkeitsklage ist auch dann zulässig, wenn das angegriffene Patent gegen einen auf denselben Grund gestützten Einspruch des Klägers durch formell rechtskräftige Entscheidung aufrechterhalten worden ist. Der Umstand, dass ein Patent bereits in nicht rückwirkender Weise weggefallen, insbesondere durch Zeitablauf, Nichtzahlung einer Jahresgebühr oder Verzicht **erloschen** ist, schließt die Nichtigkeitsklage nicht aus. Ihre Zulässigkeit hängt aber in solchen Fällen davon ab, dass der Kläger ein besonderes

---

[266] *Ann Mitt.* 2016, 245 (246), rechte Spalte.
[267] BGH 18.3.2014, GRUR 2014, 758 Rn. 18 ff. – Proteintrennung.
[268] *Gampp/Fronius* Mitt. 2015, 160 (161 ff.).
[269] So die schweizerische Rechtsauffassung, vgl. *Troller* Immaterialgüterrecht Bd. I 453 f., Bd. II 724 f.
[270] Vgl. *Schwerdtner* GRUR 1968, 9 (12 f.).

eigenes Interesse an rückwirkender Beseitigung hat; andernfalls fehlt es für die Nichtigkeitsklage an einem **Rechtsschutzbedürfnis**.[271] Sie wird dann als unzulässig abgewiesen.[272]

Der Grund dieser Voraussetzung wird gewöhnlich darin gesehen, dass mit der Beendigung der Ausschlusswirkung des Patents das Allgemeininteresse an dessen Beseitigung entfallen sei;[273] aus einer mehr an Individualinteressen orientierten Sicht ließe sich hinzufügen, dass nicht mehr von einer grundsätzlich jedermann drohenden Beeinträchtigungsgefahr ausgegangen werden kann. 204

Ein besonderes Rechtsschutzinteresse an rückwirkender Beseitigung eines deutschen Patents ist nicht zu fordern, wenn im Fall der Erteilung eines prioritätsgleichen europäischen Patents nicht sicher ist, dass beide Patente völlig gegenstandsgleich sind[274]. 205

Vor dem Erlöschen eines Patents bedarf es für die Zulässigkeit der Nichtigkeitsklage auch dann keines in der Person des Kl. begründeten Rechtsschutzinteresses, wenn dieser im parallelen Verletzungsverfahren keine Rechtsmittel eingelegt hat.[275] 206

Das erforderliche eigene Rechtsschutzinteresse des Klägers liegt vor, wenn sich der Ausgang des Nichtigkeitsverfahrens auf seine Rechte auswirken kann und die Durchführung dieses Verfahrens der Wahrung seiner Rechte dient.[276] Das trifft insbesondere dann zu, wenn der Kläger vom Patentinhaber wegen vor der Beendigung des Patents liegender Benutzungshandlungen auf **Schadenersatz** in Anspruch genommen wird oder angesichts des Verhaltens des Patentinhabers mit der Geltendmachung solcher Ansprüche rechnen muss[277]. Auch wenn der Patentinhaber in dieser Weise gegen Abnehmer des Klägers wegen Patentverletzung vorgeht oder erkennbar vorzugehen beabsichtigt, besteht ein Rechtsschutzbedürfnis für die nachträgliche Nichtigkeitsklage.[278] Gleiches gilt, wenn der Kläger vom Patentinhaber wegen Patentverletzung **verwarnt** worden ist und deshalb seinerseits Schadenersatz von diesem erlangen will (vgl. → § 39 Rn. 33 ff.). 207

Wenn die Schadenersatzklage des Verwarnten bereits erhoben ist, kann das Rechtsschutzbedürfnis für seine Nichtigkeitsklage nicht mit der Begründung verneint werden, dass auch bei Vernichtung des Patents der Schadenersatzklage die Erfolgsaussicht fehle.[279] 208

Für die Zulässigkeit einer *Nebenintervention* im Nichtigkeitsverfahren reicht es aus, dass der Intervenient durch das Streitpatent im Wettbewerb beeinträchtigt werden kann,[280] und eine Nebenintervention wird auch nicht allein dadurch zu einem rechtsmissbräuchlichen Versuch, Kosten zu treiben, dass sie sehr spät im Verfahren erklärt wird.[281] 209

Dagegen entfällt das Rechtsschutzbedürfnis, wenn der Patentinhaber gegenüber dem Kläger darauf verzichtet hat, noch Ansprüche aus dem Patent zu erheben bzw. sich zur 210

---

[271] BGH 29.9.1964, GRUR 1965, 231 (233) – Zierfalten; 1.4.1965, GRUR 1966, 141 – Stahlveredlung; 26.6.1973, GRUR 1974, 146 – Schraubennahtrohr; 18.3.1975, BGHZ 64, 155 – Lampenschirm; 18.2.1982, GRUR 1982, 355 – Bauwerksentfeuchtung; 13.7.2004, GRUR 2004, 849 – Duschabtrennung; BPatG 20.1.2014, Mitt. 2014, 282 f.

[272] BGH 13.7.2004, GRUR 2004, 849 – Duschabtrennung; vgl. auch → Rn. 156 ff.; nach BPatG 20.1.2014, Mitt. 2014, 282 f. – Sägeblatt für das Metallschneiden ist auszusprechen, dass Einspruchs- und Beschwerdeverfahren in der Hauptsache erledigt sind, sofern Einsprechender als auch Patentinhaber Beschwerdeführer sind und kein Rechtsschutzbedürfnis geltend machen.

[273] BGH 29.9.1964, GRUR 1965, 231 (232) – Zierfalten.

[274] BPatG 24.4.2001, BPatGE 44, 133.

[275] BGH 1.7.2003, Mitt. 2004, 213 – Gleitvorrichtung.

[276] BGH 26.6.1973, GRUR 1974, 146 (147) – Schraubennahtohr; 18.2.1982, GRUR 1982, 355 (356) – Bauwerksentfeuchtung.

[277] Es genügt nicht, dass der Kl. Mehrheitsgesellschafter einer wegen Verletzung in Anspruch genommenen GmbH ist, BGH 14.2.1995, GRUR 1995, 342 – Tafelförmige Elemente.

[278] BGH 1.4.1965, GRUR 1966, 141 – Stahlveredlung.

[279] BGH 26.6.1973, GRUR 1974, 146 (147) – Schraubennahtrohr; 13.7.2004, GRUR 2004, 849 – Duschabtrennung.

[280] BGH 17.1.2006, GRUR 2006, 438 – Carvedilol.

[281] BPatG 5.5.2014, Mitt. 2014, 330 (331) – L-Arginin.

Rechtfertigung einer Verwarnung auf dessen Gültigkeit zu berufen.²⁸² Verneint wird das Rechtsschutzbedürfnis auch dann, wenn der Kläger die rückwirkende Vernichtung eines ihm *lizenzierten,* bereits erloschenen Patents betreibt, um für die Zeit vor dem Erlöschen Lizenzentgeltansprüche abzuwehren; denn diese würden auch bei Nichtigerklärung grundsätzlich nicht rückwirkend wegfallen.²⁸³

211 Das Bestehen eines ergänzenden Schutzzertifikats begründet nach Erlöschen des Grundpatents kein Rechtsschutzinteresse an dessen rückwirkender Vernichtung, da es für die Nichtigerklärung des Zertifikats ausreicht, dass Gründe vorliegen, die es gerechtfertigt hätten, das Grundpatent zu vernichten oder so zu beschränken, dass es das Erzeugnis, für das das Zertifikat erteilt ist, nicht mehr erfasst (vgl. → § 26 Rn. 76 ff.); denn das Vorliegen solcher Gründe kann nach § 81 Abs. 1 S. 3 PatG auch in einer nur gegen das Zertifikat gerichteten Nichtigkeitsklage geltend gemacht werden²⁸⁴.

212 Wenn das Patent *nach* Erhebung der Nichtigkeitsklage in nicht rückwirkender Weise sein Ende findet, kann der Kl. seinen Antrag auf Nichtigerklärung nur dann mit Erfolgsaussicht aufrechterhalten, wenn er im Sinne der dargestellten Maßstäbe ein besonderes eigenes Interesse an rückwirkender Vernichtung hat.²⁸⁵

213 5. Der Zulässigkeit der Nichtigkeitsklage kann eine **Nichtangriffspflicht** des Klägers gegenüber dem Patentinhaber entgegenstehen. Sie kann sich nicht nur aus einer ausdrücklichen Vereinbarung, sondern auch daraus ergeben, dass wegen der Beziehungen zwischen den Parteien eine gegen Treu und Glauben verstoßende unzulässige Rechtsausübung darin läge, die Nichtigerklärung des Patents zu betreiben.²⁸⁶

214 So wurde die Nichtigkeitsklage eines Arbeitnehmererfinders gegen den Arbeitgeber, der die Erfindung des Klägers erworben und dafür ein Patent erlangt hatte, trotz Beendigung des Arbeitsverhältnisses als unzulässig angesehen,²⁸⁷ nicht dagegen die Nichtigkeitsklage eines Arbeitgebers gegen ein Patent, das seinem ehemaligen Arbeitnehmer für eine zunächst in Anspruch genommene und dann freigegebene Erfindung erteilt worden ist²⁸⁸. Die Nichtangriffspflicht kann auch der Klage einer GmbH entgegengehalten werden, deren alleiniger Gesellschafter und Geschäftsführer der Verpflichtete ist.²⁸⁹ Auch eine Verwirkung des Klagerechts ist denkbar; doch werden ihre Voraussetzungen nur in seltenen Ausnahmefällen erfüllt sein.²⁹⁰

215 Patentrechtlich mögen gegen Nichtangriffsvereinbarungen keine Bedenken bestehen, etwas anderes kann(!) freilich aus Wettbewerbsrecht folgen. Ratsam ist daher, die alte deutsche Rechtsprechung²⁹¹ aus einer Zeit, in der es möglich war, Patentrecht rein patentrechtlich zu denken, stets nur sehr gründlich geprüft heranzuziehen. Gleichwohl: Nichtangriffsvereinbarungen sind keineswegs per se unzulässig. Praktisch relevant sind sie vor allem in Lizenzverträgen (→ § 41 Rn. 24 ff., → § 42 Rn. 17 ff., 39, 47 ff.).

---

²⁸² BGH 29.9.1964, GRUR 1965, 231 (233) – Zierfalten; 26.6.1973, GRUR 1974, 146 (147) – Schraubennahtohr.
²⁸³ BGH 12.7.1983, GRUR 1983, 560 – Brückenlegepanzer II; vgl. auch die Vorinstanz: BPatG 13.8.1980, BPatGE 24, 171. Entsprechend (wegen § 10 Abs. 2 S. 2 ArbEG) BGH 17.2.1981, GRUR 1981, 516 – Klappleitwerk für die Nichtigkeitsklage gegen ein Patent, das dem Bekl. als Arbeitnehmer des Kl. auf eine von diesem beschränkt in Anspruch genommene Erfindung erteilt war.
²⁸⁴ BPatG 9.3.2000, BPatGE 42, 240.
²⁸⁵ BGH 12.7.1983, GRUR 1983, 560 – Brückenlegepanzer II.
²⁸⁶ Vgl. BGH 14.7.1964, GRUR 1965, 135 (137) – Vanal-Patent mit Anmerkung *von Fischer;* 30.11.1967, GRUR 1971, 243 (244 f.) – Gewindeschneidvorrichtungen; 4.10.1988, GRUR 1989, 39 (40 f.) – Flächenentlüftung; *Rogge/Kober-Dehm* in Benkard PatG § 22 Rn. 39 ff.
²⁸⁷ BPatG 25.4.1979, BPatGE 22, 20; BGH 2.6.1987, GRUR 1987, 900 – Entwässerungsanlage (zustimmend *Bartenbach/Volz* 859 ff.) setzt dabei voraus, dass der Arbeitnehmer einen durchsetzbaren Vergütungsanspruch hat oder bereits voll abgefunden ist.
²⁸⁸ BGH 15.5.1990, GRUR 1990, 667 – Einbettungsmasse; anders BPatG 8.11.1990, GRUR 1991, 755 für den Fall, dass sich der Arbeitgeber vor Freigabe ein nichtausschließliches Benutzungsrecht vorbehalten hat; der BGH hatte die Beurteilung insoweit offengelassen.
²⁸⁹ BGH 2.6.1987, GRUR 1987, 900 – Entwässerungsanlage.
²⁹⁰ Vgl. BGH 26.6.1973, GRUR 1974, 146 (147) – Schraubennahtohr (Verwirkung verneint).
²⁹¹ Vgl. BGH 20.5.1953, BGHZ 10, 22.

Soweit jemand wegen einer Nichtangriffspflicht keine zulässige Nichtigkeitsklage erheben kann, ist auch die durch einen von ihm vorgeschobenen Strohmann erhobene Klage unzulässig. Den Einwand der unzulässigen Rechtsausübung muss sich der Strohmann ebenso gefallen lassen wie sein Hintermann.[292] **216**

6. Die **praktische Bedeutung** der Nichtigkeitsklage ist erheblich. Zwar wird nur gegen eine niedrige dreistellige Zahl aller in Kraft stehenden Patente Nichtigkeitsklage erhoben.[293] Doch scheinen mit der Nichtigkeitsklage angegriffene Patente besonders wertvoll zu sein.[294] Auszugehen ist davon, dass Patente nicht primär deshalb angegriffen werden, weil sie substandard wären und nicht hätten erteilt werden dürfen, sondern weil sie schlichtweg wertvoll sind und kapitalkräftige Wettbewerber stören. Ganz einfach falsch ist die Behauptung, nichtig geklagt werden sollten vor allem Klagepatente. *Kühnen/Claessen* bestätigen aus der Perspektive des Verletzungsgerichts vielmehr, dass sich nur etwa die Hälfte aller Nichtigkeitsklagen gegen Klagepatente richten.[295] **217**

Zum **Erfolg** der Nichtigkeitsklagen nennen *Hess/Müller-Stoy/Wintermeier*[296] sowie *Henkel/Zischka*[297] hohe Vernichtungsquoten von etwa 70%. Freilich sind diese Befunde bei genauerem Hinsehen als deutlich weniger spektakulär als auf den ersten Blick. Erstens erledigen sich in der Eingangsinstanz rund 40% und in der Berufungsinstanz rund zwei Drittel aller Verfahren ohne Urteil,[298] und zweitens werden für nahezu alle teilvernichteten Patente die Jahresgebühren weitergezahlt. Es ist mithin unzulässig, voll- und teilvernichtete Patente gleichermaßen als vernichtet zu zählen. Damit bleibt es am Ende nur bei der überkommenen Drittelung in Vollvernichtung, Teilvernichtung und Aufrechterhaltung.[299] Auch das mag zuviel sein, aber es ist nicht neu. **218**

Anders alle übrigen Nichtigkeitsgründe, die als Klagegrund wenig bedeutsam sind, spielt **mangelnde Patentfähigkeit** eine wichtige Rolle;[300] und darunter namentlich das **Beruhen auf erfinderischer Tätigkeit** (Erfindungshöhe). Bei seiner Beurteilung ist das Gericht nicht an Ergebnisse eines Erteilungs-, Einspruchs- oder Beschwerdeverfahrens gebunden; selbst dann nicht, wenn hier derselbe SdT zugrunde liegt wie in vorausgegangenen Verfahren, an denen der Nichtigkeitskläger auch schon beteiligt gewesen sein kann.[301] **219**

Liedel sagt,[302] Nichtigerklärungen beruhen in acht von zehn Fällen auf Entgegenhaltungen, die im Erteilungsverfahren nicht berücksichtigt oder jedenfalls nicht als einschlägig erachtet worden seien, zumeist auf Patentschriften. Das könnte einerseits vermuten lassen, dass im Erteilungsverfahren nicht hinreichend recherchiert wurde. Möglich ist auch, dass eine neue Würdigung von im Erteilungsverfahren in Betracht gezogenen Materials den Ausschlag für die Nichtigerklärung gab. Wurde dort die Erfindungshöhe verneint, müssen die Richter im Nichtigkeitsverfahren geglaubt haben, Wissen und Fähigkeiten des seinerzeitigen Durchschnittsfachmanns in größerem Zeitabstand zum Prioritätszeitpunkt verlässlicher beurteilen zu können als das PA. Das weckt Bedenken[303] und lässt überlegen, ob von Nichtigerklärungen nicht jedenfalls dann abgesehen werden sollte, wenn diese nur durch eine abweichende Würdigung bekannten Materials begründet wird. **220**

---

[292] Zu den Voraussetzungen, unter denen eine Patentnichtigkeitsklage rechtsmissbräuchlich sein kann, ausführlich BGH 18.3.2014, GRUR 2014, 758 Rn. 5 ff. – Proteintrennung.
[293] *Liedel* 29 f., 239.
[294] *Liedel* 240; *Hess/Müller-Stoy/Wintermeier* Mitt. 2014, 439.
[295] GRUR 2013, 592 (594).
[296] *Hess/Müller-Stoy/Wintermeier* Mitt. 2014, 440 ff.
[297] *Henkel/Zischka* (2019) How many patents are truly valid? – Extent, causes, and remedies for latent patent invalidity. Working paper, TUM School of Management. May 2019. https://www.professors.wi.tum.de/fileadmin/w00bca/tim/Research/Publications/Henkel/Henkel_Zischka_2019-05_How_many_patents_are_truly_valid.pdf (zuletzt besucht am 15.2.2021).
[298] *Liedel* 32, 35.
[299] *Ann* Mitt. 2016, 245 (251, 252).
[300] Ausführlich *Hess/Müller-Stoy/Wintermeier* Mitt. 2014, 439 ff.; *Liedel* 243.
[301] BGH 4.5.1995, GRUR 1996, 757 – Zahnkranzfräser.
[302] *Liedel* 189 ff.
[303] Vgl. dazu auch *v. Albert* GRUR 1981, 451 (458).

220a 7. Faktisch liegt eines der Hauptprobleme der Nichtigkeitsprüfung beim **Problem der rückschauenden Betrachtungsweise.** Der Grundsatz ist einfach: Der Nichtigkeitsrichter muss seine Prüfung auf Basis des Kenntnisstands vornehmen, so wie dieser im Zeitpunkt der prioritätsbegründenden Anmeldung bestand. Er darf also nicht rückschauend auf Basis seiner jetzigen Kenntnisse und Einsichten urteilen, diese mithin an die Stelle der seinerzeitigen setzen. In der Theorie ist dies eindeutig. Schwierig ist die Umsetzung dieses Grundsatzes, weil er faktisch die Ausblendung von Kenntnissen erfordert, die der Richter zehn oder fünfzehn Jahre später nun einmal hat. Die meisten Richter, BK-Mitglieder und Mitglieder der DPMA-Patentabteilungen kennen das Problem und halten es für lösbar. Die Kognitionspsychologie sagt das Gegenteil und spricht vom sog. **Rückschaufehler,** dem sog. *hindsight bias.* Er führt zur Überschätzung der Vorhersehbarkeit eines eingetretenen Ereignisses. Bis heute stehen hier die Patentsysteme aller Staaten vor einem systemischen Problem, dessen abschließende Lösung nach wie vor aussteht.[304] Entsprechend darf nach der BGH-Entscheidung *Bitdatenreduktion II* in Fällen, in denen die Vorwegnahme der Erfindung aus einem einzelnen technischen Gesichtspunkt hergeleitet wird, für die Prüfung des Offenbarungsgehalts der Entgegenhaltung nicht nur der einzelne technische Gesichtspunkt isoliert betrachtet, sondern muss der technische Sinngehalt in den Blick genommen werden, der dem einzelnen technischen Gesichtspunkt im Zusammenhang mit dem Gesamtinhalt der Entgegenhaltung zukommt.[305]

221 8. Bei der Überprüfung des Patents ist das Gericht an die gestellten **Anträge** (§ 99 Abs. 1 PatG, § 308 ZPO) und die geltend gemachten gesetzlichen **Nichtigkeitsgründe gebunden.**[306] Es kann das Patent nicht stärker einschränken, als es der Kläger begehrt, und seine Entscheidung auf keinen Nichtigkeitsgrund stützen, auf den er sich nicht beruft.[307] Zur Auslegung von Anträgen hat der BGH ausdrücklich festgestellt, das Gericht dürfe nicht allein am Wortlaut haften, sondern müsse das tatsächlich Gewollte ermitteln. Dabei habe es das gesamte Vorbringen einer Partei zu berücksichtigen – hier des Patentinhabers.[308]

222 So kann eine unzulässige Erweiterung des Patentschutzbereichs als solche nur beseitigt werden, wenn die Nichtigkeitsklage (auch) darauf gestützt ist.[309] Das schließt nicht aus, dass eine aus einem anderen, vom Kläger angeführten Grund gebotene Beschränkung eine Fassung ergibt, die die unzulässige Erweiterung nicht mehr enthält.

Gemäß dem Amtsermittlungsgrundsatz (§ 87 Abs. 1 PatG) kann aber das Gericht Informationen über den SdT auch dann erheben und berücksichtigen, wenn die Kl. sie nicht vorgetragen hat.[310]

223 Eine wegen mangelnder Patentfähigkeit erhobene Nichtigkeitsklage führt zur Überprüfung *aller* materiellen Patenterteilungsvoraussetzungen, auch wenn der Kläger nur das Fehlen einer von ihnen behauptet. So kann das BPatG ein Patent auf eine wegen fehlender Neuheit erhobene Klage hin mit der Begründung vernichten, dem Erfindungsgegenstand fehle die Technizität, es läge mithin gar keine Erfindung vor. Mangelnde Patentfähigkeit ist ein einheitlicher Nichtigkeitsgrund.[311] Gesonderte Nichtig-

---

[304] Quinlan 37 Fordham L. Rev. 1788, 1793 (2014); s. auch INGRES Zurich IP Retreat 2017 – Patents and Hindsight, https://www.ingres.ch/files/content/Dokumente/upload/Conference_Report_Zurich_IP_Retreat_2017_-_Patents_and_Hindsight.pdf (zuletzt besucht am 25.2.2021).
[305] BGH 19.3.2019, GRUR 2019, 925 Rn. 18 – Bitratenreduktion II.
[306] BGH 20.5.1953, BGHZ 10, 22 (27); 22.6.1993, GRUR 1993, 895 – Hartschaumplatten; vgl. *Liedel* 147; zur Bindung an die Anträge des Patentinhabers *Keukenschrijver* GRUR 2014, 127 ff.
[307] BPatG 30.3.1993, BPatGE 34, 1; 14.9.1995, BPatGE 35, 255.
[308] BGH 13.9.2016, GRUR 2017, 57 Rn. 28 – Datengenerator; 27.6.2007, BGHZ 173, 47 – Informationsübermittlungsverfahren II; GRUR 2007, 862.
[309] AM anscheinend *Rogge/Kober-Dehm* in Benkard PatG § 22 Rn. 49.
[310] BGH 1.7.2003, GRUR 1974, 146 – Schraubennahtohr.
[311] RG 23.11.1932, RGZ 139, 3 (5); BGH 19.2.1963, GRUR 1964, 18 – Konditioniereinrichtung.

keitsgründe für jede materielle Patenterteilungsvoraussetzung einzeln kennt das Gesetz nicht.[312]

Da die Nichtigkeitsklage nicht fristgebunden ist, kann sie im Wege der **Klageänderung** nachträglich auf weitere Nichtigkeitsgründe erstreckt werden (objektive Klagehäufung), wenn der Beklagte einwilligt oder das Gericht es für sachdienlich hält (§ 99 Abs. 1 PatG, § 263 ZPO).[313] Keine Klageänderung liegt darin, dass ein anfänglich auf teilweise Nichtigerklärung gerichteter Klage*antrag* erweitert wird (§ 264 Nr. 2 ZPO). Andererseits ist dem Gericht die Prüfung eines Nichtigkeitsgrunds verwehrt, den der Kl. zunächst geltend gemacht, dann aber fallengelassen hat[314]. 224

Die Beweislast dafür, dass die Erfindung mit den Angaben aus der Patentschrift für den Fachmann nicht ausführbar ist, trägt der Nichtigkeitskläger.[315] 225

Die Klage kann jederzeit **zurückgenommen** werden; und abweichend von § 269 Abs. 1 ZPO bedarf es dazu nicht der Zustimmung des Beklagten.[316] Ein bereits ergangenes Urteil wird dann wirkungslos (§ 269 Abs. 3 ZPO). Wird nur die Berufung zurückgenommen, wird das Urteil des BPatG rechtskräftig.

9. Wegen des Amtsermittlungsgrundsatzes (§§ 87 Abs. 1, 115 Abs. 1 PatG) binden *Geständnisse* (§ 288 ZPO) das Gericht nicht. Auch für *Anerkenntnisse* (§ 307 ZPO) wird dies meist angenommen.[317] Beachtlich ist freilich die Erklärung des Beklagten, das Patent nur **in beschränktem Umfang verteidigen** zu wollen.[318] Das ist Teil seiner Verfügungsbefugnis über das Streitpatent. Nicht mehr geprüft wird dann, ob die geltend gemachten Nichtigkeitsgründe eine solche **Selbstbeschränkung** wirklich erfordern. Genügt die angebotene Beschränkung dem Klageantrag, wird auch die Schutzfähigkeit des verbleibenden Patentgegenstands nicht geprüft. Entspricht sie ihm, wird ohne weiteres klagegemäß entschieden,[319] es sei denn, die eingeschränkte Fassung des Patents erweitert unzulässig Patentinhalt oder Patentschutzbereichs.[320] Nicht geprüft wird auch eine mutmaßliche Unklarheit eines vom Patentinhaber beschränkten Patentanspruchs, wenn diese bereits in den erteilten Ansprüchen enthalten war.[321] 226

---

[312] Mangelnde Ausführbarkeit wird vom BPatG (18.3.1999, BPatGE 41, 120 – Kernmaterial; vgl. auch 17.5.1994, BPatGE 34, 215) nicht dem Nichtigkeitsgrund der mangelnden Patentfähigkeit, sondern demjenigen der unzureichenden Offenbarung zugerechnet. Das lässt sich, auch wenn man darin (wie → § 13 Rn. 1) einen Mangel der gewerblichen Anwendbarkeit sieht, damit rechtfertigen, dass das Gesetz die unzureichende Offenbarung als gesonderten Nichtigkeitsgrund vorsieht und die Ausführbarkeit einer Erfindung in den Verfahren, die ihrer Anmeldung folgen, auf der Grundlage des hierin Offenbarten zu prüfen ist, während der Prüfung auf Patentfähigkeit das in Anmeldung oder Patent Beanspruchte zugrunde liegt.

[313] BGH 11.5.2010, GRUR 2010, 901 (902) – Polymerisierbare Zementmischung.

[314] BPatG 14.9.1995, BPatGE 35, 255.

[315] BGH 11.5.2010, GRUR 2010, 901 (902) – Polymerisierbare Zementmischung.

[316] BGH 1.12.1961, GRUR 1962, 294 – Hafendrehkran; 19.2.1963, GRUR 1964, 18 – Konditioniereinrichtung.

[317] RG 9.10.1909, RGZ 71, 440 (442); 23.6.1915, RGZ 86, 440 (441); BPatG 8.8.1974, BPatGE 17, 86 (88); BGH 29.7.2003, GRUR 2004, 138 (141) – Dynamisches Mikrofon; *Bernhardt* 225; *Schäfers* in Benkard PatG § 87 Rn. 8 f.

[318] BGH 30.5.1956, BGHZ 21, 8 (10 f.); 1.12.1961, GRUR 1962, 294 (296) – Hafendrehkran; 23.2.1965, GRUR 1965, 480 (482) – Harnstoff; 14.9.2004, GRUR 2005, 145 (146) – elektronisches Modul; *Rogge/Kober-Dehm* in Benkard PatG § 22 Rn. 50; *Voit* in Schulte PatG § 81 Rn. 114 ff. Zur Reihenfolge der Prüfung unterschiedlicher Fassungen, denen der Patentinhaber jeweils hilfsweise zugestimmt hat, BPatG 26.7.1994, BPatGE 34, 230.

[319] Vgl. BGH 1.12.1961, GRUR 1962, 294 (296) – Hafendrehkran; 14.1.1964, BGHZ 41, 13 – Dosier- und Mischanlage für Baustoffe; *Rogge/Kober-Dehm* in Benkard PatG § 22 Rn. 53 mit weiteren Nachweisen.

[320] Vgl. BGH 30.5.1956, BGHZ 21, 8 (12).

[321] BGH 27.10.2015, GRUR 2016, 361 Rn. 30–32 – Fugenband.

227 Deshalb kann im Nichtigkeitsverfahren nicht nachträglich ein Gegenstand in das Patent einbezogen und unter Schutz gestellt werden, der im angegriffenen Patent zwar offenbart, nicht aber beansprucht wurde. Dieser ist (deshalb) ja nicht geschützt ist![322]

228 Um eine Erweiterung des Patentschutzbereichs zu vermeiden, kann im Verlauf des Nichtigkeitsverfahrens ein Merkmal, das in der erteilten Fassung eines Anspruchs enthalten, in der vom Patentinhaber zunächst verteidigten Fassung aber weggelassen war, in diese Fassung wieder eingefügt werden.[323]

229 Der Patentinhaber ist an eine Beschränkungserklärung nicht gebunden und kann, solange diese nicht zu einer rechtskräftigen Entscheidung geführt hat, auch in der Berufungsinstanz zur Verteidigung einer engeren oder weiteren Fassung des Patents übergehen; bis hin zur erteilten Fassung.[324] Zur verfassungsrechtlich gebotenen Gewährleistung rechtlichen Gehörs muss dann das Gericht.[325]

230 Die Zulässigkeit der Selbstbeschränkung des Patentinhabers im Nichtigkeitsverfahren wurde vom BGH zunächst aus der dem Beklagten zustehenden prozessrechtlichen Verfügungsbefugnis und der Freiheit, seine Verteidigung zu gestalten, abgeleitet.[326] Später wurde sie mit der Möglichkeit der freiwilligen Beschränkung (§ 64, früher § 36a PatG) gerechtfertigt.[327] In Wahrheit reicht die ursprüngliche Begründung völlig aus. Im Nichtigkeitsverfahren gilt der **Verfügungsgrundsatz**. Er ist vom Beibringungsgrundsatz zu unterscheiden und bedeutet anders als dieser keinen Gegensatz zum Amtsermittlungsprinzip.[328] Da die in § 307 ZPO vorgesehene Wirkung des Anerkenntnisses Ausdruck des Verfügungsgrundsatzes ist, besteht kein Hindernis, die Selbstbeschränkung des Beklagten im Nichtigkeitsverfahren als (Teil-)**Anerkenntnis** aufzufassen. Dann muss bei einer auf vollständige Nichtigerklärung gerichteten Klage ein uneingeschränktes Anerkenntnis mit der Wirkung möglich sein, dass daraufhin ohne weitere Prüfung antragsgemäß zu entscheiden ist.[329] Durch ein „sofortiges" Anerkenntnis kann der Beklagte gemäß § 93 ZPO die Belastung mit Kosten vermeiden, soweit das Anerkenntnis reicht.[330]

231 Ein prozessuales Anerkenntnis kann auch vorliegen, wenn der Beklagte im Nichtigkeitsverfahren einen „Verzicht" auf das Patent erklärt. Der Bestand des Patents wird hierdurch nicht unmittelbar berührt (vgl. → Rn. 3 f.). Bringt aber der Beklagte zum Ausdruck, dass er das Patent auch für die Vergangenheit nicht mehr verteidigen wolle (sog. **„Beschränkung auf Null"**), ist seine Erklärung als Anerkenntnis aufzufassen und das Streitpatent ohne Sachprüfung für nichtig zu erklären.[331]

232 Der BGH, der davon ausgeht, dass im Nichtigkeitsverfahren ein Anerkenntnis im zivilprozessualen Sinn nicht in Betracht kommt, wendet (gem. § 99 Abs. 1 PatG) § 93 ZPO entsprechend an, soweit eine Erklärung des Bekl. dem Kl. den *Erfolg seines Klagebegehrens* in einer der Wirkung eines Anerkenntnisses vergleichbaren Weise *sichert*.[332]

---

[322] BGH 20.12.2018, GRUR 2019, 389 Rn. 34 f. – Schaltungsanordnung III, ebenso schon BGH 14.9.2004, GRUR 2005, 145 – elektrisches Modul.

[323] BGH 22.5.2007, Mitt. 2007, 411 – injizierbarer Mikroschaum.

[324] BGH 17.2.2004, GRUR 2004, 583 – Tintenstandsdetektor; 30.1.2007, GRUR 2007, 578 Rn. 13 – rückspülbare Filterkerze.

[325] Vgl. BGH 13.1.2004, GRUR 2004, 354 – Vertagung; *Kroher* FS Kolle/Stauder, 2005, 355 ff.; *Hövelmann* Mitt. 2006, 546 ff.

[326] BGH 30.5.1956, BGHZ 21, 8 (11).

[327] BGH 14.1.1964, BGHZ 41, 13 (15 f.) – Dosier- und Mischanlage für Baustoffe; 23.2.1965, GRUR 1965, 480 (482) – Harnstoff.

[328] Vgl. *Schmieder* GRUR 1980, 74 (77); *ders.* GRUR 1982, 348 ff.; *Schäfers* in Benkard PatG § 87 Rn. 27 ff.

[329] *Liedel* 18; *Pitz* 160, unter Hinweis auf § 82 Abs. 2 PatG.

[330] Vgl. BPatG 8.8.1974, BPatGE 17, 86 (88); 19.3.1980, BPatGE 22, 290; 29.11.1982, BPatGE 25, 43; 21.3.1983, BPatGE 25, 138.

[331] BPatG 5.3.2009, GRUR 2010, 137 – Oxaliplatin; ebenso *Schmieder* GRUR 1988, 74 (77 f.).

[332] BGH 29.7.2003, GRUR 2004, 138 – Dynamisches Mikrofon.

§ 26. *Wegfall vom DPMA erteilter Patente u. eingetragener Gebrauchsmuster* **B III § 26**

Anerkannt sei, dass dies geschehen könne, indem der Patentinhaber gem. § 20 Abs. 1 Nr. 1 PatG **233**
den Verzicht auf das Streitpatent erklärt und außerdem gegebenenfalls auf Ansprüche hieraus für die Vergangenheit verzichtet. Ebenso genüge es, dass der Bekl. in einem Schriftsatz an das BPatG das Patent nur eingeschränkt verteidigt und auf weitergehenden Schutz für Vergangenheit und Zukunft verzichtet.[333] In Betracht komme auch, dass der Patentinhaber gem. § 64 PatG einen Antrag auf Beschränkung des Patents unter Verzicht auf Rücknahme stellt (für den jetzt möglichen Antrag auf Widerruf wird gleiches gelten müssen) oder seinen Widerspruch gegen die Nichtigkeitsklage in verbindlicher Weise einschränkt.[334] Dagegen rechtfertige die bloße Beschränkung der Verteidigung keine entsprechende Anwendung des § 93 ZPO, weil der Patentinhaber an sie nicht gebunden sei. Doch sollte es möglich sein, eine Beschränkung durch eine entsprechende Erklärung unwiderruflich zu machen und § 93 ZPO entsprechend anzuwenden, wenn auf dieser Grundlage das Patent ohne Sachprüfung teilweise für nichtig erklärt wird.

9. Die **Entscheidung** des Gerichts lautet auf Nichtigerklärung oder Beschränkung des **234**
Patents oder auf Abweisung der Klage. Im Falle der Beschränkung sind regelmäßig die Patentansprüche zu ändern, also enger zu fassen. Einer Anpassung der Beschreibung bedarf es grundsätzlich nicht; die Urteilsgründe ergänzen oder ersetzen die Beschreibung, soweit sie nicht mehr zu der neuen Anspruchsfassung passt.[335] Nach §§ 22 Abs. 2, 21 Abs. 2 S. 2 PatG kann eine Beschränkung auch durch Änderung *nur* der Beschreibung oder der Zeichnungen vorgenommen werden. Da aber für den Schutzbereich in erster Linie die Ansprüche maßgebend sind (§ 14 PatG), wird eine Beschränkung in Beschreibung oder Zeichnung allein nur ausnahmsweise mit hinreichender Deutlichkeit zum Ausdruck gebracht werden können.[336] Auch sonst kann ein Patent im Nichtigkeitsverfahren nicht mit Ansprüchen beschränkt verteidigt werden, die dem Erfordernis einer deutlichen (klaren) und knappen Anspruchsfassung nicht genügen.[337]

Nicht abschließend geklärt ist, ob der teilweisen Nichtigerklärung eine Anspruchsfassung zugrunde **235**
gelegt werden kann, der der Patentinhaber nicht wenigstens hilfsweise zugestimmt hat. Der BGH hat angedeutet, dass die Frage wie im Einspruchsverfahren (→ Rn. 176 ff.) bejaht werden könnte[338]. Das BPatG hat sich für diesen Standpunkt entschieden[339].

Es besteht aber kein Anlass, von Amts wegen zu prüfen, ob in einem insgesamt nicht schutzfähigen Anspruch eine Lehre enthalten ist, mit der das Patent weiterhin Bestand haben könnte.[340]

Zum Zweck der Beschränkung erfolgt gewöhnlich eine **Vermehrung der Merkmale,** **236**
die laut Patentanspruch den Schutzgegenstand bestimmen. Die zusätzlichen Merkmale müssen dem Offenbarungsgehalt des Patents in ihrer Bedeutung für die technische Lehre entnehmbar sein, die durch die neue Anspruchsfassung umschrieben wird.[341] Insbesondere können sie aus einem Unteranspruch oder Ausführungsbeispiel stammen. Sie können sich

---

[333] Vgl. BGH 8.12.1983, GRUR 1984, 272 (276) – Isolierglasscheibenrandfugenfüllvorrichtung.
[334] BGH 29.7.2003, GRUR 2004, 138 – Dynamisches Mikrofon.
[335] BGH 12.5.1998, GRUR 1999, 145 (146) – Stoßwellen-Lithotripter; OLG Düsseldorf 21.4.2005, InstGE 5, 183 – Ziehmaschine; *Rogge/Kober-Dehm* in Benkard PatG § 22 Rn. 82, 9 mwN. Wird das Patent in beschränktem Umfang verteidigt und insoweit die Nichtigkeitsklage abgewiesen, stehen die Gründe dieser Entscheidung der Beschreibung nicht gleich, BGH 17.4.2007, GRUR 2007, 778 Rn. 20 – Ziehmaschinenzugeinheit; *Scharen* in Benkard PatG § 14 Rn. 28.
[336] Näheres bei *Rogge/Kober-Dehm* in Benkard PatG § 22 Rn. 79 ff.
[337] So für EP ausdrücklich BGH 18.3.2010, GRUR 2010, 709 – Proxyserversystem.
[338] BGH 24.10.1996, GRUR 1997, 272 (273) – Schwenkhebelverschluss.
[339] BPatG 30.4.2001, BPatGE 44, 177 – Patentnichtigkeitsverfahren – Polypeptid; vgl. auch BPatG 2.7.1992, BPatGE 35, 127.
[340] BGH 12.12.2006, GRUR 2007, 309 – Schussfädentransport.
[341] Vgl. zB BGH 13.3.1984, GRUR 1984, 580 (581) (Nr. I) – Chlortoluron; dazu *Eisenführ* GRUR 1984, 580 (584). Es genügt nicht, dass auf Grund der ursprünglichen Offenbarung ein Fachmann eine das dort nirgends erwähnte Merkmal aufweisende Ausgestaltung mit Hilfe seines Fachwissens ohne erfinderische Überlegungen auszuführen vermag; BGH 16.12.2003, GRUR 2004, 407 (411) – Fahrzeugleitsystem; dazu *Melullis* ABl. EPA Sonderausgabe 2005, 142 ff.; ferner BGH 17.2.2004, GRUR 2004, 583 (586 f.) – Tintenstandsdetektor.

aber auch dadurch ergeben, dass ein nur als fakultativ oder vorteilhaft angegebenes Merkmal durch Streichung von Zusätzen wie „beispiels-" oder „vorzugsweise" zum notwendigen Merkmal erhoben wird.[342]

237 Eine **Streichung** von Anspruchsmerkmalen bedeutet stets eine Erweiterung des Schutzbereichs des Patents, die mit Rücksicht auf die Interessen Dritter unterbleiben muss. Sie darf deshalb in einer Entscheidung, die der Nichtigkeitsklage teilweise stattgibt, auch dann nicht erfolgen, wenn ein Merkmal im Wege der unzulässigen Erweiterung in die Anmeldung gelangt oder aus anderen Gründen nicht zu deren schutzfähigem Offenbarungsgehalt zu rechnen ist[343] oder sich als Überbestimmung erweist.[344]

238 Bei einer **unzulässigen Erweiterung,** die im Nachbringen eines ursprünglich nicht offenbarten Merkmals besteht, kann daher eine *lediglich* auf diesen Grund gestützte Nichtigkeitsklage nicht zu einer Anspruchsänderung führen. Ist außerdem *mangelnde Patentfähigkeit* geltend gemacht, ist bei deren Prüfung von dem nachgebrachten Merkmal abzusehen. Das kann dazu führen, dass das Patent ganz für nichtig erklärt werden muss. Bleibt es aber auch nur teilweise aufrechterhalten, muss das Merkmal wegen seiner schutz*begrenzenden* Funktion in den Ansprüchen verbleiben.[345] Um in Fällen, in denen ein unzulässig nachgebrachtes Merkmal nicht gestrichen werden kann, dennoch zum Ausdruck zu bringen, dass die Nichtigkeitsklage teilweise erfolgreich war, und mit allseitiger Wirkung dem Merkmal jede schutz*begründende* Wirkung abzusprechen, bietet sich an, im Urteilstenor das Patent durch die Erklärung zu beschränken, dass das betreffende Merkmal **nicht Gegenstand des Patents** ist[346]. In den *Schutzbereich* des Patents fallen gleichwohl nur solche Ausgestaltungen der im Nichtigkeitsverfahren als patentfähig erkannten technischen Lehre, die außer den die Schutzfähigkeit begründenden Merkmalen auch das nachgebrachte und deshalb nicht schutzbegründende aufweisen.

239 Die früher verbreitete **„Klarstellung"** von Ansprüchen im Tenor *klageabweisender* Urteile[347] findet nicht mehr statt.[348]

240 Nach ursprünglicher Auffassung des BGH,[349] der sich das Schrifttum angeschlossen hatte,[350] waren im Falle der Vernichtung des Hauptanspruchs eines Patents auch ohne besonderen Antrag die hiervon abhängigen sogenannten **echten Unteransprüche** gleichfalls für nichtig zu erklären. Dabei ist vorausgesetzt, dass bei Schutzunfähigkeit des Gegenstands des Hauptanspruchs dem im Verhältnis *zu diesem* nicht erfinderischen Gegenstand des Unteranspruchs auch im Verhältnis *zum Stand der Technik* denknotwendig die Erfindungshöhe fehle.[351] Da der Allgemeinheit daran gelegen sei, dass solche Ansprüche mit zwangsläufig schutzunfähigem Gegenstand nicht bestehen bleiben, bedürfe es keines besonderen Antrags.[352]

241 Das BPatG[353] hat den Standpunkt des BGH nicht übernommen. Aufgrund der ihnen im Nichtigkeitsprozess ebenso wie im Zivilprozess zustehenden Dispositionsfreiheit dürfe den

---

[342] Vgl. BGH 27.11.1969, GRUR 1970, 289 – Dia-Rähmchen IV.
[343] Vgl. BGH 7.12.1979, BGHZ 73, 40 (45) – Aufhänger; 4.10.1979, GRUR 1980, 166 (169) – Doppelachsaggregat.
[344] BGH 30.9.1958, GRUR 1959, 81 – Gemüsehobel; es kann jedoch in den Urteilsgründen ausgesprochen werden, dass es sich um eine Überbestimmung handelt.
[345] Dagegen will *Ballhaus* GRUR 1983, 1 (7) in diesem Fall dem Patentinhaber durch Streichung eines unzulässigerweise nachgebrachten Merkmals den Schutz zukommen lassen, der auf Grund des ursprünglichen Offenbarungsgehalts der Anmeldung erreichbar gewesen wäre.
[346] Nach BPatG 18.8.1999, BPatGE 42 – Fernsehgerätbetriebsparameteranzeige ist das Patent durch Aufnahme eines „Disclaimers" in die Ansprüche und/oder die Beschreibung teilweise für nichtig zu erklären; vgl. auch → § 26 Rn. 176 ff.
[347] Vgl. die 4. Aufl., 438 f. mN.
[348] BGH 23.2.1988, GRUR 1988, 757 (760) – Düngerstreuer.
[349] 18.2.1955, BGHZ 16, 326 (332 f.) – Kleinkraftwagen.
[350] Nachweise in BPatG 7.2.1974, BPatGE 16, 153 (154).
[351] So RG 29.4.1938, RGZ 158, 385 (386 f.).
[352] So BGH 18.2.1955, BGHZ 16, 326 – Kleinkraftwagen.
[353] 7.2.1974, BPatGE 16, 153; ebenso 23.9.1980, BPatGE 23, 103; 5.9.1990, GRUR 1991, 313 (315) (für Gbm).

§ 26. Wegfall vom DPMA erteilter Patente u. eingetragener Gebrauchsmuster

Parteien auch hier nicht *mehr* zugesprochen werden, als sie beantragt hätten. Auch müsse nach der hM an sich stets geprüft werden, *welchen* Unteransprüchen ein eigener erfinderischer Gehalt fehle; dass diese Prüfung gleichwohl in zweifelhaften Fällen unterbleibe, sei nicht folgerichtig und vernachlässige die Interessen der Allgemeinheit, denen die Mitvernichtung echter Unteransprüche angeblich diene. Im neueren Schrifttum haben sich diese Bedenken durchgesetzt.[354] Hinzuzufügen wäre, dass das Fehlen erfinderischen Gehalts im Verhältnis zum Hauptanspruch nicht denknotwendig auch bedeutet, dass sich der Gegenstand des Unteranspruchs für den Fachmann in naheliegender Weise aus dem SdT ergab.[355] Die hM liefe darauf hinaus, dass für die Beurteilung des Unteranspruchs der Gegenstand des Hauptanspruchs zum SdT gerechnet wird. Das ist aber nur dann angebracht, wenn er *neuheitsschädlich* vorweggenommen, nicht aber wenn er durch den SdT nur nahegelegt war. Vor Vernichtung eines echten Unteranspruchs ist daher, ausgehend vom SdT, die Patentierbarkeit seines Gegenstands zu prüfen, der durch die Merkmale des in Bezug genommenen Hauptanspruchs und die zusätzlichen Merkmale laut Unteranspruch gekennzeichnet ist. Anlass zu solcher Prüfung besteht jedoch nur, wenn die Nichtigerklärung des Unteranspruchs *beantragt* ist.

10. Die formell rechtskräftige[356] Nichtigerklärung oder Beschränkung des Patents **wirkt** **inter omnes.** Diese allseitige Wirkung hat ihren Grund in der Bedeutung, die dem öffentlichrechtlichen Erteilungsakt für das Patent als privates Ausschlussrecht zukommt. Da dieses in Entstehung und Bestand vom Erteilungsakt abhängt, dessen Wirkungen durch Nichtigerklärung vollständig, durch Beschränkung teilweise beseitigt werden, steht mit dem Wegfall dieser Wirkungen, sobald er durch Rechtsmittel nicht mehr angreifbar ist, fest, dass auch das Patent in entsprechendem Umfang weggefallen ist. 242

Die Nichtigerklärung **wirkt** auf den Zeitpunkt der Erteilung **zurück** (§§ 22 Abs. 2, 21 Abs. 3 S. 1 PatG).[357] Die Wirkungen des Erteilungsakts gelten als von Anfang an nicht eingetreten, das Patent als von Anfang an nicht entstanden. Im Falle der Beschränkung ist davon auszugehen, dass es nur mit entsprechend eingeschränkter Reichweite entstanden ist. Wegen und im Umfang des rückwirkenden Wegfalls des Patents gilt auch der mit der Offenlegung der Anmeldung verbundene **vorläufige Schutz** als niemals eingetreten, da er nur unter der Voraussetzung gewährt war, dass ein Patent wirksam erteilt wird. 243

Soweit das Urteil im Nichtigkeitsverfahren die **Klage abweist,** wirkt es Rechtskraft **nur zwischen den Parteien** und nur für den Gegenstand des Verfahrens (§ 99 Abs. 1 PatG, §§ 325 Abs. 1, 322 Abs. 1 ZPO), der durch den oder die **geltend gemachten Nichtigkeitsgründe** bestimmt wird (vgl. → Rn. 221). Die Abweisung einer Nichtigkeitsklage hindert darum nur den Kläger,[358] nicht aber einen Dritten, wegen *desselben* Nichtigkeitsgrunds erneut zu klagen.[359] Wegen eines Nichtigkeitsgrunds, der nicht geltend gemacht war, kann 244

---

[354] *Liedel* 151 f.; *Bruchhausen* FS Nirk, 1992, 103 (110); *Schäfers* in Benkard PatG § 87 Rn. 28; *Rogge* in Benkard PatG § 22 Rn. 58 mwN unter Hinweis darauf, dass die frühere Auffassung auch nicht mehr der neueren Praxis des BGH entspreche; *Scheffler* VPP Rundbrief 2005, 60 (62).

[355] In diesem Sinne auch *Liedel* 148 ff.

[356] Vgl. Darstellung von *Keukenschrijver* GRUR 2009, 281 ff. mit interessantem Blick auch nach Österreich.

[357] Die Rückwirkung ist erst seit dem GPatG – übereinstimmend mit Art. 35 (33) Abs. 1 GPÜ und Art. 1 S. 3 StrÜ – ausdrücklich im Gesetz festgelegt; sie war aber für das deutsche Recht von jeher allgemein anerkannt; vgl. *Liedel* 22 f. mit Nachweisen.

[358] Unzulässig ist jedoch die Klage eines Dritten, wenn er von einem rechtskräftig abgewiesenen Kl. lediglich als „Strohmann" vorgeschoben ist; das gilt nicht, wenn der Dritte selbst ein ins Gewicht fallendes Interesse an der Nichtigerklärung hat, weil er möglicherweise künftig durch das Patent behindert wird, BGH 13.1.1998, GRUR 1998, 904 – Bürstenstromabnehmer; vgl. auch BPatG 16.4.1985, BPatGE 27, 87.

[359] Anders *van Venrooy* GRUR 1991, 92 ff.: Das klagabweisende Urteil wirke im Rahmen des geltend gemachten Klagegrunds für und gegen jedermann. Das wird daraus abgeleitet, dass sich die Urteilswirkung hier nicht nach zivilprozessualen, sondern nach patentrechtlichen Regeln bestimme.

§ 26 B IV   4. Abschnitt. Entstehung und Wegfall von Patenten und Gebrauchsmustern

nicht nur jeder Dritte, sondern auch der abgewiesene Kläger eine neue Nichtigkeitsklage erheben. Dabei ist jeder der im Gesetz (§§ 22 Abs. 1, 21 Abs. 1 Nr. 1–4 PatG) aufgeführten Nichtigkeitsgründe als einheitlicher Klagegrund aufzufassen. Beispielsweise kann, wer mit einer auf mangelnde Erfindungshöhe gestützten Klage rechtskräftig abgewiesen ist, eine neue Klage, auch wenn er bisher nicht berücksichtigtes Material beibringt, nicht auf neuheitsschädliche Vorwegnahme stützen, da er sich hiermit wiederum auf den gesetzlichen Nichtigkeitsgrund der mangelnden Patentfähigkeit beruft.[360]

IV. Widerruf und Beschränkung des Patents auf Antrag des Inhabers

245   1. Gemäß § 64 PatG kann das Patent auf Antrag des Patentinhabers mit rückwirkender Kraft widerrufen oder durch Änderung der Patentansprüche beschränkt werden.[361] Die Vorschrift ergänzt die Einrichtung des Patentverzichts, mit dem kein rückwirkender Wegfall des Patents und keine Änderung von Ansprüchen erreicht werden können. Im Gegensatz zum Verzicht erfolgen Widerruf und Beschränkung nicht durch einseitige Erklärung des Patentinhabers, sondern durch eine auf seinen Antrag ergehende Entscheidung des PA oder – auf Beschwerde – des BPatG. Zweck der Regelung ist es, dem Patentinhaber, der erkennt, dass sein Patent vermutlich nicht oder nicht in vollem Umfang Bestand haben wird, die freiwillige Beseitigung oder Beschränkung und dadurch die Vermeidung der hohen Kosten eines drohenden Nichtigkeitsverfahrens zu ermöglichen.[362]

246   Während eines anhängigen Einspruchs- oder Nichtigkeitsverfahrens ist die Durchführung eines Beschränkungsverfahrens nicht ausgeschlossen. Zweckmäßiger ist es aber, die Bereitschaft zur Einschränkung des Patents durch beschränkte Verteidigung gegenüber dem Einspruch oder der Klage zum Ausdruck zu bringen.[363] Wird während eines Einspruchs- oder Nichtigkeitsverfahrens das Patent auf Antrag seines Inhabers widerrufen, werden jene Verfahren als in der Hauptsache erledigt gelten müssen, da der Ausspruch eines Widerrufs oder einer Nichtigerklärung gegenstandslos wäre.

247   2. Der Antrag auf **Beschränkung** ist schriftlich beim PA einzureichen und zu begründen.[364] Die Antragstellung löst eine Gebühr von 120 EUR aus; wird diese nicht binnen drei Monaten nach Eingang des Antrags entrichtet, gilt dieser als zurückgenommen (§§ 3 Abs. 1, 6 Abs. 1 S. 2, Abs. 2 PatKostG). Vor Eingang der Gebühr wird der Antrag nicht bearbeitet (§ 5 Abs. 1 PatKostG).

248   Über den Antrag entscheidet die Patentabteilung. Für das Verfahren gelten die Vorschriften über das Prüfungs- und Erteilungsverfahren entsprechend (§ 64 Abs. 3 S. 1 und 2 PatG). Die Verweisung auf §§ 44 Abs. 1, 48 PatG bedeutet jedoch nicht, dass erneute eine vollständige Prüfung der sachlichen Patentierungsvoraussetzungen durchzuführen wäre.[365] Die Patentabteilung prüft weder, ob diese die beantragte Einschränkung wirklich erfordern,

---

Wenn man aber mit *van Venrooy* von der in § 99 Abs. 1 PatG enthaltenen Verweisung die Vorschriften der ZPO über die Rechtskraft ausnimmt, fehlt es überhaupt an einer Bestimmung der persönlichen und sachlichen Reichweite der Urteilswirkung. Im Patentrecht lässt sich diese nicht finden, weil die Aufrechterhaltung eines Patents anders als dessen (mit Rechtsmitteln nicht mehr angreifbare) Beseitigung nicht ohne dahingehende ausdrückliche Vorschrift als endgültig angesehen werden kann.

[360] Vgl. RG 23.11.1932, RGZ 139, 3; BGH 19.2.1963, GRUR 1964, 13 – Konditioniereinrichtung.
[361] Dazu *Engel* GRUR 2009, 248, sowie *Féaux de Lacroix* Mitt. 2008, 6 ff.
[362] Vgl. die Begründung zum 5. Überleitungsgesetz, BlPMZ 1953, 297.
[363] Das Patent kann jedoch im Nichtigkeitsverfahren auch in einem weiteren Umfang verteidigt werden, als es nach einem noch unerledigten Beschränkungsantrag bestehen bleiben soll; vgl. BGH 12.5.1961, GRUR 1961, 529 (531) – Strahlapparat.
[364] Zum Begründungserfordernis *Schäfers* in Benkard PatG § 64 Rn. 26 f., 33; *Voit* in Schulte PatG § 64 Rn. 12 ff.
[365] *Schäfers* in Benkard PatG § 64 Rn. 36; BGH 14.1.1964, BGHZ 41, 13 (15 f.) – Dosier- und Mischanlage für Baustoffe; *Heine* GRUR 1964, 309 f. – Die 1968 und 1981 erfolgten Gesetzesänderungen haben in diesem Punkt ausweislich der Begründungen nur redaktionelle Bedeutung; vgl. BlPMZ 1967, 237 zu Nr. 24 und 285 zu Nr. 22a; BlPMZ 1979, 272 und 287, jeweils zu Nr. 37.

noch ob ihnen der verbleibende Patentgegenstand genügt. Geprüft wird nur, ob sich der Antrag auf eine zulässige Beschränkung richtet; dazu darf der verbleibende Patentgegenstand nur nicht über den Offenbarungsinhalt oder über den Patentschutzbereich hinausgehen. Liegt das vor, ist die beantragte Beschränkung auszusprechen, die Patentschrift anzupassen und diese Änderung der Patentschrift zu veröffentlichen (§ 64 Abs. 3 S. 4 PatG).

Gegen den Beschluss der Patentabteilung kann allein der Patentinhaber Beschwerde einlegen; und auch nur dann, wenn er beschwert ist. Das liegt vor, wenn die ausgesprochene Beschränkung weniger weit oder weiter reicht als die beantragte. Wird der Antrag auf Beschränkung in der Beschwerdeinstanz zurückgenommen, wird der angefochtene Beschluss der Patentabteilung wirkungslos.[366] **249**

Unzulässig ist die beschränkte Verteidigung des mit einer Teilnichtigkeitsklage angegriffenen Patentanspruchs durch Kombination mit einem insoweit nicht angegriffenen Unteranspruch oder mit einer von mehreren Varianten eines insoweit nicht angegriffenen Unteranspruchs. Für eine solche Verteidigung besteht kein Rechtsschutzbedürfnis, und eine Widerklage gegen den Nichtigkeitskläger auf Feststellung der Rechtsbeständigkeit des angegriffenen Patents kennt das PatG nicht.[367] **250**

3. Der Antrag auf **Widerruf** ist schriftlich einzureichen und wie ein Beschränkungsantrag gebührenpflichtig (→ Rn. 247). Ob, wie es § 64 Abs. 2 PatG nahezulegen scheint, eine Begründung gefordert werden kann, ist fraglich, weil sich jede sachliche Prüfung erübrigt. Deshalb wird auch die in § 64 Abs. 3 S. 1 vorgesehene entsprechende Anwendung des § 44 Abs. 1 PatG als gegenstandslos betrachtet werden dürfen. Wenn es zu einer Ablehnung des Antrags kommt, kann diese nur auf formale Beanstandungen gestützt sein. Nur solche können deshalb auch Gegenstand eines Beschwerdeverfahrens sein. **251**

Der – nach dem Vorbild des EPÜ 2000 eingeführte – Widerruf auf Antrag des Patentinhabers schließt die Lücke zwischen den Möglichkeiten, die Verzicht und Beschränkung bisher geboten haben. Sie erübrigt den früher nötigen Ausweg, einen Verzicht mit der Erklärung zu verbinden, dass auch für die Vergangenheit keine Ansprüche aus dem Patent geltend gemacht werden. **252**

V. Löschung des Gebrauchsmusters

Hinweis: Vorschriften des GebrMG werden in diesem Unterabschnitt ohne Zusatz zitiert.

1. Der **Antrag** auf Löschung eines Gebrauchsmusters ist **schriftlich** beim **DPMA** zu stellen (§ 16 S. 1). Er muss die Tatsachen nennen, auf die er gestützt wird (§ 16 S. 2). **253**

Mit Eingang des Antrags wird eine **Gebühr** von 300 EUR fällig. Solange sie nicht bezahlt ist, wird der Antrag nicht bearbeitet (§ 5 Abs. 1 PatKostG). Geht binnen drei Monaten ab Antragseingang keine Zahlung ein, gilt der Antrag als zurückgenommen (§§ 3 Abs. 1, 6 Abs. 1 S. 2, Abs. 2 PatKostG). Über den Antrag entscheidet eine **Gebrauchsmusterabteilung** des PA mit einem rechtskundigen und zwei technischen Mitgliedern (§ 10 Abs. 3 S. 1). **254**

2. Der Antrag kann nur auf bestimmte **Löschungsgründe** gestützt werden, nämlich auf **255**
- das **Fehlen der Schutzfähigkeit,** dh darauf, dass der Gegenstand des Gbm einer der in §§ 1–3 geforderten sachlichen Schutzvoraussetzungen nicht genüge (§ 15 Abs. 1 Nr. 1),
- das Entgegenstehen eines **älteren Rechts,** dh darauf, dass der Gegenstand des Gbm bereits auf Grund einer früheren Patent- oder Gbm-Anmeldung geschützt worden sei (§ 15 Abs. 1 Nr. 2),
- **unzulässige Erweiterung,** dh darauf, dass der Gegenstand des Gbm über den Inhalt der Anmeldung in deren ursprünglich eingereichter Fassung hinausgehe (§ 15 Abs. 1 Nr. 3), oder
- **widerrechtliche Entnahme** (§ 15 Abs. 2 iVm § 13 Abs. 2, vgl. → § 20 Rn. 80).

---

[366] BPatG 13.11.2001, BlPMZ 2002, 229.
[367] BGH 1.3.2017, GRUR 2017, 604 Rn. 27–31 – Ankopplungssystem.

Im letztgenannten Fall ist nur der Verletzte, in den anderen Fällen **jedermann antragsberechtigt** (§ 15 Abs. 1, 2).

256 Entgegen dem Sprachgebrauch des Gesetzes besteht bei Vorliegen eines Löschungsgrunds kein *Anspruch auf Löschung* gegen den Inhaber des Gbm; denn dieser könnte die Löschung gar nicht vornehmen und wird deshalb auch nicht zur Löschung verurteilt. Auf die Löschung besteht ein *öffentlichrechtlicher* Anspruch gegen den Staat, für den das PA handelt. Gegen den Gbm-Inhaber könnte der Antragsteller allenfalls einen Anspruch auf *Zustimmung* zur Löschung haben, der dem „Grundbuchberichtigungsanspruch" nach § 894 BGB vergleichbar wäre. Doch wird durch die dem Löschungsantrag stattgebende Entscheidung nicht lediglich eine Zustimmung ersetzt (wie nach § 894 ZPO), sondern unmittelbar die Löschung ausgesprochen.

257 *Unzureichende Offenbarung* (entsprechend § 21 Abs. 1 Nr. 2 PatG) ist bei Gbm kein selbstständiger Löschungsgrund. Bei Geltendmachung mangelnder Schutzfähigkeit ist aber nach allgemeiner Meinung zu prüfen, ob die Erfindung nacharbeitbar offenbart ist[368].

258 *Erweiterung des Schutzbereichs* ist anders als beim Patent kein Grund für rückwirkende Beseitigung, obwohl § 12a für die Bestimmung des Schutzbereichs den gleichen Maßstab vorgibt wie § 14 PatG. Entsprechend den Grundsätzen, die den Gbm-Inhaber an nachträglich zu den Eintragungsakten eingereichte Schutzansprüche binden (→ Rn. 273f.) wird jedoch anzunehmen sein, dass er sich jeweils nur auf die engste der bei den Akten befindlichen Fassungen der Schutzansprüche berufen kann, auch wenn eine weiterreichende in einem Löschungsverfahren zustande gekommen ist. Es wäre wünschenswert, dass dies auch durch eine Entscheidung ausgesprochen werden könnte. Jedenfalls ist in der Rechtsprechung anerkannt, dass der Schutzbereich des Gbm im Löschungsverfahren nicht erweitert werden darf[369].

259 3. Da nur eine noch wirksame Eintragung „gelöscht" werden kann, ist nach nicht rückwirkendem Wegfall eines Gbm nur noch ein Antrag auf **Feststellung der Unwirksamkeit** der Eintragung zulässig.[370] Seine Grundlage ist § 13 Abs. 1, 2, wonach der Gbm-Schutz durch die Eintragung bei Vorliegen eines Löschungsgrunds, auf den sich jeder berufen kann, überhaupt nicht und bei widerrechtlicher Entnahme gegenüber dem Verletzten nicht begründet wird. Wenn während des Verfahrens das Gebrauchsmuster erlischt, kann der Löschungsantrag als Feststellungsantrag aufgefasst werden.[371]

260 Den Antrag kann nur stellen, wer ein besonderes Interesse daran hat, dass die für die Zukunft bereits weggefallenen Schutzwirkungen auch für die Vergangenheit nicht bestehen[372].

---

[368] BGH 28.4.1999, GRUR 1999, 920 – Flächenschleifmaschine; *Loth* § 15 Rn. 36; *Bühring* § 15 Rn. 12; *Busse/Keukenschrijver* GebrMG § 15 Rn. 4.

[369] BPatG 10.1.1990, BPatGE 31, 109; 8.4.1998, Mitt. 1999, 271 mAnm *v. Lemke*. – Eine Erweiterung des Schutzbereichs liegt indes nicht schon dann vor, wenn ein Anspruch, der in der vorliegenden Fassung nicht schutzfähig wäre, durch Einfügung von Merkmalen eingeschränkt wird (die von Anfang an als zur Erfindung gehörend offenbart waren); anders *Hellwig* Mitt. 2001, 107, weil der nicht schutzfähige Anspruch überhaupt keinen Schutzbereich habe. Doch wird durch das Verbot, den Schutzbereich zu erweitern, das Vertrauen des Verkehrs auf eine eingetragene Anspruchsfassung geschützt; ein Vertrauen darauf, dass diese mangels Schutzfähigkeit unbeachtlich sei, kommt nicht in Betracht. Gegen ein Verbot den Schutzbereich erweiternder nachträglicher Änderungen der Eintragung zugrunde gelegten Ansprüche *Goebel* GRUR 2000, 477 (482f.).

[370] Die Feststellung kann auch noch im Beschwerdeverfahren erfolgen, BGH 11.9.2007, GRUR 2007, 977 Rn. 21 – Wellnessgerät; eine auf Löschung des (schon erloschenen) Gbm lautende Entscheidung des BPatG kann im Rechtsbeschwerdeverfahren berichtigt werden, BGH 20.6.2006, GRUR 2006, 842 Rn. 8 – Demonstrationsschrank.

[371] BPatG 8.1.2003, BPatGE 46, 215 – Koagulationseinrichtung.

[372] BGH 12.3.1981, GRUR 1981, 515 – Anzeigegerät; 28.3.1985, GRUR 1985, 871 – Ziegelsteinformling II; 14.2.1995, GRUR 1995, 342 – Tafelförmige Elemente; 11.5.2000, GRUR 2001, 1018 (1091) – Sintervorrichtung; 20.6.2006, GRUR 2006, 842 – Demonstrationsschrank; 11.9.2007, GRUR 2007, 977 – Wellnessgerät; BPatG 25.3.1988, BPatGE 29, 237; 6.8.1992, BPatGE 33, 142; 8.1.2003, BPatGE 46, 215 – Koagulationseinrichtung.

§ 26. Wegfall vom DPMA erteilter Patente u. eingetragener Gebrauchsmuster **BV § 26**

Ob ein solches **Rechtsschutzinteresse** vorliegt, richtet sich nach den gleichen Maßstäben wie bei Einspruch und Nichtigkeitsklage (→ Rn. 156ff., → Rn. 203ff.)[373].

4. Wie der Nichtigkeitsklage kann auch dem Löschungsantrag eine ausdrücklich vereinbarte oder aus den Beziehungen der Beteiligten nach Treu und Glauben abzuleitende **Nichtangriffspflicht** entgegenstehen[374]. **261**

5. Das PA teilt dem Inhaber des Gbm den Antrag mit und fordert ihn auf, sich dazu **innerhalb eines Monats** zu erklären; erhebt er nicht rechtzeitig **Widerspruch,** erfolgt ohne weiteres die Löschung (§ 17 Abs. 1)[375]. **262**

Die Mitteilung über die Löschung wird vom BPatG nicht als beschwerdefähiger Beschluss iSd § 18 Abs. 1 GebrMG angesehen, weil die Löschung „unmittelbar auf dem Gesetz" beruhe.[376] Dem Wortlaut des § 17 Abs. 1 S. 2 GebrMG, wonach die Löschung „erfolgt", ist aber nicht zu entnehmen, dass das Gbm schon ohne Löschung kraft Gesetzes rückwirkend wegfällt. Dann ist aber die Löschung eine abschließende Regelung, die Rechte von Beteiligten berühren kann, und damit, auch wenn sie nicht als solcher bezeichnet ist, ein Beschluss iSd § 18 Abs. 1. Es ist also nicht, wie das BPatG annimmt, erforderlich, nach Mitteilung der Löschung zwecks Eröffnung einer Beschwerdemöglichkeit einen Beschluss der Gebrauchsmusterabteilung herbeizuführen, der den Eintritt der „gesetzlichen Wirkung" feststellt. **263**

Widerspricht der Gebrauchsmusterinhaber rechtzeitig, teilt das PA den Widerspruch dem Antragsteller mit und leitet das streitige Verfahren ein (§ 17 Abs. 2, 3). Der Gegenstand des Verfahrens wird einerseits durch den **Antrag** und den oder die geltend gemachten **Löschungsgründe,** andererseits durch die **Verteidigung** des Gbm-Inhabers bestimmt[377]. Der Antrag muss sich nicht auf vollständige, sondern kann sich von vornherein auf teilweise Löschung richten oder nachträglich auf dieses Ziel eingeschränkt werden. Für eine nachträgliche Änderung des Antrags oder Löschungsgrunds gelten §§ 263, 264 ZPO entsprechend[378]. Wird der Antrag ganz zurückgenommen, ist das Verfahren (vorbehaltlich einer Kostenentscheidung, § 17 Abs. 4) beendet; die Prüfung der Rechtsbeständigkeit des Schutzrechts kann – anders als im Einspruchsverfahren – nicht von Amts wegen fortgesetzt werden. **264**

Der Inhaber kann seinen Widerspruch zurücknehmen oder von Anfang an oder später beschränken.[379] Eine nachträgliche Beschränkung wird als unwiderrufliche und unanfechtbare Teilrücknahme angesehen[380]. Soweit sie reicht, ist das Gbm ohne Sachprüfung zu löschen[381]. Wegen dieser weitreichenden Folge ist sie jedoch nur dann anzunehmen, wenn der Inhaber eindeutig zum Ausdruck bringt, in welchem Umfang das Gbm aufgegeben werden soll[382]. **265**

Ein vorweggenommener (Teil-)Verzicht auf Widerspruch kann darin liegen, dass der Inhaber nach Eintragung neu gefasste Schutzansprüche zu den Gbm-Akten einreicht; Gegenstand der Prüfung ist aber auch in diesem Fall die der Eintragung zugrundeliegende Anspruchsfassung, wobei der Teilver- **266**

---

[373] Beispiele bei *Loth* § 17 Rn. 46ff.; *Bühring* § 15 Rn. 46ff.
[374] *Loth* § 15 Rn. 20; *Bühring* § 16 Rn. 48ff.; jeweils mN; vgl. → § 26 Rn. 214ff.
[375] Entsprechendes gilt im Fall eines Feststellungsantrags (→ § 26 Rn. 259f.), BGH 2.3.1967, GRUR 1967, 351 – Korrosionsschutz-Binde.
[376] BPatG 23.4.2003, BPatGE 47, 23 – Papierauflage.
[377] BPatG 23.7.1981, GRUR 1981, 908 (909); 5.9.1990, GRUR 1991, 313 (315); 19.10.1995, Mitt. 1996, 395; *Loth* § 16 Rn. 10; *Bühring* § 15 Rn. 63, 66ff.
[378] *Loth* § 15 Rn. 39, § 16 Rn. 29f.
[379] Um entsprechend § 93 ZPO teilweise von den Verfahrenskosten verschont zu bleiben, muss er nach BPatG 12.9.2003, Mitt. 2004, 23 – Befestigungsvorrichtung den Widerspruch von Anfang an beschränken; es reicht nicht aus, dass er bereits beschränkte Schutzansprüche eingereicht und schon vor dem Löschungsantrag dem späteren Antragsteller mitgeteilt hat, am Gbm nur in diesem Umfang festzuhalten.
[380] BPatG 21.7.1993, BPatGE 34, 64; *Bühring* § 16 Rn. 33, § 17 Rn. 19; *Loth* § 17 Rn. 13.
[381] BGH 13.12.1994, BGHZ 128, 150 – Lüfterkappe; BPatG 22.3.1988, BPatGE 29, 226.
[382] BGH 11.3.1997, BGHZ 135, 58 – Einkaufswagen.

zicht auf Widerspruch zur Folge hat, dass das Gbm in dem über die nachträglich eingereichte Anspruchsfassung hinausgehenden Umfang ohne Sachprüfung zu löschen ist[383].

267 Der Inhaber kann aber zwecks beschränkter Verteidigung auch eine Anspruchsfassung vorlegen, die er nur als „Diskussionsgrundlage" oder „Formulierungsvorschlag" verstanden wissen will. In der Einreichung neu gefasster Schutzansprüche allein ist deshalb noch keine Einschränkung des zunächst unbeschränkten Widerspruchs zu sehen[384]. Trotzdem empfiehlt es sich deutlich zu machen, dass keine Einschränkung oder Teilrücknahme des Widerspruchs gewollt ist. Dann ist der Inhaber nicht gehindert, zur Verteidigung einer weiterreichenden oder auch der der Eintragung zugrunde liegenden Anspruchsfassung zurückzukehren. Im Übrigen gelten die im Patentrecht entwickelten Grundsätze zur beschränkten Verteidigung entsprechend. Demgemäß darf die verteidigte Fassung keinen von den eingetragenen Schutzansprüchen nicht erfassten oder dem ursprünglichen Offenbarungsgehalt der Anmeldung nicht entnehmbaren Gegenstand beanspruchen.[385]

268 6. Soweit der Inhaber nicht widersprochen hat oder die geltend gemachten Löschungsgründe die Löschung rechtfertigen, spricht die Gbm-Abteilung die Löschung aus (§ 15 Abs. 3 S. 2).[386] Eine teilweise Löschung erfolgt durch Streichung oder Änderung von Schutzansprüchen (§ 15 Abs. 3 S. 1). Eine Änderung von Beschreibung und Zeichnungen ist weder ausreichend noch überhaupt zulässig. Vielmehr wird die Beschreibung durch die Gründe des Löschungsbeschlusses modifiziert[387].

269 Der Gbm-Inhaber braucht der Anspruchsfassung, die bei teilweiser Löschung bestehen bleibt, nicht zugestimmt zu haben; bei Fehlen seiner Zustimmung ist also keine vollständige Löschung auszusprechen[388]. Ansprüche, die auf einen gelöschten Bezug nehmen, bleiben bestehen[389]. Der Wegfall eines übergeordneten Anspruchs zieht nicht automatisch denjenigen der davon abhängigen Ansprüche nach sich[390].

270 Erfolgt Teillöschung wegen unzulässiger Erweiterung, kann ein Anspruchsmerkmal, das vom ursprünglichen Offenbarungsgehalt der Anmeldung nicht umfasst war, nicht gestrichen werden; vielmehr ist wie in Einspruchs- und Nichtigkeitsentscheidungen solcher Fälle (→ Rn. 176, → Rn. 234) darauf hinzuweisen, dass aus dem Merkmal keine Rechte hergeleitet werden können[391].

271 Die Löschung beseitigt das Gebrauchsmuster – vollständig oder teilweise – **rückwirkend für und gegen alle**[392]. Soweit sie sachlich gerechtfertigt ist und deshalb die Eintragung keine Schutzwirkung begründet hat, wirkt sie nur *deklaratorisch* (→ Rn. 126 f.). Doch entzieht sie in jedem Fall dem Gbm die formale Grundlage seiner Wirkung, so dass dieses nach rechtskräftiger Löschung unabhängig davon als von Anfang an unwirksam anzusehen ist, ob es dies auch schon vor der Löschung war. In gleicher Weise wirkt die Feststellung der Unwirksamkeit im Löschungsverfahren[393].

272 Die Wirkung einer **Abweisung** des Löschungsantrags beschränkt sich – wie bei der Nichtigkeitsklage (→ Rn. 242 ff.) – auf den Löschungsgrund oder die Löschungsgründe, über die entschieden worden ist, – und auf das Verhältnis **zwischen den Parteien** des

---

[383] BGH 28.10.1997, BGHZ 137, 60 – Scherbeneis; im entschiedenen Fall wurde Teilverzicht mangels eindeutig dahingehender Erklärung verneint, weil die nachträglich eingereichten Ansprüche unzulässig erweitert waren.
[384] BGH 13.12.1994, BGHZ 128, 150 – Lüftkappe.
[385] BGH 14.9.2004, GRUR 2005, 316 (Nr. II 1c aa) – Fußbodenbelag.
[386] Zur Kostenverteilung, wenn Löschungsantrag, Verteidigung und Löschung auf Teile des Gbm beschränkt waren, vgl. BPatG 1.2.2002, BPatGE 45, 53 – Dämmelement.
[387] *Loth* § 17 Rn. 69; *Bühring* § 15 Rn. 97.
[388] *Bühring* § 15 Rn. 98 f.; *Loth* § 17 Rn. 60.
[389] BGH 17.12.1996, GRUR 1997, 213 – Trennwand; *Loth* § 16 Rn. 34.
[390] BPatG 5.9.1990, GRUR 1991, 313, vgl. auch → § 26 Rn. 234 ff.
[391] BPatG 1.10.1990, BPatGE 31, 109.
[392] Vgl. BGH 13.12.1962, GRUR 1963, 519 (521) – Klebemax mN.
[393] Vgl. *Loth* § 16 Rn. 34 f.; *Bühring* § 15 Rn. 61.

Löschungsverfahrens (vgl. § 19 S. 3)[394]. Der Ast. kann auf einen „verbrauchten" Löschungsgrund keinen neuen Antrag stützen, auch wenn er beispielsweise neues Material gefunden hat, mit dem sich der bereits vergeblich geltend gemachte Mangel der Schutzfähigkeit begründen ließe[395]. Dritten ist dies jedoch nicht verwehrt.

7. Eine Löschung oder Beschränkung des Gbm *auf Antrag des Inhabers* ist – anders als beim Patent (→ Rn. 245 ff.) – gesetzlich nicht vorgesehen. Durch *Verzicht* können Ansprüche nur im Ganzen (für die Zukunft) beseitigt, nicht aber geändert werden. Der Gbm-Inhaber kann aber nach Eintragung **neugefasste Schutzansprüche** mit der Erklärung einreichen, dass nur noch diese maßgebend sein sollen. Das PA nimmt die neuen Ansprüche ohne Entscheidung zu den **Eintragungsakten.**[396] Die Wirkung dieses Vorgangs wird darin gesehen, dass der Inhaber gegenüber der Allgemeinheit *schuldrechtlich verpflichtet* sei, das Gbm nur noch im Umfang der neuen Ansprüche geltend zu machen.[397] Dabei versteht sich, dass diesen keine Wirkung zukommt, soweit sie von einem Löschungsgrund betroffen sind. Gleiches muss gelten, wenn die Änderung den *Schutzbereich* des Gbm *erweitert* hat.[398]

273

Die Vorstellung, dass sich der Gbm-Inhaber der Allgemeinheit gegenüber schuldrechtlich verpflichte, befriedigt nicht angesichts des Grundsatzes, dass die rechtsgeschäftliche Begründung von Verpflichtungen durch *Vertrag* erfolgt (§ 311 Abs. 1 BGB), des Fehlens jeder eine Analogie rechtfertigenden Ähnlichkeit mit Fällen, in denen dieser Grundsatz nicht gilt, (zB der Auslobung) und des Umstands, dass ein Schuldverhältnis eine Sonderbeziehung zwischen bestimmten Personen bedeutet und deshalb schwerlich zu einer unbestimmten, unübersehbaren Vielzahl von Personen denkbar ist. Vorzuziehen ist deshalb die Begründung, dass sich die Neufassung der Ansprüche als Erklärung an die Öffentlichkeit unmittelbar auf die Rechte aus dem Gbm auswirkt, so dass diese darüber hinaus nicht nur nicht ausgeübt werden dürfen, sondern überhaupt nicht (mehr) bestehen.[399]

274

---

[394] Vgl. BGH 4.2.1997, BGHZ 134, 353 (359) – Kabeldurchführung; *Bühring* § 15 Rn. 113 f., § 16 Rn. 57.
[395] BGH 14.3.1972, GRUR 1972, 597 (599) – Schienenschalter II.
[396] BPatG 13.4.1988, BPatGE 29, 252; in der Begründung zum Änderungsgesetz von 1986, BlPMZ 1986, 320 (324) (zu Nr. 3) wird diese Praxis gebilligt. – Im Verletzungsstreit kann der Gebrauchsmusterinhaber auch dann einen eingeschränkten Schutz geltend machen, wenn er keine eingeschränkten Ansprüche beim PA eingereicht hat, BGH 13.5.2003, GRUR 2003, 867 – Momentanpol.
[397] BPatG 11.12.1986, BPatGE 29, 8; *Loth* § 17 Rn. 18 f.; *Hellwig* Mitt. 2001, 106.
[398] *Busse/Keukenschrijver* GebrMG § 4 Rn. 26.
[399] Vgl. *Busse/Keukenschrijver* GebrMG § 4 Rn. 27, wo erwogen wird, die Erklärung des Gbm-Inhabers als Verfügung über das Recht aus dem Gbm ohne unmittelbare Auswirkung auf die Registerposition zu verstehen.

2. Kapitel. Europäische Patente

§ 27. Allgemeine Regelungen für das Verfahren des Europäischen Patentamts

Literatur: *Füchsle, K./Füchsle, K.*, Das neue Überprüfungsverfahren nach dem EPÜ 2000 – die nichtzugelassene Rechtsbeschwerde nach deutschem Recht ein Vorbild?, FS Reimann, 2009, 113–123; *Günzel, B.*, Das Verfahren zur Überprüfung von Entscheidungen der Beschwerdekammern des EPA durch die Große Beschwerdekammer gem. Art 112a EPÜ – Ausgestaltung und erste Erfahrungen, GRUR 2009 (FS Melullis), 269–273; *dies.*, Die Behandlung verspäteten Vorbringens in den Verfahren vor den Beschwerdekammern des Europäischen Patentamts, ABl. EPA Sonderausgabe 2/2007, 30–47; *dies.*, Die Erfüllung der Rügepflicht gemäß Regel 106 EPÜ als Voraussetzung für einen zulässigen Antrag auf Überprüfung einer Beschwerdekammerentscheidung, FS 50 Jahre BPatG, 2011, 801–812; *Hövelmann, P.*, Die Weiterbehandlung (PatG § 123a), Mitt. 2009, 1–6; *Hüttermann, A./Malessa, R./Sommer, J.*, Art. 112a EPÜ – Eine erste Bestandsaufnahme, GRUR 2014, 448–451; *Jacob, R.*, National Courts and the EPO Litigation System, GRUR-Int 2008, 658–662; *Kunz-Hallstein, H. P.*, Sind Entscheidungen des Europäischen Patentamts vor dem Europäischen Gerichtshof für Menschenrechte und deutschen Gerichten anfechtbar? FS VPP 2005, 509–528; *Messerli, P.*, Die Überprüfung von Entscheidungen der Beschwerdekammern des Europäischen Patentamts nach dem neuen Art. 112a EPÜ, GRUR 2001, 979–984; *ders.*, Die organisatorische Verselbstständigung der Beschwerdekammern des Europäischen Patentamts, FS Kolle/Stauder, 2005, 441–454; *Sendrowski, H.*, Wer entscheidet, wer nicht entscheidet? – Die Behandlung von Ablehnungsanträgen im EPÜ, Mitt. 2017, 535–540; *Teschemacher, R.*, Prozessuale Aspekte der Beschwerde – Einlegung, Begründung und Erwiderung, FS Kolle/Stauder, 2005, 455–467; *Teschemacher, R.*, Aktuelle Rechtsprechung der Beschwerdekammern des EPA – Notizen für die Praxis, Mitt. 2012, 387–393; *Teschemacher, R.*, Aktuelle Rechtsprechung der Beschwerdekammern des EPA – Notizen für die Praxis, Mitt. 2013, 398–405; *Teschemacher, R.*, Aktuelle Rechtsprechung der Beschwerdekammern des EPA – Notizen für die Praxis, Mitt. 2014, 379–384; *Teschemacher, R.*, Zulässigkeit der Beschwerde und notwendiger Inhalt der Beschwerdebegründung – Anmerkungen zu T 2532/11, Mitt. 2014, 488–490; *Teschemacher, R.*, Aktuelle Rechtsprechung der Beschwerdekammern des EPA – Notizen für die Praxis, Mitt. 2015, 357–361; *Wallinger, M.*, Die Rechtsprechung der Großen Beschwerdekammer des Europäischen Patentamts zum rechtlichen Gehör, Mitt. 2016, 197–212.

I. Organe und Rechtsstellung des EPA[1]

1 1. Das **Europäische Patentamt** (EPA) ist neben dem Verwaltungsrat Organ der Europäischen Patentorganisation (EPO) erteilt die europäischen Patente (Art. 4 Abs. 2 und 3, vgl. → § 9 Rn. 19). Für das Erteilungsverfahren bestehen im EPA eine **Eingangsstelle** (Art. 16), **Recherchenabteilungen** (Art. 17) und **Prüfungsabteilungen** (Art. 18). Die Zuständigkeit des EPA umfasst auch die den **Einspruchsabteilungen** (Art. 19) übertragene Entscheidung über Aufrechterhaltung oder Widerruf europäischer Patente, gegen die fristgerecht Einspruch erhoben wird. Zur Zusammenführung von Recherche und Prüfung werden die in Recherchen-, Prüfungs- und Einspruchsabteilungen tätigen, technisch vorgebildeten Prüfer gem. R 11 Abs. 1 **Direktionen** zugewiesen, auf die der Präsident des EPA dann in Anwendung der Internationalen Klassifikation die Geschäfte verteilt.

2 Über Eintragungen und Löschungen im europäischen Patentregister (vgl. → Rn. 36) sowie in der Liste der zugelassenen Vertreter (Art. 134) entscheidet die **Rechtsabteilung** (Art. 20).

---

[1] Dazu im EPÜ-GK: *Staab*, Art. 16, 21. Lfg., 1997; *Dybdahl Österborg* Art. 20 und *Gori/Löden*, Art. 21–24, 18. Lfg., 1995.

§ 27. Allgemeine Regelungen für das Verfahren des EPA I § 27

Die Entscheidungen der Eingangsstelle, der Prüfungsabteilungen, der Einspruchsabtei- 3
lungen und der Rechtsabteilung unterliegen der Beschwerde; für die Prüfung solcher Beschwerden sind im EPA **Beschwerdekammern (BKn)** eingerichtet (Art. 21): eine juristische, eine in Disziplinarangelegenheiten und zahlreiche technische BKn.[2] Die **Große Beschwerdekammer (GBK)** entscheidet auf Vorlage von BKn über Rechtsfragen, nimmt zu Rechtsfragen Stellung, die der Präsident des EPA ihr vorlegt, und entscheidet über Anträge auf Überprüfung von BK-Entscheidungen (Art. 22).[3]

2. Das EPA ist eine **supranationale Behörde;** seine Entscheidungen über Erteilung 4
oder Versagung, Aufrechterhaltung oder Widerruf europäischer Patente wirken unmittelbar in allen Vertragsstaaten, für die das in Frage stehende europäische Patent beantragt oder erteilt worden ist. Seiner inneren Organisation nach ist es mit Ausnahme der BKn (vgl. → Rn. 5f.) eine **Verwaltungsbehörde.** Das zeigt sich insbesondere darin, dass das Personal des EPA Weisungsrecht, Aufsicht und Disziplinargewalt seines Präsidenten unterliegt (Art. 10 Abs. 2 [f], [h]).

3. Die BKn und die GBK besitzen dagegen richterliche Unabhängigkeit. Ihre Mitglieder 5
sind grundsätzlich unabsetzbar; sie dürfen keinem Organ angehören, von dem beschwerdefähige Entscheidungen ausgehen können; sie sind für ihre Entscheidungen an Weisungen nicht gebunden und nur dem EPÜ unterworfen (Art. 23 Abs. 1–3). Sie werden nicht vom Präsidenten des EPA, sondern auf dessen Vorschlag vom Verwaltungsrat ernannt, dem auch die Disziplinargewalt über sie zusteht (Art. 11 Abs. 3, 4). Gem. Art. 24 können sie von der Mitwirkung in einem Verfahren – insbesondere wegen früherer Tätigkeit in der gleichen Sache[4] – ausgeschlossen sein oder wegen Besorgnis der Befangenheit abgelehnt werden.[5] Denkbar sind Interessenkonflikte freilich nicht nur in der Person von BK-Mitgliedern, sondern auch in der Person des EPA-Präsidenten.[6] Über die Zuordnung der Mitglieder zu den verschiedenen Kammern und die Geschäftsverteilung unter diesen bestimmt nicht der Präsident des EPA, sondern ein Präsidium unter dem Vorsitz des für die BKn zuständigen Vizepräsidenten (R 12 Abs. 3, 4).

---

[2] Zum Organisationsprinzip: EPA 19.3.2013, ABl. 2014, ABl. A 122, 7ff. = GRUR-Int 2014, 785 (789) (konkret bestand Zweifel über die Zuständigkeit für eine Beschwerde über die Nichtrückzahlung von Recherchegebühren).

[3] Zur Auflösung des potentiellen Interessenkonflikts, der daraus resultierte, dass der EPA-Vizepräsident mit Zuständigkeit für die ehem. GD 3 (VP3) sowohl Teil der Amtsleitung war als auch Vorsitzender der GBK, EPA 20.3.2015, Mitt. 2015, 345f. – Controlled release oxydocene compositions.

[4] Daher sind Mitglieder nicht ausgeschlossen, die früher für einen Beteiligten in irgendeiner anderen Angelegenheit tätig gewesen sind, EPA 20.12.2010, GRUR-Int 2011, 753.

[5] Zur Besorgnis der Befangenheit im Einspruchsbeschwerdeverfahren wegen Mitwirkung an der Entscheidung, durch die auf Beschwerde gegen die Zurückweisung der Anmeldung das mit dem Einspruch angegriffene Patent erteilt wurde, EPA 15.9.1999, ABl. 2000, 475 – Besorgnis der Befangenheit/Du Pont de Nemours. Nach EPA 7.12.2006, ABl. 2007, 362 = GRUR-Int 2008, 55 – Ausschließung und Ablehnung ist Besorgnis der Befangenheit eines Mitglieds der GBK nicht schon deshalb begründet, weil dieses als Mitglied einer BK in einer anderen Sache an einer Entscheidung mitgewirkt hat, die sich zu der der GBK vorliegenden Rechtsfrage äußert. – Zur Prüfung der Befangenheit allgemein und zur Würdigung zahlreicher konkret geltend gemachter Umstände vgl. EPA 18.3.2005, ABl. 2006, 502 = GRUR-Int 2007, 63 – Befangenheit; vgl. auch EPA 25.4.2014, GRUR-Int 2014, 668 – Ablehnung wegen Besorgnis der Befangenheit. S. auch *Sendrowski* Mitt. 2017, 535ff.

[6] ILO Entsch. 26.10.2017 No. 3958 und 3960, in denen das ILO-Verwaltungsgericht (ILO-AT) die Entscheidung CA/D 12/14 des EPA-Verwaltungsrats aufhob und dem Kläger Schadenersatz für die in der Zeit der rechtswidrigen Suspendierung erlittene Gehaltskürzung zusprach. Das ILO-AT sah einen Interessenkonflikt darin, dass der EPA-Präsident vom Verwaltungsrat als Berater zugezogen worden, obwohl er selbst das Verfahren vor dem Verwaltungsrat eingeleitet hatte, das auf die Suspendierung eines BK-Mitglieds und auf weitere Disziplinarmaßnahmen zielte, Mitt. 2018, 245 (246f.).

6 Die BKn sind demnach zwar Organe des EPA; im Verhältnis zu dessen anderen Organen aber weiter verselbstständigt.[7] Das sollte ohne Schaffung eines eigenen Gerichts eine gerichtsförmige Überprüfung der Entscheidungen des EPA ermöglichen, die auch deutschem Verfassungsrecht genügt, namentlich Art. 19 Abs. 4 GG.[8] Die BKn des EPA werden vielfach als „Quasi-Gericht" charakterisiert, deren Mitglieder häufig als „judges in all but name" bezeichnet.[9] Man kann dies so sehen, doch spricht für die abweichende Sichtweise der (jüngeren) EPA-Amtsleitung, dass abgesehen von der auch von ihr akzeptierten fachlichen Weisungsfreiheit der BK-Mitglieder kein EPO-weit akzeptierter Standard dafür erkennbar scheint, was richterliche Unabhängigkeit im Detail bedeutet. Schwer vertretbar erscheint namentlich die Annahme, dass richterliche Unabhängigkeit im Wesentlichen deckungsgleich sein soll mit der Anwendbarkeit deutschen Richterdienstrechts, dass diese also das Fehlen einer vorgegebenen Arbeitszeit oder Präsenzpflicht in der Dienststelle bedeuten soll oder die Unzulässigkeit jedweder Überprüfung von Krankmeldungen. Soweit war die Diskussion schon gegangen. Doch war die Prominenz dieser Frage vielleicht auch dem Klima geschuldet, das sich im EPA zeitweilig breitgemacht hatte – und wird sich mit dessen Verbesserung wieder auflösen.[10]

II. Allgemeine Verfahrensvorschriften

7 Anmeldungen und andere Unterlagen können nach Maßgabe der vom EPA erlassenen Regelungen nicht nur schriftlich, sondern auch durch Telefax[11] oder in elektronischer Form[12] eingereicht werden.

a) Sprachen[13]

8 1. Die Praktikabilität des europäischen Patent(erteilungs)systems wird wesentlich dadurch gefördert, dass das **EPA nur drei Amtssprachen** hat: **Englisch, Deutsch und Französisch** (Art. 14 Abs. 1).[14] Europäische **Patentanmeldungen** sind in einer dieser Sprachen einzureichen oder, wenn sie in einer anderen Sprache eingereicht werden, in eine Amtssprache zu übersetzen (Art. 14 Abs. 2). Die Übersetzung muss binnen zwei Monaten nach der Anmeldung eingereicht werden (R 6 Abs. 1); geschieht dies nicht, gilt die Anmeldung als zurückgenommen (Art. 14 Abs. 2 S. 3). Weicht die Übersetzung von der ursprünglich

---

[7] Die GBK sieht hierin „strukturelle Schwächen", EPA 25.4.2014, GRUR-Int 2014, 668 – Ablehnung wegen Besorgnis der Befangenheit. Zur Entscheidung auch: *Teschemacher* Mitt. 2014, 379 (380 ff.).

[8] Gegen Entscheidungen des EPA ist der Rechtsweg zu den deutschen Gerichten einschließlich des Verwaltungsrechtswegs nicht gegeben; das Rechtsschutzsystem des EPÜ und die Besetzung des BKn des EPA genügen dem Mindeststandard des Art. 19 Abs. 4 GG; so VG München 8.7.1999, GRUR-Int 2000, 77; VGH München 20.11.2006, GRUR 2007, 444. – Nach BVerfG 4.4.2001, GRUR 2001, 278 sind die sich aus dessen Rechtsprechung ergebenden Anforderungen an den Grundrechtsschutz auf der Ebene des EPÜ generell gewahrt. – Eingehend zur Problematik *Kunz-Hallstein* FS VPP, 2005, 509–528.

[9] *Jacob* GRUR-Int 2008, 658 ff. Zum Vorschlag, die BKn zu einem eigenständigen Gerichtsorgan der EPO zu machen, *Messerli* FS Kolle/Stauder, 2005, 441 ff.

[10] Vgl. nur beispielhaft Gem. Bekanntmachg. der BayStMin für Justiz, Inneres, Bau und Verkehr, Finanzen sowie für Arbeit und Soziales über die Beurteilung der Richter und Richterinnen sowie der Staatsanwälte und Staatsanwältinnen vom 26.3.2015 (JMBl. 18, StAnz. Nr. 16).

[11] Beschluss vom 12.7.2007, ABl. Sonderausgabe 3/2007, 7 (A. 3).

[12] Beschluss vom 12.7.2007, ABl. Sonderausgabe 3/2007, 12 (A. 4).

[13] Zum folgenden *Haertel*, Art. 14, EPÜ-GK, 4. Lfg., 1984; *Stauder/Luginbühl* in Singer/Stauder Art. 14; *Irmscher* in Benkard EPÜ Art. 14.

[14] Anders als das EUIPO, das in fünf Sprachen arbeitet; außer in den EPA-Sprachen Englisch, Französisch und Deutsch auch in Italienisch und Spanisch. Zu den Vorteilen des EPA-Sprachenregimes *van Benthem* Mitt. 1983, 21–25.

§ 27. Allgemeine Regelungen für das Verfahren des EPA II § 27

eingereichten Fassung ab, ist letztere maßgebend (Art. 14 Abs. 2 S. 2, R 7). Von Angehörigen eines Vertragsstaats, in dem eine andere Sprache als Deutsch, Englisch oder Französisch Amtssprache ist, und natürlichen oder juristischen Personen mit Wohnsitz oder Sitz in einem solchen Staat können in einer Amtssprache dieses Staats auch **fristgebundene Schriftstücke** eingereicht werden, wenn ihnen innerhalb bestimmter Frist die erforderliche Übersetzung folgt (Art. 14 Abs. 4, R 6 Abs. 2); andernfalls gilt das Schriftstück als nicht eingereicht (Art. 14 Abs. 4 S. 3). Der Gebrauch einer vertragsstaatlichen, aber nicht EPA-Amtssprache durch einen Beteiligten, der hierzu nach Art. 14 Abs. 4 bei der Einreichung fristgebundener Schriftstücke berechtigt ist, führt – auch bei Einreichung einer Anmeldung – zu einer 30%igen Gebührenermäßigung (R 6 Abs. 3; Art. 14 Abs. 1 GebO)[15]. Hierdurch wird ein gewisser Ausgleich für den erhöhten Übersetzungsaufwand bezweckt, der den berechtigten Personen dadurch entsteht, dass ihre „heimatliche" Amtssprache nicht Amtssprache des EPA ist.

2. Die Amtssprache, in der die Anmeldung eingereicht oder in die sie gemäß Art. 14 **9** Abs. 2 übersetzt worden ist[16], bildet die **Verfahrenssprache** für alle die Anmeldung oder das darauf erteilte Patent betreffenden Verfahren vor dem EPA sowie für die Veröffentlichung der Anmeldung und der Patentschrift; letztere enthält jedoch außerdem Übersetzungen der Patentansprüche in die beiden anderen Amtssprachen des EPA (Art. 14 Abs. 3, 5, 6). Im schriftlichen Verfahren können sich die Beteiligten jeder Amtssprache des EPA bedienen (R 3 Abs. 1)[17]; Schriftstücke, die als Beweismittel dienen, können in jeder Sprache eingereicht, müssen aber auf Verlangen des EPA übersetzt werden (R 3 Abs. 3). Änderungen der Anmeldung oder des Patents sowie Teilanmeldungen müssen stets in der Verfahrenssprache eingereicht werden (R 3 Abs. 2, R 36 Abs. 2).

Im mündlichen Verfahren ist die Bindung an die Verfahrenssprache gelockert; unter **10** bestimmten Voraussetzungen können auch Sprachen verwendet werden, die weder Amtssprachen des EPA noch solche von Vertragsstaaten sind (R 4).

Wird ein europäisches Patent mit einer anderen Verfahrenssprache als Deutsch im Nich- **11** tigkeitsverfahren vor dem BPatG durch eine in deutscher Sprache gehaltene Fassung der Patentansprüche beschränkt verteidigt, ist zu deren Auslegung der verbleibende Inhalt der Patentschrift in der maßgeblichen Verfahrenssprache heranzuziehen.[18]

b) Verfahrensgrundsätze

Im Verfahren vor dem EPA hat jeder Beteiligte Anspruch auf **rechtliches Gehör**[19]: Ent- **12** scheidungen des EPA dürfen nur auf Gründe gestützt werden, zu denen die Beteiligten sich äußern konnten (Art. 113 Abs. 1).[20] Dazu gehört auch, dass das Vorbringen der Beteiligten gebührend in Betracht gezogen wird.[21] Hingegen bestimmt die Pflicht zur Gewährung rechtlichen Gehörs nicht, dass die BK Hinweise auf ihre eigenen Schlussfolgerungen gibt.

---

[15] Vgl. EPA 23.9.1988, ABl. 1989, 483 – Sprache der Anmeldung/Geo; 9.10.1990, ABl. 1992, 368 – Gebührenermäßigung/Savio Plastica; 6.3.1992, ABl. 1992, 491 – Gebührenermäßigung/Asulab II; 13.11.1992, ABl. 1994, 306, 556 – Gebührenermäßigung/Albright; 25.10.1999, ABl. 2000, 406 – Ermäßigung der Prüfungsgebühr/Ausimont.

[16] Dasselbe gilt für eine internationale Anmeldung nach dem PCT bei Eintritt in die europäische Phase, EPA 16.2.2010, ABl. 2010, 572 (582 ff.) – Verfahrenssprache.

[17] Das gilt ausschließlich für die Beteiligten, nicht für das Amt, EPA 16.2.2010, ABl. 2010, 572 (595) – Verfahrenssprache.

[18] BGH 6.5.2010, GRUR 2010, 904 Rn. 50 ff. – Maschinensatz.

[19] Dazu *Schmitz* Mitt. 1993, 165 ff.

[20] Vgl. EPA 23.7.1982, ABl. 1982, 391 – Wegfall des Hindernisses/Cataldo; 26.6.1984, ABl. 1984, 551 – Steckkontakt/AMP; 14.5.1986, ABl. 1987, 102 – Fehlende Ansprüche/Zenith; 4.10.2004, ABl. 2005, 362 = GRUR-Int 2005, 714 Rn. 3 – Beweiswürdigung/General Electric; 22.6.2007, GRUR-Int 2007, 1032 – Sitzmöbel/Badia I Farre. Zuletzt: EPA 17.6.2013 – R 1/13 – NTT. Vgl. hierzu *Teschemacher* Mitt. 2014, 379 (382).

[21] EPA 25.1.2007, GRUR-Int 2007, 862 Rn. 15.3 – Garbage Collection/Tao Group mwN.

§ 27 II *4. Abschnitt. Entstehung und Wegfall von Patenten und Gebrauchsmustern*

Art. 113 Abs. 1 schützt nicht davor, sich durch die Beschwerdeentscheidung überrascht zu fühlen.[22]

13   Das EPA **ermittelt** den Sachverhalt **von Amts wegen;** es ist dabei weder auf das Vorbringen noch auf die Anträge der Beteiligten beschränkt (Art. 114 Abs. 1); Tatsachen und Beweismittel, die verspätet vorgebracht werden, braucht es nicht zu berücksichtigen (Art. 114 Abs. 2, s. auch R 116 Abs. 1)[23]. – Art. 117 nennt – in nicht abschließender Weise – die wichtigsten **Beweismittel** im Verfahren der Prüfungs-, Einspruchs- oder Rechtsabteilung oder der BK. R 117 ff. regeln die Beweisaufnahme, insbesondere die Durchführung von Vernehmungen. Eidliche Vernehmungen erfolgen auf Ersuchen des EPA durch das zuständige Gericht im Wohnsitzstaat der Person, die aussagen soll (R 119 Abs. 2, 120 Abs. 2, 3, Art. 131 Abs. 2).

14   Der Amtsermittlungsgrundsatz gilt nur für die Feststellung des Sachverhalts. Dass das EPA überhaupt tätig wird, setzt stets einen Antrag voraus. Dem Antragsteller steht die Zurücknahme des Antrags frei; sie beendet in aller Regel das Verfahren.[24] Es gilt also der **Verfügungsgrundsatz.** Ihm entspricht auch, dass das EPA dem Anmelder oder Patentinhaber keine Fassung der Anmeldung oder des Patents aufdrängen kann, der er nicht zustimmt (Art. 113 Abs. 2).

15   Eine **mündliche Verhandlung** muss nach Art. 116 Abs. 1 und 2 grundsätzlich stattfinden, wenn ein Beteiligter sie beantragt.[25]

Vor der Eingangsstelle gilt dies nur dann, wenn das EPA beabsichtigt, die Anmeldung zurückzuweisen; andernfalls braucht es dem Antrag nur zu folgen, wenn es die mündliche Verhandlung für sachdienlich hält. Ein Antrag auf erneute mündliche Verhandlung vor demselben Organ darf abgelehnt werden, wenn sich weder die Parteien noch der maßgebende Sachverhalt geändert haben. Von Amts wegen kann das EPA jederzeit eine mündliche Verhandlung anordnen, wenn es sie als sachdienlich ansieht.[26]

16   Über jede mündliche Verhandlung wird nach R 124 eine Niederschrift aufgenommen, die den wesentlichen Gang der Verhandlung, die rechtserheblichen Erklärungen der Beteiligten sowie das Ergebnis einer Beweisaufnahme enthalten soll.

17   Die **Öffentlichkeit** einer mündlichen Verhandlung einschließlich der Entscheidungsverkündung richtet sich nach Art. 116 Abs. 3 und 4. Vor der Eingangsstelle, den Prüfungsabteilungen und der Rechtsabteilung ist die mündliche Verhandlung nicht öffentlich, vor der Einspruchsabteilung stets öffentlich. Vor den BKn und der GBK ist sie nach Veröffentlichung der Anmeldung öffentlich. Das Organ, vor dem die Verhandlung stattfindet, kann die Öffentlichkeit ausschließen, wenn diese für einen Beteiligten schwere und ungerechtfertigte Nachteile zur Folge haben könnte.

18   Beschwerdefähige Entscheidungen bedürfen der **Begründung**[27] und sind mit einer **Belehrung** zu versehen, die auf die Möglichkeit der Beschwerde und auf die – im Wortlaut beizufügenden – Bestimmungen der Art. 106–108 hinweist (R 111 Abs. 2). Aus der Unter-

---

[22] EPA 25.11.2010, GRUR-Int 2011, 752 Rn. 2 – Fundamental violation of Article 113 EPC/Seiko. Ebenso: EPA 17.12.2010, GRUR-Int 2011, 753.
[23] Vgl. *Schulte* GRUR 1993, 300 ff.; *Liesegang* Mitt. 1997, 290 ff.; *Günzel* ABl. EPA Sonderausgabe 2/2007, 30–47.
[24] Ausnahme: fakultative Fortsetzung eines Einspruchsverfahrens nach R 84 Abs. 2.
[25] Vgl. EPA 16.4.1987, ABl. 1988, 268 – Mündliche Verhandlung/Fujitsu.
[26] Die Entscheidungsverkündung darf sich unmittelbar an die mündliche Verhandlung anschließen, EPA 26.1.2011, GRUR-Int 2011, 753 f. – Fundamental violation of Article 113 and R. 104 (b) EPC/Nextec.
[27] Anhand der Begründung muss die BK beurteilen können, ob die Schlussfolgerung der ersten Instanz gerechtfertigt war; ist die Begründung unverständlich oder widersprüchlich, liegt ein wesentlicher Verfahrensmangel vor, der nach R 103 die Rückzahlung der Beschwerdegebühr rechtfertigt; vgl. EPA 11.2.2003, ABl. 2003, 546 = GRUR-Int 2004, 253 – Naphthyl-Verbindungen/Eli Lilly.

lassung der Rechtsmittelbelehrung können keine Ansprüche hergeleitet werden; es kommt also für den Ablauf der Beschwerdefrist nicht auf die Belehrung an.

c) Fristen[28]

1. Im Verfahren vor dem EPA sind zahlreiche im EPÜ und der AusfO festgelegte oder vom EPA bestimmte Fristen zu beachten, deren Versäumung oft unmittelbar einen empfindlichen Rechtsverlust nach sich zieht.[29] Nach Fristversäumung kann allerdings unter bestimmten Voraussetzungen Weiterbehandlung der Anmeldung oder Wiedereinsetzung in den vorigen Stand erlangt werden.   19

2. Die **Fristberechnung** richtet sich nach R 131.[30] Fristen, die vom EPA zu bestimmen sind, dürfen nach R 132 nicht weniger als zwei und nicht mehr als vier Monate, bei Vorliegen besonderer Umstände bis zu sechs Monaten betragen. Sie können in besonderen Fällen vor ihrem Ablauf auf Antrag verlängert werden.   20

Nach R 134 Abs. 1 erstreckt sich eine – gesetzliche oder vom Amt bestimmte – Frist, wenn am Tag ihres regulären Ablaufs eine der Annahmestellen des EPA zur Entgegennahme von Schriftstücken nicht geöffnet ist[31] oder gewöhnliche Postsendungen am Sitz des EPA nicht zugestellt werden, auf den nächstfolgenden Tag, an dem alle Annahmestellen des EPA zu diesem Zweck geöffnet sind und die Post zugestellt wird. Entsprechendes gilt, wenn Schriftstücke, die gem. R 2 zulässigerweise durch technische Einrichtungen zur Nachrichtenübermittlung eingereicht werden, nicht entgegengenommen werden können.   21

Der Ablauf von Fristen kann sich nach Maßgabe von R 134 Abs. 2 ferner dadurch verschieben, dass die Zustellung oder Übermittlung der Post in einem Vertragsstaat gestört ist. Der Präsident des EPA gibt jeweils nachträglich bekannt, wie lange die Störung gedauert hat.

R 134 Abs. 5 lässt den Nachweis zu, dass infolge außergewöhnlicher Vorgänge an einem der letzten 10 Tage vor Ablauf einer Frist die Zustellung oder Übermittlung der Post am Ort eines Beteiligten oder seines Vertreters gestört war. Wird der Nachweis erbracht, gilt ein Schriftstück als rechtzeitig eingegangen, sofern sein Versand spätestens am fünften Tag nach Ende der Störung vorgenommen wurde.

Übermittlung der Post iSv R 134 Abs. 2 und 5 ist auch eine nach R 2 zulässige Übermittlung durch technische Einrichtungen.

3. Viele Fristen werden durch **Zustellung**[32] eines Schriftstücks in Lauf gesetzt. Diese erfolgt regelmäßig durch die Post mittels **eingeschriebenen Briefs** (R 126 Abs. 1 Satz 2), in bestimmten Fällen, insbesondere wenn eine Beschwerdefrist oder die Frist für einen Antrag auf Überprüfung in Lauf gesetzt wird und bei Ladungen, ist ein Rückschein erforderlich (R 126 Abs. 1 Satz 1). Der Brief gilt mit dem 10. Tag nach seiner Abgabe zur Post als zugestellt, es sei denn, dass er nicht oder an einem späteren Tag zugegangen ist; ein früher als am 10. Tag erfolgter Zugang beeinflusst den Zeitpunkt der Zustellung nicht; im Zweifel hat das EPA nachzuweisen, dass und an welchem Tag der Zugang erfolgt ist (R 126 Abs. 2). Ein eingeschriebener Brief, dessen Annahme verweigert wird, gilt als zugestellt (R 126 Abs. 3).   22

---

[28] Eingehend (auch zu den Bestimmungen der AusfO) *Schachenmann,* Art. 120, EPÜ-GK, 26. Lfg., 2003. – Zum Begriff der Frist EPA 4.5.2005, ABl. 2006, 560 = GRUR-Int 2007, 146 – Begriff der Frist/Microsoft: Keine Frist ist in R 25 (jetzt 36) Abs. 1 bestimmt, wonach der Anmelder eine *Teilanmeldung* zu jeder *anhängigen* Anmeldung einreichen kann. Deshalb keine Wiedereinsetzung, wenn bei Einreichung der Teilanmeldung die frühere Anmeldung nicht mehr anhängig war. Entsprechendes wird für die Weiterbehandlung nach Art. 121 gelten müssen.

[29] Der Eingang für das EPA bestimmter Schriftstücke und Zahlungen beim *DPMA* wird vom EPA nicht mehr als fristwahrend anerkannt. Eine Verwaltungsvereinbarung, die dies vorsah, ist lt. Mitteilungen der Präsidenten beider Ämter beendet; s. ABl. 2005, 444 und BlPMZ 2005, 273.

[30] Vgl. die EPA-Richtlinien E VIII.

[31] Diese Tage werden, soweit es sich nicht um Samstage oder Sonntage handelt, jährlich im ABl. EPA bekanntgegeben.

[32] Hierzu *Schachenmann,* Art. 119, EPÜ-GK, 26. Lfg., 2003, wo auch die einschlägigen Regeln der AusfO behandelt sind.

23   4. Soweit es für die Wahrung von Fristen auf die **Zahlung von Gebühren** ankommt, sind die Vorschriften des Art. 7 GebO über den Zeitpunkt zu beachten, der bei den verschiedenen Formen der Gebührenentrichtung als Tag des Zahlungseingangs beim Amt gilt.[33] Bei verspätetem Eingang kann der Einzahler erreichen, dass die Zahlung als rechtzeitig behandelt wird, indem er nachweist, dass er spätestens 10 Tage vor Fristablauf in einem Vertragsstaat die Zahlung in bestimmter Form **veranlasst** hat (Art. 7 Abs. 3 GebO). Eine später, aber noch vor Fristablauf veranlasste Zahlung gilt trotz verspäteten Eingangs als rechtzeitig, wenn ein Zuschlag von 10%, höchstens aber 150 EUR entrichtet wird (Art. 7 Abs. 3 (b) GebO). Die Gebührenzahlung kann durch jedermann wirksam vorgenommen werden.[34] In jedem Fall muss jedoch ohne weiteres erkennbar sein, auf welches Verfahren und auf welche Gebühr(en) sich die Zahlung bezieht (vgl. Art. 6 GebO).

24   5. Die **Weiterbehandlung** einer **Anmeldung** kann der Anmelder beantragen, wenn er eine **gegenüber dem EPA einzuhaltende Frist** versäumt hat (Art. 121 Abs. 1).[35] Der Antrag ist innerhalb von **zwei Monaten** nach der Mitteilung über die Fristversäumnis oder einen deswegen eingetretenen Rechtsverlust durch Entrichtung einer **Gebühr** zu stellen, die bei Versäumung der Frist für die Zahlung einer Gebühr 50% dieser Gebühr, in sonstigen Fällen 210 EUR beträgt (R 135 Abs. 1 Satz 1, Art. 2 Nr. 12 GebO). Innerhalb der gleichen Frist ist die versäumte Handlung nachzuholen (R 135 Abs. 1 Satz 2). Über den Antrag entscheidet das Organ, das über die versäumte Handlung zu entscheiden hat (R 135 Abs. 3). Gibt es ihm statt, gelten die Rechtsfolgen der Fristversäumung als nicht eingetreten. Von materiellen Voraussetzungen hängt die Weiterbehandlung nicht ab. Sie kann ohne weiteres „erkauft" werden.

25   Mit dem EPÜ 2000 wurde die Möglichkeit der Weiterbehandlung, die zuvor nur bei Fristen bestanden hatte, die vom Amt bestimmt werden, auf alle Fristen ausgedehnt, die gegenüber dem EPA einzuhalten sind. Bestimmte in EPÜ und AusfO festgelegte Fristen, bei deren Nichteinhaltung eine Weiterbehandlung unangebracht erschien, wurden daher von der Weiterbehandlung ausgeschlossen.

26   Dies sind nach Art. 121 Abs. 4 die Prioritätsfrist (Art. 87 Abs. 1), die Fristen für die Einlegung und Begründung der Beschwerde (Art. 108), für den Antrag auf Überprüfung (Art. 112a Abs. 4) und die Anträge auf Weiterbehandlung (R 135 Abs. 1) und Wiedereinsetzung (R 136 Abs. 1) sowie nach R 135 Abs. 2 die Fristen für eine nach Art. 14 Abs. 2 erforderliche Übersetzung der Anmeldung (R 6 Abs. 1), für die Intervention des wahren Berechtigten (R 16 Abs. 1 [a]), für die nach R 31 Abs. 1 (c) und (d) zulässige Nachreichung von Angaben über eine Hinterlegung biologischen Materials (R 31 Abs. 2), für die erforderliche Übersetzung nach R 36 Abs. 2, für die Einreichung der Abschrift einer früheren Anmeldung, auf die eine europäische Anmeldung Bezug nimmt (R 40 Abs. 3), für die Zahlung von Jahresgebühren für die europäische Anmeldung (R 51), für die Prioritätserklärung und deren Berichtigung (R 52 Abs. 2 und 3), für die Beseitigung bei der Eingangsprüfung beanstandeter Mängel (R 55), für die Nachreichung fehlender Teile der Beschreibung und fehlender Zeichnungen (R 56), für die Beseitigung von Mängeln in den Anmeldungsunterlagen (R 58), für das Nachbringen des Aktenzeichens und der Abschrift einer Anmeldung, deren Priorität in Anspruch genommen wird (R 59), für die Angabe der Patentansprüche auf deren Grundlage die Recherche durchzuführen ist (R 62a), für die Abgabe der Erklärung zu dem zu recherchierenden Gegenstand (R 63), für die Zahlung einer nach R 64 verlangten weiteren Recherchegebühr und für den Antrag auf Entscheidung nach Mitteilung über einen Rechtsverlust (R 112 Abs. 2) sowie die Fristen für die Entrichtung der Recherchengebühren nach R 164 Abs. 1 und 2.

27   6. Die **Wiedereinsetzung** des **Anmelders oder Patentinhabers** in den vorigen Stand nach Art. 122 ist nur bei Fristen möglich, die von der Weiterbehandlung ausgeschlossen sind

---

[33] Art. 5 und 7 GebO mit ergänzenden Bestimmungen des Präsidenten des EPA; vgl. insbesondere die Vorschriften über das laufende Konto, ABl. Beilage 10/2007.
[34] Rechtsauskunft 6/80 des EPA ABl. 1980, 303; zur Weiterbehandlung nach EPÜ 2000 *Kroher* in Singer/Stauder Art. 121 Rn. 2 f. sowie *Schäfers/Unland* in Benkard EPÜ Art. 121 Rn. 1–6.
[35] So seit 1.1.2005 auch § 123a PatG im deutschen Recht. Zur ersten deutschen Entscheidung BPatG 17.1.2008, Mitt. 2008, 375 f. – Weiterbehandlung vgl. *Hövelmann* Mitt. 2009, 1 ff.

§ 27. Allgemeine Regelungen für das Verfahren des EPA II **§ 27**

(R 136 Abs. 3, → Rn. 26). Dazu gehört auch die Frist für die Weiterbehandlung (Art. 121 Abs. 4 S. 1). Die Wiedereinsetzung findet statt, wenn das Versäumen der Frist zur unmittelbaren Folge hat, dass die Anmeldung oder ein Antrag zurückgewiesen wird, die Anmeldung als zurückgenommen gilt, das Patent widerrufen wird oder der Verlust eines sonstigen Rechts oder Rechtsmittels eintritt

Sachlich hängt die Wiedereinsetzung davon ab, dass der Anmelder oder Patentinhaber 28 trotz Beachtung aller nach den gegebenen Umständen gebotenen Sorgfalt verhindert war, die Frist einzuhalten.[36] Die Wiedereinsetzung erfolgt auf fristgebundenen, gebührenpflichtigen (635 EUR), schriftlichen, mit Begründung versehenen Antrag (Art. 122 Abs. 1, R 136 Abs. 1, 2 Satz 1).[37] Innerhalb der Antragsfrist ist die versäumte Handlung nachzuholen (R 136 Abs. 2 Satz 2). Bei Versäumung der Antragsfrist gibt es weder Wiedereinsetzung (Art. 122 Abs. 4 S. 1, R 136 Abs. 3) noch Weiterbehandlung (Art. 121 Abs. 4 S. 1). Über den Antrag entscheidet das Organ, das über die versäumte Handlung zu befinden hat (R 136 Abs. 4). Wird ihm stattgegeben, gelten die Rechtsfolgen der Fristversäumnis als nicht eingetreten (Art. 122 Abs. 3). Wer im Vertrauen auf den Wegfall eines Rechts die Benutzung des Gegenstands einer Anmeldung oder eines Patents begonnen oder vorbereitet hat, hat ein Weiterbenutzungsrecht (Art. 122 Abs. 5, vgl. → § 34 Rn. 68 ff.)[38].

d) Vertretung

1. **Grundsätzlich** besteht in den Verfahren vor dem EPA **kein Vertretungszwang** 29 (Art. 133 Abs. 1): jeder Beteiligte kann für sich selbst handeln. Zu beachten sind jedoch folgende **Ausnahmen:**

Auswärtige, das sind – ohne Rücksicht auf ihre Staatsangehörigkeit – natürliche oder 30 juristische Personen, die weder Wohnsitz noch Sitz in einem Vertragsstaat haben, **müssen** nach Art. 133 Abs. 2 **vertreten sein.** Sie können zwar eine europäische Patentanmeldung ohne Vertreter einreichen, alle übrigen Verfahrenshandlungen aber nur durch einen Vertreter vornehmen.

Mehrere Personen, die – von Anfang an oder kraft Rechtsnachfolge – als gemeinsame 31 Anmelder oder Patentinhaber, gemeinsam Einsprechende oder Beitretende an einem Verfahren vor dem EPA beteiligt sind, benötigen einen **gemeinsamen Vertreter,** der gemäß R 151 bestimmt wird. Der gemeinsame Vertreter kann auch einer der Beteiligten sein.

2. Die notwendige Vertretung Auswärtiger kann nur durch **zugelassene Vertreter** 32 iSd Art. 134 erfolgen. Das gleiche gilt grundsätzlich für die nicht notwendige Vertretung (Art. 134 Abs. 1). Natürliche oder juristische Personen mit Wohnsitz oder Sitz in einem Vertragsstaat können sich jedoch gemäß Art. 133 Abs. 3 durch einen ihrer **Angestellten** vertreten lassen, der kein zugelassener Vertreter zu sein braucht. Weiterhin ist ein zugelassener Vertreter dann nicht erforderlich, wenn mehrere gemeinsam handelnde Beteiligte, von denen keiner einen zugelassenen Vertreter benötigt, durch einen dieser Beteiligten vertreten werden (vgl. R 151 Abs. 1).

Soweit es eines zugelassenen Vertreters bedarf, kann hierzu bestellt werden: eine in die 33 Liste der zugelassenen Vertreter beim EPA eingetragene Person (Art. 134 Abs. 2–6, vgl.

---

[36] Zu den Sorgfaltsanforderungen, insbesondere bei Einschaltung von Vertretern und Hilfspersonen ausführlich *Straus* FS Vieregge, 1995, 835–852; *Kroher* in Singer/Stauder Art. 122 Rn. 56–71; *Schäfers/Unland* in Benkard EPÜ Art. 122 Rn. 42–96; jeweils mN. Vgl. auch EPA 12.12.2010, GRUR-Int 2011, 759 – Wiedereinsetzung in den vorigen Stand bei Fristüberwachungssystem ohne unabhängige Doppelkontrolle zu den Sorgfaltsanforderungen an ein Fristüberwachungssystem.

[37] EPA 8.11.2010, GRUR-Int 2011, 758 – Unsubstantiated request for re-establishment/Kause.

[38] Schutzwürdiges Vertrauen setzt voraus, dass der Öffentlichkeit Entstehung und Wegfall des Rechts bekannt geworden sein konnten. Das Weiterbenutzungsrecht entsteht deshalb nicht, wenn Rechtsverlust und Wiedereinsetzung erfolgt sind, bevor die Anmeldung veröffentlicht war, EPA 17.1.1980, ABl. 1980, 71. Auch setzt es voraus, dass die Frist nach R 69 (jetzt: 112) Abs. 2 abgelaufen oder der Rechtsverlust rechtskräftig festgestellt ist, EPA 5.3.1990, ABl. 1991, 275 Rn. 15 – Widerruf des Patents.

§ 27 III 4. Abschnitt. Entstehung und Wegfall von Patenten und Gebrauchsmustern

→ § 9 Rn. 35) oder ein in einem Vertragsstaat zugelassener Rechtsanwalt[39], der dort seinen Geschäftssitz hat und zur Vertretung auf dem Gebiet des Patentwesens berechtigt ist (Art. 134 Abs. 8).

34 3. Vertreter vor dem EPA einschließlich der nach Art. 133 Abs. 3 vertretungsberechtigten Angestellten haben nach Maßgabe der R 152 und der auf ihrer Grundlage vom Präsidenten des EPA erlassenen Bestimmungen[40] eine vom Vertretenen unterzeichnete **Vollmacht** einzureichen, die auf bestimmte Anmeldungen oder Patente oder auf die Vertretung in allen Patentangelegenheiten bezogen sein kann.

35 Der Einreichung einer Vollmacht bedarf es jedoch nicht, soweit ein Beteiligter oder zugelassener Vertreter eines Beteiligten nach R 151 als gemeinsamer Vertreter gilt oder hierzu vom EPA bestimmt wird.[41]

III. Eintragungen. Veröffentlichungen. Akteneinsicht

36 1. Das EPA führt das **europäische Patentregister,** in dem die in R 143 Abs. 1 vorgeschriebenen Angaben über Anmeldungen, Patente und Einsprüche sowie auf Antrag Rechtsübergänge und Lizenzen, die Anmeldungen betreffen (R 22–24),[42] eingetragen werden. Der Präsident des EPA kann bestimmen, dass weitere Angaben eingetragen werden (R 143 Abs. 2). Über Eintragungen und Löschungen im Einzelfall entscheidet die Rechtsabteilung (Art. 20). Die Eintragungen werden in allen **drei Amtssprachen** vorgenommen (Art. 14 Abs. 8).

37 In das Register kann jedermann Einsicht nehmen; dem entspricht, dass vor Veröffentlichung der Anmeldung keine Eintragung erfolgt (Art. 127 S. 2 und 3).[43]

38 2. Für das **Europäische Patentblatt** bestimmt Art. 129 (a), dass die Angaben zu veröffentlichen sind, deren Veröffentlichung das EPÜ, die AusfO oder der Präsident des EPA vorschreiben. Demgemäß brauchen nicht mehr wie nach dem EPÜ 1973 alle im Register erscheinenden Angaben auch im Patentblatt veröffentlicht zu werden.[44] Die europäischen **Patentanmeldungen** und **Patentschriften** werden gesondert veröffentlicht (Art. 93, 98).

39 Vom Patentblatt ist das **Amtsblatt des EPA** zu unterscheiden (Art. 129 [b]), das die Beschlüsse des Verwaltungsrats sowie allgemeine Bekanntmachungen und Mitteilungen des Präsidenten des EPA und sonstige das EPÜ und seine Anwendung betreffende Veröffentlichungen, insbesondere Entscheidungen und Rechtsauskünfte des EPA enthält.

40 Sowohl das Patentblatt als auch das Amtsblatt – nicht aber die Anmeldungen und Patentschriften (vgl. → Rn. 9) – werden in allen **drei Amtssprachen** veröffentlicht (Art. 14 Abs. 8).

41 Außer den im EPÜ vorgeschriebenen Veröffentlichungen gibt das EPA zu Informationszwecken zahlreiche weitere Veröffentlichungen heraus.[45] Dazu gehören insbesondere der Leitfaden für Anmelder und die Broschüre „Nationales Recht zum EPÜ", die kostenlos erhältlich sind.

---

[39] Rechtsanwälte können keine Mitglieder eines Zusammenschlusses von Vertretern im Sinne von R 152 Abs. 11 sein, EPA 5.10.2011, ABl. 2012, 472 (483) = Mitt. 2012, 521 (524) – Aufnahme eines Rechtsanwalts in einen Zusammenschluss von Vertretern.

[40] Beschluss vom 12.7.2007, ABl. Sonderausgabe 3/2007, 128 (L. 1); s. auch EPA-Richtlinien A VIII 1.6.

[41] Vgl. die EPA-Richtlinien A VIII 1.5.

[42] Bezüglich des erteilten Patents wird ein Rechtsübergang nur eingetragen, wenn er vor Ablauf der Einspruchsfrist oder während eines Einspruchsverfahrens zustande kommt (R 85); vgl. EPA 17.9.1992, ABl. 1994, 225 – Eintragung von Lizenzen/Cohen.

[43] Wegen Durchführung und Kosten der Einsichtnahme vgl. *Haugg* in Singer/Stauder Art. 127 Rn. 14 f.

[44] Vgl. *Karamanli/Birken* in Benkard EPÜ Art. 129 Rn. 1.

[45] Vgl. die Übersicht in ABl. EPA 2003, 17.

§ 27. Allgemeine Regelungen für das Verfahren des EPA   **IV § 27**

3. **Einsicht in die Akten** noch nicht veröffentlichter Anmeldungen wird grundsätzlich nur mit Zustimmung des Anmelders gewährt (Art. 128 Abs. 1). Wer nachweist, dass sich der Anmelder ihm gegenüber auf die Anmeldung berufen hat, kann jedoch schon vor der Veröffentlichung und ohne Zustimmung des Anmelders Akteneinsicht verlangen (Art. 128 Abs. 2)[46]. Wenn aus einer unveröffentlichten Anmeldung eine Teilanmeldung oder nach Intervention des Berechtigten eine Neuanmeldung gemäß Art. 61 Abs. 1 hervorgegangen ist, kann nach Veröffentlichung der Teil- oder Neuanmeldung jedermann Einsicht in die Akten der Stammanmeldung bzw. unrechtmäßigen Anmeldung verlangen, auch wenn diese nicht veröffentlicht ist und der Anmelder nicht zustimmt (Art. 128 Abs. 3). Hierdurch ist insbesondere gewährleistet, dass eine in der Teil- oder Neuanmeldung enthaltene unzulässige Erweiterung aufgedeckt werden kann, selbst wenn die frühere Anmeldung vor ihrer Veröffentlichung fallen gelassen wurde.   **42**

Nach Veröffentlichung der Anmeldung wird jedermann auf Antrag Einsicht in die Akten der Anmeldung und des darauf erteilten Patents gewährt (Art. 128 Abs. 4); ausgenommen sind jedoch die in R 144 (a)–(c) aufgezählten Aktenteile, insbesondere Entwürfe zu Entscheidungen und Bescheiden sowie die Erfindernennung, wenn der Erfinder auf sie verzichtet hat. Weitere Schriftstücke hat nach R 144 (d) der Präsident des EPA von der Akteneinsicht ausgeschlossen.[47] Auf dieser Grundlage wird insbesondere auf Geschäfts- und Betriebsgeheimnisse Beteiligter Rücksicht genommen.[48]   **43**

Die Durchführung der Akteneinsicht richtet sich in allen Fällen nach R 145 und den vom Präsidenten festgesetzten Bedingungen, aus denen sich auch ergibt, in welchen Fällen eine Gebühr zu entrichten ist.[49] Akten, die in elektronischer Form vorliegen, können über den Online-Dienst Register Plus kostenlos eingesehen werden.   **44**

IV. Verfahren vor den Beschwerdekammern und der Großen Beschwerdekammer[50]

1. Der Beschwerde unterliegen die Entscheidungen der Eingangsstelle, der Prüfungsabteilungen, der Einspruchsabteilungen und der Rechtsabteilung (Art. 106 Abs. 1 S. 1)[51]. Entscheidungen, die das Verfahren gegenüber einem Beteiligten nicht abschließen, können selbstständig nur auf Grund besonderer Zulassung angefochten werden (Art. 106 Abs. 2).   **45**

Ein Rechtsverlust, der ohne Entscheidung des EPA eintritt, kann als solcher nicht mit der Beschwerde angefochten werden. Doch kann nach R 112 Abs. 2 der Betroffene innerhalb von zwei Monaten nach Zustellung der amtlichen Mitteilung über den Rechtsverlust eine Entscheidung des EPA beantragen. Dieses unterrichtet den Antragsteller, wenn es dessen Auffassung folgt, dass der Rechtsverlust nicht eingetreten sei. Andernfalls erlässt es eine Entscheidung, die auf Feststellung   **46**

---

[46] Dazu EPA 6.11.1991, ABl. 1993, 479 – Akteneinsicht/Alt.
[47] Beschluss vom 12.7.2007 über von der Akteneinsicht ausgeschlossene Unterlagen ABl. Sonderausgabe 3/2007, 125 (J. 3).
[48] Art. 1 Nr. 2 des Beschlusses vom 12.7.2007 über von der Akteneinsicht ausgeschlossene Unterlagen ABl. Sonderausgabe 3/2007, 125 (J.3); vgl. auch EPA 20.9.2006, GRUR-Int 2007, 609 – Dreidimensionales Bild/Photo Craft.
[49] S. den Beschluss vom 12.7.2007, ABl. Sonderausgabe 3/2007, 123 (J. 2) und die EPA-Richtlinien A XI 1.
[50] Zum Folgenden die „Hinweise für die Parteien und ihre Vertreter im Beschwerdeverfahren", ABl. EPA 2003, 419–430; *Moser*, Art. 106–112, EPÜ-GK, 20. Lfg., 1997; *Teschemacher* FS Kolle/Stauder, 2005, 455–467; *Günzel* GRUR 2009, 269 ff.
[51] Nicht jedoch Entscheidungen, die das EPA in der *internationalen* Phase einer PCT-Anmeldung ausschließlich als mit der internationalen vorläufigen Prüfung beauftragte Behörde trifft, EPA 27.11.1989, ABl. 1991, 375 (473) – Rechtsmittelinstanz (PCT-Fälle); 16.12.1992, ABl. 1994, 296 – Zuständigkeit der Beschwerdekammer; für Widersprüche gegen Beanstandungen von Uneinheitlichkeit im Verfahren der internationalen Recherche sind die BKn nicht mehr zuständig, → § 28 Rn. 76 ff.

§ 27 IV   *4. Abschnitt. Entstehung und Wegfall von Patenten und Gebrauchsmustern*

des Rechtsverlusts zu lauten haben wird. Gegen diese Entscheidung kann Beschwerde eingelegt werden.

47   2. **Beschwerdeberechtigt** sind die Beteiligten des Verfahrens, das zu der angefochtenen Entscheidung geführt hat, sofern sie durch diese beschwert sind; Beteiligte des Beschwerdeverfahrens sind auch die nicht beschwerdeführenden Beteiligten des Ausgangsverfahrens (Art. 107). Sie haben aber nach Zurücknahme der Beschwerde kein selbstständiges Recht, das Verfahren fortzusetzen[52]. Eine *Anschlussbeschwerde* ist nicht vorgesehen (vgl. auch → § 30 Rn. 30).

48   3. Die **Einlegung** der Beschwerde richtet sich nach Art. 108. Sie muss innerhalb von zwei Monaten nach Zustellung der angefochtenen Entscheidung schriftlich[53] beim EPA erfolgen und ist nur wirksam, wenn vor Ablauf dieser Frist auch die Beschwerdegebühr (18.620 EUR) entrichtet worden ist. Die Beschwerdeschrift muss die angefochtene Entscheidung bezeichnen und einen Antrag enthalten, in dem der Beschwerdegegenstand festgelegt wird (R 99 Abs. 1). Innerhalb von vier Monaten nach Zustellung der Entscheidung ist eine Beschwerdebegründung einzureichen.[54] Darin ist darzulegen, aus welchen Gründen die angefochtene Entscheidung aufzuheben oder in welchem Umfang sie abzuändern ist und auf welche Tatsachen und Beweismittel sich die Beschwerde stützt (R 99 Abs. 2).[55]

Die Beschwerde hat aufschiebende Wirkung (Art. 106 Abs. 1 S. 2).

49   Das wird allerdings nicht gelten können, wenn sie sich gegen eine Entscheidung richtet, die gemäß R 112 einen Rechtsverlust feststellt: Trifft die Entscheidung zu, ist der Rechtsverlust längst eingetreten; ist sie unrichtig, hat ihre Aufhebung durch die BK nur deklaratorische Bedeutung.

50   4. Das Organ, das die angefochtene Entscheidung erlassen hat, hat der Beschwerde **abzuhelfen,** wenn es sie für zulässig und begründet erachtet und dem Beschwerdeführer kein anderer Verfahrensbeteiligter gegenübersteht (Art. 109 Abs. 1)[56]. Wird ihr nicht innerhalb von drei Monaten abgeholfen, ist die Beschwerde unverzüglich ohne sachliche Stellungnahme der BK vorzulegen (Art. 109 Abs. 2).[57]

51   Die BK ist, je nachdem, welches Organ die angefochtene Entscheidung erlassen und welchen Inhalt diese hat, mit rechtskundigen und technisch vorgebildeten oder nur mit rechtskundigen Mitgliedern besetzt (Art. 21 Abs. 2–4). Für das Verfahren ist außer dem EPÜ und der AusfO die **Verfahrensordnung** der BKn maßgebend, die vom Präsidium (vgl. → Rn. 5) erlassen und vom Verwaltungsrat genehmigt worden ist.[58] Soweit nichts anderes bestimmt ist, sind im Beschwerdeverfahren die für das Ausgangsverfahren geltenden Vorschriften entsprechend anzuwenden (R 100 Abs. 1).

52   5. Die BK **verwirft** die Beschwerde als **unzulässig,** wenn sie sich nicht gegen eine beschwerdefähige Entscheidung richtet, nicht form- und fristgerecht eingelegt und begründet worden ist, dem Beschwerdeführer die Beschwerdeberechtigung fehlt oder die Beschwerdegebühr nicht rechtzeitig bezahlt worden ist (R 101 Abs. 1); ebenso verfährt sie, wenn von

---

[52] EPA 29.11.1991, ABl. 1992, 206 – Beschwerdegebühren/Krohne.
[53] Elektronische Einreichung ist nicht zugelassen, Beschluss vom 12.7.2007, ABl. Sonderausgabe 3/2007, 7 (A. 3.); vgl. auch EPA 8.9.2005, ABl. 2006, 526 = GRUR-Int 2006, 1031 – Online eingereichte Beschwerde/Texas Instruments.
[54] Vgl. EPA 3.3.1983, ABl. 1983, 411 – Beschwerdebegründung/BBC.
[55] Zum Inhalt der Beschwerdebegründung: *Teschemacher* Mitt. 2014, 488, ff.
[56] Dazu EPA 28.1.2005, ABl. 2005, 344 = GRUR-Int 2005, 709 – Rückzahlung der Beschwerdegebühr/Highland; 9.1.1989, ABl. 1990, 68 – Reglerventil/Bendix. – Abhilfe ist insbes. dann angebracht, wenn der Anmelder mit der Beschwerde lediglich die Erteilung des Patents in einer von der Prüfungsabteilung als gewährbar erachteten, von ihm aber zunächst abgelehnten Fassung anstrebt; vgl. die Rechtsauskunft 15/05 (rev. 2) ABl. 2005, 357 Rn. 1.7; dazu → § 29 Rn. 55.
[57] Die Zuständigkeit des Organs erster Instanz endet mit Fristablauf, nicht erst mit Vorlage an die BK; EPA 20.9.2006, GRUR-Int 2007, 341 – Sicherheitsbindung/Humbel.
[58] Letzte Fassung: ABl. EPA 2003, 89.

§ 27. Allgemeine Regelungen für das Verfahren des EPA   IV § 27

ihr festgestellte Mängel der nach R 99 Abs. 1 (a) iVm R 41 Abs. 2 (c) erforderlichen Angaben über den Beschwerdeführer nicht innerhalb der von ihr gesetzten Frist beseitigt werden (R 101 Abs. 2).[59]

Eine zulässige Beschwerde wird nach Art. 110 auf ihre **Begründetheit** geprüft. Dabei fordert die Kammer die Beteiligten so oft wie nötig auf, innerhalb einer von ihr zu bestimmenden Frist eine Stellungnahme zu ihren Bescheiden oder zu den Schriftsätzen anderer Beteiligter einzureichen (R 100 Abs. 2). Antwortet der *Anmelder* auf eine solche Aufforderung nicht rechtzeitig, gilt die Anmeldung als *zurückgenommen*[60], wenn nicht die angefochtene Entscheidung von der Rechtsabteilung stammt (R 100 Abs. 3).   53

Die Beschwerde gegen die Zurückweisung einer Anmeldung kann auch dann begründet sein, wenn der Anmelder damit die Erteilung des Patents in einer geänderten Fassung anstrebt, die den in der angefochtenen Entscheidung erhobenen Einwänden Rechnung zu tragen versucht.[61]   54

6. In ihrer **Sachentscheidung** wird die BK nach Art. 111 entweder im Rahmen der Zuständigkeit des Organs tätig, das die angefochtene Entscheidung erlassen hat, oder verweist die Angelegenheit zur weiteren Entscheidung an dieses Organ zurück[62]. Dabei ist das erlassende Organ an die rechtliche Beurteilung durch die Kammer gebunden, soweit der Tatbestand derselbe ist. Bei Zurückverweisung an die Eingangsstelle gilt dies auch für die Prüfungsabteilung.   55

Die einzelnen Angaben und Bestandteile, die die Entscheidung enthalten muss, sind in R 102 aufgezählt. Erforderlich sind insbesondere Entscheidungsgründe.   56

Rechtsbehelfe gegen die Entscheidungen der BKn gab es vor dem EPÜ 2000 nicht. Die Revision hat aber die Möglichkeit eröffnet, aus bestimmten schwerwiegenden Gründen eine Überprüfung durch die GBK zu beantragen (→ Rn. 58 ff.).   57

7. Die Anrufung der **GBK**[63] richtet sich nach Art. 112 und 112a.[64] Der **Präsident**[65] des EPA kann der GBK eine Rechtsfrage zur Stellungnahme vorlegen, die zwei BKn unterschiedlich entschieden haben (Art. 112 [b]).[66] Das soll Rechtssicherheit für die Erteilungspraxis schaffen, und die Befugnis des Präsidenten beschränkt sich darauf.[67]   58

---

[59] Die Vorschrift ist auch anwendbar, wenn Name und Anschrift entsprechend R 41 Abs. 2 (c) vorgetragen werden, der vermeintliche Beschwerdeführer jedoch im Namen einer juristischen Person einen Antrag stellen wollte, EPA 30.4.2014, ABl. 2014, A 114, 19 ff. = GRUR-Int 2014, 790 (795 ff.) – Fehlerberichtigung.

[60] Nach EPA 10.3.1997, ABl. 1998, 147 – Rücknahmefiktion/Gonzalez Garcia gilt dies auch dann, wenn in der angefochtenen Entscheidung nicht die Anmeldung, sondern lediglich der Antrag zurückgewiesen war, im Wege der Berichtigung nach R 88 (jetzt 139) die Benennung eines weiteren Vertragsstaats in die Anmeldung aufzunehmen.

[61] EPA 20.2.1990, ABl. 1991, 486 – Zurückweisung/Sumitomo.

[62] Vgl. EPA 30.11.1994, ABl. 1995, 172 Rn. 5 – Umfang der Prüfung bei ex-parte-Beschwerde/Siemens; 10.8.1987, ABl. 1988, 224 – Zustimmung zu Änderung/Kollmorgen.

[63] Beiträge, die ihre Rechtsstellung, ihre Aufgaben, ihr Verfahren und ihre Rechtsprechung behandeln, in FS GBK, 1996.

[64] Die GBK hat sich gem. R 13 Abs. 2 eine Verfahrensordnung gegeben; Text in ABl. EPA Beilage 1/2008, 26.

[65] Die frühere Ablehnung, von dieser Befugnis Gebrauch zu machen, führt nicht zu einer Erschöpfung des Rechts. Das gilt insbesondere im Fall eines Präsidentenwechsels, EPA 12.5.2010, ABl. 2011, 10 = GRUR-Int 2010, 608 Rn. 1 – Computerprogramme.

[66] Das setzt nicht unter allen Umständen voraus, dass die divergierenden Entscheidungen von Kammern mit unterschiedlichen organisatorischen Bezeichnungen stammen; vgl. die Vorlage des Präsidenten vom 29.12.2003, ABl. 2004, 229 (263 ff.) (Nr. IV) und die Stellungnahmen der GBK vom 16.12.2005, ABl. 2006, 331 = GRUR-Int 2006, 514 Rn. 1 – Diagnostizierverfahren und EPA 12.5.2010, ABl. 2011, 10 = GRUR-Int 2010, 608 Rn. 2 – Computerprogramme. Gegen diesen Standpunkt ließe sich einwenden, dass sich die Divergenz erledigt hat, wenn eine BK – sei es auch in anderer Besetzung – ihre Rechtsprechung geändert hat. Divergierende Entscheidungen sind dann nicht mehr zu erwarten. Der Präsident sollte nicht mit Hilfe der GBK eine solche Rechtsprechungs-

59 Bedenken weckt in diesem Zusammenhang die Vorlage des Präsidenten in der Sache G 3/19. Sie geht zurück auf die Entscheidungen G 2/12 und G 2/13, in denen die GBK klargestellt hatte, Artikel 53 (b) EPÜ schließe zwar im Wesentlichen biologische Verfahren zur Züchtung von Pflanzen oder Tieren von der Patentierung aus, nicht aber so gewonnene Pflanzen und Tiere (die eine andere Anspruchskategorie fallen).[68] Mit Blick auf die EU-Biotechnologierichtlinie 98/44/EC veröffentlichte die EU-Kommission daraufhin eine Notiz, in der sie klarstellte, dass der EU-Gesetzgeber auch die durch die geschilderten Verfahren gewonnener Pflanzen und Tieren von der Patentierung ausschließen wollte – gegen den Wortlaut von Art. 4 Abs. 1b der Richtlinie, der nur im Wesentlichen biologische Gewinnungs*verfahren* von der Patentierung ausschließt. Zur Sicherung der Kompatibilität des EPÜ mit der Kommissionssicht des EU-Rechts erließ der Verwaltungsrat[69] daraufhin die neue Regel 28 Abs. 2 EPÜ AO, nach der europäische Patente nicht erteilt werden für ausschließlich durch ein im Wesentlichen biologisches Verfahren gewonnene Pflanzen oder Tiere. Das ist problematisch, weil Regel 28 Abs. 2 Art. 53b EPÜ nicht klärt, sondern ihm in seiner Auslegung durch die GBK schlichtweg widerspricht. Es ist aber auch gewissermaßen unschädlich, denn nach Art. 164 Abs. 2 EPÜ geht das Übereinkommen vor. Das folgt aus den allgemeinen Grundsätzen der Rechtsquellenlehre und wurde in der Entscheidung T 1063/18[70] auch ausdrücklich festgestellt: der Verwaltungsrat hatte außerhalb seiner Befugnisse gehandelt. Noch problematischer ist es, wenn der Präsident der GBK die Frage vorlegt, ob in Ansehung von Art. 164 Abs. 2 EPÜ die AO Bedeutung und Reichweite von Art. 53b EPÜ klarstellen kann, ohne *a priori* Rücksicht auf dessen Auslegung durch die GBK zu nehmen. Erstens ist diese Frage nicht vorlagefähig iSv Art. 112 Abs. 1 lit. b EPÜ, weil es in den Entscheidungen G 2/12, G 2/13 und T 1063/18 keine abweichenden Sichtweisen der Beschwerdekammern gibt, sondern diese vielmehr einig sind. Zweitens kann das EPÜ nicht auf einer Art „kleinem Dienstweg" durch die AO geändert oder revidiert werden. Dafür braucht es eine Konferenz der Vertragsstaaten und dort die entsprechenden Mehrheiten. Das ist mühsam, ändert aber nichts. Rechtsstaat ist manchmal mühsam!

60 Die **BK**, bei der ein Verfahren anhängig ist, ruft von Amts wegen oder auf Antrag die GBK an, wenn sie deren Entscheidung zur Sicherung einer einheitlichen Rechtsprechung oder wegen einer Rechtsfrage von grundsätzlicher Bedeutung für erforderlich hält (Art. 112 [a]). Folgt sie einem Antrag auf Vorlage nicht, muss sie dies in ihrer abschließenden Entscheidung begründen. Die Beteiligten des Beschwerdeverfahrens sind am Verfahren vor der GBK beteiligt, auch wenn die BK diese von Amts wegen angerufen hat. Die Entscheidung der GBK ist für die BK im anhängigen Verfahren bindend. Will in einem anderen Verfahren dieselbe oder eine andere BK von einer Entscheidung oder Stellungnahme der GBK abweichen, hat sie diese mit der Frage zu befassen (Art. 16 der Verfahrensordnung der BKn).

61 Nach Art. 112a, R 104–109 können **Beteiligte** eines Beschwerdeverfahrens, die durch die Entscheidung der BK beschwert sind, **Überprüfung** dieser Entscheidung durch die GBK beantragen.[71] Der Antrag hat keine aufschiebende Wirkung (Art. 112a Abs. 3). Er ist

---

änderung rückgängig machen können. Allerdings hatten sich im gegebenen Fall andere BKn der früheren Rechtsprechung der in Frage stehenden BK angeschlossen. Vielleicht hätten sie aber ohne das Eingreifen des Präsidenten die (in der Sache vorzugswürdige, vgl. → § 14 Rn. 62 ff.) neue Rechtsprechung übernommen.

[67] EPA 12.5.2010, ABl. 2011, 10 = GRUR-Int 2010, 608 Rn. 3 – Computerprogramme. Hingegen dient die Vorlagebefugnis nicht dazu, abstrakte Rechtsfragen zu klären, die Rechtsprechung der BKn durch eine andere zu ersetzen oder das Patentrecht fortzuentwickeln (Aufgabe der BKen und nicht der GBK).

[68] Zust. *Teschemacher* Mitt. 2015, 357 (358 f.).

[69] Beschluss des Verwaltungsrats CA/D 6/17 vom 29.6.2017 (ABl. EPA 2017, A56), in Kraft seit 1.7.2017.

[70] EPA 5.12.2018, BeckRS 2018, 39895 Rn. 93.

[71] Dazu *Messerli* GRUR 2001, 979–984; *Hüttermann/Malessa/Sommer* GRUR 2014, 448 ff.

§ 28. Die europäische Patentanmeldung   § 28

fristgebunden (Art. 112a Abs. 4) und gebührenpflichtig (1.860 EUR[72]) und kann nur auf folgende Gründe gestützt werden: Fehlerhafte Besetzung der BK, schwerwiegender Verstoß gegen das Gebot, rechtliches Gehör zu gewähren,[73] oder gegen die Bindung an die vom Anmelder oder Patentinhaber gebilligte Fassung (Art. 113)[74], ungerechtfertigtes Ablehnen oder Übergehen eines Antrags auf mündliche Verhandlung (Art. 116), das Beschwerdeverfahren mit einem sonstigen, in der Ausführungsordnung genannten schwerwiegenden Verfahrensmangel behaftet war[75] oder die Möglichkeit besteht, dass eine rechtskräftig festgestellte Straftat die Entscheidung beeinflusst hat.[76] Der Antrag ist, soweit er nicht eine strafbare Einflussnahme auf die Entscheidung rügt, nach R 106 nur zulässig, wenn von der Möglichkeit, den Verfahrensmangel während des Beschwerdeverfahrens zu beanstanden, Gebrauch gemacht wurde und die BK den Einwand zurückgewiesen hat.[77] Ist der Antrag zulässig und begründet, wird die Entscheidung aufgehoben und die Wiederaufnahme des Verfahrens vor der BK angeordnet. Wer in gutem Glauben nach der Beschwerdeentscheidung die Benutzung der Erfindung, auf die sie sich bezieht, aufgenommen oder durch ernsthafte Veranstaltungen vorbereitet hat, darf sie nach Maßgabe des Art. 112a Abs. 6 auch dann fortsetzen, wenn sich infolge der Entscheidung der GBK ergibt, dass sie in Rechte aus einer Anmeldung oder einem Patent eingreift.

8. Nach Art. 135 Abs. 1 (b) kann das nationale Recht eines Vertragsstaates zulassen, dass in diesem **62** Staat die Erteilung eines nationalen Patents für den Gegenstand einer europäischen Patentanmeldung beantragt wird, wenn diese zurückgewiesen oder zurückgenommen worden ist oder als zurückgenommen gilt oder das darauf erteilte Patent widerrufen worden ist. Hierdurch kann insbesondere ein Vertragsstaat, der die im EPÜ vorgesehene richterliche Kontrolle nicht für ausreichend hält, den Weg zu den nach nationalem Recht zuständigen Gerichten eröffnen, soweit das Patentgesuch sein Gebiet betrifft. Im Recht der Bundesrepublik Deutschland ist bisher nicht vorgesehen, dass ein vor dem EPA gescheitertes Patentgesuch auf nationalem Weg weiterverfolgt werden kann. Das gleiche gilt mit wenigen, meist eng begrenzten Ausnahmen[78] für die anderen Vertragsstaaten.

§ 28. Die europäische Patentanmeldung

Literatur: *Ackermann, J.*, Die Zustellung an Dritte als fristauslösendes Ereignis: Die Einreichung von europäischen Teilanmeldungen nach Regel 36 (1) EPÜ, Mitt. 2011, 217–220; *Blumer, F.*, Formulierung und Änderung der Patentansprüche im europäischen Patentrecht, 1998; *Bremi, T.*, A New Approach to Priority Entitleet: Time for Another Resolving EPO Decision?, GRUR-Int 2018, 125–132; *Bremi, T./Harrison, D.*, Divide et impera? – Recent case law related to divisional applications before the EPO, Mitt. 2006, 49–56; *Bremi, T./Liebetanz, M.*, Kann man ein Prioritätsrecht „verbrauchen"?, Mitt. 2004, 148–153; *Barbuto M.*, Schutzbereich von Patenten für „breite" Ansprüche, ABl. EPA 2001 Sonderausgabe 2, 94–115; *Drope, R.*, Innere Priorität im europäischen Patentsystem, Mitt. 2012, 494–499; *Ehlers, J.*, Streichung von Merkmalen in angemeldeten Patentansprüchen: Zugleich Anmerkungen zur

---

[72] Art. 2 Abs. 1 Nr. 11 Gebührenordnung zum EPÜ.
[73] Dazu eingehend und krit. *Wallinger* Mitt. 2016, 197.
[74] Diese Voraussetzung ist nicht erfüllt, wenn die Beschwerdepunkte eines im Beschwerdeverfahren nicht zugelassenen Hilfsantrags in der mündlichen Verhandlung ausführlich besprochen wurden, EPA 22.6.2010, GRUR-Int 2011, 66 Rn. 2.
[75] Der Katalog der in R 104 genannten Mängel ist abschließend, EPA 22.6.2010, GRUR-Int 2011, 66 Rn. 3. Zum Begriff „Relevant" in R 104 und zur Rügepflicht nach R 106: EPA 15.6.2012 – R 21/11, juris – Nichtsystematische Bekämpfung von Parasiten. Vgl. auch EPA 13.5.2013 – R 15/11; *Teschemacher* Mitt. 2013, 398 (400).
[76] EPA 25.11.2010, GRUR-Int 2011, 752 Rn. 3 – Fundamental violation of Article 113 EPC/Seiko.
[77] Ausf. *Günzel* FS 50 J. BPatG, 2011, 801 ff.; Eine Ausnahme von der Rügepflicht besteht, wenn der Mangel im mündlichen Verfahren nicht gerügt werden konnte, Beispiele hierzu bei *Hüttermann/Malessa/Sommer* GRUR 2014, 448 (449 ff.).
[78] S. die Hinweise bei *Schauwecker* in Singer/Stauder Art. 135 Rn. 8–10; *Quarch* in Benkard EPÜ Vor Art. 135 und Art. 137 Rn. 1 ff. sowie in „Nationales Recht zum EPÜ" Abschn. VII.

BGH-Entscheidung Kommunikationskanal, Mitt. 2014, 301–304; *Hüttermann, A.*, Abschied von Hilbert(?)- Die Entscheidungen G1/15 und G1/16, Mitt. 2018, 53–55; *Naumann, K./Wichmann, H.*, Die Einreichung einer Teilanmeldung und deren Fristberechnung in der Praxis, Mitt. 2012, 168–173; *Nuss, A.*, Patentschutz für „breite Ansprüche", ABl. EPA 2001 Sonderausgabe 2, 66–81; *Prechtel, J.*, Stolpersteine statt Qualitätsverbesserung – Die Beschränkung der Einreichungsmöglichkeit von europäischen Teilanmeldungen durch die Neufassung der Regel 36 EPÜ, FS Meibom, 2010, 361–371; *Pumfrey N.*, Patentschutz für breite Ansprüche, ABl. EPA 2001 Sonderausgabe 2, 82–93; *Scharen, U.*, Wie ist das Erfordernis der so genannten Anmelderidentität des Art. 87 I EPÜ zu verstehen?, GRUR 2016, 446–450; *Schickedanz, W.*, Die Formulierung von Patentansprüchen. Deutsche, europäische und amerikanische Praxis, 2000; *Schiuma, D.*, Formulierung und Auslegung von Patentansprüchen nach europäischem, deutschem und italienischem Recht, 2000; *Schultz, G./Geißler, A.*, Auswirkungen der Anerkennung von Teilprioritäten auf die Erteilbarkeit von Nachanmeldungen mit erweiterten Patentansprüchen, GRUR-Int 2018, 536; *Stamm, K.*, Interne Identität oder „interner Stand der Technik"?, Mitt. 2015, 5–6; *Teschemacher, R.*, Poisonous divisionals – ein Gespenst verschwindet?, Mitt. 2014, 16–18; *Teschemacher, R.*, Wann ist eine Anmeldung eine erste Anmeldung im Sinne des Prioritätsrechts? – Anmerkungen zu zwei Entscheidungen der Beschwerdekammern des EPA, Mitt. 2007, 536–540; *Walder-Hartmann, L.*, Giftige Teilanmeldungen – Altlast oder Lärm um nichts?, GRUR-Int 2014, 17–27.

I. Einreichung

1 1. Nach Art. 58 kann jede natürliche oder juristische Person und jede Gesellschaft, die nach dem für sie maßgebenden Recht einer juristischen Person gleichgestellt ist, die Erteilung eines europäischen Patents beantragen. Die **Fähigkeit, Anmelder zu sein,** entspricht damit der Rechtsfähigkeit. Die Anmeldung kann von mehreren gemeinsam eingereicht werden (Art. 59).

2 Das europäische Patentsystem ist auch Anmeldern zugänglich, die keinem der Vertragsstaaten angehören und in keinem von ihnen Wohnsitz oder Sitz haben; es ist nicht einmal erforderlich, dass der Anmelder einem Verbandsland der PVÜ angehört oder in einem solchen Land Wohnsitz oder Niederlassung hat. Allerdings benötigen Auswärtige im Verfahren vor dem EPA einen zugelassenen Vertreter (vgl. → § 27 Rn. 30).

3 2. Die Anmeldung ist grundsätzlich in einer **Amtssprache** des EPA einzureichen. Wenn sie in einer **anderen Sprache** eingereicht worden ist, muss sie **übersetzt** werden (Art. 14 Abs. 2, Näheres → § 27 Rn. 8).

4 3. Der **Ort der Einreichung**[1] bestimmt sich nach Art. 75. In allen Fällen kann sie beim EPA in München, Den Haag oder Berlin erfolgen (R 35 Abs. 1). Nach Maßgabe des nationalen Rechts der Vertragsstaaten können europäische Patentanmeldungen, sofern es sich nicht um Teilanmeldungen (vgl. → Rn. 80 ff.) handelt, auch bei der Zentralbehörde für gewerblichen Rechtsschutz (oder einer anderen zuständigen Behörde) eines Vertragsstaats eingereicht werden. Die meisten Vertragsstaaten lassen dies zu. So können nach Art. II § 4 Abs. 1 IntPatÜG europäische Anmeldungen auch beim DPMA oder über ein Patentinformationszentrum (§ 34 Abs. 2 PatG) eingereicht werden.

5 Die Behörde, bei der die europäische Patentanmeldung eingereicht wird, vermerkt auf den Unterlagen den Eingangstag und erteilt dem Anmelder eine Empfangsbescheinigung (R 35 Abs. 2).

6 Die Wirkung einer europäischen Patentanmeldung kann auch auf dem **PCT-Weg** herbeigeführt werden (Art. 153 Abs. 1, vgl. → § 22 Rn. 32 ff.)[2]. Eine internationale Anmeldung, für die das EPA Bestimmungsamt oder ausgewähltes Amt ist und der ein internationaler Anmeldetag zuerkannt worden ist, hat die Wirkung einer vorschriftsmäßigen europäischen Patentanmeldung (Euro-PCT-Anmeldung, Art. 153 Abs. 2). Sie wird als europäische Patentanmeldung behandelt (Art. 153 Abs. 5), wenn die Voraussetzungen des Art. 153 Abs. 3 und 4 sowie der R 159 erfüllt sind. Dazu gehört in jedem Fall die Zahlung bestimmter dem EPA zustehender **Gebühren** und, wenn die internationale Anmeldung

---

[1] Dazu *Bossung*, Art. 75–77, EPÜ-GK, 8. Lfg., 1986.
[2] Dazu ausführlich *Gruszow*, Art. 150–158, EPÜ-GK, 25. Lfg., 2002.

§ 28. Die europäische Patentanmeldung II **§ 28**

nicht in einer der Amtssprachen des EPA veröffentlicht ist, die Einreichung einer **Übersetzung** in einer dieser Sprachen. Die erforderlichen Handlungen müssen innerhalb von **31 Monaten** nach dem Anmeldetag der internationalen Anmeldung vorgenommen werden. Ist für diese eine Priorität beansprucht, beginnt die Frist schon mit dem Prioritätstag.

4. Das EPÜ kennt keine Geheimanmeldungen und **keine Geheimpatente.** Es nimmt 7
jedoch in Art. 75 Abs. 2 auf Rechtsvorschriften der Vertragsstaaten Rücksicht, die – namentlich wegen nationaler Geheimhaltungsinteressen – einer unmittelbaren Einreichung von Anmeldungen beim EPA entgegenstehen. So sind nach Art. II § 4 Abs. 2 IntPatÜG europäische Anmeldungen, die ein Staatsgeheimnis enthalten können, beim DPMA einzureichen und werden von diesem, wenn wirklich ein Staatsgeheimnis vorliegt, als nationale Geheimanmeldungen weiterbehandelt (vgl. → § 25 Rn. 82 ff.).[3]

5. Eine europäische Patentanmeldung, die zulässigerweise bei einer nationalen Behörde 8
eingereicht wird, hat dieselbe Wirkung, wie wenn sie an demselben Tag beim EPA eingereicht worden wäre (Art. 75 Abs. 1 S. 2). Die Einreichungsbehörde unterrichtet das EPA unverzüglich vom Eingang der europäischen Anmeldung (R 35 Abs. 3). Sie ist nach Art. 77 zur **Weiterleitung an das EPA** verpflichtet, wenn nicht der Gegenstand der Anmeldung der Geheimhaltung unterworfen wird. Das EPA teilt dem Anmelder den Eingang der weitergeleiteten Anmeldung mit (R 35 Abs. 4).

Die Weiterleitung muss so rasch wie möglich geschehen (R 37 Abs. 1). Erfolgt sie 9
nicht bis zum Ablauf des 14. Monats nach Einreichung oder dem gegebenenfalls in Anspruch genommenen (frühesten) Prioritätsdatum, gilt die Anmeldung als **zurückgenommen** (Art. 77 Abs. 3, R 37 Abs. 2).[4] Soweit nicht die Geheimhaltungsvorschriften des Einreichungsstaats entgegenstehen, kann der Anmelder jedoch erreichen, dass die Anmeldung in den benannten Vertragsstaaten **als nationale Anmeldung weiterbehandelt** wird (Art. 135 Abs. 1 [a]). Antragstellung und Verfahren richten sich nach Art. 135 Abs. 2, 137 (dazu für die Bundesrepublik Deutschland Art. II § 9 IntPatÜG).

6. Notwendige **Bestandteile der Anmeldung**[5] sind nach Art. 78 Abs. 1 der Erteilungs- 10
antrag, die Beschreibung der Erfindung, ein oder mehrere Patentansprüche, die Zeichnungen, auf die sich Beschreibung oder Ansprüche beziehen, und die Zusammenfassung. Im Erteilungsantrag gelten alle Vertragsstaaten als benannt, die dem EPÜ bei Einreichung angehören (Art. 79 Abs. 1). Das mit der Anmeldung erhobene Schutzbegehren umfasst also zunächst alle diese Staaten. Einschränkungen seines räumlichen Umfangs können sich jedoch insoweit ergeben, als die Benennung eines oder mehrerer Staaten zurückgenommen wird (Art. 79 Abs. 3) oder mangels rechtzeitiger Gebührenzahlung als zurückgenommen gilt (→ Rn. 54).

Allgemeine Vorschriften über die **Form der Anmeldungsunterlagen** gibt R 49. So müssen die 11
Unterlagen nach Maßgabe von R 49 Abs. 2 zur Vervielfältigung geeignet sein. R 49 Abs. 9 bestimmt, inwieweit sie Tabellen und chemische oder mathematische Formeln enthalten dürfen.

Zur Wahrung der Anmeldungswirkung müssen innerhalb der vorgeschriebenen Fristen 12
bestimmte Gebühren entrichtet und der Erfinder genannt werden. Weitere Erfordernisse sind zu erfüllen, wenn eine Priorität beansprucht werden soll. Besonderheiten gelten für Teilanmeldungen. **Zusatzanmeldungen** und -patente sind im europäischen Recht **nicht vorgesehen.**

II. Erteilungsantrag

Die Form des Erteilungsantrags und die Angaben, die er enthalten muss, sind in R 41 13
vorgeschrieben. Der Anmelder hat ein Formblatt zu benutzen, das bei allen Einreichungs-

---

[3] Angaben zu weiteren Vertragsstaaten bei *Teschemacher* in Singer/Stauder Art. 75 Rn. 11–18; *Thums* in Benkard EPÜ Art. 75 Rn. 57–60; Nationales Recht zum EPÜ Abschn. II.

[4] Eine Wiedereinsetzung ist nicht möglich, vgl. EPA 31.1.1980, ABl. 1980, 92.

[5] Dazu *Bossung,* Art. 78–81, EPÜ-GK, 8. Lfg., 1986.

stellen (vgl. → Rn. 4) kostenlos erhältlich ist. Der Antrag muss vom Anmelder oder seinem Vertreter unterzeichnet sein[6].

14 Hauptinhalt des Erteilungsantrags sind bei Erstanmeldungen das Gesuch um Erteilung eines europäischen Patents, der Titel der Erfindung, der in ihrer kurz und genau gefassten technischen Bezeichnung besteht und keine Phantasiebezeichnung enthalten darf, detaillierte Angaben über den Anmelder und einen gegebenenfalls bestellten Vertreter. Die früher geforderte *Staatenbenennung* hat sich erübrigt, da nach Art. 79 Abs. 1 EPÜ 2000 alle Vertragsstaaten als benannt gelten.[7] Doch kann die Benennung eines Vertragsstaats im weiteren Verlauf für einzelne Staaten ihre Wirksamkeit verlieren (→ Rn. 10). Das kann, wenn die Anmeldung mehrere Anmelder hat, dazu führen, dass nicht für jeden von ihnen dieselben Staaten wirksam benannt sind, was nach Art. 59 (vgl. auch R 72) zulässig ist und nach Art. 118 nichts daran ändert, dass sie als gemeinsame Anmelder gelten, die Anmeldung einheitlich ist und für alle benannten Vertragsstaaten grundsätzlich dieselbe Fassung hat (vgl. aber → Rn. 42).

III. Beschreibung, Ansprüche, Zeichnungen, Zusammenfassung[8]

a) Offenbarung der Erfindung

15 1. In der Anmeldung ist die Erfindung so deutlich und vollständig zu **offenbaren,** dass ein Fachmann sie ohne erfinderisches Zutun und ohne unzumutbare Schwierigkeiten aufgrund der Gesamtpatentschrift mit dem allgemeinen Fachwissen am Anmelde- oder Prioritätstag so ausführen kann, dass der angestrebte Erfolg erreicht wird (Art. 83). Wie alle Varianten der Komponenten zu erzielen sind, die unter die funktionelle Definition fallen, muss die Beschreibung nicht sagen. Vielmehr reicht es aus, dem Fachmann einen Weg aufzuzeigen.[9] Wird ein Erzeugnis als solches beansprucht, muss der Fachmann der Anmeldung entnehmen können, wie er es herstellen kann.[10]

16 Eine ausreichende Offenbarung liegt auch dann vor, wenn zwar bei Einhaltung der in den Ansprüchen enthaltenen Angaben gelegentliche Fehlschläge auftreten, der Fachmann aber mit Versuchen, die keinen unzumutbaren Aufwand darstellen[11] und keine erfinderische Tätigkeit erfordern, sicher zum Erfolg gelangen kann[12]. Erst recht ist die nötige Offenbarung gewährleistet, wenn es keiner Versuche bedarf, weil die Beschreibung dem Fachmann genügend Hinweise gibt, wie im Fall eines Fehlschlags zu verfahren ist[13].

17 Ein konkret beschriebenes Verfahren braucht nicht exakt wiederholbar zu sein, sofern zuverlässig das gewünschte Ergebnis erzielt wird. Deshalb ist es unter dem Gesichtspunkt des Erfordernisses nacharbeitbarer Offenbarung unschädlich, dass ein bei dem Verfahren zu verwendendes Plasmid, wenn es gemäß der Beschreibung hergestellt wird, naturbedingte Abweichungen in seiner Beschaffenheit zeigt[14].

---

[6] Zur Einreichung durch Telefax oder in elektronischer Form s. ABl. EPA Sonderausgabe 3/2007, 7 (A. 3), 12 (A. 4).

[7] Schon vorher sorgte die Gestaltung des Formblatts für den Erteilungsantrag dafür, dass dieser die Benennung aller Vertragsstaaten umfasste und deshalb Benennungen nur nachträglich wegfallen konnten; vgl. *Teschemacher* in Singer/Stauder Art. 79 Rn. 10 ff.

[8] Dazu im EPÜ-GK, 7. Lfg., 1985: *Teschemacher* Art. 83 und 84, und *Straus* Art. 85.

[9] BGH 16.6.2015, Mitt. 2015, 563 – Übertragungspapier für Tintenstrahldrucker; EPA 6.8.1985, ABl. 1986, 9 – Neudefinition einer Erfindung anhand der Beschreibung und der Zeichnungen/Commissariat à l'énergie atomique; auch → § 13 Rn. 11 ff.

[10] EPA 22.7.1983, ABl. 1984, 75 (79 ff.) – Zahnradgekräuseltes Garn/ICI.

[11] EPA 3.2.2009, GRUR-Int 2010, 158 (159) – Durchgriffsanspruch.

[12] EPA 7.6.1983, ABl. 1984, 105 (110 f.) – Vinylchloridharze/Sumitomo; 9.3.1994, ABl. 1995, 188 Rn. 6.2 – Reinigungsmittel/Unilever; 8.11.1995, ABl. 1996, 564 (Ls. 3) – menschlicher tPA/Genentech; 4.1.1996, ABl. 1996, 496 Rn. 5 – Wasserlösliche Polymerdispersion/Hymo.

[13] EPA 7.6.1983, ABl. 1984, 105 (110 f.) – Vinylchloridharze/Sumitomo.

[14] EPA 27.1.1988, ABl. 1989, 202 – Präprothaumatin/Unilever; vgl. auch EPA 16.2.1989, ABl. 1990, 335 (346) – Alpha-Interferone/Biogen.

§ 28. Die europäische Patentanmeldung

Ein Fehler in der Beschreibung beeinträchtigt die Deutlichkeit und Vollständigkeit der Offenbarung nicht, wenn der Fachmann ihn auf Grund seines allgemeinen Fachwissens erkennen und berichtigen kann[15].

2. Rechtswirksam offenbart ist der **gesamte Inhalt** der ursprünglich eingereichten Fassung von Beschreibung, Ansprüchen und Zeichnungen.[16] Alle diese Bestandteile der Anmeldung sind rechtlich gleichwertige Mittel der Offenbarung.[17] Dagegen gehört die Zusammenfassung nicht zum Offenbarungsgehalt der Anmeldung (vgl. → Rn. 45). **18**

Praktisch dient der Erfüllung des Offenbarungserfordernisses vor allem die **Beschreibung**. Durch sie müssen die Ansprüche gestützt sein (Art. 84, vgl. → Rn. 24). Sie ist gemäß R 42 Abs. 1 abzufassen, wenn nicht eine andere Art und Weise oder Reihenfolge die Darstellung besser verständlich oder knapper macht (R 42 Abs. 2). **19**

Nach R 42 Abs. 1 gibt die Beschreibung das technische Gebiet an, auf das sich die Erfindung bezieht; der bisherige Stand der Technik ist anzuführen, soweit dies nach der Kenntnis des Anmelders zum Verständnis der Erfindung sowie für Recherche und Prüfung als nützlich erscheint.[18] Anschließend ist die in den Ansprüchen gekennzeichnete Erfindung so darzustellen, dass die technische Aufgabe, die jedoch nicht ausdrücklich genannt zu werden braucht, und ihre Lösung verstanden werden können.[19] Vorteilhafte Wirkungen der Erfindung sind unter Bezugnahme auf den SdT anzugeben. Zur Anmeldung gehörige Zeichnungen sind kurz zu beschreiben. Wenigstens ein Weg zur Ausführung der Erfindung ist im Einzelnen anzugeben und, wo es angebracht ist, durch Beispiele und Bezugnahme auf Zeichnungen zu erläutern. Schließlich ist anzugeben, in welcher Weise der Gegenstand der Erfindung gewerblich anwendbar ist, wenn sich dies nicht aus der Beschreibung oder der Art der Erfindung offensichtlich ergibt.[20] Bei **Gensequenzen** und -teilsequenzen muss nach R 29 Abs. 3 die gewerbliche Anwendbarkeit in der Patentanmeldung konkret beschrieben werden (vgl. → § 14 Rn. 148 ff.). **20**

Unter Bezugnahme auf Erwägungsgrund 23 der BioPat-RL wurde die Angabe spekulativer Funktionen eines Proteins für sich genommen nicht als zuverlässige Basis für die Zuerkennung gewerblicher Anwendbarkeit angesehen: eine DNA-Sequenz, die für ein Protein ohne glaubhafte Funktion kodiert, sei keine patentierbare Erfindung[21]. **21**

Erfindungen, die sich auf **biologisches Material** beziehen, können oft nicht in einer für den Fachmann nacharbeitbaren Weise beschrieben werden. Die nach Art. 83 erforderliche Offenbarung kann dann mit Hilfe einer **Hinterlegung** bewirkt werden. Diese und die Zugänglichkeit des hinter- **22**

---

[15] EPA 24.10.1985, ABl. 1986, 95 (100 f.) – Redox-Katalysator/Air Products (falscher Zahlenwert im einzigen Ausführungsbeispiel).

[16] EPA 31.1.1994, ABl. 1995, 214 – Klarheit/Ampex; zur Einbeziehung des Inhalts einer Druckschrift, auf die verwiesen ist, EPA 1.2.1985, ABl. 1985, 238 – Änderung der Ansprüche/Mobil; 21.1.1992, ABl. 1993, 616 – Ereignisdetektor/Raychem.

[17] EPA 25.3.1985, ABl. 1985, 193 – Wandelement/Vereinigte Metallwerke; 27.11.1986, ABl. 1987, 228 Rn. 8.1 – Synergistische Herbizide/Ciba-Geigy; *Teschemacher*, EPÜ-GK, 7. Lfg., 1985, Art. 83 Rn. 28, 31. – Ein „negatives" Merkmal einer Erfindung (zB „einbautenfrei") ist aber nicht schon dadurch ausreichend offenbart, dass es in einer Zeichnung fehlt, die lediglich der schematischen Erläuterung des Prinzips, nicht aber der Darstellung aller Einzelheiten der Erfindung dient, EPA 5.7.1988, ABl. 1989, 441 – Heizgaskühler/Sulzer.

[18] Vgl. EPA 15.4.1983, ABl. 1983, 479 (486 ff.) – Steuerschaltung/Lansing Bagnall.

[19] Dazu EPA 28.10.1981, ABl. 1982, 211 – Behälter.

[20] Angesichts der weitgefassten Definition der gewerblichen Anwendbarkeit (Art. 57) werden Angaben hierzu nur in Ausnahmefällen erforderlich sein, vgl. die EPA-Richtlinien F II 4.9. – *Teschemacher*, EPÜ-GK, 7. Lfg., 1985, Art. 83 Rn. 45 f. verlangt, dass insbesondere bei chemischen Stoffen ein allgemeines Anwendungsgebiet bereits in der ursprünglichen Fassung der Anmeldung angegeben sein muss. Zur Kritik dieser Auffassung vgl. → § 24 Rn. 95 ff.

[21] EPA (Einspruchsabteilung) 20.6.2001, ABl. 2002, 293 – Neuer Sieben-Transmembran-Rezeptor V 28.

legten Materials richten sich im Einzelnen nach R 31–34.[22] Die Beschreibung muss jedoch auf die Hinterlegung Bezug nehmen und zu deren Gegenstand passen, woran es fehlt, wenn das mittels des hinterlegten Materials herstellbare Erzeugnis nicht die in der Beschreibung genannten Eigenschaften hat[23].

23   Sind in einer Anmeldung **Nukleotid- oder Aminosäuresequenzen** offenbart, hat die Beschreibung gem. R 30 ein **Sequenzprotokoll** zu enthalten, das den vom Präsidenten des EPA erlassenen Vorschriften für die standardisierte Darstellung solcher Sequenzen entspricht. Außerdem ist das Protokoll auf einem vom EPA zugelassenen **Datenträger** einzureichen[24].

b) Patentansprüche[25]

24   1. Die Patentansprüche müssen den Gegenstand angeben, für den Schutz begehrt wird; sie müssen deutlich und knapp gefasst sein und von der Beschreibung gestützt werden (Art. 84).

25   Deutlichkeit heißt Klarheit. Der Anspruch muss **dem Fachmann eindeutig erkennbar machen,** ob ein Gegenstand darunter fällt oder nicht.[26] Vom Zeitaufwand, der für diese Feststellung nötig ist, hängt die Erfüllung des Deutlichkeitserfordernisses freilich nicht ab: Komplexität eines Anspruchs ist nicht gleichbedeutend mit fehlender Deutlichkeit.[27]

26   Als **nicht hinreichend deutlich** wurden angesehen: ein Anspruch mit zahlenmäßigen Grenzwerten für Komponenten einer Mischung, bei denen der Höchstanteil der einen zusammen mit Mindestanteilen anderer Komponenten mehr als 100% ergab[28]; der Begriff „Niederalkyl"[29]; die Angabe „als pharmazeutisches Produkt" als Ausdruck eines pharmazeutischen Reinheitsstandards[30]; ein auf die selektive Belegung eines Rezeptors gerichteter Anspruch, wenn der Fachmann nicht beurteilen kann, welche Krankheiten auf diese Weise behandelt werden können[31]; ein Anspruch auf ein Verfahren, das die Herstellung eines Proteins mit der Funktion eines Gewebeplasminogenaktivators (tPA) umfasst, ohne nähere Angabe darüber, welche der zahlreichen Funktionen von menschlichem tPA gemeint sind[32]; die Formulierungen „im Wesentlichen rein" und „im Wesentlichen frei von …"[33].

---

[22] Dazu die EPA-Richtlinien A IV 4.1; vgl. auch → § 14 Rn. 187 ff. – Zur Bedeutung und Wiedereinsetzungsfähigkeit der Frist für die Angabe des Aktenzeichens der Hinterlegung EPA 21.12.1994, ABl. 1995, 275 – Hepatitis-A-Virus/United States of America; 9.10.1998, ABl. 1999, 495 (500) – Rib-Protein/Lindahl.
[23] EPA 9.1.1991, GRUR-Int 1992, 457 – Monoklonaler Antikörper/Ortho.
[24] *Teschemacher* in Singer/Stauder Art. 83 Rn. 63.
[25] Dazu umfassend *Blumer; Schickedanz; Schiuma*.
[26] S. EPA 8.11.1995, ABl. 1996, 564 (Ls. 3) – menschlicher tPA/Genentech; 12.5.2000, ABl. 2001, 319 Rn. 3.1 – reines Terfenadin/Albany; *Bösl* Mitt. 1997, 174 ff.; zu den Unterschieden zwischen deutschem und europäischem Verfahren *Schneider* Mitt 2016, 49 (51 f.).
[27] EPA 27.6.2003, ABl. 2003, 533 = GRUR-Int 2004, 512 – Safener/Bayer.
[28] EPA 5.6.1981, ABl. 1981, 431 – Polyamidformmassen; man hätte dem Fachmann zutrauen können, dass er unmögliche Zusammensetzungen als nicht beansprucht erkennt; es handelte sich um eine eher formale Unstimmigkeit, die im Erteilungsverfahren noch bereinigt wurde; zu weit geht die im Leitsatz erhobene Forderung, die Anteilsangaben müssten bei jeder beanspruchten Zusammensetzung zu der notwendigen Gesamtsumme von 100% führen.
[29] EPA 30.1.1996, ABl. 1996, 628 – Niederalkyl/Nikon Nokyaku; 26.10.2000, ABl. 2001, 273 – Benzinidazole/Galderma.
[30] EPA 7.2.2001, ABl. 2002, 498 – Famotidin/Richter Gedeon.
[31] EPA 14.6.2000, ABl. 2001, 103 – Serotoninrezeptor/Eli Lilly; auch → § 14 Rn. 236.
[32] EPA 8.11.1995, ABl. 1996, 564 (585 f.) (Ls. 2 und Nr. 26, 27) – menschlicher tPA/Genentech.
[33] EPA 12.5.2000, ABl. 2001, 319 Rn. 3.2, 3.6 f. – reines Tierfenadin/Albany; zugelassen wurde jedoch (vgl. 334, Nr. 5) die Kennzeichnung des Erzeugnisses durch ein (ursprünglich offenbartes) Verfahren, das zwangsläufig zu dem hohen Reinheitsgrad führt, mit dem das Erzeugnis beansprucht war, so dass das als undeutlich beanstandete Merkmal gestrichen werden konnte.

§ 28. Die europäische Patentanmeldung III **§ 28**

Die Breite eines Fachbegriffs wie „Alkyl", „Arylgruppen", „Cycloalkylgruppen „heterozyklische 27
Gruppe" beeinträchtigt die Klarheit nicht, wenn der Begriff für den Fachmann eindeutig ist[34]. Unklar sein kann jedoch ein auf eine (ISO-)Norm gestütztes technisches Merkmal, wenn die Versionsangabe der Norm nicht angegeben ist.[35] Das überzeugt, denn die Bezugsgröße präzise zu bezeichnen, schafft Klarheit und ist ohne weiteres zumutbar. Zumal jeder Fachmann weiß, wie kurz die Halbwertzeit von Normen ist.

Dass die Ansprüche von der Beschreibung gestützt sein müssen, bedeutet, dass der 28
Gegenstand eines Anspruchs aus der Beschreibung entnommen sein muss und **nichts beansprucht werden darf, was nicht beschrieben** ist.[36] Die in der Beschreibung als erfindungswesentlich angegebenen und die in den Ansprüchen zur Definition der Erfindung verwendeten technischen Merkmale müssen identisch sein[37]. „Ungebührliche Breite" eines Anspruchs rechtfertigt noch keine Beanstandung nach Art. 84; demgemäß kann eine Gruppe von Verbindungen beansprucht werden, wenn dem Fachmann die Herstellung aller dazu gehörenden Verbindungen möglich ist; dass sie alle die behauptete technische Wirkung haben, ist erst für ihr Beruhen auf erfinderischer Tätigkeit relevant[38].

2. Der Formulierung der Ansprüche kommt dieselbe überragende Bedeutung wie beim 29
deutschen Patent zu, denn auch der Schutzbereich des EP-Patents bestimmt sich primär nach den Ansprüchen (Art. 69, vgl. → § 24 Rn. 18 ff.). Beansprucht werden kann nur, aber auch alles, was in der Anmeldung iSv Art. 83 nacharbeitbar offenbart wurde und nach Art. 52–57 patentiert werden kann.[39]

Der Fachmann muss mit Hilfe seines allgemeinen Fachwissens die Erfindung ohne un- 30
zumutbaren Aufwand **innerhalb des gesamten beanspruchten Bereichs ausführen** können[40].

Wenn nach der Beschreibung die erwünschte geringe Dimension der in einem Kraftstoff enthalte- 31
nen Wachskristalle nur mit Hilfe von Zusätzen erzielbar ist, kann nicht ein Kraftstoff ohne jegliche Zusätze beansprucht werden[41].

Allerdings kann es genügen, dass **wenigstens ein Weg** deutlich aufgezeigt wird, auf 32
dem der Fachmann die Erfindung ausführen kann; das gilt insbesondere dann, wenn bei Beanspruchung eines Erzeugnisses das Herstellungsverfahren durch funktionelle Merkmale gekennzeichnet ist; in diesem Fall ist es unschädlich, dass ein solches Merkmal nicht verfügbare oder unbrauchbare Varianten einschließt, solange dem Fachmann auf Grund der Offenbarung oder seines allgemeinen Fachwissens geeignete Varianten bekannt sind[42].

Zugelassen wurde auch ein auf ein Verfahren zur Erzeugung eines transgenen nichtmenschlichen 33
Säugers mit bestimmten Eigenschaften gerichteter Anspruch, obwohl in den Ausführungsbeispielen

---

[34] EPA 25.4.1991, ABl. 1992, 709 – Kronenether/Kodak.
[35] EPA 15.1.2015, Mitt. 2015, 319 f. – ISO-Norm, mkritAnm *Schultheiß/Sterzel*.
[36] EPA 26.10.2000, ABl. 2001, 273 Rn. 2.2 – Benzinidazole/Galderma; vgl. auch *Poth* Mitt. 1991, 225–235.
[37] EPA 12.9.1995, ABl. 1996, 309 – Triazole/Agrevo.
[38] EPA 12.9.1995, ABl. 1996, 309 Rn. 2.2.3 – Triazole/Agrevo.
[39] Vgl. *Poth* Mitt. 1991, 225–235; *Breuer* Mitt. 1998, 340–346; zu den Grenzen der Zulässigkeit „breiter" Ansprüche *Brandi-Dohrn* GRUR-Int 1995, 541 ff.; *Nuss, Pumfrey, Barbuto*, ABl. EPA 2001 Sonderausgabe 2, 66–81 (82–93, 94–116) (insbes. 106 ff.); *Bossung* GRUR-Int 1991, 439 ff. betont die Verantwortung des EPA für eine nicht zu enge Fassung der Ansprüche; nach *Dreiss* FS Beier, 1996, 19 ff. sollte das EPA Ansprüche nicht ohne Prüfung der erfinderischen Leistung als „zu breit" ablehnen.
[40] EPA 9.2.1994, ABl. 1985, 188 Rn. 2.2.3 – Reinigungsmittel/Unilever; 8.11.1995, ABl. 1996, 564 (Ls. 2) – menschlicher tPA/Genentech; 8.5.1996, ABl. 1997, 408 – Modifizieren von Pflanzenzellen/Mycogen; 18.3.1993, ABl. 1994, 653 – Dieselkraftstoffe/Exxon; krit. hierzu *Dreiss* FS Beier, 1996, 19 ff.
[41] EPA 18.3.1993, ABl. 1994, 653 Rn. 2 u. 3.2 ff. – Dieselkraftstoffe/Exxon.
[42] EPA 27.1.1988, ABl. 1989, 275 – Polypeptid-Expression/Genentech.

das Verfahren nur bei Mäusen dargestellt war; die BK sah Anzeichen, die für, aber keine, die gegen die Ausführbarkeit auch bei anderen Säugetieren sprachen[43].

34 Allgemein kann die Beschreibung *eines* Wegs zur Ausführung der beanspruchten Erfindung ausreichend sein, um breite Ansprüche mit funktionellen Merkmalen zu stützen, wenn sie den Fachmann in die Lage versetzt, dieselbe Wirkung durch Verwendung geeigneter Varianten der konkret angegebenen Merkmale ohne unzumutbaren Aufwand in einem weiten Bereich zu erzielen[44].

35 Wird ein Stoff, der zwar als solcher, noch nicht aber in medizinischer Anwendung zum SdT gehört, gemäß Art. 54 Abs. 4 (früher 5) in solcher Anwendung („erster medizinischer Indikation") unter Schutz gestellt, braucht sich nach einer Beschwerdeentscheidung und den Richtlinien des EPA der Patentanspruch nicht auf die in der Anmeldung konkret offenbarte Anwendung zu beschränken, sondern kann allgemein auf den Stoff in medizinischer Anwendung bezogen werden.[45] Dieser Standpunkt beruht jedoch auf einer Überbewertung der fiktiven Neuheit des Stoffes und verträgt sich nicht mit den Wertungen, die die GBK (→ § 14 Rn. 231 ff.) der Anerkennung der Möglichkeit eines Schutzes für weitere Indikationen zugrunde gelegt hat (vgl. → § 24 Rn. 48 ff.).

36 **3. Verallgemeinerungen** sind zulässig, soweit sie vom schutzfähigen Offenbarungsgehalt gedeckt sind.[46] **Funktionelle Merkmale,** die ein technisches Ergebnis definieren, dürfen in einem Anspruch enthalten sein, wenn sie ohne Einschränkung der erfinderischen Lehre anders nicht objektiv präziser umschrieben werden können und dem Fachmann eine ausreichend klare Lehre offenbaren, die er mit zumutbarem Aufwand – wozu auch die Durchführung üblicher Versuche gehört – ausführen kann[47].

37 Eine Mischungskomponente darf nicht durch ihre Funktion definiert werden, wenn in der Anmeldung nur Einzelbeispiele offenbart sind, nicht aber eine unter Berücksichtigung des einschlägigen Fachwissens verallgemeinerungsfähige technische Lehre, die den Fachmann in die Lage versetzen würde, das angestrebte Ergebnis im gesamten Bereich des Anspruchs ohne unzumutbaren Aufwand zu erreichen; deshalb genügt es nicht, einen Zusatz, durch den eine Reinigungs- und Waschmittelzusammensetzung in einen bestimmten Zustand überführt wird, im Anspruch durch diese Funktion zu kennzeichnen, wenn dafür nur Einzelbeispiele offenbart und andere erfolgversprechende Zusätze auf Grund der Angaben in der Anmeldung und des allgemeinen Fachwissens nicht zu ermitteln sind[48].

38 Durch einen „Disclaimer" kann aus einem allgemein gefassten Anspruch ein durch technische Merkmale klar definierter Gegenstand ausgeschlossen werden, wenn der im Anspruch verbleibende Gegenstand nicht klarer und knapper direkt (positiv) definiert werden kann[49] oder wenn hierdurch der Schutzumfang unverhältnismäßig eingeschränkt würde.[50]

39 In den Ansprüchen ist der Gegenstand des Schutzbegehrens mittels der technischen Merkmale der Erfindung anzugeben. Ein unabhängiger Anspruch muss die wesentlichen Merkmale der Erfindung enthalten, insbesondere diejenigen, die sie vom nächstliegenden

---

[43] EPA 3.10.1990, ABl. 1990, 476 Rn. 3 – Krebsmaus/Harvard; das erteilte Patent wurde jedoch im Einspruchsverfahren wegen Art. 53 (a) schließlich auf Mäuse beschränkt; EPA 3.4.1992, ABl. 1992, 589 – Krebsmaus/Harvard III.
[44] EPA 8.5.1996, ABl. 1997, 408 Rn. 5 – Modifizieren von Pfanzenzellen/Mycogen
[45] EPA 12.1.1984, ABl. 1984, 164 (170f.) – Pyrrolidin-Derivate/Hoffmann-La Roche; EPA-Richtlinien G II 4.2.
[46] Vgl. die EPA-Richtlinien F IV 4.5.3; *Teschemacher,* EPÜ-GK, 7. Lfg., 1985, Art. 84 Rn. 123 ff.; *Ford* GRUR-Int 1985, 249 ff. (sowie 264 f.).
[47] EPA 27.11.1986, ABl. 1987, 228 Rn. 8.1 – Synergistische Herbizide/Ciba-Geigy: synergistisches Mittel, verstanden als Mischung von Komponenten in einer Menge, die eine synergistische Herbizidwirkung erzeugt.
[48] EPA 9.3.1994, ABl. 1995, 188 Rn. 6.2 – Reinigungsmittel/Unilever.
[49] EPA 7.9.1981, ABl. 1982, 149 – Polyätherpolyole/Bayer; *Teschemacher,* EPÜ-GK, 7. Lfg., 1985, Art. 84 Rn. 105 ff.; *Singer* GRUR 1985, 789 (793 f.).
[50] EPA-Richtlinien F IV 4.20.

§ 28. Die europäische Patentanmeldung

Stand der Technik unterscheiden[51]. Doch brauchen Merkmale und Bedingungen, die dem Fachmann als notwendig für die praktische Ausführung eines Gegenstands der beanspruchten Art bekannt sind, nicht ausdrücklich angeführt zu werden[52].

Eine Bezugnahme auf Beschreibung oder Zeichnungen genügt zur Kennzeichnung eines Merkmals grundsätzlich nicht (R 43 Abs. 6).[53] Bezugszeichen, die in den Ansprüchen konkret bezeichnete Merkmale deren zeichnerischer Darstellung zuordnen, sind dagegen zulässig; sie sollen in die Ansprüche aufgenommen werden, wenn dadurch deren Verständnis erleichtert wird (R 43 Abs. 7). Ansprüche, die sich auf ein Erzeugnis beziehen, müssen dieses durch seine Zusammensetzung, seine Struktur oder sonstige nachprüfbare Parameter kennzeichnen;[54] Ansprüche für Erzeugnisse, die durch ihr Herstellungsverfahren gekennzeichnet sind („product-by-process"-Ansprüche), werden zugelassen, wenn eine andere hinreichende Kennzeichnung nicht möglich ist.[55] Da sich der Anspruch auf das Erzeugnis richtet, muss dieses den sachlichen Schutzvoraussetzungen genügen, insbesondere neu sein; es reicht nicht aus, dass das zur Kennzeichnung dienende Verfahren vom Bekannten abweicht.[56] Änderungen der Bezugnahme auf ein Dokument in der Anmeldung sind Änderungen iSv Art. 123 und unterfallen als solche dem Verbot der unzulässigen Erweiterung.[57]

4. Die Ansprüche haben, wo es zweckdienlich ist, einen „Oberbegriff" und einen „kennzeichnenden Teil" zu enthalten (R 43 Abs. 1).[58] Die Anmeldung darf – unbeschadet des Erfordernisses der Einheitlichkeit (vgl. → Rn. 76 ff.) – mehrere unabhängige Ansprüche (Hauptanspruch, Nebenansprüche) gleicher Kategorie (Erzeugnis, Verfahren, Vorrichtung oder Verwendung) nur dann umfassen, wenn es sich handelt um mehrere zueinander in Beziehung stehende Erzeugnisse,[59] um verschiedene Verwendungen eines Erzeugnisses oder einer Vorrichtung oder um Alternativlösungen einer bestimmten Aufgabe, deren Wiedergabe in einem einzigen Anspruch nicht zweckmäßig ist (R 43 Abs. 2).[60] Selbstverständlich sind abhängige Ansprüche (Unteransprüche) zulässig (R 43 Abs. 3, 4). Die Gesamtzahl der Ansprüche soll sich in „vertretbaren Grenzen" halten (R 43 Abs. 5). Soweit sie 15 übersteigt, ist jeder Anspruch gebührenpflichtig (R 45 Abs. 1, vgl. → Rn. 76 ff.).

Mit Rücksicht auf Schutzhindernisse, die nur einen oder einen Teil der benannten Staaten betreffen, kann es angebracht sein, **besondere Anspruchsfassungen für einzelne Staaten** vorzusehen und dementsprechend mehrere „Sätze" oder „Reihen" von Ansprüchen einzureichen. Dann ist der Be-

---

[51] EPA 18.3.1993, ABl. 1994, 653 Rn. 3.3 – Dieselkraftstoffe/Exxon; 12.9.1995, ABl. 1996, 309 – Triazole/Agrevo; 31.3.1994, ABl. 1995, 214 – Klarheit/Ampex; 26.10.2000, ABl. 2001, 273 – Benzinidazole/Galderma.
[52] EPA 18.11.1986, GRUR-Int 1988, 58 – Eimeria necatrix/National Research Development Corporation.
[53] Vgl. EPA 7.2.1984, ABl. 1984, 309 (311) – Anspruchskategorien/IFF.
[54] EPA 7.2.1984, ABl. 1984, 309 (315) – Anspruchskategorien/IFF; zur Kennzeichnung mittels Parameter, die die physikalische Struktur des Erzeugnisses betreffen: EPA 22.7.1983, ABl. 1984, 75 (79 ff.) – Zahnradgekräuseltes Garn/ICI.
[55] EPA 7.2.1984, ABl. 1984, 309 (315) – Anspruchskategorien/IFF; vgl. auch die EPA-Richtlinien F IV 4.12.
[56] EPA 25.6.1985, ABl. 1985, 363 – Vinylester-Crotonsäure-Polymerisate/Hoechst; 21.1.1986, ABl. 1986, 261 – Bestrahlungsverfahren/BICC.
[57] EPA 21.7.2015, Mitt. 2015, 506 (507 f.) – Platform systems for mobile terminals.
[58] EPA-Richtlinien F IV 2.2; vgl. auch EPA 7.7.1986, ABl. 1986, 400 – Zweiteilige Form eines Patentanspruchs/Bossert.
[59] Die Prüfungsrichtlinien nennen als Beispiele: Stecker und Steckdose, Sender und Empfänger, Zwischenprodukt(e) und Endprodukt, Gen – Genkonstrukt – Host – Protein – Medikament. Nach EPA 2.8.2007, GRUR-Int 2008, 160 – System und Verfahren zum Betrieb einer Hochdruck-Gasentladungslampe ist es nicht zulässig, neben einem System, das bereits für sich genommen zur Ausführung der Erfindung ausreichend ist, ein Erzeugnis zu beanspruchen, das einen Teil dieses Systems ersetzen kann.
[60] Der Anmelder hat die bevorzugte Reihenfolge alternativer Anspruchssätze bei der Einreichung anzugeben, EPA 26.1.2011, GRUR-Int 2011, 753 f.

rechnung der Anspruchsgebühren allein der Satz mit den meisten Ansprüchen zugrunde zu legen: gebührenpflichtig ist die um 15 verminderte Zahl der Ansprüche dieses Satzes.[61] Auf einzelne Staaten beschränkte Schutzhindernisse können sich ergeben aus nationalen älteren Rechten;[62] aus der Intervention eines Dritten, dem nur für einen Teil des Anmeldungsgegenstands und nicht für alle benannten Staaten der Anspruch auf Erteilung des europäischen Patents zugesprochen worden ist (Art. 61, R 18; vgl. → § 20 Rn. 107).

Durch ältere Rechte veranlasste gesonderte Anspruchsreihen sind erst im Prüfungsverfahren zulässig; Voraussetzung ist, dass der Anmelder der Prüfungsabteilung in geeigneter Form ein nationales älteres Recht nachweist.[63]

c) Zeichnungen

43   Zeichnungen sind erforderlich, wenn die Beschreibung oder ein Anspruch darauf Bezug nehmen. In R 46 ist genau vorgeschrieben, wie sie ausgeführt sein müssen. Sie sind stets auf besonderen Blättern vorzulegen. Erteilungsantrag, Beschreibung, Ansprüche und Zusammenfassung dürfen keine Zeichnungen enthalten (R 49 Abs. 9 Satz 1).

d) Zusammenfassung

44   Die Zusammenfassung dient nach Art. 85 ausschließlich der **technischen Information** und kann nicht für andere Zwecke herangezogen werden. Demgemäß bleibt sie bei der Bestimmung des Schutzumfangs außer Betracht. Sie gehört nicht zu dem unter Schutz gestellten Offenbarungsgehalt der Anmeldung. Patentansprüche können auf sie nicht gestützt werden. Sie wird nicht nach Art. 54 Abs. 3 bei späterer Veröffentlichung der Anmeldung, in der sie enthalten ist, schon mit dem Anmelde- oder Prioritätstag, sondern gemäß Art. 54 Abs. 2 erst mit dem Zeitpunkt ihrer Veröffentlichung zum SdT gegenüber jüngeren Anmeldungen.

45   Für den Inhalt der Zusammenfassung ist R 47 maßgebend. Verlangt wird eine Kurzfassung der in Beschreibung, Ansprüchen und Zeichnungen enthaltenen Offenbarung; sie muss die Bezeichnung der Erfindung enthalten, soll aus höchstens 150 Wörtern bestehen, das technische Gebiet der Erfindung angeben und das technische Problem, den entscheidenden Punkt der erfinderischen Lösung und deren hauptsächliche Verwendungsmöglichkeiten klar verständlich machen.

46   Wenn die Anmeldung chemische Formeln enthält, ist in die Zusammenfassung diejenige zu übernehmen, die die Erfindung am besten kennzeichnet. Gehören zur Anmeldung Zeichnungen, hat der Anmelder eine, ausnahmsweise mehrere davon zur Veröffentlichung mit der Zusammenfassung vorzuschlagen; das EPA ist an den Vorschlag nicht gebunden.

47   Der endgültige Inhalt der Zusammenfassung wird durch die Recherchenabteilung festgelegt (R 66, vgl. → § 29 Rn. 15).

IV. Gebühren für die Anmeldung

48   1. Innerhalb eines Monats nach Einreichung sind für die europäische Anmeldung die **Anmeldegebühr,** die bei Einreichung online 120, andernfalls 210 EUR beträgt, und die **Recherchengebühr** von 1.285 EUR zu entrichten (Art. 78 Abs. 2, R 38). In der gleichen Frist, spätestens aber innerhalb eines Monats nach Mitteilung über ihre Versäumung muss, wenn (in der längsten Reihe, vgl. → Rn. 41) mehr als 15 Patentansprüche aufgestellt sind, für den 16. und jeden weiteren Anspruch bis zu einer Obergrenze von 50 eine **Anspruchsgebühr** von je 235 EUR bezahlt werden. Für den 51. und jeden weiteren Anspruch beträgt die Anspruchsgebühr 580 EUR.

---

[61] EPA 28.5.1985, ABl. 1985, 261 – Anspruchsgebühren – Österreich/Benelux; Rechtsauskunft Nr. 3 des EPA ABl. 1985, 347.
[62] Rechtsauskunft 9/81 des EPA, ABl. 1981, 68; vgl. die EPA-Richtlinien D X 10.1.
[63] EPA 10.8.1983, ABl. 1984, 65 – Unterschiedliche Anspruchssätze/Warner-Lambert; Rechtsauskunft 9/81 des EPA. ABl. 1981, 68.

§ 28. Die europäische Patentanmeldung   **IV § 28**

Für die Benennung von Vertragsstaaten ist nach R 39 Abs. 1 eine **Benennungsgebühr** 49
von 580 EUR zu zahlen. Mit Wirkung vom 1.4.2009 wurde die Gebührenordnung dahin
geändert, dass nur noch eine einheitliche Benennungsgebühr zu bezahlen ist, deren Höhe
nicht mehr von der Anzahl der benannten Vertragsstaaten abhängt.

Die Zahlungsfrist endet erst sechs Monate nach dem Tag, an dem im Europäischen Pa- 50
tentblatt auf die Veröffentlichung des Recherchenberichts hingewiesen worden ist (R 39
Abs. 1), also gleichzeitig mit der Frist für den Prüfungsantrag (R 70 Abs. 1). Der Anmelder
kann daher in Kenntnis des Recherchenberichts entscheiden, für welche Vertragsstaaten er
das europäische Patent letztlich wünscht.

Bei **internationalen Anmeldungen,** für die das EPA Bestimmungsamt oder ausgewähltes Amt 51
ist, beträgt die Frist für die Zahlung der Anmeldegebühr und der Benennungsgebühren 31 Monate
nach dem Anmelde- oder Prioritätstag, also einen Monat nach Ablauf der Frist für den Eintritt in
die „regionale Phase" (R 159 Abs. 1 (c) (d), vgl. Art. 22, 39 PCT). Gleiches gilt für die Recherchengebühr, wenn ein ergänzender europäischer Recherchenbericht erstellt werden muss (R 159 Abs. 1 (e)
iVm Art. 153 Abs. 7, vgl. → § 29 Rn. 22). Soweit Anspruchsgebühren zu entrichten sind, muss
dies grundsätzlich ebenfalls innerhalb der genannten Frist, spätestens aber innerhalb eines Monats
nach Zustellung einer Mitteilung des Amts über die Fristversäumung geschehen (R 162 Abs. 1, 2
Satz 1).

2. Für die europäische Anmeldung sind nach Art. 86[64] **Jahresgebühren** an das EPA 52
zu entrichten, und zwar, gerechnet vom Anmeldetag an, erstmals für das dritte Jahr und
letztmals für das Jahr, in dem der Erteilungshinweis veröffentlicht wird.[65]

Für das europäische *Patent* sind Jahresgebühren nach dem nationalen Recht der Staaten zu zahlen,
für die es erteilt ist (Art. 141, vgl. → § 30 Rn. 5 ff.).

Die **Fälligkeit** der Jahresgebühren für die europäische Anmeldung tritt jeweils für das 53
kommende Jahr am letzten Tag des Monats ein, in dem sich der Anmeldetag jährt; sie
können frühestens ein Jahr vor Fälligkeit wirksam entrichtet werden (R 51 Abs. 1). Eine
bei Fälligkeit noch nicht bezahlte Jahresgebühr kann mit einem fünfzigprozentigen Zuschlag noch innerhalb der folgenden sechs Monate wirksam entrichtet werden (R 51
Abs. 2, Art. 2 Nr. 5 GebO).

Für die Höhe der Gebühr ist stets der bei Fälligkeit geltende Satz maßgebend.

3. **Rechtsfolge** der Nichtzahlung ist der **Verlust von Rechten.** Wenn Anmelde- oder 54
Recherchengebühr nicht oder nicht vollständig bezahlt sind, gilt die Anmeldung als
zurückgenommen (Art. 78 Abs. 2 S. 2). Ebenso ist es, wenn eine Jahresgebühr oder der
erforderliche Zuschlag nicht rechtzeitig entrichtet werden (Art. 86 Abs. 1 S. 2). Das Ausbleiben rechtzeitiger Zahlung der Benennungsgebühr hat zur Folge, dass die Anmeldung
als zurückgenommen gilt (R 39 Abs. 2).

Die Nichtzahlung einer erforderlichen Anspruchsgebühr gilt als **Verzicht** auf den be- 55
treffenden Anspruch (R 45 Abs. 3). Dies schließt jedoch nicht aus, dass im Laufe des Erteilungsverfahrens durch eine Neufassung der Ansprüche der ursprüngliche Offenbarungsgehalt der Anmeldung ausgeschöpft wird. Zu einem Rechtsverlust kommt es erst, wenn sich
dabei wiederum gebührenpflichtige Ansprüche ergeben und die hierdurch erforderlich
werdenden Anspruchsgebühren nicht rechtzeitig nach Ankündigung der Patenterteilung
bezahlt werden (R 45 Abs. 1, R 71 Abs. 6, 7).

Bei Versäumung der Frist zur Zahlung einer Jahresgebühr kann nach Art. 122, R 136 56
Wiedereinsetzung, bei Versäumung einer anderen der vorstehend behandelten Zahlungsfristen nach Art. 121, R 135 Weiterbehandlung beantragt werden (→ § 27 Rn. 24 ff.).

---

[64] Dazu *Gall*, Art. 86, EPÜ-GK, 7. Lfg., 1985.
[65] Gebühren (in EUR) für das 3. bis 9. Jahr: 465–580–810–1040–1155–1265–1380; ab dem 10. Jahr
je 1560.

V. Erfindernennung

57 1. Wenn der Anmelder allein der Erfinder ist, erfolgt die Erfindernennung auf dem Erteilungsantrag (R 19 Abs. 1 Satz 1); andernfalls ist sie in einem gesonderten Schriftstück einzureichen (R 19 Abs. 1 Satz 2), dessen Inhalt sich nach Art. 81 und R 19 Abs. 1 Satz 3 richtet.[66] Zweckmäßig ist die Verwendung des bei allen Einreichungsstellen (vgl. → Rn. 4) erhältlichen Formblatts. Die Richtigkeit der Angaben in der Erfindernennung wird vom EPA nicht geprüft (R 19 Abs. 2).

58 2. Erfolgt die Erfindernennung nicht gleichzeitig mit der Anmeldung, teilt das EPA dem Anmelder mit, dass die Anmeldung zurückgewiesen wird, wenn nicht die Erfindernennung innerhalb von 16 Monaten nach dem Anmeldetag oder, wenn eine Priorität in Anspruch genommen ist, nach dem Prioritätstag nachgeholt wird. Die Frist gilt als eingehalten, wenn die Information vor Abschluss der technischen Vorbereitungen für die Veröffentlichung der Anmeldung (→ § 29 Rn. 26 f.) mitgeteilt wird (R 60 Abs. 1).

59 Zu einer Nachanmeldung des Berechtigten gem. Art. 61 Abs. 1 (b) oder einer Teilanmeldung ist die Erfindernennung innerhalb einer vom Amt zu bestimmenden Frist nachzuholen (R 60 Abs. 2). Zu einer internationalen Anmeldung, für die das EPA Bestimmungsamt oder ausgewähltes Amt ist, muss sie, wenn sie bei Ablauf der Frist für den Eintritt in die „regionale Phase" (R 159 Abs. 1) noch nicht vorliegt, innerhalb von zwei Monaten nach entsprechender Aufforderung erfolgen (R 163 Abs. 1).

60 3. Ein **Verzicht** des als Erfinder Genannten auf die Nennung (R 20 Abs. 1) und die für eine **Berichtigung** der Nennung erforderlichen Zustimmungserklärungen (R 21 Abs. 1) sind beim EPA schriftlich einzureichen.[67]

VI. Prioritätserklärung und -belege

61 1. Da die EPO als solche nicht Mitglied der Pariser Union ist, mussten die Voraussetzungen, unter denen einer europäischen Patentanmeldung die Priorität einer früheren Anmeldung zukommt, und die Prioritätswirkung im EPÜ geregelt werden. Dies geschah nicht durch Verweisung auf die PVÜ. Vielmehr wurde in Art. 87–89 und R 52, 53 (früher 38) eine **selbstständige Regelung** getroffen,[68] die jedoch inhaltlich weitgehend mit den einschlägigen Teilen des Art. 4 PVÜ übereinstimmt und jedenfalls allen Verpflichtungen genügt, die die PVÜ für ihre Vertragsstaaten schafft.[69]

62 2. Prioritätsbegründend ist eine Anmeldung für ein Patent, Gebrauchsmuster oder Gebrauchszertifikat in einem oder mit Wirkung für einen Vertragsstaat der PVÜ (Art. 87 Abs. 1 [a]); gleichgestellt ist durch das EPÜ 2000 eine Anmeldung in einem oder mit Wirkung für einen Mitgliedstaat der WTO, auch wenn dieser nicht der PVÜ angehört (Art. 87 Abs. 1 [b]).

63 Eine Anmeldung bei einer weder der PVÜ noch dem WTO-Übereinkommen unterliegenden Behörde ist prioritätsbegründend, wenn der Präsident des EPA bekanntgemacht hat, dass diese Behörde europäische Anmeldungen unter Voraussetzungen und mit Wirkungen als prioritätsbegründend anerkennt, die denjenigen der PVÜ vergleichbar sind (Art. 87 Abs. 5).

64 Die Priorität kommt der europäischen Nachanmeldung auch für den- oder diejenigen der darin benannten Staaten zugute, auf den (die) sich die Voranmeldung bezieht.[70] Da diese auch eine europäische Anmeldung sein kann, erübrigte es sich, eine besondere „innere Priorität" vorzusehen.[71] Die Inanspruchnahme der Priorität einer beim DPMA einge-

---

[66] Dazu die EPA-Richtlinien A III 5; vgl. auch → § 20 Rn. 132 ff.
[67] EPA-Richtlinien A III 5.2 und 5.6.
[68] Vgl. EPA 11.6.1981, ABl. 1981, 213 (216).
[69] Vgl. *Teschemacher* GRUR-Int 1983, 695–702 (697).
[70] Sogenannte Selbstbenennung, vgl. BGH 20.12.1981, BGHZ 82, 88 – Roll- und Wippbrett.
[71] EPA 17.6.2004, ABl. 2006, 153 = GRUR-Int 2006, 422 Rn. 26 – Seuchenhafter Spätabort der Schweine/SPLO.

§ 28. Die europäische Patentanmeldung

reichten Patentanmeldung zugunsten einer europäischen Nachanmeldung, in der Deutschland benannt ist, hat in keinem Fall zur Folge, dass die deutsche Anmeldung gemäß § 40 Abs. 5 PatG als zurückgenommen gilt. Es ist lediglich Art. II § 8 IntPatÜG anzuwenden (vgl. → § 24 Rn. 119, 165, → § 26 Rn. 120).

Das EPA lässt es zu, die Priorität derselben Voranmeldung innerhalb der Prioritätsfrist 65 für mehrere europäische Nachanmeldungen zu beanspruchen, nimmt also nicht an, dass sich das Prioritätsrecht durch die erste Nachanmeldung „erschöpfe".[72]

Das Erfordernis der „vorschriftsmäßigen nationalen Anmeldung" ist in Art. 87 Abs. 2, 3 66 entsprechend Art. 4 A Abs. 2, 3 PVÜ, der Begriff der ersten Anmeldung,[73] von deren Einreichung an die zwölfmonatige Prioritätsfrist läuft, in Art. 87 Abs. 4 entsprechend Art. 4 C Abs. 4 PVÜ bestimmt[74]. Zur Inanspruchnahme der Priorität berechtigt ist der Anmelder der Voranmeldung oder derjenige, auf den das hierdurch begründete Prioritätsrecht durch Rechtsnachfolge übergegangen oder dem sie übertragen[75] worden ist. Der Nachanmelder braucht nicht Verbandsangehöriger im Sinne von Art. 2, 3 PVÜ zu sein.[76]

3. Die Inanspruchnahme der Priorität richtet sich nach Art. 88 und R 52, 53, die mit 67 Art. 4 D, F und H PVÜ im Einklang stehen.[77] Die **Prioritätserklärung** besteht aus der Angabe des Tags und Aktenzeichens der früheren Anmeldung sowie des Staats, in dem oder für den sie eingereicht wurde (R 52 Abs. 1). Sie soll bei Einreichung der europäischen Anmeldung, kann aber noch bis zum Ablauf des 16. Monats nach dem Prioritätstag abgegeben werden (R 52 Abs. 2). Innerhalb der gleichen Frist ist eine **Abschrift der früheren Anmeldung** einzureichen, die ebenso wie der Tag der Einreichung von der Behörde beglaubigt sein muss, bei der die Voranmeldung erfolgt ist (R 53 Abs. 1).

In bestimmten Fällen wird gemäß den vom Präsidenten des EPA festgelegten Bedingungen eine 68 dem EPA zugängliche Abschrift zu den Akten der Nachanmeldung genommen (R 53 Abs. 2). Dies gilt derzeit, wenn die Voranmeldung eine europäische oder eine beim EPA eingereichte oder in die regionale Phase eingetretene internationale oder eine beim japanischen PA eingereichte Anmeldung ist[78]. VI

Ist die Sprache der früheren Anmeldung keine Amtssprache des EPA, ist nach R 53 69 Abs. 3 eine amtssprachige Übersetzung beizubringen, wenn das Amt hierzu auffordert, weil die Wirksamkeit der Prioritätsbeanspruchung für die Beurteilung der Patentierbarkeit der angemeldeten Erfindung relevant ist. Der Übersetzung bedarf es nicht, wenn eine Erklärung vorgelegt wird, wonach die europäische Anmeldung eine vollständige Übersetzung der früheren Anmeldung ist. Wird eine angeforderte Übersetzung nicht fristgerecht vorgelegt, erlischt seit 1.4.2013[79] der aus dieser Anmeldung folgende Prioritätsanspruch für die

---

[72] EPA 17.6.2004, ABl. 2006, 153 = GRUR-Int 2006, 422 Rn. 27–39 – Seuchenhafter Spätabort der Schweine/SPLO mN; anders nur EPA 15.9.2003, ABl. 2005, 229 = GRUR-Int 2005, 606 – Hautäquivalent/L'Oréal; hiergegen mit eingehender Begründung T 15/01 Rn. 34 ff.; krit. auch *Bremi/Liebetanz* Mitt. 2004, 148 (152 f.); nun auch *Bremi* GRUR-Int 2018, 125 ff.

[73] Dazu *Teschemacher* Mitt. 2007, 536 ff., der insbes. darauf hinweist, dass eine spätere Anmeldung der gleichen Erfindung, sofern sie auf den gleichen Erfindungsakt zurückgeht, also nicht auf einer Parallelerfindung beruht, auch dann kein Prioritätsrecht begründet, wenn sie einen anderen Anmelder hat als die Erstanmeldung.

[74] Eine Anmeldung, die sich von einer vorausgehenden nur durch eine Einschränkung des Schutzumfangs (zB einen Disclaimer) unterscheidet, die nichts an der Natur der Erfindung ändert, kann nicht Grundlage der Prioritätsbeanspruchung sein, wenn die frühere Anmeldung spurlos untergegangen ist, EPA 12.9.1991, ABl. 1993, 318 – Priorität/Air Products and Chemicals.

[75] Zur konkludenten Übertragung des Rechts zur Inanspruchnahme der Priorität im Konzern BGH 16.4.2013, GRUR 2013, 712 Rn. 11–17 – Fahrzeugscheibe.

[76] *Teschemacher* GRUR-Int 1983, 695 (699).

[77] Dazu auch die Beschlüsse über die Einreichung von Prioritätsunterlagen ABl. EPA 2007 Sonderausgabe 3, 22 (B. 1) und 24 (B. 2).

[78] Vgl. *Bremi* in Singer/Stauder Art. 88 Rn. 34.

[79] Beschluss des Verwaltungsrats zur Änderung von Regel 53 AusfO, ABl. EPA 2012, 442.

§ 28 VI 4. Abschnitt. Entstehung und Wegfall von Patenten und Gebrauchsmustern

europäische Anmeldung. Der Anmelder oder Inhaber des europäischen Patents wird hiervon unterrichtet.

70 Wenn bei Ablauf der jeweils maßgebenden Frist die Angabe des Aktenzeichens der Voranmeldung oder ihre Abschrift mit den zugehörigen Beglaubigungen fehlt, fordert das EPA den Anmelder unter Fristsetzung zur Beseitigung des Mangels auf; das Prioritätsrecht erlischt erst dann, wenn auch die vom Amt gesetzte Frist nicht eingehalten wird (R 59, Art. 90 Abs. 5 S. 2).[80]

71 Die Prioritätserklärung kann gem. R 52 Abs. 3 **berichtigt** werden. Dies muss innerhalb von 16 Monaten nach dem – gegebenenfalls berichtigten – Prioritätstag erfolgen, jedenfalls aber binnen vier Monaten nach dem Anmeldetag der europäischen Anmeldung.

72 4. **Mehrere Prioritäten** für dieselbe europäische Anmeldung sind zulässig, auch wenn sie aus verschiedenen Staaten stammen (Art. 88 Abs. 2). Für den Beginn der Fristen, die vom Prioritätstag an laufen, ist dann der **früheste Prioritätstag** maßgebend. Wurde die **Stammanmeldung von mehreren Personen eingereicht,** sollen nach *Scharen* auch einzelne der Erstanmelder prioritätsberechtigt sein.[81]

73 5. Die **Wirkung des Prioritätsrechts** besteht nach Art. 89 darin, dass für die Anwendung von Art. 54 Abs. 2 und 3 und Art. 60 Abs. 2 der Prioritätstag als Tag der europäischen Anmeldung gilt. Daher bestimmen sich der SdT, nach dem die Patentierbarkeit des Gegenstands dieser Anmeldung zu beurteilen ist, und ihr Verhältnis zu anderen Anmeldungen, soweit sie sich auf den gleichen Gegenstand und die gleichen Vertragsstaaten beziehen, nach dem Prioritätstag. Das Prioritätsrecht umfasst jedoch für jede wirksam in Anspruch genommene Priorität den Gegenstand der europäischen Anmeldung nur insoweit, als er dem **Offenbarungsgehalt**[82] der prioritätsbegründenden Anmeldung entspricht (Art. 88 Abs. 3 und 4).

74 Werden in der europäischen Nachanmeldung Gegenstände beansprucht, die in der Voranmeldung nicht offenbart waren, ist, wie die GBK entschieden hat, die Inanspruchnahme der Priorität unwirksam, weil Vor- und Nachanmeldung *nicht dieselbe Erfindung* betreffen; folglich kann ein im Prioritätsintervall veröffentlichtes Dokument, dessen Inhalt demjenigen der Voranmeldung entspricht, der europäischen Nachanmeldung entgegengehalten werden[83]. Um diese Rechtsfolge zu vermeiden, haben manche Beschwerdeentscheidungen mit unterschiedlichen Begründungen trotz gewisser Abweichungen zwischen Vor- und Nachanmeldung angenommen, dass sich beide auf dieselbe Erfindung bezögen. Die GBK hat dann klargestellt, dass die Priorität einer früheren Anmeldung für einen Anspruch in einer europäischen Patentanmeldung gem. Art. 88 nur dann anzuerkennen ist, wenn der Fachmann den Gegenstand des Anspruchs unter Heranziehung des allgemeinen Fachwissens unmittelbar und eindeutig der früheren Anmeldung als Ganzes entnehmen kann[84]. Der Offenbarungsgehalt einer Voranmeldung ist also nach den gleichen Grundsätzen zu beurteilen wie derjenige einer Anmeldung nach Art. 83. Die Bedeutung der beiden Entscheidungen liegt aber auch darin, dass sie die Inanspruchnahme von Teilprioritäten innerhalb desselben Anspruchs ausschließen.[85]

---

[80] Vgl. EPA 17.7.1980, ABl. 1980, 289.

[81] *Scharen* GRUR 2016, 446 (447 ff.).

[82] Es genügt nicht, dass der Gegenstand der Nachanmeldung von dem in einem Anspruch der Voranmeldung definierten Schutzbereich umfasst wird, EPA 29.1.1991, ABl. 1993, 40 – Avalanche-Photodioden/Fujitsu.

[83] EPA 18.6.1994, ABl. 1995, 18 – Prioritätsintervall.

[84] EPA 31.5.2001, ABl. 2001, 413 – Erfordernis für die Inanspruchnahme einer Priorität für ‚dieselbe Erfindung'. Es handelt sich nicht um „dieselbe Erfindung", wenn nur die jüngere europäische Patentanmeldung einen „Disclaimer" enthält, EPA 4.7.2008, Mitt. 2009, 230 (231) – Synergistische Biozidzusammensetzung.

[85] sonEPA 29.11.2016, Mitt. 2017, 113 (119 ff.) – Partial Priority; 9.11.2017, Mitt. 2018, 277 (278 ff.) – Johnson&Johnson.

§ 28. Die europäische Patentanmeldung VII **§ 28**

Der BGH hat sich der GBK angeschlossen[86] und 2014 nochmals klargestellt, dass zwar **75** der Gegenstand der beanspruchten Erfindung im Prioritätsdokument identisch offenbart sein muss, aber nicht zwingend in den Ansprüchen. Prioritätsdokument in diesem Sinn ist vielmehr die Gesamtheit der Anmeldungsunterlagen (der prioritätsbegründenden Voranmeldung), die die identische Offenbarung enthalten.[87] Weisen alle in einer Stammanmeldung geschilderten Ausführungsbeispiele ein bestimmtes Merkmal auf, kann Schutz für Ausführungsformen ohne dieses Merkmal nicht beansprucht werden, wenn die in der Stammanmeldung beanspruchten Mittel ein Problem lösen sollen, das die Existenz dieses Merkmals voraussetzt.[88] Ausreichend für die Möglichkeit zur Inanspruchnahme der Priorität einer Voranmeldung mit Bereichsangabe ist, dass der in der Nachanmeldung beanspruchte Einzelwert oder Teilbereich im Bereich der Voranmeldung liegt und dort als mögliche Ausführungsform der Erfindung offenbart wurde.[89]

VII. Einheitlichkeit des Anmeldungsgegenstands[90]

1. Die europäische Patentanmeldung darf nach Art. 82 nur eine einzige Erfindung **76** enthalten oder eine Gruppe von Erfindungen, die untereinander in der Weise verbunden sind, dass sie eine einzige allgemeine erfinderische Idee verwirklichen[91]. Zweck der Vorschrift ist es, das im Interesse eines rationellen Ablaufs des Erteilungsverfahrens und der schnellen, sicheren Information über Anmeldungen und Patente erforderliche Mindestmaß an Übersichtlichkeit zu gewährleisten und eine ungerechtfertigte Einsparung von Gebühren zu verhindern, ohne dass Zusammengehöriges unnötig zerstückelt wird.[92]

Nach R 44 erfüllt eine Gruppe von Erfindungen das Erfordernis der Einheitlichkeit **77** nach Art. 82 nur dann, wenn zwischen den Erfindungen „ein technischer Zusammenhang besteht, der in einem oder mehreren gleichen oder entsprechenden besonderen technischen Merkmalen zum Ausdruck kommt", worunter diejenigen zu verstehen sind, „die einen Beitrag jeder Erfindung als Ganzes zum Stand der Technik bestimmen". Für die Frage, ob dies zutrifft, kommt es nicht darauf an, ob die Erfindungen in gesonderten Ansprüchen oder als Alternativen innerhalb eines einzigen Anspruchs beansprucht werden. Die AusfO zum PCT enthält in R 13.1–13.3 für internationale Anmeldungen eine mit Art. 82, R 44 EPÜ übereinstimmende Regelung.

2. Im EPA gibt meist die Erstellung des Recherchenberichts ersten Anlass zur Prüfung **78** der Einheitlichkeit, da im Fall ihres Fehlens die Recherche zunächst nur für einen Teil des Anmeldungsgegenstands und für weitere Teile nur gegen Zahlung zusätzlicher Gebühren durchzuführen ist (→ § 29 Rn. 12 ff.). Das gilt auch für die Tätigkeit des EPA als internationale Recherchenbehörde gemäß dem PCT. Nach der vor dem EPÜ 2000 geltenden Regelung entschieden die BKn nicht nur über Beschwerden gegen Entscheidungen, die Gebühren für die europäische Recherche betreffen, sondern nach Art. 154 Abs. 3 aF iVm R 105 Abs. 3 aF auch über Widersprüche gegen die Festsetzung einer zusätzlichen Gebühr durch das EPA als internationale Recherchenbehörde. Daraus resultiert eine verhältnismäßig reichhaltige Rechtsprechung zu Fragen der Einheitlichkeit. Nach dem EPÜ 2000 sind die BKn zur Entscheidung über Widersprüche nicht mehr zuständig. Auf der Grundla-

---

[86] 11.9.2001, GRUR-Int 2002, 154 – Luftverteiler; 14.10.2003, GRUR 2004, 133 (Nr. II 2) – elektronische Funktionseinheit; vgl. – auch zur Kritik – → § 24 Rn. 129 ff.
[87] BGH 11.2.2014, GRUR 2014, 542 Rn. 21 – Kommunikationskanal.
[88] BGH 7.11.2017, GRUR 2018, 175 Rn. 34 f. – Digitales Buch in ausdrücklicher Ergänzung zu BGH 11.2.2014, GRUR 2014, 542 Rn. 21 – Kommunikationskanal.
[89] BGH 15.9.2015, Mitt. 2015, 559 Rn. 34 f. – Teilreflektierende Folie.
[90] Dazu *Teschemacher,* Art. 82, EPÜ-GK, 7. Lfg., 1985.
[91] Zu diesem Erfordernis EPA 19.12.1990, ABl. 1991, 438 – Einzige allgemeine Idee/Draenert.
[92] EPA 8.3.1983, ABl. 1983, 274 (278) – Benzylester/Bayer; 9.12.1991, ABl. 1992, 253 – Einheitlichkeit/Siemens.

ge von R 158 Abs. 3 EPÜ 2000 ist ein den Vorgaben von R 40.2 (c)–(e) PCT entsprechendes vereinfachtes Verfahren vor Überprüfungsstellen eingeführt worden.[93]

79 3. Bejaht wurde die Einheitlichkeit beispielsweise bei Anmeldungen, in denen sowohl Zwischen- als auch daraus hergestellte Endprodukte und Verfahren zur Herstellung der Endprodukte beansprucht waren[94]; bei Beanspruchung eines Gemisches und eines wesentlichen Bestandteils davon oder einer eng definierten Variante dieses Bestandteils[95]; bei Anmeldung eines Verfahrens und einer zu dessen Ausführung besonders entwickelten Vorrichtung, auch wenn diese nicht nur für diese Verwendung beansprucht ist[96]; für die auf unterschiedlichen Eigenschaften beruhende einerseits therapeutische, andererseits kosmetische Verwendung eines Erzeugnisses[97]; für Ansprüche auf Produkte und ein Verfahren zu deren Herstellung, auch wenn dieses außerdem zur Herstellung anderer Produkte verwendbar ist[98].

VIII. Teilanmeldung.[99] Neue Anmeldung nach Art. 61

80 1. Für einen Gegenstand, der vom Offenbarungsgehalt einer europäischen Anmeldung umfasst ist, können der oder die Anmelder[100] (dieser Anmeldung) eine europäische Teilanmeldung einreichen. In ihr gelten als benannt alle Vertragsstaaten, die bei ihrer Einreichung in der früheren Anmeldung benannt waren (Art. 76 Abs. 2). Als **Anmeldetag** der Teilanmeldung gilt der Anmeldetag der früheren Anmeldung (Stammanmeldung). Formfehler der Teilanmeldung hindern jedenfalls dann nicht die Zubilligung des in Art. 76 Abs. 1 S. 2 EPÜ vorgesehenen Zeitrangs in einem Nichtigkeitsverfahren, wenn der Fehler später behoben wurde, als die Teilanmeldung noch zulässig war.[101] Eine für diese wirksam in Anspruch genommene **Priorität** kommt der Teilanmeldung ohne erneute Prioritätserklärung zugute.[102] Dass muss so sein, weil die Teilanmeldung aus einer anderen Anmeldung hervorgeht und den durch sie begründeten Erteilungsanspruch für einen Teil seines Gegenstands unter Wahrung seines Zeitrangs gesondert verfolgt. Dies kann die Teilanmeldung zu einer neuheitsschädlichen Entgegenhaltung werden lassen, einem *poisonous divisional*.[103]

81 Überschneidungen in den Ansprüchen sind nicht unzulässig. Vielmehr darf ein unabhängiger Anspruch der Stammanmeldung alle Merkmale eines unabhängigen Anspruchs der Teilanmeldung in Verbindung mit einem zusätzlichen Merkmal enthalten.[104]

---

[93] Beschluss und Mitteilung vom 24.6.2007, ABl. EPA 2007 Sonderausgabe 3, 140 (N. 1) und 146 (N. 2). Für internationale Anmeldungen, die vor Inkrafttreten des EPÜ 2000 bereits eingereicht waren, gilt aber noch die alte Regelung.
[94] EPA 8.3.1983, ABl. 1983, 274 (278) – Benzylester/Bayer; 29.4.1982, ABl. 1982, 306 (309 f.) – Copolycarbonate; 27.4.1987, ABl. 1988, 134 – Hydroxypyrazole/BASF; 11.5.1992, ABl. 1993, 680 – Einheitlichkeit/ICI.
[95] EPA 5.6.1987, ABl. 1988, 211 – Isolierpulver/Minnesota.
[96] EPA 28.11.1988, ABl. 1990, 138.
[97] EPA 14.5.1985, ABl. 1986, 295 – Thenoylperoxid/Roussel-Uclaf.
[98] EPA 20.10.1999, GRUR-Int 2000, 768 – Percarbonat.
[99] Vgl. *Strebel* Mitt. 1982, 129–138; *Bossung*, Art. 76, EPÜ-GK, 8. Lfg., 1986.
[100] Mehrere Anmelder der Stammanmeldung können eine Teilanmeldung nur gemeinsam einreichen, EPA 4.2.2004, ABl. 2005, 88 = GRUR-Int 2005, 507 – Teilanmeldung/The Trustees of Dartmouth College.
[101] BGH 5.10.2016, Mitt. 2017, 28 Rn. 26–33 – Opto-Bauelement.
[102] Vgl. die EPA-Richtlinien A IV 1.2.2.
[103] Zum damit beschriebenen Paradox *Teschemacher* Mitt. 2014, 16 ff.; *Walder-Hartmann* GRUR-Int 2014, 17 ff.; *Stamm* Mitt. 2015, 5 ff. In Ansehung der GBK-Entscheidungen G1/15 und G1/16 auch *Hüttermann* Mitt. 2018, 53 ff. sowie *Schultz/Geißler* GRUR-Int 2018, 536.
[104] EPA 12.5.2000, ABl. 2000, 497 – Anspruch der Teilanmeldung kollidiert mit Anspruch des Stammpatents. Hingegen lässt sich nach Meinung von EPA 3.7.2007, ABl. 2009, 422 (428 ff.) = GRUR-Int 2009, 1031 (1033) – Doppelpatentierung ein Verbot kollidierender Ansprüche auf Art. 60 EPÜ stützen.

§ 28. Die europäische Patentanmeldung **VIII § 28**

Der Zeitrang beschränkt sich auf den Offenbarungsgehalt der früheren Anmeldung. **82**
Soweit der Gegenstand der Teilanmeldung hierüber hinausgeht, hat diese keine Wirkung,
auch nicht für den Zeitpunkt, in dem die Teilanmeldung eingereicht wird.[105] Die unzulässige Erweiterung ist im Erteilungsverfahren zu beseitigen.[106]

Eine Teilanmeldung wurde auch insoweit für nicht mehr zulässig erachtet, als der Anmelder aus der **83**
Stammanmeldung Ansprüche gestrichen hatte, ohne sich eine Teilanmeldung vorzubehalten[107]. Die
Annahme eines Teilverzichts, die dieser Auffassung zugrunde liegt, begegnet auch bei europäischen
Anmeldungen den schon dargestellten Bedenken (→ § 25 Rn. 165 ff.). Zugelassen wurde jedoch eine
Teilanmeldung nach Zurückverweisung durch die BK, obwohl sich der Anmelder mit der von dieser
für die Erteilung eines Patents beschlossenen Fassung einverstanden erklärt hatte[108].

Ist die Anmeldung, auf die sich die Teilanmeldung stützt, ihrerseits eine Teilanmeldung, **84**
muss sich die zweite Teilanmeldung im Rahmen des gegebenenfalls eingeschränkten Offenbarungsgehalts der ersten Teilanmeldung halten.[109] Deshalb empfiehlt es sich, eine weitere Teilanmeldung auf die ursprüngliche Anmeldung zu stützen, wenn diese noch anhängig
ist. Hinzu kommt, dass in manchen neueren Entscheidungen die Möglichkeit von Teilanmeldungen „zweiter Generation" stark eingeschränkt wird. So ist einer Teilanmeldung
zweiter Generation, die sich auf eine gegenüber der Stammanmeldung erweiterte Teilanmeldung „erster Generation" stützte, die „Gültigkeit" abgesprochen worden, weil schon
die erste Teilanmeldung „ungültig" gewesen sei.[110] Der Wortlaut des Art. 76 Abs. 1[111] deutet
aber eher darauf hin, dass einer Teilanmeldung, auch wenn ihr Offenbarungsgehalt über
denjenigen der Stammanmeldung hinausgeht, der Anmeldetag der letzteren zukommt,[112]
soweit sich ihr Gegenstand im Rahmen des Offenbarungsgehalts der Stammanmeldung
hält. Dann ist sie nicht „ungültig",[113] sondern lediglich unzulässig erweitert, was im Prüfungsverfahren behoben werden kann.[114] Gleiches gilt für eine zweite Teilanmeldung, wenn
sie über den Offenbarungsgehalt der Stammanmeldung oder den gegebenenfalls engeren
Offenbarungsgehalt der ersten Teilanmeldung hinausgeht, wobei es jeweils auf den gesamten Offenbarungsgehalt der vorausgegangenen Anmeldung(en), nicht aber darauf ankommt,
was in dieser (diesen) beansprucht ist.[115] Der GBK liegen Fragen vor zu den Rechtsfolgen,
die eintreten, wenn eine Teilanmeldung über den Inhalt der früheren Anmeldung hinausgeht[116] und zu den Anforderungen, die sich aus der Unzulässigkeit solcher Erweiterung
bei einer Folge von Teilanmeldungen ergeben.[117]

---

[105] *Strebel* Mitt. 1982, 129 (130 f.).
[106] EPA-Richtlinien A IV 1.2.1.
[107] EPA 10.7.1986, ABl. 1986, 395 – Verzicht auf Anspruch.
[108] EPA 6.5.1999, ABl. 1999, 687 – Teilanmeldung.
[109] EPA 30.3.2006, ABl. 2007, 113 Rn. 3.2.30 – Folge von Teilanmeldungen/Seiko mN.
[110] EPA 13.7.2004, ABl. 2005, 110 = GRUR-Int 2005, 431 – Teilung einer Teilanmeldung/Tritonic;
krit. in Urteilsanmerkung hierzu: *Schmidt-Evers/Thun* Mitt. 2006, 79 f.; ablehnend EPA 30.3.2006, ABl.
2007, 113 Rn. 3.2.2, 3.2.27–31 – Folge von Teilanmeldungen/Seiko.
[111] „Soweit diesem Erfordernis entsprochen ist" – „in so far as this requirement is complied with" –
„dans la mesure, où il est satisfait à cette exigence".
[112] EPA 30.3.2006, ABl. 2007, 113 Rn. 3.2.13 – Folge von Teilanmeldungen/Seiko zeigt, dass die
Zuerkennung eines Anmeldetags für die Teilanmeldung nicht davon abhängt, dass sie sich im Rahmen
des Offenbarungsgehalts der Stammanmeldung hält.
[113] Zutreffend weist EPA 30.3.2006, ABl. 2007, 113 Rn. 3.2.2 – Folge von Teilanmeldungen/Seiko
darauf hin, dass die Begriffe „gültig" und „ungültig" im EPÜ nicht vorkommen.
[114] So die EPA-Richtlinien A IV 1.2.1, C IX 1.4; vgl. auch *Bremi/Harrison* Mitt. 2006, 49 (51, 52 f.);
Schmidt-Evers/Thun Mitt. 2006, 56 f.
[115] Krit. zu Entscheidungen, die auf die Ansprüche der vorausgehenden Anmeldung(en) abstellen,
EPA 30.3.2006, ABl. 2007, 113 Rn. 3.1.1–3.1.8 – Folge von Teilanmeldungen/Seiko mN; *Bremi/
Harrison* Mitt. 2006, 49 (53).
[116] EPA 26.8.2005, ABl. 2006, 362 = GRUR-Int 2006, 521 – Teilanmeldung/Astropower: Die
Entscheidung bezieht sich auf eine frühere Fassung des britischen PatG, die inzwischen im Sinne der

§ 28 VIII   4. Abschnitt. Entstehung und Wegfall von Patenten und Gebrauchsmustern

85   2. Wegen ihres Bezugs zur ursprünglichen Anmeldung kann die Teilanmeldung nur **unmittelbar beim EPA,** nicht aber bei nationalen Behörden eingereicht werden (Art. 76 Abs. 1 S. 1, R 36 Abs. 2). Dabei bleibt die Verfahrenssprache der Stammanmeldung maßgebend.

86   Im Übrigen ist das durch die Teilanmeldung eingeleitete Verfahren **selbstständig.** Anders als die Teilung im PatG (vgl. → § 25 Rn. 183 ff.) wird es nicht in dem von der Stammanmeldung erreichten Stadium fortgesetzt, sondern wird die Teilanmeldung wie eine **neue Anmeldung** behandelt.[118]

87   3. Eine Teilanmeldung kann nach R 36 Abs. 1 zu einer **anhängigen** früheren **europäischen Anmeldung**[119] eingereicht werden, die auch bereits eine Teilanmeldung sein kann. Anhängig ist die frühere Anmeldung von ihrer Einreichung bis zu ihrer Erledigung durch Veröffentlichung des Hinweises auf die Erteilung eines Patents,[120] durch nicht mehr mit Beschwerde anfechtbare Zurückweisung[121], durch Zurücknahme[122] oder durch Verfall[123]. Die Teilanmeldung kann nur für Vertragsstaaten eingereicht werden, für die die frühere Anmeldung noch wirksam ist, deren Benennung also nicht zurückgenommen wurde, noch mangels Gebührenzahlung als zurückgenommen gilt (vgl. → Rn. 10).

Zwischen freiwilliger Teilung und Teilung wegen Beanstandung von Uneinheitlichkeit unterscheidet das europäische Recht seit 1988 nicht mehr.[124]

88   4. Für die Teilanmeldung sind die Anmelde- und die Recherchengebühr innerhalb eines Monats nach Einreichung, die Benennungsgebühren innerhalb von sechs Monaten nach

---

Zulässigkeit nachträglicher Beseitigung einer in der Teilanmeldung enthaltenen Erweiterung geändert wurde, und verkennt wesentliche Unterschiede im Wortlaut jener Vorschrift („An application for a patent (the later application) shall not be allowed to be filed ... in respect of any matter disclosed in an earlier application ... if the later application discloses matter which extends beyond that disclosed in the earlier application as filed ...") und dem Wortlaut des Art. 76 Abs. 1 S. 2 EPÜ idF von 1973: (A European divisional application) „may be filed only in respect of subject-matter which does not extend beyond the content of the earlier application as filed; in so far as this provision is complied with, the divisional application shall be deemed to have been filed on the date of filing of the earlier application ..."; im EPÜ 2000 wurde lediglich „provision" durch „requirement" ersetzt. Vgl. auch *Bremi/Harrison* Mitt. 2006, 49 (54), wo hervorgehoben ist, dass die frühere britische Vorschrift keine dem 2. Hs. von Art. 76 Abs. 1 S. 2 EPÜ entsprechende Aussage enthalten hatte.

[117] EPA 30.3.2006, ABl. 2007, 113 Rn. 3.2.30 – Folge von Teilanmeldungen/Seiko mN.
[118] *Strebel* Mitt. 1982, 129.
[119] Darunter ist eine Patentanmeldung zu verstehen, die beim EPA anhängig ist, EPA 1.9.2010, ABl. 2011, 480 = GRUR-Int 2011, 755 – anhängige frühere europäische Patentanmeldung. Eine internationale Anmeldung muss die Voraussetzungen des Art. 22 PCT erfüllen, um als beim EPA anhängig angesehen zu werden, ABl. 2011, 480 = GRUR-Int 2011, 755.
[120] Eine unzulässige Beschwerde gegen den Erteilungsbeschluss bewirkt nicht, dass die Stammanmeldung wieder anhängig wird, EPA 4.10.2005, ABl. 2006, 597 = GRUR-Int 2006, 154 Rn. 5 ff. – Teilanmeldung/Ericsson. – Für eine nach Veröffentlichung des Erteilungsbeschlusses eingereichte Teilanmeldung kann keine Wiedereinsetzung erlangt werden; so mit ausführlicher Begründung EPA 4.5.2005, ABl. 2006, 560 = GRUR-Int 2007, 246 – Begriff der Frist/Microsoft; ebenso schon EPA 17.2.2004, ABl. 2004, 544 = GRUR-Int 2005, 330 – Definition einer Frist. Für eine Weiterbehandlung gem. dem EPÜ 2000 wird das gleiche gelten müssen, weil sie ebenfalls das Versäumen einer *Frist* voraussetzt.
[121] Die europäische Patentanmeldung ist, auch wenn keine Beschwerde eingelegt worden ist, bis zum Ablauf der Beschwerdefrist anhängig, EPA 27.9.2010, ABl. 2011, 36 = GRUR-Int 2012, 657 – anhängige Anmeldung (Vorlagefrage der Juristischen BK, EPA 27.5.2009, ABl. 2010, 100 = GRUR-Int 2010, 416 – Anhängige Anmeldung).
[122] Gilt auch in dem Fall, dass die Anmeldung wegen Nichtzahlung der Jahresgebühr als zurückgenommen gilt und die Frist für einen Wiedereinsetzungsantrag noch läuft, EPA 25.1.2011, ABl. 2012, 515 = Mitt. 2012, 273 – pending earlier application.
[123] Vgl. *Dobrucki/Bacchin* in Benkard EPÜ Art. 76 Rn. 19 ff.
[124] *Teschemacher* in Singer/Stauder Art. 76 Rn. 22.

dem Tag zu entrichten, an dem im Patentblatt auf die Veröffentlichung des Recherchenberichts *für die Teilanmeldung* hingewiesen worden ist (R 36 Abs. 3, 4).

Bei den Jahresgebühren ist zu beachten, dass die Gebührenpflicht für die Teilanmeldung mit dem dritten Jahr nach dem Anmeldetag der Stammanmeldung einsetzt, der als Anmeldetag auch der Teilanmeldung gilt. Die Jahresgebühren, die demgemäß bis zur Einreichung der Teilanmeldung fällig geworden wären, werden bei Einreichung fällig (R 51 Abs. 3 Satz 1). Sie sind innerhalb der folgenden vier Monate zuschlagfrei nachzuentrichten; eine innerhalb dieser Frist fällig werdende weitere Jahresgebühr kann ebenfalls bis zum Fristablauf zuschlagfrei entrichtet werden (R 51 Abs. 3 Satz 2). Wird dies versäumt, können die Jahresgebühren mit einem Zuschlag von 50 % noch innerhalb von sechs Monaten nach Fälligkeit, also nach Einreichung der Teilanmeldung bzw. nach der innerhalb der folgenden vier Monate eingetretenen Fälligkeit, entrichtet werden (R 51 Abs. 3 Satz 3 mit Abs. 2 und Art. 2 Nr. 5 GebO). 89

5. Für die Teilanmeldung ist eine eigene Erfindernennung erforderlich. Fehlt sie, fordert das Amt den Anmelder unter Fristsetzung auf, sie nachzuholen (R 60 Abs. 2). 90

6. Werden Gebühren nicht rechtzeitig bezahlt oder die Erfindernennung nicht rechtzeitig nachgeholt, treten die bereits behandelten Rechtsfolgen ein (→ Rn. 54 f., 59 f.). 91

7. Für eine **neue Anmeldung,** die gemäß Art. 61 Abs. 1 (b) von dem durch rechtskräftige Entscheidung ausgewiesenen Inhaber des Rechts auf das europäische Patent für die von einem Nichtberechtigten angemeldete Erfindung eingereicht worden ist, gilt Art. 76 Abs. 1 entsprechend (Art. 61 Abs. 2, → § 20 Rn. 84 ff.). 92

Die Verweisung greift erst, wenn die neue Anmeldung bereits eingereicht ist. Dem entspricht, dass diese – anders als nach R 36 Abs. 2 die Teilanmeldung – nicht nur unmittelbar beim EPA eingereicht werden kann, sondern auch bei den nationalen Behörden.[125] 93

Die neue Anmeldung kann nur für einen vom Offenbarungsinhalt der unrechtmäßigen Anmeldung umfassten Gegenstand eingereicht werden. Soweit sie diesem Erfordernis entspricht, kommen ihr Anmeldetag und Priorität jener Anmeldung zu. Das kann freilich, obwohl in Art. 61 Abs. 2 nicht auf Art. 76 Abs. 2 verwiesen ist, nur für die in der früheren Anmeldung noch wirksam benannten Staaten gelten. Im Erteilungsantrag ist die Nummer dieser Anmeldung anzugeben (R 42 Abs. 2 [f]). Für die Nachholung der Erfindernennung gilt R 60 Abs. 2 (vgl. → Rn. 90). Anmelde- und Recherchegebühr sowie Benennungsgebühr sind in gleicher Weise zu zahlen wie bei Teilanmeldungen (R 17 Abs. 2, 3). Hinsichtlich der Fälligkeit der Jahresgebühren ist vom Anmeldetag der früheren Anmeldung auszugehen. Doch sind für die neue Anmeldung für das (Patent-) Jahr, in dem sie eingereicht wird, und die vorhergehenden Jahre keine Jahresgebühren zu entrichten (R 51 Abs. 6). 94

§ 29. Das Erteilungsverfahren vor dem Europäischen Patentamt

Literatur: *Degwert, H.,* Added Matter im Europäischen Patent, FS Meibom, 2010, 31–42; *Ehlers, J.,* Streichung von Merkmalen in angemeldeten Patentansprüchen: Zugleich Anmerkungen zur BGH-Entscheidung Kommunikationskanal, Mitt. 2014, 301–304; *Hüttermann, A.,* Abschied von Hilbert(?) – Die Entscheidungen G 1/15 und G 1/16, Mitt. 2018, 53–55; *König, R.,* Disclaimer und rechtliche Folgen, Mitt. 2004, 477; *Mes, P.,* Tamsulosin – Eine Überdosis, FS Meibom, 2010, 315–325; *Schrell A.,* „Singling out" oder das „Listen"-Argument vor dem Europäischen Patentamt, GRUR-Int 2007, 672–681; *Sendrowski, H.,* Rechtzeitig: „Fristgemäß" oder „früh genug"? – Zur erhöhten Weiterbehandlungsgebühr im Verfahren vor der EPA-Eingangsstelle, Mitt. 2019, 1–3; *Stortnik, H.-J.,* Erhöhung der Effektivität des Patentprüfungsverfahrens, GRUR 2010, 871–873; *Teschemacher, R.,* Aktuelle Rechtsprechung der Beschwerdekammern des EPA – Notizen für die Praxis, Mitt. 2013, 398–405; *ders.,*

---

[125] *Teschemacher* in Singer/Stauder Art. 75 Rn. 31 f.; *Bremi/Stauder* in Singer/Stauder Art. 61 Rn. 30.

Aktuelle Rechtsprechung der Beschwerdekammern des EPA – Notizen für die Praxis, Mitt. 2014, 379–384; *ders.*, Die Zulässigkeit von Disclaimern nach den Entscheidungen G 1/03 und G 2/03 der Großen Beschwerdekammer des EPA, ABl. EPA Sonderausgabe 2005, 116–131; *ders.*, Die Zusammenführung von Recherche und Prüfung im europäischen Patenterteilungsverfahren, GRUR-Int 2004, 796–803; *Tilmann, W.*, Schutzumfang für Patente in Europa, FS Bartenbach, 2005, S. 301–312; *Waldner-Hartmann, L.*, Die unentrinnbare Falle – (k)ein Exportschlager, Mitt. 2015, 149–160.

I. Eingangs- und Formalprüfung[1]

a) Zuerkennung eines Anmeldetags. Wirkungen der Anmeldung

1   1. Die Eingangsstelle (Art. 16) prüft zunächst, ob die Voraussetzungen erfüllt sind, unter denen der Anmeldung ein Anmeldetag zukommt (Art. 90 Abs. 1). Dies ist nach R 40 der Tag, an dem die vom Anmelder eingereichten Unterlagen mindestens enthalten:[2] (a) einen Hinweis, dass ein europäisches Patent beantragt wird; (b) Angaben, die es erlauben die Identität des Anmelders festzustellen oder mit ihm Kontakt aufzunehmen; (c) eine Beschreibung oder eine Bezugnahme auf eine früher eingereichte Anmeldung. Anders als nach Art. 80 EPÜ 1973 ist somit für die Begründung eines Anmeldetags nicht mehr erforderlich, dass wenigstens ein Patentanspruch formuliert wird. Auch kommt es auf die Sprache der Anmeldung für den Anmeldetag nicht mehr an (→ § 27 Rn. 8 ff.).

2   Bei Bezugnahme auf eine früher eingereichte Anmeldung ist nach R 40 Abs. 3 innerhalb von zwei Monaten eine beglaubigte Abschrift dieser Anmeldung und erforderlichenfalls ihre Übersetzung in einer der Amtssprachen des EPA einzureichen. Die Abschrift kann nach Maßgabe von R 53 Abs. 2 (→ § 28 Rn. 68) als eingereicht gelten (R 40 Abs. 3 Satz 3).

3   Wenn die genannten Mindestvoraussetzungen erfüllt sind, ist der Tag der ersten Einreichung auch Anmeldetag. Andernfalls teilt das EPA dem Anmelder die festgestellten Mängel mit und fordert ihn auf, sie innerhalb von zwei Monaten zu beseitigen (R 55 Satz 1). Geschieht dies, wird dem Anmelder der vom Amt zuerkannte Anmeldetag mitgeteilt. Das ist nicht der Tag der ursprünglichen Einreichung, sondern derjenige, an dem die Mindesterfordernisse nach R 40 erfüllt worden sind. Werden die beanstandeten Mängel nicht rechtzeitig beseitigt, wird die Anmeldung nicht als europäische Patentanmeldung behandelt (Art. 90 Abs. 2). Die erhöhte Weiterbehandlungsgebühr im Verfahren vor der EPA-Eingangsstelle wird aus der Praxis beanstandet.[3]

4   Der Anmelder erleidet jedoch einen endgültigen Rechtsverlust nicht schon dadurch, dass er die Frist für die Mängelbeseitigung versäumt. Er kann weiterhin jederzeit durch Einreichung von Unterlagen, die den Erfordernissen der R 40 genügen, einen Anmeldetag begründen. Freilich verliert er die Zeit, die er zur Erfüllung dieser Erfordernisse benötigt.[4] Das kann dazu führen, dass die Zwölfmonatsfrist für die Inanspruchnahme der Priorität einer früheren Anmeldung versäumt wird oder wegen inzwischen hinzugekommenen Standes der Technik der erstrebte Schutz nicht mehr zu erlangen ist.

5   2. Mit Wirkung vom Anmeldetag wird das Erteilungsverfahren in Gang gesetzt und durch den Offenbarungsgehalt der eingereichten Unterlagen dessen Gegenstand festgelegt. Im Laufe des Verfahrens darf dieser nicht mehr erweitert werden (vgl. → Rn. 87 ff.). Auch etwaige Teilanmeldungen und gem. Art. 61 eingereichte neue Anmeldungen müssen sich in seinem Rahmen halten (vgl. → § 28 Rn. 80 ff.). Soweit der Gegenstand der Anmeldung patentierbar ist, entsteht am Anmeldetag ein öffentlich-rechtlicher Anspruch auf Patenterteilung gegen die EPO. Der für die Patentierbarkeit des Anmeldungsgegenstandes maßgebende Stand der Technik und das Verhältnis der Anmeldung zu anderen europäischen

---

[1] Dazu *Strebel*, Art. 90, 91, EPÜ-GK, 2. Lfg., 1984.
[2] Vgl. *Teschemacher* GRUR-Int 1983, 695 (696 f.).
[3] *Sendrowski* Mitt. 2019, 1 ff.
[4] Wenn eine europäische Anmeldung bei einer nationalen Behörde eingereicht wird (vgl. → § 28 Rn. 4), dürfte es sich zur Vermeidung größerer Zeitverluste empfehlen, dass bereits dort auf die Erfüllung wenigstens der Voraussetzungen der R 40 hingewirkt wird.

§ 29. Das Erteilungsverfahren vor dem Europäischen Patentamt I § 29

Anmeldungen, die sich auf den gleichen Gegenstand beziehen, bestimmen sich nach dem Anmeldetag, sofern nicht formgerecht und materiell rechtmäßig eine Priorität in Anspruch genommen wird. Dies setzt jedoch voraus, dass der Anmeldetag innerhalb der zwölfmonatigen Prioritätsfrist liegt; ohne Begründung eines Anmeldetags kann auch eine Priorität nicht wirksam beansprucht werden.

Hat derselbe Anmelder mehrere zeitrang- und gegenstandsgleiche Anmeldungen eingereicht, in 6 denen derselbe Staat oder dieselben Staaten (noch wirksam, → § 28 Rn. 10 ff.) benannt sind, muss er entweder die Anmeldungen durch einschränkende Änderungen voneinander abgrenzen oder eine von ihnen zur Weiterbehandlung auswählen. Bei Verschiedenheit der Anmelder werden dagegen die Anmeldungen unabhängig voneinander bearbeitet.[5]

In den benannten Vertragsstaaten hat eine europäische Patentanmeldung, der ein Anmel- 7 detag zuerkannt ist, gegebenenfalls mit der für sie beanspruchten Priorität, nach Art. 66 die Wirkung je einer vorschriftsmäßigen **nationalen Anmeldung.** Das bedeutet freilich nicht, dass dort jeweils auch ein Erteilungsverfahren in Gang gesetzt oder ein Erteilungsanspruch begründet würde, sondern im Wesentlichen nur, dass sich das Verhältnis zu gegenstandsgleichen nationalen Anmeldungen (Art. 139 Abs. 1, 2) nach dem Anmelde- bzw. Prioritätstag der europäischen Anmeldung richtet. Hinzu kommt, wenn die europäische Anmeldung eine Erstanmeldung ist, die prioritäts*begründende* Wirkung nach Art. 4 A Abs. 2 PVÜ, 87 Abs. 1 und 2 EPÜ.

b) Ordnungsmäßigkeit und Vollständigkeit der Anmeldung

1. Die Formalprüfung setzt ein, wenn der Anmeldetag feststeht. Sie bezieht sich auf die 8 in Art. 90 Abs. 3 und R 57 aufgeführten Punkte: (a) rechtzeitige Einreichung einer nach Art. 14 Abs. 2 oder R 40 Abs. 3 Satz 2 erforderlichen Übersetzung; (b) formale Ordnungsmäßigkeit und Vollständigkeit des Erteilungsantrags gem. R 41; Vorhandensein von (c) Ansprüchen und (d) der Zusammenfassung; (e) Zahlung von Anmelde- und Recherchengebühr; (f) Vorliegen der Erfindernennung; (g) bei Inanspruchnahme einer Priorität: Erfüllung der Erfordernisse nach R 52, 53; (h) Bestellung eines zugelassenen Vertreters, wenn sie nach Art. 133 Abs. 2 erforderlich ist; (i) formale Ordnungsmäßigkeit der Anmeldeunterlagen gem. R 49 und der Zeichnungen gem. R 46; (j) Vorliegen eines Sequenzprotokolls, wenn es nach R 30 oder R 163 Abs. 3 erforderlich ist.

Erfordernisse, bei deren Beurteilung es auf den technischen Inhalt der Anmeldung ankommt, ins- 9 besondere die *Einheitlichkeit,* sind nicht Gegenstand der Formalprüfung. Sie erstreckt sich auch nicht auf die materiellen Schutzvoraussetzungen, die Gegenstand der vorläufigen Prüfung nach § 42 Abs. 2 PatG sind.

2. **Mängel** hinsichtlich der Erfordernisse nach R 57 (a) bis (d), (h) und (i) kann der An- 10 melder innerhalb von zwei Monaten nach entsprechender Aufforderung (R 58 Satz 1), Mängel hinsichtlich der Angaben und Unterlagen zu einer beanspruchten Priorität kann er nach R 59 innerhalb einer vom Amt bestimmten Frist **beseitigen.** Wird ein festgestellter Mangel nicht rechtzeitig beseitigt, wird die Anmeldung **zurückgewiesen,** sofern nicht das EPÜ eine andere Rechtsfolge vorsieht (Art. 90 Abs. 3 S. 1, R 41 Abs. 1 Satz 1). Sonderregelungen sind für den Fall vorgesehen, dass Gebühren nicht rechtzeitig bezahlt werden (→ § 28 Rn. 54 ff.), die Erfindernennung fehlt (→ § 28 Rn. 58 f.) oder die Prioritätserklärung oder -belege Mängel aufweisen (→ § 28 Rn. 69 ff.).

Ergibt sich, dass **Teile der Beschreibung** oder **Zeichnungen,** auf die sich die Beschreibung oder 11 die Ansprüche beziehen, offensichtlich **fehlen,** verfährt das Amt nach R 56. Dies führt entweder dazu, dass die fehlenden Unterlagen nachgereicht werden und sich der Anmeldetag entsprechend verschiebt, oder dazu, dass der Anmeldetag unverändert bleibt, aber die fehlenden Unterlagen nicht Bestandteil der Anmeldung werden und die Bezugnahmen auf sie als gestrichen gelten. Der Anmelder kann dieses Ergebnis auch dadurch herbeiführen, dass er nachgereichte Unterlagen zurücknimmt. Die Verschie-

---

[5] EPA-Richtlinien G IV. 5.4.

bung des Anmeldetags unterbleibt nach R 56 Abs. 3 auf Antrag und bei Wahrung der vorgeschriebenen Frist, wenn nachgewiesen wird, dass die nachgereichten Unterlagen vollständig in einer früheren Anmeldung enthalten sind, deren Priorität die europäische Anmeldung in Anspruch nimmt.

II. Recherche[6]

12 1. Wenn der Anmeldetag feststeht und rechtzeitig die Anmelde- und die Recherchengebühr bezahlt und eine gegebenenfalls erforderliche Übersetzung eingereicht sind, erstellt das EPA auf der Grundlage der **Patentansprüche** unter angemessener Berücksichtigung der Beschreibung und der vorhandenen Zeichnungen den **europäischen Recherchenbericht** (Art. 92, R 61).[7]

13 Bei Anmeldungen, die ab 1.7.2005 eingereicht sind, ergeht nach R 62 (früher 44a) zusammen mit dem Recherchenbericht eine Stellungnahme dazu, ob die Anmeldung und die Erfindung, die sie zum Gegenstand hat, die Erfordernisse des EPÜ zu erfüllen scheinen. Der europäische Recherchenbericht wird also – wie der internationale (→ § 22 Rn. 35 ff.) – **erweitert** durch eine vorläufige Beurteilung der **Ordnungsmäßigkeit der Anmeldung** und der **Schutzfähigkeit der Erfindung**.

14 Die Stellungnahme unterbleibt, wenn der Anmelder vor Erhalt des Recherchenberichts den Prüfungsantrag gestellt hat und deshalb bereits ein erster Prüfungsbescheid nach R 71 Abs. 1 oder 3 erlassen werden kann.[8]

Kommt es nicht zur Recherche, weil vor deren Beginn die Anmeldung zurückgenommen oder zurückgewiesen worden oder verfallen ist, wird die Recherchengebühr zurückerstattet (Art. 9 Abs. 1 GebO).

15 2. Der europäische Recherchenbericht nennt – im Zusammenhang mit den Ansprüchen, auf die sie sich beziehen – die dem EPA zur Verfügung stehenden **Schriftstücke**, die bezüglich der angemeldeten Erfindung zur Beurteilung der Neuheit und der erfinderischen Tätigkeit in Betracht gezogen werden können. Dabei wird angegeben, welche Schriftstücke vor dem beanspruchten Prioritätstag, welche zwischen diesem und dem Anmeldetag und welche an oder nach diesem veröffentlicht worden sind. Es werden auch Schriftstücke angeführt, die sich auf eine vor dem Anmeldetag der Öffentlichkeit zugänglich gemachte nichtschriftliche Offenbarung (zB durch Benutzung oder mündliche Beschreibung) beziehen. Der Bericht wird unmittelbar nach Fertigstellung zusammen mit den Abschriften aller angeführten Schriftstücke und mit dem vom Amt festgelegten endgültigen Inhalt der Zusammenfassung dem Anmelder übersandt (R 65, 66).

Wenn sich der Recherchenbericht auf einen früheren Recherchenbericht stützt, wird unter bestimmten Voraussetzungen die Recherchengebühr teilweise oder ganz zurückerstattet.[9]

16 3. Der europäischen Recherche geht keine summarische Prüfung wie nach § 42 PatG voraus, in deren Verlauf die Anmeldung (auch) „recherchierbar" gemacht werden kann. Zur Recherche können deshalb Anmeldungen gelangen, die, insbesondere weil sie inhaltlich unklar sind oder ihrem Gegenstand seiner Art nach der Patentschutz verschlossen ist, sinnvolle Ermittlungen über den SdT nicht oder nur in beschränktem Umfang zulassen. In solchen Fällen wird nach R 63 kein oder ein **teilweiser Recherchenbericht** erstellt. In letzterem Fall, ist der Patentanspruch zu beschränken (R 63 Abs. 3).[10] Soweit infolgedessen ein Recherchenbericht nicht zustande kommt, tritt an seine Stelle für das weitere Verfahren die Erklärung des Amts, dass Ermittlungen nicht möglich sind R 63 Abs. 2).[11] Unvollstän-

---

[6] Hierzu *Straus*, Art. 92, EPÜ-GK, 2. Lfg., 1984.
[7] Ausführlich dazu die EPA-Richtlinien, Teil B.
[8] Vgl. *Preller* in Singer/Stauder Art. 92 Rn. 32.
[9] Art. 9 Abs. 2 GebO.
[10] Zu den Konsequenzen, *Stortnik* GRUR 2010, 871 ff.
[11] Nach EPA 20.10.2006, ABl. 2007, 421 = GRUR-Int 2007, 922 – Bereitstellung produktspezifischer Daten/MAN kommt es hierfür allein auf die Durchführbarkeit der Recherche, nicht aber darauf

dig bleibt die Recherche auch dann, wenn die Anmeldung mehr als fünfzehn Ansprüche enthält (R 71 Abs. 4) und die Anspruchsgebühren nicht bezahlt sind.[12]

Wenn das EPA der Ansicht ist, dass der Anmeldungsgegenstand **nicht einheitlich** sei, erstellt es einen Teilbericht für die Erfindung oder iSd Art. 82 zusammengehörige Gruppe von Erfindungen, die in den Ansprüchen als erste erwähnt ist, und fordert den Anmelder auf, innerhalb einer Frist von zwei Monaten für den Rest des Anmeldungsinhalts, wenn der Recherchenbericht hierauf erstreckt werden soll, die nach ihrer Ansicht erforderliche(n) **weitere(n) Recherchengebühr(en)** zu entrichten (R 64 Abs. 1). 17

Soweit der Anmelder dieser Aufforderung nicht nachkommt, wird kein Recherchenbericht erstellt. Dies verhindert, dass der Anmelder gegen nur *eine* Gebühr einen Recherchenbericht für mehrere Erfindungen oder Erfindungsgruppen erhält, die nach Art. 82 getrennt angemeldet werden müssten. 18

Nach Zahlung zusätzlicher Recherchengebühren kann der Anmelder im Prüfungsverfahren mit der Begründung, dass keine Uneinheitlichkeit gegeben sei, **Rückerstattung** beantragen (R 64 Abs. 2). Die Entscheidung über den Antrag ist beschwerdefähig. 19

Auch ohne Zahlung zusätzlich geforderter Recherchengebühren bleibt die Anmeldung in vollem Umfang anhängig.[13] Erst wenn auch im Prüfungsverfahren Uneinheitlichkeit beanstandet wird, muss der Anmelder, sofern er die Zurückweisung vermeiden und dennoch den Erteilungsanspruch für den gesamten ursprünglichen Anmeldungsgegenstand weiterverfolgen will, für die hierzu erforderliche(n) Teilanmeldung(en) die Recherchengebühr(en) zusätzlich entrichten (vgl. → § 28 Rn. 80 ff.)[14]. Entsprechendes gilt, wenn er bereits vorher freiwillig die Anmeldung teilt. 20

Im Prüfungsverfahren kann sich die anfängliche Annahme, dass sinnvolle Ermittlungen unmöglich seien oder der Anmeldungsgegenstand uneinheitlich sei, als unrichtig erweisen[15]. Auch können durch zulässige Änderungen Hindernisse, die den Ermittlungen entgegenstanden, ausgeräumt worden sein oder die Ansprüche eine Fassung erhalten haben, für die die ursprüngliche Recherche nicht genügt. Die **zusätzliche Recherche,** die aus solchen Gründen noch erforderlich ist, wird gebührenfrei nachgeholt.[16] 21

4. Bei **internationalen Anmeldungen** treten nach Art. 153 Abs. 6 der internationale Recherchenbericht (Art. 18 PCT) oder die Erklärung der internationalen Recherchenbehörde, dass ein solcher nicht erstellt wird (Art. 17 Abs. 2 (a) PCT), an die Stelle des europäischen Recherchenberichts. Trotzdem ist grundsätzlich für jede internationale Anmeldung ein **ergänzender europäischer Recherchenbericht** zu erstellen und die europäische Recherchengebühr zu zahlen (Art. 153 Abs. 7 S. 1). Der Verwaltungsrat kann jedoch beschließen, dass unter bestimmten Voraussetzungen auf einen ergänzenden europäischen Bericht verzichtet oder die Gebühr herabgesetzt wird (Art. 153 Abs. 7 S. 2). Gegenwärtig entfallen der ergänzende Bericht und die Gebühr nur dann, wenn der internationale Recherchenbericht vom EPA selbst erstellt wurde. Stammt er vom finnischen, österreichischen, schwedischen oder spanischen Patentamt oder vom Nordischen Patentinstitut, wird lediglich die Gebühr für den ergänzenden europäischen Recherchenbericht um 1100 EUR herabgesetzt.[17] Stammt 22

an, ob ihr Ergebnis für das weitere Verfahren von Bedeutung ist. Bei Anmeldungsgegenständen mit nichttechnischen Aspekten darf deshalb eine Erklärung nach R 45 (jetzt 63) nur in Ausnahmefällen ergehen, in denen der beanspruchte Gegenstand insgesamt offensichtlich keinen technischen Charakter aufweist.

[12] Vgl. *Straus,* Art. 92, EPÜ-GK, 2. Lfg., 1984, Rn. 43; *Ehlers* in Benkard EPÜ Art. 92 Rn. 42.
[13] Vgl. EPA 29.11.1991, ABl. 1993, 430 – Weitere Recherchengebühr/Digmesa.
[14] Vgl. EPA 6.7.1993, ABl. 1993, 591 – Nichtzahlung weiterer Recherchengebühren.
[15] Die Prüfungsabteilung ist an die Auffassung der Recherchenabteilung nicht gebunden, auch wenn die von dieser verlangten zusätzlichen Gebühren nicht bezahlt worden sind, EPA 17.2.2000, ABl. 2001, 13 – dotierte Gebiete/Toshiba; ebenso schon *Schmitz* Mitt. 1990, 190 f. – EPA 5.12.2003, ABl. 2004, 160 = GRUR-Int 2004, 668 – Übertragungsrahmen/Alcatel bejaht die von der Recherchen- und der Prüfungsabteilung verneinte Einheitlichkeit.
[16] Vgl. EPA-Richtlinien B II 4.2; *Straus,* Art. 92, EPÜ-GK, 2. Lfg., 1984, Rn. 44 f.; *Preller* in Singer/Stauder Art. 92 Rn. 92.
[17] Beschluss des Verwaltungsrats vom 14.12.2007, ABl. EPA 2008, 12.

der Recherchenbericht zu einer ab 1.7.2005 eingereichten internationalen Anmeldung aus Australien, China, Japan, Südkorea, Russland oder den USA, vermindert sich die Gebühr für den ergänzenden europäischen Bericht nicht mehr wie für früher eingereichte internationale Anmeldungen um ein Fünftel, sondern um einen festen Betrag.[18]

Wenn das EPA als internationale Recherchenbehörde wegen **Uneinheitlichkeit** die Entrichtung einer oder mehrerer zusätzlicher Recherchengebühren fordert,[19] kann der Anmelder nach R 40.2 (c)–(e) PCT Widerspruch erheben.[20] Sieht das EPA als Bestimmungsamt die internationale Anmeldung als uneinheitlich an, beschränkt es die ergänzende europäische Recherche auf die zuerst in den Ansprüchen erwähnte Erfindung oder Gruppe von Erfindungen iSd Art. 82 (R 164 Abs. 1a)). Das EPA erstellt für weitere Erfindungen den ergänzenden europäischen Recherchenbericht, wenn die Recherchengebühren entrichtet worden sind (R 164 Abs. 1c)).

III. Veröffentlichung der Anmeldung und des Recherchenberichts[21]

a) Zeitpunkt und Durchführung

23   1. Die europäische Patentanmeldung wird gemäß Art. 93 Abs. 1 sobald wie möglich nach Ablauf von 18 Monaten nach dem Anmeldetag oder, wenn eine Priorität beansprucht ist, dem (frühesten) Prioritätstag veröffentlicht. Der Anmelder kann durch entsprechenden Antrag eine frühere Veröffentlichung herbeiführen.

24   Wenn die (vollständige) Prüfung bald beantragt und rasch durchgeführt wird, kann es dahin kommen, dass schon vor Ablauf der 18-Monats-Frist die Patenterteilung beschlossen und wirksam wird. Die Anmeldung wird dann gleichzeitig mit der Patentschrift veröffentlicht (Art. 93 Abs. 2).

25   **Internationale Anmeldungen** werden nach Art. 21, R 48 PCT schon vom Internationalen Büro veröffentlicht. Ist dies nicht in einer der Amtssprachen des EPA geschehen (vgl. R 48.3 PCT), veröffentlicht das EPA als Bestimmungsamt die bei ihm eingereichte amtssprachige Übersetzung (Art. 153 Abs. 4 S. 1). Andernfalls nimmt es keine erneute Veröffentlichung vor, sondern macht nur die internationale Veröffentlichung im europäischen Patentblatt bekannt (Art. 153 Abs. 3).

26   2. Die Veröffentlichung unterbleibt, wenn die Anmeldung zurückgenommen oder zurückgewiesen wird oder als zurückgenommen gilt, bevor die technischen Vorbereitungen für die Veröffentlichung als abgeschlossen gelten (R 67 Abs. 2). Das ist fünf Wochen vor Ablauf der 18-Monats-Frist der Fall.[22] Der Anmelder kann die Veröffentlichung zuverlässig verhindern, indem er die Anmeldung vor diesem Zeitpunkt zurücknimmt. Auch danach bleibt aber das EPA berechtigt, von der Veröffentlichung abzusehen,[23] und bemüht sich, sie nach Möglichkeit zu verhindern, wenn die Anmeldung aus einem der genannten Gründe wegfällt.[24]

27   Bei europäischen Nachanmeldungen kann der Anmelder durch Verzicht auf eine beanspruchte Priorität den Ablauf der Frist für die Veröffentlichung hinausschieben. Die zeitlichen Voraussetzungen für die Berücksichtigung eines Prioritätsverzichts sind die gleichen wie im Fall der Zurücknahme der Anmeldung.

---

[18] Vgl. *Hesper/Quarch* in Singer/Stauder Art. 153 Rn. 140 ff.

[19] Zum Umfang der Prüfung der Einheitlichkeit durch die internationale Recherchenbehörde EPA 2.5.1990, ABl. 1991, 155 – Polysuccinatester; vgl. ferner zur Erstattung der internationalen Recherchengebühr und zu Fragen der Rechtsweggarantie EPA 16.8.2012 – Erstattung der internationalen Recherchengebühr mAnm *Kubis* Mitt. 2013, 499 ff.

[20] Nach EPA 28.2.2007, GRUR-Int 2007, 863 – Oligonucleotide probes/Consiglio hat das EPA als internationale Recherchenbehörde das Verfahren gem. der am 1.4.2005 in Kraft getretenen Fassung der R 40.2 (c)–(e) PCT bei seit diesem Datum eingereichten internationalen Anmeldungen anzuwenden, obwohl für europäische Anmeldungen die entsprechende Vorschrift des EPÜ 2000 (→ § 28 Rn. 78) erst nach dessen Inkrafttreten anwendbar ist.

[21] Zum folgenden *Straus,* Art. 93, EPÜ-GK, 2. Lfg., 1984.

[22] 12.7.2007, ABl. EPA 2007 Sonderausgabe 3 (D.1); EPA-Richtlinien A VI 1.2.

[23] EPA 9.12.1981, ABl. 1982, 155.

[24] Mitteilung des EPA in ABl. 2006, 406; EPA-Richtlinien A VI 1.2.

3. Die Veröffentlichung enthält nach R 68 Abs. 1 die Beschreibung, die Patentansprüche 28
und gegebenenfalls die Zeichnungen jeweils in der ursprünglich eingereichten Fassung
sowie die bei Erstellung des Recherchenberichts festgelegte Zusammenfassung in der
Amtssprache, in der sie eingereicht oder in die sie übersetzt worden sind. Hinzu kommt
als Anlage der Recherchenbericht, wenn er rechtzeitig vorliegt. Recherchenbericht oder
Zusammenfassung können auch gesondert veröffentlicht werden. Nicht veröffentlicht wird
die mit dem Recherchenbericht verbundene Stellungnahme zur Ordnungsmäßigkeit der
Anmeldung und zur Schutzfähigkeit der Erfindung (R 62 Abs. 2).

Hat der Anmelder bereits vor Abschluss der technischen Vorbereitungen für die Veröffentlichung die 29
Ansprüche geändert, wozu er nach Erhalt des Recherchenberichts Gelegenheit erhält (R 137 Abs. 2),
werden in der Veröffentlichung auch die neuen oder geänderten Ansprüche aufgeführt (R 68 Abs. 4
Satz 2).

4. Die Veröffentlichung hat zur Folge, dass in die Anmeldungsakten grundsätzlich unbe- 30
schränkt Einsicht gewährt wird und die in R 143 Abs. 1 vorgeschriebenen Eintragungen
über die Anmeldung im europäischen Patentregister vorgenommen werden (vgl. → § 27
Rn. 36 ff.).

Stützt sich die Anmeldung auf die Hinterlegung **biologischen Materials**, wird dieses grund- 31
sätzlich vom Tag der Veröffentlichung an nach Maßgabe von R 33 Abs. 1 jedermann zugänglich. Wenn
der Zugang während des nach R 32 Abs. 1 (a) oder (b) maßgebenden Zeitraums Sachverständigen
vorbehalten bleiben soll, muss der Anmelder dem EPA vor Abschluss der technischen Vorbereitungen
für die Veröffentlichung der Anmeldung eine entsprechende Mitteilung machen.

Nach Veröffentlichung der Anmeldung kann jeder Dritte gegenüber dem EPA **Einwen-** 32
dungen gegen die Patentierbarkeit ihres Gegenstands erheben (Art. 115, R 114). Sie
sind schriftlich einzureichen und zu begründen und werden dem Anmelder mitgeteilt, der
dazu Stellung nehmen kann. Am Verfahren vor dem EPA ist der Dritte nicht beteiligt.

b) Materiellrechtliche Wirkungen, insbesondere einstweiliger Schutz

1. Die materiellrechtlichen Wirkungen, die eintreten, wenn im Zuge des patentamtlichen 33
Verfahrens der Anmeldungsinhalt der Öffentlichkeit zugänglich gemacht wird, knüpfen sich
nach europäischem Recht an die Veröffentlichung der Anmeldungsunterlagen, während
nach dem PatG die Freigabe der Akteneinsicht entscheidend ist. Dabei ist erforderlich, dass
die Anmeldung im Zeitpunkt ihrer Veröffentlichung **noch anhängig** ist. War sie schon
vorher weggefallen, bleibt zwar die Veröffentlichung als Tatsache bestehen; insbesondere
wird mit dem Zeitpunkt seiner Veröffentlichung der Anmeldungsinhalt nach europäischem
Recht (Art. 54 Abs. 2) und nach vielen nationalen Gesetzgebungen (zB § 3 Abs. 1 PatG)
in jeder Hinsicht und ohne räumliche Beschränkung zum Stand der Technik. Die von der
Veröffentlichung einer (wirksamen) *Anmeldung* abhängigen Rechtsfolgen treten jedoch
nicht ein. Dagegen führt ein Wegfall der Anmeldung *nach* ihrer Veröffentlichung zwar zum
rückwirkenden Verlust des einstweiligen Schutzes, lässt aber die übrigen materiellrechtlichen Wirkungen der Veröffentlichung unberührt.

2. Die Veröffentlichung bewirkt, dass von dem für den Zeitrang der Anmeldung maß- 34
gebenden Tag an der Anmeldungsinhalt nach Art. 54 Abs. 3 als SdT für die Beurteilung
der Neuheit des Gegenstands zeitrangjüngerer europäischer Anmeldungen gilt (Näheres
→ § 16 Rn. 55).

Internationale Anmeldungen, für die das EPA Bestimmungsamt ist, haben diese Wirkung 35
nur, wenn sie in einer Amtssprache des EPA veröffentlicht sind und die an das EPA zu entrichtende Anmeldegebühr bezahlt ist (Art. 153 Abs. 3–5, R 165). Auf die Zahlung von Benennungsgebühren kommt es wegen Wegfalls des früheren Art. 54 Abs. 4 nicht mehr an.

Entsprechende Wirkungen können sich nach dem nationalen Recht benannter Staaten 36
ergeben (zB nach § 3 Abs. 2 S. 1 Nr. 2 PatG, der allerdings – im Einklang mit Art. 139
Abs. 1 – auch verlangt, dass für Deutschland eine Benennungsgebühr bezahlt ist).

37 3. Die Veröffentlichung sichert das der Anmeldung zugrundeliegende Recht auf das europäische Patent und bewirkt, dass andere, hiervon unabhängige Rechte an der gleichen technischen Lehre, die nicht oder mit späterem Zeitrang zur Grundlage von europäischen Anmeldungen gemacht worden sind (Art. 60 Abs. 2), kraft Einbeziehung des Anmeldungsinhalts in den SdT (vgl. → Rn. 34 ff.) verlorengehen. Entsprechendes gilt, soweit diese Rechtsfolge im nationalen Recht eines im Zeitpunkt der Veröffentlichung wirksam benannten Staats vorgesehen ist, für das Recht auf ein nationales Patent (in Deutschland nach §§ 6 S. 3, 3 Abs. 2 PatG).

38 4. Für den Fall einer vom Anmelder nicht gestatteten **Benutzung des Anmeldungsgegenstands** begründet die Veröffentlichung[25] den in Art. 67 Abs. 1, 2 vorgesehenen **einstweiligen Schutz** unter dem Vorbehalt, dass die Anmeldung zum Patent führt und das erteilte Patent nicht widerrufen oder für nichtig erklärt wird (Art. 67 Abs. 4, 68). Für die Bestimmung des Schutzbereichs gilt grundsätzlich das gleiche wie beim Patent (Art. 69 Abs. 1, vgl. → § 32 Rn. 34 ff.). Dabei ist von der gemäß Art. 93 *veröffentlichten* Anspruchsfassung auszugehen; soweit jedoch die schließlich *erteilte* (oder im Einspruchs-, Beschränkungs- oder Nichtigkeitsverfahren geänderte) Fassung enger ist, wird der Schutzbereich der Anmeldung rückwirkend eingeschränkt (Art. 69 Abs. 2).

39 5. Inhaltlich soll nach dem EPÜ der einstweilige Schutz grundsätzlich dem vollen Patentschutz gleichkommen (Art. 67 Abs. 1, 64). Doch können die Vertragsstaaten einen schwächeren Schutz gewähren, sofern er nicht geringer ist als derjenige, den das nationale Recht an die Veröffentlichung ungeprüfter Patentanmeldungen knüpft. Mindestens muss der Anmelder für schuldhafte Benutzung eine angemessene Entschädigung verlangen können (Art. 67 Abs. 2). Die Bundesrepublik Deutschland hat veröffentlichten europäischen Anmeldungen, in denen sie benannt ist, nur diesen Mindestschutz eingeräumt (Art. II § 1 Abs. 1 und 3 IntPatÜG), der mit dem vorläufigen Schutz beim DPMA angemeldeter Erfindungen gemäß § 33 PatG übereinstimmt[26].

40 6. Nach Art. 67 Abs. 3 kann jeder Vertragsstaat für den Fall, dass keine seiner Amtssprachen Verfahrenssprache ist,[27] den Eintritt des einstweiligen Schutzes davon abhängig machen, dass eine **Übersetzung der Patentansprüche** in einer seiner Amtssprachen (deren Wahl vorgeschrieben werden kann), der Öffentlichkeit zugänglich gemacht oder dem Benutzer übermittelt wird. Von dieser Möglichkeit haben alle Vertragsstaaten Gebrauch gemacht. In der Bundesrepublik Deutschland verlangt Art. II § 1 Abs. 2 und 3 IntPatÜG (dazu die AnsprÜbersV, → § 8 Rn. 37) für europäische Anmeldungen, die nicht in deutscher Sprache veröffentlicht sind, dass eine deutsche Übersetzung der Ansprüche vom DPMA veröffentlicht oder vom Anmelder dem Benutzer übermittelt worden ist.[28]

41 Für den Fall, dass eine erforderliche Übersetzung in einer vertragsstaatlichen Amtssprache von der verfahrenssprachigen Fassung abweicht, können die Vertragsstaaten die Übersetzung für maßgebend erklären, wenn sich nach ihr ein engerer Schutzbereich ergibt; sie müssen jedoch dem Anmelder Gelegenheit geben, die Übersetzung zu berichtigen, und können für den Fall, dass sich hierdurch der Schutzbereich erweitert, einen Schutz des Vertrauens Dritter auf die ursprüngliche Übersetzung vorsehen (Art. 70 Abs. 3, 4). Die Bundesrepublik Deutschland hat keine derartigen Vorschriften erlassen.[29]

---

[25] Bei internationalen Anmeldungen, für die das EPA Bestimmungsamt ist, kann der einstweilige Schutz erst beginnen, wenn sie (auch) in einer Amtssprache des EPA veröffentlicht sind (Art. 153 Abs. 4 S. 2, vgl. → § 29 Rn. 25).
[26] Zur Rechtslage in anderen Vertragsstaaten s. Nationales Recht zum EPÜ, Abschn. III A.
[27] So der – im Unterschied zur früheren, missverständlichen Fassung – nunmehr eindeutige, inhaltlich mit dem englischen und französischen Text übereinstimmende Wortlaut.
[28] Wegen der übrigen Vertragsstaaten vgl. Nationales Recht zum EPÜ Abschn. III B.
[29] Vgl. im Übrigen Nationales Recht zum EPÜ V.

§ 29. Das Erteilungsverfahren vor dem Europäischen Patentamt **IV § 29**

IV. Vollständige Prüfung. Entscheidung über das Patentgesuch[30]

a) Prüfungsantrag und -gebühr

1. Eine vollständige Prüfung, die auch die sachlichen Patentierungsvoraussetzungen 42 umfasst, wird nur auf besonderen schriftlichen und gebührenpflichtigen Antrag durchgeführt (Art. 94 Abs. 1), den abweichend von § 44 PatG nur der Anmelder stellen kann. Die Frist für den Antrag beträgt **sechs Monate** nach dem Tag, an dem im Europäischen Patentblatt auf die **Veröffentlichung des europäischen Recherchenberichts** hingewiesen worden ist (R 70 Abs. 1). Innerhalb der gleichen Frist muss die Prüfungsgebühr entrichtet werden.[31] Der Prüfungsantrag kann nicht zurückgenommen werden (R 70 Abs. 1 Satz 2).

Mangels rechtzeitiger Antragstellung und Gebührenzahlung[32] gilt die Anmeldung als 43 zurückgenommen (Art. 94 Abs. 2). Es kann jedoch Weiterbehandlung beantragt werden (vgl. → § 27 Rn. 24).

Nach R 69 hat das EPA dem Anmelder unter Hinweis auf Art. 94 Abs. 2 und R 70 Abs. 1 den Tag 44 mitzuteilen, an dem im Europäischen Patentblatt auf die Veröffentlichung des Recherchenberichts hingewiesen worden ist. Aus der Unterlassung der Mitteilung kann der Anmelder keine Rechte herleiten. Doch ist die Mitteilung eines späteren als des tatsächlichen Veröffentlichungstags für den Fristenlauf maßgebend, wenn der Fehler nicht ohne weiteres erkennbar war.

2. Bei **internationalen Anmeldungen,** für die das EPA Bestimmungsamt ist, beginnt die Frist für 45 den Prüfungsantrag mit der Veröffentlichung des internationalen Recherchenberichts (Art. 153 Abs. 6), auch wenn ein ergänzender europäischer Bericht zu erstellen ist.[33] Ein amtlicher Hinweis gemäß R 69 erfolgt nicht. Sie endet jedoch nicht vor Ablauf von 31 Monaten nach dem Anmelde- bzw. Prioritätstag der internationalen Anmeldung (R 159 Abs. 1 [f]). Fristversäumung führt zum Verfall d er Anmeldung, wenn nicht rechtzeitig Weiterbehandlung beantragt wird.

3. In vielen Fällen wird der Prüfungsantrag schon vor der Veröffentlichung des Recher- 46 chenberichts gestellt, weil der Anmelder auf jeden Fall eine Prüfung wünscht oder dem bei Versäumung der Antragsfrist eintretenden Rechtsverlust vorbeugen will. Das amtliche Formblatt für den Erteilungsantrag legt ein solches Verhalten nahe, da auf ihm der Prüfungsantrag bereits vorgedruckt ist.[34] Auch wenn sich der Anmelder diesen zu eigen macht, liegt jedoch ein wirksamer Prüfungsantrag erst vor, nachdem auch die Prüfungsgebühr bezahlt ist. Der Anmelder, der wirksam die Prüfung beantragt hat, bevor ihm der Recherchenbericht zugegangen ist, erhält nach R 70 Abs. 2 Gelegenheit, seine Entscheidung in Kenntnis des Berichts nochmals zu überdenken. Das EPA richtet an ihn statt der in R 69 Abs. 1 vorgesehenen Mitteilung (vgl. → Rn. 44) die Aufforderung, innerhalb einer von ihm zu bestimmenden Frist[35] zu erklären, ob er die **Anmeldung aufrechterhält.** Dabei stellt ihm das EPA anheim, zum Recherchenbericht Stellung zu nehmen und Beschreibung, Ansprüche und Zeichnungen zu ändern (R 70 Abs. 2). Antwortet der Anmelder nicht rechtzeitig, gilt die Anmeldung als zurückgenommen (R 70 Abs. 3); Weiterbehandlung ist möglich.

4. Sobald der Anmelder nach Übersendung des europäischen Recherchenberichts einen 47 wirksamen Prüfungsantrag gestellt oder gemäß R 70 Abs. 2 die Aufrechterhaltung der An-

---

[30] Vgl. zum folgenden *Singer,* Art. 94–98, EPÜ-GK, 2. Lfg., 1984.
[31] 1.405 EUR für Anmeldungen ab 1.7.2005, bei internationalen Anmeldungen, für die kein ergänzender europäischer Recherchenbericht erstellt wird, jedoch 1.565 EUR (Art. 2 Nr. 6 GebO); Ermäßigung um 20% nach Art. 14 Abs. 1 GebO (→ § 27 Rn. 8), um 50% nach Art. 14 Abs. 2 GebO, wenn das EPA gem. dem PCT einen internationalen vorläufigen Prüfungsbericht erstellt hat.
[32] Gebührenzahlung ohne Antragstellung wahrt die Frist nicht; vgl. EPA 11.3.1983, ABl. 1983, 221 – Verspätet gestellter Prüfungsantrag/Floridienne.
[33] *Singer,* EPÜ-GK, 2. Lfg., 1984, Art. 94 Rn. 25; *Preller* in Singer/Stauder Art. 94 Rn. 18.
[34] Vgl. *Singer,* EPÜ-GK, 2. Lfg., 1984, Art. 94 Rn. 11; *Preller* in Singer/Stauder Art. 94 Rn. 5.
[35] Sie wird nach den EPA-Richtlinien A III 11.2.1 auf 6 Monate ab Veröffentlichung des Hinweises auf den Recherchenbericht festgesetzt, deckt sich also mit der Prüfungsantragsfrist.

meldung erklärt hat, endet die Zuständigkeit der Eingangsstelle (R 10 Abs. 1). Das Verfahren geht auf die **Prüfungsabteilung** über (R 10 Abs. 2, 3). Hat der Anmelder auf das Recht nach R 70 Abs. 2 verzichtet, ist die Prüfungsabteilung bereits ab dem Zeitpunkt zuständig, in dem der Recherchenbericht dem Anmelder übermittelt wird (R 10 Abs. 4).

48 Kommt es nicht zum Übergang des Verfahrens auf die Prüfungsabteilung, weil vorher die Anmeldung zurückgewiesen oder zurückgenommen worden oder verfallen ist, wird eine bereits entrichtete **Prüfungsgebühr zurückgezahlt** (Art. 11 (a) GebO). Das gilt insbesondere dann, wenn der Anmelder die in R 70 Abs. 2 vorgesehene Aufrechterhaltungserklärung nicht rechtzeitig nach der amtlichen Aufforderung abgibt. Fällt die Anmeldung nach ihrem Übergang in die Zuständigkeit der Prüfungsabteilung weg, bevor die Sachprüfung begonnen hat, werden 75 % der Prüfungsgebühr zurückerstattet (Art. 11 (b) GebO).[36]

b) Verfahren vor der Prüfungsabteilung[37]

49 1. Die Prüfungsabteilung entscheidet nach Art. 18 Abs. 2 in der **Besetzung** mit drei technisch vorgebildeten Prüfern; falls sie es für erforderlich hält, kommt ein rechtskundiger Prüfer hinzu. Bis zum Erlass der Entscheidung wird jedoch die Anmeldung regelmäßig durch einen hiermit beauftragten Prüfer allein bearbeitet. Mündliche Verhandlungen finden stets vor der Prüfungsabteilung selbst statt. Eine formlose persönliche oder telefonische Rücksprache ist keine mündliche Verhandlung.[38] Mit der Wahrnehmung bestimmter Geschäfte der Prüfungsabteilung, die keine technischen oder rechtlichen Schwierigkeiten bereiten, sind gemäß R 11 Abs. 3 sog. Formalsachbearbeiter betraut.[39] Die Übertragung von Formalsachbearbeitern erledigten Arbeiten an KI-Systeme erscheint mittelfristig vorstellbar.

50 2. Das EPA prüft, ob die Anmeldung und die Erfindung, die sie zum Gegenstand hat, den Erfordernissen des EPÜ (einschließlich der AusfO) genügen (Art. 94 Abs. 1). Es geht dabei sowohl um formale Erfordernisse als auch um die (oben in §§ 10–18 behandelten) materiellen Patentierungsvoraussetzungen. Angesichts der bereits vorher durchgeführten Formalprüfung steht jedoch die **Sachprüfung** im Vordergrund, bei der sich die Prüfungsabteilung in erster Linie auf den Recherchenbericht stützt. Weitere Nachforschungen sind jedoch in Bezug auf nachveröffentlichte ältere europäische Anmeldungen erforderlich,[40] außerdem dann, wenn sich infolge von Erkenntnissen im Prüfungsverfahren die bisherige Recherche als unzureichend erweist.[41] Formerfordernisse werden nur noch geprüft, soweit dies durch die Eingangsstelle noch nicht geschehen ist oder der Verlauf des Verfahrens dazu neuen Anlass gibt, zB wegen Änderung der Anmeldung (vgl. → Rn. 87ff.), Uneinheitlichkeit, Einreichung gesonderter Ansprüche für einzelne Vertragsstaaten (vgl. → § 28 Rn. 42).

51 3. Ergibt die Prüfung, dass die Anmeldung oder ihr Gegenstand den Erfordernissen des EPÜ nicht genügen, fordert die Prüfungsstelle in einem **Prüfungsbescheid** den Anmelder auf, innerhalb einer von ihr zu bestimmenden Frist Stellung zu nehmen, die festgestellten Mängel zu beseitigen und soweit erforderlich Beschreibung, Ansprüche und Zeichnungen in geänderter Form einzureichen (Art. 94 Abs. 3, R 71 Abs. 1). Der Bescheid ist zu begründen[42]; dabei sollen alle Gründe zusammengefasst werden, die nach Ansicht der Prüfungsab-

---

[36] Dass die Sachprüfung schon begonnen hat, muss das Amt auf Tatsachen stützen, die den Beginn der Sachprüfung belegen, EPA 21.7.2011, ABl. 2011, 624 = Mitt. 2011, 520 – Teilweise Rückerstattung der Prüfungsgebühr. Zu einer weiteren Entscheidung zu Art. 11 (b) GebO *Teschemacher* Mitt. 2013, 398 (405).
[37] Zum folgenden die EPA-Richtlinien C VI 2–8.
[38] Vgl. die EPA Richtlinien B VIII 3.2.2.
[39] EPA-Richtlinien A III 2.1–4, C VI 2.1.
[40] Vgl. EPA-Richtlinien C IV 7.2.
[41] EPA-Richtlinien B II 4.2.
[42] Zu den Anforderungen in dieser Hinsicht EPA 15.2.1995, ABl. 1996, 53 – rechtliches Gehör/ NEC.

§ 29. Das Erteilungsverfahren vor dem Europäischen Patentamt IV § 29

teilung der Erteilung eines Patents entgegenstehen (R 71 Abs. 2)[43]. Weitere Prüfungsbescheide ergehen, so oft dies erforderlich ist (Art. 94 Abs. 3). Wenn der Anmelder einen Prüfungsbescheid nicht rechtzeitig beantwortet, gilt die Anmeldung als zurückgenommen (Art. 94 Abs. 4).

Nach Art. 124, R 141 kann die Prüfungsabteilung den Anmelder unter Fristsetzung auffordern, Auskünfte über den SdT zu erteilen, der in nationalen oder regionalen Patentverfahren in Betracht gezogen wurde und eine Erfindung betrifft, die Gegenstand der europäischen Anmeldung ist. Antwortet der Anmelder nicht rechtzeitig, gilt die Anmeldung als zurückgenommen. 52

c) Zurückweisung der Anmeldung

1. Wenn die Prüfungsabteilung zu der Auffassung gelangt, dass die Anmeldung oder die Erfindung, die sie zum Gegenstand hat, den Erfordernissen des EPÜ nicht genügt, weist sie die Anmeldung zurück, sofern nicht eine andere Rechtsfolge vorgeschrieben ist (Art. 97 Abs. 2). Letzteres trifft insbesondere dann zu, wenn die Anmeldung schon mangels rechtzeitiger Beantwortung eines Prüfungsbescheids als zurückgenommen gilt (Art. 94 Abs. 4, vgl. → Rn. 51). Die Zurückweisung setzt voraus, dass der Anmelder vorher ausreichend Gelegenheit hatte, zu den Gründen Stellung zu nehmen, auf die sie gestützt wird (Art. 113 Abs. 1, 96 Abs. 3). Wenn jedoch nach seiner Antwort auf einen Prüfungsbescheid die darin erhobenen Bedenken gegen die Erteilung des Patents im Wesentlichen bestehen bleiben, braucht ihm nicht erneut Gelegenheit zur Äußerung gegeben zu werden.[44] 53

Gegen die Zurückweisung der Anmeldung kann der Anmelder **Beschwerde** einlegen. Im Beschwerdeverfahren hat die Kammer die Befugnis, umfassend zu überprüfen, ob die Anmeldung und die Erfindung, die sie zum Gegenstand hat, den Erfordernissen des EPÜ genügen. Dies gilt auch für Erfordernisse, die die Prüfungsabteilung nicht in Betracht gezogen oder als erfüllt angesehen hat[45]. 54

2. Die Zurückweisung umfasst stets die **Anmeldung im Ganzen.** Auch wenn die der Erteilung entgegenstehenden Mängel nur einen Teil der Anmeldung oder ihres Gegenstands betreffen, kann nicht eine entsprechend beschränkte Patenterteilung erfolgen und die Anmeldung im Übrigen zurückgewiesen werden. Das Patent kann nur in einer Fassung erteilt werden, mit der der Anmelder einverstanden ist (Art. 113 Abs. 2).[46] Deshalb wird vor einer Erteilung ein Verfahren durchgeführt, in dem sich ergeben kann, dass der Anmelder mit der von der Prüfungsabteilung vorgesehenen Fassung einverstanden ist oder eine andere, nach dem Urteil der Prüfungsabteilung gewährbare Fassung vorschlägt (→ Rn. 57 ff.). Ist keine Fassung gewährbar, die das Einverständnis des Anmelders findet, führt das Verfahren zu dem Ergebnis, dass die Anmeldung als zurückgenommen gilt oder zurückgewiesen wird. Der Anmelder ist jedoch berechtigt, für den Fall, dass die von ihm in erster Linie begehrte Fassung nicht gewährt wird, hilfsweise eine andere (regelmäßig engere) Fassung vorzuschlagen.[47] Sie ermöglicht es, ein Patent auch dann zu erteilen, wenn zwar nicht die Fassung gemäß dem Hauptantrag, aber diejenige nach dem **Hilfsantrag** gewährbar ist. Es können auch mehrere Hilfsanträge „hintereinandergeschaltet" werden. Die Erteilung des Patents gemäß einem Hilfsantrag ist jedoch nur zulässig, wenn der Anmelder mit dieser Fassung vorbehaltlos einverstanden ist; er gibt damit den ursprünglichen Hauptantrag (und etwaige vorrangige Hilfsanträge) auf und ist deshalb durch dessen (deren) Nichtgewährung nicht 55

---

[43] Vgl. EPA 29.9.1993, ABl. 1994, 918 – Prüfungsverfahren/Nippon mwN.
[44] EPA 18.3.1983, ABl. 1983, 451 (456 f.) – Chloralderivate/Macarthys; 26.6.1984, ABl. 1984, 551 – Steckkontakt/AMP.
[45] EPA 30.11.1994, ABl. 1995, 172 – Umfang der Prüfung bei ex-parte-Beschwerde/Siemens.
[46] Vgl. die Rechtsauskunft 15 (rev. 2) des EPA, ABl. 2005, 357; EPA 4.3.1982, ABl. 1982, 249 – Herstellung von Hohlkörpern aus thermoplastischem Material; 25.2.2003, ABl. 2003, 554 – Rotierende elektrische Maschinen/Alstom UK.
[47] Rechtsauskunft 15, ABl. 2005, 357; EPA 9.7.1997, ABl. 1998, 249 – Anträge/Hamamatsu mwN.

beschwert.⁴⁸ Bei Festhalten an einem nach ihrer Ansicht nicht gewährbaren Antrag weist die Prüfungsabteilung die Anmeldung zurück, auch wenn sie einen Hilfsantrag für gewährbar hält⁴⁹. Sie muss dann für jeden Antrag ausreichend begründen, warum sie ihn nicht als gewährbar ansieht, und darf nicht, um sich dies zu ersparen, die Zulassung eines weiteren Antrags davon abhängig machen, dass der Anmelder auf alle im Rang vorgehenden Anträge verzichtet.⁵⁰

56 Im Verfahren über die Beschwerde des Anmelders gegen eine Zurückweisung kann die BK ebenfalls gemäß Art. 113 Abs. 2 die Erteilung eines Patents nur in einer vom Anmelder gebilligten Fassung anordnen.⁵¹ Hilfsanträge können im Beschwerdeverfahren auch dann gestellt werden, wenn das vor der Prüfungsabteilung nicht geschehen war.⁵²

*d) Erteilung des Patents*⁵³

57 1. Ist die Prüfungsabteilung der Auffassung, dass die Anmeldung und die Erfindung, die sie zum Gegenstand hat, den Erfordernissen des EPÜ genügen, beschließt sie gemäß Art. 97 Abs. 1 die Erteilung des Patents, wenn die in der AusfO genannten Voraussetzungen erfüllt sind. Damit der Anmelder hierfür sorgen kann, teilt ihm nach R 71 Abs. 3 die Prüfungsabteilung, wenn sie sich intern darüber einig geworden ist, das Patent in einer bestimmten Fassung zu erteilen, diese Fassung mit und fordert ihn auf, innerhalb von vier Monaten die Erteilungs- und die Druckkostengebühr zu entrichten und eine Übersetzung der zur Erteilung vorgesehenen Ansprüche in den beiden Amtssprachen einzureichen, die nicht Verfahrenssprache sind.⁵⁴ Werden fristgemäß die Gebühren entrichtet und die Übersetzung eingereicht, gilt dies als Einverständnis mit der für die Erteilung vorgesehenen Fassung.

58 Ist der Anmelder mit dieser Fassung nicht einverstanden, muss er nach R 71 Abs. 6 innerhalb der Viermonatsfrist die von ihm gewünschten Änderungen oder Berichtigungen beantragen. Wirken sich diese auf die Ansprüche aus, muss er mit seinem Antrag eine Übersetzung der geänderten oder berichtigten Ansprüche einreichen. Zahlt er außerdem innerhalb der genannten Frist die Erteilungs- und die Druckkostengebühr, gilt dies als Einverständnis mit der geänderten oder berichtigten Fassung. Die Prüfungsabteilung kann dann sofort die Erteilung des Patents in dieser Fassung beschließen.

59 Wenn sie ihr nicht zustimmt, darf sie dagegen nicht sofort die Anmeldung zurückweisen, sondern muss dem Anmelder Gelegenheit geben, innerhalb einer von ihr bestimmten Frist Stellung zu nehmen und von ihr für nötig gehaltene Änderungen und, soweit die Ansprüche geändert werden, eine Übersetzung der geänderten Ansprüche einzureichen (R 71 Abs. 6 Hs. 1, Abs. 3). Die Einreichung der genannten Unterlagen gilt als Einverständnis mit der Erteilung des Patents in der geänderten Fassung (R 71 Abs. 5).

60 2. Wenn die für die Erteilung vorgesehene Fassung mehr als die zuschlagfreie Zahl von Ansprüchen enthält, fordert die Prüfungsabteilung den Anmelder auf, innerhalb der nach R 71 Abs. 3 maßgebenden Frist die gegebenenfalls noch ausstehenden Anspruchsgebühren zu zahlen (R 71 Abs. 4, vgl. → § 28 Rn. 48).

---

⁴⁸ Rechtsauskunft 15, ABl. 2005, 357 Rn. 1.5a; vgl. auch *Teschemacher*, EPÜ-GK, 7. Lfg., 1985, Art. 84 Rn. 42 f.
⁴⁹ Rechtsauskunft 15, ABl. 2005, 357 Rn. 1.5b.
⁵⁰ EPA 9.7.1997, ABl. 1998, 249 Rn. 3 – Anträge/Hamamatsu.
⁵¹ EPA 14.3.1984, ABl. 1984, 354 – Steuerschaltung/ICI.
⁵² EPA 10.11.1988, ABl. 1990, 213 Rn. 5 – Veröffentlichung/Research Association.
⁵³ Zum folgenden *Singer*, EPÜ-GK, 2. Lfg., 1984, Art. 97 Rn. 9 ff.; *Gall* GRUR-Int 1983, 11–20; *Teschemacher* GRUR 1985, 802–809.
⁵⁴ Wegen des Zugzwangs, in den sie den Anmelder setzt, darf die Mitteilung keine Änderungen enthalten, zu denen die Zustimmung des Anmelders vernünftigerweise nicht erwartet werden kann; vielmehr ist in solchem Fall ein weiterer Prüfungsbescheid angebracht; EPA 25.1.2007, GRUR-Int 2007, 862 Rn. 14.4 f. – Garbage Collection/Tao Group.

§ 29. Das Erteilungsverfahren vor dem Europäischen Patentamt

Werden Erteilungs- und Druckkostengebühr nicht rechtzeitig entrichtet oder die Übersetzung der Ansprüche nicht rechtzeitig eingereicht, gilt die Anmeldung als zurückgenommen (R 71 Abs. 7). Die gleiche Rechtsfolge tritt ein, wenn gem. R 71 Abs. 4 nachgeforderte Anspruchsgebühren nicht rechtzeitig bezahlt werden. Anders als nach R 45 Abs. 3 gehen also im „Endstadium" des Verfahrens nicht nur die „überzähligen" Ansprüche verloren.

3. Somit muss der Anmelder, wenn er vermeiden will, dass die Anmeldung bei Ablauf der Viermonatsfrist nach R 71 Abs. 3 verfällt, jedenfalls alle genannten Gebühren zahlen und – in den Amtssprachen, die nicht Verfahrenssprache sind – die Übersetzung entweder der von der Prüfungsabteilung mitgeteilten oder derjenigen Anspruchsfassung einreichen, die sich aus den von ihm beantragten Änderungen oder Berichtigungen ergibt. Im ersten Fall beschließt die Prüfungsabteilung die Erteilung des Patents in der von ihr mitgeteilten Fassung; im zweiten Fall beschließt sie entweder die Erteilung in der vom Anmelder beantragten Fassung oder nimmt das Prüfungsverfahren wieder auf (R 71 Abs. 6). Dieses führt entweder dazu, dass der Anmelder die von der Prüfungsabteilung verlangten Änderungen nebst der gegebenenfalls erforderlichen neuen Anspruchsübersetzung einreicht und das Patent demgemäß erteilt wird, oder zur Zurückweisung der Anmeldung. Zum Verfall der Anmeldung kommt es in diesem Stadium – da die übrigen Voraussetzungen für dessen Vermeidung schon früher erfüllt sein müssen – nur wenn der Anmelder zwar die von der Prüfungsabteilung verlangten Änderungen, nicht aber rechtzeitig die hierdurch nötig gewordene Anspruchsübersetzung einreicht und die gegebenenfalls wegen Erhöhung der Anspruchszahl nachgeforderten Anspruchsgebühren entrichtet.

4. In allen Fällen, in denen nach der dargestellten Regelung die Anmeldung als zurückgenommen gilt, ist gem. Art. 121, R 135 Weiterbehandlung möglich.

Erteilungs-, Druckkosten- und gem. R 71 Abs. 6 eingeforderte Anspruchsgebühren werden zurückerstattet, wenn die Anmeldung zurückgewiesen oder zurückgenommen wird oder als zurückgenommen gilt (R 71a Abs. 6).

5. **Kritik:** Das Verfahren nach R 71, das auf eine 2002 eingeführte Neufassung der damaligen R 51 zurückgeht, ist in erster Linie auf ein Ergebnis ausgerichtet, das der Anmelder, weil er mit der zur Erteilung gelangenden Fassung einverstanden ist, nicht mit der Beschwerde angreifen kann. Schwierigkeiten ergeben sich aber, wenn der Anmelder nach der ersten Mitteilung geltend machen will, dass er mit der vorgesehenen Fassung nicht einverstanden ist, insbesondere dann, wenn diese nur einem Hilfsantrag entspricht und deshalb eine Zurückweisung eines oder mehrerer vorrangiger Anträge bedeutet. Nach dem Wortlaut der R 71 müsste der Anmelder innerhalb von vier Monaten nach der ersten Mitteilung die gewünschte Fassung gem. Abs. 6 als „Änderung" einbringen, die Übersetzungen einreichen und die Gebühren zahlen. Die Prüfungsabteilung, die die „geänderte" Fassung nicht ohne Grund schon abgelehnt hat, wird dann im Regelfall nach Abs. 6 ihre Zustimmung verweigern und auf der zuerst mitgeteilten Fassung bestehen. Dass er hiermit nicht einverstanden ist, kann der Anmelder nach dem Wortlaut der Vorschrift nur dadurch zum Ausdruck bringen, dass er die verlangten Änderungen nicht einreicht. Auf diesen Fall wird die in Abs. 6 nur angedeutete Möglichkeit der Zurückweisung der Anmeldung zu beziehen sein. Ebenso wird es zur Zurückweisung kommen müssen, wenn der Anmelder die ihm nach Abs. 3 mitgeteilte Fassung ausdrücklich ablehnt. Wenn die Zurückweisung erst im Stadium des Abs. 6 erfolgt, hat aber der Anmelder zwecks Vermeidung des Verfalls der Anmeldung bereits einmal Übersetzungskosten aufgewandt, die sich im weiteren Verlauf als vergeblich erweisen können. Deshalb sollte es möglich sein, schon nach der gem. Abs. 3 ergangenen Mitteilung Gelegenheit zur Ablehnung und damit zur Herbeiführung einer beschwerdefähigen Zurückweisung zu geben. Die Mitteilung müsste zu diesem Zweck einen entsprechenden Hinweis enthalten. Sein Fehlen hat in einem Fall dazu geführt, dass die gem. R 51 Abs. 4 (jetzt 71 Abs. 3) ergangene Ankündigung der Erteilung gem. einem Hilfsantrag von der BK als beschwerdefähige Zurückweisung der vorrangigen Anträge behandelt und das Verfahren wegen eines schwerwiegenden Mangels zurückverwiesen wurde.[55]

---

[55] EPA 31.1.2005, ABl. 2005, 312 = GRUR-Int 2005, 716 – Nichteinverständnis mit der für die Erteilung vorgesehenen Fassung/Pirelli & C Ambiente. Die BK bezieht sich auf Art. 97 Abs. 2 (a), 113 Abs. 2 EPÜ 1973. Die erste Bestimmung, nach der gem. der AusfO feststehen musste, dass der Anmelder mit der für die Erteilung vorgesehenen Fassung einverstanden ist, wurde in Art. 97 EPÜ 2000 durch eine allgemeine Verweisung auf die AusfO ersetzt. Dagegen ist Art. 113 Abs. 2 unverändert ge-

§ 29 IV *4. Abschnitt. Entstehung und Wegfall von Patenten und Gebrauchsmustern*

6. Wenn der Anmelder nach Zurückweisung seiner Anmeldung Beschwerde eingelegt hat und in der mündlichen Verhandlung vor der BK die Erteilung eines Patents auf der Grundlage von ihm eingereichter neuer Unterlagen beantragt, liegt darin die Erklärung seines Einverständnisses mit der Erteilung in dieser Fassung. Einer erneuten Mitteilung nach R 71 Abs. 3 (früher 51 Abs. 4) (→ Rn. 58) bedarf es dann nicht[56].

64 7. Der **Patenterteilungsbeschluss** wird dem Anmelder zugestellt. Mit Abgabe des Beschlusses an die Postabfertigungsstelle des EPA zwecks Zustellung ist die Prüfungsabteilung an ihre Entscheidung gebunden[57]. Eine Änderung ist nur noch auf Beschwerde hin möglich, für die die Frist mit der Zustellung beginnt (Art. 108 S. 1). Wegen des Einverständnisses des Anmelders wird es jedoch im Regelfall an der für die Zulässigkeit der Beschwerde erforderlichen Beschwer fehlen.[58]

65 Nach außen wird der Beschluss erst an dem Tag wirksam, an dem im Europäischen Patentblatt **auf die Erteilung des Patents hingewiesen** worden ist (Art. 97 Abs. 3).

66 Falls nach Zustellung der in R 71 Abs. 3 vorgesehenen Mitteilung noch Benennungsgebühren oder eine Jahresgebühr fällig werden, erfolgt die Bekanntmachung des Hinweises gem. R 71a Abs. 3 erst nach entsprechender Zahlung.

67 So bald wie möglich nach Bekanntmachung des Erteilungshinweises gibt das EPA eine europäische **Patentschrift** heraus, in der die Beschreibung, die Ansprüche und gegebenenfalls die Zeichnungen enthalten, die Einspruchsfrist und die benannten Vertragsstaaten angegeben sind (Art. 98, R 73). Ferner stellt es dem Patentinhaber eine **Urkunde** über das europäische Patent aus, der als Anlage die Patentschrift beigefügt ist (R 74).

68 8. Von der Veröffentlichung des Erteilungshinweises an hat das europäische Patent in jedem Vertragsstaat für den es erteilt ist, vorbehaltlich der Erfüllung von Übersetzungserfordernissen (vgl. → Rn. 70 ff.) dieselbe **Wirkung,** gewährt seinem Inhaber dieselben Rechte und unterliegt denselben Vorschriften wie ein in diesem Staat erteiltes **nationales Patent,** soweit sich aus dem EPÜ nichts anderes ergibt (Art. 2 Abs. 2, 64 Abs. 1).

69 Unabhängig davon, was das nationale Recht vorschreibt, gelten für das europäische Patent in jedem Staat, für den es erteilt ist, folgende Regelungen: Möglichkeit der Einleitung eines zentralen **Einspruchsverfahrens** vor dem EPA bis zum Ablauf von neun Monaten nach Veröffentlichung des Erteilungshinweises (Art. 99 ff.); Erstreckung des Schutzes auf die **unmittelbaren Verfahrenserzeugnisse,** wenn ein Verfahren Gegenstand des europäischen Patents ist (Art. 64 Abs. 2); Bestimmung des **Schutzbereichs** durch die Patentansprüche, zu deren Auslegung Beschreibung und Zeichnungen heranzuziehen sind (Art. 69 Abs. 1 mit zugehörigem Protokoll); **Laufzeit** von 20 Jahren ab Anmeldetag (Art. 63 Abs. 1); Bindung der für eine Nichtigerklärung zuständigen nationalen Instanzen an die im EPÜ zugelassenen **Nichtigkeitsgründe** (Art. 138, 139). Daher zerfällt das europäische Patent – nach Ablauf der Einspruchsfrist und Erledigung etwaiger Einsprüche – nicht einfach in nationale Patente. Vielmehr bleiben die Rechte, die durch den europäischen Erteilungsakt begründet worden sind, in der angegebenen Weise durch ihren europäischen Ursprung geprägt.[59] In der Bundesrepublik Deutschland sind die genannten Wirkungen sowohl für europäische als auch für nationale Patente übereinstimmend mit dem EPÜ geregelt.

---

blieben, wonach sich das EPA bei der Prüfung von Anmeldungen und den Entscheidungen hierüber an die vom Anmelder vorgelegte oder gebilligte Fassung zu halten hat. – EPA 16.3.2005, ABl. 2005, 424 – Dibenzorhodaminfarbstoffe/Applera verlangt für den Fall, dass dem Hilfsantrag, gemäß dem eine Mitteilung nach R 51 Abs. 4 ergeht, andere, zurückgewiesene Anträge vorgehen, die Beifügung einer Begründung für deren Zurückweisung und eines Hinweises auf die Möglichkeit, die zurückgewiesenen Anträge aufrechtzuerhalten und insoweit eine beschwerdefähige schriftliche Entscheidung zu erwirken.

[56] EPA 6.5.1999, ABl. 1999, 687 – Teilanmeldung.
[57] EPA-Richtlinien C V 6.1.
[58] Vgl. EPA 9.11.1984, ABl. 1985, 6 – Unzulässige Beschwerde/Chugai Seiyaku.
[59] Vgl. *Tilmann* FS Bartenbach, 2005, 301 ff.

§ 29. Das Erteilungsverfahren vor dem Europäischen Patentamt   **IV § 29**

9. In den meisten Vertragsstaaten ist die Wirkung des europäischen Patents von einer **70**
Übersetzung der europäischen Patentschrift abhängig.
Nach Art. 65 kann jeder Vertragsstaat für den Fall, dass das vom EPA erteilte, in geänderter Fassung aufrechterhaltene oder beschränkte Patent nicht in einer seiner Amtssprachen vorliegt, vorschreiben, dass bei seiner Zentralbehörde für gewerblichen Rechtsschutz eine Übersetzung der erteilten, geänderten oder beschränkten Fassung in einer (oder einer bestimmten) seiner Amtssprachen vom Patentinhaber eingereicht werden muss. Dafür ist eine Frist von mindestens drei Monaten nach Bekanntmachung des Hinweises auf die Erteilung (→ § 30 Rn. 64) bzw. Aufrechterhaltung oder Beschränkung einzuräumen. Auch kann vorgeschrieben werden, dass der Anmelder innerhalb bestimmter Frist die Kosten der Veröffentlichung einer erforderlichen Übersetzung ganz oder teilweise zu zahlen hat (Art. 65 Abs. 2). Für den Fall, dass die Übersetzung nicht rechtzeitig eingereicht oder die Kosten nicht rechtzeitig bezahlt werden, kann vorgeschrieben werden, dass die Wirkungen des europäischen Patents in dem betreffenden Staat als von Anfang an nicht eingetreten gelten (Art. 65 Abs. 3).

Von der in Art. 65 eingeräumten Möglichkeit haben praktisch alle Vertragsstaaten Gebrauch gemacht[60]. Stets ist dabei vorgesehen, dass Versäumnisse zum rückwirkenden Verlust des Patents für den betreffenden Staat führen[61]. **71**

Für Deutschland war nach Art. II § 3 Abs. 1 S. 1 IntPatÜG, wenn das vom EPA für **72**
Deutschland erteilte Patent nicht in deutscher Sprache vorlag, eine deutsche Übersetzung der europäischen Patentschrift innerhalb von drei Monaten nach Veröffentlichung des Erteilungshinweises beim DPMA einzureichen (dazu die ÜbersV, → § 8 Rn. 37). Geschah dies nicht fristgerecht und ordnungsgemäß, galten die Wirkungen des europäischen Patents für Deutschland als von Anfang an nicht eingetreten (Art. II § 3 Abs. 2 IntPatÜG).[62]

Die gleiche Rechtsfolge trat ein, wenn die Gebühr für die in Abs. 3 vorgesehene Veröffentlichung der Übersetzung (150 EUR) nicht fristgerecht entrichtet wurde. Wenn das Patent im Einspruchsverfahren in geänderter Fassung aufrechterhalten oder im Beschränkungsverfahren beschränkt wurde, galt für die geänderte oder beschränkte Fassung das Übersetzungserfordernis in gleicher Weise wie für die erteilte (Art. II § 3 Abs. 1 S. 2 IntPatÜG). **73**

Für den Fall, dass der Schutzbereich nach der Übersetzung enger ist als nach der Fassung in der Verfahrenssprache, kann die Übersetzung für maßgebend erklärt werden; es muss dann jedoch eine Berichtigung der Übersetzung mindestens mit Wirkung für die Zukunft gestattet werden (Art. 70 Abs. 3, 4, vgl. → Rn. 41). Für Deutschland enthielt Art. II § 3 Abs. 4 und 5 IntPatÜG Regelungen in diesem Sinn. **74**

Geltend gemacht werden kann der Nichteintritt der Wirkungen des europäischen Patents für Deutschland nicht im Wege der Nichtigkeitsklage, sondern nur durch Erhebung der Beschwerde gegen den Beschluss, mit dem das DPMA diese Feststellung abgelehnt hatte.[63]

Enthält eine fristgerecht eingereichte Übersetzung Auslassungen, findet Art. II § 3 Abs. 2 **75**
IntPatÜG keine Anwendung, sondern sind solche Auslassungen als Fehler der Übersetzung anzusehen, deren Rechtsfolgen sich nach Art. II § 3 Abs. 4 und 5 IntPatÜG richten.[64]

Das **Londoner Übereinkommen** über die Anwendung von Art. 65 EPÜ (vgl. → § 7 **76**
Rn. 83), das am 1.5.2008 für elf Staaten in Kraft getreten ist, verpflichtet diese, auf Über-

---

[60] Übersicht in Nationales Recht zum EPÜ Abschn. IV.
[61] Dies kann zur Folge haben, dass die Erfindung nur in einem Teil der Mitgliedstaaten der EU geschützt ist. Doch ergibt sich hieraus nach EuGH 21.9.1999, GRUR-Int 2000, 71 kein Verstoß gegen Art. 28 EGV (jetzt: Art. 34 AEUV).
[62] Vgl. LG Düsseldorf 23.1.2007, GRUR-Int 2007, 429 (431) – Tamsulosin; zu den Anforderungen des Übersetzungserfordernisses und kritisch zur Rechtsprechung des LG Düsseldorf *Mes* FS Meibom, 2010, 315 ff.
[63] BGH 16.3.2010, GRUR 2010, 701 (702) – Nabenschaltung I.
[64] BGH 18.3.2010, GRUR 2010, 708 – Nabenschaltung II.

§ 29 V   4. *Abschnitt. Entstehung und Wegfall von Patenten und Gebrauchsmustern*

setzungen europäischer Patente in (eine) ihre(r) Amtssprache(n) ganz oder weitgehend zu verzichten. Deutschland verzichtet, da seine Amtssprache zu den Amtssprachen des EPA gehört, gemäß Art. 1 Abs. 1 des Übereinkommens auf die in Art. 65 EPÜ vorgesehenen Übersetzungserfordernisse. Dementsprechend sind Art. II § 3 IntPatÜG und die zugehörige ÜbersV ab 1.5.2008 weggefallen.[65] Europäische Patente, für die der Erteilungshinweis vor diesem Zeitpunkt im Europäischen Patentblatt veröffentlicht worden ist, müssen noch gemäß der alten Regelung übersetzt werden, wenn nicht ihre Wirkung für Deutschland rückwirkend wegfallen soll.

V. Zurücknahme und Verfall der Anmeldung

77 1. Der Anmelder kann die europäische Patentanmeldung grundsätzlich jederzeit zurücknehmen, solange sie noch anhängig ist, dh das Erteilungsverfahren nicht schon aus anderen Gründen (Zurückweisung, Verfall, Veröffentlichung des Erteilungshinweises) beendet ist.[66]

78 Unzulässig wird die Zurücknahme, wenn ein Dritter dem EPA nachweist, dass er ein Verfahren zur Geltendmachung des Rechts auf das europäische Patent eingeleitet hat (R 14, vgl. → § 20 Rn. 101).

79 Die Zurücknahme ist schriftlich oder im mündlichen Verfahren zur Niederschrift zu erklären. Sie muss eindeutig[67] und grundsätzlich vorbehaltlos sein. Zulässig ist es jedoch, sie unter der Voraussetzung abzugeben, dass der Inhalt der Anmeldung der Öffentlichkeit nicht bekanntgegeben wird; sie ist dann im Fall der Veröffentlichung unwirksam.[68]

80 2. Die **Wirkung** der Zurücknahme besteht darin, dass das Verfahren ohne Entscheidung zum Abschluss kommt und die Wirkungen der Anmeldung als von Anfang an nicht eingetreten gelten, soweit sie unter dem Vorbehalt standen, dass die Anmeldung zum Patent führt (vgl. → § 25 Rn. 103); dies gilt insbesondere für den Erteilungsanspruch, seinen Zeitrang und den ab Veröffentlichung der Anmeldung gewährten einstweiligen Schutz.

81 An eine wirksame Zurücknahmeerklärung ist der Anmelder gebunden; er kann sie nicht widerrufen; zugelassen wurde jedoch – mit praktisch gleichem Ergebnis – die Berichtigung einer fehlerhaften Zurücknahmeerklärung gemäß R 88 (jetzt 139)[69], solange noch keine entsprechende Bekanntmachung im Europäischen Patentblatt erfolgt ist[70]. Eine neuere Entscheidung schließt die Berichtigung schon dann aus, wenn die Zurücknahme im Patentregister eingetragen ist.[71]

82 3. Der Anmelder kann die **Benennung** eines Vertragsstaats zurücknehmen (Art. 79 Abs. 3). Die Rechtsfolgen sind **für diesen Vertragsstaat** die gleichen wie diejenigen der Zurücknahme der Anmeldung.

83 Die Zurücknahme der Benennung eines Vertragsstaats kann durch Berichtigung wirkungslos gemacht werden, wenn sie vom EPA noch nicht bekanntgemacht war,[72] die Interessen Dritter, die möglicherweise durch Akteneinsicht Kenntnis von ihr erlangt haben, nach Überzeugung des EPA ausreichend geschützt sind, die Zurücknahme auf einem entschuldbaren Versehen beruht und die

---

[65] Art. 8a, 8b und 10 S. 1 des Gesetzes vom 7.7.2008 BGBl. I 1191 (1210).
[66] Vgl. *Strebel,* EPÜ-GK, 2. Lfg., 1984, Art. 90 Rn. 76.
[67] EPA 26.1.1987, ABl. 1988, 124 – Zurücknahme/Riker. Die Praxis unterscheidet die Zurücknahme von einem bloßen „passiven Verzicht", der, auch wenn er ausdrücklich erklärt wird, als solcher nichts bewirkt, sondern erst im weiteren Verlauf zum Verfall der Anmeldung infolge Unterlassung einer zu dessen Verhinderung erforderlichen Handlung, insbesondere einer Gebührenzahlung führt; vgl. EPA 9.10.1987, ABl. 1988, 417 – Zurücknahme der Anmeldung/Ausonia; 28.10.1987, ABl. 1988, 422 – Verzicht/Schwarz Italia; 26.11.1987, ABl. 1988, 367 – Verzicht/Doris.
[68] EPA 25.3.1981, ABl. 1981, 141 – Zurücknahme einer Anmeldung.
[69] Rechtsauskunft 8/80 des EPA, ABl. 1981, 6; vgl. auch → § 29 Rn. 117 ff.
[70] EPA 9.10.1987, ABl. 1988, 417 – Zurücknahme der Anmeldung/Ausonia.
[71] EPA 27.4.2005, ABl. 2006, 395 – Zurücknahme der Anmeldung/Mitsui Chemicals.
[72] Hierfür wird entsprechend EPA 27.4.2005, ABl. 2006, 395 – Zurücknahme der Anmeldung/Mitsui Chemicals die Eintragung im Patentregister als ausreichend anzusehen sein.

beantragte Berichtigung das Verfahren nicht wesentlich verzögert[73]. Solche Voraussetzungen sind aber jedenfalls dem Wortlaut der R 139 (früher 88) nicht zu entnehmen. Sie zeigen, dass es letztlich von allgemeinen Billigkeitserwägungen abhängt, ob die Wirkung einer Zurücknahme beseitigt werden kann[74].

4. Wesentlich zahlreicher als im PatG sind im EPÜ die Vorschriften, nach denen die Anmeldung unter bestimmten Voraussetzungen **als zurückgenommen gilt.** Auch hier ist die „Fiktion der Zurücknahme" nur die *gesetzestechnische Form,* in der zum Ausdruck gebracht wird, dass das Anhängigbleiben der Anmeldung von der rechtzeitigen Vornahme einer Handlung abhängt und mit Versäumung des letztmöglichen Zeitpunkts hierfür das Verfahren kraft Gesetzes endet (vgl. → § 25 Rn. 104 ff.). Man kann deshalb vom **Verfall** der Anmeldung sprechen; er erfasst wie die Zurücknahme auch die Rechte, die durch die Anmeldung unter der Voraussetzung begründet worden sind, dass sie zum Patent führt. Doch bedeutet er nicht, dass die Anmeldung als niemals eingereicht gilt. Deshalb bleiben Prioritätsbeanspruchungen und Teilanmeldungen wirksam, die auf der Grundlage der als zurückgenommen geltenden Anmeldung vor Eintritt des Verfalls erfolgt sind[75]. 84

Verfall tritt ein, wenn eine der folgenden Handlungen nicht rechtzeitig vorgenommen wird: 85
Übermittlung durch die nationale Einreichungsbehörde (Art. 77 Abs. 3);
– Entrichtung der Anmelde- und der Recherchengebühr (Art. 78 Abs. 2);
– Einreichung einer nach Art. 14 Abs. 2 erforderlichen Übersetzung (Art. 14 Abs. 2 S. 3, R 6 Abs. 1);
– Stellung des Prüfungsantrags und Zahlung der Prüfungsgebühr (Art. 94 Abs. 2);
– Aufrechterhaltungserklärung, wenn der Prüfungsantrag vor Erhalt des Recherchenberichts gestellt war (R 70 Abs. 3);
– Beantwortung eines Prüfungsbescheids (Art. 94 Abs. 4) oder einer Aufforderung der BK (R 100 Abs. 3);
– vom EPA verlangte Angaben über nationale Anmeldungen (Art. 124 Abs. 2);
– Zahlung einer Jahresgebühr (Art. 86 Abs. 1 S. 2);
– Zahlung der Erteilungs- und der Druckkostengebühr und nachgeforderter Anspruchsgebühren sowie Übersetzungen (R 71 Abs. 7);
– Anzeige der erforderlichen Neubestellung eines notwendigen Vertreters (R 142 Abs. 3 [a]).

Als zurückgenommen gilt auch die Benennung eines Vertragsstaats, für den die Benennungsgebühr nicht rechtzeitig bezahlt wird; werden überhaupt keine Benennungsgebühren bezahlt, gilt die Anmeldung als zurückgenommen (R 39 Abs. 2, 3). Nach Einführung der einheitlichen Benennungsgebühr (→ § 28 Rn. 49 ff.) wird es zu einem auf einzelne Vertragsstaaten beschränkten Verfall der Anmeldung nicht mehr kommen.

Stellt das EPA fest, dass aus einem der genannten Gründe ein Rechtsverlust eingetreten ist, teilt es dies dem Anmelder mit (R 112 Abs. 1). Dieser kann durch einen Antrag gemäß R 112 Abs. 2 erreichen, dass das EPA die Feststellung des Rechtsverlusts überprüft und, wenn es an seiner Auffassung festhält, eine beschwerdefähige Entscheidung erlässt (vgl. → § 27 Rn. 46). Er kann die verlorene Rechtsposition wiedererlangen, wenn eine Weiterbehandlung der Anmeldung oder eine Wiedereinsetzung in den vorigen Stand möglich ist (vgl. → § 27 Rn. 24 ff.). 86

VI. Änderung der Anmeldung[76]

1. Für die Zulässigkeit von Änderungen einer europäischen Patentanmeldung – einschließlich der Zurücknahme solcher Änderungen[77] – kommt es auf das **Verfahrensstadi-** 87

---

[73] EPA 11.2.1988, ABl. 1989, 323 – Widerruf einer Zurücknahme/Inland Steel.
[74] In diesem Sinn auch *Bossung* FS Preu, 1988, 219 (228 f., 233), der in R 88 (jetzt 139) nur den „Ausgangspunkt" der Rechtsprechung zur Irrtumsberichtigung sieht.
[75] EPA 27.11.2000, ABl. 2001, 131 – Benennungsgebühren.
[76] Ausführlich dazu *Blumer* 260–415.
[77] EPA-Richtlinien H III 2.5.

§ 29 VI *4. Abschnitt. Entstehung und Wegfall von Patenten und Gebrauchsmustern*

um an, in dem die Änderung vorgenommen werden soll. Vor Erhalt des Recherchenberichts darf der Anmelder die Beschreibung, die Ansprüche und die Zeichnungen nur insoweit ändern, als es erforderlich ist, um bei der Formalprüfung gemäß R 57 (a)–(d), (h) und (i) festgestellte Mängel zu beseitigen (R 137 Abs. 1, 58 Satz 2, vgl. → Rn. 8 ff.). Nach Erhalt des Recherchenberichts und vor Erhalt des ersten Bescheids der Prüfungsabteilung kann er von sich aus die Beschreibung, die Ansprüche und die Zeichnungen ändern (R 137 Abs. 2). Anspruchsänderungen dürfen nicht zur Einbeziehung nicht recherchierter Gegenstände führen, die mit dem ursprünglich beanspruchten Gegenstand nicht durch eine einzige allgemeine erfinderische Idee verbunden sind (R 137 Abs. 5).[78] Das ist insbesondere dann von Bedeutung, wenn nach R 64 wegen Uneinheitlichkeit mangels zusätzlicher Gebührenzahlung nur eine teilweise Recherche durchgeführt worden ist.[79]

88 Werden vor Abschluss der technischen Vorbereitungen für die Veröffentlichung der Anmeldung die Ansprüche geändert, werden sowohl die ursprünglichen als auch die neuen oder geänderten Ansprüche veröffentlicht (R 68 Abs. 4 Satz 2).

89 Nach Erhalt des ersten Prüfungsbescheids kann der Anmelder die Unterlagen von sich aus einmal ändern, sofern er die Änderung gleichzeitig mit seiner Erwiderung auf den Bescheid einreicht. Weitere Änderungen können nur mit Zustimmung der Prüfungsabteilung vorgenommen werden (R 137 Abs. 3).[80] Anträge, eine einmal gefundene gewährbare Fassung der Unterlagen durch eine weitgehend überarbeitete Fassung zu ersetzen, werden abgelehnt, wenn der Anmelder nicht rechtfertigt, dass er die Änderung erst jetzt vorschlägt[81]. Akzeptiert er trotz Ablehnung der Änderung die von der Prüfungsabteilung vorgesehene Fassung nicht, wird die Anmeldung zurückgewiesen.

90 Wegen Verspätung wurde es auch nicht zugelassen, dass der Anmelder einen Anspruch, den er zu Beginn des Beschwerdeverfahrens fallengelassen hatte, nach mehr als einem Jahr kurz vor der mündlichen Verhandlung wieder aufgriff.[82]

91 2. Für alle Änderungen europäischer Patentanmeldungen gilt das **Erweiterungsverbot** des Art. 123 Abs. 2: Die Anmeldung darf nicht in der Weise geändert werden, dass ihr Gegenstand über den Inhalt ihrer **ursprünglich eingereichten Fassung** hinausgeht. An die darin aufgestellten *Ansprüche* ist der Anmelder jedoch nicht gebunden; er darf sie während des Erteilungsverfahrens im Rahmen des *gesamten* Offenbarungsgehalts der Anmeldung auch erweitern. Maßgeblicher Referenzpunkt für das Vorliegen einer unzulässigen Erweiterung ist also alles, was der mit durchschnittlichen Kenntnissen und Fähigkeiten ausgestattete Fachmann des betreffenden technischen Gebiets der **Gesamtheit** der ursprünglich eingereichten Unterlagen als zur Erfindung gehörig entnehmen kann.[83]

92 Eine unzulässige Erweiterung kann sowohl durch Änderung oder Weglassung als auch durch Hinzufügung von Textstellen zustande kommen.[84] Zweck der Vorschrift ist es, Änderungen auszuschließen, mit denen der Anmelder Gegenstände beanspruchen könnte, die von der Anmeldung in der ursprünglichen Fassung nicht gestützt sind. Dabei ist der Offenbarungsgehalt dieser Fassung ebenso zu bestimmen wie derjenige zum SdT gehörender Dokumente im Rahmen der Neuheitsprüfung: Es kommt darauf an, ob ein Schriftstück den Fachmann derart informiert, dass er den beanspruchten Gegenstand unmittelbar

---

[78] Mehrere neuere Entscheidungen sind hierzu ergangen, vgl. *Teschemacher* Mitt. 2014, 397, 383 f.
[79] Vgl. EPA-RichtlinienB VII 1.2. Krit. zu R 137 (früher 86) Abs. 4 EPA 5.12.2003, ABl. 2004, 160 = GRUR-Int 2004, 668.
[80] Zu den Voraussetzungen der Zustimmung vgl. EPA-Richtlinien H II 2.3.
[81] EPA-Richtlinien H II 2.3.
[82] EPA 9.2.1982, ABl. 1982, 296 – Diastereomere.
[83] BGH 1.4.2014, GRUR 2014, 650 Rn. 27 – Reifendemontiermaschine unter Hinweis auf mehrere Entscheidungen des Senats seit 2010.
[84] EPA-Richtlinien H V 2.6.

§ 29. Das Erteilungsverfahren vor dem Europäischen Patentamt   VI § 29

und eindeutig daraus entnehmen kann; zum Offenbarungsgehalt gehören auch nicht ausdrücklich genannte, aber für den Fachmann eindeutig implizierte Merkmale.[85] Dabei ist zu berücksichtigen, was der SdT dem Fachmann sagt, insbesondere wenn er gemäß R 42 Abs. 1 (b) in der Anmeldung angegeben ist.[86] Ansprüche, Beschreibung und Zeichnungen sind als Offenbarungsmittel rechtlich gleichwertig; ein nur zeichnerisch dargestelltes Merkmal kann daher in Beschreibung und Ansprüche übernommen werden, wenn es der Fachmann bezüglich Struktur und Funktion vollständig und unmittelbar in klarer und eindeutiger Weise der Zeichnung entnehmen kann.[87] Um als hinreichend offenbart gelten zu können, braucht ein Merkmal nicht als „erfindungswesentlich" hervorgehoben zu sein; es genügt, dass es aus dem Gesamtinhalt der Anmeldung als zur Erfindung gehörig ersichtlich ist.[88]

3. Die Zulässigkeit des **Ersetzens oder Streichens** eines Anspruchsmerkmals wurde 93 lange vom sog. Wesentlichkeitstest abhängig gemacht, also daran geknüpft, dass (1.) das besagte Merkmal in der Offenbarung nicht als wesentlich hingestellt ist, (2.) es für die Funktion der Erfindung unter Berücksichtigung der zu lösenden Aufgabe nicht unerlässlich ist, und (3.) das Ersetzen oder Streichen keine wesentliche Angleichung anderer Merkmale erfordert.[89] Die GBK hat dem sog. Wesentlichkeitstest 2012 den sog. **Goldstandard** zur Seite gestellt. Danach besteht das Grundprinzip von Art. 123 Abs. 2 EPÜ darin, dass jede Änderung an den die Offenbarung betreffenden Teilen einer EP-Anmeldung oder eines EP nur im Rahmen dessen erfolgen darf, was der Fachmann der Gesamtheit dieser Unterlagen in ihrer ursprünglich eingereichten Fassung unter Heranziehung des allgemeinen Fachwissens – objektiv und bezogen auf den Anmeldetag – unmittelbar und eindeutig entnehmen kann. Dies gilt analog bei der Prüfung, ob Art. 76 Abs. 1 S. 2 EPÜ erfüllt ist – bezogen auf die ursprüngliche Fassung der Erstanmeldung.[90] 2017 wurde der Goldstandard sogar für vorzugswürdig erklärt, freilich nur vom einer BK, denn eine Entscheidung der GBK fehlt bis heute.[91]

Ein in der Anmeldung **ursprünglich nicht offenbartes Merkmal** darf in einen An- 94 spruch eingefügt werden, wenn es – ohne einen technischen Beitrag zum Gegenstand der Erfindung zu leisten – lediglich den **Schutzbereich** des Patents **einschränkt,** indem es den Schutz für einen Teil des Gegenstands der in der ursprünglichen Anmeldung beanspruchten Erfindung ausschließt; ein solches Merkmal wird nicht als Gegenstand betrachtet, der iSd Art. 123 Abs. 2 über den Inhalt der Anmeldung in der ursprünglich eingereichten Fassung hinausgeht[92].

Angaben über **Vorteile**, die als Beleg für das Beruhen auf erfinderischer Tätigkeit angeführt wer- 95 den, dürfen verändert werden, wenn dadurch nicht auch die ursprünglich offenbarte Lösung verändert

---

[85] EPA 9.5.1984, ABl. 1984, 481 (483f.) – Bleilegierungen/Shell; vgl. auch die EPA-Richtlinien G I 6.
[86] EPA 16.5.1983, ABl. 1983, 446 (448) – Offenbarung/Mobil; EPA 9.5.1984, ABl. 1984, 481 (483f.) – Bleilegierungen/Shell.
[87] EPA 25.3.1985, ABl. 1985, 193 Rn. 3 – Wandelement/Vereinigte Metallwerke.
[88] EPA 25.3.1985, ABl. 1985, 193 Rn. 4.1, (Leitsatz) – Wandelement/Vereinigte Metallwerke; 6.11.1987, Mitt. 1989, 94 – Scherenstromabnehmer/MBB; 4.1.1996, ABl. 1996, 496 Rn. 4.5 – Wasserlösliche Polymerdispersion/Hymo.
[89] EPA 6.7.1989, ABl. 1991, 22 – Streichung eines Merkmals/Houdaille; EPA 6.7.1987, ABl. 1991, 22 – Streichung eines Merkmals/Houdaille; EPA 9.12.1987, ABl. 1989, 105 – Koaxialverbinder/AMP – Zur Streichung von Alternativen in Listen von Substituenten für eine oder – wie meist – mehrere Substituentenpositionen in chemischen Gruppenformeln s. *Schrell* GRUR-Int 2007, 672f. mit zahlreichen Nachw. aus der Rspr. des EPA; dagegen krit. *Ehlers* Mitt. 2014, 301 ff.
[90] EPA 30.8.2011, ABl. 2012, 376 – Disclaimer/SCRIPPS.
[91] EPA 31.1.2017, Mitt. 2017, 335 – Streichen eines Merkmals mAnm *Köster,* der auf das Fehlen einer GBK-Entscheidung sehr zurecht hinweist.
[92] EPA 2.2.1994, ABl. 1994, 541 – Beschränkendes Merkmal/Advanced Semiconductor Products.

wird.⁹³ Im Übrigen wird das Nachbringen vorteilhafter Wirkungen grundsätzlich als Erweiterung angesehen.⁹⁴

96 4. Die Einfügung eines *Disclaimers,* der deutlich macht, dass für bestimmte nicht schutzfähige, insbesondere durch den SdT vorweggenommene Gegenstände *kein* Schutz beansprucht wird, hat das EPA vielfach – unter nicht immer gleichen Voraussetzungen – auch dann zugelassen, wenn die ursprünglichen Anmeldungsunterlagen keine entsprechende Angabe enthielten.⁹⁵

97 Eine Entscheidung der GBK aus 2004 hatte der Zulässigkeit von Disclaimern zwar enge Grenzen gezogen.⁹⁶ Sie ging aber davon aus, dass die Änderung eines Anspruchs durch die Aufnahme eines Disclaimers nicht schon deshalb nach Art. 123 Abs. 2 abgelehnt werden kann, weil weder der Disclaimer noch der durch ihn aus dem beanspruchten Bereich ausgeschlossene Gegenstand aus der Anmeldung in der ursprünglich eingereichten Fassung herleitbar ist (Ls. 1).⁹⁷ Zulässig sein könne ein Disclaimer, wenn er dazu dient,

– die Neuheit wiederherzustellen, indem er einen Anspruch gegenüber einem Stand der Technik nach Art. 54 Abs. 3 oder 4 (jetzt 54 Abs. 3), also dem Offenbarungsgehalt einer älteren, nachveröffentlichen Anmeldung, abgrenzt;
– die Neuheit wiederherzustellen, indem er einen Anspruch gegenüber einer zufälligen Vorwegnahme nach Art. 54 Abs. 2, also durch einen der Öffentlichkeit zugänglichen Stand der Technik, abgrenzt; eine Vorwegnahme sei zufällig, wenn sie so unerheblich für die beanspruchte Erfindung sei und so weitab liege, dass der Fachmann sie bei der Erfindung nicht berücksichtigt hätte; und⁹⁸
– einen Gegenstand auszuklammern, der nach Art. 52–57 aus nichttechnischen Gründen vom Patentschutz ausgeschlossen ist, also zB ein medizinisches Verfahren (Art. 53 (c), früher 52 Abs. 4) oder die wegen der öffentlichen Ordnung oder der guten Sitten unerlaubte Anwendung einer biotechnologischen Erfindung auf Menschen (Nr. 2.4.1 der Gründe).

Nach Leitsatz 2.3 stellt ein Disclaimer, der für die Beurteilung der erfinderischen Tätigkeit oder der ausreichenden Offenbarung relevant ist oder wird, eine nach Art. 123 Abs. 2 unzulässige Erweiterung dar.

98 Gestützt hat die GBK die von ihr aufgestellten Grundsätze auf Art. 123 Abs. 2. Unausgesprochen scheint dahinter die Vorstellung zu stehen, dass eigentlich jeder nicht schon in der ursprünglichen Fassung der Anmeldung enthaltene Disclaimer eine unzulässige Erweiterung darstelle, in Ausnahmefällen aber dennoch gerechtfertigt werden könne. Als Grund hierfür erscheint in den Fällen der Vorwegnahme durch eine nachveröffentlichte Anmeldung und der „zufälligen" Vorwegnahme eine Bewertung unter dem Gesichtspunkt des *Verschuldens:* es handelt sich um einen SdT, den der Anmelder mit der Sorgfalt, die die GBK von ihm zu erwarten scheint, nicht hätte ermitteln können. Doch ist der Anmelder nicht verpflichtet, vor der Anmeldung überhaupt solche Ermittlungen anzustellen. Gewiss wird er die Kosten einer Anmeldung erst aufwenden, wenn er auf Grund seiner Kenntnis des SdT mit einem Erfolg rechnet. Es ist aber ihm überlassen, wie und in welchem Umfang er sich über den SdT informiert. Eine umfassende Ermittlung darf er vom EPA erwarten, und es muss ihm erlaubt sein, auf deren Ergebnisse – auch wenn es sich nicht um „zufällige" Vorwegnahmen

---

⁹³ Vgl. EPA 6.4.1981, ABl. 1981, 206 – Reaktionsdurchschreibepapier; 15.4.1983, ABl. 1983, 479 – Steuerschaltung/Lansing Bagnall; 4.1.1984, ABl. 1984, 261 – Formkörper aus Poly-(p-methyl-styrol)/Mobil; EPA-Richtlinien CV 1.5.
⁹⁴ EPA-Richtlinien G VII 5.2, G VII 11.
⁹⁵ Analyse der Rechtsprechung in EPA 20.12.2002, ABl. 2003, 225 (231 ff.) – Disclaimer/PPG; 14.3.2003, ABl. 2003, 334 (341 ff.) – Synthetische Antigene/Genetic Systems.
⁹⁶ EPA 8.4.2004, ABl. 2004, 413 = GRUR-Int 2004, 959 – Disclaimer/PPG; gleichlautend G 2/03, ABl. 2004, 448.
⁹⁷ Für offenbarte Gegenstände konkretisiert durch EPA 30.8.2011, ABl. 2012, 376 = GRUR-Int 2012, 797 – Disclaimer/Scripps.
⁹⁸ Gemeint ist wohl „oder", weil die Zulässigkeit eines Disclaimers sicher nicht davon abhängen soll, dass er gleichzeitig allen drei genannten Zwecken dient.

handelt⁹⁹ – durch Einschränkung der anfangs formulierten Ansprüche zu reagieren, ohne zusätzlichen technischen Informationsgehalt in die Anmeldung einzubringen. Wenn er eine gebotene Einschränkung in Form eines Disclaimers vornimmt, gilt nichts anderes.

In den Fällen eines Patentierungsausschlusses aus *nichttechnischen* Gründen kann die GBK die Zulässigkeit eines Disclaimers, jedenfalls soweit es um europäische Erstanmeldungen und europäische Nachanmeldungen mit Priorität aus einem EPÜ-Vertragsstaat geht,¹⁰⁰ nicht mit „fehlendem Verschulden" rechtfertigen, weil der Anmelder die Ausschlussbestimmungen von vornherein hätte berücksichtigen können und deshalb nicht überrascht sein darf, wenn ihm eine davon entgegengehalten wird. Würde ein Disclaimer, der einem Patentierungsausschluss Rechnung trägt, nicht zugelassen, weil er bei gehöriger Sorgfalt schon in die ursprüngliche Anmeldung hätte eingefügt werden können, müsste die Anmeldung ganz zurückgewiesen werden. Das scheint die GBK für unangebracht zu halten. Dazu passt aber nicht, dass es in Fällen teilweiser Vorwegnahme durch den Stand der Technik auf das Fehlen eines „Verschuldens" ankommen soll. **99**

Deshalb ist auch in diesen Fällen – ebenso wie beim Entgegenstehen nichttechnischer Ausschlussgründe – die Zulassung des Disclaimers letztlich nur damit zu rechtfertigen, dass es dem Anmelder erlaubt sein muss, sein Schutzbegehren dem im Lauf des Prüfungsverfahrens als schutzfähig erkannten Offenbarungsgehalt seiner ursprünglich eingereichten Anmeldung anzupassen. Er ist dabei an die bei Einreichung der Anmeldung formulierten *Ansprüche* nicht gebunden, darf aber den ursprünglichen technischen *Informationsgehalt* nicht erweitern. Die Öffentlichkeit darf nicht darauf vertrauen, dass die ursprünglich formulierten Ansprüche nicht mehr geändert, insbesondere nicht – im Rahmen des ursprünglichen Offenbarungsgehalts der Anmeldung – erweitert werden. Schutzwürdig ist das Vertrauen der Öffentlichkeit auf eine bestimmte Anspruchsfassung erst dann, wenn gemäß dieser ein *Patent erteilt* ist. **100**

Ein Disclaimer ist nur eine besondere, weil negativ gefasste Form solcher Anpassung. Dabei ergibt sich eine spezifische Gefahr unzulässiger Erweiterung, wenn – wie meist – das zur Einschränkung verwendete negative Merkmal nicht ursprünglich offenbart war. Ob seine Einfügung dem Fachmann einen technisch relevanten Informationsgehalt vermittelt, ist aber eine Frage des Einzelfalls. Es mag sein, dass sie in den von der GBK aufgezählten Fällen regelmäßig zu verneinen ist. Doch kann es auch anders sein. Deshalb hat die GBK in Leitsatz 2.3 eine „salvatorische Klausel" angefügt, die einen Disclaimer verbietet, wenn er für die Beurteilung der erfinderischen Tätigkeit oder der ausreichenden Offenbarung relevant ist oder werden kann. **101**

Als Beispiel kann die Anmeldung eines Verfahrens zur passiven Gymnastik dienen, dessen Beschränkung auf nicht-therapeutische Anwendungen abgelehnt wurde, weil solche nicht offenbart waren.¹⁰¹ Ein Verfahren zur Herbeiführung von Appetitlosigkeit wurde als nicht von der Patentierung ausgeschlossen betrachtet, weil es zwecks kosmetisch vorteilhafter Gewichtsreduzierung beansprucht war;¹⁰² wäre es ohne diese Einschränkung angemeldet gewesen, hätte die Anmeldung durch einen die therapeutische Anwendung (zur Behandlung krankhafter Fettsucht) ausschließenden Disclaimer eingeschränkt werden können, da ihrem Offenbarungsgehalt beide Anwendungsmöglichkeiten entnehmbar waren und die Beschränkung wegen der bei beiden übereinstimmenden Wirkungsweise (nämlich Herbeiführung von Gewichtsverlust) keine technisch relevante Information enthalten hätte. Wäre dagegen eine Vibrationsramme ohne Aussage darüber angemeldet, ob die rotierenden Unwuchtmassen zwangsweise synchronisiert werden oder nicht, läge eine unzulässige Erweiterung vor, wenn sie wegen eines SdT, der zwangssynchronisierte Vorrichtungen umfasst, durch einen auf diese Ausführungsform bezogenen Disclaimer beschränkt würde. **102**

---

⁹⁹ So auch *König* Mitt. 2004, 477 (481 f.).

¹⁰⁰ Für PCT-Anmeldungen und europäische Anmeldungen mit Priorität aus einem Drittstaat mag es teilweise anders sein, vgl. EPA 8.4.2004, ABl. 2004, 413 = GRUR-Int 2004, 959 Rn. 2.4.3 – Disclaimer/PPG.

¹⁰¹ BPatG 18.1.2007, Mitt. 2007, 369 – Verfahren zur passiven Gymnastik; vgl. → § 14 Rn. 59.

¹⁰² EPA 27.3.1986, ABl. 1986, 305 – Appetitzügler/Du Pont.

§ 29 VI   *4. Abschnitt. Entstehung und Wegfall von Patenten und Gebrauchsmustern*

103 Es kommt also letztlich immer auf die Beurteilung des Einzelfalls nach dem Maßstab des Art. 123 Abs. 2 an. Dieser muss, wie die GBK sieht, auch dann angewandt werden, wenn einer der von ihr definierten Ausnahmefälle vorliegt. Andererseits soll offenbar außerhalb dieser Fälle ein Disclaimer auch dann nicht zulässig sein, wenn er nach dem Maßstab des Art. 123 Abs. 2 keine unzulässige Erweiterung darstellt. Von Bedeutung ist dies insbesondere bei Einschränkungen, die mit Rücksicht auf einen weder unter Art. 54 Abs. 3 fallenden noch „zufällig" aufgefundenen SdT gemacht werden. Insoweit entbehren die von der GBK aufgestellten Voraussetzungen der gesetzlichen Grundlage.

104 Die Befürchtung der GBK (Nr. 2.3.3 der Gründe), ohne die von ihr gemachten zusätzlichen Einschränkungen könne sich das Anmelderverhalten dahin ändern, dass nicht von vornherein eine detaillierte Beschreibung gegeben, sondern abgewartet werde, bis sich der SdT durch Recherche und Prüfung herauskristallisiert hat, und dann die notwendigen Konsequenzen gezogen werden, ist unbegründet, weil hierfür nur der ursprüngliche Offenbarungsgehalt zur Verfügung steht. Wenn dieser nur allgemeine, undifferenzierte Informationen enthält, gerät der Versuch, einem durch Recherche ermittelten oder bei der Prüfung entgegengehaltenen SdT Rechnung zu tragen, leicht zur unzulässigen Erweiterung.[103] Ihr Verbot in Art. 123 Abs. 2 reicht aus, um den von der GBK bezeichneten Gefahren entgegenzuwirken. Es ist auch nicht erkennbar, dass diese sich *vor* der höchstrichterlichen Entscheidung irgendwie nachteilig ausgewirkt hätten. 2017 hat die GBK in einem Vorlageverfahren entschieden, dass der Goldstandard auch auf Ansprüche anzuwenden ist, die nicht offenbarte disclaimer enthalten.[104]

105 5. In der Praxis des EPA ist zur Feststellung unzulässiger Erweiterungen oft der sog. **„Neuheitstest"**[105] angewandt worden: unzulässig sei eine Änderung, wenn sie zur Folge hat, dass der Inhalt der geänderten im Vergleich mit der ursprünglichen Fassung neu ist[106]. Freilich wurde bald erkannt, dass der Test nur begrenzten Wert hat und insbesondere bei Verallgemeinerungen versagt, wenn man davon ausgeht, dass eine allgemeinere im Verhältnis zu einer konkreteren Angabe nicht neu sei[107]. Es wurde jedoch auch darauf hingewiesen, dass das Bekanntsein eines Arbeitsmittels dessen Äquivalente nicht neuheitsschädlich vorwegnehme, auch wenn diese an sich allgemein bekannt sind; auf dieser Grundlage konnte der Neuheitstest auch zur Ablehnung von Verallgemeinerungen führen[108].

106 Die Prüfung auf Erweiterung entspricht derjenigen auf Neuheit nur insofern, als bei beiden festzustellen ist, ob der Fachmann dem in der ursprünglichen Anmeldung bzw. einem zum SdT gehörenden Dokument Offenbarten bestimmte Informationen unmittelbar und eindeutig entnehmen kann. Dann genügt es aber, bei einer Änderung diese Frage bezüglich des Offenbarungsgehalts der ursprünglich eingereichten Anmeldungsunterlagen zu stellen; durch die Heranziehung des Neuheitsbegriffs wird ihre Beantwortung nicht erleichtert[109]. Vielmehr kann die Orientierung an Faustregeln, die für die Neuheitsprüfung

---

[103] Nach der Praxis des EPA wird diese Gefahr durch die Grundauffassung vergrößert, dass das Allgemeine nicht das Besondere vorwegnehme, was sich in der Handhabung des „Neuheitstests" (→ § 29 Rn. 105) und in der Anerkennung der Neuheit von „Auswahlerfindungen" (dazu → § 17 Rn. 73 ff.) niederschlägt; vgl. *Teschemacher* ABl. EPA Sonderausgabe 2005, 116 (120, 126).

[104] EPA 18.12.2017, Mitt. 2018, 21 (Ls.) – Disclaimer III; EPA 17.10.2016, Mitt. 2017, 78 (Ls.) – undisclosed disclaimer mAnm *Rieck*. Sehr kritisch dazu *Hüttermann* Mitt. 2018, 53 f.

[105] Eingehend und teilweise krit. dazu *Blumer* 402 ff.

[106] *Van den Berg* GRUR-Int 1993, 354 (360, 365 f.) mN; EPA-Richtlinien H V 3.2.

[107] Vgl. zB EPA 9.12.1987, GRUR-Int 1988, 510 – Elektrokochplatte/Fischer; 22.9.1988, ABl. 1990, 59 Rn. 2.4 – Cellulosefasern/General Motors; 10.7.1996, ABl. 1997, 456 – geänderte Teilanmeldung/Toshiba.

[108] EPA 29.10.1987, ABl. 1989, 308 – Reflexionsphotometer/Boehringer; 25.11.1998, ABl. 1999, 464 Rn. 2.1.6, 2.3 – Thermodruckvorrichtung/Elektronische Frankiermaschine.

[109] Auch mit einer Weiterentwicklung zum „Vorwegnahmetest", wie sie *Blumer* 410 ff. vorschlägt, ist wenig gewonnen, weil sie die praktische Handhabung erschwert und dazu verleiten kann, vorrangig auf formale Kriterien zu achten, statt den wirklichen Offenbarungsgehalt der ursprünglichen Anmeldungsunterlagen zu ermitteln.

§ 29. Das Erteilungsverfahren vor dem Europäischen Patentamt   VI § 29

aufgestellt wurden, in die Irre führen. Beispielsweise kann die Betonung des Grundsatzes, dass der neuheitsschädliche Gehalt eines Dokuments Äquivalente darin bezeichneter Arbeitsmittel nicht einschließt, davon abhalten genau zu prüfen, ob nicht der Fachmann bei einer von seinem allgemeinen Fachwissen geleiteten Gesamtbetrachtung des Offenbarungsgehalts einer Anmeldung erkennt, dass ein konkret bezeichnetes Arbeitsmittel ohne weiteres durch ein funktionsgleiches ersetzt werden kann. Dann ist ihm offenbart, dass es nicht notwendig ist, jenes Mittel identisch zu verwenden, sondern auf eine bestimmte Funktion ankommt, und gerechtfertigt, das entsprechende Anspruchsmerkmal funktionell zu fassen[110]. Der Fall, dass dies erst durch nachträgliche Änderung geschieht, unterscheidet sich von demjenigen, in dem bereits die ursprünglich eingereichte Anspruchsfassung das funktionelle Merkmal enthält, allerdings dadurch, dass dieses schon für sich genommen ein funktionelles Verständnis eines ihm entsprechenden in der Beschreibung genannten konkreten Merkmals nahelegt. Doch kann sich für den Fachmann das gleiche aus dem Gesamtinhalt der Anmeldungsunterlagen auch dann ergeben, wenn das Merkmal im Anspruch ebenfalls konkret bezeichnet ist.

6. Als nicht erweiternde und deshalb **zulässige Änderungen** wurden beispielsweise angesehen:

– Übernahme irrtümlich zum SdT gerechneter Merkmale des Oberbegriffs in den kennzeichnenden Teil;[111]
– Wahl eines allgemeineren Ausdrucks (drehbarer Träger statt Drehscheibe) im Oberbegriff eines Anspruchs;[112]
– Streichung eines Anspruchsmerkmals, wenn sie nur der Klarstellung oder Behebung eines Widerspruchs dient, weil das Merkmal nur zeichnerisch dargestellt, aber in der Beschreibung nicht näher erläutert war und der Fachmann es aus den ursprünglichen Unterlagen ohne weiteres als bedeutungslos, ja störend erkennen konnte;[113]
– nachträgliche Erläuterung einer ursprünglich nicht oder nicht vollständig erwähnten Wirkung einer eindeutig offenbarten technischen Maßnahme, wenn die Wirkung vom Fachmann mühelos der ursprünglichen Beschreibung entnommen werden kann;[114]
– Angabe einer allgemeineren, weniger anspruchsvollen Aufgabe an Stelle der ursprünglich genannten spezielleren, die von der Erfindung nicht befriedigend gelöst wurde, sofern für den Fachmann erkennbar ist, dass die allgemeinere Wirkung von der ursprünglich formulierten Aufgabe umfasst ist oder im Zusammenhang mit ihr steht;[115]
– Aufnahme eines Hinweises auf den SdT in die Beschreibung;[116]
– Änderung des Konzentrationsbereichs für ein Gemisch, zB eine Legierung, durch Erhöhung der ursprünglich beanspruchten Mindestprozentsätze für einen Bestandteil auf den für ein Ausführungsbeispiel angegebenen Wert, sofern der Fachmann ohne weiteres erkennt, dass dessen Verknüpfung mit den übrigen Merkmalen des Beispiels für die Wirkung dieser Ausführungsform keine wesentliche Bedeutung hat;[117]

---

[110] So ist vorstellbar, dass der Fachmann aus einer Beschreibung, die die Verwendung natürlicher Zellulosefasern vorsieht (vgl. den Fall EPA 22.9.1988, ABl. 1990, 59 – Cellulosefasern/General Motors), auf Grund seines Fachwissens auch ohne besonderen Hinweis unmittelbar und eindeutig erkennt, dass er für den erfindungsgemäßen Zweck ebenso gut andere Zellulosefasern verwenden kann. Das erlaubt eine entsprechende Verallgemeinerung des Anspruchs. Im Ergebnis ebenso *Blumer* 413; EPA 29.9.1993, ABl. 1994, 918 – Prüfungsverfahren/Nippon mwN.
[111] EPA 17.9.1981, ABl. 1982, 183 (186) – Elektrodenschlitten/Siemens.
[112] EPA 18.3.1983, ABl. 1983, 416 – Aufwindvorrichtung/Rieter.
[113] EPA 19.5.1983, ABl. 1983, 493 – Teilchenanalysator/Contraves.
[114] EPA 29.7.1983, ABl. 1984, 71 (74) – Niederspannungsschalter/Siemens.
[115] EPA 4.1.1984 Formkörper aus Poly-(p-methylstyrol)/Mobil ABl. 1984, 261 (zunächst: Erhitzung von Speck ohne wesentliche Beschädigung der erfindungsgemäßen Behälter; dann: Beständigkeit bei hohen Temperaturen und verbesserte hydrophobe Eigenschaften).
[116] EPA 15.4.1983, ABl. 1983, 479 (490) – Steuerschaltung/Lansing Bagnall; 5.2.1998, ABl. 1999, 67 – Shampoozusammensetzung/Procter & Gamble.
[117] EPA 9.5.1984, ABl. 1984, 481 (484 ff.) – Bleilegierungen/Shell; entsprechend für die Untergrenze eines vorzugsweise beanspruchten Bereichs EPA 1.7.1982, ABl. 1982, 394 – Methylen-bis-(phenylisocyanat).

§ 29 VI 4. *Abschnitt. Entstehung und Wegfall von Patenten und Gebrauchsmustern*

- Reduzierung bestimmter Höchstmengen von Mischungsbestandteilen in der Weise, dass Anteilssummen von mehr als 100% vermieden werden[118];
- Einfügung als nicht wesentlich beschriebener Merkmale in einen Anspruch[119];
- Ergänzung der Beschreibung durch Angabe eines Effekts, der durch ein Ausführungsbeispiel ohne weiteres erreicht wird[120];
- zusätzliche Detailangaben über ein Messverfahren für bestimmte in der Anmeldung genannte Zahlenwerte, wenn der Fachmann bereits aus diesen schließen kann, nach welchem von mehreren Verfahren sie gemessen sind[121];
- Ersetzen des Anspruchsmerkmals „mehrere Lichtquellen" durch „eine oder mehrere Lichtquellen", wenn in der Beschreibung eines Ausführungsbeispiels, dessen Zeichnung drei Lichtquellen zeigt, angegeben ist, es liege auf der Hand, dass auch mehr oder weniger Lichtquellen eingesetzt werden können[122];
- Streichung eines Anspruchsmerkmals, wenn der Anspruch ohne dieses von der ursprünglich eingereichten Fassung der Anmeldung gestützt wird[123];
- Änderung eines auf die Befestigung einer gem. übergeordneten Ansprüchen konstruierten Kochplatte gerichteten abhängigen Anspruchs dahin, dass die Befestigung unabhängig von der Konstruktion der Kochplatte unter Schutz gestellt wird: der Fachmann konnte ohne weiteres erkennen, dass es für die Verwendbarkeit der Befestigung nicht auf die spezielle Konstruktion der Kochplatte ankam[124].

108 7. Eine **unzulässige Erweiterung** wurde ua in folgenden Fällen angenommen:

109 Hinzufügung eines alternativen oder einschränkenden Merkmals, das bisher in der Anmeldung nicht enthalten war, es sei denn dass es sich nur um eine dem Fachmann selbstverständliche Klarstellung handelt und keine ursprünglich nicht offenbarte Wirkung erzielt wird;[125]

110 Einschränkung einer Verbindungsreihe (gekennzeichnet durch C 10–50) auf einen engeren Bereich (C18–24), da erstere alle Glieder der Reihe *ohne Ausnahme,* letzterer die von ihm umfassten *unter Ausschluss* der übrigen offenbare;[126]

Angabe, dass ein Material in Form einer kontinuierlichen, aus einer Lösung ausgetrockneten Schicht zu verwenden sei, wenn ursprünglich nur seine Verwendung in feinkörniger Form offenbart war[127];

111 Weglassen des Merkmals „natürlich" in einem auf natürliche Zellulosefasern bezogenen Anspruch, wenn im ursprünglichen Anmeldungsinhalt andere als natürliche Zellulosefasern weder explizit noch implizit offenbart sind[128];

Aufnahme eines einzelnen Merkmals aus der Beschreibung eines Ausführungsbeispiels in einen Anspruch, wenn der fachkundige Leser der ursprünglich eingereichten Fassung der Anmeldung nicht zweifelsfrei entnehmen kann, dass der Gegenstand des geänderten Anspruchs eine der Anmeldung eindeutig zu entnehmende Aufgabe vollständig löst[129];

112 Ersetzen der Bezeichnung eines ausschließlich offenbarten Mittels (Riemen) durch einen allgemeineren Begriff (Trägermittel), weil hierdurch implizit weitere Merkmale mit dem Anmeldungsgegenstand in Verbindung gebracht würden, zB ein Äquivalent, das in Kombination mit den offenbarten Merkmalen zu einem gegenüber der ursprünglichen Offenbarung neuen Gegenstand führen würde[130];

---

[118] EPA 13.4.1984, ABl. 1984, 428 – Polyisocyanat/ICI Americas.
[119] EPA 4.1.1996, ABl. 1996, 496 – Wasserlösliche Polymerdispersion/Hymo.
[120] EPA 6.11.1987, Mitt. 1989, 94 – Scherenstromabnehmer MBB.
[121] EPA 14.12.1987, Mitt. 1988, 192 – Offenmaschiges Gewebe/Asten.
[122] EPA 11.3.1993, ABl. 1994, 572 – Lichtquelle/Leland.
[123] EPA 9.12.1987, ABl. 1989, 167 – Verbinder/AMP.
[124] EPA 9.12.1987, GRUR-Int 1988, 510 – Elektrokochplatte/Fischer.
[125] EPA 9.5.1984, ABl. 1984, 481 (483) – Bleilegierungen/Shell.
[126] EPA 16.5.1983, ABl. 1983, 446 (450) – Offenbarung/Mobil.
[127] EPA 18.8.1981, ABl. 1982, 95 – Kopierverfahren.
[128] EPA 22.9.1988, ABl. 1990, 59 Rn. 2.5 – Cellulosefasern/General Motors.
[129] EPA 25.11.1988, ABl. 1999, 464 (481 ff.) – Thermodruckvorrichtung/Elektronische Frankiermaschine.
[130] EPA 25.11.1988, ABl. 1999, 464 Rn. 2.1.6, 2.3 – Thermodruckvorrichtung/Elektronische Frankiermaschine.

§ 29. Das Erteilungsverfahren vor dem Europäischen Patentamt VII § 29

Ersetzen der für eine beanspruchte Verbindung nicht zutreffenden Strukturformel durch die richti- 113
ge, wobei jedoch die Kennzeichnung der Verbindung durch ein ursprünglich vollständig offenbartes
Verfahren zugelassen wurde, dessen zwangsläufiges Ergebnis sie ist[131];

Änderung des auf ein explizit offenbartes Verfahren gerichteten Anspruchs in einen Anspruch, der 114
auf ein implizit offenbartes Gerät zu dessen Ausführung gerichtet ist, wenn im geänderten Anspruch
spezifisch auf das Verfahren bezogene Merkmale (nämlich die entsprechende Programmierung des
zum Gerät gehörenden Computers) fehlen und deshalb der Anspruch auch für andere Zwecke
verwendbare Geräte einschließt[132].

8. **Rechtsfolge** der unzulässigen Erweiterung ist, dass entweder diese rückgängig ge- 115
macht oder die Anmeldung zurückgewiesen werden muss. Wird die Erweiterung über
sehen und ein sie einschließendes Patent erteilt, kann es vom EPA auf Einspruch widerrufen oder nach Maßgabe des nationalen Rechts in jedem Vertragsstaat, für den es erteilt
ist, für nichtig erklärt werden (Art. 100 [c], 138 Abs. 1 [c]).[133]

Eine Bestimmung, wonach aus der Erweiterung keine Rechte hergeleitet werden kön- 116
nen, enthält das EPÜ nicht. Doch wird davon auszugehen sein, dass durch die Erweiterung
keine Anmeldungswirkungen begründet werden, und zwar auch nicht für den Zeitpunkt, in dem die Erweiterung eingereicht wurde. Für den Gegenstand der Erweiterung
können Anmeldungswirkungen nur durch eine mindestens der R 40 genügende gesonderte Anmeldung und nur für den Anmelde- oder Prioritätstag, der dieser zukommt, herbeigeführt werden.

VII. Berichtigung von Unterlagen[134]

1. Die Berichtigung beim EPA eingereichter Unterlagen ist in R 139 (früher 88) 117
geregelt.[135] Berichtigungsfähig sind sprachliche Fehler, Schreibfehler und Unrichtigkeiten.
Für die Berichtigung der Beschreibung, der Ansprüche und der Zeichnungen gelten,
da in ihnen die Erfindung offenbart und der Verfahrensgegenstand festgelegt ist, strengere Voraussetzungen als bei sonstigen Unterlagen: Es können nur offensichtliche Fehler
berichtigt werden.[136] Im Übrigen, insbesondere beim Erteilungsantrag, ist Offensichtlichkeit des Fehlers nicht erforderlich.

2. Wenn die Berichtigung nicht Beschreibung, Ansprüche oder Zeichnungen betrifft, 118
genügt es, dass ein **Berichtigungsantrag** gestellt und die **Unrichtigkeit nachgewiesen** wird. Eine Unrichtigkeit liegt vor, wenn eine Unterlage nicht die wirkliche
Absicht dessen wiedergibt, in dessen Namen sie eingereicht worden ist. Die Unrichtigkeit kann durch eine unrichtige, also nicht oder nicht so beabsichtigte oder durch
Unterlassen einer eigentlich beabsichtigten Angabe oder Erklärung zustande gekommen sein; im letzteren Fall erfolgt die Berichtigung, sofern sie zulässig ist, durch entsprechende
Hinzufügung.[137]

An den Nachweis der wahren Absicht des Anmelders werden strenge Anforderungen 119
gestellt. Es darf kein vernünftiger Zweifel bestehen, dass der Anmelder von vornherein
die Erklärung oder Angabe so beabsichtigt hatte, wie sie durch die Berichtigung gefasst

---

[131] EPA 3.3.1994, ABl. 1995, 100 – Chromanderivate/Merck.
[132] EPA 6.11.1990, ABl. 1992, 438 – Offenbarung eines mit einem Computer verbundenen Geräts/
General Electric.
[133] *Walder-Hartmann* Mitt. 2015, 149 ff.
[134] Dazu *Hansen* Mitt. 1984, 44–48; *Fernández-Nóvoa* GRUR-Int 1983, 157–161.
[135] Die Voraussetzungen für die Berichtigung entstammen mittlerweile dem „case law" des EPA,
EPA 30.4.2014, ABl. 2014, A 114, 27 ff. = GRUR-Int 2014, 790 (797) – Fehlerberichtigung.
[136] Ein Antrag auf Berichtigung des Patentwortlauts auf Grundlage von Art. 140 EPÜ ist stets unzulässig, EPA 23.7.2012, ABl. 2013, 194 (204) – Request to correct patent/Fisher-Rosemount =
GRUR-Int 2012, 1038 (1040 ff.).Vgl. hierzu *Teschemacher* Mitt. 2013, 398 (399).
[137] Vgl. EPA 18.7.1980, ABl. 1980, 293 (296) – H Berichtigung von Unrichtigkeiten; 21.7.1982,
ABl. 1982, 385 (389) – Prioritätserklärung/Yoshida.

werden soll.[138] Unzulässig ist es, eine Absichtsänderung im Wege der Berichtigung zur Geltung zu bringen. Als Grundlage des Unrichtigkeitsnachweises kommen vor allem Weisungen des Anmelders an seine Vertreter in Betracht, aus denen sich seine ursprüngliche Absicht ergibt. Fehler des Vertreters oder Übermittlungsfehler können also im Wege der Berichtigung beseitigt werden.

120   3. Zugelassen wurden insbesondere die Berichtigung der Zurücknahme einer Anmeldung oder Benennung (→ Rn. 80 ff.) und die Berichtigung von Anmeldungen durch Benennung eines weiteren Staats oder durch Inanspruchnahme einer Priorität.[139]

121   Da nach dem EPÜ 2000 zunächst alle Vertragsstaaten als benannt gelten, entfällt das Bedürfnis, im Wege der Berichtigung zusätzliche Benennungen zu ermöglichen. Denkbar bleiben Berichtigungsanträge mit dem Ziel, die Zurücknahme einer Benennung ungeschehen zu machen (dazu → Rn. 82 f.).

122   Soweit es um Berichtigungen geht, die Prioritätserklärungen betreffen, ist nunmehr die Regelung in R 52 Abs. 2–4 maßgebend. Eine bei Einreichung der Anmeldung versäumte Prioritätserklärung kann bis zum Ablauf von 16 Monaten nach dem frühesten beanspruchten Prioritätsdatum nachgeholt, eine fehlerhafte innerhalb dieser Frist berichtigt werden. Damit ist sichergestellt, dass die Erklärung bzw. Berichtigung vor Abschluss der technischen Vorbereitungen für die Veröffentlichung der Anmeldung vorliegt und hierbei berücksichtigt werden kann. Dem entspricht, dass nach Einreichung eines Antrags auf vorzeitige Veröffentlichung (Art. 93 Abs. 1 [b]) die Abgabe oder Berichtigung einer Prioritätserklärung nicht mehr möglich ist. Es darf angenommen werden, dass die neue Regelung die Anwendung von R 139 auf Prioritätserklärungen auch insoweit ausschließt, als sie auf der Grundlage der früheren R 88 in weiterem als dem jetzt nach R 52 zulässigen Umfang gestattet wurde.

123   4. Damit eine Berichtigung der Beschreibung, Ansprüche oder Zeichnungen im Sinne der R 139 Satz 2 **offensichtlich** ist, muss aus der Gesamtheit der Unterlagen sofort erkennbar sein, dass ein Fehler vorliegt und welche Berichtigung vorzunehmen ist.[140] Aus der Berichtigung darf sich keine gegen Art. 123 Abs. 2 verstoßende Erweiterung des Anmeldungsgegenstands ergeben. Deshalb muss die Unrichtigkeit für den Fachmann unter Berücksichtigung des allgemeinen Fachwissens am Anmeldetag aus der Gesamtheit der Anmeldung in ihrer ursprünglich eingereichten Fassung erkennbar sein[141], wobei zum Anmeldungsinhalt nur Beschreibung, Ansprüche und Zeichnungen, aber keine gegebenenfalls gleichzeitig eingereichten anderen Unterlagen, insbesondere keine Prioritätsdokumente gehören[142]. Dem entspricht, dass es nicht zulässig ist, im Wege der Berichtigung die eingereichten Anmeldungsunterlagen (Beschreibung, Ansprüche und Zeichnungen) durch andere zu ersetzen, die der Anmelder mit seinem Erteilungsantrag hatte einreichen wollen[143].

---

[138] EPA 18.7.1980, ABl. 1980, 293 (297) – H Berichtigung von Unrichtigkeiten; vgl. auch EPA 17.9.1980, ABl. 1980, 351 (353); 11.3.1981, ABl. 1981, 143 (146) – ABl. 1981, 137; 26.3.1981 – J 12/80; 21.7.1982, ABl. 1980, 293 – Berichtigung von Unrichtigkeiten.

[139] Näheres in der 5. Aufl., 704 f.

[140] EPA-Richtlinien H VI 2.2.1.

[141] EPA 19.11.1992, ABl. 1993, 117 – Berichtigung nach Regel 88 Satz 2 EPÜ; 19.11.1992, ABl. 1993, 125 – Glu – Gln/Celtrix.

[142] EPA 19.11.1992, ABl. 1993, 125 – Glu-Gln/Celtrix; 14.5.1996, ABl. 1996, 555 – Austausch der Anmeldungsunterlagen/Atotech; 9.12.1987, ABl. 1989, 105 – Koaxialverbinder/AMP; 28.2.1989, ABl. 1990, 297 – Prüfling/Bosch. – In früheren Entscheidungen (EPA 3.2.1981, ABl. 1981, 65; 18.10.1982, ABl. 1983, 12; 28.2.1986, ABl. 1986, 205 – Berichtigung der Zeichnungen/État français mwN) wurden allerdings bei Anträgen auf Berichtigung von Beschreibung, Ansprüchen und Zeichnungen die Prioritätsunterlagen als Nachweis der Unrichtigkeit herangezogen. Mit der neueren Rechtsprechung dürfte das nicht vereinbar sein.

[143] EPA 14.5.1996, ABl. 1996, 555 – Austausch der Anmeldungsunterlagen/Atotech; ebenso mit anderer Begründung schon EPA 19.1.1986, ABl. 1986, 117 – Austausch der Erfindung/Rühland.

§ 30. Wegfall europäischer Patente

Literatur: *Ann, C.*, Patentqualität – was ist das, und warum ist Patentqualität auch für Anmelder wichtig?, GRUR-Int 2018, 1114–1117; *Brandi-Dohrn, M.*, Der zu weite Patentanspruch, GRUR-Int 1995, 541–547; *Brinkhof, J. J.*, Kollision zwischen Artikel 123 (2) und (3) EPÜ, GRUR-Int 1998, 204–208; *Dihm, P.*, Einspruch beim Europäischen Patentamt und Nichtigkeitsklage beim Bundespatentgericht nebeneinander?, Mitt. 1998, 441–443; *Günzel B.*, Der Konflikt zwischen der Beseitigung unzulässiger Erweiterungen der Anmeldung und dem Verbot der Erweiterung des Schutzbereichs – eine unentrinnbare Falle für den Patentinhaber?, Mitt. 2000, 81–87; *dies.*, „Materielle Zäsurwirkung der Patenterteilung gemäß dem Europäischen Patentübereinkommen" – Eine neue „Falle" für den Patentinhaber?, GRUR 2001, 932–937; *Heath, C.*, Anhängigkeit nationaler Gerichtsverfahren und das EPÜ, GRUR-Int 2004, 736–738; *Hövelmann P.*, Der gemeinsame Einspruch, Mitt. 2004, 59–63; *Jestaedt, B.*, Die Prüfungs- und Entscheidungsbefugnis im Nichtigkeitsverfahren über europäische Patente, FS 50 Jahre BPatG, 2011, 305–315; *Keukenschrijver, A.*, Europäische Patente mit Wirkung für Deutschland – dargestellt anhand jüngerer Entscheidungen des BGH, GRUR 2003, 177–182; *Keussen, C.*, Zum Verhältnis von Art. 83 und 84 EPÜ im Einspruchsverfahren – alles klar?, GRUR 2014, 132–137; *König, R.*, Der Normenwiderspruch in § 21 Abs. 1 Ziff. 4 und § 22 Ab. 1 Alt. 2 PatG/Art. 123 Abs. 2 und Abs. 3 EPÜ, FS Tilmann, 2003, S. 487–511; *Laddie, H.*, Die unentrinnbare Falle Überlegungen aus dem Vereinigten Königreich, GRUR-Int 1998, 202–204; *Laub, C.*, Verwendung der Arbeit von Patentgerichten im Qualitätsmanagement – Rechtsbeständigkeit: Über die statistische Umnutzung patentgerichtlicher Beschwerdeentscheidungen, Mitt. 2013, 255–263; *Mangini, V.*, Die rechtliche Regelung des Verletzungs- und Nichtigkeitsverfahrens in Patentsachen in den Vertragsstaaten der Münchener Patentübereinkommens, GRUR-Int 1983, 226–233; *Pitz, J.*, Das Verhältnis von Einspruchs- und Nichtigkeitsverfahren nach deutschem und europäischem Patentrecht, 1994; *ders.*, Die Entwicklung der Nichtigkeitsklage vom patentamtlichen Verwaltungsverfahren zum zivilprozessualen Folgeverfahren gegen europäische Patente, GRUR 1995, 231–241; *Preu, A.*, Probleme der Nichtigerklärung europäischer Patente, GRUR-Int 1981, 63–70; *Pumfrey N.*, Patentschutz für breite Ansprüche, ABl. EPA 2001, Sonderausgabe 2, 82–93; *Raible H.*, Einspruch beim Europäischen Patentamt und Nichtigkeitsklage beim Bundespatentgericht nebeneinander? Nein, weder nebeneinander noch nacheinander?, Mitt. 1999, 241–245; *Rogge, R.*, Die Nichtigerklärung europäischer Patente in Deutschland, GRUR-Int 1996, 1111–1114; *ders.*, Zur Kollision zwischen Artikel 123 (2) und (3) EPÜ, GRUR-Int 1998, 208–209; *v. Saint André, B.*, Das Dilemma der einschränkenden Erweiterung nach dem deutschen, europäischen, englischen und US-amerikanischen Patentrecht, 2007; *Schar M.*, Zur Frage des Konflikts zwischen den Bestimmungen von Art. 123(2) und Art. 123(3) EPÜ, Mitt. 1999, 321–326; *Schulte, R.*, Reformatio in peius und Anschlußbeschwerde vor dem EPA, GRUR 2001, 999–1004; *Schulze, R.*, Escaping the inescapable – G 1/03 leads out of the Trap, epi information 2005, 83–84; *Stamm, K.*, Interne Identität oder „interner Stand der Technik"?, Mitt. 2015, 5–6; *Stamm, K.*, Bestimmt das unzulässige Anspruchsmerkmal einen zulässigen Schutzbereich? Zur „Reaktion" von Niedlich und Graefe, Mitt. 1999, 448–452; *Stamm, K.*, Das Patent als Opfer eines Prämissenwiderspruchs – Ein Ausweg aus dem Dilemma der Absätze 2 und 3 des Artikels 123 EPÜ (Änderungen), Mitt. 1998, 90–93; *Stamm, K.*, Die logische Lösung des Änderungsdilemmas, Mitt. 2006, 153–159, 197; *Straus J.*, Die Aufrechterhaltung eines EP im geänderten Umfang im Einspruchsverfahren und ihre Folgen, FS Beier, 1996, 171–183; *Teschemacher, R.*, Verfügungsgrundsatz und Amtsermittlung in der Rechtsprechung der Großen Beschwerdekammer des Europäischen Patentamts, GRUR 2001, 1021–1026; *Teschemacher, R.*, Aktuelle Rechtsprechung der Beschwerdekammern des EPA – Notizen für die Praxis, Mitt. 2015, 357–361; *Wheeler, W. J. L.*, Der „Konflikt" zwischen Artikel 123 (2) und (3) EPÜ, GRUR-Int 1998, 199–202; *Wichmann, H. / Naumann, K.*, EPÜ 2000: Das neue Beschränkungs- und Widerrufsverfahren, Mitt. 2008, 1–5.

I. Erlöschen und sonstige nicht rückwirkende Beendigung

1. Ein **Verzicht** auf das europäische Patent kann nicht durch *eine* Erklärung erfolgen, die für *alle* Vertragsstaaten, für die es erteilt ist, (Schutzstaaten) wirkt; er muss für jeden Staat, in dem der Patentinhaber sein Recht aufgeben will, gesondert erklärt werden. Form und Wirkungen des Verzichts richten sich nach dem nationalen Recht des Staats, auf den er sich bezieht. In der Bundesrepublik Deutschland erfolgt er durch schriftliche Erklärung gegen-

§ 30 I   4. Abschnitt. Entstehung und Wegfall von Patenten und Gebrauchsmustern

über dem DPMA. Mit ihrem Zugang enden die Wirkungen des Patents *ex nunc,* für die Vergangenheit bleiben sie unberührt (vgl. → § 26 Rn. 1 ff.).

2   Für sämtliche Schutzstaaten kann der Patentinhaber das EP dadurch (rückwirkend) wegfallen lassen, dass er gem. Art. 105a dessen Widerruf beantragt (vgl. → Rn. 106 ff.).

3   2. Das **Ende der Laufzeit** des EP tritt **für alle Schutzstaaten** gleichzeitig **20 Jahre nach dem (prioritätsbegründenden) Anmeldetag** ein (Art. 63 Abs. 1). Die Wirkungen des Patents enden mit seiner Laufzeit, bleiben aber für die Vergangenheit bestehen, sofern sie nicht schon vorher aus anderem Grund weggefallen sind.

4   Ergänzende Schutzzertifikate, durch die das Ende der Schutzwirkungen eines EP über dasjenige der 20-jährigen Laufzeit hinausgeschoben wird, können nur von den zuständigen Behörden der einzelnen Vertragsstaaten erteilt werden (Art. 63 Abs. 2 (b), vgl. → § 26 Rn. 38 ff.).

5   3. **Jahresgebühren** für das europäische Patent können nach Art. 141 Abs. 1, 86 Abs. 2 durch die Vertragsstaaten erst für die Patentjahre erhoben werden, die auf dasjenige der Bekanntmachung des Erteilungshinweises folgen. Für die vorausgehenden Jahre sind gemäß Art. 86 Abs. 1, R 51 Jahresgebühren für die Anmeldung an das EPA zu entrichten (vgl. → § 28 Rn. 52).

6   Bei Jahresgebühren, die innerhalb von zwei Monaten nach Bekanntmachung des Erteilungshinweises fällig werden, müssen die Vertragsstaaten zulassen, dass die Zahlung noch mindestens bis zum Ablauf dieser Frist wirksam und zuschlagfrei erfolgen kann (Art. 141 Abs. 2).

7   Dass für die Jahresgebührenpflicht nach der Erteilung eines EP das nationale Recht der Schutzstaaten maßgebend ist, bezweckt die Vermeidung von Unterschieden in der Höhe der Aufrechterhaltungsgebühren zwischen nationalen und für den gleichen Staat erteilten EP.

Im Rahmen des nach Art. 141 Zulässigen verlangen **alle Vertragsstaaten**[1] Jahresgebühren für europäische Patente mit der Maßgabe, dass bei nicht rechtzeitiger Zahlung einer Gebühr das europäische Patent für den betreffenden Staat ohne Rückwirkung wegfällt.

Ein Teil der für europäische Patente vereinnahmten Jahresgebühren, der laut Beschluss des Verwaltungsrats[2] seit 1.1.1985 50% beträgt, wird gemäß Art. 37 (b), 39 von den Vertragsstaaten an die EPO abgeführt.

8   Bei EP, die mit Wirkung für die **Bundesrepublik Deutschland** erteilt sind, verlangt Art. II § 7 IntPatÜG für die dem Jahr der Bekanntmachung des Erteilungshinweises folgenden Jahre die Entrichtung von Jahresgebühren gemäß § 17 PatG (vgl. → § 26 Rn. 83 ff.). Die schon in § 7 Abs. 1 S. 1 PatKostG vorgesehene Möglichkeit, die Gebühr innerhalb von zwei Monaten nach Fälligkeit zuschlagfrei zu zahlen, erübrigt dabei eine Sondervorschrift iSd Art. 141 Abs. 2 EPÜ.

9   4. **Sonstige Gründe,** die nach dem Recht eines Vertragsstaats zum nicht rückwirkenden Wegfall dort erteilter nationaler Patente führen, finden auch auf europäische Patente Anwendung, die für diesen Staat erteilt sind (Art. 2 Abs. 2 EPÜ). Ihr Eintritt beendet die Wirkung des EP für den betreffenden Staat.

10   Allerdings kann es bei EP nicht zu einem Wegfall wegen Ausbleibens der Erfindernennung kommen, da dieses nach europäischem Recht schon die Erteilung des Patents hindert (vgl. → § 29 Rn. 8). Auch verliert im Fall des Zusammentreffens eines vom DPMA erteilten und eines zeitrang- und gegenstandsgleichen EP nicht dieses, sondern das deutsche Patent seine Wirkung.[3]

---

[1] Einzelheiten in: Nationales Recht zum EPÜ Abschnitt VI.
[2] Vom 8.6.1984, ABl. EPA 1984, 296.
[3] Vgl. → § 26 Rn. 120 ff.; ebenso ist die Rechtslage in der Mehrzahl der anderen Vertragsstaaten, vgl. Nationales Recht zum EPÜ Abschn. X.

§ 30. Wegfall europäischer Patente   II § 30

II. Widerruf durch das Europäische Patentamt im Einspruchsverfahren

a) Zweck und allgemeine Voraussetzungen des Einspruchs

1. Innerhalb von neun Monaten nach der Bekanntmachung des Hinweises auf die Erteilung eines EP kann jedermann beim EPA gegen das Patent Einspruch einlegen (Art. 99 Abs. 1 S. 1). Die Einspruchsfrist ist in der EPSchrift angegeben (R 73 Abs. 1 Satz 2)[4]. 11

Ziel des Einspruchs ist der Widerruf des Patents. Soweit es widerrufen wird, gelten seine Wirkungen als von Anfang an nicht eingetreten; desgleichen entfällt rückwirkend der ab Veröffentlichung der Anmeldung gewährte einstweilige Schutz (Art. 68)[5]. Der Einspruch erfasst nach Art. 99 Abs. 2 das Patent für alle Vertragsstaaten, in denen es Wirkung hat (Schutzstaaten), auch wenn er nur für einen Teil von ihnen eingelegt ist.[6] Das Einspruchsverfahren muss aber nicht für alle Schutzstaaten zum gleichen Ergebnis führen. Auch wenn das Patent für alle in der gleichen Fassung erteilt war, kann es aus den Gründen, die im Erteilungsverfahren zu unterschiedlichen Anspruchsreihen führen können (vgl. → § 28 Rn. 42), dazu kommen, dass das Patent für einige Schutzstaaten aufrechterhalten und im Übrigen widerrufen oder für verschiedene Staaten in verschiedenen Fassungen aufrechterhalten wird[7]. 12

Ein weiterer Grund dieser Art kann sich daraus ergeben, dass jemand, der in einzelnen Schutzstaaten mit Erfolg das Recht auf das europäische Patent geltend gemacht hat, für diese Staaten im Einspruchsverfahren an die Stelle des Patentinhabers tritt (Art. 99 Abs. 4 S. 1, R 18 Abs. 2, 78 Abs. 2, vgl. → § 20 Rn. 116). In diesem Fall werden allerdings grundsätzlich getrennte Einspruchsverfahren für die von der Intervention betroffenen und die übrigen Schutzstaaten durchgeführt (Art. 99 Abs. 4 S. 2).[8] 13

2. **Einspruchsgründe** sind nach Art. 100 mangelnde Patentfähigkeit (Art. 52–57), unzureichende Offenbarung (Art. 83) und unzulässige Erweiterung (Art. 123 Abs. 2), wobei es für Patente, die auf einer Teil- oder Neuanmeldung beruhen, auf den Inhalt der früheren Anmeldung ankommt, die den maßgebenden Anmeldetag begründet hat (Art. 76 Abs. 1 S. 2, 61 Abs. 2). 14

Unzureichende Offenbarung wird regelmäßig auch dann vorliegen, wenn die Ansprüche eines Patents „ungebührlich breit" gefasst sind; denn dies kann nur gesagt werden, wenn mehr beansprucht ist, als der Offenbarungsgehalt der Anmeldung und der Patentschrift rechtfertigt (vgl. → § 28 Rn. 24 ff.). Für die Einführung eines zusätzlichen Einspruchsgrundes etwa in dem Sinn, dass die Ansprüche nicht hinreichend durch die Beschreibung gestützt seien, besteht deshalb kein Bedürfnis[9]. 15

Auf andere Gründe, zB Uneinheitlichkeit des Patentgegenstands[10], Nichtbeachtung von Formerfordernissen, Unrichtigkeit der Erfindernennung, kann der Einspruch vor dem EPA nicht gestützt werden.[11] Die formale Ordnungsmäßigkeit und materielle Rechtmäßigkeit einer Prioritätsbeanspruchung wird auf Einspruch nur geprüft, wenn von ihr die Patentfähigkeit abhängt. Kein zulässiger Einspruchsgrund liegt nach europäischem Recht ferner darin, dass der Patentinhaber kein Recht auf das Patent hat oder dass widerrechtliche Entnahme vorliegt. Zu beachten ist auch, dass mangelnde Patentfähigkeit wegen nach- 16

---

[4] Wiedereinsetzung ist ausgeschlossen, da Art. 122 nur für Fristversäumnisse des Anmelders oder Patentinhabers gilt, EPA 26.3.1992, ABl. 1994, 472 – Proportionierventil/Allied Signal.
[5] Rückwirkung hat der Widerruf auch dann, wenn er aus verfahrensrechtlichen Gründen oder mangels Einverständnisses des Patentinhabers erfolgt (vgl. → Rn. 64); Rechtsauskunft 11/82 des EPA, ABl. 1982, 57 Rn. 6.
[6] EPA-Richtlinien D I 3.
[7] Vgl. die EPA-Richtlinien D I 3 und VII 8 in Verbindung mit C IX 2.4.
[8] EPA-Richtlinien D VII 3.2.
[9] AM *Brandi-Dohrn* GRUR-Int 1995, 541; *Pumfrey*, ABl. EPA 2001, Sonderausgabe 2, 82; zum Verhältnis von Art. 83 und 84 EPÜ *Keussen* GRUR 2014, 132 ff.
[10] EPA 9.12.1991, ABl. 1992, 253 – Einheitlichkeit/Siemens.
[11] Vgl. die EPA-Richtlinien D III 5.

veröffentlichter älterer Anmeldungen nur geltend gemacht werden kann, wenn es sich um europäische, nicht aber, wenn es sich um nationale Anmeldungen handelt (Art. 54 Abs. 3). Doch kann der Patentinhaber noch im Einspruchsverfahren erreichen, dass das Patent für Staaten, in denen nationale ältere Rechte entgegenstehen, nur in einer mit diesen vereinbaren Fassung aufrechterhalten wird.[12]

17 An Entscheidungen der Prüfungsabteilung oder einer BK, die der Erteilung des angegriffenen Patents zugrunde liegen, sind Einspruchsabteilung und BK im Einspruchs- und Einspruchsbeschwerdeverfahren nicht gebunden[13].

b) Befugnis zum Einspruch. Verfahrensbeteiligte. Kosten

18 1. **Einspruchsberechtigt** ist jedermann mit Ausnahme des Patentinhabers selbst.

Die GBK hatte zunächst den Einspruch des Patentinhabers als zulässig angesehen[14]. Ein Interesse des Patentinhabers an der Einspruchsmöglichkeit konnte sich nach früherem Recht aus dem Fehlen eines zentralen Beschränkungs- und Widerrufsverfahrens ergeben.

Nach neuerer Ansicht der GBK[15] ist jedoch wegen des kontradiktorischen Charakters des Einspruchsverfahrens der Patentinhaber nicht zum Einspruch befugt.

Das EPÜ 2000 sieht vor, dass das EPA ein europäisches Patent auf Antrag des Inhabers mit Wirkung für alle Vertragsstaaten widerrufen oder beschränken kann, für die es erteilt ist (→ Rn. 107).

19 Mehrere gemeinsam Einsprechende haben nach R 151 Abs. 1 einen gemeinsamen Vertreter zu bezeichnen. Ist dies nicht geschehen und bedarf keiner der Einsprechenden als Auswärtiger nach Art. 133 Abs. 2 eines zugelassenen Vertreters, gilt der im Einspruch an erster Stelle Genannte als gemeinsamer Vertreter.

Der Zulässigkeit eines Einspruchs steht es grundsätzlich nicht entgegen, dass der als Einsprechender Genannte nicht im eigenen Interesse, sondern **im Auftrag eines Dritten** handelt[16].

20 Unzulässig ist er aber dann, wenn das Auftreten des Einsprechenden als missbräuchliche Gesetzesumgehung anzusehen ist, insbesondere wenn dieser im Auftrag des Patentinhabers oder ohne die für zugelassene Vertreter erforderliche Qualifikation im Rahmen einer typischerweise solchen Vertretern zugeordneten Gesamttätigkeit handelt, nicht dagegen schon deshalb, weil ein zugelassener Vertreter im eigenen Namen für einen Mandanten oder ein Einsprechender mit Sitz oder Wohnsitz in einem Vertragsstaat für einen Dritten handelt, der diese Voraussetzung nicht erfüllt.

21 2. Der Einspruch kann auch dann von jedermann eingelegt werden, wenn das Patent für alle Schutzstaaten durch Verzicht oder aus anderen Gründen **erloschen** ist (R 75). Gleiches gilt für die Beschwerde gegen die im Einspruchsverfahren ergangene Entscheidung (R 98). Der Einsprechende braucht – anders als nach deutschem Recht – auch nach Erlöschen des Patents kein besonderes eigenes Interesse an rückwirkender Beseitigung des Patents zu haben. Tritt das Erlöschen nach Einlegung des Einspruchs ein, kann nach R 84 Abs. 1 das Einspruchsverfahren fortgesetzt werden, wenn der Einsprechende dies innerhalb von zwei Monaten nach Mitteilung des Erlöschens beantragt. Bleibt der Antrag aus, wird das Verfahren eingestellt.[17]

22 Bei rechtzeitigem Antrag wird dagegen nicht angenommen werden dürfen, dass die Fortsetzung im Ermessen des EPA stehe. Der Einsprechende, der nach dem Erlöschen die Fortsetzung beantragt, kann nicht schlechter stehen als derjenige, der erst nach dem Erlöschen Einspruch erhoben hat. In beiden Fällen besteht ein Anspruch auf Durchführung des Verfahrens.

---

[12] Rechtsauskunft 9/81 des EPA, ABl. 1981, 68 Rn. 16.
[13] EPA 3.5.1996, ABl. 1997, 229 – Bleichmittel/Procter & Gamble.
[14] EPA 24.7.1985, ABl. 1985, 299 – Einspruch des Patentinhabers/Mobil Oil.
[15] EPA 6.7.1994, ABl. 1994, 891 – Einspruch der Patentinhaber/Peugeot und Citroën.
[16] EPA 21.1.1999, BeckRS 1999, 30479616 – Einspruch in fremdem Auftrag/Indupack und BeckRS 1999, 30479917, ABl. 1999, 245 (270) – Einspruch in fremdem Auftrag/Genentech.
[17] EPA-Richtlinien D VII 5.1.

§ 30. Wegfall europäischer Patente   II § 30

Das EPA stellt gleichwohl das Verfahren ein, wenn „der Patentinhaber vor den zuständigen Be- 23
hörden in den benannten Staaten auf alle Rechte aus dem Patent gegenüber jedem von Anfang an
verzichtet hat".[18] Das lässt sich nur unter dem Gesichtspunkt rechtfertigen, dass damit jedes Rechtsschutzbedürfnis für den Einspruch entfalle. Bedenken ergeben sich aber daraus, dass es dem nationalen
Recht der Schutzstaaten überlassen bleibt, Folgerungen aus dem „Verzicht" zu ziehen. Ob danach der
Einsprechende allenthalben gegen Inanspruchnahme aus dem Patent gesichert ist, kann das EPA nicht
beurteilen.

Einen *gegenüber dem EPA* erklärten Verzicht versteht dieses als Antrag auf Widerruf des Patents, der 24
ohne Weiteres zum Widerruf führt (→ Rn. 64).

3. Nach Ablauf der Einspruchsfrist kann jeder Dritte, der wegen Verletzung des Patents 25
verklagt worden ist oder nach Verwarnung seitens des Patentinhabers negative Feststellungsklage erhoben hat[19], innerhalb von drei Monaten nach Klageerhebung[20] schriftlich seinen
Beitritt zum Einspruchsverfahren erklären (Art. 105). Der Beitritt wird grundsätzlich
wie ein Einspruch behandelt. Er ist zulässig, solange das **Einspruchsverfahren anhängig**
ist, sei es auch in der Beschwerdeinstanz[21]. Hat die Einspruchsabteilung durch eine Entscheidung, die sie nicht mehr zu ändern befugt ist, das erstinstanzliche Verfahren abgeschlossen, ist ein Beitritt nur noch dann möglich, wenn einer der am erstinstanzlichen
Verfahren Beteiligten Beschwerde einlegt[22].

Geschieht dies, kann der Beitritt erst nach Ablauf der Beschwerdefrist erfolgen; ein 26
vorher erklärter Beitritt ist wirkungslos[23].

Der im Beschwerdeverfahren Beitretende erlangt auch dann, wenn er außer der Einspruchs- auch 27
die Beschwerdegebühr bezahlt, nicht die Stellung eines Beschwerdeführenden, der das Verfahren
auch nach Wegfall der (aller) Beschwerde(n) fortsetzen kann[24]. Eine vorsorglich bezahlte Beschwerdegebühr ist ihm zurückzuerstatten. Anerkannt ist jedoch, dass er neue Einspruchsgründe in das Verfahren einzuführen berechtigt ist[25], wobei er sich allerdings im Rahmen dessen halten muss, was noch
Gegenstand des Beschwerdeverfahrens ist[26].
Nicht mehr zulässig ist der Beitritt, wenn die Rücknahme der einzigen gegen die Entscheidung
der Einspruchsabteilung erhobenen Beschwerde wirksam geworden ist, bevor die Beitrittserklärung
beim EPA eingereicht wurde[27].

4. **Beteiligte** des Einspruchsverfahrens sind neben dem Patentinhaber alle, die zuläs- 28
sigerweise gegen das gleiche Patent Einspruch eingelegt haben oder dem Einspruchsverfahren beigetreten sind (Art. 99 Abs. 3, 105 Abs. 2). Wenn gegen eine im Einspruchsverfahren
ergangene Entscheidung Beschwerde eingelegt wird, sind am Beschwerdeverfahren stets
alle Beteiligten des Einspruchsverfahrens beteiligt (Art. 107), gleichgültig ob sie selbst Beschwerde eingelegt haben oder nicht.

---

[18] EPA-Richtlinien D VII 5.1.
[19] Ist sowohl gegen den Beitretenden Verletzungs- als auch von ihm Feststellungsklage erhoben,
beginnt die Frist mit der *ersten* Klageerhebung, EPA 28.7.1994, ABl. 1995, 627 – Herstellung von
HBV-Antigenen/Biogen.
[20] *Heath* GRUR-Int 2004, 736 (738) empfiehlt, diese Voraussetzung einheitlich „konventions-
autonom" und nicht als Verweisung auf nationales Zivilverfahrensrecht zu verstehen.
[21] EPA 11.5.1994, ABl. 1994, 787 – Beitritt/Allied Colloids.
[22] EPA 3.11.1992, ABl. 1993, 339 – Beitritt/Dolezych II; 28.3.1995, ABl. 1996, 67 – Form-
maschine/Wagner Sinto.
[23] EPA 28.3.1995, ABl. 1996, 67 – Formmaschine/Wagner Sinto.
[24] EPA 22.8.2005, ABl. 2008, 118 – Beitritt/EOS; vgl. auch *Bostedt* in Singer/Stauder Art. 105
Rn. 26 f.
[25] EPA 11.5.1994, ABl. 1994, 787 – Beitritt/Allied Colloids.
[26] EPA 4.7.2002, ABl. 2003, 250 – Testgerät/Unilever (Beitritt im Verfahren über die Beschwerde
gegen eine Entscheidung, nach der die Einspruchsabteilung nur noch die Beschreibung an die Ansprüche anzupassen hatte, die schon in einem vorausgegangenen Beschwerdeverfahren durch die
Kammer rechtskräftig festgelegt worden waren).
[27] EPA 25.10.1999, ABl. 2000, 515 – Beitritt/Unilever.

§ 30 II   4. Abschnitt. Entstehung und Wegfall von Patenten und Gebrauchsmustern

29   **Endet nach dem maßgeblichen nationalen Recht die Existenz** einer einspruchsführenden (Kapital-)Gesellschaft, endet grundsätzlich auch das Einspruchsverfahren. Anders aber, wenn das nationale Recht das Wiederaufleben der Gesellschaft vorsieht und es dazu (1.) mit Rückwirkung und (2.) vor Erlass einer Entscheidung kommt, die das Patent aufrechterhält. Dann muss das EPA nach einer Entscheidung der GBK aus 2014 die Rückwirkung des Wiederauflebens nach nationalem Recht in der Weise hinnehmen, dass es das Einspruchsverfahren mit der wiederaufgelebten Gesellschaft fortsetzt.[28] Das ist richtig, solange keine Kollisionen mit dem EPÜ drohen. Durchsetzen muss sich das EPÜ immer dann, wenn sonst sein System Schaden nimmt, etwa weil prozessuale Erfordernisse unterlaufen werden.[29]

30   Allerdings kann ein Beteiligter des erstinstanzlichen Verfahrens, der selbst keine Beschwerde eingelegt hat, nicht erreichen, dass die Entscheidung der Einspruchsabteilung zum Nachteil des beschwerdeführenden Gegners abgeändert wird; es gilt also ein **Verschlechterungsverbot** (Verbot der *reformatio in peius*). Der nicht beschwerdeführende Einsprechende kann deshalb nicht erreichen, dass das in erster Instanz in geänderter Fassung aufrechterhaltene Patent ganz widerrufen oder noch weiter eingeschränkt wird[30]. Der nicht beschwerdeführende Patentinhaber[31] ist primär darauf beschränkt, das Patent in der Fassung zu verteidigen, die die Einspruchsabteilung ihrer Entscheidung zugrunde gelegt hat. Dabei kann er freilich Änderungen vorschlagen. Die BK kann diese ablehnen, wenn sie nicht durch die Beschwerde veranlasst sind[32], was insbesondere bedeutet, dass sie nicht auf eine Fassung des Patents abzielen dürfen, die weiter reicht als als die mit der Beschwerde angegriffene. Doch kann der Patentinhaber mit Änderungsanträgen auf neue Gründe reagieren, die im Beschwerdeverfahren gegen die Aufrechterhaltung des Patents vorgebracht werden[33]. Eine – nicht an die Beschwerdefrist und das Vorliegen einer Beschwer gebundene – *Anschlussbeschwerde* ist im EPÜ nicht vorgesehen und wird von der GBK nicht als zulässig betrachtet[34]. Auch das EPÜ 2000 bringt insoweit nichts Neues.

31   5. Die ihm erwachsenen **Kosten** trägt jeder am Einspruchsverfahren Beteiligte grundsätzlich selbst. Das EPA kann jedoch, wenn und soweit dies der Billigkeit entspricht, über die Verteilung der Kosten einer mündlichen Verhandlung oder einer Beweisaufnahme anders entscheiden (Art. 104 Abs. 1, R 88). Die Festsetzung einem Beteiligten zu erstattender Kosten und ihre Beitreibung richten sich nach R 88 Abs. 2–4. Kostenentscheidung und -festsetzung sind nur im Rahmen der R 97 (dazu Art. 13 GebO) beschwerdefähig.

c) Zuständigkeit. Erfordernisse bei Einreichung

32   1. Über Aufrechterhaltung oder Widerruf des Patents entscheidet die **Einspruchsabteilung** (Art. 19). Sie ist grundsätzlich mit drei technisch vorgebildeten Prüfern besetzt; erfor-

---

[28] EPA 25.11.2014, ABl. EPA 2015, A42 = Mitt. 2015, 29 (Ls.) – Fischer-Tropsch Catalysts/Sasol Technology II.
[29] Das betont völlig zurecht *Teschemacher* Mitt. 2015, 357 (395).
[30] EPA 14.7.1994, ABl. 1994, 875 (Ls. 2) – Nicht beschwerdeführender Beteiligter/BMW; ebenso EPA 15.2.1992, ABl. 1993, 261 – Reinigungsmittelzusammensetzung/Procter & Gamble; anders EPA 29.4.1992, ABl. 1993, 543 – Antragsrecht/Du Pont und die Minderheitsmeinung in EPA 14.7.1994, ABl. 1994, 875 Rn. 17 – Nicht beschwerdeführender Beteiligter/BMW.
[31] Dass er keine Beschwerde eingelegt hat, kann auch dadurch bedingt sein, dass er hierzu mangels Beschwer nicht berechtigt ist, weil die Fassung, in der die Einspruchsabteilung das Patent aufrechterhalten will, seinem eigenen Antrag voll entspricht, EPA 2.4.2001, ABl. 2001, 381 Rn. 9.1 – reformatio in peius/3 M.
[32] EPA 14.7.1994, ABl. 1994, 875 (885) (Ls. 2 u. Nr. 16) – Nicht beschwerdeführender Beteiligter/BMW.
[33] EPA 2.4.2001, ABl. 2001, 381 Rn. 12 – reformatio in peius/3 M.
[34] EPA 14.7.1994, ABl. 1994, 883 Rn. 10 – Nicht beschwerdeführender Beteiligter/BMW; EPA 2.4.2001, ABl. 2001, 381 Rn. 9.1 – reformatio in peius/3 M; eingehend zur Problematik und teilweise krit. zur Rspr. *Schulte* GRUR 2001, 999 ff.

§ 30. Wegfall europäischer Patente **II § 30**

derlichenfalls wird sie durch einen rechtskundigen Prüfer ergänzt. Der Vorsitzende, mindestens ein weiteres technisches Mitglied und gegebenenfalls das rechtskundige Mitglied der Einspruchsabteilung dürfen in dem Verfahren, das zur Erteilung des angegriffenen Patents geführt hat, nicht mitgewirkt haben. Bis zum Erlass der Entscheidung über den Einspruch kann die Abteilung eines ihrer Mitglieder mit der Bearbeitung des Einspruchs beauftragen. Regelmäßig wird hierfür der Prüfer herangezogen, der im Erteilungsverfahren gemäß Art. 18 Abs. 2 S. 2 mit der Bearbeitung der Anmeldung beauftragt war.[35]

Bestimmte Geschäfte, die keine technischen oder rechtlichen Schwierigkeiten machen, werden auch im Einspruchsverfahren durch sogenannte Formalsachbearbeiter wahrgenommen[36]. **33**

2. Die **Einspruchsschrift** muss nach R 76 enthalten: (a) Angaben über den Einsprechenden; (b) die Nummer des angegriffenen EP sowie die Bezeichnung seines Inhabers und der Erfindung; (c) eine Erklärung darüber, in welchem Umfang gegen das Patent Einspruch eingelegt und auf welche Einspruchsgründe er gestützt wird, sowie die Angabe der zur Begründung vorgebrachten Tatsachen und Beweismittel; (d) Angaben über einen gegebenenfalls bestellten Vertreter. **34**

Die Einspruchsschrift braucht nicht in der Verfahrenssprache des Erteilungsverfahrens abgefasst zu sein; vielmehr kann der Einsprechende nach R 3 Abs. 1 jede Amtssprache des EPA benutzen. Das gilt auch für die Übersetzung in den Fällen, in denen der Einspruch gemäß Art. 14 Abs. 4 zulässigerweise in einer vertragsstaatlichen Amtssprache eingereicht wird, die nicht Amtssprache des EPA ist. **35**

Innerhalb der Einspruchsfrist ist die **Einspruchsgebühr** von 775 EUR zu bezahlen.[37] Wird dies versäumt, gilt der Einspruch als nicht eingelegt (Art. 99 Abs. 1 S. 2). Ein Beitritt wird erst wirksam, wenn für ihn die Einspruchsgebühr entrichtet wird (R 89 Abs. 2 Satz 2). **36**

Auswärtige können nur durch einen zugelassenen Vertreter Einspruch einlegen (Art. 133 Abs. 2, vgl. → § 27 Rn. 30). Für die Unterlagen, die im Einspruchsverfahren eingereicht werden, gelten die Anmeldebestimmungen der AusfO entsprechend (R 76 Abs. 3, 41–50). Für die Einspruchsschrift bedeutet dies, dass ihre **äußere Form** den Erfordernissen der R 49 und 50 genügen muss. **37**

d) Prüfung der Zulässigkeit. Beendigung des Verfahrens ohne Sachentscheidung

1. Zunächst wird der Einspruch **auf Zulässigkeit geprüft**. **38**

Da die meisten Mängel, die sich dabei ergeben können, bis zum Ende der Einspruchsfrist, manche auch noch innerhalb später ablaufender gesetzlicher oder vom EPA bestimmter Fristen behebbar sind, erhält der Einsprechende bei Feststellung von Mängeln, wenn diese sämtlich noch behebbar sind, durch eine entsprechende Mitteilung, die möglichst alle vorliegenden Mängel nennen soll, Gelegenheit zur Mängelbeseitigung.[38] Wenn sich Mängel ergeben, die nicht mehr behoben werden können, wird ihm die Möglichkeit zur Äußerung eingeräumt[39].

Ist die Einspruchsgebühr nicht rechtzeitig oder nicht in ausreichender Höhe bezahlt, sind Mängel der Unterschrift (R 76 Abs. 3, 50 Abs. 3) oder des Vollmachtsnachweises (R 152 Abs. 1–3, 6) nicht innerhalb der dafür maßgebenden Fristen behoben worden oder ist die Einspruchsschrift nicht rechtzeitig in einer zulässigen Sprache beim EPA eingegangen oder eine für sie nach Art. 14 Abs. 4 erforderliche Übersetzung nicht gemäß R 6 Abs. 2 rechtzeitig eingereicht[40] so wird der Einspruch als **nicht eingelegt** angesehen. Der Einsprechende **39**

---

[35] EPA-Richtlinien E IV 1.3 in Verbindung mit C II 2.
[36] R 11 Abs. 3; dazu die Mitteilung des EPA vom 28.4.1999, ABl. 1999, 506; vgl. auch die EPA-Richtlinien D IV 1.
[37] Ermäßigung um 30% im Fall des Art. 14 Abs. 4 (R 6 Abs. 3, Art. 14 Abs. 1 GebO). Für mehrere gemeinsam Einsprechende fällt die Gebühr nur einmal an, vgl. *Hövelmann* Mitt. 2004, 59 f.
[38] EPA-Richtlinien D IV 1.3.
[39] EPA-Richtlinien D IV 1.4.2, IV 3.
[40] Vgl. EPA 13.6.1991, ABl. 1993, 207 – Verspätet eingereichte Übersetzung/Appendagefabrik; 3.11.1997, ABl. 1999, 331 – Unvollständige Entrichtung der Einspruchsgebühr/Novo Nordisk.

§ 30 II   *4. Abschnitt. Entstehung und Wegfall von Patenten und Gebrauchsmustern*

kann nach entsprechender amtlicher Mitteilung gemäß R 112 eine beschwerdefähige Entscheidung beantragen.[41]

40   2. Der Einspruch wird nach R 77 Abs. 1 **als unzulässig verworfen,** wenn bei Ablauf der Einspruchsfrist kein schriftlicher Einspruch beim EPA eingegangen ist,[42] in der Einspruchsschrift das angegriffene Patent nicht hinreichend bezeichnet ist[43], die Erklärung darüber fehlt oder ernsthafte Zweifel darüber bestehen, in welchem Umfang Einspruch eingelegt wird[44], nicht mindestens einer der in Art. 100 vorgesehenen Gründe geltend gemacht ist, die zur Begründung vorgebrachten Tatsachen, Beweismittel und Argumente nicht angegeben sind oder die Person, die Einspruch eingelegt hat, nicht zweifelsfrei erkennbar ist[45]. Sonstige vom EPA festgestellte Mängel[46] haben die Verwerfung zur Folge, wenn sie nicht innerhalb der vom EPA bestimmten Frist beseitigt werden (R 77 Abs. 2).

41   Das EPA achtet streng darauf, dass – innerhalb der Einspruchsfrist – die **Gründe,** aus denen der Widerruf (oder eine Beschränkung) des Patents beantragt wird, **ausreichend substantiiert** sind. Dem EPA und dem Patentinhaber muss es auf dieser Grundlage möglich sein, ohne eigene Ermittlungen das Vorbringen des Einsprechenden zu verstehen und den behaupteten Widerrufsgrund zu prüfen[47]. Wenn eine Vorveröffentlichung oder Vorbenutzung geltend gemacht wird, ist im Einzelnen darzulegen, wann und unter welchen Umständen sie erfolgt ist, welche Informationen sie welchen Personen vermittelt hat und warum hierdurch der Gegenstand des Patents vorweggenommen oder dem Fachmann nahegelegt worden ist[48]. Schlüssigkeit des Vorbringens wird allerdings nicht verlangt; sie ist eine Voraussetzung der Begründetheit[49]. Auch genügt für die Zulässigkeit, dass von mehreren geltend gemachten Widerrufsgründen *einer* ausreichend dargelegt ist; die Behandlung der übrigen richtet sich dann nach den für verspätetes Vorbringen geltenden Grundsätzen (→ Rn. 48 f.).

42   Im Fall der Verwerfung wird die Entscheidung des EPA mit einer Abschrift des Einspruchs dem Patentinhaber mitgeteilt (R 77 Abs. 3). Mit rechtskräftiger Verwerfung aller (als eingelegt geltenden) Einsprüche ist das Einspruchsverfahren ohne Sachprüfung beendet.[50] Der Eintritt in die Sachprüfung ändert aber nichts daran, dass der Einspruch zu verwerfen ist, wenn sich später noch seine Unzulässigkeit herausstellt. Das gilt auch in der Beschwerdeinstanz[51].

43   Eine – ausdrücklich vereinbarte oder aus einem Vertrag nach Treu und Glauben abzuleitende – **Nichtangriffspflicht** steht nach Auffassung des EPA der Zulässigkeit des Einspruchs nicht entgegen[52].

---

[41] EPA-Richtlinien D IV 1.2.1, 1.4.1 in Verbindung mit E VIII 1.9.3; *Schäfers/Kley/Thums* in Benkard EPÜ Art. 101 Rn. 31.
[42] EPA-Richtlinien D IV 1.2.2.1 i.
[43] Dazu EPA 15.4.1988, ABl. 1989, 378 – Bezeichnung der Erfindung/Smidth.
[44] Vgl. EPA 8.9.1993, ABl. 1994, 906 – Polymerlösung/Sumitomo.
[45] EPA-Richtlinien D IV 1.2.2.1 vi.
[46] Aufgeführt in EPA-Richtlinien D IV 1.2.2.2.
[47] Vgl. EPA 3.7.1989, ABl. 1991, 51 – Einspruchsbegründung/BASF; 22.9.1997, ABl. 1998, 241 – angetriebenes Pfannentransportfahrzeug/Techmo; EPA-Richtlinien D IV 1.2.2.1 v.
[48] EPA 2.1.1991, Mitt. 1994, 16; 4.4.1991, ABl. 1992, 701 – Zulässigkeit/Electrolux; 22.9.1997, ABl. 1998, 241 – angetriebenes Pfannentransportfahrzeug/Techmo.
[49] EPA 3.7.1989, ABl. 1991, 51 – Einspruchsbegründung/BASF; als unzulässig wurde jedoch ein (gem. damaliger Rspr. vom Patentinhaber selbst zwecks Beschränkung erhobener) Einspruch angesehen, der ausschließlich auf nationale ältere Rechte gestützt war, EPA 27.3.1990, ABl. 1992, 117 – älteres nationales Recht/Mobil.
[50] EPA-Richtlinien D IV 4.
[51] EPA 21.1.1999, ABl. 1999, 245 – Einspruch in fremdem Auftrag/Indupack und G 4/97 Einspruch im fremden Auftrag/Genentech (Rn. 3 der Entscheidungsformel); 10.3.1993, ABl. 1994, 649 – ACE-Inhibitoren/Hoechst; 22.9.1997, ABl. 1998, 241 – angetriebenes Pfannentransportfahrzeug/Techmo.
[52] EPA (Einspruchsabteilung) 13.5.1992, ABl. 1992, 747; vgl. auch *Pitz* Mitt. 1994, 239 (240).

§ 30. Wegfall europäischer Patente **II § 30**

e) Sachprüfung und -entscheidung

aa) Allgemeines

1. Die Sachprüfung findet statt, wenn mindestens ein zulässiger Einspruch eingelegt **44** worden ist (Art. 101 Abs. 1). War diese Voraussetzung einmal erfüllt, kann das Verfahren auch nach **Rücknahme** des einzigen zulässigen Einspruchs oder aller zulässigen Einsprüche von Amts wegen **fortgesetzt** werden (R 84 Abs. 2 Satz 2). Das gilt auch, wenn ein Einsprechender stirbt oder geschäftsunfähig wird (R 84 Abs. 2 Satz 1). Die Fortsetzung steht in diesen Fällen im Ermessen des EPA (zur Fortsetzung auf Antrag nach Erlöschen des Patents vgl. → Rn. 21 ff.). Anlass zur Fortsetzung besteht insbesondere dann, wenn auch ohne Mitwirkung des oder der bisher Einsprechenden oder der Erben der Widerruf oder eine Beschränkung des Patents zu erwarten ist[53].

Dagegen ist der **BK** die Fortsetzung des Verfahrens verwehrt, wenn allein der (einzige) **45** Einsprechende Beschwerde eingelegt hat und diese oder seinen Einspruch zurücknimmt[54]. Es bleibt dann bei der erstinstanzlichen Entscheidung, auch wenn im Beschwerdeverfahren ein Beitritt erfolgt ist (→ Rn. 27). Zum von der GBK 2014 entschiedenen Fall des rückwirkenden Wiederauflebens einer einspruchsführenden Gesellschaft nach nationalem Recht → Rn. 29.

2. Im **Verlauf** der Sachprüfung fordert die Einspruchsabteilung die Beteiligten so oft **46** wie erforderlich auf, innerhalb einer von ihr zu bestimmenden Frist eine Stellungnahme zu ihren Bescheiden oder zu den Schriftsätzen anderer Beteiligter einzureichen (Art. 101 Abs. 1, R 79, 81).

Bescheide an den Patentinhaber sind soweit erforderlich zu begründen; dabei sollen möglichst **47** alle der Aufrechterhaltung entgegenstehenden Gründe in *einem* Bescheid zusammengefasst werden (R 81 Abs. 3 Satz 2). Der Patentinhaber kann Änderungen der Unterlagen einreichen (R 79 Abs. 1, 80). Wenn die Einspruchsabteilung der Ansicht ist, dass das Patent in eingeschränktem Umfang aufrechterhalten werden kann, fordert sie den Inhaber zur Vorlage von Beschreibung, Ansprüchen und Zeichnungen in entsprechend geänderter Form auf (R 81 Abs. 3 Satz 1).[55]

bb) Umfang der Prüfung

1. Für den Umfang der Prüfung gilt allgemein Art. 114, wonach das EPA den Sachver- **48** halt von Amts wegen ermittelt und dabei weder auf das Vorbringen noch auf die Anträge der Beteiligten beschränkt ist, von diesen verspätet vorgebrachte Tatsachen und Beweismittel aber nicht zu berücksichtigen braucht.

Nach R 83 braucht das EPA ein Vorbringen nicht zu berücksichtigen, wenn die Unterlagen, auf die **49** es gestützt ist, weder bereits eingereicht sind noch auf sein Verlangen fristgemäß nachgereicht werden. Daraus könnte im Umkehrschluss die Verpflichtung gefolgert werden, auf präsente oder fristgemäß nachgereichte Unterlagen gestützes Vorbringen zu prüfen. Den Beteiligten zum Nachreichen aufzufordern, dürfte aber im Ermessen des EPA liegen.

2. Zur Frage, wie weit die **Verpflichtung** der Einspruchsabteilung und der BK zur **50** Prüfung eines Einspruchs und des damit angegriffenen Patents reicht und wie sie jenseits der Grenzen dieser Verpflichtung ihr **Ermessen** auszuüben haben, hat die GBK[56] zu Art. 101 Abs. 1 und 102 Abs. 2 **EPÜ 1973** folgende Grundsätze aufgestellt:

---

[53] EPA 2.8.1988, ABl. 1989, 412 – Fortsetzung des Einspruchsverfahrens/ICI; *Bostedt* in Singer/Stauder Art. 101 Rn. 116.
[54] EPA 5.11.1992, ABl. 1993, 346 (356) – Wirkung und Rücknahme der Beschwerde und EPA 5.11.1992, GRUR-Int 1993, 955 – Rücknahme der Beschwerde/Bell; EPA 13.6.1994, ABl. 1994, 887 – Rücknahme des Einspruchs/Serwane II.
[55] Vgl. die EPA-Richtlinien D VI 4.2.
[56] EPA 31.3.1993, GRUR-Int 1993, 957 – Prüfungsbefugnis/Rohm und Haas und EPA 31.3.1993, ABl. 1993, 408 (420) – Prüfung von Einsprüchen/Beschwerden; dazu allgemein *Teschemacher* GRUR 2001, 1021 ff.

§ 30 II 4. Abschnitt. Entstehung und Wegfall von Patenten und Gebrauchsmustern

51 Durch die in R 55 (jetzt 76) (c) vorgeschriebene Erklärung, in welchem Umfang Einspruch eingelegt und auf welche Gründe er gestützt wird, und die Angabe der zur Begründung vorgebrachten Tatsachen und Beweismittel werde nicht nur eine Voraussetzung für die Zulässigkeit des Einspruchs erfüllt, sondern auch der rechtliche und faktische Rahmen für dessen Prüfung festgelegt, wobei zwischen der Angabe des Umfangs, in dem Einspruch eingelegt wird, und der Angabe der Einspruchsgründe zu unterscheiden sei.

52 Habe der Einsprechende seinen **Einspruch** auf einzelne Gegenstände des Patents **beschränkt**, sei das EPA nicht befugt, sich mit anderen unter das Patent fallenden Gegenständen überhaupt zu befassen[57].

53 Eine Ausnahme machte die GBK für Ansprüche, die von einem im Einspruchs- oder Einspruchsbeschwerdeverfahren vernichteten unabhängigen Anspruch abhängig sind. Die Patentierbarkeit ihres Gegenstands könne, wenn sie durch das vorliegende Informationsmaterial prima facie in Frage gestellt wird, geprüft werden, auch wenn sie nicht ausdrücklich angegriffen worden sind[58].

54 Dass in Art. 101 Abs. 1, 102 Abs. 1 und 2 EPÜ 1973 auf die in Art. 100 genannten **Einspruchsgründe,** dh alle diese Gründe Bezug genommen war, bedeute – auch unter Berücksichtigung des Amtsermittlungsgrundsatzes (Art. 114 Abs. 1) – nicht, dass unabhängig vom Vorbringen des Einsprechenden stets sämtliche Gründe geprüft werden müssten. Vielmehr bestehe eine solche Pflicht nur hinsichtlich der von der Erklärung gem. R 55 (c) (aF) erfassten, also der vor Ablauf der Einspruchsfrist geltend gemachten und hinreichend substantiierten Einspruchsgründe. Zwar sei eine Einspruchsabteilung nicht gehindert, in Anwendung von Art. 114 Abs. 1 – unter Gewährung rechtlichen Gehörs (Art. 113 Abs. 1) – einen durch die Erklärung nach R 55 (c) nicht abgedeckten Einspruchsgrund von sich aus vorzubringen oder einen solchen vom Einsprechenden nach Ablauf der Einspruchsfrist vorgebrachten Grund zu prüfen[59]. Sie solle von dieser Möglichkeit aber nur dann Gebrauch machen, wenn prima facie triftige Gründe dafür sprechen, dass diese Einspruchsgründe relevant sind und der Aufrechterhaltung des Patents ganz oder teilweise entgegenstehen würden[60].

55 Im **Beschwerdeverfahren** dürfe grundsätzlich kein neuer Einspruchsgrund mehr eingeführt werden, wenn nicht der **Patentinhaber** hiermit **einverstanden** ist. Auch in diesem Fall solle die Kammer den neuen Grund nur dann von sich aus vorbringen oder auf Antrag des Einsprechenden zulassen, wenn sie ihn schon dem ersten Anschein nach als hochrelevant einschätzt; sie habe dann die Sache grundsätzlich an die Einspruchsabteilung zurückzuverweisen[61].

56 3. Nach Art. 101 Abs. 1 S. 1, Abs. 2 **EPÜ 2000** ist zu prüfen, ob wenigstens ein Einspruchsgrund nach Art. 100 der Aufrechterhaltung des Patents entgegensteht, und, wenn dies zutrifft, das Patent zu widerrufen. Nach R 81 Abs. 1 Satz 2 nF kann die Einspruchsabteilung von Amts wegen auch vom Einsprechenden nicht geltend gemachte Einspruchsgründe prüfen, wenn diese der Aufrechterhaltung des Patents entgegenstehen würden.

57 Diese Neuregelung steht der von der GBK (→ Rn. 50 ff.) angenommenen Bindungswirkung einer gegenständlichen Beschränkung des Einspruchs nicht entgegen. Sie ändert auch nichts daran, dass es im Ermessen der Einspruchsabteilung steht, nicht geltend gemachte Einspruchsgründe zu berücksichtigen. Dagegen wird dies von der BK nicht mehr davon abhängig gemacht werden können, dass der Patentinhaber zustimmt. Auch die übrigen von der GBK angenommenen Voraussetzungen für das Aufgreifen neuer Einspruchsgründe von Amts wegen können nicht mehr als verbindlich, sondern nur noch als verfahrensökonomische Gesichtspunkte angesehen werden, die sich auf die Ausübung des Ermessens auswirken dürfen.

58 4. Im Fall des **Beitritts** eines Dritten (Art. 105, → Rn. 25) kann dieser – auch in der Beschwerdeinstanz – in seiner nach R 76 (c) einzureichenden Erklärung unabhängig von

---

[57] EPA 31.3.1993 – G 9/91 – Prüfungsbefugnis/Rohm und Haas und G 10/91, ABl. 1993, 408 Rn. 10 – Prüfung von Einsprüchen/Beschwerden; ebenso schon EPA 18.8.1988, ABl. 1989, 438 – Zeolithe/ICI.
[58] EPA 31.3.1993 – G 9/91 – Prüfungsbefugnis/Rohm und Haas und G 10/91, ABl. 1993, 408 (416) (Ls. 2 und Nr. 11) – Prüfung von Einsprüchen/Beschwerden.
[59] Vgl. die EPA-Richtlinien D V 2.2.
[60] Vgl. EPA 9.10.2000, ABl. 2001, 191 – Neuer Einspruchsgrund/Amgen.
[61] EPA 31.3.1993 – G 9/91 – Prüfungsbefugnis/Rohm und Haas und G 10/91, ABl. 1993, 408 Rn. 18 – Prüfung von Einsprüchen/Beschwerden.

§ 30. Wegfall europäischer Patente II **§ 30**

der entsprechenden Erklärung des Einsprechenden festlegen, inwieweit er das Patent angreift, welche Einspruchsgründe er geltend macht und welche Tatsachen, Beweismittel und Argumente er hierzu vorbringt[62].

5. Wenn es für die Frage, ob das EPA verpflichtet ist, einen bestimmten Einspruchsgrund **59** zu prüfen, oder diese Prüfung in seinem pflichtgeleiteten Ermessen steht, auf die rechtzeitige Geltendmachung dieses Einspruchsgrundes ankommt (→ Rn. 48–57), wird der in Art. 100 (a) genannte Fall, dass der Gegenstand des Patents nach Art. 52–57 nicht patentfähig ist, *nicht als einheitlicher Einspruchsgrund* angesehen. Vielmehr entspricht jeder **Patenterteilungsvoraussetzung,** auf die die Vorschrift verweist, ein **selbstständiger Einspruchsgrund**[63].

Ist beispielsweise wegen mangelnder Neuheit und erfinderischer Tätigkeit Einspruch erhoben, ist **60** der Einwand, dass der Gegenstand des Patents nach Art. 52 Abs. 1, 2, also mangels Erfindungseigenschaft, insbesondere technischen Charakters, nicht patentfähig sei, ein neuer Einspruchsgrund[64].

Gleiches gilt grundsätzlich, wenn der Einspruch auf mangelnde erfinderische Tätigkeit gestützt war **61** und später mangelnde Neuheit geltend gemacht wird[65]. Allerdings kann der Gegenstand des Patents, wenn er nicht neu ist, auch nicht auf erfinderischer Tätigkeit beruhen. Deshalb steht der nachträglichen Geltendmachung mangelnder Neuheit jedenfalls dann nichts entgegen, wenn sie aus dem bereits ermittelten nächstliegenden SdT begründet wird[66]. Vielmehr wird in diesem Fall anzunehmen sein, dass das EPA nach R 83 zur Prüfung des Einwands mangelnder Neuheit verpflichtet ist. Wird er dagegen auf neue Tatsachen und Beweismittel gestützt, steht deren Prüfung im pflichtgemäßen Ermessen des EPA.[67]

War zunächst mangelnde Neuheit gegenüber einem bestimmten Dokument des SdT geltend **62** gemacht, liegt in dem späteren Vorbringen, dass der Gegenstand gegenüber demselben Dokument nicht erfinderisch sei, nicht die Geltendmachung eines neuen Einspruchsgrundes[68]. Zwar bedarf es, wenn sich herausstellt, dass die Neuheit nicht fehlte, einer neuen Begründung für den Mangel erfinderischer Tätigkeit; doch kann vom Einsprechenden nicht erwartet werden, dass er diese bereits in die Einspruchsschrift aufnimmt, weil dadurch seine Behauptung, dass schon die Neuheit fehle, in Frage gestellt würde.

cc) Widerruf des Patents. Zurückweisung des Einspruchs

1. Die Einspruchsabteilung **widerruft** das Patent, wenn sie zu der Auffassung gelangt, **63** dass wenigstens einer der in Art. 100 genannten Einspruchsgründe seiner Aufrechterhaltung entgegensteht (Art. 101 Abs. 2 S. 1). Unabhängig von dieser Voraussetzung wird das Patent widerrufen, wenn der Patentinhaber auf das Patent verzichtet oder dessen Widerruf beantragt oder mit der Fassung, in der es aufrechterhalten werden soll, nicht einverstanden ist (vgl. → Rn. 64 ff.). Das gleiche gilt, wenn bestimmte verfahrensrechtliche Erfordernisse nicht rechtzeitig erfüllt werden: Zahlung der Druckkostengebühr und Einreichung der Anspruchsübersetzungen für eine beschränkte Aufrechterhaltung (vgl. → Rn. 65 ff.); notwendige Bestellung eines neuen Vertreters (Art. 133 Abs. 2, R 142 Abs. 3 [a]).

2. Die Einspruchsabteilung **weist den Einspruch zurück,** wenn nach ihrer Auffassung **64** keiner der in Art. 100 genannten Gründe der **unveränderten Aufrechterhaltung** des

---

[62] Vgl. EPA 11.5.1994, ABl. 1994, 787 – Beitritt/Allied Colloids.
[63] EPA 19.7.1996, ABl. 1996, 615 Rn. 4.4, 5.3 – neue Einspruchsgründe/De la Rue.
[64] EPA 19.7.1996, ABl. 1996, 615 – neue Einspruchsgründe/De la Rue.
[65] EPA 19.7.1996, ABl. 1996, 615 Rn. 7.1 – neue Einspruchsgründe/De la Rue; 19.7.1996, ABl. 1996, 626 – neue Einspruchsgründe/Ethicon.
[66] So in dem Fall, der G 7/95 zugrunde liegt.
[67] EPA 17.11.1999, ABl. 1999, 733 – unzulässige Beschwerde/Perstop will neue Tatsachen und Beweismittel im Beschwerdeverfahren nur insoweit zulassen, als sie sich auf den in der angefochtenen Entscheidung behandelten Einspruchsgrund beziehen; der neue Einwand mangelnder Neuheit könne im Beschwerdeverfahren mit Einverständnis des Patentinhabers erhoben werden, wenn er auf demselben technischen Sachverhalt beruht wie der ursprüngliche Einwand mangelnder erfinderischer Tätigkeit.
[68] EPA 18.7.2002, ABl. 2003, 215 – neuer Einspruchsgrund/Mather Seal.

Patents entgegensteht (Art. 101 Abs. 2 S. 2). Voraussetzung hierfür ist jedoch wegen Art. 113 Abs. 2, dass der Patentinhaber mit der Aufrechterhaltung **einverstanden** ist.[69] Zwar braucht dieses Einverständnis bei unveränderter Aufrechterhaltung nicht besonders geprüft zu werden. Bringt jedoch der Patentinhaber ohne Vorlage einer anderen gewährbaren Fassung zum Ausdruck, dass er mit der erteilten Fassung nicht einverstanden ist, oder beantragt er selbst den Widerruf des Patents, ist dieser auszusprechen, ohne dass es auf die in Art. 100 genannten Gründe ankommt.[70] Ein Antrag auf Widerruf kann auch in der Erklärung liegen, dass auf das Patent verzichtet wird[71]. Bindend wird jedoch ein Antrag auf Widerruf erst durch eine ihm entsprechende rechtskräftige Entscheidung[72]. Deshalb verzichtet der Patentinhaber nicht schon dadurch, dass er eingeschränkte Ansprüche einreicht, mit sofortiger Wirkung auf die hiervon nicht mehr erfassten Gegenstände; er kann auch in der Beschwerdeinstanz eine solche Einschränkung rückgängig machen und das Patent wieder in der erteilten Fassung verteidigen[73].

dd) Beschränkte Aufrechterhaltung des Patents

65   1. Unter den Voraussetzungen des Art. 101 Abs. 3 beschließt die Einspruchsabteilung die Aufrechterhaltung des Patents in geändertem Umfang. Dabei darf jedoch das Patent nicht in der Weise geändert werden, dass sein Gegenstand über den Inhalt der Anmeldung in der ursprünglich eingereichten Fassung hinausgeht (Art. 123 Abs. 2, vgl. → § 29 Rn. 91 f.). Auch dürfen die Ansprüche nicht in der Weise geändert werden, dass sich der Schutzbereich des Patents erweitert (Art. 123 Abs. 3, Näheres → Rn. 73 ff.). Zulässig ist daher auf der Grundlage des Art. 101 Abs. 3 nur eine **beschränkte Aufrechterhaltung.** Sie erfolgt, wenn die Einspruchsabteilung der Auffassung ist, dass unter Berücksichtigung der vom Patentinhaber vorgenommenen Änderungen das Patent und die Erfindung, die es zum Gegenstand hat, den Erfordernissen des EPÜ genügen. Außerdem sind – ähnlich wie im Erteilungsverfahren (vgl. → § 29 Rn. 57 ff.) – das Einverständnis des Patentinhabers mit der geänderten Fassung sowie die Zahlung der Druckkostengebühr für eine neue Patentschrift (75 EUR) und die Einreichung von Übersetzungen der neugefassten Ansprüche in den Amtssprachen erforderlich, die nicht Verfahrenssprache sind (R. 82).

66   Die geänderte Fassung, in der das Patent aufrechterhalten wird, muss nicht nur sicherstellen, dass ihr die geltend gemachten und die übrigen in Art. 100 genannten Einspruchsgründe nicht entgegenstehen, sondern insgesamt mit dem EPÜ im Einklang stehen[74]. Dazu gehört, dass die Ansprüche gem. Art. 84 gefasst sind[75], nicht aber die Einheitlichkeit des Patentgegenstands[76].

67   2. Damit nicht der Patentinhaber gezwungen wird, Übersetzungskosten für eine Fassung aufzuwenden, die sich in der Beschwerdeinstanz vielleicht nochmals ändert, erlässt die Einspruchsabteilung, wenn sie das Einverständnis des Patentinhabers mit der geänderten Fassung als gesichert ansieht und dem Einsprechenden ausreichend Gelegenheit gegeben hat, hierzu Stellung zu nehmen, eine **Zwischenentscheidung,** in der festgestellt wird, dass

---

[69] Vgl. die Rechtsauskunft 11/82 des EPA, ABl. 1982, 57.
[70] EPA 26.4.1985, ABl. 1985, 241 – Widerruf auf Veranlassung des Patentinhabers/SMS; 18.12.1985, ABl. 1986, 79 – Widerrufsantrag des Patentinhabers/BASF; 13.2.1989, ABl. 1990, 425 – Zulässig/MAN; EPA-Richtlinien D VIII 1.2.5.
[71] EPA 11.6.1987, ABl. 1988, 261 – Verzicht auf das Patent/SMS.
[72] EPA 23.2.1988, ABl. 1989, 336 Rn. 3.1.1 – Inkrustierungsinhibitoren/BASF.
[73] EPA 19.1.1988, Mitt. 1989, 76 – Ultraschallgerät/Toshiba; 30.8.1988, ABl. 1990, 195 (203) – Enantiomere/Hoechst; 9.1.2007, GRUR-Int 2007, 860 – Hydraulic drive system for construction machines/Hitachi.
[74] EPA 31.3.1991 – G 9/91 – Prüfungsbefugnis/Rohm und Haas und G 10/91, ABl. 1993, 408 Rn. 19 – Prüfung von Einsprüchen/Beschwerden; 15.12.1988, ABl. 1990, 292 – Detergenszusammensetzungen/Unilever.
[75] EPA 25.8.1986, ABl. 1987, 316 – Rechnergesteuertes Schaltgerät/Naimer.
[76] EPA 9.12.1991, ABl. 1992, 253 – Einheitlichkeit/Siemens.

§ 30. Wegfall europäischer Patente

das Patent und die Erfindung, die es zum Gegenstand hat, unter Berücksichtigung der vom Patentinhaber im Einspruchsverfahren vorgenommenen Änderungen den Erfordernissen des EPÜ genügen. In dieser Entscheidung wird gem. Art. 106 Abs. 2 die **gesonderte Beschwerde** zugelassen[77].

Erst wenn die Zwischenentscheidung rechtskräftig ist oder im Beschwerdeverfahren die geänderten Unterlagen, mit denen das Patent aufrechterhalten wird, festgelegt sind, wird der Patentinhaber gem. R 82 Abs. 2 Satz 2 aufgefordert, innerhalb von drei Monaten die Druckkostengebühr zu zahlen und die Anspruchsübersetzungen einzureichen[78]. Versäumt er diese Frist, erhält er einen entsprechenden Hinweis und hat dann noch zwei Monate Zeit, die fehlenden Handlungen nachzuholen, sofern er in dieser Frist einen Zuschlag von 120 EUR bezahlt (R 82 Abs. 3 Satz 1). Nach Versäumnis dieser Frist wird das Patent widerrufen (R 82 Abs. 3 Satz 2)[79]. Erfolgen die Handlungen rechtzeitig, wird seine Aufrechterhaltung in der geänderten Fassung beschlossen, ein Hinweis auf diese Entscheidung bekanntgemacht und danach so bald wie möglich eine neue Patentschrift herausgegeben, die die geänderte Fassung enthält (Art. 103, R 87 Satz 2, R 73). Außerdem wird eine neue Patenturkunde ausgestellt (R 87 Satz 2, 74). Der Beschluss über die Aufrechterhaltung ist nicht mehr mit der Beschwerde anfechtbar, soweit er sich mit der rechtskräftig gewordenen Zwischenentscheidung oder der auf eine hiergegen eingelegte Beschwerde ergangenen Entscheidung deckt[80].

Die in Art. 65 den Vertragsstaaten eingeräumte Möglichkeit, die Aufrechterhaltung des Schutzes von der Einreichung einer **Übersetzung der Patentschrift** abhängig zu machen, bezieht sich auch auf den Fall, dass das Patent im Einspruchsverfahren in geänderter Fassung aufrechterhalten und deshalb eine neue Patentschrift erforderlich wird. Die Einreichungsfrist endet in Vertragsstaaten, die keine längere Frist vorsehen, drei Monate nachdem der Hinweis auf die Aufrechterhaltung des Patents in geänderter Form bekannt gemacht worden ist (Art. 65 Abs. 1 S. 2). Die Vertragsstaaten, in denen eine Übersetzung der Patentschrift erforderlich ist (vgl. → § 29 Rn. 70 ff.), verlangen auch eine Übersetzung ihrer gegebenenfalls geänderten Fassung. Die Mitteilung nach R 82 Abs. 2 Satz 2 nennt dem Patentinhaber die Schutzstaaten, die eine solche Übersetzung fordern (R 82 Abs. 2 Satz 3).

Die beschränkte Aufrechterhaltung des Patents hat zur Folge, dass dessen Wirkungen, soweit es nicht aufrechterhalten ist, als von Anfang an nicht eingetreten gelten (Art. 68). Soweit es jedoch aufrechterhalten ist, sind seine Wirkungen ohne Unterbrechung bestehen geblieben. Es ist nicht etwa mit Rechtskraft der Entscheidung im Einspruchsverfahren die mit Bekanntmachung des Erteilungshinweises eingetretene Wirkung des angegriffenen Patents zunächst vollständig weggefallen und erst mit Bekanntmachung des Hinweises gem. Art. 103 ein neues Patent wirksam geworden[81]. Somit können für die gesamte Zeit ab Bekanntmachung des Erteilungshinweises auch Ansprüche auf Schadensersatz gegen Benutzer eines von der aufrechterhaltenen Fassung umfassten Gegenstands entstehen, soweit die Benutzer schuldhaft gehandelt haben[82].

---

[77] EPA-Richtlinien D VI 7.2.2; *Schäfers* in Benkard, EPÜ, 1. Aufl., Art. 102 Rn. 13.
[78] EPA-Richtlinien D VI 7.2.3.
[79] Der Wegfall des Patents tritt nicht automatisch mit Fristversäumnis ein, sondern wird erst durch eine den Widerruf aussprechende Entscheidung bewirkt, EPA 5.3.1991, ABl. 1991, 275 – Widerruf des Patents.
[80] *Podblieski* in Singer/Stauder Art. 101 Rn. 188 f.
[81] LG Düsseldorf 25.3.1999, GRUR-Int 1999, 775 (779).
[82] AM *Straus* FS Beier, 1996, 171 (177 ff.), der zwar das Patent mit Rechtskraft der Einspruchsentscheidung als nur teilweise widerrufen ansieht, wegen einer vor Bekanntmachung des Hinweises erfolgten Benutzung aber nur einen Entschädigungsanspruch für gerechtfertigt hält, wie ihn Art. 67 bei Benutzung des Gegenstands einer veröffentlichten Anmeldung vorsieht. Der Wortlaut des Art. 103 ergibt jedoch nicht, dass der dort vorgesehenen Bekanntmachung die gleiche Bedeutung zukäme wie derjenigen nach Art. 97 Abs. 4. Vielmehr entfalten sowohl die veröffentlichte Anmeldung als auch das erteilte Patent die gesetzlich vorgesehenen Wirkungen, soweit sie in den nachfolgenden Verfahren

71 3. Dass der Patentinhaber mit der Fassung, in der die Einspruchsabteilung das Patent aufrechterhalten will, einverstanden ist und der Einsprechende ausreichend Gelegenheit hat, hierzu Stellung zu nehmen, kann im Lauf des Verfahrens auf unterschiedliche Weise erreicht werden[83]. In einer mündlichen Verhandlung ist es möglich, beiden Erfordernissen zu genügen[84]. Wenn der Patentinhaber die vorgesehene Fassung selbst eingereicht oder wenigstens hilfsweise beantragt hat, kann davon ausgegangen werden, dass er damit einverstanden ist[85]. Dem Einsprechenden kann durch einen entsprechenden Bescheid Gelegenheit zur Stellungnahme gegeben worden sein.

72 Die in R 82 Abs. 1 vorgesehene *gesonderte Mitteilung* der neuen Fassung an die Beteiligten, die dabei aufgefordert werden, innerhalb von zwei Monaten Stellung zu nehmen, wenn sie nicht einverstanden sind, wird nur dann als zweckmäßig angesehen, wenn die Einspruchsabteilung noch Änderungen in der vom Patentinhaber bereits konkret gebilligten Fassung der vollständigen Unterlagen, zu denen der Einsprechende Stellung nehmen konnte, für erforderlich hält[86]. Solche Änderungen müssen sich auf unumgängliche redaktionelle Korrekturen beschränken. Der Einsprechende bleibt, auch wenn er der mitgeteilten Fassung nicht fristgemäß widerspricht, berechtigt, gegen die Zwischenentscheidung, in der die Aufrechterhaltung in der mitgeteilten Fassung angekündigt wird, Beschwerde einzulegen[87]; der Patentinhaber ist nur dann mangels Beschwer nicht beschwerdeberechtigt, wenn die mitgeteilte Fassung die allein oder erstrangig von ihm gebilligte darstellt[88]. Hat er sich nur hilfsweise einverstanden erklärt, ist er durch die – von der Einspruchsabteilung zu begründende – Ablehnung der vorrangig gewünschten Fassung(en) beschwert[89].

ee) Voraussetzungen und Grenzen für Änderungen des Patents

73 1. Die geänderte Fassung, in der das Patent aufrechterhalten wird, darf in ihrem Offenbarungsgehalt nicht über denjenigen der ursprünglich eingereichten Anmeldungsunterlagen hinausgehen und nichts beanspruchen, was von diesem nicht umfasst ist (Art. 123 Abs. 2, vgl. → § 28 Rn. 24 ff.). Außerdem muss sie dem in Art. 123 Abs. 3 enthaltenen **Verbot der Erweiterung des Schutzbereichs** genügen. Dabei ist zu beachten, dass dieser nach Art. 69 Abs. 1 und dem zugehörigen Protokoll zwar durch die Ansprüche bestimmt wird, Beschreibung und Zeichnungen aber zur Auslegung der Ansprüche heranzuziehen sind[90]. Demgemäß kann eine Änderung von Beschreibung oder Zeichnungen auch bei unverändertem Anspruchswortlaut zu einer unzulässigen Erweiterung des Schutzbereichs führen. Dies wurde schon zu Art. 123 Abs. 3 EPÜ 1973 angenommen,[91] der eine Erweiterung des

---

bestätigt werden. Dafür, dass sie im Verlauf eines dieser Verfahren ihre Wirkung vorübergehend verlören, gibt es keinen Anhalt.
[83] Vgl. EPA 27.1.1989, ABl. 1989, 189 Rn. 5 ff. – Schweigen des Einsprechenden/Hoechst; EPA-Richtlinien D VI 7.2.1.
[84] EPA 26.11.1985, ABl. 1986, 211 – Zeolithe/BASF; 8.4.1986, ABl. 1986, 373 – Lackierstraßenversorgung/BASF.
[85] Das Einverständnis muss nicht vorbehaltlos sein, EPA 23.11.1987, ABl. 1989, 79 Rn. 5.5.2 – Interferenzstromtherapie/Somartec.
[86] EPA-Richtlinien D VI 7.2.1.
[87] EPA 27.1.1988, ABl. 1989, 189 – Schweigen des Einsprechenden/Hoechst.
[88] Vgl. EPA 6.7.1990, ABl. 1992, 348 – Luftreinigungsgerät.
[89] *Bühler* in Singer/Stauder Art. 107 Rn. 20.
[90] EPA 11.12.1989, ABl. 1990, 93 – reibungsverringernder Zusatz/Mobil Oil III; 15.5.1995, ABl. 1996, 274 Rn. 2.1 – Herzphasensteuerung/Teletronics; 7.5.1999, ABl. 2000, 259 (Ls. 2) – Fluidwandler/Solartron; *Schulte* GRUR-Int 1989, 460 (461).
[91] Vgl. EPA 13.6.2006, GRUR-Int 2007, 607 – Kraftstoffschlauch/Mündener Gummiwerk. Das Ergebnis der Entscheidung überzeugt nicht: Beansprucht war ein Kraftstoffschlauch mit verschiedenen Merkmalen. Lediglich in der Beschreibung war erwähnt: „Ein derartiger Kraftstoffschlauch weist eine Wärmebeständigkeit bis zu ca. 160° auf." Die Kammer wertete die Streichung dieses Satzes als schutzbereichserweiternd, weil nach Art. 69 die Beschreibung zur Anspruchsauslegung heranzuziehen ist. Das bedeutet aber nur, dass im Anspruch enthaltene Merkmale im Lichte der Beschreibung zu

§ 30. Wegfall europäischer Patente

Schutzbereichs nur dann zu verbieten schien, wenn sie durch *Anspruchs*änderung erfolgte. Im EPÜ 2000 ist das Verbot, den Schutzbereich zu erweitern, allgemein auf die Änderung des *Patents* bezogen.

Es ist regelmäßig nicht ohne Verstoß gegen Art. 123 Abs. 3 möglich, einen Teil des ursprünglichen Offenbarungsgehalts, der vor der Patenterteilung gestrichen worden ist, im Einspruchsverfahren wieder in die Patentschrift oder die Ansprüche aufzunehmen[92]. Andererseits ist es zulässig, Ansprüche durch Änderung ihres Wortlauts dem Schutzbereich anzupassen, der sich bei Auslegung ihrer erteilten Fassung im Lichte von Beschreibung und Zeichnungen ergibt.

74

Für eine Anspruchsänderung, die der Behebung eines Widerspruchs diente, wurde ein Verstoß gegen Art. 123 Abs. 2 oder 3 verneint, weil der berichtigte Anspruch dasselbe zum Ausdruck brachte wie die zutreffende Auslegung des bisherigen Anspruchs auf Grund der Beschreibung[93].

75

Die Einfügung eines Merkmals in den Oberbegriff eines Anspruchs wurde als zulässig angesehen, weil die Beschreibung bei richtiger Auslegung das Merkmal als übergeordnetes Erfordernis der Erfindung auswies und deshalb die Ansprüche nach Art. 69 Abs. 1 und dem zugehörigen Protokoll als dieses Merkmal enthaltend ausgelegt werden konnten, obwohl es nicht wörtlich genannt war[94].

76

In einem erteilten Anspruch durfte ein enger Begriff, der seiner wörtlichen Bedeutung nach eine in der Beschreibung enthaltene weitere Ausführungsart nicht eindeutig umfasste, durch einen weniger engen, der auch diese Ausführungsart umfasste, ersetzt werden, weil die technische Bedeutung in dem erteilten Anspruch verwendeten Begriffs in dessen Kontext nicht so klar war, dass er ohne Auslegung an Hand von Beschreibung und Zeichnungen zur Ermittlung des Schutzbereichs herangezogen werden konnte, und aus Beschreibung und Zeichnungen sowie dem Verlauf des Erteilungsverfahrens hervorging, dass die weitere Ausführungsart zur Erfindung gehörte und nie beabsichtigt war, sie vom Schutzbereich des Patents auszuschließen[95]. Nach dem erteilten Anspruch war ein Getriebe „parallel zum Motor", nach dem geänderten (in dem Fahrzeug, in dem der Motor quer angeordnet war) „ebenfalls quer" angeordnet. Nach der ersten Fassung war unklar, auf welche Achse des Getriebes das Merkmal „parallel" zu beziehen war. Aus Beschreibung, Zeichnungen und dem Erteilungsverfahren ging hervor, dass unter der engen Fassung auch die Anordnung des Getriebes in einer Linie mit dem Motor zu verstehen war.

77

2. Eine Erweiterung des Schutzbereichs liegt immer dann vor, wenn nach der geänderten Fassung Handlungen als patentverletzend in Betracht kommen, die es nach der erteilten Fassung nicht wären.[96] Trifft dies zu, ändert es an der Erweiterung nichts, wenn auf der anderen Seite ursprünglich als verletzend erfasste Handlungen nicht mehr unter das Patent fallen. Auch ergibt sich aus dem genannten Grundsatz, dass neben den Konsequenzen einer Änderung für den Schutz*bereich* auch diejenigen für die Schutz*wirkungen* zu beachten sind. Dies gilt insbesondere bei einem **Wechsel der Patentkategorie.** Er wird grundsätzlich nicht als zulässig angesehen.[97]

78

---

verstehen sind, nicht aber, dass in der Beschreibung enthaltene Einzelheiten im Ergebnis wie Anspruchsmerkmale behandelt werden dürfen. Im gegebenen Fall deuten die Gründe der Entscheidung darauf hin, dass die Angabe über die Wärmebeständigkeit nur einen Vorteil gegenüber dem SdT zum Ausdruck brachte. Im erteilten Anspruch war sie wohl deshalb nicht enthalten, weil der Anspruchsgegenstand ohne solche Einschränkung als schutzwürdig angesehen worden war. Warum der Fachmann unter diesen Umständen die Angabe als schutzbeschränkend verstehen soll, ist unerfindlich.

[92] EPA 7.5.1999, ABl. 2000, 259 (Ls. 3) – Fluidwandler/Solartron; krit. dazu *Günzel* GRUR 2001, 932 ff.
[93] EPA 18.3.1986, ABl. 1987, 405 – Gasreinigung/Air Products.
[94] EPA 26.9.1989, ABl. 1990, 415 – Blockpolymer/JSR.
[95] EPA 29.5.1990, ABl. 1992, 157 (162 ff.) – Getriebe/Fuji.
[96] EPA 21.10.1987, ABl. 1988, 386 Rn. 3.1.3 – Kategoriewechsel/Moog; 7.5.1999, 274 f. Rn. 6.1.10 – Fluidwandler/Solartron; weniger genau EPA 11.12.1989, ABl. 1990, 93 – reibungsverringernder Zusatz/Oil III und 15.5.1993, ABl. 1996, 274 Rn. 2.1 – Herzphasensteuerung/Teletronics.
[97] EPA 20.10.2016, Mitt. 2016, 268 (269) – Treatment of Pompe's disease/Genzyme; BGH 29.1.2016, BeckRS 2016, 116752 Rn. 34 – System zur Umpositionierung von Zähnen; EPA 15.5.1995, ABl. 1996, 274 – Herzphasensteuerung/Teletronics; 21.10.1987, ABl. 1988, 386 – Kategoriewechsel/Moog.

79 Gestattet wurde die Umwandlung eines für ein Arbeitsverfahren erteilten Patents in ein Vorrichtungspatent unter der Voraussetzung, dass der Schutzbereich des Verfahrenspatents die Vorrichtung zu dessen Ausführung umfasst[98]. Dies wurde im gegebenen Fall deshalb angenommen, weil der Fachmann dem Verfahrenspatent die zur Ausführung des Verfahrens geeignete Vorrichtung vollständig und eindeutig habe entnehmen können und die anspruchsgemäßen Verfahrensschritte als funktionelle Vorrichtungsmerkmale zu verstehen seien[99].

80 In einem anderen Fall durfte dagegen ein Anspruch, der auf ein Verfahren zum Betreiben eines Herzschrittmachers gerichtet war und in dieser Fassung als unvereinbar mit Art. 52 Abs. 4 (jetzt 53 [c]) angesehen wurde, nicht dahin geändert werden, dass er sich auf den Herzschrittmacher als Erzeugnis bezieht, weil er in dieser Fassung keine Merkmale enthielt, die den Schutz auf das *in Gebrauch befindliche* Erzeugnis beschränkten[100]. Die Möglichkeit, zu einem zweckgebundenen Erzeugnisschutz überzugehen, wurde nicht erwogen.

81 Als zulässig gilt es jedoch, erteilte Ansprüche, die auf einen Stoff und ein diesen enthaltendes Gemisch gerichtet sind, so zu ändern, dass sie sich auf die *Verwendung* des Stoffs in einem Gemisch für einen bestimmten Zweck richten[101]. Dass sich wegen Art. 64 Abs. 2 eine Erweiterung des Schutzbereichs ergeben könnte, wurde dabei ausgeschlossen, weil ein Verwendungsanspruch kein Verfahrensanspruch im Sinne dieser Vorschrift sei[102].

82 3. Ergibt sich im Einspruchsverfahren, dass ein Anspruchsmerkmal im ursprünglichen Offenbarungsgehalt der Anmeldung keine Grundlage findet, müsste es jedenfalls dann gestrichen werden, wenn der Einspruchsgrund der unzulässigen Erweiterung Verfahrensgegenstand ist. Dem steht jedoch entgegen, dass die Streichung eine gegen Art. 123 Abs. 3 verstoßende Erweiterung des Schutzbereichs zur Folge hätte, weil der Anspruch dann Gegenstände umfassen würde, die nur die übrigen Anspruchsmerkmale, nicht aber das mangels ursprünglicher Offenbarung gestrichene aufweisen. Die Situation, in der sich der Patentinhaber deshalb befindet, wird oft als „unentrinnbare Falle" bezeichnet.[103]

83 Die GBK[104] lässt in solchen Fällen weder die unveränderte Aufrechterhaltung des Patents noch die Streichung der über den Inhalt der Anmeldung in der ursprünglich eingereichten Fassung hinausgehenden, den Schutzbereich einschränkenden Gegenstände zu: Das Patent könne nur dann aufrechterhalten werden, wenn die Anmeldung in der ursprünglich eingereichten Fassung eine Grundlage dafür bietet, diese Gegenstände ohne Verstoß gegen Art. 123 Abs. 3 durch andere ersetzt werden können.

84 Allerdings soll dabei ein nicht ursprünglich offenbartes Merkmal, das *keinen technischen Beitrag* zum Gegenstand der Erfindung leistet, sondern lediglich den Schutzbereich beschränkt, nicht als iSd Art. 123 Abs. 2 über den ursprünglichen Anmeldungsinhalt hinausgehender Gegenstand betrachtet werden. Der Einspruchsgrund der unzulässigen Erweiterung stehe dann der Aufrechterhaltung des Patents nicht entgegen.

85 Demgemäß ist das Patent zu widerrufen, wenn sich nicht das in Frage stehende Merkmal wegen technischer Bedeutungslosigkeit als den (technisch relevanten) ursprünglichen Offenbarungsgehalt nicht erweiternd darstellen lässt.

86 In dem Fall, der zur Vorlage Anlass gegeben hatte, wurde das strittige Merkmal nicht als technisch bedeutungslos in dem von der GBK geforderten Sinn gewertet, weil es mit den übrigen Anspruchsmerkmalen dergestalt zusammenwirke, dass es die Lösung der technischen Aufgabe gemäß der Anmeldung in der ursprünglich eingereichten Fassung beeinflusse[105].

---

[98] EPA 21.10.1987, ABl. 1988, 386 (391) (Ls. 2 u. Nr. 3.1.8) – Kategoriewechsel/Moog.
[99] Ähnlich EPA 28.6.1990, ABl. 1992, 172 – Herzschrittmacher/Siemens.
[100] EPA 15.5.1995, ABl. 1996, 274 (288) (Ls.3 u. Nr. 2.2) – Herzphasensteuerung/Teletronics.
[101] EPA 11.12.1988, ABl. 1990, 93 – reibungsverringernder Zusatz/Mobil Oil III.
[102] EPA 11.12.1988, ABl. 1990, 104 f. Rn. 5.1 – reibungsverringernder Zusatz/Mobil Oil III.
[103] Dazu ausführlich *v. Saint André*, passim.
[104] EPA 2.2.1994, ABl. 1994, 541 (Ls. 1) – Beschränkendes Merkmal/Advanced Semiconductor Products.
[105] EPA 27.9.1994, ABl. 1995, 745 – „Kollision" zwischen Art. 123 (2) und (3) II; weitere Beispiele für die Anwendung der Grundsätze von G 1/93 nennen *Wheeler* GRUR-Int 1998, 199 (201) und *Günzel* Mitt. 2000, 81 (83 ff.).

§ 30. Wegfall europäischer Patente   II § 30

Konkret ging es um das Merkmal „im Wesentlichen frei von Schlieren" bei einer optischen Membran. Nach Ansicht der BK legte es für den Fachmann zumindest andeutungsweise die Richtung nahe, die bei der Auswahl der Parameter für die Durchführung des anspruchsgemäßen Verfahrens einzuschlagen sei.

Eine vor dem Spruch der GBK ergangene Entscheidung[106] hatte dagegen angenommen, das ohne entsprechende Grundlage in der ursprünglichen Offenbarung in den Oberbegriff eines Anspruchs eingefügte Merkmal „flach" für eine Torsionsfeder sei für die Beurteilung von Neuheit und erfinderischer Tätigkeit unerheblich und im gegebenen Zusammenhang technisch fragwürdig, überflüssig und nichtssagend. Da ihm angegriffenen Anspruch keine bestimmte Funktion zugeordnet werden könne, sei es für den Fachmann bedeutungslos. Die BK folgerte hieraus im Ergebnis, das Merkmal könne ebenso gut stehen bleiben wie gestrichen werden. Der Fall kann – auch wenn die allgemeinen Aussagen seiner Entscheidung zum Verhältnis von Art. 123 Abs. 2 und 3 durch die GBK getadelt worden sind – als Beispiel für technische Bedeutungslosigkeit in dem von dieser gemeinten Sinn dienen. 87

4. Die Lösung, die die GBK gefunden hat, kann nicht zufriedenstellen[107]. Sie läuft darauf hinaus, dass wohl in den meisten derartigen Fällen das Patent, auch wenn sein Gegenstand schutzwürdig ist, wegen eines Mangels vernichtet werden muss, für den regelmäßig die Prüfungsabteilung eine Mitverantwortung deshalb trägt, weil sie akzeptiert oder sogar vorgeschlagen hat, dass das vom ursprünglichen Offenbarungsgehalt nicht gedeckte Merkmal in den Anspruch eingefügt wird.[108] Gewiss hat auch der Anmelder darauf zu achten, dass die Fassung des ihm erteilten Patents mit allen Vorschriften des EPÜ im Einklang steht. Das ist aber kein Grund, den Beitrag des EPA zu einem Fehler zu ignorieren. 88

Die von der GBK als einziger Ausweg angebotene Möglichkeit, das ursprünglich nicht offenbarte Merkmal als technisch bedeutungslos im Anspruch zu belassen, gibt keine ausreichende Rechtssicherheit[109] und hängt von einem Kriterium ab, das mit der Schutzwürdigkeit des ursprünglichen Offenbarungsgehalts der Anmeldung nichts zu tun hat. Außerdem ist fraglich, ob sie mit der neueren Auffassung der GBK zur Bestimmung des Offenbarungsgehalts vereinbar ist[110]. 89

Das Patent ohne Streichung des unzulässig erweiternden Merkmals mit einer Erklärung in dem Sinn aufrechtzuerhalten, dass aus diesem Merkmal keine Rechte hergeleitet werden können,[111] lehnt die GBK ab, weil in keiner Bestimmung des EPÜ vorgesehen oder zugelassen sei, dass in die Beschreibung eines Patents eine solche Erklärung aufgenommen wird, und deshalb ihre Aufnahme in ein Patent während des Einspruchsverfahrens mit dem EPSystem unvereinbar sei und die Kompetenzen des EPA in diesem System überschreite. Ob es im Rahmen dieser Kompetenzen liegt, eher einer an sich schutzfähigen Erfindung den Schutz irreparabel rückwirkend zu entziehen als nach Wegen zu seiner den Interessen Dritter gebührend Rechnung tragenden Aufrechterhaltung zu suchen, erörtert die GBK nicht. 90

Insbesondere prüft sie nicht ausreichend, wie sich die von ihr für unzulässig gehaltene Erklärung – namentlich unter dem von ihr hervorgehobenen Gesichtspunkt, dass der Patentinhaber keinen ungerechtfertigten Vorteil erlangen dürfe – auswirken würde[112]. Sie 91

---

[106] EPA 14.6.1991, ABl. 1993, 13 – Flache Torsionsfeder/Bruynzeel.
[107] Kritisch auch *Bossung* FS GBK, 1996, 135–148; *Rogge* GRUR-Int 1998, 208 f.; *Keukenschrijver* GRUR 2003, 177 (178); *Schar* Mitt. 1999, 321–326; *Stamm* Mitt 1998, 90 ff., 1999, 448 ff. und 2006, 153 ff. (197); *Moufang* in Schulte PatG § 21 Rn. 67; *Schulte* GRUR 2001, 999; *Schäfers/Sendrowski* in Benkard EPÜ Art. 123 Rn. 258 ff.; zustimmend jedoch *Brinkhof* GRUR-Int 1998, 204 ff. wegen der unter dem Gesichtspunkt technischer Irrelevanz gewährten Milderung; in diesem Sinn auch *Laddie* GRUR-Int 1998, 202 (204). Dass auf der Grundlage der Entscheidung G 1/03 (EPA 8.4.2004, ABl. 2004, 413 = GRUR-Int 2004, 959 – Disclaimer/PGG) eine Disclaimer-Lösung zulässig sei, meint *Schulze* epi information 2005, 83 f.
[108] In diesem Sinn auch *König* FS Tilmann, 2003, 487 (506).
[109] *Günzel* Mitt. 2000, 81 (86).
[110] *Günzel* Mitt. 2000, 81 (86) verweist hierzu auf die damals noch nicht entschiedene Sache G 2/98 (EPA 31.5.2001, ABl. 2001, 413; vgl. → § 28 Rn. 74).
[111] Hierzu → § 26 Rn. 180.
[112] Vgl. *Bossung* FS GBK, 1996, 135 (141 f.).

meint, das Merkmal sei in Verbindung mit den übrigen Anspruchsmerkmalen von den nationalen Gerichten bei der gem. Art. 69 Abs. 1 vorzunehmenden Bestimmung des Schutzbereichs zu berücksichtigen. Doch wirkt das Merkmal für den Schutzbereich in jedem Fall einschränkend, kann also insofern dem Patentinhaber keinen ungerechtfertigten Vorteil bringen. Möglich ist dies allerdings im Hinblick auf die sachlichen Schutzvoraussetzungen insbesondere der Neuheit und des Beruhens auf erfinderischer Tätigkeit. Insofern kann das Merkmal dem Patentinhaber einen Vorteil verschaffen, den er auf der Grundlage der ursprünglichen Offenbarung nicht verdient.

92 Dies lässt sich jedoch verhindern, indem darauf hingewiesen wird, dass das Merkmal bei der Beurteilung der Schutzfähigkeit außer Betracht zu lassen ist. Dann ist ein weiter gefasster, nämlich das Merkmal nicht enthaltender Anspruch zu prüfen, insbesondere mit einem entsprechend umfangreicheren Stand der Technik zu vergleichen. In dieser Weise ist bereits im Einspruchsverfahren vorzugehen, soweit es die Einspruchsgründe mangelnder Neuheit und mangelnder erfinderischer Tätigkeit zum Gegenstand hat. Bei der Prüfung dieser Erfordernisse hat das als nicht ursprünglich offenbart erkannte Merkmal jedenfalls dann außer Betracht zu bleiben, wenn sich auch der Einspruchsgrund der unzulässigen Erweiterung im Verfahren befindet. Eines entsprechenden Hinweises im Patent bedarf es hierzu nicht. Die Aufnahme des Hinweises in das Patent ist aber für den Fall nützlich, dass künftig, insbesondere in einem Nichtigkeitsverfahren oder auf – nach nationalem Recht zulässigen – Einwand in einem Verletzungsprozess die Schutzfähigkeit der Erfindung zu beurteilen ist, die den Gegenstand des Patents bildet. Der Hinweis sorgt dann dafür, dass ohne Rückgriff auf die ursprüngliche Fassung der Anmeldung die unzulässige Erweiterung sofort erkannt wird.

93 Erweist sich bei solcher Gelegenheit das Patent auch dann als rechtsbeständig, wenn von dem unzulässig eingefügten Merkmal abgesehen wird, bestätigt sich, dass der Patentinhaber Schutz verdient; inwiefern er hierdurch einen ungerechtfertigten Vorteil haben soll, ist nicht erkennbar. Den Schutzbereich, der ihm zukommt, schränkt jedoch das unzulässige Merkmal ein. Dass sein Verbleiben im Anspruch für ihn einen ungerechtfertigten Vorteil bedeute, ist auch in dieser Hinsicht nicht erkennbar. Denn die Gegenstände, die der Anspruch *mit* diesem Merkmal erfasst, würde er selbstverständlich auch dann erfassen, wenn er es nicht enthielte.[113]

94 Der BGH teilt diese Ansicht: ein für die Bundesrepublik validiertes EP ist nicht für nichtig zu erklären, wenn der **Patentanspruch ein nicht ursprungsoffenbartes Merkmal enthält,** das statt zu einem *aliud* zu einer Beschränkung des Schutzgegenstands führt. Nicht herangezogen werden darf dieses Merkmal freilich zur Stützung der Patentfähigkeit.[114]

95 5. Wenn erst im Verfahren vor der Einspruchsabteilung ein ursprünglich nicht offenbartes Merkmal in einen Anspruch eingefügt wird und allein der Einsprechende Beschwerde einlegt, kann das *Verschlechterungsverbot* (→ Rn. 30) der Streichung des Merkmals entgegenstehen, weil diese zu einer Fassung führen würde, deren Schutzbereich weiter ist als derjenige der mit der Beschwerde angegriffenen Fassung. Die GBK gestattet es dann, durch Änderungen den Widerruf des Patents zu vermeiden; notfalls darf sogar die in erster Instanz zustande gekommene unzulässige Erweiterung des Offenbarungsgehalts rückgängig gemacht werden[115]. Das Verschlechterungsverbot wird insoweit eingeschränkt. Unberührt bleibt aber das Verbot, den Schutzbereich der *erteilten* Fassung zu erweitern.

III. Nichtigkeit (Geltendmachung in nationalen Verfahren)

96 1. Ein EP kann in jedem Vertragsstaat, für den es erteilt worden ist, für diesen Staat ganz oder teilweise nichtig geklagt werden. Vor welchen Behörden und in welchen **Verfahren** dies geschieht, richtet sich nach den für **nationale Patente** des betreffenden Staats gelten-

---

[113] Das verkennt *Stamm* Mitt. 1999, 448 (449).
[114] BGH 17.2.2015, Mitt. 2015, 275 Rn. 42ff. – Wundbehandlungsvorrichtung mzustAnm *Walder-Hartmann;* BGH 21.10.2010, GRUR 2011, 40 Rn. 18ff. – Winkelmesseinrichtung; BGH 21.6.2011, GRUR 2011, 1003 Rn. 24ff. – Integrationselement.
[115] EPA 2.4.2001, ABl. 2001, 381 – reformatio in peius/3 M.

§ *30. Wegfall europäischer Patente* III **§ 30**

den Regeln.[116] Auf Ersuchen eines mit einer Nichtigkeitsklage befassten nationalen Gerichts erstattet das EPA (Prüfungsabteilung) gegen Gebühr (3.860 EUR) ein **technisches Gutachten** über das angegriffene europäische Patent (Art. 25 EPÜ).[117] Mechanismen zur auch rückwirkenden Patentvernichtung sind ein wichtiges Instrument zur Sicherung der **Patentqualität**.[118]

Ein für die Bundesrepublik Deutschland erteiltes europäisches Patent kann für diese in gleicher Weise wie ein vom DPMA erteiltes Patent auf Nichtigkeitsklage vom BPatG oder (in der Berufungsinstanz) vom BGH ganz oder teilweise für nichtig erklärt werden (Näheres → § 26 Rn. 191 ff.)[119]. Die Klage ist erst zulässig, wenn gegen das europäische Patent kein Einspruch mehr erhoben werden kann und gegebenenfalls anhängige Einsprüche rechtskräftig erledigt sind (§ 81 Abs. 2 PatG)[120]. Der BGH sieht diesen Vorrang des europäischen Einspruchsverfahrens als mit dem GG vereinbar an.[121] Eine gegen seine Entscheidung erhobene Verfassungsbeschwerde wurde vom BVerfG nicht zur Entscheidung angenommen.[122] **97**

Der Vorrang des europäischen Einspruchsverfahrens soll verhindern, dass einander widersprechende Entscheidungen ergehen.[123] Allerdings kann er dazu führen, dass Nichtigkeitsgründe, die nicht auch nach europäischem Recht Einspruchsgründe sind, unter Umständen erst mit erheblicher Verzögerung geltend gemacht werden können.[124] Das BPatG hat eine Nichtigkeitsklage gegen ein noch einspruchsbefangenes europäisches Patent als zulässig angesehen, soweit sie auf eine ältere nationale Anmeldung gestützt war, über deren Offenbarungsgehalt die dem Patent zugrundeliegende Anmeldung nicht hinausging.[125] Der BGH[126] hat offen gelassen, ob § 81 Abs. 2 PatG auch dann uneingeschränkt anwendbar ist, wenn die Nichtigkeitsklage auf Gründe gestützt wird, die nicht auch Einspruchsgründe nach dem EPÜ sind. Das BPatG hat in Kenntnis dieser Entscheidung § 81 Abs. 2 PatG auf eine Nichtigkeitsklage angewandt, mit der Erweiterung des Schutzbereichs geltend gemacht war, die nach dem EPÜ (wie nach dem PatG) kein Einspruchsgrund ist.[127] **98**

Auch soweit es sich um Nichtigkeitsgründe handelt, die Gegenstand des europäischen Einspruchsverfahrens sind oder sein können, kann in der Praxis bei langer Dauer dieses Verfahrens das Bedürfnis entstehen, schon vor dessen Abschluss eine Nichtigkeitsklage vor dem BPatG zu erheben; eine entsprechende Gesetzesänderung wäre zu erwägen.[128] Dabei wäre dem BPatG die Möglichkeit einzuräumen, sein Verfahren auszusetzen, wenn der Stand des Einspruchsverfahrens dies rechtfertigt. **99**

---

[116] Hierüber *Mangini* GRUR-Int 1983, 226 ff.
[117] Der BGH macht hiervon keinen Gebrauch, da er das EPA nicht in eigener Sache tätig werden lassen will, s. *Gauye Wolhaendler/Stauder/Joos/Kolle* GRUR-Int 1996, 1134 (1140).
[118] *Ann* GRUR-Int 2018, 1114 f.
[119] Dazu *Rogge* und *Brinkhof* GRUR-Int 1996, 1111 ff. (1115 ff.); *Keukenschrijver* GRUR 2003, 177 ff.; jeweils mit Angaben über Zahl und Ergebnisse der Verfahren.
[120] Anders *Pitz* 95 ff. und GRUR 1995, 231 (238 ff.), der § 81 Abs. 2 PatG auf europäische Patente nicht anwenden will.
[121] BGH 12.7.2005, BGHZ 163, 369 = GRUR 2005, 967 (Nr. II 1) – Strahlungssteuerung; ebenso in der Vorinstanz BPatG 21.12.2004, GRUR 2005, 498 Rn. 2 – Strahlungssteuerung.
[122] BVerfG 5.4.2006, GRUR 2006, 569 – Strahlungssteuerung.
[123] BGH 12.7.2005, BGHZ 163, 369 = GRUR 2005, 967 Nr. I. – Strahlungssteuerung.
[124] Vgl. *Preu* GRUR-Int 1981, 63 (69).
[125] BPatG 11.7.2002, GRUR 2002, 1045 – Schlauchbeutel.
[126] BGH 12.7.2005, BGHZ 163, 369 = GRUR 2005, 967 (Nr. II 1) – Strahlungssteuerung; ebenso in der Vorinstanz BPatG 21.12.2004, GRUR 2005, 498 Rn. 2 – Strahlungssteuerung.
[127] BPatG 20.10.2006, BlPMZ 2007, 283 – Torasemid.
[128] Vgl. *Dihm* Mitt. 1998, 441 ff.; ablehnend *Raible* Mitt. 1999, 241–245, der wegen des EuGVÜ eine Nichtigkeitsklage vor einem nationalen Gericht als unzulässig ansieht, wenn vorher Einspruch beim EPA eingelegt worden ist; das soll auch gelten, wenn das Einspruchsverfahren abgeschlossen ist.

§ 30 III *4. Abschnitt. Entstehung und Wegfall von Patenten und Gebrauchsmustern*

100 Kein Hindernis für ein deutsches Nichtigkeitsverfahren besteht, wenn dieses ein vom DPMA erteiltes, das Einspruchsverfahren jedoch das für die gleiche Erfindung erteilte europäische Patent zum Gegenstand hat[129].

101 2. Hinsichtlich der **Nichtigkeitsgründe** sind die Vertragsstaaten durch das EPÜ gebunden: europäische Patente können nur aus den in Art. 138, 139 zugelassenen Gründen für nichtig erklärt werden.[130] Wenn diese nur einen Teil des Patents betreffen, erfolgt die Nichtigerklärung durch entsprechende Beschränkung, die gem. Art. 138 Abs. 2 durch entsprechende Änderung der Ansprüche erfolgt. Nach Art. 138 Abs. 3 ist der Patentinhaber in Verfahren, die die Gültigkeit des Patents betreffen, befugt, dieses durch Änderung der Ansprüche zu beschränken, und die so beschränkte Fassung dem Verfahren zugrunde zu legen.

102 Als Nichtigkeitsgründe sind zunächst die Einspruchsgründe zugelassen: mangelnde Patentfähigkeit (Art. 52–57), unzureichende Offenbarung (Art. 83), unzulässige Erweiterung des Patentgegenstands (Art. 123 Abs. 2). Hinzu kommen: mangelnde sachliche Berechtigung des Patentinhabers (Art. 60 Abs. 1), unzulässige Erweiterung des Schutzbereichs des Patents (Art. 123 Abs. 3). Auf ein nationales älteres Recht kann die Nichtigerklärung eines EP unter den gleichen Voraussetzungen und im gleichen Umfang gestützt werden wie diejenige eines nationalen Patents des betreffenden Vertragsstaats (Art. 139 Abs. 2, Art. 2 Abs. 2).

103 Um einer Nichtigkeitsklage wegen eines nationalen älteren Rechts vorzubeugen, kann bereits im Erteilungsverfahren der Anmelder für den betreffenden Staat einen gesonderten Satz von Ansprüchen einreichen (vgl. → § 28 Rn. 42).

104 Für Deutschland wurde die in Art. 138 vorgesehene Regelung nahezu wörtlich in Art. II § 6 Abs. 1–3 IntPatÜG übernommen. In Abs. 4 dieser Vorschrift ist die Nichtigkeitsklage wegen Nichtberechtigung des Patentinhabers dem nach Art. 60 Abs. 1 Berechtigten vorbehalten. Nach Art. 139 Abs. 2, 2 Abs. 2 EPÜ, §§ 22, 21 Abs. 1 Nr. 1, 3 Abs. 2 PatG kann ein europäisches Patent für die Bundesrepublik Deutschland auch wegen einer für diese eingereichten und später veröffentlichten älteren nationalen oder internationalen Patentanmeldung für nichtig erklärt werden.[131] Wegen eines älteren Gebrauchsmusters ist dies nicht möglich (Art. 140, 139 Abs. 2 EPÜ, § 14 GebrMG).

105 Eine abweisende Einspruchsentscheidung des EPA hindert nicht die Nichtigerklärung des Patents, auch wenn diese allein auf den dort bereits berücksichtigten SdT gestützt wird[132] und der Nichtigkeitskläger bereits am Einspruchsverfahren beteiligt war[133]; sie ist jedoch im Nichtigkeitsverfahren als „sachverständige Stellungnahme von erheblichem Gewicht" zu würdigen.

---

[129] BPatG 31.1.1996 – BPatGE 37, 212.

[130] Ausf. zur Prüfungs- und Entscheidungsbefugnis der nat. Gerichte *Jestaedt* FS 50 J. BPatG, 2011, 305 ff.

[131] Vgl. *Preu* GRUR-Int 1981, 63 (68). AM *Krieger*, EPÜ-GK, 23. Lfg. 1998, Art. 64 Rn. 16 f.: Die nachveröfffentlichte ältere Anmeldung sei in Art. II § 6 IntPatÜG nicht als Nichtigkeitsgrund vorgesehen; gegenüber nationalen jüngeren Anmeldungen wirke sie nicht als „älteres Recht" iSd Art. 139 Abs. 2 EPÜ, weil sie nicht wie nach § 4 Abs. 2 PatG 1968 kraft der Schutzwirkung des auf sie erteilten Patents, sondern dadurch schutzhindernd wirkt, dass sie mit ihrem ganzen Inhalt zum neuheitsschädlichen SdT gerechnet wird. Wäre das richtig, könnte auch ein deutsches Patent nicht wegen einer nachveröffentlichten älteren europäischen Anmeldung für nichtig erklärt werden, weil dies nach Art. 139 Abs. 1 EPÜ voraussetzt, dass sie als „älteres Recht" wirkt. In Wahrheit ist Wirkung „als älteres Recht" sowohl in Abs. 1 als auch in Abs. 2 des Art. 139 EPÜ jede schutzhindernde Wirkung der älteren Anmeldung, gleichgültig wie diese vom nationalen Gesetzgeber konstruiert ist; in diesem Sinn auch *Scharen* in Benkard EPÜ Art. 139 Rn. 11. Ergibt sich nach nationalem Recht die schutzhindernde Wirkung durch Einbeziehung in den neuheitsschädlichen SdT, gilt das auch gegenüber einem für den betreffenden Vertragsstaat erteilten EP. Die nachveröffentlichte ältere Anmeldung ist dann ein Fall fehlender Schutzfähigkeit iSd Art. 138 Abs. 1 (a) EPÜ; so *Busse/Keukenschrijver* IntPatÜG Art. II § 6 Rn. 4. Sie brauchte deshalb in dieser Vorschrift nicht besonders genannt zu werden.

[132] BGH 4.5.1995, GRUR 1996, 757 – Zahnkranzfräser; 5.5.1998, GRUR-Int 1999, 65 (67) – Regenbecken mwN.

[133] BGH 4.5.1995, GRUR 1996, 757 – Zahnkranzfräser.

IV. Widerruf oder Beschränkung auf Antrag des Patentinhabers[134]

1. Nach Art. 105a–105c, R 90–96 kann das europäische Patent auf gebührenpflichtigen[135] Antrag seines Inhabers mit Wirkung für alle Vertragsstaaten, für die es erteilt ist (Art. 105b Abs. 3 S. 1), widerrufen oder durch Änderung der Ansprüche beschränkt werden. Über den Antrag entscheidet die Prüfungsabteilung des EPA (R 91). Solange ein Einspruchsverfahren anhängig ist, kann der Antrag nicht gestellt werden (Art. 105a Abs. 2, R 93 Abs. 1); ein während des Beschränkungsverfahrens erhobener Einspruch hat dessen Einstellung zur Folge (R 93 Abs. 2). Der Patentinhaber kann jedoch im Einspruchsverfahren erreichen, dass das Patent widerrufen oder beschränkt wird (→ Rn. 63 ff.). **106**

2. Wenn der Antrag den Zulässigkeitsvoraussetzungen genügt und auf Widerruf gerichtet ist, wird dieser ohne weiteres ausgesprochen (R 95 Abs. 1). Auf einen zulässigen Beschränkungsantrag[136] wird geprüft, ob die geänderten Ansprüche gegenüber den in der vorliegenden Fassung enthaltenen eine Beschränkung darstellen, den Anforderungen des Art. 84 (→ § 28 Rn. 24) genügen und weder über den Inhalt der Anmeldung in deren ursprünglich eingereichter Fassung hinausgehen noch den Schutzbereich des Patents erweitern (R 95 Abs. 2 mit Art. 123 Abs. 2, 3). Sind diese Voraussetzungen und die vorgeschriebenen Übersetzungs- und Gebührenerfordernisse rechtzeitig erfüllt, beschränkt die Prüfungsabteilung das Patent (R 95 Abs. 3). Die Prüfung erstreckt sich also nicht auf die Frage, ob die neue Fassung den sachlichen Schutzvoraussetzungen genügt. Widerruf oder Beschränkung werden mit Veröffentlichung eines entsprechenden Hinweises im Europäischen Patentblatt wirksam (Art. 105b Abs. 3 S. 2). Soweit die Entscheidung reicht, gelten die Wirkungen des Patents und der ihm zugrunde liegenden Anmeldung als von Anfang an nicht eingetreten (Art. 68). Im Fall der Beschränkung wird eine neue Patentschrift veröffentlicht und eine neue Patenturkunde ausgestellt (Art. 105c, R 96). **107**

3. Da weder das EPÜ noch das PatG eine entgegenstehende Bestimmung enthalten, darf angenommen werden, dass europäische Patente, soweit sie für Deutschland erteilt sind, auch gem. § 64 PatG (dazu → § 26 Rn. 245 ff.) iVm Art. 2 Abs. 2 EPÜ nach wie vor beschränkt[137] und nunmehr auch widerrufen werden können. Entsprechendes gilt für vergleichbare Verfahren nach dem Recht anderer Vertragsstaaten. **108**

§ 30a. Europäisches Patent mit einheitlicher Wirkung und Einheitliches Patentgericht

Literatur: *Ackermann/Vissel,* Nationale ältere Patente und europäische Patente mit einheitlicher Wirkung. Versteckte Seeminen mit hohem Schadenspotenzial?, GRUR 2016, 641; *Amort,* Zur Vorlageberechtigung des Europäischen Patentgerichts: Rechtsschutzlücke und ihre Schließung, EuR 2017, 56; *Arntz,* Weg frei für das Einheitspatent, EuZW 2015, 544; *Bopp/Kircher,* Handbuch Europäischer Patentprozess, 2019; *Broß/Lamping,* Das Störpotenzial des rechtsstaatlich-demokratischen Ordnungsrahmens am Beispiel der europäischen Patentgerichtsbarkeit, GRUR-Int 2018, 907; *Diez,* Das Einheitspatent im Verhältnis zu älteren nationalen Rechten unter dem Aspekt der Doppelpatentierung, Mitt. 2017, 481; *Eck,* Europäisches Einheitspatent und Einheitspatentgericht – Grund zum Feiern?, GRUR-Int 2014, 114; *Gandía Sellens,* The Viability of the Unitary Patent Package After the UK's ratification of the Agreement on a Unified Patent Court, IIC 2018, 136; *Giegerich,* BVerfG verzögert

---

[134] Dazu EPA-Richtlinien D X; *Wichmann/Naumann* Mitt. 2008, 1–5.
[135] Gebühr bei Antrag auf Widerruf 520 EUR, bei Antrag auf Beschränkung 1.155 EUR.
[136] Bei Formmängeln wird eine Frist zur Beseitigung gesetzt; erfolgt diese nicht rechtzeitig, wird der Antrag verworfen (R 94). Fehlt die Gebührenzahlung, gilt der Antrag als nicht gestellt (Art. 105a Abs. 1 S. 3).
[137] Vgl. BGH 7.2.1995, BlPMZ 1995, 322 – Isothiazolon; 11.6.1996, BGHZ 133, 79 – Bogensegment; 20.3.2001, GRUR 2001, 730 – Trigonellin.

§ 30a   4. Abschnitt. Entstehung und Wegfall von Patenten und Gebrauchsmustern

europäische Patentreform – Vorschläge zur Schadensbegrenzung, EuZW 2020, 560; *Grabinski*, Die Qual der Wahl: Ein Vergleich der Patentverletzungsverfahren vor dem Einheitlichen Patentgericht und den deutschen Gerichten am Beispiel des Gerichtsstandortes Düsseldorf, FS 80 Jahre Patentgerichtsbarkeit in Düsseldorf (2016), 141; *Gruber*, Das Einheitliche Patentgericht: vorlagebefugt kraft eines völkerrechtlichen Vertrags?, GRUR-Int 2015, 323; *Haedicke*, Rechtsfindung, Rechtsfortbildung und Rechtskontrolle im Einheitlichen Patentsystem, GRUR-Int 2013, 609; *Hauck*, Der Verletzungsprozess vor dem Einheitlichen Patentgericht – Auskunftsanspruch und Geheimnisschutz nach EPGÜ und Verfahrensordnung des Gerichts, GRUR-Int 2013, 713; *Hirse/Sakowski*, Verzögerung auf der Zielgeraden – Wann kommt das europäische Einheitspatent?, Mitt. 2017, 297; *Howald*, Der Ausbau der europäischen Patentgerichtsbarkeit: Konsequenzen und Möglichkeiten für die Schweiz, 2016; *Hüttermann*, Einheitspatent und Einheitspatentgericht, 2017; *Jaeger*, Shielding the Unitary Patent from the ECJ: A Rash and Futile Exercise, IIC 2013, 389; *ders.*, Reset and Go: The Unitary Patent System Post-Brexit, IIC 2017, 254; *Jestaedt*, Internationale Zuständigkeit und subsidiär anwendbares Recht für Einheitspatente und EP-Patente nach dem EPGÜ: Auswirkungen der EuGH-Rechtsprechung „Nintendo", Mitt. 2018, 381; *Lamping/Ullrich*, The Impact of Brexit on Unitary Patent Protection and its Court, MPI Research Papers No 18–20 (2018); *Leistner/Simon*, Auswirkungen des Brexit auf das europäische Patentsystem, GRUR-Int 2017, 825; *dies.*, Auswirkungen eines möglichen Brexit auf das europäische Patentsystem, in Methodenfragen des Patentrechts, FS Bodewig, 2018, 79; *Luginbühl*, Das europäische Patent mit einheitlicher Wirkung (Einheitspatent), GRUR-Int 2013, 305; *Luginbühl/Stauder*, Die Anwendung der revidierten Zuständigkeitsregeln nach der Brüssel I-Verordnung auf Klagen in Patentsachen, GRUR-Int 2014, 885; *Maute*, Die Europäisierung des Patentrechts, FS zum 50jährigen Bestehen der Juristischen Fakultät der Universität Augsburg, 2021, 455–472; *McGuire*, European Patent Package: Das Zusammenspiel von EPVO, EPGÜ und nationalem Patentrecht, Mitt. 2015, 537; *McMahon*, An Institutional Examination of the Implications of the Unitary Patent Package for the Morality Provisions, IIC 2017, 42; *Meier-Beck*, Quo vadis, iudicium unitarium?, GRUR 2014, 144; *Müller*, Die Errichtung des Europäischen Patentgerichts – Herausforderung für die Autonomie des EU-Rechtssystems?, EuZW 2010, 851; *Nieder*, Materielles Verletzungsrecht für europäische Bündelpatente in nationalen Verfahren nach Art. 83 EPGÜ, GRUR 2014, 627; *ders.*, Die Verletzungsklage des ausschließlichen Lizenznehmers zum EPG, Mitt. 2017, 145; *ders.*, Einheitspatent: Schutz und Anspruchsgleichheit in allen teilnehmenden Mitgliedstaaten?, Mitt. 2017, 540; *ders.*, EPG-Nichtigkeitsverfahren versus EPA-Einspruchsverfahren, Mitt. 2018, 201; *Ohly/Streinz*, Can the UK stay in the UPC system after Brexit?, GRUR-Int 2017, 1; *Picht*, Einheitspatentsystem: Die Kompetenzreichweite des Mediations- und Schiedszentrums, GRUR-Int 2018, 1; *Reetz/Pecnard/Fruscalzo/van der Velden/Marfé*, Die Befugnisse der nationalen Gerichte unter dem EPÜ und des Einheitlichen Patentgerichts (EPG) nach Art. 63 (1) EPGÜ zum Erlass von Unterlassungsverfügungen – eine rechtsvergleichende Untersuchung, GRUR-Int 2015, 210; *Romandini/Hilty/Lamping*, Stellungnahme zum Referentenentwurf eines Gesetzes zur Anpassung patentrechtlicher Vorschriften auf Grund der europäischen Patentreform, GRUR-Int 2016, 554; *Schallmoser/Grabinski*, The Rules of Procedure of the Unified Patent Court, Mitt. 2016, 425 und Mitt. 2017, 245; *Schallmoser/Haberl*, Das BVerfG macht Politik – und alle sehen zu, GRUR-Prax 2020, 199; *Schröer*, Einheitspatentgericht – Überlegungen zum Forum-Shopping im Rahmen der alternativen Zuständigkeit nach Art. 83 Abs. 1 EPGÜ, GRUR-Int 2013, 1102; *Stjerna*, Die Beratungen zum „Einheitspatent" und der zugehörigen Gerichtsbarkeit – Auf dem Weg ins Desaster, Mitt. 2012, 54; *Teschemacher*, Das Einheitspatent – zu Risiken und Nebenwirkungen fragen Sie Ihren Anwalt, Mitt. 2013, 153; *Tilmann*, The Transitional Period of the UPCA, Mitt. 2014, 58; *ders.*, Glücklich im Hafen: das Einheitspatent, GRUR 2015, 527; *ders.*, UPCA and EPUE-Reg – Construction and Application, GRUR-Int 2016, 409; *ders.*, The Future of the UPC after Brexit, GRUR 2016, 753; *ders.*, 125 Jahre GRUR – Patentrecht, GRUR 2016, 1218; *ders.*, Das europäische Patentsystem – Stopp vor dem Ziel?, GRUR 2017, 1177; *ders.*, Zur Nichtigerklärung des EPGÜ-Ratifizierungsgesetzes, GRUR 2020, 441; *ders.*, The UPC without the UK: Consequences and Alternatives, GRUR-Int 2020, 847; *ders.*, Endlich: Freie Bahn für das Einheitliche Patentgericht, zugleich Besprechung von BVerfG „EPGÜ-ZustG II", GRUR 2021, 1138–1142; *Tilmann/Plassmann*, Unified Patent Protection in Europe, A Commentary, 2018; *L. Tochtermann*, Law to be applied to a European Patent after an opt out according to Art. 83 (3) UPCA, GRUR 2018, 337; *Ubertazzi*, Brexit and the EU Patent, GRUR-Int 2017, 301, 674; *Vissel*, Die Ahndung der mittelbaren Verletzung Europäischer Patente nach dem Inkrafttreten des EPGÜ, GRUR 2015, 619; *Walz*, Schadensersatz und Einheitspatentsystem, GRUR-Int 2016, 513; *Yan*, Das materielle Recht im Einheitlichen Europäischen Patentsystem und dessen Anwendung durch das Einheitliche Patentgericht, 2017.

A. Überblick

I. Rechtsquellen

Grundlage des Europäischen Patents mit einheitlicher Wirkung (EPeW) und des Einheitlichen Patentgerichts (EPatG) ist das sog. „European Patent Package". Dieses ruht auf drei Säulen, namentlich 1

- der Verordnung über das Einheitspatent (EPVO),[1]
- der Verordnung über die Übersetzungsregeln zum Einheitspatent (EPSVO)[2] sowie
- dem Übereinkommen über ein einheitliches Patentgericht (EPGÜ)[3] mitsamt der Verfahrensordnung für das Einheitliche Patentgericht.[4]

II. Hintergrund und Inkrafttreten des Einheitspatentsystems

1. Auch das Patentrecht ist ein „Weltrecht", dessen internationale Dimension eine zunehmende Harmonisierung der nationalen Rechte im Hinblick auf Schutzvoraussetzungen, Erteilung, Durchsetzung und in letzter Konsequenz die Schaffung eines einheitlichen Schutzrechts auf internationaler Ebene und einer gemeinsamen Patentgerichtsbarkeit erfordert. Zur internationalen Rechtsentwicklung → § 7. 2

Die seit Jahrzehnten angestrebte Schaffung eines EU-Patents steht nun mit Schaffung des Einheitspatentsystems kurz vor ihrem Abschluss. Dieses findet seine Grundlage – bedingt durch verschiedene rechtliche und politische Schwierigkeiten bei seiner Entstehung – in einem komplexen Geflecht aus internationalen Übereinkommen, EU-Sekundärrecht und nationalem Recht. 3

Das EPeW wurde im Rahmen der verstärkten Zusammenarbeit nach Art. 20 EUV, Art. 326 ff. AEUV[5] auf den Weg gebracht, weil eine unionseinheitliche Lösung aufgrund des Widerstands Spaniens und Italiens gegen das geplante Sprachenregime nicht zu erzielen war. Eine Nichtigkeitsklage Spaniens und Italiens gegen den Ermächtigungsbeschluss des Rats zur verstärkten Zusammenarbeit hatte vor dem EuGH keinen Erfolg.[6] Im Rahmen der verstärkten Zusammenarbeit wurden sodann zwei Verordnungen (EPVO, EPSVO) erlassen und ein völkerrechtlicher Vertrag (EPGÜ) geschlossen. Zwei weitere Klagen Spaniens gegen die Verordnungen scheiterten.[7] 4

Durch die Aufteilung der Regelungen in die Verordnungen einerseits und das EPGÜ als völkerrechtliches Abkommen und damit nationales Recht andererseits soll u. a. der Einfluss des EuGH auf Fragen des materiellen Patentrechts soweit wie möglich zurückgedrängt werden.[8] 5

---

[1] VO (EU) 1257/2012 des Europäischen Parlaments und des Rates vom 17.12.2012 über die Umsetzung der Verstärkten Zusammenarbeit im Bereich der Schaffung eines einheitlichen Patentschutzes, ABl. 2012 L 361/1.
[2] VO (EU) 1260/2012 des Rates vom 17.12.2012 über die Umsetzung der verstärkten Zusammenarbeit im Bereich der Schaffung eines einheitlichen Patentschutzes im Hinblick auf die anzuwendenden Übersetzungsregelungen, ABl. 2012 L 361/89.
[3] Übereinkommen über ein Einheitliches Patentgericht vom 19.2.2013, ABl. 2013 C 175, 1.
[4] Art. 41 EPGÜ; 18. Entwurfsfassung des Vorbereitenden Ausschusses in der Fassung vom 15.3.2017, abrufbar unter https://www.unified-patent-court.org/sites/default/files/upc_rules_of_procedure_18th_draft_15_march_2017_final_clear.pdf.
[5] Beschluss des Rates vom 10.3.2011 über die Ermächtigung zu einer Verstärkten Zusammenarbeit im Bereich der Schaffung eines einheitlichen Patentschutzes (2011/167/EU), ABl. 2011 L 76/53.
[6] EuGH 16.4.2013, GRUR 2013, 708.
[7] EuGH 5.5.2015, GRUR 2015, 562; EuGH 5.5.2015, GRUR 2015, 567.
[8] *Teschemacher* Mitt. 2013, 153 (160); *Adam/Grabinski* in Benkard EPÜ, Vor Präambel Rn. 64.

§ 30a A II   *4. Abschnitt. Entstehung und Wegfall von Patenten und Gebrauchsmustern*

6   Die Beteiligung am Einheitspatentsystem steht wegen der Absage des EuGH an das ehemals geplante Gericht für europäische Patente und Gemeinschaftspatente (GEPEUP)[9] nur EU-Mitgliedstaaten offen.[10] Derzeit haben 24 Mitgliedstaaten (vormals 25 einschließlich des Vereinigten Königreichs, zum Brexit → Rn. 10 ff.) das EPGÜ unterzeichnet. Unter diesen ist inzwischen auch Italien. Spanien, Kroatien und Polen nehmen nicht am Einheitspatentsystem teil.[11]

7   Obwohl das EPGÜ noch immer nicht in Kraft getreten ist (→ Rn. 9), sind die Vorbereitungen bereits weit fortgeschritten. Die Vertragsmitgliedstaaten setzten im März 2013 einen Vorbereitenden Ausschuss (Preparatory Committee) ein, der die zur Errichtung des EPatG notwendigen Vorkehrungen trifft und insbesondere einen Entwurf der Verfahrensordnung erarbeitet hat. Diese soll während der vorläufigen Anwendung des EPGÜ durch den Verwaltungsausschuss beschlossen werden.

8   2. **EPVO** und **EPSVO** sind am 20.1.2013 in Kraft getreten. Sie werden jedoch erst anwendbar sein, wenn auch das EPGÜ in Kraft getreten ist.

9   Das **EPGÜ** tritt gem. Art. 89 Abs. 1 Var. 2 des Übereinkommens am ersten Tag des vierten Monats nach Ratifikation durch dreizehn Staaten einschließlich der drei Mitgliedstaaten in Kraft, in denen es im Jahr 2012 die meisten geltenden EP gab. Zum damaligen Zeitpunkt waren dies Deutschland, Frankreich und das Vereinigte Königreich (zu den Folgen des Brexits → Rn. 10 ff.). Bis Mitte 2021 haben fünfzehn Staaten das EPGÜ ratifiziert, darunter Frankreich (14.3.2014) und Italien (10.2.2017), nicht jedoch die Bundesrepublik Deutschland (→ Rn. 18 ff.). Das Verfassungsgericht Ungarns hat das EPGÜ für mit der ungarischen Verfassung unvereinbar erklärt,[12] so dass von Ungarn keine Ratifikation mehr zu erwarten ist. Diese ist jedoch für das Inkrafttreten des EPGÜ nicht erforderlich.

10   3. Das Vereinigte Königreich ist am 31.1.2020 aus der EU ausgetreten (sog. **Brexit**). Damit ist das Vereinigte Königreich zwar noch Vertragspartei des Übereinkommens, jedoch nicht mehr Vertragsmitgliedstaat iSv Art. 2 Buchst. c EPGÜ. Das Vereinigte Königreich hatte das EPGÜ im Jahr 2018 zunächst ratifiziert. Überlegungen dazu, ob und unter welchen Voraussetzungen das Vereinigte Königreich als Nicht-EU-Mitgliedstaat am Einheitspatentsystem beteiligt werden könnte,[13] haben sich aber inzwischen erledigt. Denn am 20.7.2020 hat das Vereinigte Königreich die Ratifizierung zurückgezogen. Zwar sieht das EPGÜ eine Kündigung oder einen Rücktritt nicht vor. Weil das Übereinkommen jedoch in Übereinstimmung mit der Rspr. des EuGH[14] voraussetzt, dass nur Mitgliedstaaten der EU am Einheitspatentsystem teilnehmen können, war ein Rücktritt des Vereinigten Königreichs entsprechend Art. 62 Abs. 1 der Wiener Vertragsrechtskonvention möglich.[15]

11   Nach dem Ausscheiden des Vereinigten Königreichs stellt sich die Frage, ob und unter welchen Voraussetzungen das EPGÜ noch in Kraft treten kann. Art. 89 Abs. 1 EPGÜ

---

[9] Ratsdokument 7928/09 v. 23.3.2009, ST 7928 2009 INIT; Ratsdokument 7927/09 v. 23.3.2009, ST 7927 2009 INIT.
[10] EuGH 8.3.2011, GRUR-Int 2011, 309 Rn. 89.
[11] Zur Situation in Ungarn → Rn. 9.
[12] Szövetségi Alkotmánybíróság 26.6.2018, GRUR-Int 2019, 373 mAnm *Bücheler*, offizielle englische Übersetzung verfügbar unter https://hunconcourt.hu/uploads/sites/3/2018/07/dec-on-unified-patent-court.pdf.
[13] Für die Möglichkeit einer Beteiligung haben sich u. a. ausgesprochen *Tilmann* GRUR 2016, 753 ff.; *Ohly/Streinz* GRUR-Int 2017, 1 ff.; *Leistner/Simon* GRUR-Int 2017, 825 (827 ff.); *Jaeger* IIC 2017, 254 (269 ff.); *Leistner/Simon* in FS Bodewig, 2018, 79 (86 ff.); aA *Ubertazzi* GRUR-Int 2017, 301 (302 ff.); *Ubertazzi* GRUR-Int 2017, 674 (677); *Broß/Lamping* GRUR-Int 2018, 907 (908); *Lamping/Ullrich* MPI Research Papers No 18–20 (2018), 20 ff. Rn. 10; *Bopp* in Bopp/Kircher, § 9 Rn. 23 ff.
[14] EuGH 8.3.2011, GRUR-Int 2011, 309 Rn. 89.
[15] Ausf. *Maute* in FS 50 J. Jur. Fak. UniA, 2021, 467 ff.; *Ohly/Streinz* GRUR-Int 2017, 1 (3 ff.); *Tilmann* GRUR 2016, 1218 (1223 ff.).

spricht von den drei Mitgliedstaaten mit den meisten EP, nennt diese aber nicht namentlich. Mitgliedstaat idS ist gem. Art. 2 Buchst. b EPGÜ ein Mitgliedstaat der Europäischen Union.

Stellt man auf den Zeitpunkt der Unterzeichnung ab, kommt es auf Deutschland, Frankreich und das Vereinigte Königreich an. Dann könnte das EPGÜ nicht mehr in Kraft treten, weil das Vereinigte Königreich aus dem Einheitspatentsystem ausgestiegen ist und seine Ratifizierung zurückgezogen hat. Zwischenzeitlich wurde zwar argumentiert, dass das Vereinigte Königreich die Anforderungen des Art. 89 Abs. 1 EPGÜ erfüllt hatte. Ob es im Zeitpunkt des Inkrafttretens noch Mitgliedstaat ist, sei irrelevant.[16] Solch eine rein formalistische Betrachtungsweise widerspricht jedoch Sinn und Zweck der Regelung, die das Inkrafttreten an die Ratifikation der drei patentstärksten Länder knüpft, um deren Beteiligung sicherzustellen.[17] Mit dem Widerruf der Ratifizierung ist dieser Argumentation ohnehin die Grundlage entzogen. 12

Legt man stattdessen den Zeitpunkt des Inkrafttretens zugrunde, bleibt das Vereinigte Königreich außer Betracht, weil es kein Mitgliedstaat mehr ist. Stattdessen kommt es dann auf Italien an.[18] Ein konsequentes Abstellen auf den Zeitpunkt des Inkrafttretens kann auch darüber hinweghelfen, dass Italien im Jahr 2012, auf das es nach Art. 89 Abs. 1 EPGÜ für die Zahl der EP ankommt, noch gar nicht zu den Unterzeichnerstaaten gehörte. 13

Das **Protokoll** zum Übereinkommen über ein Einheitliches Patentgericht **betreffend die vorläufige Anwendung** vom 1.10.2015, das die organisatorische Vorbereitung einschließlich der Auswahl und Ernennung der Richter des EPatG regelt, kann nach dem Ausscheiden des Vereinigten Königreichs nicht mehr in Kraft treten. Denn dieses sieht in seinem Art. 3 Abs. 1 als Voraussetzung des Inkrafttretens ausdrücklich die Ratifizierung durch das Vereinigte Königreich vor. Gleiches gilt für das **Protokoll über die Vorrechte und Immunitäten** des Einheitlichen Patentgerichts vom 29.6.2016 nach dessen Art. 18 Abs. 1. Hier ist eine Änderung unumgänglich. 14

Unklar ist nach dem Brexit das Schicksal der **Zweigstelle der Zentralkammer in London,** Art. 7 Abs. 2 S. 1 EPGÜ. Dabei handelt es sich nicht um eine belanglose Kompetenzfrage. Betroffen ist das Recht auf den gesetzlichen Richter, Art. 101 Abs. 1 S. 2 GG, Art. 47 GRCh. Teilweise wird in Betracht gezogen, die Zweigstelle der Zentralkammer könne in London verbleiben, jedoch ohne Beteiligung englischer Richter.[19] Naheliegender scheint, dass die Aufgaben der Londoner Zweigstelle dem Hauptsitz in Paris anwachsen.[20] Diskutiert wird aber auch, die Zweigstelle – wie von Italien gefordert – nach Mailand zu verlegen.[21] Dafür wäre jedoch eine Änderung des EPGÜ erforderlich.[22] 15

---

[16] *Bopp* in Bopp/Kircher, § 9 Rn. 16 ff.
[17] Dies erkennt auch *Bopp* in Bopp/Kircher, § 9 Rn. 18.
[18] *Tilmann* GRUR 2020, 441 (445); in diese Richtung zuvor schon *Leistner/Simon* in FS Bodewig, 2018, 79 (81).
[19] *Bopp* in Bopp/Kircher, § 9 Rn. 21. *Ohly/Streinz* GRUR-Int 2017, 1 (8) halten sogar eine Beteiligung englischer Richter für möglich. Dem steht jedoch Art. 2 Abs. 1 der Satzung des EPatG entgegen, die gem. Art. 2 Buchst. i EPGÜ formal Bestandteil des Abkommens ist.
[20] *Tilmann* GRUR 2020, 441 (445); *Tilmann* GRUR-Int 2020, 847 (850). Der Regierungsentwurf eines Gesetzes zu dem Übereinkommen vom 19. Februar 2013 über ein Einheitliches Patentgericht geht davon aus, dass die Aufgaben beiden Standorten der Zentralkammer, also sowohl Paris als auch München, anwachsen, BT-Drs. 19/22847, 3.
[21] *Leistner/Simon* in FS Bodewig, 2018, 79 (81) halten dies für die „politisch einzig realistische" Option. Aber auch die Niederlande und Frankreich haben Interesse angemeldet.
[22] Im Regierungsentwurf eines Gesetzes zu dem Übereinkommen vom 19. Februar 2013 über ein Einheitliches Patentgericht klingt an, dass die Bundesregierung einer Änderung ablehnend gegenübersteht. Dort heißt es, eine Regelung könne „zu gegebener Zeit im Rahmen einer nach Artikel 87 Abs. 1 und 3 des Übereinkommens vorgesehenen Überprüfung der Funktionsweise des Gerichts erfolgen", also frühestens sieben Jahre nach Inkrafttreten, BT-Drs. 19/22847, 3.

16 Problematisch erscheint nach dem Brexit, dass die englische Rechtspraxis auf die prozessuale Ausgestaltung des EPGÜ erheblichen Einfluss hatte. Die Qualität der Rechtsprechung könnte daher unter der fehlenden Beteiligung englischer Richter leiden.[23]

17 Ohne Beteiligung des Vereinigten Königsreichs büßt das Einheitspatentsystem auch erheblich an Attraktivität ein.[24] In der Folge wird die Gebührenregelung angepasst werden müssen,[25] die auf Grundlage der Kosten bei Anmeldung in den vier wichtigsten Vertragsmitgliedstaaten (sog. „True Top 4": Deutschland, Frankreich, Vereinigtes Königreich, Niederlande) kalkuliert worden war.

18 4. Das Inkrafttreten verhindert derzeit die fehlende **Ratifizierung durch die Bundesrepublik Deutschland.** Bundestag und Bundesrat hatten zwar im Jahr 2017 ein Zustimmungsgesetz verabschiedet.[26] Auf Bitten des Bundesverfassungsgerichts setzte der Bundespräsident die Ausfertigung des Gesetzes aber aus, weil gegen das Zustimmungsgesetz Verfassungsbeschwerde erhoben worden war.[27] Am 13.2.2020 hat das Bundesverfassungsgericht dieses Zustimmungsgesetz für nichtig erklärt.[28] Die Entscheidung stützt sich auf das Nichterreichen der nach Art. 23 Abs. 1 S. 3 GG iVm Art. 79 Abs. 2 GG erforderlichen Zweidrittelmehrheit, so dass einer erneuten Ratifizierung auf den ersten Blick nichts im Wege zu stehen schien.[29]

19 Der Deutsche Bundestag hat am 26.11.2020 einem – inhaltlich unveränderten – Gesetzentwurf der Bundesregierung[30] mit Zweidrittelmehrheit zugestimmt. Der Bundesrat hat dem Gesetz am 18.12.2020 einstimmig zugestimmt.

20 Noch im Dezember 2020 wurden zwei Verfassungsbeschwerden gegen dieses zweite Zustimmungsgesetz erhoben. In diesen Verfahren hat das Bundesverfassungsgericht jedoch am 23.6.2021 die Anträge auf Erlass einer einstweiligen Anordnung nach § 32 BVerfGG mit der Begründung zurückgewiesen, dass die Verfassungsbeschwerden in der Hauptsache unzulässig sind.[31] Soweit die Beschwerdeführer eine Verletzung des Rechtsstaatsprinzips, des Grundrechts auf effektiven Rechtsschutz und Verstöße gegen das Unionsrecht gerügt hatten, war ihnen keine substantiierte Begründung gelungen, inwiefern sie in ihren Grundrechten verletzt seien.[32] Auch soweit sich die Verfassungsbeschwerde gegen Art. 20 EPGÜ richtete, gelang keine substantiierte Begründung.[33] Dies war nach der Entscheidung zum ersten Zustimmungsgesetz fraglich gewesen, in der das Bundesverfassungsgericht angemerkt hatte, dass über Anhaltspunkte dafür, dass die Festschreibung eines unbedingten Vorrangs des Unionsrechts gegen das GG verstößt, nicht abschließend entschieden werden musste.[34] Vom Beschwerdeführer waren derartige Argumente nicht vorgebracht worden, so dass die Tatsache, dass das Bundesverfassungsgericht diesen Punkt von sich aus angesprochen und ausdrücklich offengelassen hatte, darauf hätte hindeuten können, dass die Verfassungsbeschwerden erneut Erfolg haben würden. Nun aber interpretiert das Bundesverfassungs-

---

[23] *Leistner/Simon* in FS Bodewig, 2018, 79 (98).
[24] *Leistner/Simon* in FS Bodewig, 2018, 79 (98).
[25] *Möller* Anm. zu BVerfG EuZW 2020, 324 (337).
[26] Entwurf eines Gesetzes zu dem Übereinkommen vom 19. Februar 2013 über ein Einheitliches Patentgericht, BT-Drs. 18/11137; Entwurf eines Gesetzes zur Anpassung patentrechtlicher Vorschriften auf Grund der europäischen Patentreform, BT-Drs. 18/8827.
[27] Dazu *Tilmann* GRUR 2017, 1177; Stellungnahme der GRUR, GRUR 2018, 270.
[28] BVerfG 13.2.2020, GRUR 2020, 506 – EPGÜ-ZustG.
[29] *Tilmann* GRUR 2020, 441 (445); *Möller* Anm. zu BVerfG EuZW 2020, 324 (337).
[30] Entwurf eines Gesetzes zu dem Übereinkommen vom 19. Februar 2013 über ein Einheitliches Patentgericht, BT-Drs. 19/22847. Der Wortlaut des Gesetzes ist unverändert, lediglich die Begründung enthält einige Aktualisierungen.
[31] BVerfG 23.6.2021, GRUR 2021, 1157 Rn. 45 – EPGÜ-ZustG II.
[32] BVerfG 23.6.2021, GRUR 2021, 1157 Rn. 52 ff. – EPGÜ-ZustG II.
[33] BVerfG 23.6.2021, GRUR 2021, 1157 Rn. 72 ff., 81 – EPGÜ-ZustG II.
[34] BVerfG 13.2.2020, GRUR 2020, 506 Rn. 141, 166 – EPGÜ-ZustG; dazu auch *Giegerich* EuZW 2020, 560 (564 f.).

gericht Art. 20 EPGÜ vor dem Hintergrund des Gutachtens 1/09 des EuGH[35] so, dass diese Regelung lediglich Zweifel an der Vereinbarkeit des EPGÜ mit dem Unionsrecht ausräumen soll.[36] Das Verhältnis von Unionsrecht und nationalem Recht solle damit nicht verändert werden, so dass die Identitäts- und Ultra-vires-Kontrolle des Bundesverfassungsgerichts nicht ausgehebelt wird.[37]

Der Bundespräsident wartet auf Bitten des Bundesverfassungsgerichts abermals mit der Ausfertigung des Gesetzes und in der Hauptsache ist derzeit noch nicht entschieden. Allerdings dürfte es sich dabei um reine Formsache handeln,[38] so dass mit einer Ratifizierung durch die Bundesrepublik Deutschland alsbald zu rechnen ist. 21

B. Das Europäische Patent mit einheitlicher Wirkung (EPeW)

I. Entstehung des EPeW

Das EPeW basiert auf einem vom EPA nach den Regeln des EPÜ erteilten EP, dem nach Erteilung einheitliche Wirkung verliehen wird. Eine europäische Patentanmeldung mit einheitlicher Wirkung gibt es nicht.[39] Vielmehr baut die einheitliche Wirkung des EPeW auf dem EP auf und ist akzessorisch, Erwägungsgrund (7) EPVO. Das EPeW ist mithin vom Bestand des EP abhängig. Einheitliche Wirkung kann daher nur einem EP verliehen werden, das für alle teilnehmenden Mitgliedstaaten mit identischen Ansprüchen erteilt ist. 22

Die Registrierung der einheitlichen Wirkung erfolgt nach Erteilung des EP gem. Art. 97 Abs. 1 EPÜ in einem dem Erteilungsverfahren nachgelagerten *ex-parte*-Eintragungsverfahren.[40] Der Antrag ist vom Patentinhaber innerhalb eines Monats nach Veröffentlichung des Hinweises auf die Patenterteilung beim EPA zu stellen, vgl. Art. 9 Abs. 1 Buchst. a, g, h EPVO, Art. 143 Abs. 1 EPÜ. Die einheitliche Wirkung tritt am Tag der Veröffentlichung des Hinweises auf die Patenterteilung im Europäischen Patentblatt durch das EPA ein, Art. 4 Abs. 1 EPVO. Die Wirkung des EP als nationales Patent gilt damit als nicht eingetreten. 23

II. Wirkung

1. Das EPeW hat nach Art. 3 Abs. 2 EPVO einheitliche Wirkung in allen teilnehmenden Mitgliedstaaten. Es kann nur einheitlich beschränkt werden, übertragen werden, für nichtig erklärt werden oder erlöschen, Art. 3 Abs. 2 S. 2 EPVO. Die Lizenzierung kann jedoch räumlich beschränkt erfolgen, Art. 3 Abs. 2 S. 3 EPVO. 24

2. Die einheitliche Wirkung bedeutet einheitlichen Schutz in allen teilnehmenden Mitgliedstaaten. Umfang und Beschränkungen des Schutzes sind in allen teilnehmenden Mitgliedstaaten einheitlich, Art. 5 Abs. 2 EPVO. Gegen welche Handlungen das EPeW Schutz bietet und welche Beschränkungen gelten, regelt die EPVO nicht, sondern verweist insofern auf das nationale Recht, Art. 5 Abs. 3, Art. 7 EPVO. Dieses wurde in den Art. 25–29 EPGÜ harmonisiert, so dass nationales Recht der einzelnen Mitgliedstaaten nur subsidiär Anwendung findet, Art. 24 Abs. 1 Buchst. e EPGÜ. 25

3. Den Gegenstand des Patents definiert das EPGÜ nicht. Die **Bestimmung des Schutzbereichs** richtet sich daher auch für EPeW weiterhin nach Art. 69 EPÜ, → § 32. 26

---

[35] EuGH 8.3.2011, GRUR-Int 2011, 309.
[36] BVerfG 23.6.2021, GRUR 2021, 1157 Rn. 77 – EPGÜ-ZustG II.
[37] BVerfG 23.6.2021, GRUR 2021, 1157 Rn. 77 ff. – EPGÜ-ZustG II.
[38] *Tilmann*, GRUR 2021, 1138 (1140); *Augenstein* in BeckOK EPGÜ, Vorb. Rn. 60.
[39] *Ackermann* in Bopp/Kircher, § 5 Rn. 2.
[40] *Luginbühl* GRUR-Int 2013, 305 (308).

27 4. Die **unmittelbare Benutzung der Erfindung** ist in Art. 25 EPGÜ geregelt. Die Vorschrift entspricht § 9 PatG (→ § 33 Rn. 46 ff., 138 ff.), ist jedoch autonom auszulegen.

28 5. Die **mittelbare Benutzung der Erfindung** ist in Art. 26 EPGÜ geregelt. Die Vorschrift entspricht weitgehend § 10 PatG (→ § 33 Rn. 330 ff., 350 ff.). Unterschiede zum deutschen Recht bestehen in Bezug auf den räumlichen Bereich der Verletzung.[41] Während § 10 PatG doppelten Inlandsbezug voraussetzt (→ § 33 Rn. 358), genügt es nach Art. 26 EPGÜ, dass das Anbieten bzw. Liefern und die Benutzungshandlung durch den Empfänger des Angebots bzw. der Lieferung im Hoheitsgebiet der Vertragsmitgliedstaaten stattfinden, in denen das EPeW Wirkung hat.

29 6. Art. 27 EPGÜ enthält eine Reihe unterschiedlicher **Schranken**. Die Schrankenregelungen in Art. 27 Buchst. a, b, e-h EPGÜ entsprechen Art. 27 GPÜ und daher auch § 11 Nr. 1, 2, 3–6 PatG (→ § 33 Rn. 237 ff.). Art. 27 Buchst. i, j EPGÜ entsprechen § 9c PatG (→ § 33 Rn. 271 ff.), Art. 27 Buchst. l EPGÜ entspricht § 9b PatG (→ § 33 Rn. 270). Die Regelungen sind allerdings autonom auszulegen.

30 Art. 27 Buchst. c EPGÜ ist an Art. 15 Buchst. c Sortenschutzverordnung (VO (EG) 2100/94) angelehnt und unterscheidet sich von § 11 Nr. 2a PatG (→ § 33 Rn. 263) insofern, dass die Züchtung, Entdeckung oder Entwicklung anderer Pflanzensorten und nicht einer neuen Pflanzensorte bezweckt sein muss. Was „biologisches Material" ist, definiert Art. 2 Abs. 1 Buchst. a der Biopatentrichtlinie (RL 98/44/EG).[42]

31 Art. 27 Buchst. d EPGÜ enthält eine Roche-Bolar-Regelung und setzt die Vorgaben der Gemeinschaftskodizes für Tier- und Humanarzneimittel (Art. 13 Abs. 6 RL 2001/82/EG und Art. 10 Abs. 6 RL 2001/83/EG) um. Die Schranke entspricht zwar weitestgehend § 11 Nr. 2b PatG (→ § 33 Rn. 262), weicht jedoch in einem entscheidenden Punkt von der deutschen Regelung ab: Während nach § 11 Nr. 2b PatG irrelevant ist, in welchem Land eine Zulassung erreicht werden soll, nimmt Art. 27 Buchst. d EPGÜ nur solche Handlungen vom Schutz aus, mit denen (auch) eine Zulassung in einem Unionsmitgliedstaat angestrebt wird.[43]

32 Art. 27 Buchst. k EPGÜ überträgt die urheberrechtlichen Schranken für Dekompilierung und Handlungen zur Herstellung von Interoperabilität nach Art. 5, 6 ComputerprogrammRL (RL 2009/24/EG) ins Patentrecht. Eine entsprechende Schranke existiert im PatG bislang nicht. Für das Urheberrecht sind die Vorgaben der ComputerprogrammRL in §§ 69d, 69e UrhG umgesetzt.

33 7. Der von der Rspr. entwickelte Grundsatz der **Erschöpfung** (→ § 33 Rn. 274 ff.) ist in Art. 6 EPVO für EPeW und Art. 29 EPGÜ für EP kodifiziert. Die Vorschriften sind autonom auszulegen, wobei die Rspr. des EuGH zur Erschöpfung zu beachten ist (→ § 33 Rn. 302 ff.).[44]

34 Keine Erschöpfung tritt ein, wenn der Patentinhaber berechtigte Gründe hat, sich dem weiteren Vertrieb der Erzeugnisse zu widersetzen. Eine solche Regelung war auch im GPÜ vorgesehen[45] und findet sich heute in Art. 15 Abs. 2 UnionsmarkenVO (VO (EU) 2017/1001) und Art. 15 Abs. 2 MarkenRL (RL (EU) 2015/2436), die vor allem Fälle der Veränderung oder Verschlechterung der Ware nach ihrem Inverkehrbringen im Blick haben.[46] Weil sich der Markeninhaber allen Handlungen widersetzen kann, die die Herkunfts- oder Garantiefunktion seiner Marke verletzen oder deren Unterscheidungskraft oder Wertschätzung in unlauterer Weise ausnutzen oder beeinträchtigen,[47] mögen die im Markenrecht

---

[41] *Augenstein/Haertel/Kiefer* in BeckOK EPGÜ, Art. 26 Rn. 2.
[42] *Lux* in Bopp/Kircher, § 13 Rn. 202.
[43] *Lux* in Bopp/Kircher, § 13 Rn. 207.
[44] Ausf. *Lux* in Bopp/Kircher, § 13 Rn. 172 ff.
[45] Dazu *Kraßer*, 6. Aufl., § 33 V d 6; ausf. *Krieger* GRUR-Int 1976, 208 ff. (212).
[46] *Müller* in BeckOK UMV, Art. 15 Rn. 48 ff.; ausf. *Ströbele/Hacker/Thiering* MarkenG, § 24 Rn. 69 ff.
[47] *Ströbele/Hacker/Thiering* MarkenG, § 24 Rn. 69.

entwickelten Fallgruppen zwar als Anhaltspunkt dienen, können aber nicht unbesehen ins Patentrecht übertragen werden.[48]

8. Die Voraussetzungen eines **Vorbenutzungsrechts** regelt Art. 28 EPGÜ nicht einheitlich, sondern verweist insofern auf das jeweilige nationale Recht. Wer in einem Vertragsmitgliedstaat ein Vorbenutzungsrecht oder ein persönliches Besitzrecht an einer Erfindung erworben hätte, wenn anstelle des EPeW ein nationales Patent erteilt worden wäre, hat in diesem Vertragsmitgliedstaat die gleichen Rechte auch in Bezug auf das EPeW. Ob eine Benutzung der Erfindung erlaubt ist, bestimmt sich daher für jeden Mitgliedstaat gesondert, in Deutschland nach § 12 PatG (→ § 34 Rn. 26 ff.). Dies kann zu einer territorialen Fragmentierung der Wirkung führen, die im Widerspruch zum erklärten Ziel der einheitlichen Wirkung nach Art. 5 EPVO steht.[49] 35

9. Eine **patentrechtliche Zwangslizenz** sehen weder EPVO noch EPGÜ vor. Sie soll ausweislich Erwägungsgrund (10) EPVO dem nationalen Recht der teilnehmenden Mitgliedstaaten unterliegen. Nach Art. II § 16 IntPatÜG-E ist in Deutschland § 24 PatG auf das EPeW anwendbar (dazu → § 34 Rn. 79 ff.). 36

10. Hinsichtlich der Ausgestaltung des EPeW als Gegenstand des Vermögens treffen EPVO und EPGÜ keine eigene Regelung. Anwendbar ist insofern nach Art. 7 EPVO das nationale Recht des teilnehmenden Mitgliedstaats, in dem der erste Anmelder im Zeitpunkt der Anmeldung seinen (Wohn-)Sitz (oder eine Niederlassung) hat, hilfsweise deutsches Recht (Sitz des EPA).[50] Damit ist zwar nicht generell, aber zumindest für das einzelne EPeW eine Rechtsvereinheitlichung erreicht. 37

C. Das Einheitliche Patentgericht (EPatG)

I. Aufbau

Das EPatG ist ein gemeinsames Gericht der Vertragsmitgliedstaaten und Teil ihres (nationalen) Gerichtssystems. Es besteht aus dem Gericht erster Instanz, dem Berufungsgericht und der Kanzlei, Art. 6 Abs. 1 EPGÜ. 38

Das Gericht erster Instanz umfasst eine Zentralkammer sowie mehrere Lokal- und Regionalkammern, Art. 7 Abs. 1 EPGÜ. Sitz der Zentralkammer ist Paris, daneben sind Abteilungen in London[51] (zum Brexit → Rn. 10 ff.) und München[52] vorgesehen. Auf Antrag beim Verwaltungsausschuss (vgl. Art. 11, 12 EPGÜ) werden Lokalkammern in einem Vertragsmitgliedstaat und Regionalkammern für min. zwei Vertragsmitgliedstaaten gebildet, Art. 7 Abs. 3–5 EPGÜ. Die Bundesregierung plant, Lokalkammern in Düsseldorf, Hamburg, Mannheim und München zu errichten. 39

Das Berufungsgericht hat seinen Sitz in Luxemburg, Art. 9 EPGÜ. Eine Revisionsinstanz ist nicht vorgesehen. Zur Rolle des EuGH → Rn. 48 ff. 40

Zusätzlich ist die Kanzlei Teil des EPatG, Art. 6 Abs. 1, 10 EPGÜ. Ihr obliegt die formelle Prüfung sowie die Führung des Prozessregisters. 41

II. Zuständigkeit und Verfahrensgrundsätze

1. Das EPatG ist für alle Streitigkeiten im Zusammenhang mit EPeW, ergänzenden Schutzzertifikaten, sowie (vorbehaltlich eines Opt-outs nach Art. 83 EPGÜ, → Rn. 83) EP 42

---

[48] So auch *Lux* in Bopp/Kircher, § 13 Rn. 190; *Henke* in Benkard, EPÜ, Vorb. B zu Art. 142–149a Rn. 62; aA *Busche* in Tilmann/Plassmann, UPC, Art. 6 EPatVO Rn. 27 und Art. 29 EPGÜ Rn. 9.
[49] *Walz* GRUR-Int 2016, 513 (528 f.).
[50] Zum Umfang der Verweisung *McGuire* Mitt. 2015, 537 (541).
[51] Zuständigkeit für Sektionen (A) Täglicher Lebensbedarf und (C) Chemie, Hüttenwesen, Anhang II EPGÜ.
[52] Zuständigkeit für Sektion (F) Maschinenbau, Beleuchtung, Heizung, Waffen, Sprengen, Anhang II EPGÜ.

und europäischen Patentanmeldungen zuständig. Die Zuständigkeit der Zentralkammer und der Lokal- und Regionalkammern regelt Art. 33 EPGÜ.[53]

43 Die nationalen Gerichte bleiben dagegen zuständig für alle Streitigkeiten im Zusammenhang mit nationalen Patenten und Gebrauchsmustern, Arbeitnehmererfinderstreitigkeiten, vertragliche Streitigkeiten,[54] Vindikationsklagen, Klagen aus dem Recht auf das Patent sowie Klagen wegen unberechtigter Schutzrechtsverwarnung und Patentberühmung.

44 2. Das Verfahren vor dem EPatG gliedert sich in das schriftliche Verfahren, das Zwischenverfahren und das mündliche Verfahren, Art. 52 EPGÜ. Ggf. schließt sich ein weiteres Verfahren betreffend Schadenersatz und Rechnungslegung an, ebenso wie ein Verfahren zur Kostenerstattung.

45 Die Einzelheiten des Verfahrens regelt die Verfahrensordnung, die der Verwaltungsausschuss erlassen wird. Diese liegt derzeit in der 18. Entwurfsfassung vor.[55]

46 3. Die Verfahrenssprache im Verfahren vor der Zentralkammer ist die Sprache des Patents (→ § 27 Rn. 9). Vor den Lokalkammern kommt neben der Amtssprache des betreffenden Vertragsmitgliedstaats grds. auch die Sprache des Patents in Betracht, außerdem kann der jeweilige Vertragsmitgliedstaat eine oder mehrere der Amtssprachen des EPA (→ § 27 Rn. 8) zulassen.[56]

47 4. Im Verfahren vor dem EPatG herrscht Anwaltszwang, Art. 48 EPGÜ. Die Parteien können sich von einem bei einem Gericht eines Vertragsmitgliedstaats zugelassen Rechtsanwalt oder einem Europäischen Patentanwalt gem. Art. 134 EPÜ mit Zusatzqualifikation[57] vertreten lassen. Deutsche Patentanwälte können als Unterstützung hinzugezogen werden.[58]

III. Verhältnis zum EuGH

48 Das EPatG wendet gem. Art. 20 EPGÜ das Unionsrecht in vollem Umfang an und achtet seinen Vorrang. Damit ist das EPatG auch an die Auslegung des Unionsrechts durch den EuGH gebunden.

49 Nach Art. 21 S. 1 EPGÜ soll das EPatG berechtigt sein, dem EuGH Vorabentscheidungsersuchen vorzulegen. Freilich vermag das EPGÜ als Übereinkommen zwischen einem Teil der Mitgliedstaaten keine Kompetenz zu begründen, die die Verträge nicht vorsehen. Maßgeblich ist daher Art. 267 AEUV, wonach nur ein „einzelstaatliches Gericht" oder „Gericht eines Mitgliedstaats" vorlagebefugt ist. An der Vorlagebefugnis des EPatG wird teilweise unter Verweis auf diesen Wortlaut gezweifelt, weil dieses als völkerrechtliches Gericht nicht in die mitgliedstaatliche Judikative integriert sei.[59] Das EPatG ist jedoch weder ein außerhalb der Mitgliedstaaten stehendes internationales Gericht, an dem auch Drittstaaten beteiligt sind, noch ein Gericht einer internationalen Organisation. Es ist vielmehr als gemeinsames Gericht der Vertragsmitgliedstaaten, Art. 1 EPGÜ, und damit als Teil ihres Gerichtssystems konzipiert und folglich

---

[53] Ausf. Darstellung der Zuständigkeit im Einzelnen bei *Bopp* in Bopp/Kircher, § 8 Rn. 61 ff.

[54] Mit Ausnahme der Widerklage in Bezug auf Lizenzen, Art. 32 Abs. 1 Buchst. a EPGÜ, und Klagen auf Zahlung einer Lizenzvergütung aufgrund von Art. 8 EPVO, Art. 32 Abs. 1 Buchst. h EPGÜ.

[55] 18. Entwurfsfassung des Vorbereitenden Ausschusses in der Fassung vom 15.3.2017, abrufbar unter https://www.unified-patent-court.org/sites/default/files/upc_rules_of_procedure_18th_draft_15_march_2017_final_clear.pdf.

[56] Ausf. zur komplexen Regelung der Verfahrenssprache vor dem Gericht erster Instanz *Kircher* in Bopp/Kircher, § 10 Rn. 63 ff.

[57] Die Anforderungen an diese Qualifikation werden vom Verwaltungsausschuss festgelegt, dazu ausf. *Augenstein/Haertel/Kiefer* in BeckOK EPGÜ, § 48 Rn. 8 ff.

[58] Dazu ausf. *Lux* in Bopp/Kircher, § 11 Rn. 70 ff.

[59] *Gruber* GRUR-Int 2015, 323 (325); *Amort* EuR 2017, 56 (74 f.).

§ 30a. Europäisches Patent mit einheitlicher Wirkung und Einheitliches Patentgericht C IV § 30a

mit dem Benelux-Gerichtshof vergleichbar, der zur Vorlage nach Art. 267 AEUV berechtigt und verpflichtet ist.[60] Das EPatG ist daher nach Art. 267 AEUV vorlagebefugt und -verpflichtet.[61]

Die Vorlagebefugnis bzw. -pflicht betrifft das Unionsrecht, also insb. EPVO und EPSVO.[62] Für die Auslegung von Völkerrecht ist der EuGH nicht zuständig, so dass Auslegungsfragen betreffend das EPGÜ grds. nicht vorlagefähig sind. Soweit das EPGÜ aber Richtlinien der Union umsetzt, sind die betreffenden Vorschriften des EPGÜ vorlagefähig. Dies betrifft vor allem die Vorgaben der DurchsRL (RL 2004/48/EG), weshalb Auslegungsfragen zu Art. 59, 60, 62, 63, 64 II, 67, 68, 69 EPGÜ vorlagefähig sind.[63] Eine Zuständigkeit des EuGH kann sich darüber hinaus ergeben, wenn Normen des EPGÜ auf Unionsrecht verweisen oder diesem nachgebildet sind.[64] Solche Verweise auf das Unionsrecht enthält insb. Art. 27 Buchst. d, i, k, l EPGÜ.[65] Dem Unionsrecht nachgebildet ist bspw. die Regelung zur Erschöpfung in Art. 29 EPGÜ. Die Vorlagebefugnis bzw. -pflicht erstreckt sich daher auch auf Auslegungsfragen zu diesen Vorschriften. 50

IV. Nichtigkeitsklage

Das EPatG ist (nach Ablauf der Übergangszeit nach Art. 83 EPGÜ: ausschließlich) zuständig für alle Nichtigkeitsklagen gegen EP mit und ohne einheitliche Wirkung sowie ergänzende Schutzzertifikate, Art. 32 Abs. 1 Buchst. d, e EPGÜ. 51

Ein Patent kann vom EPatG nach Art. 65 Abs. 2 EPGÜ wegen der in Art. 138 Abs. 1, 139 Abs. 2 EPÜ abschließend aufgezählten Gründe (→ § 30 Rn. 101 ff.) ganz oder teilweise vernichtet werden. Die Nichtigerklärung wirkt *ex tunc*, lässt also rückwirkend die Wirkung des erteilten Patents sowie der veröffentlichten Anmeldung entfallen, Art. 65 Abs. 4 EPGÜ. 52

Die Nichtigkeitsklage kann isoliert (Art. 65 Abs. 1 Alt. 1 EPGÜ) oder als Widerklage im Verletzungsverfahren (Art. 65 Abs. 1 Alt. 2, 33 Abs. 3 EPGÜ) erhoben werden.[66] Zuständig ist grds. die Zentralkammer, Art. 33 Abs. 4 S. 1 EPGÜ. Wurde jedoch bereits bei einer Lokal- oder Regionalkammer eine auf dasselbe Patent gestützte Verletzungsklage zwischen denselben Parteien erhoben, ist nur noch eine Widerklage vor dieser Kammer zulässig, Art. 33 Abs. 4 S. 2 EPGÜ. 53

Im Gegensatz zur Nichtigkeitsklage vor dem BPatG (→ § 30 Rn. 97) ist die Nichtigkeitsklage vor dem EPatG nicht subsidiär, sondern schon während der Einspruchsfrist und auch parallel zu einem anhängigen Einspruchsverfahren vor dem EPA möglich, Art. 33 Abs. 8, 10 EPGÜ.[67] 54

Anders als bei der Nichtigkeitsklage vor dem BPatG (→ § 23 Rn. 75) gilt vor dem EPatG grds. der Beibringungsgrundsatz, Art. 76 Abs. 2 EPGÜ.[68] Ein qualifizierter Hinweis wie nach § 83 Abs. 1 PatG oder eine Zwischenmitteilung wie nach Regel 116 Abs. 1 S. 1 EPÜAO ist nicht vorgesehen. 55

---

[60] EuGH 4.11.1997, GRUR-Int 1998, 140 – Dior/Evora.
[61] *Müller* EuZW 2010, 851 (855); *Haedicke* GRUR-Int 2013, 609 (614); *Yan,* 135; *Lux* in Bopp/Kircher, § 3 Rn. 5 f.
[62] *Haedicke* GRUR-Int 2013, 609 (615); *Lux* in Bopp/Kircher, § 3 Rn. 14.
[63] *Lux* in Bopp/Kircher, § 3 Rn. 26 ff.; aA *Haedicke* GRUR-Int 2013, 609 (612) und *Yan,* 139, die hierin keine Umsetzung, sondern eine Nachbildung sehen.
[64] EuGH 8.12.2012, BeckRS 2012, 82373 Rn. 34; EuGH 21.12.2011, BeckRS 2012, 80089 Rn. 17 f.; *Gaitanides* in von der Groeben/Schwarze/Hatje, Europäisches Unionsrecht, AEUV Art. 267 Rn. 28; *Yan,* 139.
[65] *Haedicke* GRUR-Int 2013, 609 (612 f.); *Yan,* 139; *Lux* in Bopp/Kircher, § 3 Rn. 36.
[66] Zu taktischen Erwägungen betr. Nichtigkeitshauptklage und Nichtigkeitswiderklage *Burrichter/Kirchhofer* in Bopp/Kircher, § 16 Rn. 68 ff.
[67] *Burrichter/Kirchhofer* in Bopp/Kircher, § 14 Rn. 11, 274.
[68] *Burrichter/Kirchhofer* in Bopp/Kircher, § 14 Rn. 10, 162.

V. Verletzungsklage

56 1. Das EPatG ist (nach Ablauf der Übergangszeit gem. Art. 83 EPGÜ: ausschließlich) zuständig für alle Klagen wegen tatsächlicher oder drohender Verletzung von EP mit und ohne einheitliche Wirkung und ergänzenden Schutzzertifikaten, Art. 32 Abs. 1 Buchst. a EPGÜ.

57 Zuständig sind grds. die Lokal- oder Regionalkammern am Ort der Patentverletzung sowie am Beklagtensitz, Art. 33 Abs. 1 EPGÜ.[69]

58 2. Die **Rechtsfolgen der Patentverletzung** sind in Art. 63, 64, 67, 68 EPGÜ geregelt. Dass diese als verfahrensrechtliche „Befugnisse des Gerichts" und nicht als materiell-rechtliche Anspruchsgrundlagen ausgestaltet sind, mag aus Sicht der deutschen Zivilrechtsdogmatik befremdlich erscheinen, entspricht aber dem englischen Rechtsverständnis.[70] Bei der Auslegung dieser Vorschriften sind die Vorgaben der DurchsRL zu beachten.

59 3. Nach Art. 63 EPGÜ kann das EPatG im Falle einer Patentverletzung eine **Unterlassungsverfügung** erlassen. Der englischen Rechtstradition folgend hat das Gericht ein (beschränktes) Anordnungsermessen,[71] kann die Unterlassungsverfügung also ausnahmsweise versagen. Bei Nichteinhaltung werden an das EPatG zu zahlende Zwangsgelder verhängt, Art. 63 Abs. 2 EPGÜ.

60 4. Nach Art. 64 EPGÜ kann das EPatG **geeignete Abhilfemaßnahmen** anordnen. Zu diesen zählen nach Abs. 2 insb. die Feststellung einer Verletzung, der Rückruf der Erzeugnisse aus den Vertriebswegen, die Beseitigung der verletzenden Eigenschaft des Erzeugnisses, die endgültige Entfernung der Erzeugnisse aus den Vertriebswegen und die Vernichtung der Erzeugnisse und/oder der betreffenden Materialien und Geräte.[72] Die Anordnung steht nach Abs. 4 unter dem Vorbehalt der Verhältnismäßigkeit. Das EPatG berücksichtigt bei seiner Entscheidung die Verhältnismäßigkeit zwischen der Schwere der Verletzung und den anzuordnenden Abhilfemaßnahmen, die Bereitschaft des Verletzers, das Material in einen nichtverletzenden Zustand zu versetzen, sowie die Interessen Dritter. Interessen des Verletzers selbst sind nach dem Wortlaut der Norm nicht Gegenstand der Verhältnismäßigkeitsprüfung, sollen aber dennoch zu berücksichtigen sein.[73]

61 5. Art. 67 EPGÜ regelt die Befugnis des EPatG, die Erteilung einer **Auskunft** sowohl gegen den Verletzer (Abs. 1) als auch gegen Dritte (Abs. 2) anzuordnen und setzt dabei Art. 8 DurchsRL um.[74]

62 Nach Abs. 1 kann das EPatG auf „begründeten und die Verhältnismäßigkeit wahrenden Antrag" anordnen, dass der Verletzer Auskunft erteilt über Ursprung und Vertriebswege der verletzenden Erzeugnisse oder Verfahren (Buchst. a), die erzeugten, hergestellten, ausgelieferten, erhaltenen oder bestellten Mengen und die Preise, die für die verletzenden Erzeugnisse gezahlt wurden (Buchst. b) und die Identität aller an der Herstellung oder dem Vertrieb von verletzenden Erzeugnissen oder an der Anwendung des verletzenden Verfahrens beteiligten dritten Personen (Buchst. c).

63 Eine Auskunftsanordnung mit gleichem Inhalt kann das EPatG auch gegen jeden Dritten erlassen, der nachweislich verletzende Erzeugnisse in gewerblichem Ausmaß in seinem Besitz hatte oder der ein verletzendes Verfahren in gewerblichem Ausmaß angewandt hat (Buchst. a), nachweislich für verletzende Tätigkeiten genutzte Dienstleistungen in gewerblichem Ausmaß erbracht hat (Buchst. b) oder nach den Angaben einer der genannten Perso-

---

[69] Ausf. auch zu den Ausnahmen von diesem Grundsatz *Kircher* in Bopp/Kircher, § 13 Rn. 28–47.
[70] *Sonntag* in Bopp/Kircher, § 13 Rn. 245.
[71] *Schröer* GRUR-Int 2013, 1102 (1107); *Meier-Beck* GRUR 2014, 144 Fn. 1; *Reetz/Pecnard/Fruscalzo/van der Velden/Marfé* GRUR-Int 2015, 210 (216); *Sonntag* in Bopp/Kircher, § 13 Rn. 255 ff.
[72] Ausf. zu den einzelnen Maßnahmen *Sonntag* in Bopp/Kircher, § 13 Rn. 258 ff.
[73] *Sonntag* in Bopp/Kircher, § 13 Rn. 283.
[74] Ausf. zu den RL-Vorgaben *Ann/Hauck/Maute*, 65 ff.

nen an der Erzeugung, Herstellung oder am Vertrieb verletzender Erzeugnisse oder Verfahren bzw. an der Erbringung solcher Dienstleistungen beteiligt war (Buchst. c).
Inhaltlich besteht damit kein wesentlicher Unterschied zu § 140b PatG (→ § 35 Rn. 101 ff.).[75]

6. Das EPatG ordnet gem. Art. 68 Abs. 1–3 EPGÜ an, dass der Verletzer, der wusste oder vernünftigerweise hätte wissen müssen, dass er eine Patentverletzungshandlung vornimmt, angemessenen **Schadenersatz** zu leisten hat. Dabei hat das EPatG kein Anordnungsermessen.

Der Schadenersatz dient dem Ausgleich des wegen der Verletzung erlittenen Schadens, Art. 68 Abs. 1 EPGÜ. Dabei ist die geschädigte Partei „soweit wie möglich" in die Lage zu versetzen, in der sie sich ohne die Verletzung befunden hätte, Art. 68 Abs. 2 S. 1 EPGÜ. Gleichzeitig darf dem Verletzer kein Nutzen aus der Verletzung erwachsen, Art. 68 Abs. 2 S. 2 EPGÜ. Damit stellt Art. 68 Abs. 2 EPGÜ dem Ausgleichsprinzip die Prävention nicht nur als weitere Funktion des Schadenersatzes an die Seite. Vielmehr betont die Vorschrift vor allem die Präventivfunktion, weil dem Verletzer kein Nutzen erwachsen „darf", während der Ausgleich nur „soweit wie möglich" erfolgen soll. Der Schadenersatz hat jedoch keinen Strafcharakter, Art. 68 Abs. 2 S. 3 EPGÜ. Daraus folgt, dass die Höhe des Schadenersatzbetrags nicht vom Verschuldensgrad des Verletzers abhängen darf.

Um den angemessenen Schadensersatzbetrag zu bestimmen, stehen dem EPatG nach Art. 68 Abs. 3 EPGÜ zwei Methoden zur Verfügung:

Nach Buchst. a berücksichtigt das EPatG alle negativen wirtschaftlichen Auswirkungen, einschließlich des entgangenen Gewinns des Geschädigten, die zu Unrecht erzielten Gewinne des Verletzers sowie nichtwirtschaftliche Faktoren, wie den immateriellen Schaden. Dabei handelt es sich um eine Kombination des Ersatzes des konkreten Schadens mit der Herausgabe des Verletzergewinns, was dem traditionellen deutschen Verständnis der dreifachen Schadensersatzberechnung (→ § 35 Rn. 47 ff.) widerspricht, aber in Art. 13 DurchsRL angelegt ist. Das EPatG wird hierbei keine simple Addition der einzelnen Posten vornehmen, sondern wertend einen Gesamtbetrag festsetzen.[76]

Stattdessen kann das EPatG nach Buchst. b in geeigneten Fällen den Schadenersatz als Pauschalbetrag festsetzen, welcher mindestens die mittels Lizenzanalogie ermittelte Vergütung umfasst und zugleich den Vorgaben des Abs. 2 entsprechend sowohl einen Ausgleich des entstandenen Schadens herbeiführen, als auch den dem Verletzer erwachsenen Nutzen abschöpfen muss.

Sowohl bei der Auswahl der Methode, als auch bei der Festsetzung des angemessenen Betrags hat das EPatG Ermessen.

7. In Fällen schuldloser Verletzung kann das EPatG die **Herausgabe der Gewinne** oder die Zahlung einer **Entschädigung** anordnen, Art. 68 Abs. 4 EPGÜ. Dies wird nach Art. 4 Abs. 4 EPSVO immer dann relevant, wenn der Verletzer ein KMU, eine natürliche Person, eine Organisation ohne Gewinnerzielungsabsicht, eine Hochschule oder eine öffentliche Forschungseinrichtung ist und ihm noch keine vollständige Übersetzung des EPeW vorgelegt wurde.

Das EPatG hat hier schon bei der Frage, ob es überhaupt eine solche Anordnung trifft, Ermessen. Es kann also im Einzelfall auch von einer Anordnung absehen. Außerdem steht die Wahl zwischen der Zahlung einer Entschädigung und der Herausgabe der Gewinne im Ermessen des Gerichts.[77] Gleiches gilt für die Bemessung der Entschädigung selbst. Diese muss aber geringer ausfallen als der Schadenersatz nach Art. 68 Abs. 3 EPGÜ.[78]

---

[75] *Hauck* GRUR-Int 2013, 713 (715 f.).
[76] So auch *Walz* GRUR-Int 2016, 513 (524).
[77] *Raue*, Dreifache Schadensberechnung, 84; *Sonntag* in Bopp/Kircher, § 13 Rn. 317.
[78] EuGH 22.6.2016, GRUR 2016, 931 Rn. 50, 54, 55 – Nikolajeva.

VI. Einstweiliger Rechtsschutz

73 Das EPatG ist nach Art. 32 Abs. 1 Buchst. c EPGÜ (nach Ablauf der Übergangszeit gem. Art. 83 EPGÜ: ausschließlich) zuständig für Klagen auf Erlass von einstweiligen Maßnahmen und Sicherungsmaßnahmen und einstweiligen Verfügungen. Diese werden in Art. 62 EPGÜ näher definiert, der Art. 9 DurchsRL umsetzt.

74 Einstweilige Unterlassungsverfügungen, wie sie das deutsche Prozessrecht vorsieht (→ § 36 Rn. 94 ff.), regelt Art. 62 Abs. 1 EPGÜ. Danach kann das EPatG im Wege einer Anordnung Verfügungen erlassen, um eine drohende Verletzung zu verhindern, die Fortsetzung der angeblichen Verletzung einstweilig und gegebenenfalls unter Androhung von Zwangsgeldern zu untersagen oder die Fortsetzung an die Stellung von Sicherheiten zu knüpfen, durch die eine Entschädigung des Rechtsinhabers gewährleistet werden soll.

75 Dabei wägt das EPatG gem. Art. 62 Abs. 2 „nach Ermessen die Interessen der Parteien gegeneinander ab und berücksichtigt dabei insbesondere den möglichen Schaden, der einer der Parteien aus dem Erlass der Verfügung oder der Abweisung des Antrags erwachsen könnte". Wenn der Antrag nicht offensichtlich unzulässig oder unbegründet ist, hat das Gericht also stets nach Maßgabe der Doppelhypothese eine Folgenabwägung durchzuführen, wie sie auch aus dem deutschen Verfassungs- und Verwaltungsprozessrecht bekannt ist.[79]

76 Nach Art. 62 Abs. 3 kann das EPatG die Beschlagnahme oder Herausgabe der Erzeugnisse, bei denen der Verdacht auf Verletzung des Patents besteht, anordnen, um deren Inverkehrbringen und Umlauf auf den Vertriebswegen zu verhindern. Es kann außerdem die vorsorgliche Beschlagnahme beweglichen und unbeweglichen Vermögens des angeblichen Verletzers einschließlich der Sperrung der Bankkonten und der Beschlagnahme sonstiger Vermögenswerte des angeblichen Verletzers anordnen. Voraussetzung hierfür ist, dass der Antragsteller glaubhaft macht, dass die Erfüllung seiner Schadenersatzforderung fraglich ist.

77 Die Aufzählung in Art. 62 EPGÜ ist abschließend, vgl. Art. 56 Abs. 1 EPGÜ.[80] Rückruf, Vernichtung, Auskunft und Schadenersatz können nicht im Wege der einstweiligen Verfügung durchgesetzt werden.

78 Der Antrag kann vor oder während des Hauptsacheverfahrens gestellt werden. Die Verfahrensordnung sieht für den Erlass einstweiliger Maßnahmen ein summarisches Verfahren vor, das aus dem schriftlichen und dem mündlichen Verfahren besteht, R 205 EPGVerfO. Das Zwischenverfahren entfällt. In besonders eilbedürftigen Fällen kann das Gericht zudem auf eine mündliche Verhandlung bzw. die Anhörung des Antragsgegners verzichten, R 210, 212 EPGVerfO.

D. Auswirkungen auf Europäische Patente (ohne einheitliche Wirkung)

I. Verhältnis von EP und EPeW

79 Eine Kumulation von Europäischem Patent mit und ohne einheitliche Wirkung ist ausgeschlossen. Der Patentinhaber muss sich nach der Erteilung für oder gegen die einheitliche Wirkung entscheiden. Mit Eintragung der einheitlichen Wirkung gilt die Wirkung des EPeW als nationales Patent als nicht eingetreten, Art. 4 Abs. 2 EPVO, Art. II § 15 Abs. 2 IntPatÜbG-E.

II. Zuständigkeit des EPatG für EP

80 1. Das EPatG entscheidet nicht nur über EPeW, sondern ist ab dem Zeitpunkt des Inkrafttretens des EPGÜ auch für Entscheidungen über „klassische" EP zuständig, Art. 3 Buchst. c, d EPGÜ.

---

[79] Vgl. → § 32 BVerfGG, dazu *Walter* in BeckOK BVerfGG, § 32 Rn. 48 ff. mwN; *Schoch* in Schoch/Schneider/Bier, VwGO, § 47 Rn. 153 und § 80 Rn. 373 mwN.

[80] *Bopp* in Bopp/Kircher, § 20 Rn. 9.

§ 30a. Europäisches Patent mit einheitlicher Wirkung und Einheitliches Patentgericht D III § 30a

2. Während einer **Übergangszeit** von sieben Jahren[81] nach dem Inkrafttreten des EPGÜ 81 können Klagen wegen Verletzung eines EP und auf Nichtigerklärung eines EP alternativ vor den nationalen Gerichten erhoben werden, Art. 83 Abs. 1 EPGÜ. Gleiches gilt für ergänzende Schutzzertifikate, die zu einem durch ein EP geschützten Erzeugnis erteilt worden sind.

Der Wortlaut des Art. 83 Abs. 1 EPGÜ deutet darauf hin, dass von dieser Regelung nur 82 Verletzungsklagen und Klagen auf Nichtigerklärung nach Art. 32 Abs. 1 Buchst. a und d EPGÜ erfasst sein könnten.[82] Dann wären die nationalen Gerichte zwar für isolierte Nichtigkeitsklagen, nicht aber für Nichtigkeitswiderklagen (Buchst. e) zuständig, wie es sie in einigen Vertragsmitgliedstaaten gibt. Die nationalen Gerichte wären zuständig für Leistungsklagen wegen Verletzung, jedoch ohne Schadenersatz (Buchst. f), und auch nicht für einstweilige Maßnahmen (Buchst. c) sowie negative Feststellungsklagen (Buchst. b). Dieses Ergebnis scheint willkürlich und widersinnig. Sinn und Zweck entsprechend ist die Übergangsregelung so auszulegen, dass die nationalen Gerichte auch für die genannten Klagen alternativ zuständig sind.[83]

3. Für EP und ergänzende Schutzzertifikate, die vor Ablauf der Übergangszeit erteilt 83 oder beantragt worden sind, kann der Inhaber oder Anmelder die Zuständigkeit des EPatG durch eine sog. **Opt-out**-Erklärung ausschließen, Art. 83 Abs. 3 EPGÜ.[84] Ein Opt-out ist nur möglich, solange noch keine Klage vor dem EPatG erhoben worden ist. Dabei kommt es nicht auf den Zeitpunkt der Abgabe der Opt-out-Erklärung an, sondern auf den Zeitpunkt, in dem diese wirksam wird.[85] Relevanter Zeitpunkt ist damit nach Art. 83 Abs. 3 S. 3 EPGÜ die Eintragung durch die Kanzlei ins Register. Eine Rückwirkung auf den Zeitpunkt der Abgabe der Erklärung ist nicht vorgesehen.[86]

4. Nach Art. 83 Abs. 4 kann der Inhaber oder Anmelder, solange noch keine Klage er- 84 hoben ist, jederzeit **vom Opt-out zurücktreten**. Dies wird mitunter als Opt-in bezeichnet, was jedoch irreführend ist, weil damit gerade nicht eine ausschließliche Zuständigkeit des EPatG herbeigeführt, sondern lediglich die alternative Zuständigkeit nach Abs. 1 wiederhergestellt wird.[87]

III. Auf EP anwendbare Vorschriften

1. Nach Ablauf der Übergangsphase richten sich Wirkung und Verletzungsfolgen auch 85 bei EP nach dem EPGÜ und nicht mehr nach dem bislang anwendbaren nationalen Recht.

2. Fraglich ist jedoch, ob während der **Übergangsphase** bereits die Vorschriften des 86 EPGÜ anwendbar sind, weiterhin das nationale Recht anwendbar bleibt oder ob das anwendbare Recht vom angerufenen Gericht abhängt.

Die Frage stellt sich nur im Hinblick auf das materielle Patentrecht. Das Verfahren vor 87 dem EPatG richtet sich allein nach dem EPGÜ und der Verfahrensordnung. Das Verfahren

---

[81] Art. 83 Abs. 5 EPGÜ sieht die Möglichkeit einer Verlängerung der Übergangszeit um bis zu sieben weitere Jahre vor; dazu *Henke* in Benkard, EPÜ, Vorb. B zu Art. 142–149a Rn. 125.
[82] *Schröer* GRUR-Int 2013, 1102 (1104).
[83] So auch *Schröer* GRUR-Int 2013, 1102 (1105); *Luginbühl/Stauder* GRUR-Int 2014, 885 (889); *Osterrieth*, Rn. 294 f.; *Augenstein/Haertel/Kiefer* in BeckOK EPGÜ, Art. 83 Rn. 5 ff.; *Henke* in Benkard, EPÜ, Vorb. B zu Art. 142–149a Rn. 126.
[84] *Augenstein/Haertel/Kiefer* in BeckOK EPGÜ, Art. 83 Rn. 26; *Bopp* in Bopp/Kircher, § 9 Rn. 140 ff.; *Henke* in Benkard, EPÜ, Vorb. B zu Art. 142–149a Rn. 145; *Schröer* GRUR-Int 2013, 1102 (1103); *Tilmann* Mitt. 2014, 58 (59, 63); *Luginbühl/Stauder* GRUR-Int 2014, 885 (889); aA *Nieder* GRUR 2014, 627 (631), der annimmt, das EPatG bleibe alternativ zuständig; offen gelassen *Eck* GRUR-Int 2014, 114 (119 Fn. 59).
[85] *Henke* in Benkard, EPÜ, Vorb. B zu Art. 142–149a Rn. 140.
[86] *Augenstein/Haertel/Kiefer* in BeckOK EPGÜ, Art. 83 Rn. 33.
[87] *Augenstein/Haertel/Kiefer* in BeckOK EPGÜ, Art. 83 Rn. 41; *Bopp* in Bopp/Kircher, § 9 Rn. 153.

§ 30a D III 4. Abschnitt. Entstehung und Wegfall von Patenten und Gebrauchsmustern

vor den nationalen Gerichten richtet sich nach deren nationalem Verfahrensrecht. Die Verfahrensordnung des EPatG haben die nationalen Gerichte nicht zu beachten.[88]

88 Praktisch gestaltet sich die Abgrenzung zwischen Verfahrensrecht und materiellem Recht jedoch schwierig. So sind bspw. Art. 64, 67, 68, 72 EPGÜ zwar als Befugnisse des EPatG ausgestaltet, enthalten aber dennoch materiell-rechtliche Regelungen. Hier sind Prozessrecht und materielles Patentrecht untrennbar verflochten.

89 Der Streit um das anzuwendende materielle Recht ist keineswegs nur akademischer Natur.[89] Dass die Frage nach dem anwendbaren Recht von entscheidender Bedeutung sein kann, lässt sich exemplarisch durch einen Vergleich zwischen EPGÜ und deutschem Patentrecht an den folgenden Unterschieden zeigen:

90 Während die mittelbare Patentverletzung nach § 10 PatG doppelten Inlandsbezug erfordert (→ § 33 Rn. 358),[90] reicht nach Art. 26 EPGÜ aus, dass das Anbieten bzw. Liefern und die Benutzungshandlung durch den Empfänger des Angebots bzw. der Lieferung im Hoheitsgebiet der Vertragsmitgliedstaaten stattfinden, in denen das EP Wirkung hat. Damit kann es vom anwendbaren Recht abhängen, ob eine Handlung eine mittelbare Patentverletzung ist oder nicht.

91 Auch die Schranke des Art. 27 Buchst. d EPGÜ ist nicht deckungsgleich mit § 11 Nr. 2b PatG (→ § 33 Rn. 262). Während nach deutschem Recht irrelevant ist, in welchem Land eine Zulassung erreicht werden soll, setzt die Roche-Bolar-Regelung des EPGÜ voraus, dass eine Zulassung in einem Unionsmitgliedstaat angestrebt wird.[91] Ob ein Versuch privilegiert oder patentverletzend ist, kann daher vom anwendbaren Recht abhängen.

92 Weitere Diskrepanzen zwischen den Regelungen des EPGÜ und des PatG bestehen bei den Rechtsfolgen einer Patentverletzung,[92] etwa im Hinblick auf das Anordnungsermessen des EPatG hinsichtlich einer Unterlassungsverfügung oder bei der Berechnung des Schadenersatzes nach Art. 68 EPGÜ einerseits und der dreifachen Schadenersatzberechnung nach deutschem Recht andererseits (→ § 35 Rn. 47 ff.). Die Verletzungsfolgen sind durch die DurchsRL in den Mitgliedstaaten zwar weitgehend, aber nicht vollständig harmonisiert, so dass hier im Einzelfall das Bestehen und regelmäßig der Umfang des Anspruchs vom anwendbaren Recht abhängen kann.

93 Würden während der Übergangszeit die nationalen Gerichte ihr nationales Recht und das EPatG das EPGÜ anwenden, führte dies zu Rechtsunsicherheit.[93] Denn dann könnten zum einen, nachdem eine patentverletzende Handlung stattgefunden hat, der Verletzte sowie der Verletzer durch Klageerhebung und der Verletzte zusätzlich durch eine Opt-out-Erklärung nachträglich einseitig den Inhalt bereits entstandener Ansprüche verändern.[94]

94 Deutlich gewichtiger ist aber die Verletzungsfrage: Wenn das EPatG und die nationalen Gerichte nicht dasselbe materielle Recht anwenden, hängt das Vorliegen einer Verletzung in einigen Fällen vom angerufenen Gericht ab. Ob eine Handlung zu einer Patentverletzung führt oder nicht, darf aber nicht nachträglich dadurch bestimmt werden, wo der Patentinhaber Verletzungsklage erhebt.[95] Ein erfolgter Opt-out vermag diese Unsicherheit nicht zu beseitigen, weil nach Art. 83 Abs. 4 EPGÜ ein Rücktritt vom Opt-out möglich ist, der mit dem Wechsel der Zuständigkeit das anwendbare Recht wiederum ins Belieben des Patentinhabers stellen könnte.[96]

---

[88] *Schröer* GRUR-Int 2013, 1102 (1108).
[89] So aber zur Anwendbarkeit von § 9 PatG oder Art. 25 EPGÜ *Scharen* in Benkard, PatG, § 9 Rn. 2.
[90] Ebenso in den meisten anderen Vertragsmitgliedstaaten, Nachweise bei *Vissel* GRUR 2015, 619 Fn. 2.
[91] *Lux* in Bopp/Kircher, § 13 Rn. 207.
[92] Ausf. *Nieder* GRUR 2014, 627 (631 f.).
[93] *Romandini/Hilty/Lamping* GRUR-Int 2016, 554 (560).
[94] *Tilmann* Mitt. 2014, 58 (63).
[95] Die Frage nach dem anwendbaren Recht muss daher entgegen *Bopp* in Bopp/Kircher, § 9 Rn. 109 auch und vor allem im Hinblick auf Art. 83 EPGÜ beantwortet werden.
[96] *Drexl* in MüKo BGB, Art. 8 Rom II-VO Rn. 160.

Umgekehrt kann auch nicht hingenommen werden, dass eine Verletzung rückwirkend 95 wegfällt, wenn der Verletzer rechtzeitig eine negative Feststellungsklage erhebt, die zur Anwendung des für ihn günstigen Rechts führt. Dies könnte zudem für Patentbenutzer falsche Anreize schaffen, im Rahmen einer freedom-to-operate-Strategie vorsorgliche Klagen zu erheben, die die Anwendung des für sie günstigen Rechts erzielen (sog. Lock-in).

Ob eine Handlung ein Patent verletzt, muss aus Gründen der Rechtssicherheit sowohl 96 im Interesse der Patentinhaber als auch der Patentbenutzer im Zeitpunkt der Handlung feststehen. Rechtsunsicherheit in dieser Frage berührt sowohl den freien Wettbewerb als auch den Kern des Patents als Ausschließlichkeitsrecht, dessen Konturen verschwimmen, wenn nicht eindeutig festgelegt ist, wie weit das Verbietungsrecht des Inhabers reicht. Das Vorliegen einer Verletzung darf daher keinesfalls vom angerufenen Gericht abhängen. Während der Übergangsphase muss demnach auf EP einheitlich entweder das EPGÜ oder das nationale Recht angewendet werden und zwar unabhängig davon, welches Gericht angerufen wird.

Damit ist aber noch nicht die Frage beantwortet, ob das EPatG nationales Recht an- 97 wendet[97] oder die nationalen Gerichte die Vorschriften des EPGÜ[98]. Art. 3, 83 EPGÜ lässt sich hierzu nichts Eindeutiges entnehmen.[99] Der Vorbereitende Ausschuss nimmt in einer Auslegungsnote an, die EPGÜ-Vertragsstaaten hätten nicht beabsichtigt, dass die nationalen Gerichte das EPGÜ anwenden.[100] Vielmehr sollten die nationalen Gerichte Patentstreitigkeiten allein nach ihrem nationalen Recht entscheiden.[101] Dies hätte den Vorteil, dass damit unterschiedliche Auslegungen des EPGÜ vermieden werden.[102] Für die Anwendung nationalen Rechts durch die nationalen Gerichte werden zudem Sinn und Zweck der Übergangsregelung und der Opt-out-Möglichkeit angeführt, die es ermöglichen sollen, das durch das EPGÜ geschaffene System insgesamt abzuwählen.[103] Mit einem Opt-out bzw. einer Klage vor dem nationalen Gericht, wähle der Patentinhaber oder Kläger bewusst das bekannte und bewährte nationale System.[104] Aus Gründen des Vertrauensschutzes müsse den Nutzern des Patentsystems erhalten bleiben, was sie im Patenterteilungsverfahren erwarten konnten.[105] Dies kann jedoch nur erreicht werden, wenn dann auch das EPatG während der Übergangsphase das betreffende nationale Recht anwendet.

---

[97] *Vissel* GRUR 2015, 619 (621).
[98] *Schröer* GRUR-Int 2013, 1102 (1109); *Eck* GRUR-Int 2014, 114 (119); *Tilmann* Mitt. 2014, 58 (61, 63); *Nieder* GRUR 2014, 627 (630 f.); *Drexl* in MüKo BGB, Art. 8 Rom II-VO Rn. 159.
[99] Ausf. Darstellung, wie daraus jeweils Argumente für und wider abgeleitet werden, bei *Bopp* in Bopp/Kircher, § 9 Rn. 102 ff., 118 ff. und *Tochtermann* GRUR 2018, 337 (339 ff.).
[100] Interpretative note – Consequences of the application of Art. 83 UPCA vom 29.1.2014, Nr. 11 ff., 16, abrufbar unter https://www.unified-patent-court.org/news/interpretative-note-%E2%80%93-consequences-application-article-83-upca; dazu *Luginbühl/Stauder* GRUR-Int 2014, 885 (889); krit. zur Legitimation *Tilmann* Mitt. 2014, 58 (60).
[101] *Luginbühl/Stauder* GRUR-Int 2014, 885 (889).
[102] *Henke* in Benkard, EPÜ, Vorb. B zu Art. 142–149a Rn. 146; *Heinze* in jurisPK-BGB, Art. 8 Rom II-VO Rn. 9; *Walz* GRUR-Int 2016, 513 (515).
[103] *Walz* GRUR-Int 2016, 513 (514); *Leistner/Simon* in FS Bodewig, 2018, 79 (92); *Tochtermann* GRUR 2018, 337 (340); *Bopp* in Bopp/Kircher, § 9 Rn. 121.
[104] *Walz* GRUR-Int 2016, 513 (514).
[105] *Ohly/Streinz* GRUR-Int 2017, 1 (6 f.); *Henke* in Benkard, EPÜ, Vorb. B zu Art. 142–149a Rn. 146; *Osterrieth*, Rn. 228.

Fünfter Abschnitt. Wirkung und Durchsetzung von Patenten und Gebrauchsmustern

§ 31. Schutzrechtsverletzung – Kriterien und Sanktionen

Literatur: *Ann, C.,* Patentqualität – was ist das, und warum ist Patentqualität auch für Anmelder wichtig?, GRUR-Int 2018, 1114–1117; *Ann, C.,* Verletzungsgerichtsbarkeit – zentral für jedes Patentsystem und doch häufig unterschätzt, GRUR 2009, 205–209; *Brandi-Dohrn, M.,* Durchsetzung von Rechten des geistigen Eigentums – Verletzung und Haftung bei Patenten (TRIPS und das deutsche Rechte) (Q 134 A), GRUR-Int 1997, 122–134; *Brose, J.,* Das Güterichterverfahren in Patentstreitsachen, GRUR 2016, 146–151; *Dreier, T.,* TRIPS und die Durchsetzung von Rechten des geistigen Eigentums, GRUR-Int 1996, 205–218; *Fritze, U.,* Durchsetzung von Rechten des geistigen Eigentums – Verfahren und Sanktionen bei einer Verletzung von Patenten und Marken (TRIPS und das deutsche Recht) (Q 134 B), GRUR-Int 1997, 143–149; *Krieger, U.,* Durchsetzung gewerblicher Schutzrechte in Deutschland und die TRIPS-Standards, GRUR-Int 1997, 421–426; *Melullis, K.-J.;* Zur Notwendigkeit und Sinnhaftigkeit von Beschränkungen des Patentrechts, Mitt. 2016, 433–441; *Mes, P.,* Ist etwas faul im Staate D? Gedanken zum patentrechtlichen Unterlassungsanspruch, FS Hoffmann-Becking 2013, 821–834; *Nikolova, D.,* Patente in der Schiedsgerichtsbarkeit, 2019; *Reichle, M.,* Erteilungsakten als Auslegungshilfsmittel zur Bestimmung des Patentschutzbereichs gem § 14 PatG, 2003; *Schallnau, J./Feldges, J.,* WIPO Mediation und Schiedsgerichtsbarkeit für den Grünen Bereich, GRUR-Int 2017, 21–33; *Schreiber, P.,* Der gerichtliche Sachverständige im Patentverletzungsprozess, Mitt. 2009, 309–315; *Sedemund-Treiber, A.,* Gedanken zur Einrichtung eines Schiedsgerichts für Streitigkeiten aus dem Bereich des geistigen Eigentums in Deutschland, FS VPP, 2005, 382–395; *Stauder, D.,* Aspekte der Durchsetzung gewerblicher Schutzrechte: Fachkundige Richter, schnelles Verfahren und europaweites Verletzungsverbot, FS Beier 1996, 619, 623; *Stauder, D.,* Zur Mediationsfähigkeit patentrechtlicher Konflikte, FS Pagenberg, 2006, 351–361; *Straus, J.,* Bedeutung des TRIPS für das Patentrecht, GRUR-Int 1996, 179–205; *Tilmann, W.,* Neue Überlegungen im Patentrecht, GRUR 2005, 904–907; *Wintermeier, M.,* Patentstrafrecht – Zur Effektivität strafrechtlichen Schutzes gegen Patentverletzungen, 2015.

1. Auch wenn dies in letzter Zeit vermehrt auch von großen Patentanmeldern in Zweifel gezogen wird: das **Patent ist vor allem anderen eines: Ausschließungsrecht**, auch → **§ 3 Rn. 62a ff.**![1] Für seinen räumlichen Schutzbereich hat es die Wirkung, dass allein der Patentinhaber zur **Benutzung der patentierten Erfindung befugt** ist und dass kein anderer diese ohne seine Zustimmung benutzen darf, § 9 PatG. Entsprechendes gilt für das Gebrauchsmuster: auch sein Gegenstand darf allein vom Inhaber benutzt werden und (deshalb) ohne dessen Zustimmung nicht von einem anderen, § 11 Abs. 1 GebrMG. Will der Inhaber einem anderen aus seinem Schutzrecht Handlungen untersagen, fragt sich nach deutschem Recht (jenseits von Missbrauchsfällen) allein, ob das Schutzrecht in Kraft steht und ob mögliche Benutzungshandlungen eine dem Erfinder vorbehaltene Benutzung darstellen. Das Verbietungsrecht erfasst damit nur Handlungen, die sich erstens auf die durch das Schutzrecht ausschließlich dem Inhaber zugeordnete technische Lehre beziehen, also auf den unkörperlichen Gegenstand des Schutzrechts, und die zweitens einen der gesetzlichen Tatbestände der Erfindungsbenutzung erfüllen. Dass ein solcher Ansatz eine hohe Patentqualität voraussetzt, wurde oben mehrfach ausgeführt, vgl. nur → § 3 Rn. 62a.

2. Ob sich eine Handlung auf den Gegenstand des Schutzrechts bezieht, ist nach den Vorschriften über die Bestimmung des (sachlichen) **Schutzbereichs** des Patents oder Gebrauchsmusters zu beantworten. Letztere richtet sich für DE-Patente nach § 14 PatG, für EP-Patente nach Art. 69 Abs. 1 EPÜ. Beide Vorschriften haben Art. 8 Abs. 3 StrÜ zum Vor-

---

[1] Für den Bestand des unbedingten Unterlassungsanspruchs aus § 139 PatG auch *Melullis* Mitt. 2016, 433 (436 ff.).

§ 31 5. *Abschnitt. Wirkung und Durchsetzung der Schutzrechte*

bild und sind wortgleich. § 12a GebrMG bestimmt für den Schutzbereich des Gebrauchsmusters inhaltlich das gleiche.[2] Art. 69 Abs. 1 EPÜ wird durch ein Auslegungsprotokoll ergänzt, das auch für die Anwendung von § 14 PatG und § 12a GebrMG Bedeutung hat (vgl. → § 32 Rn. 7 ff., 10 ff.).

3   3. Welche **Benutzungshandlungen** dem Patentinhaber vorbehalten sind, regeln für deutsche Patente §§ 9–11 PatG. Seit Umsetzung der Richtlinie über den rechtlichen Schutz biotechnologischer Erfindungen gehören dazu auch die speziell dafür geschaffenen §§ 9a–9c und § 11 Nr. 2a; die Entwicklung des Arzneimittelrechts hat zur Einfügung der Nr. 2b in § 11 geführt.

4   Die genannten Vorschriften gelten auch für in Deutschland validierte EP-Patente, Art. 2 Abs. 2, 64 Abs. 1 EPÜ. Dem Grundsatz des Art. 64 Abs. 2 EPÜ trägt § 9 S. 2 Nr. 3 PatG Rechnung. §§ 11, 12 GebrMG enthalten eine den für Gebrauchsmuster in Betracht kommenden Bestimmungen der §§ 9–11 PatG nachgebildete Regelung.

5   4. Die Wirkung von Patenten oder Gebrauchsmustern kann dadurch **eingeschränkt** sein, dass Dritten die Befugnis zur Vornahme von Handlungen eingeräumt ist, die als Erfindungsbenutzung an sich dem Inhaber vorbehalten wären. Grundlage solcher **Benutzungsbefugnisse Dritter** können für deutsche und für Deutschland erteilte europäische Patente sein: die Erklärung der Lizenzbereitschaft (§ 23 PatG); die Erteilung einer Zwangslizenz (§ 24 PatG); eine behördliche Benutzungsanordnung (§ 13 PatG); ein Weiterbenutzungsrecht infolge redlicher Aufnahme oder Vorbereitung der Benutzung einer Erfindung vor ihrer Anmeldung („Vorbenutzungsrecht", § 12 PatG) oder zwischen dem Wegfall und dem durch Wiedereinsetzung bewirkten Wiederinkrafttreten ihrer Anmeldung oder des auf sie erteilten Patents (§ 123 Abs. 5 PatG, Art. 122 Abs. 5 EPÜ).

Zwangslizenz, Benutzungsanordnung und Weiterbenutzungsrechte, nicht aber die Lizenzbereitschaft sind auch im Gebrauchsmusterrecht vorgesehen (§§ 20, 13 Abs. 3, 21 Abs. 1 GebrMG).

6   5. Wer ohne die erforderliche Zustimmung des Patent- oder Gebrauchsmusterinhabers die geschützte Erfindung benutzt, verletzt das Schutzrecht. **Rechtsfolgen der Verletzung** sind in erster Linie **zivilrechtliche Ansprüche** des Schutzrechtsinhabers gegen den Verletzer, insbesondere auf Unterlassung der Benutzung und auf Ersatz des durch sie verursachten Schadens. Sie richten sich nach §§ 139, 140a–140e, 141, 141a PatG, §§ 24–24g GebrMG[3] und Vorschriften des BGB. Für europäische Patente gilt, soweit sie für Deutschland erteilt sind, das gleiche wie für deutsche Patente (Art. 64 Abs. 3 EPÜ).

7   Unter bestimmten Voraussetzungen ist der Patentverletzer nach § 142 PatG **strafbar,** der Gebrauchsmusterverletzer nach § 25 GebrMG. Freilich wird vom Patentstrafrecht in der Praxis selten Gebrauch gemacht.[4]

8   Nach Maßgabe der Verordnung (EG) Nr. 1383/2003 (seit 1.1.2014: VO (EU) Nr. 608/2013) (→ § 7 Rn. 105) werden an den Außengrenzen der EU durch die Zollbehörden der Mitgliedstaaten die Überlassung von Waren ausgesetzt oder Waren zurückgehalten, wenn die Waren ein Patent oder ergänzendes Schutzzertifikat verletzen. Gemäß §§ 142a, 142b PatG,[5] § 25a GebrMG können offensichtlich patent- oder gebrauchsmusterverletzende Erzeugnisse durch die deutschen Zollbehörden bei der Einfuhr oder Ausfuhr beschlagnahmt, patentverletzende auch vernichtet werden (→ § 36 Rn. 106 ff.). Im Verkehr mit anderen Mitgliedstaaten der EU kommt dies freilich nur in Betracht, soweit noch Kontrollen durch die Zollbehörden stattfinden.

---

[2] Das EPÜ 2000 hat in Art. 69 den Ausdruck „den Inhalt der Patentansprüche" durch „die Patentansprüche" ersetzt. In § 14 PatG wurde dies übernommen. § 12a GebrMG lautet noch so wie früher.

[3] Die genannten Vorschriften wurden durch das Gesetz zur Verbesserung der Durchsetzung von Rechten des geistigen Eigentums vom 7.7.2008, BGBl. I 1191, geändert bzw. eingefügt, das am 1.9.2008 in Kraft getreten ist.

[4] S. auch *Wintermeier* 155 ff., der das geltende Patentstrafrecht für unbrauchbar erklärt.

[5] Fassung gem. Gesetz vom 7.7.2008, BGBl. I 1191.

6. Die **Geltendmachung der Ansprüche** wegen Verletzung deutscher oder für 9 Deutschland erteilter europäischer Patente oder von Gebrauchsmustern erfolgt im Zivilprozess vor den ordentlichen Gerichten[6], wobei die Besonderheiten der §§ 143, 145 PatG, §§ 26, 27 GebrMG zu beachten sind. Nach einem im Gesetz nicht festgelegten, aber allgemein anerkannten Grundsatz ist das Verletzungsgericht nicht befugt zu prüfen, ob ein in Kraft stehendes Patent zu Recht erteilt wurde, sondern hat dieses wie erteilt als gültig hinzunehmen, solange es nicht aus einem der früher dargestellten Gründe, insbesondere durch Nichtigerklärung, wegfällt.[7] Dagegen kann das wegen einer Gebrauchsmusterverletzung angerufene Gericht – soweit es nicht durch eine im Löschungsverfahren ergangene Entscheidung gebunden ist – uneingeschränkt prüfen, ob durch die Eintragung Schutz begründet worden ist (§ 13 Abs. 1 GebrMG).

Im Patent- oder Gebrauchsmusterverletzungsprozess haben sich die Gerichte vielfach 10 mit Fragen der Technik auseinanderzusetzen; vor allem müssen sie feststellen, ob eine vom Beklagten benutzte technische Lehre mit derjenigen, die Gegenstand des Schutzrechts ist, in einem für die Annahme einer rechtsverletzenden Benutzung ausreichenden Maße übereinstimmt. Da den Spruchkörpern der Verletzungsgerichte keine technischen Richter angehören, wird zur Klärung solcher Fragen die Zuziehung **technischer Sachverständiger** jedenfalls dann erforderlich sein,[8] wenn das *in casu* zuständige Verletzungsgericht nicht ständig mit Patentstreitsachen und technischen Sachverhalten wie den im Streit stehenden befasst ist, so dass hinreichende Sachkunde besteht.[9] Unter welchen Umständen die Zuziehung eines technischen Sachverständigen durch das Verletzungsgericht geboten ist, hat der X. BGH-Zivilsenat in seiner Entscheidung „Kettenradanordnung II"[10] ausdrücklich festgestellt, ebenso die uneingeschränkte Rechtmäßigkeitskontrolle dieser Entscheidung durch das Revisionsgericht.

Nach § 29 Abs. 1 PatG, § 21 Abs. 1 GebrMG und Art. 25 EPÜ können die Gerichte unter be- 11 stimmten Voraussetzungen auch technische Gutachten des DPMA oder des EPA einholen.

7. Der **Anspruch auf angemessene Entschädigung,** der dem Patentanmelder zusteht, 12 wenn jemand nach Veröffentlichung der Anmeldung die darin beanspruchte Erfindung benutzt (§ 33 PatG; Art. 67 EPÜ mit Art. II § 1 IntPatÜG), kommt zwar nur insofern als Wirkung des Patents in Betracht, als er bei dessen Versagung, Widerruf oder Nichtigerklärung rückwirkend entfällt. Doch sind die Voraussetzungen der Entstehung und die Regeln über die Geltendmachung von Ansprüchen wegen Patentverletzung weitgehend auch für den Entschädigungsanspruch maßgebend. Das rechtfertigt es, ihn in Verbindung mit jenen Ansprüchen zu behandeln.

---

[6] Zur Schiedsfähigkeit von Patenten vgl. *Nikolova* 15 ff., zur Einrichtung eines Schiedsgerichts für IP-Streitigkeiten schon früher *Sedemund-Treiber* FS VPP, 2005, 382–395. Die Mediationsfähigkeit patentrechtlicher Konflikte untersucht *Stauder* FS Pagenberg, 2006, 351–361; die Erfahrungen mit sog. Güteverhandlungen am LG München I hat unlängst *Brose* beschrieben, der dort als sog. Güterichter (früher Mediator) tätig ist, GRUR 2016, 146; zum WIPO Schiedsgerichts- und Mediationszentrum vgl. *Schallnau/Feldges* GRUR-Int 2017, 21 ff.

[7] Krit. zu diesem Grundsatz *Tilmann* GRUR 2005, 904 (907).

[8] Vgl. einerseits BGH 15.5.1975, GRUR 1976, 88 (90) – Ski-Absatzbefestigung; 20.10.1977, GRUR 1978, 235 (237) – Stromwandler; 22.3.1983, GRUR 1983, 497 (499) – Absetzvorrichtung; 27.10.1998, Mitt. 1999, 365 (368) – Sammelförderer; 28.10.2003, GRUR 2004, 413 (416 f.) – Geflügelkörperhaltung; 30.3.2005, GRUR 2005, 569 (571) – Blasfolienherstellung; andererseits BGH 24.4.1969, GRUR 1969, 534 (536) – Skistiefelverschluß; 12.7.1990, BGHZ 112, 140 (150) – Befestigungsvorrichtung II; weitere Nachweise bei *Grabinski/Zülch* in Benkard PatG § 139 Rn. 125; *Busse/Keass* PatG Vor § 143 Rn. 135 ff. Zur Technikkompetenz deutscher Verletzungsrichter sowie möglichen Verbesserungen *Ann* GRUR 2009, 205 (208); krit. *Stauder* FS Beier, 1996, 619 (623).

[9] Zum durchaus strittigen Wirkungskreis des gerichtlichen Sachverständigen vgl. BGH 13.2.2007, BGHZ 171, 120 = GRUR 2007, 410 – Kettenradanordnung; 12.2.2008, GRUR 2008, 779 – Mehrgangnabe; krit. *Schreiber* Mitt. 2009, 309 ff.

[10] BGH 22.12.2009, BGHZ 184, 49 = GRUR 2010, 314 – Kettenradanordnung II.

13   Der Entschädigungsanspruch besteht nur, wenn sich die Benutzung auf eine technische Lehre bezieht, die in den Schutzbereich der Anmeldung fällt, und einen der Tatbestände erfüllt, die bei Bestehen eines Patents als Patentverletzung anzusehen wären. Benutzungsbefugnisse Dritter sind freilich nur dann von Bedeutung, wenn sie ein Recht zur unentgeltlichen Benutzung geben, was nur bei den Vor- und Weiterbenutzungsrechten zutrifft (§§ 12, 123 Abs. 5–7 PatG; § 122 Abs. 5 EPÜ). Für das Verfahren, in dem der Entschädigungsanspruch geltend gemacht wird, ergeben sich Abweichungen vom Patentverletzungsprozess daraus, dass eine das Zivilgericht bindende Patenterteilung noch nicht vorliegt (§§ 33 Abs. 2, 140 PatG, die auf Deutschland benennende europäische Anmeldungen entsprechend anzuwenden sein werden).

14   8. Das **TRIPS-Übereinkommen** bestimmt in Art. 28 die **ausschließlichen Rechte,** die das Patent seinem Inhaber gewährt[11], ebenso wie § 9 PatG. In Art. 30 werden **begrenzte Ausnahmen** hiervon zugelassen, sofern diese nicht unangemessen im Widerspruch zur normalen Verwertung des Patents stehen und die berechtigten Interessen seines Inhabers nicht unangemessen beeinträchtigen. Auch die berechtigten Interessen Dritter sind zu berücksichtigen. Art. 31 enthält detaillierte Voraussetzungen für die Zulässigkeit der Benutzung eines Patentgegenstands ohne Zustimmung des Rechtsinhabers einschließlich der Benutzung durch die Regierung oder von dieser ermächtigte Dritte. Art. 34 verlangt die Gewährung von Beweiserleichterungen hinsichtlich der Verletzung von Patenten auf Herstellungsverfahren.

15   In Teil III enthält das TRIPS eingehende Regelungen zu den **Rechtsfolgen** der Verletzung von Rechten des geistigen Eigentums und über die Verfahren zu deren **Durchsetzung.** Grundsätzlich müssen alle WTO-Mitglieder sicherstellen, dass die in Teil III aufgeführten Durchsetzungsverfahren in ihrem Recht vorgesehen werden, um ein wirksames Vorgehen gegen jede Verletzung unter das TRIPS fallender Rechte des geistigen Eigentums einschließlich Eilverfahren zur Verhinderung von Verletzungshandlungen und Rechtsbehelfe zur Abschreckung von weiteren Verletzungshandlungen zu ermöglichen (Art. 46 Abs. 1 S. 1).

16   Im Einzelnen wird hinsichtlich der **Sanktionen**[12] insbesondere verlangt, dass die Gerichte befugt sind anzuordnen: die Unterlassung einer Rechtsverletzung (Art. 44 Abs. 1); den Ausgleich des wegen einer Rechtsverletzung dem Rechtsinhaber entstandenen Schadens durch einen Verletzer, der wusste oder vernünftigerweise hätte wissen müssen, dass er eine Verletzungshandlung vornahm (Art. 45 Abs. 1); im Rahmen der Verhältnismäßigkeit und unter Berücksichtigung der Interessen Dritter die entschädigungslose Verfügung über rechtsverletzende Waren sowie über Material und Werkzeuge, die vorwiegend zur Herstellung solcher Waren verwendet werden und, soweit verfassungsrechtlich zulässig, die Vernichtung rechtsverletzender Waren (Art. 46 Abs. 1); die Vorlage von Beweisen, die sich in der Verfügungsgewalt des Gegners einer beweisbelasteten Partei befinden, durch diesen, wenn die Partei alle vernünftigerweise verfügbaren Beweismittel zur Begründung ihrer Ansprüche vorgelegt hat (Art. 43 Abs. 1). Neben diesen obligatorischen Vorgaben sind auch Regelungen vorgesehen, deren Einführung im Ermessen der Mitglieder steht. Diese können die Gerichte ermächtigen: in geeigneten Fällen die Herausgabe der Gewinne und/oder die Zahlung eines festgelegten Schadensersatzbetrags selbst dann anzuordnen, wenn der Verletzer nicht wusste oder vernünftigerweise hätte wissen müssen, dass er eine Verletzungshandlung vornahm (Art. 45 Abs. 2 S. 2); anzuordnen, dass der Verletzer dem Rechtsinhaber über die Identität Dritter, die an der Herstellung und dem Vertrieb der rechtsverletzenden Waren beteiligt waren, und über Vertriebswege Auskunft erteilen muss, sofern diese nicht außer Verhältnis zur Schwere der Verletzung steht (Art. 47).

17   Für den Fall, dass eine Partei, auf deren Antrag hin Maßnahmen ergriffen wurden, die Durchsetzungsverfahren missbräuchlich benutzt hat, müssen die Gerichte befugt sein anzu-

---

[11] Vgl. *Straus* GRUR-Int 1996, 179 (196 ff.); *Brandi-Dohrn* GRUR-Int 1997, 122 ff.
[12] S. *Fritze* GRUR-Int 1997, 143 (148 f.).

ordnen, dass diese Partei einer zu Unrecht mit einem Verbot oder einer Beschränkung belegten Partei angemessene Entschädigung für den durch einen solchen Missbrauch erlittenen Schaden zu leisten hat (Art. 48 Abs. 1).

Verfahrensrechtlich befugt sein[13] müssen die Gerichte nach Art. 50, schnelle und wirksame einstweilige Maßnahmen anzuordnen, um die Verletzung eines Rechts des geistigen Eigentums zu verhindern und um einschlägige Beweise hinsichtlich einer behaupteten Rechtsverletzung zu sichern. Dies muss auch ohne Anhörung des Gegners möglich sein, insbesondere, wenn durch eine Verzögerung dem Rechtsinhaber wahrscheinlich nicht wiedergutzumachender Schaden entstünde oder nachweislich die Gefahr besteht, dass Beweise vernichtet werden. Der Gegner muss dann spätestens unverzüglich nach Vollziehung unterrichtet werden und das Recht haben, eine Überprüfung zu beantragen. Vorgeschrieben ist auch, dass die Gerichte befugt sind, dem Antragsteller die Vorlage der erforderlichen Beweise und eine Sicherheitsleistung aufzuerlegen, und dass einstweilige Maßnahmen auf Antrag des Gegners aufgehoben werden, wenn nicht innerhalb einer vom Gericht bestimmten Frist oder spätestens innerhalb von 20 Arbeits- oder 31 Kalendertagen das zu einer Sachentscheidung führende Verfahren eingeleitet wird. **18**

Ausführlich geregelt, aber für das Gebiet des Patentrechts nur fakultativ vorgesehen sind Maßnahmen der Zollbehörden zur Verhinderung der Ein- oder auch der Ausfuhr rechtsverletzender Waren (Art. 51–60). **19**

9. Seit April 2004 verpflichtete die EU-**Durchsetzungsrichtlinie**[14] (→ § 7 Rn. 109 und → § 8 Rn. 44) alle Mitgliedstaaten, Maßnahmen, Verfahren und Rechtsbehelfe vorzusehen, die zur Durchsetzung geistiger Eigentumsrechte erforderlich sind; namentlich Beweise und Beweissicherung, Recht auf Auskunft, einstweilige Maßnahmen und Sicherungsmaßnahmen, Maßnahmen zur Beseitigung von Rechtsverletzungen wie Rückruf und endgültiges Entfernen aus den Vertriebswegen und Vernichtung, Unterlassungsanordnungen, Schadensersatz, Kostentragung, Veröffentlichung gerichtlicher Entscheidungen. Deutschland hat diese Richtlinie durch Gesetz vom 7.7.2008 umgesetzt. Dadurch wurden auch PatG und GebrMG geändert (→ § 31 Rn. 6). **20**

§ 32. Der Schutzbereich des Patents und des Gebrauchsmusters

Literatur: *Adam, T.,* Der sachliche Schutzbereich des Patents in Großbritannien und Deutschland, 2003; *Allekotte, B.,* „RÄUMSCHILD" – Neuschnee in der Diskussion über Patentverletzung und erfinderische Abwandlung, GRUR 2002, 472–478; *Ann, C.,* Der Schutzbereich des Patents – Erteilungsakten als Auslegungshilfsmittel?, Mitt. 2000, 181–185; *Armitage, E.,* Anspruchsformulierung und Auslegung nach den neuen Patentgesetzen der europäischen Länder, GRUR-Int 1981, 670–674; *ders.,* Die Auslegung europäischer Patente, GRUR-Int 1983, 242–245; *Ballester Rodés, A.* (Hrsg.), Europäische nationale Patentrechtsprechung, 2004, 163–241; *Ballhaus, W./Sikinger, J.,* Der Schutzbereich des Patents nach § 14 PatG, GRUR 1986, 337–344; *Bardehle, H.,* Die Rolle der Äquivalente und des Erteilungsverfahrens bei der Bestimmung des Schutzbereichs von Patenten (Q175) Bericht für die deutsche Landesgruppe, GRUR-Int 2003, 627–629; *Bock, H.,* Vorschläge für eine „neue Zweiteilung" bei Patentverletzungen, Mitt. 1969, 269–276; *Bopp, T.,* Offenbarung und Schutzbereich, FS Mes, 2009, 39–46; *Brandi-Dohrn, M.,* Der Schutzbereich nach deutschem und britischem Recht: die Schneidmesserentscheidung des BGH und der Amgen-Entscheidung des House of Lords, Mitt. 2005, 337–343; *ders.,* Das Naheliegen bei der Äquivalenz, FS Schilling, 2007, 43–57; *Brändle, D.,* Kann und darf die Auslegung und Ermittlung des Schutzbereichs eines europäischen Patents in verschiedenen Ländern zu

---

[13] Vgl. *Dreier* GRUR-Int 1996, 205 (210 ff.).
[14] Richtlinie 2004/48/EG des Europäischen Parlaments und des Rates zur Durchsetzung der Rechte geistigen Eigentums, ABl. 2004 L 157, 45, berichtigt und wiederveröffentlicht ABl. 2004 L 195, 16 = BlPMZ 2004, 408 = GRUR-Int 2004, 615.

unterschiedlichen Ergebnissen führen? GRUR 1998, 854–857; *Brinkhof, J.*, Existiert eine europäische Äquivalenzlehre? GRUR 2001, 885–891; *ders.*, Extent of Protection: Are The National Differences Eliminated? FS Kolle/Stauder, 2005, 97–113; *Busche, J.*, Die Reichweite des Patentschutzes – Zur Auslegung von Patentansprüchen im Spannungsfeld zwischen Patentinhaberschutz und Rechtssicherheit, Mitt. 1999, 161–166; *ders.*, Zur Auslegung von Patentansprüchen, FS König, 2003, 49–62; *Cornish, W./ Llewelyn, D.*, Who Applies a Doctrine of Equivalence?, FS Kolle/Stauder, 2005, 115–122; *Cornish, W.R./Pagenberg, J.* (Hrsg.), Interpretation of Patents in Europe. Application of Article 69 EPC, 2006; *Dolder, F./Faupel, J.*, Der Schutzbereich von Patenten (Fallsammlung), 2. Aufl. 2004; *Dreiss, U./ Bulling, A.*, Aufgabe und Zweck im Erteilungs- und Verletzungsverfahren, FS König, 2003, 101–108; *Engel, F.-W.*, Über den Wortsinn von Patentansprüchen, GRUR 2001, 897–901; *Fabry, B.*, Zur Auslegung von Patentansprüchen im französischen Verletzungsverfahren – Neuere Entwicklungen zum Thema Äquivalenzlehre im internationalen Vergleich, Mitt. 2004, 402–405; *ders.*, Die Harmonisierung der europäischen Patentrechtsprechung – Notwendiges Übel – oder üble Notwendigkeit?, GRUR 2008, 7–11; *v. Falck, K.*, Freiheit und Bindung des Verletzungsrichters, GRUR 1984, 392–397 (mit Diskussionsbericht, GRUR 1984, 423 f.); *ders.*, Freiheit und Verantwortung des Verletzungsrichters, GRUR 1985, 631–638; *ders.*, Die Äquivalenzlehre nach neuem Patentrecht, GRUR 1988, 1–8; *ders.*, Patentauslegung und Schutzumfang, GRUR-FS, 1991, 543–584; *ders.*, Zur Äquivalenzprüfung bei im Prioritätszeitpunkt noch unbekannten Ersatzmitteln, GRUR 2001, 905–909; *Franzosi, M.*, Claim Interpretation, FS Kolle/Stauder, 2005, 123–134; *Geißler, B.*, Noch lebt die Äquivalenzlehre, GRUR-Int 2003, 1–9; *Gesthuysen, H.D.*, Der Formstein-Einwand bei einer nach der Entscheidung Befestigungsvorrichtung II äquivalenten Ausführungsform, GRUR 2001, 909–916; *Giebe, O.*, Vom Sammelförderer zur Mehrgangnabe: Die Rolle von Ausführungsbeispielen bei der Auslegung des Patentspruchs, FS Reimann, 2009, 135–152; *ders.*, Zur Auslegung von Patentansprüchen mit chemischen Strukturformeln – was ändert sich durch „Olanzapin"?, FS Meibom, 2010, 95–104; *Godt, C.*, Eigentum an Information: Patentschutz und allgemeine Eigentumstheorie am Beispiel genetischer Information, 2007; *Götting, H.-P.*, Die Äquivalenzdoktrin im US-amerikanischen Patentrecht, FS König, 2003, 153–166; *Grabinski, K.*, Kann und darf die Bestimmung des Schutzbereichs eines europäischen Patents in verschiedenen Ländern zu unterschiedlichen Ergebnissen führen?, GRUR 1998, 857–865; *ders.*, „Schneidmesser" versus „Amgen". Zum Sinn und Unsinn patentrechtlicher Äquivalenz, GRUR 2006, 714–720; *ders.*, Bestraft das Leben auch den, der (zu) früh kommt? – Zur Bestimmung des Schutzbereichs von Patenten bei unvorhersehbaren Austauschmitteln, FS Meibom, 2010, 105–117; *Gramm, W.*, Von der Drillmaschine zum Räumschild: Schutzbereich und Abhängigkeit im Spiegel der Rechtsprechung, GRUR 2001, 926–932; *Häußer, E.*, Anspruchsfassung, Erfindungshöhe und Schutzumfang im deutschen Patentrecht, Mitt. 1981, 135–144; *Heyers, J.*, Auswirkungen numerischer Angaben auf den Schutzbereich von Patenten, GRUR 2004, 1002–1007; *Hilty, R.M.*, Der Schutzbereich des Patents, 1990; *ders.*, Schutzgegenstand und Schutzbereich – Überlegungen zur Formulierung von Patentansprüchen, FS König, 2003, 167–216; *Hoffmann, L.H.*, Patent Construction, GRUR 2006, 720–724; *Hüttermann, A.*, Zur Gemeinsamkeit von Literatur und Patenten, Mitt. 2013, 113–121; *ders.*, Überlegungen zur äquivalenten Patentverletzung, Mitt. 2013, 490–493; *Jacob, R.*, Auslegung von Patentansprüchen und Äquivalenzlehre, ABl. EPA Sonderausgabe 2/2007, 138–147; *Jestaedt, B.*, Gibt es einen patentrechtlichen Teilschutz?, FS König, 2003, 239–254; *ders.*, Der „Formstein"-Einwand, FS Bartenbach, 2006, 371–384; *Johannessen, B.*, Schutzbereich und Patentansprüche des deutschen und des europäischen Patents, GRUR-Int 1974, 301–308; *Johnson, P.*, The (re-)emergence of the doctrine of equivalents, GRUR-Int 2017, 1106–1107; *Kather, P.*, Der Sachverständige im Patentverletzungsprozess – Eine neue Rolle? Eine neue Aufgabe für Parteivertreter? FS Schilling, 2007, 281–292; *Kellenter, W.*, Das Comeback der Äquivalenz – Anmerkungen zur neueren Rechtsprechung zur Äquivalenz in Deutschland und im Vereinigten Königreich, GRUR 2018, 247-254; *Keller, E.*, Beschränkung des Patentschutzes durch Anmelder im Erteilungsverfahren und unzulässige Rechtsausübung im Verletzungsprozeß, Mitt. 1997, 367–368; *Keukenschrijver, A.*, Äquivalenz und Auslegung. Anmerkungen zur Beurteilung der Äquivalenzproblematik in Deutschland und im Vereinigten Königreich, FS Pagenberg, 2006, 33–44; *ders.*, (Konkrete, aber nicht technische) Probleme mit der „Aufgabe", FS Bornkamm, 2014, 677–689; *Kiani, N./Springorum, H./Schmitz, T.*, Aktuelles aus dem Bereich der ‚Patent Litigation', Mitt. 2010, 6–11; *Knöpfle, R.*, Die Bestimmung des Schutzumfangs der Patente, 1959; *Körner, E.*, Wortlautgemäße, wortsinngemäße und äquivalente Verletzung im dualen System des Patentrechts, FS Schilling, 2007, 299–310; *Kolle, G.*, Auslegung von Patenten und Äquivalenzlehre, ABl. EPA Sonderausgabe 2/2007, 124–137; *König, R.*, Materiellrechtliche Probleme der Anwendung von Fremdrecht bei Patentverletzungsklagen und -Verfügungsverfahren nach der Zuständigkeitsordnung des EuGVÜ, Mitt. 1996, 296–307; *ders.*, Die Rechtsnatur der Patenterteilung und ihre Bedeutung für die Auslegung von

Patentansprüchen, GRUR 1999, 809–817; *ders.*, Statische oder dynamische Äquivalenz – die Verabschiedung der Rechtssicherheit, Mitt. 2000, 379–393; *ders.*, Räumschild oder der Schnee von gestern – Zugleich eine Erwiderung auf Allekotte, GRUR 2002, 472, GRUR 2002, 1009–1015; *Körner, E.*, Die Bedeutung von Vorgaben des Erteilungs-, Einspruchs, und Nichtigkeitsverfahrens für die Interpretation von Patentansprüchen im Verletzungsverfahren, FS König, 2003, 295–308; *Kraßer, R.*, Äquivalenz und Abhängigkeit im Patentrecht, FS Fikentscher, 1998, 516–540; *Kraßer, R.*, Berührungspunkte zwischen Anspruchsauslegung und Prüfung der Schutzwürdigkeit im Patentrecht, GRUR-Int 2015, 670–677; *Kühnen, T.*, Die Erteilungsakte – Verbotenes oder gebotenes Auslegungsmittel bei der Schutzbereichsbestimmung europäischer Patente?, GRUR 2012, 664–673; *ders.*, Die Reichweite des Verzichtgedankens in der BGH-Rechtsprechung zum Äquivalenzschutz, GRUR 2013, 1086–1091; *Kulhavy, S. V.*, Der Fachmann im Patentwesen, Mitt. 2011, 179–183; *Letzelter, F./Kilchert, J./Rupprecht, K.*, Anmerkungen zu BGH – Okklusionsvorrichtung, Mitt. 2012, 110–113; *Lindenmaier, F.*, Der Schutzumfang des Patents nach der neueren Rechtsprechung, GRUR 1944, 49–57; *v. Meibom, W./Nack, R.*, Äquivalenz und chemische Produktansprüche, FS Reimann, 2009, 551–564; *Meier-Beck, P.*, Der gerichtliche Sachverständige im Patentprozess, FS VPP, 2005, 356–371; *Meier-Beck, P.*, Was denkt der Durchschnittsfachmann? Tat- und Rechtsfrage im Patentrecht nach „Diabehältnis" und „Bodenseitige Vereinzelungseinrichtung", Mitt. 2005, 529–534; *Meier-Beck, P.*, Purposive Construction oder Äquivalenz? GRUR-Int 2005, 796–801; *Meier-Beck, P.*, Anspruchsauslegung und Anspruchsgeschichte, FS 80 Jahre Patentgerichtsbarkeit Ddf, 361, 376; *Meier-Beck, P.*, „Pemetrexed": Grundstein einer einheitlichen europäischen Äauivalenzdoktrin?, GRUR 2018, 241-247; *Melullis, K.-J.*, Zur Auslegung von Patenten, zum Begriff des Fachmanns im Patentrecht und zur Funktion des Sachverständigen, FS Ullmann, 2006, 503–514; *Meyer-Dulheuer, K. H.*, Der Schutzbereich von auf Nucleotid- oder Aminosäuresequenzen gerichteten biotechnologischen Patenten, GRUR 2000, 179–182; *Nack, R./Phélip, B.*, Bericht über die Diplomatische Konferenz zur Revision des Europäischen Patentübereinkommens München 20.–29. November 2000, GRUR-Int 2001, 322–326; *Neuhaus, W.*, Die Bedeutung des vorbekannten Standes der Technik für die Patentverletzungsfrage bei äquivalenter Benutzung, FS Tilmann, 2003, 549–566; *Neuhaus, W.*, Die Prüfung der Verletzungsfrage bei abweichender Ausführung, FS Reimann, 2009, 339–350; *Nieder, M.*, Die Patentverletzung, 2004, insb. 1–24, 202–217; *Nieder, M.*, Äquivalente Patentverletzung durch erfinderische Konkretisierung, GRUR 2002, 935–937; *Nieder, M.*, Der „Formstein"-Einwand, FS König, 2003, 379–398; *Ohl, A.*, Der Einwand des freien Standes der Technik im Patentverletzungsstreit nach künftigem Recht, GRUR 1969, 1–11; *Osterloh, E.*, Schutzrechtserweiterung durch Abstraktion in der Rechtsprechung des BGH, GRUR 2001, 989–991; *Popp, E.*, Bedeutung und Schutzfähigkeit des allgemeinen Erfindungsgedankens nach deutschem Recht und den Europäischen Übereinkommen, Diss. TU München 1975; *Preu, A.*, Stand der Technik und Schutzbereich, GRUR 1980, 691–697; *ders.*, Angemessener Erfindungsschutz und Rechtssicherheit, GRUR 1985, 728–734; *ders.*, Der Schutzbereich von Patenten in nationaler und internationaler Entwicklung, FS Merz, 1992, 455–467; *ders.*, Formstein-Einwand – reine Theorie?, GRUR 2009 (FS Melullis), 318–322; *Preu, A./Brandi-Dohrn, M./Gruber, S.*, Europäisches und internationales Patentrecht, 3. Aufl. 1995; *Reichle, M.*, Patenterteilungsakten als Auslegungshilfsmittel für den Schutzbereich des Patents, 2003; *Reimann, T.*, Das Patent als sein eigenes Lexikon – die „Spannschraube" mehrgängig betrachtet, VPP Rundbrief 2005, 97–108; *Reimann, T./Köhler, M.*, Der Schutzbereich europäischer Patente zwischen Angemessenheit und Rechtssicherheit, GRUR 2002, 931–935; *Reimer, D.*, Patentverletzung bei teilweiser Aufgabenerfüllung, GRUR 1977, 384–389; *Reimer, E.*, Äquivalenz, Erfindungsgegenstand, allgemeiner Erfindungsgedanke in Theorie und Praxis, GRUR 1956, 387–404; *Rinken, I.*, Die Patentbeschreibung mit überschießendem Offenbarungsgehalt aus der Perspektive des Verletzungsrechtsstreits, FS 80 Jahre Patentgerichtsbarkeit in Düsseldorf 2016, 429–448; *Rogge, R.*, Berücksichtigung beschränkender Erklärungen bei der Bestimmung des Schutzbereichs eines Patents (§ 14 PatG Art. 69 EPÜ), Mitt. 1998, 201–206; *Scharen, U.*, Der Schutzbereich des Patents im Falle verschiedener Einwände des Beklagten eines Verletzungsprozesses, GRUR 1999, 285–290; *ders.*, Zum Einfluss von Verfahrensverzögerungen auf Auslegung und Bestimmung des Schutzbereichs eines Patents, FS König, 2003, 451–464; *ders.*, Die abhängige erfinderische Abwandlung – ein Fall normaler Patentverletzung, FS Tilmann, 2003, 599–608; *Schiuma, D.*, Formulierung und Auslegung von Patentansprüchen nach europäischem, deutschem und italienischem Recht, 2000; *Schreiber, P.*, Der gerichtliche Sachverständige im Patentverletzungsprozess, Mitt. 2009, 309–315; *Graf v. Schwerin, W.*, Wird die Spannschraube auch umgedreht?, FS Tilmann, 2003, 609–617; *Spengler, A.*, Abschied vom „allgemeinen Erfindungsgedanken"? GRUR 1967, 390–394; *Stauder, D.*, Die Entstehungsgeschichte von Artikel 69 (1) EPÜ und Artikel 8 (3) Straßburger Übereinkommen über den Schutzbereich des Patents, GRUR-Int 1990, 793–803; *Storch, K.*, Der Schutzumfang des Patents nach geltendem und nach künftigem Recht,

FS Wendel, 1969, 35–45; *Ströbele, P.,* Die Bindung der ordentlichen Gerichte an Entscheidungen der Patentbehörden, 1975; *Takenaka, T.,* Extent of Patent Protection in The United States, Germany And Japan: Analysis of Two Types of Equivalents And Their Patent Policy Implications, FS Kolle/Stauder, 2005, 135–156; *Takenaka, T.,* Person of Ordinary Skill in the Art and the Extent of Patent Protection, FS Pagenberg, 2006, 81–96; *Tilmann, W.,* Patentschutzsystem in Europa, GRUR 1998, 325–334; *Tilmann, W.,* Schutzumfang für Patente in Europa, FS Bartenbach, 2005, 301–312; *Tilmann, W.,* Neue Überlegungen im Patentrecht, GRUR 2005, 904–907; *Tilmann, W.,* The Harmonisation of Invalidity and Scope of Protection Practice of the National Courts of the EPC Member States, IIC 2006, 62–74; *Tilmann, W./Dagg, N.,* EU-Patentrechtsharmonisierung I: Schutzumfang, GRUR 2000, 459–468; *Tilmann, W./Jacob, R.,* Eine europäische Formel für den Schutzumfang Europäischer Patente? GRUR-Int 2003, 982–986; *Ullmann, E.,* Die Verletzung von Patent und Gebrauchsmuster nach neuem Recht, GRUR 1988, 333–339; *Valle, D.,* Der sachliche Schutzbereich des Patents, 1996; *ders.,* Der Schutzbereich europäisch erteilter Patente, Mitt. 1999, 166–173; *Widera, P.,* Has Pemetrexed revived the doctrine of equivalents, GRUR-Int 2017, 1024–1030; *Windisch, E.,* Schutzwirkungen deutscher Patente im Lichte europäischer Regelungen, GRUR 1974, 20–27.

Hinweis: Wegen der Übereinstimmung der Rechtsgrundlagen braucht nachstehend im Allgemeinen nicht zwischen deutschen und europäischen Patenten unterschieden und auf Gebrauchsmuster nicht gesondert eingegangen zu werden.

I. Die geltenden Vorschriften

1   1. Nach § 14 PatG wird der Schutzbereich des Patents und der Patentanmeldung durch die Patentansprüche bestimmt. Die Beschreibung und die Zeichnungen sind jedoch zur Auslegung der Patentansprüche heranzuziehen. Gleiches gilt nach Art. 69 Abs. 1 EPÜ für europäische Patente und Anmeldungen. Der Schutzbereich von Gebrauchsmustern richtet sich nach § 12a GebrMG, der der ursprünglichen Fassung des § 14 PatG nachgebildet ist und (bisher noch) auf den *Inhalt der Ansprüche* Bezug nimmt.

2   Art. 69 EPÜ und § 14 PatG gingen in ihrer ursprünglichen Fassung auf Art. 8 Abs. 3 StrÜ zurück und wichen von ihm nur insofern ab, als sie nicht ausdrücklich vom „sachlichen" Schutzbereich sprechen. Es unterliegt jedoch keinem Zweifel, dass sie ebenfalls allein den sachlichen Schutzbereich (vgl. → § 31 Rn. 2) betreffen.

3   2. Grundlage der Bestimmung des Schutzbereichs sind außer den Ansprüchen nur die Beschreibung und die Zeichnungen; die Zusammenfassung bleibt außer Betracht (§ 36 Abs. 2 S. 1 PatG, Art. 85 EPÜ).

4   Bei europäischen Anmeldungen und Patenten ist grundsätzlich der Wortlaut in der Verfahrenssprache verbindlich (Art. 70 Abs. 1 EPÜ).

5   In vielen Vertragsstaaten geht ihm jedoch die Übersetzung in einer vertragsstaatlichen Amtssprache vor, wenn sie den engeren Schutzbereich ergibt (vgl. → § 29 Rn. 40 und 70 ff.).

6   Für den Schutzbereich der europäischen *Anmeldung* ist die Fassung maßgebend, in der sie nach Art. 93 EPÜ *veröffentlicht* ist, soweit sie nicht im Erteilungs- oder einem Einspruchs-, Beschränkungs- oder Nichtigkeitsverfahren eingeschränkt wird (Art. 69 Abs. 2 EPÜ).

7   3. Für die Anwendung des Art. 69 EPÜ sind mit Rücksicht darauf, dass das EPÜ in deutscher, englischer und französischer Sprache abgefasst und jede dieser Fassungen gleichermaßen verbindlich ist (Art. 177 Abs. 1), auch die englische und französische Fassung der Vorschrift in Betracht zu ziehen, in denen ursprünglich an der Stelle des deutschen Ausdrucks „Inhalt" die Ausdrücke „terms" bzw. „teneur" standen. Obwohl erkannt wurde, dass die drei Ausdrücke in ihrer Bedeutung nicht völlig übereinstimmen, weil diejenige des deutschen weiter als die der beiden anderen und diejenige des französischen weiter als die des englischen reicht, gelang es nicht, die drei Fassungen zur Deckung zu bringen. Daher wurde versucht, in einem „Protokoll über die Auslegung des Artikels 69 des Übereinkommens", das nach Art. 164 Abs. 1 Bestandteil des EPÜ ist, Grundsätze für die Bestimmung des Schutzbereichs festzulegen, die auf eine einheitliche Praxis bei der den Gerichten der Vertragsstaaten obliegenden Entscheidung über Klagen wegen Verletzung europäischer Pa-

§ 32. Der Schutzbereich des Patents und des Gebrauchsmusters

tente hinwirken sollen[1]. Das Protokoll lautete in seiner ursprünglichen Fassung, die bei der Revision (→ Rn. 10) als Art. 1 des Protokolls bestehen geblieben ist:

„Artikel 69 ist nicht in der Weise auszulegen, dass unter dem Schutzbereich des europäischen Patents der Schutzbereich zu verstehen ist, der sich aus dem genauen Wortlaut der Patentansprüche ergibt, und dass die Beschreibung sowie die Zeichnungen nur zur Behebung etwaiger Unklarheiten in den Patentansprüchen anzuwenden sind. Ebenso wenig ist Artikel 69 dahingehend auszulegen, dass die Patentansprüche lediglich als Richtlinie dienen und der Schutzbereich sich auch auf das erstreckt, was sich dem Fachmann nach Prüfung der Beschreibung und der Zeichnungen als Schutzbegehren des Patentinhabers darstellt. Die Auslegung soll vielmehr zwischen diesen extremen Auffassungen liegen und einen angemessenen Schutz für den Patentinhaber mit ausreichender Rechtssicherheit für Dritte verbinden." 8

Als „extreme Auffassungen", die das Protokoll ablehnt, wurden insbesondere die britische und die deutsche Praxis angesehen. Jene richtete sich streng am Anspruchswortlaut aus und gelangte zu einer entsprechend engen Begrenzung des Schutzbereichs. Die deutsche Rechtsprechung kam dem Interesse des Patentinhabers, den neuen und erfinderischen Gehalt der Patentschrift möglichst vollständig in den Schutz einzubeziehen, weit entgegen, solange sich die als Verletzung angegriffene technische Lehre aus den Ansprüchen wenigstens „herleiten" ließ (vgl. → Rn. 21 ff.). 9

4. Im EPÜ 2000 sind die Ausdrücke „den Inhalt der Patentansprüche", „the terms of the claims" und „la teneur des revendications" ersetzt durch „die Patentansprüche", „the claims" und „les revendications". Damit ist ein Ansatzpunkt für unterschiedliche Auslegungen weggefallen. Doch hat sich nichts daran geändert, dass es darauf ankommt, was die Ansprüche *bedeuten,* also ihr Aussagegehalt und insofern ihr Inhalt zu ermitteln ist.[2] Die Vereinfachung des Wortlauts der Vorschrift weist in Verbindung mit dem unverändert gebliebenen Art. 1 des Protokolls eher in die Richtung einer gelockerten als einer strengeren Bindung an den Anspruchswortlaut. Damit steht im Einklang, dass dem Protokoll bei der Revision folgender Art. 2 angefügt wurde: 10

„Bei der Bestimmung des Schutzbereichs des europäischen Patents ist solchen Elementen gebührend Rechnung zu tragen, die Äquivalente der in den Patentansprüchen genannten Elemente sind."[3] 11

5. Die deutschen Gerichte berücksichtigen auch bei der Bestimmung des Schutzbereichs vom DPMA erteilter Patente und hierauf gerichteter Anmeldungen sowie von Gebrauchsmustern das Protokoll zu Art. 69 EPÜ, da die Einführung von § 14 PatG darauf abzielt, den Schutzbereich für deutsche Patentanmeldungen und Patente nach denselben Grundsätzen zu bestimmen wie für europäische und § 12a GebrMG für Gebrauchsmuster Entsprechendes bezweckt.[4] Deshalb wird im Grundsatz allgemein anerkannt, dass an den Regeln, nach welchen die deutsche Rechtsprechung den Schutzbereich auf der Grundlage des früheren Rechts zu bestimmen pflegte (→ Rn. 15 ff.), bei der Anwendung des neuen Rechts nicht festgehalten werden kann. 12

Durch Angleichung des § 14 PatG an die Neufassung des Art. 69 EPÜ, der eine entsprechende Änderung des § 12a GebrMG wird folgen müssen, hat der deutsche Gesetzgeber zum Ausdruck gebracht, dass die Bestimmung des Schutzbereichs bei allen in Deutschland geltenden Patenten weiterhin nach einheitlichen Grundsätzen erfolgen soll. Demgemäß wird auch dem neuen Art. 2 des Protokolls Rechnung zu tragen sein. Es darf jedoch davon 13

---

[1] S. *Stauder* GRUR-Int 1990, 793 ff.

[2] Vgl. die Begründung zum Gesetz vom 24.8.2007, BlPMZ 2007, 363 (367) (zu Nr. 6), wonach im Hinblick auf das Protokoll zu Art. 69 EPÜ die Streichung der Bezugnahme auf den „Inhalt" in § 14 PatG die materielle Rechtslage unberührt lässt.

[3] „... due account shall be taken of any element which is equivalent to an element specified in the claims" – „... il est dûment tenu compte de tout élément équivalent à un élément indiqué dans les revendications".

[4] Begründung zum IntPatÜG, BlPMZ 1976, 334; ständige Rechtsprechung seit BGH 29.4.1986, BGHZ 98, 12 (18 f.) – Formstein; für Gebrauchsmuster BGH 4.2.1997, BGHZ 134, 353 (361) – Kabeldurchführung.

ausgegangen werden, dass dies keine Änderung der Regeln erfordert, nach welchen schon bisher Äquivalente in den Schutzbereich einbezogen worden sind (→ Rn. 81 ff.).

II. Historischer Abriss zur Bestimmung des Schutzumfangs von Patenten und Gebrauchsmustern

14   Die mit Wirkung vom 1.1.1978 eingeführte Vorschrift des PatG über die Bestimmung des Schutzbereichs gilt für Anmeldungen, die ab diesem Zeitpunkt eingereicht wurden, und die hierauf erteilten Patente, die entsprechende Vorschrift des GebrMG für Gebrauchsmuster, die ab 1.7.1990 angemeldet worden sind.[5] Die vorher bestehende Rechtslage wird vermutlich nur noch in ganz wenigen Fällen Bedeutung erlangen. Deshalb kann auf ihre Darstellung in den Kommentaren[6] und der 4. Auflage (§ 32 Abs. 2a) verwiesen werden. Sie wird im Folgenden kurz zusammengefasst, soweit dies für das Verständnis des geltenden Rechts nützlich erscheint.

a) Die „Dreiteilungslehre"

15   1. Die Rechtsprechung zum früheren deutschen Recht gliederte den Schutzumfang von Patenten in drei Bereiche: den „unmittelbaren Gegenstand der Erfindung", den „Gegenstand der Erfindung" und den „allgemeinen Erfindungsgedanken". Am engsten ist der erste, am weitesten der dritte Bereich. Normalerweise ist der zweite Bereich maßgebend; in bestimmten Sonderfällen bleibt der Schutzumfang auf den ersten Bereich beschränkt, in anderen wird er auf den dritten Bereich erstreckt (vgl. → Rn. 16 ff.). Die „Dreiteilungslehre" entwickelte sich aus der reichsgerichtlichen Rechtsprechung der 1940er Jahre.[7] Als geschlossenes System wurde sie erstmals in einer 1944 erschienenen Abhandlung von *Lindenmaier,* dem damaligen Vorsitzenden des zuständigen RG-Senats, formuliert[8] und später in dieser Ausprägung vom BGH übernommen[9].

16   2. Unter dem **Gegenstand der Erfindung** (gelegentlich auch: „des Patents") wird die technische Lehre verstanden, die der zuständige Durchschnittsfachmann den Patentansprüchen bei sinngemäßer Auslegung unter Heranziehung der Beschreibung, der Zeichnungen, des allgemeinen Fachwissens und des in der Patentschrift mitgeteilten[10] Standes der Technik ohne weiteres, dh ohne nähere Überlegung entnehmen kann.[11]

17   Der Gegenstand der Erfindung umfasst auch Ausführungsformen, die an Stelle zur erfindungsgemäßen Aufgabenlösung vorgesehener Arbeitsmittel andere verwenden, die der Durchschnittsfachmann im Hinblick auf diese Aufgabe **ohne weiteres** als **gleichwertig** erkennt, die sogenannten **„glatten Äquivalente"** der beanspruchten Ausführungsform(en)[12].

18   In Verletzungsprozessen sind die Gerichte grundsätzlich **an das Patent gebunden,** soweit der „Gegenstand der Erfindung" reicht[13]. Eine technische Lehre, die unter ihn fällt,

---

[5] Nach BGH 4.2.1997, BGHZ 134, 353 – Kabeldurchführung gelten die alten Grundsätze, obwohl § 12a GebrMG erst am 1.7.1990 in Kraft getreten ist, nur noch bei Anmeldung vor 1987.

[6] *Scharen* in Benkard, 9. Aufl., PatG § 14 Rn. 163–179; *Busse/Keukenschrijver* PatG § 14 Rn. 9–17; *Schulte,* 6. Aufl., § 14 Rn. 95–105; ausführlich auch *Adam* 167–195.

[7] Zur früheren Praxis *Knöpfle* 3 ff., 25 ff.; *Popp* 6 ff.

[8] GRUR 1944, 49–57.

[9] BGH 13.11.1951, BGHZ 3, 365 (370 f.) – Schuhsohle; 28.10.1952, GRUR 1953, 112 – Feueranzünder; 10.5.1960, GRUR 1960, 478 – Blockpedale.

[10] BGH 20.10.1977, GRUR 1978, 235 (236 f.) – Stromwandler.

[11] BGH 6.3.1959, GRUR 1959, 320 – Moped-Kupplung.

[12] BGH 14.7.1961, GRUR 1962, 29 (31) – Drehkippbeschlag; 24.4.1969, GRUR 1969, 534 – Skistiefel-Verschluß; 14.3.1972, GRUR 1972, 597 (598) – Schienenschalter II; 15.4.1975, GRUR 1975, 484 (486) – Etikettiergerät.

[13] BGH 28.10.1952, GRUR 1953, 112 (113 f.) – Feueranzünder; 6.3.1959, GRUR 1959, 320 – Moped-Kupplung; 27.3.1979, GRUR 1979, 624 (625) – Umlegbare Schießscheibe.

§ 32. Der Schutzbereich des Patents und des Gebrauchsmusters II § 32

kann, selbst wenn Entgegenhaltungen bekannt werden, die im Erteilungsverfahren nicht berücksichtigt worden sind, nur im Nichtigkeitsverfahren auf ihre Patentierbarkeit überprüft werden.

3. Von dieser Bindung wird eine **Ausnahme** gemacht, wenn eine im Patent beanspruchte Erfindung **neuheitsschädlich vorweggenommen** oder übereinstimmend in einem älteren Patent beansprucht ist.[14] Das Gericht des Verletzungsprozesses hat dann den Schutzumfang gemäß dem **Wortlaut der Patentansprüche** zu begrenzen, so dass er nur noch den **unmittelbaren Gegenstand der Erfindung** ohne Einbeziehung von Äquivalenten umfasst.[15] Die Einschränkung gilt nicht, wenn die patentierte technische Lehre durch den SdT nur nahegelegt war.[16] 19

Jüngere Entscheidungen verneinen eine Verletzung, wenn die angegriffene Ausführungsform der im Patent beanspruchten glatt äquivalent, aber ihrerseits durch den SdT vollständig vorweggenommen ist.[17] 20

4. Über den Gegenstand der Erfindung hinaus erstreckt sich der Schutzumfang, wenn der Durchschnittsfachmann der Patentschrift bei näherer Überlegung und ohne den Blick nur auf das Nächstliegende zu richten, aber auch ohne eigenes erfinderisches Zutun einen **allgemeinen Erfindungsgedanken** entnehmen kann[18], was voraussetzt, dass dieser in der Patentschrift hinreichend offenbart und aus den Ansprüchen herleitbar ist. 21

Da die Frage, ob der Schutz eines Patents einen allgemeinen Erfindungsgedanken einschließt, nicht im Erteilungsverfahren geprüft wird, ist im Verletzungsprozess eine vollständige **Prüfung der Patentierbarkeit** des in Betracht gezogenen allgemeinen Erfindungsgedankens durchzuführen („nachzuholen").[19] 22

Der unter dem Gesichtspunkt des allgemeinen Erfindungsgedankens – im Ergebnis recht selten – gewährte Schutz schließt auch Ausführungsformen ein, die von der beanspruchten Erfindung nicht lediglich in „glatten", sondern in **„nicht glatten" Äquivalenten** abweichen.[20] Ebenso kann er dazu führen, dass von einem oder mehreren der Merkmale, die die Erfindung nach dem Patentanspruch kennzeichnen, abgesehen wird und Ausführungsformen als patentverletzend gewertet werden, die nicht einmal Äquivalente für die betreffenden Merkmale aufweisen[21], also zu einem selbständigen Schutz von „Unterkombinatio- 23

---

[14] BGH 24.6.1952, GRUR 1953, 29 (32) – Plattenspieler; 6.3.1959, GRUR 1959, 320 – Moped-Kupplung; 27.3.1979, GRUR 1979, 624 – Umlegbare Schießscheibe; 16.12.1958, GRUR 1959, 317 (319) – Schaumgummi.

[15] Vgl. BGH 13.11.1951, BGHZ 3, 365 (371 f.) – Schuhsohle.

[16] BGH 18.6.1964, GRUR 1964, 606 (609) – Förderband.

[17] BGH 14.3.1972, GRUR 1972, 597 (599) – Schienenschalter II; 10.7.1973, GRUR 1974, 460 (462) – Molliped; 3.3.1977, GRUR 1977, 598 (601) – Autoskooter-Halle.

[18] BGH 12.12.1972, GRUR 1973, 411 (413 f.) – Dia-Rähmchen VI; 14.3.1974, GRUR 1974, 715 (716) – Spreizdübel; 3.12.1974, GRUR 1975, 593 (596 f.) – Mischmaschine III; 29.11.1979, GRUR 1980, 219 (220) – Überströmventil; 2.12.1980, GRUR 1981, 259 (260 f.) – Heuwerbungsmaschine II; 22.1.1981, GRUR 1981, 338 (340) – Magnetfeldkompensation.

[19] BGH 11.7.1963, GRUR 1964, 132 (134) – Kappenverschluß; 17.3.1964, BGHZ 41, 378 (384) – Erntemaschine; 10.7.1973, GRUR 1974, 460 – Molliped; 3.12.1974, GRUR 1975, 593 (597) – Mischmaschine III.

[20] BGH 24.4.1969, GRUR 1969, 534 – Skistiefel-Verschluß; 14.11.1978, GRUR 1979, 271 (273) – Schaumstoffe; 2.12.1980, GRUR 1981, 259 (260) – Heuwerbungsmaschine II. Nach ständiger Rechtsprechung des BGH setzt die Einbeziehung solcher Äquivalente voraus, dass der Schutz des Patents einen entsprechenden allgemeinen Erfindungsgedanken umfasst, BGH 24.10.1986, GRUR 1987, 280 – Befestigungseinrichtung; 26.1.1988, GRUR 1988, 444 – Betonstahlmattenwender; 29.4.1997, GRUR 1998, 133 (136) – Kunststoffaufbereitung; im Einzelfall kann jedoch bereits das zur Begründung glatter Äquivalenz Vorgetragene Anlass zur Prüfung auch unter dem Gesichtspunkt nicht glatter Äquivalenz geben, BGH 29.9.1992, GRUR 1993, 383 – Verbindungsglied.

[21] BGH 27.1.1961, GRUR 1961, 404 (406) – Klebebindung; 29.5.1962, GRUR 1962, 575 – Standtank; 13.3.1973, GRUR 1973, 465 – Diebstahlsicherung; 10.7.1973, GRUR 1974, 460 – Molliped; 14.3.1974, GRUR 1974, 715 – Spreizdübel.

nen" oder „Teilkombinationen", manchmal sogar von Einzelelementen, einem „**Teilschutz**".

24 5. Einer Patentauslegung, die zu einem über den Anspruchswortlaut hinausgehenden Schutzumfang führt, kann entgegenstehen, dass im Erteilungsverfahren vom PA eine **Beschränkung** ausgesprochen oder vom Anmelder ein **Verzicht** erklärt oder der Schutzumfang des Patents in sonstiger Weise ausdrücklich festgelegt worden ist.[22] Solche Umstände sind im Verletzungsprozess auch dann, wenn sie nicht aus der Patentschrift, sondern nur aus den **Erteilungsakten** ersichtlich sind, und unabhängig davon zu beachten, ob der SdT die Einschränkung objektiv erfordert hätte.[23]

b) Kritik

25 1. Das Schrifttum hat sich der von der Rechtsprechung praktizierten Bestimmung des Schutzumfangs zwar überwiegend angeschlossen; eine beträchtliche Zahl von Kritikern ist der Dreiteilungslehre jedoch entgegengetreten.[24]

26 2. Die Einwände, die dabei erhoben wurden, sind großenteils berechtigt. Vor allem ließ sich im Verletzungsprozess eine Bindung des Gerichts an das Patent nicht in dem von der Rechtsprechung angenommenen Umfang rechtfertigen. Zutreffend wurde darauf hingewiesen, dass sich die Prüfung im Erteilungsverfahren allgemein auf die Frage beschränkt, ob die durch den – seinem technischen Sinn nach verstandenen – Wortlaut der Ansprüche definierte technische Lehre den Patentierungsvoraussetzungen genügt.[25] Dagegen prüfte die Erteilungsbehörde auch unter dem früheren Recht nicht, ob dies auch für alle im Sinne der Dreiteilungslehre als Gegenstand der Erfindung, insbesondere alle patentrechtlich als glatt äquivalent anzusehenden Abwandlungen galt. Soweit eine Äquivalenzprüfung stattfand, bezog sie sich nur auf das Verhältnis der beanspruchten Lehre zum SdT.

27 Die Bindung des Gerichts darf aber nicht weiter reichen als die Entscheidung der Erteilungsbehörde. Diese bedeutet eine verbindliche Aussage über die Patentierbarkeit nur hinsichtlich des durch den Anspruchswortlaut umschriebenen Gegenstands. Wenn der Patentinhaber Schutz gegen eine Ausführungsform begehrt, die nicht in diesen Bereich fällt, sollte er den Benutzer, der geltend macht, dass sie vom SdT am Prioritätstag des Patents vorweggenommen oder nahegelegt sei, nicht auf das Nichtigkeitsverfahren verweisen dürfen. Gerechtfertigt ist dies nur, wenn die als Verletzung angegriffene Lehre vollständig vom – technisch verstandenen – Anspruchswortlaut erfasst wird. In diesem Fall würde sich das Gericht zur Entscheidung der Erteilungsbehörde in Widerspruch setzen, wenn es die Klage mit der Begründung abwiese, dass die Verletzungsform vom SdT vorweggenommen oder nahegelegt sei. Auffassungen, die auch für diesen Fall den „Einwand des freien Standes der Technik" zulassen wollen,[26] sind unvereinbar mit der im deutschen Recht geltenden Kompetenzabgrenzung zwischen Erteilungsbehörde und ordentlichen Gerichten.

28 3. Indem die Dreiteilungslehre das Gericht des Verletzungsprozesses an einen über die Ansprüche erheblich hinausgehenden Bereich bindet, mag sie zwar die Durchführung der Verletzungsprozesse erleichtern und beschleunigen; möglicherweise liegt hierin der Haupt-

---

[22] BGH 16.6.1961, GRUR 1962, 80 (81) – Rohrdichtung; 5.7.1960, GRUR 1961, 77 (78) – Blinkleuchte; 17.3.1964, BGHZ 41, 378 – Erntemaschine; 18.6.1964, GRUR 1964, 606 – Förderband; 15.6.1978, BGHZ 72, 119 (130f.) – Windschutzblech; 20.12.1979, GRUR 1980, 280 (282) – Rolladenleiste; RG 27.2.1937, RGZ 154, 140 (142f.).

[23] BGH 27.4.1956, GRUR 1956, 542 (546) – Anhängerkupplung; 27.1.1961, GRUR 1961, 404 (408) – Klebebindung; 20.12.1979, GRUR 1980, 280 – Rolladenleiste; RG 25.10.1938, RGZ 159, 1 (9).

[24] Vgl. OLG Karlsruhe 18.5.1971, GRUR 1971, 571.

[25] Vgl. *E. Reimer* GRUR 1956, 387 (401); *Bock* Mitt. 1969, 269 (270); *Breuer* Mitt. 1969, 264 (265); *Windisch* GRUR 1974, 20 (22); *Ströbele* 75f., 102ff.; *v. Falck* GRUR 1984, 392.

[26] So vor allem *Ohl* GRUR 1969, 1–11; zustimmend *Storch* 41.

grund für ihren Erfolg in der Praxis. Sie begünstigt damit jedoch den Patentinhaber in unangemessener Weise zu Lasten des Beklagten.

Besonders schwierig wird dessen Situation, wenn zwar seine Ausführungsform, nicht aber auch der in den Patentansprüchen umschriebene Schutzgegenstand durch den SdT nahegelegt ist. In diesem Fall hilft auch eine Nichtigkeitsklage nicht.[27] Sie muss abgewiesen werden, weil im Nichtigkeitsverfahren die Schutzfähigkeit wiederum nur in Bezug auf die Ansprüche, nicht aber für einen weiterreichenden „Gegenstand der Erfindung" geprüft wird. 29

4. Die Regel, wonach bei vollständiger Vorwegnahme nur nach Maßgabe des Anspruchswortlauts Schutz gewährt wird, bildet im Rahmen der Dreiteilungslehre eine Inkonsequenz. Diese ist jedoch nicht dadurch auszuräumen, dass der Beklagte auch in diesem Fall auf das Nichtigkeitsverfahren verwiesen wird. Vielmehr bilden die Billigkeitserwägungen, auf denen die Berücksichtigung der völligen Vorwegnahme letztlich beruht, ein weiteres Argument dafür, die Bindung an das Patent der wahren Tragweite des Erteilungsakts anzupassen. Einen Schritt in diese Richtung bedeuteten die Entscheidungen, nach denen geltend gemacht werden konnte, dass die – vom „Gegenstand der Erfindung" umfasste, insbesondere der beanspruchten glatt äquivalente – Ausführungsform vollständig im SdT liegt (→ Rn. 19). Dass Entsprechendes nicht möglich sein soll, wenn sie durch den SdT *nahegelegt* ist, lässt sich nicht mit Gerechtigkeitserwägungen, sondern allenfalls damit begründen, dass die Patentstreitkammern der Landgerichte und die Spezialsenate der Oberlandesgerichte nicht in der Lage seien, Fragen der Erfindungshöhe zu beurteilen. Doch wird ihnen eben dies zugetraut, wenn es auf den Schutz eines allgemeinen Erfindungsgedankens ankommt. 30

5. Die Dreiteilungslehre hält daher einer kritischen Überprüfung nicht stand – unabhängig von der Frage, ob es die geltenden Vorschriften erfordern, von ihr abzugehen. Geboten ist eine Reduzierung der dem Patent zugemessenen Bindungswirkung auf den Bereich, für den sie sich vernünftig rechtfertigen lässt. Festgelegt wird dieser Bereich durch den Anspruchswortlaut, und dieser ist nach seinem technischen Sinn zu verstehen. Folge dieser Einschränkung ist, dass die vielfach kritisierte und nach verbreiteter Meinung kaum praktikable Unterscheidung zwischen glatten und nicht glatten Äquivalenten entfällt. Auch zwischen Gegenstand und unmittelbarem Gegenstand der Erfindung ist nicht mehr zu unterscheiden. Außerhalb des vom Anspruchswortlaut und damit von der Bindungswirkung umfassten Bereichs ist Schutz nur zu gewähren, wenn die benutzte technische Lehre nicht durch den SdT am Prioritätstag des Patents vorweggenommen oder nahegelegt ist. 31

Der BGH hat zum geltenden Recht einen Weg eröffnet, im Verletzungsprozess die Bindung der Gerichte angemessen zu begrenzen (→ Rn. 137 ff.). 32

6. Die Bedenken gegen die Dreiteilungslehre berühren nicht unmittelbar die Frage, wie die äußersten Grenzen des möglichen Schutzumfangs zu ziehen sind. Insoweit entspricht es unabhängig von jener Lehre einer langen deutschen Rechtstradition, dem Interesse des Patentinhabers eher großzügiger entgegenzukommen. Die geltenden Vorschriften erlauben dies, wie allgemein angenommen wird, wegen der grundlegenden Bedeutung, die nach ihnen den Ansprüchen zukommt, nicht mehr im früher praktizierten Maß. Dennoch ist anerkannt, dass der Schutzbereich Äquivalente einschließen kann – seit **Pemetrexed**[28] internationaler denn je (→ Rn. 81 ff.). Die Ergänzung, die das Protokoll zu Art. 69 EPÜ in der Revision von 2000 erfahren hat (→ Rn. 10 ff.), bestätigt dies. 33

---

[27] Vgl. *v. Falck* GRUR 1984, 392 (396).
[28] BGH 14.6.2016, GRUR 2016, 921 – Pemetrexed, mit anschaulicher Erläuterung *Meier-Beck* GRUR 2018, 241 (243 f.), auch zur Rechtslage nach britischem Recht infolge der UK Supreme Court Entscheidung Actavis v. Eli Lilly, [2017] UKSC 48, GRUR-Int 2017, 1051. Zum „Comeback der Äquivalenz" eingehend auch *Kellenter* GRUR 2018, 247 (254).

III. Die Bestimmung des Schutzbereich von Patenten und Gebrauchsmustern nach geltendem Recht

a) Grundfragen

34 1. Bei der Bestimmung des Schutzbereichs von Patenten sind widerstreitende Interessen zu einem gerechten Ausgleich zu bringen. Schutzwürdig sind auf der einen Seite das Interesse des Patentinhabers, den wirtschaftlichen Wert der patentierten Erfindung vollständig für sich auszuschöpfen, das Interesse des Erfinders, angemessen belohnt zu werden, und das Interesse der Allgemeinheit, dem Patentschutz die zur Förderung des technischen Fortschritts nötige Effektivität zu sichern. Auf der anderen Seite erfordern Berücksichtigung: das Interesse der Nutzer technischen Wissens, den jeweiligen SdT, soweit er nicht erkennbar dem Inhaber eines Schutzrechts ausschließlich zugeordnet ist, frei verwerten und fortentwickeln zu können, und das Interesse der Allgemeinheit daran, dass bei der Nutzung dieses SdT Wettbewerbsfreiheit herrscht. Dagegen fällt das „natürliche" Interesse Dritter und der Allgemeinheit, möglichst das *gesamte* faktisch zugängliche technische Wissen unbeschränkt nutzen zu können, bei der Schutzbereichsabgrenzung nicht als schutzwürdig ins Gewicht, soweit und solange ein Patent besteht. In diesem Umfang ist durch die Patenterteilung bereits entschieden, dass das allgemeine Freiheitsinteresse zurückzutreten hat. Daher kann unter dem Gesichtspunkt der Rechtssicherheit für Dritte zwar eine möglichst *klare* Begrenzung des Schutzbereichs gefordert werden, nicht aber eine möglichst *enge*.

35 2. Gewiss wäre es wünschenswert, dass bereits durch die Festlegung der Ansprüche im Erteilungsverfahren der Schutzbereich eindeutig und lückenlos umschrieben wird. Die deutsche Praxis geht jedoch seit langem davon aus, dass der Versuch, dies zu erreichen, den Prüfungsaufwand wesentlich erhöhen und trotzdem in vielen Fällen nicht zum angestrebten Ergebnis führen würde. Sie beschränkt sich deshalb im Erteilungsverfahren grundsätzlich darauf, den Gegenstand des Patents festzulegen, und überlässt dem Verletzungsprozess die Frage, ob und inwieweit dem Patent ein weiter reichender Schutzumfang zukommt. Zwar ist es der Erteilungsbehörde nicht verwehrt, auch hierzu Festlegungen zu treffen; sie kann dabei aber kaum jemals alle denkbaren Erscheinungsformen einer Benutzung der patentierten Erfindung vorausschauend in Betracht ziehen.[29] Daher befasst sie sich mit dem Schutzumfang nur, soweit ihr dies „tunlich" erscheint[30] und rechnet damit, dass dieser im Verhältnis zu konkreten Ausführungsformen, die als patentverletzend angegriffen werden, im Verletzungsprozess die noch erforderliche genauere Bestimmung erfährt. Das erspart es ihr, spekulativ auf Ausführungsformen einzugehen, die vielleicht niemals verwirklicht werden[31].

36 3. Die neuen Vorschriften lassen den Gerichten im Verletzungsprozess bei der Bestimmung des Schutzbereichs weniger Spielraum, als ihn die bisherige deutsche Praxis voraussetzte. Mehr als es diese gewohnt war, erfordern sie daher, dass im Erteilungsverfahren verallgemeinernde Anspruchsfassungen angestrebt werden (vgl. → § 24 Rn. 18 ff. und → § 28 Rn. 24 ff.). Soweit es nicht möglich ist, einen angemessenen, nicht allzu leicht umgehbaren und dennoch durch den neuen, erfinderischen Gehalt der Anmeldung in vollem Umfang gerechtfertigten Schutz schon durch die im Erteilungsverfahren erfolgende Anspruchsformulierung sicherzustellen, verbleibt die Aufgabe der Einzelabgrenzung dem Verletzungsprozess.

37 Für **europäische Patente** richtet sich die Bestimmung des Schutzbereichs nach Art. 69 EPÜ und dem Auslegungsprotokoll, die in vielen Vertragsstaaten auch in das für nationale Patente maßgebende Recht übernommen sind.[32] Bei der Anwendung dieser Rechtsgrund-

---

[29] *Bernhardt* 152 f.
[30] Vgl. *Ströbele* 73 ff., 78 ff.
[31] Vgl. *Bardehle* GRUR-Int 2003, 627.
[32] Angaben zur Rechtslage in anderen Vertragsstaaten des EPÜ bei *Busse/Keukenschrijver* PatG § 14 Rn. 93–104; *Schramm/Kaess* 219 ff. Zur Auslegung des Art. 69 EPÜ in den Vertragsstaaten *König* Mitt.

§ 32. Der Schutzbereich des Patents und des Gebrauchsmusters III § 32

lagen durch die nationalen Gerichte sind Divergenzen nicht ausgeblieben. Sie betreffen nicht nur die Ergebnisse von Entscheidungen über denselben Sachverhalt[33], sondern auch Fragen von allgemeinerer Bedeutung wie insbesondere die Einbeziehung äquivalenter Abwandlungen der im Patentanspruch definierten Lehre in den Schutzbereich (Näheres → Rn. 81 ff.).[34] Der Plan, eine europäische Patentgerichtsbarkeit zu schaffen (→ § 7 Rn. 86), dient auch der Verhinderung solcher Divergenzen.[35]

4. Das frühere Recht (§ 6 PatG 1968), das es dem Patentinhaber vorbehielt, gewerbs- **38** mäßig den „Gegenstand der Erfindung" herzustellen, in Verkehr zu bringen, feilzuhalten oder zu gebrauchen, schien vor allem eine Bestimmung des **Gegenstands der Erfindung** zu fordern. Dementsprechend pflegte mit diesem Begriff der Normalbereich des Schutzes gekennzeichnet zu werden (vgl. → Rn. 16). Bei zwangloser Betrachtung muss jedoch der Gegenstand der Erfindung im Sinne des früheren § 6 PatG etwas sein, worauf sich die im Gesetz genannten Handlungen beziehen können. Durchgehend trifft dies nur auf **körperliche Sachen** zu. Auf Verfahren lässt sich ohne Gewaltsamkeit nur das „Gebrauchen" beziehen. Gemeint waren also offenbar primär Sachen, in denen sich die geschützte Erfindung verwirklichte. Dabei wurde jedoch bald erkannt, dass die im Gesetz bezeichneten Handlungen letztlich deshalb dem Patentinhaber vorbehalten sind, weil durch sie die **Erfindung als unkörperlicher Gegenstand** des Patents **benutzt** wird. In § 9 S. 1 PatG kommt dies nunmehr deutlich zum Ausdruck. Die gleiche Bedeutung hat § 11 Abs. 1 S. 1 GebrMG, wenn – wie in dieser Darstellung (→ § 1 Rn. 44 f.) – unter dem Gebrauchsmuster das Schutzrecht verstanden wird; sein Gegenstand ist dann die Erfindung.

Daher sollte nicht die geschützte technische Lehre, also die Erfindung selbst, als Gegenstand der **39** *Erfindung* angesprochen werden. Nicht ganz folgerichtig, sondern nur als abkürzende Ausdrucksweise vertretbar ist es auch, dass § 9 S. 2 Nr. 1 PatG, § 11 Abs. 1 S. 2 GebrMG von einem *Erzeugnis* sprechen, das Gegenstand des Patents bzw. Gebrauchsmusters ist. Vielmehr besteht dieser in der technischen Lehre, die die Beschaffenheit des Erzeugnisses prägt.

Die Erfindung benutzen heißt sie als technische Handlungsanweisung ausführen. Im **40** Unterschied zum Urheberrecht (vgl. → § 2 Rn. 72 ff.) schützt das Patent nicht gegen die Wiedergabe, sondern gegen die **Anwendung** seines Gegenstands. Das gilt nicht nur für

---

1996, 296 (301 ff.); zur britischen Rechtsprechung *Adam* 89–150, 259–287; zur Auslegung von Patentansprüchen im französischen Verletzungsverfahren *Fabry* Mitt. 2004, 402 ff.; zur niederländischen Praxis Gerechtshof Den Haag 12.9.1996, Mitt. 1997, 34 mit Anm. *v. König.* – LG Düsseldorf 22.9.1998, GRUR-Int 1999, 458 prüft die Frage, ob ein von einem Lizenznehmer hergestelltes Erzeugnis unter ein europäisches Patent fällt und damit lizenzpflichtig ist, für verschiedene Staaten (Deutschland, Frankreich, Vereinigtes Königreich, Italien, Schweden) gemäß den nach dem jeweiligen nationalen Recht maßgebenden Grundsätzen.

[33] Bekanntestes Beispiel ist der – nach der Marke eines der beteiligten Erzeugnisse benannte – Fall „Epilady", der in mehreren Staaten die Gerichte beschäftigt hat: eine Ausführungsform, die – als Mittel, das in schneller Rotation die Entfernung von Körperhaaren aus der Haut bewirkt – an Stelle der im Patentanspruch vorgesehenen biegsamen Schraubenfeder eine mit Schlitzen versehene biegsame Kunststoffwalze aufwies, wurde – teilweise auch innerhalb derselben nationalen Gerichtsbarkeit – in einigen Entscheidungen wegen Äquivalenz als patentverletzend, in anderen als nicht vom Schutzbereich umfasst angesehen (s. GRUR-Int 1990, 471 (474, 478); 1992, 53, 585; 1993, 242 (245, 249, 252) dazu auch 407 (416 f.); ausführliche Darstellung bei *Adam* 290–321; s. auch *Dolder/Faupel* 69–80). – Vgl. auch die Fallstudie in ABl. EPA 2003 Sonderausgabe 2, 76 ff. zu dem Sachverhalt, über den außer BGH 2.3.1999, GRUR 1999, 909 – Spannschraube auch Gerichte in der Schweiz und Frankreich zu befinden hatten; dazu *Dolder/Faupel* 81–98; *Ballester Rodés* 235–241; *Reimann* VPP-Rundbrief 2005, 97 (106).

[34] *Tilmann* IIC 2006, 62 (65 f.) nennt außer Aspekten der Äquivalenz auch die Berücksichtigung der Erteilungsakten bei der Patentauslegung und den Teilschutz und plädiert für harmonisierte Regeln zu solchen Einzelfragen („sub-rules"). Vgl. ferner *Brändle* GRUR 1998, (854–857; zum gleichen Thema *Grabinski* GRUR 1998, 857–865; *Tilmann/Dagg* GRUR 2000, 459–468; *Tilmann/Jacob* GRUR-Int 2003, 982–986; *Fabry* GRUR 2008, 7–11.

[35] S. *Cornish/Llewelyn* FS Kolle/Stauder, 2005, 115 ff.

Verfahrens-, sondern auch für Sachpatente. Bei Letzteren kommt es daher für die Frage der Verletzung nicht entscheidend darauf an, dass eine Sache einer erfindungsgemäß beschaffenen mehr oder weniger ähnlich ist. Wesentlich ist vielmehr, dass ihre Gestaltung durch die geschützte technische Lehre bestimmt wird. Das lässt sich nicht ohne Berücksichtigung der **Wirkungen** entscheiden, die den Sachmerkmalen gemäß der Erfindung einerseits und bei dem als verletzend in Betracht gezogenen Erzeugnis andererseits zukommen. Die Feststellung übereinstimmender körperlicher Merkmale hat nur insofern Bedeutung, als sie Rückschlüsse auf die Benutzung der geschützten technischen Lehre erlaubt, eine solche Benutzung indiziert.

41   5. Die geltenden Vorschriften über den **Schutzbereich** nehmen auf die Ansprüche Bezug; in diesen ist der **Gegenstand** des Schutzrechts angegeben (§ 34 Abs. 3 Nr. 3 PatG, Art. 84 EPÜ, § 4 Abs. 3 Nr. 3 GebrMG). Bei der Bestimmung des Schutzbereichs ist zu berücksichtigen, dass sich die Schutzwirkung in einem ausschließlichen Benutzungsrecht hinsichtlich der patentierten Erfindung äußert. Ob es verletzt ist, hängt davon ab, ob diese benutzt wird. Die Frage nach dem (sachlichen) Schutzbereich betrifft deshalb die Variationsbreite der Erscheinungsformen, in denen sich die den Gegenstand des Schutzrechts bildende Erfindung verwirklicht.

42   Bei der Bestimmung des Schutzbereichs können die zum früheren Recht entwickelten Auslegungsgrundsätze (→ Rn. 15 ff.) nicht mehr herangezogen werden, soweit sie mit der im geltenden Recht vorgeschriebenen Maßgeblichkeit der Ansprüche nicht im Einklang stehen. Das gilt nach heute praktisch allgemeiner Ansicht vor allem für die Möglichkeit, den Schutz auf einen „allgemeinen Erfindungsgedanken" auszudehnen[36]. Korrekturen waren auch wegen der schon dargelegten Bedenken gegen die Dreiteilungslehre (vgl. → Rn. 25 ff.) erforderlich. Im Übrigen kann aber in vielen Einzelfragen auf Lösungen zurückgegriffen werden, die die Rechtsprechung zum früheren Recht gefunden hat.

b) Grundlagen der Auslegung

43   1. Die **Patentansprüche** sind jeweils in der zuletzt durch patentamtliche oder gerichtliche Entscheidung festgelegten Fassung maßgebend.[37] Einschränkungen, die in einem Einspruchs-, Nichtigkeits- oder Beschränkungsverfahren erfolgen, wirken auf den Zeitpunkt der Patenterteilung zurück. Bei europäischen Patenten ist der Wortlaut in der Verfahrenssprache die verbindliche Fassung (Art. 70 Abs. 1 EPÜ).[38]

44   Für den durch die Veröffentlichung der Anmeldung begründeten *einstweiligen Schutz* wird nicht nur, wie es Art. 69 Abs. 2 EPÜ vorschreibt, bei europäischen, sondern auch bei deutschen Anmeldungen zunächst von der *veröffentlichten* Anspruchsfassung auszugehen sein; wenn sich bei der Erteilung oder durch spätere Einschränkung des Patents eine engere Fassung ergibt, ist diese rückwirkend auch dem einstweiligen Schutz zugrunde zu legen. Dagegen hat es auf ihn keinen Einfluss, wenn die erteilten Ansprüche weiter gefasst werden als die veröffentlichten.

45   Zur Auslegung eines Hauptanspruchs kann grundsätzlich auch die Ermittlung des Sinngehalts eines Unteranspruchs beitragen. Zu beachten ist freilich, dass Unteransprüche Hauptansprüche idR nicht

---

[36] *Scharen* in Benkard PatG § 14 Rn. 102; *Rinken/Kühnen* in Schulte PatG § 14 Rn. 72 f.; zweifelnd *Osterloh* GRUR 2001, 989 (990). – Nach BGH 14.6.1988, BGHZ 105, 1 – Ionenanalyse, reicht die Übereinstimmung zweier Vorrichtungen in einem „entscheidenden Gedanken" nach geltendem Recht für einen Eingriff in den Schutzbereich nicht aus.
[37] Vgl. BGH 31.1.1961, GRUR 1961, 336 (337) – Bettcouch; 6.7.1962, GRUR 1962, 577 – Rosenzüchtung; 7.12.1978, GRUR 1979, 308 (309) – Auspuffkanal.
[38] Vgl. BGH 2.3.1999, GRUR 1999, 909 (912) – Spannschraube. – Wenn in einem deutschen Nichtigkeits- oder Beschränkungsverfahren Ansprüche eines europäischen Patents, dessen Verfahrenssprache nicht Deutsch ist, eine geänderte Fassung erhalten, bleibt die Fassung in der Verfahrenssprache als äußerste Grenze des Schutzbereichs maßgebend; vgl. *Nieder* Rn. 6 mN.

§ 32. Der Schutzbereich des Patents und des Gebrauchsmusters **III § 32**

einengen, sondern ähnlich wie Ausführungsbeispiele meist nur vorteilhafte Möglichkeiten seiner Ausgestaltung aufzeigen.[39]

2. **Beschreibung und Zeichnungen** sind ebenfalls in ihrer letzten amtlich oder gerichtlich festgelegten Fassung maßgebend. Dabei kommen auch Entscheidungen in Betracht, die *lediglich* die Beschreibung oder die Zeichnungen ändern (§ 21 Abs. 2 S. 2 PatG; Art. 138 Abs. 2 S. 2 EPÜ und Art. II § 6 Abs. 2 S. 2 IntPatÜG, die allerdings bei Inkrafttreten des EPÜ 2000 weggefallen sind). 46

Zur Beschreibung zählen auch die darin genannten Druckschriften aus dem SdT, jedenfalls soweit auf sie zur Ergänzung der Beschreibung Bezug genommen ist[40]. 47

Bis zu Patenterteilung ist von der veröffentlichten Fassung der Anmeldung auszugehen. 48

Wird ein Patent durch eine Entscheidung im Nichtigkeitsverfahren eingeschränkt, wird mangels Veröffentlichung einer neuen PS die Beschreibung durch die Gründe der Entscheidung ergänzt oder ersetzt.[41] Die Gründe sind daher für die Bestimmung des Schutzbereichs des Patents in gleicher Weise heranzuziehen, wie wenn sie Bestandteil der Beschreibung wären. Das Gericht des Verletzungsprozesses ist an sie gebunden und darf sich mit seiner Auslegung des Patents nicht zu ihnen in Widerspruch setzen.[42] Entsprechendes gilt für Entscheidungen im Gebrauchsmuster-Löschungsverfahren. 49

Die Gründe einer die Nichtigkeitsklage *abweisenden* Entscheidung haben keine Bindungswirkung; freilich dürfen sie im Verletzungsprozess als Auslegungshilfe zur Kenntnis genommen werden.[43] Das gleiche wird für die Gründe einer Entscheidung des DPMA, des BPatG oder des EPA im Erteilungs-, Einspruchs- oder Beschränkungsverfahren gelten müssen, soweit sie nicht in der daraufhin veröffentlichten PS oder Änderung der PS (§§ 61 Abs. 4, 64 Abs. 3 S. 4 PatG; Art. 103, 105c EPÜ) zum Ausdruck kommen.[44] 50

3. Das **Verletzungsgericht legt das Klagepatent selbstständig aus**; ohne rechtliche oder tatsächliche Bindung durch die Auslegung des BGH im einem vorgängigen Patentnichtigkeitsverfahren.[45] Zur Auslegung der Patentansprüche sind die Beschreibung und die Zeichnungen heranzuziehen. Das bedeutet zunächst, dass die Schutzbereichsbestimmung von den **in den Ansprüchen verwendeten Begriffen** auszugehen hat. Diese sind im Lichte von Beschreibung und Zeichnungen zu verstehen, insbesondere soweit letztere Aufschluss über den Zweck der durch die Anspruchsmerkmale gekennzeichneten Arbeitsmittel geben, an dem sich das fachmännische Verständnis der in den Ansprüchen verwendeten Begriffe entscheidend orientiert[46]. Das kann im Einzelfall zu einem erweiterten Verständnis, aber auch zu einer einengenden Präzisierung in den Ansprüchen enthaltener Begriffe führen[47]. **Unzulässig ist es** freilich, den Schutzbereich eines allgemein gefassten Anspruchs auf das in Beschreibung oder Zeichnung konkret dargestellte Ausführungsbeispiel zu beschränken.[48] Entsprechendes gilt für sonstige erläuternde Angaben, die in den An- 51

---

[39] BGH 10.5.2016, GRUR 2016, 1031 Rn. 15 ff. – Wärmetauscher.
[40] BGH 27.10.1998, Mitt. 1999, 365 (367) – Sammelförderer.
[41] BGH 12.7.1955, GRUR 1955, 573 – Kabelschelle; 30.6.1964, GRUR 1964, 669 (670, 672) – Abtastnadel II; 7.12.1978, GRUR 1979, 308 – Auspuffkanal; OLG Düsseldorf 21.4.2005, InstGE 5, 183 – Ziehmaschine.
[42] BGH 12.7.1955, GRUR 1955, 573 – Kabelschelle.
[43] BGH 6.7.1967, GRUR 1968, 33 (37) – Elektrolackieren; RG 27.2.1937, RGZ 154, 140 (143 f.); 2.2.1943, RGZ 170, 346 (356 f.); BGH 17.4.2007, GRUR 2007, 778 Rn. 20 – Ziehmaschinenzugeinheit; *Scharen* in Benkard PatG § 14 Rn. 28 mwN.
[44] BGH 9.5.1985, GRUR 1985, 967 (969) – Zuckerzentrifuge. lehnt es ab, Erwägungen einer auf Einspruchsbeschwerde ergangenen Entscheidung des BPatG, die in der PS keinen Niederschlag gefunden haben, zur Grundlage einer einschränkenden Auslegung des Patents zu machen.
[45] BGH 2.6.2015, GRUR 2015, 972 Rn. 20 – Kreuzgestänge.
[46] BGH 7.11.2000, GRUR 2001, 232 – Brieflocher; 2.3.1999, GRUR 1999, 909, 911 – Spannschraube.
[47] BGH 2.3.1999, GRUR 1999, 909 – Spannschraube; 13.4.1999, Mitt. 2000, 105 – Extrusionskopf.
[48] BGH 7.1.1955, GRUR 1955, 244 – Repassiernadel; 22.11.1957, GRUR 1958, 179 (181) – Resin; 17.2.1961, GRUR 1961, 409 – Drillmaschine; 7.9.2004, BGHZ 160, 204 = GRUR 2004, 1023

sprüchen keinen Niederschlag gefunden haben.[49] Auch darf auf Bezugszeichen, durch die in einem Anspruch auf Zeichnungen verwiesen wird, keine einschränkende Auslegung des Anspruchs gestützt werden.[50] Außerhalb des Schutzbereichs bleibt aber in jedem Fall der vom Inhalt der Ansprüche nicht umfasste Offenbarungsgehalt von Beschreibung und Zeichnungen, auch wenn sich darin patentierbare Neuerungen finden sollten.[51] **Gleiche Begriffe** haben im Zweifel die gleiche Bedeutung,[52] denn auch insoweit ist es Sache des Anmelders, durch eine entsprechende Fassung der Patentansprüche dafür zu sorgen, dass der Schutz den von ihm geforderten Umfang hat, und er hat dies auch in der Hand. Versäumt er es, muss er sich mit einem entsprechend engeren Schutzbereich begnügen – schon aus Gründen der Rechtssicherheit.[53] Zum Thema auch → Rn. 55 und 78.

52 Versäumt es der Anmelder einer Erfindung, die sowohl im Sende- als auch im Empfängerbereich eines Rundfunkübertragungssystems zu einer Bereicherung der Technik führt, den Empfängerbereich hinreichend deutlich in den Patentanspruch einzubeziehen, darf der vom Patentanspruch nicht erfassten Empfängerbereich nicht allein deshalb in den Schutz einbezogen werden, um eine angemessene Belohnung des Erfinders sicherzustellen. Um einen für ihn brauchbaren Schutz muss sich der Erfinder selbst kümmern. Dass die Leser einer Patentschrift sich darauf verlassen können, dass der Schutzgegenstand eines Patents im Anspruch hinreichend deutlich bezeichnet ist, ist, wie unter → Rn. 51 erläutert, ein Erfordernis der Rechtssicherheit.[54]

53 Eine Ausweitung des Schutzbereichs eines Patents auf ein Verfahren, das der Fachmann zwar aufgrund seines Fachwissens anhand der Beschreibung auffinden kann, das aber in der Anspruchsfassung keinen Niederschlag gefunden hat, ist mit den auch für das deutsche Recht maßgebenden Grundsätzen des Auslegungsprotokolls zu Art. 69 EPÜ nicht vereinbar.[55]

54 **Bestehen Widersprüche** zwischen Patentansprüchen einerseits und Beschreibung (oder Zeichnungen) andererseits, sind deren Bestandteile, die in den Ansprüchen keinen Niederschlag gefunden haben, in den Schutzbereich des Patents grundsätzlich *nicht* einbezogen.[56] Offenbart die Beschreibung mehrere Möglichkeiten, wie eine bestimmte technische Wirkung erzielt werden kann, ist jedoch nur eine dieser Möglichkeiten in den Patentanspruch aufgenommen worden, betrachtet der BGH die übrigen, vom Anmelder ausweislich der Offenbarung erkennbar gesehenen Möglichkeiten als nicht beansprucht. Damit sind diese Möglichkeiten patentfrei und fällt ihre Benutzung regelmäßig nicht in den Äquivalenzbereich des Patents.[57] *Kühnen* stimmt zwar den Leitsätzen

---

Rn. 4c – bodenseitige Vereinzelungseinrichtung; 12.12.2006, GRUR 2007, 309 Rn. 17 – Schussfädentransport; 17.4.2007, GRUR 2007, 778 Rn. 18 – Ziehmaschinenzugeinheit; anders Hoge Raad der Nederlanden 4.4.2014, Mitt. 2014, 332 ff. – Stent, der auch eine diesbezügliche Beschränkung des Schutzbereichs für möglich hält (zu Art. 69 Abs. 1 EPÜ). Vgl. auch Anm. hierzu *van Lookeren Campagne* Mitt. 2014, 333 f.

[49] BGH 9.5.1985, GRUR 1985, 967 (968) – Zuckerzentrifuge; 17.4.2007, GRUR 2007, 778 Rn. 21 – Ziehmaschinenzugeinheit.

[50] R 43 Abs. 7 Satz 2 EPÜ; BGH 30.10.1962, GRUR 1963, 563 (564) – Aufhängevorrichtung.

[51] BGH 29.11.1979, GRUR 1980, 219 – Überströmventil; 24.3.1987, BGHZ 100, 249 – Rundfunkübertragungssystem; 29.11.1988, BGHZ 106, 84 – Schwermetalloxidationskatalysator; 12.3.2002, GRUR 2002, 515 (518) – Schneidmesser I; GRUR 2002, 519 (522) – Schneidmesser II; GRUR 2002, 523 (526) – Custodiol I; GRUR 2002, 527 (530) – Custodiol II; *Scharen* in Benkard PatG § 14 Rn. 35 f. mwN.

[52] BGH 5.10.2016, GRUR 2017, 152 Rn. 17 aE – Zungenbett.

[53] BGH 19.11.1991, BGHZ 116, 122 (128 f.) – Heliumeinspeisung; 12.3.2002, GRUR 2002, 519 (523) – Schneidmesser II; GRUR 2002, 523 (526) – Custodiol I; GRUR 2002, 527 (531) – Custodiol II.

[54] BGH 24.3.1987, BGHZ 100, 249 (254) – Rundfunkübertragungssystem.

[55] BGH 29.11.1988, BGHZ 106, 84 (93) – Schwermetalloxidationskatalysator.

[56] BGH 10.5.2011, GRUR 2011, 701 Rn. 23 ff. – Okklusionsvorrichtung, m. sehr krit. Anm. *Kühnen*.

[57] BGH 10.5.2011, GRUR 2011, 701 Rn. 23 ff. – Okklusionsvorrichtung.

§ 32. Der Schutzbereich des Patents und des Gebrauchsmusters

des BGH in *Okklusionsvorrichtung* zu, lehnt aber die Einschränkung des Äquivalenzbereichs von Patenten, die aus Ergebnis und Begründung der Entscheidung folgt, entschieden ab.[58]

Nachvollziehbar Grund zu dieser Kritik gibt die Frage, warum ein Anmelder, der wenig offenlegt (und sich so zu Lasten des SdT einen breiteren Äquivalenzbereich offenhält), besser stehen soll als ein Anmelder, der zugunsten des SdT umfassend offenlegt. Darauf lässt sich erwidern, dass auch die umfassendste Offenlegung mit nicht mehr belohnt werden kann als der Gewährung anmeldungsgemäßer Patentansprüche. Arbeiten Anmelder oder ihn vertretende Patentanwälte hier nicht genau, muss der Anmelder die resultierenden Nachteile tragen – oder er kann Schadenersatzansprüche aus Berufshaftpflicht haben. Dass das richtig ist, zeigen zwei Überlegungen: erstens erstrebt der Anmelder mit seiner Patentanmeldung die Gewährung eines Ausschließungsrechts, dessen Maximalumfang nur er durch seine Anmeldung steuern kann. Zweitens verlangen Einschränkungen der Wettbewerbsfreiheit in besonderer Weise nach Rechtssicherheit. Diese ist gefährdet, wenn Verletzungsgerichte Anmeldern durch Erweiterungen des Patentschutzbereichs auch in Situationen „helfen" wollen, in denen diese an den Folgen von ihnen selbst unzureichend formulierter Patentansprüche leiden, in denen sie also unzureichend Chancen genutzt haben, die das Patentsystem ihnen bietet – und der Rechtsverkehr vom dann engeren Patentschutzbereich profitiert. Angesichts des Umstands, dass die skizzierte BGH-Rechtsprechung einen Schritt in Richtung des bekannten Ansatzes des britischen Patentrechts bedeutet, das lange keine Äquivalenzlehre kannte[59], lässt sich diese Rechtsprechung auch als (gewisse) Distanzierung von der Lehre vom allgemeinen Erfindungsgedanken auffassen, wie sie vor allem in Deutschland vertreten wird; zur Kritik an der alten „Dreiteilungslehre" und zu den Gründen für ihren seinerzeitigen Erfolg bei deutschen Verletzungsgerichten vgl. → Rn. 25 ff. 55

4. Aus der Beschreibung kann sich ergeben, dass die eine oder andere nach dem Wortlaut der Ansprüche als möglich erscheinende Auslegung auszuschließen ist. Das trifft zu, wenn klar zum Ausdruck kommt, dass in bestimmtem Umfang kein Schutz beansprucht oder gewährt wird. In seiner Entscheidung **Lagerregal**[60] stellt der BGH ausdrücklich klar, dass das Fehlen einer sonst nirgends thematisierten Stütze in den Zeichnungen **für sich genommen nicht darauf schließen lässt,** das Fehlen der Stütze sei ein negatives Merkmal des patentgemäßen Gestells – und dessen Ausführung *mit* Stütze folglich nicht patentgemäß. Wollte man ein negatives Patentmerkmal annehmen, bedürfe es vielmehr weiterer Anhaltspunkte. 56

Als Teil der schutzgewährenden Entscheidung vom Verletzungsgericht zu beachten sind freilich **ausdrückliche Schutzbegrenzungen,** gleichgültig ob nach dem SdT geboten oder nicht. Sie bestimmen den Schutzbereich des Patents und rubrizieren gewöhnlich als Verzichte oder Beschränkungen.

Im Grunde geht es um zwei Seiten desselben Vorgangs, den der erste Begriff aus der Sicht des Anmelders, der zweite aus der Sicht der Erteilungsbehörde anspricht: das Einverständnis des Anmelders, das die Erteilung des Patents in der von ihm gebilligten Fassung ermöglicht, und die Entscheidung, die dieses Einverständnis unwiderruflich macht (vgl. → § 25 Rn. 77 und 177 sowie → § 29 Rn. 57 ff.). 57

Auch derartige Verzichte und Beschränkungen sind jedoch nur zu berücksichtigen, wenn sie aus der Beschreibung selbst ersichtlich sind.[61] Für eine Heranziehung der *Erteilungsakten* zum Zweck der Patentauslegung lassen die geltenden Vorschriften keinen 58

---

[58] Zur Patentbeschreibung mit überschießendem Offenbarungsgehalt ausführlich *Rinken* FS 80 Jahre Patentgerichtsbarkeit Ddf., 429 ff.
[59] Anders nun wohl UK Supreme Court, 12.7.2017, [2017] UKSC 48, GRUR-Int 2017, 1051 – Actavis v. Eli Lilly.
[60] 9.12.2008, GRUR 2009, 390 (391).
[61] BGH 16.12.1958, GRUR 1959, 317 (319) – Schaumgummi; *Scharen* in Benkard PatG § 14 Rn. 119; *Bossung* FS Preu, 1988, 219 (232 f.); grundsätzlich auch *Busse/Keukenschrijver* PatG § 14 Rn. 52; *v. Falck* GRUR-FS 1991, 543 Rn. 13.

§ 32 III   5. *Abschnitt. Wirkung und Durchsetzung der Schutzrechte*

Raum[62]; mit der Folge, dass eine äquivalente Patentverletzung grundsätzlich *nicht* für eine von mehreren technischen Lösungsmöglichkeiten geltend gemacht werden kann, die zusammen mit den am Ende beanspruchten *offenbart*, aber nicht in die Patentansprüche aufgenommen wurden.[63] Beruhten Patentansprüche auf einer Auswahlentscheidung des Anmelders, habe dieser die Folgen seiner Entscheidung zu tragen; soweit der Grundsatz. Ein insoweit besonderer Fall lag der BGH-Entscheidung **Pemetrexed** zugrunde.[64] Auch hier hatte der Anmelder eine Auswahlentscheidung getroffen; zwischen zwei Pemetrexedsalzen, von denen freilich nur das eine offenbart worden war. Das unterschied den Fall vom Sachverhalt der **Okklusionsvorrichtung**[65], in dem dies anders gewesen war, und ließ den BGH-Patentsenat hier anders entscheiden als im dortigen Fall der Auswahl zwischen zwei offenbarten Alternativen. Hinzu kam, dass der Anmelder seine Auswahl auf Verlangen des EPA-Patentprüfers auf Pemetrexiddinatrium beschränkt hatte, die nach Meinung des Prüfers einzige unmittelbar und eindeutig offenbarte erfindungsgemäße Verbindung.

59 Zur Heranziehbarkeit der Anspruchsgeschichte äußerte sich der BGH in seiner Entscheidung nicht. Die Ansicht, dass auf die Erteilungsakten, wie es nach früherem Recht anerkannt war,[66] Einschränkungen des Schutzbereichs gestützt werden könnten, ließe sich freilich auch dann nicht begründen, wenn man annähme, es gehe nicht um eine Anspruchsauslegung.[67] Insbesondere handelt der Patentinhaber nicht widersprüchlich oder missbräuchlich,[68] wenn er das Patent in der erteilten Fassung geltend macht, obwohl in dieser ein Verzicht oder eine Beschränkung, die im Erteilungsverfahren erklärt worden sind, nicht zum Ausdruck kommen. Die erteilte Fassung zeigt dann, dass von der Einschränkung im weiteren Verlauf zulässigerweise (vgl. → § 25 Rn. 182) wieder abgegangen wurde. Dem Verletzungsbeklagten bleibt die Möglichkeit, materielle Patentierungshindernisse, die gegebenenfalls die fragliche Einschränkung wirklich erfordert hätten, durch Nichtigkeitsklage zur Geltung zu bringen. Ihn auf diesen Weg zu verweisen, ist auch deshalb angebracht, weil ihm nach geltendem Recht selbst dann nichts anderes übrig bliebe, wenn das Abgehen von einem Verzicht oder einer Beschränkung während des Erteilungsverfahrens abweichend von der hier vertretenen Ansicht als unzulässige Erweiterung aufgefasst würde (vgl. → § 25 Rn. 154ff. und 165ff.).

60 Der BGH hat seine schon früher bekundete Auffassung, dass es für die Bestimmung des Schutzbereichs eines Patents grundsätzlich nicht auf Vorgänge im Erteilungsverfahren ankommt[69], auch insoweit für maßgebend erklärt, als es um eine *Einschränkung* des Schutzes

---

[62] *Scharen* GRUR 1999, 285 (288 ff.) und in Benkard EPÜ Art. 69 Rn. 32; *Busche* Mitt. 1999, 161 (164) und FS König, 2003, 49 (57 ff.); *König* GRUR 1999, 809 (816 f.); *Ann* Mitt. 2000, 181 ff.; *Schiuma* 273 ff.; *Reimann* VPP-Rundbrief 2005, 97 (101); *Tilmann* FS Bartenbach, 2005, 302; *Osterrieth* Rn. 929 f.; zur Entstehungsgeschichte sowie rechtsvergleichend *Reichle* 15 ff. und 35 ff.

[63] Anschaulich *Meier-Beck* GRUR 2018, 241 (243 f.).

[64] BGH 14.6.2016, GRUR 2016, 921 – Pemetrexed.

[65] BGH 10.5.2011, GRUR 2011, 701 Rn. 23 ff. – Okklusionsvorrichtung, m. sehr krit. Anm. *Kühnen*.

[66] Der Grundsatz hat sich in den Entscheidungen, in denen er ausgesprochen wurde, praktisch oft nicht ausgewirkt, da die tatsächlichen Voraussetzungen eines Verzichts oder einer Beschränkung nicht vorlagen, so in BGH 11.7.1963, GRUR 1964, 132 (134) – Kappenverschluß; 18.6.1964, GRUR 1964, 606 – Förderband; 3.2.1966, GRUR 1966, 312 (317) – Appetitzügler; 24.2.1970, GRUR 1970, 361 (362) – Schädlingsbekämpfungsmittel; 15.6.1978, BGHZ 72, 119 (131) – Windschutzblech. – Im Übrigen führte er zum Ausschluss bestimmter extensiver Auslegungen, nicht aber zur Einschränkung von Ansprüchen, so in BGH 5.7.1960, GRUR 1961, 77 – Blinkleuchte; 27.4.1956, GRUR 1956, 542 (546) – Anhängerkupplung; 20.12.1979, GRUR 1980, 280 – Rolladenleiste. – Fälle, in denen schon die Beschreibung die Beschränkung zum Ausdruck brachte, betreffen BGH 27.1.1961, GRUR 1961, 404 (408) – Klebebindung; 17.12.1963, GRUR 1964, 433 (436) – Christbaumbehang; RG 25.10.1938, RGZ 159, 11.

[67] So freilich BGH 2.2.1982, GRUR 1982, 291 (293) – Polyesterimide; anders ausdrücklich BGH 15.6.1978, BGHZ 72, 119 (130 f.) – Windschutzblech.

[68] So aber *Kühnen* in Schulte, PatG, 6. Aufl., § 14 Rn. 25; krit. zu diesem Ansatz *Rogge* Mitt. 1998, 201 (205 f.); anders jetzt auch *Rinken/Kühnen* in Schulte, PatG, 9. Aufl., § 14 Rn. 49.

[69] BGH 24.1.1991, BGHZ 115, 204 (208) – Beheizbarer Atemluftschlauch.

auf Grund lediglich aus den Akten erkennbarer Vorgänge geht.[70] In **Pemetrexed** bestätigt er dies.[71]

5. Hat jedoch der Patentinhaber im *Einspruchsverfahren* erklärt, für eine bestimmte 61 Ausführungsform keinen Patentschutz zu begehren, verstößt er, wenn er einen am Einspruchsverfahren Beteiligten wegen dieser Ausführungsform als Patentverletzer in Anspruch nimmt, nach Auffassung des BGH gegen *Treu und Glauben,* wenn der in Anspruch Genommene auf die Redlichkeit und Zuverlässigkeit des Patentinhabers vertrauen durfte[72]. Entsprechendes gilt für Erklärungen im Gebrauchsmusterlöschungsverfahren.[73]

Da es bei der Prüfung des Einwands aus Treu und Glauben nicht um die Bestimmung 62 des Schutzbereichs gegenüber jedermann, sondern ausschließlich um das Verhältnis der am Einspruchs- bzw. Löschungsverfahren beteiligten Parteien geht, ist nicht erforderlich, dass eine Erklärung, auf die sich der Einwand stützt, in der in jenem Verfahren ergangenen Entscheidung dokumentiert ist.[74]

Der BGH hatte zunächst offen gelassen, ob der Patentinhaber mit seiner Äußerung die Wirkung des Patents *gegenüber jedermann* beschränken wollte und ob dies selbst dann zu einer entsprechenden Beschränkung gegenüber jedermann führen würde, wenn dies in dem anschließenden Beschluss über die Aufrechterhaltung des Patents keinen Niederschlag findet. Dieser Vorbehalt ist jedoch durch die Entscheidung „Kunststoffrohrteil" (→ Rn. 60) überholt, in der es heißt, der von ihr bestätigte Grundsatz sei vom BGH nur aufgrund der insoweit bestehenden Sonderbeziehung für das Verhältnis zwischen Patentinhaber und Einsprechendem, nicht aber für die Bestimmung des Schutzbereichs an sich relativiert worden.

Für eine Sonderbeziehung, die den Patentinhaber verpflichtet, das Patent nur ein- 63 geschränkt geltend zu machen, wird es nicht genügen können, dass der Benutzer, der sich auf das Verhalten des Patentinhabers in einem Verfahren beruft, an diesem Verfahren beteiligt war. Vielmehr müssen – wie in dem vom BGH entschiedenen Fall – Umstände hinzukommen, die das Vertrauen eines bestimmten anderen Beteiligten auf eine ganz bestimmte Einschränkung des Schutzbegehrens rechtfertigen. Auch Einsprechende und Nichtigkeitskläger können sich deshalb, wenn sie aus dem Patent in Anspruch genommen werden, nicht ohne weiteres auf die Verfahrensakten berufen, um aus dem dort dokumentierten Verhalten des Patentinhabers eine Einschränkung des Schutzbereichs herzuleiten.

Der BGH hat den Einwand aus Treu und Glauben auch gegen einen ausschließlichen 64 *Lizenznehmer* gewährt. Das lässt sich damit rechtfertigen, dass die Erklärung des Patentinhabers, gegen eine bestimmte Ausführungsform nicht vorgehen zu wollen, als *Benutzungserlaubnis* aufzufassen ist, die der Patentinhaber mit Wirkung gegen den Lizenznehmer geben kann, weil dieser auch sonst – vorbehaltlich Ansprüche wegen Verletzung des Lizenzvertrags – die Ergebnisse der Verfahren hinnehmen muss, die allein der Patentinhaber zu führen

---

[70] BGH 12.3.2002, GRUR 2002, 511 Rn. 3 – Kunststoffrohrteil; ausf. *Kühnen* GRUR 2012, 664 ff.; umfassend *Meier-Beck* FS 80 Jahre Patentgerichtsbarkeit Ddf, 2016, 361 (366 ff.).
[71] BGH 14.6.2016, GRUR 2016, 921 Rn. 39 – Pemetrexed. Zweifelhaft daher die Aussage, der BGH habe hier erstmals die Heranziehung der Erteilungsakten zugelassen, so aber *Hüttermann/Storz* Mitt. 2017, 49 (54).
[72] BGH 5.6.1997, Mitt. 1997, 364 (408) – Weichvorrichtung II. Die dort (362) zitierten – vorstehend unveränderten – Ausführungen der 4. Auflage beziehen sich nur auf das Erteilungs-, nicht auf das Einspruchsverfahren. Zur Entscheidung vgl. *Keller* Mitt. 1997, 367 f., der auch Dritten erlauben will, sich auf die Erklärung zu berufen.
[73] BGH 7.6.2006, GRUR 2006, 923 Rn. 25 f. – Luftabscheider für Milchsammelanlage.
[74] S. BGH 7.6.2006, GRUR 2006, 923 Rn. 27 – Luftabscheider für Milchsammelanlage; dagegen schien es nach BGH 5.6.1997, Mitt. 1997, 364 – Weichvorrichtung II darauf anzukommen, dass die beschränkende Erklärung des Patentinhabers Grundlage für die Aufrechterhaltung des Patents war. Diese darf aber, soweit sie durch dessen schutzfähigen Gehalt gerechtfertigt ist, nicht von einer solchen Erklärung abhängig gemacht werden, andererseits aber auch im Fall einer solchen Erklärung nicht über den objektiv gerechtfertigten Umfang hinausgehen.

legitimiert ist[75]. Als Benutzungserlaubnis verstanden sichert die Erklärung auch, dass gemäß der davon umfassten Ausführungsform hergestellte Erzeugnisse vom Erklärungsempfänger mit Erschöpfungswirkung in Verkehr gebracht werden können, so dass aus dem Patent auch gegen ihre Abnehmer nicht vorgegangen werden kann. Zur Erteilung von Lizenzen wird man den Erklärungsempfänger jedoch nicht als berechtigt ansehen können.

65 6. Im *Schrifttum* wird heute überwiegend angenommen, dass jedenfalls aus den Erteilungsakten keine Einschränkung des Schutzbereichs hergeleitet werden kann, der sich bei Auslegung der Ansprüche unter Heranziehung von Beschreibung und Zeichnungen ergibt[76]. Doch hält sich – teilweise eingeschränkt – auch noch die Gegenmeinung[77]. Soweit dabei lediglich die Benutzung der Verfahrensakten als (unverbindliche) Informationsquelle für das fachmännische Verständnis in der PS gebrauchter Begriffe als zulässig angesehen wird, ist nichts einzuwenden[78]. Problematischer ist die ebenfalls vorgeschlagene Heranziehung der Akten zwecks Bereinigung von Unklarheiten oder Widersprüchen in der PS oder[79] zur Ermittlung der der Erfindung zugrundeliegenden Aufgabe; denn solche Informationsdefizite müssten sich ohnehin dahin auswirken, dass durch sie bedingte Auslegungszweifel zu Lasten des Patentinhabers gehen. Zu weit geht jedenfalls der Vorschlag, in Fällen, in denen der Anmelder einen Teil seines ursprünglichen Schutzbegehrens aufgegeben hat, ohne dass dies in der PS zum Ausdruck kommt, den Schutzbereich entsprechend einzuschränken, insbesondere nicht zuzulassen, dass er sich unter dem Gesichtspunkt der Äquivalenz auf den aufgegebenen Teil erstreckt[80]. Denn wenn dieser nicht schutzfähig ist, kann das seiner Einbeziehung als Äquivalent ohnehin entgegengehalten werden (→ Rn. 130 ff.). Ist er aber schutzfähig, ist nicht einzusehen, warum er von dem Schutzbereich ausgenommen sein soll, den die unter Heranziehung von Beschreibung und Zeichnungen ausgelegte Anspruchsfassung ermöglicht.

66 7. Ein Vorschlag, im Protokoll zu Art. 69 EPÜ vorzuschreiben, dass Angaben des Anmelders in der Anmeldung, dem Patent oder im Erteilungs-, Einspruchs- oder Nichtigkeitsverfahren, die den Schutzbereich einschränken, gebührend Rechnung zu tragen sei, wurde auf der Revisionskonferenz 2000 nicht angenommen[81]. Er sollte auch künftig nicht weiterverfolgt werden[82].

67 8. Der **Stand der Technik** ist Auslegungshilfsmittel, soweit er in der Beschreibung angegeben ist[83]. Seine Darlegung verdeutlicht, worin das erfinderisch Neue der im Anspruch definierten technischen Lehre besteht. Sie kann daher zur Bestimmung eines angemessenen Schutzbereichs beitragen. Angaben über den SdT, die sich weder in den Ansprüchen noch in der Beschreibung, sondern lediglich in Form einer Auflistung von Druckschriften, insbesondere durch Nummern bezeichneter Patentschriften oder veröffentlichter Anmeldungen auf dem Deckblatt der PS finden, sind bei der *Auslegung* der Ansprüche nicht heranzuzie-

---

[75] Vgl. *Kraßer* Anm. zu BGH LM PatG 1981 § 14 Nr. 11 Bl. 6 ff. – Weichvorrichtung II; ähnlich *Ann* Mitt. 2000, 181 ff.
[76] *Scharen* GRUR 1999, 285 (288 ff.) und in Benkard EPÜ Art. 69 Rn. 32; *Busche* Mitt. 1999, 161 (164) und FS König, 2003, 49 (57 ff.); *König* GRUR 1999, 809 (816 f.); *Ann* Mitt. 2000, 181 ff.; *Schiuma* 273 ff.; *Reimann* VPP-Rundbrief 2005, 97 (101); *Tilmann* FS Bartenbach, 2005, 302; *Osterrieth* Rn. 929 f.; *Reichle* 15 ff. und 35 ff.
[77] *Körner* FS König, 2003, 295 ff.; *Geißler* GRUR-Int 2003, 1 (7 ff.); *Godt* 613 f.; differenzierend *Rogge* Mitt. 1998, 201 ff.
[78] Vgl. *Scharen* GRUR 1999, 285 (290) und in Benkard EPÜ Art. 69 Rn. 34.
[79] So *Dreiss/Bulling* FS König, 2003, 101 ff.
[80] *Rogge* hat insoweit in FS König, 2003, 451 (461 ff.) seine in Mitt. 1998, 201, entwickelte Ansicht revidiert.
[81] *Nack/Phélip* GRUR-Int 2001, 322 (325 f.); vgl. auch *Rogge* FS König, 2003, 451 (459).
[82] So – jedenfalls vorbehaltlich gründlicherer, insbesondere rechtsvergleichender Untersuchung – *Götting* FS König, 2003, 153 (163 ff.).
[83] Vgl. *v. Falck* GRUR-FS 1991, 558 f. Rn. 16; BGH 13.2.2007, GRUR 2007, 410 Rn. 25 – Kettenradanordnung.

hen[84]. Erst recht bleibt hierbei der in der PS überhaupt nicht erwähnte SdT außer Betracht. Das schließt nicht aus, dass unter einem anderen Gesichtspunkt der gesamte SdT berücksichtigt wird (vgl. → Rn. 137 ff.).

c) Inhalt der Patentansprüche und Schutzbereich

1. Aus den geltenden Vorschriften wird nicht ohne weiteres klar, wie sich Inhalt der Patentansprüche und Schutzbereich zueinander verhalten. In der revidierten Fassung des Art. 69 EPÜ entfällt dieses Problem, da der Begriff „Inhalt" nicht mehr erscheint (→ Rn. 10). Das ändert jedoch nichts daran, dass es darauf ankommt, was die in den Ansprüchen enthaltenen Angaben *bedeuten,* dass also ihr **Sinngehalt** zu ermitteln ist. 68

Der Schutzbereich beschränkt sich nach dem Auslegungsprotokoll einerseits nicht auf das, was der „genaue Wortlaut der Ansprüche" angibt. Er umfasst andererseits jedoch auch nicht, was sich für den Fachmann aus Beschreibung und Zeichnungen als „Schutzbegehren des Patentinhabers" erst dann erschließt, wenn die Ansprüche nur noch als „Richtlinie" betrachtet werden. In diesem Rahmen soll die Auslegung „angemessenen Schutz für den Patentinhaber mit ausreichender Rechtssicherheit für Dritte verbinden".[85] Man wird das auf die Auslegung der *Patentansprüche* beziehen müssen. Zwar betrifft das Protokoll die Auslegung des *Art. 69 EPÜ.* Da aber dieser die Patentansprüche einerseits für auslegungsfähig erklärt und der Schutzbereich nach dem Protokoll nicht auf den genauen Wortlaut der Ansprüche beschränkt ist, bildet dieses letztlich eine Anweisung, wie und mit welchem Ziel die – zulässige und notwendige – Auslegung der Ansprüche vorzunehmen ist. 69

Im Zusammenhang betrachtet bedeuten Art. 69 EPÜ und das Protokoll, dass der **Schutzbereich** durch **Auslegung der Ansprüche** zu ermitteln ist. Beschreibung und Zeichnungen sind nur zur Auslegung der Ansprüche, allerdings nicht nur zur Behebung darin gegebenenfalls enthaltener Unklarheiten heranzuziehen. Soll sich durch Anspruchsauslegung ein *angemessener* Schutz ergeben, müssen die Ansprüche in einem eher *weiten* Sinne verstanden werden. Die nötige Rücksicht auf Dritte verbietet dies nicht; ihr ist Genüge getan, solange *ausreichende* Rechtssicherheit gewährleistet bleibt[86]. 70

Einen angemessenen, nicht durch geringfügige Abwandlungen umgehbaren Schutz strebt die Rechtsprechung in Deutschland und anderen Vertragsstaaten des EPÜ dadurch an, dass sie in den Schutzbereich unter bestimmten Voraussetzungen Äquivalente des im Anspruch definierten Gegenstands einbezieht. Durch Art. 2 der revidierten Fassung des Protokolls (→ Rn. 10) wird bestätigt, dass dies zulässig und geboten ist. Demgemäß haben sich **zwei Stufen** der Bestimmung des Schutzbereichs herausgebildet: Zunächst wird der **Wortsinn** oder – gleichbedeutend[87] – der **Sinngehalt** der Patentansprüche ermittelt. Erfasst er die vom Schutzrechtsinhaber als verletzend angegriffene Ausführungsform, liegt eine **„identische Benutzung"** des Schutzgegenstands vor; erfasst er sie nicht, werden die Abweichungen, die dieser im Vergleich zum Wortsinn (Sinngehalt) des Anspruchs aufweist, unter dem Gesichtspunkt der **Äquivalenz** geprüft[88]. Eine Anspruchs*auslegung* erfolgt dabei insofern, als festzustellen ist, ob der Anspruch vom Fachmann so verstanden werden kann, dass er die angegriffene Ausführungsform trotz gewisser Abweichungen noch einschließt (Näheres unten d). 71

---

[84] So jetzt auch *Tilmann* GRUR 2005, 904 (906) unter Aufgabe seiner in GRUR 1998, 325 (331) vertretenen Ansicht; grundsätzlich ebenso *Scharen* in Benkard PatG § 14 Rn. 61; anders *Rinken/Kühnen* in Schulte PatG § 14 Rn. 52; *Reimann* VPP-Rundbrief 2005, 97 (101).
[85] „... a position ... which combines a fair protection for the patent proprietor with a reasonable degree of legal certainty for third parties" – „... une position qui assure à la fois une protection équitable au titulaire du brevet et un degré raisonnable de sécurité juridique aux tiers".
[86] Anders *Busche* Mitt. 1999, 161 (163), der der Rechtssicherheit den Vorrang gibt. Der BGH sieht beide Postulate als gleichrangig an, → Rn. 81 ff., was nicht ausschließen muss, dass den im Protokoll enthaltenen Begriffen „angemessen" und „ausreichend" Rechnung getragen wird.
[87] Vgl. *Busse/Keukenschrijver* PatG § 14 Rn. 26.
[88] BGH 28.6.2000, GRUR 2000, 1005 (1007) – Bratgeschirr.

72 2. Bei der Auslegung der Ansprüche ist zu beachten, dass diese eine Lehre zum technischen Handeln definieren, um Grenzen der Handlungsfreiheit anderer erkennbar zu machen. Sie wenden sich damit an Menschen, die auf dem betreffenden Gebiet der Technik tätig sind. Daher ist es nicht nur gerechtfertigt, sondern unumgänglich, die Ansprüche aus der Sicht des **zuständigen Fachmanns** auszulegen,[89] der jedoch nicht mit einer tatsächlich existierenden Person gleichzusetzen ist, sondern für das auf dem in Frage stehenden Gebiet der Technik übliche allgemeine Fachwissen und die durchschnittlichen Kenntnisse, Erfahrungen und Fähigkeiten der dort tätigen Fachwelt steht.[90] *Sachverständige* haben dabei insbesondere die Aufgabe, das Gericht über die Kenntnisse und Fähigkeiten des Fachmanns sowie die Arbeitsweise zu informieren, mit der dieser technische Probleme seines Fachgebiets zu bewältigen trachtet; unmittelbarer Feststellung regelmäßig entzogen ist dagegen, wie der Durchschnittsfachmann einen Patentanspruch versteht; insoweit geht es um eine der richterlichen Beurteilung vorbehaltene Rechtsfrage.[91]

73 Vorschläge, „rein objektiv" das „Wesen der Erfindung" zu erfassen, lassen die Frage offen, nach welchen Kriterien dies geschehen soll, und berücksichtigen zu wenig, dass es auf den Aussagegehalt der PS ankommt. Ohne Bezugnahme auf den Fachmann entsteht die Gefahr, dass als objektive Beurteilung die des jeweiligen Betrachters ausgegeben wird.

74 Freilich ist in den geltenden Vorschriften auf den Fachmann nur zwecks Charakterisierung einer zu weiten Ausdehnung des Schutzbereichs Bezug genommen (Art. 1 S. 2 des Auslegungsprotokolls). Das bedeutet jedoch nicht, dass dieser Beurteilungsmaßstab überhaupt abgelehnt wäre. Unzulässig ist es nur, ihn unter Vernachlässigung der Ansprüche auf den Gesamtinhalt der PS anzuwenden.

75 Der zuständige Fachmann ist für die Bestimmung des Schutzbereichs nach den gleichen Regeln zu bestimmen wie für die Beurteilung der erfinderischen Tätigkeit (vgl. → § 18 Rn. 46 ff., 52 ff.). Die Fragen, die aus seiner Sicht zu beantworten sind, lauten jedoch hier anders als dort.

76 Beim Fachmann ist für das Verständnis der Ansprüche das gewöhnliche Fachwissen seines Gebiets am Prioritätstag vorauszusetzen. Sonstiger SdT wird nur als Inhalt der Beschreibung berücksichtigt (vgl. → Rn. 67).

77 3. Die Zweckbestimmung der Ansprüche verlangt, dass ihrer Auslegung der **technische Sinn,** den die darin vorkommenden Begriffe für den zuständigen Fachmann haben, nicht aber ein etwaiger hiervon verschiedener gewöhnlicher Wortsinn zugrunde gelegt wird.

78 Der BGH sieht nicht die sprachliche oder logisch-wissenschaftliche Bestimmung der in der PS enthaltenen Begriffe, sondern das Verständnis des unbefangenen Fachmanns als entscheidend an, bezeichnet Patentschriften im Hinblick auf die dort gebrauchten Begriffe als „gleichsam ihr eigenes Lexikon" und erklärt im Fall einer Abweichung vom allgemeinen (technischen) Sprachgebrauch letztlich nur den Begriffsinhalt für maßgebend, der sich aus der PS ergibt.[92] Das verdient Zustimmung, entspricht im übrigen aber auch allgemeinem Verständnis, etwa auch im Vereinigten Königreich.[93]

---

[89] *Scharen* in Benkard PatG § 14 Rn. 57 f.; *Rinken/Kühnen* in Schulte PatG § 14 Rn. 64 f.; *Busse/Keukenschrijver* PatG § 14 Rn. 26.

[90] BGH 7.9.2004, BGHZ 160, 204 = GRUR 2004, 1023 Rn. 5 – bodenseitige Vereinzelungseinrichtung.

[91] BGH 11.10.2005, GRUR 2006, 131 Rn. 19 – Seitenspiegel; 13.2.2007, GRUR 2007, 410 Rn. 18 f. – Kettenradanordnung; 17.4.2007, GRUR 2007, 959 Rn. 20 – Pumpeneinrichtung; 22.12.2009, GRUR 184, 49 = GRUR 2010, 314 – Kettenradanordnung II; zur Abgrenzung zwischen Tat- und Rechtsfragen auch BGH 7.9.2004, BGHZ 160, 204 = GRUR 2004, 1023 – bodenseitige Vereinzelungseinrichtung; 31.5.2007, GRUR 2007, 1059 Rn. 38–40 – Zerfallsmessgerät; vgl. ferner *Schreiber* Mitt. 2009, 309; *Meier-Beck* FS VPP, 2005, 356; *ders.* Mitt. 2005, 529; *Melullis* FS Ullmann, 2006, 503; krit. zur neueren Rspr. *Kather* FS Schilling, 2007, 281 ff.

[92] BGH 2.3.1999, GRUR 1999, 909 (911 f.) – Spannschraube; 7.6.2005, GRUR 2005, 754 – werkstoffeinstückig; im gleichen Sinn BGH 7.11.2000, GRUR 2001, 232 (233) – Brieflocher. m. zahlreichen Nachw.; krit. *Graf v. Schwerin* FS Tilmann, 2003, 609 ff.

[93] Vgl. Lord Justice of Appeal *Floyd* in Saab v. Atlas Elektronik, England and Wales Ct. of Appeal (Civil Division) 19.12.2017 – [2017] EWCA Civ 2175, GRUR-Int 2018, 459 Rn. 30 ff.

§ 32. Der Schutzbereich des Patents und des Gebrauchsmusters   **III § 32**

Damit der Fachmann die Ansprüche als Kennzeichnung einer technischen Lehre versteht, muss er **Funktion und Wirkung** der darin angegebenen Merkmale erkennen.[94] Soweit sie in den Ansprüchen selbst nicht zum Ausdruck kommen, sind sie der Beschreibung und den Zeichnungen zu entnehmen.   79

In Erzeugnisansprüchen enthaltene Zweck-, Wirkungs- oder Funktionsangaben werden grundsätzlich nicht als schutzbeschränkend verstanden.[95] Sie können jedoch bedeuten, dass das Vorrichtungselement, auf das sie sich beziehen, so ausgebildet sein muss, dass der angegebene Zweck oder die angegebene Wirkung oder Funktion erfüllt wird.[96] Soweit ein Erzeugnis nicht unmittelbar durch räumlich-körperlich oder funktional umschriebene Sachmerkmale, sondern durch ein Verfahren zu seiner Herstellung definiert ist, ist durch Auslegung des Patentanspruchs zu ermitteln, ob und inwieweit sich aus dem angegebenen Verfahren durch dieses bedingte Merkmale des Erzeugnisses ergeben, die dieses als erfindungsgemäß qualifizieren.[97]   80

d) Berücksichtigung der Austauschbarkeit funktionsgleicher Arbeitsmittel (Äquivalenz)

aa) Grundsätze

α) Rechtsprechung des Bundesgerichtshofs

1. Ein Gegenstand liegt nicht schon deshalb außerhalb des Schutzbereichs eines Patents, weil sich ergibt, dass er vom Wortsinn der Ansprüche nicht umfasst wird. Er **kann trotzdem als Äquivalent des anspruchsgemäßen Gegenstands in den Schutzbereich fallen,** der einem Anspruch zukommt. Der BGH hat dies bereits in seinen ersten den Schutzbereich nach geltendem Recht betreffenden Entscheidungen anerkannt[98] und in zahlreichen weiteren bestätigt. Damit berücksichtigt er, dass es kaum praktikabel ist, in die Fassung der Ansprüche eine Vielzahl möglicher Abwandlungen der darin definierten Lehre vorausschauend einzubeziehen[99]. In fünf insoweit fast wörtlich übereinstimmenden Entscheidungen vom 12.3.2002[100] hat der BGH dies im Wesentlichen wie folgt zusammengefasst:[101]   81

Bei der Prüfung der Frage, ob die im Patent unter Schutz gestellte Erfindung benutzt wird, ist zunächst unter Zugrundelegung des fachmännischen Verständnisses der Inhalt der Patentansprüche festzustellen, dh der Sinn zu ermitteln, den der Fachmann dem Anspruchswortlaut beilegt, wenn er die Anspruchsmerkmale nicht nur einzeln, sondern in ihrem Gesamtzusammenhang betrachtet.[102] Macht die angegriffene Ausführungsform von dem so ermittelten Sinngehalt eines Patentanspruchs Gebrauch, dann wird die unter Schutz gestellte Erfindung benutzt.   82

---

[94] Vgl. BGH 14.10.1982, GRUR 1983, 169 – Abdeckprofil; 22.3.1983, GRUR 1983, 497 (499) – Absetzvorrichtung; 2.3.1999, GRUR 1999, 909 – Spannschraube; 7.11.2000, GRUR 2001, 232 – Brieflocher.
[95] *Scharen* in Benkard PatG § 14 Rn. 42m. zahlreichen Nachw.; *Busse/Keukenschrijver* PatG § 14 Rn. 47; *Rinken/Kühnen* in Schulte PatG § 14 Rn. 101.
[96] BGH 7.6.2005, GRUR 2005, 754 Nr. 15 – werkstoffeinstückig mwN.
[97] BGH 19.6.2001, GRUR 2001, 1129 – zipfelfreies Stahlband; 19.5.2005, GRUR 2005, 749 (Nr. B I 2) – Aufzeichnungsträger.
[98] BGH 29.4.1986, BGHZ 98, 12 – Formstein; für europäische Patente BGH 14.6.1988, BGHZ 105, 1 – Ionenanalyse.
[99] BGH 19.11.1991, BGHZ 116, 122 (132) – Heliumeinspeisung.
[100] GRUR 2002, 511f. Rn. 2a – Kunststoffrohrteil; GRUR 2002, 515 Rn. 3a – Schneidmesser I; GRUR 2002, 519 Rn. 4a – Schneidmesser II; GRUR 2002, 523 Rn. 2a – Custodiol I; GRUR 2002, 527 Rn. 3a – Custodiol II; vgl. auch OLG Düsseldorf 29.7.2010, InstGE 12, 213 (216) – Traktionshilfe.
[101] Die Schweizer Patentgerichte sehen dies ebenso, vgl. BG 3.10.2016, GRUR-Int 2017, 41 mwN.
[102] Dazu auch BGH 3.6.2004, GRUR 2004, 845 – Drehzahlermittlung; 20.10.2005, GRUR 2006, 311 Rn. 15–18 – Baumscheibenabdeckung; 22.11.2005, GRUR 2006, 313 Rn. 15–17, 22 – Stapeltrockner; OLG Düsseldorf 17.3.2011, InstGE 13, 129 (137) – Synchronmotor.

83 Bei einer **vom Sinngehalt abweichenden Ausführung** kann eine Benutzung dann vorliegen, wenn der Fachmann auf Grund von Überlegungen, die an den Sinngehalt der in den Ansprüchen unter Schutz gestellten Erfindung anknüpfen, die bei der angegriffenen Ausführungsform eingesetzten Mittel mit Hilfe seiner Fachkenntnisse als für die Lösung des der Erfindung zugrundeliegenden Problems gleichwirkend auffinden konnte. Dabei fordert es das gleichgewichtig neben dem Gesichtspunkt eines angemessenen Schutzes der erfinderischen Leistung stehende Gebot der Rechtssicherheit, dass der durch Auslegung zu ermittelnde Sinngehalt der Patentansprüche nicht nur den Ausgangspunkt, sondern die maßgebliche Grundlage für die Bestimmung des Schutzbereichs bildet; diese hat sich an den Patentansprüchen auszurichten. Für die Zugehörigkeit einer vom Wortsinn des Patentanspruchs abweichenden Ausführung zum Schutzbereich genügt es hiernach nicht, dass sie (1.) das der Erfindung zugrundeliegende Problem mit zwar abgewandelten, aber objektiv gleichwirkenden Mitteln löst **(Gleichwirkung)** und (2.) seine Fachkenntnisse den Fachmann befähigen, die abgewandelten Mittel als gleichwirkend aufzufinden **(Auffindbarkeit)**. Ebenso wie die Gleichwirkung nicht ohne Orientierung am Patentanspruch festgestellt werden kann, müssen (3.) darüber hinaus die Überlegungen, die der Fachmann anstellen muss, derart am Sinngehalt der im Patentanspruch unter Schutz gestellten technischen Lehre orientiert sein, dass der Fachmann die abweichende Ausführung mit ihren abgewandelten Mitteln als der gegenständlichen gleichwertige Lösung in Betracht zieht **(Gleichwertigkeit)**.[103]

84 **Gleichwirkung** erfordert, dass die vom Wortsinn des Patentanspruchs abweichende Lösung nicht nur im Wesentlichen die Gesamtwirkung der Erfindung erreicht, sondern gerade auch diejenigen Wirkungen erzielt, die das nicht wortsinngemäß verwirklichte Merkmal erzielen soll. Ergibt die Auslegung des Patentanspruchs Mindestanforderungen für eine bestimmte Wirkung, sind abgewandelte Mittel, die diesen Anforderungen nicht genügen, auch dann nicht gleichwirkend, wenn alle übrigen Wirkungen der patentgemäßen Lösung im Wesentlichen erreicht werden.[104]

85 2. Eine „wortsinngemäße" Patentverletzung[105], dh eine Patentverletzung mit identischen Mitteln, liegt nach heutiger Rechtsprechung nicht schon dann vor, wenn das bei der angegriffenen Ausführungsform verwendete, weder im Patentanspruch noch in der Beschreibung ausdrücklich genannte Lösungsmittel dem Fachmann auf Grund seines allgemeinen Fachwissens und seines handwerklichen Könnens zur Verwirklichung der erfinderischen Lehre zur Verfügung steht, ohne dass er sich mit dieser näher befassen muss; denn diese Formulierung umfasst auch Ausführungsformen, die dem Bereich der Äquivalenz zuzuordnen sind[106]. Es kann deshalb jedenfalls nicht mehr allgemein gesagt werden, dass „*technisch äquivalente*" oder „*fachnotorisch austauschbare*" Mittel vom Sinngehalt eines Anspruchs umfasst seien[107]. Vielmehr ist in jedem Einzelfall nach den oben (zu → Rn. 81 ff.) wiedergegebenen Grundsätzen zu prüfen, ob die abgewandelte Ausführungsform noch im Bereich des Sinngehalts eines Anspruchs liegt, was der BGH nicht ganz auszuschließen scheint; wird dies verneint kommt nur Äquivalenz in Betracht, was die Verteidigungsmöglichkeiten des als Verletzer in Anspruch Genommenen erweitert (→ Rn. 130).

---

[103] Verneint in OLG Düsseldorf 10.2.2005, Mitt. 2005, 449 (452) – monoklonaler Maus-Antikörper. Im Klagepatent waren ausschließlich Maus-Antikörper genannt, also solche, die nur Sequenzen einer einzigen Spezies aufweisen. Das Gericht lehnte es ab, den Schutzbereich auf rekombinant hergestellte Antikörper auszudehnen, bei denen im Wesentlichen nur noch die hypervariablen Regionen von einer bestimmten Tier-Spezies stammen, während sie im Übrigen menschliche Sequenzen aufweisen.
[104] BGH 17.7.2012, GRUR 2012, 1122 Rn. 26 f. – Palettenbehälter III; 14.12.2010, GRUR 2011, 313 Rn. 41 – Crimpwerkzeug IV.
[105] Dazu allgemein *Engel* GRUR 2001, 897.
[106] BGH 27.10.1998, Mitt. 1999, 365 – Sammelförderer.
[107] Anders *Scharen* in Benkard PatG § 14 Rn. 96 sowie die 4. Aufl., 525. Vgl. dazu *Engel* GRUR 2001, 897 (901), der allerdings davon ausgeht, dass dort „fachnotorische" und „erfindungsspezifische" Austauschmittel gleichgesetzt seien, was ersichtlich nicht zutrifft.

§ 32. Der Schutzbereich des Patents und des Gebrauchsmusters

3. Nicht mehr unterschieden wird zwischen „*glatten*" und „*nicht glatten*" Äquivalenten[108]. **86** Auf Art und Intensität der Überlegungen, durch die der Fachmann zu einer abgewandelten Ausführungsform gelangt, kommt es nicht mehr an, solange es hierfür keiner erfinderischen Leistung bedarf. Deshalb ist nicht ausgeschlossen, dass in den Schutzbereich Abwandlungen einbezogen werden, die früher nicht mehr als „glatt" äquivalent angesehen worden wären[109]. Ein Gegengewicht bildet jedoch die von der Rechtsprechung betonte stärkere Bindung an die Ansprüche.

4. Für die Äquivalenzprüfung misst der BGH den **Wirkungen** entscheidende Bedeu- **87** tung zu, die die patentgemäße und die als verletzend angegriffene abgewandelte Ausführungsform bei **ganzheitlicher Betrachtung** haben.[110] Erzielt werden müssen für das Vorliegen einer äquivalenten Ausführungsform stets **sämtliche erfindungsgemäßen Wirkungen**. Nicht zulässig ist eine Unterscheidung zwischen erfindungswesentlichen Wirkungen, auf die es ankomme, und zusätzlichen Wirkungen, deren Nichterzielbarkeit unschädlich sei.[111] Die Zugehörigkeit zum Schutzbereich eines Patentanspruchs kann regelmäßig nur nach einem Vergleich der geschützten Lehre und der streitigen Ausgestaltung verneint werden, der seinerseits zweierlei voraussetzt: Zum einen müssen die Wirkungen erkannt sein, die nach der im Patentanspruch bezeichneten Lehre vorausgesetzt werden. Zum anderen bedarf es der Kenntnis der tatsächlichen Beschaffenheit des angeblichen Verletzungsgegenstands und seiner Wirkungen. Ein Einzelvergleich von Merkmalen und ihrer Wirkungen genügt nicht. Entscheidend ist, welche einzelnen Wirkungen die patentgemäßen Merkmale – für sich und insgesamt – gerade zur Lösung des dem Anspruch zugrundeliegenden Problems bereitstellen. Nur so ist gewährleistet, dass trotz Abwandlung bei einem oder mehreren Merkmalen lediglich die Ausgestaltungen vom Schutzbereich des Patentanspruchs umfasst werden, bei denen der mit der geschützten Vorrichtung verfolgte Sinn beibehalten ist. Es ist also zu untersuchen, welche von den einzelnen Wirkungen, die mit den Merkmalen des Patentanspruchs erzielt werden können, zur Lösung des ihm zugrundeliegenden Problems zusammenkommen müssen. Diese Gesamtheit repräsentiert die patentierte Lösung und stellt die für den Vergleich maßgebliche Wirkung dar.

β) Bezüge zur Rechtsprechung im Vereinigten Königreich

1. Indem er in drei Schritten prüft, ob eine vom Sinngehalt des Patentanspruchs ab- **88** weichende Ausführungsform als Äquivalent vom Schutzbereich des Patents umfasst ist, lehnt sich der BGH ausdrücklich an die in der britischen Rechtsprechung entwickelten, als „Catnic"-, später auch als „Improver"- Fragen bezeichneten Kriterien an:[112]

(1) Does the variant have a material effect upon the way the invention works? If yes, the variant is **89** outside the claim. If no:
(2) Would this (ie that the variant had no material effect) have been obvious at the date of publication of the patent to a reader skilled in the art? If no, the variant is outside the claim. If yes:
(3) Would the reader skilled in the art nevertheless have understood from the language of the claim that the patentee intended that strict compliance with the primary meaning was an essential requirement of the invention? If yes, the variant is outside the claim.
On the other hand, a negative answer to the last question would lead to the conclusion that the patentee was intending the word or phrase to have not a literal but a figurative meaning (the figure being a form of synecdoche or metonymy) denoting a class of things which include the variant and the literal meaning, the latter being perhaps the most perfect, best-known or striking example of the class.

---

[108] Vgl. *v. Falck* GRUR-FS 1991, 572 f. Rn. 32; *Gesthuysen* GRUR 2001, 909 (912).
[109] Vgl. *Storch* 43 ff.; *Rinken/Kühnen* in Schulte PatG § 14 Rn. 76; *Busse/Keukenschrijver* PatG § 14 Rn. 71.
[110] BGH 28.6.2000, GRUR 2000, 1005 (1006) – Bratgeschirr; 22.11.2005, GRUR 2006, 313 Rn. 22 – Stapeltrockner; 17.4.2007, GRUR 2007, 959 Rn. 21 – Pumpeneinrichtung.
[111] BGH 13.1.2015, GRUR 2015, 361 Rn. 23 – Kochgefäß.
[112] BGH 12.3.2002, GRUR 2002, 511, 513 (Rn. 2e), 518 (Rn. 3d) 522 (Rn. 4e) 525 (Rn. 2e), 530 (Rn. 3e) – Kunststoffrohrteil.

90   2. Dem BGH kam es vor allem auf die dritte der vorgenannten Fragen an, die prüfen soll, ob die fachkundige Öffentlichkeit erwarten und sich darauf einstellen darf, dass es nach dem Patent auf den genauen Anspruchswortlaut ankommen soll. Bezogen auf ein einzelnes Anspruchsmerkmal gehe es darum, ob dieses dem Fachmann als ein solches erscheine, das ausschließlich wortlautgemäß benutzt werden kann, wenn die beanspruchte Lehre zum technischen Handeln eingehalten werden soll.

91   In seiner Entscheidung Actavis v. Eli Lilly[113] hat der UK Supreme Court sich ausdrücklich von der Rechtsprechung abgewandt, mit der das (seinerzeit noch zuständige) House of Lords in Sachen Kirin Amgen Inc. and others v. Hoechst Marion Roussel Ltd. and others die Grenzen der Bedeutung und Verwendbarkeit der drei "Improver-Fragen" betont hatte.[114] Entscheidend seien nur noch zwei unterschiedliche[115] Fragen:
(i) does the variant infringe any of the claims as a matter of normal interpretation; and, if not,
(ii) does the variant nonetheless infringe because it varies from the invention in a way or ways which is or are immaterial.

Zu Frage (ii) präzisiert *Lord Neuberger:*[116] "In my opinion, issue (ii) involves not merely identifying what the words of a claim would mean in their context to the notional addressee, but also considering the extent if any to which the scope of protection afforded by the claim should extend beyond that meaning. As Sir Hugh Laddie wrote in his instructive article *Kirin-Amgen – The End of Equivalents in England?* (2009) 40 IIC 3, para 68, "[t]he Protocol is not concerned with the rules of construction of claims" but with "determining the scope of protection." – Es geht also um Schutzbereichsbestimmung, nicht (nur) um Anspruchsauslegung.

92   3. Die immer wieder thematisierten Unterschiede zwischen deutscher und britischer Rechtsprechung, deren Tragweite und mögliche Ergebnisrelevanz intensiv diskutiert worden, sind damit geringer geworden,[117] zumal durch *Lord Neubergers* Klarstellung der Improver-Fragen, namentlich der zweiten dieser drei Fragen:[118] Während er die Improver-Fragen eins und drei sehr ähnlich wie der BGH sieht,[119] will Lord Neuberger Frage zwei darauf richten, ob für den über die Wirkung der abweichenden Ausführungsform informierten Fachmann offensichtlich *(obvious!)* sei, dass diese das im wesentlichen gleiche Ergebnis auf dem im wesentlichen gleichen Weg erreiche wie die Erfindung.[120]

93   Dessen ungeachtet ist stets zu beachten, dass britische Gerichte die Gültigkeit des Klagepatents im Verletzungsprozess in vollem Umfang nachprüfen können und darum eine gesonderte Äquivalenzprüfung jedenfalls nicht wegen Bindung an das Patent vorzunehmen brauchen.[121]

---

[113] [2017] UKSC 48.
[114] Auszugsweise abgedruckt in GRUR-Int 2005, 343 Rn. 52, 69–71, 75; dazu *Brandi-Dohrn* Mitt. 2005, 337 ff.; krit. *Tilmann* FS Bartenbach, 2005, 307 (309).
[115] So ausdrücklich *Meier-Beck* GRUR 2018, 241 (244).
[116] [2017] UKSC 48 Rn. 56.
[117] *Meier-Beck* GRUR 2018, 241 (244 ff., 246 f.); *Widera* GRUR-Int 2017, 1024 (1029 f.); *Johnson* GRUR-Int 2017, 1106 (1107); *Kellenter* GRUR 2018, 247 (254).
[118] [2017] UKSC 48 Rn. 59.
[119] *Meier-Beck* GRUR 2018, 241 (245).
[120] [2017] UKSC 48 Rn. 62: *In my opinion, the second question is better expressed as asking whether, on being told what the variant does, the notional addressee would consider it obvious that it achieved substantially the same result in substantially the same way as the invention. In other words, it seems to me that the second Improver question should be asked on the assumption that the notional addressee knows that the variant works to the extent that it actually does work. That, I think, would be a fair basis on which to proceed in terms of balancing the factors identified in article 1 of the Protocol, and it is, I think, consistent with the approach of the German, Italian and Dutch courts. It is also consistent with the fact that the notional addressee is told (in the patent itself) what the invention does.*
[121] *Meier-Beck* GRUR-Int 2005, 796 (801).

bb) Voraussetzungen der Maßgeblichkeit von Funktion und Wirkung der ausgetauschten Mittel

1. Wenn der Fachmann durch Überlegungen, die sich am Sinngehalt der in einem Anspruch unter Schutz gestellten technischen Lehre orientieren, eine abweichende Ausführungsform mit ihren abgewandelten Mitteln als der gegenständlichen – dh der vom Sinngehalt identisch umfassten – gleichwertige Lösung in Betracht ziehen soll, muss sich für ihn aus dem technisch verstandenen, durch Auslegung unter Heranziehung von Beschreibung und Zeichnungen ermittelten Sinngehalt des Anspruchs vor allem ergeben, dass es für die geschützte Problemlösung nicht notwendig ist, ein Mittel, das in der abgewandelten Ausführungsform durch ein anderes ersetzt ist, genau wortsinngemäß zu verwenden. Der Fachmann darf nicht den Eindruck erhalten, dass durch Verwendung eines anderen Mittels das Erreichen der Lösung in Frage gestellt wird.[122] Deshalb muss er das im Anspruch bezeichnete Mittel als Repräsentanten einer bestimmten **erfindungsgemäßen Funktion** zu erkennen vermögen. **94**

2. Der BGH vermeidet freilich den Begriff „Funktion" und spricht lieber von der Wirkung (→ Rn. 87) oder vom Zweck[123]. Die Wirkung wird aber als *angestrebte* ins Auge gefasst und ist unter diesem Aspekt ebenso wenig etwas anderes als die Funktion wie der Zweck. Die angestrebte Wirkung zu erreichen, ist Funktion und Zweck des in einem Patentanspruch definierten Gegenstands. Funktion und Zweck eines im Anspruch bezeichneten Mittels können nur angegeben werden, wenn bekannt ist, welche Wirkungen es erfindungsgemäß herbeiführen soll. Deshalb darf angenommen werden, dass der hier bevorzugte Ausdruck „Funktion" im gegebenen Zusammenhang sachlich das gleiche bedeutet, was der BGH mit Wirkung meint. **95**

3. Erkennt der Fachmann, dass ein anspruchsgemäßes Mittel *beispielhaft* für funktionsgleiche Mittel steht,[124] führt die Benutzung eines anderen Mittels, das ihm auf Grund seines Fachwissens für die gleiche erfindungsgemäße Funktion zur Verfügung steht, nicht aus dem Schutzbereich heraus, weil zwar nicht das konkret benutzte Mittel, aber die **Austauschmöglichkeit** zum Sinngehalt des Anspruchs gehört[125]. Die patentierte Erfindung hat dann zu der abgewandelten Ausführungsform nicht nur eine Anregung gegeben, sondern kehrt in ihr als die Lehre zum technischen Handeln, die den unkörperlichen Schutzgegenstand bildet, vollinhaltlich wieder. **96**

Anders verhält es sich, wenn der Fachmann auch bei Heranziehung von Beschreibung und Zeichnungen (objektiv) den Eindruck gewinnt, das im Anspruch konkret genannte Arbeitsmittel sei nach den Erkenntnissen des Erfinders allein tauglich.[126] Dann bleibt das Patent hinter dem weitergehenden technischen Gehalt der Erfindung zurück und es besteht kein Anlass zur Verallgemeinerung des Anspruchsmerkmals im Hinblick auf seine Funktion. Der Schutzbereich des Patents ist dann vielmehr auf das zu beschränken, was noch mit dem Sinngehalt seiner Patentansprüche in Beziehung gesetzt werden kann, und auch die Annahme einer Patentverletzung mit äquivalenten Mitteln wird nicht in Betracht kommen.[127] **97**

---

[122] Vgl. LG Düsseldorf 24.6.2003, InstGE 3, 163 (168 ff.) – Stent.

[123] BGH 7.11.2000, GRUR 2001, 232 – Brieflocher; 2.3.1999, GRUR 1999, 909 (911) – Spannschraube.

[124] BGH 12.10.2004, GRUR 2005, 41 Rn. 2c – Staubsaugersaugrohr billigt die Ansicht des Berufungsgerichts, dass das im Patentanspruch genannte Polyamid lediglich eine Werkstoffgruppe bezeichne und der nacharbeitende Fachmann erkenne, dass er eine an Aufgabe und Funktion des betreffenden Bauteils im Rahmen der patentierten Lösung orientierte Auswahl zu treffen habe, die ihn schließlich zu dem in der angegriffenen Ausführungsform verwendeten Polyäthylen führe. Krit. dazu *Köhler* Mitt. 2005, 281 f.

[125] Vgl. auch *Kraßer* FS Fikentscher, 1998, 516 (537 f.); anders als *Scharen* in Benkard PatG § 14 Rn. 96 aE es aufzufassen scheint, wird dort für den Fall, dass der Fachmann das in Frage stehende Mittel als funktionell beispielhaft erkennen kann, keine identische, sondern nur eine äquivalente Verwirklichung der geschützten Lehre angenommen.

[126] Vgl. BGH 12.3.2002, GRUR 2002, 519 (523) – Schneidmesser II.

[127] BGH 13.9.2011, GRUR 2012, 45 Rn. 41 u. 44 – Diglycidverbindung.

98 So hat der BGH im Fall „Zerlegvorrichtung für Baumstämme"[128] das Patent dahin verstanden, dass die konkret bezeichnete Ausgestaltung die allein in Frage kommende sei, und es abgelehnt, die auch unter Berücksichtigung der Beschreibung ganz auf „Sägen" abgestellte Anspruchsfassung so auszulegen, dass es im Wesentlichen auf eine auch durch andere Mittel erreichbare „Feinbearbeitung" von Holz ankomme.

99 Entsprechendes ergibt sich, wenn ein Patentanspruch ausdrücklich die Benutzung eines im SdT bekannten Mittels zur Erreichung des erfindungsgemäßen Ziels ausschließt; eine Ausführungsform mit diesem Mittel wird dann nicht als Äquivalent vom Schutzbereich umfasst,[129] denn sie hatte erkennbar nicht unter Schutz gestellt werden sollen.[130]

100 4. Ein funktionelles Verständnis des den Schutzbereich bestimmenden Anspruchsinhalts verstößt nicht gegen das Gebot ausreichender **Rechtssicherheit** für Dritte. Diese können nicht schon wegen einer konkreten Anspruchsfassung erwarten, der Patentwirkung zu entgehen, indem sie an Stelle in den Ansprüchen bezeichneter Arbeitsmittel in deren aus Beschreibung und Zeichnung für den Fachmann ersichtlicher erfindungsspezifischer Funktion andere verwenden. Der Ausschluss solcher wohlfeiler Umgehungsmöglichkeiten ist im Interesse eines angemessenen Schutzes unentbehrlich. Dritte werden dadurch nicht ungebührlich belastet. Ihre Rechtssicherheit ist nur schutzwürdig, wenn sie die PS zur Kenntnis nehmen; andernfalls könnten sie ohnehin nicht behaupten, auf eine konkrete Anspruchsfassung vertraut zu haben. Das Gesetz verlangt von ihnen aber, dass sie außer den Ansprüchen auch Beschreibung und Zeichnungen berücksichtigen. Soweit sich aus ihnen ergibt, dass bestimmte Anspruchsmerkmale funktionell zu verstehen sind, können und müssen sich Dritte darauf einstellen, dass das Patent in diesem Sinne ausgelegt wird.

101 Dagegen können Anspruchsmerkmale, die bereits vom Erteilungsverfahren her *funktionell gefasst* sind (zB Befestigung, Dichtung, Antrieb, Schalter, Verstärker), durch funktionsbezogene Betrachtungsweise nicht weiter verallgemeinert werden.

cc) Äquivalenz und Abhängigkeit

102 1. Wenn der Fachmann mit dem Fachwissen des Prioritätstags die erfindungsgemäße Funktion eines im Patentanspruch bezeichneten Mittels erkennen konnte (→ Rn. 98), macht er von dieser Erkenntnis auch dann Gebrauch, wenn er dieses Mittel durch ein funktionsgleiches ersetzt, das im Prioritätszeitpunkt weder zum SdT gehörte noch durch diesen oder die PS nahegelegt war, sondern **erst später verfügbar** wurde[131]. Überwiegend wird die Benutzung durch solchen Austausch gekennzeichneter Lösungen unter dem Gesichtspunkt der „verbesserten Ausführungsform" oder der „Abhängigkeit" als patentverletzend angesehen.[132] Wenn jedoch die angegriffene Ausführungsform ihrerseits Gegenstand eines Patents ist, das nach amtlicher Prüfung unter Berücksichtigung eines das Klagepatent einschließenden SdT erteilt wurde, oder sich, ohne patentiert zu sein, für den Fachmann nicht in naheliegender Weise aus diesem SdT ergab, wird fraglich, ob ein durchschnittlicher Fachmann in der Lage war, sie auf der Grundlage der im Klagepatent geschützten Erfindung aufzufinden[133]. Wird dies nicht generell verneint, ergibt sich die Möglichkeit, dass erfinderische und gegebenenfalls patentierte Weiterentwicklungen einer

---

[128] BGH 17.3.1994, BGHZ 125, 303 (314).
[129] BGH 23.4.1991, GRUR 1991, 744 – Trockenlegungsverfahren.
[130] BGH 13.9.2011, GRUR 2012, 45 Rn. 44 – Diglycidverbindung.
[131] In diesem Sinn auch *v. Falck* GRUR 2001, 905 (907 ff.); vgl. auch *Busse/Keukenschrijver* PatG § 14 Rn. 79; nach *Tilmann/Dagg* GRUR 2000, 459 (465 f.) ist bei der Beurteilung der Äquivalenz auf den Verletzungszeitpunkt abzustellen; grundsätzlich ebenso *Preu* FS Merz, 1992, 455 (461 ff.); ablehnend *König* Mitt. 2000, 379 ff.
[132] Vgl. *Gaul* GRUR 1988, 9 (12); *Scharen* in Benkard PatG § 14 Rn. 117 ff.; *Busse/Keukenschrijver* PatG § 14 Rn. 79; *Nirk* 285. – RG 22.3.1938, GRUR 1938, 706 f.; 26.8.1941, GRUR 1942, 465 (468); BGH 2.11.1956, GRUR 1957, 270 (272) – Unfallverhütungsschuh; 17.2.1961, GRUR 1961, 409 (411) – Drillmaschine; 1.2.1977, GRUR 1977, 654 – Absetzwagen III.
[133] Vgl. *Kühnen* GRUR 1996, 729 (733); *Allekotte* GRUR 2002, 472.

patentierten Lehre vom Verbietungsrecht aus dem älteren Patent erfasst werden, dass also Äquivalenz zur Abhängigkeit führt[134].

2. Zum früheren Recht hat es der BGH für die Frage der äquivalenten Patentverletzung als unerheblich angesehen, ob die angegriffene Ausführungsform möglicherweise eine erfinderische Weiterentwicklung des Klagepatents darstellt. Es genüge, dass der Fachmann erkennen konnte, dass er die angestrebte Wirkung durch Mittel erzielen kann, die ihrer Art nach den Mitteln jenes Patents gleichwertig sind[135].

An dieser Auffassung hat er im Urteil „Befestigungsvorrichtung II"[136] für das geltende Recht festgehalten: Eine zur Abhängigkeit führende Äquivalenz werde durch den erfinderischen Charakter eines Austauschmittels nicht ausgeschlossen. Es sei daher zu prüfen, ob die konkrete Form mit einem allgemeinen Begriffsmerkmal umschrieben werden könne, das seinerseits gegenüber einer wortlautgemäßen Ausbildung als äquivalent und naheliegend anzusehen ist.

Enger begrenzt scheint die Möglichkeit zur Abhängigkeit führender Äquivalenz nach dem Urteil „Zerlegvorrichtung für Baumstämme"[137]: Sobald der Fachmann erfinderisches Bemühen einsetzen müsse, um der patentierten äquivalente Ausführungsformen auffinden zu können, sei der Schutzbereich des Patents verlassen. Eine Benutzung unter dem Gesichtspunkt der Abhängigkeit komme nur in Betracht, wenn die angegriffene Ausführungsform als – möglicherweise erfinderische – Ausgestaltung einer mit dieser Ausführungsform ebenfalls verwirklichten allgemeineren Lehre verstanden werden könne, die im Verhältnis zur patentierten Erfindung nur als – nebengeordnete – naheliegende wirkungsgleiche Abwandlung, also als Äquivalent, nicht aber auch insoweit als – übergeordnete – Verallgemeinerung zu sehen sei. Stellungnahmen aus der Praxis deuten darauf hin, dass das mit der Entscheidung Gemeinte als schwer verständlich empfunden wird[138].

Eine gewisse Klärung hat dann das Urteil „Räumschild"[139] gebracht: Eine Erfindung, die auf einer anderen aufbaut und durch diese erst ermöglicht wird, kann die grundlegende Lehre auch dann nutzen, wenn sie patentfähig ist. In dem Umfang, in dem sie durch die ältere Lehre erst ermöglicht wurde, gebührt deren Inhaber ein Anteil an dem mit der Verwertung verbundenen wirtschaftlichen Erfolg. Die den Schutz gegenüber äquivalenten Abwandlungen betreffenden Grundsätze gelten auch dann, wenn eine Abwandlung auf erfinderischer Tätigkeit beruht. Doch muss festgestellt werden, dass die Abwandlung die Lehre des Klagepatents verwirklicht. Der Tatbestand der abhängigen Erfindung ist keine eigenständige Form der Patentbenutzung. Eine Benutzung der patentgemäßen Lehre in Form der abhängigen Erfindung kommt deshalb nur in Betracht, wenn die Merkmale des Patentanspruchs wörtlich oder äquivalent verwirklicht sind. Dafür genügt es, dass die Voraussetzung der Äquivalenz für eine die angegriffene Ausführungsform umfassende allgemeinere Lehre zutrifft. Es ist dann nicht mehr erheblich, ob bei jener Ausführungsform zugleich zusätzliche konkretisierende Merkmale verwirklicht werden, die möglicherweise erfinderischen Charakter haben.

Hieraus wird man entnehmen dürfen, dass die Auffindbarkeit für den Fachmann nur bezüglich des jeweils abgewandelten Merkmals, nicht aber für die – ihrerseits patentierte –

---

[134] S. *Scharen* GRUR 1998, 285 f. und FS Tilmann, 2003, 599 ff.; *Brandi-Dohrn* FS Schilling, 2007, 43 (53 ff.); einschränkend *Körner* FS König, 2003, 295 (309 f.).

[135] BGH 15.4.1975, GRUR 1975, 484 (486) – Etikettiergerät.

[136] BGH 12.7.1990, BGHZ 112, 140; ebenso OLG Düsseldorf 2.7.1998, GRUR 1999, 702 (706 f.) – Schließfolgeregler (Revision vom BGH nicht angenommen); krit. zu dieser Rspr. *Nieder* GRUR 2002, 935 ff.

[137] BGH 17.3.1994, BGHZ 125, 303.

[138] ZB *König* Mitt. 1994, 178 und 1996, 75; *Kühnen* GRUR 1996, 729 ff.; *Preu/Brandi-Dohrn/Gruber* 358 f.; *Loth* FS Beier, 1996, 113; *v. Falck* GRUR 2001, 905 (906); *Gramm* GRUR 2001, 926 (930 f.); zur Kritik der grundsätzlichen Ausführungen des Urteils *Kraßer* FS Fikentscher, 1998, 516 (530 ff.) mit Schrifttumsnachweisen.

[139] BGH 18.5.1999, BGHZ 142, 7 = GRUR 1999, 977 – Räumschild.

Ausführungsform im Ganzen zu prüfen ist. Auch ist es wohl nicht unzulässig, die Formulierungen des BGH in dem Sinn zu deuten, dass es sich bei der allgemeineren Lehre, die sowohl der angegriffenen Ausführungsform als auch der PS entnehmbar sein muss, um die dem Austauschmittel und dem anspruchsgemäßen Mittel **gemeinsame Funktion** handelt, die das eine in der angegriffenen Ausführungsform, das andere gemäß der geschützten Erfindung erfüllt.

108 3. Freilich scheint das Urteil „Räumschild" einen Eingriff in den Schutzbereich für den Fall verneinen zu wollen, dass das von der konkreten Angabe im Patentanspruch abweichende Merkmal selbst nur durch erfinderische Tätigkeit auffindbar war. Nach dem Klagepatent waren in die zwischen Stahlplatten eingefügte Gummi- oder Kunststoffschicht des Räumschilds eines Straßenschneepflugs Hartstoff*körner*, bei der angegriffenen Ausführungsform Hartstoff*stäbe* eingelagert. Für den Fall, dass sich die Schutzfähigkeit der angegriffenen Ausführungsform allein aus dem Übergang von Hartstoffkörnern auf (als bekannt vorausgesetzte) Hartstoffstäbe ergibt, nimmt der BGH an, dass eine im Schutzbereich angesiedelte Gleichwirkung ausscheide[140]. Darin, dass das Berufungsgericht das Merkmal der Hartstoffkörner durch den allgemeineren Begriff der Einlagerung aus Hartstoff ersetzt habe, liege eine Abstraktion des Patentanspruchs im Sinne einer Rückführung auf einen allgemeinen Gedanken, die den der Auslegung gesetzten Rahmen überschreite und daher patentrechtlich unzulässig sei. Erwägungen zur Frage, wie der Fachmann die Angabe „Hartstoffkörner" im gegebenen Zusammenhang versteht, werden dabei nicht angestellt. Nach der hier vertretenen Ansicht (→ Rn. 98 ff.) käme es darauf an, ob der Fachmann den Eindruck erhält, die angestrebte Wirkung hänge von der im Anspruch bezeichneten Form der Hartstoffeinlagerung ab. Der PS konnte er entnehmen, dass die in den Gummi oder Kunststoff eingebetteten Körner aus hartem und sprödem Material Fahrtwiderstand und Abrieb günstig beeinflussen sollten[141]. Wenn nichts darauf hinwies, dass es auf die körnige Form des Hartmaterials ankam, ist leicht denkbar, dass der Fachmann die Möglichkeit der Verwendung anderer Formen erkennen konnte, die eine zweckgerechte Einbringung von Hartmaterial in den Gummi oder Kunststoff gestatten. Dass der Fachmann dabei die Angabe im Patentanspruch verallgemeinert, kann der Annahme einer äquivalenten Benutzung nicht entgegenstehen, da jede Einbeziehung von Äquivalenten eines konkreten Anspruchsmerkmals in den Schutzbereich bedeutet, dass die entsprechende Aussage des Anspruchs verallgemeinert wird[142]. Das gilt insbesondere auch dann, wenn zunächst eine allgemeinere Aussage aus der angegriffenen Ausführungsform abstrahiert wird; denn die Feststellung von Äquivalenz erfordert auch nach den Grundsätzen des BGH, dass jene Aussage einer konkreten Angabe im Patentanspruch äquivalent sei, was sich aus dieser Angabe nicht unmittelbar, sondern nur durch Verallgemeinerung ableiten lässt. Allerdings darf diese nicht im Wege begrifflicher Abstraktion, sondern nur nach Maßgabe des fachmännischen Verständnisses erfolgen. Es sollte deshalb genügen, dass der Fachmann mit dem Fachwissen des Prioritätstags die Funktion erkennt, die einem im Anspruch konkret bezeichneten Mittel im Rahmen der patentgemäßen Problemlösung zukommt, und keinen Anlass hat anzunehmen, dass diese Funktion ausschließlich durch das konkret bezeichnete Mittel erfüllbar ist (→ Rn. 98 ff.).[143]

---

[140] Ebenso *Nieder* GRUR 2002, 935 ff.; *Allekotte* GRUR 2002, 472 (475 ff.) meint, die Entscheidung schränke die früher geltenden Grundsätze ein; aA *König* GRUR 2002, 1009 (1013 f.).
[141] BGH 18.5.1999, BGHZ 142, 7 (14) – Räumschild.
[142] Vgl. *Gramm* GRUR 2001, 926 (931 f.).
[143] S. *Hilty* 115 f.: Die Fragestellung muss lauten, ob der Fachmann im Zeitpunkt der Patentanmeldung das neue Äquivalent – wäre es ihm bekannt gewesen – unter Berücksichtigung seiner Funktion und des durch seinen Einsatz erreichten Ergebnisses als mit dem ersetzten Erfindungselement gleichwirkend erkannt hätte.

dd) Verzichte und Beschränkungen

Die Entscheidungen **Okklusionsvorrichtung** und **Pemetrexed** des BGH-Patentsenats 109 aus 2011[144] beziehungsweise 2016[145] stellen klar, dass Verzichte und Beschränkungen des Anmelders sich grundsätzlich auf den Äquivalenzbereich auswirken. Für eine Heranziehung der *Erteilungsakten* zum Zweck der Patentauslegung ist dabei grundsätzlich kein Raum.[146] Eine äquivalente Patentverletzung kommt grundsätzlich also *nicht in Frage* für eine von mehreren technischen Lösungsmöglichkeiten, die zusammen mit der (denen) am Ende beanspruchte(n) zwar *offenbart,* dann aber nicht in die Patentansprüche aufgenommen wurde. Beruhen Patentansprüche auf einer Auswahlentscheidung des Anmelders, trägt also der Anmelder die Folgen seiner Entscheidung, nicht zu beanspruchen. Eine Ausnahme von diesem Grundsatz betraf die BGH-Entscheidung **Pemetrexed**.[147] Hier hatte der Anmelder eine Auswahlentscheidung zwischen zwei Pemetrexedsalzen getroffen und nur eine davon offenbart, *Pemetrexeddinatrium*. Die Frage, ob damit *Pemetrexeddikalium* als Äquivalent in den Patentschutzbereich fiel, bejahte der BGH. Maßgeblich für den Patentschutzbereich seien die Überlegungen des Fachmanns zum Patentanspruch mit allen seinen Merkmalen; hier konkret dazu, was als gleichwirkende Ausführungsform *nicht* in den Patentschutzbereich fallen solle. Anders als im Sachverhalt der **Okklusionsvorrichtung**[148] war hier freilich nicht nur eine von mehreren offenbarten technischen Möglichkeiten zur Lösung eines bestimmten Problems beansprucht worden, sondern war das als Äquivalent in Frage kommende *Pemetrexeddikalium* hier gerade *nicht* offenbart worden. Diese Offenbarung sah der Senat ausdrücklich auch nicht in der Offenbarung der **Gattung von Verbindungen,** zu denen *Pemetrexeddikalium* zählt. Durch deren Mitteilung seien die darunter fallenden **Einzelverbindungen nicht offenbart;** schon weil der Anmelder offenbare Verbindungen hätte beanspruchen können, nicht offenbare und *lediglich auffindbare* hingegen nicht. Hinzu kam, dass der zuständige EPA-Prüfer als einzige erfindungsgemäße Verbindung allein *Pemetrexeddinatrium* für unmittelbar und eindeutig offenbart gehalten und so – sachlich keineswegs unzweifelhaft – eine Beschränkung des Patentanspruchs auf *Pemetrexeddinatrium* veranlasst hatte.[149]

ee) Einzelfragen

1. Äquivalenz wird nicht dadurch ausgeschlossen, dass ein Arbeitsmittel die **Vorteile,** die 110 die Erfindung gegenüber dem SdT bringt, in weniger vollkommener Weise erzielt als das in der PS genannte; es genügt, dass der erfindungsgemäße Erfolg noch in einem für die praktische Anwendung erheblichen Maß erreicht wird.[150] Sie fehlt aber, wenn die abgewandelte Ausführungsform völlig oder bis zu einem praktisch nicht mehr erheblichen Umfang auf den mit der patentierten Erfindung erstrebten Erfolg verzichtet[151] oder Hilfsmittel verwendet, deren Einsatz zu vermeiden Hauptzweck der Erfindung ist.[152]

---

[144] BGH 10.5.2011, GRUR 2011, 701 – Okklusionsvorrichtung, m. sehr krit. Anm. *Kühnen*.
[145] BGH 14.6.2016, GRUR 2016, 921 – Pemetrexed, m. anschaulicher Erläuterung *Meier-Beck* GRUR 2018, 241.
[146] *Scharen* GRUR 1999, 285 (288 ff.) und in Benkard EPÜ Art. 69 Rn. 32; *Busche* Mitt. 1999, 161 (164) und FS König, 2003, 49 (57 ff.); *König* GRUR 1999, 809 (816 f.); *Ann* Mitt. 2000, 181 ff.; *Schiuma* 273 ff.; *Reimann* VPP-Rundbrief 2005, 97 (101); *Tilmann* FS Bartenbach, 2005, 302; *Osterrieth* Rn. 929 f.; grundlegend *Reichle* 15 ff. und 35 ff.
[147] BGH 14.6.2016, GRUR 2016, 921 – Pemetrexed.
[148] BGH 10.5.2011, GRUR 2011, 701 Rn. 23 ff. – Okklusionsvorrichtung, m. sehr krit. Anm. *Kühnen*.
[149] Instruktive Darstellung von *Meier-Beck* GRUR 2018, 241 (242 ff.).
[150] Vgl. BGH 29.5.1962, GRUR 1962, 575 (576) – Standtank; 12.12.1972, GRUR 1973, 411 (413 f.) – Dia-Rähmchen VI; 3.12.1974, GRUR 1975, 593 (596) – Mischmaschine III; 3.3.1977, GRUR 1977, 598 – Autoskooter-Halle; 28.6.2000, GRUR 2000, 1005 (1006) – Bratgeschirr; 2.3.1999, GRUR 1999, 909 (914) – Spannschraube mwN; 13.2.2007, GRUR 2007, 410 Rn. 35 – Kettenradanordnung.
[151] BGH 2.3.1999, GRUR 1999, 909 – Spannschraube.
[152] BGH 6.11.1990, BGHZ 113, 1 – Autowaschvorrichtung; 17.10.1985, GRUR 1986, 238 – Melkstand; 23.4.1991, GRUR 1991, 744 – Trockenlegungsverfahren; 2.3.1999, GRUR 1999, 909 – Spannschraube.

111 **Beispiel**[153]: Die Erfindung betraf eine Waschvorrichtung für Fahrzeuge, die mit eigenem Antrieb durch die Vorrichtung gefahren werden. In der PS war hervorgehoben, dass insbesondere für die Rückführung der Waschbürsten aus der Endstellung in die Ausgangsstellung keine Fremdenergie erforderlich ist, weil sie durch gewichtsbelastete Seilzüge bewirkt wird. Deshalb waren keinerlei Einrichtungen zur Steuerung der Fremdenergie nötig. Bei der als patentverletzend angegriffenen Waschvorrichtung wurden die Waschbürsten, wenn das Fahrzeug die Anlage verlassen hatte, nicht durch Gewichte an Seilzügen in die Ausgangsstellung zurückgezogen, sondern blieben in der Endstellung stehen und wurden dann mittels eines elektrisch angetriebenen Kettenzugs in die Ausgangsstellung zurückgeführt. Der Unterschied erklärte sich daraus, dass bei der patentierten Ausgestaltung die Gewichte am Seilzug ungleich schwer, bei der angegriffenen Ausführungsform dagegen gleich schwer waren. Ein Austauschmittel, das zwar zum gleichen allgemeinen Ergebnis führt, aber den erfindungsspezifischen Zweck verfehlt, wird also von Schutzbereich nicht mehr umfasst.

112 Freilich kann es in Fällen dieser Art dahin kommen, dass die angegriffene Ausführungsform alle Merkmale des Patentanspruchs aufweist und nur zusätzlich ein Mittel verwendet, das durch die Erfindung überflüssig gemacht werden soll. Im Fall „Melkstand"[154] ist nicht auszuschließen, dass es sich so verhielt. Wenn die angegriffene Ausführungsform alle Merkmale der patentgemäßen Vorrichtung, die durch Einwirkung allein auf den Kopf der Kuh diese in eine bestimmte Stellung bringen sollte, identisch oder in äquivalenter Abwandlung aufwies, konnte nicht die Verletzung nicht deshalb verneint werden, weil zusätzlich ein dem gleichen Zweck dienendes Element hinter der Kuh angebracht war.

113 Im Fall „Rangierkatze", in dem die angegriffene Ausführungsform zusätzlich zu allen anspruchsgemäßen Merkmalen eine Betriebsbremse aufwies, hat der BGH[155] das Patent als verletzt angesehen; maßgebend war dabei, dass sich dieses überhaupt nicht mit einer zusätzlichen Betriebsbremse befasste und ihm deshalb nicht entnommen werden konnte, dass deren Vermeidung ein Hauptzweck der Erfindung sei.

114 2. Die Erstreckung des Schutzbereichs eines Patentanspruchs auf eine von dessen Sinngehalt abweichende Ausführungsform ist auch dann nicht ausgeschlossen, wenn die Abweichung **Zahlen- oder Maßangaben** betrifft, die der Anspruch enthält. Regeln für die Bestimmung des Schutzbereichs in solchen Fällen hat der BGH in fünf Entscheidungen vom gleichen Tag[156] aufgestellt, die insoweit fast wörtlich übereinstimmen:

115 Grundsätzlich sind auch Zahlen- oder Maßangaben in einem Patentanspruch der Auslegung zugänglich. Doch begrenzt eine eindeutige Zahlenangabe den geschützten Gegenstand insoweit grundsätzlich abschließend; ihre Über- oder Unterschreitung ist daher in aller Regel nicht mehr zum *Gegenstand* des Anspruchs zu rechnen. Das schließt nicht aus, dass der Fachmann eine gewisse, beispielsweise übliche Toleranzen umfassende Unschärfe als mit dem Sinngehalt einer Zahlenangabe vereinbar ansieht.

116 Dass eine Ausführungsform mit einem vom Anspruch *abweichenden Zahlenwert* als *Äquivalent* vom Schutzbereich umfasst wird, ist nicht ausgeschlossen. Voraussetzung ist jedoch, dass der Fachmann die abweichende Ausführungsform als eine solche auffinden kann, die nicht nur überhaupt die Wirkung eines im Anspruch zahlenmäßig eingegrenzten Merkmals erzielt, sondern gerade diejenige, die nach seinem Verständnis anspruchsgemäß der zahlenmäßigen Eingrenzung des Merkmals zukommen soll. Versteht der Fachmann einen Zahlenwert so, dass die anspruchsgemäße Wirkung durch dessen genaue Einhaltung bestimmt wird und deshalb durch einen abweichenden Zahlenwert nicht erzielt werden kann, genügt es nicht, dass der Fachmann auch eine von der Zahlenangabe abstrahierende Lehre als technisch sinnvoll erkennt.

117 Die Anwendung dieser Regeln führte zu folgenden **Ergebnissen:**
Die Annahme, dass Kunststoffrohre mit einer Materialdichte von 1,6 g/cm^3 im Schutzbereich eines Anspruchs lägen, der hierfür einen Wert von 1,8–2,7 g/cm^3 angab, wurde als nicht rechtsfehlerfrei begründet beanstandet[157].

---

[153] BGH 6.11.1990, BGHZ 113, 1 – Autowaschvorrichtung.
[154] BGH 17.10.1985, GRUR 1986, 238 – Melkstand.
[155] 13.12.2005, GRUR 2006, 399.
[156] 12.3.2002, GRUR 2002, 511 (512 f.) (Nr. III 2b–e); 515, 517 f. (Nr. II 3b–d [richtig: e]); 519, 521 f. (Nr. II 4b–e); 523, 524 f. (Nr. II 2b–e); 527, 529 f. (Nr. II 2b–e). Dazu *Reimann/Köhler* GRUR 2002, 931 ff.; *Heyers* GRUR 2004, 1002 ff.
[157] Fall Kunststoffrohrteil BGH 12.3.2002, GRUR 2002, 511 (514 f.) (Nr. IV).

§ 32. Der Schutzbereich des Patents und des Gebrauchsmusters

Der Schutzbereich eines Anspruchs, in welchem zwei die Anordnung von Messern einer Rotationsschneidmaschine bestimmende Winkel mit 9–12 und 10–22, vorzugsweise 16 angegeben waren, wurde auf eine Ausführungsform erstreckt, bei der der erstgenannte Winkel 8 40′ betrug und deshalb die anspruchsgemäße Untergrenze nur geringfügig unterschritt, nicht aber auf eine andere Ausführungsform, bei der der zweite Winkel 25 betrug[158].

Ein pharmazeutisches Gemisch, in dem der Anteil von Magnesiumchlorid 4 statt der im Patentanspruch genannten 10 ± 2 Millimol ausmachte, wurde als außerhalb des Schutzbereichs liegend angesehen[159].

3. Bei **chemischen Stoffansprüchen** ist für eine funktionelle Auslegung von Einzelmerkmalen kein Raum.[160] Die Funktion der Komponenten beschränkt sich darauf, den beanspruchten Stoff zu konstituieren. Da die Ersetzung einer von ihnen durch eine andere zu einem anderen Stoff führt, ist diese der ersten nicht funktionsgleich. Auf die Wirkungen und die ihnen entsprechenden Verwendungsmöglichkeiten des Stoffs kann es nicht ankommen, wenn richtig ist, dass sie nicht zum Gegenstand der Erfindung gehören, weil dieser allein in der Bereitstellung des Stoffs besteht, und deshalb im Anmeldezeitpunkt nicht offenbart zu werden brauchen (→ § 11 Rn. 25 ff., 37 ff.). Dass sie später offenbart werden, macht sie nicht zum Gegenstand der Erfindung, weil diese im Anmeldezeitpunkt vollständig offenbart sein muss. Deshalb kann ein Stoff auch dann, wenn er die gleichen oder ähnliche Wirkungen hat wie ein gemäß den Regeln über den absoluten Stoffschutz patentierter Stoff, nicht als dem letzteren äquivalent angesehen werden. Ob der Fachmann die Gleichheit oder Ähnlichkeit der Wirkungen voraussehen konnte, ist dabei ohne Belang. Dagegen versteht sich, dass der Schutzbereich eines Patents, das *zweckgebundenen* Stoffschutz gewährt, gleichwirkende Abwandlungen dieses Stoffs einschließt, wenn die allgemeinen Voraussetzungen für die Einbeziehung von Äquivalenten erfüllt sind[161]. Nur auf dieser Grundlage und nur, soweit sie trägt, ist auch zu rechtfertigen, dass ergänzende Schutzzertifikate für Abwandlungen eines Erzeugnisses erteilt werden, das Gegenstand des Grundpatents ist (→ § 26 Rn. 49 ff., 81).

e) Absehen von entbehrlichen Merkmalen (Teilschutz)?

aa) Grundsätzliche Überlegungen

1. Vom Schutzbereich eines Patentanspruchs wird eine technische Lehre grundsätzlich nur dann umfasst, wenn sie *sämtliche* im Anspruch – und gegebenenfalls den vorausgehenden Ansprüchen, auf die er zurückbezogen ist – verlangten Merkmale aufweist. Dabei genügt es, wenn an Stelle eines oder mehrerer im Anspruch konkret be-

---

[158] Fälle Schneidmesser I und II BGH 12.3.2002, GRUR 2002, 515 (518 f.) (Nr. II 4); 519, 523 (Nr. II 5b).
[159] Fälle Custodiol I und II BGH 12.3.2002, GRUR 2002, 523 (526 f.) (Nr. II 3); 527, 530 f. (Nr. II 4).
[160] Vgl. *Scharen* in Benkard PatG § 14 Rn. 54; *Fürniss* FS Nirk, 1992, 305 ff.; aA v. *Meibom/Nack* FS Reimann, 2009, 551 (557 ff.); anders *Lederer* GRUR 1998, 272 ff.; *Geißler* FS Beier, 1996, 40 ff., die Äquivalenz annehmen, wenn ein abgewandelter Stoff die Wirkungen hat, die für die Patentierung des geschützten Stoffes maßgebend waren; – *Meyer-Dulheuer* GRUR 2000, 179 (182) verlangt Einbeziehung von „Äquivalenten" in den Schutzbereich chemischer Stoffpatente mit der Begründung, dass dies auch bei biotechnologischen Patenten wegen der dort bestehenden Funktionsgebundenheit des Schutzes geboten sei; doch gibt es diese bei sonstigen Stoffpatenten nach hM gerade nicht.
[161] *Fürniss* FS Nirk, 1992, 305 (312 f.); der dort vertretenen Ansicht, Schutz gegen Äquivalente sei bei Stoffpatenten in Bezug auf ursprünglich offenbarte Verwendungen zu gewähren, steht allerdings die Maßgeblichkeit der Ansprüche entgegen. Wird ein absolut gefasster Stoffanspruch nachträglich gemäß einer ursprünglich offenbarten Verwendung auf einen zweckgebundenen Stoffanspruch oder einen Verwendungsanspruch beschränkt (s. *Fürniss* FS Nirk, 1992, 305 (313 f.), kann eine unzulässige Erweiterung des Schutzbereichs nur dadurch vermieden werden, dass in der PS eine Erstreckung auf äquivalente Abwandlungen des Stoffs ausgeschlossen wird. Praktisch wird das Problem freilich kaum auftreten, weil viele Stoffansprüche so gefasst sind, dass sie die als „äquivalent" in Frage kommenden strukturverwandten Verbindungen durch Gruppenformeln einschließen, und im Prioritätszeitpunkt erkannte Verwendungen oft neben dem Stoff beansprucht werden.

zeichneter eine entsprechende Anzahl äquivalenter Arbeitsmittel verwendet ist (vgl. → Rn. 81 ff.). Anders verhält es sich, wenn ein oder mehrere Anspruchsmerkmale nicht einmal in dieser Form vorhanden sind. Zwar kann die mit allen Anspruchsmerkmalen ausgestattete technische Lehre oft als Ausführungsform einer allgemeineren Lehre aufgefasst werden, die nur einen Teil dieser Merkmale aufweist. Doch ergibt die Anspruchsfassung, dass gerade nicht eine solche allgemeinere Lehre und nicht alle ihre Ausführungsformen, sondern nur die im Anspruch gekennzeichneten dem Patentinhaber ausschließlich zugeordnet sind, wobei der Anspruch, wenn Beschreibung und Zeichnungen dies rechtfertigen, die Abwandlungen umfasst, die durch Austausch funktionsgleicher Arbeitsmittel zustande kommen.

120   2. Eine Anspruchsauslegung, nach welcher es auf das eine oder andere Merkmal nicht ankommt, wird sich aus Beschreibung und Zeichnungen – wenn überhaupt – nur in **Ausnahmefällen** rechtfertigen lassen. Die höchstrichterliche Rechtsprechung hat sie bisher zwar nicht vollständig ausgeschlossen, aber noch in keinem konkreten Fall gebilligt (→ Rn. 124 ff.). Der Fachmann mag aus jenen Unterlagen ohne weiteres erkennen, dass der erfindungsgemäße Erfolg auch bei Weglassung bestimmter Merkmale ebenso gut, besser oder doch wenigstens im Wesentlichen erzielt werden kann. Er mag daraus ersehen, dass eine entsprechend allgemeiner gefasste Erfindung hätte beansprucht werden können. Der Grundsatz der Maßgeblichkeit der Ansprüche erlaubt es ihm aber, den nicht beanspruchten Offenbarungsgehalt der PS frei zu benutzen. Als regelmäßig anwendbare Auslegungsmethode kann deshalb das Absehen von Merkmalen, die der Fachmann auf Grund der Beschreibung (einschließlich des darin erörterten SdT), der Zeichnungen und seines Fachwissens als entbehrlich erkennt, nach den geltenden Vorschriften nicht anerkannt werden. Ausreichende **Rechtssicherheit** besteht für Dritte nur, wenn sie grundsätzlich davon ausgehen können, dass alle im Anspruch erscheinenden Merkmale für die geschützte Lehre auch wesentlich sind, weil sie andernfalls schon der Anmelder weggelassen hätte. Dies ist nämlich bei klarer Erkenntnis des Wesens der Erfindung stets möglich, während es oft auf praktische Schwierigkeiten stößt, Anspruchsmerkmale mit der erforderlichen Genauigkeit funktionell zu fassen.

121   3. Die geltenden Vorschriften beruhen auf der Überlegung, dass die deutsche Rechtsprechung den Schutzbereich der Patente zu weit ausgedehnt habe. Sie lassen es nach allgemeiner Ansicht nicht zu, im bisherigen Umfang am Schutz des allgemeinen Erfindungsgedankens festzuhalten (vgl. → Rn. 41). Dieser ist aber praktisch kaum anders als durch Erstreckung auf (nicht glatte) Äquivalente oder durch Teilschutz in Erscheinung getreten.[162] Würde dieser im Wesentlichen beibehalten, würde weitgehend die der Neuregelung zugrundeliegende Absicht vereitelt, die Grenzen des Schutzbereichs enger zu ziehen, als dies in der deutschen Praxis üblich war. Die hieraus resultierenden Bedenken lassen sich auch durch eine den Begriff des allgemeinen Erfindungsgedankens vermeidende Deutung des Teilschutzes nicht ausräumen. Insbesondere ist es nicht möglich, eine Regel aufzustellen, wonach das Weglassen *unwesentlicher* Anspruchsmerkmale nicht aus dem Schutzbereich herausführen würde[163]. Denn der Leser der Patentschrift kann davon ausgehen, dass im Anspruch erscheinende Merkmale wesentlich sind[164], und braucht sich keine Gedanken darüber zu machen, warum sie dort stehen, obwohl er sie nach seinem fachmännischen Verständnis für unwesentlich hält[165].

---

[162] Vgl. BGH 12.6.1956, GRUR 1957, 20 (22) – Leitbleche; 27.1.1961, GRUR 1961, 404 – Klebebindung; 1.4.1969, GRUR 1969, 532 – Früchtezerteiler; 2.12.1980, GRUR 1981, 259 – Heuwerbungsmaschine II.

[163] *Jestaedt* FS König, 2003, 239 (251 ff.); vgl. auch *Anders* GRUR 2001, 867 (871 f.), der „wesentliche Merkmale" als unergiebigen, „unwesentliche Merkmale" als bedenklichen Rechtsbegriff ansieht.

[164] BGH 18.5.1999, BGHZ 142, 7 (20) – Räumschild; *Jestaedt* FS König, 2003, 249 (251).

[165] In diesem Sinn schon zum früheren Recht BGH 29.11.1979, GRUR 1980, 219 (220) – Überströmventil.

§ 32. Der Schutzbereich des Patents und des Gebrauchsmusters   III   § 32

Im Schrifttum überwiegt gleichwohl die Ansicht, dass Teilschutz – unter mehr oder weniger engen Voraussetzungen – auch nach geltendem Recht zulässig und geboten sei[166]. 122

bb) Rechtsprechung

1. Im Urteil „Batteriekastenschnur"[167] beanstandet der BGH, dass das Berufungsgericht, ohne die Frage der Rechtssicherheit anzusprechen, ein im Anspruch bezeichnetes Merkmal wegen Bedeutungslosigkeit für die Erfindung bei der Bestimmung des Schutzbereichs außer Betracht lassen wollte: Durch das gleichrangig neben der angemessenen Belohnung des Erfinders stehende Gebot der Rechtssicherheit solle erreicht werden, dass der Schutzbereich für Außenstehende hinreichend vorhersehbar sei. Diese sollten vor der Überraschung bewahrt werden, aus einem Patent in Anspruch genommen zu werden, dessen Schutzbereich sich erst durch Weglassen von Merkmalen des Patentanspruchs ergibt. Sie müssten sich darauf verlassen können, dass die geschützte Erfindung mit den Merkmalen des Anspruchs vollständig umschrieben sei. Der Anmelder müsse dafür sorgen, dass das, wofür er Schutz begehrt, sorgfältig in den Merkmalen des Anspruchs niedergelegt ist[168]. 123

In der Entscheidung „Beheizbarer Atemluftschlauch"[169] erklärt der BGH einen Teilschutz jedenfalls dann für unvereinbar mit dem Gebot der Rechtssicherheit, wenn der angegriffenen Ausführungsform ein Anspruchsmerkmal fehlt, dessen besondere Bedeutung die PS hervorhebt. 124

Im Urteil „Räumschild"[170] führt er aus, er habe bisher nicht ausgeschlossen, dass unter besonderen Umständen auch eine Ausführungsform unter den Schutzbereich eines Patents fallen könnte, bei der zwar von der Mehrzahl der Anspruchsmerkmale Gebrauch gemacht wird, von einem bestimmten, als unwesentlich erkennbaren Merkmal jedoch nicht. Ob es solche Fälle überhaupt gibt, könne offen bleiben. Bisher habe sich keiner ergeben. Es könne sich auch nur um einen Ausnahmefall handeln. Und es bedürfe einer besonders eingehenden Begründung, warum es im Einzelfall auf ein durch Aufnahme in den Patentanspruch als wesentlich herausgehobenes Merkmal gleichwohl nicht ankommen soll und wieso dies mit dem stets zu beachtenden Grundsatz der Rechtssicherheit zu vereinen ist. 125

Im Urteil „Zerfallsmessgerät"[171] wird es dann für unvereinbar mit Art. 69 EPÜ, § 14 PatG und § 12a GebrMG erklärt, Gegenstand und Schutzbereich eines technischen Schutzrechts unter Außerachtlassung einzelner räumlich-körperlich oder funktional definierter Merkmale zu bestimmen. Andernfalls werde der Schutzbereichsbestimmung nicht der erteilte oder (beim Gbm) eingetragene, sondern ein fiktiver, aus einer Kombination lediglich einzelner Merkmale dieses Anspruchs bestehender Anspruch zugrunde gelegt, womit jener Anspruch seine Bedeutung als maßgebliche Grundlage der Schutzbereichsbestimmung zugunsten eines aus der Beschreibung abgeleiteten Erfindungsgedankens alten Rechts verliere. Unerheblich sei dabei, ob dem außer Betracht bleibenden Merkmal die Bedeutung eines „wesentlichen" oder „kennzeichnenden" Merkmals zukommt oder fehlt. 126

2. Auf eine Möglichkeit, die Problematik des Teilschutzes durch sachgerechte Anwendung der Regeln über die Äquivalenz zu vermeiden, deutet die Entscheidung des Falles „Mechanische Betätigungsvorrichtung"[172] hin. Gegenstand des Patents war eine insbeson- 127

---

[166] *Storch* 43 ff.; *Ballhaus/Sikinger* GRUR 1986, 340 f.; *Vollrath* GRUR 1986, 507 (511); *Ullmann* GRUR 1988, 339; *v. Falck* GRUR-FS 1991, 516 f. Rn. 34; *Scharen* in Benkard PatG § 14 Rn. 141 ff.; *Scharen* in Benkard EPÜ Art. 69 Rn. 42 ff., 67 f.; zu extensiv *Hilty* 122; stark einschränkend *König* Mitt. 1993, 32 ff.; *Scharen* in Benkard PatG § 14 Rn. 122 f.; ablehnend *Schiuma* 308 ff.; *Jestaedt* FS König, 2009, 250; *Mes* PatG § 14 Rn. 34; grundsätzlich auch *Osterloh* GRUR 1993, 260 ff.
[167] 3.10.1989, GRUR 1989, 903 (905).
[168] Ebenso BGH 5.5.1992, GRUR 1992, 594 (596) – Mechanische Betätigungsvorrichtung.
[169] 24.9.1991, BGHZ 115, 204 – Beheizbarer Atemluftschlauch.
[170] BGH 18.5.1999, BGHZ 142, 7 (19 f.) – Räumschild; ebenso OLG Düsseldorf 15.9.2000, Mitt. 2001, 28.
[171] BGH 31.5.2007, GRUR 2007, 1059 Rn. 29–31.
[172] BGH 5.5.1992, GRUR 1992, 594 – Mechanische Betätigungsvorrichtung.

dere als Kupplungsseilzug in Kraftfahrzeugen verwendbare Vorrichtung mit einem in einer biegsamen Hülle längs verschiebbaren Kabel und einem selbsttätigen Ausgleichselement. Anspruchsgemäß waren an diesem zwischen zwei aufeinanderfolgenden Abschnitten der Hülle zwei teleskopierende Hüllenverlängerungen eingesetzt. Die als verletzend angegriffene Ausführungsform wies zwischen Ausgleichselement und Kupplungspedal keinen Hüllenabschnitt, sondern nur ein der patentgemäßen Hüllenverlängerung entsprechendes, am Fahrzeugchassis befestigtes Bauteil auf. Der BGH verstand dies nicht als Weglassen, sondern als Verwendung eines Merkmals in äquivalenter Abwandlung, die noch in den Schutzbereich des Patents falle. Die dem Wortlaut des Anspruchs entsprechende Anordnung der Hüllenverlängerungen innerhalb der Hülle sei durch abgewandelte Anordnung im unmittelbaren Anschluss an die Hülle ersetzt. Da eine solche Abwandlung an der patentgemäßen Wirkung nichts ändere und sich für den Fachmann aus Überlegungen ergebe, die sich an der im Anspruch definierten Erfindung orientierten, seien die Voraussetzungen einer in den Schutzbereich fallenden Äquivalenz erfüllt.

128 Der BGH hat somit das Merkmal, auf das es ankam, nicht darin gesehen, dass zwischen Ausgleichselement und Kupplungspedal ein Hüllenabschnitt vorhanden ist. Er hat es vielmehr in der Anordnung des Ausgleichselements erblickt. Dass es auf diese ankomme, hat er aus einer funktionsbezogenen Betrachtung abgeleitet. Dieser Ansatz ermöglicht es, das Problem des Teilschutzes dann zu vermeiden, wenn ein Anspruchsmerkmal zwar bei einer „atomisierenden" Zergliederung des Anspruchswortlauts zu fehlen scheint, aber bei funktionsbezogener Betrachtung durchaus seine Entsprechung findet. An die Stelle isolierter Betrachtung der jeweils kleinstmöglichen im Anspruch bezeichneten Merkmalseinheiten tritt die Betrachtung von Gruppen solcher Einheiten, soweit diese erkennbar gemeinsam einer einheitlichen Funktion dienen[173]. Im Fall „Staubsaugersaugrohr"[174] hat der BGH die Annahme einer äquivalenten Benutzung gebilligt, weil die Funktion eines in der angegriffenen Ausführungsform fehlenden Merkmals durch die größere Elastizität des an Stelle des im Anspruch genannten Polyamids verwendeten, diesem aber äquivalenten Polyäthylens erfüllt war.

f) Bindung der Gerichte an das Patent

aa) Grundsätzliche Überlegungen

129 1. Weder Art. 8 Abs. 3 StrÜ noch Art. 69 Abs. 1 EPÜ noch das Auslegungsprotokoll beschränken das Gericht des Verletzungsprozesses in der Nachprüfung der Gültigkeit des Klagepatents. Eine Regelung in diesem Sinne wäre im Rahmen des StrÜ schon mit Rücksicht darauf nicht möglich gewesen, dass die Verfahren, in denen die Gültigkeit nationaler Patente überprüft werden kann, in den einzelnen Vertragsstaaten höchst unterschiedlich ausgestaltet sind.[175] Auch das EPÜ sieht keine derartige Einschränkung vor. Es überlässt die Regelung der *Verfahren* zur Prüfung der Gültigkeit europäischer Patente, gegen die kein Einspruch mehr erhoben werden kann, ganz dem nationalen Recht. Das europäische Patent unterliegt deshalb den in den einzelnen Vertragsstaaten für die Prüfung der Gültigkeit nationaler Patente vorgesehenen Verfahren. Eine Bindung der hierfür zuständigen nationalen Instanzen ergibt sich aus dem EPÜ nur hinsichtlich der Gründe, aus denen ein Patent als ungültig angesehen werden darf (vgl. → § 30 Rn. 101 ff.). An den Erteilungsakt des EPA ist deshalb ein für Verletzungsprozesse zuständiges Gericht nicht weitergehend gebunden als an denjenigen der nationalen Erteilungsbehörde des betreffenden Vertragsstaats. Art. 69 und das Aus-

---

[173] Vgl. *v. Falck* FS Vieregge, 1995, 217 (225 ff.), der einen Teilschutz als entbehrlich und die Anwendung der Äquivalenzregeln als ausreichend ansieht. *Jestaedt* FS König, 2003, 239 (246, 254) rechnet Fälle, in denen die angegriffene Ausführungsform trotz Fehlens eines Merkmals den patentgemäßen Erfolg erreicht, zur Äquivalenz; iglS *Scharen* in Benkard PatG § 14 Rn. 106.
[174] BGH 12.10.2004, GRUR 2005, 41 Rn. 2d – Staubsaugerrohr.
[175] Vgl. *Mangini* GRUR-Int 1983, 226 ff.; *Ströbele* 7 ff. und GRUR-Int 1975, 1 ff.

legungsprotokoll regeln die Bestimmung des Schutzbereichs des Patents unter der Voraussetzung, dass dieses im Verletzungsprozess als gültig anerkannt wird oder ungeprüft als gültig hinzunehmen ist.

2. Die deutschen Gerichte brauchen daher im Verletzungsprozess bei der Berücksichtigung von Gültigkeitsmängeln des Klagepatents in jedem Fall nur die Grenzen zu berücksichtigen, die aus den nach nationalem Recht dem Erteilungs- und dem Nichtigkeitsverfahren vorbehaltenen Aufgaben abzuleiten sind. In dieser Hinsicht hat die seit 1978 geltende Regelung nichts geändert. 130

Gebunden sind demgemäß die Gerichte nur an den Wortsinn der Ansprüche (vgl. → Rn. 68 ff.). Soweit sich durch Auslegung im Lichte von Beschreibung und Zeichnungen ein weitergehender Schutzbereich ergibt, besteht keine Bindung des Gerichts, da sich die Prüfung der Schutzfähigkeit im Erteilungsverfahren nicht auf Abwandlungen der erfinderischen Lehre erstreckt (vgl. → Rn. 26 f.). 131

3. Der Verletzungsbeklagte, der eine unter den Wortsinn eines Patentanspruchs fallende Lehre benutzt („identische" oder „gegenständliche" Benutzung), kann nur im Wege der Nichtigkeitsklage zur Geltung bringen, dass diese Lehre vom SdT vorweggenommen oder nahegelegt sei. Wird dagegen die von ihm benutzte Lehre zwar vom Schutzbereich, nicht aber vom Wortsinn der Ansprüche umfasst, kann er im Verletzungsprozess einwenden, dass sie vom SdT vorweggenommen oder nahegelegt sei. Unterlagen über den SdT, auf den er sich dabei stützt, hat der Beklagte selbst beizubringen, soweit nicht schon die Angaben in der PS genügen. Das Gericht ist nicht darauf beschränkt, in der PS angeführten SdT zu berücksichtigen. Im Allgemeinen wird der Einwand ohnehin nur auf Grund von neu ermitteltem SdT Erfolg versprechen, während in der PS erörterter SdT in der angenommenen Situation meist schon verhindern wird, dass die Auslegung einen Schutzbereich ergibt, der die vom Beklagten benutzte Lehre einschließt. 132

4. Mit Fragen, die im Erteilungsverfahren bereits geprüft wurden, hat sich das Gericht des Verletzungsprozesses in keinem Fall zu befassen. Insbesondere ist nach den vorstehend dargelegten Grundsätzen nicht darauf einzugehen, ob die durch den Wortsinn der Ansprüche definierte Lehre durch den SdT vorweggenommen oder nahegelegt ist. Anders als nach der Dreiteilungslehre hat auch eine vollständige Vorwegnahme der *patentierten technischen Lehre* keinen Einfluss auf den Verletzungsprozess. Freilich wird in diesem Fall der Beklagte, wenn er sich nicht im Bereich des Anspruchswortsinns bewegt, regelmäßig einwenden können, dass er eine durch den SdT nahegelegte Lehre benutzt. Dagegen ist kein Raum für den Einwand, dass die Klage wegen vollständiger Vorwegnahme der patentierten technischen Lehre missbräuchlich sei. 133

Entsprechendes gilt für die Frage nach einer unzureichenden Offenbarung oder unzulässigen Erweiterung. Sie war in vollem Umfang Gegenstand der Prüfung in dem Verfahren, das zur maßgebenden Fassung des Patents geführt hat. Fehler, die dabei unterlaufen sein mögen, können nur durch Nichtigkeitsklage gerügt werden. Auch aus § 38 S. 2 PatG ergibt sich nichts anderes (vgl. → § 25 Rn. 154 ff.). 134

5. Für den Beklagten des Verletzungsprozesses ist die Bindung des Gerichts an den Anspruchswortsinn umso belastender, je allgemeiner die Ansprüche gefasst sind. Während er bei einem konkret gefassten Anspruch die Chance hat, die Benutzung einer hiervon abweichenden Ausführungsform unter Berufung auf den SdT zu verteidigen, sieht er sich auf die Nichtigkeitsklage verwiesen, wenn dieselbe Ausführungsform durch einen funktionell gefassten Anspruchswortlaut erfasst wird. Verallgemeinerte Anspruchsfassungen bedeuten aus diesem Grund für Dritte ein Risiko. Sie mögen den Vorteil haben, dass sie nicht mehr die Annahme eines über den Wortlaut hinausgehenden Inhalts zulassen (vgl. → Rn. 96 ff.). Die Erhöhung der „Rechtssicherheit", die hierin liegen mag, darf aber nicht durch die Gefahr erkauft werden, dass Benutzung und naheliegende Weiterentwicklung des SdT behindert werden. 135

bb) Rechtsprechung: Der „,Formstein'-Einwand"

136 1. Im Urteil „Formstein"[176], nach welchem sich auch unter dem geltenden Recht der Schutzbereich regelmäßig auf Äquivalente erstreckt, hat der BGH den Einwand zugelassen, die als **äquivalent** angegriffene Ausführungsform stelle mit Rücksicht auf den Stand der Technik **keine patentfähige Erfindung** dar. Der Bekl. kann sich demgemäß nicht mehr – wie nach früherem Recht (→ Rn. 19) – nur damit verteidigen, dass die als patentverletzend beanstandete Ausführungsform durch den SdT bekannt sei. Er kann geltend machen, dass sie sich für den Fachmann aus dem in § 3 Abs. 1 PatG genannten SdT in naheliegender Weise ergebe. Der BGH will hierdurch sicherstellen, dass für die freie nichterfinderische Weiterentwicklung des SdT alle Kenntnisse herangezogen werden, die auch für die Beurteilung der Schutzfähigkeit des Klagepatents und damit für die Beantwortung der Frage maßgeblich sind, ob dem Erfinder eine Belohnung für die Offenbarung der Erfindung gebührt.

137 2. Der Einwand kann auch einer Klage wegen Verletzung eines **Gebrauchsmusters** entgegengesetzt werden.[177] Freilich bedarf es seiner wegen § 13 Abs. 1 GebrMG im Regelfall nicht (vgl. → § 26 Rn. 126). Anders ist es nur, wenn sich die Parteien des Verletzungsstreits in einem Löschungsverfahren gegenübergestanden haben, in dem das Gebrauchsmuster rechtskräftig ganz oder teilweise aufrechterhalten worden ist. Das Gericht ist dann nach § 19 S. 3 GebrMG an diese Entscheidung gebunden. Der Bekl. kann jedoch geltend machen, dass die als äquivalent angegriffene Ausführungsform mit Rücksicht auf den für die Beurteilung der Schutzfähigkeit des Gegenstands des Gebrauchsmusters maßgebenden Stand der Technik, der sich nach § 3 GebrMG bestimmt, keine die Voraussetzungen des § 1 GebrMG erfüllende Erfindung darstelle[178], also nicht neu sei oder nicht auf einem erfinderischen Schritt beruhe[179].

138 3. Der vom BGH aufgestellte Grundsatz entspricht Forderungen, die schon für das frühere Recht vielfach geäußert worden waren (→ Rn. 25 ff.). Er wurde allenthalben mit Zustimmung aufgenommen und unter dem Schlagwort „,Formstein'-Einwand" zum geläufigen Bestandteil des geltenden deutschen Patent- und Gebrauchsmusterrechts.[180] Er erlaubt es, die Verletzungsklage auch dann abzuwehren, wenn die vom Bekl. benutzte Ausführungsform dem im Anspruch definierten Gegenstand im Sinn der früheren „Dreiteilungslehre" „glatt äquivalent" ist. Damit wird die Bindung der Gerichte an das Patent (oder eine das Gebrauchsmuster aufrechterhaltende Entscheidung im Löschungsverfahren, → Rn. 138) auf den Bereich reduziert, für den sie allein gerechtfertigt ist. Der „Formstein"-Einwand versagt deshalb, wenn die angegriffene Ausführungsform vom *Sinngehalt* eines Patentanspruchs umfasst wird, also eine identische Benutzung vorliegt[181].

139 Die Voraussetzungen des Einwands muss der Bekl. darlegen und beweisen[182]. Seine Prüfung erfordert regelmäßig, nicht nur die angegriffene Ausführungsform, sondern auch Merkmale des Patentanspruchs und deren patentgemäße Funktion in den Blick zu nehmen, weil andernfalls der Vergleich der angegriffenen Ausführungsform mit dem SdT eine Übereinstimmung in Merkmalen ergeben kann, die für den Streit der Parteien irrelevant sind[183]. Das bedeutet: Die angegriffene Ausführungsform muss durch den SdT in demjenigen (denjenigen) Merkmal(en) nahegelegt sein, aus dem (denen) sich ihre Äquivalenz zur patentierten Erfindung ergibt.

---

[176] 29.4.1986, BGHZ 98, 12 (22).
[177] BGH 4.2.1997, BGHZ 134, 353 (357 f.) – Kabeldurchführung.
[178] BGH 4.2.1997, BGHZ 134, 353 (358) – Kabeldurchführung.
[179] Vgl. *Westendorp/Viktor* Mitt. 1998, 452 f.
[180] Zusammenfassend *Jestaedt* FS Bartenbach, 2006, 371–384.
[181] BGH 17.2.1999, GRUR 1999, 914 (916) – Kontaktfederblock.
[182] BGH 17.2.1999, GRUR 1999, 914 (918) – Kontaktfederblock.
[183] BGH 17.2.1999, GRUR 1999, 914 – Kontaktfederblock; im gleichen Sinn schon *v. Falck* GRUR 1988, 6 und 1998, 218 (222).

Unterscheidet sich die angegriffene Ausführungsform in erfinderischer Weise vom 140
Gegenstand des Klagepatents, kommt es darauf an, ob die allgemeinere Lehre, auf die
sie zurückgeführt werden kann und hinsichtlich deren Äquivalenz mit der im Klagepatent geschützten Erfindung geltend gemacht wird – einfacher gesagt: die für die Äquivalenz maßgebende Funktion (vgl. → Rn. 104) – für den Fachmann vom SdT am Prioritätstag des Klagepatents aus nahegelegen hat[184]. Demgemäß kann der Schutzbereich auf
eine Ausführungsform, in der ein im Klagepatent konkret bezeichnetes Mittel erfinderisch abgewandelt ist, dann nicht erstreckt werden, wenn sich der erfinderische Gehalt
des Merkmals darauf beschränkt, ein weiteres Mittel zur Erfüllung einer Funktion bereitzustellen, die als solche schon zum SdT gehörte oder sich hieraus in naheliegender Weise
ergab.

4. Die Tatsachen, die dem „Formstein"-Einwand zugrunde gelegt werden, können 141
gleichzeitig die Schutzfähigkeit der Erfindung in Frage stellen, die den Gegenstand des
Klagepatents bildet. Beispielsweise kann ein Sachverhalt, der zum SdT am Prioritätstag
dieses Patents gehört, nicht nur die angegriffene Ausführungsform, sondern ebenso die
patentierte Erfindung als für den Fachmann naheliegend erscheinen lassen.

Der BGH[185] will in solchen Situationen den Einwand nicht zulassen: Die Prüfung, ob 142
die angegriffene Ausführungsform mit Rücksicht auf den SdT keine schutzfähige Erfindung darstelle, dürfe sich in einem Rechtsstreit wegen Verletzung eines Gebrauchsmusters
nicht in Widerspruch mit einer Entscheidung setzen, durch die in einem zwischen den
Parteien durchgeführten Löschungsverfahren der Löschungsantrag zurückgewiesen worden
ist (vgl. → Rn. 138). Der sog. „Formstein"-Einwand könne deshalb nicht durchgreifen,
wenn er sich in seinem sachlichen Gehalt nur gegen die Schutzwürdigkeit der als schutzwürdig hinzunehmenden Lehre richte. Da jedem auf Grund der Kompetenzverteilung im
deutschen Recht hinzunehmenden Schutzrecht ein angemessener Schutzbereich zugebilligt
werden müsse, wobei auch den Grundsätzen des Auslegungsprotokolls zu Art. 69 EPÜ
Rechnung zu tragen sei, dürfe selbst bei berechtigten Bedenken der Schutzbereich nicht
derart eingeschränkt werden, dass ein interessierter Benutzer schon mit denkbar geringen,
im Ergebnis jedoch völlig belanglosen Abwandlungen aus dem Schutzbereich herauskäme.
Das führe dazu, dass die Zugehörigkeit der als äquivalent angegriffenen Ausführungsform
zum Schutzbereich nicht ausschließlich mit solchen Überlegungen verneint werden könne,
die – in gleicher Weise auf den Gegenstand des Schutzrechts angewendet – zwingend zu
der Feststellung führen müssten, das durch Zurückweisung des Löschungsantrags zuerkannte Schutzrecht beinhalte keine schutzrechtsfähige Lehre zum technischen Handeln. In
dem zwischen den Parteien eines rechtskräftig entschiedenen Löschungsverfahrens geführten Verletzungsprozess sei deshalb auf den Einwand des Bekl. vor allem zu prüfen,
ob der entgegengehaltene SdT gerade in Ansehung der Abweichung(en), deretwegen Äquivalenz zum Gegenstand des Gebrauchsmusters geltend gemacht wird, eine Gestaltung aufweist, die dem Fachmann den Gegenstand der angegriffenen Ausführungsform nahelegte.
Könne der Bekl. solche Merkmale im SdT nicht darlegen oder beweisen, werde seinem
Einwand in der Regel der Erfolg zu versagen sein.

5. Man darf annehmen, dass diese Ausführungen nicht allein für einen bei Gebrauchs- 143
mustern nur selten vorkommenden Fall Geltung beanspruchen, sondern auch und vor
allem im Patentverletzungsprozess dem „Formstein"-Einwand Grenzen setzen sollen. So
werden sie auch im Schrifttum verstanden. Vielfach werden dort aber abweichende Ansich-

---

[184] Vgl. *Gesthuysen* GRUR 2001, 909 (915 f.); *Nieder* FS König, 2003, 379 (390 f.).
[185] 4.2.1997, BGHZ 134, 353 (360 ff.) – Kabeldurchführung; schon LG Düsseldorf 21.12.1993
(Rollstuhlfahrrad) GRUR 1994, 509 hatte die Ansicht vertreten, die als äquivalent angegriffene Ausführungsform dürfe auf den „Formstein"-Einwand nur dann auf ihre Erfindungshöhe untersucht
werden, wenn der entgegengehaltene SdT überhaupt die äquivalente Abwandlung und nicht ausschließlich solche Merkmale des Patentanspruchs betrifft, die bei der angegriffenen Ausführungsform
wortsinngemäß verwirklicht sind.

ten vertreten.[186] Das Problem ist längst erkannt, aber wegen der begrenzten Zielsetzung des „Formstein"-Einwands nicht zum Anlass genommen worden, dessen Zulässigkeit einzuschränken.[187]

144 Zurecht hat *Rudolf Kraßer*[188] erst unlängst nochmals darauf hingewiesen, der „Formstein"-Einwand beruhe auf der Überlegung, dass durch die Erteilung eines Patents, dessen Aufrechterhaltung in einem Einspruchs- oder Nichtigkeitsverfahren oder die Aufrechterhaltung eines Gebrauchsmusters in einem Löschungsverfahren die Schutzfähigkeit der durch die Ansprüche definierten Erfindung nur so weit geprüft und anerkannt ist, wie der Sinngehalt der Ansprüche reicht, nicht aber in Bezug auf gegebenenfalls äquivalente Abwandlungen der von diesem Sinngehalt erfassten Ausführungsform(en). Auch die Bindung des Gerichts im Verletzungsprozess an die Entscheidung, durch die das Klageschutzrecht erteilt oder aufrechterhalten worden ist, könne nicht weiter gehen als die hierdurch ausgesprochene Anerkennung der Schutzfähigkeit und deren zugrunde liegende Prüfung. Diese Bindung gilt für das *Ergebnis* der Entscheidung. Solange nicht das Patent in einem Nichtigkeitsverfahren oder das Gebrauchsmuster (auf Antrag eines Dritten oder wegen eines zwischen den Parteien noch nicht „verbrauchten" Löschungsgrundes) beseitigt wird, muss dem Inhaber des Schutzrechts im Verletzungsprozess mindestens in dem durch den Sinngehalt der Ansprüche bestimmten Bereich Schutz gewährt werden; auch wenn das Gericht wegen neu aufgefundener oder anderer Bewertung eines schon früher berücksichtigten SdT meint, die durch die Ansprüche definierte Erfindung sei nicht oder nur eingeschränkt schutzfähig. Das bedeutet aber nicht, dass das Gericht an die *Gründe* der das Schutzrecht erteilenden oder aufrechterhaltenden Entscheidung gebunden wäre[189] (sofern diese überhaupt Gründe enthält, was bei antragsgemäßer Patenterteilung nicht erforderlich ist, § 47 Abs. 1 S. 4 PatG).

145 Die Prüfung der Schutzfähigkeit eines Gegenstands, der nicht vom Sinngehalt eines Anspruchs umfasst ist, sondern nur (möglicherweise) in dessen Äquivalenzbereich liegt, kann sich also nicht in Widerspruch zu der das Schutzrecht erteilenden oder aufrechterhaltenden Entscheidung setzen. Das gilt auch, wenn jener Gegenstand (die als verletzend angegriffene Ausführungsform) aus Gründen für schutzunfähig erachtet wird, die gleichzeitig die Erfindung schutzunfähig erscheinen lassen, die den Schutzrechtsgegenstand bildet. Dem Verletzungsgericht ist es nicht verwehrt, solche Gründe zu berücksichtigen, solange es nicht das Schutzrecht als ungültig behandelt oder dessen Schutzbereich enger fasst, als es dem Sinngehalt der Ansprüche entspricht.

146 Die vom BGH für erforderlich gehaltene Einschränkung bedeutet letztlich, dass das Gericht nicht nur hinsichtlich des Schutzrechts*bestands*, sondern auch hinsichtlich der *Gründe* für die Erteilung oder Aufrechterhaltung gebunden ist und diese Gründe nicht einmal durch Berücksichtigung eines SdT in Frage stellen darf, der überhaupt noch nicht in Betracht gezogen wurde.

147 Art. 69 und das Auslegungsprotokoll überlassen die Frage, ob und inwieweit die Gerichte im Verletzungsprozess an ein europäisches Patent gebunden sind, dem nationalen Recht.[190] Wenn dieses dem Gericht gestatten darf, das Patent als ganz oder teilweise unwirksam zu betrachten, kann es auch nicht gehindert sein, eine im nationalen Recht geltende Bindung des Gerichts auf das zu beschränken, was in einer das Patent erteilenden oder aufrechterhal-

---

[186] *V. Falck* GRUR 1998, 218 (220f.); *Tilmann* GRUR 1998, 325 (330); *Gesthuysen* GRUR 2001, 909 (913); *Nieder* FS König, 2003, 379 (386f.) und Die Patentverletzung 204ff. Rn. 294f.; *Jestaedt* FS Bartenbach, 2006, 371 (382ff.). *Busse/Keukenschrijver* PatG § 14 Rn. 8. – Zustimmend jedoch *Scharen* GRUR 1999, 285 (287f.), in Benkard EPÜ Art. 69 Rn. 144 und in *Scharen* in Benkard PatG § 14 Rn. 132; *Loth* § 11 Rn. 113, § 12a Rn. 479, § 19 Rn. 19; *Rinken/Kühnen* in Schulte PatG § 14 Rn. 97; *Körner* FS Schilling, 2007, 306; differenzierend *Neuhaus* FS Tilmann, 2003, 549ff.
[187] *Ullmann* GRUR 1988, 338; vgl. auch *Preu* GRUR 1988, 14f.
[188] GRUR-Int 2015, 670 (676f.).
[189] Vgl. *v. Falck* GRUR 1998, 218 (220f.).
[190] Vgl. *v. Falck* GRUR 1998, 218ff. und → Rn. 130.

tenden Entscheidung *mit Geltungsanspruch festgelegt* ist, und nicht auf die Gründe zu erstrecken, die in der Entscheidung enthalten oder wegen ihres Ergebnisses zu vermuten sind.

Die Auffassung des BGH steht dem „Formstein"-Einwand umso eher entgegen, je näher die angegriffene Ausführungsform dem Sinngehalt der Ansprüche des Klageschutzrechts kommt. Sie bewirkt im Verletzungsprozess eine zusätzliche Bindung des Gerichts für einen Bereich, der über den Sinngehalt der Ansprüche hinausgeht. Damit ist eine Dreiteilungslehre wiedergeboren, die in einem Teil des Äquivalenzbereichs eine Bindung des Gerichts fordert[191]. Vielleicht umfasst dieser nicht alles, was früher als „glatt äquivalent" galt, sondern nur „spiegelglatte" Äquivalente. Trotzdem geht der mit dem „Formstein"-Einwand erreichte Fortschritt verloren; die Dinge drohen sogar noch komplizierter zu werden, als sie es früher waren. 148

Dass der Einwand schon bei „denkbar geringfügigen, im Ergebnis völlig belanglosen Abwandlungen" möglich wird, wie es der BGH befürchtet, sollte bei sachgerechter Ermittlung des Sinngehalts der Ansprüche ausgeschlossen sein, aus dem auch nach Ansicht des BGH die Benutzung „fachnotorischer" Austauschmittel nicht notwendigerweise herausführt (vgl. → Rn. 85). 149

Der materiellen Gerechtigkeit wird durch Einschränkung des „Formstein"-Einwands in keiner Weise gedient[192]; der gebotene Respekt gegenüber den für Erteilung und Aufrechterhaltung der Schutzrechte zuständigen Instanzen ist auch bei uneingeschränkter Zulassung des Einwands gewährleistet. 150

§ 33. Die schutzrechtsverletzenden Handlungen

Literatur: *Ackermann, M.,* Schützt ein Wirkstoffpatent vor „Prodrugs"?, GRUR 2018, 772–780; *Ahrens, H. J.,* Die klinische Erprobung patentierter Arzneimittel – Zum patentrechtlichen Versuchsprivileg, FS Deutsch, 1998, 429–442; *Ann, C.,* „Identität" und „Lebensdauer" – Patentverletzung durch Instandsetzung patentierter Vorrichtungen, FS König, 2003, 17–32; *Ann, C.,* Patentverletzung durch Instandsetzung patentierter Vorrichtungen, VPP-Rundbrief 2004, 117–123; *Arnold, B.,* Datenströme als unmittelbare Verfahrenserzeugnisse, FS 80 J. PatG Ddf, 15–23; *Bayerl, N,* Zur Relevanz des ärztlichen Verschreibungsverhaltens bei der Verletzung von Second Medical Use-Patenten, GRUR 2019, 368–370; *Graf Ballestrem, J./Reisner, S.,* Daten als unmittelbare Verfahrenserzeugnisse, Mitt. 2017, 525–531; *Graf Ballestrem, J./Richly, E.,* Patentrecht – Abgrenzung von Wiederaufbereitung und Neuherstellung, GRUR 2018, 262–263; *Böckstiegel, K.-H./Krämer, P. M./Polley, I.,* Kann der Betrieb von Satelliten im Weltraum patentrechtlich geschützt werden?, GRUR 1999, 1–11; *Bopp, T.,* Verwendungspatente für Arzneimittel im Verletzungsverfahren, FS Reimann, 2009, 13–24; *Brandenburg, K.,* Patentverletzung durch Mitwisserschaft? Eine Anmerkung zu Landgericht Düsseldorf, InstGE 2004, 174 – Herzkranzgefäß-Dilatations-Katheter, Mitt. 2005, 205–208; *Brandi-Dohrn, M.,* Durchsetzung von Rechten des geistigen Eigentums – Verletzung und Haftung bei Patenten (TRIPS und das deutsche Recht), GRUR-Int 1997, 122–134; *ders.,* Die Schutzwirkung von Verwendungsansprüchen, FS König, 2003, 33–47; *ders.,* Reach-through Ansprüche und Reach-through Lizenzen, FS VPP, 2005, 465–486; *Cepl, P.,* Zur Durchsetzung von product-by-process Ansprüchen im Patentverletzungsverfahren, Mitt. 2013, 62–70; *Chrocziel, P.,* Die Benutzung patentierter Erfindungen zu Versuchs- und Forschungszwecken, 1986; *Chrocziel, P./Hufnagel, F.-E.,* Patentverletzung durch Abbau von Arzneimitteln im menschlichen Körper?, FS Tilmann, 2003, 449–460; *dies.,* Versuchsprivileg und Unterstützungshandlungen – Abgrenzungsfragen im „Bermuda-Dreieck" der §§ 9, 10 und 11 Nr. 2/2b PatG, FS Mes, 2009, 59–70; *Cook, T.,* The Significance of he „Clinical Trials II" – Decision fort he Development oft he Experimental Use Defence in Europe and Elsewhere, FS Meibom, 2010, 21–30; *Cordes, C.,* Die Durchfuhr patentverletzender Erzeugnisse, GRUR 2012, 141–146; *Dreier, T.,* Interpreting International IP Law, FS Kolle/Stauder, 2005, 45–62; *Eichmann, H.,* Produktionsvorbereitung und Versuche vor Schutzrechtsablauf, GRUR 1977, 304–308; *Eisenführ, G.,* Zur Rechtsnatur von Verwendungsansprüchen (Verfahren oder Erzeugnis?), FS Schilling, 2007, 99–110; *Fähndrich, M./Tilmann, W.,* Patentnutzende Bereitstellungen

---

[191] Vgl. *v. Falck* GRUR 1998, 218 ff.
[192] *Busse/Keukenschrijver* PatG § 14 Rn. 89 aE.

bei Versuchen, GRUR 2001, 901–905; *Féaux de Lacroix, S.,* Zur Abgrenzung von Verwendungs- und Verfahrensansprüchen – Anmerkung zum Urteil des BGH „Abgasreinigungsvorrichtung", GRUR 2006, 887–888; *ders.,* Was ist ein Arbeitsverfahren?, Mitt. 2007, 10–13; *Fili, V.,* Versuchsprivileg und Zwangslizenz bei gentechnisch hergestellten Arzneimitteln, 2002; *Fitzner, U./Tilmann, W.,* Patentverletzung durch Produktzulassungs-Anträge und -Versuche, Mitt. 2002, 2–8; *Gassner, U.M.,* Unterlagenschutz im Europäischen Arzneimittelrecht, GRUR-Int 2004, 983–994; *Geißler, B.,* Das positive Benutzungsrecht – ein deutsches Kuriosum, FS König, 2003, 133–151; *Giebe, O.,* Gedränge im Vorfeld. Mittelbare Patentverletzung, Verwendungsschutz und unfertiger Gegenstand, FS Schilling, 2007, 143–163; *ders.,* Zur Auslegung von Patentansprüchen mit chemischen Strukturformeln – was ändert sich durch „Olanzapin"?, FS Meibom, 2010, 95–104; *ders.,* Sachansprüche mit product-by-process-Merkmalen im Verletzungsprozess?, FS 80 J. PatG Ddf, 125–140; *Goddar, H.,* Software-Lizenzverträge im Spannungsfeld zwischen Patent- und Urheberrecht, FS Nordemann, 2004, 369–380; *ders.,* Grenzüberschreitende mittelbare Patentverletzung, FS Reimann, 2009, 153–161; *Greiner-Wittner, F., Schutz von Information als unmittelbare Verfahrenserzeugnisse?,* 2020; *Haedicke, M.,* Die Harmonisierung von Patent- und Sortenschutz im Gesetz zur Umsetzung der Biotechnologie-Richtlinie, Mitt. 2005, 241–246; *ders.,* Schadensersatz bei mittelbarer Patentverletzung, GRUR 2009, 273–276; *Haft, K./v. Samson-Himmelstjerna, F.R.,* Kerntheorie bei der Erschöpfung von Patenten, insbesondere von „standardessentiellen" „Hightech"-Patenten, FS Reimann, 2009, 175–183; *Hahn, J.,* Der Schutz von Erzeugnissen patentierter Verfahren, 1968; *Haupt, I.,* Territorialitätsprinzip im Patent- und Gebrauchsmusterrecht bei grenzüberschreitenden Fallgestaltungen, GRUR 2007, 187–194; *Heath, C.,* Örtliche, zeitliche und inhaltliche Schranken des Patentrechts, FS Kolle/Stauder, 2005, 165–177; *Heide, N.,* Softwarepatente im Verletzungsprozess, CR 2003, 165–171; *Heinemann, A.,* Immaterialgüterschutz in der Wettbewerbsordnung, 2002, 238–276; *ders.,* Gebietsschutz und Binnenmarkt – Bewährungsprobe für ein prekäres Gleichgewicht, FS Schricker, 2005, 53–67; *Herr, J./Engert, P.,* Erschöpfung bei Ersatzteilen, GRUR 2019, 468–475; *Hetmank, S.,* Der Patentschutz von neu aufgefundenen Wirkungen, GRUR 2015, 227–232; *Hieber, T.,* Die Zulässigkeit von Versuchen an patentierten Erfindungen nach § 11 Nr. 2 PatG 1981, GRUR 1996, 439–447; *Hölder, N.,* Mittelbare Patentverletzung und Erschöpfung bei Austausch- und Verschleißteilen, GRUR 2005, 20–24; *ders.,* Ersatzteile und Erschöpfung – Patentschutz für Geschäftsmodelle? Die Kaffee-Filterpad-Entscheidung des OLG Düsseldorf, GRUR 2007, 96–98; *Holzapfel, H.,* Das Versuchsprivileg im Patentrecht und der Schutz biotechnologischer Forschungswerkzeuge, 2004; *ders.,* Die patentrechtliche Zulässigkeit der Benutzung von Forschungswerkzeugen, GRUR 2006, 10–17; *Hoppe-Jänisch, D.,* Die Entscheidung des BGH „MPEG-2-Videosignalcodierung", Mitt. 2013, 51–57; *Hoyng, W.,* Transborder enforcement of patentrights in Europe, FS Reimann, 2009, 197–213; *Hufnagel, F.-E.,* Zum Schutzbereich von Second Medical Use Patenten, GRUR 2014, 123–127; *ders.,* Die ökonomische Auslegung des Territorialitätsprinzips, FS Meibom, 2010, 155–171; *Jüngst, O.J./Stjerna, I.B.,* Die „Thermocycler"-Entscheidung des OLG Düsseldorf, Mitt. 2009, 356–360; *Keil, R.,* Patentverletzung durch Ausbessern von Verschleißteilen, Mitt. 1983, 136–141; *Keller, E.,* Patentverletzungen durch Handlungen im patentfreien Ausland, FS Ullmann, 2006, 449–464; *Keukenschrijver, A.,* Flügelradzähler, Kaffeetüte und Drehzahlermittlung – neue Entwicklung bei der mittelbaren Patentverletzung, FS VPP, 2005, 331–355; *Kock, M./Porzig, S./Willnegger, E.,* Der Schutz der pflanzenbiotechnologischen Erfindungen und von Pflanzensorten unter Berücksichtigung der Umsetzung der Biopatentrichtlinie, GRUR-Int 2005, 183–192; *Kobler, M.,* Instandhaltung und Umbau patentgeschützter Vorrichtungen – Plädoyer für eine enge Auslegung des Herstellungsbegriffs, Köln 2015; *Köhler, M.,* In der sinnfälligen Herrichtung einer Vorrichtung zur Ausübung eines patentgeschützten Verfahrens liegt noch keine Anwendung des Verfahrens, Mitt. 2005, 505–506; *König, R.,* Mittelbare Patentverletzung, Mitt. 2000, 10–25; *Kowal-Wolk, T./Schuster, R.,* Patentverletzung im Reparatur-, Ersatzteil- und Altteilgeschäft – Eine Bestandsaufnahme, FS Beier, 1996, 87–111; *Kühne, A.,* Verletzungshandlungen bei zweckgebundenem Stoffschutz, GRUR 2018, 456–459; *v. Meibom, W.,* Durchgriffsansprüche (Reach-Through-Ansprüche) bei Patenten für Research Tools, Mitt. 2006, 1–5; *ders./Meyer, M.F.,* Erschöpfung von Sach- und Verfahrenspatenten bei Teillieferung – Die erweiterte Erschöpfungslehre, FS Mes, 2009, 255–271; *ders./vom Feld, I.,* Durchgriffsansprüche (Reach-Through-Ansprüche) bei Patenten für Forschungswerkzeuge, FS Bartenbach, 2005, 385–400; *ders./Pitz, J.,* Klinische Versuche – eine transatlantische Betrachtung vor dem Hintergrund der Entscheidung des BGH „Klinische Versuche II", Mitt. 1998, 244–252; *Meier-Beck, P.,* Gegenstand und Schutzbereich von product-by-process-Ansprüchen, FS König, 323–339; *Meier-Beck, P.,* Die Rechtsprechung des Bundesgerichtshofs zum Patent- und Gebrauchsmusterrecht im Jahr 2006, GRUR 2007, 913–920; *Mellulis, K.-J.,* Einige ausgewählte Probleme des Patentrechts aus deutscher Sicht, ABl. EPA Sonderausgabe 2/2007, 184–199; *Mes, P.,* Der Schutz des Erzeugnisses gem. § 9 S. 2 Nr. 3 PatG, GRUR 2009 (FS Mellulis), 305–

§ 33. Die schutzrechtsverletzenden Handlungen

308; *Nieder, M.*, Verwendungsschutz nur bei sinnfälliger Herrichtung?, FS Mes, 2009, 287–292; *ders.*, Schadensersatz wegen mittelbarer Patentverletzung, FS Reimann, 2009, 351–364; *Morgan, A.*, Pfizer's „Swiss form" patent claims found invalid and not infringed, GRUR-Int 2016, 100–101; *Niioka, H.*, Klinische Versuche im Patentrecht. Eine rechtsvergleichende Untersuchung des europäischen, U.S.-amerikanischen und japanischen Patentschutzes von pharmazeutischen Erfindungen, 2003; *Ohly, A.*, Geistiges Eigentum?, JZ 2003, 545–554; *ders.*, Zur Wirkung prioritätsgleicher Patente, Mitt. 2006, 241–244; *Ojea, P.*, Der derivative Erzeugnisschutz nach § 9 S. 2 Nr. 3 PatG, GRUR 2018, 1096–1102; *ders.*, Zur Wirkung prioritätsgleicher Patente, Mitt. 2006, 241–244; *Pagenberg, J.*, Ausstellen und Anbieten auf internationalen Messen – eine Verletzung gewerblicher Schutzrechte?, GRUR-Int 1983, 560–565; *Petri, L./Böck, B.*, Kein derivativer Erzeugnisschutz gem. § 9 Satz 2 Nr. 3 PatG für *Informationen?*, Mitt. 2012, 103–107; *Richter, C.*, Der Schutzbereich von Wirkstoffpatenten – Soll und kann eine Umgehung über Prodrugs verhindert werden?, 2016; *Rogge, R.*, Die Schutzwirkung von „Product-by-Process"-Ansprüchen, Mitt. 2005, 145–149; *Rübel, C.*, Patentschutz bei Reparatur- und Ersatzteilfällen, GRUR 2002, 561–565; *Rüting, K.*, Verletzung von „Second-Medical-Use"-Patenten, GRUR-Prax 2015, 326; *Schäffner, N.*, Der Schutzbereich von Second Medical Use Patenten II – Entwicklung im Licht von „Lyrica", „Pemetrexed", „Östrogenblocker" und „Verwendungspatent"/„Glasfaser II", GRUR 2018, 449–455; *Scheil, S.*, Klinische Versuche, Mitt. 1996, 345–349; *Schlimme, W.*, Patentschutz im Weltraum, Mitt. 2014, 363–378; *Schönbohm, J./Kicker, J.*, Die Durchsetzung von Verfahrensansprüchen unter Berücksichtigung der Rechtslage in den USA, FS Reimann, 2009, 435–448; *Schrell, A.*, Plädoyer für eine international harmonisierte Auslegung von „Product-by-Process"-Ansprüchen im deutschen Patentverletzungsverfahren, GRUR-Int 2015, 119–124; *Schrell, A./Heide, N.*, Zu den Grenzen von „Product-by-Process"-Ansprüchen im Erteilungs- und Verletzungsverfahren, GRUR 2006, 383, 388; *Schricker, G.*, Anbieten als Verletzungstatbestand im Patent- und Urheberrecht, GRUR-Int 2004, 786–790; *Schumacher, C./Wehler, M.*, Teilnahme an Rabattverträgen nach § 130a SGBV als Patentverletzung, , FS 80 J. PatG Ddf, 513–529; *Sedlmeier, R.*, Die Patentierbarkeit von Computerprogrammen und ihre Folgeprobleme, 2004; *Sefzig, W.-R.*, Feilhalten und Anbieten als selbständige Patentverletzung, GRUR 1992, 413–418; *Stauder, D.*, Patentverletzung im grenzüberschreitenden Wirtschaftsverkehr, 1975; *ders.*, Patentschutz im extraterritorialen Raum, GRUR-Int 1975, 421–424; *ders.*, Die Freiheit des internationalen Verkehrs im Patentrecht, GRUR 1993, 305–308; *Stief, M./Zorr, U.*, Zwischen Pregabalin und Fulvestrant, GRUR 2019, 260–264; *Stjerna, I. B.*, Die Voraussetzungen und Grenzen des patentrechtlichen Versuchsprivilegs, Mitt. 2004, 343–349; *ders.*, Die Einrede des älteren Rechts – Anmerkung zu BGH, Xa ZR 116/07, Urteil vom 12. Februar 2009 – *Trägerplatte*, Mitt 2009, 450–453; *ders.*, Die Einrede des älteren Rechts im Patent- und Gebrauchsmusterverletzungsstreit, GRUR 2010, 202–208; *ders.*, Die Reichweite der Einrede des älteren Rechts – Zum Umfang des Benutzungsrechts aus Patenten und Gebrauchsmustern, GRUR 2010, 795–801; *Straus, J.*, Reach-Through Claims and Research Tools as Recent Issues of Patent Law, FS Bercovitz, 2005, 919–929; *Tauchner, P./Hölder, N.*, Die ärztliche Verordnungsfreiheit – Eine Illusion?, FS Mes, 2009, 353–368; *ders./Rauh, G. A.*, Prodrugs und Patentverletzung, FS Meibom, 2010, 439–458; *Teschemacher, R.*, Die mittelbare Patentverletzung, 1974; *Weisse, P.-M.*, Mittelbare Patentverwirrung – Anmerkung zu den Entscheidungen „Flügelradzähler", „Laufkranz" und „Pipettensystem" des Bundesgerichtshofs, Mitt. 2009, 55–57; *ders.*, Indirect Patent Infringement in Germany – an assessment of the status quo, FS Meibom, 2010, 517–524; *Worm, U./Maucher, B.*, Der Transit – eine patentverletzende Handlung, Mitt. 2009, 445–449; *Verhauwen, A.*, Der derivative Verfahrenserzeugnisschutz digitaler Signalfolgen, FS 80 J. PatG Ddf, 543–558; *Véron, P./Véron, M.*, The Internet: A Fourth Procedural Dimension For Patent Infringement Litigation, FS Pagenberg, 2006, 363–372; *Worm, U./Guski, O.*, Analoge Anwendung des Zulassungsprivilegs auf Medizinprodukte? Zu den Grenzen von Versuchshandlungen an und mit patentierten Medizinprodukten, Mitt. 2011, 265–271; *Wuttke, T.*, Aktuelles aus dem Bereich der ‚Patent Litigation' – ein Überblick über die aktuelle instanzgerichtliche Rechtsprechung, Mitt. 2013, 783–490; *ders.*, Aktuelles aus dem Bereich der ‚Patent Litigation' – ein Überblick über die aktuelle instanzgerichtliche Rechtsprechung, Mitt. 2014, 452–458; *Zech, H.*, Die Dematerialisierung des Patentrechts und ihre Grenzen – Zugleich Besprechung von BGH „Rezeptortyrosinkinase II", GRUR 2017, 475–478.

I. Allgemeines

a) Gesetzliche Regelung

1. Nach § 9 S. 2 PatG ist es jedem Dritten verboten, bestimmte Handlungen, die als Benutzung einer patentierten Erfindung definiert werden, ohne Zustimmung des Patentinha-

§ 33 I

bers vorzunehmen. Die Vorschrift unterscheidet zwischen Erzeugnis- und Verfahrenspatenten.

2 Wenn die geschützte Erfindung in den Patentansprüchen durch die Merkmale eines **Erzeugnisses** definiert ist, in denen sie sich als technische Lehre verwirklicht, dürfen Dritte ein erfindungsgemäß beschaffenes Erzeugnis nur mit Zustimmung des Patentinhabers herstellen, anbieten, in Verkehr bringen oder gebrauchen oder zu den genannten Zwecken einführen oder besitzen. Abkürzend heißt es darum oft, dass durch diese Benutzungsverbote erfindungsgemäße oder patentierte Erzeugnisse geschützt sind (vgl. → § 32 Rn. 38).

3 Ist die geschützte Erfindung in den Patentansprüchen als **Verfahren** gekennzeichnet, dürfen Dritte dieses Verfahren ohne Zustimmung des Patentinhabers nicht anwenden. Sie dürfen es auch nicht zur Anwendung im Geltungsbereich des PatG anbieten, wenn sie wissen oder wenn es offensichtlich ist, dass das Verfahren einem fremden Patent unterliegt. Der hierdurch gewährte Verfahrensschutz wird ergänzt durch das Verbot, **unmittelbare Erzeugnisse** eines patentierten Verfahrens ohne Zustimmung des Patentinhabers anzubieten, in Verkehr zu bringen oder zu gebrauchen oder zu den genannten Zwecken einzuführen oder zu besitzen. Unmittelbaren Verfahrenserzeugnissen wird so ein Schutz gewährt, der mit Ausnahme des Herstellungstatbestands demjenigen der erfindungsgemäßen Erzeugnisse bei Sachpatenten entspricht. Freilich berührt die Herstellung solcher Erzeugnisse das Verfahrenspatent nur, wenn dabei das geschützte Verfahren angewandt wird.

4 2. Für Patente auf **biotechnologische Erfindungen** erstreckt § 9a Abs. 1 PatG die Wirkungen eines Patents auf biologisches Material mit bestimmten Eigenschaften, auf jedes biologische Material, das aus jenem Material durch generative oder vegetative **Vermehrung** in gleicher oder abweichender Form gewonnen wird und das die Eigenschaften hat, mit denen jenes Material auf Grund der patentierten Erfindung ausgestattet ist. Damit wird der Besonderheit Rechnung getragen, dass die Vermehrung biologischen Materials nicht nur einen *Gebrauch* des Ausgangsmaterials, sondern auch eine *Herstellung* weiterer gleichartiger Materials bedeutet. Insofern handelt es sich lediglich um eine Präzisierung des allgemeinen Herstellungstatbestands.

5 Nach § 9a Abs. 2 PatG erstrecken sich die Wirkungen eines Patents, das ein Verfahren zur Gewinnung biologischen Materials mit bestimmten Eigenschaften betrifft, auf das mit dem Verfahren unmittelbar gewonnene Material und jedes andere hieraus durch generative oder vegetative Vermehrung in gleicher oder abweichender Form gewonnene Material mit den Eigenschaften, mit denen das unmittelbare Verfahrenserzeugnis auf Grund der patentierten Erfindung ausgestattet ist. Die Wirkung von Verfahrenspatenten wird hierdurch, wenn das unmittelbare Verfahrenserzeugnis biologisches Material ist, über dieses hinaus auf dessen gleichartige Vermehrungsprodukte ausgedehnt und geht insofern weiter als die Wirkung von Verfahrenspatenten nach § 9 S. 1 Nr. 3 PatG. Die kontrovers diskutierte Frage, ob die Vermehrungsprodukte als unmittelbare Verfahrenserzeugnisse anzusehen seien, ist damit – im Ergebnis – zwar im Sinne derer entschieden, die das bejahen wollten. Richtig ist jedoch das Gegenteil, denn die neue Vorschrift unterscheidet klar zwischen dem unmittelbaren Verfahrenserzeugnis und dessen Vermehrungsprodukten.

6 Nach § 9a Abs. 3 PatG erstrecken sich die Wirkungen eines Patents, wenn es ein Erzeugnis betrifft, das auf Grund der patentierten Erfindung aus genetischer Information besteht oder sie enthält, auf jedes Material, in das dieses Erzeugnis Eingang findet und in dem die genetische Information enthalten ist und ihre Funktion erfüllt, sofern es sich bei dem „Material" nicht um den Körper eines Menschen in irgendeiner Phase seiner Entstehung und Entwicklung handelt (§ 9a Abs. 3 S. 2 iVm § 1a Abs. 1 PatG; vgl. → § 14 Rn. 128). Die Vorschrift trägt dem Umstand Rechnung, dass die Funktion genetischer Information letztlich darin besteht, die genetisch bedingte Beschaffenheit von Organismen zu bestimmen.

7 3. Für **Gebrauchsmuster** gibt es – wegen des Fehlens eines Schutzes für Verfahren und biotechnologische Erfindungen – nur eine dem § 9 S. 2 Nr. 1 PatG entsprechende Vorschrift: Nach § 11 Abs. 1 S. 2 GebrMG ist es jedem Dritten verboten, ohne Zustimmung

§ 33. Die schutzrechtsverletzenden Handlungen I **§ 33**

des Gebrauchsmusterinhabers ein erfindungsgemäß beschaffenes **Erzeugnis** herzustellen, anzubieten, in Verkehr zu bringen oder zu gebrauchen oder zu den genannten Zwecken einzuführen oder zu besitzen.

4. Vom Zustimmungserfordernis, das sich aus § 9 PatG, § 11 Abs. 1 GebrMG ergibt, sind durch § 11 PatG, § 12 GebrMG **bestimmte,** durch besondere Zwecke oder Umstände gekennzeichnete **Handlungen ausgenommen:** Handlungen im privaten Bereich zu nichtgewerblichen Zwecken (Nr. 1); Handlungen zu Versuchszwecken, bei denen die Erfindung selbst Untersuchungsgegenstand ist (Nr. 2); Handlungen in Bezug auf Fahrzeuge, die im internationalen Verkehr vorübergehend in den Geltungsbereich des PatG und des GebrMG (ins Inland) gelangen (§ 11 Nr. 4–6 PatG, § 12 Nr. 3 GebrMG). 8

In § 11 Nr. 2a und 2b PatG wird die Reichweite der für Handlungen zu Versuchszwecken vorgesehenen Ausnahme präzisiert. Nach Nr. 2a, die bei der Umsetzung der BioPat-RL eingeführt wurde, erfassen die Wirkungen des Patents nicht die Nutzung biologischen Materials zum Zweck der Züchtung, Entdeckung und Entwicklung einer neuen Pflanzensorte.[1] Nr. 2b, die auf einer 2005 zwecks Umsetzung einer europäischen Richtlinie erfolgten Änderung des Arzneimittelgesetzes beruht, bestimmt, dass auch Studien und Versuche, die für die Erlangung arzneimittelrechtlicher Genehmigungen oder Zulassungen erforderlich sind, der Wirkung von Patenten nicht unterliegen. 9

Nach § 11 Nr. 3 PatG, der schon seit 1981 gilt, sind von den Patentwirkungen die Einzelzubereitung ärztlich verordneter Arzneimittel in Apotheken und Handlungen bezüglich so hergestellter Arzneimittel ausgenommen. 10

5. Spezifischen Einschränkungen unterliegen gemäß §§ 9b und 9c PatG die Wirkungen, die Patenten nach § 9a in Bezug auf **Vermehrungsprodukte** zukommen. 11

Nach § 9b darf aus biologischem Material, das vom Patentinhaber oder mit dessen Zustimmung in der EU oder im EWR zum Zweck der Vermehrung in Verkehr gebracht worden ist, durch generative oder vegetative Vermehrung weiteres biologisches Material gewonnen, dieses aber nicht weiter vermehrt werden. Die Bestimmung lässt sich mit dem *Erschöpfungsgrundsatz* (→ Rn. 274 ff.) in Verbindung bringen. Sie unterscheidet sich aber von ihm dadurch, dass sie auch Handlungen, die ein *Herstellen* bedeuten, den Patentwirkungen entzieht, andererseits aber auf einen bestimmten Zweck des Inverkehrbringens und damit auf die Willensrichtung des Patentinhabers abstellt, während dieser die allgemeine Erschöpfungswirkung nicht durch solche Zwecksetzung einschränken kann. 12

§ 9c Abs. 1 PatG enthält entsprechend dem sortenschutzrechtlichen „**Landwirteprivileg**" Schranken der Patentwirkungen, die es Landwirten erlauben, ihr Erntegut zum Zweck weiterer Vermehrung zu verwenden. 13

Landwirtschaftliche **Nutztiere** und tierisches Vermehrungsmaterial dürfen für landwirtschaftliche Zwecke im Rahmen des § 9c Abs. 2 PatG verwendet werden. 14

Während § 9b und § 9c Abs. 1 und 2 PatG aus der BioPat-RL übernommen sind, ist § 9c Abs. 3 bei deren Umsetzung durch den deutschen Gesetzgeber hinzugefügt worden. Danach gilt § 9a nicht für biologisches Material, das im Bereich der Landwirtschaft zufällig oder technisch nicht vermeidbar gewonnen wurde, so dass ein Landwirt nicht in Anspruch genommen werden kann, wenn er nicht dem Patentschutz unterliegendes Saat- oder Pflanzgut angebaut hat. 15

6. § 11 PatG, § 12 GebrMG ziehen dem durch die Patenterteilung oder Gebrauchsmustereintragung begründeten Benutzungsverbot *inhaltliche Grenzen.* Sie unterscheiden sich hierdurch von den Vorschriften, die Dritten die Benutzung deswegen gestatten, weil die Zustimmung des Schutzrechtsinhabers allgemein erteilt oder durch einen behördlichen Akt ersetzt ist oder mit Rücksicht auf schutzrechtsfrei begründete Besitzstände als entbehrlich angesehen wird (vgl. → § 34). Dort geht es um *Benutzungsbefugnisse,* die dem Be- 16

---

[1] Vgl. § 10a Abs. 1 Nr. 3 SortSchG, wonach der Sortenschutz der Verwendung von Vermehrungsmaterial einer geschützten Sorte zur Züchtung neuer Sorten nicht entgegensteht.

§ 33 I 5. *Abschnitt. Wirkung und Durchsetzung der Schutzrechte*

nutzungsverbot entgegenstehen; in den Fällen der § 11 PatG, § 12 GebrMG fehlt es von vornherein an einem Benutzungsverbot, so dass der Handelnde einer besonders begründeten Benutzungsbefugnis nicht bedarf. Das gleiche kann für die Einschränkungen gesagt werden, denen § 9c die Patentwirkungen unterwirft. Dagegen beruht § 9b PatG eher auf dem Gedanken, dass unter den dort bezeichneten Voraussetzungen die Zustimmung des Patentinhabers als erteilt anzusehen ist.

17   7. Nach § 10 PatG, § 11 Abs. 2 GebrMG ist die Erfindung auch durch ein Verbot bestimmter **mittelbarer Benutzungshandlungen** geschützt. Es richtet sich gegen das Angebot und die Lieferung von Mitteln, die sich auf ein wesentliches Element der Erfindung beziehen, und greift grundsätzlich dann ein, wenn der Empfänger, ohne dazu berechtigt zu sein, die angebotenen oder gelieferten Mittel zur Erfindungsbenutzung im Inland benutzen will und dies dem Handelnden bekannt oder nach den Umständen offensichtlich ist. Dabei kann eine Benutzungsberechtigung des Empfängers nicht aus den in § 11 Nr. 1–3, (also auch den neuen Nr. 2a und 2b) PatG, § 12 Nr. 1 und 2 GebrMG vorgesehenen Schranken der Verbotswirkung des Schutzrechts abgeleitet werden.

18   8. Von ihrem Vorbild, den Art. 29–31 (25–27) GPÜ, weichen §§ 9–11 PatG – abgesehen von den späteren Einfügungen – im Wesentlichen nur insofern ab, als den in § 9 S. 2 festgelegten Handlungsverboten eine ausdrückliche Anerkennung des Alleinbenutzungsrechts des Patentinhabers vorangestellt ist.[2] Nichts deutet jedoch darauf hin, dass deshalb die Aufzählung der patentverletzenden Benutzungsformen in § 9 S. 2 und § 9a nicht als abschließend aufzufassen wäre. Das PatG unterscheidet sich hierin vom UrhG, das in § 15 klar zu erkennen gibt, dass die ausdrücklich genannten Verwertungsrechte nur Beispiele für die aus dem umfassenden Recht zur Werknutzung fließenden Befugnisse darstellen. Entsprechendes gilt für §§ 11, 12 GebrMG, in denen die für Gebrauchsmuster als relevant erachteten Bestimmungen aus §§ 9–11 PatG übernommen sind.

19   9. Die Vorschriften des PatG über die Schutzwirkungen weichen – abgesehen von den jüngst eingeführten Bestimmungen – von der Regelung, die vor 1981 galt (§§ 6, 7 Abs. 4 PatG 1968/1978), in mehreren Punkten ab: Sie bezeichnen die in Frage kommenden Verletzungshandlungen gesondert für Erzeugnisse und Verfahren. Für erstere erweitern sie den Katalog um Einfuhr und Besitz. Die mittelbare Verletzung, die früher im Gesetz nicht angesprochen war, ist nun ausdrücklich erfasst; ihre frühere Abhängigkeit vom Vorliegen einer unmittelbaren Verletzung ist entfallen. Neu war ferner die für die Arzneimittelzubereitung vorgesehene Ausnahme. Die Vorschriften, die die Benutzung von Erfindungen beim Betrieb von Fahrzeugen im internationalen Verkehr betreffen, sind wesentlich ausführlicher, aber inhaltlich weniger umfassend als der frühere § 7 Abs. 4 PatG.

20   Keine Neuerung war die Ausnahme zugunsten des privaten Gebrauchs. Sie entspricht den Begrenzungen der Patentwirkung, die sich früher daraus ergaben, dass diese generell auf gewerbsmäßige Benutzungshandlungen beschränkt war. Auch eine Benutzung für Versuche, die sich auf die Erfindung selbst beziehen, wurde bereits nach früherem Recht überwiegend nicht als patentwidrig angesehen.

21   10. Die Vorschriften des GebrMG über die Schutzwirkungen sind anwendbar, wenn die Anmeldung ab 1987 erfolgt ist. Nach § 5 Abs. 1 GebrMG aF hatte die Eintragung die Wirkung, dass allein dem Inhaber des Gebrauchsmusters das Recht zustand, gewerbsmäßig das Muster nachzubilden, die durch Nachbildung hervorgebrachten Gegenstände in Verkehr zu bringen, feilzuhalten oder zu gebrauchen. Die Gebrauchsmuster, für die diese Vorschrift galt, sind, spätestens Ende 1992 erloschen.

---

[2] Keine sachliche Abweichung liegt darin, dass es nach § 9 S. 2 PatG Dritten kraft des Patents *verboten ist*, bestimmte Handlungen ohne Zustimmung des Patentinhabers vorzunehmen, während nach Art. 29 (25) GPÜ das Gemeinschaftspatent seinem Inhaber das *Recht* gewährt, Dritten bestimmte ohne seine Zustimmung erfolgende Handlungen *zu verbieten;* vgl. die Begründung zum GPatG, BlPMZ 1979, 279 – Die in Satz 1 eingefügte Klarstellung „im Rahmen des geltenden Rechts" bedeutet keine inhaltliche Änderung; vgl. → § 1 Rn. 4.

§ 33. Die schutzrechtsverletzenden Handlungen I **§ 33**

11. Auf die einschlägigen Bestimmungen des **TRIPS**-Übereinkommens ist bereits in der Einleitung 22 des vorliegenden Abschnitts hingewiesen worden (→ § 31 Rn. 3 ff., 14 ff.).

b) Verhältnis der Verletzungstatbestände zueinander

1. Die Handlungen, die bezüglich einer den Gegenstand eines Patents oder Gbm bilden- 23 den Erfindung nicht ohne Zustimmung des Schutzrechtsinhabers vorgenommen werden dürfen, bedeuten nur zum Teil ein Handeln nach der geschützten Lehre. Der ihr entsprechende planmäßige Einsatz von Naturkräften vollzieht sich nur bei der Herstellung und dem Gebrauch erfindungsgemäß beschaffener Erzeugnisse sowie bei der Anwendung patentierter Verfahren. Dagegen wird beim Inverkehrbringen oder Anbieten von Erzeugnissen, die gemäß der geschützten technischen Lehre hergestellt sind, oder Anbieten des patentierten Verfahrens nicht die geschützte Handlungsanweisung befolgt. Dennoch wird ihr wirtschaftlicher Wert genutzt, weshalb auch diese Tatbestände dem Verbietungsrecht aus dem Patent oder Gebrauchsmuster unterliegen. Ohne ihre Einbeziehung könnte das Schutzrecht insbesondere durch Verlagerung des Herstellungsvorgangs ins schutzrechtsfreie Ausland (vgl. → Rn. 43) leicht umgangen werden.

Durch Einfuhr und Besitz nach der Erfindung hergestellter Erzeugnisse wird weder ge- 24 mäß der geschützten Lehre gearbeitet noch deren wirtschaftlicher Wert genutzt. Als Patent- oder Gebrauchsmusterverletzung kommen sie nur in Betracht, wenn sie ein Gebrauchen, Inverkehrbringen oder Anbieten zum Zweck haben. Sie bilden deshalb verselbständigte Vorbereitungshandlungen zum Handeln nach der Erfindung oder zu ihrer sonstigen Verwertung. Indem das Gesetz auch diese Handlungen der Schutzrechtswirkung unterwirft, erweitert es die Möglichkeiten des Inhabers, einer drohenden Beeinträchtigung seiner wirtschaftlichen Interessen *vorbeugend* entgegen zu treten (vgl. auch → § 35 Rn. 1 ff.).

2. Die gesetzlichen Verletzungstatbestände sind grundsätzlich voneinander **unabhängig**. 25 Freilich sind Inverkehrbringen, Anbieten, Gebrauch, Einfuhr und Besitz eines Erzeugnisses erst möglich, nachdem dieses hergestellt wurde. Dem Verbietungsrecht des Schutzrechtsinhabers unterliegen diese Handlungen, wenn das Erzeugnis den Schutz eines Sachpatents oder Gebrauchsmusters genießt oder seine Herstellung mittels eines patentierten Verfahrens erfolgt ist. Das gilt auch dann, wenn der Schutzrechtsinhaber der Herstellung zugestimmt hat oder diese im schutzrechtsfreien Ausland erfolgt ist.

Ist jedoch eine gemäß der Erfindung hergestellte Sache mit Zustimmung des Schutz- 26 rechtsinhabers **in Verkehr gebracht** worden, bedürfen das weitere Inverkehrbringen, das Anbieten und der Gebrauch *dieser* Sache nicht mehr seiner Zustimmung. Das Verbietungsrecht aus dem Patent oder Gebrauchsmuster ist insoweit **verbraucht** (erschöpft), dazu näher unten V. Abweichend von der grundsätzlichen Selbständigkeit der Benutzungsarten sind die genannten Handlungen also nur hinsichtlich solcher erfindungsgemäßer Sachen schutzrechtsverletzend, die nicht schon vorher mit Zustimmung des Berechtigten in den Verkehr gelangt sind.

c) Verbietungsrecht und Benutzungsrecht

1. Die wesentliche Grundlage des Erfindungsschutzes durch das Patent oder Gebrauchs- 27 muster ist die Befugnis seines Inhabers, anderen die Erfindungsbenutzung zu verbieten. Der Verleihung eines „positiven Benutzungsrechts" bedürfen Erfinder und innovierende Unternehmen in einer vom Grundsatz der Gewerbe- und Wettbewerbsfreiheit geprägten Wirtschaftsordnung nicht. Die Möglichkeit zum rechtmäßigen Erfindungsgebrauch ist ihnen bereits in dieser Freiheit eröffnet. Andererseits werden sie auch durch die Erteilung eines Schutzrechts nicht von den Schranken dispensiert, denen die Freiheit gewerblicher Betätigung durch Rechtsnormen der verschiedensten Art unterliegt, einschließlich solcher, die subjektive Rechte gewähren.[3] Stehen das Gesetz oder Rechte Dritter entgegen, darf der

---

[3] *Walleser* GRUR-Int 1963, 307.

Patentinhaber seine Erfindung nicht benutzen; ebenso wenig wie der Eigentümer seine Sache (vgl. § 903 BGB). § 9 S. 1 PatG bringt dies in der Fassung, die er bei Umsetzung der BioPat-RL erhalten hat, dadurch zum Ausdruck, dass „allein der Patentinhaber befugt ist, die patentierte Erfindung im Rahmen des geltenden Rechts zu benutzen".[4] In § 11 S. 1 GebrMG ist keine entsprechende Einfügung erfolgt, was aber belanglos ist, weil das, was diese im PatG zum Ausdruck bringt, sowohl für patentierte als auch für gebrauchsmusterrechtlich geschützte Erfindungen schon von jeher gegolten hat.

28 Eine Vorschrift, wonach allein der Schutzrechtsinhaber befugt ist, die Erfindung[5] zu benutzen (§ 9 S. 1 PatG, § 11 Abs. 1 S. 1 GebrMG) oder in Bezug auf ihren „Gegenstand" bestimmte Handlungen vorzunehmen (§ 6 S. 1 PatG 1968/1978), erhält daher erst durch das Wort „allein" ihren spezifischen Sinn. Das Benutzungsrecht wird nur insofern durch das Patent oder Gebrauchsmuster gewährt, als es **ausschließlich** ist. So gesehen sagen § 9 S. 1 PatG und § 11 Abs. 1 S. 1 GebrMG nichts anderes als Satz 2 dieser Bestimmungen. Letzterer bedeutet allerdings, dass dem Verbietungsrecht nur bestimmte Arten von Benutzungshandlungen unterliegen (→ Rn. 18).

29 2. Dass es für die Frage, ob und wie der Patent- oder Gebrauchsmusterinhaber die geschützte Erfindung benutzen darf, auf das Schutzrecht nicht ankommt, bedeutet nicht, dass diesem ein positiver Gehalt überhaupt abzusprechen wäre. Mit der hM, ist ein solcher Gehalt grundsätzlich anzunehmen.[6] Freilich wird er durch die übliche Bezeichnung als „positives Benutzungsrecht" in seinem Wesen nur unvollkommen erfasst. Dieser Gehalt liegt vielmehr darin, dass die Erfindung dem Schutzrechtsinhaber als Rechtsgegenstand **zugeordnet** ist (vgl. → § 1 Rn. 23), ihm gehört. Dabei ist zwar die Ausschließung aller anderen mitgedacht; doch erscheint sie nicht als alleiniger Rechtsinhalt. Die Rechtsstellung des Patent- oder Gebrauchsmusterinhabers hinsichtlich der Erfindung ist nicht bloßer Reflex der an Dritte gerichteten Benutzungsverbote. Die Benutzung der Erfindung durch ihn ist nicht bloß Freiheits-, sondern Rechtsausübung. Allerdings erhält sie diesen Charakter auch dadurch, dass sie im Schutz der nach außen wirkenden Benutzungsverbote stattfindet. Diese sind es, die dabei die Aussicht auf besondere Vorteile begründen. Als Wirkung des Patents oder Gebrauchsmusters ist ein Benutzungsrecht seines Inhabers ohne die für Dritte geltenden Benutzungsverbote (daher) nicht denkbar.

30 3. Rechtsfolgen werden aus der Annahme eines „positiven Benutzungsrechts" hauptsächlich für das Verhältnis zwischen **gegenstandsgleichen Schutzrechten** abgeleitet. Bestehen für die gleiche Lehre zum technischen Handeln zwei Patente, zwei Gbm oder ein Patent und ein Gbm **mit verschiedenem Zeitrang,** kann nach allgemeiner Ansicht der Inhaber des älteren demjenigen des jüngeren die Erfindungsbenutzung verbieten.[7] Das jüngere Schutzrecht gewährt hiernach gegenüber dem älteren kein „positives Benutzungsrecht" – so wenig wie es zu einer in sonstige Rechte Dritter (zB Eigentum, Urheberrechte, körperliche Integrität usw) eingreifenden Benutzung seines Gegenstands ermächtigt. Umgekehrt kann der Inhaber des jüngeren Rechts dem Inhaber des älteren nicht verbieten, den übereinstimmenden Gegenstand beider Rechte zu benutzen.[8] Der Inhaber des älteren Rechts braucht also nicht, um die Erfindung benutzen zu dürfen, zunächst die Beseitigung des jüngeren herbeizuführen[9]. Dies vermeidet, dass sich Inhaber kollidierender Schutzrechte gegenseitig an der Benutzung hindern, solange nicht eines der Rechte wegfällt. Eine ausdrückliche Regelung in diesem Sinn enthält § 14 GebrMG, der einem Gbm Vorrang vor

---

[4] Die Formulierung ist unglücklich, weil sie die Frage herausfordert, ob außerhalb des geltenden Rechts neben dem Patentinhaber womöglich auch Dritte benutzungsbefugt seien.
[5] Im GebrMG heißt es „den Gegenstand des Gebrauchsmusters"; das ist aber die Erfindung, für die das Gebrauchsmuster eingetragen ist (vgl. → § 1 Rn. 44 ff.).
[6] *Scharen* in Benkard PatG § 9 Rn. 5 mN; ablehnend insbesondere *Bussmann/Pietzcker/Kleine* 212 ff.
[7] Ausführlich hierzu *Stjerna* GRUR 2010, 202 ff., 795 ff.
[8] RG 25.10.1938, RGZ 159, 11 (12); 11.9.1939, GRUR 1940, 23 (25).
[9] AM unter Hinweis auf die Zuständigkeitsverteilung *Geißler* 146 f.

einem jüngeren Patent sichert, ohne einen Grund für die Beseitigung des letzteren zu schaffen.

4. Es fragt sich, ob es der Annahme eines „positiven Benutzungsrechts" bedarf, um den Konflikt zwischen gegenstandsgleichen Schutzrechten zugunsten des älteren zu entscheiden. Im Verhältnis der beteiligten Rechtsinhaber lässt sich diese Lösung ebenso gut dahin verstehen, dass dem *Verbietungsrecht* aus dem älteren der Vorrang gegenüber demjenigen aus dem jüngeren Recht eingeräumt wird. Der Inhaber des älteren Rechts muss sich nicht verbieten lassen, was er seinerseits dem Inhaber des jüngeren verbieten könnte. Die Frage, wie dieser Vorrang zu rechtfertigen ist, obwohl das jüngere Recht formal in vollem Umfang gültig bleibt, wird durch die Annahme eines positiven Benutzungsrechts nicht beantwortet, sondern nur abgewandelt: es bleibt offen, warum nur das ältere, nicht aber das jüngere Recht ein Benutzungsrecht gibt. Wesentlich für die allgemein als sachgerecht angesehene Lösung ist daher die Annahme eines unmittelbar wirkenden Vorrangs des älteren Schutzrechts, der geltend gemacht werden kann, ohne dass das jüngere beseitigt zu werden bräuchte. Ihre Rechtfertigung liegt letztlich darin, dass es besser ist, zwischen den kollidierenden Rechten eine Rangordnung gemäß dem Prioritätsprinzip herzustellen, als ihnen eine beide Seiten lähmende Wirkung zuzuschreiben, die dem auf effektive Erfindungsverwertung gerichteten Zweck des Patent- und Gebrauchsmusterschutzes zuwiderliefe. 31

Nach geltendem Patentrecht ist dies in bestimmten Fällen von noch größerer Bedeutung als nach früherem Recht. War der Gegenstand des älteren **Patents** nicht vor dem Anmelde- oder Prioritätstag des jüngeren allgemein zugänglich geworden, konnte nach §§ 4 Abs. 2, 13 Abs. 1 Nr. 2 PatG 1968 das jüngere Patent für nichtig erklärt werden, soweit der *Schutzumfang* des älteren reichte. Nach geltendem Recht kann dagegen eine Nichtigerklärung in dieser Situation nur erfolgen, soweit durch den Inhalt der Anmeldung des älteren Patents der Gegenstand des jüngeren *neuheitsschädlich* vorweggenommen ist (§§ 3 Abs. 2, 4 S. 2, 21 Abs. 1 Nr. 1, 22 Abs. 1 PatG). Es sind deshalb Fälle denkbar, in denen der Gegenstand eines Patents im Schutzbereich eines älteren Patents liegt, *ohne* dass das jüngere beseitigt werden könnte (vgl. → § 17 Rn. 48 ff.). 32

Dagegen entspricht die Regelung des Verhältnisses zwischen gegenstandsgleichen **Gebrauchsmustern** mit verschiedenem Zeitrang und älterer Patente zu jüngeren Gbm nach wie vor derjenigen des früheren Rechts (§ 15 Abs. 1 Nr. 2, früher § 5 Abs. 2 GebrMG, → § 16 Rn. 90). Auch im Verhältnis zwischen einem älteren Gbm und einem jüngeren Patent hat sich nichts geändert (§ 14, früher § 6 GebrMG, → Rn. 30). 33

5. Der Vorrang des älteren Schutzrechts, der einem auf das jüngere gestützten Benutzungsverbot entgegensteht, kommt nicht nur dem Inhaber zugute, sondern auch dessen **Lizenznehmern,** und zwar nicht nur ausschließlichen, sondern auch einfachen.[10] Da letztere nach allgemeiner Ansicht nur ein Benutzungs-, nicht aber ein Verbietungsrecht erlangen (vgl. → § 40 Rn. 27), scheint es, als könnte eine die einfachen Lizenznehmer einschließende Vorrangwirkung nur auf ein positives Benutzungsrecht bezogen werden.[11] Die Rechtsstellung des einfachen Lizenznehmers erschöpft sich jedoch nicht darin, dass er ungeachtet des Patents oder Gbm die Erfindung benutzen darf. Sie bedeutet auch, dass ihm dabei die Ausschlusswirkung des Schutzrechts zugutekommt (Näheres → § 40 Rn. 27). Hieraus erklärt sich hinreichend, dass der Inhaber eines jüngeren Patents oder Gbm ihm die Benutzung nicht verbieten kann. Dass das ältere Recht in dieser Weise auch für den einfachen Lizenznehmer wirkt, widerspricht nicht der Regel, dass diesem selbst kein Verbietungsrecht zusteht: das Verbietungsrecht aus dem jüngeren Patent oder Gbm weicht vielmehr auch zugunsten der Lizenznehmer des älteren dem auf diesem beruhenden vorrangigen Verbietungsrecht. 34

---

[10] BGH 30.10.1962, GRUR 1963, 563 (565) – Aufhängevorrichtung; vgl. auch BGH 18.6.1964, GRUR 1964, 606 (610) – Förderband; OLG Karlsruhe 25.2.1987, GRUR-Int 1987, 788 (789 f.) – Offenendspinnmaschinen.
[11] Vgl. insbesondere *Schönherr* FS Troller, 1976, 57 (85 f.).

35 Die Wirkungen, die dem „positiven Benutzungsrecht" des Schutzrechtsinhabers im Verhältnis zu gegenstandsgleichen jüngeren Schutzrechten zugeschrieben werden, erfordern daher nicht die Annahme eines solchen Rechts. Sie sind ebenso gut aus dem Verbietungsrecht des Inhabers des älteren Rechts zu erklären. Vorzuziehen wäre freilich eine Betrachtungsweise, die einheitlich das ausschließliche Benutzungsrecht oder die ausschließende Zuordnung und nicht isoliert deren positive oder negative Seite ins Auge fasst. Wird demgemäß der Vorrang des älteren Patents oder Gbm (auch) auf das Verbietungsrecht bezogen, ergibt sich ohne weiteres, dass er für den gesamten Schutzbereich des älteren Rechts gilt, nicht etwa nur für dessen Gegenstand[12]: Was der Inhaber des älteren Rechts Dritten verbieten kann, kann ihm und seinen Lizenznehmern nicht auf Grund eines jüngeren Rechts verboten werden.[13] Vorausgesetzt ist dabei, dass die kollidierenden Rechte *gegenstandsgleich* sind. Ist durch das jüngere Recht ein Gegenstand geschützt, der zwar nicht ohne Benutzung des Gegenstands des älteren benutzt werden kann, aber dort in seiner spezifischen Ausgestaltung nicht beansprucht ist (was sich regelmäßig aus dem Fehlen eines entsprechenden Offenbarungsgehalts erklärt), liegt ein Fall der *Abhängigkeit* vor (→ Rn. 40 f.).

36 6. Der für den Fall verschiedenen Zeitrangs anerkannten Lösung entspricht es, auch bei gegenstandsgleichen Rechten **gleicher Priorität** einen gegenseitigen Ausschluss von der Benutzung *nicht* zuzulassen. Dann ergibt sich, dass jeder Inhaber die Erfindung im Schutzbereich seines Rechts ungeachtet des Patents oder Gbm des anderen benutzen, dem anderen die Benutzung im Schutzbereich von dessen Recht aber nicht verbieten kann[14]. Damit die Verbietungsrechte nicht die Erfindungsverwertung überhaupt unterbinden, wird angenommen, dass sie sich im Verhältnis zwischen den Rechtsinhabern gegenseitig lahmlegen. Doch ist eben dies eine Wirkung der Verbietungsrechte selbst. Sie bezieht sich nur auf den Schutzbereich, der dem Recht des jeweiligen Benutzers zukommt, erfasst also insbesondere nicht einen etwaigen nicht beanspruchten Offenbarungsinhalt, wohl aber – nach Maßgabe der einschlägigen Grundsätze (→ § 32 Rn. 81 ff.) – auch Äquivalente.[15]

37 In § 26 ErstrG wurde die für die Kollision zeitranggleicher Patente oder Gebrauchsmuster anerkannte Lösung für den Fall, dass solche Schutzrechte infolge ihrer Erstreckung auf den von ihnen zuvor nicht umfassten Teil Deutschlands kollidierten, ohne Rücksicht auf den im bisherigen Geltungsbereich begründeten Zeitrang übernommen. Dies rechtfertigt sich aus der Überlegung, dass erst die Erstreckung die Kollision herbeiführte, keinem der Rechte der Zeitvorrang für das Gesamtgebiet zukam und der in einem Teilgebiet erworbene Zeitrang jeweils nur für dieses, also unter Fortbestand der Rechtsaufspaltung hätte aufrechterhalten werden können.

38 7. Da die Benutzungsbefugnis, die einem Schutzrechtsinhaber gegenüber den Inhabern gegenstandsgleicher jüngerer oder gleichrangiger Schutzrechte zugestanden wird, auf die Ausschließlichkeit seines Benutzungsrechts und damit (auch) auf sein Verbietungsrecht zurückzuführen ist, **beginnt** sie mit der Erteilung und **endet** mit dem Wegfall des Patents oder Gbm, aus dem sie abgeleitet ist. Bei nicht rückwirkendem Wegfall bleibt eine vorher erfolgte Benutzung rechtmäßig. Eine Benutzung *nach* diesem Zeitpunkt unterliegt jedoch grundsätzlich dem Verbietungsrecht aus dem anderen Recht, sofern dieses weiterbesteht[16]. Es erscheint jedoch angebracht, dem Inhaber des erloschenen Rechts in analoger Anwendung des § 12 PatG ein Weiterbenutzungsrecht zuzugestehen, wenn er vor dem Erlöschen die Benutzung begonnen oder Veranstaltungen hierzu getroffen hat.[17]

39 Ist bei Erteilung eines Patents oder Eintragung eines Gbm für den gleichen Gegenstand noch eine ältere oder gleichrangige **Anmeldung** anhängig, ist der Anmelder dem Verbietungsrecht aus dem

---

[12] BGH 12.2.2009, GRUR 2009, 655 (657) – Trägerplatte; krit. *Stjerna* Mitt. 2009, 450 ff.
[13] So RG 25.10.1938, RGZ 159, 11.
[14] S. auch *Ohly* Mitt. 2006, 241, der auch auf § 6 Abs. 4 MarkenG hinweist, nach welchem zeitranggleiche Rechte gegeneinander keine Ansprüche begründen.
[15] So zutreffend *Ohly* Mitt. 2006, 241 (244).
[16] BGH 23.6.1992, GRUR-Int 1993, 548 (550) – Magazinbildwerfer.
[17] So RG 17.7.1942, RGZ 169, 289 (292 ff.) für ein erloschenes älteres Gebrauchsmuster im Verhältnis zum fortbestehenden gegenstandsgleichen jüngeren Patent; BGH 23.6.1992, GRUR-Int 1993, 548 ff. – Magazinbildwerfer scheint für den Fall gleichen Zeitrangs ein Weiterbenutzungsrecht ausschließen zu wollen.

§ 33. Die schutzrechtsverletzenden Handlungen I § 33

erteilten oder eingetragenen Schutzrecht ausgesetzt, solange nicht seine eigene Anmeldung zur Erteilung oder Eintragung führt. Bis dahin hat er kein Ausschlussrecht an der Erfindung und deshalb weder ein Verbietungsrecht noch das „positive Benutzungsrecht", auf das die hM abstellt. Das kann bei unterschiedlicher Dauer des Erteilungs- oder Eintragungsverfahrens ungerechtfertigte Vor- oder Nachteile für den einen oder anderen Anmelder zur Folge haben.

8. Nach verbreiteter Ansicht kommt dem Unterschied zwischen Verbietungs- und Benutzungsrecht auch in Fällen der **Abhängigkeit** Bedeutung zu. Abhängigkeit liegt vor, soweit die durch ein Patent oder Gbm geschützte technische Lehre nicht ohne Eingriff in den Schutzbereich eines älteren Schutzrechts benutzt werden kann[18], obwohl sie in dem älteren Recht nicht spezifisch beansprucht ist (vgl. → Rn. 35). So verhält es sich vielfach bei Erfindungen, die eine neue, nicht naheliegende Anwendung oder Verbesserung eines geschützten Erzeugnisses oder Verfahrens lehren.[19] Dabei versteht sich, dass das auf die Anwendung oder Verbesserung erteilte Patent oder Gbm kein Recht verleiht, den Gegenstand des älteren Rechts zu benutzen: der Inhaber des jüngeren Rechts ist insofern davon abhängig, dass ihm der Inhaber des älteren die Benutzung erlaubt. Wird ihm die Erlaubnis versagt, muss er auch die Benutzung seiner eigenen Erfindung unterlassen, weil er dabei in den Schutzbereich des älteren Schutzrechts eingriffe. Das bedeutet aber nicht, dass das Verbietungsrecht aus dem älteren Recht auf den Gegenstand des jüngeren erstreckt würde. Findet der Inhaber dieses Rechts eine Möglichkeit, seine Erfindung ohne Verletzung des älteren zu verwirklichen, kann ihn dessen Inhaber daran nicht hindern. 40

Dem Inhaber des älteren Rechts kann die Benutzung der hierdurch geschützten Erfindung nicht aufgrund des jüngeren verboten werden.[20] Ebenso selbstverständlich darf er aber ohne Zustimmung des Inhabers dieses Rechts die hierdurch geschützte Lehre nicht benutzen. Es wird deshalb oft gesagt, sein Benutzungsrecht gehe nicht so weit wie sein Verbietungsrecht.[21] Doch umfasst genau besehen auch dieses nicht die Benutzung der in dem älteren Recht nicht spezifisch beanspruchten Erfindung, sondern gibt nur wegen der Abhängigkeit die Möglichkeit, diese Benutzung zu verhindern, soweit dabei von seinem Gegenstand Gebrauch gemacht wird. 41

d) Räumlicher Geltungsbereich des Patents oder Gebrauchsmusters

1. Das Ausschlussrecht des Schutzrechtsinhabers bezieht sich auf das Gebiet des Staates, durch dessen zuständige Behörde oder für den es von einer zuständigen zwischenstaatlichen Einrichtung erteilt ist (**„Territorialitätsprinzip").**[22] Vom DPMA erteilte Patente und eingetragene Gebrauchsmuster gelten für die Bundesrepublik Deutschland[23] (nachfolgend: Inland). Das gleiche gilt für europäische Patente, soweit sie für diesen Staat erteilt sind. Unter bestimmten Voraussetzungen erstreckt sich die Wirkung für Deutschland erteilter Patente und Gbm auch auf den angrenzenden Festlandssockel, Schiffe und Flugzeuge außerhalb des Inlands, künstliche Inseln oder Raumstationen.[24] Vorgänge an solchen Orten sind dann wie inländische Vorgänge zu behandeln. 42

---

[18] Vgl. *Krieger* GRUR-Int 1989, 216 (218); *Pietzcker* GRUR 1993, 272 (274 f.).

[19] Zur Frage, unter welchen Voraussetzungen eine erfinderische Abwandlung eines in einem Anspruch des älteren Rechts enthaltenen Merkmals als Äquivalent von dessen Schutzbereich umfasst wird, vgl. → § 32 Rn. 104 ff.

[20] BGH 12.2.2009, GRUR 2009, 655 – Trägerplatte.

[21] RG 11.9.1939, GRUR 1940, 23; 4.2.1941, GRUR 1941, 154 (155); OLG Karlsruhe 25.2.1987, GRUR-Int 1987, 788 – Offenendspinnmaschinen.

[22] Von diesem Grundsatz geht auch der Vorschlag der Europäischen Kommission für eine VO über das auf außervertragliche Schuldverhältnisse anzuwendende Recht aus, vgl. *Buchner* GRUR-Int 2005, 1004 ff.

[23] Einzelheiten bei *Scharen* in Benkard PatG § 9 Rn. 9.

[24] Näheres bei *Stauder* 16–45 und GRUR-Int 1975, 421 ff.; *Beier/Stauder* GRUR-Int 1985, 6 ff.; *Böckstiegel/Kramer/Polley* GRUR 1999, 1 ff.; *Schlimme* Mitt. 2014, 363 ff.

43 2. Damit eine Handlung als Verletzung eines Schutzrechts in Betracht kommt, muss sie eine hinreichende Beziehung zu dessen räumlichem Geltungsbereich aufweisen. Kraft eines für das Inland erteilten Patents oder Gebrauchsmusters können nur im Inland vorgenommene Handlungen untersagt werden. Gegen eine Erfindungsbenutzung im Ausland kann nur auf Grund eines Schutzrechts vorgegangen werden, das für den Staat gilt, in dessen Gebiet die Benutzung erfolgt. In Gebieten, in denen es an einem Schutzrecht fehlt, ist die Benutzung der Erfindung schutzrechtsfrei; diese Gebiete sind „schutzrechts-", insbesondere „patentfreies Ausland".

44 Besteht im Ausland ein Patent oder sonstiger Erfindungsschutz, kann gegen seine dort begangene Verletzung auch vor den deutschen Gerichten vorgegangen werden, sofern diese nach Lage des Falls international zuständig sind (Näheres → § 36 Rn. 5 ff.).

45 3. Für die Verletzung des inländischen Patents oder Gebrauchsmusters genügt es, dass *eine* der in § 9 S. 2 PatG bzw. § 11 Abs. 1 S. 2 GebrMG bezeichneten Handlungen im Inland unrechtmäßig vorgenommen wird. Insbesondere ist das inländische Herstellen erfindungsgemäßer Erzeugnisse auch dann schutzrechtsverletzend, wenn diese ausschließlich im Ausland abgesetzt und gebraucht werden sollen. Schon hierin zeigt sich, dass die Wirkung des Patents oder Gbm nicht darauf beschränkt bleibt, seinem Inhaber den *inländischen Markt* für erfindungsgemäße Erzeugnisse oder Leistungen vorzubehalten. Sie schützt darüber hinaus in weitem Umfang auch gegen inländische Tätigkeiten, die darauf abzielen, auf ausländischen Märkten Erträge aus der Erfindung zu ziehen. Im Bestreben, dem Schutzrechtsinhaber angemessenen Lohn für die Erfindung zu sichern, haben es die deutsche Rechtsprechung und Lehre dabei vielfach genügen lassen, dass der gesetzliche Tatbestand nur teilweise im Inland verwirklicht wurde und erst im Ausland zum Abschluss kam. Grundsätzliche Einwände stehen einer solchen extensiven Handhabung der patent- und gebrauchsmusterrechtlichen Benutzungsverbote nicht entgegen. Dem deutschen Gesetzgeber sind Regelungen, die sich mittelbar auf ausländische Märkte *auswirken,* nicht verwehrt, solange er nicht beansprucht, im Ausland vorgenommene Handlungen unmittelbar mit Verboten zu belegen. Auch verlangen es die dem Patent- und Gebrauchsmusterschutz zugrundeliegenden Zwecke nicht, das Verbietungsrecht des Schutzrechtsinhabers auf Handlungen mit Auswirkungen auf den Inlandsmarkt zu beschränken. Vielmehr werden nicht nur die Aussicht auf eine angemessene Belohnung des Erfinders, sondern auch die Bereitschaft zu inländischen Investitionen für Invention und Innovation gefördert, wenn der Patent- oder Gebrauchsmusterinhaber konkurrierende Aktivitäten, die sich auf die Erfindung beziehen, im Inland auch insoweit nicht hinzunehmen braucht, als sie lediglich auf ausländische Märkte gerichtet sind. Gewiss ist dort ein vollständiger Schutz vor konkurrierender Erfindungsverwertung nur durch Auslandsschutzrechte erreichbar. Der deutsche Gesetzgeber braucht aber den Patent- oder Gebrauchsmusterinhaber nicht auf ausländische Schutzrechte zu verweisen, soweit ein Verbot im Inland vorgenommener Handlungen zur Sicherung von dessen Auslandsabsatz beitragen kann. Welche Tatsachen im Inland mindestens vorliegen müssen, damit von einer inländischen Verletzungshandlung gesprochen werden kann, wird sogleich bei den einzelnen Formen der dem Patent- oder Gebrauchsmusterinhaber vorbehaltenen Benutzung erörtert.

II. Benutzungshandlungen in Bezug auf Erzeugnisse

Vorbemerkung: Für Gebrauchsmuster, deren Schutz Erzeugniserfindungen vorbehalten ist (§ 2 Nr. 3 GebrMG), bestimmt § 11 Abs. 1 S. 2 GebrMG das Gleiche wie § 9 S. 2 Nr. 1 PatG für Patente, die für Erzeugniserfindungen erteilt sind (Sachpatente). Was nachstehend über solche Patente ausgeführt ist, gilt deshalb, soweit es sich nicht um Besonderheiten biotechnologischer Erfindungen handelt (§ 9a PatG, § 1 Abs. 2 Nr. 5 GebrMG), entsprechend für Gebrauchsmuster, auch wenn diese nicht gesondert erwähnt werden.

§ 33. Die schutzrechtsverletzenden Handlungen II § 33

a) Tragweite des Schutzes durch Sachpatente und Gebrauchsmuster

1. Ist der Gegenstand des Patents durch einen Stoff, eine Vorrichtung oder eine sonstige **46** Sache bestimmt, in deren Besonderheiten sich die Erfindung verwirklicht, richtet sich das Verbietungsrecht des Patentinhabers im Rahmen der gesetzlichen Tatbestände **gegen alle (potentiell patentverletzenden) Handlungen, die sich auf ein so beschaffenes Erzeugnis beziehen.** Das Sachpatent schützt gegen die Herstellung des patentierten Erzeugnisses also unabhängig davon, auf welchem Weg diese erfolgt.[25] Die Angabe eines Herstellungsverfahrens im Patent beschränkt die Schutzwirkung nicht auf Erzeugnisse dieses Verfahrens[26]. Das gilt grundsätzlich auch dann, wenn das Erzeugnis, wie unter bestimmten Voraussetzungen zulässig, im Patentanspruch durch Angabe eines zu seiner Herstellung dienenden Verfahrens gekennzeichnet ist (product-by-process-Anspruch).[27] Die neuere Rechtsprechung des BGH verlangt jedoch, durch Auslegung des Patentanspruchs zu ermitteln, ob und inwieweit sich aus dem angegebenen Verfahren durch dieses bedingte Merkmale des bei seiner Anwendung erhaltenen Erzeugnisses ergeben, die dieses als erfindungsgemäß qualifizieren.[28]

Keinen Unterschied macht auch, zu welchem **Zweck** ein patentgemäßes Erzeugnis **47** hergestellt, in Verkehr gebracht, angeboten oder gebraucht wird. **Sachschutz beschränkt sich nicht etwa auf nur bestimmte Arten der Verwendung** einer patentgeschützten Vorrichtung,[29] insbesondere nicht auf solche, die – beispielsweise zur Darlegung erfindungsgemäßer Vorteile – im Patent genannt werden. Zweckangaben in einem Sachanspruch beschränken als solche dessen Gegenstand vielmehr regelmäßig nicht. Bedeutungslos sind Zweckangaben damit aber nicht. Regelmäßig definieren sie den Patentschutz einer Vorrichtung vielmehr mittelbar dahin, dass diese nicht nur alle räumlich-körperlichen Merkmale des Patentanspruchs verwirklichen, sondern auch so ausgebildet sein muss, dass sie für den genannten Zweck oder die genannte Funktion grundsätzlich brauchbar ist.[30]

So müssen etwa die Bestandteile einer Stütze für Schalungen im Bauwesen so dimensioniert sein, dass die Stütze diejenigen Lasten tragen kann, die von einer Bauschalungsstütze aufgenommen werden müssen.[31] Auch → § 24 Rn. 56.

Die Zahl der praktisch auftretenden Fälle, in denen Patentschutz für eine Vorrichtung ausscheidet, weil diese zwar alle Ansprüche verwirklicht, die patentgemäß offenbarten Eigenschaften und Wirkungen aber gleichwohl nicht nur nicht erreicht, sondern auch nicht erreichen *kann*, dürfte extrem gering sein!

Zur die Praxis beherrschenden Handhabung des **Schutzes chemischer Stoffe** kommt **48** es nicht darauf an, ob bei einer Verwendung des Stoffs dessen patentbegründende Eigen-

---

[25] BGH 25.4.1956, GRUR 1959, 125 – Textilgarn. – Auch die Gewinnung aus natürlichen Vorkommen wird erfasst, vgl. *Utermann* GRUR 1977, 1 (14); *Tauchner* Mitt. 1979, 84 ff.; *Bunke* GRUR 1978, 132 (135 f.).

[26] OLG Karlsruhe 26.11.1986, GRUR 1987, 892 – Rohrleitungsverteileranlage.

[27] BGH 6.7.1971, BGHZ 57, 1 (22) – Trioxan; 14.12.1978, BGHZ 73, 183 (186 f.) – Farbbildröhre; *Meier-Beck* FS König, 2003, 323 ff.; *Giebe* FS 80 J. PatG Ddf, 2016, 125 ff.; krit. *Schrell/Heide* GRUR 2006, 383 (399); differenzierend *Rogge* Mitt. 2005, 145 (149); *Cepl* Mitt. 2013, 62 ff.

[28] BGH 19.5.2005, GRUR 2005, 749 (B 2) – Aufzeichnungsträger im Anschluss an BGH 19.6.2001, GRUR 2001, 1129 (1133) – zipfelfreies Stahlband.

[29] BGH 25.4.1956, GRUR 1959, 125 – Textilgarn; 15.11.1955, GRUR 1956, 77 (78) – Spann- und Haltevorrichtung; 7.11.1978, GRUR 1979, 149 (150) – Schießbolzen; 13.12.2005, GRUR 2006, 399 – Rangierkatze.

[30] BGH 24.4.2018, GRUR 2018, 1128 Rn. 12 – Gurtstraffer, 24.1.2012, GRUR 2012, 475 (476) – Elektronenstrahltherapiesystem; 28.5.2009, GRUR 2009, 837 (838) – Bauschalungsstütze; 7.6.2006, GRUR 2006, 923 Rn. 15 – Luftabscheider für Milchsammelanlage; 2.12.1980, GRUR 1981, 259 (260) – Heuwerbungsmaschine II; 7.11.1978, GRUR 1979, 149 (151) – Schießbolzen.

[31] BGH 28.5.2009, GRUR 2009, 837 – Bauschalungsstütze.

schaften und Wirkungen genutzt werden.[32] Vielmehr wird der Schutz chemischer Stoffe, die als solche patentiert sind, **als absolut angesehen,** nicht als (nur) zweckgebunden.[33] Das ist folgerichtig, wenn sich der Patentanspruch auf die Definition des Stoffs beschränkt. Freilich fragt sich, ob es gerechtfertigt ist, so gefasste Ansprüche auch dann zu gewähren, wenn die Bereitstellung des Stoffs nur deshalb eine erfinderische Leistung darstellt, weil er unerwartete Eigenschaften aufweist (vgl. → § 24 Rn. 40 ff.).

49 Ist in einem Patentanspruch eine als beschränkend zu verstehende **Zweckangabe** enthalten, ist der Schutz, den ein solcher „Mittelanspruch" gewährt, zweckgebunden und umfasst nicht die Verwendung zu einem anderen Zweck[34]. Einem Anspruch auf ein „Antivirusmittel, dadurch gekennzeichnet, dass es ..." (eine von zwei alternativ genannten Verbindungen) „enthält," wurde deshalb keine Schutzwirkung gegenüber einem Präparat zugebilligt, das zur Bekämpfung von Parkinsonismus in den Handel gebracht worden war und, das eine den anspruchsgemäßen strukturverwandte Verbindung enthielt.

50 Sachschutz schließt nicht aus, dass auf neue, nicht naheliegende Verfahren zur Herstellung oder Verwendung des patentierten Erzeugnisses Patente erteilt werden. Freilich sind diese dann von dem Patent *abhängig,* das sich auf das Erzeugnis als solches bezieht (vgl. → Rn. 40).

51 2. Die Benutzung eines patentierten Erzeugnisses zur Herstellung eines anderen Erzeugnisses ist Gebrauch des ersteren. Diesen kann der Patentinhaber nur untersagen, wenn das patentierte Erzeugnis nicht schon mit seiner Zustimmung in Verkehr gebracht worden ist (→ Rn. 274). Das mittels des patentierten Erzeugnisses gewonnene Produkt unterliegt, soweit es sich nicht um ein Vermehrungsprodukt biologischen Materials oder ein genetische Information enthaltendes Erzeugnis handelt (§ 9a PatG, vgl. → Rn. 4 ff.), nicht mehr den Befugnissen aus dem Patent.[35] Das muss auch dann gelten, wenn kein vom Patentinhaber gebilligtes Inverkehrbringen des patentierten Erzeugnisses vorausgegangen ist. In diesem Fall kann zwar beispielsweise der Inhaber eines Vorrichtungspatents (als Gebrauch) verbieten, dass mittels der Vorrichtung andere Erzeugnisse hergestellt werden. Nicht verbieten kann er jedoch das Inverkehrbringen, Anbieten und Gebrauchen der ohne seine Erlaubnis hergestellten Erzeugnisse.

52 Das schließt nicht aus, dass unter dem Gesichtspunkt des Schadensersatzes für patentverletzenden Gebrauch Naturalrestitution durch Unterlassung der Verwertungshandlungen verlangt werden kann, die die Produkte des Gebrauchs betreffen.

53 Bei **Weiterverarbeitung** eines (nicht mit Zustimmung des Patentinhabers in den Verkehr gelangten) patentierten Erzeugnisses unterliegt das Produkt den patentrechtlichen Befugnissen jedenfalls dann, wenn die Voraussetzungen erfüllt sind, unter denen ein Erzeugnis trotz weiterer Be- oder Verarbeitung – zB Einbau als Bestandteil einer zusammengesetzten Vorrichtung oder Vermischung mit anderen Substanzen[36] – noch als unmittelbares Erzeugnis eines Verfahrens angesehen werden könnte (vgl. → Rn. 186 ff.). Darüber hinaus wird aber dem Sachpatent eine grundsätzlich weitergehende Wirkung zugebilligt als einem Verfahrenspatent.[37] Insbesondere wird auch für den Fall chemischer Umsetzung eines patentierten Stoffes überwiegend angenommen, dass das Verarbeitungsprodukt dem Patent unterliegt, wenn seine vorteilhaften Eigenschaften und Wirkungen noch in erheblichem

---

[32] BGH 27.2.1969, BGHZ 51, 378 (389) – Disiloxan.
[33] BGH 14.3.1972, BGHZ 58, 280 – Imidazoline.
[34] BGH 16.6.1987, BGHZ 101, 159 – Antivirusmittel.
[35] BGH 14.12.1978, BGHZ 73, 183 (186 f.) – Farbbildröhre; 20.2.1979, BGHZ 73, 337 (346) – Biedermeiermanschetten.
[36] Dazu OLG Hamburg 18.6.1981, GRUR-Int 1982, 257: Patentverletzung durch Vertrieb eines Futtermittel-Zusatzes als Bestandteil eines Mischfutters, das außerdem zahlreiche weitere Wirkstoffe enthält.
[37] Vgl. BGH 6.7.1971, BGHZ 57, 1 (24) – Trioxan; *Hahn* 108 ff.; *Kohler,* Handbuch des Patentrechts, 1900, 465.

Maß durch Eigenschaften des patentierten Stoffs bestimmt sind.[38] Danach müssten sich die Befugnisse aus einem Patent, das für ein Zwischenprodukt als solches im Hinblick auf Eigenschaften des Endproduktes erteilt ist, auf das Inverkehrbringen, Anbieten und Gebrauchen des letzteren erstrecken.

Nach § 9a Abs. 3 PatG erstreckt sich – vorbehaltlich der den menschlichen Körper betreffenden Ausschlussbestimmung des § 1a Abs. 1 – der Patentschutz eines Erzeugnisses, das aus einer **genetischen Information** besteht oder sie enthält, auf jedes Material, in das dieses Erzeugnis Eingang findet und in dem die gleiche genetische Information enthalten ist und ihre Funktion erfüllt. 54

3. Soweit nach geltendem Recht die Möglichkeit besteht, für Pflanzen, Tiere oder sonstiges biologisches Material Sachschutz zu erlangen (vgl. → § 14 Rn. 92 ff.), sind nach § 9a Abs. 1 PatG auch die Produkte der **natürlichen Vermehrung** solcher Lebewesen den Befugnissen aus dem Sachpatent unterworfen. Der Schutz eines Patents für **biologisches Material,** das auf Grund der Erfindung mit bestimmten Eigenschaften ausgestattet ist, umfasst jedes biologische Material, das aus dem patentierten durch generative oder vegetative Vermehrung in gleicher oder abweichender Form gewonnen wird und mit denselben Eigenschaften ausgestattet ist. 55

4. Der **zweckgebundene Erzeugnisschutz,** der zum SdT gehörenden Stoffen oder Stoffgemischen im Hinblick auf ihre *erste* medizinische Anwendung gewährt wird (§ 3 Abs. 3 PatG, Art. 54 Abs. 4 EPÜ), richtet sich nur gegen Handlungen, die zu dem die „Neuheit" begründenden medizinischen Zweck vorgenommen werden. Maßgebend ist dabei die **objektive Eignung** des betreffenden Stoffs oder Stoffgemischs (Arzneimittels) für den im Patentanspruch bezeichneten Zweck (vgl. → § 24 Rn. 48 ff.). Herstellen, Gebrauch, Inverkehrbringen und Anbieten eines solchen Stoffs oder Stoffgemisches kommen als Patentverletzung nur in Betracht, wenn aus objektiv feststellbaren Umständen hervorgeht, dass diese Benutzungen auf eine patentgemäße Verwendung abzielen. Der praktisch wichtigste Umstand dieser Art ist das **sinnfällige Herrichten** des Stoffs für die medizinische Verwendung. Insoweit gilt das gleiche wie für den Schutz weiterer Indikationen (vgl. → Rn. 214 ff.). Eine andere Form des Abzielens auf eine patentgemäße Verwendung zeigt der Beschluss **Östrogenblocker** des OLG Düsseldorf.[39] 56

Keiner sinnfälligen Herrichtung bedarf es danach, wenn schon die äußeren Rahmenbedingungen für das Angebot und den Vertrieb eines Erzeugnisses auf dessen patentgeschützten Therapieeinsatz hinauslaufen; wenn sich also der Vertreiber (oder Hersteller) Eigenschaften des angegriffenen (und für den patentgemäßen Zweck tauglichen) Arzneimittels zunutze macht, die ähnlich wie eine sinnfällige Herrichtung dafür sorgen, dass es zum zweckgebundenen therapeutischen Gebrauch kommt. Das erfordert einen hinreichenden Verwendungsumfang und entsprechende Kenntnis oder treuwidrige Unkenntnis des Vertreibers. Eine Patentverletzung durch Beitritt zu einem **Rabattvertrag,** der die patentgeschützte Indikation nicht ausdrücklich ausschließt, selbst wenn diese von der Zulassung des Arzneimittels ausgeschlossen *(carve out)* und in der Fachinformation nicht genannt ist *(skinny labeling),* stellt in einem eV-Verfahren fest das LG Hamburg.[40] Die Belastbarkeit dieser Entscheidung dürfte begrenzt sein, denn die zum OLG Hamburg eingelegte Berufung wurde zurückgenommen, weil das in Frage stehende Pfizer-Patent im Januar 2017 für nichtig erklärt wurde.[41]

---

[38] Vgl. *Scharen* in Benkard PatG § 9 Rn. 30; *Reimer* § 6 Rn. 91; – LG Düsseldorf 6.8.1985, GRUR 1987, 896 verneint Benutzung des patentierten Zwischenprodukts durch ein Endprodukt, das jenes bis auf einen geringfügigen Rest nicht mehr enthält und andere physikalische Eigenschaften sowie eine andere technische Verwendbarkeit aufweist als das Zwischenprodukt.
[39] 5.5.2017, GRUR 2017, 1107 Rn. 39 – Östrogenblocker, mzustAnm *Neuhaus.* Zu den Folgen *Kühne* GRUR 2018, 456 (457 ff.).
[40] 2.4.2015, Mitt. 2015, 508 (512 f.) – Rabattvertrag; referiert von *Rüting* GRUR-Prax 2015, 326; krit. *Schumacher/Wehler* FS 80 J. PatG Ddf, 2016, 513 (523); ebenso und grundsätzlich *Schäffner* GRUR 2018, 449 (451); mit Blick auf das Parallelverfahren in England *Stief/Zorr* GRUR 2019, 260 (262 ff.), dazu auch *Morgan* GRUR-Int 2016, 100 f.
[41] BPatG 24.1.2017, Mitt. 2017, 551–556 – Pregabalin, Berufung zum BGH ist anhängig.

57 Ebenso sollte sich der Schutz von Stoffen, deren Bereitstellung nicht als solche, sondern nur wegen unerwarteter Eigenschaften des Stoffs eine erfinderische Leistung bedeutet, auf Handlungen beschränken, durch die gerade diese erfinderische Leistung genutzt wird (→ § 11 Rn. 62 ff.).

b) Herstellen

aa) Allgemeine Kennzeichnung. Zurechnung des Herstellungsvorgangs. Teilherstellung

58 1. Herstellen ist das während der Patentlaufzeit[42] Schaffen einer Sache mit den im Patentanspruch festgelegten erfindungsgemäßen Merkmalen, gleichgültig auf welche Weise und zu welchem Zweck es geschieht (vgl. → Rn. 46 ff.). Das Herstellen umfasst den gesamten Vorgang, durch den das Erzeugnis geschaffen wird, nicht nur dessen letzte, unmittelbar zur Fertigstellung führende Stufe.[43] Daraus wird gefolgert, dass dem Verbietungsrecht aus dem Patent bereits solche Handlungen unterliegen, die einen **Beginn der Herstellung** bedeuten. Voraussetzung für diese Annahme ist jedoch, dass die Handlungen einen erkennbaren objektiven Bezug zur geschützten technischen Lehre haben. Daran fehlt es, solange ihr Ergebnis keines der die Erfindung kennzeichnenden Merkmale aufweist. Aber auch derjenige, der eines oder mehrere dieser Merkmale verwirklicht, kann als Hersteller nur angesehen werden, wenn der Herstellungsvorgang, der hiermit begonnen wird, nach den Umständen *insgesamt* ihm selbst zuzurechnen ist. Ist dies zu bejahen, kann er wegen patentverletzenden Herstellens in Anspruch genommen werden, selbst wenn die Fertigstellung im patentfreien Ausland erfolgt. Diese wird dem im Inland Handelnden auch dann zugerechnet werden müssen, wenn nicht er selbst, sondern ein anderer sie vornimmt und dieser von ihm als Konzernunternehmen wirtschaftlich abhängig ist oder auf Grund einer vorher getroffenen Absprache unter seiner Anleitung tätig wird. Ähnlich liegt es, wenn der Lieferant seinem Abnehmer eine für sich genommen nicht verletzende Vorrichtung mit der Anleitung oder sogar nur in der Gewissheit liefert, der Abnehmer werde diese vor Inbetriebnahme so verändern, dass dies zwar nebensächlich ist, die Vorrichtung aber patentverletzend macht.[44] **Keine Patentverletzung** begeht, wer die Vorarbeiten besorgt, auf denen ein Dritter seine Fertigstellung der patentverletzenden Vorrichtung selbstständig aufbaut.

59 Nach diesen Grundsätzen liegt ein Beginn der Herstellung und damit eine patentverletzende Handlung vor, wenn im Inland Werkstattzeichnungen für eine im Ausland aus dort hergestellten Teilen zu errichtende Anlage gefertigt werden und der so Handelnde außerdem für den Bau der Anlage Anweisungen erteilt, ihn durch eigene Angestellte überwachen und die fertige Anlage durch sie überprüfen lässt.[45]

60 Wer im Inland eine Maschine herstellt, die nicht unter das inländische Patent fällt, und sie anschließend ins Ausland liefert und dort in die patentierte Ausführungsform umbaut,[46] stellt zwar insgesamt eine erfindungsgemäße Sache her. Ein Beginn dieser Herstellung im Inland liegt aber nur dann vor, wenn hier schon eine Sache geschaffen wird, die wenigstens einen Teil der erfindungsgemäßen Besonderheiten aufweist. Die Herstellung einer voll funktionsfähigen Maschine, die noch keine dieser Besonderheiten zeigt, genügt nicht. Anders wäre es wohl, wenn die inländische Herstellungstätigkeit zu einem Erzeugnis führt, das nur durch Hinzufügung der erfindungsgemäßen Besonderheiten funktionsfähig gemacht werden kann und in seiner Bauweise auf diese Ergänzung angelegt ist.

---

[42] Eine Bestimmung des kanadischen Patentrechts, die es erlaubte, vor Ablauf eines Patents patentierte Erzeugnisse auf Vorrat herzustellen, um sie nach Wegfall des Schutzes in den Handel zu bringen, wurde von einem WTO-Panel als unvereinbar mit dem TRIPS angesehen; vgl. *Dreier* FS Kolle/Stauder, 2005, 45 (49 f.).

[43] BGH 14.7.1970, GRUR 1971, 78 (80) – Dia-Rähmchen V; RG 18.9.1897, RGZ 40, 78; 18.5.1935, GRUR 1936, 160 (163).

[44] OLG Düsseldorf 19.2.2015, GRUR-RR 2016, 97 (102 f.). – Primäre Verschlüsselungslogik.

[45] So RG 12.6.1929, RGZ 124, 368 (371); zustimmend *Bernhardt* 144; *Stauder* 188.

[46] Vgl. den Sachverhalt im Fall „Kreuzbodenventilsäcke", BGH 29.3.1960, GRUR 1960, 423. Ob eine inländische Herstellung vorlag, hatte der BGH aus prozessualen Gründen nicht zu entscheiden.

§ 33. Die schutzrechtsverletzenden Handlungen

2. Um die Möglichkeit, einen zur Entstehung eines patentierten Erzeugnisses führenden Gesamtvorgang demjenigen, der ihn veranlasst, auch dann zuzurechnen, wenn er die abschließenden Schritte nicht selbst vornimmt, ging es auch in folgendem Grenzfall[47]: Der Inhaber des Patents für das Antiallergikum Terfenadin hatte für eine weitere Verbindung ein Stoffpatent erlangt. Es stellte sich heraus, dass diese in der Leber von Menschen, denen Terfenadin verabreicht wurde, als Metabolit entsteht und die eigentliche Grundlage der antiallergischen Wirkung ist. Der Patentinhaber nahm nach Ablauf des Terfenadin-Patents einen Hersteller dieses Mittels aus dem zweiten, noch bestehenden Patent in Anspruch, weil dieser durch Inverkehrbringen seines Erzeugnisses einen Ablauf in Gang setze, der zwangsläufig zur Entstehung der durch das noch geltende Patent geschützten Verbindung führe und deshalb durch deren Herstellung das Patent verletze. Da diese zu einem mit der patentierten identischen Verbindung führe, komme der „Formstein"-Einwand (→ § 32 Rn. 137 ff.) nicht in Betracht. Auch habe im Prioritätszeitpunkt des zweiten Patents die hierdurch geschützte Verbindung nicht zum SdT gehört, weil die Information, dass sie bei Verabreichung von Terfenadin entstand, der Öffentlichkeit nicht zugänglich gewesen sei.

Die Verletzungsklage wurde in zwei Instanzen abgewiesen[48], die Revision vom BGH nicht angenommen. Maßgeblich war dabei, dass dem Bekl. nicht ein Verhalten untersagt werden könne, das nach dem Erlöschen des Terfenadin-Patents patentfrei sei und einer im Prioritätszeitpunkt des zweiten Patents zum SdT gehörenden Handlungsanweisung entspreche. Dem steht jedoch entgegen, dass auch nach dem Erlöschen eines Patents die darin geschützte Lehre nicht ohne Rücksicht auf Rechte anderer benutzt werden darf, zu denen auch ein Patent gehören kann, in dessen Schutzbereich diese Benutzung eingreift. Die Ansicht, dass dies im gegebenen Fall nicht zutreffe, ist von den Urteilen nicht überzeugend begründet worden. Insbesondere konnte nicht davon ausgegangen werden, dass die im zweiten Patent geschützte Lehre, die dort definierte Verbindung bereitzustellen, vor dessen Prioritätstag zum SdT gehört habe oder lediglich eine Entdeckung darstelle[49]. Auch konnte nicht ohne entsprechende Eingrenzung des patentrechtlichen Herstellungsbegriffs unberücksichtigt bleiben, dass der Bekl. durch sein Verhalten das Entstehen jener Verbindung genau in der anspruchsgemäßen Struktur herbeiführte. Eine Einschränkung des Herstellungsbegriffs wurde aber nicht versucht. Sie wäre auch kaum begründbar gewesen. Insbesondere fehlte es am Herstellen nicht deshalb, weil dessen Vollendung außerhalb des gewerblichen Bereichs stattfand.

Das Unbehagen der Richter gegenüber dem vom Kl. erhobenen Anspruch ist gleichwohl begreiflich. Vielleicht fehlt im Patentsystem eine Regel, die die Schutzwirkung dahin begrenzt, dass nicht auf Grund eines Patents anderen ein Verhalten verboten werden kann, das einer vor dem Prioritätszeitpunkt dieses Patents zum SdT gehörenden Handlungsanweisung vollständig entspricht[50].

Ein Weiterbenutzungsrecht kraft Vorbenutzung (§ 12 PatG, → § 34 Rn. 26 ff.) hilft nicht, wenn – wie im geschilderten Fall – jene Handlungsanweisung über den Prioritätstag des Folgepatents hinaus für den Inhaber des letzteren geschützt war, so dass Benutzungsfreiheit nur hinsichtlich solcher Erzeugnisse bestand, die von diesem oder mit seiner Zustimmung in Verkehr gebracht worden waren. Auch außerhalb dieser besonderen Konstellation fehlt es meist an dem für das Entstehen eines Vorbenutzungsrechts erforderlichen Erfindungsbesitz[51]. Abgesehen hiervon wäre es nicht angebracht, die Benutzung einer zu jenem SdT gehörenden Handlungsanweisung denjenigen vorzubehalten, die schon vor dem Prioritätszeitpunkt nach ihr gearbeitet oder dahingehende Vorbereitungen getroffen haben.

3. Vielfach ist angenommen worden, dass schon die Herstellung **„erfindungsfunktionell individualisierter" Teile** den Verletzungstatbestand des Herstellens erfülle.[52] Hierfür wurde verlangt, dass die Einzelteile „einerseits zumindest nicht ohne weiteres auch außer-

---

[47] Dargestellt von *C., T.* und *V. Vossius* in GRUR 1994, 472 ff. sowie von *Adam* (oben vor § 32 I) 514–520; zur Problematik auch *Chrocziel/Hufnagel* FS Tilmann, 2003, 449–460, die den Fall hauptsächlich unter dem Gesichtspunkt einer mittelbaren Verletzung untersuchen und diese verneinen (krit. hierzu *Giebe* FS Schilling, 2007, 143 (162) Fn. 139), während offen bleibt, ob bei *zwangsläufiger* Umwandlung in den patentierten Stoff eine unmittelbare Verletzung in Betracht kommt (FS Tilmann, 2003, 449 (452, 460)).
[48] LG München I 25.6.1992 und OLG München 23.6.1993, Auszüge in GRUR 1994, 473–476.
[49] *Vossius/Vossius/Vossius* GRUR 1994, 472 (476 ff.).
[50] Vgl. *Brandi-Dohrn* FS König, 2003, 33 (38, 45); *Jacob* GRUR-Int 1998, 223.
[51] *Brandi-Dohrn* FS König, 2003, 33 (46).
[52] Vgl. BGH 15.6.1951, BGHZ 2, 387 (391 f.) – Mülltonne.

halb der geschützten Gesamtvorrichtung verwendet werden können und andererseits eine solche Ausgestaltung erhalten haben, die sie durch ihre erfindungsgemäße Anpassung an die geschützte Gesamtvorrichtung aus der Zahl anderer vergleichbarer Einzelteile heraushebt und durch eine solche Individualisierung in unmittelbare Beziehung zu dem Erfindungsgedanken setzt".[53] Auf dieser Grundlage konnte sich ein Schutz gegen die Herstellung von Teilen unabhängig davon ergeben, ob diese unter dem Gesichtspunkt eines allgemeinen Erfindungsgedankens selbständig (als Teilkombination oder Einzelelement) geschützt waren (vgl. → § 32 Rn. 21 ff.). Um eine Verwässerung der für diese Ausdehnung des Schutzbereichs geltenden Voraussetzungen zu vermeiden, hätte gefordert werden müssen, dass zur erfindungsfunktionellen Individualisierung weitere Umstände hinzukommen, damit eine patentverletzende Teilherstellung angenommen werden kann. Klare Aussagen in diesem Sinne fehlten aber.

66   In einer späteren Entscheidung macht der BGH[54] allerdings deutlich, dass erfindungsfunktionelle Individualisierung **nicht genügt:** Die Feststellung, dass es sich um ein der Gesamtkombination angepasstes („erfindungsfunktionell individualisiertes") Teil handle, trage nicht die rechtliche Folgerung, dass dessen Herstellung und Vertrieb das auf die Kombination erteilte Patent unmittelbar verletze. Unmittelbare Verletzung eines Kombinationspatents sei grundsätzlich nur zu bejahen, wenn die Verletzungsform von der Gesamtheit der Kombinationsmerkmale Gebrauch macht. Von diesem Grundsatz könnten allenfalls dann eng begrenzte Ausnahmen zugelassen werden, wenn die angegriffene Ausführungsform alle wesentlichen Merkmale des geschützten Erfindungsgedankens aufweist und es zu ihrer Vollendung allenfalls noch der Hinzufügung selbstverständlicher, für den Erfindungsgedanken nebensächlicher Zutaten bedarf. Nur dann könne es gleichgültig sein, ob der letzte, für die erfinderische Leistung unbedeutende Akt des Zusammenfügens der Gesamtvorrichtung von Dritten vorgenommen wird.

67   Patentiert worden war ein Rigg für ein Surfbrett, wobei zur patentierten Kombination auch das Segel gehörte. Der BGH sah Herstellung und Vertrieb von Segeln, die mit anderen Teilen zu der geschützten Kombination verbunden werden konnten und von den Abnehmern meist in dieser Weise verwendet wurden, nicht als unmittelbare Patentverletzung an: Es spiele keine Rolle, ob dem Segel innerhalb der Gesamtkombination eine mehr oder weniger große Bedeutung zukomme. Entscheidend sei, dass keines der Merkmale verwirklicht werde, die die (übrigen) Teile des Riggs beträfen, und dass deren Bedeutung jedenfalls über diejenige einer für den Erfindungsgedanken unwesentlichen Zutat offensichtlich weit hinausgehe.

Eine unmittelbare Patentverletzung hätte nach Auffassung des BGH nur dann bejaht werden können, wenn das Segel allein in seiner körperlichen Ausgestaltung Elementenschutz genossen hätte; ein solcher war aber nicht geltend gemacht.

68   Der BGH lässt damit schon nach dem früheren Recht, das auf den Streitfall noch anzuwenden war, nur ganz wenig Raum für die Annahme einer unmittelbaren Patentverletzung durch Benutzungshandlungen, die sich auf Teile einer geschützten Sache beschränken. Es genügt nicht, dass diese erfindungsfunktionell individualisiert sind; vielmehr muss ein Verhalten vorliegen, das der **Herstellung der ganzen Sache** gleichzuwerten ist, weil zu deren Vollendung nur noch ein unbedeutender Schritt fehlt.[55]

69   Nach geltendem Recht kann die Herstellung „erfindungsfunktionell individualisierter" Teile eines geschützten Erzeugnisses auch deshalb grundsätzlich nicht als (unmittelbare) Patentverletzung angesehen werden, weil mit der Bindung des Schutzbereichs an die Ansprüche (§ 14 PatG, Art. 69 EPÜ; ebenso § 12a GebrMG) ein Teilschutz nicht mehr vereinbar ist (vgl. → § 32 Rn. 120 ff.). Geht man von der hier vertretenen Grundauffassung aus, kann eine unmittelbare Verletzung nur dann angenommen werden, wenn die Herstellung des *ganzen Erzeugnisses* erfolgt oder mit Sicherheit zu erwarten *und* nach Sachlage *insgesamt*

---

[53] BGH 14.7.1970, GRUR 1971, 78 – Dia-Rähmchen V.
[54] 10.12.1981, BGHZ 82, 254 (256) – Rigg.
[55] Zu einem ähnlichen Fall BGH 30.11.1976, GRUR 1977, 250 (252) – Kunststoffhohlprofil.

§ 33. Die schutzrechtsverletzenden Handlungen

dem Hersteller der Teile zurechenbar ist (vgl. → Rn. 58 ff.).[56] In solchen Fällen wäre wohl auch nach der Auffassung des BGH das Patent regelmäßig unmittelbar verletzt.

4. Nach diesen Maßstäben kann als Hersteller der Gesamtvorrichtung auch angesehen werden, wer *alle* zugehörigen Teile liefert und dem Abnehmer nur deren keinerlei Schwierigkeit bereitende Zusammensetzung überlässt.[57] Die Herstellung von „Baukästen", aus denen auf einfache Weise das patentierte Erzeugnis zusammengefügt werden kann, ist demgemäß Herstellung des Erzeugnisses selbst. Wesentlich ist, dass die als Benutzer des Erzeugnisses in Frage kommenden Abnehmer zum Zusammenbau normalerweise ohne weiteres in der Lage sind. 70

Demgemäß liegt Herstellung im Inland vor, wenn hier eine Maschine in nicht patentverletzender Form so angefertigt wird, dass sie von den ausländischen Abnehmern unschwer in die patentierte Form umgebaut werden kann, und den Abnehmern diese Möglichkeit geläufig ist.[58] 71

Von einer Gesamtherstellung wird auch dann noch gesprochen werden müssen, wenn von den anspruchsgemäßen Merkmalen der patentierten Vorrichtung nur noch ein allenthalben im Handel erhältlicher, leicht einfügbarer Bestandteil fehlt und diese Einfügung mit hoher Wahrscheinlichkeit zu erwarten ist.[59] 72

Ebenso verhält es sich, wenn eine Vorrichtung ein für die erfindungsgemäße Aufgabenlösung wesentliches Merkmal noch nicht in ihrem fertigen, ungebrauchten Zustand aufweist, dieses Merkmal aber dadurch gebildet wird, dass sich die Vorrichtung bei ihrer bestimmungsgemäßen Verwendung voraussehbar (nämlich durch Verschleiß) verändert[60]. 73

Eine patentverletzende Herstellungstätigkeit im Inland liegt dagegen nicht vor, wenn hier produzierte Teile, die bei der Benutzung eines patentierten Erzeugnisses mit diesem zusammenwirken und ihm insofern erfindungsfunktionell angepasst sind, einem Abnehmer im Ausland geliefert werden, dem es überlassen bleibt, sich die erfindungsgemäßen Erzeugnisse dort selbständig zu beschaffen.[61] Das wirtschaftliche Interesse des Patentinhabers daran, dass möglichst auch Teile, die als solche nicht geschützt sind, ausschließlich von ihm bezogen werden, rechtfertigt es noch nicht, deren Herstellung als Patentverletzung anzusehen. Auch der Gedanke, dass die Teile ihren wirtschaftlichen Wert durch das Patent erhielten,[62] reicht dafür nicht aus. Er kann dazu verleiten, den Befugnissen des Patentinhabers auch solche Erzeugnisse zu unterwerfen, die mit der patentierten Erfindung insofern zusammenhängen, als deren Anwendung einen spezifischen Bedarf für sie schafft. Die Rechtsprechung hat es jedoch wiederholt abgelehnt, die Wirkung des Patents so weit auszudehnen: 74

---

[56] Im Ergebnis zust. *Giebe* FS Schilling, 2007, 143 (162), mit eingehender Erörterung (157 ff.).
[57] So lag es möglicherweise im Fall RG 18.9.1897, RGZ 40, 78. Die Entscheidung lässt nicht eindeutig erkennen, ob die inländische Herstellung alle Teile des dann im Ausland zusammengesetzten Trockenapparats umfasste.
[58] So RG 30.8.1935, GRUR 1936, 236 (240) Der „Baukasten" wurde hier in Form einer Maschine geliefert, die zwar funktionierte, aber nicht alle Verrichtungen der patentierten Maschine ausführen konnte. Ähnlich LG Düsseldorf 5.2.2004, InstGE 4, 90 – Infrarot-Messgerät: Lieferung eines mittels Laser arbeitenden Messgeräts mit einer Frontkappe, die die patentgemäße Funktion verhindert, aber ohne weiteres gegen eine diese Funktion ermöglichende Frontkappe ausgetauscht werden konnte, die ebenfalls der Antragsgegner zur Verfügung stellte.
[59] So lag es im Fall Dia-Rähmchen V (BGH 14.7.1970, GRUR 1971, 78): der Verletzer hatte die patentierten Rähmchen in glatt äquivalenter Form nachgebaut, sie aber nicht mit Gläsern versehen (deren Vorhandensein – überflüssigerweise – im Anspruch festgelegt war); mit der Vervollständigung durch die Abnehmer war zu rechnen, weil sich für eine Benutzung ohne Gläser der durch die zur Aufnahme der Gläser bestimmten Konstruktionsmerkmale bedingte höhere Preis nicht gelohnt hätte.
[60] OLG Düsseldorf 8.12.1977, GRUR 1978, 425 (427) – Umlenktöpfe; OLG München 6.11.2003, InstGE 4, 120 (125) – Schüttlergabel für Dental-Mischkapseln; *Giebe* FS Schilling, 2007, 143 (160) mwN; vgl. auch OLG Düsseldorf 29.7.2010, InstGE 12, 213 (218) – Traktionshilfe.
[61] OLG Düsseldorf 11.1.1963, GRUR 1964, 203 (204).
[62] So *Stauder* 190.

75 Keine Patentverletzung liegt in der Herstellung von Mülltonnen der zum Betrieb einer patentierten Entleerungsvorrichtung erforderlichen Form,[63] von Flaschen, die zur Anbringung eines patentierten Verschlusses geeignet sind,[64] von Heizkissen, die mit einem patentierten Schalter zu versehen sind,[65] oder eines Motors zum Antrieb eines patentierten Tauchpumpensatzes.[66]

76 Insgesamt ergibt sich: die Herstellung von Erzeugnissen, in denen die im Patentanspruch festgelegten erfindungsgemäßen Merkmale nur zum Teil verwirklicht sind, ist für sich genommen auch bei erfindungsgemäßer Individualisierung **keine unmittelbare Patentverletzung.** Möglich ist allerdings, dass das Anbieten oder Liefern von Teilen als *mittelbare* Patentverletzung untersagt werden kann.[67] Das setzt aber voraus, dass diese Handlungen zur Erfindungsbenutzung *im Inland* vorgenommen werden (§ 10 Abs. 1 PatG, § 11 Abs. 2 GebrMG, vgl. → Rn. 330 ff.).

bb) Wiederherstellende Ausbesserung

77 1. Die **Ausbesserung** eines patentierten Erzeugnisses fällt grundsätzlich in den Rahmen seines Gebrauchs und bedarf daher der Zustimmung des Patentinhabers nicht mehr, wenn das Erzeugnis mit dieser in Verkehr gelangt ist. Da sich jedoch das Recht zur Herstellung nicht erschöpft, unterliegt eine **Wiederherstellung,** wenn sie einer Neuherstellung gleichkommt, dem Verbietungsrecht aus dem Patent. So verhält es sich, wenn aus Teilen unbrauchbar gewordener patentgemäßer Erzeugnisse diese Erzeugnisse rekonstruiert werden.[68] Die ältere Rechtsprechung ist aber gelegentlich weiter gegangen.

78 So wurde bereits die Ausbesserung eines für die geschützte Kombination wesentlichen Einzelteils, der sich im Vergleich zur Gesamtvorrichtung schnell verbrauchte, als patentverletzend angesehen, sofern sie über den Rahmen einer „optimalen pfleglichen Behandlung" hinausging.[69]

79 Andererseits wurde eine Ausbesserung zugelassen, welche die nach der Verkehrsauffassung unter Berücksichtigung derartiger Ausbesserungen noch als normal anzusehende Lebensdauer der Vorrichtung nicht verlängerte; bejaht wurde dies für eine von vornherein in Betracht gezogene Ausbesserung von Verschleißteilen.[70]

80 Ob eine Reparatur der Neuherstellung gleichkommt, wurde herkömmlicherweise meist nach der Verkehrsauffassung und wirtschaftlichen Gesichtspunkten beurteilt, wobei auch berücksichtigt wurde, mit welchen Ausbesserungen während der gewöhnlichen Lebensdauer der Gesamtvorrichtung von vornherein zu rechnen war. Dass ohne die vorgenommene Ausbesserung das patentierte Erzeugnis nicht wieder benutzbar gewesen wäre, reichte für die Annahme einer Neuherstellung nicht ohne weiteres aus. Unterschiedlich wurde die Frage beurteilt, ob dies auch dann gilt, wenn „erfindungsfunktionell individualisierte" Teile ausgebessert werden;[71] der BGH hat in diesem Zusammenhang betont, dass dem Patentinhaber kein Reparaturmonopol gebührt.[72]

81 2. Im neueren Schrifttum wurde der herkömmliche Ansatz erstmals 2003 einer kritischen Neubetrachtung unterzogen und empfohlen,[73] das Vorliegen einer (Neu-)Herstellung

---

[63] RG 29.11.1933, RGZ 142, 325 (330); BGH 15.6.1951, BGHZ 2, 387 (390) – Mülltonne.
[64] RG 15.11.1893, RGZ 32, 52.
[65] RG 5.11.1930, RGZ 130, 242 (244 f.).
[66] BGH 12.6.1951, BGHZ 2, 261 (265) – Tauchpumpensatz.
[67] So BGH 17.3.1961, GRUR 1961, 466 (469) – Gewinderollkopf; OLG Düsseldorf 11.1.1963, GRUR 1964, 203 ff.
[68] BGH 16.3.1956, GRUR 1956, 265 (267) – Rheinmetall-Borsig I; LG Düsseldorf 7.1.1956, GRUR 1957, 599 – Rebuild-Pumpen; *Kowal-Wolk/Schuster* 101 f.
[69] BGH 12.6.1951, GRUR 1951, 449 (451) – Tauchpumpensatz (in BGHZ 2, 261 insoweit nicht abgedruckt).
[70] BGH 21.11.1958, GRUR 1959, 232 (234) – Förderrinne.
[71] Verneinend LG Düsseldorf 6.10.1987, GRUR 1988, 116 (118) (zum früheren Recht); *Keil* Mitt. 1983, 140 f.; dagegen *Kowal-Wolk/Schuster* 109; *Ann* FS König, 2003, 17 (26 f.).
[72] So BGH 21.11.1958, GRUR 1959, 232 (235) – Förderrinne.
[73] *Ann* FS König, 2003, 17 (27 f., 30); *ders.* VPP-Rundbrief 2004, 117 (121 ff.).

§ 33. Die schutzrechtsverletzenden Handlungen

durch Instandsetzung danach zu entscheiden, ob der ursprünglich in Verkehr gebrachte Gegenstand vor der Instandsetzung seine *Identität* verloren hatte. Dafür seien primär technische Aspekte entscheidend, ergänzend freilich auch die Verkehrsanschauung, für die auch die „natürliche Lebensdauer" einer instand zu setzenden Vorrichtung eine Rolle spiele. Sei deren Identität nicht mehr gegeben, werde das Patent durch Instandsetzungsmaßnahmen verletzt, deren Ergebnis in seinen Schutzbereich falle. *Keukenschrijver*[74] gibt zu bedenken, die herkömmlichen Kriterien führten zu Abgrenzungsschwierigkeiten und bezweifelt zurecht, ob die Identität eines Gegenstands wirklich durch eine Interessenabwägung feststellbar sei.

3. Nach neuerer BGH-Rechtsprechung[75] ist für die Abgrenzung zwischen (zulässiger) Reparatur und (unzulässiger) Neuherstellung maßgeblich, ob die getroffenen Maßnahmen die **Identität** der bereits in den Verkehr gebrachten konkreten patentgeschützten Vorrichtung wahren[76] oder der Schaffung einer neuen erfindungsgemäßen Vorrichtung gleichkommen. Dies soll nach Auffassung des BGH nicht nur von der Eigenart des Erfindungsgegenstands, sondern auch von einer Abwägung der widerstreitenden Interessen abhängen – mit dem Ergebnis, dass nicht selten schon das Auswechseln von Ersatzteilen als Neuherstellung angesehen werden kann (→ Rn. 83 ff., 90 ff.). Nach der BGH-Entscheidung **Trommeleinheit** ist für die Entscheidung zwischen einem (noch) bestimmungsgemäßen Gebrauch oder (schon) einer Neuherstellung durch Teiletausch der sowohl am Erzeugnis als auch an der Gesamtvorrichtung bestehende Patentschutz in den Blick zu nehmen. In den bislang entschiedenen Fällen war die Unterscheidung zwischen geschütztem Erzeugnis und Gesamtvorrichtung nie relevant geworden, weil beide stets identisch gewesen waren. Entscheidend war jedoch immer schon das **Schutzobjekt**, *woran* also Schutz besteht und sich der bestehende Schutz folglich nur erschöpfen kann.[77] Ist die Gesamtvorrichtung geschützt, darf ihr Erwerber diese in den Grenzen des bestimmungsgemäßen Gebrauchs also funktionstüchtig halten oder wieder machen. Ein daneben bestehender Erzeugnisschutz für ein verwendetes Ersatzteil bleibt jedoch unberührt. Dessen Neuherstellung verletzt also das am Ersatzteil bestehende Patent und bleibt mithin verboten; es sei denn, auch diese Neuherstellung ist bestimmungsgemäßer Gebrauch – des Ersatzteils![78]

4. Dass der Patentinhaber sein Ausschließlichkeitsrecht nur ein einziges Mal geltend machen kann,[79] bei der Veräußerung der patentgeschützten Sache, widerspricht dem nicht, denn wenn Gesamtvorrichtung und Ersatzteil zwei Sachen sind, gilt dieser Grundsatz jeweils gesondert.

Grundsätzlich kann schon ein Teiletausch der Neuherstellung eines geschützten Gesamterzeugnisses gleichkommen.[80] Wann eine Neuherstellung vorliegt, ist in „einer die Eigenart des patentgeschützten Erzeugnisses berücksichtigenden Abwägung der schutzwürdigen Interessen des Patentinhabers an der wirtschaftlichen Verwertung der Erfindung einerseits und des Abnehmers am ungehinderten Gebrauch des in den Verkehr gebrachten konkreten

---

[74] *Busse/Keukenschrijver* PatG § 9 Rn. 69 aE.
[75] BGH 4.5.2004, BGHZ 159, 76 = GRUR 2004, 758 (Nr. II 2b β) – Flügelradzähler; bestätigt in BGH 3.5.2006, GRUR 2006, 837 Rn. 16 – Laufkranz.
[76] Dort verweist der BGH ausdrücklich auf *Ann* FS König, 2003, 17 ff.
[77] BGH 24.10.2018, GRUR 2018, 170 Rn. 41 – Trommeleinheit m. zust. Anmerkung *Graf Ballestrem/Richly* GRUR 2018, 262 (263); Mitt. 2018, 61 Rn. 41 m. krit. Anmerkung *Rastemborski*; s. auch *Herr/Engert* GRUR 2019, 468 ff.
[78] BGH 24.10.2018, GRUR 2018, 170 Rn. 44 – Trommeleinheit m. zust. Anmerkung *Graf Ballestrem/Richly* GRUR 2018, 262 (263); Mitt. 2018, 61 Rn. 44 m. krit. Anmerkung *Rastemborski*.
[79] BGH 16.9.1997, GRUR 1998, 130 (132) – Handhabungsgerät.
[80] BGH 4.5.2004, BGHZ 159, 76 = GRUR 2004, 758 – Flügelradzähler; die Grundsätze der „Rigg"-Entscheidung (BGH 10.12.1981, BGHZ 82, 254 (260) = GRUR 1982, 165 – Rigg, bei Rn. 66 Fn. 53) werden dort zwar wiedergegeben. Die neue Entscheidung löst sich aber von ihnen, weil es für die Frage, ob und wann beim Austausch von Teilen einer Vorrichtung von deren Neuherstellung gesprochen werden könne, nicht nur auf quantitative Kriterien ankomme.

§ 33 II *5. Abschnitt. Wirkung und Durchsetzung der Schutzrechte*

erfindungsgemäßen Erzeugnisses andererseits" zu entscheiden.[81] Für die **Eigenart des patentgeschützten Erzeugnisses** spielt auch eine Rolle, ob mit dem Tausch der ausgetauschten Teile während der Lebensdauer des geschützten Erzeugnisses üblicherweise zu rechnen ist. Ist dies *nicht* der Fall, wird also ein während der zu erwartenden Lebensdauer einer Maschine üblicherweise *nicht* getauschtes Teil ersetzt, wird schon im Austausch dieses Teils regelmäßig eine Neuherstellung liegen. Ist dies der Fall, liegt also ein regelmäßig zu tauschendes Verschleißteil vor, kam es nach Ansicht des BGH bisher darauf an, inwieweit sich gerade im getauschten (Verschleiß-)Teil die technischen Wirkungen der Erfindung widerspiegelten, inwiefern diese erfindungsfunktionell individualisiert seien. Verkörpere gerade dieses Teil wesentliche Elemente des Erfindungsgedankens, werde durch seinen Austausch der technische und wirtschaftliche Vorteil der Erfindung erneut verwirklicht und könne (darum) nicht gesagt werden, der Patentinhaber habe den ihm zustehenden Nutzen aus der Erfindung bereits durch das erstmalige Inverkehrbringen der Gesamtvorrichtung gezogen. In diesem Fall liegt eine nicht erschöpfungsfähige (Neu-)Herstellung vor, zu der jeder Dritte nach § 9 S. 2 Nr. 1 PatG die Zustimmung des Patentinhabers benötigt.

85   In der BGH-Entscheidung „Flügelradzähler" von 2004[82] war ein solcher patentiert gewesen, der aus einem Gehäuse mit einem Einlass und einem Auslass und einem vom Gehäuse umgebenen Messbecher bestanden hatte, in dem ein mit einem Zählwerk verbundenes Flügelrad gelagert war. Messbecher, Flügelrad und Zählwerk bildeten eine Einheit, die gesondert ausgetauscht werden konnte. Das Ersetzen der Messeinheit durch eine nicht vom Patentinhaber stammende Messkapsel bildete nach Meinung des BGH eine Neuherstellung des Flügelradzählers iSd § 9 S. 2 Nr. 1 PatG, so dass die Lieferung der Messkapsel als mittelbare Verletzung angesehen werden konnte.

86   In seinem Urteil „Laufkranz" bestätigte der BGH[83], dass der Austausch eines Verschleißteils als Neuherstellung zu werten sein könne, wenn gerade dieser Teil wesentliche Elemente des Erfindungsgedankens verwirkliche.

87   Im Ergebnis wurde dies für den Laufkranz eines Schienenfahrzeugrads verneint, das zwischen Laufkranz und Radmittelteil erfindungsgemäß einen besonders gestalteten Gummiring aufwies. Das Ersetzen des Gummirings wäre dagegen wohl als Neuherstellung angesehen worden, da auf ihm nach den Feststellungen der Vorinstanz[84] der wirtschaftliche Wert der Erfindung beruhte. Für ihn werde der Patentinhaber durch den Erstverkauf des Rads und den Verkauf der regelmäßig zu erneuernden Gummiringe angemessen belohnt.

88   Für die zu einem „Pipettensystem" anspruchsgemäß gehörenden, bei dessen Gebrauch laufend auszuwechselnden Spritzen nahm der BGH an,[85] die technischen Wirkungen der Erfindung träten darin nicht in Erscheinung, auch nicht nur teilweise. Das wirtschaftliche Interesse des Patentinhabers an der Erstreckung seines Ausschließlichkeitsrechts auf den Bedarf an Ersatzspritzen bezeichnete der BGH als nicht schützenswert, denn es übersteige sein (anzuerkennendes) Interesse an der wirtschaftlichen Verwertung der Erfindung, die im Austausch einer Einmalspritze an einem Pipettensystem bestand, die zwar mit erfindungsgemäßen Greifvorrichtungen im Pipettengehäuse zusammenwirkte, insoweit aber nur (bloßes) Objekt des verbesserten An- und Abkupplungsprozesses war, der seine gegenständliche Verkörperung allein in den hierfür geschaffenen Greifvorrichtungen fand.

---

[81] BGH 24.10.2018, GRUR 2018, 170 Rn. 53 – Trommeleinheit m. zust. Anmerkung *Graf Ballestrem/Richly* GRUR 2018, 262 (263); Mitt. 2018, 61 Rn. 53 m. krit. Anmerkung *Rastemborski;* BGH 17.7.2012, GRUR 2012, 1118 Rn. 26 – Palettenbehälter II unter ausdr. Bezug auf BGH 27.2.2007, GRUR 2007, 769 Rn. 27 = BGHZ 171, 167 – Pipettensystem; 3.5.2006, GRUR 2006, 837 Rn. 16 – Laufkranz; 4.5.2004, BGHZ 159, 76 = GRUR 2004, 758 – Flügelradzähler.
[82] 4.5.2004, BGHZ 159, 76 = GRUR 2004, 758 – Flügelradzähler.
[83] 3.5.2006, GRUR 2006, 837 Rn. 17 ff. – Laufkranz.
[84] BGH 3.5.2006, GRUR 2006, 837 Rn. 18 – Laufkranz.
[85] BGH 27.2.2007, GRUR 2007, 769 Rn. 27 = BGHZ 171, 167 Rn. 31 f. – Pipettensystem; krit. *Weisse* Mitt. 2009, 55 ff.

§ 33. Die schutzrechtsverletzenden Handlungen II § 33

In seinem Urteil „Palettenbehälter II" aus 2012 hatte der BGH-Patentsenat[86] über den 89
Austausch quaderförmiger Palettenbehälter aus Plastik zu entscheiden, die zur Lagerung
von Flüssigkeiten verwendet werden und etwa aus dem Weinbau geläufig sind. Besagte
Plastikbehälter in Quaderform (Innenbehälter) werden von einem Außenmantel aus Gitterstäben umgeben und gestützt, die rechtwinklig zueinander liegen und die erfindungsgemäß
als Rohre ausgebildet sowie an den Kreuzungspunkten besonders verschweißt sind und
begrenzt elastische Biegestellen bilden. Die Verletzungsbeklagte hatte Palettenbehälter der
Verletzungsklägerin wiederaufgearbeitet, indem sie die Innenbehälter entfernt und durch
eigene ersetzt hatte. Gegen diese Wiederaufarbeitung hatte sich die Verletzungsklägerin mit
dem Vortrag gewandt, dies sei eine nach § 9 S. 2 Nr. 1 PatG verbotene Benutzung des Klagepatents. Anders als LG München I und OLG München, die die Klage abgewiesen bzw.
die Berufung dagegen zurückgewiesen hatten, verwies der BGH die Sache ans OLG zurück, weil es nicht feststellen konnte, ob der Austausch der Innenbehälter aus der berechtigten Sicht der Gesamtheit aller Abnehmer trotz der unentgeltlichen Abgabe gebrauchter
Palettenbehälter an Dritte noch als zum bestimmungsgemäßen Gebrauch der Palettenbehälter gehörend anzusehen sei. Würden diese als wertlos angesehen, sei der Einbau eines
neuen Innenbehälters als Neuherstellung eines Palettenbehälters anzusehen. Ohne Bedeutung sei dagegen die Bezeichnung der wiederaufgearbeiteten Palettenbehälter als „remanu-
factured", an der der britische Court of Appeal for England and Wales seine Feststellung
einer Neuherstellung festgemacht hatte, und auch der Umstand, dass der Innenbehälter
nicht in besonderer Weise ausgestaltet ist. Dies ist nicht erforderlich, wenn er mit einem
anderen, erfindungsgemäßen Teil funktional zusammenwirkt – hier dem Außenmantel aus
Gitterstäben.[87]

5. Schon vor der Grundsatzentscheidung des BGH im Fall „Flügelradzähler" (→ Rn. 85) 90
hatten Instanzgerichte den Austausch von Teilen vergleichsweise großzügig als Neuherstellung gelten lassen.

So hatte das LG Düsseldorf angenommen, dem Besitzer (eines mit Zustimmung des Patentinhabers 91
in den Verkehr gebrachten Erzeugnisses) sei eher zuzumuten, Ersatzteile vom Patentinhaber zu beziehen (also den Bezug aus anderen Quellen zu unterlassen), als eine von ihm selbst durchzuführende
Reparatur zu unterlassen.[88] Der Lieferant der Teile wurde deshalb als mittelbarer Verletzer angesehen.
Wenn aber eine Eigenreparatur, die vom gleichen Ausgangszustand zum gleichen Ergebnis führt wie
der Austausch eines Teils, keine Neuherstellung ist, kann es auch der Austausch nicht sein. Erkennbar
wurde hier zugunsten von Billigkeitserwägungen auf Folgerichtigkeit verzichtet.

Unter Berufung darauf sah später ein anderes Gericht[89] die Lieferung von Mischgefäßen für eine 92
patentgemäß aus Mischgefäß und Rührwerk bestehende Vorrichtung, die kaum anders als in dieser
sinnvoll verwendbar waren, als mittelbare Verletzung an, weil der Ersatz eines Mischgefäßes durch ein
neues bei wertender Betrachtung einer Neuherstellung wirtschaftlich gleich zu achten sei. Die Vorrichtung war zur Verwendung in Apotheken bestimmt. Die Mischgefäße dienten auch als Abgabegefä-
ße für die darin jeweils hergestellten Rezepturmischungen, woraus sich ein laufender Ersatzbedarf
ergab. Das Gericht scheint also angenommen zu haben, dass die Mischvorrichtung in einer Apotheke,
die sie benutzt, nach jedem Gebrauch „neu hergestellt" werde. Die Beurteilung der Frage, ob eine
Neuherstellung vorliegt, löst sich damit vollständig von der technischen Realität. Es kommt nur noch
darauf an, ob das Rechtsgefühl den jeweils entscheidenden Richtern sagt, dass es angebracht sei, dem
Patentinhaber das Geschäft mit Ersatzteilen, ja sogar mit Verbrauchsmaterial vorzubehalten.[90]

Das Ersetzen abgenutzter Bremsbeläge für eine patentierte Bremstrommel wurde bei „wertender 93
Betrachtung eher als (Wieder-)Herstellung ... denn als bloße Reparatur" angesehen, weil durch sie

---

[86] BGH 17.7.2012, GRUR 2012, 1118 – Palettenbehälter II.
[87] BGH 17.7.2012, GRUR 2012, 1118 Rn. 33 und 43 – Palettenbehälter II.
[88] LG Düsseldorf 14.7.1988, GRUR-Int 1989, 695; vom BGH in „Flügelradzähler" (BGH 4.5.2004, BGHZ 159, 76 = GRUR 2004, 758 – Flügelradzähler) zustimmend zitiert.
[89] LG München I 8.5.2003, InstGE 4, 13 (19).
[90] RG 7.10.1925, RGZ 111, 350 erreichte dies, indem es die Lieferung von Sicherungspatronen für eine patentierte elektrische Sicherungsvorrichtung als *unmittelbare* Verletzung ansah, wovon sich BGH 12.6.1951, BGHZ 2, 261 = GRUR 1951, 449 – Tauchpumpensatz distanziert.

insgesamt eine patentgemäße Ausführungsform neu entstehe, deren für die Verwirklichung der Erfindung maßgebende Teile nicht vom Patentinhaber stammten.[91] Der Erfinder werde um seinen gerechten Lohn gebracht, wenn man die Herstellung und den Vertrieb der Bremsbeläge nicht seinem Ausschließlichkeitsrecht zuwiese. Das Gericht hob in diesem Zusammenhang die die Bremsbeläge betreffenden Merkmale des auch die Bremstrommel umfassenden Patentanspruchs und das Zusammenwirken der Beläge mit dieser zu dem erfindungsgemäßen Zweck hervor, den Abnutzungsgrad der Beläge leichter erkennbar zu machen.

94 In **Trommeleinheit** hebt der BGH 2018 hervor, dass die Abgrenzung zwischen bestimmungsgemäßem Gebrauch einerseits und Neuherstellung andererseits in Fällen wie dem zugrundeliegenden nicht anhand einer nach normativen Kriterien definierten *fiktiven Verkehrsauffassung* erfolgen dürfe. Sei das geschützte Erzeugnis nicht deckungsgleich mit am Markt bereits erhältlichen, müsse ein Rückgriff auf die Verkehrsauffassung als Kriterium zur Abgrenzung zwischen bestimmungsgemäßem Gebrauch und Neuherstellung ausscheiden. Eine Neuherstellung liege hier nur dann vor, wenn sich die technischen Wirkungen der Erfindung gerade in den ausgetauschten Teilen spiegelten.[92]

94a In der instanzgerichtlichen Rechtsprechung hatten besonders die OLGe Düsseldorf und Karlsruhe grundlegende Fälle zu entscheiden:

In **Nespressokapseln**[93] wies das OLG Düsseldorf im Februar 2013 mangels Verfügungsgrunds den Erlass von zwei eV-Entscheidungen zurück, mit denen die Nestlé-Tochter Nestec zwei Wettbewerber zur Unterlassung des Vertriebs von Kaffeekapseln für Nespresso-Maschinen hatte zwingen wollen. Nestec hatte dazu die Verletzung seines Patents behauptet, dessen Lehre die Handhabung einer Kaffeekapsel in einer Extraktionsvorrichtung betroffen hatte, genauer das Halten der eingebrachten Kapsel in einer Zwischenposition und deren Verbringung von dort aus in die Extraktionsposition. Anders als noch 2005 in einem ähnlichen Fall[94], hatten LG und OLG den Austausch der Kaffeekapseln hier nicht als Neuherstellung und entsprechend das Verfügungspatent nicht als benutzt angesehen, weil der Austausch verbrauchter Kaffeekapseln während der Lebensdauer einer Kaffeemaschine üblich sei und ihre Anwender zurecht erwarteten, die Maschine mit neuen Kapseln mehrfach nutzen zu können. Etwas anderes folge auch nicht aus den spezifischen Eigenschaften, Wirkungen und Vorteilen der Erfindung, denn diese beschäftige sich vor allem mit der Extraktionsvorrichtung und nur rudimentär mit der Gestaltung der Kapsel. Diese ist nur Objekt des Einführungs- und Positionierungsvorgangs und werde durch die Erfindung auch nicht so beeinflusst, dass man sagen könne, sie selbst verkörpere wesentliche Elemente des Erfindungsgedankens, da sie durch Eigenschaften oder Funktionsweise für patentgemäße Vorteile entscheidend (mit-)verantwortlich sei. Alle maßgeblichen Lösungsbeiträge lieferten vielmehr die Extraktionsvorrichtung und ihre konstruktiven Gegebenheiten.

95 In **Muldenbandförderer** entschied das LG Düsseldorf ähnlich.[95] Auch dort war es um den Austausch von Komponenten gegangen, diesmal eines Muldenförderers, also eines antreibbaren Muldenbands zum kontinuierlichen Fördern und Drehen von Werkstücken. Muldenförderer verfügen über Muldenstäbe, die um verschiedene Achsen schwenkbar sind und deren Mäntel regelmäßig ausgetauscht werden müssen, weil sie verschleißen. Weil die Notwendigkeit des (mehrfachen) Austauschs besagter Mäntel während der Lebensdauer des Muldenförderers unstreitig war, kam es darauf an, ob sich die technischen Wirkungen der Erfindung in den Muldenstäben widerspiegelten, deren Mäntel ausgetauscht werden mussten, und ob durch den Austausch der technische oder wirtschaftliche Vorteil der Erfindung erneut verwirklicht werde.[96] Dies war hier nicht der Fall, denn die Eigenschaften, Wir-

---

[91] OLG Karlsruhe 10.12.2003, GRUR 2004, 97 – Bremsbeläge.
[92] BGH 24.10.2018, GRUR 2018, 170 Rn. 59–61 – Trommeleinheit m. zust. Anmerkung *Graf Ballestrem/Richly* GRUR 2018, 262 (263); Mitt. 2018, 61 Rn. 59–61 m. krit. Anmerkung *Rastemborski*.
[93] 21.2.2013, GRUR-RR 2013, 185 (191 ff.).
[94] OLG Düsseldorf 17.11.2005, GRUR-RR 2006, 39, wo es um den Ersatz von Kaffeefilterpads ging, den das OLG Düsseldorf als Neuherstellung angesehen hatte, weil Filterpad und Filterbehälter eine Baueinheit seien, die mit dem Verbrauch des Filtereinsatzes funktionsunfähig werde und mit der Entnahme des verbrauchten Filtereinsatzes untergehe; dazu krit. *Hölder* GRUR 2007, 96 ff. u. Voraufl. S. 759 f. m. Hinweis auf BGH 27.2.2007, GRUR 2007, 769 – Pipettensystem.
[95] LG Düsseldorf 23.5.2013 BeckRS 2013, 204192 – Muldenbandförderer.
[96] LG Düsseldorf 23.5.2013, BeckRS 2013, 204192 – Muldenbandförderer (I 2b), unter Hinweis auf BGH 17.7.2012, GRUR 2012, 1118 (1121) – Palettenbehälter II.

kungen und Vorteile der Erfindung verwirklichten sich nicht in den Mänteln der Muldenstäbe, weil diese für erfindungsgemäße Muldenbandförderer nur eine ergänzende Rolle spielen. Entsprechend lag im Austausch einer Komponente der Muldenstäbe keine Neuherstellung des erfindungsgemäßen Muldenbandförderers, sondern eine bloße Reparatur der Vorrichtung, an der sich die Rechte aus dem daran bestehenden Patent mit der erstmaligen konsentierten Inverkehrbringung erschöpft hatten.

In **Schneidzahn,** der den Ersatz von Schneidzähnen eines Erdbearbeitungsgeräts mit patentierter Schneidzahnanordnung betraf, bestätigte das OLG Düsseldorf 2014 diese Rechtsprechung.[97] Weil hier die patentierte Erfindung einen Schneidzahn betraf, der neben einem Zahnkopf und einem Zahnschaft auch eine Halterung mit Einstecköffnung aufweist, in die der Zahnschaft eingesteckt werden kann, stellte das OLG Düsseldorf eine mittelbare Patentverletzung fest, obwohl der Austausch eines Schneidzahns eine übliche Erhaltungsmaßnahme für die Schneidzahnanordnung war. Anders als in „Nespressokapsel" sei hier die Gestaltung des Schneidzahns für die patentgemäßen Vorteile der Schneidzahnanordnung verantwortlich. Für deren räumlich-funktionale Gestaltung mit der sich das Klagepatent beschäftigte, liefere nicht nur die Halterung einen Lösungsbeitrag, sondern auch der Schneidzahn.

96

Ähnlich wie der Fall in der Düsseldorfer Entscheidung Nespressokapseln gelegen hatte der Sachverhalt in **Mittelbare Patentverletzung durch Angebot von Filtereinsätzen** des OLG Karlsruhe.[98] Dort hatte die Beklagte Ringfiltereinsätze zur Verwendung in patentierten Ölfiltern der Klägerin angeboten und in Verkehr gebracht. Anders als das LG Mannheim, das die Klage im Wesentlichen mit der Begründung abgewiesen hatte, die Ringfiltereinsätze seien Verschleißteile und ihr Austausch Teil des bestimmungsgemäßen Gebrauchs von Ölfiltern in Kraftfahrzeugen, hat das OLG Karlsruhe das Vorliegen einer mittelbaren Patentverletzung durch das Anbieten und Liefern von Ringfiltereinsätzen an Kfz-Werkstätten bejaht, weil deren Einbau eine Neuherstellung darstelle. Zwar sei bei den von den Klagepatenten geschützten Ölfiltern mit dem mehrfachen Austausch der Ringfiltereinsätze zu rechnen und liege damit im Regelfall keine Neuherstellung vor. Jedoch greife hier die Ausnahme, dass die Erfindung die Funktionsweise und Lebensdauer des Austauschteils beeinflusse, weil Ringfiltereinsatz und Filtergehäuse/Funktionsträgereinsatz anspruchsgemäß aufeinander angepasst seien und das erfindungsgemäße Leistungsergebnis erst durch das Zusammenwirken der so angepassten Teile erreicht werde.

97

6. Die vom BGH aufgestellten Grundsätze ermöglichen es, durch Anwendung des Verbots mittelbarer Verletzung die Schutzwirkungen eines Patents auf den **Markt für Ersatzteile** *(after sale)* zu erstrecken, die von dessen Schutzbereich nicht umfasst sind. Dabei ist wegen § 10 Abs. 3 PatG auch die Belieferung privater Endabnehmer des geschützten Erzeugnisses eingeschlossen. Ergebnis ist ein Teilschutz, der im Rahmen des § 14 PatG mit Rücksicht auf die Rechtssicherheit nicht gewährt wird (→ § 32 Rn. 120 ff.). Zurecht entscheidet der BGH das Vorliegen einer Neuherstellung primär danach, ob der Austausch nicht geschützter Teile die Identität des in Verkehr gebrachten Erzeugnisses wahrt. Dies ist ebenso der richtige Ansatz, wie das Abstellen auf die Üblichkeit und Absehbarkeit des Austauschs. Erst wenn diese Absehbarkeit festgestellt wurde, ist zu prüfen, ob ausnahmsweise trotzdem eine Neuherstellung vorliegt, weil speziell das ausgetauschte Teil den erfindungsgemäßen Lösungsbeitrag zu der patentierten Vorrichtung liefert oder weil sich die erfindungsgemäßen Vorteile gerade in dem ausgetauschten Teil niederschlagen. Diese Prüfung ist sachgerechter als das frühere Abstellen auf eine Interessenabwägung und die Frage, ob das Prüfungsergebnis dem Patentinhaber „den ihm zustehenden Nutzen" verschafft.

98

7. Im Schrifttum findet sich die Ansicht, dass auch die **Wiedergewinnung** patentierter Stoffe aus Abfall einer Neuherstellung gleich zu achten sei[99]. Sie wird insbesondere damit begründet, dass mit dem Wegwerfen die „normale Lebensdauer" des Stoffs beendet und durch Erstreckung der Patentwirkung auf die Wiedergewinnung die Entwicklung wiederverwendbarer und deshalb umweltfreundlicher Materialien zu fördern sei.

99

8. Auch der **Umbau** eines patentierten Erzeugnisses kann nach der Rechtsprechung eine patentverletzende Neuherstellung sein. Vorausgesetzt ist freilich, dass das Ergebnis des Um-

100

---

[97] 13.2.2014, BeckRS 2014, 05734.
[98] 23.7.2014, BeckRS 2014, 17799.
[99] *Bodewig* GRUR 1992, 567 (570 ff., 578); zustimmend *Rübel* GRUR 2002, 561 (564 f.).

baus noch in den Schutzbereich des Patents fällt. Trifft dies zu, wird die Patentverletzung anscheinend ohne weiteres bejaht.[100] Ein Herstellen sollte jedoch nur angenommen werden, wenn die erfindungswesentlichen Teile (in abgewandelter Form) neu geschaffen oder ersetzt, nicht aber schon, wenn sie lediglich umgruppiert werden[101].

c) Inverkehrbringen

101   1. Eine Sache wird in Verkehr gebracht, wenn jemand einem anderen die **tatsächliche Verfügungsgewalt** darüber verschafft, dh ihn in die Lage versetzt, die Sache zu veräußern oder zu gebrauchen. Patentverletzend ist das Inverkehrbringen, wenn es ohne Zustimmung des Patentinhabers erfolgt und eine Sache betrifft, die nicht schon mit seiner Zustimmung in den Verkehr gelangt ist.

Der Einräumung einer *rechtlichen* Verfügungsmacht, insbesondere der Übertragung des Eigentums, bedarf es nicht. Ein Inverkehrbringen erfolgt auch durch Vermieten oder Verleihen und durch Lieferung unter Eigentumsvorbehalt. Der Handelnde braucht weder Eigentümer der Sache noch vom Eigentümer zu seiner Handlung ermächtigt zu sein; der Empfänger braucht weder ein Recht an der Sache noch ein Recht zu deren Besitz zu erlangen.

102   Eine **Besitzverschaffung,** die auch in der Übertragung mittelbaren Besitzes (§ 870 BGB) bestehen kann, ist immer erforderlich, aber nicht immer genügend. So wird eine Ware noch nicht durch Übergabe an einen Frachtführer oder Lagerhalter in Verkehr gebracht, weil der Empfänger in diesen Fällen die Ware weder veräußern noch gebrauchen soll. Ein Inverkehrbringen erfolgt erst dadurch, dass der Frachtführer oder Lagerhalter die Sache (sei es auch abredewidrig) einem Dritten herausgibt,[102] wohl auch schon dadurch, dass einem Dritten der Herausgabeanspruch gegen den Lagerhalter abgetreten und dadurch mittelbarer Besitz verschafft wird.[103] Es liegt daher kein Inverkehrbringen vor, wenn ein Hersteller durch einen Frachtführer erfindungsgemäße Erzeugnisse zu seiner eigenen Verkaufsstelle befördern lässt oder sie zu diesem Zweck einem Spediteur übergibt oder solche Erzeugnisse bei einem Lagerhalter einlagert. Wird dagegen ein Kommissionär beauftragt, solche Erzeugnisse zu verkaufen oder zu vermieten, werden diese schon durch Übergabe an den Kommissionär in Verkehr gebracht. Ebenso liegt Inverkehrbringen vor, wenn ein funktionsfähiges Muster des geschützten Erzeugnisses einem anderen zwecks Absatzwerbung ausgehändigt wird[104].

103   Kein Inverkehrbringen bewirkt die Bestellung reiner Sicherungsrechte (Pfandrecht, sofern nicht nach § 1213 BGB eine Nutzungsbefugnis eingeräumt wird; Sicherungsübereignung), solange der Sicherungsnehmer nicht befugt ist, sein Verwertungsrecht auszuüben.

Ein zur Unterlassung verurteilter Verletzer bringt patentverletzende Erzeugnisse nicht dadurch in Verkehr, dass er sie zwecks Realisierung eines vertraglichen Gewährleistungsanspruchs dem Lieferan-

---

[100] BGH 8.3.1973, GRUR 1973, 518 (520) – Spielautomat II mit kritischer Anmerkung von *Axster;* KG 8.11.1930, GRUR 1931, 1280; s. auch *Kowal-Wolk/Schuster* 101 f.

[101] Krit. zur Rspr. auch *Busse/Keukenschrijver* PatG § 9 Rn. 70.

[102] Geschieht dies im Inland, ist das Inverkehrbringen demjenigen, der das Erzeugnis im Ausland einem Frachtführer übergeben hat, auch dann zuzurechnen, wenn dieser vom inländischen Abnehmer beauftragt war; so *Keller* FS Ullmann, 2006, 455.

[103] Unter diesem Gesichtspunkt rechtfertigt sich BGH 27.4.2006, GRUR-Int 2006, 1033 Rn. 17 f. – ex works: Der Frachtführer, dem der Markeninhaber im Inland die mit der geschützten Marke gekennzeichnete Ware übergeben hatte, war vom ausländischen Käufer beauftragt; der Markeninhaber stand zum Frachtführer in keiner Vertragsbeziehung und war deshalb frachtrechtlich nicht als Absender anzusehen. Die transportrechtliche Verfügungsbefugnis stand ab Übernahme der Ware durch den Frachtführer ausschließlich dem Käufer als dessen Vertragspartner zu. Somit hatte ab Übernahme der Käufer mittelbaren Besitz an der Ware, so dass diese im Inland in Verkehr gebracht war. Der (unmittelbare) Besitz des Frachtführers als solchen hätte hierfür nicht ausgereicht, was der Leitsatz der Entscheidung nicht erkennen lässt.

[104] LG Düsseldorf 7.5.1998, Mitt. 1999, 271.

§ 33. Die schutzrechtsverletzenden Handlungen

ten zurückgibt[105]. Das wird auch dann gelten müssen, wenn die Erzeugnisse nicht wegen des patentrechtlich bedingten Verbots ihres Vertriebs und Gebrauchs, sondern wegen einer durch sonstige Leistungsstörungen bedingten Vertragsauflösung zurückgegeben werden[106].

2. Das Inverkehrbringen erfolgt durch denjenigen, der die Sache einem anderen zur Verfügung stellt, nicht durch den Empfänger.[107] Wer aus dem Ausland erfindungsgemäße Erzeugnisse in das Inland **einführt,** bringt sie im Inland in Verkehr, wenn er hier einem *anderen* die tatsächliche Verfügungsgewalt verschafft[108], nicht dagegen, solange er sie selbst behält. Die Einfuhr als solche ist Inverkehrbringen nur für den (ausländischen) Exporteur, nicht für den (inländischen) Importeur.[109] Der Empfänger kann jedoch wegen Einfuhr oder Besitzes in Anspruch genommen werden, wenn dabei – wie meist – bezweckt ist, die Sache in Verkehr zu bringen, anzubieten oder zu gebrauchen. 104

3. Bei der **Ausfuhr** erfindungsgemäßer Erzeugnisse vollendet sich das Inverkehrbringen regelmäßig erst im Bestimmungsland, da erst dort eine vom Handelnden verschiedene Person die Verfügungsgewalt erlangt. Nach Rechtsprechung und hL liegt jedoch auch in diesem Fall patentverletzendes Handeln im Inland vor.[110] Wie beim Herstellen genügt es, dass die patentverletzende Handlung im Inland beginnt, sofern sie insgesamt dem hier Handelnden zuzurechnen ist (vgl. → Rn. 58 ff.). Daher wird bereits das inländische **Absenden** als patentverletzend angesehen. Sachlich gerechtfertigt erscheint dies unter dem Gesichtspunkt, dass im Inland eine Handelstätigkeit stattfindet, bei der die Erfindung wirtschaftlich ausgewertet wird. 105

Dagegen würden sich nicht sachgerechte, zufallsabhängige Unterscheidungen ergeben, wenn die Annahme inländischen Inverkehrbringens davon abhinge, dass der ausländische Adressat oder ein von ihm Beauftragter bereits im Inland die Verfügungsgewalt erlangt.[111] 106

4. Eine **bloße Durchfuhr,** bei der im Ausland hergestellte und für das Ausland bestimmte Ware lediglich über inländisches Gebiet befördert wird, ist kein Inverkehrbringen im Inland[112] – unabhängig davon, ob ein „durchgehender Frachtbrief" vorliegt. Auch wenn die Ware im Inland aufgrund eines neuen Beförderungsvertrags von einem anderen Transportunternehmen übernommen wird, gelangt sie nicht in den inländischen Handelsverkehr. 107

Beispiel: Die auf dem Landweg aus der seinerzeitigen DDR nach Hamburg beförderte Ware wird durch einen Spediteur nach Abschluss eines Seefrachtvertrags auf ein Schiff nach Ceylon verfrachtet, das heutige Sri Lanka.[113]

Von der bloßen Durchfuhr sind die Fälle zu unterscheiden, in denen patentierte Waren zur Veräußerung im Inland oder zwecks Wiederausfuhr ins Ausland eingeführt wer- 108

---

[105] OLG Karlsruhe 30.1.1997, Mitt. 1998, 302.
[106] Die Gründe in OLG Karlsruhe 30.1.1997, Mitt. 1997, 302 lassen diese Auslegung zu.
[107] *Bernhardt* 146; *Reimer* § 6 Rn. 80; BGH 24.3.1987, BGHZ 100, 249 (251 f.) – Rundfunkübertragungssystem.
[108] OLG Hamburg 25.10.1990, GRUR-Int 1991, 301; BGH 26.2.2002, GRUR 2002, 599 – Funkuhr.
[109] BGH 24.3.1987, BGHZ 100, 249 – Rundfunkübertragungssystem. – In Rechtsprechung und Schrifttum wird nicht immer klar unterschieden, vgl. zB RG 3.3.1884, RGSt 10, 349 (351); 2.12.1899, RGZ 45, 147 (149); 25.10.1911, RGZ 77, 248.
[110] RG 26.3.1902, RGZ 51, 139 (142); 3.3.1884, RGSt 10, 349 (351 f.); 25.10.1890, RGSt 21, 205 (207 f.); BGH 15.1.1957, BGHZ 23, 100 (106) – Taeschner/Pertussin; OLG Karlsruhe 23.12.1981, GRUR 1982, 295 (299, 300) – Rollwagen; *Stauder* 118 ff.
[111] So freilich *Klauer/Möhring* § 6 Rn. 101; *Ensthaler* in Fitzner/Lutz/Bodewig PatG § 9 Rn. 46, vertritt nun jedoch, dass der Export allein ein Inverkehrbringen im Inland ist.
[112] Vgl. schon 5. Aufl., ebenso BGH 25.6.2014, GRUR 2014, 1189 Rn. 1 – Transitwaren mit umfassenden Nachweisen; krit. noch *Worm/Maucher* GRUR 2009, 445 ff.
[113] BGH 15.1.1957, BGHZ 23, 100 (104, 107) – Taeschner/Pertussin.

den.[114] Dann kommt es zu einer Inverkehrbringung im Inland, weil bezüglich dieser Waren eine Handelstätigkeit im Inland stattfindet: der ausländische Lieferant verschafft dem im Inland tätigen Empfänger Verfügungsmacht; dieser übt sie aus, indem er die Ware als *von ihm* geliefert an *seine* Kunden ins Ausland weiterleitet, sich also gerade *nicht* darauf beschränkt, die Weiterbeförderung einer Lieferung zu veranlassen, die allein seinem ausländischen Lieferanten zurechenbar ist.

109 Auch bei bloßer Güterdurchfuhr durch deutsches Gebiet, die es 2004 (im Anschluss an das OLG Hamburg) noch als Einfuhr gesehen hatte,[115] gewährte das LG Hamburg 2009 mit Blick auf die Verletzung paralleler Auslandspatente im Bestimmungsstaat einen Anspruch auf Einwilligung in die Vernichtung der Durchfuhrgüter aus §§ 1004, 823 BGB analog.[116]

110 5. Die Lieferung *aller Teile* einer patentierten Vorrichtung, deren Zusammenbau erst vom Empfänger vorgenommen wird, steht der Lieferung der ganzen Vorrichtung gleich; das gilt auch dann, wenn die Teile nach und nach auf Grund gesonderter Kaufverträge geliefert werden, der Verkäufer aber erkennen kann, dass der Käufer nicht nur Ersatzteile beschaffen, sondern die komplette Vorrichtung neu herstellen will.[117]

d) Anbieten

111 1. Der Tatbestand des Anbietens deckt sich mit dem des *Feilhaltens* nach früherem Recht. Schon zum Begriff des Feilhaltens war seinerzeit anerkannt gewesen, dass es insbesondere *nicht* eines an die Öffentlichkeit gerichteten Angebots bedarf. Die geltende Fassung bringt dies nur deutlicher zum Ausdruck. Patentverletzend ist das ohne Zustimmung des Patentinhabers erfolgende Anbieten nur hinsichtlich solcher Erzeugnisse, die noch nicht mit dessen Zustimmung in Verkehr gebracht worden sind.

112 Das Anbieten besteht darin, dass jemand einem anderen in Aussicht stellt, diesem die tatsächliche Verfügungsgewalt über eine erfindungsgemäße Sache zu verschaffen. Die in Aussicht gestellte Handlung muss tatbestandlich also dem Inverkehrbringen im vorstehend erläuterten Sinn entsprechen. Da der Tatbestand des Anbietens selbständig ist, braucht es zum Inverkehrbringen jedoch nicht zu kommen. Auch erfolgloses Anbieten ist „Anbieten" iSv § 9 S. 2 Nr. 1 PatG und verletzt das Patent.[118]

113 Im Fall des Erzeugnispatents muss sich das Anbieten auf eine *körperliche Sache* beziehen. Nicht erfasst ist mithin der Fall, dass ein Unbefugter die Erteilung einer Lizenz in Aussicht stellt, also die Möglichkeit rechtmäßiger Erfindungs*benutzung*, also (allein) des unkörperlichen Schutzgegenstands.[119]

114 2. Anders als das Inverkehrbringen kann ein Anbieten freilich schon dann erfolgen, wenn das patentierte Erzeugnis, auf das es sich bezieht, **noch gar nicht vorhanden** ist, zB weil es sich um eine große, teure Vorrichtung handelt, die erst auf Bestellung gefertigt wird. Der Anbietende muss auch nicht in der Lage sein, ein Erzeugnis mit den erfindungsgemäßen Merkmalen alsbald herzustellen und/oder es auch nur zu liefern, denn Wille und Möglichkeit zum Herstellen und Inverkehrbringen sind für den Tatbestand des Anbietens nicht konstitutiv.[120] Das in Aussicht gestellte Herstellen oder Liefern muss *nicht durch den Anbietenden selbst* erfolgen.[121]

---

[114] RG 25.10.1890, RGSt 21, 205; 2.12.1899, RGZ 45, 147; BGH 15.1.1957, BGHZ 23, 100 (106) – Taeschner/Pertussin; OLG Karlsruhe 23.12.1981, GRUR 1982, 295 – Rollwagen; OLG Hamburg 25.4.1985, GRUR 1985, 923 – Imidazol.
[115] LG Hamburg 2.4.2004, BeckRS 2004, 17932 Rn. 77.
[116] 30.4.2009, InstGE 11, 65 Rn. 28 ff. – Datenträger; zust. *Cordes* GRUR 2012, 141 (145 f.).
[117] OLG Düsseldorf 29.3.1984, GRUR 1984, 651.
[118] RG 1.7.1938, GRUR 1938, 770 (771).
[119] Ebenso *Busse/Keukenschrijver* PatG § 9 Rn. 74.
[120] BGH 16.9.2003, GRUR 2003, 1031 – Kupplung für optische Geräte.
[121] BGH 16.5.2006, GRUR 2006, 927 Rn. 14 – Kunststoffbügel; OLG Karlsruhe 26.11.1986, GRUR 1987, 892 – Rohrleitungsverteileranlage; OLG Hamburg 2.4.1998, GRUR-Int 1999, 67 (68 f.) – Enrofloxacin (Anbieten durch einen Makler); *Schricker* GRUR-Int 2004, 786 (788 f.).

§ 33. Die schutzrechtsverletzenden Handlungen

Ein Anbieten während der Geltungsdauer des Patents verletzt dieses auch und schon **115** dann, wenn es Lieferung erst nach dessen Ablauf in Aussicht stellt.[122] Das lässt sich damit rechtfertigen, dass schon ein solches Angebot davon abhalten kann, noch vor Schutzablauf vom Patentinhaber oder dessen Lizenznehmern zu beziehen.[123]

Der Begriff des Anbietens ist wirtschaftlich in dem Sinne zu verstehen, dass damit jede **116** im Inland begangene Handlung gemeint ist, die nach ihrem objektiven Erklärungswert einen schutzrechtsverletzenden Gegenstand in äußerlich wahrnehmbarer Weise der Nachfrage bereitstellt.[124] Jedenfalls erfordert er kein rechtlich *bindendes* Vertragsangebot im bürgerlich-rechtlichen Sinn;[125] es genügen Handlungen, die dort als bloße „Aufforderung zur Abgabe von Angeboten" angesehen werden,[126] vor allem Werbeankündigungen aller Art. Das Anbieten braucht sich nicht an die Öffentlichkeit zu richten. Äußerungen gegenüber einer einzelnen Person können ausreichen, mögen sie schriftlich oder mündlich geschehen, mag die Initiative vom Anbietenden oder vom Interessenten ausgehen.[127] Ein *vollständiges* Vertragsangebot, das bei Zustimmung des Adressaten unmittelbar zum Vertragsschluss führen könnte, ist nicht nötig; es bedarf daher nicht der Angabe von Preisen oder Geschäftsbedingungen.[128]

Unentbehrlich ist aber in allen Fällen eine **technische Kennzeichnung** des Erzeug- **117** nisses, die dessen erfindungsgemäße und damit patentverletzende Beschaffenheit bereits im Zeitpunkt der Angebotshandlung eindeutig festlegt. Ist das Produkt identifizierbar vorhanden, genügt die Bezugnahme hierauf. Andernfalls muss es wörtlich oder bildlich so dargestellt sein, dass seine Patentgemäßheit eindeutig ist.[129] Bei der Feststellung des Bezugs zum erfindungsgemäßen Erzeugnis sind dabei auch außerhalb der eigentlichen Werbeankündigung liegende Umstände zu berücksichtigen. Diese können dazu führen, dass die Werbeankündigung von den angesprochenen Verkehrskreisen auch dann auf das erfindungsgemäße Erzeugnis bezogen wird, wenn sie dessen schutzbegründende Merkmale gar nicht zeigt oder angibt.[130]

Kein Anbieten iSd § 9 PatG, § 11 Abs. 1 GebrMG sah das OLG Düsseldorf darum zurecht in der **118** Weiterverwendung von Bildern eines nach Umgestaltung patentfreien (angeblichen) Verletzungsgegenstands, wenn zugleich auf besagte Umgestaltung und deren Wirkung hingewiesen worden war. Nicht ausreichend ist danach freilich umgekehrt ein Hinweis, der den Schluss nahelegt, Gegenstand der Umgestaltung seien nur nicht erfindungsrelevante Details gewesen.[131]

---

[122] BGH 5.12.2006, GRUR 2006, 221 Rn. 10 – Simvastatin mit zahlreichen Nachw.; zust. Anm. *Götting* GRUR 2006, 223.
[123] S. OLG Düsseldorf 2.10.2003, GRUR 2004, 417 (419) – Cholesterinspiegelsenker.
[124] BGH 16.5.2006, GRUR 2006, 927 Rn. 14 – Kunststoffbügel; OLG Düsseldorf 27.3.2014, BeckRS 2014, 16067 Rn. 33 – Sterilcontainer; GRUR 2015, 61; Mitt. 2014, 470 (jeweils Ls.); 13.2.2014, BeckRS 2014, 5732 – Elektrische Leitungsverbindung; OLG Karlsruhe 8.5.2013, GRUR 2014, 59 (62) – MP2-Geräte.
[125] OLG Düsseldorf 6.4.2017, GRUR 2015, 61 (Ls.) – Dampftrocknungsanlag; BeckRS 2017, 109833; eigene Leitsätze, Entscheidungszusammenfassung und abstrahierende Anmerkung von *Gampp/Ernicke* Mitt. 2017, 454 (456).
[126] RG 8.4.1941, RGZ 166, 326 (330 f.): Aufstellen im Verkaufsraum; BGH 16.9.2003, GRUR 2003, 1031 – Kupplung für optische Geräte: Verteilen eines Werbeprospekts. Dass es nicht auf bürgerlich-rechtliche Kategorien ankommt, betont insbes. *Schricker* GRUR-Int 2004, 786 (787 f.).
[127] BGH 29.3.1960, GRUR 1960, 423 (426) – Kreuzbodenventilsäcke.
[128] BGH 24.10.1961, GRUR 1962, 86 – Fischereifahrzeug; RG 1.7.1938, GRUR 1938, 770.
[129] BGH 16.9.2003, GRUR 2003, 1031 (1032) – Kupplung für optische Geräte; OLG Düsseldorf 6.4.2017, BeckRS 2017, 109833 Rn. 80 – Dampftrocknungsanlage; LG Düsseldorf 28.9.2000, Mitt. 2001, 429.
[130] BGH 15.3.2005, GRUR 2005, 665 – Radschützer; 5.12.2006, GRUR 2006, 221 Rn. 6 – Simvastatin; vgl. auch OLG Düsseldorf 2.10.2003, GRUR 2004, 417 – Cholesterinspiegelsenker; 21.12.2006, GRUR RR 2007, 259 (262) – Thermocycler, mit zust. Anm. *Jüngst/Stjerna* Mitt. 2009, 356 ff.
[131] OLG Düsseldorf 27.11.2008, InstGE 10, 138 Rn. 8 – Schlachtroboter.

119   3. Das **Ausstellen** erfindungsgemäßer Erzeugnisse bedeutet meist, dass in Aussicht gestellt wird, Interessenten diese Erzeugnisse auch zu verschaffen; etwa auf **Verkaufsmessen**. Anders verhält es sich auf sog. **Leistungsschauen**. Sie sind nicht unmittelbar auf die Werbung von Kunden für bestimmte Hersteller oder Händler gerichtet, sondern sollen erfindungsgemäße Erzeugnisse der Öffentlichkeit vorführen, um diese über den Entwicklungsstand von Wissenschaft und Technik zu informieren;. Hier dürfen patentierte Erzeugnisse daher auch ohne Zustimmung des Patentinhabers gezeigt werden.[132] Diesem vorbehalten bleiben dagegen Ausstellungen auf Verkaufsmessen.

120   Für die *neuheitsschädliche Wirkung* eines Ausstellens gemäß § 3 Abs. 1 PatG, Art. 54 Abs. 2 EPÜ, § 3 Abs. 1 S. 2 GebrMG kommt es nicht darauf an, ob sich dieses als Anbieten im Sinne der § 9 PatG, § 11 Abs. 1 GebrMG darstellt. Der Vorgang, durch den eine Erfindung der Öffentlichkeit zugänglich gemacht wird, braucht keine Benutzung der Erfindung zu sein und schon deshalb nicht die Form eines der gesetzlichen Verletzungstatbestände aufzuweisen. Umgekehrt bewirkt eine unter einen solchen Tatbestand fallende Handlung nicht notwendigerweise, dass die Erfindung der Öffentlichkeit zugänglich wird (vgl. → § 16 Rn. 18 ff.).

121   4. Für eine im Inland durch Anbieten begangene Patentverletzung genügt das **inländische Absenden** entsprechender Erklärungen oder Unterlagen, auch wenn sich der Empfänger, dem sie zugehen, im Ausland befindet.[133] Gewiss ist die Handlung, die den gesetzlichen Tatbestand ausmacht, erst mit dem Zugang im Ausland vollendet. Doch genügt es wiederum, dass der insgesamt dem Absender zuzurechnende Vorgang im Inland beginnt.

122   5. Fraglich ist, ob der patentverletzende Charakter eines Anbietens davon abhängt, dass die Handlungen, die dem Adressaten in Aussicht gestellt werden, ihrerseits das Patent verletzen würden. So kann es sein, dass jemand im Inland einem anderen in Aussicht stellt, Erzeugnisse, in denen eine im Inland patentierte Erfindung verwirklicht ist, im patentfreien Ausland herzustellen oder zu beschaffen und ins patentfreie Ausland zu liefern, ohne dass die Erzeugnisse ins Inland gelangen sollen. Herstellung und Inverkehrbringen, die sich allein im Ausland vollziehen, verletzen dann das inländische Patent nicht. Dennoch ist anscheinend der Tatbestand des Anbietens im Inland erfüllt.

123   Das RG hat zunächst einen inländischen Vertragsschluss über ein patentiertes Erzeugnis, welches das Inland nicht berührte, als nicht patentverletzend angesehen.[134] Später hat es inländisches Feilhalten auch für den Fall bejaht, dass sich das Erzeugnis im Ausland befindet.[135]

124   Der BGH[136] hat das Angebot, eine Maschine in nicht patentverletzender Form ins Ausland zu liefern und dort durch eigenes Personal in die geschützte Form umbauen zu lassen, als patentverletzendes Feilhalten im Inland gewertet. Er ließ es genügen, dass nach dem Inhalt des Angebots der Empfänger die Vorrichtung letztlich in der geschützten Ausführung erhalten sollte, obwohl nach Sachlage kein inländisches Herstellen oder Inverkehrbringen eines Erzeugnisses in Frage stand, das die Erfindungsmerkmale auch nur teilweise verwirklicht hätte.

---

[132] OLG Düsseldorf 27.3.2014, BeckRS 2014, 16067 Rn. 34–37 – Sterilcontainer; LG Mannheim 29.10.2010, InstGE 13, 11 Rn. 16 – Sauggreifer; BGH 18.12.1969, GRUR 1970, 358 (360) – Heißläuferdetektor.

[133] RG 3.3.1884, RGSt 10, 349; 13.3.1934, RGZ 143, 173; die Entscheidung vom 19.10.1935, RGZ 149, 102 betrifft nicht das Anbieten eines Erzeugnisses, sondern das „Inverkehrbringen" eines Verfahrens und nimmt an, dass dieses allein am ausländischen Zugangsort begangen sei.

[134] 15.10.1892, RGZ 30, 52 (55).

[135] 13.3.1934, RGZ 143, 173; die Entscheidungen vom 3.3.1884 und 25.10.1911 (RGSt 10, 349; RGZ 77, 248) unterscheiden nicht hinreichend zwischen Feilhalten und Inverkehrbringen, das wegen Versendung von Proben ins Ausland bzw. inländischer Vorlegung und Aushändigung von Mustern bejaht wurde.

[136] 29.3.1960, GRUR 1960, 423 – Kreuzbodenventilsäcke.

§ 33. Die schutzrechtsverletzenden Handlungen   II § 33

Grundsätzlich wird jedoch in neueren Veröffentlichungen zunehmend gefordert, dass das   125
Anbieten nicht nur als Handlung eine hinreichende Inlandsbeziehung hat, sondern auch seinem Inhalt nach eine **Inlandsbeziehung der Sache** vorsieht, die es betrifft.[137] Dieser Ansicht ist zuzustimmen. Sie widerspricht nicht der Selbständigkeit des Angebotstatbestands, da sie dessen Vorliegen nicht von der *Vollendung* eines anderen Tatbestands abhängig macht. Auch steht ihr nicht entgegen, dass patentverletzendes Anbieten vorliegen kann, selbst wenn das angebotene Erzeugnis noch nicht vorhanden ist. Wesentlich ist auch in solchen Fällen, dass es gemäß dem Angebot das Inland berühren *soll*. Patentverletzendes Anbieten liegt somit nur vor, wenn im Inland wenigstens der Beginn einer Herstellung (vgl. → Rn. 58 ff.) oder der Beginn eines Inverkehrbringens (vgl. → Rn. 105) vorgesehen ist. Es genügt nicht, dass im Inland ein Vertrag geschlossen wird, dass der Anbietende im Inland seine Niederlassung hat, dass im Inland Proben oder Muster des Erzeugnisses vorhanden sind.[138]

Sind solche Proben oder Muster für den bestimmungsgemäßen Gebrauch des Erzeugnisses oder   126
als Handelsgut geeignet, bedeuten allerdings ihre Überlassung oder ihr Versand, auch wenn dieser ins Ausland geht, ein inländisches Inverkehrbringen.

Nach dem angenommenen Grundsatz ist auch ein auf inländischen Ausstellungen   127
kommerzieller Art erfolgendes Anbieten patentierter Erzeugnisse nicht als patentverletzend anzusehen, sofern dabei klargestellt ist, dass der Patentschutz respektiert wird und die Erzeugnisse nur aus patentfreien Ländern lieferbar und nur in solchen Ländern erhältlich sind.[139] Ebenso wäre es folgerichtig, das Angebot, eine „neutrale" Vorrichtung ins Ausland zu liefern und dort in die patentierte Ausführungsform zu bringen, entgegen der Auffassung des BGH nicht als patentverletzendes Anbieten im Inland zu werten. Eine hinreichende Inlandsbeziehung ist hier nur in der Angebotshandlung gegeben; sie fehlt dagegen hinsichtlich der *erfindungsgemäßen* Vorrichtung.[140]

Entsprechendes gilt für Angebote, die über das **Internet** weltweit abrufbar sind. Es   128
genügt nicht, dass sie im Inland wahrnehmbar sind; vielmehr muss ihnen (in einer von der Zielgruppe im Zielstaat verstandenen Sprache[141]) zu entnehmen sein, dass der Anbietende auch zur Lieferung ins Inland bereit ist – unabhängig davon, ob er dazu auch fähig ist.[142] Gleichzustellen ist der Fall, dass inländischen Abnehmern die Möglichkeit angeboten wird, schutzrechtsverletzende Erzeugnisse am Sitz des Anbietenden in einem schutzrechtsfreien Land abzuholen.[143] Zwar wird hier nicht inländisches Inverkehrbringen in Aussicht gestellt; ein hinreichender Inlandsbezug des Angebots ergibt sich aber daraus, dass Nachfrage auf dem inländischen Markt befriedigt werden soll.

---

[137] In diesem Sinne *Stauder* 128 f.; *Pagenberg* GRUR-Int 1983, 563 f.; *Heath* FS Kolle/Stauder, 2005, 165 (170).

[138] *Stauder* 128 f.; anders OLG Hamburg 2.4.1998, GRUR-Int 1999, 67 (69) – Enrofloxacin, das das im Inland erfolgte Angebot, ein Erzeugnis, das sich im Ausland befindet, von dort unmittelbar in andere ausländische Staaten zu liefern, als Verletzung des für das Inland geltenden Patents ansieht.

[139] So *Pagenberg* GRUR-Int 1983, 565; aM LG München I 23.6.2004 und OLG München 16.9.2004, InstGE 5, 13 (15); *Keller* FS Ullmann, 2006, 449 (451).

[140] Anders, wenn dem ausländischen Bezieher auch ein Austauschteil angeboten wird, mit dem eine in nicht patentverletzender Form gelieferte Vorrichtung auf einfachste Weise in die patentgemäße Form gebracht werden kann; LG Düsseldorf 5.2.2004, InstGE 4, 90 – Infrarot-Messgerät.

[141] LG Düsseldorf 16.12.2008, InstGE 193, 195 f. Rn. 16 – Geogitter.

[142] So auch OLG Karlsruhe 14.1.2009, InstGE 11, 15 Rn. 17 – SMD-Widerstand; *Keller* FS Ullmann, 2006, 452 (s. auch 455 f.). Die territoriale Zuordnung über das Internet laufender Angebote untersuchen anhand britischer, amerikanischer und französischer Entscheidungen *Véron/Véron* FS Pagenberg, 2006, 363 ff.

[143] BGH 15.2.2007, GRUR-Int 2007, 928 – Wagenfeld-Leuchte nimmt in einem solchen Fall im Inland begangenes urheberrechtsverletzendes Anbieten an.

e) Gebrauchen

129 1. Eine erfindungsgemäß beschaffene Sache wird gebraucht, wenn sie einer Verwendung zugeführt wird, die bei Sachen der in Frage stehenden Art als wirtschaftlich sinnvoll[144] in Betracht kommt. Gebrauchen ist demgemäß jede im weitesten Sinne **bestimmungsgemäße Verwendung**. Davon umfasst ist hier auch der *Ver*brauch der Sache, ebenso ihre Weiterverarbeitung (vgl. → Rn. 53).

130 Die Zerstörung einer Sache ist dagegen nur im Ausnahmefall etwa der Sprengkapsel eine bestimmungsgemäße Verwendung und wird deshalb fast immer kein Gebrauchen sein. Gleiches gilt für den Umbau der Sache oder ihren Einbau in ein Werk der bildenden Kunst.[145]

131 Die Wirkung des Patents beschränkt sich nicht auf die in der Patentschrift genannten Verwendungsarten, sondern umfasst auch solche, die für derartige Sachen noch nicht bekannt gewesen und auch vom Erfinder nicht gesehen worden sind (vgl. → Rn. 46).

132 Der Zustimmung des Patentinhabers bedarf nur das Gebrauchen solcher erfindungsgemäßer Erzeugnisse, die nicht schon mit seiner Zustimmung in den Verkehr gelangt sind. Auch ist beim Tatbestand des Gebrauchens von besonderer Bedeutung, dass sich die Wirkung des Patents nicht auf nichtgewerbliche Handlungen im privaten Bereich und nicht auf Handlungen zu Versuchszwecken erstreckt (§ 11 Nr. 1 und 2 PatG, ebenso § 12 Nr. 1 und 2 GebrMG, vgl. → Rn. 237 ff.). Insoweit ist die früher insbesondere für den letztgenannten Bereich diskutierte Frage, ob überhaupt ein Gebrauchen vorliegt, durch die geltenden Vorschriften erledigt: der Versuchszweck steht nicht der Annahme eines Gebrauchens entgegen. Sehr wohl aber kann er bewirken, dass das Patent hierdurch nicht verletzt wird.

133 Die Überlassung eines Autoradios an die zur Erteilung der für den inländischen Vertrieb notwendigen FTZ-Prüfnummer zuständige Prüfstelle wurde (noch unter dem früheren Recht) als bloße Vorbereitungshandlung angesehen, die nicht zu den dem Patentinhaber vorbehaltenen Benutzungshandlungen zählt[146].

134 2. Zum Gebrauchen gehört, dass eine außerhalb der Sache selbst liegende Wirkung herbeigeführt oder bezweckt wird, die sich nicht darin erschöpft, bei Menschen Vorstellungen zu erzeugen. Das Ausstellen der Sache ist daher kein Gebrauchen, auch nicht die Vorführung einer Maschine im Leerlauf.[147] Doch können solche Handlungen als Anbieten patentverletzend sein (vgl. → Rn. 111 ff., 119). Ein Probebetrieb, bei dem eine Vorrichtung bestimmungsgemäß beispielsweise zur Herstellung oder Bearbeitung von Erzeugnissen benutzt wird, ist dagegen Gebrauchen, das im Einzelfall daraufhin zu prüfen ist, ob es zulässigerweise zu Versuchszwecken erfolgt.

f) Einfuhr, Besitz

135 Die Tatbestände des Einführens und Besitzens ergänzen denjenigen des Inverkehrbringens. Sie erleichtern den Zugriff auf Empfänger erfindungsgemäßer Erzeugnisse (die noch nicht mit Zustimmung des Patentinhabers in den Verkehr gelangt sind) sowie auf Personen, die solche Erzeugnisse, nachdem sie selbst sie ins Inland verbracht haben, (zunächst) weder weitergeben noch gebrauchen. Nach früherem Recht verletzten der Empfänger oder der Einführende das Patent erst dann, wenn sie ihrerseits die Erzeugnisse (gewerbsmäßig) ge-

---

[144] Vgl. *Ensthaler* in Fitzner/Lutz/Bodewig PatG § 9 Rn. 47.
[145] So *Ensthaler* in Fitzner/Lutz/Bodewig PatG § 9 Rn. 47.
[146] BGH 24.3.1987, BGHZ 100, 249 (252 f.) – Rundfunkübertragungssystem; zur Beurteilung unter gesetzliche Tatbestände fallender Benutzungshandlungen im Zusammenhang mit behördlichen Zulassungsverfahren → Rn. 246 ff.
[147] Vgl. RG 27.11.1920, RGZ 101, 36 (39); dagegen will BGH 18.12.1969, GRUR 1970, 358 – Heißläuferdetektor anscheinend das Ausstellen (zu kommerziellen Zwecken) als (gewerbsmäßigen) Gebrauch einordnen.

brauchten, feilhielten oder in Verkehr brachten. Freilich konnten unter Umständen schon Einfuhr oder Besitz solcher Erzeugnisse die Annahme rechtfertigen, dass der Empfänger sie demnächst gebrauchen, anbieten oder weitergeben werde. In diesem Fall konnte bereits vorbeugend Unterlassung des Gebrauchens, Feilhaltens oder Inverkehrbringens verlangt werden. Die geltende Regelung erspart den Nachweis einer solchen „Begehungsgefahr". Sie lässt es durch Aufstellung eines Gefährdungstatbestands genügen, dass Einfuhr oder Besitz ein Inverkehrbringen, Anbieten oder Gebrauchen[148] **bezwecken**. Bei Gewerbetreibenden wird häufig schon der Gegenstand des Unternehmens die Annahme eines solchen Zwecks nahelegen. Er fehlt jedoch bei einem Lagerhalter oder Frachtführer, der erfindungsgemäße Erzeugnisse für einen anderen verwahrt oder befördert, insbesondere einführt.

Nicht patentverletzend ist das Einführen oder Besitzen, wenn es lediglich Handlungen 136 des Einführenden oder Besitzers ermöglichen soll, die nach § 11 PatG, § 12 GebrMG nicht unter die Wirkung des Schutzrechts fallen.[149] Daher ist es zB zulässig, dass jemand erfindungsgemäß beschaffene Sachen einführt oder besitzt, die er selbst im privaten Bereich zu nichtgewerblichen Zwecken gebrauchen will.

Wer einem anderen zu solchem Gebrauch im Inland den Besitz verschafft, bringt freilich die 137 Sachen patentwidrig in Verkehr, sofern er dabei nicht seinerseits im privaten Bereich zu nichtgewerblichen Zwecken handelt.

III. Benutzungshandlungen in Bezug auf Verfahren oder deren Erzeugnisse

a) Anwenden eines Verfahrens

1. Der Gegenstand eines Verfahrenspatents wird als Lehre zum technischen Handeln 138 durch Ausführung der Maßnahmen verwirklicht, die der Patentanspruch vorsieht. § 9 S. 2 Nr. 2 PatG bezeichnet diesen Tatbestand zutreffend als Anwenden des Verfahrens; vom früheren Recht war er als Gebrauchen des Gegenstands der Erfindung erfasst.

Beim Anwenden eines Verfahrens sind meist – gleichzeitig oder in bestimmter Reihen- 139 folge – mehrere Maßnahmen zu vollziehen. Wer ein in Deutschland patentiertes Verfahren vollständig durchführt, verletzt das Patent auch dann, wenn er die dazu erforderlichen Maßnahmen nur *zum Teil* im Inland vornimmt. Es genügt ein *Beginn* der Anwendung im Inland, sofern deren im Ausland erfolgende Vollendung ebenfalls dem im Inland Handelnden zuzurechnen ist.

2. Auf Zweck und Mittel der Anwendung eines geschützten Verfahrens kommt es inso- 140 weit an, als entsprechende Festlegungen im Patentanspruch enthalten sind. Wird an Stelle eines anspruchsgemäßen Mittels ein anderes benutzt, kann gleichwohl eine Anwendung des patentierten Verfahrens vorliegen, sofern Äquivalenz besteht (vgl. → § 32 Rn. 81 ff.). Hierfür genügt jedoch nicht, dass der gleiche Enderfolg erreicht wird. Vielmehr kommt es darauf an, dass das andere Mittel mit dem im Anspruch genannten die Eigenschaften gemeinsam hat, die nach dem Inhalt der Patentschrift für den Erfolg wesentlich sind.

So ist ein Patent, das sich auf die Verwendung eines chemischen Stoffes zu einem bestimmten Zweck (zB Schädlingsbekämpfung) bezieht, nicht schon dann verletzt, wenn für denselben Zweck ein anderer Stoff eingesetzt wird. Von der durch das Verwendungspatent geschützten Lehre wird nur Gebrauch gemacht, wenn beide Stoffe in den Eigenschaften, auf denen gemäß der PS die patentgemäße Wirkung (zB Vernichtung bestimmter Insekten) beruht, hinreichend übereinstimmen.

3. Im Herstellen von **Vorrichtungen** oder sonstigen **Mitteln** für die Anwendung eines 141 patentierten Verfahrens liegt noch keine Anwendung des Verfahrens selbst.

---

[148] Der Wortlaut der § 9 Nr. 1 PatG, § 11 Abs. 1 S. 2 GebrMG scheint den Zweck des Herstellens einzuschließen; doch können sich Einfuhr und Besitz nur auf bereits hergestellte Erzeugnisse beziehen.
[149] *Rinken/Kühnen* in Schulte PatG § 9 Rn. 81 f.

Der BGH[150] betrachtet die Herrichtung von Gegenständen für die Benutzung eines patentierten Verfahrens grundsätzlich nicht als Benutzung des Verfahrens, soweit es sich nicht um Verwendungspatente handelt (hierzu → Rn. 205 ff.).

142 Im Übrigen lässt er Vorbereitungshandlungen jedenfalls dann nicht als Benutzung des Verfahrens gelten, wenn es an einem dringenden Bedürfnis für eine solche Ausweitung des Patentschutzes fehlt, weil (a) es ohne weiteres möglich und zumutbar gewesen wäre, solche Handlungen bereits in der Formulierung der Patentansprüche zu erfassen oder (b) die Vorbereitungen noch kein solches Stadium erreicht haben, in dem bereits die Vorteile der geschützten Erfindung erreicht werden und eine patentrechtliche Gleichstellung mit der eigentlichen Benutzung des Verfahrens gerechtfertigt ist. Anders könne es bei Vorbereitungshandlungen sein, die eine abgeschlossene Bereitstellung des geschützten Verfahrens bedeuteten, weil die Verwirklichung der damit verbundenen Vorteile schon in solchem Maß gesichert sei, dass wirtschaftlich eine gewisse Gleichwertigkeit mit der Verfahrens*anwendung* erreicht sei.

Patentiert war ein Verfahren zum Auflösen lokaler Gaskonzentrationen durch Hervorrufen von Konvektion. Unteransprüche bezogen sich auf die Änderung der Gasdichte durch Zuführung eines Gases, das insbesondere Helium sein konnte. Von Bedeutung ist ein solches Verfahren insbesondere bei Kühlmittelverluststörfällen in Kernreaktoren, bei denen durch lokale Wasserstoffkonzentration Explosionsgefahr entstehen kann. Der bekl. Betreiber eines Kernkraftwerks hatte zur Einspeisung von Helium geeignete Armaturen eingebaut. Im Ergebnis wurde eine Verletzung des Verfahrenspatents verneint.

143 Die *Erprobung* einer Vorrichtung oder eines Mittels, bei der das Verfahren angewandt wird, kann in das Patent eingreifen, sofern sie nicht – insbesondere als Handeln zu Versuchszwecken – durch § 11 PatG gedeckt ist. Auch außerhalb dieses Bereichs wird jedoch eine Erprobung als zulässig anzusehen sein, wenn sie noch zum Herstellungsvorgang gehört, weil sie für dessen Abschluss, etwa für die Feineinstellung einer Maschine erforderlich ist.

Beispiel:[151] Patentiert war ein Verfahren zur Bearbeitung der Ränder von Lederstücken (für die Schuhfabrikation) durch Hitzewirkung. Eine Vorrichtung zur Ausführung des Verfahrens war in der PS beschrieben, aber nicht beansprucht. Der Beklagte stellte im Inland Oberleder-Kantenbrennmaschinen her, die nach dem geschützten Verfahren arbeiteten, und prüfte sie durch Bearbeitung der Ränder eines Abfall-Lederstücks, das er der Maschine zum Beweis ihres richtigen Arbeitens anheftete. Die fertigen Maschinen lieferte er ins Ausland. Die Verletzungsklage blieb ohne Erfolg.

144 Ebenso wird der Patentinhaber eine Erprobung hinnehmen müssen, die bei einem erlaubten *Anbieten* der Vorrichtung oder des Mittels stattfindet und sich im Rahmen des hierfür Unumgänglichen hält.[152] Ein als mittelbare Patentverletzung *verbotenes* Anbieten (§ 10 PatG; → Rn. 330 ff.) kann jedoch keine Erprobung rechtfertigen.[153] In jedem Fall ist die Grenze einer zulässigen Erprobung überschritten, wenn die dabei erzielten Verfahrensergebnisse einer weiteren wirtschaftlichen Nutzung zugeführt, zB Erzeugnisse als Handelsgut veräußert oder im Betrieb des Erprobenden gebraucht werden.

b) Anbieten eines Verfahrens

145 1. Nach früherem Recht wurde überwiegend angenommen, dass ein Verfahren feilgehalten und in Verkehr gebracht werden könne. Die geltende Regelung kennt als Benutzungstatbestand bei Verfahren neben dem Anwenden nur das Anbieten[154]. Das Patent wird hier-

---

[150] 19.11.1991, BGHZ 116, 122 (127 ff.) – Heliumeinspeisung; 5.7.2005, GRUR 2005, 845 (847) – Abgasreinigungsvorrichtung.
[151] RG 19.10.1935, RGZ 149, 102 (108).
[152] Anders RG 31.1.1931, RGZ 146, 26 (27), wo die Vorführung des Verfahrens allgemein als patentverletzend angesehen wird.
[153] Hieraus rechtfertigt sich im Ergebnis RG 31.1.1931, RGZ 146, 26.
[154] Art. 28 Abs. 1 (b) TRIPS verlangt nur Schutz gegen die *Anwendung* patentierter Verfahren; ein Schutz gegen „Anbieten" wird nur in Bezug auf Verfahrens*erzeugnisse* gefordert, vgl. *Brandi-Dohrn* GRUR-Int 1997, 126.

§ 33. Die schutzrechtsverletzenden Handlungen   III § 33

durch verletzt, wenn das Verfahren zur Anwendung im Inland angeboten wird *und* der Anbietende weiß oder es auf Grund der Umstände offensichtlich ist, dass das Verfahren nicht ohne Zustimmung des Patentinhabers angewandt werden darf.

2. Das RG hat wiederholt ein patentverletzendes Inverkehrbringen darin gesehen, dass ein Nichtberechtigter einem anderen die Verfahrensanweisung gegen Entgelt zur Ausführung überließ; entsprechend hat es das Angebot einer solchen Überlassung als Feilhalten gewertet;[155] ebenso wurden die Erteilung einer Lizenz bzw. das Erbieten hierzu beurteilt.[156] Andererseits hat das RG hervorgehoben, dass in der Lieferung von *Mitteln* zur Verfahrensanwendung noch keine (unmittelbare) Verletzung des Verfahrenspatents durch Inverkehrbringen liege.[157] **146**

Als wesentlicher Grund der Annahme einer Patentverletzung erscheint hiernach nicht die Verschaffung der tatsächlichen Möglichkeit, das Verfahren zu benutzen; entscheidend ist die Anmaßung der dem Patentinhaber vorbehaltenen Befugnis, die Benutzung zu gestatten. Sie kommt im Angebot einer Lizenz, aber auch schon im Fordern eines Entgelts für die Verfahrensvorschrift zum Ausdruck; unter wirtschaftlichem Aspekt stellt sie sich als Eingriff in die allein dem Patentinhaber zustehende Ausbeutung des Marktes für die Erfindung dar.[158] Auch spielt der Gedanke eine Rolle, dass das Verfahren „Gegenstand der Erfindung" im Sinn des früheren § 6 PatG sei.[159] Verselbständigt wird dieser Ansatz, wenn es heißt, dass die Übersendung einer Werbeschrift mit ausreichend genauer Beschreibung eines Verfahrens Inverkehrbringen sein könne.[160] Das konnte sich nicht durchsetzen. Überwiegend wurde vielmehr weiterhin das Inaussichtstellen bzw. (angebliche) Verschaffen einer nicht nur tatsächlichen, sondern auch *rechtlich begründeten* Möglichkeit der Benutzung als wesentlich betrachtet.[161] **147**

3. Für das **geltende Recht** wird als Anbieten eines Verfahrens meist entsprechend der früher hM zum Tatbestand des *Feilhaltens* das Angebot einer Benutzungs*erlaubnis* angesehen.[162] Einigkeit scheint heute darüber zu bestehen, dass das Anbieten der schon infolge Offenlegung der Anmeldung notwendigerweise der Öffentlichkeit zugänglichen Verfahrensvorschrift als solches noch nicht patentverletzend sein kann. **148**

4. Für die Frage, ob das Angebot, die Benutzung eines Verfahrens zu gestatten, ein Anbieten des Verfahrens iSd § 9 S. 2 Nr. 2 PatG darstellt, ist zu berücksichtigen, dass die *Erteilung* einer Lizenz nicht als patentverletzende Handlung zu erfassen wäre, da das Gesetz ein „Inverkehrbringen" von Verfahren nicht vorsieht. Eine Bejahung der Frage würde also bedeuten, dass das Anbieten eines nicht patentverletzenden Verhaltens als Verletzung erschiene. Wer ohne vorheriges Angebot sogleich eine „Lizenz" erteilte, würde das Patent nicht verletzen; von demjenigen, der eine Lizenz anbietet, könnte (auf der Grundlage des § 9 PatG) zwar verlangt werden, dass er weitere Angebote, nicht aber dass er die Erteilung der bereits angebotenen Lizenz unterlasse. **149**

---

[155] RG 11.5.1898, Bd. 54, 85 (86) – Seuffert's Archiv; 7.3.1900, RGZ 46, 14 (16); 19.4.1904, RGSt 37, 110 (111); 2.2.1907, RGZ 65, 157 (159).
[156] RG 28.12.1910, RGZ 75, 128; 26.1.1909, RGSt 42, 151 (154).
[157] 7.7.1894, RGZ 33, 149 (152); 2.2.1907, RGZ 67, 157; 26.1.1909, RGSt 42, 151 (153); 28.12.1910, RGZ 75, 128 (130 f.); 18.12.1920, RGZ 101, 135 (139); 31.1.1931, RGZ 146, 26 (28); 19.10.1935, RGZ 149, 102.
[158] RG 11.5.1898, Bd. 54, 85 – Seuffert's Archiv; 7.3.1900, RGZ 46, 14; 2.2.1907, RGZ 67, 157.
[159] RG 2.2.1907, RGZ 67, 157.
[160] RG 19.10.1935, RGZ 149, 102 (105); die angeführte Erwägung wurde allerdings nicht entscheidungserheblich, weil ein Inverkehrbringen oder Feilhalten im Inland mangels inländischen Zugangs der Werbeschrift verneint wurde.
[161] Vgl. OLG Düsseldorf 19.3.1962, GRUR 1963, 78 (80); *Bernhardt* 146.
[162] *Bruchhausen* in Benkard, 9. Aufl., PatG § 9 Rn. 51; *Rinken/Kühnen* in Schulte PatG § 9 Rn. 87; bei *Scharen* in Benkard PatG § 9 Rn. 52 wird einleitend – wie es scheint zustimmend – die hier (→ Rn. 149 ff.) vertretene Ansicht, dann aber ohne weitere Erörterung die unter dem früheren Recht hM wiedergegeben.

150 Die früher entwickelten Kriterien eines Feilhaltens von Verfahren können somit schon deshalb nicht mehr herangezogen werden, weil sie nach neuem Recht zu ungereimten Ergebnissen führen würden. Der Widerspruch entfällt jedoch, wenn der Tatbestand des Anbietens bei Verfahren – anders als bei Erzeugnissen – nicht auf ein Inverkehrbringen, sondern auf das *Anwenden* des Verfahrens bezogen wird. Das bedingt zwar Unterschiede, die darauf beruhen, dass der Gegenstand des Inverkehrbringens körperlich, derjenige des Anwendens unkörperlich ist. Im Übrigen aber ist das Verhältnis des Anbietens zu dem Tatbestand, auf den es sich bezieht, das gleiche: der Anbietende stellt die Erfüllung dieses Tatbestands in Aussicht. Das Anbieten bildet eine verselbständigte Vorstufe des anderen Tatbestands. Anbieten eines Verfahrens kann demgemäß nur dann vorliegen, wenn jemand einem anderen die Anwendung eines Verfahrens dergestalt in Aussicht stellt, dass sie *durch den Anbietenden selbst* vorgenommen oder veranlasst werden soll[163]. Die geltende Regelung verlangt dabei ausdrücklich, dass die Verfahrensanwendung (wenigstens teilweise, vgl. → Rn. 139) *im Inland* vorgesehen ist. Schwer zu verstehen ist das zusätzliche Erfordernis, dass der Anbietende vom Bestehen des Patentschutzes weiß oder dieses offensichtlich ist. Praktisch wird schon wegen der durch die patentamtliche Veröffentlichung bewirkten Publizität regelmäßig Offensichtlichkeit anzunehmen sein.

151 5. Die geltende Regelung bedeutet, dass ein Teil der Handlungen, die früher als Verletzung des Verfahrenspatents angesehen wurden, von keinem gesetzlichen Verletzungstatbestand mehr erfasst wird. Berechtigte Schutzbedürfnisse werden dadurch aber nicht beeinträchtigt.

152 Schon nach früherem Recht war es im Grunde unzutreffend, Handlungen als patentverletzend anzusehen, die dem Handelnden nicht eigentlich verboten, sondern rechtlich unmöglich waren. Der Satz, dass kein anderer als der Patentinhaber wirksam eine Lizenz erteilen oder zu ihrer Erteilung ermächtigen *kann*, ist nicht dahin umdeutbar, dass kein anderer eine Lizenz erteilen *dürfe*. Hinzu kommt nach geltendem Recht, dass die Verletzungstatbestände in § 9 PatG ausdrücklich als *Benutzung* der Erfindung gekennzeichnet sind. Rechtsgeschäftliches Handeln in Bezug auf das Patent ist aber keine Erfindungsbenutzung. Die Formulierung, dass beides „dem Patentinhaber vorbehalten" sei, verschleiert einen Wesensunterschied.

153 Gewiss können (untaugliche) Lizenzierungsversuche Nichtberechtigter den Patentinhaber bei der Verwertung der Erfindung stören. Er vermag jedoch nachteiligen Folgen, insbesondere einer „Marktverwirrung", die hieraus gegebenenfalls zu entstehen drohen, auf der Grundlage der §§ 3 und 5, unter Umständen auch von § 4 Nr. 8 UWG entgegenzutreten; auch kann er bei entsprechendem rechtlichen Interesse gemäß § 256 ZPO gerichtlich feststellen lassen, dass ihm allein die Befugnis zur Erteilung von Lizenzen hinsichtlich des Verfahrens zukommt. Falls eine unberechtigte und deshalb unwirksame Lizenzerteilung den „Lizenznehmer" tatsächlich zu Benutzungshandlungen – hier zur Anwendung des Verfahrens oder einem hierauf gerichteten Angebot – veranlasst, kann gegen den „Lizenznehmer" wegen Patentverletzung und den „Lizenzgeber" wegen Teilnahme hieran vorgegangen werden.

154 6. Unter dem früheren Recht ist gelegentlich gefordert worden, den Verfahrensschutz in der Weise zu verstärken, dass das Anbieten oder Liefern von Mitteln zur Verfahrensanwendung unter bestimmten Voraussetzungen als unmittelbare Patentverletzung erfasst werden kann.[164] Damit sollte insbesondere ein Vorgehen in solchen Fällen erleichtert werden, in denen die Anwendung des Verfahrens ausschließlich im Ausland stattfand. Die Rechtsprechung hatte es stets abgelehnt, hierin ein – im Inland beginnendes – Inverkehrbringen oder Feilhalten des *Verfahrens* zu sehen.[165] Andererseits stand der Annahme einer mittelbaren Verletzung – wegen ihrer Abhängigkeit vom Zustandekommen einer unmittelbaren Verletzung – entgegen, dass die im Ausland erfolgte Verfahrensanwendung das inländische Patent nicht verletzte.

---

[163] Ebenso *Busse/Keukenschrijver* PatG § 9 Rn. 95.
[164] So vor allem *Stauder* 150 ff., 171 ff., 191.
[165] Vgl. RG 28.12.1910, RGZ 75, 128; 26.1.1909, RGSt 42, 151 (154).

§ 33. Die schutzrechtsverletzenden Handlungen

Die geltende Regelung bietet für eine Erweiterung des Kreises der als *unmittelbare* Verletzung von Verfahrenspatenten in Frage kommenden Handlungen keine Grundlage, sondern zieht diesen Kreis sogar enger als die frühere Praxis (vgl. → Rn. 149 ff., 151 ff.). Die neue Vorschrift über die *mittelbare* Verletzung (§ 10 PatG) beendet zwar deren begriffliche Abhängigkeit von einer unmittelbaren Verletzung. Dennoch ist sie nach ihrem Wortlaut nur anwendbar, wenn die Erfindungsbenutzung, der die angebotenen oder gelieferten Mittel zu dienen bestimmt sind, *im Inland* stattfinden soll. Das geltende Recht schützt daher auch unter dem Gesichtspunkt der mittelbaren Verletzung nicht gegen das Anbieten oder Liefern von Mitteln zur ausschließlich im Ausland stattfindenden Anwendung eines patentierten Verfahrens.

155

c) Handlungen in Bezug auf unmittelbare Verfahrenserzeugnisse

aa) Allgemeines[166]

1. Nach § 9 S. 2 Nr. 3 PatG unterliegen Handlungen, die sich auf unmittelbare Erzeugnisse patentierter Verfahren beziehen, den gleichen Verbotswirkungen wie Handlungen in Bezug auf Erzeugnisse, die als solche „Gegenstand" eines Patents sind. Ein Unterschied in der Tragweite des Schutzes ergibt sich freilich daraus, dass die Verbotswirkung des Verfahrenspatents Erzeugnisse nur dann ergreift, wenn diese durch das patentierte Verfahren hergestellt sind, während sie sich beim Erzeugnispatent ohne Rücksicht auf den Herstellungsweg geltend macht. Daraus erklärt sich auch, dass bei den Verfahrenserzeugnissen das Herstellen im Gesetz nicht genannt ist. Diese Handlung kommt als Verletzung des Verfahrenspatents nur in Betracht, wenn sie mittels des geschützten Verfahrens geschieht, und ist insoweit bereits durch den Tatbestand der Anwendung des Verfahrens (§ 9 S. 2 Nr. 2 PatG) erfasst.

156

Die Erstreckung des Verfahrensschutzes auf unmittelbare Erzeugnisse des patentierten Verfahrens ist bereits seit 1891 im deutschen PatG verankert (zuletzt in § 6 S. 2 PatG 1968/1978). Für europäische Patente ist sie in Art. 64 Abs. 2 EPÜ den Vertragsstaaten ausdrücklich auferlegt. In gleicher Weise verpflichtet Art. 28 Abs. 1 (b) TRIPS die Mitgliedstaaten der WTO. Die Regelung im geltenden PatG genügt diesen Geboten ebenso wie das frühere deutsche Recht. Sie hält an dem hergebrachten Grundsatz unverändert fest und weicht nur insofern vom alten PatG und vom EPÜ ab, als sie ihn durch Wiederholung der in Frage kommenden Benutzungstatbestände statt durch Verweisung auf den Erzeugnisschutz zum Ausdruck bringt.

157

2. Anlass für die Erstreckung der Patentwirkungen auf Erzeugnisse patentierter Verfahren waren vor allem Schutzbedürfnisse bei Erzeugnissen, die als solche vom Patentschutz ausgeschlossen waren, namentlich bei den auf chemischem Wege hergestellten Stoffen (vgl. → § 6 Rn. 1). Nach heutigem Recht gibt es jedoch nur noch sehr wenige Fälle, in denen einem Verfahren der Patentschutz im Prinzip zugänglich, ein Sachschutz des Verfahrenserzeugnisses aber allgemein ausgeschlossen ist. Es handelt sich um die „nicht im Wesentlichen biologischen" Tierzüchtungs- und Pflanzenzüchtungsverfahren, soweit deren Ergebnis eine Pflanzensorte oder Tierrasse ist. Die Frage, ob die hierfür geltenden Patentierungsverbote auch einem Schutz von Pflanzensorten und Tierrassen als unmittelbaren Erzeugnissen patentierter Verfahren entgegenstehen, ist noch nicht abschließend geklärt (Näheres → § 14 Rn. 108 ff., 124 ff.).

158

3. Der Erstreckung des Verfahrensschutzes auf ein Erzeugnis steht nicht entgegen, dass dieses im Prioritätszeitpunkt des Verfahrenspatents bereits zum Stand der Technik gehörte. In diesem Fall kommt zwar dem Patentinhaber nicht § 139 Abs. 3 PatG zu Hilfe, der ihm bei *Neuheit* des Erzeugnisses den *Beweis* der Anwendung des geschützten Verfahrens erleichtert (vgl. → Rn. 195 ff.). Für die *Wirkung* des Verfahrenspatents in Bezug auf Erzeugnisse, die *tatsächlich* mittels des geschützten Verfahrens hergestellt sind, ist es jedoch gleichgültig, ob im Prioritätszeitpunkt die Lehre, ein Erzeugnis mit den in Frage stehenden technischen

159

---

[166] Überblick bei *Mes* GRUR 2009, 305 ff.

Merkmalen bereitzustellen, neu oder das Erzeugnis in gleicher Beschaffenheit bereits auf anderem Weg erhältlich war. Allerdings kann für ein neues Erzeugnis, wenn seine Bereitstellung auf erfinderischer Tätigkeit beruht, in aller Regel Sachschutz erlangt werden (vgl. → Rn. 158); meist lässt sich dieser mit dem Verfahrensschutz in *einem* Patent verbinden, so dass kein zusätzlicher Kostenaufwand entsteht.

160 Würde in Fällen, in denen die Bereitstellung eines Stoffs nur wegen dessen unerwarteter Eigenschaften erfinderisch ist, nur ein entsprechend der erfinderischen Leistung zweckgebundener Sachschutz gewährt, ergriffe dieser alle Verfahren, durch die der Stoff für den erfindungsgemäßen Zweck bereitgestellt werden kann, soweit sie erkennbar mit dieser Zielsetzung angewandt werden.

161 Außerhalb des engen Bereichs, in dem Erzeugnisse patentierbarer Verfahren schon ihrer Art nach vom Schutz ausgeschlossen sind, ergibt sich daher: Die Wirkung des Verfahrenspatents kommt einerseits an sich patentwürdigen Erzeugnissen zugute, für die lediglich die Aufstellung von Sachansprüchen versäumt wurde; andererseits kommen Erzeugnisse in ihren Genuss, deren Bereitstellung im Prioritätszeitpunkt des Verfahrenspatents zum SdT gehörte oder für den Fachmann naheliegend war. Da das Bedürfnis, gelegentliche Versäumnisse zu korrigieren, für sich allein die Erstreckung des Verfahrensschutzes auf Erzeugnisse nicht zu rechtfertigen vermag, muss für sie eine Begründung gefunden werden, die auch und gerade für nicht neue Erzeugnisse tragfähig ist. Die Erwägung, dass das Erzeugnis durch patentbegründende Besonderheiten des Verfahrens geprägt sei, reicht dafür nicht aus, da sie schwerlich auf Erzeugnisse zutreffen kann, die in gleicher Beschaffenheit auch auf anderem Weg hergestellt werden können.

162 Angesichts der scharfen Unterscheidung zwischen Erzeugnis- und Verfahrenserfindungen, die in den geltenden Vorschriften zum Ausdruck kommt, ist es auch nicht möglich, das Erzeugnis zum „Gegenstand der Erfindung" zu rechnen, wie das RG es für chemische Stoffe, Nahrungs-, Genuss- und Arzneimittel wegen der diesen Erzeugnissen eigentümlichen „Zusammengehörigkeit des Herstellungsverfahrens und des Herstellungsergebnisses" versucht hat, noch bevor der Schutz der Verfahrenserzeugnisse gesetzlich anerkannt war.[167]

163 4. Letztlich ist das Festhalten an der Einbeziehung von Erzeugnissen in die Wirkung von Verfahrenspatenten wohl am besten aus der Vorstellung zu erklären, dass der Inhaber des Verfahrenspatents den ihm zustehenden wirtschaftlichen Wert der Erfindung nicht in angemessener Weise ausschöpfen könne, wenn ihm nicht neben der Anwendung des Verfahrens auch der Handel mit den dadurch hergestellten Erzeugnissen vorbehalten ist. Verbietungsrechte hat er freilich nur, soweit solche Erzeugnisse nicht schon mit seiner Zustimmung in Verkehr gelangt sind. Der Schwerpunkt der wirtschaftlichen Interessen, denen die Erstreckung des Verfahrensschutzes dient, liegt deshalb bei den Fällen, in denen nicht schon die Verfahrensanwendung das Patent verletzt, also bei den Erzeugnissen, die mittels des Verfahrens an einem Ort hergestellt sind, für den der Inhaber des inländischen Patents keinen Patentschutz genießt. Hinzu kommen Fälle, in denen die Herstellung zwar im Inland erfolgt, sich aber aus tatsächlichen Gründen einem wirkungsvollen Zugriff des Patentinhabers entzieht. In beiden Gruppen von Fällen ermöglicht es die Schutzerstreckung, gegen (inländische) Händler, Benutzer und Besitzer der Erzeugnisse vorzugehen.

164 5. Das Bestreben des Patentinhabers, auch aus der Verwertung der *Ergebnisse* der Verfahrensanwendung wirtschaftlichen Nutzen zu ziehen, ist im Gesetz nicht uneingeschränkt als schutzwürdig anerkannt. Grenzen sind ihm dadurch gezogen, dass es sich um Erzeugnisse handeln muss, die durch das Verfahren unmittelbar hergestellt sind. Hieraus ergeben sich die Erfordernisse der Herstellung durch das patentierte Verfahren (→ Rn. 165 ff.) und der Unmittelbarkeit (→ Rn. 177 ff.).

---

[167] RG 14.3.1888, RGZ 22, 8 (17) – Methylenblau.

§ 33. Die schutzrechtsverletzenden Handlungen

bb) Herstellung durch das patentierte Verfahren

1. Ob **Erzeugnisse,** wie früher nach ganz hM – nur **körperliche Sachen** sein können, ist inzwischen zunehmend unklar geworden, → Rn. 174 ff.

2. Unter dem Gesichtspunkt, ob ein Verfahren überhaupt Erzeugnisse hervorbringt, wird zwischen **Herstellungs-** und bloßen **Arbeitsverfahren** unterschieden. Nur bei ersteren ist eine Erstreckung von Patentwirkungen auf Erzeugnisse möglich.[168] Werden mehrere Herstellungsverfahren *gleichzeitig* angewandt, ist das Erzeugnis jedem Verfahren zuzurechnen, das zu seiner Herstellung wesentlich beigetragen hat.[169] Anders verhält es sich, wenn mehrere Verfahren *nacheinander* angewandt werden (vgl. → Rn. 179 ff.).

Was durch Verwendung eines DNA-Abschnitts für Such- oder Testzwecke gefunden wird, ist kein durch das in dieser Verwendung bestehende Verfahren hergestelltes Erzeugnis[170].

3. Uneinheitlich sind die Ansichten darüber, wie Herstellungs- und Arbeitsverfahren voneinander abzugrenzen sind.

Das RG[171] hatte es abgelehnt, nach einem patentierten Verfahren imprägnierte Treibriemen als Erzeugnisse dieses Verfahrens anzusehen, und als Beispiel hinzugefügt, dass die Anwendung eines Verfahrens zum Polieren von Tischen keine Herstellung der Tische durch das Verfahren bedeute. Verfahrenserzeugnisse seien nur solche Sachen, die durch das Verfahren **neu geschaffen** würden; bei einem Bearbeitungsverfahren treffe dies nur zu, wenn die Bearbeitung auf ein Neuschaffen hinauslaufe, das Wesen der Sache vollständig verändere und diese infolgedessen vom Verkehr nunmehr als etwas Neues angesehen werde.

Der BGH[172] hat Motorblocks, die mittels eines patentierten Metallspritzverfahrens repariert worden waren, nicht als Erzeugnisse des Verfahrens angesehen, und zwar auch für den Fall, dass sie ohne die Reparatur nicht mehr verwendungsfähig waren. Bei einem Verfahren zur Entgasung von Metallteilen in Vakuumröhren hat das RG angenommen, eine vollständig entgaste Röhre sei ein anderes Erzeugnis als eine nicht vollständig entgaste, da letztere nicht betriebsfähig sei; die entgaste Röhre sei deshalb durch das Verfahren hergestellt.[173] Das BPatG hat Leder als Erzeugnis des Gerbverfahrens angesehen.[174]

Nach diesen Maßstäben wäre ein Teig, der mittels eines geschützten Verfahrens *geteilt* worden ist, damit daraus Semmeln gebacken werden können, kein Erzeugnis des Teilungsverfahrens.[175]

4. Der überwiegende Teil des Schrifttums lässt im Einklang mit der Rechtsprechung eine Sache nur dann als Verfahrenserzeugnis gelten, wenn sie dem Verfahren in dem Sinne ihre Entstehung verdankt, dass sie nach der Verkehrsanschauung im Verhältnis zum Ausgangsmaterial etwas Neues darstellt.[176]

Das könne auch bei Bearbeitungsverfahren, zB beim Schleifen gläserner Gefäße zum Zweck der Verzierung oder optischer Linsen, beim Färben von Wolle oder Bedrucken von Stoff der Fall sein, ebenso bei Reparaturverfahren, wenn ihr Ergebnis einer Neuherstellung gleichkommt.

Als Gegenbeispiele werden angeführt: tiefgekühlte Lebensmittel, pasteurisierte Milch, Erdöl sind nicht Erzeugnisse des Kühl-, Pasteurisierungs-, Bohrverfahrens.[177]

---

[168] Vgl. OLG Düsseldorf 11.10.2010, InstGE 12, 258 (260) – Blut/Gehirnschranke.
[169] RG 1.7.1936, RGZ 152, 113 (114); *Ensthaler* in Fitzner/Lutz/Bodewig PatG § 9 Rn. 27 ff.
[170] *v. Meibom/vom Feld* FS Bartenbach, 2005, 385 (390 ff., 394); *v. Meibom* Mitt. 2006, 1 (3 f.); *Brandi-Dohrn* FS VPP, 2005, 465 (472); *Straus* FS Bercovitz, 2005, 919 (921, 926 ff.); *Petri/Böck* Mitt. 2012, 103 (104); vgl. auch → § 14 Rn. 172 f.
[171] 15.10.1912, RGSt 46, 262.
[172] 16.2.1951, BGHZ 1, 194 (197 f.).
[173] RG 1.7.1936, RGZ 152, 113.
[174] BPatG 24.5.1971, GRUR 1972, 89 (90).
[175] RG 31.3.1897, RGZ 39, 32 sagt, dass die Semmeln keine (unmittelbaren) Erzeugnisse des Teilungsverfahrens seien.
[176] Vgl. zB *Reimer* § 6 Rn. 63 (343 f.); *Ensthaler* in Fitzner/Lutz/Bodewig PatG § 9 Rn. 27 ff.; *Lindenmaier* § 6 Rn. 77, 77e; *Pietzcker* § 4 Rn. 9; *Bernhardt* 163 f.; weitere Nachw. bei *Hahn* 51 f.
[177] Beispiele bei *Busse/Keukenschrijver* PatG § 9 Rn. 105.

§ 33 III

171   5. Eine weitergehende Ansicht will Sachen schon dann als Erzeugnisse eines Verfahrens anerkennen, wenn sie durch dieses in wirtschaftlich nicht ganz unbedeutender Weise verändert worden sind.[178] Zur Begründung wird vorgebracht, dass der Patentinhaber eines Schutzes gegen die Einfuhr von Sachen bedürfe, die im Ausland durch Anwendung des patentierten Verfahrens nicht neu geschaffen, sondern ohne Wesensveränderung nur veredelt, repariert oder in sonstiger Weise bearbeitet worden sind.

172   Hinzufügen ließe sich, dass in solchen Fällen ein Sachschutz für das Erzeugnis selbst meist nicht erreichbar ist, weil diesem die Veränderung durch das Verfahren keine Merkmale verleiht, die es in patentbegründender Weise vom SdT abheben.

173   Es reicht jedoch nicht aus, auf das wirtschaftliche Interesse an einem möglichst weitreichenden Schutz zu verweisen. Käme es allein auf diesen Gesichtspunkt an, müsste wohl auch gegen die Einfuhr von Sachen Schutz gewährt werden, die im Ausland nach einem im Inland patentierten Verfahren ohne jede Zustandsveränderung lediglich auf einwandfreie Beschaffenheit, zB Freiheit von schädlichen Zusätzen, oder ordnungsgemäße Funktion *geprüft* worden sind. Der Marktwert der Sachen kann auch in diesem Fall durch die Verfahrensanwendung beträchtlich erhöht sein. Es kann jedoch auch im weitesten Sinne nicht mehr gesagt werden, dass sie hierdurch hergestellt seien.

174   6. Festgehalten hat die Rechtsprechung bislang an der Regel, dass einem Erzeugnis Körperlichkeit zukommen muss, dass bloße Information im Regelfall also *nicht* als Erzeugnis im Sinne der Vorschrift gelten kann. So billigte der X. BGH-Zivilsenat in seiner Entscheidung MPEG-2-Videosignalcodierung vom 21.8.2012 DVDs den Schutz unmittelbarer Verfahrenserzeugnisse zu, auf denen im patentfreien Ausland eine im Sinn eines für Deutschland geltenden Verfahrenspatents erfindungsgemäß gewonnene Videodatenfolge gespeichert worden war und die dann ins Inland geliefert worden waren. Mittels der dafür vorgesehenen Geräte könnten besagte Daten als Videoereignisse ausgelesen und wahrnehmbar gemacht und so wie körperliche Gegenstände beliebig oft bestimmungsgemäß genutzt werden und als Gegenstand des Handelsverkehrs dienen.[179]

175   Auf dem Weg in die Informationsgesellschaft ist dies nicht selbstverständlich, sondern könnte man als Erzeugnisse eines patentierten Verfahrens auch Informationen ansehen, deren Wert dem Patentinhaber zustehen und ihm gesichert werden soll. Fraglich wäre dann freilich, ob dies noch mit dem Begriff des Erzeugnisses vereinbar wäre, der – Erzeugnis kommt von Zeug, dem zum Ziehen bestimmten Pflug auf dem Acker[180] – Körperlichkeit impliziert, oder ob dann, *de lege ferenda,* nicht im Gesetz vom (unmittelbaren) *Ergebnis eines Verfahrens* gesprochen werden müsste.

176   Das LG München I hat in seiner Entscheidung FLT3-Gentest[181] darum den Erzeugnisbegriff näher bestimmt und in Bestätigung der Entscheidung Blut/Gehirnschranke des OLG Düsseldorf[182] die Erstreckung des Anwendungsbereichs von § 9 S. 2 Nr. 3 PatG auf durch ein Verfahren hervorgebrachte Informationen abgelehnt, die bereits durch das menschliche Gedächtnis unkompliziert speicherbar sind und verbal kommuniziert werden können und deren wirtschaftlicher Wert sich durch die einmalige Informationsübermittlung erschöpft. Das hat nach dem OLG München[183] in **Rezeptortyrosinkinase II** auch der BGH bestätigt und klargestellt, dass eine Datenfolge nur dann als unmittelbares Verfahrenserzeugnis in Betracht kommt, wenn sie sachlich-technische Eigenschaften aufweist, die ihr durch das Verfahren aufgeprägt worden sind, und wenn sie daher nach ihrer Art prinzipiell – also ohne Rücksicht auf eine tatsächlich bestehende Patentfähigkeit – tauglicher Gegenstand

---

[178] *Hahn* 55 ff., 65, mit weiteren Nachw.
[179] GRUR 2012, 1230 Rn. 23; krit. *Hoppe-Jänisch* Mitt. 2013, 51 ff., krit. *Verhauwen* FS 80 J. PatG Ddf, 543 ff.
[180] Zu wenig tiefgehend insoweit *Ojea* GRUR 2018, 1096 (1100).
[181] 20.11.2014, GRUR-RR 2015, 93.
[182] 18.7.2013, InstGE 12, 258.
[183] 22.10.2015, BeckRS 2015, 18783 – Nukleinsäure; krit. *Hauck* GRUR-Prax 2016, 15, der eine weitergehendere „Digitalisierung" des Verfahrenserzeugnisbegriffs in § 9 S. 2 Nr. 3 PatG forderte, sich mit der folgenden BGH-Entscheidung (Fn. 193) aber mglw. doch anfreunden konnte.

§ 33. Die schutzrechtsverletzenden Handlungen

eines Sachpatents sein könnte.[184] Diese Lösung verdient Zustimmung. Sie beschränkt sinnvoll den derivativen Erzeugnisschutz und bietet stattdessen Anreiz zum Schutz von Verfahrenserzeugnissen durch eigenständige Sachpatente.[185]

cc) Unmittelbarkeit

1. Das Wort „unmittelbar" wurde bei Einführung der Vorschrift, die den Verfahrensschutz auf Erzeugnisse erstreckte, in den Gesetzestext auf Grund eines Vorschlags aufgenommen, der gemacht wurde, „um … den Schutz nicht so weit auszudehnen, insbesondere um zu verhüten, dass etwa Gegenstände, die mit Stoffen zusammen verarbeitet sind, welche nach einem patentierten Verfahren hergestellt werden, auch von dem Patente erfasst werden".[186] 177

Damit ein Erzeugnis als unmittelbar durch ein Verfahren hergestellt gelten kann, muss ein **hinreichender Zusammenhang** zwischen dem Erzeugnis und dem Verfahren bestehen. Dieser Zusammenhang wird, wie allgemein grundsätzlich anerkannt ist, durch Veränderungen, die das Erzeugnis nach Abschluss des patentierten Herstellungsvorgangs erfährt, nicht notwendigerweise unterbrochen. Wie weit solche Veränderungen gehen dürfen, ohne den Zusammenhang in einer die Unmittelbarkeit ausschließenden Weise aufzuheben, lässt sich jedoch kaum in allgemeine Regeln fassen. Probleme ergeben sich insbesondere in Fällen der Be- oder Verarbeitung des Verfahrenserzeugnisses (→ Rn. 179–187) und seiner Zusammenfügung oder Vermischung mit anderen Sachen (→ Rn. 188–194). 178

2. Wird durch das patentierte Verfahren zunächst ein Rohstoff oder Halbfabrikat gewonnen und schließt sich hieran ein weiteres Verfahren zur Herstellung des Fertigfabrikats, ist dieses nach Auffassung des RG kein unmittelbares Erzeugnis des patentierten Verfahrens.[187] Gleiches gilt bei sonstiger **Be- oder Verarbeitung,** wenn durch sie das Erzeugnis die auf der Verfahrensanwendung beruhenden Eigenschaften ganz oder weitgehend wieder verloren hat. 179

Das Schrifttum geht meist von dem letztgenannten Kriterium aus und lässt demgemäß ein Erzeugnis als unmittelbar durch ein Verfahren hergestellt gelten, wenn die Eigenschaften, die es bei Abschluss des Verfahrens aufwies, im Wesentlichen erhalten geblieben sind und das Ergebnis seiner Be- oder Verarbeitung in einer die Beurteilung im Verkehr bestimmenden Weise prägen.[188] 180

Zu beachten ist dabei, dass die Übereinstimmung in den Eigenschaften nicht genügt, sofern nicht das Verfahrenserzeugnis auch der Substanz nach in das Weiterverarbeitungsprodukt eingeht. Daher sind bei Verfahren, durch die Pflanzensorten, Tierarten oder Mikroorganismen neu geschaffen werden, die Vermehrungsprodukte dieser Lebewesen nicht mehr unmittelbare Erzeugnisse des Ausgangsverfahrens. Sie entstehen ohne seine Anwendung durch bloßen Gebrauch seiner Erzeugnisse (vgl. → Rn. 4 ff.). 181

Nach § 9a Abs. 2 PatG umfasst jedoch der Schutz eines Patents für ein Verfahren, das die Gewinnung eines auf Grund der Erfindung mit bestimmten Eigenschaften ausgestatteten biologischen Materials ermöglicht, außer dem mit dem Verfahren unmittelbar gewonnenen Material auch jedes andere mit denselben Eigenschaften ausgestattete biologische Material, das durch generative oder vegetative Vermehrung in gleicher oder abweichender Form aus dem unmittelbar gewonnenen biologischen Material gewonnen wird (→ § 14 Rn. 108 ff. und 124 ff.). Die Vorschrift erweitert nicht den Begriff 182

---

[184] BGH 27.9.2016, GRUR 2017, 261 (262 f.) – Rezeptortyrosinkinase II; Mitt. 2017, 75 Rn. 17 unter Hinweis auf *Scharen* in Benkard, PatG, 11. Aufl., § 9 Rn. 53 f.; *Busse/Keukenschrijver*, PatG, 8. Aufl., § 9 Rn. 102; *Rinken/Kühnen* in Schulte, PatG, 9. Aufl., § 9 Rn. 86 f.; *Mes*, PatG, 4. Aufl., § 9 Rn. 65; *ders.* GRUR 2009, 305 (307); OLG Düsseldorf 11.10.2010, InstGE 12, 258 – Blut/Gehirnschranke; zust. zur BGH-Entscheidung Rezeptortyrosinkinase II *Zech* GRUR 2017, 475 (478); *Arnold* FS80 J. PatG Ddf, 15 (17 ff.); ähnlich *Ballestrem/Reisner* Mitt. 2017, 525 ff.

[185] AA *Greiner-Wittner* 102 ff., deren bedenkenswerte Argumente freilich eher für die Entwicklung eines neuen auch digitale Güter umfassenden Erzeugnisbegriffs *de lege ferenda* sprechen als für eine Erstreckung des geltenden Erzeugnisbegriffs auf solche Güter.

[186] Bericht der Reichstagskommission, zit. bei *Reimer* § 6 Rn. 63 (345).

[187] RG 24.5.1909, RGSt 42, 357; 1.7.1936, RGZ 152, 113.

[188] Vgl. *Scharen* in Benkard PatG § 9 Rn. 55.

des unmittelbaren Verfahrenserzeugnisses, sondern bezieht – in Anerkennung berechtigter Interessen (vgl. Erwägungsgrund 46 der BioPat-RL) – weitere, nicht durch das ursprüngliche Gewinnungsverfahren, sondern mit Hilfe eines hierdurch unmittelbar hergestellten Erzeugnisses gewonnene Erzeugnisse in den Schutz ein, bildet also im Verhältnis zu § 9 S. 2 Nr. 3 PatG, Art. 64 Abs. 2 EPÜ eine Sonderregelung, die für die Auslegung dieser allgemeinen Vorschriften keine Bedeutung hat (vgl. auch → Rn. 4 ff.).

183 Den ohne Unterbrechung des erforderlichen Zusammenhangs möglichen Veränderungen werden von der hL enge Grenzen gezogen. Nach chemischer Umsetzung ist dieser Zusammenhang jedenfalls nicht mehr gegeben. Zu bedenken ist immer, dass sich patentbegründende Besonderheiten von Verfahren zur Herstellung bekannter Erzeugnisse häufig nicht auf die Erzeugnisbeschaffenheit auswirken, sondern nur in wirtschaftlichen Vorteilen wie Kostenersparnis oder höherer Ausbeute manifestieren.

184 Richtig muss es darauf ankommen, wie weit das unmittelbare Verfahrenserzeugnis trotz der Vorgänge, denen es anschließend ausgesetzt wird, erkennbar erhalten geblieben und nicht nur für irgendwelche Wirkungen oder Vorteile anderer Erzeugnisse kausal geworden ist. Diese Abgrenzung ist Sinn der nachstehenden Überlegungen.

185 3. Der erforderliche Zusammenhang mit dem Verfahren geht nicht verloren, wenn Verfahrenserzeugnisse einer für ihren zweckentsprechenden Einsatz erforderlichen und deshalb von vornherein ins Auge gefassten Behandlung unterworfen, insbesondere zwecks therapeutischer Anwendung durch Konzentrationsänderung oder Vermengung mit Trägerstoffen in eine geeignete **Applikationsform** gebracht werden.[189] Das Verfahrenserzeugnis bleibt in solchen Fällen als Wirkstoff der für Charakteristik und Zweckbestimmung der Tabletten, Tropfen usw entscheidende Bestandteil. Die Umgestaltung berührt seine Eigenschaften nicht, sondern ermöglicht und fördert deren Nutzung.

Unter dem Gesichtspunkt, dass die Veränderung nur einen selbstverständlichen Schritt zur gebrauchsfertigen Form bildet, könnten beispielsweise auch Brot oder Semmeln noch als unmittelbare Erzeugnisse des Verfahrens zur *Herstellung* des dafür bestimmten Teigs gelten.[190]

186 4. Bestehen durch Weiterverarbeitung erzeugte Gegenstände im Wesentlichen aus dem in chemischer Zusammensetzung und physikalischen Merkmalen unveränderten Erzeugnis des Verfahrens, sind sie ebenfalls noch unmittelbar durch dieses hergestellt. So verhält es sich, wenn aus Polyamidfaser Strümpfe gewirkt oder Stoffe gewebt, aus Polyäthylen Gefäße geformt werden.[191] Handlungen in Bezug auf solche Weiterverarbeitungsprodukte betreffen gleichzeitig das in seinem Wesen gleich gebliebene unmittelbare Verfahrenserzeugnis. Mag auch die Verkehrsauffassung das Produkt der Weiterverarbeitung als neue Sache ansehen und bezeichnen, erkennt sie doch gleichzeitig, dass diese (nahezu) ausschließlich aus einem bestimmten Material besteht und eine Erscheinungsform dieses Materials bildet. Die Frage, ob die Verarbeitung die Voraussetzungen für einen Eigentumserwerb nach § 950 BGB erfüllt, ist dabei ohne Bedeutung.

187 Erfolgt die Weiterverarbeitung mit *Zusätzen,* ist ihr Produkt nur dann noch mit dem unmittelbaren Verfahrenserzeugnis gleichzusetzen, wenn die Zusätze dessen Eigenschaften nicht nennenswert verändern. Das BPatG hat bei einem Verfahren zur Herstellung von Kautschukmischungen für die Erzeugung von Luftreifen die aus solchen Mischungen und weiteren Zusätzen hergestellten Reifen nicht als unmittelbare Verfahrenserzeugnisse angesehen.[192] Dagegen wird man ein Gewebe, das durch ein patentiertes Verfahren hergestellt ist, auch in gefärbtem Zustand noch als unmittelbares Erzeugnis jenes Verfahrens ansehen können.[193]

---

[189] *v. Pechmann* GRUR 1977, 377 (379); *Kraft* GRUR 1971, 373 (376); BPatG 7.10.1976, BPatGE 19, 88 (91).
[190] Vgl. *Lindenmaier* § 6 Rn. 77 sowie RG 31.3.1897, RGZ 39, 132.
[191] Vgl. *v. Pechmann* GRUR 1977, 377 (379).
[192] BPatG 10.12.1970, BPatGE 12, 119 (123).
[193] *Lindenmaier* § 6 Rn. 77.

§ 33. Die schutzrechtsverletzenden Handlungen

5. Der notwendige Zusammenhang mit dem Herstellungsverfahren kann nach Rechtsprechung und hL dadurch unterbrochen werden, dass das Erzeugnis zum **unselbständigen Teil** eines neuen Ganzen wird.[194] Das RG hat dazu als Beispiel angeführt, dass Nägel, die nach einem patentierten Verfahren produziert sind, zum Bau eines Schrankes verwendet werden:[195] die Nägel sind in diesem Fall physikalisch gesehen noch vorhanden, haben aber jede Selbständigkeit verloren; der Schrank ist nicht Erzeugnis des geschützten Verfahrens. Nach diesem Maßstab behandelt die gleiche Entscheidung auch den Streitfall, in dem Eisenbalkendecken eines Neubaus unrechtmäßig nach einem patentierten Verfahren hergestellt worden waren. Das RG sieht zwar die Decken als unmittelbare Verfahrenserzeugnisse an, meint aber, der gewerbsmäßige Gebrauch des Grundstücks mit dem Gebäude bedeute keinen Gebrauch der Decken, weil diese zu wesentlichen Bestandteilen des Grundstücks geworden und deshalb rechtlich nicht mehr selbständig seien; das Grundstück stelle dagegen kein Erzeugnis des Verfahrens dar.

188

In einer späteren Entscheidung[196] wird angenommen, dass bei einem Verfahren zur Errichtung in den Boden versenkter Betonpfähle die Pfähle schon deshalb nicht als unmittelbare Verfahrenserzeugnisse geschützt sein könnten, weil sie Grundstücksbestandteile würden; das gelte auch dann, wenn sie im Einzelfall wegen § 95 BGB nicht in das Eigentum des Grundstückseigentümers übergingen. Von der gleichen Grundauffassung ausgehend hat das KG nach einem patentierten Verfahren gefertigte witterungsbeständige Dachdecken für Eisenbahnwagen auch nach ihrer Befestigung auf diesen als unmittelbare Verfahrenserzeugnisse angesehen: sie hätten ohne Schwierigkeit und ohne nennenswerte Beschädigung wieder abgenommen werden können und deshalb eine gewisse Selbständigkeit behalten.[197]

189

Der Standpunkt der Rechtsprechung ist zu formalistisch, insbesondere zu stark vom zivilrechtlichen Begriff des wesentlichen Bestandteils beeinflusst. Wenn das Verfahren zu einem Erzeugnis führt, das – wie die Eisenbalkendecken und die Betonpfähle – ohne chemische oder physikalische Veränderung in der Gesamtsache, insbesondere einem Bauwerk, unterscheidbar existent bleibt und durch Erfüllung einer spezifischen Aufgabe dessen Zweck dauerhaft dient oder gar – wie ein Tunnel, Bergwerksschacht oder Staudamm – selbst das Bauwerk ausmacht, sollte die Einbeziehung in den Verfahrensschutz nicht versagt werden.

190

Das schließt nicht aus, dass der Geltendmachung patentrechtlicher Befugnisse Schranken auferlegt werden, wenn sie im Einzelfall unverhältnismäßig eingreifende Folgen hätte.[198]

191

6. Anders liegt es, wenn das Verfahrenserzeugnis in einer neuen – beweglichen oder unbeweglichen – Sache, zu der es als Zutat oder Hilfsmittel zusammen mit anderen Materialien verarbeitet wird, dergestalt aufgeht, dass es wirtschaftlich gesehen auch ohne chemische oder physikalische Veränderung als **verbraucht** anzusehen ist. Beispiele sind die Verwendung von Leim, Nägeln und Schrauben bei der Herstellung von Möbelstücken, von Farbstoffen zum Färben von Textilien, von Mehl zur Brotherstellung,[199] aber auch die Beschichtung der Innenflächen einer Fernseh-Bildröhre mit verfahrensgemäß erzeugtem fluoreszierendem Material.[200]

192

---

[194] RG 31.3.1897, RGZ 39, 32 (34); 24.5.1909, RGSt 42, 357; *Lindenmaier* § 6 Rn. 77d; *Ensthaler* in Fitzner/Lutz/Bodewig PatG § 9 Rn. 27 ff.
[195] RG 31.3.1897, RGZ 39, 32 (35).
[196] RG 9.4.1941, GRUR 1941, 275 (276).
[197] KG 23.11.1935, GRUR 1936, 743.
[198] Näher → § 35 Rn. 13 f., 15 ff.
[199] *v. Pechmann* GRUR 1977, 377 (380), will das gefärbte Gewebe als unmittelbares Erzeugnis des Verfahrens zur Herstellung des Farbstoffs ansehen; ebenso BPatG 7.10.1968 Mitt. 1969, 76 für den Fall, dass die Patentierbarkeit des Herstellungsverfahrens unter Hinweis auf Eigenschaften mit dem Erzeugnis gefärbter Gewebe begründet worden ist.
[200] *v. Pechmann* GRUR 1977, 377 (379).

193 7. In einem Fall, in dem das Verfahrenserzeugnis mit einer anderen Substanz **vermischt** worden war, hat das RG die Unmittelbarkeit verneint:[201] das Verfahrenserzeugnis bilde nicht den allein wesentlichen Bestandteil des Mischprodukts; dieses stelle sich als neues, selbständiges gewerbliches Erzeugnis dar, dem besondere Eigenschaften und Zwecke für die praktische Verwendung zukämen. Das Verfahrenserzeugnis sei deshalb unselbständiger Bestandteil einer zusammengesetzten Sache geworden, mit der es weder patentrechtlich noch nach der Verkehrsauffassung identisch sei. Anders wäre wohl zu entscheiden, wenn das Verfahrenserzeugnis im Mischprodukt, zB einem pharmazeutischen Kombinationspräparat, unabhängig von anderen Bestandteilen weiterhin seine spezifischen Wirkungen hervorbringt.[202]

194 In diesem Sinne lässt sich eine Entscheidung des RG[203] anführen, die ein Verfahren zur Herstellung von Bindemitteln für Pigmentfarben betrifft und die durch Mischung des Bindemittels mit dem Farbkörper bereitete streichfähige Farbe in den Schutz des Verfahrenspatents einbezieht: das Bindemittel entfaltete seine überlegenen Wirkungen (Wasser-, Säure-, Alkali-, Hitze- und Kälteresistenz) unabhängig von der Farbe, für die es benutzt wurde.

dd) Beweiserleichterung bei neuen Erzeugnissen (§ 139 Abs. 3 PatG)

195 1. Um patentrechtliche Ansprüche in Bezug auf Erzeugnisse geltend machen zu können, muss der Inhaber eines Verfahrenspatents darlegen und erforderlichenfalls beweisen, dass sie durch das geschützte Verfahren hergestellt worden sind. Durch Untersuchung der Erzeugnisse ist das Herstellungsverfahren jedoch meist nicht zu ermitteln. Das PatG gewährt deshalb in § 139 Abs. 3 S. 1 eine Beweiserleichterung: Ist Gegenstand des Patents ein Verfahren zur Herstellung eines neuen Erzeugnisses, gilt bis zum Beweis des Gegenteils das gleiche Erzeugnis, das von einem anderen hergestellt worden ist, als nach dem patentierten Verfahren hergestellt. Es spricht also eine **gesetzliche Vermutung** dafür, dass dieses Verfahren angewandt wurde.

196 Die Vorschrift ist in der geltenden Fassung seit 1.1.1981 in Kraft. Sie stimmt mit Art. 75 (35) Abs. 1 GPÜ überein. Von der früheren Regelung (§ 47 Abs. 3 PatG 1968/1978) unterscheidet sie sich dadurch, dass sie nicht nur auf „Stoffe", sondern auf Erzeugnisse aller Art anwendbar ist. Auch bestimmt die geltende Fassung nach dem Vorbild von Art. 75 (35) Abs. 2 GPÜ ausdrücklich, dass bei der Erhebung des Beweises des Gegenteils die berechtigten Interessen des Beklagten an der Wahrung seiner Herstellungs- und Betriebsgeheimnisse zu berücksichtigen sind (§ 139 Abs. 3 S. 2 PatG).

197 Die geltende Regelung genügt den Mindestanforderungen von Art. 34 TRIPS, der allerdings eine Beweiserleichterung auch für den Fall zulässt, dass das Verfahrenserzeugnis nicht neu ist, aber das mit ihm übereinstimmende Erzeugnis mit erheblicher Wahrscheinlichkeit nach dem patentierten Verfahren hergestellt wurde und es dem Patentinhaber bei Aufwendung angemessener Bemühungen nicht gelungen ist, das tatsächlich angewendete Verfahren festzustellen.

198 2. Die **Neuheit** des Verfahrenserzeugnisses ist nach dem Maßstab des § 3 PatG zu beurteilen.[204] Sie liegt vor, wenn das Erzeugnis von denjenigen, die im Prioritätszeitpunkt des

---

[201] RG 24.5.1909, RGSt 42, 357; ebenso RG 23.1.1934, GRUR 1934, 192 (193); vgl. auch BPatG 10.12.1970, BPatGE 12, 119.
[202] Vgl. *v. Pechmann* GRUR 1977, 377 (379).
[203] 13.5.1916, BlPMZ 1916, 135.
[204] BGH 13.3.2003, GRUR 2003, 507 – Enalapril; *Grabinski/Zülch* in Benkard PatG § 139 Rn. 121; *Busse/Keukenschrijver* PatG § 139 Rn. 250; aM *Hahn* 132 ff.; jeweils mwN. Wenn aber ein Erzeugnis im Prioritätszeitpunkt des Verfahrenspatents zum SdT gehörte, was seine Herstellbarkeit voraussetzt (→ § 17 Rn. 24), muss es bereits ein Verfahren zu seiner Herstellung gegeben haben. Die gesetzliche Vermutung, dass das patentierte Verfahren benutzt worden sei, ist dann nicht gerechtfertigt. Die Umstände, die trotzdem für eine Benutzung dieses Verfahrens sprechen, sind frei zu würdigen. Andererseits kann das Verfahrenserzeugnis im Zeitpunkt einer Benutzung, die patentrechtliche Ansprüche begründen soll, nicht mehr neu sein, weil vorher mindestens die Anmeldung veröffentlicht worden ist. Wollte man also auf Neuheit im Zeitpunkt der behaupteten Verfahrensanwendung abstellen, wäre ein anderer als der patentrechtliche Neuheitsbegriff zugrunde zu legen. Welcher das sein könnte, ist nicht ersichtlich.

§ 33. Die schutzrechtsverletzenden Handlungen

Verfahrenspatents zum SdT gehörten, in irgendeiner mit Sicherheit unterscheidbaren und technisch nicht völlig belanglosen Eigenschaft abweicht.[205]

Nach einer anderen Ansicht[206] soll es darauf ankommen, dass im Zeitpunkt des Herstellungsvorgangs, für den die Anwendung des patentierten Verfahrens behauptet wird, kein anderes Verfahren zur Herstellung des Erzeugnisses bekannt war. Das Gesetz knüpft jedoch an Eigenschaften des Erzeugnisses an und gestattet es, hieraus auf die Anwendung des Verfahrens zu schließen. Die Tatsache, dass das patentierte Verfahren das einzig bekannte war, kann im Rahmen der gerichtlichen Beweiswürdigung (§ 286 ZPO) ein Anzeichen dafür sein, dass dieses Verfahren benutzt worden ist. Sie ist aber als Grundlage der gesetzlichen Vermutung weder genügend noch erforderlich und dürfte nur selten leichter nachzuweisen sein als die Neuheit des Erzeugnisses. **199**

3. **Gleichheit** der Erzeugnisse setzt Übereinstimmung in allen wesentlichen Merkmalen voraus; technisch bedeutungslose Unterschiede bleiben außer Betracht. Die Beweiserleichterung entfällt jedoch, wenn bei Anwendung des geschützten Verfahrens die Entstehung des als verletzend angegriffenen Erzeugnisses, insbesondere wegen dessen abweichender chemischer Konstitution, nicht denkbar ist.[207] **200**

Nicht gefolgt werden kann der Ansicht von *Hahn*[208], nach welcher Übereinstimmung schon in *einer* bisher nur durch das geschützte Verfahren erzielbaren Eigenschaft grundsätzlich genügen soll. **201**

Zu berücksichtigen ist allerdings, dass Abweichungen zwischen den Erzeugnissen auf der Anwendung eines abgewandelten, aber noch im Schutzbereich des Patents liegenden Verfahrens beruhen können. Der BGH[209] sieht deshalb Unterschiede im Verfahrensergebnis als unerheblich an, wenn sie im Rahmen dessen liegen, was nach der technischen Erfahrung auf eine unterschiedliche Ausführung des patentierten Verfahrens zurückzuführen ist, nicht aber ohne weiteres auf die Anwendung anderer Verfahren hindeutet. Er gewährt demgemäß die Beweiserleichterung auch dann, wenn der Schutzbereich des Verfahrenspatents eine äquivalente Abwandlung des beanspruchten Verfahrens umfasst und diese zu einem Erzeugnis führt, das mit dem als verletzend angegriffenen identisch ist. In welcher abgewandelten Ausführung das Verfahren zu dem angegriffenen Erzeugnis führt, ist dabei vom Kläger darzulegen.[210] **202**

4. Dass das Erzeugnis des patentierten Verfahrens neu ist und der Beklagte das gleiche Erzeugnis herstellt (oder in Verkehr bringt, anbietet, gebraucht usw), hat im Streitfall der Kläger zu beweisen. Ist jedoch unstreitig oder bewiesen, dass die genannten Voraussetzungen erfüllt sind, ist es Sache des Beklagten, den **Gegenbeweis** zu erbringen. Dafür genügt nicht der Nachweis, dass das Erzeugnis auf anderem Wege hergestellt werden *kann*; die gesetzliche Vermutung ist erst durch den Nachweis entkräftet, dass der Beklagte *tatsächlich* ein anderes Verfahren benutzt.[211] **203**

Den Beklagten, der nicht nach dem patentierten, sondern nach einem eigenen Verfahren arbeitet und dieses geheim halten will, kann die gesetzliche Regelung in die Zwangslage bringen, dass er dem Kläger, der regelmäßig sein Konkurrent ist, das Geheimverfahren offenbaren muss, um nicht wegen Patentverletzung verurteilt zu werden. Das Gesetz verlangt jedoch in § 139 Abs. 3 S. 2, dass auf berechtigte Geheimhaltungsinteressen **204**

---

[205] In diesem Sinne LG München I 17.12.1963, GRUR 1964, 679 (680); weitergehende Abweichungen forderte RG 11.2.1925, RGZ 110, 181 (183f.); diese Entscheidung wird im Schrifttum überwiegend abgelehnt, vgl. *Hahn* 138f. mN Nach LG Düsseldorf 4.3.2003, InstGE 3, 91 Rn. 13ff. – Steroidbeladene Körner gilt die Vermutung auch dann, wenn der Patentinhaber nachweist, dass das zum SdT gehörende übereinstimmende Erzeugnis durch das patentierte Verfahren hergestellt ist.
[206] *Hahn* 134ff., 141.
[207] BGH 25.6.1976, BGHZ 67, 38 (44) – Alkylendiamine II; dazu *Beil* GRUR 1977, 106f.
[208] 147ff.
[209] 25.6.1976, BGHZ 67, 38 (44, 47) – Alkylendiamine II.
[210] *Grabinski/Zülch* in Benkard PatG § 139 Rn. 122.
[211] *Grabinski/Zülch* in Benkard PatG § 139 Rn. 119.

des Beklagten Rücksicht genommen wird. Praktisch kann dies insbesondere durch Einschaltung von Sachverständigen geschehen,[212] die verpflichtet sind, ihre Feststellungen, soweit sie Geheimnisse des Beklagten betreffen, nur dem Gericht, aber nicht dem Kläger zu offenbaren.

d) Besonderheiten bei Patenten, die sich auf die Verwendung von Erzeugnissen beziehen

205   1. Mit dem EPÜ 2000 und dem Gesetz vom 24.8.2007 zur Umsetzung der Revisionsakte sind auch Art. 54 Abs. 5 EPÜ und § 3 Abs. 4 PatG in ihren neuen Fassungen in Kraft getreten. Auf ihrer Grundlage können zum Stand der Technik gehörende Stoffe oder Stoffgemische zur spezifischen Anwendung in einem medizinischen Verfahren iSd Art. 53 (c) EPÜ bzw. § 2a Abs. 1 Nr. 2 PatG patentiert, also zum Gegenstand eines zweckgebundenen Erzeugnisschutzes gemacht werden. Wie nachstehend ausgeführt wird, ergibt sich ein solcher Schutz bereits gemäß den von der Rechtsprechung zur vorherigen Rechtslage entwickelten Lösungen für den Schutz zweiter und weiterer medizinischer Indikationen **(second medical use)** zum SdT gehörender Stoffe oder Stoffgemische. Da noch für beträchtliche Zeit mit Patenten zu rechnen ist, die gemäß diesen Lösungen erteilt wurden, ist im Folgenden auf die Wirkungen solcher Patente einzugehen. Weil sie auf einen zweckgebundenen Sachschutz hinauslaufen, können ihrer Darstellung auch die Wirkungen gemäß den neuen Vorschriften erteilter Patente entnommen werden (→ Rn. 224 ff.).[213]

206   2. Die Anweisung, ein bestimmtes Erzeugnis, insbesondere einen chemischen Stoff, zu einem bestimmten Zweck, zB als Schädlingsbekämpfungsmittel oder Arzneimittel, zu verwenden, ist ihrem Inhalt nach eine **Verfahrenserfindung** und bei Vorliegen der Patentierungsvoraussetzungen als solche schutzfähig (vgl. → § 17 Rn. 65 ff.). Ein für sie erteiltes Patent müsste die Wirkung haben, dass die Anwendung des Verfahrens, dh hier die Verwendung des Erzeugnisses zum erfindungsgemäßen Zweck, und ihr Anbieten der Zustimmung des Patentinhabers bedürfen.

207   Es ist dann folgerichtig, ein **Erzeugnis,** das durch die zweckgerichtete Verwendung des Stoffes oder anderen Erzeugnisses **hergestellt** wird, in die Wirkung des Verfahrenspatents einzubeziehen,[214] ohne seinen Schutz auf einen bestimmten Verwendungszweck zu beschränken.[215]

208   Geboten ist diese Beschränkung allerdings bei Patenten, die gemäß der vom EPA auf der Grundlage des EPÜ 1973 entwickelten Auffassung zum Schutz der zweiten medizinischen Indikation für Verfahren zur Herstellung von Arzneimitteln erteilt werden (vgl. → Rn. 211 ff., 219 ff.).

209   Die Schutzwirkungen von Verwendungspatenten entsprechen nach der BGH-Rechtsprechung denen eines **zweckgebundenen Sachschutzes,** wie ihn § 3 Abs. 4 PatG und Art. 54 Abs. 5 EPÜ auch für weitere Indikationen **(second medical use)** explizit vorsehen.[216] Als Verletzung eines Verwendungspatents wird bereits das sinnfällige **Herrichten** des Stoffes oder sonstigen Erzeugnisses für die geschützte Verwendung betrachtet (sogleich → Rn. 211 ff., 216 ff.).[217] Auf dieser Grundlage können insbesondere Patente, die für die

---

[212] *Grabinski/Zülch* in Benkard PatG § 139 Rn. 123.
[213] *Hetmank* GRUR 2015, 227 (228 ff.).
[214] BPatG 9.2.1970, GRUR 1970, 365 (366); 8.5.1980, BPatGE 23, 31 (32): gefärbtes Material als Erzeugnis des in der Verwendung eines Stoffes als Farbstoff bestehenden Verfahrens; vgl. auch *Kraft* GRUR 1973, 234 (238); *v. Pechmann* GRUR 1977, 377 (381); *Utermann* GRUR 1981, 537 (539 ff.).
[215] BGH 29.10.1981, GRUR 1982, 162 – Zahnpasta.
[216] So ausdrücklich und unter Hinweis auf die Entscheidungspraxis des EPA und die Rechtsprechung in anderen EPO-Mitgliedstaaten BGH 25.2.2014, GRUR 2014, 464 Rn. 17 – Kollagenese II; s. auch *Kühne* GRUR 2018, 456; *Hufnagel* GRUR 2014, 123.
[217] BGH 20.1.1977, BGHZ 68, 156 (161) – Benzolsulfonylharnstoff; 20.9.1983, BGHZ 88, 209 (212) – Hydropyridin; 16.6.1987, BGHZ 101, 159 (167 f.) – Antivirusmittel; OLG München 6.11.1997, Mitt. 1999, 223 (227 f.); außerhalb des Arzneimittelbereichs: BGH 31.1.1984, GRUR 1984, 425 (426) – Bierklärmittel; 21.11.1989, GRUR 1990, 505 – Geschlitzte Abdeckfolie. – Ebenso *Asendorf/*

§ 33. Die schutzrechtsverletzenden Handlungen

medizinische Verwendung von Stoffen erteilt sind, gegen Hersteller geltend gemacht werden, die den Stoff als Arzneimittel für den patentgemäßen Zweck formulieren, konfektionieren, dosieren und gebrauchsfertig verpacken; nach Ansicht des OLG Düsseldorf sogar aufgrund einer tatsächlichen, der geschützten Verwendungsweise entsprechenden Verschreibungspraxis, sofern sich im Zeitpunkt der letzten mündlichen Verhandlung eine haftungsrelevante Verschreibungsübung feststellen lässt.[218]

Dass das Erzeugnis für die geschützte Verwendung bestimmt ist, kann dabei im Einzelfall schon aus einer spezifischen Anpassung seiner Form ersichtlich sein, zB aus der Applikationsform (Tablette, Ampulle, Salbe usw), die ihm für eine medizinische Anwendung gegeben wird. Doch kann ein sinnfälliges Herrichten auch dann vorliegen, wenn die Anwendungsform bereits für eine andere, vom Patent nicht umfasste Verwendung gebräuchlich ist. Es genügt dann, dass die Bestimmung zur patentgemäßen Verwendung in den Angaben auf der Verpackung oder einer ihr beigefügten Gebrauchsanweisung[219] wie dem „Beipackzettel" eines Arzneimittels zum Ausdruck kommt oder durch eine patentgemäße Glasfaserauswahl und -zusammensetzung für die Verwendung in Stoffen, bei deren Verwendung Krebsrisiken durch Einatmen der Fasern zuverlässig ausgeschlossen sein müssen.[220] **210**

3. Gemäß der grundlegenden Bedeutung des Herrichtens schützt das Verwendungspatent nach Auffassung des BGH[221] dagegen, dass ein anderer den Stoff im Inland für die patentierte Verwendung herrichtet, feilhält oder in den Verkehr bringt, insbesondere vom Inland aus exportiert, oder den im Ausland für diese Verwendung hergerichteten Stoff im Inland feilhält oder in den Verkehr bringt. **211**

Aus einem Verfahrenspatent ergäben sich solche Wirkungen nach allgemeinen Grundsätzen dann, wenn das geschützte Verfahren in der Verwendung des Stoffes zur **Herstellung des gebrauchsfertigen Erzeugnisses** gesehen würde. Auf diesen Weg führt die Lösung, die das EPA unter dem EPÜ 1973 zur Frage des Schutzes der zweiten medizinischen Indikation entwickelt hat.[222] Nach ihr können für Erfindungen, die die medizinische Anwendung eines bereits anderweitig als Arzneimittel bekannten Stoffes lehren, keine Verwendungsansprüche, wohl aber Ansprüche bezüglich der Herstellung des gebrauchsfertigen Arzneimittels aus dem Stoff gewährt werden. Die Anwendung des geschützten Verfahrens liegt dann allein im Herrichten und ist mit diesem vollendet; das hergerichtete Produkt ist als Verfahrenserzeugnis in die Wirkung des Patents einbezogen, so dass die in § 9 S. 2 Nr. 3 PatG bezeichneten Handlungen im Inland ohne Zustimmung des Patentinhabers nicht vorgenommen werden dürfen, wenn das Erzeugnis nicht bereits mit dessen Zustimmung in Verkehr gebracht worden ist. **212**

Sähe man dagegen das geschützte Verfahren in dem **Gesamtvorgang** vom Herrichten bis zum schließlichen Einsatz für den patentgemäßen Zweck, wäre das Herrichten nur ein *Teilakt* der Verfahrensanwendung. **213**

Nichts anderes ergibt sich auf der Grundlage des § 6 PatG 1968/1978 (den der BGH noch anzuwenden hatte): wenn „Gegenstand der Erfindung" das Gesamtverfahren ist, bildet das Herrichten nur einen Teilakt seines „Gebrauchs". **214**

Bei Anlegung des Maßstabs, nach dem die teilweise Verwirklichung von Verletzungstatbeständen und Vorbereitungshandlungen für die Anwendung eines Verfahrens gewöhnlich zu beurteilen sind (vgl. → Rn. 138, 141 ff. und 58 ff.), könnte das Herrichten nicht unabhängig davon, ob das Produkt schließlich **patentgemäß eingesetzt** wird, als patentverlet- **215**

Schmidt in Benkard PatG § 5 Rn. 54, 56; *Scharen* in Benkard PatG § 14 Rn. 49; *Klöpsch* GRUR 1983, 734; *Gramm* GRUR 1984, 761 (767 f.); *Papke* GRUR 1984, 10 f.; *Dinné* Mitt. 1984, 105 f.
[218] 9.1.2019, GRUR 2019, 279 Rn. 43 ff. – Fulvestrant; auch vergleichend zur englischen Judikatur, die einen anderen Weg geht, *Stief/Zorr* GRUR 2019, 260; *Bayerl* GRUR 2019, 368 ff.
[219] LG Düsseldorf 7.4.1998, Mitt. 1999, 155 für ein nicht-pharmazeutisches Erzeugnis.
[220] BGH 15.12.2015, GRUR 2016, 257 Rn. 54 ff. – Glasfasern II.
[221] 20.9.1983, BGHZ 88, 209 (217) – Hydropyridin.
[222] EPA 5.12.1984, ABl. 1985, 60 – Zweite medizinische Indikation/Bayer; näheres → § 14 Rn. 231 ff.

zend angesehen werden. Nur wenn ein solcher Einsatz erfolgt und dem Herrichtenden zuzurechnen ist, wäre dieser unmittelbarer Verletzer. Im Übrigen wäre der Patentinhaber darauf angewiesen, gegen das Anbieten oder Liefern des hergerichteten Produkts – durch den Herrichtenden oder dessen Abnehmer – unter dem Gesichtspunkt der *mittelbaren Verletzung* vorzugehen.[223] Dabei bliebe jedoch die Ausfuhr frei, da sie nicht zur *inländischen* Erfindungsbenutzung geschieht.

216   4. Andererseits wären die Abnehmer des hergerichteten und mit Zustimmung des Patentinhabers in den Verkehr gelangten Produkts nicht ohne weiteres befugt, dieses zum patentgemäßen Zweck zu verwenden, wenn das Verfahren insgesamt als Schutzgegenstand betrachtet würde. Es wäre vielmehr von dem Grundsatz auszugehen, dass das vom Patentinhaber gebilligte Inverkehrbringen von Mitteln zur Verfahrensanwendung keinen Verbrauch der Befugnis bewirkt, die unter Einsatz dieser Mittel erfolgende Anwendung des Verfahrens zu verbieten (vgl. → Rn. 317 ff.). Zwar könnte regelmäßig angenommen werden, dass allen rechtmäßigen Erwerbern des hergerichteten Erzeugnisses die patentgemäße Verwendung stillschweigend gestattet ist. Dem Patentinhaber bliebe dann freilich die Möglichkeit, die Mittel nur unter dem Vorbehalt in Verkehr gelangen zu lassen, dass die Zustimmung zur Verwendung noch einzuholen oder nur unter bestimmten Voraussetzungen als erteilt anzusehen sei. Ein Interesse an solchen Einschränkungen wäre naheliegend.

217   Für Verwendungspatente, die sich auf medizinische Indikationen beziehen, nimmt der BGH allerdings an, sie beeinträchtigten die ärztliche Tätigkeit praktisch nicht stärker als Stoff- oder Vorrichtungspatente, deren Gegenstand eine Beziehung zur ärztlichen Tätigkeit aufweist, oder zweckgebundene Stoffpatente für bekannte Erzeugnisse in erster medizinischer Anwendung.[224] Das Patent zwinge den ärztlichen Verwender des Medikaments, beim Erwerb oder bei der Verordnung solche Erzeugnisse zu meiden, die ohne Erlaubnis des Patentinhabers konfektioniert und in den Verkehr gebracht worden sind. Dass Erzeugnisse, die *mit* dieser Erlaubnis in den Verkehr gelangt sind, ohne weiteres patentgemäß verwendet werden dürfen, wird dabei zwar nicht ausdrücklich gesagt, aber anscheinend vorausgesetzt.

218   Demgemäß müsste es, wenn ein Patent für eine Kombination zweier zum SdT gehörender Wirkstoffe erteilt ist, dem Arzt freistehen, die kombinierte Anwendung zweier diese Wirkstoffe enthaltender im Handel erhältlicher Präparate zu verordnen oder zu verabreichen, sofern nicht wenigstens eines davon durch einen entsprechenden Hinweis in der Packungsbeilage für die geschützte Verwendung hergerichtet ist. Auf der Grundlage des früheren Rechts (→ Rn. 336 ff.) sind in einem solchen Fall – je für sich – die kombinierte Verschreibung, Abgabe und Verabreichung der beiden Präparate als unmittelbare und deshalb die Lieferung des mit dem hierauf bezogenen Hinweis versehenen Erzeugnisses als mittelbare Verletzung des Patents angesehen worden[225].

219   5. Die Schutzwirkungen, die der BGH medizinischen Verwendungspatenten zuschreibt, bedeuten, dass Handlungen in Bezug auf das für die patentgemäße Indikation *hergerichtete* Erzeugnis so beurteilt werden, als ob für *dieses* **zweckgebundener Sachschutz** bestünde.[226] Da er nur zum Tragen kommt, wenn das Herrichten auf den patentgemäßen Zweck bezogen ist, bleibt seine Wirkung nach Maßgabe des erfinderischen Verdienstes begrenzt.

220   Praktisch hat diese Handhabung den Vorteil, dass sie der Eigenart jedenfalls der medizinischen Verwendungspatente besser gerecht wird als die Anwendung der Regeln über den

---

[223] *Pagenberg* GRUR-Int 1984, 41 f.; *König* Mitt. 2000, 10 (22 ff.).
[224] BGH 20.1.1977, BGHZ 68, 156 (162 f.) – Benzolsulfonylharnstoff; 20.9.1983, BGHZ 88, 209 (227) – Hydropyridin.
[225] OLG München 24.8.1995 und LG Hamburg 31.5.1995, Mitt. 1996, 312 (315) mit Anm. *Tauchner*. Zu beachten ist, dass es sich nicht um ein Verwendungspatent, sondern um ein auf die Kombination als solche erteiltes Patent handelte; deshalb erstreckte sich dessen Schutzwirkung auch auf eine von der ursprünglich offenbarten abweichende Indikation (Herzinsuffizienz statt Hypertonie), und es genügte, dass die Packungsbeilage des einen Präparats auf die Kombination ausgerichtet war; auf die Übereinstimmung in der Indikation kam es nicht an.
[226] Vgl. *Gruber/Kroher* GRUR 1984, 201 (204); *Utermann* GRUR 1985, 813 (818 f.).

§ 33. Die schutzrechtsverletzenden Handlungen   III   § 33

Verfahrensschutz. Die wirtschaftliche Verwertung des erfinderischen Gehalts solcher Patente erfolgt in der Hauptsache durch Herstellung und Vertrieb des industriell für die patentgemäße Verwendung gebrauchsfertig hergerichteten Mittels, nicht aber durch Vergabe von Benutzungserlaubnissen an diejenigen, die das Mittel schließlich erfindungsgemäß einsetzen. Der Marktwert der Erfindung wird über den Verkaufspreis des hergerichteten Produkts realisiert. Wer dieses in gebrauchsfertiger Form erwirbt, ist ohne weiteres zur patentierten Verwendung in der Lage; jeder rechtmäßige Erwerber nimmt an, mit dem Erzeugnis auch das Recht zu dessen Verwendung erworben zu haben.

Die Auffassung des BGH ist deshalb zwar aus der Sicht seines Ausgangspunkts nicht folgerichtig; sie ist aber im Ganzen interessengerecht. Im Ergebnis führt sie zu den gleichen Schutzwirkungen wie die Auffassung des EPA (vgl. → Rn. 212). 221

Vorausgesetzt ist dabei, dass sich die Wirkung der gemäß dieser Auffassung erteilten Herstellungsverfahrenspatente hinsichtlich des Gebrauchs des Verfahrenserzeugnisses auf die patentbegründende Indikation beschränkt, da sie nur insoweit durch eine erfinderische Leistung gerechtfertigt ist. 222

Übereinstimmung ergibt sich, soweit es um das hergerichtete Erzeugnis geht, auch mit den Wirkungen zweckgebundener Sachpatente, die für bekannte Stoffe in erster medizinischer Anwendung erteilt sind (vgl. → Rn. 56 f.). 223

6. Im Einzelnen ergeben sich in Bezug auf das **hergerichtete Erzeugnis** folgende Schutzwirkungen: dem Herstellen entspricht das Herrichten für die geschützte Verwendung; daneben sind dem Patentinhaber das Anbieten und Inverkehrbringen des hergerichteten Erzeugnisses im Inland vorbehalten, und zwar auch dann, wenn das Herrichten im Ausland erfolgt ist. Die Ausfuhr und ihr Anbieten vom Inland aus verletzen das Patent ebenso wie Einfuhr ins und Besitz im Inland zum Zweck des Vertriebs oder Gebrauchs. 224

Der Einsatz des hergerichteten Erzeugnisses zum patentgemäßen Zweck kommt nur als dessen Gebrauch, nicht als Verfahrensanwendung in Betracht. Er steht deshalb gemäß dem Erschöpfungsgrundsatz jedermann hinsichtlich solcher hergerichteter Erzeugnisse frei, die mit Zustimmung des Patentinhabers in Verkehr gebracht worden sind. Gleiches gilt für Anbieten, Inverkehrbringen, Einfuhr und Besitz. 225

Ist das hergerichtete Erzeugnis nicht mit Zustimmung des Patentinhabers in Verkehr gebracht worden, greift sein Gebrauch zum patentgemäßen Zweck in das Verwendungspatent ein. Patentverletzend handelt dann insbesondere ein Arzt, der das zur patentgemäßen medizinischen Verwendung gebrauchsfertig hergerichtete Erzeugnis zu diesem Zweck verordnet oder verabreicht.[227] Dagegen ist der Gebrauch durch die Patienten patentfrei, da er im privaten Bereich zu nichtgewerblichem Zweck erfolgt (§ 11 Nr. 1 PatG). 226

7. Die Frage, wie weit die Schutzwirkung von Verwendungspatenten bezüglich des **nicht** – oder für einen anderen Zweck – **hergerichteten Stoffes** reicht, wurde vom BGH bisher nicht unmittelbar angesprochen. Nach den Regeln über den *Verfahrensschutz* wäre die erfindungsgemäße Verwendung auch in diesem Fall patentverletzend.[228] Wenn jedoch das Verwendungspatent im Sinne eines zweckgebundenen Sachschutzes für das hergerichtete Erzeugnis verstanden wird (vgl. → Rn. 219 ff.), wäre es widersprüchlich, ihm bezüglich des nicht hergerichteten Stoffes die Wirkung eines Verfahrenspatents zuzuerkennen.[229] Vielmehr 227

---

[227] BGH 20.1.1977, BGHZ 68, 156 (163) – Benzolsulfonylharnstoff.
[228] BGH 31.1.1984, GRUR 1984, 425 – Bierklärmittel; *Brandi-Dohrn* FS König, 2003, 42.
[229] Bei Anwendung der Regeln über den Verfahrensschutz müsste für Stoffe, deren Verwendung als Arzneimittel patentiert ist, neben der ohnehin nach § 11 Nr. 1 PatG patentfreien Benutzung durch die Patienten in entsprechender Anwendung des § 11 Nr. 3 PatG auch die Anwendung durch den Arzt freigestellt werden: Da dieser für den Einzelfall durch Verordnung sogar die Herstellung eines unter Sachschutz stehenden Arzneimittels zu rechtfertigen vermöchte, müsste seine Verordnung auch bewirken können, dass ein zu anderem Zweck hergestelltes und auf den Markt gebrachtes Erzeugnis gemäß der Lehre eines Verwendungspatents ohne Zustimmung des Patentinhabers als Arzneimittel angewandt werden darf. Andernfalls würde die Wirkung des Verwendungspatents in Widerspruch zur rechtspolitischen Zielsetzung der §§ 2a Abs. 1 Nr. 2 (früher 5 Abs. 2) S. 1, 11 Nr. 3 PatG geraten.

§ 33 III 5. Abschnitt. Wirkung und Durchsetzung der Schutzrechte

muss dann der nicht hergerichtete Stoff ganz außerhalb der Schutzwirkungen bleiben. Das führt zur Übereinstimmung mit der Wirkung eines Patents, das die Verwendungserfindung als Verfahren zur Herstellung des hergerichteten Erzeugnisses zum Gegenstand hat, und weitgehend auch mit derjenigen eines zweckgebundenen Sachpatents für einen bekannten Stoff in erster medizinischer Anwendung.

228 Letztere reicht nur insofern weiter, als eine den Stoff betreffende Handlung auch dann patentverletzend sein kann, wenn ihre Beziehung zum patentgemäßen Zweck anders als durch die hierauf abzielende Herrichtung ersichtlich wird. Praktisch wird das kaum vorkommen.

229 8. Eine **mittelbare Verletzung** des Verwendungspatents liegt – unter den sonstigen Voraussetzungen des § 10 PatG (vgl. → Rn. 330 ff.) – vor, wenn der nicht hergerichtete Stoff zum Zweck erfindungsgemäßer Anwendung angeboten oder geliefert wird.[230] Nach den Regeln über den *Verfahrensschutz* würde dies nicht nur dann gelten, wenn das Anbieten oder Liefern zum gebrauchsfertigen Herrichten, sondern auch wenn es zur unmittelbaren Anwendung erfolgt[231].

230 Der Fall, dass ein Stoff, für den eine medizinische Anwendung patentiert ist, Ärzten oder Patienten in nicht hergerichteter Form für diese Anwendung angeboten oder geliefert wird, könnte dabei wegen § 10 Abs. 3 PatG nicht ausgenommen werden. Zulässig wären Anbieten oder Liefern freilich dann, wenn der Stoff allgemein im Handel erhältlich ist und der Anbietende oder Liefernde den Empfänger nicht bewusst zur patentgemäßen Verwendung veranlasst (§ 10 Abs. 2 PatG), sondern selbst erst durch den Benutzer zur Lieferung veranlasst worden ist.[232]

231 Wiederum sollte jedoch bei Verwendungspatenten, die im Sinne eines zweckgebundenen Sachschutzes für das hergerichtete Erzeugnis verstanden werden (vgl. → Rn. 228 ff.), allein den hierfür und nicht den für den Verfahrensschutz geltenden Grundsätzen gefolgt werden. Für die mittelbare Verletzung bedeutet dies, dass sie nur in Betracht kommt, wenn das Anbieten oder Liefern **zum gebrauchsfertigen Herrichten,** nicht aber wenn es zur unmittelbaren Anwendung erfolgt. Gleiches ergibt sich, wenn die Verwendungserfindung als Verfahren zur Herstellung des hergerichteten Erzeugnisses patentiert oder durch ein zweckgebundenes Stoffpatent geschützt ist.[233]

232 9. Es bleibt die Frage, unter welchen Voraussetzungen Verwendungspatente nach der Auffassung des BGH im Sinne eines zweckgebundenen Sachschutzes zu verstehen sind. Wie es scheint, soll dies jedenfalls für alle Patente gelten, die sich auf medizinische Verwendungen beziehen. Doch sind die Regeln, die sich hierfür herausgebildet haben, nicht durch Besonderheiten im medizinischen Bereich bedingt, sondern lassen sich damit begründen, dass das Erzeugnis und seine Eigenschaften, nicht aber die bei dessen Verwendung stattfindenden Handlungen Träger der erfinderischen Erkenntnis sind. Das spricht dafür, nichtmedizinische Verwendungen in gleicher Weise zu behandeln.

233 In neueren Entscheidungen des BGH stellt sich das Verwendungspatent mehr und mehr als eigenständige Kategorie dar, die (auf die Verwendung beschränkten, also zweckgebundenen) Erzeugnispatenten nähersteht als dem Verfahrenspatent. So wurde anerkannt, dass für die Verwendung eines bekannten Stoffs in einer medizinischen Anwendung ein Gebrauchsmuster eingetragen werden kann.[234] Zur Begründung wurde angenommen, der

---

[230] BGH 31.1.1984, GRUR 1984, 425 – Bierklärmittel.
[231] Vgl. *Brandi-Dohrn* FS König, 2003, 33 (42 f.), der diese Konsequenz umgehen will, indem er fordert, dass das Mittel *seitens des Lieferanten* eindeutig zur geschützten Verwendung bestimmt sei, was – wie er selbst bemerkt – kaum anders als durch sinnfälliges Herrichten geschehen kann.
[232] Zur aA ausf. *Tauchner/Hölder* FS Mes, 2009, 353 ff.
[233] LG Düsseldorf 24.2.2004, GRUR-RR 2004, 193 – Ribavirin.
[234] BGH 25.2.2014, GRUR 2014, 461 – Kollagenese I; ausdrücklich bestätigend 5.10.2005, GRUR 2005, 135 – Arzneimittelgebrauchsmuster.

§ 33. Die schutzrechtsverletzenden Handlungen

Ausschluss des Gebrauchsmusterschutzes für Verfahren betreffe nur Herstellungs- und Arbeitsverfahren, zu denen die Verwendung eines bekannten Stoffs zur Behandlung einer Krankheit nicht gehöre. Ansprüche, deren Gegenstand durch einen Stoff in einer bestimmten Verwendung charakterisiert ist, wiesen jedenfalls Elemente von Erzeugnisansprüchen auf. Ihre Verwandtschaft mit diesen zeige sich auch darin, dass im Patentrecht die eingeschränkte Verteidigung eines Erzeugnisanspruchs in Form eines Verwendungsanspruchs zugelassen wird.[235] Andererseits hat es der BGH abgelehnt, im sinnfälligen Herrichten einer *Vorrichtung* zur Ausübung eines patentierten Verfahrens bereits eine Anwendung des Verfahrens zu sehen.[236] Es ging um ein Verfahren zur Reinigung schadstoffhaltiger Abgase durch Verbrennung unter Sauerstoffüberschuss in einer Brennkammer und anschließende Behandlung mit einem Sorptionsmittel in einem separaten Reaktionsraum. Der BGH betrachtete dies als *reines Arbeitsverfahren,* auf das sich die Rechtsprechung, nach welcher bereits im sinnfälligen Herrichten einer Sache für deren patentierte Verwendung der Beginn der Verwendung gesehen werden kann, nicht übertragen lasse. Ob ein Verwendungsanspruch oder ein auf ein „reines Arbeitsverfahren" gerichteter Anspruch vorliegt, soll sich dabei nicht nach dem Anspruchswortlaut, sondern danach richten, was der Sache nach beansprucht ist.[237] Man wird annehmen dürfen, dass ein Verwendungsanspruch angebracht ist, wenn das Erzeugnis, auf dessen Verwendung er sich bezieht, schon für sich genommen und nicht erst mit Hilfe anderer Erzeugnisse, deren Einsatz es erfordert und ermöglicht, die erfindungsgemäß erstrebte Wirkung herbeizuführen geeignet ist. So verhält es sich bei Stoffen zur medizinischen Anwendung, aber auch beispielsweise in den Fällen „Bierklärmittel" und „geschlitzte Abdeckfolie".[238] Es könnte weiterer Klärung dienen, Ansprüche dieser Art als zweckgebundene Sachansprüche[239] zu bezeichnen und auch zu formulieren.

Zu einer anderen Abgrenzung führt der Standpunkt des EPA. Die Gründe, die es **234** nach dessen Auffassung rechtfertigen, medizinische Anwendungserfindungen als Verfahren zur Herstellung des fertigen Arzneimittels aus dem an sich (auch in medizinischer Indikation) schon bekannten Stoff zu patentieren, gelten für Verwendungserfindungen auf anderen Gebieten nicht. Insoweit kommt nur Verfahrensschutz in Betracht.

10. Nach dem jetzt geltenden Recht (Art. 54 Abs. 5 EPÜ, § 3 Abs. 4 PatG) sind **235** nicht nur für die erste, sondern auch für zweite und weitere medizinische Indikationen nicht mehr – gemäß der Rechtsprechung des BGH – „Verwendungsansprüche" bzw. – nach der Rechtsprechung des EPA – „Herstellungsverwendungsansprüche", sondern zweckgebundene Sachansprüche zu gewähren (vgl. → Rn. 205 und → § 14 Rn. 220 ff., 244).

11. Für die weitere Entwicklung wäre zu erwägen, ob bei Problemlösungen, deren erfinderischer **236** Gehalt lediglich im Erkennen wertvoller Eigenschaften eines Erzeugnisses und der Angabe einer Handlungsanweisung liegt, die kein Verfahren zur Herstellung eines anderen Erzeugnisses darstellt, der zweckgebundene Sachschutz nicht generell angemessener ist als der Verfahrensschutz. Dann könnte es sich empfehlen, sowohl im deutschen als auch im europäischen Erteilungsverfahren nicht nur innerhalb, sondern auch außerhalb der Medizin anstelle von Verwendungsansprüchen von vornherein zweckgebundene Erzeugnisansprüche aufzustellen und zu gewähren. So wäre wohl auch Gebrauchsmusterschutz möglich (→ § 24 Rn. 190 ff.).

---

[235] Dazu → § 26 Rn. 186.
[236] BGH 5.7.2005, GRUR 2005, 845 (847) (B I 2a) – Abgasreinigungsvorrichtung; vgl. auch den Fall „Heliumeinspeisung" (BGH 19.11.1991, BGHZ 116, 122) → Rn. 141 ff.
[237] BGH 5.7.2005, GRUR 2005, 845 (B II 2) – Abgasreinigungsvorrichtung; zustimmend *Köhler* Mitt. 2005, 506; krit. *Féaux de Lacroix* GRUR 2006, 887 f. und Mitt. 2007, 10 ff.
[238] BGH 31.1.1984, GRUR 1984, 425 – Bierklärmittel; 21.11.1989, GRUR 1990, 505 – Geschlitzte Abdeckfolie.
[239] Verwendungsansprüche in diesem Sinn zu verstehen, befürwortet *Eisenführ* FS Schilling, 2007, 99 (102 ff., 110).

IV. Von der Wirkung des Patents und des Gebrauchsmusters ausgenommene Benutzungshandlungen

a) Handlungen im privaten Bereich zu nichtgewerblichen Zwecken

237 Nach § 11 Nr. 1 PatG, § 12 Nr. 1 GebrMG erstreckt sich die Wirkung des Patents und des Gebrauchsmusters nicht auf Handlungen, die im privaten Bereich zu nichtgewerblichen Zwecken vorgenommen werden.

238 Nach früherem Recht waren diese Handlungen mangels *Gewerbsmäßigkeit* nicht als patentverletzend anzusehen. Dabei galt ein sehr weiter Begriff der Gewerbsmäßigkeit, der praktisch jede nicht rein private Erfindungsbenutzung einschloss und lediglich den häuslichen und den rein persönlichen und privaten Gebrauch, insbesondere zu Studienzwecken, unberührt ließ.[240] Eine Benutzung konnte in diesem Sinne auch dann gewerbsmäßig sein, wenn sie unter dem Gesichtspunkt der für die Patentierung vorausgesetzten gewerblichen Verwertbarkeit nicht in Betracht kam. Von Bedeutung war dies namentlich für die Benutzung durch Angehörige freier Berufe, im hoheitlichen Bereich oder durch öffentliche Einrichtungen ohne Erwerbszweck.

239 Schon die Anwendung des früheren Rechts führte somit zum Ergebnis, dass nur die private Benutzung zu nichtgewerblichen Zwecken patentfrei blieb. Die geltende Regelung, die beide Voraussetzungen ausdrücklich kumuliert, erlaubt jedoch sachgerechtere Begründungen, die keine Überdehnung des Begriffs der Gewerbsmäßigkeit erfordern. So unterliegt die Benutzung in öffentlichen Einrichtungen ohne Erwerbszweck, zB in Schulen oder Krankenhäusern, der Patentwirkung schon deshalb, weil sie nicht im privaten Bereich stattfindet. Das gleiche müsste für das vom RG als gewerbsmäßig angesehene Läuten von Kirchenglocken mittels einer patentierten Vorrichtung gelten.[241] Nach wie vor ist jedoch die Frage, ob eine Benutzung nichtgewerblichen Zwecken dient, unabhängig vom gesetzlichen Begriff der gewerblichen Anwendbarkeit[242] zu beurteilen. Zu bejahen ist sie nur, wenn kein **Erwerbszweck** verfolgt wird. Liegt dagegen ein solcher Zweck vor, kann auch eine Benutzung im privaten Bereich patentverletzend sein.

240 **Beispiele:** Der freie Schriftsteller, der in seiner Wohnung Manuskripte mittels einer patentgemäß gebauten, ohne Zustimmung des Patentinhabers hergestellten oder importierten elektronischen Textverarbeitungsanlage erstellt, verletzt das Patent.[243]

241 Ein Arzt oder Rechtsanwalt benutzt unter Patentschutz stehende Gegenstände seiner Praxiseinrichtung, zB eine Lampe, einen Karteischrank, weder im privaten Bereich noch zu nichtgewerblichen Zwecken.[244] Die Benutzung der Lampe in der Privatwohnung erfüllt dagegen beide Voraussetzungen; wird der Karteischrank mit einer Patienten- oder Rechtsprechungskartei in der Wohnung aufgestellt, liegt Benutzung im privaten Bereich vor; ihr Zweck ist aber ein gewerblicher.

242 Mit patentierten Gardinenhaken, die nicht mit Zustimmung des Patentinhabers in Verkehr gelangt sind, darf man die eigene Wohnung, nicht aber eine Wohnung ausstatten, die man vermietet.[245]

243 Wer aus Teilen, die er im Handel erworben hat, zum Gebrauch im eigenen Haushalt einen patentierten Flaschenverschluss zusammensetzt, begeht keine Patentverletzung.[246] Gleiches gilt, wenn ein Student für die Zwecke seines Studiums ein patentiertes Messgerät baut und verwendet.

244 Wird in Fernost gefertigtes Spielzeug patentverletzend im Inland vertrieben und hier einerseits von Eltern für ihre Kinder, andererseits von einer Gemeinde für deren Kindergarten angeschafft und gebraucht, wird das Patent durch diese verletzt, durch jene nicht.

---

[240] RG 31.3.1897, RGZ 39, 32 (33); 29.5.1907, RGZ 66, 164; BGH 26.9.1967, BGHZ 48, 313 (323 ff.) – Glatzenoperation.
[241] RG 29.5.1907, RGZ 66, 164.
[242] § 1 Abs. 1, § 5 PatG, Art. 52 Abs. 1, 57 EPÜ, §§ 1 Abs. 1, 3 Abs. 2 GebrMG.
[243] Vgl. *Reimer* § 6 Rn. 66 (354); *Bernhardt* 143.
[244] Vgl. *Reimer* § 6 Rn. 66; *Bernhardt* 143.
[245] RG 1.7.1910, BlPMZ 1912, 219.
[246] RG 17.1.1895, RGSt 26, 377 (381).

Wer patentverletzende Gegenstände im privaten Bereich zu nichtgewerblichen Zwecken hergestellt 245
oder zum privaten, nichtgewerblichen Gebrauch erworben hat, verletzt das Patent auch dann nicht,
wenn er sie später in gebrauchtem Zustand veräußert.[247]

b) Handlungen zu Versuchszwecken

1. Die Wirkung des Patents erstreckt sich nicht auf Handlungen zu Versuchszwecken, 246
die sich auf den **Gegenstand der patentierten Erfindung** beziehen (§ 11 Nr. 2 PatG;
entsprechend: § 12 Nr. 2 GebrMG). Nicht erlaubt wird hierdurch die Benutzung der
Erfindung im Rahmen von Versuchen, die sich auf andere Gegenstände beziehen.[248] Die
Vorschrift ist nur anwendbar, wenn die Erfindung oder ein Erzeugnis, in der sie verwirklicht ist, selbst das **Versuchsobjekt** bilden, nicht dagegen, wenn sie nur als **Hilfsmittel**
bei Versuchen dienen.[249]

Beispiel:[250] Experimente mit einer patentierten Chromatographiesäule zur Überprüfung oder 247
Verbesserung ihrer Leistungsfähigkeit sind zulässig, nicht aber die Verwendung des Geräts zur Bestimmung des Aflatoxingehalts verschiedener Ölsaaten, mag sie nur einer Kontrolle von deren Verkaufswert
oder der Entwicklung von Verfahren zur Entgiftung aflatoxinhaltiger Ölsaaten dienen.

2. Die Ausnahme zugunsten der Versuche, die patentierte Erfindungen zum Gegenstand 248
haben, rechtfertigt sich aus der Informations- und Ansponungsfunktion des Patentrechts.
Sie gibt der Fachwelt die nötige Freiheit, geschützte Erfindungen schon vor Patentablauf
eingehend auf ihre Ausführbarkeit und Brauchbarkeit, die Einzelheiten ihrer Lösungsmittel,
ihre Vor- und Nachteile zu untersuchen und auf der Grundlage der so gewonnenen Erkenntnisse verbesserte (vom Patent abhängige), andersartige (das Patent umgehende) oder
weiterführende Lösungen zu entwickeln.

Doch kommt es auf die Ausnahmevorschrift nur dann an, wenn ohne sie die zu Ver- 249
suchszwecken vorgenommenen Handlungen überhaupt einen Verletzungstatbestand erfüllen würden, nicht aber, wenn sie sich auf den Gebrauch einschließlich der Analyse oder
Zerlegung solcher patentgemäßen Sachen beschränken, die bereits durch den Patentinhaber
oder mit seiner Zustimmung im Inland oder einem anderen Staat der EU oder des EWR
in Verkehr gebracht worden sind (vgl. → Rn. 274 ff.)[251].

---

[247] *Reimer* § 6 Rn. 66; *Pietzcker* § 4 Rn. 8; *Busse/Keukenschrijver* PatG § 11 Rn. 7; anders *Scharen*
in Benkard PatG § 11 Rn. 5.
[248] Denkschrift zum GPÜ, BlPMZ 1979, 333 – In dem von RG 19.10.1935, RGZ 149, 102 entschiedenen Fall war Gegenstand der Erprobung nicht das patentierte Verfahren, sondern die nicht-
patentierte Vorrichtung zu seiner Ausführung; die Verfahrensanwendung ließ sich jedoch aus anderem
Grund rechtfertigen, vgl. → Rn. 143.
[249] So bereits DPA (Schiedsstelle nach dem ArbEG) 4.8.1972 und 8.2.1973, BlPMZ 1973, 205;
ausführlich *Chrocziel* 148 ff., 195 ff.; zur Frage, inwiefern Versuchshandlungen an und mit patentierten
Medizinprodukten zulässig sind, *Worm/Guski* Mitt. 2011, 265 ff.
[250] Nach *Walenda* GRUR 1975, 1 (2 f.).
[251] AM *Fitzner/Tilmann* Mitt. 2002, 2 (6) für den Fall, dass vom Hersteller eines Arzneimittels in
Verkehr gebrachte Originalerzeugnisse für Untersuchungen gebraucht werden, die der Erlangung
einer arzneimittelrechtlichen Zulassung dienen: Das Gebrauchmachen vom patentgeschützten Gegenstand werde nach der „Cimetidin"-Entscheidung des EuGH (9.7.1997, GRUR-Int 1997, 911) vom
„spezifischen Gegenstand" des Patentrechts erfasst. Dort ist aber unter Rn. 19 das ausschließliche *Recht
zum erstmaligen Inverkehrbringen* als spezifischer Gegenstand des Patentrechts bezeichnet. Rn. 20 verweist auf Rn. 19 und sagt: „Würde im vorliegenden Fall die Anwendung der nationalen Vorschrift
verhindert, die das oben beschriebene Recht vorsieht, würde das in der vorstehenden Randnummer
bezeichnete ausschließliche Recht des ersten Inverkehrbringens beeinträchtigt". Auch ergibt sich aus
Rn. 18 deutlich, dass es um eine nationale Rechtsvorschrift geht, nach der der Inhaber eines Patents
für ein Verfahren zur Herstellung eines Arzneimittels einem Dritten untersagen lassen kann, der für die
Erteilung von Genehmigungen für das Inverkehrbringen von Arzneimitteln zuständigen Stelle Muster
eines Arzneimittels vorzulegen, die *von einer anderen Person als dem Patentinhaber* nach dem patentierten
Verfahren *hergestellt* worden sind.

250 Wenn eine patentierte Erfindung mittels eines Computerprogramms auszuführen ist, darf dieses nur von Personen, die zur Verwendung eines Vervielfältigungsstücks des Programms berechtigt sind, und nur in den durch §§ 69d Abs. 3, 69e UrhG bestimmten Grenzen untersucht werden. Die Einschränkung, die sich hieraus ergibt, kann zur Folge haben, dass eine patentrechtlich erlaubte Handlung zu Versuchszwecken urheberrechtlich unzulässig ist.[252]

251 Gleichgültig ist, ob Versuchszwecken dienende Handlungen in öffentlichen Einrichtungen oder in Unternehmen der Industrie durchgeführt werden.[253] Notwendig ist nur, dass durch die Erprobung zur Beseitigung einer bestehenden Unsicherheit Erkenntnisse über den Gegenstand der Erfindung einschließlich seiner Verwendung gewonnen werden sollen[254]. Eine gewerbliche Ausrichtung von Versuchen und die Intention, die gewonnenen Ergebnisse zu gewerblichen Zwecken zu verwerten, machen die Versuchshandlungen nicht zu Patentverletzungen[255]. Anders ist es nur, wenn es nur noch um die Klärung wirtschaftlicher Faktoren wie Marktbedürfnis, Preisakzeptanz und Vertriebsmöglichkeit, nicht aber um die weitere Aufklärung der Beschaffenheit, Wirkungen, Verwendungsmöglichkeiten und Herstellbarkeit des Gegenstands einer Erfindung geht[256].

252 3. Die gesetzliche Regelung erledigt die früher umstrittene Frage, inwieweit patentierte Erfindungen ohne Zustimmung des Patentinhabers zu Forschungszwecken benutzt werden dürfen. Unter dem damals maßgebenden Gesichtspunkt der im weitesten Sinne verstandenen Gewerbsmäßigkeit war es schwierig, zu angemessenen Abgrenzungen zu gelangen. Nach geltendem Recht kann weder angenommen werden, dass jede Benutzung zu Forschungszwecken grundsätzlich das Patent verletze, noch ist diese Benutzung generell als patentfrei anzusehen. Letzteres gilt auch für die von öffentlichen oder öffentlich geförderten Einrichtungen betriebene gemeinnützige Forschung.[257] Ergibt sich hierbei die Notwendigkeit, zwecks Untersuchung anderer Gegenstände ein patentiertes Verfahren anzuwenden oder patentierte Erzeugnisse zu benutzen, muss die Zustimmung des Patentinhabers eingeholt werden. Ohne sie ist eine nicht patentverletzende Benutzung nur im Wege der Benutzungsanordnung (§ 13 PatG) oder der Zwangslizenz (§ 24 PatG) zu ermöglichen, wobei aber der Patentinhaber Anspruch auf angemessenen finanziellen Ausgleich hat (entsprechend für Gbm: §§ 13 Abs. 3, 20 GebrMG).

253 Nicht von der für versuchsweise Benutzung geltenden Ausnahme gedeckt ist demgemäß auch die Benutzung biotechnologischer *Forschungswerkzeuge* zwecks Gewinnung von Erkenntnissen über *andere Objekte*.[258] Die auf dieser Grundlage mögliche Behinderung der Forschung lässt sich auch dadurch in Grenzen halten, dass in Fällen, in denen nicht – ausnahmsweise – schon das Bereitstellen einer als Forschungswerkzeug geeigneten Substanz eine erfinderische Leistung bildet, unspezifische Angaben über eine solche Eignung nicht als ausreichender Beleg der Schutzwürdigkeit anerkannt werden (vgl. → § 14 Rn. 158 ff.).[259] Umgekehrt enthält **§ 11 Nr. 2a und 2b PatG** nun auch ein Versuchs- und Forschungsprivileg für die Nutzung biologischen Materials zur Züchtung, Entdeckung und Entwicklung neu-

---

[252] Vgl. *Goddar* FS Nordemann, 2004, 369 (375); *Sedlmeier* 239 ff.

[253] *Bernhardt* 143; *Chrocziel* 194, 196; *Stjerna* Mitt. 2004, 344 f.; Denkschrift zum GPÜ, BlPMZ 1979, 325 (333); BGH 11.7.1995, BGHZ 130, 259 (269 ff.). – Klinische Versuche I.

[254] BGH 17.4.1997, BGHZ 135, 217 (226 f.) – Klinische Versuche II.

[255] BGH 17.4.1997, BGHZ 135, 217 Ls. 2 Satz 2 – Klinische Versuche II. Zu Fragen der Auftragsforschung und Fremdbelieferung *Chrocziel/Hufnagel* FS Mes, 2009, 59 ff.

[256] BGH 17.4.1997, BGHZ 135, 217 (227) – Klinische Versuche II.

[257] *Chrocziel* 228 ff.; aM früher insbesondere *Meusel* GRUR 1974, 437; 1975, 399; 1976, 679; vgl. auch *Kronz* Mitt. 1975, 207.

[258] Vgl. – auch zu besonderen Abgrenzungsfragen in diesem Bereich – insbes. *Holzapfel* GRUR 2006, 10 (13 ff.) mit zahlreichen Nachw.

[259] *Holzapfel* GRUR 2006, 10 (13 ff.) empfiehlt, Missbräuchen durch Zwangslizenzen und mit kartellrechtlichen Instrumenten zu begegnen. *Ohly* JZ 2003, 545 (553) regt an, das Verbietungsrecht aus Patenten für Forschungswerkzeuge nach urheberrechtlichem Vorbild zu einem Vergütungsanspruch abzuschwächen.

§ 33. Die schutzrechtsverletzenden Handlungen   IV § 33

er Pflanzensorten und zur Durchführung von Studien und Versuchen zur Erlangung von Arzneimittelzulassungen.

4. Wird eine Erfindung zur Ermittlung der *Wirtschaftlichkeit* ihres Einsatzes erprobt, ist die Grenze des zu Versuchszwecken Erlaubten überschritten, wenn in wirtschaftlich nicht ganz unbeachtlichem Umfang Ergebnisse der Anwendung des patentierten Verfahrens, patentierte Erzeugnisse oder Erzeugnisse einer patentierten Vorrichtung auf dem Markt angeboten oder im Betrieb bestimmungsgemäß genutzt werden.[260] So hat das RG eine Patentverletzung darin gesehen, dass der Beklagte 20 Industrie-Koksöfen in die patentierte Form gebracht und den mit ihrer Hilfe „probeweise" hergestellten Koks wirtschaftlich verwertet hatte.[261] 254

Als Versuchsgegenstand wird die Erfindung auch von demjenigen benutzt, der Proben erfindungsgemäßer Erzeugnisse einem *anderen,* zB einem spezialisierten Prüflabor, mit dem Auftrag übergibt, an seiner Stelle die Untersuchung durchzuführen. Erfolgt in solchem Fall die Untersuchung im alleinigen Interesse des Auftraggebers,[262] so ist sie diesem als *eigenes* Handeln zu Versuchszwecken zuzurechnen und im Rahmen von § 11 Nr. 2 PatG, § 12 Nr. 2 GebrMG erlaubt. Die Übergabe der Proben ist dann (trotz § 10 Abs. 3 PatG, § 11 Abs. 2 S. 3 GebrMG) nicht als mittelbare Verletzung anzusehen.[263] 255

5. Die Frage, ob Versuche zwecks Gewinnung von Informationen zulässig sind, die zur Erlangung der **behördlichen Genehmigung** eines für die Zeit nach Ablauf des Patents beabsichtigten Inverkehrbringens erfindungsgemäßer Erzeugnisse verwendet werden sollen, hat der BGH zum vor 1981 geltenden Recht verneint, nach § 11 Nr. 2 PatG bejaht. Für Arzneimittel ist sie jetzt besonders geregelt (→ Rn. 262). 256

Nach *früherem Recht* wurde als Verletzer eines Patents angesehen, wer während dessen Laufzeit ein Pflanzenschutzmittel, das einen patentgeschützten Wirkstoff enthält, von Pflanzenschutzämtern oder anderen Prüfungsstellen im Inland in Feldversuchen prüfen lässt, um sich die für die Zulassung eines den Wirkstoff enthaltenden Pflanzenbehandlungsmittels erforderlichen Nachweise zu verschaffen[264]. 257

Anders wurde auf der Grundlage von *§ 11 Nr. 2 PatG* entschieden[265]: Nach der Denkschrift zum GPÜ, der für die Auslegung des aus diesem übernommenen § 11 Nr. 2 PatG besondere Bedeutung zukommt, sind Versuche ua zu dem Zweck erlaubt, die Verwendbarkeit und Weiterentwicklungsmöglichkeit der geschützten Erfindung zu überprüfen. Demgemäß kann eine auf den Gegenstand der Erfindung bezogene und deshalb rechtmäßige Handlung zu Versuchszwecken auch dann vorliegen, wenn ein patentierter Arzneimittel- 258

---

[260] Vgl. *Eichmann* GRUR 1977, 307; stärker einschränkend *Scharen* in Benkard PatG § 11 Rn. 6. – Nach *Chrocziel* 187 darf eine Versuchshandlung nicht der wirtschaftlichen Verwertung dienen; eine Wirtschaftlichkeitsprüfung soll demgemäß zwar erlaubt sein, wenn sie im Hinblick auf eine Lizenznahme, nicht aber wenn sie zur „Marktabschätzung", etwa zur Prüfung von Akzeptanz, Verkaufbarkeit, Preisgestaltung usw, oder wenn sie zur Vorbereitung einer Verletzung erfolgt. *Chrocziel* gelangt zu diesem Maßstab, weil er eine zulässige Benutzung zu Versuchszwecken auch in Form des Anbietens oder Inverkehrbringens grundsätzlich für denkbar hält. In Wahrheit kommt aber als erlaubte Versuchshandlung nur in Betracht, was dazu dient, nähere Kenntnis über die technische Eigenart der Erfindung zu erlangen; das trifft auch dann noch zu, wenn dabei durch diese Eigenart unmittelbar bedingte wirtschaftliche Vor- und Nachteile, insbesondere die Gestehungskosten eines Arbeitens nach der Erfindung, festgestellt werden sollen. Sofern hierbei Anzeichen vorliegen, dass der Benutzer Verletzungshandlungen plant, genügt es, diese durch Unterlassungsklage zu unterbinden. Dagegen sind marktbezogene „Versuchs"-Handlungen schon deshalb nicht nach § 11 Nr. 2 PatG zulässig, weil dabei nicht die geschützte technische Lehre selbst Untersuchungsgegenstand ist. Die Vorschrift gestattet daher in keinem Fall ein Anbieten oder Inverkehrbringen erfindungsgemäßer Erzeugnisse.
[261] RG 26.6.1929, GRUR 1929, 1199.
[262] Hieran fehlte es im Fall LG Mannheim 4.7.1952, GRUR 1953, 33: „Ausleihen" schutzrechtsverletzender Regner an landwirtschaftliche Betriebe zwecks Ermittlung technischer Mängel.
[263] Ebenso im Ergebnis *Eichmann* GRUR 1977, 307 (308).
[264] BGH 21.2.1989, BGHZ 107, 46 – Ethofumesat.
[265] BGH 11.7.1995, BGHZ 130, 259 – Klinische Versuche I; 17.4.1997, BGHZ 135, 217 – Klinische Versuche II; jeweils mit zahlreichen Nachw. zum Meinungsstand; zustimmend *Loewenheim* LM PatG 1981 § 11 Nr. 1; *Hieber* GRUR 1996, 441 ff.; *Scheil* Mitt. 1996, 345 (348 f.); *Ahrens* 437 ff.; *Götting* LM PatG 1981 § 11 Nr. 2; *v. Meibom/Pitz* Mitt. 1998, 248 ff.; krit. *Schultz-Süchting* GRUR 1996, 119 f.

Wirkstoff bei klinischen Versuchen an Menschen mit dem Ziel eingesetzt wird zu erfahren, ob und gegebenenfalls in welcher Form er geeignet ist, bestimmte weitere Krankheiten zu heilen oder zu lindern, oder durch planmäßiges Vorgehen Erkenntnisse zu gewinnen, um eine bestehende Unsicherheit über die Wirkungen und die Verträglichkeit eines Arzneimittel-Wirkstoffs zu beseitigen. Dies gilt grundsätzlich unabhängig davon, ob über den reinen Forschungscharakter hinaus auch wirtschaftliche Interessen im Hintergrund stehen, insbesondere wenn die Versuche das Ziel einer arzneimittelrechtlichen Zulassung haben; denn klinische Versuche an Menschen zur Erprobung eines Wirkstoffs zielen zwangsläufig auf eine Zulassung als Arzneimittel, weil sie andernfalls arzneimittelrechtlich unzulässig wären.

259 Hat der Versuch allerdings keinen Bezug zur technischen Lehre oder werden Erprobungen in einem vom Versuchszweck nicht mehr gerechtfertigten großen Umfang oder in der Absicht durchgeführt, den Absatz des Erfinders mit seinem Produkt zu stören, liegen keine zulässigen Versuchshandlungen iSd § 11 Nr. 2 PatG mehr vor[266].

260 Das BVerfG[267] hat auf eine gegen das Urteil „Klinische Versuche I" gerichtete Verfassungsbeschwerde § 11 Nr. 2 PatG als eine zulässige Bestimmung von Inhalt und Schranken des Eigentums iSd Art. 14 Abs. 1 S. 2 GG und dessen Auslegung durch den BGH in den Urteilen „Klinische Versuche I und II" als nicht gegen Art. 14 Abs. 1 S. 1 GG verstoßend anerkannt.

261 Im Schrifttum wird darauf hingewiesen, dass sich auf der Grundlage der BGH-Rechtsprechung klinische Versuche nicht rechtfertigen lassen, durch die keine Ungewissheit beseitigt, sondern nur für das behördliche Verfahren der Zulassung eines mit dem patentierten übereinstimmenden Erzeugnisses Informationen bestätigt werden sollen, die für das patentierte schon bekannt sind[268].

262 6. Erweitert wurde die Möglichkeit patentfreier Erprobung von Arzneimitteln durch § 11 Nr. 2b PatG, die 2005 bei einer der Umsetzung einer europäischen Richtlinie dienenden Änderung des Arzneimittelgesetzes eingeführt wurde. Demgemäß erstreckt sich die Wirkung des Patents nicht auf Studien und Versuche und die sich daraus ergebenden praktischen Anforderungen, die für die Erlangung einer arzneimittelrechtlichen Genehmigung für das Inverkehrbringen in der EU oder einer arzneimittelrechtlichen Zulassung in den Mitgliedstaaten der EU oder in Drittstaaten erforderlich sind. Die Regelung soll es Herstellern von Generika ermöglichen, bereits vor Ablauf eines Patents[269] die arzneimittelrechtliche Genehmigung oder Zulassung zu betreiben.[270]

263 7. Als Ergänzung des allgemeinen „Versuchsprivilegs" ist auch § 11 Nr. 2a zu verstehen, der die Nutzung patentierten biologischen Materials zum Zweck der Züchtung, Entdeckung und Entwicklung einer neuen Pflanzensorte erlaubt.[271] Die Verwendung von Pflan-

---

[266] BGHZ 135, 217 Ls. 3.
[267] 10.5.1999, GRUR 2001, 43.
[268] *Scheil* Mitt. 1996, 348; *Straus* AIPPI Journal 1998, 211 (230 f.); *Busse/Keukenschrijver* PatG § 11 Rn. 18; *Fitzner/Tilmann* Mitt. 2002, 2 (5 f.); *Niioka* 279 ff., 338; *Stjerna* Mitt. 2004, 347.
[269] Für Gebrauchsmuster ist eine entsprechende Einschränkung nicht vorgesehen. Sie ist, auch wenn Gebrauchsmusterschutz für Arzneimittel nicht ausgeschlossen ist, wegen dessen kürzerer Laufzeit wohl entbehrlich.
[270] *Scharen* in Benkard PatG § 11 Rn. 10; *Gassner* GRUR-Int 2004, 983 (989 ff.) – Zur Frage, ob zu den privilegierten Zweck auch patentierte Forschungswerkzeuge eingesetzt werden dürfen, vgl. *v. Meibom/vom Feld* FS Bartenbach, 2005, 385 (398 f.); *Gassner* GRUR-Int 2004, 983 (990); *Holzapfel* GRUR 2006, 16 f.; *Pfaff* 38 IIC 258, 271 f. – Ein WTO-Panel hat in einer Stellungnahme vom 17.3.2000 zum kanadischen Patentrecht eine Vorschrift, die die Erfindungsbenutzung vor Patentablauf zwecks Erlangung der erforderlichen Zulassung erlaubte, als vereinbar mit dem TRIPS angesehen, nicht dagegen eine Vorschrift, nach welcher vor Patentablauf patentierte Erzeugnisse zwecks Vermarktung nach Patentablauf auf Vorrat hergestellt werden durften; vgl. *Dreier* FS Kolle/Stauder, 2005, 45 (49 f.); *Gassner* GRUR-Int 2004, 983 (991).
[271] Vgl. § 10a Abs. 1 Nr. 3 SortSchG, wonach der Sortenschutz der Verwendung von Vermehrungsmaterial einer geschützten Sorte zur Züchtung neuer Sorten nicht entgegensteht.

zen der auf diese Weise geschaffenen oder gefundenen Sorte ist von den Patentwirkungen jedoch nicht ausgenommen.[272]

c) Individuelle Zubereitung von Arzneimitteln

Die in § 11 Nr. 3 PatG enthaltene Ausnahme besteht seit 1981. Im GebrMG fehlt eine entsprechende Bestimmung, obwohl dieses den Schutz von Arzneimitteln nicht ausschließt. **264**

Gestattet sind die **unmittelbare Einzelzubereitung** von Arzneimitteln in **Apotheken** auf Grund **ärztlicher Verordnung** sowie Handlungen, welche die auf diese Weise zubereiteten Arzneimittel betreffen. Die Vorschrift ergänzt § 2a Abs. 1 Nr. 2 PatG, Art. 53 (c) EPÜ, die die ärztliche Behandlungsfreiheit sichern. Sie gewährleistet die ärztliche Rezepturfreiheit,[273] wenn ein Arzneimittel unter Sachschutz oder zweckgebundenem Sachschutz steht oder Erzeugnis eines geschützten Verfahrens ist.[274] **265**

Eine Einzelzubereitung liegt nicht mehr vor, wenn größere Mengen des Arzneimittels für mehrere Patienten auf einmal hergestellt werden, wie es in Krankenhausapotheken vorkommen kann.[275] Ebenso versteht sich, dass keine Vorratsproduktion zulässig ist. Handlungen, die das erlaubterweise zubereitete Arzneimittel betreffen, also dessen Inverkehrbringen, Anbieten, Gebrauch, Einfuhr und Besitz, sind durch die Ausnahmevorschrift nur insoweit gedeckt, als sie dazu dienen, die ärztliche Verordnung auszuführen, also der darin bezeichneten Person den Gebrauch des Arzneimittels zu verschaffen. **266**

d) Einrichtungen an ausländischen Fahrzeugen

Nicht patent- oder gebrauchsmusterverletzend sind nach Maßgabe von § 11 Nr. 4–6 PatG, auf die § 12 Nr. 3 GebrMG verweist, Handlungen in Bezug auf Einrichtungen an Schiffen, Luft- oder Landfahrzeugen, die vorübergehend oder zufällig ins Inland gelangen[276]. Die Regelung entspricht in Nr. 4 und 5 dem Art. 5ter PVÜ; in Nr. 6 verweist sie auf das dort zitierte Abkommen über die internationale Zivilluftfahrt. Sie schützt den **internationalen Verkehr** vor patent- oder gebrauchsmusterrechtlichen Behinderungen[277]. **267**

Praktisch kommen als nicht schutzrechtsverletzende Handlungen hauptsächlich der Gebrauch einschließlich der Reparatur der in Frage stehenden Einrichtungen sowie deren Einfuhr und Besitz zum Zweck des Gebrauchs in Betracht. Inländisches Anbieten oder Inverkehrbringen wird dagegen nur unter der Voraussetzung als zulässig gelten können, dass dabei nicht der vorübergehende Charakter der Inlandsberührung verloren geht[278]. Herstellen kommt überhaupt nicht in Betracht, da nur Fahrzeuge, die im Ausland schon existieren, ins Inland „gelangen" können. **268**

Erwägenswert wäre eine entsprechende Ausnahme wenigstens für den *Gebrauch* (sowie Einfuhr und Besitz zu diesem Zweck) von Erzeugnissen, die keine Einrichtungen an Fahrzeugen sind, sofern sie nur *vorübergehend* ins Inland gelangen. Beispiele wären etwa fotografische Ausrüstungen oder Computer, die Journalisten zu beruflichen Zwecken, also nicht zum privaten Gebrauch mit sich führen. Sie könnte auch ohne ausdrückliche Regelung durch Rechtsanalogie zu § 11 Nr. 4 und 5 PatG erreicht werden. Der Annahme grenzüberschreitender Erschöpfungswirkung des im Ausland erfolgten Inver- **269**

---

[272] *Scharen* in Benkard PatG § 11 Rn. 9. Die Ausnahme vom Sortenschutz (§ 10a Abs. 1 Nr. 3 SortSchG) geht in dieser Hinsicht weiter; vgl. *Haedicke* Mitt. 2005, 241 (244); krit. zu § 11 Nr. 2a *Kock/Porzig/Willnegger* GRUR-Int 2005, 183 (190).
[273] Dazu *Bernhardt* 36.
[274] Wenn für die in Frage stehende Indikation ein Verwendungspatent besteht und diesem – entgegen der hier vertretenen Auffassung – Schutzwirkung auch bezüglich der Verwendung des nicht hergerichteten Stoffes zugeschrieben wird, ist auf dessen Verwendung durch den Arzt § 11 Nr. 3 PatG entsprechend anzuwenden, vgl. → Rn. 227 Fn. 229.
[275] Denkschrift zum GPÜ, BlPMZ 1979, 333.
[276] Zum Begriff des Fahrzeugs und den Voraussetzungen, unter denen das Gelangen ins Inland als vorübergehend gelten kann, OLG Hamburg 18.2.1988, GRUR-Int 1988, 781.
[277] Nach *Stauder* GRUR 1993, 305 ff. gilt Entsprechendes für Handlungen in Bezug auf Gegenstände im Weltraum.
[278] Vgl. OLG Düsseldorf 1.4.1993, GRUR 1994, 105 – Stapelbarer Transportwagen.

§ 33 IV   5. Abschnitt. Wirkung und Durchsetzung der Schutzrechte

kehrbringens (vgl. → Rn. 296 ff., 302 ff.) bedarf es zur Wahrung der in solchen Fällen schutzwürdigen Interessen nicht.

e) Schranken der Patentwirkungen bei Vermehrung biologischen Materials

270   1. Nach § 9b PatG, in dem Art. 10 BioPat-RL umgesetzt ist, unterliegt biologisches Material den Patentwirkungen nicht, wenn es durch einmalige Vermehrung patentierten biologischen Materials gewonnen ist, das vom Patentinhaber oder mit dessen Zustimmung innerhalb der EU oder des EWR *zum Zweck der Vermehrung* in Verkehr gebracht wurde. Zur weiteren Vermehrung darf das durch die erste Vermehrung gewonnene Material nicht verwendet werden, soweit nicht die Sonderregelung für die Landwirtschaft (→ Rn. 271) dies gestattet.

271   2. Wird einem Patent unterliegendes pflanzliches Vermehrungsmaterial durch den Patentinhaber oder mit dessen Zustimmung *zum Zweck des landwirtschaftlichen Anbaus* einem Landwirt überlassen, hindert nach § 9c Abs. 1 PatG das Patent den Landwirt nicht, sein aus dem Vermehrungsgut gewonnenes *Erntegut* im eigenen Betrieb selbst weiter zu *vermehren*. Die Vorschrift setzt Art. 11 Abs. 1 BioPat-RL um (dazu die Erwägungsgründe 47–49). Sie entspricht dem sortenschutzrechtlichen „Landwirteprivileg" und stellt sicher, dass dieses durch Patentwirkungen nicht beeinträchtigt wird. Dementsprechend verweist sie für Bedingungen und Ausmaß der Rechte des Landwirts auf Art. 14 der europäischen Sortenschutzverordnung.[279]

272   3. Eine weitere Ausnahme gilt nach § 9c Abs. 2 PatG, der Art. 11 Abs. 2 BioPat-RL umsetzt (dazu die Erwägungsgründe 50 und 51). Sie betrifft landwirtschaftliche Nutztiere und tierisches Vermehrungsmaterial, wofür es allerdings keine Spezialregelung gibt, auf die verwiesen werden konnte: Verkauf und sonstiges Inverkehrbringen durch den Patentinhaber oder mit dessen Zustimmung an einen Landwirt geben diesem die Befugnis, die Tiere und das Vermehrungsmaterial zu landwirtschaftlichen Zwecken zu verwenden.[280] Diese Befugnis erstreckt sich auf die Überlassung landwirtschaftlicher Nutztiere oder tierischen Vermehrungsmaterials an Dritte[281] zur Fortführung seiner landwirtschaftlichen Tätigkeit, was die Vermehrung zu diesem Zweck einschließt,[282] aber nicht auf den Verkauf mit dem Ziel oder im Rahmen einer Vermehrung zu Erwerbszwecken.

273   4. Nach § 9c Abs. 3 PatG, der in der BioPat-RL keine Entsprechung findet, gelten die in § 9a vorgesehenen Wirkungen des Patents bezüglich der Vermehrung biologischen Materials nicht für solches, das im Bereich der Landwirtschaft *zufällig oder technisch nicht vermeidbar* gewonnen wurde. Daher kann ein Landwirt im Regelfall nicht in Anspruch genommen werden, wenn er nicht dem Patentschutz unterliegendes Saat- oder Pflanzgut angebaut hat. Die Bestimmung bezieht sich auf Fälle, in denen ein vom Patentinhaber gestatteter Anbau gentechnisch veränderter Pflanzen dazu führt, dass es im Betrieb eines Landwirts, der zur Benutzung der Erfindung nicht berechtigt ist, ohne oder sogar gegen dessen Willen zu „Auskreuzungen" kommt, die einen der Tatbestände des § 9a erfüllen. Sie soll, wie es in der Begründung[283] heißt, diesen Landwirt vor einer „aufgedrängten Bereicherung" schützen und nach dem Maßstab guter landwirtschaftlicher Praxis angewandt werden.[284]

---

[279] → § 14 Rn. 31 ff.; Einzelheiten bei *Scharen* in Benkard PatG § 9c Rn. 10–27; vgl. auch *Busse/ Keukenschrijver* § 9c Rn. 3–38; *Rinken/Kühnen* in Schulte PatG § 9c Rn. 7–24.
[280] Näheres bei *Scharen* in Benkard PatG § 9c Rn. 28–30; *Busse/Keukenschrijver* § 9c Rn. 42–49.
[281] *Scharen* in Benkard PatG § 9c Rn. 29; *Busse/Keukenschrijver* § 9c Rn. 48; *Rinken/Kühnen* in Schulte PatG § 9c Rn. 29.
[282] *Scharen* in Benkard PatG § 9c Rn. 29; *Busse/Keukenschrijver* § 9c Rn. 48; *Rinken/Kühnen* in Schulte PatG § 9c Rn. 29.
[283] BlPMZ 2005, 95 (100) (zu Nr. 6, zu Abs. 3).
[284] Vgl. *Scharen* in Benkard PatG § 9c Rn. 31; *Rinken/Kühnen* in Schulte PatG § 9c Rn. 30 ff.; *Haedicke* Mitt. 2005, 243 f., *ders.* FS Schilling, 2007, (237–247). – Krit. zu § 9c Abs. 3 *Kock/Porzig/ Willnegger* GRUR-Int 2005, 183 (191); den dort unter Nr. 52 dargestellten Anliegen könnte jedoch

V. Verbrauch (Erschöpfung) von Befugnissen aus dem Schutzrecht

Literatur: *Allekotte, B.*, Erschöpfung durch Zahlung? – Anmerkungen zur Haftung von Patentverletzern in der Vertriebskette, insbesondere auf Schadensersatz, Mitt. 2004, 1–11; *Bartenbach, B./ Bartenbach, K.*, Gemeinschaftsweite Wirkung eines nationalen Vorbenutzungsrechts nach § 12 PatG?, FS Eisenführ, 2003, 115–130; *Beier, F.-K.*, Gewerblicher Rechtsschutz und freier Warenverkehr im europäischen Binnenmarkt und im Verkehr mit Drittstaaten, GRUR-Int 1989, 603–615; *ders.*, Zur Zulässigkeit von Parallelimporten patentierter Erzeugnisse, GRUR-Int 1996, 1–9; *Deringer, A.*, Gewerbliche Schutzrechte und freier Warenverkehr im Gemeinsamen Markt, NJW 1977, 469–473; *Ebenroth, C. T.*, Gewerblicher Rechtsschutz und europäische Warenverkehrsfreiheit. Ein Beitrag zur Erschöpfung gewerblicher Schutzrechte, 1992; *ders./Hübschle, W.*, Gewerbliche Schutzrechte und Marktaufteilung im Binnenmarkt der Europäischen Union, 1994; *Gaster, J.*, Die Erschöpfungsproblematik aus der Sicht des Gemeinschaftsrechts, GRUR-Int 2000, 571–584; *Godt, C.*, Eigentum an Information, 2007; *Götz, W.*, Schaden und Bereicherung in der Verletzerkette, GRUR 2001, 295–303; *Gotzen, F.*, Gewerbliche Schutzrechte und Urheberrecht in der Rechtsprechung des Europäischen Gerichtshofs zu Art. 30–36 des EWG-Vertrags, GRUR-Int 1984, 146–153; *Haedicke, M.*, Die Harmonisierung von Patent- und Sortenschutz im Gesetz zur Umsetzung der Biotechnologie-Richtlinie, Mitt. 2005, 241–246; *ders.*, Auskreuzung transgener Pflanzen und Patentrecht, FS Schilling, 2007, 237–247; *Haft, K./v. Samson-Himmelstjerna, F. R.*, Kerntheorie bei der Erschöpfung von Patenten, insbesondere von „standard-essentiellen" „Hightech"-Patenten, FS Reimann, 2009, 175–183; *Knöpfle, R.*, Die gewerblichen Schutzrechte und der gemeinschaftsrechtliche Grundsatz des freien Warenverkehrs, BB 1977, 1073–1078; *Koch, N./Froschmaier, F.*, Patentgesetze und Territorialitätsprinzip im Gemeinsamen Markt, GRUR-Int 1965, 121–127; *v. Kraack, C.*, TRIPS oder Patentschutz weltweit – Zwangslizenzen, Erschöpfung, Parallelimporte, Berlin 2006; *Laudien, D.*, Erschöpfung der gewerblichen Schutzrechte aus rechtsvergleichender Sicht: die Position der forschenden pharmazeutischen Industrie, GRUR-Int 2000, 617–619; *Leßmann, A.*, Erschöpfung von Patentrechten beim Konzernvertrieb, GRUR 2000, 741–750; *Loewenheim, U.*, Gewerbliche Schutzrechte, freier Warenverkehr und Lizenzverträge, GRUR 1982, 461–470; *ders.*, Nationale und internationale Erschöpfung von Schutzrechten im Wandel der Zeiten, GRUR-Int 1996, 307–316; *Mager, K.*, Zur Zulässigkeit von Parallelimporten patentgeschützter Waren, GRUR 1999, 637–644; *v. Meibom, W./Meyer M. F.*, Erschöpfung von Sach- und Verfahrenspatenten bei Teillieferung – Die erweiterte Erschöpfungslehre, FS Mes, 2009, 255–271; *Moench, C.*, Der Schutz des freien Warenverkehrs im Gemeinsamen Markt, NJW 1982, 2689–2700; *Müller, W. H.*, Die zukünftige Gestaltung des Vorbenutzungsrechts in der Europäischen Gemeinschaft, Mitt. 2001, 151–163; *Reimer, D.*, Der Erschöpfungsgrundsatz im Urheberrecht und gewerblichen Rechtsschutz unter Berücksichtigung der Rechtsprechung des Europäischen Gerichtshofs, GRUR-Int 1972, 221–234; *Reischl, G.*, Gewerblicher Rechtsschutz und Urheberrecht in der Rechtsprechung des Europäischen Gerichtshofs, GRUR-Int 1982, 151–158; *Rott, P.*, TRIPS-Abkommen, Menschenrechte, Sozialpolitik und Entwicklungsländer, GRUR-Int 2003, 103–118; *Rupp, H. H.*, Die gewerblichen Schutzrechte im Konflikt zwischen nationalen Grundrechten und Europäischem Gemeinschaftsrecht, NJW 1976, 993–1000; *Sack, R.*, Die Erschöpfung von gewerblichen Schutzrechten und Urheberrechten nach europäischem Recht, GRUR 1999, 193–202; *ders.*, Der Erschöpfungsgrundsatz im deutschen Immaterialgüterrecht, GRUR-Int 2000, 610–616; *Sadlonova, V.*, Die patentrechtliche Erschöpfung für pharmazeutische Erzeugnisse im EU-Beitrittsvertrag 2003, FS Kolle/Stauder, 2005, 263–286; *Schatz, U.*, Die Erschöpfung des Patentrechts, GRUR-Int 1970, 207–215; *Schönbohm, J./Ehlgen, B.*, Zum Umfang der Erschöpfung bei System- und Verfahrensansprüchen, Mitt. 2016, 104–111; *Ullrich, H.*, Gemeinschaftsrechtliche Erschöpfung von Immaterialgüterrechten und europäischer Konzernverbund, GRUR-Int 1983, 370–378.

Hinweis: Die nachstehenden Ausführungen gelten, soweit sie nicht allein Verfahrenspatente betreffen, für **Gebrauchsmuster** entsprechend, auch wenn diese nicht gesondert erwähnt sind.

a) Inhalt, Rechtfertigung und Wesen des Erschöpfungsgrundsatzes

274 1. Ist eine Sache, in der eine durch Sachpatent geschützte Erfindung verwirklicht ist, durch den Patentinhaber oder mit seiner Zustimmung durch einen anderen in Verkehr ge-

---

durch eine Auslegung entsprochen werden, nach welcher, wie es die Gesetzesbegründung (BlPMZ 2005, 95 (100)) nahelegt, die Ausnahme nicht eingreift, wenn sich der Landwirt die Auskreuzung gezielt zunutze macht; in diesem Sinn *Haedicke* FS Schilling, 2007, 241 (246).

bracht worden, unterliegen nach einem in Rechtsprechung und Schrifttum feststehenden Grundsatz das weitere Inverkehrbringen, das Anbieten und der Gebrauch *dieser* Sache nicht mehr dem Verbietungsrecht aus dem Patent.[285] Jeder, der dazu tatsächlich in der Lage ist, darf die Sache veräußern oder auf sonstige Weise weitergeben, anbieten und gebrauchen sowie zu diesen Zwecken erwerben und besitzen, mag der Patentinhaber damit einverstanden sein oder nicht. Gleiches gilt für Erzeugnisse, die durch ein patentiertes Verfahren unmittelbar hergestellt und deshalb in die Wirkung des Verfahrenspatents einbezogen sind.

275 Die vorgenannten Rechtsfolgen des vom Patentinhaber gebilligten Inverkehrbringens werden als Verbrauch (Konsumtion) oder Erschöpfung des Patentrechts, die Regel, auf der sie beruhen, wird als Erschöpfungsgrundsatz bezeichnet. Im PatG und im GebrMG ist dieser nicht ausgesprochen, obwohl ihn Art. 32 (28) GPÜ enthält und die Art. 29–31 (25–27) GPÜ fast wörtlich in das PatG und teilweise in das GebrMG übernommen worden sind. Seine Weitergeltung steht jedoch außer Zweifel.[286]

276 Das **TRIPS** enthält keine eigene Regelung des Erschöpfungsgrundsatzes (s. dort Art. 6)[287].

277 2. Nach deutscher Rechtsauffassung setzt die Erschöpfung voraus, dass das Inverkehrbringen im Inland erfolgt; doch bewirkt die Anwendung europäischen Rechts im Ergebnis, dass das Inverkehrbringen in irgendeinem Mitgliedstaat der EG oder des EWR genügt (vgl. → Rn. 302 ff.).

278 Zur Rechtfertigung des Erschöpfungsgrundsatzes dienen zwei Überlegungen. Einerseits sollen der Rechtsverkehr in Bezug auf, insbesondere der Handel mit Sachen und ihr bestimmungsgemäßer Gebrauch durch die Erwerber, von patentrechtlichen Behinderungen frei bleiben, soweit sich dies mit den durch das Patent geschützten Interessen verträgt (→ Rn. 279 f.); andererseits sollen die Befugnisse des Patentinhabers nicht weiter reichen, als es zur Erlangung einer den Marktwert der Erfindung repräsentierenden Gegenleistung erforderlich ist (→ Rn. 281 f.).

279 3. Der Erschöpfungsgrundsatz ändert nichts daran, dass in Bezug auf Sachen, die *unrechtmäßig* in den Verkehr gebracht worden sind, das Patent auch gegen gutgläubige Erwerber, Besitzer und Benutzer geltend gemacht werden kann. Der Patentinhaber kann ihnen Inverkehrbringen, Anbieten, Gebrauch, Einfuhr und Besitz der Sache auch dann verbieten, wenn sie über deren patentverletzende Herkunft in nicht vorwerfbarer Unkenntnis waren. Auch das Gebrauchs- und Verfügungsrecht des Eigentümers muss dann hinter die patentrechtlichen Befugnisse zurücktreten.

280 Bei Sachen, die *mit dem Willen* des Patentinhabers in den Verkehr gelangt sind, verhindert jedoch der Erschöpfungsgrundsatz, dass der Patentinhaber über ihren Gebrauch und weiteren Vertrieb eine *patentrechtliche* Kontrolle ausübt, zB Art und Weise des Gebrauchs,

---

[285] RG 26.3.1902, RGZ 51, 139; 23.3.1903, RGSt 36, 178 (179 f.); 16.6.1906, RGZ 63, 394 (398); 10.5.1912, RGSt 46, 90 (92); 16.6.1915, RGZ 86, 436 (440); 5.11.1930, RGZ 130, 242 (244 f.); 14.10.1931, RGZ 133, 326 (330); BGH 12.6.1951, BGHZ 2, 261 (267 f.) – Tauchpumpensatz; 5.10.1951, BGHZ 3, 193 (200); 21.11.1958, GRUR 1959, 232 – Förderrinne; 8.3.1973, GRUR 1973, 518 (520) – Spielautomat II; 10.10.1974, GRUR 1975, 206 (207) – Kunststoffschaumbahnen; 24.9.1979, GRUR 1980, 38 (39) – Fullplastverfahren; zu den Anforderungen an die prozessuale Darlegungslast vgl. LG Düsseldorf 24.10.2013, – Pflichten von Parallelimporteuren mAnm *Milbradt/Reiling* Mitt. 2014, 83 (85 ff.).

[286] Vgl. die Denkschrift zum GPÜ, BlPMZ 1979, 333; BGH 26.9.1996, GRUR 1997, 116 (117) – Prospekthalter; *Krieger* GRUR 1980, 687 (689); *Busse/Keukenschrijver* PatG § 9 Rn. 143 mwN.

[287] Vgl. BGH 14.12.1999, BGHZ 143, 268 (274 f.) – Karate; *Sack* GRUR 1999, 202; *Rott* GRUR-Int 2003, 103 (112 f.); jeweils mit zahlreichen Nachw. Krit. zum TRIPS in diesem Punkt *Cohen Jehoram* GRUR-Int 1996, 280 (284); *Soltysinski* GRUR-Int 1996, 316 (318 f.), der die Anerkennung „internationaler" Erschöpfung fordert. Dagegen nimmt *Straus* GRUR-Int 1996, 179 (194) an, dass diese dem TRIPS widerspreche.

§ 33. Die schutzrechtsverletzenden Handlungen

Vertriebsweg oder Wiederverkaufspreis vorschreibt. Beschränkungen, die er mit seinen Abnehmern vereinbart, binden nur den, der sich ihnen durch (auch kartellrechtlich) wirksamen Vertragsschluss unterworfen hat.

4. Der Patentinhaber kann, wenn er erfindungsgemäß beschaffene oder hergestellte Sachen in Verkehr bringt, kraft seines Ausschlussrechts entscheiden, zu welchen Bedingungen, insbesondere zu welchem Verkaufspreis dies geschieht, und dabei die besonderen Vorteile wahrnehmen, die ihm der durch das Patent gewährte Schutz vor einer Konkurrenz erfindungsgemäßer Erzeugnisse anderer Herkunft bietet. Überlässt er das Inverkehrbringen einem anderen, kann dieser in entsprechender Weise die Bedingungen hierfür bestimmen und sich den Marktwert der erfinderischen Leistung verschaffen. Der Patentinhaber hat bei Erteilung der von dem anderen benötigten Erlaubnis Gelegenheit, durch dessen Gegenleistung Anteil am Erfindungswert zu erlangen. 281

Im Erschöpfungsgrundsatz kommt die Überzeugung zum Ausdruck, dass es genügt, die Gelegenheit zur Ausnutzung der durch das Patent gesicherten Alleinstellung hinsichtlich ein und derselben erfindungsgemäßen Sache *einmal* zu geben, soweit es sich um den räumlichen Geltungsbereich des Patents handelt (vgl. → Rn. 296). Anlässlich des ersten unter dem Schutz des Patents erfolgenden, ihrer Entscheidung unterliegenden Inverkehrbringens haben der Patentinhaber oder der Lizenznehmer die Vorteile genossen, die das Patent gewährt. Für weitere Möglichkeiten, unter Berufung auf das Patent besondere Gegenleistungen zu fordern, besteht kein anerkennenswertes Bedürfnis. 282

5. Die Aufnahme des Erschöpfungsgrundsatzes in der Rechtsprechung wurde durch die von *Kohler* entwickelte Lehre vom „Zusammenhang der Benutzungsarten" vorbereitet. Danach sollte schon die rechtmäßige *Herstellung* einer Sache deren Patentfreiheit zur Folge haben. Die Rechtsprechung hat dagegen von Anfang an das Inverkehrbringen als den entscheidenden Vorgang angesehen. Mit *Kohler* nimmt sie dabei jedoch bis heute an, dass die Patentfreiheit nicht auf einer vom Berechtigten stillschweigend erteilten *Lizenz* beruht, sondern kraft zwingenden Rechts *ipso iure* eintritt und deshalb vom Patentinhaber oder Lizenznehmer auf rechtsgeschäftlichem Weg weder ausgeschlossen noch beschränkt werden kann. Demgemäß bedeutet der Erschöpfungsgrundsatz eine **immanente Schranke** der Wirkungen des Patents: Dass der Berechtigte den Gebrauch und weiteren Vertrieb nicht verbieten kann, hat seinen Grund darin, dass diese Handlungen seiner Erlaubnis nicht bedürfen, nicht darin, dass diese als erteilt anzusehen wäre. 283

Nach § 9b PatG (→ Rn. 270) tritt allerdings die Erschöpfungswirkung, die zur Zulässigkeit der Vermehrung biologischen Materials führt, nur unter der Voraussetzung ein, dass das Inverkehrbringen zum Zweck der Vermehrung erfolgt ist. Dagegen kann nach den allgemeinen Regeln die Erschöpfungswirkung nicht dadurch eingeschränkt werden, dass der Patentinhaber bestimmt, zu welchem Zweck das Inverkehrbringen erfolgt. 284

b) Inverkehrbringen kraft entsprechender Berechtigung

1. Der Tatbestand des **Inverkehrbringens** ist grundsätzlich in gleicher Weise zu bestimmen wie unter dem Gesichtspunkt der Verletzung (vgl. → Rn. 101 ff.). 285

Im Einzelnen würde freilich völlige Kongruenz zu unangemessenen Ergebnissen führen. Ein Inverkehrbringen, das nicht auf Eigentumsverschaffung, sondern nur auf zeitweilige Gebrauchsüberlassung abzielt, bietet noch keine hinreichende Gelegenheit zur Realisierung des Marktwerts der Erfindung und rechtfertigt deshalb nicht die Anwendung des Erschöpfungsgrundsatzes.[288] Beim Inverkehrbringen durch Export gilt ähnliches: der erzielbare Gegenwert richtet sich hier nach den Verhältnissen des ausländischen Marktes; das spricht dafür, in der Frage der Erschöpfung allein das Einfuhrland als Ort des Inverkehrbringens anzusehen.[289] Die Erschöpfungswirkung kann nach der Rechtsprechung auch 286

---

[288] *Kohler* 456; *Reimer* GRUR 1972, 227; aM *Scharen* in Benkard PatG § 9 Rn. 17.
[289] *Stauder* 118 ff.; LG München I 11.12.1992, Mitt. 1994, 124; *Scharen* in Benkard PatG § 9 Rn. 17; differenzierend *Busse/Keukenschrijver* PatG § 9 Rn. 160, 133.

dann fehlen, wenn ein anderes Unternehmen desselben Konzerns beliefert wird: die Erzeugnisse werden hierdurch nicht ohne weiteres Gegenstand des freien Handelsverkehrs.[290]

287   2. Der Verbrauch patentrechtlicher Befugnisse durch Inverkehrbringen tritt in den meisten Fällen deshalb ein, weil dieses durch den Patentinhaber selbst oder mit seiner Zustimmung erfolgt. Er kann jedoch auch Folge eines ohne Zustimmung des Patentinhabers rechtmäßigen Inverkehrbringens sein (vgl. → Rn. 290). Sind seine Voraussetzungen erfüllt, wirkt er gegenüber dem Patent auch dann, wenn das Inverkehrbringen vor dessen Erteilung geschehen ist.

288   Die **Zustimmung** des Patentinhabers liegt gewöhnlich in der Erteilung einer entsprechenden Lizenz. Die bloße Duldung patentverletzenden Inverkehrbringens genügt nicht; der Patentinhaber ist, auch wenn er den ersten Verletzer nicht verfolgt, nicht gehindert, gegen dessen Abnehmer vorzugehen. Insofern ist auch nach geltendem Recht **ausdrückliche** Zustimmung erforderlich, wie es für Gemeinschaftspatente in Art. 32 (28), 81 (76) Abs. 1 GPÜ bestimmt war[291], während Art. 10 des Verordnungsvorschlags die Zustimmung nicht als ausdrückliche bezeichnet.

289   Keine Zustimmung bedeutet es, wenn der Patentinhaber sich den **Schaden ersetzen** lässt, den er durch unrechtmäßiges Inverkehrbringen erlitten hat.[292] Auch wenn sein diesbezüglicher Anspruch mit der Ersatzleistung erfüllt ist, machen die Leistung von Ausgleich für entgangenen Gewinn des Patentinhabers, eine angemessene Lizenzgebühr oder Herausgabe des vom Verletzer erzielten Gewinns (vgl. → § 35 Rn. 47 ff.) das unrechtmäßige Inverkehrbringen doch nicht zu einem konsentierten.

Dagegen spricht auch, dass nach der Lizenzanalogie nur ein Mindestschaden ersetzt wird, es also häufig so sein wird, dass der geschädigte Rechtsinhaber, zB aus Beweisgründen, häufig gar keine volle Kompensation erlangen kann.

290   3. Das Inverkehrbringen patentgemäßer Erzeugnisse bewirkt die Erschöpfung auch dann, wenn es **ohne Zustimmung** des Patentinhabers, aber kraft eines auf Lizenzbereitschaft beruhenden Benutzungsrechts (§ 23 Abs. 3 PatG), eines Weiterbenutzungsrechts (§§ 12, 123 Abs. 5 PatG), einer Zwangslizenz (§ 24 PatG) oder einer staatlichen Benutzungsanordnung (§ 13 PatG) erfolgt. Es kann jedoch nicht allgemein gesagt werden, dass jedes *rechtmäßige* Inverkehrbringen die Erschöpfung zur Folge habe. So genügt es nicht, dass das Inverkehrbringen deshalb als rechtmäßig erscheint, weil es im *Ausland* stattgefunden hat (vgl. → Rn. 296 ff.). Auch ein Inverkehrbringen, das lediglich wegen *§ 11 PatG* nicht patentverletzend ist, hat keinen Verbrauch zur Folge; vielmehr ist jeweils für den Empfänger erneut zu prüfen, ob die Handlungen, die er bezüglich des patentgemäßen Erzeugnisses vornimmt, in seiner Person einen der Ausnahmetatbestände des § 11 PatG erfüllen.

291   Ein Inverkehrbringen, das *vor der Patenterteilung* ohne den Willen des Anmelders erfolgt, wird nicht als unrechtmäßig angesehen, auch wenn es einen Entschädigungsanspruch des Anmelders gemäß § 33 PatG begründet. Erschöpfungswirkung kann ihm jedoch – sofern ihm kein Weiterbenutzungsrecht zugrunde liegt – nicht beigelegt werden. Der weitere Vertrieb und der Gebrauch der Sachen können zwar auch den Erwerbern nicht untersagt werden, solange das Patent nicht erteilt ist. Nach seiner Erteilung kann dieses jedoch gegen jeden Besitzer geltend gemacht werden, sofern nicht für das vorausgegangene Inverkehrbringen Entschädigung nach § 33 PatG geleistet worden ist. Entsprechendes gilt für ein

---

[290] OLG Hamburg 25.4.1985, GRUR 1985, 923; für den urheberrechtlichen Bereich BGH 6.5.1981, BGHZ 81, 282 (288 ff.) u. (differenzierend) 20.2.1986, GRUR-Int 1986, 724 – Gebührendifferenz IV; Einzelheiten bei *Leßmann* GRUR 2000, 741 (745 ff.).
[291] Vgl. *Loewenheim* GRUR 1982, 464.
[292] BGH 5.7.2001, GRUR 2002, 248 (252) – SPIEGEL-CD-ROM (zum UrhR); *Rinken/Kühnen* in Schulte PatG § 9 Rn. 50 ff.; *Haedicke/Timmann/Bukow* § 13 Rn. 68; *Allekotte* Mitt. 2004, 1 (5 f.); *Götz* GRUR 2001, 295 (297); aM *Körner* GRUR 1980, 204 ff.; *Sack* GRUR 1999, 197; *Scharen* in Benkard PatG § 9 Rn. 23, 28 aE; *Grabinski/Zülch* in Benkard PatG § 139 Rn. 20; *Kohler* 454; LG München I 17.7.1997, Mitt. 1998, 262; *Busse/Keukenschrijver* PatG § 9 Rn. 149.

§ 33. Die schutzrechtsverletzenden Handlungen

Inverkehrbringen vor Eintragung eines Gebrauchsmusters, wobei allerdings mangels vorheriger Veröffentlichung keine Entschädigung in Betracht kommt.

Die Rechtmäßigkeit des Inverkehrbringens ersetzt also die Zustimmung nicht, wenn sie lediglich darauf beruht, dass dieses außerhalb der räumlichen oder inhaltlichen Reichweite oder vor dem Beginn der Schutzrechtswirkung geschieht; erforderlich ist, dass ihm ein gesetzliches oder durch behördlichen Akt verliehenes **Benutzungsrecht** zugrunde liegt. 292

4. Zusammenfassend kann gesagt werden, dass die Verbrauchswirkung des Inverkehrbringens davon abhängt, dass es **in Ausübung eines Rechts** stattfindet. Im Fall des Inverkehrbringens durch den Patentinhaber oder einen mit seiner Zustimmung handelnden Dritten ist dieses Recht das Patent, im Übrigen ein dieses einschränkendes Benutzungsrecht. Ein Inverkehrbringen vor Patenterteilung mit Willen des späteren Patentinhabers oder seines Rechtsvorgängers ist Ausübung des Rechts auf das Patent und gegebenenfalls des Erteilungsanspruchs, wirkt sich aber auch auf das hieraus hervorgehende Patent aus. 293

In Sonderfällen kann dem Inverkehrbringen die Erschöpfungswirkung fehlen, weil es trotz Zustimmung des Patentinhabers nicht in Ausübung eines Rechts erfolgt: Wer auf Grund entsprechender Lizenzvereinbarung nur zur Herstellung, nicht aber zum Vertrieb patentierter Erzeugnisse berechtigt ist, darf diese nur an einen Vertriebsberechtigten liefern. Die Lieferung ist in diesem Fall nicht Ausübung eines Rechts zum Inverkehrbringen, da dieses dem Liefernden nicht zusteht. Sie hat deshalb keine Erschöpfungswirkung. So verhält es sich, wenn der Inhaber einer bloßen Herstellungslizenz an den Patentinhaber liefert, aber auch dann, wenn der infolge Erteilung einer ausschließlichen Vertriebslizenz nicht mehr vertriebsberechtigte Patentinhaber von ihm hergestellte Erzeugnisse dem Lizenznehmer liefert. Abgesehen von diesem Sonderfall führt aber die Belieferung von Lizenznehmern durch den Patentinhaber zur Erschöpfung.[293] 294

5. Die für die Erschöpfung erforderliche Berechtigung oder Zustimmung muss im Zeitpunkt des Inverkehrbringens vorliegen; trifft dies zu, bleibt die Erschöpfungswirkung bestehen, auch wenn nachträglich ihre Voraussetzungen in der Person dessen, der die Sache in Verkehr gebracht hat, wegfallen, zB das Patent oder die Anmeldung übertragen wird oder die Lizenz endet. 295

c) Erschöpfung durch Inverkehrbringen im Ausland?

1. Um den Verbrauch patentrechtlicher Befugnisse bewirken zu können, muss nach hergebrachter, vom BGH wiederholt bestätigter und im Schrifttum ganz herrschender Auffassung das Inverkehrbringen grundsätzlich **im Inland** erfolgen;[294] Einschränkungen dieser Regel gelten allerdings mit Rücksicht auf die Rechtsprechung des EuGH über das Verhältnis des Patentschutzes zum Grundsatz des freien Warenverkehrs im Gemeinsamen Markt 296

---

[293] AM *Kraft* GRUR 1971, 373 (380).
[294] BGH 29.2.1968, BGHZ 49, 331 (335, 339) – Voran; 3.6.1976, GRUR 1976, 579 (582) – Tylosin; 14.12.1999, BGHZ 143, 268 (273) – Karate mN; ebenso schon RG 26.3.1902, RGZ 51, 139 (141); 23.3.1903, RGSt 36, 178; 4.4.1914, RGZ 84, 370 (375 f.); *Kohler* 455 f.; zusammenfassend *Beier* GRUR-Int 1996, 1–9; für Erschöpfungswirkung ausländischen Inverkehrbringens unter bestimmten Voraussetzungen jedoch *Koch/Froschmaier* GRUR-Int 1965, 121 ff.; *Schatz* GRUR-Int 1970, 207 ff.; *Reimer* GRUR-Int 1972, 229; *Heath* FS Kolle/Stauder, 2005, 165 (175 f.) mit Hinweis auf eigene frühere Arbeiten (Fn. 42); er stimmt freilich Kohler darin zu, dass es für die Frage, ob eine in einem Patentstaate rechtmäßig gefertigte Sache in einem anderen Staat verbreitet und gebraucht werden darf, auf die Patentverhältnisse in diesem anderen Staat ankommt. Anschließend meint er jedoch, die Ablehnung der internationalen Erschöpfung sei mit der von Kohler gegebenen Begründung nicht zu halten, weil auf die Wirkungen des inländischen, nicht des ausländischen Rechts abzustellen sei. Letztlich fordert er Anerkennung internationaler Erschöpfung, weil der Patentinhaber bereits hinreichend belohnt sei. Mit den Gründen, die Anlass geben können, dies zu bezweifeln, setzt er sich nicht auseinander. – Für internationale Erschöpfung auch *Godt* 587 ff. mit unklarer Begründung, die sich zu Unrecht auf das TRIPS beruft. – Nach *Straus* GRUR-Int 1996, 179 (193 f.) läuft diesem die Anerkennung internationaler Erschöpfung zuwider; nach *v. Kraack* 57 ff., 80 hat es den Grundsatz nationalregionaler Erschöpfung festgeschrieben.

(vgl. → Rn. 302 ff.). Außerhalb dieses Bereichs, also in „Drittländern", bewirkt jedoch ein Inverkehrbringen, auch wenn ihm der Patentinhaber zugestimmt hat, keinen Verbrauch von Befugnissen aus dem für Deutschland erteilten Patent. Die betreffenden Erzeugnisse dürfen daher nicht gegen den Willen des Patentinhabers ins Inland eingeführt und hier vertrieben oder benutzt werden. Gleichgültig ist, ob der Patentinhaber im Staat des ersten Inverkehrbringens ebenfalls über ein Schutzrecht, insbesondere ein „Parallelpatent" verfügt, das ihn berechtigt, einem Inverkehrbringen der Erzeugnisse durch andere entgegenzutreten.

297 2. Zur Begründung der dargestellten Auffassung wird gewöhnlich auf das immaterialgüterrechtliche **Territorialitätsprinzip** verwiesen. Dieses besagt im Kern, dass der inländische Gesetzgeber im Ausland stattfindende Handlungen nicht verbieten und deshalb auch nicht durch Gewährung subjektiver Rechte Einzelnen die Befugnis zu einem solchen Verbot verleihen kann. Hieraus ergibt sich, dass jedes von einem Staat für sein Gebiet gewährte derartige Recht selbständig ist. Demgemäß sind alle Patente, die von verschiedenen Staaten (oder für verschiedene Staaten durch das EPA) demselben Berechtigten für dieselbe Erfindung erteilt sind, voneinander unabhängig (vgl. Art. 4bis PVÜ). Wer ein erfindungsgemäßes Erzeugnis in einem Staat in Verkehr bringt, übt nur das in diesem bestehende Recht aus; der Verbrauch von Befugnissen aus einem Patent, das für einen anderen Staat erteilt ist, kann deshalb nicht damit begründet werden, dass der Patentinhaber sein Recht bereits ausgeübt habe.

Das Territorialitätsprinzip schließt es jedoch nicht aus, die Voraussetzungen, unter denen im Inland vorgenommene Handlungen verboten sind, so zu bestimmen, dass dabei auch ausländischen Sachverhalten Bedeutung zukommt.[295]

298 So liegt gewiss kein Widerspruch zum Territorialitätsgrundsatz darin, dass es für die Neuheitsschädlichkeit einer Information nicht darauf ankommt, an welchem Ort sie vor dem Prioritätstag der Öffentlichkeit zugänglich gemacht worden ist.

299 Für den Gesetzgeber und – im Fall seines Schweigens – die Rechtsprechung stellt sich daher die Frage, welche sachlichen Gründe dafür sprechen können, einem ausländischen Inverkehrbringen Erschöpfungswirkung für das Inland beizulegen. Da dem Erschöpfungsgrundsatz der Gedanke zugrunde liegt, dass der Patentinhaber beim ersten Inverkehrbringen hinreichend Gelegenheit zur Realisierung des Erfindungswerts habe (vgl. → Rn. 281 f.), scheint sich die Folgerung anzubieten, dass das ausländische Inverkehrbringen auch für das Inland zum Verbrauch führen müsse, wenn es unter dem Schutz eines am Ort des Inverkehrbringens bestehenden Parallelpatents vorgenommen wird.

300 Zwingend ist diese Folgerung jedoch nicht.[296] Das ausländische Schutzrecht erlaubt die Erzielung eines Gegenwerts für die erfinderische Leistung nur nach Maßgabe ihrer Bewertung durch den *ausländischen* Markt. Es ist daher nicht ausgeschlossen, dass eine Freigabe der Einfuhr unter seinem Schutz in Verkehr gebrachter Erzeugnisse den Zwecken des inländischen Patentschutzes zuwiderläuft. Diese sind primär auf den Inlandsmarkt für erfindungsgemäße Erzeugnisse gerichtet; ihnen entspricht es, dass jedenfalls dieser dem Patentinhaber reserviert wird. Sie können gefährdet sein, wenn infolge von Einfuhren die Ertragsaussichten hinsichtlich solcher Erzeugnisse beeinträchtigt werden, die *mit* dem Willen des Patentinhabers auf den inländischen Markt gelangen. Deshalb kann nicht gesagt werden, dass der Patentinhaber, dem im Ausland ein Parallelpatent zusteht, im Zusammenhang mit dem dortigen Inverkehrbringen schon die Vorteile genossen habe, die das *inländische* Gesetz ihm sichern will.[297]

301 Das Patentrecht beschränkt sich darauf, *Chancen* zuzuteilen; es gewährleistet weder, dass deren Wahrnehmung im Einzelfall zu Erträgen bestimmten Umfangs führt, noch versagt es seinen Schutz

---

[295] Vgl. *Reimer* GRUR-Int 1972, 228; *Schatz* GRUR-Int 1970, 213.
[296] Vgl. BGH 3.6.1976, GRUR 1976, 579 – Tylosin; *Loewenheim* GRUR 1982, 463 und GRUR-Int 1996, 310; *Reimer* GRUR-Int 1972, 228 f.
[297] So aber *Schatz* GRUR-Int 1970, 213; im gleichen Sinn *Soltysinski* GRUR-Int 1996, 316 (318 f.).

§ 33. Die schutzrechtsverletzenden Handlungen

aus dem Grund, dass bereits erzielte Erträge eine angemessene Belohnung darstellten und der Patentinhaber weiteres nicht „verdiene". Als angemessen gilt vielmehr, was der Markt hergibt. Soweit den räumlichen Geltungsbereichen der Patentgesetzgebungen unterscheidbare Märkte entsprechen, ist es daher sachgerecht, Umständen, die andere Märkte betreffen, keinen Einfluss auf die inländischen Patentwirkungen zuzuschreiben[298]. Das Argument, dass bei Bestehen von Parallelschutz am ausländischen Ort des ersten Inverkehrbringens der inländische Patentinhaber schon eine der erfinderischen Leistung angemessene Belohnung empfangen habe, geht von der Voraussetzung aus, dass es im System des Patentrechts Raum und Maßstäbe für die Prüfung der Angemessenheit eines Marktresultats gebe. Aus den genannten Gründen trifft dies aber nicht zu.

d) Einfluss des unionsrechtlichen Grundsatzes des freien Warenverkehrs

1. In Art. 34, 35 AEUV (früher Art. 28, 29 EGV) ist der für die Schaffung eines Gemeinsamen Marktes mit binnenmarktähnlichen Verhältnissen wesentliche Grundsatz des freien Warenverkehrs zwischen den Mitgliedstaaten festgelegt. Mengenmäßige Einfuhrbeschränkungen sowie alle Maßnahmen gleicher Wirkung sind zwischen den Mitgliedstaaten verboten. Eine Ausnahme ist in Art. 36 vorgesehen: Die Art. 34 und 35 stehen Einfuhr-, Ausfuhr- und Durchfuhrverboten oder -beschränkungen nicht entgegen, die zum Schutz des gewerblichen und kommerziellen Eigentums gerechtfertigt sind. Diese Verbote oder Beschränkungen dürfen jedoch weder ein Mittel zur willkürlichen Diskriminierung noch eine verschleierte Beschränkung des Handels zwischen den Mitgliedstaaten darstellen. **302**

Zur Frage, wie weit die Ausnahme reicht, hat der Europäische Gerichtshof in einer Reihe von Entscheidungen Stellung genommen, die durch die Geltendmachung verschiedener durch das nationale Recht von Mitgliedstaaten gewährter Immaterialgüterrechte veranlasst wurden. Er ist dabei von der Grundauffassung ausgegangen, dass zwar der **Bestand** dieser Rechte gewährleistet sei, ihre **Ausübung** aber mit Rücksicht auf die Freiheit des Warenverkehrs Einschränkungen unterliegen könne. Was zum Bestand eines Rechts gehöre, richte sich nach dessen **spezifischem Gehalt;**[299] nur zur Wahrung der Rechte, die diesen ausmachen, sei eine den freien Warenverkehr beschränkende Ausübung gerechtfertigt. **303**

2. Für das **Patentrecht** hat der EuGH[300] den spezifischen Gehalt dahin gekennzeichnet, „dass der Inhaber zum Ausgleich für seine schöpferische Erfindertätigkeit das ausschließliche Recht erlangt, gewerbliche Erzeugnisse herzustellen und in den Verkehr zu bringen, mithin die Erfindung entweder selber oder im Wege der Lizenzvergabe an Dritte zu verwerten, und dass er ferner das Recht erlangt, sich gegen jegliche Zuwiderhandlung zur Wehr zu setzen". Auf dieser Grundlage wurde ausgesprochen, „dass es mit den Bestimmungen des EWG-Vertrages über den freien Warenverkehr innerhalb des Gemeinsamen Marktes unvereinbar ist, wenn der Patentinhaber von der ihm durch Rechtsvorschriften eines Mitgliedstaats eingeräumten Befugnis Gebrauch macht, in diesem Staat den Vertrieb eines durch das Patent geschützten Erzeugnisses zu unterbinden, das in einem anderen Mitgliedstaat von ihm selber oder mit seiner Zustimmung in den Verkehr gebracht worden ist". Der Patentinhaber soll hierdurch gehindert werden, die nationalen Märkte abzuriegeln und den Handel zwischen den Mitgliedstaaten zu beschränken, ohne dass dies, wie der EuGH meint, notwendig ist, um ihm das aus dem Patent fließende Ausschlussrecht in seiner Substanz zu erhalten. **304**

---

[298] So wäre es nicht gerechtfertigt, wenn ein Patentinhaber beispielsweise den Import von Arzneimitteln hinnehmen müsste, die in bestimmten Ländern wegen deren geringer Wirtschaftskraft oder eines akuten Notstands mit seiner Zustimmung zu niedrigen Preisen oder kostenlos abgegeben oder aus Ländern, in denen sie nicht geschützt sind, importiert worden sind. Vgl. *Laudien* GRUR-Int 2000, 617 ff.; *Sack* GRUR 1999, 201 f.
[299] Krit. zu diesen Begriffen *Beier* GRUR-Int 1989, 609 f.; *Ebenroth/Hübschle* 78 ff., 106 ff.
[300] 31.10.1974, GRUR-Int 1974, 454 – Centrafarm/Sterling Drug.

305 Ein weiteres Urteil[301] stellt ergänzend klar, dass auf Grund eines nationalen Patents die Einfuhr in einen Mitgliedstaat auch dann nicht unterbunden werden darf, wenn die eingeführten Erzeugnisse in einem Mitgliedstaat, in dem *kein Patentschutz besteht,* vom Patentinhaber selbst in den Verkehr gebracht worden sind.

Im Streitfall handelte es sich um ein in Italien in Verkehr gebrachtes Arzneimittel; die italienische Gesetzgebung ließ seinerzeit eine Patentierung solcher Erzeugnisse nicht zu.

306 Zur Begründung seines Standpunktes führt der EuGH aus, dass es das Recht zum ersten Inverkehrbringen dem Patentinhaber zwar ermögliche, einen Ausgleich für seine schöpferische Erfindertätigkeit zu erhalten, ihm diesen Ausgleich aber nicht unter allen Umständen garantiere. Entscheide er sich für ein Inverkehrbringen in einem Mitgliedstaat, in dem für das Erzeugnis kein gesetzlicher Patentschutz besteht, habe er die Folgen hinsichtlich des freien Verkehrs des Erzeugnisses im Gemeinsamen Markt hinzunehmen[302].

307 3. Nach Art. 2 des zum Abkommen über den *Europäischen Wirtschaftsraum* gehörenden Protokolls 28 über geistiges Eigentum[303] sehen die Vertragsparteien (EU-Staaten sowie Island, Liechtenstein und Norwegen) die Erschöpfung der Rechte des geistigen Eigentums nach Maßgabe des Unionsrechts vor. Diese Bestimmung ist unbeschadet der künftigen Entwicklung der Rechtsprechung des EuGH auszulegen. Für Patentrechte gilt sie jedenfalls seit Ablauf eines Jahres nach dem (am 1.1.1994 erfolgten) Inkrafttreten des Abkommens.

308 4. Zulässig bleibt die Abwehr der Einfuhr patentgemäßer Erzeugnisse aus anderen Mitgliedstaaten nach Auffassung des EuGH,[304] wenn das Erzeugnis aus einem Mitgliedstaat stammt, in dem es nicht patentfähig ist, und von Dritten ohne Zustimmung des Patentinhabers hergestellt worden ist, ebenso wenn zwar in beiden betroffenen Mitgliedstaaten Patente bestehen, ihre originären Inhaber aber rechtlich und wirtschaftlich voneinander unabhängig sind.

309 Entsprechendes wird gelten müssen, wenn das in den Mitgliedstaat, für den das Patent gilt, eingeführte patentgemäße Erzeugnis ohne Zustimmung des Patentinhabers in einem anderen Mitgliedstaat in Verkehr gebracht worden ist, in dem für das Erzeugnis Patentschutz zwar erreichbar gewesen wäre, aber nicht beantragt worden ist[305].

310 Wird ein in einem Mitgliedstaat patentiertes Erzeugnis auf Grund eines *Vorbenutzungsrechts* in Verkehr gebracht, tritt Erschöpfung für das Gebiet dieses Mitgliedstaats ein (→ Rn. 290). Da aber das Inverkehrbringen ohne Zustimmung des Patentinhabers erfolgt ist, kommt es nach den vom EuGH entwickelten Grundsätzen nicht zur gemeinschaftsweiten Erschöpfung. Deshalb kann der Inhaber des durch das Vorbenutzungsrecht eingeschränkten Patents, wenn er in einem anderen Mitgliedstaat ein Parallelpatent hat, auf der Grundlage dieses Patents dem Import von Erzeugnissen des Vorbenutzungsberechtigten nicht nur im Fall der Direktlieferung,[306] sondern auch im Fall der Lieferung durch einen im Staat des Vorbenutzungsberechtigten von diesem belieferten Abnehmer[307] entgegentreten.

---

[301] 14.7.1981, GRUR-Int 1982, 47 – Merck/Stephar; ebenso 5.12.1996, GRUR-Int 1997, 250 – Merck/Primecrown und Beecham/Europharm.

[302] Krit. zur Rspr. des EuGH ua *Demaret* GRUR-Int 1987, 7; *Asendorf* FS Nirk, 1992, 27 ff. (35 ff.); *Sack* GRUR 1999, 195 ff.; *Mager* GRUR 1999, 639 f.; *Müller* Mitt. 2001, 151 (154 ff., 158); zustimmend jedoch *Heinemann* 267 f.

[303] GRUR-Int 1994, 216.

[304] 31.10.1974, GRUR-Int 1974, 454 – Centrafarm/Sterling Drug.

[305] So OLG Hamburg 18.6.1981, GRUR-Int 1982, 257; *Ebenroth* 65 ff.; *Sack* GRUR 1999, 199.

[306] So auch *Bartenbach/Bartenbach* FS Eisenführ, 2003, 115 (123 f.) gegen *Müller* Mitt. 2001, 151 ff., der sich allgemein für Zulässigkeit des Imports auf Grund eines VBR (oder einer Zwangslizenz) in einem Mitgliedstaat in Verkehr gebrachter Erzeugnisse in alle anderen Mitgliedstaaten ausspricht, aber verkennt, in welchem Maß ein VBR die Verwertungsmöglichkeiten des Patentinhabers beeinträchtigen kann, und deshalb meint, dem Gebot, diesem die wirtschaftliche Nutzung der Erfindung zu sichern, sei trotz des VBR ausreichend Rechnung getragen.

[307] AM *Bartenbach/Bartenbach* FS Eisenführ, 2003, 115 (125 ff.), die einem VBR für die Erschöpfung weitergehende Wirkungen beimessen wollen als einer Zwangslizenz. Dies will – wenn es darum geht,

§ 33. Die schutzrechtsverletzenden Handlungen   V § 33

Der Inhaber eines Patents kann in dem Mitgliedstaat, für den es erteilt ist, dem Inverkehrbringen patentgemäßer Erzeugnisse auch dann entgegentreten, wenn diese in einem anderen Mitgliedstaat, in dem er ein Parallelpatent hat, auf Grund einer *Zwangslizenz* an diesem Patent hergestellt und in Verkehr gebracht worden sind; dabei ist es unerheblich, ob die Zwangslizenz an ein Ausfuhrverbot geknüpft ist, ob in ihr Lizenzgebühren für den Patentinhaber festgesetzt sind und ob dieser die Gebühren angenommen oder abgelehnt hat.[308]   **311**

Ebenso wäre gegebenenfalls zu entscheiden, wenn der Patentinhaber rechtlich verpflichtet war, patentierte Erzeugnisse in einem Mitgliedstaat in Verkehr zu bringen, in dem es dafür keinen Patentschutz gab[309].   **312**

Uneingeschränkt kann sich nach der Rechtsprechung des EuGH der Patentinhaber der Einfuhr solcher patentgemäßen Erzeugnisse widersetzen, die, sei es auch von ihm selbst oder mit seiner Zustimmung, im Gebiet von Staaten, die nicht der EU angehören (Drittstaaten), in Verkehr gebracht worden sind:[310] in diesem Fall wird durch die Ausübung des Schutzrechts die Einheit des Gemeinsamen Marktes, die die Art. 34 f. AEUV sicherstellen wollen, nicht in Frage gestellt. Daran ändert auch ein zwischen dem Staat des ersten Inverkehrbringens und der EU bestehendes Assoziierungsabkommen nichts, das den Art. 34 und 36 AEUV entsprechende Bestimmungen enthält, aber im Unterschied zum EGV nicht auf die Schaffung eines einheitlichen Marktes abzielt, dessen Bedingungen denjenigen eines Binnenmarktes möglichst nahekommen.[311] Nach dem EWR-Abkommen (→ Rn. 307) bewirkt jedoch das durch den Inhaber eines für einen Staat des EWR geltenden Patents oder mit seiner Zustimmung erfolgte Inverkehrbringen eines patentgemäßen Erzeugnisses in einem anderen EWR-Staat, dass die Einfuhr dieses Erzeugnisses in jenen Staat nicht auf Grund des Patents verboten werden kann[312].   **313**

Beim Beitritt der zwölf 2004 und 2007 aufgenommenen Mitgliedstaaten wurden Übergangsregelungen festgelegt, die es mit – Rücksicht darauf, dass in diesen Staaten ein dem EU-Standard entsprechender Patentschutz für Arzneimittel erst in jüngerer Zeit eingeführt worden ist – Patent- und Zertifikatsinhabern in den „alten" Mitgliedstaaten erlauben, den Import von Arzneimitteln aus einem Beitrittsstaat, in dem zur Zeit der Patentanmeldung kein entsprechender Schutz für Arzneimittel erreichbar war, auch dann zu verhindern, wenn diese dort mit seiner Zustimmung in Verkehr gebracht worden sind.[313]   **314**

5. Die Behandlung der Einfuhr aus einem Mitgliedstaat ohne Patentschutz und der Einfuhr aus einem Drittstaat macht deutlich, dass sich die Rechtsprechung des EuGH nicht   **315**

---

ob der spezifische Gehalt des Patents eine Beschränkung des freien Warenverkehrs rechtfertigt – nicht einleuchten, zumal bei der ZL der Patentinhaber im Regelfall eine Entschädigung erhält. Der Umstand, dass das VBR dem Patent originär anhaftet, während die ZL es nachträglich einschränkt, ändert nichts daran, dass in beiden Fällen die Wirkungen des Benutzungsrechts gemäß dem Zweck begrenzt bleiben müssen, der es rechtfertigt. Vertrauensinteressen ausländischer Abnehmer sind im Fall des VBR nicht schutzwürdiger als im Fall der ZL.
[308] EuGH 9.7.1985, GRUR-Int 1985, 822 – Hoechst/Pharmon mit Schlussanträgen des Generalanwalts *Mancini*. – Die vom EuGH beantwortete Frage bezog sich nur auf den Fall, dass der Inhaber der Zwangslizenz seine Erzeugnisse *direkt* in einen anderen Mitgliedstaat ausführt. Den Erwägungsgründen (insbesondere 25 und 26 GRUR-Int 1985, 822 (824); im gleichen Sinne *Mancini* GRUR-Int 1985, 822 (825, 826)) ist jedoch zu entnehmen, dass der EuGH die Geltendmachung des Patents in einem Mitgliedstaat auch dann zulassen will, wenn die Erzeugnisse auf Grund der Zwangslizenz zunächst in dem Staat, für den diese erteilt ist, in Verkehr gebracht und dann in den Mitgliedstaat ausgeführt worden sind, in dem das geltend gemachte Patent besteht. Ebenso *Demaret* GRUR-Int 1987, 6.
[309] EuGH 5.12.1996, GRUR-Int 1997, 250 – Merck/Primecrown und Beecham/Europharm.
[310] So für Warenzeichenrechte EuGH 15.6.1976, GRUR-Int 1976, 398 – EMI/CBS.
[311] EuGH 9.2.1982, GRUR-Int 1982, 372 – Polydor/Harlequin (für Urheberrechte).
[312] Vgl. BGH 14.12.1999, BGHZ 143, 268 (271 f., 273) – Karate.
[313] Ausführlich dazu *Sadlonova* FS Kolle/Stauder, 2005, 263; vgl. auch OLG Frankfurt a. M. 9.5.2007, GRUR-RR 2007, 377 – Berodual.

mit patentrechtlichen Kategorien, sondern nur aus dem Grundsatz des freien Warenverkehrs rechtfertigen lässt:[314] Schutzrechte sollen nicht zur Aufteilung des Gemeinsamen Marktes dienen, auch wenn diese nicht durch wettbewerbsbeschränkendes Verhalten im Sinne der Art. 101, 102 AEUV (früher 81, 82 EGV), sondern durch bloße Ausübung im Schutzrecht enthaltener Befugnisse bewirkt wird.

316 Der einzige patentrechtskonforme Ansatz, der sich in der Haltung des EuGH andeutet, ist der Hinweis auf die Einheit des Marktes: sofern sie *erreicht* ist, kann für das nationale Recht der Anlass zu einem Schutz gegen die Einfuhr auf demselben Markt mit dem Willen des Patentinhabers in Verkehr gelangter Erzeugnisse entfallen. Bisher herrschen jedoch für zahlreiche Arten von Erzeugnissen in den einzelnen Mitgliedstaaten der EG noch höchst unterschiedliche Marktverhältnisse. Die Haltung des EuGH nimmt gleichwohl vorweg, was *patentrechtlich* erst nach Beseitigung dieser Unterschiede zu rechtfertigen wäre. Sie mutet den Inhabern von Immaterialgüterrechten Vorleistungen für die Schaffung des Gemeinsamen Marktes zu.

e) Inverkehrbringen von Vorrichtungen zur Ausführung patentierter Verfahren

317 1. Bei Verfahrenspatenten ist das Inverkehrbringen des Verfahrens als solches kein dem Patentinhaber vorbehaltener Benutzungstatbestand (vgl. → Rn. 149f.). Grundsätzlich können sich patentrechtliche Befugnisse (System- und Verfahrensansprüche) darum **nicht** dadurch **verbrauchen,** dass das geschützte Verfahren in Verkehr gebracht wird. Gelegenheit, einen Gegenwert für die erfinderische Leistung zu erlangen, hat der Patentinhaber stets dann, wenn er einem anderen die Erlaubnis zur Anwendung des Verfahrens erteilt. Der andere darf dann das Verfahren anwenden und sich Dritten gegenüber hierzu erbieten. Er kann Dritten die Anwendung des Verfahrens freilich nur gestatten, wenn der Patentinhaber ihn dazu ermächtigt hat. Die Benutzungserlaubnis als solche weitergeben kann er nicht.

317a Schwieriger ist die Situation bei Systemansprüchen. Einen interessanten Fall dazu bilden *Schönbohm/Ehlgen*:[315] Schutz eines Bauteils durch einen Sachanspruch, Schutz des Systems, in dem das Bauteil verwendet wird, durch einen Systemanspruch und Schutz des Verfahrens, mit dem das geschützte Bauteil betrieben wird, durch einen Verfahrensanspruch. Für den Sachanspruch am Bauteil selbst tritt hier mit Inverkehrbringen ohne Weiteres Erschöpfung ein. Weniger eindeutig ist dies für das System, in das ein anderer Hersteller das (dafür gedachte) Bauteil einbauen will. Erschöpft sich dieser Systemanspruch zusammen mit dem Sachanspruch, kann der Patentinhaber den weiteren Einbau des Bauteils mithin nicht mehr kontrollieren und auswerten oder kann er die Gestattung des Einbaus zum Teil seines Aftersale-Geschäfts machen? Wohlgemerkt: nicht die Inverkehrbringung des Systems wurde vom Patentinhaber konsentiert – dann auch insoweit ohne Weiteres Erschöpfung! – sondern nur des Bauteils. Um eine Aushöhlung des Erschöpfungsbegriff zu verhindern, wurde 2009 die **erweiterte Erschöpfung** zur Diskussion gestellt,[316] die freilich vereinzelt geblieben ist.[317] Richtig dürfte sein, die Objektbezogenheit der Erschöpfung schon aus Mangel an Alternativen grundsätzlich beizubehalten, deren Wirkungen aber dann auch auf andere Ansprüche zu erstrecken, durch die ohne technischen Mehrwert allein die bestimmungsgemäße Verwendung einer Vorrichtung kontrolliert werden soll, an der bestehende Sachansprüche sich durch Veräußerung erschöpft hatten.[318]

---

[314] *Gotzen* GRUR-Int 1984, 150 ff.

[315] Mitt. 2016, 104 (105 ff.).

[316] *Haft/Samson-Himmelstjerna* FS Reimann, 2009, 175 (182 f.); *v. Meibom/Meyer, M. F.* FS Mes, 2009, 255 (262 ff.).

[317] LG Düsseldorf 12.12.2013, BeckRS 2014, 3010; s. auch *Kühnen* Handbuch Kap. E Rn. 638, der zwar keine Erschöpfung annehmen will, wohl aber eine im Ergebnis ähnlich wirkende konkludente Lizenzerteilung; *Schönbohm/Ehlgen*, die die für den Sachanspruch eintretende Erschöpfung auch auf nachgelagerte Systemansprüche wirken lassen wollen Mitt. 2016, 104 (108 ff.).

[318] *Busse/Keukenschrijver* § 9 Rn. 154.

§ 33. Die schutzrechtsverletzenden Handlungen

2. Liefert der Inhaber eines Verfahrenspatents einem anderen eine zur Ausübung des Verfahrens geeignete Vorrichtung, darf der andere das Verfahren mit Hilfe der Vorrichtung nur dann anwenden, wenn ihm der Patentinhaber dies gestattet.[319] Das gilt im Grundsatz auch dann, wenn der bestimmungsgemäße Gebrauch der Vorrichtung notwendigerweise ein Handeln nach der als Verfahren geschützten Lehre mit sich bringt. Das Inverkehrbringen der Vorrichtung bewirkt **keine Erschöpfung** von Befugnissen aus dem Verfahrenspatent. 318

Dies entspricht der Rechtslage, die sich ergibt, wenn der Patentinhaber, der die für ihn geschützte Vorrichtung geliefert hat, durch ein weiteres Patent Schutz für hierdurch herstellbare Erzeugnisse genießt: Die Lieferung der Vorrichtung berechtigt nicht schon deshalb zur Herstellung der unter das andere Patent fallenden Erzeugnisse, weil sich das Vorrichtungspatent erschöpft hat.[320] 319

Ist auch die gelieferte Vorrichtung patentiert, erschöpft sich mit ihrer Lieferung die Befugnis, aufgrund des Sachpatents den Gebrauch der Vorrichtung zu untersagen. Sofern das Verfahren ausschließlich im bestimmungsgemäßen Gebrauch der Vorrichtung besteht, also neben diesem keine anderen Maßnahmen umfasst, gerät der bezüglich des Sachpatents anzuwendende Erschöpfungsgrundsatz in Konflikt mit den fortbestehenden Befugnissen aus dem Verfahrenspatent. Dieser Konflikt könnte durch die Annahme gelöst werden, dass sich die Befugnis, die Anwendung des Verfahrens zu untersagen, im angenommenen Fall mit dem vom Patentinhaber gebilligten Inverkehrbringen der Vorrichtung erschöpfe, soweit das Verfahren mit Hilfe *dieser* Vorrichtung ausgeführt wird.[321] Der Patentinhaber könnte dann über den Verkaufspreis der Vorrichtung einen Gegenwert für die erfinderische Leistung erlangen, und dies erschiene auch ausreichend, weil der technische Gehalt der Verfahrensanweisung nicht über Aufbau und Funktion der Vorrichtung hinausgeht. 320

Dieser Gedanke versagt jedoch, wenn die Vorrichtung *nicht patentiert* ist. Dann würde das Verfahrenspatent einfach als Sachpatent behandelt; und zwar auch in dem Sinn, dass dem Patentinhaber Herstellung, Inverkehrbringen, Anbieten und Gebrauch der *Vorrichtung* vorbehalten blieben, etwaige Erzeugnisse ihres Gebrauchs jedoch nicht. Eine solche Umdeutung des Verfahrensschutzes kann jedoch nicht allgemein befürwortet werden. Die besonderen Gründe, aus denen sie bei reinen Verwendungspatenten (vgl. → Rn. 205) am Platz ist, betreffen nur diese. 321

Eine Erschöpfung von Befugnissen aus dem Verfahrenspatent durch Lieferung einer zu seiner Anwendung geeigneten Vorrichtung ist daher in keinem Fall anzuerkennen, mag die Vorrichtung ebenfalls patentiert sein oder nicht, mag sie nur zur Verfahrensanwendung oder auch zu anderen Zwecken taugen, mag sich das Verfahren auf ihren bestimmungsgemäßen Gebrauch beschränken oder weitere Maßnahmen umfassen.[322] Schwierigkeiten, die sich hieraus für die Praxis ergeben könnten, sind durch Vertragsauslegung vermeidbar (vgl. → Rn. 325). 322

Unabhängig hiervon ist jedoch bereits im Erteilungsverfahren auf die Wahl der Patentkategorie zu achten, die der erfinderischen Leistung angemessen ist. Dabei sollte ausgeschlossen sein, dass *neben* einer Vorrichtung deren bestimmungsgemäßer Gebrauch als Verfahren patentiert wird[323]. 323

---

[319] RG 16.6.1915, RGZ 86, 436 (440); 18.12.1920, RGZ 101, 135 (139); BGH 24.9.1979, GRUR 1980, 38 – Fullplastverfahren; 14.11.2000, GRUR 2001, 223 (224) – Bodenwaschanlage.
[320] LG Düsseldorf 23.5.2000, Mitt. 2000, 458.
[321] So *Reimer* § 6 Rn. 88 (377); *Schatz* GRUR-Int 1970, 212; BGH 16.9.1997, GRUR 1998, 130 (132) – Handhabungsgerät; LG Düsseldorf 3.11.1998, Mitt. 1999, 179.
[322] Ebenso *Schricker* Mitt. 1980, 31 (34); *Kohler* 457; *Troller*, Immaterialgüterrecht, Bd. II, 765; anders *Reimer* GRUR-Int 1972, 227; *Graf* GRUR 1980, 55 ff.; *Brandi-Dohrn* GRUR 1980, 757 ff.
[323] Ablehnung eines solchen Verfahrensanspruchs in BGH 16.9.1997, GRUR 1998, 130 – Handhabungsgerät; vgl. → § 24 Rn. 55; die Entscheidung wird von *Sack* WRP 1999, 1109 dahin verstanden, dass bei Patentierung sowohl des Erzeugnisses als solchen als auch von dessen Gebrauch als Verfahren das Inverkehrbringen des Erzeugnisses auch die Rechte aus dem Verfahrenspatent erschöpfe. Sie kann aber auch dahin verstanden werden, dass sie – eben deshalb, weil letzteres nicht zutrifft – dem Anmelder einen Anspruch versagt, der es ihm als Patentinhaber ermöglichen würde, die Rechtsfolgen der

324 Die Vereinbarung von Lizenzzahlungen für ein Verfahren, das sich darauf beschränkte, eine ebenfalls patentierte Vorrichtung in der durch ihre Bauart vorgegebenen Weise zu gebrauchen, wurde aus kartellrechtlichen Gründen als unwirksam angesehen[324].

325 3. Die vom Erwerber einer Vorrichtung benötigte **Erlaubnis** zur Anwendung eines damit ausführbaren Verfahrens ist vom Patentinhaber oder einem hierzu ermächtigten Lizenznehmer zu erteilen. Wenn die Vorrichtung durch einen zur Erlaubniserteilung Berechtigten geliefert wird, kann die Erlaubnis im **Vertrag** über die Lieferung enthalten sein. Trifft dieser keine ausdrückliche Bestimmung, kann doch seine an Treu und Glauben sowie der Verkehrssitte orientierte **Auslegung** ergeben, dass sie als erteilt anzusehen oder zumindest der Liefernde zur Duldung der Verfahrensanwendung verpflichtet ist (§§ 157, 242 BGB).

326 Der Erwerber darf demgemäß die Vorrichtung zur Verfahrensanwendung benutzen, wenn diese vertraglicher Zweck der Lieferung war,[325] aber auch dann, wenn ein sinnvoller Gebrauch der Vorrichtung ohne Anwendung des Verfahrens nicht in Betracht kommt.[326]

327 Der Patentinhaber hat zwar auch im letzteren Fall rechtlich die Möglichkeit, sich bei der Lieferung die Zustimmung zur Verfahrensanwendung vorzubehalten. Er würde aber keine Abnehmer finden, wenn er sie nicht wenigstens in bestimmtem Umfang oder unter bestimmten Voraussetzungen gestattete. Äußert er sich diesbezüglich nicht, ist die kraft des Verfahrenspatents erforderliche Zustimmung zum bestimmungsgemäßen Gebrauch der Vorrichtung als erteilt anzusehen, wenn der Erwerber die Vorrichtung erkennbar selbst benutzen will; erwirbt er zwecks Wiederverkaufs, muss er als befugt gelten, seinen Abnehmern die Verfahrensanwendung mit Wirkung gegen den Patentinhaber zu gestatten, soweit sie mittels der gelieferten Vorrichtung erfolgt.

328 Die Rechtsprechung hat wiederholt im Ergebnis anerkannt, dass ein vom Inhaber eines Verfahrenspatents geliefertes Gerät, dessen bestimmungsgemäßer Gebrauch die Anwendung des Verfahrens mit sich bringt, vom Erwerber benutzt werden darf.[327]

Allerdings wird im Einzelfall nicht immer deutlich, ob diese Rechtsfolge aus einer stillschweigenden Gestattung oder dem Erschöpfungsgrundsatz ähnlichen Vorstellungen hergeleitet wird.

329 Anders verhält es sich, wenn die vom Patentinhaber gelieferte Vorrichtung auch ohne Anwendung des geschützten Verfahrens sinnvoll benutzbar ist und nicht gerade zu diesem Zweck geliefert wird. Der Erwerber darf dann ohne besondere Erlaubnis die Vorrichtung nur unter Vermeidung jeder Anwendung des Verfahrens gebrauchen.

VI. Anbieten und Liefern von Mitteln zur Erfindungsbenutzung (mittelbare Verletzung)

Literatur: *Busche, J.*, Mittelbare Patentverletzung – zu den dogmatischen Grundlagen eines Rechtsinstituts, GRUR 2009 (FS Melullis), 236–240; *Chrocziel, P./Hufnagel, F.-E.*, Patentverletzung durch Abbau von Arzneimitteln im menschlichen Körper?, FS Tilmann, 2003, 449–460 (insb. 452 ff.); *Fähndrich, M./Tilmann, W.*, Patentnutzende Bereitstellungshandlungen bei Versuchen, GRUR 2001, 901–905; *Haedicke, M.*, Schadensersatz bei mittelbarer Patentverletzung, GRUR 2009 (FS Melullis), 273–276; *Haedicke, M./Zech, H.*, Technische Erfindungen in einer vernetzten Welt – Das Internet als Herausforderung für das Patentrecht, GRUR 2014, 52–57; *Höhfeld, J.*, Zur Frage des Bestimmtseins

---

Erschöpfung auszuschalten. Hieran hat er zwar durchaus ein Interesse. Doch verdient dieses nicht, als berechtigtes Rechtsschutzinteresse anerkannt zu werden.

[324] LG Düsseldorf 23.5.2000, Mitt. 2000, 458.
[325] BGH 24.9.1979, GRUR 1980, 38 (39) – Fullplastverfahren; 27.2.2007, GRUR 2007, 773 Rn. 28 – Rohrschweißverfahren.
[326] Nicht erforderlich ist, dass es zur Ausübung des Verfahrens außer der Vorrichtung keiner anderen Hilfsmittel bedarf; so aber anscheinend RG 10.2.1932, RGZ 135, 145 (148).
[327] RG 14.10.1931, RGZ 133, 326; 10.2.1932, RGZ 135, 145; LG Düsseldorf 3.11.1998, Mitt. 1999, 179; ähnlich für eine Vorrichtung zur Herstellung eines patentierten *Erzeugnisses* RG 1.11.1933, RGZ 142, 168 (169); anders LG Düsseldorf 23.5.2000, Mitt. 2000, 458.

§ 33. Die schutzrechtsverletzenden Handlungen

„durch den Abnehmer" bei der mittelbaren Patentverletzung, FS Schilling, 2007, 263–279; *Holzapfel, H.*, Zu § 10 PatG als Rechtszuweisungsnorm, GRUR 2002, 193–198; *König, R.*, Mittelbare Patentverletzung, Mitt. 2000, 10–25; *Kühnen, T.*, Zur Tenorierung des Warnhinweises in Fällen mittelbarer Patentverletzung, GRUR 2008, 218–220; *Maaßen, S.*, Normung, Standardisierung und Immaterialgüterrechte, 2006; *Nieder, M.*, Zur Antrags- und Verbotsfassung bei mittelbarer Patentverletzung, GRUR 2000, 272–273; *ders.*, Zum „Formstein"-Einwand, FS König, 2003, 379–398; *ders.*, Die mittelbare Patentverletzung – eine Bestandsaufnahme, GRUR 2006, 977–983; *v. Petersdorff-Campen, S./Timmann, H.*, Der Unterlassungstenor bei der mittelbaren Patentverletzung, FS 50 Jahre BPatG, 2011, 449–469; *Rauh, G.*, Zur Entbehrlichkeit der subjektiven Tatbestandsmerkmale des § 10 Abs. 1 PatG (mittelbare Patentverletzung), GRUR-Int 2008, 293–301; *Rigamonti, C. P.*, Theorie und Praxis der mittelbaren Patentverletzung, Mitt. 2009, 57–67; *Scharen, U.*, Der Unterlassungsantrag bei drohender mittelbarer Patentverletzung, GRUR 2001, 995–998; *Schmid-Dreyer, M./Waitzhofer, F.*, Aktuelle Entwicklungen im Bereich der mittelbaren Patentverletzung ausgehend von der Entscheidung „Nespresso", Mitt. 2015, 101–109; *Ullrich, H.*, Wettbewerb und technische Normen: Rechts- und ordnungspolitische Fragestellungen, GRUR 2007, 817–830; *Verbruggen, J./Lőrincz, A.*, Patente und technische Normen, GRUR-Int 2002, 815–829; *Walz, R.*, Abschied von der mittelbaren Patentverletzung? GRUR 1973, 283–293; vgl. ferner die einschlägigen Hinweise oben vor I.

Die in § 9 PatG vorgesehenen Wirkungen des Patents werden durch die Bestimmungen des § 10 PatG ergänzt. Nach Abs. 1 hat das Patent auch die Wirkung, dass es jedem Dritten verboten ist, ohne Zustimmung des Patentinhabers im Geltungsbereich des PatG anderen als zur Benutzung der patentierten Erfindung berechtigten Personen Mittel, die sich auf ein wesentliches Element der Erfindung beziehen, zur Benutzung der Erfindung im Geltungsbereich des PatG anzubieten oder zu liefern, wenn der Dritte weiß oder es auf Grund der Umstände offensichtlich ist, dass diese Mittel dazu geeignet und bestimmt sind, für die Benutzung der Erfindung verwendet zu werden. 330

Nach Abs. 2 ist diese Vorschrift nicht anzuwenden, wenn es sich bei den Mitteln um allgemein im Handel erhältliche Erzeugnisse handelt, es sei denn, dass der Dritte den Belieferten bewusst veranlasst, in einer nach § 9 S. 2 PatG verbotenen Weise zu handeln. 331

In Abs. 3 ist bestimmt, dass Personen, die die in § 11 Nr. 1–3 PatG genannten Handlungen vornehmen, im Sinne des Abs. 1 nicht als benutzungsberechtigt gelten. 332

Die Regelung hat Art. 30 (26) GPÜ zum Vorbild. Sie bezieht sich wie dieser auf einen **einstufigen Tatbestand,** der **keine unmittelbare Verletzungshandlung** einer weiteren Person erfordert.[328] 333

Auf Patente, deren Anmeldung vor seinem Inkrafttreten (1.1.1981) eingereicht wurde, war § 10 PatG noch nicht anwendbar.[329] Insoweit blieb es bei den Grundsätzen über den Schutz gegen mittelbare Patentverletzung, den die deutsche Rechtsprechung seit 1928 ohne spezielle gesetzliche Grundlage entwickelt hatte. Dieser Schutz konnte als gewohnheitsrechtlich anerkannt betrachtet werden, auch wenn seine Voraussetzungen und Grenzen nicht in allen Einzelheiten abschließend geklärt waren.[330] Die dazu entstandene Rechtsprechung ist bei Beachtung der veränderten Gesetzeslage auch für die Anwendung des geltenden Rechts verwertbar. 334

Für **Gebrauchsmuster** enthält § 11 Abs. 2 GebrMG eine dem § 10 PatG entsprechende Regelung. Sie ist anzuwenden, wenn die Anmeldung ab 1987 erfolgt ist. 335

Die Vorschriften unterscheiden sich in zwei Punkten: (1.) Im GebrMG findet sich an Stelle des Begriffs „Erfindung" der Ausdruck „Gegenstand des Gebrauchsmusters", was aber im gegebenen Zusammenhang nichts anderes als die durch ein Gbm geschützte Erfindung bedeutet. (2.) Die Zahl der Ausnahmen, für die zu bestimmen war, dass sie iSd Verbots, nicht Benutzungsberechtigten Mittel zur Erfindungsbenutzung anzubieten oder zu liefern, keine Benutzungsberechtigung verleihen, ist im GebrMG (§ 12 Nr. 1, 2) geringer als im PatG (§ 11 Nr. 1–3). Die Fälle, um die es im GebrMG geht, sind jedoch im PatG ebenso geregelt. Da somit keine anderen als die durch den geringeren Anwen-

---

[328] Denkschrift zum GPÜ, BlPMZ 1979, 333; *Preu* GRUR 1980, 697; BGH 10.10.2000, GRUR 2001, 228 – Luftheizgerät.
[329] BGH 10.12.1981, BGHZ 82, 254 (260) = GRUR 1982, 165 – Rigg.
[330] *Teschemacher* 70 f.

dungsbereich des Gebrauchsmusterschutzes bedingten Unterschiede bestehen, genügt es, im Folgenden die patentrechtliche Regelung zu behandeln. Was hierzu ausgeführt wird, gilt, soweit es nicht § 11 Nr. 2a, 2b und 3 PatG betrifft, in gleicher Weise für Gebrauchsmuster.

a) Die mittelbare Patentverletzung nach früherem Recht[331]

336 1. Der gesetzesergänzende Schutz gegen mittelbare Patentverletzung ging von dem Gedanken aus, dass für eine Patentverletzung auch derjenige verantwortlich sein könne, der, ohne selbst einen Verletzungstatbestand zu erfüllen, einem Verletzer Mittel zu dessen Tätigkeit liefert. Die Lieferung wurde demgemäß als eine besondere Form der **Beteiligung an fremder Verletzungshandlung** aufgefasst. Als *selbständiger* Fall der Patentverletzung konnte sie wegen der abschließenden gesetzlichen Festlegung der Verletzungstatbestände nicht behandelt werden. Hieraus ergab sich die Regel, dass **ohne unmittelbare Verletzung keine mittelbare Verletzung** vorliegen konnte. Insbesondere schied diese aus, wenn gelieferte Mittel in *rein privater* Weise oder nur im *Ausland* benutzt wurden.

337 So konnte die Belieferung privater Abnehmer mit Segeln, die von den Erwerbern mit anderen Bestandteilen zu einem als Kombination patentierten Rigg für ein Segelbrett verbunden wurden, schon deshalb nicht als mittelbare Patentverletzung angesehen werden, weil die Abnehmer nicht gewerbsmäßig handelten und deshalb in ihrer Person nach § 6 des früheren PatG keine Patentverletzung in Frage kam.[332]

338 Die angeführte Regel ergab auch ohne weiteres, dass die Belieferung zur Erfindungsbenutzung *Berechtigter,* insbesondere von Lizenznehmern des Patentinhabers, nicht als mittelbare Patentverletzung anzusehen war.

339 Sie bedeutete jedoch nicht, dass stets erst nach Vollendung einer unmittelbaren Verletzung ein Vorgehen wegen mittelbarer Verletzung möglich gewesen wäre. Vielmehr konnte schon **vor** dem Zustandekommen einer **unmittelbaren Verletzung** der Lieferung hierzu bestimmter Mittel mit der **Unterlassungsklage** entgegengetreten werden, wenn es nach den Umständen hinreichend wahrscheinlich war, dass die gelieferten Gegenstände patentverletzend verwendet würden.[333]

340 2. Die Frage, ob die gelieferten Mittel über ihre Eignung zu patentverletzendem Gebrauch hinaus eine objektiv erkennbare **Beziehung zur** geschützten **Erfindung** aufweisen mussten, fand in der Rechtsprechung des RG keine klare Antwort. Der BGH forderte zuletzt eine **„erfindungsfunktionelle Individualisierung"** im schon angeführten Sinn (vgl. → Rn. 65) als Voraussetzung der Annahme einer mittelbaren Verletzung[334] und rückte dementsprechend von der Ansicht ab, dass die Herstellung oder Lieferung von Sachen, in denen der Gegenstand des Patents nur teilweise verwirklicht ist, bei erfindungsfunktioneller Individualisierung eine *unmittelbare* Verletzung bilden könne. Dass die gelieferten Mittel *ausschließlich* in patentverletzender Weise benutzbar seien, wurde nicht gefordert; der Annahme erfindungsfunktioneller Individualisierung stand nicht entgegen, dass ein Gegenstand auch patentfrei verwendet werden konnte.

341 In *subjektiver* Hinsicht forderte die Rechtsprechung schon für den Unterlassungsanspruch mindestens fahrlässige Unkenntnis des Liefernden darüber, dass Patentschutz bestand und

---

[331] Eine zusammenfassende Darstellung gibt BGH 10.12.1981, BGHZ 82, 254 (257 ff.) – Rigg; vgl. ferner RG 10.11.1928, RGZ 122, 243 (246); 31.1.1931, RGZ 146, 26 (28); 14.10.1931, RGZ 133, 326 (329); 5.10.1935, RGZ 149, 12 (18); 3.11.1939, GRUR 1940, 89 (94f.); BGH 22.11.1957, GRUR 1958, 179 (182) – Resin; 8.11.1960, GRUR 1961, 627 – Metallspritzverfahren; 17.3.1961, GRUR 1961, 466 (469) – Gewinderollkopf; 30.4.1964, GRUR 1964, 496 – Formsand II; LG Düsseldorf 5.7.1983, GRUR-Int 1984, 637; zur Entwicklung eingehend *Teschemacher* 62 ff.; vgl. auch *Klaka* GRUR 1977, 338 f.

[332] BGH 10.12.1981, BGHZ 82, 254 (259) – Rigg.

[333] BGH 30.4.1964, GRUR 1964, 496 – Formsand II.

[334] BGH 17.3.1961, GRUR 1961, 466 – Gewinderollkopf; 30.4.1964, GRUR 1964, 496 – Formsand II; 10.12.1981, GRUR 1982, 167 – Rigg (in BGHZ 82, 254 insoweit nicht abgedruckt).

§ 33. Die schutzrechtsverletzenden Handlungen   VI § 33

die gelieferten Gegenstände möglicherweise patentverletzend benutzt würden. Das Schrifttum trat überwiegend dafür ein, den Unterlassungsanspruch ohne subjektive Voraussetzungen zu geben.[335]

3. Ein **vollständiges Verbot** der Lieferung wurde nur ausgesprochen, wenn es sich um   342 Gegenstände handelte, die in anderer als patentverletzender Weise nicht sinnvoll benutzt werden konnten.[336] Andernfalls wurde die Lieferung, damit nicht der Vertrieb patentfrei benutzbarer Erzeugnisse ungerechtfertigt behindert werde, nur insoweit untersagt, als sie ohne die gebotenen **Vorkehrungen** gegen eine in das Patent eingreifende Verwendung erfolgte.[337] Nach dem Grad der unter den gegebenen Umständen bestehenden Gefahr patentverletzenden Gebrauchs und der Zumutbarkeit für den Liefernden richtete sich, welche Vorkehrungen diesem auferlegt wurden.

Sofern Vorkehrungen überhaupt zumutbar waren, konnte je nach Lage des Einzelfalls schon das   343 Weglassen einer Gebrauchsanleitung, die die Benutzung des patentierten Verfahrens nahelegte, oder der Hinweis auf den bestehenden Patentschutz und die Warnung vor patentwidriger Verwendung genügen; es konnte aber auch nötig sein, die Abnehmer vertraglich zur Unterlassung solcher Verwendung zu verpflichten, soweit sie vom Patentinhaber nicht gestattet war, oder gar – was als einschneidendste Maßnahme nur ausnahmsweise in Betracht kam – ihnen außerdem für den Fall der Zuwiderhandlung das Versprechen einer Vertragsstrafe abzufordern.

Schadenersatz konnte vom mittelbaren Verletzer verlangt werden, soweit die von ihm   344 gelieferten Mittel tatsächlich patentverletzend verwendet wurden und er bei der Lieferung schuldhaft das Bestehen des Patentschutzes und die Möglichkeit patentverletzender Verwendung verkannt und die nach Sachlage gebotenen Vorkehrungen versäumt hatte.

4. Ein **praktisches Bedürfnis** für den Schutz vor mittelbarer Verletzung hatte sich   345 vor allem bei **Verfahrenspatenten** gezeigt. Ihre unmittelbare Verletzung entzog sich meist als innerbetrieblicher Vorgang der Wahrnehmung des Patentinhabers. Selbst wenn dabei auf den Markt gelangende Erzeugnisse hergestellt wurden, bestand Aussicht auf Nachweis der Verfahrensanwendung oft nur, wenn diese neu waren und deshalb die für diesen Fall vorgesehene Beweiserleichterung galt. Hinzu kam vielfach, dass mit sehr zahlreichen, wirtschaftlich oft unbedeutenden Benutzern zu rechnen war, deren Ermittlung und Verfolgung unverhältnismäßigen Aufwand erfordert hätte. Der Schutz gegen mittelbare Patentverletzung eröffnete in diesem Bereich die Möglichkeit, „das Übel unentdeckt bleibender Patentverletzungen an der Wurzel zu fassen",[338] indem er ein Vorgehen gegen die Lieferanten zur Verfahrensausübung erforderlicher Vorrichtungen, Stoffe oder Verbrauchsmaterialien gestattete. Von Bedeutung war dabei auch, dass von den mittelbaren Verletzern für Eingriffe, die durch ihr Mitverschulden bereits geschehen waren, Schadensersatz verlangt werden konnte.

Beispiele:[339] Gummitüllen zur Isolierung elektrischer Leitungen nach patentiertem Verfahren; An-   346 lagen zur Aluminiumoxydation, die auch patentgemäß benutzt werden konnten; polymerisierbare Verbindungen und Polymerisate mit einer Anleitung, nach welcher sie in einer vom patentierten Verfahren Gebrauch machenden Weise zur Herstellung von Zahnersatz und dergleichen zu verwenden waren; Molybdändraht einer zum Aufspritzen als dünne Zwischenschicht mittels Gaspistole und damit zur Verwendung im Rahmen des patentierten Metallspritzverfahrens geeigneten Ausführung; Sand aus

---

[335] Vgl. *Hesse* GRUR-Int 1972, 147 (148).
[336] BGH 7.11.1978, GRUR 1979, 149 – Schießbolzen; OLG Frankfurt a.M. 13.8.1981, GRUR 1981, 905 – Schleifwerkzeug.
[337] RG 31.1.1931, RGZ 146, 26 (29); 5.10.1935, RGZ 149, 12 (19); 21.4.1937, GRUR 1938, 865 (867); 3.11.1939, GRUR 1940, 89 (95); BGH 22.11.1957, GRUR 1958, 179 – Resin; 8.11.1960, GRUR 1961, 627f. – Metallspritzverfahren; 30.4.1964, GRUR 1964, 496 – Formsand II; vgl. auch *Hesse* GRUR-Int 1972, 147 (149); *Teschemacher* 116ff.
[338] BGH 8.11.1960, GRUR 1961, 627 – Metallspritzverfahren.
[339] Vgl. RG 14.10.1931, RGZ 133, 326; 5.10.1935, RGZ 149, 12; 3.11.1939, GRUR 1940, 89; BGH 22.11.1957, GRUR 1958, 179 – Resin; 8.11.1960, GRUR 1961, 627 – Metallspritzverfahren; 30.4.1964, GRUR 1964, 496 – Formsand II.

natürlichen Vorkommen mit dem für das patentierte Verfahren erforderlichen Gehalt an körnigem Glaukonit.

347 Auch bei **Sachpatenten** kam es vor, dass aus Gründen, die sich dem Einfluss des Berechtigten entzogen, geringe Aussicht bestand, die unmittelbaren Erfindungsbenutzer, insbesondere die Hersteller, ausfindig zu machen und in Anspruch zu nehmen. Der zentrale Angriff auf einen oder wenige Anbieter, bei denen die Benutzer für die erfindungsgemäße Produktion nötige Mittel wie Rohstoffe, Halbfabrikate, Teile bezogen, vermochte dann praktisch wirksame Abhilfe zu bieten.

348 **Beispiele:**[340] Gewinderollen für einen patentierten Gewinderollkopf; Kappen, die nur als Teile der patentierten Schießbolzen wirtschaftlich sinnvoll verwendet werden konnten; Segel mit Merkmalen, die sie als Bestandteile eines als Kombination geschützten Riggs geeignet machten; synthetische Diamanten mit metallischem Überzug, die den erfindungswesentlichen Bestandteil eines patentierten Schleifwerkzeugs bildeten.

Als weitere Fallgruppe wurde die Lieferung von Vorrichtungen angeführt, die beim normalen Gebrauch oder durch Maßnahmen, die für den Abnehmer nahelagen und unschwer auszuführen waren, eine patentverletzende Ausführungsform annahmen.[341]

349 Der Lieferant wurde durch die Beschränkungen, die das Verbot der mittelbaren Patentverletzung seiner Geschäftstätigkeit auferlegte, nicht ungebührlich belastet. Er konnte nicht erwarten, diese auf fremde Patentverletzungen gründen zu dürfen. Regelmäßig blieb ihm die Möglichkeit des Absatzes seiner Waren an Abnehmer, bei denen gewährleistet war, dass keine patentwidrige Benutzung erfolgte. Nur bei einem ausschließlich patentverletzend verwendbaren Erzeugnis war er auf den Patentinhaber, Lizenznehmer und sonstige Benutzungsberechtigte als Abnehmer angewiesen.

b) Beurteilung nach geltendem Recht

350 1. Die Regelung in § 10 PatG erfasst das **Anbieten** und das **Liefern** von **Mitteln** zur Erfindungsbenutzung, dh von Gegenständen, die, ohne selbst schon die patentierte Erfindung zu verwirklichen, beim Handeln nach ihrer Lehre unmittelbar zur Wirkung kommen.[342] Die Mitteilung der erfinderischen Lehre, etwa in Form von Verfahrensanleitungen, Gebrauchsanweisungen, Zeichnungen oder Entwürfen ist keine Lieferung von Mitteln zur Erfindungsbenutzung.[343] Doch geben solche Informationen, wenn sie einer Lieferung beigefügt sind, oft Aufschluss über die vorgesehene Verwendung der gelieferten Gegenstände.

351 Herstellung, Einfuhr oder Besitz von Mitteln zur Erfindungsbenutzung können in Ausnahmefällen die Besorgnis begründen, dass die Erzeugnisse demnächst in unerlaubter Weise angeboten oder geliefert werden. Dann kann vorbeugend Unterlassung des Anbietens und Lieferns, nicht aber Unterlassung des Herstellens, Einführens oder Besitzens verlangt werden, die als solche in § 10 PatG nicht verboten sind.

352 Die Festlegung von **Normen,** deren Einhaltung nur unter Benutzung einer oder mehrerer geschützter Erfindungen möglich ist, kommt nicht als mittelbare Verletzung, sondern allenfalls als Teilnahme (→ Rn. 386 ff.) an Verletzungshandlungen in Betracht[344].

---

[340] BGH 17.3.1961, GRUR 1961, 466 – Gewinderollkopf; 7.11.1978, GRUR 1979, 149 – Schießbolzen; 10.12.1981, BGHZ 82, 254 – Rigg; OLG Frankfurt a. M. 13.8.1981, GRUR 1981, 905 – Schleifwerkzeug.

[341] Vgl. *Teschemacher* 87 f.; *Klaka* GRUR 1977, 373.

[342] Zur Frage, wann bei Lieferung nicht aller Teile einer patentgeschützten Kombination dennoch eine unmittelbare Patentverletzung vorliegt: OLG Düsseldorf 24.2.2011, InstGE 13, 78 – Lungenfunktionsmessgerät.

[343] *Scharen* in Benkard PatG § 10 Rn. 1, 14; vgl. RG 10.11.1928, RGZ 122, 243; 17.6.1936, GRUR 1937, 670 (672).

[344] Zur Problematik allgemein *Verbruggen/Lõrincz* GRUR-Int 2002, 815–829; *Ullrich* GRUR 2007, 817–830; *Maaßen,* passim.

§ 33. Die schutzrechtsverletzenden Handlungen VI § 33

2. Die angebotenen oder gelieferten Mittel müssen sich auf ein **wesentliches Element** 353
der Erfindung beziehen. Der durch den Bezug auf ein solches Element gekennzeichnete Zusammenhang mit dem Schutzgegenstand ist weniger eng als derjenige, den die frühere Rechtsprechung unter dem Gesichtspunkt der „erfindungsfunktionellen Individualisierung" forderte.[345] Der **BGH**[346] hebt hervor, dass dieses Kriterium keinen Eingang in das Gesetz gefunden hat, und sieht den erforderlichen Zusammenhang als gegeben an, wenn ein Mittel geeignet ist, mit einem oder mehreren Merkmalen des Patentanspruchs bei der Verwirklichung des geschützten Erfindungsgedankens funktional zusammenzuwirken, dh zur Verwirklichung der technischen Lehre der Erfindung beizutragen. Leiste ein Mittel einen solchen Beitrag, komme es im Allgemeinen nicht darauf an, mit welchem Merkmal oder welchen Merkmalen es zusammenwirkt. Denn was Bestandteil des Patentanspruchs ist, sei regelmäßig auch wesentliches Element der Erfindung.[347] Dabei sei es nicht möglich, die wesentlichen Elemente der Erfindung danach zu bestimmen, ob sie den Gegenstand des Patentanspruchs vom Stand der Technik unterscheiden. Denn nicht selten seien sämtliche Merkmale eines Patentanspruchs aus dem SdT bekannt. Offen ließ der BGH, unter welchen Voraussetzungen gegebenenfalls ein für die technische Lehre der Erfindung völlig untergeordnetes Merkmal als nicht-wesentliches Element der Erfindung anzusehen ist.[348]

In **Audiosignalcodierung** sagt der BGH 2015 ausdrücklich, dass sich ein Mittel nicht schon dann 353a
auf ein wesentliches Element der Erfindung iSv § 10 Abs. 1 PatG bezieht, wenn es zur Verwirklichung eines Verfahrensschritts eingesetzt wird, der den anspruchsgemäß vorgesehenen Schritten vorausgeht; und zwar auch dann, wenn die nachfolgenden Schritte sonst nicht ausgeführt werden können und das Mittel nur so einsetzbar ist.[349]

Immerhin ist zu berücksichtigen, dass § 10 Abs. 2 PatG für allgemein im Handel erhältli- 354
che Erzeugnisse eine abweichende Regelung vorsieht. Abs. 1 gilt deshalb uneingeschränkt nur für solche Mittel, die sich auf ein wesentliches Element der Erfindung beziehen und *nicht* allgemein im Handel erhältlich sind. Ohne erfindungsgemäße Anpassung wird ein Gegenstand diese beiden Voraussetzungen kaum gleichzeitig erfüllen können. Das Erfordernis, wonach es sich um ein wesentliches Element der Erfindung handeln muss, dürfte dabei bewirken, dass angepasste Mittel von ganz untergeordneter Bedeutung außer Betracht bleiben.[350]

Unter den genannten Voraussetzungen wird wie nach früherem Recht (→ Rn. 345) an- 355
genommen werden dürfen, dass auch die Lieferung von Mitteln zur Ausführung eines Verfahrens das hierfür erteilte Patent mittelbar verletzen kann[351]; denn die Mittel müssen nicht „Elemente der Erfindung" *sein*, sondern sich nur hierauf *beziehen*.

3. Notwendig ist ferner, dass die Mittel zur **Benutzung der Erfindung** angeboten oder 356
geliefert werden, dh zur Benutzung einer technischen Lehre, die vom Schutzbereich des

---

[345] *Scharen* in Benkard PatG § 10 Rn. 7; *Preu* GRUR 1980, 698; Denkschrift zum GPÜ, BlPMZ 1979, 333; eingehend zum Problem LG Düsseldorf 14.7.1988, GRUR-Int 1989, 695.
[346] 4.5.2004, BGHZ 159, 76 = GRUR 2004, 758 (760) – Flügelradzähler.
[347] BGH 4.5.2004, BGHZ 159, 76 = GRUR 2004, 758 (761) – Flügelradzähler; ebenso 7.6.2005, GRUR 2005, 848 (Nr. I 1) – Antriebsscheibenaufzug; 27.2.2007, GRUR 2007, 769 Rn. 18 – Pipettensystem.
[348] Zum Stand 2015, auch rechtsvergleichend, *Schmid-Dreyer/Waitzhofer* Mitt. 2015, 101 (106 ff.).
[349] BGH 3.2.2015, GRUR 2015, 467 Rn. 33 ff. – Audiosignalcodierung.
[350] Vgl. *Bruchhausen* in Benkard, 9. Aufl., PatG § 10 Rn. 14; nach *Scharen* in Benkard PatG § 10 Rn. 7 ist für Mittel, die die Verwirklichung eines völlig untergeordneten Merkmals der Erfindung erlauben, höchstens in ganz besonderen Fällen eine Ausnahme von § 10 zu machen. Dass ein Merkmal völlig untergeordnet und trotzdem wesentliches Element sein kann, ist freilich schwer vorstellbar.
[351] BGH 9.1.2007, GRUR 2007, 679 (683 f.) – Haubenstretchautomat; 27.2.2007, GRUR 2007, 773 (775) – Rohrschweißverfahren; aM *König* Mitt. 2000, 10 (13 ff.), der dabei auch auf die Strafbarkeit der Patentverletzung hinweist. Die mittelbare Verletzung ist aber nicht mit Strafe bedroht. Sie ist auch nicht ohne Weiteres Teilnahme an einer strafbaren unmittelbaren Verletzung (→ Rn. 386 ff.).

Patents oder Gebrauchsmusters umfasst ist. Der Schutzbereich wird also durch § 10 PatG, § 11 Abs. 2 GebrMG nicht erweitert, sondern ist auch in diesem Zusammenhang nach § 14 PatG, Art. 69 EPÜ, § 12a GebrMG zu bestimmen[352].

357 Somit muss nach den objektiven Umständen und den erkennbaren Absichten der Beteiligten damit zu rechnen sein, dass im Falle der Lieferung der Empfänger die Mittel in einer in den Schutzbereich des Patents oder Gebrauchsmusters eingreifenden Weise gebraucht[353]. Diese Voraussetzung ist stets erfüllt, wenn die die Kenntnis oder Offensichtlichkeit der Eignung und Bestimmung zu solchem Gebrauch betreffenden Tatbestandsmerkmale vorliegen (vgl. → Rn. 369 ff.). Sind dagegen diese Merkmale nicht gegeben, wäre § 10 PatG auch dann nicht anwendbar, wenn gleichwohl gesagt werden könnte, dass zur Benutzung der Erfindung angeboten oder geliefert wird. Daher hat dieses Erfordernis keine selbständige Bedeutung.

358 Wesentlich ist jedoch, dass für den Fall der Lieferung eine Benutzung **im Inland** zu erwarten ist. Ebenso muss das Anbieten oder Liefern im Inland erfolgen. Demgemäß kommt die Ausfuhr von Gegenständen zur Benutzung im Ausland nicht als mittelbare Verletzung des inländischen Patents in Betracht, wohl aber ein vom Ausland aus an inländische Adressaten gerichtetes Anbieten oder Liefern zur inländischen Benutzung.[354]

359 So kann die Ausfuhr einer nichtgeschützten Vorrichtung zur Ausübung eines patentierten Verfahrens oder eines nichtgeschützten Stoffes für eine patentierte Verwendung nicht als mittelbare Verletzung des inländischen Patents verhindert werden.

360 Im Inland und zur Erfindungsbenutzung im Inland erfolgt dagegen eine Lieferung, die vom Inland aus (vgl. → Rn. 105) ins Ausland geht und der dort erfolgenden Herstellung patentgemäßer Erzeugnisse dient, die anschließend ins Inland verbracht werden sollen.[355]

361 4. Zulässig bleiben das Anbieten gegenüber und das Beliefern von Abnehmern, die **zur Benutzung** der patentierten Erfindung **berechtigt** sind.[356] Die Berechtigung kann sich aus einer Erlaubnis des Patentinhabers, aber auch aus einem Weiterbenutzungsrecht (§§ 12, 123 Abs. 5 PatG), einer Zwangslizenz (§ 24 PatG) oder einer Benutzungsanordnung (§ 13 PatG) ergeben. Auch die Besitzer mit Zustimmung des Patentinhabers in Verkehr gebrachter Erzeugnisse, denen nach dem Erschöpfungsgrundsatz die Benutzung freisteht, dürfen ohne Zustimmung des Patentinhabers mit den dazu erforderlichen Betriebsstoffen, Zubehörteilen und Reparaturmaterialien beliefert werden. Deshalb kommt die Lieferung von *Ersatzteilen* für Vorrichtungen, die mit Zustimmung des Patentinhabers in Verkehr gebracht worden sind, als mittelbare Verletzung nur in Betracht, wenn jene Verwendung einer Neuherstellung gleichkommt (→ Rn. 77 ff.).

362 Dagegen ist nach § 10 Abs. 3 PatG ein Abnehmer nicht schon deshalb als berechtigt anzusehen, weil die Benutzung durch ihn einen der **Ausnahmetatbestände** des § 11 Nr. 1–3 PatG erfüllt. Praktisch bedeutsam ist dies, wie schon zum früheren Recht erhobene Forderungen nach entsprechender Schutzausdehnung zeigen,[357] hauptsächlich für die Fälle, in denen der Abnehmer die Erfindung im privaten Bereich zu nichtgewerblichen Zwecken benutzt.

363 Beispielsweise käme im oben (bei → § 33 Rn. 337 Fn. 329) erwähnten Fall die Lieferung der Segel auch insoweit als Eingriff in die Rechte des Patentinhabers in Betracht, als sie für den rein privaten Gebrauch der Abnehmer bestimmt ist.

---

[352] BGH 24.9.1991, BGHZ 115, 204 – Beheizbarer Atemluftschlauch.
[353] Wird der Gegenstand, dessen Benutzung zu erwarten ist, vom Schutzbereich nur als Äquivalent umfasst, kommt der „Formstein"-Einwand (→ § 32 Rn. 137 ff.) in Betracht, wenn dieser Gegenstand durch den SdT vorweggenommen oder nahegelegt ist; es genügt nicht, dass dies für die angebotenen oder gelieferten Mittel zutrifft; vgl. *Nieder* FS König, 2003, 379 (391 f.).
[354] BGH 3.2.2015, GRUR 2015, 467 Rn. 25 ff. – Audiosignalcodierung; 26.2.2002, GRUR 2002, 599 (Nichtannahmebeschluss) – Funkuhr I.
[355] BGH 30.1.2007, GRUR 2007, 313 (315) – Funkuhr II.
[356] BGH 27.2.2007, GRUR 2007, 773 (776) – Rohrschweißverfahren.
[357] Vgl. *Teschemacher* 76 ff.; Nachweise auch in BGH 10.12.1981, BGHZ 82, 254 (259) – Rigg.

§ 33. Die schutzrechtsverletzenden Handlungen

Weniger verständlich erscheint, dass das Anbieten und Liefern von Mitteln für eine erlaubte versuchsweise Erfindungsbenutzung als mittelbare Patentverletzung angesehen wird.[358] Das gilt auch für die nachträglich eingefügten, aber von der Verweisung in § 10 Abs. 3 umfassten Nr. 2a und 2b des § 11 PatG.

Für § 11 Nr. 3 PatG stellt sich die Frage, ob nicht das Verbot der mittelbaren Verletzung dem rechtspolitischen Zweck der Vorschrift entgegenwirkt, indem es Dritte hindert, Apothekern die Mittel zu liefern, die zur patentfreien Einzelzubereitung ärztlich verordneter Medikamente erforderlich sind.

Hinsichtlich der Handlungen des *Anbietenden oder Liefernden* ist die Anwendung der Ausnahmebestimmungen des § 11 Nr. 1–3 PatG durch § 10 Abs. 3 PatG nicht ausgeschlossen; freilich werden insoweit ihre tatsächlichen Voraussetzungen nur selten vorliegen[359].

Nicht betroffen von der in § 10 Abs. 3 PatG vorgesehenen Schutzausdehnung sind die Ausnahmen für Fahrzeuge im internationalen Verkehr (§ 11 Nr. 4–6 PatG). Das Anbieten und Liefern von Mitteln für eine in ihren Bereich fallende Benutzung wird daher von § 10 PatG nicht eingeschränkt. Zwar verleihen die genannten Vorschriften kein eigentliches Benutzungsrecht. Wertungsmäßig stehen aber die von ihnen gedeckten Handlungen einem Handeln im Ausland nahe.[360]

Aus dogmatischer Sicht kann § 10 Abs. 3 PatG dazu verleiten, § 10 Abs. 1 als „Rechtszuweisungsnorm"[361] in Anspruch zu nehmen, weil von den Empfängern in den Fällen des § 11 Nr. 1–3 PatG kein Schadensersatz oder Bereicherungsausgleich verlangt werden kann. Hierauf gerichteten berechtigten Interessen des Schutzrechtsinhabers kann aber auch ohne die mit den Vorschriften über die Bestimmung des Schutzbereichs kaum vereinbare Vorstellung eines selbständigen ausschließlichen Rechts zum Anbieten oder Liefern nicht vom Schutzbereich umfasster Mittel zur Erfindungsbenutzung (vgl. → Rn. 380 ff.) angemessen Rechnung getragen werden (→ § 35 Rn. 40 ff., 126 ff.).

5. Im Zeitpunkt des Anbietens oder Lieferns[362] muss der Anbietende oder Liefernde wissen oder es muss auf Grund der Umstände offensichtlich sein, dass die Mittel dazu **geeignet und bestimmt sind,** für die Benutzung der Erfindung verwendet zu werden.[363] Das bedeutet zunächst, dass diese Eignung und Bestimmung *tatsächlich* gegeben sein müssen. Ihre irrtümliche Annahme genügt nicht. Die **Eignung** kann Mitteln, die sich auf ein wesentliches Element der Erfindung beziehen, kaum fehlen, fällt also mit diesem Tatbestandsmerkmal praktisch zusammen.[364] Für die **Bestimmung** zur Erfindungsbenutzung kommt es auf die Pläne des Abnehmers an, dem die Mittel angeboten oder geliefert werden[365]. Dabei genügt es, dass deren geplante Verwendung objektiv von der patentierten Lehre Gebrauch macht; dass der Abnehmer dies weiß, ist nicht erforderlich. Angaben, die dieser im Zusammenhang mit einer Anfrage oder Bestellung macht, oder Vorbereitungen, die er für die Verwendung trifft, können ebenso wie vom Anbietenden oder Liefernden ausgehende Hinweise in Werbeschriften oder Gebrauchsanweisungen, die eine patentverletzende Benutzung nahelegen[366], als Anzeichen für die Art

---

[358] Vgl. *Chrocziel* 191 f.; *Fähndrich/Tilmann* GRUR 2001, 901 ff. sehen Bereitstellungshandlungen, die zulässige Versuche vorbereiten, auch dann als erlaubt an, wenn sie nicht von demjenigen vorgenommen werden, der die Versuche durchführt: Zu Versuchszwecken und deshalb erlaubterweise handle auch der Bereitstellende. Zustimmend *Stjerna* Mitt. 2004, 343 (347).

[359] Zum Bereitstellen von Hilfsmitteln für Handlungen zu Versuchszwecken s. *Fähndrich/Tilmann* GRUR 2001, 901 ff.

[360] *Teschemacher* 150.

[361] So *Holzapfel* GRUR 2002, 193 ff.

[362] BGH 9.1.2007, GRUR 2007, 679 (684) – Haubenstretchautomat.

[363] Zu diesen subjektiven Tatbestandsmerkmalen *Rigamonti* Mitt. 2009, 57 ff.

[364] BGH 7.6.2005, GRUR 2005, 848 (Nr. II 1) – Antriebsscheibenaufzug definiert sie als objektive Eignung, im Zusammenwirken mit weiteren Elementen in eine Gestaltung gebracht zu werden, die von allen Merkmalen des patentierten Gegenstands Gebrauch macht.

[365] BGH 10.10.2000, GRUR 2001, 228 (231) – Luftheizgerät; 7.6.2005, GRUR 2005, 848 (Nr. III 1a) – Antriebsscheibenaufzug; OLG Düsseldorf 20.1.2002, Mitt. 2003, 252 (258).

[366] OLG Düsseldorf 10.10.2002, Mitt. 2003, 264 (266 f.); LG Hamburg 31.5.1995, Mitt. 1996, 315 mit Anm. von *Tauchner* (Packungsbeilage eines patentfreien Medikaments, dessen Kombination mit

der geplanten Benutzung dienen. Hat ein Abnehmer Gegenstände der angebotenen oder gelieferten Art bereits zur Erfindungsbenutzung verwendet, ist bei sonst unveränderten Umständen anzunehmen, dass künftig gelieferte gleichartige Gegenstände ebenfalls zu diesem Zweck bestimmt sind.

370 Die **Kenntnis** des Anbietenden oder Liefernden von der Eignung und Bestimmung zum erfindungsgemäßen Gebrauch kann vielfach aus objektiven Indizien geschlossen werden.[367] Insoweit gelten die allgemeinen Grundsätze der Beweiswürdigung. In jedem Fall genügt aber nach dem Gesetzeswortlaut **Offensichtlichkeit** der Bestimmung und Eignung[368]. Ihr Maßstab sind die Umstände. Ist ein Gegenstand ausschließlich zur Benutzung der patentierten Erfindung verwendbar, ist sie regelmäßig zu bejahen.[369] Bei Offensichtlichkeit kommt es auf die tatsächliche Kenntnis des Anbieters oder Lieferers nicht mehr an. Ein Nachweis der Unkenntnis wäre rechtlich bedeutungslos.

371 Für den *Unterlassungsanspruch* hat das Erfordernis der Kenntnis oder Offensichtlichkeit letztlich nur unter dem Gesichtspunkt der *Begehungsgefahr* Bedeutung: im Allgemeinen ist nicht damit zu rechnen, dass ein in Unkenntnis der nicht offensichtlichen Eignung und Bestimmung zur Erfindungsbenutzung erfolgtes und deshalb nicht zu beanstandendes Anbieten oder Liefern nach Aufklärung über diese Tatsachen und damit in verbotener Weise wiederholt wird. Eine hinreichende Begehungsgefahr besteht daher, wenn für die bereits geschehenen Lieferungen weder Kenntnis noch Offensichtlichkeit nachgewiesen werden können, erst nach vergeblicher Abmahnung. Durch diese kann aber jederzeit sichergestellt werden, dass künftige Handlungen die vom Gesetz geforderten subjektiven Unrechtsmerkmale aufweisen.

372 Das Erfordernis der Kenntnis oder Offensichtlichkeit bezieht sich nur auf die Tatsachen, in denen objektiv zum Ausdruck kommt, dass die angebotenen oder gelieferten Mittel zur Erfindungsbenutzung geeignet sind und ihre geplante Verwendung von der geschützten technischen Lehre Gebrauch macht. Es bezieht sich dagegen nicht auf das Bestehen des *Patentschutzes* und die *Nichtberechtigung* des Benutzers.

373 Dass der Anbietende oder Lieferende hierüber in schuldloser Unkenntnis war, schließt also Unterlassungsansprüche nicht aus. Schadensersatzansprüche kommen schon bei leichtfahrlässiger Unkenntnis in Frage, was praktisch bedeutet, dass der Lieferende prüfen muss, ob die nach seiner Kenntnis oder offensichtlich geplante Benutzung in ein fremdes Patent eingreift und ob bejahendenfalls der Abnehmer hierzu berechtigt ist.

374 6. **Allgemein im Handel erhältliche Erzeugnisse** darf nach § 10 Abs. 2 PatG jedermann ohne die in Abs. 1 vorgesehenen Beschränkungen anbieten und liefern, sofern er nicht den Belieferten bewusst zu einer nach § 9 S. 2 PatG verbotenen Handlung veranlasst. Da sich die Vorschrift ihrem Wortlaut nach als Ausnahme von Abs. 1 darstellt, betrifft sie nur Mittel, die sich auf ein wesentliches Element der Erfindung beziehen; andere werden schon von Abs. 1 nicht erfasst.[370] Als Beispiele für allgemein im Handel erhältliche Erzeugnisse werden Gegenstände des täglichen Bedarfs wie Nägel, Schrauben, Bolzen, Draht, Chemi-

---

einem Mittel anderer Indikation patentiert ist); BGH 13.6.2006, GRUR 2006, 839 Rn. 25 – Deckenheizung; 9.1.2007, GRUR 2007, 679 – Haubenstretchautomat; kein ausreichendes Anzeichen für Bestimmung zu patentverletzendem Gebrauch sieht BGH 7.6.2005, GRUR 2005, 848 (853) (Nr. IVa) – Antriebsscheibenaufzug in Werbeprospekten, die nicht nur auf patentgemäße, sondern auch auf patentfreie Verwendungsmöglichkeiten hinweisen.

[367] Vgl. LG Düsseldorf 5.10.2004, InstGE 5, 1 Rn. 29 ff. – Unterstretch, wo Kenntnis im Ergebnis verneint wird.

[368] Zu den Voraussetzungen ihrer Feststellung BGH 10.10.2000, GRUR 2001, 228 (232) – Luftheizgerät; 7.6.2005, GRUR 2005, 848 (Nr. III 1b und 2) – Antriebsscheibenaufzug; OLG Düsseldorf 20.1.2002, Mitt. 2003, 252 (259); LG Düsseldorf 5.10.2004, InstGE 5, 1 Rn. 37 ff. – Unterstretch (Offensichtlichkeit im Ergebnis verneint).

[369] BGH 13.6.2006, GRUR 2006, 839 Rn. 22 – Deckenheizung; 9.1.2007, GRUR 2007, 679 – Haubenstretchautomat; anders bei Mitteln, die auch ohne Eingriff in das Patent benutzt werden können: BGH 7.6.2005, GRUR 2005, 848 (Nr. III 2) – Antriebsscheibenaufzug.

[370] Vgl. Preu GRUR 1980, 698 f.; *Rinken/Kühnen* in Schulte PatG § 10 Rn. 24, 18.

§ 33. Die schutzrechtsverletzenden Handlungen

kalien, Transistoren, Widerstände und dergleichen angeführt.[371] Nach der Vorstellung des Gesetzgebers können sich auch solche Erzeugnisse auf ein wesentliches Element der Erfindung beziehen; so verhält es sich etwa bei einer allgemein im Handel erhältlichen chemischen Substanz, deren Verwendung zu einem bestimmten, insbesondere therapeutischen Zweck patentiert ist.

Im Fall **bewussten Veranlassens** bleibt es nach dem Gesetzeswortlaut bei der Anwendbarkeit des § 10 Abs. 1 PatG. Doch werden dessen Voraussetzungen teilweise verdrängt. So bedarf es eines verbotenen Handelns des Belieferten, was erfordert, dass die Mittel wirklich *geliefert* worden sind. Auch muss der Liefernde nicht nur deren Eignung und Bestimmung zur Erfindungsbenutzung kennen. Er muss vielmehr wollen oder wenigstens billigend in Kauf nehmen,[372] dass der Belieferte verbotenerweise eine Benutzungshandlung vornimmt. Dazu gehört die Vorstellung, dass dieser unbefugt in den Schutzbereich eines fremden Patents eingreift. Ein nach § 9 S. 2 PatG verbotenes Handeln liegt auch dann nicht vor, wenn dem Belieferten eine Ausnahme nach § 11 Nr. 1–3 PatG zugutekommt.[373] 375

§ 10 Abs. 3 PatG schließt die Berücksichtigung dieser Ausnahmen nur für Abs. 1 aus; die Verweisung des Abs. 2 auf Abs. 1 bedeutet nicht, dass dieser (und damit auch Abs. 3) Maßstab der Nichtberechtigung des Benutzers wäre. Vielmehr knüpft Abs. 2 selbständig an das Verbotensein gemäß § 9 S. 2 an; hierfür gelten die allgemeinen Maßstäbe. 376

Da zum Veranlassen auch das Hervorrufen des Entschlusses zur Patentverletzung gehört, bildet das nach § 10 Abs. 2 dem Liefernden verbotene Verhalten stets eine ohnehin verbotene Anstiftung; die Vorschrift hat jedoch insoweit klarstellende Bedeutung und beeinflusst die Beurteilung des Lieferns von Mitteln zur Erfindungsbenutzung unter dem Gesichtspunkt der Beihilfe (vgl. → Rn. 386). 377

7. Von manchen wird angenommen, dass auf der Grundlage des § 10 Abs. 1 PatG anders als nach früherem Recht (vgl. → Rn. 342 ff.) nur **uneingeschränkte Unterlassungsgebote** zulässig seien.[374] Es ist jedoch zu beachten, dass jeweils nur ein Verhalten verboten werden kann, das auch die subjektiven Merkmale des gesetzlichen Tatbestands aufweist. Das Anbieten oder Liefern kann daher nur für den Fall untersagt werden, dass Eignung und Bestimmung der Mittel zur Erfindungsbenutzung dem Handelnden bekannt oder aber offensichtlich sind. Trifft der Anbietende oder Liefernde Vorkehrungen, die nach Sachlage die Erwartung rechtfertigen, dass die gelieferten Gegenstände ausschließlich ohne Benutzung der patentierten Erfindung verwendet werden, kann nicht gesagt werden, er wisse oder es sei offensichtlich, dass sie zur Erfindungsbenutzung bestimmt seien. Deshalb sind nach wie vor Einschränkungen des Unterlassungsgebots für den Fall möglich, dass der Liefernde ausreichende **Vorkehrungen** gegen eine von der patentierten technischen Lehre Gebrauch machende Verwendung der Mittel trifft.[375] Die Vorkehrungen können den konkreten Erfordernissen angepasst und demgemäß abgestuft werden[376]. Ein uneingeschränktes Unterlassungsgebot ist nur angebracht, wenn keine wirksamen Vor- 378

---

[371] *Singer* GRUR-Int 1976, 203.
[372] AM *Busse/Keukenschrijver* PatG § 10 Rn. 26; *Scharen* in Benkard PatG § 10 Rn. 22; *Tilmann* GRUR 2005, 904 (906): direkter Vorsatz erforderlich.
[373] *Scharen* in Benkard PatG § 10 Rn. 22; *Rinken/Kühnen* in Schulte PatG § 10 Rn. 26.
[374] So noch *Bruchhausen* in Benkard, 9. Aufl., PatG § 10 Rn. 3, 23; anders jetzt *Scharen* in Benkard PatG § 10 Rn. 3, 23.
[375] Ebenso *Teschemacher* 153; *Mes* GRUR 1998, 281 (283); *Nieder* GRUR 2000, 272 f. (anders wohl in GRUR 2006, 977 (981)); *Scharen* GRUR 2001, 995 (997 f.); *Rinken/Kühnen* in Schulte PatG § 10 Rn. 23; *Meier-Beck* GRUR 2007, 913 (918); OLG Düsseldorf 20.1.2002, Mitt. 2003, 252 (260, 262); BGH 13.6.2006, GRUR 2006, 839 Rn. 27 – Deckenheizung; vgl. auch *Kühnen* GRUR 2008, 218 ff.
[376] Dass der Liefernde seine Abnehmer unter *Vertragsstrafe* verpflichtet, die gelieferten Gegenstände nur in nicht patentverletzender Weise zu benutzen, kann – wie früher – normalerweise nicht verlangt werden, OLG Düsseldorf 20.1.2002, Mitt. 2003, 252 (262); 10.10.2002, Mitt. 2003, 264 (268); BGH 9.1.2007, GRUR 2007, 679 (685) – Haubenstretchautomat; *Scharen* GRUR 2001, 995 (997 f.).

kehrungen gegen eine Erfindungsbenutzung zur Verfügung stehen, zB weil die gelieferten Gegenstände in anderer Weise nicht sinnvoll verwendbar sind[377]. Es ist bei einem auch patentfrei verwendbaren Gegenstand nicht einmal dann gerechtfertigt, wenn die Benutzung durch die Abnehmer im privaten Bereich zu nichtgewerblichen Zwecken vorgenommen wird und deshalb die üblichen Vorkehrungen gegen einen patentverletzenden Gebrauch wenig Erfolg versprechen[378].

379 Aus den angeführten Gründen kommt ein **Schadensersatzanspruch** mangels Verschuldens des Lieferanten nicht in Betracht, wenn dieser ohne Fahrlässigkeit Vorkehrungen nicht als notwendig erkannt oder getroffene Vorkehrungen für ausreichend gehalten hat.

380 8. Im Ergebnis bleiben die durch die geltenden Vorschriften bewirkten Änderungen der Rechtslage begrenzt. Die Konzeption eines „einstufigen" statt eines „zweistufigen" Tatbestands hat praktische Konsequenzen vor allem im Bereich der Ausnahmen gemäß § 11 Nr. 1–3 PatG. Dagegen war sie nicht erforderlich, um die Unterlassungsklage in Fällen zu ermöglichen, in denen es noch nicht zur unmittelbaren Verletzung gekommen ist (vgl. → Rn. 336 ff.). Freilich mag sie es hier im Ganzen erleichtern, die erforderliche Begehungsgefahr darzutun. Auch für Schadensersatzansprüche ändert sich wenig. Nur wenn eine Lieferung und eine – patentverletzende oder nur wegen § 11 Nr. 1–3 PatG nicht patentverletzende – Benutzung tatsächlich erfolgt sind[379], lässt sich ein Schaden des Patentinhabers in Form eines Gewinnentgangs, einer angemessenen Lizenzgebühr oder des Verletzergewinns[380] berechnen. Andernfalls kommen nur solche Schäden in Betracht, die nicht voraussetzen, dass dem Patentinhaber potentielle Nachfrage entgangen ist, zB nicht erstattungsfähige Kosten der Rechtsverfolgung oder Aufwand für die Beseitigung von Marktverwirrung.

381 Zu beachten ist dabei, dass die Neuregelung – ebenso wie die zum früheren Recht entwickelten Grundsätze – dem Patentinhaber **kein ausschließliches Recht zum Anbieten und Liefern** von Mitteln zur Erfindungsbenutzung gewährt[381], auch wenn diese erfindungsgemäß angepasst sind. Das ergibt sich schon daraus, dass Angebot und Lieferung an Personen, die kraft Erlaubnis des Patentinhabers oder eigenen Rechts befugterweise die Erfindung benutzen, auch unter den Voraussetzungen des § 10 PatG Dritten nicht verboten sind.

382 Das gilt für die Belieferung von Lizenznehmern auch dann, wenn diese vertraglich verpflichtet sind, die betreffenden Gegenstände ausschließlich vom Patentinhaber zu beziehen.[382] Eine solche Verpflichtung schränkt die die Anwendung des § 10 PatG ausschließende Benutzungsberechtigung nicht mit patentrechtlicher Wirkung ein (vgl. → § 40 Rn. 41 ff.). Ein Verstoß gegen sie ist nur Vertragsverletzung. Der Lieferant mag dann angesichts der Umstände des Einzelfalls nach § 826 BGB oder § 3 UWG verantwortlich sein; wegen mittelbarer Verletzung ist er es nicht.

383 Nicht erfasst wird nach wie vor auch der Export von Mitteln zur Erfindungsbenutzung, obwohl damit im Sinne der üblichen Maßstäbe meist ein Anbieten und Inverkehrbringen im Inland verbunden ist.

384 Auch nach geltendem Recht ist somit der Schutz gegen ein Anbieten oder Liefern von Mitteln zur Erfindungsbenutzung weitgehend davon abhängig, dass die infolge die-

---

[377] OLG Düsseldorf 10.10.2002, Mitt. 2003, 264 (267 f.); LG München I 8.5.2003, InstGE 4, 13 (20) – Krukenkörper. – LG Düsseldorf 23.6.2005, InstGE 5, 173 Rn. 14 – Wandverkleidung sieht ein uneingeschränktes Verbot auch dann als gerechtfertigt an, wenn die gelieferten Mittel ohne Beeinträchtigung ihrer Tauglichkeit für patentfreien Einsatz so abgeändert werden können, dass sie sich für patentverletzenden Gebrauch nicht mehr eignen.

[378] LG Düsseldorf 23.9.1999, Mitt. 2000, 108.

[379] Die Darlegungs- und Beweislast hierfür liegt beim Kläger: LG Düsseldorf 1.3.2011, InstGE 13, 97 – Oberflächenvorbehandlung.

[380] Zum Umfang: LG Düsseldorf 1.3.2011, InstGE 13, 97 – Oberflächenvorbehandlung.

[381] Grundsätzlich anders insoweit *Holzapfel* GRUR 2002, 193 ff.; vgl. → unten § 35 Rn. 40 ff.

[382] Anders *Scharen* in Benkard PatG § 10 Rn. 16.

ser Handlungen zu erwartende Benutzung patentverletzend ist. Durchbrochen ist dieser Grundsatz nur dort, wo sich das Fehlen einer Verletzung aus bestimmten Sondervorschriften ergibt, die nur *eigenem* Handeln zum vorausgesetzten Zweck zugutekommen sollen. Das Anbieten oder Liefern von Mitteln zur Erfindungsbenutzung bildet daher auch nach geltendem Recht **keinen zusätzlichen Verletzungstatbestand.**[383] Sein Verbot beruht darauf, dass dem Anbietenden oder Liefernden Benutzungshandlungen eines anderen **zugerechnet** werden. Dabei genügt es, dass solche Handlungen nach Sachlage **zu erwarten** sind. Grundsätzlich müssen jedoch die zu erwartenden Handlungen patentverletzend sein. Nur unter dem Gesichtspunkt der Zurechnung fremder Benutzung ist es gerechtfertigt, von einer **mittelbaren Benutzung** der Erfindung zu sprechen. Anbieten und Liefern selbst sind keine Benutzung der Erfindung, sondern nur auf die Befriedigung einer Nachfrage gerichtet, die durch die Erfindung ausgelöst worden sein mag, aber Gegenständen außerhalb des Schutzbereichs des Patents gilt. Da Anbieten und Liefern solcher Gegenstände unter bestimmten Voraussetzungen die durch das Patent geschützten Interessen gefährden (vgl. → Rn. 345 ff.), gewährt das Gesetz ergänzenden Schutz durch Aufstellung eines **Gefährdungstatbestands.**[384] Ein ausschließliches Recht zur mittelbaren Erfindungsbenutzung in dem Sinne, dass dem Patentinhaber die Befriedigung der Nachfrage nach angepassten Mitteln zur Erfindungsbenutzung vorbehalten wäre, gibt es nicht.

Freilich wird bei der Anwendung des § 10 PatG das Vorliegen des Tatbestandsmerkmals, **385** wonach das angebotene oder gelieferte Mittel zur (im Fall ihrer Verwirklichung patentverletzenden) Benutzung der Erfindung bestimmt sein muss, in neuerer Zeit zunehmend damit zu begründen versucht, dass die Verwendung des Mittels als Neuherstellung eines in der Hand seines Empfängers befindlichen patentgemäßen Erzeugnisses anzusehen sei, die dem Patentinhaber auch nach dem mit seiner Zustimmung erfolgten Inverkehrbringen dieses Erzeugnisses vorbehalten bleibt (vgl. → Rn. 77 ff.).[385] Ob dies zutrifft, ist allerdings nicht nach § 10 PatG zu beurteilen, sondern eine Frage des Begriffs des Herstellens iSd § 9 S. 2 Nr. 1. Es ist aber nicht auszuschließen, dass die Feststellung, das Mittel beziehe sich auf ein wesentliches Element der Erfindung, also eines weit gefassten Tatbestandsmerkmals, die Bereitschaft fördert, den herkömmlicherweise begrenzten Kreis der Handlungen erheblich auszudehnen, die als Neuherstellung bereits mit Zustimmung des Patentinhabers in Verkehr gebrachter Erzeugnisse angesehen werden.[386] Die Bedeutung, die damit dem Schutz gegen mittelbare Verletzung für die Auslegung eines Tatbestands der unmittelbaren Verletzung beigelegt wird, ist durch Sinn und Zweck jenes Schutzes nicht mehr gedeckt.[387]

VII. Teilnahme

1. Der in § 10 Abs. 2 PatG, § 11 Abs. 2 S. 2 GebrMG vorgesehene Fall, dass jemand **386** einem anderen allgemein im Handel erhältliche Mittel, die sich auf ein wesentliches Element einer geschützten Erfindung beziehen, zur Erfindungsbenutzung liefert und ihn dabei bewusst zur Schutzrechtsverletzung veranlasst, bildet einen Sonderfall der **Anstiftung** (vgl. → Rn. 374 ff.). Darüber hinaus ist nach allgemeinen Grundsätzen jeder, der einen an-

---

[383] AA *Busche* GRUR 2009, 236 (239) unten.
[384] Vgl. *Teschemacher* 148, 151; BGH 24.9.1991, BGHZ 115, 204 (208) – Beheizbarer Atemluftschlauch.
[385] *Melullis* ABl. EPA Sonderausgabe 2/2007, 184 (194) sieht hierin „eine durchaus phantasiereiche Nutzbarmachung dieser Regelung über ihren ursprünglich gedachten Anwendungsbereich hinaus".
[386] Dass beides nicht selten unzulässig vermengt wird, kritisiert zurecht *Meier-Beck* GRUR 2007, 913 (917).
[387] Zum vorbeugenden Schutz gegen mittelbare Patentverletzungen und zu den Voraussetzungen des Schadenersatzanspruchs gegen mittelbare Patentverletzer vgl. *Haedicke* GRUR 2009, 273 (275 ff.).

deren vorsätzlich zu einer von diesem vorsätzlich begangenen Verletzung bestimmt (vgl. § 26 StGB), in gleicher Weise wie der Verletzer verantwortlich (vgl. § 830 Abs. 2 BGB), gleichgültig ob dabei irgendwelche Hilfsmittel zur Verfügung gestellt werden oder nicht. Anstifter ist aber nur, wer weiß (oder wenigstens bedingt vorsätzlich in Kauf nimmt), dass der andere vorsätzlich alle Tatbestandsmerkmale einer Patent- oder Gebrauchsmusterverletzung erfüllt, was einschließt, dass diesem keine Befugnis zur Erfindungsbenutzung zusteht und auch keine der in § 11 PatG, § 12 GebrMG vorgesehenen Ausnahmen zugutekommt.

387 2. Wer einem anderen bei der von diesem vorsätzlich begangenen Schutzrechtsverletzung vorsätzlich Hilfe leistet (vgl. § 27 Abs. 1 StGB), ist wegen **Beihilfe** grundsätzlich in gleicher Weise verantwortlich wie der Verletzer (§ 830 Abs. 2 BGB). In nicht vorsätzlicher Weise kann Beihilfe nicht begangen werden.[388] Die mittelbare Verletzung (vgl. → Rn. 330 ff.) wird vom Gesetz – und wurde schon nach früherem Recht – nicht als Erscheinungsform der Beihilfe behandelt.

388 Aus der das Anbieten und Liefern von Mitteln zur Erfindungsbenutzung betreffenden Regelung ist jedoch eine **Einschränkung** der Verantwortlichkeit wegen Beihilfe abzuleiten. Nach § 10 Abs. 2 PatG, § 11 Abs. 2 S. 2 GebrMG ist die Belieferung eines Verletzers mit allgemein im Handel erhältlichen Erzeugnissen, auch wenn es sich um Mittel handelt, die sich auf ein wesentliches Erfindungselement beziehen, nur dann unzulässig, wenn der Liefernde den Abnehmer bewusst zur Patentverletzung veranlasst. Mit Rücksicht auf den mit den Vorschriften verfolgten Zweck, in allen übrigen Fällen den Handel mit solchen Erzeugnissen von patent- oder gebrauchsmusterrechtlichen Beschränkungen freizuhalten, muss angenommen werden, dass die Belieferung eines Verletzers mit allgemein im Handel erhältlichen Erzeugnissen selbst dann nicht als Beihilfe haftbar macht, wenn der Liefernde weiß, dass die Erzeugnisse bei patent- oder gebrauchsmusterverletzenden Handlungen verwendet werden. Die geltende Regelung ermöglicht damit eine Handhabung, die mit dem früheren Recht nur schwer hätte in Einklang gebracht werden können.[389]

§ 34. Benutzungsbefugnisse Dritter

Literatur: *Oehlrich, M.*, Know-how und Tacit Knowledge als vernachlässigte Vertragsbestandteile bei Lizenzverträgen, GRUR 2010, 33–35.

I. Benutzungsrecht kraft Lizenzbereitschaftserklärung des Patentinhabers

1 1. Nach § 23 PatG kann sich der Patentinhaber gegenüber dem DPMA bereit erklären, jedermann die Benutzung der patentierten Erfindung gegen angemessene Vergütung zu gestatten (Erklärung der Lizenzbereitschaft). Für den Patentinhaber bewirkt diese Erklärung eine Ermäßigung der künftig fällig werdenden Jahresgebühren um die Hälfte. Dritten eröffnet sie die Möglichkeit, durch **bloße Benutzungsanzeige** ein Recht zur Erfindungsbenutzung zu erwerben. Der Anzeigende ist dem Patentinhaber auskunfts- und vergütungspflichtig.

2 Für *Gebrauchsmuster* gibt es kein entsprechendes Rechtsinstitut.

---

[388] RG 2.2.1907, RGZ 67, 157 (160); 31.1.1931, RGZ 146, 26 (27) (gegen RG 18.12.1920, RGZ 101, 135 (140)); 14.10.1931, RGZ 133, 326; 17.6.1936, GRUR 1937, 670 (672). Zur Verantwortlichkeit eines ausländischen Vorlieferanten, der im Ausland einen rechtswidrig ins Inland Liefernden mit den im Inland patentierten Erzeugnissen beliefert hat, vgl. *Brandenburg* Mitt. 2005, 205 ff.; *Keller* FS Ullmann, 2006, 454 ff. mwN.

[389] Vgl. *Teschemacher* 130.

Mit der Erklärung der Lizenzbereitschaft begibt sich der Patentinhaber seiner Verbie- 3
tungsbefugnisse aus dem Patent gegenüber jedem Benutzer, der ihm eine angemessene Vergütung zahlt. Die Erklärung ist deshalb materiellrechtliche **Verfügung** über das Patent.[1]

Da sich der Patentinhaber durch die Erklärung auch der Möglichkeit begibt, Inhalt und Umfang 4
der Lizenzen zu beeinflussen, die aus der Erklärung seiner Lizenzbereitschaft entstehen, und er seine Lizenznehmer nicht mehr auswählen kann, stehen so entstehende Benutzungsrechte denen näher, die ohne Willen des Patentinhabers zustande kommen, als denjenigen, die durch Lizenzvertrag entstehen. Darum werden sie hier behandelt, nicht beim Lizenzvertragsrecht in §§ 41, 42.

Vom Anmelder abgegeben werden kann die Lizenzbereitschaftserklärung für DE- 5
Anmeldungen schon vor Patenterteilung. Für EP-Anmeldungen ist dies nicht möglich. Nach Erteilung eines EP-Patents für Deutschland kann die Lizenzbereitschaft dafür gegenüber dem DPMA nach § 23 PatG erklärt werden. Die an das DPMA zu entrichtenden Jahresgebühren ermäßigen sich dann wie beim DE-Patent.

Die Lizenzbereitschaft ist auch in Bezug auf Patente und Anmeldungen zulässig, die einer Geheim- 6
haltungsanordnung nach § 50 PatG unterliegen.[2]

2. Trotz ihrer großen Gebührensensibilität sieht die Praxis die Lizenzbereitschaft über- 7
wiegend kritisch: ihre Nachteile überwögen bei weitem den Vorteil der Gebührenersparnis.[3] Auch die Benutzungsinteressenten werden, selbst wenn sie nur eine einfache Lizenz anstreben, Wert darauf legen, dass der Patentinhaber über die Zulassung weiterer Benutzer entscheiden kann. Darum wird durch den mit der Lizenzbereitschaft verbundenen Verlust dieser Möglichkeit das Ansehen des Patents meist eher beeinträchtigt werden. Daran hat auch die 1992 eingeführte Möglichkeit, die Lizenzbereitschaftserklärung zurückzunehmen, solange von ihr noch nicht durch Benutzungsanzeige Gebrauch gemacht worden ist (→ Rn. 18) nicht viel geändert. Die Rücknahmemöglichkeit mag zwar dem Patentinhaber die Entscheidung erleichtern, die Lizenzbereitschaft zu erklären. Die Stellung der Benutzer verbessert sie jedoch allenfalls dann, wenn der Benutzer den Patentinhaber dann zur Rücknahme seiner Lizenzbereitschaftserklärung bewegen kann.

Eine im Januar 2020 unter Mithilfe des PIZ Dresden durchgeführte Recherche im DPMAregister 8
ergibt für die Jahre 1992 bis 2017 eine Gesamtzahl von 84 610 Lizenzbereitschaftserklärungen. Die jährliche Zahl lag zwischen rund 4900 (2000) und 768 (2017), bei einem Jahresdurchschnitt von 3254. In den letzten 10 Jahren ist die Zahl deutlich gefallen; von 2005 (4.267) bis 2010 (2900) um zunächst rund 1000 Erklärungen jährlich, seither nochmals massiv von 1793 Erklärungen in 2015 auf 768 Lizenzbereitschaftserklärungen in 2017.

Außer der Gebühreneinsparung scheint die Einrichtung der Lizenzbereitschaft keine wesentlichen praktischen Auswirkungen zu haben. Auf ihre geringe Bedeutung für die Anbahnung von Lizenzbeziehungen deutet auch hin, dass fast nie von der Möglichkeit Gebrauch gemacht wird, die vom Benutzer geschuldete Vergütung gemäß § 23 Abs. 4 PatG durch das PA festsetzen zu lassen.

3. Die Lizenzbereitschaft ist schriftlich gegenüber dem PA zu erklären, und sie ist nur zu- 9
lässig, wenn sie von dem im Register als Patentinhaber oder Anmelder Eingetragenen ausgeht und weder ein Vermerk über ein ausschließliches Benutzungsrecht eingetragen ist, noch dem PA ein Antrag auf eine solche Eintragung vorliegt (§§ 23 Abs. 2, 30 Abs. 4 PatG, vgl. → § 23 Rn. 176 ff.).

Im Fall einer Rechtsnachfolge ist der nicht eingetragene neue Patentinhaber oder Anmelder gegen- 10
über dem PA nicht legitimiert (§ 30 Abs. 3 S. 2 PatG). Er kann deshalb durch seine Erklärung die Ermäßigung der dem PA zustehenden Gebühren nicht erreichen. Da die Erklärung des nicht Legitimierten vom PA nicht eingetragen wird, ist sie auch keine Grundlage für Benutzungsrechte Dritter (vgl. → § 33 Rn. 19).

---

[1] BPatG 13.7.1967, BPatGE 9, 147; 28.4.1972, BPatGE 13, 159; 23.11.1976, GRUR 1977, 662; 24.6.1981, BPatGE 24, 41.
[2] BGH 1.12.1966, GRUR 1967, 245.
[3] *Eggert* GRUR 1972, 231 ff.

11 Ein bestimmter Erklärungswortlaut ist nicht vorgeschrieben. Es genügt, dass der Wille, jedermann die Benutzung zu gestatten, eindeutig zum Ausdruck kommt, etwa dadurch, dass „die Lizenzbereitschaft erklärt" wird.[4]

12 Eine formal ordnungsgemäße Lizenzbereitschaftserklärung wird vom PA im Register vermerkt und im Patentblatt veröffentlicht (§ 23 Abs. 1 S. 3 PatG).

13 4. Um materiellrechtlich zu wirken, muss die Erklärung vom **wahren Berechtigten** stammen, also vom wirklichen Inhaber des Patents oder Erteilungsanspruchs, auch wenn dieser (noch) nicht im Register eingetragen ist. Die Lizenzbereitschaftserklärung eines Nichtberechtigten ist unwirksam, auch wenn der Erklärende durch Eintragung gegenüber dem PA formal legitimiert ist.[5] Hat also der Patentinhaber das Patent einem anderen übertragen, kann er nach Wirksamwerden der Übertragung (für das die Einigung mit dem Erwerber genügt und keine Umschreibung im Register erforderlich ist) auch dann nicht mehr wirksam die Lizenzbereitschaft erklären, wenn noch keine Umschreibung erfolgt ist. Dasselbe gilt nach Erteilung einer *ausschließlichen* Lizenz, auch wenn deren Eintragung weder erfolgt noch beantragt ist.[6] Der Registerstand hat keinerlei Vertrauensschutzwirkung für den privaten Rechtsverkehr.[7] Die Lizenzbereitschaftserklärung des materiell Nichtberechtigten ist ebenso ohne weiteres unwirksam, wie (etwa) die Übertragung des Patents durch einen fälschlich (noch) als Inhaber Eingetragenen; eines „Widerrufs" durch den wahren Berechtigten[8] bedarf es nicht; er wäre im Fall des ausschließlichen Lizenznehmers auch nur schwer vorstellbar.[9]

14 Der wirkliche Inhaber des Erteilungsanspruchs oder des Patents kann die Lizenzbereitschaft auch dann wirksam erklären, wenn ihm nicht das **Recht auf das Patent** zusteht. Die Wirkung der Erklärung endet jedoch, wenn der Inhaber dieses Rechts seinen Übertragungsanspruch durchsetzt (vgl. → § 20 Rn. 53 f.).

15 Ein **Zusatzpatent** wird von der für das Hauptpatent erklärten Lizenzbereitschaft erfasst (§ 23 Abs. 1 S. 2 PatG), wenn es dem Inhaber des Hauptpatents zusteht, nicht aber, wenn es vor der Erklärung auf einen anderen übergegangen ist,[10] mag der Inhaberwechsel eingetragen sein oder nicht.

16 Ein **ergänzendes Schutzzertifikat** wird von einer für das Grundpatent abgegebenen Lizenzbereitschaftserklärung ohne weiteres erfasst (§ 16a Abs. 3 PatG). Die Erklärung kann aber auch noch für das Zertifikat abgegeben werden (§ 16a Abs. 2 iVm § 23 PatG).

17 Als materiellrechtliche Willenserklärung muss die Lizenzbereitschaftserklärung den allgemeinen Wirksamkeitsvoraussetzungen nach dem BGB genügen. Sie unterliegt der Anfechtung wegen Willensmängeln ebenso wie ein Patentverzicht (vgl. → § 26 Rn. 13 ff.).

---

[4] BPatG 23.11.1976, GRUR 1977, 662.
[5] Damit ist nicht (wie der 5. Aufl. bei *Busse/Schwendy* PatG § 23 Rn. 26 entnommen wird) gesagt, dass der nicht eingetragene wahre Berechtigte die Lizenzbereitschaft wirksam erklären könne (→ Rn. 9 f.).
[6] Anders *Lindenmaier* § 14 Rn. 6; wie hier für die ausschließliche Lizenz jetzt auch *Rogge/Kober-Dehm* in Benkard PatG § 23 Rn. 5, 9, allerdings nur wegen des 1986 eingefügten § 15 Abs. 3 PatG. Für den Fall der Übertragung wird dagegen angenommen, der noch eingetragene Rechtsvorgänger könne als „Verwalter kraft Eintragung" (*Rogge/Kober-Dehm* in Benkard PatG § 23 Rn. 5) eine wirksame Lizenzbereitschaftserklärung abgeben. Dies steht im Widerspruch zu der für den Fall der ausschließlichen Lizenz vertretenen Ansicht. Gewiss sagt § 15 Abs. 3 PatG nicht auch für die Übertragung, dass sie durch einen Rechtsübergang oder die Erteilung von Lizenzen nicht berührt wird. Er geht aber davon aus, dass durch sie der Übertragende seine Verfügungsbefugnis verliert, was keiner gesetzgeberischen Klarstellung bedurfte, weil es – anders als der „Sukzessionsschutz" der einfachen Lizenz – nie umstritten war. Deshalb überzeugt nicht, dass durch die förmliche Legitimation der durch eine Übertragung, nicht aber auch der durch Erteilung einer ausschließlichen Lizenz bewirkte Mangel der Berechtigung soll überwunden werden können.
[7] Anders *Klauer/Möhring* § 14 Rn. 3: Die Eintragung genieße öffentlichen Glauben.
[8] So *Reimer* PatG § 14 Rn. 2.
[9] Nach *Reimer* PatG § 14 Rn. 4 soll hier anscheinend kein Widerruf nötig sein.
[10] *Lindenmaier* § 14 Rn. 6; ebenso, aber nur für den Fall der Eintragung *Rogge* in Benkard PatG § 23 Rn. 10; *Busse/Hacker* PatG § 23 Rn. 34; anders *Klauer/Möhring* § 14 Rn. 7: Nach Veräußerung des Zusatzpatents sei die Erklärung bezüglich des Hauptpatents nicht mehr zulässig.

§ 34. Benutzungsbefugnisse Dritter   I § 34

Solange noch niemand dem Patentinhaber die Absicht angezeigt hat,[11] die Erfindung zu **18** benutzen, kann dieser die Erklärung nach § 23 Abs. 7 PatG jederzeit gegenüber dem DPMA **zurücknehmen,** und hat das DPMA die Lizenzbereitschaftserklärung dann zu löschen.[12] Der Betrag, um den sich die Jahresgebühren ermäßigt haben, ist innerhalb eines Monats nach Eingang der Rücknahmeerklärung zuschlagfrei oder innerhalb weiterer vier Monate mit Verspätungszuschlag nachzuzahlen. Geschieht dies nicht, erlischt das Patent (§ 20 Abs. 1 Nr. 2 PatG).

5. Die Erklärung der Lizenzbereitschaft bewirkt die **Halbierung der Jahresgebühren,** **19** soweit sie gemäß § 3 Abs. 2 S. 1 PatKostG fällig werden, nachdem die Erklärung beim DPMA *eingegangen* ist.

Dass nur eine Halbierung eintritt, ist nicht verfassungswidrig, denn völlige Freiheit von Jahresgebühren fordert das GG auch für den Fall des Verzichts auf Verbietungsbefugnisse nicht.[13]

6. Nach **Eintragung** der Erklärung im Register kann sich jedermann durch **Anzeige** **20** an den Rechtsinhaber die Berechtigung verschaffen, die durch das Patent oder Schutzzertifikat und etwaige Zusatzpatente geschützte Erfindung zu benutzen (§ 23 Abs. 3 S. 1–4). In der Anzeige ist anzugeben, wie die Erfindung benutzt werden soll. Diese Angabe ist für Inhalt und Umfang der Benutzungsbefugnis maßgebend. Eine Änderung durch erneute Anzeige ist möglich[14].

Ein ausländischer Hersteller, der formgerecht angezeigt hat, das unter Lizenzbereitschaft stehende **21** Patent in vollem Umfang nutzen zu wollen, darf seine patentgemäßen Erzeugnisse nach Deutschland einführen und bewirkt hierdurch Erschöpfung (→ § 33 Rn. 290 ff.), so dass seine Abnehmer zum Weitervertrieb berechtigt sind; dagegen sind diese nicht befugt, Erzeugnisse einzuführen und zu vertreiben, die vom Hersteller schon (außerhalb des EWR) im Ausland in Verkehr gebracht worden sind[15].

Der Anzeigende ist verpflichtet, dem Patentinhaber vierteljährlich **Auskunft** über die **22** erfolgte Benutzung zu geben und die **Vergütung** dafür zu entrichten; kommt er dieser Verpflichtung nicht in gehöriger Zeit nach, kann der Patentinhaber ihm nach fruchtloser Nachfristsetzung die **Weiterbenutzung untersagen** (§ 23 Abs. 3 S. 5, 6).

Die Vergütung muss **angemessen** sein; näheres bestimmt das Gesetz nicht.[16] Die Fest- **23** setzung ist in erster Linie den Beteiligten überlassen. Einigen sie sich nicht, kann jeder von ihnen mit verhältnismäßig geringem Kostenaufwand nach § 23 Abs. 4 PatG eine Festsetzung durch das PA herbeiführen, die durch beschwerdefähigen Beschluss ergeht.[17] Wenn Umstände eintreten, die die festgesetzte Vergütung als offenbar unangemessen erscheinen lassen, kann frühestens nach einem Jahr beantragt werden, dass die Festsetzung geändert wird (§ 23 Abs. 5 PatG).

Die Möglichkeit, die Vergütung durch das PA festsetzen zu lassen, schließt eine Entscheidung des **24** ordentlichen Gerichts über die Vergütungshöhe nicht aus. Allerdings wird das Gericht von einer Fest-

---

[11] Zu den Anforderungen an eine die Zurücknahme hindernde Benutzungsanzeige BPatG 9.7. 2003, BPatGE 47, 134 – Rücknahme der Lizenzbereitschaftserklärung.
[12] BPatG 28.3.2017, GRUR 2017, 1025 Rn. 20 – Rücknahme der Lizenzbereitschaftserklärung II, wo der Löschung der Lizenzbereitschaftserklärung die Benutzungsanzeige eines Wettbewerbers des Patentinhabers entgegen gestanden hatte. Die Wirksamkeit dieser Anzeige hatte der Patentinhaber mit dem Vortrag bestritten, angezeigt worden sei ihm lediglich eine unentgeltliche Patentmitbenutzung. Im registerrechtlichen Verfahren der Erklärungslöschung kann das DPMA die Wirksamkeit einer privatrechtlich wirkenden Benutzungsanzeige nicht prüfen. Es kann aber trotz Anzeige löschen, wenn der Patentinhaber Tatsachen vorträgt, die die Unwirksamkeit der löschungshindernden Anzeige ernsthaft in Betracht kommen lassen (Nr. 25 f.).
[13] BPatG 2.11.1983, Mitt. 1984, 191.
[14] *Busse/Hacker* PatG § 23 Rn. 48; *Rogge/Kober-Dehm* in Benkard PatG § 23 Rn. 11.
[15] OLG Nürnberg 18.7.1995, GRUR 1996, 48.
[16] Umstände, die von Bedeutung sein können, behandelt BGH 15.6.1967, GRUR 1967, 655 (657 ff.) – Altix.
[17] Beispiel: DPA 20.7.1988, BlPMZ 1988, 324 und BPatG 15.11.1989, BlPMZ 1990, 329.

setzung des Amts nur abweichen können, wenn diese wegen neuer Tatsachen als offenbar unangemessen erscheint.[18]

25   7. Die dargestellten Regeln gelten auch dann, wenn die Lizenzbereitschaft **vor Patenterteilung** erklärt wird (§ 23 Abs. 6 PatG). Freilich kann der Anmelder in diesem Stadium die Benutzung der Erfindung ohnehin nicht verbieten, sondern nur Entschädigung gemäß § 33 PatG verlangen. Ein nach § 23 PatG erlangtes Benutzungsrecht hat aber den Vorteil, dass es die Benutzungsmöglichkeit auch über die Patenterteilung hinaus sichert, während eine ohne Lizenzbereitschaft oder ohne Benutzungsanzeige begonnene Benutzung auf Verlangen des Patentinhabers eingestellt werden muss.

II. Das Weiterbenutzungsrecht des Vorbenutzers (Vorbenutzungsrecht)

Literatur: *Bergermann, M.,* Privates Vorbenutzungsrecht und Weiterentwicklungen, FS 80 J. PatG Ddf, 51–61; *Blumenröder, U./Bertram, E.,* Anforderungen an das Vorbenutzungsrecht nach § 12 PatG – Keine Notwendigkeit der Veranstaltung im Inland -, Mitt. 2014, 119–121; *Busche, J.,* Das Vorbenutzungsrecht im Rahmen des deutschen und europäischen Patentrechts, GRUR 1999, 645–649; *ders.,* Die „Doppelerfindung" – Überlegungen zur wirtschaftlichen Reichweite des Vorbenutzungsrechts, FS Schricker, 2005, 883–895; *Eichmann, H.,* Kritische Überlegungen zum Vor- und Weiterbenutzungsrecht, GRUR 1993, 73–87; *Haedicke, M.,* Schadensersatz bei mittelbarer Patentverletzung, GRUR 2009 (FS Melullis), 273–276; *Hufnagel, F.-E.,* Die „mittelbare Vorbenutzung" im Spannungsfeld zwischen den Interessen des Patentinhabers und des Vorbenutzungsberechtigten, FS Reimann 2009, 215–223; *Keukenschrijver, A.,* Zur sachlichen Reichweite des Vorbenutzungsrechts, GRUR 2001, 944–948; *Kühnen, T.,* Die rechtlichen Folgen einer mittelbaren Vorbenutzung, FS Mes, 2009, 234–239; *Loth, F.,* Vorbenutzung, GRUR-Int 1989, 204–208; *Müller, W. H.,* Die zukünftige Gestaltung des Vorbenutzungsrechts in der Europäischen Gemeinschaft, Mitt. 2001, 151–163; *Sedlmaier, R.,* Die Patentierbarkeit von Computerprogrammen und ihre Folgeprobleme, 2004; *Sehirali, F. H./Bjerke, P.,* Das Vorbenutzungsrecht nach § 12 PatG und das neue Abwehrrecht des US First Inventor Defense Act, GRUR-Int 2001, 828–839; *Teschemacher, R.,* Die mittelbare Patentverletzung, 1974.

a) Begriff und Wesen. Gesetzliche Regelung

26   1. Eine Benutzung der Erfindung, die im Inland[19] vor deren Anmeldung zum Patent begonnen oder hinreichend vorbereitet worden ist, darf nach Maßgabe des § 12 PatG trotz Patenterteilung ohne Zustimmung des Patentinhabers fortgesetzt werden. Für den Zeitraum zwischen Offenlegung der Anmeldung und Patenterteilung begründet ihre Fortsetzung keinen Entschädigungsanspruch nach § 33 PatG.

27   Nach § 13 Abs. 3 GebrMG ist § 12 PatG im Gebrauchsmusterrecht entsprechend anwendbar. Die nachfolgenden Ausführungen gelten deshalb, soweit sie sich nicht auf die Wirkung der offengelegten Patentanmeldung beziehen, auch für **Gebrauchsmuster,** auch wenn diese nicht gesondert erwähnt sind.

28   Durch § 12 PatG ist die Wirkung des Patents von dessen Entstehung an eingeschränkt. Entsprechendes gilt für die einstweilige Schutzwirkung der offengelegten Anmeldung. Derjenige, dem die Einschränkung zugutekommt, hat ein **Recht,** die Erfindung zu benutzen. Das Benutzungsrecht wird durch die Benutzung der Erfindung oder die dazu erforderlichen Veranstaltungen begründet, sofern Benutzung oder Veranstaltungen vor dem maßgebenden Zeitpunkt liegen. Zusammenfassend können die rechtsbegründenden Handlungen als **Vorbenutzung** (im weiteren Sinne) bezeichnet werden. Wer sie vornimmt, ist Vorbe-

---

[18] Vgl. *Rogge/Kober-Dehm* in Benkard PatG § 23 Rn. 13; *Rinken/Kühnen* in Schulte PatG § 23 Rn. 25.

[19] Handlungen im Ausland genügen nicht, auch nicht in einem EU-Staat, LG Düsseldorf 9.8.2001, Mitt. 2001, 561 (565 f.) mN. Nach *Ullrich* GRUR-Int 1995, 623 (636) ist jedoch mit Blick auf den TRIPS-induzierten Funktionswandel des Territorialitätsprinzips zu fragen, ob das VBR weiterhin davon abhängig gemacht werden darf, dass die den Vertrauensschutz begründende Handlung im Inland erfolgt ist. *Blumenröder/Bertram* meinen, die Veranstaltung könne auch im Ausland getroffen werden, solange sie sich auf eine zukünftige Benutzung im Inland beziehe Mitt. 2014, 119–121.

§ 34. Benutzungsbefugnisse Dritter

nutzer. Das Recht, das er durch sie erwirbt, wird gewöhnlich Vorbenutzungsrecht (im Folgenden: VBR) genannt. Damit ist auf die Grundlage seiner Entstehung Bezug genommen, und diesen Aspekt rücken auch die Systeme in den Vordergrund, die von *prior user right* sprechen. Blickt man (wie bei anderen Rechten) auf den Inhalt des Rechts, ist es ein Recht zur **Weiterbenutzung**.

Das VBR belastet nicht das Patent oder den Erteilungsanspruch. Die Verbietungsbefugnisse aus dem Patent bleiben dessen Inhaber vorbehalten; zugute kommen ihr Bestehen und ihre Ausübung aber auch dem Benutzungsberechtigten. 29

2. Das VBR soll verhindern, dass die Geltendmachung des Patents vor seiner Anmeldung geschaffene wirtschaftliche Werte zerstört. Arbeit, Zeit und Kapital für Maßnahmen zur Erfindungsverwertung oder für Veranstaltungen zu deren Vorbereitung sollen sich nicht als vergeblich erweisen, wenn später ein anderer die Erfindung anmeldet und ein Patent dafür erlangt.[20] Insofern liegen der Gewährung des VBR Billigkeitserwägungen zugrunde. In welchem Maße sie Berücksichtigung finden können, ist aber durch die gesetzliche Regelung festgelegt. Wenn diese ergibt, dass ein VBR besteht oder nicht besteht, kann es nicht mit der Begründung versagt oder gewährt werden, dass das Ergebnis der Gesetzesanwendung nach Lage des Falles unbillig sei.[21] Bei einer am Zweck der Regelung orientierten Auslegung des Gesetzes ist gewährleistet, dass Billigkeitsgesichtspunkte im gebotenen und zulässigen Maß berücksichtigt werden. 30

3. Das VBR setzt nicht voraus, dass dem Vorbenutzer ein (auf Parallelerfindung beruhendes) eigenes *Erfinderrecht* zusteht, und kommt andererseits dem Inhaber eines solchen Rechts nicht ohne weiteres zugute. Die Kenntnis der erfinderischen Lehre, der Erfindungsbesitz, rechtfertigt – selbst in Verbindung mit einem Erfinderrecht – noch kein Weiterbenutzungsrecht; vielmehr ist ein in bestimmter Weise **betätigter Erfindungsbesitz** erforderlich, der sich zu einem **Besitzstand** verdichtet hat. 31

Die Konzeption des VBR unterscheidet sich hierdurch von der in manchen Ländern geltenden Anknüpfung des Benutzungsrechts an den „persönlichen Besitz" (*possession personnelle*).[22] 32

4. Zu Vorbenutzungsrechten, die in der Bundesrepublik Deutschland ohne das in Art. 3 des Einigungsvertrags bezeichnete Gebiet oder in der DDR bestehende Patente oder Gebrauchsmuster einschränkten, vgl. 7. Auflage → Rn. 33–35. 33

b) Voraussetzungen

1. Ein VBR kann nur auf Handlungen gestützt werden, die vor dem **maßgebenden Zeitpunkt** vorgenommen worden sind. Das ist der Anmeldetag, im Fall gültiger Inanspruchnahme einer Priorität grundsätzlich der Prioritätstag des Patents (§ 12 Abs. 2 S. 1 PatG). 36

Ausnahme (§ 12 Abs. 2 S. 2): Ein Ausländer kann sich auf die von ihm in Anspruch genommene Priorität einer *ausländischen* Anmeldung gegenüber einem VBR nur dann berufen, wenn sein Heimatstaat hierin Gegenseitigkeit verbürgt. Für Angehörige von Verbandsländern der PVÜ ist dies durch Art. 4 B S. 1 Hs. 2 PVÜ gewährleistet. Für die Geltendmachung der Priorität einer beim DPMA eingereichten Anmeldung gemäß § 7 Abs. 2 oder § 40 PatG gilt das Gegenseitigkeitserfordernis nicht. 37

---

[20] Vgl. RG 25.2.1911, RGZ 75, 317; weitere Nachw. bei *Eichmann* GRUR 1993, 74, der aaO 78 auch eine Verbindung zum Verwirkungsgedanken herstellen will; doch beruht das Weiterbenutzungsrecht nicht darauf, dass der Berechtigte eine sein Recht verletzende Handlung geduldet hätte, sondern auf der *ursprünglichen* Rechtmäßigkeit der Handlungen, deren Fortsetzung es erlaubt.
[21] RG 6.9.1941, GRUR 1942, 34 (37); BGH 30.6.1964, GRUR 1964, 673 – Kasten für Fußabtrittsroste; 7.1.1965, GRUR 1965, 411 (413) – Lacktränkeinrichtung.
[22] Rechtsvergleichende Darstellungen geben *Bruchhausen* GRUR 1964, 405–415; *Eichmann* GRUR-Int 1967, 378–390; *Ohl* GRUR-Int 1968, 33–44; vgl. auch *Keukenschrijver* GRUR 2001, 944 (946).

38 Durch Handlungen **nach** der (prioritätsbegründenden) **Anmeldung** wird **kein Weiterbenutzungsrecht** erworben. Sachen, die zwischen diesem Zeitpunkt und dem Eintritt der Patentwirkungen unter Benutzung der Erfindung hergestellt und in Verkehr gebracht worden sind, unterliegen, wie der BGH[23] klargestellt hat, hinsichtlich ihres Gebrauchs und weiteren Vertriebs ab Erteilung des Patents dessen Wirkung. Allerdings hängt es nach Auffassung des BGH von den Umständen des Einzelfalles ab, ob der Benutzer einer solchen Sache die Weiterbenutzung zu unterlassen hat, inwieweit er sich schadenersatzpflichtig macht oder inwieweit ihm die Weiterbenutzung gegen Zahlung einer Vergütung zu gestatten ist.

39 Hat der Anmelder oder sein Rechtsvorgänger die Erfindung vor der Anmeldung einem anderen **mitgeteilt** und sich dabei seine Rechte für den Fall der Patenterteilung **vorbehalten,** kann sich der, welcher die Erfindung infolge der Mitteilung erfahren hat, nicht auf Vorbenutzungshandlungen berufen, die er innerhalb von sechs Monaten nach der Mitteilung vorgenommen hat (§ 12 Abs. 1 S. 4 PatG).[24] Hierdurch werden die Vorschriften über die Neuheitsunschädlichkeit gewisser Vorverlautbarungen (§ 3 Abs. 4 PatG, Art. 55 EPÜ) durch einen Schutz gegen nachteilige Folgen von Mitteilungen ergänzt, durch die die Erfindung vor dem Stichtag anderen, aber nicht der Öffentlichkeit zugänglich gemacht worden ist. Wenn der unter Vorbehalt Mitteilende innerhalb von sechs Monaten nach der Mitteilung anmeldet, kann er sicher sein, dass aus der Mitteilung kein VBR erwachsen ist. Bei späterer Anmeldung braucht er sich eine Vorbenutzung nur insoweit entgegenhalten zu lassen, als sie nach Ablauf der Sechsmonatsfrist erfolgt ist.

40 Der Vorbehalt braucht nicht ausdrücklich gemacht zu sein, sondern kann sich auch aus schlüssigem Handeln ergeben. Er wirkt nach hM auch gegen einen Vorbenutzer, der ihn nicht kennt; es genügt, dass der Vorbenutzer die Erfindung infolge der Mitteilung erfahren hat. Das ist auch dann der Fall, wenn der erste Mitteilungsempfänger einem anderen die Kenntnis der Erfindung weitergegeben hat, ohne auf den Vorbehalt hinzuweisen. Demjenigen, der „bewusst fremdes Erfindungsgut benutzt", wird zugemutet, sich zu vergewissern, ob der Urheber sich Rechte daran vorbehalten hat: unterlasse er das, handele er bei Aufwendungen für die Erfindung auf eigene Gefahr.[25] Fraglich bleibt bei Annahme einer so weitgehenden Sorgfaltspflicht, warum es bei direkter Mitteilung überhaupt eines Vorbehalts bedarf.

41 Die praktische Bedeutung des Vorbehalts hat sich dadurch verringert, dass die Schonfristregelung im PatG mit dem Willen des Anmelders oder eines Rechtsvorgängers zustande gekommene Verlautbarungen – abgesehen von bestimmten Ausstellungen – nicht mehr umfasst (→ § 16 Rn. 81 ff.). Nach früherem Recht kam es dagegen auf den Vorbehalt insbesondere bei Mitteilungen an, die ohne die Schonfrist zum SdT zu rechnen gewesen wären, etwa weil der Empfänger nicht zur Geheimhaltung verpflichtet wurde und auch sonst kein Grund für die Erwartung vorlag, dass er das mitgeteilte Wissen nicht weitergeben werde. Nach geltendem Recht ist dagegen die Mitteilung in solchen Fällen neuheitsschädlich[26]. Wenn jedoch der Empfänger geheimhaltungspflichtig ist oder aus sonstigen Gründen das mitgeteilte Wissen nicht beliebig verwerten darf, wird die Aufnahme oder Vorbereitung einer Benutzung oft bedeuten, dass der ihr zugrundeliegende Erfindungsbesitz als nicht redlich erlangt anzusehen ist, was unabhängig von einem Vorbehalt das Entstehen eines VBR dauernd verhindert (→ Rn. 43).

42 Anders ist die Rechtslage beim *Gebrauchsmuster:* Da hier die Schonfristregelung (§ 3 Abs. 1 S. 3 GebrMG) nach wie vor auch freiwilligen Verlautbarungen des Anmelders oder seines Rechtsvorgängers zugutekommt, hat die Möglichkeit, durch einen Vorbehalt das Entstehen eines VBR zu verhindern, ihre Bedeutung uneingeschränkt behalten.

---

[23] 17.12.1981, BGHZ 82, 369 (374) – Straßendecke II; die Frage war Gegenstand einer umfangreichen Diskussion im Schrifttum, vgl. *Scharen* in Benkard PatG § 12 Rn. 29 ff. mit zahlreichen Nachw.
[24] Dazu BGH 30.6.1964, GRUR 1964, 673 (674) – Kasten für Fußabtrittsroste.
[25] Begründung zum PatG 1936, BlPMZ 1936, 105.
[26] *Busche* GRUR 1999, 647.

2. Nach allgemeiner Meinung erwirbt der Vorbenutzer ein Weiterbenutzungsrecht nur **43** dann, wenn er bei der Vorbenutzung den **Erfindungsbesitz,** also eine für das Nacharbeiten ausreichende Kenntnis der später patentierten technischen Lehre gehabt hat.[27] Ohne Erfindungsbesitz kann nicht gesagt werden, dass er *die Erfindung* in Benutzung genommen oder die *dazu* erforderlichen Veranstaltungen getroffen habe, mögen auch seine Handlungen objektiv die Erfindung verwirklicht haben oder als Vorbereitung hierzu geeignet gewesen sein.

Erfindungsbesitz hat also zwei Komponenten: objektiv muss die sich aus Aufgabe und **44** Lösung ergebende Lehre fertig sein, subjektiv muss sie derart erkannt sein, dass ihre tatsächliche Ausführung möglich ist.[28] Die subjektive Erkenntnis liegt damit vor, wenn das Handeln planmäßig auf die Verwirklichung einer technischen Lehre gerichtet ist, die alle Merkmale des erfindungsgemäßen Gegenstands verwirklicht. Ob der Handelnde darüber hinaus Kenntnis von den Wirkungen hat, die nach den Angaben in der Beschreibung mit der Verwirklichung des erfindungsgemäßen Gegenstands verbunden sind, ob er also auch wissenschaftliche Erkenntnis der zugrundeliegenden Vorgänge besitzt, ist unerheblich.[29] In jedem Fall muss der Vorbenutzer über die Kenntnis der fertigen, ausführbaren technischen Lehre verfügen; Versuche, durch die eine brauchbare Problemlösung erst ermittelt werden soll, begründen noch kein VBR.

Allerdings wird einem Vorbenutzer, der sich auf den *Handel* mit patentgemäßen Erzeugnissen **45** beschränkt hat und deshalb nur diesen fortsetzen darf (→ § 33 Rn. 57 ff.), der Erfindungsbesitz des *Herstellers* dieser Erzeugnisse zuzurechnen sein[30], so dass seine Berechtigung zum Vertrieb nicht davon abhängt, ob der Hersteller vor dem Stichtag die Erzeugnisse im Inland in Verkehr gebracht und dadurch sowohl ebenfalls ein VBR erlangt als auch Erschöpfung bewirkt hat. Der weiterbenutzende Händler ist deshalb berechtigt, nicht nur von einem im Inland weiterbenutzungsberechtigten, sondern auch von einem im Ausland tätigen Hersteller zu beziehen, der vor dem Stichtag noch keine erfindungsgemäßen Erzeugnisse in den inländischen Verkehr gebracht hat.

Der Erfindungsbesitz braucht von dem Erfindungsakt, aus dem sich die spätere Patent- **46** anmeldung herleitet, **nicht unabhängig** zu sein.[31] Doch muss es sich um **redlichen Erfindungsbesitz** handeln; die Vorbenutzung muss redliche Besitzausübung sein. Auf unredlich erlangtes oder unredlich verwertetes Wissen kann sich nach allgemeiner Meinung kein VBR gründen.[32] Als unredlich wird der Vorbenutzer angesehen, wenn er bei Erlangung der von ihm verwerteten Kenntnisse erkannt oder grobfahrlässig verkannt hat, dass diese von einem anderen stammen, der mit der Weitergabe an oder der Verwertung durch den Vorbenutzer nicht einverstanden ist. Auch versteht sich, dass ein **Arbeitnehmer** kein VBR erwirbt, wenn er seine Diensterfindung vor der Anmeldung des dem Arbeitgeber hierauf erteilten Patents benutzt, oder dass ein **Unternehmensinhaber** kein VBR erwirbt, dem eine Erfindung aufgrund einer vertraglichen Beziehung vom Erfinder offenbart wurde, ohne dass Vereinbarungsgegenstand auch die Einräumung eines (vertraglichen) Benutzungsrechts gewesen wäre.[33]

---

[27] BGH 21.6.1960, GRUR 1960, 546 (548) – Bierhahn; 30.6.1964, GRUR 1964, 673 (674) – Kasten für Fußabtrittsroste; RG 15.12.1928, RGZ 123, 58 (61).
[28] BGH 12.6.2012, GRUR 2012, 895 Rn. 18 – Desmopressin.
[29] BGH 12.6.2012, GRUR 2012, 895 Rn. 18 – Desmopressin; RG 7.6.1940, GRUR 1940, 434 (436).
[30] *Eichmann* GRUR 1993, 80.
[31] RG 7.7.1926, RGZ 114, 246 (249 f.); 13.7.1943, GRUR 1943, 286; krit. dazu *Busche* GRUR 1999, 646 f., der fordert, dass der Erfindungsbesitz des Vorbenutzers auf eine Parallelerfindung zurückgeht, und die Berufung auf einen vom Patentinhaber abgeleiteten Erfindungsbesitz nur gestatten will, wenn sich der Patentinhaber vertragswidrig oder widersprüchlich verhält.
[32] Vgl. BGH 30.6.1964, GRUR 1964, 673 (675) – Kasten für Fußabtrittsroste; OLG Düsseldorf 21.6.1979, GRUR 1980, 170 (171); die Unredlichkeit muss der Patentinhaber beweisen, LG Düsseldorf 31.7.1986, Mitt. 1987, 239 (240); Einzelheiten bei *Eichmann* GRUR 1993, 81.
[33] BGH 10.9.2009, GRUR 2010, 47 Rn. 18 ff. – Füllstoff.

47 Dem Vorbenutzer, der den Erfindungsbesitz redlich von einem Nichtberechtigten erlangt hat, kann die Weiterbenutzung nicht deshalb untersagt werden, weil er im Fall einer eigenen Anmeldung gem. § 8 PatG zwei Jahre lang dem Übertragungsanspruch des Berechtigten ausgesetzt wäre[34].

48 Mit Rücksicht auf § 12 Abs. 1 S. 4 PatG (vgl. → Rn. 39) wird bei einer vom Erfindungsberechtigten selbst gemachten Mitteilung eine Unredlichkeit – da sie unbefristet den Erwerb eines VBR hindert – erst dann angenommen werden können, wenn sich der Mitteilende nicht nur eine Schutzrechtsanmeldung vorbehalten, sondern unmissverständlich zum Ausdruck gebracht hat, dass er mit einer im Interesse des Empfängers erfolgenden Benutzung keinesfalls einverstanden sein würde[35].

49 3. Das VBR setzt voraus, dass derjenige, der es in Anspruch nimmt, rechtzeitig die Erfindung in Benutzung genommen oder die dazu erforderlichen Veranstaltungen getroffen hat. Es entsteht für denjenigen, der diese Handlungen **selbständig** und im **eigenen Interesse** ausführt.[36] Wer im Auftrag und Interesse eines anderen handelt, kann nur für diesen ein VBR begründen.

50 Als **Benutzung** kommt jede der nach § 9 PatG dem Patentinhaber vorbehaltenen Handlungen in Betracht. Insbesondere kann nicht nur durch Herstellung oder Gebrauch unter Sachpatentschutz stehender Erzeugnisse, Anwendung eines patentierten Verfahrens oder Gebrauch seiner unmittelbaren Erzeugnisse, sondern auch durch Anbieten[37] oder Inverkehrbringen patentgemäß hergestellter Erzeugnisse ein VBR erworben werden. Die dem VBR zugrundeliegende Benutzungsform kann jedoch dessen Umfang beeinflussen (vgl. → Rn. 57).

51 Nicht ausreichend sind Entwurf oder Einreichung einer Schutzrechtsanmeldung für die Erfindung; sie belegen zwar den Erfindungsbesitz, stellen aber keine Benutzung dar.[38] Eine vorübergehende Unterbrechung der Benutzung ist unschädlich; es genügt, dass der Gegenstand des späteren Patents, zB eine Vorrichtung oder ein Verfahren, zu dem Bestand an technischen Mitteln gehört, deren sich ein Unternehmen nach Bedarf bedient.[39] Die Benutzung darf aber nicht vor dem maßgebenden Zeitpunkt freiwillig und endgültig aufgegeben worden sein.[40] Eine Benutzung im Rahmen von Laborversuchen, die lediglich der Prüfung der Ausführbarkeit der Erfindung dienen, ist nicht als ausreichend angesehen worden; gewiss kann aber nicht allgemein der Beginn einer fabrikmäßigen Herstellung gefordert werden.[41] Grundsätzlich sollte eine probeweise Benutzung genügen, wenn ihre Ergebnisse einer wirtschaftlichen Verwertung zugeführt werden (vgl. → § 33 Rn. 254). Fehlt es hieran, bleibt zu prüfen, ob sie im Einzelfall als „Veranstaltung" ins Gewicht fällt.[42]

52 Allgemein wird angenommen, dass auch eine *mittelbare Benutzung* ein VBR begründen kann. Vorausgesetzt ist aber, dass der mittelbare Benutzer Erfindungsbesitz hat.[43] Zu rechtfertigen ist diese Ansicht mit Rücksicht darauf, dass dem mittelbaren Benutzer die Benutzung durch seine Abnehmer zugerechnet wird (vgl. → § 33 Rn. 380 ff.). Deshalb muss auch eine Vorbenutzung durch Abnehmer vorliegen (vgl. → Rn. 60). Dabei kann schon die Aufnahme geschäftlichen Kontakts zum Zweck der Beschaffung von Mitteln zur Erfindungsbenutzung eine hinreichende Veranstaltung bedeuten (vgl. → Rn. 53 ff.).

---

[34] *Eichmann* GRUR 1993, 81 f. mit Hinweis auf abweichende Meinungen.

[35] Zum Verhältnis des § 12 Abs. 1 S. 4 PatG zum allgemeinen Redlichkeitserfordernis *Eichmann* GRUR 1993, 82.

[36] Vgl. RG 6.9.1941, GRUR 1942, 34; 13.7.1943, GRUR 1943, 286 (287); OLG Karlsruhe 23.9.1981, GRUR 1983, 67 (69); BGH 26.1.1993, BGHZ 121, 194 (200 f.) – Wandabstreifer mwN.

[37] Dazu eingehend BGH 28.5.1968, GRUR 1969, 35 (36) – Europareise; vgl. auch RG 24.6.1912, RGZ 80, 15; 8.4.1941, RGZ 166, 326 (330 f.).

[38] RG 21.10.1931, RGZ 133, 377 (381); 17.7.1942, RGZ 169, 289 (290).

[39] RG 9.2.1929, RGZ 123, 252 (255); 20.5.1936, GRUR 1937, 357.

[40] BGH 7.1.1965, GRUR 1965, 411 (413) – Lacktränkeinrichtung; 28.5.1968, GRUR 1969, 35 (36) – Europareise; RG 25.2.1911, RGZ 75, 317 (319); 12.10.1912, RGZ 80, 206 (207).

[41] So aber RG 9.2.1929, RGZ 123, 252 (256).

[42] Vgl. RG 16.9.1938, RGZ 158, 291.

[43] BGH 30.4.1964, GRUR 1964, 496 – Formsand II; ausf. *Kühnen* FS Mes, 2009, 234 ff.

4. Damit durch **Veranstaltungen** zur Benutzung ein VBR erworben werden kann, müssen Handlungen vorliegen, die objektiv auf die Erfindung bezogen, also geeignet sind, deren Benutzung zu ermöglichen; subjektiv muss der ernstliche Wille des Handelnden zur alsbaldigen Aufnahme der Benutzung hinzukommen.[44] Als Veranstaltungen kommen beispielsweise in Betracht: Anschaffung oder Bau der benötigten Maschinen oder Anlagen, Anfertigung von Werkstattzeichnungen, Werbetätigkeit. Auf die Größe des wirtschaftlichen Aufwands kommt es nicht an.

Unter Umständen genügt schon die intensive Suche nach einem Hersteller, der bestimmte wesentliche Teile gemäß den Anforderungen der Erfindung fertigen kann, die Bestellung eines Spezialgeräts oder die Ermittlung einer Bezugsquelle hierfür.

Versuche, die sich auf die Erfindung beziehen, werden als Veranstaltung anerkannt, wenn sie nur noch dazu dienen, für die gefundene Lösung die praktisch zweckmäßigste Ausführungsform zu ermitteln, nicht aber, wenn durch sie noch die Ausführbarkeit der Erfindung erprobt wird.

Nicht genügend sind auch Erkundungen über Marktverhältnisse und voraussichtlichen Bedarf.

Das Erfordernis des **Benutzungswillens** rechtfertigt sich unter dem Gesichtspunkt der Schutzwürdigkeit des Besitzstandes deshalb, weil der Gefahr begegnet werden muss, dass nach Anmeldung und Erteilung des Patents auf Überlegungen zurückgegriffen wird, die noch nicht zu konkreten Entschlüssen gediehen und wieder zurückgestellt worden waren, jetzt aber angesichts des fremden Schutzrechts interessant zu werden versprechen.

Da der Benutzungswille im maßgebenden Zeitpunkt noch bestanden haben muss, hat die Rechtsprechung stets gefordert, dass die Veranstaltungen (mindestens) bis zu diesem Zeitpunkt angedauert haben.[45] Ihre Unterbrechung hat deshalb einschneidendere Folgen als diejenige einer schon in einer der Formen des § 9 PatG begonnenen Benutzung. Doch geht das entstandene VBR nicht mehr verloren, wenn nach dem maßgebenden Zeitpunkt die Veranstaltungen vorübergehend unterbrochen werden.

c) Inhalt und Umfang

1. Wer ein VBR erworben hat, ist befugt, die Erfindung für die Bedürfnisse seines eigenen Betriebs in eigenen oder fremden Werkstätten auszunutzen (§ 12 Abs. 1 S. 2 PatG); ohne Erlaubnis des Patentinhabers und ohne Entschädigung des Anmelders. Welche **Benutzungsformen** ihm dabei offenstehen, richtet sich nach der Art der vor dem maßgebenden Zeitpunkt ausgeübten oder vorbereiteten Tätigkeit.[46] Handelt es sich um die Herstellung von Erzeugnissen, dürfen diese weiterhin hergestellt, aber auch angeboten, in Verkehr gebracht, gebraucht oder zu diesen Zwecken eingeführt und besessen werden. Beziehen sich dagegen die das VBR begründenden Handlungen nur auf ein Anbieten oder Inverkehrbringen, soll der Vorbenutzer nach hM nicht zur Herstellung übergehen dürfen.[47]

Der bloße Gebrauch einer Sache darf nur durch den Gebrauch dieses Stücks fortgesetzt werden; zulässig ist weder eine Neuherstellung oder Veräußerung, noch der Gebrauch eines anderen Stücks, das Dritte patentverletzend in Verkehr gebracht haben.

---

[44] Vgl. RG 4.3.1912, RGZ 78, 436 (439); 18.2.1925, RGZ 110, 218 (223f.); 6.9.1941, GRUR 1942, 34 (35); 18.11.1941, GRUR 1942, 155 (156); 13.7.1943, GRUR 1943, 286 (287); BGH 21.6.1960, GRUR 1960, 546 (549) – Bierhahn; BGH 21.5.1963, BGHZ 39, 389 – Taxilan; 30.6.1964, GRUR 1964, 673 (674) – Kasten für Fußabtrittsroste; 28.5.1968, GRUR 1969, 35 (37) – Europareise.

[45] RG 9.2.1929, RGZ 123, 252; 16.9.1938, RGZ 158, 291; 18.11.1941, GRUR 1942, 155; BGH 28.5.1968, GRUR 1969, 35 (37) – Europareise.

[46] Vgl. *Busche* FS Schricker, 2005, 883 (891f.).

[47] Vgl. *Scharen* in Benkard PatG § 12 Rn. 23; *Eichmann* GRUR 1993, 79; *Keukenschrijver* GRUR 2001, 944 (945ff.); *Busche* FS Schricker, 2005, 883 (892); aM *Götting* GewRS § 25 Rn. 9; nach RG 4.1.1937, RGZ 153, 321 (326) ist der Berechtigte hinsichtlich der Art und Weise der Benutzung nicht beschränkt, sofern nur die Art des Gewerbebetriebs nicht geändert wird.

59 Umstritten ist, ob die Aufnahme oder Vorbereitung einer Benutzung im **privaten Bereich zu nichtgewerblichen Zwecken** das Recht begründet, ohne Erlaubnis des Patentinhabers zu einer gewerblichen Benutzung überzugehen.[48] Die Frage ist jedenfalls nach geltendem Recht zu verneinen, wenn nicht vor dem maßgebenden Zeitpunkt wenigstens Veranstaltungen zur gewerblichen Nutzung vorlagen. Der private, nichtgewerbliche Gebrauch ist durch die Ausnahmevorschrift des § 11 Nr. 1 PatG der Wirkung des Patents entzogen. Wer sich auf ihn beschränkt, bedarf keines VBR. Ein schutzwürdiges Interesse, auf seiner Grundlage eine vor der Anmeldung nicht einmal vorbereitete gewerbliche Benutzung zu gestatten, ist nicht ersichtlich. Entsprechendes gilt im Anwendungsbereich der übrigen Ausnahmen des § 11 PatG.

60 2. Eine **mittelbare Vorbenutzung,** der der erforderliche Erfindungsbesitz zugrunde liegt, rechtfertigt es, die von ihr betroffenen Mittel zur Erfindungsbenutzung anzubieten und zu liefern. Das bedeutet aber nicht, dass die *Abnehmer* zur unmittelbaren Erfindungsbenutzung berechtigt sind. Auch der mittelbare Vorbenutzer darf grundsätzlich nicht zu einer unmittelbaren Vorbenutzung übergehen und selbst herstellen oder ein Verfahren benutzen. Unmittelbar benutzen darf der ehemals mittelbare Vorbenutzer ausnahmsweise dann, wenn er früher sämtliche Komponenten und Teile einer Vorrichtung oder Mittel zur Ausführung eines Verfahrens geliefert hatte und diese sinnvoll nicht anders als patentgemäß einsetzbar waren. Das haben OLG Düsseldorf und BGH 2018 in Schutzverkleidung[49] festgestellt bzw. 2019 bestätigt.

60a Praktisch bleibt der mittelbare Vorbenutzer deshalb auf Abnehmer angewiesen, die ihrerseits ein VBR haben oder Lizenznehmer sind.[50] Insoweit benötigt er aber kein eigenes VBR, weil er Benutzungsberechtigte nach § 10 PatG ohne Zustimmung des Patentinhabers beliefern darf. Von Bedeutung wäre ein VBR für den mittelbaren Benutzer nur dann, wenn es ihm das Recht gäbe, seinen Abnehmern die Befugnis zur Erfindungsbenutzung zu verschaffen. Vertretbar ist eine solche Annahme, wenn der mittelbare Vorbenutzer Vorrichtungen angeboten oder geliefert hat, die nicht ohne Benutzung eines patentierten Verfahrens gebraucht werden können.[51] In diesem Fall könnte der Patentinhaber selbst die Lieferung der Vorrichtung praktisch nicht vornehmen oder gestatten, ohne gleichzeitig die Erlaubnis zur Verfahrensausübung zu erteilen; das kann eine *im Ergebnis* der Anwendung des Erschöpfungsgrundsatzes entsprechende Behandlung rechtfertigen (vgl. → § 33 Rn. 325 ff.). In sonstigen Fällen ist jedoch kein Raum für eine Lizenzierungsbefugnis kraft mittelbarer Vorbenutzung.[52]

61 3. Soweit es sich um die Bedürfnisse des eigenen Betriebs seines Inhabers handelt, kennt das VBR **keine quantitativen Grenzen.** Der Berechtigte darf seinen Betrieb also zB beliebig erweitern.[53] Dritten, die nicht in seinem Auftrag tätig sind (vgl. → Rn. 64), kann er die Benutzung jedoch nicht gestatten. Soweit er dies – etwa in Form einer Know-how-Lizenz – vor der Patentanmeldung getan hat, kommt es bei jedem Lizenznehmer darauf an, ob er durch Aufnahme oder Vorbereitung der Erfindungsbenutzung ein eigenes Weiterbenutzungsrecht erworben hat. Die Lizenzvergabe als solche ist dagegen keine Benutzung, die ungeachtet des Patents durch Vergabe weiterer Lizenzen fortgesetzt werden dürfte.[54]

---

[48] Vgl. *Scharen* in Benkard PatG § 12 Rn. 10 mN.
[49] BGH 14.5.2019, GRUR 2019, 1171 Rn. 48 – Schutzverkleidung; OLG Düsseldorf 14.3.2018, GRUR 2018, 814 Rn. 104 – Schutzverkleidung.
[50] AA *Busche* FS Schricker, 2005, 883 (894); *Busse/Keukenschrijver* PatG § 12 Rn. 47. Fraglich bleibt dabei, aus welchem Grund der Patentinhaber Abnehmern, die kein eigenes Benutzungsrecht haben, die (unmittelbare) Erfindungsbenutzung nicht soll verbieten können.
[51] BGH 14.5.2019, GRUR 2019, 1171 Rn. 48 Schutzverkleidung; ähnlich *Busche* FS Schricker, 2005, 883 (893).
[52] Weitergehend *Teschemacher* 125 f.
[53] RG 4.1.1937, RGZ 153, 321; 7.6.1940, GRUR 1940, 434 (435).
[54] AM *Sedlmaier* 237 f. für Computerprogramme.

§ 34. Benutzungsbefugnisse Dritter II **§ 34**

4. Sachlich umfasst das VBR den Schutzbereich der technische Lehre, auf die sich der Erfindungsbesitz und die geschehene oder vorbereitete Benutzung bezogen haben. Dieser Schutzbereich kann nur fiktiv sein, denn ein Patent hatte der Vorbenutzer gerade nicht erworben. Auch auf Weiterentwicklungen kann sich das VBR erstrecken. Gehen diese über den Umfang der bisherigen Benutzung hinaus, sind sie dem Vorbenutzer jedenfalls dann verwehrt, wenn sie in den *Gegenstand* der patentierten Erfindung eingreifen[55]. Dieser wird nach der Rechtsprechung des BGH durch den Sinngehalt(!) der Patentansprüche bestimmt (→ § 32 Rn. 68). Andere naheliegende Abwandlungen der vorbenutzten Lehre konnten nach der Rechtsprechung des RG vom VBR umfasst sein.[56] *Bergermann* hält dies für richtig[57], der BGH hat dies noch nicht entschieden. 62

Da der Patentinhaber außerhalb des durch den Sinngehalt der Ansprüche umfassten Bereichs die Benutzung einer durch den SdT nahegelegten technischen Lehre nicht verbieten kann (→ § 32 Rn. 137 ff.), sollte Entsprechendes zugunsten des Vorbenutzers gelten, wenn eine technische Lehre durch den einem VBR zugrundeliegenden Besitzstand nahegelegt war, während eine Weiterbenutzung im Bereich des Anspruchswortsinns nur auf Grund einer in diesen Bereich fallenden Vorbenutzung gerechtfertigt ist. Damit wird nicht dem VBR eine Art „Schutzbereich" zugeordnet[58], sondern der Schutzbereich des *Patents* gegenüber nicht offenkundig Vorbenutztem in ähnlicher Weise abgegrenzt wie gegenüber dem SdT. Auch wird das VBR nicht unzulässigerweise auf Abwandlungen erstreckt, zu denen der Vorbenutzer erst durch die Kenntnis des Offenbarungsgehalts des Patents befähigt wird[59]. 63

d) Bindung an den Betrieb. Erlöschen

1. Für die Bedürfnisse seines eigenen Betriebs darf der Berechtigte die Erfindungsbenutzung **in fremden Werkstätten** durchführen lassen. Er muss aber einen bestimmenden Einfluss auf Art und Umfang von Herstellung und Vertrieb behalten[60]; es darf nicht dahin kommen, dass der Betreiber einer solchen Werkstätte die Erfindung auf eigene Rechnung und Gefahr benutzt.[61] Sonst würde dieser das Patent verletzen. 64

2. Das VBR kann nur zusammen mit dem Betrieb, für den es entstanden ist, veräußert oder vererbt werden (§ 12 Abs. 1 S. 3 PatG)[62]. Das Gesetz will so eine Vervielfältigung der Benutzungsbefugnis ausschließen, die das Verbotsrecht des Patentinhabers einschränkt. Auch eine Betriebsteilung führt nicht zu einer solchen Vervielfältigung, sondern gibt nur Anlass zu prüfen, auf welchen neuen Betrieb das Recht übergegangen oder bei welchem es verblieben ist.[63] Dazu ist der Vertrag auszulegen, der zur Betriebsteilung geführt hat. 65

3. Das VBR **erlischt nicht** *per se,* wenn der Vorbenutzer *nach* der Anmeldung seinen Erfindungsbesitz nicht mehr ausübt oder die Benutzung der Erfindung einstellt;[64] wohl aber erlischt es mit endgültiger Einstellung des Betriebs, zu dem es gehört, ebenso durch Verzicht[65] und wohl auch durch endgültige Aufgabe der Veranstaltungen, durch die es entstanden war. 66

---

[55] BGH 13.11.2001, GRUR 2002, 231 – Biegevorrichtung.
[56] Vgl. zB RG 4.1.1937, RGZ 153, 321; 8.4.1941, RGZ 166, 326 (331 f.); weitere Nachw. in BGH 13.11.2001, GRUR 2002, 231 (233) – Biegevorrichtung; für Einbeziehung naheliegender Abwandlungen *Keukenschrijver* GRUR 2001, 944 (948); *Busche* FS Schricker, 2005, 883 (889 f.).
[57] FS 80 J. PatG Ddf, 2016, 51 (56 ff.).
[58] Zurecht ablehnend *Keukenschrijver* GRUR 2001, 944 (947).
[59] Vgl. *Keukenschrijver* GRUR 2001, 944 ff.
[60] Vgl. OLG München 9.2.1995, GRUR 1996, 47.
[61] RG 4.1.1937, RGZ 153, 321 (326 f.); LG Düsseldorf 15.9.1998, Mitt. 1999, 370.
[62] Vgl. OLG München 7.1.1993, Mitt. 1994, 212 (213 f.) (Betriebsveräußerung verneint); BGH 1.2.2005, BGHZ 162, 110 = GRUR 2005, 567 (568) – Schweißbrennerreinigung (Betriebsfortführung verneint).
[63] BGH 22.5.2012, GRUR 2012, 1010 Rn. 21 – Nabenschaltung III; 7.10.1965, GRUR 1966, 370 (373) – Dauerwellen II, mAnm *Reimer* GRUR 1965, 375.
[64] BGH 22.5.2012, GRUR 2012, 1010 Rn. 26 – Nabenschaltung III.
[65] BGH 7.1.1965, GRUR 1965, 411 – Lacktränkeinrichtung.

§ 34 III 5. Abschnitt. Wirkung und Durchsetzung der Schutzrechte

67   4. Im Fall der **Fremdfertigung,** § 12 Abs. 1 S. 2 Alt. 2 PatG, besteht das VBR solange, wie der Berechtigte bestimmenden wirtschaftlichen Einfluss auf Art und Umfang der Herstellung und/oder des Vertriebs – und damit der Erfindungsbenutzung – durch einen Dritten ausübt. Umgekehrt **muss es erlöschen,** wenn besagter Dritte in seiner Werkstätte nach eigenen Direktiven arbeiten lässt, weil dann keine Fremdfertigung mehr vorliegt.[66]

III. Weiterbenutzungsrecht nach vorübergehendem Wegfall des Schutzrechts oder der Anmeldung

a) Patente

68   1. Wenn für ein Patent eine fällige Jahresgebühr nicht rechtzeitig bezahlt wird, erlischt es (vgl. → § 26 Rn. 83). War jedoch der Patentinhaber ohne Verschulden an rechtzeitiger Zahlung verhindert, kann er auf Antrag wieder in den vorigen Stand eingesetzt werden und durch nachträgliche Zahlung die Folgen des Versäumnisses beseitigen (§ 123 Abs. 1–4 PatG). Die Zahlung gilt in diesem Fall als fristgemäß bewirkt, das Erlöschen des Patents als nicht eingetreten. Das Gesetz rechnet aber mit der Möglichkeit, dass Dritte im Vertrauen auf den Wegfall des Patents die Benutzung der Erfindung beginnen oder vorbereiten, und gewährt ihnen, wenn sie dies in gutem Glauben tun, ein Recht zur Benutzung auch nach Wiederinkrafttreten des Patents (§ 123 Abs. 5 PatG). Voraussetzungen und Inhalt des Rechts entsprechen mit Ausnahme des maßgebenden Zeitpunkts (vgl. → Rn. 69 ff.) denjenigen des Vorbenutzungsrechts (vgl. → Rn. 26 ff.).

69   2. Das Weiterbenutzungsrecht erwirbt nur, wer **nach Erlöschen,** aber **vor Wiederinkrafttreten** des Patents die Erfindung in Benutzung nimmt oder die dazu erforderlichen Veranstaltungen trifft. Die in diesem Zeitraum vorgenommenen Handlungen werden nicht als patentverletzend angesehen, obwohl die kraft Wiedereinsetzung als rechtzeitig geltende Gebührenzahlung das Erlöschen rückwirkend verhindert. Zeitpunkt des Wiederinkrafttretens ist derjenige, in dem die Voraussetzungen dieser Rechtsfolge erfüllt, also sowohl die Gebühr nachbezahlt als auch die Wiedereinsetzung gewährt sind. Dieser Zeitpunkt hat für das Weiterbenutzungsrecht die gleiche Bedeutung wie der Prioritätszeitpunkt für das VBR.

70   Der Dritte braucht zu seinen Benutzungshandlungen oder Veranstaltungen nicht durch die Annahme veranlasst worden zu sein, dass das Patent erloschen sei. Er kann ein Weiterbenutzungsrecht auch dann erwerben, wenn ihm das Patent oder dessen Erlöschen unbekannt waren.[67] Das Gesetz gewährt einen *typisierten* Vertrauensschutz, der keinen konkreten Kausalzusammenhang zwischen dem maßgebenden Tatbestand und dem Verhalten des Dritten voraussetzt. Doch muss ein solcher Zusammenhang wenigstens *denkbar* sein. Nicht schutzwürdig ist daher ein Dritter, der schon vor dem Erlöschen die Erfindung – in patentverletzender Weise – benutzt hat und diese Benutzung über den Zeitpunkt des Erlöschens hinaus fortsetzt.[68] Eine vor diesem wieder eingestellte patentverletzende Benutzung hindert jedoch den Erwerb eines Weiterbenutzungsrechts nicht, sofern nicht die nach dem Erlöschen aufgenommene Benutzung als Fortsetzung der früheren erscheint.[69]

71   Die Entstehung des Weiterbenutzungsrechts setzt voraus, dass das Patent *wirklich* erloschen ist; von einem entsprechenden Registervermerk hängt sie nicht ab. Ist das Patent nicht erloschen, kann kein Benutzungsrecht entstehen, auch wenn – zu Unrecht – das Erlöschen eingetragen ist.[70]

---

[66] BGH 22.5.2012, GRUR 2012, 1010 Rn. 26 – Nabenschaltung III, wo von „eigenen willentlichen Entschließungen (des Werkstätteninhabers)" und davon die Rede ist, das VBR stehe lediglich in Frage, wenn der Dritte nach eigenen Direktiven arbeiten lasse; wie hier Busse/*Keukenschrijver* § 12 Rn. 46; Rogge/*Rogge* § 12 Rn. 24.
[67] BGH 27.5.1952, BGHZ 6, 172.
[68] BGH 16.3.1956, GRUR 1956, 265 (268) – Rheinmetall Borsig I; 26.1.1993, BGHZ 121, 194 (200) – Wandabstreifer; RG 17.3.1923, RGZ 106, 375 (378).
[69] RG 16.2.1924, RGZ 108, 76.
[70] BGH 27.5.1952, BGHZ 6, 172.

§ 34. Benutzungsbefugnisse Dritter III § 34

3. Der Dritte ist nicht in **gutem Glauben,** wenn er weiß oder grobfahrlässig verkennt, 72
dass die technische Lehre, deren Benutzung er aufnimmt oder vorbereitet, Gegenstand eines
erloschenen Patents ist *und* dass mit dem Wiederaufleben dieses Patents gerechnet werden
muss.[71] Die Beweislast hierfür trifft den Patentinhaber.

4. Die dargestellten Regeln gelten entsprechend, wenn infolge Wiedereinsetzung der Ver- 73
fall einer offengelegten **Anmeldung** rückgängig gemacht wird und deshalb die in § 33
PatG vorgesehene einstweilige Schutzwirkung wieder in Kraft tritt (§ 123 Abs. 6 PatG).
Als Verfallsgründe, die durch Wiedereinsetzung ausgeräumt werden können, kommen dabei
neben Versäumnissen bezüglich Jahresgebühren auch solche bezüglich des Prüfungsantrags
in Betracht (vgl. → § 25 Rn. 104 ff.).

Das Benutzungsrecht, das demjenigen zukommt, der zwischen Verfall der Anmeldung 74
und Wiederinkrafttreten des einstweiligen Schutzes die Benutzung aufgenommen oder die
dazu erforderlichen Veranstaltungen getroffen hat, bewirkt zunächst, dass die weitere Benutzung keinen Entschädigungsanspruch des Anmelders nach § 33 PatG begründet. Es
bleibt aber erhalten, wenn die Anmeldung zur Erteilung eines Patents führt, schützt also
den Dritten auch vor Ansprüchen aus dem Patent. Der gutgläubige „Zwischenbenutzer"
steht auch insofern einem Vorbenutzer völlig gleich.

5. Zusammen mit der Möglichkeit der Wiedereinsetzung in die Frist für die Inanspruch- 75
nahme der Priorität ausländischer Anmeldungen wurde in § 123 Abs. 7 PatG auch für
diejenigen ein Weiterbenutzungsrecht eingeführt, die zwischen dem Ablauf der Prioritätsfrist und dem durch Wiedereinsetzung bewirkten Wiederaufleben des Prioritätsrechts die
Benutzung der durch das prioritätsbegünstigte Patent geschützten Erfindung begonnen
oder vorbereitet haben.

6. Für den Fall, dass wegen Nichteinhaltung einer Frist eine veröffentlichte **europäische** 76
Anmeldung als zurückgenommen gilt (dazu → § 29 Rn. 84 ff.) oder ein **europäisches**
Patent widerrufen wird (vgl. → § 30 Rn. 63) und eine Wiedereinsetzung zur Beseitigung des Rechtsverlusts führt, sieht Art. 122 Abs. 5 EPÜ eine ähnliche Regelung vor
wie § 123 Abs. 5 und 6 PatG: Wer in der Zeit zwischen dem Eintritt des Rechtsverlusts
und der Bekanntmachung des Hinweises auf die Wiedereinsetzung in einem benannten
Vertragsstaat in gutem Glauben die angemeldete oder patentierte Erfindung in Benutzung genommen oder wirkliche und ernsthafte Veranstaltungen zur Benutzung getroffen
hat, darf die Benutzung in seinem Betrieb oder für die Bedürfnisse seines Betriebs unentgeltlich fortsetzen.

7. Das Weiterbenutzungsrecht nach Wiedereinsetzung beruht wie das VBR auf der Er- 77
wägung, dass ein redlich erworbener Besitzstand nicht unter Berufung auf Rechte aus
einem Patent oder einer Anmeldung beeinträchtigt werden darf, die zur Zeit seines Erwerbs nicht wirksam waren. Hierin liegt ein **allgemeiner Rechtsgedanke,** der auch
außerhalb des Anwendungsbereichs der dargestellten Vorschriften Berücksichtigung verlangt.[72]

Beispiele: Anfechtung eines Patentverzichts (vgl. → § 26 Rn. 13); Anfechtung der Zurücknahme
der Anmeldung (vgl. → § 25 Rn. 109 ff.); Wiederherstellung eines rechtskräftig für nichtig erklärten
Patents auf Grund Restitutionsklage[73].

b) Gebrauchsmuster

Nach § 13 Abs. 3 GebrMG ist § 123 PatG im Gebrauchsmusterrecht entsprechend an- 78
zuwenden. Da die Anmeldung nicht vor Eintragung der Öffentlichkeit zugänglich gemacht
wird, ist jedoch die Verweisung auf Abs. 6 gegenstandslos. Ein Weiterbenutzungsrecht
kommt somit in Betracht, wenn ein mangels rechtzeitiger Zahlung einer Verlängerungsge-

---

[71] BGH 27.5.1952, BGHZ 6, 172.
[72] BGH 27.5.1952, BGHZ 6, 172 (176).
[73] RG 18.5.1942, RGZ 170, 51 (53f.).

bühr erloschenes Gebrauchsmuster (§ 23 Abs. 3 Nr. 2 GebrMG) oder ein Prioritätsrecht (→ Rn. 75) infolge Wiedereinsetzung in die versäumte Zahlungs- oder Prioritätsfrist wiederaufleben.

IV. Zwangslizenz

Literatur: *Böck, A.*, Die Zwangslizenz im Spannungsfeld von gewerblichem Rechtsschutz und Kartellrecht, Diss. Tübingen 1992; *Bußmann, J.*, Die patentrechtliche Zwangslizenz, 1977; *Fröhlich, M.*, Standards und Patente – Die ETSI IPR Policy, GRUR 2008, 205–218; *Gómez Segade, J. A.*, Zwangslizenzen für pharmazeutische Erfindungen, GRUR-Int 1973, 95–101, 123–131, 190–196; *Greif, S.*, Ausübungszwang für Patente. Ökonomische Möglichkeiten und Grenzen unter besonderer Berücksichtigung der Entwicklungsländer, GRUR-Int 1981, 731–745; *Hauck, R.*, Geheimnisschutz im Zivilprozess – was bringt die neue EU-Richtlinie für das deutsche Recht? GRUR 2016, 2218–2223; *Heinemann, A.*, Gefährdung von Rechten des geistigen Eigentums durch Kartellrecht? Der Fall Microsoft und die Rechtsprechung des EuGH, GRUR 2006, 705–713; *Heinen, A.*, Zwangslizenzerteilung gemäß Artikel 31 TRIPS-Übereinkommen im Hinblick auf den Zugang zu essentiellen Medikamenten; *Herrlinger, K. A.*, Die Patentierung von Krankheitsgenen, 2005, 292–327; *Holzapfel, H.*, Das öffentliche Interesse bei Zwangslizenzen, Mitt. 2004, 391–396; *Jabbusch, W.*, Begrenzung der konzentrationsfördernden Wirkungen des Patentschutzes durch Erweiterung des Instituts der Zwangslizenz, 1977; *Karres, N.*, Das Spannungsfeld zwischen Patentschutz und Gesundheitsschutz, aufgezeigt am Beispiel der patentrechtlichen Zwangslizenz, 2007; *v. Kraack, C.*, TRIPs oder Patentschutz weltweit – Zwangslizenzen, Erschöpfung, Parallelimporte, 2006; *Kramer, B.*, Patentschutz und Zugang zu Medikamenten, 2007; *Kübel, C.*, Zwangslizenzen im Immaterialgüter- und Wettbewerbsrecht. Eine Untersuchung zu Patenten und Urheberrechten bei technischen Normen, 2004; *Kunz-Hallstein, H. P.*, Verschärfter Ausübungszwang für Patente, GRUR-Int 1981, 347–357; *Leitzen, M./Kleinevoss, T.*, Renaissance der patentrechtlichen Zwangslizenz? – Die Neuregelung des § 24 Abs. 2 PatG, Mitt. 2005, 198–205; *Maaßen, S.*, Normung, Standardisierung und Immaterialgüterrechte, 2006; *Müller, E.-M.*, Die Patentfähigkeit von Arzneimitteln, 2003, 259 ff.; *Nieder, M.*, Zwangslizenzklage – Neues Verteidigungsmittel im Patentverletzungsprozeß?, Mitt. 2001, 400–403; *Ohly, A.*, Das neue Geschäftsgeheimnisgesetz im Überblick, GRUR 2019, 441–450; *Pahlow, L.*, Monopole oder freier Wettbewerb? Die Bedeutung des „Licenzzwangs" für die Reichspatentgesetzgebung 1876/77, in: Pahlow (Hrsg.), Die zeitliche Dimension des Rechts, 2005, 243–271; *Pfanner, K.*, Die Zwangslizenzierung von Patenten: Überblick und neuere Entwicklungen, GRUR-Int 1985, 357–372; *Pohl, C.*, Die Voraussetzungen der patentrechtlichen Zwangslizenz, 2000; *Preu, A.*, Zur Zwangslizenz, in: Zehn Jahre Bundespatentgericht, 1971, 239–250; *Ridder, C.*, Die Bedeutung von Zwangslizenzen im Rahmen des TRIPS-Abkommens, 2004; *Rott, P.*, TRIPS-Abkommen, Menschenrechte, Sozialpolitik und Entwicklungsländer, GRUR-Int 2003, 103–118; *Schade, H.*, Zwangslizenz – Eine rechtsgeschichtliche und rechtsvergleichende Studie, Mitt. 1964, 101–112; *Schatz, U.*, Ausübungszwang und Zwangslizenzen im Gemeinsamen Markt, GRUR-Int 1968, 273–286; *Scheffler, D.*, Die (ungenutzten) Möglichkeiten des Rechtsinstituts der Zwangslizenz, GRUR 2003, 97–105; *Stierle, M.*, Neues von der patentrechtlichen Zwangslizenz – Ein Überblick anlässlich BGH „Alirocumab", GRUR 2020, 30–34; *Ullrich, H.*, Patente, Wettbewerb und technische Normen: Rechts- und ordnungspolitische Fragestellungen, GRUR 2007, 817–830; *Vorwerk, V.*, Probleme der Zwangslizenzregelung, GRUR 1976, 64–74.

a) Gesetzliche Regelung und Grundvoraussetzungen

79   1. Nach § 24 PatG kann im Einzelfall unter bestimmten Voraussetzungen die nichtausschließliche Befugnis zur gewerblichen Benutzung einer Erfindung (Zwangslizenz, im Folgenden: ZL) erteilt werden. Die hierfür maßgebende Regelung wurde 1998 zur Angleichung an das TRIPS neu gefasst.[74] Weggefallen ist dabei die Möglichkeit, ein Patent *zurückzunehmen*, wenn sich nach der ZL-Erteilung ergibt, dass hierdurch dem öffentlichen Interesse an der Benutzung der Erfindung nicht ausreichend gedient ist (§ 24 Abs. 2 aF PatG). Bei Umsetzung der BioPat-RL wurde es erleichtert, Zwangslizenzen für die Benutzung patentierter Erfindungen zu erlangen, wenn diese nicht ohne Benutzung des Ge-

---

[74] Vgl. die Begründung zum 2. PatGÄndG, BlPMZ 1998, 393 (398 ff.); zur Regelung im TRIPS *Straus* GRUR-Int 1996, 179 Rn. 71–74 und Bitburger Gespräche Jahrbuch 2003, 117–133; *Rott* GRUR-Int 2003, 103 (114 f.).

§ 34. Benutzungsbefugnisse Dritter

genstands eines älteren Patents möglich ist, das jüngere Patent von diesem also abhängt (§ 24 Abs. 2 nF PatG). Pflanzenzüchtern wurde es mit der Reform ermöglicht, Zwangslizenzen an Patenten zu erlangen, die sie hindern, ein Sortenschutzrecht zu erhalten oder zu verwerten (§ 24 Abs. 3 nF PatG).

Die Regelung gilt für **Gebrauchsmuster** entsprechend (§ 20 GebrMG); die nachstehenden Ausführungen über ZL an Patenten sind deshalb in gleicher Weise auf Gebrauchsmuster anwendbar.

2. Die Erteilung einer ZL setzt nach § 24 Abs. 1 PatG stets voraus, dass der Lizenzsucher sich binnen eines angemessenen Zeitraums erfolglos **um die Zustimmung** des Patentinhabers zur Benutzung der Erfindung **zu angemessenen** geschäftsüblichen **Bedingungen bemüht** hat (§ 24 Abs. 1 Nr. 1). Außerdem muss, sofern es nicht um Zwangslizenzen wegen Abhängigkeit geht (§ 24 Abs. 2, 3), das **öffentliche Interesse** die Erteilung einer Zwangslizenz gebieten (§ 24 Abs. 1 Nr. 2). 80

Das Gesetz verlangt nicht mehr ausdrücklich, dass der Lizenzsucher für die dem Patentinhaber zustehende Vergütung *Sicherheit* anbietet. Unter dem Gesichtspunkt der „angemessenen geschäftsüblichen Bedingungen" wird dies jedoch oft erforderlich sein.[75] 81

Das PatG gestattet somit die Erteilung von ZL – wenn sie nicht wegen Abhängigkeit erfolgt (→ Rn. 84) – nur, wenn sie im öffentlichen Interesse geboten ist. Der Umstand, dass der Patentinhaber die Erfindung im Inland nicht oder unzureichend benutzt, rechtfertigt für sich allein noch nicht die Erteilung einer ZL. **Zusätzliche Voraussetzungen** gelten für ZL, die zwecks ausreichender Versorgung des Inlandsmarkts (→ Rn. 88) oder an Patenten auf dem Gebiet der Halbleitertechnologie (→ Rn. 87) erteilt werden. 82

Die Erteilung der ZL setzt nicht voraus, dass die vom Lizenzsucher geplante Tätigkeit wirklich in den **Schutzbereich des Patents** eingreift. Vielmehr kann dies von dem über die Lizenzklage entscheidenden Gericht unterstellt werden.[76] Die Lizenzerteilung sagt nichts darüber aus, ob der Lizenzsucher für seine Tätigkeit der Erlaubnis des Patentinhabers bedarf. Diese Entscheidung ist Patentstreitsache iSv § 143 Abs. 1 PatG und gehört als solche vor ein ordentliches Gericht. 83

3. Im Fall der **Abhängigkeit** (→ § 33 Rn. 40) wird nach § 24 Abs. 2 PatG an dem älteren Patent, das der Benutzung der durch das jüngere geschützten Erfindung entgegensteht, eine ZL erteilt[77], wenn die abhängige Erfindung im Vergleich zu der durch das ältere Patent geschützten einen wichtigen **technischen Fortschritt** von erheblicher **wirtschaftlicher Bedeutung** aufweist und der Inhaber des abhängigen Patents sich in angemessener Weise um eine vertragliche Lizenz bemüht hat. Der Patentinhaber kann verlangen, dass ihm der Lizenzsucher an dem abhängigen Patent eine Gegenlizenz zu angemessenen Bedingungen einräumt (§ 24 Abs. 2 S. 2 PatG).[78] Nicht mehr erforderlich ist nach der seit 2005 geltenden Regelung, dass das öffentliche Interesse die Erteilung einer ZL gebietet. 84

Unter den gleichen Voraussetzungen kann nach § 24 Abs. 3 PatG ein Pflanzenzüchter eine ZL an einem Patent erlangen, wenn er ein Sortenschutzrecht nicht erhalten oder verwerten kann, ohne das Patent zu verletzen. 85

---

[75] *Busse/Hacker* PatG § 24 Rn. 32.
[76] RG 17.11.1917, RGZ 91, 188 (191); 1.2.1938, GRUR 1938, 320 (322); 24.1.1934, RGZ 143, 223 (228); *Rogge/Kober-Dehm* in Benkard PatG § 24 Rn. 11.
[77] Das Gesetz sagt, der Inhaber des jüngeren Patents habe gegen den Inhaber des älteren „Anspruch auf Erteilung einer Zwangslizenz". Das erweckt den Eindruck, dass die ZL durch diesen Patentinhaber erteilt werde. In Wirklichkeit geschieht dies auch im Fall der Abhängigkeit durch gerichtliche Entscheidung, die nicht den Patentinhaber zur Lizenzerteilung verurteilt, sondern die Benutzungserlaubnis unmittelbar rechtsgestaltend schafft; vgl. → Rn. 122 ff.
[78] Dies kann nur der Inhaber des älteren Patents oder, wenn eine ausschließliche Lizenz erteilt ist, nur der Lizenznehmer; soll die ZL einem einfachen LN erteilt werden, was möglich ist (vgl. *Rinken/Kühnen* in Schulte PatG § 24 Rn. 17), muss die Erteilung der Gegenlizenz durch den hierzu Berechtigten erfolgen.

86 Die Erteilung einer ZL, die dem Lizenzsucher die Benutzung einer für ihn selbst patentierten Erfindung ermöglichen soll, bedeutet nicht die Feststellung, dass dessen Patent von dem zwangsweise lizenzierten abhängig ist. Der Patentinhaber kann im Zwangslizenzverfahren nicht verlangen, dass der Lizenzsucher eine solche Abhängigkeit anerkennt.[79] Dieser Standpunkt der früheren Rechtsprechung braucht nach geltendem Recht nicht geändert zu werden: Für die Anwendbarkeit der in § 24 Abs. 2 PatG enthaltenen zusätzlichen Voraussetzungen genügt es, dass der Lizenzsucher die Abhängigkeit seines Patents von demjenigen *behauptet,* für das er die Benutzungserlaubnis beantragt.

87 4. Auf dem Gebiet der **Halbleitertechnologie** darf nach § 24 Abs. 4 PatG eine ZL, auch wenn die Voraussetzungen des Abs. 1 (→ Rn. 80) erfüllt sind, nur dann erteilt werden, wenn sie erforderlich ist, um ein in einem Gerichts- oder Verwaltungsverfahren festgestelltes **wettbewerbswidriges Verhalten** abzustellen. Dem ZL-Verfahren muss deshalb ein kartellrechtliches Verfahren vorausgehen[80]. Die patentrechtliche Regelung schließt nicht aus, dass dem Patentinhaber in diesem Verfahren als Rechtsfolge seines kartellrechtswidrigen Verhaltens die Erteilung einer Lizenz auferlegt wird.

88 5. Um eine ausreichende **Versorgung des Inlandsmarktes** mit patentgemäßen Erzeugnissen sicherzustellen, können unter den in Abs. 1 geforderten Voraussetzungen (→ Rn. 80) ZL erteilt werden, wenn der Patentinhaber die Erfindung nicht oder nicht überwiegend im Inland ausübt. Dabei steht jedoch die Einfuhr aus jedem beliebigen Land[81] der inländischen Ausübung gleich (§ 24 Abs. 5 PatG). Deshalb kommt es letztlich nur darauf an, ob der inländische Markt hinreichend versorgt wird. Ist dies nicht der Fall und im öffentlichen Interesse eine bessere Versorgung notwendig, wird der Lizenzsucher eine ZL nur dann erhalten können, wenn er trotz angemessener Bemühung weder eine Herstellungs- noch eine Einfuhrlizenz erhalten hat, wobei zu berücksichtigen ist, dass er keiner Lizenz bedarf, wenn er Erzeugnisse einführen will, die vom Patentinhaber oder mit dessen Zustimmung bereits in einem anderen EWR-Staat in Verkehr gebracht worden sind (→ § 33 Rn. 302 ff.). Jedenfalls kann der Patentinhaber die Erteilung einer ZL verhindern, indem er selbst oder durch Dritte für ausreichende Importe sorgt.

89 6. Während nach Art. 31 (f) des TRIPS-Übereinkommens eine ZL nur unter der Voraussetzung erteilt werden darf, dass sie die Benutzung vorwiegend für die **Versorgung des Binnenmarkts** des erteilenden Staates gestattet, ergibt sich aus dem PatG keine solche Einschränkung. Allerdings wird die genannte Bestimmung des TRIPS in Deutschland unmittelbar anzuwenden sein, so dass auch an Patenten, die für Deutschland erteilt sind, ZL nur mit entsprechender Maßgabe erteilt werden dürfen.[82]

90 Nach der vor 1998 geltenden Regelung hatte das Reichsgericht Zwangslizenzen zur Exportförderung als zulässig angesehen und dabei angenommen, dass es angebracht sein könne, sie auf Herstellung und Ausfuhr zu beschränken, also inländischen Vertrieb und Gebrauch auszuschließen.[83]

91 Auch ohne ausdrückliche Einschränkung im Sinne von Art. 31 (f) TRIPS gäbe eine ZL an einem für Deutschland erteilten Patent nicht das Recht, die Erfindung im Gebiet anderer Staaten zu benutzen, in denen sie ebenfalls patentiert ist. Sie könnte es nur ermöglichen, patentfreie Märkte von Deutschland aus zu bedienen, was den Vorteil hätte, dass dort keine Produktion eingerichtet zu werden brauchte. Seit Inkrafttreten des TRIPS sind ZL mit dieser Zielsetzung jedoch als grundsätzlich unzulässig zu betrachten.

92 Andererseits gewährleistet eine ZL, die für einen ausländischen Markt erteilt wird, nicht, dass dieser mit patentgemäßen Erzeugnissen ausreichend versorgt wird, wenn es dort an Produktionsmöglichkeiten fehlt. Aus diesem Grund kann sich ergeben, dass die Befriedigung des Bedarfs an erfindungsgemäßen Erzeugnissen in einem Land nicht schon durch die

---

[79] RG 17.11.1917, RGZ 91, 188.
[80] Begründung BlPMZ 1998, 393 (400) (zu Abs. 3).
[81] Begründung BlPMZ 1998, 393 (400) (zu Abs. 4).
[82] Vgl. die Begründung BlPMZ 1998, 393 (398 f.), der zu Art. 31 (f) des TRIPS nichts zu entnehmen ist.
[83] Vgl. RG 21.12.1935, GRUR 1936, 489 (490); 14.10.1938, RGZ 158, 219.

§ 34. Benutzungsbefugnisse Dritter IV § 34

Erteilung einer ZL für dieses erreichbar ist. Um in wirtschaftlich wenig leistungsfähigen Ländern trotzdem eine ausreichende Versorgung mit wichtigen Medikamenten zu ermöglichen, sieht ein **Ergänzungsprotokoll zum TRIPS** die Einfügung eines neuen Art. 31a vor, der unter bestimmten Voraussetzungen von der in Art. 31 (f) enthaltenen Beschränkung befreit, also in anderen Staaten die Erteilung von Zwangslizenzen zum Zweck der **Ausfuhr** gestattet (vgl. → § 7 Rn. 53). Das Protokoll ist noch nicht in Kraft getreten; die bereits mehrfach verlängerte Annahmefrist wurde am 10.12.2019 nochmals bis 31.12.2021 verlängert.[84] Doch gilt im Bereich der **EU** bereits eine **Verordnung** mit einer dem Protokoll entsprechenden Regelung.[85] Sie ermöglicht es, ZL an Patenten für pharmazeutische Erzeugnisse abweichend von Art. 31 (f) TRIPS auch dann zu erteilen, wenn die vom Lizenznehmer hergestellten Erzeugnisse ausschließlich oder vorwiegend für den Markt eines anderen Landes bestimmt sind, das iSv Art. 4 der VO wegen geringer wirtschaftlicher Leistungsfähigkeit anspruchsberechtigt ist.

Die VO regelt das Antrags- und Erteilungsverfahren, Inhalt und Nutzungsbedingungen, Rücknahme und Überprüfung der Zwangslizenzen. Durch Vorschriften, die sicherstellen sollen, dass die unter der ZL hergestellten Erzeugnisse nur für die Ausfuhr in das (die) im ZL-Antrag bezeichnete(n) anspruchsberechtigte(n) Land (Länder) verwendet werden (Art. 10 Abs. 2, 4–6, 8), und das Verbot ihrer Einfuhr in die Union (Art. 13) soll verhindert werden, dass deren Binnenmarkt mit solchen Erzeugnissen versorgt wird. 93

7. Eine ZL darf erst nach Erteilung des Patents gewährt werden, auf das sie sich bezieht (§ 24 Abs. 6 S. 1 PatG). Das schließt nicht aus, dass sich der Lizenzsucher bereits vorher um eine vertragliche Benutzungserlaubnis bemüht und sich, wenn er erfolglos bleibt, zur Begründung seines Antrags hierauf beruft. 94

8. Gesondert behandelt werden im Folgenden die Bestimmungen des § 24 PatG über die inhaltliche Gestaltung der Zwangslizenz (Abs. 6 Satz 2, 3; → Rn. 124 ff.), den Vergütungsanspruch des Patentinhabers (Abs. 6 Satz 4, 5; → Rn. 132 ff.), die Übertragung (Abs. 7; → Rn. 129) und die Zurücknahme (Abs. 6 Satz 6; → Rn. 136) der Zwangslizenz. 95

9. Die Regelung im PatG genügt den Anforderungen des Art. 5 A Abs. 2 PVÜ; den die ZL wegen Nichtausübung betreffenden Einschränkungen des Art. 5 A Abs. 4 PVÜ braucht sie nicht zu entsprechen, weil nach ihr die Nichtausübung allein noch keine ZL-Erteilung rechtfertigt. 96

10. EP-Patente, die für die Bundesrepublik Deutschland erteilt sind, unterliegen, soweit sie diese betreffen, der Erteilung von ZL nach dem PatG (Art. 2 Abs. 2 EPÜ). 97

11. Unabhängig von den Voraussetzungen für die Erteilung einer patentrechtlichen Zwangslizenz und dem hierfür vorgesehenen Verfahren kann auf Grundlage der **§ 19 GWB** und **Art. 102 AUEV** dem Patentinhaber die Erteilung einer Lizenz auferlegt werden, wenn er durch deren Verweigerung eine marktbeherrschende Stellung missbräuchlich ausnutzt oder als marktbeherrschendes Unternehmen den Lizenznehmer unbillig behindert oder gegenüber gleichartigen Unternehmen ohne sachlich gerechtfertigten Grund unterschiedlich behandelt[86] (Näheres → § 42 Rn. 49 ff.). Allein das Recht, anderen kraft eines Patents oder Gebrauchsmusters die Benutzung der hierdurch geschützten technischen Lehre verbieten zu können, begründet für sich genommen noch keine marktbeherrschende 98

---

[84] WTO Dokument WT/L/1081. Keine Annahme erklärt hatte am 31.12.2019 neben Afghanistan, Armenien, Ecuador, Kasachstan und Venezuela vor allem ein gutes Dutzend afrikanischer WTO-Mitgliedsstaaten.
[85] Verordnung (EG) Nr. 816/2006 des Europäischen Parlaments und des Rates vom 17.5.2006 über Zwangslizenzen für Patente an der Herstellung von pharmazeutischen Erzeugnissen für die Ausfuhr in Länder mit Problemen im Bereich der öffentlichen Gesundheit, ABl. 2006 L 157, 1 = BlPMZ 2006, 279 = GRUR-Int 2006, 1001.
[86] BGH 13.7.2004, BGHZ 160, 67 = GRUR 2004, 966 – Standard-Spundfass; OLG Düsseldorf 13.12.2006, GRUR-RR 2007, 177 – Orange-Book-Standard.

b) Zweck und Rechtfertigung

99 1. Das Rechtsinstitut der Zwangslizenz ermöglicht es, das Ausschließungsrecht des Patentinhabers aufzubrechen, wo seine Ausübung zum Missbrauch wird, den technischen Fortschritt oder die wirtschaftliche Entwicklung in untragbarer Weise hemmt oder der Befriedigung wesentlicher sozialer Bedürfnisse entgegensteht.

100 Es gibt insofern der Sozialbindung Ausdruck, der jedes vom verfassungsrechtlichen Eigentumsbegriff umfasste Recht unterliegt (Art. 14 Abs. 2 GG). Freilich geht die Sozialbindung hier nicht so weit, dass der Berechtigte Eingriffe in den ihm vorbehaltenen Bereich *unentgeltlich* hinnehmen müsste. Der Zwangslizenznehmer ist vielmehr stets vergütungspflichtig. Das rechtfertigt sich daraus, dass durch die Voraussetzungen der Erteilung und die allgemeinen Grenzen der Wirkung des Patents den Gemeinschaftsbelangen grundsätzlich bereits Rechnung getragen ist. Soweit sich diese Vorsorge im Einzelfall als unzureichend erweist, genügt es, dem Patentinhaber die *Ausschließungsbefugnis* zu nehmen; ihm darüber hinaus auch noch einen Vergütungsanspruch zu versagen (vgl. → § 3 Rn. 26), könnten Gemeinwohlbelange regelmäßig nicht rechtfertigen,.

101 Der Vergütungsanspruch ist keine Enteignungsentschädigung. Er richtet sich – anders als im Fall der Benutzungsanordnung nach § 13 PatG, die Enteignungscharakter hat – nicht gegen den Staat, sondern gegen den einzelnen Benutzer.

102 2. Zwangslizenzregelungen waren in vielen Ländern schon mit der Einführung moderner Patentsysteme verknüpft und fehlen in kaum einem der heute geltenden Patentgesetze. Im PatG von 1877 war dem Patentinhaber die Zurücknahme des Patents für den Fall angedroht, dass er die Erfindung nicht in angemessenem Umfang ausführte oder dem öffentlichen Interesse zuwider einem anderen die geforderte Lizenz verweigerte.[88] Diese Vorschrift wurde 1911 durch eine Regelung ersetzt, die die behördliche Erteilung der im öffentlichen Interesse erforderlichen Benutzungserlaubnis gestattete und die Möglichkeit der Zurücknahme beschränkte;[89] diesem Prinzip folgte auch die bis 1998 geltende Regelung. Die heutige sieht die Rücknahme des Patents nicht mehr vor.

103 Die Entwicklung der **PVÜ** war durch das Bestreben gekennzeichnet, Verfall und Zwangslizenz, sofern sie auf bloßer Nichtausübung beruhten, an einschränkende Voraussetzungen zu binden. In neuerer Zeit wurden diese von den zahlreichen Entwicklungsländern unter den Verbandsstaaten als hinderlich für einen ihren Wünschen entsprechenden Technologietransfer betrachtet. Der Versuch einer ihren Forderungen genügenden und für die Industrieländer annehmbaren Auflockerung der Zwangslizenzvoraussetzungen bildete einen der wichtigsten Gegenstände einer Revisionskonferenz, die 1980 begonnen wurde, aber in vier Sitzungsperioden keinen Erfolg brachte.[90]

104 Eine die Möglichkeit von Zwangslizenzen stark einschränkende Regelung gelang jedoch in **Art. 31 des TRIPS-Übereinkommens.** Sie bindet, soweit nicht Übergangsfristen gem. Art. 65, 66 TRIPS berechtigterweise in Anspruch genommen worden sind und noch andauern, die Mitglieder der Welthandelsorganisation (vgl. → § 7 Rn. 43). § 24 PatG ist ihr angepasst (→ Rn. 79 ff.).

105 3. Die **praktische Bedeutung** der Zwangslizenz scheint gering, wenn man sie allein an Erteilungszahlen misst.[91] In der Bundesrepublik Deutschland wurden bislang nur zwei ZL erteilt.

---

[87] *Heinemann* GRUR 2006, 705 (706, 708).
[88] Ausführlich zu Vorgeschichte und Gründen dieser Regelung *Pahlow* 243 ff.
[89] Zur Entwicklung vgl. RG 27.6.1913, RGZ 83, 9 (11 ff.).
[90] Vgl. *Pfanner* GRUR-Int 1985, 366 ff.; ferner den Bericht in GRUR 1984, 418; *Kunz-Hallstein* GRUR-Int 1982, 45 f.
[91] *Scheffler* GRUR 2003, 97 (100 ff.) führt dies auch darauf zurück, dass an der Benutzung Interessierte es oft vorzögen, die Gültigkeit des Patents anzugreifen, und schlägt deshalb vor, durch Gesetzes-

§ 34. Benutzungsbefugnisse Dritter   IV § 34

Die erste positive Entscheidung des BPatG[92] wurde 1995 vom BGH aufgehoben.[93] **106**
Die zweite positive Entscheidung des BPatG[94] wurde vom BGH 2017 bestätigt.[95] Mit seiner dritten Entscheidung binnen kurzer Frist verweigerte das BPatG 2018 die Erteilung einer Zwangslizenz,[96] und auch dies bestätigte der BGH 2019.[97] 2017 erging schließlich noch eine BPatG-Entscheidung zu Grund und Höhe von Entgelten für ZL.[98] Und so wird es wohl weitergehen, weshalb man ohne Übertreibung sagen darf: so viel patentrechtliche Zwangslizenz war lange nicht!

Freilich war die Bedeutung des Instituts der Zwangslizenz immer schon größer, als der **107** Umfang seiner Anwendung vermuten ließ. Schon seine Existenz und der von ihr ausgehende Druck werden dem öffentlichen Interesse zuwiderlaufende Lizenzverweigerungen in nennenswertem Umfang verhindert und allgemein die Bereitschaft zu freiwilliger Lizenzerteilung gefördert haben.

Nicht auszuschließen waren natürlich gleichwohl stets Fälle, in denen diese nicht zustan- **108** de kam und trotz bestehenden öffentlichen Interesses die Zwangslizenzklage unterblieb. Erhoben wurde die Klage ja nur, wenn sie auch im Eigeninteresse des Klägers lag. Daher wurde immer wieder einmal erwogen, auch Behörden, namentlich dem BKartA, ein Antragsrecht einzuräumen. Freilich sind solche Vorschläge schon deshalb wenig erfolgversprechend, weil derjenige, der auf amtliche Veranlassung eine ZL erhält, kaum gezwungen werden könnte, diese auch auszuüben.

c) Lizenzbemühen

Wie unter → Rn. 80 bereits erwähnt, setzt die Erteilung einer ZL nach § 24 Abs. 1 PatG **108a** voraus, dass der Lizenzsucher sich binnen eines angemessenen Zeitraums erfolglos bemüht hat, vom Patentinhaber die Zustimmung zur Benutzung der Erfindung zu angemessenen geschäftsüblichen Bedingungen zu erhalten (§ 24 Abs. 1 Nr. 1). Was ein angemessener Zeitraum ist, kann problematisch werden, wenn der Patentinhaber bei der Lizenzerteilung nicht voll kooperiert. Richtig ist, dass der Lizenzsucher seine Bemühungen einstellen und klagen können muss, wenn der Patentinhaber die Lizenterteilung endgültig abgelehnt hat.[99] Dann bleibt dem Lizenzsucher schlicht kein anderer Weg. Umgekehrt soll sich länger bemühen müssen, wer besonders wenig bietet.[100]

Was angemessene geschäftsübliche Bedingungen sind, ist einzelfallabhängig. Eingepreist **108b** werden können berechtigte Erwartungen an den Rechtsbestand des fraglichen Schutzrechts, etwa an den Ausgang eines Einspruchs- oder Nichtigkeitsverfahrens[101]

Maßgeblicher Zeitpunkt für die Beurteilung des Bemühens hinsichtlich dessen zeitlicher **108c** Dauer und angebotenen Bedingungen muss der Schluss der mündlichen Verhandlung sein,

---

änderung das Fehlen des Beruhens auf erfinderischer Tätigkeit bzw. einem erfinderischen Schritt aus einem Grund für die Ungültigerklärung des Schutzrechts zu einem selbständigen Grund für die Erteilung von ZL zu machen.
[92] BPatG 7.6.1991, BPatGE 32, 184 – Zwangslizenz; GRUR 1994, 98.
[93] BGH 5.12.1995, BGHZ 131, 247 – Polyferon; GRUR 1996, 190; Mitt. 1996, 302.
[94] BPatG 31.8.2016, GRUR 2017, 373 – Isentress I m. vorsichtig zust. Anm. *Stierle,* GRUR 2017, 383.
[95] BGH 11.7.2017, GRUR 2017, 1017 – Raltegravir.
[96] BPatG 6.9.2018, Mitt. 2019, 117 – Praluent, mit Anm. *Rieck*.
[97] BGH 4.6.2019, GRUR 2019, 1038 – Alirocumab; Mitt. 2019, 400; im Wesentlichen zutr. eingeordnet von *Stierle* GRUR 2020, 30.
[98] BPatG 21.11.2017, GRUR 2018, 803 – Isentress II.
[99] BGH 4.6.2019, Mitt. 2019, 400 Rn. 24 – Alirocumab; *Rogge/Kober-Dehm* in Benkard § 24 Rn. 13.
[100] BGH 4.6.2019, GRUR 2019, 1038 Rn. 22 – Alirocumab; Mitt. 2019, 400 (401 f.); zust. *Stierle* GRUR 2020, 30 (32).
[101] BGH 11.7.2017, GRUR 2017, 1017 Rn. 22 – Raltegravir; BPatG 31.8.2016, GRUR 2017, 373 Rn. 44 – Isentress.

nicht der Zeitpunkt der Antragstellung beim Patentgericht. Das entspricht allgemeinen Regeln und muss auch hier jedenfalls dann so sein, wenn das Lizenzbemühen eine materielle Voraussetzung für die Erteilung einer Zwangslizenz ist.[102]

d) Bedeutung des öffentlichen Interesses

109   1. Die Erteilung der Lizenz muss, wenn sie nicht zwecks Benutzung einer durch ein abhängiges Patent geschützten Erfindung erteilt wird (→ Rn. 116), im öffentlichen Interesse geboten sein. Der Rechtsprechung ist insoweit die Konkretisierung eines unbestimmten Rechtsbegriffs aufgegeben. Dabei ist zu berücksichtigen, dass die das öffentliche Interesse bestimmenden Erfordernisse zeitbedingten Änderungen unterliegen.[103] So wird heute das öffentliche Interesse an klimaneutraler Technik höher veranschlagt als in Zeiten hoher Arbeitslosigkeit.

110   Die Erteilung einer ZL kann, wie der BGH hervorhebt, im öffentlichen Interesse nicht nur dann geboten sein, wenn die Ausübung von Rechten aus einem Patent als *Missbrauch* erscheint;[104] es reicht schon aus, dass ein Medikament zur Behandlungen schwerer Erkrankungen therapeutische Eigenschaften aufweist, die auf dem Markt erhältliche Mittel nicht oder nicht gleichermaßen besitzen, oder wenn es weniger Nebenwirkungen hat. Umgekehrt kommt eine ZL darum grundsätzlich nicht in Frage, wenn ein konkreter Therapiebedarf im wesentlichen gleichwertig durch verfügbare Mittel befriedigt werden kann.[105]

111   Ob der BGH in „Alirocumab" wirklich falsch liegt, wenn er den Lizenzsucher in dessen Auseinandersetzung mit dem Patentinhaber mit der Obliegenheit von Ausführungen beschwert, warum er sich nicht anders als über den Patentinhaber gleichwertig versorgen könne,[106] letztlich also zu einem Aspekt, den er für die Prüfung des öffentlichen Interesses auch im Streitfall offenbaren müsste, scheint entgegen *Stierle*[107] doch eher zweifelhaft. Dass er dem Patentinhaber die Faktenbasis offenlegt, auf der er meint, die Erteilung einer ZL fordern zu können, ist dem Lizenzsucher zumutbar und muss er sich auch dann gefallen lassen, wenn er damit Geschäftsgeheimnisse offenlegen muss. Solange seine Lizenzierung privatautonom erfolgt, lässt sich gegen Geheimnisverluste durch Abschluss von Vertraulichkeitsvereinbarungen (NDAs) vorsorgen, also privatautonom. Im Verfahren vor dem BPatG muss prozessual Vorsorge getroffen werden – so gut das § 99 PatG anwendbare deutsche Zivilprozessrecht dies eben zulässt.[108]

112   2. Vielfach waren es **gesamtwirtschaftliche Bedürfnisse,** die zur Begründung eines öffentlichen Interesses in Erwägung gezogen wurden.[109]

Beispiele: Notwendigkeit einer ausreichenden Versorgung des Marktes mit den vom Lizenzträger herzustellenden Erzeugnissen; Förderung der Ausfuhr; Ersparnis von Einfuhren; Förderung des Kohlenbergbaus; Vermeidung von Betriebsstilllegungen und Entlassungen in Zeiten hoher Arbeitslosigkeit;

---

[102] BGH 4.6.2019, GRUR 2019, 1038 Rn. 20 – Alirocumab; Mitt. 2019, 400 (401).

[103] Vgl. *Horn* Mitt. 1970, 184 ff.; BGH 5.12.1995, BGHZ 131, 247 (251) – Interferon gamma – mwN.

[104] BGH 5.12.1995, BGHZ 131, 24 (252 f.) – Interferon gamma; 13.7.2004, BGHZ 160, 67 = GRUR 2004, 966 (Nr. III 1) – Standard-Spundfass.

[105] BGH 4.6.2019, Mitt. 2019, 400 Rn. 32 – Alirocumab; 5.12.1995, BGHZ 131, 247 (254 ff.) – Interferon gamma; 11.7.2017, BGHZ 215, 214 – Raltegravir; GRUR 2017, 1017 Rn. 39; differenzierend *Stierle* GRUR 2020, 30 (33 f.); *Kramer* 128 ff.; aM *Straus* GRUR-Int 1996, 179 (199); *v. Kraack* 85 ff.

[106] BGH 4.6.2019, Mitt. 2019, 400 Rn. 23 – Alirocumab.

[107] GRUR 2020, 30 (32 f.).

[108] Zum wenig befriedigenden Geheimnisschutz im deutschen Zivilprozess, auch nach neuem Geheimnisschutzrecht, vgl. *Ohly* GRUR 2019, 441 (449 f.); *Hauck* GRUR 2016, 2218–2223.

[109] Vgl. RG 27.6.1913, RGZ 83, 9 (14); 27.5.1918, RGZ 93, 50 (53 f.); 20.1.1923, RGZ 106, 214; 11.3.1926, RGZ 113, 115 (118 ff.); 26.11.1930, RGZ 130, 360 (363); 24.1.1934, RGZ 143, 223 (226); 9.5./9.6.1934, GRUR 1934, 442; 21.12.1935, GRUR 1936, 489; 18.1.1936, GRUR 1936, 604; 8.7.1936, GRUR 1937, 676; 1.2.1938, GRUR 1938, 320; 14.10.1938, RGZ 158, 219.

§ 34. Benutzungsbefugnisse Dritter

Erhaltung kleinerer, aber leistungsfähiger Betriebe oder eines wichtigen Zulieferbetriebs der Kraftfahrzeugindustrie.

In neuerer Zeit wird nach Wegen gesucht, in Fällen, in denen zur Einhaltung von *Normen* die Benutzung patentierter Erfindungen erforderlich ist, allen Interessierten die Normeinhaltung unter angemessener Berücksichtigung der Interessen des Patentinhabers zu ermöglichen.[110] Zwangslizenzen sind ein denkbares Mittel zu diesem Zweck, aber wegen ihrer Einzelfallbezogenheit wenig geeignet, breite Benutzungsmöglichkeiten zu einheitlichen Bedingungen zu eröffnen. 113

3. **Soziale Anliegen** konnten ebenfalls für die Erteilung einer ZL sprechen.[111]

Beispiele bilden – neben der Bekämpfung von Arbeitslosigkeit – die Erhöhung der Sicherheit der unter Tage arbeitenden Bergleute; die Erweiterung der Möglichkeiten, Backwaren unter Vermeidung unhygienischer Handarbeit maschinell herzustellen; die Weiterentwicklung der Sicherheitseinrichtungen für den Bahnverkehr; die Förderung der Volksgesundheit, zB durch Bekämpfung der Parodontose unter größerer Sicherheit vor schädlichen Nebenwirkungen. 114

Nach Auffassung des BPatG[112] besteht an einer ZL für eine Arzneimittelerfindung ein öffentliches Interesse, wenn das Arzneimittel unter den Gesichtspunkten der therapeutischen Eigenschaften, der Vermeidung von Nebenwirkungen oder des Abgabepreises Vorteile im Vergleich zu den auf dem Markt befindlichen Arzneimitteln aufweist. 115

Der BGH hat das öffentliche Interesse an einer ZL für ein Arzneimittel verneint, weil dessen vom Lizenzsucher behauptete Überlegenheit im Vergleich zu den für die in Frage stehende Indikation verfügbaren Mitteln nicht in ausreichendem Maß bewiesen war[113]. Er hat jedoch anerkannt, dass bei schweren Krankheiten aus Gründen der medizinischen Versorgung ein öffentliches Interesse daran bestehen kann, dass ein bestimmtes Arzneimittel den betroffenen Patienten zur Verfügung steht[114].

4. Eine ZL konnte nach den vor dem 28.2.2005 maßgebenden Vorschriften nicht schon deshalb verlangt werden, weil ohne sie die Ausführung einer **abhängigen Erfindung** nicht möglich war, sondern nur dann, wenn deren Ausführung im *öffentlichen Interesse* erforderlich war.[115] Dieses ergab sich nach der 1998 eingeführten Regelung nicht schon daraus, dass die durch das abhängige Patent geschützte Erfindung im Vergleich mit derjenigen, die Gegenstand des älteren Patents ist, einen wichtigen technischen Fortschritt von erheblicher wirtschaftlicher Bedeutung aufwies; vielmehr war dies eine Voraussetzung, die *zusätzlich* zum Vorliegen eines öffentlichen Interesses erfüllt sein musste. Nach der geltenden Regelung braucht dagegen, wenn die abhängige Erfindung den genannten Anforderungen genügt, nicht gesondert geprüft zu werden, ob die ZL im öffentlichen Interesse geboten ist. Die Neufassung lässt sich damit rechtfertigen, dass die Benutzung einer Erfindung, die einen wichtigen technischen Fortschritt von erheblicher wirtschaftlicher Bedeutung bringt, typischerweise im öffentlichen Interesse liegt.[116] Die 1998 eingeführte Fassung, nach der dieses gesondert festzustellen war, konnte dahin verstanden werden, dass – anders als nach der vorhergehenden Gesetzeslage – das öffentliche Interesse nicht mit Wert und Bedeutung der abhängigen Erfindung begründet werden könne, sondern eine zusätzliche Rechtfertigung verlange.[117] 116

---

[110] Vgl. *Verbruggen/Lörincz* GRUR-Int 2002, 815 (825, 828); *Kübel* 1 ff.; *Ullrich* GRUR 2007, 817–830; *Fröhlich* GRUR 2008, 205–218; umfassend *Maaßen,* passim.

[111] RG 3.1.1927, BlPMZ 1927, 151; 30.11.1929, RGZ 126, 266; 14.2.1934, BlPMZ 1934, 89; 16.8.1935, GRUR 1935, 877.

[112] 27.3.1974, BlPMZ 1974, 319.

[113] BGH 5.12.1995, BGHZ 131, 247 (257 ff.) – Interferon gamma; anders die Wertung in BPatG 7.6.1991, BPatGE 32, 184 (192 ff.).

[114] BGH 5.12.1995, BGHZ 131, 247 (256) – Interferon gamma.

[115] Vgl. RG 8.11.1913, RGZ 83, 274; 3.1.1927, BlPMZ 1927, 151; 30.11.1929, RGZ 126, 266 (268 ff.); 26.11.1930, RGZ 130, 360 (364); 16.8.1935, GRUR 1935, 877; 21.12.1935, GRUR 1936, 489 (491).

[116] Ebenso *Herrlinger* 302.

[117] Gleichwohl wird die Änderung kritisiert, zB von *Nieder* Mitt. 2001, 400 ff., *Müller* 297 und vor allem von *Holzapfel* Mitt. 2004, 391 (393 ff.). Letzterer hält sie für eine nach Art. 65 Abs. 5 TRIPS unzulässige Absenkung des Schutzniveaus. Doch bezieht sich diese Bestimmung nur auf die in Art. 65

117 5. Individuelle Interessen, insbesondere Wettbewerbsinteressen des Lizenzsuchers, rechtfertigen keine ZL; doch steht es ihrer im öffentlichen Interesse liegenden Erteilung nicht entgegen, dass sie dessen eigenen Vermögensinteressen nützt.[118] Der Umstand, dass der Patentinhaber hinsichtlich der patentgemäßen Erzeugnisse *keinem Wettbewerb* ausgesetzt ist, kann für sich genommen kein öffentliches Interesse an der Erteilung einer ZL begründen;[119] durch die Gewährung des Patents wird die in dessen Ausschlusswirkung liegende Beschränkung des Wettbewerbs als grundsätzlich mit dem öffentlichen Interesse vereinbar hingenommen (vgl. → § 3 Rn. 47 ff.). Für den Schutz des Wettbewerbs als solchen vor beschränkenden Praktiken, die mit Hilfe oder bei der Verwertung von Patenten zustande kommen, stehen die Vorschriften des Kartellrechts zur Verfügung; das Instrument der ZL ist zu diesem Zweck nicht bestimmt und – wegen seiner Abhängigkeit von privater Initiative – auch schlecht geeignet. Nicht ausgeschlossen ist freilich, dass die Erteilung und Ausübung von ZL, die wegen öffentlicher Interessen iSd § 24 Abs. 1 PatG erteilt werden, auch wettbewerbspolitisch erwünschte Wirkungen mit sich bringt.

118 6. Hinzunehmen ist auch, dass der Inhaber des Patents höhere als die ohne dessen Schutz erzielbaren *Preise* durchsetzen kann. Er darf dies, um sich für die Erfindung und die damit zusammenhängenden Aufwendungen, Mühen und Risiken einen gebührenden Lohn zu verschaffen.[120] Das Interesse der Verbraucher, die patentgemäßen Leistungen möglichst billig zu bekommen, reicht daher für die Annahme eines öffentlichen Interesses an der ZL nicht aus. Dagegen kann der Umstand, dass bei der Produktion, für die die ZL angestrebt wird, aus technischen Gründen eine Kostensenkung erreicht wird, für das öffentliche Interesse ins Gewicht fallen.[121]

e) Erteilung

119 1. Im Zwangslizenzverfahren vor dem BPatG gelten die bereits für das Nichtigkeitsverfahren behandelten Vorschriften der §§ 81–84 PatG sowie die allgemeinen Vorschriften über das patentgerichtliche Verfahren (vgl. → § 23 Rn. 55 ff., 72 ff.). Das Berufungsverfahren vor dem BGH ist ebenfalls in jenem Zusammenhang dargestellt (→ § 23 Rn. 110 ff.).

120 Eine Besonderheit des Zwangslizenzverfahrens ist die Möglichkeit, dem Kläger auf Antrag die Benutzung der Erfindung durch **einstweilige Verfügung** zu gestatten, wenn er glaubhaft macht, dass die gesetzlichen Voraussetzungen vorliegen und dass die alsbaldige

---

Abs. 1–4 geregelte Übergangsfrist, die für Deutschland mit dem Jahr 1995 abgelaufen ist. Sie will verhindern, dass die Frist für Änderungen genutzt wird, durch die TRIPS-konforme Standards unter TRIPS-Niveau oder nicht konforme Standards überhaupt abgesenkt werden. Nach Ablauf der Übergangsfrist gilt die Verpflichtung, den im TRIPS festgelegten Mindest-Standard einzuhalten. Ein Verbot, einen höheren nationalen Standard auf TRIPS-Niveau abzusenken, lässt sich Art. 65 Abs. 5 weder für die Übergangszeit noch für die Zeit danach entnehmen; so zutreffend *Leitzen/Kleinevoss* Mitt. 2006, 198 (201). *Holzapfels* weiteres, auf Art. 14 GG gestütztes Argument erfordert nicht ein öffentliches Interesse, dem nicht schon dadurch gedient ist, dass die abhängige Erfindung einen wichtigen technischen Fortschritt von erheblicher wirtschaftlicher Bedeutung aufweist; denn unter dieser Voraussetzung dient die durch die ZL ermöglichte (Mit-)Benutzung des Gegenstands des älteren Patents dem Wohl der Allgemeinheit durch erheblich verbesserte Erzeugnisse oder Leistungen, die der Inhaber dieses Patents nicht anbieten könnte, während ihm dies bei Erteilung einer ZL durch seinen Anspruch auf eine Gegenlizenz (§ 24 Abs. 2 S. 2) ermöglicht wird. *Leitzen/Kleinevoss* Mitt. 2006, 198 (201) sehen die geltende Regelung einschließlich ihrer Anwendung auf vor ihrem Inkrafttreten erteilte Patente als verfassungsgemäß an und weisen (Mitt. 2006, 198 (203)) zutreffend darauf hin, dass die „erhebliche wirtschaftliche Bedeutung" aus gesamtwirtschaftlicher Sicht vorliegen muss, also ein – sei es auch erhebliches – wirtschaftliches Individualinteresse des Lizenzsuchers nicht ausreicht.

[118] RG 11.3.1926, RGZ 113, 115 (123).
[119] Vgl. RG 27.6.1913, RGZ 83, 9 (13); 20.1.1923, RGZ 106, 214; 21.12.1935, GRUR 1936, 489 (491); BGH 5.12.1995, BGHZ 131, 247 (251) – Interferon gamma; *Preu* 249.
[120] RG 27.6.1913, RGZ 83, 9 (15).
[121] Vgl. RG 17.11.1917, RGZ 91, 188 (193 f.); 26.11.1930, RGZ 130, 360 (363).

§ 34. Benutzungsbefugnisse Dritter **IV § 34**

Erteilung der Erlaubnis im öffentlichen Interesse **dringend geboten** ist (§ 85 PatG). Es genügt also nicht, dass ein öffentliches Interesse iSd § 24 Abs. 1 Nr. 2 besteht; erforderlich ist – auch in den Fällen der Abhängigkeit, die von dieser Vorschrift nicht betroffen sind – ein besonderes öffentliches Interesse, das die Dringlichkeit der Erteilung begründet.[122] Über den Antrag entscheidet das BPatG durch Urteil, gegen das gemäß § 122 PatG Beschwerde zum BGH eingelegt werden kann.

Wenn im Hauptsacheverfahren eine ZL zugesprochen wird, kann das Urteil auf Antrag für **vorläufig vollstreckbar** erklärt werden, sofern seine vorläufige Vollstreckbarkeit im öffentlichen Interesse liegt (§ 85 Abs. 6 PatG). **121**

2. Der Zwangslizenzkläger hat unter den Voraussetzungen des § 24 Abs. 1 PatG **Anspruch** auf die verlangte Lizenz. Die Erteilung oder Versagung der ZL steht nicht im Ermessen des Gerichts. Der Anspruch auf die Lizenz wird allgemein als ein öffentlich-rechtlicher angesehen, der sich gegen den Staat richtet. **122**

Für diese Betrachtungsweise mag sprechen, dass der Anspruch nicht im ordentlichen Zivilprozess einzuklagen ist und nicht der Patentinhaber zur Abgabe einer auf Erteilung der Lizenz gerichteten Willenserklärung verurteilt wird, sondern das Gericht unmittelbar die Lizenz erteilt, also kein Leistungs-, sondern ein Gestaltungsurteil ergeht. **123**

Dennoch gibt es gute Gründe, einen Anspruch gegen den Patentinhaber anzunehmen: dieser ist Prozessgegner des Lizenzsuchers; der Staat wirkt nur durch unabhängige Richter mit. Nicht dem Staat, sondern dem Beklagten gehört, was der Kläger verlangt. Jener kann das Verlangte gewähren, ohne staatlicher Mitwirkung zu bedürfen oder sich auf besondere Voraussetzungen berufen zu müssen. Gegenüber dem Patentinhaber tritt auch der Staat als Fordernder auf, indem er ihm einen Rechtsverlust zumutet. Inhaltlich ist also der Anspruch gegen den Patentinhaber gerichtet. Gegenüber dem Staat ist nur der allgemeine Anspruch auf Rechtsschutzgewährung im Spiel. Die Besonderheit liegt allein darin, dass die Durchsetzung des Anspruchs in Form der Gestaltungsklage erfolgt. Dass hierfür in erster Instanz das BPatG zuständig ist, erklärt sich daraus, dass die ZL als Ersatz für die – natürlicherweise der Erteilungsbehörde zukommende – Zurücknahme eingeführt wurde. Sachlich könnten die Zwangslizenzverfahren ebenso gut den ordentlichen Gerichten zugewiesen werden.

Die Zwangslizenz kann eingeschränkt erteilt und von Bedingungen abhängig gemacht werden (§ 24 Abs. 6 S. 2 PatG), sofern der Zweck ihrer Erteilung dies zulässt. In jedem Fall sind Umfang und Dauer der Benutzung auf den Zweck zu begrenzen, für den sie gestattet wird (§ 24 Abs. 6 S. 3 PatG). **124**

Wenn die ZL den Zweck hat, die Benutzung einer abhängigen Erfindung zu ermöglichen, liegt es nahe, sie so zu umschreiben, dass die dem Beklagten patentierte Erfindung nur insoweit benutzt werden darf, als die Ausführung der Erfindung des Klägers es erfordert.[123] Möglich ist auch ihre Beschränkung auf ein vom Patentinhaber bisher vernachlässigtes Anwendungsgebiet.[124] **125**

Bedingungen im Sinne des Gesetzes sind Auflagen hinsichtlich der Art und Weise der Benutzung, zB die Verpflichtung, die Erzeugnisse mit einem Hinweis auf den Patentinhaber zu versehen.[125] Hat der Patentinhaber selbst seine Grunderfindung weiterentwickelt und verbessert, kann die ZL mit der Maßgabe erteilt werden, dass diese Verbesserungen mitzubenutzen und vergütungserhöhend zu berücksichtigen sind.[126] **126**

f) Wirkung

1. Die durch Erteilung einer Zwangslizenz begründete Benutzungsbefugnis ist privatrechtlicher Natur. Sie wirkt nur für die Zukunft und macht vorherige Patentverletzungen nicht rechtmäßig. Sie hat stets nichtausschließlichen Charakter und enthält nicht das Recht, **127**

---

[122] Dazu BGH 3.6.1970, GRUR 1972, 471 – Cafilon; BPatG 15.12.1995, GRUR 1996, 870 (Dringlichkeit verneint).
[123] Vgl. RG 16.8.1935, GRUR 1935, 877 (879).
[124] Vgl. RG 20.1.1923, RGZ 106, 214.
[125] RG 27.5.1918, RGZ 93, 50 (51).
[126] RG 26.11.1930, RGZ 130, 360 (364 f., 367).

Dritten die Benutzung des Patentgegenstands zu gestatten oder zu verbieten. Zur Benutzung der Erfindung für die Bedürfnisse seines eigenen Betriebs darf sich jedoch der Zwangslizenzberechtigte auch fremder Betriebe bedienen;[127] insoweit gilt das gleiche wie beim Vorbenutzungsrecht (vgl. → Rn. 64 ff.).

128 Schwierigkeiten können entstehen, wenn dem Beklagten ein Verfahren und eine Vorrichtung zu dessen Ausführung patentiert sind und eine ZL zur Herstellung der Vorrichtung erteilt wird. Wenn die Vorrichtung ohne Anwendung des Verfahrens nicht brauchbar ist und das der ZL zugrundeliegende öffentliche Interesse es erfordert, dass sie auch von Abnehmern benutzt wird, die vom Beklagten keine Verfahrenslizenz erhalten, muss die Erlaubnis in der Weise erteilt werden können, dass die Abnehmer des Klägers das Verfahren anwenden dürfen, sofern das *mittels der* auf Grund der ZL hergestellten *Vorrichtungen* geschieht.[128] Dem Patentinhaber, der infolgedessen von den Abnehmern des Zwangslizenzberechtigten keine Verfahrensgebühren erlangt, ist als Ausgleich eine entsprechend höhere Zwangslizenzvergütung zu gewähren. – Durch die vorgeschlagene Lösung wird vermieden, dass jeder, der aus dem in Frage stehenden öffentlichen Interesse den Anspruch ableiten kann, die Vorrichtung benutzen zu dürfen, eine gesonderte Zwangslizenzklage erheben muss.[129] Wegen der Bindung an bestimmte, vom Zwangslizenznehmer stammende Erzeugnisse kann dessen Befugnis, Dritten die rechtmäßige Verfahrensanwendung zu ermöglichen, der dem Patentinhaber vorbehaltenen allgemeinen Befugnis zur Erteilung von Verfahrenslizenzen nicht gleichgesetzt werden.

129 2. Eine **Übertragung** der ZL ist nur möglich, wenn dem Erwerber auch der Betrieb, in dem die Erfindung benutzt wird, und im Fall einer Abhängigkeitslizenz (→ Rn. 84) außerdem[130] das abhängige Patent übertragen wird (§ 24 Abs. 7 PatG). Bei Übertragung des Patents bleibt die ZL dem Erwerber gegenüber wirksam (§ 15 Abs. 3 PatG, § 22 Abs. 3 GebrMG).

130 3. Der Patentinhaber ist nicht verpflichtet, dem Zwangslizenznehmer die vom Patent nicht umfassten Kenntnisse zur Verfügung zu stellen, die er als ergänzendes **Know-how** beim Arbeiten nach der patentierten Lehre benutzt.[131] Durch die ZL kann nur die rechtlich begründete Ausschließungsbefugnis überwunden werden, die auf dem Patent beruht. Die Mitteilung geheimen Wissens, hinsichtlich dessen kein Ausschlussrecht, sondern nur eine tatsächliche Alleinstellung besteht, kann nicht erzwungen werden, auch wenn ohne sie die patentierte Erfindung nur schwer mit Aussicht auf wirtschaftlichen Erfolg verwertbar ist.

131 Gewiss mag in der Bedeutung des ergänzenden Know-how ein Grund dafür liegen, dass ZL kaum mehr angestrebt werden. Es ist aber weder rechtlich vertretbar noch praktisch sinnvoll, die Zwangslizenzerteilung mit einem Zwang zur Überlassung von Know-how zu verbinden. Der Patentinhaber könnte diesem jederzeit durch Patentverzicht zuvorkommen. Wer nicht in Gefahr geraten will, sein Know-how preisgeben zu müssen, würde vielfach schon von der Anmeldung seiner Erfindungen absehen.

132 4. Der Inhaber der ZL ist dem Patentinhaber vergütungs- und rechnungslegungspflichtig. Die **Vergütung** wird regelmäßig bei Erteilung festgesetzt; im Fall einer einstweiligen Verfügung kann ihre Festsetzung der Entscheidung in der Hauptsache überlassen bleiben.

133 Die ordentlichen Gerichte, vor denen die Vergütung im Streitfall einzuklagen ist, sind an eine im Zwangslizenzverfahren getroffene Festsetzung gebunden. Die Vergütung muss nach

---

[127] RG 8.11.1913, RGZ 83, 274 (276).
[128] Ablehnend freilich RG 16.6.1915, RGZ 86, 436 (438 f.); kritisch dazu *Pietzcker* § 11 Rn. 20; *Reimer* § 15 Rn. 11.
[129] Vgl. RG 17.11.1917, RGZ 91, 188 (194).
[130] Aus dem Wortlaut des § 24 Abs. 7 und der zugehörigen Begründung BlPMZ 1998, 393 (401) wird nicht deutlich, ob auch im Fall der Abhängigkeitslizenz, auf die sich Satz 2 bezieht, die Übertragung des Betriebs gem. Satz 1 erforderlich ist. Doch ergibt sich dies klar aus Art. 31 Buchst. l iii TRIPS, weil dort die Übertragung des abhängigen Patents ausdrücklich als *zusätzliche* Bedingung bezeichnet ist, so dass das in Art. 31 Buchst. e enthaltene Erfordernis der Übertragung des Unternehmensteils oder des Goodwill, dem die Benutzung zusteht, unberührt bleibt.
[131] *Tetzner* GRUR 1973, 62; *Bernhardt* 183; anders *Beier* GRUR 1972, 214 (225).

§ 34. Benutzungsbefugnisse Dritter

den Umständen des Falles angemessen sein und den wirtschaftlichen Wert der Benutzung in Betracht ziehen (§ 24 Abs. 6 S. 4 PatG). Anhaltspunkte ergeben sich daraus, was bei vertraglicher Einigung vernünftigerweise gefordert und gewährt worden wäre.[132] Bei wesentlicher Veränderung der Verhältnisse, die für die Höhe der Vergütung maßgebend waren, kann jeder Beteiligte Anpassung verlangen (§ 24 Abs. 6 S. 5 PatG), über die das BPatG entscheidet. Bei Nichtigerklärung des Patents endet die Verpflichtung, bleibt aber für die Vergangenheit bestehen.[133] Dagegen entfällt sie rückwirkend, soweit sich herausstellt, dass die Handlungen des Erlaubnisnehmers in Wahrheit nicht in das Patent eingegriffen haben;[134] geleistete Zahlungen sind dann nach §§ 812 ff. BGB zurückzuerstatten.

Strittig ist, ob sich der Patentinhaber, wenn der Zwangslizenznehmer die Vergütung nicht bezahlt, von der ZL lösen kann.[135] Die Frage ist mit Einschränkungen zu bejahen. Zwar können nicht einfach §§ 314, 323 oder 543 Abs. 2 Nr. 3 BGB entsprechend angewandt werden. Angesichts der grundlegenden Bedeutung, die die Vergütungsbereitschaft für den Anspruch auf die ZL hat, kann jedoch dem Patentinhaber die Beschränkung seines Verbietungsrechts nur so lange zugemutet werden, wie er die Vergütung erhält oder wenigstens – unter Berücksichtigung der üblicherweise geleisteten Sicherheit – begründete Aussicht hat, sie zu erhalten. Entfällt diese Voraussetzung, sollte er durch einseitige Erklärung das Benutzungsrecht beenden oder wenigstens im Klageweg seine Aufhebung erreichen können. **134**

5. Der Inhaber der ZL ist nicht verpflichtet, von ihr Gebrauch zu machen.[136] Doch kann durch Festsetzung einer benutzungsunabhängigen Mindestvergütung darauf hingewirkt werden, dass die im öffentlichen Interesse liegende Benutzung tatsächlich erfolgt.[137] **135**

6. Auf Antrag des Patentinhabers erfolgt durch das BPatG die **Rücknahme der Zwangslizenz,** wenn die Umstände, die ihrer Erteilung zugrunde lagen, weggefallen sind und ihr Wiedereintritt unwahrscheinlich ist (§ 24 Abs. 6 S. 6 PatG). **136**

V. Staatliche Benutzungsanordnung

1. Nach § 13 Abs. 1 S. 1 PatG kann die Bundesregierung – nicht ein einzelner Bundesminister – anordnen, dass eine patentierte Erfindung im Interesse der **öffentlichen Wohlfahrt** benutzt werden soll. Die Anordnung ist dem im Register als Patentinhaber Eingetragenen vor Benutzung der Erfindung mitzuteilen (§ 13 Abs. 3 S. 3 PatG). Sie hat zur Folge, dass die angeordnete Benutzung, mag sie durch staatliche Einrichtungen oder private Unternehmen erfolgen, der Wirkung des Patents nicht unterliegt. Der Patentinhaber kann aus ihr keine Ansprüche wegen Patentverletzung herleiten. Im Interesse der öffentlichen Wohlfahrt liegt die Erfindungsbenutzung nicht schon dann, wenn daran ein öffentliches Interesse iSd § 24 Abs. 1 Nr. 2 PatG besteht. Vielmehr kommen nur besonders wichtige Belange des Gemeinwohls in Betracht, zB Bekämpfung von Beeinträchtigungen oder Gefährdungen der Volksgesundheit, Personensicherheit im Verkehr, Vermeidung oder Beseitigung erheblicher Beeinträchtigung der Umwelt, Grundbedürfnisse des Erziehungs- und Bildungswesens, Sicherung der notwendigen Energie- und Wasserversorgung. Der Gesetzeswortlaut verlangt nicht, dass die Anordnung *erforderlich* ist. Doch läge ein Ermessensfehlgebrauch vor, wenn sie erlassen würde, ohne dass der in Frage stehende Zweck auch sonst ausreichend verwirklicht werden kann oder der Patentinhaber gegebenenfalls zu angemessenen Bedingungen lizenzieren würde. **137**

---

[132] RG 24.1.1934, RGZ 143, 223 (229); 29.6.1943, GRUR 1943, 288 (293 f.); vgl. auch RG 20.3.1918, RGZ 92, 329; 24.11.1923, BlPMZ 1924, 49.
[133] *Rogge* in Benkard PatG § 24 Rn. 46.
[134] *Bernhardt* 186; *Rogge/Kober-Dehm* in Benkard PatG § 24 Rn. 46; *Pietzcker* § 11 Rn. 4; *Reimer* PatG § 15 Rn. 22; vgl. RG 17.11.1917, RGZ 91, 188 (191 f.).
[135] Bejahend *Bernhardt* 186; verneinend *Rogge/Kober-Dehm* in Benkard PatG § 24 Rn. 31; *Reimer* PatG § 15 Rn. 21; vgl. auch *Lindenmaier* § 15 Rn. 19.
[136] RG 17.11.1917, RGZ 91, 188.
[137] RG 24.11.1923, BlPMZ 1924, 49 (50); 29.6.1943, GRUR 1943, 288 (294).

138 2. Im Interesse der – äußeren oder inneren – **Sicherheit des Bundes** kann die zuständige oberste Bundesbehörde (Bundesministerium der Verteidigung oder des Inneren) oder in ihrem Auftrag eine nachgeordnete Behörde die Benutzung einer patentierten Erfindung anordnen (§ 13 Abs. 1 S. 2 PatG). Die Wirkung des Patents erstreckt sich auch dann nicht auf die angeordnete Benutzung. Eine vorherige Mitteilung ist nicht vorgesehen. Die oberste Bundesbehörde, die die Anordnung erlassen oder den Auftrag hierzu erteilt hat, muss jedoch dem als Patentinhaber Eingetragenen von einer ihr bekannt werdenden Entstehung eines Vergütungsanspruchs (vgl. → Rn. 139) Mitteilung machen (§ 13 Abs. 3 S. 4 PatG).

139 3. Anspruch auf angemessene **Vergütung** hat der Patentinhaber gegen den Bund, nicht gegen den einzelnen Benutzer (§ 13 Abs. 3 S. 1 PatG). Der Anspruch entsteht im Fall einer dem Interesse der öffentlichen Wohlfahrt dienenden Anordnung mit dieser; seine Höhe kann jedoch durch den Umfang der tatsächlichen Benutzung beeinflusst werden. Bei einer im Sicherheitsinteresse ergangenen Anordnung entsteht er erst mit der Benutzung. Das zeigt die Formulierung von § 13 Abs. 1 S. 2 und Abs. 3 Satz 4 PatG.

140 Die Vergütung muss angemessen sein, braucht aber vollem Schadenersatz nicht gleichzukommen. Sie entspricht einer Enteignungsentschädigung (vgl. → Rn. 141), so dass sich ihre Bemessung an den dafür geltenden Grundsätzen orientieren kann.[138]

141 4. Strittig ist, ob die Benutzungsanordnung Enteignungscharakter hat.[139] Das ist zu bejahen und kann insbesondere nicht mit der Begründung verneint werden, die gesetzliche Vorschrift sehe eine alle Patentinhaber gleichmäßig treffende Beschränkung der Patentwirkung vor. Die Beschränkung tritt erst durch den Erlass der Anordnung ein und trifft somit jeweils einen ganz bestimmten Rechtsinhaber gesondert. Im Übrigen wird die Anordnung im PatG als Enteignung behandelt, da § 13 in Abs. 1 sowie in Abs. 3 Satz 1 und 2 ersichtlich den Anforderungen des Art. 14 Abs. 3 GG Rechnung tragen will.

142 5. Die Anordnung ist Verwaltungsakt. Sie kann, wenn sie von der Bundesregierung oder der zuständigen obersten Bundesbehörde getroffen ist, vor dem Bundesverwaltungsgericht angefochten werden. Geht sie von einer im Auftrag des zuständigen Bundesministeriums handelnden nachgeordneten Behörde aus, richtet sich ihre Anfechtung nach den allgemeinen Bestimmungen der VwGO.

143 Wegen der Höhe der Vergütung steht im Streitfall der Rechtsweg vor den ordentlichen Gerichten offen (§ 13 Abs. 3 S. 2 PatG, vgl. Art. 14 Abs. 3 S. 4 GG).

144 6. Benutzungsanordnungen nach § 13 PatG können auch für Erfindungen erlassen werden, die durch europäische Patente geschützt sind, soweit sich diese auf Deutschland beziehen.

§ 35. Ansprüche wegen Patent- oder Gebrauchsmusterverletzung

Literatur: *Abel,* Der Gegenstand des Auskunftsanspruchs im deutschen gewerblichen Rechtsschutz und Urheberrecht, FS Pagenberg, 2006, 221–233; *Ann/Barona,* Schuldrechtsmodernisierung und gewerblicher Rechtsschutz, VPP-Rundbrief 2003, 1–7; *Ann/Hauck/Maute,* Auskunftsanspruch und Geheimnisschutz im Verletzungsprozess, 2011; *Allekotte,* Erschöpfung durch Zahlung?, Mitt. 2004, 1–11; *Bartenbach K.,* Patentlizenz- und Know-how-Vertrag, 2013; *ders./Volz,* Arbeitnehmererfindervergütung, 2. Aufl. 1999; *Beuthien/Wasmann,* Zur Herausgabe des Verletzergewinns bei Verstößen gegen das Markengesetz – zugleich Kritik an der sogenannten dreifachen Schadensberechnung, GRUR 1997, 255–261; *Blind/Pohlmann,* Patente und Standards: Offenlegung, Lizenzen, Patentstreitigkeiten und rechtspolitische Diskussionen, GRUR 2014, 713–719; *Bodewig,* Praktische Probleme bei der Abwicklung der Rechtsfolgen einer Patentverletzung – Unterlassung, Beseitigung, Auskunft, GRUR 2005,

---

[138] Vgl. *Scharen* in Benkard PatG § 13 Rn. 15 mN.

[139] Bejahend *Bernhardt* 179; *Götting* GewRS § 25 Rn. 17; *Busse/Keukenschrijver* PatG § 13 Rn. 6; verneinend *Reimer* PatG § 8 Rn. 1; *Lindenmaier* § 8 Rn. 1.

§ 35. Ansprüche wegen Patent- oder Gebrauchsmusterverletzung **§ 35**

632–639; *Büch,* Die Erstbegehungsgefahr und ihre Ausräumung im gewerblichen Rechtsschutz, FS Bornkamm, 2014, 15–28; *Busche,* Patente als Bewertungsgegenstand, FS Meibom, 2010, 11–20; *Buxbaum,* Konzernhaftung bei Patentverletzung durch die Tochtergesellschaft, GRUR 2009 (FS Melullis), 240–245; *Deichfuss,* Die Antwortpflicht des Abgemahnten und § 146 PatG, FS Bornkamm, 2014, 1025–1033; *Delahaye,* Kernprobleme der Schadensberechnung bei Schutzrechtsverletzungen, GRUR 1986, 217–221; *Deutsch,* Fahrlässigkeit und erforderliche Sorgfalt, 1963; *ders.,* Haftungsrecht, Band I Allgemeine Lehren, 1976; *Diekmann,* Der Vernichtungsanspruch – Ein Beitrag zur Lehre von den Verletzungsansprüchen im gewerblichen Rechtsschutz und Urheberrecht, 1993; *Dregelies,* Die Haftung des GmbH-Geschäftsführers für Patent- und andere Immaterialgüterrechte, GRUR 2018, 8–15; *Dreier,* Kompensation und Prävention. Rechtsfolgen unerlaubter Handlung im Bürgerlichen, Immaterialgüter- und Wettbewerbsrecht, 2002; *Dreiss,* Was sind eigentlich Gemeinkosten?, FS VPP, 2005, 303–308; *Fähndrich,* Wie teuer sind Patentverletzungen nach dem BGH-Urteil Gemeinkostenanteil?, VPP-Rundbrief 2003, 13–18; *Fussan,* Betriebswirtschaftliche Maßnahmen gegen Produktpiraterie und Industriespionage, Mitt. 2010, 13–19; *Geschke,* Auskunft und Rechnungslegung nach einer mittelbaren Schutzrechtsverletzung, FS Schilling, 2007, 125–142; *Goddar,* Schadensersatzberechnung nach der Lizenzanalogie, FS VPP, 2005, 309–312; *Götz,* Schaden und Bereicherung in der Verletzerkette, GRUR 2001, 295–303; *Grabinski,* Gewinnherausgabe nach Patentverletzung – Zur gerichtlichen Praxis acht Jahre nach dem „Gemeinkostenanteil"-Urteil des BGH, GRUR 2009 (FS Melullis), 260–265; *Griss,* Wer ist „Störer"? – Eine deutsch-österreichische Begriffsverwirrung, FS Bornkamm, 2014, 29–36; *Graf v. d. Groeben,* Werden durch die Leistung von Schadensersatz die gewerblichen Schutzrechte erschöpft?, FS Mes, 2009, 141–151; *ders.,* Schadensersatzfeststellung im Grundprozess unter Einschluss der Berechnungsfaktoren des Höheprozesses, GRUR 2012, 864–870; *Grosch/Schilling,* Rechnungslegung und Schadensersatzfeststellung für die Zeit nach Schluss der mündlichen Verhandlung?, FS Eisenführ, 2003, 131–160; *Groß/Rohrer,* Lizenzgebühren, 3. Aufl. 2012; *Haag,* Umfang und Vollstreckung des Auskunftsanspruchs nach dem Vertrieb schutzrechtsverletzender und nicht-schutzrechtsverletzender Produkte, Mitt. 2011, 159–164; *Haedicke,* Informationsbefugnisse des Schutzrechtsinhabers im Spiegel der EG-Richtlinie zur Durchsetzung der Rechte des geistigen Eigentums, FS Schricker, 2005, 19–32; *ders.,* Die Gewinnhaftung des Patentverletzers, GRUR 2005, 529–535; *ders.,* Schadensersatz bei mittelbarer Patentverletzung, GRUR 2009 (FS Melullis), 273–276; *Haft/Reimann,* Zur Berechnung des Verletzergewinns nach der „Gemeinkostenanteil"-Entscheidung des BGH vom 2. November 2000, Mitt. 2003, 437–445; *Harmsen,* Zu den Voraussetzungen der Aufbrauchsfrist im Patentrecht, GRUR 2021, 222–226; *Haß,* Zur persönlichen Haftung des GmbH-Geschäftsführers bei Wettbewerbsverstößen und Verletzungen gewerblicher Schutzrechte, FS Schilling, 2007, 249–262; *Heermann,* Schadensersatz und Bereicherungsausgleich bei Patentrechtsverletzungen, GRUR 1999, 625–637; *Hellebrand,* Ableitung von angemessenen Lizenzsätzen aus ökonomischer Perspektive? – Eine Erwiderung, Mitt. 2014, 494–497; *ders./Kaube,* Lizenzsätze für technische Erfindungen, 3. Aufl. 2007; *Heusch,* Der patentrechtliche Unterlassungsanspruch, FS Meibom, 2010, 135–148; *Holzapfel,* Zu § 10 PatG als Rechtszuweisungsnorm, GRUR 2002, 193–198; *ders.,* Zur Haftung einer Mehrheit von Verletzern, GRUR 2012, 242–248; *Hoppe-Jänisch,* Die Entscheidung des BGH „MPEG-2-Videosignalcodierung", Mitt. 2013, 51–57; *ders.,* Der Vorlagebeschluss des LG Düsseldorf „LTE-Standard", Mitt. 2013, 384–389; *ders.,* Die straflose Vermeidung des patentrechtlichen Vernichtungsanspruchs, GRUR 2014, 1163–1167; *Jahr,* Schadensersatz wegen deliktischer Nutzungsentziehung – zu Grundlagen des Rechtsgüterschutzes und des Schadensersatzrechts, AcP 183 (1983), 725–794; *Kaess,* Die Schutzfähigkeit technischer Schutzrechte im Verletzungsverfahren, GRUR 2009 (FS Melullis), 276–281; *Karnell,* Gedanken zur Bemessung von Schadensersatzansprüchen bei Patentverletzungen, GRUR Int. 1996, 335–345; *Kessler,* Das Märchen vom bösen Patenttroll, Mitt. 2011, 489–493; *Kiani/Springorum/Schmitz,* Aktuelles aus dem Bereich der ‚Patent Litigation', Mitt. 2010, 6–11; *dies.,* Aktuelles aus dem Bereich der ‚Patent Litigation', Mitt. 2010, 341–346; *Kleinheyer/Hartwig,* Kausalitätsabschlag und Kontrollüberlegung beim Verletzergewinn – zugleich Besprechung von BGH, Urt. v. 24.7.2012 – X ZR 51/11 – Flaschenträger, GRUR 2013, 683–690; *Knobloch,* Abwehransprüche für den Nehmer einer einfachen Patentlizenz?, 2006; *Kochendörfer,* Verletzerzuschlag auf Grundlage der Enforcement-Richtlinie?, ZUM 2009, 389–394; *Köhler,* Die notarielle Unterwerfungserklärung – eine Alternative zur strafbewehrten Unterlassungserklärung?, GRUR 2010, 6–10; *Köllner,* Bemessung des Schadensersatzes (mit Beiträgen von *Hinkelmann* zum japanischen, *Véron/Roux-Vaillard* zum französischen, *Swanson/Christiansen* zum US-amerikanischen und *Smith/Ridgway* zum britischen Recht), Mitt. 2006, 289–312; *Köllner,* Monetäre Auswirkungen patentrechtlicher Aspekte bei der Patentbewertung, Mitt. 2010, 97–110; *Kraßer,* Schadensersatz für Verletzungen von gewerblichen Schutzrechten und Urheberrechten nach deutschem Recht, GRUR Int. 1980, 259–272; *Kühnen,* Die Besichtigung im Patentrecht. Eine Bestandsaufnahme zwei Jahre nach

§ 35 5. Abschnitt. Wirkung und Durchsetzung der Schutzrechte

"Faxkarte", GRUR 2005, 185–196; *ders.*, Die Ansprüche des Patentinhabers wegen Schutzrechtsverletzung nach Vergabe einer einfachen Lizenz, FS Schilling, 2007, 311–331; *ders.*, Das Erlöschen des Patentschutzes während des Verletzungsprozesses – Materiellrechtliche und verfahrensrechtliche Folgen, GRUR 2009 (FS Mellulis), 288 ff.; *ders.*, Update zum Düsseldorfer Besichtigungsverfahren, Mitt. 2009, 211–218; *Künzel*, Rückruf und endgültiges Entfernen aus den Vertriebswegen – Inhalt, Durchsetzung und Antragsfassung, FS Mes, 2009, 241–253; *Küppers*, Die patentrechtliche Schadensersatzhaftung von Handelsunternehmen, FS 50 Jahre Patentgerichtsbarkeit in Düsseldorf, 2016, 329–344; *Kur*, Prävention – Cui Bono? Überlegungen zur Schadensberechnung im Immaterialgüterrecht, FS Kolle/Stauder, 2005, 365–387; *Larenz/Canaris*, Lehrbuch des Schuldrechts, Band II/2, 13. Aufl. 1994; *Kurtz*, Täter, Teilnehmer, Geschäftsführer – Die Haftung im Patentrecht, FS 50 Jahre Patentgerichtsbarkeit in Düsseldorf, 2016, 345–359; *Lehmann*, Juristisch-ökonomische Kriterien zur Berechnung des Verletzergewinns bzw. des entgangenen Gewinns, BB 1988, 1680–1687; *ders.*, Präventive Schadensersatzansprüche bei Verletzungen des geistigen und gewerblichen Eigentums, GRUR Int. 2004, 762–765; *Löffler*, Störerhaftung oder Beihilfe durch Unterlassen? Allgemeine strafrechtliche Haftungskategorien als Grundlage für die Konkretisierung der Schuldnerstellung im gewerblichen Rechtsschutz und im Lauterkeitsrecht, FS Bornkamm, 2014, 37–51; *Lutz*, Die erweiterte Schadensberechnung, 1974; *Mahlmann*, Schaden und Bereicherung durch die Verletzung "geistigen Eigentums", 2005; *Maute*, Dreifache Schadens(ersatz)berechnung, 2016; *McGuire*, Stellungnahme zum 2. PatModG: Ergänzung des § 139 I PatG durch einen Verhältnismäßigkeitsvorbehalt?, GRUR 2021, 775–783; *Medicus*, Bürgerliches Recht, 18. Aufl. 2002; *Mees*, Haftung von Aufsichtsräten juristischer Personen im Bereich des Wettbewerbsrechts und verwandten Rechtsgebieten, FS Bornkamm, 2014, 53–64; *Meier-Beck*, Ersatzansprüche gegenüber dem mittelbaren Verletzer, GRUR 1993, 1–8; *ders.*, Herausgabe des Verletzergewinns – Strafschadensersatz nach deutschem Recht?, GRUR 2005, 617–623; *Mellulis*, Zur Ermittlung und zum Ausgleich des Schadens bei Patentverletzung, GRUR Int. 2008, 679–685; *Mertens*, Der Begriff des Vermögensschadens im bürgerlichen Recht, 1967; *Mes*, Si tacuisses. – Zur Darlegungs- und Beweislast im Prozeß des gewerblichen Rechtsschutzes, GRUR 2000, 934–942; *Müller*, Grenzenlose Organhaftung für Patentverletzungen? Kritische Besprechung der BGH-Entscheidung "Glasfasern II", GRUR 2016, 570–572; *Natusch*, Intellectual Property Rights (gewerbliche Schutzrechte) im Rahmen der Unternehmensfinanzierung, Mitt. 2010, 118–126; *Nestler*, Die Ableitung von angemessenen Lizenzsätzen aus ökonomischer Perspektive, Mitt. 2014, 262–266; *Nieder*, Restschadens-, Restentschädigungs- und Bereicherungsansprüche im Patentrecht, Mitt. 2009, 541–544; *ders.*, Vernichtungsanspruch und Veräußerung des streitbefangenen Verletzungsgegenstands im Patentprozess, GRUR 2013, 264–266; *Ohly*, Privatrechtsdogmatik und geistiges Eigentum, FS Canaris, 2017, 987–1018; *ders.*, Acht Thesen zur Verhältnismäßigkeit im Patentrecht, GRUR 2021, 304–309; *Oppermann*, Der Auskunftsanspruch im gewerblichen Rechtsschutz und Urheberrecht, 1997; *v. d. Osten*, Zum Anspruch auf Herausgabe des Verletzergewinns im Patentrecht, GRUR 1998, 284–288; *ders.*, Schadensersatzberechnung im Patentrecht, Mitt. 2000, 95–99; *ders./Pross*, Schadensersatzansprüche bei mittelbarer Patentverletzung, FS Reimann, 2009, 527–534; *dies.*, Die Vollstreckung des nach § 140a Patentgesetz ausgeurteilten Vernichtungsanspruchs, FS Meibom, 2010, 481–493; *Pahlow*, Anspruchskonkurrenzen bei Verletzung lizenzierter Schutzrechte unter Berücksichtigung der Richtlinie 2004/48/EG, GRUR 2007, 1001–1007; *Petersen/Wurzer/Grünewald/Zwirner*, Bilanzierung und Bewertung selbst erstellter immaterieller Vermögensgegenstände nach dem Bilanzrechtsmodernisierungsgesetz (BilMoG), Mitt. 2010, 111–117; *Peukert/Kur*, Stellungnahme des Max-Planck-Instituts für Geistiges Eigentum, Wettbewerbs- und Steuerrecht zur Umsetzung der Richtlinie 2004/48/EG zur Durchsetzung der Rechte des geistigen Eigentums in deutsches Recht, GRUR Int. 2006, 292–303; *Preu*, Richtlinien für die Bemessung von Schadensersatz bei Verletzung von Patenten, GRUR 1979, 753–762; *Pross*, Verletzergewinn und Gemeinkosten, FS Tilmann, 2003, 881–893; *ders.*, Zum Umfang des Restschadensersatzanspruchs im Patentrecht, FS Schilling, 2007, 333–340; *Raue*, Die dreifache Schadensberechnung, 2017; *Rinkler*, Transportrecht und gewerblicher Rechtsschutz, FS Bornkamm, 2014, 65–74; *Rinnert/Küppers/Tilmann*, Schadensberechnung ohne Einschluss der Gemeinkosten, FS Helm, 2002, 337–356; *Rogge*, Schadensersatz nach Lizenzanalogie bei Verletzung von Patenten, Urheberrechten und anderen Schutzrechten, FS Nirk, 1992, 929–947; *Rojahn*, Praktische Probleme bei der Abwicklung der Rechtsfolgen einer Patentverletzung, GRUR 2005, 623–632; *v. Rospatt/Klopschinski*, Das Verschulden im Patentrecht: Überlegungen zur Berechtigung eines branchenspezifischen Sorgfaltsmaßstabes, FS 50 Jahre Patentgerichtsbarkeit in Düsseldorf, 2016, 449–467; *Sack*, Die Lizenzanalogie im System des Immaterialgüterrechts, FS Hubmann, 1985, 373–396; *Schacht*, Unverhältnismäßigkeit und Verletzerverhalten, GRUR 2021, 440–446; *Schellhorn*, Der patentrechtliche Unterlassungsanspruch im Lichte des Verhältnismäßigkeitsgrundsatzes, 2020; *Schickert*, Einzelfragen zu Rechtsfolgen des markenrechtswidrigen Arzneimittel-Parallelimports, PharmR 2005, 125–131; *Schmaltz/Kucera*, Patentverletzung und Betrug – Kollision von Strafrecht und Zivilprozessrecht bei der Auskunft und Rechnungslegung im Patentverletzungsstreit, GRUR 2006, 97–105; *Seichter*, Der Auskunftsanspruch nach Artikel 8 der Richtlinie zur Durchsetzung der Rechte des geistigen Eigentums, FS Ullmann, 2006, 983–998; *Stierle*, Das nichtpraktizierte Patent, 2018; *ders.*, Der quasi-automatische Unterlassungsanspruch im deutschen Patentrecht, GRUR 2019, 873–885; *ders.*, Diskussionsentwurf eines Zweiten Gesetzes zur Vereinfachung und Modernisierung des Patentrechts, GRUR 2020, 262–267; *Stjerna*, Zwischen Rechtskraft und Erfüllung – Zum Wechsel der Schadensberechnungsmethode in der Berufungsinstanz – Anmerkung zu OLG Düsseldorf, GRUR-RR 2006, 383, GRUR-RR 2006, 353–355; *ders.*, Zum Wechsel der Schadensberechnung – Anmerkung zu BGH, Mitt. 207, 554 – Zerkleinerungsvorrichtung, Mitt. 2009, 489–494; *ders.*, Die Einrede des älteren Rechts im Patent- und Gebrauchsmusterverletzungsstreit, GRUR 2010, 202–208; *ders.*, Die Reichweite der Einrede des älteren Rechts – Zum Umfang des Benutzungsrechts aus Patenten und Gebrauchsmustern, GRUR 2010, 795–801; *Ströbele*, Die Bindung der ordentlichen Gerichte an Entscheidungen der Patentbehörden, 1975; *Teplitzky*, Probleme der notariell beurkundeten und für vollstreckbar erklärten Unterlassungsverpflichtungserklärung (§ 794 Abs. 1 Nr. 5 ZPO), WRP 2015, 527–532; *Tetzner*, Der Verletzerzuschlag bei der Lizenzanalogie, GRUR 2009, 6–13; *Tilmann*, Schuldrechtsreform und gewerblicher Rechtsschutz, Mitt. 2001, 282–285; *ders.*, Gewinnherausgabe im gewerblichen Rechtsschutz und Urheberrecht – Folgerungen aus der Entscheidung „Gemeinkostenanteil", GRUR 2003, 647–653; *ders.*, Neue Überlegungen im Patentrecht, GRUR 2005, 904–907; *ders.*, Konstruktionsfragen zum Schadensersatz nach der Durchsetzungs-Richtlinie, FS Schilling, 2007, 367–383; *Ullmann*, Die Verschuldenshaftung und die Bereicherungshaftung des Verletzers im gewerblichen Rechtsschutz und Urheberrecht, GRUR 1978, 615–623; *v. Ungern-Sternberg*, Einwirkung der Durchsetzungsrichtlinie auf das deutsche Schadensersatzrecht, GRUR 2009, 460–466; *Voß*, Abschied vom Schadensersatz bei mittelbarer Patentverletzung? Anmerkung zum Urteil des BGH „Antriebsscheibenaufzug", GRUR 2006, 281–285; *Walchner*, Der Beseitigungsanspruch im gewerblichen Rechtsschutz und Urheberrecht, 1998; *Weisse*, Überlegungen zur Formulierung des Unterlassungsantrags bei mittelbarer Patentverletzung durch auch patentfrei verwendbare „Mittel" für den Fall der Lieferung, FS Reimann, 2009, 583-558; *Werner*, Die Haftung des GmbH-Geschäftsführers für die Verletzung gewerblicher Schutzrechte, GRUR 2009, 820–824; *ders.*, Die Haftung des GmbH-Geschäftsführers für Wettbewerbsverstöße und Immaterialgüterrechtsverletzungen durch die Gesellschaft, GRUR 2015, 739–744; *Worm/Gärtner*, Möglichkeiten der Bekämpfung der Produktpiraterie, Mitt. 2007, 254–259, 497–501; *Wreesmann*, Der Anspruch auf Rückruf patentverletzender Erzeugnisse nach § 140a III, IV PatG, Mitt. 2010, 276–280; *Zahn*, Die Herausgabe des Verletzergewinnes, 2005; *Zurth*, Bereicherungsrechtliche Implikationen im Immaterialgüterrecht, GRUR 2019, 143–150.

Hinweis: Sofern nicht anders angegeben, gilt das nachstehend zu Patenten Gesagte für Gebrauchsmuster entsprechend.

I. Unterlassung und Beseitigung

a) Unterlassungsanspruch

1. Wer entgegen den §§ 9–13 PatG eine **patentierte Erfindung** benutzt, kann vom Verletzten bei Wiederholungsgefahr nach § 139 Abs. 1 S. 1 PatG auf Unterlassung in Anspruch genommen werden. Der Unterlassungsanspruch wirkt also prospektiv. Er dient dem Schutz des Patentinhabers vor **künftigen Eingriffen** in dessen ausschließliches Recht an der Erfindung. Der Unterlassungsanspruch setzt kein schuldhaftes Handeln voraus, sondern besteht gegen jeden objektiv widerrechtlichen Eingriff. In ihm aktualisieren und konkretisieren sich die in §§ 9–11 PatG allgemein umschriebenen Handlungsverbote (dazu § 33). Für einen bestimmten Patentinhaber entsteht ein Unterlassungsanspruch, wenn ohne dessen Zustimmung im Schutzbereich (vgl. § 32), im Geltungsgebiet und während der Wirkungsdauer des Patents durch einen anderen Handlungen vorgenommen werden, die nach besagten Vorschriften dem Patentinhaber vorbehalten sind, und für die dem Handelnden kein eigenes Benutzungsrecht zusteht.

Grundlage eines solchen Benutzungsrechts können nicht nur die in § 139 Abs. 1 PatG genannten 2 §§ 12 und 13 PatG sein, sondern auch die §§ 23, 24 oder 123 Abs. 5 und 7 PatG (vgl. § 34); die

§ 35 I   5. Abschnitt. Wirkung und Durchsetzung der Schutzrechte

Nichterwähnung des § 23 PatG rechtfertigt sich daraus, dass das dort vorgesehene Benutzungsrecht auf einer allgemein erteilten *Zustimmung* des Patentinhabers beruht.

3   2. Auch wer entgegen den §§ 11–14 GebrMG ein **Gebrauchsmuster** benutzt, kann nach § 24 Abs. 1 S. 1 GebrMG vom Verletzten bei Wiederholungsgefahr auf Unterlassung in Anspruch genommen werden.

4   Die Bestimmung entspricht § 139 Abs. 1 PatG. Ihr Wortlaut lässt als Gegenstand der Benutzung das *Gebrauchsmuster* erscheinen, nicht die Erfindung. Diese Formulierung ist irreführend, denn Gegenstand des Schutzrechts und damit auch einer rechtsverletzenden Benutzung ist wie beim Patent die *Erfindung*, für die das Schutzrecht – hier durch Eintragung eines Gebrauchsmusters – erteilt ist. Im GebrMG kommt dies beispielsweise in §§ 12, 12a sowie dort zum Ausdruck, wo es vom „Gegenstand des Gebrauchsmusters" spricht. Gelegentlich – wie in § 1 Abs. 1, § 2 und § 24 Abs. 1 – steht der Begriff „Gebrauchsmuster" aber auch für den Schutzgegenstand. Da er in dieser Funktion obsolet ist, seit das Gesetz den Schutz auf Erfindungen bezieht, wird er vorliegend nur für das Schutz*recht* verwendet (vgl. → § 1 Rn. 44 f.).

5   Die in § 24 Abs. 1 GebrMG enthaltene Verweisung auf § 13 Abs. 3 GebrMG führt zu §§ 12, 13 PatG. Dagegen betrifft die Verweisung auf § 13 Abs. 1, 2 und § 14 GebrMG gebrauchsmusterrechtliche Besonderheiten: Der Unterlassungsanspruch besteht nicht, wenn ein Grund für die Löschung des Gebrauchsmusters vorliegt, den der wegen Verletzung in Anspruch Genommene geltend machen kann (vgl. → Rn. 142), und er besteht auch gegen einen Benutzer, dem für die durch das Gebrauchsmuster geschützte Erfindung ein Patent mit jüngerem Zeitrang erteilt ist, obwohl dieses nicht wegen des älteren Gebrauchsmusters für nichtig erklärt werden kann.

6   3. Der Anspruch setzt **Wiederholungsgefahr** voraus, die regelmäßig gegeben ist, wenn schon (mindestens) eine patentverletzende Handlung begangen worden ist. Die erfolgte Verletzung begründet eine tatsächliche Vermutung und es ist dann Sache des Verletzers, die bestehende Wiederholungsgefahr auszuräumen. Gefordert wird dafür allgemein die durch das Versprechen einer Vertragsstrafe gesicherte Erklärung, dass begangene Verletzungshandlungen künftig nicht mehr vorgenommen würden.[1] Nur wenn wegen besonderer Umstände, zB offenbarer Unmöglichkeit der Wiederholung, künftige Verletzungshandlungen als ausgeschlossen gelten müssen, bedarf es keiner strafbewehrten Unterlassungserklärung.[2]

Eine **Erstbegehungsgefahr** begründet auch die ernstliche Besorgnis, dass eine solche Handlung demnächst begangen werde.[3] Dazu muss der Patentinhaber Tatsachen vortragen und ggf. beweisen, aus denen (trotzdem) eine Erstbegehungsgefahr folgt.[4] Derartige tatsächliche Anhaltspunkte können darin liegen, dass jemand sich des Rechts berühmt, bestimmte Handlungen vornehmen zu dürfen.[5]

7   4. Inhaltlich wird der Unterlassungsanspruch durch den Umfang der Begehungsgefahr bestimmt. Unterlassung kann der Patentinhaber hinsichtlich solcher Handlungen bean-

---

[1] Vgl. BGH 3.6.1976, GRUR 1976, 579 (582) – Tylosin; 14.12.1966, GRUR 1967, 362 (366) – Spezialsalz; 28.1.1955, GRUR 1955, 390; weitere Nachw. bei *Grabinski/Zülch* in Benkard PatG § 139 Rn. 30.

[2] Einem Vorschlag von *Köhler* GRUR 2010, 6 (7 ff.) folgend wurde im Lauterkeitsrecht teilweise angenommen, die Wiederholungsgefahr könne auch durch eine notarielle Unterwerfungserklärung beseitigt werden. Dem hat der BGH jedoch eine Absage erteilt. Für den Wegfall der Wiederholungsgefahr ist dann zusätzlich die Zustellung eines Beschlusses über die Androhung von Ordnungsmitteln nach § 890 Abs. 2 ZPO nötig, BGH 21.4.2016, GRUR 2016, 1316 Rn. 33 ff. – Notarielle Unterlassungserklärung.

[3] BGH 19.6.1951, BGHZ 2, 394; 18.12.1969, GRUR 1970, 358 (360) – Heißläuferdetektor.

[4] OLG Düsseldorf 29.3.2006, Mitt. 2006, 426; BGH 21.8.2012, GRUR 2012, 1230 Rn. 37 – MPEG-2-Videosignalcodierung; krit. dazu *Hoppe-Jänisch* Mitt. 2013, 51 (57).

[5] BGH 31.5.2001, GRUR 2001, 1174 (1175) – Berühmungsaufgabe; 9.10.1986, GRUR 1987, 125 (126) – Berühmung.

§ 35. Ansprüche wegen Patent- oder Gebrauchsmusterverletzung I **§ 35**

spruchen, die sein Patent demnächst zu verletzen drohen. Das gilt sowohl hinsichtlich der Ausführungsform der patentierten technischen Lehre als auch hinsichtlich der Art ihrer Benutzung.

Der Unterlassungsanspruch umfasst also nicht einfach den gesamten Schutzbereich des Patents oder eines Patentanspruchs, sondern nur die eine oder andere **konkrete Ausführungsform**.[6] Allerdings ist es möglich, dass in Fällen, in denen bereits Verletzungshandlungen vorgekommen sind, eine Begehungsgefahr nicht nur hinsichtlich der bereits benutzten, sondern wegen besonderer Umstände auch hinsichtlich abgewandelter Ausführungsformen besteht, zB deshalb, weil sich der Verletzer schon verschiedener im Schutzbereich des Patents liegender Ausführungsformen bedient hat.[7] 8

Der **Benutzungsart** nach wird der Unterlassungsanspruch ebenfalls durch die Reichweite der Begehungsgefahr begrenzt. Von einem Verletzer, der patentgemäße Erzeugnisse, die im (patentfreien) Ausland hergestellt wurden, im Inland angeboten und in Verkehr gebracht hat, kann zwar die Unterlassung weiteren Anbietens und Inverkehrbringens, nicht aber auch Unterlassung des Herstellens oder des Gebrauchens verlangt werden, solange nicht zusätzliche Umstände die Gefahr begründen, dass der Verletzer die Erzeugnisse demnächst auch im Inland herstellen oder gebrauchen wird. Umgekehrt wird bei einem Verletzer, der patentgemäße Erzeugnisse hergestellt hat, allerdings regelmäßig die Annahme gerechtfertigt sein, er werde diese Erzeugnisse demnächst auch anbieten und in Verkehr bringen oder gebrauchen. Dann bestehen auch insoweit Begehungsgefahr und Unterlassungsanspruch. 9

Von einem *mittelbaren* Patentverletzer kann Unterlassung der Lieferung der in Frage stehenden Mittel zur Erfindungsbenutzung oft nur für den Fall gefordert werden, dass keine ausreichenden Vorkehrungen gegen patentverletzenden Gebrauch getroffen sind (vgl. → § 33 Rn. 378). 10

5. Die Unterlassungsverpflichtung erschöpft sich oftmals nicht in reinem Nichtstun, sondern kann auch aktives Handeln erfordern. Wenn die Nichtbeseitigung die Fortsetzung der Verletzung bedeutet, stellt sich die Frage nach dem Verhältnis des Unterlassungsanspruchs zu den spezialgesetzlichen Beseitigungsansprüchen in § 140a PatG, § 24a GebrMG (→ Rn. 22 ff.). Umstritten ist dabei, ob der Anspruch aus § 139 Abs. 1 PatG, § 24 Abs. 1 GebrMG auch den Rückruf schutzrechtsverletzender Erzeugnisse umfasst. Der I. BGH-Zivilsenat geht davon aus, dass der eine Handlung verbietende Unterlassungstitel regelmäßig dahin auszulegen ist, dass dieser auch die Vornahme möglicher, erforderlicher und zumutbarer Handlungen zur Beseitigung des Störungszustands umfasst und der Unterlassungsschuldner mithin auch auf Dritte einzuwirken hat, sodass diese verletzende Ware nicht weitervertreiben.[8] Dabei soll es nicht darauf ankommen, ob der Unterlassungsschuldner entsprechende Ansprüche gegen diese Dritten hat, sondern eine tatsächliche Einwirkungsmöglichkeit genügen.[9] 11

An dieser Rspr. ist zu Recht kritisiert worden, dass sie zu einem Bestimmtheitsproblem führt und der Streit über die im Einzelfall möglichen, erforderlichen und zumutbaren Maßnahmen systemwidrig vom Erkenntnis- ins Vollstreckungsverfahren verlagert wird.[10] Hinzu kommt, dass § 140a Abs. 3 PatG, der nicht im einstweiligen Rechtsschutz durchge-

---

[6] Vgl. BGH 21.9.1978, GRUR 1979, 48 (49) – Straßendecke.
[7] Vgl. *Pagenberg* GRUR 1976, 78 ff.
[8] BGH 29.9.2016, GRUR 2017, 208 Rn. 24 ff. – Rückruf von Rescue-Produkten; BGH 19.11. 2015, GRUR 2016, 720 Rn. 34 ff. – Hot Sox mkritAnm *Goldmann;* BGH 4.5.2017, GRUR 2017, 823 Rn. 29 – Luftentfeuchter; BGH 11.10.2017, GRUR 2018, 292 Rn. 17 ff. – Produkte zur Wundversorgung; BGH 17.10.2019, GRUR 2020, 548 Rn. 15 – Diätische Tinnitusbehandlung.
[9] BGH 17.10.2019, GRUR 2020, 548 Rn. 17 – Diätische Tinnitusbehandlung; BGH 11.10.2017, GRUR 2018, 292 Rn. 25 mwN – Produkte zur Wundversorgung.
[10] *Köhler/Bornkamm/Feddersen* UWG § 8 Rn. 1.84 ff.; GRUR 2017, 885 (886) – Ausschuss f. Marken- u. WettbewR; *Hermanns* GRUR 2017, 977 (980 ff.).

setzt werden kann,[11] als *lex specialis* § 139 Abs. 1 PatG vorgeht.[12] Jedenfalls für die technischen Schutzrechte sollte daher mit dem OLG Düsseldorf dieser Rspr. des BGH nicht gefolgt werden.[13]

12 6. Da sich der Unterlassungsanspruch nur auf künftige Handlungen bezieht, ist er ausgeschlossen, sobald das Patent wegfällt, gleich ob mit Rückwirkung oder ohne. Gleiches gilt, wenn im Einspruchs-, Nichtigkeits- oder Beschränkungsverfahren der Schutzbereich des Patents derart beschränkt wird, dass er die Ausführungsform(en), für die Begehungsgefahr besteht, nicht mehr umfasst.

13 7. **Aufbrauchfristen** zur Überbrückung des für Umstellungs- und Beseitigungsmaßnahmen benötigten Zeitraums kennen das Patent- und Gebrauchsmusterrecht bei weitem weniger als das Marken- oder Wettbewerbsrecht. Lange war nicht höchstrichterlich entschieden, ob die Gerichte Aufbrauchfristen auch gegen Unterlassungsansprüche aus Patentverletzungen gewähren können.[14] In seiner Wärmetauscher-Entscheidung[15] hat der BGH-Patentsenat die Gewährung von Aufbrauchfristen gegen patentrechtliche Unterlassungsansprüche für grundsätzlich möglich erklärt. Gestützt auf § 242 BGB könne die Einräumung einer Aufbrauchfrist im Einzelfall geboten sein, wenn die sofortige Durchsetzung des Unterlassungsanspruchs auch unter Berücksichtigung der Interessen des Verletzten gegenüber dem Verletzer eine unverhältnismäßige, durch das Ausschließlichkeitsrecht nicht gerechtfertigte Härte darstellte und daher treuwidrig wäre.[16] Damit hat der BGH die Voraussetzungen für Aufbrauchfristen gleichwohl eng gefasst. Dies ist richtig, weil ein starker Unterlassungsanspruch in der Natur des Patentrechts liegt, das mit dem Schutz technischer Lösungen herstellungsbezogen und damit grundlegender ansetzt als das vertriebsorientierte Marken- oder Wettbewerbsrecht. Die mit der Unterlassungsverpflichtung zwangsläufig verbundenen Härten sind grundsätzlich hinzunehmen.[17] Aufbrauchfristen nach § 242 BGB, die den Unterlassungsanspruch einschränken, will der BGH allenfalls dann gewähren, wenn besondere Umstände des Einzelfalls die unbedingte Unterlassungsverpflichtung ausnahmsweise unzumutbar erscheinen lassen.

14 *In casu* hielt der Senat dies für nicht gegeben.[18] Das angegriffene Heizelement sei zwar Teil des Bauteils „Fahrzeugsitz", das wiederum in einem komplexen Gegenstand (Fahrzeug) verbaut werde. Es sei aber nicht funktionswesentlich und werde nur in Sonderausstattungen eingesetzt. Dass beide Tatsacheninstanzen die Patentverletzung verneint hatten, begründe kein schutzwürdiges Vertrauen.

Entsprechend den engen Voraussetzungen, die der BGH formuliert hat, spielen auf § 242 BGB gestützte Aufbrauchfristen in der instanzgerichtlichen Rechtsprechung auch nach der Wärmetauscher-Entscheidung keine große Rolle. Daraus, dass der BGH in seiner Entscheidung allein auf die wirtschaftlichen Folgen für den Verletzer abgestellt hat, folgerte das LG Düsseldorf, dass Interessen Dritter oder der Allgemeinheit nicht berücksichtigt werden können.[19] Diese seien ausreichend durch die Möglichkeit einer Zwangslizenz nach § 24 PatG geschützt.[20]

---

[11] *Jestaedt* GRUR 2009, 102 (106); Benkard/*Grabinski*/*Zülch* § 140a Rn. 21; BeckOK/*Rinken* PatG § 140a Rn. 56; *Voß* in Schulte PatG § 140a Rn. 36.

[12] OLG Düsseldorf 30.4.2018, GRUR 2018, 855 Rn. 45 ff. – Rasierklingeneinheiten mzustAnm *Hermanns*; Haedicke/*Timmann* § 14 Rn. 85.

[13] OLG Düsseldorf 30.4.2018, GRUR 2018, 855 Rn. 45 ff. – Rasierklingeneinheiten mzustAnm *Hermanns*; BeckOK/*Rinken* PatG § 140a Rn. 60a; *Haedicke*/*Timmann* § 14 Rn. 85.

[14] Vgl. BGH 2.12.1980, GRUR 1981, 259 (260) – Heuwerbungsmaschine II.

[15] BGH 10.5.2016, GRUR 2016, 1031 Rn. 41 ff. – Wärmetauscher mAnm *Gärtner*; Mitt. 2016, 446 mAnm *Kreye*/*Grunwald*/*Kamlah*.

[16] BGH 10.5.2016, GRUR 2016, 1031 Rn. 41 – Wärmetauscher.

[17] BGH 10.5.2016, GRUR 2016, 1031 Rn. 45 – Wärmetauscher.

[18] BGH 10.5.2016, GRUR 2016, 1031 Rn. 52 f. – Wärmetauscher.

[19] LG Düsseldorf 9.3.2017, GRUR-RS 2017, 104657 Rn. 131 ff. – Herzklappen; offen gelassen von LG München I 13.6.2019, GRUR-RS 2019, 11305 Rn. 67; zust. *Schellhorn* Rn. 535; *Harmsen* GRUR 2021, 222 (226); aA *Stierle* GRUR 2019, 873 (878 f.); *Stierle* GRUR 2020, 262 (266).

[20] LG Düsseldorf 9.3.2017, GRUR-RS 2017, 104657 Rn. 133–135 – Herzklappen.

8. Diese Zurückhaltung der Instanzgerichte bei der Berücksichtigung von Verhältnismäßigkeitserwägungen wurde insbesondere von der deutschen Automobilindustrie kritisiert, die befürchtet, Unterlassungsurteile gegen die Benutzung kleiner Bauteile durch Automobilhersteller könnten unverhältnismäßige Hebelwirkung entwickeln und so der Volkswirtschaft schaden.[21] Diese Kritik hat den Gesetzgeber veranlasst, mit dem Zweiten Gesetz zur Vereinfachung und Modernisierung des Patentrechts einen **Verhältnismäßigkeitsvorbehalt** gesetzlich festzuschreiben. In § 139 Abs. 1 PatG und § 24 Abs. 1 GebrMG wurden jeweils folgende Sätze angefügt:

[3] Der Anspruch ist ausgeschlossen, soweit die Inanspruchnahme aufgrund der besonderen Umstände des Einzelfalls und der Gebote von Treu und Glauben für den Verletzer oder Dritte zu einer unverhältnismäßigen, durch das Ausschließlichkeitsrecht nicht gerechtfertigten Härte führen würde. [4] In diesem Fall ist dem Verletzten ein angemessener Ausgleich in Geld zu gewähren. [5] Der Schadensersatzanspruch nach Absatz 2 bleibt hiervon unberührt.

Mit dieser ausdrücklichen Regelung sollte eine „Klarstellung" erfolgen.[22] Tatsächlich weicht die Neuregelung aber deutlich von der bisherigen Rechtsprechung des BGH (→ Rn. 13 f.) ab. Während § 242 BGB und § 275 Abs. 2 BGB dem Verletzer eine Einrede gewähren, die die Durchsetzbarkeit des Unterlassungsanspruchs hemmt, enthalten § 139 Abs. 1 S. 3 PatG und § 24 Abs. 1 S. 3 GebrMG nun eine rechtshindernde Einwendung. Der dort geregelte Anspruchsausschluss ist von Amts wegen zu beachten, wenn sich aus dem prozessual relevanten Sachverhalt ergibt, dass Unverhältnismäßigkeit vorliegt.

Der Unterlassungsanspruch ist immer dann ausgeschlossen, wenn eine nicht gerechtfertigte Härte vorliegt. Auch hier gilt, dass die mit dem Ausschließlichkeitsrecht zwangsläufig verbundenen Härten grds. hinzunehmen sind. Erforderlich sind daher besondere negative wirtschaftliche Auswirkungen für den Verletzer, etwa in Form eines außergewöhnlich großen Schadens oder wenn bspw. bei komplexen Produkten gesetzliche oder behördliche Zulassungsvorschriften Alternativlösungen erschweren.[23] Nicht gerechtfertigt ist diese Härte, wenn eine Gesamtabwägung unter Berücksichtigung der Gebote von Treu und Glauben zugunsten des Verletzers ausfällt. Dabei sind alle Umstände des Einzelfalls, insbes. das Interesse des Verletzten an der Unterlassung, das Interesse des Verletzers am Ausschluss des Anspruchs sowie die Interessen Dritter zu berücksichtigen. Besondere Bedeutung kommt dabei dem Verletzerverhalten zu. Zu berücksichtigen sind Art und Umfang des Verschuldens, wobei bei grob fahrlässiger oder vorsätzlicher Verletzung ein Ausschluss grds. nicht in Betracht kommt.[24] Vorauszusetzen ist außerdem, dass der Verletzer vor der Benutzung eine FTO-Analyse angestrengt, sich lizenzwillig gezeigt und sich um eine Umstellung auf eine nichtverletzende Alternative bemüht hat.[25]

Treuwidriges Verhalten des Verletzten schmälert dessen an sich legitimes Interesse an der Unterlassung. Der Versuch, in treuwidriger Weise mithilfe des Unterlassungsanspruchs eine überzogene Lizenzforderung durchzusetzen, bildet ein Indiz für die Unverhältnismäßigkeit,[26] bspw. wenn der Verletzte mit der Geltendmachung des Anspruchs zugewartet hat, bis der Verletzer erhebliche Investitionen getroffen hat (sog. Patenthinterhalt).[27]

Problematisch ist aber, dass nach der Begründung des Regierungsentwurfs das Interesse des Verletzten davon abhängen soll, ob dieser die Erfindung selbst benutzt. Tritt der Verletzer mit seinen Produkten in direkten Wettbewerb zum Verletzten, hat dieser ein schützenswer-

---

[21] Vgl. Regierungsentwurf eines Zweiten Gesetzes zur Vereinfachung und Modernisierung des Patentrechts, BT-Drs. 19/25821, 31, 52 f.
[22] RegE, BT-Drs. 19/25821, 30, 52 f.
[23] RegE, BT-Drs. 19/25821, 54.
[24] RegE, BT-Drs. 19/25821, 54.
[25] RegE, BT-Drs. 19/25821, 54; *Schacht* GRUR 2021, 440 (443 ff.); *McGuire* GRUR 2021, 775 (780); *Busse/Keukenschrijver/Werner* § 139 Rn. 92.
[26] RegE, BT-Drs. 19/25821, 53.
[27] RegE, BT-Drs. 19/25821, 55; *Ohly* GRUR 2021, 304 (307).

tes Interesse an der Absicherung der eigenen Entwicklungs- und Produktionstätigkeit. Demgegenüber ist das Interesse des nicht praktizierenden Verletzten aber nicht grds. geringer einzustufen. Zwar geht es diesem in der Regel um die Monetarisierung der geschützten Erfindung.[28] Diese ist aber weder ein illegitimes Interesse, noch schmälert sie die Innovationsanreize des Patentsystems.[29] Vielmehr muss gerade auch der nicht praktizierende Patentinhaber in der Lage bleiben, ausschließliche Lizenzverträge zu erfüllen und neue Lizenzen zu vermarkten.[30]

19 Schließlich können auch Drittinteressen Berücksichtigung finden, wenn die Unterlassung zur Beeinträchtigung von Grundrechten Dritter führt und für diese eindeutig eine besondere Härte darstellt, etwa wenn die Versorgung von Patienten mit lebenswichtigen Produkten nicht mehr gewährleistet werden kann.[31]

20 Rechtsfolge der Unverhältnismäßigkeit ist der Ausschluss des Unterlassungsanspruchs. In aller Regel wird es sich dabei um einen Teilausschluss, etwa in Form einer Umstellungs- oder Aufbrauchfrist handeln. Allerdings ist auch ein längerfristiger oder dauerhafter Ausschluss ausnahmsweise denkbar.[32]

21 Der Ausschluss des Unterlassungsanspruchs wegen Unverhältnismäßigkeit der Inanspruchnahme ändert nichts an der Rechtswidrigkeit der Verletzung. Daher bleiben der Schadenersatzanspruch (→ Rn. 30 ff.) und der Anspruch wegen ungerechtfertigter Bereicherung (→ Rn. 81 ff.) unberührt.

Dem Verletzten ist nach § 139 Abs. 1 S. 4 PatG, § 24 Abs. 1 S. 4 GebrMG ein angemessener Ausgleich in Geld zu gewähren, der im Regelfall mindestens der nach der Lizenzanalogie zu zahlenden angemessenen Lizenzgebühr (→ Rn. 63 ff.) entsprechen soll. Dieser Entschädigungsanspruch besteht zwar verschuldensunabhängig. Jedoch will der Gesetzgeber bei der Höhe des Anspruchs das Verschulden des Verletzers berücksichtigen. Abhängig von dessen Verschulden soll im Einzelfall eine höhere Entschädigung in Betracht kommen, etwa wenn der Verletzer die Patentsituation im Vorfeld nicht mit der gebotenen Sorgfalt geprüft hat.[33] Ausnahmsweise kann der Anspruch geringer ausfallen oder ganz entfallen, wenn der Verletzte offensichtlich nicht schutzwürdig ist.[34]

b) Beseitigungsansprüche

22 1. Im Fall einer widerrechtlichen Benutzung der geschützten Erfindung kann der Verletzte auch fordern, dass im Besitz oder Eigentum des Verletzers[35] befindliche erfindungsgemäße oder durch ein patentiertes Verfahren hergestellte Erzeugnisse **vernichtet** werden (§ 140a Abs. 1 PatG, § 24a Abs. 1 GebrMG).[36] Entsprechendes gilt für die im Eigentum des Verletzers stehenden Materialien und Geräte, die vorwiegend zur

---

[28] RegE, BT-Drs. 19/25821, 53.
[29] Ausf. *Stierle*, 251 ff.
[30] *McGuire* GRUR 2021, 775 (776, 780).
[31] RegE, BT-Drs. 19/25821, 55; krit. *McGuire* GRUR 2021, 775 (781 f.); einschr. *Schacht* GRUR 2021, 440 (445 f.).
[32] RegE, BT-Drs. 19/25821, 55.
[33] Beschlussempfehlung und Bericht des Ausschusses für Recht und Verbraucherschutz, BT-Drs. 19/30498, 61.
[34] Beschlussempfehlung Rechtsausschuss, BT-Drs. 19/30498, 61.
[35] Zu Einzelheiten, insbes. der Darlegungs- und Beweislast, vgl. LG Düsseldorf 27.1.2011, InstGE 13, 1 – Escitalopram-Besitz; zum notwendigen Vorbringen bei Geltendmachung des Vernichtungsanspruchs gegen eine ausländische Partei im Hinblick auf deren inländischen Besitz vgl. OLG Düsseldorf 13.1.2011, InstGE 12, 261 (263 f.) – Fernsehmenü-Steuerung.
[36] Ausführlich zur Vollstreckung des Anspruchs nach § 140a PatG *v. d. Osten/Pross* FS Meibom, 2010, 481 ff.; der für die Vernichtung erforderliche Besitz besteht auch für Empfänger einer Ware, die vom Zoll im Rahmen der EU Verordnung 608/2013 (vgl. → § 36 Rn. 106 ff.) zurückgehalten wurde, denn der Empfänger ist mittelbarer Besitzer, so OLG Karlsruhe 26.5.2010, InstGE 12, 220 (222) – MP3-Standard.

§ 35. Ansprüche wegen Patent- oder Gebrauchsmusterverletzung I **§ 35**

Herstellung dieser Erzeugnisse gedient haben (§ 140a Abs. 2 PatG, § 24a Abs. 1 S. 2 GebrMG).[37]

Nicht verlangen kann der Patentinhaber dagegen die Vernichtung (auch) von Gegenständen, die im Besitz oder Eigentum eines mittelbaren Verletzers stehen und die zur Erfindungsbenutzung geeignet sind.[38] **23**

Nach § 140a Abs. 3 PatG, § 24a Abs. 2 GebrMG kann der Verletzte vom Verletzer den **Rückruf** erfindungsgemäßer oder durch ein patentiertes Verfahren hergestellter Erzeugnisse oder deren endgültiges Entfernen aus den Vertriebswegen verlangen.[39] Die Ansprüche auf Rückruf oder Entfernung setzen – da sie nicht bloße Vorbereitungsansprüche der Vernichtung sind – die Existenz eines Vernichtungsanspruchs nicht voraus.[40] **24**

Ausgeschlossen sind die Ansprüche auf Vernichtung, Rückruf oder Entfernen aus den Vertriebswegen bei Unverhältnismäßigkeit im Einzelfall, wobei auch berechtigte Interessen Dritter zu berücksichtigen sind (§ 140a Abs. 4 PatG, § 24a Abs. 3 GebrMG). Die bis 2008 geltende Fassung des PatG hatte den Vernichtungsanspruch noch ausgeschlossen, wenn der durch die Rechtsverletzung verursachte Zustand der Erzeugnisse auf andere Weise beseitigt werden konnte und die Vernichtung für den Verletzer oder Eigentümer im Einzelfall unverhältnismäßig war.[41] Nun kann die Möglichkeit anderweitiger Beseitigung unter dem Verhältnismäßigkeitsaspekt berücksichtigt werden, ohne dass *zusätzlich* Unverhältnismäßigkeit festgestellt werden muss. Im Rahmen der Verhältnismäßigkeitsprüfung ist der Schutzrechtsablauf zu berücksichtigen.[42] Insbes. sollen die Ansprüche nach Patentablauf wegen Unverhältnismäßigkeit nicht mehr geltend gemacht werden können, wenn sich eine patentverletzende Vorrichtung in mehrere Teile zerlegen lässt, die schon während des Patentlaufs zu nicht patentverletzenden Zwecken verwendbar gewesen wären.[43] **25**

Bei *Verwendungspatenten,* denen eine auf zweckgebundenen Sachschutz hinauslaufende Wirkung zugeschrieben wird (→ § 33 Rn. 205 ff.), erscheint es folgerichtig, die Ansprüche nach § 140a PatG, § 24a GebrMG in Bezug auf Erzeugnisse zu gewähren, die für die geschützte Verwendung sinnfällig hergerichtet sind. Die Ansprüche auf Rückruf und Vernichtung bestehen daher hinsichtlich solcher Erzeugnisse, deren sinnfällige Herrichtung für eine patentierte Verwendung sich schon zwingend aus ihrer technischen Gestaltung ergibt.[44] **26**

2. § 140a Abs. 1 PatG, § 24a Abs. 1 GebrMG schließen nicht aus, dass – wie schon vor 2008 grundsätzlich anerkannt[45] – analog § 1004 BGB die Beseitigung eines Zustands verlangt wird, von dem fortdauernd eine Beeinträchtigung von Patent- oder Gebrauchs- **27**

---

[37] Hierzu BGH 20.12.1994, BGHZ 128, 220 (225 ff.) – Kleiderbügel.
[38] BGH 22.11.2005, GRUR 2006, 570 – extracoronales Geschiebe mAnm *Arnold/Tellmann* GRUR 2007, 353.
[39] Die Gesetzesbegründung, BT-Drs. 16/5048, 38 bemerkt dazu, die Umsetzung sei europarechtlich zwingend, auch wenn der praktische Nutzen fraglich sei. Die Durchsetzung des Anspruchs setze voraus, dass dem Verletzer der Rückruf oder die Entfernung aus den Vertriebswegen noch möglich ist. Nach *Peukert/Kur* GRUR-Int 2006, 294 ff. hätte der Anspruch überhaupt nicht gewährt werden sollen. Befürwortend dagegen *Bodewig* GRUR 2005, 636; ausführlich zum Anspruch an sich *Wreesmann* Mitt. 2010, 276 ff.; *Künzel* FS Mes, 2009, 241 ff.
[40] LG Mannheim 10.12.2013, Mitt. 2014, 235 – Abdichtsystem.
[41] Dazu BGH 23.2.2006, GRUR-Int 2006, 755 – Parfümtestkäufe; OLG Düsseldorf 21.12.2006, GRUR-RR 2007, 259 (261) – Thermocycler.
[42] *Kühnen* GRUR 2009, 288 (291 f.); *Böttcher* GRUR 2021, 143 (146); *Grabinski/Zülch* in Benkard § 140a Rn. 9.
[43] OLG Frankfurt a. M. 2.2.2017, Mitt. 2017, 223 Rn. 53 – Drahtlegekopf; aA *Böttcher* GRUR 2021, 143 (146).
[44] LG Mannheim 8.10.2019, GRUR-RS 2019, 27104 Rn. 54 f. – Transportriemen.
[45] *Grabinski/Zülch* in Benkard PatG § 139 Rn. 38; *Voß/Kühnen* in Schulte PatG § 139 Rn. 183 ff.; *Kisch* JW 1931, 1878 f.; *Bruchhausen* GRUR 1980, 515 (518 f.).

musterrechten oder eine entsprechende Gefahr ausgeht. Da die wichtigsten in Frage kommenden Fälle allerdings durch Sondervorschriften erfasst sind und die Durchsetzung von Unterlassungsansprüchen dem Schutzbedürfnis des Verletzten meist genügt[46], wird die Möglichkeit, Beseitigungsansprüche aus allgemeinen Grundsätzen herzuleiten, nur höchst selten praktisch werden.

28　Ebenso wie der Unterlassungsanspruch ist der Beseitigungsanspruch nicht verschuldensabhängig, weder nach § 140a PatG, § 24a GebrMG, noch nach § 1004 BGB analog. Allerdings kommen bei schuldhafter Verletzung Maßnahmen zur Beseitigung dem Schutzrechtsinhaber nachteiliger Verletzungsfolgen auch als Schadenersatz in Form der Naturalrestitution in Betracht (vgl. → Rn. 45 f.).

29　Hierher gehört auch die erste BGH-Entscheidung über einen Beseitigungsanspruch wegen Patentverletzung, damals noch aus § 1004 BGB:[47] Der Bekl. hatte während der Laufzeit eines Patents ein Pflanzenschutzmittel, das einen durch das Patent geschützten Wirkstoff enthielt, von zuständigen Behörden im Inland in Feldversuchen prüfen lassen, um sich die für die Zulassung eines den Wirkstoff enthaltenden Pflanzenbehandlungsmittels erforderlichen Nachweise zu verschaffen. Der BGH sah hierin eine Verletzung des Patents (→ § 33 Rn. 257) und entschied, der Berechtigte könne die Beseitigung des hierdurch ausgelösten Störungszustands verlangen. Dieser sei darin zu sehen, dass der Verletzer mit seinem Pflanzenbehandlungsmittel alsbald nach dem Ablauf des Patents auf den Markt kommen könne, was ihm nicht möglich wäre, wenn er die für die Zulassung erforderlichen Feldversuche erst nach Patentablauf vornehmen ließe. Der Berechtigte könne verlangen, dass die darin liegende Beeinträchtigung seiner Position auf dem Markt dadurch beseitigt werde, dass dem Verletzer für einen Zeitraum, den er nach Ablauf des Patents zur Erlangung der patentverletzend gewonnenen Prüfungsergebnisse benötigen würde, verboten wird, diese für einen Zulassungsantrag zu verwenden. – Beseitigt wird auf diese Weise aber kein Zustand, der eine Patentverletzung bedeutet oder Quelle weiterer Verletzungen sein kann; denn dies ist nur möglich, solange das Patent besteht. Vielmehr ging es darum, nach Patentablauf eintretende *Schadensfolgen* einer vorher begangenen Verletzung durch Schadenersatz mittels Naturalrestitution zu beseitigen. Das hierfür erforderliche Verschulden des Verletzers war nach Sachlage gegeben.

II. Schadenersatz

a) Haftungsvoraussetzungen

30　1. Wer eine patent- oder gebrauchsmusterverletzende Handlung vorsätzlich oder fahrlässig vornimmt, ist dem Verletzten zum Ersatz des daraus entstehenden Schadens verpflichtet (§ 139 Abs. 2 S. 1 PatG, § 24 Abs. 2 S. 1 GebrMG). Der Schadenersatzanspruch wirkt damit retrospektiv. Er dient der Kompensation von Schäden, die der Patentinhaber durch bereits erfolgte Eingriffe in dessen ausschließliches Recht an seiner Erfindung erlitten hat.

Damit ein Schadenersatzanspruch mit Erfolgsaussicht geltend gemacht werden kann, muss mindestens eine widerrechtliche und schuldhafte Benutzung entgegen den §§ 9–13 PatG vorliegen.[48]

31　2. Vorsätzlich handelt, wer die Tatsachen kennt, aus denen sich ergibt, dass die von ihm durch Herstellung oder Verfahrensanwendung benutzte technische Lehre oder die von ihm gebrauchten, angebotenen, in Verkehr gebrachten oder zu solchem Zweck eingeführten oder in Besitz gehaltenen Erzeugnisse in den Schutzbereich eines fremden Patents fallen. Zum Vorsatz gehört also auch die Kenntnis davon, dass Patentschutz besteht. Stets genügt jedoch bedingter Vorsatz.

32　Auch wer Zweifel hinsichtlich des Schutzbereichs eines Patents hat, handelt vorsätzlich, wenn er für den Fall, dass seine Ausführungsform von diesem umfasst wird, den Eingriff

---

[46] Vgl. 4. Aufl., S. 623.
[47] BGH 21.2.1989, GRUR 1990, 997 – Ethofumesat; s. auch *Brodeßer,* 347 ff.; *Bodewig* GRUR 2005, 632 (636).
[48] BGH 27.11.1969, GRUR 1970, 296 (298) – Allzweck-Landmaschine.

§ 35. Ansprüche wegen Patent- oder Gebrauchsmusterverletzung   II   § 35

billigend in Kauf nimmt.[49] Gleiches gilt, wenn jemand ein Patent für möglicherweise vernichtbar hält, aber bei der Benutzung der Erfindung in Kauf nimmt, dass es sich doch als rechtsbeständig erweisen könnte.[50]

Fahrlässig handelt, wer die im Verkehr erforderliche Sorgfalt außer Acht lässt (§ 276 Abs. 2 BGB). Der Vorwurf der Fahrlässigkeit setzt also voraus, dass der objektiv patentverletzend Handelnde den patentverletzenden Charakter seines Verhaltens bei Anwendung der verkehrserforderlichen Sorgfalt hätte erkennen und vermeiden können. Zwischen leichter und grober Fahrlässigkeit[51] braucht nach Streichung der früheren § 139 Abs. 2 S. 2 PatG, § 24 Abs. 2 S. 2 GebrMG nicht mehr unterschieden zu werden. 33

Die **Sorgfaltsanforderungen,** die zur Vermeidung des Fahrlässigkeitsvorwurfs erfüllt sein müssen, sind nach der Rechtsprechung hoch. Im Schrifttum sind sie bisweilen als zu scharf kritisiert worden.[52] 34

Von Gewerbetreibenden wird erwartet, dass sie sich über fremde Schutzrechte informieren, die ihren Tätigkeitsbereich betreffen könnten.[53] Dabei gelten besonders strenge Anforderungen für Hersteller und Importeure; gewisse Milderungen mögen bei Zwischenhändlern[54], ausländischen Zulieferern[55], noch weitergehende bei selbstbenutzenden (gewerblichen) Endabnehmern am Platz sein.[56] Das gilt jedenfalls dann, wenn es sich um Erzeugnisse handelt, für die dem Händler oder Benutzer eine genauere Fachkenntnis fehlt.

Einfluss auf das Maß der erforderlichen Sorgfalt hat auch die Größe eines Unternehmens. Von größeren, durchorganisierten Unternehmen sind umfangreichere Vorkehrungen zur Vermeidung von Eingriffen in fremde Patente zu erwarten als von kleineren, insbesondere handwerklichen. Die erforderliche Sorgfalt kann es gebieten, Sachverständige einzuschalten, zB einen Patentanwalt nach Patenten und Anmeldungen recherchieren zu lassen, deren Schutzbereich ein zur Benutzung vorgesehenes Erzeugnis oder Verfahren berühren kann. Bei Kenntnis eines möglicherweise einschlägigen Schutzrechts, insbesondere nach entsprechender Verwarnung, wird der Benutzer dem Fahrlässigkeitsvorwurf kaum entgehen können, wenn er sich für die Frage, ob das Schutzrecht seinem Vorhaben entgegensteht, auf 35

---

[49] BGH 8.3.1973, GRUR 1973, 518 (521) – Spielautomat II.

[50] Vgl. OLG Düsseldorf 29.10.1981, GRUR 1982, 35.

[51] Dazu BGH 24.3.1966, GRUR 1966, 553 (557) – Bratpfanne; BGH 6.7.1967, GRUR 1968, 33 (38) – Elektrolackieren; BGH 3.3.1977, GRUR 1977, 598 (601) – Autoskooter-Halle; BGH 27.3.1979, GRUR 1979, 624 (626) – Umlegbare Schießscheibe.

[52] *Spengler* GRUR 1958, 212 ff.; *Heine* GRUR 1959, 481; *Ullmann* GRUR 1978, 622; *Preu* GRUR 1979, 754; *Raue*, 250 f.; vgl. auch BGH 30.11.1976, BGHZ 68, 90 (98 f.) = GRUR 1977, 250 – Kunststoffhohlprofil I mit weiteren Nachw. Für einen branchenspezifischen Sorgfaltsmaßstab *v. Rospatt/ Klopschinski* FS 50 J. Patentgerichtsbarkeit Düsseldorf, 2016, 449 ff.; *Karnell* GRUR-Int 1996, 343 kritisiert dagegen aus rechtsvergleichender Sicht die Bedeutung, die dem Verschulden des Verletzers als Voraussetzung für den Schadenersatzanspruch beigemessen wird.

[53] Vgl. BGH 14.1.1958, GRUR 1958, 288 (290) – Dia-Rähmchen I; BGH 27.2.1963, GRUR 1963, 640 (642 f.) – Plastikkorb; BGH 3.3.1977, GRUR 1977, 598 – Autoskooter-Halle; OLG Düsseldorf 13.4.1978, GRUR 1978, 588 (589).

[54] Nach LG Düsseldorf 4.10.1988, GRUR 1989, 583 kann sich ein Warenhausunternehmen bei Erzeugnissen eines inländischen Herstellers grundsätzlich darauf verlassen, dass dieser die Schutzrechtslage prüft und beachtet. Ebenso OLG Düsseldorf 16.2.2006, Mitt. 2006, 428 (432 ff.) – Handy-Permanentmagnet bezüglich der von einem Telekommunikationsunternehmen in bloßer Händlerfunktion vertriebenen Mobiltelefone namhafter internationaler Hersteller. S. auch *Küppers* FS 50 J. Patentgerichtsbarkeit Düsseldorf, 2016, 329 ff.

[55] Den ausschließlich im Ausland handelnden Zulieferer soll keine generelle Rechtspflicht treffen, die Schutzrechtslage am Bestimmungsort zu prüfen, vielmehr soll eine solche erst durch eine Abmahnung entstehen, LG Mannheim 8.3.2013, GRUR-RR 2013, 449 (452) – Seitenaufprall-Schutzeinrichtung.

[56] Vgl. RG 24.11.1942, GRUR 1943, 169 (172); OLG Düsseldorf 24.10.1950, GRUR 1951, 316.

sein eigenes Urteil verlässt, statt sachverständigen Rat einzuholen.[57] Das gilt auch für die Beurteilung der Rechtsbeständigkeit des Patents.[58]

36 Freilich entlastet auch die Einschaltung Sachverständiger noch nicht *per se*. Der Benutzer muss auch dafür sorgen, dass der Sachverständige über alle beurteilungsrelevanten Tatsachen informiert wird. Nach Erstellung des Gutachtens ist er nicht jeder Prüfung enthoben; übersieht er Fehler, die er auf Grund besonderer eigener Sachkunde erkennen kann, begründet auch dies Fahrlässigkeit.[59] Selbst der Umstand, dass ein Patentstreitgericht die Verletzung verneint hatte, kann einen Verletzer dann nicht entschuldigen, wenn für ihn als Fachmann erkennbar ist, dass dem Urteil keine erschöpfende Tatsachenwürdigung zugrunde liegt.[60]

37 Hat ein Benutzer, bevor er auf das Schutzrecht aufmerksam gemacht wurde, ohne Fahrlässigkeit nicht erkannt, dass er in dieses eingreift, gewährt ihm die Rechtsprechung eine Frist von bis zu vier Wochen zur Prüfung des Verletzungsvorwurfs; ein Verschulden, das seine Schadensersatzpflicht begründet, trifft ihn dann erst nach Ablauf der Frist.[61]

38 3. Dem Verletzten muss ein kausaler **Schaden** entstanden sein. Nach der neueren Rechtsprechung des BGH soll dieser bei der Verletzung von Immaterialgüterrechten bereits in der Beeinträchtigung des absoluten Rechts liegen.[62]

Damit wird jedoch unzutreffend die Verletzung des Schutzrechts mit dem Schaden gleichgesetzt.[63] Durch die DurchsRL ist dies nicht veranlasst, weil diese in Art. 13 ausdrücklich zwischen Rechtsverletzung, Schaden und Schadensersatz differenziert.[64] Liegt in jeder Verletzung des Schutzrechts bereits ein Schaden, wird damit das gesonderte Erfordernis eines Schadens als Voraussetzung für den Schadensersatzanspruch aufgegeben. Dies steht jedoch im Widerspruch dazu, dass die Rechtsprechung einen Schaden grds. ablehnt, wenn sich die Verletzungshandlung auf Einfuhr, Anbieten oder Besitzen beschränkt (→ Rn. 39). Wäre der zu kompensierende Schaden bereits in der Beeinträchtigung des absoluten Rechts und der mit diesem verbundenen, allein dem Inhaber zugewiesenen Nutzungsmöglichkeiten zu sehen,[65] wäre keine Differenzierung nach den einzelnen Benutzungsarten mehr möglich.

Auch mit den Grundsätzen der dreifachen Schadensersatzberechnung lässt sich diese Vermengung von Verletzung und Schaden nicht vereinbaren: Läge der zu ersetzende Schaden in der Verletzung des Schutzrechts, träten Lizenzanalogie und Herausgabe des Verletzergewinns an die Stelle des Ausgleichs dieses Verletzungsschadens. Dabei handelte es sich um einen unmittelbaren Schaden, so dass nach den §§ 249 ff. BGB der entgangene Gewinn als mittelbarer Schaden zusätzlich zu ersetzen sein müsste.[66] Dies widerspricht jedoch dem Verquickungsverbot (→ Rn. 51).

39 Durch schutzrechtsverletzendes **Anbieten** als solches soll dem Rechtsinhaber typischerweise erst dann ein Schaden entstehen, wenn es daraufhin zu Geschäftsabschlüssen oder Lieferungen kommt, die den geschützten Gegenstand betreffen.[67] Zum Ersatz

---

[57] RG 24.11.1942, GRUR 1943, 169 (174); BGH 6.7.1967, GRUR 1968, 33 – Elektrolackieren; BGH 12.12.1972, GRUR 1973, 411 (414) – Dia-Rähmchen VI; BGH 12.11.1974, GRUR 1975, 422 (425) – Streckwalze.
[58] OLG Düsseldorf 29.10.1981, GRUR 1982, 35 (36).
[59] BGH 19.12.1958, GRUR 1959, 478 (480) – Laux-Kupplung I; 10.6.1960, GRUR 1961, 26 – Grubenschaleisen.
[60] BGH 19.12.1958, GRUR 1959, 478; 10.6.1960, GRUR 1961, 26 – Grubenschaleisen; 18.6.1964, GRUR 1964, 606 (610 f.) – Förderband; 8.3.1973, GRUR 1973, 518 – Spielautomat II.
[61] BGH 29.4.1986, BGHZ 98, 12 (23 f.) – Formstein.
[62] BGH 24.7.2012, GRUR 2012, 1226 Rn. 15 – Flaschenträger; BGH 25.9.2007, GRUR 2008, 93 Rn. 16 – Zerkleinerungsvorrichtung; aus der Rspr. des I. Zivilsenats: BGH 29.7.2009, GRUR 2010, 239 Rn. 23 – BTK; BGH 20.5.2009, GRUR 2009, 864 Rn. 29 – CAD-Software; BGH 14.5.2009, GRUR 2009, 856 Rn. 69 – Tripp-Trapp-Stuhl; BGH 18.12.2008, GRUR 2009, 515 Rn. 29 – Motorradreiniger; BGH 23.2.2006, GRUR 2006, 421 Rn. 45 – Markenparfümverkäufe; aA OLG Düsseldorf 19.11.2020, GRUR-RR 2021, 115 Rn. 50 – ÖKO-TEST-Label.
[63] *Maute* Rn. 525 ff., 535; *Ohly* FS Canaris, 2017, 987 (1016).
[64] *Maute* Rn. 527; aA *v. Ungern-Sternberg* GRUR 2009, 460 (461).
[65] So BGH 24.7.2012, GRUR 2012, 1226 Rn. 15 mwN – Flaschenträger.
[66] *Maute* Rn. 546 ff.
[67] BGH 16.5.2006, GRUR 2006, 927 Rn. 19 – Kunststoffbügel; BGH 5.12.2006, GRUR 2007, 221 Rn. 11 – Simvastatin; anders im Designrecht: BGH 23.6.2005, GRUR 2006, 143 (145) – Catwalk.

§ 35. Ansprüche wegen Patent- oder Gebrauchsmusterverletzung

des Schadens, der dem Rechtsinhaber hieraus erwächst, ist (auch) der Anbietende verpflichtet.[68]

Von einem **mittelbaren Verletzer** kann neben den Kosten der Rechtsverfolgung im Allgemeinen nur dann Schadenersatz verlangt werden, wenn bereits eine unmittelbare Verletzung der Abnehmer des Mittels geschehen ist (vgl. → § 33 Rn. 380 ff.).[69] Für die Feststellung der Schadenersatzpflicht dem Grunde nach genügt die Wahrscheinlichkeit unmittelbarer Verletzungshandlungen, die in der Regel bereits angenommen werden kann, wenn zumindest eine rechtswidrig und schuldhaft begangene mittelbare Verletzungshandlung stattgefunden hat.[70]

Dem wurde entgegengehalten, der Patentinhaber könne für die Gestattung unter § 10 PatG fallender Lieferungen eine Vergütung verlangen.[71] Der Schaden, den er durch nicht gestattete Lieferungen erleide, bestehe im Verlust solcher Vergütungen. Doch bedeutet die Zustimmung des Patentinhabers zu Lieferungen von Mitteln *zur Erfindungsbenutzung* notwendigerweise, dass er auch mit dieser Benutzung einverstanden ist. Er wird deshalb Abnehmern, die nicht unter § 11 Nr. 1–3 PatG fallen, entsprechende Lizenzen erteilt haben oder noch erteilen müssen, was auch durch Vermittlung des Liefernden geschehen kann. Was er als Lizenzentgelt erlöst, hängt letztlich davon ab, was die Erfindungsbenutzer für die Benutzungserlaubnis zu zahlen bereit sind. Fordert er (soweit kartellrechtlich zulässig) bereits für die Lieferung nicht selbständig geschützter Mittel zur Erfindungsbenutzung ein Nutzungsentgelt, werden die Liefernden diese in ihre Preise einrechnen, was die Nutzungsentgelte, zu deren Zahlung die Erfindungsbenutzer bereit sind, entsprechend mindern und auch dazu führen kann, dass diese sich billigere Bezugsquellen suchen. Im Ergebnis verliert der Patentinhaber durch nicht gestattete Lieferungen Nutzungsentgelte daher nur insoweit, als ihm diese von *Erfindungsbenutzern* vorenthalten werden. Wird aber die Erfindung von Abnehmern der zu ihrer Benutzung gelieferten Mittel benutzt, sind sowohl diese Abnehmer zum Ersatz des Schadens aus der patentverletzenden Benutzung verpflichtet (→ Rn. 126 ff.) als auch diejenigen, die sie in einer unter § 10 PatG fallenden Weise beliefert haben. Werden dagegen die gelieferten Mittel von Abnehmern, die nicht unter § 11 Nr. 1–3 PatG fallen, nicht in patentverletzender Weise benutzt, entfällt, auch wenn bei Lieferung die Voraussetzungen des § 10 PatG erfüllt waren, gegenüber den Liefernden jede Rechtfertigung für Schadenersatzansprüche des Patentinhabers, die sich darauf beziehen, dass ihm potentielle Nachfrage entgangen ist.

Raum für eine auf die Lieferung von Mitteln zur Erfindungsbenutzung beschränkte Gestattung bleibt nur, soweit die Abnehmer wegen § 11 Nr. 1–3 PatG keiner Benutzungserlaubnis bedürfen und deshalb von ihnen keine Nutzungsentgelte zu erlangen sind. Insoweit kann auch gesagt werden, dass dem Patentinhaber durch nicht gestattete Lieferungen Vergütungen entgehen. Trotzdem fragt sich, ob

---

[68] BGH 16.5.2006, GRUR 2006, 927 Rn. 19 – Kunststoffbügel.
[69] BGH 7.6.2005, GRUR 2005, 848 (854) – Antriebsscheibenaufzug; BGH 9.1.2007, GRUR 2007, 679 Rn. 44 ff. – Haubenstretchautomat; OLG Düsseldorf 14.2.2019, BeckRS 2019, 7925 Rn. 50 f., 85; vgl. dazu auch *Haedicke* GRUR 2009, 273 (275 f.); *v. d. Osten/Pross* FS Reimann, 2009, 527 ff.; *Meier-Beck* GRUR 1993, 3; *Scharen* in Benkard PatG § 10 Rn. 25; *Grabinski/Zülch* in Benkard PatG § 139 Rn. 40a; *Busse/Keukenschrijver* PatG § 139 Rn. 1; *Rinken/Kühnen* in Schulte PatG § 10 Rn. 48.
[70] BGH 7.5.2013, GRUR 2013, 713 Rn. 22 ff. – Fräsverfahren; BGH 13.7.2006, GRUR 2006, 839 Rn. 29 – Deckenheizung; *Voß* GRUR 2006, 281 (283).
[71] OLG Düsseldorf 10.10.2002, Mitt. 2003, 264 (269) im Anschluss an *Holzapfel* GRUR 2002, 193 (195 ff.); ablehnend im Revisionsurteil BGH 7.6.2005, GRUR 2005, 848 – Antriebsscheibenaufzug; krit. hierzu *Voß* GRUR 2006, 281 ff.; *Tilmann* GRUR 2005, 904 (905) meint, für die Ansicht *Holzapfels* spreche Art. 8 des Vorschlags einer VO über das Gemeinschaftspatent, wonach dieses seinem Inhaber das Recht gewährt, „es Dritten zu verbieten, … Mittel … anzubieten oder zu liefern …". Die Formulierung „Recht … zu verbieten" findet sich auch in Art. 7 des Vorschlags. Sie stammt aus Art. 29, 30 GPÜ 1975 (Art. 25, 26 GPÜ 1989). In das PatG 1981 wurde sie nicht übernommen, was aber keine inhaltliche Abweichung bedeutet (Begründung zum GPatG BlPMZ 1979, 279; *Schäfers* Mitt. 1981, 6 (9) [Nr. 5]). Denn wenn es Dritten *verboten ist,* unter den Voraussetzungen des § 10 PatG anzubieten oder zu liefern, hat der Patentinhaber bei Begehungsgefahr das Recht, Unterlassung zu verlangen, was nichts anderes bedeutet als das Recht, die (drohenden) Handlungen zu verbieten. Ein ausschließliches Recht, anzubieten oder zu liefern, gibt ihm weder die eine noch die andere Formulierung. Vielmehr dient sein Verbietungsrecht der Abwehr einer *Gefährdung* seines ausschließlichen Rechts aus dem Patent. Die Folgerungen, die *Tilmann* aus Art. 8 des Vorschlags ziehen will, sind deshalb auch abgesehen davon nicht gerechtfertigt, dass der Bestimmung jede Verbindlichkeit fehlt.

es der Sinn des § 10 Abs. 3 PatG sein kann, dem Patentinhaber Vergütungen für Lieferungen unabhängig davon zu verschaffen, ob die Abnehmer durch eine der in § 9 PatG definierten Handlungen die Erfindung benutzen. Nur soweit dies geschieht, entgeht dem Patentinhaber die auf die geschützte Erfindung bezogene Marktchance; die Annahme, dass ihm durch § 10 PatG auch Marktchancen vorbehalten seien, die sich auf nicht selbständig geschützte Mittel zur Erfindungsbenutzung beziehen, ist unvereinbar mit der für das System des Patentschutzes grundlegenden Abhängigkeit der Ausschließlichkeitsrechte von definierten Schutzvoraussetzungen und ihrer Begrenzung auf einen ganz bestimmten Schutzgegenstand. Auch im Fall der Belieferung unter § 11 Nr. 1–3 PatG fallender Abnehmer schuldet deshalb der „mittelbare Benutzer" Schadenersatz nur insoweit, als es tatsächlich zur Erfindungsbenutzung kommt, wofür allerdings – je nach Art der gelieferten Mittel – eine hohe Wahrscheinlichkeit sprechen kann.

43 Wenn die Schadenersatzpflicht des Liefernden davon abhängt, dass die Belieferten die geschützte Erfindung benutzen, bereiten auch die Fälle keine Schwierigkeit, in denen nicht die Lieferung überhaupt verboten werden kann, sondern nur Vorkehrungen gegen patentverletzenden Gebrauch der gelieferten Mittel verlangt werden können (vgl. → § 33 Rn. 378). Erfolgt im Einzelfall trotz solcher Vorkehrungen eine patentverletzende oder nur wegen § 11 Nr. 1–3 PatG zulässige Benutzung, ist der Liefernde für den Schaden aus der Erfindungsbenutzung ersatzpflichtig, wenn er hätte erkennen müssen, dass die Vorkehrungen unzureichend waren. Wäre dagegen der Schaden des Schutzrechtsinhabers im Verlust einer für die Gestattung der Lieferungen erzielbaren Vergütung zu sehen, ergäbe sich in solchen Fällen die Frage nach der Vergütung, die für das Gestatten der Lieferung *ohne oder mit unzureichenden Vorkehrungen* erzielbar gewesen wäre.

44 4. Dass das Schutzrecht nach einer Verletzungshandlung in *nicht rückwirkender* Weise weggefallen ist, hindert nicht den Anspruch auf Ersatz des Schadens, der dem (früheren) Inhaber durch die Verletzung zugefügt worden ist. Der Anspruch umfasst Schadensfolgen, die erst nach dem Wegfall des Patents eintreten, sofern sie durch die Verletzung verursacht sind. Ein *rückwirkender* Wegfall des Schutzrechts schließt dagegen jeden Ersatzanspruch aus. Soweit bereits Ersatz geleistet ist, kann nach §§ 812 ff. BGB Rückerstattung verlangt werden (vgl. auch → § 36 Rn. 82, 84).

b) Drei Methoden der Schadenersatzberechnung

45 1. Wer zum Schadenersatz verpflichtet ist, hat nach § 249 Abs. 1 BGB den Zustand herzustellen, der bestehen würde, wenn der zum Ersatz verpflichtende Umstand nicht eingetreten wäre. Der Patentverletzer hat den Berechtigten also so zu stellen, als wäre die patentverletzende Handlung nicht geschehen – grundsätzlich durch **Naturalrestitution**.

46 Freilich ist eine Naturalrestitution bei Patentverletzungen nur selten möglich.[72] Sofern es um die Herstellung patentverletzender Erzeugnisse geht, erscheinen immerhin deren Umbau, Vernichtung, Rückruf oder Hinterlegung denkbar. Solche Maßnahmen, die allerdings auch das Ziel verschuldensunabhängiger Beseitigungsansprüche insbesondere nach § 140a PatG, § 24a GebrMG sein können (→ Rn. 22 ff.), tilgen das Ergebnis der vorausgegangenen Verletzungshandlung auch insofern, als sie verhindern, dass durch sie die Nachfrage nach patentgemäßen Erzeugnissen befriedigt werden kann. Meist ist Naturalrestitution jedoch nicht oder nur mit unverhältnismäßigem Aufwand möglich oder ist zur Entschädigung des Verletzten nicht ausreichend, so dass dieser nach § 251 BGB Schadenersatz **in Geld** fordern bzw. der Verletzer berechtigt sein kann, diesen zu leisten.

47 2. Zur Berechnung des Schadenersatzes stehen drei Methoden zur Verfügung:
– Ersatz des nach den §§ 249–252 BGB konkret berechneten Schadens samt des dem Verletzten entgangenen Gewinns **(konkreter Schadenersatz)** *oder*
– Zahlung eines Betrags, der einer unter Berücksichtigung von Umfang und Dauer der widerrechtlichen Benutzung angemessenen Lizenzgebühr[73] entspricht **(Lizenzanalogie)** *oder*

---

[72] Vgl. *Grabinski/Zülch* in Benkard PatG § 139 Rn. 59; *Bruchhausen* GRUR 1980, 515 (520).

[73] Der Begriff *Lizenzgebühr* ist irreführend. Er stellt einen Bezug zum Recht der öffentlichen Abgaben her und fördert so das immer wieder zutage tretende Missverständnis, gerechte Nutzungsentgelte

– Herausgabe des vom Verletzer durch die widerrechtliche Benutzung erzielten Gewinns (**Verletzergewinn**).

48 Die drei Berechnungsmethoden waren seit langem in ständiger Rechtsprechung anerkannt.[74] Seit 2008 sind sie in § 139 Abs. 2 PatG, § 24 Abs. 2 GebrMG ausdrücklich erwähnt, wobei der deutsche Gesetzgeber die Vorgaben der DurchsRL umzusetzen hatte. Diese sieht in Art. 13 Abs. 1 UAbs. 2 vor, dass bei der Feststellung des Schadenersatzes entweder alle in Frage kommenden Aspekte, wie die negativen wirtschaftlichen Auswirkungen, einschließlich der Gewinneinbußen für die geschädigte Partei, die zu Unrecht erzielten Gewinne des Verletzers, sowie in geeigneten Fällen auch andere als die rein wirtschaftlichen Faktoren, wie der immaterielle Schaden für den Rechtsinhaber berücksichtigt werden oder stattdessen in geeigneten Fällen der Schadenersatz als Pauschalbetrag festgesetzt wird, und zwar auf der Grundlage von Faktoren wie mindestens dem Betrag der Vergütung oder Gebühr, die der Verletzer hätte entrichten müssen, wenn er die Erlaubnis zur Nutzung des betreffenden Rechts des geistigen Eigentums eingeholt hätte. Obwohl der Wortlaut der Regelung in § 139 Abs. 2 PatG, § 24 Abs. 2 GebrMG eng an den Richtlinientext angelehnt ist, ging der Umsetzungsgesetzgeber davon aus, dass die in der Rechtsprechung etablierte dreifache Schadensersatzberechnung fortgeführt werden könnte und sollte.[75]

49 Der Begriff „dreifache Schadensberechnung" ist ungenau und verleitet zu einem Missverständnis: Nicht der Schaden soll berechnet werden, sondern der Schadenersatz. Die zusätzlich zur konkreten Berechnung bereitgestellten abstrakten Berechnungsmöglichkeiten „Lizenzanalogie" und „Herausgabe des Verletzergewinns" sollen verhindern, dass ein Eingriff für den Verletzer ohne adäquate Folgen bleibt, weil der Geschädigte Darlegungs- und Beweisprobleme für den Schaden nicht lösen kann, den er konkret erlitten hat. Statt entgangenen Gewinn darlegen und im Regelfall beweisen zu müssen, kann der Verletzte für die unberechtigte Benutzung seiner patentierten Erfindung auch eine angemessene Lizenzgebühr fordern (Lizenzanalogie) oder die Herausgabe des Gewinns verlangen, den der Verletzer erlangt hat (Verletzergewinn). Beides hilft ihm gegen die spezifischen Schwierigkeiten der Ermittlung und des Nachweises von Eingriffen und trägt so der spezifischen Verletzlichkeit von Immaterialgüterrechten Rechnung.

50 3. Die Wahl der Berechnungsmethode steht dem Verletzten zu.[76] Obwohl vielfach von einem **Wahlrecht** gesprochen wird, handelt es sich dabei nicht um ein Gestaltungsrecht und auch nicht um eine Wahlschuld iSv § 262 BGB, was dazu führen würde, dass eine einmal getroffenen Wahl bindend wäre.[77] Das Wahlrecht des Verletzten erlischt vielmehr erst,

---

ließen sich – in der Art eines *pretium iustum* – objektiv ermitteln. Das mag aus dem Abgaben- oder Verwaltungsrecht herrühren. Dort ist eine *Gebühr eine Abgabe, die als Entgelt für eine spezielle Gegenleistung einer Behörde oder öffentlichen Anstalt erhoben wird,* vgl. Gabler Wirtschaftslexikon: https://becklink.de/57vxz. Nichts davon trifft auf ein Lizenzentgelt zu, weshalb der Begriff *Nutzungsentgelt* treffender ist. Der Begriff der *angemessenen Lizenzgebühr* wird hier im Zusammenhang mit der Lizenzanalogie dennoch verwendet, weil es sich jedenfalls insofern um den etablierten Fachterminus handelt.

[74] Vgl. insbesondere RG 8.6.1895, RGZ 35, 63 (67 ff.) – Ariston; RG 31.12.1898, RGZ 43, 56 (58 f.) – Maischevergärung; RG 13.10.1937, RGZ 156, 65 (67) – Scheidenspiegel; BGH 13.3.1962, GRUR 1962, 401 (402) – Kreuzbodenventilsäcke III; BGH 29.5.1962, GRUR 1962, 509 (511) – Dia-Rähmchen II. Zur Entwicklung der Rechtsprechung *Rogge* FS Nirk, 1992, 130 ff.

[75] Begr. RegE zum Gesetz zur Verbesserung der Durchsetzung von Rechten des geistigen Eigentums, BT-Drs. 16/5048, 37; krit. zur Umsetzung der DurchsRL ins deutsche Recht *v. Ungern-Sternberg* GRUR 2009, 460 (466).

[76] Zu diesem Wahlrecht, das nicht nur bei Patent- und Gebrauchsmusterverletzungen besteht, sondern auch bei Verletzungen anderer Immaterialgüterrechte sowie bestimmter lauterkeitsrechtlich geschützter Vorzugsstellungen vgl. nur *Kraßer* GRUR-Int 1980, 259 f.; *Ullmann* GRUR 1978, 617; *Preu* GRUR 1979, 755; *Assmann* BB 1985, 16 f.; *Delahaye* GRUR 1986, 217; *Körner* FS Steindorff, 1990, 877; *Melullis* FS Traub, 1994, 287; *Heermann* GRUR 1999, 625 – jeweils mwN.

[77] BGH 25.9.2007, GRUR 2008, 93 Rn. 7 – Zerkleinerungsvorrichtung; BGH 18.2.1977, GRUR 1977, 539 (542) – Prozeßrechner.

wenn der Schadenersatzanspruch erfüllt ist oder rechtskräftig über ihn entschieden wurde.[78] Während des Schadenersatzprozesses kann der Verletzte daher von einer Methode zur anderen übergehen oder diese in einem Eventualverhältnis geltend machen.[79]

51 4. Die drei Berechnungsarten schließen einander nach ständiger Rechtsprechung aus; sie dürfen weder kumuliert noch miteinander vermengt werden (**Verquickungsverbot**).[80] Keinen Verstoß gegen das Verquickungsverbot bedeutet es jedoch, wenn der Verletzte für bestimmte zeitlich oder örtlich abgrenzbare Verletzungshandlungen unterschiedliche Berechnungsmethoden wählt.[81]

52 5. Die Praxis bevorzugte lange die Lizenzanalogie als einfachste und sicherste Methode der Schadenersatzberechnung. Seit der I. BGH-Zivilsenat in seiner Entscheidung „Gemeinkostenanteil"[82] Verletzern erschwert hat, ihren Gewinn kleinzurechnen, hat die Herausgabe des Verletzergewinns deutlich an Bedeutung gewonnen. Vor dem Hintergrund dieser Verschiebung wird seit einiger Zeit die Einheitlichkeit des Schadenersatzanspruchs betont und – zumindest für die abstrakten Berechnungsmethoden „Lizenzanalogie" und „Verletzergewinn" – der Wunsch nach im Wesentlichen übereinstimmenden Ergebnissen geäußert.[83] Allerdings werden daraus ganz unterschiedliche Schlüsse gezogen: Diese sog. **Konvergenzthese** hatte im Schrifttum zunächst bei der Lizenzanalogie angesetzt, deren angemessene Lizenzgebühr den herauszugebenden Verletzergewinn oftmals übersteigt und die daher als zu gering kritisiert worden war. Damit die Berechnungsmethoden zu gleichwertigen Ergebnissen kommen, wurde vorgeschlagen, die Beträge der Lizenzanalogie zu erhöhen.[84]

53 Die Rechtsprechung begründet mit der Konvergenzthese dagegen die Zulässigkeit von **Kontrollüberlegungen**.[85] Weil die drei Berechnungsmethoden zur Bemessung des Scha-

---

[78] BGH 12.1.1966, GRUR 1966, 375 (379) = BGHZ 44, 372 – Meßmer-Tee II; BGH 16.2.1973, GRUR 1973, 375 (379) = BGHZ 60, 206 – Miss Petite; BGH 13.7.1973, GRUR 1974, 53 – Nebelscheinwerfer; BGH 17.6.1992, BGHZ 119, 20 – Tchibo/Rolex II; strenger BGH 18.2.1977, GRUR 1977, 539 – Prozeßrechner: Bindung des Verletzten schon dann, wenn er seinen Klageantrag eindeutig auf eine bestimmte Berechnungsart abstellt. BGH 25.9.2007, GRUR 2008, 93 Rn. 10 ff. – Zerkleinerungsvorrichtung, „konkretisiert eingrenzend" dahin, dass der Kl. kein Wahlrecht mehr hat, wenn über seinen Schadenersatzanspruch bereits für ihn selbst unangreifbar nach einer Berechnungsart entschieden ist. Der Kl. hatte zunächst Schadenersatz gemäß Lizenzanalogie gefordert und war damit vom LG teilweise abgewiesen worden. Gegen diese Entscheidung hatte nur der Bekl. Berufung eingelegt, der sich der Kl. nach Ablauf der Berufungsfrist mit dem Antrag auf weiteren, nach dem Verletzergewinn berechneten Schadenersatz angeschlossen hatte. Später hatte der Bekl. seine Berufung zurückgenommen. Der BGH wies deshalb die Klage als unzulässig ab (anders in der Vorinstanz OLG Düsseldorf 4.5.2006, GRUR-RR 2006, 383 – Berechnungswechsel; zustimmend *Stjerna* GRUR-RR 2006, 353 ff.; ähnlich *ders.* zu BGH 25.9.2007, Mitt. 2009, 489 ff. – Zerkleinerungsvorrichtung).
[79] BGH 25.9.2007, GRUR 2008, 93 Rn. 8 ff. – Zerkleinerungsvorrichtung; RG 13.10.1937, RGZ 156, 65 (67) – Scheidenspiegel.
[80] RG 31.12.1898, RGZ 43, 56 (61) – Maischevergärung; RG 13.10.1937, RGZ 156, 65 (67 ff.) – Scheidenspiegel; BGH 29.5.1962, GRUR 1962, 509 (512) – Dia-Rähmchen II; BGH 18.2.1977, GRUR 1977, 539 (542 f.) – Prozeßrechner; BGH 6.3.1980, BGHZ 77, 16 (25) – Tolbutamid.
[81] *Pitz* in BeckOK PatG § 139 Rn. 113.
[82] BGH 2.11.2000, BGHZ 145, 366 (372 ff.) = GRUR 2001, 329 – Gemeinkostenanteil; dazu *Haft/Reimann* Mitt. 2003, 437 ff.; *Fähndrich* VPP-Rundbrief 2003, 13 ff.; *Tilmann* GRUR 2003, 647 ff.; *Pross* FS Tilmann, 2003, 881 ff.; *Dreiss* FS VPP, 2005, 303 ff.; teilw. krit. *Meier-Beck* GRUR 2005, 617 (619 ff.); *Rojahn* GRUR 2005, 623 (627 ff.).
[83] *Melullis* GRUR-Int 2008, 679 (684); *Meier-Beck* FS Loschelder, 2010, 221 (223) = WRP 2012, 503 (504); BGH 24.7.2012, GRUR 2012, 1226 Rn. 39 – Flaschenträger; OLG Düsseldorf 11.4.2019, GRUR-RS 2019, 7923 Rn. 74.
[84] *Melullis* GRUR-Int 2008, 679 (684); *Meier-Beck* FS Loschelder, 2010, 221 (230) = WRP 2012, 503 (507).
[85] BGH 24.7.2012, GRUR 2012, 1226 Rn. 39 – Flaschenträger; OLG Düsseldorf 2.6.2005, InstGE 5, 251 Rn. 88 – Lifter; OLG Düsseldorf 11.4.2019, GRUR-RS 2019, 7923 Rn. 74 ff.

§ 35. Ansprüche wegen Patent- oder Gebrauchsmusterverletzung II **§ 35**

denersatzes für ein und denselben Schaden dienen und zu im Wesentlichen ähnlichen Ergebnissen führten, könne die Schätzung des herauszugebenden Anteils am Verletzergewinn anhand der nach der Lizenzanalogie angemessenen Lizenzgebühr auf ihre Plausibilität überprüft werden.[86]

Der Ausgangspunkt der Konvergenzthese ist richtig. Im Idealfall sollten alle drei Berechnungsmethoden zum gleichen Schadenersatzbetrag führen. Praktisch ist dies jedoch ausgeschlossen. Dass die Ergebnisse der abstrakten Berechnungsmethoden nicht dem Gewinn entsprechen, der dem Patentinhaber durch die Schutzrechtsverletzung entgangen ist, folgt schon aus den unterschiedlichen Parametern der Berechnungsmethoden.[87] Gerade die beiden abstrakten Berechnungsmethoden können zudem wegen ihrer unterschiedlichen Konzeption keine gleichwertigen Beträge liefern: Denn während sich die Lizenzanalogie auf den objektiven Wert der Benutzung richtet (→ Rn. 63), schöpft die Herausgabe des Verletzergewinns den subjektiven Wert ab, den die Benutzung für den Verletzer hatte. Hat der Verletzer im konkreten Fall einen Gewinn erzielt, kann der Verletzte diesen im Rahmen der Herausgabe des Verletzergewinns als Schadenersatz verlangen. Bei der Lizenzanalogie werden die Gewinnchancen aber entsprechend einem Lizenzvertrag zwischen Verletzer und Verletztem als fiktivem Lizenznehmer und Lizenzgeber aufgeteilt, so dass dem Verletzer stets ein Teil des Gewinns aus der Verletzung verbleibt.[88] Die im Rahmen der Lizenzanalogie geschuldete einfache angemessene Lizenzgebühr gewährt nur einen Mindestschadenersatz,[89] was schon Art. 13 Abs. 1 UAbs. 2 Buchst. b DurchsRL belegt. Diesen Mindestbetrag mittels Kontrollüberlegungen zugleich zur Obergrenze zu machen, wäre widersprüchlich.[90]

Die abstrakten Berechnungsmethoden sind stets nur Versuche, sich dem angemessenen Betrag zu nähern – so gut wie eben möglich.[91] Dabei besitzen alle drei Berechnungsmethoden Vorteile und Schwächen, die sich je nach Fallkonstellation unterschiedlich auswirken. Weil die dreifache Schadenersatzberechnung aber gerade darauf abzielt, dem Verletzten die Wahl eben der Methode zu ermöglichen, mit der er am einfachsten vollen Ausgleich seines Schadens erlangen kann, sind derartige Kontrollüberlegungen mit dem Wesen der dreifachen Schadenersatzberechnung unvereinbar.[92]

6. Lizenzanalogie und Herausgabe des Verletzergewinns treten idR nur an die Stelle des entgangenen Gewinns, so dass **Begleitschäden** grds. zusätzlich geltend gemacht werden können.[93] Etwas anderes gilt nur, wenn diese wie bspw. eine Marktverwirrung bereits im Rahmen der angemessenen Lizenzgebühr berücksichtigt wurden.[94] Insbes. Rechtsverfolgungskosten, Kosten für die Feststellung allfälliger Verletzungshandlungen und ihrer Verursacher iSv Erwägungsgrund 26 der DurchsRL und Zinsen sind zusätzlich zu ersetzen.[95]

---

[86] BGH 24.7.2012, GRUR 2012, 1226 Rn. 39 – Flaschenträger; OLG Düsseldorf 11.4.2019, GRUR-RS 2019, 7923 Rn. 74.
[87] BGH 24.7.2012, GRUR 2012, 1226 Rn. 39 – Flaschenträger; ähnlich 3.9.2013, GRUR 2013, 1212 Rn. 5 – Kabelschloss; ausf. *Maute* Rn. 581 ff., 595 ff.
[88] *Köllner* Mitt. 2006, 289 (290); *Melullis* GRUR-Int 2008, 679 (684); *Meier-Beck* FS Loschelder, 2010, 221 (230) = WRP 2012, 503 (507); *Maute* Rn. 588 ff.
[89] Stellungnahme des BR zum RegE zum Gesetz zur Verbesserung der Durchsetzung von Rechten des geistigen Eigentums, BT-Drs. 16/5048, 54 zu § 139 Abs. 2 PatG; *Dreier* GRUR-Int 2004, 706 (709); *Melullis* GRUR-Int 2008, 679 (682); *Kochendörfer* ZUM 2009, 389; *Schickert* PharmR 2005, 125 (128); *Bamberger* in Bamberger/Roth BGB § 12 Rn. 231; *Kamlah* in Haedicke/Timmann PatR-HdB § 14 Rn. 163; *Maute* Rn. 346 ff.
[90] Ausf. *Maute* Rn. 606 ff., 651.
[91] *Melullis* GRUR-Int 2008, 679 (684).
[92] *Meier-Beck* FS Loschelder, 2010, 221 (228) = WRP 2012, 503 (506); *Kleinheyer/Hartwig* GRUR 2013, 683 (687); *Maute* Rn. 626 ff., 660.
[93] Ebenso *Leisse/Traub* GRUR 1980, 1 (2 ff.); *Schramm* GRUR 1974, 617 (621 f.); *Leisse* FS Traub, 1994, 229 (231); *Heermann* GRUR 1999, 630 ff.
[94] *Teplitzky* FS Traub, 1994, 401 (409 f.) mwN.
[95] EuGH 25.1.2017, GRUR 2017, 264 Rn. 30 – OTK/SFP.

c) Konkreter Schaden des Verletzten

56 Die Regel des § 249 Abs. 1 BGB bedeutet für den Fall des Geldersatzes, dass durch Geldzahlung die Differenz zwischen dem ohne die Verletzung hypothetisch bestehenden Vermögen des Verletzten und dessen nach der Verletzung aktuell bestehendem Vermögen auszugleichen ist (**Differenzmethode**). Dieser Differenzbetrag ist der geschuldete Ersatz und umfasst neben allen im Sinn der zivilrechtlichen „Adäquanzlehre" durch die Schutzrechtsverletzung verursachten Vermögenseinbußen, zB Begleitschäden (vgl. → Rn. 55), als mittelbaren Vermögensschaden auch den Gewinn, den der Verletzte nach Sachlage wahrscheinlich gemacht hätte, wäre die Schutzrechtsverletzung unterblieben. Heute folgt dies schon aus § 249 Abs. 1 BGB, denn nach allg. Ansicht stellt § 252 BGB (aus historischen Gründen) nur nochmals klar, dass die Schadenersatzpflicht auch das *lucrum cessans* umfasst.[96]

57 Zum entgangenen Gewinn zählen alle Vermögensvorteile, die dem Verletzten im Zeitpunkt der Verletzung zwar noch nicht zustanden, die ohne diese aber angefallen wären.[97] Reine Erwerbschancen, deren künftige Entwicklung völlig offen war, bleiben dabei unberücksichtigt. Erforderlich ist, dass sich diese zu einer hinreichend konkreten tatsächlichen Erwerbsaussicht verdichtet hatten.[98]

58 § 252 S. 2 BGB enthält eine **Beweiserleichterung** durch widerlegliche Vermutung.[99] War der Gewinneintritt nach dem gewöhnlichen Lauf der Dinge oder den besonderen Umständen des Einzelfalls wahrscheinlich zu erwarten, entfällt die Schadenersatzpflicht des Verletzers nur, wenn dieser beweist, dass der zu erwartende Gewinn *in casu* gleichwohl nicht erzielt worden wäre.[100] Dem Ersatzpflichtigen obliegt insofern der Vollbeweis, während Darlegung und Beweis des Geschädigten keinen allzu hohen Anforderungen genügen müssen.[101] Für den Gewinneintritt ist nach der Rechtsprechung des BGH in Übereinstimmung mit dem Gesetzeswortlaut keine „volle Gewissheit" erforderlich, sondern nur eine „gewisse" Wahrscheinlichkeit.[102] Verglichen mit den sonst von der Rechtsprechung verwendeten Formulierungen bestehen damit keine allzu hohen Anforderungen, sondern muss der Eintritt des Gewinns nur wahrscheinlicher gewesen sein als dessen Ausbleiben.[103]

59 Darlegen und beweisen muss der Geschädigte nur die **Anknüpfungstatsachen,** die eine Prognose gem. § 278 Abs. 1 ZPO ermöglichen. Auch aus Zumutbarkeitsgründen sind an diesen Vortrag keine zu hohen Anforderungen zu stellen.[104] Hat gerade das schädigende Ereignis dazu geführt, dass der weitere Verlauf der Dinge schwer vorhersagbar ist, darf dies nicht zu Lasten des Geschädigten gehen, und das Gericht darf mögliche Prognosen auch nicht allein deshalb unterlassen, weil diese unsicher sind. Bestehen erhebliche Unsicherheiten, ist nach dem gewöhnlichen Lauf der Dinge vielmehr von einem voraussichtlich durchschnittlichen Erfolg auszugehen.[105] Auch bei noch so unklarer Prognose muss jedenfalls die Schätzung eines Mindestschadens erfolgen,[106] die erst dann unzulässig wäre, wenn sie mangels jeglicher konkreter Anhaltspunkte völlig in der Luft hinge.[107]

---

[96] BGH 9.7.1986, BGHZ 98, 212 (219); Staudinger/*Schiemann* (2015) § 252 Rn. 1, 5.
[97] BGH 11.5.1989, NJW-RR 1989, 980 (981).
[98] BGH 30.5.2001, NJW 2000, 2669 (2670).
[99] StRspr BGH 30.5.2001, NJW-RR 2001, 1542 mwN; Oetker in MüKoBGB § 252 Rn. 31 mwN aus der Lit.
[100] BGH 30.5.2001, NJW-RR 2001, 1542.
[101] BGH 30.5.2001, NJW-RR 2001, 1542; 26.7.2005, NJW 2005, 3348.
[102] BGH 30.5.2001, NJW-RR 2001, 1542 (1543); BGHZ 29, 393.
[103] BGH 1.10.1987, NJW 1988, 200 (204); 27.9.2001, NJW 2002, 825 (826); 14.2.2008, GRUR 2008, 933 Rn. 19 – Schmiermittel.
[104] BGH 27.9.2001, NJW 2002, 825 (826).
[105] BGH 17.2.1998, NJW 1998, 1633 (1634); 9.11.2010, NJW 2011, 1145 Rn. 18; 5.10.2010, NJW 2011, 1148 Rn. 21.
[106] BGH 26.7.2005, NJW 2005, 3348 (3349).
[107] BGH 29.5.2013, NJW 2013, 2584 Rn. 20 mwN; BGH 16.11.1989, GRUR 1990, 353 (355) – Raubkopien.

§ 35. Ansprüche wegen Patent- oder Gebrauchsmusterverletzung

Dass dem Patentinhaber keinerlei Gewinn entgangen ist, steht nur fest, wenn er die 60
Erfindung weder selbst genutzt noch gegen umsatzbezogene Vergütung lizenziert hatte.
Bei Eigennutzung oder umsatzbezogener Lizenzierung kommt ein Gewinnentgang in
Frage, wenn beim Berechtigten oder dessen Lizenznehmern der Umsatz zurückgeht oder
normalerweise zu erwartende Umsatzsteigerungen ausbleiben. Möglich bleibt zwar auch
hier, dass die Einbuße wenigstens teilweise auf anderen Ursachen als der Verletzung beruht, beweisen muss das Vorliegen solcher Umstände jedoch der Verletzer. Dass die Umsätze des Verletzers in vollem Umfang vom Patentinhaber oder dessen Lizenznehmern
gemacht worden wären, kann als Regel zwar nicht angenommen werden.[108] Dennoch
stellte der I. BGH-Zivilsenat in seinen Entscheidungen „Kollektion Holiday"[109] sowie „Schmiermittel"[110] ausdrücklich fest, dass der Umsatz des Verletzers Anhaltspunkt
für Gewinneinbußen des Verletzten sein könne. In beiden Fällen hatte der Senat die Umsätze des Verletzers als Beleg für die Nachfrage nach den Produkten gewertet, mit denen
Verletzer und verletzter Rechteinhaber konkurrierten. Der vom Verletzer erzielte Umsatz ist damit insoweit taugliche Grundlage für eine Schätzung des dem Verletzten entgangenen Gewinns, als damit feststeht, dass im Verletzungszeitraum eine Nachfrage nach
eben diesen Produkten existierte. Auf dieser Basis muss dann geschätzt werden, ob und zu
welchem Anteil die Nachfrager Produkte des Verletzten erworben hätten, würde die Vermarktung patentverletzender Produkte als schädigendes Ereignis im Sinn der Differenzhypothese hinweggedacht.

Dennoch scheitert die Geltendmachung des entgangenen Gewinns in der Praxis häufig 61
daran, dass keine hinreichenden Schätzungsgrundlagen vorgetragen werden können oder,
wo dies möglich ist, vom Verletzten wegen entgegenstehender Geheimhaltungsinteressen
dennoch nicht vorgetragen werden.[111]

d) Lizenzanalogie

1. Die nun auch durch § 139 Abs. 2 S. 3 PatG, § 24 Abs. 2 S. 3 GebrMG gesetzlich verankerte Schadenersatzberechnung im Wege der Lizenzanalogie war bei der Verletzung 62
technischer Schutzrechte lange die am häufigsten gewählte Methode. Sie vermeidet Kausalitätsprobleme, die sich bei der Ermittlung eines Gewinnentgangs häufig stellen, weil sie
nur die Feststellung des Umfangs der unerlaubten Nutzung erfordert. Ob der Berechtigte
selbst zu dieser Nutzung fähig oder zur Erteilung einer entsprechenden Lizenz bereit gewesen wäre, ist unerheblich.

2. Schwierigkeiten bereitet die **Bestimmung der angemessenen Lizenzgebühr**.[112] 63
Allgemein gilt als angemessen, was vernünftige Parteien als Lizenzvergütung für die vom
Verletzer vorgenommenen Benutzungshandlungen vereinbart hätten.[113] Zu ermitteln ist
mithin der Marktwert der Benutzungsberechtigung. Anhaltspunkte sucht die Praxis in
konkreten Lizenzverträgen, die bezüglich des verletzten Schutzrechts oder vergleichbarer

---

[108] Vgl. BGH 13.7.1962, GRUR 1962, 580 (583) – Laux-Kupplung II.
[109] BGH 22.4.1993, GRUR 1993, 757 (759) – Kollektion Holiday.
[110] BGH 14.2.2008, GRUR 2008, 933 Rn. 20 – Schmiermittel.
[111] *Melullis* GRUR-Int 2008, 679 (681).
[112] Wegen Einzelheiten vgl. BGH 13.3.1962, GRUR 1962, 401 (404 f.) – Kreuzbodenventilsäcke III; BGH 18.2.1992, GRUR 1992, 599 – Teleskopzylinder; BGH 25.5.1993, GRUR 1993, 897 (898 f.) – Mogul-Anlage; BGH 30.5.1995, GRUR 1995, 578 – Steuereinrichtung II; BGH 23.6.2005, GRUR 2006, 143 (145) Nr. III – Catwalk; OLG Düsseldorf 17.4.1980, GRUR 1981, 45 (50) – Absatzhaltehebel; OLG Düsseldorf 9.5.1996, Mitt. 1998, 27; *Preu* GRUR 1979, 758 ff.; *Vollrath* GRUR 1983, 52 ff.; *v. d. Osten* Mitt. 2000, 95 (96 ff.); *Grabinski/Zülch* in Benkard PatG § 139 Rn. 63a ff.; *Nieder* Rn. 111–114.
[113] Krit. zur Gleichstellung des Verletzers mit einem vertraglichen Lizenznehmer *Heermann* GRUR 1999, 628 ff.; *Tilmann* FS Schilling, 2007, 367 (377 ff.); *Goddar* FS VPP, 2005, 309 ff.

Schutzrechte abgeschlossen worden sind.[114] Diese Suche nach Musterfällen ist im Ansatz nachvollziehbar, freilich ist stets sorgfältig abzuwägen, ob die Bedingungen dort wirklich so ähnlich waren, dass die Übernahme der vereinbarten Lizenzsätze die Umstände auch im Verletzungsfall zutreffend abbildet. Entgegenstehen kann dem, dass vertragliche Lizenznehmer neben der Entgeltzahlung weitere Leistungen erbringen, zB dem Patentinhaber Verbesserungserfindungen zur Verfügung stellen, oder dass sie neben der Nutzungserlaubnis noch weitere Leistungen erhalten, etwa ergänzendes Know-how.

64 Bei Verletzung eines Schutzrechts, das von einem älteren *abhängig* ist, ist die angemessene Lizenzgebühr nicht lediglich nach dem vom älteren Recht nicht betroffenen „überschießenden Teil" des verletzten Rechts zu bemessen[115].

65 Im Ergebnis soll der Verletzer weder besser noch schlechter gestellt werden als ein vertraglicher Lizenznehmer.[116] Charakteristische Unterschiede der beiden Positionen seien daher lizenzerhöhend oder lizenzmindernd zu berücksichtigen.[117]

Lizenzerhöhend wirkt sich etwa aus, dass der Verletzer im Fall der Vernichtung des Schutzrechts mit keinerlei Schadenersatzpflicht belastet ist, während ein Lizenznehmer durch Nichtigerklärung grundsätzlich nur für die Zukunft von der Gebührenzahlung befreit wird,[118] ebenso dass der Verletzer – anders als häufig bei vertraglichen Lizenzen – nicht verpflichtet ist, seine Bücher durch einen vom Lizenzgeber beauftragten Buch- oder Wirtschaftsprüfer überprüfen zu lassen.[119]

Lizenzerhöhend zu berücksichtigen ist weiter, dass der Verletzte den nach dem Maßstab der Lizenzanalogie berechneten Schadenersatz regelmäßig erheblich später erhält, als ihm vertragsmäßige Lizenzzahlungen zufließen würden. Um hier Verletzer nicht zu bevorzugen, wird in Rechnung gestellt, dass bei Lizenzverträgen meist Zahlungstermine vereinbart werden, deren Überschreitung regelmäßig Verzinsungspflichten nach §§ 280 Abs. 1, 2, 286 Abs. 2 Nr. 1, 288 BGB oder §§ 353, 352 HGB auslöst. Der Verletzer muss zwecks Gleichstellung mit dem Lizenznehmer also den Betrag zahlen, den dieser aufbringen müsste, wenn er nicht in den vertraglich festgelegten Zeitabständen zahlen würde, sondern unter **Einrechnung aufgelaufener Zinsen** nachträglich.[120] Das bedeutet nicht, dass die Schadenersatzschuld nachträglich zu verzinsen wäre. In ihre Berechnung werden lediglich die Zinsen einbezogen, die unter sonst gleichen Voraussetzungen bei einer Lizenzierung durch Vertrag angefallen wären.

Lizenzerhöhend wurde früher auch berücksichtigt, dass der Patentinhaber dem Verletzer anders als (auf der Grundlage des bis 31.12.1998 geltenden § 20 Abs. 2 Nr. 2 GWB) einem Lizenznehmer die Abgabepreise nicht vorschreiben konnte; dann konnte aber nicht zusätz-

---

[114] Über praktizierte Gebührensätze informieren *Hellebrand/Kaube; Groß/Rohrer; Bartenbach/Volz*, Arbeitnehmererfindervergütung, zu Richtlinie Nr. 10; *Groß* BB 1995, 885 (891) und 1998, 1321 (1323).
[115] BGH 18.2.1992, GRUR 1992, 432 – Steuereinrichtung I.
[116] RG 13.10.1937, RGZ 156, 65 (69) – Scheidenspiegel; BGH 29.5.1962, GRUR 1962, 509 (513) – Dia-Rähmchen II.
[117] Vgl. *Preu* GRUR 1979, 760 f.; *Rogge* FS Nirk, 1992, 929 (937 ff.); *Goddar* FS VPP, 2005, 309 ff. weist darauf hin, dass in Lizenzverträgen oft erhebliche Einstandszahlungen und Mindestgebühren vereinbart würden.
[118] BGH 24.11.1981, GRUR 1982, 286 – Fersenabstützvorrichtung; BGH 25.5.1993, GRUR 1993, 897 (899) – Mogul-Anlage; vgl. auch OLG Düsseldorf 17.4.1980, GRUR 1981, 45 (49) – Absatzhaltehebel; LG Düsseldorf 1.6.1999, GRUR 2000, 690; zur Höhe des aus diesem Grund angemessenen Zuschlags *Rogge* FS Nirk, 1992, 929 (939 f.).
[119] OLG Karlsruhe 5.8.2013, GRUR-RR 2014, 55 (57) – Schadensberechnung; LG München I 25.3.2010, Mitt. 2013, 275 (279) – Gülleausbringungsvorrichtung; LG Düsseldorf 20.5.1999, GRUR 2000, 309 (311) – Teigportioniervorrichtung; *v. d. Osten* Mitt. 2000, 95 (97).
[120] BGH 24.11.1981, BGHZ 82, 310 (321 ff.) – Fersenabstützvorrichtung; ebenso OLG Düsseldorf 17.4.1980, GRUR 1981, 45 (52 f.) – Absatzhaltehebel; LG Düsseldorf 14.7.1988, Mitt. 1990, 101; LG Düsseldorf 20.5.1999, GRUR 2000, 309 (311) – Teigportioniervorrichtung.

§ 35. Ansprüche wegen Patent- oder Gebrauchsmusterverletzung   II § 35

lich verlangt werden, dass der Anwendung des mit Rücksicht hierauf erhöhten Lizenzsatzes die Abgabepreise des Patentinhabers statt der niedrigeren des Verletzers zugrunde gelegt werden.[121]

Lizenzmindernd soll sich auswirken, dass der Verletzer im Gegensatz zum Lizenznehmer **66** keine gesicherte Rechtsposition hat, sondern Unterlassungsansprüchen sowie Ansprüchen auf Ersatz des dem Berechtigten entgangenen oder Herausgabe des eigenen Gewinns ausgesetzt bleibt.[122] In Wahrheit wirkt sich jedoch keiner dieser „Nachteile" aus, soweit die rechtswidrige Benutzung bereits geschehen ist und nur eine angemessene Lizenzgebühr verlangt wird. Dann verbleibt dem Verletzer der erzielte Markterfolg; sollte dagegen tatsächlich Gewinnersatz oder -herausgabe verlangt werden, käme es auf den fraglichen Umstand ohnehin nicht mehr an. Wenn der Verletzer an weiterer Benutzung gehindert wird, mag die Kürze der Benutzungsdauer bei der Bemessung der Lizenzgebühr berücksichtigt werden, sofern dies in der einschlägigen Vertragspraxis üblich ist. Abgesehen hiervon darf sich aber der Umstand, dass die Rechtsstellung des Verletzers ungesichert ist, auf den *Schadenersatz* aus naheliegenden Gründen nicht auswirken: Nachteile, die den Verletzer treffen, weil sich Investitionen für die Erfindungsbenutzung als vergeblich erweisen, muss allein er tragen. Deren Frustrationsrisiko hatte er durch die Verletzung *schuldhaft* selbst geschaffen.

3. Im Schrifttum wird vielfach darauf verwiesen, dass die nach den Grundsätzen der **67** Rechtsprechung berechnete angemessene Lizenzgebühr vor allem bei Verletzung technischer Schutzrechte keinen ausreichenden Schadenersatz gewährleiste.[123] Kritisiert wird insbesondere, dass Verletzer aus Rechtsgründen nicht schlechter gestellt werden könnten als Lizenznehmer. Dies fordere zu einer nahezu risikolosen „Selbstbedienung" geradezu heraus. Mit Blick auf den Sanktions- und Präventionszweck,[124] dem die Schadenersatzpflicht neben ihrem Ausgleichszweck diene, wird deshalb angeregt, vom „Verbot der Schlechterstellung" abzugehen,[125] oder (sogar) Schadenersatz in Höhe des doppelten angemessenen Nutzungsentgelts zuzusprechen.[126]

---

[121] BGH 6.3.1980, BGHZ 77, 16 (25 ff.) – Tolbutamid.

[122] RG 13.5.1938, GRUR 1938, 836 (838) – Rußbläser; BGH 6.3.1980, GRUR 1980, 841 (844) – Tolbutamid; BGH 24.11.1981, GRUR 1982, 286 (287) – Fersenabstützvorrichtung; kritisch *Barth* GRUR 1980, 845; *Körner* GRUR 1983, 611 (612); *Assmann* BB 1985, 18 f.; *Rogge* FS Nirk, 1992, 929 (941 ff.); s. auch *Maute* Rn. 260 ff.

[123] Vgl. *Tetzner* GRUR 2009, 6 (7 ff.), der auf die DurchsRL und die Notwendigkeit zur richtlinienkonformen Auslegung des deutschen DurchsG hinweist; iErg ähnlich früher schon *Pietzcker* GRUR-Int 1979, 343 (345) und GRUR 1975, 55 ff.; *Preu* GRUR 1979, 758 ff.; *Pagenberg* GRUR-Int 1980, 286 (296 f.); *Assmann* BB 1985, 18; *Kraßer* GRUR-Int 1980, 265.

[124] Hierzu *Deutsch*, Fahrlässigkeit und erforderliche Sorgfalt, 238 f.; *ders.*, Haftungsrecht, Band I, 71 f.; *Mertens*, 109; *Larenz*, 421 ff.; *Coing* SJZ 1950, 871; *Loewenheim* ZHR 135 (1971), 97 (119 f.); *v. Bar* UFITA 81 (1978), 57 (71); *Preu* GRUR 1979, 759; zu Präventionswirkung und -zweck des Schadensersatzanspruchs umfassend *Dreier*, 132 ff., 500 ff.; vgl. außerdem *Lehmann* GRUR-Int 2004, 762 ff.; einschränkend *Kur* FS Kolle/Stauder, 2005, 365 (385 ff.).

[125] *Kraßer* GRUR-Int 1980, 269 ff.

[126] *v. Falck/Ohl* GRUR 1971, 541 ff.; *Pagenberg* GRUR-Int 1980, 286 ff.; *Assmann* BB 1985, 20 f. (25); auch *Dreier*, 531 ff., 615 hält ihn bereits nach geltendem Recht für vertretbar, empfiehlt aber eine gesetzliche Regelung; einen 50%igen Zuschlag befürwortet *Körner* FS Steindorff, 1990, 877 (890), weil der Verletzer darauf spekulieren könne, nicht entdeckt und verfolgt zu werden; ablehnend hierzu *Rogge* FS Nirk, 1992, 942 f.; die angemessene Lizenzgebühr für schuldhafte Verletzungen pauschal höher anzusetzen als für nicht schuldhafte, fordert (ohne Angabe eines Prozentsatzes) *Heermann* GRUR 1999, 636. – *Haft/Donle/Ehlers/Nack* GRUR-Int 2005, 403 ff. befürworten einen im Regelfall 50%igen, bei Vorsatz 100%igen Zuschlag, der jedoch bei „einfacher" oder „leichter" Fahrlässigkeit ganz entfallen soll; diese soll vorliegen, wenn der Verletzer nachweist, dass er sorgfältig die Schutzrechtslage und die Möglichkeit einer Schutzrechtsverletzung geprüft hat (GRUR-Int 2005, 403 (406)); in diesem Fall fehlt es aber, wenn nicht besondere Umstände vorliegen, überhaupt am Verschulden. Der Vorschlag bedeutet deshalb wohl nicht, dass es den 50%igen Zuschlag nur bei *grober* Fahrlässigkeit geben soll. Der Anspruch auf die einfache Lizenzgebühr lässt sich, wenn kein Verschulden vorliegt,

68 Der BGH praktiziert eine solche Verdoppelung bei der Verletzung von Rechten, die die Gesellschaft für musikalische Aufführungs- und mechanische Vervielfältigungsrechte (GEMA) wahrnimmt,[127] lehnt „Verletzerzuschläge" im Übrigen jedoch ab.[128] Auch der Bundesrat konnte sich damit in den Vorarbeiten zum DurchsG von 2008 nicht durchsetzen. Er hatte vorgeschlagen, dem Verletzten als Schadenersatz die doppelte angemessene Nutzungsvergütung zuzugestehen, sofern der Verletzer nicht nachweise, weniger Gewinn gemacht zu haben.[129] Die Bundesregierung lehnte dies mit dem Argument ab, dies laufe auf einen mit den Grundlagen des deutschen Schadenersatzrechts unvereinbaren Strafschadenersatz hinaus und sei von der Zielsetzung der Richtlinie nicht gedeckt.[130] Der EuGH hat inzwischen jedoch klargestellt, dass eine Verdoppelung der angemessenen Lizenzgebühr mit den Vorgaben der DurchsRL vereinbar ist.[131]

69 4. Über die **rechtliche Einordnung** der Lizenzanalogie gehen die Ansichten auseinander.[132] Das RG meinte ursprünglich, der Patentinhaber könne sich auf den Standpunkt stellen, dass er dem Verletzer auf entsprechendes Ersuchen eine Lizenz erteilt hätte und ihm mangels solcher Vereinbarung die übliche Lizenzgebühr entgangen sei. Auf diese Weise wurde versucht, an die Differenzmethode anzuknüpfen; die Lizenzgebühr erschien als entgangener Gewinn.[133] Anklänge an diese Betrachtungsweise zeigt noch der Sprachgebrauch mancher Entscheidungen des BGH.[134] Da aber nicht geprüft wird, ob ohne die Verletzung mit Wahrscheinlichkeit eine Lizenz erteilt worden wäre, bleibt die Annahme eines Differenzschadens vielfach fiktiv.

70 Der für Patent- und Gebrauchsmustersachen zuständige X. Senat des BGH sieht, seitdem er dem Inhaber eines schuldlos verletzten technischen Schutzrechts einen Bereicherungsanspruch zubilligt, eine „starke Ähnlichkeit der ‚Schadensliquidation nach Lizenzgrundsätzen' mit dem Bereicherungsausgleich".[135] Ein bedeutender Unterschied besteht jedoch insofern, als dem Bereicherungsschuldner grds. der Entreicherungseinwand zusteht, auf den sich der Schadenersatzschuldner nicht berufen kann. Im Schrifttum wurde schon früher vielfach eine bereicherungsrechtliche Deutung vertreten; die höchstrichterliche Anerkennung des Bereicherungsanspruchs hat ihr neue Anhänger verschafft.[136] Die

---

ohnehin bereicherungsrechtlich begründen. – *Bodewig/Wandtke* GRUR 2008, 220 ff. forderten, im Gesetz zur Umsetzung der DurchsRL vorzusehen, dass Schadenersatz in Höhe des doppelten Lizenzgebühr verlangt werden kann.
[127] BGH 24.6.1955, GRUR 1955, 549 (552) – Betriebsfeiern; BGH 10.3.1972, GRUR 1973, 379 ff. – Doppelte Tarifgebühr; nach BGH 22.1.1986, GRUR 1986, 376 (380) – Filmmusik; BGH 16.11.1989, GRUR 1990, 353 (355) – Raubkopien ist diese Rechtsprechung auf andere Rechtsverletzungen nicht anwendbar.
[128] BGH 6.3.1980, GRUR 1980, 841 (844) – Tolbutamid; BGH 24.11.1981, GRUR 1982, 286 (287) – Fersenabstützvorrichtung.
[129] BT-Drs. 16/5048, 53/54.
[130] BT-Drs. 16/5048, 61/62; dazu auch 37.
[131] EuGH 25.1.2017, GRUR 2017, 264 Rn. 25 – OTK/SFP.
[132] Nachweise bei *Sack* FS Hubmann, 1985, 373 (374 f.); *Kraßer* GRUR-Int 1980, 266.
[133] So noch heute *Dreier*, 263 ff., der zur Einordnung der Lizenzanalogie als Ausgleich für entgangenen Gewinn kommt, indem er dem Verletzer nicht erlaubt einzuwenden, dass der Verletzte die von jenem getätigten Verkaufsgeschäfte selbst nicht gemacht hätte oder zur Lizenzierung nicht bereit gewesen wäre oder dass der Verletzer bei Kenntnis des seinen Handlungen entgegenstehenden Rechts nicht um eine Lizenz nachgesucht hätte. Doch bedeutet die Versagung solcher Einwendungen letztlich, dass die Lizenzgebühr auch in Fällen gewährt werden soll, in denen ein Gewinnentgang fehlt (und dies sogar nachweisbar wäre), so dass die Frage, warum dies angebracht ist, letztlich nicht beantwortet wird. Krit. auch *Maute* Rn. 202 ff.
[134] So zB BGH 13.3.1962, GRUR 1962, 401 – Kreuzbodenventilsäcke III; ebenso BGH (I. Senat) 27.11.1969, GRUR 1970, 296 – Allzweck-Landmaschine; BGH 8.10.1971, GRUR 1972, 189 = BGHZ 57, 116 – Wandsteckdose II.
[135] BGH 6.3.1980, GRUR 1980, 841 (844) – Tolbutamid; BGH 23.6.2005, GRUR 2006, 143 (145) Nr. II 3a – Catwalk.
[136] So insbesondere *Sack* FS Hubmann, 1985, 373 (379 ff., 388 ff.), der aus der bereicherungsrechtlichen Einordnung sogar Einschränkungen auch der schadensrechtlichen Lizenzhaftung ableiten will (385 f.).

Regelung in § 139 Abs. 2 S. 3 PatG, § 24 Abs. 2 S. 3 GebrMG schreibt die Lizenzanalogie indes als Schadenersatz fest.

Als Erscheinungsform des Schadenersatzes könnte die Lizenzanalogie auf Grundlage der Lehre vom objektiven Wert als Mindestschaden zu verstehen sein.[137] Nach dieser ist stets der objektive Wert des verletzten Rechtsguts als Mindestschaden zu ersetzen, der hier der angemessenen Lizenzgebühr als objektivem Wert des schutzrechtsverletzenden Gebrauchs (→ Rn. 63) entspräche. Die Lehre vom objektiven Wert als Mindestschaden verstößt jedoch gegen das schadensrechtliche Bereicherungsverbot.[138] Auf Immaterialgüterrechtsverletzungen lässt sie sich zudem nicht übertragen, weil dem Inhaber durch den unberechtigten Gebrauch keine eigene Benutzung entgeht, an deren Wert die Lehre vom Mindestschaden beim Sacheigentum anknüpft. Eine abstrakte Marktchance, die der Verletzte theoretisch gehabt hatte und die der Verletzer unwiederbringlich konsumiert, führt ebenfalls nicht zwingend zu einer Vermögensminderung des Verletzten.[139] 71

Seit ihrer Kodifizierung in § 139 Abs. 2 S. 3 PatG, § 24 Abs. 2 S. 3 GebrMG in Umsetzung der DurchsRL handelt es sich bei der Lizenzanalogie vielmehr um einen **gesetzlich pauschalierten Mindestschadensersatz**.[140] 72

e) Herausgabe des Verletzergewinns

1. Die Möglichkeit, den Schadenersatz nach dem Gewinn des Verletzers zu berechnen, hat wie die Lizenzanalogie den Vorteil, dass von den wirklichen Verhältnissen beim Verletzer ausgegangen werden kann und nicht nach hypothetischen Verhältnissen beim Verletzten gefragt werden muss. Insbesondere braucht dieser keine Tatsachen aus seinem Unternehmen mitzuteilen, da es nicht darauf ankommt, ob er selbst in der Lage gewesen wäre, einen entsprechenden Gewinn zu erzielen.[141] 73

Ausgangspunkt sind die Erlöse des Verletzers aus den patentverletzenden Handlungen. Abzugsfähig sind sodann diejenigen Kosten, die der Verletzung unmittelbar zugerechnet werden können, also ohne diese nicht entstanden wären, und die in einem fiktiven Betrieb des Verletzers ebenfalls angefallen wären.[142] 74

Solche Kosten sind etwa Produktions-, Material- und Vertriebskosten, Kosten des Personals, das für die Herstellung und den Vertrieb des Nachahmungsprodukts eingesetzt ist, sowie bei Investitionen in Anlagevermögen die (anteilig auf die Lebensdauer bezogenen) Kosten für Maschinen und Räumlichkeiten, die nur für die Produktion und den Vertrieb des Nachahmungsprodukts verwendet worden sind; nicht anrechenbar sind dagegen Kosten, die unabhängig vom Umfang der Produktion und des Vertriebs durch die Unterhaltung des Betriebs entstanden sind, wie allgemeine Marketingkosten, Geschäftsführergehälter, Verwaltungskosten sowie die Kosten für Anlagevermögen, das nicht konkret der Rechtsverletzung zugerechnet werden kann, außerdem Anlauf- und Entwicklungskosten sowie Kosten für nicht mehr veräußerbare Produkte.[143]

---

[137] So insbes. die Vorauflagen: *Kraßer,* 6. Aufl., § 35 IV c; außerdem *Neuner* AcP 133 (1931), 277 (308); *Jahr* AcP 183 (1983), 725 (751 ff., 760).
[138] *v. Caemmerer*, Zum Problem der überholenden Kausalität im Schadensersatzrecht, 13; *Lange/Schiemann*, Schadensersatz, 3. Aufl., § 6 I.
[139] Ausf. *Maute* Rn. 343 ff.
[140] Ausf. *Maute* Rn. 346 ff., 438 ff.; ähnlich *Ohly* FS Canaris, 2017, 987 (1016): gesetzliche Pauschalierung.
[141] BGH 2.11.2000, GRUR 2001, 329 (331 f.) – Gemeinkostenanteil; BGH 21.9.2006, GRUR 2007, 431 Rn. 31 f. – Steckverbindergehäuse; BGH 10.6.2010, BeckRS 2010, 28285 Rn. 15 – Acerbon; OLG Düsseldorf 4.10.2012, BeckRS 2013, 11915 – Kabelschloss; OLG Düsseldorf 3.6.2015, GRUR-RS 2015, 13605 Rn. 101 ff. – Funkarmbanduhr.
[142] BGH 2.11.2000, GRUR 2001, 329 – Gemeinkostenanteil.
[143] BGH 21.9.2006, GRUR 2007, 431 – Steckverbindergehäuse; OLG Düsseldorf 4.10.2012, BeckRS 2013, 11915 – Kabelschloss.

75 Ein Anspruch auf Gewinnherausgabe scheidet aus, wenn die verletzende Tätigkeit für sich genommen keinen Gewinn oder gar Verlust gebracht hat. Zwar ist ein Gewinn aus der Patentverletzung nicht schon dadurch ausgeschlossen, dass das Unternehmen des Verletzers in der fraglichen Zeit insgesamt ohne Gewinn oder mit Verlust gearbeitet hat. Doch kann bei Fehlen eines der Verletzung zuzurechnenden Gewinns nicht deshalb Herausgabe einer „Verlustersparnis" gefordert werden, weil eine hypothetische patentfreie Tätigkeit zu einem (höheren) Verlust geführt hätte.[144]

76 Herauszugeben ist der Gewinn des Verletzers nur, soweit er auf der unerlaubten Erfindungsbenutzung beruht. Die Rechtsprechung geht herkömmlicherweise davon aus, dass der durch eine patentverletzende Tätigkeit insgesamt erzielte Gewinn regelmäßig das Ergebnis des Zusammenwirkens mehrerer Faktoren und deshalb nur zum Teil der Erfindungsbenutzung zuzuschreiben ist,[145] so dass der Verletzte nur einen Gewinnanteil erhält, der der Bedeutung seiner Erfindung im Verhältnis zu den übrigen gewinnerzeugenden Faktoren entspricht. Dieser Anteil lässt sich praktisch nicht exakt berechnen, sondern nur abschätzen und ist daher vom Gericht in einer wertenden Betrachtung zu ermitteln.[146]

77 2. Die Begründung des Gewinnanspruchs ist in der Rechtsprechung zunächst in der Weise versucht worden, dass sich der Verletzte auf den Standpunkt stellen könne, ihm sei entgangen, was der Verletzer herausgeben müsste, wenn er für Rechnung des Verletzten gearbeitet hätte.[147] Spätere Entscheidungen betrachten den Gewinn des Verletzers als Maßstab des dem Verletzten entgangenen Gewinns[148] oder sprachen von der Fiktion, dass der Verletzte den Gewinn des Verletzers gemacht hätte.[149] Eine schadensrechtliche Begründung ist unter dem Gesichtspunkt des entgangenen Gewinns aber nicht möglich.[150] Denn es gibt keinen notwendigen oder regelmäßigen Zusammenhang zwischen dem Gewinn,

---

[144] RG 22.10.1930, RGZ 130, 108 (110); dazu *Lutz,* 72; für Berücksichtigung einer „Verlustersparnis" *Preu* GRUR 1979, 757 und die dort Zitierten.

[145] RG 13.10.1937, RGZ 156, 65 (67) – Scheidenspiegel; RG 15.11.1937, RGZ 156, 321 (326 f.); BGH 29.5.1962, GRUR 1962, 509 (512) – Dia-Rähmchen II; vgl. auch BGH 24.2.1961, GRUR 1961, 354 = BGHZ 34, 320 – Vitasulfal; BGH 13.7.1973, GRUR 1974, 53 (54) – Nebelscheinwerfer; OLG Düsseldorf 2.6.2005, InstGE 5, 251 Rn. 7 ff., 56 ff. – Lifter; krit. *Dreier,* 284 ff. – BGH 21.9.2006, GRUR 2007, 431 Rn. 36 ff. – Steckverbindergehäuse billigt nach den gegebenen Umständen die vom Berufungsgericht zuerkannte Quote von 40%; OLG Düsseldorf 2.6.2005, InstGE 5, 251 Rn. 60 ff. – Lifter spricht eine Quote von 20% zu, ebenso OLG Düsseldorf 11.4.2019, GRUR-RS 2019, 7923 Rn. 36 ff.

[146] BGH 24.7.2012, GRUR 2012, 1226 Rn. 20 – Flaschenträger; BGH 3.9.2013, GRUR 2013, 1212 Rn. 5 – Kabelschloss; diese wertende Betrachtung ist vergleichbar mit der Bemessung der Mitverschuldensanteile im Rahmen des § 254 BGB, BGH 14.5.2009, GRUR 2009, 856 Rn. 41 – Tripp-Trapp-Stuhl; BGH 21.9.2006, GRUR 2007, 431 Rn. 37 – Steckverbindergehäuse.

[147] RG 8.6.1895, RGZ 35, 63, 60 f. – Ariston; 31.12.1898, RGZ 43, 56 – Maischevergärung.

[148] BGH 13.3.1962, GRUR 1962, 401 (402) – Kreuzbodenventilsäcke III; 8.10.1971, GRUR 1972, 189 = BGHZ 57, 116 – Wandsteckdose II. Nach BGH (I. Zivilsenat) 2.2.1995, GRUR 1995, 349 (352) – Objektive Schadensberechnung kann eine Schadensberechnung nach dem Verletzergewinn ausnahmsweise dann nicht in Betracht kommen, wenn es auf Grund besonderer Umstände „gänzlich an dem von der Rechtsprechung zum Ausgangspunkt einer Schadensberechnung durch Herausgabe des Verletzergewinns genommenen (Regel-)Zusammenhang zwischen der Entwicklung des Verletzergewinns und der des Schadens auf seiten des Verletzten" fehlt, insbesondere „weil mit dem Anstieg des Verletzergewinns ausschließlich ein Anstieg des Gewinns (und keinerlei Schadenswachstum) auf seiten des Verletzten verbunden ist". Gegen eine so allgemein gefasste Aussage spricht, dass ein Wachsen des Gewinns beim Verletzten nicht ausschließt, dass dieser ohne die Verletzung noch mehr Gewinn gemacht hätte; vgl. *Dreier,* 275 Fn. 149. Der entschiedene Fall wies allerdings die Besonderheit auf, dass der Bekl., der durch Übernahme von Abbildungen aus einem vom klagenden Hersteller der abgebildeten Erzeugnisse geschaffenen Katalog gegen § 1 UWG verstoßen hatte, durch den Verkauf dieser Erzeugnisse auch dem Hersteller Gewinn verschafft hatte und nicht ersichtlich war, dass dieser Gewinn bei erlaubter Benutzung der Katalogbilder höher ausgefallen wäre.

[149] BGH 19.1.1973, BGHZ 60, 168 (173) – Modeneuheit; BGH 2.11.2000, BGHZ 145, 366 (372) – Gemeinkostenanteil.

[150] Ebenso *Beuthien/Wasmann* GRUR 1997, 256 f.; *Tilmann* FS Schilling, 2007, 367 (373).

§ 35. Ansprüche wegen Patent- oder Gebrauchsmusterverletzung **II § 35**

den der Verletzer erzielt hat, und demjenigen, den der Verletzte hätte erzielen können.[151] Auch kann nicht unterstellt werden, dass der Verletzer für Rechnung des Verletzten tätig geworden wäre.

Als Maßstab für den Wert der dem Berechtigten entzogenen Nutzung kann der Verletzergewinn – **78** anders als die angemessene Lizenzgebühr – nicht verstanden werden. Dieser Wert richtet sich hier wie im Bereicherungsrecht (vgl. → Rn. 88) danach, was sich andere Interessenten die Nutzung hätten kosten lassen,[152] nicht nach dem Ertrag, der angesichts der konkreten Verhältnisse eines bestimmten Benutzers durch die bereits vollzogene Nutzung entstanden ist.[153] Der Anspruch auf Herausgabe des (anteiligen) Verletzergewinns gewährt daher dem Verletzten, soweit er dessen Gewinnentgang und eine angemessene Lizenzgebühr übersteigt, *mehr* als einen Schadensausgleich.[154] Dem entspricht, dass nach der vor Umsetzung der DurchsRL geltenden Fassung von § 97 Abs. 1 S. 2 UrhG und § 42 Abs. 2 S. 2 GeschmMG die Gewinnherausgabe *an Stelle* des Schadensersatzes verlangt werden konnte. Außerhalb des Anwendungsbereichs dieser Vorschriften konnte der Gewinnanspruch als gewohnheitsrechtliche Sonderbildung erklärt werden, die sowohl schadens- als auch bereicherungs- und geschäftsführungsrechtliche Wertungen berücksichtigt, aber in keinem dieser Bereiche vollständig aufgeht. Eine rechtssystematisch einwandfreie Begründung hätte er immerhin durch eine *analoge Anwendung* jener Vorschriften finden können[155], deren sich die Rechtsprechung freilich nicht bediente.

Im Schrifttum[156] fanden sich neben schadensrechtlichen Deutungen solche aus dem Bereiche- **79** rungs- und dem Geschäftsführungsrecht; teilweise wurde der Anspruch als eine Schöpfung richterlicher Rechtsfortbildung angesehen, die sich eindeutiger Einordnung entziehe.

Aus den Vorschriften über die Geschäftsanmaßung lässt sich der Anspruch in seiner von der Rechtsprechung praktizierten Ausgestaltung nicht herleiten. § 687 Abs. 2 BGB setzt voraus, dass in den fremden Bereich wissentlich eingegriffen wird; fehlt es hieran, gilt § 687 Abs. 1 BGB. Für eine entsprechende Anwendung, die sich über diesen Unterschied hinwegsetzt, fehlt jede Rechtfertigung[157]. Sie liegt auch nicht in der „besonderen Verletzlichkeit und Schutzbedürftigkeit" von Immaterialgüterrechten; denn es ist nicht erkennbar, dass § 687 Abs. 2 BGB deshalb wissentliches Handeln voraussetzt, weil es im Allgemeinen nur hiergegen eines besonderen Schutzes bedürfte. Vielmehr kommt es im Gesamtbereich der Vorschriften über die Geschäftsführung ohne Auftrag wesentlich auf die Willensrichtung des Handelnden an. Zudem bleibt die von der Rechtsprechung herkömmlicherweise angenommene Rechtsfolge hinter denjenigen der angemaßten Eigengeschäftsführung zurück: dem Verletzten steht nach §§ 681 S. 2, 667 Alt. 2 BGB der Erlös aus der die Patentverletzung implizierenden Tätigkeit zu, wobei auch hier der Anteil zu ermitteln ist, der gerade auf die Verletzung zurückzuführen ist.[158] Der Verletzer hat einen Gegenanspruch auf Ersatz seiner Aufwendungen nach §§ 684 S. 1, 818 Abs. 2 BGB, soweit der Verletzte durch sie bereichert ist, § 818 Abs. 3 BGB.[159]

---

[151] *Kraßer* GRUR-Int 1980, 259 (262); *Delahaye* GRUR 1986, 217; *Maute* Rn. 444; anders *Zahn*, 68 ff., 95 f.

[152] *Jahr* AcP 183, 725 (770 f.).

[153] Anders *Zahn*, 67 f.

[154] *Kur* FS Kolle/Stauder, 2005, 365 (371 ff.) sieht beim Gewinnanspruch in der Ausgestaltung nach der „Gemeinkosten"-Entscheidung überkompensatorische Elemente.

[155] *Beuthien/Wasmann* GRUR 1997, 259 f.; ablehnend *v. d. Osten* GRUR 1998, 284 (285); ebenso *Dreier*, 283 f. mit dem Hinweis, dass die genannten Vorschriften wenigstens dem Grunde nach einen Schaden voraussetzten und deshalb „für die Praxis mit einer Analogie schließlich auch angesichts der Schwierigkeit des Schadensnachweises gerade der Höhe nach im Ergebnis wohl kaum etwas zu gewinnen" sei. Das leuchtet nicht ein, weil *Dreier* selbst (291 f.) die Tatsache, dass der Verletzer Gewinn erzielt hat, im Regelfall als Indiz für einen Gewinnentgang beim Verletzten, wenn auch nicht als Maß für dessen Höhe gelten lässt und jene Vorschriften nicht die Berechnung dieses Gewinnentgangs, sondern stattdessen derjenigen des Verletzergewinns erfordern, die hier nicht schwieriger sein dürfte als bei Anwendung des § 687 Abs. 2 BGB.

[156] Nachweise bei *Dreier*, 277 ff.; *Kraßer* GRUR-Int 1980, 266; vgl. außerdem *Brandner* GRUR 1980, 362 sowie *Tilmann* Mitt. 2001, 282 (283) (bereicherungsrechtliche Einordnung).

[157] *v. d. Osten* GRUR 1998, 286 f. tritt deshalb dafür ein, § 687 Abs. 2 BGB seinem Wortlaut gemäß nur nach bewusstem Eingriff anzuwenden; ebenso *Beuthien/Wasmann* GRUR 1997, 257; *Dreier*, 282, 612; *Haedicke* GRUR 2005, 529 (534 f.) (allenfalls – wegen der DurchsRL – Ausdehnung auf grobe Fahrlässigkeit).

[158] Ausf. *Maute* Rn. 461 ff.

[159] Vgl. *v. d. Osten* Mitt. 2000, 95 (99); *Haedicke* GRUR 2005, 529 (532 f.); ausführlich *Dreier*, 280 f. und *Maute* Rn. 469 ff.

Die Herausgabe des Verletzergewinns stimmt mit den Rechtsfolgen der angemaßten Eigengeschäftsführung zwar nicht überein, ist jedoch deutlich an diese angelehnt.[160] Die Rechtsprechung hat die Herausgabe des Verletzergewinns daher oftmals als rechtsähnliche Anwendung der §§ 687 Abs. 2, 667 BGB bezeichnet[161] oder betont, der Verletzer müsse sich schon bei einfacher Fahrlässigkeit wie ein Geschäftsanmaßer behandeln lassen[162].

80 Mit der Regelung in § 139 Abs. 2 S. 2 PatG, § 24 Abs. 2 S. 2 GebrMG ist erneut eine schadensrechtliche Einordnung versucht worden, die aus rechtssystematischer Sicht einen Rückschritt bedeutet und einen Gewinnabschöpfungsanspruch im Gewand eines Schadenersatzanspruchs festschreibt.

III. Bereicherungsausgleich

81 1. Wer durch die Leistung eines anderen oder in sonstiger Weise auf dessen Kosten etwas ohne rechtlichen Grund erlangt, ist ihm nach § 812 Abs. 1 S. 1 BGB wegen ungerechtfertigter Bereicherung zur Herausgabe verpflichtet. Ungerechtfertigte Bereicherung im Sinne dieser Vorschrift liegt auch vor, wenn jemand durch Patentverletzung etwas erlangt. Mangels jeder – sei es auch unwirksamen – Gestattung geschieht dies nicht durch Leistung, sondern in sonstiger Weise: was der Verletzer erlangt, hat er sich eigenmächtig durch eine unerlaubte Handlung genommen; es ist ihm nicht vom Berechtigten (rechtsgrundlos) freiwillig gewährt worden. Die Bereicherung ist hier durch Eingriff erfolgt. Das Herausgabeverlangen des Verletzten ist entsprechend nicht Leistungs-, sondern (im wörtlichen Sinne) **Eingriffskondiktion** gem. § 812 Abs. 1 S. 2 Alt. 2 BGB.

82 Während das RG noch angenommen hatte, dass das PatG und das GebrMG eine abschließende Regelung der Ansprüche des Schutzrechtsinhabers enthielten, ist heute anerkannt, dass die §§ 812 ff. BGB bei der Verletzung von Patenten und Gebrauchsmustern anwendbar sind.[163] Dies stellen § 141a PatG, § 24g GebrMG klar.

Neben einem Schadenersatzanspruch kann der Bereicherungsanspruch nur mit der Maßgabe geltend gemacht werden, dass insgesamt nicht mehr als der höhere der beiden Beträge geschuldet wird.

83 Wegen der Widerrechtlichkeit der Verletzung ist das, was dem Verletzer zufällt, sowohl ohne rechtlichen Grund als auch auf Kosten des Rechtsinhabers erlangt. Letzteres ergibt sich aus dem Zuweisungsgehalt des Patents, das die geschützte Erfindung ausschließlich dem Patentinhaber zuordnet und ihm allein deren Benutzung in den gesetzlich bestimmten Formen vorbehält. Es bedarf keiner Entreicherung, keiner Vermögensminderung beim Patentinhaber. Es genügt, dass das vom Verletzer Erlangte dem Patentinhaber gebührt hätte. Dass es schon in dessen Vermögen gelangt war, ist nicht erforderlich.[164]

84 2. Gegenstand des Bereicherungsanspruchs ist das Erlangte[165] und nicht die Bereicherung[166] im Sinne einer Mehrung des Vermögens des Bereicherten. Was der Verletzer durch seinen Eingriff erlangt, ist jedoch umstritten. Rechtsprechung und weite Teile des Schrifttums sehen zu Recht den tatsächlich erfolgten Gebrauch der geschützten Erfindung als das Erlangte an.[167]

---

[160] Übersicht bei *Maute* Rn. 500 ff.
[161] BGH 13.3.1962, GRUR 1962, 401 (402) – Kreuzbodenventilsäcke III; BGH 24.2.1961, GRUR 1961, 354 (355) – Vitasulfal.
[162] BGH 21.9.2006, GRUR 2007, 431 Rn. 21 – Steckverbindergehäuse; BGH 2.11.2000, GRUR 2001, 329 (331) – Gemeinkostenanteil.
[163] BGH 30.11.1976, BGHZ 68, 90 = GRUR 1977, 250 (253 ff.) – Kunststoffhohlprofil I mwN.
[164] *Larenz/Canaris*, 135; *Medicus* Rn. 713; *Sprau* in Palandt § 812 Rn. 33.
[165] Grundlegend *v. Caemmerer* FS Rabel, 1954, Bd. I, 333 (368); *S. Lorenz* in Staudinger § 812 Rn. 65; *Schwab* in MüKoBGB § 812 Rn. 1, § 818 Rn. 127 ff. jew. mwN.
[166] So aber die vermögensorientierte Betrachtungsweise der früheren Rspr., etwa RG 14.3.1903, RGZ 54, 137 (141); aus der Lit.: *Flume* FS Niedermeyer, 1953, 103 (148 ff., 153 f.); *Wilhelm*, Rechtsverletzung, 62 ff.; *Seufert* in Staudinger, BGB, 10./11. Aufl., § 812 Rn. 9.
[167] BGH 24.11.1981, GRUR 1982, 301 (303) – Kunststoffhohlprofil II.

§ 35. Ansprüche wegen Patent- oder Gebrauchsmusterverletzung **III § 35**

Abweichend davon wird das Erlangte zum Teil in der Befugnis der Benutzung,[168] der tatsächlichen **85** Möglichkeit der Benutzung,[169] einer Aufwendungs- oder Lizenzersparnis,[170] dem erzielten Gewinn[171] oder der dem Inhaber vorenthaltenen Marktchance[172] gesehen.[173] Die Benutzungsbefugnis kann jedoch nicht das Erlangte sein, weil der Verletzer durch seinen eigenmächtigen, rechtswidrigen Eingriff keine Rechtsposition erwirbt, die ihm fortan die Benutzung der Erfindung erlauben würde.[174] Vielmehr kann der Schutzrechtsinhaber ihm die Benutzung weiterhin verbieten und auch der erfolgte Eingriff bleibt unbefugt.[175] Die Möglichkeit der Benutzung kommt ebenfalls nicht in Betracht, weil sie sich nicht erst durch die Verletzung ergibt, sondern schon zuvor jedermann offen steht, der die geschützte technische Lehre kennt.[176] Lizenz- oder Aufwendungsersparnis und Gewinn sind die vermögensrechtlichen Folgen des Eingriffs auf Seiten des Verletzers.[177] Sie werden bei der Frage der Bereicherung relevant, nicht jedoch bei der Bestimmung des erlangten Etwas. Die Vorauflagen (→ 7. Aufl. 2016, Rn. 60–67) sahen das Erlangte in der Marktchance, die dem Inhaber des Schutzrechts kraft dessen Ausschlusswirkung vorbehalten ist und die der Verletzer konsumiert, indem er unter Verwertung der geschützten Erfindung Nachfrage befriedigt.[178] Der BGH lehnt dies vor allem wegen der wirtschaftlichen Komplexität des Begriffs ab.[179] Die Marktchance lässt sich nicht aus dem Schutzumfang des Rechts bestimmen, sondern unterliegt dem Einfluss einer ganzen Reihe externer Faktoren, die vom freien Wettbewerb bestimmt sind und damit Regeln unterliegen, die keinen Zuweisungsgehalt und mithin keinen bereicherungsrechtlichen Schutz begründen. Das Konzept der konsumierten Marktchance schließt außerdem bewusst diejenigen Situationen aus, in denen es nicht zur Befriedigung einer Nachfrage Dritter kommt. Die Verletzung eines Patents durch herstellen, anbieten, einführen und besitzen eines verletzenden Erzeugnisses oder durch anbieten eines Verfahrens, würde danach mangels Erlangtem keinen Bereicherungsanspruch begründen. Richtigerweise sollte dies erst auf Stufe der Bereicherung berücksichtigt werden. Kommt es nicht mehr zum wirtschaftlich relevanten Teil der Verletzung, also der Realisierung am Markt, hat das Erlangte für den Verletzer keinen subjektiven wirtschaftlichen Wert mehr. Dann ist zu überlegen, ob dies vom gutgläubigen, unverklagten Bereicherungsschuldner nach § 818 Abs. 3 BGB dem Bereicherungsanspruch entgegengehalten werden kann (dazu → Rn. 91 ff.).

4. Der Anspruch richtet sich auf die Herausgabe des Erlangten, also des Gebrauchs an **86** der geschützten Erfindung. Dieser realisiert sich jedoch in dem Moment, in dem er stattfindet, so dass die Herausgabe wegen der Beschaffenheit des Erlangten nicht möglich ist. Stattdessen hat der Verletzer gem. § 818 Abs. 2 BGB den Wert des Erlangten zu ersetzen.

---

[168] Missverständlich BGH 14.3.2000, GRUR 2000, 685 (686) – Formunwirksamer Lizenzvertrag; OLG Düsseldorf 17.4.1980, GRUR 1981, 45 (52) – Absatzhaltehebel sieht die „Kompetenzanmaßung" als das Erlangte an.
[169] Auf Grundlage der heute überwundenen Lehre von der Vermögensverschiebung *Orth*, Bereicherung im Patentrecht, 88 f.; aus neuerer Zeit *Lieb* in MüKoBGB, 4. Aufl., § 812 Rn. 359; *Steinbeck/Block* JURA 2011, 943 (944 f.).
[170] *Ulmer*, Urheber- und Verlagsrecht, 3. Aufl., § 131 III; BGH 19.12.1956, BGHZ 22, 395 (400) – Werbung am Bauzaun mit (irrtümlichem) Verweis auf BGH 18.4.1956, BGHZ 20, 270 (275) – Bahnhofsvorplatz, wo zwar von der Aufwendungsersparnis die Rede ist, als Erlangtes aber die Gebrauchsvorteile angesehen werden; BGH 19.4.1985, BGHZ 94, 160 (165); 23.10.1980, WM 1981, 129 (131).
[171] RG 4.4.1917, RGZ 90, 137 (139) – Erikamuster; *Gieseke* GRUR 1958, 17 (20); *Goetzke* AcP 173 (1973), 289 (321); *Haines*, Bereicherungsansprüche, 119 ff.; *Kaiser* GRUR 1988, 501 (504); zum Schweizer Recht BGer 12.4.2006, sic! 2006, 774 (775) – Rohrschelle.
[172] *Kraßer* GRUR-Int 1980, 259 (268); *Kraßer*, 6. Aufl., § 35 III 3.
[173] Vgl. die Aufzählungen bei *Delahaye* GRUR 1985, 856 (857) und *Dreier*, 371.
[174] *Kraßer* GRUR-Int 1980, 259 (268).
[175] *Dreier*, 371.
[176] *Kraßer* GRUR-Int 1980, 259 (268); BGH 24.11.1981, GRUR 1982, 301 (303) – Kunststoffhohlprofil II.
[177] *Kraßer* GRUR-Int 1980, 259 (268); BGH 24.11.1981, GRUR 1982, 301 (303) – Kunststoffhohlprofil II; *Maute* Rn. 233 ff.
[178] So zuvor schon *Kraßer* GRUR-Int 1980, 259 (268).
[179] BGH 24.11.1981, GRUR 1982, 301 (303) – Kunststoffhohlprofil II; ebenso *Reuter/Martinek*, Ungerechtfertigte Bereicherung, § 15 II 3b.

§ 35 III 5. *Abschnitt. Wirkung und Durchsetzung der Schutzrechte*

Über den Maßstab des Wertersatzes gibt es im Schrifttum sowohl des allgemeinen Zivilrechts als auch des Immaterialgüterrechts unterschiedliche Ansichten.[180] Überwiegend werden rein objektive Kriterien wie Verkehrswert oder Marktpreis als maßgebend angesehen; eine andere Auffassung will in subjektiv orientierter Betrachtungsweise an den durch die Verhältnisse des Bereicherten bestimmten Wert anknüpfen. Im Fall der Verletzung von Immaterialgüterrechten führt der erste Ansatz zur angemessenen Lizenzgebühr,[181] der zweite zum Gewinn des Verletzers[182] als Wertmaßstab.

87 Die Befürworter eines Anspruchs auf Gewinnherausgabe begrenzen diesen allerdings meist auf den Anteil, der unter Berücksichtigung anderer für den Gewinn ursächlicher Faktoren der Benutzung des geschützten Guts zuzurechnen ist, oder auf den Umfang des Gewinns, der dem Verletzten entgangen ist, oder auf die Differenz zwischen dem durch die Verletzung erzielten und einem hypothetischen Gewinn, der vom Verletzer bei schutzrechtsfreiem Alternativverhalten hätte erzielt werden können. Auch billigen die meisten Vertreter dieser Richtung dem Verletzten das Recht zu, *statt* eines nach dem Gewinn des Verletzers berechneten Bereicherungsausgleichs die Zahlung einer angemessenen Lizenzgebühr zu verlangen.

88 5. Der **BGH** hat als Wert der durch Verletzung von Immaterialgüterrechten erlangten Bereicherung herkömmlicherweise den Betrag der angemessenen Lizenzgebühr angesehen.[183] Für den erst später anerkannten Bereicherungsanspruch gegen den Verletzer eines *technischen* Schutzrechts bekräftigt er diesen Standpunkt mit eingehender, überzeugender Begründung.[184] Er folgt der Ansicht, nach welcher der **objektive Verkehrswert** des Erlangten maßgebend ist, und lehnt ausdrücklich die Gegenansicht ab, nach welcher der konkret-individuelle Wert des Erlangten für den Bereicherungsempfänger herangezogen werden soll: Nach dem Wertbegriff des Gesetzgebers ist die allgemein übliche Einschätzung eines in Geld messbaren Rechtsguts maßgeblich. Der objektive Gegenwert für den Gebrauch des immateriellen Gegenstands eines gewerblichen Schutzrechts ist demgemäß allein in der **angemessenen Lizenzgebühr** zu finden. Nur in ihr kann folglich der Wertersatz nach § 818 Abs. 2 BGB bestehen. Gewinnherausgabe kann weder nach dieser Vorschrift noch unter dem Gesichtspunkt der Nutzungsherausgabe nach § 818 Abs. 1 BGB verlangt werden.

89 Für die Bestimmung der im Einzelfall angemessenen Lizenzgebühr verweist der BGH auf die Grundsätze der schadensrechtlichen Lizenzanalogie. Insbesondere billigt er dem Verletzten auch bereicherungsrechtlich die Berücksichtigung von Zinsen zu, die angesichts vertragsüblicher Zahlungstermine angefallen wären (vgl. → Rn. 65).[185]

90 Das lässt sich damit rechtfertigen, dass der Wert des in einem bestimmten Zeitraum erlangten Gebrauchs, wenn er nachträglich zu ersetzen ist, in dem Betrag zum Ausdruck kommt, der im Fall einer vertraglichen Lizenz bei *nachträglicher* Zahlung zu entrichten wäre.

---

[180] Nachweise bei *Sack* FS Hubmann, 1985, 373 (379 ff.); *Kraßer* GRUR-Int 1980, 267; *Kaiser* GRUR 1988, 510 ff.; *Heermann* GRUR 1999, 634 f.; *Dreier*, 374 ff.; *Zahn*, 31 ff.

[181] Dafür auch *Sack* FS Hubmann, 1985, 373 (379 ff.); *Falk* GRUR 1983, 491; *Delahaye* GRUR 1985, 856; *Beuthien/Wasmann* GRUR 1997, 259; *Dreier*, 381 ff.

[182] *Tilmann* FS Schilling, 2007, 367 (374) will einen bereicherungsrechtlichen Anspruch auf den Gewinn daraus ableiten, dass sich dieser bei vorsätzlicher Verletzung über §§ 819, 818 Abs. 4 BGB ergebe und wegen Art. 13 S. 2 Buchst. a der DurchsRL schon bei Fahrlässigkeit bestehen müsse. Doch führt § 818 Abs. 4 BGB zum und spricht die RL vom *Schadenersatz*, der in Form der Gewinnherausgabe bei *schuldhafter* Verletzung ohnehin erreichbar ist. *Tilmanns* Deduktion mag zugunsten einer bereicherungsrechtlichen Deutung dieses Anspruchs herangezogen werden, rechtfertigt es aber nicht, den Wert der Bereicherung im Fall eines *schuldlosen* Eingriffs nach dem Gewinn des Eingreifenden zu berechnen.

[183] Nachweise bei *Kraßer* GRUR-Int 1980, 260; s. außerdem BGH 18.12.1986, BGHZ 99, 244 – Chanel No. 5 (I) (Warenzeichenverletzung).

[184] BGH 24.11.1981, BGHZ 82, 299 (307 ff.) – Kunststoffhohlprofil II; ebenso BGH 18.2.1992, GRUR 1992, 599 – Teleskopzylinder; BGH 14.3.2000, GRUR 2000, 685 – Formunwirksamer Lizenzvertrag.

[185] BGH 24.11.1981, BGHZ 82, 299 (309 f.) – Kunststoffhohlprofil II; ablehnend insoweit *Falk* GRUR 1983, 491.

§ 35. Ansprüche wegen Patent- oder Gebrauchsmusterverletzung **III § 35**

6. Nach § 818 Abs. 3 BGB ist die Verpflichtung zum Wertersatz ausgeschlossen, soweit 91
der Empfänger nicht mehr bereichert ist. Das gilt allerdings nur, wenn der Empfänger im
Zeitpunkt des Bereicherungswegfalls weder auf Herausgabe oder Wertersatz verklagt war
noch gewusst hat, dass ihm das Erlangte ohne rechtlichen Grund zugefallen war (§§ 819
Abs. 1, 818 Abs. 4 BGB). Bei schuldloser oder fahrlässiger Patentverletzung kann daher
der Anspruch auf Wertersatz an einem **Wegfall der Bereicherung** scheitern. Das unterscheidet
den Bereicherungsanspruch vom Schadenersatzanspruch auch dann, wenn beide
im Wege der Lizenzanalogie berechnet werden.

Das Argument, dass sich der Verletzer „an der von ihm selbst geschaffenen Sachlage festhalten lassen" 92
müsse,[186] ist mit Sinn und Zweck des Bereicherungsrechts unvereinbar. Sofern der Verletzer
schuldhaft gehandelt hat, bleibt er ohnehin dem Schadenersatzanspruch ausgesetzt, auch wenn er nicht
mehr bereichert ist.

Im Fall der Patentverletzung kann das primär Erlangte nicht herausgegeben werden; die 93
Bereicherung kann aber nicht schon aus diesem Grund als weggefallen gelten. Der Verletzer
bleibt bereichert, wenn in seinem Vermögen noch ein Gegenwert des Erlangten vorhanden
ist. Das ist der Fall, soweit er **Aufwendungen erspart** hat, die er ohne patentverletzendes
Handeln hätte machen müssen oder wollen. Soweit keine den Wert des Erlangten erreichende
Ersparnis vorliegt, ist die Bereicherung weggefallen.

Zwar kann eine Ersparnis, wenn sie einmal eingetreten ist, im Allgemeinen nicht mehr wegfallen.[187] 94
Anders ist dies nur, wenn gerade durch die Ersparnis gegenwertlose Aufwendungen unmittelbar
verursacht werden. Trotzdem führt der Umstand, dass sich das durch Patentverletzung Erlangte im
Vorgang seiner Erlangung sofort verbraucht, zum Wegfall der Bereicherung, wenn es sich nicht in
einer Ersparnis des Verletzers niederschlägt. Ob eine solche Ersparnis erzielt wird, hängt davon ab, wie
sich der Verletzer verhalten hätte, wenn ihm bekannt gewesen wäre, dass seine Tätigkeit in ein fremdes
Patent eingreift.[188] Hätte er um eine Lizenz nachgesucht und sie erhalten, ist er um das ersparte Nutzungsentgelt
bereichert, gleichgültig ob Gewinn erzielt hat.[189] Hätte er bei Kenntnis der Rechtslage
die Erfindung nicht benutzt, ist er nur insoweit noch bereichert (und bis zur Höchstgrenze der
angemessenen Lizenzgebühr wertersatzpflichtig), als er aus der Patentverletzung einen Gewinn erzielt
hat, den er andernfalls nicht erzielt hätte;[190] in diesem Zusammenhang ist auch der hypothetische
Gewinn aus einer schutzrechtsfreien Tätigkeit zu berücksichtigen, der sich der Verletzer in Kenntnis
der Rechtslage zugewandt hätte.[191]

Nur im zuletzt behandelten Fall kann also die Anwendung des § 818 Abs. 3 BGB dazu 95
führen, dass der Verletzer überhaupt keinen Wertersatz oder weniger als die angemessene
Lizenzgebühr zahlen muss. Da er die Tatsachen zu beweisen hat, aus denen sich das Fehlen
einer Ersparnis ergibt, wird die Berufung auf einen Wegfall der Bereicherung praktisch nur
verhältnismäßig selten Erfolg versprechen, am ehesten noch dann, wenn außerhalb des
Schutzbereichs des Patents praktisch gleichwertige Mittel zur Befriedigung des in Frage
stehenden Bedürfnisses zur Verfügung standen.[192]

---

[186] So BGH 8.5.1956, BGHZ 20, 345 (355) – Paul Dahlke, dem das Schrifttum größtenteils folgt;
kritisch jedoch *Sack* FS Hubmann, 1985, 373 (384); *Heermann* GRUR 1999, 635; *Maute* Rn. 283;
der X. BGH-Zivilsenat scheint den Entreicherungseinwand nicht mehr kategorisch auszuschließen,
BGH 19.12.2000, GRUR 2001, 323 (325) – Temperaturwächter.
[187] Vgl. BGH 2.7.1971, GRUR 1971, 522 (524) – Gasparone II; *Mestmäcker* JZ 1978, 524.
[188] Für Differenzierung iSd folgenden Ausführungen auch *Heermann* GRUR 1999, 635; ausf. *Maute*
Rn. 277 ff.; auch *Dreier*, 384 ff. stellt darauf ab, wie der Bereicherungsschuldner bei rechtzeitiger
Kenntnis von der Rechtsgrundlosigkeit stünde.
[189] *Maute* Rn. 296 ff.; aA insoweit *Ullmann* GRUR 1978, 620; *Sack* FS Hubmann, 1985, 373 (382,
384 f.).
[190] *Maute* Rn. 305 ff.
[191] *Maute* Rn. 313.
[192] Vgl. *Grabinski/Zülch* in Benkard PatG § 139 Rn. 86, die eine tatsächliche Vermutung annehmen,
dass der Bereicherungsschuldner sich für Lizenznahme oder abgewandelte Handlungen und nicht für
einen ersatzlosen Verzicht entschieden hätte.

IV. Restschadenersatzanspruch

96 Nach Eintritt der Verjährung (dazu → Rn. 134) des Schadenersatzanspruchs bleibt der Verpflichtete, wenn er durch die Verletzung auf Kosten des Berechtigten etwas erlangt hat, zur Herausgabe nach den Vorschriften über die Herausgabe einer ungerechtfertigten Bereicherung verpflichtet, § 141 S. 2 PatG, § 24f S. 2 GebrMG iVm § 852 S. 1 BGB. Dieser Anspruch verjährt zehn Jahre nach seiner Entstehung, spätestens aber 30 Jahre nach der Verletzungshandlung, § 852 S. 2 BGB.

97 Die Frage, ob hierin eine Rechtsfolgenverweisung oder eine Rechtsgrundverweisung auf das Bereicherungsrecht liegt, ist für Patentverletzungen bedeutungslos. Denn wenn ein Schadenersatzanspruch vorliegt, sind stets auch die Voraussetzungen der Eingriffskondiktion erfüllt. Die Rechtsprechung qualifiziert die Vorschrift zutreffend als Rechtsfolgenverweisung.[193] Daraus folgt, dass der Anspruch ein Schadenersatzanspruch bleibt, dessen Umfang auf die Bereicherung nach §§ 818, 819 BGB beschränkt wird.

98 Inhaltlich richtet sich dieser Restschadenersatzanspruch ebenso wie der „originäre" Bereicherungsanspruch nach Bereicherungsrecht; insbesondere kann er an einem Wegfall der Bereicherung scheitern.[194] Der Verletzer schuldet die Herausgabe des durch die Verletzung Erlangten, also des Gebrauchs der Erfindung (→ Rn. 84), und hat für diesen nach § 818 Abs. 2 BGB Wertersatz in Höhe der angemessenen Lizenzgebühr (→ Rn. 86 ff.) zu leisten.[195]

99 Umstritten ist, ob der Restschadenersatzanspruch auch die Herausgabe des Verletzergewinns umfasst. Dies stünde im Widerspruch dazu, dass der Restschadenersatzanspruch den verjährten Anspruch auf den Inhalt eines Bereicherungsanspruchs beschränkt[196]: Bereicherungsrechtlich ließe sich die Herausgabe des Verletzergewinns allenfalls begründen, wenn man entweder den Gewinn als erlangtes Etwas[197] (→ Rn. 85) oder als Nutzung iSv § 818 Abs. 1 BGB ansehen, das *commodum ex negotiatione* als Surrogat iSv § 818 Abs. 1 BGB anerkennen,[198] oder den nach § 818 Abs. 2 BGB geschuldeten Wertersatz subjektiv bestimmen würde. All dies würde jedoch eine Abkehr von der bisherigen Rechtsprechung zum Bereicherungsausgleich bedeuten. Wenn der Bereicherungsanspruch nicht auf die Herausgabe des Verletzergewinns gerichtet ist, kann es auch der Restanspruch nicht sein, mag man ihn wegen seines Ursprungs auch als Rest*schadenersatz*anspruch bezeichnen.

100 Dennoch wird verbreitet angenommen, auch die Herausgabe des Verletzergewinns könne im Rahmen des Restschadenersatzanspruchs verlangt werden.[199] Weil der Anspruch seiner Natur nach ein Schadenersatzanspruch bleibe, müsse im Gegensatz zum Bereicherungsanspruch berücksichtigt werden, dass die Haushabe des Verletzergewinns auf die Sanktionie-

---

[193] BGH 26.3.2019, GRUR 2019, 496 Rn. 15 – Spannungsversorgungsvorrichtung; BGH 14.2.1978, GRUR 1978, 492 (496) – Fahrradgepäckträger II.

[194] BGH 29.5.1962, GRUR 1962, 509 (510) – Dia-Rähmchen II; BGH 30.11.1976, BGHZ 68, 90 (95) = GRUR 1977, 250 – Kunststoffhohlprofil I; vgl. auch → Rn. 91 ff.

[195] BGH 26.3.2019, GRUR 2019, 496 Rn. 16 – Spannungsversorgungsvorrichtung.

[196] BGH 15.1.2015, GRUR 2015, 780 Rn. 29 – Motorradteile.

[197] So BeckOK/*Rinken* PatG § 141 Rn. 51, der die Überlegung, der Verletzer habe den von ihm erzielten Gewinn auf Kosten des Patentinhabers erlangt, damit begründet, die Herausgabe des Verletzergewinns beruhe auf der Fiktion, der Verletzte hätte ohne die Patentverletzung den gleichen Gewinn wie der Verletzer erzielt; wohl auch *Pross* FS Schilling, 2007, 333 (337 ff.), der die Unterscheidung zwischen der Feststellung des Erlangten und der Berechnung des Wertersatzes (→ Rn. 84 ff.) nicht beachtet und für diese auch nicht die subjektiv orientierte Betrachtungsweise heranzieht, die möglicherweise sein Ergebnis stützen könnte, sondern einfach den Gewinn als das Erlangte anzusehen scheint.

[198] Zum Streitstand MüKoBGB/*Schwab* § 818 Rn. 47 mwN.

[199] BGH 26.3.2019, GRUR 2019, 496 – Spannungsversorgungsvorrichtung; LG Düsseldorf 23.5.2000, Mitt. 2000, 458 (461) – Dämmstoffbahn; *Grabinski/Zülch* in Benkard PatG § 141 Rn. 9; *Haedicke/Timmann/Kamlah/Haedicke* § 14 Rn. 273; *Hülsewig* GRUR 2011, 673 ff.; *Meier-Beck* GRUR 1993, 5.

rung des schädigenden Verhaltens ziele und präventiv Patentverletzungen verhindern solle.[200] Aus diesem Grund nimmt der BGH an, der Begriff des „Erlangten" in § 141 S. 2 PatG und § 812 Abs. 1 S. 1 Alt. 2 BGB sei nicht derselbe.[201] Andere wollen das Merkmal „auf Kosten ... erlangt" in § 141 S. 2 PatG anders auslegen als in § 812 Abs. 1 S. 1 BGB.[202] Dann wäre die Regelung aber keine reine Rechtsfolgenverweisung, sondern wiese einen eigenständigen Regelungsgehalt auf.[203]

V. Auskunft und Rechnungslegung

a) Ansprüche auf Auskunft

1. Die Geltendmachung von Unterlassungs-, Beseitigungs- und weiteren Ansprüchen erleichtert der selbständige Drittauskunftsanspruch nach § 140b PatG, § 24b GebrMG, der in seiner heutigen Form ebenfalls mit dem DurchsG eingeführt wurde.[204]

2. Der durch eine Patent- oder Gebrauchsmusterverletzung Betroffene kann nach § 140b Abs. 1 PatG, § 24b Abs. 1 GebrMG vom **Verletzer** unverzügliche Auskunft über die Herkunft und den Vertriebsweg schutzrechtsverletzend benutzter Erzeugnisse verlangen. Da der Anspruch auf Auskünfte bezüglich des „benutzten Erzeugnisses" gerichtet ist, setzt er voraus, dass der Verpflichtete bereits schutzrechtsverletzende Benutzungshandlungen in Bezug auf ein Erzeugnis begangen, also jedenfalls ein Erzeugnis, das Gegenstand solcher Handlungen ist oder war, im Besitz hat oder gehabt hat[205]. Der Anspruch umfasst auch Angaben über Lieferanten von Mitteln zur Erfindungsbenutzung iSd § 10 PatG[206] und Vorgänge, die sich im patentfreien Ausland abspielen, denn diese aufzudecken soll § 140b Abs. 1, Abs. 3 Nr. 1 PatG dem Patentinhaber ermöglichen.[207]

3. Liegt eine offensichtliche Rechtsverletzung vor oder hat der Verletzte gegen den Verletzer Klage erhoben, besteht nach Maßgabe von § 140b Abs. 2, § 24b Abs. 2 ein Auskunftsanspruch auch gegen Dritte – daher der Begriff „Drittauskunft" –, die selbst keinen Verletzungstatbestand verwirklicht haben.[208] Voraussetzung ist nur, dass die Person, von der Auskunft verlangt wird, in gewerblichem Ausmaß rechtsverletzende Erzeugnisse in ihrem Besitz hatte (Nr. 1) oder rechtsverletzende Dienstleistungen in Anspruch nahm (Nr. 2) oder für rechtsverletzende Tätigkeiten genutzte Dienstleistungen erbrachte (Nr. 3) oder nach den Angaben einer Person, die gem. Nr. 1, 2 oder 3 Auskunft erteilt hat, an der Herstellung oder am Vertrieb solcher Erzeugnisse oder der Erbringung solcher Dienstleistungen beteiligt war. Der Auskunftspflichtige kann vom Verletzten Ersatz der für die Auskunftserteilung erforderlichen Aufwendungen verlangen (§ 140b Abs. 2 S. 3, § 24b Abs. 2 S. 3). Nicht auskunftspflichtig sind Dritte, die im Prozess gegen den Verletzer nach §§ 383–385 ZPO zur Zeugnisverweigerung berechtigt wären.

4. Der Verpflichtete – Verletzer oder Dritter – hat nach Abs. 3 Angaben zu machen über Namen und Anschrift der Hersteller, Lieferanten und anderer Vorbesitzer der Erzeugnisse

---

[200] BGH 26.3.2019, GRUR 2019, 496 Rn. 19 f. – Spannungsversorgungsvorrichtung.
[201] BGH 26.3.2019, GRUR 2019, 496 Rn. 18 – Spannungsversorgungsvorrichtung; *Hülsewig* GRUR 2011, 673 (676).
[202] *Haedicke/Timmann/Kamlah/Haedicke* § 14 Rn. 273.
[203] Darauf weist *Busse/Keukenschrijver* § 141 Rn. 47 zu Recht hin.
[204] Zum selbständigen Drittauskunftsanspruch aus § 140b PatG, § 24b GebrMG und dessen Abgrenzung vom akzessorischen Auskunftsanspruch nach Treu und Glauben vgl. *Ann/Hauck/Maute*, 52 ff. und 32 ff. m. zahlr. Nachw.
[205] Zur Frage, ob wegen einer – nach § 33 PatG nur entschädigungspflichtigen – Benutzung *vor* Patenterteilung Auskunft über eine Benutzung *nach* Patenterteilung verlangt werden kann, verneinend *Dembowski* FS Traub, 1994, 49 (62).
[206] BGH 20.12.1994, BGHZ 128, 220 (223 f.) – Kleiderbügel.
[207] OLG Karlsruhe 11.2.2015, Mitt. 2015, 384 Rn. 58 – Fahrradfelge; *Busse/Keukenschrijver/Kaess*, 8. Aufl., § 140b Rn. 20.
[208] Krit. hierzu *Peukert/Kur* GRUR-Int 2006, 292 (296 ff.).

oder der Nutzer der Dienstleistungen, der gewerblichen Abnehmer und Verkaufsstellen, für die sie bestimmt waren, sowie über die Menge der hergestellten, ausgelieferten, erhaltenen oder bestellten Erzeugnisse und die Preise, die für die betreffenden Erzeugnisse oder Dienstleistungen bezahlt wurden.

105 Fehlerhaft an dieser Umsetzung von Art. 8 DurchsRL ins deutsche Recht ist zweierlei: Erstens wird so der Drittauskunftsanspruch nach § 140b PatG, § 24b GebrMG, ein **Ermittlungsauskunftsanspruch** zur Aufdeckung von Vertriebswegen und Ermittlung von Hintermännern, mit dem akzessorischen Auskunftsanspruch nach § 242 BGB vermischt, einem **(klage-)vorbereitenden Hilfsanspruch**. Daran ist falsch, dass Preisauskünfte nur im Ausnahmefall Lieferketten aufdecken, aber immer den (Preis-)Wettbewerb gefährden werden. Zweitens droht so eine Gefährdung auch weiterer Unternehmensgeheimnisse, weil die in Art. 8 DurchsRL vorgesehene Verhältnismäßigkeitsprüfung in § 140b Abs. 4 PatG auf einen Anspruchsausschluss bei Unverhältnismäßigkeit reduziert wurde. Befremdlich ist die ungerührte Hinnahme dieser Umsetzungsfehler durch die Praxis.[209] Immerhin geben sowohl Erwägungsgrund 17 der Richtlinie „[...] *in jedem Einzelfall*" als auch Art. 8 Abs. 1 „[...] *begründeten und die Verhältnismäßigkeit wahrenden Antrag des Klägers*" als auch Art. 8 Abs. 2 „[...] *soweit angebracht*" eine Verhältnismäßigkeitsprüfung ausdrücklich für jeden Einzelfall vor. Das ist deutlich mehr als der in § 140b Abs. 4 PatG, § 24b Abs. 4 GebrMG vorgesehene Anspruchsausschluss bei Unverhältnismäßigkeit!

106 5. Sowohl für den Auskunftsanspruch gegen Verletzer als auch für denjenigen gegen Dritte gelten Abs. 3–10 der § 140b PatG, § 24b GebrMG: Nach Abs. 7 kann der Anspruch in Fällen offensichtlicher Rechtsverletzung mittels **einstweiliger Verfügung** durchgesetzt werden. Abs. 4 schließt den Anspruch bei **Unverhältnismäßigkeit** aus. Warum diese Regelung die DurchsRL nicht hinreichend umsetzt, wurde unter → Rn. 105 erläutert.

107 Nach Abs. 5 ist der Auskunftspflichtige dem Verletzten für einen wegen vorsätzlich oder grob fahrlässig falscher Auskunft entstehenden Schaden ersatzpflichtig. Abs. 6 schützt denjenigen, der eine wahre Auskunft erteilt, weil er irrtümlich annimmt, hierzu verpflichtet zu sein, vor Schadensersatzansprüchen Dritter.[210] Nach Abs. 8 dürfen durch eine Auskunft erlangte Erkenntnisse in einem Straf- oder Ordnungswidrigkeitsverfahren wegen einer vor deren Erteilung begangenen Tat gegen den Verpflichteten oder einen nach § 52 Abs. 1 StPO zur Zeugnisverweigerung berechtigten Angehörigen nur mit Zustimmung des Verpflichteten verwendet werden. Wenn die Auskunftserteilung nur unter Verwendung von Verkehrsdaten iSd Telekommunikationsgesetzes möglich ist, muss vorher zur Wahrung des Fernmeldegeheimnisses (Abs. 10) die Zulässigkeit der Verkehrsdatenverwendung gem. Abs. 9 S. 1–8 richterlich angeordnet worden sein. Im Übrigen bleiben nach Abs. 9 S. 8 die Vorschriften des Datenschutzrechts unberührt.

108 6. Die Auskünfte, die der Schutzrechtsinhaber verlangen kann, genügen im Allgemeinen für Unterlassungs- und Beseitigungsansprüche wegen Herstellens, Anbietens und Inverkehrbringens erfindungsgemäßer Erzeugnisse sowie gegen Abnehmer wegen Anbietens, Inverkehrbringens, Gebrauchens, Einfuhr oder Besitzes. Sie können auch zur Begründung von Schadenersatzansprüchen gegen den auskunftspflichtigen Verletzer selbst und gegen Dritte verwendet werden; allerdings können, auch nachdem die Auskunftspflicht durch die (problematische, → Rn. 104) Neufassung von § 140b PatG auf die bezahlten Preise erstreckt ist, zur Berechnung der Höhe des Schadenersatzes weitere Angaben nötig sein, die nicht nach § 140b PatG, § 24b GebrMG, sondern nur nach den Grundsätzen geschuldet sind, die die Rechtsprechung zum akzessorischen Auskunftsanspruch nach § 242 BGB schon lange vor Einführung dieser Sondervorschriften entwickelt hat. Der hierbei gestattete „Wirtschaftsprüfervorbehalt" findet im Rahmen der Sondervorschriften nur insoweit Anwendung, als ohne ihn das Auskunftsverlangen ausnahmsweise unverhältnismäßig wäre, was der Verpflichtete konkret darzulegen und zu beweisen hat.[211]

---

[209] Vgl. nur *Kühnen* Patentverletzung-HdB Kap. D Rn. 529; *Kamlah* in Haedicke/Timmann PatR-HdB § 14 Rn. 325, unter Hinweis auf OLG Düsseldorf InstGE 12, 210 – Gleitsattelscheibenbremse.
[210] Die Vorschrift ist aber keine Grundlage für solche Ansprüche, vgl. die Begründung, BT-Drs. 16/5048, 39.
[211] BGH 20.12.1994, BGHZ 128, 220 (227 f.) – Kleiderbügel; OLG Düsseldorf 28.4.2005, InstGE 5, 249 Rn. 3 – Faltenbalg; *Grabinski/Zülch* in Benkard PatG § 139 Rn. 89a und PatG § 140b Rn. 2;

§ 35. Ansprüche wegen Patent- oder Gebrauchsmusterverletzung V § 35

Strittig ist, ob in entsprechender Anwendung von §§ 259 Abs. 2, 260 Abs. 2 BGB eine eidesstattliche *Versicherung* des Verpflichteten verlangt werden kann, wenn Grund zur Annahme besteht, dass die Angaben nicht mit der erforderlichen Sorgfalt gemacht worden sind[212]. Wenn aber daran festgehalten wird, dass im Rahmen der herkömmlichen Grundsätze über den Auskunfts- und Rechnungslegungsanspruch eine eidesstattliche Versicherung verlangt werden kann[213], muss diese auch Angaben umfassen, zu denen der Verletzer schon nach den Sondervorschriften verpflichtet wäre. Die Begründung zum Gesetz vom 7.7.2008[214] geht davon aus, dass der Verletzte Anspruch auf eine eidesstattliche Versicherung hat, wenn er die Unrichtigkeit der Auskunft vermutet. Die Abgabe einer eidesstattlichen Versicherung zu Angaben, die sich, wie Namen und Anschriften Dritter, ohne weiteres durch deren Befragen überprüfen lassen, kann nicht verlangt werden. Hier fehlt das Rechtsschutzbedürfnis. 109

7. Nach § 141a PatG, § 24g GebrMG bleiben Ansprüche aus anderen gesetzlichen Vorschriften unberührt. Soweit es um Auskunft geht, gilt dies insbesondere für akzessorische Auskunftsansprüche nach § 242 BGB, etwa auf Auskunft und Rechnungslegung gegen den schadenersatzpflichtigen Verletzer (→ Rn. 108). Im **Prozess** kann sich daraus als **sog. sekundäre Darlegungslast** die Verpflichtung einer nicht beweisbelasteten Partei ergeben, dem Gegner Informationen zur Erleichterung seiner Beweisführung zu liefern, namentlich die Spezifizierung von Tatsachen, soweit diese der beweisbelasteten Partei nicht oder nur unter unverhältnismäßigen Schwierigkeiten zugänglich sind, während dem Gegner ihre Offenbarung ohne weiteres möglich und zumutbar ist. Diese Grundsätze sind zwar auch im Patentverletzungsprozess anwendbar.[215] Praktisch helfen freilich auch sie nicht weiter, wenn dem Kläger schon keine substantiierte Behauptung möglich ist, wie häufig bei technisch komplexen Sachverhalten im Patentverletzungsprozess. Manchmal hat der Beklagte auch selbst nicht die notwendigen Kenntnisse, etwa weil er als Spediteur keine Informationen zum Herstellungsprozess hat und diese auch nicht ohne weiteres beschaffen kann.[216] Keine Darlegungslast besteht auch bei Unzumutbarkeit, denn die Offenbarung schutzwürdiger Geschäftsgeheimnisse kann nicht verlangt werden.[217] 110

b) Rechnungslegung

1. Die Tatsachen, von denen die Höhe eines Schadenersatz- oder Bereicherungsanspruchs abhängt, sind dem Verletzten oft weder bekannt noch zugänglich. So bestimmt sich die angemessene Lizenzgebühr regelmäßig nach den patentverletzend getätigten Umsätzen; auch geben diese Anhaltspunkte für den Gewinnentgang beim Verletzten, sofern die Nachfrage ausgenommen wird, die nicht mit hinreichender Wahrscheinlichkeit ihm zugutegekommen wäre. Für die Ermittlung des vom Verletzer erzielten Gewinns sind neben den patentverletzenden Umsätzen die hierauf entfallenden Kosten des Verletzers von Bedeutung. Der Berechtigte kann wegen dieser Umstände seiner Darlegungs- und Beweislast für die Höhe des Ersatzes, der ihm nach der von ihm gewählten Methode der Schadensberechnung oder als Bereicherungsausgleich zusteht, ohne Hilfe des Verletzers oft nicht genügen. Die Rechtsprechung gewährt ihm deshalb seit langem einen Anspruch auf Rechnungsle- 111

Busse/Kaess PatG § 140b Rn. 90; sorgfältige Prüfung der Verhältnismäßigkeit fordert *Geschke* FS Schilling, 2007, 125 ff., wenn von einem mittelbaren Verletzer Auskunft verlangt wird.
[212] Bejahend *Voß/Kühnen* in Schulte PatG § 140b Rn. 42; *Grabinski/Zülch* in Benkard PatG § 140b Rn. 18; verneinend *Busse/Kaess* PatG § 140b Rn. 36 mwN.
[213] So *Busse/Kaess* PatG § 140b Rn. 78 ff.
[214] BT-Drs. 16/5048, 39.
[215] BGH 30.9.2003, GRUR 2004, 268 (269) – Blasenfreie Gummibahn II.
[216] BGH 17.9.2009, GRUR 2009, 1142 (1143) – MP3-Player-Import; *Grosch* in Ann/Loschelder/Grosch Know-how-Schutz-HdB Kap. 6 Rn. 190.
[217] BGH 20.1.1961, GRUR 1961, 356 (359) – Pressedienst; BGH 13.7.1962, GRUR 1963, 270 (271) – Bärenfang; BGH 12.11.1991, GRUR 1992, 191 (194) – Amtsanzeiger; *Ann* in Ann/Loschelder/Grosch Know-how-Schutz-HdB Kap. 7 Rn. 43; Schramm/*Schneider* Kap. 10 Rn. 64; aA *Mes* GRUR 2000, 934 (940).

§ 35 V 5. Abschnitt. Wirkung und Durchsetzung der Schutzrechte

gung, wenn dem Grunde nach ein Anspruch auf Schadenersatz feststeht[218]. Dafür genügt der Nachweis einer schuldhaften Verletzungshandlung, die sich auf den Markt ausgewirkt hat. Für den Bereicherungsanspruch gilt Entsprechendes mit der Maßgabe, dass die Verletzung nicht schuldhaft zu sein braucht; allerdings kann in diesem Fall Rechnungslegung nur verlangt werden, soweit sie zur Ermittlung der angemessenen Lizenzgebühr erforderlich ist (vgl. → Rn. 63). Die Pflicht zur Rechnungslegung erstreckt sich auch auf Verletzungshandlungen, die nach Schluss der letzten mündlichen Verhandlung begangen werden; eine Verurteilung ist regelmäßig in diesem Sinn auszulegen.[219]

112 2. Der Anspruch auf Rechnungslegung wird teilweise auf eine entsprechende Anwendung der §§ 687 Abs. 2, 681, 666 BGB gestützt,[220] die jedoch bei nicht wissentlicher Patentverletzung nicht gerechtfertigt ist (vgl. → Rn. 79). Überzeugender ist der Hinweis auf § 242 BGB: der zum Schadenersatz (oder Bereicherungsausgleich) Verpflichtete hat seine Verpflichtung so zu erfüllen, wie Treu und Glauben mit Rücksicht auf die Verkehrssitte es erfordern. Dazu gehört, dass er dem Gläubiger die Berechnungsgrundlagen zur Verfügung stellt, soweit diese durch die näheren Umstände der rechtswidrigen Handlungen bestimmt und dem Gläubiger aus von diesem nicht zu vertretenden Gründen unzugänglich sind. Im Ergebnis steht jedenfalls der Rechnungslegungsanspruch außer Streit; vielfach wird er als Gewohnheitsrecht angesehen.[221] Die Rechnungslegung ist eine qualifizierte Form der Auskunft. Wenn Rechnung gelegt ist, kann nicht außerdem bezüglich desselben Informationsgegenstands Auskunft verlangt werden.[222]

113 Seit Einführung der § 140b PatG, § 24b GebrMG durch das ProdPG 1990 und deren Erweiterung durch das DurchsG von 2008 kann sich der Verletzte jedenfalls einen erheblichen Teil der jeweils benötigten Angaben mittels des dort geregelten Auskunftsanspruchs verschaffen, der kein Verschulden voraussetzt (→ Rn. 101 ff.). Soweit dennoch im Einzelfall zusätzliche Angaben benötigt werden, hilft der allgemeine (Auskunfts- und) Rechnungslegungsanspruch, der nach § 141a PatG, § 24g GebrMG unberührt bleibt.[223]

114 3. Die Rechnungslegung muss alle Einzelheiten enthalten, die der Verletzte benötigt, um sich für eine der ihm offenstehenden Berechnungsmethoden entscheiden und die Schadenshöhe berechnen zu können.[224] Zudem sind Angaben zu machen, die es ihm erlauben, die Rechnung nachzuprüfen. Demgemäß hat der Verpflichtete die Mengen, Preise, Zeiten und Abnehmer patentverletzender Lieferungen und die Zeiten der Herstellung patentverletzender Erzeugnisse mitzuteilen. Für die Berechnung seines Gewinns hat er auch seine Gestehungs- und Vertriebskosten anzugeben; unter Umständen kann dazu auch die Angabe von Lieferanten erforderlich sein, von denen der Verletzer keine erfindungsgemäßen Erzeugnisse, sondern nur Material und Hilfsmittel für deren Herstellung bezogen hat.[225] Regelmäßig kann nach der Rechtsprechung auch die Vorlage von Auftragsbelegen, Auftragsbestätigungen, Rechnungen sowie Liefer- und Zollpapieren verlangt werden.[226] Ausdrückliche Regelungen für Ansprüche auf Vorlage von Urkunden und anderen Unterlagen enthalten nunmehr § 140c PatG, § 24c GebrMG (dazu → § 36 Rn. 34 ff.). Angesichts der

---

[218] Ausführlich hierzu *Dreier*, 574 ff.
[219] BGH 4.5.2004, GRUR 2004, 755 – Taxameter; ausführlich zur Problematik *Grosch/Schilling* FS Eisenführ, 2003, 131 ff.
[220] BGH 14.1.1958, GRUR 1958, 288 – Dia-Rähmchen I.
[221] BGH 26.3.2019, GRUR 2019, 496 Rn. 12 – Spannungsversorgungsvorrichtung; BGH 13.3.1962, GRUR 1962, 401 – Kreuzbodenventilsäcke III.
[222] BGH 14.1.1958, GRUR 1958, 288 – Dia-Rähmchen I; BGH 29.1.1985, GRUR 1985, 472 – Thermotransformator.
[223] Begründung, BT-Drs. 16/5048, 39.
[224] Zu Inhalt und Umfang der Rechnungslegungspflicht: BGH 2.4.1957, GRUR 1957, 336 – Rechnungslegung; BGH 14.1.1958, GRUR 1958, 288 – Dia-Rähmchen I; BGH 23.2.1962, GRUR 1962, 354 (356) – Furniergitter mAnm *Friedrich;* OLG Düsseldorf 29.6.2000, Mitt. 2001, 424.
[225] BGH 16.9.1982, GRUR 1982, 723 (725 f.) – Dampffrisierstab I.
[226] OLG Düsseldorf 28.4.2005, InstGE 5, 249 – Faltenbalg.

weitgehenden Digitalisierung der Geschäftswelt kann der Gläubiger auch in Patentstreitsachen Auskunft und Rechnungslegung regelmäßig in einer mittels EDV auswertbaren, elektronischen Form fordern.[227]

Wenn Zweifel bestehen, welche vom Verletzer hergestellten oder gelieferten Erzeugnisse in den Schutzbereich des Patents fallen, müssen über die technische Beschaffenheit der in Betracht kommenden Erzeugnisse so genaue Angaben gemacht werden, dass der Verletzte beurteilen kann, ob sie als patentverletzend in die Schadensberechnung einzubeziehen sind.[228] **115**

Die Nennung von Abnehmern oder Lieferanten erfindungsgemäßer Erzeugnisse kann der Verletzte bereits nach § 140b PatG, § 24b GebrMG fordern (→ Rn. 104). Dabei kann der Verletzer grundsätzlich nicht verlangen, dass er die Abnehmer oder Lieferanten nicht dem Verletzten, sondern nur einer Vertrauensperson, zB einem vereidigten Wirtschaftsprüfer anzugeben braucht: Bei Anwendung der Sondervorschriften kommt ein **„Wirtschaftsprüfervorbehalt"** in Betracht, wenn ohne ihn das Auskunftsverlangen unverhältnismäßig wäre (vgl. → Rn. 106). Dagegen wird er im Rahmen des aus allgemeinen Grundsätzen abgeleiteten Rechnungslegungsanspruchs gewährt, soweit dem Verletzer Angaben aus Wettbewerbsgründen unzumutbar sind[229]. Von Bedeutung ist dies aber nur noch in Bezug auf Angaben, die nicht schon nach den Sondervorschriften verlangt werden können. **116**

Wird der Vorbehalt gewährt, muss der Verpflichtete die Nachprüfbarkeit sicherstellen, indem er die Vertrauensperson zur Auskunft darüber ermächtigt, ob bestimmte, vom Verletzten zu bezeichnende Umsätze in der Rechnung enthalten sind. Die Auswahl der Vertrauensperson steht dem Verletzten zu; die Kosten, die durch deren Einschaltung entstehen, muss der Verletzer übernehmen. **117**

Geht der Verletzte zulässigerweise zu einer anderen Art der Schadensberechnung über, beispielsweise von der Lizenzanalogie zur Berechnung nach dem Verletzergewinn (vgl. → Rn. 50), kann er, selbst wenn der Verletzer bereits rechtskräftig zur Rechnungslegung verurteilt ist, die zusätzlichen Angaben fordern, die für die nunmehr gewählte Berechnungsart nötig sind.[230] **118**

Der Verletzte kann Ergänzung einer unvollständigen Rechnungslegung verlangen, hat aber keinen Anspruch auf Überprüfung der gelegten Rechnung durch einen Wirtschaftsprüfer.[231] **119**

4. Hat der Verletzte Grund zu der Annahme, dass die Rechnungslegung nicht mit der gebotenen Sorgfalt erfolgt ist, kann er vom Verletzer in entsprechender Anwendung von § 259 Abs. 2 BGB die eidesstattliche Versicherung verlangen, dass dieser die geforderten Angaben so vollständig gemacht habe, wie er dazu imstande sei.[232] Dies wird auch insoweit geltend gemacht, als die Rechnungslegung Angaben enthält, die nach § 140b PatG, § 24 GebrMG verlangt werden können (vgl. → Rn. 109). Der Verpflichtete kann vor der Versicherung seine Angaben ergänzen und berichtigen.[233] **120**

---

[227] OLG Düsseldorf 13.8.2020, GRUR-RS 2020, 44647 Rn. 105 – Zündkerze; LG Düsseldorf 21.9.2017, Mitt. 2018, 73 f. – Heizkessel mit Brenner I mAnm *Meckel/Druschel,* die völlig zurecht auf die Zeitgemäßheit dieses Anspruches hinweisen; aA OLG Karlsruhe 24.2.2016, BeckRS 2016, 14986 Rn. 57 – Hubwagen.
[228] BGH 13.3.1962, GRUR 1962, 398 (400) – Kreuzbodenventilsäcke II.
[229] BGH 2.4.1957, GRUR 1957, 336 – Rechnungslegung; BGH 22.11.1957, GRUR 1958, 346 (348 f.) – Spitzenmuster; BGH 23.2.1962, GRUR 1962, 354 (357) – Furniergitter; BGH 27.2.1963, GRUR 1963, 640 (642) – Plastikkorb; BGH 28.10.1965, GRUR 1966, 198 – Plastikflaschen; BGH 3.6.1976, GRUR 1976, 579 (583) – Tylosin; BGH 16.9.1982, GRUR 1982, 723 (726) – Dampffrisierstab I.
[230] BGH 13.7.1973, GRUR 1974, 53 (54 f.) – Nebelscheinwerfer; BGH 29.1.1985, GRUR 1985, 472 – Thermotransformator.
[231] BGH 3.7.1984, BGHZ 92, 62 – Dampffrisierstab II; dazu *Brändel* GRUR 1985, 616 ff.; krit. *v. d. Osten* GRUR 1998, 284 (286).
[232] BGH 13.3.1962, GRUR 1962, 398 (400) – Kreuzbodenventilsäcke II; 3.7.1984, BGHZ 92, 62 – Dampffrisierstab II.
[233] Zur Möglichkeit strafrechtlichen Vorgehens wegen unrichtiger Angaben *Schmaltz/Kucera* GRUR 2006, 97 ff.

VI. Gläubiger und Schuldner

a) Anspruchsberechtigte

121 1. Der **Unterlassungsanspruch** steht dem **Patentinhaber** sowie dem **ausschließlichen Lizenznehmer** zu. Neben seinem ausschließlichen Lizenznehmer wegen einer Verletzung seines Patents anspruchsberechtigt ist der Patentinhaber, wenn er durch die Verletzung „betroffen ist".[234] Das ist dann der Fall, wenn er sich mit der Lizenzierung nicht sämtlicher Rechte aus dem Schutzrecht begeben hat[235] oder wenn ihm aus der Lizenzvergabe fortdauernde materielle Vorteile erwachsen.

122 Sind mehrere (zB räumlich) beschränkte ausschließliche Lizenzen erteilt, hängt der Unterlassungsanspruch jedes Lizenznehmers davon ab, dass gerade in dem ihm vorbehaltenen Tätigkeitsbereich und damit im Geltungsbereich seines Verbietungsrechts Verletzungshandlungen zu befürchten sind. Der Anspruch des Patentinhabers selbst unterliegt keinen solchen Einschränkungen; der Lizenznehmer kann ihm jedoch durch Erteilung einer Unterlizenz, sofern er hierzu befugt ist, die Grundlage entziehen.[236]

Ein **Nießbraucher** oder **Pfandgläubiger** kann nach §§ 1068 Abs. 2, 1065 bzw. 1273 Abs. 2, 1227 (jeweils in Verbindung mit § 1004) BGB Unterlassung patentverletzender Handlungen verlangen, die sein Recht beeinträchtigen, was sowohl beim Nießbrauch als auch beim Pfandrecht regelmäßig zutreffen wird, weil die Verletzung die wirtschaftliche Nutzungsmöglichkeit und den Wert des Patents schmälert.[237]

123 Keinen Unterlassungsanspruch haben *einfache Lizenznehmer.*[238] Sie haben keine eigene Klagebefugnis, sondern können bestenfalls kraft gewillkürter Prozessstandschaft ein fremdes Recht im eigenen Namen geltend machen.[239] Im Übrigen sind sie darauf angewiesen, dass der Patentinhaber oder ausschließliche Lizenznehmer seinen Unterlassungsanspruch geltend macht. Aus dem Vertrag über die einfache Lizenz kann sich eine Verpflichtung hierzu ergeben.

124 2. **Schadenersatz- und Bereicherungsansprüche** stehen in vollem Umfang dem Patentinhaber[240] zu, wenn keine Lizenz erteilt ist. Soweit eine *ausschließliche Lizenz* besteht, hat den Anspruch auf Schadenersatz wegen der in ihren Geltungsbereich eingreifenden Verletzungshandlungen der Lizenznehmer. Der Patentinhaber kann daneben Schadenersatz fordern, wenn der Lizenznehmer ihm ohne die Verletzung höhere Entgelte hätte zahlen müssen, nicht aber, wenn ihn dieser – zB durch ein Pauschalentgelt – vollständig abgefunden hatte[241]. Der Patentinhaber kann hier seinen Schadenersatz also nur in Form des ihm konkret entgangenen Gewinns berechnen. Schadenersatz in Höhe eines

---

[234] BGH 5.4.2011, GRUR 2011, 711 Rn. 15 – Cinch-Stecker.

[235] BGH 20.5.2008, BGHZ 176, 311 Rn. 24 = GRUR 2008, 896 – Tintenpatrone.

[236] *Pahlow* GRUR 2007, 1001 (1006) nimmt an, jeder Anspruchsberechtigte könne gem. § 432 Abs. 1 BGB nur Leistung „an alle" fordern. Für Leistungen, die in einem Unterlassen bestehen (vgl. § 241 Abs. 1 S. 2 BGB), passt das nicht. Vielmehr kommt es darauf an, ob das Vorgehen des einen Berechtigten zur Folge hat, dass die Begehungsgefahr wegfällt.

[237] Vgl. BGH 24.3.1994, BGHZ 125, 334 – Rotationsbürstenwerkzeug: Klage eines Pfändungspfandgläubigers gegen Abnehmer des Patentinhabers erfolglos, weil dieser die in Frage stehenden Erzeugnisse mit Erschöpfungswirkung in Verkehr gebracht hatte.

[238] Krit. zu diesem Grundsatz *Knobloch*, mit eingehender Auseinandersetzung; er befürwortet einen Unterlassungsanspruch des Lizenznehmers auch bei der einfachen Lizenz, soweit dies ausdrücklich vereinbart oder durch Vertragsauslegung begründbar ist.

[239] OLG Düsseldorf 24.9.2015, BeckRS 2015, 18754 Rn. 20 – Zigarettenpapier.

[240] Im Falle der Patentübertragung entscheidet nicht die materielle Rechtslage, sondern ausschließlich der Registerstand, so OLG Düsseldorf 13.1.2011, InstGE 12, 261 (262 f.) – Fernsehmenü-Steuerung.

[241] BGH 5.4.2011, GRUR 2011, 711 Rn. 14 ff. – Cinch-Stecker; RG 28.5.1932, RGZ 136, 320; 13.10.1937, RGZ 156, 65 – Scheidenspiegel; RG 24.11.1942, GRUR 1943, 169 (172); Benkard/*Grabinski/Zülch* PatG § 139 Rn. 58.

angemessenen Nutzungsentgelts oder des (anteiligen) Verletzergewinns oder Bereicherungsausgleich kann nur der Lizenznehmer fordern,[242] da allein ihm die Marktchance zugestanden hätte, die durch diese Beträge repräsentiert wird. Soweit dem Patentinhaber Schadenersatz zusteht, mindert sich der Anspruch des Lizenznehmers, da diesen die Wahrnehmung der vom Verletzer konsumierten Marktchance entsprechend höhere Nutzungsentgelte gekostet hätte.

Einfache Lizenznehmer haben nach hM keinen eigenen Schadenersatzanspruch.[243] 125
Der Patentinhaber (oder ausschließliche Lizenznehmer), der seinen Schadenersatz konkret berechnet, wird dabei aber den seinen Lizenznehmern entgangenen Gewinn im Wege einer Art „Drittschadensliquidation" einbeziehen dürfen.[244] Der Verletzer kann also dem Anspruch des Patentinhabers nicht entgegenhalten, dass nicht dieser, sondern ein Lizenznehmer die in Frage stehenden Umsätze gemacht hätte. Verlangt der Patentinhaber Schadenersatz nach Lizenzanalogie, wird die Berücksichtigung eines Lizenznehmerschadens gewöhnlich nicht in Betracht kommen. Die Wahl dieser Methode bedeutet grundsätzlich, dass in derselben Höhe, in der Schaden errechnet wird, eine Kostenersparnis bei den Lizenznehmern zu unterstellen ist. Soweit jedoch umsatzunabhängige Leistungen von Lizenznehmern in Frage stehen, wird der Patentinhaber seine Lizenznehmer an der Ersatzleistung beteiligen müssen. Entsprechendes gilt, wenn eine angemessene Lizenzgebühr als Bereicherungsausgleich verlangt wird. Fordert der Patentinhaber Herausgabe des Verletzergewinns, wird er seine Lizenznehmer insoweit zu beteiligen haben, als diesen ein nicht durch Kosteneinsparung kompensierter Gewinnausfall erwachsen ist.

b) Verpflichtete

Die Ansprüche auf Unterlassung und Schadenersatz richten sich gegen jede natürliche 126
Person, die durch **eigenes Handeln** – allein oder im Zusammenwirken mit anderen, in eigenem oder fremdem Interesse, in selbständiger oder abhängiger Stellung – einen Tatbestand der unmittelbaren oder mittelbaren Patentverletzung zu verwirklichen droht bzw. schuldhaft verwirklicht hat.[245] Für Anstifter und Gehilfen (vgl. → § 33 Rn. 386 ff.) gilt Entsprechendes. Der gesetzliche Vertreter einer Gesellschaft, die ein patentverletzendes Erzeugnis herstellt oder im Inland in Verkehr bringt, kann aus Unterlassen persönlich haftbar sein, wenn er die Geschäftstätigkeit der Gesellschaft im Rahmen seiner Möglichkeiten nicht so steuert, dass Verletzungen technischer Schutzrechte unterbleiben.[246] Außerdem richten sich die Ansprüche gegen diejenigen natürlichen oder juristischen Personen und Personengesellschaften, denen das Handeln des Verletzers oder Teilnehmers zivilrechtlich *zurechenbar* ist, also nach § 31 BGB analog beispielsweise gegen eine AG, GmbH, OHG oder KG, bei Vorliegen eines entsprechenden weitgehenden Beherrschungsvertrags auch als Konzernholding[247], deren Vorstand(smitglied), Geschäftsführer, geschäftsführungsberechtigter Gesell-

---

[242] So auch *Kühnen* FS Schilling, 2007, 311 (322 ff.); aA *Pahlow* GRUR 2007, 1001 (1004, 1006).
[243] Vgl. *Grabinski/Zülch* in Benkard PatG § 139 Rn. 17 mwN.
[244] In diesem Sinne *Fischer* GRUR 1980, 374 (377 f.); aA *Grabinski/Zülch* in Benkard PatG § 139 Rn. 17.
[245] BGH 5.6.1975, GRUR 1975, 652 – Flammkaschierverfahren; BGH 21.9.1978, GRUR 1979, 48 (49) – Straßendecke; OLG Düsseldorf 13.4.1978, GRUR 1978, 588; LG Düsseldorf 4.12.1984, GRUR-Int 1986, 807 (808); 23.5.2000, Mitt. 2000, 458 (461) (Verantwortlichkeit einer Muttergesellschaft wegen Teilnahme an Verletzungshandlungen von Tochtergesellschaften); vgl. auch RG 27.10.1934, GRUR 1935, 99 (101); zu Voraussetzungen und Grenzen einer persönlichen Verantwortlichkeit von GmbH-Geschäftsführern und anderen als Organe von juristischen Personen und ihnen gleichgestellten Gesellschaften Tätigen *Klaka* GRUR 1988, 729 (735); *Götting* GRUR 1994, 6 ff.; *Haß* FS Schilling, 2007, 249 ff.; *Werner* GRUR 2009, 820 ff.
[246] BGH 15.12.2015, GRUR 2016, 257 Rn. 105 ff., 114 ff. – Glasfasern II; krit. dazu *Müller* GRUR 2016, 570 ff.; s. auch *Werner* GRUR 2015, 739; *Kurtz* FS 50 J. Patentgerichtsbarkeit Düsseldorf, 2016, 345; *Dregelies* GRUR 2018, 8.
[247] *Buxbaum* GRUR 2009, 240 (242 f.).

§ 35 VI 5. *Abschnitt. Wirkung und Durchsetzung der Schutzrechte*

schafter[248] oder sonstiger Repräsentant, der einen bestimmten Aufgaben- oder Funktionsbereich selbständig und eigenverantwortlich wahrnimmt,[249] und nach § 831 BGB gegen den Arbeitgeber, dessen Arbeitnehmer eine Verletzungshandlung begeht oder daran teilnimmt.

127 Freilich kann im letzteren Fall der Arbeitgeber der Schadenersatzpflicht durch den Nachweis entgehen, dass ihn bezüglich Auswahl, Ausrüstung, Anleitung und Beaufsichtigung des Arbeitnehmers kein Verschulden trifft. Das setzt aber voraus, dass die den Arbeitnehmern übertragenen Tätigkeiten mit der gebotenen Sorgfalt (vgl. → Rn. 34 ff.) daraufhin überprüft werden, ob dabei eine Patentverletzung in Betracht kommt.

128 Auf Schadenersatz haften grds. alle für eine schuldhafte Verletzung Verantwortlichen[250] *gesamtschuldnerisch* (§ 840 Abs. 1 BGB).[251] Soweit von einem voller Schadenersatz geleistet ist, kann ihn der Verletzte von den Übrigen nicht mehr verlangen;[252] doch sind diese dem Leistenden ausgleichspflichtig (§§ 422 Abs. 1, 426 BGB).

129 Der Anspruch auf Gewinnherausgabe kann gegen jeden von mehreren Verletzern nur im Umfang des von ihm erzielten Gewinns erhoben werden.[253]

130 Ebenso kann Herausgabe einer Bereicherung nur von demjenigen gefordert werden, der durch die Verletzungshandlung etwas erlangt hat.[254]

---

[248] Da es nicht um rechtsgeschäftliches Handeln geht, ist hier nicht die Befugnis zur Vertretung, sondern diejenige zur Geschäftsführung für die Frage maßgebend, ob ein Gesellschafter iSd § 31 BGB „in Ausführung der ihm zustehenden Verrichtungen" gehandelt hat. Entsprechend endet die Haftung des Geschäftsführers mit der Niederlegung seines Amts – nicht erst mit deren Eintragung im Handelsregister, OLG Düsseldorf 8.10.2008, InstGE 10, 129 Rn. 43 – Druckerpatrone II.

[249] Im sog. „Dieselskandal" wurde neben dem für die Entwicklung zuständigen Vorstandsmitglied auch der Leiter der Entwicklungsabteilung als verfassungsmäßig berufener Vertreter iSv § 31 BGB eingestuft, BGH 25.5.2020, NJW 2020, 1962 Rn. 33; OLG Koblenz 20.5.2019, BeckRS 2019, 30991 Rn. 54 ff. Zu leitenden Angestellten, OLG Düsseldorf 24.10.1950, GRUR 1951, 316 (317).

[250] Der in diesem Zusammenhang oft gebrauchte Begriff „Nebentäter" (s. zB *Allekotte* Mitt. 2004, 1 (7)) bringt keinen Erkenntnisgewinn. Worauf es ankommt, ist allein die Mitverursachung des Schadens durch eine mindestens fahrlässig begangene Schutzrechtsverletzung. Soweit einer von mehreren Verletzern nicht den ganzen Schaden verursacht hat, steht er zu dem oder den anderen nicht in einem Gesamtschuldverhältnis. Für den durch inländische Herstellung und inländischen Vertrieb eines bestimmten Erzeugnisses verursachten Schaden sind der Hersteller und jeder Händler der anschließenden Vertriebskette bei Verschulden auch dann als Gesamtschuldner verantwortlich, wenn der Schaden gemäß der Lizenzanalogie berechnet wird. Es schuldet nicht etwa der Hersteller eine angemessene Herstellungs- und Vertriebslizenz und jeder Händler nur eine angemessene Vertriebslizenz, so dass nur in der (geringeren) Höhe der letzteren ein Gesamtschuldverhältnis bestünde; aA *Allekotte* Mitt. 2004, 1 (10); vgl. auch *Zahn*, 160 ff.

[251] Das gilt auch für den Schaden aus einer Patentverletzung, zu der ein Lieferant hierzu verwendeter Mittel unter Erfüllung des Tatbestands des § 10 PatG beigetragen hat. Entgegen *Holzapfel* GRUR 2002, 193 (197) kommt in einem solchen Fall kein gesonderter Schadensersatzanspruch gegen den Lieferanten unter dem Gesichtspunkt einer „Anmaßung" des Rechts, einer solchen Lieferung zuzustimmen, und deshalb auch keine entsprechende Mithaftung des Patentverletzers in Betracht (→ Rn. 40 ff.). Im Ergebnis scheint dies auch *Holzapfel* zu sehen; die Begründung ergibt sich aber daraus, dass im Fall einer unter Verwendung der gelieferten Mittel begangenen unmittelbaren Verletzung allein der durch diese verursachte Schaden zu ersetzen ist, und aus der Anwendung der Regeln über die Gesamtschuld.

[252] Vgl. OLG Düsseldorf 13.11.1997, Mitt. 1998, 358; zu möglichen Auswirkungen unterschiedlicher Berechnungsmethoden *Götz* GRUR 2001, 295 (301); *Allekotte* Mitt. 2004, 1 (10 f.).

[253] So im Ergebnis auch BGH 14.5.2009, GRUR 2009, 856 (863 f.) – Tripp-Trapp-Stuhl (zum Urheberrecht); *Holzapfel* GRUR 2012, 242 (244 f.); *Tilmann* GRUR 2003, 649 (653); *Allekotte* Mitt. 2004, 9 f. Anders noch OLG Düsseldorf 9.9.2004, InstGE 5, 17 – Ananasschneider.

[254] Nach *Götz* GRUR 2001, 295 (300) soll auch hier unter mehreren Verpflichteten ein Gesamtschuldverhältnis in Frage kommen. Das widerspricht aber der Beschränkung des Anspruchs auf die jeweils vorhandene Bereicherung; so auch *Holzapfel* GRUR 2012, 242 (248).

VII. Einreden und Einwendungen

1. Ansprüche aus dem Patent oder Gebrauchsmuster kann der Benutzer der geschützten **131** Erfindung unter Berufung auf ein eigenes älteres oder prioritätsgleiches (nicht dagegen ein jüngeres) Schutzrecht (vgl. → § 33 Rn. 30, 31, 36) abwehren, das ihm hinsichtlich der von ihm benutzten technischen Lehre zusteht.[255] Ebenso kann er ein von ihm nach §§ 12, 123 Abs. 5–7, 13, 23 oder 24 PatG, §§ 13 Abs. 3, 20, 21 Abs. 1 GebrMG (§ 34) oder nach §§ 7 Abs. 2 oder 16 Abs. 3 ArbEG (§ 21) erlangtes Benutzungsrecht oder einen Übertragungsanspruch (→ § 20 Rn. 1 ff.) der Geltendmachung des Patents oder Gebrauchsmusters entgegensetzen.

Allein die Abgabe einer Lizenzbereitschaftserklärung (→ § 34 Rn. 1 ff.) des Patentinha- **132** bers kann der Benutzer hingegen nicht einwenden, denn es gibt keinen Grundsatz, dass derjenige, der durch eine Lizenzbereitschaftserklärung gebunden ist, Benutzern der für ihn geschützten Lehre von sich aus ein Lizenzangebot unterbreiten müsse oder widrigenfalls aus seinem standardessentiellen Klagepatent (SEP) nicht vorgehen dürfe.[256]

Einem Unterlassungsbegehren des Patentinhabers kann der Verletzungsbeklagte entge- **133** genhalten, dass ihm jener kartellrechtlich zur Erteilung einer Lizenz zu FRAND-Bedingungen verpflichtet ist. Dazu ausführlich § 43.

2. Dem Verletzer erwächst ein Leistungsverweigerungsrecht (§ 214 Abs. 1 BGB), wenn **134** der Anspruch aus dem Schutzrecht *verjährt* ist. Nach § 141 S. 1 PatG bzw. § 24f S. 1 GebrMG iVm §§ 195, 199 BGB geschieht dies mit Ablauf von drei Jahren vom Schluss des Jahres an, in dem der Anspruch entstanden ist und der Berechtigte von der Verletzung und der Person des Verpflichteten Kenntnis erlangt[257] oder ohne grobe Fahrlässigkeit erlangen müsste, ohne Rücksicht auf diese Kenntnis oder grob fahrlässige Unkenntnis in zehn Jahren von der Entstehung des Anspruchs an. Diese Regelung gilt für Unterlassungs-, Beseitigungs-, Bereicherungs- und Schadenersatzansprüche. Letztere verjähren jedoch auch dann binnen dreißig Jahren ab der Verletzungshandlung, wenn seit ihrer Entstehung noch keine zehn Jahre vergangen sind (§ 199 Abs. 3 S. 1 Nr. 2 und S. 2 BGB).

Die Verjährung des Unterlassungsanspruchs kann nicht mit der Begründung ausgeschlossen werden, **135** dass dieser, solange Wiederholungsgefahr drohe, immer wieder neu entstehe.[258] Vielmehr beginnt nach § 199 Abs. 5 BGB die Verjährung von Unterlassungsansprüchen mit der Zuwiderhandlung; hinzukommen muss freilich die Kenntnis oder grob fahrlässige Unkenntnis des Verletzten. Ist bis zum Ablauf von drei Jahren nach dem Ende des Jahres ihres Eintritts kein weiterer Verstoß des betreffenden Verletzers erfolgt, kann sich dieser auf Verjährung berufen, auch wenn die Wiederholungsgefahr nicht zweifelsfrei ausgeräumt ist. Der Umstand, dass sich der (ehemalige) Verletzer auf Verjährung beruft, begründet seinerseits noch keine Begehungsgefahr.

Schweben über einen Anspruch Verhandlungen zwischen dem Gläubiger und dem **136** Schuldner, ist die Verjährung nach § 203 BGB gehemmt, bis der eine oder andere Teil die Fortsetzung der Verhandlungen verweigert. Die Verjährung tritt dann frühestens drei Monate nach Ende der Hemmung ein.

Ist der Schadenersatzanspruch aus § 139 Abs. 2 PatG verjährt, verbleibt dem Berechtigten **137** ein Restschadenersatzanspruch nach § 141 S. 2 PatG, § 852 S. 1 BGB (dazu → Rn. 96 ff.). Dieser verjährt gem. § 852 S. 2 BGB zehn Jahre nach seiner Entstehung, spätestens aber dreißig Jahre nach Begehung der Verletzungshandlung.

3. Der Einwand der Verwirkung ist auch gegenüber Ansprüchen wegen Patentverlet- **138** zung nicht ausgeschlossen. Er kommt in Betracht, wenn sich der Verletzer wegen der Dul-

---

[255] Ausführlich hierzu *Stjerna* GRUR 2010, 202 ff.; *Stjerna* GRUR 2010, 795 ff.
[256] OLG Karlsruhe 26.5.2010, InstGE 12, 220 (221 f.) – MP3-Standard.
[257] Darüber eingehend *Tetzner* Mitt. 1982, 61 ff.; BeckOK/*Rinken* PatG § 141 Rn. 26 ff.
[258] So aber *Reimer* § 48 Rn. 1; *Bernhardt,* 316; wie hier *Grabinski/Zülch* in Benkard PatG § 141 Rn. 4.

dung der Verletzungshandlungen durch den Patentinhaber über einen längeren Zeitraum bei objektiver Beurteilung darauf einrichten durfte und auch eingerichtet hat, dieser werde sein Recht nicht mehr geltend machen, und deswegen die verspätete Geltendmachung gegen Treu und Glauben verstößt.[259] Bei Ansprüchen wegen Patentverletzung kann dies freilich nur in seltenen Ausnahmefällen angenommen werden.[260] Gegen die Annahme eines Verstoßes gegen Treu und Glauben spricht regelmäßig die relativ kurze Geltungsdauer des Schutzes, oft auch die Schwierigkeit, das Vorliegen einer Verletzung zu beurteilen. Der Zeitablauf allein führt noch nicht zur Verwirkung. Es müssen besondere Umstände hinzutreten. Dabei stehen Zeitablauf und sonstige Umstände in einer Wechselwirkung. Sie müssen in ihrer Gesamtheit die Beurteilung tragen, dass Treu und Glauben dem Gläubiger die Verfolgung des Anspruchs verwehren, mit dessen Geltendmachung der Schuldner nicht mehr rechnen musste.[261]

139 In Patent- und Gebrauchsmustersachen wurde der Verwirkungseinwand in veröffentlichten höchstrichterlichen Entscheidungen bisher nur einmal anerkannt.[262] Auch vor Instanzgerichten scheint er nur sehr selten erfolgreich zu sein.[263]

140 Falls (ausnahmsweise) Verwirkung anzunehmen ist, muss sie Unterlassungs-, Schadenersatz und Bereicherungsansprüche nicht in gleicher Weise ergreifen[264]. Insbesondere wird bei Verwirkung des Unterlassungsanspruchs der Verletzer, dem infolgedessen die weitere Erfindungsbenutzung nicht verboten werden kann, grundsätzlich – auch für die Vergangenheit – wenigstens angemessene Nutzungsentgelte zu entrichten haben. Doch kann selbst dieser Anspruch verwirkt sein, wenn wegen Ablaufs besonders langer Zeit und weiterer Umstände dem Verletzer die Zahlung nicht mehr zuzumuten ist.[265]

141 4. Dass ein **Patent zu Unrecht erteilt** sei, kann Ansprüchen wegen seiner Verletzung erst nach Widerruf oder Nichtigerklärung entgegengehalten werden. Möglich ist jedoch, dass der für den Prioritätszeitpunkt des Patents maßgebende **Stand der Technik** für die Frage Bedeutung erlangt, ob eine bestimmte Ausführungsform in dessen Schutzbereich fällt (vgl. → § 32 Rn. 130 ff.). Insoweit können aus dem SdT Einwendungen gegen Ansprüche aus Patenten abgeleitet werden.[266]

142 Gegen Ansprüche aus einem **Gebrauchsmuster** kann jedoch unbeschränkt eingewandt werden, dass ein **Löschungsgrund** vorliegt, den jedermann geltend zu machen berechtigt ist, insbesondere dass die Erfindung, für die das Gbm eingetragen ist, nicht neu ist oder nicht auf einem erfinderischen Schritt beruht (§§ 13 Abs. 1, 15 Abs. 1, 3 GebrMG).[267] Eine Ausnahme gilt, soweit der Bekl. des Verletzungsprozesses mit einem Antrag auf Löschung des Gbm gescheitert ist. In diesem Fall ist das Gericht an die in der Zurück-

---

[259] BGH 19.12.2000, GRUR 2001, 323 (324) – Temperaturwächter mwN zum Schrifttum und – meist außerpatentrechtlicher – Rechtsprechung. Vgl. auch den Bericht der Deutschen Landesgruppe der AIPPI über „Duldung (Tolerierung) der Verletzung von Rechten des geistigen Eigentums", GRUR-Int 2006, 703 (712).

[260] Vgl. *Beier/Wieczorek* GRUR 1976, 566 ff.; *Klaka* GRUR 1970, 265 (272 f.) und *Klaka* GRUR 1978, 70 ff.

[261] BGH 19.12.2000, BGHZ 146, 217 (224 ff.) – Temperaturwächter; s. auch BGH 1.2.2005, BGHZ 162, 110 = GRUR 2005, 567 Rn. 3 – Schweißbrennerreinigung.

[262] BGH 19.12.2000, BGHZ 146, 217 – Temperaturwächter; als unbegründet erachtete den Einwand BGH 17.3.1994, GRUR 1994, 597 (601 f.) – Zerlegvorrichtung für Baumstämme.

[263] Zuletzt OLG Düsseldorf 2.8.2012, GRUR-RR 2013, 1 (3 f.) – Haubenstretchautomat; vgl. *Beier/Wieczorek* GRUR 1976, 566 (569 f.); *Klaka* GRUR 1970, 265 (272 f.) und *Klaka* GRUR 1978, 70 ff.

[264] So grundsätzlich auch BGH 19.12.2000, BGHZ 146, 217 (222 f.) – Temperaturwächter.

[265] BGH 19.12.2000, BGHZ 146, 217 (221, 227) – Temperaturwächter.

[266] Überblick bei *Kaess* GRUR 2009, 276.

[267] BGH 5.6.1997, BGHZ 136, 40 (42 f.) – Leiterplattennutzen; BGH 13.5.2003, GRUR 2003, 867 (868) – Momentanpol.

weisung des Löschungsantrags liegende Aufrechterhaltung des Gbm gebunden (§ 19 S. 3 GebrMG).[268]

5. Eine Ausnahme von der Bindung des Verletzungsgerichts soll nach verbreiteter Meinung im Fall der **Patenterschleichung** gelten,[269] der in verschiedenen Formen vorkommen kann: als Erschleichen der Erteilung des Patents durch Täuschung des Patentamts, insbesondere durch Verheimlichen einer eindeutig patenthindernden Vorveröffentlichung oder Vorbenutzung; als Erschleichen der Aufrechterhaltung des Patents[270] durch vergleichsweise Beilegung eines Nichtigkeitsprozesses in dem Bewusstsein, dass das Patent für nichtig erklärt werden müsste; als Erschleichen der Wiedereinsetzung,[271] auf Grund deren ein erloschenes Patent wieder in Kraft getreten ist, durch bewusst unrichtige Angaben. In allen diesen Fällen soll eingewandt werden können, dass die Geltendmachung des Patents sittenwidrig und deshalb nach § 826 BGB unzulässig sei. In Wirklichkeit besteht dafür aber kein schützenswertes Bedürfnis.[272] 143

Der Einwand, dass die **Erteilung** eines Patents erschlichen worden sei, spielte eine nicht unbedeutende Rolle, als für die Nichtigkeitsklage die 1891 eingeführte fünfjährige Ausschlussfrist galt. Seit ihrer 1941 erfolgten Abschaffung ist das Bedürfnis für den Einwand praktisch weggefallen. Die Frage, ob er überhaupt noch in Betracht kommt, wurde vom BGH offen gelassen.[273] Da das Gericht des Verletzungsprozesses, wenn es den Einwand berücksichtigen wollte, feststellen müsste, dass das Patent ohne das als Erschleichung erscheinende Verhalten nicht erteilt worden wäre, verspricht in allen einschlägigen Fällen die Nichtigkeitsklage (bei richtiger Sachbehandlung) sicheren Erfolg. Für den Einwand bliebe daher mit Rücksicht auf die gesetzliche Zuständigkeitsverteilung nur Raum, wenn im Einzelfall dem als Verletzer in Anspruch Genommenen aus ganz besonderen Gründen nicht zugemutet werden könnte, die Nichtigkeitsklage zu erheben. Das ist jedoch gerade im angenommenen Fall nicht denkbar. Die Verweisung auf die Nichtigkeitsklage bedeutet hier keinen Nachteil, da es wegen deren hoher Erfolgsaussicht stets angebracht sein wird, den Verletzungsprozess bis zur Entscheidung über sie auszusetzen; auch das Kostenrisiko einer Nichtigkeitsklage kann wegen der hohen Aussicht auf Erfolg und entsprechende Kostenerstattung sowie der finanziellen Erleichterungen, die besonders bei Erfolgsaussicht einem wirtschaftlich schwachen Nichtigkeitskläger zugänglich sind, die Annahme der Unzumutbarkeit nicht rechtfertigen. 144

Der Umstand, dass der Patentinhaber das *Patentamt* getäuscht hat, ist noch kein Grund, die Erhebung der Nichtigkeitsklage als unzumutbar für den *Verletzungsbeklagten* zu werten.[274] Ein moralisches Unwerturteil über das Verhalten des Patentinhabers ist kein geeignetes Argument für ein Außerachtlassen der keineswegs allein in seinem Interesse bestehenden Zuständigkeitsregelung. Es sind aber nicht nur formale Gründe, die für den Ausschluss des Erschleichungseinwands sprechen, sondern außerdem die Gefahr, dass ihm auch in Fällen stattgegeben wird, in denen die Erfolgsaussicht der Nichtigkeitsklage zweifelhaft ist und es gerade deshalb als „unbillig" empfunden werden mag, den Verletzungsbeklagten diesem Risiko auszusetzen. 145

Im Fall erschlichener **Aufrechterhaltung** eines Patents ist ebenfalls kein Bedürfnis erkennbar, einen entsprechenden Einwand im Verletzungsprozess zuzulassen. Der Einwand würde wiederum voraussetzen, dass die Vernichtbarkeit des Patents außer Zweifel steht. Dann ist aber dem Beklagten aus den schon genannten Gründen die Erhebung der Nichtigkeitsklage nicht unzumutbar. Einer missbräuchlich erscheinenden Aufrechterhaltung materiell ungerechtfertigter Patente durch vergleichswei- 146

---

[268] Nach OLG Düsseldorf 14.3.1995, GRUR 1995, 487 kann die Bindungswirkung auch dann eintreten, wenn der Löschungsantrag als *unzulässig* zurückgewiesen ist, insbesondere deshalb, weil er gegen Treu und Glauben verstieß.

[269] *Bruchhausen* in Benkard, 9. Aufl., PatG § 9 Rn. 67 f.; *Busse/Keukenschrijver* PatG § 139 Rn. 226; *Ströbele*, 140 ff.; jeweils mN. Stark einschränkend *Scharen* in Benkard PatG § 9 Rn. 70.

[270] Dazu RG 8.12.1937, RGZ 157, 1 (4 f.) – Von „Patentruhe" sollte angesichts der unbefristet möglichen Nichtigkeitsklage nicht gesprochen werden; zutreffend *Ströbele*, 141 f.

[271] Dazu BGH 27.5.1952, GRUR 1952, 564 (565); 16.3.1956, GRUR 1956, 265 (269).

[272] S. auch OLG Düsseldorf 14.6.2007, GRUR 2009, 53 (Leitsätze) = NJOZ 2008, 2831 – Brandschutzvorrichtung.

[273] BGH 25.9.1953, GRUR 1954, 107 (111); 16.2.1954, GRUR 1954, 317 (319); 8.10.1957, GRUR 1958, 75 (77) – Tonfilmwand.

[274] So aber *Bruchhausen* in Benkard, 9. Aufl., PatG § 9 Rn. 67.

se Beilegung von Nichtigkeitsprozessen wirkt die Möglichkeit entgegen, dass beliebige Dritte – denen nach § 99 Abs. 3 PatG grundsätzlich auch die Einsicht in die Akten des früheren Verfahrens offensteht – neue Nichtigkeitsklagen erheben. Sofern die Belange der Allgemeinheit hierdurch nicht ausreichend geschützt sein sollten, wäre eine Gesetzesänderung mit dem Ziel zu erwägen, dass Nichtigkeitsverfahren von Amts wegen fortgesetzt oder sogar eingeleitet werden können. Die Zulassung des Erschleichungseinwands im Verletzungsprozess ist dagegen aus der Sicht der Allgemeinheit schädlich, da im Fall seines Durchgreifens lediglich die Verletzungsklage abgewiesen wird, aber das offensichtlich vernichtbare Patent bestehen bleibt, während bei Ausschluss des Einwands der Beklagte genötigt wird, es mit allseitiger Wirkung beseitigen zu lassen.

147 Bisher nicht in der Rechtsprechung behandelt ist, soweit ersichtlich, der Fall, dass der Patentinhaber durch sittenwidrige Verletzung der prozessualen Wahrheitspflicht die **Abweisung einer Nichtigkeitsklage** erreicht hat; er wird, weil die Beweislast den Nichtigkeitskläger trifft, kaum vorkommen, ist aber nicht auszuschließen und bringt dann den rechtskräftig abgewiesenen Nichtigkeitskläger im Verletzungsprozess in Schwierigkeiten, weil ihm eine auf den schon erfolglos geltend gemachten Grund gestützte neue Nichtigkeitsklage verschlossen ist; deshalb wäre ihm, wenn ein solcher Fall einmal auftreten sollte, der Einwand, dass ihn der Patentinhaber durch sein Vorgehen in sittenwidriger Weise schädigen wolle, nicht zu versagen.[275]

148 Kein hinreichender Grund besteht für die Zulassung des Einwands, dass eine **Wiedereinsetzung** erschlichen worden sei. Soweit die Wiedereinsetzung der Patenterteilung vorausgegangen ist, stehen schon die abschließende Festlegung der Nichtigkeitsgründe und der Grundsatz, dass wegen bloßer Verfahrensfehler keine Nichtigerklärung erfolgen kann (vgl. → § 26 Rn. 195), einer Nachprüfung der Rechtmäßigkeit der Wiedereinsetzung entgegen. Wenn die Nachprüfung nicht einmal im Nichtigkeitsverfahren statthaft ist, muss sie im Verletzungsprozess erst recht ausgeschlossen sein. Denn sie ist dort deshalb nicht vorgesehen, weil Verfahrensfehler mit rechtskräftiger Patenterteilung als geheilt gelten sollen,[276] nicht weil ihre Berücksichtigung dem Nichtigkeitsrichter untersagt werden und dem Verletzungsrichter überlassen bleiben sollte.

149 Übrig bleibt der Fall, dass Wiedereinsetzung in die versäumte Frist zur Zahlung einer **Jahresgebühr** für das erteilte Patent „erschlichen" worden ist. Auch insoweit gibt es keine Rechtfertigung für den Einwand. Als „Erschleichen" käme nur die bewusst unwahre Behauptung eines Sachverhalts in Betracht, der die in Wirklichkeit verschuldete Säumnis als unverschuldet erscheinen lässt. Diese Voraussetzung wird zumindest in subjektiver Hinsicht sehr selten vorliegen. Selbst wenn aber im Einzelfall ein solches Verhalten und seine Ursächlichkeit für die Wiedereinsetzung feststünden, würde das keine so schwerwiegende Verfehlung bedeuten, dass es angebracht wäre, im Verletzungsprozess gleichsam strafweise vom Erlöschen des Patents auszugehen. Der Aufschub, der durch solches „Erschleichen" möglich ist, beträgt ohnehin höchstens ein Jahr nach Ablauf der versäumten Zahlungsfrist (§ 123 Abs. 2 S. 4 PatG). Im Übrigen erlangt der Patentinhaber keinen unverdienten Vorteil: er zahlt die Gebühr mit Zuschlag und bewirkt dadurch den Fortbestand eines, wie vorauszusetzen ist, sachlich zu Recht erteilten Patents. Schutzwürdige Interessen Dritter bleiben durch das Weiterbenutzungsrecht nach § 123 Abs. 5 PatG gewahrt. Die Frage, ob die Wiedereinsetzung materiell gerechtfertigt war, hat deshalb keine so grundlegende Bedeutung, dass es untragbar wäre, eine sachlich ungerechtfertigte Wiedereinsetzung auch dann auf sich beruhen zu lassen, wenn sie im Einzelfall auf bewusst unwahren Angaben des Patentinhabers beruhte. Im Verletzungsprozess zu prüfen, ob ein solcher Fall vorliegt, wäre auch schwer mit § 123 Abs. 4 PatG vereinbar, der die Wiedereinsetzung jeder Anfechtung entzieht.

§ 36. Die Klage wegen Patent- oder Gebrauchsmusterverletzung

Literatur: *Adolphsen, J.*, Europäisches und internationales Zivilprozessrecht in Patentsachen, 2005; *Amschewitz, D.*, Die Durchsetzungsrichtlinie und ihre Umsetzung im deutschen Recht, 2008; *Ann, C.*, Verletzungsgerichtsbarkeit – zentral für jedes Patentsystem und doch häufig unterschätzt, GRUR 2009 (FS Melullis), 205–209; *Ann, C.*, Patentqualität – Was ist das, und warum ist Patentqualität auch für Anmelder wichtig?, GRUR-Int 2018 (FS Straus), 1114–1117; *Augenstein, C.*, Analoge Anwendung von Geheimhaltungsvorschriften im Hauptsacheverfahren, FS 80 Jahre Düsseldorf, 25–36; *Bacher, K.*, Ver-

---

[275] *Kraßer* FS Nirk, 1992, 531 (545 ff.).
[276] BGH 6.10.1959, GRUR-Int 1960, 506 (507) – Schiffslukenverschluß; BPatG 8.6.1983, BlPMZ 1984, 380.

§ 36. Die Klage wegen Patent- oder Gebrauchsmusterverletzung **§ 36**

nichtung des Patents nach rechtskräftigem Abschluss des Verletzungsprozesses, GRUR 2009 (FS Melullis), 216–220; *Barnitzke, B.*, Zwei sind einer zu viel – Zur ungerechtfertigten Kostenerstattungspflicht für die Mitwirkung von Patentanwälten in Kennzeichen- und Designstreitaschen, GRUR 2016, 908–913; *Bausch, T./Pfaff, E.*, Das „neue Münchner Verfahren" – eine Trumpfkarte für den Gerichtsstandort München?, Mitt. 2012, 97–102; *Beyerlein, T./Beyerlein, K.*, Du sollst nicht lügen! III, Mitt. 2011, 542–545; *Bierbach, W.*, Probleme der Praxis des Verletzungsverfahrens mit Bezug zum Erteilungs- und Nichtigkeitsverfahren, GRUR 1981, 458–465; *Bornhäuser, M.*, Zur einstweiligen Einstellung der Zwangsvollstreckung im Patentverletzungsverfahren nach erstinstanzlicher Vernichtung des Klagepatents, GRUR 2015, 331–336; *Bornkamm, J.*, Der Schutz vertraulicher Informationen im Gesetz zur Durchsetzung von Rechten des geistigen Eigentums – In-camera-Verfahren im Zivilprozess? FS Ullmann, 2006, 893–912; *Böhler, R.*, Einstweilige Verfügung in Patentsachen, GRUR 2011, 965–971; *Bopp, T.*, Die einstweilige Verfügung in Patentsachen, FS Helm, 2002, 275–286; *Brand, C./Brand, M.*, Du sollst nicht lügen! Manipulationen beim Streitwert und die Folgen – Gerichtsgebührenmanipulation – Betrug, berufsrechtswidrig oder sanktionslos?, AnwBl. 2013, 85–88; *Bühling, J.*, Anpassung der Ansprüche an die angegriffene Ausführungsform im Patent- und Gebrauchsmusterverletzungsprozess – Gedanken nach „Momentanpol", FS Mes, 2009, 47–58; *Crummenerl, T.*, Die Parteierweiterung im Patentverletzungsprozess (FS Melullis), GRUR 2009, 245–248; *Döring, R.*, Auswirkungen der „TÜV"-Rechtsprechung des BGH in der Praxis, Mitt. 2012, 49–54; *Eck, M./Dombrowski, J.*, Wenn der Sachverständige zwei Mal klingelt – Probleme der wiederholten Besichtigung in Verfügungsverfahren am Beispiel des Patentrechts, FS 50 Jahre BPatG, 2011, 169–192; *Deichfuß, H.*, Rechtsdurchsetzung unter Wahrung der Vertraulichkeit von Geschäftsgeheimnissen. Das praktizierte Beispiel: der Schutz des verdächtigen Patentverletzers im Düsseldorfer Verfahren, GRUR 2015, 436–442; *Eichelberger, J.*, Das vereinfachte Verfahren zur Vernichtung rechtsverletzender Waren bei der Grenzbeschlagnahme nach der VO (EG) 1383/2003, Mitt. 2010, 281–285; *v. Falck, A.*, Einstweilige Verfügungen in Patent- und Gebrauchsmustersachen, Mitt. 2002, 429–438; *v. Falck, K.*, Die Rechtsbehelfe gegen das rechtskräftige Verletzungsurteil nach rückwirkendem Wegfall des Klageschutzrechts, GRUR 1977, 308–312; *Fitzner, U.*, Störer und Täter, Mitt. 2011, 314–322; *Fock, S./Bartenbach, K.*, Zur Aussetzung nach § 148 ZPO bei Patentverletzungsverfahren, Mitt. 2010, 155–161; *Fussan, C.*, Betriebswirtschaftliche Maßnahmen gegen Produktpiraterie und Industriespionage, Mitt. 2010, 13–19; *Gampp/Fronius*, Zulässigkeit und Zweckmäßigkeit der gesonderten Nichtigkeitsklage passiver Streitgenossen – Zugleich Bespr. v. BGH Mitt. 2014, 322 – Proteintrennung, Mitt. 2015, 160–165; *Gaultier, J.-F.*, Practical tips for new users of the „saisie-contrefaçon", FS Reimann, 2009, 125–133; *Götting, H.-P.*, Die Entwicklung neuer Methoden der Beweisbeschaffung zur Bekämpfung von Schutzrechtsverletzungen. Die Anton-Piller-Order – Ein Modell für das deutsche Recht?, GRUR-Int 1988, 729–744; *Grabinski, K.*, Die Zwangsvollstreckung der Duldungsverfügung im patentrechtlichen Besichtigungsverfahren, FS Mes, 2009, 129–139; *Griss, I.*, Wer ist „Störer"? – Eine deutsch-österreichische Begriffsverwirrung, FS Bornkamm, 2014, 29–36; *Grosch, M.*, Rechtswandel und Rechtskraft bei Unterlassungsurteilen, 2003; *ders.*, Zum Streitgegenstandsbegriff im Patentverletzungsprozess unter Berücksichtigung der Rechtsprechung zum Wettbewerbs- und Markenprozess, FS Schilling, 2007, 207–236; *Grunwald, M.*, Die beschränkte Anspruchsfassung im Verletzungsverfahren, Mitt. 2010, 549–558; *Haedicke, M.*, Vorlagepflicht und Schutz vertraulicher Informationen im Patentverletzungsprozess, Mitt. 2018, 249–255; *Haedicke, M.*, Informationsbefugnisse des Schutzrechtsinhabers im Spiegel der EG-Richtlinie zur Durchsetzung der Rechte des geistigen Eigentums, FS Schricker, 2005, 19–32; *Haedicke, M./Kamlah, D.*, Der Wechsel des Klagepatents in der Berufungsinstanz, FS Mes, 2009, 153–161; *Hanse, B.*, Einstweilige Verfügungsverfahren auf dem Gebiet der Arzneimittelerfindungen in Europa, FS Meibom, 2010, 119–134; *Harmsen, C.*, Neue Dringlichkeit im einstweiligen Verfügungsverfahren, FS 80 Jahre Düsseldorf, 175–187; *Heide, N.*, Softwarepatente im Verletzungsprozeß, CR 2003, 165–171; *Hellwig, T.*, Zur Änderung der Schutzansprüche eingetragener Gebrauchsmuster, Mitt. 2001, 102–109; *Hilty, R. M./Lamping, M.*, Trennungsprinzip – Quo vadis, Germania, FS 50 Jahre BPatG, 2011, 255–273; *Hoffmeister, K./Böhm, R.*, Kehren neue Besen gut? – Der Vorschlag der Kommission für eine Verordnung des Rates über das Tätigwerden der Zollbehörden hinsichtlich Waren, bei denen der Verdacht besteht, dass sie bestimmte Rechte am geistigen Eigentum verletzen, und den hinsichtlich solcher Waren, die bestimmte Rechte am geistigen Eigentum verletzen, zu treffenden Maßnahmen, FS Eisenführ, 2003, 161–175; *Holzapfel, H.*, Zum einstweiligen Rechtsschutz im Wettbewerbs- und Patentrecht, GRUR 2003, 287–294; *Horn, A./Dethof, S.*, Der Mitinhaber eines Patents als Verletzungskläger, FS 80 Jahre Düsseldorf, 189–204; *Horn, W.*, Patentverletzungsprozeß und Nichtigkeitsverfahren, GRUR 1969, 169–177; *Ibbeken, A.*, Das TRIPs-Übereinkommen und die vorgerichtliche Beweishilfe im gewerblichen Rechtsschutz, 2004; *Jüngst, O. J./Stjerna, I. B.*, § 145 PatG und die Sachdienlichkeit einer Klageänderung in der Berufungsinstanz (OLG Düs-

§ 36
5. Abschnitt. Wirkung und Durchsetzung der Schutzrechte

seldorf, I-2 U 53/05, Zwischenurteil vom 15.12.2005), Mitt. 2006, 393–398; *Kaess, T./Pecher, B.*, Pebb§y oder wie der gewerbliche Rechtsschutz von den Justizverwaltungen bewertet wird, GRUR 2006, 647–651; *Kather, P./Fitzner, U.*, Der Patentinhaber, der Besichtigte, der Gutachter und sein Gutachten, Mitt. 2010, 325–332; *Kiani, N./Springorum, H./Schmitz, T.*, Aktuelles aus dem Bereich der ‚Patent Litigation', Mitt. 2010, 6–11; *Klepsch, S./Büttner, T.*, Zum Aussetzungsmaßstab außerhalb des Unterlassungsanspruchs, FS 80 Jahre Düsseldorf, 281–291; *Köklü, K./Müller-Stoy, T.*, Zum Dringlichkeitserfordernis in Besichtigungsverfahren, Mitt. 2011, 109–111; *Köllner, M.*, Welche Streitwertangaben machen die Parteien? – Eine Anmerkung zu BGH „Vorausbezahlte Telefongespräche II", Mitt. 2013, 8–12; *ders./Weber, P.*, Rumor has it – Statistische Analyse der Rechtsprechungspraxis bei Patentverletzungsklagen, Mitt. 2014, 429–438; *König, R.*, Die Beweisnot des Klägers und der Besichtigungsanspruch nach § 809 BGB bei Patent- und Gebrauchsmusterverletzungen, Mitt. 2002, 153–165; *Krieger, U.*, Der Zwang zur Klagenkonzentration (§ 145 PatG), GRUR 1985, 694–697; *Kröger, B./Bausch, T.*, Produktpiraterie im Patentwesen, GRUR 1997, 321–328; *Kreye, B.*, Der Besichtigungsanspruch nach § 140c PatG im Spannungsfeld von Informations- und Geheimhaltungsinteressen, FS Meibom, 2010, 241–259; *Kühnen, T.*, Die Besichtigung im Patentrecht. Eine Bestandsaufnahme zwei Jahre nach „Faxkarte", GRUR 2005, 185–196; *ders.*, Eine neue Ära bei der Antragsformulierung? Kritische Gedanken zur BGH-Entscheidung Blasfolienherstellung, GRUR 2006, 180–184; *ders.*, Das Erlöschen des Patentschutzes während des Verletzungsprozesses – Materiell-rechtliche und verfahrensrechtliche Folgen, GRUR 2009 (FS Melullis), 288–293; *ders.*, Patentregister und Inhaberwechsel, GRUR 2014, 137–143; *ders.*, Die Haftung wegen unberechtigter oder zu Unrecht unterbliebener Grenzbeschlagnahme nach der VO (EU) Nr. 608/2013 (Teil 1), GRUR 2014, 811–826; *ders.*, Die Haftung wegen unberechtigter oder zu Unrecht unterbliebener Grenzbeschlagnahme nach der VO (EU) Nr. 608/2013 (Teil 2), GRUR 2014, 921–924; *ders.*, Das Schicksal rechtskräftiger Verletzungsurteile nach bestandskräftiger Vernichtung des Klagepatents, FS Reimann, 2009, 287–307; *Leppin, K. H.*, Besichtigungsanspruch und Betriebsgeheimnis, GRUR 1984, 552–564, 695–713, 770–778; *Löffler, C.*, Störerhaftung oder Behilfe durch Unterlassen? Allgemeine strafrechtliche Haftungskategorien als Grundlage für die Konkretisierung der Schuldnerstellung im gewerblichen Rechtsschutz und im Lauterkeitsrecht, FS Bornkamm, 2014, 37–51; *Lohmann, U.*, Zur Aktivlegitimation im Verletzungsprozess: die Finanzierungsfalle, Mitt. 2019, 64, 66–70; *Loth, H.-F./Kopf, O.*, Die Aufhebung einstweiliger Verfügungen gemäß §§ 936, 927 ZPO nach Wegfall des Verfügungspatents oder Verfügungsgebrauchsmusters, Mitt. 2012, 307–316; *Frhr. v. Maltzahn, F.*, Die Aussetzung im Patentverletzungsprozeß nach § 148 ZPO bei erhobener Patentnichtigkeitsklage, GRUR 1985, 163–173; *Melullis, K.-J.*, Zum Besichtigungsanspruch im Vorfeld der Feststellung einer Verletzung von Schutzrechten, FS Tilmann, 2003, 843–856; *ders.*, Zur Notwendigkeit einer Aussetzung des Verletzungsprozesses bei Anpassungen der Schutzansprüche an Bedenken gegen deren Schutzfähigkeit, FS Bornkamm, 2014, 713–725; *Mes, P.* (Hrsg.), Münchener Prozessformularbuch, Bd. 5, Gewerblicher Rechtsschutz, Urheber- und Presserecht, 2. Aufl. 2005; *Meyer-Dulheuer, K. H.*, Der Vorlegungsanspruch bei biotechnologischen Erfindungen, GRUR-Int 1987, 14–18; *Müller-Stoy, T.*, Der Besichtigungsanspruch gemäß § 140c PatG in der Praxis – Teil 1: Voraussetzungen und Reichweite des Anspruchs, Mitt. 2009, 361–366; *ders.*, Teil 2: Der Schutz der Interessen des Anspruchsgegners, Mitt. 2010, 267–276; *Münster-Horstkotte, A.*, Das Trennungsprinzip im deutschen Patentsystem – Probleme und Lösungsmöglichkeiten, Mitt. 2012, 1–9; *Nieder, M.*, § 145 ZPO versus § 145 PatG – Zwang zur Klagenkonzentration und Prozesstrennung, GRUR 2010, 402–405; *ders.*, Vergabe einer ausschließlichen Patentlizenz – ein Fall für §§ 265, 325 ZPO? – Besprechung zu BGH, Urt. v. 19.2.2013 – X ZR 70/12 – Wundverband, GRUR 2013, 1195–1197; *v. d. Osten, H./Pross, U.*, Die Vollstreckung des nach § 140a Patentgesetz ausgeurteilten Vernichtungsanspruchs, FS Meibom, 2010, 481–493; *Petri, L./Tuscherer, E./Stadler, C.*, Probleme bei der Vollziehung der einstweiligen Verfügung im Gewerblichen Rechtsschutz, Mitt. 2014, 65–72; *Peukert, A./Kur, A.*, Stellungnahme des Max-Planck-Instituts für Geistiges Eigentum, Wettbewerbs- und Steuerrecht zur Umsetzung der Richtlinie 2004/48/EG zur Durchsetzung der Rechte des geistigen Eigentums in deutsches Recht, GRUR-Int 2006, 292–303; *Pichlmaier, T.*, Die Bedeutung der Patenterteilung für die Bestandsprognose in einstweiligen Rechtsschutz, GRUR 2021, 557–560; *Pitz, J.*, Patentstreitverfahren, 2010; *ders.*, Passivlegitimation in Patentstreitverfahren, GRUR 2009, 805–810; *ders.*, Aktivlegitimation in Patentstreitverfahren, GRUR 2010, 688–692; *ders.*, Entscheidungsharmonie in Patentstreitverfahren, FS 50 Jahre BPatG, 2011, 427–434; *Rinnert, S.*, Die neue Customs-IP-Enforcement-Verordnung, GRUR 2014, 241–244; *Rinkler, A.*, Transportrecht und gewerblicher Rechtsschutz, FS Bornkamm, 2014, 65–74; *Rogge, R.*, Einstweilige Verfügungen in Patent- und Gebrauchsmustersachen, FS v. Gamm, 1990, 461–475; *ders.*, Zur Aussetzung in Patentverletzungsprozessen, GRUR-Int 1996, 386–390; *Rojahn, S.*, Vorläufiger Rechtsschutz durch staatliche Gerichte bei

§ 36. Die Klage wegen Patent- oder Gebrauchsmusterverletzung I § 36

Schiedsgerichtsabrede – Ist effektiver Rechtsschutz gewährleistet?, FS Meibom, 2010, 395–405; *dies./ Lunze, A.,* Die Streitwertfestsetzung im Patentrecht – Ein Mysterium?, Mitt. 2011, 533–541; *Ryberg, A.,* Verfahrensrecht in Patentstreitsachen, GRUR-Int 1996, 234–238; *Samer, M.,* Urkundenvorlage im Patentrecht, FS 80 Jahre Düsseldorf, 469–487; *Scharen, U.,* Die Aussetzung des Patentverletzungsstreits wegen anhängiger, jedoch erstinstanzlich noch nicht beschiedener Nichtigkeitsklage, FS VPP, 2005, 396–411; *ders.,* Die abhängige erfinderische Abwandlung – ein Fall normaler Patentverletzung?, FS Tilmann, 2003, 599–608; *Schickedanz, W.,* Die Restitutionsklage nach rechtskräftigem Verletzungsurteil und darauffolgender Nichtigerklärung des verletzten Patents, GRUR 2000, 570–579; *Schrader, P. T./ Kuchler, B.,* Einspruchskosten als Kosten des Patentverletzungsprozesses, Mitt. 2012, 162–167; *Schuster, R.,* Die Anpassung an die konkrete Verletzungsform im Patentrecht, FS Pagenberg, 2006, 57–79; *Stauder, D.,* Überlegungen zur Schaffung eines besonderen Beweisverfahrens im europäischen Patentverletzungsrecht – Saisie-contrefaçon oder actio ad exhibendum als Beispiele?, GRUR-Int 1978, 230–238; *ders.,* Umfang und Grenzen der Auskunftspflicht im gewerblichen Rechtsschutz und Urheberrecht, GRUR-Int 1982, 226–231; *ders.,* Patent- und Gebrauchsmusterverletzungsverfahren in der Bundesrepublik Deutschland, Großbritannien, Frankreich und Italien – Eine rechtstatsächliche Untersuchung, 1989; *Steinacker, G.,* Die Berücksichtigung neuen Vorbringens durch das Berufungsgericht im Patent- und Gebrauchsmusterverletzungsprozess nach Maßgabe des § 529 Abs. 1 und des § 531 Abs. 2 ZPO, FS Reimann, 2009, 457–469; *Stephan, J.-C.,* Die Streitwertbestimmung im Patentrecht, 2015; *Stjerna, I. B.,* Zur (Un-)Vereinbarkeit des § 145 PatG mit dem Grundgesetz, GRUR 2007, 17–23; *ders.,* Die „Konzentrationsmaxime" des § 145 PatG, GRUR 2007, 194–198; *ders.,* Die eingeschränkte Geltendmachung technischer Schutzrechte im Verletzungsstreit, Mitt. 2009, 302–307; *ders.,* Totgesagte leben länger – zur Beibehaltung von § 145 PatG, GRUR 2010, 35–36; *ders.,* § 145 ZPO versus § 145 PatG?, Eine Erwiderung auf Nieder, GRUR 2010, 402, GRUR 2010, 964–965; *ders.,* Das Dringlichkeitserfordernis im Besichtigungsverfahren, Mitt. 2011, 271–278; *ders.,* Die Entscheidung „Du sollst nicht lügen! II" des OLG Düsseldorf – Kein „*Generalverdacht gegen die Anwaltschaft*", Mitt. 2011, 546–550; *Stürner, R.,* Die gewerbliche Geheimsphäre im Zivilprozeß, JZ 1985, 453–461; *Teplitzky, O.,* Gewohnheitsrecht? – Anmerkungen zum Einfluss der normativen Kraft des Faktischen auf die einstweilige Unterlassungsverfügung, FS Bornkamm, 2014, 1073–1091; *Tilmann, W.,* Beweissicherung nach europäischem und deutschem Recht, FS Ullmann, 2006, 1013–1023; *ders./ Schreibauer, M.,* Die neueste BGH-Rechtsprechung zum Besichtigungsanspruch nach § 809 BGB, GRUR 2002, 1015–1028; *Thomas, R.,* Ausgewählte Fragen zur Aktivlegitimation aus ausschließlicher Lizenz, FS 80 Jahre Düsseldorf, 531–541; *Treichel, P.,* Die Sanktionen der Patentverletzung und ihre gerichtliche Durchsetzung im deutschen und französischen Recht, 2001; *Worm/Gärtner* (oben vor § 35 I); *Verhauwen, A.,* Wer darf klagen? – Noch einmal: zur Aktivlegitimation im Patentverletzungsverfahren, GRUR 2011, 116–120; *Voß, U.,* Vollstreckungsschutz im Patentverletzungsverfahren nach § 712 ZPO, FS 80 Jahre Düsseldorf, 573–596; *Wuttke, T.,* Die aktuelle gerichtliche Praxis der einstweiligen Unterlassungsverfügung in Patentsachen – zurück zu den Anfängen?, Mitt. 2011, 393–398; *ders./ Guntz, P.,* Wie weit reicht die Privilegierung des Klägers durch das Trennungsprinzip?, Mitt. 2012, 477–485.

I. Zuständigkeit

a) Regelung im PatG und GebrMG

1. Nach § 143 Abs. 1 PatG sind für Patentstreitsachen die **Zivilkammern** (nicht die Kammern für Handelssachen) der **Landgerichte** ohne Rücksicht auf den Streitwert **ausschließlich** zuständig.[1] Die Vorschrift bezieht sich auf die *sachliche* Zuständigkeit. Sie schließt die in § 23 Nr. 1 GVG für Streitwerte bis 5.000 EUR vorgesehene erstinstanzliche Zuständigkeit der Amtsgerichte aus, die in Patentverletzungsverfahren angesichts der dort bestehenden Streitwerte – zu deren durchaus anspruchsvoller Bestimmung umfassend *Stephan*[2] – freilich ohnehin wenig bedeutsam ist. Als **Patentstreitsachen** bezeichnet das Gesetz alle Klagen, durch die ein Anspruch aus einem der im PatG geregelten Rechtsverhältnisse geltend gemacht wird. Der Begriff wird in Rechtsprechung und Lehre weit ausgelegt: 1

---

[1] Gleichwohl ist der Streitwert maßgeblich für die Berechnung der Gerichts- und Anwaltsgebühren, ausführlich hierzu, einschließlich damit zusammenhängender Probleme, *Rojahn/Lunze* Mitt. 2011, 533 ff.; ferner *Beyerlein/Beyerlein* Mitt. 2011, 542 ff.; *Stjerna* Mitt. 2011, 546 ff. sowie unten V.
[2] 19 ff.

§ 36 I   5. Abschnitt. Wirkung und Durchsetzung der Schutzrechte

es genügt ein *Zusammenhang* mit Ansprüchen oder Rechten, die ihre Grundlage im PatG haben. Dieser Zusammenhang ist nach der BGH-Rspr. anzunehmen, wenn die Voraussetzungen für eine enge Verknüpfung mit einer Erfindung „hinreichend dargestellt und erkennbar werden".[3]

2   Der Begriff ist nach der ratio des § 143 PatG weit auszulegen, aber nicht grenzenlos. Patentstreitsachen sind insbesondere:
– Verfahren wegen Geltendmachung im PatG selbst vorgesehener Ansprüche (zB nach § 139 Abs. 1 und 2, § 33, § 23 Abs. 3, § 8, § 63 Abs. 2) oder von Ansprüchen auf außerpatentrechtlicher Grundlage (zB §§ 812, 818, 823 BGB) wegen Eingriffs in eines der durch das PatG geschützten Rechte einschließlich des Erfinderpersönlichkeitsrechts;
– Verfahren wegen Feststellung des Bestehens oder Nichtbestehens solcher Ansprüche oder Rechte;
– Streitigkeiten über Ansprüche aus Verträgen, die sich auf Lizenzen an oder die Übertragung von solchen Rechten beziehen;
– Ansprüche aus Vertraulichkeitsvereinbarungen mit patentrechtlichem Bezug;[4]
– Streitigkeiten über Arbeitnehmererfindungen, wenn sie nicht lediglich die Zahlung bereits festgestellter oder festgesetzter Vergütungen betreffen (§ 39 ArbEG);
– Streitigkeiten über das Recht auf das europäische Patent, sofern nach dem Anerkennungsprotokoll (vgl. → § 20 Rn. 93 ff.) die Gerichte der Bundesrepublik Deutschland zuständig sind (Art. II § 10 IntPatÜG)
– Honorarklagen von Rechts- oder Patentanwälten, sofern die Berechtigung der Honorarforderung auch ohne Verständnis der Erfindung und damit ohne technischen Sachverstand beurteilt werden kann.[5]

3   2. Durch landesrechtliche Regelungen, die sich auf § 143 Abs. 2 PatG stützen, ist in erster und zweiter Instanz eine **Konzentration** der Patentstreitsachen bei zwölf Landgerichten und ebenso vielen Oberlandesgerichten erfolgt (vgl. → § 9 Rn. 29 ff.).[6] Welches (welche) der hiernach zuständigen Landgerichte im Einzelfall angerufen werden kann (können), richtet sich nach den Bestimmungen der §§ 12 ff. ZPO über den Gerichtsstand (Besonderheit: Art. II § 10 Abs. 1 S. 2 IntPatÜG).

4   3. Auch für **Gebrauchsmusterstreitsachen,** dh alle Klagen, durch die ein Anspruch aus einem der im GebrMG geregelten Rechtsverhältnisse geltend gemacht wird[7], sind nach § 27 Abs. 1 GebrMG in erster Instanz die Zivilkammern der Landgerichte ohne Rücksicht auf den Streitwert ausschließlich zuständig. Gemäß landesrechtlichen Bestimmungen auf der Grundlage von § 27 Abs. 2 sind dies mit einer Ausnahme die für Patentstreitsachen zuständigen Landgerichte (→ § 9 Rn. 29 f.).

b) Internationale Zuständigkeit

Literatur: *Bertrams, H.,* Das grenzüberschreitende Verletzungsverbot im niederländischen Patentrecht, GRUR-Int 1995, 193–201; *Brinkhof, J. J.,* Geht das grenzüberschreitende Verletzungsverbot im niederländischen einstweiligen Verfügungsverfahren zu weit?, GRUR-Int 1997, 489–497; *Bukow, J.,* Die Entscheidung GAT/LUK und ihre Konsequenzen – Vom Ende der „Corss-Border-Injunctions", FS Schilling, 2007, 59–72; *Fähndrich, M./Ibbeken, A.,* Gerichtszuständigkeit und anwendbares Recht im Falle grenzüberschreitender Verletzungen (Verletzungshandlungen) der Rechte des geistigen Eigentums, GRUR-Int 2003, 616–625; *v. Falck, A.,* Einige Gedanken zur Aussetzung des Patentverletzungsstreits nach Art. 27, 28 EuGVVO bei Torpedoklagen (zugleich zu LG Düsseldorf InstGE 9, 246 ff.), FS Mes, 2009, 111–118; *Geschke, E.,* Vom EuGVÜ zur EuGVVO – ein Überblick. Gibt es Neuerungen für den Gewerblichen Rechtsschutz? Mitt. 2003, 249–252; *Grabinski, K.,* Zur Bedeutung des Europäi-

---

[3] Vgl. *Grabinski/Zülch* in Benkard PatG § 143 Rn. 4 mit Einzelangaben.
[4] BGH 20.3.2013, GRUR 2013, 756 Rn. 10 – Patentstreitsache II; 22.2.2011, GRUR 2011, 662 – Patentstreitsache I; OLG Köln 14.7.2017, Mitt. 2017, 467 (Ls.) – Patentstreitsache; GRUR-RR 2018, 317 Rn. 24.
[5] BGH 20.3.2013, GRUR 2013, 756 Rn. 12 – Patentstreitsache II.
[6] Statistische Angaben über die Zahl der Verfahren und ihre Verteilung auf die Gerichtsorte macht *Hase* Mitt. 1994, 329–331; s. auch *Kaess/Pecher* GRUR 2006, 647 (649 ff.).
[7] Übersicht bei *Loth* § 27 Rn. 4 ff.; Beispiele bei *Bühring* § 27 Rn. 1, 6.

§ 36. Die Klage wegen Patent- oder Gebrauchsmusterverletzung I § 36

schen Gerichtsstands- und Vollstreckungsübereinkommens (Brüsseler Übereinkommens) und des Lugano-Übereinkommens in Rechtsstreitigkeiten über Patentverletzungen, GRUR-Int 2001, 199–213; *Heinze, C. A./Roffael, E.*, Internationale Zuständigkeit für Entscheidungen über die Gültigkeit ausländischer Immaterialgüterrechte, GRUR-Int 2006, 787–798; *Hölder, N.*, Der Gerichtsstand der Streitgenossenschaft im europäischen Patentverletzungsprozess, Mitt. 2005, 208–215; *Hye-Knudsen, R.*, Marken- Patent- und Urheberrechtsverletzungen im europäischen Internationalen Zivilprozessrecht, 2005; *Jayme, E./Hausmann, R.*, Internationales Privat- und Verfahrensrecht, 17. Auflage 2014; *Kindler, P.*, Der europäische Deliktsgerichtsstand und die gewerblichen Schutzrechte. Art 7 Nr. 2 Brüssel Ia-VO im Lichte der aktuellen Rechtsprechung, GRUR 2018, 1107–1115; *König, R.*, Materiellrechtliche Probleme der Anwendung von Fremdrecht bei Patentverletzungsklagen und Verfügungsverfahren nach der Zuständigkeitsordnung des EuGVÜ, Mitt. 1996, 296–307; *Körner, E.*, Internationale Rechtsdurchsetzung von Patenten und Marken nach europäischem Prozessrecht, FS Bartenbach, 2005, 401–416; *Kubis, S.*, Patentverletzungen im europäischen Prozessrecht – Ausschließliche Zuständigkeit kraft Einrede?, Mitt. 2007, 220–224; *Kurtz, C.*, Grenzüberschreitender einstweiliger Rechtsschutz im Immaterialgüterrecht, 2004; *Laubinger, T.*, Die internationale Zuständigkeit der Gerichte für Patentstreitsachen in Europa, 2005; *Leitzen, M.*, Comeback des „Torpedo"?, GRUR-Int 2004, 1010–1015; *Lenoir, P.*, Profiting From Inconsistency: Patent Dispute Forum Shopping in the European Union ... But Will It Last?, FS Meibom, 2010, 261–283; *Luginbühl, S.*, Die schrittweise Entmündigung der nationalen Gerichte in grenzüberschreitenden Patentstreitigkeiten durch den EuGH, FS Kolle/Stauder, 2005, 389–408; *v. Meibom, W./Pitz, J.*, Grenzüberschreitende Verfügungen im internationalen Patentverletzungsverfahren, Mitt. 1996, 181–190; *dies.*, Die europäische „Transborderrechtsprechung" stößt an ihre Grenzen, GRUR-Int 1998, 765–771; *Neuhaus, W.*, Das Übereinkommen über die gerichtliche Zuständigkeit und die Vollstreckung gerichtlicher Entscheidungen in Zivil- und Handelssachen vom 27.9.1968 (EuGVÜ) und das Luganer Übereinkommen vom 16.9.1988 (LugÜ), soweit hiervon Streitigkeiten des gewerblichen Rechtsschutzes betroffen werden, Mitt. 1996, 257–269; *Osterieth, C./Haft, K.*, Grenzüberschreitende Patentverletzungsverfahren in Europa, FS VPP, 2005, 372–381; *Pansch, R.*, Die einstweilige Verfügung zum Schutze des geistigen Eigentums im grenzüberschreitenden Verkehr, 2003; *Pitz, J.*, Torpedos unter Beschuß, GRUR-Int 2001, 32–37; *ders.*, Europäische Patentstreitregelung auf Basis der EuGVO, FS Meibom, 2010, 335–350; *Reichardt, S.*, Internationale Zuständigkeit im Gerichtsstand der unerlaubten Handlung bei Verletzung europäischer Patente, 2006; *Rojahn, S.*, Neues vom Torpedo oder Totgesagte leben länger, FS Mes, 2009, 303–317; *Sack, R.*, Negative Feststellungsklagen und Torpedos, GRUR 2018, 893–897; *Schacht, H.*, Neues zum internationalen Gerichtsstand der Streitgenossen bei Patentverletzungen – Besprechung zu EuGH, Urt. v. 12.7.2012 – C-616/10 – Solvay, GRUR 2012, 1110–1113; *Scharen, U.*, Die abhängige erfinderische Abwandlung – ein Fall normaler Patentverletzung, FS Tilmann, 2003, 599–608; *Schauwecker, M.*, Zur internationalen Zuständigkeit bei Patentverletzungsklagen, GRUR-Int 2008, 96–105; *Stauder, D.*, Die Anwendung des EWG-Gerichtsstands- und Vollstreckungsübereinkommens auf Klagen im gewerblichen Rechtsschutz und Urheberrecht, GRUR-Int 1976, 465–477, 510–520; *ders.*, Die internationale Zuständigkeit in Patentverletzungsklagen, FS Schricker, 2005, 917–928; *ders./v. Rospatt, P./v. Rospatt, M.*, Grenzüberschreitender Rechtsschutz für europäische Patente, GRUR-Int 1997, 859–864; *Tilmann, W./v. Falck, A.*, EU-Patentrechtsharmonisierung II: Forum-Shopping und Torpedo, GRUR 2000, 579–586; *Treichel, P.*, Zur Aussetzung eines Patentverletzungsprozesses wegen einer im Ausland erhobenen negativen Feststellungsklage (sog Torpedo), GRUR-Int 2001, 175–178.

1. Die internationale Zuständigkeit richtet sich im Verhältnis zwischen den Mitgliedstaaten der EU – mit Ausnahme Dänemarks[8] – nach der EuGVVO vom 12.12.2012[9], die die EuGVVO vom 22.12.2000 ersetzt, welche wiederum das EuGVÜ[10] ersetzte, und in deren

---

[8] Insoweit gilt weiterhin das EuGVÜ, → § 36 Rn. 5 Fn. 8.
[9] Verordnung Nr. 1215/2012 des Europäischen Parlaments und des Rates über die gerichtliche Zuständigkeit und die Anerkennung und Vollstreckung von Entscheidungen in Zivil- und Handelssachen vom 12.12.2012, ABl. 2012 L 351, 101; zuletzt geändert ABl. L 163, 1; dazu das deutsche Ausführungsgesetz in der Fassung vom 3.12.2009, BGBl. I 3830, zuletzt geändert durch Gesetz vom 10.12.2014, BGBl. I 2082.
[10] Übereinkommen der Europäischen Gemeinschaft über die gerichtliche Zuständigkeit und die Vollstreckung gerichtlicher Entscheidungen in Zivil- und Handelssachen vom 27.9.1968 mit späteren Änderungen, abgedruckt in *Baumbach/Lauterbach/Albers/Hartmann*, ZPO, 64. Aufl. 2006, Schlussanhang V, 2983.

§ 36 I   5. Abschnitt. Wirkung und Durchsetzung der Schutzrechte

Verhältnis zu einigen anderen europäischen Staaten[11] nach dem mit diesem weitgehend gleichlautenden Luganer Übereinkommen (LugÜ)[12]. Mit anderen Staaten bestehen mehr- oder zweiseitige Abkommen zur gerichtliche Zuständigkeit.[13]

6 Soweit gemeinschafts- oder völkervertragsrechtlich nichts Abweichendes bestimmt ist, sind die Gerichte der Bundesrepublik Deutschland zuständig, wenn sich aus den Bestimmungen der ZPO ein inländischer Gerichtsstand ergibt.[14] Insbesondere verweist Art. 6 Abs. 1 EuGVVO für den Fall, dass der Beklagte keinen Wohnsitz im Hoheitsgebiet eines Mitgliedstaats hat, auf die nationalen Zuständigkeitsregelungen.

7 2. Nach der **EuGVVO** sind Personen mit **Wohnsitz** in einem Mitgliedstaat vor den Gerichten dieses Mitgliedstaats zu verklagen (Art. 4 Abs. 1).[15] Auf die Staatsangehörigkeit kommt es dabei nicht an. Der Wohnsitz von Gesellschaften und juristischen Personen bestimmt sich nach Art. 63.

8 In einem anderen Mitgliedstaat können Personen mit Wohnsitz in einem Mitgliedstaat verklagt werden, wenn eine **unerlaubte Handlung** oder eine Handlung, die einer solchen gleichgestellt ist[16], oder Ansprüche aus einer solchen Handlung den Gegenstand des Verfahrens bilden. Zuständig ist dann das Gericht des Ortes, an dem das schädigende Ereignis eingetreten ist[17] oder einzutreten droht (Art. 7 Nr. 2, Gerichtsstand der unerlaubten Handlung)[18]. Ob das hiernach zuständige Gericht eines Mitgliedstaats nur über Handlungen in diesem oder auch über Handlungen in anderen Mitgliedstaaten entscheiden kann, ist nach dem Wortlaut der Vorschrift fraglich.[19] In seiner Entscheidung MPEG-2-Videosignalcodierung vom 21.8.2012[20] hatte der X. BGH-Zivilsenat die internationale Zuständigkeit der deutschen Gerichte für eine Klage aus § 9 S. 2 Nr. 3 PatG bejaht, mit der gegen die Verletzung eines in Deutschland geltenden Verfahrenspatents durch die Lieferung in Griechenland gefertigter DVDs ins Inland vorgegangen worden war, auf der eine erfindungsgemäß gewonnene Datenfolge gespeichert worden war oder die die Vervielfältigung eines solchen Datenträgers darstellten.

9 Werden **mehrere Personen gemeinsam verklagt,** kann dies vor dem Gericht des Ortes geschehen, an dem einer der Beklagten seinen Wohnsitz hat, sofern zwischen den Klagen eine so enge Beziehung gegeben ist, dass eine gemeinsame Verhandlung und Entscheidung geboten erscheint, um zu vermeiden, dass in getrennten Verfahren widersprechende Entscheidungen ergehen (Art. 8 Nr. 1)[21]. Der EuGH betrachtet diese Voraussetzung nicht schon deshalb als erfüllt, weil alle Klagen wegen Verletzung desselben europäischen

---

[11] Schweiz, Island, Norwegen.
[12] Abgedruckt in *Baumbach/Lauterbach/Albers/Hartmann,* ZPO, 64. Aufl. 2006, Schlussanhang V, 3032; ebenso *Jayme/Hausmann,* 3. Teil Nr. 152.
[13] Abgedruckt in *Baumbach/Lauterbach/Albers/Hartmann,* ZPO, 64. Aufl. 2006, 2847 ff.; ebenso *Jayme/Hausmann,* 3. Teil.
[14] *Neuhaus* Mitt. 1996, 259 (268); *Fähndrich/Ibbeken* GRUR-Int 2003, 616 (617); *Scharen* in Benkard PatG § 9 Rn. 13.
[15] Auch bei einer negativen Feststellungsklage ist der Ort des Bekl., nicht der des Kl. als des vermeintlich Verletzten maßgebend, LG Düsseldorf 10.6.2003, InstGE 3, 153 Rn. 6 – WC-Erfrischer.
[16] Dazu gehören auch Patentverletzungen, LG Düsseldorf 25.8.1998, GRUR-Int 1999, 455 (457) und 25.3.1999, GRUR-Int 1999, 775 (777) – Impfstoff II; *Neuhaus* Mitt. 1996, 262; jeweils mN.
[17] Zur Bestimmung dieses Ortes *Neuhaus* Mitt. 1996, 259 ff.
[18] Instruktiv *Kindler* GRUR 2018, 1107.
[19] Verneinend LG Düsseldorf 25.8.1998 und 25.3.1999, GRUR-Int 1999, 775 – Impfstoff II; 10.6.2003, InstGE 3, 153 Rn. 7 – WC-Erfrischer; *Neuhaus* Mitt. 1996, 259 (264); *Grabinski* GRUR-Int 2001, 205; abwägend *v. Meibom/Pitz* Mitt. 1996, 182 f.
[20] GRUR 2012, 1230.
[21] Vgl. dazu LG Düsseldorf 25.3.1999, GRUR-Int 1999, 775 – Impfstoff II; *Neuhaus* Mitt. 1996, 259 (265 ff.); *Grabinski* GRUR-Int 2001, 199 (206 f.); zur Beurteilung des Zusammenhangs bei Patentverletzungen, die hinsichtlich des gleichen Erzeugnisses von verschiedenen Personen in verschiedenen Mitgliedstaaten begangen werden, *v. Rospatt* GRUR-Int 1997, 862 f.; *Hölder* Mitt. 2005, 208 ff.; *Osterieth/Haft* FS VPP, 2005, 372 ff.

§ 36. Die Klage wegen Patent- oder Gebrauchsmusterverletzung   I **§ 36**

Patents erhoben sind und alle Beklagten als demselben Konzern angehörende Gesellschaften gemäß einer gemeinsamen Geschäftspolitik, die eine von ihnen allein ausgearbeitet hat, in derselben oder ähnlicher Weise gehandelt haben.[22] Umgekehrt sieht der EuGH die Gefahr einander widersprechender Entscheidungen verschiedener nationaler Gerichte, wenn mehreren in verschiedenen Mitgliedstaaten domizilierten Gesellschaften in einem Verfahren vor einem mitgliedstaatlichen Gericht vorgeworfen wird, denselben Teil eines EP, wie es in einem weiteren Mitgliedstaat gilt, mit Bezug auf dasselbe Erzeugnis verletzt zu haben.[23]

Ohne Rücksicht auf den Wohnsitz sieht Art. 24 Nr. 4 eine **ausschließliche Zuständigkeit** für Klagen vor, die die Eintragung oder **Gültigkeit von Patenten,** Marken, Mustern und Modellen sowie ähnlicher Rechte zum Gegenstand haben, die einer Hinterlegung oder Registrierung bedürfen. Sie liegt bei den Gerichten des Mitgliedstaats, in dessen Hoheitsgebiet die Hinterlegung oder Registrierung beantragt oder vorgenommen worden ist oder auf Grund eines Unionsrechtsakts oder eines zwischenstaatlichen Übereinkommens als vorgenommen gilt. Für alle Verfahren betreffend die Erteilung oder Gültigkeit eines *europäischen Patents* sind unbeschadet des EPÜ die Gerichte des Mitgliedstaats ausschließlich zuständig, für den das Patent erteilt wurde. Dies gilt, wie der EuGH entschieden hat, unabhängig davon, ob die Frage der Erteilung oder Gültigkeit klage- oder einredeweise aufgeworfen wird.[24]   10

Werden bei Gerichten verschiedener Mitgliedstaaten Klagen wegen desselben Anspruchs zwischen denselben Parteien anhängig gemacht, setzt das später angerufene Gericht das Verfahren von Amts wegen aus, bis die Zuständigkeit des zuerst angerufenen Gerichts feststeht. Steht sie fest, erklärt sich das später angerufene Gericht für unzuständig (Art. 27), auch wenn es ohne die früher erhobene Klage zuständig gewesen wäre. Der Zeitpunkt, in dem eine Klage als anhängig gilt, bestimmt sich nach Art. 30.

Für **einstweilige Maßnahmen** einschließlich solcher, die auf Sicherung gerichtet sind, gilt eine Sonderregelung: Sie können, soweit sie im Recht eines Mitgliedstaats vorgesehen sind, bei den Gerichten dieses Staats auch dann beantragt werden, wenn nach der EuGVVO für die Entscheidung in der Hauptsache das Gericht eines anderen Mitgliedstaats zuständig ist (Art. 35).   11

3. Nach Art. 36 EuGVVO werden die in einem Mitgliedstaat ergangenen Entscheidungen in den anderen Mitgliedstaaten **ohne besonderes Verfahren anerkannt.** Die Entscheidung wird auch nicht überprüft. Nur auf Antrag kann ihr die Anerkennung versagt werden, wobei die Zuständigkeit der Gerichte des Ursprungs-Mitgliedstaats auch dann nicht überprüft werden darf; es sei denn, besonders geregelte Zuständigkeiten kommen in Frage, etwa diejenige für Klagen, die die Gültigkeit von Patenten und anderen formgebundenen Schutzrechten betreffen (Art. 45).   12

4. Vor einem international zuständigen deutschen Gericht können Klagen auch wegen **Verletzung ausländischer Patente** erhoben werden[25], nach überwiegender Meinung allerdings nicht, wenn nur der Gerichtsstand der unerlaubten Handlung gegeben ist (→ Rn. 8). Ob eine Verletzung vorliegt und welche Ansprüche daraus erwachsen, hat das deutsche Gericht nach dem Recht des Staats zu beurteilen, der es erteilt hat oder für den es vom EPA erteilt worden ist[26]. Ein durch oder für einen anderen Staat erteiltes Patent für   13

---

[22] EuGH 13.7.2006, GRUR-Int 2006, 836 – Roche Nederland/Frederick Primus.
[23] EuGH 12.7.2012, GRUR 2012, 1169 – Solvay SA/Honeywell Fluorine Products Europe BV ua; dazu *Schacht* GRUR 2012, 1110.
[24] EuGH 13.7.2006, GRUR-Int 2006, 839 – GAT/LuK (für die entsprechenden Bestimmungen des EuGVÜ); vgl. auch den Vorlagebeschluss OLG Düsseldorf 5.12.2002, InstGE 3, 80 – Torsionsdämpfer. Krit. *Luginbühl* FS Kolle/Stauder, 2005, 389 ff.; *Heinze/Roffael* GRUR-Int 2006, 787 ff.; *Bukow* FS Schilling, 2007, 59 ff.; *Kubis* Mitt. 2007, 220 ff.
[25] Vgl. BGH 2.10.1956, BGHZ 22, 1 (13); *Bernhardt* 168; *Stauder* FS Ulmer, 1973, 509 ff.; *Tetzner* GRUR 1976, 669; *Groß* GRUR-Int 1957, 346.
[26] Näheres insbes. bei *König* Mitt. 1996, 296 ff.

nichtig erklären, kann ein deutsches Gericht jedoch nicht. Entsprechendes gilt für die in manchen Staaten erhältlichen Gebrauchsmuster und vergleichbaren Schutzrechte. Nicht zu verbieten scheint die deutsche Fassung des Art. 24 Nr. 4 EuGVVO, die sich nur auf „Klagen" bezieht, dagegen die Prüfung des vom Beklagten erhobenen *Einwands,* das Klageschutzrecht sei ungültig. Angenommen wurde deshalb teilweise, die Zulässigkeit dieser Prüfung hänge nur vom Recht des Staats ab, durch oder für den das Schutzrecht erteilt ist[27]. In manchen EU-Mitgliedstaaten standen die Gerichte jedoch auf dem Standpunkt, dass auch die Prüfung eines Ungültigkeits*einwands* generell den nach Art. 24 Nr. 4 EuGVVO zuständigen Gerichten vorbehalten sei.[28] Dafür sprach die englische Fassung („proceedings concerned with the registration or validity of patents"),[29] und der EuGH hat dies 2006 bestätigt.[30]

14 5. Wegen des Vorrangs, der dem in einer Sache zuerst angerufenen Gericht nach der EuGVVO zukommt, erheben Personen, die befürchten, wegen Patentverletzung verklagt zu werden, gelegentlich **negative Feststellungsklagen** vor einem Gericht ihrer Wahl, um den Patentinhaber an der Anrufung eines zuständigen Gerichts seiner Wahl zu hindern[31]. Ein solcher „Torpedo", wie er in der Praxis genannt wird, kann die Durchsetzung der Rechte aus einem Patent wegen der Aussetzungspflicht des später angerufenen Gerichts sogar bei Unzuständigkeit des zuerst angerufenen Gerichts[32] erheblich verzögern, wenn das durch die negative Feststellungsklage eingeleitete Verfahren wegen der Möglichkeiten, die das hierfür geltende Prozessrecht bietet, oder der Arbeitsweise des angerufenen Gerichts ungewöhnlich viel Zeit in Anspruch nimmt. Manche nationalen Gerichte haben sich in solchen Fällen mit der Begründung als zuständig angesehen, dass die zuvor erhobene negative Feststellungsklage missbräuchlich sei. Diese Praxis hat der EuGH nun bestätigt. Das später angerufene Gericht ist im Rahmen von Art. 29 Abs. 1 ausnahmsweise befugt und verpflichtet zu prüfen, ob einer Sachentscheidung des zuerst angerufenen Gerichts nach Art. 45 Abs. 1 die Anerkennung versagt werden kann, weil es die ausschließliche Zuständigkeit (des später angerufenen Gerichts) nach Art. 24 verletzt hatte. Trifft dies zu, muss das später angerufene Gericht in der Sache entscheiden und darf das Verfahren nicht aussetzen.[33]

15 Als zulässig angesehen wird auch, dass der Patentinhaber gem. Art. 35 EuGVVO einstweilige Maßnahmen beantragt, auch wenn schon bei einem Gericht eines anderen Mitgliedstaats eine negative Feststellungsklage anhängig ist[34].

---

[27] So LG Düsseldorf 31.5.2001, GRUR-Int 2001, 983; s. auch *Tilmann/v. Falck* GRUR 2000, 583.
[28] Vgl. *Kieninger* GRUR-Int 1998, 280 (287 f.); *Tilmann/v. Falck* GRUR 2000, 579 (580 ff.); *Grabinski* GRUR-Int 2001, 199 (208 f.); *Fähndrich/Ibbeken* GRUR-Int 2003, 616 (617).
[29] Vgl. OLG Düsseldorf 5.12.2002, InstGE 3, 80 Rn. 13 – Torsionsdämpfer.
[30] 13.7.2006, GRUR-Int 2006, 839 – GAT/LuK.
[31] Vgl. *v. Meibom/Pitz* GRUR 1998, 769 f.; *Pitz* GRUR-Int 2001, 32 ff.; *Grabinski* GRUR-Int 2001, 199 (209 f.); *Treichel* GRUR-Int 2001, 175 ff.; *Tilmann/v. Falck* GRUR 2000, 579 (583 f.) und zu den Überlegungen, die bei der Wahl des Gerichtsstands eine Rolle spielen können, 584 f.
[32] Die Zuständigkeit des zuerst angerufenen Gerichts darf grds. nur von diesem geprüft werden, nicht aber vom später angerufenen, LG Düsseldorf 27.2.1998, Mitt. 1998, 397.
[33] 3.4.2014, EuZW 2014, 469–472 – Weber mAnm *Dietze;* vgl. zur Torpedoproblematik auch *Sack* GRUR 2018, 893; *Leitzen* GRUR-Int 2004, 1010 (1012 ff.); *Lenoir* FS Meibom, 2010, 261 (270); *Pitz* FS Meibom, 2010, 335 (345 ff.).
[34] LG Hamburg 22.4.2002, GRUR-Int 2002, 1025 (1027 f.); *Grabinski* GRUR-Int 2001, 211; *v. Falck* Mitt. 2002, 429 (438); *Pansch* 63; aM *Franzosi* Mitt. 1998, 300. – Nach LG Düsseldorf 8.7.1999, GRUR 2000, 692 und 24.9.2001, GRUR-Int 2002, 157 (161 f.) schafft die in einem anderen Staat des EuGVÜ erhobene negative Feststellungsklage für sich allein noch nicht den für eine einstweilige Verfügung erforderlichen Verfügungsgrund (vgl. → Rn. 99 ff.); dagegen hat LG Hamburg 22.4.2002, GRUR-Int 2002, 1025 (1027 f.) unter Hervorhebung des genannten Umstands und wegen der als hinreichend klar gewerteten Schutzrechtslage die eV erlassen.

§ 36. Die Klage wegen Patent- oder Gebrauchsmusterverletzung

6. Auf Basis der EuGVÜ-Zuständigkeitsregelung wurden von niederländischen Gerichten in zahlreichen Fällen – oft auch im Verfahren der einstweiligen Verfügung (kort geding) – „**grenzüberschreitende Unterlassungsverfügungen**" ausgesprochen, die sich auf Patente anderer Staaten stützten und die demgemäß Geltung für dort begangene Handlungen und gegenüber dort ansässigen Beklagten (Antragsgegnern) beanspruchten[35]. 16

II. Parteien. Vertretung

1. Eine eigene **Befugnis** zur Verletzungsklage haben nur Rechts*inhaber* (auch Mitinhaber[36]), ausschließliche Lizenznehmer, Nießbraucher und Pfandgläubiger, da nur ihnen aus der Verletzung Ansprüche erwachsen können, nicht dagegen einfache Lizenznehmer (→ § 35 Rn. 121 ff.). Diese können jedoch Schadensersatz- und Bereicherungsansprüche einklagen, die einem der genannten Berechtigten entstanden und ihnen abgetreten sind. Bedeutsam ist dies namentlich insoweit, als der Schadensersatzanspruch eines Berechtigten den Schaden einfacher Lizenznehmer umfasst (vgl. → § 35 Rn. 125). Auch kann ein einfacher Lizenznehmer ermächtigt werden, einem Berechtigten entstandene Ansprüche ohne Abtretung im eigenen Namen klageweise geltend zu machen.[37] Der Lizenznehmer tritt dann in *gewillkürter Prozessstandschaft* auf, die hier zulässig ist, da er ein eigenes Interesse an der Durchsetzung des Anspruchs hat (→ § 35 Rn. 123). Führt eine prozessfinanzierende Handelsgesellschaft Patentverletzungsklage, wird regelmäßig deren Aktivlegitimation bestritten werden und geraten so die für sie bestehenden Nichtigkeitsrisiken in den Blick: rechtsmissbräuchliche Vorschiebung zur Prozessführung, Vermögenslosigkeit, RDG-Verstoß.[38] 17

2. Im Fall einer Übertragung des Patents oder Gebrauchsmusters ist der neue Inhaber erst dann **aktivlegitimiert,** wenn das Recht auf ihn umgeschrieben worden ist; bis dahin steht die Legitimation weiter dem im Register noch eingetragenen früheren Inhaber zu (§ 30 Abs. 3 S. 2 PatG, § 8 Abs. 4 S. 2 GebrMG; vgl. → § 23 Rn. 181, 186 ff.). Es wird allgemein angenommen, dass diese Regelung auch für die Klage im Zivilprozess gilt.[39] Die Klage des nicht eingetragenen neuen Inhabers ist demnach unzulässig; anders aber, wenn er gegen den noch eingetragenen Rechtsvorgänger klagt.[40] 18

Die Klage des noch eingetragenen früheren Inhabers ist dagegen zulässig. Ihm kann der Beklagte die Klagebefugnis nicht bestreiten. Die Prozessführung des legitimierten Nichtberechtigten und Entscheidungen, die für oder gegen ihn ergehen, wirken für und gegen den Berechtigten; hier liegt *gesetzliche Prozessstandschaft* vor.[41] 19

Klagt ein **ausschließlicher Lizenznehmer**, ist § 30 Abs. 3 S. 2 PatG nicht anwendbar; eine Legitimation durch Registereintrag kann schon deshalb nicht gefordert werden, weil die nach § 30 Abs. 4 mögliche Eintragung der ausschließlichen Lizenz den Berechtigten nicht nennt. Im Schrifttum wird jedoch – entgegen der Auffassung des RG[42] – die Legitimation des ausschließlichen Lizenznehmers davon abhängig gemacht, dass eine nach § 30 Abs. 3 S. 2 erforderliche Umschreibung des Patents auf den Lizenzgeber erfolgt ist.[43] Zu rechtfertigen wäre dieser Standpunkt nur dann, wenn 20

---

[35] Vgl. *Bertrams* GRUR-Int 1995, 193 ff.; *v. Meibom/Pitz* Mitt. 1996, 181 ff. und GRUR-Int 1998, 765 ff.; *Brinkhof* GRUR-Int 1997, 489 ff.; *Tilmann/v. Falck* GRUR 2000, 579 (581 f.); *Busse/Kaess* PatG § 143 Rn. 27.
[36] *Horn/Dethof* FS 80 Jahre Düsseldorf, 2016, 189 (193 ff.).
[37] Vgl. *Fischer* GRUR 1980, 374 (378) (zu 8).
[38] *Lohmann* Mitt. 2019, 64 (66 ff.) mit Rspr.-Nachweisen.
[39] RG 30.11.1907, RGZ 67, 176 (181); BGH 7.5.2013, BGHZ 197, 196 = GRUR 2013, 713 Rn. 52 – Fräsverfahren mwN; ausführlich zur Aktivlegitimation *Pitz* GRUR 2010, 688 ff.; *Verhauwen* GRUR 2011, 116 ff.; *Thomas* FS 80 Jahre Düsseldorf, 2016, 531 ff.
[40] RG 6.6.1934, RGZ 144, 389.
[41] *Rogge* GRUR 1985, 734 (738); RG 30.11.1907, RGZ 67, 176 (181).
[42] 1.11.1916, RGZ 89, 81 (83 f.).
[43] *Kohler* JW 1917, 107; *Reimer* § 9 Rn. 63; *Rogge* GRUR 1985, 734 (737).

die Umschreibung für die Wirksamkeit des Rechtsübergangs nötig wäre, was jedoch allgemein verneint wird.[44]

21 3. Als Patentverletzer **passivlegitimiert** ist unabhängig von Art und Umfang seines Beitrags jeder, der eine rechtswidrige Patentbenutzung mitverursacht hat: als Täter oder Teilnehmer.[45] Die früher vertretene Störerhaftung[46] hat der BGH aufgegeben[47]; zu Recht, denn mit Blick auf den Verletzerbegriff aus § 139 PatG geht der patentrechtliche Handlungsstörer im Täter oder Teilnehmer auf und kann es einen Zustandsstörer im Patentrecht nicht geben.[48]

22 Soll die gegen einen Anspruchsgegner erhobene Verletzungsklage auf weitere Verletzer erstreckt werden, zB weil Mitwirkungshandlungen erst nach Klageerhebung bekannt geworden sind, ist dies als **Parteierweiterung** in der Eingangsinstanz in den Grenzen von §§ 59 ff. ZPO stets zulässig, weil hier nur nachträglich Streitgenossenschaft begründet wird.[49] In der Berufungsinstanz ist dies anders. Hier ist die Parteierweiterung nur in den Grenzen von § 533 Nr. 2 ZPO und nur mit Zustimmung des neuen Beklagten nach § 263 ZPO zulässig. Erstens soll über eine Parteiänderung kein neuer Prozessstoff ins Verfahren gelangen können, der sonst ausgeschlossen wäre. Zweitens entgeht dem neuen Beklagten eine Tatsacheninstanz.[50]

22a Passive Streitgenossen im Verletzungsverfahren, sind im Nichtigkeitsprozess gegen das Klagepatent nicht zwingend auch Streitgenossen, sondern können getrennt gegen das Klagepatent vorgehen; selbst wenn sie konzernrechtlich verbunden sind.[51]

23 4. Wegen der ausschließlichen Zuständigkeit der Landgerichte müssen die Parteien in Patent- und Gebrauchsmusterstreitsachen **stets durch Rechtsanwälte vertreten** sein, (§ 78 Abs. 1 S. 1 ZPO).

24 In Patent- und Gebrauchsmusterstreitsachen ziehen die dort tätigen Rechtsanwälte sehr häufig auch **Patentanwälte** zu. Diese sind vor deutschen Gerichten zwar nicht postulationsfähig, doch ist ihnen vor Gericht auf Parteiantrag das Wort zu gestatten (§ 4 Abs. 1 PAO). Von den Kosten, die durch die **Doppelvertretung** auch durch einen Patentanwalt entstehen, sind dessen Gebühren nun nicht mehr nur in Höhe einer 1,0 Gebühr nach § 13 RVG zu erstatten, sondern nach § 143 Abs. 3 PatG, § 27 Abs. 3 GebrMG vollständig (nach § 13 RVG).[52] Die Grenzen der Erstattungsfähigkeit zeigen zwei Entscheidungen aus 2013 und 2017, in denen das BPatG Doppelvertretungskosten nicht erstattungsfähig gestellt hat.[53] Eine **(vereinfachte) Festsetzung der Vergütung eines Patentanwalts** für dessen Mitwirkung im gerichtlichen Verfahren gegen den Auftraggeber nach § 11 RVG gibt es nicht, denn weder ist ein Patentanwalt Rechtsanwalt, noch ist seine Vergütung gesetzlich

---

[44] *Rogge* GRUR 1985, 734 (739).
[45] BGH 15.12.2015, GRUR 2016, 257 Rn. 114–121 – Glasfasern II; Mitt. 2016, 120, mAnm *Friedrich*.
[46] So noch *Pitz* GRUR 2009, 805 ff.
[47] BGH 17.9.2009, BGHZ 182, 245 = GRUR 2009, 1142 – MP3-Player-Import; Busse/*Keukenschrijver* PatG § 139 Rn. 29 f. mwN.
[48] Busse/*Keukenschrijver*, 7. Auflage, PatG § 139 Rn. 27; vgl. hierzu auch *Fitzner* Mitt. 2011, 314 f. (318 ff.).
[49] Zöller/*Greger* ZPO § 263 Rn. 21; aA unter Hinweis auf den BGH *Crummenerl* GRUR 2009, 245 f. – bei wohl weitgehend identischen Ergebnissen.
[50] Zöller/*Greger* ZPO § 263 Rn. 19; zust. *Crummenerl* GRUR 2009, 245.
[51] BGH 18.3.2014, GRUR 2014, 785 Rn. 18 ff. – Proteintrennung mAnm *Gampp/Fronius* Mitt. 2015, 160.
[52] BGH 18.5.2006, GRUR 2006, 702 Rn. 12–18 – Erstattung von Patentanwaltskosten. Zur Situation in Marken- und Designstreitsachen, wo Patentanwaltskosten ebenfalls zusätzlich zu Rechtsanwaltskosten erstattet werden können, obwohl unklar ist, warum technikferne Streitigkeiten patentanwaltliche Expertise erfordern sollen; krit. darum *Barnitzke* GRUR 2016, 908.
[53] BPatG 12.12.2013, Mitt. 2016, 147, sowie 19.2.2014, Mitt. 2017, 92 (93).

§ 36. Die Klage wegen Patent- oder Gebrauchsmusterverletzung

bestimmt und muss der Patentanwalt für seine forensische Tätigkeit nicht mindestens die gesetzliche Vergütung abrechnen, noch ist § 11 RVG analogiefähig.[54]

Ein Sonderfall der Doppelvertretung liegt in der **Mandatierung eines als Rechts- und Patentanwalt (doppelt) zugelassenen Vertreters.** Der BGH hat 2003 entschieden, einem doppelt zugelassenen Berufsträger seien sowohl Rechts- als auch Patentanwaltsgebühren zu erstatten.[55] Richtig daran ist, dass nichts dagegen spricht, einen Mandanten die Doppelqualifikation eines als Rechts- und Patentanwalt zugelassen Anwalts getrennt einkaufen zu lassen. Für die Frage der Erstattungsfähigkeit fragt sich gleichwohl, was diesen Fall von dem des Rechtsanwalts unterscheidet, der auch als European Patent Attorney (beim EPA) zugelassen ist. Dessen Zusatzkosten sind nämlich nicht erstattungsfähig. Viel spricht dafür, Rechts- und Patentanwaltsgebühren bei Doppelmandatierung desselben Vertreters nicht kumulativ erstattungsfähig zu stellen; schon weil eine solche Doppelmandatierung mangels unabhängiger zweiter Meinung kaum je wirklich notwendig sein wird.

III. Prozessvorbereitung: Beweisbeschaffung, Verwarnung

a) Grundlagen des Besichtigungsanspruchs

Da der Kläger beweisen muss, dass das Verhalten des Beklagten in den Schutzbereich 26 seines Klagepatents eingreift, benötigt er Kenntnis von den technischen Einzelheiten des nach seiner Ansicht patentverletzenden Erzeugnisses oder Verfahrens. Bei Erzeugnissen, die auf dem Markt erhältlich sind, kann er sich diese Kenntnis meist unschwer verschaffen. Ist Patentgegenstand ein Verfahren zur Herstellung eines neuen Erzeugnisses, hilft dem Patentinhaber die Vermutung des § 139 Abs. 3 PatG, sofern ihm Erzeugnisse des Verfahrens zugänglich sind, das er für patentverletzend hält.

Schwieriger verhält es sich, wenn mutmaßlich patentverletzende Erzeugnisse nicht allgemein auf dem Markt erhältlich sind, etwa weil die geschützte Erfindung eine größere Vorrichtung betrifft, die regelmäßig nur auf Bestellung gefertigt und dann innerbetrieblich benutzt wird. Hier kann der Patentinhaber darauf angewiesen sein, Sachen, die sich im Betrieb ihres Herstellers oder eines Benutzers befinden, daraufhin zu untersuchen, ob sie die patentgemäßen Merkmale aufweisen. Die Schwierigkeiten, die für den Zugriff auf diese Sachen im deutschen Recht zu überwinden waren, waren Teil seiner **Beweisschwäche.**[56]

b) Rechtsprechung zum Besichtigungsanspruch

1. In seiner Entscheidung „Druckbalken" von 1985 hatte der X. BGH-Zivilsenat 28 demjenigen, der sein Patent verletzt glaubt, unter vergleichsweise engen Voraussetzungen einen Anspruch darauf zugebilligt, dass ihm der Besitzer einer möglicherweise patentverletzenden Sache diese zur Besichtigung vorlegt oder ihre Besichtigung gestattet.[57] Hergeleitet worden war dieser Besichtigungsanspruch alter Prägung aus § 809 BGB analog sowie aus § 242 BGB. Nicht umfasst hatte er „Substanzeingriffe", also die Zerlegung oder den Ein- und Ausbau von Teilen und die Inbetriebnahme der vorgelegten Sache – auch dann nicht, wenn dadurch keine dauernden Schäden zu erwarten waren.[58] Letzteres

---

[54] BGH 25.8.2015, GRUR 2015, 1253 Rn. 14 ff. – Festsetzung der Patentanwaltsvergütung.
[55] BGH 3.4.2003, GRUR 2003, 639 (640) – Kosten des Patentanwalts; *Grabinski/Zülch* in Benkard PatG § 143 Rn. 22a; aA OLG Dresden 16.2.2000, WRP 2004, 973 (Leitsatz).
[56] *Augenstein* FS 80 Jahre Düsseldorf, 2016, 25.
[57] So BGH 8.1.1985, GRUR 1985, 512 – Druckbalken; OLG Düsseldorf 8.4.1982, GRUR 1983, 745; vgl. auch OLG Düsseldorf 17.8.1981, GRUR 1983, 741; Schrifttumsnachweise in BGH 8.1.1985, GRUR 1985, 512 f. – Druckbalken und oben vor I (*Götting, König, Leppin, Melullis, Meyer-Dulheuer, Pitz* Rn. 38; *Stauder* in GRUR-Int 1978 und 1982, *Stürner, Treichel* 223 ff.; umfassend und rechtsvergleichend nach dem Stand vor der DurchsRL und ihrer Umsetzung *Ibbeken*).
[58] 8.1.1985, GRUR 1985, 512 (517) – Druckbalken; großzügiger OLG Düsseldorf 8.4.1982, GRUR 1983, 745.

§ 36 III 5. *Abschnitt. Wirkung und Durchsetzung der Schutzrechte*

war in der Literatur harsch kritisiert worden,[59] denn es hatte den Anspruch zahnlos gemacht.

29   Anders als der Rechnungslegungsanspruch (→ § 35 Rn. 111 ff.) ist der Besichtigungsanspruch nicht Rechtsfolge einer (festgestellten) Patentverletzung, sondern ist er deren Feststellung vorgelagert. Der Besichtigungsanspruch soll dem Berechtigten dazu verhelfen, die Tatsachen, die für die Feststellung des Vorliegens einer Patentverletzung erforderlich sind, überhaupt erst einmal festzustellen. Der Besichtigungsanspruch ist also Mittel zur Sachverhaltsermittlung. Deshalb muss er häufig erst einmal durchgesetzt werden, bevor es zur Erhebung der Verletzungsklage kommen kann.

30   Nach der erwähnten Entscheidung „Druckbalken" des X. BGH-Zivilsenats setzte der Besichtigungsanspruch einen *erheblichen* Grad von *Wahrscheinlichkeit* dafür voraus, dass die angeblich patentverletzende Sache unter Anwendung der geschützten technischen Lehre hergestellt worden war. Der Anspruch bestand nicht, wenn der die Verletzung behauptende Patentinhaber sich unschwer anderweitig Kenntnis von allen maßgeblichen Merkmalen der Sache insoweit zu verschaffen vermochte, als ihm dies auch der Besichtigungsanspruch ermöglicht hätte.

31   2. Diese Rechtsprechung änderte der I. BGH-Zivilsenat im Jahr 2002 in seiner Entscheidung „Faxkarte" zum urheber- und wettbewerbsrechtlichen Schutz eines Computerprogramms. Unter Hinweis auf Art. 43 TRIPS (vgl. → § 31 Rn. 16) ließ er für den Bestand eines Besichtigungsanspruchs eine *„gewisse Wahrscheinlichkeit"* des Vorliegens einer Verletzung ausreichen.[60] Das besondere Geheimhaltungsinteresse des Besitzers führe nicht zu generell gesteigerten Anforderungen an die Wahrscheinlichkeit der Verletzung. Vielmehr sei im Rahmen einer umfassenden Interessenabwägung zu prüfen, ob ihm auch bei grundsätzlicher Gewährung des Besichtigungsanspruchs – etwa durch Einschaltung eines zur Verschwiegenheit verpflichteten Dritten – genügt werden kann. Ob eine solche auf Interessenabwägung im Einzelfall abstellende Betrachtungsweise auch für Fälle einer zu beweisenden Patentverletzung angezeigt wäre, könne im Streitfall offen bleiben.

32   Die in „Druckbalken" vorgenommene Einschränkung des Besichtigungsanspruchs dadurch, dass Substanzeingriffe wie der Ein- oder Ausbau von Teilen sowie eine Inbetriebnahme generell ausgeschlossen sein sollen, lehnte der I. BGH-Zivilsenat in „Faxkarte" für das Urheber- und Wettbewerbsrecht ausdrücklich ab. Ob sie auch für Patentverletzungsfälle überdacht werden sollte, ließ der Senat offen. Nicht unzumutbar beeinträchtigt werden dürfe stets das Interesse des Auskunftsschuldners an der Unversehrtheit seiner Sache, wobei Schadenersatzpflichten des Gläubigers und die Möglichkeit, ihm Sicherheitsleistung aufzuerlegen (§ 811 Abs. 2 BGB) zu berücksichtigen seien.

33   3. Dem Besichtigungsanspruch **entgegenstehen** können *Geheimhaltungsinteressen* desjenigen, der die Besichtigung ermöglichen soll. Macht er ein solches Interesse glaubhaft, muss der Anspruch darauf beschränkt werden, einem neutralen, zur Verschwiegenheit verpflichteten Sachverständigen die Feststellung zu ermöglichen, ob die Sache die vom Patentberechtigten behaupteten patentgemäßen Merkmale aufweist. Dem Gläubiger ist dann nur ein entsprechender Bericht des Sachverständigen zugänglich zu machen.

c) Regelung gemäß dem Durchsetzungsgesetz vom 7.7.2008

34   Die zwecks Umsetzung der Durchsetzungs-Richtlinie eingefügten **§§ 140c, 140d PatG, §§ 24c, 24d GebrMG gewähren materiell-rechtliche Ansprüche auf Duldung** von Besichtigungen sowie auf Vorlage von Urkunden, Bank-, Finanz- und Handelsunterlagen. Dadurch wird es dem, der sein Patent oder Gebrauchsmuster verletzt glaubt, erleichtert, Beweise für die Verletzung zu beschaffen und zu sichern und zwecks Erfüllung eines ihm zuste-

---

[59] Vgl. *Stauder* GRUR 1985, 518; *Stürner/Stadler* JZ 1985, 1101; zuletzt *König* Mitt. 2002, 153 (155 ff.); *Treichel* 223 ff.; *Tilmann/Schreibauer* GRUR 2002, 1015 ff.

[60] BGH 2.5.2002, GRUR 2002, 1046 – Faxkarte; dazu *Tilmann/Schreibauer* GRUR 2002, 1015 ff.; *Melullis* FS Tilmann, 2003, 843 ff.

henden Schadenersatzanspruchs Vermögenswerte des Schuldners festzustellen. Die neuen Vorschriften ergänzen neben den §§ 809 ff. BGB die nach der ZPO bestehenden Möglichkeiten, durch gerichtliche Anordnung im anhängigen Verfahren Parteien oder Dritten die Vorlage von Urkunden und sonstigen Unterlagen (§ 142)[61] und die Duldung von Besichtigungen und Begutachtungen (§ 144) aufzugeben sowie während oder außerhalb eines Streitverfahrens Anordnungen zur Sicherung von Beweismitteln zu treffen (§§ 484 ff.).[62] Die der Sicherung der Durchsetzbarkeit von Schadenersatzansprüchen dienenden Vorschriften ergänzen die Regelung des Arrests in §§ 916 ff. ZPO.[63]

aa) Besichtigungsanspruch, § 140c PatG, § 24c GebrMG[64]

Wer **mit hinreichender Wahrscheinlichkeit** entgegen den §§ 9–13 PatG oder §§ 11–14 GebrMG eine Erfindung[65] benutzt (hat), kann vom Rechtsinhaber oder einem anderen Berechtigten auf Besichtigung einer Sache, die sich in seiner Verfügungsgewalt befindet, oder eines Verfahrens, das Gegenstand des Patents ist, in Anspruch genommen werden, wenn dies zur Begründung von Ansprüchen aus dem Patent oder Gbm erforderlich ist (Abs. 1 S. 1).

Zum **Schutz vertraulicher Informationen,** also von Betriebs- und Geschäftsgeheimnissen,[66] trifft das Gericht auf Verlangen des vermeintlichen Verletzers die im Einzelfall erforderlichen Maßnahmen (Abs. 1 S. 3).[67]

Ausgeschlossen ist der Besichtigungsanspruch, wenn die Inanspruchnahme im Einzelfall **unverhältnismäßig** wäre (Abs. 2).

Die Duldung der Besichtigung kann **durch einstweilige Verfügung angeordnet** werden,[68] wobei das Gericht die zum Schutz vertraulicher Informationen erforderlichen Maßnahmen insbesondere dann von Amts wegen trifft, wenn die eV im Wege der Beschlussverfügung, also ohne Anhörung des Gegners ergeht (Abs. 3).

Entsprechend anwendbar sind nach Abs. 4 die Bestimmungen des § 811 BGB über den Ort der Besichtigung und die den Anspruchsteller treffende Gefahr- und Kostentragung, außerdem das in § 140b Abs. 8 PatG, § 24b Abs. 8 GebrMG enthaltene Verbot der Verwertung von Erkenntnissen in Straf- und Ordnungswidrigkeitsverfahren.

Erweist sich, dass in Wirklichkeit keine Verletzung vorlag oder drohte, kann der vermeintliche Verletzer von demjenigen, der die Besichtigung verlangt hat, **Schadenersatz** fordern (Abs. 5).

bb) Anspruch auf Vorlage von Urkunden und Unterlagen, § 140c PatG, § 24c GebrMG

In vorstehende Regelung des Besichtigungsanspruchs ist auch der Anspruch auf Urkundsvorlage einbezogen; für den Fall hinreichender Wahrscheinlichkeit einer **in gewerblichem Ausmaß** begangenen Verletzung forterstreckt auf die Vorlage von Bank-, Finanz- und Handelsunterlagen (Abs. 1 S. 2).

---

[61] Zur Anwendung dieser Vorschrift bei Rechtsstreitigkeiten über technische Schutzrechte BGH 1.8.2006, GRUR-Int 2007, 157 Rn. 35 ff. – Restschadstoffentfernung.
[62] Vgl. die Gesetzesbegründung, BT-Drs. 16/5048, 26 ff.
[63] Begründung BT-Drs. 16/5048, 41; krit. *Peukert/Kur* GRUR-Int 2006, 292 (302).
[64] Grundlegend *Müller-Stoy* 55; *ders.* Mitt. 2009, 361 ff.; *ders.* Mitt. 2010, 267 ff.; ferner *Kather/Fitzner* Mitt. 2010, 325 ff.
[65] Das Gesetz sagt „ein Gebrauchsmuster"; vgl. zur Terminologie → § 35 Rn. 4.
[66] Zum Begriff *Ann* in Ann/Loschelder/Grosch Know-how-Schutz-HdB Kap. 1 Rn. 1, 18 ff., zum Geheimnisschutz im Zivilprozess *ders.* Kap. 7. Rn. 5 ff.
[67] Vgl. *Haedicke* Mitt. 2018, 249; *Deichfuß* GRUR 2015, 436; *Bornkamm* FS Ullmann, 2006, 893 ff.
[68] Nach *Peukert/Kur* GRUR-Int 2006, 292 (300 ff.) ist es nicht zu rechtfertigen, dass im Verfügungsverfahren bereits die *Erfüllung* des Anspruchs erreichbar sei; ausführlich zum Erfordernis der Dringlichkeit bei Erlass einer Duldungsanordnung im Wege der einstweiligen Verfügung, *Stjerna* Mitt. 2011, 271 ff., vgl. auch *Köklü/Müller-Stoy* Mitt. 2011, 109 ff.; zur wiederholten Besichtigung *Eck/Dombrowski* FS 50 Jahre BPatG, 2011, 169 ff.; zur Zwangsvollstreckung der Duldungsverfügung *Grabinski* FS Mes, 2009, 129 (134 ff.).

cc) Anspruch auf Vorlage von oder Zugang zu Unterlagen zur Anspruchssicherung, § 140d PatG, § 24d GebrMG[69]

42 Bei einer in gewerblichem Ausmaß begangenen Rechtsverletzung, wegen deren gegen den Verletzer nach § 139 Abs. 2 PatG oder § 24 Abs. 2 GebrMG ein Schadensersatzanspruch besteht, hat der Verletzte Anspruch auf Vorlage von Bank-, Finanz- und Handelsunterlagen oder einen geeigneten Zugang zu entsprechenden Unterlagen, die sich in der Verfügungsgewalt des Verletzers befinden und für die Durchsetzung des Schadenersatzanspruchs erforderlich sind, wenn ohne die Vorlage die Erfüllung des Schadensersatzanspruchs fraglich ist (Abs. 1 S. 1). Die Vorschrift soll es dem Verletzten ermöglichen, Kenntnis von Vermögenswerten des Verletzers zu erlangen, die der Erfüllung seines Schadensersatzanspruchs dienen können.[70] Das Vorliegen eines vollstreckbaren Titels ist nicht erforderlich.[71]

43 Anders als nach § 140c PatG, § 24c GebrMG genügt für den Anspruch keine hinreichend Wahrscheinlichkeit; das Vorliegen der in gewerblichem Ausmaß begangenen Rechtsverletzung muss vielmehr **feststehen**, und diese muss **auch schuldhaft** begangen worden sein, weil nach §§ 139 Abs. 2, 24 Abs. 2 sonst kein Schadensersatzanspruch besteht. Durch **einstweilige Verfügung** angeordnet werden kann die Vorlage nur, wenn der Schadensersatzanspruch *offensichtlich* besteht (Abs. 3).

44 Übereinstimmend mit § 140c PatG, § 24c GebrMG (→ § 36 Rn. 35 ff.) regeln §§ 140d, 24d den Schutz vertraulicher Informationen[72] (Abs. 1 S. 2, Abs. 3 S. 2, 3), den Ausschluss des Anspruchs bei Unverhältnismäßigkeit (Abs. 2), die entsprechende Anwendung von § 811 BGB und das Verbot der Verwertung im Straf- und Ordnungswidrigkeitsverfahren (Abs. 4).

d) Anspruchsdurchsetzung

45 Durchsetzbar ist der Besichtigungsanspruch sowohl **klageweise** in einem eigenen Hauptsacheverfahren mit entsprechendem Aufwand, als auch in einem **selbständigen Beweisverfahren** nach §§ 485 ff. ZPO, das leichter handhabbar ist und einen Zeitvorteil bietet.

46 Das **Düsseldorfer Besichtigungsverfahren kombiniert** ein **selbstständiges Beweisverfahren** gem. § 485 ZPO, in dem ohne vorherige Anhörung des Besichtigungsschuldners im Beschlusswege die Einholung eines Sachverständigengutachtens darüber angeordnet wird, ob der Besichtigungsschuldner zB ein patentgemäßes Verfahren benutzt oder ob dessen Vorrichtung patentgemäß ist, **mit einer gleichzeitig ergehenden einstweiligen Verfügung** gem. § 140c PatG, der Besichtigungsschuldner müsse die Besichtigung dulden.[73] Weil der Besichtigungsschuldner hier überrascht wird, muss das handelnde Patentstreitgericht dem Schutz seiner Geschäftsgeheimnisse dadurch Rechnung tragen, dass das Vorliegen einer Patentverletzung hinreichend wahrscheinlich und die Besichtigung verhältnismäßig ist, dass die vom Besichtigungsschuldner zu duldenden Maßnahmen begrenzt sind und dass der zur Besichtigung zugelassene Personenkreis so klein wie möglich gehalten und zur Verschwiegenheit verpflichtet wird und dass der Besichtigungsschuldner seine Interessen durch die Heranziehung von Beratern wahren kann. Anschließend wird das Sachverständigengutachten nicht automatisch beiden Seiten, sondern zunächst nur dem Besichtigungsschuldner zur Verfügung gestellt wird. Der **Patentinhaber bekommt es erst und insoweit zu sehen,** wie das Gericht dies ausdrücklich entscheidet. Zur Übersendung des Gutachtens an den Prozessvertreter des Patentinhabers soll nach Ansicht des BGH[74] der

---

[69] *Samer* FS 80 Jahre Düsseldorf, 2016, 469.
[70] Begründung BT-Drs. 16/5048, 41 f.
[71] Krit. deshalb *Peukert/Kur* GRUR-Int 2006, 292 (302).
[72] Auch → Rn. 36 Fn. 56.
[73] Detailliert bei *Kühnen* Handbuch B. Rn. 89 ff.; zum Schutz berechtigter Interessen des Anspruchsgegners *Müller-Stoy* Mitt. 2010, 267 ff.
[74] BGH 16.11.2009, GRUR 2010, 318 Rn. 23 ff. – Lichtbogenschnürung; *Deichfuß* GRUR 2015, 436 (440).

§ 36. Die Klage wegen Patent- oder Gebrauchsmusterverletzung

Patentinhaber entscheiden, ob er sich mit der Übersendung nur an seinen verschwiegenheitspflichtigen Prozessvertreter begnügt, oder ob er auch Offenlegung sich selbst gegenüber fordert. Das Gericht muss dies ausdrücklich entscheiden, nach umfassender Abwägung.

e) Verwarnung

Vor Erhebung der Verletzungsklage wird es sich fast immer empfehlen, den mutmaßlichen Verletzer im Wege einer **Berechtigungsanfrage** zu bitten, seine Berechtigung zur Benutzung der patentierten Erfindung darzulegen. Das macht den Verletzer einerseits bösgläubig, vermeidet andererseits aber einen Eingriff in den eingerichteten und ausgeübten Gewerbebetrieb, den die Vorlage einer **unberechtigte Schutzrechtsverwarnung** regelmäßig darstellen wird und die den Verwarnenden schadenersatzpflichtig macht, wenn dieser die Sach- und Rechtslage nicht vor Zustellung der Verwarnung mit der gebotenen Sorgfalt geprüft hatte (→ § 39 Rn. 33 ff.).[75] 47

Ein Verletzer, der nicht reagiert, wird nahezu immer Anlass zur Klage bieten und kann deshalb, wenn diese erhoben wird, dem Kläger nicht mehr durch ein sofortiges Anerkenntnis nach § 93 ZPO Kosten zuschieben. 48

Wer wegen verwarnt worden ist oder sonst befürchten muss, alsbald wegen Patent- oder Gebrauchsmusterverletzung verklagt zu werden, kann durch **negative Feststellungsklage** klarstellen lassen, dass er das in Rede stehende Schutzrecht *nicht* verletzt.[76] 49

IV. Klageantrag

Die **Unterlassungsklage** muss die Verletzungshandlung genau bezeichnen, derentwegen sie erhoben wird, insbesondere die konkrete Ausführungsform eines als patentverletzend angesehenen Gegenstands.[77] Die Wiedergabe von Patentansprüchen genügt regelmäßig nicht, auch wenn der Kläger eine wortsinngemäße Verletzung geltend macht.[78] 50

Bei einer **Schadenersatzklage** ist grundsätzlich die bestimmte Angabe des verlangten Betrags erforderlich. Ist dieser jedoch von der Bestimmung der Schadenshöhe durch Beweisaufnahme, gerichtliche Schätzung oder gerichtliches Ermessen abhängig, darf nach der Rechtsprechung die zahlenmäßige Feststellung der Klageforderung dem Gericht überlassen werden, sofern diesem die tatsächlichen Grundlagen für die Feststellung gegeben werden, in welcher Höhe ein Schadenersatzanspruch gerechtfertigt ist.[79] Auch im Wege der „Stufenklage" nach § 254 ZPO kann zunächst eine zahlenmäßige Angabe der Schadenersatzforderung vermieden werden. Es genügt, auf Rechnungslegung und Leistung des Betrags zu klagen, der sich hieraus ergeben wird. In Patentverletzungssachen ist ein solches Vorgehen aber wenig gebräuchlich. Meist richten sich die Klagen zunächst nur auf Verurteilung zur 51

---

[75] Zu den Anforderungen an eine wirksame Schutzrechtsverwarnung BGH 12.7.2011, GRUR 2011, 995 – Besonderer Mechanismus.

[76] Zum erforderlichen Feststellungsinteresse BGH 21.12.2005, GRUR 2006, 217 – Detektionseinrichtung I (Wegfall des Feststellungsinteresses wegen gegenläufiger Leistungsklage macht Feststellungsklage unzulässig) mit zahlreichen Nachw. (Nr. 12); OLG Düsseldorf 8.6.2000, Mitt. 2000, 369; LG München I 5.3.2003, InstGE 4, 1; LG Düsseldorf 10.6.2003, InstGE 3, 153 Rn. 10 ff. – WC-Erfrischer; vgl. → Rn. 5 f.

[77] Das kann nach BGH 25.10.2005, GRUR 2006, 311 Rn. 7 ff. – Baumscheibenabdeckung auch durch Bezugnahme auf eine fotografische Wiedergabe geschehen.

[78] BGH 30.3.2005, BGHZ 162, 365 = GRUR 2005, 569 (Ls. und Nr. 1, 4) – Blasfolienherstellung; LG München I 24.6.1999, Mitt. 1999, 466; anders OLG Frankfurt a. M. 15.5.1986, Mitt. 1987, 240; vgl. auch *Meier-Beck* GRUR 1998, 276 ff.; krit. zur BGH-Entscheidung *Kühnen* GRUR 2006, 180 ff.; vgl. auch *Grosch* FS Schilling, 2007, 207 (225 ff.); eingehend und rechtsvergleichend *Schuster* FS Pagenberg, 2006, 57 ff.; zur Möglichkeit der beschränkten Anspruchsfassung im Verletzungsverfahren umfassend *Grunwald* Mitt. 2010, 549 ff.; vgl. auch BGH 6.5.2010, GRUR 2010, 904 ff. – Maschinensatz.

[79] BGH 18.2.1977, GRUR 1977, 539 (542) – Prozessrechner.

§ 36 V 5. *Abschnitt. Wirkung und Durchsetzung der Schutzrechte*

Unterlassung und Rechnungslegung sowie auf Feststellung der Schadenersatzpflicht,[80] wobei das nach § 256 ZPO erforderliche Feststellungsinteresse wegen des Verjährungsrisikos und der Schwierigkeit der Schadensermittlung von den Gerichten ohne weiteres anerkannt zu werden pflegt.

52   Oft kommt dann nach Rechnungslegung eine Einigung der Parteien zustande, so dass über den Betrag des Schadenersatzes nicht mehr entschieden zu werden braucht. Die Feststellungsklage hemmt die Verjährung (vgl. §§ 204 Abs. 1 Nr. 1, 209 BGB) des *ganzen* Schadenersatzanspruchs; eine Klage auf Rechnungslegung genügt hierfür nicht. Auf eine bestimmte Art der Schadensberechnung braucht sich der Kläger beim Rechnungslegungs- und Feststellungsantrag noch nicht festzulegen.

53   Bei Klagen auf **Bereicherungsausgleich** kann in entsprechender Weise verfahren werden wie bei Schadenersatzklagen.

54   **Abgewiesen** werden darf die Verletzungsklage **nicht mit der Begründung,** Angaben des Patentanspruchs seien nicht klar und ihr Sinngehalt sei nicht aufklärbar. Der erteilte Patentanspruch hat vielmehr Rechtsnormcharakter. Die aus ihm folgende Frage nach seiner zutreffenden Auslegung aufzuklären ist genuine Aufgabe des Patentstreitgerichts.[81]

55   Fehlt im Verletzungsprozess Parteivortrag zu unmittelbaren Tatumständen, die Anhaltspunkte etwa zu technischen Zusammenhängen bieten können, die für das Verständnis der unter Schutz gestellten Lehre bedeutsam sein können, oder zum maßgeblichen Durchschnittsfachmann und der seine Sicht bestimmenden Ausbildung, muss das Gericht entsprechende Hinweise geben und so auf die Vervollständigung des Parteivortrags hinwirken. Ergibt sich aus dem klägerischen Sachvortrag dass auch eine äquivalente Verletzung des Klagepatents geltend gemacht werden soll, ohne dass sich dies in den Anträgen niedergeschlagen hat, muss das Gericht dies lediglich ansprechen, um seine Verpflichtung aus § 139 Abs. 1 S. 2 ZPO zu erfüllen, auf die Stellung sachdienlicher Anträge hinzuwirken.[82] Eine erweiterte, die Verletzung mit äquivalenten Mitteln umfassende Prüfungspflicht des Gerichts kann jedenfalls nicht angenommen werden, wenn mangels näherer Angaben des Verletzungsklägers jeder Anhaltspunkt fehlt, warum auch in anderer als der sich aus der Kennzeichnung im Antrag ergebenden Hinsicht eine Patentverletzung in Betracht kommen soll.[83]

V. Streitwertbegünstigung

56   1. Nach § 144 PatG, § 26 GebrMG kann das Gericht in Patent- oder Gebrauchsmusterstreitsachen (vgl. → Rn. 1–4) auf Antrag einer Partei mit Rücksicht auf deren wirtschaftliche Verhältnisse anordnen, dass sich die Kostenbelastung für diese Partei nach einem ihrer wirtschaftlichen Lage angepassten Teil des Streitwerts bemisst.[84] Die antragstellende Partei muss dafür glaubhaft machen, dass die Belastung mit Prozesskosten nach dem vollen Streitwert ihre wirtschaftliche Lage erheblich gefährden würde.

57   2. Die Regelung wurde im PatG 1936 eingeführt:[85] Die Erfahrung habe gelehrt, dass nicht selten das wirtschaftliche Übergewicht der einen über die andere Partei einer gerechten Lösung hinderlich sei, weil die weniger bemittelte Partei das Kostenrisiko nicht einzugehen vermöge. Das liege an der außergewöhnlichen Höhe der Kosten gerade in Patentsachen, die ua durch die Größe der Streitwerte bedingt sei. Diese Überlegung dürfte heute mehr durchgreifen denn je.[86]

---

[80] Vgl. *Grabinski/Zülch* in Benkard PatG § 139 Rn. 104.
[81] BGH 31.3.2009, GRUR 2009, 653 – Straßenbaumaschine.
[82] BGH 22.12.2009, BGHZ 184, 49 = GRUR 2010, 314 – Kettenradanordnung II.
[83] BGH 14.12.2010, GRUR 2011, 313 (317f.) – Crimpwerkzeug IV, unter ausdr. Hinweis auf *Scharen* FS Tilmann, 2003, 599 (607).
[84] Zu den Umständen, die bei der Bemessung zu berücksichtigen sind, OLG Düsseldorf 11.8.2004, InstGE 5, 70 – Streitwertermäßigung.
[85] Vgl. die Begründung, BlPMZ 1936, 115; das GebrMG enthält seit 1965 eine entsprechende Vorschrift.
[86] *Stephan* 54 ff.

Während *Stephan* die Streitwertberechnung in Patentstreitsachen ausgehend von der Düsseldorfer 58
Entscheidung „Du sollst nicht lügen II"[87] unlängst eingehend untersucht und deren Problematik
herausgearbeitet hat, stammt die bis heute einzig nennenswerte rechtstatsächliche Untersuchung zum
Thema bereits aus dem Jahr 1989. *Stauder*[88] hatte seinerzeit Patentverletzungsverfahren untersucht und
festgestellt, dass die Streitwerte – damals! – meist 100 000–500 000 DM betrugen, maximal 5 Millionen und durchschnittlich rund 325 000 DM. Auf der Grundlage dieses Werts errechnet *Stauder* (nach
damaligem Gebührenrecht) ein Kostenrisiko von rund 24 000 DM in erster, 30 000 DM in zweiter
und 40 000 DM in dritter Instanz, für drei Instanzen insgesamt also knapp 100 000 DM. Diese Werte
sind seither wesentlich gestiegen.

3. Im Fall der Streitwertherabsetzung braucht die streitwertbegünstigte Partei Gerichts- 59
kosten und ihre Rechtsanwaltsgebühren nur nach dem niedrigeren Streitwert zu bezahlen.
Soweit ihr Kosten des Rechtsstreits auferlegt werden oder sie diese übernimmt, hat sie auch
die vom Gegner entrichteten Gerichtsgebühren und die Gebühren seines Rechtsanwalts
nur nach dem niedrigeren Streitwert zu erstatten. Werden die außergerichtlichen Kosten
dem Gegner auferlegt oder von ihm übernommen, kann der Rechtsanwalt der begünstigten Partei seine Gebühren von dem Gegner trotzdem nach dem für diesen geltenden
Streitwert beitreiben. Patentanwaltsgebühren sind wie Rechtsanwaltsgebühren zu behandeln. Insgesamt wird so dafür gesorgt, dass die Streitwertherabsetzung allein der bedürftigen
Partei zugutekommt. Es gilt ein „gespaltener Streitwert".

Die Herabsetzung belastet den Anwalt der begünstigten Partei, soweit diese Kosten zu tragen hat. 60
Den Anwalt der Gegenseite betrifft sie auch insoweit nicht, da er einen Gebührenanspruch aus dem
vollen Streitwert hat.

4. Die Streitwertbegünstigung setzt ein geringeres Maß an wirtschaftlicher Bedürftigkeit 61
voraus als die Prozesskostenhilfe und ist anders als diese grundsätzlich unabhängig von den
Erfolgsaussichten der Partei, die sie beantragt.

Da die Streitwertherabsetzung der begünstigten Partei ein angemessenes Kostenrisiko belässt, wird 62
erwartet, dass sie nicht zu mutwilliger und aussichtsloser Prozessführung verleitet. Auch versteht sich,
dass das Gericht sie in Fällen offensichtlich missbräuchlicher Klageerhebung verweigern kann.[89]

VI. Schranken gesonderter Geltendmachung mehrerer Patente

1. Den Verletzungskläger, der mehrere einschlägige Patente hat, aber nicht alle in seiner 63
Klage geltend macht, bedroht § 145 PatG mit **Präklusion:** Wer eine Klage nach § 139
PatG erhoben hat, kann denselben Beklagten wegen derselben oder einer gleichartigen
Handlung aufgrund eines anderen Patents nur dann nochmals verklagen, wenn er unverschuldet nicht in der Lage war, auch das andere Patent in dem früheren Rechtsstreit geltend
zu machen.[90]

Die Regelung wurde 1936 eingeführt. Zur Begründung[91] wurde auf eine besondere Form des 64
Missbrauchs wirtschaftlicher Übermacht hingewiesen, die sich darin gezeigt habe, dass Inhaber mehrerer Patente verwandten Inhalts angebliche Verletzer zunächst nur aus einem dieser Patente verklagten,

---

[87] OLG Düsseldorf 10.5.2011, NJW 2011, 2979 – Du sollst nicht lügen II; dazu *Rojahn/Lunze* Mitt. 2011, 533 ff.; *Beyerlein/Beyerlein* Mitt. 2011, 542 ff.; *Stjerna* Mitt. 2011, 546 ff.; *Brand/Brand* AnwBl 2013, 85 ff.; Mayer FD-RVG 2011, 321, 964; s. auch *Handelsblatt*, 8.8.2011, Richter werfen Anwälten systematischen Betrug vor, http://www.handelsblatt.com/politik/deutschland/zu-niedrige-streitwerte-richter-werfen-anwaelten-systematischen-betrug-vor/4477694.html (zuletzt aufgerufen 12.3.2021); *FAZ*, 9.8.2011, Oberlandesgericht wirft Anwaltschaft Betrug vor; *Spiegel*, 8.8.2011, Trickreiche Anwälte: Richter klagen über Betrug bei Wirtschaftsverfahren, http://www.spiegel.de/wirtschaft/soziales/trickreiche-anwaelterichter-klagen-ueber-betrug-bei-wirtschaftsverfahren-a-779045.html (zuletzt aufgerufen 12.3.2021).
[88] 62 f., 180 f., 183 f.; Angaben zu Gbm auf 63, 182, 184.
[89] Begründung zum PatG 1936 BlPMZ 1936, 115.
[90] Zu den Voraussetzungen im einzelnen *Stjerna* GRUR 2007, 194.
[91] BlPMZ 1936, 115.

um gegen ihn dann weitere Klagen wegen desselben oder eines gleichartigen Tatbestands geltend zu machen, die andere Patente verletzten. Dem Angegriffenen werde durch die hiermit verbundene Kostenerhöhung die Verteidigung erschwert.

65 2. Wenn die in § 145 PatG geforderten Voraussetzungen der gesonderten Geltendmachung des anderen Patents nicht erfüllt sind, ist die hierauf gestützte neue Klage **unzulässig**. Das gilt unabhängig davon, ob der frühere Prozess noch anhängig oder schon abgeschlossen ist. Dennoch handelt es sich hier nicht um eine Wirkung der Rechtshängigkeit oder Rechtskraft. Das Gericht hat die Unzulässigkeit nur zu berücksichtigen, wenn der Beklagte sich darauf beruft. Diesem steht insoweit eine **prozesshindernde Einrede** zu, auf die er verzichten oder die bei Verspätung zurückgewiesen werden kann.[92]

66 3. Der Sachverhalt, auf den sich die Ausschlusswirkung bezieht, wird nach einer älteren Entscheidung des BGH[93] durch den als technisch-wirtschaftliche Einheit verstandenen Gegenstand der ersten Klage bestimmt. Nach einer späteren Entscheidung,[94] auf die sich der BGH in seiner Entscheidung „Raffvorhang" aus dem Jahr 2011[95] ausdrücklich bezogen hat, ist dagegen bei einer aus mehreren Teilen bestehenden Gesamtvorrichtung der mit dem Klageantrag konkret umschriebene, durch die Ausgestaltung eines bestimmten Teils der Gesamtvorrichtung charakterisierte Verletzungstatbestand die Handlung iSd § 145 PatG. Eine weitere Klage aus einem anderen Patent, das die Gesamtvorrichtung wegen eines anderen Teils zum Gegenstand hat, betrifft deshalb nicht dieselbe Handlung, wenn sich ihr Antrag auf die durch die konkrete Ausgestaltung dieses Teils charakterisierte Gesamtvorrichtung bezieht.[96] Gleichartig iSd § 145 sind Handlungen, die im Vergleich zu der im Erstprozess aufgegriffenen Verletzungshandlung zusätzliche oder abgewandelte Merkmale aufweisen, nach dieser Rspr. nur dann, wenn es sich wegen eines engen technischen Zusammenhangs **aufdrängt, sie gemeinsam in einer Klage aus mehreren Patenten anzugreifen,** um dem Bekl. mehrere Prozesse zu ersparen. Eine Übereinstimmung im Oberbegriff der beiden Patente reicht für einen derartigen technischen Zusammenhang nicht aus. Allein maßgeblich sind auch insoweit die in den beiden Prozessen konkret verfolgten Handlungen.[97]

67 Wenn der Kl. in der Berufungsinstanz seine Klage ändert, indem er sie auf ein weiteres, erst nach Abschluss der 1. Instanz erteiltes Patent stützt, spricht die Gefahr, dass einer neuen Klage aus diesem Patent die Einrede entgegengehalten wird, dafür, die Klageänderung als sachdienlich zuzulassen.[98]

68 4. Der Ausschlusswirkung unterliegen deutsche und für Deutschland erteilte europäische Patente, **nicht** aber sonstige Schutzrechte, insbesondere **Gebrauchsmuster**[99]. In subjektiver Hinsicht setzt sie voraus, dass die neue Klage gegen denselben Beklagten oder eine nach § 325 ZPO der Rechtskraftwirkung des Urteils im ersten Prozess unterworfene Person erhoben ist; Klagen gegen andere Personen bleiben unbeschränkt zulässig.[100]

69 5. Die praktischen Auswirkungen des „Zwangs zur Klagenkonzentration", der sich aus § 145 PatG ergibt, werden vielfach kritisch beurteilt.[101] Vor allem wird bemängelt, dass er

---

[92] BGH 14.7.1966, GRUR 1967, 84 (87) – Christbaumbehang II.
[93] 10.7.1956, GRUR 1957, 208 (211) – Grubenstempel; zur Gleichartigkeit eingehend *V. Tetzner* Mitt. 1976, 221 ff.
[94] BGH 3.11.1988, GRUR 1989, 187 – Kreiselegge II.
[95] 25.1.2011, GRUR 2011, 411 Rn. 27.
[96] Vgl. auch OLG Düsseldorf 20.12.2007, Mitt. 2010, 476 (480) – Bremsbacken.
[97] 25.1.2011, GRUR 2011, 411 Rn. 27; zum Umfang und zur Auflösung der Klagenkonzentration vgl. *Nieder* GRUR 2010, 403 ff.
[98] OLG Düsseldorf 15.12.2005, GRUR 2007, 223 – Melkvorrichtung; dazu *Jüngst/Stjerna* Mitt. 2006, 393 ff.
[99] BGH 20.12.1994, BGHZ 128, 220 (229) – Kleiderbügel.
[100] BGH 3.7.1973, GRUR 1974, 28 – Turboheuer.
[101] So insbesondere *Ohl* GRUR 1968, 169; *Pietzcker* GRUR 1974, 29; vgl. auch *Moser v. Filseck* GRUR 1961, 81 f.; *Stauder* 14; *Krieger* GRUR 1985, 694 ff.

§ 36. Die Klage wegen Patent- oder Gebrauchsmusterverletzung   VII § 36

zu einer beträchtlichen Ausweitung des Prozessstoffs führen und die Streitentscheidung verzögern kann.[102] Auch wird die Verfassungsmäßigkeit der Regelung bezweifelt.[103]

Die ersatzlose Streichung von § 145 PatG, die im Referentenentwurf des am 1.10.2009 in Kraft getretenen Gesetzes zur Vereinfachung und Modernisierung des Patentrechts vom 31.7.2009[104] vorgesehen war, hat der Bundestag auf Empfehlung des Rechtsausschusses abgelehnt.[105]

VII. Aussetzung wegen Einspruchs-, Nichtigkeits- oder Löschungsverfahrens

1. Ist die Verletzungsklage auf ein in Kraft stehendes **Patent** gestützt, kann das Patentstreitgericht nicht nachprüfen, ob dieses Patent zurecht besteht.[106] Selbst wenn es Tatsachen kennt, die die Nichtigerklärung rechtfertigen würden, muss es das Patent als gültig behandeln, solange es nicht in den dafür vorgesehenen besonderen Verfahren (vgl. → § 26 Rn. 121 ff., → § 30 Rn. 11 ff., 95 ff.) widerrufen oder für nichtig erklärt worden ist; wegen Ablaufs der Einspruchsfrist wird meist nur noch die Nichtigerklärung in Betracht kommen.   70

2. Liegt ein Grund für die Nichtigerklärung des Klagepatents vor, muss das Verletzungsgericht den Beklagten nicht zwingend wegen Patentverletzung verurteilen und damit die Gefahr in Kauf zu nehmen, dass sich sein Urteil infolge einer späteren (vollständigen oder teilweisen) Nichtigerklärung als unrichtig erweist. Ist eine Nichtigkeitsklage bereits anhängig, kann das Verletzungsgericht den **Verletzungsprozess** vielmehr gem. § 148 ZPO bis zur Entscheidung über die Nichtigkeitsklage **aussetzen.** Das gilt auch für die Revisionsinstanz.[107]   71

Die Entscheidung über die Aussetzung führt zur Frage nach dem Aussetzungsmaßstab, von dem nicht klar ist, ob er für alle Ansprüche des Verletzungsklägers so hoch liegt wie für den Unterlassungsanspruch.[108] Die deutsche Rechtsprechung stellt hohe Anforderungen, um die Aussetzung eines Verletzungsprozesses gegen ein in Kraft stehendes Patent zu rechtfertigen. **Für eine Aussetzung spricht regelmäßig,** dass dadurch eine im Ergebnis unrichtige Verurteilung und letztlich überflüssiger Aufwand insbesondere für Beweiserhebungen vermieden werden kann, sofern sich das Patent als nicht rechtsbeständig erweist. **Gegen eine Aussetzung spricht,** dass sie den Berechtigten, falls das Patent der Nichtigkeitsklage standhält, für einen Teil der ohnehin kurzen effektiven Schutzdauer an der Durchsetzung der Verbietungsbefugnis hindert, die das Ausschließungsrecht prägt.[109] Entsprechend zurückhaltend handhaben deutsche Verletzungsgerichte die Aussetzung[110] und verlangen sie eine hohe Wahrscheinlichkeit, dass das Klagepatent nicht rechtsbeständig ist, letztlich also eine **hohe Erfolgsaussicht** der erhobenen Nichtigkeitsklage.[111] Zu versagen   72

---

[102] BGH 14.7.1966, GRUR 1967, 84 – Christbaumbehang II.
[103] *Busse/Keukenschrijver* PatG § 145 Rn. 2; *Voß/Kühnen* in Schulte PatG § 145 Rn. 6; eingehend *Stjerna* GRUR 2007, 17 ff. mit zahlreichen Nachw.; vgl. auch *Stjerna* GRUR 2010, 36.
[104] BGBl. 2009 I 2521.
[105] Zum Gesetzgebungsverfahren und kritisch zur Ablehnung der Streichung von § 145 PatG *Stjerna* GRUR 2010, 35 f.; zur Frage der Befugnis des Verletzungsgerichts zur Verfahrenstrennung nach § 145 ZPO hinsichtlich mehrerer in einer einheitlichen Klage entsprechend § 145 PatG konzentriert geltend gemachter Patente *Nieder* GRUR 2010, 402 ff.; *Stjerna* GRUR 2010, 964 f.
[106] Krit. zum Trennungsprinzip *Hilty/Lamping* FS 50 J. BPatG, 2011, 255 ff.; *Köllner/Weber* Mitt. 2014, 436 ff.
[107] Vgl. BGH 15.10.1981, GRUR 1982, 99 – Verbauvorrichtung.
[108] *Klepsch/Büttner* FS 80 Jahre Düsseldorf, 2016, 281.
[109] Vgl. OLG Düsseldorf 22.5.2014, Mitt. 2014, 470 – Saugreinigungsgerät.
[110] Angaben über Häufigkeit und Dauer der Aussetzung bei *Stauder* 44 f.; für eine Aussetzung als Regelfall *Hilty/Lamping* FS 50 J. BPatG, 2011, 255 (260 ff.).
[111] OLG Düsseldorf 14.6.2007, GRUR 2009, 53 (Leitsatz) – Brandschutzvorrichtung; NJOZ 2008, 2831: Aussetzung nur bei hoher Wahrscheinlichkeit, dass das Klagepatent nicht rechtsbeständig ist. Diese hohe Wahrscheinlichkeit besteht nur dann, wenn das Klagepatent in unberücksichtigtem SdT vorweggenommen oder die Erfindungshöhe angesichts dieses SdT so fragwürdig geworden ist, dass

§ 36 VII 5. *Abschnitt. Wirkung und Durchsetzung der Schutzrechte*

ist die Aussetzung regelmäßig, wenn die Nichtigkeitsklage in erster Instanz abgewiesen wurde und der Nichtigkeitskläger seine Berufung nicht auf neue durchgreifende Gründe stützt.[112] Eher für eine Aussetzung kann die sehr späte Erhebung der als Verteidigungsmittel naheliegenden Nichtigkeitsklage durch den Verletzungsbeklagten sprechen.[113]

73 Grundsätzlich angebracht ist die Aussetzung, wenn das Klagepatent in erster Instanz bereits für nichtig erklärt oder so beschränkt worden ist, dass die angegriffene Verletzungsform nicht mehr in seinen Schutzbereich fällt.[114]

74 Ist noch keine Entscheidung im Nichtigkeitsverfahren ergangen, lässt sich die Aussetzung nur rechtfertigen, wenn angesichts des dort vorgebrachten Materials eine hohe Wahrscheinlichkeit der Nichtigerklärung besteht. Da bei der Aussetzung auch prozessökonomische Gesichtspunkte zu beachten sind, würdigt das Gericht des Verletzungsprozesses diese Wahrscheinlichkeit nur summarisch, ohne eine eigene aufwändige Beweiserhebung durchzuführen. Andererseits wird es aus den gleichen Gründen, wenn das Patent erstinstanzlich für nichtig erklärt oder wegen sonstiger Umstände seine Vernichtung wahrscheinlich ist, nicht vor einer Aussetzung unter umfangreicher Beweiserhebung prüfen, ob beispielsweise die angegriffene Verletzungsform außerhalb des Schutzbereichs liegt oder ein vom Beklagten behauptetes Vorbenutzungsrecht besteht und deshalb die Klage auch bei Gültigkeit des Patents abzuweisen wäre.[115] Prozessrechtlich erfordert die Aussetzung damit keine Vorgreiflichkeit der im Nichtigkeitsverfahren zu treffenden Entscheidung im eigentlichen Sinn.

75 3. Will der Verletzungskläger einer Aussetzung seines Verletzungsprozesses oder gar einer Klageabweisung vorbeugen, die für ihn absehbar ist, weil nach Patenterteilung neuheitsschädlicher SdT aufgefunden wurde, hat er zwei Möglichkeiten. Erstens kann er sein Patent durch Erklärung gegenüber dem PA mit Wirkung *ex tunc* nach § 64 Abs. 1 PatG beschränken. Zweitens kann er – gleichsam im Vorgriff auf die Entscheidung, die das PA nach § 64 Abs. 3 S. 1 PatG treffen muss – sein Schutzrecht nur in einem entsprechend reduzierten Umfang geltend machen, so dass für ihn kein Risiko mehr besteht.[116]

76 Ob dies so auch für das Gebrauchsmusterrecht gelten kann, das die Möglichkeit der nachträglichen Beschränkung nicht kennt, war vor Erlass der BGH-Entscheidung „Momentanpol"[117], bezweifelt worden.[118]

77 4. Stützt sich die Verletzungsklage auf ein **Gebrauchsmuster,** hat das Gericht dieses als unwirksam zu behandeln, wenn ein Grund nachgewiesen ist, der eine Löschung rechtfertigen würde und vom Beklagten geltend gemacht werden kann (→ § 35 Rn. 142). Ist bereits ein Löschungsverfahren anhängig, muss das Gericht den Verletzungsprozess aussetzen, falls es das Gbm für unwirksam hält (§ 19 S. 2 GebrMG). Sieht es das Gbm als wirksam an, steht die Aussetzung in seinem Ermessen (§ 19 S. 1), das ebenso wie im Patentverlet-

---

sich ein vernünftiges Argument für deren Zuerkennung nicht finden lässt; s. auch LG Düsseldorf 14.1.2003, InstGE 3, 21 – Torsionsschwingungsdämpfer (Aussetzung wegen eines im Erteilungsstaat anhängigen Nichtigkeitsverfahrens bei erheblichen Zweifeln an der Gültigkeit des [nicht vorgeprüften] Patents); *Scharen* FS VPP, 2005, 396 (Aussetzung in 1. Instanz nur wenn Nichtigkeitsklage erhoben und Vernichtbarkeit offensichtlich ist); gegen zu hohe Anforderungen hingegen *Rogge* GRUR-Int 1996, 396 ff.

[112] OLG Düsseldorf 16.11.1978, GRUR 1979, 188; 31.5.1979, GRUR 1979, 636; vgl. auch BGH 11.11.1986, GRUR 1987, 284 – Transportfahrzeug: Beschwerde gegen Einspruchsentscheidung, die das Patent aufrechterhalten hat, rechtfertigt Aussetzung nur, wenn sie „einige Erfolgsaussichten" hat, was im Ergebnis verneint wurde; hierzu auch *Fock/Bartenbach* Mitt. 2010, 156 f.

[113] BGH 28.9.2011, GRUR 2012, 93 f. Rn. 5 – Klimaschrank.

[114] *v. Maltzahn* GRUR 1985, 165 f.; nach OLG München 8.12.1989, GRUR 1990, 352 ist die Aussetzung geboten, wenn die angegriffene Ausführungsform teilweise im Äquivalenzbereich des Patents liegt und im anhängigen Einspruchsverfahren der maßgebliche Anspruch geändert wurde.

[115] *v. Maltzahn* GRUR 1985, 167.

[116] BGH 13.5.2003, GRUR 2003, 867 – Momentanpol; *Stjerna* Mitt. 2009, 302 ff.

[117] BGH 13.5.2003, GRUR 2003, 867 – Momentanpol.

[118] *Hellwig* Mitt. 2001, 102 (108).

§ 36. Die Klage wegen Patent- oder Gebrauchsmusterverletzung   VIII   § 36

zungsprozess auszuüben ist (→ Rn. 71 ff.). Wurde der Löschungsantrag zurückgewiesen, begründet dies eine Vermutung zugunsten des Rechtsbestands des KlageGbm und kommt eine Aussetzung des Verletzungsprozesses nicht mehr schon bei bloßen Zweifeln das Verletzungsgerichts an dessen Rechtsbestand in Betracht, sondern nur noch, wenn es eine erhebliche Wahrscheinlichkeit sieht, dass das Gebrauchsmuster (doch noch) vernichtet werden wird.[119] Die Entscheidung im Löschungsverfahren bindet das Gericht, soweit sie auf Löschung lautet (→ Rn. 80). Die Zurückweisung des Löschungsantrags bindet das Verletzungsgericht nur, wenn sie zwischen den Parteien des Verletzungsverfahrens ergangen ist (§ 19 S. 3).[120]

VIII. Urteil und Rechtskraftwirkung

1. Entscheidend für die Wirkungen des Urteils ist dessen Rechtskraft. Über deren **78** Reichweite wird bis heute diskutiert,[121] weil das Gesetz in § 322 ZPO den Begriff der Rechtskraft nicht definiert, sondern ihn voraussetzt. Die hier interessierende **materielle Rechtskraft** besteht darin, dass die Gerichte in einem neuen Verfahren über denselben Streitgegenstand nicht anders entscheiden dürfen als im rechtskräftigen Urteil des Vorprozesses.[122] Damit ist der Begriff des Streitgegenstands berührt, den das Gesetz ebenfalls nicht definiert. Den **Streitgegenstand der Patentverletzungsklage** definieren nach dem herrschenden zweigliedrigen Streitgegenstandsbegriff die Anträge und die tatsächliche Ausgestaltung eines bestimmten Produkts, die im Hinblick auf die Merkmale des geltend gemachten Patentanspruchs angegriffen wird *(angegriffene Ausführungsform)*. Die Identität des Klagegrunds wird (erst) aufgehoben, wenn dieser Kern des in der Klage angeführten Lebenssachverhalts durch neue Tatsachen verändert wird.[123]

2. Ein **Unterlassungsurteil** muss sich stets auf ein bestimmtes Verhalten beziehen. Im **79** Fall der Patentverletzung ist dabei die konkrete Bezeichnung der Verletzungsform wesentlich. Nur gegen sie wirkt das Urteil. Eine Auslegung der Urteilsformel im Vollstreckungsverfahren ist nur in engen Grenzen möglich.[124] Die Regeln über die Auslegung von *Patentansprüchen* und *Gebrauchsmuster-Schutzansprüchen* sind dabei nicht anwendbar. Geringfügige Abweichungen einer Ausführungsform vom Wortlaut des Unterlassungsgebots, die nur unwesentliche Einzelheiten betreffen, genügen jedoch nicht, um eine Zuwiderhandlung auszuschließen, sofern die Abänderung den Kern der Verletzungsform unberührt lässt.[125] Abwandlungen, die der in der Urteilsformel umschriebenen Ausführungsform nur wirkungs-, nicht aber auch wesensgleich sind, können dagegen nicht einbezogen werden.[126]

3. Fällt nach Erhebung einer Unterlassungsklage das Klagepatent oder -gebrauchsmuster **80** in *nicht rückwirkender* Weise weg, ist die Hauptsache erledigt.[127] Das Gericht spricht dies aus, wenn der Kläger eine Erledigterklärung abgibt und die Klage ursprünglich begründet war; fehlt eine dieser Voraussetzungen, weist es die Klage ab. Bei *rückwirkendem* Wegfall des Klagepatents ist dagegen die Klage naturgemäß stets als unbegründet abzuweisen, weil

---

[119] OLG Karlsruhe 2.12.2013, GRUR 2014, 352 (353 f.) – Stanzwerkzeug.
[120] Vgl. BGH 4.2.1997, BGHZ 134, 353 – Kabeldurchführung.
[121] Umfassend *Grosch*, Rechtswandel und Rechtskraft bei Unterlassungsurteilen.
[122] Zöller/*Vollkommer* ZPO Vor § 322 Rn. 14.
[123] BGH 21.2.2012, GRUR 2012, 485 Rn. 19 – Rohrreinigungsdüse II mzustAnm *Haedicke*.
[124] Vgl. *Pagenberg* GRUR 1976, 78 (85 f.).
[125] RG 2.2.1935, RGZ 147, 27 (31); 15.11.1937, RGZ 156, 321 (327 f.); 2.12.1941, GRUR 1942, 307 (313); BGH 22.2.1952, BGHZ 5, 189 (193 f.); OLG Düsseldorf 1.10.1965, GRUR 1967, 135 (136).
[126] RG 2.3.1935, GRUR 1935, 428 (429); OLG München 6.10.1958, GRUR 1959, 597; OLG Frankfurt a. M. 14.4.1978, GRUR 1978, 532.
[127] Vgl. BGH 22.11.1957, GRUR 1958, 179 (180) – Resin; RG 12.10.1935, RGZ 148, 400 (403).

§ 36 VIII 5. Abschnitt. Wirkung und Durchsetzung der Schutzrechte

das Patent dann nie wirken konnte. Gleiches gilt bei Löschung des Klagegebrauchsmusters, auch wenn sich der Bekl. im Verletzungsverfahren noch nicht auf den Löschungsgrund berufen hat.[128]

81 Grundsätzlich **überwiegt das Vollstreckungsinteresse** des obsiegenden Verletzungsklägers die dem Vollstreckungsschuldner drohenden Nachteile; auf Auskunft über die Vertriebswege der verletzenden Ausführungsformen auch nach Ablauf des Klagepatents.[129] Die Zwangsvollstreckung aus einem vorläufig vollstreckbaren Urteil, das im Verletzungsstreit ergangen ist, ist auch in der Revisionsinstanz regelmäßig nach §§ 719 Abs. 1 analog, 707 Abs. 1 ZPO gegen Sicherheitsleistung einstweilen einzustellen, wenn der Verletzungsbeklagte (und Vollstreckungsschuldner) vor dem BPatG mit seiner Nichtigkeitsklage durchgedrungen ist.[130] Nicht in Betracht kommt eine einstweilige Einstellung der Zwangsvollstreckung freilich ausnahmsweise auch dann, wenn die Gründe des in Rede stehenden Nichtigkeitsurteils gewichtige Anhaltspunkte für die Einschätzung ergeben, das Urteil des BPatG werde einer Überprüfung im Berufungsverfahren aller Voraussicht nach nicht standhalten.[131]

82 Eine Schadenersatzklage wird durch *nicht rückwirkenden* Wegfall des Patents oder Gbm nicht betroffen, soweit sie sich auf Verletzungshandlungen stützt, die *vor* besagtem Wegfall begangen wurden. Bei rückwirkendem Wegfall des Patents oder Löschung des Gbm ist jedoch auch die Schadenersatzklage unbegründet und so in vollem Umfang abzuweisen.[132] Die Verletzung eines Patents, das nie bestanden hatte, ist keine und kann keine Schadenersatzpflicht auslösen.

83 4. Nach den durch Gesetz vom 7.7.2008 eingefügten § 140e PatG, und § 24e GebrMG kann der obsiegenden Partei im Urteil, das insoweit nicht vorläufig vollstreckbar ist (S. 4), die Befugnis zugesprochen werden, das **Urteil** auf Kosten der unterliegenden Partei **bekanntzumachen,** schon früher aus § 103 UrhG, § 47 GeschmMG oder fremden Rechten bekannt.[133] Voraussetzung ist, dass die obsiegende Partei ein berechtigtes Interesse darlegt. Art und Umfang der Bekanntmachung werden im Urteil bestimmt. Die Befugnis erlischt, wenn von ihr nicht binnen drei Monaten nach Rechtskraft Gebrauch gemacht wird.

84 5. Auf die **Rechtskraft** eines im Verletzungsprozess ergangenen Urteils hat ein nachträglicher rückwirkender Wegfall des ihm zugrundeliegenden Patents keinen unmittelbaren Einfluss.[134] Wird das Nichtigkeitsurteil, das das Patent beseitigt, erst nach Ende der letzten mündlichen Verhandlung rechtskräftig, fehlt für die unter 3. beschriebene einstweilige Einstellung der Zwangsvollstreckung nach §§ 719 Abs. 1, 707 Abs. 1 ZPO der Raum. Dem als Verletzer rechtskräftig verurteilten Beklagten bleibt jedoch die **Vollstreckungsabwehrklage** aus § 767 ZPO, um die Vollstreckung des Urteils gegen ihn doch noch zu verhindern.[135]

---

[128] Systematische Darstellung der Folgen, die das Erlöschen des Patentschutzes *ex nunc* und *ex tunc* auf den Verletzungsprozess entfaltet, bei *Kühnen* GRUR 2009, 288 ff.

[129] BGH 25.9.2018, GRUR 2018, 1295 Rn. 6 – Werkzeuggriff; s. auch 8.7.2014, Mitt. 2015, 280 Rn. 3 – Kurznachrichten.

[130] BGH 16.9.2014, GRUR 2014, 1237 Rn. 7 – Kurznachrichten; anders noch in derselben Sache BGH 8.7.2014, GRUR 2014, 1028 Rn. 4 – Nicht zu ersetzender Nachteil; s. auch *Bornhäuser* GRUR 2015, 331 sowie *Voß* FS 80 Jahre Düsseldorf, 2016, 573.

[131] BGH 16.9.2014, GRUR 2014, 1237 Rn. 6 – Kurznachrichten.

[132] Entgegen der hM hält *Körner* GRUR 1974, 441 (444f.) und 1982, 341 (347f.), eine Schadenersatzpflicht des Benutzers nach rückwirkendem Wegfall des Patents in dem Umfang für angebracht, in dem ein Lizenznehmer zahlungspflichtig bliebe.

[133] *Amschewitz* 323.

[134] BGH 11.12.1979, BGHZ 76, 50 (55) – Magnetbohrständer II. Dazu und zu den Möglichkeiten zur Beseitigung eines rechtskräftigen Verletzungsurteils nach rückwirkendem Wegfall des Streitpatents, auch mit rechtsvergleichendem Blick auf das englische Recht, vgl. *Bacher* GRUR 2009 (FS Melullis), 216 ff.

[135] Vgl. *Horn* GRUR 1969, 174.

§ 36. Die Klage wegen Patent- oder Gebrauchsmusterverletzung VIII § 36

Nicht auf die Löschung eines dem Urteil zugrundeliegenden **Gebrauchsmusters** 85
gestützt werden kann die Abwehrklage freilich,[136] soweit diese nur deklaratorisch wirkt
(vgl. → § 26 Rn. 126). Hier ist der Löschungsgrund nicht erst nach Ende der letzten
mündlichen Verhandlung entstanden, sondern hatte von Anfang an vorgelegen und im Verletzungsprozess geltend gemacht werden können.

Anders ist es allenfalls, wenn das Gbm auf einer zum Nachteil eines Dritten begangenen widerrechtlichen Entnahme beruht und deshalb auf Antrag dieses Dritten gelöscht wird. Es widerspräche jedoch dem Sinn der Vorschriften, die in diesem Fall die Geltendmachung des Löschungsgrundes dem Betroffenen vorbehalten (§§ 13 Abs. 2, 15 Abs. 2 GebrMG), wenn eine deshalb erfolgte Löschung von einem nicht Betroffenen zur Grundlage einer Vollstreckungsabwehrklage gemacht werden könnte. 86

6. Fällt ein Patent nachträglich rückwirkend weg, kann gem. §§ 578 ff. ZPO im Wege der 87
Restitutionsklage die Wiederaufnahme des durch rechtskräftiges Urteil abgeschlossenen
Verletzungsprozesses erreicht werden.[137] Als einschlägiger Restitutionsgrund wird dabei
meist derjenige des § 580 Nr. 6 ZPO genannt: Die rechtskräftige Entscheidung, die das
Patent rückwirkend beseitigt, wird einem Urteil gleichgestellt, welches das Urteil aufhebt,
das dem wieder aufzunehmenden Verfahrens zugrunde liegt; dasselbe soll gelten, wenn das
Patent im Einspruchsverfahren bestandskräftig widerrufen wird oder wenn der Patentgegenstand dort bestandskräftig derart beschränkt wird, dass das Patent im Umfang eines als
verletzt angesehenen Anspruchs vollständig oder durch Aufnahme zusätzlicher, nicht benutzter Merkmale wegfällt.[138] Teilweise wird die Vorschrift auch nur dann für anwendbar
gehalten, wenn das Patent (im Beschwerdeverfahren) durch das *BPatG* erteilt worden ist.
Eine solche Differenzierung ist ungerechtfertigt. Die entsprechende Anwendung des § 580
Nr. 6 ZPO kann allenfalls für die Fälle rückwirkender Beseitigung des der Verurteilung
zugrunde liegenden Patents in Betracht gezogen werden. Für sie spricht die *Bindung* des
Verletzungsgerichts an den Erteilungsakt. Diese besteht unabhängig davon, welche Stelle
die Erteilung ausgesprochen hat. Es bedarf auch nicht des Hinweises auf die „Justizförmigkeit" des patentamtlichen Verfahrens und die „Urteilsähnlichkeit" auch des patentamtlichen
Erteilungsakts. Wesentlich ist, dass es sich dabei (stets) um eine Entscheidung handelt, die
das Urteil im Verletzungsprozess determiniert hat und nur dann geändert werden kann,
wenn sie von Anfang an objektiv unrichtig war.

Ferner als die entsprechende Anwendung der Nr. 6 liegt diejenige der Nr. 7b des § 580 ZPO. Sie 88
wird überwiegend vor allem deshalb abgelehnt, weil kein nachträgliches Auffinden oder Benutzbarwerden von Urkunden im Sinne der genannten Bestimmung vorliegt, wenn der rückwirkenden
Beseitigung früher nicht berücksichtigte Veröffentlichungen oder sonstige Schriftstücke zugrunde
liegen. Vereinzelt wird jedoch eine entsprechende Anwendung im Hinblick auf Urkunden für möglich gehalten, die – insbesondere durch Registereintragung – infolge der rückwirkenden Beseitigung
des Patents errichtet werden.[139]

Die **Frist zur Erhebung der Restitutionsklage** beginnt mit dem Tag, an dem die 89
rechtskräftig verurteilte Verletzungsbeklagte von der Entscheidung – hier der EPA-Einspruchsabteilung – Kenntnis erlangt, mit der das Patent vernichtet wurde.[140]

Auch wenn die rechtskräftige Verurteilung nicht beseitigt wird, können nach überwiegender Ansicht bei rückwirkendem Wegfall des Patents Leistungen, die auf ihrer Grundlage 90

---

[136] Anders RG 30.6.1937, RGZ 155, 321 (327); *Loth* § 15 Rn. 13.
[137] BGH 15.11.2005, GRUR 2006, 316 – Koksofentür; ebenso schon LG Düsseldorf 24.6.1986, GRUR 1987, 628; BPatG 7.12.1992, GRUR 1993, 732 – Radaufhängung; im Schrifttum *Horn* GRUR 1969, 175; *v. Falck* GRUR 1977, 310; *Tetzner* Leitfaden 209; *Grabinski/Zülch* in Benkard PatG § 139 Rn. 149 mwN; ablehnend jedoch *Schickedanz* GRUR 2000, 570 ff.
[138] BGH 17.4.2012, GRUR 2012, 753 Rn. 13 – Tintenpatrone III; 29.7.2010, BGHZ 187, 1 = GRUR 2010, 996 Rn. 12 – Bordako.
[139] *v. Falck* GRUR 1977, 311.
[140] BGH 17.4.2012, GRUR 2012, 753 Rn. 23 – Tintenpatrone III.

erbracht worden sind, gemäß §§ 812 ff. BGB zurückgefordert werden.[141] Hiergegen wird eingewandt, dass wegen des rechtskräftigen Urteils die Leistungen nicht als rechtsgrundlos anzusehen seien.[142] Da aber die Rechtskraft des Leistungsurteils die materielle Rechtslage nicht umgestaltet, ist der ersten Ansicht zu folgen. Der rückwirkende Wegfall des Patents ist einer neuen Tatsache gleich zu achten, die die rechtskräftig zugesprochenen Ansprüche entfallen lässt. Dass aufgrund der Rückwirkung zudem das Urteil als von Beginn an unrichtig erscheint, ist kein Grund, die Geltendmachung jener bei seinem Erlass noch nicht verwertbaren Tatsache *ausschließlich* im Weg der Abwehrklage oder der Wiederaufnahme zuzulassen.

91 Die Wiederaufnahme hat den Vorteil, dass die Erstattung der Kosten des Vorprozesses erreicht wird und der nach Aufhebung des rechtskräftigen Urteils entstehende Rückzahlungsanspruch nicht an einem Bereicherungswegfall scheitern kann. Freilich muss die Wiederaufnahme vor Ablauf von fünf Jahren nach Rechtskraft beantragt werden.

92 Die Löschung eines **Gebrauchsmusters** rechtfertigt keine Wiederaufnahme eines durch Verurteilung des Verletzers rechtskräftig abgeschlossenen Verfahrens, weil die Eintragung des Gbm keine der Patenterteilung entsprechende Bindungswirkung hat. Besagte Eintragung ist deshalb auch im weitesten Sinn nicht einem „Urteil" vergleichbar, wie von § 580 Nr. 6 ZPO vorausgesetzt[143].

93 Ebenso wenig kann die Löschung des Gbm im Register als eine nach § 580 Nr. 7b ZPO relevante Urkunde angesehen werden, weil die Unwirksamkeit auf Gründen beruht, die schon bei ihrer Vornahme bestanden haben und vom Gericht des Verletzungsprozesses unabhängig von einer Löschung berücksichtigt werden konnten. Die Einschränkung, die insoweit für den Löschungsgrund der widerrechtlichen Entnahme gilt, führt wegen ihres spezifischen Zwecks zu keinem anderen Ergebnis (→ Rn. 84 ff.). Auch zur Begründung von Bereicherungsansprüchen kann die Gbm-Löschung nicht dienen[144]: da von ihr die Möglichkeit der Geltendmachung des Löschungsgrundes nicht abhängt, kann sie – anders als die Nichtigerklärung eines Patents – nicht wie eine Tatsache behandelt werden, die den Anspruch nachträglich entfallen lässt.

IX. Einstweilige Verfügung (eV)

94 1. Auf der Grundlage von §§ 935 ff., 940 ZPO können Handlungen, die ein **Patent** verletzen, auch im Wege der einstweiligen Verfügung untersagt werden. Voraussetzung ist die Glaubhaftmachung von Verfügungsanspruch und Verfügungsgrund (§§ 936, 920 Abs. 2 ZPO), dh der Tatsachen, aus denen sich ergibt, dass der Unterlassungsanspruch besteht und zur Vermeidung wesentlicher Nachteile rascher durchgesetzt werden muss, als es in einem Hauptsacheverfahren möglich wäre[145].

95 Der Annahme, dass die Verfügung in diesem Sinne dringlich ist, steht nicht entgegen, dass nach Kenntnis des Berechtigten von der Verletzung eine gewisse Zeit zur Beschaffung von Unterlagen für die Glaubhaftmachung erforderlich gewesen ist.[146]

---

[141] Vgl. *Horn* GRUR 1969, 175 f.; *Rogge/Kober-Dehm* in Benkard PatG § 22 Rn. 88.
[142] Zustimmend *v. Falck* GRUR 1977, 311.
[143] *Busse/Keukenschrijver* GebrMG Vor § 15 Rn. 6; aM BPatG 1.2.1980, GRUR 1980, 852; *Goebel/Engel* in Benkard GebrMG § 15 Rn. 32, *Loth* § 15 Rn. 13.
[144] AM *Goebel/Engel* in Benkard GebrMG § 15 Rn. 32 und *Loth* § 15 Rn. 13.
[145] Auch die Dringlichkeit muss glaubhaft gemacht sein; eine dem § 12 Abs. 2 (früher § 25) UWG entsprechende Vorschrift gibt es im Patent- und Gebrauchsmusterrecht nicht; vgl. OLG Düsseldorf 22.12.1993, GRUR 1994, 508; OLG Nürnberg 11.2.1992, Mitt. 1993, 118; zur Beurteilung der Dringlichkeit auch OLG Frankfurt a. M. 22.11.2001, GRUR 2002, 236; OLG Nürnberg 11.2.1992, Mitt. 1993, 118 (keine Dringlichkeit, wenn eV nur gegen den *Gebrauch* einer einzigen möglicherweise patentverletzenden Vorrichtung beantragt ist) mkritAnm *Eisenführ*. Nicht dringlichkeitsschädlich ist das Abwarten der erstinstanzlichen Einspruchs- oder Nichtigkeitsentscheidung, wohl aber das Abwarten der Entscheidungsgründe in der zweiten Instanz, OLG Düsseldorf 29.6.2017, GRUR-RR 2017, 477 – Vakuumgestütztes Behandlungssystem.
[146] OLG Düsseldorf 6.3.1980, Mitt. 1980, 117; LG Düsseldorf 5.2.1980, GRUR 1980, 989 (993).

§ 36. Die Klage wegen Patent- oder Gebrauchsmusterverletzung IX § 36

Für den Erlass einer eV ist das Gericht der Hauptsache zuständig (§ 937 Abs. 1 ZPO). **96**
Die Entscheidung kann in dringenden Fällen als **Beschlussverfügung** *ohne mündliche Verhandlung* ergehen (§ 937 Abs. 2 ZPO), was jedoch in Patentverletzungssachen nur ausnahmsweise in Betracht kommt.[147] Das Gericht kann die eV von einer Sicherheitsleistung abhängig machen (§§ 936, 921 S. 1 ZPO).

2. Obwohl einstweilige Verfügungen entsprechend der die Bundesrepublik Deutschland **97** treffenden Verpflichtung aus Art. 50 Abs. 1 TRIPS selbstredend auch vor deutschen Patentstreitgerichten erhältlich sind, werden sie in Patentstreitsachen *in praxi* nur relativ selten erlassen.[148] Am OLG Karlsruhe lag die Zahl zwischen 2007 und 2012 bei zwei bis fünf Verfahren jährlich, 2013 gab es kein einziges Verfahren. Grund dafür war die restriktive und den Beteiligten bekannte Haltung des OLG Karlsruhe[149], des LG Mannheim als Vorinstanz[150], des größten deutschen Patentstreitforums Düsseldorf[151] und inzwischen auch der Münchener Gerichte. Diese Haltung ist pragmatisch gesehen wohl auch richtig, denn ob eine angegriffene Verletzungsform im Schutzbereich des Patents liegt, ist summarisch oft nur schwer zu beurteilen[152]. Und fällt das Patent später rückwirkend weg, erweist sich die Unterlassungsverfügung als von Anfang an ungerechtfertigt wird es noch schwieriger. Zwar haftet dann der Antragsteller auch ohne Verschulden für den Schaden des Verfügungsbeklagten aus der Vollziehung (§ 945 ZPO),[153] doch sichert dies nicht immer ausreichend gegen die schwerwiegenden wirtschaftlichen Nachteile, die aus der Durchsetzung eines ungerechtfertigten Unterlassungsgebots erwachsen können. Letztlich nimmt eine Unterlassungsverfügung die Hauptsacheentscheidung im Verletzungsverfahren faktisch vorweg.

Gleichwohl ändert all dies nichts an der Verpflichtung Deutschlands aus Art. 9 Abs. 1 **97a** Durchsetzungsrichtlinie, bei der Schutzrechtsdurchsetzung einstweiligen Rechtsschutz zu gewähren und darf gefragt werden[154], ob die hohen Anforderungen, die alle großen deutschen Patentstreitgerichte an Antragsschutzrechte stellen, diese Verpflichtung mit *effet utile* umsetzen; oder wie der Kammervorsitzende es beschrieb: „Ein Patent wie ein minderjähriges Kind als nur „beschränkt geschäftsfähig" zu behandeln und für die volle Rechtsfähigkeit im Verfügungsverfahren auf ein erfolgreich abgeschlossenes Einspruchs- oder Nichtigkeitsverfahren zu bestehen, entspricht weder dem deutschen noch dem europäischen Recht." Wie der EuGH die entsprechende Vorlagefrage des LG München I beantworten wird, ist derzeit noch offen. Dargestellt wird hier darum noch der Rechtszustand 2021.

---

[147] Vgl. *Rogge* FS v. Gamm, 1990, 461 (473 f.).
[148] *Harmsen* FS 80 Jahre Düsseldorf, 2016, 175.
[149] Vgl. nur OLG Karlsruhe 8.7.2009, InstGE 11, 143 – Flüssigkristallanzeige.
[150] Vgl. etwa LG Mannheim 29.10.2010, InstGE 13, 11 – Sauggreifer.
[151] Vgl. etwa OLG Düsseldorf 7.11.2013, GRUR-RR 2014, 240 – Desogestrel; 6.12.2012, BeckRS 2013, 13744.
[152] Vgl. nur *Kühnen* GRUR 2021, 469. Darum darf nach OLG Karlsruhe 27.4.1988, GRUR 1988, 900 und 26.7.1989, Mitt. 1990, 120 „die Beurteilung der Verletzungsfrage im Einzelfall keine Schwierigkeiten" machen und eignet sich ein Streitfall, in dessen Mittelpunkt ein chemisches Stoff- und Verfahrenspatent steht, regelmäßig nicht zur Entscheidung im summarischen Verfahren. Krit. hierzu *v. Falck* Mitt. 2002, 431. – Wenn das Gericht feststellt, dass es in einem Hauptsacheverfahren nicht ohne sachverständige Hilfe entscheiden könnte, ob eine vom Ast. behauptete Äquivalenz vorliegt, ist es nach OLG Düsseldorf 27.10.1988, GRUR-Int 1990, 471 Sache des Ast., seine Behauptung beispielsweise durch ein Sachverständigengutachten glaubhaft zu machen. Nach LG Düsseldorf 26.5.1994, Mitt. 1995, 190 spricht für den Erlass einer eV, dass die angegriffene Ausführungsform schon in einem anderen Verletzungsprozess als in den Schutzbereich des Patents fallend angesehen worden ist.
[153] BGH 10.7.1979, GRUR 1979, 869 – Oberarmschwimmringe; kritisch dazu *Pietzcker* GRUR 1980, 442 f.; vgl. auch *Kroitzsch* GRUR 1976, 509 ff.
[154] Vorlagebeschluss LG München I 19.1.2021, GRUR 2021, 466 (469) mit sehr krit. Anm. *Kühnen* und lesenswerter Erwiderung *Pichlmaier* GRUR 2021, 557 ff.

98 3. Die Glaubhaftmachung des **Verfügungs*anspruchs*** gelingt am ehesten bei wortsinngemäßer Verwirklichung der im Patent beanspruchten technischen Lehre. Um das Bestehen des Schutzes glaubhaft zu machen, genügt der Hinweis auf das Patent.

99 Anders als im Wettbewerbsprozess (nach § 12 Abs. 2 UWG) wird im Patentverletzungsprozess das Vorliegen eines **Verfügungs*grunds* nicht vermutet**. Dieser liegt nur dann vor, wenn sich erstens keine durchgreifenden Zweifel am Rechtsbestand des Antragsschutzrechts aufdrängen, dessen Rechtsbeständigkeit also hinlänglich gesichert ist,[155] und wenn zweitens die Beurteilung der Verletzungsfrage keine Schwierigkeiten bereitet. Letzteres ist nicht schon dann der Fall, wenn die Verletzungsfrage im Hauptsacheverfahren nicht ohne Beiziehung eines Sachverständigen entschieden werden kann, sondern erfordert auch die Bewertung und Abwägung der Parteiinteressen.[156] Am Ende ist also abzuwägen zwischen den Nachteilen, die dem Antragsteller bei Gültigkeit des Patents durch die Fortsetzung patentverletzender Handlungen erwachsen, und den Nachteilen, die dem Antragsgegner im Fall der Nichtigkeit des Patents durch die Unterbindung rechtmäßigen Verhaltens entstehen würden.[157] Dabei kommt es auch auf die Frage an, welche Wahrscheinlichkeit für oder gegen die Rechtsbeständigkeit des Patents spricht. Unterliegt diese erheblichen Zweifeln, kann nicht als glaubhaft gemacht gelten, dass die Unterlassungsverfügung erforderlich ist, um wesentliche Nachteile vom Patentinhaber abzuwenden.

100 Gegen das Vorliegen eines Verfügungsgrunds sprechen können Verhandlungen über den Abschluss eines Lizenzvertrags oder kann das Heranstehen eines Termins zur mündlichen Verhandlung im parallel geführten Hauptsacheverfahren.[158]

101 4. Auch wenn die Rechtsprechung heute nicht mehr fordert, die Rechtsbeständigkeit des Patents müsse „über jeden Zweifel erhaben" sein,[159] fordert sie für den Erlass einer Unterlassungsverfügung wegen Patentverletzung zu Recht, dass der Rechtsbestand des Antragsschutzrechts hinlänglich gesichert ist.[160] Das Verletzungsgericht hat die Rechtsbeständigkeit des Verfügungspatents grundsätzlich zu respektieren; steht diese in Zweifel, fehlt der Verfügungsgrund. Einschätzen muss das Verletzungsgericht auf Basis einer selbstständigen Klärung und nicht nur anhand der Erteilungsakte,[161] ob der Sachvortrag des Antragsgegners ernsthafte Anhaltspunkte gegen den Bestand des Verfügungspatents bietet. Zur Ablehnung des Verfügungsantrags muss die Vernichtung des Antragsschutzrechts aus Sicht des Verletzungsgerichts nicht zwingend oder auch nur überwiegend wahrscheinlich sein. Vielmehr reicht es derzeit noch (→ Rn. 97 aE) aus, wenn diese aufgrund einer in sich schlüssigen, nicht von der Hand zu weisenden Argumentation des Antragsgegners möglich ist.[162]

102 Auszugehen ist von einem hinreichenden Rechtsbestand umgekehrt immer dann, wenn das Verfügungspatent ein **„survivor patent"** ist, das bereits ein erstinstanzliches Ein-

---

[155] OLG Düsseldorf 6.12.2012, BeckRS 2013, 13744; 29.5.2008, InstGE 9, 140 (146) – Olanzapin; 26.6.2008, InstGE 112, 114 (119) – Harnkatheterset; vgl. auch *Böhler* GRUR 2011, 967–969.
[156] OLG Karlsruhe 8.7.2009, InstGE 11, 143 Rn. 11 – VA-LCD-Fernseher; *Grabinski/Zülch* in Benkard PatG § 139 Rn. 153b; *v. Falck* Mitt. 2002, 429 (433 f.); *Bopp* FS Helm, 2002, 277 ff.; vgl. auch *Böhler* GRUR 2011, 969–970.
[157] Gegen solche Abwägung unter Hinweis auf das TRIPS-Ü *Bopp* FS Helm, 2002, 275 (282 ff.).
[158] OLG Karlsruhe 8.7.2009, InstGE 11, 143 Rn. 11 –VA-LCD-Fernseher.
[159] So noch OLG Düsseldorf 3.10.1958, GRUR 1959, 619; LG Düsseldorf 5.2.1980, GRUR 1980, 989.
[160] OLG Düsseldorf 6.12.2012, BeckRS 2013, 13744; 29.5.2008, InstGE 9, 140 – Olanzapin; 26.6. 2008, InstGE 112, 114 – Harnkatheterset.
[161] OLG Düsseldorf 6.12.2012, BeckRS 2013, 13744 unter Hinweis auf 29.5.2008, InstGE 9, 140 – Olanzapin.
[162] OLG Düsseldorf 6.12.2012, BeckRS 2013, 13744; 26.6.2008, InstGE 112, 114 – Harnkatheterset; vgl. auch *Wuttke* Mitt. 2011, 396 f.

§ 36. Die Klage wegen Patent- oder Gebrauchsmusterverletzung

spruchs- oder Nichtigkeitsverfahren überstanden hat.[163] Zum tauglichen Antragsschutzrecht für eine einstweilige Unterlassungsverfügung macht ein Patent grundsätzlich die positive Entscheidung einer zuständigen, mit technischer Sachkunde ausgestatteten Einspruchs- oder Nichtigkeitsinstanz. Von dem Erfordernis einer dem Antragsteller günstigen kontradiktorischen Rechtsbestandsentscheidung absehen will das OLG Düsseldorf nur in Sonderfällen[164], etwa wenn der Antragsgegner sich bereits mit eigenen Einwendungen am Erteilungsverfahren beteiligt hat, so dass die Patenterteilung sachlich der Entscheidung in einem zweiseitigen Einspruchsverfahren gleichsteht, wenn ein Rechtsbestandsverfahren deshalb nicht durchgeführt wurde, weil das Verfügungspatent allgemein als schutzfähig anerkannt wird, etwa namhafte Lizenznehmer vorhanden sind, oder wenn sich die Einwendungen gegen den Rechtsbestand des Verfügungspatents bereits bei der summarischen Prüfung im eV-Verfahren als haltlos erweisen oder außergewöhnliche Umstände es für den Antragsteller ausnahmsweise(!) unzumutbar machen, den Ausgang des Einspruchs- oder Nichtigkeitsverfahrens abzuwarten.[165]

5. Das Schrifttum fordert eine großzügigere Praxis und will den Erlass einstweiliger Verfügungen auch in Patentsachen nicht nur auf Ausnahmefälle beschränkt sehen.[166] Als Grundsatz kann gelten, dass eine einstweilige Verfügung jedenfalls dann nicht ergehen kann, wenn in einem Hauptsacheverfahren die Aussetzung angezeigt wäre, weil Zweifel am Bestand des Patents bestehen (vgl. → Rn. 70 ff.).[167] Sind die Voraussetzungen hierfür – insbesondere mangels Anhängigkeit einer Nichtigkeitsklage – nicht erfüllt, bedarf es durch sonstige Tatsachen begründeter erheblicher Zweifel am Patentbestand, wenn die beantragte Verfügung trotz klar zutage liegenden Eingriffs in den Schutzbereich versagt werden soll.[168] Dass der Antragsteller die Schutzfähigkeit des Patentgegenstands glaubhaft macht, kann nicht verlangt werden.

6. Die zivilprozessrechtlichen Vorschriften über die einstweilige Verfügung sind auch bei Verletzung von **Gebrauchsmustern** anwendbar. Da diese ohne Vorprüfung der wichtigsten Schutzvoraussetzungen eingetragen werden, ist hier jedoch wesentlich größere Zurückhaltung am Platz als bei Patenten[169].

7. Neben Unterlassungsansprüchen kommen als Grundlage einstweiliger Verfügungen auch auf die Gewinnung von Informationen über verletzende Gegenstände und Verletzer gerichtete Ansprüche in Betracht. Nach § 140b Abs. 3 PatG, § 24b Abs. 3 GebrMG kann in

---

[163] OLG Düsseldorf 6.12.2012, BeckRS 2013, 13744; 29.5.2008, InstGE 9, 140 – Olanzapin; 26.6.2008, InstGE 112, 114 – Harnkatheterset; aA OLG Braunschweig 21.12.2011, Mitt. 2012, 410; s. auch *Kühnen* Handbuch Rn. 2037.

[164] OLG Düsseldorf 6.12.2012, BeckRS 2013, 13744.

[165] OLG Düsseldorf 26.6.2008, InstGE 112, 114 – Harnkatheterset; s. auch *Kühnen* Handbuch Rn. 2038–2046; außergewöhnliche Umstände, die zu Unzumutbarkeit führen, sollen regelmäßig bei Verletzungshandlungen von Generikaunternehmen vorliegen, OLG Düsseldorf 17.1.2013, Mitt. 2013, 232 (237) – Flupirtin-Maleat mzustAnm *Stjerna*.

[166] *Fritze* GRUR 1979, 290 (291 f.); *Bierbach* GRUR 1981, 464.

[167] OLG Frankfurt a.M. 13.8.1981, GRUR 1981, 905 – Schleifwerkzeug; OLG Karlsruhe 25.11.1981, GRUR 1982, 169 (172); OLG Düsseldorf 21.10.1982, GRUR 1983, 79; 5.10.1995, Mitt. 1996, 87; *Bopp* FS Helm, 2002, 275 (280) stellt krit. fest, dass für eine eV oft eine höhere Wahrscheinlichkeit der Rechtsbeständigkeit vorausgesetzt werde als für die Versagung einer Aussetzung.

[168] Nach OLG Düsseldorf 1.3.2007, GRUR-RR 2007, 219 – Kleinleistungsschalter, kann ausnahmsweise von der Notwendigkeit eines anhängigen Einspruchs- oder Nichtigkeitsverfahrens abgesehen werden, wenn es (was für den gegebenen Fall verneint wurde) dem Antragsgegner nicht zumutbar war, den Rechtsbestand des Patents bis zu dem für die Entscheidung über das Verfügungsbegehren maßgebenden Zeitpunkt mit Einspruch oder Nichtigkeitsklage anzugreifen. Zu dem großen systemischen Problem, das darin liegt (oder erkennbar wird), nur noch „gehärteten Patenten" den gesetzlich schon für lediglich in Kraft stehende Patente vorgesehenen Schutzumfang zuzubilligen und sonst erst eine Überprüfung zu fordern, *Ann* GRUR-Int 2018, 1114 (1117).

[169] Vgl. *v. Falck* Mitt. 2002, 429 (433).

Fällen *offensichtlicher* Rechtsverletzung die Verpflichtung, die dort vorgesehenen Auskünfte zu erteilen, durch eV angeordnet werden. § 140c Abs. 3 PatG und § 24c Abs. 3 GebrMG gestatten es, die bei hinreichender Wahrscheinlichkeit einer Verletzung geschuldete Duldung einer Besichtigung oder Vorlage von Urkunden sowie – bei Verletzung in gewerblichem Ausmaß – von Bank-, Finanz- und Handelsunterlagen im Wege der eV anzuordnen. Die Vorlage oder Zugänglichmachung von Bank-, Finanz- und Handelsunterlagen zwecks Durchsetzung eines Schadenersatzanspruchs kann nach § 140d Abs. 3 PatG, § 24d Abs. 3 GebrMG durch eV angeordnet werden, wenn der Schadenersatzanspruch offensichtlich besteht.

X. Beschlagnahme durch die Zollbehörde

106 1. Nach Maßgabe von § 142a PatG, § 25a GebrMG kann der Rechtsinhaber durch einen bei der Generalzolldirektion zu stellenden Antrag erreichen, dass die Zollbehörde patent- oder gebrauchsmusterverletzende Erzeugnisse bei deren Ein- oder Ausfuhr beschlagnahmt, wenn die Rechtsverletzung offensichtlich ist. Für patentverletzende Erzeugnisse gilt dies nicht, soweit die unionsrechtliche „Grenzbeschlagnahme-Verordnung" (→ Rn. 109) in ihrer jeweils geltenden Fassung anzuwenden ist.[170] Im Verkehr mit anderen EU- oder EWR-Staaten gilt die Regelung im PatG und im GebrMG nur, soweit Kontrollen durch die Zollbehörden stattfinden.

107 Die Zollbehörde unterrichtet den Ast. und den Verfügungsberechtigten unverzüglich von der Beschlagnahme. Wird dieser nicht innerhalb von zwei Wochen nach Mitteilung widersprochen, ordnet die Zollbehörde die Einziehung der beschlagnahmten Erzeugnisse an. Bei Widerspruch des Verfügungsberechtigten unterrichtet sie den Ast. Dieser muss, um die Beschlagnahme aufrechtzuerhalten, innerhalb von zwei Wochen nach der Mitteilung wenigstens nachweisen, dass er eine gerichtliche Entscheidung beantragt hat, die die Verwahrung der Erzeugnisse oder eine Verfügungsbeschränkung anordnet, und spätestens bis zum Ablauf weiterer zwei Wochen eine vollziehbare Entscheidung dieses Inhalts vorlegen. Geschieht dies, verfährt die Zollbehörde gemäß der Entscheidung.

108 Eine von Beginn an unberechtigte Beschlagnahme verpflichtet den Ast. zum Schadenersatz, wenn dieser nach Widerspruch des Verfügungsberechtigten seinen Antrag nicht unverzüglich zurücknimmt.

109 2. An den Außengrenzen der EG halten auf Antrag des Rechtsinhabers die (nationalen) Zollbehörden nach Maßgabe der unionsrechtlichen „Grenzbeschlagnahme-Verordnung" Nr. 608/2013 (→ § 8 Rn. 42) Waren, die im Verdacht stehen, ein Patent oder ergänzendes Schutzzertifikat zu verletzen, vorläufig zurück und verhindern, dass Waren, die als in diesem Sinn rechtsverletzend erkannt werden, in das Zollgebiet der Europäischen Union eingelassen, in den zollrechtlich freien Verkehr oder in ein Nichterhebungsverfahren überführt oder aus dem Zollgebiet der Union ausgeführt oder wieder ausgeführt werden.[171]

110 Greift die zuständige Zollbehörde in dieser Weise ein, ist der durch Gesetz vom 7.7.2008 eingeführte § 142b PatG anwendbar. Die Zollbehörde unterrichtet unverzüglich den Rechtsinhaber sowie den Anmelder oder den Besitzer oder den Eigentümer der Waren (Abs. 1). Der Rechtsinhaber kann dann nach Abs. 2 beantragen, die Waren in dem in Abs. 3–8 beschriebenen vereinfachten Verfahren im Sinn der Art. 23–26 der VO zu vernichten.

§ 37. Entschädigungsanspruch wegen Benutzung des Gegenstands einer offengelegten Patentanmeldung

Literatur: *Brandt, K.,* Die Schutzfrist des Patents, 1996; *Gaul, D./Bartenbach, K.,* Zum einstweilen Schutz einer offengelegten Patentanmeldung nach § 24 Abs. 5 PatG, BB 1968, 1061–1064; *Holzapfel, H.,* Keine Entschädigung für mittelbare Erfindungsbenutzungen?, GRUR 2006, 881–886; *Johannesson, B.,* Zum Recht aus der offengelegten deutschen und veröffentlichten europäischen Anmeldung, GRUR 1977, 136–139; *Keukenschrijver, A.,* Flügelradzähler, Kaffeetüte und Drehzahlermittlung – neue

---

[170] Nicht von der VO erfasst sind Parallelimporte gem. Art. 1 Abs. 5 der VO und Kontrollen an den EU-Binnengrenzen.
[171] Zur VO *Rinnert* GRUR 2014, 241 ff.; *Eichelberger* Mitt. 2010, 281 ff.

§ 37. Entschädigungsanspruch bei offengelegter Anmeldung **§ 37**

Entwicklungen bei der mittelbaren Patentverletzung, FS VPP, 2005, 331–355; *Kraßer, R.*, Erfindungsschutz zwischen Patentanmeldung und Patenterteilung, GRUR-Int 1990, 732–742; *Krieger, U.*, Der Entschädigungsanspruch des § 33 I PatG, GRUR 2001, 965–967; *Nieder, M.*, Die mittelbare Patentverletzung – eine Bestandsaufnahme, GRUR 2006, 977–983; *Ohl, A.*, Zur Rechtsnatur des einstweiligen Patentschutzes nach § 24 Abs. 5 PatG, GRUR 1976, 557–565; *Pahlow, L.*, Erfindungsschutz vor Patenterteilung, GRUR 2008, 97–103; *Schramm, C./Henner, G.*, Der Patentprozeß nach dem Vorabgesetz, GRUR 1968, 667–676; *Schwanhäußer, H.*, § 24 Abs. 5 PatG – ein Neuling im System des deutschen Patentrechts, GRUR 1969, 110–115; *ders.*, Die angemessene Entschädigung im Sinne des § 24 Abs. 5 PatG, Mitt. 1970, 1–3; *Schweikhardt, F.*, „Einstweiliger Schutz" des Vorabgesetzes, Mitt. 1969, 84–88; *Singer, S.*, Voraussetzungen einer Entschädigung nach § 33 PatG, FS Schilling, 2007, 355–366; *Tetzner, H.*, Zum Entschädigungsanspruch aus offengelegten Patentanmeldungen, NJW 1969, 642–645; *Traub, F.*, Die Höhe der Entschädigungslizenz bei Benutzung offengelegter Patentanmeldungen, FS BPatG 40, 1986, 267–279; *Treichel, P.*, Die Sanktionen der Patentverletzung und ihre Durchsetzung im deutschen und französischen Recht, 2001, 299–320.

1. Wenn der Gegenstand einer gemäß dem PatG beim DPMA eingereichten Anmeldung **1** oder einer die Bundesrepublik Deutschland benennenden europäischen Anmeldung oder einer internationalen Anmeldung, für die das DPMA Bestimmungsamt ist, ohne Zustimmung des Anmelders von einem anderen benutzt wird, kann der Anmelder vom Benutzer unter bestimmten Voraussetzungen eine den Umständen nach angemessene Entschädigung verlangen (§ 33 PatG; Art. II § 1 IntPatÜG, Art. 67 Abs. 2 EPÜ; Art. III § 8 IntPatÜG in Verbindung mit § 33 PatG, Art. 29 PCT).

Durch den Entschädigungsanspruch wird dem Anmelder ein beschränkter „einstweiliger **2** Schutz" als Ausgleich dafür gewährt, dass gemäß dem System der „aufgeschobenen Prüfung" der Anmeldungsinhalt ohne Gewährung eines Ausschlussrechts der Öffentlichkeit zugänglich gemacht wird. Da (noch) kein Verbietungsrecht besteht, ist die Benutzung des Anmeldungsgegenstands, auch wenn der Anmelder sie nicht gestattet, nach hM nicht rechtswidrig.[1] Gleichwohl widerspricht sie, wenn die Erfindung patentierbar ist, dem Grundsatz, dass die Erfindung und ihre wirtschaftliche Auswertung allein dem Erfinder oder Rechtsnachfolger zustehen, für den die Erfindung zuerst angemeldet wird (vgl. auch → Rn. 27)[2]. Durch den Entschädigungsanspruch wird der verfassungsrechtlich geforderte Mindestgehalt dieses Grundsatzes gewahrt.[3]

Wenn die Benutzung nicht rechtswidrig ist, kann der Entschädigungsanspruch weder als Schadener- **3** satz- noch als Bereicherungsanspruch[4] verstanden werden. Auch ist fraglich, ob er im Gerichtsstand der unerlaubten Handlung eingeklagt werden kann[5]. Immerhin spricht einiges für eine analoge Anwendung des § 32 ZPO: Die anspruchsbegründende Handlung stimmt ganz mit derjenigen überein, die nach Patenterteilung einen Schadenersatzanspruch auslöst. Der Entschädigungsanspruch wird gewährt, weil wegen Interessen der Allgemeinheit, die als vorrangig gewertet werden, die normalerweise angemessene Rechtsfolge, nämlich Ansprüche auf Unterlassung und Schadenersatz, als zu weitgehend erschien (→ Rn. 27). Es fehlt eine vorbestehende Sonderbeziehung zu einem bestimmten Benutzer (wie sie bei Lizenzbereitschaft, Zwangslizenz und Benutzungsanordnung vorhanden ist). Es gibt keinen Grund, nicht nur den Schutz abzuschwächen, sondern auch seine Durchsetzung zu erschweren. Wenn wegen des Anspruchs, wie es oft geschieht, erst nach Erteilung eines Patents Klage erhoben

---

[1] So insbesondere BGH 11.3.1975, BGHZ 64, 101 (116) – Bäckerhefe; 11.4.1989, BGHZ 107, 161 (163 ff.) – Offenend-Spinnmaschine; 26.1.1993, BGHZ 121, 194 (203) – Wandabstreifer; anders *Schweikhardt* Mitt. 1969, 84 ff.; *Ohl* GRUR 1976, 557 ff.; *Pahlow* GRUR 2008, 97 (98 f.) – Holzapfel GRUR 2006, 881 (883 f.) bezweifelt die Rechtmäßigkeit der Benutzung insbes. unter Hinweis darauf, dass § 33 Abs. 3 S. 2 PatG vom „Verletzten" spricht, lässt aber die Frage letztlich offen.
[2] Dem Gesetzgeber kann deshalb – entgegen *Traub* 272 f. – nicht unterstellt werden, er habe dem Anmelder das Verbietungsrecht versagt, um eine möglichst intensive Benutzung der Erfindung durch hieran Interessierte herbeizuführen.
[3] BVerfG 15.1.1974, BVerfGE 36, 281 (290, 295); aM *Pahlow* GRUR 2008, 97 (100 f.).
[4] *Kühnen* GRUR 1997, 19 (21) will freilich eine Bereicherung „durch Leistung" sehen. Das ist mit dem zivilrechtlichen Leistungsbegriff unvereinbar.
[5] Verneinend *Kühnen* GRUR 1997, 19 (21 f.).

§ 37   5. Abschnitt. Wirkung und Durchsetzung der Schutzrechte

wird, sollte sie mit einer Klage wegen dessen Verletzung, für die es weitgehend auf die gleichen Tatsachen ankommt, auch dann vor demselben Gericht verbunden werden können, wenn dieses nur nach § 32 ZPO örtlich zuständig ist. Entsprechendes ließe sich für Art. 5 Nr. 3 EuGVVO mit Rücksicht darauf vertreten, dass dieser eine Entscheidungsbefugnis nur hinsichtlich inländischer Handlungen verleiht (→ § 36 Rn. 5 ff.).

4   **2. Formale Voraussetzung** des Anspruchs ist im Fall einer beim DPMA eingereichten nationalen Anmeldung, dass im Patentblatt gemäß § 32 Abs. 5 PatG der Hinweis auf die Möglichkeit der Einsicht in die Akten der Patentanmeldung veröffentlicht worden ist.

5   Bei einer europäischen Anmeldung ist die in Art. 93 EPÜ vorgesehene Veröffentlichung erforderlich; ist sie nicht in deutscher Sprache erfolgt, muss außerdem das DPMA eine vom Anmelder eingereichte deutsche Übersetzung der Patentansprüche veröffentlicht oder der Anmelder eine solche Übersetzung dem Benutzer mitgeteilt haben. Die Veröffentlichung der Übersetzung wird vom DPMA auf gebührenpflichtigen Antrag des Anmelders vorgenommen.[6]

6   Eine internationale Anmeldung muss nach Art. 21 PCT veröffentlicht worden sein; ist dies nicht in deutscher Sprache geschehen, bedarf es außerdem der Veröffentlichung der dem DPMA gemäß Art. 22 PCT, Art. III § 4 Abs. 2 IntPatÜG zugeleiteten Übersetzung. Diese Veröffentlichung wird durch das DPMA von Amts wegen bewirkt (Art. III § 8 Abs. 2 IntPatÜG).

7   Im Fall einer *internationalen* (PCT-)Anmeldung, für die das *EPA* Bestimmungsamt und in der Deutschland benannt ist, gelten die im Fall der europäischen Anmeldung erforderlichen formalen Anspruchsvoraussetzungen entsprechend. An die Stelle der Veröffentlichung nach Art. 93 EPÜ tritt jedoch diejenige nach Art. 21 PCT; ist sie nicht in einer der drei EPA-Amtssprachen erfolgt, muss außerdem das EPA die ihm in einer seiner Amtssprachen zugeleitete internationale Anmeldung veröffentlicht haben (153 Abs. 4 EPÜ).

8   **3. Sachliche Voraussetzung** des Anspruchs ist in erster Linie die **Benutzung** des Anmeldungsgegenstands. Sie liegt vor, wenn in Bezug auf diesen eine der in §§ 9 und 10 PatG umschriebenen Handlungen vorgenommen wird und keiner der in § 11 PatG vorgesehenen Ausnahmefälle vorliegt.

9   Nicht entschädigungspflichtig ist, wie der BGH entschieden hat, wer lediglich **dem Benutzer** des Gegenstands der veröffentlichen Anmeldung iSd § 10 PatG **Mittel liefert,** die sich auf ein wesentliches Element der Erfindung beziehen.[7] Zur Begründung verweist der BGH darauf, dass der Liefernde nicht den Gegenstand der Anmeldung benutzt,[8] § 10 PatG nur im Vorfeld drohender Verletzung vor dem Eingriff in den dem Patentinhaber ausschließlich zugewiesenen Schutzgegenstand schützt und die Benutzung des Anmeldungsgegenstands vor Patenterteilung nicht rechtswidrig ist.[9] Der Liefernde ist somit auch dann nicht entschädigungspflichtig, wenn er durch seine Lieferung zur Benutzung durch den Belieferten in einer Weise beiträgt, die ihn nach Patenterteilung schadensersatzpflichtig ma-

---

[6] Art. II § 2 IntPatÜG iVm der AnsprÜbersV (→ § 8 Rn. 37).

[7] BGH 3.6.2004, BGHZ 159, 221 = GRUR 2004, 845 (848) – Drehzahlermittlung; zustimmend *Keukenschrijver* FS VPP, 2005, 331 (349 ff.); krit. *Holzapfel* GRUR 2006, 881 ff.; *Nieder* GRUR 2006, 977 (982 f.).

[8] Nach OLG Düsseldorf 20.1. und 10.10.2002, Mitt. 2003, 252 (259 f.) und 264, 269 f. bedeutet Benutzung des Gegenstands der Anmeldung in § 33 das gleiche wie Benutzung der Erfindung in § 10; doch ergibt sich aus § 10 nicht, dass der Liefernde die Erfindung benutzt; anders *Holzapfel* GRUR 2006, 881 (884 f.) unter Hinweis auf §§ 139 Abs. 1, 140b Abs. 1 PatG, die Überschrift zu Art. 26 GPÜ 1989 und Art. 67 Abs. 2 EPÜ, die es jedoch dem nationalen Recht überlässt zu bestimmen, was als Benutzung und Verschulden anzusehen ist, und im Übrigen lediglich Gleichbehandlung europäischer mit nationalen Anmeldungen fordert.

[9] Der BGH hat sich nicht ausdrücklich die hieraus gelegentlich abgeleitete Annahme zu eigen gemacht, ein Entschädigungsanspruch scheide schon deshalb aus, weil der Belieferte iSd § 10 PatG zur Benutzung berechtigt sei (so zB *Meier-Beck* GRUR 1993, 1 (4); *Kühnen* GRUR 1997, 19; *Mes* PatG § 33 Rn. 5; krit. *Treichel* 304 f.).

§ 37. Entschädigungsanspruch bei offengelegter Anmeldung **§ 37**

chen würde (vgl. → § 35 Rn. 40 ff.). Da diese Schadenersatzpflicht bei Mitteln, die auch patentfrei verwendbar sind, vom Unterlassen geeigneter Vorkehrungen wie Warnung vor patentgemäßer Verwendung abhängen kann (→ § 33 Rn. 378), könnte, wie der BGH feststellt, der Liefernde dafür entschädigungspflichtig werden, dass er den Belieferten nicht auf dessen mögliche Entschädigungspflicht hingewiesen hat. Das zeigt, dass die Voraussetzungen einer Schadenersatzpflicht des „mittelbaren Verletzers" nicht Grundlage für eine Entschädigungspflicht im Fall der Belieferung eines lediglich entschädigungspflichtigen Benutzers sein können. Ausgeschlossen scheint es nach dem Spruch des BGH auch, den Liefernden insoweit zu einem Entschädigungsbeitrag heranzuziehen, als er selbst erfindungsbezogenen Nutzen aus seiner Handlungsweise zieht.[10] In Betracht käme dies, soweit seine Abnehmer dem Anmelder durch Benutzung der Erfindung potentielle Nachfrage entziehen *und* nach Patenterteilung Nutzungsentgelte entweder – was eher unüblich erscheint – nicht nur von den unmittelbaren Benutzern, sondern auch von den diese beliefernden Dritten bezahlt werden *oder* von den unmittelbaren Benutzern lediglich wegen § 11 Nr. 1–3 PatG nicht verlangt werden können.

Durch ein **Benutzungsrecht** (vgl. oben § 34) wird der Anspruch ausgeschlossen, was freilich nicht **10** ins Gewicht fällt, soweit die Inanspruchnahme des Benutzungsrechts ihrerseits einen Anspruch auf angemessene Vergütung oder Entschädigung auslöst. Von Bedeutung sind daher in diesem Zusammenhang für den unmittelbaren Benutzer nur die Befugnisse zur kostenlosen Weiterbenutzung nach §§ 12, 123 Abs. 6[11] und 7 PatG, Art. 122 Abs. 5 EPÜ. Ein Entschädigungsanspruch gegen einen iSd § 10 PatG Liefernden ist allerdings auch dann ausgeschlossen, wenn der Belieferte nach §§ 13, 23 oder 24 benutzungsberechtigt ist.

Die Frage, ob sich die Benutzung auf den **Gegenstand der Anmeldung** bezieht, ist **11** nach den Regeln über den **Schutzbereich** zu beantworten. Dieser wird auch für die Anmeldung durch die **Patentansprüche** bestimmt,[12] zu deren Auslegung Beschreibung und Zeichnungen heranzuziehen sind (§ 14 PatG, Art. 69 EPÜ, vgl. → § 32 Rn. 45 ff.). Für europäische Anmeldungen erklärt dabei Art. 69 Abs. 2 EPÜ ausdrücklich die zuletzt eingereichten, in der Veröffentlichung nach Art. 93 EPÜ enthaltenen Ansprüche für maßgebend. Nach dem PatG, das an die Freigabe der Akteneinsicht anknüpft, scheint es, dass jeweils die hieraus ersichtliche letzte Anspruchsfassung maßgebend sein müsse,[13] sofern sie nicht über den ursprünglichen Offenbarungsgehalt der Anmeldung hinausgeht. Wegen des Erfordernisses der Erkennbarkeit (vgl. → Rn. 15) kommt es jedoch im Ergebnis auch hier regelmäßig auf die im Zeitpunkt des Offenlegungshinweises vorliegende und in der Offenlegungsschrift veröffentlichte Anspruchsfassung an.

4. Der Entschädigungsanspruch **entfällt rückwirkend,** wenn sich – gleichgültig aus **12** welchem Grund – ergibt, dass die Anmeldung nicht zur Patenterteilung (für Deutschland) führt, oder das auf sie erteilte Patent (für Deutschland) rückwirkend wegfällt (§ 58 Abs. 2 PatG, Art. 67 Abs. 4 EPÜ; §§ 21 Abs. 3, 22 Abs. 2, 64 Abs. 1 PatG, Art. 68 EPÜ). Eine bereits bezahlte Entschädigung ist dann nach §§ 812 ff. BGB zurückzuerstatten.[14]

---

[10] In diesem Sinn die 5. Aufl., 923.
[11] Die Benutzung im Zeitraum zwischen einem Verfall der Anmeldung und der Wiedereinsetzung in die versäumte Frist macht auch dann nicht entschädigungspflichtig, wenn sie – weil sie schon vor dem Verfall begonnen hat – kein Weiterbenutzungsrecht begründet; BGH 26.1.1993, BGHZ 121, 194 (209) – Wandabstreifer.
[12] Vgl. BGH 3.6.2004, BGHZ 159, 221 = GRUR 2004, 845 (848) – Drehzahlermittlung; anders *Singer* FS Schilling, 2007, 355 (357 ff., 362 ff.): Der Gegenstand der Anmeldung werde (wie für § 38 S. 2 PatG) durch den gesamten Offenbarungsgehalt bestimmt; auf die Ansprüche komme es nur für die Frage an, ob der Benutzer erkennen konnte, dass er den Anmeldungsgegenstand benutzt, was aber regelmäßig zu verneinen sei, wenn der benutzte Gegenstand nicht unter die Ansprüche fällt.
[13] So *Tetzner* Leitfaden 82.
[14] Abweichend für „freiwillige" Entschädigungszahlungen *Tetzner* NJW 1969, 643 f.; kritisch hierzu *Schwanhäußer* NJW 1969, 1886 f.

13 Entsprechendes gilt, wenn der Schutzbereich, mit dem ein Patent auf die Anmeldung erteilt oder bei rückwirkendem Teilwegfall aufrechterhalten wird, die technische Lehre nicht umfasst, aus deren Benutzung der Anspruch abgeleitet worden ist.

14 Der sachliche Umfang des einstweiligen Schutzes hängt also von Anfang an davon ab, in welchem Umfang letztlich ein rechtsbeständiges Patent aus der Anmeldung hervorgeht. Freilich kann der einstweilige Schutz, wie in Art. 69 Abs. 2 S. 2 EPÜ bestimmt und für deutsche Anmeldungen grundsätzlich ebenfalls anzunehmen, nicht über den durch die Ansprüche der veröffentlichten Anmeldung bestimmten Rahmen hinausgehen. Maßgebend ist daher, wenn die Ansprüche der veröffentlichten Anmeldung und diejenigen des Patents voneinander abweichen, jeweils die *engere* Fassung[15].

15 5. Als **subjektive Anspruchsvoraussetzung** ist erforderlich, dass der Benutzer **wusste oder wissen musste,** dass die von ihm benutzte Erfindung Gegenstand der Anmeldung war. Inhaltlich entspricht dies dem für den Schadenersatzanspruch wegen Patentverletzung erforderlichen Verschulden (vgl. Art. 67 Abs. 2 S. 3 EPÜ, § 122 Abs. 2 BGB). Freilich wird dieser Begriff im vorliegenden Zusammenhang meist vermieden, da die Benutzung vor Erteilung des Patents nicht als rechtswidrig angesehen wird. Doch kann gesagt werden: dem Benutzer muss bekannt oder bei Anwendung der im Verkehr erforderlichen Sorgfalt erkennbar gewesen sein, dass er den Anmeldungsgegenstand benutzte.

16 Der Sorgfaltsmaßstab ist grundsätzlich der gleiche wie bei der Beurteilung des Verschuldens im Fall der Patentverletzung (vgl. → § 35 Rn. 31 ff.). Das gilt auch für die Voraussetzungen, unter denen die Einholung sachverständigen Rats entlastet.

17 Nötig ist zunächst Kenntnis oder Erkennbarkeit der *Anmeldung*. Angesichts der Offenlegung bzw. Veröffentlichung wird Unkenntnis von der Anmeldung als fahrlässig gelten müssen, wenn der Benutzer nach den für die Patentverletzung behandelten Regeln gehalten war, sich über fremde Schutzrechte zu informieren. Hinzukommen muss Kenntnis oder Erkennbarkeit der Tatsache, dass die benutzte Ausführungsform in den *Schutzbereich* der Anmeldung fällt. Der Benutzer, der sich in Kenntnis der Anmeldung ohne sachverständigen Rat darauf verlässt, dass ein solcher Eingriff nicht vorliege, handelt grundsätzlich auf eigene Gefahr. Eine ursprünglich unklare Anspruchsfassung kann ihn nur entschuldigen, wenn auch ein Sachverständiger auf ihrer Grundlage den Eingriff verneint hätte. Entsprechendes gilt für die Beurteilung der *Patentierbarkeit* des Anmeldungsgegenstands. Wenn der Benutzer ohne sachverständigen Rat darauf vertraut, dass auf die Anmeldung kein Patent erteilt oder ein ursprünglich weit gefasster Anspruch eingeschränkt werde, riskiert er den Vorwurf ungenügender Sorgfalt.

18 Der Umstand, dass ein Anspruch als zu weit gefasst, also vom schutzfähigen Offenbarungsinhalt nicht gedeckt erscheint, entschuldigt für sich genommen nicht. Sofern sich eine solche Annahme des Benutzers bestätigt, kann sich ergeben, dass überhaupt kein Eingriff vorliegt. Bleibt jedoch dieser auch nach Anpassung der Ansprüche an den Offenbarungsinhalt bestehen, kann sich der Benutzer nicht damit verteidigen, dass er mit einer stärker eingeschränkten Erteilung oder völligen Versagung des Patents gerechnet habe.

19 Der Benutzer braucht sich jedoch grundsätzlich nicht darauf einzustellen, dass das Patent mit weiter gefassten Ansprüchen erteilt wird, als in der veröffentlichten Anmeldung enthalten.

20 Für europäische Anmeldungen ist das ausdrücklich bestimmt (Art. 69 Abs. 2 S. 2 EPÜ). Für deutsche Anmeldungen wurde zum früheren Recht angenommen, ein Benutzer dürfe sich nicht darauf verlassen, dass der offengelegte Anspruch den Gegenstand der Erfindung bereits in seiner endgültigen Fassung wiedergebe.[16] Die Ansprüche einer offengelegten Patentanmeldung hätten nicht die überragende Bedeutung für die Bestimmung des Schutzgegenstands wie nach Prüfung erteilte Patentansprüche. Es komme vielmehr auf den Gesamtinhalt der Unterlagen an. Sei diesen die später unter Schutz gestellte Merkmalskombination ohne weiteres als eine erfinderische Gestaltung zu entnehmen,

---

[15] Ebenso Busse/Keukenschrijver PatG § 33 Rn. 9.
[16] BGH 3.3.1977, GRUR 1977, 598 (601) – Autoskooter-Halle.

sei die Feststellung gerechtfertigt, der Benutzer habe wissen müssen, dass er mit seiner Ausführungsform den Gegenstand der Anmeldung benutzte.

An dieser Betrachtungsweise kann angesichts des Wortlauts des § 14 PatG nicht festgehalten werden, auch wenn darin Art. 69 Abs. 2 EPÜ nicht mitübernommen ist. Allenfalls ließe sich fragen, ob nicht eine im Lauf des Erteilungsverfahrens (im Rahmen des ursprünglichen Offenbarungsinhalts) erweiterte Anspruchsfassung von dem Zeitpunkt an maßgebend sein müsse, von dem an die Öffentlichkeit auf dem Weg der Akteneinsicht von ihr Kenntnis nehmen kann. Diese Betrachtungsweise wird dadurch nahegelegt, dass das PatG den Entschädigungsanspruch mit der Freigabe der Akteneinsicht verknüpft. Doch würde die Sorgfaltspflicht überspannt, wenn jeder potentielle Benutzer laufend durch Akteneinsicht prüfen müsste, ob vielleicht eine erweiternde Änderung der veröffentlichten Ansprüche erfolgt ist. Schon die Überwachung der Offenlegungshinweise und -schriften erfordert beträchtlichen Aufwand. Die Tatsache, dass in einer Offenlegungsschrift die Ansprüche enger gefasst sind, als es anscheinend der Offenbarungsgehalt zuließe, verpflichtet noch nicht, damit zu rechnen, dass der überschießende Offenbarungsgehalt auch schutzfähig ist und später noch beansprucht werden wird. 21

Immerhin wird man es bei deutschen Anmeldungen als möglich ansehen dürfen, dass der Anmelder eine neue Anspruchsfassung, zu der er im Lauf des Erteilungsverfahrens übergeht, einem bestimmten Benutzer mitteilt und hierdurch bewirkt, dass dessen Handlungen von der Mitteilung an nach den neugefassten Ansprüchen zu beurteilen sind. Auch wird sich – bei deutschen Anmeldungen – ein Benutzer auf eine aus den Akten ersichtliche *Einschränkung* der veröffentlichten Ansprüche berufen können, solange nicht zulässigerweise eine erneute Änderung erfolgt und für ihn bei pflichtgemäßer Sorgfalt (zu der dann auch entsprechende Akteneinsicht gehören kann) erkennbar wird. 22

6. Inhaltlich richtet sich der Anspruch auf eine **angemessene Entschädigung.** Jeder weitergehende Anspruch, sei es auf Unterlassung, Beseitigung, Schadenersatz oder Bereicherungsausgleich, ist ausgeschlossen (§ 33 Abs. 1 Hs. 2 PatG, Art. II § 1 Abs. 1 S. 2 IntPatÜG). 23

Ein Unterlassungsanspruch wird jedoch von manchen unter Hinweis auf § 23 Abs. 3 S. 6 PatG für den Fall angenommen, dass der Benutzer zur Zahlung nicht in der Lage ist oder sie verweigert.[17]

Welche Entschädigung angemessen ist, soll nach einer in den Materialien enthaltenen Bemerkung[18] davon abhängen, ob der Benutzer die Anmeldung kannte oder kennen musste, ob der Tatbestand der Verletzung genügend klar zutage lag, ob der Anmelder bei der Formulierung der Anmeldung den von ihm beanspruchten Schutzbereich klar herausgearbeitet und gegen den Stand der Technik abgegrenzt hat oder vielmehr durch übermäßig weit gefasste Ansprüche selbst zur Unklarheit der Rechtsverhältnisse beigetragen hat. Solche Umstände sind jedoch keine geeigneten Anhaltspunkte für die Höhe der Entschädigung.[19] Sie mögen im Einzelfall bei der Feststellung der subjektiven Voraussetzungen des Anspruchs in Betracht gezogen werden; doch steht grundsätzlich keiner von ihnen der Annahme entgegen, dass der Benutzer bei Anwendung der verkehrserforderlichen Sorgfalt den Eingriff in den Schutzbereich der Anmeldung zu erkennen vermochte (vgl. → Rn. 15). Ist aber diese Voraussetzung erfüllt, steht dem Anmelder eine angemessene Entschädigung zu; dass eine höhere Entschädigung angemessen sei, wenn dem Benutzer der Eingriff bewusst oder schon bei geringer Sorgfalt erkennbar war, lässt sich aus dem Gesetz nicht begründen. Die Entschädigung hat keinen Strafcharakter! 24

Wegen der in den Materialien[20] enthaltenen Bemerkung, die angemessene Entschädigung werde „im Höchstfall" einer Lizenzgebühr entsprechen, wird vielfach angenommen, dass sie im Regelfall niedriger sein müsse.[21] Dieser Ansicht ist nicht zu 25

---

[17] *Bernhardt* 265; *Voß/Kühnen* in Schulte PatG § 33 Rn. 15; *Schramm/Henner* GRUR 1968, 672; *Ohl* GRUR 1976, 565; ablehnend *Busse/Keukenschrijver* PatG § 33 Rn. 14.

[18] Bericht des Rechtsausschusses zum Patentänderungsgesetz 1967, BlPMZ 1967, 281.

[19] *Schwanhäußer* GRUR 1969, 114 und Mitt. 1970, 1 ff.; *Schramm/Henner* GRUR 1968, 671; *Traub* 271.

[20] Bericht des Rechtsausschusses zum Patentänderungsgesetz 1967, BlPMZ 1967, 281.

[21] Nachweise bei *Traub* 270 ff. – OLG Düsseldorf 17.4.1980, GRUR 1981, 45 (51) – Absatzhaltehebel setzt die Entschädigung für die Zeit vor Eintritt des Patentschutzes um ein Viertel niedriger an als

folgen[22]. Gewiss braucht die Entschädigung vollem Schadenersatz nicht gleichzukommen. Der im Fall der Patentverletzung nach der Lizenzanalogie berechnete Schadenersatz ist so wie bislang berechnet aber ohnehin nicht als *voller* Ausgleich konzipiert, sondern ist nur ein Mindestschadenersatz, der dem Berechtigten wegen des Entzugs einer Marktchance *jedenfalls* entsteht, deckt aber nicht möglichen weiteren Schaden. Dass die Entschädigung keinen Schadenersatz bedeutet, ist deshalb kein Hindernis, sie regelmäßig in Höhe üblicher Nutzungsentgelte zuzuerkennen. Mit Funktion und Rechtsnatur des Anspruchs steht dies ebenfalls im Einklang.

26 Insbesondere darf es nicht zum Nachteil des Anmelders ausschlagen, dass zunächst noch ungewiss ist, ob die Anmeldung zu einem rechtsbeständigen Patent führt. Da der Anspruch letztlich nur in diesem Fall Bestand hat, ist auch allein für diesen Fall seine angemessene Höhe zu bestimmen. Es ist deshalb davon auszugehen, dass der Anmelder, indem er als Prioritätserster eine allen Patentierungserfordernissen genügende Erfindung dem PA offenbart und sie mittels der nachfolgenden Veröffentlichung der allgemeinen Kenntnisnahme zugänglich macht, alles seinerseits Erforderliche tut, um den vollen Patentschutz zu verdienen. Dass er ihn nicht sogleich erhält, liegt allein an der Erfahrung, dass viele angemeldete Erfindungen nicht patentierbar sind und deshalb nach herrschender Auffassung die Gewährung des vollen, auch die Verbietungsbefugnis einschließenden Schutzes ohne vorherige umfassende Sachprüfung ein unvertretbares Risiko bedeuten würde.

27 Diese rein praktischen Bedenken – die übrigens bei Gebrauchsmustern nicht für durchschlagend erachtet werden – ändern jedoch nichts daran, dass dem Anmelder einer Erfindung, die sich am Ende als patentierbar erweist, der volle Schutz gerechterweise schon ab Veröffentlichung der Anmeldung gebühren würde. Der Entschädigungsanspruch bietet ihm einen gewissen Ausgleich dafür, dass er diesen Schutz erst nach vollständiger Prüfung erlangt. Er vertritt den Unterlassungsanspruch, der eigentlich am Platz wäre[23]: Das Verbietungsrecht wird wegen Interessen der Allgemeinheit, die als vorrangig empfunden werden, zum Entschädigungsanspruch abgeschwächt. Insofern ist dieser dem Vergütungs- bzw. Entschädigungsanspruch bei Zwangslizenz oder Benutzungsanordnung vergleichbar. Doch ist zu beachten, dass dem Ausschluss des Verbietungsrechts unterschiedliche Allgemeininteressen zugrunde liegen. Dabei rechtfertigen jedenfalls die Interessen, die einem Verbietungsrecht aus der offengelegten Anmeldung entgegenstehen, keine Einschränkung des Prinzips, wonach die wirtschaftliche Verwertung der Erfindung allein dem Erfinder oder seinem Rechtsnachfolger, bei Parallelerfindungen (vorbehaltlich bestehender Vorbenutzungsrechte) dem zuerst anmeldenden Erfinder oder Rechtsnachfolger zusteht. Hinzunehmen ist nur, dass jene Interessen bestimmte Formen der Verwirklichung des Grundsatzes ausschließen. Das bedeutet: der Anmelder ist durch die Entschädigung so zu stellen, als würde ihm der Unterlassungsanspruch durch eine angemessene Gegenleistung abgekauft. Daher kann die Entschädigung nicht schon deshalb grundsätzlich niedriger angesetzt werden als ein angemessenes Nutzungsentgelt, weil dem Anmelder das Verbietungsrecht fehlt. Das würde den Nachteil, dass ihm dieses Recht vorenthalten wird, in ungerechtfertigter Weise verstärken. Nicht gesagt werden kann auch, mangels Verbietungsrechts habe die Benutzung keinen Marktwert. Vielmehr ergibt sich bereits aus der als Zutrittsschranke wirkenden Entschädigungspflicht eine gewisse Vorzugsstellung der Benutzer, deren Wert in der Höhe der Entschädigung zum Ausdruck kommt. Ob diese angemessen ist, lässt sich daher nicht durch eine „absolute" Bewertung ermitteln, sondern nur durch den Vergleich mit Fällen, in denen unter dem Schutz von Verbietungsrechten Benutzungsentgelte bezahlt werden. Ab-

---

die Schadenslizenz für die Zeit danach. BGH 11.4.1989, BGHZ 107, 161 (169) – Offenend-Spinnmaschine lässt offen, „ob und in welchem Umfang Abschläge gegenüber einer fiktiven frei vereinbarten Lizenzzahlung für die Benutzung eines erteilten Patents gemacht werden müssen". LG Düsseldorf 23.5.2000, Mitt. 2000, 458 (462) gibt nach Verjährung des Entschädigungsanspruchs einen „Rest-Entschädigungsanspruch" gem. § 141 S. 3 aF PatG (jetzt § 33 Abs. 3 S. 2 PatG iVm § 852 BGB, vgl. → § 35 Rn. 96 ff.) in Höhe des vom Benutzer erzielten Gewinns bis zur Höhe eines angemessenen Nutzungsentgelts. Nach der Rechtsprechung des BGH besteht jedoch auf der Grundlage des § 33 PatG schon vor Verjährungseintritt kein Anspruch auf Gewinnherausgabe. Das vom LG gefundene Ergebnis ist nur mit der Überlegung haltbar, dass die Bereicherung des Benutzers entfallen ist, soweit sein Gewinn hinter einem angemessenen Nutzungsentgelt zurückbleibt.

[22] Im Ergebnis zustimmend *Busse/Keukenschrijver* PatG § 33 Rn. 15; im gleichen Sinn *Brandt* 97.

[23] Für Gewährung des Unterlassungsanspruchs, wenn Prüfungsantrag gestellt ist, de lege ferenda *Steup* GRUR-Int 1990, 800 (802). *Pahlow* GRUR 2008, 97 (102 f.) hält sie schon nach geltendem Recht für geboten.

striche sind dabei allenfalls insofern gerechtfertigt, als jene Entgelte eine gewisse Dauerhaftigkeit der Benutzungsbefugnis voraussetzen: wenn der Anmelder nach Erteilung des Patents die Benutzung unterbindet, mag dies die Entschädigung für die vorherige Benutzung mindern, soweit bei einer vertraglichen Lizenz von entsprechender Dauer nur eine geringere als die übliche Gebühr erzielbar wäre. Hier gilt grundsätzlich das gleiche wie für die „Schadenslizenz" (vgl. → § 35 Rn. 65 f.).

7. Welche Personen Entschädigung fordern *können*, richtet sich grundsätzlich nach den gleichen Regeln wie beim Schadenersatz wegen Patentverletzung (vgl. → § 35 Rn. 124). Da jedoch als Berechnungsmodus nur die Lizenzanalogie in Betracht kommt, kann bei Bestehen einer ausschließlichen Lizenz nur der Lizenznehmer, nicht aber der Anmelder Entschädigung fordern. Auch ist ein etwaiger Schaden einfacher Lizenznehmer ohne Einfluss auf die Entschädigung. **28**

Entschädigung leisten *muss* allein der *Nutznießer* der Benutzung und deshalb nicht der gesetzliche Vertreter einer Gesellschaft, der die Benutzung zugutegekommen ist, oder ein zuständiger Sachbearbeiter, der sie veranlasst hat[24]. **29**

Wenn eine zur Entschädigung verpflichtende Benutzung feststeht, kann der Berechtigte wie bei Patentverletzung (vgl. → § 35 Rn. 111 ff.) Rechnungslegung verlangen, soweit das für eine an Nutzungsentgelten ausgerichtete Berechnung erforderlich ist[25]. **30**

8. Nach § 33 Abs. 2 PatG besteht der Entschädigungsanspruch nicht, wenn der Gegenstand der Anmeldung **offensichtlich nicht patentfähig** ist.[26] Das gilt für nationale Anmeldungen beim DPMA und internationale Anmeldungen, für die es Bestimmungsamt ist. Dagegen enthält für den Fall der europäischen Anmeldung das IntPatÜG keine entsprechende Regelung. Man glaubt, sie nicht vorsehen zu dürfen, da dies „eine unzulässige Einschränkung des durch Art. 67 Abs. 2 S. 3 EPÜ vorgeschriebenen Mindestschutzes bedeuten würde".[27] Bei näherer Betrachtung erweist sich jedoch dieses Bedenken als unbegründet. **31**

Der im EPÜ vorgesehene Mindestschutz wird nur unter der Voraussetzung gefordert, dass sich der Anmeldungsgegenstand letztlich als patentierbar erweist (vgl. → Rn. 12). Es kann nicht angenommen werden, dass das EPÜ den nationalen Gerichten die Gewährung des Anspruchs auch für den Fall offensichtlichen Fehlens der Patentierbarkeit vorschreibe. Der Sinn einer solchen Regelung könnte nur darin liegen, dem EPA unter allen Umständen die Entscheidung über das Patentgesuch einschließlich ihrer Rückwirkungen auf den Entschädigungsanspruch vorzubehalten. Das EPÜ bindet jedoch die nationalen Gerichte nicht einmal an die Erteilung des Patents, sondern überlässt es dem nationalen Recht zu bestimmen, inwieweit die Gerichte dessen Gültigkeit prüfen können (vgl. → § 32 Rn. 131 ff.). Nichts anderes kann für die Frage gelten, inwieweit bei der Entscheidung über den Entschädigungsanspruch die Patentierbarkeit geprüft werden darf. **32**

Deshalb ist § 33 Abs. 2 PatG nicht nur auf deutsche und für Deutschland wirkende internationale, sondern (analog) auch auf Deutschland benennende europäische Anmeldungen anzuwenden. Freilich ist die Bestimmung nicht unproblematisch. Von ihr sollte nur Gebrauch gemacht werden, wenn schlechthin auszuschließen ist, dass es zur Erteilung eines Patents kommt und die dann möglicherweise schon rechtskräftige Klagabweisung wegen „offensichtlicher Patentunfähigkeit" sich als ungerechtfertigt erweist. **33**

9. Wegen der **Verjährung** des Entschädigungsanspruchs verweist § 33 Abs. 3 S. 1 auf die Vorschriften des BGB; es gilt somit grundsätzlich das gleiche wie für Ansprüche wegen Patentverletzung (→ § 35 Rn. 134 ff.); doch tritt die Verjährung frühestens ein Jahr **34**

---

[24] BGH 11.4.1989, BGHZ 107, 161 (165 f.) – Offenend-Spinnmaschine; 26.1.1993, BGHZ 121, 194 (208) – Wandabstreifer; ebenso schon OLG Karlsruhe 25.2.1987, GRUR-Int 1987, 788 (790).

[25] BGH 11.4.1989, BGHZ 107, 161 (166 ff.) – Offenend-Spinnmaschine; OLG Düsseldorf 20.1 2002, Mitt. 2003, 252 (261); krit. zur Beschränkung auf die Lizenzanalogie *Krieger* GRUR 2001, 965 (967).

[26] Einen Fall der Klagabweisung aus diesem Grund betrifft OLG Karlsruhe 21.11.1972, Mitt. 1973, 112.

[27] Begründung zum IntPatÜG, BlPMZ 1976, 324.

nach Patenterteilung ein, damit der Berechtigte nicht gezwungen ist, Klage zu erheben, bevor entschieden ist, ob und inwieweit sein Patentgesuch Erfolg hat.[28] Nach Eintritt der Verjährung kann der Berechtigte, wenn der Entschädigungspflichtige durch die Erfindungsbenutzung[29] auf seine Kosten etwas erlangt hat, Herausgabe nach den Vorschriften über die Herausgabe einer ungerechtfertigten Bereicherung verlangen (§ 33 Abs. 3 S. 2 PatG iVm § 852 S. 1 BGB). Es besteht also entsprechend dem Rest-Schadenersatzanspruch (→ § 35 Rn. 96 ff.) ein Rest-Entschädigungsanspruch, der gem. § 852 S. 2 BGB zehn Jahre nach seiner Entstehung, spätestens aber 30 Jahre nach der Erfindungsbenutzung verjährt.

35 Für Entschädigungsansprüche aus veröffentlichten europäischen Anmeldungen verweist Art. II § 1 Abs. 1 S. 2 auf § 141 PatG, dessen S. 1 wiederum auf das BGB verweist, aber – da er auf Ansprüche wegen Patentverletzung zugeschnitten ist – nicht vorsieht, dass die Verjährung frühestens ein Jahr nach Patenterteilung eintritt. Fraglich ist, ob dies im Einklang mit Art. 67 Abs. 2 S. 2 EPÜ steht, wonach der Schutz, der mit der Veröffentlichung der europäischen Anmeldung verbunden ist, nicht geringer sein darf als der Schutz, der sich aus der zwingend vorgeschriebenen Veröffentlichung einer ungeprüften nationalen Anmeldung ergibt. Deshalb sollte die in § 33 Abs. 3 S. 1 PatG enthaltene Maßgabe bei europäischen Anmeldungen entsprechend angewandt werden, zumal dies den Gerichten manche verfrühte Klage ersparen könnte. – Ein Rest-Entschädigungsanspruch kann bei einer europäischen Anmeldung in gleicher Weise geltend gemacht werden wie bei einer deutschen Anmeldung (Art. II § 1 S. 2 IntPatÜG, § 141 S. 2 PatG, § 852 BGB).

36 10. Das **Verfahren,** in dem der Entschädigungsanspruch geltend gemacht wird, ist Patentstreitsache. §§ 143, 144 PatG sind anwendbar (vgl. → § 36 Rn. 1 ff., 56 ff.), nicht dagegen § 145 PatG.[30]

37 Das Gericht, vor dem eine Entschädigungsklage erhoben ist, hat abgesehen vom Fall offensichtlicher Patentunfähigkeit (→ Rn. 31) nicht zu erörtern, ob der Anmeldungsgegenstand patentierbar ist. Es kann jedoch nach § 140 S. 1 PatG die Verhandlung bis zur Entscheidung über die Erteilung des Patents **aussetzen,** wenn es für den Entschädigungsanspruch hierauf ankommt. Da dieser bei Patentversagung rückwirkend entfällt, besteht zur Aussetzung Anlass, wenn ernstlich zu bezweifeln ist, dass die Anmeldung zu einem Patent führen wird. Das Gericht kann sich dabei am Stand des Erteilungsverfahrens und an ihm vorgelegten Entgegenhaltungen orientieren.

38 Ist noch kein Prüfungsantrag gemäß § 44 PatG gestellt, kann der auf Entschädigung Verklagte nach § 140 S. 2 und 3 PatG erreichen, dass der Kläger diesen Antrag stellt oder die Klage auf seine Kosten als unzulässig abgewiesen wird: Das Gericht hat der Partei, die Rechte aus der Anmeldung geltend macht, auf Antrag des Gegners eine Frist für den Prüfungsantrag zu setzen. Wird dieser rechtzeitig gestellt, wird oft Anlass zur Aussetzung bestehen.[31] Bleibt er bis zum Fristablauf aus, können in dem Rechtsstreit Rechte aus der Anmeldung nicht geltend gemacht werden, dh die Klage ist als unzulässig abzuweisen. Sie kann jedoch – insbesondere nach Patenterteilung – neu erhoben werden.

---

[28] Begründung zum GPatG, BlPMZ 1979, 283.
[29] Im Gesetz heißt es „Verletzung", was nach *Busse/Keukenschrijver* PatG § 33 Rn. 3 missverständlich und aus unreflektierter Übernahme von § 141 Abs. 3 PatG aF zu erklären ist.
[30] *Grabinski/Zülch* in Benkard PatG § 145 Rn. 4.
[31] Vgl. *Benkard/Rogge/Grabinski* § 140 PatG Rn. 3.

§ 38. Strafbarkeit vorsätzlicher Schutzrechtsverletzung[1]

Literatur: *Böxler, B.*, Markenstrafrecht, 2012; *Fontaine, S.*, Grund- und Strukturprobleme des § 142 PatG, 2011; *v. Gravenreuth, G.*, Strafverfahren wegen Verletzung von Patenten, Gebrauchsmustern, Warenzeichen oder Urheberrechten, GRUR 1983, 349; *Hesse, H. G.*, Strafbare Patentverletzung und Irrtum, GA 1968, 225; *Merling, M./Rehaag, C.*, Die „rechtswidrige" Restitution? Zum Spannungsverhältnis zwischen der Herausgabe beschlagnahmter Piratieware und der Strafbarkeit des Besitzes von Plagiaten zu Vertriebszwecken, Mitt. 2013, 58–62; *Vollkommer, M.*, Aus der Praxis: Freispruch nach Verlängerung oder Markenrecht versus Strafprozess, JuS 2008, 40–42; *Wintermeier, M.*, Patentstrafrecht – Zur Effektivität strafrechtlichen Schutzes gegen Patentverletzungen, 2015; *Zeder, F.*, Strafrechtlicher Schutz von Immaterialgüterrechten in der EU in Sicht, ZUM 2011, 300–305.

I. Patente und ergänzende Schutzzertifikate

1. Nach § 142 PatG (Art. 64 Abs. 3 EPÜ) ist die vorsätzliche unmittelbare Verletzung eines **1** für die Bundesrepublik Deutschland geltenden Patents oder ergänzenden Schutzzertifikats strafbar. Anders als in § 49 PatG 1968/1978 sind in der geltenden Fassung die Straftatbestände nicht durch bloße Bezugnahme auf die gesetzliche Umschreibung der Verletzungshandlungen gekennzeichnet, sondern „mit Rücksicht auf die notwendige hinreichende Bestimmtheit der Strafdrohung"[2] ausdrücklich wiedergegeben. § 142 Abs. 1–3 PatG lauten in ihrer durch das ProdPG 1990 verschärften, 1993 auf ergänzende Schutzzertifikate erstreckten Fassung:

„(1) Mit Freiheitsstrafe bis zu drei Jahren oder mit Geldstrafe wird bestraft, wer ohne die erforderliche Zustimmung des Patentinhabers oder des Inhabers eines ergänzenden Schutzzertifikats (§§ 16a, 49a)
1. ein Erzeugnis, das Gegenstand des Patents oder des ergänzenden Schutzzertifikats ist (§ 9 S. 2 Nr. 1), herstellt oder anbietet, in Verkehr bringt, gebraucht oder zu einem der genannten Zwecke entweder einführt oder besitzt oder
2. ein Verfahren, das Gegenstand des Patents ist (§ 9 S. 2 Nr. 2), anwendet oder zur Anwendung im Geltungsbereich dieses Gesetzes anbietet.
S. 1 Nr. 1 ist auch anzuwenden, wenn es sich um ein Erzeugnis handelt, das durch ein Verfahren, das Gegenstand des Patents oder ergänzenden Schutzzertifikats ist, unmittelbar hergestellt worden ist (§ 9 S. 2 Nr. 3).
(2) Handelt der Täter gewerbsmäßig, ist die Strafe Freiheitsstrafe bis zu fünf Jahren oder Geldstrafe.
(3) Der Versuch ist strafbar."

Strafbar ist nur das *vorsätzliche* Begehen der tatbestandsmäßigen Handlungen, denn fahr- **2** lässiges Handeln bedroht das Gesetz nicht ausdrücklich mit Strafe (§ 15 StGB). Insbesondere muss der Anbietende deshalb beim Anbieten eines Verfahrens wissen, dass die Anwendung des Verfahrens ohne Zustimmung des Patentinhabers verboten ist; es genügt nicht, dass dies iSd § 9 S. 2 Nr. 2 PatG „auf Grund der Umstände offensichtlich ist".

Es versteht sich, dass Handlungen, die unter einen Ausnahmetatbestand des § 11 PatG **3** fallen oder in Ausübung einer Benutzungsbefugnis (oben § 34) vorgenommen werden, keine strafbaren Patentverletzungen bilden können. Die in § 10 PatG bezeichneten mittelbaren Verletzungshandlungen sind als solche nicht mit Strafe bedroht. Gleichwohl sind sie strafbar, wenn sie sich im Einzelfall in Bezug auf einen der Tatbestände des § 142 Abs. 1 PatG als Mittäterschaft, mittelbare Täterschaft, Anstiftung oder Beihilfe im Sinne der §§ 25– 27 StGB darstellen[3].

---

[1] Zum Vorschlag einer europäischen Richtlinie über strafrechtliche Maßnahmen zur Durchsetzung der Rechte des geistigen Eigentums (→ § 7 Rn. 121).
[2] Begründung zum GPatG, BlPMZ 1979, 290.
[3] Begründung BlPMZ 1979, 290.

§ 38 I   5. *Abschnitt. Wirkung und Durchsetzung der Schutzrechte*

4   2. Die Tat wird in den Fällen des § 142 Abs. 1 PatG nur auf **Antrag** verfolgt, es sei denn, die Strafverfolgungsbehörde hält ein Einschreiten von Amts wegen wegen des besonderen öffentlichen Interesses an der Strafverfolgung für geboten (§ 142 Abs. 4 PatG). Antragsberechtigt ist der Verletzte (§ 77 Abs. 1 StGB). Das ist der Inhaber des Patents oder ergänzenden Schutzzertifikats, der nach § 30 Abs. 3 S. 2 PatG legitimiert sein muss (vgl. → § 36 Rn. 17, 18), daneben gegebenenfalls ausschließliche Lizenznehmer, Nießbraucher, Pfandgläubiger. Jeder Berechtigte kann den Antrag selbständig stellen (§ 77 Abs. 4 StGB). Inlandsvertreter sind zur Antragstellung ermächtigt (§ 25 Abs. 1 PatG). Der Antrag kann zurückgenommen werden (§ 77d StGB).

5   Die Antragsfrist beträgt drei Monate, beginnend mit Ablauf des Tags, an dem der Berechtigte von der Tat und der Person des Täters Kenntnis erlangt (§ 77b StGB). Unabhängig hiervon **verjährt** die Strafverfolgung mit Ablauf von fünf Jahren nach Beendigung der Tat (§§ 78 Abs. 1, 3 Nr. 4, 78a StGB).

6   Nach § 374 Abs. 1 Nr. 8 StPO kann die nach § 142 Abs. 1 PatG strafbare Patent- oder Zertifikatverletzung im Wege der **Privatklage** vom Verletzten verfolgt werden, ohne dass es einer vorgängigen Einschaltung der Staatsanwaltschaft bedarf. Öffentliche Klage wird von dieser nur erhoben, wenn dies im öffentlichen Interesse liegt (§ 376 StPO).

Nach Nr. 261 der Richtlinien für das Straf- und Bußgeldverfahren (RiStBV) in der Fassung vom 1.11.2007 ist das öffentliche Interesse an der Strafverfolgung der Verletzung von Rechten des geistigen Eigentums (§ 142 Abs. 1 PatG, § 25 Abs. 1 GebrMG) in der Regel zu bejahen, wenn eine nicht nur geringfügige Schutzrechtsverletzung vorliegt. Zu berücksichtigen sind dabei insbesondere das Ausmaß der Schutzrechtsverletzung, der eingetretene oder drohende wirtschaftliche Schaden und die vom Täter erstrebte Bereicherung (Nr. 261 S. 2 RiStBV). Es entfällt dann zwar nicht das Antragserfordernis; die Strafverfolgungsbehörde soll aber den Verletzten nicht auf den Weg der Privatklage verweisen.

Ein *besonderes* öffentliches Interesse, wie es § 142 Abs. 4 PatG für ein Einschreiten von Amts wegen voraussetzt, ist nach Nr. 261a der Richtlinien insbesondere dann anzunehmen, wenn der Täter einschlägig vorbestraft ist, die Tat den Verletzten in seiner wirtschaftlichen Existenz bedroht oder die öffentliche Sicherheit und Ordnung oder die Gesundheit der Verbraucher gefährdet ist.

7   3. Die **gewerbsmäßige** Patent- oder Zertifikatverletzung (§ 142 Abs. 2 PatG) ist **Offizialdelikt** und muss damit unabhängig von einem Antrag des Verletzten verfolgt werden.

8   4. Praktisch ist die strafrechtliche Verfolgung von Patentverletzungen seit langem nahezu bedeutungslos; daran haben auch die Verschärfung der Strafdrohungen und die Einführung des von Amts wegen zu verfolgenden Tatbestands der gewerbsmäßig begangenen Verletzung nichts geändert[4]. Seit mehr als siebzig Jahren ist keine höchstrichterliche Entscheidung in einer Patentstrafsache mehr bekanntgeworden.[5]

9   5. Wenn auf Strafe erkannt wird, ist nach § 142 Abs. 6 PatG auf Antrag des Verletzten, der ein berechtigtes Interesse daran hat, anzuordnen, dass die Verurteilung auf Verlangen öffentlich bekannt gemacht wird. Die Art der Bekanntmachung ist im Urteil zu bestimmen.

10   Nach § 142 Abs. 5 PatG können Gegenstände, auf die sich die Straftat bezieht, eingezogen werden. Näheres bestimmen §§ 74–74f, 76, 76a StGB. Da § 142 Abs. 5 PatG auf § 74a StGB verweist, kann unter den dort bestimmten Voraussetzungen die Einziehung auch gegenüber Personen angeordnet werden, die nicht Täter oder Teilnehmer sind. An die Stelle der Einziehung tritt nach Maßgabe des § 74b Abs. 2 StGB eine weniger einschneidende Maßnahme, zB Unbrauchbarmachung oder Abänderung, wenn der Zweck der Einziehung auch auf diese Weise erreichbar ist. Vorrang vor der Einziehung haben zivilrechtliche Ansprüche nach § 140a PatG, wenn sie der Verletzte – was praktisch nicht vorkommt – gem. §§ 403 ff. StPO im Strafverfahren geltend macht (§ 142 Abs. 5 S. 3 PatG).

In Betracht kommt auch die Anordnung des Verfalls dessen, was der Täter oder Teilnehmer für die Tat oder aus ihr erlangt hat, gem. §§ 73–73e, 76, 76a StGB; sie ist jedoch nicht zulässig, soweit dem Verletzten aus der Tat ein Anspruch erwachsen ist, dessen Erfüllung dem Täter oder Teilnehmer den Wert des aus der Tat Erlangten entziehen würde (§ 73 Abs. 1 S. 2 StGB).

---

[4] Krit. zur gesetzlichen Regelung und zur Verfolgungspraxis *Kröger/Bausch* GRUR 1997, 321 (325 ff.); ähnlich *Wintermeier* Rn. 319 ff., 361 f.
[5] Vgl. *v. Gravenreuth* GRUR 1983, 349 ff.

§ 39. Werbung mit Schutzrechten und unberechtigte Verwarnung **§ 39**

6. Bei rückwirkendem Wegfall des Patents fehlt es am Tatbestand der Patentverletzung. **11** Entsprechendes gilt bei einem rückwirkenden Teilwegfall, wenn er zur Folge hat, dass die Tat nicht in den Schutzbereich eingreift. Der rückwirkende Wegfall des einer rechtskräftigen Verurteilung zugrundeliegenden Patents rechtfertigt die Wiederaufnahme des Strafverfahrens (§ 359 Nr. 4, 5 StPO).[6]

II. Gebrauchsmuster

1. Nach § 25 Abs. 1 GebrMG wird bestraft, wer ohne die erforderliche Zustimmung des **12** Inhabers des Gebrauchsmusters

1. ein Erzeugnis, das Gegenstand des Gebrauchsmusters ist (§ 11 Abs. 1 S. 2 GebrMG), herstellt, anbietet, in Verkehr bringt, gebraucht oder zu einem der genannten Zwecke entweder einführt oder besitzt oder
2. das Recht aus einem Patent entgegen § 14 GebrMG ausübt.

Der erste Tatbestand deckt sich mit demjenigen der Verletzung eines Erzeugnispatents **13** (§ 142 Abs. 1 S. 1 Nr. 1 PatG); der zweite trägt dem Vorrang des älteren Gebrauchsmusters gegenüber dem jüngeren (aber gleichwohl gültigen) gegenstandsgleichen Patent Rechnung. Abgesehen von der Definition der objektiven Tatbestände stimmt § 25 GebrMG wörtlich mit § 142 PatG überein; auf die Ausführungen hierzu kann verwiesen werden (→ Rn. 1–11); die dort behandelten Vorschriften des StGB und der StPO sind auch bei der Strafverfolgung von Gebrauchsmusterverletzungen anwendbar.

2. Wenn nach Rechtskraft einer strafrechtlichen Verurteilung wegen Gebrauchsmuster- **14** verletzung das Gbm ganz oder teilweise gelöscht wird oder sich als ganz oder teilweise unwirksam erweist und deshalb die als strafbar erachtete Handlung in Wirklichkeit keine Gebrauchsmusterverletzung war, ist unter den Voraussetzungen des § 359 Nr. 5 StPO die Wiederaufnahme des Strafverfahrens zulässig; dagegen ist § 359 Nr. 4 hier nicht anwendbar (vgl. → § 36 Rn. 87 ff.).

§ 39. Werbung mit Schutzrechten und unberechtigte Verwarnung

Literatur: *Barth, S.-M./Wolhändler, J.,* Werbung mit Patentschutz – Erfreulicher Ansatz des OLG München zum Schließen einer Rechtsprechungslücke, Mitt. 2006, 16–22; *Baumbach, A./Hefermehl, W.,* Wettbewerbsrecht, 22. Aufl. 2001; *Bornkamm, J.,* Die Werbung mit der Patentanmeldung, GRUR 2009 (FS Melullis), 227–230; *Brandi-Dohrn, M.,* Die Abnehmerverwarnung in Rechtsprechung und Praxis, GRUR 1981, 679–688; *Bulling, A.,* Patentausschlussrechte in der Werbung, 2002; *Deutsch, V.,* Der BGH-Beschluss zur unberechtigten Schutzrechtsverwarnung und seine Bedeutung für die Praxis, GRUR 2006, 374–379; *Fischer, F.-W.,* Abnehmer-Verwarnungen aus Patenten und Gebrauchsmustern, DB 1976, 85–88, 133–137; *Geißler, B.,* Patent und § 3 UWG, GRUR 1973, 506–511; *Frhr. v. Gravenreuth, G.,* Geschichtliche Entwicklung und aktuelle Probleme zum Auskunftsanspruch nach einer Schutzrechtsberührung, Mitt. 1985, 207–211; *Hesse, H. G.,* Die Verwarnung der Abnehmer wegen Patent- oder Gebrauchsmusterverletzung, GRUR 1967, 557–560; *Horn, W.,* Die unberechtigte Verwarnung aus gewerblichen Schutzrechten, 1971; *ders.,* Die höchstrichterliche Rechtsprechung zur unberechtigten Verwarnung, GRUR 1971, 442–453; *John, G. R.,* Die unberechtigte Schutzrechtsverwarnung im deutschen und österreichischen Recht, GRUR-Int 1979, 236–244; *Graf Lambsdorff, H. G./Hamm, A.,* Zur wettbewerbsrechtlichen Zulässigkeit von Patent-Hinweisen, GRUR 1985, 244–246; *Graf Lambsdorff, H. G./Skora, B.,* Die Werbung mit Schutzrechtshinweisen, 1978; *Lindacher, W. F.,* Die Haftung wegen unberechtigter Schutzrechtsverwarnung oder Schutzrechtsklage, ZHR 144 (1980), 350–365; *Meier-Beck, P.,* Die Verwarnung aus Schutzrechten – mehr als eine Meinungsäuße-

---

[6] Für einen parallel gelagerten Fall aus dem Markenrecht, in dem eine verletzte Marke durch den BGH vernichtet worden war, *nachdem* die strafrechtliche Verurteilung des Markenverletzers durch das AG München rechtskräftig geworden war, so auch *M. Vollkommer* JuS 2008, 40.

rung!, GRUR 2005, 535–540; *Ohl, A.*, Der Rechtsschutz gegenüber unberechtigter Geltendmachung gewerblicher Schutzrechte, GRUR 1966, 172–187; *Peukert, A.*, Änderung der Rechtsprechung zur unberechtigten Schutzrechtsverwarnung?, Mitt. 2005, 73–77; *Quiring, A.*, Zur Haftung wegen unbegründeter Verwarnungen, WRP 1983, 317–325; *Reuthal, K.-P.*, Die unberechtigte wettbewerbsrechtliche Abmahnung unter besonderer Berücksichtigung der unberechtigten Schutzrechtsverwarnung, 1985; *Sack, R.*, Die Haftung für unbegründete Schutzrechtsverwarnungen, WRP 1976, 733–744; ders., Unbegründete Schutzrechtsverwarnungen, 2006; *Teplitzky, O.*, Zur Frage der Rechtswidrigkeit unbegründeter Schutzrechtsverwarnungen, GRUR 2005, 9–15; *Ullmann, E.*, Die Verwarnung aus Schutzrechten – mehr als eine Meinungsäußerung?, GRUR 2001, 1027–1032; ders., Die Berühmung mit einem Patent, FS Schilling, 2007, 385–392; *Ulmer, E.*, Das Recht des unlauteren Wettbewerbs in den Mitgliedstaaten der EWG, Band III, Deutschland, 1968; *Winkler, H.*, Probleme der Schutzrechtsverwarnung, GRUR 1980, 526–530.

I. Der Auskunftsanspruch wegen Patent- oder Gebrauchsmusterberühmung

1   1. Angaben, die den Eindruck erwecken können, dass Gegenstände nach dem PatG oder dem GebrMG geschützt seien, verpflichten unter den in § 146 PatG, § 30 GebrMG bestimmten Voraussetzungen zur Auskunft darüber, auf welches Patent oder welche Patentanmeldung bzw. welches Gebrauchsmuster sie sich stützen. Die Vorschriften wurden 1936 eingeführt; gleichzeitig wurde die im PatG an denselben Tatbestand für den Fall der Unrichtigkeit der Angabe geknüpfte Strafdrohung (früher § 40 PatG) abgeschafft, da insoweit die in § 4 (jetzt 16 Abs. 1) UWG vorgesehene Strafsanktion (dazu → Rn. 17 f.) als ausreichend erschien. Durch den Auskunftsanspruch soll für diejenigen, die sich durch die Angabe beeinträchtigt fühlen, das Risiko eines wettbewerbsrechtlichen Vorgehens vermindert werden; sie sollen nicht gezwungen sein, ein Verfahren auf die Gefahr hin einzuleiten, dass der Gegner einen der Angabe entsprechenden Schutz nachweisen kann[1]. Daher wird ihnen das Recht eingeräumt, zunächst einen solchen Nachweis zu fordern; sie können dann auf Grund der Beantwortung des Auskunftsverlangens die Aussichten eines wettbewerbsrechtlichen Vorgehens leichter beurteilen.

2   2. Der Anspruch setzt voraus, dass eine **Bezeichnung** verwendet wird, die geeignet ist, den Eindruck zu erwecken, dass bestimmte Gegenstände durch ein Patent oder eine Patentanmeldung nach dem PatG oder als (richtig: durch ein) Gebrauchsmuster nach dem GebrMG geschützt seien, zB „Deutsches Bundespatent", „patentiert", „Patent-" in Verbindung mit der Bezeichnung des Gegenstands, „Patent(e) angemeldet", „Gebrauchsmuster", „deutsches Gebrauchsmuster" oder Abkürzungen wie „Pat.", „DBP", „GM", „DGM", „DBGM", „DEGM". Bei Hinweisen auf europäische Patente oder Anmeldungen ist § 146 PatG entsprechend anwendbar.[2]

3   Aus der Bezeichnung braucht nicht eindeutig hervorzugehen, in welcher Form und für welchen territorialen Bereich Schutz besteht oder beantragt ist. Es genügt, dass nach der Verkehrsauffassung bei einem nicht unerheblichen Teil der angesprochenen Kreise der Eindruck eines Patents, einer Patentanmeldung oder eines Gebrauchsmusters mit Wirkung für die Bundesrepublik Deutschland entstehen kann. Daher genügen Angaben wie „gesetzlich geschützt", „patentamtlich geschützt", „Anmeldung sämtlicher Schutzrechte", ebenso der undifferenzierte Hinweis auf eine internationale oder europäische Anmeldung oder ein europäisches Patent.

4   Kein Auskunftsanspruch nach § 146 PatG oder § 30 GebrMG besteht, wenn die verwendete Bezeichnung eindeutig nur auf einen Schutz anderer Art, zB Geschmacksmuster- oder Warenzeichenschutz, oder nur auf einen nicht für Deutschland wirkenden Schutz hinweist.

5   3. Die **Verwendung** der Bezeichnung kann auf den Gegenständen selbst oder ihrer Verpackung oder in öffentlichen Anzeigen, auf Aushängeschildern, auf Empfehlungskarten

---

[1] Begründung zum PatG 1936, BlPMZ 1936, 115.
[2] *Ullmann* in Benkard PatG § 146 Rn. 42 ff.; *Voß/Kühnen* in Schulte PatG § 146 Rn. 2.

§ 39. Werbung mit Schutzrechten und unberechtigte Verwarnung I § 39

oder in ähnlichen Kundgebungen geschehen. Zum gesetzlichen Tatbestand gehört daher ein gewisser, wettbewerblich relevanter Öffentlichkeitsbezug der Angabe.

Die Verwarnung eines einzelnen Benutzers erfüllt den Tatbestand nicht. Gleiches wurde für eine **6** Mitteilung angenommen, die nur einem geschlossenen Kreis einzelner Kunden gemacht worden war.[3] Nicht erforderlich ist jedoch eine öffentliche Bekanntmachung oder eine für einen größeren Personenkreis bestimmte Mitteilung, wie sie § 16 Abs. 1 UWG voraussetzt. Daher wurde es als genügend angesehen, dass auf Zeichnungen, die ohne Beschränkung anfragenden Interessenten zugänglich gemacht wurden, der Stempel „Patente angemeldet" angebracht war.[4]

4. Der Anspruch steht jedem zu, der ein **berechtigtes Interesse** an der Kenntnis der **7** Rechtslage hat. Dafür genügt ein Wettbewerbsverhältnis zu demjenigen, der die Bezeichnung verwendet, aber auch schon das Bestehen einer Klagebefugnis nach § 8 Abs. 3 UWG. Wer diese hat, muss in der Lage sein, sich vor Klageerhebung Klarheit über die Grundlage des Hinweises zu verschaffen, der als Behauptung eines patent- oder gebrauchsmusterrechtlichen Schutzes verstanden werden kann. Daher können insbesondere auch *Verbände* von Gewerbetreibenden, qualifizierte Einrichtungen sowie Kammern (→ Rn. 16) den Anspruch geltend machen.

5. Zur Erfüllung des Anspruchs braucht der Verpflichtete lediglich die *Nummern* der in **8** Frage kommenden Patente, Patentanmeldungen oder Gebrauchsmuster zu nennen. Wegen des Inhalts ist der Anspruchsteller darauf angewiesen, sich der Veröffentlichungen und sonstigen Informationsmöglichkeiten zu bedienen, die das PA zur Verfügung stellt.

Nach Auffassung des BGH[5] ist es dem „Patentberühmer", der *mehrere* einschlägige **9** Schutzrechte hat, überlassen, auf welche(s) von ihnen er seine Berühmung stützen will; er braucht nicht alle ihm zustehenden Patente und Anmeldungen zu nennen, die für die als geschützt bezeichneten Gegenstände von Bedeutung sein können. Der BGH sieht dabei entsprechend der schon erwähnten Zielsetzung des Gesetzgebers den Zweck des Anspruchs lediglich in der Vorbereitung wettbewerblicher Verteidigung gegen die Patentberühmung. Der Anspruchsberechtigte hat demgemäß kein Mittel, die vollständige Angabe aller einschlägigen Patente und Patentanmeldungen oder, wenn die verwendete Bezeichnung auf Gebrauchsmusterschutz hindeutet, aller einschlägigen Gebrauchsmuster zu erzwingen. Nach § 146 PatG, § 30 GebrMG kann der Auskunftsberechtigte nur erwarten, dass der Verpflichtete seine Angaben rechtfertigt, und deshalb nicht damit rechnen, dass ihm mehr mitgeteilt wird, als dazu nach dessen Ansicht nötig und zweckdienlich ist. Nachteilige Rechtsfolgen erwachsen dem Verpflichteten nur, wenn die von ihm angegebenen Schutzrechte die verwendete Bezeichnung inhaltlich nicht rechtfertigen, gleichgültig, ob er hierfür geeignete Schutzrechte nicht hat oder lediglich nicht nennen will. Er muss dann mit zivil- oder gar strafrechtlicher Verurteilung wegen irreführender Angaben im Sinne von § 5 oder § 16 Abs. 1 UWG rechnen. Verhindert er dies durch Nachschieben früher zurückgehaltener oder schuldhaft versäumter Angaben, ist er wegen Schlechterfüllung des Auskunftsanspruchs zum Ersatz des Schadens verpflichtet, der dem Auskunftsberechtigten durch dessen Aufwendungen für die ergebnislos bleibende Rechtsverfolgung entstanden ist.

6. Nach dem Gesetzeswortlaut wird der Auskunftsanspruch nicht durch Verwendung **10** einer Bezeichnung begründet, die *ausschließlich* auf eine **nicht offengelegte Patentanmeldung** hindeutet. In diesem Fall kann von einem patentrechtlichen „Schutz" noch nicht gesprochen werden.[6] Sofern man jedoch einen solchen Hinweis nicht allgemein für wettbewerbsrechtlich unzulässig hält (vgl. → Rn. 25 ff.), besteht Anlass, § 146 PatG ent-

---

[3] OLG Karlsruhe 12.10.1983, GRUR 1984, 106.
[4] LG Düsseldorf 23.6.1966, GRUR 1967, 525.
[5] 4.5.1954, BGHZ 13, 210 – Prallmühle; ebenso OLG Frankfurt a. M. 29.4.1965, GRUR 1967, 88; zweifelnd OLG Frankfurt a. M. 15.11.1973, WRP 1974, 159 (161).
[6] *Voß/Kühnen* in Schulte PatG § 146 Rn. 6.

sprechend anzuwenden,[7] weil es dann für die Zulässigkeit des Hinweises auf dessen Richtigkeit ankommt.[8]

11 Soweit der Verpflichtete auf ein Auskunftsverlangen hin eine nicht offengelegte Patentanmeldung nennt, kommt es auf diese nicht an, wenn die verwendete Bezeichnung den Eindruck erweckte, dass schon ein Patent erteilt sei; die Angabe ist dann jedenfalls irreführend und wettbewerbswidrig. Wurde jedoch eindeutig nur auf eine Anmeldung hingewiesen und sieht man dies vor Offenlegung als zulässig an, ist für die wettbewerbsrechtliche Beurteilung des Hinweises regelmäßig die Kenntnis des Inhalts der nicht offengelegten Anmeldung erforderlich. Eine Pflicht zu seiner Mitteilung lässt sich aber aus § 146 PatG allein nicht ableiten; der Auskunftsberechtigte ist darauf angewiesen, nach § 31 Abs. 1 S. 1 PatG Akteneinsicht zu verlangen. Ein berechtigtes Interesse hieran ist nicht schon wegen des Auskunftsanspruchs zu bejahen. Vielmehr muss das PA die Interessen des Auskunftsberechtigten gegen das Geheimhaltungsinteresse des Anmelders abwägen.[9] Ob es jenem wirklich regelmäßig zumutbar sein wird, bis zur Offenlegung zu warten,[10] wird man mit Blick auf die Schnelllebigkeit mancher Technologien und des entsprechenden Wettbewerbs füglich bezweifeln dürfen.[11] Entsprechend ist die Anmeldung auf Verlangen dann offenzulegen. Das ist der Preis, den der Anmelder für seine Werbung mit einer noch nicht offengelegten Patentanmeldung zahlen muss. Ist ihm dieser Preis zu hoch, muss er eine andere Werbung wählen.

12 Die dargestellten Regeln gelten entsprechend, wenn sich jemand einer *Gebrauchsmusteranmeldung* berühmt, die noch nicht zur Eintragung geführt hat, oder auf ein Auskunftsverlangen eine solche Anmeldung nennt.

13 Unabhängig von einer entsprechenden Anwendung des § 146 PatG oder § 30 GebrMG kann gegen denjenigen, der sich einer unveröffentlichten Anmeldung berühmt, ein Auskunftsanspruch nach § 3 (ggf. iVm § 4 Nr. 1, 11) UWG, §§ 823, 1004 BGB begründet sein, wenn die Berühmung eine Unsicherheit hervorruft, die andere im Wettbewerb behindert.[12]

II. Irreführende Angaben über Patent- oder Gebrauchsmusterschutz

14 1. Der Hinweis auf ein Patent oder Gebrauchsmuster ist im allgemeinen geeignet, die Vorstellung hervorzurufen, der Gegenstand, auf den er sich bezieht, sei im Ganzen oder in Teilen gegen Nachahmung geschützt, biete in bestimmter Beziehung Neues und weise Vorzüge gegenüber gleichartigen Erzeugnissen anderer Hersteller auf, für die ein Schutzrecht nicht besteht.[13] Der Hinweis auf eine Patent*anmeldung* sagt nicht nur aus, dass für deren Gegenstand ein Ausschlussrecht angestrebt wird, sondern wird vielfach auch dahin verstanden, dass es sich dabei um eine Neuerung oder etwas besonders Vorteilhaftes handele, das die Gewähr besserer Verwendbarkeit biete.[14] Der Eindruck einer Überlegenheit gegenüber der Konkurrenz, der durch solche Angaben erweckt werden kann, ist für sich genommen noch kein Grund zu wettbewerbsrechtlicher Beanstandung. Vielmehr sind Werbehinweise auf Patente und Patentanmeldungen grundsätzlich zulässig, sofern sie nicht irreführend sind. Andernfalls kann gegen sie nach § 5 UWG zivilrechtlich, uU auch nach § 16 Abs. 1 UWG strafrechtlich vorgegangen werden.

---

[7] Dafür *Ullmann/Deichfuß* in Benkard PatG § 146 Rn. 14; *Graf Lambsdorff/ Skora* Rn. 354 ff.
[8] S. auch *Bornkamm* GRUR 2009, 227 (230).
[9] BPatG 15.2.1977, BPatGE 20, 15 (17) und 28.4.1976, GRUR 1976, 721 (723) (im Ergebnis wurde keine Akteneinsicht gewährt); 23.8.1985, GRUR 1986, 57 (Einsicht in Akten einer Gbm-Anmeldung gewährt).
[10] Vgl. Vorauflage, 911 unter Hinweis auf *Ullmann/Deichfuß* in Benkard PatG § 146 Rn. 15.
[11] S. auch *Bornkamm* GRUR 2009, 227 (230) Fn. 29.
[12] BGH 4.5.1954, BGHZ 13, 210 (216 ff.) – Prallmühle; im entschiedenen Fall wurde der Anspruch wegen berechtigter Interessen des „Berühmers" versagt.
[13] So BGH 5.7.1984, GRUR 1984, 741 (742) – Patented.
[14] BGH 27.9.1963, GRUR 1964, 144 (145) – Sintex.

§ 39. Werbung mit Schutzrechten und unberechtigte Verwarnung   II § 39

2. Nach § 5 Abs. 1 S. 1 UWG handelt unlauter iSv § 3 UWG, wer irreführend wirbt. **15**
Bei der Beurteilung der Frage, ob eine Werbung irreführend ist, sind nach § 5 Abs. 2 UWG
alle ihre Bestandteile zu berücksichtigen, insbesondere Angaben mit den in Nr. 1–3 aufgeführten Inhalten. Dazu gehören nach Nr. 3 auch die geistigen Eigentumsrechte des Werbenden. Doch können Werbehinweise auf Patente, Gebrauchsmuster und Anmeldungen je nach dem Zusammenhang, in dem sie gegeben und wahrgenommen werden, auch verstanden werden als Angaben über Merkmale der Waren oder Dienstleistungen, auf die sie sich beziehen, wie Art oder Verfahren der Herstellung oder Erbringung, Zwecktauglichkeit, Verwendungsmöglichkeit, Beschaffenheit oder von der Verwendung zu erwartende Ergebnisse (§ 5 Abs. 2 Nr. 1 UWG).

Wer dem § 3 UWG zuwiderhandelt, kann nach § 8 Abs. 1 UWG auf Beseitigung **16**
und bei Wiederholungsgefahr auf Unterlassung in Anspruch genommen werden. Der Anspruch auf Unterlassung besteht bereits dann, wenn eine Zuwiderhandlung droht. Der Unterlassungsanspruch kann nach Maßgabe des § 8 Abs. 3 UWG geltend gemacht werden von jedem Mitbewerber (Nr. 1), von rechtsfähigen Verbänden zur Förderung gewerblicher oder selbständiger beruflicher Interessen, die den Anforderungen der Nr. 2 genügen, von bestimmten „qualifizierten Einrichtungen", die die Voraussetzungen der Nr. 3 erfüllen, sowie von den Industrie- und Handelskammern und den Handwerkskammern. Wer vorsätzlich oder fahrlässig dem § 3 UWG zuwiderhandelt, ist nach § 9 UWG den Mitbewerbern zum Ersatz des daraus entstehenden Schadens verpflichtet.

Strafbar ist nach § 16 Abs. 1 UWG, wer unter bestimmten qualifizierenden Umständen **17**
irreführend wirbt: die Angaben müssen in der Absicht, den Anschein eines besonders günstigen Angebots hervorzurufen, und in öffentlichen Bekanntmachungen oder in Mitteilungen, die für einen größeren Kreis von Personen bestimmt sind, gemacht und unwahr sein; der Handelnde muss beides gewusst haben (§ 25 StGB).

Angaben, die nur wegen Ungenauigkeit oder Missverständlichkeit irreführend sind, zB allgemeine Hinweise auf gesetzlichen Schutz, denen kein patentrechtlicher, wohl aber sonstiger Schutz zugrunde liegt, können daher nach § 16 Abs. 1 UWG nicht verfolgt werden.

Angedroht ist Freiheitsstrafe bis zu zwei Jahren oder Geldstrafe. Die Verfolgung setzt **18**
keinen Antrag voraus. Die Tat ist aber Privatklagedelikt (§ 374 Abs. 1 Nr. 7 StPO); öffentliche Klage wird nur bei öffentlichem Interesse erhoben (§ 376 StPO). Zur Privatklage sind gem. §§ 374, 375 StPO – anders als nach dem früheren § 22 Abs. 2 UWG – nur „Verletzte" berechtigt, was individuelles Betroffensein voraussetzt. Eine Befugnis zur Zivilklage nach § 8 Abs. 3 UWG genügt nicht.[15]

3. Wichtigstes Tatbestandsmerkmal sowohl für § 5 als auch für § 16 Abs. 1 UWG ist **19**
der **irreführende Charakter** der Angabe. Dabei genügt auch für § 16 Abs. 1 UWG **Eignung** zur Irreführung. Maßstab ist die Verkehrsauffassung in den durch die Angabe angesprochenen Kreisen, wobei ausreicht, dass ein nicht unerheblicher Teil der Angesprochenen irregeführt werden kann. Auch ist vor allem bei Letztverbrauchern die Neigung des Verkehrs zu flüchtiger Wahrnehmung und vereinfachender Betrachtung zu berücksichtigen.[16] Für die Frage, wie Patent- und sonstige Schutzrechtshinweise verstanden werden, ist auch von Bedeutung, inwieweit mit Vorstellungen über die einschlägigen Begriffe und rechtlichen Zusammenhänge gerechnet werden kann. Doch wird nicht jede in dieser Hinsicht mögliche Fehlvorstellung als schutzwürdig angesehen; der Umstand, dass in gewissem Umfang mit unrichtigen Vorstellungen, die auf Unkenntnis beruhen, zu rechnen ist, rechtfertigt nicht ohne weiteres die Annahme irreführenden Charakters. Der Berechtigte braucht nicht schon wegen der Möglichkeit irriger Vorstel-

---
[15] Vgl. Bornkamm in Köhler/Borkamm UWG § 16 Rn. 28.
[16] BGH 27.9.1960, GRUR 1961, 241 (242) – Socsil; 5.7.1984, GRUR 1984, 741 (742) – Patented.

§ 39 II

lungen bei Verkehrsbeteiligten auf die wahrheitsgemäße Angabe seiner gesetzlich anerkannten Rechtsstellung zu verzichten.[17]

20 4. Den Eindruck, dass ein **Patent** bestehe, können neben Angaben, die diesen Begriff oder eine übliche Abkürzung enthalten, auch unbestimmte Hinweise auf einen gesetzlichen oder patentamtlichen Schutz, auf ein Recht zur Alleinherstellung oder dergleichen erwecken. Ebenso ist es bei missverständlichen Hinweisen auf Anmeldungen (vgl. → Rn. 25 ff.).

21 Die Zulässigkeit von Hinweisen auf ein Patent setzt voraus, dass dieses erteilt ist und formal besteht;[18] auf seine Rechtsbeständigkeit kommt es nicht an. Das Bestehen einer Gebrauchsmustereintragung reicht jedoch nicht aus.

22 Eine Angabe, die als Hinweis auf ein Patent wirkt, darf nur gemacht werden, wenn ein Patent jedenfalls im **Inland** besteht; andernfalls ist sie irreführend, wenn nicht unübersehbar klargestellt ist, dass sie sich nur auf Auslandspatente stützt.

Im Fall der Angabe „patented" wurde die Verwendung der englischen Sprache unter den gegebenen Umständen nicht als ausreichender Hinweis darauf angesehen, dass nur in englischsprachigen Ländern, nicht aber im Inland Patente bestanden.[19] Als irreführend wurde es auch gewertet, eine Vorrichtung, die nur durch ausländische Patente geschützt ist, als „international patentiert" zu bezeichnen.[20]

23 Wenn für einen Gegenstand uneingeschränkt Patentschutz behauptet wird, muss sich dieser auf den *ganzen* Gegenstand oder doch auf Teile beziehen, die dessen Verkehrswert oder Eigenart hauptsächlich bestimmen.[21] Andernfalls muss zur Vermeidung irreführenden Charakters klargestellt sein, welche Teile patentiert sind. Dabei genügt es, dass der Gegenstand oder die Teile im **Schutzbereich** des Patents liegen; dem Anspruchswortlaut brauchen sie nicht zu entsprechen.[22]

24 Ein Erzeugnis darf nicht schon deshalb als patentiert bezeichnet werden, weil es mittels einer patentierten Vorrichtung hergestellt ist, wohl aber, wenn es sich um das unmittelbare Erzeugnis eines patentierten Verfahrens handelt.

25 5. Bei Werbehinweisen auf **Anmeldungen** muss vor allem der Eindruck vermieden werden, dass bereits ein Patent erteilt sei. Abkürzungen wie „DPa." oder „DBPa." sind unzulässig, weil die Gefahr besteht, dass aus ihnen auf ein Patent geschlossen wird.[23]

Die Angabe „DP und DGM angem." wurde als irreführend gewertet, weil sie dahin verstanden werden konnte, dass das *Patent* schon *erteilt* sei.[24] Ebenso wurde angenommen, dass die Werbung mit dem Hinweis „Pat.Pend." die im gegebenen Fall angesprochenen Verkehrskreise irreführe, wenn noch kein inländisches Patent erteilt ist[25].

26 Die Frage, ob Hinweise, die sich eindeutig nur auf Anmeldungen beziehen, ohne weiteres zulässig sind, war unter dem früheren Recht umstritten. Der BGH[26] hatte vor Ein-

---

[17] BGH 12.3.1985, GRUR 1985, 520 (521) – Konterhauben-Schrumpfsystem (für mögliche Fehlvorstellungen über das Verhältnis des Schutzbereichs zu den Patentansprüchen); vgl. auch OLG Hamburg 8.2.1973, GRUR 1974, 398 (399); BGH 6.10.1965, GRUR 1966, 92 (93) – Bleistiftabsätze; *Bogler* DB 1992, 413 ff.
[18] *Barth/Wolhändler* Mitt. 2006, 16 ff. sehen die Angabe „patented" bereits in der Zeit zwischen dem Erteilungsbeschluss und der Veröffentlichung des Erteilungshinweises als zulässig an; zustimmend *Ullmann* FS Schilling, 2007, 385 (392).
[19] BGH 5.7.1984, GRUR 1984, 741 (742) – Patented.
[20] OLG Stuttgart 11.5.1990, NJW 1990, 3097.
[21] Vgl. *Ullmann/Deichfuß* in Benkard PatG § 146 Rn. 26 mit Nachweisen; *Graf Lambsdorff/Skora* Rn. 143; OLG Frankfurt a. M. 15.11.1973, WRP 1974, 159 (162 f.); OLG Stuttgart 11.5.1990, NJW 1990, 3097.
[22] BGH 12.3.1985, GRUR 1985, 520 – Konterhauben-Schrumpfsystem.
[23] BGH 27.9.1960, GRUR 1961, 241 – Socsil; 6.10.1965, GRUR 1966, 92 – Bleistiftabsätze.
[24] BGH 27.9.1963, GRUR 1964, 144 – Sintex.
[25] OLG Düsseldorf 21.3.1996, Mitt. 1996, 355 (357).
[26] BGH 27.9.1963, GRUR 1964, 144 – Sintex.

führung des Systems der aufgeschobenen Prüfung angenommen, der Hinweis „DBP angem." sei irreführend, wenn er vor der *Bekanntmachung* der Patentanmeldung werbemäßig verwendet wird; ein nicht unbeachtlicher Teil der Leser eines solchen Hinweises wisse nicht, dass viele Patentanmeldungen überhaupt nicht zur Erteilung führen, und nehme irrig einen wenigstens vorläufigen Patentschutz an.

Ob diese strenge Beurteilung unter den damaligen Verhältnissen angebracht war, kann dahingestellt bleiben. Nach geltendem Recht kann dem Anmelder, dessen Anmeldung offengelegt ist und den einstweiligen Schutz des Entschädigungsanspruchs genießt, ein berechtigtes Interesse an ihrer werbemäßigen Herausstellung nicht abgesprochen werden. In der Rechtsprechung ist in diesem Fall die Angabe „Patent angemeldet" überwiegend bereits zu der Zeit zugelassen worden, als bei Bekanntmachung voller Schutz aus der Anmeldung eintrat.[27] Nachdem diese Möglichkeit entfallen ist, bestehen erst recht keine Bedenken mehr gegen die Zulässigkeit des Hinweises auf die offengelegte Anmeldung. Sie wird im Schrifttum heute – auch für die Form „Patentanmeldung offengelegt" – wohl allgemein bejaht.[28]

Die Zulässigkeit des Hinweises auf eine noch **nicht offengelegte** Anmeldung ist umstritten.[29] Gegen sie spricht, dass noch keinerlei Schutz besteht und die Nachprüfung des Hinweises auf Schwierigkeiten stößt (vgl. → Rn. 10ff.).

6. Wenn sich ein **europäisches Patent** oder eine europäische Anmeldung auf die Bundesrepublik Deutschland beziehen, darf darauf unter denselben Voraussetzungen hingewiesen werden wie auf nationale Patente oder Anmeldungen. Der Hinweis muss jedoch so gefasst sein, dass nicht der Eindruck eines „deutschen" oder „Bundes-"Patents bzw. einer hierauf gerichteten, beim DPMA eingereichten Anmeldung entsteht.

Ist in der Anmeldung die Bundesrepublik Deutschland nicht benannt oder das Patent nicht für diese erteilt, genügen Zusätze wie „europäisch", „Europa-", „EPÜ" oder „EPA" nicht, um die irrtümliche Annahme einer Wirkung auch für Deutschland auszuschließen. Eine Irreführung kann hier nur durch die Angabe der Vertragsstaaten vermieden werden, für die Anmeldung oder Patent gelten.

Fraglich ist, ob und gegebenenfalls in welcher Form bei einer Anmeldung oder einem Patent, die für Deutschland wirken, auf den europäischen Charakter hinweisende Zusätze stets schon deshalb erlaubt sind, weil es sich um eine Anmeldung oder ein Patent nach dem EPÜ handelt.[30] Letztlich wird hierüber nur nach Ermittlung der Verkehrsauffassung entschieden werden können. Dabei bedarf auch der Klärung, in welchem Sinne Hinweise auf einen über das Inland hinausreichenden Schutz Werbewirkung entfalten.

7. Hinweise auf **Gebrauchsmusteranmeldungen,** die noch nicht zur Eintragung geführt haben, werden als unzulässig angesehen, weil noch keinerlei Schutz besteht[31]. Hinweise auf **eingetragene Gebrauchsmuster** können in dem Sinn irreführen, dass die Schutzfähigkeit ihres Gegenstands bereits amtlich geprüft und anerkannt sei. Deshalb werden sie als unzulässig betrachtet, wenn die Schutzfähigkeit offensichtlich fehlt[32], zB weil angesichts des vorbekannten SdT eine erfinderische Leistung offensichtlich nicht

---

[27] OLG Hamburg 8.2.1973, GRUR 1974, 398 mit Nachweisen; OLG Frankfurt a. M. 15.11.1973, WRP 1974, 159 (162); aM LG Düsseldorf 18.1.1972, GRUR 1973, 148.
[28] *Bornkamm* in Köhler/Borkamm UWG § 5 Rn. 4.132; *Ullmann/Deichfuß* in Benkard PatG § 146 Rn. 35; *Graf Lambsdorff/Skora* Rn. 64f.
[29] Verneinend *Ullmann/Deichfuß* in Benkard PatG § 146 Rn. 37; bejahend *Graf Lambsdorff/Skora* Rn. 75.
[30] Dazu *Graf Lambsdorff/Skora* Rn. 196 ff.; *Graf Lambsdorff/Hamm* GRUR 1985, 246; *Ullmann* in Benkard, 10. Aufl., PatG § 146 Rn. 45.
[31] *Busse/Keukenschrijver* GebrMG § 11 Rn. 6.
[32] *Ullmann/Deichfuß* in Benkard GebrMG § 30 Rn. 2; *Busse/Keukenschrijver* GebrMG § 30 Rn. 3 f.; *Loth* § 30 Rn. 9.

vorhanden ist[33]. Teilweise wird auch angenommen, der Werbende müsse sich vergewissern, dass die Rechtsbeständigkeit des Gbm wahrscheinlich ist[34]. Jedenfalls verkennt er schuldhaft die Unwirksamkeit des Gbm, wenn er es unterlassen hat, sich (vor der Veröffentlichung seines Hinweises) durch eine Recherche sowie Einholung technischen und rechtlichen Rats Klarheit zu verschaffen, ob ihm die in Anspruch genommene Vorzugsstellung zukommt[35]. Stets müssen Hinweise auf Gbm so gefasst sein, dass sie nicht den Eindruck hervorrufen, es handle sich um ein Patent oder eine Patentanmeldung. Diese Gefahr besteht bei allgemeinen Angaben über „gesetzlichen", „patentamtlichen" oder gar „patentrechtlichen" Schutz[36], ein „alleiniges Herstellungsrecht" oder dgl.[37]

III. Unbegründete Verwarnung oder Klage wegen Patent- oder Gebrauchsmusterverletzung

33   1. Wenn der Patent- oder Gebrauchsmusterinhaber einem anderen gegenüber behauptet, dass dieser durch bestimmte Handlungen sein Schutzrecht verletze, stellt der andere nicht selten die beanstandeten Handlungen, zB die Produktion oder den Vertrieb der als verletzend bezeichneten Erzeugnisse ein, um Schadenersatzpflichten zu vermeiden, die ihn bei Fortsetzung der Handlungen treffen könnten. Im weiteren Verlauf kann sich dann ergeben, dass der Verwarnende in Wahrheit keinen Anspruch auf Unterlassung oder Schadenersatz hatte, weil die von dem anderen benutzte technische Lehre als außerhalb des Schutzbereichs des Patents oder Gbm liegend gewertet, das Patent rückwirkend beseitigt oder das Gbm gelöscht oder als unwirksam erkannt wird.

34   Die Einstellung der vermeintlich schutzrechtsverletzenden Tätigkeit kann jedoch inzwischen schon beträchtlichen Schaden für den Betroffenen, insbesondere Umsatzeinbußen zur Folge gehabt haben. Es fragt sich dann, ob der Schutzrechtsinhaber hierfür ersatzpflichtig ist.

35   Angesichts der nachträglich bekannt gewordenen wahren Rechtslage mag eine solche Ersatzpflicht auf den ersten Blick als selbstverständliches Gebot der Gerechtigkeit erscheinen. Doch ist zu bedenken, dass wegen der Schwierigkeit der Beurteilung von Rechtsbeständigkeit und Schutzumfang die Gefahr, infolge späterer Erkenntnisse auf Schadenersatz in Anspruch genommen zu werden, Patent- oder Gebrauchsmusterinhaber in vielen Fällen auch dann von der Geltendmachung ihrer Rechte abhalten wird, wenn in Wirklichkeit das Schutzrecht rechtsbeständig und verletzt ist.[38] Ein zu hohes Haftungsrisiko kann zur Folge haben, dass in erheblichem Umfang an sich begründete Ansprüche nicht erfüllt werden und insoweit den Rechtsinhabern der ihnen gebührende Erfindungswert vorenthalten bleibt. Auch kann sich eine Beeinträchtigung der im Allgemeininteresse erwünschten Wirkungen des Patent- und Gebrauchsmusterschutzes ergeben, wenn Befugnisse, die er verleiht, nicht in ausreichendem Maß ausgeübt und respektiert werden.[39] Das Risiko, das aus den in der Natur der Sache liegenden Unsicherheiten erwächst, darf daher nicht allein dem Schutzrechtsinhaber auferlegt, sondern muss angemessen verteilt werden. Die Haftung des Rechtsinhabers ist von Voraussetzungen abhängig zu machen, die ihm die Chance lassen, ihr mit zumutbaren Anstrengungen zu entgehen.

---

[33] OLG Düsseldorf 23.2.1984, GRUR 1984, 883.
[34] *Loth* § 30 Rn. 9.
[35] OLG Düsseldorf 23.2.1984, GRUR 1984, 883.
[36] OLG München 2.10.1996, Mitt. 1998, 479.
[37] S. *Ullmann/Deichfuß* in Benkard PatG § 146 Rn. 31, wo allerdings der Hinweis auf ein alleiniges Herstellungsrecht auch bei Gebrauchsmusterschutz als zulässig angesehen wird.
[38] RG 28.2.1939, GRUR 1939, 787 (789); BGH 5.11.1962, GRUR 1963, 255 (257) – Kindernähmaschinen = BGHZ 38, 200.
[39] Vgl. *Moser v. Filseck* GRUR 1963, 262 f.; *Lindacher* ZHR 144, 358.

2. Nach ständiger **Rechtsprechung** des RG[40] und des BGH[41] verletzt die unberechtigte **36 Verwarnung** aus einem gewerblichen Schutzrecht, wenn sie einen Gewerbetreibenden betrifft, dessen **Recht am** eingerichteten und ausgeübten **Gewerbebetrieb,** das in ebenfalls ständiger höchstrichterlicher Rechtsprechung als „sonstiges Recht" iSd § 823 Abs. 1 BGB anerkannt ist.

Durch neuere Entscheidungen ist diese Beurteilung in Frage gestellt worden. In einem **37** Markenrechtsstreit, in dem der Markeninhaber nach rechtskräftiger Löschung der Klagemarken seine Klage zurückgenommen und der Bekl. widerklageweise wegen unberechtigter Verwarnung Schadenersatz begehrt hatte, setzte der I. Zivilsenat des BGH[42] das Verfahren über die Revision gegen die vom Berufungsgericht[43] ausgesprochene, mit grundsätzlicher Ablehnung der herkömmlichen Rechtsprechung begründete Abweisung der Widerklage aus, um dem Großen Senat für Zivilsachen (GZS) folgende Frage vorzulegen:

„Kann eine unbegründete Verwarnung aus einem Kennzeichenrecht bei schuldhaftem Handeln als rechtswidriger Eingriff in den eingerichteten und ausgeübten Gewerbebetrieb gem. § 823 Abs. 1 BGB zum Schadenersatz verpflichten oder kann sich eine Schadenersatzpflicht, falls nicht § 826 BGB eingreift, nur aus dem Recht des unlauteren Wettbewerbs (§§ 3, 4 Nr. 1, 8 und 10, 9 UWG) ergeben?"

In den Gründen seiner Entscheidung führt der Senat aus, dass die Frage für die Ver- **38** warnung aus einem Kennzeichenrecht und darüber hinaus jedenfalls grundsätzlich auch für Verwarnungen aus anderen Schutzrechten im Sinne der zweiten Alternative zu beantworten sei. Der GZS[44] hat dagegen im Sinne der ersten Alternative entschieden:

„Die unbegründete Verwarnung aus einem Kennzeichenrecht kann ebenso wie eine sonstige unberechtigte Schutzrechtsverwarnung unter dem Gesichtspunkt eines rechtswidrigen und schuldhaften Eingriffs in das Recht am eingerichteten und ausgeübten Gewerbebetrieb zum Schadenersatz verpflichten."

Zur Begründung hebt der GZS hervor, dass das dem Schutzrechtsinhaber verliehene Ausschließ- **39** lichkeitsrecht jeden Wettbewerber von der Benutzung des nach Maßgabe der jeweiligen gesetzlichen Vorschriften definierten Schutzgegenstandes ausschließt. Diese einschneidende, die Freiheit des Wettbewerbs begrenzende Wirkung des Ausschließlichkeitsrechts verlange nach einem Korrelat, welches sicherstellt, dass der Wettbewerb nicht über die objektiven Grenzen hinaus eingeschränkt wird, durch die das Gesetz den für schutzfähig erachteten Gegenstand und seinen Schutzbereich bestimmt.

3. Die Verwarnung kann an den Betroffenen, dh den angeblichen Verletzer, selbst oder an **40** Dritte gerichtet sein, denen er erfindungsgemäße Leistungen erbringt. In beiden Fällen wird dem Betroffenen das Recht zu der als patent- oder gebrauchsmusterverletzend gewerteten gewerblichen Tätigkeit bestritten; im zweiten wird er außerdem in dieser Tätigkeit behindert, sofern die Verwarnung bewirkt, dass ihm die Dritten keine erfindungsgemäßen Leistungen mehr abnehmen. Regelmäßig kommen verwarnte Abnehmer als Händler oder gewerbliche Benutzer erfindungsgemäßer Erzeugnisse auch selbst als Verletzer in Betracht. Dann sind sie ebenfalls von der Verwarnung betroffen. Das Schadensrisiko ist aber bei ihnen

---

[40] Beginnend mit dem Urteil vom 27.2.1904, RGZ 58, 24 (30); weitere Nachweise bei *Scharen* in Benkard PatG vor §§ 9–14 Rn. 16 ff.; *Ullmann* GRUR 2001, 1027.
[41] 5.11.1962, GRUR 1963, 255 = BGHZ 38, 200 – Kindernähmaschinen; 11.12.1973, BGHZ 62, 29 = GRUR 1974, 290 – Maschenfester Strumpf; 22.6.1976, GRUR 1976, 715 – Spritzgießmaschine; 14.2.1978, BGHZ 71, 86 = GRUR 1978, 492 – Fahrradgepäckträger II; 19.1.1979, GRUR 1979, 332 – Brombeerleuchte; 17.4.1997, GRUR 1997, 741 (742) – Chinaherde.
[42] 12.8.2004, GRUR 2004, 958 – Verwarnung aus Kennzeichenrecht; krit. *Peukert* Mitt. 2005, 73 ff.; *Teplitzky* GRUR 2005, 9 ff.
[43] OLG Düsseldorf 21.2.2002, GRUR-RR 2002, 213; ebenso OLG Düsseldorf 20.2.2003, Mitt. 2003, 227 in einem patentrechtlichen Fall, der wegen § 542 Abs. 2 S. 1 ZPO nicht zum BGH gelangen konnte.
[44] BGH 15.7.2005, BGHZ 164, 1 = GRUR 2005, 882 – Unberechtigte Schutzrechtsverwarnung; ebenso BGH (X. Senat) 21.12.2005, GRUR 2006, 219 – Detektoreinrichtung II; krit. *Deutsch* GRUR 2006, 374 ff.

nicht so groß wie bei demjenigen, der selbst nach der geschützten Erfindung produziert. Insbesondere können sie die benötigten erfindungsgemäßen Leistungen meist vom Rechtsinhaber oder dessen Lizenznehmer beziehen.

41 Verwarnt ein Patentinhaber einen Händler wegen des Vertriebs angeblich patentverletzender Erzeugnisse, ist von der Verwarnung auch deren Hersteller betroffen, nicht aber ein Zulieferer für sich genommen nicht patentverletzender Teile, dem die Verwarnung ihrem Inhalt nach keine – sei es auch mittelbare – Patentverletzung zur Last legt.[45]

42 4. Als Eingriff in das Recht am Gewerbebetrieb durch Verwarnung ist nur eine ernstliche und endgültige **Aufforderung zur Unterlassung** anzusehen. Sie braucht nicht ausdrücklich ausgesprochen zu sein, sondern kann beispielsweise auch in der Androhung von Schadenersatzforderungen liegen. Unbedenklich ist dagegen die bloße Aufforderung zu einem Meinungsaustausch,[46] etwa in Form der Anfrage, aus welchen Gründen sich der Adressat für berechtigt halte, ein bestimmtes Erzeugnis herzustellen oder in Verkehr zu bringen.

43 Freilich kann schon die Erwähnung eines Patents oder Gebrauchsmusters – besonders auf Adressaten ohne einschlägige Rechtskenntnisse – einschüchternd wirken. Das macht sie aber, wenn sie mit dem Angebot weiterer Information verbunden ist und ausreichend Gelegenheit zur Stellungnahme gibt, noch nicht zu einer (konkludenten) Aufforderung, das möglicherweise schutzrechtsverletzende Verhalten einzustellen. Vielmehr ermöglicht sie es dem Adressaten, soweit ihm entsprechende Informationen zur Verfügung stehen, den Schutzbereich des ihm genannten Rechts und die Schutzfähigkeit der Erfindung, auf die es sich bezieht, wenigstens vorläufig zu beurteilen und eine voreilige Reaktion zu vermeiden, die sein Mitverschulden an einem ihm entstehenden Schaden begründen könnte (→ Rn. 58). Auch kann der Meinungsaustausch zum Abschluss eines Lizenzvertrags führen, der bewirkt, dass sich das Risiko des Nichtbestehens oder einer eingeschränkten Reichweite des Schutzrechts zwischen den Beteiligten auf neue Weise verteilt (vgl. → § 41 Rn. 64ff.). Die im Fall einer unbegründeten Verwarnung drohende Schadenersatzhaftung behindert deshalb nicht notwendigerweise eine einvernehmliche Beilegung des Streitfalls.

44 Auch der Hinweis auf eine *offengelegte Patentanmeldung* unter Geltendmachung eines Entschädigungsanspruchs nach § 33 PatG bildet für sich genommen keinen Eingriff in das Recht am Gewerbebetrieb;[47] dem Benutzer wird nicht das Recht zur Benutzung bestritten; ihm wird nur mitgeteilt, dass die Benutzung eine Zahlungspflicht zur Folge haben kann, die jedoch ihrem Umfang nach überschaubar bleibt.

45 5. Die Erhebung einer unbegründeten **Klage** wegen Patent- oder Gebrauchsmusterverletzung wurde herkömmlicherweise entsprechend der unbegründeten Verwarnung behandelt.[48] Dafür kann sprechen, dass vielleicht bei weniger strenger Beurteilung von einer vorherigen Verwarnung möglichst abgesehen würde. Andererseits muss es zulässig sein, Rechte, die man zu haben glaubt, durch gerichtliches Vorgehen auch auf Gefahr eines Misserfolgs geltend zu machen, ohne schon für den Fall fahrlässigen Irrtums über die besondere Rechtsposition andere als die im Verfahrensrecht vorgesehenen Nachteile wie insbesondere die Belastung mit allen Verfahrenskosten befürchten zu müssen. Der Große Zivilsenat des BGH[49] anerkennt, dass bei subjektiver Redlichkeit nicht rechtswidrig in ein geschütztes Rechtsgut seines Verfahrensgegners eingreift, wer ein staatliches, gesetzlich eingerichtetes und geregeltes Verfahren einleitet oder betreibt, auch wenn sein Begehren sachlich nicht gerechtfertigt ist und dem anderen Teil aus dem Verfahren über dieses hinaus Nachteile erwachsen. Für die Folgen einer nur fahrlässigen Fehleinschätzung der Rechtslage hafte der ein solches Ver-

---

[45] BGH 30.1.2007, GRUR 2007, 313 Rn. 27 ff. – Funkuhr II.
[46] BGH 10.7.1997, GRUR 1997, 896 – Mecki-Igel; OLG Karlsruhe 12.10.1983, GRUR 1984, 143 (144); LG Frankfurt a. M. 9.5.2007, GRUR-RR 2007, 377; *Sack* 55 ff. mit zahlreichen Nachw.
[47] *Voß/Kühnen* in Schulte PatG § 146 Rn. 22; *Busse/Keukenschrijver* PatG § 139 Rn. 273; *Sack* 56 f.
[48] *Scharen* in Benkard PatG vor §§ 9–14 Rn. 26; krit. *Teplitzky* GRUR 2005, 9 (13); *Meier-Beck* GRUR 2005, 535 (539 f.).
[49] 15.7.2005, BGHZ 164, 1 = GRUR 2005, 882 (884) (B III 2b) – Unberechtigte Schutzrechtsverwarnung.

§ 39. Werbung mit Schutzrechten und unberechtigte Verwarnung   III § 39

fahren betreibende Schutzrechtsinhaber wie jeder andere Kläger oder Antragsteller außerhalb der schon im Verfahrensrecht vorgesehenen Sanktionen grundsätzlich nicht nach dem Recht der unerlaubten Handlung, da der Schutz des Prozessgegners regelmäßig durch das gerichtliche Verfahren nach Maßgabe seiner gesetzlichen Ausgestaltung gewährleistet werde. Gleichbehandlung von Klage und Abmahnung[50] sei nicht logisch zwingend; die der gefestigten Rechtsprechung zur unberechtigten Verwarnung aus Immaterialgüterrechten zugrunde liegenden Sachgründe sprächen vielmehr gegen eine Privilegierung der Verwarnung, wie sie der Klage zugestanden wird.[51]

Um zu verhindern, dass der vermeintliche Verletzer im Fall einer Klage geltend macht, **46** hierzu keinen Anlass gegeben zu haben, und durch ein sofortiges Anerkenntnis gem. § 93 ZPO dem Kläger die Kostenlast zuschiebt, bedarf es keiner Verwarnung; es genügt, dass ein vom Schutzrechtsinhaber angebotener Meinungsaustausch (→ Rn. 42) fehlgeschlagen ist.

Eine durch alsbaldiges gerichtliches Vorgehen bestätigte Verwarnung der Klageerhebung gleichzu- **47** setzen (so die 5. Aufl., S. 941), löst die Fälle nicht, in denen die – sei es auch redlicherweise – ausgesprochene Verwarnung befolgt und deshalb keine Klage erhoben wird. Dass der Verwarnende bei Nichtbefolgung alsbald geklagt hätte, ist schon mangels Nachprüfbarkeit kein geeignetes Argument für eine Gleichwertung. Wird dagegen die Verwarnung nicht befolgt und deshalb der Verwarnte verklagt, ist jedenfalls durch sie allein noch kein Schaden entstanden. Falls später Schaden eintritt, wird eine Ersatzpflicht des Verwarnenden und Klägers nicht damit begründet werden können, dass die Verwarnung für diesen mitursächlich gewesen sei und deshalb – anders als die Klageerhebung – bei fahrlässigem Verkennen der Sach- und Rechtslage haftbar mache. Vielmehr ist es in einem solchen Fall angebracht, die Verwarnung als „Teil des justiziellen Verfahrens" zu betrachten.[52]

6. Für die **Widerrechtlichkeit** des Eingriffs genügt es nach gefestigter Rechtsprechung, **48** dass die Verwarnung **objektiv unbegründet** ist, weil die Handlung, auf die sie sich bezieht, in Wahrheit keine Schutzrechtsverletzung darstellt[53]. Das gilt auch dann, wenn sich dies erst aus einem rückwirkenden Wegfall des geltend gemachten Patents ergibt oder das angeblich verletzte Gbm nachträglich gelöscht oder als unwirksam erkannt wird. Die Frage, ob der Verwarnende im Zeitpunkt der Verwarnung erkennen konnte, dass diese unberechtigt war, spielt nur unter dem Gesichtspunkt des Verschuldens und damit für Schadenersatzansprüche des Verwarnten eine Rolle (vgl. → Rn. 51 ff., 56 ff.).

7. Unabhängig von einem Verschulden kann in entsprechender Anwendung von § 1004 **49** BGB **Unterlassung** und – als Beseitigung[54] – **Widerruf** der unbegründeten Verwarnung verlangt werden. Ein Interesse hieran wird freilich meist nur bei einer an Abnehmer gerichteten Verwarnung bestehen. Der an ihn selbst gerichteten Verwarnung wird der Betroffene eher mit einer **negativen Feststellungsklage** begegnen (vgl. § 59 Abs. 2 S. 2 PatG); die Voraussetzungen des § 256 ZPO sind im Fall der Verwarnung regelmäßig erfüllt. Der Erfolg der Klage hängt aber, wenn sich die Verwarnung auf ein Patent stützt, oft davon ab, dass zunächst dessen rückwirkende Beseitigung erreicht wird. Ist aus einem Gbm verwarnt worden, kann dagegen das mit der Feststellungsklage angerufene Gericht selbst dessen Wirksamkeit prüfen.

Ansprüche wegen **ungerechtfertigter Bereicherung** lehnt die Rechtsprechung, soweit **50** es sich um die Eingriffskondiktion handelt, zutreffend unter Hinweis darauf ab, dass das Recht am Gewerbebetrieb keinen Zuweisungsgehalt hat.[55]

---

[50] Vertreten von *Ullmann* GRUR 2001, 1027 (1028 f.); OLG Düsseldorf 20.2.2003, Mitt. 2003, 227 (229).
[51] BGH 15.7.2005, GRUR 2005, 882 (885) (B III 2c) – Unberechtigte Schutzrechtsverwarnung.
[52] In diesem Sinn *Ullmann* GRUR 2001, 1027 (1029); OLG Düsseldorf 20.2.2003, Mitt. 2003, 227 (229).
[53] AM OLG Düsseldorf 20.2.2003, Mitt. 2003, 227 (228 f.) – Unberechtigte Abnehmerverwarnung.
[54] Vgl. *Scharen* in Benkard PatG vor §§ 9–14 Rn. 19.
[55] BGH 14.2.1978, BGHZ 71, 86 (97 f.) – Fahrradgepäckträger II in Anlehnung an *Bruchhausen* Mitt. 1969, 287.

Die Frage, ob die Befolgung des unbegründeten Unterlassungsverlangens eine **Leistung** an den Patentinhaber darstellt, ist vom BGH noch nicht entschieden. Im Schrifttum ist sie streitig.[56] Würde sie bejaht, könnte als das (primär) Erlangte nur die Unterlassung angesehen werden (vgl. § 241 Abs. 1 S. 2 BGB). Da sie nicht herausgegeben werden kann, wäre ihr Wert zu ersetzen. Ob sie einen in Geld messbaren Wert hat, ist jedoch sehr zweifelhaft, da regelmäßig die unterlassenen Handlungen, wenn ihnen kein Schutzrecht entgegensteht, aus kartellrechtlichen Gründen nicht zum Gegenstand einer wirksamen Unterlassungspflicht gemacht werden können und deshalb eine rechtlich anerkannte Gegenleistung für die Unterlassung hier nicht erzielbar ist.

51   8. Bei **Verschulden** verpflichtet die unbegründete Verwarnung zum Schadenersatz[57]. Nach § 823 Abs. 1 BGB genügt **leichte Fahrlässigkeit**. Der BGH ist dabei zunächst von sehr strengen Sorgfaltsanforderungen ausgegangen, hat diese jedoch in späteren Entscheidungen etwas gemildert.[58] Insbesondere braucht der **Inhaber eines Patents,** das nach sorgfältiger Prüfung des Standes der Technik in einer Einspruchsentscheidung des PA aufrechterhalten worden ist, nicht damit zu rechnen, dass das Patent auf Grund eines SdT, der nicht wesentlich über den bereits erörterten hinausgeht, mangels Erfindungshöhe für nichtig erklärt wird. Vielmehr darf er in einem solchen Fall der Sachkunde des PA vertrauen.

52   Wird das Patent auf Grund neu ermittelter wesentlicher Entgegenhaltungen für nichtig erklärt, kann sich ein Fahrlässigkeitsvorwurf daraus ergeben, dass der Patentinhaber diese nicht berücksichtigt hat. Inwieweit er gehalten ist, die bereits durchgeführte amtliche Prüfung durch eigene Ermittlungen zu ergänzen, ist vom BGH noch nicht entschieden. Doch wird eine dahingehende Pflicht nur dann angenommen werden können, wenn dem Patentinhaber konkrete Anhaltspunkte für das Vorhandensein von weiterem einschlägigem SdT bekannt geworden sind. Das wird auch dann gelten müssen, wenn kein Einspruchsverfahren stattgefunden hat.

53   Ist dem Patentinhaber – durch eigene Ermittlungen oder auf sonstige Weise – vom PA nicht berücksichtigter relevanter SdT bekanntgeworden, muss er nach der Rechtsprechung vor einer Verwarnung sorgfältig prüfen, ob dadurch die Rechtsbeständigkeit seines Patents unter dem Gesichtspunkt der Neuheit und der erfinderischen Tätigkeit in Frage gestellt wird. Dabei muss er grundsätzlich fach- und rechtskundigen Rat einholen. Auf das Urteil von Patentanwälten und im Patentrecht erfahrenen Rechtsanwälten darf er sich verlassen, wenn er keinen begründeten Anlass hat, dessen Richtigkeit zu bezweifeln. In dieser Hinsicht kommt es auch darauf an, inwieweit der Patentinhaber selbst zur Prüfung der Sach- und Rechtslage oder zur Mitwirkung hieran in der Lage ist. Besondere Fachkenntnisse, über die er verfügt, sind dabei in Betracht zu ziehen.

54   Entsprechende Regeln gelten für die Beurteilung der Frage, ob die Handlungen, gegen die sich die Verwarnung richten soll, sich auf eine im Schutzbereich des Patents liegende technische Lehre beziehen und einen gesetzlichen Verletzungstatbestand erfüllen.

55   Der Inhaber eines **Gebrauchsmusters** muss sich mangels umfassender amtlicher Vorprüfung vor Verwarnung eines vermeintlichen Verletzers sorgfältig vergewissern, dass der Gegenstand des Gbm den gesetzlichen Schutzvoraussetzungen genügt[59]. Ob die angegriffene Ausführungsform in den Schutzbereich des Gbm fällt, muss er mit der gleichen Sorgfalt prüfen wie ein Patentinhaber. Entsprechendes gilt, wenn nachträglich bekannt werdende Umstände die Rechtmäßigkeit der Verwarnung in Frage stellen.

---

[56] Bejahend *vom Stein* GRUR 1956, 248 (250); *Ohl* GRUR 1966, 178; *Bruchhausen* Mitt. 1969, 289; verneinend *Horn* GRUR 1971, 446.

[57] Zum Anspruch auf das vom Verwarnenden Erlangte, der dem zu Unrecht Verwarnten gem. § 852 BGB nach Verjährung des Schadenersatzanspruchs verbleibt, BGH 14.2.1978, BGHZ 71, 86 (98 ff.) – Fahrradgepäckträger II; Näheres → § 35 Rn. 96 ff.

[58] BGH 11.12.1973, BGHZ 62, 29 (35, 39) – Maschenfester Strumpf; 22.6.1976, GRUR 1976, 715 (717) – Spritzgießmaschine; dazu *Horn* GRUR 1974, 235 ff. und 1976, 718 ff.

[59] BGH 17.4.1997, GRUR 1997, 741 – Chinaherde; 15.7.2005, BGHZ 164, 1 = GRUR 2005, 882 (884) – Unberechtigte Schutzrechtsverwarnung; *Busse/Keukenschrijver* GebrMG § 24 Rn. 15; *Grabinski/Zülch* in Benkard GebrMG § 24 Rn. 17; *Loth* § 24 Rn. 11; jeweils mN.

§ 39. Werbung mit Schutzrechten und unberechtigte Verwarnung   III § 39

9. Besondere Vorsicht ist nach der Rechtsprechung bei Verwarnungen geboten, die gegenüber **Abnehmern** ausgesprochen werden.[60] Grundsätzlich wird die Abnehmerverwarnung wegen ihrer besonderen Gefährlichkeit für den Hersteller der angeblich patentverletzenden Erzeugnisse nur dann als zulässig angesehen, wenn zuvor dieser erfolglos verwarnt worden ist.[61] Versäumt der Patent- oder Gebrauchsmusterinhaber dies ohne schwerwiegenden Grund, ist er dem Hersteller auch ohne sonstiges Verschulden schadensersatzpflichtig, wenn sich die Verwarnung als unbegründet erweist[62]. Auch gerichtliches Vorgehen gegen einen Abnehmer kann, wenn sich ergibt, dass es unberechtigt war, zum Schadensersatz gegenüber dem Hersteller verpflichten.[63] 56

10. Werden nach einer Verwarnung dem Schutzrechtsinhaber **neue Umstände** bekannt, die für deren Begründetheit von Bedeutung sein können, muss er die Sach- und Rechtslage erneut sorgfältig prüfen und die Verwarnung **widerrufen,** wenn sich ernstliche Zweifel ergeben; jedenfalls darf er sie nicht ungeprüft wiederholen.[64] 57

11. Den Verwarnten kann ein **Mitverschulden** treffen, das nach § 254 BGB seinen Schadenersatzanspruch mindert.[65] Er darf nicht ohne weiteres der Verwarnung nachgeben, sondern muss im Rahmen des ihm Möglichen und Zumutbaren prüfen, ob sie begründet ist. Vor allem muss er ihm bekannten oder durch eigene Ermittlung bekannt werdenden SdT, der für Rechtsbeständigkeit oder Schutzumfang des Patents oder Gebrauchsmusters von Bedeutung sein kann, dem Verwarnenden sogleich mitteilen. 58

Allerdings nimmt der Große Zivilsenat des BGH[66] an, dass derjenige, der fahrlässig zu Unrecht ein Ausschließlichkeitsrecht geltend macht, „näher dran"[67] sei, den daraus resultierenden Schaden zu tragen als derjenige, der – sei es gleichfalls fahrlässig – nicht erkannt hat, dass das Ausschließlichkeitsrecht zu Unrecht geltend gemacht worden ist. So wie der Wettbewerber das Risiko tragen müsse, dass er fahrlässig den Schutzbereich eines gewerblichen Schutzrechts oder Urheberrechts zu eng bemisst, sei es umgekehrt angemessen, den aus einem Schutzrecht Verwarnenden dafür einstehen zu lassen, dass er fahrlässig Schutz beansprucht hat, der ihm in dieser Form nicht zustand. 59

Doch kann sich auch der Schadenersatzanspruch eines Schutzrechtsinhabers gegen einen Verletzer nach § 254 BGB mindern, wenn jener die Verletzung geschehen läßt, obwohl er sie bei gehöriger Sorgfalt verhindern könnte. Das Risiko einer Fehleinschätzung von Schutzfähigkeit und Schutzumfang einem Beteiligten allein aufzuerlegen, wenn der andere über Informationen verfügt, die die Fehleinschätzung zu korrigieren geeignet sind, könnte dazu verleiten, spekulativ dem Entstehen und ständigen Wachsen eines unschwer vermeidbaren Schadens zuzusehen. Eine angemessene Risikoverteilung ergibt sich, wenn sich das, was dem Verwarnten zur Überprüfung der Begründetheit möglich und zumutbar ist, nach den Umständen des Einzelfalls richtet. Regelmäßig wird von ihm nur erwartet werden können, dass er greifbaren Hinweisen nachgeht, die gegen die Begründetheit der 60

---

[60] BGH 19.1.1979, GRUR 1979, 332 (336) – Brombeerleuchte; vgl. auch OLG Karlsruhe 12.10. 1983, GRUR 1984, 143; *Busse/Keukenschrijver* PatG § 139 Rn. 277, 302; zu einer Konstellation bei der die Abnehmerverwarnung ausschließlich im europäischen Ausland erfolgte vgl. LG Frankfurt a. M. 19.12.2007, Mitt. 2014, 30 ff. – ausländische Abnehmerverwarnung mAnm *Beyerlein*.
[61] Zur Zulässigkeit der Abnehmerverwarnung nach erstinstanzlicher Verurteilung des primären Verletzers OLG Karlsruhe 22.8.1979, GRUR 1980, 314.
[62] Nicht jedoch, wenn sie berechtigt war, OLG Karlsruhe 27.5.1987, GRUR 1987, 845 (847); OLG Nürnberg 18.7.1995, GRUR 1996, 48.
[63] BGH 21.12.2005, GRUR 2006, 219 (222) – Detektionseinrichtung II.
[64] BGH 14.2.1978, BGHZ 71, 86 (92 ff.) – Fahrradgepäckträger II.
[65] BGH 19.1.1979, GRUR 1979, 332 (337) – Brombeerleuchte; 5.11.1962, GRUR 1963, 255 (259 f.) – Kindernähmaschinen; 17.4.1997, GRUR 1997, 741 (743) – Chinaherde; *Scharen* in Benkard PatG vor §§ 9–14 Rn. 22; *Busse/Keukenschrijver* PatG § 139 Rn. 299; jeweils mN.
[66] 15.7.2005, BGHZ 164, 1 = GRUR 2005, 882 (885) – Unberechtigte Schutzrechtsverwarnung; ebenso schon *Meier-Beck* GRUR 2005, 535 (538).
[67] Anführungszeichen im Entscheidungstext.

Verwarnung sprechen, wenigstens aber solche Hinweise zur Kenntnis des Verwarnenden bringt.

61   12. Im **Schrifttum** wurden die Ergebnisse der Rechtsprechung, nachdem diese in ihrer neueren Entwicklung zu „realistischen" Sorgfaltsanforderungen gefunden hatte,[68] überwiegend grundsätzlich gebilligt.

62   Einschränkend wurde darauf hingewiesen, dass der BGH das Gewicht der Zwangslage, in der sich der Verwarnte befindet, nach wie vor überschätze und deshalb die unbegründete Verwarnung zu Unrecht wesentlich strenger werte als sonstige Fälle gutgläubig-unberechtigter Rechtsverfolgung.[69] Nach aM liegt jedoch eine die unterschiedliche Behandlung rechtfertigende Besonderheit darin, dass die Verwarnung wettbewerbshemmend wirkt.[70]

63   Vielfach wurde die **Begründung** der Verwarnerhaftung aus dem Recht am Gewerbebetrieb angegriffen. Teils hängen die Einwände mit grundsätzlichen Vorbehalten gegen die Anerkennung eines solchen Rechts zusammen, teils beziehen sie sich speziell auf die Haftung wegen Schutzrechtsverwarnungen. Sie führten meist zu dem Vorschlag, § 1 UWG aF oder, sofern die Verwarnung (ausnahmsweise) nicht zu Wettbewerbszwecken erfolgt, § 826 BGB heranzuziehen,[71] wobei regelmäßig vorausgesetzt wurde, dass Sittenwidrigkeit auch ohne subjektive Unlauterkeitselemente vorliegen kann. Die Rechtsprechung sieht jedoch auf diesem Weg die erforderliche Fahrlässigkeitshaftung nicht als erreichbar an.[72]

64   Im Fall der Abnehmerverwarnung wurde von manchen § 14 UWG aF für anwendbar gehalten.[73] Die Verwarnung ist aber, soweit sie sich im Einzelfall als unrichtig erweist, meist *keine Tatsachenbehauptung;* vielmehr ergibt sich ihre Unrichtigkeit, auch wenn sie tatsächliche Angaben umfasst, regelmäßig aus einem fehlerhaften rechtlichen *Werturteil*.[74] Anders wäre es nur, wenn dem angeblichen Verletzer nicht begangene Handlungen vorgeworfen oder seinem Erzeugnis in Wahrheit nicht vorhandene Merkmale zugeschrieben würden oder der Verwarnende das geltend gemachte Schutzrecht nicht hat.[75] Entsprechendes gilt für die Anwendbarkeit von § 4 Nr. 8 UWG nF.[76]

65   Keine geeignete Lösung ist wohl auch die Heranziehung der Regeln über das Verschulden beim Vertragsschluss.[77] Die Verwarnung ist nicht auf Vereinbarung einer Unterlassungspflicht gerichtet, sondern geht davon aus, dass diese auf außervertraglicher Grundlage bereits besteht.

66   Der von *Reuthal* unternommene Versuch, die Verantwortlichkeit des Verwarners allein aus §§ 25 Abs. 2, 35 (jetzt 21 Abs. 2, 33) GWB abzuleiten, geht zwar zutreffend davon aus, dass die (befolgte) Verwarnung wettbewerbsbeschränkend wirkt. Nicht überzeugen will jedoch, dass bei Unbegründetheit der Verwarnung § 25 Abs. 2 GWB regelmäßig anwendbar, andere Anspruchsgrundlagen dagegen ungeeignet sein sollen. Im Ergebnis folgt *Reuthal* für die praktisch im Vordergrund stehende Schadenersatzhaftung der neueren Rechtsprechung. Als Besonderheit bleibt lediglich, dass die Kartellbehörden eingreifen und Bußgelder verhängt werden können. Ob das schutzwürdigen Belangen dient, ist zweifelhaft.

---

[68] Zur Entwicklung der Rechtsprechung *Sack* 95 ff.
[69] Vgl. *Sack* WRP 1976, 737 (740 ff.); *John* GRUR 1979, 244; *Ullmann* GRUR 2001, 1027 (1028 ff.).
[70] *Lindacher* ZHR 144, 357 (359); *Quiring* WRP 1983, 325.
[71] So insbesondere *Horn* 188 ff. und GRUR 1971, 451 (453); *Sack* WRP 1976, 735 f. und – nunmehr zu § 826 BGB § 3 UWG – Unbegründete Schutzrechtsverwarnungen, 84 ff., 93 f., 177 ff., 181, 223; *Lindacher* ZHR 144, 356 (363 f.).
[72] BGH 5.11.1962, GRUR 1963, 255 (257) – Kindernähmaschinen; 11.12.1973, BGHZ 62, 29 (33) – Maschenfester Strumpf.
[73] *Baumbach/Hefermehl,* Wettbewerbsrecht, 22. Aufl. 2001, UWG § 14 Rn. 8; *John* GRUR-Int 1979, 243 f.
[74] *Scharen* in Benkard PatG vor §§ 9–14 Rn. 14; *Hesse* GRUR 1979, 438 ff.; *Winkler* GRUR 1980, 528; *Teplitzky* GRUR 2005, 9 (13); OLG Karlsruhe 27.5.1987, GRUR 1987, 845 (847).
[75] Vgl. *Ullmann* GRUR 2001, 1027 (1030).
[76] Für wenigstens analoge Anwendung aber mit eingehender Begründung *Sack* 152 ff., 175 f.
[77] Vorgeschlagen von *Quiring* WRP 1983, 323 ff.

§ 39. Werbung mit Schutzrechten und unberechtigte Verwarnung   III § 39

Verbreitet ist die Kritik an der Auffassung, dass eine Verwarnung schon dann rechtswidrig 67 sei, wenn sie objektiv unbegründet ist.[78] Der BGH hält trotzdem an diesem Standpunkt fest; er scheint anzunehmen, dass nur so ein objektiver Maßstab der Rechtswidrigkeit gewährleistet sei.[79] Da verschuldensunabhängige Unterlassungs- und Beseitigungsansprüche erst in Kenntnis der Unbegründetheit der Verwarnung erfüllt zu werden brauchen, hat die schematische Beurteilung der Rechtswidrigkeit jedoch für den Verwarner keinen Nachteil, sofern das Verschulden und damit die Schadenersatzpflicht von angemessenen Voraussetzungen abhängig gemacht werden. Die neuere Rechtsprechung geht zutreffend davon aus, dass diese Voraussetzungen durch das Rechtswidrigkeitsurteil nicht präjudiziert werden. Die Frage, ob nicht die Rechtswidrigkeit so definiert werden muss, dass bei Anwendung zumutbarer Sorgfalt widerrechtliches Verhalten vermieden werden kann, ist im Wesentlichen nur von theoretischem Interesse und unter diesem Gesichtspunkt Gegenstand einer ausgedehnten deliktsrechtlichen Grundsatzdiskussion. Im Ergebnis ist entscheidend, dass der Patent- oder Gebrauchsmusterinhaber, der sein Recht verletzt glaubt, durch Erfüllung angemessen begrenzter Verhaltenspflichten nachteiligen **Rechtsfolgen** einer Verwarnung zuvorzukommen vermag. Die ausgewogene Risikoverteilung, auf die es dabei ankommt (vgl. → Rn. 34f.), ist den Gerichten unabhängig davon aufgegeben, wie die unbegründete Verwarnung rechtsdogmatisch eingeordnet wird.

13. Eine Verwarnung kann als **unlautere Wettbewerbshandlung** zu werten sein, die 68 geeignet ist, den Wettbewerb zum Nachteil vor allem des Verwarnten oder den Verwarnten beliefernden Mitbewerbers nicht nur unerheblich zu beeinflussen, und deshalb nach § 3 UWG unzulässig ist. Von den in § 4 UWG aufgeführten Einzeltatbeständen unlauteren Verhaltens kommen – je nach den Umständen – insbesondere die Beeinträchtigung der Entscheidungsfreiheit anderer Marktteilnehmer (Nr. 1), die Herabsetzung (Nr. 7), die Behauptung oder Verbreitung nicht erweislich wahrer unternehmens- oder kreditschädigender Tatsachen (Nr. 8, vgl. vorstehend → Rn. 61 ff.) und die gezielte Behinderung von Mitbewerbern (Nr. 10) in Betracht.

Gegen die im Wettbewerb gebotene Lauterkeit kann eine Verwarnung auch unabhängig 69 davon verstoßen, ob die behauptete Patent- oder Gebrauchsmusterverletzung vorliegt oder nicht. Als Verstoß gegen die guten Sitten iSd § 1 UWG aF wurde beispielsweise eine Verwarnung angesehen, die in ihrer Form – etwa durch unsachliche Angriffe gegen den Verletzer – über das Zulässige hinausging[80] oder wegen pauschaler, allgemein gehaltener Ausdrucksweise auch vom Bezug eindeutig nicht verletzender Erzeugnisse abhalten konnte,[81] ebenso die an sich zulässige Versendung eines nicht rechtskräftigen Urteils an Abnehmer der darin als patentverletzend erachteten Vorrichtung, wenn durch das Begleitschreiben einem nicht unbeachtlichen Teil der Adressaten der Eindruck vermittelt wurde, dass das Urteil rechtskräftig sei[82]. Schadenersatz konnte der betroffene Lieferant auf dieser Grundlage allerdings, wie der BGH zum früheren Recht entschieden hat, nur insoweit verlangen, als er gerade durch die die Wettbewerbswidrigkeit begründenden Umstände geschädigt war, darüber hinaus nur dann, wenn feststand, dass die behauptete Patentverletzung nicht vorlag[83]. Für die Anwendung von § 9 S. 1 UWG nF wird gleiches gelten müssen.

---

[78] *Baumbach/Hefermehl* § 14 Rn. 11; *D. Reimer* in Ulmer, Band III: Deutschland, Nr. 494; *Horn* GRUR 1974, 235f. und 1976, 718; *Sack* WRP 1976, 736ff. und Unbegründete Schutzrechtsverwarnungen, 48ff.; 94; OLG Düsseldorf 20.2.2003, Mitt. 2003, 227.
[79] BGH 22.6.1976, GRUR 1976, 715 (716) – Spritzgießmaschine.
[80] OLG Karlsruhe 27.5.1987, GRUR 1987, 845.
[81] OLG Düsseldorf 5.10.1995, Mitt. 1996, 60; 20.2.2003, Mitt. 2003, 227 (228, 229).
[82] BGH 23.2.1995, GRUR 1995, 424 (426) – Abnehmerverwarnung.
[83] BGH 23.2.1995, GRUR 1995, 424 (426) – Abnehmerverwarnung.

Sechster Abschnitt. Rechte an Erfindungen im Rechtsverkehr

Literatur: *Ann, C./Barona A.*, Schuldrechtsmodernisierung und gewerblicher Rechtsschutz, 2001; *Axster, O.*, Kommentierung von §§ 20, 21, in: Gesetz gegen Wettbewerbsbeschränkungen und europäisches Kartellrecht – Gemeinschaftskommentar, 3. Aufl., 10. Lieferung, 1978; *Balz, M.*, Eigentumsordnung und Technologiepolitik, 1980; *Barona, A.*, Die Haftung des Lizenzgebers für Tauglichkeitsmängel der Erfindung nach neuem Schuldrecht, 2004; *Bartenbach, B.*, Die Patentlizenz als negative Lizenz, 2002; *dies.*, Negative Lizenz, Mitt. 2002, 503–521; *Bartenbach, K.*, Patentlizenz- und Know-how-Vertrag, 7. Aufl. 2013; *Bartl, U.*, Immaterialgüterrechtliche Marktzutrittschranken im System des Art. 82 EG, 2004; *Baur, J.*, Haftungsvoraussetzungen und Haftungsfolgen bei Tauglichkeitsmängeln der Erfindung, ZHR 129 (1967), 1–20; *Berger, C.*, Lizenzen in der Insolvenz des Lizenzgebers, GRUR 2013, 321–336; *Bredies, L.*, Das Patentlizenzvertragsrecht in Deutschland, in der Schweiz und im Vereinigten Königreich – Rechtsvergleich und EU-Richtlinienvorschlag, 2018; *Busche, J.*, Machtmissbrauch durch Ausübung von Immaterialgüterrechten? FS Tilmann, 2003, 645–656; *Conde Gallego, B.*, Die Anwendung des kartellrechtlichen Missbrauchsverbots auf „unerlässliche" Immaterialgüterrechte im Lichte der *IMS-Health-* und *Standard-Spundfass*-Urteile, GRUR Int. 2006, 16–28; *Dammler, M./Melullis, K.-J.*, Störungen in der patentrechtlichen Lizenzkette. Folgen für die Unterlizenz im Patentrecht, GRUR 2013, 781–789; *Dreiss, U.*, Die kartellrechtliche Beurteilung von Lizenzvertragssystemen, 1972; *Drexl, J.*, Die neue Gruppenfreistellungsverordnung über Technologietransfer-Vereinbarungen im Spannungsfeld von Ökonomisierung und Rechtssicherheit, GRUR Int. 2004, 716–727; *Emmerich, V.*, Kartellrecht, 13. Aufl. 2014; *v. Falck/Schmaltz*, Technologietransfer, in: Loewenheim/Meessen/Riesenkampff (Hrsg.), Kartellrecht, 2. Aufl. 2009, 717–743; *Fitzner, U.*, Die Insolvenz droht – Was hat der Patentrechtler zu tun?, Mitt. 2013, 101–104; *Folz, C. H.*, Technologiegemeinschaften und Gruppenfreistellung, 2002; *Feldkamp, H.-M.*, Die neue Gruppenfreistellungsverordnung für Technologietransfer, VPP-Rundbrief 2005, 11–16; *Forkel, H.*, Gebundene Rechtsübertragungen, 1977; *Ganter, H. G.*, Patentlizenzen in der Insolvenz des Lizenzgebers, NZI 2011, 833–844; *Gaster, J.*, Kartellrecht und geistiges Eigentum: Unüberbrückbare Gegensätze im EG-Recht?, CR 2005, 247–253; *Gitter, W.*, Gebrauchsüberlassungsverträge, 1988, 373–434; *Götting, H.-P.*, Bemerkungen zum Spannungsverhältnis zwischen Patentschutz und Wettbewerbsfreiheit, FS Kolle/Stauder, 2005, 63–76; *Groß, M.*, Der Lizenzvertrag, 10. Aufl. 2011; *Groß, M.*, Die Lizenz in der Gen- und Biotechnik, Mitt. 1994, 256–261; *Groß, M./Rohrer, O.*, Lizenzgebühren, 3. Aufl. 2012; *Haedicke, M.*, Die Gewährleistungshaftung bei Patentveräußerungs- und Patentlizenzverträgen und das neue Schuldrecht, GRUR 2004, 123–127; *ders.*, Dingliche Wirkungen und Insolvenzfestigkeit von Patentlizenzen in der Lizenzkette, ZGE/IPJ 3 (2011), 377–402; *Haedicke, M.*, Der Schutz des Unterlizenznehmers bei Wegfall der Hauptlizenz nach den Entscheidungen „M2Trade" und „Take Five", Mitt. 2012, 429–433; *Hauck, R.*, Die Verdinglichung obligatorischer Rechte am Beispiel einfacher immaterialgüterrechtlicher Lizenzen, AcP 211 (2011), 626–664; *ders.*, Patentlizenzverträge in der Insolvenz des Lizenzgebers, GRUR-Prax 2013, 437–439; *Hauser, M.*, Der Patentlizenzvertrag im französischen Recht im Vergleich zum deutschen Recht, 1984; *Heide, N.*, Patent- und Know-how-Lizenzen in internationalen Anlageprojekten, GRUR Int. 2004, 913–918; *Heinemann, A.*, Immaterialgüterschutz in der Wettbewerbsordnung, 2002; *Hellebrand/Kaube/v. Falckenstein*, Lizenzsätze für technische Erfindungen, 4. Aufl. 2011; *Henn, G.*, Patent- und Know-how-Lizenzvertrag, 5. Aufl. 2003; *Herbst, R.*, Die rechtliche Ausgestaltung der Lizenz und ihre Einordnung in das System des bürgerlichen Rechts, 1968; *Hiestand, M.*, Die Anknüpfung internationaler Lizenzverträge, 1993; *Hilty, R. M.*, Lizenzvertragsrecht, 2001; *Hirte, H./Knof, B.*, Wem „gehört" die Lizenz? – Plädoyer für eine Dekonstruktion des Haftungsrechts in der Insolvenz, JZ 2011, 889–901; *Hucke, A.*, Aktuelle Entwicklungen im Unternehmensrecht, 2003; *Hufnagel, F.-E.*, Die neue Gruppenfreistellungsverordnung Technologietransfer, Mitt. 2004, 297–303; *Jänich, V.*, Geistiges Eigentum – eine Komplementärerscheinung zum Sacheigentum?, 2002; *Jelinek, L*, Lizenzen in der Insolvenz – nach deutschem und US-amerikanischem Recht, Köln 2013; *Käller, A.*, Die Verweigerung einer immaterialgüterrechtlich geschützten Leistung und das Missbrauchsverbot des Art. 82 EG. Die Anwendung des europäischen Wettbewerbsrechts auf Immaterialgüterrechte, 2005; *Kaestner, J.*, Missbrauch von Immaterialgüterrechten. Europäische Rechtsprechung von Magill bis IMS Health, 2005; *Karl, C./Melullis, K.-J.*, Grenzen des Sukzessionsschutzes bei patentrechtlichen Unterlizenzen, GRUR 2016, 755–763; *Kellenter, W.*, Schutzrechtslizenzen in der Insolvenz des Lizenzgebers, FS Tilmann, 2003, 807–825; *Klawitter, C.*, Safe Harbour und Legalausnahme: Die neue Gruppenfreistellungsverordnung Technolo-

1013

Vor §§ 40–42
6. Abschnitt. Rechtsverkehr

gietransfer im Spannungsfeld zwischen Rechtssicherheit und Gestaltungsrisiko, FS VPP, 2005, 487–508; *Knobloch, K.*, Abwehransprüche für den Nehmer einer einfachen Patentlizenz?, 2006; *Königs, M.*, Technologietransfer nach dem Patentpoolkonzept – Untersuchung relevanter Vertragsklauseln im Lichte der neuen TT-Leitlinien; GRUR 2014, 1155–1162; *Kraßer, R.*, Verpflichtung und Verfügung im Immaterialgüterrecht, GRUR Int. 1973, 230–238; *ders.*, Die Wirkung der einfachen Patentlizenz, GRUR Int. 1983, 537–547; *ders./Schmid, H. D.*, Der Lizenzvertrag über technische Schutzrechte aus der Sicht des deutschen Zivilrechts, GRUR Int. 1982, 324–341; *Kübel, C.*, Zwangslizenzen im Immaterialgüter- und Wettbewerbsrecht. Eine Untersuchung zu Patenten und Urheberrechten bei technischen Normen, 2004; *Kühnen, T.*, Der kartellrechtliche Zwangslizenzeinwand und seine Berücksichtigung im Patentverletzungsprozess, FS Tilmann, 2003, 513–525; *ders.*, Die Ansprüche des Patentinhabers wegen Schutzrechtsverletzung nach Vergabe einer ausschließlichen Lizenz, FS Schilling, 2007, 311–331; *Kurz, P.*, Rechtswahl, Wahl des Gerichtsstands und Schiedsgerichtsvereinbarungen in internationalen Technologielizenzverträgen, Mitt. 1997, 345–361; *Kuss, M.*, Der Lizenzvertrag im Recht der USA, 2005; *Langen, E.*, Internationale Lizenzverträge, 1958; *Langfinger, K.-D.*, Die neue EU-Gruppenfreistellungsverordnung Technologietransfer (VO 772/04), FS Bartenbach, 2005, 427–438; *Lorenz, M.*, Die Beurteilung von Patentlizenzverträgen anhand der Innovationstheorie, WRP 2006, 1008–1020; *Lüdecke, W./Fischer, E.*, Lizenzverträge, 1957; *Lunze, A.*, Rechtsfolgen des Fortfalls des Patents, 2007; *v. Maltzahn, F.*, Zur rechtlichen Beurteilung von Nichtangriffsabreden über gewerbliche Schutzrechte, FS v. Gamm, 1990, 597–614; *Marotzke, W.*, Das M2 Trade-Urteil des BGH v. 19.7.2012 (ZInsO 2012, 1611): ein Stolperstein auf dem Weg zur gesetzlichen Regelung der Insolvenzfestigkeit von Lizenzen? Zugleich ein Beitrag zum Umfang des immaterialgüterrechtlichen Sukzessionsschutzes bei Lizenzketten, ZInsO 2012, 1737–1750; *McGuire, M.-R.*, Die Lizenz: eine Einordnung in die Systemzusammenhänge des BGB und des Zivilprozessrechts, 2012; *McGuire, M.-R.*, Lizenzen in der Insolvenz: ein neuer Anlauf zu einer überfälligen Reform, GRUR 2012, 657–664; *McGuire, M.-R.*, Die Patentlizenz im System des BGB, Mitt. 2013, 207–215; *McGuire, M.-R./ von Zumbusch, L./Joachim, B.*, Verträge über Schutzrechte des geistigen Eigentums (Übertragung und Lizenzen) und dritte Parteien (Q 190), GRUR Int 2006, 682–697; *McGuire, M.-R./Kunzmann, J.*, Sukzessionsschutz und Fortbestand der Unterlizenz nach „M2Trade" und „Take Five" – ein Lösungsvorschlag, GRUR 2014, 28–35; *Meinberg, H.*, Zwangslizenzen im Patent- und Urheberrecht als Instrument der kartellrechtlichen Missbrauchsaufsicht im deutschen und europäischen Recht, 2006; *Mestmäcker, E.-J./Schweitzer, H.*, Europäisches Wettbewerbsrecht, 3. Aufl. 2014, 771–890; *Möschel, W.*, Recht der Wettbewerbsbeschränkungen, 1983, 257–290; *ders.*, Juristisches versus ökonomisches Verständnis eines Rechts der Wettbewerbsbeschränkungen, FS Tilmann, 2003, 705–719; *Nirk, R.*, Gewährleistungsansprüche und Leistungsstörungen bei Verträgen über Patente, GRUR 1970, 329–340; *Pagenberg, J./Beier, D.*, Lizenzverträge – License Agreements: Kommentierte Vertragsmuster nach deutschem und europäischem Recht, 6. Aufl. 2008; *Pahlow, L.*, Lizenz und Lizenzvertrag im Recht des geistigen Eigentums, 2006; *ders.*, Anspruchskonkurrenzen bei Verletzung lizenzierter Schutzrechte, GRUR 2007, 1001–1007; *ders.*, Die einfache Patentlizenz nach der neueren Rechtsprechung des BGH, Mitt. 2012, 249–255; *Pfaff, D.*, Technologietransfer und „das" Wesen „der" Lizenzverträge, RIW/AWD 1982, 381–386; *ders./Osterrieth, C.* (Hrsg.), Lizenzverträge – Formularkommentar, 3. Aufl. 2010; *Pinzger, W.*, ZZP 60 (1936/37), 415–418; *Poth, H.*, Zur Rechtsnatur der Lizenz an einer offengelegten Patentanmeldung, Mitt. 1990, 162–168; *Preu, A.*, Der Einfluß der Nichtigkeit oder Nichterteilung von Patenten auf Lizenzverträge, GRUR 1974, 623–636; *ders.*, Chance und Risiko von Lizenzverträgen, Mitt. 1981, 153–157; *Riziotis, D.*, Patent Misuse als Schnittstelle zwischen Patentrecht und Kartellrecht, GRUR Int. 2004, 367–378; *Sack, R.*, Zur Vereinbarkeit von vertraglichen und gesetzlichen Nichtangriffspflichten im gewerblichen Rechtsschutz mit Art. 30, 36 EG-Vertrag, FS Fikentscher, 1998, 740–773; *Schade, P.*, Die Ausübungspflicht bei Lizenzen, 1967; *Scharen, U.*, Patentschutz und öffentliche Vergabe, GRUR 2009 (FS Melullis), 345–348; *Schulte, H.-J.*, Lizenzaustauschverträge und Patentgemeinschaften im amerikanischen und deutschen Recht, 1971; *Schmoll, A./Hölder, N.*, Patentlizenz- und Know-how-Verträge in der Insolvenz, GRUR 2004, 743–748 und 830–836; *Schumacher, V./Schmid, C.*, Die neue Gruppenfreistellungsverordnung für Technologietransfer-Vereinbarungen, GRUR 2006, 1–10; *Slopek, D.*, Lizenzen in der Insolvenz des Lizenzgebers: Der neue § 108a InsO-E, GRUR 2009, 128–133; *ders./Schröer, B.*, Der lange Weg zur Insolvenzfestigkeit von IP-Lizenzen: Der Referentenentwurf vom 18.1.2012 zur Einführung eines § 108a InsO, Mitt. 2012, 533–541; *Sosnitza, O.*, Gedanken zur Rechtsnatur der ausschließlichen Lizenz, FS Schricker, 2005, 183–196; *Strohm, G.*, Wettbewerbsbeschränkungen in Patentlizenzverträgen, 1971; *Ullmann, E.*, Versprechen mit leerem Inhalt? – Gedanken zum Handel mit Scheinrechten, FS Bornkamm, 2014, 75–84; *Ullrich, H.*, Privatrechtsfragen der Forschungsförderung in der Bundesrepublik Deutschland, 1984; *ders.*, Lizenzverträge im europäischen Wettbewerbsrecht, Mitt. 1998, 50–60; *ders.*, Patentgemeinschaften, FS Immenga, 2004, 403–431; *Ulmer-Eilfort, C./Schmoll, A.*, Technologietransfer. Patent- und Know-how-Lizenzen (Beck'sche Musterverträge, Bd. 54), 2006; *Walz, W.R.*, Der Schutzinhalt des Patents im Recht der Wettbewerbsbeschränkungen, 1973; *Weinmann, C.*, Die Rechtsnatur der Lizenz, 1996; *Wimmer, K.*, Neue Reformüberlegungen zur Insolvenzfestigkeit von Lizenzverträgen, ZIP 2012, 545–557; *Witz, W.*, Patentlizenzen in der Insolvenz des Lizenzgebers – eine Bestandsaufnahme, FS Schilling, 2007, 393–413; *Wurzer, A.J./Reinhardt, D.F.*, Bewertung technischer Schutzrechte, 2006; *Zeising, J.*, Die insolvenzrechtliche Verwertung und Verteidigung von gewerblichen Schutzrechten, Mitt. 2000, 206–210, 353–359; 2001, 60–68; *ders.*, Lizenzverträge im Insolvenzverfahren, Mitt. 2001, 240–250; *Zimmermann, J.B.*, Das Erfinderrecht in der Zwangsvollstreckung, GRUR 1999, 121–128.

Hinweis: Die nachstehenden Ausführungen über patentierbare Erfindungen, Patentanmeldungen und Patente gelten, soweit nichts Abweichendes angegeben ist, entsprechend für gebrauchsmusterfähige Erfindungen, Gebrauchsmusteranmeldungen und Gebrauchsmuster, auch wenn diese nicht gesondert erwähnt sind.

Einführung

1. Die wirtschaftliche Auswertung patentierbarer Erfindungen erfolgt oft nicht durch eigene Benutzungshandlungen des Erfinders oder Patentinhabers, sondern dadurch, dass diese durch Rechtsgeschäft gegen Entgelt ihr Recht übertragen oder eine Lizenz zur Benutzung der Erfindung erteilen. Das Patentrecht ermöglicht – wie es auch Art. 28 Abs. 2 TRIPS-Ü verlangt – solche Rechtsgeschäfte, indem es die *Verkehrsfähigkeit* der Vermögensrechte an patentierbaren Erfindungen anerkennt. Es erleichtert damit die Erzielung eines angemessenen Gegenwerts für die Erfindungsleistung, die Abdeckung des Inventions- und Innovationsaufwands und die tatsächliche Verbreitung und Anwendung technischer Neuerungen. Die Verkehrsfähigkeit ist daher wesentliche Voraussetzung für das Erreichen der allgemeinen Ziele des Patentschutzes (vgl. oben → § 3). Diese rechtfertigen nicht nur die durch das Ausschlussrecht geschützte Eigenauswertung, sondern grundsätzlich ebenso die der Auswertung dienenden Vertragsbeziehungen. Auch letztere können nicht von vornherein als wettbewerbspolitisch bedenklich angesehen werden. Freilich bieten sie weit mehr als die Eigenauswertung Möglichkeiten und Versuchungen, die durch das Ausschlussrecht gewährleistete wettbewerbliche Vorzugsstellung zu erweitern oder zu missbrauchen. Solchen Erscheinungen ist durch Anwendung kartellrechtlicher Vorschriften zu begegnen.

2. In den Vorgängen der vertraglichen Erfindungsverwertung zeigt sich die wirtschaftliche Bedeutung technischer Neuerungen. Die „Lizenzbilanz" findet Beachtung als Ausdruck eines wichtigen Aspekts der Leistungsfähigkeit einer Volkswirtschaft.

Dabei sind die konkreten Anlässe und Zwecke der Übertragung von Rechten an Erfindungen und der Vergabe von Benutzungserlaubnissen sehr unterschiedlich. Eine bedeutende Rolle spielen Vertragsbeziehungen, die aus Maßnahmen der Forschungsförderung erwachsen.[1] Der Förderer hat vielfach ein Interesse, über die Verwertung von Erfindungen mitzubestimmen, sei es um ihre tatsächliche Anwendung und zweckmäßige Ausnutzung sicherzustellen, sei es um an deren Ertrag teilzuhaben.

Die Übertragung oder Lizenzierung einer patentierbaren Erfindung bildet oft nur ein Element in einem Geflecht von Vereinbarungen, die dem Erwerber oder Lizenznehmer die Erreichung eines komplexen technischen oder wirtschaftlichen Ergebnisses ermöglichen sollen und neben einer oder mehreren patentierbaren Erfindungen ergänzendes – geheimes oder nicht geheimes – technisches Wissen (Know-how) sowie weitere Leistungen zum Gegenstand haben können.[2] Der Mannigfaltigkeit der konkreten Zwecke und Bedürfnisse

---

[1] Darüber die grundlegende, umfassende Untersuchung von *Ullrich* insbesondere S. 99–150, 302–385; vgl. auch *Reitzle* Mitt. 1992, 246 f.
[2] Vgl. *Pfaff* RIW/AWD 1982, 381.

§ 40 I, II

entspricht die Unterschiedlichkeit der Vertragsgestaltung im Einzelnen. Für typische Fälle hat die Praxis Vertragsmuster entwickelt.³

3 3. Die vorliegende Darstellung beschränkt sich im Wesentlichen auf den gesetzlichen Rahmen der vertraglichen Gestaltungsmöglichkeiten und auf Grundfragen, die bei Übertragung und Lizenzierung von Rechten an Erfindungen insbesondere dann auftreten, wenn besondere Vereinbarungen fehlen. Dabei sind **patentrechtliche, zivilrechtliche und kartellrechtliche Regelungen** in Betracht zu ziehen. Für die kartellrechtliche Beurteilung ist in Verbindung mit dem in der Bundesrepublik Deutschland geltenden Gesetz gegen Wettbewerbsbeschränkungen auch das Recht der Europäischen Gemeinschaft maßgebend. Dass eine Vertragsbestimmung patent- und zivilrechtlich möglich ist, gewährleistet nicht ohne weiteres auch ihre kartellrechtliche Zulässigkeit und Wirksamkeit.

§ 40. Übertragung, Belastung, Lizenz

I. Übertragbare Rechte

1 1. Übertragbar (und vererblich) sind nach **§ 15 Abs. 1 PatG**
– das **Recht auf das Patent** als die vermögensrechtliche Komponente des bereits durch den Erfindungsakt ohne Formalität entstehenden Erfinderrechts (vgl. → § 19 Rn. 1 ff., 7 ff.);
– der **Anspruch auf Erteilung** des Patents, der für den Anmelder durch eine gemäß dem PatG (oder dem PCT) an das DPMA gerichtete Anmeldung einer patentierbaren Erfindung begründet wird;
– das vom DPMA erteilte **Patent** („Recht aus dem Patent", vgl. → § 1 Rn. 12 f.).

2 2. Nach **§ 22 Abs. 1 GebrMG** sind übertragbar (und vererblich)
– das **Recht auf das Gebrauchsmuster,** das dem Recht auf das Patent entspricht (→ Rn. 1),
– der **Anspruch auf Eintragung** des Gebrauchsmusters, der durch eine den gesetzlichen Eintragungsvoraussetzungen genügende an das DPMA gerichtete (auch internationale) Anmeldung begründet wird (vgl. → § 25 Rn. 244),
– das durch die Eintragung begründete Recht, dh – nach dem hier befolgten Sprachgebrauch (→ § 1 Rn. 41), dem auch § 22 Abs. 1 GebrMG entspricht – das **Gebrauchsmuster.**

3 3. Das **EPÜ** regelt nur die Übertragung der **europäischen Patentanmeldung,** dh des Erteilungsanspruchs. Ihre Übertragbarkeit ist in Art. 71 EPÜ anerkannt. Ergänzend zu den Vorschriften des EPÜ finden, soweit die Anmeldung für die Bundesrepublik Deutschland wirkt, die hier für die Übertragung nationaler Anmeldungen geltenden Vorschriften Anwendung (Art. 74 EPÜ). Die Übertragbarkeit des Rechts auf das europäische Patent ist in Art. 60 Abs. 1 S. 1 EPÜ vorausgesetzt. Die Übertragung des erteilten europäischen Patents richtet sich, soweit sich dieses auf die Bundesrepublik Deutschland bezieht, nach deren Recht (Art. 2 Abs. 2 EPÜ).

II. Form der Übertragung

4 1. Die Übertragung der nach § 15 Abs. 1 PatG, § 22 Abs. 1 GebrMG verkehrsfähigen Rechte erfolgt nach §§ 413, 398 BGB durch **formlosen Vertrag.** Die in § 30 Abs. 3 PatG für Patente und offengelegte Anmeldungen und in § 8 Abs. 4 GebrMG für eingetragene Gebrauchsmuster vorgesehene Umschreibung im Register ist für die Wirksamkeit des Rechtsübergangs nicht erforderlich (vgl. → § 23 Rn. 180). Ein gutgläubiger Erwerb vom

---
³ Vgl. zB die oben angegebenen Werke von *Pagenberg/Beier*, *Pfaff/Osterrieth* und *Ulmer-Eilfort/ Schmoll*.

§ 40. Übertragung, Belastung, Lizenz

Nichtberechtigten findet weder mangels Umschreibung noch wegen sonstiger Unrichtigkeit des Registerinhalts noch auf Grund irgendeines anderen Vertrauenstatbestandes statt: Wirksam übertragen kann nur der wahre Berechtigte, auch wenn er nicht eingetragen ist.

2. Für die Übertragung der **europäischen Anmeldung** ist nach Art. 72 EPÜ **Schriftform** erforderlich. Eine nicht schriftliche Übertragung ist unwirksam[4]. Dagegen genügt für die Übertragung des europäischen *Patents,* soweit sie sich auf Deutschland bezieht, ein formloser Vertrag (→ Rn. 4). Gleiches gilt für das Recht auf das europäische Patent.[5]

Auf gebührenpflichtigen Antrag wird nach R 22 EPÜ der Rechtsübergang hinsichtlich einer Anmeldung in das europäische Patentregister eingetragen, wenn er durch Vorlage von Dokumenten nachgewiesen ist. Dem EPA gegenüber wird er nur wirksam, wenn und soweit ein solcher Nachweis vorliegt (R 22 Abs. 3). Entsprechendes gilt für das europäische Patent während der Einspruchsfrist und während eines Einspruchs- einschließlich eines etwaigen Beschwerdeverfahrens (R 85 EPÜ).[6]

4. In jedem Fall kann der Erwerber eines Patents oder einer Anmeldung verlangen, dass ihm der Veräußerer den Rechtsübergang in der für die Herbeiführung der Umschreibung erforderlichen Form bestätigt (§§ 413, 403 BGB).

III. Zivilrechtliche Bedeutung der Übertragbarkeit

1. Aus der Übertragbarkeit ergeben sich für die in § 15 Abs. 1 PatG, § 22 Abs. 1 GebrMG bezeichneten Rechte, für europäische Anmeldungen und Patente, soweit sie für Deutschland wirken, eine Reihe von Folgerungen auf Grund allgemein für übertragbare Rechte geltender Vorschriften des deutschen Zivilrechts.

Die genannten Rechte können nach §§ 1068, 1069 BGB mit Nießbrauchs- und nach §§ 1273, 1274 BGB mit Pfandrechten **belastet** werden, wobei die Form der Belastung jeweils derjenigen der Übertragung entspricht.

Die Übertragung der Rechte kann auf einen **quotalen Anteil** beschränkt werden, wodurch unter den Beteiligten eine Bruchteilsgemeinschaft entsteht (vgl. → § 19 Rn. 57 ff.). Durch Einbringung in das Vermögen einer Gesellschaft des bürgerlichen Rechts, OHG oder KG werden die Gesellschafter **gesamthänderische Mitinhaber** des Rechts (§ 719 BGB, vgl. → § 19 Rn. 104 ff.).

Die Übertragung kann unter einer – aufschiebenden oder auflösenden – Bedingung oder Befristung (§§ 158 ff. BGB) oder in treuhänderischer Weise, zB zu Sicherungszwecken, vorgenommen werden.

2. Die Übertragung oder Belastung kann sich auf ein **künftiges Recht** beziehen, sofern dieses hinreichend bestimmbar gekennzeichnet wird. In diesem Fall tritt ohne weiteren rechtsgeschäftlichen Akt die gewollte Verfügungswirkung ein, sobald das gemeinte Recht entsteht. In dieser Weise kann über Rechte an künftigen Erfindungen verfügt werden (vgl. → § 19 Rn. 13). Bei einer Verfügung über das Recht an einer noch nicht angemeldeten Erfindung wird regelmäßig anzunehmen sein, dass sich die Verfügung auf einen durch spätere Anmeldung der Erfindung entstehenden Erteilungsanspruch und auf ein für die Erfindung gegebenenfalls erteiltes Patent erstrecken soll. Die Verfügungswirkung ergreift dann den Erteilungsanspruch und das Patent, sofern diese Rechte für den Verfügenden entstehen.

Die Wirkung einer Verfügung über den Erteilungsanspruch (die Anmeldung) erstreckt sich ohne weiteres auf das Patent, das auf die Anmeldung erteilt wird.[7]

Der Wirkung einer Verfügung über das Recht auf das Patent unterliegen nicht der durch Anmeldung eines *Dritten* begründete Erteilungsanspruch und ein dem Dritten erteiltes

---

[4] Vgl. BGH 23.6.1992, GRUR 1992, 692 – Magazinbildwerfer.
[5] LG Düsseldorf 14.11.2006, GRUR-Int 2007, 347 – Medizinisches Instrument.
[6] *Almer* in Singer/Stauder Art. 71 Rn. 23; *Ullmann/Grabinski* in Benkard EPÜ Art. 71 Rn. 19 f.
[7] BGH 24.3.1994, BGHZ 125, 334 (339 ff.) für ein Pfändungspfandrecht – Rotationsbürstenwerkzeug.

§ 40 IV

Patent. Hat der Dritte als *Nichtberechtigter* die Erfindung angemeldet oder das Patent erlangt, erfasst die hinsichtlich des Rechts auf das Patent durch den wahren Berechtigten getroffene Verfügung den diesem zustehenden Übertragungsanspruch nach § 8 PatG (bzw. Art. II § 5 IntPatÜG).

15   3. Die in Frage stehenden Rechte unterliegen der **Zwangsvollstreckung**[8] und fallen bei Insolvenz ihres Inhabers in die Masse. Für das Recht auf das Patent gilt dies allerdings nach überwiegender Ansicht erst dann, wenn der Erfinder es veräußert hat oder die Absicht bekundet, die Erfindung wirtschaftlich zu verwerten.[9]

16   Rechtfertigen lässt sich dies nur aus der Annahme, dass es kraft des Erfinderpersönlichkeitsrechts dem Erfinder vorbehalten sei, über die *Veröffentlichung* seiner Erfindung zu entscheiden. In Wahrheit dient jedoch das Veröffentlichungsrecht des Erfinders vornehmlich seinen Vermögensinteressen; seine Persönlichkeitsinteressen werden durch die Veröffentlichung als solche nicht wesentlich berührt (vgl. → § 20 Rn. 141). Das Veröffentlichungsrecht kann daher einen – ansonsten rechtmäßigen – Vollstreckungszugriff auf den Vermögenswert der Erfindung nicht hindern[10].

IV. Lizenzen

a) Zulässigkeit. Verhältnis zur beschränkten Übertragung

17   1. Nach dem durch das GPatG eingefügten § 15 Abs. 2 PatG und dem bei der Reform von 1986 eingefügten § 22 Abs. 2 GebrMG können die jeweils in Abs. 1 bezeichneten Rechte ganz oder teilweise Gegenstand von ausschließlichen oder nicht ausschließlichen Lizenzen für den Geltungsbereich des PatG bzw. des GebrMG oder einen Teil davon sein. Ausdrücklich ist hinzugefügt, dass gegen einen Lizenznehmer, der gegen eine Beschränkung seiner Lizenz verstößt, das Recht aus dem Patent bzw. das durch die Eintragung begründete Recht geltend gemacht werden kann.

18   Für die **europäische Patentanmeldung** bestimmt Art. 73 EPÜ, dass sie ganz oder teilweise Gegenstand von Lizenzen für alle oder einen Teil der Hoheitsgebiete der Vertragsstaaten sein kann.

19   Für das deutsche Recht bedeutete die Einfügung der § 15 Abs. 2 PatG, § 22 Abs. 2 GebrMG nur eine – im Interesse der Rechtssicherheit vorgenommene – Bestätigung der schon vorher nach allgemeiner Ansicht bestehenden Rechtslage,[11] die aus dem Prinzip der Vertragsfreiheit und aus der Möglichkeit beschränkter Übertragung (vgl. → Rn. 20) begründet werden konnte.

20   2. Nach § 15 Abs. 1 PatG, § 22 Abs. 1 GebrMG kann die Übertragung der dort genannten Rechte eine unbeschränkte oder eine beschränkte sein. Dabei ist als beschränkte Übertragung – wenigstens im ursprünglichen Sinn der Vorschrift (vgl. → Rn. 21) – nicht nur die quotenmäßige Teilung anzusehen;[12] dass diese möglich ist, folgt schon aus den für übertragbare Rechte allgemein geltenden zivilrechtlichen Regeln (→ Rn. 8). Vielmehr kann die Übertragung auch sachlich auf einzelne der dem Rechtsinhaber vorbehaltenen Benutzungsarten oder auf einen Teil des Schutzbereichs beschränkt werden. Die Aufspaltung der von einem Recht umfassten Befugnisse ist dabei – anders als die Belastung von Rechten nach dem BGB – an *keine gesetzlich vorgegebenen Typen* gebunden.[13]

21   3. Von einer in der angegebenen Weise beschränkten Übertragung ist eine in entsprechender Weise beschränkte *ausschließliche Lizenz* ihrem patent- oder gebrauchsmusterrecht-

---

[8] Vgl. BGH 24.3.1994, BGHZ 125, 334 (337) – Rotationsbürstenwerkzeug; s. auch *Pinzger* ZZP 60, 415 (416).
[9] BGH 25.1.1955, BGHZ 16, 172 (175); aM *Bernhardt* 193 f.; *Jänich* 331; vgl. auch *Troller* Bd. II 874 f.; Nachweise zum Meinungsstand bei *Zimmermann* GRUR 1999, 121 (122 ff.).
[10] Ebenso iErg *Zimmermann* GRUR 1999, 121 (124 ff.); *Zeising* Mitt. 2000, 206 (208 ff.).
[11] Begründung zum GPatG, BlPMZ 1979, 280.
[12] *Hubmann/Götting*, 6. Aufl., 191; aM *Bernhardt* 192; *Troller* Bd. II 774.
[13] Vgl. *Jänich* 240.

§ 40. Übertragung, Belastung, Lizenz

lichen Gehalt nach nicht unterscheidbar. Sie konnte daher nach den früheren Fassungen der Vorschriften (§ 9 PatG 1968/78, § 13 GebrMG 1936), denen noch kein weiterer Absatz beigefügt war, als Erscheinungsform der gesetzlich vorgesehenen beschränkten Übertragung angesehen werden[14] und in deren Anerkennung die Grundlage ihrer Zulässigkeit finden. Praktisch kam eine beschränkte Übertragung außerhalb der schon im bürgerlichen Recht vorgesehenen Fälle nur im Wege der Lizenzierung in Betracht.

Für das geltende Recht erübrigt die ausdrückliche Anerkennung der ausschließlichen **22** Lizenz und der Möglichkeit, sie unter patent- oder gebrauchsmusterrechtlich wirkenden Beschränkungen (Näheres → Rn. 41 ff.) zu erteilen, die Einordnung von Lizenzen unter den Begriff der beschränkten Übertragung. Das erlaubt es, diesen auf die allgemeinzivilrechtlichen Beschränkungen zu reduzieren. Freilich ist es dann im Grunde überflüssig, im PatG und GebrMG ausdrücklich zu sagen, dass die Rechte „beschränkt oder unbeschränkt" übertragen werden können; die Anerkennung ihrer Übertragbarkeit würde genügen. Jedenfalls aber bedarf die beschränkte Übertragung keiner gesonderten Darstellung: soweit sie nicht in Anwendung zivilrechtlicher Gestaltungsformen erfolgt, ist sie Erteilung einer Lizenz.

b) Erteilung

1. Die Lizenz wird durch Vertrag erteilt. Nach dem PatG, dem GebrMG und dem EPÜ **23** sowie nach deutschem Zivilrecht bedarf der Vertrag keiner Form, mag er ein erteiltes Schutzrecht, eine Anmeldung oder das Recht auf den Schutz betreffen.

Das im früheren § 34 GWB enthaltene Erfordernis der Schriftform für Verträge wettbewerbsbeschränkenden Inhalts ist 1998 weggefallen.

Die in § 30 Abs. 4 PatG vorgesehene **Eintragung** der ausschließlichen Patentlizenz ist für die **24** Wirksamkeit der Erteilung nicht erforderlich (vgl. → § 23 Rn. 190 ff., → § 34 Rn. 13 ff.). Die Eintragung von Lizenzen an europäischen Patentanmeldungen nach R 22–24 EPÜ hat rein deklaratorische Bedeutung. Für die Gebrauchsmusterlizenz ist, auch wenn es sich um eine ausschließliche handelt, keine Eintragung vorgesehen, was damit zusammenhängt, dass es bei Gbm keine Lizenzbereitschaft gibt.

2. Die Lizenz kann schon erteilt werden, bevor die Erfindung, auf die sie sich bezieht, **25** patentiert oder auch nur angemeldet ist. Um eine Patent- oder Gebrauchsmusterlizenz handelt es sich freilich nur dann, wenn bei ihrer Gewährung eine Patent- oder Gebrauchsmusteranmeldung eingereicht oder wenigstens *in Aussicht genommen* ist. Soll die Erfindung nicht angemeldet, sondern geheim gehalten werden, liegt ein reiner *Know-how-Vertrag* vor.[15] Ist eine Anmeldung geplant, ist bis zu deren Veröffentlichung das Verhältnis der Beteiligten, soweit es um die Benutzung der Erfindung geht, wie ein Know-how-Vertrag zu behandeln. Doch kommen Besonderheiten hinzu, die das angestrebte Schutzrecht betreffen.

Die vor der beabsichtigten Anmeldung erteilte Lizenz erstreckt sich auf die Rechte aus der vom Lizenzgeber eingereichten Anmeldung und das hierauf gewährte Patent oder eingetragene Gebrauchsmuster. Die im Anmeldestadium erteilte Lizenz erstreckt sich nach Erteilung des Patents oder Eintragung des Gebrauchsmusters auf dieses. Das bedeutet: Die vor Anmeldung bzw. Erteilung oder Eintragung vergebene Lizenz steht, soweit sie reicht, sowohl Entschädigungsansprüchen aus der veröffentlichten Patentanmeldung als auch Unterlassungs- und Schadensersatzansprüchen aus dem Patent oder Gebrauchsmuster entgegen. Auch gibt sie einem *ausschließlichen* Lizenznehmer (im Folgenden: LN) die Befugnis, solche Ansprüche für ihren Wirkungsbereich geltend zu machen (vgl. → Rn. 33). Sie ändert jedoch nichts daran, dass allein der Lizenzgeber (nachfolgend: LizGeb) an patentamtlichen oder patentgerichtlichen Verfahren beteiligt und zur Geltendmachung des Übertragungsanspruchs nach § 8 PatG (bzw. Art. II § 5 IntPatÜG) befugt ist.

---

[14] Vgl. RG 16.1.1904, RGZ 57, 38 (39).
[15] Vgl. *Kraßer/Schmid* GRUR-Int 1982, 324 (325).

V. Rechtsgehalt der Lizenz

26 Die Lizenz ist im Kern die Erlaubnis, die technische Lehre, die Gegenstand eines Schutzrechts ist oder werden soll, in einer gesetzlich dem Schutzrechtsinhaber vorbehaltenen Weise zu benutzen: sie ist **Benutzungserlaubnis** hinsichtlich des Schutzgegenstands. Sie kann ausschließlichen Charakter haben und wird dann als ausschließliche Lizenz, sonst als nichtausschließliche oder einfache Lizenz bezeichnet.

a) Einfache Lizenz

27 1. Den Inhalt der gewöhnlichen Lizenz sah das RG anfangs in der bloßen Verpflichtung des Patentinhabers, dem anderen Vertragsteil gegenüber von seinem Untersagungsrecht keinen Gebrauch zu machen.[16] Die Lizenz stellte sich demgemäß als rein persönliches, auf eine im Wesentlichen „negative" Leistung gerichtetes Schuldverhältnis, ein *pactum de non petendo*, dar. Bei dieser Betrachtungsweise behalten die Benutzungshandlungen ihren „eigentlich patentverletzenden" Charakter. Der LN hat aber Anspruch auf Unterlassung der Geltendmachung patentrechtlicher Ansprüche und kann diesen, wenn sie dennoch erhoben werden sollten, eine Einrede entgegensetzen. Zweck auch der nichtausschließlichen Lizenz ist es aber mindestens, der Benutzung durch den LN von vornherein den patentverletzenden Charakter zu nehmen. Die bloße Verpflichtung, bestehende Ansprüche nicht geltend zu machen, mag einen Sinn haben, wenn solche Ansprüche schon entstanden sind. Die Annahme, die Parteien wollten für die Zukunft nur die *Geltendmachung* von Verletzungsansprüchen, nicht aber schon ihre *Entstehung* ausschließen, ist wirklichkeitsfremd. Der Parteiwille geht vielmehr schon bei einer nichtausschließlichen Lizenz dahin, dass der LN die Erfindung trotz des Patentschutzes *rechtmäßig* benutzen kann. Das gilt selbst für den Fall der sogenannten „negativen Lizenz", bei der der LizGeb keinerlei Verpflichtungen hinsichtlich der Verschaffung der tatsächlichen Benutzungsmöglichkeit und der Aufrechterhaltung des Patents eingeht (vgl. → § 41 Rn. 13). Bereits das RG hat in diesem Sinne die negative Lizenz als *Verzicht* des Patentinhabers auf die Ausschließlichkeit seiner Berechtigung zugunsten des LN oder als Verzicht auf die aus dem Schutzrecht fließende Verbietungsmacht bezeichnet.[17]

28 Auch die negative Lizenz ist deshalb nicht, wie *B. Bartenbach*[18] annimmt, durch das Fehlen eines „positiven Benutzungsrechts" gekennzeichnet. Was fehlt, sind Pflichten des LizGeb, die über die *Gestattung* der Benutzung hinausgehen, also Pflichten zu aktiver Verschaffung der tatsächlichen Benutzungsmöglichkeit und zur Aufrechterhaltung der Ausschließlichkeit. Ein Benutzungsrecht erlangt der LN trotzdem; seine Benutzungshandlungen sind rechtmäßig[19]. Andererseits bedeutet auch ein rein schuldrechtliches Verständnis der Lizenz keineswegs, dass der LizGeb keine „positiven" Pflichten haben kann. Die Auffassung von *B. Bartenbach* vermengt die Frage nach den schutzrechtlichen Wirkungen der Lizenz mit derjenigen nach den schuldrechtlichen Verpflichtungen des LizGeb. Letztere können nach dem Parteiwillen sehr unterschiedlich ausgestaltet sein. Ob mangels besonderer Vereinbarung eher eine rein negative Lizenz oder gewisse Mindestpflichten des LizGeb anzunehmen sind, ist eine Frage der Vertragsauslegung nach Treu und Glauben unter Berücksichtigung der Verkehrssitte (§§ 157, 242 BGB). Die praktische Bedeutung und typische Anwendungsfälle der negativen Lizenz hat *Bartenbach* rechtstatsächlich untersucht[20].

29 2. In der Terminologie des geltenden PatG und GebrMG bedeutet die Lizenz in jedem Fall die **Zustimmung** des Patentinhabers zu den in Aussicht genommenen Benutzungshandlungen des LN. Soweit die Zustimmung reicht, sind dem LN Handlungen der in § 9 PatG, § 11 Abs. 1 GebrMG bezeichneten Art in Bezug auf den Schutzgegenstand **nicht**

---

[16] RG 5.5.1911, RGZ 76, 235; 17.4.1917, RGZ 90, 162 (164).
[17] RG 1.3.1911, RGZ 75, 400 (402); 18.8.1937, RGZ 155, 306 (313).
[18] Mitt. 2002, 503 ff. und in ihrem Buch (zusammenfassend 251).
[19] So auch *Bartenbach* 93, 212, 215 f.
[20] *Bartenbach* 103–138.

verboten. Er kann sie rechtmäßig vornehmen. Insofern wirkt die Zustimmung *unmittelbar* auf die Befugnisse aus dem Patent oder Gbm im Verhältnis zum LN ein. Die Lizenz enthält schon in der einfachsten ihrer gebräuchlichen Formen einen Ansatz unmittelbar rechtsändernder Wirkung. Andernfalls könnte sie nicht zur Folge haben, dass die in ihrer Ausübung vom LN in Verkehr gebrachten erfindungsgemäßen Erzeugnisse von *Dritten* schutzrechtsfrei gebraucht und vertrieben werden dürfen (vgl. → § 33 Rn. 274 ff.).

3. Freilich scheint die einfache Lizenz dem LN nichts zu *übertragen*. Der Patentinhaber 30 behält auch im Geltungsbereich der Lizenz das Recht zu eigener Benutzung und das Verbietungsrecht gegenüber Dritten. Immerhin erlangt der LN die Befugnis zu rechtmäßiger Benutzung insofern aus dem Recht des Patentinhabers, als dieser im gleichen Umfang sein Verbietungsrecht verliert. Der Patentinhaber teilt, soweit es sich um die Benutzung handelt, die ihm durch das Patent gewährleistete Alleinstellung nunmehr mit einem (gegebenenfalls weiteren) Lizenznehmer. Diesem kommt die Ausschlusswirkung des Schutzrechts zugute, indem sie Dritte hindert, ihm ohne Zustimmung des Patentinhabers Konkurrenz zu machen. Auch im Verhältnis zu jüngeren gegenstandsgleichen Patenten zeigt sich, dass seine Rechtsstellung aus derjenigen des Patentinhabers abgeleitet ist (vgl. → § 33 Rn. 34 ff.).

b) Ausschließliche Lizenz

Der Patentinhaber kann sich gegenüber einem LN verpflichten, andere Lizenzen nur un- 31 ter bestimmten Voraussetzungen, nur mit Zustimmung des LN oder überhaupt nicht zu erteilen. Er kann außerdem versprechen, sich selbst der Benutzung des Patentgegenstands zu enthalten, soweit sie dem LN gestattet ist. Doch wird der völlige Verzicht auf weitere Lizenzierung und eigene Benutzung gewöhnlich nicht in die Form bloßer Unterlassungspflichten gekleidet, deren Nichtbeachtung nur Vertragsverletzung wäre.[21] Vielmehr pflegt, wenn der LN allein benutzungsberechtigt sein und bleiben soll, eine ausschließliche Lizenz erteilt zu werden. Sie wirkt in weitreichender Weise unmittelbar auf die Rechtsstellung des Patentinhabers ein. Dieser verliert nicht nur sein Verbietungsrecht *gegenüber* dem Lizenznehmer, sondern verliert es *an* ihn: im Geltungsbereich der Lizenz steht es nunmehr im Verhältnis zu jedermann, auch zum Patentinhaber selbst,[22] dem Lizenznehmer zu. Allerdings bleibt neben dem LN der Patentinhaber verbietungs- und klageberechtigt.[23] Er behält das „Stammrecht", auch wenn die Lizenz im Einzelfall umfassend ist.

Soweit die ausschließliche Lizenz reicht, rückt der LN in das ausschließliche Benut- 32 zungsrecht des Patentinhabers, in dessen durch die ausschließende Zuordnung des Patentgegenstands begründete Rechtsstellung ein; das Recht aus dem Patent geht insoweit auf den LN über: die ausschließliche Lizenz hat **Übertragungswirkung.**

c) Wirkungen gegenüber Dritten

aa) Ausschließliche Lizenz

1. Die ausschließliche Lizenz bedeutet für Dritte, dass neben dem Patentinhaber auch 33 der Lizenznehmer die Benutzung des Patentgegenstands verbieten und Ansprüche wegen Verletzung erheben kann. Ferner hat allein der LN die Befugnis, im Geltungsbereich der Lizenz die Benutzung zu gestatten, indem er Unterlizenzen erteilt (vgl. → Rn. 39). Da der LN kraft der Übertragungswirkung in die ausschließliche Zuordnung der Erfindung an den Patentinhaber eintritt, schafft die ausschließliche Lizenz in gleicher Weise eine unmittelbare

---

[21] *Hilty* 96 sieht freilich diese rein schuldrechtliche Gestaltung als Voraussetzung dafür an, dass überhaupt von einer Lizenz gesprochen werden kann und nicht eine Übertragung vorliegt. Für ein rein schuldrechtliches Verständnis der ausschließlichen Lizenz auch *Sosnitza* FS Schricker, 2005, 183 (195 f.).
[22] Vgl. OLG Karlsruhe 5.3.1980, GRUR 1980, 784 (785) – Laminiermaschine.
[23] Dazu *Kühnen* FS Schilling, 2007, 311 ff.; *Pahlow* GRUR 2007, 1001 ff.; vgl. auch → § 35 Rn. 126 ff.; vgl. auch OLG Düsseldorf 7.2.2013, Mitt. 2013, 461 – Klage des Lizenzgebers.

Beziehung zum immateriellen Rechtsgegenstand, wie sie das Patent selbst enthält. Sofern dieses wegen der unmittelbaren Gegenstandsbeziehung als **dingliches** oder gegenständliches **Recht** angesprochen wird, kommt der ausschließlichen Lizenz die gleiche Qualifikation zu[24].

34   2. Drittwirkung hat die Erteilung einer ausschließlichen Lizenz ferner deshalb, weil sie eine **Verfügung** über das Schutzrecht enthält. Der Inhaber gibt einen Ausschnitt aus seinen Befugnissen weg, den der LN unter dem zusammenfassenden Namen Lizenz erlangt. Über das Schutzrecht kann daher der Inhaber nur noch insoweit verfügen, als ihm Befugnisse verblieben sind. Im Fall einer Übertragung des Patents oder Gebrauchsmusters bleibt die ausschließliche Lizenz bestehen, was seit dem Gesetz zur Änderung des GebrMG von 1986 in § 15 Abs. 3 PatG, § 22 Abs. 3 GebrMG ausdrücklich bestätigt ist. Gleiches gilt, wenn weitere *Lizenzen* erteilt werden: sie begründen für den Wirkungsbereich der ausschließlichen Lizenz kein Benutzungsrecht und als ausschließliche Lizenzen kein Verbietungsrecht.

35   Der Erwerber muss die ausschließliche Lizenz bei einem deutschen oder für Deutschland erteilten europäischen Patent und bei einem Gebrauchsmuster hinnehmen, auch wenn er sie nicht kannte.[25] Ob ihn an seiner Unkenntnis ein Verschulden trifft, ist ohne Bedeutung. Auch kommt es nicht darauf an, ob eine Patentlizenz nach § 30 Abs. 4 PatG im Patentregister eingetragen war. Entsprechendes gilt für die in R 21, 22 EPÜ vorgesehene Eintragung der auf eine europäische Patentanmeldung bezogenen Lizenz im europäischen Patentregister, soweit die Anmeldung für Deutschland wirkt. Gebrauchsmusterlizenzen können ohnehin nicht eingetragen werden (→ Rn. 23).

bb) Einfache Lizenz

36   1. Die einfache Lizenz gibt keine Verbietungsbefugnis und kein Klagerecht.[26] Aus der fortbestehenden Befugnis des Patentinhabers, Dritten die Benutzung zu gestatten, wird gefolgert, dass er auch in der Lage bleiben müsse, die Benutzung zu dulden.[27] Undenkbar erschiene es freilich nicht, dem einfachen Lizenznehmer das Recht zum Vorgehen gegen solche Benutzer zuzuerkennen, denen der Patentinhaber die Benutzung *nicht* erlaubt hat. Das zwänge den Patentinhaber, die Benutzung entweder zu legalisieren oder deren Verfolgung durch den LN hinzunehmen. Aus rein dogmatischen Gründen – insbesondere mangels einer „dinglichen" Rechtsstellung des LN – sollte ihm das Klagerecht nicht abgesprochen werden[28]. Vielmehr ergibt sich im Wesentlichen erst daraus, dass ihm dieses Recht fehlt, die Qualifikation der einfachen Lizenz als „nicht dinglich".[29] Immerhin spricht gegen eine selbständige Verbietungs- und Klagebefugnis des einfachen LN die

---

[24] Vgl. *Hauser* 28 ff., der die Dinglichkeit der ausschließlichen Lizenz letztlich deshalb verneint, weil er bereits dem Patent diese Eigenschaft abspricht.

[25] Deshalb ist nach Erteilung einer ausschließlichen Lizenz eine weitere ausschließliche Lizenz gleichen Umfangs unwirksam. *Sosnitza* FS Schricker, 2005, 183 (195) will diese Rechtsfolge vermeiden, indem er die ausschließliche Lizenz rein schuldrechtlich versteht. Doch sind die Beteiligten zu solcher Gestaltung nicht gezwungen, sondern können – und werden in der Mehrzahl der Fälle – die Lizenz im Sinn einer beschränkten Übertragung gestalten (→ Rn. 31). Das von *Sosnitza* kritisierte Fehlen registerbezogenen Vertrauensschutzes im deutschen System ist nur durch Gesetzesänderung, nicht aber durch schuldrechtliche Deutung der ausschließlichen Lizenz zu beheben. Das gleichgelagerte Problem bei Übertragungen ist auf diesem Weg ohnehin nicht lösbar.

[26] OLG Düsseldorf 24.9.2015, Mitt. 2016, 126 (Ls.) – Zigarettenpapier, aA *Knobloch*, der einen Unterlassungsanspruch des Lizenznehmers auch bei der einfachen Lizenz befürwortet, soweit dies ausdrücklich vereinbart ist oder durch Vertragsauslegung begründet werden kann.

[27] Vgl. RG 17.9.1913, RGZ 83, 93 (95).

[28] Allerdings hat die Annahme, dass (auch) der einfache LN ein dingliches Recht erlange, zwangsläufig zur Folge, dass er ein eigenes Klagerecht hat. Mit diesem Ziel hat *Weinmann* (insbes. 528 ff., 570 ff.) auf der Basis des schweizerischen Rechts den breit angelegten Nachweis unternommen, dass das Recht, das der LN erlangt, auch im Fall der nichtausschließlichen Lizenz ein absolutes sei.

[29] *Kraßer* GRUR-Int 1973, 235.

§ 40. Übertragung, Belastung, Lizenz

Gefahr, dass gegen einen Verletzer wegen derselben Benutzungshandlung eine Vielzahl von Prozessen geführt wird.[30]

2. Auch wenn man mit der hM dem einfachen LN ein dingliches Recht abspricht, kann der Erteilung der Lizenz **Verfügungswirkung** zukommen. Die Frage, ob bei Veräußerung des Patents oder Erteilung einer ausschließlichen Lizenz dem Erwerber oder ausschließlichen LN gegenüber vorher erteilte einfache Lizenzen bestehen bleiben, ist mit der Feststellung, dass diese keine dinglichen Rechte seien, noch nicht beantwortet.

Der BGH[31] hatte dies 1982 verneint. Die hierdurch verursachte Rechtsunsicherheit wurde bei Gelegenheit der Gebrauchsmusterreform von 1986 beseitigt: Nach § 15 Abs. 3 PatG, § 22 Abs. 3 GebrMG berührt ein Rechtsübergang oder die Erteilung einer Lizenz nicht Lizenzen, die Dritten vorher erteilt worden sind. Damit ist durch gesetzliche Vorschrift anerkannt, dass auch die einfache Lizenz „Sukzessionsschutz" genießt, wie es schon vor Einführung der genannten Vorschriften weit überwiegend angenommen worden war.[32] In Sachverhalten mit Auslandsberührung, bestimmt sich die Geltung des Sukzessionsschutzes nach dem Schutzlandprinzip, nicht nach dem Vertragsstatut.[33]

d) Übertragbarkeit. Unterlizenzen

1. Die ausschließliche Lizenz wird meist grundsätzlich als übertragbar, die einfache als nicht übertragbar angesehen.[34] Der Unterschied wird oft damit begründet, dass jene ein dingliches Recht ist, diese aber nicht. Das überzeugt nicht, da auch Forderungen übertragbar sind. Allerdings kann deren Übertragbarkeit nach § 399 BGB durch Vereinbarung oder dadurch ausgeschlossen sein, dass die Leistung an einen anderen als den ursprünglichen Gläubiger nicht ohne Veränderung ihres Inhalts erfolgen kann. Wegen der engen Verknüpfung der Lizenzerteilung mit der ihr zugrundeliegenden Verpflichtung ist diese Vorschrift jedenfalls auf die einfache Lizenz entsprechend anzuwenden. Das gleiche wird aber auch für die beschränkte ausschließliche Lizenz gelten müssen, die mangels gesetzlich vorgegebener Typen ihre inhaltliche Ausformung ebenfalls weitgehend dem zugrundeliegenden Verpflichtungsgeschäft verdankt (vgl. → § 41 Rn. 1). In beiden Fällen kann wegen dieses Zusammenhangs die Lizenz nicht ohne den schuldrechtlichen Anspruch übertragen werden, auf dem sie beruht. Daher ist sie nicht übertragbar, wenn die Abtretung des Anspruchs durch Vereinbarung ausgeschlossen ist oder zu einer inhaltlichen Änderung führen würde. § 137 BGB zwingt nicht zur Annahme, dass die Übertragung der beschränkten ausschließlichen Lizenz nur mit schuldrechtlicher Wirkung untersagt werden könne. Vielmehr kann ihr nach § 399 BGB analog die Veräußerlichkeit im Sinne jener Vorschrift fehlen. Sowohl bei einfachen als auch bei ausschließlichen Lizenzen ist es daher eine Frage des Einzelfalls, ob sie übertragbar sind.

So ist eine Betriebslizenz mit dem Betrieb, für den sie gewährt ist, aber auch nur mit diesem übertragbar.[35]

---

[30] RG 17.9.1913, RGZ 83, 93 (96).
[31] 23.3.1982, BGHZ 83, 251 = GRUR 1982, 411 –Verankerungsteil.
[32] Näheres in der 4. Aufl., 693 ff. und in GRUR-Int 1983, 537 ff. Dass schutzwürdige Interessen des LN den Sukzessionsschutz auch der einfachen Lizenz gebieten, zeigt die Untersuchung von *Hilty,* die von einem rein schuldrechtlichen Verständnis auch der ausschließlichen Lizenz ausgeht, aber die Notwendigkeit eines Sukzessionsschutzes anerkennt, den sie (320 ff.) bei den formgebundenen Rechten mit Hilfe im schweizerischen Recht vorgesehenen Wirkungen der Registereinträge für gewährleistet, beim nicht formgebundenen Urheberrecht aber aus rechtsdogmatischer Sicht nur mittels der Konstruktion einer *Realobligation ex lege* (744 ff.) für erreichbar hält. Vgl. auch die Besprechung in GRUR-Int 2002, 381 (384 f.). Das LG Mannheim 18.2.2011, InstGE 13, 65 Rn. 36 ff. – UMTS-fähiges Mobiltelefon II leitet ua aus der Sukzessionsfestigkeit ab, dass die einfache Lizenz dinglich sei.
[33] LG Mannheim 29.5.2015, Mitt. 2015, 573 (Ls.) – Sukzessionsschutz.
[34] *Ullmann* in Benkard PatG § 15 Rn. 103.
[35] LG Düsseldorf 31.5.2004, InstGE 5, 168 – Flaschenkasten verneint Übergang einer nicht als Betriebslizenz gewährten Freilizenz auf den Erwerber eines von mehreren Betrieben des Lizenznehmers.

40 2. Zur Vergabe von Unterlizenzen ist nach allgemeiner Ansicht der ausschließliche, nicht aber der einfache LN berechtigt. Dieser hat nicht die Rechtsmacht, die ihm eingeräumte Benutzungsbefugnis zu vervielfältigen; die Zulassung weiterer Lizenznehmer im sachlichen und räumlichen Geltungsbereich der Lizenz ist dem Patentinhaber vorbehalten.[36] Dagegen ist nach Erteilung einer ausschließlichen Lizenz allein der LN für die Erteilung einfacher Lizenzen im Geltungsbereich seiner Lizenz zuständig. Ob ihm die Befugnis zur Unterlizenzierung durch Vereinbarung vorenthalten werden kann, ist zweifelhaft.[37] Man wird sie ihm selbst dann nicht absprechen können, wenn er die ausschließliche Lizenz als solche nicht übertragen kann. Die Unterlizenz steht einer Übertragung iSd § 399 BGB nicht gleich. Der LN kann sich zwar verpflichten, keine Unterlizenzen zu erteilen; eine gleichwohl gewährte Unterlizenz ist jedoch patentrechtlich wirksam.[38]

40a 3. Unklar ist das Schicksal der **Unterlizenz, wenn die Hauptlizenz wegfällt**. Nach allgemeinen Grundsätzen hätte dies so sein müssen, denn danach ist der Bestand der Unterlizenz abhängig von Bestand der Hauptlizenz. Der I. BGH–Zivilsenat hat das in den Entscheidungen Reifen Progressiv, M2Trade und Take Five[39] (zum Urheberrecht) freilich anders entschieden und faktisch ein Art **Sukzessionsschutz** etabliert. Unterlizenzen sollen nach Wegfall der Hauptlizenz jedenfalls dann fortbestehen, wenn Grund für den Wegfall der Hauptlizenz nicht zB ein Rückruf wegen Nichtausübung ist,[40] wenn der Grund für den Wegfall der Hauptlizenz also nicht in der Sphäre des Unterlizenznehmers liegt.[41] Der X. BGH-Zivilsenat erhob gegen diese Sicht keine Bedenken. Gelöst ist das Problem gleichwohl nicht, denn die Lösung des BGH privilegiert einseitig den Unterlizenzgeber, obwohl unklar ist, warum er dieses Mehr an Schutz verdienen soll. Der Unterlizenzgeber wusste schon immer, dass seine Lizenz von der des Hauptlizenzgebers abhängt, und dieses Risiko hatte er in sein Lizenzentgelt einpreisen können. Überzeugender ist darum die von *McGuire/Kunzmann*[42] vorgeschlagene und von *Karl/Mellulis*[43] fortentwickelte Lösung, dem Unterlizenznehmer die Option einer (gewillkürten) Übernahme des Hauptlizenzvertrags zu eröffnen; diesen Vertrag also zu den dort fixierten Konditionen fortzuführen.

VI. Beschränkungen der Lizenz

41 1. Ausschließliche und einfache Lizenzen können den unterschiedlichsten Beschränkungen unterworfen werden. So kann vereinbart werden, dass die Lizenz vor Ablauf des Schutzrechts endet *(Zeitlizenz)*, dass sie nur einen Teil von dessen räumlichem Geltungsbereich umfasst *(Gebietslizenz)* oder dass der LN nur eine bestimmte *Höchstmenge* patentgemäßer Erzeugnisse herstellen und in Verkehr bringen darf. Möglich ist auch eine Begrenzung auf einen Teil des **sachlichen Schutzbereichs** des Patents, zB eine bestimmte Ausführungsform des patentgemäßen Erzeugnisses oder ein bestimmtes Anwendungsgebiet des patentierten Verfahrens. Die Lizenz kann ferner auf einzelne der dem Patentinhaber vorbehaltenen **Benutzungsarten** beschränkt werden. Wer eine bloße *Herstellungslizenz* erhält, darf patentgemäße Erzeugnisse nur an den Patentinhaber oder von diesem zugelassene Ab-

---

[36] BGH 23.4.1974, BGHZ 62, 272 (276 f.) – Anlagengeschäft.

[37] Wer wie *Hilty* 96, und *Sosnitza* FS Schricker, 2005, 183 (195), die ausschließliche Lizenz rein schuldrechtlich versteht, müsste folgerichtig fordern, dass der Unterlizenznehmer in schuldrechtliche Beziehungen zum Patentinhaber tritt. *Hilty* 766, und *Sosnitza* 195, verneinen dies jedoch und lassen damit offen, warum der Patentinhaber gehindert sein soll, dem Dritten, dem mit seiner Zustimmung der Lizenznehmer die Benutzung gestattet hat, diese zu verbieten; vgl. auch *Kraßer* GRUR-Int 2002, 381 (386).

[38] So grundsätzlich auch *Ullmann/Deichfuß* in Benkard PatG § 15 Rn. 104; anders jedoch, wenn die ausschließliche Lizenz personengebunden und als solche nicht übertragbar ist: im Zweifel sei dann auch das Recht zur Vergabe von Unterlizenzen durch die Beschränkung des Nutzungsrechts auf die Person des LN verfügungsrechtlich wirksam ausgeschlossen; ebenso im Ergebnis *Busse/Hacker* PatG § 15 Rn. 77.

[39] BGH 26.2.2009, BGHZ 180, 344 – Reifen Progressiv; GRUR 2009, 946; 19.7.2012, BGHZ 194, 136 – M2Trade; GRUR 2012, 916; 19.7.2012, GRUR 2012, 914 – Take Five.

[40] BGH 19.7.2012, GRUR 2012, 914 Rn. 15, 18 – Take Five.

[41] *Karl/Mellulis* GRUR 2016, 755 (756).

[42] GRUR 2014, 28 (34 f.).

[43] GRUR 2016, 755 (762 f.).

nehmer liefern. Eine reine *Vertriebslizenz*, die *ausschließlichen* Charakter hat, bewirkt, dass patentgemäße Erzeugnisse durch den Patentinhaber oder andere zur Herstellung Berechtigte nur an den LN oder von diesem bezeichnete Dritte geliefert werden dürfen. Dagegen ist eine auf den Vertrieb beschränkte *einfache* Lizenz nur sinnvoll, soweit sie sich auf Erzeugnisse bezieht, die noch nicht von dem – in diesem Fall selbst vertriebsberechtigten – Patentinhaber oder mit dessen Zustimmung (im Inland oder im EWR) durch Lieferung an den LN oder an Dritte in Verkehr gebracht worden sind. Bezüglich solcher Erzeugnisse bedarf der Belieferte wegen des Erschöpfungsgrundsatzes keiner Vertriebslizenz. In Frage kommt sie dagegen für Erzeugnisse aus dem Ausland, deren Import der Patentinhaber verbieten könnte (vgl. → § 33 Rn. 290 ff., 293). Eine auf das *Gebrauchen* beschränkte Lizenz ist bei Erzeugnissen, die noch nicht vom Patentinhaber oder mit dessen Zustimmung in Verkehr gebracht worden sind, dann möglich, wenn die Überlassung an den Benutzer nicht zur Erschöpfung des Rechts führt, Vertrieb und Gebrauch zu verbieten. Das kann insbesondere für die mietweise Überlassung angenommen werden.[44]

2. Alle genannten – räumlichen, zeitlichen, mengenmäßigen und sachlichen – Beschränkungen betreffen die Lizenz als solche. Sie grenzen die Benutzungserlaubnis ab; die Handlungen, die sie dem LN verwehren, sind diesem schon durch die Wirkung des Patents untersagt; da ihm insoweit die Benutzungserlaubnis fehlt, muss er solche Handlungen unterlassen. Deshalb **verletzt er das Patent,** wenn er gegen die Beschränkung verstößt (§ 15 Abs. 2 S. 2 PatG, § 22 Abs. 2 S. 2 GebrMG). Erzeugnisse, die er unter Missachtung der Schranken seiner Lizenz in Verkehr bringt, dürfen auch von Dritten nicht gebraucht oder vertrieben werden. Das Patent kann gegen solche Handlungen Dritter geltend gemacht werden, auch wenn diese gutgläubig sind.

Ist das Recht zum Inverkehrbringen auf einen Teil des *räumlichen* Geltungsbereichs des Patents (zB auf ein Bundesland) beschränkt, verletzt der LN das Patent, wenn er außerhalb seines Gebiets patentgemäße Erzeugnisse in Verkehr bringt; Gebrauch und Weitervertrieb durch die Abnehmer sind ebenfalls patentverletzend. Dagegen dürfen Erzeugnisse, die der LN *innerhalb* seines Gebiets in Verkehr gebracht hat, von den Abnehmern auch in anderen Gebieten gebraucht und vertrieben werden.

Wegen der den Erzeugnissen „anhaftenden" Folgen des Verstoßes wird die Wirkung der Beschränkungen oft als „dinglich" bezeichnet. Besser ist es, von **patentrechtlich** oder gebrauchsmusterrechtlich **wirkenden** Beschränkungen zu sprechen.

Fraglich kann sein, ob die im Patent enthaltenen Befugnisse *beliebig aufgespalten* werden können.[45] Gesetzlich vorgegebene Muster gibt es zwar nicht; doch hat sich im Verkehr eine Reihe gebräuchlicher Typen herausgebildet. Bei abweichenden Gestaltungen bedarf besonders sorgfältiger Prüfung, ob sie eine hinreichende Grundlage im Schutzrechtsinhalt finden. Die Funktion des Erschöpfungsgrundsatzes, den Rechtsverkehr mit beweglichen Sachen von patentrechtlichen Beschränkungen möglichst freizuhalten, legt es nahe, für die Anerkennung einer patentrechtlichen Wirkung von Beschränkungen des Rechts zum Inverkehrbringen ein gewisses Mindestmaß an Übersichtlichkeit zu fordern. Soweit Benutzungsbefugnisse nach Abnehmern oder Abnehmergruppen aufgespalten werden, lassen sich Bedenken auch daraus herleiten, dass solchen Unterscheidungen jeder Bezug zur Art und Weise des Handelns nach der erfinderischen Lehre fehlt. Freilich könnte das für die in § 15 Abs. 2 PatG, § 22 Abs. 2 GebrMG ausdrücklich als patent- bzw. gebrauchsmusterrechtlich wirkend anerkannte räumliche Aufspaltung der Benutzungsbefugnisse ebenfalls gesagt werden.

3. Vielfach werden Lizenznehmern **schuldrechtliche Verhaltenspflichten** auferlegt.[46] Soweit sie bestimmten Handlungen des LN entgegenstehen, stellen sie sich ebenfalls als Beschränkungen dar. Sie beziehen sich aber nicht auf die Reichweite der Benutzungserlaubnis. Die Handlungen, um die es geht, bedeuten keinen Eingriff in das lizenzierte Patent, sondern sind jedermann ohne Zustimmung des Patentinhabers erlaubt. Die Nichtbeachtung der Beschränkung ist lediglich **Vertragsverletzung,** aber **keine Patentverletzung.**

---

[44] Vgl. → § 33 Rn. 285; ebenso *Strohm* 137 ff.; anders *Axster* Rn. 35 f.
[45] Vgl. *Strohm* 147 ff.; *Balz* 379 ff.
[46] Vgl. *Ullmann/Deichfuß* in Benkard PatG § 15 Rn. 74.

§ 41 I

Daher unterliegen unter Verstoß gegen solche Beschränkungen hergestellte oder in Verkehr gebrachte Erzeugnisse keinen patentrechtlichen Befugnissen. Gegen Dritte kann der Patentinhaber nur vorgehen, wenn ihnen ausnahmsweise eine wettbewerbs- oder sittenwidrige Beteiligung am Vertragsbruch des LN zur Last fällt.

47 Nur schuldrechtlich wirken – vorbehaltlich ihrer kartellrechtlichen Zulässigkeit (vgl. unten → § 42) – insbesondere Verpflichtungen, keine patentfreien Substitutionserzeugnisse herzustellen oder zu vertreiben *(Wettbewerbsverbot)*, patentfreie Stoffe, Teile oder sonstige Hilfsmittel nur von bestimmten Lieferanten, insbesondere dem LizGeb, zu beziehen *(Bezugsbindung)* oder patentgemäße Erzeugnisse nur zu bestimmten Mindestpreisen abzugeben *(Preisbindung)*. Dagegen sind *Vertriebsbindungen*, soweit sie den LN selbst an der Belieferung bestimmter Abnehmer oder Abnehmerkategorien hindern, nach hM mit patentrechtlicher Wirkung möglich.[47] Für die Verpflichtung des LN, seinen Abnehmern Vertriebsbindungen aufzuerlegen, gilt dies nicht.

48 4. Patentrechtliche Wirkung kann einer Beschränkung nicht schon deshalb zugeschrieben werden, weil die Handlungen, auf die sie sich bezieht (zB Bezug von Hilfsmitteln, Verkauf patentierter Erzeugnisse), wegen ihres engen Zusammenhangs mit lizenzbedürftigen Handlungen ohne die Lizenz nicht oder nicht sinnvoll vorgenommen werden könnten. Insbesondere können wegen des Erschöpfungsgrundsatzes Preisbindungen nicht mit patentrechtlicher Wirkung ausgestattet werden. Bezugsbindungen erhalten auch durch das Verbot der mittelbaren Patentverletzung keine patentrechtliche Wirkung, da dieses bei Belieferung von Lizenznehmern nicht eingreift.[48]

Allenfalls könnte – vorbehaltlich kartellrechtlicher Bedenken – versucht werden, eine patentrechtliche Wirkung schuldrechtlicher Verpflichtungen dadurch zu erreichen, dass der Verstoß gegen sie zur *auflösenden Bedingung* des Lizenzvertrags gemacht wird. Im Fall der Zuwiderhandlung könnten dann freilich nur unter das Patent fallende Handlungen – einschließlich der bisher gestatteten – untersagt werden. Dagegen würden die schuldrechtlichen Beschränkungen entfallen.

§ 41. Verpflichtungen aus Übertragungs- und Lizenzverträgen

I. Allgemeines

1 1. Übertragung und Belastung von Rechten an Erfindungen sind Verfügungen; ebenso die Erteilung einer ausschließlichen Lizenz. Nach der hier vertretenen Ansicht (→ § 40 Rn. 37) hat auch die Erteilung einer einfachen Lizenz (abgeschwächte) Verfügungswirkung. Die genannten Rechtsgeschäfte können gedanklich von den meist ebenfalls rechtsgeschäftlich begründeten Verpflichtungen unterschieden werden, die ihrer Vornahme zugrunde zu liegen pflegen. Das „Abstraktionsprinzip" des deutschen bürgerlichen Rechts ist auf sie jedoch nicht unterschiedslos anzuwenden.[1] Es passt für die Vollübertragung und die gemäß bürgerlichrechtlichen Typen vorgenommene Teilübertragung und Belastung, wohl auch noch für eine umfassende ausschließliche Lizenz, die dem Patentinhaber alle Befugnisse bis auf das Verbotsrecht gegenüber Dritten entzieht. Bei einfachen Lizenzen wäre dagegen die Annahme unangebracht, dass die Benutzungserlaubnis wegen ihrer Verfügungswirkung unabhängig von der Wirksamkeit des zugrundeliegenden Verpflichtungsgeschäfts Bestand haben könne. Gleiches wird für die beschränkte ausschließliche Lizenz gelten müssen, da diese mangels gesetzlich vorgegebener Typen ihre inhaltliche Ausformung erst durch das Verpflichtungsgeschäft erfährt.

---

[47] *Axster* Rn. 171 mit Nachweisen; *Strohm* 150 f.; aM *Emmerich* in Immenga/Mestmäcker, GWB, 3. Aufl. 2001, GWB § 17 Rn. 73.
[48] Vgl. *Ullmann* in Benkard, 9. Aufl., PatG § 15 Rn. 162; anders *Axster* Rn. 160; bedenklich auch BGH 8.6.1967, GRUR 1967, 676 (680) – Gymnastiksandale: der LN verletze das Gebrauchsmuster, wenn er zur Herstellung der geschützten Erzeugnisse Teile verwendet, die er entgegen vertraglicher Vereinbarung nicht vom LizGeb oder dem von diesem bezeichneten Dritten bezogen hat.
[1] Vgl. *Kraßer* GRUR-Int 1973, 235 ff. (zu III).

§ 41. Verpflichtungen aus Übertragungs- und Lizenzverträgen **I § 41**

2. Der Vollübertragung von Rechten an Erfindungen liegt als Verpflichtungsgeschäft in 2 vielen Fällen ein **Kaufvertrag** zugrunde.[2] Auch bei einer Teilübertragung oder Belastung gemäß bürgerlichrechtlichen Formen wird oft eine kaufvertragliche Grundlage anzunehmen sein (vgl. § 453 BGB); ergänzend greifen gesetzliche Vorschriften ein, die danach Vornahme des Verfügungsgeschäfts bestehende gesetzliche Dauerschuldverhältnis bei Bruchteilsgemeinschaft, Nießbrauch und Pfandrecht regeln.

Neben kaufrechtlichen kommen auch andere Grundbeziehungen in Betracht: so kann in Gesell- 3 schaftsverträgen die Verpflichtung vorgesehen sein, Rechte an Erfindungen in das Vermögen der Gesellschaft einzubringen[3]. Forschungs- und Entwicklungsaufträge können zu Rechtsverhältnissen führen, aus denen sich Ansprüche des Auftraggebers auf Übertragung oder Teilübertragung von Rechten an Erfindungen ergeben. Ein Darlehensvertrag kann die Verpflichtung enthalten, zur Sicherung des Gläubigers ein Schutzrecht zu verpfänden oder (treuhänderisch) zu übertragen. Denkbar – wenn auch unüblich – ist es auch, dass zur Erfüllung eines schuldrechtlichen Vertrags, der den Rechtsinhaber verpflichtet, dem anderen Teil die Erfindungsbenutzung zu ermöglichen, ein Nießbrauch bestellt wird.

3. Ob sich **Lizenzverträge** einem der im BGB geregelten Typen vertraglicher Schuld- 4 verhältnisse zurechnen lassen, ist lebhaft umstritten.[4] Eine verbreitete Meinung verneint die Frage grundsätzlich und behandelt den Lizenzvertrag als *Vertrag eigener Art*. Dabei werden jedoch nicht selten auch Einzelvorschriften aus dem Recht gesetzlich geregelter Vertragstypen entsprechend angewandt, sofern sie geeignet erscheinen, eine als interessengerecht empfundene Lösung zu begründen. Ergänzend zu solchen Sondervorschriften werden Regelungen des allgemeinen Schuldrechts und aus dem Gebot von Treu und Glauben entwickelte Grundsätze herangezogen. Nach anderer Ansicht kann der Lizenzvertrag im Regelfall dem Typus der *Rechtspacht* zugeordnet werden, wobei jedoch teilweise eine Modifizierung der gesetzlich vorgesehenen Rechtsfolgen für angebracht gehalten wird.

4. Bei allen Verträgen über Rechte an Erfindungen bestehen spezifische **Risiken** sowohl 5 bezüglich der wirtschaftlichen Erfolgsaussichten der Erfindungsverwertung als auch bezüglich der Erreichbarkeit oder Rechtsbeständigkeit des Schutzes.[5] Vielfach wird deshalb in Schrifttum und Rechtsprechung darauf hingewiesen, dass es sich um „gewagte Geschäfte" handelt. Bei den in Betracht kommenden gesetzlichen Vertragstypen ist das wirtschaftliche und rechtliche Risiko in der Regel wesentlich leichter überschaubar und beherrschbar. Deshalb kann die Zuordnung zu einem bestimmten Typ nur eine Klassifikation sein, die unter dem Vorbehalt einer Überprüfung der Angemessenheit ihrer Konsequenzen steht. Mit dieser Einschränkung können der Kauf und die Rechtspacht als die gesetzlichen Typen angesehen werden, die den auf Veräußerung oder Teilveräußerung von Rechten an Erfindungen bzw. Erteilung von Erlaubnissen zur Erfindungsbenutzung gerichteten Verträgen am nächsten liegen. Wesentlich ist dabei, dass es in der ersten Fallgruppe um einmaligen Leistungsaustausch, in der zweiten um Dauerschuldverhältnisse geht.

Für Lizenzen ergibt sich dabei ein Problem im Fall der **Insolvenz.** Nach der Insolvenz- 6 ordnung (§ 103) sind – anders als nach dem vor ihrer Einführung geltenden Recht – auch Lizenzverträge, wenn sie beiderseits nicht oder nicht vollständig erfüllt sind, der Gefahr ausgesetzt, dass der Insolvenzverwalter ihre Erfüllung ablehnt. Schwierigkeiten können hieraus insbesondere für einen Lizenznehmer in der Insolvenz seines Lizenzgebers entstehen.[6] Zeitweilig war geplant gewesen, die Probleme der Lizenz in der Insolvenz durch die

---

[2] Vgl. BGH 23.9.1958, GRUR 1959, 125 – Pansana (partiarischer Kauf).
[3] Beispiel: BGH 11.4.2000, GRUR 2000, 788 – Gleichstromsteuerschaltung.
[4] Näheres bei *Kraßer/Schmid* GRUR-Int 1982, 328 (335 f.); *Gitter* S. 396 ff.; jew. mN.
[5] Vgl. zB BGH 5.7.1960, GRUR 1961, 27 (28) – Holzbauträger.
[6] Dazu, auch im Vergleich zum US-Recht, *Jelinek* 9 ff.; *Hauck* AcP 211 (2011), 626; *Kellenter* FS Tilmann, 2003, 807 ff.; *Schmoll/Hölder* GRUR 2004, 743–748, 830–836; *Ganter* NZI 2011, 833; *Wimmer* ZIP 2012, 545; *Berger* GRUR 2013, 321; *Dammler/Melullis* GRUR 2013, 781; *Wiedemann,* Lizenzen und Lizenzverträge in der Insolvenz, 2006; *McGuire/Zumbusch/Björn* GRUR-Int 2006, 682 (690 ff.); *Witz* FS Schilling, 2007, 393–413.

Einführung eines § 108a InsO zu lösen, doch die Vorhaben von 2007[7] und 2012[8] werden nicht mehr weiter verfolgt. Um das Problem de *lege lata* zu lösen, wird vorgeschlagen, auf Lizenzen § 47 InsO anzuwenden.[9] Dies setzt jedoch voraus, dass neben der ausschließlichen auch die einfache Lizenz als dinglich angesehen würde. Eine Aussonderung wäre dann möglich, und das Wahlrecht des Insolvenzverwalters aus § 103 Abs. 1 InsO liefe dann faktisch leer. Für die Dinglichkeit einfacher Patentlizenzen könnten die Aussagen des BGH in den Entscheidungen „Reifen Progressiv"[10] und „Vorschaubilder"[11] sprechen. Selbst wenn der BGH insoweit eine dingliche Rechtsnatur einfacher urheberrechtlicher Nutzungsrechte angenommen hat, bleibt jedoch fraglich, ob sich diese Ansicht tatsächlich auf einfache Patentlizenzen in der Insolvenz des Lizenzgebers übertragen lässt. Dagegen spricht, dass die Entscheidungen außerhalb eines insolvenzrechtlichen Kontexts ergangen sind, und dass in späteren Entscheidungen von Dinglichkeit nicht mehr die Rede war.[12]

7   5. Die Lösungen, die aus bürgerlich-rechtlichen Vorschriften entnommen werden können, gelten für den Fall, dass für den in Frage stehenden Interessenkonflikt **keine vertragliche Vereinbarung** getroffen ist. Spezifische Parteiabreden gehen ihnen vor, sofern sie nicht gegen zwingendes Recht verstoßen. Auch sonstige Besonderheiten des Einzelvertrags können Anlass geben, von den mangels Vereinbarung gewöhnlich angewandten Regeln abzugehen. Daher muss stets das Gesamtbild der Parteibeziehungen und Vertragszwecke in Betracht gezogen werden.

8   So mag bei einem Lizenzvertrag bezweckt sein, dass der LN alsbald zur Herstellung eines marktfähigen Erzeugnisses gelangt; die Lizenz mag einem Förderer von Forschungsarbeit gewährt werden, damit er nicht von der Benutzung daraus entstehender Erfindungen ausgeschlossen werden kann; sie mag zwecks vergleichsweiser Beilegung eines Rechtsstreits erteilt werden usw.

9   Soweit bei Schutzrechtsverträgen Allgemeine Geschäftsbedingungen **(AGB)** verwendet werden, sind die in §§ 305 Abs. 1, 305b ff. BGB geregelten Voraussetzungen ihrer wirksamen Einbeziehung in den Vertrag und die in § 307 festgelegten allgemeinen Grenzen ihrer inhaltlichen Gestaltung zu beachten. Dagegen sind die in §§ 305 Abs. 2, 3, 308, 309 vorgesehenen besonderen Einbeziehungsvoraussetzungen und Inhaltsschranken nicht anwendbar, wenn AGB gegenüber einem Unternehmer verwendet werden (§ 310 Abs. 1 S. 1), was nicht ausschließt, dass eine der in §§ 308 oder 309 aufgeführten Vertragsbestimmungen nach dem allgemeinen Maßstab des § 307 als unwirksam angesehen wird (§ 310 Abs. 1 S. 2).

10 Die vorliegende Darstellung kann die Vielfalt der Erscheinungsformen und Zwecke nicht berücksichtigen. Sie beschränkt sich darauf, einige Grundfragen für den Fall zu erörtern, dass die konkreten Vertragsbeziehungen keine andere Lösung vorsehen oder erfordern.

II. Pflichten des Verkäufers und des Lizenzgebers

11 1. Der **Verkäufer** eines Rechts an einer Erfindung hat dieses dem Käufer zu **übertragen;** auch muss er ihm den **Erfindungsbesitz** verschaffen (§ 453 Abs. 1 und 3 BGB). Die Pflicht zur Verschaffung des Erfindungsbesitzes bringt zum Ausdruck, dass der Käufer Anspruch auf eine benutzbare technische Lehre hat. Sie ist von besonderer Bedeutung, wenn die Erfindung noch nicht allgemein zugänglich ist. Sie besteht aber auch nach Veröffentlichung einer Patentanmeldung sowie nach Erteilung eines Patents oder Eintragung eines

---

[7] Zu dessen Inhalt *Slopek* GRUR 2009, 128 (130).
[8] Zu diesem Vorhaben *Marotzke* ZInsO 2012, 1737; *Wimmer* ZIP 2012, 545; *McGuire* GRUR 2012, 657 (661 ff.); *Slopek/Schröer* Mitt. 2012, 533 (535 ff.).
[9] So etwa *Haedicke* ZGE/IPJ 3 (2011), 377.
[10] 26.3.2009, BGHZ 180, 344 = GRUR 2009, 946 – Reifen Progressiv.
[11] 29.4.2010, BGHZ 185, 291 = GRUR 2010, 628 – Vorschaubilder.
[12] Vgl. BGH 19.7.2012, GRUR 2012, 914 – Take Five und 19.7.2012, BGHZ 194, 136 = GRUR 2012, 916 – M2Trade. Gegen eine Übertragbarkeit *Ganter* NZI 2011, 833 (835); *Hauck* GRUR-Prax 2013, 437 (438); dafür *Hirte/Knof* JZ 2011, 889 (900 f.); *Haedicke* ZGE/IPJ 3 (2011), 377 (393 ff.); *Pahlow* Mitt. 2012, 249 (253 ff.).

§ 41. Verpflichtungen aus Übertragungs- und Lizenzverträgen II § 41

Gebrauchsmusters. Der Erwerber kann nicht darauf verwiesen werden, sich die Kenntnis der Erfindung aus allgemein zugänglichen Quellen, insbesondere der Offenlegungs- oder Patentschrift oder den Gebrauchsmusterakten zu beschaffen.

Zur Überlassung von ergänzendem *Know-how* besteht ohne besondere Abrede keine Verpflichtung. Sie kann sich im Einzelfall daraus ergeben, dass der im Vertrag zum Ausdruck kommende Zweck des Erfindungserwerbs ohne ergänzendes Know-how nicht erreicht werden kann. Doch wird in solchen Fällen regelmäßig der Vertrag auf das zusätzliche Wissen erstreckt und dieses zusätzlich vergütet. Es bedarf daher besonderer Umstände, wenn eine solche Erweiterung des Vertragsgegenstands ohne ausdrückliche Vereinbarung angenommen werden soll. 12

2. Der **Lizenzgeber** ist zur Erteilung der vereinbarten **Benutzungserlaubnis** verpflichtet. Regelmäßig ist sie im Abschluss des Lizenzvertrags enthalten.[13] In Sonderfällen kann sich die Verpflichtung des LizGeb in der Erlaubniserteilung erschöpfen, so zB wenn zwecks vergleichsweiser Beilegung eines Nichtigkeitsverfahrens eine Lizenz erteilt wird[14]. Gewöhnlich hat der LizGeb dem Nehmer jedoch auch die **tatsächliche** Möglichkeit der **Benutzung** unter dem **Schutz des Patents** oder Gebrauchsmusters zu verschaffen.[15] Für die hierzu erforderliche Einräumung des Erfindungsbesitzes und die Voraussetzungen einer Pflicht zur Überlassung von zusätzlichem Know-how gilt das gleiche wie beim Kauf (→ Rn. 11). Allerdings ist beim Lizenzvertrag eher als beim Kauf denkbar, dass der Vertragszweck im Einzelfall eine solche Überlassung erfordert.[16] 13

3. Der LizGeb hat die in Aussicht genommene(n) Anmeldung(en) als eigene einzureichen (oder andernfalls den Lizenznehmer von sich aus entsprechend zu informieren, um nicht der Arglistanfechtung durch den Lizenznehmer ausgesetzt zu sein[17]) und, solange die Patenterteilung oder Gebrauchsmustereintragung nicht als ausgeschlossen erscheint, aufrechtzuerhalten und weiterzuverfolgen. Nach Erteilung oder Eintragung ist er zur Aufrechterhaltung und zur Verteidigung gegen Einsprüche, Nichtigkeitsklagen und Löschungsanträge verpflichtet, sofern diese nicht nach Sachlage aussichtslos ist. Die Pflicht, für die Zahlung der Jahres- bzw. Aufrechterhaltungsgebühren zu sorgen, trifft auch bei der *ausschließlichen* Lizenz den *Lizenzgeber*.[18] Freilich kann er mit dem LN vereinbaren, dass dieser ihm die Gebührenzahlungen erstatten oder sogar im Voraus die Mittel dafür zur Verfügung stellen muss. Ohne solche Vereinbarung fallen aber die Gebühren dem LizGeb zur Last (vgl. auch §§ 581 Abs. 2, 535 Abs. 1 S. 3 BGB). 14

Der Pflicht zur Aufrechterhaltung entspricht, dass der LizGeb ohne Zustimmung des LN die Anmeldung nicht zurücknehmen und auf das Patent oder Gbm nicht verzichten darf. Das gilt auch bei der einfachen Lizenz, da auch sie Anspruch auf Teilhabe an den mit dem Schutz verbundenen Marktvorteilen gibt, sofern der Rechtsinhaber nicht ausnahmsweise zur bloßen Erlaubniserteilung verpflichtet ist. 15

Die ausschließliche Lizenz steht nach der hier vertretenen Auffassung (vgl. → § 26 Rn. 10) schon der Rechtswirksamkeit eines ohne Zustimmung des LN erklärten Verzichts entgegen.

4. Zur Erteilung **weiterer Lizenzen** im Geltungsbereich einer ausschließlichen Lizenz fehlt dem LizGeb die Rechtsmacht; dennoch wäre der Versuch der Lizenzierung als Vertragsverletzung anzusehen. Dagegen ist der Geber einer einfachen Lizenz nicht gehindert, 16

---

[13] Erfordert die Benutzung der lizenzierten Erfindung die Mitbenutzung einer weiteren für den LizGeb geschützten Erfindung, ist diese im Zweifel mitlizenziert, BGH 11.1.2005, GRUR 2005, 406 – Leichtflüssigkeitsabscheider.
[14] Zur „negativen" Lizenz und ihren Anwendungsbereichen eingehend B. *Bartenbach,* Die Patentlizenz als negative Lizenz, und Mitt. 2002, 503 ff.; vgl. auch → § 40 Rn. 27 f.
[15] RG 18.8.1937, RGZ 155, 306 (313 f.).
[16] Vgl. *Kraßer/Schmid* GRUR-Int 1982, 331.
[17] LG München 13.5.2009, InstGE 11, 134 Rn. 46 ff. – Elektrolysefußbäder.
[18] Vgl. *Groß* Rn. 201; ferner *Kraßer/Schmid* GRUR-Int 1982, 330 mit Hinweisen auf abweichende Ansichten.

für deren Geltungsbereich weitere einfache Lizenzen zu erteilen. Eine Verpflichtung, dies zu unterlassen, trifft ihn nur, wenn sie besonders vereinbart ist. Freilich darf er nicht durch massenhafte Gratislizenzen das Patent weitgehend entwerten.[19]

17 Da nach § 15 Abs. 3 PatG, § 22 Abs. 3 GebrMG bei Veräußerung des Schutzrechts oder Vergabe einer ausschließlichen Lizenz die vorher erteilte einfache Lizenz fortbesteht (vgl. → § 40 Rn. 38), bedarf es keiner besonderen Verpflichtung des LizGeb in Bezug auf solche Verfügungen.

18 5. Zum **Vorgehen gegen Verletzer** ist der LizGeb nach hM weder bei der ausschließlichen noch bei der einfachen Lizenz verpflichtet. Im ersten Fall hat der LN ein eigenes Klagerecht, im zweiten könnte der LizGeb dem Verletzer die Benutzung gestatten.[20] Lässt er es allerdings dahin kommen, dass das Patent weitgehend nicht mehr respektiert wird, müssen die vertraglichen Pflichten des LN entfallen (vgl. auch → Rn. 72). Weitergehend wäre zu erwägen, ob nicht dem LN ein eigenes Klagerecht zustehen sollte, wenn der LizGeb weder gegen den Verletzer vorgeht noch ihm eine Lizenz erteilt (vgl. → § 40 Rn. 36).

III. Pflichten des Käufers oder Lizenznehmers

19 1. Beim **Kauf** eines Rechts an einer Erfindung besteht die Hauptpflicht des Käufers in der Zahlung des vertragsmäßigen Entgelts, sei es in *einer* Summe, sei es in den vereinbarten Teilbeträgen. Wenn ihrer Höhe nach vom Umfang der Benutzung abhängige Zahlungen vereinbart sind, erhält der Kauf ein lizenzvertragliches Element; für den Käufer können sich dann ähnliche Nebenpflichten ergeben, wie sie für einen ausschließlichen Lizenznehmer aus der Benutzungsabhängigkeit der Gebührenbemessung abgeleitet werden.

20 2. Die **Lizenz** ist im Zweifel entgeltlich. Wenn es sich um eine Gratislizenz (Freilizenz) handeln soll, muss dies besonders vereinbart sein. Die Hauptpflicht des LN besteht daher im Regelfall darin, **Lizenzentgelte** zu zahlen. Höhe und Zahlungsmodus richten sich nach den getroffenen Vereinbarungen. Ist nichts vereinbart, sind die Lizenzentgelte, sofern sie nicht durch ergänzende Vertragsauslegung nach dem Maßstab des § 157 BGB[21] bestimmt werden können, durch den LizGeb nach billigem Ermessen festzusetzen (§§ 316, 315 BGB).

21 Gewöhnlich sind Lizenzentgelte in wiederkehrender Weise nach Maßgabe des Umfangs der Benutzung zu bezahlen, wobei insbesondere die Anzahl der patentgemäß hergestellten Erzeugnisse (Stücklizenz), der unter Benutzung der Erfindung erzielte Umsatz oder der dabei erzielte Gewinn Berechnungsgrundlage sein können. Oft werden zusätzliche Zahlungen in fester Höhe, zB eine „Abschlussgebühr"[22] vereinbart oder Mindestlizenzen[23] festgelegt, die je Zeitabschnitt auch dann zu zahlen sind, wenn sich aus dem Benutzungsumfang ein geringerer Betrag errechnen würde. Seltener sind Gebührenvereinbarungen ohne jede benutzungsabhängige Komponente.

Bei benutzungsabhängiger Lizenzhöhe hat der LN über die lizenzbestimmenden Sachverhalte, zB über Stückzahlen, Umsätze oder Gewinn Rechnung zu legen.

22 3. Eine **Ausübungspflicht** trifft – ohne besondere Vereinbarung – jedenfalls den einfachen LN nicht, da der LizGeb die Erfindung durch eigene Benutzung oder anderweitige Lizenzvergabe verwerten kann. Erschwert es die nicht ausgeübte Lizenz dem LizGeb erheblich, einen anderen LN zu finden, wird ihm ein Kündigungsrecht zugebilligt werden müssen (vgl. §§ 581 Abs. 2, 543 Abs. 1, 314 BGB).

---

[19] Vgl. *Groß* Rn. 285, 381.
[20] Vgl. BGH 29.4.1965, GRUR 1965, 591 (595) – Wellplatten: wenn der Vertrag eine Meistbegünstigungsklausel enthält, kann der LizGeb seinen Zahlungsanspruch durch Duldung von Verletzungen verlieren.
[21] Dazu BGH 26.6.1969, GRUR 1969, 677 (679 f.) – Rüben-Verladeeinrichtung.
[22] Vgl. BGH 5.7.1960, GRUR 1961, 27 – Holzbauträger.
[23] Dazu BGH 14.11.2000, GRUR 2001, 223 (225) – Bodenwaschanlage.

§ 41. Verpflichtungen aus Übertragungs- und Lizenzverträgen **III § 41**

Die Ausschließlichkeit einer Lizenz rechtfertigt – entgegen überwiegender Ansicht – für sich genommen noch nicht die Annahme einer Ausübungspflicht.[24] Doch kann sich diese aus zusätzlichen Umständen ergeben, auch wenn sie nicht vereinbart ist. So kann es für eine Ausübungspflicht sprechen, wenn ein benutzungsabhängiges Entgelt vorgesehen ist[25], ohne dass durch Pauschalzahlungen oder Mindestlizenzen dem LizGeb hinreichender Ausgleich für seinen Verzicht auf anderweitige Verwertung geboten wird.[26]

Die Ausübungspflicht erfordert mangels besonderer Abrede nicht, dass der LN die Erfindung in dem ihm maximal möglichen, sondern nur dass er sie in einem nach Sachlage angemessenen Umfang benutzt. Sie entfällt selbst bei ausdrücklicher Vereinbarung dann, wenn ihre Erfüllung wegen veränderter Umstände unzumutbar wird, zB weil die Erfindung technisch überholt ist oder ihre Benutzung sich aus sonstigen Gründen als unwirtschaftlich erweist.[27] **23**

4. Ohne ausdrückliche Vereinbarung besteht nach ständiger Rechtsprechung grundsätzlich keine **Nichtangriffspflicht** des LN; dh dieser ist nicht gehindert, gegen das Patent Einspruch oder Nichtigkeitsklage zu erheben oder die Löschung des Gebrauchsmusters zu beantragen, auf das sich der Vertrag bezieht. Anders kann es sein, wenn die Parteien ein besonderes Vertrauensverhältnis verbindet, wie es vor allem bei „gesellschaftsrechtlichem Einschlag" des Lizenzvertrags angenommen wird.[28] **24**

Im Schrifttum wird manchmal weitergehend eine grundsätzliche Nichtangriffspflicht angenommen.[29] Sie lässt sich jedenfalls nicht mit der Begründung verneinen, dass die Möglichkeit eines Angriffs des LN im Allgemeininteresse liege. Diesem wird vielmehr durch die jedermann zustehende Befugnis zu Einspruch und Nichtigkeitsklage sowie durch die kartellrechtlichen Voraussetzungen und Schranken von Nichtangriffsabreden Rechnung getragen (vgl. → § 42 Rn. 17ff., 39, 47). Soweit hiernach eine ausdrückliche Vereinbarung als gültig anzusehen wäre, ist bei Fehlen einer solchen Abrede eine Nichtangriffspflicht anzunehmen, wenn dem LN zugemutet werden kann, am Vertrag festzuhalten, solange das Patent nicht infolge des Angriffs eines Dritten wegfällt oder wegen offenkundiger Vernichtbarkeit weitgehend nicht mehr respektiert wird. Die Zumutbarkeit ist im Allgemeinen zu bejahen. Aus den Wertungen, nach denen die lizenzvertraglichen Folgen eines rückwirkenden Wegfalls des Patents bestimmt werden (vgl. → Rn. 70), lässt sich ableiten, dass ein schutzwürdiges Interesse des LN, durch rückwirkende Beseitigung des Patents die Möglichkeit zu vorzeitiger Lösung vom Vertrag zu erlangen, grundsätzlich nicht anzuerkennen ist. **25**

Zu berücksichtigen ist dabei auch, dass es der sachgerechten Vertragsdurchführung zugutekommt, wenn der LN von vornherein keinen Anlass hat, nach möglichen Gültigkeitsmängeln des Patents und entsprechendem Angriffsmaterial zu forschen. **26**

Eine vertragliche Nichtangriffspflicht wird nicht schon dadurch verletzt, dass der Verpflichtete in einer eigenen Patentanmeldung bei Darstellung des SdT die Erfindung, auf die sich der Vertrag bezieht, als nicht ausführbar bezeichnet.[30] **27**

---

[24] *Kraßer/Schmid* GRUR-Int 1982, 334 mN.
[25] BGH 20.7.1999, GRUR 2000, 138 – Knopflochnähmaschinen.
[26] LG München I 12.12.2002, InstGE 3, 97 Rn. 22ff. – Überlastkupplung nimmt bei einer ausschließlichen Lizenz wegen der Umstände des Falles eine Ausübungspflicht an, obwohl diese nicht ausdrücklich vereinbart und eine Mindestgebühr vorgesehen war.
[27] Vgl. BGH 11.11.1977, GRUR 1978, 166 – Banddüngerstreuer mit Anmerkung *von Storch*; zum Umfang der Ausübungspflicht und ihrem möglichen Wegfall wegen Unzumutbarkeit auch BGH 20.7.1999, GRUR 2000, 138 (139) – Knopflochnähmaschinen.
[28] BGH 2.3.1956, GRUR 1956, 264f. – Wendemanschette; 29.1.1957, GRUR 1957, 482 (483) – Chenillefäden; 30.11.1967, GRUR 1971, 243 (245) – Gewindeschneidvorrichtungen; 14.7.1964, GRUR 1965, 135 (137f.) – Vanal-Patent; 17.12.1974, Mitt. 1975, 117 – Rotationseinmalentwickler; 4.10.1988, GRUR 1989, 39 (40) – Flächenentlüftung; vgl. auch *Sack* 767ff. mwN.
[29] *Bernhardt* 200; *Kraßer/Schmid* GRUR-Int 1982, 333; im gleichen Sinn *Windisch* FS v. Gamm, 1990, 477 (485f.).
[30] BGH 24.4.2007, GRUR 2007, 963 – Polymer-Lithium-Batterien.

IV. Haftung des Verkäufers oder Lizenzgebers für Tauglichkeitsmängel der Erfindung

28   1. Die Rechtsgrundlagen, die für eine Haftung des Verkäufers oder LizGeb wegen Tauglichkeitsmängel der den Gegenstand des Vertrags bildenden Erfindung in Betracht kommen, sind durch das Gesetz zur Modernisierung des Schuldrechts vom 26.11.2001 wesentlich umgestaltet worden[31].

29   2. Anders als nach früherem Recht ist nach § 311a BGB der Vertrag auch dann wirksam, wenn es schon bei seinem Abschluss – beispielsweise weil die verkaufte oder in Lizenz gegebene Erfindung naturgesetzlich unausführbar ist – niemandem möglich ist, dem Käufer oder LN eine zum vertragsmäßigen Gebrauch geeignete technische Lehre zu verschaffen (anfängliche objektive Unmöglichkeit iSd früheren Sprachgebrauchs). Freilich kann er keinen Anspruch auf die vereinbarte Leistung begründen (§ 275 Abs. 1 BGB); doch kann gem. § 311a Abs. 2 BGB der Käufer oder LN nach seiner Wahl Schadensersatz statt der Leistung oder nach Maßgabe des § 284 BGB Ersatz seiner vergeblichen Aufwendungen verlangen, wenn nicht dem Verkäufer oder LizGeb bei Vertragsschluss das Leistungshindernis unbekannt und diese Unkenntnis von ihm nicht zu vertreten war.

30   Zu vertreten hat der Schuldner nach § 276 Abs. 1 S. 1 BGB Vorsatz und Fahrlässigkeit, wenn eine strengere oder mildere Haftung weder bestimmt noch aus dem sonstigen Inhalt des Schuldverhältnisses, insbesondere aus der Übernahme einer Garantie oder eines Beschaffungsrisikos zu entnehmen ist. Durch Vereinbarung kann die Haftung des Verkäufers oder LizGeb für Fahrlässigkeit ganz ausgeschlossen werden (§ 276 Abs. 3 BGB). Ergibt der Vertrag nichts für eine Haftungsverschärfung oder -milderung, besteht nach § 311a BGB kein Anspruch auf Schadens- oder Aufwendungsersatz, wenn der Verkäufer oder LizGeb – was er im Streitfall nachzuweisen hat – das Leistungshindernis trotz Beachtung der im Verkehr erforderlichen Sorgfalt (§ 276 Abs. 2 BGB) nicht kannte.

31   Auch wenn der Verkäufer oder LizGeb wegen schuldloser Unkenntnis nicht ersatzpflichtig ist, entfällt sein Anspruch auf den Kaufpreis oder das Lizenzentgelt nach § 326 Abs. 1 BGB; eine bereits geleistete Zahlung kann der Käufer oder LN nach §§ 326 Abs. 4, 346 Abs. 1 BGB zurückfordern. Nach § 326 Abs. 5 BGB kann er ohne Fristsetzung vom Vertrag zurücktreten. Der Anspruch auf Schadensersatz wird durch einen Rücktritt nicht ausgeschlossen (§ 325 BGB).

Die dargestellte Regelung gilt in gleicher Weise, wenn zwar nicht der Verkäufer oder LizGeb, wohl aber ein Dritter in der Lage ist, dem Käufer oder LN eine für den vertragsmäßigen Gebrauch geeignete technische Lehre zu verschaffen (früher: anfängliches Unvermögen oder anfängliche subjektive Unmöglichkeit).

32   3. Der **Verkäufer** einer Erfindung haftet nach §§ 453 Abs. 1, 433 Abs. 1 S. 2 BGB für die Freiheit der Erfindung von **Sachmängeln,** dh nach § 434 BGB dafür, dass die Erfindung die vereinbarte Beschaffenheit hat oder, wenn eine Beschaffenheit nicht vereinbart ist, sich für die nach dem Vertrag vorausgesetzte Verwendung eignet. Beim Kauf einer Erfindung wird regelmäßig zumindest feststellbar sein, welche Beschaffenheit vertraglich vorausgesetzt ist.

33   Nur soweit es auch hieran fehlt, kommt es für die Freiheit von Sachmängeln auf § 434 Abs. 2 S. 2 Nr. 2 BGB an, wonach sich der Kaufgegenstand für die übliche Verwendung eignen und die Beschaffenheit aufweisen muss, die bei gleichartigen Gegenständen üblich ist und nach der Art des Gegenstands erwartet werden kann. Für technische Erfindungen, die sich nach der Vorstellung der Vertragsparteien durch Besonderheiten auszeichnen, die sie patent- oder gebrauchsmusterfähig machen, passt diese Bestimmung kaum; sie ist eher auf Sachen zugeschnitten, die eine Gattung gleicher oder vergleichbarer Stücke repräsentieren.

---

[31] Vgl. *Ann/Barona; Böttcher* in Hucke 119–156; *Bartenbach* Mitt. 2003, 102 ff.; *Fitzner* FS Tilmann, 2003, 779 ff.

§ 41. *Verpflichtungen aus Übertragungs- und Lizenzverträgen* IV § 41

Die **Rechtsfolgen** von Sachmängeln beim Kauf sind in § 437 BGB aufgeführt. In erster 34
Linie kann der Käufer nach Maßgabe des § 439 BGB als Nacherfüllung Beseitigung des
Mangels oder Lieferung eines mangelfreien Gegenstands verlangen. Hat er dem Verkäufer
erfolglos eine Frist zur Nacherfüllung gesetzt, kann er, auch wenn der Verkäufer den Sachmangel und das Ausbleiben der Nacherfüllung nicht zu vertreten hat, vom Vertrag zurücktreten (§§ 437 Nr. 2, 323 BGB). Unter den Voraussetzungen der §§ 440, 323 Abs. 2 BGB
und bei Unmöglichkeit der Nacherfüllung (§ 326 Abs. 5 BGB) bedarf es der Fristsetzung
nicht. Der Rücktritt schließt Ansprüche auf Schadensersatz nicht aus (§ 325 BGB).

Statt zurückzutreten, kann der Käufer durch Erklärung gegenüber dem Verkäufer den 35
Kaufpreis mindern (§ 441 BGB).

Schadensersatz statt der Leistung (oder Ersatz seiner vergeblichen Aufwendungen) kann 36
der Käufer bei *behebbaren* Mängeln nach §§ 437 Nr. 3, 280 Abs. 1 und 3, 281 (284) BGB
verlangen. Der Anspruch setzt grundsätzlich voraus, dass dem Verkäufer erfolglos eine angemessene Frist zur Nacherfüllung gesetzt worden ist (§ 281 Abs. 1 S. 1 BGB); entbehrlich
ist dies, wenn ein Fall der §§ 440 oder 281 Abs. 2 BGB vorliegt. Außerdem muss der Verkäufer die Pflichtverletzung, die darin besteht, dass er eine mangelhafte Leistung erbracht
und den Mangel nicht fristgemäß beseitigt hat, zu vertreten haben (§ 280 Abs. 1 S. 2 BGB).
Regelmäßig wird der Verkäufer nicht nachweisen können, dass er aus Gründen, die er
weder vorhersehen noch vermeiden konnte, an rechtzeitiger Nacherfüllung gehindert war.
Schadensersatz statt der Leistung wegen anfänglich vorhandener, *nicht behebbarer* Mängel
kann der Käufer nach Gefahrübergang gem. §§ 437 Nr. 3, 311a Abs. 2 BGB unter den
schon angegebenen Voraussetzungen verlangen (→ Rn. 29).

Durch Vereinbarung können die Rechte, die der Käufer im Fall eines Mangels hat, ausgeschlossen oder beschränkt werden; doch kann sich der Verkäufer hierauf nicht berufen, 37
wenn er den Mangel arglistig verschwiegen oder eine Beschaffenheitsgarantie übernommen hat (§ 444 BGB). Ausgeschlossen sind die Rechte des Käufers hinsichtlich eines Mangels, den er bei Vertragsschluss kennt; gleiches gilt bei grobfahrlässiger Unkenntnis, falls
nicht der Verkäufer den Mangel arglistig verschwiegen oder eine Beschaffenheitsgarantie
übernommen hat (§ 442 Abs. 1 BGB).

4. Für die Sachmängelhaftung des **Lizenzgebers** kann von einer entsprechenden Anwendung der §§ 581 Abs. 2, 536 BGB ausgegangen werden: Hat die Erfindung zur Zeit 38
ihrer Überlassung an den LN einen Mangel, der ihre Tauglichkeit zum vertragsmäßigen
Gebrauch aufhebt oder mindert, oder entsteht während der Vertragszeit ein solcher Mangel, ist der LN für die Zeit, in der die Tauglichkeit aufgehoben oder gemindert ist, ganz
oder teilweise von seiner Leistungspflicht, insbesondere von der Pflicht zur Zahlung von
Lizenzentgelten, befreit. Dem Vorhandensein oder Entstehen eines Mangels steht es gleich,
wenn eine vom LizGeb zugesicherte Eigenschaft der Erfindung zur Zeit ihrer Überlassung
an den LN fehlt oder später wegfällt.

War der Mangel schon bei Vertragsschluss vorhanden (dazu auch → Rn. 44ff.), entsteht 39
er nachträglich wegen eines Umstands, den der LizGeb zu vertreten hat, oder kommt dieser mit der Beseitigung des Mangels in Verzug, kann der LN analog §§ 581 Abs. 2, 536a
BGB Schadensersatz verlangen. Der Verzug hängt grundsätzlich davon ab, dass der LN
den LizGeb gemahnt hat (§ 286 Abs. 1, 2 BGB), und tritt nicht ein, solange die Beseitigung
des Mangels wegen eines Umstands unterbleibt, den der LizGeb nicht zu vertreten hat
(§§ 286 Abs. 4, 276 Abs. 1 S. 1 BGB, → Rn. 29).

Durch Vereinbarung können die Rechte des LN wegen eines Mangels ausgeschlossen 40
oder beschränkt werden; hierauf kann sich der LizGeb nicht berufen, wenn er den Mangel
arglistig verschwiegen hat (§ 536d BGB). Die Haftung des LizGeb entfällt, wenn der LN
den Mangel bei Vertragsschluss kennt, ebenso bei grobfahrlässiger Unkenntnis des LN,
wenn nicht der LizGeb den Mangel arglistig verschwiegen hat (§ 536b BGB).

5. Bei der Bestimmung des Umfangs der Haftung für Leistungsstörungen, insbesondere 41
für Sachmängel entspricht es regelmäßig dem Willen der Parteien, unter dem Gesichts-

§ 41 IV

punkt des vertragsmäßigen Gebrauchs auf die für Verträge über technische Erfindungen charakteristische Risikolage in angemessener Weise Rücksicht zu nehmen. Die gesetzlichen Vorschriften lassen dies nach wie vor zu, weil von ihnen (in den Grenzen der §§ 444, 536d, 276 Abs. 3 BGB) durch Vereinbarung abgewichen und deshalb durch Vertragsauslegung ein auf Einschränkung der gesetzlich vorgesehenen Haftung gerichteter Parteiwille berücksichtigt werden kann, auch wenn er nicht in einer ausdrücklichen Vertragsbestimmung zum Ausdruck gekommen ist. Die unter dem früheren Recht entwickelten Grundsätze über die Risikoverteilung zwischen den Parteien solcher Verträge können deshalb weiterhin herangezogen werden, sofern nicht im Einzelfall dem Vertrag eine abweichende Regelung zu entnehmen ist.

42 Demgemäß kann davon ausgegangen werden, dass der Verkäufer oder LizGeb ohne Garantieübernahme (→ Rn. 43) nur für Mängel der **technischen Ausführbarkeit** oder der **Brauchbarkeit**, nicht dagegen für Fabrikationsreife, Rentabilität, Wettbewerbsfähigkeit oder wirtschaftlichen Erfolg einzustehen hat.[32] Für die Ausführbarkeit gelten dabei grundsätzlich die gleichen Maßstäbe wie unter dem Gesichtspunkt der gewerblichen Anwendbarkeit (vgl. → § 13 Rn. 11 ff.). Die Brauchbarkeit ist auf den vertraglich vorausgesetzten Zweck zu beziehen.[33]

43 6. Erweist sich eine **Zusicherung,** die der Verkäufer oder LizGeb bezüglich der den Vertragsgegenstand bildenden technischen Lehre gemacht hat, als unzutreffend, hat er dies nach den vorstehend behandelten Regelungen wegen Übernahme einer Garantie (§ 276 Abs. 1 S. 1 Hs. 2 BGB) auch dann zu vertreten, wenn er trotz Beachtung der im Verkehr erforderlichen Sorgfalt (§ 276 Abs. 2 BGB) die Unrichtigkeit der Zusicherung nicht erkannt hat. Zusicherungen können sich nicht nur auf die Ausführbarkeit und technische Brauchbarkeit, sondern beispielsweise auch auf besondere Wirkungen der Erfindung oder erfindungsgemäßen Erzeugnisse oder deren Eignung für bestimmte Zwecke beziehen. Wegen ihrer weitreichenden rechtlichen Folgen und mit Rücksicht auf die vertragstypische Risikolage (→ Rn. 41) wird eine Zusicherung jedoch – wie unter dem früheren Recht – nur anzunehmen sein, wenn dem Vertrag eindeutig der Wille des Verkäufers oder LizGeb zu entnehmen ist, für die in Frage stehende(n) Eigenschaft(en) unbedingt einzustehen.[34]

44 7. Fraglich ist, unter welchen Voraussetzungen und in welchem Umfang für einen Lizenzgeber – anders als für einen Verkäufer – ohne Zusicherung eine verschuldensunabhängige **Schadensersatzpflicht** besteht, wenn die Erfindung von Anfang an einen Tauglichkeitsmangel aufweist.

45 Der BGH[35] hat auf der Grundlage des früheren Leistungsstörungsrechts angenommen, der LizGeb sei, wenn die Brauchbarkeit zum vertraglich vorausgesetzten Zweck fehlt, unter dem Gesichtspunkt des anfänglichen Unvermögens zum Schadensersatz wegen Nichterfüllung verpflichtet. Es scheint, dass diese Verpflichtung nicht von einem Verschulden des LizGeb abhängen soll; allerdings wird auch nicht gesagt, dass sie ohne Verschulden eintritt. Ausdrücklich offengelassen ist die Frage, ob der Schadensersatzanspruch auf die Aufwendungen des LN zu beschränken ist oder auch dessen Gewinnentgang umfasst. Der BGH hebt hervor, dass die von ihm grundsätzlich angenommene Risikoverteilung nicht gilt, wenn die Parteien etwas anders vereinbart haben. Ein dahingehender Wille könne sich auch aus den Umständen ergeben, zB aus der Kenntnis des LN davon, dass der Lizenzgegenstand

---

[32] BGH 26.11.1954, GRUR 1955, 338 (340); RG 11.7.1939, RGZ 163, 1 (7).
[33] BGH 28.6.1979, GRUR 1979, 768 – Mineralwolle. Im Fall „Entschirrungsapparat" (RG 1.3.1911, RGZ 75, 400) war zwar die Ausführbarkeit zu bejahen; doch fehlte die Brauchbarkeit, weil die Vorrichtung nicht die für ihren vertraglichen Verwendungszweck erforderliche absolute Zuverlässigkeit aufwies.
[34] BGH 1.12.1964, GRUR 1965, 298 (301 f.) – Reaktions-Meßgerät; 28.6.1979, GRUR 1979, 768 (769) – Mineralwolle; Näheres bei *Groß* Lizenzvertrag Rn. 307.
[35] 28.6.1979, GRUR 1979, 768 (769, 771) – Mineralwolle.

noch nicht ausreichend erprobt war und weitere Versuche erforderlich sein würden, um Gewissheit über seine Eignung für den Vertragszweck zu erlangen.

Eine verschuldensunabhängige Schadensersatzhaftung wegen anfänglichen Unvermögens gibt es im geltenden Schuldrecht nicht mehr. Der Schuldner hat in diesem Fall die Möglichkeit, seine unverschuldete Unkenntnis von dem Leistungshindernis geltend zu machen, wenn er nicht dessen Abwesenheit garantiert hat (§§ 311a Abs. 2, 276 Abs. 1 S. 1 BGB). Dagegen gilt nach wie vor eine verschuldensunabhängige Schadensersatzhaftung des Vermieters und Verpächters für Mängel, die beim Vertragsschluss vorhanden waren (§§ 536a Abs. 1, 581 Abs. 2 BGB). 46

Es fragt sich jedoch, ob es sich rechtfertigen lässt, den LizGeb in dieser Hinsicht strenger zu behandeln als den Verkäufer einer Erfindung. Bei Vermietung und Verpachtung von Sachen und bei Verpachtung hieran bestehender Rechte mögen Gründe vorliegen, einen Vermieter oder Verpächter strenger haften zu lassen als einen Verkäufer. Beim Lizenzvertrag sind jedenfalls keine solchen Gründe erkennbar. Hier überblickt und beherrscht der LizGeb das Risiko technischer Tauglichkeitsmängel keinesfalls in höherem Maße als ein Verkäufer. Auch ist der LN Gefahren, die sich aus solchen Mängeln ergeben können, nicht stärker ausgesetzt und hat von ihnen keinen größeren Schaden zu befürchten als ein Käufer. Mit Rücksicht auf die den Beteiligten bekannten besonderen Risiken der Erfindungsverwertung ist daher auch der LizGeb nur dann ohne Verschulden zum Schadensersatz wegen Nichterfüllung verpflichtet, wenn er eine Garantie übernommen hat. 47

Die vorgeschlagene Lösung bedeutet nicht, dass der Lizenzvertrag insgesamt als Kauf zu qualifizieren wäre. Es handelt sich nur darum, einen Wertungswiderspruch zu vermeiden, der sich bei uneingeschränkter Anwendung pacht- und mietrechtlicher Regeln ergäbe.[36] 48

8. Soweit der Verkäufer oder LizGeb dem Käufer oder LN den Schaden, den dieser infolge eines Tauglichkeitsmangels der Erfindung erleidet, nicht zu ersetzen braucht, wenn ihn kein Verschulden trifft, ist von einem strengen Sorgfaltsmaßstab auszugehen. Der Käufer oder LN darf grundsätzlich erwarten, dass die technische Lehre, die ihm überlassen wird, hinreichend erprobt ist, um mit geläufigen fachmännischen Maßnahmen ausgeführt und dem Vertragszweck dienstbar gemacht werden zu können. Fehlt es an ausreichender Erprobung, muss der Verkäufer oder LizGeb den Vertragspartner hierüber und über gegebenenfalls verbleibende Zweifel oder Risiken aufklären. Andererseits trifft auch den Käufer oder LN eine Sorgfaltspflicht, deren Verletzung nach § 254 BGB seinen Anspruch mindern oder ausschließen kann. Das gilt insbesondere dann, wenn bei normalem fachmännischem Vorgehen der Mangel alsbald erkannt und weitere nutzlose Aufwendungen vermieden worden wären. 49

V. Haftung des Verkäufers oder Lizenzgebers für Rechtsmängel

a) Kauf

1. Durch die Modernisierung des Schuldrechts (→ Rn. 28 ff.) wurde die Sach- und Rechtsmängelhaftung des Verkäufers einheitlich und zusammenfassend geregelt. Nach §§ 453 Abs. 1, 433 Abs. 1 S. 2 BGB hat der Verkäufer eines Rechts oder sonstigen Gegenstands wie der Verkäufer einer Sache dem Käufer das Recht oder den sonstigen Gegenstand frei von Rechtsmängeln zu verschaffen. Das erfordert nach § 435 S. 1 BGB, dass Dritte in Bezug auf das Recht oder den Gegenstand keine oder nur die im Kaufvertrag übernommenen Rechte geltend machen können. 50

Liegt nach diesem Maßstab ein Rechtsmangel vor, hat der Käufer, sofern nicht nach §§ 442 oder 444 BGB die Haftung des Verkäufers ausgeschlossen ist, die gleichen Rechte 51

---

[36] Gegen verschuldensunabhängige Haftung analog 536a BGB auch *Ullmann/Deichfuß* in Benkard PatG § 15 Rn. 181; *Haedicke* GRUR 2004, 123 (126).

§ 41 V 6. Abschnitt. Rechtsverkehr

wie bei einem Sachmangel (→ Rn. 32 ff.). Er kann in erster Linie Nacherfüllung verlangen (§§ 437 Nr. 1, 439 BGB). Praktisch kommt diese beim Verkauf einer Erfindung und eines daran bestehenden Rechts nur in Form der Beseitigung des Mangels in Frage, die im Einzelfall durch Einigung mit dem Inhaber des den Mangel ausmachenden Rechts erreichbar sein kann. Sofern die Nacherfüllung nicht innerhalb einer vom Käufer gesetzten angemessenen Frist erfolgt oder eine Fristsetzung nach §§ 440 oder 323 Abs. 2 BGB oder wegen Unmöglichkeit der Nacherfüllung (§ 326 Abs. 5 BGB) nicht erforderlich ist, kann der Käufer vom Vertrag zurücktreten (§§ 437 Nr. 2 BGB) oder den Kaufpreis mindern (§ 441 BGB). Schadensersatz statt der Leistung oder Ersatz seiner vergeblichen Aufwendungen kann er – auch nach Rücktritt (§ 325 BGB) – gem. §§ 437 Nr. 3 BGB unter den Voraussetzungen der §§ 280, 281, 311a Abs. 2 BGB verlangen (→ Rn. 36).

52 2. Der Fall, dass das verkaufte Recht überhaupt nicht besteht oder nicht dem Verkäufer zusteht, wird von § 435 BGB nicht erfasst. Seine Rechtsfolgen richten sich nach §§ 311a BGB (→ Rn. 29): Der Käufer wird unabhängig von einem Verschulden des Verkäufers von seiner Leistungspflicht frei und kann die von ihm erbrachten Leistungen zurückfordern oder vom Vertrag zurücktreten. Schadensersatz statt der Leistung oder Ersatz vergeblicher Aufwendungen kann er nach §§ 311a Abs. 2, 284 verlangen; der Anspruch besteht nicht, wenn der Verkäufer das Leistungshindernis bei Vertragsschluss nicht kannte und diese Unkenntnis auch nicht zu vertreten hat.

53 Steht dem Verkäufer das Recht nicht zu, kann er es sich aber (zB durch Einigung mit dessen Inhaber) verschaffen, liegt lediglich eine vorübergehende anfängliche Unmöglichkeit vor. Solange sie noch beseitigt werden kann, kann der Käufer nach § 323 Abs. 1 BGB eine Frist zur Leistung setzen und nach deren erfolglosem Ablauf zurücktreten. Schadensersatz statt der Leistung kann er nach ergebnislosem Fristablauf gem. §§ 280 Abs. 1, 3, 281 BGB verlangen. Ein bis dahin entstandener Verspätungsschaden ist ihm nach §§ 280 Abs. 1, 286 BGB zu ersetzen, wenn der Verkäufer die Pflichtverletzung (Nichtleistung) zu vertreten hat (§§ 280 Abs. 1 S. 2, 286 Abs. 4 BGB). Stellt sich (unabhängig von einer Fristsetzung) heraus, dass der Verkäufer das Recht endgültig nicht verschaffen kann, gelten die bei anfänglicher Unmöglichkeit eintretenden Rechtsfolgen (→ Rn. 29 ff.).

54 3. Somit ist der Verkäufer weder im Rahmen der kaufrechtlichen Rechtsmängelhaftung noch nach allgemeinem Leistungsstörungsrecht schadensersatzpflichtig, wenn er den Rechtsmangel und seine Unkenntnis hiervon nicht zu vertreten hat, was grundsätzlich bedeutet, dass er nur für Vorsatz und Fahrlässigkeit, also Verschulden einzustehen hat, während er nach früherem Recht für Rechtsmängel verschuldensunabhängig haftete (§§ 434, 437 aF BGB). Aus dem Inhalt des Kaufvertrags kann sich jedoch eine verschuldensunabhängige Haftung auch dann ergeben, wenn nicht ausdrücklich eine Garantie übernommen worden ist (§ 276 Abs. 1 S. 1 BGB).

56 Das erlaubt bei Kaufverträgen über Erfindungen und daran bestehende Rechte eine Differenzierung in der Weise, wie sie nach früherem Recht überwiegend als angemessen erachtet wurde. Freilich war dabei von einer gesetzlich angeordneten Garantiehaftung auszugehen und nach Einschränkungen zu fragen, die sich durch interessengerechte Vertragsauslegung rechtfertigen ließen. Nach neuem Schuldrecht bedarf dagegen die Annahme einer Schadensersatzpflicht *ohne Verschulden* besonderer Begründung. Die früher entwickelten Wertungen lassen sich jedoch auch in diesem Sinne verwenden. Andererseits können sie mittels der Überlegung, dass die Parteien im Zweifel eine angemessene Verteilung der vertragstypischen Risiken gewollt haben (vgl. → Rn. 41), auch nach neuem Recht zu Einschränkungen von einem Verschulden des Verkäufers unabhängiger Käuferrechte führen. Demgemäß wird weiterhin von den im Folgenden dargestellten Grundsätzen auszugehen sein (→ Rn. 57–62).

57 4. Der Verkäufer eines Rechts an einer Erfindung muss auch ohne Verschulden dafür einstehen, dass ihm das materielle Recht an der Erfindung zusteht, dass er berechtigt ist, darüber zu verfügen, und dass, soweit vertraglich vorausgesetzt, eine entsprechende Anmeldung mit der angegebenen Priorität oder eine Patenterteilung oder Gebrauchsmusterein-

§ 41. *Verpflichtungen aus Übertragungs- und Lizenzverträgen* V § 41

tragung erfolgt ist. Besteht bei Vertragsschluss das vertraglich vorausgesetzte Recht nicht oder steht es nicht dem Verkäufer zu kann der Käufer Schadensersatz statt der Leistung oder Ersatz vergeblicher Aufwendungen verlangen, vom Vertrag zurücktreten oder es dabei bewenden lassen, dass der Kaufpreisanspruch entfällt und von ihm Geleistetes zurückzuerstatten ist (→ Rn. 52).

5. In entsprechender Weise haftet der Verkäufer, wenn bei Vertragsschluss Rechte Dritter, die er selbst eingeräumt hat, eine Zwangslizenz oder eine dem Verkäufer oder einem Rechtsvorgänger mitgeteilte Benutzungsanordnung bestehen. **58**

Im Fall einer *Abhängigkeit* des verkauften Rechts von einem älteren Schutzrecht oder des Bestehens eines Vorbenutzungsrechts ist dagegen eine Schadensersatzpflicht des Verkäufers nur angebracht, wenn er das fremde Recht gekannt oder schuldhaft nicht gekannt hat. Eine verschuldensunabhängige Haftung wäre insoweit nicht gerechtfertigt, da der Verkäufer das Risiko des Hervortretens solcher Rechte ebenso wenig zu beherrschen vermag wie der Käufer. Ohne Rücksicht auf Verschulden ist jedoch der Verkäufer eines Erteilungsanspruchs, Patents oder Gebrauchsmusters schadensersatzpflichtig, wenn seine Rechtsstellung auf widerrechtlicher Entnahme beruht, da in diesem Fall der Mangel aus der Sphäre des Verkäufers oder eines seiner Rechtsvorgänger stammt. **59**

6. Für die *Schutzfähigkeit* der dem verkauften Recht zugrundeliegenden Erfindung haftet der Verkäufer mangels anderweitiger Vereinbarung ohne Verschulden nicht. Der Käufer einer Patentanmeldung kann demgemäß nicht schon daraus Schadensersatzansprüche herleiten, dass das erwartete Patent nicht erteilt wird.[37] Entsprechendes gilt, wenn zwar die Anmeldung zum Patent führt, aber dieses später widerrufen oder vernichtet wird, ebenso wenn ein Patent oder Gebrauchsmuster, das nach seiner Erteilung oder Eintragung verkauft und übertragen worden ist, rückwirkend wegfällt bzw. gelöscht oder als unwirksam erkannt wird. **60**

Freilich ist der Verkäufer verpflichtet, dem Käufer alle ihm bei Vertragsschluss bekannten Tatsachen mitzuteilen, die die Erteilung oder Rechtsbeständigkeit des Schutzrechts in Frage stellen können, zB eine Vorveröffentlichung oder Vorbenutzung oder einen negativen Prüfungsbescheid des PA. **61**

Wenn schutzhindernde Umstände, die der Verkäufer gekannt, aber schuldhaft nicht als schutzhindernd gewertet und deshalb dem Käufer nicht mitgeteilt hat, zum Scheitern der Anmeldung oder zur rückwirkenden Beseitigung des Patents oder zur Unwirksamkeit oder Löschung des Gbm führen, hat der Käufer die ihm wegen Nichterfüllung des Vertrags zustehenden Rechte (→ Rn. 52). Entsprechendes gilt für schutzhindernde Umstände, die der Verkäufer zur Zeit des Vertragsschlusses nicht gekannt hat, aber bei pflichtgemäßer Sorgfalt hätte erkennen können. Dass er vor dem Verkauf nicht von sich aus nach möglichen Schutzhindernissen geforscht hat, rechtfertigt dabei noch nicht die Annahme eines Verschuldens. Der Schaden, dessen Ersatz der Käufer in solchen Fällen verlangen kann, mindert sich, soweit der Käufer tatsächlich in den Genuss der Vorteile gelangt ist, die er vertragsmäßig erwarten durfte.[38] **62**

7. Hat der Verkäufer bewusst schutzhindernde Umstände in der Annahme verschwiegen, dass der Käufer bei ihrer Kenntnis nicht oder zu anderen Bedingungen abschließen werde, kann der Käufer den Vertrag nach § 123 BGB wegen arglistiger Täuschung *anfechten*[39] und nach §§ 311 Abs. 2, 241 Abs. 2, 280 Abs. 1 BGB sowie wegen unerlaubter Handlung (§ 823 Abs. 2 BGB iVm § 263 StGB; § 826 BGB) Ersatz des Schadens verlangen, den er erleidet, weil er sich auf die Schutzfähigkeit der Erfindung verlassen hat. Ficht er nicht an, hat er die Rechte wegen Nichterfüllung des Vertrags (→ Rn. 52). **63**

---

[37] BGH 23.3.1982, BGHZ 83, 283 (288 f.) – Hartmetallkopfbohrer.
[38] Dabei kann sich ergeben, dass der Käufer Schadensersatzleistungen Dritter zurückerstatten muss und insoweit erlangte Vorteile wieder verliert, vgl. *Lunze* 154 ff.
[39] BGH 23.3.1982, BGHZ 83, 283 (291 f.) – Hartmetallkopfbohrer.

b) Lizenz

64 1. Der Lizenzgeber haftet bei entsprechender Anwendung von Pachtrecht nach §§ 581 Abs. 2, 536 Abs. 3 iVm Abs. 1, 536a BGB, wenn der Lizenznehmer durch das Recht eines Dritten in der Benutzung der Erfindung behindert wird. Eine Schadensersatzpflicht ohne Verschulden, wie sie sich nach dieser Regelung ergäbe, ist jedoch im Fall der Abhängigkeit der lizenzierten Erfindung nicht angemessen (vgl. → Rn. 59 und 44 ff.). Andererseits genügt es nicht, den LizGeb nur für die Benutzungsmöglichkeit einstehen zu lassen, wenn – wie meist – dem LN nicht nur diese, sondern auch die Vorteile des bestehenden oder erwarteten Patentschutzes geschuldet sind. Die insoweit nötige Ergänzung ergibt sich wie beim Kauf aus dem allgemeinen Leistungsstörungsrecht (→ Rn. 52). Dabei ist zu berücksichtigen, dass es sich beim Lizenzvertrag um ein Dauerschuldverhältnis handelt. Auch sind Unterschiede zwischen ausschließlicher und einfacher Lizenz zu machen.

65 2. Dem ausschließlichen LN haftet der LizGeb wie ein Verkäufer (vgl. → Rn. 57 ff.) verschuldensunabhängig, wenn ihm bei Vertragsschluss das lizenzierte Recht nicht zusteht oder Rechte Dritter, die er oder ein Rechtsvorgänger selbst eingeräumt hat, eine Zwangslizenz oder eine mitgeteilte Benutzungsanordnung bestehen. Gleiches gilt, wenn die lizenzierte Anmeldung oder das lizenzierte Schutzrecht auf widerrechtlicher Entnahme beruhen.

66 Dem einfachen LN haftet der LizGeb in der bezeichneten Weise nur, wenn ihm das lizenzierte Recht bei Vertragsschluss nicht zusteht oder der LN durch ein vom LizGeb oder einem Rechtsvorgänger früher bestelltes Recht eines Dritten oder infolge Durchsetzung eines aus widerrechtlicher Entnahme erwachsenen Übertragungsanspruchs in der Benutzung der Erfindung behindert wird.

67 Der LN hat in den genannten Fällen Anspruch auf Schadensersatz statt der Leistung. Er ist so zu stellen, als ob ihm für die vereinbarte Dauer die versprochene Rechtsstellung unbeeinträchtigt verschafft worden wäre. Stattdessen kann er nach § 284 BGB Ersatz vergeblicher Aufwendungen verlangen, nach § 326 BGB nicht geschuldete Leistungen zurückfordern oder nach §§ 314 Abs. 2, 323 Abs. 2 BGB kündigen. Bei der Ermittlung des Schadens, der vergeblichen Aufwendungen und der Höhe der vom LizGeb zurückzuerstattenden Lizenzentgelte ist zu berücksichtigen, inwieweit der LN trotz des Rechtsmangels die Vorteile erlangt hat, die er nach dem Vertrag erwarten durfte.

68 3. Bei Abhängigkeit oder Vorbenutzungsrecht besteht aus den schon genannten Gründen (→ Rn. 59) kein Anspruch auf Schadensersatz oder Ersatz vergeblicher Aufwendungen, wenn den LizGeb kein Verschulden trifft. Die übrigen in Frage kommenden Rechte (→ Rn. 52) hat der LN jedoch auch in diesem Fall. Zu beachten ist dabei, dass durch ein VBR nur eine ausschließliche, nicht aber eine einfache Lizenz beeinträchtigt wird.

69 Verlangt der durch einen älteren Berechtigten an der Benutzung gehinderte LN nach § 326 Abs. 1, 4, 346 Abs. 1 BGB Rückerstattung erbrachter Leistungen, ist zu beachten, dass seine Pflicht zur Gebührenzahlung unberührt bleibt, soweit er tatsächlich die vertragsmäßigen Vorteile erlangt hat und nicht dem älteren Berechtigten schadensersatzpflichtig ist. Der (ohne Verschulden des LizGeb) durch ein VBR gestörte ausschließliche LN kann im Allgemeinen lediglich seine künftigen Gebührenzahlungen mindern;[40] nur wenn ihm wegen besonderer Umstände das Festhalten am Vertrag nicht mehr zumutbar ist, hat er das Recht zur außerordentlichen Kündigung.[41]

70 4. Wird das lizenzierte Patent nach Vertragsschluss durch **Widerruf oder Nichtigerklärung** rückwirkend beseitigt oder das lizenzierte Gebrauchsmuster gelöscht oder als unwirksam erkannt, sind, weil diese Mängel nicht auf Rechten Dritter beruhen und nicht

---

[40] RG 3.2.1912, RGZ 78, 363 (368).
[41] Vgl. RG 25.4.1936, GRUR 1936, 1056.

§ 42. Wettbewerbsbeschränkungen **§ 42**

die Benutzungsmöglichkeit, sondern nur deren vertraglich vorausgesetzte Ausschließlichkeit beeinträchtigen, die allgemeinen Vorschriften über Leistungsstörungen anzuwenden (→ Rn. 64 und 52).

Eines Zurückgreifens auf den früher als maßgebend erachteten Gesichtspunkt des *Wegfalls der Geschäftsgrundlage* (jetzt § 313 BGB) bedarf es nach neuem Schuldrecht nicht[42].

Der Umstand, dass das Risiko des Hervortretens von Mängeln der Schutzfähigkeit der Erfindung vom LizGeb ebenso wenig zu beherrschen ist wie vom LN, lässt eine vom Grundsatz des § 276 Abs. 1 S. 1 BGB abweichende verschuldensunabhängige Haftung des LizGeb nicht zu (→ Rn. 60 ff.). Ohne Verschulden des LizGeb kann somit der LN nur Rückerstattung seiner Leistungen verlangen oder kündigen (→ Rn. 68). **71**

Bei der Bemessung eines Schadens- oder Aufwendungsersatzes oder vom LizGeb zurückzuerstattender Lizenzentgelte ist zu berücksichtigen, inwieweit der LN die Vorteile, die er von der Ausschlusswirkung des lizenzierten Rechts erwarten durfte, tatsächlich genossen hat. Demgemäß wird er, wie es von jeher anerkannt ist, auch nach neuem Recht geleistete Zahlungen nicht zurückfordern können[43]. Andererseits wird er von seiner Zahlungspflicht auch dann ganz oder teilweise frei, wenn das lizenzierte Recht zwar formal noch besteht, aber von den Konkurrenten wegen Zweifel an seiner Gültigkeit weitgehend nicht mehr beachtet wird.[44] **72**

5. Die gleichen Rechtsfolgen wie bei Widerruf oder Nichtigerklärung ergeben sich, wenn die bei Vertragsschluss erwartete Patenterteilung mangels Schutzfähigkeit nicht zustande kommt oder das Patent auf Antrag des Inhabers beschränkt wird.[45] Im letzteren Fall ist jedoch vorausgesetzt, dass begründeter Anlass zur Beschränkung besteht; andernfalls ist die Beschränkung entsprechend einem Verzicht (vgl. → Rn. 14 ff.) zu behandeln. **73**

§ 42. Wettbewerbsbeschränkungen bei der Verwertung von Rechten an Erfindungen

Literatur: *Bartenbach, K./Söder, A.*, Lizenzvertragsrecht nach neuem GWB, Mitt. 2007, 353–365; *Brandi-Dohrn, M.*, Die Ausschließlichkeit von Lizenzen, FS Bartenbach, 2005, 439–458; *Heinemann, A.*, Gebietsschutz im Binnenmarkt – Bewährungsprobe für ein prekäres Gleichgewicht, FS Schricker, 2005, 53–68; *Höppner, T.*, Missbräuchliche Verhinderung „neuer" Produkte durch Immaterialgüterrechte. Zur Anwendung von Art. 82 EG auf Lizenzverweigerungen, GRUR Int. 2005, 457–464; *Kübel, C.*, Zwangslizenz im Immaterialgüter- und Wettbewerbsrecht. Eine Untersuchung zu Patenten und Urheberrechten bei technischen Normen, 2004; *Lübbig, T.*, „… et dona ferentes": Anmerkungen zur neuen EG-Gruppenfreistellungsverordnung im Bereich des Technologietransfers, GRUR 2004, 483–489; *Maaßen, S.*, Normung, Standardisierung und Immaterialgüterrechte, 2006; *Ullrich, H.*, Patente, Wettbewerb und technische Normen: Rechts- und ordnungspolitische Fragestellungen, GRUR 2007, 817–830; *Worm, U./Lorenz, L.*, „Reverse Payments" and „Pay-For-Delay" im Lichte aktueller Entscheidungen, Mitt. 2013, 390–397.

---

[42] In diesem Sinn schon zum früheren Recht die 4. Aufl., 709 f.
[43] Vgl. RG 21.11.1914, RGZ 86, 45 (55 ff.); BGH 12.4.1957, GRUR 1957, 595 (596) – Verwandlungstisch; 26.9.1969, GRUR 1969, 677 (678 f.) – Rüben-Verladeeinrichtung; 28.9.1976, GRUR 1977, 107 (109) – Werbespiegel; 25.1.1983, BGHZ 86, 330 (334) – Brückenlegepanzer; 14.5.2002, GRUR 2002, 787 (789) – Abstreiferleiste mwN; 5.7.2005, GRUR 2005, 935 (937) – Vergleichsempfehlung II; bei einer ausschließlichen Lizenz kann sich auf den Umfang der erlangten Vorteile auch auswirken, dass der LN Schadensersatzleistungen Dritter zurückgeben muss (vgl. → Fn. 38).
[44] BGH 17.10.1968, GRUR 1969, 409 (411) – Metallrahmen; 28.6.1957, GRUR 1958, 175 (177) – Wendemanschette II.
[45] Dazu BGH 24.9.1957, GRUR 1958, 231 – Rundstuhlwirkware.

A. Anwendung von Art. 101 und 102 AEUV

I. Inhalt der Regelung

a) Verbot von Beschränkungen. Nichtigkeit von Vereinbarungen und Beschlüssen

1   Mit dem Binnenmarkt unvereinbar und verboten sind nach Art. 101 AEUV alle Vereinbarungen zwischen Unternehmen, Beschlüsse von Unternehmensvereinigungen und aufeinander abgestimmte Verhaltensweisen, welche den Handel zwischen Mitgliedstaaten zu beeinträchtigen geeignet sind[1] und eine Verhinderung, Einschränkung oder Verfälschung des Wettbewerbs innerhalb des Gemeinsamen Marktes bezwecken oder bewirken, insbesondere
   (a) die unmittelbare oder mittelbare Festsetzung der An- oder Verkaufspreise oder sonstiger Geschäftsbedingungen;
   (b) die Einschränkung oder Kontrolle der Erzeugung, des Absatzes, der technischen Entwicklung oder der Investitionen;
   (c) die Aufteilung der Märkte oder Versorgungsquellen;
   (d) die Anwendung unterschiedlicher Bedingungen bei gleichartigen Leistungen gegenüber Handelspartnern, wodurch diese im Wettbewerb benachteiligt werden;
   (e) die an den Abschluss von Verträgen geknüpfte Bedingung, dass die Vertragspartner zusätzliche Leistungen annehmen, die weder sachlich noch nach Handelsbrauch in Beziehung zum Vertragsgegenstand stehen.

2   Die Kommission und der Gerichtshof wenden das Verbot jedoch nur an, wenn eine *spürbare* Auswirkung auf die Marktverhältnisse vorliegt oder zu erwarten ist[2]. Dabei werden auch Größe und Marktanteile der beteiligten Unternehmen in Betracht gezogen.

3   Die nach Art. 101 Abs. 1 AEUV verbotenen Vereinbarungen oder Beschlüsse sind nach Abs. 2 nichtig.

b) Freistellung

4   Gemäß Art. 101 Abs. 3 AEUV können die Bestimmungen des Abs. 1 für nicht anwendbar erklärt werden auf
   – Vereinbarungen oder Gruppen von Vereinbarungen zwischen Unternehmen,
   – Beschlüsse oder Gruppen von Beschlüssen von Unternehmensvereinigungen,
   – aufeinander abgestimmte Verhaltensweisen oder Gruppen von solchen,
   die unter angemessener Beteiligung der Verbraucher am entstehenden Gewinn zur Verbesserung der Warenerzeugung oder -verteilung oder zur Förderung des technischen oder wirtschaftlichen Fortschritts beitragen, ohne dass den beteiligten Unternehmen
   (a) Beschränkungen auferlegt werden, die für die Verwirklichung dieser Ziele nicht unerlässlich sind, oder
   (b) Möglichkeiten eröffnet werden, für einen wesentlichen Teil der betreffenden Waren den Wettbewerb auszuschalten.

5   Die Freistellung kann für den Einzelfall oder allgemein für Gruppen von Vereinbarungen, Beschlüssen oder abgestimmten Verhaltensweisen ausgesprochen werden (Einzel- bzw. Gruppenfreistellung).

c) Verbot des Missbrauchs einer marktbeherrschenden Stellung

6   Mit dem Binnenmarkt unvereinbar und verboten ist nach Art. 102 Abs. 1 AEUV die missbräuchliche Ausnutzung einer beherrschenden Stellung auf dem Binnenmarkt oder einem wesentlichen Teil davon durch ein oder mehrere Unternehmen, soweit dies dazu führen kann, den Handel zwischen den Mitgliedstaaten zu beeinträchtigen.

---

[1] Dazu *Folz* 321 ff. mN.
[2] Vgl. *Folz* 318 ff.; *Heinemann* 368 ff.

Nach Art. 102 Abs. 2 kann ein solcher Missbrauch insbesondere bestehen in 7
(a) der unmittelbaren oder mittelbaren Erzwingung von unangemessenen Einkaufs- oder Verkaufspreisen oder sonstigen Geschäftsbedingungen,
(b) der Einschränkung der Erzeugung, des Absatzes oder der technischen Entwicklung zum Schaden der Verbraucher,
(c) der Anwendung unterschiedlicher Bedingungen bei gleichwertigen Leistungen gegenüber Handelspartnern, wodurch diese im Wettbewerb benachteiligt werden,
(d) der an den Abschluss von Verträgen geknüpften Bedingung, dass die Vertragspartner zusätzliche Leistungen abnehmen, die weder sachlich noch nach Handelsbrauch in Beziehung zum Vertragsgegenstand stehen.

II. Verfahrensvorschriften

Für die Anwendung der Art. 101 und 102 ist die Kommission zuständig (Art. 105). Die 8 grundlegenden Bestimmungen über das Verfahren finden sich in der VO Nr. 1/2003 des Rates vom 16.12.2002.[3]

Durch die VO 1/2003 wurde zur Entlastung der Kommission die Anwendung von 9 Art. 81 und 82 EGV (jetzt Art. 101 und 102 AEUV) dezentralisiert. Dass Vereinbarungen, Beschlüsse und abgestimmte Verhaltensweisen iSd Art. 81 Abs. 1 EGV, die nicht die Voraussetzungen des Abs. 3 erfüllen, verboten und nichtig sind, ohne dass es einer vorherigen Entscheidung bedarf (Art. 1 Abs. 1 der VO), entsprach zwar der vorherigen Rechtslage. Neu war jedoch, dass sie ohne solche Entscheidung erlaubt sind, wenn sie jene Voraussetzungen erfüllen (Art. 1 Abs. 2 der VO). Es bedarf also nicht mehr einer Einzel- oder Gruppenfreistellung durch die Kommission. Die nationalen Behörden – in Deutschland das BKartA und die nach dem GWB zuständigen Gerichte – sind befugt, unter den Voraussetzungen des Art. 101 Abs. 3 über die Zulässigkeit oder Unzulässigkeit einer Vereinbarung, eines Beschlusses oder einer Verhaltensweise zu entscheiden. Sie haben allerdings die Möglichkeit und in letzter Instanz die Verpflichtung, über Fragen der Auslegung des Unionsrechts gemäß Art. 267 AEUV die Vorabentscheidung des EuGH einzuholen.

Nach wie vor hat jedoch ein von der Kommission eingeleitetes Verfahren Vorrang 10 gegenüber einem Verfahren vor einer nationalen Behörde (Art. 11 Abs. 6 VO 1/2003).

Zum Erlass von Gruppenfreistellungsverordnungen bleibt die Kommission ermächtigt 11 (Erwägungsgrund 10 zur VO 1/2003). Soweit diese bestehen, bleiben sie anwendbar. Die nationalen Behörden haben sie als Unionsrecht zu beachten.

III. Anwendung des Art. 101 AEUV auf Verträge über technische Schutzrechte: Rechtsentwicklung

1. Die Bestimmungen des Art. 101 AEUV sind auch auf Verträge über **Erwerb oder** 12 **Nutzung von Erfindungen** uneingeschränkt anwendbar. Für die Zulässigkeit einer Vereinbarung ist – anders als nach dem früheren § 17 GWB (→ § 42 Rn. 45 ff.) – nicht der „Inhalt des Schutzrechts", sondern die vom EuGH geprägte Unterscheidung maßgebend, wonach nur der *Bestand* des Schutzrechts, der sich nach dessen *spezifischem Gehalt* bestimmt, vom Unionsrecht nicht berührt wird, die *Ausübung* des Schutzrechts aber gegen die Regeln des AEUV verstoßen kann.[4]

---

[3] Verordnung (EG) Nr. 1/2003 des Rates vom 16.12.2002 zur Durchführung der in den Art. 81 und 82 EG niedergelegten Wettbewerbsregeln, ABl. 2003 L 1, 1; zuletzt geändert durch Anh. I ÄndVO (EG) 487/2009 ABl. 2009 L 148, 1.

[4] Zu diesem Ansatz ausführlich *Heinemann* 195 ff., 238 ff., 294 ff., 381 f. mN.; krit. zur Lehre vom „spezifischen Gehalt" *Lorenz* WRP 2006, 1012 ff., der vorschlägt, Patentlizenzvereinbarungen danach zu beurteilen, ob sie der Förderung des technischen Fortschritts dienen.

13 2. Bei der Anwendung des Art. 85 EWGV/81 EGV (jetzt 101 AEUV) gelangte die **Kommission** zu einer im Vergleich mit dem früheren GWB strengeren kartellrechtlichen Beurteilung von Schutzrechtsverträgen. Insbesondere nahm sie an, dass die *ausschließliche Lizenz* schon deshalb eine unter Art. 85 Abs. 1 EWGV fallende Wettbewerbsbeschränkung darstellen könne, weil dabei der LizGeb die Möglichkeit verliere, mit anderen Nachfragern nach Lizenzen Verträge abzuschließen.[5] Bedenken erhob sie auch gegen das einem LN auferlegte *Verbot,* patentgemäße Erzeugnisse *direkt* in einen anderen Mitgliedstaat *zu liefern,*[6] und gegen *Nichtangriffsklauseln.*[7]

14 3. Das Urteil des **Europäischen Gerichtshofs** in der Sache „Maissaatgut"[8] unterscheidet zwischen einer „offenen" ausschließlichen Lizenz und einer ausschließlichen Lizenz mit absolutem Gebietsschutz. Bei ersterer beziehe sich die Ausschließlichkeit nur auf das Vertragsverhältnis zwischen dem Rechtsinhaber und dem Lizenznehmer, indem sich der Inhaber lediglich verpflichte, keine weiteren Lizenzen für dasselbe Gebiet zu erteilen und dem LN in diesem Gebiet nicht selbst Konkurrenz zu machen; dagegen betreffe die offene ausschließliche Lizenz nicht die Stellung Dritter. Anders sei es bei einer ausschließlichen Lizenz mit absolutem Gebietsschutz. Hier verfolgten die Vertragsparteien die Absicht, für die betreffenden Erzeugnisse und das fragliche Gebiet jeden Wettbewerb Dritter, etwa von Parallelimporteuren oder Lizenznehmern für andere Gebiete, auszuschalten.

15 Unter Berücksichtigung der Umstände des Falles gelangte der EuGH zu dem Ergebnis, dass die offene ausschließliche Lizenz als solche nicht unvereinbar mit Art. 85 Abs. 1 EWGV (jetzt Art. 101 AEUV) sei. Er legte dabei Gewicht auf die Feststellung, dass es sich um ein in jahrelanger Forschungstätigkeit entwickeltes, für den deutschen Markt, auf den sich die Ausschließlichkeit bezog, neues Erzeugnis handelte.

16 Für die ausschließliche Lizenz mit absolutem Gebietsschutz bejahte der EuGH die Anwendbarkeit des Art. 85 Abs. 1 EWGV; eine Freistellung nach Abs. 3 lehnte er zumindest für den Fall ab, dass sich der absolute Gebietsschutz auch gegen die Einfuhr von Erzeugnissen richtet, die bereits in einem anderen EG-Staat mit Zustimmung des Berechtigten in Verkehr gebracht worden sind. Zweifelhaft blieb damit die Beurteilung eines dem LN auferlegten Verbots, *direkt* in das Gebiet eines anderen LN zu liefern.

16a 4. In seiner Entscheidung Genentech/Hoechst[9], die auf eine Vorlage der *Cour d'appel de Paris* hin erging, lehnte es der EuGH 2016 ab, Art. 101 AEUV auf FTO-Lizenzvereinbarungen zu erstrecken, die den LN zur Zahlung von Lizenzentgelten für die Verwendung einer patentierten Technologie während der gesamten Vertragslaufzeit auch dann verpflichtet hatte, wenn das lizenzierte Patent für nichtig erklärt worden oder das lizenzierte Schutzrecht (wie bei FTO-Lizenzen häufig) gar nicht benutzt worden war. Wenngleich diese Sicht hier materiell nicht geteilt wird, ist dem *EuGH* immerhin zu konzedieren, dass er damit jedenfalls an seiner Sichtweise aus der Entscheidung *Ottung* von 1989 festhält,[10] in der er bereits einmal einen Verstoß gegen Art. 101 Abs. 1 AEUV für einen Lizenzvertrag abgelehnt

---

[5] Vgl. EG-Kommission 22.12.1971, GRUR-Int 1972, 172 – Burroughs/Geha-Werke; 9.6.1972, GRUR-Int 1972, 371 – Davidson Rubber; 9.6.1972, GRUR-Int 1972, 374 – Raymond/Nagoya; 18.6.1975, GRUR-Int 1975, 449 – Kabelmetal/Luchaire; 2.12.1975, GRUR-Int 1976, 182 – AOIP/Beyrard; dazu auch *Brandi-Dohrn* FS Bartenbach, 2005, 439 (441 ff.).

[6] 4. Bericht über die Wettbewerbspolitik, auszugsw. in GRUR-Int 1976, 391 Rn. 22 ff.; 2.12.1975, GRUR-Int 1976, 182 – AOIP/Beyrard; vgl. auch *Ullrich* GRUR-Int 1973, 53.

[7] EG-Kommission 2.12.1975, GRUR-Int 1976, 182 (183) – AOIP/Beyrard; 10.1.1979, GRUR-Int 1979, 212 – Vaessen/Morris; 11.7.1983, GRUR-Int 1984, 171 (178) – Windsurfing International; 13.12.1985, GRUR-Int 1986, 253 (258) – Pitica/Kyria; vgl. auch *v. Maltzahn* 606 ff.

[8] 8.6.1982, GRUR-Int 1982, 530 (535) mit Anmerkung *von Pietzke;* dazu auch *Axster* GRUR-Int 1982, 646; *Brandi-Dohrn* FS Bartenbach, 2005, 439 (443 f.).

[9] 7.7.2016, GRUR 2016, 917 Rn. 39 f. mzustAnm *McGuire/Ackermann.*

[10] 12.5.1989, GRUR-Int 1990, 458 Rn. 13 – Ottung/Klee&Weilbach.

§ 42. Wettbewerbsbeschränkungen A III § 42

hatte, der noch vor Patenterteilung geschlossen worden war und den LN binnen angemessener Frist hatte kündigen können. Entscheidend gewesen war dort wie hier die Lösungsmöglichkeit des LN vom Vertrag.

Ob diese Lösungsmöglichkeit so frei wirklich immer besteht, wenn eine Kündigung rechtlich möglich ist, ist durchaus fraglich. Deutlich machen sollen hätte der EuGH mindestens, dass die Vereinbarung einer Zahlungsverpflichtung des LN für eine gemeinfreie oder von ihm gar nicht genutzte Technologie nicht schon dann zulässig ist, wenn eine nur rechtliche Lösungsmöglichkeit vom Vertrag besteht, sondern erst dann, wenn der LN von dieser Möglichkeit vernünftigerweise auch Gebrauch machen kann, ohne Nachteile dadurch fürchten zu müssen, dass der LG ihm als „unkooperativem" LN künftig keine Lizenzen mehr erteilen wird. Dadurch dass er diesen Teil der Realität nicht anspricht, sendet der EuGH eine problematische Botschaft. Statt marktmächtige Technologieführer einzuhegen, erleichtert er ihnen das *Leveraging* von Marktmacht in patentfreie Bereiche; mit einer vordergründigen, um nicht zu sagen simplen Begründung. **16b**

5. Eine *Nichtangriffsklausel* gehört nach einer Entscheidung des EuGH[11] nicht zum spezifischen Gegenstand des Patents und stellt eine unzulässige Beschränkung des Wettbewerbs zwischen LizGeb und LN dar; ob sie für sich genommen den innergemeinschaftlichen Handel beeinträchtigen kann, blieb dabei offen. Nach einer späteren Entscheidung[12] kann sie je nach dem rechtlichen und wirtschaftlichen Zusammenhang, in dem sie steht, den Wettbewerb iSd Art. 85 Abs. 1 EWGV (jetzt Art. 101 Abs. 1 AEUV) beschränken. Dies sei jedoch nicht der Fall, wenn mit dem Vertrag, der sie enthält, eine kostenlose Lizenz erteilt[13] oder die Lizenz zwar kostenpflichtig erteilt wird, sich aber auf ein technisch überholtes Verfahren bezieht, von dem der zum Nichtangriff verpflichtete LN keinen Gebrauch gemacht hat.[14] **17**

Die grundsätzliche Ablehnung von Nichtangriffsabreden[15] wird auf das allgemeine Interesse an der Beseitigung ungerechtfertigter Patente und Gbm gestützt. Auch wird darauf verwiesen, dass vielfach der LN in besonderer Weise oder sogar allein in der Lage sei, die Schwächen des Schutzrechts zu erkennen und nachzuweisen. Aus den schon genannten Gründen (vgl. → § 41 Rn. 24 ff.) dient jedoch die Nichtangriffspflicht dem berechtigten Interesse, die Durchführung des Vertrags von Störungen freizuhalten. Der LN ist der Allgemeinheit nicht verpflichtet, seine Zweifel an der Schutzfähigkeit der Erfindung durch Einspruch, Nichtigkeitsklage oder Löschungsantrag geltend zu machen. Da jedermann hierzu befugt ist, besteht wenig Anlass zu der Befürchtung, dass Nichtangriffsklauseln zur ungerechtfertigten Aufrechterhaltung die Allgemeinheit störender Ausschlussrechte führen[16]. Sofern dem Patent oder Gbm wirklich schutzhindernder SdT entgegensteht, lässt sich dieser Mangel aus Kenntnissen begründen, die jedenfalls im Zeitpunkt des möglichen Angriffs definitionsgemäß allgemein zugänglich sind (§ 3 Abs. 1 und 2 PatG, Art. 54 Abs. 2 und 3 EPÜ, § 3 Abs. 1 GebrMG). Die Allgemeinheit sollte daher auf besondere Kenntnisse des LN nicht angewiesen sein. **18**

Die Nichtanerkennung der Nichtangriffsabrede – von der die Praxis auszugehen hat – instrumentalisiert das Individualinteresse des LN, vom Vertrag loszukommen, im Allgemeininteresse. Denn durch aufkommende Zweifel an der Rechtsbeständigkeit des lizenzierten Rechts lässt sich der LN regelmäßig zum Angriff auf das Schutzrecht nur dann bestimmen, wenn ihm der Vertrag unbequem geworden ist. Auf dieser Überlegung beruht es auch, dass die Klausel im Fall einer (ohne beschränkende **19**

---

[11] 25.2.1986, GRUR-Int 1986, 635 (641) – Windsurfing International.
[12] 27.9.1988, GRUR-Int 1989, 56 – Bayer/Süllhöfer mit Schlussanträgen von *Darmon*.
[13] Hierauf bezieht sich BGH 24.4.2007, GRUR 2007, 963 Rn. 16 – Polymer-Lithium-Batterien.
[14] Krit. hierzu *v. Maltzahn* 606 ff.
[15] So insbes. *Sack* FS Fickentscher, 1998, 740 (742 ff.); vgl. auch *v. Maltzahn* FS v. Gamm, 1990, 597 (604 f.) mN.
[16] Dagegen erweckt *Sack* FS Fickentscher, 1998, 740 (742 ff.) weitgehend den Eindruck, als käme es für die Geltendmachung eines Gültigkeitsmangels des Schutzrechts allein auf den LN an. Die von ihm befürchteten wettbewerbsbeschränkenden Auswirkungen der Abrede müssten jedoch Dritte, die mit den Parteien des Lizenzvertrags in Wettbewerb treten wollen, zum Angriff herausfordern. Die „nähere Befassung mit der lizenzierten Technologie" (*Sack* FS Fickentscher, 1998, 740 (753)) ist ihnen auch möglich und zumutbar.

Nebenabreden erteilten) Freilizenz für unbedenklich gehalten wird[17]. Das behauptete Allgemeininteresse an der Aktivierung des „Insider-Wissens" des LN müsste aber gerade in diesem Fall beachtet werden, in dem der Verdacht eines Gültigkeitsmangels des Schutzrechts näher liegen kann als bei einem „normalen" Lizenzvertrag[18].

IV. Die Gruppenfreistellungsverordnung Technologietransfer (GVO TT)

a) Regelungssystem der VO Nr. 316/2014

20 1. Die aktuelle GVO TT 316/2014[19] unterscheidet sich nicht wesentlich von ihrer bis zum 30.4.2014 geltenden Vorgängerin[20]. Das grundlegende Prinzip, dass sie die Freistellung nur gewährt, wenn die Marktanteile der an einer Vereinbarung beteiligten Unternehmen Schwellenwerte nicht überschreiten, und dass Vereinbarungen zwischen konkurrierenden und nicht konkurrierenden Unternehmen teils unterschiedlich geregelt sind, wurde beibehalten. Die Kommission will hierdurch einen wirtschaftsorientierten Ansatz zur Geltung bringen, bei dem untersucht wird, wie sich eine Vereinbarung auf den relevanten Markt auswirkt.[21] Ausführliche Leitlinien[22] erläutern die GVO TT und bringen auch die Auffassung der Kommission über die Beurteilung außerhalb des Anwendungsbereichs der VO liegender Vereinbarungen zum Ausdruck.

21 Da nach der VO 1/2003 (→ Rn. 8–11) die Freistellung gem. Art. 101 Abs. 3 nicht mehr eine Entscheidung erfordert, sondern als kraft Gesetzes bestehend angesehen wird, wenn ihre Voraussetzungen erfüllt sind, hat sich auch die rechtliche Bedeutung der Gruppenfreistellung geändert. Sie bedeutet nicht mehr, dass Vereinbarungen, die deren Voraussetzungen erfüllen, freigestellt werden, sondern (nur), dass diese nach Auffassung der Kommission als freigestellt anzusehen sind.

22 2. Die GVO bezieht sich auf Technologietransfer-Vereinbarungen, worunter auch Beschlüsse und abgestimmte Verhaltensweisen fallen (Art. 1 Abs. 1 [a]). Eine Technologietransfer-Vereinbarung ist eine von zwei Unternehmen geschlossene Vereinbarung über die Lizenzierung von Technologierechten mit dem Ziel der Produktion von Vertragsprodukten durch den LN und/oder seine Zulieferer sowie eine Übertragung von Technologierechten zwischen zwei Unternehmen mit dem Ziel der Produktion von Vertragsprodukten, bei der das mit der Verwertung der Technologierechte verbundene Risiko zum Teil beim Veräußerer verbleibt (Art. 1 Abs. 1 [c]). Damit geht es letztlich um Herstellungslizenzen an technischen Schutzrechten und um Verträge, mit denen technische Schutzrechte veräußert werden.

23 3. Unter den in der GVO genannten Voraussetzungen wird Art. 101 Abs. 1 AEUV, soweit er anwendbar wäre (Art. 2 Abs. 2 S. 1 der GVO), für nicht anwendbar erklärt auf Technologietransfer-Vereinbarungen zwischen *zwei Unternehmen,* die die Produktion der Vertragsprodukte – dh der mit der lizenzierten Technologie produzierten Waren oder Dienstleistungen (Art. 1 Abs. 1 [f], [g]) – ermöglichen (Art. 2 Abs. 1). Die Freistellung gilt,

---

[17] So EuGH 27.9.1988, GRUR-Int 1989, 56 – Bayer/Süllhöfer; *v. Maltzahn* FS v. Gamm, 1990, 597 (613) setzt voraus, dass die Abrede in einem gerichtlichen Vergleich getroffen wird und mindestens ernsthafte Zweifel an der *Vernichtbarkeit* des Schutzrechts bestehen; ebenso BPatG 26.3.1996, GRUR-Int 1997, 631 (633 f.) – Nichtangriffspflicht auch für einen außergerichtlichen Vergleich.
[18] Vgl. *Sack* FS Fickentscher, 1998, 740 (762 ff.); *v. Maltzahn* FS Gamm, 1990, 597 (611 f.).
[19] VO (EU) Nr. 316/2014 der Kommission über die Anwendung von Artikel 101 Absatz 3 AEUV auf Technologie-Vereinbarungen vom 21.4.2014 ABl. 2014 L 93, 17.
[20] Verordnung (EG) Nr. 772/2004 der Kommission über die Anwendung von Art. 81 Abs. 3 EG-Vertrag auf Gruppen von Technologietransfer-Vereinbarungen vom 27.4.2004 ABl. 2004 L 123, 11; 2004 L 127, 158.
[21] Erwägungsgründe 4 und 6 der VO Nr. 772/2004; krit. – insbes. unter dem Aspekt mangelnder Rechtssicherheit – *Lorenz* WRP 2006, 1010 ff.; *Langfinger* FS Bartenbach, 2005, 427 (432 ff.); *Lübbig* GRUR 2004, 483 ff.; *Schumacher/Schmid* GRUR 2006, 10.
[22] Leitlinien zur Anwendung von Art. 101 AEUV auf Technologietransfer-Vereinbarungen, ABl. 2014 C 89, 3.

§ 42. Wettbewerbsbeschränkungen   A IV § 42

solange die Rechte an der lizenzierten Technologie nicht abgelaufen sind (Art. 2 Abs. 2 S. 2). Sie bezieht sich grundsätzlich auf die gesamte Vereinbarung. Die Ausnahmen, die von der freistellungshindernden Wirkung bestimmter „Kernbeschränkungen" gemacht werden (→ Rn. 34 ff.), bedeuten im praktischen Ergebnis eine „positive" Vorgabe für jedenfalls zulässige Gestaltungen. Umgekehrt kann für Vereinbarungen, die unzulässige Kernbeschränkungen enthalten, regelmäßig als ausgeschlossen gelten, dass sie trotz Unanwendbarkeit der GVO die Voraussetzungen des Art. 101 Abs. 3 erfüllen.[23]

4. Allgemeine Voraussetzung der Freistellung ist nach Art. 3, dass die **Marktanteile** der an einer Vereinbarung beteiligten Unternehmen bestimmte Grenzen nicht überschreiten. Die Überschreitung der jeweils maßgebenden Marktanteilsschwelle schließt jedoch nicht aus, dass eine Vereinbarung zulässig und wirksam ist, weil sie entweder schon von Art. 101 Abs. 1 nicht erfasst wird,[24] oder, wenn sie unter diese Vorschrift fällt, die Freistellungsvoraussetzungen des Art. 101 Abs. 3 erfüllt und deshalb zulässig und wirksam ist.   24

Regeln für die Bestimmung der Marktanteile enthält Art. 8 der VO. Wird die für die Freistellung maßgebende Schwelle nach Abschluss der Vereinbarung überschritten, gilt die Freistellung noch für das im Zeitpunkt der Überschreitung laufende und die beiden folgenden Kalenderjahre weiter (Art. 8 [e]).   25

Bis zu welcher Marktanteilsgrenze die Freistellung gilt, hängt davon ab, ob an der Vereinbarung **konkurrierende oder nicht konkurrierende Unternehmen** beteiligt sind. Das Wettbewerbsverhältnis, auf das es hiernach ankommt, kann auf dem relevanten Technologiemarkt oder dem relevanten Produktmarkt bestehen.   26

Konkurrenten auf einem Technologiemarkt sind Unternehmen, die Lizenzen für konkurrierende Technologien vergeben (Art. 1 Abs. 1 (n) i). Konkurrenten auf einem Produktmarkt sind Unternehmen, die schon ohne die Technologietransfer-Vereinbarung auf den Märkten für die Vertragsprodukte tätig sind, sowie potentielle Wettbewerber auf diesen Märkten (Näheres in Art. 1 Abs. 1 (n) ii). Die relevanten Märkte umfassen auch Technologien bzw. Produkte, die von den Lizenznehmern bzw. den Käufern als austauschbar oder substituierbar angesehen werden (Art. 1 Abs. 1 [j] und [k]).   27

Die Freistellung von Vereinbarungen zwischen konkurrierenden Unternehmen setzt voraus, dass deren *gemeinsamer* Marktanteil auf dem betroffenen relevanten Technologie- und Produktmarkt **20 %** nicht überschreitet. Für die Freistellung von Vereinbarungen zwischen nicht konkurrierenden Unternehmen genügt, dass keines von ihnen auf dem betroffenen Technologie- oder Produktmarkt einen höheren *individuellen* Marktanteil als **30 %** hat. Der Marktanteil auf den Technologiemärkten bestimmt sich nach der Präsenz der lizenzierten Technologie auf den relevanten Produktmärkten, wobei als Marktanteil des Lizenzgebers derjenige gilt, den er zusammen mit seinen Lizenznehmern erzielt (Art. 8 [d]).   28

5. Wie die früheren GVOen enthält auch die neue eine „Schwarze Liste" von **Kernbeschränkungen,** die eine Vereinbarung, die sie unmittelbar oder mittelbar, für sich allein oder in Verbindung mit anderen Umständen bezweckt, von der **Freistellung ausschließen.** Dabei gelten für Vereinbarungen zwischen konkurrierenden Unternehmen strengere Maßstäbe als für Vereinbarungen zwischen Nicht-Wettbewerbern (Art. 4 Abs. 1 und 2, → Rn. 34 ff.).   29

Auch wird teilweise zwischen wechselseitigen und nicht wechselseitigen Vereinbarungen unterschieden. Erstere sind dadurch gekennzeichnet, dass zwei Unternehmen einander Lizenzen für konkurrierende Technologien oder für die Produktion konkurrierender Produkte erteilen (Art. 1 Abs. 1 [d]). Nicht wechselseitig ist eine Vereinbarung, in der ein Unternehmen einem anderen eine Lizenz erteilt oder zwei Unternehmen einander Lizenzen erteilen, die keine konkurrierenden Technologien zum Gegenstand haben und nicht für konkurrierende Produkte genutzt werden können (Art. 1 Abs. 1 [e]).   30

---

[23] Vgl. *Drexl* GRUR-Int 2004, 719.
[24] Nach Erwägungsgrund 13 der VO gilt dies beispielsweise häufig für eine Vereinbarung unter nicht konkurrierenden Unternehmen über die Vergabe einer Exklusivlizenz.

§ 42 A IV   6. Abschnitt. Rechtsverkehr

31   Werden nicht konkurrierende Unternehmen nach Abschluss der Vereinbarung zu konkurrierenden, bleibt die mildere Regelung für die ganze Laufzeit der Vereinbarung maßgebend, solange diese nicht wesentlich geändert wird (Art. 4 Abs. 3).
32   6. Einige Beschränkungen werden in Art. 5 von der Freistellung ausgenommen, ohne dass diese für den restlichen Inhalt der Vereinbarung verloren geht (→ Rn. 38 ff.).
33   7. Die Kommission kann nach Art. 6 Abs. 1 der VO iVm Art. 29 Abs. 1 der VO 1/2003 einer Vereinbarung im Einzelfall die **Freistellung entziehen,** wenn sie mit Art. 101 Abs. 3 unvereinbare Wirkungen hat, insbesondere der Zugang fremder Technologien oder potentieller Lizenznehmer zum Markt beschränkt wird oder die Parteien die lizenzierte Technologie ohne sachlich gerechtfertigten Grund nicht verwerten. Wenn im Gebiet eines Mitgliedstaats oder einem Teilgebiet davon, das einen gesonderten, räumlich abgegrenzten Markt bildet, Wirkungen auftreten, die mit Art. 101 Abs. 3 unvereinbar sind, kann nach Art. 6 Abs. 2 GVO, Art. 29 Abs. 2 VO 1/2003 die Entziehung durch die Wettbewerbsbehörde des betroffenen Mitgliedstaats erfolgen.

b) Freistellungshindernde Kernbeschränkungen

aa) Grundsätze

34   1. Kernbeschränkungen, die Vereinbarungen zwischen **konkurrierenden Unternehmen** die Freistellung kosten, sind nach näherer Maßgabe des Art. 4 Abs. 1:
(a) die Beschränkung einer Partei in der Festsetzung des Preises, zu dem sie ihre Produkte an Dritte verkauft (Preisbindung);[25]
(b) Output-(dh Mengen-)Beschränkungen mit Ausnahme solcher, die dem LN in einer nicht wechselseitigen Vereinbarung oder einem der LN in einer wechselseitigen Vereinbarung in Bezug auf die Vertragsprodukte auferlegt werden;[26]
(c) die Zuweisung von Märkten und Kunden, dh Ausschließlichkeitsklauseln, allerdings mit zahlreichen Ausnahmen (→ Rn. 36 f.);
(d) die Beschränkung des LN in der Verwendung seiner eigenen Technologie und die Beschränkung der Vertragsparteien in der Forschung und Entwicklung, wenn sie nicht zur Geheimhaltung von Know-how unerlässlich ist.

35   2. In Vereinbarungen zwischen **nicht konkurrierenden Unternehmen** sind nur folgende Kernbeschränkungen freistellungsschädlich:
(a) Preisbindungen, jedoch unbeschadet der Möglichkeit, Höchstpreise festzusetzen oder Preisempfehlungen auszusprechen, sofern sich diese nicht infolge der Ausübung von Druck oder Gewährung von Anreizen tatsächlich wie Fest- oder Mindestpreise auswirken;
(b) Beschränkungen des Gebiets oder Kundenkreises, in das oder an den der LN Vertragsprodukte passiv verkaufen darf; die aktive Verkaufstätigkeit des LN darf also nach Gebiet und Kundenkreis beliebig begrenzt werden; auch unterliegt das Verbot der Beschränkung im passiven Verkauf einigen Ausnahmen (→ Rn. 36 f.);
(c) die Beschränkung des aktiven oder passiven Verkaufs an Endverbraucher, soweit sie LN auferlegt wird, die einem selektiven Vertriebssystem angehören und auf der Einzelhandelsstufe tätig sind; doch darf den Mitgliedern des Systems verboten werden, Geschäfte von nicht zugelassenen Niederlassungen aus zu betreiben.

---

[25] Eine solche Beschränkung kann sich auch aus dem Berechnungsmodus und der Höhe von Lizenzentgelten ergeben, vgl. *v. Falck/Schmaltz* in Loewenheim/Meessen/Riesenkampff TT-GVO Art. 4 Rn. 40.
[26] Krit. zum Umfang der hiernach – und erst recht in Vereinbarungen zwischen Nicht-Wettbewerbern – verbleibenden Möglichkeiten für Mengenbeschränkungen *Heinemann* FS Schricker, 2005, 53 (66 f.).

§ 42. Wettbewerbsbeschränkungen AV § 42

bb) Unschädliche Exklusivitätsbestimmungen[27]

1. Von der Freistellungsschädlichkeit für Vereinbarungen zwischen Wettbewerbern sind in 36
Art. 4 Abs. 1 (c) folgende Ausschließlichkeitsklauseln ausgenommen:

i) die in einer nicht wechselseitigen Vereinbarung einem Beteiligten auferlegte Verpflichtung, mit der lizenzierten Technologie in dem Exklusivgebiet (Definition in Art. 1 Abs. 1 [q]), das der anderen Partei vorbehalten ist, nicht zu produzieren und/oder in das Exklusivgebiet oder an die der anderen Partei vorbehaltene Exklusivkundengruppe (Definition in Art. 1 Abs. 1 [r] nicht aktiv und/oder passiv zu verkaufen;

ii) die in einer nicht wechselseitigen Vereinbarung dem LN auferlegte Beschränkung des aktiven Verkaufs in das Exklusivgebiet oder an die Exklusivkundengruppe eines anderen LN, sofern nicht dieser im Zeitpunkt der Lizenzerteilung Konkurrent des LizGeb war;

iii) die Verpflichtung des LN, die Vertragsprodukte nur für den Eigenbedarf zu produzieren, sofern er sie als Ersatzteile für seine eigenen Produkte unbeschränkt verkaufen darf;

iv) die in einer nicht wechselseitigen Vereinbarung enthaltene Verpflichtung des LN, die Vertragsprodukte nur für einen bestimmten Kunden zu produzieren, wenn diesem durch die Lizenz eine alternative Bezugsquelle verschafft werden soll.

2. Von dem Grundsatz, dass Ausschließlichkeitsklauseln, die den LN im passiven Ver- 37
kauf beschränken, die Freistellung hindern (→ Rn. 35), sind in Art. 4 Abs. 2 (b) ausgenommen:

i) die Verpflichtung, dem LizGeb vorbehaltene Gebiete oder Kunden nicht zu beliefern;

iv) die Beschränkung des Verkaufs an Endverbraucher durch LN, die auf der Großhandelsebene tätig sind;

v) die Beschränkung des Verkaufs an nicht zugelassene Händler durch Mitglieder eines selektiven Vertriebssystems.

Verpflichtungen des LN, nur für den Eigenbedarf oder nur für einen bestimmten Kunden zu produzieren, sind nach Art. 4 Abs. 2 (b) ii und iii unter den gleichen Voraussetzungen zulässig wie in Vereinbarungen konkurrierender Unternehmen (→ Rn. 36 zu iii und iv).

c) Nicht freigestellte Beschränkungen: Rücklizenz- und Nichtangriffsklauseln

1. Der LN darf nicht unmittelbar oder mittelbar verpflichtet werden, dem LizGeb oder 38
einem von diesem benannten Dritten eine Exklusivlizenz oder Gesamt- bzw. Teilrechts zu gewähren für eigene Verbesserungen oder neue Anwendungen der lizenzierten Technologie (Art. 5 Abs. 1 [a]).

2. Der LN darf nach Art. 5 Abs. 1 (b) nicht unmittelbar oder mittelbar verpflichtet wer- 39
den, die Gültigkeit der Rechte an geistigem Eigentum nicht anzugreifen. Eine Ausnahme gilt für Exklusivlizenzen, für die im Fall eines solchen Angriffs die Beendigung der Vereinbarung vorgesehen werden darf.

3. Die in Vereinbarungen zwischen konkurrierenden Unternehmen freistellungsschädli- 40
che Beschränkung des LN in der Verwertung seiner eigenen Technologie oder der Vertragsparteien in Forschung und Entwicklung (→ Rn. 34) ist auch für nicht konkurrierende Unternehmen nicht freigestellt, hat aber hier nicht zur Folge, dass die ganze Vereinbarung die Freistellung einbüßt (Art. 5 Abs. 2).

V. Anwendung von Art. 102 AEUV auf Immaterialgüterrechte

1. Patente begründen wie auch sonstige Immaterialgüterrechte für ihre Inhaber noch 41
keine marktbeherrschende Stellung.[28] Auch wenn eine solche wegen der besonderen Verhältnisse des Einzelfalls vorliegt, wird sie nicht schon dadurch missbraucht, dass der Patent-

---

[27] Krit. zur – seiner Ansicht nach zu strengen – Behandlung der Ausschließlichkeit in der GVO 772/2004 *Brandi-Dohrn* FS Bartenbach, 2005, 439 (451 ff.).
[28] EuGH 6.4.1995, GRUR-Int 1995, 490 (46) – Magill.

§ 42 B

inhaber die Erteilung einer Lizenz verweigert.[29] Außergewöhnliche Umstände können jedoch nach der Rechtsprechung des EuGH eine andere Beurteilung rechtfertigen.[30] Besondere Beachtung haben seine Entscheidungen in den Fällen „Magill"[31] und „IMS-Health"[32] gefunden.[33]

42 In beiden Fällen ging es um urheberrechtlichen Schutz. Im ersten hatte die Kommission (irische) Fernsehanstalten verpflichtet, Grundinformationen über ihre Programme für eine die Programme mehrerer Anstalten enthaltende Zeitschrift zur Verfügung zu stellen, weil durch die auf Urheberrechte gestützte Verweigerung der Informationen eine marktbeherrschende Stellung missbraucht werde; zurecht, wie der EuGH bestätigte.

43 Im zweiten Fall war von IMS urheberrechtlicher Schutz für die geographisch definierten Teilgebieten Deutschlands entsprechende Bausteinstruktur von Marktberichten über den Absatz von Arzneimitteln und Gesundheitserzeugnissen in Anspruch genommen worden. Da die Nutzer der Berichte ihre EDV und ihre Vertriebsstrukturen den Bausteinen angepasst hatten und deshalb anders strukturierte Berichte nicht akzeptierten, gelangte das LG Frankfurt a. M. zu der Ansicht, dass IMS ihre urheberrechtliche Untersagungsbefugnis nicht ausüben dürfe, wenn die Weigerung, zu angemessenen Bedingungen eine Lizenz zu erteilen, missbräuchlich iSd Art. 102 AEUV sei, und legte dem EuGH entsprechende Fragen vor. Dieser setzte für einen Missbrauch voraus, dass die Benutzung der Struktur für den Anbieter konkurrierender Berichte unerlässlich ist, was von dem Aufwand der Nutzer für den Übergang zu einer anderen Struktur abhänge. Für den Fall der Unerlässlichkeit liege ein Missbrauch vor, wenn
– das Unternehmen, das um eine Lizenz nachsucht, neue Erzeugnisse oder Dienstleistungen anbieten will, die der Rechtsinhaber nicht anbietet und für die eine potentielle Nachfrage der Verbraucher besteht,
– die Weigerung nicht sachlich gerechtfertigt ist und
– die Weigerung geeignet ist, dem Rechtsinhaber den Markt für die Lieferung der Daten über den Absatz von Arzneimitteln vorzubehalten, indem jeder Wettbewerb auf diesem Markt ausgeschlossen wird.

Dem vorlegenden Gericht blieb es überlassen zu beurteilen, ob durch den gegebenen Sachverhalt die vom EuGH geforderten Voraussetzungen eines Missbrauchs erfüllt waren.

44 2. Grundsätzlich ist somit durch die Rechtsprechung des EuGH anerkannt, dass die Lizenzverweigerung durch einen marktbeherrschenden Rechtsinhaber missbräuchlich sein kann. Damit ist auch bei Rechten an Erfindungen zu rechnen, die den EuGH bisher noch nicht unter diesem Gesichtspunkt beschäftigt haben. Doch sind der bisherigen, stark einzelfallbezogenen Rechtsprechung nur schwer Maßstäbe zu entnehmen, nach denen auch in anderen Fällen mit einiger Zuverlässigkeit eingeschätzt werden kann, ob ein Missbrauch vorliegt. Der BGH hat unter Bezugnahme auf die Rechtsprechung des EuGH in einem patentrechtlichen Fall Ansätze für Kriterien einer sachlich nicht gerechtfertigten Diskriminierung als einer Erscheinungsform des Missbrauchs einer marktbeherrschenden Stellung entwickelt, die jedoch stark durch den Umstand geprägt sind, dass die Benutzung der patentierten Erfindung zur Erfüllung einer (faktischen) Industrienorm erforderlich war (→ Rn. 49 ff.).

B. Anwendung des Gesetzes gegen Wettbewerbsbeschränkungen

45 1. Bei der Regelung von Verträgen über die Verwertung von Erfindungen mit Verhaltenspflichten, die einen oder mehrere Beteiligte in deren wettbewerblicher Bewegungsfreiheit

---

[29] EuGH 6.4.1995, GRUR-Int 1995, 490 (49) – Magill.
[30] EuGH 6.4.1995, GRUR-Int 1995, 490 Rn. 50 ff. – Magill.
[31] EuGH 6.4.1995, GRUR-Int 1995, 490 – Magill.
[32] EuGH 29.4.2004, GRUR-Int 2004, 644.
[33] Dazu *Gaster* CR 2005, 250 ff.; *Höppner* GRUR-Int 2005, 457 ff.; *Conde Gallego* GRUR-Int 2006, 16 ff.; *Heinemann* GRUR 2006, 705 (708 ff.) mwN.

§ 42. Wettbewerbsbeschränkungen **B § 42**

beschränken, nahm das GWB in seiner bis zum 30.6.2005 geltenden Fassung durch die Sondervorschrift des § 17 Rücksicht darauf, dass die dem Patent oder Gebrauchsmuster als solchem innewohnende wettbewerbsbeschränkende Wirkung von der Rechtsordnung anerkannt ist und wegen der Zwecke des Patentschutzes als gerechtfertigt angesehen wird (vgl. → § 3 Rn. 47ff.): In Verträgen über Veräußerung oder Lizenzierung von erteilten oder angemeldeten Patenten oder Gebrauchsmustern waren Beschränkungen des Erwerbers oder Lizenznehmers verboten, soweit sie über den *Inhalt des Schutzrechts* hinausgingen. Beschränkungen, die sich in den Grenzen des Schutzrechtsinhalts hielten, waren demgemäß zulässig und wirksam.

Die EU-Kommission hat sich von diesem Konzept bei der Anwendung von Art. 85 **46** EWGV bald abgewandt; der EuGH hat es nie gebilligt. Auch im deutschen Schrifttum stieß es auf zunehmende Kritik.[34]

2. Die durch die VO 1/2003 eingeführte neue Aufgabenverteilung zwischen den euro- **47** päischen und den nationalen Instanzen bei der Anwendung von Art. 81, 82 EGV (jetzt Art. 101 und 102 AEUV, → Rn. 8ff.) hat den deutschen Gesetzgeber veranlasst, die materiellrechtlichen Vorschriften des **GWB** weitgehend **dem europäischen Recht anzugleichen.** § 1 GWB entspricht nunmehr Art. 101 Abs. 1 AEUV, setzt (naturgemäß) aber nicht voraus, dass der Handel zwischen EU-Mitgliedstaaten beeinträchtigt werden kann. Nach § 2 Abs. 1 GWB sind Vereinbarungen, Beschlüsse und abgestimmte Verhaltensweisen unter Voraussetzungen freigestellt, die mit denjenigen des Art. 101 Abs. 3 AEUV übereinstimmen. Die Freistellung gilt wie nach europäischem Recht kraft Gesetzes. Eine Gruppenfreistellung sieht das GWB nicht vor. Doch gelten bei seiner Anwendung gem. § 2 Abs. 2 die europäischen **Gruppenfreistellungsverordnungen** entsprechend, und zwar auch dann, wenn die dort genannten Vereinbarungen, Beschlüsse und Verhaltensweisen nicht geeignet sind, den Handel zwischen Mitgliedstaaten zu beeinträchtigen.

Demgemäß sind Verträge über die Lizenzierung oder Übertragung von Rechten an Er- **48** findungen nunmehr auch bei Anwendung des GWB in erster Linie nach der **TT GVO** (→ Rn. 20ff.) zu beurteilen. Soweit sich aus dieser keine Freistellung ergibt, ist zu prüfen, ob sie Beschränkungen iSd § 1 GWB enthalten und gegebenenfalls vorliegende Beschränkungen dieser Art nach § 2 Abs. 2 freigestellt sind. Gleiches gilt, wenn Vereinbarungen, Beschlüsse oder abgestimmte Verhaltensweisen, die sich auf die Verwertung von Erfindungen beziehen, von vornherein außerhalb des Anwendungsbereichs der GVO liegen, insbesondere weil daran, wie meist bei Patentgemeinschaften (Patent pools) und Mehrfachlizenzverträgen (Lizenzvertragssystemen), mehr als zwei Unternehmen beteiligt sind[35] oder die Marktanteile der Vertragspartner die in der GVO festgelegten Werte übersteigen.

3. § 19 Abs. 1 GWB verbietet die **missbräuchliche Ausnutzung einer marktbeherr-** **49** **schenden Stellung** durch ein oder mehrere Unternehmen.

Der Umstand, dass das Patent für seinen Wirkungsbereich die konkurrierende Benutzung der Erfindung ausschließt, bedeutet dabei für sich genommen noch nicht, dass der Patentinhaber eine marktbeherrschende Stellung iSv § 19 GWB hat. Doch kann sich eine solche Stellung aus Schutzrechten (an Erfindungen) aus den besonderen Verhältnisse des Einzelfalls

---

[34] S. zB *Heinemann* S. 147ff. mN; *Emmerich* § 6 Rn. 6. – Es fragt sich allerdings, ob nicht der Inhalt des Schutzrechts in der Weise berücksichtigt werden sollte, dass über ihn hinausgehende Beschränkungen als grundsätzlich unzulässig anzusehen sind. Dadurch könnte Versuchen entgegengetreten werden, solche Beschränkungen mit rein ökonomischen Argumenten zu rechtfertigen, wie es zB für Klauseln vertreten wird, die den Erwerber oder Lizenznehmer eines biotechnologischen „Forschungswerkzeugs" verpflichten, Lizenzentgelte für Produkte zu entrichten, die mit Hilfe des Werkzeugs gefunden werden. Hierdurch würde umgangen, dass solche Produkte in einem auf das „Werkzeug" erteilten Patent nicht beansprucht werden können (→ § 14 Rn. 172ff.). Vgl. *Bartenbach/ Söder* Mitt. 2007, 353–365.

[35] Vgl. die oben vor § 40 angeführten Untersuchungen von *Dreiss, Schulte* und *Ullrich* FS Immenga, 2004, 403ff.

§ 42 B

ergeben, etwa bei Patentgemeinschaften oder bei Häufung zahlreicher Patente in der Hand eines Inhabers.

50 Beispiele für Missbrauch nennt § 19 Abs. 2 GWB. Dazu gehört auch der Fall, dass ein marktbeherrschendes Unternehmen sich weigert, einem anderen Unternehmen gegen angemessenes Entgelt Zugang zu eigenen Netzen oder anderen Infrastruktureinrichtungen zu gewähren, wenn es diesem ohne die Mitbenutzung nicht möglich ist, auf dem vor- oder nachgelagerten Markt als Wettbewerber des marktbeherrschenden Unternehmens tätig zu werden (Nr. 4). Erfindungen, die für ein marktbeherrschendes Unternehmen geschützt sind, bilden für sich freilich noch keine „Infrastruktureinrichtungen" im Sinne der Vorschrift.[36]

51 Außer dem allgemeinen Missbrauchsverbot gilt für marktbeherrschende Unternehmen auch das **Diskriminierungsverbot** des § 19 Abs. 2 Nr. 1 GWB. Danach dürfen sie ein anderes Unternehmen in einem Geschäftsverkehr, der gleichartigen Unternehmen üblicherweise zugänglich ist, weder unmittelbar noch mittelbar unbillig behindern oder gegenüber gleichartigen Unternehmen ohne sachlich gerechtfertigten Grund unmittelbar oder mittelbar unterschiedlich behandeln.

52 Auf dieser Grundlage hat der BGH-Kartellsenat[37] entschieden: „Ein marktbeherrschender Patentinhaber verstößt gegen das Diskriminierungsverbot, wenn er den Umstand, dass der Zugang zu einem nachgelagerten Markt auf Grund einer Industrienorm oder normähnlicher Rahmenbedingungen von der Befolgung der patentgemäßen Lehre abhängt, dazu ausnutzt, um bei der Vergabe von Lizenzen den Zutritt zu diesem Markt nach Kriterien zu beschränken, die der auf die Freiheit des Wettbewerbs gerichteten Zielsetzung des Gesetzes gegen Wettbewerbsbeschränkungen widersprechen."

53 Der klagende Patentinhaber hatte für ein Fass, dessen Bauart von Unternehmen der chemischen Industrie als Standard eingeführt und für ihn geschützt war, einigen Unternehmen Lizenzen erteilt, der Bekl. jedoch eine Lizenz verweigert und sie wegen Patentverletzung in Anspruch genommen. Der BGH begründete die Anwendbarkeit des § 20 Abs. 1 GWB damit, dass die Vergabe von Lizenzen am Klagepatent sachlich wegen der Standardisierung, die nur durch ein patentgemäßes Fass erfüllbar war, einen eigenen Markt bilde, den die Kl. als Patentinhaberin beherrsche. Deshalb sei nicht auszuschließen, dass die Kl., indem sie der Bekl. eine Lizenz verweigerte, gegen das Diskriminierungsverbot verstoßen habe. Dabei betont der BGH, dass für die Rechtfertigung einer Ungleichbehandlung von Lizenzinteressenten – auch seitens eines marktbeherrschenden Rechtsinhabers – grundsätzlich ein weiter Spielraum bestehe. Strengere Anforderungen kämen jedoch in Betracht, wenn zu der durch das Patent vermittelten Marktbeherrschung zusätzliche Umstände hinzuträten, angesichts derer die Ungleichbehandlung die Freiheit des Wettbewerbs gefährde. Als solchen Umstand zieht der BGH in Betracht, dass die marktbeherrschende Stellung des Patentinhabers nicht (allein) auf Vorzügen der Erfindung, sondern (zumindest auch) darauf beruht, dass der Zugang zu einem nachgelagerten Produktmarkt auf Grund einer Norm oder auf Grund normähnlicher Vorgaben der Produktnachfrager von der Befolgung der patentgemäßen Lehre abhängig ist.[38] Letztlich blieb die Frage der sachlichen Rechtfertigung offen und dem Berufungsgericht aufgegeben, das dazu nach Zurückverweisung noch weitere Feststellungen zu treffen hatte.

54 Für den Fall, dass sich die Lizenzverweigerung als sachlich nicht gerechtfertigt erwiese, billigte der BGH der Bekl. nach **§ 33 GWB** einen **Anspruch auf Lizenzerteilung** zu,[39] der dem Schadensersatzbegehren der Kl. teilweise oder ganz die Grundlage entziehen würde. **Durch** die nach **§ 24 PatG** dem Patentgericht eingeräumte Befugnis zur Erteilung einer Zwangslizenz werde ein sich aus dem Missbrauch einer marktbeherrschenden Stellung, einer unbilligen Behinderung oder einer Diskriminierung ergebender Anspruch auf Einräumung einer Patentlizenz **nicht ausgeschlossen**. Denn beide Rechtsinstitute dien-

---

[36] Vgl. *Busche* FS Tilmann, 2003, 652 ff.

[37] 13.7.2004, BGHZ 160, 67 = GRUR 2004, 966 – Standard-Spundfass; zustimmend *Götting* FS Kolle/Stauder, 2005, 71 ff.; vgl. auch *Heinemann* 170 ff.

[38] Zur Problematik des Verhältnisses von Normierung und Patentschutz allgemein *Kübel* 1 ff.; *Maaßen* 1 ff.; *Ullrich* GRUR 2007, 817 ff.

[39] Vgl. auch OLG Karlsruhe 23.3.2011, InstGE 13, 138 (148) – Klage auf FRAND-Vertrag.

ten unterschiedlichen Zielen und hätten unterschiedliche Voraussetzungen. Zum auf diese Erwägungen gestützten kartellrechtlichen Zwangslizenzeinwand im Patentverletzungsverfahren (→ § 43).

§ 43. Standardessentielle Patente (SEP) und ihre FRAND-Lizenzierung

Literatur: *Ann, C.,* Privatrecht und Patentrecht – Gedanken zur rechtssystematischen Einordnung eines Fachs, GRUR Int. 2004 (FS Kraßer), 696–700; *Ann, C./Friedl, G.,* Bemessungsgrundlagen für FRAND-konforme SEP-Lizenzentgelte – Warum der Blick auf Kosten wichtig ist!, Mitt. 2021, 145–156; *Ann, C./Friedl, G.,* A Cost-Based Approach For Calculating Royalties For The Use Of Standard-Essential Patents (SEPs), Journal of World Intellectual Property (JWIP) 2018, 369–384, abrufbar unter https://onlinelibrary.wiley.com/doi/abs/10.1111/jwip.12104 (zuletzt besucht 29.5.2021); *Ann, C./ Friedl, G.,* Entgeltberechnung für FRAND-Lizenzen an standardessentiellen Patenten, GRUR 2014, 948–955; *Arnold, Sir R.;* SEPs, FRAND and Mandatory Global Arbitration, GRUR 2021 (FS Meier-Beck), 123–127; *Bartlett, J./Contreras, J.,* Rationalizing FRAND Royalties: Can Interpleader Save the Internet of Things, 36 Review of Litigation 285 (2017), 285–334, abrufbar unter SSRN: https://papers.ssrn.com/sol3/papers.cfm?abstract_id=2847599 (zuletzt besucht 29.5.2021); *Block, J./Rätz, B.,* Das FRAND-Angebot – Versuch einer internationalen Definition, GRUR 2019, 797–801; *Brambrink, A.,* Kartellrechtliche Anforderungen an den SEP-Inhaber bei (komplexen) Wertschöpfungsketten, GRUR-Prax 2021, 81; *Dornis, T.,* Standardessenzielles Patent, FRAND-Bindung und Rechtsübergang, GRUR 2020, 690–699; *Geradin, D./Rato, M.,* Can Standard-Setting Lead to Exploitative Abuse? A Dissonant View on Patent Hold-Up, Royalty Stacking and the Meaning of FRAND, Stand 24.11.2006, abrufbar unter SSRN: http://ssrn.com/abstract=946792 (zuletzt besucht 29.5. 2021); *Granata, S.,* Can non-discrimination be objectified in an SEP license environment? Yes, it could and should!, GRUR 2021 (FS Meier-Beck), 203–205; *Hauck, R.,* Überprüfung der FRAND-Lizenzbedingungen durch das Verletzungsgericht, GRUR-Prax 2016, 353; *Heinemann, A.,* Kartellrechtliche Zwangslizenzen im Patentrecht, ZWeR 2005, 198–206; *Heinemann, A.,* Kartellrechtliche Vorgaben für die Einlösung von Lizenzierungsversprechen, GRUR 2015, 855–859; *Hilty, R./Slowinski, P.,* Standardessentielle Patente – Perspektiven außerhalb des Kartellrechts, GRUR Int. 2015, 781–792; *Hinojal/Mohsler,* Die Suche nach dem richtigen Gleichgewicht zwischen Transparenz und Schutz der Vertraulichkeit innerhalb des FRAND-Rahmens, GRUR 2019, 674–682; *Holtord, M./Traumann, J.,* Anforderungen an Lizenzangebot zu FRAND-Bedingungen, GRUR-Prax 2017, 42; *Hoppe, D./ Donle, C.,* Die Rechtsprechung der deutschen Instanzgerichte zum Patent- und Gebrauchsmusterrecht seit dem Jahr 2019, GRUR-RR 2020, 465–476; *Hülsewig, M.,* Grenzen des „Nachschiebens" von FRAND-Angeboten, GRUR-Prax 2019, 40; *Kellenter, W.,* Dingliche Wirkung einer FRAND-Erklärung?, GRUR 2021 (FS Meier-Beck), 246–249; *Kellenter, W./Verhauwen, A.,* Systematik und Anwendung des kartellrechtlichen Zwangslizenzeinwands nach „Huawei/ZTE" und „Orange Book", GRUR 2018, 761–771; *Kübel, C.,* Zwangslizenzen im Immaterialgüter- und Wettbewerbsrecht – Eine Untersuchung zu Patenten und Urheberrechten bei technischen Normen, 2004; *Kühnen, T.,* FRAND-Lizenz in der Verwertungskette, GRUR 2019, 665–673; *Kurz, C./Straub, W.,* Die Bestimmung des FRAND-Lizenzsatzes für SEP, GRUR 2018, 136–144; *Layne-Farrar, A.,* The Economics of FRAND, in: *Sokol, D.* (Hrsg), Antitrust Intellectual Property and High Tech Handbook, Stand 26.1.2016, abrufbar unter SSRN: https://ssrn.com/abstract=2725959; *Maume, P./Tapia, C.,* Der Zwangslizenzeinwand ein Jahr nach Orange Book Standard – mehr Fragen als Antworten, GRUR Int. 2010, 923–930; *McGuire, M.-R.,* Wer bestimmt, was FRAND ist? Über Rahmenbedingungen, Maßstab und Zuständigkeit für die Beurteilung der FRAND-Konformität, Mitt. 2018, 297–308; *Nielen, M./Zorr, U.,* Aktuelle Entwicklungen rund um den FRAND-Einwand, GRUR-Prax 2020, 73–75; *Töchtermann, P.,* Vertrags- und kartellrechtliche Verhandlungspflichten und das Monopol des Patents – a marriage of true minds? GRUR 2021 (FS Meier-Beck), 377–382; *Treacy, P./Lawrance, S.,* FRANDly fire: are industry standards doing more harm than good?, Journal of Intellectual Property Law & Practice (JIPLP) 2008, Vol. 3, No. 1, 22–29; *Ullrich, H.,* Patente, Wettbewerb und technische Normen: Rechts- und ordnungspolitische Fragestellungen, GRUR 2007, 817–830; *Ullrich, H.,* Patents and Standards – A Comment on the German Federal Supreme Court Decision *Orange Book Standard,* IIC 2010, 337–351; *Vetter, S.,* Übergang der FRAND-Verpflichtung mit dem Patenterwerb, GRUR 2019, 704–707.

§ 43 I

I. Grundlagen

a) Verhältnis Patentrecht – Wettbewerbsrecht

1 1. Ausgangspunkt jeder Beschäftigung mit standardessenziellen Patenten (SEP), ihrer Durchsetzung und der kraft ihrer Standardessenzialität besonders wichtigen Frage ihrer Nutzung muss das **Verhältnis zwischen Patentrecht einerseits und Wettbewerbsrecht andererseits** sein. Dieses Verhältnis bestimmt die Wirkungen, die sich für SEPs daraus ergeben, dass ohne ihre Benutzung nicht standardkonform gebaut werden kann. In der **Telekommunikationsindustrie** wurde dies erstmals deutlich. Noch deutlich intensiver wird sich dies freilich im **Internet of Things (IoT)** zeigen. Das IoT wird die Digitalisierung zum dominanten Faktor auch in der gewerblichen Wirtschaft machen, und sein Aufbau wird einer neuerlichen industriellen Revolution gleichkommen, so wie der Begriff **Industrie 4.0** das durchaus zutreffend nahelegt. Mit den besonderen Wirkungen von SEPs ist dabei gemeint, dass die Standardessenzialität eines Patents dessen Bedeutung und wirtschaftlichen Wert häufig weit **über das Technologiemonopol hinaus** steigert, mit dem das Patent seinen Inhaber belohnen soll, das zum Bedauern seiner Inhaber jedoch nur relativ selten auch zu einem Marktmonopol wird.

2 Durch ihre Monopolisierung standardessenzieller Technologien **bewirken SEPs definitionsgemäß auch die Monopolisierung standardbasierter Märkte**, etwa des in Deutschland LTE genannten G3.9-Standards.[1] Hier liegt das zentrale Problem von SEPs und liegt der Grund, warum ihre Durchsetzung gegen standardabhängige Nutzer unmittelbar die Frage nach einer möglichen **Marktbeherrschung** aufwirft; auch nach möglichen **Ansprüchen auf Lizenzierung** – notfalls erfüllt durch **Zwangslizenzen** oder die **Beschränkung der Ausschließungswirkungen von SEPs**.

3 2. Angesprochen ist damit das Verhältnis zwischen Patentrecht und Wettbewerbsrecht, das lange geprägt war von der Idee, geistige Eigentumsrechte – angesichts des übermäßig restriktiven BGB-Eigentumsbegriffs[2] spricht man (nur) in Deutschland entgegen der internationalen Terminologie seit *Kohler* gern von Immaterialgüterrechten, wenngleich auch deren Eigentumsschutz nach Art. 14 GG unstreitig ist – bildeten eine **Bereichsausnahme** vom Wettbewerbsrecht, und schlössen dessen Anwendung in ihrem Geltungsbereich aus. Dieses Verständnis ist überholt. Seit Mitte der 1990er Jahre hat der EuGH die Ausschließungswirkungen geistiger Eigentumsrechte zum Schutz des Wettbewerbs vielmehr verschiedentlich eingeschränkt und herausgearbeitet, dass das Wettbewerbsrecht die Wirkungen geistiger Eigentumsrechte sehr wohl beschränken kann. Die entsprechenden EuGH-Leitentscheidungen sind allgemein bekannt: *Magill* (1995), *Bronner* (1998), *IMS Health* (2004).

b) Bedeutung und Bewertung von Standards und Standardisierung

4 1. Für viele Branchen **ist die Bedeutung von Standards immens**, und diese Bedeutung wird auf dem Weg in die Industrie 4.0 weiter zunehmen. Grund dafür ist, dass das **Internet of Things (IoT)** *Konnektivität* und *Interoperabilität* auch in Branchen zu bedeutenden Merkmalen machen wird, die damit bislang noch nicht in Verbindung gebracht werden. Als Netzindustrie im Zentrum stehen wird die **Telekommunikationsindustrie**. Ihre **Netzbindung** wird auf allen Ebenen wirken, vom Netzbetreiber bis hin zum Endnutzer. Will eine Vielzahl von Endnutzern mit (potentiell) allen anderen Endnutzern in Verbindung treten, müssen entweder alle Teilnehmer **identische Standards** nutzen oder müssen die von ihnen **genutzten Standards miteinander interoperabel** sein.

---

[1] Beworben wird LTE vielfach als 4G, was Android-Geräte oftmals auch anzeigen, aber technisch trifft das nicht zu, vgl. Techbook vom 16.11.2020 (https://www.techbook.de/mobile/smartphones/lte-4g-unterschied-mobil-smartphone, zuletzt besucht 4.5.2021).

[2] *Ann* GRUR-Int 2004 (FS Kraßer), 696 (697 ff.).

2. Gerätehersteller und Netzausrüster stellen **Interoperabilität** dadurch sicher, dass sie standardkonform bauen. Nur standardkonforme Endgeräte und Netze erlauben die Realisierung aller Vorteile, die die Netztechnik bieten kann. Auf den ersten Blick klingt dies banal, aber bei Lichte besehen ist der Fortschritt tatsächlich gewaltig. Das weiß aus eigener Erfahrung jeder, der vor 10 Jahren mit einem damals zeitgemäßen europäischen Mobiltelefon, keinem Spitzenmodell, jenseits der Metropolen in den USA oder in Japan unterwegs war. Für solche europäischen Geräte gab es praktisch kein Netz, sie waren nicht interoperabel, man war auf seinem Mobiltelefon nicht erreichbar.

3. Einheitliche Standards und deren Nutzbarkeit zur Bedienung aller Technikebenen ermöglichen die Entwicklung von Netzindustrien wie etwa der Telekommunikationsindustrie. Das macht Standards überragend wichtig. Zudem ist Standardisierung effizient, denn sie reduziert Redundanzen.

c) Standardsetzung und Standardessentialität[3]

1. **Standardsetzung** erfolgt auf zwei Wegen: **entweder** *de facto,* wie beispielsweise das bekannte, vom Verband der Chemischen Industrie (VCI) für seine Mitglieder eingeführte Standard-Spundfass (mit optimierter Restentleerung), **oder durch Standardisierungsorganisationen (SSOs),** in Europa etwa das 1988 auf Initiative der EU-Kommission als gemeinnützige Europäische Normungsorganisation gegründete Europäische Institut für Telekommunikationsnormen (ETSI für *European Telecommunications Standards Institute*), das weltweit anwendbare IT-Standards erarbeitet und dazu alle relevanten Stakeholder (Interessengruppen) einlädt. ETSI sitzt in Sophia Antipolis, einem Industriepark nahe Antibes/Valbonne im französischem Département Alpes-Maritimes.

2. Zur Sicherung der technologischen Leistungsfähigkeit von Standards unvermeidbar ist immer wieder der **Rückgriff auf patentgeschützte Technologien.** Kommt es dazu, werden die entsprechenden Patente, auch wenn erst nach Implementierung des Standards erteilt, in dem Sinn **essentiell für die Standardnutzung,** dass der Standard nicht genutzt werden kann, ohne dass auch sie benutzt werden. Solche Patente werden dann **standardessentielle Patente (SEPs)** genannt.

3. **Alle SEPs** besitzen zwei **Strukturprobleme:** erstens entfalten auch sie Ausschließungswirkungen nach § 9 PatG, schließen also auch sie Dritte von jeder unkonsentierten Patentbenutzung aus. Auch wenn diese Benutzung im entsprechenden Markt standardbedingt gar nicht vermeidbar ist, sind diese Dritten bei unkonsentierter SEP-Benutzung damit (grundsätzlich) **Unterlassungsansprüchen der SEP-Inhaber ausgesetzt;** in Deutschland nach § 139 Abs. 1 PatG. Auch in allen anderen europäischen Patentrechtsordnungen ist das so, dürfen SEPs mithin nur mit Zustimmung ihrer Inhaber genutzt werden, die notfalls erzwungen werden muss. Zweites Strukturproblem von SEPs ist die aus ihrer Standardessentialität resultierende **Hebelwirkung.** Erstens genießen sie besonderen **Schutz gegen Umwegerfindungen,** eben weil sie nicht umgangen werden können. Zweitens **sperren SEPs** statt nur einer Technologie **einen Markt.** Damit steigt ihr Wert zusammen mit dem des Markts und entsteht die **Gefahr einer Überbelohnung von SEP-Inhabern** dadurch, dass diese nicht nur für ihre Bereicherung des SdT belohnt werden, sondern mehr noch dafür, dass ihr Patent standardessentiell geworden ist, was andere Gründe als die Qualität ihrer Erfindung haben kann. Das in einer solchen Überbelohnung liegende Problem liegt auf der Hand!

4. Aufgrund der **rechtlichen Machtposition,** die ein Patentinhaber dadurch erwirbt, dass sein Patent standardessentiell wird, stellt sich zwingend die Frage, **wann und zu welchen Bedingungen der SEP-Inhaber** Dritten die Nutzung seines SEP gestatten muss; wann und zu welchen Bedingungen er sein SEP mithin an lizenzsuchende Standardnutzer **auslizenzieren** *muss.* Im aktuell ausgetragenen Konflikt zwischen SEP-nutzenden Auto-

---

[3] *Hilty/Slowinski* GRUR-Int 2015, 781 ff.

mobilherstellern samt ihren Zulieferern einerseits und den Inhabern der benutzten SEPs aus der Telekommunikationsindustrie andererseits ist dieses Problem eindrucksvoll zu besichtigen. Nutzerzahlen und Standardabhängigkeiten wichtiger Funktionalitäten (Aktivfahrwerke, autonomes Fahren, Telematik, Lkw-Transportmanagementsysteme) sind hier besonders hoch, und die Patentbenutzer können definitionsgemäß nicht ausweichen.[4] Eben das meint ja der Begriff der Standardessentialität: das Fehlen einer Ausweich- oder Umgehungsmöglichkeit!

II. Wettbewerbsrechtliche Vorgaben für die Lizenzierung standardessentieller Patente (SEPs)

11   1. **Patente belohnen technische Beiträge zum Stand der Technik**, sofern diese alle materiellen Patenterteilungsvoraussetzungen erfüllen: Neuheit, Beruhen auf erfinderischer Tätigkeit (Erfindungshöhe) und gewerbliche Anwendbarkeit. Im öffentlichen Diskurs nicht immer zutreffend wahrgenommen werden dabei Gegenstand und Umfang des Patentschutzes: **Patente schützen nicht Märkte, sondern stets nur technische Problemlösungen,** sind also (bloße) Technologiemonopole. Darum können **Patente** auch nie mehr sein als ein, wenn auch wichtiger, Schritt auf dem Weg zu wirtschaftlichem Erfolg, sind sie aber **gerade *nicht* die sprichwörtliche „Lizenz zum Gelddrucken",** als die sie vielfach wahrgenommen, teils auch geradezu denunziert werden; erst unlängst ja wieder im Zusammenhang mit Patenten auf Impfstoffe, Zusatzstoffe (Lipide), Formulierungen oder Herstellungsverfahren gegen das Virus SARS-CoV-2, das die pandemische Verbreitung der Krankheit COVID-19 bewirkt hat. Ebenso wie bei der Bekämpfung von COVID-19 ist auch sonst das Problem häufig nicht der Technologiezugang, sondern sind es scheinbar banale Dinge wie etwa Produktionskapazitäten. Fehl ging darum auch die im Mai 2021 medienwirksam inszenierte Initiative der U.S. Handelsbeauftragten (USTR) Katherine Tai, die alle WTO-Signaturstaaten treffende TRIPS-Verpflichtung zur Bereitstellung von (u.a.) Patentschutz für COVID-Impfstoffe auszusetzen.[5] Abgesehen davon, dass neben dem Vereinigten Königreich ausgerechnet die USA mit ihrer großen inländischen Produktion bis Mai 2021 so gut wie keinerlei Impfstoff exportiert hatten (bis auf kleinere Lieferungen an Kanada und Mexiko), hatte selbst in Indien teilweise kein Astra Zeneca Vakzin mehr produziert werden können, weil die USA nicht nur die Ausfuhr von Vakzinen, sondern auch von Zusatzstoffen und anderen für die Impfstoffproduktion erforderlichen Materialien untersagt hatten.[6]

12   2. **Wird eine technische Lösung standardessentiell,** verändert sich die Belohnung eines Patents, denn dann **wird die standardisierte technische Lösung zu einer Art Flaschenhals,** den jeder Standardnutzer passieren muss. Weil nur die Nutzung eines SEP die Teilnahme am Standard ermöglicht, erstarkt besagtes SEP von einem bloßen Technologiemonopol zu einem **echten und überdies auch noch stabilen Marktmonopol;** bis sich der Standard technisch überholt hat und Akzeptanz verliert. Bis dahin **kontrolliert der SEP-Inhaber nicht mehr nur einen *Technologiezugang,* sondern einen *Marktzugang.*** Ausweichen können die Hersteller standardgebundener Komponenten nicht, weil sie die Erwartungen ihrer standardabhängigen Kunden nur durch die Lieferung standardkonformer Produkte erfüllen können. Wie oben bereits ausgeführt, versperrt dies den Weg über Alternativlösungen und reduziert den Technologiewettbewerb.

13   3. Im technikbedingt weitgehend standardbasierten Mobilfunkmarkt zeigt sich dies besonders deutlich: Marktzugang hängt an der Fähigkeit zur Herstellung standardkonformer

---

[4] Sehr klar und völlig richtig OLG Düsseldorf 22.3.2019, GRUR 2019, 725 (Ls.) = GRUR-RS 2019, 6087 – Improving Handovers.

[5] Die Rede war von *waiving IP-protection,* https://ustr.gov/about-us/policy-offices/press-office/press-releases/2021/may/statement-ambassador-katherine-tai-covid-19-trips-waiver (zuletzt besucht 13.5.2021).

[6] Financial Times, https://www.ft.com/content/82fa8fb4-a867–4005-b6c2-a79969139119 (zuletzt besucht 13.5.2021).

Produkte. Nicht standardkonforme Endgeräte oder Netzkomponenten können Telekommunikationsstandards nicht nutzen, denn mit solchen Geräte könnte – salopp gesprochen – „niemand telefonieren". Anders als sonst **fallen Technologiezugang und Marktzugang bei standardessentiellen Patenten zusammen.**

4. Für SEP-Inhaber hat dies schon vor 20 Jahren fragen lassen, ob SEPs uneingeschränkt zur Ausschließung von Wettbewerbern genutzt werden könnten[7] oder ob dagegen der Lizenzeinwand erhoben, also geltend gemacht werden könne, der SEP-Inhaber sei aus Wettbewerbsrecht verpflichtet, Marktteilnehmer zu lizenzieren, die ohne seine Lizenz nicht standardkonform bauen könnten und die damit nicht nur von einer Technologie ausgeschlossen wären, sondern gleich von einem gesamten Markt. Dagegen spricht, dass nach § 20 GWB, im Unionsrecht Art. 102 AEUV, ein marktbeherrschendes Unternehmen seine Marktmacht missbraucht, wenn es ein anderes Unternehmen durch Lizenz*verweigerung* diskriminiert oder behindert. Das ist Rechtsgrundlage der kartellrechtlichen Zwangslizenz.

5. Der BGH-Kartellsenat hat dazu seit 15 Jahren eine Rechtsprechung etabliert: 2004 stellte er in **Standard-Spundfass** klar, dass (in einem patentrechtlichen Schadenersatzprozess) erstens die Erhältlichkeit einer patentrechtlichen Zwangslizenz aus § 24 PatG einer **kartellrechtlichen Zwangslizenz nicht *per se* entgegensteht** und dass zweitens ein nach § 20 GWB **marktbeherrschender Patentinhaber gegen das Diskriminierungsverbot verstößt,** wenn er Lizenzen an seinem SEP, ohne dessen Nutzung kein Zugang zu einem nachgelagerten, standardabhängigen Markt möglich ist, nach GWB-widrigen Kriterien erteilt.[8] **Marktbeherrschung** folge dabei nicht schon aus der Inhaberschaft des als (Zwangs-)Lizenzgegenstand in Rede stehenden SEP, sondern daraus, dass der SEP-Patentinhaber den Markt für diejenigen Lizenzen kontrolliere, ohne die Lizenzsuchern kein Zugang zum nachgelagerten Produktmarkt für mit den VCI-Richtlinien konforme L-Ring-Fässer möglich sei. Für das Vorliegen eines relativen Marktmachtmissbrauchs nach § 20 GWB (durch Diskriminierung) war *in casu* relevant gewesen, dass der verletzungsklagende SEP-Inhaber bereits Freilizenzen an Dritte vergeben hatte, diese der Konzernmutter der Verletzungsbeklagten jedoch verweigert hatte. Diese Ungleichbehandlung hatte die Frage nach einer sachlichen Rechtfertigung aufgeworfen, die der BGH-Kartellsenat freilich nicht entscheiden musste, weil er die Sache zurückverwies. Er stellte aber fest, dass dem SEP-Inhaber bei seiner (sehr weitgehend privatautonomen) Lizenznehmerauswahl je weniger Entscheidungsfreiheit bleibt, desto stärker seine Vorzugsstellung als SEP-Inhaber nicht auf erfinderischer Tätigkeit beruht als vielmehr auf einer Norm oder normähnlichen Rahmenbedingung, von der er profitiert; auch wenn er diese Norm oder Rahmenbedingung nicht initiiert, an ihrer Entstehung mitgewirkt oder ihr zugestimmt hat.[9] Kern der Entscheidung **Standard-Spundfass** war mithin die Klärung des **Verhältnisses zwischen patentrechtlicher und kartellrechtlicher Zwangslizenz** gewesen, die Bestimmung der Marktmacht eines SEP-Inhabers und der Entscheidungsspielraum, der einem **marktmächtigen SEP-Inhaber** bei der Lizenzvergabe zukommt, oder konkreter: wann eine mögliche Ungleichbehandlung von Lizenznehmern gegen das **Diskriminierungsverbot aus § 20 GWB verstößt.**

6. 2009 folgte die **BGH-Entscheidung Orange-Book-Standard**[10] zur Frage, ob der kartellrechtliche **Zwangslizenzeinwand auch gegen einen patentrechtlichen Unterlassungsanspruch statthaft** sei. Der Kartellsenat bejahte dies, wurde dafür aber wenig

---

[7] Grundlegend *Ullrich* GRUR 2007, 817 ff.; *Kübel*, 11 ff.; *Heinemann* ZWeR 2005, 198 ff.
[8] BGH 13.7.2004, BGHZ 160, 67 = GRUR 2004, 966 = Mitt. 2005, 36 – Standard-Spundfass.
[9] BGH 13.7.2004, GRUR 2004, 966 (968) – Standard-Spundfass unten unter Verweis auf *Ullrich* in Immenga/Mestmäcker, EG-WettbewerbsR, GRUR Teil B Rn. 42.
[10] BGH 6.5.2009, BGHZ 180, 312 = GRUR 2009, 694 = Mitt. 2009, 338 – Orange-Book-Standard.

später nicht nur von *Ullrich*[11] kritisiert, sondern auch von der holländischen Rechtbank Den Haag (als Eingangsinstanz) in *Philips./. SK Kassetten (Orange Book II)*, die diese Frage genau entgegengesetzt entschied. Anders als der BGH meinten die holländischen Instanzrichter, wenn der Verletzungsbeklagte vom Verletzungskläger (aus Kartellrecht) eine Lizenz beanspruche, solle er deren Erteilung doch einklagen, statt ohne Patentlizenz zu benutzen und seinen Anspruch auf Lizenzierung später im Verletzungsprozess mit entscheiden zu lassen. Als ohnedies meist schon große und komplexe Verfahren würden Patentverletzungsprozesse durch die Einbeziehung eines Kartellrechtsstreits nur zusätzlich belastet. Und ein echter Sachgrund für die Zusammenlegung fehle im Regelfall (Ausnahmen möglich!).[12]

17 7. Anders als die *bis dato* uneinheitliche Rechtsprechung der deutschen Instanzgerichte[13] konzentrierte sich der BGH in Orange-Book-Standard auf den ***dolo petit*-Einwand** aus § 242 BGB. Er stehe der Patentdurchsetzung entgegen, wenn der marktbeherrschende (SEP-)Patentinhaber seinen Unterlassungsanspruch gegen einen (gutwilligen) Verletzungsbeklagten geltend mache, obwohl er seinen Anspruch gar nicht würde durchsetzen können, weil er das Klagepatent aus Kartellrechtsgründen an den Verletzungsbeklagten hätte auslizenzieren müssen. Weil der Verletzungsbeklagte durch die Zulassung seines Lizenzeinwands eine deutlich effektivere, da rascher wirksame Möglichkeit zur SEP-Nutzung erhalte, gab der BGH vor allem dem Verletzungsbeklagten die Erfüllung eines **Katalog von Anforderungen** auf (dazu gleich!), die er erfüllen musste, um seinen Lizenzeinwand gewissermaßen „scharf zu stellen". Entgegen der von der Rechtbank Den Haag für richtig gehaltenen Trennung der Prozesse wegen Patentverletzung einerseits und Lizenzerteilung andererseits sah der BGH in der (faktischen) Zusammenlegung beider Verfahren einen Vorteil. Sie schaffe für beide Parteien am schnellsten Rechtssicherheit; deutlich rascher als sonst zu erwarten.

18 8. **Zwei Voraussetzung formulierte der BGH in Orange-Book-Standard** für die erfolgreiche Geltendmachung des Lizenzeinwands durch einen Verletzungsbeklagten: erstens musste dieser dem SEP-Inhaber noch vor Nutzungsbeginn ein **verbindliches Lizenzangebot zu angemessenen Bedingungen unterbreitet** haben, den sog. FRAND-Konditionen.

19 Das Akronym FRAND steht für Fair, Reasonable And Non-Discriminatory, hier also für eine **Rechtspflicht zur diskriminierungsfreien Lizenzierung zu angemessenen Konditionen.** Was dies *in praxi* heißt, beschäftigt seither immer wieder[14] Rechtsprechung und Schrifttum und wird nachstehend unter IV. dargestellt. Wie gesagt ist FRAND ein Akronym. Fragt man nach dem Gehalt der drei Bedingungen, die es zu formulieren scheint, stößt man auf verschiedene Kriterienkataloge zur Konkretisierung.[15] Die scheinbar eigenständigen Bedingungen „*fair*" und „*reasonable*" werden dabei immer gemeinsam betrachtet; erstens weil eins nicht ohne das andere geht und weil zweitens in den USA auch nur von RAND die Rede ist, das „*fair*" als eigenständiges Kriterium zusätzlich zu

---

[11] Der Deutschland gar in Gefahr einer dogmatischen und internationalen Isolation geraten sah, IIC 2010, 337.
[12] Rechtbank Den Haag 17.3.2010, BeckRS 2011, 25456 – Philips/SK Kassetten.
[13] Das LG Düsseldorf hatte in 2007 (11.1.2007) MPEG-2-Standard (auch Videosignalcodierung) (BeckRS 2010, 12846); 2007 (13.2.2007) GSM-Standard (auch Zeitlagenmultiplexverfahren) (BeckRS 141711) den Zwangslizenzeinwand grundsätzlich zugelassen, wesentlich strenger OLG Karlsruhe in Orange-Book-Standard vom 13.12.2006 (GRUR-RR 2007, 177). Das LG Mannheim schloss sich 2007 an, ließ die Zulässigkeit des Zwangslizenzeinwands aber als nicht entscheidungserheblich ausdrücklich offen (9.11.2007 – Patentverletzung durch Vertrieb von Geräten mit nicht-lizenzierter MP3-Funktion, GRUR-RR 2008, 117 (Ls.), NJOZ 2008, 960, 976). Das OLG Düsseldorf bezog nicht erneut Stellung.
[14] Vgl. zuletzt Vorlagebeschluss LG Düsseldorf 26.11.2020, Mitt. 2021, 75 f. – Nokia/Daimler mit zust. Anm. *Brambrink* GRUR-Prax 2021, 81.
[15] Überblick etwa bei *Layne-Farrar*, SSRN https://ssrn.com/abstract=2725959 (zuletzt besucht 29.5.2021).

„reasonable" also (zurecht) unbekannt ist.[16] Selbst deutsche Patentstreitanwälte qualifizieren Lizenzbedingungen darum schriftsätzlich inzwischen häufig als „rand" – oder eben auch „unrand". So wird das auch hier zugrunde gelegt: das Akronym FRAND hat zwei Elemente, „FR" für angemessen und „ND" für diskriminierungsfrei.

9. Zweitens musste sich der den Lizenzeinwand geltend machende Verletzungsbeklagte auch **sonst wie ein redlicher Lizenznehmer verhalten** haben. Für problematisch gehalten hatten viele besonders das erste Merkmal, weil es nennenswerte Marktkenntnis erforderte. Griff der Lizenzsucher bei der Bestimmung seiner Lizenzgebühr zu niedrig, konnte sein Angebot unangemessen sein und konnte er seinen Zwangslizenzeinwand verlieren. Griff der Lizenzsucher aus Sicherheitsgründen zu hoch, und nahm der SEP-Inhaber dieses für ihn günstige Angebot an, konnte der dann zum Lizenznehmer gewordene Lizenzsucher eine überhöhte Lizenzgebühr schulden. Der **BGH half hier mit einem Kunstgriff:** war der Lizenzsucher unsicher, weil er die Forderung des Patentinhabers für überhöht hielt oder weil der Patentinhaber eine Bezifferung verweigerte, konnte er sein Angebot auch ohne einen bestimmten Lizenzgebührensatz und nur mit der an den Patentinhaber gerichteten Aufforderung abgeben, die Lizenzgebühr nach billigem Ermessen selbst zu bestimmen. Dann kam der Lizenzvertrag mit einer Lizenzgebühr zustande, die der Lizenznehmer anschließend nach § 315 BGB gerichtlich überprüfen lassen konnte. Das reduzierte wesentlich das Risiko des Lizenzsuchers. Weiter reduzierte der BGH das Risiko des Lizenznehmers dadurch, dass dieser nicht an den SEP-Inhaber zahlen musste, sondern auch nach § 372 BGB beim Amtsgericht hinterlegen konnte; unter Verzicht auf die Rücknahme, damit er durch seine Hinterlegung von der Leistung frei wurde, §§ 376 Abs. 2 Nr. 1, 378 BGB.

10. Zum **Zeitpunkt** der Hinterlegung (nachträgliche Zahlung in branchenüblichen Abrechnungszeiträumen?), zur **Höhe** des zu hinterlegenden Lizenzentgelts (angemessenes Lizenzentgelt gem. Angebot oder zzgl. 10% Aufschlag wie nach § 711 ZPO in der Zwangsvollstreckung?) und zur **Art** der Hinterlegung (nur physische Hinterlegung von Zahlungsmitteln oder auch Sicherheitsleistung?) wird auf die Literatur verwiesen, denn dazu ist heute nicht mehr ganz soviel zu sagen wie früher, weil der EuGH in *Huawei/ZTE*[17] neue Voraussetzungen formuliert hat, die die der BGH-Kartellsenat am 5.5.2020 in seiner Entscheidung *FRAND-Einwand*[18] auch angewandt und präzisiert hat. Vollständig obsolet ist *Orange Book Standard* gleichwohl nicht. In SEP-Fällen ohne FRAND-Erklärung und vor allem für de-facto-Standards gilt die Entscheidung vielmehr nach wie vor.[19]

III. FRAND-konformes Parteiverhalten (sog. FRAND-Roadmap[20])

1. Zweck des FRAND-Erfordernisses ist es, Lizenzbedingungen zu definieren, an deren Ende einerseits eine adäquate Vergütung des SEP-Inhabers für die Nutzung seiner SEPs steht (Gedanke der **Erfinderbelohnung**), die andererseits aber auch sicherstellen, dass sämtliche Marktteilnehmer Zugang auch zu den durch SEP geschützten Teilen standardessentieller Technologien erhalten, dass also eine **breite Standardnutzung** sichergestellt ist und **keine Wettbewerbsverzerrung** durch Schwierigkeiten beim Technologiezugang eintritt.

2. Wie oben ausgeführt, sind **marktbeherrschende SEP-Inhaber** zur Auslizenzierung ihrer SEPs verpflichtet und können sie ihre SEPs darum nicht gegen Verletzer durchsetzen,

---

[16] Vgl. *Geradin/Rato,* Can Standard-Setting Lead to Exploitative Abuse? A Dissonant View on Patent Hold-Up, Royalty Stacking and the Meaning of FRAND (April 2006), URL: http://ssrn.com/abstract=946792 (zuletzt besucht 29.5.2021).
[17] EuGH 16.7.2015, GRUR 2015, 764 = Mitt. 2015, 449 Rn. 51 ff. – Huawei Technologies Co. Ltd./ZTE Corp., ZTE Deutschland GmbH.
[18] 5.5.2020, GRUR 2020, 961 mAnm *Picht;* Mitt. 2020, 410.
[19] *Kellenter, W./Verhauwen, A.,* Systematik und Anwendung des kartellrechtlichen Zwangslizenzeinwands nach „Huawei/ZTE" und „Orange Book", GRUR 2018, 761 (762f.).
[20] So treffend *Heinemann* GRUR 2015, 855 (856).

die sich ihnen gegenüber wie **redliche Lizenzsucher** verhalten, die sich also um (nichtausschließliche) SEP-Lizenzen zu FRAND-Bedingungen bemüht haben. Verweigert ein marktbeherrschender SEP-Inhaber, anders gewendet, einem SEP-Lizenzsucher die Erteilung einer einfachen Lizenz zu FRAND-Konditionen, ohne die – und das ist entscheidend! – kein Marktzugang möglich ist, missbraucht er seine marktbeherrschende Stellung und verstößt er gegen das Verbot aus Art. 102 Abs. 1 AEUV/§ 20 GWB.

24   3. Die in dieser wettbewerbsrechtlichen Situation liegende Einschränkung der Patentwirkungen ist in Deutschland seit 2009 (faktisch) geltendes Recht und wurde sowohl 2015 vom EuGH in *Huawei/ZTE*[21] teils neu justiert, teils bestätigt; 2020 in zwei Entscheidungen des BGH-Kartellsenats auch präzisiert. Seither pricht man von einer **wettbewerbsrechtlichen Zwangslizenz,** was eine sachlich nicht ganz korrekte Verkürzung des kartellrechtlichen Zwangslizenzeinwands zu sein scheint, weil sowohl *Orange Book Standard* als auch *Huawei/ZTE* gerade auch die Situation lösen wollen, in der eine Lizenz nicht erteilt wird; weil entweder der SEP-Inhaber den SEP-Nutzer auflaufen lässt oder weil der SEP-Nutzer zu den Konditionen des SEP-Inhabers nicht abschließen wollte. In beiden Fällen wies der BGH den FRAND-Einwand des Implementierers und Beklagten *Haier* gegen Verletzungsklagen zurück, die der Rechteinhaber *Sisvel* wegen Verletzung zweier standardessentieller Mobilfunkpatente erhoben hatte. *Haier,* so der BGH, habe sich nicht so konstruktiv verhalten, wie von einem redlichen Lizenzsucher zu erwarten.[22]

25   4. Bemerkenswert ist, wie rasch sich Parteien trotz (scheinbar) klarer Anforderungen der Rechtsprechung durch **zweckrationales Verhalten** auf diese Anforderungen eingestellt haben. Nicht nur hat sich der Streit auf die erwartet nennenswerte Zahl von Folgeproblemen verlagert: was ist angemessen (FR-Element)? was ist diskriminierungsfrei (ND-Element)? wie weit wirkt FRAND – territorial, in der Zulieferkette, gegenüber Rechtsnachfolgern? Auch ist zu sehen, dass sich etwa zwischen SEP-Inhabern aus der Telekommunikationsindustrie und ihren korrespondierenden Implementierern aus der Automobilindustrie (OEMs und Zulieferern) eine Art von **Verhandlungsdramaturgie** herausgebildet hat, die nur einzigen Zweck verfolgt: sich selbst in einem späteren Verletzungsprozess unverwundbar und damit durchsetzungsstark zu machen und die jeweilige **Gegenseite als nicht FRAND-*compliant* dastehen zu lassen.** Ziel jedes SEP-Nutzers ist es also, sich in einem SEP-Verletzungsprozess als Lizenzsucher mit einem so hohen Maß an Redlichkeit präsentieren zu können, dass dem SEP-Inhaber die Durchsetzung seines SEP unmöglich wird. Umgekehrt versucht jeder SEP-Inhaber, den Nutzer seines SEP als nicht ernsthaft lizenzwillig dastehen zu lassen. Auf beiden Seiten zwingt dies zur Schaffung einer Aktenlage, aus der letztlich folgt, dass man nichts mit einem mangelnden Erfolg (vorgeblich) engagiert vorangetriebener Lizenzverhandlungen zu tun hat, sondern dass man sich auf der FRAND-Stufenleiter, auf der man nur pflichtig wird, wenn die Gegenseite ihre Pflichten auf der vorangehenden Stufe erfüllt hat, jederzeit konstruktiv und abschlussgeneigt verhalten hat. Mit einem Schlagwort könnte man auch sagen: es geht hier um die **„Luftüberlegenheit" im SEP-Verletzungsprozess,** denn sie bestimmt darüber, ob SEP-Inhaber erfolgreich aus ihren SEPs vorgehen können oder ob die entsprechenden Implemetierer mit ihrem Zwangslizenzeinwand erfolgreich sein werden. Erfahrene Patentstreitkanzleien führen diesen Kampf strategisch, werden dabei aber nicht selten Opfer ihrer eigenen Mandantschaft, die so strategisch nicht handelt. – Am Ende entscheidet stets, ob das streitentscheidende Gericht das Verhalten beider Seiten gemessen an der vom EuGH vorgegebenen **FRAND-Roadmap** als **hinreichend konstruktiv und abschlussgeneigt** einstuft. Konkret erfüllt werden müssen dazu folgende **Parteipflichten, die jeweils im Wechsel zu erfüllen** sind:

---

[21] EuGH 16.7.2015, GRUR 2015, 764 Rn. 51 ff. = Mitt. 2015, 449 (452) – Huawei Technologies Co. Ltd./ZTE Corp., ZTE Deutschland GmbH.
[22] BGH 5.5.2020, BGHZ 225, 269 = GRUR 2020, 961 – FRAND-Einwand mAnm *Picht;* GRUR-Int 2021, 89 mAnm *Foerstl/Wahl;* Mitt. 2020, 410 mAnm *Rastemborski;* BGH 24.11.2020, GRUR 2021, 585 – FRAND-Einwand II.

§ 43. Standardessentielle Patente (SEP) und ihre FRAND-Lizenzierung   III § 43

5. **Erstens** muss der **SEP-Inhaber** den Verletzer über die (angebliche) Patentverletzung 26 informieren. Er muss dem (angeblichen) Verletzer also einen **substantiierten**[23] **Verletzungshinweis erteilen.** Der Verletzer soll nicht überrascht werden, sondern erfahren, dass ihm ein **Verletzungsprozess droht.** Er soll sich zu seiner (angeblichen) Verletzung äußern können, was impliziert, dass der SEP-Inhaber ihn **nicht auflaufen lassen** darf, sondern dass beide Seiten in einen lösungsorientierten Austausch über das Vorliegen einer Verletzung und den Abschluss einer Lizenzvereinbarung zu FRAND-konformen Konditionen eintreten. Die Initiative liegt zunächst beim SEP-Inhaber.

6. Auf den Verletzungshinweis des SEP-Inhabers hin **muss zweitens** der **(angebl.) Ver-** 27 **letzer** seine unbedingte[24] Bereitschaft zur Nahme einer einfachen Lizenz zu FRAND-Konditionen erklären **(Lizenzbereitschaftserklärung).** Die Abgabe dieser Erklärung ist wichtig, weil die unbedingte und allein an FRAND-Konditionen gebundene Lizenzbereitschaft des (angebl.) Verletzers den Grund für die Verschonung des SEP-Verletzers vom Unterlassungsanspruch des SEP-Inhabers bildet.

7. Daraufhin **muss drittens** der **SEP-Inhaber** dem angeblichen Verletzer ein **Vertrags-** 28 **angebot unterbreiten; in Schriftform und inhaltlich FRAND-konform.** Der Inhalt dieses Angebots zum Abschluss eines FRAND-Lizenzvertrags muss für den (angebl.) Verletzer **nachvollziehbar** sein (dazu auch unten IV. e 1). Dazu muss das Angebot **alle geschuldeten Gegenleistungen (Entgelte)** enthalten und deren **Berechnung offenlegen.** Anders als nach *Orange Book Standard* legt der EuGH diese **Erläuterungs- und Begründungspflicht dem SEP-Inhaber auf,** weil bei ihm mehr Technologie- und Marktkenntnis zu vermuten sei. Das ist richtig, denn SEP-Inhaber in Standardisierungskontexten werden häufig auch bereits andere FRAND-Lizenzen vergeben haben und darum jedenfalls eine realitätsnähere Vorstellung davon haben, welche Konditionen angemessen sein werden (FR-Element, dazu unter IV. a–c) und ob ihr Vertragsangebot diskriminierungsfrei ist (ND-Element, dazu unter IV. d). Zudem bietet erst die Erläuterung und Begründung seines Lizenzangebots durch den SEP-Inhaber die Möglichkeit zum Eintritt in konstruktive Vertragsverhandlungen.[25]

8. Dieses **Lizenzangebot muss** anschließend *viertens* der **(angebl.) Verletzer zeitnah** 29 **und sorgfältig prüfen.** Zeitnah und sorgfältig bedeutet, dass er die in seinem Geschäftszweig üblichen Gepflogenheiten beachten muss.[26] Er steht damit einerseits **nicht unter Zeitdruck,** der eine fundierte Prüfung unmöglich machen könnte, und muss sich solchen auch nicht gefallen lassen. Andererseits darf er die Prüfung aber auch **nicht hinauszögern,** um Zeit zu gewinnen (sog. *stalling*).[27] Nimmt der Verletzer das Angebot an, wird er zum Lizenznehmer, ist die Situation legalisiert und ist der Fall gelöst!

9. Lehnt er ab, **muss der (angebl.) Verletzer** *fünftens* **binnen kurzer Frist** (also sehr 30 zügig!) **ein Gegenangebot vorlegen.** Dieses Gegenangebot **muss FRAND-konform sein,**[28] und zwar **mit nur beschränkter Rücksicht auf die FRAND-Konformität des initialen Lizenzangebots** des SEP-Inhabers.

---

[23] Substantiiert bedeutet in diesem Zusammenhang, dass der SEP-Inhaber dem angeblichen Verletzer sämtliche Informationen bereitstellt, die dieser zur Identifikation der in Rede stehenden Verletzung benötigt: präzise Patentbezeichnung und Angaben zum Verletzungstatbestand. Namentlich bei Standards, die die Benutzung zahlreicher SEPs erfordern (IT!), bleiben angebliche Verletzer sonst leicht im Unklaren, was dem Waffengleichheit zuwider läuft, die Verhandlungen auf Augenhöhe voraussetzen.
[24] BGH 5.5.2020, GRUR 2020, 961 Rn. 71 – FRAND-Einwand.
[25] LG Mannheim 28.9.2018, GRUR-RS 2018, 31743 – FRAND-Angebote mAnm *Hülsewig* GRUR-Prax 2019, 40; ebenso *Kühnen* GRUR 2019, 665 (668).
[26] BGH 24.11.2020, GRUR 2021, 585 Rn. 72 – FRAND-Einwand II.
[27] EuGH 16.7.2015, GRUR 2015, 764 Rn. 65 = Mitt. 2015, 449 (453) – Huawei Technologies Co. Ltd./ZTE Corp., ZTE Deutschland GmbH.
[28] EuGH 16.7.2015, GRUR 2015, 764 Rn. 66 = Mitt. 2015, 449 (453) – Huawei Technologies Co. Ltd./ZTE Corp., ZTE Deutschland GmbH.

31 10. So lässt sich der Konflikt lösen, der zwischen dem beide Seiten gleichermaßen treffenden Konstruktivitätsgebot einerseits und der Erwägung andererseits besteht, dass die Vorlage eines unzureichenden Lizenzangebots für den unzureichend Anbietenden nicht folgenlos bleiben kann. **Beschränkte Rücksicht bedeutet** dabei, dass eine mangelnde FRAND-Konformität des initialen Lizenzangebots des SEP-Inhabers **immer dann folgenlos bleiben sollte, wenn das Angebot die FRAND-Konformität nur knapp verfehlt**, nicht etwa um eine Größenordnung, was evident missbräuchlich wäre und die Annahme einer Lizenzverweigerung durch den SEP-Inhaber rechtfertigen würde. Im Ergebnis vermeidet diese eher pragmatische Sichtweise, die auch das LG Mannheim zuletzt 2020 geteilt hat,[29] vermeidbare Abbrüche des Aushandlungsprozesses zwischen den Parteien, in dem sonst jede Seite nur darauf warten würde, dass die andere sich knapp verschätzt. Und ließe man nur knappe Verfehlungen der FRAND-Konformität ausreichen, reduzierte das auch nicht unstatthaft den auf dem SEP-Inhaber lastenden Druck, seine FRAND-Lizenzverhandlungen mit dem (angebl.) Verletzer mit einem belastbaren FRAND-Angebot zu starten. Diese Sicht entspricht zwar nicht der 2016 in sehr enger Auslegung von Huawei ./. ZTE (C-170/13) sowohl von den OLGen Düsseldorf und Karlsruhe vertretenen Auffassung,[30] sie entwickelt diese aber pragmatisch weiter und fördert so die Einigung der Parteien. **Im Ergebnis sollte eine Evidenzkontrolle also sehr wohl ausreichen,** um zu beurteilen, ob das Angebot des SEP-Inhabers eines war, auf das der Verletzer konstruktiv antworten musste. Und nicht nur mit dem Wortlaut, sondern namentlich auch mit dem Geist von Huawei ./. ZTE (C-170/13) ist dies auch durchaus vereinbar.[31] War das Lizenzangebot des Lizenzgebers also nicht exakt FRAND-konform, ist der (angebl.) Verletzer nicht etwa sicher und kann er sich für sein Gegenangebot auch nicht hinter dem Einwand verstecken, er habe damit ja nur auf ein ebenfalls unzulängliches Angebot des SEP-Inhabers geantwortet. Stattdessen soll es auch nach einem nur fast FRAND-konformen Lizenzangebot des SEP-Inhabers konstruktiv weitergehen!

32 11. Nimmt der SEP-Inhaber dieses Gegenangebot an, wird der Verletzer wiederum zum Lizenznehmer und ist der Fall gelöst.

33 12. **Lehnt der SEP-Inhaber das Gegenangebot** seines (angebl.) Verletzers **ab, muss dieser** *sechstens* – insoweit strukturell vergleichbar der BGH-Entscheidung *Orange Book Standard* – für seine bisherige SEP-Nutzung ab Ablehnung seines Gegenangebots **angemessen Sicherheit leisten;** je nach den im betreffenden Geschäftszweig anerkannten Gepflogenheiten zB durch Bankgarantie oder Hinterlegung. Diese Sicherheit muss jeweils die vergangene SEP-Benutzung umfassen, und sie muss der (angebl.) Verletzer **auch abrechnen.** Werden die Parteien sich nach dem Gegenangebot des angeblichen Verletzers nicht einig, können sie auch einvernehmlich beantragen, dass ein **unabhängiger Dritter**, der dann rasch entscheiden muss, die Höhe der Lizenzentgelte bestimmen soll.[32]

34 13. Erfüllt eine der Parteien eine der vorgenannten Pflichten nicht, genießt der **(angebl.) Verletzer keinen Schutz gegen den Unterlassungsanspruch** des SEP-Inhabers, bzw. begeht der SEP-Inhaber einen **Marktmachtmissbrauch**, aufgrund dessen er gegen den (angebl.) Verletzer auch dann **keinen Unterlassungsanspruch** durchsetzen kann, wenn dieser das SEP ohne seine Zustimmung benutzt. Da die Pflichten auf der FRAND-Stufenleiter jeweils im Wechsel erfüllt werden müssen, ist zu jeder Zeit feststellbar, wer als letzter seine Pflichten erfüllt hat.

IV. FRAND-konforme Lizenzbedingungen

a) FRAND-Konformität als Voraussetzung der SEP-Durchsetzung

35 Die Pflicht zur FRAND-konformen Lizenzierung bedeutet die Rechtspflicht zur Erteilung einer **diskriminierungsfreien einfachen Herstellungslizenz zu angemessenen**

---

[29] LG Mannheim 21.8.2020, GRUR-RS 2020, 26457 Rn. 121 ff. – Information zur Kanalgüte.
[30] OLG Düsseldorf 13.1.2016, GRUR-RS 01680 Rn. 19 ff. – Mobiles Kommunikationssystem; OLG Karlsruhe 8.9.2016, GRUR-RS 2016, 17467 Rn. 31 ff. – Dekodiervorrichtung.
[31] LG Mannheim 21.8.2020, GRUR-RS 2020, 26457 Rn. 127 – Information zur Kanalgüte.
[32] EuGH 16.7.2015, GRUR 2015, 764 Rn. 67 = Mitt. 2015, 449 (453) – Huawei Technologies Co. Ltd./ZTE Corp., ZTE Deutschland GmbH.

Konditionen, so schon oben II. 8. Diese Definition hat **zwei Elemente:** erstens das FR-Element, dass die Bedingungen der Lizenzerteilung angemessen sein müssen, zweitens das ND-Element, dass die Lizenzerteilung diskriminierungsfrei erfolgen muss.

Angemessenheit ist ein absolutes Kriterium. Ob Konditionen einer Lizenz angemessen sind, erfordert nicht den Blick auf die Lizenzen Dritter, sondern lässt sich aus sich heraus beurteilen. Kern ist regelmäßig die Höhe der geforderten oder angebotenen Lizenzentgelte, und dies offenbart schon die Schwierigkeiten, die sich hier stellen. Wenn hier die Angemessenheit von Entgelten gefordert wird, geht es um Preise. Ohne hier einmal mehr die bekannte Diskussion um das *pretium justum* nachzuzeichnen, lässt sich als Regel sagen, dass ebenso wie andere staatliche Stellen auch Gerichte sehr leicht überfordert sind mit der Preisbildung, also der Festsetzung von Preisen. In einer Marktwirtschaft bildet sich der Preis grundsätzlich am Markt, weil nur dort manifest wird, welches Angebot auf welche Nachfrage trifft, und am Ende der Preis eines Guts ausweist, wie sehr dieses am Markt nachgefragt wird (Informationsfunktion). Freilich geht es hier weniger um Preisbildung, als vielmehr um **Missbrauchsaufsicht.** Angemessene Preise lassen sich auch dadurch (annähernd) sichern, dass Missbrauch begegnet wird, also solchen Fallkonstellationen, die jedenfalls missbräuchlich sind. Missbrauchsaufsicht ist Gerichten keineswegs fremd, vgl. nur § 138 Abs. 2 BGB. Zweitens geht es hier um die Sonderkonstellation standardessentieller Patente, also um **Technologiemonopole, die durch Standardisierung zu Marktmonopolen** geworden sind. Für ihre Beurteilung reicht es aus, näherungsweise den Zusatzlohn zu ermitteln, den SEP-Inhaber durch besagte Aufwertung ihrer SEPs realisieren können, und diesen dann auf ein Niveau zurückzuführen, das als adäquat für ein Technologiemonopol gelten kann. Das erfordert Ansätze, mit denen sich Entgeltregelungen in Lizenzverträgen überprüfen lassen.

Diskriminierungsfreiheit ist ein relatives Kriterium, dessen Beurteilung zwingend 37 den Blick auf Lizenzen erfordert, die Dritten bereits erteilt worden sind. Solch ein Fall hatte der BGH-Entscheidung Standard-Spundfass aus 2004 zugrunde gelegen. Dort hatte ein nach § 20 GWB marktbeherrschender SEP-Inhaber der Konzernmutter der Beklagten, einer italienischen Chemiefassherstellerin, willkürlich eine Lizenz an seinem SEP verweigert, dessen Benutzung für die Fertigung von L-Ring-Fässern nach dem in Deutschland etablierten VCI-Standard erforderlich war. Ohne Benutzung des SEP war kein Zugang zum deutschen Markt möglich gewesen.[33] Diese Frage ist für ein Gericht auf den ersten Blick leichter zu beurteilen, doch ist auch sie keineswegs unproblematisch, namentlich mit Blick auf den Geheimwettbewerb, der zwischen Lizenznehmern häufig bestehen wird, wenn sie denselben Standard nutzen.

b) Offene Fragen

Die Vielzahl der nach wie vor offenen Fragen, zeigt, nachdem dies bereits nach *Orange* 38 *Book Standard* (absehbar!) Thema gewesen war[34], nochmals exemplarisch die EuGH-Vorlage des LG Düsseldorf vom 26.11.2020[35]:
– Wann schuldet ein SEP-Benutzer nach *Orange Book* die Abgabe seines Angebots?
– In welcher Höhe muss er ein Lizenzentgelt anbieten?
– Wann muss er hinterlegen, welche Beträge, in welcher Form (nur gem. § 232 BGB oder auch anders)?
– Muss ein SEP-Inhaber in einer Wertschöpfungskette vorrangig Zulieferer lizenzieren?
– Kann ein Zulieferer dem Unterlassungsanspruch des FRAND-lizenzpflichtigen SEP-Inhabers Art. 102 AEUV entgegenhalten, wenn der SEP-Inhaber sich weigert, dem lizenzwilligen Lieferanten eine eigene unbeschränkte FRAND-Lizenz für Produkte zu erteilen, die den Standard implementieren?

---

[33] BGH 13.7.2004, BGHZ 160, 67 = GRUR 2004, 966 = Mitt. 2005, 36 – Standard-Spundfass.
[34] *Maume/Tapia* GRUR-Int 2010, 923.
[35] Mitt. 2021, 75 f.

– Wie verhält es sich damit, wenn in der Branche des Endproduktevertreibers üblicherweise die Zulieferer Lizenznehmer sind?
– Besteht ein Lizenzierungsvorrang gegenüber Zulieferern auf jeder Stufe der Lieferkette oder nur gegenüber einem Zulieferer auf der Stufe, die dem Endproduktvertreiber unmittelbar vorgelagert ist? Oder entscheiden hier die Gepflogenheiten des Geschäftsverkehrs?
– Erfordert das kartellrechtliche Missbrauchsverbot die Erteilung einer eigenen, unbeschränkten Lizenz an den Zulieferer?
– Stellt, für den Fall, dass der SEP-Inhaber nicht in die Lieferkette hinein lizenzieren muss, Art. 102 AEUV besondere Anforderungen an die Kriterien, nach denen ein SEP-Inhaber entscheiden darf, an welche potenziellen Verletzer aus der Produktions- u. Verwertungskette er sich halten will?
– Können mit Blick auf *Huawei/ZTE* SEP-Inhaber und SEP-Benutzer vorgerichtlich nicht fristgerecht vorgenommenen Handlungen im gerichtlichen Verfahren noch nachholen?
– Unter welchen Umständen bleibt eine Lizenzbereitschaftserklärung beachtlich, wenn der Verletzer auf den Verletzungshinweis des SEP-Inhabers hin mehrere Monate geschwiegen hat?
– Ist die Prüfung der FRAND-Konformität des Lizenzangebots des SEP-Inhabers noch erforderlich, wenn das Gegenangebot des SEP-Benutzers auf dessen mangelnde Lizenzbereitschaft schließen lässt oder kann in einem solchen Fall ohne weiteres ein Unterlassungsurteil ergehen?
– Verbietet sich ein solcher Schluss zulasten des SEP-Benutzers, wenn für die Lizenzbedingungen des Gegenangebotes, aus denen auf mangelnde Lizenzbereitschaft geschlossen werden soll, nicht klar ist, dass sie nicht FRAND-konform sind?

c) Bestimmung FRAND-konformer SEP-Lizenzentgelte

39   1. Kernproblem der FRAND-Lizenzierung in allen Staaten ist die Frage, welche Lizenzentgelte FRAND-konform, also angemessen sind. Gerichte in westlichen Staaten halten sich hier traditionell zurück, und selbst die EU-Kommission hat dieses Thema in ihrer Mitteilung über den Umgang der EU mit standardessenziellen Patenten von 2017[36] bestenfalls grundsätzlich angesprochen. So erregte es Aufsehen, als im April 2013 U.S.-Bundesrichter *James L. Robart* im U.S. District Court for the Western District of Washington at Seattle in der Sache ***Microsoft./.Motorola***[37] eine in ihrer Systematik für die Berechnung angemessener FRAND-Lizenzentgelte (*to calculate a RAND rate and range*[38]) bis heute wegweisende Entscheidung erließ. In seiner ausführlich begründeten Entscheidung von 207(!) Seiten Umfang bestimmte Judge Robart in sechs Schritten Entgeltkorridore sowohl für Motorolas H.264 SEP-Portfolio als auch für Motorolas 802.11 SEP-Portfolio. Im Ergebnis lagen die von Microsoft geschuldeten Entgelte jeweils nur bei einem Bruchteil der Forderungen, die Motorola ursprünglich gestellt und die Microsoft deshalb in besagtem Verfahren zur Überprüfung gestellt hatte.

40   2. Zentral bei der Beurteilung von Lizenzentgelten als „reasonable" waren auch hier sog. **Georgia-Pacific Factors,** die seit einer Entscheidung des U.S. District Court for the Southern District of New York aus dem Jahr 1970 geläufig sind und die sich in drei Gruppen einteilen lassen: Erstens die Bedeutung der patentierten Erfindung für das Produkt, zweitens branchenübliche Lizenzentgelte für diese oder ähnliche Erfindungen, drittens (sachverständige) Einschätzungen des Patentwerts.

41   3. Auf Basis dieser Georgia-Pacific Factors entwickelten *Treacy/Lawrance*[39] 2008 sechs Forderungen an FRAND-Lizenzbedingungen, die so oder ähnlich überall ange-

---

[36] COM(2017) 712.
[37] Microsoft Corp. v. Motorola, Inc., CASE NO. C10–1823JLR (W.D.Wash. Apr. 25, 2013).
[38] Microsoft Corp. v. Motorola, Inc., Rn. 2.
[39] *Treacy/Lawrance* JIPLP 2008,Vol. 3, No. 1, 22 (24).

§ 43. Standardessentielle Patente (SEP) und ihre FRAND-Lizenzierung IV § 43

wandt werden, schlicht weil sie naheliegen: 1) FRAND-Vergleich **nur innerhalb derselben oder vergleichbarer Branchen.** 2) FRAND-Ziel ist eine angemessene **Aufteilung des Gesamtgewinns** zwischen Patentinhaber und Hersteller. 3) FRAND soll die **kumulierte Lizenzentgeltbelastung für Hersteller** berücksichtigen, also nicht sog. *Royalty Stacking* fördern. 4) Mit demselben Ziel soll FRAND das **Verhältnis von Inhaber-SEPs zur SEP-Gesamtzahl des Standards** berücksichtigen. 5) Zur Vermeidung von Überbelohnungen des SEP-Inhabers soll FRAND den **SEP-Wert vor Aufnahme in den Standard** berücksichtigen. 6) FRAND soll den **FuE-Aufwand des SEP-Inhabers** für die Entwicklung seiner in den Standard aufgenommenen Technologien berücksichtigen.

4. Kontextunabhängig ist Kernfrage jeder Entgeltberechnung die richtige **FRAND- 42 Berechnungsgrundlage.**[40] Eingang finden können hier sowohl *output*orientierte Größen als auch *input*orientierte. Outputorientierte Größen setzen am Nutzen einer patentierten Erfindung für deren Nutzer an, inputorientierte Größen beim Aufwand, der in die FuE zur Erfindung und in deren Patentierung geflossen ist.

5. Grundsätzlich ist der **Nutzen einer patentierten Erfindung** durchaus ein geeigne- 43 ter Ausgangspunkt für die Berechnung angemessener Lizenzentgelte. Nicht umsonst bestimmt am Markt der Nutzen eines Guts über den Preis, den Abnehmer dafür bezahlen wollen. Je höher dieser Nutzen, desto höher die Zahlungsbereitschaft. In der Patentbewertung setzt dieser Ansatz freilich voraus, dass sich der spezifische Nutzen eines Patents einigermaßen zuverlässig ermitteln lässt. **In der aktuellen Diskussion fällt freilich auf, dass Kostenaspekte so gut wie gar nicht berücksichtigt werden,** angeblich weil Kosten nicht hinreichend nachvollziehbar wären. Freilich erweist sich genau dieses Argument bei näherem Hinsehen meist dann als falsch, wenn große Unternehmen beteiligt sind. Belastbare Daten liegen häufig sehr wohl vor. Überdies und insbesondere sind die Patentportfolios, deren Nutzung etwa die Netztechnik und der Bau standardkonformer IT-Endgeräte für mobile Kommunikation oder das *Internet of Things* erfordern, so groß, dass das „Gesetz der großen Zahl" Ausreißer hinreichend moderiert. Und schon ganz grundsätzlich mutet es merkwürdig an, Kostenaspekte und die aus ihnen resultierende Möglichkeit zur Gewinnung zusätzlicher Datenpunkte einfach unberücksichtigt zu lassen. Damit nämlich besteht die Gefahr, dass die durchaus gravierenden Anwendungsgrenzen aller outputorientierten Verfahren, auf die gleich einzugehen sein wird, zu *nicht* FRAND-konformen Lizenzentgelten führen, weil die Unsicherheiten bei der alleinigen Anwendung einzelner Verfahren oder rein outputorienterter Verfahren für sich genommen nicht vernünftig bewältigbar sind. Vielmehr ist in jedem Fall die Annäherung an vernünftige Entgeltwerte dadurch geboten, dass man die Ergebnisse mehrerer Ansätze vergleicht und eben auch die Gestehungskosten von SEPs einbezieht.

6. Und wo sollte der Einwand gegen die Berücksichtigung von Gestehungskosten zur 44 Gewinnung aussagekräftiger Datenpunkte bei der Ermittlung FRAND-konformer Lizenzentgelte denn auch liegen? **Bei anderen „essential facilities" mit deren Nutzung die BNetzA befasst ist,** werden insbesondere Kosten betrachtet und schließlich vom OLG Düsseldorf überprüft. Ein überzeugender Sachgrund, diese Überprüfung bei bei SEPs zu verweigern, obwohl diese nichts anderes sind als *essential facilities,* ist nicht zu erkennen. Im Ergebnis werden sich FRAND-konforme Entgelte **nur im Wege der Annäherung durch die parallele Anwendung unterschiedlicher Ansätze** ermitteln lassen. Die **Einbeziehung von Kostenaspekten** bietet hier großes Potential; nicht als Königsweg, denn diesen gibt es nicht. Wohl aber für die Gewinnung neuer Datenpunkte, die helfen könnten, Unsicherheiten reduzieren und die Höhe von SEP-Lizenzentgelten vernünftig einzustellen.[41]

---

[40] *Ann/Friedl* Mitt. 2021, 145 (147 f.).
[41] *Ann/Friedl* Mitt. 2021, 145 (153).

§ 43 IV 6. Abschnitt. Rechte an Erfindungen im Rechtsverkehr

45   7. Als Messgröße für den Patentnutzen wird jenseits des FRAND-Kontexts teilweise der Nettoumsatz mit dem Produkt zugrunde gelegt, in dem eine patentierte Erfindung verbaut worden ist. Richtig daran ist, dass dieser Nettoumsatz die Zahlungsbereitschaft der Produktnutzer reflektiert. Für ein Patent ist dies schwieriger. Besteht ein Produkt aus zahlreichen patentierten Funktionalitäten, müsste der Nettoumsatz auf jede dieser Funktionalitäten heruntergebrochen werden, letztlich also auf eine große Zahl patentierter Erfindungen. Meist ist dies schwierig, weil ein **Produkt mit vielen Funktionalitäten meist aus vielen unterschiedlichen Komponenten besteht,** die Funktionen bereitstellen; teils allein, teils im Verbund. Nutzt ein Produkt zahlreiche Patente – beim Mobiltelefon Tausende – müsste der **individuelle inkrementelle Nutzenbeitrag** jedes einzelnen Patents erhoben werden, um am Ende für jedes Patent zu einem nutzungsorientierten Lizenzentgelt zu gelangen. Dies ist nur dann möglich, wenn man Nutzenbeiträge nicht für das Gesamtprodukt bestimmt, sondern nur für die Komponente, die das Patent auch tatsächlich nutzt. Die Wirkung der Kamera auf den Absatz eines Smartphones zeigt das sehr deutlich. Bei der Vielzahl nicht standardisierter Funktionalitäten, die Nachfrage nach modernen Smartphones erzeugen, ist eine Zugrundelegung des gesamten Smartphonepreises erkennbar keine gute Basis für die Berechnung der Lizenzentgelte, die auf Einzelkomponenten entfallen.

46   8. Bei standardessentiellen Patenten stellt sich ferner das Problem, die **Nutzenbeiträge von Patenten und Standards** auseinander zu halten. Der Nutzen eines Standards hängt nicht nur an Qualität und Nutzenbeitrag der von SEPs geschützten Technologien, sondern auch an der Qualität der **Produkte auf nachgelagerten Märkten,** die den Standard nutzen. Auch dort eingeflossene Innovationen tragen zum kumulierten Anwendernutzen bei. Der Anwendernutzen beim GSM-Standard zeigt dies: er ist abhängig von den Leistungen und Innovationen der Produkte, die den Zugang zum GSM-Standard ermöglichen. So haben sich Nutzungszahlen und Nutzungsintensität des mobilen Internets zusammen mit der Entwicklung innovativer Smartphones sehr stark erhöht, obwohl der Netzzugang auch vorher schon möglich war. Er wurde nur weniger in Anspruch genommen. Kurz gesagt unterscheidet sich der Nutzen der Technologie, die in den GSM-Standard aufgenommen wurde, vom Nutzenerlebnis des GSM-Standards durch den Nutzer.

47   9. Der derzeit bekannteste **outputorientierte Ansatz** für die Berechnung FRAND-konformer Lizenzentgelte ist der **Smallest Saleable Patent Practicing Unit (SSPPU)-Approach.**[42] Er wurde besonders in den USA bis in die jüngste Zeit vielfach propagiert[43] und empfiehlt, komplexe Vorrichtungen, wie etwa Smartphones, zur Gewinnung realistischer FRAND-Berechnungsgrundlagen in ihre jeweils kleinsten handelbaren Einheiten zu zerlegen, die ein in Rede stehendes SEP benutzen. Nach diesen *smallest saleable patent practicing units* ist der Ansatz benannt. Von SEP-Nutzern wird er nicht zuletzt deshalb gern verwendet, weil er früh in der Wertschöpfungskette ansetzt und darum tendenziell zu geringeren SEP-Lizenzentgelten führt als andere Ansätze.

48   10. Die **Probleme der SSPPU** zeigen Situationen, in denen SSPPUs in Endprodukten **unterschiedlicher Komplexität** eingesetzt werden für die **unterschiedliche Preise** realisiert werden. Oder Situationen, in denen es für ein SSPPU keine tatsächlichen Markt gibt, sondern nur einen potentiellen, Preise also nicht ermittelt, sondern (bestenfalls) angenommen oder hochgerechnet werden können. Unter dem Aspekt der Erfinderbelohnung schwer lösbar sind auch Situationen, in denen sich der **Wert einer SSPPU aus Synergien** speist, etwa aus der Integration einer für sich möglicherweise nicht einmal wettbe-

---

[42] Vgl. nur Schreiben von USDOJ Antitrust Division Assistant Attorney General Makam Delrahim an IEEE vom 10.9.2020, S. 6; URL: https://www.justice.gov/atr/page/file/1315291/download (zuletzt besucht 29.5.2021).

[43] Vgl. nur Schreiben von USDOJ Antitrust Division Assistant Attorney General Makam Delrahim an IEEE vom 10.9.2020, S. 6; URL: https://www.justice.gov/atr/page/file/1315291/download (zuletzt besucht 29.5.2021).

werbsfähig handelbaren Minikamera in ein Smartphone. Unklar ist auch, wie der Wert einer SSPPU zu berechnen sein soll, die Hunderte von SEPs benutzt, sich ihrerseits aber nicht weiter teilen lässt.

11. Diese Probleme schien der älteste **outputorientierte Ansatz** zur FRAND-Entgeltberechnung, die **Entire Market Value Rule (EMVR)** nicht zu haben.[44] Entwickelt worden war die EMVR für den einfachen, in *praxi* aber eher seltenen Fall, dass der Wert einer Vorrichtung oder eines Produkts primär in einer verbauten Erfindung bestand, die durch ein (einziges) SEP geschützt war. Für diesen aus **heutiger Sicht unterkomplexen Sachverhalt** sah die EMVR vor, das angemessene **Lizenzentgelt aus allen Produktumsätzen zu berechnen,** die auf das fragliche SEP zurückführbar seien. Grundlage der Entgeltbemessung sollten hier also alle einem SEP zurechenbaren Umsätze sein; auch auf mehreren Märkten. Für Mehrkomponentenprodukte musste der SEP-Inhaber die Kausalität seines SEP für die Nachfrage nach den Produkten beweisen, aus denen er das auf sein SEP entfallende Entgelt berechnen wollte. Wenn das nicht möglich war, sollte der Wertzuwachs bestimmt werden, den das SEP für das Produkt gebracht hatte.

12. Freilich sind damit auch bereits die **Limitierungen der EMVR** beschrieben. Sie mag für die seltenen Fälle passen, in denen Produkte wenige, möglichst nur ein einziges SEP benutzen, das dann auch noch für die Kaufentscheidung des Erwerbers entscheidend ist. Schon wenn ein Produkt nur wenige SEPs benutzt, müssen diesen konkrete Wertzuwächse zugewiesen werden, was fast immer Schwierigkeiten bereitet. Hinzu kommt, dass Verkaufspreise oftmals nicht den Wert der im Produkt verbauten Technologien abbilden. Der erste Apple iPod ist dafür ein gelungenes Beispiel. Technisch wenig mehr als ein simpler MP3-Player wurde er ab 2001 in großen Stückzahlen mit fabelhaften Margen verkauft und hätte nach der EMVR zu hohen Entgelten für die Fraunhofer-Gesellschaft als Inhaberin wichtiger MP3-Patente geführt. Doch selbst wenn man die der Preisbildung innewohnende Offenheit für Irrationales als Normalität des Vertragsschlusses hinnehmen will, mindert dieser Effekt doch die Eignung der EMVR als einziger Grundlage für die Berechnung FRAND-konformer SEP-Lizenzentgelte.

13. Zumindest als Kontrollüberlegung wenden Gerichte darum weltweit zur Berechnung FRAND-konformer SEP-Lizenzentgelte gern die in den USA *bottom-up approach* genannte **Vergleichsmarktbetrachtung** an. Sie fragt nach den Kosten anderer Lösungen, als der durch in Rede stehende SEPs geschützten, letztlich also nach den **Kosten der (hypothetischen) Einlizenzierung funktionsäquivalenter oder anderwärts vergleichbarer Patente.** Zu berücksichtigen ist dabei die Vergleichbarkeit: der jeweils lizenzierten Patente, der Entgeltstrukturen, des Geltungsbereich der jeweiligen Lizenzen und Lizenzbedingungen sowie deren Akzeptanz.

14. Ohne Probleme ist allerdings auch die Vergleichsmarktbetrachtung nicht, den wirklich vergleichbare Patente werden schwer, gelegentlich auch gar nicht auffindbar sein. Und wenn, wird deren Auffindung zumindest Transaktionskosten verursachen. Nicht auf Anhieb einleuchten will immerhin, warum die **Vergleichsmarktbetrachtung** strukturell *royalty stacking* begünstigen soll, wie gelegentlich behauptet.[45]

15. Basierend auf den für regulierte Industrien anerkannten Prinzipien ist zur Ermittlung FRAND-konformer Lizenzentgelte für SEPs auch ein **kostenbasierter Ansatz** vorstellbar, orientiert an den Kosten für die der Erfindung zugrundeliegende FuE, der größte Kostenfaktor, den Patenterlangungskosten (Amts-, Patentanwalts- und in-house Kosten) und einer angemessenen Rendite für die getätigten Investitionen. Eine solche Orientierung an den

---

[44] Vgl. nur Schreiben von USDOJ Antitrust Division Assistant Attorney General Makam Delrahim an IEEE vom 10.9.2020, S. 6; URL: https://www.justice.gov/atr/page/file/1315291/download (zuletzt besucht 29.5.2021).

[45] *Bartlett/Contreras*, https://papers.ssrn.com/sol3/papers.cfm?abstract_id=2847599 (zuletzt besucht am 29.5.2021) 285, 297.

Kosten stellt sicher, dass Unternehmen bei Patenterteilung eine verlässliche Kalkulationsgrundlage haben. Werden alle relevanten Kosten in die Berechnung der Lizenzentgelte einbezogen, bleiben für patentierende Unternehmen **Innovationsanreize erhalten,** weil diese dann eine angemessene und risikoadäquate Verzinsung auf ihr eingesetztes Kapital erhalten. Gleichzeitig vermeidet diese Kostenorientierung überhöhte Lizenzentgelte und entsprechend ungerechtfertigte Kostenbelastungen erfolgreicher Patentnutzer.

54 16. Kritisch zu prüfen ist freilich auch hier, ob die für die Berechnung der Lizenzentgelte notwendigen Kosten wirklich ermittelbar sind. Dazu müssen zunächst die FuE-Kosten des SEP-Inhabers bekannt sein. Vielfach wird die Ermittlung dieser FUE-Kosten einfacher sein als ein vergangener oder künftiger inkrementeller Nutzenbeitrag eines Patents, weil Kosteninformationen den Unternehmen nach den Vorschriften des externen Rechnungswesens vorliegen müssen. Auch können Kosteninformationen ohne größeren Aufwand durch Befragung der betroffenen Unternehmen erhoben werden, so wie in vielen regulierten Branchen üblich, wo sogar Publikationspflichten bestehen, etwa für Telekommunikationsunternehmen und Energieversorger, die den Regulierungsbehörden detailliert die Kostendaten ihrer Netze offenlegen müssen.

55 17. Festzuhalten ist damit, dass sich FRAND-konforme Lizenzentgelte **nur durch eine parallele Anwendung unterschiedlicher Ansätze ermitteln lassen werden.** Dabei bietet die derzeit noch nicht hinreichend praktizierte Einbeziehung von Kostenaspekten erhebliches **Potenzial für die Gewinnung neuer Datenpunkte,** die die SEP-Bewertung nachvollziehbarer machen und auf eine vernünftige Bandbreite einstellen können.

d) Diskriminierungsfreiheit der SEP-Lizenzierung

56 1. Wie vorstehend dargestellt, muss ein kraft seines Technologiemonopols marktbeherrschender SEP-Inhaber Lizenzsuchern, die an dem vom SEP-Inhaber faktisch (mit)kontrollierten Standard teilnehmen wollen, die Nutzung seiner SEP ermöglichen, ihnen also einfache Lizenzen erteilen. Das muss so sein, weil SEPs *essential facilities* sind, ohne die kein Zutritt zum standardabhängigen Markt möglich ist. Die Pflicht zur Auslizenzierung beschränkt freilich nicht nur die **Vertrags*abschluss*freiheit** des SEP-Inhabers, sondern auch seine **Vertrags*inhalts*freiheit.** Immerhin muss die Lizenzierung nicht nur überhaupt erfolgen, sondern auch FRAND-konform. Das schließt zweierlei ein: Lizenzierung **erstens zu angemessenen Konditionen (FR-Element)** und **zweitens diskriminierungsfrei (ND-Element).** Der für das FR-Element zentrale Entgeltaspekt wurde vorstehend bereits dargestellt. Hier geht es nun um das zweite Element; welche Lizenzierungspraxis (noch) als diskriminierungsfrei gelten kann, wie weit, anders gesagt, der SEP-Inhaber in seiner **Vertrags*inhalts*freiheit beschränkt** wird, bei der Lizenzierung verschiedener SEP-Lizenzsucher die angebotenen Konditionen zu differenzieren.

57 2. Zunächst bedeutet Diskriminierungsfreie **keine Pflicht des SEP-Inhabers zur Meistbegünstigung!**[46] Anders als bei uneingeschränkter Vertragsfreiheit **bedarf Konditionendifferenzierung** bei der FRAND-Lizenzierung **in gleich gelagerten Fällen eines Rechtfertigungsgrunds.** Obwohl dies eigentlich keiner weiteren Erläuterung bedürfen sollte, musste das LG Düsseldorf 2018 nochmals ausdrücklich feststellen, dass Pflicht zur Gleichbehandlung (auch) im FRAND-Kontext selbstredend *keine* **Pflicht zur Gleichbehandlung ungleicher Sachverhalte** begründet, sondern dass nur gleichartige Sachverhalte gleich behandelt werden müssen.[47]

---

[46] So ausdrücklich LG Düsseldorf 12.12.2018, GRUR-RS 2018, 37930 Rn. 219 – FRAND-Einwand.
[47] LG Düsseldorf 12.12.2018, GRUR-RS 2018, 37930 (Rn. 202 unter ausdrücklichem Bezug auf OLG Düsseldorf 30.3.2017, GRUR 2017, 1219 – Mobiles Kommunikationssystem) – FRAND-Einwand.

3. Die Anforderungen an diesen Grund variieren. Je mehr die marktbeherrschende **58** Stellung des SEP-Inhabers nicht auf seiner erfinderischen Leistung beruht, sondern darauf, dass die von ihm geschützte Technologie standardessentiell geworden ist, desto höheren Anforderungen muss seine Rechtfertigung einer Konditionendifferenzierung genügen. Das ist auch richtig so. Denn zwar respektiert das Wettbewerbsrecht die aus der Schaffung einer überlegenen Technologie resultierende Marktmacht eines Patentinhabers und lässt es ihn seine Schutzrechte darum grundsätzlich auch durchsetzen, ohne ihn lizenzpflichtig zu stellen.[48] Anders verhält es sich aber, **wenn die Marktmacht des Patentinhabers primär darauf beruht, dass sein Patent standardessentiell geworden,** also zum SEP avanciert ist. Dann hat nicht technologische Überlegenheit die patentierte Lehre zum **Flaschenhals** gemacht, den jeder Standardnutzer passieren muss, sondern ihre Standardessentialität; ist die marktbeherrschende Stellung des SEP-Inhabers mithin nicht selbst erarbeitet. Folglich muss sich die wirtschaftliche Verwertung dieser Lehre dann auch an wettbewerbsrechtlichen Kriterien messen lassen und wird die Verweigerung ihrer FRAND-Lizenzierung fast immer missbräuchlich sein.

4. Ob sich, so wie *Granata* dies in FS Meier-Beck vorschlägt,[49] wirklich ein Algo- **59** rhythmus entwickeln lässt, der für SEP-Inhaber und Lizenzsucher *ex ante* und für Richter *ex post* die Einhaltung der ND-Komponente einer FRAND-Lizenz an einem SEP, also Diskriminierungsfreiheit, einigermaßen zuverlässig bestimmbar macht, mag 2022 noch dahinstehen. Andererseits ändert es aber auch nichts an der Verpflichtung, dass erstens jede Konditionendifferenzierung wie vorstehend dargestellt gerechtfertigt werden und dass zweitens die gleichmäßige Anwendung bestehender Konditionen auch nachgewiesen werden muss.

5. Eine **evidente Diskriminierung** kann einerseits schon dann angenommen werden, **60** wenn andere Lizenznehmer ohne ersichtlichen Grund geringere Lizenzentgelte entrichten mussten.[50] **Andererseits erfordert FRAND nicht,** dass erstens der SEP-Inhaber alle Nutzer zu identischen oder auch nur gleichartigen Konditionen lizenzieren muss[51] und dass zweitens ausnahmslos alle erteilten Lizenzen den Diskriminierungsmaßstab prägen, also auch solche, die in Sonderkonstellationen, also unter besonderen Umständen entstanden sind.[52] Unterschiede in der Behandlung müssen eine gewisse **Erheblichkeitsschwelle** überschreiten.[53] **Sachliche Gründe für ungleiche Lizenzentgelte sind** danach: unterschiedliche Marktbedingungen,[54] branchenübliche Mengenrabatte,[55] Zahlungskonditionen (Ratenzahlung, Anrechnungsvereinbarung),[56] Grad der Verhandlungsbereitschaft des lizenzwilligen Verletzers,[57] Streitbeilegung durch nachvollziehbaren Vergleich,[58] Bankgarantie, da der SEP-Inhaber durch die Lizenzierung erheblich in Vorleistung geht[59], Kreuzlizenzierung[60], nicht

---

[48] EuGH 29.4.2004, GRUR 2004, 524 Rn. 34 = Mitt. 2005, 32 (35) – IMS Health.
[49] GRUR 2021 (FS Meier-Beck), 203 f.
[50] BGH 24.11.2020, GRUR 2021, 585 Rn. 47 – FRAND-Einwand II; in Bestätigung der nur sechs Monate älteren Vorläuferentscheidung BGH 5.5.2020, GRUR 2020, 961 – FRAND-Einwand mAnm *Picht*, 972 ff., die ebenfalls durch den BGH-Kartellsenat zwischen denselben Parteien getroffen worden war.
[51] BGH 5.5.2020, GRUR 2020, 961 Rn. 81 – FRAND-Einwand.
[52] BGH 5.5.2020, GRUR 2020, 961 Rn. 81 – FRAND-Einwand.
[53] OLG Düsseldorf 30.3.2017, GRUR 2017, 1219 Rn. 175 – Mobiles Kommunikationssystem m. Anmerkungen *Weber* GRUR-Prax 2017, 465 und *Gärtner* Mitt. 2018, 183.
[54] LG Düsseldorf 12.12.2018, GRUR-RS 2018, 37930 Rn. 202 – FRAND-Einwand.
[55] BGH 5.5.2020, GRUR 2020, 961 Rn. 50 – FRAND-Einwand.
[56] LG Düsseldorf 12.12.2018, GRUR-RS 2018, 37930 Rn. 284 – FRAND-Einwand.
[57] BGH 5.5.2020, GRUR 2020, 961 Rn. 81 – FRAND-Einwand.
[58] BGH 5.5.2020, GRUR 2020, 961 Rn. 102 – FRAND-Einwand.
[59] OLG Karlsruhe 9.12.2020, GRUR-RR 2021, 203 Rn. 322 – Mobilstation – Revision zugelassen und beim BGH anhängig unter X ZR 2/21.
[60] OLG Düsseldorf 22.3.2019, GRUR-RS 2019, 6087 Rn. 135 – Improving Handovers.

monetäre aber geldwerte Gegenleistung[61], gerichtliche festgelegte Konditionen[62]. Offen gelassen hat der BGH, ob als sachliche Gründe für ungleiche Lizenzentgelte auch gelten können: Druck durch ausländische Behörden,[63] besondere Risikoverteilung im Pauschallizenzvertrag,[64] nachvollziehbare Streitbeilegung durch Vergleich.[65] Nachdem der BGH ausdrücklich feststellt, dass keine Pflicht zur Berechnung von Einheitsentgelten besteht, sondern dass jeder Fall einzeln betrachtet werden muss,[66] scheint es konsequent, auch in diesen Fällen regelmäßig das Vorliegen von Sachgründen für eine Entgeltdifferenzierung anzunehmen. **Kein sachlicher Grund für ungleiche Lizenzentgelte ist** (naturgemäß!) jede unsachliche Bevorzugung einzelner Wettbewerber[67] oder die Marktgröße der beteiligten Unternehmen. Sie spricht nicht dagegen, dass Unternehmen als Hersteller oder Anbieter auf nachgelagerten Märkten gleichartig sind.[68]

61   6. **Nicht per se missbräuchlich ist umgekehrt** auch ein (noch) nicht FRAND-konformes Lizenzangebot eines marktbeherrschenden SEP-Inhabers, sondern ist erst die Verweigerung oder Vereitelung von auf den Abschluss einer FRAND-konformen Lizenz gerichteter Verhandlungen mit dem Verletzer; schon gar nicht, wenn der in Rede stehende Lizenzsucher keine ernsthafte Verhandlungsbereitschaft erkennen lässt.[69] Oder anders gewendet: uneinsichtige Verletzer dürfen anders behandelt werden als Verletzer, die in dem Sinn konstruktiv handeln, dass sie an der Herstellung geordneter Nutzungsverhältnisse mitarbeiten. Uneinsichtigkeit eines Verletzers kann danach ein Rechtsfertigungsgrund für Ungleichbehanhdlung sein.

62   7. **Dies führt dann zu einem Konflikt, wenn besagte Konditionen Geschäftsgeheimnisse sind, deren Nachweis ihre Offenlegung erfordert. Darlegen muss der SEP-Inhaber auch dann seine bisherige Lizenzierungspraxis** in Bezug auf das konkrete Patent. Entspricht sein Angebot einem in der Vertragspraxis des SEP-Inhabers ausschließlich(!) gelebten und von Dritten akzeptierten Standardlizenzprogramm, wird es nach richtiger Ansicht des OLG Karlsruhe[70] regelmäßig ausreichen, zur Durchsetzung dieses Lizenzprogramms auszuführen und auf die Übereinstimmung des *in casu* fraglichen Lizenzangebots mit dem Lizenzprogramm zu verweisen.

63   8. **Zur Sicherstellung einer konsistenten Lizenzierungspraxis** ist SEP-Inhabern **dringend zu empfehlen, noch vor Erteilung der ersten Lizenz ein Standardlizenzprogramm auszuarbeiten, das sich auch durchhalten lässt.** Im Zweifel wird es dabei meist günstiger sein, erst einmal konservativ vorzugehen und auf den einen oder anderen letzten Deckungsbeitrag zu verzichten, als später womöglich vor der Notwendigkeit zu stehen, das eigene Lizenzsystem bereinigen zu müssen. Dies kann sehr schwierig werden, denn nicht einmal ohne weiteres neu starten lässt sich ein einmal praktiziertes, zulässiges System.

64   9. **Variiert die Lizenzierungspraxis des SEP-Inhabers,** muss er (aufgrund seiner sekundären Darlegungslast) den Inhalt der wesentlichen Lizenzvertragsbedingungen so darlegen und erläutern, dass der Lizenzsucher erkennen kann, ob und warum seine Lizenzkonditionen wirtschaftlich andere sind als die anderer Lizenznehmer; die **Offenlegungspflicht des SEP-Inhabers und Lizenzgebers geht dann also weiter.** Sieht er in einer solchen

---

[61] OLG Düsseldorf 22.3.2019, GRUR-RS 2019, 6087 Rn. 135 – Improving Handovers.
[62] OLG Düsseldorf 22.3.2019, GRUR-RS 2019, 6087 Rn. 239 – Improving Handovers.
[63] BGH 5.5.2020, GRUR 2020, 961 Rn. 100 – FRAND-Einwand.
[64] BGH 5.5.2020, GRUR 2020, 961 Rn. 50 – FRAND-Einwand.
[65] BGH 5.5.2020, GRUR 2020, 961 Rn. 50 – FRAND-Einwand.
[66] BGH 5.5.2020, GRUR 2020, 961 Rn. 81 – FRAND-Einwand.
[67] OLG Düsseldorf 30.3.2017, GRUR 2017, 1219 Rn. 179 – Mobiles Kommunikationssystem m. Anmerkungen *Weber* GRUR-Prax 2017, 465 und *Gärtner* Mitt. 2018, 183 m. Anmerkungen *Weber* GRUR-Prax 2017, 465 und *Gärtner* Mitt. 2018, 183.
[68] OLG Karlsruhe 30.10.2019, GRUR 2020, 166 Rn. 127 – Datenpaketverarbeitung.
[69] BGH 24.11.2020, GRUR 2021, 585 Rn. 75, 106 – FRAND-Einwand II.
[70] OLG Karlsruhe 30.10.2019, GRUR 2020, 166 Rn. 123 – Datenpaketverarbeitung.

Situation **Geschäftsgeheimnisse gefährdet** und kann er diese Gefährdung substantiiert darlegen, muss er sich *nicht* zum Inhalt sämtlicher von ihm geschlossenen Lizenzverträge erklären und diese offenlegen, denn eine so weitgehende Preisgabe von Information gegenüber dem Lizenzsucher wird fast immer unverhältnismäßig sein.[71] Endgültig vermeiden kann er die Prüfung einer möglichen Diskriminierung dadurch aber selbstredend nicht. Stattdessen soll er nach deutscher Rechtsprechung den Abschluss einer Vertraulichkeitsvereinbarung ermöglichen müssen, so wie auch in Vertragsverhandlungen üblich.[72] **Ob dies wirklich ausreicht, wird man bezweifeln dürfen.** Erstens ist die Verletzung solcher NDAs notorisch schwer nachweisbar und zweitens kann die *risk-opportunity*-Analyse des Verpflichteten ergeben, dass der Wert einer Verwendung der Information die Verletzung des NDA selbst in dem wenig wahrscheinlichen Fall lohnt, dass die Verletzung bekannt und auch nachweisbar wird. Der durch NDA gewährte Schutz ist also bei weitem weniger zuverlässig als ihn deutsche Gerichte zuweilen darstellen.

10. Intensiviert wird das **Dilemma des SEP-Inhabers** – im Englischen sprichwörtlich unter der griffigen Formel: *Lose the trial or lose the secret!* –, wenn **dieser aus einer vorgelagerten Vertraulichkeitsvereinbarung geheimnisschutzpflichtig** ist. Dann ist er rechtlich gehindert, bestehende Lizenzverträge offenzulegen, und muss er bei Verstoß Schadenersatzpflichten gewärtigen. Ist ihm die Offenlegung von Information im Ausland auch noch gerichtlich verboten worden, drohen womöglich auch noch Sanktionen ausländischer Gerichte – was deutsche Gericht nach Aussage eines Münchener Vorsitzenden unter dem Gesichtspunkt nationaler Souveränität durchaus auch einmal unberücksichtigt lassen (können). Eine gute Lösung ist das nicht, und diese gibt es auch nicht. Stattdessen fragt sich hier erneut, ob der deutsche Hang zum perfektionierten Grundmisstrauen gegen Gerichte und Richter (durchaus auch gegen Universitätsprofessoren!) nicht auch hier kontraproduktiv ist und man stattdessen nicht doch **ernsthaft die Einführung eines vernünftig moderierten *in-camera*-Verfahrens erwägen sollte**. Nicht nur die englische, sondern auch die japanische Praxis zeigen, dass dies keineswegs das Ende des zivilisierten und entwickelten Rechtsstaats bedeutet!

e) Einzelfragen

1. Konkrtet bedeutet die oben unter III. 7. erwähnte **Erläuterungs- und Begründungspflicht des SEP-Inhabers** für sein Lizenzangebot, dass der SEP-Inhaber den FRAND-Lizenzsucher insbesondere erläutern muss, wie das Lizenzentgelt berechnet wurde und welche Überlegungen auch den anderen Konditionen zugrunde liegen, warum der SEP-Inhaber und Lizenzgeber sein Angebot also sowohl für nicht ausbeuterisch hält, als auch für nicht diskriminierend in dem Sinn, dass „der SEP-Inhaber den Lizenzwilligen im Vergleich zu anderen Lizenznehmern gleichbehandelt, mithin eine Lizenz zu vergleichbaren Konditionen anbietet, oder im Falle einer Ungleichbehandlung dafür triftige Gründe vorliegen, die nachvollziehbar darzulegen sind"[73]. Dafür muss der SEP-Inhaber dem FRAND-Lizenzsucher so informieren, dass dieser die Erwägungen des SEP-Inhabers nachvollziehen und überprüfen kann.[74]

---

[71] OLG Karlsruhe 30.10.2019, GRUR 2020, 166 Rn. 123 – Datenpaketverarbeitung; mglw. aA OLG Düsseldorf 22.3.2019, GRUR-RS 2019, 6087 Rn. 245 – Improving Handovers, wobei hier der Einzelfall maßgeblich gewesen sein mag, denn die Klägerin schien sich im Prozess angreifbar verhalten zu haben.
[72] OLG Karlsruhe 30.10.2019, GRUR 2020, 166 Rn. 123 – Datenpaketverarbeitung unter *Hinojal/Mohsler* GRUR 2019, 674 (677 f.), die eingängig erläutern, was praktisch üblich ist und wie Gerichte in den weltweit führenden Patentrechtsjurisdiktionen (mit Ausnahme Japans) mit dem Thema umgehen.
[73] OLG Düsseldorf 17.11.2016, GRUR-RS 2017, 21067 Rn. 16 – Mobiles Kommunikationssystem.
[74] So unter Bezug auf „objektive Umstände" explizit schon OLG Karlsruhe 30.10.2019, GRUR 2020, 166 Rn. 126 – Datenpaketverarbeitung.

§ 43 IV 6. Abschnitt. Rechte an Erfindungen im Rechtsverkehr

67 2. Keine Referenzgrößen für spätere Lizenzen sein können **FRAND-Lizenzen, die unter Druck erteilt** worden sind.[75] Das liegt im Grunde auf der Hand, widerspricht aber auch nicht dem Diskriminierungsverbot. Dieses sagt ja nicht, dass sämtliche zur Nutzung eines SEP erteilte FRAND-Lizenzen identische Konditionen aufweisen müssen, sondern nur, das gleiche Sachverhalte nicht ungleich behandelt werden dürfen. Die unterschiedliche Behandlung unterschiedlicher Sachverhalte ist demgegenüber nicht nur möglich, sondern sogar geboten. Die Unterschiedlichkeit der in Rede stehenden Sachverhalte muss der Verletzungsbeklagte SEP-Inhaber dann jedoch ebenso vorgetragen und ggf. beweisen, wie die Höhe der geringeren Lizenzentgelte, auf die sich die Vertragsparteien geeinigt hätten, dächte man die Drucksituation des früheren FRAND-Lizenznehmers hinweg.[76]

68 3. Zu den **Wirkungen der Übertragung eines SEP auf eine an ihm bestehende FRAND-Lizenz** hat das OLG Düsseldorf[77] 2019 eine Reihe wichtiger Grundsätze festgestellt: Erstens ändert die Übertragung nichts am Bestand der Lizenz. Das sagt zwar schon § 15 Abs. 3 PatG, es darf aber trotzdem immer wieder ins Bewusstsein gerufen werden. Konkret folgt daraus, dass die Übertragung eines SEP an Dritte nicht nur **keinen Fluchtweg** aus vom Veräußerer erteilten Lizenzen öffnet, sondern auch nicht aus den FRAND-Bindungen und aus dem Diskriminierungsmaßstab für künftige Lizenzen am veräußerten Schutzrecht. Auch Lizenzangebote des Erwerbers müssen sich mithin in die Lizenzierungspraxis seines Rechtsvorgängers einfügen. Der Anspruch des Erwerbers gegen seinen Rechtsvorgänger auf **umfassende Information über alle bereits erteilten Lizenzen,** durch deren Erteilung der Rechtsvorgänger seine Lizenzierungspraxis geprägt hat, folgt dabei nicht erst aus dem Vertrag über die Veräußerung des SEP, sondern schon aus der vertrauensbildenden Zusage des Veräußerers im Standardisierungsverfahren, sein SEP FRAND-konform zu lizenzieren, mithin (auch) diskriminierungsfrei.[78] Werden nur **einzelne Schutzrechte aus einem SEP-Portfolio** veräußert, ist Diskriminierungsmaßstab der (verständig geschätzte) Wertanteil dieser Schutzrechte am Portfolio.[79] Zu möglichen dinglichen Wirkung einer FRAND-Erklärung ausführlich *Kellenter* GRUR 2021, 246.

69 4. Zur **Lizenzierung innerhalb einer Verwertungskette** verweist *Kühnen*[80] in Zusammenfassung der Rechtsprechung seines Senats sehr zurecht auf zweierlei: erstens beschränkt die Pflicht zur FRAND-Lizenzierung die Vertragsabschlussfreiheit in der Weise, dass der Lizenzgebers sich seinen Lizenznehmer in einer Liefer- oder Verwertungskette nicht unter dem Aspekt der Gewinnmaximierung aussuchen, seine Lizenzierung also auf das letzte Glied der Verwertungskette beschränken kann, da dort die höchste Wertschöpfung stattfindet, weil an Endkunden verkauft wird. **Anspruch auf FRAND-Lizenzierung hat auch in einer Verwertungskette vielmehr jeder Lizenzsucher.** Auch wenn dies für den Lizenzgeber attraktiver wäre, muss sich ein Lizenzsucher von diesem nicht darauf verweisen lassen, lizenziert werde ja schon; nur eben anderswo in der Kette, und innerhalb der Kette möge sich man sich autonom einigen. Auch der EuGH verweist auf die unwiderrufliche Verpflichtung des SEP-Inhabers, **jedem Lizenzsucher eine FRAND-Lizenz** zu

---

[75] BGH 5.5.2020, GRUR 2020, 961 Rn. 101, 102 – FRAND-Einwand.
[76] Hinweise des LG München I zur Handhabung des kartellrechtlichen Zwangslizenzeinwands nach *Huawei v. ZTE* innerhalb des Münchener Verfahrens in Patentstreitsachen (Stand Feb. 2020), S. 4, https://www.justiz.bayern.de/media/images/behoerden-und-gerichte/landgerichte/muenchen1/hinweise_frand_und_münchner_verfahren__stand_februar_2020_.pdf (zuletzt besucht 29.5.2021).
[77] 22.3.2019, GRUR 2019, 725 (Ls.) = GRUR-RS 2019, 6087 – Improving Handovers mAnm *Vetter* GRUR 2019, 704.
[78] OLG Düsseldorf 22.3.2019, GRUR-RS 2019, 6087 Rn. 122 ff. – Improving Handovers.
[79] Sehr zurecht betont der Senat, dass diese Wertanteile nicht mit mathematischer Genauigkeit bestimmbar sind, sondern überschlägig abgeschätzt werden müssen; OLG Düsseldorf 22.3.2019, GRUR-RS 2019, 6087 Rn. 131 – Improving Handovers.
[80] GRUR 2019, 665.

erteilen, ohne dass sich dieser dafür weiter qualifizieren müsste.[81] Das ist richtig, denn müsste sich der Lizenznehmer in einer Lieferkette auf eine lediglich abgeleitete Rechtsstellung verweisen lassen, wäre er nie sicher. Das kann nicht sein! Praktisch relevant wird der unmittelbare Anspruch jedes Unternehmens in einer Lieferkette auf FRAND-Lizenzierung in Fällen wie denen zwischen Telekommunikationsunternehmen und Automobilherstellern. Hier war immer wieder streitig gewesen, ob auch Zulieferer die Erteilung von FRAND-Lizenzen fordern könnten. Bester Weg zur Durchsetzung des Lizenzanspruchs des Lizenzsuchers ist die Erhebung einer Klage auf Abgabe eines belastbaren, mithin konkreten (Modus der Entgeltberechung) Lizenzangebots in Schriftform. Eben das und nur das schuldet ihm der SEP-Inhaber.

---

[81] EuGH 16.7.2015, GRUR 2015, 764 = Mitt. 2015, 449 Rn. 51 – Huawei Technologies Co. Ltd./ZTE Corp., ZTE Deutschland GmbH.

Sachverzeichnis

Hauptfundstellen sind *kursiv* hervorgehoben. Fundstellen mit dem Zusatz (e) oder (Gbm) betreffen speziell europäische Patente bzw. Gebrauchsmuster.
Ä, ö, ü sind wie a, o, u eingeordnet. Aus mehreren Wörtern bestehende Hauptstichworte sind so eingeordnet, als ob sie zusammengeschrieben wären. Ein Gedankenstrich (–) steht für das jeweilige Hauptstichwort (im grammatikalisch zutreffenden Fall).

Abhängigkeit § 17 Rn. 55, § 24 Rn. 21, *§ 33 Rn. 40f.*, 50; Äquivalenz und – § 32 Rn. 104ff.; des Unteranspruchs § 24 Rn. 31; als Rechtsmangel bei Kauf und Lizenz § 41 Rn. 59, 68; Zwangslizenz wegen – § 14 Rn. 26, § 34 Rn. 84 ff., 116
Abhilfe § 23 Rn. 39, § 27 Rn. 50 (e)
Ablehnung s. Ausschließung
Abmahnkosten, Schadenersatz für – § 35 Rn. 55
Abnehmerverwarnung § 39 Rn. 36 ff., 56
Absoluter Stoffschutz s. Stoffschutz
Abstraktionsprinzip § 41 Rn. 1
Abtretung s. Übertragung
Abwehrklage gegen Vollstreckung eines Verletzungsurteils § 36 Rn. 84ff.
Abwehrpublikation s. Defensivpublikation
Abzweigung § 1 Rn. 67, § 6 Rn. 34, § 22 Rn. 58f., *§ 24 Rn. 195ff.*
AEUV und Erschöpfung § 33 Rn. 302 ff.
Aggregation § 18 Rn. 117
Akteneinsicht beim BGH § 23 Rn. 229, 232; beim BPatG § 23 Rn. 227 ff.; beim DPMA *§ 23 Rn. 216ff.*, § 25 Rn. 27f., 83ff.; beim EPA § 27 Rn. 42 ff.
Algorithmus § 12 Rn. 148
Allgemeine Geschäftsbedingungen § 41 Rn. 9
Allgemeiner Erfindungsgedanke § 32 Rn. 21 ff., 30, 122, § 33 Rn. 65 ff.
Ältere Anmeldungen *§ 16 Rn. 55ff.*, 90 f. (Gbm), § 17 Rn. 16, 46 ff., § 19 Rn. 46 f.
Ältere Rechte § 16 Rn. 10 f.; 90 f., § 25 Rn. 246 (Gbm); § 30 Rn. 102; s. auch Ältere Anmeldungen
Ämterinteressen, s. Fiskalische Ämterinteressen
Amtliche Vorprüfung s. Aufgeschobene Prüfung, Vorprüfungssystem
Amtsermittlungsgrundsatz § 23 Rn. 28, 75 f., 125, § 26 Rn. 170, 222, 226, § 27 Rn. 13 f. (e), § 30 Rn. 48 (e)
Amtssprachen des EPA § 9 Rn. 21, *§ 27 Rn. 8ff.*, 36, § 28 Rn. 3
Analogieverfahren § 11 Rn. 31, § 18 Rn. 111; Gegenstand der Erfindung bei – § 11 Rn. 31, 56ff; Offenbarungserfordernis bei – § 11 Rn. 32 ff.; § 24 Rn. 90 ff.

Anbieten erfindungsgemäßer Erzeugnisse *§ 33 Rn. 111ff.*; eines patentierten Verfahrens § 33 Rn. 145 ff.; von Mitteln zur Erfindungsbenutzung s. Mittelbare Patentverletzung
Änderung der Anmeldung § 25 Rn. 118 ff.; 262 (Gbm); § 29 Rn. 87 ff. (e)
Anerkenntnis im Nichtigkeitsverfahren § 26 Rn. 230 ff.
Anerkennung nationaler Entscheidungen über das Recht auf das europäische Patent § 20 Rn. 92 ff., 115; nationaler Entscheidungen in Verletzungsprozessen § 36 Rn. 12
Anerkennungsprotokoll zum EPÜ § 20 Rn. 93 f., 115
Anfechtung des Patentverzichts § 26 Rn. 13 ff.; der Zurücknahme einer Anmeldung § 25 Rn. 109 ff.; des Kaufvertrags wegen Täuschung § 41 Rn. 63
Angemessene Entschädigung § 37 Rn. 23 ff., s. auch Entschädigungsanspruch
Anhörung im Verfahren des DPMA § 23 Rn. 27 ff., § 25 Rn. 57
Anhörungsrüge § 23 Rn. 134
Anmeldeamt nach PCT § 7 Rn. 17 f., § 22 Rn. 33
Anmeldedatum, internationales – § 22 Rn. 35
Anmelder, Berechtigung des – § 19 Rn. 4 f.; Fähigkeit, – zu sein § 22 Rn. 25 ff., § 24 Rn. 1 ff., § 28 Rn. 1 f. (e)
Anmelderprinzip § 5 Rn. 17
Anmeldetag, *§ 25 Rn. 6ff.;* Bedeutung § 16 Rn. 14 ff.; der Trenn- oder Teilanmeldung § 25 Rn. 209, § 28 Rn. 80 ff. (e); Voraussetzungen der Begründung eines – § 25 Rn. 6 ff.; Zuerkennung eines – § 29 Rn. 1 ff. (e), 8 ff. (e); Inanspruchnahme des – einer Patentanmeldung für spätere Gbm-Anmeldung s. Abzweigung
Anmeldung, Begriff § 22 Rn. 8 ff.; von Diensterfindungen § 21 Rn. 82 ff., 159 ff.; Erfinderrecht – § 19 Rn. 36 ff.; – bei Mehrheit von Berechtigten § 19 Rn. 68 ff.; – eines Nichtberechtigten s. Unrechtmäßige Anmeldung; prozessuale und zivilistische – § 22 Rn. 5 f.; Wirkungen § 2 Rn. 90, § 19 Rn. 36 ff., *§ 25 Rn. 1ff., 244ff. (Gbm);* s. auch Europäische Patentanmeldung, Gebrauchsmusteranmeldung, Patentanmeldung

Sachverzeichnis

Zusatz (e) = europäisches Patent; (Gbm) = Gebrauchsmuster

Anspornungseffekt des Patentschutzes § 3 Rn. 36
Anspornungstheorie § 3 Rn. 10
Anspruch s. Ansprüche, Eintragungsanspruch, Entschädigungsanspruch, Erteilungsanspruch, Patentansprüche, Schutzansprüche, Übertragungsanspruch
Ansprüche wegen Patent- oder Gebrauchsmusterverletzung § 31 Rn. 6 ff., *§ 35 Rn. 1 ff.;* s. auch Entschädigungsanspruch, Patentansprüche
Anspruchskategorien § 24 Rn. 40 ff., § 28 Rn. 41 f. (e); mehrere – in einer Anmeldung § 24 Rn. 53 ff., 106 ff., § 28 Rn. 76 ff. (e)
Anstiftung § 33 Rn. 375 ff., 386
Anteile an gemeinschaftlichen Erfinderrechten s. Bruchteilsgemeinschaft
Anteilsfaktor § 21 Rn. 114
Antipatentbewegung § 5 Rn. 10 ff.
Anwartschaft des Arbeitgebers bei Diensterfindung § 21 Rn. 80 f.; auf das Patent oder Gbm § 2 Rn. 90 ff. FN 93 ff., § 19 Rn. 40, § 25 Rn. 5
Anweisungen an den menschlichen Geist § 12 Rn. 13 ff.
Anwenden eines patentierten Verfahrens § 33 Rn. 138 ff.
Anwendungserfindungen s. Verwendungserfindungen, Verbesserungserfindungen
Anwendungsgebiet, Angabe eines allgemeinen technischen – im Anmeldezeitpunkt § 24 Rn. 94 ff.
Äquivalenz und erfinderische Tätigkeit § 18 Rn. 125; glatte – § 32 Rn. 17 ff., 86 f., 139 ff.; nicht glatte – § 32 Rn. 23, 86 f.; – und Abhängigkeit § 32 Rn. 104 ff.; – und Neuheit § 17 Rn. 45; technische – § 17 Rn. 40 ff.; § 32 Rn. 85; – und Schutzbereich § 32 Rn. 65, *81 ff.;* – und Teilschutz § 32 Rn. 128; s. auch „Formstein"-Einwand
Arbeitnehmer, Begriff § 21 Rn. 33 ff.
Arbeitnehmererfindungen § 3 Rn. 16, 32, § 6 Rn. 7, 17, *§ 21 Rn. 1ff.;* Anmeldung von – § 21 Rn. 82 ff., 159 ff.; Gesetz über – s. dort; anwendbares Recht bei – § 20 Rn. 5, 86 f., 112, *§ 21 Rn. 28 ff.;* – im öffentlichen Dienst § 21 Rn. 122 ff.; Rechtsentwicklung § 21 Rn. 5 ff.; Reform des Gesetzes über – § 6 Rn. 54 f., § 21 Rn. 160 f.; Richtlinien für die Vergütung von – § 8 Rn. 17, § 21 Rn. 111 ff.; Vereinbarungen über – § 21 Rn. 23 ff.; s. auch Diensterfindungen, Freie Erfindungen, Inanspruchnahme, Erfindervergütung, Hochschulerfindungen
Arbeitsrecht und Erfinderrecht § 21 Rn. 14 ff., 18 ff.
Arbeitsverfahren § 33 Rn. 166 ff.
Arzneimittel, GbM für – § 24 Rn. 194 FN 260, 790; zulässige Erprobung von – § 33 Rn. 256 ff.; zulässige Einzelzubereitung von – § 33 Rn. 264 ff., 365; s. auch Ergänzendes Schutzzertifikat, Medizinische Indikation, Stoffschutz
Arztberuf und gewerbliche Anwendbarkeit § 13 Rn. 3
Ärztliche Verordnung patentierter Arzneimittel § 33 Rn. 217 f., 265, 365
Ästhetische Gestaltungen § 12 Rn. 12
Aufbrauchfrist § 35 Rn. 13, 15 ff.
Aufgabe, der Erfindung zugrundeliegende – § 13 Rn. 14 ff., § 18 Rn. 52, 89 ff.; Angabe in der Beschreibung § 24 Rn. 57, § 28 Rn. 20; Änderung der – § 25 Rn. 137 ff.; – und Anspruchsfassung § 24 Rn. 24 ff.; – des Schutzrechts durch Arbeitgeber § 21 Rn. 92 ff.
Aufgabe-Lösungs-Ansatz des EPA bei Prüfung auf erfinderische Tätigkeit § 18 Rn. 89 ff.
Aufgabenerfindung § 18 Rn. 99 ff.
Aufgabenstellung als Beitrag zur Erfindung § 19 Rn. 20
Aufgeschobene Prüfung § 6 Rn. 19, § 22 Rn. 11 ff.
Aufrechterhaltung der Anmeldung § 29 Rn. 46 ff. (e); des Patents im Einspruchsverfahren § 26 Rn. 178 ff., § 30 Rn. 64 ff. (e)
Aufrechterhaltungsgebühren (Gbm) § 26 Rn. 116 ff.
Aufschiebende Wirkung der Beschwerde § 23 Rn. 46 f.
Aufwendungsersparnis s. Bereicherungsanspruch
Ausbessern patentgemäßer Erzeugnisse § 33 Rn. 77 ff.
Ausbesserung, wiederherstellende – durch Austausch von Ersatzteilen § 33 Rn. 82 ff.
Ausfuhr erfindungsgemäßer Erzeugnisse § 33 Rn. 105 f.; – und mittelbare Verletzung § 33 Rn. 154 f., 358 ff., 382; Zwangslizenzen für die – von Arzneimitteln § 23 Rn. 68
Ausführbarkeit der Erfindung § 13 Rn. 1 ff., *11 ff.;* maßgebender Zeitpunkt § 13 Rn. 26 ff.; – auf Grund des Anmeldungsinhalts § 24 Rn. 62 ff., 71 ff., § 28 Rn. 15 ff., 30 ff.; vertragliche Haftung für – § 41 Rn. 42
Ausführungsbeispiel § 24 Rn. 57, § 25 Rn. 142, § 28 Rn. 20 (e), § 29 Rn. 107 (e)
Ausführungsform s. Änderung, Schutzbereich
Ausführungsordnung zum EPÜ § 7 Rn. 59 ff., § 8 Rn. 33
Ausgewähltes Amt § 7 Rn. 17, § 22 Rn. 41 ff.
Ausgleichsansprüche zwischen Mitberechtigten § 19 Rn. 90 f.
Auskreuzung § 33 Rn. 273
Auskunftsanspruch des Arbeitnehmererfinders § 21 Rn. 115; bei Lizenzbereitschaft § 34 Rn. 22; bei Patentverletzung § 30a Rn. 61 ff., § 35 Rn. 101 ff.; wegen Schutzrechtsberühmung § 39 Rn. 1 ff.

Zusatz (e) = europäisches Patent; (Gbm) = Gebrauchsmuster **Sachverzeichnis**

Ausland, patentfreies – § 33 Rn. 43; keine Erschöpfung durch Inverkehrbringen im – § 33 Rn. 296 ff.
Ausländer, Zugang zum Patentschutz § 1 Rn. 1, § 7 Rn. 4, § 22 Rn. 26 ff.
Auslandsanmeldung § 22 Rn. 26; – von Diensterfindungen § 21 Rn. 97 ff.
Auslegestellen § 23 Rn. 208
Auslegung des Patents s. Schutzbereich
Auslegungsprotokoll § 32 Rn. 7 ff.
Ausnahmen von der Schutzrechtswirkung § 30a Rn. 29 ff., § 31 Rn. 14, § 33 Rn. 8 ff., *237 ff.,* 290 ff.
Ausscheidungsanmeldung § 25 Rn. 228 ff.; s. auch Teilanmeldung
Ausschließliche Lizenz § 40 Rn. 20 ff., § 40 Rn. 31 f.; Drittwirkung § 40 Rn. 33 ff.; Eintragung im Patentregister § 23 Rn. 195 f., § 40 Rn. 24; kartellrechtliche Beurteilung § 42 Rn. 13 ff.; – und Patentverzicht § 26 Rn. 10; – und beschränkte Übertragung § 40 Rn. 21 f.; s. auch Lizenz
Ausschließung und Ablehnung § 23 Rn. 21 (DPMA); 73 f., § 26 Rn. 177 (BPatG); § 27 Rn. 5 (e)
Ausschlussrecht, Patent als – (an der Erfindung) § 1 Rn. 23, § 2 Rn. 87, § 22 Rn. 3 f., § 33 Rn. 27 ff.; – und Erfinderbelohnung § 3 Rn. 16; – als Investitionsanreiz § 3 Rn. 37 ff.; – im Privilegiensystem § 4 Rn. 11; – und Wettbewerbspolitik § 3 Rn. 57
Aussetzung des Erteilungs- oder Einspruchsverfahrens § 20 Rn. 101 ff. (e), 118 (e); – des Erteilungsbeschlusses § 25 Rn. 67; – des Verletzungsprozesses wegen Einspruchs-, Nichtigkeits- oder Löschungsverfahrens § 36 Rn. 70 ff.; – des Verfahrens über den Entschädigungsanspruch § 37 Rn. 36 ff.
Ausstellung erfindungsgemäßer Erzeugnisse § 33 Rn. 119 f., 127 f.; unschädliche – § 16 Rn. 69 f.
Ausstellungspriorität § 6 Rn. 5, § 16 Rn. 11, § 17 Rn. 1 ff. (Gbm)
Ausübung und Bestand der Schutzrechte § 33 Rn. 303, § 42 Rn. 12
Ausübungspflicht des Lizenznehmers § 41 Rn. 22 ff.
Auswahlerfindung § 17 Rn. 68 ff., 73 ff. (e)
Auswärtige § 23 Rn. 135 ff., § 27 Rn. 30 ff. (e), § 30 Rn. 37 (e)

Bank-, Finanz- und Handelsunterlagen, Anspruch auf Vorlage von – § 36 Rn. 34 ff., 105
Beamte, Erfindungen von – § 21 Rn. 33 f., 122 ff.
Bearbeitungsverfahren § 33 Rn. 166 ff.
Bedürfnis als Anzeichen für erfinderische Tätigkeit § 18 Rn. 130, 138

Beendigung der Schutzrechtswirkungen § 26 Rn. 1 ff., § 30 Rn. 1 ff. (e)
Befugnis zum Einspruch § 22 Rn. 64 f., § 26 Rn. 124, § 30 Rn. 18 ff. (e); zur Nichtigkeitsklage § 22 Rn. 72, § 23 Rn. 59; zur Verletzungsklage § 36 Rn. 17 ff.
Begehungsgefahr § 35 Rn. 6
Beginn des Schutzes § 25 Rn. 65 ff., § 29 Rn. 68 f. (e)
Begleitschäden § 35 Rn. 55
Begründung, Pflicht zur – § 23 Rn. 30 ff., 79, § 27 Rn. 18 (e); zulassungsfreie Rechtsbeschwerde bei Fehlen der – § 23 Rn. 90 ff.; – des Einspruchs § 26 Rn. 144 ff., § 30 Rn. 34 (e)
Beihilfe § 33 Rn. 387 f.
Beitritt zum Einspruchsverfahren § 26 Rn. 153, § 30 Rn. 25 ff. (e)
Bekanntmachung der Anmeldung § 25 Rn. 73 ff., 166 ff., § 26 Rn. 139 f.; – strafrechtlicher Verurteilung § 38 Rn. 9; s. auch Veröffentlichung
Bekanntmachung des Urteils auf Antrag der obsiegenden Partei § 6 Rn. 51, § 36 Rn. 83
Belastung § 2 Rn. 95, *§ 40 Rn. 8 ff.*
Belohnung, Anspruch des Erfinders auf – § 3 Rn. 15 ff., 26 f.
Belohnungstheorie § 3 Rn. 9, 15 ff.
Bemühungen, vergebliche – als Anzeichen für erfinderische Tätigkeit § 18 Rn. 132
Benennung s. Erfinderbenennung, Staatenbenennung
Benennungsgebühren § 16 Rn. 58, § 28 Rn. 49 ff., 88
Benutzung der Erfindung § 33 Rn. 16 ff., § 34 Rn. 49 ff.; bei Mehrheit von Berechtigten § 19 Rn. 78 ff.; identische – § 32 Rn. 71, 85; mittelbare – § 33 Rn. 17; – nach Offenlegung der Anmeldung § 37 Rn. 8 ff.; – nur im Rahmen des geltenden Rechts § 1 Rn. 4, § 33 Rn. 27
Benutzungsanordnung § 34 Rn. 137 ff.
Benutzungsanzeige bei Lizenzbereitschaft § 34 Rn. 25
Benutzungserlaubnis s. Lizenz
Benutzungshandlungen s. Verletzungstatbestände
Benutzungsrecht des Arbeitgebers nach Freigabe einer Diensterfindung § 21 Rn. 94 f.; des Patentinhabers § 33 Rn. 27 ff.; -e Dritter § 31 Rn. 5, *§ 34 Rn. 1 ff.,* § 37 Rn. 10; – im Verhältnis zwischen erstreckten Schutzrechten § 33 Rn. 34 ff.; – als Voraussetzung der Erschöpfung § 33 Rn. 292; s. auch Positives –
Benutzungsvergütung als Schadenersatz § 35 Rn. 62 ff.
Bereicherungsansprüche wegen Patent- oder Gebrauchsmusterverletzung § 2 Rn. 99, *§ 35*

Sachverzeichnis   *Zusatz (e) = europäisches Patent; (Gbm) = Gebrauchsmuster*

Rn. 81ff., 124ff., § 36 Rn. 53; wegen unbegründeter Verwarnung § 39 Rn. 50; nach Verjährung des Schadenersatzanspruchs § 35 Rn. 96ff., § 39 Rn. 51 FN 57; nach rückwirkendem Patentwegfall § 36 Rn. 90; Wert der Bereicherung § 35 Rn. 88 ff.; Wegfall der Bereicherung § 35 Rn. 91 ff.
Berichtigung der Erfindernennung § 20 Rn. 127 ff., § 24 Rn. 116; der Zurücknahme einer Anmeldung § 25 Rn. 108; beim EPA eingereichter Unterlagen § 29 Rn. 117 ff.
Berufung im Nichtigkeits-, und Zwangslizenzverfahren § 23 Rn. 110 ff.
Beschlüsse des DPMA § 23 Rn. 30ff., Rechtsnatur § 23 Rn. 17
Beschränkte Inanspruchnahme von Diensterfindungen § 21 Rn. 74
Beschränkte Übertragung § 40 Rn. 22
Beschränkte Verteidigung § 26 Rn. 246
Beschränkung des Patents auf Antrag des Inhabers § 22 Rn. 74, *§ 26 Rn. 245ff.,* § 30 Rn. 106 ff. (e); des Patents im Einspruchs- oder Nichtigkeitsverfahren § 26 Rn. 178 ff., § 26 Rn. 234 ff., § 30 Rn. 65 ff. (e); – im Erteilungsverfahren und Schutzumfang § 32 Rn. 56 ff.; – der Lizenz § 40 Rn. 41 ff.
Beschreibung § 24 Rn. 57, § 28 Rn. 19 ff. (e); Bedeutung für Schutzbereich § 32 Rn. 51 ff.
Beschwer als Voraussetzung des Beschwerderechts § 23 Rn. 43, § 25 Rn. 80 f., § 27 Rn. 47 (e)
Beschwerde *§ 23 Rn. 33ff., § 27 Rn. 45f.* (e); aufschiebende Wirkung § 23 Rn. 46 f.; – gegen Erteilungsbeschluss § 25 Rn. 80 f.; – gegen Entscheidung im Einspruchsverfahren § 26 Rn. 151, 166, 172 ff., § 30 Rn. 30 (e), 67 (e); – zum BGH im Zwangslizenzverfahren § 23 Rn. 133, § 34 Rn. 119
Beschwerdebelehrung § 23 Rn. 38, § 27 Rn. 18 (e)
Beschwerdekammern des EPA § 9 Rn. 24 ff., § 27 Rn. 3
Beschwerdesenate des DPA § 6 Rn. 18; – des BPatG § 9 Rn. 27, § 23 Rn. 34 f.
Beschwerdeverfahren § 23 Rn. 33 ff., § 27 Rn. 45 ff. (e); Beteiligung des Präsidenten des DPMA § 23 Rn. 23, 44; Entscheidung § 23 Rn. 78 ff., § 27 Rn. 55 ff. (e); Verschlechterungsverbot § 30 Rn. 30 (e)
Beseitigungsanspruch bei Verletzung des Erfinderpersönlichkeitsrechts § 20 Rn. 136; bei unrechtmäßiger Anmeldung § 20 Rn. 140; bei Patent- oder Gebrauchsmusterverletzung § 2 Rn. 98, *§ 35 Rn. 22ff.*
Besichtigungsanspruch § 36 Rn. 35 ff.
Besitz erfindungsgemäßer Erzeugnisse § 33 Rn. 101 f., *135 ff.*
Besitzstand § 34 Rn. 31

Bestand und Ausübung der Schutzrechte § 33 Rn. 303, § 42 Rn. 12
Bestimmungsamt § 22 Rn. 32
Bestimmungsstaaten nach PCT § 7 Rn. 13, § 22 Rn. 32
Betrieb iSd ArbEG § 21 Rn. 42
Betriebserfindung § 19 Rn. 10, § 21 Rn. 6
Betriebsgebundenheit des VBR § 34 Rn. 64 ff.; der ZL § 34 Rn. 129
Bevorzugte Ausführungsform § 25 Rn. 142 ff.
Beweisanzeichen s. Hilfskriterien
Beweiserleichterung s. Vermutung
Bezeichnung der Erfindung § 24 Rn. 8
Bezugsbindung § 40 Rn. 47
Bezugszeichen § 24 Rn. 37, 58, § 28 Rn. 40 (e)
Bindung der Verletzungsgerichte an das Patent § 1 Rn. 38, § 31 Rn. 9, § 32 Rn. 18 f., 27 f., 134 ff., 142 f., § 36 Rn. 70 ff.
Biologische Erfindungen § 12 Rn. 4, *§ 14 Rn. 1ff.;* Arten – § 14 Rn. 1 ff.
Biologisches Material § 14 Rn. 7; – als unmittelbares Verfahrenserzeugnis § 33 Rn. 181; s. auch Hinterlegung
Biomaterial-Hinterlegungsverordnung § 6 Rn. 48, § 8 Rn. 12, § 14 Rn. 21, 192 ff.
Biotechnologische Erfindungen, kein Gebrauchsmusterschutz für – § 14 Rn. 27 ff.; Richtlinie über den Schutz – § 7 Rn. 106 ff., § 8 Rn. 43, *§ 14 Rn. 4ff.;* Umsetzung der Richtlinie § 14 Rn. 5 f.
Brauchbarkeit § 13 Rn. 14 ff.; vertragliche Haftung für – § 41 Rn. 42
Breite, unangemessene – von Patentansprüchen § 17 Rn. 27 FN 22
Bruchteilsgemeinschaft *§ 19 Rn. 57ff.,* § 40 Rn. 10; Verwaltung § 19 Rn. 62 ff.; Anteilsverhältnis § 19 Rn. 57 ff.; Schutzrechtsanmeldung § 19 Rn. 68 ff.; Erfindungsbenutzung § 19 Rn. 78 ff.; Ausgleichszahlungen § 19 Rn. 85 ff.; Anteilsübertragung § 19 Rn. 92 ff.; Aufhebung § 19 Rn. 101 ff.
Budapester Vertrag § 14 Rn. 193
Bundesgerichtshof, Zuständigkeit im Patent- und Gebrauchsmusterrecht § 9 Rn. 32; Rechtsbeschwerdeverfahren § 23 Rn. 83 ff.; Berufungsverfahren § 23 Rn. 110 ff.
Bundespatentgericht, Errichtung § 6 Rn. 18; Zuständigkeiten § 9 Rn. 27 ff.; Besetzung § 9 Rn. 8; Verfahren § 23 Rn. 33 ff., 135 ff.; Patenterteilung durch das – § 23 Rn. 53 f., § 25 Rn. 66
Bürgerliches Recht, Patentschutz und – § 2 Rn. 87 ff.

„**Catnic**"-**Fragen** § 32 Rn. 88 ff.
Chemische Erfindungen, erfinderische Tätigkeit § 18 Rn. 108, § 24 Rn. 90 ff.; gewerbliche

Zusatz (e) = europäisches Patent; (Gbm) = Gebrauchsmuster   **Sachverzeichnis**

Anwendbarkeit § 24 Rn. 94 ff.; Neuheit § 17 Rn. 63, 69 ff.; Kennzeichnung von Stoffen § 24 Rn. 41 ff., 112; Offenbarung § 24 Rn. 82, 188 ff.; s. auch Analogieverfahren, Stoff-
Chirurgische Verfahren § 14 Rn. 73 f.
Computer, programmierter – als technische Vorrichtung § 12 Rn. 35 ff. (e); 92 ff.
Computererfindung § 19 Rn. 7
Computerimplementierte Erfindungen, Vorschlag einer Richtlinie über die Patentierbarkeit – § 7 Rn. 114, § 12 Rn. 122; erfinderische Leistung bei – § 12 Rn. 158 ff.; Offenbarungserfordernis bei – § 12 Rn. 120 FN 205, Rn. 156, 168
Computerprogramm als solches § 12 Rn. 32 (e), 79 f., 118 f., 144 ff.
Computerprogramme § 7 Rn. 119 f., *§ 12 Rn. 22 ff., 132 ff.;* Erzeugnisschutz für – § 12 Rn. 111 f., 162 ff.; „Kerntheorie" § 12 Rn. 68 ff.; technischer Charakter von – s. dort; Begriff § 12 Rn. 132 ff.; Gebrauchsmusterschutz s. Erzeugnisschutz; urheberrechtlicher Schutz § 2 Rn. 77 ff., § 12 Rn. 24, 120 f., 142 ff.; Rechte des Arbeitgebers an – § 21 Rn. 38 ff., 117
Copyright § 2 Rn. 2 FN 4

Datenbanken und allgemeines Fachwissen § 13 Rn. 22 FN 41
Datenverarbeitungsanlagen s. Computer-
Dauer des Schutzes s. Beginn, Laufzeit
DDR, Erfindungsschutz in der – § 6 Rn. 15 FN 14, Patentgesetze der – § 8 Rn. 7
Defensivpublikation § 16 Rn. 42 f.
Designschutz § 2 Rn. 22 ff.
Deutsches Patentamt, Gründung § 6 Rn. 15; Rechtsstellung § 6 Rn. 18; s. auch DPMA
Deutsches Patent- und Markenamt § 6 Rn. 42, s. auch DPMA
Diagnose § 14 Rn. 62 ff.
Diagnoseverfahren § 14 Rn. 58 ff.
Diagnostizierverfahren § 14 Rn. 13, 47, 62 ff.
Diensterfindung § 21 Rn. 41 ff.; Meldung und Inanspruchnahme § 21 Rn. 52 ff.; Freiwerden § 21 Rn. 121; s. auch Arbeitnehmererfindungen
Dienstleistungen, Erfindungsschutz für – § 12 Rn. 125
Dienststelle Berlin des DPA § 6 Rn. 15; – Jena des DPMA § 9 Rn. 11; -n Berlin und Wien des EPA § 9 Rn. 21
Differenzmethode bei Schadensberechnung § 35 Rn. 56
Direktlieferungsverbot im Lizenzvertrag § 42 Rn. 13
Disclaimer § 24 Rn. 42, 150 FN 211, § 26 Rn. 181, 238 FN 313, § 28 Rn. 38, § 29 Rn. 96 ff. (e)

Diskreditierungsschaden § 35 Rn. 55
Dispositionsmaxime s. Verfügungsgrundsatz
DNA § 14 Rn. 135, 137, 138 ff.; – Rekombination § 14 Rn. 142
DNS s. DNA
Doktoranden, Erfindungen von – § 19 Rn. 13, § 21 Rn. 133
Doppelerfindung s. Parallelerfindung
Doppelpatentierung § 17 Rn. 16 ff., 48 ff.
Doppelschutzverbot § 22 Rn. 63, § 24 Rn. 119, 166, § 26 Rn. 120
Doppelvertretung, Kosten der – § 36 Rn. 24 f.
DPMA, VO über das – § 8 Rn. 8, 21; VO über Verwaltungskosten beim – § 8 Rn. 14, 21; Aufgaben des – § 9 Rn. 6 ff.; Rechtssetzung durch das – § 23 Rn. 18; Rechtsstellung des – § 9 Rn. 11, § 23 Rn. 1 ff.; Mitglieder des – § 9 Rn. 12 f.; Organisation des – § 9 Rn. 14 f.; Verfahren § 23 Rn. 27 ff., 135 ff.; Präsident des – s. Präsident
Dreifache Schadenersatzberechnung *§ 35 Rn. 45 ff.;* entgangener Gewinn § 35 Rn. 56 ff.; Herausgabe des Verletzergewinns § 35 Rn. 73 ff.; Kontrollüberlegung § 35 Rn. 53; Kovergenzthese § 35 Rn. 52 ff.; Lizenzanalogie § 35 Rn. 62 ff.; Verquickungsverbot § 35 Rn. 51
Dreiteilungslehre zum Schutzbereich § 32 Rn. 15 ff.; Kritik § 32 Rn. 25 ff.
Druckschriftenermittlung s. Recherche
Düsseldorfer Besichtigungsverfahren § 36 Rn. 46
Durchfuhr erfindungsgemäßer Erzeugnisse § 33 Rn. 107 ff.
Durchgriffsansprüche § 14 Rn. 177
Durchschnittsfachmann s. Fachmann
Durchsetzung § 36 Rn. 28 ff.
Durchsetzung der Schutzrechte § 31 Rn. 1 ff., 15 ff.
Durchsetzungsgesetz § 6 Rn. 51, § 36 Rn. 28 ff.
Durchsetzungsrichtlinie § 6 Rn. 51, § 7 Rn. 89 FN 72

EG-Vertrag und Erschöpfung s. AEUV
Eidliche Vernehmung durch DPMA § 23 Rn. 19
Eigenschaften, überraschende – als Begründung für erfinderische Tätigkeit § 18 Rn. 107 ff., 136, § 4 Rn. 86 ff., 100
Eigentum an Sachen und geistiges Eigentum § 2 Rn. 7 ff.; Schutzrecht und – § 3 Rn. 28; – des Erfinders an der Erfindung § 3 Rn. 25; s. auch Geistiges –
Eigentumstheorie § 3 Rn. 8, 13 ff.
Eilverfahren s. Einstweilige Maßnahmen
Einfache Lizenz § 40 Rn. 27 ff.; Drittwirkung § 40 Rn., 36 ff.; s. auch Lizenz

1077

Sachverzeichnis

Zusatz (e) = europäisches Patent; (Gbm) = Gebrauchsmuster

Einfuhr erfindungsgemäßer Erzeugnisse § 33 Rn. 104, *135f.*
Einführungspatente § 7 Rn. 2
Einführungsprivilegien § 4 Rn. 4 ff., § 5 Rn. 1 f.
Eingangsprüfung § 29 Rn. 1 ff. (e)
Eingangsstelle des EPA § 27 Rn. 1, § 29 Rn. 1
Eingriffskondiktion § 35 Rn. 81 ff.
Einheitliches Patentgericht § 30a Rn. 38 ff.
Einheitlichkeit des Anmeldungsgegenstands § 24 Rn. 53 ff., *103 ff.*, 129, 178, 186 (Gbm), § 28 Rn. *76 ff.* (e), 87 (e); Prüfung der – § 25 Rn. 22; Recherchenbericht bei mangelnder – § 29 Rn. 17 ff. (e); Teilung mangels – § 25 Rn. 185 ff.
Einigungsvorschlag der Schiedsstelle für Arbeitnehmererfindungen § 21 Rn. 156
Einreden gegen Ansprüche aus dem Schutzrecht § 20 Rn. 24, 48 ff., § 20 Rn. 81, § 35 Rn. *131ff.*
Einschränkung des Anmeldungsgegenstands § 25 Rn. 142 ff.; Bindungswirkung § 25 Rn. 165 ff., 178 ff.
Einspruch § 1 Rn. 36, § 22 Rn. 64 ff., § 25 Rn. 72, § 26 Rn. 121 ff., *128 ff.;* § 30 Rn. *11ff.* (e); Befugnis zum – § 26 Rn. 122 f., § 30 Rn. 18 ff. (e); Begründung § 26 Rn. 144 ff., § 30 Rn. 34 (e); Zulässigkeit § 26 Rn. 149, 158 ff., § 30 Rn. 32 ff. (e); – gegen erloschenes Patent § 26 Rn. 159 f., § 30 Rn. 21 ff. (e); Frist § 26 Rn. 128, § 30 Rn. 11 (e); Gründe s. Widerrufsgründe; Nachschaltung des – § 22 Rn. 19 f., § 26 Rn. 139 f.; – wegen widerrechtlicher Entnahme § 20 Rn. 60 ff., § 23 Rn. 9, § 26 Rn. 138 f., 141 f., 169, 174, § 30 Rn. 16; Zurücknahme § 26 Rn. 172 ff., § 30 Rn. 44 f. (e); Zurückweisung § 30 Rn. 64 (e)
Einspruchsabteilung im EPA § 27 Rn. 1 ff., § 30 Rn. 32
Einspruchsbeschwerde § 26 Rn. 153, 164, 175, § 30 Rn. 29 f. (e), 55 (e), 67 f. (e)
Einspruchsgründe s. Widerrufsgründe
Einspruchsschrift § 30 Rn. 34 ff. (e)
Einspruchsverfahren, Zuständigkeit § 9 Rn. 4 f., § 26 Rn. 129, 156 f. (e), § 30 Rn. 32 f.; Beitritt zum – § 26 Rn. 153 ff., § 30 Rn. 25 ff. (e); Entscheidung § 26 Rn. 176 ff., § 30 Rn. 40 ff. (e), 63 ff. (e); Rechtsnatur § 23 Rn. 8 ff., § 26 Rn. 138 ff.
Einstweilige Maßnahmen § 30a Rn. 73, § 31 Rn. 18; internationale Zuständigkeit für – § 36 Rn. 11; s. auch einstweilige Verfügung
Einstweilige Verfügung im Verletzungsprozess § 36 Rn. 94 ff.; im Zwangslizenzverfahren § 34 Rn. 120 f.; des EPatG § 30a Rn. 74 f.
Eintragungen s. Europäisches Patentregister, Gebrauchsmuster, Gemeinschaftspatent, Patentregister

Eintragungsanspruch (Gbm) § 2 Rn. 91, § 22 Rn. 6 f., § 40 Rn. 2
Eintragungsverfahren (Gbm) § 25 Rn. *243 ff.*
Einverständnis mit der Fassung des Patents § 25 Rn. 77 f., § 29 Rn. 57 ff. (e), § 30 Rn. 65 ff. (e)
Einwendungen gegen Ansprüche aus dem Schutzrecht § 35 Rn. 131 ff.; wegen Erklärungen des Patentinhabers im Einspruchsverfahren § 32 Rn. 61 ff.
Elektronische Aktenführung § 23 Rn. 148; – Verfahrensführung § 23 Rn. 145 ff.
Elektronischer Rechtsverkehr § 6 Rn. 43, § 23 Rn. 145 ff.
Elementenschutz § 32 Rn. 23, § 33 Rn. 65 ff.; s. auch Teilschutz
Embryonen § 14 Rn. 15 f., § 15 Rn. 31 f.
Ende der Patentwirkungen § 26 Rn. 1 ff., § 30 Rn. 1 ff. (e)
England, Entwicklung des Erfindungsschutzes in – § 4 Rn. 18 ff.
Entdeckung § 11 Rn. *11 ff.*, § 12 Rn. 8, 123, § 17 Rn. 57; als SdT § 11 Rn. 11 ff.; Bedeutung für erfinderische Tätigkeit § 18 Rn. 85; – von Genen § 14 Rn. 14; s. auch Forschungsergebnisse
Enteignung, Benutzungsanordnung als – § 34 Rn. 141; Geheimhaltungsanordnung keine – § 25 Rn. 90
Entfernen aus den Vertriebswegen § 30a Rn. 60, § 31 Rn. 20, § 35 Rn. 24 f.
Entgangener Gewinn § 35 Rn. 56 ff.
Entgegenhaltungen § 16 Rn. 6
Entnahmepriorität § 20 Rn. 76 ff., § 23 Rn. 9
Entschädigungsanspruch bei Benutzung des Anmeldungsgegenstands nach Offenlegung (Veröffentlichung) § 6 Rn. 19, § 22 Rn. 20, § 31 Rn. 12 f., § 37 Rn. *1ff.;* bei Verletzung des EPeW § 30a Rn. 71 f.; Gerichtsstand § 37 Rn. 3; Höhe § 37 Rn. 24 ff.; Gläubiger und Schuldner § 37 Rn. 28 ff.; Verjährung § 37 Rn. 34 f.; s. auch Geheimhaltungsanordnung
Entwicklungsländer und Patentschutz § 3 Rn. 45, § 7 Rn. 5
EPLA § 7 Rn. 86 ff.
Erbengemeinschaft § 19 Rn. 55
Erfahrungserfindung § 2 Rn. 41, 51
Erfinder, Voraussetzungen der Eigenschaft als – § 19 Rn. 17 ff.
Erfinderbelohnung § 3 Rn. 13 ff.
Erfinderbenennung vor dem DPMA § 20 Rn. 121 ff., § 26 Rn. 119; Inhalt, Form und Frist § 24 Rn. 114 ff.; Ansprüche bei unrichtiger – § 20 Rn. 133 ff.; s. auch Erfindernennung
Erfinderehre § 20 Rn. 137
Erfinderischer Schritt, Beruhen auf einem – § 16 Rn. 86, § 18 Rn. *25 ff.;* s. auch erfinderische Tätigkeit

Zusatz (e) = europäisches Patent; (Gbm) = Gebrauchsmuster **Sachverzeichnis**

Erfinderische Tätigkeit, Beruhen auf – § 18 Rn. 1*ff.;* Beurteilungsmaßstab § 18 Rn. 38 ff.; Hilfskriterien § 18 Rn. 118 ff.; maßgebender Zeitpunkt § 18 Rn. 98; Prüfungsmethode § 18 Rn. 86 ff., 89 ff. (e); Prüfung im Nichtigkeitsverfahren § 26 Rn. 219

Erfindernennung § 6 Rn. 6, § 19 Rn. 1 ff.; – durch das DPMA § 20 Rn. 125 ff.; Ansprüche bei fehlender oder unrichtiger – § 20 Rn. 121 ff.; – im Verfahren des EPA § 20 Rn. 132 ff., § 28 Rn. 57 ff., 90, § 29 Rn. 8; s. auch Erfinderbenennung

Erfinderpersönlichkeitsrecht § 1 Rn. 25 ff., § 3 Rn. 107, § 19 Rn. 7 ff., 17 ff., 44; des Arbeitnehmererfinders § 21 Rn. 71; bei Miterfindern § 19 Rn. 52; Schutz § 20 Rn. 121 ff.; Geltendmachung nach Tod des Erfinders § 20 Rn. 128; Rechtsfolgen der Verletzung § 20 Rn. 136 ff.

Erfinderprinzip § 1 Rn. 25 ff., 49 f. (Gbm), § 6 Rn. 6, *§ 19 Rn. 1ff.,* 57, § 21 Rn. 2

Erfinderrecht § 1 Rn. 25 ff., 49 f. (Gbm), *§ 19 Rn. 1ff.;* Entstehung § 19 Rn. 7 ff.; Erlöschen § 19 Rn. 36; Rechtsnachfolge § 19 Rn. 11 f.; Rechtsnatur § 19 Rn. 44; patent- und gebrauchsmusterrechtlicher Schutz *§ 20 Rn. 1ff.;* deliktsrechtlicher Schutz § 2 Rn. 101 ff., § 20 Rn. 136 ff.; Verhältnis zum Patent und Gbm § 19 Rn. 39 ff., § 22 Rn. 1 ff.

Erfinderschein § 3 Rn. 16

Erfindervergütung § 21 Rn. 100 ff., § 21 Rn. 159 ff.; an Hochschulen § 21 Rn. 143 ff.

Erfindung, Begriff § 1 Rn. 15 f., *§ 11 Rn. 1ff.;* – iSd ArbEG § 21 Rn. 35 ff.; – als Gegenstand des Schutzrechts § 1 Rn. 15 ff.; Arten § 17 Rn. 55 ff.; technischer Charakter s. dort; Recht an der – § 19 Rn. 1 ff.; gebundene – s. Diensterfindung; freie – s. Freie Erfindungen

Erfindungsbesitz § 20 Rn. 7, § 34 Rn. 31 f., 43 f., § 41 Rn. 11

Erfindungsbezeichnung § 24 Rn. 15 ff.

Erfindungsfunktionelle Individualisierung § 33 Rn. 65 ff., 80, 340, 353

Erfindungsgedanke s. Allgemeiner –

Erfindungshöhe § 16 Rn. 7, § 18 Rn. 5 f.

Erfindungspriorität § 19 Rn. 47

Erfindungsprivilegien § 4 Rn. 4 ff., § 5 Rn. 1 ff.

Erfindungswert § 21 Rn. 111 ff.

Erfindungswesentlichkeit § 25 Rn. 122 ff., § 29 Rn. 92 (e); von Angaben in der Anmeldung § 24 Rn. 77; zeichnerisch dargestellter Merkmale § 24 Rn. 79, § 25 Rn. 128 ff.; bei mittelbarer Verletzung § 33 Rn. 340, 353 ff.

Ergänzendes Schutzzertifikat § 6 Rn. 41, § 7 Rn. 102, § 8 Rn. 41, § 26 Rn. 61, *§ 26 Rn. 38ff.;* Anmeldung § 26 Rn. 61 ff.; Erlöschen § 26 Rn. 76 ff.; Erteilung § 26 Rn. 70; Laufzeit § 26 Rn. 71 ff.; Lizenzbereitschaft § 34 Rn. 16; Recht auf das – § 26 Rn. 48; Schutzvoraussetzungen § 26 Rn. 48 ff.; Wirkungen § 26 Rn. 81 f.; strafbare Verletzung § 38 Rn. 1 ff.; Zuständigkeit des EPatG § 30a Rn. 42, 51, 56, 81

Erlaubnis s. Lizenz

Erledigung der Hauptsache im Einspruchsverfahren § 26 Rn. 163.; im Verletzungsprozess § 36 Rn. 80 ff.

Erlöschen des ergänzenden Schutzzertifikats § 26 Rn. 76 ff.; – des Gebrauchsmusters § 26 Rn. 114 ff.; des Patents § 22 Rn. 60 ff., § 26 Rn. 3 ff., 17 ff., 83 ff., § 30 Rn. 1 ff. (e); – mangels Erfinderbenennung § 26 Rn. 119; Einspruch, Nichtigkeitsklage und Löschungsantrag nach – § 26 Rn. 159, 203 ff., 259 f.

Erschleichung des Schutzes § 35 Rn. 143 ff.

Erschöpfung § 30a Rn. 33 f., § 33 Rn. 26, *274ff.,* § 40 Rn. 41; bei Inverkehrbringen in EU oder EWR § 33 Rn. 302 ff.; nach dem GPÜ § 7 Rn. 95; des Verfahrenspatents § 33 Rn. 317 ff.; von Systemansprüchen § 33 Rn. 317a

Erstanmelderprinzip § 1 Rn. 30 f., 51 ff., § 19 Rn. 48

Erste medizinische Indikation § 14 Rn. 218 f.; Neuheit § 17 Rn. 11, 20, 67; Anspruchsfassung und Schutzumfang § 24 Rn. 46 ff., § 28 Rn. 35 (e), § 33 Rn. 56; Offenbarung § 24 Rn. 84; Schutzwirkung des Patents 33 Rn. 227 FN 229

Erstreckungsgesetz § 8 Rn. 6, 21, § 33 Rn. 37

Erteilung s. Lizenz, Patenterteilung, Zwangslizenz

Erteilungsakten, Bedeutung für Schutzbereich § 32 Rn. 58 ff., 65

Erteilungsanspruch § 2 Rn. 90, § 19 Rn. 39, § 20 Rn. 29, 86, 91 ff., § 22 Rn. 6 f., § 25 Rn. 5, § 29 Rn. 5; Teilverzicht auf den – § 25 Rn. 177 ff.; Übertragung § 21 Rn. 4, § 40 Rn. 1

Erteilungsantrag § 24 Rn. 14 ff., § 28 Rn. 13 ff. (e)

Erteilungsbeschluss § 25 Rn. 65 ff., 75, § 29 Rn. 64 ff. (e)

Erweiterung des Anmeldungsgegenstands § 24 Rn. 66, § 25 Rn. 117 ff., § 29 Rn. 91 ff. (e); des Schutzbereichs des Patents § 26 Rn. 192 ff., § 30 Rn. 73 ff. (e); des Schutzbereichs des Gebrauchsmusters § 22 Rn. 258; s. auch Unzulässige Erweiterung

Erzeugnisanspruch § 24 Rn. 40 f.; zweckgebundener – § 24 Rn. 46, 194 (Gbm)

Erzeugniserfindung, Reichweite des Schutzes von -en § 11 Rn. 44 ff., § 33 Rn. 46 ff.

Erzeugnispatent s. Sachschutz

Erzeugnisse, Wirkung des Schutzrechts in Bezug auf erfindungsgemäße – § 1 Rn. 18, § 33 Rn. 46 ff.; s. auch Nachahmung

1079

Sachverzeichnis

Zusatz (e) = europäisches Patent; (Gbm) = Gebrauchsmuster

EST § 14 Rn. 144 f.
EuGVÜ § 36 Rn. 5
EuGVVO § 7 Rn. 85, 89, § 20 Rn. 115, § 36 Rn. 5 ff.
Europäische Patentanmeldung § 22 Rn. 30 ff., *§ 28 Rn. 1 ff.;* Änderung § 29 Rn. 87 ff.; Bestandteile § 28 Rn. 10; Einreichung § 28 Rn. 2 ff.; Gebühren § 28 Rn. 48 ff.; – geheimzuhaltender Erfindung § 25 Rn. 96; – als Prioritätsgrundlage § 22 Rn. 52 ff., § 24 Rn. 117 ff., 151 ff.; Übertragung § 40 Rn. 3; Veröffentlichung einer Anspruchsübersetzung durch DPMA § 23 Rn. 29 f.; Wirkung § 29 Rn. 5 ff.; s. im Übrigen die sachlich einschlägigen Stichworte
Europäische Patentgerichtsbarkeit § 7 Rn. 86, § 32 Rn. 37
Europäische Patentorganisation § 7 Rn. 60, § 8 Rn. 32, § 9 Rn. 19 ff.
Europäisches Patent § 1 Rn. 5 ff., § 7 Rn. 60 ff., § 29 Rn. 68 ff.; Eintragung beim DPMA § 23 Rn. 178; Nichtigerklärung § 7 Rn. 84 ff., § 30 Rn. 95 ff.; Verletzung § 31 Rn. 6 ff.; s. im Übrigen die sachlich einschlägigen Stichworte
Europäisches Patent mit einheitlicher Wirkung § 1 Rn. 8, 11, § 7 Rn. 117 f., *§ 30a*
Europäisches Patentamt § 1 Rn. 5, § 7 Rn. 60, § 8 Rn. 32 ff.; Aufgaben § 9 Rn. 19 ff., § 27 Rn. 1; Organisation § 9 Rn. 21 ff.; Organe und Rechtsstellung § 27 Rn. 1 ff.; Allgemeine Verfahrensvorschriften § 27 Rn. 7 ff.; Amtsblatt des – § 27 Rn. 39 f.
Europäisches Patentgericht § 7 Rn. 86 ff.; s. auch Einheitliches Patentgericht
Europäisches Patentrecht (Vorentwurf 1962) § 7 Rn. 58
Europäisches Patentregister § 27 Rn. 36 f., § 40 Rn. 6
Europäisches Patentübereinkommen § 7 Rn. 58 ff., Abschluss § 7 Rn. 59, Änderung § 7 Rn. 61 ff., Revisionsakte 2000 § 7 Rn. 68 ff.
Europarat, Abkommen im Rahmen des – § 7 Rn. 55 ff.
Euro-PCT-Anmeldung § 7 Rn. 13, § 22 Rn. 41, § 28 Rn. 6, 48 ff., § 29 Rn. 22
EWR-Abkommen und Erschöpfung § 33 Rn. 307

Fachmann und erfinderische Tätigkeit § 18 Rn. 8 ff., *42 ff.;* Fähigkeiten des – § 18 Rn. 46, 60 ff.; Kenntnisse des – § 18 Rn. 46 ff., 83 ff.; – und Neuheit § 17 Rn. 30 ff.; – und Offenbarungserfordernis § 24 Rn. 70 ff.; – und Schutzbereich des Patents § 32 Rn. 72 ff.; zuständiger – § 18 Rn. 52 ff.
Fachnotorische Austauschbarkeit § 17 Rn. 41 f., § 32 Rn. 85

Fachwissen s. Fachmann
Fahrlässigkeit § 35 Rn. 33 ff., § 39 Rn. 51 ff.
Fahrzeuge, Einrichtungen an – im internationalen Verkehr § 33 Rn. 267 ff.
Fälligkeit der Jahresgebühren § 26 Rn. 89 ff., 103, § 28 Rn. 53 (e)
Feilhalten s. Anbieten
Fertigsein der Erfindung § 13 Rn. 1, *21 ff.,* § 19 Rn. 8, § 20 Rn. 12, § 21 Rn. 45 ff.
Festsetzung der Arbeitnehmererfindervergütung § 21 Rn. 104 ff.
Feststellung der Arbeitnehmererfindervergütung § 21 Rn. 104; Klage auf – der Erfinderschaft § 20 Rn. 138; – der Unwirksamkeit eines Gbm nach Erlöschen § 26 Rn. 259 f.
Feststellungsklage § 20 Rn. 138, § 33 Rn. 153, § 36 Rn. 51 f.; negative – § 26 Rn. 153, § 30 Rn. 25, § 36 Rn. 14 f., 49, § 39 Rn. 49
Fiktion der Zurücknahme s. Verfall; Neuheitsbegriff als – § 17 Rn. 4
Fiskalische Ämterinteressen § 26 Rn. 113; Toxizität § 1 Rn. 40
Formalprüfung § 29 Rn. 8 f. (e)
Formel, chemische – in Anmeldung und Zusammenfassung § 24 Rn. 41 ff., 112, § 28 Rn. 46 (e)
Formerfordernisse bei Patentanmeldungen, Harmonisierung der – § 7 Rn. 28 ff., 55; – bei internationaler Anmeldung § 22 Rn. 35 f.; Bedeutung der patentrechtlichen – § 26 Rn. 35
Formmängel s. Mängel
„Formstein"-Einwand § 32 Rn. 137 ff.
Forschungsergebnisse, Bedeutung für erfinderische Tätigkeit § 18 Rn. 18; Freihaltungsbedürfnis § 10 Rn. 3 f., § 12 Rn. 126; Schutz § 3 Rn. 19 f.; – als SdT § 16 Rn. 81 ff., § 18 Rn. 84 f.; s. auch Entdeckung
Forschungsförderung § 3 Rn. 20, 46, § 19 Rn. 13, Vor §§ 40–42 Rn. 2, § 41 Rn. 8
Forschungswerkzeuge, biotechnologische – § 33 Rn. 253
Forschungszwecke, Erfindungsbenutzung für – § 33 Rn. 252
Forschung und Entwicklung § 3 Rn. 30; Wettbewerb in – § 3 Rn. 49
Fortschritt als Schutzvoraussetzung § 10 Rn. 19 ff., § 18 Rn. 5; als Anzeichen für erfinderische Tätigkeit § 18 Rn. 133 ff.; technischer – als Zweck des Patentschutzes § 3 Rn. 10, *29 ff.,* § 18 Rn. 2; – als Voraussetzung der Abhängigkeitslizenz § 34 Rn. 84
FRAND § 43 *Rn. 19;* – Berechnung § 43 Rn. *39 ff.;* – diskriminierungsfrei § 43 Rn. 19, 25, 28, 35, 37, *56 ff.;* – Einwand § 43 Rn. 24; – Erklärung § 43 Rn. 21, 27, 68; Konditionen § 43 Rn. 19, 23 f., 26 f., 35 ff., 56 ff.; – konform § 43 Rn. *30 f.,* 38 f., 56, 58; – Lizenzierungspraxis, konsistente § 43 Rn. 63; – Roadmap § 43 Rn. *22 ff.*

Zusatz (e) = europäisches Patent; (Gbm) = Gebrauchsmuster **Sachverzeichnis**

Frankreich, PatG 1791 § 4 Rn. 23
Freie Berufe und gewerbliche Anwendbarkeit § 13 Rn. 3
Freie Erfindungen § 21 Rn. 43; Mitteilungspflicht § 21 Rn. 57 ff.; Anbietungspflicht § 21 Rn. 120; – an Hochschulen § 21 Rn. 128
Freier Warenverkehr im Gemeinsamen Markt § 7 Rn. 59, § 33 Rn. 302 ff.
Freigabe von hinterlegtem biologischem Material § 14 Rn. 200 ff.
Freihaltungsinteressen § 19 Rn. 1 ff., § 12 Rn. 127 ff., 141, § 16 Rn. 5; beim Erfordernis erfinderischer Tätigkeit § 18 Rn. 2 f.; bei medizinischen Verfahren § 14 Rn. 86 ff.
Freihandelslehre § 5 Rn. 10 ff.
Freistellung nach GWB § 42 Rn. 47 f.; nach AEUV § 42 Rn. 4 f.
Freiwerden von Diensterfindungen § 21 Rn. 121
Fristen § 27 Rn. 19 ff. (e)
Funktionelle Ansprüche § 24 Rn. 18 ff., § 28 Rn. 32 ff., § 32 Rn. 36, 102 f., 136
Funktionsentdeckung und -erfindung § 11 Rn. 21
Funktionsgleichheit s. Äquivalenz

GATT s. TRIPS-Übereinkommen
Gebietslizenz § 40 Rn. 41
Gebietsschutz im Lizenzvertrag § 42 Rn. 14 ff.
Gebrauchen erfindungsgemäßer Erzeugnisse *§ 33 Rn. 129 ff.*
Gebrauchslizenz § 40 Rn. 41
Gebrauchsmuster, Rechtsnatur § 1 Rn. 41 ff.; Wirkung § 1 Rn. 46 f.; Löschung § 1 Rn. 55, *§ 26 Rn. 253 ff.;* Übertragung § 40 Rn. 2; – und Patent für dieselbe Erfindung § 1 Rn. 62 ff.; – und jüngeres Patent § 1 Rn. 53, § 16 Rn. 56, § 16 Rn. 57 FN 64, § 33 Rn. 33
Gebrauchsmusterabteilungen des DPMA § 9 Rn. 16, § 26 Rn. 254
Gebrauchsmusteranmeldung § 22 Rn. 5 ff., 29, *§ 24 Rn. 184 ff.;* Änderung § 25 Rn. 262; Prüfung § 25 Rn. 248 f.; Teilung § 25 Rn. 263 ff.; Verfall § 25 Rn. 261; Wirkung § 25 Rn. 244 ff.; Zurücknahme § 25 Rn. 260
Gebrauchsmusterberühmung § 39 Rn. 1 ff.
Gebrauchsmustereintragung § 23 Rn. 199 ff.; Rechtsnatur § 2 Rn. 89, § 22 Rn. 5 ff., § 23 Rn. 11 ff.
Gebrauchsmustergesetz 1891 § 6 Rn. 3; 1936 § 6 Rn. 10 ff.; 1987 § 6 Rn. 26 ff., § 8 Rn. 18; Änderung von 1990 § 6 Rn. 38
Gebrauchsmusterhilfsanmeldung § 6 Rn. 34
Gebrauchsmusterrecht, Vorschlag einer europäischen Harmonisierungsrichtlinie § 7 Rn. 111 ff.

Gebrauchsmusterregister § 23 Rn. 199 ff., § 23 Rn. 214, § 40 Rn. 4
Gebrauchsmusterschutz, Ausschluss der Verfahrenserfindungen vom – Vor § 13 Rn. 2 ff.; Werbung mit – § 39 Rn. 1 ff., 32
Gebrauchsmusterstelle des DPMA § 9 Rn. 16, § 25 Rn. 248 f.
Gebrauchsmusterstreitsachen § 36 Rn. 34; Gerichte für – § 9 Rn. 29, § 36 Rn. 34
Gebrauchsmusterverordnung § 8 Rn. 19
Gebühren s. bei den gebührenpflichtigen Sachverhalten
Gebührenordnung des EPA § 8 Rn. 34
Gebührenzahlung s. Zahlung
Gedankliche Tätigkeiten, Regeln für – § 12 Rn. 13
Gegenstand der Anmeldung § 24 Rn. 66, § 24 Rn. 79 ff., *§ 25 Rn. 121 ff.,* § 29 Rn. 5 (e), *91 f.* (e); s. auch Unzulässige Erweiterung
Gegenstand der Erfindung § 32 Rn. 16 ff., 38 f.; unmittelbarer – § 32 Rn. 19
Gegenstand des Patents § 32 Rn. 16; des Schutzrechts § 32 Rn. 41
Gegenständliche Rechte § 2 Rn. 7 f.
Geheimanmeldungen und -schutzrechte § 23 Rn. 226, *§ 25 Rn. 82 ff., § 26 Rn. 144,* § 28 Rn. 7
Geheimhaltung von Erfindungen § 1 Rn. 21, § 3 Rn. 32, § 19 Rn. 38; Bedeutung für SdT § 16 Rn. 31 ff.; bei Arbeitnehmererfindungen § 21 Rn. 20, 86, 147 ff.; bei Mehrheit von Berechtigten § 19 Rn. 68 ff., 96; – und SdT § 16 Rn. 35, 77; Erfindervergütung bei – § 21 Rn. 116
Geheimhaltungsanordnung § 25 Rn. 82 ff.; Entschädigungsanspruch § 25 Rn. 88 ff.; s. auch Geheimanmeldungen und -schutzrechte
Geheimhaltungsinteressen des Verletzungsbeklagten § 33 Rn. 204, § 36 Rn. 33
Geheimnisschutz § 2 Rn. 6, 52 ff., 104 ff., § 12 Rn. 131, § 22 Rn. 1 f., § 43 Rn. 64
Geistiges Eigentum § 2 Rn. 1 ff., § 3 Rn. 13 f., § 7 Rn. 3, § 26 Rn. 25, § 26 Rn. 36 f.
Gemeinkosten, Berücksichtigung von – beim Verletzergewinn § 35 Rn. 74
Gemeinsamer Markt s. AEUV, Freier Warenverkehr
Gemeinschaftliche Erfindungen § 19 Rn. 3, *17 ff.*
Gemeinschaftliche Rechte an Erfindungen *§ 19 Rn. 49 ff.,* § 20 Rn. 17 ff.; s. auch Bruchteilsgemeinschaft, Gesellschaft
Gemeinschaftspatent § 7 Rn. 90 ff.
Gemeinschaftspatentgericht § 7 Rn. 89
Gemeinschaftspatentgesetz § 6 Rn. 25
Gemeinschaftspatentübereinkommen § 7 Rn. 90 ff.
Gemische § 17 Rn. 60

1081

Sachverzeichnis

Zusatz (e) = europäisches Patent; (Gbm) = Gebrauchsmuster

Gene als Gegenstand von Erfindungen § 14 Rn. 7 ff., *§ 14 Rn. 134 ff.;* Begriff § 14 Rn. 134 f.; Offenbarungserfordernis bei Beanspruchung von – § 14 Rn. 148 ff., § 28 Rn. 20 ff.; Schutzwirkung von Patenten für – § 14 Rn. 155, § 33 Rn. 54; erfinderische Leistung bei Bereitstellung von – § 14 Rn. 158 ff.

Genehmigung des Inverkehrbringens von Arzneimitteln, Bedeutung der – für ergänzendes Schutzzertifikat § 33 Rn. 249 FN 251

Genetische Ressourcen § 16 Rn. 47, § 19 Rn. 35

Gensequenzen, mit menschlichen übereinstimmende – § 24 Rn. 47

Gentechnologie § 14 Rn. 142; – bei Pflanzen § 14 Rn. 94 ff., 106 ff.; – bei Tieren § 14 Rn. 116 ff.

Geographische Herkunft, Angabe der – biologischen Materials § 14 Rn. 131

Gerichte für Patent- und Gebrauchsmusterstreitsachen § 9 Rn. 29 ff.

Gerichtsstand s. Zuständigkeit

Gesamthandsgemeinschaft § 19 Rn. 53 ff., § 40 Rn. 10; s. auch Gesellschaft

Gesamtschuldner bei Schutzrechtsverletzung § 35 Rn. 128

Geschäftliche Tätigkeiten, Regeln für – § 13 Rn. 13, 130, 153

Geschäftsanmaßung durch unberechtigte Anmeldung § 20 Rn. 30; Schutzrechtsverletzung als – § 35 Rn. 79

Geschäftsgrundlage, Wegfall der – § 40 Rn. 70

Geschäftsmethoden s. Geschäftliche Tätigkeiten

Geschäfts- und Betriebsgeheimnisse s. Geheimnisschutz

Geschichte des Erfindungsschutzes und Patentwesens *§ 4 Rn. 1 ff.*

Geschmacksmusterschutz s. Designschutz

Gesellschaft, Rechte an Erfindungen als Vermögen einer – § 19 Rn. 104 ff.

Gesellschaftserfindung § 19 Rn. 55

Gesetz über Arbeitnehmererfindungen § 6 Rn. 17, § 8 Rn. 16; Änderung von 2002 § 6 Rn. 53, § 21 Rn. 131; Gesamtreform § 6 Rn. 54 f., § 21 Rn. 160; persönlicher Anwendungsbereich § 21 Rn. 33 ff.; Unabdingbarkeit § 21 Rn. 23

Gesetz über internationale Patentübereinkommen § 6 Rn. 24

Gewerbefreiheit § 5 Rn. 16

Gewerbliche Anwendbarkeit *§ 13 Rn. 1 ff.;* Begriff § 13 Rn. 2; – und technischer Charakter § 13 Rn. 1; Angabe der – bei Gensequenzen § 14 Rn. 14, 153 ff.; Bedeutung bei medizinischen Verfahren § 14 Rn. 47 ff., § 15 Rn. 49 ff.; – bei chemischen Erfindungen § 24 Rn. 94 ff.

Gewerblicher Rechtsschutz § 2 Rn. 10

Gewerbliche Verwertbarkeit s. gewerbliche Anwendbarkeit

Gewerbsmäßigkeit der Erfindungsbenutzung § 33 Rn. 237 ff.

Gewinn, Anspruch auf Herausgabe des – aus Schutzrechtsverletzung § 35 Rn. 73 ff.; s. auch Entgangener –

Grenzbeschlagnahmeverordnung § 7 Rn. 105, § 8 Rn. 42, § 36 Rn. 109

Grenzüberschreitende Sanktionen § 36 Rn. 16

Große Beschwerdekammer des EPA § 9 Rn. 25, § 27 Rn. 3; Befassung der – § 27 Rn. 58 ff.

Gründe s. Begründung

Grundlagenforschung s. Forschungsergebnisse

Grundstücke s. Unbewegliche Sachen

Gruppe von Erfindungen s. Einheitlichkeit

Gruppenformeln § 17 Rn. 69, § 24 Rn. 42, 82

Gruppenfreistellung von Lizenzvereinbarungen *§ 42 Rn. 20 ff.;* Ausschluss von der – § 42 Rn. 29 ff.; Entziehung der – § 42 Rn. 33

Gutachten des DPMA § 9 Rn. 9, § 31 Rn. 11; des EPA § 30 Rn. 96, § 31 Rn. 11

Guter Glaube, Erlöschen des Übertragungsanspruchs bei – § 20 Rn. 38 ff., 110; kein Schutz des – auf Grund von Registereintragungen § 23 Rn. 180, § 23 Rn. 193; – als Voraussetzung des Weiterbenutzungsrechts § 34 Rn. 72

Gute Sitten, Verstoß gegen – als Schutzhindernis *§ 15 Rn. 1 ff.;* Beurteilungsmaßstab § 15 Rn. 19 ff.; Beispiele § 15 Rn. 23 ff.

Halbleiterschutz § 2 Rn. 11 ff.

Halbleitertechnologie, Zwangslizenz bei – § 34 Rn. 87

Handelsbezogene Aspekte der Rechte des geistigen Eigentums s. TRIPS-Übereinkommen

Handelsübliche Erzeugnisse und mittelbare Verletzung § 33 Rn. 374 ff.

Harmonisierung, internationale – des Patentrechts § 7 Rn. 21 ff.; europäische – des Gebrauchsmusterrechts § 7 Rn. 111 ff.

Hauptanmeldung s. Zusatzanmeldung

Hauptanspruch § 24 Rn. 29, § 28 Rn. 41

Hauptpatent s. Zusatzpatent

Heilverfahren s. Medizinische Verfahren

Herrichten eines Stoffes zur patentgemäßen Verwendung § 13 Rn. 7, § 33 Rn. 209 ff.

Herstellen erfindungsgemäßer Erzeugnisse § 33 Rn. 58 ff.

Herstellungslizenz § 40 Rn. 41

Herstellungsverfahren § 33 Rn. 166 ff.; Kennzeichnung von Erzeugnissen durch das – s. Product-by-process claim

Hilfsanträge des Anmelders § 25 Rn. 61 f., 77, § 29 Rn. 55 (e)

1082

Zusatz (e) = europäisches Patent; (Gbm) = Gebrauchsmuster **Sachverzeichnis**

Hilfskriterien für erfinderische Tätigkeit § 18 Rn. 118 ff.; rechtliche Bedeutung § 18 Rn. 142 f.
Hinterlegung biologischen Materials § 14 Rn. 21, *192 ff.*, § 24 Rn. 60, 81, § 28 Rn. 22 (e), § 29 Rn. 31 (e); – und SdT § 16 Rn. 36, 63
Hochschulerfindungen § 6 Rn. 53, *§ 21 Rn. 128 ff.*; Vereinbarungen über – § 21 Rn. 132; – als Diensterfindungen § 21 Rn. 135; Anmeldepflicht des Dienstherrn § 21 Rn. 136; Vergütung von – § 21 Rn. 143 ff.; Publikationsfreiheit bei – § 21 Rn. 147 ff.
Höhe des Bereicherungsausgleichs § 35 Rn. 86 ff.; der Entschädigung § 37 Rn. 23 ff.; der Erfindervergütung § 21 Rn. 109 ff.; des Schadenersatzes § 35 Rn. 47 ff.

Identitätsbereich, sortenschutzrechtlicher – § 14 Rn. 35
Immaterialgut, Erfindung als – § 1 Rn. 17
Immaterialgüterrecht, Patent als – § 1 Rn. 23; Erfinderrecht als – § 19 Rn. 41
Immunitätsfrist s. Neuheitsschonfrist
Inanspruchnahme von Diensterfindungen § 19 Rn. 51, § 20 Rn. 4, *§ 21 Rn. 66 ff.,* 161; – gegenüber Miterfindern § 21 Rn. 72 f.; Natur des Rechts zur – § 21 Rn. 78 ff.; Wirkung § 21 Rn. 71 ff.; Vergütungspflicht § 21 Rn. 100 ff.; s. auch Beschränkte Inanspruchnahme, Unbeschränkte Inanspruchnahme
Indigenes Wissen § 16 Rn. 44 ff.
Indikation s. Medizinische –
Information als Zweck und Wirkung des Patentsystems § 3 Rn. 31 ff., § 24 Rn. 65, 109
Informationsgehalt der Anmeldung s. Offenbarungsgehalt
Informationstätigkeit des DPMA § 9 Rn. 6 ff.
Informationsvermittlung § 12 Rn. 13 ff., 125 ff.
Inhalt des Schutzrechts § 42 Rn. 12, 45
Injunction gap § 26 Rn. 22
Inland, Begrenzung der Patentwirkung auf das – § 33 Rn. 42 ff.; Erschöpfung durch Inverkehrbringen im – § 33 Rn. 277 ff., 296 ff.; teilweise Verwirklichung eines Verletzungstatbestands im – § 33 Rn. 58 ff., 68 ff., 101 ff., 105 ff., 135 ff.
Inländerbehandlung § 5 Rn. 8, *§ 7 Rn. 4,* 37
Inlandsbezug des Anbietens § 33 Rn. 121 ff.; der mittelbaren Verletzung § 33 Rn. 358 ff.
Inlandsvertreter § 23 Rn. 135 ff., 184
Innere Priorität § 22 Rn. 57, § 24 Rn. 117, *151 ff.,* 183
Innovation § 3 Rn. 30
Innovationsschutz § 3 Rn. 67
Insolvenzverfahren, Rechte an Erfindungen im – § 40 Rn. 15 f.; – und Lizenzvertrag § 41 Rn. 6

Interessenlage beim Erfindungsschutz § 3 Rn. 1 ff.
Internationale Anmeldung § 1 Rn. 2, § 7 Rn. 13, *§ 22 Rn. 32 ff.;* von Gbm § 1 Rn. 42; – als SdT § 16 Rn. 58; – als Prioritätsgrundlage § 22 Rn. 55, § 24 Rn. 118 f., 156; deutsche Übersetzung § 23 Rn. 209, § 24 Rn. 6; – geheimzuhaltender Erfindung § 25 Rn. 97; – für Zusatzpatent § 24 Rn. 170 f.; s. auch Euro-PCT-Anmeldung
Internationale Patentklassifikation § 7 Rn. 20, 56, § 8 Rn. 30
Internationale Patentübereinkommen, Gesetz über – § 6 Rn. 24, § 8 Rn. 29
Internationale Recherche nach PCT § 7 Rn. 17 ff., § 22 Rn. 36 ff., § 29 Rn. 22
Internationaler Verkehr, Fahrzeuge im – § 33 Rn. 267 ff.
Internationales Büro der WIPO § 7 Rn. 7, § 8 Rn. 27 f., § 22 Rn. 33
Internationales Patentinstitut § 7 Rn. 60 FN 52, § 22 Rn. 14
Internationales Privatrecht bei Arbeitnehmererfindungen § 21 Rn. 28 ff.
Internationales Recht § 7 Rn. 1 ff., § 8 Rn. 22 ff.
Internationale vorläufige Prüfung § 7 Rn. 17, § 22 Rn. 44 ff.
Internationale Zuständigkeit § 7 Rn. 85, *§ 36 Rn. 5 ff.*
Internet, Anbieten im – § 33 Rn. 128; Informationen im – als SdT § 16 Rn. 22 ff.; – of things § 43 Rn. 1, 4, 43
Interoperabilität § 43 Rn. 4, 5
Invention § 3 Rn. 36 ff.
Inverkehrbringen erfindungsgemäßer Erzeugnisse *§ 33 Rn. 101 ff.;* – eines patentierten Verfahrens § 33 Rn. 149; s. auch Erschöpfung
Investitionen, Einfluss des Erfindungsschutzes auf – § 3 Rn. 37 ff.
Investitionsschutz § 3 Rn. 68 ff.
Irreführende Angaben über Patent- oder Gebrauchsmusterschutz § 39 Rn. 14 ff.

Jahresgebühren *§ 26 Rn. 83 ff.,* § 28 Rn. 48 ff. (e), § 30 Rn. 5 ff. (e); – bei Lizenzbereitschaft § 34 Rn. 19; Rechtfertigung der – § 26 Rn. 107 ff.; – bei Teilung § 25 Rn. 221, § 26 Rn. 99; Verfahrenskostenhilfe für – § 23 Rn. 164, § 26 Rn. 105

Kartellrecht, Schutzrechtsverwertung und – § 3 Rn. 57 ff., *§ 42 Rn. 1 ff.* (EU-Recht), *§ 42 Rn. 45 ff.* (GWB)
Käufer, Pflichten des – von Rechten an Erfindungen § 41 Rn. 19 ff.
Kaufvertrag über Rechte an Erfindungen § 41 Rn. 2, § 42 Rn. 45

Sachverzeichnis

Zusatz (e) = europäisches Patent; (Gbm) = Gebrauchsmuster

Keimbahn § 14 Rn. 15, § 15 Rn. 32, 37, 44
Kenntnisse des Fachmanns s. Fachmann
Kennzeichenschutz § 2 Rn. 34 ff.
Kennzeichnender Teil des Patentanspruchs § 24 Rn. 33 ff.
Kinderarzneimittel, Verlängerung von Schutzzertifikaten für – § 1 Rn. 10, § 6 Rn. 52, § 22 Rn. 61, § 26 Rn. 38, 41, 67 ff.
Klage s. Nichtigkeitsklage, Übertragungsanspruch, Verletzungsklage
Klagenkonzentration, Zwang zur – § 36 Rn. 63 ff.
Klarheit, – der Ansprüche im DE-Verfahren § 24 Rn. 20, der Ansprüche im EP-Verfahren § 28 Rn. 25
Klarstellung bei Abweisung der Nichtigkeitsklage § 26 Rn. 239
Klassifikation s. Internationale Patentklassifikation
Klinische Versuche § 33 Rn. 258 ff.
Klonen § 14 Rn. 15, § 15 Rn. 31 ff., 45 f.
Know-how § 3 Rn. 38, § 24 Rn. 77, § 34 Rn. 129, Vor §§ 40–42, Rn. 2, § 41 Rn. 12, § 42 Rn. 34
Know-how-Vertrag § 40 Rn. 25
Kombinationserfindung § 17 Rn. 56, *§ 18 Rn. 115 ff.*
Kommerzielle Neuerungen s. Geschäftliche Tätigkeiten
Konkurs s. Insolvenzverfahren
Konsumtion s. Erschöpfung
Konzentration, Patentschutz und – § 3 Rn. 50 ff.
Kosmetische Behandlung § 14 Rn. 59
Kostenbasierter Ansatz bei FRAND-Berechnung § 43 Rn. 53
Kostendruck im Patentnichtigkeitsverfahren, § 26 Rn. 200
Kostenentscheidungen von DPMA, BPatG, BGH § 23 Rn. 160 ff.; des EPA § 30 Rn. 31
Kostenregelungen, Gesetz zur Bereinigung von – § 6 Rn. 44 f.

Landwirteprivileg § 14 Rn. 25, 37, § 30a Rn. 29, § 33 Rn. 271
Laufzeit des Patents § 1 Rn. 9 f., § 5 Rn. 17, § 6 Rn. 5, 24, § 20 Rn. 78, 103, *§ 26 Rn. 17ff.,* § 30 Rn. 3 f.; des Gebrauchsmusters § 1 Rn. 46, § 6 Rn. 35, § 26 Rn. 114 ff.; des ergänzenden Schutzzertifikats § 26 Rn. 71 ff.
Leben, „Patent auf –" § 15 Rn. 21
Legierungen § 17 Rn. 60, 70
Legitimationswirkung von Registereintragungen § 23 Rn. 181 ff., § 26 Rn. 8, § 34 Rn. 13, § 36 Rn. 18 f.
Lehre zum technischen Handeln § 1 Rn. 15, § 11 Rn. 3

Leistungsschutz, ergänzender wettbewerbsrechtlicher – § 2 Rn. 56 ff.; urheberrechtlicher – § 2 Rn. 66 ff.
Leitfaden für Anmelder (e) § 8 Rn. 35
Lieferung von Mitteln zur Erfindungsbenutzung s. Mittelbare Patentverletzung
Litterae patentes § 4 Rn. 15
Lizenz § 2 Rn. 92 f., 96, § 3 Rn. 44, *§ 40 Rn. 17ff.;* – vor Schutzrechtserteilung § 40 Rn. 25, § 42 Rn. 45; Erteilung durch nichtberechtigten Anmelder oder Patentinhaber § 20 Rn. 55 ff., 113; – bei gemeinschaftlichen Erfinderrechten § 19 Rn. 99 f.; – und positives Benutzungsrecht § 33 Rn. 34 f.; Beschränkungen § 40 Rn. 41 ff.; Übertragbarkeit § 40 Rn. 39 f.; – zur Verfahrensbenutzung bei Lieferung einer Vorrichtung § 33 Rn. 317 ff.; Anbieten einer – als Verletzung des Verfahrenspatents § 33 Rn. 149 f.; s. auch Ausschließliche Lizenz, Einfache Lizenz
Lizenzanalogie bei Bemessung der Arbeitnehmererfindervergütung § 21 Rn. 112; Berechnung des Verletzungsschadenersatzes mittels – § 35 Rn. 62 ff.; Berechnung des Bereicherungswerts mittels – § 35 Rn. 86 ff.; – beim Entschädigungsanspruch § 37 Rn. 25
Lizenzbereitschaft § 23 Rn. 196, § 26 Rn. 87, *§ 34 Rn. 1ff.;* – Erklärung § 43 Rn. 27, 38
Lizenzbilanz Vor §§ 40–42 Rn. 2
Lizenzentgelt § 41 Rn. 20 f.; Einfluss von Rechtsmängeln auf – § 41 Rn. 70 ff.; s. auch Lizenzanalogie
Lizenzgeber, Pflichten des – § 41 Rn. 13 ff.; Haftung des – für Tauglichkeitsmängel der Erfindung § 41 Rn. 28 ff., 38 ff.; Haftung des – für Rechtsmängel § 41 Rn. 64 ff.; Beschränkungen des – § 42 Rn. 12 ff., 48
Lizenzgebühren s. Lizenzentgelt
Lizenznehmer, Pflichten § 41 Rn. 19 ff.; Beschränkungen § 40 Rn. 41 ff.; Ansprüche bei Schutzrechtsverletzung § 35 Rn. 121 ff.; Klagebefugnis § 36 Rn. 17 ff., § 40 Rn. 33 ff., § 41 Rn. 18
Lizenzverträge, rechtliche Einordnung § 41 Rn. 4; Wettbewerbsbeschränkungen in – § 3 Rn. 50 ff., *§ 42 Rn. 45 ff.*
Lizenzvertragssysteme § 42 Rn. 48
Lizenzverweigerung als Missbrauch marktbeherrschender Stellung § 34 Rn. 98
Lizenzzwang § 3 Rn. 60, § 5 Rn. 16, § 6 Rn. 15
Löschung des Gebrauchsmusters § 1 Rn. 55, § 26 Rn. 126 f., *§ 26 Rn. 253ff.;* Wirkung § 26 Rn. 126, 271 f.; – wegen widerrechtlicher Entnahme § 20 Rn. 80
Löschungsantrag, Wirkung der Abweisung des – § 26 Rn. 272, § 32 Rn. 143
Löschungsgrund, Geltendmachung im Verletzungsprozess § 35 Rn. 142

Zusatz (e) = europäisches Patent; (Gbm) = Gebrauchsmuster **Sachverzeichnis**

Löschungsverfahren, Rechtsnatur § 23 Rn. 11 ff.; beschränkte Verteidigung im – § 26 Rn. 262 ff.
Lösungsprinzip, Beanspruchung des – § 24 Rn. 23

Mängel, Beanstandung und Beseitigung von – § 25 Rn. 15 ff., 53, 55, § 29 Rn. 10 (e); Beseitigung von – durch Teilung der Anmeldung § 25 Rn. 185 ff.; Haftung für – bei Kauf und Lizenz § 41 Rn. 28 ff.
Marke § 2 Rn. 34; technisch bedingte Warenform als – § 2 Rn. 44 ff.
Marktanteile, Bedeutung von -n für Gruppenfreistellung § 42 Rn. 24 ff.
Marktbeherrschende Stellung § 3 Rn. 57, § 34 Rn. 98, § 42 Rn. 41 ff., 49 ff.; Missbrauch einer – durch Lizenzverweigerung § 34 Rn. 98
Marktverwirrungsschaden § 35 Rn. 55
Marktwirtschaft und Patentschutz § 3 Rn. 17 f., 63
Maßangaben im Anspruch, Bedeutung für Schutzbereich § 32 Rn. 115 ff.
Materielle Schutzvoraussetzungen, Überblick § 10 Rn. 1 ff.; Funktion § 10 Rn. 1; Gesetzliche Regelung § 10 Rn. 5 ff.; Prüfung § 1 Rn. 32 ff., 54 ff. (Gbm), § 22 Rn. 9 f., § 25 Rn. 20 ff., *53 ff., 248 ff.* (Gbm)
Mathematische Methoden § 12 Rn. 8 ff.
Medizinische Indikation, Patentierbarkeit § 14 Rn. 218 ff.; ergänzendes Schutzzertifikat für – § 26 Rn. 60; gewerbliche Anwendbarkeit § 13 Rn. 4 ff.; Neuheit § 17 Rn. 67; erfinderische Tätigkeit § 18 Rn. 114; Offenbarung § 24 Rn. 81; Schutzwirkung des Patents § 33 Rn. 205 ff.; s. auch Erste –, Zweite –
Medizinische Verfahren § 14 Rn. 1 f., *47 ff.,* 216 ff.; Begriff § 14 Rn. 216 ff.; Freihaltungsbedürfnis § 14 Rn. 86, 88; – und Betrieb medizinisch-technischer Geräte § 14 Rn. 80 ff.
Mehrfachlizenzen § 42 Rn. 48
Mehrheit von Berechtigten s. Gemeinschaftliche Rechte
Meistbegünstigung, Pflicht zur – nach dem TRIPS-Ü § 7 Rn. 38
Meldung von Diensterfindungen § 21 Rn. 52 ff.
Mengenbeschränkung im Lizenzvertrag § 42 Rn. 34
Menschlicher Körper und Erfindungsschutz § 14 Rn. 14, *126 ff.*
Merkblatt für Patentanmelder § 8 Rn. 10; – für Gbm-Anmelder § 8 Rn. 20
Merkmale, Gliederung des Patentanspruchs nach – § 24 Rn. 38 f.; Einfügung von – § 25 Rn. 147 ff., § 29 Rn. 94; Weglassen von – § 25 Rn. 151, § 26 Rn. 237, § 29 Rn. 93; Absehen von – s. Teilschutz

Methoden der Schadensberechnung § 30a Rn. 67 ff., § 35 Rn. 47
Mikrobiologische Erfindungen § 14 Rn. 10, *179 ff.*
Mikrobiologische Verfahren, Begriff § 14 Rn. 179 ff.
Mikro-Chips § 2 Rn. 12
Mikroorganismen, Begriff § 14 Rn. 183 ff.; Sachschutz für – § 14 Rn. 213, § 33 Rn. 55; s. auch Hinterlegung
Mindestrechte in der PVÜ § 7 Rn. 4
Missbräuchliche Offenbarung und SdT § 16 Rn. 35, *71 ff.*
Mitberechtigung, Anspruch auf Einräumung einer – § 20 Rn. 17 f.
Miterfinder § 19 Rn. 3 f., *17 ff.,* § 21 Rn. 3, 54; Erfindernennung § 20 Rn. 122, 134 (e)
Mitglieder des DPMA § 9 Rn. 12; des BPatG § 9 Rn. 28; des EPA § 9 Rn. 23 ff., § 27 Rn. 4 f.
Mitteilung von freien Erfindungen § 21 Rn. 20; – der vorgesehenen Fassung des Patents § 29 Rn. 57 ff. (e), § 30 Rn. 72 (e)
Mittel zur Verfahrensanwendung § 33 Rn. 141 ff., 153 f.
Mittelanspruch § 24 Rn. 46
Mittelbare Benutzung und Vorbenutzungsrecht § 34 Rn. 52, 60; Entschädigungsanspruch wegen – § 37 Rn. 9 f.
Mittelbare Verletzung § 30a Rn. 28, § 33 Rn. 17, 76, 330 ff.; durch Lieferung von Ersatzteilen § 33 Rn. 361; subjektive Tatbestandsmerkmale § 33 Rn. 370 ff.; – bei Verwendungspatenten § 33 Rn. 229 ff.; Schadenersatz wegen – § 35 Rn. 40 ff.
Mitverschulden des Verwarnten § 39 Rn. 58 ff.
Monopol, Patent als – § 3 Rn. 47 f., § 4 Rn. 19
Monopolprinzip im Recht der Arbeitnehmererfindungen § 21 Rn. 101
Mosaik, kein – bei Neuheitsprüfung § 17 Rn. 21; – bei Prüfung auf erfinderische Tätigkeit § 18 Rn. 86 ff.
Mündliche Mitteilungen als SdT § 16 Rn. 28 ff.
Mündliche Verhandlung vor dem BPatG § 23 Rn. 49, 65; vor dem BGH § 23 Rn. 107, 126; vor dem EPA § 27 Rn. 15; im Verfahren der eV § 36 Rn. 96.

Nachahmung von Erzeugnissen s. Unlauterer Wettbewerb
Nachanmeldung des durch widerrechtliche Entnahme Verletzten § 20 Rn. 76, 117 (e); s. auch Neue europäische Anmeldung
Nacharbeitbarkeit als Voraussetzung der Neuheitsschädlichkeit § 17 Rn. 24; als Maßstab ausreichender Offenbarung § 24 Rn. 71 ff.
Nagoya-Protokoll § 14 Rn. 22, 28

1085

Sachverzeichnis

Zusatz (e) = europäisches Patent; (Gbm) = Gebrauchsmuster

Naheliegen s. Erfinderische Tätigkeit
Nationale Phase nach PCT § 22 Rn. 40 ff.
Naturalrestitution § 35 Rn. 45
Naturkräfte s. Technischer Charakter
Naturrechtstheorie § 3 Rn. 8
Naturstoffe § 11 Rn. 25, § 14 Rn. 7, § 17 Rn. 62
Nebenanspruch § 24 Rn. 30, § 28 Rn. 41.
Nebenintervention im Nichtigkeitsverfahren § 23 Rn. 59 FN 65, § 26 Rn. 209
Negative Lizenz § 40 Rn. 27
Neue europäische Anmeldung des intervenierenden Berechtigten § 20 Rn. 85, 103 ff., § 29 Rn. 92
Neuheit *§ 17 Rn. 1 ff.;* absolute – § 17 Rn. 2 ff.; relative – § 17 Rn. 2, 10; Prüfung der – § 17 Rn. 21 ff.; – als Anzeichen unzulässiger Erweiterung § 29 Rn. 105 f. (e); – des Verfahrenserzeugnisses § 33 Rn. 198 f.
Neuheitsbegriff § 17 Rn. 1 ff.
Neuheitsgehalt der Erfindung § 17 Rn. 55 ff.
Neuheitsprüfung § 17 Rn. 21 ff.
Neuheitsschädliche Tatsachen § 16 Rn. 6; s. auch Stand der Technik
Neuheitsschonfrist § 6 Rn. 8, 13, 24, 30, § 7 Rn. 21, 23, 26, 80, § 16 Rn. 11, *65 ff., 92 ff.* (Gbm)
Nichtangriffsklauseln, unzulässige Beschränkung des Wettbewerbs § 42 Rn. 13 ff., 38 ff.
Nichtangriffspflicht als Zulässigkeitshindernis für Einspruch und Nichtigkeitsklage § 26 Rn. 158, 213 ff.; § 30 Rn. 43 (e); – aus Lizenzvertrag § 41 Rn. 24 ff., § 42 Rn. 13
Nichtausübung, Zwangslizenz und Verfall wegen – § 7 Rn. 4, § 34 Rn. 88.
Nichtberechtigter als Anmelder § 2 Rn. 102, § 20 Rn. 1 ff., § 21 Rn. 87; s. auch Recht auf das Patent, Übertragungsanspruch, Widerrechtliche Entnahme
Nichtigerklärung des Patents § 1 Rn. 38, § 22 Rn. 70; *§ 26 Rn. 191 ff.,* 234 f., § 30 Rn. 95 ff. (e); § 30a Rn. 52; – wegen widerrechtlicher Entnahme *§ 20 Rn. 60 ff.,* 119 f. (e), § 26 Rn. 202; allseitige Wirkung § 26 Rn. 242; Rückwirkung § 26 Rn. 243, § 36 Rn. 90; Erstreckung auf echte Unteransprüche § 26 Rn. 240; – des ergänzenden Schutzzertifikats § 26 Rn. 78, 197; – und Lizenzvertrag § 41 Rn. 70
Nichtigkeitsgründe § 22 Rn. 71, § 27 Rn. 42, § 30 Rn. 101 ff. (e); Bindung des Gerichts an die geltend gemachten – § 26 Rn. 226 ff.; – beim ergänzenden Schutzzertifikat § 26 Rn. 78
Nichtigkeitsklage § 1 Rn. 37, § 26 Rn. 123 ff.; § 30a Rn. 51 ff.; Erhebung der – § 23 Rn. 63 f.; – nach Erlöschen des Patents § 26 Rn. 203 ff.; – praktische Bedeutung § 26 Rn. 217; Wirkung der Abweisung § 26 Rn. 244; sittenwidrige Herbeiführung der Abweisung § 35 Rn. 147

Nichtigkeitssenate des DPA § 6 Rn. 18; des BPatG § 9 Rn. 27, § 23 Rn. 57
Nichtigkeitsverfahren § 23 Rn. 55 ff.; Klagebefugnis § 23 Rn. 3; Klageerhebung § 23 Rn. 63 f.; beschränkte Verteidigung im – § 26 Rn. 226 ff.; Entscheidung § 23 Rn. 65 f., 78 ff., § 26 Rn. 234 ff.; Wirkung der Entscheidung § 26 Rn. 242 ff.; Rechtsnatur § 23 Rn. 56 f., § 26 Rn. 201; Akteneinsicht § 23 Rn. 230; s. auch Berufung
Nicht-Naheliegen s. Erfinderische Tätigkeit
Nichttechnische Handlungsanweisungen § 3 Rn. 21, *§ 12 Rn. 13 ff.,* 125 ff.; urheber- und wettbewerbsrechtlicher Schutz § 12 Rn. 130 f.
Nichtzulassungsbeschwerde § 23 Rn. 97
Nießbrauch § 26 Rn. 10, § 35 Rn. 122, § 36 Rn. 17, § 40 Rn. 9
Normen, Erfindungsbenutzung zwecks Einhaltung von – § 34 Rn. 113
Numerus clausus § 2 Rn. 6, § 12 Rn. 125
Nützlichkeit als Schutzvoraussetzung § 10 Rn. 20 ff.

Oberbegriff des Patentanspruchs § 24 Rn. 33
Obliegenheitserfindung § 21 Rn. 41, 49
Offenbarung der Erfindung § 1 Rn. 20, § 11 Rn. 23, § 13 Rn. 11 f., § 22 Rn. 8, *§ 24 Rn. 62 ff.,* 187 ff. (Gbm); § 28 Rn. 15 ff. (e); Löschung wegen unzureichender – § 26 Rn. 257; – von Vorteilen der Erfindung § 24 Rn. 86; Widerruf wegen unzureichender – § 26 Rn. 131, 133 ff., § 30 Rn. 15 (e); – und Schutzbereich § 32 Rn. 51, 135; unschädliche – *§ 16 Rn. 65 ff.*
Offenbarungsgehalt der Anmeldung *§ 25 Rn. 121 ff.,* § 29 Rn. 92 (e); – als Grundlage der Ansprüche § 24 Rn. 19, 40, 50, § 28 Rn. 29 (e); – und Priorität § 24 Rn. 129, 158, § 28 Rn. 73 (e); – und Abzweigung § 24 Rn. 207; – und Teilung § 25 Rn. 210, § 26 Rn. 190, § 28 Rn. 80 ff. (e); – neuheitsschädlicher Sachverhalte § 17 Rn. 27 f., § 24 Rn. 76
Offenbarungstheorie § 3 Rn. 11
Offenlegung der Anmeldung § 23 Rn. 217, *§ 25 Rn. 27 ff.,* 80, 83, § 37 Rn. 4 ff.
Offenlegungsschrift § 23 Rn. 206, § 25 Rn. 28
Offensichtlichkeitsprüfung § 25 Rn. 15 ff.
Öffentliche Ordnung, Verstoß gegen die – als Schutzhindernis § 14 Rn. 15, *§ 15 Rn. 1 ff.;* Begriff § 15 Rn. 10; Berücksichtigung durch das EPA § 15 Rn. 13 ff.; Beispiele § 15 Rn. 24 ff.; Sonderbestimmungen für Biotechnologie § 15 Rn. 31 ff.
Öffentlicher Dienst, Diensterfindungen im – § 21 Rn. 124 ff.
Öffentliches Interesse an Zwangslizenzerteilung § 34 Rn. 80, 109 ff.

Zusatz (e) = europäisches Patent; (Gbm) = Gebrauchsmuster **Sachverzeichnis**

Öffentliches Recht im Patent- und Gebrauchsmusterrecht § 2 Rn. 89 ff.
Öffentliche Verwaltung isd ArbEG § 21 Rn. 42
Öffentliche Wohlfahrt, Benutzungsanordnung im Interesse der – § 34 Rn. 137
Öffentlichkeit, Zugänglichsein für die – *§ 16 Rn. 18 ff.;* – des Verfahrens § 23 Rn. 81, 107, § 27 Rn. 17 (e)
Ökonomische Analyse des Rechts § 3 Rn. 49 FN 74
Open-Source-Programme § 12 Rn. 174
Opt-out § 30a Rn. 83
Organe des EPA § 9 Rn. 23, § 27 Rn. 1 ff.
Österreich, Erfindungsschutz im 19. Jh. § 5 Rn. 3

Parallelerfindung § 1 Rn. 29 ff., *§ 19 Rn. 45 ff.,* § 20 Rn. 6
Parallelpatent § 33 Rn. 296
Parameter, Kennzeichnung von Erzeugnissen durch – § 24 Rn. 43 f., § 28 Rn. 40 (e)
Pariser Verbandsübereinkunft § 7 Rn. 4 ff., § 8 Rn. 24 f.; Sonderabkommen im Rahmen der – § 7 Rn. 11; s. auch Inländerbehandlung, Unionspriorität
Patent, Rechtsnatur § 1 Rn. 12; Recht aus dem – § 1 Rn. 13; – als Urkunde § 4 Rn. 15; Verhältnis zum Erfinderrecht § 19 Rn. 41 ff., § 22 Rn. 3 f.; Wirkung § 1 Rn. 3, § 7 Rn. 60 (e), § 31 Rn. 1 ff., *§ 33 Rn. 27 ff.;* Eintritt der Wirkungen § 25 Rn. 68, § 29 Rn. 68 (e); Dauer s. Laufzeit; Räumlicher Geltungsbereich § 1 Rn. 11, § 7 Rn. 1, *§ 33 Rn. 42 ff.;* Bindung des Verletzungsrichters an das – s. Bindung; Übertragung § 40 Rn. 1 ff.
Patentabteilungen des DPMA § 9 Rn. 14
Patentamt s. Deutsches –, DPMA, Europäisches –
Patentänderungsgesetz 1967 § 6 Rn. 19; 1993 § 6 Rn. 42; 1998 § 6 Rn. 43
Patentanmeldeverordnung s. Patentverordnung
Patentanmeldung, ältere – s. Ältere Anmeldung; Änderung § 25 Rn. 118 ff.; Befugnis zur – § 24 Rn. 10 ff.; Bestandteile § 24 Rn. 8 f.; Einreichung beim DPMA § 24 Rn. 1; europäische – s. Europäische Patentanmeldung; Gegenstand der – § 24 Rn. 66; Hinweis auf – zu Werbezwecken § 39 Rn. 14, 25 ff.; internationale – s. Internationale Anmeldung; Mindesterfordernisse für materielle Wirkung § 25 Rn. 1 ff.; nationale – § 22 Rn. 26 ff.
Patentansprüche § 24 Rn. 18 ff., § 28 Rn. 24 ff. (e); Änderung § 25 Rn. 120, 139, 175; Arten § 24 Rn. 29 ff.; Gebühren für – § 28 Rn. 48 ff. (e), § 29 Rn. 60 (e); Gliederung § 24 Rn. 33, § 29 Rn. 55 (e); Kategorien s. Anspruchs-

kategorien; Kennzeichnung chemischer Stoffe in – § 24 Rn. 41 ff., § 28 Rn. 40; – und Offenbarungsgehalt § 24 Rn. 19 ff., § 28 Rn. 32 (e); besondere Reihen von – für einzelne Vertragsstaaten § 28 Rn. 42 (e); – und Schutzbereich § 32 Rn. 1 ff., 34 ff., *43 ff.,* § 37 Rn. 11 ff.
Patentanwalt § 9 Rn. 33 ff., § 36 Rn. 24
Patentberühmung § 39 Rn. 1 ff.
Patentblatt § 23 Rn. 211 ff., § 27 Rn. 38 (e)
Patent Cooperation Treaty s. Patentzusammenarbeitsvertrag
Patenterschleichung § 35 Rn. 143 ff.
Patenterteilung *§ 25 Rn. 65 ff.,* § 29 Rn. 57 ff. (e); Anspruch auf – s. Erteilungsanspruch; – durch BPatG § 23 Rn. 57, § 25 Rn. 66; Einverständnis des Anmelders § 25 Rn. 77 ff., § 29 Rn. 58 ff. (e); Hinweis auf die – § 29 Rn. 65 (e); Rechtsnatur § 2 Rn. 90, § 22 Rn. 5, § 23 Rn. 4, 17 f., 53 f.; Wirkung § 22 Rn. 5 f., 8, § 25 Rn. 68 ff., § 29 Rn. 68 (e); Erschleichung der – § 35 Rn. 143 ff.
Patentfähigkeit, vertragliche Haftung für – § 41 Rn. 58 ff., 71 f.; s. auch Materielle Schutzvoraussetzungen
Patentgemeinschaften § 3 Rn. 50, § 42 Rn. 48
Patentgericht s. Bundespatentgericht
Patentgesetz 1877 § 5 Rn. 17; 1891 § 6 Rn. 1; 1936 § 6 Rn. 6; 1968 § 6 Rn. 19; 1978 § 6 Rn. 24; 1981 § 6 Rn. 25, § 8 Rn. 4; Änderungen 1998 § 6 Rn. 42; Änderungen 2002 § 6 Rn. 43
Patenthäufung § 3 Rn. 50
Patenthinweise s. Patentberühmung, Werbung
Patentierungsvoraussetzungen s. Schutzvoraussetzungen
Patentinformationszentren § 9 Rn. 8
Patentkategorien § 24 Rn. 40 f., § 26 Rn. 186, § 30 Rn. 78 (e)
Patentklassifikation, internationale – § 7 Rn. 20, 56, § 8 Rn. 30
Patentkostengesetz § 6 Rn. 44, § 8 Rn. 13, 21
Patent Law Treaty, Draft – 1991 § 7 Rn. 21; – 2000 § 7 Rn. 28 ff.
Patent pools § 3 Rn. 50, § 42 Rn. 48
Patent Prosecution Highway § 9 Rn. 18, § 18 Rn. 41, § 25 Rn. 238 ff.
Patentqualität § 1 Rn. 40, *§ 3 Rn. 62a,* § 26 Rn. 113, § 30 Rn. 96
Patentrechtliche Beschränkung der Lizenz § 40 Rn. 42 ff.
Patentrechtstheorien § 3 Rn. 7 ff.
Patentregister, Eintragungen in – des DPMA § 20 Rn. 16, *§ 23 Rn. 175 ff.,* § 40 Rn. 4, 24; Wirkung der Eintragung § 23 Rn. 180 ff.; Einsicht in das – § 23 Rn. 197 f.; besonderes – für Geheimpatente § 23 Rn. 198, § 25 Rn. 85; s. auch Europäisches –, Gemeinschaftspatent

1087

Sachverzeichnis

Zusatz (e) = europäisches Patent; (Gbm) = Gebrauchsmuster

Patentschrift § 23 Rn. 207 f., § 27 Rn. 38 (e), § 29 Rn. 67 (e)
Patentschutz, rechts- und wirtschaftspolitische Wertung § 3 Rn. 1 ff.; Interessenlage § 2 Rn. 74 f.; – und technischer Fortschritt § 3 Rn. 29 ff.; – und Wettbewerb § 3 Rn. 47 ff.
Patentstreitsachen § 36 Rn. 1 ff.; Gerichte für – § 9 Rn. 29 ff., § 36 Rn. 3
Patentsucher s. Anmelder
Patent Troll § 3 Rn. 62, § 6 Rn. 37
Patentverletzung s. Verletzung ...
Patentverordnung § 6 Rn. 43, § 8 Rn. 9
Patentverzicht s. Verzicht
Patentzusammenarbeitsvertrag § 7 Rn. 13 ff., § 8 Rn. 29; s. auch Internationale Anmeldung
Pauschalzahlung für gemeldete Diensterfindung § 21 Rn. 25
Perpetuum mobile § 13 Rn. 18
Pfandrecht § 26 Rn. 10, § 35 Rn. 122, § 36 Rn. 17, § 40 Rn. 9
Pflanzen, patentierbare Veränderung von – § 14 Rn. 92 ff.
Pflanzenschutzmittel s. Ergänzendes Schutzzertifikat
Pflanzensorten § 14 Rn. 2, 9 ff.; Begriff § 14 Rn. 31 f., 92, 103; Erfindungsbenutzung zwecks Züchtung neuer – § 14 Rn. 2; Reichweite des Patentierungsverbots für – § 14 Rn. 92 ff.; Schutz von – als Verfahrenserzeugnisse – § 14 Rn. 108 ff., 179; s. auch Sortenschutz
Pionierpatent § 3 Rn. 47
Positives Benutzungsrecht § 33 Rn. 27 ff.
Präklusion neuer Klage wegen Gleichartigkeit § 36 Rn. 63
Präsident des DPMA, Beteiligung am Beschwerdeverfahren § 23 Rn. 23, 44; Erlass von Richtlinien § 23 Rn. 26; Weisungsrecht § 23 Rn. 25
Präsident des EPA § 27 Rn. 1, 3 ff.
Preisbindung § 41 Rn. 47 f., § 42 Rn. 34
Preußen, Erfindungsschutz im 19. Jh. § 5 Rn. 4, 9 ff.
Priorität § 16 Rn. 16 f., 61, § 22 Rn. 8, *§ 24 Rn. 117 ff.;* Begründung durch Anmeldung § 19 Rn. 46 ff., § 25 Rn. 8 ff., 244 ff. (Gbm); Rechtslage bei gleicher – § 25 Rn. 11 ff., § 29 Rn. 6, § 33 Rn. 36 f.; – der Erfindung § 19 Rn. 47; mehrfache – § 24 Rn. 129 ff., 160, § 28 Rn. 72 (e); partielle – § 24 Rn. 129 ff., 160; Erhaltung der – bei Teilung § 25 Rn. 209, § 28 Rn. 80; – bei unzulässiger Erweiterung § 25 Rn. 154 ff., § 29 Rn. 115 f. (e); Regelung im EPÜ § 28 Rn. 61 ff.; s. auch Entnahmepriorität, Innere Priorität, Unionspriorität
Prioritätsbelege § 24 Rn. 117, § 28 Rn. 67 ff. (e), § 29 Rn. 8 (e); bei innerer Priorität § 24 Rn. 154

Prioriätsdatum § 22 Rn. 8, 38
Prioritätserklärung § 24 Rn. 117, § 28 Rn. 67 ff. (e); bei innerer Priorität § 24 Rn. 154
Prioritätsfrist § 24 Rn. 118 ff., 157, § 28 Rn. 66
Prioritätsintervall § 22 Rn. 54, § 24 Rn. 126
Prioritätsrecht, Begrenzung durch Offenbarungsinhalt § 24 Rn. 125, § 28 Rn. 73 ff.; materielle Prüfung § 24 Rn. 127 f.; Übertragung § 24 Rn. 124; Verwirkung § 24 Rn. 120 f.
Privater Bereich, Handlungen im – § 30a Rn. 29; § 33 Rn. 8, 132, 237 ff., § 34 Rn. 59; – und mittelbare Verletzung § 33 Rn. 362 f.
Privatklage § 38 Rn. 6, § 39 Rn. 18
Privilegien § 4 Rn. 4 ff., § 5 Rn. 1 ff.
Product-by-process claim § 24 Rn. 43, § 28 Rn. 40 (e), § 33 Rn. 46
Produkt- und Markenpiraterie § 3 Rn. 61, § 6 Rn. 37
Produktpirateriegesetz § 6 Rn. 37
Produktpiraterieverordnung s. Grenzbeschlagnahmeverordnung
Problem s. Aufgabe
Programme s. Computerprogramme
Property Rights § 3 Rn. 49 FN 74
Proteine § 14 Rn. 138 ff., 143 ff.
Proteinsynthese § 14 Rn. 138 ff.
Protokolle zum EPÜ § 8 Rn. 33; s. auch Anerkennungsprotokoll, Auslegungsprotokoll
Prozessstandschaft § 36 Rn. 17, 19
Prüfstoff § 16 Rn. 54
Prüfung der Anmeldung durch das DPMA § 25 Rn. 53 ff.; – der europäischen Anmeldung § 29 Rn. 1 ff., 49 ff.; – der Gebrauchsmusteranmeldung § 25 Rn. 248 ff.; internationale vorläufige – § 7 Rn. 17 f., § 22 Rn. 44 ff.; Zusammenführung von Recherche und – im EPA § 9 Rn. 23, § 27 Rn. 1; der Schutzvoraussetzungen s. dort; s. auch Vorläufige –
Prüfungsabteilung des EPA § 27 Rn. 1, § 29 Rn. 49 ff.
Prüfungsantrag § 22 Rn. 10 ff., *§ 25 Rn. 40 ff., § 29 Rn. 42 ff.* (e); Fristsetzung für – § 37 Rn. 38; – bei Teilung der Anmeldung § 25 Rn. 218 ff., 224
Prüfungsbescheide § 25 Rn. 55, § 29 Rn. 51 (e)
Prüfungsrichtlinien des DPMA § 23 Rn. 26
Prüfungsstellen des DPMA § 9 Rn. 14
Publikationsfreiheit des Hochschulerfinders § 21 Rn. 140, 148, 151 ff.

Qualifizierter Hinweis § 23 Rn. 55
Qualifizierte Verbesserungsvorschläge § 21 Rn. 36, 116
Quellcode, Offenbarungsgehalt des – § 12 Rn. 155, § 13 Rn. 22 FN 45, § 24 Rn. 71 FN 86

Zusatz (e) = europäisches Patent; (Gbm) = Gebrauchsmuster **Sachverzeichnis**

Raumform § 6 Rn. 29
Räumlicher Geltungsbereich der Schutzrechte § 1 Rn. 11, 43, § 30a Rn. 24, *§ 33 Rn. 42ff.*
Reach-through claims § 14 Rn. 177
Recherche durch DPMA *§ 25 Rn. 31ff.*, 214, § 22 Rn. 12, § 25 Rn. 257 ff. (Gbm); durch EPA § 28 Rn. 78, *§ 29 Rn. 12ff.*; internationale – nach PCT § 7 Rn. 17 ff., § 22 Rn. 36 ff., § 29 Rn. 22; Zusammenführung von – und Prüfung im EPA § 9 Rn. 23
Recherchenabteilung des EPA § 27 Rn. 1
Recherchenbericht des DPMA § 25 Rn. 39; erweiterter – § 29 Rn. 13 (e), Stellungnahme zur Schutzfähigkeit iVm dem – § 22 Rn. 36 ff.; europäischer – § 29 Rn. 12 ff., § 29 Rn. 28; internationaler – § 22 Rn. 36 ff., § 29 Rn. 22
Rechnungslegung, Anspruch des Arbeitnehmererfinders auf – § 21 Rn. 115; Anspruch auf – bei Schutzrechtsverletzung § 35 Rn. 111 ff.; Pflicht des Zwangslizenznehmers zur – § 34 Rn. 132; Pflicht des Lizenznehmers zur – § 41 Rn. 21
Recht am Gewerbebetrieb § 39 Rn. 36 ff., 42 ff., 63
Recht an der Erfindung § 19 Rn. 1 ff.
Recht auf das europäische Patent, § 40 Rn. 3; anwendbares Recht § 20 Rn. 86, 109; Durchsetzung *§ 20 Rn. 84ff.*, 109 ff.; Entscheidung über das – § 20 Rn. 88 ff.
Recht auf das Gebrauchsmuster § 1 Rn. 49, § 2 Rn. 92, *§ 19 Rn. 1ff.*, § 40 Rn. 2
Recht auf das Patent § 1 Rn. 25, § 2 Rn. 92, *§ 19 Rn. 1ff.*, § 40 Rn. 1; anwendbares Recht § 20 Rn. 5; s. auch Recht auf das europäische Patent
Recht aus dem Patent § 1 Rn. 13
Rechtliches Gehör § 27 Rn. 12 (e); zulassungsfreie Rechtsbeschwerde wegen Versagung des – § 23 Rn. 96
Rechtsbeschwerde *§ 23 Rn. 83ff.*, § 26 Rn. 152; Zulassung § 23 Rn. 84, 86 ff.; zulassungsfreie – § 23 Rn. 88 ff.; Form und Frist § 23 Rn. 102 ff.; Verfahrensbeteiligung des Präsidenten des DPMA § 23 Rn. 101; Umfang der Nachprüfung § 23 Rn. 83, 103; Entscheidung § 23 Rn. 107 ff.; Akteneinsicht § 23 Rn. 229
Rechtsfolgen der Schutzrechtsverletzung § 31 Rn. 6, 15 f., *§ 35 Rn. 1ff.*
Rechtskraftwirkung der Nichtigkeitsklage § 26 Rn. 242; der Abweisung der Nichtigkeitsklage § 26 Rn. 244; des Verletzungsurteils § 36 Rn. 84 ff.
Rechtskundige Mitglieder des DPMA § 9 Rn. 12; des EPA § 9 Rn. 24 ff., des BPatG § 9 Rn. 28
Rechtsmängel, Haftung für – bei Kauf und Lizenz § 41 Rn. 50 ff.

Rechtsnachfolge in das Erfinderrecht § 19 Rn. 11 f., 55, § 40 Rn. 1 ff.; – in den Erteilungsanspruch oder das Schutzrecht § 40 Rn. 1 ff.; kein Gutglaubensschutz auf Grund Registers § 23 Rn. 193 f., § 40 Rn. 4; – in das Prioritätsrecht § 24 Rn. 124; – in das VBR § 34 Rn. 65; – in die ZL § 34 Rn. 129
Rechtsnatur der Schutzrechte § 1 Rn. 17 ff., 47, *§ 33 Rn. 27ff.*
Rechtspacht und Lizenz § 41 Rn. 4 f.
Rechtspolitische Wertung des Patentschutzes § 3 Rn. 1 ff.
Rechtsschutzbedürfnis für Einspruch oder Nichtigkeitsklage nach Erlöschen des Patents § 26 Rn. 159, 203 ff.; für Feststellung der Unwirksamkeit eines erloschenen Gbm § 26 Rn. 260; für Schutzrechtsanmeldung § 10 Rn. 20; bei prioritäts- und inhaltsgleichen Anmeldungen § 25 Rn. 12
Rechtsverkehr in Bezug auf Rechte an Erfindungen § 2 Rn. 94 ff., *Vor §§ 40–42 Rn. 1ff.*, *§ 40 Rn. 1ff.*
Regionale Phase nach PCT § 22 Rn. 41
Register s. Gebrauchsmuster-, Patent-
Registrierungssystem § 1 Rn. 32 ff., § 22 Rn. 9
Reparatur erfindungsgemäßer Erzeugnisse § 33 Rn. 80 ff.
Rest-Entschädigungsanspruch § 37 Rn. 34
Rest-Schadenersatzanspruch § 35 Rn. 96 ff., § 37 Rn. 34
Revision der PVÜ § 7 Rn. 15; des EPÜ § 7 Rn. 63; des EPÜ, Akte zur – § 8 Rn. 32 ff.
Richtlinien für die Tätigkeit des DPMA § 23 Rn. 26
Rücknahme s. Zurücknahme
Rückruf § 2 Rn. 98, § 14 Rn. 42, § 30a Rn. 60, § 32 Rn. 20, § 35 Rn. 11, 24 ff., 46
Rückschauende Betrachtung, Unzulässigkeit der – § 18 Rn. 97 f.
Rückwirkender Wegfall des Schutzrechts s. Wegfall, Beschränkung, Nichtigerklärung, Widerruf

Sachanspruch § 24 Rn. 40
Sachliche Schutzvoraussetzungen s. Materielle Schutzvoraussetzungen
Sachmängelhaftung § 41 Rn. 32 ff.
Sachpatent s. Sachschutz
Sachprüfung s. Aufgeschobene Prüfung, Materielle Schutzvoraussetzungen, Vorprüfungssystem
Sachschutz § 33 Rn. 1 ff., 46 ff.; – für MO § 14 Rn. 213; zweckgebundener – § 33 Rn. 56, 205 ff.
Sachverständige im Nichtigkeitsverfahren § 23 Rn. 110; im Verletzungsprozess § 31 Rn. 10; Pflicht zur Konsultation von – § 35 Rn. 35;

1089

Sachverzeichnis

Zusatz (e) = europäisches Patent; (Gbm) = Gebrauchsmuster

Herausgabe von Proben biologischen Materials an – § 14 Rn. 203
Sanktionen der Schutzrechtsverletzung § 31 Rn. 6, 15 f.
Schadenersatz in Geld § 35 Rn. 46; Berechnung § 35 Rn. 47 ff.; Lizenzanalogie als – § 35 Rn. 69 ff.; Klage auf – § 36 Rn. 51; – und Erschöpfung § 33 Rn. 289; bei Verletzung des EPeW § 30a Rn. 65 ff.; s. auch Naturalrestitution; s. auch Dreifache Schadenersatzberechnung
Schadenersatzansprüche gegen den nichtberechtigten Anmelder oder Schutzrechtsinhaber § 20 Rn. 32; wegen Verletzung des Erfinderpersönlichkeitsrechts § 20 Rn. 136; wegen Patent- oder Gebrauchsmusterverletzung § 2 Rn. 97, *§ 35 Rn. 30 ff.*; wegen mittelbarer Verletzung § 33 Rn. 344, 379, § 35 Rn. 40 ff., 126 ff.; wegen unbegründeter Verwarnung § 39 Rn. 33 ff.; wegen Tauglichkeitsmängel bei Kauf und Lizenz § 41 Rn. 28 ff.; wegen Rechtsmängel bei Kauf und Lizenz § 41 Rn. 36
Schiedsstelle für Arbeitnehmererfindungen § 21 Rn. 156
Schonfrist s. Neuheitsschonfrist
Schöpferischer Beitrag des Miterfinders § 19 Rn. 22 ff.
Schöpferischer Charakter der Erfindung § 11 Rn. 5 ff.
Schriftform, Wahrung durch elektronisches Dokument § 6 Rn. 43, § 23 Rn. 145 ff.
Schuldrechtliche Beschränkung der Lizenz § 40 Rn. 41 ff.
Schutz vor Patenterteilung s. Entschädigungsanspruch
Schutzansprüche (Gbm) § 24 Rn. 190 ff.; Einreichung neugefasster – § 26 Rn. 273
Schutzbereich § 31 Rn. 1, *§ 32 Rn. 1 ff.;* – und Auslegung der Ansprüche § 32 Rn. 70 ff.; Widerspruch zwischen Patentansprüchen und Beschreibungen § 32 Rn. 54 f.
Schutzbereich der Anmeldung § 32 Rn. 44, § 37 Rn. 11
Schutzbereich des ergänzenden Schutzzertifikats § 26 Rn. 81 f.
Schutzbereich des Gebrauchsmusters, Erweiterung des – § 26 Rn. 258, 273
Schutzbereich des Patents, Erweiterung des – § 26 Rn. 189, 192 ff., 237 f., § 30 Rn. 73 ff. (e)
Schutzeffekt des Patentsystems § 3 Rn. 36 ff.
Schutzfähigkeit, Haftung des Verkäufers oder Lizenzgebers für – der Erfindung § 41 Rn. 60 ff., 71 ff.
Schutzrechtliche Wirkung von Lizenzbeschränkungen § 40 Rn. 42 ff.
Schutzrechtsanmeldung s. Anmeldung

Schutzvoraussetzungen, Prüfung der – § 1 Rn. 32 ff., § 22 Rn. 9 ff.; § 1 Rn. 57 ff., § 22 Rn. 18 (Gbm), § 25 Rn. 20 ff., 251 ff. (Gbm), § 35 Rn. 141 f.; internationale Zuständigkeit zur Prüfung der – § 36 Rn. 10; relative – § 16 Rn. 2; s. auch Materielle –
Schutzzertifikat s. Ergänzendes –
Selbstbenennung § 22 Rn. 56, § 24 Rn. 119, 151 ff., § 28 Rn. 64
Selbstkollision § 16 Rn. 82, § 17 Rn. 51
second medical use § 33 Rn. 205, 209
Sequenzprotokoll § 24 Rn. 61, § 28 Rn. 23
Sicherheit des Bundes, Benutzungsanordnung im Interesse der – § 34 Rn. 137 ff.
Sinngehalt der Ansprüche § 32 Rn. 68 ff., 139, 145 ff.
Sklavische Nachahmung § 2 Rn. 56 ff.
Software s. Computerprogramme
Soldaten, Erfindungen von – § 21 Rn. 33, 123
Sorgfaltspflichten s. Fahrlässigkeit
Sortenschutz § 14 Rn. 27 ff.
Sozialbindung der Schutzrechte § 34 Rn. 100
Soziale Nützlichkeit s. Nützlichkeit
Sozialistische Staaten, Erfinderschutz in – § 3 Rn. 16, 45
Sperrpatent § 3 Rn. 50 ff.
Sperrwirkung § 1 Rn. 29 ff., 51 ff., § 2 Rn. 19, 30, 52, 65, 76, § 3 Rn. 13, 28, § 26 Rn. 29
Spezifischer Gehalt der Schutzrechte § 33 Rn. 303 ff., § 42 Rn. 12 ff.
Spielregeln § 12 Rn. 13
Sprache vor DPMA und BPatG § 23 Rn. 141 ff.; vor EPA *§ 27 Rn. 8 ff.,* 36, § 28 Rn. 3, § 32 Rn. 7; vor EPatG § 30a Rn. 46
Staatenbenennung § 28 Rn. 14 (e), 49 (e)
Staatsgeheimnisse § 23 Rn. 226, *§ 25 Rn. 82 ff.*
Stammanmeldung s. Teilanmeldung, Teilung
Stand der Technik *§ 16 Rn. 1 ff., 85 ff.* (Gbm); für erfinderische Tätigkeit § 18 Rn. 46 ff., 84 ff., 97; Maßgebender Zeitpunkt § 16 Rn. 14 ff.; ältere Anmeldungen als – § 16 Rn. 55 ff., § 17 Rn. 16 f.; Kenntnis des Fachmanns vom – § 18 Rn. 51; papierener – § 16 Rn. 40; Einwand des freien – § 32 Rn. 27; – und Schutzbereich § 32 Rn. 67, 137 ff.
Statute of Monopolies § 4 Rn. 18
Stichtag für den SdT § 16 Rn. 14 ff.
Stoffanspruch § 24 Rn. 41; zweckgebundener – § 24 Rn. 46
Stofferfindung, Gegenstand der – § 11 Rn. 25 ff., 41; Offenbarungserfordernis bei – § 11 Rn. 39, § 24 Rn. 90 ff., 188 (Gbm)
Stoffschutz *§ 11 Rn. 25 ff.;* absoluter – § 11 Rn. 25, 37 ff., 62 ff., § 14 Rn. 164 ff., § 26 Rn. 81, § 33 Rn. 48; Äquivalenz bei absolutem – § 32 Rn. 119; zweckgebundener – § 11 Rn. 67, § 14 Rn. 173, § 17 Rn. 11, § 26 Rn. 81 f.; – von Gensequenzen § 14 Rn. 164 ff.;

Zusatz (e) = europäisches Patent; (Gbm) = Gebrauchsmuster **Sachverzeichnis**

Begründung der erfinderischen Tätigkeit beim – § 11 Rn. 25 ff., § 18 Rn. 111, § 24 Rn. 90 ff.
Stoffschutzverbot § 5 Rn. 17; Aufhebung des – § 6 Rn. 20, § 11 Rn. 37 ff.
Strafbarkeit vorsätzlicher Schutzrechtsverletzung § 31 Rn. 7, *§ 38 Rn. 1 ff.;* – irreführender Werbung § 39 Rn. 17
Strafrechtliche Maßnahmen, Vorschlag einer Richtlinie über – § 7 Rn. 121
Straßburger Übereinkommen zur Vereinheitlichung gewisser Begriffe des materiellen Patentrechts § 7 Rn. 57
Streichung von Anspruchsmerkmalen § 25 Rn. 151, 154, § 26 Rn. 237, § 29 Rn. 93 (e)
Streitregelung bei europäischen Patenten § 7 Rn. 86
Streitwertbegünstigung § 3 Rn. 54, § 23 Rn. 104, 116, 165, *§ 36 Rn. 56 ff.*
Studien und Versuche zwecks Arzneimittelzulassung § 6 Rn. 49, § 33 Rn. 9, 262
Substitutionswettbewerb § 3 Rn. 47
Sukzessionsschutz § 40 Rn. 38

Tag der Anmeldung s. Anmeldetag
Technik als Anwendungsgebiet des Patentschutzes § 12 Rn. 7; s. auch Technischer Charakter
Technische Brauchbarkeit § 13 Rn. 14, § 41 Rn. 42
Technische Mitglieder des DPMA § 9 Rn. 12; des BPatG § 9 Rn. 28
Technischer Charakter der Erfindung § 1 Rn. 15 f., § 11 Rn. 3, *§ 12 Rn. 1 f.,* 7 (e), Fehlen des – § 12 Rn. 8 ff., 18, 20 (e); – und gewerbliche Anwendbarkeit § 13 Rn. 1 ff.; – von Computerprogrammen § 12 Rn. 26 ff. (e), 57 ff., 117 ff., 132 ff., 148 ff.; s. auch Nichttechnische Handlungsanweisungen
Technischer Fortschritt s. Fortschritt
Technische Schutzrechte § 2 Rn. 10
Technische Überlegungen § 12 Rn. 33
Technische Verbesserungsvorschläge s. Verbesserungsvorschläge
Technizität s. Technischer Charakter
Technologietransfer als Zweck des Patentschutzes § 3 Rn. 44; kartellrechtliche Beurteilung von Vereinbarungen über – § 42 Rn. 20 ff.
Teilanmeldung, europäische – § 28 Rn. 80 ff.
Teile, Herstellen und Inverkehrbringen von – erfindungsgemäßer Erzeugnisse § 33 Rn. 65 ff., 110
Teilkombination § 32 Rn. 23
Teilnahme § 33 Rn. 386 ff.
Teilpriorität s. Priorität
Teilschutz § 32 Rn. 23, *120 ff.,* § 33 Rn. 69
Teilung der Anmeldung § 20 Rn. 21, § 24 Rn. 104, *§ 25 Rn. 183 ff.,* § 26 Rn. 263 ff. (Gbm); Begriff § 25 Rn. 185; Jahresgebühren bei – § 26 Rn. 93, 99; s. auch Teilanmeldung

Teilung des Patents im Einspruchsverfahren § 6 Rn. 46, § 25 Rn. 206, § 26 Rn. 190
Territorialitätsgrundsatz § 7 Rn. 1, *§ 33 Rn. 297*
Textform bei Erklärungen gem. dem ArbEG § 6 Rn. 55, § 21 Rn. 52 ff.
Theorien, s. Wissenschaftliche –
Therapeutische Anwendung s. Medizinische Indikation
Therapeutische Verfahren s. Medizinische Verfahren
Tierarten s. Tierrassen
Tiere, gentechnische Veränderung von – § 14 Rn. 114 ff., § 15 Rn. 31 ff.
Tierrassen § 14 Rn. 8 ff., 43 f.; Schutz von – als Verfahrenserzeugnissen § 14 Rn. 124 f., 179 ff.
Titel der Anmeldung § 24 Rn. 17
Toleranzbereich, sortenschutzrechtlicher – § 14 Rn. 35
Topografien § 2 Rn. 12 ff.
Torpedo, sog. – § 36 Rn. 14
Traditionelles Wissen – Schutz § 14 Rn. 22, 28, – als SdT § 16 Rn. 44 ff.; – und Miterfinderschaft § 19 Rn. 35
Trennanmeldung s. Teilung
TRIPS-Übereinkommen § 3 Rn. 45, 60, § 7 *Rn. 33 ff.,* § 8 Rn. 31, *§ 31 Rn. 14 ff.,* § 36 Rn. 31, Vor §§ 40–42 Rn. 1; patentrechtliche Bestimmungen des – § 7 Rn. 44 ff.; Bedeutung für Schutz von Computerprogrammen § 12 Rn. 172 f.; Protokoll zum – betr. Zwangslizenzen für die Ausfuhr von Arzneimitteln § 23 Rn. 68; – und Erschöpfung § 33 Rn. 276; – und Zwangslizenz § 34 Rn. 104
Trivialpatente § 1 Rn. 40, § 18 Rn. 3

Überbestimmung § 25 Rn. 151
Überleitungsgesetze § 6 Rn. 15 f.
Überprüfung von Beschwerdekammer-Entscheidungen durch Große Beschwerdekammer § 7 Rn. 72, § 9 Rn. 24 ff., § 27 Rn. 3 (e)
Übersetzung, allgemeine Anforderungen § 23 Rn. 141 ff.; des europäischen Patents § 7 Rn. 83, § 8 Rn. 37, § 29 Rn. 70 ff.; des Gemeinschaftspatents § 7 Rn. 100; der Ansprüche europäischer Patentanmeldungen § 8 Rn. 37, § 23 Rn. 209, § 29 Rn. 40; der internationalen Anmeldung § 22 Rn. 42, § 23 Rn. 210, § 28 Rn. 6; Notwendigkeit einer – § 23 Rn. 141 ff., § 25 Rn. 2, § 27 Rn. 8 f. (e), § 29 Rn. 8, 10 (e), 61 (e), § 30 Rn. 69 (e); Übereinkommen betr. die – europäischer Patente § 29 Rn. 76
Übertragbarkeit von Rechten an Erfindungen § 40 Rn. 1 ff.; – von Lizenzen § 40 Rn. 39 f.
Übertragung von Rechten an Erfindungen § 40 Rn. 1 ff.; beschränkte – § 40 Rn. 20; s. auch Rechtsnachfolge

Sachverzeichnis

Zusatz (e) = europäisches Patent; (Gbm) = Gebrauchsmuster

Übertragungsanspruch § 6 Rn. 6, § 20 Rn. 1ff., 90f., 109ff.; Inhalt § 20 Rn. 16ff.; Rechtsnatur § 20 Rn. 25ff.; Entstehung § 20 Rn. 37ff.; Erlöschen § 20 Rn. 37ff., 114; – als Grundlage einer Einrede § 20 Rn. 24, 48ff., 81; – und Verfügungen des nichtberechtigten Anmelders oder Patentinhabers § 20 Rn. 33f., 53f.; – bei europäischer Anmeldung § 20 Rn. 90f.; – beim Gemeinschaftspatent § 20 Rn. 113; ergänzende Ansprüche § 20 Rn. 31f.
Übertragungserfindung § 18 Rn. 83
Umbau erfindungsgemäßer Erzeugnisse § 33 Rn. 100
Umschreibung s. Gebrauchsmusterregister, Patentregister
Umwandlung europäischer in nationale Anmeldung § 28 Rn. 7, 9
Umweltschutz § 3 Rn. 65, § 15 Rn. 29
Unbeschränkte Inanspruchnahme von Diensterfindungen s. Inanspruchnahme
Unbewegliche Sachen, Erfindungsschutz in Bezug auf – § 13 Rn. 9, § 33 Rn. 188ff.
Uneinheitlichkeit s. Einheitlichkeit
Ungültigkeit, Einwand der – und internationalen Zuständigkeit § 36 Rn. 13; s. auch Löschung, Nichtigkeit
Unionspriorität § 7 Rn. 4, § 22 Rn. 52ff., § 24 Rn. 117ff.; s. auch Priorität
Unionsrecht und Erschöpfung § 33 Rn. 302ff.
Unkörperliches Gut s. Immaterialgut
Unlauterer Wettbewerb, Bekämpfung des – § 2 Rn. 48ff.; – durch Schutzrechtshinweise § 39 Rn. 20ff.; durch Schutzrechtsverwarnung § 39 Rn. 62ff.
Unmittelbarkeit des Verfahrenserzeugnisses § 33 Rn. 177ff.
Unrechtmäßige Anmeldung § 20 Rn. 1ff.; – des Arbeitnehmererfinders § 21 Rn. 88ff.; s. auch Recht auf das Patent, Übertragungsanspruch, Widerrechtliche Entnahme
Unschädliche Offenbarung § 16 Rn. 65ff.
Unteransprüche § 24 Rn. 30f., § 28 Rn. 41; Mitvernichtung echter – § 26 Rn. 239ff.
Unterkombination s. Teilkombination
Unterlagen, Anspruch auf Vorlage von – § 14 Rn. 42; s. auch Zulassungsunterlagen
Unterlassung schutzrechtsverletzender Handlungen, Klage auf – § 30a Rn. 59, § 36 Rn. 50; Verurteilung zur – § 36 Rn. 79
Unterlassungsanspruch wegen Verletzung des Erfinderpersönlichkeitsrechts § 20 Rn. 136; bei unrechtmäßiger Anmeldung § 21 Rn. 140; wegen Patent- oder Gebrauchsmusterverletzung § 2 Rn. 97, § 35 Rn. 1ff., 126f.; bei mittelbarer Verletzung § 33 Rn. 339, 342f., 371ff., 378; bei Lizenzbereitschaft § 34 Rn. 22,

25; wegen irreführender Schutzrechtswerbung § 39 Rn. 16; wegen unbegründeter Verwarnung § 39 Rn. 49
Unterlassungsgebot, grenzüberschreitendes – § 36 Rn. 16
Unterlizenz § 40 Rn. 40
Unternehmenskennzeichen § 2 Rn. 34ff.
Untersuchungsgrundsatz s. Amtsermittlungsgrundsatz
Unzulässige Erweiterung des Anmeldungsgegenstands § 25 Rn. 118ff., 172, 210, § 28 Rn. 80ff. (e), § 29 Rn. 91ff.; – des Schutzbereichs des Patents § 25 Rn. 120, § 26 Rn. 179ff., 192ff., § 30 Rn. 73ff. (e); Rechtsfolgen § 25 Rn. 145ff., § 26 Rn. 131ff., 238, § 29 Rn. 115f. (e), § 30 Rn. 101f. (e), § 32 Rn. 135f.
UPOV s. Sortenschutz
Urheberpersönlichkeitsrecht § 2 Rn. 64
Urheberrecht, Verhältnis zum Patent- und Gebrauchsmusterrecht § 2 Rn. 63ff.; Schutzdauer § 2 Rn. 65, § 26 Rn. 28ff.; Mehrheit von Berechtigten im – § 19 Rn. 56, 79ff.
Urheberrechtlicher Schutz, Wirkung § 2 Rn. 75; Zusammentreffen mit Patent- oder Gebrauchsmusterschutz § 2 Rn. 83; – von Computerprogrammen § 2 Rn. 77ff.; – nichttechnischer Neuerungen § 12 Rn. 130
Urheberschein s. Erfinderschein
Urkunden, Anspruch auf Vorlage von – § 6 Rn. 51, § 35 Rn. 114
Urteil im Nichtigkeitsverfahren § 23 Rn. 65, § 23 Rn. 128ff., § 26 Rn. 234ff.; im Verletzungsprozess § 36 Rn. 78ff.
USA, PatG 1790 § 4 Rn. 24

Venedig, Gesetz über Erfindungsschutz von 1474 § 4 Rn. 16
Veranstaltungen zur Erfindungsbenutzung § 34 Rn. 53ff.
Verarbeitung patentgemäßer Erzeugnisse § 33 Rn. 53, 177ff.
Verbesserungsvorschläge § 21 Rn. 19, 35ff., 157; qualifizierte – § 21 Rn. 36, 116
Verbietungsrecht aus dem Patent oder Gbm § 33 Rn. 27ff.
Verbindung erfindungsgemäßer Erzeugnisse mit anderen Sachen § 33 Rn. 188ff.
Verbrauch schutzrechtlicher Befugnisse s. Erschöpfung
Vereinigtes Königreich, Rechtsprechung zum Schutzbereich im – § 32 Rn. 88f., 93
Vererbung s. Rechtsnachfolge
Verfahren s. die Zusammensetzungen mit –
Verfahrensanspruch § 24 Rn. 40
Verfahrenserfindung § 17 Rn. 65ff.; kein Gebrauchsmusterschutz für -en § 1 Rn. 47, § 10 Rn. 16, Vor § 13 Rn. 2, § 24 Rn. 190ff.

Zusatz (e) = europäisches Patent; (Gbm) = Gebrauchsmuster **Sachverzeichnis**

Verfahrenserzeugnisse, Begriff § 33 Rn. 165 ff.; Schutz unmittelbarer – § 11 Rn. 29 ff., 36, § 33 Rn. 3, *§ 33 Rn. 156 ff.*
Verfahrenskostenhilfe § 23 Rn. 163 ff., § 26 Rn. 105
Verfahrenspatent § 33 Rn. 3; Verletzungstatbestände § 33 Rn. 138 ff.; keine Erschöpfung des – § 33 Rn. 318 ff.
Verfahrenssprache vor dem EPA § 27 Rn. 8 ff.
Verfall der Anmeldung § 25 Rn. 99 ff., 260 f. (Gbm); *§ 29 Rn. 84 ff.* (e)
Verfassungsrecht und Erfindungsschutz § 3 Rn. 25 ff.
Verfügung bei Bruchteilsgemeinschaft § 19 Rn. 99 f.; – des nichtberechtigten Anmelders oder Patentinhabers § 20 Rn. 35 f., 53; – des Arbeitnehmers über Diensterfindung § 21 Rn. 76 f.; s. auch Abstraktionsprinzip, Übertragung, Verfügungswirkung, Einstweilige Verfügung
Verfügungsgrundsatz § 23 Rn. 76, § 26 Rn. 230, § 27 Rn. 14 (e)
Verfügungswirkung von Lizenzen § 40 Rn. 34, § 41 Rn. 1
Vergütung für Arbeitnehmererfindungen s. Erfindervergütung; – bei Benutzungsanordnung § 34 Rn. 139 f.; – bei Lizenzbereitschaft § 34 Rn. 22 ff.; – für Zwangslizenz § 34 Rn. 132 ff.
Vergütungsanspruch des Arbeitnehmererfinders § 21 Rn. 100 ff.
Vergütungsrichtlinien für Arbeitnehmererfindungen § 8 Rn. 17, § 21 Rn. 111
Verjährung § 35 Rn. 134 ff., § 37 Rn. 34 f., § 38 Rn. 5
Verkäufer, Pflichten des – von Rechten an Erfindungen § 41 Rn. 11 f.; Haftung für Tauglichkeitsmängel der Erfindung § 41 Rn. 28 ff.; Haftung für Rechtsmängel § 41 Rn. 50 ff.
Verkehrsfähigkeit der Rechte an Erfindungen § 2 Rn. 92, Vor §§ 40–42 Rn. 1 ff.
Verlängerung durch ergänzendes Schutzzertifikat § 22 Rn. 62
Verletzungsform, Bedeutung für Unterlassungsklage § 35 Rn. 7 ff., § 36 Rn. 50, 79
Verletzungsklage § 30a Rn. 59, § 31 Rn. 9 f., *§ 36 Rn. 1 ff.;* Klagebefugnis § 36 Rn. 17 ff.; bei Mehrheit von Schutzrechtsinhabern § 19 Rn. 66; Haftung bei unbegründeter – § 39 Rn. 45; Pflicht zur – § 41 Rn. 18
Verletzungstatbestände § 31 Rn. 2, *§ 33 Rn. 1 ff.;* Verhältnis der – zueinander § 33 Rn. 23 ff.; Inlandsbezug § 33 Rn. 42 ff.; Strafbarkeit § 38 Rn. 1 ff.
Vermehrung, natürliche – als Patentverletzung § 33 Rn. 55, 181 f.; zulässige – § 33 Rn. 271 ff.
Vermehrungsprodukte, Einbeziehung in die Patentwirkung § 14 Rn. 23 ff., § 33 Rn. 55, 182

Vermischung erfindungsgemäßer Erzeugnisse mit anderen § 33 Rn. 193 f.
Vermutung der Benutzung des patentierten Verfahrens *§ 33 Rn. 195 ff.*
Vernichtung schutzrechtsverletzender Erzeugnisse und Vorrichtungen § 30a Rn. 60, § 35 Rn. 24 ff.
Veröffentlichung der Anmeldung § 1 Rn. 30, § 16 Rn. 59 ff., § 19 Rn. 48, § 22 Rn. 18 f., § 29 Rn. 23 ff. (e), § 37 Rn. 4 ff.; – der internationalen Anmeldung § 22 Rn. 39, § 29 Rn. 23 ff.; – der Patenterteilung § 25 Rn. 68, § 29 Rn. 68 (e); – der Zusammenfassung § 24 Rn. 113; s. auch Offenlegung
Veröffentlichungsrecht des Erfinders § 20 Rn. 141, § 21 Rn. 147 ff.
Verschulden bei Patentverletzung § 35 Rn. 31 ff.; bei Benutzung des Anmeldungsgegenstands § 37 Rn. 15 ff.; bei Verwarnung § 39 Rn. 36 ff., § 39 Rn. 51 ff., 64 ff.
Verspätetes Vorbringen, Zurückweisung von – § 23 Rn. 55, 112, 118 f., 127, § 30 Rn. 48 f. (e)
Versuchszweck der Erfindungsbenutzung § 30a Rn. 29, § 33 Rn. 132, *246 ff.;* – und mittelbare Verletzung § 33 Rn. 364
Vertragsstaaten, Benennung von – s. Staatenbenennung
Vertragstheorie § 3 Rn. 11
Vertreter, Zugelassene – beim EPA § 9 Rn. 25
Vertretung vor dem BGH § 23 Rn. 102, 114; vor dem DPMA und BPatG § 23 Rn. 135 ff.; vor dem EPA § 27 Rn. 29 ff.; gesetzliche § 24 Rn. 10 ff.; – im Verletzungsprozess § 36 Rn. 23 ff.
Vertriebsbeschränkung § 40 Rn. 46, § 42 Rn. 34 ff.
Vertriebslizenz § 40 Rn. 41
Vertriebswege, Entfernen aus den – § 31 Rn. 20, § 35 Rn. 11, 24 ff.
Verwaltung gemeinschaftlicher Rechte an Erfindungen § 19 Rn. 6 ff.
Verwaltungskosten, VO über – beim DPMA § 8 Rn. 14, 21
Verwaltungsrat der EPO § 7 Rn. 60, § 8 Rn. 32
Verwandte Schutzrechte im UrhG § 2 Rn. 66 ff.
Verwarnung § 36 Rn. 47 ff., § 39 Rn. 6; Haftung wegen unbegründeter – § 39 Rn. 33 ff.
Verwendung von Stoffen zu medizinischen Zwecken s. Medizinische Indikation
Verwendungsanspruch § 24 Rn. 45
Verwendungserfindung § 11 Rn. 21, § 17 Rn. 56 f., § 18 Rn. 114; Anforderungen an Offenbarung § 24 Rn. 84 f.; s. auch Medizinische Indikation
Verwendungspatent, Schutzwirkung § 33 Rn. 205 ff.

Sachverzeichnis

Zusatz (e) = europäisches Patent; (Gbm) = Gebrauchsmuster

Verwertungskette, Lizenzierung innerhalb § 43 Rn. 38, 69.
Verwirkung des Prioritätsrechts § 24 Rn. 120 f.; von Ansprüchen aus dem Schutzrecht § 35 Rn. 138 ff.
Verzicht auf Teile des Anmeldungsgegenstands § 25 Rn. 169 ff.; Bedeutung für Schutzumfang § 32 Rn. 58 ff.; auf das Gebrauchsmuster § 26 Rn. 16; auf das Patent § 20 Rn. 35 f., § 26 Rn. 3 ff., § 30 Rn. 1 f. (e); im Einspruchsverfahren § 30 Rn. 23 (e); im Nichtigkeitsverfahren § 26 Rn. 231 ff.; auf Erfindernennung § 20 Rn. 121, 132 (e), § 24 Rn. 116, § 28 Rn. 60 (e)
Vindikation § 2 Rn. 93, *§ 20 Rn. 25 ff.*; s. auch Übertragungsanspruch
Vollmacht des Vertreters § 23 Rn. 140, § 27 Rn. 34 f. (e)
Vollstreckungsabwehrklage § 36 Rn. 84 ff.
Vorabgesetz § 6 Rn. 19 f.
Vorbenutzungsrecht § 1 Rn. 31, § 25 Rn. 10, § 30a Rn. 35, *§ 34 Rn. 26 ff.*; – und Erschöpfung § 33 Rn. 291; – und Neuheitsschonfrist § 34 Rn. 38 ff.; Regelung im ErstrG § 34 Rn. 33 ff.; als Rechtsmangel bei Kauf und ausschließlicher Lizenz § 41 Rn. 59, 61, 64 f.
Vorbereitung der Verfahrensanwendung § 33 Rn. 141 ff.
Vorkehrungen des Lieferers gegen patentverletzenden Gebrauch § 33 Rn. 342 f., § 33 Rn. 378 f.
Vorläufige Prüfung auf offensichtliche Mängel § 25 Rn. 15 ff.; internationale – § 22 Rn. 45 ff.
Vorläufiger Schutz s. Entschädigungsanspruch
Vorlegungsanspruch § 36 Rn. 26 ff.
Vorprüfungssystem § 1 Rn. 35, § 22 Rn. 9
Vorrichtungen zur Verfahrensanwendung § 33 Rn. 141 ff., § 34 Rn. 128; – und Erschöpfungsgrundsatz § 33 Rn. 317 ff.
Vorsatz § 35 Rn. 31 f.
Vorteile der Erfindung, Änderung von Angaben über – § 25 Rn. 139; Nachbringen von – § 24 Rn. 86 ff., § 25 Rn. 139, § 29 Rn. 95; – und Schutzbereich § 32 Rn. 111
Vorurteil als Anzeichen für erfinderische Tätigkeit § 18 Rn. 127 ff.
Vorwegnahme § 16 Rn. 9; vollständige – und Schutzbereich § 32 Rn. 19 f., 133 f.
Vorzugsweise beanspruchte Ausführungsform § 25 Rn. 142 f.

Wahrheitspflicht § 23 Rn. 149
Wahrnehmungsverordnung § 9 Rn. 15 FN 11, Rn. 17 FN 12
Warenverkehr s. Freier Warenverkehr
Wegfall des Gebrauchsmusters § 22 Rn. 76 ff., § 36 Rn. 92 ff., § 39 Rn. 14; – ohne Rückwirkung § 26 Rn. 1 f., 117

Wegfall des Patents § 22 Rn. 60 f., *§ 26 Rn. 1 ff., § 30 Rn. 1 ff.* (e); – ohne Rückwirkung § 22 Rn. 60 ff., § 26 Rn. 1 ff., § 30 Rn. 1 ff. (e); rückwirkender – § 22 Rn. 64 ff., *§ 30 Rn. 11* (e), § 36 Rn. 71 ff., § 38 Rn. 11
Weiterbehandlung der Anmeldung § 23 Rn. 158, § 25 Rn. 117, § 27 Rn. 27 f. (e), § 29 Rn. 62 (e)
Weiterbenutzungsrecht § 26 Rn. 15; nach Wiedereinsetzung § 23 Rn. 156, § 27 Rn. 28 (e), *§ 34 Rn. 68 ff.*; s. auch Vorbenutzungsrecht
Welthandelsorganisation § 7 Rn. 33
Weltorganisation für geistiges Eigentum § 7 Rn. 7, § 8 Rn. 27 f.
Werbung mit Schutzrechten § 39 Rn. 1 ff.
Werke der Literatur, Wissenschaft und Kunst s. Urheberrecht
Wertersatz s. Bereicherungsanspruch
Wettbewerb, Patentschutz und – § 3 Rn. 47 ff.; funktionsfähiger – § 3 Rn. 49
Wettbewerbsbeschränkungen s. Kartellrecht
Wettbewerbsfreiheit, Schutz der – durch materielle Patentierungsvoraussetzungen § 3 Rn. 48 f.
Wettbewerbsrecht s. Unlauterer Wettbewerb
Wettbewerbsverbot § 40 Rn. 47
Widerrechtliche Entnahme § 20 Rn. 7 ff.; – bei Arbeitnehmererfindungen § 21 Rn. 84; s. auch Einspruch, Löschung, Nichtigkeitsklage
Widerruf der Zurücknahme der Anmeldung § 25 Rn. 108; Anspruch auf – unbegründeter Verwarnung § 39 Rn. 49, 57
Widerruf des Patents § 1 Rn. 36, § 22 Rn. 64, *§ 26 Rn. 128 ff., § 30 Rn. 11* (e), 63 f. (e); – auf Antrag des Inhabers § 7 Rn. 76, *§ 26 Rn. 245 ff., § 30 Rn. 106 ff.*; – wegen widerrechtlicher Entnahme § 20 Rn. 60 ff.; – und Lizenzvertrag § 41 Rn. 70 ff.; s. auch Einspruch
Widerruf der Verlängerung eines Schutzzertifikats § 23 Rn. 67
Widerrufsgründe § 26 Rn. 130 ff., § 30 Rn. 14 ff. (e), 54 (e); Umfang der Prüfung durch DPMA und BPatG § 26 Rn. 165 ff.; durch EPA § 30 Rn. 48 ff.
Widerspruch gegen Löschungsantrag (Gbm) § 26 Rn. 262
Wiederaufnahme des Verletzungsprozesses § 36 Rn. 87 ff.
Wiedereinsetzung in den vorigen Stand im Verfahren vor DPMA, BPatG, BGH *§ 23 Rn. 150 ff.*, § 25 Rn. 107; im Verfahren vor EPA § 27 Rn. 27 f.; bei Prioritätsbeanspruchung § 24 Rn. 121, 157; bei Jahresgebühren § 26 Rn. 106, § 35 Rn. 166; keine – bei Einspruch § 23 Rn. 151, § 26 Rn. 123; – bei Beitritt § 26 Rn. 153; erschlichene – § 35 Rn. 148 f.

Zusatz (e) = europäisches Patent; (Gbm) = Gebrauchsmuster **Sachverzeichnis**

Wiedergabe von Informationen § 12 Rn. 14 f.
Wiederholbarkeit § 13 Rn. 1, 19, § 14 Rn. 44, 46; bei Mikroorganismen § 14 Rn. 187 ff., 209 ff.
Wiederholungsgefahr § 35 Rn. 6
Wiederinkrafttreten des erloschenen Schutzrechts s. Weiterbenutzungsrecht
Wirkstoff § 14 Rn. 143, § 26 Rn. 51 ff., § 33 Rn. 218, § 35 Rn. 29
Wirkstoffzusammensetzung § 26 Rn. 51 ff., 70
Wirkungen der Anmeldung § 2 Rn. 90, § 19 Rn. 37 ff., *§ 25 Rn. 1ff.,* § 29 Rn. 5 ff. (e); des Patents § 1 Rn. 3, § 31 Rn. 1, 5, *§ 33 Rn. 27ff.;* des Gbm § 1 Rn. 43 ff., § 31 Rn. 1, 5, *§ 33 Rn. 27ff.;* Beginn der – des Patents § 25 Rn. 68, § 29 Rn. 68 (e); des EPeW § 30a Rn. 24 ff.; überraschende vorteilhafte – als Begründung für erfinderische Tätigkeit s. Eigenschaften
Wirtschaftspolitische Wertung des Patentschutzes § 3 Rn. 1 ff.
Wirtschaftsprüfervorbehalt § 35 Rn. 108, 116
Wissenschaftliche Assistenten, Erfindungen von – s. Hochschulerfindungen
Wissenschaftliche Forschungsergebnisse s. Forschungsergebnisse
Wissenschaftliche Theorien § 12 Rn. 8, 124
Wortsinn der Ansprüche § 32 Rn. 71 ff., 132 ff.

Zahlenangaben im Anspruch und Schutzbereich § 32 Rn. 115 ff.
Zahlung von Gebühren § 26 Rn. 83 ff., § 27 Rn. 23 (e)
Zeichnung § 24 Rn. 58, § 28 Rn. 43 ff. (e); Bezugnahme auf – im Anspruch § 24 Rn. 37, § 29 Rn. 11 (e); – in Zusammenfassung § 24 Rn. 112, § 28 Rn. 45 f. (e); nachträgliche Einreichung § 25 Rn. 2, § 29 Rn. 11 (e); Berichtigung § 29 Rn. 123 (e); Bedeutung für Offenbarungsgehalt § 24 Rn. 79, § 28 Rn. 20 (e); Bedeutung für Schutzbereich § 32 Rn. 45 ff.
Zeitlizenz § 40 Rn. 41
Zeitrang s. Priorität
Zertifikat s. Ergänzendes Schutzzertifikat
Zinsen als Schadensposten bei Lizenzanalogie § 35 Rn. 65
Zollbehörden, Befugnisse der – bei Produktpiraterie § 6 Rn. 37, § 7 Rn. 105, § 31 Rn. 19, § 36 Rn. 106 ff.
Zollverein § 5 Rn. 8
Züchtungsverfahren § 14 Rn. 10, 44 ff.; Abgrenzung zwischen biologischen – und anderen Verfahren § 14 Rn. 104 ff.
Zugänglichkeit, öffentliche – § 16 Rn. 18 ff.

Zugelassene Vertreter beim EPA § 9 Rn. 35, § 27 Rn. 29 ff.
Zulassung von Arzneimitteln, s. Genehmigung
Zulassungsunterlagen, Schutz von – gegen Verwertung für Dritte § 26 Rn. 40
Zuordnung § 1 Rn. 23, § 2 Rn. 64, 70, 87, § 3 Rn. 13, 26, § 33 Rn. 29
Zurücknahme der Benennung eines Vertragsstaats § 29 Rn. 82 f.; des Einspruchs § 26 Rn. 172 ff., § 30 Rn. 44 f. (e); der Klage oder Berufung im Nichtigkeitsverfahren § 23 Rn. 131 f., § 26 Rn. 225; der Lizenzbereitschaftserklärung § 34 Rn. 18; des Prüfungsantrags § 25 Rn. 51 f.; der ZL § 34 Rn. 136
Zurücknahme der Anmeldung § 20 Rn. 35, 104, *§ 25 Rn. 99ff.,* 260 (Gbm); *§ 29 Rn. 77ff.* (e); Widerruf, Berichtigung und Anfechtung der – § 25 Rn. 108 ff.; teilweise – § 25 Rn. 177 ff.
Zurücknahmefiktion § 25 Rn. 104 ff., § 29 Rn. 84 ff. (e); – bei Beanspruchung innerer Priorität § 24 Rn. 119, 161 ff.; s. auch Verfall
Zurückverweisung durch BPatG § 23 Rn. 52.; durch BGH § 23 Rn. 109; durch Beschwerdekammer des EPA § 27 Rn. 55
Zurückweisung der Anmeldung § 22 Rn. 23 f., § 25 Rn. 25 f., *59ff.,* § 29 Rn. 53 ff. (e)
Zusammenfassung des Anmeldungsinhalts § 24 Rn. 109 ff., § 28 Rn. 44 ff. (e)
Zusammenhang der Benutzungsarten § 33 Rn. 283
Zusatzanmeldung *§ 24 Rn. 167ff.,* § 28 Rn. 12; Frist § 24 Rn. 174 ff.; Patentierbarkeit § 24 Rn. 181 f.; Prüfungsantrag § 25 Rn. 50; Rechercheantrag § 25 Rn. 35; Jahresgebühren § 24 Rn. 172, § 26 Rn. 93 f.
Zusatzpatent *§ 24 Rn. 167ff.,* § 26 Rn. 12, 20, § 28 Rn. 12; Jahresgebühren § 24 Rn. 172, § 26 Rn. 88 f.; Lizenzbereitschaft § 34 Rn. 15
Zusatzverhältnis § 24 Rn. 178, § 25 Rn. 24
Zusicherungen beim Kauf oder Lizenzvertrag § 41 Rn. 43
Zuständigkeit in Patent- und Gbm-Streitsachen § 9 Rn. 29 ff., § 36 Rn. 1 ff.; bei Entscheidungen über das Recht auf das europäische Patent § 20 Rn. 97 f.; bei Streitigkeiten über Arbeitnehmererfindungen § 21 Rn. 156 f., § 20 Rn. 98 (e); bei Anwendung von Gemeinschaftsrecht auf Wettbewerbsbeschränkungen § 42 Rn. 8 ff.; des EPatG § 30a Rn. 42 f., § 80 ff.
Zustellung von Schriftstücken § 27 Rn. 22 (e)
Zustellungsbevollmächtigter, Erforderlichkeit eines inländischen – § 23 Rn. 137 f.
Zustimmung des Schutzrechtsinhabers und Erschöpfung § 33 Rn. 287 ff., 304, 309 f., 313, § 40 Rn. 30 ff.; s. auch Einverständnis

1095

Sachverzeichnis

Zusatz (e) = europäisches Patent; (Gbm) = Gebrauchsmuster

Zwangslizenz § 1 Rn. 3, § 3 Rn. 55, § 6 Rn. 5, § 7 Rn. 4, § 14 Rn. 26, § 30a Rn. 36, *§ 34 Rn. 79ff.,* § 43 Rn. 2; Anspruch auf – § 34 Rn. 80ff., 122f.; praktische Bedeutung der – § 34 Rn. 105ff.; – und Erschöpfung § 33 Rn. 290, 311

Zwangslizenzeinwand § 43 Rn. 16, 20, 24, 25

Zwangslizenzen für die Ausfuhr von Arzneimitteln, Protokoll betr. – § 34 Rn. 92; VO betr. – § 23 Rn. 68, § 34 Rn. 92f.

Zwangslizenzverfahren § 23 Rn. 67f., § 34 Rn. 119ff.

Zwangsvollstreckung in Rechte an Erfindungen § 40 Rn. 15f.

Zweckangabe § 24 Rn. 56, § 33 Rn. 46ff.

Zweckgebundener Erzeugnisschutz § 17 Rn. 11, 20

Zweckgebundener Sachschutz § 33 Rn. 160, 209, 219

Zweite medizinische Indikation § 14 Rn. 220ff.; Schutzwirkung des Patents § 33 Rn. 205ff.

Zweites Patentrechtsänderungsgesetz § 6 Rn. 42

Zwischenbenutzer § 34 Rn. 74

Zwischenprodukte, gewerbliche Anwendbarkeit § 13 Rn. 5, § 24 Rn. 100; erfinderische Tätigkeit § 18 Rn. 112; Angaben über Weiterverarbeitung § 24 Rn. 100; Schutzumfang § 33 Rn. 53